W9-AAN-385

LE ROBERT & COLLINS
POCKET

COLLINS & ROBERT
PAPERBACK

COLLINS & ROBERT PAPERBACK

FRENCH - ENGLISH
ENGLISH - FRENCH
DICTIONARY

by

Beryl T. Atkins Alain Duval
Hélène M. A. Lewis Rosemary C. Milne

SECOND EDITION

with the contribution of

Véronique Béchadergue
Jill Campbell Megan Maxwell

based on the

COLLINS-ROBERT
FRENCH-ENGLISH
ENGLISH-FRENCH
DICTIONARY

HarperCollins *Publishers*

LE ROBERT & COLLINS
POCHE

DICTIONNAIRE
FRANÇAIS - ANGLAIS
ANGLAIS - FRANÇAIS

par
Beryl T. Atkins Alain Duval
Hélène M. A. Lewis Rosemary C. Milne

NOUVELLE ÉDITION

avec la collaboration de
Véronique Béchadergue
Jill Campbell Megan Maxwell

établie d'après le texte du
DICTIONNAIRE
FRANÇAIS-ANGLAIS
ANGLAIS-FRANÇAIS
LE ROBERT & COLLINS

Dictionnaires Le Robert - Paris

LECTURE-CORRECTION
Elspeth ANDERSON
Françoise BOUILLET
Françoise MARÉCHAL
Lydie RODIER
Bernadette SIBERS

MAQUETTE
Gonzague RAYNAUD

Nouvelle édition 1992
First published in this edition 1992
Réimpression/Reprint 1998

HarperCollins Publishers
P.O. Box, Glasgow, G4 ONB,
Great Britain
1995 Markham Road, Scarborough,
Canada, AM1B 5M8
10 East 53rd Street,
New York, NY 10022

A catalogue record for this book
is available from the British Library

ISBN 0 00 433622 4

Dictionnaires Le Robert
27, rue de la Glacière
75013 Paris
FRANCE

Nouvelle édition 1992
Dépôt légal : Janvier 1997

ISBN 2-85-036-462-2

TABLE DES MATIÈRES

TABLE OF CONTENTS

INTRODUCTION

This is perhaps the first dictionary you use at school, or it may be the one you take with you when you go to France. It contains 65 000 references, and in compiling each entry we have considered what each user – the French speaker or the English speaker – will need from that entry, and have tried to give you enough detail to allow you to understand, to speak and to write the language correctly.

We have deliberately omitted rare words like *anchorite* or *zircon,* though you may know them, in order to make space for detailed treatment of the most common, and very complex, words of the language.

For example, the word **price** can have six different translations. To help you choose the most appropriate translation, we have given you signposts to the different meanings. These indicators appear in English in round brackets before translations. Other indicators show you how the French word is used, and give you the grammar you need to use it correctly. This detailed entry also contains nineteen up-to-date phrases to help you to understand the French, and to speak or write it correctly.

A small section of this book is called **How to do things with French.** In these pages, we have brought together common phrases you will need in day-to-day life in France, including writing letters.

With this dictionary, we hope you will be able not only to understand French, but also to speak and write simple French correctly, without being afraid of misunderstanding.

The editors.

INTRODUCTION

Voici peut-être le premier dictionnaire que vous allez utiliser en classe, ou que vous allez emporter en voyage. C'est en pensant à ce que chaque lecteur – francophone ou anglophone – désire savoir en l'ouvrant que nous avons choisi les 65 000 mots et expressions qu'il contient. Nous vous avons donné, pour chaque mot, toutes les précisions dont vous avez besoin pour lire et correspondre dans les deux langues. Nous avons volontairement écarté les mots rares comme *anachorète* ou *zircon*, que vous pouvez pourtant connaître, afin de consacrer la place ainsi gagnée à décrire dans le détail les mots de tous les jours, qui sont aussi les plus complexes de la langue.
Savez-vous que le mot **jeter**, par exemple, peut recevoir une douzaine de traductions ? Elles n'ont pas du tout le même sens, comme vous le précisent les indications en parenthèses ou entre crochets qui guident votre choix et qu'il faut lire avec soin. D'autres indications vous montrent comment le mot anglais correspondant est utilisé en mentionnant les éléments de grammaire dont vous avez besoin. Enfin, une douzaine de phrases de la conversation courante illustrent l'article et vous aident à ne pas faire d'erreur.
Les quelques pages intitulées **Comment se débrouiller en anglais** vous donnent les éléments de conversation qui vous permettront de vous faire comprendre et de rédiger une lettre.
Nous espérons que ce dictionnaire vous donnera les moyens de comprendre ce qui est dit et écrit en anglais et américain, mais aussi de vous exprimer sans crainte d'être ridicule ou mal compris.

Les auteurs.

Phonetic Transcription of French

Vowels

[i]	il, vie, lyre
[e]	blé, jouer
[ɛ]	lait, jouet, merci
[a]	plat, patte
[ɑ]	bas, pâte
[ɔ]	mort, donner
[o]	mot, dôme, eau, gauche
[u]	genou, roue
[y]	rue, vétu
[ø]	peu, deux
[œ]	peur, meuble
[ə]	le, premier
[ɛ̃]	matin, plein
[ɑ̃]	sans, vent
[ɔ̃]	bon, ombre
[œ̃]	lundi, brun

Semi consonants

[j]	yeux, paille, pied
[w]	oui, nouer
[ɥ]	huile, lui

Consonants

[p]	père, soupe
[t]	terre, vite
[k]	cou, qui, sac, képi
[b]	bon, robe
[d]	dans, aide
[g]	gare, bague
[f]	feu, neuf, photo
[s]	sale, celui, ça, dessous, tasse, nation
[ʃ]	chat, tache
[v]	vous, rêve
[z]	zéro, maison, rose
[ʒ]	je, gilet, geôle
[l]	lent, sol
[ʀ]	rue, venir
[m]	main, femme
[n]	nous, tonne, animal
[ɲ]	agneau, vigne
[h]	hop ! (exclamative)
[']	haricot (no liaison)
[ŋ]	words borrowed from English : camping

Transcription phonétique de l'anglais

Voyelles et diphtongues

i:]	bead, see
ɑ:]	bard, calm
ɔ:]	born, cork
u:]	boon, fool
ɜ:]	burn, fern, work
]	sit, pity
e]	set, less
æ]	sat, apple
ʌ]	fun, come
ɒ]	fond, wash
ʊ]	full, soot
ə]	composer, above
eɪ]	bay, fate
aɪ]	buy, lie
ɔɪ]	boy, voice
əʊ]	no, ago
aʊ]	now, plough
ə]	tier, beer
ɛə]	tare, fair
ʊə]	tour

Consonnes

p]	pat, pope
b]	bat, baby
t]	tab, strut
d]	dab, mended
k]	cot, kiss, chord
g]	got, agog
[f]	fine, raffle
[v]	vine, river
[s]	pots, sit, rice
[z]	pods, buzz
[θ]	thin, maths
[ð]	this, other
[ʃ]	ship, sugar
[ʒ]	measure
[tʃ]	chance
[dʒ]	just, edge
[l]	little, place
[r]	ran, stirring
[m]	ram, mummy
[n]	ran, nut
[ŋ]	rang, bank
[h]	hat, reheat
[j]	yet, million
[w]	wet, bewail
[x]	loch

Divers

Un caractère en italique représente un son qui peut ne pas être prononcé.

[ʳ]	représente un [r] entendu s'il forme une liaison avec la voyelle du mot suivant.
[ˈ]	accent tonique (en haut)
[ˌ]	accent secondaire (en bas)

ABRÉVIATIONS — ABBREVIATIONS

ABRÉVIATIONS		ABBREVIATIONS
abréviation	**abrév, abbr**	abbreviation
adjectif	**adj**	adjective
administration	**Admin**	administration
adverbe	**adv**	adverb
agriculture	**Agr**	agriculture
anatomie	**Anat**	anatomy
antiquité	**Antiq**	ancient history
archéologie	**Archéol, Archeol**	archaeology
architecture	**Archit**	architecture
article	**art**	article
astrologie	**Astrol**	astrology
astronomie	**Astron**	astronomy
automobile	**Aut**	automobiles
auxiliaire	**aux**	auxiliary
aviation	**Aviat**	aviation
biologie	**Bio**	biology
botanique	**Bot**	botany
britannique, Grande-Bretagne	**Brit**	British, Great Britain
canadien, Canada	**Can**	Canadian, Canada
chimie	**Chim, Chem**	chemistry
cinéma	**Ciné, Cine**	cinema
commerce	**Comm**	commerce
comparatif	**comp**	comparative
informatique	**Comput**	computing
conditionnel	**cond**	conditional
conjonction	**conj**	conjunction
construction	**Constr**	building trade
mots composés	**cpd**	compound, in compounds
cuisine	**Culin**	cookery
défini	**déf, def**	definite
démonstratif	**dém, dem**	demonstrative
dialectal, régional	**dial**	dialect
diminutif	**dim**	diminutive
direct	**dir**	direct
écologie	**Écol, Ecol**	ecology
économie	**Écon, Econ**	economics
électricité, électronique	**Élec, Elec**	electricity, electronics
euphémisme	**euph**	euphemism
exclamation	**excl**	exclamation
féminin	**f**	feminine
familier	**famil**	familiar
figuré	**fig**	figuratively
finance	**Fin**	finance
football	**Ftbl**	football
futur	**fut**	future

en général, généralement	**gén, gen**	in general, generally
géographie	**Géog, Geog**	geography
géologie	**Géol, Geol**	geology
géométrie	**Géom, Geom**	geometry
grammaire	**Gram**	grammar
gymnastique	**Gym**	gymnastics
histoire	**Hist**	history
humoristique	**hum**	humorous
impératif	**impér, imper**	imperative
impersonnel	**impers**	impersonal
industrie	**Ind**	industry
indéfini	**indéf, indef**	indefinite
indicatif	**indic**	indicative
indirect	**indir**	indirect
infinitif	**infin**	infinitive
interrogatif	**interrog**	interrogative
invariable	**inv**	invariable
irlandais, Irlande	**Ir**	Irish, Ireland
ironique	**iro**	ironic
irrégulier	**irrég**	irregular
droit, juridique	**Jur**	law, legal
linguistique	**Ling**	linguistics
littéral, au sens propre	**lit**	literally
littéraire	**Littér, Liter**	literary
littérature	**Littérat, Literat**	literature
locution(s)	**loc**	locution
masculin	**m**	masculine
mathématiques	**Math**	mathematics
médecine	**Méd, Med**	medicine
météorologie	**Mét, Met**	meteorology
métallurgie	**Métal, Metal**	metallurgy
militaire	**Mil**	military
mines	**Min**	mining
minéralogie	**Minér, Miner**	mineralogy
musique	**Mus**	music
mythologie	**Myth**	mythology
nom	**n**	noun
nautique	**Naut**	nautical, naval
négatif	**nég, neg**	negative
numéral	**num**	numerical
objet	**obj**	object
opposé	**opp**	opposite
optique	**Opt**	optics
informatique	**Ordin**	computing
ornithologie	**Orn**	ornithology
	o.s.	oneself
parlement	**Parl**	parliament
passif	**pass**	passive
péjoratif	**péj, pej**	pejorative

personnel	**pers**	personal
pharmacie	**Pharm**	pharmacy
philosophie	**Philos**	philosophy
photographie	**Phot**	photography
physique	**Phys**	physics
physiologie	**Physiol**	physiology
pluriel	**pl**	plural
politique	**Pol**	politics
possessif	**poss**	possessive
préfixe	**préf, pref**	prefix
préposition	**prép, prep**	preposition
prétérit	**prét, pret**	preterite
pronom	**pron**	pronoun
psychiatrie, psychologie	**Psych**	psychiatry, psychology
participe passé	**ptp**	past participle
quelque chose	**qch**	
quelqu'un	**qn**	
marque déposée	®	registered trademark
radio	**Rad**	radio
relatif	**rel**	relative
religion	**Rel**	religion
	sb	somebody, someone
sciences	**Sci**	science
école	**Scol**	school
écossais, Écosse	**Scot**	Scottish, Scotland
singulier	**sg**	singular
sociologie	**Soc, Sociol**	sociology, social work
Bourse	**St Ex**	Stock Exchange
	sth	something
subjonctif	**subj**	subjunctive
suffixe	**suf**	suffix
superlatif	**superl**	superlative
technique	**Tech**	technical
télécommunications	**Téléc, Telec**	telecommunications
industrie textile	**Tex**	textiles
théâtre	**Théât, Theat**	theatre
télévision	**TV**	television
typographie	**Typ**	typography
université	**Univ**	university
américain, États-Unis	**US**	American, United States
verbe	**vb**	verb
médecine vétérinaire	**Vét, Vet**	veterinary medicine
verbe intransitif	**vi**	intransitive verb
verbe pronominal	**vpr**	pronominal verb
verbe transitif	**vt**	transitive verb
verbe transitif et intransitif	**vti**	transitive and intransitive verb
zoologie	**Zool**	zoology
voir	→	see

DICTIONNAIRE FRANÇAIS-ANGLAIS
FRENCH-ENGLISH DICTIONARY

a

A, a [ɑ] nm (lettre) A, a.

à [a] prép (avec *le, les:* **au, aux**) **a** (déplacement) to; (dans) into ◇ **aller ~ Paris** to go to Paris; **entrez au salon** go into the lounge **b** (position) at; (dans) in; (sur) on ◇ **habiter ~ Paris** to live in Paris; **être ~ l'école** to be at school; **~ la télévision** on television **c** (temps) at; (date) on; (époque) in ◇ **~ 6 heures** at 6 o'clock; **~ samedi!** see you on Saturday!; **au XIXe siècle** in the 19th century **d** (rapport) by, per; (approximation) to ◇ **faire du 50 ~ l'heure** to do 50 km an ou per hour; **être payé au poids** to be paid by weight; **4 ~ 5 mètres** 4 to 5 metres; **gagner par 2 ~ 1** to win by 2 to 1 **e** (appartenance) of, to ◇ **ce sac est ~ Peter** this bag is Peter's, this bag belongs to Peter; **un ami ~ elle** a friend of hers **f** (moyen) on, by, with ◇ **aller ~ vélo** to go by bike; **aller ~ pied** to go on foot; **écrire qch au crayon** to write sth with a pencil ou in pencil; **ils l'ont fait ~ 3** they did it between the 3 of them **g** (caractérisation) with ◇ **robe ~ manches** dress with sleeves; **tasse ~ thé** tea cup **h** (destination) for, to ◇ **maison ~ vendre** house for sale; (dédicace) **~ ma sœur** to ou for my sister **i** (conséquence) to; (hypothèse) from ◇ **~ leur grande surprise** much to their surprise; **~ ce que j'ai compris** from what I understood.

AB [abe] abrév de *assez bien*.

abaissement [abɛsmɑ̃] nm (chute) fall, drop (*de* in); (abjection) degradation ◆ **abaisser** [1] **1** vt **a** (niveau etc) to lower, bring down **b** to humiliate **2** **s'abaisser** vpr **a** (température, taux) to fall, drop **b** (s'humilier) to humble o.s. ◇ **s'~ à faire** to stoop to doing.

abandon [abɑ̃dɔ̃] nm (délaissement) desertion, abandonment; (manque de soin) neglected state; (Sport) withdrawal (*de from*); (idée, technique) giving up ◇ **laisser à l'~** to neglect; **parler avec ~** to talk freely ou without constraint.

abandonner [abɑ̃dɔne] [1] **1** vt (gén) to abandon; (personne) to desert; (technique, lutte) to give up; (course) to withdraw from; (Ordin) to abort ◇ **~ qch à qn** to leave sth to sb; **usine abandonnée** disused factory **2** **s'abandonner** vpr to let o.s. go ◇ **s'~ au désespoir** to give way to despair.

abasourdir [abazuʀdiʀ] [2] vt to stun.

abat-jour [abaʒuʀ] nm inv lampshade.

abats [aba] nmpl (volaille) giblets; (bœuf) offal.

abattage [abataʒ] nm (animal) slaughter; (arbre) felling.

abattant [abatɑ̃] nm flap *(of table, desk)*.

abattement [abatmɑ̃] nm **a** (dépression) despondency; (fatigue) exhaustion **b** (rabais) reduction; (fiscal) tax allowance.

abattoir [abatwaʀ] nm slaughterhouse.

abattre [abatʀ(ə)] [41] **1** vt **a** (arbre) to cut down, fell; (mur) to knock down; (avion) to shoot down ◇ **~ du travail** to get through a lot of work **b** (tuer) (personne, fauve) to shoot; (chien) to destroy; (bœuf) to slaughter **c** (physiquement) to exhaust; (moralement) to demoralize ◇ **ne te laisse pas ~** don't let things get you down **2** **s'abattre** vpr to fall down ◇ (ennemi) **s'~ sur qn** to swoop down on sb ◆ **abattu, e** adj (fatigué) exhausted; (déprimé) demoralized.

abbaye [abei] nf abbey ◆ **abbé** nm (abbaye) abbot; (prêtre) priest.

abc [abese] nm ◇ **l'~ du métier** the rudiments of the job.

abcès [apsɛ] nm abscess.

abdication [abdikasjɔ̃] nf abdication ◆ **abdiquer** [1] vti to abdicate.

abdomen [abdɔmɛn] nm abdomen ◆ **abdominaux** nmpl ◇ (Sport) **faire des ~** to do exercises for the stomach muscles.

abeille [abɛj] nf bee.

aberrant, e [abɛʀɑ̃, ɑ̃t] adj absurd ◆ **aberration** nf aberration.

abêtir [abetiʀ] [2] vt ◇ **~ qn** to make sb stupid ◆ **abêtissement** nm stupidity.

abhorrer [abɔʀe] [1] vt to abhor, loathe.

abîme [abim] nm gulf, chasm ◇ **au bord de l'~** on the brink of ruin.

abîmer [abime] [1] vt to damage, spoil ◇ **s'~** to get spoilt ou damaged.

abject, e [abʒɛkt] adj abject.

abjurer [abʒyʀe] [1] vt to abjure.

ablation [ablasjɔ̃] nf (Méd) removal.

ablutions [ablysjɔ̃] nfpl ablutions.

abnégation [abnegasjɔ̃] nf abnegation.

aboiement [abwamɑ̃] nm (chien) bark.

abois [abwa] nmpl ◇ **aux ~** at bay.

abolir [abɔliʀ] [2] vt to abolish ◆ **abolition** nf abolition.

abominable [abɔminabl(ə)] adj abominable.

abondamment [abɔ̃damɑ̃] adv abundantly.

abondance [abɔ̃dɑ̃s] nf (profusion) abundance; (opulence) affluence ◇ **des fruits en ~** fruit in plenty ◆ **abondant, e** adj (réserves) plentiful; (chevelure) thick ◇ **avec d'~es photographies** with numerous photographs ◆ **abonder** [1] vi to be plentiful ◇ **~ en** to be full of; **il abonda dans notre sens** he was in complete agreement with us.

abonné, e [abɔne] 1 adj ◇ **être ~ à** (journal) to subscribe to; (téléphone, gaz) to have 2 nm,f (Presse, Téléc) subscriber; (Élec, Gaz) consumer ◆ **abonnement** nm (Presse) subscription; (Téléc) rental; (Rail, Théât) season ticket ◆ **s'abonner** [1] vpr to subscribe (*à* to); to buy a season ticket (*à* for).

abord [abɔʀ] nm a ◇ (environs) **~s** surroundings; **aux ~s de** around b (accès) approach; (accueil) manner c ◇ **d'~** first, in the first place; **au premier ~** at first sight ◆ **abordable** adj (prix) reasonable.

abordage [abɔʀdaʒ] nm (assaut) boarding; (accident) collision.

aborder [abɔʀde] [1] 1 vt (lieu) to reach; (personne) to approach; (sujet) to tackle 2 vi (Naut) to land (*dans, sur* on).

aborigène [abɔʀiʒɛn] 1 adj aboriginal 2 nmf aborigine.

aboutir [abutiʀ] [2] vi a (réussir) to succeed ◇ **faire ~** to bring to a successful conclusion b ◇ **~ à ou dans** (lieu) to end up in; (désordre) to result in; **il n'aboutira jamais à rien** he'll never get anywhere ◆ **aboutissement** nm (résultat) outcome; (succès) success.

aboyer [abwaje] [8] vi to bark.

abrasif, -ive [abʀazif, iv] adj, nm abrasive.

abrégé [abʀeʒe] nm summary ◆ **abréger** [3] et [6] vt (gén) to shorten; (texte) to abridge; (mot) to abbreviate ◇ **abrège!** [famil] come to the point!

abreuver [abʀœve] [1] 1 vt (animal) to water ◇ **~ qn de** to shower sb with 2 **s'abreuver** vpr to drink ◆ **abreuvoir** nm drinking trough.

abréviation [abʀevjasjɔ̃] nf abbreviation.

abri [abʀi] nm (cabane) shelter; (fig) refuge (*contre* from) ◇ **~ antiatomique** ou **antinucléaire** (nuclear) bunker; **~ à vélos** bicycle shed; **mettre à l'~, se mettre à l'~** to shelter (*de* from); **c'est à l'~** (de la pluie) it's under shelter; (du vol) it's in a safe place.

abricot [abʀiko] nm, adj inv apricot ◆ **abricotier** nm apricot tree.

abriter [abʀite] [1] 1 vt (protéger) to shelter; (héberger) to accommodate 2 **s'abriter** vpr to shelter (*de* from).

abrogation [abʀɔgasjɔ̃] nf repeal, abrogation ◆ **abroger** [3] vt to repeal, abrogate.

abrupt, e [abʀupt, pt(ə)] adj abrupt.

abruti, e [abʀyti] [famil] nm,f idiot ◆ **abrutir** [2] vt ◇ **~ qn** to make sb stupid ◆ **abrutissant, e** adj (bruit) stunning; (travail) mind-destroying ◆ **abrutissement** nm (fatigue) exhaustion; (abêtissement) moronic state.

absence [apsɑ̃s] nf absence (*de* of) ◆ **absent, e** 1 adj (gén) absent (*de* from); (distrait) absent-minded; (objet) missing 2 nm,f missing person; (en classe) absentee ◆ **absentéisme** nm absenteeism ◆ **absentéiste** nm,f absentee ◆ **s'absenter** [1] vpr ◇ **s'~ d'un lieu** to leave a place.

absolu, e [apsɔly] adj absolute ◇ **règle ~e** hard-and-fast rule ◆ **absolument** adv absolutely ◇ **~ pas!** certainly not!

absolution [apsɔlysjɔ̃] nf absolution.

absorber [apsɔʀbe] [1] vt (gén) to absorb; (aliment) to take; (firme) to take over; (attention) to occupy, take up ◇ **être absorbé dans une lecture** to be absorbed in reading ◆ **absorbant, e** adj (matière) absorbent; (tâche) absorbing ◆ **absorption** nf absorption.

absoudre [apsudʀ(ə)] [51] vt to absolve.

abstenir (s') [apstəniʀ] [22] vpr to abstain (*de faire* from doing) ◆ **abstention** nf abstention ◆ **abstentionnisme** nm abstaining, non-voting ◆ **abstentionniste** adj, nmf abstainer, non-voter.

abstinence [apstinɑ̃s] nf abstinence.

abstraction [apstʀaksjɔ̃] nf abstraction ◇ **faire ~ de** to disregard.

abstraire [apstʀɛʀ] [50] vt to abstract (*de* from) ◆ **abstrait, e** adj abstract.

absurde [apsyʀd(ə)] adj absurd ◆ **absurdité** nf absurdity.

abus [aby] nm abuse ◇ **faire ~ de** (force) to abuse; (médicament) to overuse.

abuser [abyze] [1] **1** **abuser de** vt indir (situation, victime) to take advantage of; (autorité, hospitalité) to abuse; (médicaments) to overuse; (plaisirs) to overindulge in ◇ **je ne veux pas ~ de votre temps** I don't want to waste your time; **tu abuses!** you're going too far! **2** vt (tromper) to deceive **3** **s'abuser** vpr (erreur) to be mistaken; (illusions) to delude o.s.

abusif, -ive [abyzif, iv] adj (pratique) improper; (prix, punition) excessive.

acabit [akabi] nm (péj) sort, type.

acacia [akasja] nm acacia.

académie [akademi] nf **a** (société) learned society ◇ **l'A~ française** the French Academy; (école) **~ de dessin** art school, academy of art **b** (Univ) ≃ regional education authority ◆ **académicien, -ienne** nm,f academician ◆ **académique** adj academic.

acajou [akaʒu] nm, adj inv mahogany.

acariâtre [akaʀjɑtʀ(ə)] adj cantankerous.

accablement [akɑbləmɑ̃] nm (abattement) despondency; (fatigue) exhaustion ◆ **accabler** [1] vt to overwhelm (*de* with) ◇ **~ qn de travail** to overload sb with work.

accalmie [akalmi] nf (gén) lull (*de* in); (fièvre) respite.

accaparant, e [akapaʀɑ̃, ɑ̃t] adj all-absorbing, demanding.

accaparement [akapaʀmɑ̃] nm monopolizing ◆ **accaparer** [1] vt (gén) to monopolize; (temps) to take up ◆ **accapareur** nm monopolizer.

accéder [aksede] [6] vt indir : **~ à** **a** (lieu) to reach, get to; (pouvoir) to attain; (grade) to rise to; (responsabilité) to accede to **b** (prière) to grant; (demande) to accommodate, comply with.

accélérateur [akseleʀatœʀ] nm accelerator ◆ **accélération** nf acceleration ◆ **accélérer** [6] **1** vt to speed up **2** vi to accelerate, speed up.

accent [aksɑ̃] nm (prononciation, orthographe) accent; (phonétique) stress ◇ **e ~ grave** e grave; **e ~ aigu** e acute; **~ circonflexe** circumflex; **mettre l'~ sur** to stress; **~ plaintif** plaintive tone ◆ **accentuation** nf accentuation ◆ **accentuer** [1] **1** vt (gén) to accentuate; (syllabe) to stress; (effort) to intensify **2** **s'accentuer** vpr to become more marked.

acceptable [aksɛptabl(ə)] adj (condition) acceptable; (travail) reasonable ◆ **acceptation** nf acceptance ◆ **accepter** [1] vt to accept ◇ **~ de faire** to agree to do.

acception [aksɛpsjɔ̃] nf meaning, sense.

accès [aksɛ] nm **a** (action d'entrer) access; (porte) entrance ◇ **~ interdit** no entry; **donner ~ à** to give access to **b** (colère, toux, folie) fit; (fièvre) attack.

accessible [aksesibl(ə)] adj (lieu) accessible (*à* to); (personne) approachable; (but) attainable.

accession [aksɛsjɔ̃] nf ◇ **~ à** (pouvoir) attainment of; (rang) rise to.

accessit [aksesit] nm (Scol) ≃ certificate of merit.

accessoire [akseswaʀ] **1** adj secondary, incidental **2** nm (Théât) prop; (Aut) accessory ◇ **~s de toilette** toilet requisites ◆ **accessoirement** adv (si besoin est) if need be ◆ **accessoiriste** nmf property man (ou girl).

accident [aksidɑ̃] nm (gén) accident; (Aut, Aviat) crash ◇ **~ de parcours** chance mishap; **~ de terrain** undulation; **~ du travail** industrial injury ◆ **accidenté, e** **1** adj (région) undulating; (véhicule) damaged **2** nm,f casualty, injured person ◆ **accidentel, -elle** adj accidental ◆ **accidentellement** adv (par hasard) accidentally; (mourir) in an accident.

acclamation [aklamɑsjɔ̃] nf ◇ **~s** cheers ◆ **acclamer** [1] vt to cheer, acclaim.

acclimatation [aklimatɑsjɔ̃] nf acclimatization ◆ **acclimater** [1] vt to acclimatize.

accointances [akwɛ̃tɑ̃s] nfpl contacts, links.

accolade [akɔlad] nf **a** (étreinte) embrace ◇ **donner l'~** to embrace **b** (Typ) brace ◆ **accoler** [1] vt to place side by side.

accommoder [akɔmɔde] [1] **1** vt **a** (plat) to prepare (*à* in, with) **b** (combiner) to combine; (adapter) to adapt **2** **s'accommoder** vpr ◇ **s'~ de** to put up with ◆ **accommodant, e** adj accommodating.

accompagnateur, -trice [akɔ̃paɲatœʀ, tʀis] nm,f (Mus) accompanist; (guide) guide; (Tourisme) courier ◆ **accompagnement** nm (Mus) accompaniment ◆ **accompagner** [1] vt to accompany ◇ **du chou accompagnait le rôti** cabbage was served with the roast.

accomplir [akɔ̃pliʀ] [2] vt (gén) to do; (promesse, mission, exploit) to carry out, accomplish ◆ **accompli, e** adj (expérimenté) accomplished ◆ **accomplissement** nm accomplishment.

accord [akɔʀ] nm **a** (gén, Gram) agreement; (harmonie) harmony ◇ **être d'~, se mettre d'~** to agree (*avec* with); **d'~!** all right!, OK! [famil]; **en ~ avec le paysage** in keeping with the landscape **b** (Mus) chord ◇ **~ parfait** triad.

accordéon [akɔʀdeɔ̃] nm accordion ◇ **en ~** [famil] (voiture) crumpled; (pantalon) wrinkled.

accorder [akɔʀde] 1 **1** vt (donner) to give, grant; (concéder) to admit; (harmoniser) to match; (Mus) to tune **2** **s'accorder** vpr to agree (*avec* with) ◇ **bien s'~ avec qn** to get on well with sb.

accoster [akɔste] 1 **1** vt (personne) to accost **2** vi (Naut) to berth.

accotement [akɔtmɑ̃] nm (Aut) verge, shoulder, berm (US).

accouchement [akuʃmɑ̃] nm delivery ◆ **accoucher** 1 vi to give birth ◇ **~ d'un garçon** to give birth to a boy, have a boy ◆ **accoucheur, -euse** nm,f obstetrician.

accouder (s') [akude] 1 vpr to lean (*sur* on) ◆ **accoudoir** nm armrest.

accoupler [akuple] 1 vt to couple.

accourir [akuʀiʀ] 11 vi to rush up, hurry (*à, vers* to).

accoutrement [akutʀəmɑ̃] nm getup [famil] ◆ **accoutrer** 1 vt to get up [famil] (*de* in).

accoutumance [akutymɑ̃s] nf (habitude) habituation (*à* to); (besoin) addiction (*à* to) ◆ **accoutumer** 1 vt to accustom ◇ **s'~ à faire** to get used ou accustomed to doing ◆ **accoutumé, e** adj usual.

accréditer [akʀedite] 1 vt (rumeur) to substantiate; (personne) to accredit (*auprès de* to).

accroc [akʀo] nm **a** (tissu) tear (*à* in); (règle) breach (*à* of) ◇ **faire un ~ à qch** to tear sth **b** (anicroche) hitch ◇ **sans ~s** without a hitch.

accrochage [akʀɔʃaʒ] nm (Aut) collision; (Mil) engagement; (dispute) clash.

accrocher [akʀɔʃe] 1 **1** vt **a** (tableau) to hang up (*à* on); (wagons) to couple (*à* to) **b** (fig: saisir, coincer) to catch ◇ **~ une voiture** to bump into a car **2** vi (fermeture Éclair) to jam; (pourparlers) to come up against a hitch **3** **s'accrocher** vpr (se cramponner) to cling on; (se disputer) to have a clash (*avec* with) ◇ **s'~ à qch** to cling to sth ◆ **accrocheur, -euse** adj (concurrent) tenacious; (slogan) catchy; (affiche) eye-catching.

accroissement [akʀwasmɑ̃] nm **a** increase (*de* in) ◆ **accroître** vt, **s'accroître** vpr 55 **b** to increase.

accroupir (s') [akʀupiʀ] 2 vpr to squat, crouch ◇ **accroupi** squatting, crouching.

accueil [akœj] nm **a** (visiteur) welcome; (sinistrés, idée) reception **b** (hébergement) accommodation ◆ **accueillant, e** adj welcoming ◆ **accueillir** 12 vt **a** (aller chercher) to collect; (recevoir) to welcome; (héberger) to accommodate ◇ **~ par des huées** to greet with jeers **b** (nouvelle) to receive.

acculer [akyle] 1 vt ◇ **~ qn à qch** to drive sb to sth; **nous sommes acculés** we're cornered.

accumulateur [akymylatœʀ] nm battery.

accumulation [akymylɑsjɔ̃] nf (gén) accumulation; (marchandises) stockpiling; (énergie) storage ◆ **accumuler** 1 **1** vt to accumulate; to stockpile; to store ◇ (Fin) **les intérêts accumulés pendant un an** the interest accrued over a year **2** **s'accumuler** vpr to accumulate.

accusateur, -trice [akyzatœʀ, tʀis] **1** adj (regard) accusing **2** nm,f accuser.

accusation [akyzɑsjɔ̃] nf (gén) accusation; (Jur) charge ◇ (le procureur etc) **l'~** the prosecution; **mettre en ~** to indict; **mise en ~** indictment.

accuser [akyze] 1 **1** vt **a** (gén) to accuse (*de* of); (blâmer) to blame (*de* for); (Jur) to charge (*de* with) **b** (contraste) to emphasize; (fatigue) to show ◇ **~ réception de qch** to acknowledge receipt of sth **2** **s'accuser** vpr (tendance) to become more marked ◆ **accusé, e** **1** adj (marqué) marked **2** nm,f accused; (procès) defendant ◇ **~ de réception** acknowledgement of receipt.

acerbe [asɛʀb(ə)] adj caustic, acid.

acéré, e [aseʀe] adj (pointe) sharp; (raillerie) cutting.

achalandé, e [aʃalɑ̃de] adj ◇ **bien ~** (denrées) well-stocked; (clients) well-patronized.

acharné, e [aʃaʀne] adj (combat) fierce; (efforts, travailleur) relentless ◇ **~ contre** set against ◆ **acharnement** nm fierceness; relentlessness ◆ **s'acharner** 1 vpr ◇ **s'~ contre qn** to hound sb; **s'~ à faire qch** to try desperately to do sth.

achat [aʃa] nm purchase ◇ **faire l'~ de qch** to purchase ou buy sth; **faire des ~s** to go shopping.

acheminer [aʃmine] 1 vt to send ◇ **s'~ vers** to head for.

acheter [aʃte] 5 vt to buy, purchase (*au vendeur* from the seller; *pour qn* for sb); (corrompre) to bribe ◇ **je lui ai acheté une robe** I bought her a dress ◆ **acheteur, -euse** nm,f buyer.

achèvement [aʃɛvmɑ̃] nm completion.

achever [aʃve] [5] **1** vt (gén) to finish, end; (tâche) to complete; (blessé) to finish off; (cheval) to destroy ◇ **ça m'a achevé!** it was the end of me! **2** **s'achever** vpr to end (*par, sur* with) ◆ **achevé, e** adj (parfait) perfect.

achopper [aʃɔpe] [1] vi ◇ ~ **sur** to stumble over.

acide [asid] adj, nm acid ◆ **acidité** nf acidity ◆ **acidulé, e** adj slightly acid.

acier [asje] nm steel ◆ **aciérie** nf steelworks.

acné [akne] nf ◇ ~ **juvénile** teenage acne.

acolyte [akɔlit] nm (péj) associate.

acompte [akɔ̃t] nm (arrhes) deposit, down payment; (régulier) instalment; (sur salaire) advance.

à-côté [akote] nm (problème) side issue; (argent) extra.

à-coup [aku] nm jolt ◇ **par ~s** in fits and starts; **sans ~s** smoothly.

acoustique [akustik] **1** adj acoustic **2** nf acoustics.

acquéreur [akerœr] nm buyer, purchaser ◆ **acquérir** [21] vt (gén) to purchase, buy; (célébrité) to win; (valeur, expérience) to gain ◇ ~ **la certitude de** to become certain of.

acquiescement [akjɛsmɑ̃] nm (approbation) approval, agreement; (consentement) acquiescence, assent ◆ **acquiescer** [3] vi to approve, agree; to acquiesce, assent (*à* to).

acquis, e [aki, iz] **1** adj (caractères) acquired; (fait) established ◇ **tenir pour ~** to take for granted; **être ~ à un projet** to be in complete support of a plan **2** nm (savoir) experience ◆ **acquisition** nf (savoir) acquisition; (objet) purchase.

acquit [aki] nm (Comm) receipt ◇ **par ~ de conscience** to set my (ou his etc) mind at rest.

acquittement [akitmɑ̃] nm (accusé) acquittal; (facture) payment ◆ **acquitter** [1] vt to acquit; to pay ◇ **s'~ de** (promesse, fonction) to fulfil, carry out.

âcre [ɑkr(ə)] adj acrid, pungent.

acrobate [akrɔbat] nmf acrobat ◆ **acrobatie** nf acrobatic feat ◇ **faire des ~s** to perform acrobatics ◆ **acrobatique** adj acrobatic.

acte [akt(ə)] nm (gén, Théât) act; (notaire) deed; (état civil) certificate ◇ ~ **d'accusation** bill of indictment; ~ **de vente** bill of sale; **faire ~ de candidature** to apply; **faire ~ de présence** to put in an appearance; **prendre ~ de** to take note of.

acteur [aktœr] nm actor.

actif, -ive [aktif, iv] **1** adj (gén) active; (armée) regular **2** nm (Ling) active; (Fin) assets ◇ **c'est à mettre à son ~** it is a point in his favour.

action [aksjɔ̃] nf **a** (gén, Jur, Mil) action, act ◇ **bonne ~** good deed; ~ **d'éclat** brilliant feat; **commettre une mauvaise ~** to behave badly; **passer à l'~** to go into action; **mettre qch en ~** to put sth into action **b** (Théât: intrigue) plot **c** (Fin) share ◇ **~s** shares, stocks.

actionnaire [aksjɔnɛr] nmf shareholder.

actionner [aksjɔne] [1] vt to activate.

activement [aktivmɑ̃] adv actively.

activer [aktive] [1] **1** vt (travaux) to speed up; (feu) to stoke **2** **s'activer** vpr (s'affairer) to bustle about; (famil: se hâter) to get a move on.

activisme [aktivism(ə)] nm activism ◆ **activiste** adj, nmf activist.

activité [aktivite] nf (gén) activity; (rue) bustle ◇ **être en ~** (usine) to be in operation; (volcan) to be active; (fonctionnaire) to be in active employment; (Scol) **~s d'éveil** discovery.

actrice [aktris] nf actress.

actualisation [aktɥalizɑsjɔ̃] nf updating ◆ **actualiser** [1] vt to update.

actualité [aktɥalite] nf ◇ **l'~** current events; (nouvelles) **les ~s** the news [sg]; **sujet d'~** topical subject ◆ **actuel, -elle** adj (présent) present; (d'actualité) topical ◇ **à l'époque ~elle** nowadays ◆ **actuellement** adv at present.

acuité [akɥite] nf (son) shrillness; (sens, crise) acuteness.

acupuncture [akypɔ̃ktyr] nf acupuncture.

adage [adaʒ] nm adage.

adaptable [adaptabl(ə)] adj adaptable ◆ **adaptateur, -trice** nm,f adapter ◆ **adaptation** nf adaptation ◆ **adapter** [1] **1** vt (gén) to adapt (*à* to) ◇ (Tech) ~ **qch à** to fit sth to **2** **s'adapter** vpr (gén) to adapt (*à* to) ◇ (Tech) **s'~ à** to fit.

additif [aditif] nm (substance) additive ◇ **sans ~** additive-free.

addition [adisjɔ̃] nf (gén) addition; (facture) bill, check (US) ◆ **additionner** [1] vt to add up ◇ ~ **qch à** to add sth to.

adepte [adɛpt(ə)] nmf follower.

adéquat, e [adekwa, at] adj appropriate.

adhérence [aderɑ̃s] nf adhesion (*à* to) ◆ **adhérent, e** nm,f adherent ◆ **adhérer à** [6] vt indir (surface) to stick to, adhere to; (club) to join, become a member of.

adhésif, -ive [adezif, iv] adj, nm adhesive.

adhésion [adezjɔ̃] nf **a** (accord) support (*à* for) **b** (club) membership (*à* of).

adieu, pl **~x** [adjø] excl, nm farewell, goodbye ◇ **dire ~ à** to say goodbye to.

adjacent, e [adʒasɑ̃, ɑ̃t] adj adjacent (*à* to).

adjectif [adʒɛktif] nm adjective.

adjoindre [adʒwɛ̃dr(ə)] [49] vt to add ◆ **adjoint, e** adj, nm, f assistant ◇ ~ **au maire** deputy mayor ◆ **adjonction** nf addition.

adjudant [adʒydɑ̃] nm warrant officer.

adjudication [adʒydikɑsjɔ̃] nf (vente aux enchères) sale by auction; (contrat) awarding.

adjuger [adʒyʒe] 3 vt (enchères) to auction; (récompense) to award (*à* to) ◇ **adjugé, vendu!** going, going, gone!; **s'~ qch** [famil] to grab sth.

adjuration [adʒyʀɑsjɔ̃] nf entreaty ◆ **adjurer** 1 vt ◇ **~ qn de faire** to entreat sb to do.

admettre [admɛtʀ(ə)] 56 vt (visiteur, nouveau membre) to admit; (erreur) to admit, acknowledge; (excuse, attitude) to accept; (par supposition) to suppose, assume ◇ **c'est chose admise** it's an accepted fact; **règle qui n'admet pas d'exception** rule which admits of no exception; **il a été admis à l'examen** he passed the exam.

administrateur, -trice [administʀatœʀ, tʀis] nm,f administrator ◆ **administratif, -ive** adj administrative ◆ **administration** nf **a** (entreprise) management, running; (pays) running, government; (justice, remède) administration **b** (service public) government department ◇ **l'~ locale** local government; **l'~ des Impôts** the tax department ◆ **administrer** 1 vt **a** to manage; to run; to govern; to administer **b** (coup) to deal; (preuve) to produce.

admirable [admiʀabl(ə)] adj admirable ◆ **admirateur, -trice** nm,f admirer ◆ **admiratif, -ive** adj admiring ◆ **admiration** nf admiration ◇ **faire l'~ de qn** to fill sb with admiration ◆ **admirer** 1 vt to admire.

admis, e [admi, iz] nm,f (Scol) successful candidate ◆ **admissible** adj (conduite) acceptable; (postulant) eligible (*à* for) ◆ **admission** nf (club) admission, entry; (école) acceptance, entrance (*à* to) ◇ **demande d'~** application (*à* to join).

ADN [ɑdeɛn] nm abrév de *acide désoxyribonucléique* DNA.

adolescence [adɔlesɑ̃s] nf adolescence ◆ **adolescent, e** nm,f adolescent, teenager.

adonner (s') [adɔne] 1 vpr ◇ **s'~ à** (études) to devote o.s. to; (vice) to take to.

adopter [adɔpte] 1 vt to adopt; (loi) to pass ◆ **adoptif, -ive** adj (enfant) adopted; (parent) adoptive ◆ **adoption** nf adoption.

adorable [adɔʀabl(ə)] adj adorable, delightful ◆ **adorateur, -trice** nm,f worshipper ◆ **adoration** nf adoration, worship ◇ **être en ~ devant** to adore, worship ◆ **adorer** 1 vt to adore, worship.

adosser [adose] 1 vt ◇ **~ qch à** to stand sth against; **s'~ contre qch** to lean against sth.

adoucir [adusiʀ] 2 **1** vt (gén) to soften; (avec sucre) to sweeten; (conditions pénibles) to ease **2** **s'adoucir** vpr to soften; (température) to get milder; (pente) to become gentler ◆ **adoucissement** nm softening; easing ◇ **un ~ de la température** a spell of milder weather ◆ **adoucisseur** nm ◇ **~ d'eau** water softener.

adresse [adʀɛs] nf **a** (domicile) address ◇ **à l'~ de** for the attention of **b** (manuelle) deftness, skill; (subtilité) shrewdness, skill ◇ **jeu d'~** game of skill.

adresser [adʀese] 1 **1** vt (lettre) to send; (remarque, requête) to address; (compliment) to pay; (sourire) to give (*à* to); (reproche) to aim (*à* at) ◇ **~ la parole à qn** to address sb **2** **s'adresser** vpr ◇ **s'~ à** (interlocuteur) to speak to, address; (responsable) to go and see; (bureau) to apply to; **livre qui s'adresse aux femmes** book written for women.

adroit, e [adʀwa, wat] adj (manuellement) skilful, deft; (subtil) shrewd ◇ **~ de ses mains** clever with one's hands.

adulte [adylt(ə)] **1** adj (personne) adult; (animal, plante) fully-grown **2** nmf adult, grown-up.

adultère [adyltɛʀ] **1** adj ◇ **femme ~** adulteress; **homme ~** adulterer **2** nm adultery.

advenir [advəniʀ] 22 vb impers **a** ◇ (survenir) **~ que** to happen that; **il m'advint de** I happened to; **advienne que pourra** come what may; **quoi qu'il advienne** whatever happens **b** ◇ (devenir) **~ de** to become of.

adverbe [advɛʀb(ə)] nm adverb ◆ **adverbial, e**, mpl **-aux** adj adverbial.

adversaire [advɛʀsɛʀ] nmf opponent, adversary ◆ **adverse** adj (forces) opposing; (sort) adverse ◆ **adversité** nf adversity.

aération [aeʀɑsjɔ̃] nf ventilation.

aérer [aeʀe] 6 vt (pièce) to air; (présentation) to lighten ◇ **pièce aérée** airy room; **s'~** to get some fresh air.

aérien, -ienne [aeʀjɛ̃, jɛn] adj (gén) air; (photographie) aerial; (câble) overhead; (démarche) light.

aéro [aeʀo] préf ◇ ◆ **aérobic** nf aerobics (sg) ◆ **aéro-club** nm flying club ◆ **aérodrome** nm airfield ◆ **aérodynamique** adj streamlined, aerodynamic ◆ **aérogare** nf (aéroport) airport; (en ville) air terminal ◆ **aéroglisseur** nm hovercraft ◆ **aéronautique** nf aeronautics (sg) ◆ **aéroplane** nm aeroplane, airplane (US) ◆ **aéroport** nm airport ◆ **aérosol** nm aerosol.

affabilité [afabilite] nf affability ◆ **affable** adj affable.

affabuler [afabyle] 1 vi to make up stories.

affaiblir vt, **s'affaiblir** vpr [afebliʀ] 2 to weaken ◆ **affaiblissement** nm weakening.

ffaire [afɛʀ] nf **a** (gén: histoire) matter, usiness; (Jur: procès) case; (firme, boutique) usiness; (transaction) deal, bargain ◊ **une** onne ~ a good deal ou bargain; **c'est l'** ~ **quelques minutes** it'll only take a inute; **ce n'est pas ton** ~ it's none of our business **b** ◊ ~**s** (gén, Pol) affairs; ommerce) business; (habits) clothes; (objets) ings, belongings; **venir pour** ~**s** to come n business **c** ◊ **avoir** ~ **à** (cas) to be ced with; (personne) to speak to; **tu auras à moi!** you'll be hearing from me!; **être son** ~ to be in one's element; **ce n'est as une** ~ it's nothing to get worked up bout; **faire** ~ **avec qn** to make a bargain deal with sb; **j'en fais mon** ~ I'll deal ith that; **ça fait mon** ~ that's just what I eed; **cela ne fait rien à l'**~ that's got othing to do with it; **il en a fait une** ~ **'état** [famil] he made a great issue of it; **il 'a tiré d'**~ he helped me out.

ffairement [afɛʀmɑ̃] nm bustling activity **s'affairer** [1] vpr to bustle about (*à faire* oing) ◊ **être affairé** to be busy.

ffaissement [afɛsmɑ̃] nm subsidence ◆ **affaisser** [1] vpr (sol) to subside; (poutre) to ag; (plancher) to cave in; (s'écrouler) to ollapse.

ffaler (s') [afale] [1] vpr to slump down.

ffamé, e [afame] adj starving ◆ **affamer**] vt to starve.

ffectation [afɛktasjɔ̃] nf **a** (immeuble, omme) allocation (*à* to, for) **b** (nomination) ppointment; (à une région) posting **c** imulation) affectation.

ffecter [afɛkte] [1] vt **a** (feindre) to affect ~ **de faire** to pretend to do **b** (destiner) allocate (*à* to, for) **c** (nommer) to ppoint (*à* to) **d** (émouvoir) to affect, nove; (concerner) to affect.

ffectif, -ive [afɛktif, iv] adj (gén) affective; ie) emotional ◆ **affection** nf **a** (tendresse) ffection ◊ **avoir de l'**~ **pour** to be fond of (maladie) disease ◆ **affectionner** [1] vt to e fond of ◆ **affectivité** nf affectivity ◆ **ffectueux, -euse** adj affectionate ◆ **ffectueusement** adv affectionately.

fférent, e [afeʀɑ̃, ɑ̃t] adj ◊ (Admin) ~ **à** ertaining to.

ffermir [afɛʀmiʀ] [2] vt to strengthen ◆ **ffermissement** nm strengthening.

ffichage [afiʃaʒ] nm (résultat) sticking up; Ordin) display ◆ **affiche** nf poster; (Théât) lay bill; (officielle) public notice ◊ (Théât) **enir longtemps l'**~ to have a long run ◆ **fficher** [1] vt **a** (résultat) to stick up; (Théât) o bill; (Ordin) to display **b** (émotion, vice) to isplay.

ffilé, e [afile] **1** adj sharp **2** nf ◊ **d'**~**e** in row ◆ **affiler** [1] vt to sharpen.

affiliation [afiljɑsjɔ̃] nf affiliation ◆ **affilié, e** nm,f affiliated member ◆ **s'affilier** [7] vpr to become affiliated (*à* to).

affiner [afine] [1] vt (gén) to refine; (sens) to sharpen.

affinité [afinite] nf affinity.

affirmatif, -ive [afiʀmatif, iv] adj, nf affirmative ◊ **il a été** ~ he was quite positive ◆ **affirmation** nf assertion.

affirmer [afiʀme] [1] vt (fait, volonté) to maintain, assert; (autorité, talent) to assert ◊ **pouvez-vous l'**~**?** can you swear to it ou be positive about it?

affleurer [aflœʀe] [1] **1** vi to show on the surface **2** vt (Tech) to make flush.

affliction [afliksjɔ̃] nf affliction.

affliger [afliʒe] [3] vt to distress ◊ **être affligé de** to be afflicted with.

affluence [aflyɑ̃s] nf (gens) crowds (pl) ◊ **heure d'**~ peak ou rush hour.

affluent [aflyɑ̃] nm tributary.

affluer [aflye] [1] vi (sang) to rush; (foule) to flock (*à, vers* to); (lettres, argent) to flood in ◆ **afflux** nm (fluide) inrush; (argent, foule) influx.

affolant, e [afɔlɑ̃, ɑ̃t] adj alarming ◆ **affolé, e** adj panic-stricken ◊ **je suis** ~ **de voir ça** [famil] I'm appalled at that ◆ **affolement** nm panic ◊ **pas d'**~**!** [famil] don't panic! ◆ **affoler** [1] **1** vt to throw into a panic **2** **s'affoler** vpr to panic.

affranchir [afʀɑ̃ʃiʀ] [2] vt (lettre) to stamp; (à la machine) to frank; (esclave, esprit) to free (*de* from) ◆ **affranchissement** nm stamping; franking; freeing; (prix payé) postage.

affres [afʀ(ə)] nfpl ◊ **les** ~ **de** the pangs of.

affréter [afʀete] [6] vt to charter.

affreusement [afʀøzmɑ̃] adv horribly, dreadfully, awfully ◆ **affreux, -euse** adj (laid) hideous, ghastly; (abominable) dreadful, awful.

affrioler [afʀijɔle] [1] vt to tempt.

affront [afʀɔ̃] nm affront.

affrontement [afʀɔ̃tmɑ̃] nm confrontation ◆ **affronter** [1] **1** vt (adversaire, danger) to confront, face; (mort, froid) to brave **2** **s'affronter** vpr (adversaires) to confront each other; (théories) to clash.

affubler [afyble] [1] vt ◊ ~ **qn de** (vêtement) to rig sb out in; (nom) to give sb.

affût [afy] nm ◊ ~ **de canon** gun carriage; **chasser à l'**~ to lie in wait for game; **être à l'**~ **de qch** to be on the look-out for sth.

affûter [afyte] [1] vt to sharpen.

afghan, e [afgɑ̃, an] adj, **A**~**, e** nm,f Afghan ◆ **Afghanistan** nm Afghanistan.

afin [afɛ̃] prép ◊ ~ **de** to, in order to, so as to; ~ **que** + subj so that, in order that.

AFP [aɛfpe] nf abrév de *Agence France-Presse* French Press Agency.

africain, e [afʀikɛ̃, ɛn] adj, **A~, e** nm,f African ◆ **Afrique** nf Africa ◇ **l'~ du Sud** South Africa.

AG [aʒe] nf abrév de *assemblée générale* → **assemblée.**

agacement [agasmɑ̃] nm irritation ◆ **agacer** 3 vt ◇ **~ qn** to get on sb's nerves, irritate sb.

âge [ɑʒ] nm age ◇ **quel ~ avez-vous?** how old are you?; **d'un ~ avancé** elderly; **d'~ moyen** middle-aged; **il a pris de l'~** he has aged; **j'ai passé l'~ de le faire** I'm too old to do it; **être en ~ de** to be old enough to; **l'~ adulte** adulthood; **l'~ ingrat** the awkward age; **l'~ mûr** maturity, middle age ◆ **âgé, e** adj ◇ **être ~** to be old; **être ~ de 9 ans** to be 9 years old; **enfant ~ de 4 ans** 4 year-old child; **dame ~e** elderly lady; **les personnes ~es** the elderly, old people.

agence [aʒɑ̃s] nf (succursale) branch; (bureaux) offices; (organisme) agency ◇ **~ immobilière** estate agent's office; **~ de presse/voyages** news/travel agency.

agencement [aʒɑ̃smɑ̃] nm (disposition) arrangement; (équipement) equipment ◆ **agencer** 3 vt to arrange; to equip.

agenda [aʒɑ̃da] nm diary.

agenouiller (s') [aʒnuje] 1 vpr to kneel ◇ **être agenouillé** to be kneeling.

agent [aʒɑ̃] nm (gén) agent; (de police) policeman ◇ **pardon monsieur l'~** excuse me, officer; **~ d'assurances** insurance agent; **~ de change** stockbroker.

agglomération [aglɔmeʀɑsjɔ̃] nf (ville) town ◇ **l'~ parisienne** Paris and its suburbs.

aggloméré [aglɔmeʀe] nm (bois) chipboard.

aggravation [agʀavɑsjɔ̃] nf (situation) worsening; (impôt, chômage) increase ◆ **aggraver** 1 **1** vt to make worse; to increase **2** **s'aggraver** vpr to get worse; to increase.

agile [aʒil] adj agile, nimble ◆ **agilité** nf agility, nimbleness.

agir [aʒiʀ] 2 **1** vi (gén) to act; (se comporter) to behave (*envers* towards) **2** **s'agir** vb impers **a** ◇ (il est question de) **il s'agit d'un temple grec** it is a Greek temple; **de quoi s'agit-il?** what's it about?; **il ne s'agit pas d'argent** it's not a question of money; **les livres dont il s'agit** the books in question **b** ◇ (il est nécessaire de faire) **il s'agit pour lui de réussir** what he has to do is succeed.

agissements [aʒismɑ̃] nmpl (péj) schemes.

agitateur, -trice [aʒitatœʀ, tʀis] nm,f (Pol) agitator.

agitation [aʒitɑsjɔ̃] nf (nervosité) restlessness; (inquiétude) agitation; (rue) bustle; (Pol) unrest ◆ **agité, e** adj **a** (remuant) restless; (troublé) agitated **b** (mer) rough; (vie) hectic; (époque) troubled; (nuit) restless ◆ **agiter** 1 **1** vt **a** (secouer) to shake; (bras) to wave; (menace) to brandish **b** (inquiéter) to trouble, worry **2** **s'agiter** vpr (malade) to toss restlessly; (élève) to fidget; (foule) to stir.

agneau, pl **~x** [aɲo] nm lamb; (fourrure) lambskin.

agonie [agɔni] nf death throes ◇ **être à l'~** to be at death's door ◆ **agoniser** 1 vi to be dying.

agrafe [agʀaf] nf (vêtement) hook; (papiers) staple; (Méd) clip ◆ **agrafer** 1 vt to hook up; to staple ◆ **agrafeuse** nf stapler.

agraire [agʀɛʀ] adj (lois) agrarian; (surface) land.

agrandir [agʀɑ̃diʀ] 2 **1** vt (gén) to widen; (firme) to expand; (photographie) to enlarge ◇ (maison) **faire ~** to extend **2** **s'agrandir** vpr (famille, entreprise) to expand; (écart) to widen; (trou) to get bigger ◆ **agrandissement** nm (local) extension; (ville) expansion; (Phot) enlargement.

agréable [agʀeabl(ə)] adj pleasant, agreeable, nice ◇ **pour lui être ~** in order to please him ◆ **agréablement** adv pleasantly, agreeably.

agréer [agʀee] 1 vt to accept ◇ **veuillez ~ mes sincères salutations** yours sincerely; **fournisseur agréé** authorized ou registered dealer; **si cela vous agrée** if it suits you.

agrément [agʀemɑ̃] nm **a** (charme) attractiveness, pleasantness ◇ **voyage d'~** pleasure trip **b** (accord) assent ◆ **agrémenter** 1 vt to embellish ◇ **~ qch de** to accompany sth with.

agrès [agʀɛ] nmpl (Naut) tackle; (Sport) gymnastics apparatus.

agresser [agʀese] 1 vt to attack ◆ **agresseur** nm attacker ◆ **agressif, -ive** adj aggressive ◆ **agression** nf attack ◆ **agressivité** nf aggressiveness.

agricole [agʀikɔl] adj (gén) agricultural; (ouvrier, produits) farm; (population) farming ◆ **agriculteur** nm farmer ◆ **agriculture** nf agriculture, farming.

agripper [agʀipe] 1 vt to grab ou clutch hold of ◇ **s'~ à qch** to clutch ou grip sth.

agro-alimentaire [agʀoalimɑ̃tɛʀ] **1** adj (industrie) farm-produce **2** nm ◇ **l'~** the farm-produce industry.

agronome [agʀɔnɔm] nm agronomist ◇ **ingénieur ~** agricultural engineer.

agrumes [agʀym] nmpl citrus fruits.

aguerrir [ageʀiʀ] 2 vt to harden (*contre* against) ◇ **troupes aguerries** seasoned troops.

aguets [agɛ] nmpl ◇ **aux ~** on the look-out.

ahuri, e [ayʀi] **1** adj (stupéfait) stunned, staggered; (stupide) stupefied **2** nm,f (péj) blockhead [famil] ◆ **ahurissant, e** adj staggering ◆ **ahurissement** nm stupefaction.

aide [ɛd] 1 nf help, assistance, aid ◇ **crier à l'~** to shout for help; **venir en ~ à qn** to help sb; **à l'~ de** with the help ou aid of 2 nmf assistant ◇ **~ de camp** aide-de-camp.

aider [ede] 1 1 vt to help ◇ **je me suis fait ~ par** ou **de mon frère** I got my brother to help ou assist me; **aidée de sa canne** with the help ou aid of her walking stick 2 **s'aider** vpr ◇ **s'~ de** to use.

aïe [aj] excl ouch!

aïeul [ajœl] nm grandfather ◆ **aïeule** nf grandmother ◆ **aïeux** nmpl forefathers.

aigle [ɛgl(ə)] nmf eagle ◇ **ce n'est pas un ~** [famil] he's no genius.

aigre [ɛgʀ(ə)] adj (goût) sour; (son) sharp; (vent) bitter, keen; (critique) harsh ◇ **~-doux** bitter-sweet ◆ **aigreur** nf (goût) sourness; (ton) sharpness ◇ **~s d'estomac** heartburn ◆ **aigrir** 2 1 vt (personne) to embitter 2 **s'aigrir** vpr (aliment) to turn sour.

aigu, -uë [egy] 1 adj (son) high-pitched, shrill; (Mus) high; (douleur) acute, sharp; (pointe) sharp, pointed 2 nm ◇ (Mus) **les ~s** the high notes.

aiguillage [egɥijaʒ] nm (instrument) points, switch (US).

aiguille [egɥij] nf (gén) needle; (horloge) hand; (balance) pointer ◇ **~ de pin** pine needle.

aiguiller [egɥije] 1 vt to direct, steer (*vers* towards); (Rail) to shunt, switch (US) ◆ **aiguilleur** nm pointsman, switchman (US) ◇ (Aviat) **~ du ciel** air-traffic controller.

aiguillon [egɥijɔ̃] nm (insecte) sting ◆ **aiguillonner** 1 vt (fig) to spur on.

aiguiser [egize] 1 vt (outil) to sharpen; (appétit) to whet.

ail, pl **~s, aulx** [aj,o] nm garlic.

aile [ɛl] nf (gén) wing; (moulin) sail; (hélice) blade ◇ **donner des ~s** to lend wings ◆ **aileron** nm (raie) fin; (avion) aileron ◆ **ailette** nf blade ◆ **ailier** nm winger.

ailleurs [ajœʀ] adv somewhere else, elsewhere ◇ **nulle part ~** nowhere else; **par ~** (autrement) otherwise; (en outre) moreover; **d'~** (de plus) moreover; (entre parenthèses) by the way.

aimable [ɛmabl(ə)] adj kind, nice (*envers* to) ◇ **c'est très ~ à vous** it's most kind of you ◆ **aimablement** adv kindly, nicely.

1. **aimant, e** [ɛmɑ̃, ɑ̃t] adj loving, affectionate.

2. **aimant** [ɛmɑ̃] nm magnet ◆ **aimanté, e** adj magnetic ◆ **aimanter** 1 vt to magnetize.

aimer [eme] 1 1 vt (amour) to love, be in love with; (amitié, goût) to like, be fond of ◇ **je n'aime pas beaucoup cet acteur** I'm not very keen on that actor; **elle n'aime pas qu'il sorte le soir** she doesn't like him to go out at night; **elle aimerait mieux des livres** she would rather have books; **j'aimerais autant le faire** I'd just as soon do it 2 **s'aimer** vpr to be in love, love each other.

aine [ɛn] nf groin (Anat).

aîné, e [ene] 1 adj (entre 2) elder, older; (plus de 2) eldest, oldest 2 nm,f eldest child ◇ **il est mon ~ de 2 ans** he's 2 years older than me.

ainsi [ɛ̃si] adv ◇ (de cette façon) **ça s'est passé ~** it happened in this way ou like this; (donc) **~ tu vas partir!** so, you're going to leave!; **~ que je le disais** just as I said; **sa beauté ~ que sa candeur** her beauty as well as her innocence; **pour ~ dire** so to speak, as it were; **et ~ de suite** and so on (and so forth).

air [ɛʀ] nm a (gaz, espace) air; (vent) breeze; (courant d'air) draught ◇ **avec ~ conditionné** with air conditioning; **sans ~** stuffy; **l'~ libre** the open air; **mettre la literie à l'~** to air the bedclothes; **sortir prendre l'~** to go out for a breath of fresh air; **regarde en l'~** look up; (idée) **être dans l'~** to be in the air; **flanquer en l'~** [famil] (jeter) to chuck away [famil]; (gâcher) to mess up [famil]; **en l'~** (paroles) idle, empty; (en désordre) upside down b (expression) look, air ◇ **ça m'a l'~ d'un mensonge** it sounds to me like a lie; **elle a l'~ intelligente** she looks ou seems intelligent; **il a eu l'~ de ne pas comprendre** he didn't seem to understand c (opéra) aria; (mélodie) tune, air.

aire [ɛʀ] nf (gén, Math) area ◇ **~ de jeu** adventure playground; **~ de lancement** launching site; **~ de repos** rest area (*on motorway* etc).

aisance [ɛzɑ̃s] nf (facilité) ease; (richesse) affluence.

aise [ɛz] nf joy, pleasure ◇ **être à l'~** (situation) to feel at ease; (confort) to feel comfortable; (richesse) to be comfortably off; **mal à l'~** ill at ease; uncomfortable; **mettez-vous à l'~** make yourself at home ou comfortable; **à votre ~!** please yourself!; **aimer ses ~s** to be fond of one's creature comforts ◆ **aisé, e** adj (facile) easy; (riche) well-to-do ◆ **aisément** adv easily.

aisselle [ɛsɛl] nf armpit.

ajonc [aʒɔ̃] nm ◇ **~(s)** gorse.

ajournement [aʒuʀnəmɑ̃] nm (gén) adjournment; (décision) deferment; (candidat) failing ◆ **ajourner** 1 vt to adjourn (*d'une semaine* for a week); to defer; to fail.

ajout [aʒu] nm addition ◆ **ajouter** 1 1 vt to add ◇ **~ foi aux dires de qn** to believe sb's statements 2 **ajouter à** vt indir, **s'ajouter à** vpr to add to.

ajustage [aʒystaʒ] nm (Tech) fitting ◆ **ajustement** nm (prix) adjustment ◆ **ajuster** [1] **1** vt (adapter) to adjust; (cible) to aim at ◇ ~ **qch à** to fit sth to; **robe ajustée** close-fitting dress **2** **s'ajuster** vpr (s'emboîter) to fit (together).

alarme [alaʀm(ə)] nf alarm ◇ **donner l'~** to give the alarm ◆ **alarmer** [1] **1** vt to alarm **2** **s'alarmer** vpr to become alarmed (*de* about, at) ◆ **alarmiste** adj, nmf alarmist.

albanais, e [albanɛ, ɛz] adj, nm, **A~, e** nm,f Albanian ◆ **Albanie** nf Albania.

albâtre [albɑtʀ(ə)] nm alabaster.

albatros [albatʀos] nm albatross.

albinos [albinos] nmf, adj inv albino.

album [albɔm] nm album ◇ ~ **à colorier** colouring book.

albumine [albymin] nf albumin.

alchimie [alʃimi] nf alchemy ◆ **alchimiste** nm alchemist.

alcool [alkɔl] nm ◇ **de l'~** (gén) alcohol; (eau de vie) spirits; ~ **à 90°** surgical spirit; ~ **de prune** plum brandy ◆ **alcoolémie** nf ◇ **taux d'~** alcohol level *(in the blood)* ◆ **alcoolique** adj, nmf alcoholic ◆ **alcoolisé, e** adj alcoholic ◆ **alcoolisme** nm alcoholism ◆ **alcoo(l)test** nm (objet) Breathalyser ®; (épreuve) breath test.

alcôve [alkov] nf alcove.

aléa [alea] nm hazard, risk ◆ **aléatoire** adj (incertain) uncertain; (risqué) chancy, risky; (Ordin) (nombre, accès) random.

alentour [alɑ̃tuʀ] adv around, round about ◆ **alentours** nmpl (ville) neighbourhood ◇ **aux ~ de Dijon** in the vicinity ou neighbourhood of Dijon; **aux ~ de 8 heures** round about 8 o'clock.

alerte [alɛʀt(ə)] **1** adj (personne) agile; (esprit) alert, agile; (style) brisk **2** nf alert, alarm; (Méd etc: avertissement) warning sign ◇ **donner l'~ à qn** to alert sb; ~ **aérienne** air raid warning; **~!** watch out!; ~ **à la bombe** bomb scare ◆ **alerter** [1] vt (donner l'alarme) to alert; (informer) to inform, notify; (prévenir) to warn.

alezan, e [alzɑ̃, an] adj, nm, f chestnut *(horse)*.

algèbre [alʒɛbʀ(ə)] nf algebra ◆ **algébrique** adj algebraic.

Algérie [alʒeʀi] nf **a** Algeria ◆ **algérien, -ienne** adj, **A~, -ienne** nm,f **b** Algerian.

algue [alg(ə)] nf ◇ **~(s)** seaweed.

alibi [alibi] nm alibi.

aliénation [aljenɑsjɔ̃] nf (gén) alienation; (Méd) derangement ◆ **aliéné, e** nm,f insane person, lunatic.

alignement [aliɲmɑ̃] nm alignment ◇ **être à l'~** to be in line ◆ **aligner** [1] **1** vt (gén) to line up; (chiffres) to string together ◇ ~ **sa politique** etc **sur** to bring one's policies etc into line with **2** **s'aligner** vpr (soldats) to line up ◇ **s'~ sur un pays** to align o.s. with a country.

aliment [alimɑ̃] nm ◇ **~(s)** food ◆ **alimentaire** adj (besoins) food.

alimentation [alimɑ̃tɑsjɔ̃] nf (action) feeding; (régime) diet; (métier) food trade; (rayon) groceries ◇ **magasin d'~** grocery store; **l'~ en eau des villes** supplying water to towns ◆ **alimenter** [1] **1** vt (gén) to feed; (moteur, ville) to supply (*en* with) **2** **s'alimenter** vpr to eat.

alinéa [alinea] nm paragraph.

aliter (s') [alite] [1] vpr to take to one's bed ◇ **rester alité** to be confined to bed.

allaitement [alɛtmɑ̃] nm feeding ◆ **allaiter** [1] vt (femme) to breast-feed; (animal) to suckle ◇ ~ **au biberon** to bottle-feed.

allant [alɑ̃] nm (dynamisme) drive.

allécher [aleʃe] [6] vt to tempt.

allée [ale] nf (gén) path; (parc) walk; (large) avenue; (cinéma, bus) aisle ◇ **leurs ~s et venues** their comings and goings.

alléger [aleʒe] [6] et [3] vt to lighten ◇ **beurre allégé** law-fat butter.

allégorie [alegɔʀi] nf allegory.

allègre [alɛgʀ(ə)] adj (gai) cheerful; (vif) lively ◆ **allégresse** nf elation, exhilaration.

alléguer [alege] [6] vt (prétexte) to put forward ◇ **il allégua que...** he argued that...

Allemagne [almaɲ] nf Germany ◆ **allemand, e** adj, nm, **A~, e** nm,f German.

aller [ale] [9] **1** vi **a** (gén) to go ◇ ~ **et venir** to come and go; ~ **à Paris** to go to Paris; ~ **sur ses 8 ans** to be nearly 8 **b** ◇ (santé, situation) **comment allez-vous? – ça va** [famil] how are you? – I'm fine; **ça va mieux** I'm feeling better; **ça va les affaires?** [famil] how are you getting on?; **ça va mal** (santé) I'm not well; (situation) things aren't going too well; **ta pendule va bien?** is your clock right? **c** ◇ (convenir) ~ **à qn** (costume) to fit sb; (plan, genre) to suit sb; (climat) to agree with sb; ~ **bien avec** to go well with; **ces ciseaux ne vont pas** these scissors won't do ou are no good **d** ◇ **allons!, allez!** come on!; **comme tu y vas!** you're going a bit far!; ~ **de soi** to be self-evident ou obvious; **cela va sans dire** it goes without saying; **il en va de même pour les autres** the same applies to the others; **il y va de votre vie** your life is at stake **2** vb aux (+ infin) **a** (futur immédiat) to be going to ◇ **ils allaient commencer** they were going ou were about to start **b** ◇ ~ **faire qch** to go and do sth; **il est allé me chercher mes lunettes** he went to get my glasses **3** **s'en aller** vpr partir) to go away, leave; (mourir) to die; ndre sa retraite) to retire ◇ **ils s'en vont à** **is** they are going to Paris **b** (tache) to ne off **4** nm (trajet) outward journey; t) single ou one-way (US) ticket ◇ **je ne** **que l'~-retour** I'm just going there back; **prendre un ~-retour** to buy a urn ou round-trip (US) ticket.

ergie [alɛʀʒi] nf allergy ◆ **allergique** adj rgic (*à* to).

age [aljaʒ] nm alloy.

ance [aljɑ̃s] nf (Pol) alliance; (Bible) enant; (mariage) marriage; (bague) wedg ring; (mélange) combination ◇ **oncle** ~ uncle by marriage ◆ **allié, e** **1** adj ed **2** nm,f ally ◆ **allier** 7 **1** vt to nbine **2** **s'allier** vpr (efforts) to combine, te; (Pol) to become allied (*à* to).

gator [aligatɔʀ] nm alligator.

ô [alo] excl (Téléc) hullo!, hello!

ocation [alɔkasjɔ̃] nf **a** (allouer) ocation; granting **b** (somme) owance ◇ ~ **de chômage** unemploynt benefit; ~**s familiales** child benefits.

ocution [alɔkysjɔ̃] nf short speech.

ongement [alɔ̃ʒmɑ̃] nm lengthening.

onger [alɔ̃ʒe] 3 **1** vt (rendre plus long) to gthen; (étendre) to stretch out; (Culin) ce) to thin **2** **s'allonger** vpr **a** (ombres, s) to lengthen; (enfant) to grow taller; cours) to drag on **b** (s'étendre) to lie wn ◆ **allongé, e** adj **a** ◇ (étendu) **être** ~ e lying; ~ **sur son lit** lying on one's bed (long) long.

ouer [alwe] 1 vt (gén) to allocate; emnité) to grant; (temps) to allow, alloe.

umage [alymaʒ] nm (Aut) ignition.

ume-cigare [alymsigaʀ] nm inv cigar nter.

ume-gaz [alymgaz] nm inv gas lighter *r cooker)*.

umer [alyme] 1 **1** vt (feu) to light; (Élec) switch ou turn on ◇ **laisse la lumière** **mée** leave the light on **2** **s'allumer** vpr endie) to flare up, blaze; (guerre) to break ◇ **où est-ce que ça s'allume?** where do switch it on?

umette [alymɛt] nf match.

ure [alyʀ] nf **a** (vitesse) (véhicule) speed; ton) pace ◇ **à toute** ~ at top ou full eed **b** (démarche) walk; (attitude) look, pearance ◇ **d'~ bizarre** odd-looking.

usion [alyzjɔ̃] nf allusion (*à* to); hint (*à* ◇ **faire ~ à** to allude to, hint at.

oi [alwa] nm ◇ **de bon** ~ wholesome; **de** **uvais** ~ unwholesome.

ors [alɔʀ] adv then ◇ ~ **que** (simultanéité) ile, when; (opposition) whereas; **il pleut** ~**?** it's raining so what?

ouette [alwɛt] nf lark.

alourdir [aluʀdiʀ] 2 **1** vt (gén) to make heavy; (impôts) to increase **2** **s'alourdir** vpr to get heavy ◆ **alourdissement** nm heaviness; (impôts) increase (*de* in).

Alpes [alp(ə)] nfpl ◇ **les** ~ the Alps.

alphabet [alfabɛ] nm alphabet ◇ ~ **morse** Morse code ◆ **alphabétique** adj alphabetical ◆ **alphabétiser** 1 vt ◇ ~ **qn** to teach sb how to read and write.

alpin, e [alpɛ̃, in] adj alpine ◆ **alpinisme** nm mountaineering, climbing ◆ **alpiniste** nmf mountaineer, climber.

altération [alteʀasjɔ̃] nf (gén) change, alteration; (texte, vérité, visage) distortion; (santé, relations) deterioration; (Mus) accidental.

altercation [altɛʀkasjɔ̃] nf altercation.

altérer [alteʀe] 6 **1** vt **a** (modifier) to change, alter; (vérité etc) to distort; (denrées) to spoil **b** (assoiffer) to make thirsty **2** **s'altérer** vpr (nourriture) to go off; (santé, relations) to deteriorate; (voix) to break; (vin) to spoil.

alternance [altɛʀnɑ̃s] nf (gén) alternation; (Pol) changeover of political power between parties ◇ **être en** ~ to alternate.

alternatif, -ive [altɛʀnatif, iv] **1** adj alternate; (Élec) alternating **2** nf alternative ◆ **alternativement** adv alternately, in turn ◆ **alterné, e** adj alternate ◆ **alterner** 1 vt to alternate (*avec* with).

altesse [altɛs] nf (titre) highness.

altitude [altityd] nf altitude, height ◇ **à 500 mètres d'~** at a height ou an altitude of 500 metres.

alto [alto] nm (instrument) viola.

altruisme [altʀɥism(ə)] nm altruism ◆ **altruiste** **1** adj altruistic **2** nmf altruist.

aluminium [alyminjɔm] nm aluminium.

alunir [alyniʀ] 2 vi to land on the moon.

alvéole [alveɔl] nf ou m cell.

amabilité [amabilite] nf kindness ◇ **ayez l'~ de** be so kind as to.

amadouer [amadwe] 1 vt to mollify.

amaigrir [amegʀiʀ] 2 vt to make thin ◆ **amaigrissant, e** adj (régime) slimming, reducing (US) ◆ **amaigrissement** nm (pathologique) thinness; (volontaire) slimming ◇ **un ~ de 3 kg** a loss in weight of 3 kg.

amalgame [amalgam] nm **a** combination ◆ **amalgamer** vt, **s'amalgamer** vpr 1 **b** to combine.

amande [amɑ̃d] nf almond ◆ **amandier** nm almond tree.

amant [amɑ̃] nm lover.

amarre [amaʀ] nf mooring rope ◆ **amarrer** 1 vt (navire) to moor; (paquet) to make fast.

amas [amɑ] nm heap, pile ◆ **amasser** 1 **1** vt to pile up, amass **2** **s'amasser** vpr to pile up; (foule) to gather.

amateur [amatœʀ] nm (non-professionnel) amateur; (péj) dilettante ◇ ~ **d'art** art lover; **y a-t-il des ~s?** is anyone interested? ◆ **amateurisme** nm (Sport) amateurism; (péj) amateurishness.

Amazonie [amazoni] nf Amazonia ◆ **amazonien, -ienne** adj Amazonian.

ambages [ɑ̃baʒ] nfpl ◇ **sans ~** in plain language.

ambassade [ɑ̃basad] nf embassy; (démarche) mission ◆ **ambassadeur** nm ambassador (*auprès de* to).

ambiance [ɑ̃bjɑ̃s] nf atmosphere (*de* in, of) ◆ **ambiant, e** adj (milieu) surrounding; (température) ambient.

ambigu, -uë [ɑ̃bigy] adj ambiguous ◆ **ambiguïté** nf ambiguity ◇ **déclarer sans ~** to say unambiguously.

ambitieux, -euse [ɑ̃bisjø, øz] adj ambitious ◆ **ambition** nf ambition ◆ **ambitionner** [1] vt ◇ **il ambitionne de faire** his ambition is to do.

ambulance [ɑ̃bylɑ̃s] nf ambulance ◆ **ambulancier, -ière** nm,f (conducteur) ambulance driver; (infirmier) ambulance man (ou woman).

ambulant, e [ɑ̃bylɑ̃, ɑ̃t] adj travelling.

âme [ɑm] nf soul ◇ **grandeur d'~** noble-mindedness; **en mon ~ et conscience** in all conscience; **il est musicien dans l'~** he's a musician to the core; **il erre comme une ~ en peine** he is wandering about like a lost soul; **son ~ damnée** his henchman; **trouver l'~ sœur** to find a soul mate; **l'~ d'un complot** the moving spirit in a plot.

amélioration [ameljɔʀɑsjɔ̃] nf a improvement ◆ **améliorer** vt, **s'améliorer** vpr [1] b to improve.

aménageable [amenaʒabl(ə)] adj (horaire) flexible; (grenier) which can be converted (*en* into) ◆ **aménagement** nm (gén) development; (local) fitting out; (horaire) adjustment; (route) building ◆ **aménager** [3] vt to develop; to fit out; to adjust; to build ◇ ~ **un bureau dans une chambre** to fit up a study in a bedroom.

amende [amɑ̃d] nf fine ◇ **donner une ~ à** to fine.

amendement [amɑ̃dmɑ̃] nm amendment ◆ **amender** [1] 1 vt (loi) to amend; (champ) to enrich 2 **s'amender** vpr to mend one's ways.

amener [amne] [5] 1 vt (personne, objet) to bring; (catastrophe) to cause, bring about ◇ ~ **qn à faire qch** (circonstances) to lead sb to do sth; (personne) to get sb to do sth; ~ **la conversation sur un sujet** to lead the conversation on to a subject 2 **s'amener** [famil] vpr (venir) to come along.

amenuiser (s') [amənɥize] [1] vpr (gén) to dwindle; (chances) to lessen.

amer, -ère [amɛʀ] adj bitter.

américain, e [ameʀikɛ̃, ɛn] 1 American 2 nm (Ling) American Engl[ish] 3 nm,f ◇ **A ~, e** American ◆ **ar[né]ricanisme** nm americanism ◆ **Amériqu[e]** America.

amerrir [ameʀiʀ] [2] vi (Aviat) to make a [sea] landing; (Espace) to splash down **amerrissage** nm sea landing; splashdo[wn].

amertume [amɛʀtym] nf (lit, fig) bitterne[ss].

ameublement [amœbləmɑ̃] nm furnitu[re].

ameuter [amøte] [1] vt (voisins) to br[ing] out; (population) to rouse (*contre* agains[t]).

ami, e [ami] 1 nm,f friend; (am[ant]) boyfriend; (maîtresse) girlfrie[nd] lady-friend ◇ **se faire un ~ de qn** [to] make friends with sb; **~s des bê[tes]** animal lovers; **mon cher ~** my d[ear] fellow 2 adj friendly ◇ **être ~ avec qn** [to] be friendly ou be good friends with sb.

amiable [amjabl(ə)] adj ◇ **à l'~** (ve[nte]) private; (accord) amicable.

amiante [amjɑ̃t] nm asbestos.

amical, e, mpl -aux [amikal, o] 1 friendly 2 nf association, club **amicalement** adv in a friendly way ◇ (le[ttre]) **~, Paul** yours Paul.

amidon [amidɔ̃] nm starch ◆ **amidonner** vt to starch.

amincir [amɛ̃siʀ] [2] 1 vt (couche) to thin **s'amincir** vpr to get thinner.

amiral, e, mpl -aux [amiʀal, o] 1 adj **vaisseau ~** flagship 2 nm admiral **amirauté** nf admiralty.

amitié [amitje] nf a (sentiment) friendsh[ip] ◇ **avoir de l'~ pour qn** to be fond of **faites-moi l'~ de venir** do me the favour [of] coming b ◇ (lettre) **~s, Paul** yours, Pa[ul] **elle vous fait toutes ses ~s** she sends h[er] regards.

ammoniac [amɔnjak] nm ammonia **ammoniaque** nf liquid ammonia.

amnésie [amnezi] nf amnesia ◆ **amn[é]sique** adj, nmf amnesic.

amniocentèse [amnjosɛ̃tɛz] nf amn[io]centesis.

amniotique [amnjɔtik] adj amniotic.

amnistie [amnisti] nf amnesty ◆ **amnist[ier]** [7] vt to amnesty.

amoindrir [amwɛ̃dʀiʀ] [2] 1 vt (forces) [to] weaken; (quantité) to diminish ◇ (humilier) **qn** to belittle sb 2 **s'amoindrir** vpr [to] weaken; to diminish.

amollir [amɔliʀ] [2] vt to soften.

amonceler [amɔ̃sle] [4] 1 vt to pile [or] heap up 2 **s'amonceler** vpr to pile ou he[ap] up; (difficultés) to accumulate; (nuages, ne[ige]) to bank up ◆ **amoncellement** nm (tas) pi[le] heap; (accumulation) accumulation.

amont [amɔ̃] nm ◇ **en ~** (rivière) upstrea[m] (pente) uphill (*de* from).

norce [amɔʀs(ə)] nf **a** (Pêche) bait **b** xplosif) cap **c** (début) start, beginning ◆ **norcer** [3] vt (hameçon) to bait; (client) to ıtice; (pompe) to prime; (travaux) to start, egin ◇ **une détente s'amorce** there are gns of a detente.

morphe [amɔʀf(ə)] adj passive.

mortir [amɔʀtiʀ] [2] vt **a** (coup) to ıshion, soften; (bruit) to deaden, muffle (dette) to pay off; (matériel) to write off ◇ our ~ **la dépense** to recoup the cost ◆ **nortissement** nm (dette) paying off ◆ **nortisseur** nm shock absorber.

mour [amuʀ] nm love ◇ **faire l'~** to make ve (*avec* to, with); **cet enfant est un ~** ıat child's a real darling; **un ~ de bébé** a vely ou sweet little baby; **pour l'~ de ieu** for God's sake; **faire qch avec ~** to do :h with loving care ◆ **amoureux, -euse** **1** dj (aventures) amorous ◇ **être ~** to be in ve (*de* with) **2** nm,f love, sweetheart ◇ **s ~ de la nature** nature-lovers ◆ **moureusement** adv lovingly, amorously **amour-propre** nm self-esteem, pride.

movible [amɔvibl(ə)] adj removable, deıchable.

mpère [ɑ̃pɛʀ] nm ampere, amp.

mphibie [ɑ̃fibi] **1** adj amphibious **2** nm mphibian.

mphithéâtre [ɑ̃fiteɑtʀ(ə)] nm (Archit, Géol) mphitheatre; (Univ) lecture hall.

mple [ɑ̃pl(ə)] adj (jupe) full; (geste) weeping; (projet) vast; (sujet) ide-ranging ◇ **faire ~s provisions de** to ather a good supply of; **donner d'~s létails** to give a wealth of detail ◆ **mplement** adv (mériter) fully ◇ **ça suffit ~** hat's more than enough, that's ample.

mpleur [ɑ̃plœʀ] nf (vêtement) fullness; sujet) scope, range; (crise) scale, extent ◇ **rendre de l'~** to grow in scale.

mplificateur [ɑ̃plifikatœʀ] nm amplifier ◆ **amplification** nf (gén) increase; (son) mplification ◆ **amplifier** [7] **1** vt to ncrease; to amplify **2** **s'amplifier** vpr to ncrease.

mpoule [ɑ̃pul] nf (Élec) bulb; (Pharm) phial; nain) blister.

mputation [ɑ̃pytasjɔ̃] nf (bras etc) mputation; (texte, budget) drastic cut (*de* ı) ◆ **amputer** [1] vt to amputate; to cut rastically (*de* by).

musant, e [amyzɑ̃, ɑ̃t] adj amusing, ntertaining.

muse-gueule [amyzgœl] nm inv appetiter, snack.

musement [amyzmɑ̃] nm (jeu) game; passe-temps) diversion, pastime.

muser [amyze] [1] **1** vt to amuse, ntertain ◇ **si vous croyez que ça n'amuse!** if you think I enjoy it! **2** **'amuser** vpr **a** (jouer) (enfants) to play (*avec* with) ◇ **s'~ à un jeu** to play a game; **s'~ à faire** to amuse o.s. doing; (fig) **ne t'amuse pas à recommencer, sinon!** don't do ou start that again, or else! **b** ◇ (se divertir) **nous nous sommes bien amusés** we had great fun, we really enjoyed ourselves.

amygdale [amidal] nf tonsil.

an [ɑ̃] nm year ◇ **dans 3 ~s** in 3 years, in 3 years' time; **enfant de 6 ~s** 6-year-old child; **il a 22 ~s** he is 22; **je m'en moque comme de l'~ quarante** I couldn't care less.

anabolisant [anabɔlizɑ̃] nm anabolic steroid.

anachronique [anakʀɔnik] adj anachronistic ◆ **anachronisme** nm anachronism.

anagramme [anagʀam] nf anagram.

analogie [analɔʒi] nf analogy ◆ **analogue** **1** adj analogous (*à* to) **2** nm analogue.

analphabète [analfabɛt] adj, nmf illiterate ◆ **analphabétisme** nm illiteracy.

analyse [analiz] nf (gén) analysis; (Méd) test ◇ **se faire faire des ~s** to have some tests done; **~ grammaticale** parsing ◆ **analyser** [1] vt to analyse.

ananas [anana(s)] nm pineapple.

anarchie [anaʀʃi] nf anarchy ◆ **anarchique** adj anarchic ◆ **anarchisme** nm anarchism ◆ **anarchiste** **1** adj anarchistic **2** nmf anarchist.

anatomie [anatɔmi] nf anatomy ◆ **anatomique** adj anatomical.

ancestral, e, mpl **-aux** [ɑ̃sɛstʀal, o] adj ancestral.

ancêtre [ɑ̃sɛtʀ(ə)] nmf ancestor.

anchois [ɑ̃ʃwa] nm anchovy.

ancien, -ienne [ɑ̃sjɛ̃, jɛn] **1** adj **a** (gén) old; (de l'antiquité) ancient; (objet d'art) antique ◇ **~ combattant** ex-serviceman; **dans l'~ temps** in olden days **b** (précédent) former ◇ **~ élève** former pupil **2** nm ◇ (mobilier) **l'~** antiques **3** nm,f (par l'âge) elder, old person; (par l'expérience) senior person ◇ (Hist) **les ~s** the Ancients ◆ **anciennement** adv formerly ◆ **ancienneté** nf age; (dans un emploi) length of service ◇ (privilège) **à l'~** by seniority.

ancre [ɑ̃kʀ(ə)] nf anchor ◇ **jeter l'~** to cast anchor; **lever l'~** to weigh anchor ◆ **ancrer** [1] vt to anchor ◇ **idée bien ancrée** firmly rooted idea.

Andorre [ɑ̃dɔʀ] nf Andorra.

andouille [ɑ̃duj] nf (Culin) andouille; (famil: imbécile) clot [famil], fool ◇ **faire l'~** to act the fool.

âne [ɑn] nm donkey, ass; (fig) ass, fool.

anéantir [aneɑ̃tiʀ] 2 vt (détruire) to destroy; (fatigue) to exhaust; (chaleur, chagrin) to overwhelm ◆ **anéantissement** nm destruction; exhaustion; (abattement) dejection.

anecdote [anɛkdɔt] nf anecdote ◆ **anecdotique** adj anecdotal.

anémie [anemi] nf anaemia ◆ **anémique** adj anaemic.

anémone [anemɔn] nf anemone ◇ **~ de mer** sea anemone.

ânerie [ɑnʀi] nf (caractère) stupidity; (parole) stupid remark; (gaffe) blunder ◇ **dire des ~s** to talk rubbish ou nonsense.

ânesse [ɑnɛs] nf she-ass.

anesthésie [anɛstezi] nf anaesthetic ◇ **~ générale/locale** general/local anaesthetic; **faire une ~** to give an anaesthetic; **sous ~** under the anaesthetic ◆ **anesthésique** adj, nm anaesthetic ◆ **anesthésiste** nmf anaesthetist.

ange [ɑ̃ʒ] nm angel ◇ **oui mon ~** yes, darling; **avoir une patience d'~** to have the patience of a saint; **un ~ passa** there was an awkward pause; **être aux ~s** to be in seventh heaven; **~ gardien** (Rel, fig) guardian angel; (garde du corps) bodyguard ◆ **angélique** adj angelic.

angélus [ɑ̃ʒelys] nm angelus.

angine [ɑ̃ʒin] nf ◇ **avoir une ~** to have tonsillitis.

anglais, e [ɑ̃glɛ, ɛz] 1 adj English 2 nm a ◇ **A~** Englishman; **les A~** English people, the English; (hommes) Englishmen b (Ling) English 3 nf a ◇ **A~e** Englishwoman b ◇ (Coiffure) **~es** ringlets 4 adv ◇ **parler ~** to speak English.

angle [ɑ̃gl(ə)] nm (gén) angle; (coin) corner ◇ **le magasin qui fait l'~** the shop on the corner; **à ~ droit** at right angles.

Angleterre [ɑ̃glətɛʀ] nf England.

anglican, e [ɑ̃glikɑ̃, an] adj, nm, f Anglican.

anglicisme [ɑ̃glisism(ə)] nm anglicism ◆ **angliciste** nmf (étudiant) student of English; (spécialiste) anglicist.

anglo- [ɑ̃glɔ] préf anglo- ◆ **anglo-américain** nm (Ling) American English ◆ **anglo-saxon, -onne** adj, nm,f Anglo-Saxon ◆ **anglophile** adj, nmf ◇ **être ~** to be an anglophile ◆ **anglophobe** adj, nmf ◇ **être ~** to be an anglophobe ◆ **anglophone** 1 adj English-speaking 2 nmf English speaker.

angoisse [ɑ̃gwas] nf anguish ◆ **angoissant, e** adj agonizing ◆ **angoissé, e** adj (voix) anguished; (question) agonized ◇ **être ~** to be in anguish ◆ **angoisser** 1 vt to cause anguish to.

Angola [ɑ̃gɔla] nm a Angola ◆ **angolais, e** adj, **A~, e** nm,f b Angolan.

anguille [ɑ̃gij] nf eel ◇ **il y a ~ sous roche** there's something in the wind.

anicroche [anikʀɔʃ] [famil] nf hitch, snag **sans ~s** smoothly, without a hitch.

animal, e, mpl **-aux** [animal, o] adj, n animal ◇ **quel ~!** [famil] what a lout!

animateur, -trice [animatœʀ, tʀis] nm (spectacle) compère; (club) leader, spons (US); (camp de vacances) redcoat [fam camp counselor (US).

animation [animɑsjɔ̃] nf (gén) livelines animation; (affairement) bustle ◇ **mettre d l'~ dans une réunion** to liven up meeting.

animé, e [anime] adj (gén) lively; (discussio animated; (rue) busy ◇ (Philos) **être** animate being.

animer [anime] 1 1 vt a (groupe) to lea (réunion) to conduct; (spectacle) to compèr (conversation) to liven up b (sentimen mouvement) to drive ◇ **la joie qui anime sc visage** the joy that shines in his fac **animé d'un mouvement régulier** moving a steady rhythm 2 **s'animer** vpr (personn rue) to come to life; (conversation) to live up; (yeux) to light up.

animosité [animozite] nf animosity.

anis [ani(s)] nm (plante) anise; (Culin) an seed.

ankyloser [ɑ̃kiloze] 1 1 vt to stiffen **être ankylosé** to be stiff 2 **s'ankyloser** v to stiffen up.

annales [anal] nfpl annals.

anneau, pl **~x** [ano] nm (gén) ring; (chaîn link; (serpent) coil.

année [ane] nf year ◇ **tout au long de l'** the whole year round; **les ~s 20** the 20s **~ bissextile/civile** leap/calender year.

annexe [anɛks(ə)] 1 adj (dépense subsidiary 2 nf (Constr) annex (document) annex (*de* to) ◆ **annexer** 1 (territoire) to annex; (document) to append (to) ◆ **annexion** nf annexation.

anniversaire [anivɛʀsɛʀ] nm (naissanc birthday; (événement) anniversary.

annonce [anɔ̃s] nf announcemen (publicité) advertisement ◇ **petites ~** small ads, want ads [famil] (US).

annoncer [anɔ̃se] 3 1 vt a (fait, personn to announce (*à* to) ◇ **~ la mauvais nouvelle à qn** to break the bad news t sb; **on annonce un grave incendie** a seriou fire is reported to have broken out b (prédire) (pluie, chômage) to forecast; (par u présage) to foretell ◇ **ce radoucissemen annonce la pluie** this warmer weather is sign of rain c (dénoter) to indicate 2 **s'annoncer** vpr (personne) to announce o.s (événement) to approach ◇ **ça s'annonc difficile** it looks like being difficult.

annonceur [anɔ̃sœʀ] nm (publicit advertiser; (speaker) announcer.

annotation [anɔtɑsjɔ̃] nf annotation **annoter** 1 vt to annotate.

annuaire [anɥɛʀ] nm ◇ ~ **(téléphonique)** telephone directory, phone book [famil].

annuel, -elle [anɥɛl] adj annual, yearly ♦ **annuité** nf annual payment.

annulaire [anylɛʀ] nm ring ou third finger.

annulation [anylɑsjɔ̃] nf (contrat) nullification; (commande) cancellation; (mariage) annulment ♦ **annuler** [1] vt to nullify; to annul; to cancel.

anodin, e [anɔdɛ̃, in] adj (gén) insignificant; (blessure) harmless.

anomalie [anɔmali] nf (gén) anomaly; (Bio) abnormality; (Tech) (technical) fault.

anonymat [anɔnima] nm anonymity ◇ **garder l'~** to remain anonymous ♦ **anonyme** adj (sans nom) anonymous; (impersonnel) impersonal.

anorak [anɔʀak] nm anorak.

anorexie [anɔʀɛksi] nf anorexia ♦ **anorexique** adj, nmf anorexic.

anormal, e, mpl **-aux** [anɔʀmal, o] adj abnormal.

ANPE [aɛnpe] nf abrév de *Agence nationale pour l'emploi: national employment agency.*

anse [ɑ̃s] nf (tasse) handle; (Géog) cove.

antagonisme [ɑ̃tagɔnism(ə)] nm antagonism ♦ **antagoniste** 1 adj antagonistic 2 nmf antagonist.

antan [ɑ̃tɑ̃] nm ◇ **d'~** of long ago.

antarctique [ɑ̃taʀktik] 1 adj antarctic 2 nm ◇ **l'A~** the Antarctic.

antécédent [ɑ̃tesedɑ̃] nm antecedent ◇ **~s** previous history.

antenne [ɑ̃tɛn] nf a (insecte) antenna, feeler; (TV) aerial; (fig : contact) contact b (Rad, TV) (station) station ◇ (écoute) **sur** ou **à l'~** on the air; **gardez l'~** stay tuned in; **je donne l'~ à Paris** over to Paris c (succursale) sub-branch; (Méd) emergency unit.

antérieur, e [ɑ̃teʀjœʀ] adj (situation) previous, former; (partie) front ◇ **membre ~** forelimb; **c'est ~ à 1980** it was before 1980 ♦ **antérieurement** adv earlier ◇ **~ à** before, prior to.

anthologie [ɑ̃tɔlɔʒi] nf anthology.

anthracite [ɑ̃tʀasit] 1 nm anthracite 2 adj inv charcoal grey.

anthropophage [ɑ̃tʀɔpɔfaʒ] adj, nm cannibal ♦ **anthropophagie** nf cannibalism.

anti [ɑ̃ti] préf anti- ◇ **anticonformisme** nonconformism; **antisémitisme** etc antisemitism etc; **sérum antitétanique** tetanus serum; **campagne antialcoolique** campaign against alcohol.

antiaérien, -ienne [ɑ̃tiaeʀjɛ̃, jɛn] adj (canon) anti-aircraft; (abri) air-raid.

antiatomique [ɑ̃tiatɔmik] adj ◇ **abri ~** fallout shelter.

antibiotique [ɑ̃tibjɔtik] adj, nm antibiotic.

antibrouillard [ɑ̃tibʀujaʀ] adj, nm ◇ **(phare) ~** fog lamp.

antichambre [ɑ̃tiʃɑ̃bʀ(ə)] nf antechamber.

antichoc [ɑ̃tiʃɔk] adj (montre) shockproof.

anticipation [ɑ̃tisipɑsjɔ̃] nf ◇ **roman d'~** science fiction novel ♦ **anticiper** [1] vti to anticipate ◇ **~ sur qch** to anticipate sth ♦ **anticipé, e** adj (retour) early; (paiement) advance ◇ **avec mes remerciements ~s** thanking you in advance.

anticorps [ɑ̃tikɔʀ] nm antibody.

anticyclone [ɑ̃tisiklon] nm anticyclone.

antidater [ɑ̃tidate] [1] vt to backdate.

antidépresseur [ɑ̃tidepʀesœʀ] adj m, nm antidepressant.

antidopage [ɑ̃tidɔpaʒ] adj (contrôle) dope.

antidote [ɑ̃tidɔt] nm antidote.

antigel [ɑ̃tiʒɛl] nm antifreeze.

antillais, e [ɑ̃tijɛ, ɛz] adj, **A~, e** nm,f West Indian ♦ **Antilles** nfpl ◇ **les ~** the West Indies.

antilope [ɑ̃tilɔp] nf antelope.

antimite [ɑ̃timit] nm mothballs.

antipathie [ɑ̃tipati] nf antipathy ♦ **antipathique** adj unpleasant.

antipode [ɑ̃tipɔd] nm ◇ (Géog) **les ~s** the antipodes; (fig) **être aux ~s de qch** to be the polar opposite of sth.

antiquaire [ɑ̃tikɛʀ] nmf antique dealer ♦ **antique** adj ancient; (péj) antiquated ♦ **antiquité** nf (gén) antiquity; (meuble) antique.

antirouille [ɑ̃tiʀuj] adj inv rust-proof.

antiseptique [ɑ̃tisɛptik] adj, nm antiseptic.

antivol [ɑ̃tivɔl] nm, adj inv ◇ **dispositif ~** antitheft device.

antre [ɑ̃tʀ(ə)] nm den, lair.

anus [anys] nm anus.

anxiété [ɑ̃ksjete] nf anxiety ♦ **anxieux, -euse** 1 adj anxious 2 nm,f worrier.

AOC [aose] nf abrév de *appellation d'origine contrôlée* → **appellation.**

aorte [aɔʀt(ə)] nf aorta.

août [u] nm August → **septembre.**

apaisant, e [apɛzɑ̃, ɑ̃t] adj soothing ♦ **apaisement** nm (calme) calm, quiet; (soulagement) relief; (pour rassurer) reassurance ♦ **apaiser** [1] 1 vt (personne) to calm down; (désir, faim) to appease; (douleur, conscience) to soothe 2 **s'apaiser** vpr (personne) to calm down; (vacarme, douleur) to die down.

apanage [apanaʒ] nm privilege.

aparté [apaʀte] nm (entretien) private conversation.

apartheid [apaʀtɛd] nm apartheid.

apathie [apati] nf apathy ♦ **apathique** adj apathetic.

apatride [apatʀid] nmf stateless person.

apercevoir [apɛʀsəvwaʀ] 28 **1** vt (voir) to see; (brièvement) to glimpse; (remarquer) to notice; (danger) to see, perceive **2** **s'apercevoir** vpr ◇ **s'~ de** to notice; **s'~ que** to notice ou realize that.

aperçu [apɛʀsy] nm general idea.

apéritif [apeʀitif] nm aperitif.

apesanteur [apəzɑ̃tœʀ] nf weightlessness.

à-peu-près [apøpʀɛ] nm inv vague approximation.

apeuré, e [apœʀe] adj frightened, scared.

aphone [afɔn] adj voiceless.

aphte [aft(ə)] nm mouth ulcer.

apitoyer [apitwaje] 8 vt to move to pity ◇ **s'~ sur** to feel pity for.

aplanir [aplaniʀ] 2 vt (terrain) to level; (difficultés) to smooth away.

aplatir [aplatiʀ] 2 **1** vt (gén) to flatten; (pli) to smooth out **2** **s'aplatir** vpr **a** (personne) to flatten o.s. (*contre* against); (famil: tomber) to fall flat on one's face; (s'humilier) to grovel (*devant* before) **b** (choses) (devenir plus plat) to become flatter; (s'écraser) to smash (*contre* against) ◇ **aplati** flat.

aplomb [aplɔ̃] nm (assurance) self-assurance; (insolence) nerve, cheek [famil]; (équilibre) balance; (verticalité) plumb ◇ **d'~** (corps) steady; (mur) plumb; **tu n'as pas l'air d'~** [famil] you look out of sorts; **se remettre d'~** to get back on one's feet again.

apocalypse [apɔkalips(ə)] nf ◇ **l'A~** Revelation, the Apocalypse; **vision d'~** vision of doom ◆ **apocalyptique** adj apocalyptic.

apogée [apɔʒe] nm apogee.

apolitique [apɔlitik] adj (indifférent) apolitical; (neutre) non-political.

apoplexie [apɔplɛksi] nf apoplexy.

apostrophe [apɔstʀɔf] nf (Gram) apostrophe; (interpellation) rude remark ◆ **apostropher** 1 vt to shout at.

apothéose [apɔteoz] nf apotheosis.

apôtre [apotʀ(ə)] nm apostle.

apparaître [apaʀɛtʀ(ə)] 57 vi to appear (*à* to); (fièvre, boutons) to break out.

apparat [apaʀa] nm (pompe) pomp ◇ **d'~** ceremonial.

appareil [apaʀɛj] nm (instrument) appliance; (poste) set; (téléphone) telephone; (Aviat) aircraft [inv]; (dentier) brace; (pour fracture) splint ◇ **~ digestif** digestive system; **qui est à l'~?** who's speaking?; **un ~-photo** a camera; **~ à sous** (distributeur) slot machine; (jeu) fruit machine.

appareiller [apaʀeje] 1 vi (Naut) to cast off.

apparemment [apaʀamɑ̃] adv apparently.

apparence [apaʀɑ̃s] nf appearance ◇ **malgré les ~s** in spite of appearances; **selon toute ~** in all probability; **en ~** apparently ◆ **apparent, e** adj (gén) apparent; (poutre) visible.

apparenter (s') [apaʀɑ̃te] 1 vpr ◇ **s'~ à** (ressembler à) to be similar to.

appariteur [apaʀitœʀ] nm (Univ) ≃ porter, ≃ campus policeman (US).

apparition [apaʀisjɔ̃] nf (arrivée) appearance; (boutons, fièvre) outbreak; (spectre) apparition ◇ **faire son ~** to appear.

appartement [apaʀtəmɑ̃] nm flat, apartment (US).

appartenance [apaʀtənɑ̃s] nf membership (*à* of).

appartenir [apaʀtəniʀ] 22 **1** **appartenir à** vt indir to belong to **2** vb impers ◇ **il m'appartient de le faire** it is up to me to do it.

appât [apɑ] nm bait ◇ **mordre à l'~** to rise to the bait; **l'~ du gain** the lure of gain ◆ **appâter** 1 vt (gibier, client) to lure, entice; (piège) to bait.

appauvrir [apovʀiʀ] 2 **1** vt to impoverish **2** **s'appauvrir** vpr to grow poorer ◆ **appauvrissement** nm impoverishment.

appel [apɛl] nm **a** (cri) call; (demande pressante) appeal ◇ **~ à l'aide** call for help; **faire ~ à** (générosité) to appeal to; (pompiers) to call on; **ça fait ~ à des connaissances spéciales** it calls for specialist knowledge; (Scol) **faire l'~** to call the register **b** (Jur) appeal ◇ **faire ~ d'un jugement** to appeal against a judgment **c** (élan) take-off **d** ◇ **~ d'air** draught; **~ téléphonique** phone call; **faire un ~ de phares** to flash one's headlights.

appelé [aple] nm (Mil) conscript, draftee (US) ◇ (Rel, fig) **il y a beaucoup d'~s et peu d'élus** many are called but few are chosen.

appeler [aple] 4 **1** vt (gén) to call; (pompiers, nom) to call out; (téléphoner à) to call, phone; (médecin) to send for ◇ **~ un chat un chat** to call a spade a spade; **~ qn à l'aide** to call to sb for help; **~ qn à un poste** to appoint sb to a post; **la méthode est appelée à se généraliser** the method is likely to become widespread; **ça appelle des explications** it calls for an explanation; **en ~ à** to appeal to; **en ~ de** to appeal against **2** **s'appeler** vpr ◇ **il s'appelle Paul** his name is Paul, he's called Paul.

appellation [apelasjɔ̃] nf (label) appellation; (mot) term, name ◇ **~ (d'origine) contrôlée** (*label guaranteeing the quality of wine*).

appendicite [apɛ̃disit] nf appendicitis.

appentis [apɑ̃ti] nm lean-to.

appesantir [apəzɑ̃tiʀ] 2 **1** vt (lit) to make heavy; (autorité) to strengthen (*sur* over) **2** **s'appesantir** vpr to grow heavier; to grow stronger ◇ **s'~ sur un sujet** to dwell on a subject.

appétissant, e [apetisɑ̃, ɑ̃t] adj appetizing ◆ **appétit** nm appetite (*de* for) ◇ **avoir de l'~** to have a good appetite; **mettre qn en ~** to give sb an appetite; **manger avec ~** to eat heartily.

applaudir [aplodiʀ] 2 **1** vti (lit) to applaud, clap **2** **applaudir à** vt indir (initiative) to applaud **3** **s'applaudir** vpr to congratulate o.s. (*d'avoir fait* for having done) ◆ **applaudissement** nm ◇ **~s** applause.

applicable [aplikabl(ə)] adj applicable (*à* to).

application [aplikɑsjɔ̃] nf **a** (appliquer) application; implementation; use; enforcement ◇ **mettre en ~** to implement; **les ~s d'une théorie** the applications of a theory **b** (attention) application (*à qch* to sth).

applique [aplik] nf wall lamp.

appliqué, e [aplike] adj (personne) painstaking; (écriture) careful ◇ **linguistique** etc **~e** applied linguistics etc.

appliquer [aplike] 1 **1** vt (gén) to apply (*à* to); (décision) to implement; (recette) to use; (loi) to enforce; (gifle) to give ◇ **~ sa main sur qch** to put one's hand on sth **2** **s'appliquer** vpr (élève) to apply o.s. (*à faire* to doing).

appoint [apwɛ̃] nm ◇ **faire l'~** to give the right money; **salaire d'~** extra income ◆ **appointements** nmpl salary.

apport [apɔʀ] nm (capitaux, culture) contribution; (chaleur, eau) supply ◇ **l'~ en vitamines d'un aliment** the vitamins supplied by a food.

apporter [apɔʀte] 1 vt (gén) to bring (*à* to); (modification) to introduce; (solution) to supply; (soin) to exercise (*à faire* in doing) ◇ **apporte-le-lui** take it to him; **apporte-le en montant** bring it up.

apposer [apoze] 1 vt (signature) to append.

apposition [apozisjɔ̃] nf apposition.

appréciable [apʀesjabl(ə)] adj appreciable ◆ **appréciation** nf assessment, estimation ◇ **je le laisse à votre ~** I leave you to judge for yourself ◆ **apprécier** 7 vt (évaluer) to estimate, assess; (aimer) to appreciate ◇ **mets très apprécié** much appreciated dish.

appréhender [apʀeɑ̃de] 1 vt (arrêter) to apprehend; (redouter) to dread (*de faire* doing) ◇ **~ que** to fear that ◆ **appréhension** nf apprehension ◇ **avoir de l'~** to be apprehensive.

apprendre [apʀɑ̃dʀ(ə)] 58 vt **a** (leçon, métier) to learn; (fait) to learn of **b** ◇ **~ qch à qn** (nouvelle) to tell sb of sth; (science) to teach sb sth; **ça lui apprendra!** that'll teach him!

apprenti, e [apʀɑ̃ti] nm,f (métier) apprentice; (débutant) novice ◆ **apprentissage** nm (lit) apprenticeship ◇ **l'~ de l'anglais** learning English; **école d'~** training school.

apprêter [apʀete] 1 **1** vt to get ready **2** **s'apprêter** vpr **a** to get ready (*à qch* for sth; *à faire* to do) **b** (toilette) to get o.s. ready.

apprivoiser [apʀivwaze] 1 vt to tame ◇ **s' ~ to become tame; apprivoisé** tame.

approbateur, -trice [apʀɔbatœʀ, tʀis] adj approving ◆ **approbation** nf approval, approbation.

approchant, e [apʀɔʃɑ̃, ɑ̃t] adj (genre) similar (*de* to); (résultat) close (*de* to).

approche [apʀɔʃ] nf approach ◇ **à l'~ de l'hiver** as winter draws near ou approaches; **les ~s de la ville** the approaches to the town.

approché, e [apʀɔʃe] adj approximate.

approcher [apʀɔʃe] 1 **1** vt (objet) to move near (*de* to); (personne) to approach **2** vi to approach ◇ **approche!** come here!; **~ de** to approach **3** **s'approcher** vpr (venir) to approach ◇ **il s'approcha de moi** he came up to me, he approached me.

approfondir [apʀɔfɔ̃diʀ] 2 **1** vt (gén) to deepen; (étude) to go deeper into ◇ **examen approfondi** detailed examination **2** **s'approfondir** vpr to become deeper.

approprier (s') [apʀɔpʀije] 7 vpr (bien, droit) to appropriate ◇ **s'~ à** to suit; **méthode appropriée** appropriate ou suitable method.

approuver [apʀuve] 1 vt (être d'accord avec) to approve of; (ratifier) to approve.

approvisionnement [apʀɔvizjɔnmɑ̃] nm (action) supplying (*en, de* of) ◇ (réserves) **~s** supplies, provisions ◆ **approvisionner** 1 **1** vt (magasin) to supply (*en, de* with); (compte) to pay money into ◇ **bien approvisionné en fruits** well stocked with fruit **2** **s'approvisionner** vpr to stock up (*en* with) ◇ **s'~ au marché** to shop at the market.

approximatif, -ive [apʀɔksimatif, iv] adj (évaluation) approximate, rough; (termes) vague ◆ **approximativement** adv approximately, roughly ◆ **approximation** nf approximation, (rough) estimate.

appt. abrév de *appartement* apt.

appui [apɥi] nm support ◇ **prendre ~ sur** (personne) to lean on; (objet) to rest on; **~ de fenêtre** window sill; **à l'~ de qch** in support of sth ◆ **appui(e)-bras** nm inv armrest ◆ **appui(e)-tête** nm inv headrest.

appuyer [apɥije] [8] **1** vt (doigt) to press (*sur* on); (personne, thèse) to support ◇ ~ **qch contre qch** to lean sth against sth **2** vi ◇ ~ **sur** (sonnette) to press; (argument) to stress; ~ **sur des colonnes** to rest on pillars **3** **s'appuyer** vpr ◇ **s'**~ **sur** (mur) to lean on; (preuve) to rely on.

âpre [ɑpʀ(ə)] adj (gén) bitter; (temps) raw; (son) harsh; (concurrence, critique) fierce ◇ ~ **au gain** grasping ◆ **âpreté** nf bitterness; rawness; harshness; fierceness.

après [apʀɛ] **1** prép after ◇ ~ **coup** afterwards; ~ **quoi** after which, and afterwards; ~ **tout** after all; **collé** ~ **le mur** stuck on the wall; **crier** ~ **qn** to shout at sb; **en colère** ~ **qn** angry with sb; ~ **que vous lui aurez parlé** after you have spoken to him; **d'**~ **lui** according to him; **d'**~ **Balzac** adapted from Balzac **2** adv (ensuite) afterwards, after ◇ (plus tard) **2 jours** ~ 2 days later; **et puis** ~**?** (lit) and then what?; (et alors) so what?; **le mois d'**~ the following month **3** comp: ~**-demain** adv the day after tomorrow ~**-guerre** nm post-war years ~**-midi** nm ou nf inv afternoon ~**-ski** nm inv après-ski boot.

à-propos [apʀɔpo] nm (remarque) aptness; (personne) presence of mind.

apte [apt(ə)] adj ◇ ~ **à qch** capable of sth; ~ **à faire** capable of doing; (Mil) ~ **(au service)** fit for service ◆ **aptitude** nf aptitude (*à faire* for doing); ability (*à faire* to do).

aquarelle [akwaʀɛl] nf (technique) watercolours; (tableau) watercolour.

aquarium [akwaʀjɔm] nm aquarium.

aquatique [akwatik] adj aquatic.

aqueduc [akdyk] nm aqueduct.

arabe [aʀab] **1** adj (gén) Arabian; (nation) Arab; (langue) Arabic **2** nm (Ling) Arabic **3** nmf ◇ **A**~ Arab ◆ **Arabie** nf Arabia ◇ ~ **Saoudite,** ~ **Séoudite** Saudi Arabia.

arable [aʀabl(ə)] adj arable.

arachide [aʀaʃid] nf peanut, groundnut.

araignée [aʀeɲe] nf spider ◇ ~ **de mer** spider crab.

arbalète [aʀbalɛt] nf crossbow.

arbitraire [aʀbitʀɛʀ] adj, nm arbitrary ◇ **l'**~ **de qch** the arbitrary nature of sth.

arbitrage [aʀbitʀaʒ] nm (gén, Jur) arbitration; (Sport) refereeing; (Tennis) umpiring ◆ **arbitre** nm arbiter; referee; umpire; (Jur) arbitrator ◆ **arbitrer** [1] vt to arbitrate; to referee; to umpire.

arborer [aʀbɔʀe] [1] vt (gén) to display; (vêtement, médaille, sourire) to wear; (drapeau) to bear; (gros titre) to carry.

arbre [aʀbʀ(ə)] nm tree; (Tech) shaft ◇ ~ **à cames** camshaft; ~ **généalogique** family tree; ~ **de Noël** Christmas tree ◆ **arbrisseau**, pl ~**x** nm shrub ◆ **arbuste** nm bush.

arc [aʀk] nm (arme) bow; (Géom, Élec) arc; (Archit) arch ◇ **en** ~ **de cercle** in a semi-circle.

arcade [aʀkad] nf arch.

arcanes [aʀkan] nmpl mysteries.

arc-bouter (s') [aʀkbute] [1] vpr to lean (*contre* against; *sur* on).

arc-en-ciel, pl ~**s**-~-~ [aʀkɑ̃sjɛl] nm rainbow.

archaïque [aʀkaik] adj archaic ◆ **archaïsme** nm archaism.

archange [aʀkɑ̃ʒ] nm archangel.

arche [aʀʃ(ə)] nf (Archit) arch ◇ **l'**~ **de Noé** Noah's Ark.

archéologie [aʀkeɔlɔʒi] nf archaeology ◆ **archéologique** adj archaeological ◆ **archéologue** nmf archaeologist.

archétype [aʀketip] nm archetype.

archevêque [aʀʃəvɛk] nm archbishop ◆ **archevêché** nm (territoire) archbishopric; (palais) archbishop's palace.

archi... [aʀʃi] préf (famil: extrêmement) enormously; tremendously ◇ ~**duc** etc archduke etc.

archipel [aʀʃipɛl] nm archipelago.

architecte [aʀʃitɛkt(ə)] nm architect ◆ **architecture** nf architecture.

archivage [aʀʃivaʒ] nm (action) collecting, cataloguing and storing documents.

archives [aʀʃiv] nfpl records, archives.

arctique [aʀktik] **1** adj Arctic **2** nm ◇ **l'**~ the Arctic.

ardent, e [aʀdɑ̃, ɑ̃t] adj (soleil) blazing; (foi, partisan) fervent, ardent; (yeux, chaleur) burning (*de* with) ◆ **ardeur** nf fervour, ardour.

ardoise [aʀdwaz] nf slate.

ardu, e [aʀdy] adj difficult.

arène [aʀɛn] nf arena.

arête [aʀɛt] nf (poisson) fishbone; (cube) edge; (montagne) ridge.

argent [aʀʒɑ̃] nm **a** (métal, couleur) silver ◇ **cuiller en** ~ silver spoon **b** (Fin) money ◇ ~ **de poche** pocket money; **payer** ~ **comptant** to pay cash; **on en a pour son** ~ **we get good value for money** ◆ **argenté, e** adj (couleur) silver, silvery; (couverts) silver-plated ◆ **argenterie** nf silverware.

argentin, e [aʀʒɑ̃tɛ̃, in] adj, **A**~, **e** nm,f Argentinian ◆ **Argentine** nf ◇ **l'**~ Argentina, the Argentine.

argile [aʀʒil] nf clay.

argot [aʀgo] nm slang ◆ **argotique** adj slangy.

argument [aʀgymɑ̃] nm argument ◆ **argumentation** nf argumentation ◆ **argumenter** [1] vi to argue (*sur* about).

argus [aʀgys] nm *guide to secondhand car prices.*

aride [aʀid] adj arid ◆ **aridité** nf aridity.

aristocrate [aʀistɔkʀat] nmf aristocrat ◆ **aristocratie** nf aristocracy ◆ **aristocratique** adj aristocratic.

arithmétique [aʀitmetik] **1** nf arithmetic **2** adj arithmetical.

arlequin [aʀləkɛ̃] nm Harlequin.

armateur [aʀmatœʀ] nm shipowner.

armature [aʀmatyʀ] nf framework.

arme [aʀm(ə)] nf weapon, arm ◇ ~ **à feu** firearm, gun; **enseigne aux ~s de** sign bearing the arms of; **à ~s égales** on equal terms; **passer qn par les ~s** to shoot sb *(by firing squad)*; **partir avec ~s et bagages** to pack up and go; **prendre les ~s** to take up arms; **aux ~s!** to arms!

armée [aʀme] nf army ◇ **quelle ~ d'incapables** [famil] what a useless bunch [famil]; **l'~ de l'air** the Air Force; **l'~ du Salut** the Salvation Army.

armement [aʀməmɑ̃] nm (soldat) arms, weapons; (pays) armament.

armer [aʀme] 1 **1** vt (personne) to arm (*de* with); (navire) to fit out, equip; (fusil) to cock; (appareil-photo) to wind on **2** **s'armer** vpr to arm o.s.

armistice [aʀmistis] nm armistice.

armoire [aʀmwaʀ] nf (gén) cupboard; (penderie) wardrobe ◇ ~ **à pharmacie** medicine cabinet.

armoiries [aʀmwaʀi] nfpl coat of arms.

armure [aʀmyʀ] nf armour ◆ **armurier** nm (fusils) gunsmith; (couteaux) armourer ◆ **armurerie** nf gunsmith's; armourer's.

arnaque [famil] [aʀnak] nf swindling ◇ c'est de l'~ it's a rip-off [famil] ◆ **arnaquer** [famil] 1 vt to swindle.

aromate [aʀɔmat] nm (thym etc) herb; (poivre etc) spice ◇ **~s** seasoning ◆ **aromatique** adj aromatic ◆ **aromatiser** 1 vt to flavour ◆ **arôme** nm aroma.

arpenter [aʀpɑ̃te] 1 vt (marcher) to pace up and down; (mesurer) to survey ◆ **arpenteur** nm (land) surveyor.

arquer [aʀke] 1 vt (tige) to curve; (dos) to arch ◇ **il a les jambes arquées** he's bow-legged.

arrache-pied (d') [daʀaʃpje] adv relentlessly.

arracher [aʀaʃe] 1 vt (légume) to lift; (plante) to pull up; (dent) to take out, extract, pull (US); (poil, clou) to pull out; (chemise, affiche) to tear off ◇ ~ **qch à qn** to snatch ou grab sth from sb; ~ **qn à la mort** to snatch sb away from death; **s'~ les cheveux** to tear one's hair.

arraisonner [aʀɛzɔne] 1 vt (Naut) to inspect.

arrangeant, e [aʀɑ̃ʒɑ̃, ɑ̃t] adj obliging.

arrangement [aʀɑ̃ʒmɑ̃] nm arrangement.

arranger [aʀɑ̃ʒe] 3 **1** vt **a** (objets, rencontre) to arrange **b** (réparer) (gén) to fix, repair; (querelle) to settle, sort out ◇ **ça n'arrange rien** it doesn't help matters **c** (contenter) to suit ◇ **si ça vous arrange** if that suits you, if that's convenient for you **2** **s'arranger** vpr (se mettre d'accord) to come to an arrangement; (s'améliorer) to get better; (se débrouiller) to manage ◇ **arrangez-vous avec lui** sort it out with him.

arrestation [aʀɛstɑsjɔ̃] nf arrest ◇ **en état d'~** under arrest.

arrêt [aʀɛ] nm **a** (gén) stop; (bouton) stop button ◇ (action) **l'~ de qch** the stopping of sth; ~ **du cœur** cardiac arrest; (Sport) ~ **de jeu** stoppage; ~ **de travail** (grève) stoppage; (congé) sick leave; **5 minutes d'~** a 5-minute stop; **tomber en ~** to stop short; **sans ~** (sans interruption) without stopping, non-stop; (fréquemment) constantly **b** (Jur: décision) ruling, decision ◇ ~ **de mort** death sentence; (Mil) **aux ~s** under arrest.

arrêté, e [aʀete] **1** adj (idée etc) firm **2** nm (loi) order ◇ ~ **municipal** ≃ bye-law.

arrêter [aʀete] 1 **1** vt **a** (gén) to stop; (progression) to check, halt; (études) to give up; (criminel) to arrest ◇ **arrêtez-moi près de la poste** drop me by the post office **b** (décider: jour, plan) to decide on; (choix) to make **2** vi to stop ◇ ~ **de fumer** to give up ou stop smoking **3** **s'arrêter** vpr to stop ◇ **s'~ sur le bas-côté** to pull up ou stop by the roadside; **s'~ net** to stop dead; **sans s'~** without stopping, without a break; **s'~ à** (détails) to pay too much attention to.

arrhes [aʀ] nfpl deposit.

arrière [aʀjɛʀ] **1** nm (gén) back; (bateau) stern; (train) rear; (Sport) fullback ◇ (Mil) **les ~s** the rear; **faire un pas en ~** to step back(wards); **100 ans en ~** 100 years ago; **revenir en ~** to go back; **à l'~** at the back (*de* of) **2** adj inv ◇ **roue ~** rear wheel; **siège ~** back seat **3** préf ◇ **~-grand-mère** etc great-grandmother etc; **~-boutique** back shop; **~-cuisine** scullery; **~-garde** rearguard; **~-goût** aftertaste; **~-pays** hinterland; **~-pensée** ulterior motive; **~-plan** background; **~-saison** autumn.

arriéré, e [aʀjeʀe] **1** adj backward **2** nm (travail) backlog; (paiement) arrears.

arrimer [aʀime] 1 vt (cargaison) to stow; (colis) to secure.

arrivage [aʀivaʒ] nm (marchandises) consignment, delivery; (touristes) fresh load ou influx.

arrivant, e [aʀivɑ̃, ɑ̃t] nm,f newcomer.

arrivée [aʀive] nf (gén) arrival, coming; (course) finish ◇ ~ **de gaz** gas inlet.

arriver [arive] 1 **1** vt **a** (destination) to arrive ◇ (lit, fig) ~ **à qch** to come to sth; ~ **chez soi** to arrive ou get ou reach home; **j'arrive!** I'm coming!; **il ne t'arrive pas à la cheville** he can't hold a candle to you **b** (réussir) to succeed ou get on in life ◇ ~ **à faire qch** to succeed in doing sth, manage to do sth **c** (se produire) to happen ◇ **faire ~ un accident** to bring about an accident **2** vb impers ◇ **il lui est arrivé un malheur** something dreadful has happened to him; **il lui arrivera des ennuis** he'll get himself into trouble; **quoi qu'il arrive** whatever happens; **il m'arrive d'oublier, il arrive que j'oublie** I sometimes forget.

arrivisme [arivism(ə)] nm pushfulness ◆ **arriviste** nmf go-getter [famil].

arrogance [arɔgɑ̃s] nf arrogance ◆ **arrogant, e** adj arrogant.

arroger (s') [arɔʒe] 3 vpr to assume *(without right).*

arrondi, e [arɔ̃di] **1** adj round **2** nm roundness ◆ **arrondir** 2 vt (objet) to make round; (coin, nombre) to round off (*à* to) ◇ ~ **au franc supérieur/inférieur** to round up/down to the nearest franc; ~ **sa fortune** to increase one's wealth; ~ **les angles** to smooth things over.

arrondissement [arɔ̃dismɑ̃] nm ≃ district.

arroser [aroze] 1 vt (gén) to water ◇ ~ **un succès** to drink to a success; ~ **qch d'essence** to pour petrol over sth; **se faire ~** to get drenched ou soaked ◆ **arroseuse** nf water cart ◆ **arrosoir** nm watering can.

arsenal, pl **-aux** [arsənal, o] nm (Mil) arsenal; (famil: collection) collection.

art [ar] nm (gén) art; (adresse) skill ◇ **les ~s et métiers** industrial arts and crafts; **~s martiaux** martial arts; **avoir l'~ de faire qch** to have the art ou knack of doing sth.

artère [artɛr] nf artery; (rue) road.

artichaut [artiʃo] nm artichoke.

article [artikl(ə)] nm (gén) article; (produit) item, product; (de dictionnaire) entry ◇ **~s de voyage** travel goods; **faire l'~ à qn** to give sb the sales patter; **à l'~ de la mort** at the point of death.

articulation [artikylasjɔ̃] nf (os) joint; (doigts) knuckle; (Tech, Ling) articulation; (discours) link ◆ **articuler** 1 vt (gén) to articulate; (prononcer) to pronounce; (idées) to link.

artifice [artifis] nm trick ◇ (Art) **l'~** artifice ◆ **artificiel, -elle** adj artificial ◆ **artificier** nm (fabricant) pyrotechnist; (désamorçage) bomb disposal expert.

artillerie [artijri] nf artillery.

artimon [artimɔ̃] nm mizzen.

artisan [artizɑ̃] nm (lit) craftsman, artisan; (fig) architect, author ◆ **artisanal, e**, mpl **-aux** adj ◇ **fabrication ~e** production by craftsmen ◆ **artisanat** nm (métier) craft industry; (classe sociale) artisans.

artiste [artist(ə)] nmf (peintre etc) artist; (music-hall) artiste, entertainer ◆ **artistique** adj artistic.

AS [aɛs] nf abrév de *association sportive* → **association.**

as [ɑs] nm (lit, fig) ace ◇ **l'~ de l'école** the school's star pupil; **c'est passé à l'~** [famil] it went unnoticed.

ascendant, e [asɑ̃dɑ̃, ɑ̃t] **1** adj rising, upward **2** nm (influence) ascendancy (*sur* over) ◇ (parents) **~s** ascendants.

ascenseur [asɑ̃sœr] nm lift, elevator (US).

ascension [asɑ̃sjɔ̃] nf (gén) ascent; (sociale) rise ◇ (Rel) **l'A~** Ascension Day; **faire l'~ d'une montagne** to climb a mountain.

ascète [asɛt] nm ascetic.

asiatique [azjatik] adj, **A~** nmf Asian ◆ **Asie** nf Asia.

asile [azil] nm refuge; (politique, de fous) asylum ◇ ~ **de vieillards** old people's home.

aspect [aspɛ] nm (allure) look, appearance; (angle) aspect ◇ **d'~ sinistre** sinister-looking.

asperge [aspɛrʒ(ə)] nf asparagus.

asperger [aspɛrʒe] 3 vt to splash (*de* with).

aspérité [asperite] nf bump.

asphalte [asfalt(ə)] nm asphalt.

asphyxie [asfiksi] nf suffocation, asphyxiation ◆ **asphyxier** 7 vt to suffocate, asphyxiate.

aspirateur [aspiratœr] nm vacuum cleaner, hoover ® ◇ **passer à l'~** to vacuum, hoover.

aspiration [aspirasjɔ̃] nf **a** (air) inhalation; (Ling) aspiration; (liquide) sucking up **b** (ambition) aspiration, longing (*à* for) ◆ **aspirer** 1 **1** vt to inhale; to suck up; to aspirate **2** **aspirer à** vt indir to aspire to.

aspirine [aspirin] nf aspirin ◇ **(comprimé ou cachet d')** ~ aspirin.

assagir [asaʒir] vt, **s'assagir** vpr 2 to quieten down.

assaillant, e [asajɑ̃, ɑ̃t] nm,f assailant ◆ **assaillir** 13 vt to assail (*de* with).

assainir [asenir] 2 vt (logement) to clean up; (air) to purify; (finances) to stabilize ◆ **assainissement** nm cleaning up; stabilization.

assaisonnement [asɛzɔnmɑ̃] nm (gén) seasoning; (salade) dressing ◆ **assaisonner** 1 vt to season; to dress.

assassin [asasɛ̃] nm (gén) murderer; (Pol) assassin ◆ **assassinat** nm murder; assassination ◆ **assassiner** [1] vt to murder; to assassinate.

assaut [aso] nm assault, attack (*de* on) ◇ **donner l'~** to attack; **prendre d'~** to storm.

assèchement [asɛʃmɑ̃] nm drainage ◆ **assécher** [6] vt to drain.

ASSEDIC [asedik] nfpl abrév de *associations pour l'emploi dans l'industrie et le commerce : organisation managing unemployment insurance payments.*

assemblage [asɑ̃blaʒ] nm (action) assembling; (structure) assembly; (collection) collection ◆ **assemblée** nf **a** meeting; (Pol) assembly ◇ **l'~ des fidèles** the congregation; **~ générale** general meeting ◆ **assembler** vt, **s'assembler** vpr [1] **b** to assemble.

asséner [asene] [5] vt (coup) to strike.

assentiment [asɑ̃timɑ̃] nm assent (*à* to).

asseoir [aswaʀ] [26] **1** vt **a** ◇ **~ qn** to sit sb down; (personne couchée) to sit sb up; **faire ~ qn** to ask sb to sit down **b** ◇ **être assis** to be sitting ou seated; **assis entre deux chaises** in an awkward position **c** (réputation) to establish **d** (famil: stupéfier) to stagger, stun **2** **s'asseoir** vpr to sit down; to sit up.

assermenté, e [asɛʀmɑ̃te] adj on oath.

assertion [asɛʀsjɔ̃] nf assertion.

asservir [asɛʀviʀ] [2] vt (personne) to enslave; (pays) to subjugate ◆ **asservissement** nm (action) enslavement; (état) slavery (*à* to).

assesseur [asesœʀ] nm assessor.

assez [ase] adv **a** enough ◇ **~ grand** big enough; **pas ~ souvent** not often enough; **avez-vous acheté ~ de pain?** have you bought enough bread?; **il n'est pas ~ sot pour le croire** he is not so stupid as to believe him **b** (intensif, agréable etc) rather, quite ◇ **il était ~ tard** it was quite ou fairly late; **j'en ai ~ de toi!** I've had enough of you!, I'm fed up with you!

assidu, e [asidy] adj (ponctuel) regular; (appliqué) assiduous, painstaking ◆ **assiduité** nf regularity; assiduity (*à* to).

assiéger [asjeʒe] [3] et [6] vt to besiege.

assiette [asjɛt] nf plate ◇ **~ plate** dinner plate; **~ creuse** soup plate; **~ anglaise** assorted cold roast meats; (Fin) **~ de l'impôt** tax base; **il n'est pas dans son ~** he's feeling out of sorts ◆ **assiettée** nf plateful.

assigner [asiɲe] [1] vt (place) to assign, allocate; (but) to set, fix (*à* to) ◇ **~ à comparaître** to summons; **~ qn à résidence** to put sb under house arrest.

assimilation [asimilɑsjɔ̃] nf (gén) assimilation; (comparaison) comparison (*à* to); (classification) classification (*à* as) ◆ **assimiler** [1] vt (absorber) (gén) to assimilate; (connaissances) to take in ◇ **~ qn à** (comparer) to liken ou compare sb to; (classer) to class sb as.

assis, 1. **e** [asi, iz] adj → **asseoir.**

2. **assise** [asiz] nf basis.

assises [asiz] nfpl ◇ **les ~** the assizes.

assistance [asistɑ̃s] nf **a** (spectateurs) audience **b** (aide) assistance; (légale, technique) aid ◇ **l'A~ publique** ≃ the Health Service; **enfant de l'A~** child in care **c** (présence) attendance ◆ **assistant, e** nm,f assistant ◇ **~e sociale** social worker; (spectateurs) **les ~s** those present.

assister [asiste] [1] **1** **assister à** vt indir (cérémonie, cours) to attend; (spectacle) to be at; (événement) to witness **2** vt (aider) to assist.

associatif, -ive [asɔsjɑtif, iv] adj associative ◇ **la vie ~ive** community life ◆ **association** nf (gén) association; (collaboration) partnership ◇ **~ sportive** sports association ◆ **associé, e** nm,f partner ◆ **associer** [7] **1** vt (gén) to associate (*à* with) ◇ **~ qn à** (affaire) to make sb a partner in; (triomphe) to include sb in **2** **s'associer** vpr (s'unir) to join together; (Comm) to form a partnership ◇ **s'~ à qch** to associate o.s. with sth.

assoiffer [aswafe] [1] vt to make thirsty ◇ **assoiffé** thirsty.

assombrir [asɔ̃bʀiʀ] [2] **1** vt (lit) to darken; (fig) to fill with gloom **2** **s'assombrir** vpr to darken; to become gloomy.

assommer [asɔme] [1] vt (étourdir) to stun; (famil: ennuyer) to bore.

Assomption [asɔ̃psjɔ̃] nf ◇ **l'~** the Assumption; (jour) Assumption Day.

assortiment [asɔʀtimɑ̃] nm assortment.

assortir [asɔʀtiʀ] [2] vt (accorder) to match ◇ (accompagner) **~ qch de** to accompany sth with; **écharpe assortie** matching scarf.

assoupir (s') [asupiʀ] [2] vpr to doze off ◇ **il est assoupi** he is dozing ◆ **assoupissement** nm doze.

assouplir [asupliʀ] [2] **1** vt (objets) to make supple; (règlements) to relax **2** **s'assouplir** vpr to become supple; to relax ◆ **assouplissant, e** **1** adj (produit) softening **2** nm ◇ **~ (textile)** (fabric) softener ◆ **assouplissement** nm suppling up; relaxing ◇ **exercices d'~** limbering-up exercises.

assourdir [asuʀdiʀ] [2] vt (personne) to deafen; (étouffer) to deaden, muffle.

assouvir [asuviʀ] [2] vt (faim etc) to satisfy ◆ **assouvissement** nm satisfaction.

assujettir [asyʒetiʀ] [2] vt (peuple) to subjugate ◇ ~ **qn à une règle** to subject sb to a rule; **assujetti à une taxe** subject to duty ◆ **assujettissement** nm subjection.

assumer [asyme] [1] vt (responsabilité) to take on, assume; (poste) to hold; (rôle) to fulfil; (conséquence) to accept.

assurance [asyʀɑ̃s] nf (confiance) self-confidence, (self-)assurance; (garantie) assurance; (contrat) insurance policy; (firme) insurance company ◇ ~ **sur la vie** life insurance; ~ **tous risques** comprehensive insurance; **être aux ~s sociales** ≃ to be in the National Insurance scheme.

assuré, e [asyʀe] **1** adj (gén) assured; (démarche) steady ◇ **mal** ~ unsteady; ~ **du succès** sure of success **2** nm,f policyholder ◆ **assurément** adv assuredly.

assurer [asyʀe] [1] **1** vt **a** ◇ ~ **à qn que** to assure sb that; ~ **que** to affirm that; ~ **qn de qch** to assure sb of sth **b** (maison etc) to insure (*contre* against) **c** (surveillance) to ensure, maintain; (service) to provide ◇ ~ **la protection de** to protect; ~ **la liaison entre Genève et Aberdeen** to operate between Geneva and Aberdeen **d** (succès, paix) to ensure; (prise) to steady; (Alpinisme) to belay **2** **s'assurer** vpr to insure o.s. ◇ **s'~ sur la vie** to insure one's life; **s'~ la victoire** to secure ou ensure victory; **s'~ de qch** to make sure of sth, check sth ◆ **assureur** nm (agent) insurance agent; (société) insurance company.

astérisque [asteʀisk(ə)] nm asterisk.

asthme [asm(ə)] nm asthma.

asticot [astiko] nm maggot.

astiquer [astike] [1] vt to polish.

astre [astʀ(ə)] nm star.

astreindre [astʀɛ̃dʀ(ə)] [49] vt ◇ ~ **qn à faire** to compel ou force sb to do; **s'~ à qch** to compel ou force o.s. to do sth; **astreignant** exacting, demanding ◆ **astreinte** nf constraint.

astrologie [astʀɔlɔʒi] nf astrology ◆ **astrologue** nm astrologer.

astronaute [astʀonot] nmf astronaut ◆ **astronautique** nf astronautics [sg].

astronome [astʀɔnɔm] nm astronomer ◆ **astronomie** nf astronomy ◆ **astronomique** adj astronomical.

astuce [astys] nf (adresse) cleverness; (truc) trick; (jeu de mot) pun ◆ **astucieux, -ieuse** adj clever.

atelier [atəlje] nm (ouvrier) workshop; (artiste) studio.

athée [ate] **1** adj atheistic **2** nmf atheist ◆ **athéisme** nm atheism.

Athènes [atɛn] n Athens.

athlète [atlɛt] nmf athlete ◆ **athlétique** adj athletic ◆ **athlétisme** nm athletics [sg].

atlantique [atlɑ̃tik] **1** adj Atlantic **2** nm ◇ **l'A~** the Atlantic.

atlas [atlɑs] nm atlas.

atmosphère [atmɔsfɛʀ] nf atmosphere.

atome [atom] nm atom ◆ **atomique** adj atomic.

atomiseur [atɔmizœʀ] nm spray.

atout [atu] nm (Cartes) trump; (avantage) asset ◇ **on jouait ~ cœur** hearts were trumps.

âtre [ɑtʀ(ə)] nm hearth.

atroce [atʀɔs] adj (crime) atrocious; (douleur) excruciating; (temps etc) dreadful ◆ **atrocité** nf atrocity.

attabler (s') [atable] [1] vpr to sit down at the table.

attache [ataʃ] nf (boucle) fastener ◇ (lit, fig : liens) **~s** ties ◆ **attaché** nm (Pol, Presse) attaché; (Admin) assistant ◆ **attachement** nm attachment (*à* to) ◆ **attacher** [1] vt **a** (animal, paquet) to tie up; (ensemble) to tie together; (ceinture) to do up, fasten ◇ (robe) **s'~ dans le dos** to do up at the back **b** (importance, valeur) to attach (*à* to) ◇ **être attaché à qch** to be attached to sth.

attaquant, e [atakɑ̃, ɑ̃t] nm,f attacker ◆ **attaque** nf (gén) attack ◇ **passer à l'~** to move into the attack; **être d'~** to be on form ◆ **attaquer** [1] vt (gén) to attack; (problème) to tackle; (commencer) to begin ◇ ~ **qn en justice** to bring an action against sb; **s'~ à** (gén) to attack; (problème) to tackle.

attarder (s') [ataʀde] [1] vpr to linger ◇ **attardé** (en retard) late; (mentalement) backward.

atteindre [atɛ̃dʀ(ə)] [49] vt **a** (lieu, objectif) to reach ◇ **cette tour atteint 30 mètres** this tower is 30 metres high; ~ **à la perfection** to attain ou achieve perfection **b** (contacter) to contact **c** (pierre, tireur) to hit (*à* in); (maladie, reproches) to affect ◇ **être atteint de** to be suffering from ◆ **atteinte** nf attack (*à* on).

attelage [atlaʒ] nm team ◆ **atteler** [4] vt to hitch up (*à* to) ◇ **s'~ à** (tâche) to get down to.

attenant, e [atnɑ̃, ɑ̃t] adj ◇ ~ **(à)** adjoining.

attendre [atɑ̃dʀ(ə)] [41] **1** vt **a** ◇ ~ **qn** to wait for sb; ~ **la fin** to wait until the end; ~ **10 minutes** to wait 10 minutes; **nous attendons qu'il vienne** we are waiting for him to come; **le dîner nous attend** dinner is ready (for us); **une surprise l'attend** there's a surprise awaiting him ou in store for him; **en attendant** in the meantime; **attendez un peu** wait a second; **ces fruits ne peuvent pas ~** this fruit won't keep; **faire ~ qn** to keep sb waiting; **se faire ~** to be a long time coming **b** ◇ (escompter) ~ **qch de qn** to expect sth from sb; ~ **un enfant** to be expecting a baby **2** **s'attendre** vpr ◇ **s'~ à qch** to expect sth; **je m'attends à ce qu'il écrive** I expect him to write.

attendrir [atɑ̃dʀiʀ] 2 vt (viande) to tenderize; (personne) to move (to pity) ◇ **s'~** to be moved (*sur* by) ◆ **attendri, e** adj tender ◆ **attendrissant, e** adj moving ◆ **attendrissement** nm emotion.

attendu, e [atɑ̃dy] **1** adj (espéré) long-awaited; (prévu) expected **2** prép given, considering (*que* that).

attentat [atɑ̃ta] nm (gén) attack (*contre* on); (meurtre) murder attempt ◇ ~ **à la bombe** bomb attack.

attente [atɑ̃t] nf (gén) wait; (espoir) expectation ◇ **dans l'~ de qch** waiting for sth.

attenter [atɑ̃te] 1 vi ◇ ~ **à** (gén) to attack; (vie) to make an attempt on.

attentif, -ive [atɑ̃tif, iv] adj (gén) attentive; (examen) careful, close ◆ **attentivement** adv attentively; carefully, closely.

attention [atɑ̃sjɔ̃] nf (gén) attention; (soin) care ◇ **avec** ~ (écouter) attentively; (examiner) carefully, closely; ~**!** watch!, mind!, careful!; ~ **à la marche** mind the step; ~ **à la peinture** (caution) wet paint; **fais** ~ be careful; **prêter** ~ **à qch** to pay attention to sth ◆ **attentionné, e** adj thoughtful, considerate (*pour* towards).

atténuer [atenɥe] 1 **1** vt (douleur) to ease; (propos) to tone down; (punition) to mitigate; (son, coup) to soften **2** **s'atténuer** vpr (douleur, bruit) to die down; (violence) to subside.

atterrer [ateʀe] 1 vt to dismay, appal.

atterrir [ateʀiʀ] 2 vi to land, touch down ◆ **atterrissage** nm landing.

attestation [atɛstɑsjɔ̃] nf certificate ◆ **attester** 1 vt ◇ ~ **(de) qch** to testify to sth.

attifer [atife] [famil] 1 vt (habiller) to get up [famil].

attirail [atiʀaj] [famil] nm gear.

attirance [atiʀɑ̃s] nf attraction (*pour* for) ◆ **attirant, e** adj attractive ◆ **attirer** 1 vt (gén) to attract; (en appâtant) to lure, entice; (foule) to draw; (sympathie) to win, gain ◇ ~ **l'attention de qn sur qch** to draw sb's attention to sth; **tu vas t'~ des ennuis** you're going to bring trouble upon yourself.

attiser [atize] 1 vt (feu) to poke up.

attitré, e [atitʀe] adj (habituel) regular; (agréé) accredited.

attitude [atityd] nf (maintien) bearing; (comportement) attitude.

attraction [atʀaksjɔ̃] nf attraction.

attrait [atʀɛ] nm appeal, attraction.

attrape [atʀap] nf (farce) trick ◆ **attrape-nigaud** [famil] nm con [famil], con game [famil] (US).

attraper [atʀape] 1 vt **a** (prendre) to catch; (accent) to pick up ◇ **tu vas ~ froid** you'll catch cold **b** (gronder) to tell off [famil] ◇ **se faire ~ par qn** to get a telling off from sb [famil] **c** (tromper) to take in.

attrayant, e [atʀɛjɑ̃, ɑ̃t] adj attractive.

attribuer [atʀibɥe] 1 vt (gén) to attribute; (importance) to attach; (prix) to award; (rôle, part) to allocate (*à* to) ◇ **s'~ le meilleur rôle** to give o.s. the best role ◆ **attribut** nm (symbole) attribute ◇ **adjectif ~** predicative adjective ◆ **attribution** nf attribution.

attrister [atʀiste] 1 vt to sadden.

attroupement [atʀupmɑ̃] nm crowd ◆ **s'attrouper** 1 vpr to form a crowd.

au [o] → **à.**

aubaine [obɛn] nf godsend; (financière) windfall.

aube [ob] nf (aurore) dawn, daybreak; (soutane) alb ◇ **roue à ~s** paddle wheel.

aubépine [obepin] nf hawthorn.

auberge [obɛʀʒ(ə)] nf inn ◇ ~ **de jeunesse** youth hostel ◆ **aubergiste** nmf innkeeper.

aubergine [obɛʀʒin] nf aubergine, eggplant.

auburn [obœʀn] adj inv auburn.

aucun, e [okœ̃, yn] **1** adj (nég) no, not any; (positif) any ◇ **il n'a ~e preuve** he has no proof, he hasn't any proof **2** pron (nég) none; (quelqu'un) anyone ◇ ~ **de ses enfants** none of his children; **d'~s** some ◆ **aucunement** adv in no way.

audace [odas] nf (témérité) boldness, audacity; (originalité) daring ◇ **avoir l'~ de** to dare to ◆ **audacieux, -ieuse** adj bold, audacious; daring.

au-deçà, au-dedans → **deçà, dedans** etc.

audible [odibl(ə)] adj audible.

audience [odjɑ̃s] nf (entretien) audience; (Jur) hearing.

audiovisuel, -elle [odjɔvizɥɛl] adj audiovisual.

audit [odit] nm audit.

auditeur, -trice [oditœʀ, tʀis] nm,f (gén) listener; (Fin) auditor.

audition [odisjɔ̃] nf (gén) hearing; (Mus: essai) audition ◆ **auditoire** nm audience ◆ **auditorium** nm (Rad) public studio.

auge [oʒ] nf trough.

augmentation [ɔgmɑ̃tɑsjɔ̃] nf (action) increasing, raising (*de* of); (résultat) increase, rise (*de* in) ◆ **augmenter** 1 **1** vt to increase, raise ◇ ~ **qn de 50 F** to increase sb's salary by 50 francs **2** vi (gén) to increase; (prix) to rise, go up; (production, inquiétude) to grow.

augure [ɔgyʀ] nm (devin) oracle; (présage) omen ◇ **de bon** ~ of good omen ◆ **augurer** [1] vt to foresee (*de* from).

auguste [ɔgyst(ə)] adj august.

aujourd'hui [oʒuʀdɥi] adv today.

aumône [ɔmon] nf alms ◆ **aumônier** nm chaplain.

auparavant [opaʀavɑ̃] adv before.

auprès [opʀɛ] prép ◇ ~ **de** (près de) next to; (avec) with; (comparé à) compared with.

auquel [okɛl] → **lequel.**

auréole [ɔʀeɔl] nf halo; (tache) ring.

auriculaire [ɔʀikylɛʀ] nm little finger.

aurore [ɔʀɔʀ] nf dawn, daybreak.

ausculter [ɔskylte] [1] vt to auscultate.

auspices [ɔspis] nmpl auspices.

aussi [osi] **1** adv **a** (également) too, also ◇ **je suis fatigué et eux** ~ I'm tired and so are they ou and they are also ou too ou as well **b** ◇ (comparaison) ~ **grand** etc **que** as tall etc as; **pas** ~ **souvent** etc **que** not so ou as often etc as; **ça m'a fait** ~ **mal** it hurt me just as much **c** (si) so ◇ **je ne te savais pas** ~ **bête** I didn't think you were so stupid; **une** ~ **bonne occasion** such a good opportunity **2** conj (donc) therefore.

aussitôt [osito] adv immediately ◇ ~ **arrivé** as soon as he arrived.

austère [ɔstɛʀ] adj austere ◆ **austérité** nf austerity.

austral, e, mpl ~**s** [ɔstʀal] adj southern.

Australie [ɔstʀali] nf **a** Australia ◆ **australien, -ienne** adj, **A**~, **-ienne** nm,f **b** Australian.

autant [otɑ̃] adv **a** ◇ (rapport) ~ **d'argent** etc **que** as much money etc as; ~ **d'arbres** etc **que** as many trees etc as; **je ne peux pas en dire** ~ I can't say as much ou the same; ~ **il est généreux,** ~ **elle est avare** he is as generous as she is miserly; **il peut crier** ~ **qu'il veut** he can scream as much as he likes **b** ◇ (tant) ~ **de** (succès, eau) so much; (personnes) so many; **pourquoi travaille-t-il** ~**?** why does he work so much ou so hard? **c** ◇ **d'autant: ce sera augmenté d'**~ it will be increased in proportion; **c'est d'**~ **plus dangereux qu'il n'y a pas de parapet** it's all the more dangerous since ou because there is no parapet **d** ◇ (hypothèse) ~ **que possible** as much ou as far as possible; ~ **dire qu'il est fou** you might as well say that he's mad; **il ne vous remerciera pas pour** ~ for all that you won't get any thanks from him.

autel [ɔtɛl] nm altar.

auteur [otœʀ] nm (gén) author; (femme) authoress; (opéra) composer; (tableau) painter ◇ **l'**~ **de l'accident** the person who caused the accident; ~**-compositeur** composer-songwriter.

authenticité [ɔtɑ̃tisite] nf authenticity ◆ **authentifier** [7] vt to authenticate ◆ **authentique** adj authentic.

auto [ɔto] **1** nf car, automobile (US) ◇ ~**s tamponneuses** dodgems (Brit), bumper cars (US) **2** préf (gén) self- ◇ ~**discipline** etc self-discipline etc; ~**-intoxication** auto-intoxication; ~**(-)radio** car radio.

autobus [ɔtɔbys] nm bus.

autocar [ɔtɔkaʀ] nm coach, bus (US).

autochtone [ɔtɔktɔn] adj, nmf native.

autocollant, e [ɔtɔkɔlɑ̃, ɑ̃t] **1** adj self-adhesive **2** nm sticker.

autocritique [ɔtɔkʀitik] nf ◇ **faire son** ~ to criticize o.s.

autocuiseur [ɔtɔkɥizœʀ] nm pressure cooker.

autodéfense [ɔtɔdefɑ̃s] nf self-defence ◇ **groupe d'**~ vigilante group.

autodidacte [ɔtɔdidakt(ə)] adj self-taught.

auto-école [ɔtɔekɔl] nf driving school.

autofinancer (s') [ɔtɔfinɑ̃se] [1] vpr to be ou become self-financing.

autographe [ɔtɔgʀaf] adj, nm autograph.

automate [ɔtɔmat] nm automaton.

automatique [ɔtɔmatik] adj automatic ◆ **automatiquement** adv automatically ◆ **automatisation** nf automation ◆ **automatiser** [1] vt to automate ◆ **automatisme** nm automatism.

automitrailleuse [ɔtɔmitʀɑjøz] nf armoured car.

automne [ɔtɔn] nm autumn, fall (US).

automobile [ɔtɔmɔbil] **1** adj motor **2** nf motor car, automobile (US) ◇ **l'**~ the car industry ◆ **automobiliste** nmf motorist.

autonome [ɔtɔnɔm] adj autonomous; (territoire) self-governing; (Ordin) off-line ◆ **autonomie** nf autonomy; self-government; (Aviat) range.

autopsie [ɔtɔpsi] nf autopsy, post-mortem examination.

autorail [ɔtɔʀɑj] nm railcar.

autorisation [ɔtɔʀizɑsjɔ̃] nf permission; (permis) permit ◆ **autoriser** [1] vt to give permission for, authorize ◇ ~ **qn** to give sb permission ou allow sb (*à faire* to do).

autoritaire [ɔtɔʀitɛʀ] adj, nmf authoritarian ◆ **autorité** nf authority (*sur* over) ◇ **les** ~**s** the authorities; **faire** ~ to be authoritative.

autoroute [ɔtɔʀut] nf motorway, highway (US), freeway (US) ◇ ~ **à péage** toll motorway, turnpike (US).

auto-stop [ɔtɔstɔp] nm hitch-hiking ◇ **faire de l'**~ to hitch-hike; **prendre qn en** ~ to give a lift to sb ◆ **auto-stoppeur, -euse** nm,f hitch-hiker.

autosuffisance [ɔtɔsyfizɑ̃s] nf self-sufficiency.

autour [otuʀ] adv, prép ◇ ~ **(de)** around, round.

autre [otʀ(ə)] 1 adj indéf other ◇ **c'est une ~ question** that's another ou a different question; **elle a 2 ~s enfants** she has 2 other ou 2 more children; **nous ~s Français** we Frenchmen; **j'ai d'~s chats à fouetter** I've other fish to fry; **~ chose, Madame?** anything ou something else, madam?; **~ part** somewhere else; **d'~ part** (par contre) on the other hand; (de plus) moreover; **c'est une ~ paire de manches** [famil] that's another story 2 pron indéf ◇ **l'~** the other (one); **un ~** another (one); (supplémentaire) one more; **rien d'~** nothing else; **personne d'~** no one else; **il n'en fait jamais d'~s!** that's just typical of him; **il en a vu d'~s!** he's seen worse!; **les deux ~s** the other two, the two others; **d'une minute à l'~** any minute.

autrefois [otʀəfwa] adv in the past.

autrement [otʀəmɑ̃] adv a (différemment) differently ◇ **agir ~ que d'habitude** to act differently from usual; **comment aller à Londres ~ que par le train?** how can we get to London other than by train?; **on ne peut pas faire ~** it's impossible to do otherwise; **il n'a pas pu faire ~ que de me voir** he couldn't help seeing me; **~ dit** in other words b (sinon) otherwise c ◇ (comparatif) **~ intelligent** far more intelligent (*que* than).

Autriche [otʀiʃ] nf Austria ◆ **autrichien, -ienne** adj, **A~, -ienne** nm,f Austrian.

autruche [otʀyʃ] nf ostrich.

autrui [otʀɥi] pron others.

auvent [ovɑ̃] nm canopy.

aux [o] → **à** ◆ **auxquels** → **lequel.**

auxiliaire [ɔksiljɛʀ] 1 adj auxiliary 2 nmf (assistant) assistant 3 nm (Gram, Mil) auxiliary.

avachir (s') [avaʃiʀ] 2 vpr to become limp.

1. **aval** [aval] nm ◇ **en ~** downstream (*de* from).

2. **aval**, pl **~s** [aval] nm (soutien) backing, support; (Comm) guarantee.

avalanche [avalɑ̃ʃ] nf avalanche.

avaler [avale] 1 vt to swallow ◇ **il a avalé de travers** something went down the wrong way.

avance [avɑ̃s] nf a (progression) advance b (sur concurrent etc) lead ◇ **avoir de l'~ sur qn** to have a lead over sb c ◇ **avoir de l'~, être en ~** (sur l'heure fixée) to be early; (sur l'horaire) to be ahead of schedule; **ma montre prend de l'~** my watch is gaining; **en ~ pour son âge** advanced for his age; **à l'~, d'~** in advance, beforehand d ◇ **~ (de fonds)** advance; **~s** (ouvertures) overtures; (galantes) advances.

avancé, e [avɑ̃se] adj (gén) advanced ◇ **à une heure ~e de la nuit** late at night; **d'un âge ~** well on in years; **nous voilà bien ~s!** [famil] a long way that's got us!

avancement [avɑ̃smɑ̃] nm (promotion) promotion; (progrès) progress.

avancer [avɑ̃se] 3 1 vt a (objet) to move forward; (main) to hold out; (pendule, hypothèse) to put forward; (date) to bring forward b (faire progresser) (travail) to speed up ◇ **cela ne t'avancera à rien de crier** [famil] you won't get anywhere by shouting c (argent) to advance; (famil: prêter) to lend 2 vi a (personne) to move forward, advance; (travail) to make progress ◇ **faire ~** (travail) to speed up; (science) to further; **~ en grade** to get promotion; **tout cela n'avance à rien** that doesn't get us any further ou anywhere b ◇ (montre) **~ de 10 minutes par jour** to gain 10 minutes a day; **j'avance de 10 minutes** I'm 10 minutes fast c (cap) to project, jut out (*dans* into); (menton) to protrude 3 **s'avancer** vpr to move forward, advance; (fig: s'engager) to commit o.s. ◇ **il s'avança vers nous** he came towards us.

avanie [avani] nf snub.

avant [avɑ̃] 1 prép before ◇ **~ que je ne parte** before I leave; **pas ~ 10 heures** not until ou before 10; **~ un mois** within a month; **~ peu** shortly; **~ tout** above all; **en classe, elle est ~ sa sœur** at school she is ahead of her sister 2 adv a (temps) before ◇ **quelques mois ~** a few months before ou previously ou earlier; **le train d'~ était plein** the previous train was full b ◇ (espace) **être en ~** to be in front, be ahead; **en ~, marche!** forward march!; (fig) **mettre qch en ~** to put sth forward; **aller plus ~** to go further 3 nm (voiture, train) front; (navire) bow, stem; (Sport: joueur) forward ◇ **aller de l'~** to forge ahead 4 adj inv (roue etc) front 5 préf inv ◇ **~-bras** forearm; **~-centre** centre-forward; **signe ~-coureur** forerunner; **~-dernier** last but one; **~-garde** (Mil) vanguard; (Art, Pol) avant-garde; **~-goût** foretaste; **~-hier** the day before yesterday; **~-poste** outpost; **~-première** preview; **~-projet** pilot study; **~-propos** foreword; **l'~-veille de** two days before.

avantage [avɑ̃taʒ] nm a (gén) advantage ◇ **j'ai ~ à l'acheter** it's worth my while to buy it; **c'est à ton ~** it's to your advantage b (Fin: gain) benefit ◇ **~s en nature** benefits in kind c (plaisir) pleasure ◆ **avantager** 3 vt to favour; (mettre en valeur) to flatter ◆ **avantageux, -euse** adj (affaire) worthwhile, profitable; (prix) attractive; (portrait) flattering.

avare [avaʀ] 1 adj miserly ◇ **~ de** (paroles) sparing of 2 nmf miser ◆ **avarice** nf miserliness.

avarie [avaʀi] nf ◇ ~**(s)** damage.

avarier (s') [avaʀje] [7] vpr to go bad, rot ◇ **viande avariée** rotting meat.

avatar [avataʀ] nm ◇ (péripéties) ~**s** [famil] misadventures.

avec [avɛk] prép et adv (gén) with; (envers) to ◇ **c'est fait ~ du plomb** it's made of lead; **gentil ~ qn** kind to sb; **séparer qch d'~ qch d'autre** to separate sth from sth else; **tiens mes gants, je ne peux pas conduire ~** hold my gloves, I can't drive with them on.

avenant, e [avnɑ̃, ɑ̃t] 1 adj pleasant 2 nm a ◇ **à l'~** in keeping (*de* with) b (police d'assurance) endorsement; (contrat) amendment.

avènement [avɛnmɑ̃] nm (roi) accession (*à* to); (régime, idée) advent.

avenir [avniʀ] nm future ◇ **dans un proche ~** in the near future; **à l'~** from now on, in future; **il a de l'~** he's a man with a future ou with good prospects.

aventure [avɑ̃tyʀ] nf (péripétie) adventure; (entreprise) venture; (amoureuse) affair; (malencontreuse) experience ◇ **si, par ~** ou **d'~** if by any chance ◆ **aventuré, e** adj risky ◆ **aventurer** [1] 1 vt to risk 2 **s'aventurer** vpr to venture (*dans* into; *à faire* to do) ◆ **aventureux, -euse** adj (personne) adventurous; (projet) risky ◆ **aventurier** nm adventurer ◆ **aventurière** nf adventuress.

avenue [avny] nf avenue.

avérer (s') [aveʀe] [6] vpr ◇ **il s'avère que** it turns out that.

averse [avɛʀs(ə)] nf shower.

aversion [avɛʀsjɔ̃] nf aversion (*pour* to); loathing (*pour* for).

avertir [avɛʀtiʀ] [2] vt (mettre en garde) to warn; (renseigner) to inform (*de qch* of sth) ◇ **public averti** informed public ◆ **avertissement** nm warning ◆ **avertisseur** 1 adj warning 2 nm (Aut) horn.

aveu, pl ~**x** [avø] nm ◇ ~**x** confession, admission.

aveugle [avœgl(ə)] 1 adj blind (*à qch* to sth) ◇ **devenir ~** to go blind 2 nmf blind man (ou woman) ◇ **les ~s** the blind ◆ **aveuglement** nm blindness ◆ **aveuglément** adv blindly ◆ **aveugler** [1] vt to blind ◆ **aveuglette** nf ◇ **à l'~** (décider) blindly; **avancer à l'~** to grope one's way along.

aviateur, -trice [avjatœʀ, tʀis] nm,f aviator, pilot ◆ **aviation** nf ◇ **l'~** (sport, métier) flying; (secteur) aviation; (Mil) the air force.

avide [avid] adj (cupide) greedy; (ardent) avid, eager (*de qch* for sth) ◆ **avidité** nf greed; eagerness, avidity (*de* for).

avilir [aviliʀ] [2] vt to degrade ◆ **avilissement** nm degradation.

aviné, e [avine] adj inebriated.

avion [avjɔ̃] nm (air)plane, aircraft [pl inv] ◇ **aller à Paris en ~** to go to Paris by air ou by plane, fly to Paris; **par ~** by air(mail); **~ de chasse** fighter (plane); **~ de ligne** airliner; **~ à réaction** jet (plane).

aviron [aviʀɔ̃] nm (rame) oar; (sport) rowing ◇ **faire de l'~** to row.

avis [avi] nm a opinion ◇ **être de l'~ de qn** to agree with sb; **à mon ~** in my opinion, to my mind b ◇ (conseil) **un ~** a piece of advice, some advice c (notification) notice ◇ **jusqu'à nouvel ~** until further notice; **~ de crédit** credit advice.

aviser [avize] [1] 1 vt (avertir) to advise, inform, notify (*de* of); (apercevoir) to notice 2 vi to decide what to do 3 **s'aviser** vpr ◇ **s'~ de qch** to realize sth suddenly; **s'~ de faire qch** to take it into one's head to do sth ◆ **avisé, e** adj sensible, wise ◇ **bien ~** well advised.

aviver [avive] [1] vt (douleur) to sharpen; (chagrin) to deepen; (désir) to arouse; (colère, souvenirs) to stir up.

avocat, e [avɔka, at] 1 nm,f (fonction) barrister, attorney(-at-law) (US); (fig) advocate ◇ **consulter son ~** to consult one's lawyer; **l'accusé et son ~** the accused and his counsel; **~ général** counsel for the prosecution 2 nm (fruit) avocado (pear).

avoine [avwan] nf oats.

avoir [avwaʀ] [34] 1 vt a (gén) to have; (chapeau etc) to have on, wear; (âge, forme, couleur) to be; (chagrin etc) to feel; (geste) to make; (atteindre) to get ◇ **il n'a pas d'argent** he has no money, he hasn't got any money; **on les aura!** we'll get them!; **il a les mains qui tremblent** his hands are shaking; **~ 3 mètres de haut** to be 3 metres high; **~ faim** to be ou feel hungry; **qu'est-ce qu'il a?** what's the matter with him? b (famil: duper) to take in, con [famil] ◇ **se faire ~** to be had [famil] c ◇ **en ~ après** ou **contre qn** [famil] to be mad at [famil] ou cross with sb; **j'en ai pour 10 F** it costs me 10 francs; **tu en as pour combien de temps?** how long will it take you? 2 vb aux a ◇ (avec ptp) **dis-moi si tu l'as vu** tell me if you have seen him; **je l'ai vu hier** I saw him yesterday; **il a dû trop manger** he must have eaten too much b ◇ (+ infin: devoir) **j'ai à travailler** I have to work, I must work; **il n'a pas à se plaindre** he can't complain; **vous n'avez pas à vous en soucier** you needn't worry about it; **vous n'avez qu'à lui écrire** just write to him; **vous aurez votre robe nettoyée** your dress will be cleaned 3 vb impers a ◇ **il y a** (avec sg) there is; (avec pl) there are; **il y avait beaucoup de gens** there were a lot of people; **il n'y a pas de quoi** don't mention it; **qu'y a-t-il?** what's the matter?; **il n'y a que lui pour faire cela!** only he would do that!; **il n'y a qu'à les laisser partir** just let them go **b** ◇ (temps) **il y a 10 ans que je le connais** I have known him (for) 10 years; **il y a 10 ans, nous étions à Paris** 10 years ago we were in Paris **c** ◇ (distance) **il y a 10 km d'ici à Paris** it is 10 km from here to Paris **4** nm (bien) resources; (crédit) credit ◇ **~s** holdings.

avoisiner [avwazine] 1 vt to border on ◆ **avoisinant, e** adj neighbouring.

avortement [avɔʀtəmɑ̃] nm abortion ◇ **campagne contre l'~** anti-abortion campaign ◆ **avorter** 1 vi (projet) to fail ◇ (personne) **(se faire) ~** to have an abortion.

avouable [avwabl(ə)] adj respectable ◇ **peu ~** disreputable.

avoué, e [avwe] **1** adj avowed **2** nm ≃ solicitor, attorney at law (US).

avouer [avwe] 1 **1** vt (amour) to confess; (fait) to admit; (crime) to admit to, confess to ◇ **s'~ vaincu** to admit defeat **2** vi (coupable) to confess, own up.

avril [avʀil] nm April → **septembre.**

axe [aks(ə)] nm (Tech) axle; (Math) axis; (route) main road, main highway (US) ◇ **être dans l'~** to be on the same line (*de* as) ◆ **axer** 1 vt ◇ **~ qch sur** to centre sth on.

axiome [aksjom] nm axiom.

ayatollah [ajatɔla] nm ayatollah.

azalée [azale] nf azalea.

azimut [azimyt] nm ◇ (fig) **offensive tous ~s contre les fraudeurs du fisc** all-out attack on tax-evaders.

azote [azɔt] nf nitrogen.

azur [azyʀ] nm (couleur) azure; (ciel) sky.

b

B, b [be] **1** nm (lettre) B, b **2** abrév de *bien* ◇ **B** G.

BA [bea] nf abrév de *bonne action* good deed.

babiller [babije] 1 vi (bébé) to babble; (oiseau) to twitter.

babines [babin] nfpl (Zool, fig) chops.

babiole [babjɔl] nf (bibelot) trinket; (vétille) trifle; (petit cadeau) token gift.

bâbord [babɔʀ] nm port side ◇ **à ~** to port.

babouin [babwɛ̃] nm baboon.

baby-foot [babifut] nm table football.

bac [bak] nm **a** abrév de *baccalauréat* **b** (bateau) ferryboat ◇ **~ à voitures** car-ferry **c** (récipient) tank, vat; (évier) sink ◇ **~ à glace** ice-tray.

baccalauréat [bakalɔʀea] nm ≃ GCE A-levels, ≃ high school diploma (US).

bâche [bɑʃ] nf canvas cover ◇ **~ goudronnée** tarpaulin.

bachelier, -ière [baʃəlje, jɛʀ] nm,f *holder of the baccalauréat.*

bachotage [baʃɔtaʒ] nm cramming ◆ **bachoter** 1 vi to cram (for an exam).

bacille [basil] nm germ.

bâcler [bɑkle] 1 vt to scamp ◇ **c'est du travail bâclé** it's slapdash work.

bactérie [bakteʀi] nf bacterium, (pl) bacteria ◆ **bactérien, -ienne** adj bacterial ◆ **bactériologique** adj bacteriological.

badaud [bado] nm (curieux) curious onlooker; (promeneur) stroller.

badge [badʒ(ə)] nm badge.

badigeonner [badiʒɔne] 1 vt (à la chaux) to whitewash; (péj: peindre) to daub (*de* with); (plaie) to paint (*à*, *avec* with).

badine [badin] nf switch.

badinage [badinaʒ] nm banter ◆ **badiner** 1 vi to joke ◇ **il ne badine pas sur la discipline** he's strict on discipline; **et je ne badine pas!** I'm not joking!

baffe [baf] nf [famil] slap, clout.

bafouer [bafwe] 1 vt to deride, ridicule.

bafouiller [bafuje] 1 vti to splutter, stammer.

bâfrer [bɑfʀe] 1 vi [famil] to guzzle, gobble.

bagage [bagaʒ] nm (valise) bag; (Mil) kit; (diplômes) qualifications ◇ **~s** luggage, baggage; **faire ses ~s** to pack; **~s à main** hand luggage ◆ **bagagiste** nm baggage handler.

bagarre [bagaʀ] nf fight, brawl ◇ **aimer la ~** to love fighting ◆ **se bagarrer** 1 vpr [famil] to fight.

bagatelle [bagatɛl] nf trifle ◇ **c'est une ~** it's nothing, it's a trifle.

bagnard [baɲaʀ] nm convict ◆ **bagne** nm (prison) penal colony; (peine) hard labour ◇ **quel ~!** it's a hard grind [famil]!

bagnole [baɲɔl] nf [famil] car, buggy [famil].

bagout [bagu] nm [famil] ◇ **avoir du ~** to have the gift of the gab.

bague [bag] nf ring.

baguenauder (se) [bagnode] 1 vpr [famil] to mooch about [famil], trail around.

baguette [bagɛt] nf (bois) switch, stick; (pain) stick of French bread ◇ **~ de chef d'orchestre** conductor's baton; **~ magique** magic wand; **manger avec des ~s** to eat with chopsticks; **mener qn à la ~** to rule sb with an iron hand.

bah [ba] excl (indifférence) pooh!; (doute) really!

Bahamas [baamas] nfpl ◇ **les (îles) ~** the Bahamas.

bahut [bay] nm (coffre) chest; (buffet) side-board; (famil: lycée) school.

baie [bɛ] nf (golfe) bay; (fenêtre) picture window; (fruit) berry.

baignade [bɛɲad] nf (bain) bathe; (lieu) bathing place ◇ **aimer la ~** to like bathing.

baigner [beɲe] 1 **1** vt (gén) to bathe ◇ **~ un bébé** to bath a baby; **visage baigné de larmes** face bathed in tears; **chemise baignée de sueur** sweat-soaked shirt **2** vi (linge, fruits) to soak (*dans* in) ◇ **~ dans la graisse** to lie in a pool of grease; **~ dans la brume** to be shrouded in mist; **tout baigne dans l'huile** [famil] everything's looking great [famil] **3** **se baigner** vpr (mer) to go bathing; (piscine) to go swimming; (baignoire) to have a bath ♦ **baigneur, -euse** **1** nm,f swimmer **2** nm (jouet) baby doll.

baignoire [bɛɲwaʀ] nf (bain) bath; (Théât) ground floor box.

bail [baj], pl **baux** [bo] nm lease ◇ **ça fait un ~!** [famil] it's ages (*que* since).

bâillement [bɑjmɑ̃] nm yawn ♦ **bâiller** 1 vi (personne) to yawn (*de* with); (col) to gape.

bailleur [bajœʀ] nm lessor ◇ **~ de fonds** backer, sponsor.

bâillon [bɑjɔ̃] nm gag ♦ **bâillonner** 1 vt to gag.

bain [bɛ̃] nm (gén) bath; (de mer) bathe; (en nageant) swim ◇ (piscine) **petit ~** shallow end; **grand ~** deep end; **~ moussant** bubble bath; (lieu) **~s publics** public baths; **prendre un ~** to have a bath; **prendre un ~ de soleil** to sunbathe; **prendre un ~ de foule** to go on a walkabout; **faire chauffer au ~-marie** to heat in a double boiler; **nous sommes tous dans le même ~** we're all in the same boat; **tu seras vite dans le ~** you'll soon get the hang of it [famil].

baïonnette [bajɔnɛt] nf bayonet.

baiser [beze] **1** nm kiss ◇ (fin de lettre) **bons ~s** love (and kisses) **2** 1 vt to kiss.

baisse [bɛs] nf fall, drop (*de* in) ◇ **être en ~** to be falling ou dropping; **~ de l'activité économique** downturn ou downswing in the economy; **~ sur le beurre** butter down in price.

baisser [bese] 1 **1** vt (bras, objet, voix) to lower; (chauffage) to turn down; (prix) to bring down, reduce ◇ **baisse la branche** pull the branch down; **~ les yeux** to look down, lower one's eyes; (fig) **~ les bras** to give up; **~ ses phares** to dip one's headlights **2** vi (gén) to fall, drop; (provisions) to run ou get low; (soleil) to go down, sink; (forces) to fail ◇ **il a baissé dans mon estime** he has sunk ou gone down in my estimation; **le jour baisse** the light is failing **3** **se baisser** vpr (pour ramasser) to bend down, stoop; (pour éviter) to duck.

bal, pl **~s** [bal] nm (réunion) dance; (de gala) ball; (lieu) dance hall ◇ **aller au ~** to go dancing; **~ costumé** fancy dress ball.

balade [balad] nf [famil] walk; (en auto) run ♦ **balader** [famil] 1 **1** vt (traîner) to trail round; (promener) to take for a walk; (en auto) to take for a run **2** **se balader** vpr to go for a walk; to go for a run.

baladeur [baladœʀ] nm walkman ®, personal stereo.

balafre [balafʀ(ə)] nf (blessure) gash; (cicatrice) scar ♦ **balafrer** 1 vt to gash; to scar.

balai [balɛ] nm broom, brush ◇ **passer le ~** to give the floor a sweep; **~-brosse** long-handled scrubbing brush.

balance [balɑ̃s] nf (gén) pair of scales; (à bascule) weighing machine; (de chimiste) balance; (fig: équilibre) balance; (Pêche) drop-net ◇ (Astron) **la B~** Libra; **mettre dans la ~ le pour et le contre** to weigh up the pros and cons; (fig) **faire pencher la ~** to tip the scales; **~ commerciale** balance of trade.

balancer [balɑ̃se] 3 **1** vt (gén) to swing; (branches, bateau) to rock; (famil: lancer) to fling, chuck [famil]; (famil: se débarrasser de) to chuck out [famil] **2** **se balancer** vpr (gén) to swing; (bateau) to rock; (branches) to sway; (sur bascule) to seesaw ◇ **je m'en balance** [famil] I couldn't care less about it ♦ **balancier** nm (pendule) pendulum; (équilibriste) pole ♦ **balançoire** nf (suspendue) swing; (sur pivot) seesaw ◇ **faire de la ~** to have a go on a swing (ou a seesaw).

balayage [balɛjaʒ] nm (gén) sweeping; (Élec, Rad) scanning.

balayer [baleje] 8 vt (poussière) to sweep up; (trottoir) to sweep; (objection) to brush ou sweep aside; (Élec, Rad) to scan ◇ **~ le ciel** (phare) to sweep across the sky; (radar) to scan the sky ♦ **balayette** nf small hand-brush ♦ **balayeur, -euse** nm,f road-sweeper.

balbutiement [balbysimɑ̃] nm ◇ **~s** stammering; (bébé) babbling; (fig: débuts) beginnings ♦ **balbutier** 7 vti to stammer.

balcon [balkɔ̃] nm balcony ◇ (Théât) **premier ~** dress circle; **deuxième ~** upper circle.

baldaquin [baldakɛ̃] nm canopy.

Baléares [baleaʀ] nfpl ◇ **les ~** the Balearic Islands.

baleine [balɛn] nf **a** (animal) whale **b** (corset) stay; (parapluie) rib ♦ **baleinier** nm whaler ♦ **baleinière** nf whaling boat.

balise [baliz] nf (sur la côte) beacon; (bouée) marker buoy; (aéroport) runway light ◆ **baliser** [1] vt to mark out with beacons ou lights.

balivernes [balivɛʀn] nfpl nonsense ◇ **dire des ~s** to talk nonsense.

Balkans [balkɑ̃] nmpl ◇ **les ~** the Balkans.

ballade [balad] nf ballade.

ballant, e [balɑ̃, ɑ̃t] **1** adj (bras, jambes) dangling **2** nm (câble) slack; (chargement) sway, roll ◇ **avoir du ~** to be slack.

ballast [balast] nm ballast, (US) roadbed.

balle [bal] nf (projectile) bullet; (ballon) ball ◇ **jouer à la ~** to play (with a) ball; (fig) **saisir la ~ au bond** to seize one's chance; **dix ~s** [famil] ten francs.

ballerine [balʀin] nf (danseuse) ballerina, ballet dancer; (soulier) ballet shoe.

ballet [balɛ] nm ballet; (musique) ballet music.

ballon [balɔ̃] nm (Sport) ball; (Aviat) balloon ◇ **~ de football** football, soccer ball (US); **~ en baudruche** child's toy balloon; **~ dirigeable** airship; **~ d'eau chaude** hot water tank; **~ d'oxygène** oxygen bottle; (fig) **~ d'essai** feeler.

ballonner [balɔne] [1] vt ◇ **je suis ballonné** I feel bloated.

ballot [balo] nm (paquet) bundle; (famil: nigaud) nitwit [famil] ◇ **c'est ~** it's a bit daft [famil].

ballottage [balɔtaʒ] nm ◇ **il y a ~** there will have to be a second ballot.

ballotter [balɔte] [1] **1** vi (objet) to roll around, bang about; (tête) to loll **2** vt (personne) to shake about, jolt; (bateau) to toss.

balnéaire [balneɛʀ] adj bathing, swimming.

balourd, e [baluʀ, uʀd(ə)] nm,f dolt, oaf ◆ **balourdise** nf (manuelle) clumsiness; (manque de finesse) doltishness; (gaffe) blunder.

balte [balt] adj (pays, peuple) Baltic.

balustrade [balystʀad] nf (décorative) balustrade; (garde-fou) railing.

bambin [bɑ̃bɛ̃] nm small child.

bambou [bɑ̃bu] nm bamboo.

ban [bɑ̃] nm **a** ◇ (mariage) **~s** banns **b** (applaudissements) round of applause ◇ **un ~ pour X!** three cheers for X!

banal, e, mpl **~s** [banal] adj (gén) commonplace, banal; (idée) trite; (insignifiant) trivial ◇ **peu ~** unusual ◆ **banalité** nf banality; triteness; triviality ◇ **dire une ~** to make a trite remark.

banane [banan] nf banana ◆ **bananier** nm (arbre) banana tree; (bateau) banana boat.

banc [bɑ̃] nm (siège) seat, bench; (établi) (work) bench; (coraux) reef; (poissons) shoal, school (US); (nuages) bank, patch ◇ **~ d'école** desk seat; **~ de sable** sandbank; **~ des accusés** dock; **~ des avocats** bar; **~ d'église** pew; **~ d'essai** test bed; (fig) testing ground.

bancaire [bɑ̃kɛʀ] adj banking ◇ **chèque ~** (bank) cheque ou check (US).

bancal, e, mpl **~s** [bɑ̃kal] adj (personne) lame; (chaise) wobbly.

bandage [bɑ̃daʒ] nm (objet) bandage; (action) bandaging.

1. **bande** [bɑ̃d] nf (morceau) strip; (dessin) stripe; (pansement) bandage; (film) film; (en radio) band; (sur chaussée) line; (pour magnétophone, ordinateur) tape; (autour d'un journal) wrapper ◇ (fig) **par la ~** in a roundabout way; (Ciné) **~-annonce** trailer; **~ dessinée** comic strip, strip cartoon; **~ sonore** sound track; **~ Velpeau** crêpe bandage.

2. **bande** [bɑ̃d] nf (gens) band, group; (oiseaux) flock; (animaux) pack ◇ **ils sont partis en ~** they set off in a group; **faire ~ à part** to keep to o.s.; **~ d'imbéciles!** [famil] bunch ou pack of idiots [famil]!

bandeau, pl **~x** [bɑ̃do] nm (ruban) headband; (pansement) head bandage; (pour les yeux) blindfold.

bander [bɑ̃de] [1] vt **a** (plaie) to bandage ◇ **~ les yeux à qn** to blindfold sb **b** (arc) to bend; (muscles) to flex.

banderole [bɑ̃dʀɔl] nf (drapeau) pennant ◇ **~ publicitaire** advertising streamer.

bandit [bɑ̃di] nm (voleur) gangster; (brigand) bandit; (escroc) crook, shark [famil] ◇ **~ armé** gunman; **~ de grand chemin** highwayman ◆ **banditisme** nm violent crime ◇ **le grand ~** organized crime.

bandoulière [bɑ̃duljɛʀ] nf shoulder strap ◇ **en ~** slung across the shoulder.

bang [bɑ̃ŋ] nm inv, excl bang.

Bangladesh [bɑ̃gladɛʃ] nm ◇ **le ~** Bangladesh.

banlieue [bɑ̃ljø] nf suburbs ◇ **proche ~** inner suburbs; **grande ~** outer suburbs; **maison de ~** suburban house; **train de ~** commuter train ◆ **banlieusard, e** nm,f suburbanite, (suburban) commuter.

bannière [banjɛʀ] nf banner; (chemise) shirt-tail.

bannir [baniʀ] [2] vt to banish (*de* from); (usage) to prohibit ◆ **banni, e** nm,f exile ◆ **bannissement** nm banishment.

banque [bɑ̃k] nf (établissement) bank; (activité) banking ◇ **avoir de l'argent en ~** to have money in the bank ◆ **banquier** nm (Fin, Jeux) banker.

banqueroute [bɑ̃kʀut] nf bankruptcy.

banquet [bɑ̃kɛ] nm dinner; (d'apparat) banquet.

banquette [bɑ̃kɛt] nf (bench) seat.

banquise [bɑ̃kiz] nf ice field; (flottante) ice floe.

baptême [batɛm] nm (sacrement) baptism; (cérémonie) christening, baptism ◇ ~ **de l'air** first flight.

baptiser [batize] [1] vt (Rel) to baptize, christen; (surnommer) to christen, dub ◆ **baptisme** nm baptism ◆ **baptiste** nmf, adj Baptist.

baquet [bakɛ] nm tub.

bar [baʀ] nm (lieu) bar; (poisson) bass.

baragouiner [baʀagwine] [1] vt [famil] to gabble ◇ **il baragouine un peu l'espagnol** he can speak a bit of Spanish ◆ **baragouin** nm [famil] gibberish, double Dutch.

baraque [baʀak] nf (abri) shed; (boutique) stall; (famil: maison) place [famil].

baraquement [baʀakmɑ̃] nm ◇ ~**s** group of huts; (Mil) camp.

baratin [baʀatɛ̃] nm [famil] (gén) chatter; (avec un client) patter, sales talk, pitch (US).

barbant, e [baʀbɑ̃, ɑ̃t] adj [famil] boring, deadly dull.

barbare [baʀbaʀ] **1** adj (invasion) barbarian; (crime) barbarous **2** nm barbarian ◆ **barbarie** nf (cruauté) barbarity ◆ **barbarisme** nm (mot) barbarism.

barbe [baʀb(ə)] nf beard ◇ **à la ~ de qn** under sb's nose; **rire dans sa ~** to laugh up one's sleeve; **la ~!** [famil] damn it! [famil]; **quelle ~!** [famil] what a drag! [famil]; **oh toi, la ~!** [famil] oh shut up, you! [famil]; ~ **à papa** candyfloss.

barbecue [baʀbəkju] nm barbecue.

barbelé, e [baʀbəle] adj, nm ◇ **fil de fer ~** barbed wire; **les ~s** the barbed wire fence.

barber [baʀbe] [1] vt [famil] to bore stiff [famil] ◇ **se ~** to be bored stiff [famil] (*à faire* doing).

barbier [baʀbje] nm barber.

barbiturique [baʀbityʀik] nm barbiturate.

barboter [baʀbɔte] [1] **1** vt (famil: voler) to pinch [famil], steal (*à* from) **2** vi (canard, enfant) to dabble, splash about.

barbouiller [baʀbuje] [1] vt (salir) to smear (*de* with); (péj: peindre) to daub ou slap paint on ◇ ~ **une feuille de dessins** to scribble drawings on a piece of paper; ~ **l'estomac** to upset the stomach; **être barbouillé** [famil] to feel queasy, have an upset stomach.

barbu, e [baʀby] adj bearded.

barda [baʀda] nm [famil] gear; (soldat) kit.

barder [baʀde] [1] vb impers [famil] ◇ **ça va ~!** sparks will fly!

barème [baʀɛm] nm (tarif) price list; (échelle) scale.

baril [baʀi(l)] nm (gén) barrel; (poudre) keg; (lessive) drum.

bariolé, e [baʀjɔle] adj gaily-coloured.

baromètre [baʀɔmɛtʀ(ə)] nm barometer ◇ **le ~ est au beau fixe** the barometer is set at fair; **le ~ est à la pluie** the barometer is pointing to rain.

baron [baʀɔ̃] nm baron ◆ **baronne** nf baroness.

baroque [baʀɔk] adj (idée) weird, wild; (Art) baroque.

barque [baʀk(ə)] nf small boat.

barrage [baʀaʒ] nm (rivière) dam; (petit) weir; (barrière) barrier; (Mil) barrage ◇ ~ **de police** police roadblock; **faire ~ à** to stand in the way of.

barre [baʀ] nf (morceau) bar; (trait) line, stroke; (gouvernail) helm; (houle) race; (niveau) mark ◇ **être à la ~** to be at the helm; ~ **des témoins** witness box; **comparaître à la ~** to appear as a witness; ~ **de fraction** fraction line; ~ **d'appui** window rail; ~ **fixe** horizontal bar; ~ **de mesure** bar line; ~ **à mine** crowbar.

barreau, pl ~**x** [baʀo] nm (échelle) rung; (cage) bar ◇ (Jur) **le ~** the bar.

barrer [baʀe] [1] **1** vt **a** (porte) to bar; (route) (par accident) to block; (pour travaux, par la police) to close, shut off ◇ ~ **la route à qn** to bar ou block sb's way **b** (mot) to cross ou score out; (feuille) to cross ◇ **chèque barré** crossed cheque **c** (Naut) to steer **2** **se barrer** [famil] vpr to clear off [famil].

barrette [baʀɛt] nf (cheveux) hair slide, barrette (US).

barreur [baʀœʀ] nm (gén) helmsman; (Aviron) cox.

barricade [baʀikad] nf barricade.

barricader [baʀikade] [1] vt to barricade ◇ **se ~ derrière** to barricade o.s. behind.

barrière [baʀjɛʀ] nf (clôture) fence; (porte) gate; (obstacle) barrier ◇ ~ **douanière** tariff barrier; ~ **de passage à niveau** level crossing gate.

barrique [baʀik] nf barrel, cask.

1. **bas, basse** [bɑ, bɑs] **1** adj **a** (gén) low; (abject) mean, base ◇ **les basses branches** the lower ou bottom branches; ~ **sur pattes** short-legged; **je l'ai eu à ~ prix** I got it cheap; **c'est la basse mer** the tide is out, it's low tide; **être au plus ~** (personne) to be very low; (prix) to be at their lowest; **au ~ mot** at the very least; **en ce ~ monde** here below; **en ~ âge** young **b** ◇ ~**-côté** (route) verge; (église) side aisle; **basse-cour** (lieu) farmyard; (volaille) poultry; ~**-fond** (Naut) shallow; **les ~-fonds de la société** the dregs of society; **les ~-fonds de la ville** the seediest parts of the town; (Boucherie) **les ~ morceaux** the cheap cuts; ~**-relief** low relief; ~**-ventre** stomach, guts **2** adv (parler) softly, in a low voice ◇ **trop ~** too low; **mets-le plus ~** (objet) put it lower down; (transistor) turn it down; **traiter qn**

plus ~ que terre to treat sb like dirt; **mettre ~** to give birth; **mettre ~ les armes** (Mil) to lay down one's arms; (fig) to throw in the sponge; **~ les pattes!** (à un chien) down!; (famil: fig) paws off! [famil]; **à ~ le fascisme!** down with fascism! **3** nm bottom, lower part ◇ **en ~** at the bottom; (par l'escalier) downstairs; **le tiroir du ~** the bottom drawer; **lire de ~ en haut** to read from the bottom up **4** nf (Mus) bass.

2. **bas** [bɑ] nm stocking ◇ (fig) **~ de laine** savings.

basané, e [bazane] adj tanned; (indigène) swarthy.

bascule [baskyl] nf (balançoire) seesaw; (balance) weighing machine.

basculer [baskyle] 1 vi to fall ou topple over ◇ **il bascula dans le vide** he toppled over the edge; **faire ~** (benne) to tip up; (contenu) to tip out; (personne) to topple over.

base [bɑz] nf (lit, Chim, Mil) base; (principe fondamental) basis ◇ **des ~s solides en anglais** a good grounding in English; **produit à ~ de soude** soda-based product; **règles de ~** basic rules; (fig) **~ de départ** starting point (fig); **~ de données** database; **~ de lancement** launching site.

base-ball [bɛzbol] nm baseball.

baser [baze] 1 vt to base (*sur* on) ◇ (Mil) **être basé à** to be based at; **sur quoi vous basez-vous?** what basis ou grounds have you? (*pour dire* for saying).

basilic [bazilik] nm basil.

basilique [bazilik] nf basilica.

basket [baskɛt] nm [famil] basketball ◇ **~s** sneakers, trainers, (US) tennis shoes ◆ **basket-ball** nm basketball.

basketteur, -euse [baskɛtœʀ, øz] nm,f basketball player.

basse [bɑs] → 1. **bas.**

bassement [bɑsmɑ̃] adv basely, meanly.

bassesse [bɑsɛs] nf (servilité) servility; (mesquinerie) baseness; (acte) low act.

bassin [basɛ̃] nm (pièce d'eau) pond; (piscine) pool; (fontaine) basin; (cuvette) bowl; (Méd) bedpan; (Géol) basin; (Anat) pelvis; (Naut) dock ◇ **~ houiller** coalfield ◆ **bassine** nf bowl; (contenu) bowlful.

basson [bɑsɔ̃] nm (instrument) bassoon; (musicien) bassoonist.

bastingage [bastɛ̃gaʒ] nm (ship's) rail; (Hist) bulwark.

bastion [bastjɔ̃] nm bastion.

bât [bɑ] nm packsaddle ◇ (fig) **c'est là où le ~ blesse** that's where the shoe pinches.

bataclan [bataklɑ̃] nm [famil] junk [famil] ◇ **et tout le ~** the whole caboodle [famil].

bataille [bataj] nf (Mil) battle; (rixe) fight; (Cartes) beggar-my-neighbour ◇ **~ rangée** pitched battle; **il a les cheveux en ~** his hair's all tousled ◆ **batailler** 1 vi to fight ◆ **batailleur, -euse** adj aggressive ◆ **bataillon** nm battalion.

bâtard, e [bɑtaʀ, aʀd(ə)] **1** adj illegitimate, bastard (pej) **2** nm,f (personne) illegitimate child, bastard (pej); (chien) mongrel **3** nm ≃ Vienna roll.

bateau, pl **~x** [bato] nm (gén) boat; (grand) ship ◇ **faire du ~** (à voiles) to go sailing; (à rames etc) to go boating; **~ amiral** flagship; **~ de commerce** merchant ship; **~ de guerre** warship, battleship; **~ de sauvetage** lifeboat; **~ à vapeur** steamer.

bâti, e [bɑti] **1** adj ◇ **bien ~** well-built; **terrain non ~** undeveloped site **2** nm (robe) tacking, basting; (porte) frame.

batifoler [batifɔle] 1 vi to lark about.

bâtiment [bɑtimɑ̃] nm (édifice) building; (bateau) ship ◇ (industrie) **le ~** the building industry ou trade.

bâtir [bɑtiʀ] 2 vt (gén, fig) to build; (couture) to tack, baste ◇ **se faire ~ une maison** to have a house built; **terrain à ~** building land ◆ **bâtisse** nf building ◆ **bâtisseur, -euse** nm,f builder.

bâton [bɑtɔ̃] nm (canne, morceau) stick; (trait) stroke ◇ **~ de rouge à lèvres** lipstick; **il m'a mis des ~s dans les roues** he put a spoke in my wheel; **parler à ~s rompus** to talk casually about this and that.

battage [bataʒ] nm (publicité) publicity campaign ◇ **faire du ~ autour de qch** to plug sth [famil].

battant [batɑ̃] nm **a** (cloche) tongue; (porte) flap, door; (fenêtre) window ◇ **porte à double ~** double door **b** (personne) fighter (fig).

battement [batmɑ̃] nm **a** **~(s)** (paupières) blinking; (cœur) beating ◇ **avoir des ~s de cœur** to have palpitations **b** (intervalle) interval ◇ **2 minutes de ~** (attente) 2 minutes' wait; (temps libre) 2 minutes to spare.

batterie [batʀi] nf (Mil, Tech) battery; (Jazz: instruments) drum kit ◇ **dévoiler ses ~s** to show one's hand; (Jazz) **X à la ~** X on drums; **~ de cuisine** pots and pans.

batteur [batœʀ] nm (Culin) whisk; (Mus) drummer ◆ **batteuse** nf threshing machine.

battre [batʀ(ə)] 41 **1** vt (gén) to beat; (blé) to thresh; (blanc d'œuf) to whisk; (crème) to whip; (cartes) to shuffle ◇ **se faire ~** to be beaten; **~ qn à plates coutures** to beat sb hollow; **~ le fer pendant qu'il est chaud** to strike while the iron is hot; **œufs battus en neige** stiff egg whites; **hors des sentiers battus** off the beaten track; **~ la mesure** to beat time; **~ le rappel de ses amis** to rally one's friends; ~ **en brèche une théorie** to demolish a theory; ~ **froid à qn** to give sb the cold shoulder; ~ **son plein** to be at its height; ~ **pavillon britannique** to fly the British flag; ~ **monnaie** to strike ou mint coins **2** vi (cœur) to beat; (pluie) to beat, lash (*contre* against); (porte) to bang ◇ ~ **en retraite** to beat a retreat, fall back **3** **battre de** vt indir ◇ ~ **des mains** to clap one's hands; (fig) to dance for joy; ~ **des ailes** to flap its wings; (fig) ~ **de l'aile** to be in a shaky state **4** **se battre** vpr to fight (*avec* with; *contre* against) ◇ **se** ~ **comme des chiffonniers** to fight like cat and dog ◆ **battue** nf (Chasse) beat.

baume [bom] nm balm.

baux [bo] nmpl de *bail*.

bavard, e [bavaʀ, aʀd(ə)] **1** adj talkative **2** nm,f chatterbox [famil].

bavardage [bavaʀdaʒ] nm chattering ◇ ~**s** (propos) idle chatter; (indiscrétion) gossip.

bavarder [bavaʀde] 1 vi to chat, chatter.

bave [bav] nf (personne) dribble; (animal) slaver; (escargot) slime.

baver [bave] 1 vi (personne) to dribble; (animal) to slaver; (chien enragé) to foam at the mouth; (stylo) to leak; (liquide) to run ◇ **en** ~[famil] to have a rough time of it ◆ **baveux, -euse** adj (personne) dribbling; (omelette) runny ◆ **bavoir** nm bib ◆ **bavure** nf (tache) smudge; (Tech) burr; (erreur) mistake.

bazar [bazaʀ] nm (magasin) general store; (famil: affaires) gear ◇ **quel** ~! [famil] what a shambles! [famil]; **et tout le** ~[famil] the whole caboodle [famil] ◆ **bazarder** 1 vt [famil] (jeter) to chuck out [famil]; (vendre) to sell off.

BCBG [besebeʒe] abrév de *bon chic bon genre* → **bon.**

BCG [beseʒe] abrév de *vaccin Bilié Calmette et Guérin* BCG.

BD [bede] **1** nf abrév de *bande dessinée* ◇ **la** ~ strip cartoons; **une** ~ a strip cartoon **2** abrév de *base de données* DB.

bd abrév de *boulevard*.

béant, e [beɑ̃, ɑ̃t] adj gaping.

béat, e [bea, at] adj (personne) blissfully happy; (sourire) beatific ◆ **béatitude** nf (bonheur) bliss.

beau [bo], **bel** devant voyelle ou h muet, **belle** f, mpl **beaux** **1** adj **a** (gén) beautiful, lovely; (homme) handsome, goodlooking; (discours, match, occasion) fine ◇ ~ **geste** noble gesture; ~ **parleur** smooth talker; **les beaux-arts** (Art) fine arts; (école) the Art School; **mettre ses beaux habits** to put on one's best clothes; **il fait très** ~ **temps** the weather's very good, it's very fine; **c'est la belle vie!** this is the life!; **un** ~ **jour** one fine day; **la belle affaire!** so what? [famil]; **être dans un** ~ **pétrin** [famil] to be in a fine old mess [famil]; **ce n'est pas** ~ **de mentir** it isn't nice to tell lies; **ça me fait une belle jambe!** [famil] a fat lot of good it does me! [famil]; **c'est du** ~ **travail!** well done!; **pleurer de plus belle** to cry more than ever ou even more; **à la belle étoile** out in the open; **il y a belle lurette qu'il est parti** it is ages since he left; **faire qch pour les beaux yeux de qn** to do sth just to please sb; **le plus** ~ **de l'histoire, c'est que...** the best part about it is that...; **c'est trop** ~ **pour être vrai** it's too good to be true; **se faire** ~ to get dressed up; **on a** ~ **dire, il n'est pas bête** say what you like, he is not stupid; **c'était bel et bien lui** it was him all right **b** ◇ (famille) ~**-père** father-in-law; (remariage) step-father; **belle-fille** daughter-in-law; (remariage) step-daughter; **mes beaux-parents** my in-laws **2** nm ◇ **le** ~ the beautiful; (chien) **faire le** ~ to sit up and beg; **être au** ~ to be set fair; **c'est du** ~! that's a fine thing to do! **3** nf (femme) beauty; (compagne) lady friend; (Jeux) deciding match ◇ **en faire de belles** to get up to mischief; **la Belle au bois dormant** Sleeping Beauty.

beaucoup [boku] adv a lot ◇ ~ **de monde** a lot of people, many people; ~ **d'eau** a lot of water; **avec** ~ **de soin** with great care; **il a eu** ~ **de chance** he's been very lucky; ~ **trop lentement** much ou far too slowly; **je préfère cela de** ~ I much prefer it, I like it much ou far better; **c'est** ~ **dire** that's saying a lot.

beauté [bote] nf (gén) beauty; (femme) beauty, loveliness; (homme) handsomeness ◇ **de toute** ~ very beautiful; **se faire une** ~ to powder one's nose; **finir qch en** ~ to finish sth with a flourish.

bébé [bebe] **1** nm baby **2** adj babyish.

bec [bɛk] nm (oiseau) beak, bill; (plume) nib; (carafe) lip; (théière) spout; (famil: bouche) mouth ◇ **tomber sur un** ~[famil] to hit a snag; **rester le** ~ **dans l'eau** [famil] to be left in the lurch; ~ **Bunsen** Bunsen burner; ~**-de-cane** doorhandle; ~ **de gaz** lamp post, gaslamp.

bécarre [bekaʀ] nm (Mus) natural.

bêche [bɛʃ] nf spade ◆ **bêcher** 1 vt to dig.

becquée [beke] nf beakful ◇ **donner la** ~ **à** to feed ◆ **becqueter** 4 vt to peck (at).

bedaine [bədɛn] nf [famil] paunch.

bedeau, pl ~**x** [bədo] nm beadle.

bedonnant, e [bədɔnɑ̃, ɑ̃t] adj [famil] portly.

bée [be] adj ◇ **être bouche** ~ to stand open-mouthed ou gaping.

beffroi [befʀwa] nm belfry.

bégaiement [begɛmɑ̃] nm stammering, stuttering.

bégayer [begeje] 8 vti to stammer, stutter.

bégonia [begɔnja] nm begonia.
bègue [bɛg] nmf stammerer, stutterer.
beige [bɛʒ] adj, nm beige.
beignet [bɛɲɛ] nm (fruits) fritter; (pâte frite) doughnut.
bel [bɛl] adj → **beau.**
bêlement [bɛlmɑ̃] nm bleating.
bêler [bele] 1 vi (Zool, fig) to bleat.
belette [bəlɛt] nf weasel.
belge [bɛlʒ(ə)] 1 adj Belgian 2 nmf ◇ **B~** Belgian ◆ **Belgique** nf Belgium.
bélier [belje] nm ram.
belle [bɛl] → **beau.**
belligérant, e [beliʒeʀɑ̃, ɑ̃t] adj, nm,f belligerent.
belliqueux, -euse [belikø, øz] adj (humeur) quarrelsome; (politique, peuple) warlike.
belvédère [bɛlvedɛʀ] nm belvedere; (vue) (panoramic) viewpoint.
bémol [bemɔl] nm (Mus) flat.
bénédiction [benediksjɔ̃] nf blessing.
bénéfice [benefis] nm (Comm) profit; (avantage) advantage, benefit ◇ **faire des ~s** to make a profit ◆ **bénéficiaire** nmf (gén) beneficiary ◆ **bénéficier de** 7 vt indir (jouir de) to have, enjoy; (obtenir) to get, have; (tirer profit de) to benefit from ◇ **faire ~ qn d'une remise** to give ou allow sb a discount ◆ **bénéfique** adj beneficial.
Bénélux [benelyks] nm ◇ **le ~** the Benelux countries.
bénévolat [benevɔla] nm voluntary help ◆ **bénévole** 1 adj voluntary, unpaid 2 nmf volunteer, voluntary helper ou worker ◆ **bénévolement** adv voluntarily.
bénin, -igne [benɛ̃, iɲ] adj (accident) slight, minor; (maladie) mild; (tumeur) benign.
Bénin [benɛ̃] nm ◇ **le ~** Benin.
bénir [beniʀ] 2 vt to bless ◇ **soyez béni!** bless you! ◆ **bénit, e** adj consecrated; (eau) holy ◆ **bénitier** nm (Rel) stoup.
benjamin, -ine [bɛ̃ʒamɛ̃, in] nm,f youngest child.
benne [bɛn] nf (camion) (basculante) tipper; (amovible) skip; (grue) scoop; (téléphérique) cable-car; (mine) skip, truck.
BEP [beəpe] nm abrév de *Brevet d'études professionnelles* → **brevet.**
béquille [bekij] nf (infirme) crutch; (moto) stand.
berceau, pl **~x** [bɛʀso] nm (lit) cradle, crib; (lieu d'origine) birthplace; (charmille) arbour.
bercer [bɛʀse] 3 vt (gén) to rock ◇ (tromper) **~ de** to delude with ◆ **berceuse** nf (chanson) lullaby.
berge [bɛʀʒ(ə)] nf (rivière) bank.
berger [bɛʀʒe] nm shepherd ◇ **chien de ~** sheepdog; **~ allemand** alsatian ◆ **bergère** nf shepherdess ◆ **bergerie** nf sheepfold.
berline [bɛʀlin] nf (Aut) saloon car, sedan (US); (à chevaux) berlin.
berlingot [bɛʀlɛ̃go] nm (bonbon) boiled sweet; (emballage) (pyramid-shaped) carton.
berlue [bɛʀly] nf ◇ **avoir la ~** to be seeing things.
Bermudes [bɛʀmyd] nfpl Bermuda.
berne [bɛʀn(ə)] nf ◇ **en ~** ≃ at half-mast; **mettre en ~** ≃ to half-mast.
bernique [bɛʀnik] 1 nf limpet 2 excl [famil] nothing doing! [famil]
besogne [bəzɔɲ] nf (travail) work, job.
besoin [bəzwɛ̃] nm need (*de* for; *de faire* to do) ◇ **ceux qui sont dans le ~** the needy; (euph) **faire ses ~s** to relieve o.s.; **avoir ~ de qch** to need sth; **il n'a pas ~ de venir** he doesn't have to come, there's no need for him to come; **pas ~ de dire que** it goes without saying that; **au ~, si ~ est** if necessary, if need be; **pour les ~s de la cause** for the purpose in hand.
bestial, e, mpl **-aux** [bɛstjal, o] adj bestial, brutish ◆ **bestialité** nf bestiality, brutishness.
bestiaux [bɛstjo] nmpl (gén) livestock; (bovins) cattle.
bestiole [bɛstjɔl] nf tiny creature.
bétail [betaj] nm (gén) livestock; (bovins) cattle.
bête [bɛt] 1 nf (animal) animal; (insecte) bug, creature ◇ **~ sauvage** wild beast ou creature; **pauvre petite ~** poor little thing ou creature; **grosse ~!** [famil] you big silly! [famil]; **~ à bon dieu** ladybird; **~ à cornes** horned animal; (iro) **~ curieuse** strange animal; **~ fauve** big cat; **c'est ma ~ noire** (chose) that's my pet hate; (personne) I just can't stand him; **~ de somme** beast of burden 2 adj stupid, silly, foolish ◇ **être ~ comme ses pieds** to be as thick as a brick; **ce n'est pas ~** that's not a bad idea; (famil: très simple) **c'est tout ~** it's quite ou dead [famil] simple ◆ **bêtement** adv stupidly, foolishly.
bêtise [betiz] nf stupidity ◇ **j'ai eu la ~ de** I was foolish enough to; **faire une ~ ou des ~s** to do something stupid ou silly; **dire des ~s** to talk nonsense; **dépenser son argent en ~s** to spend one's money on rubbish ou trash (US).
béton [betɔ̃] nm concrete ◇ **~ armé** reinforced concrete.
betterave [bɛtʀav] nf ◇ **~ fourragère** mangelwurzel, beet; **~ rouge** beetroot; **~ sucrière** sugar beet.
beuglement [bøgləmɑ̃] nm (vache) mooing; (taureau) bellowing; (radio) blaring.
beugler [bøgle] 1 vi (vache) to moo; (taureau) to bellow; (radio) to blare.
beur [bœʀ] nmf *person of North African origin born and living in France.*

beurre [bœʀ] nm butter ◇ ~ **noir** brown butter sauce; ~ **d'anchois** anchovy paste; **ça va mettre du** ~ **dans les épinards** [famil] that will buy a few extras; **faire son** ~ [famil] to make a packet [famil] ◆ **beurrer** [1] vt to butter ◆ **beurrier** nm butter dish.

beuverie [bœvʀi] nf drinking bout.

bévue [bevy] nf blunder.

Beyrouth [beʀut] n Beirut.

bi... [bi] préf bi... ◇ **bicentenaire** [nm] bicentenary, bicentennial; **bimensuel** [adj] twice monthly.

biais [bjɛ] nm (moyen) device, means ◇ **par le** ~ **de** by means of; **en** ~ (poser) slantwise; (couper) diagonally; **regarder qn de** ~ to give sb a sidelong glance.

bibelot [biblo] nm (sans valeur) trinket; (de valeur) curio.

biberon [bibʀɔ̃] nm baby's bottle ◇ **l'heure du** ~ baby's feeding time; **nourrir au** ~ to bottle-feed.

bible [bibl(ə)] nf bible ◆ **biblique** adj biblical.

bibliobus [biblijɔbys] nm mobile library.

bibliographie [biblijɔgʀafi] nf bibliography.

bibliothécaire [biblijɔtekɛʀ] nmf librarian.

bibliothèque [biblijɔtɛk] nf (édifice, collection) library; (meuble) bookcase ◇ ~ **de gare** station bookstall.

bicarbonate [bikaʀbɔnat] nm bicarbonate.

biceps [bisɛps] nm biceps.

biche [biʃ] nf doe ◇ (fig) **ma** ~ darling.

bichonner vt, **se bichonner** vpr [biʃɔne] [1] to titivate.

bicoque [bikɔk] nf (péj) shack [famil].

bicyclette [bisiklɛt] nf bicycle, bike ◇ (sport) **la** ~ cycling; (promenade) **faire de la** ~ to go for a cycle ride.

bidon [bidɔ̃] **1** nm (gén) can, tin; (lait) churn; (campeur, soldat) flask **2** adj inv ([famil]) (attentat) mock ◆ **bidonville** nm shanty town.

bidule [bidyl] nm [famil] thingumabob [famil].

bielle [bjɛl] nf connecting rod.

bien [bjɛ̃] **1** adv **a** (gén) well; (fonctionner) properly ◇ **il parle** ~ **l'anglais** he speaks good English, he speaks English well; **il a** ~ **pris ce que je lui ai dit** he took what I had to say in good part; **il s'y est** ~ **pris pour le faire** he went about it the right way; **vous avez** ~ **fait** you did the right thing; **vous feriez** ~ **de** you'd do well ou you'd be well advised to; **il peut très** ~ **le faire** he can quite easily do it; **écoute-moi** ~ listen to me carefully; **mets-toi** ~ **en face** stand right ou straight opposite; **c'est** ~ **compris?** is that clearly ou quite understood?; **c'est** ~ **fait pour lui** it serves him right **b** (très) very; (beaucoup) very much; (trop) rather ◇ ~ **mieux** much better; ~ **content** very glad; ~ **plus cher** far ou much more expensive; **c'est** ~ **long** it's rather long; ~ **des gens** a lot of people, many people; **j'ai eu** ~ **du mal à le faire** I had a lot ou a great deal of difficulty doing it **c** (effectivement) definitely ◇ **c'est** ~ **une erreur** it's definitely ou certainly a mistake; **est-ce** ~ **mon manteau?** is it really my coat?; **c'est** ~ **ma veine!** [famil] it's just my luck!; **c'était** ~ **la peine!** after all that trouble!; **où peut-il** ~ **être?** where on earth can he be?; **j'espère** ~**!** I should hope so!; **on verra** ~ we'll see; **il se pourrait** ~ **qu'il pleuve** it could well rain; **il faut** ~ **le supporter** one just has to put up with it; **j'irais** ~ **mais...** I'd willingly ou gladly go but...; **ça m'est** ~ **égal** it's all the same to me; ~ **sûr** of course; **il y a** ~ **3 jours que je ne l'ai vu** I haven't seen him for at least 3 days **d** ◇ ~ **qu'il le sache** although ou though he knows **2** adj inv (de qualité) good; (en bonne santé) well; (agréable) nice, pleasant; (à l'aise) at ease; (beau) (personne) good-looking; (chose) nice ◇ **donnez-lui quelque chose de** ~ give him something really good; **on est** ~ **à l'ombre** it's pleasant ou nice in the shade; **je suis** ~ **dans ce fauteuil** I'm comfortable in this chair; **elle se trouve** ~ **dans son nouveau poste** she's happy in her new job; **se mettre** ~ **avec qn** to get on good terms with sb; **ce n'est pas** ~ **de** it's not nice to; **c'est** ~ **à vous de les aider** it's good of you to help them **3** nm **a** good ◇ **faire le** ~ to do good; **ça m'a fait du** ~ it did me good; **dire du** ~ **de** to speak highly of; **vouloir du** ~ **à qn** to wish sb well **b** (possession) possession; (argent) fortune; (terres) estate ◇ ~**s de consommation** consumer goods; ~ **mal acquis ne profite jamais** ill-gotten gains seldom prosper ◆ **bien-aimé, e** adj, nm, f beloved ◆ **bien-être** nm (physique) well-being; (matériel) comfort ◆ **bien-fondé** nm (opinion) validity; (plainte) cogency.

bienfaisance [bjɛ̃fəzɑ̃s] nf ◇ **œuvre de** ~ charity, charitable organisation ◆ **bienfaisant, e** adj (remède) beneficial; (personne) kind.

bienfait [bjɛ̃fɛ] nm kindness ◇ **les** ~**s de** (science) the benefits of; (cure) the beneficial effects of ◆ **bienfaiteur** nm benefactor ◆ **bienfaitrice** nf benefactress.

bienheureux, -euse [bjɛ̃nœʀø, øz] adj (Rel) blessed.

bienséance [bjɛ̃seɑ̃s] nf propriety ◆ **bienséant, e** adj proper, becoming.

bientôt [bjɛ̃to] adv soon ◇ **à** ~**!** see you soon!; **c'est pour** ~**?** is it due soon?; **il est** ~ **minuit** it's nearly midnight.

bienveillance [bjɛ̃vɛjɑ̃s] nf kindness (*envers* to) ◆ **bienveillant, e** adj benevolent, kindly.

bienvenu, e [bjɛ̃vny] **1** nm,f ◇ **être le ~ (ou la ~e)** to be most welcome **2** nf welcome ◇ **souhaiter la ~e à qn** to welcome sb.

bière [bjɛʀ] nf (boisson) beer; (cercueil) coffin, casket (US) ◇ ~ **blonde** lager; ~ **pression** draught beer.

biffer [bife] [1] vt to cross out.

bifteck [biftɛk] nm piece of steak, steak.

bifurcation [bifyʀkɑsjɔ̃] nf fork.

bifurquer [bifyʀke] [1] vi (route) to fork; (véhicule) to turn off (*vers, sur* for) ◇ ~ **sur la droite** to bear right.

bigarré, e [bigaʀe] adj gaily-coloured.

bigorneau, pl ~**x** [bigɔʀno] nm winkle.

bigot, e [bigo, ɔt] (péj) **1** adj over-devout **2** nm,f religious bigot ◆ **bigoterie** nf religious bigotry.

bigoudi [bigudi] nm (hair-)curler.

bijou, pl ~**x** [biʒu] nm jewel; (fig) gem ◇ **mon** ~[famil] my love ◆ **bijouterie** nf (boutique) jeweller's shop; (commerce) jewellery business ◆ **bijoutier, -ière** nm,f jeweller.

bilan [bilɑ̃] nm (évaluation) assessment; (résultats) result, outcome; (Fin) balance sheet ◇ **faire le ~ de** to take stock of, assess; ~ **de santé** medical checkup.

bile [bil] nf bile ◇ **se faire de la** ~[famil] to get worried (*pour* about).

bilingue [bilɛ̃g] adj bilingual ◆ **bilinguisme** nm bilingualism.

billard [bijaʀ] nm (jeu) billiards (sg); (table) billiard table ◇ **faire un** ~ to play a game of billiards; ~ **électrique** pinball machine; **passer sur le** ~[famil] to have an operation; **c'est du** ~[famil] it's dead easy [famil].

bille [bij] nf marble; (billard) billiard ball.

billet [bijɛ] nm ticket ◇ ~ **aller** single ou one-way (US) ticket; ~ **aller et retour** return ou round-trip (US) ticket; ~ **de banque** banknote, bill (US); ~ **doux** love letter; ~ **de faveur** complimentary ticket; (Mil) ~ **de logement** billet ◆ **billetterie** nf (Banque) cash dispenser.

billot [bijo] nm block.

binaire [binɛʀ] adj binary.

biner [bine] [1] vt to hoe, harrow ◆ **binette** nf (Agr) hoe; (famil: visage) face.

biodégradable [bjɔdegʀadabl(ə)] adj biodegradable.

biographie [bjɔgʀafi] nf biography ◆ **biographique** adj biographical.

biologie [bjɔlɔʒi] nf biology ◆ **biologique** adj biological ◆ **biologiste** nmf biologist.

bique [bik] nf nanny-goat ◆ **biquet, -ette** nm,f (Zool) kid.

birman, e [biʀmɑ̃, an] adj, **B~, e** nm,f Burmese ◆ **Birmanie** nf Burma.

1. **bis** [bis] adv (sur partition) repeat ◇ ~ encore!; (numéro) **12** ~ 12a.

2. **bis, e** [bi, biz] adj greyish-brown.

bisaïeul [bizajœl] nm great-grandfather ◆ **bisaïeule** nf great-grandmother.

biscornu, e [biskɔʀny] adj (forme) crooked; (idée) tortuous, cranky.

biscotte [biskɔt] nf rusk, melba toast (US).

biscuit [biskɥi] nm (mou) sponge cake; (sec) biscuit, cracker (US) ◆ **biscuiterie** nf biscuit factory.

bise [biz] nf (vent) North wind; (baiser) kiss.

biseau, pl ~**x** [bizo] nm bevel ◇ **en** ~ bevelled.

bison [bizɔ̃] nm bison, American buffalo.

bissextile [bisɛkstil] adj f → **année.**

bistouri [bistuʀi] nm lancet.

bistro(t) [bistʀo] nm café, bar.

bit [bit] nm (Ordin) bit.

bitume [bitym] nm (matière) bitumen; (revêtement) asphalt, tarmac ®.

bizarre [bizaʀ] adj strange, odd, peculiar ◆ **bizarrement** adv strangely, oddly, peculiarly ◆ **bizarrerie** nf strangeness, oddness ◇ ~**s** peculiarities, oddities.

blablabla [blablabla] nm [famil] claptrap [famil].

blackbouler [blakbule] [1] vt (élection) to blackball; (examen) to fail.

blafard, e [blafaʀ, aʀd(ə)] adj wan, pale.

blague [blag] nf **a** [famil] (histoire) joke; (farce) hoax; (erreur) blunder ◇ **faire une** ~ **à qn** to play a trick on sb; **sans** ~**?** you're joking! **b** ◇ ~ **à tabac** tobacco pouch ◆ **blaguer** [1] vi [famil] to be joking ◆ **blagueur, -euse** **1** adj [famil] teasing **2** [famil] nm,f joker.

blaireau, pl ~**x** [blɛʀo] nm (Zool) badger; (pour barbe) shaving brush.

blâmable [blɑmabl(ə)] adj blameful.

blâme [blɑm] nm (désapprobation) blame; (réprimande) reprimand ◆ **blâmer** [1] vt to blame; to reprimand.

blanc, blanche [blɑ̃, blɑ̃ʃ] **1** adj (gén) white (*de* with); (page, copie) blank ◇ ~ **comme un linge** as white as a sheet; ~ **comme neige** as pure as the driven snow **2** nm (couleur) white; (espace) blank; (vin) white wine ◇ **le** ~ (tissu) household linen; (lavage) whites; **'laisser en** ~**'** 'leave this space blank'; ~ **d'œuf** egg white; ~ **de poulet** breast of chicken; (homme) **B~** White, white man; **tirer à** ~ to fire blanks; **cartouche à** ~ blank cartridge **3** nf (Mus) minim ◇ (femme) **Blanche** white woman ◆ **blanchâtre** adj whitish, off-white ◆ **Blanche-Neige** nf Snow White ◆ **blancheur** nf whiteness.

blanchir [blɑ̃ʃiʀ] 2 **1** vt (gén) to whiten, lighten; (laver) to launder; (disculper) to clear **2** vi (cheveux) to go white; (couleur) to become lighter ◆ **blanchissage** nm laundering ◇ **note de ~** laundry bill ◆ **blanchisserie** nf laundry ◆ **blanchisseur** nm launderer ◆ **blanchisseuse** nf launderess.

blanquette [blɑ̃kɛt] nf ◇ **~ de veau** blanquette of veal.

blasé, e [blaze] adj blasé ◇ **~ de** bored with.

blason [blazɔ̃] nm coat of arms.

blasphème [blasfɛm] nm blasphemy ◆ **blasphémer** 6 vti to blaspheme.

blatte [blat] nf cockroach.

blé [ble] nm wheat.

bled [blɛd] nm [famil] village ◇ **~ perdu** hole [famil].

blême [blɛm] adj pale, wan (*de* with).

blesser [blese] 1 vt (accident) to hurt, injure; (Mil) to wound; (offenser) to hurt, wound ◇ **être blessé au bras** to have an arm injury ◆ **blessant, e** adj cutting ◆ **blessé, e** nm,f injured ou wounded person, casualty ◇ **l'accident a fait 10 ~s** 10 people were injured ou hurt in the accident; **~ grave** seriously injured person; **~s de la route** road casualties ◆ **blessure** nf injury; wound.

blet, blette [blɛ, blɛt] adj overripe.

bleu, e [blø] **1** adj (couleur) blue; (steak) very rare **2** nm (couleur) blue; (meurtrissure) bruise; (fromage) blue-veined cheese; (famil: débutant) beginner ◇ (fig) **il n'y a vu que du ~** [famil] he didn't suspect a thing; **~ marine** navy blue; **~s de travail** overalls ◆ **bleuet** nm cornflower ◆ **bleuté, e** adj (reflet) bluish; (verre) blue-tinted.

blindage [blɛ̃daʒ] nm (Mil) armour plating; (porte) reinforcing.

blinder [blɛ̃de] 1 vt (Mil) to armour; (porte) to reinforce ◆ **blindé** nm armoured car, tank.

bloc [blɔk] nm (marbre) block; (papier) pad; (Pol) bloc ◇ **faire ~ contre qn** to unite against sb; **visser qch à ~** to screw sth up tight; **vendre qch en ~** to sell sth as a whole; **~-évier** sink unit; **~-moteur** engine block; **~-notes** desk-pad; **~ opératoire** operating theatre suite.

blocage [blɔkaʒ] nm (prix) freeze; (compte) freezing; (mental) block.

blockhaus [blɔkos] nm blockhouse.

blocus [blɔkys] nm blockade.

blond, e [blɔ̃, ɔ̃d] **1** adj (cheveux) fair, blond; (personne) fair, fair-haired; (sable) golden **2** nm (couleur) blond; (homme) fair-haired man **3** nf (bière) lager; (cigarette) Virginia cigarette; (femme) blonde.

bloquer [blɔke] 1 **1** vt **a** (grouper) to lump ou group together **b** (porte) to jam; (écrou) to overtighten; (ballon) to block; (rue) to block up; (marchandises, négociations) to hold up; (salaires, compte) to freeze ◇ **~ les freins** to jam on the brakes; **port bloqué par la glace** icebound port; (situation) **être bloqué** to have reached stalemate **2** **se bloquer** vpr (porte, machine) to jam; (roue) to lock.

blottir (se) [blɔtiʀ] 2 vpr to curl up, snuggle up.

blouse [bluz] nf (tablier) overall; (médecin) white coat.

blouson [bluzɔ̃] nm jacket, windjammer.

blue-jean, pl **~-~s** [bludʒin] nm jeans, denims.

bluff [blœf] nm [famil] bluff ◆ **bluffer** 1 vi [famil] to bluff.

boa [bɔa] nm boa.

bobine [bɔbin] nf (fil, film) reel; (électrique) coil; (famil: visage) face.

bobo [bobo] nm [famil] (plaie) sore; (coupure) cut ◇ **j'ai ~, ça fait ~** it hurts.

bocal, pl **-aux** [bɔkal, o] nm jar ◇ **mettre en ~aux** to preserve, bottle.

bock [bɔk] nm glass of beer; (verre) beer glass.

body [bɔdi] nm body stocking.

bœuf [bœf], pl **~s** [bø] nm (labour) ox, [pl] oxen; (boucherie) bullock; (viande) beef.

bogue [bɔg] **1** nf (Bot) husk **2** nm (Ordin) bug.

bohème [bɔɛm] adj, nmf bohemian.

bohémien, -ienne [bɔemjɛ̃, jɛn] nm,f gipsy.

boire [bwaʀ] 53 vt to drink; (plante, buvard) to soak up ◇ **~ un verre** to have a drink; **faire ~ qn, donner à ~ à qn** to give sb sth to drink ou a drink; **~ à la santé de qn** to drink sb's health; **ça se boit bien** it is very drinkable; **~ comme un trou** [famil] to drink like a fish; (fig) **~ du petit lait** to lap it up [famil]; **il y a à ~ et à manger** you have to pick and choose what to believe.

bois [bwa] nm (gén) wood ◇ **~ blanc** whitewood; **~ de lit** bedstead; **chaise de ou en ~** wooden chair; **rester de ~** to remain unmoved; **il va voir de quel ~ je me chauffe!** I'll show him what I'm made of!; **les ~** (Mus) the woodwind instruments; (cerf) the antlers ◆ **boisé, e** adj wooded ◆ **boiserie** nf ◇ **~(s)** panelling.

boisson [bwasɔ̃] nf drink.

boîte [bwat] nf **a** (gén) box; (en métal) tin; (conserves) can ◇ **mettre en ~** to can; (fig) **mettre qn en ~** [famil] to pull sb's leg [famil]; **~ d'allumettes** box of matches; **~ à gants** glove compartment; **~ à ou aux lettres** letterbox; **~ à ordures** dustbin, trash can

(US); ~ **à outils** toolbox; ~ **postale 150** PO Box 150; ~ **de vitesses** gearbox **b** [famil] (cabaret) night club; (firme) firm; (bureau) office; (école) school.

boiter [bwate] 1 vi to limp ◆ **boiteux, -euse** adj (personne) lame; (meuble) wobbly; (raisonnement) shaky; (phrase) clumsy.

boîtier [bwatje] nm case.

bol [bɔl] nm bowl ◇ ~ **d'air** breath of fresh air; **avoir du** ~ [famil] to be lucky.

bolide [bɔlid] nm (voiture) racing car ◇ **comme un** ~ at top speed, like a rocket.

Bolivie [bɔlivi] nf **a** Bolivia ◆ **bolivien, -ienne** adj, **B~, -ienne** nm,f **b** Bolivian.

bombardement [bɔ̃baʀdəmɑ̃] nm (bombes) bombing; (obus) shelling ◇ ~ **aérien** air-raid; ~ **atomique** atom-bomb attack.

bombarder [bɔ̃baʀde] 1 vt (bombes) to bomb; (obus) to shell ◇ (fig) ~ **de** (cailloux) to pelt with; (questions, lettres) to bombard with ◆ **bombardier** nm bomber.

bombe [bɔ̃b] nf (Mil) bomb ◇ **éclater comme une** ~ to come as a bombshell; ~ **atomique** atom(ic) bomb; ~ **insecticide** fly spray; ~ **glacée** ice pudding; **faire la** ~ [famil] to go on a binge [famil].

bombé, e [bɔ̃be] adj (forme) rounded; (front) domed; (route) cambered.

bomber [bɔ̃be] 1 vt ◇ ~ **le torse** (lit) to thrust out one's chest; (fig) to swagger about.

1. **bon**, 1. **bonne** [bɔ̃, bɔn] **1** adj **a** (gén) good; (produit) good quality; (odeur, ambiance) good, nice, pleasant; (placement) sound ◇ **être** ~ **en anglais** to be good at English; **une personne de** ~ **conseil** a person of sound judgment; **il a la bonne vie** he has a nice life; **c'était le** ~ **temps!** those were the days! **b** (charitable) (personne, action) good, kind ◇ ~ **mouvement** nice gesture **c** (utilisable) (billet) valid ◇ (médicament) ~ **jusqu'au 5 mai** use before 5th May; **ce vernis est-il encore** ~**?** is this varnish still usable?; **est-ce que cette eau est bonne?** is this water safe to drink? **d** ◇ (recommandé) **il est** ~ **de louer de bonne heure** it's wise ou advisable to book early; **croire** ~ **de faire** to see fit to do; **comme** ~ **vous semble** as you think best **e** ◇ (apte) ~ **pour le service** fit for service; **c'est** ~ **pour ceux qui n'ont rien à faire** it's all right ou fine for people who have nothing to do; **c'est une bonne à rien** she's a good-for-nothing; **ce n'est** ~ **à rien** it's no good ou use; **c'est** ~ **à jeter** it's fit for the dustbin; **c'est** ~ **à nous créer des ennuis** it will only create problems for us; **c'est** ~ **à savoir** it's useful to know that, that's worth knowing **f** (correct) (méthode, calcul) right; (fonctionnement) proper ◇ **au** ~ **moment** at the right time; **le** ~ **usage** correct usage of language; **il est de** ~ **ton de** it is good manners to; **si ma mémoire est bonne** if I remember correctly **g** (intensif) good; (averse) heavy ◇ **après un** ~ **moment** after quite some time; **je te le dis une bonne fois** I'm telling you once and for all; **un** ~ **nombre de** a good many **h** ◇ (souhaits) ~ **anniversaire!** happy birthday!; ~ **appétit!** enjoy your meal!; ~ **courage!** good luck!; ~ **retour!** safe journey back!; **bonne santé!** I hope you keep well!; **bonnes vacances!** have a good holiday! **i** ◇ (locutions) **c'est** ~**!** (all) right!, OK! [famil]; ~ **sang!** damn it! [famil]; ~**s baisers** much love; ~ **débarras!** good riddance!; ~ **gré mal gré** willy-nilly; **(à)** ~ **marché** cheap; **de** ~ **cœur** (manger, rire) heartily; (accepter) willingly; **à** ~ **compte** (s'en sortir) lightly; (acheter) cheap; **de bonne heure** early; **à la bonne heure!** that's fine!; **être** ~ **enfant** to be good-natured; **c'est de bonne guerre** that's fair enough; **elle est bien bonne celle-là!** [famil] that's a good one!; **voilà une bonne chose de faite** that's one good job done **j** ◇ ~ **chic** ~ **genre** [famil] (jeune homme ou fille) well-groomed, preppy; (costume) well-cut; **le B~ Dieu** the good Lord; **bonne étoile** lucky star; (péj) **bonne femme** woman; ~ **mot** witty remark; (Scol) ~ **point** star; (fig) **un** ~ **point pour vous!** that's a point in your favour!; ~ **sens** common sense; **bonne sœur** [famil] nun **2** adv ◇ **il fait** ~ **ici** it's nice here **3** nm (personne) good person ◇ **cette solution a du** ~ this solution has its good points → aussi 2. **bon** **4** nf ◇ **en voilà une bonne!** that's a good one!; (iro) **tu en as de bonnes, toi!** [famil] you must be joking! [famil] → aussi 2. **bonne.**

2. **bon** [bɔ̃] nm (formulaire) slip; (coupon d'échange) coupon, voucher; (Fin) bond.

bonbon [bɔ̃bɔ̃] nm sweet, candy (US).

bonbonnière [bɔ̃bɔnjɛʀ] nf (boîte) sweet ou candy (US) box; (fig: appartement) bijou residence.

bond [bɔ̃] nm leap, bound ◇ **faire des** ~**s** to leap about; **se lever d'un** ~ to leap ou spring up; **les prix ont fait un** ~ prices have shot up ou soared.

bonde [bɔ̃d] nf (tonneau) bung; (évier) plug.

bondé, e [bɔ̃de] adj packed.

bondir [bɔ̃diʀ] 2 vi to leap ou spring up ◇ ~ **de joie** to jump for joy; **cela me fait** ~ [famil] it makes me hopping mad [famil]; ~ **vers** to rush to; ~ **sur sa proie** to pounce on one's prey.

bonheur [bɔnœʀ] nm (félicité) happiness; (chance) good luck, good fortune ◇ **faire le** ~ **de qn** to make sb happy; **quel** ~**!** what a delight!; **par** ~ fortunately, luckily; **au petit** ~ **la chance** [famil] haphazardly.

bonhomie [bɔnɔmi] nf good-naturedness.

bonhomme [bɔnɔm], pl **bonshommes** [bɔ̃zɔm] 1 nm [famil] man, fellow ◇ ~ **de neige** snowman 2 adj inv good-natured.

boniment [bɔnimɑ̃] nm (baratin) sales talk, patter; (mensonge) fib [famil].

bonjour [bɔ̃ʒuʀ] nm (gén) hello; (matin) good morning; (après-midi) good afternoon ◇ **donnez-lui le ~ de ma part** give him my regards.

2. **bonne** [bɔn] nf maid ◇ ~ **d'enfants** nanny → aussi 1. **bon.**

bonnement [bɔnmɑ̃] adv ◇ **tout ~** quite simply.

bonnet [bɔnɛ] nm bonnet ◇ **prendre qch sous son ~** to make sth one's concern; **c'est ~ blanc et blanc ~** it's six of one and half a dozen of the other; ~ **de bain** bathing cap ◆ **bonneterie** nf (objets) hosiery; (magasin) hosier's shop ◆ **bonnetier, -ière** nm,f hosier.

bonsoir [bɔ̃swaʀ] nm good evening; (en se couchant) good night.

bonté [bɔ̃te] nf kindness ◇ ~ **divine!** good heavens!

bonus [bɔnys] nm (Asssurances) no-claims bonus.

bord [bɔʀ] nm a (gén) edge; (route, lac) side; (précipice) brink; (verre, chapeau) brim ◇ ~ **du trottoir** kerb, curb (US); **marcher au ~ de la rivière** to walk along the river bank; **passer ses vacances au ~ de la mer** to spend one's holidays at the seaside; **au ~ de** (ruine etc) on the verge of; **rempli à ras ~** full to the brim ou to overflowing; **nous sommes du même ~** we are on the same side; **fou sur les ~s** [famil] a bit mad b ◇ (Aviat, Naut) **à ~ de qch** aboard sth; **jeter par-dessus ~** to throw overboard; **à ~ d'une voiture bleue** in a blue car c (bordée) tack ◇ **tirer des ~s** to tack.

bordeaux [bɔʀdo] 1 nm Bordeaux (wine) 2 adj inv maroon, burgundy.

border [bɔʀde] 1 vt (Couture) to edge (*de* with); (arbres, maisons) to line; (sentier) to run alongside; (dans un lit) to tuck in ◇ **bordé de fleurs** edged with flowers.

bordereau, pl ~**x** [bɔʀdəʀo] nm note, slip; (facture) invoice.

bordure [bɔʀdyʀ] nf (gén) edge; (fleurs) border ◇ **en ~ de** alongside.

borgne [bɔʀɲ(ə)] adj (personne) one-eyed, blind in one eye.

borne [bɔʀn(ə)] nf (route) kilometre-marker, ≃ milestone; (terrain) boundary marker; (monument) post of stone; (Élec) terminal ◇ **3 ~s** [famil] 3 kilometres; **dépasser les ~s** to go too far; **sans ~s** boundless; **mettre des ~s à** to limit ◆ **borné, e** adj (personne) narrow-minded; (intelligence) limited ◆ **borner** 1 vt to limit ◇ **se ~ à faire** to restrict o.s. to doing.

bosquet [bɔskɛ] nm copse, grove.

bosse [bɔs] nf (chameau, bossu) hump; (coup, monticule) bump ◇ **avoir la ~ du théâtre** to be a born actor.

bosseler [bɔsle] 4 vt to dent.

bosser [bɔse] 1 1 vi [famil] to work; (travailler dur) to slog away [famil] 2 vt [famil] (examen) to swot for ◆ **bosseur, -euse** nm,f [famil] slogger [famil].

bossu, e [bɔsy] 1 adj hunchbacked 2 nm,f hunchback.

bot [bo] adj ◇ **pied ~** club-foot.

botanique [bɔtanik] 1 adj botanical 2 nf botany.

botte [bɔt] nf a boot; (cavalier) riding boot; (égoutier) wader ◇ ~ **de caoutchouc** wellington boot, gumboot b (légumes) bunch; (foin) sheaf; (au carré) bale ◆ **bottillon** nm ankle boot ◆ **bottine** nf ankle boot.

Bottin [bɔtɛ̃] nm ® directory, phonebook.

bouc [buk] nm (animal) billy goat; (barbe) goatee ◇ ~ **émissaire** scapegoat.

boucan [bukɑ̃] nm [famil] din ◇ **faire du ~** to kick up [famil] a din.

bouche [buʃ] nf mouth ◇ **j'ai la ~ pâteuse** my tongue feels coated; **fermer la ~ à qn** to shut sb up; **de ~ à oreille** by word of mouth; **il en a plein la ~** he can talk of nothing else; **faire la fine ~** to turn one's nose up; ~ **d'aération** air vent; **le ~ à ~** the kiss of life; ~ **d'égout** manhole; ~ **d'incendie** fire hydrant; ~ **de métro** metro entrance.

bouchée [buʃe] nf mouthful ◇ **pour une ~ de pain** for a song; **mettre les ~s doubles** to put on a spurt; **une ~ au chocolat** a chocolate; ~ **à la reine** savoury vol-au-vent.

1. **boucher** [buʃe] 1 vt (bouteille) to cork; (trou) to fill up; (fuite) to stop; (lavabo, rue, vue) to block ◇ ~ **le passage** to be in the way; **ça lui en a bouché un coin** [famil] it floored [famil] him; **se ~ le nez** to hold one's nose; **se ~ les oreilles** to put one's fingers in one's ears; **le temps est bouché** the weather is dull.

2. **boucher** [buʃe] nm butcher ◆ **bouchère** nf (woman) butcher; (épouse) butcher's wife ◆ **boucherie** nf (magasin) butcher's shop; (métier) butchery trade; (massacre) slaughter.

bouchon [buʃɔ̃] nm (gén) top, cap; (en liège) cork; (flotteur) float; (encombrement) traffic jam.

boucle [bukl(ə)] nf (ceinture) buckle; (cheveux) curl; (lacet) bow; (rivière) loop; (Sport) lap; (Aviat, Écriture) loop ◇ ~ **d'oreille** earring.

bouclé, e [bukle] adj curly.

boucler [bukle] 1 **1** vt (ceinture) to buckle, fasten; [famil] (porte) to shut; (circuit) to complete; (budget) to balance; ([famil]: enfermer) to lock up; (Mil: encercler) to seal off ◇ ~ **sa valise** to pack one's bags; **tu vas la ~!** [famil] will you shut up! [famil] **2** vi (cheveux) to curl, be curly.

bouclier [buklije] nm shield.

bouddhisme [budism(ə)] nm Buddhism ♦ **bouddhiste** adj, nmf Buddhist.

bouder [bude] 1 vi to sulk ♦ **bouderie** nf sulk ♦ **boudeur, -euse** adj sulky.

boudin [budɛ̃] nm (bourrelet) roll ◇ ~ **noir** ≃ black pudding; ~ **blanc** ≃ white pudding.

boudoir [budwaʀ] nm (salon) boudoir; (biscuit) sponge finger.

boue [bu] nf mud.

bouée [bwe] nf buoy; (baigneur) rubber ring ◇ ~ **de sauvetage** lifebuoy.

boueux, -euse [bwø, øz] **1** adj muddy **2** nm dustman, garbage collector (US).

bouffe [buf] nf [famil] grub [famil].

bouffée [bufe] nf (parfum) whiff; (pipe, vent) puff; (orgueil) fit ◇ (Méd) ~ **de chaleur** hot flush ou flash (US).

bouffer [bufe] 1 vti [famil] to eat.

bouffon, -onne [bufɔ̃, ɔn] **1** adj farcical, comical **2** nm (pitre) clown; (Hist) jester.

bougeoir [buʒwaʀ] nm candlestick.

bouger [buʒe] 3 **1** vi to move ◇ (idées, prix) **ne pas** ~ to stay the same **2** vt (objet) to move ◇ **il n'a pas bougé le petit doigt** he didn't lift a finger **3 se bouger** vpr [famil] to move.

bougie [buʒi] nf candle; (Aut) spark plug; (famil: visage) face.

bougon, -onne [bugɔ̃, ɔn] adj grumpy ♦ **bougonner** 1 vi to grumble.

bouillant, e [bujɑ̃, ɑ̃t] adj (brûlant) boiling hot; (qui bout) boiling.

bouillie [buji] nf porridge ◇ **mettre en** ~ to reduce to a pulp.

bouillir [bujiʀ] 15 vi to boil ◇ **faire** ~ (eau, linge) to boil; **faire** ~ **qn** to make sb's blood boil; ~ **d'impatience** to seethe with impatience ♦ **bouilloire** nf kettle.

bouillon [bujɔ̃] nm (soupe) stock ◇ **couler à gros ~s** to gush out.

bouillotte [bujɔt] nf hot-water bottle.

boulanger [bulɑ̃ʒe] nm baker ♦ **boulangère** nf (woman) baker; (épouse) baker's wife ♦ **boulangerie** nf (magasin) baker's shop, bakery; (commerce) bakery trade.

boule [bul] nf (gén) ball; (Boules) bowl; (Casino) boule ◇ **avoir une** ~ **dans la gorge** to have a lump in one's throat; **perdre la** ~ [famil] to go nuts [famil]; **être en** ~ [famil] to be mad [famil]; ~ **de gomme** fruit pastille; ~ **de neige** snowball.

bouleau, pl ~**x** [bulo] nm silver birch.

bouledogue [buldɔg] nm bulldog.

boulet [bulɛ] nm (forçat) ball and chain; (charbon) coal nut ◇ ~ **de canon** cannonball.

boulette [bulɛt] nf (papier) pellet; (viande) meatball; (famil: erreur) blunder.

boulevard [bulvaʀ] nm boulevard.

bouleversant, e [bulvɛʀsɑ̃, ɑ̃t] adj (récit) deeply moving; (nouvelle) shattering.

bouleversement [bulvɛʀsəmɑ̃] nm upheaval.

bouleverser [bulvɛʀse] 1 vt to upset.

boulimie [bulimi] nf bulimia ♦ **boulimique** **1** adj bulimic **2** nmf compulsive eater.

boulon [bulɔ̃] nm bolt.

boulot [bulo] nm [famil] (gén) work; (emploi) job.

boulotter [bulɔte] 1 vti [famil] to eat.

boum [bum] **1** nm (explosion) bang ◇ **être en plein** ~ [famil] to be in full swing **2** nf (famil: fête) party.

bouquet [bukɛ] nm (gén) bunch; (fleurs) bunch of flowers; (feu d'artifice) crowning piece; (vin) bouquet; (crevette) prawn ◇ (fig) **c'est le ~!** [famil] that takes the cake! [famil]

bouquin [bukɛ̃] nm [famil] book ♦ **bouquiner** [famil] 1 vti to read.

bourde [buʀd(ə)] nf [famil] blunder.

bourdon [buʀdɔ̃] nm (Zool) bumblebee; (cloche) great bell ◇ **avoir le** ~ [famil] to have the blues [famil].

bourdonnement [buʀdɔnmɑ̃] nm (voix, insecte) buzz; (moteur) drone ♦ **bourdonner** 1 vi to buzz; to drone.

bourg [buʀ] nm, **bourgade** [buʀgad] nf village, small town.

bourgeois, e [buʀʒwa, waz] **1** adj (gén) middle-class; (Pol, péj) bourgeois **2** nm,f bourgeois, middle-class person ♦ **bourgeoisie** nf middle-class, bourgeoisie ◇ **petite** ~ lower middle-class.

bourgeon [buʀʒɔ̃] nm bud.

bourgogne [buʀgɔɲ] nm (vin) burgundy.

bourrage [buʀaʒ] nm ◇ ~ **de crâne** [famil] brainwashing; (Scol) cramming.

bourrasque [buʀask(ə)] nf (vent) gust; (pluie) squall; (neige) flurry.

bourratif, -ive [buʀatif, iv] adj filling.

bourré, e [buʀe] adj packed, crammed (*de* with); (famil: ivre) tight [famil].

bourreau, pl ~**x** [buʀo] nm (tortionnaire) torturer; (Justice) executioner; (pendaison) hangman ◇ ~ **d'enfants** child batterer; ~ **de travail** glutton for work [famil], workaholic [famil].

bourrelet [buʀlɛ] nm roll.

bourrer [buʀe] 1 vt (gén) to fill; (valise) to cram full ◇ **les frites, ça bourre!** [famil] chips are very filling!

bourrique [burik] nf she-ass ◊ **faire tourner qn en ~** to drive sb mad [famil].

bourru, e [bury] adj surly.

bourse [burs(ə)] nf purse ◊ (Fin) **la B~** the stock exchange ou market; **~ d'études** student's grant; **sans ~ délier** without spending a penny; **ils font ~ commune** they pool their earnings ♦ **boursier, -ière** **1** adj stock market **2** nm,f (étudiant) grant-holder, fellow (US).

boursoufler [bursufle] 1 vt to puff up, bloat.

bousculade [buskylad] nf (remous) jostle, crush; (hâte) rush.

bousculer [buskyle] 1 vt (pousser) to jostle; (presser) to rush.

boussole [busɔl] nf compass.

bout [bu] nm **a** (extrémité) end; (pointue) tip ◊ (fig) **du ~ des lèvres** reluctantly, half-heartedly; **jusqu'au ~ des ongles** to one's fingertips; **savoir qch sur le ~ du doigt** to have sth at one's fingertips; **au ~ d'un mois** at the end of a month; **d'un ~ à l'autre du voyage** throughout the journey; **ce n'est pas le ~ du monde!** it's not the end of the world!; **au ~ du compte** in the end; **~ à ~** end to end; **de ~ en ~** from start to finish; **à ~ portant** at point-blank range **b** (morceau) piece, bit ◊ **~ d'essai** screen test; **~ de terrain** patch of land; **cela fait un ~ de chemin** it's quite a long way away; **il est resté un bon ~ de temps** he stayed quite some time **c** ◊ **être à ~** (fatigué) to be all in [famil]; (en colère) to have had enough; **à ~ de souffle** out of breath; **être à ~ de ressources** to have no money left; **être à ~ de nerfs** to be at the end of one's tether; **pousser qn à ~** to push sb to the limit of his patience.

boutade [butad] nf sally, quip.

boute-en-train [butɑ̃trɛ̃] nm inv live wire [famil].

bouteille [butɛj] nf (gén) bottle; (gaz) cylinder ◊ **~ Thermos** ® Thermos ® flask ou bottle (US); **mettre en ~s** to bottle.

boutique [butik] nf shop, store ♦ **boutiquier, -ière** nm,f shopkeeper, storekeeper (US).

bouton [butɔ̃] nm (Couture) button; (Élec) switch; (porte, radio) knob; (sonnette) button; (Méd) spot, pimple; (Bot) bud ◊ **en ~** in bud; **~ de col** collar stud; **~ de fièvre** cold sore; **~ de manchette** cufflink; **~-d'or** buttercup; **~-pression** press-stud ♦ **boutonner** 1 vt to button up ♦ **boutonnière** nf buttonhole.

bouture [butyr] nf cutting.

bovin, e [bɔvɛ̃, in] **1** adj bovine **2** nmpl ◊ **~s** cattle.

bowling [buliŋ] nm (jeu) tenpin bowling; (salle) bowling alley.

box, pl **boxes** [bɔks] nm (dortoir) cubicle; (écurie) loose-box; (garage) lock-up garage ◊ **~ des accusés** dock.

boxe [bɔks(ə)] nf boxing.

boxer [bɔkse] 1 vi to box ♦ **boxeur** nm boxer.

boyau, pl **~x** [bwajo] nm ◊ (intestins) **~x** guts; **~ de chat** cat gut.

boycottage [bɔjkɔtaʒ] nm boycott ♦ **boycotter** 1 vt to boycott.

BP [bepe] abrév de *boîte postale* → **boîte.**

bracelet [braslɛ] nm (poignet) bracelet; (bras, cheville) bangle; (montre) strap ◊ **~-montre** wrist watch.

braconnage [brakɔnaʒ] nm poaching ♦ **braconner** 1 vi to poach ♦ **braconnier** nm poacher.

brader [brade] 1 vt to sell cut price ♦ **braderie** nf cut-price market.

braguette [bragɛt] nf fly, flies *(of trousers).*

brailler [brɑje] 1 vi to bawl.

braire [brɛr] 50 vi to bray.

braise [brɛz] nf ◊ **~(s)** embers.

brancard [brɑ̃kar] nm stretcher ♦ **brancardier, -ière** nm,f stretcher-bearer.

branchages [brɑ̃ʃaʒ] nmpl fallen branches.

branche [brɑ̃ʃ] nf (lit, fig) branch; (lunettes) side-piece; (compas) leg; (ciseaux) blade.

branchement [brɑ̃ʃmɑ̃] nm (action) connecting-up; (conduite) connection; (Ordin) branch.

brancher [brɑ̃ʃe] 1 vt (prise) to plug in; (téléphone) to connect up.

branchies [brɑ̃ʃi] nfpl gills.

brandir [brɑ̃dir] 2 vt to brandish, flourish.

branlant, e [brɑ̃lɑ̃, ɑ̃t] adj (gén) shaky; (dent) loose.

branle-bas [brɑ̃lba] nm inv bustle, commotion ◊ **~ de combat!** action stations!

braquer [brake] 1 vt (Aut) to swing; (famil: banque) to hold up ◊ **~ une arme sur** to point ou aim a weapon at; **~ les yeux sur qch** to fix one's eyes on sth; **~ qn** to antagonize sb; **être braqué contre qch** to be set against sth.

bras [bra] nm **a** arm ◊ **au ~ de qn** on sb's arm; **se donner le ~** to link arms; **~ dessus, ~ dessous** arm in arm **b** (travailleur) hand, worker **c** (outil) handle; (fauteuil, électrophone) arm; (croix) limb; (brancard) shaft; (fleuve) branch **d** ◊ (fig) **~ droit** right(-hand) man; **en ~ de chemise** in one's shirt sleeves; **saisir qn à ~ le corps** to seize sb bodily; **avoir le ~ long** to have a long arm; **à ~ ouverts** with open arms; **lever les ~ au ciel** to throw up one's arms; **les ~ m'en tombent** I'm stunned; **avoir qch sur les ~** [famil] to be stuck [famil] with sth.

brasier [bʀɑzje] nm inferno.

brassage [bʀasaʒ] nm (mélange) mixing; (bière) brewing.

brassard [bʀasaʀ] nm armband.

brasse [bʀas] nf (distance) fathom; (nage) breast-stroke ◇ **~ papillon** butterfly-stroke.

brassée [bʀase] nf armful.

brasser [bʀase] 1 vt (mélanger) to mix; (cartes) to shuffle; (bière) to brew ✦ **brasserie** nf (café) ≃ pub, brasserie; (usine) brewery.

bravade [bʀavad] nf daring act ◇ **par ~** out of bravado.

brave [bʀav] adj (courageux) brave; (bon) nice; (honnête) decent, honest ◇ **de ~s gens** decent people ✦ **bravement** adv bravely.

braver [bʀave] 1 vt (autorité) to defy; (danger) to brave.

bravo [bʀavo] nm cheer ◇ **~!** (félicitation) well done!; (approbation) hear! hear!

bravoure [bʀavuʀ] nf bravery.

break [bʀɛk] nm estate car, station wagon (US).

brebis [bʀəbi] nf (Zool) ewe ◇ **~ égarée** stray sheep; **~ galeuse** black sheep.

brèche [bʀɛʃ] nf breach.

bredouille [bʀəduj] adj (gén) empty-handed.

bredouiller [bʀəduje] 1 vti to stammer, mumble.

bref, **brève** [bʀɛf, ɛv] **1** adj brief, short ◇ **soyez ~** be brief; **à ~ délai** shortly **2** adv (passons) anyway ◇ (pour résumer) **en ~** in short, in brief.

breloque [bʀəlɔk] nf bracelet charm.

Brésil [bʀezil] nm Brazil ✦ **brésilien, -ienne** adj, **B~, -ienne** nm,f Brazilian.

Bretagne [bʀətaɲ] nf Brittany.

bretelle [bʀətɛl] nf (gén) strap; (fusil) sling; (autoroute) slip road ◇ (pantalon) **~s** braces, suspenders (US); **~ de raccordement** access road.

breuvage [bʀœvaʒ] nm drink.

brève [bʀɛv] → **bref.**

brevet [bʀəvɛ] nm (diplôme) diploma, certificate; (pilote) licence ◇ **~ des collèges** *school certificate (taken at approximately 16 years)*; **~ d'invention** patent; **~ de technicien supérieur** *vocational training certificate taken at end of 2-year higher education course* ✦ **breveté, e** adj (invention) patented; (technicien) qualified ✦ **breveter** 4 vt to patent ◇ **faire ~ qch** to take out a patent for sth.

bréviaire [bʀevjɛʀ] nm breviary.

bribe [bʀib] nf bit.

bric-à-brac [bʀikabʀak] nm inv (objets) bric-a-brac; (magasin) junk shop.

bricolage [bʀikɔlaʒ] nm odd jobs ◇ **rayon ~** do-it-yourself department.

bricole [bʀikɔl] nf [famil] (babiole) trifle; (cadeau) token; (travail) small job ◇ **il ne reste que des ~s** there are only a few bits and pieces left; **10 F et des ~s** 10 francs odd [famil].

bricoler [bʀikɔle] 1 **1** vi to do odd jobs **2** vt (réparer) to fix up, mend; (fabriquer) to knock together ✦ **bricoleur** nm handyman.

bride [bʀid] nf (Équitation) bridle; (bonnet) string; (en cuir) strap ◇ **laisser la ~ sur le cou à qn** to leave sb a free hand; **à ~ abattue** flat out ✦ **brider** 1 vt to bridle ◇ **yeux bridés** slit eyes.

bridge [bʀidʒ(ə)] nm (jeu, dents) bridge; (partie) game of bridge.

brièvement [bʀijɛvmɑ̃] adv briefly ✦ **brièveté** nf brevity.

brigand [bʀigɑ̃] nm brigand; (filou) crook; (hum: enfant) rascal.

briguer [bʀige] 1 vt (emploi) to covet; (suffrages) to solicit.

brillamment [bʀijamɑ̃] adv brilliantly.

brillant, e [bʀijɑ̃, ɑ̃t] **1** adj (luisant) shiny; (étincelant) sparkling; (personne, idées) brilliant ◇ **yeux ~s de fièvre** eyes bright with fever **2** nm (diamant) brilliant; (reflet) shine.

briller [bʀije] 1 vi (gén) to shine (*de* with); (diamant) to sparkle; (étoile) to twinkle; (éclair) to flash ◇ **faire ~** (meuble etc) to polish; **il ne brille pas par le courage** courage is not his strong point; **~ par son absence** to be conspicuous by one's absence.

brimade [bʀimad] nf vexation.

brimer [bʀime] 1 vt to bully; (Mil, Scol) to rag, haze (US).

brin [bʀɛ̃] nm (herbe) blade; (muguet) sprig; (osier) twig; (paille) wisp ◇ **un beau ~ de fille** a fine-looking girl; **un ~ de** a touch ou grain of; **faire un ~ de toilette** to have a quick wash ✦ **brindille** nf twig.

bringue [bʀɛ̃g] nf [famil] ◇ **faire la ~** to go on a binge [famil].

bringuebaler [bʀɛ̃gbale] 1 **1** vi [famil] to shake about, joggle; (avec bruit) to rattle **2** vt [famil] to cart about.

brio [bʀijo] nm brilliance; (Mus) brio ◇ **avec ~** brilliantly.

brioche [bʀijɔʃ] nf brioche, bun; (famil: ventre) paunch.

brique [bʀik] nf (Constr) brick; ([famil]) a million old francs.

briquer [bʀike] 1 vt [famil] to polish up.

briquet [bʀikɛ] nm cigarette lighter.

bris [bʀi] nm breaking.

brisant [bʀizɑ̃] nm (vague) breaker; (écueil) reef.

brise [bʀiz] nf breeze.

brise-glace [bʀizglas] nm inv ice breaker.

brise-lames [bʀizlam] nm inv breakwater.

briser [bʀize] 1 **1** vt (gén) to break; (carrière) to ruin, wreck; (espoir, rébellion) to crush ◇ ~ **en mille morceaux** to smash to smithereens; ~ **la glace** to break the ice; **d'une voix brisée par l'émotion** in a voice choked with emotion; **brisé de fatigue** worn out, exhausted; **brisé de chagrin** broken-hearted **2** vi to break (*avec* with; *contre* against) **3** **se briser** vpr to break (*contre* against).

britannique [bʀitanik] **1** adj British **2** nm,f ◇ **B~** British citizen; **les B~s** the British.

broc [bʀo] nm pitcher.

brocanteur [bʀɔkɑ̃tœʀ] nm secondhand furniture dealer.

broche [bʀɔʃ] nf (bijou) brooch; (Culin) spit; (Tech, Méd) pin.

brochet [bʀɔʃe] nm pike (pl inv).

brochette [bʀɔʃɛt] nf (ustensile) skewer; (plat) kebab ◇ ~ **de** (décorations) row of.

brochure [bʀɔʃyʀ] nf brochure, pamphlet.

broder [bʀɔde] 1 vti to embroider (*de* with) ◇ ~ **sur un sujet** to elaborate on a subject ◆ **broderie** nf (art) embroidery; (objet) piece of embroidery ◆ **brodeuse** nf embroideress.

bronche [bʀɔ̃ʃ] nf ◇ ~**s** bronchial tubes.

broncher [bʀɔ̃ʃe] 1 vi (cheval) to stumble ◇ **personne n'osait** ~ [famil] no one dared move a muscle; **sans** ~ (sans peur) without flinching; (sans protester) uncomplainingly; (sans se tromper) without faltering.

bronchite [bʀɔ̃ʃit] nf ◇ **la** ~ bronchitis; **il a fait 2** ~**s** he's had bronchitis twice.

bronzage [bʀɔ̃zaʒ] nm suntan.

bronze [bʀɔ̃z] nm bronze.

bronzé, e [bʀɔ̃ze] adj suntanned, sunburnt.

bronzer [bʀɔ̃ze] 1 **1** vt to tan **2** vi to get a tan **3** **se bronzer** vpr to sunbathe.

brosse [bʀɔs] nf brush; (en chiendent) scrubbing-brush ◇ ~ **à dents** toothbrush; **avoir les cheveux en** ~ to have a crew-cut ◆ **brosser** 1 **1** vt to brush; to scrub; (peindre) to paint ◇ ~ **qn** to brush sb's clothes **2** **se brosser** vpr to brush one's clothes ◇ **se** ~ **les dents** to brush one's teeth.

brouette [bʀuɛt] nf wheelbarrow.

brouhaha [bʀuaa] nm hubbub.

brouillard [bʀujaʀ] nm fog; (léger) mist; (avec fumée) smog ◇ **il fait du** ~ it's foggy; (fig) **être dans le** ~ to be lost.

brouille [bʀuj] nf quarrel; (légère) tiff.

brouiller [bʀuje] 1 **1** vt **a** (contour, vue) to blur; (idées) to muddle up; (message) to scramble; (Rad) to jam ◇ (fig) ~ **les pistes ou cartes** to cloud the issue **b** (fâcher) to put on bad terms (*avec* with) ◇ **être brouillé avec qn** to have fallen out with sb **2** **se brouiller** vpr to become blurred; to get muddled up ◇ **se** ~ **avec qn** to fall out with sb; **le temps se brouille** the weather is breaking.

brouillon, -onne [bʀujɔ̃, ɔn] **1** adj (sans soin) untidy; (sans organisation) muddle-headed **2** nm (devoir) rough copy; (ébauche) rough draft ◇ **papier** ~ rough paper; **prendre qch au** ~ to make a rough copy of sth.

broussaille [bʀusaj] nf ◇ ~**s** undergrowth, scrub; **en** ~ (cheveux) unkempt, tousled.

brousse [bʀus] nf ◇ **la** ~ the bush; (fig) **en pleine** ~ [famil] in the middle of nowhere.

brouter [bʀute] 1 vti to graze.

broutille [bʀutij] nf [famil] ◇ **c'est de la** ~ [famil] (mauvaise qualité) it's cheap rubbish; (sans importance) it's not worth mentioning.

broyer [bʀwaje] 8 vt to grind; (main) to crush ◇ (fig) ~ **du noir** to be down in the dumps [famil].

bru [bʀy] nf daughter-in-law.

brugnon [bʀyɲɔ̃] nm nectarine.

bruit [bʀɥi] nm (gén) noise; (sourd) thud; (strident) screech; (voix, moteur) sound; (vaisselle) clatter; (fig: nouvelle) rumour ◇ **des** ~**s de pas** footsteps; ~ **de fond** background noise; **on n'entend aucun** ~ you can't hear a sound; **faire du** ~ to make a noise; **sans** ~ noiselessly; **beaucoup de** ~ **pour rien** much ado about nothing; **faire grand** ~ **autour de** to make a great to-do about; **le** ~ **court que** rumour has it that ◆ **bruitage** nm sound effects.

brûlant, e [bʀylɑ̃, ɑ̃t] adj (objet) burning hot; (plat, liquide) piping hot; (soleil) scorching; (sujet) ticklish ◇ ~ **de fièvre** burning with fever; **c'est d'une actualité** ~**e** it's the burning question of the hour.

brûle-pourpoint [bʀyl-puʀpwɛ̃] adv ◇ **à** ~ point-blank.

brûler [bʀyle] 1 **1** vt (gén) to burn; (eau bouillante) to scald ◇ **brûlé par le soleil** (vacancier) sunburnt, suntanned; (herbe) sun-scorched; **brûlé vif** burnt alive; **grand brûlé** badly burnt person; ~ **la chandelle par les deux bouts** to burn the candle at both ends; ~ **un feu rouge** to go through a red light, run a red light (US); ~ **une étape** to miss out a stop; **les yeux me brûlent** my eyes are smarting **2** vi (lumière, feu, rôti) to burn; (maison) to be on fire ◇ **ça sent le brûlé** there's a smell of burning; **goût de brûlé** burnt taste; **ça brûle** you'll get burnt;

(jeu) **tu brûles!** you're getting hot!; ~ **d'envie de faire qch** to be burning to do sth; ~ **d'impatience** to seethe with impatience **3** **se brûler** vpr to burn o.s.; (s'ébouillanter) to scald o.s. ◇ **se ~ la cervelle** to blow one's brains out ◆ **brûleur** nm burner ◆ **brûlure** nf burn; (d'eau bouillante) scald ◇ **~s d'estomac** heartburn.

brume [bʀym] nf mist; (dense) fog; (légère) haze ◆ **brumeux, -euse** adj misty; foggy; (fig) obscure, hazy.

brumisateur [bʀymizatœʀ] nm spray, atomiser.

brun, e [bʀœ̃, yn] adj (gén) brown; (cheveux, tabac) dark; (peau) swarthy; (bronzé) tanned ◇ **il est ~** he's dark-haired.

brushing [bʀœʃiŋ] nm blow-dry ◇ **faire un ~ à qn** to blow-dry sb's hair.

brusque [bʀysk(ə)] adj abrupt ◆ **brusquement** adv abruptly ◆ **brusquer** [1] vt to rush ◆ **brusquerie** nf abruptness.

brut, 1. **e** [bʀyt] adj (diamant) rough; (pétrole) crude; (sucre) unrefined; (métal) raw; (champagne) brut; (fait, idée) crude, raw ◇ **à l'état ~** in the rough; **10 kg ~** 10 kg gross.

brutal, e, mpl **-aux** [bʀytal, o] adj (caractère) rough, brutal; (jeu) rough; (réponse, franchise) blunt; (mort) sudden; (coup) brutal ◆ **brutalement** adv roughly; brutally; bluntly; suddenly ◆ **brutaliser** [1] vt personne to illtreat ◆ **brutalité** nf brutality; roughness; suddenness; (acte) brutality ◆ 2. **brute** nf (brutal) brute; (grossier) boor, lout ◇ **grosse ~!** [famil] big bully!

Bruxelles [bʀysɛl] n Brussels.

bruyamment [bʀɥijamɑ̃] adv noisily.

bruyant, e [bʀɥijɑ̃, ɑ̃t] adj noisy.

bruyère [bʀyjɛʀ] nf (plante) heather; (terrain) heathland ◇ **pipe en ~** briar pipe.

BTS [beteɛs] abrév de *Brevet de technicien supérieur* → **brevet**.

bûche [byʃ] nf log ◇ **~ de Noël** Yule log; **ramasser une ~** [famil] to come a cropper [famil].

bûcheron [byʃʀɔ̃] nm woodcutter, lumberjack.

budget [bydʒɛ] nm budget ◆ **budgétaire** adj budgetary.

buée [bɥe] nf mist, condensation ◇ **couvert de ~** misted up, steamed up.

buffet [byfɛ] nm (meuble) sideboard; (réception) buffet ◇ **~ de gare** station buffet; **~ de cuisine** kitchen dresser.

buffle [byfl(ə)] nm buffalo.

buis [bɥi] nm boxwood.

buisson [bɥisɔ̃] nm bush.

bulbe [bylb(ə)] nm bulb.

Bulgarie [bylgaʀi] nf Bulgaria ◆ **bulgare** adj, nm, **B~** nmf Bulgarian.

bulldozer [buldozœʀ] nm bulldozer.

bulle [byl] nf bubble; (Rel) bull; (bande dessinée) balloon ◇ **faire des ~s** to blow bubbles.

bulletin [byltɛ̃] nm (communiqué) bulletin; (formulaire) form; (certificat) certificate; (billet) ticket; (Scol) report; (Pol) ballot paper ◇ **~ météorologique** weather forecast; **~-réponse** reply form ou coupon; **~ de salaire** pay-slip.

buraliste [byʀalist(ə)] nmf (tabac) tobacconist, tobacco dealer (US).

bureau, pl **~x** [byʀo] nm (meuble) desk; (chambre) study; (lieu de travail) office; (section) department; (comité) committee; (exécutif) board ◇ **heures de ~** office hours; **~ de change** bureau de change; **~ de location** booking ou box office; **~ de placement** employment agency; **~ de poste** post office; **~ de tabac** tobacconist's shop; **~ de vote** polling station.

bureaucrate [byʀokʀat] nm,f bureaucrat ◆ **bureaucratie** nf (péj) bureaucracy, red tape ◆ **bureaucratique** adj bureaucratic.

bureautique [byʀotik] nf office automation.

burin [byʀɛ̃] nm cold chisel.

burlesque [byʀlɛsk(ə)] adj (Théâ) burlesque; (comique) comical; (ridicule) ludicrous.

bus [bys] nm [famil] bus.

buste [byst(ə)] nm chest.

but [by] nm (gén, Sport) goal; (intention) aim, purpose ◇ **errer sans ~** to wander aimlessly about; **il a pour ~ de faire** he is aiming to do; **aller droit au ~** to go straight to the point; **dans le ~ de faire** with the aim of doing; **le ~ de l'opération** the object ou point of the operation; **de ~ en blanc** (demander) point-blank; **à ~ lucratif** profit-making.

butane [bytan] nm (Chim) butane; (en bouteille) calor gas.

buté, e [byte] adj stubborn, obstinate.

buter [byte] [1] **1** vi ◇ **~ contre** (trébucher) to stumble over; (cogner) to bump into; (s'appuyer) to rest against; **~ contre** ou **sur une difficulté** to come up against a difficulty **2** **se buter** vpr to dig one's heels in.

buteur [bytœʀ] nm (Ftbl) striker.

butin [bytɛ̃] nm (armée) spoils; (voleur) loot; (fig) booty.

butiner [bytine] [1] vi to gather nectar.

butte [byt] nf mound, hillock ◇ **être en ~ à** to be exposed to.

buvable [byvabl(ə)] adj drinkable.

buvard [byvaʀ] nm (papier) blotting paper; (sous-main) blotter.

buvette [byvɛt] nf refreshment stall.

buveur, -euse [byvœʀ, øz] nm,f drinker; (café) customer.

C

C, c [se] nm **a** (lettre) C, c **b** abrév de *centime* c **c** abrév de *Celsius, centigrade* ◇ **C** C.

c' [s] abrév de *ce*.

ça [sa] pron dém = **cela** (langue parlée).

çà [sa] adv ◇ ~ **et là** here and there.

CA [sea] nm abrév de *chiffre d'affaires* → **chiffre.**

cabane [kaban] nf (hutte) cabin; (remise) shed; (péj) shack ◇ (famil: prison) **en** ~ behind bars; ~ **à lapins** rabbit hutch.

cabaret [kabaʀɛ] nm night club; (Hist: café) inn.

cabas [kabɑ] nm shopping bag.

cabillaud [kabijo] nm cod.

cabine [kabin] nf (Espace, Naut) cabin; (avion) cockpit; (piscine) cubicle; (Audiovisuel) booth ◇ ~ **d'ascenseur** lift (cage), (elevator) car (US); ~ **de bain** bathing hut; ~ **d'essayage** fitting room, dressing room (US); ~ **téléphonique** phone box ou booth.

cabinet [kabinɛ] nm (médecin) surgery, consulting-room, office (US); (notaire) office; (immobilier) agency; (clientèle) practice; (gouvernement) cabinet ◇ ~ **de toilette** bathroom; (w.c.) **les** ~**s** the toilet.

câble [kɑbl(ə)] nm cable ◇ ~ **d'amarrage** mooring line ◆ **câbler** [1] vt to cable.

cabosser [kabɔse] [1] vt to dent.

cabrer [kɑbʀe] [1] **1** vt (cheval) to make rear up; (avion) to nose up ◇ ~ **qn** to put sb's back up **2** **se cabrer** vpr to rear up; (personne) to rebel (*contre* against).

cabriole [kabʀijɔl] nf caper.

cabriolet [kabʀijɔlɛ] nm (Aut) convertible.

caca [kaka] nm [famil] ◇ **faire** ~ to do a job [famil].

cacah(o)uète [kakawɛt] nf peanut.

cacao [kakao] nm cocoa.

cachalot [kaʃalo] nm sperm whale.

cache [kaʃ] **1** nm (gén) card; (Phot) mask **2** nf hiding place; (pour butin) cache.

cachemire [kaʃmiʀ] nm (laine) cashmere; (dessin) paisley pattern.

caché, e [kaʃe] adj (gén) hidden; (secret) secret.

cache-cache [kaʃkaʃ] nm inv (lit, fig) hide-and-seek.

cache-col [kaʃkɔl] nm inv, **cache-nez** [kaʃne] nm inv scarf, muffler.

cacher [kaʃe] [1] **1** vt to hide, conceal ◇ ~ **son jeu** (lit) to keep one's cards up; (fig) to hide one's game; **tu me caches la lumière** you're in my light; **il n'a pas caché que** he made no secret of the fact that **2** **se cacher** vpr to hide, be concealed ◇ **faire qch sans se** ~ to do sth openly.

cache-tampon [kaʃtɑ̃pɔ̃] nm inv hunt-the-thimble.

cachet [kaʃɛ] nm (pilule) tablet; (timbre) stamp; (sceau) seal; (fig: caractère) style; (rétribution) fee ◇ ~ **de la poste** postmark ◆ **cacheter** [4] vt to seal.

cachette [kaʃɛt] nf hiding-place ◇ **en** ~ secretly.

cachot [kaʃo] nm dungeon.

cachotterie [kaʃɔtʀi] nf mystery ◆ **cachottier, -ière** adj secretive.

cactus [kaktys] nm inv cactus.

c.à.d. abrév de *c'est-à-dire* i.e.

cadastre [kadastʀ(ə)] nm (registre) land register.

cadavérique [kadɑveʀik] adj deathly pale.

cadavre [kadɑvʀ(ə)] nm corpse, dead body.

cadeau, pl ~**x** [kado] nm present, gift (*de qn* from sb) ◇ **faire** ~ **de qch à qn** to give sb sth as a present.

cadenas [kadna] nm padlock ◆ **cadenasser** [1] vt to padlock.

cadence [kadɑ̃s] nf (gén) rhythm; (tir, production) rate; (marche) pace ◇ **en ~** rhythmically ◆ **cadencé, e** adj rhythmical.

cadet, -ette [kadɛ, ɛt] **1** adj (entre 2) younger; (plus de 2) youngest ◇ **mon fils ~** my younger son **2** nm,f youngest child; (Sport) 15-17 year-old player ◇ **il est mon ~ de 2 ans** he's 2 years younger than me; **c'est le ~ de mes soucis** it's the least of my worries.

cadran [kadʀɑ̃] nm (gén) dial; (baromètre) face ◇ **~ solaire** sundial.

cadre [kɑdʀ(ə)] nm **a** (chassis) frame; (sur formulaire) space, box **b** (décor) setting, surroundings **c** ◇ (limites) **dans le ~ de** (fonctions) within the scope ou limits of; (festival) within the context ou framework of **d** (chef) executive, manager; (Mil) officer ◇ **les ~s** the managerial staff; **~ supérieur** senior executive; **~ moyen** junior executive; **rayé des ~s** (licencié) dismissed; (libéré) discharged.

cadrer [kɑdʀe] [1] **1** vi to tally (*avec* with) **2** vt (Phot) to centre.

caduc, caduque [kadyk] adj (Jur) null and void; (périmé) obsolete.

cafard [kafaʀ] nm (insecte) cockroach ◇ **avoir le ~** [famil] to have the blues [famil].

café [kafe] nm (produit) coffee; (lieu) café ◇ **~ au lait** white coffee; (couleur) coffee-coloured ◆ **cafetier, -ière** **1** nm,f café-owner **2** nf (pot) coffeepot; (famil: tête) nut [famil].

cage [kaʒ] nf (gén) cage; (Sport: buts) goal ◇ **~ d'ascenseur** lift ou elevator (US) shaft; **~ d'escalier** stairwell; **~ thoracique** rib cage.

cageot [kaʒo] nm crate.

cagibi [kaʒibi] nm box room.

cagnotte [kaɲɔt] nf (caisse commune) kitty; ([famil]: économies) hoard.

cagoule [kagul] nf (moine) cowl; (bandit) hood; (enfant) balaclava.

cahier [kaje] nm (Scol) exercise book; (revue) journal ◇ **~ de brouillon** roughbook, notebook (for rough drafts) (US); **~ de textes** homework notebook.

cahin-caha [kaɛ̃kaa] adv [famil] ◇ **aller ~** (vie, marcheur) to jog along; (santé) to be so-so [famil].

cahot [kao] nm jolt, bump.

cahute [kayt] nf shack.

caïd [kaid] nm (meneur) big chief [famil]; (famil: as) ace (*en* at).

caille [kɑj] nf quail.

cailler [kɑje] [1] vi (lait) to curdle; (sang) to clot; (famil: avoir froid) to be cold ◆ **caillot** nm blood clot.

caillou, pl **~x** [kaju] nm (gén) stone; (petit galet) pebble; (grosse pierre) boulder; (famil diamant) stone ◇ **il n'a pas un poil sur le ~** [famil] he's as bald as a coot.

Caire [kɛʀ] ◇ **le ~** Cairo.

caisse [kɛs] nf **a** (boîte) box; (cageot) crate ◇ **~ à outils** toolbox; **~ de résonance** resonance chamber **b** (machine) cash register, till; (portable) cashbox ◇ **~ enregistreuse** cash register; **~ noire** secret funds; **avoir de l'argent en ~** to have ready cash; **faire la ~** to do the till **c** (comptoir) (gén) cashdesk; (banque) cashier's desk; (supermarché) checkout **d** ◇ **~ de sécurité sociale** social security office; **~ de retraite** pension fund; **~ d'épargne** savings bank ◆ **caissette** nf (small) box ◆ **caissier, -ière** nm,f (gén) cashier; (banque) teller; (supermarché) check-out assistant ou clerk (US); (cinéma) box-office assistant ◆ **caisson** nm caisson.

cajoler [kaʒɔle] [1] vt to cuddle ◆ **cajolerie** nf cuddle.

cajou [kaʒu] nm cashew nut.

cake [kɛk] nm fruit cake.

cal abrév de *calorie*.

calamité [kalamite] nf calamity.

calcaire [kalkɛʀ] **1** adj (gén) chalky; (eau) hard; (Géol) limestone **2** nm limestone.

calciné, e [kalsine] adj burnt to a cinder.

calcium [kalsjɔm] nm calcium.

calcul [kalkyl] nm **a** (gén, fig) calculation; (exercice scolaire) sum ◇ (discipline) **le ~** arithmetic; **erreur de ~** miscalculation **b** (Méd) stone ◆ **calculateur, -trice** **1** adj (intéressé) calculating **2** nm computer **3** nf calculator ◆ **calculer** [1] **1** vt to calculate, work out ◇ **~ son coup** to plan one's move carefully; **tout bien calculé** everything considered **2** vi (Math) to calculate; (économiser) to count the pennies ◆ **calculette** nf hand-held ou pocket calculator, minicalculator.

cale [kal] nf (pour bloquer) wedge; (soute) hold; (plan incliné) slipway ◇ **~ sèche** dry dock.

calé, e [kale] adj [famil] (personne) bright; (problème) tough.

caleçon [kalsɔ̃] nm (under)pants, shorts (US) ◇ **~s de bain** bathing trunks.

calembour [kalɑ̃buʀ] nm pun.

calendrier [kalɑ̃dʀije] nm calendar; (programme) timetable.

calepin [kalpɛ̃] nm notebook.

caler [kale] [1] **1** vt (meuble) to wedge; (malade) to prop up ◇ **ça vous cale l'estomac** [famil] it fills you up; **se ~ dans un fauteuil** to settle o.s. comfortably in an armchair **2** vi (véhicule) to stall; (famil: abandonner) to give up.

calfeutrer [kalføtʀe] [1] vt to draughtproof.

calibre [kalibʀ(ə)] nm (gén, fig) calibre; (œufs, fruits) grade.

calice [kalis] nm (Rel) chalice; (Bot) calyx.

califourchon [kalifuʀʃɔ̃] nm ◇ **à ~** astride.

câlin, e [kɑlɛ̃, in] 1 adj (enfant, chat) cuddly; (mère, ton) tender, loving 2 nm cuddle ◆ **câliner** 1 vt to cuddle ◆ **câlinerie** nf tenderness ◇ **~s** caresses.

calmant [kalmɑ̃] nm (pour les nerfs) tranquillizer, sedative; (contre la douleur) painkiller.

calmar [kalmaʀ] nm squid.

calme [kalm(ə)] 1 adj calm, quiet 2 nm calmness, quietness; (sang-froid) sangfroid ◇ **du ~!** (restez tranquille) keep quiet!; (pas de panique) keep cool! ou calm!; (Pol) **ramener le ~** to restore order; (Naut) **~ plat** dead calm; (fig) **c'est le ~ plat** things are at a standstill ◆ **calmement** adv (agir) calmly; (se dérouler) quietly.

calmer [kalme] 1 1 vt (gén) to calm down; (douleur) to soothe; (impatience) to curb; (faim) to appease; (soif) to quench 2 **se calmer** vpr (personne, mer) to calm down; (douleur) to ease; (fièvre, ardeur) to subside.

calomnie [kalɔmni] nf slander; (par écrit) libel ◆ **calomnier** 7 vt to slander; to libel ◆ **calomnieux, -euse** adj slanderous; libellous.

calorie [kalɔʀi] nf calorie ◆ **calorifique** adj calorific.

calorifuger [kalɔʀifyʒe] 3 vt to lag, insulate.

calotte [kalɔt] nf (bonnet) skullcap; (partie supérieure) crown; (famil: gifle) slap ◇ **~ glaciaire** icecap.

calque [kalk(ə)] nm (dessin) tracing; (papier) tracing paper; (fig) carbon copy ◆ **calquer** 1 vt to trace; to copy exactly.

calumet [kalymɛ] nm ◇ **le ~ de la paix** the pipe of peace.

calvaire [kalvɛʀ] nm (Rel) Calvary; (souffrance) suffering, martyrdom.

calvitie [kalvisi] nf baldness.

camarade [kamaʀad] nmf friend, mate [famil]; (Pol) comrade ◇ **~ d'école** schoolmate ◆ **camaraderie** nf friendship.

Cambodge [kɑ̃bɔdʒ] nm Cambodia ◆ **cambodgien, -ienne** adj, **C~, -ienne** nm,f Cambodian.

cambouis [kɑ̃bwi] nm dirty oil ou grease.

cambré, e [kɑ̃bʀe] adj arched.

cambrer [kɑ̃bʀe] 1 vt (pied, dos) to arch ◇ **se ~** to arch one's back.

cambriolage [kɑ̃bʀiɔlaʒ] nm burglary.

cambrioler [kɑ̃bʀijɔle] 1 vt to burgle, burglarize (US) ◆ **cambrioleur** nm burglar.

cambrousse [kɑ̃bʀus] nf [famil] country ◇ **en pleine ~** out in the sticks [famil].

cambrure [kɑ̃bʀyʀ] nf (reins) curve; (pied) arch; (route) camber.

caméléon [kameleɔ̃] nm chameleon.

camélia [kamelja] nm camellia.

camelot [kamlo] nm street pedlar.

camelote [kamlɔt] nf [famil] (pacotille) junk [famil]; (marchandise) stuff [famil].

caméra [kameʀa] nf (Ciné, TV) camera; (amateur) cine-camera, movie camera (US) ◆ **cameraman**, pl **cameramen** nm cameraman.

Cameroun [kamʀun] nm Cameroon ◆ **camerounais, e** adj, **C~, e** nm,f Cameroonian.

caméscope [kameskɔp] nm camcorder.

camion [kamjɔ̃] nm (ouvert) lorry, truck (US); (fermé) van, truck (US) ◇ **~-citerne** [nm, pl] **~s-~s** tanker, tank truck (US); **~ de déménagement** removal van ◆ **camionnette** nf small van.

camisole [kamizɔl] nf ◇ **~ de force** straitjacket.

camomille [kamɔmij] nf camomile.

camouflage [kamuflaʒ] nm camouflage.

camoufler [kamufle] 1 vt (Mil) to camouflage; (cacher) to conceal; (déguiser) to disguise.

camp [kɑ̃] nm (gén) camp; (parti, Sport) side ◇ **~ de toile** campsite.

campagnard, e [kɑ̃paɲaʀ, aʀd(ə)] 1 adj country 2 nm countryman 3 nf countrywoman.

campagne [kɑ̃paɲ] nf a (gén) country; (paysage) countryside b (Mil, Pol, Presse) campaign ◇ **faire ~** to fight a campaign; **mener une ~ contre** to campaign against.

campement [kɑ̃pmɑ̃] nm camp, encampment.

camper [kɑ̃pe] 1 1 vi to camp 2 vt (troupes) to camp out; (personnage) to portray; (lunettes etc) to plant (*sur* on) ◇ **se ~ devant** to plant o.s. in front of ◆ **campeur, -euse** nm,f camper.

camphre [kɑ̃fʀ(ə)] nm camphor.

camping [kɑ̃piŋ] nm (lieu) campsite ◇ (activité) **le ~** camping; **faire du ~** to go camping; **~-car** camper, motorhome (US).

campus [kɑ̃pys] nm campus.

Canada [kanada] nm Canada ◆ **canadianisme** nm Canadianism ◆ **canadien, -ienne** 1 adj Canadian 2 nm,f ◇ **C~, -ienne** Canadian 3 nf (veste) fur-lined jacket.

canaille [kanɑj] nf (salaud, escroc) crook, shyster (US); (hum: enfant) rascal.

canal, pl **-aux** [kanal, o] nm (artificiel) canal; (détroit) channel; (tuyau, fossé) duct; (Anat) canal, duct; (TV, Ordin) channel ◆ **canalisation** nf pipe ◆ **canaliser** 1 vt (foule) to channel; (fleuve) to canalize.

canapé [kanape] nm (meuble) settee, couch; (Culin) canapé, open sandwich.

canard [kanaʀ] nm (gén) duck; (mâle) drake; (famil: journal) rag [famil] ◇ (Mus) **faire un ~** to hit a wrong note.

canari [kanaʀi] nm canary.

cancans [kɑ̃kɑ̃] nmpl gossip ◆ **cancaner** 1 vi to gossip.

cancer [kɑ̃sɛʀ] nm cancer ◇ **avoir un cancer** to have cancer; **être (du) C~** to be Cancer ou a Cancerian ◆ **cancéreux, -euse** adj (tumeur) cancerous; (personne) with cancer ◆ **cancérigène** adj carcinogenic.

cancre [kɑ̃kʀ(ə)] nm (péj) dunce.

candélabre [kɑ̃delɑbʀ(ə)] nm candelabra.

candeur [kɑ̃dœʀ] nf naïvety.

candidat, e [kɑ̃dida, at] nm,f candidate (*à* at); (poste) applicant (*à* for) ◆ **candidature** nf candidature, candidacy (US); application (*à* for) ◇ **poser sa ~ à un poste** to apply for a job.

candide [kɑ̃did] adj naïve.

cane [kan] nf a female duck ◆ **caneton** nm, 1. **canette** nf b duckling.

2. **canette** [kanɛt] nf (bouteille) bottle (of beer).

canevas [kanva] nm a (livre) framework b (toile) canvas; (ouvrage) tapestry work.

caniche [kaniʃ] nm poodle.

canicule [kanikyl] nf scorching heat ◇ (juillet-août) **la ~** the dog days.

canif [kanif] nm penknife, pocket knife.

canine [kanin] nf canine.

caniveau, pl **~x** [kanivo] nm roadside gutter.

canne [kan] nf walking stick ◇ **~ à pêche** fishing rod; **~ à sucre** sugar cane.

cannelle [kanɛl] nf cinnamon.

cannibale [kanibal] 1 adj cannibal 2 nmf cannibal, man-eater ◆ **cannibalisme** nm cannibalism.

canoë [kanɔe] nm canoe ◇ **faire du ~** to canoe.

canon [kanɔ̃] nm a (arme) gun; (Hist) cannon; (fusil, clé) barrel b (Rel, Mus) canon ◇ (code) **~s** canons.

cañon [kaɲɔ̃] nm canyon.

canot [kano] nm boat, dinghy ◇ **~ automobile** motorboat; **~ pneumatique** rubber dinghy; **~ de sauvetage** lifeboat.

cantatrice [kɑ̃tatʀis] nf opera singer.

cantine [kɑ̃tin] nf canteen; (service) school meals; (malle) tin trunk.

cantique [kɑ̃tik] nm hymn.

canton [kɑ̃tɔ̃] nm (gén) district; (Suisse) canton.

cantonade [kɑ̃tɔnad] nf ◇ **dire qch à la ~** to say sth to everyone in general.

cantonnement [kɑ̃tɔnmɑ̃] nm (action) stationing; (lieu) quarters, billet; (camp) camp.

cantonner [kɑ̃tɔne] 1 vt (Mil) to station ◇ **~ qn dans un travail** to confine sb to a job.

cantonnier [kɑ̃tɔnje] nm roadman.

canular [kanylaʀ] nm hoax.

CAO [seao] nf abrév de *conception assistée par ordinateur* CAD.

caoutchouc [kautʃu] nm (matière) rubber; (élastique) rubber ou elastic band; (plante) rubber plant ◇ **~ mousse** ® foam rubber ◆ **caoutchouteux, -euse** adj rubbery.

cap [kap] nm (Géog) cape ◇ **le ~ Horn** Cape Horn; **passer le ~ de l'examen** to get over the hurdle of the exam; **franchir le ~ des 40 ans** to turn 40; **franchir le ~ des 50 millions** to pass the 50-million mark; **changer de ~** to change course; **mettre le ~ sur** to head for.

capable [kapabl(ə)] adj able, capable ◇ **~ de faire** capable of doing; **te sens-tu ~ de tout manger?** do you feel you can eat it all?; **il est ~ de l'avoir perdu** he's quite likely to have lost it.

capacité [kapasite] nf (gén) capacity ◇ **~s intellectuelles** intellectual abilities ou capacities; (Tourisme) **la ~ d'accueil d'une ville** the total amount of tourist accommodation in a town; **avoir ~ pour** to be legally entitled to.

cape [kap] nf (courte) cape; (longue) cloak.

capilotade [kapilɔtad] nf ◇ **mettre en ~** to reduce to a pulp.

capitaine [kapitɛn] nm (gén) captain ◇ **~ au long cours** master mariner; **~ des pompiers** fire chief, marshall (US).

capital, e, mpl **-aux** [kapital, o] 1 adj (gén) major, main; (importance, peine) capital ◇ **il est ~ d'y aller** it is absolutely essential to go 2 nm (Fin, Pol) capital ◇ **~aux** money, capital; **le ~ artistique du pays** the artistic wealth ou resources of the country 3 nf (lettre) capital letter; (métropole) capital city.

capitaliser [kapitalize] 1 vt a (somme) to amass; (fig: expériences) to build up b (Fin) to capitalize.

capitalisme [kapitalism(ə)] nm capitalism ◆ **capitaliste** adj, nmf capitalist.

capiteux, -euse [kapitø, øz] adj intoxicating.

capitonner [kapitɔne] 1 vt to pad (*de* with).

capitulation [kapitylɑsjɔ̃] nf capitulation, surrender.

capituler [kapityle] 1 vi to capitulate, surrender.

caporal, pl **-aux** [kapɔʀal, o] nm corporal.

capot [kapo] nm bonnet, hood (US).

capote [kapɔt] nf (voiture) hood, top (US); (manteau) greatcoat.

capoter [kapɔte] 1 vi to overturn.

câpre [kɑpʀ(ə)] nf (Culin) caper.

caprice [kapʀis] nm whim, caprice ◇ **faire un** ~ to throw a tantrum; ~ **de la nature** freak of nature ◆ **capricieux, -ieuse** adj capricious, whimsical; (lunatique) temperamental.

Capricorne [kapʀikɔʀn(ə)] nm ◇ **le** ~ Capricorn; **être (du)** ~ to be (a) Capricorn.

capsule [kapsyl] nf capsule.

capter [kapte] [1] vt (confiance) to win; (émission) to pick up; (source) to harness ◆ **capteur** nm ◇ ~ **solaire** solar panel.

captif, -ive [kaptif, iv] adj, nm,f captive.

captiver [kaptive] [1] vt to captivate ◆ **captivité** nf captivity.

capture [kaptyʀ] nf catch.

capturer [kaptyʀe] [1] vt to catch, capture.

capuche [kapyʃ] nf hood ◆ **capuchon** nm hood; (Rel) cowl; (pèlerine) hooded raincoat; (stylo) top, cap.

capucine [kapysin] nf (fleur) nasturtium.

1. **car** [kaʀ] nm coach, bus (US) ◇ ~ **de police** police van.

2. **car** [kaʀ] conj because, for.

carabine [kaʀabin] nf rifle.

caractère [kaʀaktɛʀ] nm **a** (nature) character, nature; (style) character ◇ **avoir bon** ~ to be good-natured; **avoir mauvais** ~ to be ill-natured; **ça n'a aucun** ~ **de gravité** it shows no sign of seriousness; **elle a du** ~ she's a woman of character **b** (caractéristique) characteristic, feature **c** (Typ) character, letter ◇ ~**s gras** bold type; ~**s d'imprimerie** block capitals ◆ **caractériser** [1] vt to characterize ◆ **caractéristique** **1** adj characteristic (*de* of) **2** nf characteristic, typical feature.

carafe [kaʀaf] nf (gén) carafe; (en cristal) decanter.

carambolage [kaʀɑ̃bɔlaʒ] nm pile-up.

caramel [kaʀamɛl] nm (mou) fudge; (dur) toffee; (sur gâteau) caramel.

carapace [kaʀapas] nf shell.

carat [kaʀa] nm carat.

caravane [kaʀavan] nf (convoi) caravan; (fig) stream; (véhicule) caravan, trailer (US) ◆ **caravaning** nm caravanning.

carbone [kaʀbɔn] nm carbon.

carbonisé, e [kaʀbɔnize] adj (restes) charred ◇ **mort** ~ burned to death.

carburant [kaʀbyʀɑ̃] nm fuel ◆ **carburateur** nm carburettor.

carcasse [kaʀkas] nf (corps) carcass; (abat-jour) frame; (bateau, immeuble) shell.

carcéral, e, mpl -aux [kaʀseʀal, o] adj prison.

cardiaque [kaʀdjak] **1** adj cardiac ◇ **être** ~ to have a heart condition **2** nmf heart patient.

cardinal, e, mpl -aux [kaʀdinal, o] adj, nm cardinal.

cardiologie [kaʀdjɔlɔʒi] nf cardiology ◆ **cardiologue** nmf cardiologist, heart specialist.

carême [kaʀɛm] nm ◇ **le C**~ Lent.

carence [kaʀɑ̃s] nf (incompétence) incompetence; (manque) shortage (*en* of); (Méd) deficiency ◇ **les** ~**s de** the shortcomings of.

caressant, e [kaʀɛsɑ̃, ɑ̃t] adj (enfant) affectionate; (voix, brise) caressing.

caresse [kaʀɛs] nf caress; (à un animal) stroke ◆ **caresser** [1] vt to caress; (animal) to stroke; (projet) to toy with.

cargaison [kaʀgɛzɔ̃] nf cargo, freight; (fig) load, stock ◆ **cargo** nm cargo boat, freighter.

caricatural, e, mpl -aux [kaʀikatyʀal, o] adj (ridicule) ridiculous; (exagéré) caricatured.

caricature [kaʀikatyʀ] nf caricature ◆ **caricaturer** [1] vt to caricature.

carie [kaʀi] nf ◇ **la** ~ **dentaire** tooth decay; **j'ai une** ~ I've got a bad tooth ◆ **carier** [7] vt to decay ◇ **dent cariée** bad ou decayed tooth.

carillon [kaʀijɔ̃] nm (cloches) peal of bells; (horloge) chiming clock; (sonnette) door chime; (air) chimes.

caritatif, -ive [kaʀitatif, iv] adj charitable.

carlingue [kaʀlɛ̃g] nf (avion) cabin.

carnage [kaʀnaʒ] nm carnage, slaughter.

carnassier, -ière [kaʀnasje, jɛʀ] **1** adj carnivorous, flesh-eating **2** nm carnivore.

carnaval, pl ~**s** [kaʀnaval] nm carnival.

carnet [kaʀnɛ] nm (calepin) notebook; (timbres, chèques) book ◇ ~ **de notes** school report.

carnivore [kaʀnivɔʀ] **1** adj (animal) carnivorous, flesh-eating **2** nm carnivore.

carotide [kaʀɔtid] nf carotid artery.

carotte [kaʀɔt] nf carrot ◇ **les** ~**s sont cuites!** [famil] they've (ou we've etc) had it! [famil]

carpe [kaʀp(ə)] nf carp (pl inv).

carpette [kaʀpɛt] nf (tapis) rug; (péj) doormat.

carré, e [kaʀe] **1** adj (Math, forme) square; (franc) straightforward ◇ **mètre** ~ square metre **2** nm square ◇ ~ **de terre** patch ou plot of land; **3 au** ~ 3 squared; **mettre au** ~ to square.

carreau, pl ~**x** [kaʀo] nm **a** (par terre) floor tile; (au mur) wall tile; (sol) tiled floor ◇ **rester sur le** ~ [famil] (bagarre) to be laid out cold [famil]; (examen) to fail **b** (vitre) window pane **c** (sur un tissu) check; (sur du papier) square ◇ **à ~x** checked **d** (Cartes) diamond ◇ **se tenir à ~**[famil] to keep one's nose clean [famil].

carrefour [kaʀfuʀ] nm crossroads; (fig: jonction) junction, meeting point.

carrelage [kaʀlaʒ] nm (action) tiling; (sol) tiled floor.

carreler [kaʀle] 4 vt to tile ♦ **carreleur** nm tiler.

carrelet [kaʀlɛ] nm (poisson) plaice (filet) square fishing net.

carrément [kaʀemɑ̃] adv (directement) straight; (complètement) completely ◇ **vas-y ~** go right ahead.

carrière [kaʀjɛʀ] nf **a** (sable) sandpit; (roches etc) quarry **b** (profession) career ◇ **faire ~ dans la banque** (gén) to make banking one's career; (réussir) to make a good career for o.s. in banking.

carriole [kaʀjɔl] nf (péj) cart.

carrossable [kaʀɔsabl(ə)] adj suitable for motor vehicles.

carrosse [kaʀɔs] nm horse-drawn coach.

carrosserie [kaʀɔsʀi] nf body, coachwork.

carrure [kaʀyʀ] nf (personne) build; (vêtement) size; (fig) calibre, stature ◇ **de forte ~** well-built.

cartable [kaʀtabl(ə)] nm (school)bag; (à bretelles) satchel.

carte [kaʀt(ə)] nf (gén) card; (Rail) season ticket; (Géog) map; (Astron, Mét, Naut) chart; (au restaurant) menu ◇ **C~ Bleue** ® ≃ Visa Card ®; **~ de crédit** credit card; **~ grise** logbook; **~ à jouer** playing card; **~ de lecteur** library ticket; **~ postale** postcard; **~ routière** roadmap; **~ des vins** wine list; **~ de visite** visiting card; **avoir ~ blanche** to have carte blanche ou a free hand; **repas à la ~** à la carte meal.

cartilage [kaʀtilaʒ] nm (Anat) cartillage; (viande) gristle.

carton [kaʀtɔ̃] nm (matière) cardboard; (morceau) piece of cardboard; (boîte) (cardboard) box, carton; (cartable) schoolbag; (dossier) file; (cible) target ◇ **faire un ~** (à la fête) to have a go at the rifle range; (famil: sur l'ennemi) to take a potshot [famil] (*sur* at); **~ à chapeau** hatbox; **~ à dessin** portfolio; **~ pâte** pasteboard; (Ftbl) **~ jaune/rouge** yellow/red card.

cartouche [kaʀtuʃ] nf cartridge; (cigarettes) carton.

cas [kɑ] nm (gén) case ◇ **il s'est mis dans un mauvais ~** he's got himself into a tricky situation; **faire grand ~ de** to set great store by; **il ne fait jamais aucun ~ de nos observations** he never takes any notice of our comments; **c'est bien le ~ de le dire!** you've said it!; **au ~ où il pleuvrait** in case it rains; **en ce ~** in that case; **en ~ d'absence** in case of ou in the event of absence; **en ~ de besoin, le ~ échéant** if need be; **en ~ d'urgence** in an emergency; **en aucun ~** on no account, under no circumstances; **en tout ~** anyway, in any case; **il a un ~ de conscience** he's in a moral dilemma; **~ sociaux** problem cases.

casanier, -ière [kazanje, jɛʀ] adj, nm,f stay-at-home.

casaque [kazak] nf (jockey) blouse.

cascade [kaskad] nf waterfall; (mots etc) stream, torrent ♦ **cascadeur, -euse** nm,f stunt man ou woman.

case [kɑz] nf (carré) square; (tiroir) compartment; (hutte) hut ◇ **il a une ~ vide** [famil] he has a screw loose [famil].

caser [kaze] 1 vt [famil] (placer) to shove [famil], stuff; (loger) to put up; (marier) to find a husband (ou wife) for; (dans un métier) to find a job for.

caserne [kazɛʀn(ə)] nf barracks (gén sg) ◇ **~ de pompiers** fire station.

cash [kaʃ] adv [famil] ◇ **payer ~** to pay cash down.

casier [kɑzje] nm (gén) compartment; (fermant à clef) locker; (pour courrier) pigeonhole; (Pêche) lobster pot ◇ **~ à bouteilles** bottle rack; **~ judiciaire** police ou criminal record.

casino [kazino] nm casino.

casque [kask(ə)] nm (gén) helmet; (motocycliste etc) crash helmet; (sèche-cheveux) (hair-)drier ◇ **~ à écouteurs** headphones, earphones; **les C~s bleus** the U.N. peace-keeping troops ♦ **casqué, e** adj wearing a helmet.

casquer [kaske] 1 vi [famil] (payer) to fork out [famil].

casquette [kaskɛt] nf cap.

cassable [kɑsabl(ə)] adj breakable.

cassant, e [kɑsɑ̃, ɑ̃t] adj (substance) brittle; (ton) brusque, abrupt ◇ **ce n'est pas ~**[famil] it's not exactly tiring work.

cassation [kɑsasjɔ̃] nf (Jur) cassation.

casse [kɑs] nf (action) breakage; (objets cassés) breakages ◇ **il va y avoir de la ~**[famil] there's going to be some rough stuff [famil]; **mettre à la ~** to scrap.

casse-cou [kɑsku] nmf inv [famil] daredevil, reckless person.

casse-croûte [kɑskʀut] nm inv snack, lunch (US).

casse-noisettes [kɑsnwazɛt] ou **casse-noix** [kɑsnwa] nm inv nutcrackers.

casse-pieds [kɑspje] nmf inv (importun) nuisance; (ennuyeux) bore.

casser [kɑse] 1 **1** vt (gén) to break; (noix) to crack; (branche) to snap; (jugement) to quash ◇ **~ les prix** to slash prices; **~ la croûte** [famil] to have a bite to eat; **~ la**

figure à qn [famil] to punch sb in the face [famil]; ~ **les pieds à qn** [famil] (fatiguer) to bore sb stiff; (irriter) to get on sb's nerves; ~ **sa pipe** [famil] to snuff it [famil]; **ça ne casse rien** [famil] it's nothing special; **à tout** ~ [famil] (extraordinaire) fantastic [famil]; (tout au plus) at the most **2** vi (gén) to break; (branche) to snap **3** **se casser** vpr to break ◇ **se ~ une jambe** to break a leg; (lit, fig) **se ~ la figure** [famil] to come a cropper [famil]; **se ~ le nez** to find no one in; **il ne s'est pas cassé la tête** [famil] he didn't overtax himself.

casserole [kasʀɔl] nf saucepan.

casse-tête [kɑstɛt] nm inv (problème) headache; (jeu) brain teaser.

cassette [kasɛt] nf (coffret) casket; (magnétophone) cassette.

casseur [kɑsœʀ] nm (famil: bravache) tough guy [famil]; (ferrailleur) scrap dealer; (manifestant) rioter, demonstrator.

cassis [kasis] nm (fruit) blackcurrant.

cassure [kɑsyʀ] nf (gén) break; (fissure) crack.

castagnettes [kastaɲɛt] nfpl castanets.

caste [kast(ə)] nf caste.

castor [kastɔʀ] nm beaver.

castration [kastʀasjɔ̃] nf (gén) castration; (chat) neutering.

castrer [kastʀe] [1] vt (gén) to castrate; (chat) to neuter.

cataclysme [kataklism(ə)] nm cataclysm.

catacombes [katakɔ̃b(ə)] nfpl catacombs.

catalogue [katalɔg] nm catalogue; (Ordin) directory ◆ **cataloguer** [1] vt (objets) to catalogue; (famil: personne) to label.

catalyse [kataliz] nf catalysis ◆ **catalyseur** nm (Chim, fig) catalyst ◆ **catalytique** adj catalytic.

catamaran [katamaʀɑ̃] nm (voilier) catamaran.

cataplasme [kataplasm(ə)] nm poultice.

catapulte [katapylt(ə)] nf catapult ◆ **catapulter** [1] vt to catapult.

cataracte [kataʀakt(ə)] nf (gén, Méd) cataract.

catastrophe [katastʀɔf] nf disaster, catastrophe ◇ **en** ~ (partir) in a mad rush; **atterrir en** ~ to make an emergency landing ◆ **catastropher** [1] vt [famil] to shatter, stun ◆ **catastrophique** adj disastrous, catastrophic ◆ **catastrophisme** nm looking on the black side of things).

catch [katʃ] nm all-in wrestling ◆ **catcheur, -euse** nm,f all-in wrestler.

catéchisme [kateʃism(ə)] nm catechism.

catégorie [kategɔʀi] nf (gén) category; (Boxe, Hôtellerie) class; (personnel) grade ◆ **catégorique** adj (gén) categorical; (refus) flat ◆ **catégoriquement** adv categorically; flatly.

cathédrale [katedʀal] nf cathedral.

cathodique [katɔdik] adj cathodic.

catholicisme [katɔlisism(ə)] nm Roman Catholicism ◆ **catholique** **1** adj Roman Catholic ◇ **pas très** ~ [famil] fishy [famil], shady **2** nmf Roman Catholic.

catimini [katimini] adv ◇ **en** ~ on the sly.

cauchemar [koʃmaʀ] nm nightmare ◆ **cauchemardesque** adj nightmarish.

causant, e [kozɑ̃, ɑ̃t] adj talkative, chatty.

cause [koz] nf **a** (raison) cause (*de* of) ◇ **la chaleur en est la** ~ it is caused by the heat **b** (Jur) case ◇ **plaider sa** ~ to plead one's case **c** (parti) cause ◇ **faire ~ commune avec qn** to take sides with sb **d** ◇ **à ~ de** because of; **être en** ~ (personne, intérêts etc) to be involved; **son honnêteté n'est pas en** ~ his honesty is not in question; **mettre en** ~ (projet) to call into question; (personne) to implicate; **mettre qn hors de** ~ to clear sb; **pour ~ de** on account of; **et pour** ~ ! and for (a very) good reason!

1. **causer** [koze] [1] vt (provoquer) to cause; (entraîner) to bring about.

2. **causer** [koze] [1] vi (se parler) to chat, talk; (famil: faire un discours) to speak, talk (*sur, de* about) ◇ ~ **politique** to talk politics; ~ **à qn** [famil] to talk ou speak to sb ◆ **causerie** nf (conférence) talk; (conversation) chat ◆ **causette** nf ◇ **faire la** ~ to have a chat ou natter [famil] (*avec* with).

cautériser [kɔteʀize] [1] vt to cauterize.

caution [kosjɔ̃] nf (Fin) guarantee, security; (morale) guarantee; (appui) backing, support ◇ **libéré sous** ~ released on bail ◆ **cautionner** [1] vt (Fin, fig) to guarantee; (politique) to support, back.

cavalcade [kavalkad] nf (désordonnée) stampede; (défilé) cavalcade.

cavale [kaval] nf ◇ (évasion) **être en** ~ to be on the run.

cavaler [kavale] [1] vi [famil] (courir) to run.

cavalerie [kavalʀi] nf cavalry.

cavalier, -ière [kavalje, jɛʀ] **1** adj (impertinent) offhand ◇ **allée ~ière** bridle path **2** nmf (Équitation) rider; (bal) partner ◇ **faire ~ seul** to go it alone **3** nm (Mil) trooper, cavalryman; (accompagnateur) escort; (Échecs) knight ◆ **cavalièrement** adv offhandedly.

cave [kav] nf cellar ◆ **caveau**, pl ~**x** nm (sépulture) vault, tomb; (cave) small cellar.

caverne [kavɛʀn(ə)] nf cave, cavern.

caviar [kavjaʀ] nm caviar.

cavité [kavite] nf cavity.

CB [sebe] abrév de *Carte Bleue* → **carte.**

CE [seə] **1** nf abrév de *caisse d'épargne* → **caisse** **2** nm abrév de *comité d'entreprise* → **comité.**

ce [sə], **cet** [sɛt] devant voyelle ou h muet au masculin , f. **cette** [sɛt], pl **ces** [se] **1** adj dém (proximité) this, (pl) these; (non-proximité) that, (pl) those ◇ **ce chapeau-ci** this hat; **cette nuit** (qui vient) tonight; (passée) last night; **en ces temps troublés** (de nos jours) in these troubled days; (dans le passé) in those troubled days; **un de ces jours** one of these days; **ces messieurs sont en réunion** the gentlemen are in a meeting; **cette idée!** what an idea! **2** pron dém **a** ◇ **qui est-ce? -c'est un médecin** who's he? ou who's that? -he is a doctor; **qui a crié? -c'est lui** who shouted? -he did ou it was him; **ce sont eux qui mentaient** they are the ones who ou it's they who were lying; **c'est toi qui le dis!** that's what you say!; **c'est dire s'il a eu peur** that shows how frightened he was; **ce faisant** in so doing; **pour ce faire** with this end in view **b** ◇ **ce qui, ce que** what; (reprenant une proposition) which; **elle fait ce qu'on lui dit** she does as she is told; **il faut être diplômé, ce qu'il n'est pas** you have to have qualifications, which he hasn't; **ce que ce film est lent!** how slow this film is!, what a slow film this is!

ceci [səsi] pron dém this ◇ **à ~ près que** except that.

cécité [sesite] nf blindness.

céder [sede] [6] **1** vt to give up ◇ **~ qch à qn** to let sb have sth; **~ le pas à qn** to give precedence to sb; **~ du terrain** (Mil) to yield ground; (fig) to make concessions; (épidémie) to recede **2** vi (personne) to give in (*à* to); (branche) to give way.

CEDEX [sedɛks] nm abrév de *courrier d'entreprise à distribution exceptionnelle: accelerated postal service for bulk users.*

cédille [sedij] nf cedilla.

cèdre [sɛdʀ(ə)] nm cedar.

CEE [seəə] abrév de *Communauté économique européenne* EEC.

ceinture [sɛ̃tyʀ] nf **a** (gén) belt; (pyjamas) cord; (écharpe) sash; (gaine) girdle ◇ **se mettre la ~**[famil] to tighten one's belt; **~ de sauvetage** life belt; **~ de sécurité** seat belt **b** (taille) (Couture) waistband; (Anat) waist ◇ **l'eau lui arrivait à la ~** he was waist-deep in water ou up to his waist in water **c** (murailles) ring; (arbres) belt; (métro, bus) circle line ♦ **ceinturer** [1] vt (personne) to seize round the waist; (ville) to surround ♦ **ceinturon** nm belt.

cela [s(ə)la] pron dém that; (sujet apparent) it ◇ **qu'est-ce que ~ veut dire?** what does that ou this mean?; **~ fait 10 jours qu'il est parti** it is 10 days since he left; **quand ~?** when was that?; **voyez-vous ~!** did you ever hear of such a thing!; **à ~ près que** except that; **il y a ~ de bien que** the one good thing is that.

célébration [selebʀɑsjɔ̃] nf celebration.

célèbre [selɛbʀ(ə)] adj famous (*par* for).

célébrer [selebʀe] [6] vt (gén) to celebrate; (cérémonie) to hold.

célébrité [selebʀite] nf (renommée) fame, (personne) celebrity.

céleri [sɛlʀi] nm ◇ **~ en branche(s)** celery; **~-rave** celeriac.

célérité [seleʀite] nf promptness, swiftness.

céleste [selɛst(ə)] adj heavenly.

célibat [seliba] nm (homme) bachelorhood; (femme) spinsterhood; (prêtre) celibacy ♦ **célibataire** **1** adj (gén) single, unmarried; (prêtre) celibate **2** nm bachelor; (Admin) single man **3** nf single ou unmarried woman.

celle [sɛl] pron dém → **celui.**

cellier [selje] nm storeroom *(for wine and food).*

cellophane [selɔfan] nf ® cellophane ®.

cellule [selyl] nf (gén) cell ◇ **~ photo-électrique** electric eye.

cellulite [selylit] nf cellulitis.

celluloïd [selylɔid] nm celluloid.

cellulose [selyloz] nf cellulose.

celui [səlɥi], **celle** [sɛl], mpl **ceux** [sø], fpl **celles** [sɛl] pron dém ◇ **celui-ci, celle-ci** this one; **ceux-ci, celles-ci** these; **celui-là, celle-là** that one; **ceux-là, celles-là** those; **elle écrivit à son frère, celui-ci ne répondit pas** she wrote to her brother, but he did not answer; **elle est bien bonne, celle-là!** that's a bit much!; **ses romans sont ceux qui se vendent le mieux** his novels are the ones that sell best; **celui dont je t'ai parlé** the one I told you about.

cendre [sɑ̃dʀ(ə)] nf (gén) ash; (braises) embers ♦ **cendré, e** **1** adj ash **2** nf (piste) cinder track ♦ **cendrier** nm (fumeur) ashtray; (poêle) ash pan.

Cendrillon [sɑ̃dʀijɔ̃] nf (lit, fig) Cinderella.

censé, e [sɑ̃se] adj ◇ **être ~ faire qch** to be supposed to do sth.

censeur [sɑ̃sœʀ] nm (Hist, Presse) censor; (fig) critic; (Scol) ≃ deputy ou assistant head.

censure [sɑ̃syʀ] nf (examen) censorship; (censeurs) board of censors ♦ **censurer** [1] vt (Ciné, Presse) to censor; (fig, Pol) to censure.

cent [sɑ̃] **1** adj **a** one ou a hundred ◇ **quatre ~ treize** four hundred and thirteen; **deux ~s chaises** two hundred chairs; (ordinal: inv) **page quatre ~** page four hundred **b** ◇ **il a ~ fois raison** he's absolutely right; **~ fois mieux** a hundred times better; **il est aux ~ coups** he is frantic; **faire les ~ pas** to pace up and down; **tu ne vas pas attendre ~ sept ans** [famil] you can't wait for ever **2** nm **a** a hundred ◇ **~ pour ~** a hundred per cent pour autres locutions → **six** **b** (monnaie) cent.

centaine [sɑ̃tɛn] nf hundred ◇ (environ cent) **une ~ de** about a hundred; **plusieurs ~s de** several hundred; **des ~s de** hundreds of → **soixantaine.**

centenaire [sɑ̃tnɛʀ] **1** adj ◇ **c'est ~** it is a hundred years old **2** nmf (personne) centenarian **3** nm (anniversaire) centenary.

centième [sɑ̃tjɛm] adj, nmf hundredth pour loc → **sixième.**

centigrade [sɑ̃tigʀad] adj centigrade ◆ **centigramme** nm centigramme ◆ **centilitre** nm centilitre ◆ **centime** nm centime ◆ **centimètre** nm centimetre; (ruban) tape measure.

centrafricain, e [sɑ̃tʀafʀikɛ̃, ɛn] adj of the Central African Republic ◇ **République ~e** Central African Republic.

central, e, mpl **-aux** [sɑ̃tʀal, o] **1** adj (gén) central; (partie) centre; (bureau) main **2** nm ◇ **~ téléphonique** telephone exchange **3** nf (prison) prison, ≃ county jail (US), ≃ (state) penitentiary (US) ◇ **~e électrique** power station ou plant (US); **~e syndicale** trade union, labor union (US).

centraliser [sɑ̃tʀalize] 1 vt to centralize.

centre [sɑ̃tʀ(ə)] nm (gén) centre ◇ **~-ville** town ou city centre; **~ aéré** (school's) outdoor centre; **~ culturel** arts centre; **~ commercial** shopping centre; **~ hospitalier** hospital complex; **~ de tri** sorting office.

centrer [sɑ̃tʀe] 1 vt (Sport, Tech) to centre.

centrifuge [sɑ̃tʀifyʒ] adj centrifugal ◆ **centrifugeuse** nf centrifuge; (Culin) juice extractor.

centripète [sɑ̃tʀipɛt] adj centripetal.

centuple [sɑ̃typl(ə)] nm ◇ **le ~ de 10** a hundred times 10; **au ~** a hundredfold.

cep [sɛp] nm ◇ **~ de vigne** vine stock ◆ **cépage** nm vine.

cependant [s(ə)pɑ̃dɑ̃] conj **a** (pourtant) nevertheless, however ◇ **et ~ c'est vrai** yet ou but nevertheless it is true **b** (pendant ce temps) meanwhile ◇ **~ que** while.

céramique [seʀamik] nf ceramic ◇ (art) **la ~** ceramics; **vase en ~** ceramic vase.

cerceau, pl **~x** [sɛʀso] nm hoop.

cercle [sɛʀkl(ə)] nm (gén) circle; (club) club ◇ **faire ~ autour de qn** to make a circle ou ring round sb; **~ vicieux** vicious circle.

cercueil [sɛʀkœj] nm coffin, casket (US).

céréale [seʀeal] nf cereal.

cérébral, e, mpl **-aux** [seʀebʀal, o] adj (Méd) cerebral; (travail) mental.

cérémonial, pl **~s** [seʀemɔnjal] nm ceremonial.

cérémonie [seʀemɔni] nf ceremony ◇ **sans ~** (manger) informally; (réception) informal; **habits de ~** formal dress ◆ **cérémonieux, -euse** adj ceremonious, formal.

cerf [sɛʀ] nm stag ◆ **cerf-volant,** pl **~s-~s** nm kite.

cerfeuil [sɛʀfœj] nm chervil.

cerise [s(ə)ʀiz] nf cherry ◆ **cerisier** nm cherry tree.

cerne [sɛʀn(ə)] nm ring.

cerner [sɛʀne] 1 vt (ennemi) to surround; (problème) to delimit, define ◇ **avoir les yeux cernés** to have dark rings under one's eyes.

certain, e [sɛʀtɛ̃, ɛn] **1** adj **a** (après n: incontestable) (gén) certain; (preuve) positive, definite ◇ **c'est ~** there's no doubt about it, that's quite certain **b** (convaincu) sure, certain (*de qch* of sth) **2** adj indéf certain ◇ **un ~ M. X** a certain Mr. X; **dans un ~ sens** in a way; **dans ~s cas** in some ou certain cases; **c'est à une ~e distance d'ici** it's some distance from here **3** pron indéf pl ◇ **~s** (personnes) some people; (choses) some ◆ **certainement** adv certainly ◆ **certes** adv (sans doute) certainly; (affirmation) indeed.

certificat [sɛʀtifika] nm certificate.

certifier [sɛʀtifje] 7 vt ◇ **~ qch à qn** to assure sb of sth; **copie certifiée conforme** certified copy.

certitude [sɛʀtityd] nf certainty ◇ **j'ai la ~ d'être le plus fort** I am certain ou sure of being the strongest.

cerveau, pl **~x** [sɛʀvo] nm brain ◇ **le ~ de la bande** the brains of the gang.

cervelle [sɛʀvɛl] nf (Anat) brain; (Culin) brains; (tête) head.

ces [se] adj dém → **ce.**

CES [seəɛs] nm abrév de *collège d'enseignement secondaire* → **collège.**

césarienne [sezaʀjɛn] nf Caesarean section.

cessation [sɛsɑsjɔ̃] nf cessation; (paiement) suspension.

cesse [sɛs] nf ◇ **sans ~** continuously; **il n'a de ~ que** he won't rest until.

cesser [sese] 1 **1** vt (gén) to stop; (relations) to break off; (fabrication) to discontinue **2** **cesser de** vt indir ◇ **~ de faire qch** (gén) to stop doing sth; (renoncer) to give up doing sth; **ça a cessé d'exister** it has ceased to exist; **il ne cesse de dire que** he keeps on saying that **3** vi to stop, cease; (fièvre) to die down ◇ **faire ~** to put a stop to ◆ **cessez-le-feu** nm inv ceasefire.

cession [sɛsjɔ̃] nf transfer.

c'est-à-dire [setadiʀ] conj that is to say ◇ ~ **que** (conséquence) which means that; (excuse) the thing is that.

cet [sɛt] adj dém → **ce.**

ceux [sø] adj dém → **celui.**

cf abrév de *confer* cf.

CFA [seɛfa] abrév de *Communauté financière africaine* → **2. franc.**

cg abrév de *centigramme.*

chacal, pl ~**s** [ʃakal] nm jackal.

chacun, e [ʃakœ̃, yn] pron indéf (isolément) each one; (tous) each, every one ◇ ~ **de** each ou every one of; ~ **son tour!** each in turn!; ~ **son goût** every man to his own taste.

chagrin [ʃagʀɛ̃] nm grief, sorrow ◇ **faire du ~ à qn** to upset ou distress sb; **avoir du ~** to be upset ◆ **chagriner** 1 vt (désoler) to distress, upset; (tracasser) to worry, bother.

chahut [ʃay] nm uproar ◆ **chahuter** 1 **1** vi (faire du bruit) to make an uproar; (faire les fous) to romp **2** vt (professeur) to rag, play up ◆ **chahuteur, -euse** adj nm,f rowdy.

chai [ʃɛ] nm wine and spirits store.

chaîne [ʃɛn] nf (gén) chain; (montagnes) range; (magasins) string, chain; (TV, Rad) channel ◇ ~ **compacte** music centre; ~ **hi-fi** hi-fi system; ~ **de montage** assembly line; ~ **de fabrication** production line; ~ **de sûreté** safety chain; **produire à la ~** to mass-produce ◆ **chaînette** nf small chain ◆ **chaînon** nm (lit, fig) link; (montagnes) secondary range.

chair [ʃɛʀ] nf flesh ◇ **en ~ et en os** in the flesh; **(couleur) ~** flesh-coloured; **donner la ~ de poule** to give gooseflesh ou goosebumps (US); ~ **à saucisse** sausage meat; (fig) **je vais en faire de la ~ à pâté** I'm going to make mincemeat of him; **bien en ~** plump.

chaire [ʃɛʀ] nf (prédicateur) pulpit; (pape) throne (professeur); (estrade) rostrum; (poste) chair.

chaise [ʃɛz] nf chair ◇ ~ **de bébé** highchair; ~ **électrique** electric chair; ~ **longue** deckchair.

châle [ʃɑl] nm shawl.

chalet [ʃalɛ] nm chalet.

chaleur [ʃalœʀ] nf **a** (gén, Phys) heat; (agréable) warmth **b** (discussion) heat; (accueil) warmth; (convictions) fervour ◇ **défendre avec ~** to defend hotly **c** ◇ (Zool) **être en ~** to be in heat; (Méd) **avoir des ~s** to have hot flushes ou flashes (US) ◆ **chaleureusement** adv warmly ◆ **chaleureux, -euse** adj warm.

chaloupe [ʃalup] nf launch.

chalumeau, pl ~**x** [ʃalymo] nm blowlamp, blowtorch (US).

chalut [ʃaly] nm trawl net ◆ **chalutier** nm (bateau) trawler.

chamailler (se) [ʃamɑje] 1 [famil] vpr to squabble.

chamarré, e [ʃamaʀe] adj richly coloured.

chamboulement [famil] [ʃɑ̃bulmɑ̃] nm chaos ◆ **chambouler** 1 vt [famil] to mess up [famil].

chambre [ʃɑ̃bʀ(ə)] nf **a** bedroom ◇ **faire ~ à part** to sleep in separate rooms; ~ **d'amis** spare room; ~ **à coucher** (pièce) bedroom; (mobilier) bedroom suite; ~ **forte** strongroom; ~ **froide** cold room; (Phot) ~ **noire** darkroom **b** (Pol) House, Chamber; (tribunal) court; (Admin, groupement) chamber ◇ ~ **de commerce** Chamber of Commerce; **la C~ des communes** the House of Commons; **la C~ des députés** the Chamber of Deputies; **la C~ des lords** the House of Lords **c** (Anat, Tech) chamber ◇ ~ **à air** inner tube.

chameau, pl ~**x** [ʃamo] nm (Zool) camel.

chamois [ʃamwa] nm chamois.

champ [ʃɑ̃] nm field ◇ (Phot) **être dans le ~** to be in shot; **laisser le ~ libre à qn** to leave sb a clear field; ~ **d'action** sphere of activity; ~ **d'aviation** airfield; ~ **de bataille** battlefield; ~ **de courses** racecourse; ~ **de foire** fairground; ~ **de tir** (terrain) rifle range; (visée) field of fire ◆ **champêtre** adj (gén) rural; (vie) country.

champignon [ʃɑ̃piɲɔ̃] nm (gén) mushroom; (vénéneux) toadstool; (Aut [famil]) accelerator.

champion, -onne [ʃɑ̃pjɔ̃, ɔn] **1** adj (famil) first-rate **2** nm,f (gén) champion ◆ **championnat** nm championship.

chance [ʃɑ̃s] nf **a** (bonne fortune) (good) luck, good fortune ◇ **avoir la ~ de faire** to be lucky enough to do; **par ~** luckily, fortunately; **pas de ~!** hard ou bad luck! **b** (hasard) luck, chance ◇ **tenter sa ~** to try one's luck; **mettre toutes les ~s de son côté** to take no chances **c** (possibilité) chance ◇ **il y a toutes les ~s que** the chances are that.

chancelant, e [ʃɑ̃slɑ̃, ɑ̃t] adj (pas) unsteady, faltering; (santé, autorité) shaky.

chanceler [ʃɑ̃sle] 4 vi (gén) to totter; (résolution) to waver, falter.

chancelier [ʃɑ̃səlje] nm chancellor; (ambassade) secretary ◇ **le C~ de l'Échiquier** the Chancellor of the Exchequer ◆ **chancellerie** nf chancellery.

chanceux, -euse [ʃɑ̃sø, øz] adj lucky, fortunate.

chandail [ʃɑ̃daj] nm thick jersey ou sweater.

chandelier [ʃɑ̃dəlje] nm candlestick; (à plusieurs branches) candelabra.

chandelle [ʃɑ̃dɛl] nf candle ◇ **dîner aux ~s** dinner by candlelight.

change [ʃɑ̃ʒ] nm (devises) exchange; (taux) exchange rate ◇ (fig) **gagner au** ~ to gain on the exchange ou deal; **donner le** ~ **à qn** to put sb off the scent.

changeant, e [ʃɑ̃ʒɑ̃, ɑ̃t] adj (gén) changeable; (paysage) changing.

changement [ʃɑ̃ʒmɑ̃] nm (gén) change (*de* in, of); (transformation) alteration; (Admin: mutation) transfer ◇ **le** ~ **de la roue** changing the wheel, the wheel change; **la situation reste sans** ~ the situation remains unchanged; ~ **en bien** change for the better; ~ **de direction** (sens) change of direction; (dirigeants) change of management; ~ **de vitesse** (dispositif) gears, gear stick ou lever.

changer [ʃɑ̃ʒe] 3 **1** vt **a** (modifier) to change, alter ◇ **ce chapeau la change** this hat makes her look different; **cela ne change rien au fait que** it doesn't alter the fact that; ~ **qch en** to change ou turn sth into; **cela les changera de leur routine** it will make a change routine for them **b** (remplacer) to change; (échanger) to exchange (*contre* for) ◇ ~ **un malade** to change a patient **c** (déplacer) to move ◇ ~ **qch de place** to move sth to a different place.

2 **changer de** vt indir to change ◇ ~ **de domicile** to move house; ~ **d'avis** to change one's mind; **change de disque!** [famil] put another record on! [famil]; ~ **de train** to change trains; ~ **de position** to alter ou change one's position; **changeons de sujet** let's change the subject; ~ **de place avec qn** to change places with sb.

3 vi (se transformer) to change, alter; (train) to change ◇ ~ **en mal** to change for the worse; **ça change** it makes a change (*de* from).

4 **se changer** vpr to change one's clothes ◇ **se** ~ **en** to change ou turn into.

changeur [ʃɑ̃ʒœʀ] nm moneychanger ◇ ~ **de monnaie** change machine.

chanson [ʃɑ̃sɔ̃] nf song ◇ **c'est toujours la même** ~ it's always the same old story; ~ **folklorique** folksong.

chant [ʃɑ̃] nm (action, art) singing; (chanson) song; (chapitre) canto; (d'un oiseau) song ◇ **au** ~ **du coq** at cockcrow; ~ **de Noël** Christmas carol; ~ **religieux** hymn.

chantage [ʃɑ̃taʒ] nm blackmail.

chanter [ʃɑ̃te] 1 **1** vt to sing ◇ **qu'est-ce qu'il nous chante là?** [famil] what's this he's telling us? **2** vi (gén) to sing; (coq) to crow; (poule) to cackle; (ruisseau) to babble ◇ **c'est comme si on chantait** [famil] it's a waste of breath; (par chantage) **faire** ~ **qn** to blackmail sb; **si ça te chante** [famil] if it appeals to you, if you fancy it ◆ **chanteur, -euse** nm,f singer.

chantier [ʃɑ̃tje] nm (Constr) building site; (route) roadworks; (entrepôt) depot, yard ◇ **quel** ~ **dans ta chambre!** [famil] what a shambles [famil] ou mess in your room!; **mettre qch en** ~ to start work on sth; ~ **de démolition** demolition site; ~ **naval** shipyard.

chantonner [ʃɑ̃tɔne] 1 vti to hum.

chanvre [ʃɑ̃vʀ(ə)] nm hemp.

chaos [kao] nm chaos ◆ **chaotique** adj chaotic.

chap abrév de *chapitre*.

chaparder [ʃapaʀde] 1 [famil] vti to pilfer (*à* from).

chapeau, pl ~**x** [ʃapo] nm (gén) hat; (champignon) cap ◇ **tirer son** ~ **à qn** [famil] to take off one's hat to sb; ~**!** [famil] well done!; **sur les** ~**x de roues** [famil] at top speed; ~ **haut-de-forme** top hat; ~ **melon** bowler hat; ~ **mou** trilby, fedora (US) ◆ **chapeauter** 1 vt to head, oversee.

chapelain [ʃaplɛ̃] nm chaplain.

chapelet [ʃaplɛ] nm (Rel) rosary ◇ (fig) ~ **de** string of.

chapelier, -ière [ʃapəlje, jɛʀ] nm,f hatter.

chapelle [ʃapɛl] nf chapel ◇ ~ **ardente** chapel of rest.

chapelure [ʃaplyʀ] nf dried breadcrumbs.

chapiteau, pl ~**x** [ʃapito] nm (colonne) capital; (cirque) big top.

chapitre [ʃapitʀ(ə)] nm (livre) chapter; (budget) section, item; (Rel) chapter ◇ **sur ce** ~ on that subject ou score.

chaque [ʃak] adj every, each ◇ **10 F** ~ 10 francs each; **à** ~ **instant** every other second.

char [ʃaʀ] nm (Mil) tank; (carnaval) (carnival) float; (Antiq) chariot.

charabia [ʃaʀabja] nm [famil] gibberish, gobbledygook [famil].

charade [ʃaʀad] nf (parlée) riddle; (mimée) charade.

charbon [ʃaʀbɔ̃] nm coal; (arc électrique) carbon ◇ ~ **de bois** charcoal; **être sur des** ~**s ardents** to be like a cat on hot bricks.

charcuterie [ʃaʀkytʀi] nf (magasin) pork butcher's shop and delicatessen; (produits) cooked pork meats ◆ **charcutier, -ière** nm,f pork butcher; (traiteur) delicatessen dealer; ([famil] fig) butcher [famil].

chardon [ʃaʀdɔ̃] nm thistle.

chardonneret [ʃaʀdɔnʀɛ] nm goldfinch.

charge [ʃaʀʒ(ə)] nf **a** (lit, fig: fardeau) burden; (véhicule) load **b** (responsabilité) responsibility; (poste) office **c** ◇ (dépenses) ~**s** expenses, costs; (locataire) maintenance charges; ~**s sociales** social security contributions **d** (Mil, Jur) charge **e** (fusil, batterie) (action) charging; (quantité) charge ◇ **mettre une batterie en** ~ to put a battery on charge **f** ◇ **être à la** ~ **de qn**

(frais) to be payable by sb; (personne) to be dependent upon sb; **enfants à ~** dependent children; **avoir la ~ de faire qch** to be responsible for doing sth; **prendre en ~** to take care of; **j'accepte, à ~ de revanche** I agree, on condition that I can do the same in return.

chargé, e [ʃaʀʒe] **1** adj (gén) loaded; (estomac) overloaded; (programme) full ◇ **~ d'honneurs** laden with honours; **~ de menaces** full of threats; **~ d'une mission** in charge of a mission; **avoir la langue ~e** to have a coated tongue **2** nm ◇ **~ d'affaires** [nm] chargé d'affaires; **~ de mission** [nm] official representative.

chargement [ʃaʀʒəmɑ̃] nm (action) loading; (marchandises: gén) load; (navire) freight, cargo.

charger [ʃaʀʒe] 3 **1** vt (gén) to load; (Mil: attaquer) to charge; (Élec) to charge ◇ **~ qn de** (paquets) to load sb up with; (impôts) to burden sb with; (taxi) **~ un client** to pick up a passenger; (responsabilité) **~ qn de qch** to put sb in charge of sth; **~ qn de faire** to ask ou instruct sb to do **2 se charger** vpr ◇ **se ~ de** to see to, take care of; **se ~ de faire** to undertake to do; **je me charge de lui** I'll take charge ou care of him.

chargeur [ʃaʀʒœʀ] nm (Phot) cartridge; (arme) magazine; (balles) clip ◇ **~ de batterie** battery charger.

chariot [ʃaʀjo] nm (charrette) waggon; (petit) cart; (à roulettes) trolley; (de manutention) truck; (machine à écrire) carriage.

charisme [kaʀism(ə)] nm charisma.

charitable [ʃaʀitabl(ə)] adj (gén) charitable (*envers* towards).

charité [ʃaʀite] nf charity ◇ **demander la ~** to beg for charity; **~ bien ordonnée commence par soi-même** charity begins at home; **vente de ~** sale of work.

charivari [ʃaʀivaʀi] nm [famil] hullabaloo [famil].

charlatan [ʃaʀlatɑ̃] nm (gén) charlatan; (médecin) quack.

charmant, e [ʃaʀmɑ̃, ɑ̃t] adj charming, delightful.

charme [ʃaʀm(ə)] nm (attrait) charm, appeal; (envoûtement) spell ◇ **le ~ de la nouveauté** the attraction of novelty; **tenir qn sous le ~ (de)** to hold sb spellbound (with); **faire du ~ à qn** to make eyes at sb; **se porter comme un ~** to feel as fit as a fiddle ◆ **charmer** 1 vt to charm, delight ◇ **être charmé de faire** to be delighted to do ◆ **charmeur, -euse** **1** adj winning, engaging **2** nm,f charmer ◇ **~ de serpent** snake charmer.

charnel, -elle [ʃaʀnɛl] adj carnal.

charnier [ʃaʀnje] nm mass grave.

charnière [ʃaʀnjɛʀ] nf hinge.

charnu, e [ʃaʀny] adj fleshy.

charognard [ʃaʀɔɲaʀ] nm vulture ◆ **charogne** nf (cadavre) carrion.

charpente [ʃaʀpɑ̃t] nf (gén) framework; (carrure) build ◆ **charpentier** nm carpenter; (Naut) shipwright.

charpie [ʃaʀpi] nf ◇ **mettre en ~** to tear to shreds.

charretier [ʃaʀtje] nm carter.

charrette [ʃaʀɛt] nf cart ◇ **~ à bras** handcart, barrow.

charrier [ʃaʀje] 7 **1** vt (gén) to carry; (avec brouette) to cart along; (sur le dos) to heave along **2** vi (famil) (abuser) to go too far ◇ (plaisanter) **tu charries** you must be joking.

charrue [ʃaʀy] nf plough, plow (US) ◇ **mettre la ~ avant les bœufs** to put the cart before the horse.

charte [ʃaʀt(ə)] nf charter.

charter [ʃaʀtɛʀ] nm (vol) charter flight; (avion) chartered plane.

chasse [ʃas] nf **a** (gén) hunting; (au fusil) shooting ◇ **aller à la ~ aux papillons** to go butterfly-hunting; **~ à courre** stag-hunting; **~ sous-marine** underwater fishing **b** (période) hunting ou shooting season; (terrain) hunting ground ◇ **faire une bonne ~** to get a good bag; **~ gardée** private hunting ground **c** ◇ **la ~** (chasseurs) the hunt; (Aviat) the fighters **d** (poursuite) chase ◇ **faire la ~ à qch** to hunt sth down; **~ à l'homme** manhunt; **donner la ~** to give chase (*à* to); **se mettre en ~ pour trouver qch** to go hunting for sth **e** ◇ **~ d'eau** toilet flush; **tirer la ~ (d'eau)** to flush the toilet.

chasse-neige [ʃasnɛʒ] nm inv snowplough.

chasser [ʃase] 1 **1** vt **a** (gén) to hunt; (au fusil) to shoot ◇ **~ le faisan** to go pheasant-shooting **b** (importun, odeur, idée) to drive ou chase away **c** (clou) to drive in **2** vi **a** (gén) to go hunting; (au fusil) to go shooting **b** (véhicule) to skid.

chasseur [ʃasœʀ] nm hunter, huntsman; (soldat) chasseur; (avion) fighter; (hôtel) page boy ◇ **~ de têtes** headhunter.

châssis [ʃɑsi] nm (véhicule) chassis; (Agr) cold frame.

chaste [ʃast(ə)] adj chaste; (oreilles) innocent ◆ **chasteté** nf chastity.

chat [ʃa] nm (gén) cat; (mâle) tomcat ◇ **petit ~** kitten; **mon petit ~** [famil] pet [famil], love; **jouer à ~** to play tig; **(c'est toi le) ~!** you're it! ou he!; **il n'y avait pas un ~ dehors** there wasn't a soul outside; **avoir un ~ dans la gorge** to have a frog in one's throat; **~ échaudé craint l'eau froide** once bitten, twice shy.

châtaigne [ʃɑtɛɲ] nf (fruit) chestnut; (famil: coup) clout, biff [famil] ◆ **châtaignier** nm chestnut tree.

châtain [ʃɑtɛ̃] adj inv (cheveux) chestnut; (personne) brown-haired.

château, pl **~x** [ʃɑto] nm (fort) castle; (palais) palace; (manoir) mansion; (en France) château ◇ **bâtir des ~x en Espagne** to build castles in the air ou in Spain; **~ de cartes** house of cards; **~ d'eau** water tower; **~ fort** stronghold, fortified castle.

châtelain [ʃɑtlɛ̃] nm manor-owner ♦ **châtelaine** nf lady of the manor.

châtier [ʃɑtje] 7 vt (gén) to punish; (style) to refine ♦ **châtiment** nm punishment.

chatoiement [ʃatwamɑ̃] nm shimmer.

chaton [ʃatɔ̃] nm (chat) kitten.

chatouille [ʃatuj] nf [famil] tickle ♦ **chatouillement** nm ◇ **~(s)** tickle ♦ **chatouiller** 1 vt to tickle ♦ **chatouilleux, -euse** adj (lit) ticklish; (susceptible) touchy (*sur* on, about).

chatoyer [ʃatwaje] 8 vi to shimmer.

châtrer [ʃɑtʀe] 1 vt (gén) to castrate; (chat) to neuter.

chatte [ʃat] nf (she-) cat.

chaud, e [ʃo, od] 1 adj (agréable) warm; (brûlant) hot; (partisan) keen; (discussion) heated; (tempérament) hot; (voix, couleur) warm ◇ **il n'est pas très ~ pour le faire** [famil] he is not very keen on doing it; **points ~s** hot spots 2 nm ◇ **le ~** the heat, the warmth; (Méd) **~ et froid** chill; **garder qch au ~** to keep sth warm ou hot 3 adv ◇ **avoir ~** to be ou feel warm; (trop) to be ou feel hot; (fig) **j'ai eu ~!** I got a real fright; **ça ne me fait ni ~ ni froid** I couldn't care less; **tenir ~ à qn** to keep sb warm ♦ **chaudement** adv (gén) warmly; (défendre) heatedly, hotly.

chaudière [ʃodjɛʀ] nf boiler.

chaudron [ʃodʀɔ̃] nm cauldron.

chauffage [ʃofaʒ] nm heating ◇ **~ central** central heating.

chauffard [ʃofaʀ] nm (péj) reckless driver.

chauffe-eau [ʃofo] nm inv immersion heater.

chauffe-plats [ʃofpla] nm inv plate-warmer, hotplate.

chauffer [ʃofe] 1 1 vt (gén) to heat; (soleil) to warm ◇ **~ qch à blanc** to heat sth white-hot 2 vi (aliment, assiette) to be heating up, be warming up; (moteur) to warm up; (four) to heat up ◇ **faire ~ qch** to heat ou warm sth up; **ça va ~!** [famil] sparks will fly! 3 **se chauffer** vpr to warm o.s. ◇ **se ~ au bois** to use wood for heating.

chaufferie [ʃofʀi] nf (usine) boiler room; (navire) stokehold.

chauffeur [ʃofœʀ] nm driver; (privé) chauffeur ◇ **voiture sans ~** self-drive car.

chaume [ʃom] nm (champ) stubble; (toit) thatch ♦ **chaumière** nf cottage; (de chaume) thatched cottage.

chaussée [ʃose] nf (route) road, roadway; (surélevée) causeway ◇ **'~ déformée'** 'uneven road surface'.

chausse-pied, pl **~-~s** [ʃospje] nm shoehorn.

chausser [ʃose] 1 vt (souliers, lunettes) to put on ◇ **~ du 40** to take size 40 in shoes; **se ~** to put one's shoes on; **chaussé de bottes** wearing boots.

chaussette [ʃosɛt] nf sock.

chausson [ʃosɔ̃] nm slipper; (bébé) bootee; (danseur) ballet shoe; (Culin) turnover.

chaussure [ʃosyʀ] nf (basse) shoe; (montante) boot ◇ **rayon ~s** shoe ou footwear department.

chauve [ʃov] adj bald.

chauve-souris, pl **~s-~** [ʃovsuʀi] nf bat.

chauvin, e [ʃovɛ̃, in] 1 adj chauvinistic 2 nm,f chauvinist ♦ **chauvinisme** nm chauvinism.

chaux [ʃo] nf lime ◇ **blanchi à la ~** whitewashed.

chavirer [ʃaviʀe] 1 vi ◇ **(faire) ~** to capsize.

chef [ʃɛf] 1 nm (usine) head, boss [famil]; (tribu) chief, chieftain; (mouvement) leader; (Culin) chef ◇ **commandant en ~** commander-in-chief; **rédacteur en ~** chief editor; **de son propre ~** on his own initiative; **~ d'accusation** charge; **~ de bureau** head clerk; **~ de classe** class prefect, class president (US); **~ comptable** chief accountant; **~ d'entreprise** company manager; **~ d'État** head of state; **~ de famille** head of the family; **~ de file** leader; **~ de gare** station master; **~-lieu** county town; **~ d'œuvre** masterpiece; **~ d'orchestre** conductor, leader (US); **~ de projet** project manager; **~ de service** section ou departmental head; **~ de train** guard; **au premier ~** greatly 2 adj inv ◇ **gardien ~** chief warden.

cheik [ʃɛk] nm sheik.

chelem [ʃlɛm] nm ◇ **petit/grand ~** small/grand slam.

chemin [ʃ(ə)mɛ̃] nm (gén) path; (piste) track; (de campagne) lane; (lit, fig: trajet) way (*de*, *pour* to) ◇ **il y a une heure de ~** it's an hour's walk (ou drive); **quel ~ a-t-elle pris?** which way did she go?; **se mettre en ~** to set off; **faire du ~** (véhicule, chercheur) to come a long way; (idée) to gain ground; (concession) **faire la moitié du ~** to go half-way to meet somebody; **cela n'en prend pas le ~** it doesn't look likely; **le ~ de croix** the Way of the Cross; **~ de fer** railway, railroad (US); **par ~ de fer** by rail; **~ de halage** tow-path.

cheminée [ʃ(ə)mine] nf (extérieure) chimney (stack); (intérieure) fireplace; (encadrement) mantelpiece; (bateau, train) funnel; (volcan, lampe) chimney ◇ ~ **d'aération** ventilation shaft.

cheminement [ʃ(ə)minmɑ̃] nm (marcheurs) progress, advance; (pensée) progression ◆ **cheminer** [1] vi (personne) to walk (along).

cheminot [ʃ(ə)mino] nm railwayman, railroad man (US).

chemise [ʃ(ə)miz] nf (homme) shirt; (femme, bébé) vest; (dossier) folder ◇ **il s'en moque comme de sa première** ~ he doesn't care a fig [famil]; ~ **de nuit** (femme) nightdress; (homme) night-shirt ◆ **chemisette** nf short-sleeved shirt ◆ **chemisier** nm (vêtement) blouse.

chenal, pl **-aux** [ʃənal, o] nm channel.

chêne [ʃɛn] nm oak.

chenil [ʃ(ə)ni(l)] nm kennels.

chenille [ʃ(ə)nij] nf (Aut, Zool) caterpillar.

cheptel [ʃɛptɛl] nm livestock.

chèque [ʃɛk] nm cheque, check (US) ◇ ~ **de 100 F** cheque for 100 francs; (lit, fig) ~ **en blanc** blank cheque; ~ **postal** ≃ (Post Office) Girocheque; ~ **sans provision** bad ou dud [famil] cheque; ~ **de voyage** traveller's cheque ◆ **chéquier** nm cheque ou check (US) book.

cher, chère [ʃɛʀ] **1** adj **a** (aimé) dear (*à* to) ◇ **les êtres** ~**s** the loved ones; **ce** ~ **vieux Louis!** [famil] dear old Louis! **b** (coûteux) expensive, dear ◇ **pas** ~ cheap, inexpensive **2** nm,f ◇ **mon** ~, **ma chère** my dear **3** adv (coûter, payer) a lot of money ◇ **vendre** ~ to charge high prices; **je ne l'ai pas acheté** ~ I didn't pay much for it; **ça vaut** ~ it's expensive, it costs a lot; (fig) **il ne vaut pas** ~ he's a bad lot; (fig) **ça lui a coûté** ~ it cost him dear.

chercher [ʃɛʀʃe] [1] vt **a** (gén) to look for; (gloire) to seek; (sur un livre) to look up; (dans sa mémoire) to try to think of ◇ ~ **qn des yeux** to look around for sb; **tu l'auras cherché!** you asked for it!; ~ **à faire** to try to do **b** ◇ **va me** ~ **mon sac** go and fetch ou get me my bag; **il est venu le** ~ **à la gare** he came to meet ou collect him at the station; **envoyer qn** ~ **le médecin** to send sb for the doctor; **ça va** ~ **dans les 30 F** it'll come to something like 30 francs **c** ◇ (fig) ~ **fortune** to seek one's fortune; ~ **des histoires à qn** to try to make trouble for sb; ~ **midi à quatorze heures** to look for complications; ~ **la petite bête** to split hairs.

chercheur, -euse [ʃɛʀʃœʀ, øz] nm,f researcher, research worker ◇ ~ **de** (gén) seeker of; ~ **d'or** gold digger.

chèrement [ʃɛʀmɑ̃] adv dearly.

chéri, e [ʃeʀi] **1** adj beloved ◇ **maman** ~**e** mother dear ou darling **2** nm,f darling.

chérir [ʃeʀiʀ] [2] vt to cherish.

cherté [ʃɛʀte] nf high price ◇ **la** ~ **de la vie** the high cost of living.

chétif, -ive [ʃetif, iv] adj puny.

cheval, pl **-aux** [ʃ(ə)val, o] nm (animal) horse ◇ ~ ou ~**aux vapeur** horsepower; ~**aux de bois** roundabout, carousel (US); ~ **de course** racehorse; **ce n'est pas le mauvais** ~ [famil] he's not a bad sort; **à** ~ on horseback; **à** ~ **sur une chaise** sitting astride a chair; **à** ~ **sur deux mois** overlapping two different months; **être très à** ~ **sur le règlement** to be a real stickler for the rules; **de** ~ [famil] (remède) drastic; (fièvre) raging.

chevaleresque [ʃ(ə)valʀɛsk(ə)] adj chivalrous, gentlemanly.

chevalet [ʃ(ə)valɛ] nm (peintre) easel.

chevalier [ʃ(ə)valje] nm (Hist) knight; (légion d'honneur) chevalier ◇ **faire qn** ~ to knight sb; ~ **servant** attentive escort.

chevalière [ʃ(ə)valjɛʀ] nf signet ring.

chevauchée [ʃ(ə)voʃe] nf (course) ride.

chevauchement [ʃ(ə)voʃmɑ̃] nm overlapping.

chevaucher [ʃ(ə)voʃe] [1] **1** vt to be ou sit astride **2** **se chevaucher** vpr to overlap **3** vi to ride.

chevet [ʃ(ə)vɛ] nm ◇ **au** ~ **de qn** at sb's bedside.

chevelu, e [ʃɛvly] adj long-haired.

chevelure [ʃɛvlyʀ] nf (cheveux) hair ◇ **elle avait une** ~ **abondante** she had thick hair ou a thick head of hair.

cheveu, pl ~**x** [ʃ(ə)vø] nm (poil) hair ◇ (chevelure) **il a les** ~**x bruns** he has dark hair, he is dark-haired; **2** ~**x blancs** 2 white hairs; **il s'en est fallu d'un** ~ **qu'ils ne se tuent** they escaped death by a hair's breadth; **avoir un** ~ **sur la langue** [famil] to have a lisp; **se faire des** ~**x blancs** [famil] to worry o.s. stiff [famil]; **arriver comme un** ~ **sur la soupe** [famil] to come at the most awkward moment; **tiré par les** ~**x** far-fetched.

cheville [ʃ(ə)vij] nf (Anat) ankle; (pour joindre) peg, pin; (pour clou) rawlplug; (poème) cheville ◇ ~ **ouvrière** kingpin; **être en** ~ **avec qn** [famil] to be in contact ou touch with sb.

chèvre [ʃɛvʀ(ə)] nf (she-)goat, (nanny-)goat ◆ **chevreau**, pl ~**x** nm kid.

chèvrefeuille [ʃɛvʀəfœj] nm honeysuckle.

chevreuil [ʃəvʀœj] nm roe deer; (Culin) venison.

chevron [ʃəvʀɔ̃] nm (poutre) rafter; (galon) stripe, chevron.

chevronné, e [ʃəvʀɔne] adj practised, seasoned.

chevroter [ʃəvʀɔte] [1] vi to quaver.

hez [ʃe] prép ◇ **rentrer ~ soi** to go back ome; **faites comme ~ vous** make your- elf at home; **~ nous** (gén) at home; (famille) our family; (pays) in our country; **il est ~ a tante** he's at his aunt's (house); **aller ~ boucher** to go to the butcher's; **~ Balzac** Balzac; **c'est une habitude ~ lui** it's a abit with him.

hic [ʃik] **1** nm (toilette) stylishness; ersonne) style ◇ **avoir le ~ pour faire qch** have the knack of doing sth **2** adj inv légant) stylish, smart; (famil: gentil) nice vec to) **3** excl ◇ **~!** terrific! [famil], reat! [famil]

hicane [ʃikan] nf **a** (route) in and out **b** uerelle) squabble ◆ **chicaner** [1] vi to uibble ◆ **chicanier, -ière** nm,f quibbler.

. **chiche** [ʃiʃ] adj ◇ **pois ~** chick pea.

. **chiche** [ʃiʃ] adj (personne) mean; (repas) eagre ◇ **~ que je le fais!** [famil] I bet you I o it! [famil] ◆ **chichement** adv meanly, eagrely.

hichis [ʃiʃi] nmpl [famil] ◇ **faire des ~** to ake a fuss; **sans ~** (recevoir) informally.

hicorée [ʃikɔʀe] nf (salade) endive; (à café) hicory.

hien [ʃjɛ̃] **1** nm (animal) dog; (fusil) ammer ◇ **en ~ de fusil** curled up; **temps e ~** [famil] rotten weather [famil]; **entre ~ t loup** in the dusk; **recevoir qn comme un dans un jeu de quilles** to give sb a cold eception **2** adj inv (avare) mean; (méchant) otten [famil] **3** comp: **~ d'aveugle** guide og; **~ de berger** sheepdog; **~ de chasse** etriever; **~ de garde** watchdog; **~-loup** volfhound; **~ policier** police dog; **~ de aîneau** husky.

hiendent [ʃjɛ̃dɑ̃] nm couch grass.

hienne [ʃjɛn] nf bitch.

hiffon [ʃifɔ̃] nm (piece of) rag ◇ **~ de apier** scrap of paper; **~ à poussière** luster, dustcloth (US) ◆ **chiffonner** [1] vt apier) to crumple ◇ **ça me chiffonne** [famil] bothers me ◆ **chiffonnier** nm ragman ◇ **e battre comme des ~s** to fight like cat nd dog.

hiffre [ʃifʀ(ə)] nm (gén) figure; (somme) um; (code) code; (initiales) initials ◇ **~ l'affaires** turnover ◆ **chiffrer** [1] vt (coder) o encode; (évaluer) to assess ◇ **se ~ à** to mount to.

hignole [ʃiɲɔl] nf drill.

hignon [ʃiɲɔ̃] nm bun, chignon.

Chiite [ʃiit] adj, nmf Shiite.

Chili [ʃili] nm Chile ◆ **chilien, -ienne** adj, **C~, -ienne** nm,f Chilean.

himère [ʃimɛʀ] nf pipe dream, idle fancy ◆ **chimérique** adj fanciful.

himie [ʃimi] nf chemistry ◆ **chimique** adj hemical ◆ **chimiste** nmf chemist *(scien- ist)*.

chimiothérapie [ʃimjoteʀapi] nf chemo- therapy.

chimpanzé [ʃɛ̃pɑ̃ze] nm chimpanzee.

Chine [ʃin] nf China ◆ **chinois, e** **1** adj Chinese; (tatillon) hair-splitting **2** nm **a** (Ling) Chinese ◇ (péj) **c'est du ~** [famil] it's all Greek to me [famil] **b** ◇ **C~** Chinese **3** nf ◇ **C~e** Chinese woman.

chiot [ʃjo] nm puppy.

chiper [famil] [ʃipe] [1] vt (voler) to pinch [famil].

chipie [ʃipi] nf minx.

chipoter [ʃipɔte] [1] [famil] vi (manger) to be a fussy eater; (ergoter) to quibble (*sur* over).

chiqué [ʃike] nm [famil] bluffing.

chiquenaude [ʃiknod] nf flick.

chirurgical, e, mpl **-aux** [ʃiʀyʀʒikal, o] adj surgical ◆ **chirurgie** nf (science) surgery ◆ **chirurgien** nm surgeon ◇ **~-dentiste** den- tal surgeon.

chlore [klɔʀ] nm chlorine ◆ **chlorer** [1] vt to chlorinate ◆ **chlorhydrique** adj hydro- chloric ◆ **chlorure** nm chloride.

chloroforme [klɔʀɔfɔʀm(ə)] nm chloro- form.

chlorophylle [klɔʀɔfil] nf chlorophyll.

choc [ʃɔk] nm **a** (heurt) (gén) shock; (vagues, véhicules) crash; (intérêts) clash; (sur la tête etc) blow, bump ◇ **traitement de ~** shock treatment; **prix-~** special price **b** (bruit) (violent) crash; (sourd) thud **c** (émotion) shock.

chocolat [ʃɔkɔla] nm chocolate ◇ **~ en poudre/à croquer** drinking/plain choc- olate ◆ **chocolaté, e** adj choco- late-flavoured.

chœur [kœʀ] nm (gén) chorus; (Rel) choir ◇ **tous en ~!** all together now!

choir [ʃwaʀ] vi to fall ◇ **laisser ~** to drop.

choisir [ʃwaziʀ] [2] vt to choose, select ◆ **choisi, e** adj (morceaux) selected; (langage) carefully chosen.

choix [ʃwa] nm choice ◇ **il y a du ~** there is a choice ou a wide selection; **je n'avais pas le ~** I had no option ou choice; **produits de ~** choice products; **articles de second ~** seconds.

choléra [kɔleʀa] nm cholera.

cholestérol [kɔlɛsteʀɔl] nm cholesterol.

chômage [ʃomaʒ] nm unemployment ◇ **au ~** unemployed, out of work; **mettre qn au ~** to make sb redundant; **~ partiel** short-time working; **mettre en ~ technique** to lay off ◆ **chômer** [1] vi (être inactif) to be idle ◇ **jour chômé** public holiday ◆ **chômeur, -euse** nm,f unem- ployed person.

chope [ʃɔp] nf tankard; (contenu) pint.

chopine [ʃɔpin] nf [famil] bottle (of wine).

choquer [ʃɔke] 1 vt (attitude) to shock, appal; (accident, deuil) to shake ◇ ~ **les oreilles de qn** to offend sb's ears.

choral, e, mpl ~**s** [kɔʀal] **1** adj choral **2** nf choir.

chorégraphie [kɔʀegʀafi] nf choreography.

choriste [kɔʀist(ə)] nmf (église) choir member; (opéra) member of the chorus.

chose [ʃoz] nf (gén) thing; (question) matter ◇ **c'est une ~ admise** it's an accepted fact; **c'est ~ faite** it's done; **peu de ~** nothing much; **avant toute ~** above all else; **c'est tout autre ~** it's another matter; **il va vous expliquer la ~** he'll tell you about it; **en mettant les ~s au mieux** at best; **être tout ~** to feel a bit peculiar.

chou, pl ~**x** [ʃu] **1** nm (Bot) cabbage; (gâteau) puff; (famil: amour) darling ◇ ~ **de Bruxelles** Brussels sprout; ~**-fleur** cauliflower; ~ **rouge** red cabbage **2** adj inv (ravissant) delightful ◆ **chouchou, -te** nm,f [famil] pet ◆ **chouchouter** 1 [famil] vt to pamper, pet ◆ **choucroute** nf sauerkraut.

1. **chouette** [ʃwɛt] adj [famil] (beau) great [famil]; (gentil) nice.

2. **chouette** [ʃwɛt] nf owl.

choyer [ʃwaje] 8 vt to pamper, spoil.

chrétien, -ienne [kʀetjɛ̃, jɛn] adj, **C~, -ienne** nm,f Christian ◆ **chrétienté** nf Christendom.

christ [kʀist] nm ◇ **le C~** Christ ◆ **christianisme** nm Christianity.

chrome [kʀom] nm chromium ◆ **chromer** 1 vt to chromium-plate.

chromosome [kʀɔmozom] nm chromosome.

chronique [kʀɔnik] **1** adj chronic **2** nf (Littérat) chronicle; (Presse) column ◆ **chroniqueur** nm chronicler; columnist.

chrono [famil] [kʀɔno] nm abrév de *chronomètre*.

chronologie [kʀɔnɔlɔʒi] nf chronology ◆ **chronologique** adj chronological.

chronomètre [kʀɔnɔmɛtʀ(ə)] nm stopwatch ◆ **chronométrer** 6 vt to time ◆ **chronométreur** nm timekeeper.

chrysalide [kʀizalid] nf chrysalis.

chrysanthème [kʀisɑ̃tɛm] nm chrysanthemum.

CHU [seaʃy] nm abrév de *centre hospitalier universitaire* ≃ teaching hospital.

chuchotement [ʃyʃɔtmɑ̃] nm whisper ◆ **chuchoter** 1 vti to whisper.

chut [ʃyt] excl sh!

chute [ʃyt] nf **a** (gén) fall; (régime) collapse (*de* of); (monnaie, température) drop (*de* in) ◇ **faire une ~ de 3 mètres** to fall 3 metres; ~ **libre** free fall **b** ◇ (Géog) ~ **d'eau** waterfall; **les ~s du Niagara** the Niagara Falls; **fortes ~s de neige** heavy snowfalls **c** (tissu) scrap; (bois) offcut ◆ **chuter** 1 vi to fall ◇ **faire ~ qn** to bring sb down.

Chypre [ʃipʀ(ə)] n Cyprus ◆ **chypriote** adj, **C~** nmf = **cypriote.**

ci [si] adv ◇ **celui-~, celle-~** this one; **ceux-~** these (ones); **ce livre-~** this book; **ces jours-~** (avenir) in the next few days; (passé) these past few days; (présent) these days; **de ~ de là** here and there; **~-contre** opposite; **~-dessous** below; **~-dessus** above; **~-gît** here lies; **les papiers ~-joints** the enclosed papers.

cible [sibl(ə)] nf target.

ciboule [sibul] nf, **ciboulette** [sibulɛt] nf chives (pl).

cicatrice [sikatʀis] nf **a** scar ◆ **cicatriser** vt, **se cicatriser** vpr 1 **b** to heal (over).

cidre [sidʀ(ə)] nm cider.

Cie abrév de *compagnie*.

ciel [sjɛl], pl **cieux** [sjø] nm sky ◇ (Rel) **le ~, les cieux** heaven; **juste ~!** good heavens!; **mine à ~ ouvert** opencast ou open cut (US) mine.

cierge [sjɛʀʒ(ə)] nm (Rel) candle.

cigale [sigal] nf cicada.

cigare [sigaʀ] nm cigare ◆ **cigarette** nf cigarette ◇ ~ **à bout filtre** tipped cigarette.

cigogne [sigɔɲ] nf stork.

cil [sil] nm eyelash.

cime [sim] nf (montagne) summit; (arbre) top; (gloire) peak, height.

ciment [simɑ̃] nm cement ◆ **cimenter** 1 vt to cement.

cimetière [simtjɛʀ] nm (ville) cemetery; (église) graveyard, churchyard.

cinéaste [sineast(ə)] nmf film maker, movie maker (US).

ciné-club [sineklœb] nm film society.

cinéma [sinema] nm (gén) cinema; (salle) cinema, movie theater (US) ◇ **faire du ~** to be a film actor (ou actress); **producteur de ~** film producer; **aller au ~** to go to the pictures ou movies (US); **quel ~!** what a fuss ◆ **cinématographique** adj film, cinema.

cinglant [sɛ̃glɑ̃, ɑ̃t] adj (vent) biting; (pluie) lashing; (propos) cutting.

cinglé, e [sɛ̃gle] **1** adj [famil] cracked [famil] **2** nm,f [famil] crackpot [famil].

cingler [sɛ̃gle] 1 **1** vt (fouetter) to lash **2** vi ◇ (Naut) ~ **vers** to make for.

cinoche [sinɔʃ] nm [famil] flicks (pl) [famil], movies (pl) [famil] (US).

cinq [sɛ̃k] adj, nm five → **six.**

cinquantaine [sɛ̃kɑ̃tɛn] nf about fifty.

cinquante [sɛ̃kɑ̃t] adj, nm fifty ◆ **cinquantième** adj, nmf fiftieth.

cinquième [sɛ̃kjɛm] 1 adj, nmf fifth ◇ **être la ~ roue du carrosse** [famil] to count for nothing → **sixième** 2 nf (Scol) second year, seventh grade (US) ◆ **cinquièmement** adv in the fifth place.

cintre [sɛ̃tʀ(ə)] nm coat hanger ◆ **cintré, e** adj (chemise) slim-fitting.

CIO [seio] nm abrév de *Comité international olympique* IOC.

cirage [siʀaʒ] nm (produit) shoe polish; (action) polishing ◇ (évanoui) **être dans le ~** [famil] to be dazed.

circoncire [siʀkɔ̃siʀ] 37 vt to circumcize ◆ **circoncision** nf circumcision.

circonférence [siʀkɔ̃feʀɑ̃s] nf circumference.

circonflexe [siʀkɔ̃flɛks(ə)] adj ◇ **accent ~** circumflex.

circonscription [siʀkɔ̃skʀipsjɔ̃] nf district, area ◇ **~ électorale** constituency, district (US).

circonscrire [siʀkɔ̃skʀiʀ] 39 vt (épidémie) to contain; (sujet) to define.

circonspect, e [siʀkɔ̃spɛ, ɛkt(ə)] adj circumspect ◆ **circonspection** nf circumspection.

circonstance [siʀkɔ̃stɑ̃s] nf (occasion) occasion; (situation) circumstance ◇ **en la ~** on this occasion; **dans ces ~s** in these circumstances; **~s atténuantes** mitigating circumstances; **propos de ~** appropriate words ◆ **circonstancié, e** adj detailed ◆ **circonstanciel, -ielle** adj adverbial.

circuit [siʀkɥi] nm (touristique) tour; (compliqué) roundabout route; (Sport, Élec) circuit ◇ **~ de distribution** distribution network; **~ fermé** closed circuit; **~ intégré** integrated circuit.

circulaire [siʀkylɛʀ] adj, nf circular.

circulation [siʀkylɑsjɔ̃] nf (gén) circulation; (marchandises) movement; (trains) running; (voitures) traffic ◇ **mettre en ~** (argent) to put into circulation; (livre) to bring out.

circuler [siʀkyle] 1 vi a (gén) to circulate; (rumeur) to go round ◇ **faire ~** to circulate b (voiture) to go; (passant) to walk ◇ **circulez!** move along!; **faire ~** (voitures) to move on; (plat) to hand round.

cire [siʀ] nf (gén) wax; (meubles) polish ◆ **ciré** nm oilskin ◆ **cirer** 1 vt to polish.

cirque [siʀk(ə)] nm (spectacle) circus; (Géog) cirque ◇ **quel ~!** [famil] what chaos!

cisailler [sizɑje] 1 vt to cut; (famil: maladroitement) to hack ◆ **cisailles** nfpl (métal, arbre) shears; (fil de fer) wire cutters.

ciseau, pl **~x** [sizo] nm a ◇ **paire de ~x** pair of scissors b (Sculpture) chisel.

ciseler [sizle] 5 vt to chisel, engrave.

citadelle [sitadɛl] nf citadel.

citadin, e [sitadɛ̃, in] 1 adj urban, town, city 2 nm,f city dweller, urbanite (US).

citation [sitɑsjɔ̃] nf (auteur) quotation.

cité [site] nf (ville) city; (petite) town; (lotissement) housing estate ◇ **~-dortoir** [nf] dormitory town; **~-jardin** [nf] garden city; **~ universitaire** student halls of residence.

citer [site] 1 vt to quote, cite.

citerne [sitɛʀn(ə)] nf tank.

citoyen, -enne [sitwajɛ̃, ɛn] nm,f citizen ◆ **citoyenneté** nf citizenship.

citron [sitʀɔ̃] nm lemon ◆ **citronnade** nf lemon squash, lemonade (US) ◆ **citronnier** nm lemon tree.

citrouille [sitʀuj] nf pumpkin.

civet [sivɛ] nm stew.

civière [sivjɛʀ] nf stretcher.

civil, e [sivil] 1 adj (guerre, mariage) civil; (non militaire) civilian; (poli) civil 2 nm civilian ◇ **en ~** (soldat) in civilian clothes; (policier) in plain clothes; **dans le ~** in civilian life ◆ **civilement** adv a ◇ **être ~ responsable** to be legally responsible; **se marier ~** to have a civil wedding b (poliment) civilly.

civilisation [sivilizɑsjɔ̃] nf civilization ◆ **civiliser** 1 1 vt to civilize 2 **se civiliser** vpr to become civilized.

civilité [sivilite] nf civility.

civique [sivik] adj civic ◆ **civisme** nm public-spiritedness.

cl abrév de *centilitre*.

clair, e [klɛʀ] 1 adj a (pièce) bright, light (couleur); (vive) bright; (pâle) light; (robe) light-coloured ◇ **bleu ~** light blue b (soupe, tissu usé) thin c (ciel, idée) clear ◇ **par temps ~** on a clear day; **il est ~ que** it is clear ou plain that 2 adv (voir) clearly ◇ **il fait ~** it is daylight 3 nm ◇ **tirer qch au ~** to clear sth up; **le plus ~ de mon temps** most of my time; **au ~ de lune** in the moonlight ◆ **clairement** adv clearly ◆ **claire-voie** nf ◇ **à ~** openwork.

clairière [klɛʀjɛʀ] nf clearing, glade.

clairon [klɛʀɔ̃] nm bugle; (joueur) bugler ◆ **claironnant, e** adj (voix) resonant.

clairsemé, e [klɛʀsəme] adj sparse.

clairvoyance [klɛʀvwajɑ̃s] nf perceptiveness ◆ **clairvoyant, e** adj perceptive.

clamer [klame] 1 vt (gén) to shout out; (innocence) to proclaim ◆ **clameur** nf (cris) clamour ◇ **~s** protests.

clan [klɑ̃] nm clan.

clandestin, e [klɑ̃dɛstɛ̃, in] adj (gén) clandestine; (mouvement) underground ◇ **passager ~** stowaway ◆ **clandestinement** adv clandestinely ◆ **clandestinité** nf ◇ **dans la ~** clandestinely.

clapet [klapɛ] nm valve.

clapier [klapje] nm hutch.

clapoter [klapɔte] 1 vi to lap ◆ **clapotis** nm lapping.

claquage [klakaʒ] nm (blessure) strained muscle.

claque [klak] nf (gifle) slap; (Théât) claque.

claquement [klakmɑ̃] nm (claquer) bang; crack; click; snap.

claquer [klake] 1 **1** vi **a** (volet) to bang; (drapeau) to flap; (fouet) to crack; (coup de feu) to ring out ◇ **faire ~** (porte) to bang; (fouet) to crack; (doigts) to snap; (langue) to click; **~ dans ses mains** to clap; **il claquait des dents** his teeth were chattering **b** (famil: mourir) (personne) to die; (lampe) to pack in [famil]; (élastique) to snap **2** vt (gifler) to slap; (fermer) to snap shut; ([famil]: fatiguer) to tire out; (famil: casser) to bust [famil] ◇ **se ~ un muscle** to strain a muscle.

claquette [klakɛt] nf ◇ (Danse) **~s** tap-dancing.

clarification [klaʀifikɑsjɔ̃] nf clarification.

clarifier vt, **se clarifier** vpr [klaʀifje] 7 to clarify.

clarinette [klaʀinɛt] nf clarinet.

clarté [klaʀte] nf (gén) light; (pièce, ciel) brightness; (eau, son) clearness; (explication) clarity ◇ **à la ~ de la lampe** in the lamplight.

classe [klɑs] nf **a** (catégorie) class ◇ **les ~s moyennes** the middle classes; **de première ~** (employé) top grade; (hôtel, billet) first class; (Aviat) **~ touriste** economy class **b** (valeur) class ◇ **elle a de la ~** she's got class **c** (Scol) (élèves, cours) class; (année) year, grade (US); (salle) classroom ◇ **il est premier de la ~** he is top of the class; **aller en ~** to go to school **d** ◇ (Mil) **soldat de 1re** (ou **2e**) **~** ≃ private; **la ~ 1992** the class of '92; **faire ses ~s** to do one's training.

classement [klɑsmɑ̃] nm **a** (papiers) filing; (livres) classification; (candidats) grading **b** (Jur: affaire) closing **c** (rang) (élève) place; (coureur) placing **d** (liste) (élèves) class list; (coureurs) finishing list ◇ **~ général** overall placings.

classer [klɑse] 1 vt **a** (papiers) to file; (livres) to classify; (candidats) to grade ◇ **X, que l'on classe parmi** X, who ranks among; **monument classé** listed building; **se ~ parmi les premiers** to be among the first; **être bien classé** to be well placed **b** (clore) (affaire) to close.

classeur [klɑsœʀ] nm (meuble) filing cabinet; (dossier) loose-leaf file.

classification [klasifikɑsjɔ̃] nf classification ◆ **classifier** 7 vt to classify.

classique [klasik] **1** adj (en art) classical; (habituel) classic ◇ **c'est ~!** it's the classic situation! **2** nm (auteur, œuvre) classic.

clause [kloz] nf clause.

claustrophobe [klostʀɔfɔb] adj, nmf claustrophobic ◆ **claustrophobie** nf claustrophobia.

clavecin [klavsɛ̃] nm harpsichord.

clavicule [klavikyl] nf collarbone.

clavier [klavje] nm keyboard.

clé ou **clef** [kle] nf (pour ouvrir) key (*de* to); (outil) spanner; (gamme) clef ◇ **mettre sous ~** to put under lock and key; **mettre la ~ sous la porte** to clear out; **position-~** key position; **~ de contact** ignition key; **~ à molette** adjustable wrench; **~ de voûte** keystone.

clémence [klemɑ̃s] nf (temps) mildness; (juge) leniency ◆ **clément, e** adj mild; lenient.

clémentine [klemɑ̃tin] nf clementine.

clerc [klɛʀ] nm (notaire etc) clerk.

clergé [klɛʀʒe] nm clergy ◆ **clérical, e**, mpl **-aux** adj, nm,f clerical.

cliché [kliʃe] nm (banal) cliché; (photo) negative.

client, e [klijɑ̃, ɑ̃t] nm,f (gén) customer; (avocat) client; (hôtel) guest; (médecin) patient; (taxi) fare; ([famil] péj: individu) fellow, guy [famil] ◆ **clientèle** nf (magasin) customers, clientèle; (avocat, médecin) practice; (parti) supporters ◇ **accorder sa ~ à qn** to give sb one's custom, patronize sb.

cligner [kliɲe] 1 vt indir ◇ **~ des yeux** to blink; **~ de l'œil** to wink (*en direction de* at).

clignotant [kliɲɔtɑ̃] nm (Aut) indicator.

clignoter [kliɲɔte] 1 vi (yeux) to blink; (étoile) to twinkle; (lampe) to flicker; (pour signal) to flash, wink.

climat [klima] nm climate ◆ **climatique** adj climatic ◆ **climatisation** nf air conditioning ◆ **climatiser** 1 vt to air-condition ◆ **climatiseur** nm air-conditioner.

clin [klɛ̃] nm ◇ **~ d'œil** wink; **faire un ~ d'œil** to wink (*à* at); **en un ~ d'œil** in the twinkling of an eye.

clinique [klinik] **1** adj clinical **2** nf (établissement) nursing home; (section d'hôpital) clinic ◇ **~ d'accouchement** maternity home.

clinquant, e [klɛ̃kɑ̃, ɑ̃t] **1** adj flashy **2** nm (bijoux) tawdry jewellery.

clip [klip] nm (bijou) brooch; (film vidéo) videoclip.

clique [klik] nf (Mus) band; (péj) clique, set ◇ **prendre ses ~s et ses claques** [famil] to pack up and go.

cliqueter [klikte] 4 vi (gén) to clink; (vaisselle) to clatter; (chaînes) to jangle; (armes) to clash ◆ **cliquetis** nm clink; clatter; jangle; clash.

clivage [klivaʒ] nm split (*de* in).

clochard, e [klɔʃaʀ, aʀd(ə)] nm,f [famil] down-and-out, tramp.

cloche [klɔʃ] nf (gén) bell; (plat) lid; (plantes) cloche; (famil: imbécile) idiot [famil] ◇ **~ à fromage** cheese cover ◆ **cloche-pied** adv ◇ **sauter à ~** to hop.

1. **clocher** [klɔʃe] nm (en pointe) steeple; (quadrangulaire) church tower; (fig: village) village.

2. **clocher** [klɔʃe] [1] vi [famil] ◇ **il y a quelque chose qui cloche** there's something wrong (*dans* with).

clochette [klɔʃɛt] nf small bell; (fleur) bell-flower.

cloison [klwazɔ̃] nf partition; (fig) barrier ◆ **cloisonner** [1] vt to compartmentalize.

cloître [klwatʀ(ə)] nm cloister ◆ **cloîtrer** [1] vt to shut away (*dans* in); (Rel) to cloister.

clone [klɔn] nm clone.

clopin-clopant [klɔpɛ̃klɔpɑ̃] adv ◇ **aller ~** to hobble along.

clopiner [klɔpine] [1] vi to hobble along.

clopinettes [klɔpinɛt] nfpl [famil] ◇ **gagner des ~** to earn peanuts [famil].

cloque [klɔk] nf blister ◆ **cloquer** [1] vi to blister.

clore [klɔʀ] [45] vt (terminer) to close, end; (entourer) to enclose (*de* with) (fermer); (porte) to close, shut; (lettre) to seal ◆ **clos, e** [1] adj (système, yeux) closed; (espace) enclosed [2] nm (pré) field; (vignoble) vineyard.

clôture [klotyʀ] nf [a] (barrière) fence; (haie) hedge; (mur) wall [b] (débat, liste) closing, closure; (bureaux) closing ◇ **date de ~** closing date ◆ **clôturer** [1] vt (champ) to fence; (liste) to close.

clou [klu] nm (objet) nail; (pustule) boil ◇ **traverser dans les ~s** to cross at the pedestrian crossing ou at the crosswalk (US); **le ~ du spectacle** the star turn; **des ~s!** [famil] nothing doing! [famil]; **~ de girofle** clove ◆ **clouer** [1] vt to nail down ◇ **~ qn sur place** to nail sb to the spot; **~ qn au lit** to keep sb confined to bed; **~ le bec à qn** [famil] to shut sb up [famil].

clown [klun] nm clown ◇ **faire le ~** to play the fool ◆ **clownerie** nf silly trick ◇ **~s** clowning.

club [klœb] nm club.

cm abrév de *centimètre*.

CNRS [seɛnɛʀɛs] nm abrév de *Centre national de la recherche scientifique* ≃ SRC (Brit).

co [kɔ] préf co-, joint ◇ **coaccusé** co-defendant; **coacquéreur** joint purchaser; **codétenu** fellow prisoner; **coéquipier** team mate.

c/o abrév de *aux bons soins de* c/o.

coaguler vti, **se coaguler** vpr [kɔagyle] [1] (gén) to coagulate; (sang) to clot.

coaliser vt, **se coaliser** vpr [kɔalize] [1] to make a coalition ◆ **coalition** nf coalition.

coasser [kɔase] [1] vi to croak.

cobalt [kɔbalt] nm cobalt.

cobaye [kɔbaj] nm (lit, fig) guinea-pig.

cobra [kɔbʀa] nm cobra.

cocaïne [kɔkain] nf cocaine.

cocarde [kɔkaʀd(ə)] nf rosette; (sur voiture) sticker.

cocasse [kɔkas] adj comical, funny ◆ **cocasserie** nf funniness.

coccinelle [kɔksinɛl] nf ladybird.

coccyx [kɔksis] nm coccyx.

1. **cocher** [kɔʃe] [1] vt to tick off.

2. **cocher** [kɔʃe] nm coachman; (fiacre) cabman.

cochon [kɔʃɔ̃] nm (animal) pig; (famil: viande) pork; (famil: personne) dirty pig [famil] ◇ **~ d'Inde** guinea-pig; **quel temps de ~!** [famil] what lousy weather! [famil] ◆ **cochonnerie** [famil] nf ◇ **de la ~** (nourriture) disgusting food; (marchandise) rubbish; **faire des ~s** to make a mess.

cocktail [kɔktɛl] nm (réunion) cocktail party; (boisson) cocktail; (fig) mixture.

cocon [kɔkɔ̃] nm cocoon.

cocorico [kɔkɔʀiko] nm, excl cock-a-doodle-do.

cocotier [kɔkɔtje] nm coconut palm.

cocotte [kɔkɔt] nf (famil: poule) hen; (marmite) casserole ◇ **~ minute** ® pressure cooker.

code [kɔd] nm (gén) code ◇ **C~ de la route** highway code; (Comm) **~ à barres, ~-barres** bar code; **~ machine** machine code; **~ postal** postcode (Brit), zip code (US); (Aut) **(phares) ~** dipped headlights; (Aut) **se mettre en ~** to dip one's headlights ◆ **coder** [1] vt to code.

codification [kɔdifikɑsjɔ̃] nf codification ◆ **codifier** [7] vt to codify.

coefficient [kɔefisjɑ̃] nm coefficient.

cœur [kœʀ] nm [a] (gén) heart; (fruit) core ◇ **au ~ de** in the heart of; **~ de palmier** heart of palm; **~ d'artichaut** artichoke heart; **atout ~** hearts are trumps; **on l'a opéré à ~ ouvert** he had an open-heart operation [b] ◇ (estomac) **avoir mal au ~** to feel sick; **odeur qui soulève le ~** nauseating smell [c] ◇ (affectivité) **ça m'est resté sur le ~** I still feel sore about that; **je suis de tout ~ avec vous** I do sympathize with you; **spectacle à vous fendre le ~** heart-rending sight; **avoir le ~ gros** to have a heavy heart; **au fond de son ~** in his heart of hearts [d] ◇ (bonté) **avoir bon ~** to be kindhearted; **sans ~** heartless [e] ◇ (humeur) **avoir le ~ gai** to feel happy; **de bon ~** willingly; **si le ~ vous en dit** if you feel like it [f] ◇ (courage) **donner du ~ au ventre à qn** [famil] to buck sb up [famil]; **avoir du ~ au ventre** [famil] to have guts [famil] [g] ◇ (conscience) **par ~** by heart; **je veux en avoir le ~ net** I want to be clear in my own mind about it; **avoir à ~ de faire** to make a point of doing; **prendre les choses à ~** to take things to heart; **ça me tient à ~** it's close to my heart.

coexistence [kɔɛgzistɑ̃s] nf coexistence ◆ **coexister** [1] vi to coexist.

coffrage [kɔfʀaʒ] nm (bois) case; (béton) form.

coffre [kɔfʀ(ə)] nm (meuble) chest; (Aut) boot, trunk (US); (cassette) coffer ◇ **~-fort** safe ◆ **coffret** nm casket.

cognac [kɔɲak] nm cognac.

cogner [kɔɲe] 1 **1** vt (objet) to knock; ([famil]: battre) to beat up ◇ **~ sur la table** to bang on the table; **~ à la porte** to knock at the door **2** vi (volet) to bang (*contre* against) (famil); (boxeur) to hit out hard; (soleil) to beat down **3** **se cogner** vpr ◇ **se ~ le genou contre** to bang one's knee against; **c'est à se ~ la tête contre les murs** it's enough to drive you up the wall.

cohabitation [kɔabitɑsjɔ̃] nf cohabitation ◆ **cohabiter** 1 vi to live together, cohabit ◇ **~ avec** to live with.

cohérence [kɔeʀɑ̃s] nf coherence, consistency ◆ **cohérent, e** adj coherent, consistent.

cohésion [kɔezjɔ̃] nf cohesion.

cohorte [kɔɔʀt(ə)] nf (groupe) troop.

cohue [kɔy] nf (foule) crowd; (bousculade) crush.

coiffer [kwafe] 1 vt **a** ◇ **~ qn** to do sb's hair; **se faire ~** to have one's hair done; **se ~** to do one's hair; **il est bien coiffé** his hair looks nice; **il est mal coiffé** his hair looks untidy; **être coiffé en brosse** to have a crew cut **b** (chapeau) to put on ◇ **coiffé d'un chapeau** wearing a hat **c** (organismes) to control; (concurrent) to beat ◆ **coiffeur, -euse** **1** nm,f hairdresser **2** nf (meuble) dressing table ◆ **coiffure** nf hairstyle; (chapeau) hat ◇ (métier) **la ~** hairdressing.

coin [kwɛ̃] nm **a** (angle) corner ◇ **au ~ du feu** by the fireside; **le magasin qui fait le ~** the shop at the corner; **sourire en ~** half smile; **regard en ~** side glance; **surveiller qn du ~ de l'œil** to watch sb out of the corner of one's eye **b** (région) area; (village) place; (endroit) corner ◇ **un ~ de ciel** a patch of sky; **je l'ai mis dans un ~** I put it somewhere; **dans tous les ~s et recoins** in every nook and cranny; **l'épicier du ~** the local grocer **c** (cale) wedge.

coincer [kwɛ̃se] 3 **1** vt (intentionnellement) to wedge; (accidentellement) to jam; (famil: prendre) to catch ◇ **nous sommes coincés** we are stuck **2** **se coincer** vpr to get jammed ou stuck.

coïncidence [kɔɛ̃sidɑ̃s] nf (gén) coincidence ◆ **coïncider** 1 vi to coincide (*avec* with).

coing [kwɛ̃] nm quince.

coke [kɔk] nm coke.

col [kɔl] nm **a** (chemise) collar ◇ **~ roulé** poloneck sweater **b** (Géog) pass; (Anat, fig) neck.

colchique [kɔlʃik] nm autumn crocus.

colère [kɔlɛʀ] nf anger ◇ **se mettre en ~** to get angry (*contre* with); **faire une ~** to throw a tantrum ◆ **coléreux, -euse** adj quick-tempered.

colibri [kɔlibʀi] nm hummingbird.

colimaçon [kɔlimasɔ̃] nm ◇ **escalier en ~** spiral staircase.

colin [kɔlɛ̃] nm hake.

colique [kɔlik] nf (diarrhée) diarrhoea.

colis [kɔli] nm parcel ◇ **par ~ postal** by parcel post.

collaborateur, -trice [kɔlabɔʀatœʀ, tʀis] nm,f (gén) colleague; (journal) contributor; (livre) collaborator ◆ **collaboration** nf collaboration (*à* on); contribution (*à* to) ◆ **collaborer** 1 vi to collaborate (*à* on); to contribute (*à* to).

collage [kɔlaʒ] nm sticking; (tableau) collage.

collant, e [kɔlɑ̃, ɑ̃t] **1** adj (ajusté) tight-fitting; (poisseux) sticky **2** nm (maillot) leotard; (bas) tights, pantyhose (US).

collation [kɔlɑsjɔ̃] nf snack.

colle [kɔl] nf **a** (gén) glue; (à papier) paste **b** (famil: question) poser [famil] **c** (examen blanc) mock oral exam; (retenue) detention.

collecte [kɔlɛkt(ə)] nf collection ◆ **collecter** 1 vt to collect.

collectif, -ive [kɔlɛktif, iv] adj (gén) collective; (billet) group; (licenciements) mass ◇ **immeuble ~** block of flats ◆ **collectivement** adv collectively.

collection [kɔlɛksjɔ̃] nf collection ◆ **collectionner** 1 vt to collect ◆ **collectionneur, -euse** nm,f collector.

collectivité [kɔlɛktivite] nf (groupe) group; (organisation) body, organization ◇ **la ~** the community; **vivre en ~** to live in a community.

collège [kɔlɛʒ] nm **a** (école) school; (privé) private school ◇ **~ (d'enseignement secondaire)** middle school, lower secondary school, junior high school (US); **~ technique** technical school **b** (Pol, Rel) college ◆ **collégien** nm schoolboy ◆ **collégienne** nf schoolgirl.

collègue [kɔlɛg] nmf colleague.

coller [kɔle] 1 **1** vt **a** (timbre) to stick; (papier peint) to hang ◇ **~ son oreille à la porte** to press one's ear to the door; **il colla l'armoire contre le mur** he stood the wardrobe against the wall; **se ~ devant qn** to plant o.s. in front of sb; **colle tes valises dans un coin** [famil] dump [famil] your bags in a corner; **on m'a collé ce travail** [famil] I've got stuck [famil] with this job **b** (Scol) (consigner) to give a detention to; (recaler) to fail ◇ **se faire ~** to be given a detention; to be failed **2** vi (être poisseux) to be sticky; (adhérer) to stick (*à* to) ◇ (fig) **ça ne colle pas** [famil] it doesn't work.

collet [kɔlɛ] nm (piège) noose; (Tech) collar ◇ **elle est très ~ monté** she's very straitlaced.

colleur, -euse [kɔlœʀ, øz] nm,f ◇ **~ d'affiches** billsticker.

collier [kɔlje] nm (bijou) necklace; (chien, tuyau) collar; (barbe) beard.

collimateur [kɔlimatœʀ] nm ◇ **avoir qn dans son ~** to have sb in one's sights.

colline [kɔlin] nf hill.

collision [kɔlizjɔ̃] nf (véhicules) collision; (fig) clash ◇ **entrer en ~** to collide (*avec* with).

colmater [kɔlmate] [1] vt (fuite) to seal off; (fissure) to fill in.

colombe [kɔlɔ̃b] nf dove.

Colombie [kɔlɔ̃bi] nf Colombia ◆ **colombien, -ienne** adj, **C~, -ienne** nm,f Colombian.

colon [kɔlɔ̃] nm (pionnier) settler; (enfant) child, boarder.

colonel [kɔlɔnɛl] nm colonel; (armée de l'air) group captain.

colonial, e, mpl **-aux** [kɔlɔnjal, o] adj, nm colonial ◆ **colonialisme** nm colonialism ◆ **colonialiste** adj, nmf colonialist.

colonie [kɔlɔni] nf (gén) colony ◇ **~ de vacances** holiday camp, summer camp (US) ◆ **colonisateur, -trice** 1 adj colonizing 2 nm,f colonizer ◆ **colonisation** nf colonization ◆ **coloniser** [1] vt to colonize.

colonnade [kɔlɔnad] nf colonnade.

colonne [kɔlɔn] nf (gén) column ◇ **~ montante** rising main; **~ de secours** rescue party; **~ vertébrale** spine.

colorant, e [kɔlɔʀɑ̃, ɑ̃t] adj, nm colouring ◆ **coloration** nf colouring.

coloré, e [kɔlɔʀe] adj (teint) ruddy; (objet) coloured; (foule, récit) colourful.

colorer [kɔlɔʀe] [1] 1 vt to colour ◇ **~ qch en bleu** to colour sth blue 2 **se colorer** vpr to turn red ◇ **se ~ de** to be coloured with.

coloriage [kɔlɔʀjaʒ] nm (action) colouring; (dessin) coloured drawing ◆ **colorier** [7] vt to colour in ◆ **coloris** nm colour, shade.

colossal, e, mpl **-aux** [kɔlɔsal, o] adj colossal, huge ◆ **colosse** nm giant.

colporter [kɔlpɔʀte] [1] vt to hawk, peddle.

coma [kɔma] nm (Méd) coma ◇ **dans le ~** in a coma ◆ **comateux, -euse** adj ◇ **état ~** comatose state.

combat [kɔ̃ba] nm (gén) fight; (Mil) battle; (Sport) match ◇ **tué au ~** killed in action; **les ~s continuent** the fighting goes on ◆ **combatif, -ive** adj ◇ **être ~** to be of a fighting spirit ◆ **combattant, e** 1 adj fighting, combattant 2 nm,f (guerre) combatant; (bagarre) brawler ◆ **combattre** [41] vt to fight.

combien [kɔ̃bjɛ̃] 1 adv ◇ (quantité) **~ de lait etc?** how much milk etc?; (nombre) **~ de crayons etc?** how many pencils etc?; **depuis ~ de temps?** how long?; **~ mesure-t-il?** how big is it? 2 nm ◇ **le ~ êtes-vous?** where are you placed?; **le ~ sommes-nous?** what date is it?; **il y en a tous les ~?** how often do they come?

combinaison [kɔ̃binɛzɔ̃] nf a (gén, Math) combination b (femme) slip; (aviateur) flying suit; (mécanicien) boiler suit c (astuce) device ◆ **combine** [famil] nf trick ◇ **il est dans la ~** he's in on it [famil] ◆ **combiner** [1] 1 vt (grouper) to combine (*avec* with); (élaborer) to devise 2 **se combiner** vpr to combine (*avec* with).

comble [kɔ̃bl(ə)] 1 adj packed 2 nm a ◇ **le ~ de** the height of; **pour ~ (de malheur)** to cap ou crown it all; **c'est le ~!** that's the last straw! b ◇ (pièce) **les ~s** the attic.

combler [kɔ̃ble] [1] vt a (trou) to fill in; (déficit) to make good; (lacune) to fill ◇ **~ son retard** to make up lost time b (désir) to fulfil; (personne) to gratify ◇ **~ qn de** (cadeaux) to shower sb with; (joie) to fill sb with; **vraiment, vous nous comblez!** really, you're too good to us!

combustible [kɔ̃bystibl(ə)] 1 adj combustible 2 nm fuel ◆ **combustion** nf combustion.

comédie [kɔmedi] nf (Théât) comedy ◇ **~ musicale** musical; (fig) **jouer la ~** to put on an act; **faire la ~** to make a fuss ou a scene ◆ **comédien** nm actor; (hypocrite) sham ◆ **comédienne** nf actress; sham.

comestible [kɔmɛstibl(ə)] 1 adj edible 2 nmpl ◇ **~s** delicatessen.

comète [kɔmɛt] nf comet.

comique [kɔmik] 1 adj (Théât) comic; (fig) comical 2 nm a ◇ **le ~** comedy; **le ~ de qch** the comical side of sth b (artiste) comic, comedian; (dramaturge) comedy writer.

comité [kɔmite] nm committee ◇ **~ directeur** board of management; **~ d'entreprise** work's council.

commandant [kɔmɑ̃dɑ̃] nm (armée de terre) major; (armée de l'air) squadron leader, major (US); (transports civils) captain ◇ **~ en second** second in command.

commande [kɔmɑ̃d] nf a (Comm) order ◇ **passer une ~** to put in an order (*de* for); **fait sur ~** made to order b ◇ (Tech) **~s** controls; **~ à distance** remote control; **être aux ~s** to be in control c ◇ **de ~** (sourire) forced, (œuvre) commissioned.

commandement [kɔmɑ̃dmɑ̃] nm command; (Rel) commandment ◇ **prendre le ~ de** to take command of; **à mon ~** on my command.

commander [kɔmɑ̃de] 1 vt a (ordonner) to order, command; (armée) to command ◇ **la prudence commande que...** prudence demands that...; **celui qui commande** the person in command ou in charge; **ce bouton commande la sirène** this switch controls the siren; **ces choses-là ne se commandent pas** you can't help these things b (marchandises, repas) to order ◆ **commanditaire** nm sleeping ((Brit) ou silent (US) partner ◇ **les ~s d'un meurtre** the people behind a murder.

commando [kɔmɑ̃do] nm commando.

comme [kɔm] 1 conj a (temps) as; (cause) as, since ◇ **~ le rideau se levait** as the curtain was rising; **~ il pleut** since it's raining b (comparaison) as, like ◇ **il pense ~ nous** he thinks as we do ou like us; **un homme ~ lui** a man like him ou such as him; **en ville ~ à la campagne** in town as well as in the country; **il écrit ~ il parle** he writes as ou the way he speaks; **dur ~ du fer** as hard as iron; **il y eut ~ une lueur** there was a sort of light c (en tant que) as ◇ **~ étudiant** as a student d ◇ **~ si** as if, as though; **~ pour faire** as if to do; **il était ~ fasciné** it was as though ou as if he were fascinated e ◇ **~ cela** like that; **~ ci ~ ça** so-so; **~ il vous plaira** as you wish; **~ de juste** naturally; **~ il faut** (manger) properly; (personne) decent 2 adv ◇ **~ ces enfants sont bruyants!** how noisy these children are!; **~ il fait beau!** what lovely weather!

commémoratif, -ive [kɔmemɔʀatif, iv] adj commemorative ◆ **commémoration** nf commemoration ◆ **commémorer** 1 vt to commemorate.

commencement [kɔmɑ̃smɑ̃] nm beginning, start ◇ **au ~** in the beginning, at the start; **du ~ à la fin** from beginning to end, from start to finish.

commencer [kɔmɑ̃se] 3 1 vt to begin, start 2 vi to begin, start (*à faire* to do; *par faire* by doing) ◇ **ça commence bien!** that's a good start!; **pour ~** to begin ou start with; **~ à** (ou **de**) **faire** to begin ou start to do ou doing.

comment [kɔmɑ̃] adv a how ◇ **~ appelles-tu cela?** what do you call that?; **~ allez-vous?** how are you?; **~ faire?** how shall we do it? b ◇ (excl) **~?** pardon?, what? [famil]; **~ cela?** what do you mean?; **~ donc!** of course!

commentaire [kɔmɑ̃tɛʀ] nm (remarque) comment; (exposé) commentary (*sur, de* on) ◇ **ça se passe de ~** it speaks for itself ◆ **commentateur, -trice** nm,f commentator ◆ **commenter** 1 vt (match) to commentate (on); (événement) to comment on.

commérage [kɔmeʀaʒ] nm ◇ **~(s)** gossip.

commerçant, e [kɔmɛʀsɑ̃, ɑ̃t] 1 adj (rue) shopping ◇ **il est très ~** he's got good business sense 2 nm,f shopkeeper, storekeeper (US).

commerce [kɔmɛʀs(ə)] nm a ◇ **le ~** trade, commerce; (affaires) business; **~ de gros** wholesale trade; **faire du ~ avec** to trade with; **dans le ~** (objet) in the shops ou stores (US) b (boutique) business ◆ **commercer** 3 vi to trade (*avec* with) ◆ **commercial, e,** mpl **-iaux** adj commercial ◆ **commercialisation** nf marketing ◆ **commercialiser** 1 vt to market.

commère [kɔmɛʀ] nf ◇ **une ~** a gossip.

commettre [kɔmɛtʀ(ə)] 56 vt (crime) to commit; (erreur) to make.

commis [kɔmi] nm shop assistant ◇ **~ voyageur** commercial traveller.

commisération [kɔmizeʀɑsjɔ̃] nf commiseration.

commissaire [kɔmisɛʀ] nm ◇ **~ de police** ≃ (police) superintendent, (police) captain (US); **~-priseur** auctioneer ◆ **commissariat** nm a ◇ **~ de police** police station b (ministère) department.

commission [kɔmisjɔ̃] nf a (comité) committee, commission b (message) message c (course) errand ◇ **faire les ~s** to do the shopping d (pourcentage) commission (*sur* on) ◆ **commissionnaire** nm (livreur) delivery man; (messager) messenger.

commode [kɔmɔd] 1 adj (facile) easy; (pratique) convenient, handy (*pour faire* for doing) ◇ **il n'est pas ~** he's very strict 2 nf (meuble) chest of drawers ◆ **commodément** adv easily; conveniently ◆ **commodité** nf convenience.

commotion [kɔmosjɔ̃] nf (secousse) shock; (révolution) upheaval ◇ **~ cérébrale** concussion ◆ **commotionner** 1 vt ◇ **~ qn** to give sb a shock, shake sb.

commuer [kɔmɥe] 1 vt (peine) to commute (*en* to).

commun, 1.e [kɔmœ̃, yn] 1 adj (gén) common (*à* to); (effort, démarche) joint; (ami) mutual; (pièce) shared ◇ **d'un ~ accord** of one accord; **ils n'ont rien de ~** they have nothing in common (*avec* with); **peu ~** uncommon, unusual 2 nm a ◇ **le ~ des mortels** the common run of people b ◇ (bâtiments) **les ~s** the outbuildings ◆ **communément** adv commonly.

communal, e, mpl **-aux** [kɔmynal, o] adj (local) local.

communauté [kɔmynote] nf (gén) community ◇ **vivre en ~** to live communally; **mettre qch en ~** to pool sth; **la C~ économique européenne** the European Economic Community.

2. **commune** [kɔmyn] nf (ville) town; (territoire) district; (autorités) town (ou district) council ◇ (Brit Pol) **les C~s** the Commons.

communicatif, -ive [kɔmynikatif, iv] adj (rire) infectious; (personne) communicative.

communication [kɔmynikɑsjɔ̃] nf (gén) communication ◇ **mettre qn en ~ avec qn** to put sb in touch with sb; (au téléphone) to put sb through to sb; **~ téléphonique** phone call.

communier [kɔmynje] [7] vi to take communion ♦ **communion** nf (Rel, fig) communion.

communiquer [kɔmynike] [1] **1** vt (donner) to give; (envoyer) to send; (nouvelle, mouvement, peur) to communicate **2** vi (personnes, pièces) to communicate (*avec* with) **3** **se communiquer** vpr ◇ (feu etc) **se ~ à** to spread to ♦ **communiqué** nm communiqué ◇ **~ de presse** press release.

communisme [kɔmynism(ə)] nm communism ♦ **communiste** adj, nmf communist.

compact, e [kɔ̃pakt, akt(ə)] adj dense.

compagne [kɔ̃paɲ] nf companion; (maîtresse) ladyfriend; (animal) mate ◇ **~ de classe** classmate ♦ **compagnie** nf (gén) company ◇ **en ~ de** in company with; **tenir ~ à qn** to keep sb company; **la banque X et ~** the bank of X and company ♦ **compagnon** nm (ami) companion; (ouvrier) craftsman ◇ **~ de travail** fellow worker, workmate.

comparable [kɔ̃paʀabl(ə)] adj comparable.

comparaison [kɔ̃paʀɛzɔ̃] nf comparison (*à* to; *avec* with) ◇ **en ~ de** in comparison with.

comparaître [kɔ̃paʀɛtʀ(ə)] [57] vi (Jur) to appear.

comparatif, -ive [kɔ̃paʀatif, iv] adj, nm comparative.

comparer [kɔ̃paʀe] [1] vt to compare (*avec* with; *à* to).

comparse [kɔ̃paʀs(ə)] nmf (péj) stooge.

compartiment [kɔ̃paʀtimɑ̃] nm compartment.

comparution [kɔ̃paʀysjɔ̃] nf (Jur) appearance.

compas [kɔ̃pa] nm (Géom) pair of compasses; (Naut) compass ◇ **avoir le ~ dans l'œil** to have an accurate eye.

compassion [kɔ̃pɑsjɔ̃] nf compassion.

compatibilité [kɔ̃patibilite] nf compatibility ♦ **compatible** adj compatible.

compatir [kɔ̃patiʀ] [2] vi to sympathize.

compatriote [kɔ̃patʀijɔt] nmf compatriot.

compensation [kɔ̃pɑ̃sɑsjɔ̃] nf compensation ◇ **en ~ des dégâts** in compensation for the damage ♦ **compenser** [1] vt to compensate for ◇ **~ qch par autre chose** to make up for sth with sth else.

compère [kɔ̃pɛʀ] nm accomplice.

compétence [kɔ̃petɑ̃s] nf (gén) competence ◇ **~s** abilities ♦ **compétent, e** adj competent, capable ◇ **l'autorité ~e** the authority concerned.

compétitif, -ive [kɔ̃petitif, iv] adj competitive ♦ **compétition** nf **a** (épreuve) event ◇ **faire de la ~** to go in for competitive sport; **la ~ automobile** motor racing **b** (concurrence) competition ♦ **compétitivité** nf competitiveness.

complainte [kɔ̃plɛ̃t] nf lament.

complaire (se) [kɔ̃plɛʀ] [54] vpr ◇ **se ~ à faire qch** to delight ou revel in doing sth.

complaisance [kɔ̃plɛzɑ̃s] nf (obligeance) kindness (*envers* to, towards); (indulgence) indulgence; (connivence) connivance; (fatuité) complacency ♦ **complaisant, e** adj kind; indulgent; conniving; complacent.

complément [kɔ̃plemɑ̃] nm (gén) complement; (reste) rest, remainder ◇ **~ circonstanciel de lieu** adverbial phrase of place; **~ d'objet direct** direct object; **~ d'agent** agent ♦ **complémentaire** adj (gén) complementary; (renseignement) further.

complet, -ète [kɔ̃plɛ, ɛt] **1** adj (gén) complete; (examen) thorough; (train) full ◇ (écriteau) **'~'** (hôtel) 'no vacancies'; (parking) 'full up' **2** nm **a** ◇ **nous sommes au ~** we are all here; **la famille au grand ~** the entire family **b** ◇ **~-veston** suit ♦ **complètement** adv (gén) completely; (étudier) thoroughly.

compléter [kɔ̃plete] [6] **1** vt (somme) to make up; (collection) to complete; (garde-robe) to add to; (études) to round off; (améliorer) to supplement **2** **se compléter** vpr (caractères) to complement one another.

complexe [kɔ̃plɛks(ə)] adj, nm complex ♦ **complexer** [1] vt ◇ **ça le complexe** it gives him a complex; **être très complexé** to be very mixed up ♦ **complexité** nf complexity.

complication [kɔ̃plikɑsjɔ̃] nf (complexité) complexity; (ennui) complication ◇ (Méd) **~s** complications.

complice [kɔ̃plis] **1** adj (regard) knowing; (attitude) conniving ◇ **être ~ de qch** to be a party to sth **2** nmf accomplice ♦ **complicité** nf complicity.

compliment [kɔ̃plimɑ̃] nm compliment ◇ **~s** congratulations; **faire des ~s à qn** to compliment ou congratulate sb ♦ **complimenter** [1] vt to congratulate, compliment (*pour* on).

compliquer [kɔ̃plike] 1 **1** vt to complicate **2** **se compliquer** vpr to become complicated ◇ **se ~ l'existence** to make life complicated for o.s. ◆ **compliqué, e** adj complicated.

complot [kɔ̃plo] nm plot ◆ **comploter** 1 vti to plot (*de faire* to do) ◆ **comploteur, -euse** nm,f plotter.

comportement [kɔ̃pɔʀt(ə)mɑ̃] nm behaviour (*envers* towards).

comporter [kɔ̃pɔʀte] 1 **1** vt (dispositif, exceptions) to have, include; (risques) to entail, involve ◇ **ça comporte quatre parties** it consists of four parts **2** **se comporter** vpr (personne) to behave (*en* like).

composant, e [kɔ̃pozɑ̃, ɑ̃t] adj, nm, nf component.

composer [kɔ̃poze] 1 **1** vt (fabriquer) to make up; (former) to form; (choisir) to select; (symphonie) to compose; (numéro de téléphone) to dial **2** vi (Scol) to do a test **3** **se composer** vpr ◇ **se ~ de, être composé de** to be composed of ◆ **composé, e** adj, nm (Chim, Gram) compound.

composite [kɔ̃pozit] adj (éléments) heterogeneous.

compositeur [kɔ̃pozitœʀ] nm (Mus) composer.

composition [kɔ̃pozisjɔ̃] nf (gén) composition; (choix) selection; (formation) formation; (examen) test, exam ◇ **quelle est la ~ du gâteau?** what is the cake made of?; (rédaction) **~ française** French essay.

composter [kɔ̃pɔste] 1 vt (dater) to (date-)stamp; (poinçonner) to punch.

compote [kɔ̃pɔt] nf compote ◇ **~ de pommes** stewed apples ◆ **compotier** nm fruit dish.

comprendre [kɔ̃pʀɑ̃dʀ(ə)] 58 vt **a** (comporter) to be composed of, consist of; (inclure) to include **b** (mentalement) (gén) to understand; (point de vue) to see; (gravité) to realize ◇ **vous m'avez mal compris** you've misunderstood me; **se faire ~** to make o.s. understood; **j'espère que je me suis bien fait ~** I hope I've made myself quite clear; **ça se comprend** it's quite understandable ◆ **compréhensible** adj (clair) comprehensible; (concevable) understandable ◆ **compréhensif, -ive** adj understanding ◆ **compréhension** nf understanding.

compresse [kɔ̃pʀɛs] nf compress.

compression [kɔ̃pʀesjɔ̃] nf (gén) compression; (restriction) reduction, cutback (*de* in).

comprimer [kɔ̃pʀime] 1 vt (air, artère) to compress; (pour emballer) to pack tightly together; (dépenses, personnel) to cut down, reduce ◆ **comprimé** nm tablet.

compris, e [kɔ̃pʀi, iz] adj **a** (inclus) included ◇ **être ~ entre** to be contained between **b** ◇ (d'accord) **c'est ~!** it's agreed ou understood.

compromettre [kɔ̃pʀɔmɛtʀ(ə)] 56 **1** vt to compromise **2** **se compromettre** vpr to compromise o.s. ◆ **compromis** nm compromise ◆ **compromission** nf shady deal.

comptabiliser [kɔ̃tabilize] 1 vt (Fin) to post ◆ **comptabilité** nf (science) accountancy; (d'une petite entreprise) bookkeeping; (comptes) accounts, books; (service) accounts department; (profession) accountancy ◇ **s'occuper de la ~** to keep the accounts ◆ **comptable** nmf accountant.

comptant [kɔ̃tɑ̃] adv (payer) in cash; (acheter) for cash.

compte [kɔ̃t] nm **a** (calcul) count ◇ **faire le ~ de qch** to count sth; **~ à rebours** countdown **b** (nombre) number; (quantité) amount ◇ **nous sommes loin du ~** we are a long way short of the target **c** (Banque, comptabilité) account; (facture) account, bill ◇ **~ en banque** bank account; **~ chèque postal** ≃ Giro account; **faire ses ~s** to do one's accounts; **son ~ est bon** he's had it [famil]; **rendre des ~s à qn** to give sb an explanation **d** ◇ (responsabilité) **s'installer à son ~** to set up one's own business; **mettre qch sur le ~ de** to attribute sth to; **dire qch sur le ~ de qn** to say sth about sb; **pour le ~ de** on behalf of; **pour mon ~** (opinion) personally; (usage) for my own use **e** ◇ **tenir ~ de qch** to take sth into account; **ne pas tenir ~ de qch** to disregard sth; **~ tenu de** considering, in view of; **tout ~ fait** all things considered; **~ rendu** (gén) account, report; (film) review.

compte-gouttes [kɔ̃tgut] nm inv dropper ◇ (fig) **au ~** sparingly.

compter [kɔ̃te] 1 **1** vt **a** (calculer) to count **b** (prévoir) to allow, reckon ◇ **j'ai compté qu'il nous en fallait 10** I reckoned we'd need 10; **il faut ~ 10 jours** you must allow 10 days **c** (tenir compte de) to take into account ◇ **sans ~ la fatigue** not to mention tiredness **d** ◇ (facturer) **~ qch à qn** to charge sb for sth **e** (avoir l'intention de) to intend (*faire* to do); (s'attendre à) to expect ◇ **je ne compte pas qu'il vienne** I am not expecting him to come **2** vi **a** (calculer) to count ◇ **à ~ de** starting from **b** (être économe) to economize ◇ (lit) **sans ~** regardless of expense; **se dépenser sans ~** to spare no effort **c** (avoir de l'importance) to count, matter **d** ◇ (tenir compte de) **~ avec qch** to reckon with sth, allow for sth **e** ◇ (figurer) **~ parmi** to be ou rank among **f** ◇ (se fier à) **~ sur** to count on, rely on; **nous comptons sur vous** we're relying on you; **j'y compte bien!** I should hope so!

compteur [kɔ̃tœʀ] nm meter ◇ ~ **Geiger** Geiger counter; ~ **de vitesse** speedometer.

comptine [kɔ̃tin] nf (chanson) nursery rhyme.

comptoir [kɔ̃twaʀ] nm (magasin) counter; (bar) bar; (colonie) trading post.

compulser [kɔ̃pylse] 1 vt to consult, examine.

comte [kɔ̃t] nm count; (Brit) earl ◆ **comté** nm county ◆ **comtesse** nf countess.

concasser [kɔ̃kase] 1 vt to crush; (poivre) to grind.

concave [kɔ̃kav] adj concave.

concéder [kɔ̃sede] 6 vt to concede ◇ **je vous concède que** I'll grant you that.

concentration [kɔ̃sɑ̃tʀasjɔ̃] nf concentration.

concentrer vt, **se concentrer** vpr [kɔ̃sɑ̃tʀe] 1 (gén) to concentrate; (regards) to fix (*sur* on) ◆ **concentré, e** 1 adj (acide) concentrated; (lait) condensed; (candidat) in a state of concentration 2 nm concentrate, extract ◇ ~ **de tomates** tomato purée.

concentrique [kɔ̃sɑ̃tʀik] adj concentric.

concept [kɔ̃sɛpt] nm concept ◆ **concepteur** nm ideas man.

conception [kɔ̃sɛpsjɔ̃] nf (enfant) conception; (idée) idea; (réalisation) creation ◇ **la ~ de qch** the conception of sth.

concerner [kɔ̃sɛʀne] 1 vt to affect, concern ◇ **en ce qui me concerne** as far as I'm concerned.

concert [kɔ̃sɛʀ] nm (Mus) concert; (accord) agreement ◇ ~ **de louanges** chorus of praise; **de** ~ together (*avec* with).

concertation [kɔ̃sɛʀtasjɔ̃] nf (dialogue) dialogue; (rencontre) meeting ◆ **concerté, e** adj concerted ◆ **se concerter** 1 vpr to consult each other.

concerto [kɔ̃sɛʀto] nm concerto.

concession [kɔ̃sesjɔ̃] nf concession (*à* to) ◆ **concessionnaire** nmf agent, dealer.

concevable [kɔ̃svabl(ə)] adj conceivable.

concevoir [kɔ̃s(ə)vwaʀ] 28 vt a (gén) to conceive; (projet) to devise; (réaction) to understand ◇ **bien conçu** well thought-out; **voilà comment je conçois la chose** that's how I see it; **lettre ainsi conçue** letter expressed in these terms b (doutes, jalousie) to feel c (engendrer) to conceive.

concierge [kɔ̃sjɛʀʒ(ə)] nmf caretaker.

concile [kɔ̃sil] nm (Rel) council.

conciliable [kɔ̃siljabl(ə)] adj reconcilable ◆ **conciliant, e** adj conciliatory ◆ **conciliateur, -trice** nm,f conciliator ◆ **conciliation** nf conciliation.

concilier [kɔ̃silje] 7 vt (exigences) to reconcile (*avec* with) ◇ **se ~ les bonnes grâces de qn** to win sb's favour.

concis, e [kɔ̃si, iz] adj concise ◆ **concision** nf concision.

concitoyen, -yenne [kɔ̃sitwajɛ̃, jɛn] nm,f fellow citizen.

conclave [kɔ̃klav] nm (Rel) conclave.

concluant, e [kɔ̃klyɑ̃, ɑ̃t] adj conclusive.

conclure [kɔ̃klyʀ] 35 1 vt to conclude ◇ **marché conclu!** it's a deal! 2 vi ◇ (~ **à**) **ils ont conclu au suicide** they concluded that it was suicide ◆ **conclusion** nf conclusion ◇ **en** ~ in conclusion.

concocter [kɔ̃kɔkte] 1 [famil] vt (breuvage) to concoct; (discours) to elaborate.

concombre [kɔ̃kɔ̃bʀ(ə)] nm cucumber.

concordance [kɔ̃kɔʀdɑ̃s] nf (témoignages) agreement; (résultats) similarity (*de* of) ◇ (Gram) ~ **des temps** sequence of tenses ◆ **concorde** nf concord ◆ **concorder** 1 vi (faits) to agree; (idées) to match.

concourir [kɔ̃kuʀiʀ] 11 vi (concurrent) to compete (*pour* for); (converger) to converge (*vers* towards) ◇ ~ **à faire qch** to work towards doing sth.

concours [kɔ̃kuʀ] nm (jeu) competition; (examen) competitive examination ◇ ~ **hippique** horse show; **prêter son ~ à qch** to lend one's support to sth; ~ **de circonstances** combination of circumstances.

concret, -ète [kɔ̃kʀɛ, ɛt] adj concrete ◆ **concrètement** adv in concrete terms ◆ **concrétisation** nf (promesse) realization ◆ **se concrétiser** 1 vpr to materialize.

concubin, e [kɔ̃kybɛ̃, in] nm,f cohabitant ◆ **concubinage** nm cohabitation.

concurrence [kɔ̃kyʀɑ̃s] nf (gén, Comm) competition ◇ **faire ~ à qn** to compete with sb; **jusqu'à ~ de...** to a limit of... ◆ **concurrencer** 3 vt to compete with ◆ **concurrent, e** nm,f (Comm, Sport) competitor; (concours) candidate ◆ **concurrentiel, -elle** adj (Écon) competitive.

condamnable [kɔ̃danabl(ə)] adj reprehensible.

condamnation [kɔ̃danasjɔ̃] nf (gén) condemnation; (peine) sentence ◇ **il a trois ~s à son actif** he has three convictions; ~ **à mort** death sentence; ~ **à une amende** imposition of a fine.

condamner [kɔ̃dane] 1 vt a (gén) to condemn; (accusé) to sentence (*à* to) ◇ ~ **à mort** to sentence to death; ~ **qn à une amende** to fine sb; **X, plusieurs fois condamné pour vol...** X, several times convicted of theft...; (malade) **il est condamné** there is no hope for him; **condamné à**

l'échec doomed to failure **b** (porte) to block up; (pièce) to lock up ♦ **condamné, e** nm,f sentenced person, convict ◇ ~ **à mort** condemned man.

condensateur [kɔ̃dɑ̃satœʀ] nm condenser ♦ **condensation** nf condensation ♦ **condensé** nm **a** (Presse) digest ♦ **condenser** vt, **se condenser** vpr [1] **b** to condense.

condescendance [kɔ̃desɑ̃dɑ̃s] nf condescension ♦ **condescendant, e** adj condescending ♦ **condescendre** [41] vi ◇ ~ **à faire** to condescend to do.

condiment [kɔ̃dimɑ̃] nm condiment.

condisciple [kɔ̃disipl(ə)] nm (Scol) schoolfellow; (Univ) fellow student.

condition [kɔ̃disjɔ̃] nf **a** (gén) condition ◇ **dans ces ~s** under these conditions; **en bonne** ~ (envoi) in good condition; (athlète) in condition, fit; **remplir les ~s requises** to fulfil the requirements; **à ~ d'être** ou **que tu sois sage** provided that ou on condition that you're good **b** ◇ (Comm) **~s** terms **c** (métier) profession, trade ◇ (situation) **étudiant de ~ modeste** student from a modest background; **améliorer la ~ des ouvriers** to improve the conditions of the workers ♦ **conditionnel, -elle** adj, nm conditional ♦ **conditionnement** nm (emballage) packaging; (endoctrinement) conditioning ♦ **conditionner** [1] vt to package; to condition.

condoléances [kɔ̃dɔleɑ̃s] nfpl condolences ◇ **présenter ses ~ à qn** to offer sb one's sympathy ou condolences.

conducteur, -trice [kɔ̃dyktœʀ, tʀis] **1** adj (Élec) conducting **2** nm,f (chauffeur) driver **3** nm (Élec) conductor.

conduire [kɔ̃dɥiʀ] [38] **1** vt (gén) to lead (*à* to); (véhicule) to drive; (embarcation) to steer; (avion) to pilot; (négociations) to conduct ◇ ~ **qn à la gare** (en voiture) to take ou drive sb to the station **2** **se conduire** vpr to behave (*comme* as) ◇ **il s'est mal conduit** he behaved badly ♦ **conduit** nm pipe ◇ ~ **d'aération** air duct ♦ **conduite** nf **a** (comportement) behaviour; (Scol) conduct **b** (tuyau) pipe; (eau, gaz) main **c** ◇ **la ~ d'une voiture** driving a car; **sous la ~ de qn** led by sb.

cône [kon] nm cone.

confection [kɔ̃fɛksjɔ̃] nf (fabrication) preparation ◇ (métier) **la ~** the ready-to-wear business ♦ **confectionner** [1] vt to prepare, make.

confédération [kɔ̃fedeʀɑsjɔ̃] nf confederation.

conférence [kɔ̃feʀɑ̃s] nf (exposé) lecture; (réunion) conference, meeting ◇ ~ **de presse** press ou news conference ♦ **conférencier, -ière** nm,f speaker, lecturer.

conférer [kɔ̃feʀe] [6] vti to confer (*à* on; *sur* about).

confesser [kɔ̃fese] [1] **1** vt to confess **2** **se confesser** vpr to go to confession ◇ **se ~ à** to confess to ♦ **confesseur** nm confessor ♦ **confession** nf (aveu) confession; (religion) denomination.

confetti [kɔ̃feti] nm ◇ **~(s)** confetti.

confiance [kɔ̃fjɑ̃s] nf confidence, trust ◇ **avoir ~ en, faire ~ à** to trust, have confidence in; **maison de ~** trustworthy ou reliable firm; **un poste de ~** a position of trust; ~ **en soi** self-confidence ♦ **confiant, e** adj (assuré) confident; (sans défiance) confiding.

confidence [kɔ̃fidɑ̃s] nf confidence ◇ **faire une ~ à qn** to confide something to sb; **mettre qn dans la ~** to let sb into the secret ♦ **confident** nm confidant ♦ **confidente** nf confidante ♦ **confidentiel, -ielle** adj confidential; (sur enveloppe) private.

confier [kɔ̃fje] [7] vt (secret) to confide (*à* to) ◇ **se ~ à qn** to confide in sb; **je vous confie mes clefs** I'll leave my keys with you.

configuration [kɔ̃figyʀɑsjɔ̃] nf (general) shape, configuration; (lieux) layout.

confiner [kɔ̃fine] [1] **1** vt to confine **2** **confiner à** vt indir to border on ♦ **confiné, e** adj close, stuffy.

confins [kɔ̃fɛ̃] nmpl borders.

confire [kɔ̃fiʀ] [37] vt to preserve; (vinaigre) to pickle ♦ **confit, e** **1** adj (fruit) crystallized **2** nm ◇ ~ **d'oie** conserve of goose ♦ **confiture** nf jam ◇ ~ **d'oranges** marmalade.

confirmation [kɔ̃fiʀmɑsjɔ̃] nf confirmation ♦ **confirmer** [1] vt to confirm ◇ **la nouvelle se confirme** there is some confirmation of the news.

confiscation [kɔ̃fiskɑsjɔ̃] nf confiscation.

confiserie [kɔ̃fizʀi] nf confectionery, candy (US); (magasin) confectioner's (shop), candy store (US) ♦ **confiseur, -euse** nm,f confectioner.

confisquer [kɔ̃fiske] [1] vt to confiscate.

conflictuel, -elle [kɔ̃fliktɥel] adj (pulsions) conflicting ◇ **situation ~le** situation of conflict.

conflit [kɔ̃fli] nm conflict, clash ◇ **entrer en ~ avec qn** to clash with sb.

confondre [kɔ̃fɔ̃dʀ(ə)] [41] **1** vt (par erreur) to mix up, confuse; (fusionner) to merge; (déconcerter) to astound (*par* with) ◇ ~ **qch avec qch d'autre** to mistake sth for sth else **2** **se confondre** vpr (couleurs, silhouettes) to merge ◇ **nos intérêts se confondent** our interests are one and the same; **se ~ en excuses** to apologize profusely.

conforme [kɔ̃fɔʀm(ə)] adj correct ◇ ~ **à** (modèle) true to; (plan, règle) in accordance with.

conformément [kɔ̃fɔʀmemɑ̃] adv ◇ ~ **à** in accordance with.

conformer [kɔ̃fɔʀme] [1] **1** vt to model (*à* on) **2** **se conformer** vpr to conform (*à* to).

conformisme [kɔ̃fɔʀmism(ə)] nm conformity ◆ **conformiste** adj, nmf conformist.

conformité [kɔ̃fɔʀmite] nf (identité) similarity; (fidélité) faithfulness (*à* to) ◇ **en** ~ **avec** in accordance with.

confort [kɔ̃fɔʀ] nm comfort ◇ **appartement tout** ~ flat with all mod cons ◆ **confortable** adj comfortable ◆ **confortablement** adv comfortably ◆ **conforter** [1] vt to reinforce, confirm.

confrère [kɔ̃fʀɛʀ] nm colleague ◆ **confrérie** nf brotherhood.

confrontation [kɔ̃fʀɔ̃tɑsjɔ̃] nf confrontation; (comparaison) comparison ◆ **confronter** [1] vt to confront; to compare.

confus, e [kɔ̃fy, yz] adj **a** (gén) confused; (esprit, style) muddled; (idée) hazy **b** (honteux) ashamed, embarrassed (*de qch* of sth; *d'avoir fait* at having done) ◆ **confusion** nf (honte) embarrassment; (désordre) confusion; (erreur) mistake (*de* in).

congé [kɔ̃ʒe] nm **a** (vacances) holiday, vacation (US); (Mil) leave ◇ **trois jours de** ~ three days' holiday, three days off; ~**s scolaires** school holidays **b** ◇ (arrêt) **donner du** ~ to give some leave; ~ **de maladie** sick leave; ~ **de maternité** maternity leave **c** ◇ (départ) **donner** ~ to give notice (*à* to); **prendre** ~ **de qn** to take one's leave of sb ◆ **congédier** [7] vt to dismiss.

congélateur [kɔ̃ʒelatœʀ] nm **a** (meuble) freezer, deep-freeze; (compartiment) freezer compartment ◆ **congeler** vt, **se congeler** vpr [5] **b** to freeze ◇ **poisson congelé** frozen fish.

congénère [kɔ̃ʒenɛʀ] nmf fellow creature ◆ **congénital, e**, mpl **-aux** adj congenital.

congère [kɔ̃ʒɛʀ] nf snowdrift.

congestion [kɔ̃ʒɛstjɔ̃] nf congestion ◇ ~ **(cérébrale)** stroke ◆ **congestionner** [1] vt (personne) to make flushed.

Congo [kɔ̃go] nm ◇ **le** ~ the Congo ◆ **congolais, e** adj, **C**~, **e** nm,f Congolese.

congratulations [kɔ̃gʀatylɑsjɔ̃] nfpl congratulations ◆ **congratuler** [1] vt to congratulate.

congrégation [kɔ̃gʀegɑsjɔ̃] nf congregation.

congrès [kɔ̃gʀɛ] nm congress.

conifère [kɔnifɛʀ] nm conifer.

conique [kɔnik] adj cone-shaped.

conjecture [kɔ̃ʒɛktyʀ] nf conjecture.

conjoint, e [kɔ̃ʒwɛ̃, wɛ̃t] **1** adj (action) joint **2** nm,f spouse ◇ **les** ~**s** the husband and wife.

conjonction [kɔ̃ʒɔ̃ksjɔ̃] nf conjunction.

conjoncture [kɔ̃ʒɔ̃ktyʀ] nf situation, circumstances ◇ **crise de** ~ economic crisis.

conjugaison [kɔ̃ʒygɛzɔ̃] nf conjugation.

conjugal, e, mpl **-aux** [kɔ̃ʒygal, o] adj conjugal.

conjuguer [kɔ̃ʒyge] [1] **1** vt (verbe) to conjugate; (combiner) to combine **2** **se conjuguer** vpr (efforts) to combine ◇ (verbe) **se** ~ **avec** to be conjugated with.

conjuration [kɔ̃ʒyʀɑsjɔ̃] nf conspiracy ◆ **conjurer** [1] vt (sort) to ward off ◇ ~ **qn de faire qch** to beseech sb to do sth ◆ **conjuré, e** nm,f conspirator.

connaissance [kɔnɛsɑ̃s] nf **a** ◇ (savoir) ~**(s)** knowledge; **avoir des** ~**s** to be knowledgeable **b** (personne) acquaintance **c** (conscience) consciousness ◇ **sans** ~ unconscious; **reprendre** ~ to regain consciousness **d** ◇ **pas à ma** ~ not to my knowledge, not as far as I know; **en** ~ **de cause** with full knowledge of the facts; **faire** ~ **avec qn** to meet sb; **prendre** ~ **de qch** to read sth ◆ **connaisseur** nm connoisseur.

connaître [kɔnɛtʀ(ə)] [57] vt **a** (gén) to know; (restaurant etc) to know of ◇ **connaît-il la nouvelle?** has he heard the news?; ~ **qn de vue** to know sb by sight; ~ **la vie** to know about life; **se faire** ~ to make o.s. known; **il m'a fait** ~ **son frère** he introduced me to his brother; **il connaît son affaire, il s'y connaît** he knows a lot about it; **bien connu** well-known **b** (succès) to enjoy, have; (privations) to experience.

connecter [kɔnɛkte] [1] vt to connect ◆ **connexion** nf connection.

connivence [kɔnivɑ̃s] nf connivance.

connotation [kɔnɔtɑsjɔ̃] nf connotation ◆ **connoter** [1] vt to connote.

conquérant [kɔ̃keʀɑ̃] nm conqueror ◆ **conquérir** [21] vt (gén) to conquer; (estime) to win; (fig: séduire) to win over ◆ **conquête** nf conquest ◇ **faire la** ~ **de** to conquer; to win over.

consacrer [kɔ̃sakʀe] [1] vt (Rel) to consecrate ◇ ~ **du temps à faire qch** to devote time to doing sth; **se** ~ **à sa famille** to devote o.s. to one's family; **expression consacrée** set phrase; **pouvez-vous me** ~ **un instant?** can you spare me a moment?

consciemment [kɔ̃sjamɑ̃] adv consciously.

conscience [kɔ̃sjɑ̃s] nf **a** (psychologique) consciousness ◇ **la** ~ **de qch** the awareness ou consciousness of sth; **avoir** ~ **que** to be aware ou conscious that, realize that **b** (morale) conscience ◇ **avoir mau-**

vaise ~ to have a bad ou guilty conscience; ~ **professionnelle** conscientiousness ◆ **consciencieux, -ieuse** adj conscientious ◆ **conscient, e** adj (non évanoui) conscious; (lucide) lucid ◇ ~ **de** conscious ou aware of.

conscription [kɔ̃skʀipsjɔ̃] nf conscription, draft (US) ◆ **conscrit** nm conscript, draftee (US).

consécration [kɔ̃sekʀɑsjɔ̃] nf consecration.

consécutif, -ive [kɔ̃sekytif, iv] adj consecutive ◇ ~ **à** following upon ◆ **consécutivement** adv consecutively.

conseil [kɔ̃sɛj] nm **a** ◇ **un** ~ some advice, a piece of advice; **sur mes** ~**s** on my advice **b** ◇ (personne) **ingénieur-**~ consulting engineer **c** (organisme) council, committee; (séance) meeting ◇ **tenir** ~ to hold a meeting; ~ **d'administration** board of directors; ~ **de classe** staff meeting; ~ **de discipline** disciplinary committee; ~ **des ministres** Cabinet meeting; ~ **municipal** town council.

1. **conseiller** [kɔ̃seje] [1] vt ◇ ~ **qch** to recommend sth; ~ **qn** to advise sb; ~ **à qn de faire qch** to advise sb to do sth; **il est conseillé de** it is advisable to.

2. **conseiller, -ère** [kɔ̃seje, kɔ̃sɛjɛʀ] nm,f (expert) adviser; (d'un conseil) councillor ◇ ~ **municipal** town councillor.

consensus [kɔ̃sɛ̃sys] nm consensus (of opinion).

consentement [kɔ̃sɑ̃tmɑ̃] nm consent ◆ **consentir** [16] **1** vi to agree, consent (*à* to) ◇ **êtes-vous consentant?** do you consent to it? **2** vt (prêt) to grant (*à* to).

conséquence [kɔ̃sekɑ̃s] nf (gén) consequence; (résultat) result; (conclusion) conclusion ◇ **en** ~ (donc) consequently; (agir) accordingly; **sans** ~ (fâcheuse) without repercussions; (sans importance) of no consequence ◆ **conséquent, e** adj (important) sizeable ◇ **par** ~ consequently.

conservateur, -trice [kɔ̃sɛʀvatœʀ, tʀis] **1** adj conservative **2** nm,f (musée) curator; (Pol) conservative **3** nm (produit chimique) preservative ◆ **conservatisme** nm conservatism.

conservatoire [kɔ̃sɛʀvatwaʀ] nm school, academy *(of music, drama)*.

conserve [kɔ̃sɛʀv] nf ◇ **les** ~**s** canned food; **mettre en** ~ (boîte) to can; (bocal) to bottle ◆ **conserver** [1] **1** vt (gén) to keep; (stocker) to store; (vitesse) to maintain; (espoir, sens) to retain ◇ (fig: personne) **bien conservé** well-preserved **2** **se conserver** vpr (aliments) to keep ◆ **conserverie** nf canning factory.

considérable [kɔ̃sideʀabl(ə)] adj huge, considerable.

considération [kɔ̃sideʀɑsjɔ̃] nf **a** (examen) consideration ◇ **prendre qch en** ~ to take sth into consideration ou account **b** (motif) consideration **c** ◇ (remarques) ~**s** reflections **d** (respect) esteem, respect ◆ **considérer** [6] vt **a** (gén) to consider ◇ **tout bien considéré** all things considered; **je le considère comme mon fils** I look upon him as my son; **considérant que** considering that **b** (respecter) to respect.

consigne [kɔ̃siɲ] nf (instructions) orders; (Scol: punition) detention; (bagages) left-luggage (office); (bouteille) deposit ◇ ~ **automatique** left-luggage lockers ◆ **consigner** [1] vt (fait) to record; (soldat) to confine to barracks; (élève) to keep in detention ◇ **bouteille consignée** returnable bottle.

consistance [kɔ̃sistɑ̃s] nf consistency ◆ **consistant, e** adj (repas) substantial; (nourriture) solid.

consister [kɔ̃siste] [1] vi ◇ (se composer de) ~ **en** to consist of, be made up of; (résider dans) ~ **dans** to consist in.

consolation [kɔ̃sɔlɑsjɔ̃] nf consolation.

console [kɔ̃sɔl] nf (gén) console ◇ (Ordin) ~ **de visualisation** visual display unit.

consoler [kɔ̃sɔle] [1] vt (personne) to console; (chagrin) to soothe ◇ **se** ~ **d'une perte** to be consoled for ou get over a loss.

consolidation [kɔ̃sɔlidɑsjɔ̃] nf strengthening; (accord) consolidation ◆ **consolider** [1] vt to strengthen; to consolidate.

consommateur, -trice [kɔ̃sɔmatœʀ, tʀis] nm,f (acheteur) consumer; (café) customer ◆ **consommation** nf consumption; (boisson) drink ◇ **prendre les** ~**s** to take the orders; **biens de** ~ consumer goods ◆ **consommer** [1] vt (gén) to consume; (nourriture) to eat; (boissons) to drink; (carburant) to use.

consonne [kɔ̃sɔn] nf consonant.

conspirateur, -trice [kɔ̃spiʀatœʀ, tʀis] nm,f conspirer, plotter ◆ **conspiration** nf conspiracy ◆ **conspirer** [1] vi to conspire, plot (*contre* against).

constamment [kɔ̃stamɑ̃] adv constantly.

constant, e [kɔ̃stɑ̃, ɑ̃t] **1** adj (gén) constant; (effort) steadfast **2** nf (Math) constant; (fig) permanent feature ◆ **constance** nf constancy, steadfastness.

constat [kɔ̃sta] nm report ◇ ~ **d'huissier** certified report ◆ **constatation** nf (remarque) observation ◇ **la** ~ **de qch** noticing sth ◆ **constater** [1] vt to note, notice, see; (par constat) to record; (décès) to certify.

constellation [kɔ̃stelɑsjɔ̃] nf constellation ◆ **constellé, e** adj ◇ ~ **de** (astres) studded with; (taches) spotted with.

consternation [kɔ̃stɛʀnasjɔ̃] nf consternation, dismay ◆ **consterner** 1 vt to dismay ◇ **air consterné** air of consternation ou dismay.

constipation [kɔ̃stipasjɔ̃] nf constipation ◆ **constiper** 1 vt to constipate ◆ **constipé, e** adj (péj: guindé) stiff; (Méd) constipated.

constituer [kɔ̃stitɥe] 1 **1** vt **a** (gouvernement) to form; (bibliothèque) to build up; (dossier) to make up ◇ **constitué de plusieurs morceaux** made up ou composed of several pieces; (physiquement) **bien constitué** of sound constitution **b** (délit, motif) to constitute **2** **se constituer** vpr ◇ **se ~ prisonnier** to give o.s. up ◆ **constitution** nf (composition) composition, make-up; (Méd, Pol) constitution ◇ **la ~ d'un comité** setting up a committee ◆ **constitutionnel, -elle** adj constitutional.

constructeur [kɔ̃stʀyktœʀ] nm (automobile) manufacturer; (maison) builder ◆ **constructif, -ive** adj constructive ◆ **construction** nf **a** (action) building, construction ◇ **en ~** under construction **b** ◇ (industrie) **la ~** the building trade; **les ~s navales** shipbuilding **c** (édifice) building.

construire [kɔ̃stʀɥiʀ] 38 vt to build, construct ◇ **ça se construit avec le subjonctif** it takes the subjunctive.

consul [kɔ̃syl] nm consul ◆ **consulaire** adj consular ◆ **consulat** nm consulate.

consultatif, -ive [kɔ̃syltatif, iv] adj consultative, advisory ◆ **consultation** nf consultation ◇ **d'une ~ difficile** difficult to consult; (Méd) **les heures de ~** surgery ou consulting hours.

consulter [kɔ̃sylte] 1 **1** vt to consult **2** vi (médecin) to hold surgery, be in (the office) (US) **3** **se consulter** vpr to consult each other.

consumer [kɔ̃syme] 1 **1** vt (incendie) to consume, burn; (fig) to consume ◇ **débris consumés** charred debris **2** **se consumer** vpr to burn.

contact [kɔ̃takt] nm (gén) contact; (toucher) touch ◇ (Aut) **mettre le ~** to switch on the ignition; **prendre ~** get in touch ou contact (*avec* with); **mettre en ~** (objets) to bring into contact; (relations d'affaires) to put in touch; **prise de ~** (entrevue) first meeting; **au ~ de l'air** in contact with (the) air ◆ **contacter** 1 vt to contact, get in touch with.

contagieux, -euse [kɔ̃taʒjø, øz] adj infectious; (par le contact) contagious ◆ **contagion** nf contagion.

contamination [kɔ̃taminasjɔ̃] nf contamination ◆ **contaminer** 1 vt to contaminate.

conte [kɔ̃t] nm tale, story ◇ (lit, fig) **~ de fée** fairy tale ou story.

contemplation [kɔ̃tɑ̃plasjɔ̃] nf contemplation ◆ **contempler** 1 vt to contemplate, gaze at.

contemporain, e [kɔ̃tɑ̃pɔʀɛ̃, ɛn] **1** adj contemporary (*de* with) **2** nm contemporary.

contenance [kɔ̃tnɑ̃s] nf (capacité) capacity; (attitude) attitude ◇ **perdre ~** to lose one's composure ◆ **contenant** nm ◇ **le ~** the container ◆ **conteneur** nm container.

contenir [kɔ̃tniʀ] 22 **1** vt (gén) to contain; (larmes) to hold back; (foule) to hold in check **2** **se contenir** vpr to contain o.s.

content, e [kɔ̃tɑ̃, ɑ̃t] **1** adj pleased, happy (*de* with) ◇ **non ~ d'être...** not content with being... **2** nm ◇ **avoir son ~ de qch** to have had one's fill of sth ◆ **contentement** nm contentment, satisfaction ◇ **~ de soi** self-satisfaction ◆ **contenter** 1 **1** vt to satisfy **2** **se contenter** vpr ◇ **se ~ de qch** to content o.s. with sth.

contentieux, -euse [kɔ̃tɑ̃sjø, øz] **1** adj contentious **2** nm (litige) dispute; (Comm) litigation.

contenu, e [kɔ̃tny] **1** adj (colère) suppressed **2** nm (récipient) contents; (texte) content.

conter [kɔ̃te] 1 vt ◇ **~ qch à qn** to tell sth to sb.

contestable [kɔ̃tɛstabl(ə)] adj questionable ◆ **contestataire** nmf protester ◆ **contestation** nf (discussion) dispute ◇ **la ~ des résultats** disputing the results; (Pol) **faire de la ~** to protest ◆ **conteste** nf ◇ **sans ~** unquestionably ◆ **contester** 1 **1** vt to question ◇ **roman très contesté** very controversial novel **2** vi to protest.

conteur, -euse [kɔ̃tœʀ, øz] nm,f (écrivain) storywriter; (narrateur) storyteller.

contexte [kɔ̃tɛkst(ə)] nm context.

contigu, -uë [kɔ̃tigy] adj adjacent (*à* to).

continent [kɔ̃tinɑ̃] nm continent ◇ (terre ferme) **le ~** the mainland ◆ **continental, e,** mpl **-aux** adj continental.

contingence [kɔ̃tɛ̃ʒɑ̃s] nf (gén) contingency.

contingent [kɔ̃tɛ̃ʒɑ̃] nm (quota) quota; (part) share; (Mil) contingent ◆ **contingenter** 1 vt to fix a quota on.

continu, e [kɔ̃tiny] adj (gén) continuous; (ligne) unbroken ◆ **continuel, -elle** adj (continu) continuous; (qui se répète) continual ◆ **continuellement** adv continuously; continually.

continuer [kɔ̃tinɥe] 1 **1** vt to continue ◇ **~ son chemin** to go on, continue on one's way **2** vi to continue, go on ◇ **~ de ou à manger** to keep on ou continue eating **3** **se continuer** vpr to go on, continue.

contorsion [kɔ̃tɔʀsjɔ̃] nf contortion.

contour [kɔ̃tuʀ] nm outline, contour ◆ **contourner** 1 vt to go round.

contraceptif, -ive [kɔ̃tʀasɛptif, iv] adj, nm contraceptive ◆ **contraception** nf contraception.

contracter [kɔ̃tʀakte] [1] **1** vt (muscle) to tense; (dette, maladie) to contract; (assurance) to take out **2** **se contracter** vpr (muscle) to tense; (Phys: corps) to contract ◆ **contraction** nf (action) tensing; (état) tenseness; (spasme) contraction.

contractuel, -elle [kɔ̃tʀaktɥɛl] nm,f (Police) ≃ traffic warden.

contradiction [kɔ̃tʀadiksjɔ̃] nf contradiction ◇ **être en ~ avec** to contradict ◆ **contradictoire** adj contradictory.

contraignant, e [kɔ̃tʀɛɲɑ̃, ɑ̃t] adj restricting, constraining ◆ **contraindre** [52] vt ◇ **~ qn à faire qch** to force ou compel sb to do sth; **se ~** to restrain o.s. ◆ **contraint**, 1. **~e** adj constrained, forced ◆ 2. **contrainte** nf constraint ◇ **sous la ~** under constraint ou duress; **sans ~** unrestrainedly, without restraint ou constraint.

contraire [kɔ̃tʀɛʀ] **1** adj (gén) opposite; (vent, action) contrary; (intérêts) conflicting ◇ **~ à la santé** bad for the health **2** nm opposite ◇ **c'est tout le ~** it's just the opposite; **au ~** on the contrary ◆ **contrairement** adv ◇ **~ à** contrary to; **~ aux autres...** unlike the others....

contrarier [kɔ̃tʀaʀje] [7] vt (personne) to annoy; (projets) to frustrate, thwart; (mouvement) to impede ◆ **contrariété** nf annoyance.

contraste [kɔ̃tʀast(ə)] nm (gén) contrast ◇ **en ~ avec** in contrast to ◆ **contraster** [1] vti to contrast.

contrat [kɔ̃tʀa] nm (document) contract; (fig: accord) agreement.

contravention [kɔ̃tʀavɑ̃sjɔ̃] nf (Aut) fine; (de stationnement) parking ticket ◇ **dresser ~ à qn** to fine sb.

contre [kɔ̃tʀ(ə)] **1** prép et adv **a** (contact) against ◇ **appuyez-vous ~** lean against ou on it; **joue ~ joue** cheek to cheek **b** (hostilité) against ◇ (Sport) **Poitiers ~ Lyon** Poitiers versus ou against Lyons; **en colère ~ qn** angry with sb **c** ◇ (protection) **s'abriter ~ le vent** to shelter from the wind; **des comprimés ~ la grippe** tablets for flu **d** (échange) (argent) in exchange for; (promesse) in return for **e** ◇ (rapport) **1 bon ~ 3 mauvais** 1 good one for 3 bad ones; **9 voix ~ 4** 9 votes to 4 **f** ◇ **~ toute apparence** despite appearances; **par ~** on the other hand **2** préf counter- ◇ **~-attaque** etc counter-attack etc; **~-indication** contraindication; **à ~-jour** against the sunlight; **~-performance** substandard performance; **prendre le ~-pied de ce que dit qn** to say exactly the opposite of sb else; **~-plaqué** plywood.

contrebalancer [kɔ̃tʀəbalɑ̃se] [3] vt (poids) to counterbalance; (influence) to offset.

contrebande [kɔ̃tʀəbɑ̃d] nf ◇ **faire de la ~** to do some smuggling; **produits de ~** smuggled goods ◆ **contrebandier** nm smuggler.

contrebas [kɔ̃tʀəbɑ] nm ◇ **en ~ (de)** below.

contrebasse [kɔ̃tʀəbɑs] nf double bass.

contrecarrer [kɔ̃tʀəkaʀe] [1] vt to thwart.

contrecœur [kɔ̃tʀəkœʀ] adv ◇ **à ~** reluctantly.

contrecoup [kɔ̃tʀəku] nm repercussions.

contredire [kɔ̃tʀədiʀ] [37] vt (personne) to contradict; (faits) to be at variance with.

contrée [kɔ̃tʀe] nf (pays) land; (région) region.

contrefaçon [kɔ̃tʀəfasɔ̃] nf (gén) imitation; (falsification) forgery ◆ **contrefaire** [60] vt to imitate; (falsifier) to counterfeit, forge.

contrefort [kɔ̃tʀəfɔʀ] nm (voûte) buttress ◇ (Géog) **~s** foothills.

contremaître [kɔ̃tʀəmɛtʀ(ə)] nm foreman.

contrepartie [kɔ̃tʀəpaʀti] nf ◇ **en ~** (échange) in return; (compensation) in compensation (*de* for).

contrepoids [kɔ̃tʀəpwa] nm counterweight, counterbalance ◇ **faire ~** to act as a counterbalance.

contrepoison [kɔ̃tʀəpwazɔ̃] nm antidote.

contrer [kɔ̃tʀe] [1] vt to counter.

contresens [kɔ̃tʀəsɑ̃s] nm (traduction) mistranslation ◇ (Aut) **à ~** the wrong way.

contretemps [kɔ̃tʀətɑ̃] nm (retard) hitch.

contrevenant, e [kɔ̃tʀəvnɑ̃, ɑ̃t] nm,f offender ◆ **contrevenir** [22], **~ à** vt indir to contravene.

contrevent [kɔ̃tʀəvɑ̃] nm (volet) shutter.

contribuable [kɔ̃tʀibɥabl(ə)] nmf taxpayer.

contribuer [kɔ̃tʀibɥe] [1], **~ à** vt indir to contribute towards ◆ **contribution** nf **a** (participation) contribution ◇ **mettre qn à ~** to make use of sb **b** ◇ (impôts) **~s** (commune) rates; (local) taxes (US); (État) **taxes** (bureaux) tax office.

contrit, e [kɔ̃tʀi, it] adj contrite ◆ **contrition** nf contrition.

contrôle [kɔ̃tʀol] nm (gén) control; (vérification) check; (billets) inspection; (opérations) supervision; (Théât: bureau) booking office ◇ **~ d'identité** identity check; **le ~ de la qualité** quality check; **garder le ~ de qch** to remain in control of sth ◆ **contrôler** [1] vt to control; to check; to inspect; to supervise ◇ **se ~** to control o.s. ◆ **contrôleur, -euse** nm,f inspector.

contrordre [kɔ̃tʀɔʀdʀ(ə)] nm counter-order.

controverse [kɔ̃tʀɔvɛʀs(ə)] nf controversy ◆ **controversé, e** adj much debated.

ntumace [kɔ̃tymas] nf ◇ (Jur) **par ~** in (ou her etc) absence.

ntusion [kɔ̃tyzjɔ̃] nf bruise ◆ **ıtusionner** [1] vt to bruise.

nurbation [kɔnyʀbasjɔ̃] nf conurbation.

nvaincant, e [kɔ̃vɛ̃kɑ̃, ɑ̃t] adj convin-g.

nvaincre [kɔ̃vɛ̃kʀ(ə)] [42] vt to convince *qch* of sth) ◇ **~ qn de faire qch** to rsuade sb to do sth ◆ **convaincu, e** adj ıvinced.

nvalescence [kɔ̃valesɑ̃s] nf convacence ◇ **être en ~** to be convalescing; **ıison de ~** convalescent home ◆ **nvalescent, e** adj, nm,f convalescent.

nvenable [kɔ̃vnabl(ə)] adj (approprié) ıtable; (acceptable) decent, acceptable ◆ **nvenablement** adv suitably; decently, ceptably.

nvenance [kɔ̃vnɑ̃s] nf ◇ **est-ce à votre ?** is it to your liking?; **les ~s** (préférences) eferences; (sociales) the proprieties.

nvenir [kɔ̃vniʀ] [22] **1** **convenir à** vt indir **~ à qn** (offre) to suit sb; (lecture) to be ıtable for sb; (climat) to agree with sb; ıte) to be convenient for sb **2** **convenir** vt indir (erreur) to admit; (date, lieu) to ree upon ◇ **comme convenu** as agreed vb impers ◇ **il convient de faire** (il vaut eux) it's advisable to do; (il est bienséant it is polite to do.

nvention [kɔ̃vɑ̃sjɔ̃] nf (gén) agreement; cite) understanding; (Art, Pol, bienséance) nvention ◆ **conventionné, e** adj (Méd) ≃ ational Health ◇ **prix ~** govern-ent-regulated price ◆ **conventionnel, lle** adj conventional.

nvergence [kɔ̃vɛʀʒɑ̃s] nf convergence **convergent, e** adj convergent ◆ **nverger** [3] vi (gén) to converge; (regards) focus (*sur* on).

nversation [kɔ̃vɛʀsasjɔ̃] nf (gén) nversation; (Pol) talk ◇ **dans la ~ urante** in informal speech ◆ **converser** vi to converse (*avec* with).

nversion [kɔ̃vɛʀsjɔ̃] nf conversion ◆ **nvertible** **1** adj convertible (*en* into) **2** ı (canapé) bed-settee ◆ **convertir** [2] **1** vt convert (*à* to; *en* into) **2** **se convertir** r to be converted (*à* to).

onvexe [kɔ̃vɛks(ə)] adj convex.

onviction [kɔ̃viksjɔ̃] nf conviction.

onvier [kɔ̃vje] [7] vt ◇ **~ à** to invite to ◆ **nvive** nmf guest.

onvivial, e, mpl **-aux** [kɔ̃vivjal, o] adj rdin) user-friendly ◆ **convivialité** nf ıpports) social interaction; (Ordin) ser-friendliness.

onvocation [kɔ̃vɔkasjɔ̃] nf (gén) ımmons; (candidat) notification to attend **la ~ de l'assemblée** convening the ssembly.

convoi [kɔ̃vwa] nm (funèbre) funeral procession; (train) train; (véhicules) convoy.

convoiter [kɔ̃vwate] [1] vt to covet ◆ **convoitise** nf ◇ **la ~** covetousness; **regard de ~** covetous look.

convoquer [kɔ̃vɔke] [1] vt (assemblée) to convene; (membre) to invite (*à* to); (candidat) to ask to attend; (prévenu, subordonné) to summon.

convoyer [kɔ̃vwaje] [8] vt to escort.

convulsif, -ive [kɔ̃vylsif, iv] adj convulsive ◆ **convulsion** nf convulsion.

coopératif, -ive [kɔɔpeʀatif, iv] adj, nf cooperative ◆ **coopération** nf cooperation ◆ **coopérer** [6] vi to cooperate (*à* in).

coordination [kɔɔʀdinasjɔ̃] nf coordination ◆ **coordonnées** nfpl (Math) coordinates; (adresse) whereabouts ◆ **coordonner** [1] vt to coordinate.

copain [famil], **copine** [kɔpɛ̃, in] [famil] **1** nm,f pal [famil], chum [famil], buddy [famil] (US) **2** adj ◇ **~ avec** pally [famil] with.

copeau, pl **~x** [kɔpo] nm (bois) shaving; (métal) turning.

copie [kɔpi] nf (exemplaire) copy; (imitation) imitation; (feuille) sheet of paper ◇ (Scol) **rendre sa ~** to hand in one's paper; **prendre ~ de** to make a copy of; **c'est la ~ de sa mère** she's the image of her mother ◆ **copier** [7] vt (gén) to copy; (Scol) to crib (*sur* from) ◇ **~ qch au propre** to make a fair copy of sth; **vous me la copierez!** [famil] that's one to remember! ◆ **copieur, -euse** nm,f (Scol) cribber.

copieux, -euse [kɔpjø, øz] adj (gén) copious; (repas) hearty.

copilote [kɔpilɔt] nmf co-pilot; (Aut) navigator.

copine [kɔpin] nf [famil] → **copain** [famil].

coq [kɔk] nm cock; (cuisinier) ship's cook ◇ **être comme un ~ en pâte** to be in clover; **sauter du ~ à l'âne** to jump from one subject to another; **~ au vin** coq au vin.

coque [kɔk] nf **a** (bateau) hull; (avion) fuselage ◇ (Culin) **à la ~** boiled **b** (mollusque) cockle ◆ **coquetier** nm egg cup.

coquelicot [kɔkliko] nm poppy.

coqueluche [kɔklyʃ] nf whooping cough.

coquet, -ette [kɔkɛ, ɛt] adj (joli) pretty; (élégant) smart, stylish; (par tempérament) clothes-conscious ◇ **~ revenu** [famil] tidy income [famil].

coquillage [kɔkijaʒ] nm (coquille) shell ◇ (mollusque) **~(s)** shellfish.

coquille [kɔkij] nf (gén) shell; (Typ) misprint ◇ **~ Saint-Jacques** (animal) scallop; (carapace) scallop shell ◆ **coquillettes** nfpl pasta shells.

coquin, e [kɔkɛ̃, in] **1** adj (malicieux) mischievous; (grivois) naughty **2** nm,f rascal.

cor [kɔʀ] nm a (Mus) horn ◇ ~ **anglais** cor anglais; ~ **de chasse** hunting horn; ~ **d'harmonie** French horn; **demander qch à ~ et à cri** to clamour for sth b ◇ ~ **au pied** corn.

corail, pl **-aux** [kɔʀaj, o] nm, adj inv coral.

coran [kɔʀɑ̃] nm Koran.

corbeau, pl **~x** [kɔʀbo] nm (gén) crow ◇ **grand** ~ raven.

corbeille [kɔʀbɛj] nf basket ◇ ~ **à papiers** waste paper basket.

corbillard [kɔʀbijaʀ] nm hearse.

cordage [kɔʀdaʒ] nm rope ◇ (voilure) **~s** rigging.

corde [kɔʀd(ə)] nf (câble, matière) rope; (raquette etc) string ◇ ~ **à linge** clothes line; ~ **à sauter** skipping rope; **~s vocales** vocal cords; **monter à la** ~ to climb a rope; **les (instruments à) ~s** the stringed instruments, the strings; **avoir plusieurs ~s à son arc** to have more than one string to one's bow; **c'est dans ses ~s** it's in his line; **prendre un virage à la** ~ to hug the bend; **il pleut des ~s** [famil] it's pouring ◆ **cordée** nf roped party ◆ **cordelette** nf cord.

cordial, **e**, mpl **-iaux** [kɔʀdjal, jo] 1 adj warm, cordial 2 nm cordial ◆ **cordialité** nf warmth, cordiality.

cordon [kɔʀdɔ̃] nm (rideau) cord; (tablier) tie; (sac) string; (souliers) lace; (soldats) cordon; (décoration) ribbon ◇ ~ **de sonnette** bell-pull; **tenir les ~s de la bourse** to hold the purse strings; **~-bleu** nm [famil] cordon-bleu cook.

cordonnerie [kɔʀdɔnʀi] nf (boutique) shoe-mender's (shop); (métier) shoemending ◆ **cordonnier** nm shoemender, cobbler.

Corée [kɔʀe] nf a Korea ◇ **la ~ du Sud/du Nord** South/North Korea ◆ **coréen, -enne** adj, **C~, -enne** nm,f b Korean.

coriace [kɔʀjas] adj (lit, fig) tough.

corne [kɔʀn(ə)] nf (gén) horn; (cerf) antler; (page) dog-ear; (peau dure) hard skin ◇ **bête à ~** horned animal; ~ **d'abondance** horn of plenty; ~ **à chaussures** shoehorn.

cornée [kɔʀne] nf cornea.

corneille [kɔʀnɛj] nf crow.

cornemuse [kɔʀnəmyz] nf bagpipes ◇ **joueur de ~** bagpiper.

1. **corner** [kɔʀne] 1 1 vt (livre) to make dog-eared 2 vi (Aut) to sound one's horn.

2. **corner** [kɔʀnɛʀ] nm (Ftbl) corner.

cornet [kɔʀnɛ] nm (récipient) cornet ◇ ~ **acoustique** ear trumpet; ~ **à dés** dice cup; ~ **à pistons** cornet.

corniche [kɔʀniʃ] nf (Archit) cornice; (Géog) ledge.

cornichon [kɔʀniʃɔ̃] nm gherkin; (famil: bête) nitwit [famil].

corolle [kɔʀɔl] nf corolla.

corporation [kɔʀpɔʀasjɔ̃] nf profession body.

corporel, **-elle** [kɔʀpɔʀɛl] adj (châtime corporal; (besoin) bodily.

corps [kɔʀ] nm a (gén, Chim, fig) bod (cadavre) corpse ◇ ~ **gras** grea substance; ~ **de bâtiment** building; (M **un ~ à ~** a hand-to-hand fight; **tremb de tout son ~** to tremble all over; **donner ~ et âme à qch** to give o.s. hea and soul to sth; **donner ~ à qch** to gi substance to sth; **prendre ~** to tak shape; **à mon ~ défendant** against m will b (armée) corps; (profession) professi ◇ ~ **diplomatique** diplomatic corps; **électoral** electorate; **le ~ enseignant** th teaching profession; ~ **sapeurs-pompiers** fire brigade.

corpulence [kɔʀpylɑ̃s] nf stoutnes corpulence ◇ **de moyenne** ~ of mediu build ◆ **corpulent, e** adj stout, corpulent.

correct, **e** [kɔʀɛkt, ɛkt(ə)] adj (gén) corre (réponse) right; (fonctionnement, tenue) prop ◆ **correctement** adv correctly; properly

correcteur, **-trice** nm,f (examen) marke (Typ) proofreader ◇ (Ordin) ~ **d'orthogr phe** ou **orthographique** spellchecke spelling checker ◆ **correction** nf (gé correction; (châtiment) hiding; (Ty proofreading; (examen) marking; (résult correctness; (tenue) propriety

correctionnel, le adj ◇ **le tribunal** ~ th criminal court.

correspondance [kɔʀɛspɔ̃dɑ̃s] nf (confo mité, lettres) correspondence; (rappo relation, connection; (transpor connection ◇ **cours par** ~ correspon ence course ◆ **correspondant, e** 1 a corresponding 2 nm,f (gén, Press correspondent; (Scol) penfriend.

correspondre [kɔʀɛspɔ̃dʀ(ə)] 41 1 **co respondre à** vt indir (goûts) to su (description) to fit; (dimension) to correspor to 2 vi (écrire) to correspond; (chambres) communicate (*avec* with) 3 **correspondre** vpr to communicate.

corrida [kɔʀida] nf bullfight.

corridor [kɔʀidɔʀ] nm corridor.

corriger [kɔʀiʒe] 3 vt (gén) to correc (punir) to beat; (Typ) to proofread; (exame to mark; (abus) to remedy ◇ ~ **qn de q** to cure sb of sth ◆ **corrigé** nm (exercic correct version; (traduction) fair copy **recueil de ~s** key to exercises.

corroborer [kɔʀɔbɔʀe] 1 vt to corrob rate.

corroder [kɔʀɔde] 1 vt to corrode.

corrompre [kɔʀɔ̃pʀ(ə)] 4 vt (gén) corrupt; (témoin) to bribe ◆ **corrompu**, adj corrupt.

corrosif, **-ive** [kɔʀosif, iv] adj corrosiv (fig) caustic ◆ **corrosion** nf corrosion.

orruption [kɔʀypsjɔ̃] nf corruption.

orsage [kɔʀsaʒ] nm blouse.

orsaire [kɔʀsɛʀ] nm privateer.

:orse [kɔʀs(ə)] nf a Corsica ◆ **corse** adj, ~ nmf b Corsican.

orser [kɔʀse] 1 vt (difficulté) to increase ◇ **a se corse** things are hotting up ◆ **corsé,** adj (vin) full-bodied; (café) strong; (mets, stoire) spicy; (problème) stiff.

orset [kɔʀsɛ] nm corset.

ortège [kɔʀtɛʒ] nm (gén) procession; rince) retinue ◇ ~ **de** series of.

:orvée [kɔʀve] nf (Mil) fatigue duty; (gén) hore ◇ **quelle ~!** what a chore!

:osmétique [kɔsmetik] 1 adj cosmetic 2 n hair oil.

:osmique [kɔsmik] adj cosmic ◆ **cos-ionaute** nmf cosmonaut ◆ **cosmopolite** dj cosmopolitan ◆ **cosmos** nm (univers) osmos; (Espace) outer space.

:osse [kɔs] nf (pois) pod.

:ossu, e [kɔsy] adj (personne) well-off; naison) grand.

Costa Rica [kɔsta ʀika] nm a Costa Rica ◆ **costaricien, -ienne** adj, **C~, -ienne** nm,f b Costa Rican.

:ostaud, e [kɔsto, od] adj [famil] strong, turdy.

:ostume [kɔstym] nm suit; (folklorique, 'acteur) costume ◆ **costumer** 1 vt ◇ ~ **n en** to dress sb up as; **se ~ en** to dress p as; **être costumé** to be wearing fancy lress.

:otation [kɔtasjɔ̃] nf (Bourse) quotation.

:ote [kɔt] nf a (Bourse) (cours) quotation; iste) share index; (cheval) odds (*de* on); ilm, popularité) rating ◇ **avoir la ~** [famil] to e very popular (*auprès de* with) b (carte) pot height; (croquis) dimensions; bibliothèque) classification mark ◇ ~ **l'alerte** danger mark; ~ **mal taillée** ough-and-ready settlement.

:ôte [kot] nf a rib; (veau, agneau) cutlet; nouton, porc) chop ◇ **se tenir les ~s de rire** o roar with laughter; ~ **à** ~ side by side b (colline) slope; (route) hill; (littoral) coast ◇ **a ~ d'Azur** the Riviera; **la C~-d'Ivoire** the vory Coast.

:ôté [kote] 1 nm a side ◇ **chambre ~ rue** oom overlooking the street; **se mettre du ~ du plus fort** to side with the strongest; **es bons ~s de qch** the good points of sth; **rendre qch du bon ~** to take sth well; **par ertains ~s** in some respects ou ways; **l'un ~... d'un autre ~...** on the one hand... n the other hand...; **du ~ santé** [famil] as ar as my health is concerned b ◇ direction) **de ce ~-ci** this way; **de l'autre ~** he other way, in the other direction; **aller lu ~ de la mer** to go towards the sea; **de ous ~s** everywhere; **de mon ~** for my part 2 **à côté** adv nearby ◇ **les gens d'à ~** the people next door; **à ~ de qch** next to sth, beside sth; (comparaison) compared to sth; **viser** ou **passer à ~ de qch** to miss sth; **à ~ de la question** off the point 3 **de côté** adv (se tourner) sideways; (sauter, laisser) aside, to one side ◇ **mettre qch de ~** to put sth aside.

coteau, pl **~x** [kɔto] nm (colline) hill; (versant) hillside.

côtelette [kotlɛt] nf (mouton, porc) chop; (veau, agneau) cutlet.

coter [kɔte] 1 vt (Bourse) to quote ◇ (fig) **bien coté** highly thought of; **coté à l'Argus** listed in the secondhand car book ou in the Blue Book (US).

côtier, -ière [kotje, jɛʀ] adj (pêche) inshore; (navigation, région) coastal.

cotisation [kɔtizasjɔ̃] nf (club) subscription; (sécurité sociale) contribution ◆ **cotiser** 1 1 vi to subscribe, pay one's subscription ou contributions (*à* to) 2 **se cotiser** vpr to club together.

coton [kɔtɔ̃] 1 nm (gén) cotton; (tampon) cotton-wool swab ◇ ~ **hydrophile** cotton wool, absorbent cotton (US); **j'ai les jambes en ~** my legs feel like cotton wool 2 adj (famil: ardu) stiff [famil] ◆ **cotonnade** nf cotton fabric.

côtoyer [kotwaje] 8 vt to be next to ◇ ~ **la malhonnêteté** to be bordering ou verging on dishonesty.

cotte [kɔt] nf (salopette) dungarees.

cou [ku] nm neck ◇ **jusqu'au ~** up to one's neck; **~-de-pied** [nm] instep.

couchage [kuʃaʒ] nm (installation) sleeping arrangements.

couchant [kuʃɑ̃] 1 adj ◇ **soleil ~** setting sun 2 nm ◇ **le ~** the west.

couche [kuʃ] nf a (gén) layer; (peinture) coat ◇ ~ **d'ozone** ozone layer; ~ **sociale** social stratum; **en tenir une ~** [famil] to be really thick [famil] b (lit) bed; (Horticulture) hotbed c (bébé) nappy, diaper (US) d ◇ (accouchement) **mourir en ~s** to die in childbirth.

coucher [kuʃe] 1 1 vt a (mettre au lit) to put to bed; (héberger) to put up ◇ **être couché** to be in bed b (blessé) to lay out; (échelle etc) to lay down ◇ **être couché** to be lying c (inscrire) to inscribe d ◇ ~ **en joue** (fusil) to aim; (personne) to aim at 2 vi (dormir) to sleep (*avec* with) 3 **se coucher** vpr to go to bed; (s'étendre) to lie down; (soleil, lune) to set, go down 4 nm ◇ **le moment du ~** bedtime; **au ~ du soleil** at sunset ou sundown (US) ◆ **couchette** nf (voyageur) couchette, berth; (marin) bunk.

coucou [kuku] nm (oiseau) cuckoo; (pendule) cuckoo clock; (péj: avion) old crate; (fleur) cowslip ◇ **~ me voici!** peek-a-boo!

coude [kud] nm (Anat) elbow; (route, tuyau) bend ◇ (fig) **se serrer les ~s** to stick together; **~ à ~** shoulder to shoulder.

coudre [kudʀ(ə)] [48] vt to sew.

couenne [kwan] nf (lard) rind.

couette [kwɛt] nf a ◇ (cheveux) **~s** bunches b (lit) continental quilt.

couffin [kufɛ̃] nm (bébé) Moses basket.

couiner [kwine] [1] vi to squeal.

coulée [kule] nf (métal) casting ◇ **~ de lave** lava flow; **~ de boue** mud slide.

couler [kule] [1] 1 vi a (liquide, paroles) to flow; (sueur, robinet, nez, fromage) to run; (fuir) to leak ◇ **faire ~** (bain) to run; (fig) **faire ~ le sang** to cause bloodshed; **ça coule de source** it's obvious b (bateau, personne) to sink; (firme) to go bank rupt 2 vt a (ciment) to pour; (métal, statue) to cast b (bateau) to sink; (candidat) to fail; (firme) to wreck c ◇ **~ des jours heureux** to enjoy happy days 3 **se couler** vpr ◇ **se ~ dans qch** to slip into sth ♦ **coulant, e** 1 adj (pâte) runny; ([famil]: indulgent) easy-going 2 nm (ceinture) sliding loop.

couleur [kulœʀ] nf (gén, fig) colour; (Cartes) suit ◇ **de ~ claire** light-coloured; **film en ~s** colour film; **gens de ~** coloured people; **les ~s** (linge) coloureds; (emblème) the colours; **boîte de ~s** paintbox; **~ locale** local colour; **sous ~ de faire** while pretending to do.

couleuvre [kulœvʀ(ə)] nf grass snake.

coulisse [kulis] nf ◇ (Théât) **~(s)** wings; **porte à ~** sliding door ♦ **coulisser** [1] vi (porte) to slide.

couloir [kulwaʀ] nm corridor, passage; (pour voitures) lane.

coup [ku] 1 nm a (choc) knock; (affectif, hostile) blow ◇ **~ de pied** kick; **~ de poing** punch; **donner un ~** to hit, bang (*sur* on); **d'un ~ de genou** etc with a nudge ou thrust of his knee etc; **recevoir un ~ de couteau** to be knifed; **sous le ~ de la surprise** gripped by surprise; **~ de feu** shot; **tuer qn d'un ~ de feu** to shoot sb dead b ◇ (avec instrument) **~ de crayon** stroke of a pencil; **~ de marteau** blow of a hammer; **~ de peinture** coat of paint; **~ de téléphone** phone call; **passer un ~ de chiffon à qch** to give sth a wipe; **donner un ~ de frein** to brake c (Golf, Tennis) stroke; (Boxe) punch; (Échecs) move ◇ **~ d'envoi** kick-off; **~ franc** free kick d ◇ (bruit) **~ de tonnerre** (lit) thunderclap; (fig) bombshell; **~ de sonnette** ring; **les douze ~s de midi** the twelve strokes of noon e ◇ (produit par les éléments) **~ de vent** gust of wind; **~(s) de soleil** sunburn; **prendre un ~ de froid** to catch a chill f (entreprise) (cambrioleurs) job [famil]; (contre qn) trick ◇ **tenter le ~** [famil] to have a go [famil]; **être dans le ~** to be in on it; **faire un sale ~ à qn** to play a dirty trick on sb g ◇ (famil: verre) **boire un ~** to have a drink h (famil: fois) time ◇ **à tous les ~s** every time; **pour un ~** for once; **rire un bon ~** to have a good laugh i ◇ (locutions) **à ~ sûr** definitely; **après ~** after the event; **~ sur ~** in quick succession; **sur le ~** (alors) at the time; (tué) instantly; **d'un seul ~** at one go; **tout à ~** all of a sudden; **tenir le ~** to hold out; **avoir le ~ (de main)** to have the knack 2 comp: **~ d'arrêt** sharp check; **~ de chance** stroke of luck; (lit, fig) **~ de dés** toss of the dice; **~ d'essai** first attempt; **~ d'État** coup (d'état); **~ de force** armed takeover; (fig) **~ de foudre** love at first sight; (lit, fig) **~ de grâce** finishing blow; **~ de main** (aide) helping hand; (raid) raid **~ de maître** master stroke; **~ d'œil** (regard) glance; (spectacle) view.

coupable [kupabl(ə)] 1 adj guilty (*de* of); (négligence) culpable 2 nmf (Jur) guilty party; (fig) culprit.

coupage [kupaʒ] nm (action) blending; (avec de l'eau) dilution; (résultat) blend.

coupant, e [kupɑ̃, ɑ̃t] adj (lame, ton) sharp.

1. **coupe** [kup] nf (à fruits) dish; (contenu) dishful; (à boire) goblet; (Sport) cup.

2. **coupe** [kup] nf (action) cutting; (résultat) cut; (section) section ◇ **~ de cheveux** haircut; **être sous la ~ de qn** to be under sb's control ♦ **coupe-faim** nm inv appetite suppressant ♦ **coupe-feu** nm inv firebreak ♦ **coupe-papier** nm inv paper knife ♦ **coupe-vent** nm inv (vêtement) windcheater, windbreaker (US).

coupé [kupe] nm coupé.

couper [kupe] [1] 1 vt a (gén) to cut; (séparer, supprimer) to cut off; (route) to cut across; (arbre) to cut down; (rôti) to carve; (appétit) to take away ◇ **se faire ~ les cheveux** to get one's hair cut; (Aut) **~ le contact** to switch off the ignition; **~ les ponts avec qn** to break off communications with sb b (voyage) to break; (journée) to break up c (vin) to blend; (avec de l'eau) to dilute d ◇ (locutions) **~ les bras à qn** to dishearten sb; **~ la poire en deux** to meet halfway; **~ les cheveux en quatre** to split hairs; **~ l'herbe sous le pied à qn** to cut the ground from under sb's feet; **~ la parole à qn** to cut sb short; **~ le souffle à qn** (lit) to wind sb; (fig) to take sb's breath away 2 **couper à** vt indir ◇ **tu n'y couperas pas** you won't get out of it; **~ court à qch** to cut sth short 3 vi (gén) to cut; (jouer atout) to trump ◇ **~ au plus court** to take the quickest way 4 **se couper** vpr to cut o.s.; (se trahir) to give o.s. away ◇ **se ~ les ongles** to cut one's nails.

couperet [kupʀɛ] nm (boucher) cleaver, chopper; (guillotine) blade.

couple [kupl(ə)] nm (gén) couple; (patineurs) pair ♦ **coupler** [1] vt to couple together.

couplet [kuplɛ] nm (chanson) verse.

coupole [kupɔl] nf dome.

coupon [kupɔ̃] nm (Couture) roll; (ticket) coupon ◇ ~**-réponse** [nm] reply coupon.

coupure [kupyʀ] nf (gén) cut; (fig: fossé) break; (billet de banque) note; (de journal) cutting ◇ ~ **de courant** power cut.

cour [kuʀ] nf **a** (gén) courtyard; (gare) forecourt; (caserne) square ◇ ~ **de récréation** playground **b** (Jur) court ◇ ~ **d'appel** Court of Appeal; ~ **martiale** court martial **c** (roi) court ◇ **faire la** ~ **à qn** to court sb.

courage [kuʀaʒ] nm courage ◇ (ardeur) **entreprendre qch avec** ~ to undertake sth with a will; **je ne m'en sens pas le** ~ I don't feel up to it; ~! cheer up!; **perdre** ~ to lose heart ◆ **courageusement** adv courageously ◆ **courageux, -euse** adj courageous.

couramment [kuʀamɑ̃] adv (parler) fluently; (se produire) commonly.

courant, e [kuʀɑ̃, ɑ̃t] **1** adj **a** (banal) common; (dépenses, usage) everyday; (modèle) standard ◇ **pas** ~ uncommon **b** (en cours) (année) current ◇ **votre lettre du 5** ~ your letter of the 5th inst **2** nm (cours d'eau, électricité) current; (opinions) trend ◇ ~ **continu/alternatif** direct/alternating current; ~ **littéraire** literary movement; **un** ~ **de sympathie** a wave of sympathy; **couper le** ~ to cut off the power; **dans le** ~ **du mois** in the course of the month; **être au** ~ **de qch** to know about sth; **mettre qn au** ~ **de** to tell sb about; **il se tient au** ~ he keeps himself up to date ou informed.

courbature [kuʀbatyʀ] nf ache ◆ **courbaturé, e** adj aching.

courbe [kuʀb(ə)] **1** adj curved **2** nf **a** curve ◆ **courber** vti, **se courber** vpr [1] **b** to bend ◇ ~ **la tête** to bow ou bend one's head.

coureur, -euse [kuʀœʀ, øz] nm,f (Athlétisme) runner ◇ ~ **automobile** racing (-car) driver; ~ **cycliste** racing cyclist; ~ **de fond** long-distance runner.

courge [kuʀʒ(ə)] nf (plante) gourd; (Culin) marrow, squash (US) ◆ **courgette** nf courgette, zucchini (US).

courir [kuʀiʀ] [11] **1** vi **a** (gén) to run; (Aut, Cyclisme) to race ◇ **sortir en courant** to run out; ~ **à toutes jambes** to run like the wind; ~ **chercher le docteur** to rush ou run for the doctor; **faire qch en courant** to do sth in a rush **b** ◇ ~ **à l'échec** to be heading for failure; ~ **sur ses 20 ans** to be approaching 20; **faire** ~ **un bruit** to spread a rumour; **le bruit court que...** there is a rumour going round that...; **par les temps qui courent** nowadays; **tu peux toujours** ~! [famil] you can whistle for it! [famil] **2** vt (le monde) to roam; (les magasins) to go round; (risque) to run ◇ ~ **un 100 mètres** to run (in) ou compete in a 100 metres race; ~ **le Grand Prix** to race in the Grand Prix; ~ **sa chance** to try one's luck; **ça ne court pas les rues** it is hard to find.

couronne [kuʀɔn] nf (roi, dent) crown; (fleurs) wreath ◆ **couronnement** nm (roi) coronation; (carrière) crowning achievement ◆ **couronner** [1] vt (gén) to crown; (ouvrage, auteur) to award a prize to ◇ (iro) **et pour** ~ **le tout** and to crown it all; **couronné de succès** crowned with success; **se** ~ **le genou** to graze one's knee.

courrier [kuʀje] nm **a** (reçu) mail, letters; (à écrire) letters **b** ◇ ~ **du cœur** problem page; ~ **des lecteurs** letters to the Editor.

courroie [kuʀwa] nf strap; (Tech) belt.

cours [kuʀ] nm **a** (astre, rivière, temps) course; (maladie) progress ◇ **descendre le** ~ **de la Seine** to go down the Seine; ~ **d'eau** river, stream **b** (Fin) (monnaie) currency; (titre, objet) price; (devises) rate ◇ **avoir** ~ to be legal tender **c** (leçon) (Scol) class; (Univ) lecture; (école) school ◇ **faire un** ~ **sur** to give a class on; (enseignement) ~ **par correspondance** etc correspondence course etc; (année) ~ **préparatoire** etc 1st etc year in primary school **d** ◇ **en** ~ (année) current; (affaires) in hand; (essais) in progress; **en** ~ **de réparation** undergoing repairs; **en** ~ **de route** on the way; **au** ~ **de** in the course of; **donner libre** ~ **à** to give free rein to.

course [kuʀs(ə)] nf **a** (épreuve) race (discipline); (Athlétisme) running; (Aut, Courses, Cyclisme) racing ◇ **faire la** ~ **avec qn** to race with sb; **il n'est plus dans la** ~ [famil] he's out of touch now; ~ **contre la montre** (Sport) time trial; (fig) race against the clock **b** (projectile) flight; (navire) course; (nuages, temps) swift passage; (pièce mécanique) movement **c** (excursion) hike; (ascension) climb ◇ (taxi) **payer la** ~ to pay the fare **d** (commission) errand ◇ **faire des** ~**s** to do some shopping.

coursier [kuʀsje] nm messenger.

1\. **court, e** [kuʀ, kuʀt(ə)] **1** adj (gén) short ◇ **il a été très** ~ he was very brief; **de** ~**e durée** (joie) short-lived; **faire la** ~**e échelle à qn** to give sb a leg up ou a boost (US); **tirer à la** ~**e paille** to draw lots; **être à** ~ **d'argent** to be short of money; **prendre qn de** ~ to catch sb unprepared **2** adv ◇ **s'arrêter** ~ to stop short **3** préf ◇ ~**-bouillon** court-bouillon; ~**-circuit** short-circuit; ~**-circuiter** to short-circuit; ~**-métrage** short (film).

2\. **court** [kuʀ] nm tennis court.

courtier, -ière [kuʀtje, jɛʀ] nm,f broker.

courtisan [kuʀtizɑ̃] nm (Hist) courtier ◆ **courtiser** [1] vt to pay court to.

courtois, e [kuʀtwa, az] adj courteous ◆ **courtoisie** nf courtesy.

couru, e [kuʀy] adj (restaurant) popular.

cousin, e [kuzɛ̃, in] **1** nm,f cousin ◇ ~ **germain** first cousin **2** nm mosquito.

coussin [kusɛ̃] nm cushion.

cousu, e [kuzy] adj sewn, stiched ◇ ~ **main** handsewn.

coût [ku] nm cost ◇ **le ~ de la vie** the cost of living.

coûtant [kutɑ̃] adj m ◇ **prix ~** cost price.

couteau, pl **~x** [kuto] nm (pour couper) knife; (coquillage) razor-shell, razor clam (US) ◇ **~ à cran d'arrêt** flick-knife; **~ à découper** carving knife; **être à ~x tirés** to be at daggers drawn (*avec* with); **remuer le ~ dans la plaie** to twist the knife in the wound.

coûter [kute] [1] vti to cost ◇ **les vacances, ça coûte!** holidays are expensive ou cost a lot!; (fig) **ça va lui ~ cher** it will cost him dear; **coûte que coûte** at all costs; **ça lui a coûté la vie** it cost him his life ◆ **coûteux, -euse** adj costly, expensive.

coutume [kutym] nf custom ◇ **avoir ~ de** to be in the habit of; **comme de ~** as usual ◆ **coutumier, -ière** adj customary, usual.

couture [kutyʀ] nf **a** (activité) sewing; (métier) dressmaking ◇ **faire de la ~** to sew **b** (suite de points) seam; (cicatrice) scar; (suture) stitches ◇ **sous toutes les ~s** from every angle ◆ **couturier** nm couturier, fashion designer ◆ **couturière** nf dressmaker.

couvée [kuve] nf clutch.

couvent [kuvɑ̃] nm (sœurs) convent; (moines) monastery; (internat) convent school.

couver [kuve] [1] **1** vi **a** (feu, haine) to smoulder; (émeute) to be brewing **b** (poule) to sit on its eggs **2** vt (œufs) to hatch; (enfant) to be overprotective towards; (maladie) to be sickening for ◇ **~ qch des yeux** (tendresse) to look lovingly at sth; (convoitise) to look longingly at sth.

couvercle [kuvɛʀkl(ə)] nm lid.

couvert, e [kuvɛʀ, ɛʀt(ə)] **1** adj (gén) covered; (ciel) overcast ◇ **~ de** covered in ou with **2** nm **a** ◇ **les ~s en argent** the silver cutlery; **mettre 4 ~s** to lay ou set the table for 4 **b** (au restaurant) cover charge **c** ◇ **se mettre à ~** (Mil) to take cover; (contre des réclamations) to cover o.s.; **sous ~ de** under cover of.

couverture [kuvɛʀtyʀ] nf (lit, fig: protection) cover; (literie) blanket; (toiture) roofing.

couveuse [kuvøz] nf (poule) broody hen ◇ **~ (artificielle)** incubator.

couvre- [kuvʀ(ə)] préf ◇ **~-feu** [nm] curfew; **~-lit** [nm] bedspread; **~-pieds** [nm] quilt.

couvreur [kuvʀœʀ] nm roofer.

couvrir [kuvʀiʀ] [18] **1** vt (lit, fig) to cover (*de, avec* with); (voix) to drown; (sentiments) to conceal ◇ **~ un toit de tuiles** to tile a roof; **couvre bien les enfants** wrap the children up well; **~ qn de cadeaux** to shower gifts on sb **2 se couvrir** vpr (personne) to wrap (o.s.) up; (chapeau) to put one's hat on; (ciel) to become overcast.

C.Q.F.D. [sekyɛfde] abrév de *ce qu'il fallait démontrer* QED.

crabe [kʀɑb] nm crab.

crachat [kʀaʃa] nm ◇ **~(s)** spit, spittle.

crachement [kʀaʃmɑ̃] nm ◇ **~(s)** (salive etc) spitting; (radio) crackle.

cracher [kʀaʃe] [1] **1** vi to spit (*sur* at); (plume) to sputter; (radio) to crackle **2** vt (gén) to spit out; (fumée) to belch out; (famil: argent) to cough up [famil].

crachin [kʀaʃɛ̃] nm drizzle.

crack [kʀak] nm (poulain) star horse; ([famil]: as) ace.

craie [kʀɛ] nf chalk.

craindre [kʀɛ̃dʀ(ə)] [52] vt (personne) to fear, be afraid ou scared of ◇ **~ pour qch** to fear for sth; **c'est un vêtement qui ne craint pas** it's a sturdy garment; **il craint la chaleur** (personne) he can't stand the heat; (arbre) it can be damaged by the heat.

crainte [kʀɛ̃t] nf fear ◇ **soyez sans ~** have no fear; **marcher sans ~** to walk fearlessly; **par ~ de** for fear of; **de ~ que** for fear that ◆ **craintif, -ive** adj timorous, timid.

cramoisi, e [kʀamwazi] adj crimson.

crampe [kʀɑ̃p] nf ◇ **~(s)** cramp.

crampon [kʀɑ̃pɔ̃] nm (chaussure) stud ◇ **~ à glace** crampon ◆ **se cramponner** [1] vpr to hold on ◇ **se ~ à** (branche) to cling to.

cran [kʀɑ̃] nm (crémaillère) notch; (arme) catch; (ceinture) hole; (cheveux) wave ◇ **avoir du ~** [famil] to have guts [famil]; **être à ~** to be very edgy ◆ **cranté, e** adj notched.

crâne [kʀɑn] nm (Anat) skull; (fig) head.

crâner [kʀɑne] [1] [famil] vi to show off ◆ **crâneur, -euse** [famil] nm,f show-off.

crapaud [kʀapo] nm toad.

crapule [kʀapyl] nf scoundrel ◆ **crapuleux, -euse** adj (action) villainous.

craqueler vt, **se craqueler** vpr [kʀakle] [4] to crack ◆ **craquelure** nf crack.

craquement [kʀakmɑ̃] nm ◇ **~(s)** (parquet) creak; (feuilles) crackle; (biscuit) crunch ◆ **craquer** [1] **1** vi **a** (bruit) to creak; to crackle; to crunch **b** (céder) (bas) to rip; (glace etc) to crack; (branche) to snap; (entreprise, accusé) to collapse **2** vt (vêtement) to rip; (allumette) to strike.

crasse [kʀas] **1** nf grime, filth **2** adj (bêtise) crass ◆ **crasseux, -euse** adj grimy, filthy.

cratère [kʀatɛʀ] nm crater.

cravache [kravaʃ] nf riding crop ◇ **mener qn à la** ~ to drive sb ruthlessly.

cravate [kravat] nf tie ◆ **se cravater** [1] vpr to put one's tie on.

crayeux, -euse [krɛjø, øz] adj chalky.

crayon [krɛjɔ̃] nm pencil; (dessin) pencil drawing ◇ ~ **à bille** ball-point pen; ~ **de couleur** crayon, coloured pencil; ~ **noir** lead pencil; ~ **optique** light pen ◆ **crayonner** [1] vt (notes) to scribble; (dessin) to sketch.

créance [kreɑ̃s] nf financial claim ◆ **créancier, -ière** nm,f creditor.

créateur, -trice [kreatœr, tris] [1] adj creative [2] nm,f creator ◆ **créatif, -ive** [1] adj creative, inventive [2] nm designer ◆ **création** nf creation.

créature [kreatyr] nf creature.

crèche [krɛʃ] nf (de Noël) crib; (garderie) day nursery.

crédibilité [kredibilite] nf credibility ◆ **crédible** adj credible.

crédit [kredi] nm (Fin, fig) credit ◇ **faire** ~ **à qn** (argent) to give sb credit; (confiance) to have confidence in sb; (fonds) ~**s** funds; **acheter qch à** ~ to buy sth on credit ◆ **créditer** [1] vt ◇ ~ **qn de** to credit sb with ◆ **créditeur, -trice** adj in credit ◇ **solde** ~ credit balance.

crédule [kredyl] adj credulous, gullible ◆ **crédulité** nf credulity, gullibility.

créer [kree] [1] vt to create.

crémaillère [kremajɛr] nf ◇ **pendre la** ~ to have a house-warming party.

crématoire [krematwar] [1] adj crematory [2] nm crematorium.

crème [krɛm] [1] nf (gén) cream; (peau du lait) skin; (entremets) cream dessert ◇ (liqueur) ~ **de bananes** crème de bananes; ~ **anglaise** custard; ~ **Chantilly** whipped cream; ~ **glacée** ice cream; ~ **à raser** shaving cream [2] adj inv cream-coloured [3] nm (café) white coffee ◆ **crémerie** nf (magasin) dairy ◆ **crémeux, -euse** adj creamy ◆ **crémier** nm dairyman ◆ **crémière** nf dairywoman.

créneau, pl ~**x** [kreno] nm [a] ◇ (rempart) **les** ~**x** the battlements [b] ◇ (Aut) **faire un** ~ to alongside the kerb *(between a parking space)* [c] (horaire, marché commercial) gap; (Rad) slot ◇ ~ **porteur** promising gap in the market.

créole [kreɔl] [1] adj creole [2] nmf Creole.

crêpe [krɛp] [1] nf pancake [2] nm (matière) crepe ◆ **crêperie** nf pancake shop.

crépi, e [krepi] adj, nm roughcast.

crépitement [krepitmɑ̃] nm ◇ ~**(s)** (feu) crackling; (friture) spluttering; (mitrailleuse) rattle ◆ **crépiter** [1] vi to crackle; to splutter; to rattle out; (applaudissements) to break out.

crépu, e [krepy] adj (cheveux) frizzy.

crépuscule [krepyskyl] nm twilight, dusk.

cresson [kresɔ̃] nm ◇ ~ **(de fontaine)** watercress.

Crête [krɛt] nf Crete.

crête [krɛt] nf [a] (oiseau) crest ◇ ~ **de coq** cockscomb [b] (mur) top; (toit, montagne) ridge; (vague) crest.

crétin, e [kretɛ̃, in] [1] adj cretinous [famil] [2] nm,f cretin [famil].

crétois, e adj, **C**~, **e** nm,f [kretwa, waz] Cretan.

creuser [krøze] [1] [1] vt (gén) to dig; (sol) to dig out; (puits) to sink, bore; (sillon) to plough, plow (US); (fig: abîme) to create ◇ ~ **une idée** to develop an idea; **ça creuse l'estomac** [famil] it gives you a real appetite; **se** ~ **la cervelle** [famil] to rack one's brains; ~ **l'écart** to establish a convincing lead (*par rapport à* over) [2] vi to dig (*dans* into).

creuset [krøzɛ] nm crucible.

creux, -euse [krø, øz] [1] adj (objet, son) hollow; (estomac) empty; (paroles) empty, hollow ◇ **les heures creuses** slack periods [2] nm (gén) hollow; (trou) hole; (période) slack period ◇ **le** ~ **des reins** the small of the back; **manger dans le** ~ **de la main** to eat out of one's hand; **avoir un** ~ **dans l'estomac** to feel empty; (Naut) **des** ~ **de 2 mètres** 2-metre high waves.

crevaison [krəvɛzɔ̃] nf (Aut) puncture, flat.

crevant, e [krəvɑ̃, ɑ̃t] adj [famil] killing [famil].

crevasse [krəvas] nf [a] (gén) crack; (mur) crevice; (glacier) crevasse ◆ **crevasser** vt, **se crevasser** vpr [1] [b] to crack.

crever [krəve] [5] [1] vt (gén) to burst; (pneu) to puncture; (famil: fatiguer) to kill [famil] ◇ ~ **les yeux à qn** to blind sb; (fig) ~ **le cœur à qn** to break sb's heart; **cela crève les yeux** it stares you in the face!; **se** ~ **au travail** [famil] to work o.s. to death; **je suis crevé** I'm all in [famil] ou tired out [2] vi (famil: mourir) to die, snuff it [famil] ◇ **chien crevé** dead dog; ~ **de froid** [famil] to freeze to death; ~ **de soif** to die of thirst; **on crève de chaud ici** [famil] it's boiling in here [famil]; (Aut) **j'ai crevé** I have a puncture.

crevette [krəvɛt] nf ◇ ~ **rose** prawn; ~ **grise** shrimp.

cri [kri] nm (gén) shout, cry; (hurlement) yell, howl; (aigu) squeal; (peur) scream; (appel) call ◇ ~ **de guerre** war cry ◆ **criant, e** adj glaring ◆ **criard, e** adj (son) piercing; (couleur) loud, garish.

crible [kribl(ə)] nm riddle ◇ (fig) **passer qch au** ~ to screen sth, go through sth with a fine-tooth comb ◆ **criblé, e** adj ◇ ~ **de** (taches) covered in; (dettes) crippled with; (balles) riddled with.

cric [krik] nm (car) jack.

criée [kRije] nf (salle) auction room.

crier [kRije] 7 **1** vi (gén) to shout, cry out; (hurler) to yell, howl; (aigu) to squeal; (peur) to scream; (appel) to call out ◇ **~ de douleur** to scream in pain; **~ contre qn** to nag at sb; **tes parents vont ~** your parents are going to make a fuss; **~ au scandale** to call it a scandal **2** vt to shout out; (innocence) to proclaim ◇ **~ à qn de se taire** to shout at sb to be quiet; **~ qch sur les toits** to cry sth from the rooftops; **sans ~ gare** without a warning; **~ grâce** to beg for mercy.

crime [kRim] nm (gén) crime; (meurtre) murder ◆ **criminalité** nf criminality ◇ **grande/petite ~** serious/petty crime ◆ **criminel, -elle** **1** adj criminal **2** nm,f criminal.

crin [kRɛ̃] nm horsehair ◆ **crinière** nf mane.

crique [kRik] nf creek, inlet.

criquet [kRikɛ] nm locust.

crise [kRiz] nf (situation) crisis; (pénurie) shortage ◇ (accès) **~ de nerfs** etc fit of hysterics etc; (maladie) **~ cardiaque** etc heart etc attack.

crispation [kRispasjɔ̃] nf (spasme) twitch; (nervosité) state of tension ◆ **crisper** 1 **1** vt (visage) to contort; (muscles) to tense; (poings) to clench ◇ **~ qn** [famil] to get on sb's nerves [famil] **2** **se crisper** vpr (sourire) to become strained; (personne) to get tense.

crissement [kRismɑ̃] nm ◇ **~(s)** (gravier) crunch; (pneus) screech ◆ **crisser** 1 vi to crunch; to screech.

cristal, pl **-aux** [kRistal, o] nm crystal ◇ **~aux de soude** washing soda ◆ **cristallin, e** adj **a** crystalline ◆ **cristalliser** vti, **se cristalliser** vpr 1 **b** to crystallize.

critère [kRitɛR] nm criterion, (pl) criteria.

critiquable [kRitikabl(ə)] adj open to criticism.

critique [kRitik] **1** adj critical **2** nf (blâme) criticism; (de films etc) review ◇ **faire la ~ de** (film) to review **3** nmf critic.

critiquer [kRitike] 1 vt to criticize.

croassement [kRɔasmɑ̃] nm caw ◆ **croasser** 1 vi to caw.

croc [kRo] nm (dent) fang; (crochet) hook ◇ **faire un ~-en-jambe à qn** to trip sb up.

croche [kRɔʃ] nf quaver.

crochet [kRɔʃɛ] nm (gén, Boxe) hook; (vêtement) fastener; (serpent) fang; (cambrioleur) picklock; (pour tricot) crochet hook ◇ (Typ) **entre ~s** in square brackets; **vivre aux ~s de qn** [famil] to live off sb; **faire un ~ par Paris** to make a detour through Paris ◆ **crocheter** 5 vt (serrure) to pick ◆ **crochu, e** adj (nez) hooked; (doigts) claw-like.

crocodile [kRɔkɔdil] nm crocodile.

crocus [kRɔkys] nm crocus.

croire [kRwaR] 44 **1** vt to believe; (penser) to think; (paraître) to seem ◇ **je te crois sur parole** I'll take your word for it; **il a cru bien faire** he meant well; **je crois que oui** I think so; **il se croit malin** he thinks he's clever; **il n'en croyait pas ses yeux** he couldn't believe his eyes; **c'est à n'y pas ~!** it's unbelievable!; **il faut ~ que** it would seem that; **on croirait une hirondelle** it looks like a swallow; **tu ne peux pas ~ combien il nous manque** you cannot imagine how much we miss him **2** **croire à, croire en** vt indir (foi) to believe in; (confiance) to have confidence in.

croisade [kRwazad] nf (Hist, fig) crusade.

croisement [kRwazmɑ̃] nm (action) crossing; (véhicule) passing; (race) cross; (carrefour) crossroads.

croiser [kRwaze] 1 **1** vt (gén) to cross (*avec* with); (bras) to fold; (véhicule, passant) to pass ◇ **les jambes croisées** cross-legged **2** vi (Naut) to cruise **3** **se croiser** vpr (gén) to cross; (regards) to meet; (personnes, véhicules) to pass each other.

croiseur [kRwazœR] nm cruiser *(warship)*.

croisière [kRwazjɛR] nf cruise ◇ **faire une ~** to go on a cruise.

croissance [kRwasɑ̃s] nf growth.

croissant [kRwasɑ̃] nm (forme) crescent; (Culin) croissant.

croître [kRwatR(ə)] 55 vi (gén) to grow; (bruit, quantité) to increase; (jours) to get longer; (lune) to wax.

croix [kRwa] nf (gén) cross ◇ **les bras en ~** with one's arms out-spread; **tu peux faire une ~ dessus!** [famil] you might as well forget it!

croquant, e [kRɔkɑ̃, ɑ̃t] adj crisp, crunchy.

croque [kRɔk] (préf: *croque-mitaine*) nm bogey man, ogre ◆ **croque-monsieur** nm inv toasted cheese sandwich with ham ◆ **croque-mort** nm undertaker's ou mortician's (US) assistant.

croquer [kRɔke] 1 **1** vt **a** (bonbons) to crunch; (fruits) to munch **b** (dessiner) to sketch **2** vi to be crunchy, be crisp ◇ **~ dans une pomme** to bite into an apple.

croquet [kRɔkɛ] nm croquet.

croquette [kRɔkɛt] nf croquette.

croquis [kRɔki] nm sketch.

crosse [kRɔs] nf (fusil) butt; (revolver) grip; (violon) head; (évêque) crook, crosier.

crotale [kRɔtal] nm rattlesnake, rattler [famil] (US).

crotte [kRɔt] nf ◇ **de la ~** (excrément) manure, dung; (boue) mud; **une ~ de chien** some dog's dirt; **~ de chocolat** chocolate ◆ **crotté, e** adj muddy ◆ **crottin** nm dung, manure.

crouler [kRule] [1] vi (gén) to collapse; (empire, mur) to crumble ◇ **la salle croulait sous les applaudissements** the room shook with the applause.

croupe [kRup] nf rump, hindquarters ◇ **monter en** ~ to ride pillion.

croupier [kRupje] nm croupier.

croupir [kRupiR] [2] vi to stagnate ◇ **eau croupie** stagnant water.

croustiller [kRustije] [1] vi (pâte) to be crusty; (chips) to be crisp.

croûte [kRut] nf (pain) crust; (fromage) rind; (vol-au-vent) case; (terre, glace) layer; (plaie) scab; (péj: tableau) daub.

croûton [kRutɔ̃] nm (bout du pain) crust.

croyable [kRwajabl(ə)] adj ◇ **ce n'est pas** ~ it's unbelievable.

croyance [kRwajɑ̃s] nf belief (*à*, *en* in) ◆ **croyant, e** nm,f believer.

CRS [seɛRɛs] **1** abrév de *compagnies républicaines de sécurité* **2** nm *member of the state security police* **3** nfpl *the state security police force.*

1. **cru**, 1. **e** [kRy] adj (non cuit) raw; (grossier) crude, coarse; (brutal) blunt; (lumière) harsh.

2. **cru** [kRy] nm (vignoble) vineyard; (vin) wine, vintage ◇ **du** ~ local; **de son** ~ of his own invention.

cruauté [kRyote] nf cruelty (*envers* to).

cruche [kRyʃ] nf (récipient) pitcher, jug; ([famil]: imbécile) ass [famil].

crucial, e, mpl **-aux** [kRysjal, o] adj crucial.

crucifier [kRysifje] [7] vt to crucify ◆ **crucifix** nm crucifix ◆ **crucifixion** nf crucifixion.

cruciforme [kRysifɔRm(ə)] adj cruciform ◇ **vis** ~ Phillips ® screw.

crudité [kRydite] nf ◇ ~**s** ≃ mixed salad.

2. **crue** [kRy] nf (montée des eaux) rise in the water level; (inondation) flood ◇ **en** ~ in spate.

cruel, -elle [kRyɛl] adj (gén) cruel; (animal) ferocious; (sort) harsh; (nécessité) bitter ◆ **cruellement** adv cruelly.

crustacé [kRystase] nm shellfish.

crypte [kRipt(ə)] nf crypt.

Cuba [kyba] nf **a** Cuba ◆ **cubain, e** adj, **C**~**, e** nm,f **b** Cuban.

cube [kyb] **1** nm (gén) cube; (jeu) building block, wooden brick ◇ **élever au** ~ to cube **2** adj ◇ **mètre** ~ cubic metre ◆ **cubique** adj cubic.

cueillette [kœjɛt] nf (action) picking; (récolte) harvest ou crop of fruit.

cueillir [kœjiR] [12] vt to pick.

cuiller, cuillère [kɥijɛR] nf spoon; (contenu) spoonful ◇ ~ **à café** coffee spoon ◆ **cuillerée** nf spoonful.

cuir [kɥiR] nm leather; (brut) hide ◇ ~ **chevelu** scalp.

cuirasse [kɥiRas] nf breastplate ◆ **cuirassé** nm battleship ◆ **cuirasser** [1] vt (endurcir) to harden (*contre* against).

cuire [kɥiR] [38] **1** vt (aussi **faire** ~) to cook ◇ ~ **au four** (gâteau, pain) to bake; (viande) to roast; ~ **à la poêle** to fry; **faire trop** ~ **qch** to overcook sth; **ne pas faire assez** ~ **qch** to undercook sth **2** vi (aliment) to cook ◇ ~ **à gros bouillon(s)** to boil hard; **on cuit ici!** [famil] it's boiling in here! [famil]; **les yeux me cuisaient** my eyes were smarting.

cuisant, e [kɥizɑ̃, ɑ̃t] adj (douleur) smarting, burning; (froid, échec) bitter; (remarque) stinging.

cuisine [kɥizin] nf (pièce) kitchen; (art) cookery, cooking; (nourriture) cooking, food ◇ **elle fait la** ~ she does the cooking ◆ **cuisiner** [1] vt to cook ◆ **cuisinier, -ière** **1** nm,f (personne) cook **2** nf cooker.

cuissardes [kɥisaRd(ə)] nfpl (pêcheur) waders; (mode féminine) thigh-length boots.

cuisse [kɥis] nf thigh ◇ ~ **de poulet** chicken leg.

cuisson [kɥisɔ̃] nf (aliments) cooking; (pain) baking; (gigot) roasting.

cuit, e [kɥi, kɥit] **1** adj (plat) cooked; (pain, viande) ready, done ◇ **bien** ~ well done; **trop** ~ overdone; **pas assez** ~ underdone; **c'est du tout** ~ [famil] it's a walkover [famil]; **il est** ~ [famil] he's had it [famil] **2** nf ◇ **prendre une** ~**e** [famil] to get plastered [famil].

cuivre [kɥivR(ə)] nm ◇ ~ **rouge** copper; ~ **jaune** brass; (Mus) **les** ~**s** the brass ◆ **cuivré, e** adj (reflets) coppery; (teint) bronzed; (voix) resonant.

cul [ky] nm (Anat: famil) backside [famil]; (bouteille) bottom ◆ **cul-de-sac,** pl ~**s**-~-~ nm cul-de-sac, dead end.

culasse [kylas] nf (moteur) cylinder head; (fusil) breech.

culbute [kylbyt] nf (cabriole) somersault; (chute) tumble, fall ◆ **culbuter** [1] **1** vi (personne) to tumble; (chose) to topple over **2** vt to knock over.

culinaire [kylinɛR] adj culinary.

culminer [kylmine] [1] vi (colère) to reach a peak; (sommet) to tower (*au-dessus de* above) ◇ ~ **à** to reach its highest point at.

culot [kylo] nm [famil] cheek [famil].

culotte [kylɔt] nf trousers; (sous-vêtement) pants ◇ ~ **de cheval** riding breeches.

culpabilité [kylpabilite] nf guilt.

culte [kylt(ə)] nm (vénération, pratiques) cult; (religion) religion; (office) church service ◇ **avoir le** ~ **de** to worship.

cultivateur, -trice [kyltivatœR, tRis] nm,f farmer ◆ **cultivé, e** adj (instruit) cultured ◆ **cultiver** [1] **1** vt to cultivate **2** **se cultiver** vpr to cultivate one's mind.

culture [kyltyʀ] nf **a** (champ) cultivation; (légumes) growing ◇ **méthodes de ~** farming methods; (terres) **~s** land under cultivation **b** ◇ (savoir) **la ~** culture; **~ générale** general knowledge; **faire de la ~ physique** to do physical training **c** (Bio) culture ◆ **culturel, -elle** adj cultural ◆ **culturisme** nm body-building ◆ **culturiste** nmf body-builder.

cumin [kymɛ̃] nm caraway, cumin.

cumul [kymyl] nm ◇ **le ~ de 2 choses** having 2 things concurrently ◆ **cumuler** 1 vt to have concurrently.

cupide [kypid] adj greedy ◆ **cupidité** nf greed.

curable [kyʀabl(ə)] adj curable ◆ **curatif, -ive** adj curative.

curare [kyʀaʀ] nm curare.

cure [kyʀ] nf **a** course of treatment ◇ **~ d'amaigrissement** slimming course; **~ de repos** rest cure **b** (paroisse) cure; (maison) presbytery.

curé [kyʀe] nm priest.

cure-dent, pl **~-~s** [kyʀdɑ̃] nm toothpick.

curer [kyʀe] 1 vt to clean ◇ **se ~ les dents** to pick one's teeth.

curieusement [kyʀjøzmɑ̃] adv curiously.

curieux, -euse [kyʀjø, øz] **1** adj (indiscret) curious, inquisitive; (bizarre) curious, funny ◇ (intéressé) **esprit ~** inquiring mind; **~ de savoir** curious to know **2** nm,f (indiscret) busybody; (badaud) onlooker, bystander ◆ **curiosité** nf curiosity; inquisitiveness; (chose) curious object (ou sight).

curriculum vitae [kyʀikylɔmvite] nm inv curriculum vitae.

curseur [kyʀsœʀ] nm (Ordin) cursor.

cursus [kyʀsys] nm degree course.

cutané, e [kytane] adj skin.

cuti(-réaction) [kyti(ʀeaksjɔ̃)] nf skin test.

cuve [kyv] nf (tonneau) vat; (citerne) tank ◆ **cuvée** nf (vin) vintage.

cuvette [kyvɛt] nf (gén) bowl; (évier) basin; (W.-C.) pan; (Géog) basin.

CV [seve] nm abrév de *curriculum vitae* CV.

cyanure [sjanyʀ] nm cyanide.

cyclable [siklabl(ə)] adj ◇ **piste ~** cycle track ou path (Brit).

cycle [sikl(ə)] nm cycle ◇ **premier ~** (Scol) lower school; (Univ) first and second year ◆ **cyclisme** nm cycling ◆ **cycliste** **1** adj (course) cycle; (coureur) racing **2** nmf cyclist ◆ **cyclomoteur** nm moped.

cyclone [siklon] nm cyclone.

cyclothymie [siklɔtimi] nf manic-depression ◆ **cyclothymique** adj, nmf manic-depressive.

cygne [siɲ] nm swan.

cylindre [silɛ̃dʀ(ə)] nm cylinder ◆ **cylindrée** nf (moteur) capacity.

cymbale [sɛ̃bal] nf cymbal.

cynique [sinik] **1** adj cynical **2** nm cynic ◆ **cynisme** nm cynicism.

cyprès [sipʀɛ] nm cypress.

cypriote adj, **C~** nmf [sipʀiɔt] Cypriot.

d

D, d [de] nm (lettre) D, d ◆ **d'** → **de.**

DAB [dab] abrév de *distributeur automatique de billets* → **distributeur.**

dactylo [daktilo] nf typist ◆ **dactylo(graphie)** nf typing ◆ **dactylographier** [7] vt to type.

dada [dada] nm (famil: cheval) horsy [famil]; (marotte) hobby horse, pet subject.

dadais [dadɛ] nm ◇ **grand ~** awkward lump.

dahlia [dalja] nm dahlia.

daigner [deɲe] [1] vt to deign.

daim [dɛ̃] nm fallow deer; (peau) buckskin; (cuir) suede.

dais [dɛ] nm canopy.

dallage [dalaʒ] nm (gén) paving.

dalle [dal] nf paving stone ◇ **~ funéraire** gravestone ◆ **daller** [1] vt to pave.

daltonien, -ienne [daltɔnjɛ̃, jɛn] adj colour-blind.

dame [dam] nf **a** (gén) lady; (famil: épouse) wife ◇ **coiffeur pour ~s** ladies' hairdresser; **~ de compagnie** lady's companion; **~ patronnesse** patroness **b** (Cartes, Échecs) queen; (Dames) crown ◇ **le jeu de ~s** draughts, checkers (US) ◆ **damier** nm draughtboard, checkerboard (US).

damnation [dɑnɑsjɔ̃] nf damnation ◆ **damné, e** **1** adj (famil: maudit) cursed [famil] **2** nm,f ◇ **les ~s** the damned ◆ **damner** [1] vt to damn ◇ **faire ~ qn** [famil] to drive sb mad [famil].

dancing [dɑ̃siŋ] nm dance hall.

dandiner (se) [dɑ̃dine] [1] vpr to waddle.

Danemark [danmaʀk] nm Denmark.

danger [dɑ̃ʒe] nm danger ◇ **mettre en ~** to endanger; **il est en ~ de mort** his life is in danger; **courir un ~** to run a risk; **en cas de ~** in case of emergency; **~ public** public menace; **les ~s de la route** road hazards; **mission sans ~** safe mission ◆ **dangereusement** adv dangerously ◆ **dangereux, -euse** adj dangerous (*pour* to).

danois, e [danwa, waz] **1** adj, nm Danish **2** nm,f ◇ **D~, e** Dane.

dans [dɑ̃] prép (gén) in; (mouvement) into; (limites) within; (approximation) about ◇ **~ le temps** in the past; **être ~ les affaires** to be in business; **pénétrer ~ la forêt** to go into the forest; **~ un rayon restreint** within a restricted radius; **prendre qch ~ sa poche** to take sth from ou out of one's pocket; **cela coûte ~ les 50 F** it costs about 50 francs; **errer ~ la ville** to wander about the town.

dansant, e [dɑ̃sɑ̃, ɑ̃t] adj (musique) lively ◇ **soirée ~e** dance ◆ **danse** nf (valse etc) dance ◇ (art) **la ~** dancing; **la ~ classique** ballet dancing; **de ~** (professeur) dancing; (musique) dance ◆ **danser** [1] vti to dance ◇ **faire ~ qn** to dance with sb ◆ **danseur, -euse** nm,f (gén) dancer; (partenaire) partner; (ballet) ballet dancer.

Danube [danyb] nm ◇ **le ~** the Danube.

dard [daʀ] nm (animal) sting.

dare-dare [daʀdaʀ] [famil] loc adv double-quick.

date [dat] nf date ◇ **~ de naissance** date of birth; **à quelle ~?** on what date?; **~ limite** deadline; **~ limite de vente** sell-by date; **prendre ~ avec qn** to fix a date with sb; (événement) **faire ~** to stand out (*dans* in); **le premier en ~** the first; **ami de longue ~** long-standing friend; **connaître qn de fraîche ~** to have known sb for a short time.

dater [date] [1] vi to date (*de* from); (être démodé) to be dated ◇ **ça date de quand?** when did it happen?; **à ~ de demain** as from tomorrow.

datte [dat] nf date ◆ **dattier** nm date palm.

daube [dob] nf ◇ **bœuf en ~** casserole of beef, beef stew.

dauphin [dofɛ̃] nm (Zool) dolphin.

daurade [dɔʀad] nf sea bream.

davantage [davɑ̃taʒ] adv more; (plus longtemps) longer ◇ **bien ~** much more; **~ d'argent** more money; **je n'en ai pas ~** I haven't got any more; (de plus en plus) **chaque jour ~** more and more every day.

de [d(ə)], devant voyelle et h muet: **d'**, contraction avec le, les: **du, des** **1** prép **a** (provenance) out of, from; (localisation) in, on ◇ **sortir ~ la maison** to come out of the house; **l'avion ~ Londres** (provenance) the plane from London; (destination) the plane for London; **les voisins du 2e** the neighbours on the 2nd floor; **le meilleur du monde** the best in the world **b** (appartenance) of ◇ **la maison ~ mon ami** my friend's house; **un roman ~ Wells** a novel by Wells; **le pied ~ la table** the leg of the table, the table leg **c** (caractérisation) of ◇ **regard ~ haine** look of hatred; **le professeur d'anglais** the English teacher; **objet ~ cristal** crystal object; **2 verres ~ cassés** 2 broken glasses **d** (contenu) of ◇ **une tasse ~ thé** a cup of tea **e** ◇ (temps) **~ jour** by day; **~ 6 à 8** from 6 to 8; **3 heures du matin** 3 o'clock in the morning **f** ◇ (mesure) **pièce ~ 6 m²** room measuring 6 m²; **enfant ~ 5 ans** 5-year-old child; **ce poteau a 5 mètres ~ haut** this post is 5 metres high; **plus grand ~ 5 cm** 5 cm taller; **il gagne 100 F ~ l'heure** he earns 100 francs an hour **g** ◇ (moyen) **frapper ~ la main** to hit with one's hand; **se nourrir ~ racines** to live on roots; **il vit ~ sa peinture** he lives by his painting; **parler d'une voix ferme** to speak in a firm voice **h** ◇ (copule) **décider ~ faire** to decide to do; **empêcher qn ~ faire** to prevent sb from doing; **content ~ qch** pleased with sth **2** art (affirmation) some (souvent omis); (interrogation, négation) any ◇ **boire ~ l'eau au robinet** to drink some water from the tap; **voulez-vous du pain?** do you want any bread?; **je n'ai pas de voisins** I haven't any neighbours, I have no neighbours.

dé [de] nm die, dice ◇ **~s** dice; **~ à coudre** thimble; **les ~s sont jetés** the die is cast.

déambuler [deɑ̃byle] 1 vi to stroll about.

débâcle [debɑkl(ə)] nf (armée) rout; (régime) collapse; (glaces) breaking up.

déballer [debale] 1 vt (affaires) to unpack; (marchandises) to display.

débandade [debɑ̃dad] nf (fuite) headlong flight ◇ **en ~** in disorder.

débarbouiller vt, **se débarbouiller** vpr [debaʀbuje] 1 to wash.

débarcadère [debaʀkadɛʀ] nm landing stage.

débardeur [debaʀdœʀ] nm (vêtement) slipover.

débarquement [debaʀkəmɑ̃] nm landing ◆ **débarquer** 1 **1** vt (gén) to land; (marchandises) to unload **2** vi to disembark, land ◇ **tu débarques!** [famil] where have you been?

débarras [debaʀa] nm (pièce) lumber room; (placard) cupboard ◇ **bon ~!** good riddance! ◆ **débarrasser** 1 **1** vt to clear (*de* of) ◇ **~ la table** to clear the table; **~ qn de qch** to relieve sb of sth **2** **se débarrasser** vpr ◇ **se ~ de** (gén) to get rid of; (vêtement) to take off.

débat [deba] nm debate ◆ **débattre** 41 **1** vt to discuss, debate **2** **se débattre** vpr to struggle (*contre* with).

débauche [deboʃ] nf (vice) debauchery ◇ (abondance) **~ de** profusion of.

débile [debil] adj (gén) feeble; (péj) moronic ◇ **c'est un ~ mental** he is mentally deficient.

débiliter [debilite] 1 vt (climat) to debilitate; (propos) to demoralize.

débiner [debine] [famil] 1 **1** vt ◇ **~ qn** [famil] to run sb down [famil] **2** **se débiner** vpr to clear off [famil].

débit [debi] nm **a** (Fin) debit **b** (vente) turnover ◇ **cette boutique a du ~** this shop has a quick turnover **c** (fleuve) flow; (machine) output **d** (élocution) delivery **e** ◇ **~ de boissons** (Admin) drinking establishment; **~ de tabac** tobacconist's, tobacco ou smoke shop (US) ◆ **débiter** 1 vt (compte) to debit; (vendre) to sell; (produire) to produce; (tailler) to cut up ◆ **débiteur, -trice** **1** adj ◇ **être ~** to be in debt (*de 50 F* by 50 francs) **2** nm,f debtor.

déblaiement [deblɛmɑ̃] nm clearing ◆ **déblais** nmpl (gravats) rubble; (terre) earth ◆ **déblayer** 8 vt to clear.

débloquer [deblɔke] 1 vt (gén) to release; (compte, prix) to free; (route) to unblock.

déboires [debwaʀ] nmpl setbacks.

déboiser [debwaze] 1 vt (montagne) to deforest; (forêt) to clear of trees.

déboîter [debwate] 1 **1** vt (tuyaux) to disconnect ◇ **se ~ l'épaule** to dislocate one's shoulder **2** vi (voiture) to pull out.

débonnaire [debɔnɛʀ] adj good-natured.

débordant, e [debɔʀdɑ̃, ɑ̃t] adj (activité) exuberant; (joie) overflowing.

débordement [debɔʀdəmɑ̃] nm (Mil, Sport) outflanking; (joie) outburst; (activité) explosion ◇ (débauches) **~s** excesses.

déborder [debɔʀde] 1 **1** vi (en dessinant) to go over the edge; (en bouillant) to boil over sth ◇ **~ de qch** (liquide) to overflow sth; (alignement) to stick out of sth; **plein à ~** full to overflowing (*de* with); **c'est la goutte qui a fait ~ le vase** that was the last straw; **~ de santé** etc to be bursting with health etc

2 vt (dépasser) to extend beyond; (Mil, Sport) to outflank; (d'un alignement) to stick out beyond ◇ **être débordé de travail** to be snowed under with work [famil].

débouché [debuʃe] nm (pays, économie) outlet; (vallée, carrière) opening.

déboucher [debuʃe] [1] **1** vt (tuyau) to unblock; (bouteille) to uncork; (tube) to uncap **2** vi ◇ ~ **de** to come out of; ~ **sur qch** (voiture) to come out into sth; (discussion) to lead up to sth; (études) to lead on to sth.

débouler [debule] [1] vi ◇ (arriver) ~ **chez qn** [famil] to land on sb.

débourser [debuʀse] [1] vt to lay out.

debout [dəbu] adv, adj inv ◇ (personne) **être** ~ to be standing; (levé) to be up; (guéri) to be up and about; **se mettre** ~ to stand up; **mettre qch** ~ to stand sth upright; (lit, fig) **tenir** ~ to stand up.

déboutonner [debutɔne] [1] vt to unbutton.

débraillé, e [debʀɑje] adj slovenly.

débrancher [debʀɑ̃ʃe] [1] vt to disconnect.

débrayage [debʀɛjaʒ] nm (pédale) clutch; (grève) stoppage ◆ **débrayer** [8] vi to disengage the clutch; to stop work.

débridé, e [debʀide] adj unbridled.

débris [debʀi] nm fragment ◇ **les** ~ (décombres) the debris (sg); (détritus) the rubbish; (reste) the remains (*de* of).

débrouillard, e [debʀujaʀ, aʀd(ə)] [famil] adj resourceful ◆ **débrouillardise** [famil] nf resourcefulness ◆ **débrouiller** [1] **1** vt (fils) to disentangle; (mystère) to unravel **2** **se débrouiller** vpr to manage.

débroussailler [debʀusɑje] [1] vt (terrain) to clear; (problème) to do the spadework on.

début [deby] nm beginning, start ◇ **salaire de** ~ starting salary; **dès le** ~ from the start ou beginning; **au** ~ at first, in the beginning; **faire ses** ~**s** to start ◆ **débutant, e** **1** adj novice **2** nm,f beginner, novice ◆ **débuter** [1] vti to start, begin (*par*, *sur* with).

deçà [dəsa] adv ◇ **en** ~ **de** (fleuve) on this side of; ~, **delà** here and there.

décacheter [dekaʃte] [4] vt to unseal, open.

décade [dekad] nf (décennie) decade; (dix jours) period of ten days.

décadence [dekadɑ̃s] nf (processus) decline; (état) decadence ◇ **tomber en** ~ to fall into decline ◆ **décadent, e** adj, nm,f decadent.

décaféiner [dekafeine] [1] vt to decaffeinate ◇ **(café) décaféiné** decaffeinated coffee.

décalage [dekalaʒ] nm (gén) gap (*entre* between) ◇ ~ **horaire** time difference.

décalcomanie [dekalkɔmani] nf transfer.

décaler [dekale] [1] vt (avancer) to move forward; (reculer) to move back; (déséquilibrer) to unwedge.

décalquer [dekalke] [1] vt to trace; (par pression) to transfer.

décamper [dekɑ̃pe] [famil] [1] vi to clear off [famil].

décanter [dekɑ̃te] [1] vt to allow to settle.

décaper [dekape] [1] vt (gén) to clean; (à l'abrasif) to scour; (à la brosse) to scrub; (au papier de verre) to sand.

décapiter [dekapite] [1] vt to behead.

décapotable [dekapɔtabl(ə)] adj, nf ◇ **(voiture)** ~ convertible.

décapsuler [dekapsyle] [1] vt to take the top off ◆ **décapsuleur** nm bottle-opener.

décéder [desede] [6] vi to die.

déceler [desle] [5] vt to detect.

décembre [desɑ̃bʀ(ə)] nm December → **septembre.**

décence [desɑ̃s] nf decency ◆ **décemment** adv decently ◆ **décent, e** adj decent.

décennie [deseni] nf decade.

décentralisation [desɑ̃tʀalizɑsjɔ̃] nf decentralization ◆ **décentraliser** [1] vt to decentralize.

déception [desɛpsjɔ̃] nf disappointment.

décerner [desɛʀne] [1] vt to award.

décès [desɛ] nm death.

décevoir [desvwaʀ] [28] vt to disappoint.

déchaînement [deʃɛnmɑ̃] nm (fureur) fury.

déchaîner [deʃene] [1] **1** vt (rires, cris) to raise; (violence) to unleash; (enthousiasme) to arouse **2** **se déchaîner** vpr (rires, tempête) to break out; (personne) to let fly (*contre* at) ◆ **déchaîné, e** adj (furieux) furious (*contre* with); (flots) raging; (enthousiasme) wild.

déchanter [deʃɑ̃te] [1] vi to become disillusioned.

décharge [deʃaʀʒ(ə)] nf (ordures) rubbish ou garbage (US) dump; (salve) volley of shots ◇ ~ **électrique** electrical discharge; **il faut dire à sa** ~ **que...** it must be said in his defence that...

décharger [deʃaʀʒe] [3] vt (véhicule, bagages) to unload (*de* from); (conscience) to unburden; (arme) to discharge ◇ ~ **qn de** (tâche) to relieve sb of; (pile) **se** ~ to go flat.

décharné, e [deʃaʀne] adj (corps) emaciated; (visage) gaunt.

déchausser [deʃose] [1] **1** vt ◇ ~ **un enfant** to take a child's shoes off **2** **se déchausser** vpr (personne) to take one's shoes off.

déchéance [deʃeɑ̃s] nf (morale) decay; (physique) degeneration.

déchet [deʃɛ] nm (morceau) scrap ◇ **~s radioactifs** radioactive waste; **il y a du ~** there is some wastage; **~ humain** human wreck.

déchiffrer [deʃifʀe] 1 vt (message) to decipher; (énigme) to solve.

déchiqueter [deʃikte] 4 vt to tear to pieces.

déchirant, e [deʃiʀɑ̃, ɑ̃t] adj heartbreaking ♦ **déchirement** nm (douleur) wrench ◇ (Pol: divisions) **~s** rifts.

déchirer [deʃiʀe] 1 **1** vt to tear; (lacérer) to tear up; (ouvrir) to tear open; (querelle) to tear apart ◇ **cris qui déchirent les oreilles** cries which split one's ears; **spectacle qui déchire le cœur** heartrending sight **2** **se déchirer** vpr to tear; (cœur) to break ♦ **déchirure** nf tear.

déchu, e [deʃy] adj ◇ **être ~ de ses droits** to be deprived of one's rights.

déci [desi] préf deci.

décidé, e [deside] adj determined (*à faire* to do) ◇ **c'est ~!** that's settled!

décidément [desidemɑ̃] adv really.

décider [deside] 1 **1** vt to decide (*de faire* to do) ◇ **~ qch** to decide on sth; **~ qn à faire** to persuade sb to do **2** **se décider** vpr (personne) to make up one's mind (*à faire* to do) ◇ **ça se décide demain** it will be decided ou settled tomorrow; **est-ce qu'il va se ~ à faire beau?** [famil] do you think it'll turn out fine? ♦ **décideur** nm decision-maker.

décimal, e, mpl **-aux** [desimal, o] adj, nf decimal.

décimer [desime] 1 vt to decimate.

décisif, -ive [desizif, iv] adj (gén) decisive; (coup, facteur) deciding.

décision [desizjɔ̃] nf decision.

déclamer [deklame] 1 vt to declaim.

déclaration [deklaʀɑsjɔ̃] nf (gén) declaration; (discours) statement; (décès) registration; (vol) notification ◇ **~ de guerre** declaration of war; (formulaire) **~ d'impôts** tax return ♦ **déclarer** 1 **1** vt (gén) to declare; (annoncer) to announce; (décès) to register; (vol) to notify ◇ **~ la guerre** to declare war (*à* on); **je vous déclare que** I tell you that; **avec l'intention déclarée de** with the declared intention of **2** **se déclarer** vpr (incendie) to break out ◇ **se ~ satisfait** to declare o.s. satisfied.

déclasser [deklɑse] 1 vt (coureur) to relegate; (fiches) to get out of order.

déclenchement [deklɑ̃ʃmɑ̃] nm (bouton) release; (attaque) launching; (hostilités) opening ♦ **déclencher** 1 **1** vt (mécanisme) to release; (sonnerie) to set off; (ouverture) to activate; (attaque, grève) to launch; (catastrophe) to trigger off; (tir) to open **2** **se déclencher** vpr (sonnerie) to go off; (attaque, grève) to start.

déclic [deklik] nm (bruit) click; (mécanisme) trigger mechanism.

déclin [deklɛ̃] nm (gén) decline (*de* in) ◇ **être à son ~** (soleil) to be setting; (lune) to be waning; **en ~** on the decline.

déclinaison [deklinɛzɔ̃] nf (verbe) declension.

décliner [dekline] 1 **1** vt (identité) to state, give; (offre) to decline; (verbe) to decline **2** vi (gén) to decline; (ardeur) to wane; (jour) to draw to a close; (soleil) to go down; (lune) to wane.

déclivité [deklivite] nf incline.

décocher [dekɔʃe] 1 vt (flèche, regard) to shoot; (coup) to let fly.

décoder [dekɔde] 1 vt (gen) to decode; (message) to decipher ♦ **décodeur** nm decoder.

décoiffer [dekwafe] 1 vt ◇ **~ qn** to disarrange sb's hair; **je suis décoiffé** my hair is in a mess; **se ~** to take one's hat off.

décoincer [dekwɛ̃se] 3 vt to unjam.

décollage [dekɔlaʒ] nm (avion) takeoff; (fusée) lift-off ♦ **décoller** 1 **1** vt to unstick **2** vi (avion) to take off; (fusée) to lift-off **3** **se décoller** vpr (timbre) to come unstuck.

décolleté, e [dekɔlte] **1** adj (robe) low-cut **2** nm low neckline.

décoloration [dekɔlɔʀɑsjɔ̃] nf ◇ **se faire faire une ~** to have one's hair bleached ♦ **décolorer** 1 **1** vt (cheveux) to bleach; (tissu) to fade **2** **se décolorer** vpr (gén) to lose its colour; (tissu) to fade.

décombres [dekɔ̃bʀ(ə)] nmpl rubble, debris (sg).

décommander [dekɔmɑ̃de] 1 vt (gén) to cancel; (invités) to put off ◇ **se ~** to cancel an appointment.

décomposer [dekɔ̃poze] 1 **1** vt (mouvement, phrase) to break up; (Chim) to decompose **2** **se décomposer** vpr (viande) to decompose; (visage) to change dramatically ♦ **décomposition** nf breaking up; decomposition ◇ **en ~** in a state of decomposition.

décompte [dekɔ̃t] nm (compte) detailed account ◇ **faire le ~ des points** to count up the points ♦ **décompter** 1 vt to deduct.

déconcentrer (se) [dekɔ̃sɑ̃tʀe] 1 vpr (athlète) to lose concentration.

déconcerter [dekɔ̃sɛʀte] 1 vt to disconcert.

déconfit, e [dekɔ̃fi, it] adj crestfallen.

décongeler [dekɔ̃ʒle] 5 vt to defrost.

déconnecter [dekɔnɛkte] 1 vt to disconnect.

déconseiller [dekɔ̃seje] 1 vt ◇ ~ **qch à qn** to advise sb against sth; **c'est déconseillé** it's inadvisable.

déconsidérer [dekɔ̃sideʀe] 6 vt to discredit.

décontenancer [dekɔ̃tnɑ̃se] 3 vt to disconcert.

décontracter vt, **se décontracter** vpr [dekɔ̃tʀakte] 1 to relax ◆ **décontraction** nf relaxation.

déconvenue [dekɔ̃vny] nf disappointment.

décor [dekɔʀ] nm (paysage) scenery; (milieu) setting ◇ (Théât) **le** ~, **les** ~**s** the scenery; **un** ~ **de théâtre** a stage set ◆ **décorateur, -trice** nm,f interior decorator; (Théât) set designer ◆ **décoratif, -ive** adj decorative ◆ **décoration** nf decoration ◆ **décorer** 1 vt to decorate; (robe) to trim.

décortiquer [dekɔʀtike] 1 vt (crevettes) to shell; (riz) to hull; (texte) to dissect.

découcher [dekuʃe] 1 vi to stay out all night.

découdre [dekudʀ(ə)] 48 1 vt (vêtement) to unpick 2 **se découdre** vpr (robe) to come unstitched; (bouton) to come off.

découler [dekule] 1 vi to ensue, follow (*de* from).

découpage [dekupaʒ] nm (action) cutting; (image) cut-out ◆ **découpé, e** adj (relief) jagged ◆ **découper** 1 1 vt (gén) to cut; (viande) to carve 2 **se découper** vpr (silhouette) to stand out (*sur* against) ◆ **découpure** nf (contour) jagged outline.

découragement [dekuʀaʒmɑ̃] nm discouragement ◆ **décourager** 3 1 vt to discourage (*de* from) 2 **se décourager** vpr to lose heart.

décousu, e [dekuzy] adj (Couture) unstitched; (fig) disjointed.

découvert, e [dekuvɛʀ, ɛʀt(ə)] 1 adj (tête) bare; (lieu) open ◇ **être à** ~ to be exposed; **agir à** ~ to act openly 2 nm (compte) overdraft; (caisse) deficit 3 nf discovery ◇ **aller à la** ~**e de** to go in search of.

découvrir [dekuvʀiʀ] 18 1 vt (invention) to discover; (cause) to find out; (ruines, membres) to uncover; (casserole) to take the lid off; (panorama) to see ◇ ~ **le pot aux roses** [famil] to find out what's been going on 2 **se découvrir** vpr (chapeau) to take off one's hat; (couvertures) to uncover o.s.

décret [dekʀɛ] nm decree ◆ **décréter** 6 vt (gén) to order; (état d'urgence) to declare.

décrier [dekʀije] 7 vt to disparage.

décrire [dekʀiʀ] 39 vt to describe.

décrisper [dekʀispe] 1 vt (situation) to defuse.

décrocher [dekʀɔʃe] 1 1 vt (rideau) to take down; (fermoir) to undo; (wagon) to uncouple; (téléphone) to pick up, lift; (fig: contrat, examen) to get 2 vi (Téléc) to pick up ou lift the receiver; (famil: ne pas comprendre) to lose track.

décroître [dekʀwatʀ(ə)] 55 vi (gén) to decrease; (fièvre, crue) to go down; (lune) to wane; (jour) to get shorter ◆ **décrue** nf (rivière) fall in the level (*de* of).

décrypter [dekʀipte] 1 vt to decipher.

déçu, e [desy] adj disappointed.

décupler [dekyple] 1 vti (lit) to increase tenfold; (efforts) to double.

dédaigner [dedeɲe] 1 vt (gén) to scorn, disdain; (offre) to spurn; (menaces) to disregard ◇ **il ne dédaigne pas la plaisanterie** he's not averse to a joke ◆ **dédaigneux, -euse** adj disdainful (*de* of) ◆ **dédain** nm disdain (*de* for).

dédale [dedal] nm maze.

dedans [d(ə)dɑ̃] 1 adv inside ◇ **au** ~ **de lui** deep down; **au** ~ **de** inside; **il est rentré** ~ [famil] (accident) he crashed straight into it; (bagarre) he laid into him [famil]; **il s'est fichu** ~ [famil] he got it all wrong 2 nm inside.

dédicace [dedikas] nf inscription ◆ **dédicacer** 3 vt to inscribe (*à qn* to sb).

dédier [dedje] 7 vt ◇ ~ **qch à** to dedicate sth to.

dédire (se) [dediʀ] 37 vpr (engagements) to go back on one's word; (affirmation) to withdraw ◆ **dédit** nm (caution) penalty.

dédommagement [dedɔmaʒmɑ̃] nm compensation (*de* for) ◆ **dédommager** 3 vt ◇ ~ **qn** to compensate sb (*de* for).

dédouaner [dedwane] 1 vt (Comm) to clear through customs (famil); (personne) to clear.

dédoubler [deduble] 1 vt (classe) to divide in two.

dédramatiser [dedʀamatize] 1 vt (examen, opération) to make less alarming.

déductible [dedyktibl(ə)] adj deductible.

déduction [dedyksjɔ̃] nf deduction ◇ ~ **faite de** after deduction of.

déduire [dedɥiʀ] 38 vt (ôter) to deduct (*de* from); (conclure) to deduce (*de* from).

déesse [deɛs] nf goddess.

défaillance [defajɑ̃s] nf (évanouissement) blackout; (faiblesse) weakness; (panne) fault, breakdown (*de* in) ◇ ~ **cardiaque** heart failure; ~ **de mémoire** lapse of memory ◆ **défaillant, e** adj (forces) failing; (voix, pas) unsteady; (personne) weak ◆ **défaillir** 13 vi (personne) to faint; (forces) to weaken ◇ **sans** ~ without flinching.

défaire [defɛʀ] [60] 1 vt (installation) to take down, dismantle; (nœud) to undo; (valise) to unpack ◇ ~ **qn de qch** to rid sb of sth 2 **se défaire** vpr (ficelle) to come undone ◇ **se ~ de qch** to get rid of sth ◆ **défait, 1. e** adj (visage) haggard; (cheveux) tousled; (lit) rumpled ◆ 2. **défaite** nf defeat ◆ **défaitiste** adj, nmf defeatist.

défalquer [defalke] [1] vt to deduct.

défaut [defo] nm a (gén) flaw; (étoffe) fault; (système) defect; (personne) fault, failing ◇ ~ **de prononciation** speech defect; **le ~ de la cuirasse** the chink in the armour; **être en ~** to be at fault; **prendre qn en ~** to catch sb out b (désavantage) drawback ◇ **le ~ c'est que...** the snag is that... c ◇ (manque) ~ **de** (raisonnement) lack of; (main-d'œuvre) shortage of; **ça me fait ~** I lack it; **à ~ de** for lack of.

défavorable [defavɔʀabl(ə)] adj unfavourable (*à* to).

défavoriser [defavɔʀize] [1] vt to put at a disadvantage ◇ **les couches défavorisées de la population** the disadvantaged sections of the population.

défection [defɛksjɔ̃] nf desertion ◇ **faire ~** to desert.

défectueux, -euse [defɛktɥø, øz] adj defective ◆ **défectuosité** nf (état) defectiveness; (défaut) defect, fault (*de* in).

défendable [defɑ̃dabl(ə)] adj defensible.

défendre [defɑ̃dʀ(ə)] [41] 1 vt (protéger) (gén) to defend; (du froid) to protect (*de* from) ◇ (interdire) ~ **à qn de faire** to forbid sb to do 2 **se défendre** vpr (se protéger) to defend o.s. (*contre* against) ◇ **il se défend bien en affaires** he does well in business; **ça se défend** it is défensible; (se justifier) **se ~ d'avoir fait qch** to deny doing sth; (s'empêcher de) **se ~ de faire** to refrain from doing.

défense [defɑ̃s] nf a (protection) defence ◇ **prendre la ~ de qn** to stand up for sb; **sans ~** defenceless b ◇ (interdiction) ~ **d'entrer** no admittance; ~ **de fumer** no smoking; **la ~ que je lui ai faite** what I forbade him to do c (éléphant) tusk ◆ **défenseur** nm (gén) defender; (avocat) counsel for the defence ◆ **défensif, -ive** adj, nf defensive.

déférence [defeʀɑ̃s] nf deference.

déferlement [defɛʀləmɑ̃] nm wave ◆ **déferler** [1] vi (vagues) to break ◇ ~ **sur le pays** to sweep through the country.

défi [defi] nm challenge ◇ **mettre qn au ~** to defy sb (*de faire* to do); **d'un air de ~** defiantly.

défiance [defjɑ̃s] nf mistrust ◇ **être sans ~** to be unsuspecting ◆ **défiant, e** adj mistrustful.

déficience [defisjɑ̃s] nf deficiency ◆ **déficient, e** adj deficient.

déficit [defisit] nm deficit ◆ **déficitaire** adj in deficit.

défier [defje] [7] vt (adversaire) to challenge (*à* to); (adversité) to defy ◇ ~ **qn de faire qch** to defy sb to do sth; **ça défie toute concurrence** it is unbeatable.

défigurer [defigyʀe] [1] vt (visage, paysage) to disfigure; (réalité) to distort.

défilé [defile] nm (cortège) procession; (manifestation) march; (militaire) parade; (voitures) stream; (montagneux) narrow pass ◆ **défilement** nm (Ordin) scrolling ◆ **défiler** [1] 1 vi (Mil) to parade; (manifestants) to march (*devant* past); (souvenirs) to pass (*dans* through) ◇ (Ordin) **faire ~ un programme** to scroll a program 2 **se défiler** vpr ◇ (refuser) **il s'est défilé** he wriggled out of it.

définir [definiʀ] [2] vt to define ◆ **défini, e** adj definite.

définitif, -ive [definitif, iv] 1 adj definitive 2 nf ◇ **en ~ive** in fact ◆ **définitivement** adv (partir) for good; (résoudre) definitively.

définition [definisjɔ̃] nf definition; (mots croisés) clue.

déflagration [deflagʀɑsjɔ̃] nf explosion.

défoncer [defɔ̃se] [3] vt to break ◇ **fauteuil défoncé** sunken armchair.

déformation [defɔʀmɑsjɔ̃] nf deformation ◇ **c'est de la ~ professionnelle** it's force of habit ◆ **déformer** [1] 1 vt (objet) to put out of shape; (visage, vérité) to distort; (esprit) to warp ◇ **chaussée déformée** uneven road surface 2 **se déformer** vpr to lose its shape.

défouler (se) [defule] [1] vpr to unwind.

défraîchir (se) [defʀeʃiʀ] [2] vpr (passer) to fade; (s'user) to become worn.

défrayer [defʀeje] [8] vt ◇ ~ **qn** to pay sb's expenses; ~ **la chronique** to be widely talked about.

défricher [defʀiʃe] [1] vt (terrain) to clear; (sujet) to do the spadework on.

défriser [defʀize] [1] vt (cheveux) to uncurl; (famil: ennuyer) to annoy.

défroisser [defʀwase] [1] vt to smooth out.

défunt, e [defœ̃, œ̃t] 1 adj ◇ **son ~ père** his late father 2 nm,f deceased.

dégagé, e [degaʒe] adj (route, ciel) clear; (vue) open; (front) bare; (ton, manières) casual.

dégagement [degaʒmɑ̃] nm a (action) (dégager) freeing; release; clearing ◇ **itinéraire de ~** alternative route b (émanation) emission c (Ftbl) clearance.

dégager [degaʒe] [3] 1 vt a (personne, objet) to free (*de* from); (crédits) to release; (nez, passage) to clear ◇ ~ **sa responsabilité d'une affaire** to disclaim responsibility in a matter; **allons, dégagez!** [famil] move along! b (odeur, chaleur) to give off, emit; (conclusion) to draw 2 **se dégager** vpr a (personne) to free ou extricate o.s.; (ciel, rue) to clear ◇ **se ~ de** to free o.s. from **b** (odeur, chaleur) to be given off; (conclusion) to be drawn; (impression) to emerge (*de* from).

dégainer [degene] 1 vt (arme) to draw.

dégarnir [degaʀniʀ] 2 **1** vt to empty ◇ **être dégarni** to be bare **2 se dégarnir** vpr (salle) to empty; (tête) to go bald; (arbre) to lose its leaves; (stock) to be cleaned out.

dégât [degɑ] nm ◇ **du ~, des ~s** damage.

dégel [deʒɛl] nm **a** (lit, fig) thaw ◆ **dégeler** vti, **se dégeler** vpr 5 **b** to thaw.

dégénérer [deʒeneʀe] 6 vi (gén) to degenerate (*en* into) ◆ **dégénéré, e** adj, nm,f degenerate.

dégingandé, e [deʒɛ̃gɑ̃de] [famil] adj gangling.

dégivrer [deʒivʀe] 1 vt to defrost.

déglinguer [deglɛ̃ge] [famil] 1 **1** vt to knock to pieces **2 se déglinguer** vpr to fall apart.

dégonfler [degɔ̃fle] 1 **1** vt (ballon) to deflate; (enflure) to reduce ◇ **pneu dégonflé** flat tyre **2 se dégonfler** vpr (lit) to go down; (famil: avoir peur) to chicken out [famil].

dégorger [degɔʀʒe] 3 vi ◇ **(faire) ~** (viande) to soak; (concombres) to sweat.

dégot(t)er [degɔte] [famil] 1 vt to dig up [famil].

dégouliner [deguline] 1 vi (filet) to trickle; (goutte) to drip.

dégourdir (se) [deguʀdiʀ] 2 vpr ◇ **se ~ les jambes** to stretch one's legs a bit ◆ **dégourdi, e** [famil] adj (malin) smart.

dégoût [degu] nm ◇ **le ~** disgust, distaste (*de* for) ◆ **dégoûtant, e** adj disgusting ◆ **dégoûté, e** adj ◇ **je suis ~!** I am fed up! [famil] ◆ **dégoûter** 1 vt to disgust ◇ **ce plat me dégoûte** I find this dish disgusting; **~ qn de qch** to put sb off sth.

dégradation [degʀadɑsjɔ̃] nf (personne) degradation; (temps) deterioration ◇ (dégâts) **~s** damage ◆ **dégrader** 1 **1** vt (personne) to degrade; (maison) to damage **2 se dégrader** vpr (moralement) to degrade o.s.; (santé, bâtiment) to deteriorate; (temps) to break.

dégrafer [degʀafe] 1 vt to unfasten.

dégraisser [degʀese] 1 vt to remove the fat from; (personnel) to cut back.

degré [dəgʀe] nm degree ◇ **~ centigrade** degree centigrade; **~ en alcool d'un liquide** percentage of alcohol in a liquid; **vin de 11 ~s** 11° wine; **enseignement du second ~** secondary education; **~ de parenté** degree of family relationship; **à un ~ avancé de** at an advanced stage of; **au plus haut ~** in the extreme.

dégressif, -ive [degʀesif, iv] adj ◇ **appliquer un tarif ~** to use a sliging scale of charges.

dégrèvement [degʀɛvmɑ̃] nm ◇ **bénéficier d'un ~ fiscal** to be granted tax exemption ou tax relief.

dégriffé, e [degʀife] adj ◇ **robe ~e** unlabelled designer dress; **ils vendent du ~** they sell designer seconds.

dégringoler [degʀɛ̃gɔle] 1 **1** vi to tumble down ◇ **faire ~ qch** to topple sth over **2** vt (pente) to rush down.

dégriser vt, **se dégriser** vpr [degʀize] 1 to sober up.

dégrossir [degʀosiʀ] 2 vt (bois) to trim; (travail) to rough out.

déguenillé, e [dɛgnije] adj ragged, tattered.

déguerpir [degɛʀpiʀ] [famil] 2 vi to clear off [famil] ◇ **faire ~** to drive off.

déguisement [degizmɑ̃] nm (pour tromper) disguise; (pour s'amuser) fancy dress ◆ **déguiser** 1 **1** vt (voix, pensée) to disguise **2 se déguiser** vpr to dress up; (pour tromper) to disguise o.s.

dégustation [degystɑsjɔ̃] nf (vin) tasting; (fromage) sampling ◆ **déguster** 1 **1** vt to taste; to sample; (repas) to enjoy **2** vi (famil: souffrir) to have a rough time of it [famil].

dehors [dəɔʀ] **1** adv outside ◇ **passer la journée (au) ~** to spend the day out of doors ou outside; **en ~ du sujet** outside the subject; **en ~ de cela** apart from that; **il a voulu rester en ~** he wanted to keep out of it; **mettre qn ~** [famil] to put sb out **2** nm (extérieur) outside ◇ (apparences) **sous des ~ aimables** under a friendly exterior.

déjà [deʒa] adv **a** already ◇ **je l'ai ~ vu** I've seen it before, I've already seen it; **est-il ~ rentré?** has he come home yet? **b** ◇ (intensif) **c'est ~ un gros camion** that's quite a big truck; **il est ~ assez paresseux** he's lazy enough as it is; **c'est combien, ~?** how much is it again?

déjeuner [deʒœne] 1 **1** vi to have lunch; (le matin) to have breakfast **2** nm lunch ◇ **prendre son ~** to have lunch.

déjouer [deʒwe] 1 vt (complot) to foil; (surveillance) to elude.

delà [dəla] **1** adv ◇ **au-~, par-~** beyond (that) **2** prép ◇ **au-~ de** beyond; (somme) over, above; **par-~ les apparences** beneath appearances **3** nm ◇ **l'au-~** the beyond.

délabrement [delɑbʀəmɑ̃] nm dilapidation.

délabrer (se) [delɑbʀe] 1 vpr (mur) to fall into decay; (santé) to break down ◆ **délabré, e** adj (maison) dilapidated; (santé) broken.

délacer [delase] 3 **1** vt to undo **2 se délacer** vpr (par accident) to come undone.

délai [delɛ] nm **a** (limite) time limit ◇ ~ **de livraison** delivery time; ~ **impératif** absolute deadline; **il faut compter un ~ de huit jours** you'll have to allow a week; **dans les plus brefs ~s** as soon as possible; **dans les ~s** within the time limit **b** (sursis) extension ◇ **demander un ~** to ask for more time; **sans ~** without delay; ~ **de paiement** term of payment.

délaisser [delese] [1] vt (abandonner) to abandon; (négliger) to neglect.

délassement [delasmɑ̃] nm relaxation ◆ **se délasser** [1] vpr to relax.

délateur, -trice [delatœʀ, tʀis] nm,f informer ◆ **délation** nf informing.

délavé, e [delave] adj faded.

délayer [deleje] [8] vt to mix (*dans* with).

delco [dɛlko] nm ® distributor.

délectable [delɛktabl(ə)] adj delectable ◆ **délectation** nf delight (*de qch* in sth; *à faire* in doing) ◆ **se délecter** [1] vpr to delight.

délégation [delegɑsjɔ̃] nf delegation ◇ **venir en ~** to come as a delegation ◆ **délégué, e** nm,f delegate ◇ ~ **de classe** class representative ◆ **déléguer** [6] vt to delegate (*à* to).

délestage [delɛstaʒ] nm (Élec) power cut ◇ (Aut) **établir un itinéraire de ~** to set up a relief route.

délibération [delibeʀɑsjɔ̃] nf deliberation.

délibéré, e [delibeʀe] adj (intentionnel) deliberate; (assuré) resolute ◆ **délibérément** adv deliberately; resolutely.

délibérer [delibeʀe] [6] vi to deliberate (*sur* upon) ◇ ~ **de qch** to deliberate sth; ~ **de faire qch** to resolve to do sth.

délicat, e [delika, at] adj **a** (gén) delicate; (voile) fine; (mets) dainty; (nuance) subtle; (mouvement) gentle **b** (difficile) délicate, tricky; (épineux) sensitive **c** (plein de tact) tactful ◇ **peu ~** unscrupulous **d** (exigeant) particular ◇ **faire le ~** to be particular ◆ **délicatement** adv delicately; finely; daintily; subtly; gently ◆ **délicatesse** nf delicacy; fineness; daintiness; subtlety; gentleness; tact.

délice [delis] nm delight ◇ **ça ferait les ~s de mon père** it would delight my father ◆ **délicieusement** adv (gén) delightfully; (parfumé) deliciously ◆ **délicieux, -ieuse** adj (fruit) delicious; (lieu, sensation) delightful.

délié, e [delje] **1** adj (agile) nimble; (mince) fine **2** nm (lettre) upstroke.

délier [delje] [7] vt to untie ◇ ~ **la langue de qn** to loosen sb's tongue.

délimitation [delimitɑsjɔ̃] nf delimitation ◆ **délimiter** [1] vt to delimit.

délinquance [delɛ̃kɑ̃s] nf delinquency ◆ **délinquant, e** adj delinquent.

délirant, e [deliʀɑ̃, ɑ̃t] adj (idée, architecture) extraordinary, wild ◆ **délire** nm (Méd) delirium; (frénésie) frenzy ◇ **c'est du ~!** [famil] it's sheer madness!; **foule en ~** frenzied crowd ◆ **délirer** [1] vi to be delirious (*de* with) ◇ **il délire!** [famil] he's raving! [famil].

délit [deli] nm offence.

délivrance [delivʀɑ̃s] nf **a** (prisonniers) release; (pays) deliverance **b** (soulagement) relief **c** (reçu) issue ◆ **délivrer** [1] **1** vt **a** (prisonnier) to release ◇ ~ **qn de** to relieve sb of **b** (reçu) to issue **2** **se délivrer** vpr to free o.s. (*de* from).

déloger [delɔʒe] [3] vt (locataire) to turn out; (ennemi) to dislodge (*de* from).

déloyal, e, mpl **-aux** [delwajal, o] adj (personne) disloyal (*envers* towards); (procédé) unfair.

delta [dɛlta] nm delta.

deltaplane [dɛltaplan] nm (appareil) hang-glider; (Sport) hang-gliding ◇ **faire du ~** to hang-glide, go hang-gliding.

déluge [delyʒ] nm (pluie) downpour; (larmes, paroles) flood; (coups) shower ◇ (Bible) **le ~** the Flood; **ça remonte au ~** it's as old as the hills.

déluré, e [delyʀe] adj (éveillé) smart; (effronté) forward.

démagogie [demagɔʒi] nf demagogy ◆ **démagogique** adj demagogic ◆ **démagogue** nm demagogue.

demain [d(ə)mɛ̃] adv tomorrow ◇ **ce n'est pas ~ la veille** [famil] it's not just around the corner.

demande [d(ə)mɑ̃d] nf (requête) request; (revendication) demand; (question) question; (emploi) application (*de* for) ◇ (Écon) **l'offre et la ~** supply and demand; **adressez votre ~ au ministère** apply to the ministry; ~ **en mariage** proposal of marriage; **à la ~ de qn** at sb's request; **sur ~** on request.

demander [d(ə)mɑ̃de] [1] **1** vt **a** (objet, personne) to ask for; (nom, heure, chemin) to ask; (entrevue) to request; (emploi) to apply for ◇ **il m'a demandé mon stylo** he asked me for my pen; ~ **un service à qn** to ask a favour of sb; ~ **à qn de faire qch** to ask sb to do sth; ~ **des nouvelles de qn** to inquire after sb; **il l'a demandé en mariage** he asked if he could marry her; **le patron vous demande** the boss wants to see you; **il demande qu'on le laisse partir** he is asking to be allowed to leave; **produit très demandé** product which is in great demand **b** (nécessiter) to require, need ◇ **ce travail va lui ~ 6 heures** he'll need ou take 6 hours to do this job **2** **se demander** vpr to wonder ◇ **se ~ si** to wonder if ◆ **demandeur** nm ◇ ~ **d'emploi** person looking for work.

démangeaison [demɑ̃ʒɛzɔ̃] nf ◇ **j'ai une ~** I've got an itch ◆ **démanger** [3] vt ◇ **ça me démange** it itches; (fig) **ça me démange de faire...** I'm itching to do...

démantèlement [demɑ̃tɛlmɑ̃] nm (forteresse) demolition; (gang, empire) break up ◆ **démanteler** [5] vt to demolish; to break up.

démantibuler [demɑ̃tibyle] [famil] [1] **1** vt to demolish **2** **se démantibuler** [famil] vpr to fall apart.

démaquillant [demakijɑ̃] nm make-up remover ◆ **se démaquiller** [1] vpr to remove one's make-up.

démarcation [demaʀkɑsjɔ̃] nf demarcation.

démarche [demaʀʃ(ə)] nf (allure) walk; (raisonnement) reasoning; (demande) approach ◆ **démarcheur** nm door-to-door salesman.

démarque [demaʀk(ə)] nf (Comm) markdown ◆ **démarquer** [1] **1** vt (article) to mark down **2** **se ~** vpr ◇ **se ~ de** to distinguish o.s. from ◆ **démarqué, e** adj (joueur) unmarked.

démarrage [demaʀaʒ] nm (mise en marche) starting; (début, départ) start ◆ **démarrer** [1] vi (moteur, conducteur) to start up; (véhicule) to move off; (coureur) to pull away ◇ **l'affaire a bien démarré** the affair got off to a good start; **faire ~** to start ◆ **démarreur** nm starter.

démasquer [demaske] [1] vt to unmask.

démêlé [demele] nm (dispute) dispute ◇ (ennuis) **~s** problems; **avoir des ~s avec la justice** to have a brush with the law ◆ **démêler** [1] vt to untangle.

déménagement [demenaʒmɑ̃] nm (meubles) removal; (changement de domicile) move ◆ **déménager** [3] **1** vt to move **2** vi to move house; (famil: être fou) to be crackers [famil] ◆ **déménageur** nm furniture remover.

démence [demɑ̃s] nf madness, insanity ◆ **dément, e** **1** adj mad, insane ◇ **c'est ~!** it's incredible! **2** nm,f lunatic ◆ **démentiel, -ielle** adj insane.

démener (se) [dɛmne] [5] vpr (se débattre) to struggle; (se dépenser) to exert o.s.

démenti [demɑ̃ti] nm denial.

démentir [demɑ̃tiʀ] [16] vt (nouvelle) to deny; (apparences) to belie; (espoirs) to disappoint ◇ **ça ne s'est jamais démenti** it has never failed.

démériter [demeʀite] [1] vi to show o.s. unworthy of one's task.

démesure [deməzyʀ] nf immoderation ◆ **démesuré, e** adj (gén) enormous; (orgueil) immoderate.

démettre [demɛtʀ(ə)] [56] vt (articulation) to dislocate; (fonctionnaire) to dismiss (*de* from) ◇ **se ~ de ses fonctions** to resign (from) one's duties.

demeure [dəmœʀ] nf residence ◇ **s'installer à ~** to settle permanently; **mettre qn en ~ de faire qch** to order sb to do sth.

demeurer [dəmœʀe] [1] vi **a** (avec avoir: habiter) to live ◇ **il demeure rue d'Ulm** he lives in the rue d'Ulm **b** (avec être: rester) to remain, stay ◇ **~ fidèle** to remain faithful; **au demeurant** for all that; **c'est un demeuré** [famil] he's a half-wit [famil].

demi, e [d(ə)mi] **1** adv ◇ **(à) ~ plein** etc half-full etc; **il ne te croit qu'à ~** he only half believes you **2** adj ◇ **une livre et ~e** one and a half pounds, a pound and a half; **à six heures et ~e** at half past six **3** nm,f half ◇ **deux ~s** two halves **4** nf ◇ (à l'horloge) **la ~e a sonné** the half hour has struck; **c'est déjà la ~e** it's already half past **5** nm (bière) ≃ half-pint; (Sport) half-back **6** préf inv (le 2e élément donne le genre et porte la marque du pluriel) half ◇ **une ~-douzaine d'œufs** half a dozen eggs; **dans une ~-heure** in half an hour; **la première ~-heure** the first half-hour; **en ~-cercle** semicircular; **~-finale** semi-final; **~-frère** half-brother; **~-pension** half-board; **billet à ~-tarif** half-price ticket; **faire ~-tour** to go back.

démilitarisation [demilitaʀizɑsjɔ̃] nf demilitarization.

déminéraliser [demineʀalize] [1] vt (Tech) to demineralize; (Méd) to make deficient in essential minerals ◇ **eau déminéralisée** distilled ou demineralized water.

démission [demisjɔ̃] nf resignation ◇ **donner sa ~** to hand in one's resignation ◆ **démissionner** [1] vi to resign; (fig) to give up.

démobilisation [demɔbilizɑsjɔ̃] nf demobilization ◆ **démobiliser** [1] vt to demobilize.

démocrate [demɔkʀat] **1** adj democratic **2** nmf democrat ◆ **démocratie** nf democracy ◆ **démocratique** adj democratic ◆ **démocratisation** nf **a** democratization ◆ **démocratiser** vt, **se démocratiser** vpr [1] **b** to democratize.

démodé, e [demɔde] adj old-fashioned ◆ **se démoder** [1] vpr to go out of fashion.

démographie [demɔgʀafi] nf demography ◆ **démographique** adj demographic ◇ **poussée ~** population increase.

demoiselle [d(ə)mwazɛl] nf (jeune) young lady; (âgée) single lady ◇ **~ d'honneur** (mariage) bridesmaid; (reine) maid of honour.

démolir [demɔliʀ] [2] vt to demolish ◆ **démolisseur** nm demolition worker ◆ **démolition** nf demolition ◇ **en ~** in the course of being demolished.

démon [demɔ̃] nm demon ◇ **le ~** the Devil; **le ~ du jeu** a passion for gambling; **mauvais ~** evil spirit ◆ **démoniaque** adj demoniacal.

démonstrateur, -trice [demɔ̃stʀatœʀ, tʀis] nm,f (vendeur) demonstrator ◆ **démonstratif, -ive** adj demonstrative ◇ **peu** ~ undemonstrative ◆ **démonstration** nf demonstration ◇ **faire une** ~ to give a demonstration; **~s de** (joie, force) show of.

démontage [demɔ̃taʒ] nm dismantling.

démonter [demɔ̃te] [1] **1** vt (gén) to dismantle; (appareil) to take apart; (pneu, porte) to take off; (déconcerter) to disconcert ◇ **mer démontée** raging sea **2** **se démonter** vpr (assemblage) to come apart; (personne) to become flustered ◆ **démonte-pneu** nm tyre lever.

démontrable [demɔ̃tʀabl(ə)] adj demonstrable ◆ **démontrer** [1] vt (expliquer) to demonstrate; (prouver) to prove ◇ **cela démontre que** it shows ou indicates that.

démoralisation [demɔʀalizɑsjɔ̃] nf demoralization ◆ **démoraliser** [1] vt to demoralize ◇ **se** ~ to become demoralized.

démordre [demɔʀdʀ(ə)] [41] vi ◇ **il ne démord pas de sa décision** he is sticking to his decision.

démotiver [demɔtive] [1] vt demotivate.

démouler [demule] [1] vt (statue) to remove from the mould; (gâteau) to turn out.

démultiplier [demyltiplije] [7] vt to reduce, gear down.

démunir [demyniʀ] [2] vt ◇ ~ **qn de** to deprive sb of; ~ **qch de** to divest sth of; **se** ~ **de** to part with; **démuni d'intérêt** devoid of interest; **démuni de tout** destitute.

démystifier [demistifje] [7] vt to enlighten, demistify.

dénatalité [denatalite] nf fall in the birth rate.

dénaturer [denatyʀe] [1] vt (faits) to distort.

dénégation [denegɑsjɔ̃] nf denial.

dénicher [deniʃe] [1] vt (gén) to discover; (fugitif) to flush out.

denier [dənje] nm denier ◇ (hum) **de mes ~s** out of my own pocket; **les ~s publics** public monies.

dénier [denje] [7] vt to deny ◇ ~ **qch à qn** to deny sb sth.

dénigrement [denigʀəmɑ̃] nm denigration ◆ **dénigrer** [1] vt to denigrate.

dénivellation [denivɛlɑsjɔ̃] nf (pente) slope.

dénombrer [denɔ̃bʀe] [1] vt to count.

dénominateur [denɔminatœʀ] nm denominator.

dénomination [denɔminɑsjɔ̃] nf designation ◆ **dénommer** [1] vt to name ◇ **le dénommé X** the man named X.

dénoncer [denɔ̃se] [3] **1** vt to denounce ◇ **sa hâte le dénonça** his haste betrayed him; ~ **qn à la police** to inform against sb **2** **se dénoncer** vpr to give o.s. up (*à* to) ◆ **dénonciateur, -trice** nm,f informer ◆ **dénonciation** nf denunciation.

dénoter [denɔte] [1] vt to denote.

dénouement [denumɑ̃] nm (Théât) dénouement; (aventure) outcome.

dénouer [denwe] [1] **1** vt (lien) to untie; (situation) to untangle **2** **se dénouer** vpr to come untied.

dénoyauter [denwajote] [1] vt (fruit) to stone, pit.

denrée [dɑ̃ʀe] nf food, foodstuff ◇ **~s coloniales** colonial produce.

dense [dɑ̃s] adj dense ◆ **densité** nf (Phys) density; (brouillard, foule) denseness.

dent [dɑ̃] nf (gén) tooth; (fourchette) prong; (engrenage) cog ◇ **avoir la** ~ [famil] to be hungry; **avoir une** ~ **contre qn** to have a grudge against sb; (ambitieux) **avoir les ~s longues** to have one's sights fixed high; (très occupé) **être sur les ~s** to be working flat out [famil]; **faire ses ~s** to teethe; **croquer qch à belles ~s** to bite into sth with gusto; **manger du bout des ~s** to pick at one's food ◆ **dentaire** adj dental.

dentelé, e [dɑ̃tle] adj (côte) jagged; (bord) serrated.

dentelle [dɑ̃tɛl] nf lace.

dentier [dɑ̃tje] nm denture ◆ **dentifrice** nm toothpaste ◆ **dentiste** nmf dentist ◆ **dentition** nf dentition.

dénudé, e [denyde] adj (gén) bare; (crâne) bald.

dénué, e [denɥe] adj ◇ ~ **de qch** devoid of sth, without sth; ~ **de tout** destitute; ~ **de tout fondement** completely unfounded ◆ **dénuement** nm destitution.

déodorant [deɔdɔʀɑ̃] nm deodorant.

dép. abrév de *département*.

dépannage [depanaʒ] nm fixing, repairing ◇ **service de** ~ breakdown service; **partir pour un** ~ to go out on a breakdown job ◆ **dépanner** [1] vt (réparer) to fix, repair; (famil: tirer d'embarras) to help out ◆ **dépanneur** nm (Aut) breakdown mechanic; (TV) television repairman ◆ **dépanneuse** nf breakdown lorry, tow truck (US).

dépareillé, e [depaʀeje] adj (objet) odd ◇ **articles ~s** oddments.

déparer [depaʀe] [1] vt to spoil, mar.

départ [depaʀ] nm (gén) departure; (Sport) start ◇ **mon** ~ **de l'hôtel** my departure from the hotel; **faux** ~ false start; **la substance de** ~ the original substance; **être sur le** ~ to be about to leave ou go; **excursions au** ~ **de Chamonix** excursions (departing) from Chamonix; (fig) **au** ~ at the start ou outset.

départager [depaʀtaʒe] 3 vt to decide between.

département [depaʀtəmɑ̃] nm (gén) department ♦ **départemental, e,** mpl **-aux** adj departmental ◇ **route ~e** secondary road.

départir (se) [depaʀtiʀ] 16 vpr ◇ **se ~ de** to abandon.

dépassé, e [depɑse] adj (périmé) out-moded.

dépassement [depɑsmɑ̃] nm (Aut) overtaking, passing.

dépasser [depɑse] 1 **1** vt **a** (endroit) to pass, go past; (véhicule, piéton) to overtake, pass **b** (limite, quantité) to exceed ◇ **~ qch en hauteur** to be higher than sth; **tout colis qui dépasse 20 kg** all parcels over 20 kg; **il ne veut pas ~ 100 F** he won't go above 100 francs; **~ qn en intelligence** to surpass sb in intelligence **c** (instructions, attributions) to go beyond, overstep ◇ **cela dépasse les bornes** that's going too far; **cela dépasse mes forces** it's beyond my strength **d** ◇ (famil: dérouter) **cela me dépasse!** it is beyond me!; **être dépassé par les événements** to be overtaken by events **2** vi (balcon, clou) to stick out (*de* of).

dépassionner [depasjɔne] 1 vt (débat) to take the heat out of.

dépaysement [depeizmɑ̃] nm disorientation ♦ **dépayser** 1 vt to disorientate.

dépecer [depəse] 5 vt (boucher) to joint, cut up; (lion) to dismember.

dépêche [depɛʃ] nf dispatch.

dépêcher [depeʃe] 1 **1** vt to dispatch, send (*auprès de* to) **2** **se dépêcher** vpr to hurry ◇ **dépêche-toi!** hurry up!

dépeigner [depeɲe] 1 vt ◇ **~ qn** to make sb's hair untidy; **dépeigné** with dishevelled hair.

dépeindre [depɛ̃dʀ(ə)] 52 vt to depict.

dépendance [depɑ̃dɑ̃s] nf (interdépendance) dependency; (asservissement) subordination; (bâtiment) outbuilding; (territoire) dependency.

dépendre [depɑ̃dʀ(ə)] 41 , ◇ **~ de** vt indir (gén) to depend on, be dependent on ◇ **ça dépend** it depends.

dépens [depɑ̃] nmpl ◇ **aux ~ de** at the expense of; **je l'ai appris à mes ~** I learnt this to my cost.

dépense [depɑ̃s] nf (argent) expense; (électricité) consumption ◇ **c'est une grosse ~** it's a large outlay; **~s publiques** public spending; **pousser qn à la ~** to make sb spend money; **regarder à la ~** to watch one's spending; **~ physique** physical exercise; **~ de temps** spending of time ♦ **dépenser** 1 **1** vt (gén) to spend; (électricité) to use, consume ◇ **~ inutilement qch** to waste sth **2** **se dépenser** vpr to exert o.s. ♦ **dépensier, -ière** adj, nm,f ◇ **être ~** to be a spendthrift.

déperdition [depɛʀdisjɔ̃] nf loss.

dépérir [depeʀiʀ] 2 vi (personne) to waste away; (plante) to wither; (affaire) to go downhill.

dépêtrer (se) [depetʀe] 1 vpr to extricate o.s. (*de* from).

dépeuplement [depœpləmɑ̃] nm depopulation ♦ **se dépeupler** 1 vpr to be depopulated.

dépilatoire [depilatwaʀ] **1** adj depilatory **2** nm depilatory ou hair-removing cream.

dépistage [depistaʒ] nm (d'une maladie) detection ♦ **dépister** 1 vt to detect.

dépit [depi] nm vexation ◇ **en ~ de** in spite of; **en ~ du bon sens** contrary to good sense ♦ **dépité, e** adj piqued.

déplacement [deplasmɑ̃] nm (action) moving; (mouvement) movement; (voyage) trip ◇ **frais de ~** travelling expenses ♦ **déplacer** 3 **1** vt to move, shift **2** **se déplacer** vpr to move ◇ **se ~ une articulation** to displace a joint ♦ **déplacé, e** adj (propos) uncalled-for.

déplaire [deplɛʀ] 54 vt ◇ **ça me déplaît** I dislike ou don't like it; **n'en déplaise à son mari** with all due respect to her husband ♦ **déplaisant, e** adj unpleasant.

dépliant [deplijɑ̃] nm leaflet ♦ **déplier** 7 vt to unfold.

déploiement [deplwamɑ̃] nm deployment ♦ **déployer** 8 **1** vt (carte) to spread out; (ailes) to spread; (troupes) to deploy; (talents) to display **2** **se déployer** vpr (drapeau) to unfurl; (ailes) to spread; (troupes) to deploy; (cortège) to spread out.

déplorable [deplɔʀabl(ə)] adj deplorable ♦ **déplorer** 1 vt to deplore.

dépolluer [depɔlɥe] 1 vt to clean up, rid of pollution.

déportation [depɔʀtɑsjɔ̃] nf deportation; (dans un camp) imprisonment ♦ **déporter** 1 vt **a** to deport; to imprison in a concentration camp **b** (vent) to carry off course ◇ **se ~ vers la gauche** to swerve to the left ♦ **déporté, e** nm,f deportee; prisoner.

déposer [depoze] 1 **1** vt **a** (gerbe, armes) to lay down; (ordures) to dump; (colis) to leave; (passager) to drop; (argent) to deposit; (plainte) to file; (projet de loi) to bring in; (rapport) to send in ◇ **~ son bilan** to go into voluntary liquidation **b** (souverain) to depose **c** (moteur etc: ôter) to take out **2** vi **a** (liquide) to leave some sediment ◇ **laisser ~** to leave to settle **b** (Jur) to testify **3** **se déposer** vpr (poussière, lie) to settle ◆ **dépositaire** nmf (objet confié) depository; (secret) possessor; (Comm) agent (*de* for) ◆ **déposition** nf (gén) deposition.

déposséder [depɔsede] 6 vt ◇ ~ **qn de** (terres) to dispossess sb of; (droits) to deprive sb of ◆ **dépossession** nf dispossession; deprivation.

dépôt [depo] nm **a** ◇ (action) **procéder au ~ d'une gerbe** to lay a wreath **b** (garde) trust ◇ **avoir qch en ~** to hold sth in trust **c** ◇ (Fin) ~ **de garantie** deposit; ~ **de bilan** (voluntary) liquidation **d** ◇ (liquide) **il y a du ~** there is some sediment **e** (entrepôt) warehouse; (véhicules) depot; (ordures, munitions) dump **f** (prison) jail, prison.

dépotoir [depɔtwaʀ] nm dumping ground.

dépouille [depuj] nf (peau) skin, hide ◇ ~ **mortelle** mortal remains; (butin) ~**s** spoils.

dépouillé, e [depuje] adj (décor) bare.

dépouillement. [depujmɑ̃] nm **a** (courrier) perusal; (scrutin) counting **b** (sobriété) lack of ornamentation **c** (de biens, droits) deprivation ◆ **dépouiller** 1 **1** vt (courrier) to peruse; (scrutin) to count ◇ ~ **qn de qch** to strip sb of sth **2** **se dépouiller** vpr ◇ **se ~ de** (vêtements) to remove; **les arbres se dépouillent** the trees are shedding their leaves.

dépourvu, e [depuʀvy] **1** adj ◇ ~ **de qch** devoid of sth, without sth **2** nm ◇ **prendre qn au ~** to catch sb unprepared ou unawares.

dépravation [depʀavasjɔ̃] nf depravity ◆ **dépraver** 1 vt to deprave.

dépréciation [depʀesjasjɔ̃] nf **a** depreciation (*de* in) ◆ **déprécier** vt, **se déprécier** vpr 7 **b** to depreciate.

déprédations [depʀedasjɔ̃] nfpl damage.

dépressif, -ive [depʀesif, iv] adj depressive ◆ **dépression** nf (gén) depression ◇ **une ~ nerveuse** a nervous breakdown.

dépressurisation [depʀesyʀizasjɔ̃] nf depressurization ◇ **en cas de ~ de la cabine** should the pressure drop in the cabin.

déprimer [depʀime] 1 vt (moralement) to depress; (physiquement) to debilitate.

déprogrammer [depʀɔgʀame] 1 vt (TV, Rad) to cancel.

depuis [dəpɥi] **1** prép **a** (temps: point de départ) since ◇ **il attend ~ hier** he has been waiting since yesterday; ~ **son plus jeune âge** since ou from early childhood; ~ **cela**, ~ **lors** since then; ~ **le matin jusqu'au soir** from morning till night **b** (durée) for ◇ **il attend ~ une semaine** he has been waiting for a week now; ~ **ces derniers mois** over the last few months; **tu le connais ~ longtemps?** have you known him long? **c** (lieu) since, from ◇ ~ **Nice il a fait le plein 3 fois** he's filled up 3 times since Nice; **le concert est retransmis ~ Paris** the concert is broadcast from Paris **d** (rang, quantité) from ◇ ~ **le premier jusqu'au dernier** from the first to the last **e** ◇ ~ **qu'il est ministre** since he became a minister; ~ **le temps qu'il apprend le français** considering how long he's been learning French **2** adv ◇ **je ne l'ai pas revu ~** I haven't seen him since.

député [depyte] nm deputy; (britannique) Member of Parliament; (américain) representative.

déraciner [deʀasine] 1 vt to uproot.

déraillement [deʀajmɑ̃] nm derailment ◆ **dérailler** 1 vi (train) to be derailed; (famil: divaguer) to rave; (famil: mal fonctionner) to be on the blink [famil] ◇ **faire ~ un train** to derail a train ◆ **dérailleur** nm (bicyclette) derailleur gears.

déraisonnable [deʀɛzɔnabl(ə)] adj unreasonable.

dérangement [deʀɑ̃ʒmɑ̃] nm (gêne) trouble, inconvenience; (déplacement) trip ◇ (machine) **en ~** out of order.

déranger [deʀɑ̃ʒe] 3 **1** vt (gén) to disturb; (projets, routine) to disrupt, upset; (temps) to unsettle ◇ **ça vous dérange si je fume?** do you mind if I smoke?; **il a le cerveau dérangé** his mind is deranged; **il a l'estomac dérangé** his stomach is upset **2** **se déranger** vpr (médecin) to come out; (pour une démarche) to go along, come along; (changer de place) to move ◇ **ne vous dérangez pas pour moi** don't put yourself out on my account.

dérapage [deʀapaʒ] nm skid ◆ **déraper** 1 vi (véhicule) to skid; (personne, échelle) to slip.

dérèglement [deʀɛgləmɑ̃] nm upset ◆ **dérégler** 6 **1** vt (gén) to upset; (temps) to unsettle ◇ (appareil) **être déréglé** to be out of order **2** **se dérégler** vpr (appareil) to go wrong.

dérider vt, **se dérider** vpr [deʀide] 1 to brighten up.

dérision [deʀizjɔ̃] nf derision ◇ **par ~** derisively; **tourner en ~** to mock ◆ **dérisoire** adj derisory.

dérivatif [deʀivatif] nm distraction.

dérivation [deʀivasjɔ̃] nf derivation; (rivière) diversion; (avion) deviation.

dérive [deʀiv] nf **a** (déviation) drift ◇ **aller à la ~** to drift **b** (dispositif) (avion) fin; (bateau) centreboard.

dériver [deʀive] 1 **1** vt to derive (*de* from); (rivière) to divert ◇ **un dérivé** (gén) a derivative; (produit) a by-product **2** vi (dévier) to drift.

dermatologie [deʀmatɔlɔʒi] nf dermatology ◆ **dermatologue** nmf dermatologist.

dernier, -ière [dɛʀnje, jɛʀ] **1** adj **a** (gén) last; (étage, grade) top; (rang) back; (quantité) lowest, poorest ◇ **les 100 ~ières pages** the last 100 pages; **voici les ~ières nouvelles** here is the latest news; **de ~ ordre** very inferior **b** (ultime) (regard, effort) last, final ◇ **quel est votre ~ prix?** what's your final offer?; **en ~ière analyse** in the last analysis; **en ~ lieu** finally; **mettre la ~ière main à qch** to put the finishing touches to sth; **avoir le ~ mot** to have the last word; **en ~ recours** as a last resort; **rendre le ~ soupir** to breathe one's last; **il faut payer avant le 15, ~ délai** the 15th is the final date for payment; **ces ~s temps** lately; **c'est le ~ cri** it's the very latest thing; **grossier au ~ point** extremely rude; **de la ~ière importance** of the utmost importance **2** nm,f last (one) ◇ **sortir le ~** to leave last; **il est le ~ de sa classe** he's at the bottom of the class; **c'est le ~ de mes soucis** it's the least of my worries; **ce ~** (de deux) the latter; (de plusieurs) the last-mentioned; **~-né** youngest child; **acheter qch en ~** to buy sth last; **vous connaissez la ~ière?** [famil] have you heard the latest?

dernièrement [dɛʀnjɛʀmɑ̃] adv recently.

dérobade [deʀɔbad] nf evasion ◆ **dérober** [1] **1** vt (voler) to steal; (cacher) to hide, conceal (*à qn* from sb) **2** **se dérober** vpr (refuser) to shy away; (se libérer) to slip away; (sol, genoux) to give way ◆ **dérobé, e** **1** adj (porte) secret, hidden **2** nf ◇ **à la ~e** secretly.

dérogation [deʀɔgɑsjɔ̃] nf dispensation.

déroulement [deʀulmɑ̃] nm (cérémonie) progress; (action) development ◆ **dérouler** [1] **1** vt (fil) to unwind; (nappe) to unroll **2** **se dérouler** vpr (se produire) to take place ◇ **la manifestation s'est déroulée dans le calme** the demonstration went off peacefully ◆ **dérouleur** nm ◇ (Ordin) **~ de bande magnétique** magnetic tape drive.

déroute [deʀut] nf rout ◇ **en ~** routed; **mettre en ~** to rout.

dérouter [deʀute] [1] vt (avion) to reroute; (candidat) to disconcert; (poursuivants) to throw off the scent.

derrick [dɛʀik] nm derrick.

derrière [dɛʀjɛʀ] **1** prép et adv behind ◇ **assis 3 rangs ~** sitting 3 rows back ou behind; (Aut) **monter ~** to sit in the back; **regarde ~** look behind ou back; **par-~** (entrer) by the back; (attaquer) from behind; (s'attacher) at the back **2** nm (personne) bottom, behind [famil]; (animal) hindquarters, rump; (objet) back ◇ **porte de ~** back door.

des [de] → **de.**

dès [dɛ] prép from ◇ **~ le début** from the start; **~ Lyon il a plu sans arrêt** it never stopped raining from Lyons onwards; **~ qu'il aura fini il viendra** as soon as he's finished he'll come; **~ l'époque romaine** as early as Roman times; **~ son enfance** since childhood; **~ maintenant** right now; **~ lors** from that moment; **~ lors que** (puisque) since, as.

désabusé, e [dezabyze] adj disenchanted.

désaccord [dezakɔʀ] nm (mésentente) discord; (contradiction) discrepancy ◇ **je suis en ~ avec vous** I disagree with you.

désaccordé, e [dezakɔʀde] adj (piano) out of tune.

désaccoutumer [dezakutyme] [1] vt ◇ **~ qn de qch** to get sb out of the habit of sth.

désaffecté, e [dezafɛkte] adj disused.

désagréable [dezagʀeabl(ə)] adj disagreeable.

désagrément [dezagʀemɑ̃] nm annoyance.

désaltérant, e [dezalteʀɑ̃, ɑ̃t] adj thirst-quenching ◆ **désaltérer** [6] **1** vt to quench the thirst of **2** **se désaltérer** vpr to quench one's thirst.

désamorcer [dezamɔʀse] [3] vt (pompe) to drain; (crise) to defuse.

désappointement [dezapwɛ̃tmɑ̃] nm disappointment ◆ **désappointer** [1] vt to disappoint.

désapprobateur, -trice [dezapʀɔbatœʀ, tʀis] adj disapproving ◆ **désapprobation** nf disapproval.

désapprouver [dezapʀuve] [1] vt to disapprove of.

désarçonner [dezaʀsɔne] [1] vt (cheval) to unseat; (réponse) to nonplus.

désarmant, e [dezaʀmɑ̃, ɑ̃t] adj disarming ◆ **désarmé, e** adj (lit) unarmed; (fig) helpless ◆ **désarmement** nm (pays) disarmament ◆ **désarmer** [1] vti to disarm.

désarroi [dezaʀwa] nm confusion.

désastre [dezastʀ(ə)] nm disaster ◆ **désastreux, -euse** adj (gén) disastrous; (conditions) appalling.

désavantage [dezavɑ̃taʒ] nm (gén) disadvantage; (handicap) handicap ◇ **avoir un ~ sur qn** to be at a disadvantage in comparison with sb ◆ **désavantager** [3] vt to put at a disadvantage ◆ **désavantageux, -euse** adj disadvantageous.

désaveu [dezavø] nm (reniement) disavowal; (blâme) repudiation ◆ **désavouer** [1] vt to disavow; to repudiate.

désaxé, e [dezakse] nm,f maniac.

desceller [desele] [1] vt (pierre) to pull free.

descendance [desɑ̃dɑ̃s] nf (enfants) descendants; (origine) descent.

descendant, e [desɑ̃dɑ̃, ɑ̃t] **1** adj descending **2** nm,f descendant.

descendre [desɑ̃dʀ(ə)] 41 **1** vi **a** (aller) to go down; (venir) to come down ◇ **descends me voir** come down and see me; ~ **à pied** to walk down; ~ **en ville** to go into town; ~ **à l'hôtel** to stay at a hotel; **la rue descend** the street slopes down **b** ◇ ~ **de** (arbre) to climb down from; (voiture) to get out of; **fais** ~ **le chien du fauteuil** get the dog down off the armchair; ~ **de bicyclette** to get off one's bicycle; ~ **d'un ancêtre** to be descended from an ancestor **c** (obscurité, neige) to fall; (soleil) to go down; (brouillard) to come down (*sur* over); (prix, température) to fall, drop; (marée) to go out **2** vt (escalier) to go down; (valise, objet) to take ou bring down; (store) to lower; (famil: au fusil) to shoot down ◇ ~ **la rue en courant** to run down the street; **descends-moi mes lunettes** bring ou fetch me my glasses down; **se faire** ~ [famil] to get shot.

descente [desɑ̃t] nf **a** (action) descent ◇ **la** ~ **dans le puits est dangereuse** going down the well is dangerous; ~ **en parachute** parachute drop; (Ski) **épreuve de** ~ downhill race; **accueillir qn à la** ~ **du train** to meet sb off the train **b** (raid) raid ◇ **faire une** ~ **dans qch** to raid sth **c** (pente) downward slope ◇ **freiner dans les** ~**s** to brake going downhill; **la** ~ **de la cave** the entrance into the cellar **d** ◇ ~ **de lit** bedside rug.

descriptif, -ive [dɛskʀiptif, iv] adj descriptive ◆ **description** nf description.

désembuer [dezɑ̃bɥe] 1 vt (vitre) to demist.

désemparé, e [dezɑ̃paʀe] adj distraught.

désemplir [dezɑ̃pliʀ] 2 vi ◇ **le magasin ne désemplit jamais** the shop is never empty.

désenchanté, e [dezɑ̃ʃɑ̃te] adj disenchanted ◆ **désenchantement** nm disenchantment.

désensibiliser [desɑ̃sibilize] 1 vt to desensitize.

déséquilibre [dezekilibʀ(ə)] nm (entre quantités) imbalance; (mental) unbalance ◇ **en** ~ (armoire) unsteady; (budget) unbalanced ◆ **déséquilibrer** 1 vt to throw off balance ◇ **un déséquilibré** an unbalanced person.

désert, e [dezɛʀ, ɛʀt(ə)] **1** adj deserted **2** nm desert.

déserter [dezɛʀte] 1 vti to desert ◆ **déserteur** nm deserter ◆ **désertion** nf desertion.

désertique [dezɛʀtik] adj desert.

désespérant, e [dezɛspeʀɑ̃, ɑ̃t] adj (horrible) appalling ◆ **désespéré, e** adj (cas) hopeless; (effort) desperate ◆ **désespérément** adv desperately ◆ **désespérer** 6 **1** vt to drive to despair **2** vi to despair ◇ ~ **de faire** to despair of doing **3** **se désespérer** vpr to despair.

désespoir [dezɛspwaʀ] nm despair ◇ **faire le** ~ **de qn** to drive sb to despair; **être au** ~ to be in despair; **en** ~ **de cause** in desperation.

déshabiller [dezabije] 1 **1** vt to undress **2** **se déshabiller** vpr to undress; (manteau etc) to take off one's coat ou things.

déshabituer [dezabitɥe] 1 vt ◇ ~ **qn de qch** to break sb of the habit of sth.

désherbant [dezɛʀbɑ̃] nm weed-killer ◆ **désherber** 1 vt to weed.

déshériter [dezeʀite] 1 vt (héritier) to disinherit ◇ **les déshérités** the deprived.

déshonneur [dezɔnœʀ] nm dishonour ◆ **déshonorant, e** adj dishonourable ◆ **déshonorer** 1 **1** vt to dishonour **2** **se déshonorer** vpr to bring dishonour on o.s.

déshydratation [dezidʀatɑsjɔ̃] nf **a** dehydration ◆ **déshydrater** vt, **se déshydrater** vpr 1 **b** to dehydrate.

désigner [deziɲe] 1 vt (du doigt) to point out; (à un emploi) to appoint (*à* to) ◇ ~ **qn par son nom** to refer to sb by his name; **être tout désigné pour faire qch** to be cut out to do sth.

désillusion [dezilyzjɔ̃] nf disillusion.

désinfectant, e [dezɛ̃fɛktɑ̃, ɑ̃t] adj, nm disinfectant ◆ **désinfecter** 1 vt to disinfect ◆ **désinfection** nf disinfection.

désinformation [dezɛ̃fɔʀmɑsjɔ̃] nf disinformation.

désintégrer (se) [dezɛ̃tegʀe] 6 vpr (gen) to disintegrate; (fusée) to self-destruct.

désintéressé, e [dezɛ̃teʀese] adj disinterested, selfless ◆ **désintérêt** nm disinterest.

désintoxiquer [dezɛ̃tɔksike] 1 vt (alcoolique) to dry out; (drogué) to treat for drug addiction ◇ **se faire** ~ (alcoolique) to dry out; (drogué) to come off drugs.

désinvolte [dezɛ̃vɔlt(ə)] adj casual, offhand ◆ **désinvolture** nf casualness.

désir [deziʀ] nm desire (*de qch* for sth) ◆ **désirable** adj desirable ◇ **peu** ~ undesirable.

désirer [deziʀe] 1 vt (vouloir) to want; (convoiter) to desire ◇ **il désire que tu viennes** he wants you to come; **ça laisse beaucoup à** ~ it leaves a lot to be desired ◆ **désireux, -euse** adj ◇ ~ **de** anxious to.

désistement [dezistəmɑ̃] nm withdrawal ◆ **désister** 1 vpr to withdraw.

désobéir [dezɔbeiʀ] 2 vi to be disobedient ◇ ~ **à qn** to disobey sb ◆ **désobéissance** nf disobedience (*à* to) ◆ **désobéissant, e** adj disobedient.

désobligeant, e [dezɔbliʒɑ̃, ɑ̃t] adj disagreeable.

désodorisant [dezɔdɔʀizɑ̃] nm air freshener, deodorizer ◆ **désodoriser** [1] vt to deodorize.

désœuvré, e [dezœvʀe] adj idle ◆ **désœuvrement** nm idleness.

désolation [dezɔlɑsjɔ̃] nf (consternation) distress ◆ **désolé, e** adj **a** (endroit) desolate **b** (affligé) distressed; (contrit) sorry ◆ **désoler** [1] **1** vt to distress **2** **se désoler** vpr to be upset.

désolidariser (se) [desɔlidaʀize] [1] vpr ◇ **se ~ de** to dissociate o.s. from.

désopilant, e [dezɔpilɑ̃, ɑ̃t] adj hilarious.

désordonné, e [dezɔʀdɔne] adj (personne) untidy; (mouvements) uncoordinated.

désordre [dezɔʀdʀ(ə)] nm **a** (mauvais rangement) untidiness ◇ **être en ~** to be untidy; **quel ~!** what a mess! **b** (agitation) disorder ◇ **faire du ~** to cause a disturbance.

désorganisation [dezɔʀganizɑsjɔ̃] nf disorganization ◆ **désorganiser** [1] vt to disorganize.

désorienter [dezɔʀjɑ̃te] [1] vt to disorientate.

désormais [dezɔʀmɛ] adv in future.

désosser [dezɔse] [1] vt (viande) to bone.

despote [dɛspɔt] nm despot ◆ **despotique** adj despotic ◆ **despotisme** nm despotism.

desquels, desquelles [dekɛl] → **lequel.**

dessaisir (se) [desezir] [2] vpr ◇ **se ~ de** to part with.

dessaler [desale] [1] vt ◇ **(faire) ~** (viande) to soak.

dessécher [deseʃe] [6] **1** vt to dry out **2** **se dessécher** vpr (gén) to go dry; (plante) to wither.

dessein [desɛ̃] nm (gén) design; (intention) intention ◇ **faire qch à ~** to do sth intentionally.

desseller [desele] [1] vt to unsaddle.

desserrer [deseʀe] [1] **1** vt (gén) to loosen; (étreinte) to relax; (frein) to release **2** **se desserrer** vpr (nœud, écrou) to come loose.

dessert [desɛʀ] nm dessert.

desserte [desɛʀt(ə)] nf (meuble) sideboard; (transport) service.

desservir [desɛʀviʀ] [14] vt **a** (plat, table) to clear away **b** (autobus) to serve **c** (nuire à) to harm.

dessin [desɛ̃] nm (gén) drawing; (motif) pattern; (contour) outline ◇ **~ animé** cartoon film; **~ humoristique** cartoon; (art) **le ~** drawing; **planche à ~** drawing board ◆ **dessinateur, -trice** nm,f (artiste) drawer ◇ **~ industriel** draughtsman; **~ humoristique** cartoonist ◆ **dessiner** [1] **1** vt to draw **2** **se dessiner** vpr (apparaître) to take shape.

dessous [d(ə)su] **1** adv (sous) under, beneath; (plus bas) below ◇ **les enfants au-~ de 7 ans** children under 7; **20° au-~ de zéro** 20° below zero; **être au-~ de tout** to be quite hopeless; **faire qch en ~** to do sth in an underhand manner **2** nm (objet) bottom, underside; (pied) sole ◇ **les gens du ~** the people downstairs; **avoir le ~** to get the worst of it; **les ~ de la politique** the hidden side of politics; (Habillement) **les ~** underwear; **~ de plat** table mat.

dessus [d(ə)sy] **1** adv ◇ **c'est écrit ~** it's written on it; **il lui a tiré ~** he shot at him; **passez par-~** go over it; **au-~** above; **les enfants au-~ de 7 ans** children over 7; **20° au-~ de zéro** 20° above zero; **au-~ de mes forces** beyond my strength **2** nm top ◇ **les gens du ~** the people upstairs; (fig) **le ~ du panier** the pick of the bunch; **prendre le ~** to get the upper hand; **reprendre le ~** to get over it; **~ de lit** bedspread.

déstabiliser [destabilize] [1] vt (régime) to destabilize.

destin [dɛstɛ̃] nm (sort) fate; (avenir, vocation) destiny.

destinataire [dɛstinatɛʀ] nmf addressee.

destination [dɛstinɑsjɔ̃] nf (direction) destination; (usage) purpose ◇ **train à ~ de Londres** train to London.

destiner [dɛstine] [1] vt **a** ◇ (attribuer) **~ qch à qn** (gén) to intend ou mean sth for sb; **le sort qui lui était destiné** the fate that was in store for him; **les fonds seront destinés à la recherche** the money will be devoted to research **b** ◇ (vouer) **~ qn à une fonction** to destine sb for a post; **il se destine à l'enseignement** he intends to go into teaching ◆ **destinée** nf (sort) fate; (avenir, vocation) destiny.

destituer [dɛstitɥe] [1] vt (ministre) to dismiss; (roi) to depose ◆ **destitution** nf dismissal; deposition.

destructeur, -trice [dɛstʀyktœʀ, tʀis] **1** adj destructive **2** nm,f destroyer ◆ **destruction** nf destruction.

désuet, ète [desɥɛ, ɛt] adj old-fashioned.

détachant [detaʃɑ̃] nm stain remover.

détaché, e [detaʃe] adj (air) detached.

détachement [detaʃmɑ̃] nm (indifférence) detachment; (Mil) detachment; (fonctionnaire) secondment.

détacher [detaʃe] [1] **1** vt **a** (gén) to untie; (ôter) to remove, take off ◇ **'~ suivant le pointillé'** 'tear off along the dotted line'; **~ ses mots** to separate one's words; **~ qn de qch** to turn sb away from sth **b** (fonctionnaire) to second ◇ **être détaché** to be on secondment **c** (nettoyer) to clean **2** **se détacher** vpr **a** (prisonnier) to free o.s. (*de* from); (paquet, nœud) to come untied; (papier collé) to come off; (coureur) to pull away (*de* from) **b** (ressortir) to stand out (*sur* against).

détail [detaj] nm detail ◇ **dans le ~** in detail; **entrer dans les ~s** to go into details ou particulars; **faire le ~ d'un compte** to give a breakdown of an account; **vendre au ~** (vin) to sell retail; (articles) to sell separately ◆ **détaillant, e** nm,f retailer ◆ **détaillé, e** adj detailed ◆ **détailler** [1] vt **a** (marchandise) to sell retail; (à l'unité) to sell separately **b** (expliquer) to explain in detail; (examiner) to examine.

détaler [detale] [1] vi to run away.

détartrer [detaʀtʀe] [1] vt (dents) to scale; (chaudière) to descale.

détaxe [detaks(ə)] nf (réduction) reduction in tax; (suppression) removal of tax (*de* from); (remboursement) tax refund ◇ **marchandises vendues en ~** duty-free goods; **~ à l'exportation** exempt from tax in country of origin (of goods).

détecter [detɛkte] [1] vt to detect ◆ **détecteur, -trice** adj, nm detector ◆ **détection** nf detection ◆ **détective** nm ◇ **~ privé** private detective.

déteindre [detɛ̃dʀ(ə)] [52] vi (gén) to lose its colour; (au lavage) to run (*sur* into); (au soleil) to fade.

détendre [detɑ̃dʀ(ə)] [41] **1** vt (ressort) to release; (corde) to slacken, loosen; (personne, atmosphère) to relax; (nerfs) to calm **2** **se détendre** vpr to relax ◇ **se ~ les jambes** to unbend one's legs ◆ **détendu, e** adj (personne, atmosphère) relaxed; (câble) slack.

détenir [dɛtniʀ] [22] vt (gén) to have; (titre) to hold; (prisonnier) to detain ◇ **~ le pouvoir** to be in power.

détente [detɑ̃t] nf **a** (délassement) relaxation ◇ (Pol) **la ~** détente **b** (élan) spring; (bond) bound **c** (gâchette) trigger.

détenteur, -trice [detɑ̃tœʀ, tʀis] nm,f (record) holder.

détention [detɑ̃sjɔ̃] nf **a** (armes) possession **b** (captivité) detention ◆ **détenu, e** nm,f prisoner.

détergent, e [detɛʀʒɑ̃, ɑ̃t] adj, nm detergent.

détérioration [deteʀjɔʀɑsjɔ̃] nf damage (*de* to); deterioration (*de* in) ◇ **~s** damage ◆ **détériorer** [1] **1** vt to damage, spoil **2** **se détériorer** vpr to deteriorate.

détermination [detɛʀminɑsjɔ̃] nf (fermeté) determination ◇ **la ~ d'une date** deciding on a date ◆ **déterminé, e** adj (but) definite; (quantité) given; (ton) determined ◆ **déterminer** [1] vt (gén) to determine; (par calcul) to work out; (motiver) to cause.

déterrer [deteʀe] [1] vt to dig up.

détersif, -ive [detɛʀsif, iv] adj, nm detergent.

détestable [detɛstabl(ə)] adj dreadful, appalling ◆ **détester** [1] vt to hate, detest ◇ **elle déteste attendre** she hates having to wait; **il ne déteste pas le chocolat** he is not averse to chocolate.

détonation [detɔnɑsjɔ̃] nf (obus) detonation; (fusil) report, bang.

détour [detuʀ] nm **a** (sinuosité) bend, curve ◇ **faire des ~s** to wind about **b** (déviation) detour **c** (subterfuge) roundabout means; (circonlocution) circumlocution ◇ **dire sans ~s** to say plainly.

détournement [detuʀnəmɑ̃] nm (rivière) diversion ◇ **~ d'avion** hijacking; **~ de fonds** embezzlement.

détourner [detuʀne] [1] **1** vt **a** (gén) to divert (*de* from); (pirate de l'air) to hijack ◇ **~ les yeux** to look away; **~ qn du droit chemin** to lead sb astray; **de façon ~e** in a roundabout way **b** (voler) to embezzle **2** **se détourner** vpr to turn away ◇ **se ~ de sa route** to make a detour.

détraquer [detʀake] [1] **1** vt (machine) to put out of order; (personne) to upset; (mentalement) to unhinge; (temps) to unsettle ◇ **c'est un détraqué** [famil] he's a headcase [famil] **2** **se détraquer** vpr (machine) to go wrong; (estomac) to be upset; (temps) to break.

détrempé, e [detʀɑ̃pe] adj soaking wet.

détresse [detʀɛs] nf distress.

détriment [detʀimɑ̃] nm ◇ **au ~ de** to the detriment of.

détritus [detʀitys] nmpl rubbish, refuse.

détroit [detʀwa] nm strait ◇ **le ~ de Gibraltar** the straits of Gibraltar.

détromper [detʀɔ̃pe] [1] vt to disabuse (*de* of).

détrôner [detʀone] [1] vt to dethrone.

détrousser [detʀuse] [1] vt to rob.

détruire [detʀɥiʀ] [38] vt to destroy.

dette [dɛt] nf debt ◇ **avoir des ~s** to be in debt; **je suis en ~ envers vous** I am indebted to you.

DEUG [døg] nm abrév de *diplôme d'études universitaires générales: diploma taken after two years at university.*

deuil [dœj] nm (perte) bereavement, death; (chagrin) grief; (vêtements) mourning clothes ◇ **être en ~** to be in mourning; **~ national** national mourning; **faire son ~ de qch** [famil] to say goodbye to sth [famil].

deux [dø] adj, nm two ◇ **~ fois** twice; **je les ai vus tous (les) ~** I saw them both, I saw both of them; **des ~ côtés de la rue** on both sides ou on either side of the street; **tous les ~ jours** every other day; (en épelant) **~ t** double t; **c'est à ~ minutes d'ici** it's only a couple of minutes from here; **j'ai ~ mots à vous dire** I want to have a word with you; **essayer et réussir, cela fait** ~ to try and to succeed are two entirely different things; **pris entre** ~ **feux** caught in the crossfire → **six** ◆ **deux-pièces** nm inv (ensemble) two-piece suit; (appartement) two-room flat ou apartment (US) ◆ **deux-points** nm inv colon ◆ **deux-roues** nm inv two-wheeled vehicle ◆ **deuxième** adj, nmf second ◇ (Mil) ~ **classe** private → **sixième** ◆ **deuxièmement** adv secondly.

dévaler [devale] [1] vti to hurtle down ◇ ~ **dans les escaliers** to tumble down the stairs.

dévaliser [devalize] [1] vt to rob.

dévalorisation [devalɔʀizɑsjɔ̃] nf **a** depreciation ◆ **dévaloriser** vt, **se dévaloriser** vpr [1] **b** to depreciate.

dévaluation [devalɥɑsjɔ̃] nf **a** devaluation ◆ **dévaluer** vt, **se dévaluer** vpr [1] **b** to devalue.

devancer [dəvɑ̃se] [3] vt (distancer) to get ahead of; (précéder) to arrive ahead of; (objection, désir) to anticipate ◆ **devancier, -ière** nm,f precursor.

devant [d(ə)vɑ̃] **1** prép **a** (position) in front of; (dépassement) past ◇ **il est passé** ~ **moi sans me voir** he walked past me without seeing me; **il est** ~ **moi en classe** he sits in front of me at school; (classement) he is ahead of me at school; **avoir du temps** ~ **soi** to have time to spare; **aller droit** ~ **soi** to go straight on **b** (en présence de) before ◇ **par-**~ **notaire** in the presence of a notary; ~ **la situation** (étant donné) in view of the situation; (face à) faced with the situation **2** adv ◇ **vous êtes juste** ~ you are right in front of it; **il est loin** ~ he's a long way ahead; **je suis passé** ~ I went past it; **fais passer le plateau** ~ pass the tray forward **3** nm front ◇ **roue de** ~ front wheel; **prendre les** ~**s** to take the initiative; **je suis allé au-**~ **de lui** I went to meet him; **aller au-**~ **des ennuis** to be looking for trouble.

devanture [d(ə)vɑ̃tyʀ] nf shop window.

dévaster [devaste] [11] vt to devastate.

déveine [famil] [devɛn] nf rotten luck [famil].

développement [devlɔpmɑ̃] nm (gén) development; (commerce) expansion ◆ **développer** [1] **1** vt to develop; to expand; (paquet) to unwrap **2** **se développer** vpr to develop; to expand; (habitude) to spread.

devenir [dəvniʀ] [22] vi to become ◇ ~ **médecin** to become a doctor; **il est devenu tout rouge** he turned quite red; ~ **vieux** to grow old; **que sont devenues mes lunettes?** where have my glasses got to?

dévergonder (se) [devɛʀgɔ̃de] [1] vpr to run wild.

déverser [devɛʀse] [1] **1** vt (gén) to pour out; (ordures) to dump **2** **se déverser** vpr to pour out (*dans* into).

dévêtir vt, **se dévêtir** vpr [devetiʀ] [20] to undress.

déviation [devjɑsjɔ̃] nf (route) diversion.

dévier [devje] [7] **1** vi (aiguille) to deviate; (bateau, projectile) to veer off course; (projet) to diverge (*de* from) ◇ **la conversation déviait dangereusement** the conversation was taking a dangerous turn; **faire** ~ **qch** to divert sth **2** vt (circulation) to divert; (coup) to deflect.

devin [dəvɛ̃] nm soothsayer ◆ **deviner** [1] vt to guess ◆ **devinette** nf riddle.

devis [d(ə)vi] nm estimate, quotation.

dévisager [devizaʒe] [3] vt to stare at.

devise [d(ə)viz] nf motto ◇ (argent) ~**s** (foreign) currency.

dévisser [devise] [1] vt to unscrew.

dévoiler [devwale] [1] vt to reveal, disclose.

devoir [d(ə)vwaʀ] [28] **1** vt to owe ◇ **il réclame ce qui lui est dû** he is asking for what is owing to him; **je dois à mes parents d'avoir réussi** I owe my success to my parents; **il lui doit bien cela!** it's the least he can do for him! **2** vb aux **a** (obligation) to have to ◇ **dois-je lui écrire?** must I ou do I have to write to him?; **il aurait dû la prévenir** he should have ou ought to have warned her; **non, tu ne dois pas le rembourser** no, you need not ou don't have to pay it back; **cela devait arriver** it was bound to happen **b** ◇ (prévision) **il doit arriver ce soir** he is due to arrive tonight; **vous deviez le lui cacher** you were supposed to hide it from him **c** ◇ (probabilité) **vous devez vous tromper** you must be mistaken; **elle ne doit pas être bête** she can't be stupid **3** **se devoir** vpr ◇ **nous nous devons de le lui dire** it is our duty to tell him; **comme il se doit** (comme il faut) as is right; (comme prévu) as expected **4** nm **a** (obligation) duty ◇ **se faire un** ~ **de faire** to make it one's duty to do; **présenter ses** ~**s à qn** to pay one's respects to sb **b** (Scol) exercise ◇ (à la maison) **faire ses** ~**s** to do one's homework.

dévolu, e [devɔly] adj allotted (*à* to).

dévorer [devɔʀe] [1] vt (lit, fig) to devour ◇ **cet enfant dévore!** this child has a huge appetite!; ~ **qn du regard** to eye sb greedily; **la soif le dévore** he has a burning thirst.

dévot, e [devo, ɔt] **1** adj devout **2** nm,f deeply religious person ◆ **dévotion** nf (piété) devoutness; (culte) devotion.

dévouement [devumɑ̃] nm devotion ◆ **se dévouer** [1] vpr to sacrifice o.s. (*pour* for) ◇ (se consacrer à) **se** ~ **à** to devote o.s. to.

dévoyé, e [devwaje] adj, nm,f delinquent.

dextérité [dɛksteʀite] nf skill, dexterity.

DG [deʒe] 1 nf abrév de *direction générale* → **direction** 2 nm abrév de *directeur général* → **GM.**

dg abrév de *décigramme.*

diabète [djabɛt] nm diabetes (sg) ◆ **diabétique** adj, nmf diabetic.

diable [djɑbl(ə)] nm a devil ◇ **pauvre ~** poor devil; **grand ~** tall fellow; **il a le ~ au corps** he is the very devil; **tirer le ~ par la queue** to live from hand to mouth; **habiter au ~ vauvert** to live miles from anywhere; **il faisait un vent du ~** there was the devil of a wind b ◇ (excl) **D~!** well!; **qu'il aille au ~!** the devil take him!; **du courage que ~!** cheer up, dash it!; **quand ~ l'as-tu jeté?** when the devil did you throw it out?; **c'est bien le ~ si** it would be most unusual if; **ce n'est pas le ~!** it's not the end of the world! ◆ **diabolique** adj diabolical.

diabolo [djabɔlo] nm ◇ **~ menthe** lemonade and mint cordial.

diadème [djadɛm] nm diadem.

diagnostic [djagnɔstik] nm diagnosis ◆ **diagnostiquer** 1 vt to diagnose.

diagonal, e, mpl **-aux** [djagɔnal, o] adj, nf diagonal ◇ **en ~e** diagonally.

diagramme [djagʀam] nm (schéma) diagram; (graphique) graph.

dialecte [djalɛkt(ə)] nm dialect ◆ **dialectal, e,** mpl **-aux** adj dialectal.

dialogue [djalɔg] nm (gén) dialogue; (conversation) conversation ◆ **dialoguer** 1 vi to have a conversation; (négocier) to have a dialogue ◇ **~ avec un ordinateur** to interact with a computer.

diamant [djamɑ̃] nm diamond.

diamètre [djamɛtʀ(ə)] nm diameter.

diapason [djapazɔ̃] nm tuning fork.

diaphragme [djafʀagm(ə)] nm diaphragm.

diapositive [djapozitiv] nf (Phot) slide.

diarrhée [djaʀe] nf diarrhœa.

dictateur [diktatœʀ] nm dictator ◆ **dictatorial, e,** mpl **-aux** adj dictatorial ◆ **dictature** nf dictatorship ◇ (fig) **c'est de la ~!** this is tyranny!

dictée [dikte] nf dictation ◇ **écrire sous la ~ de qn** to take down sb's dictation ◆ **dicter** 1 vt to dictate (*à* to).

diction [diksjɔ̃] nf diction.

dictionnaire [diksjɔnɛʀ] nm dictionary.

dicton [diktɔ̃] nm saying, dictum.

didacticiel [didaktisjɛl] nm (Ordin) educational software program.

dièse [djɛz] adj, nm ◇ **fa ~** F sharp.

diesel [djezɛl] nm diesel.

diète [djɛt] nf (jeûne) starvation diet ◆ **diététicien, -ienne** nm,f dietician ◆ **diététique** 1 adj ◇ **produits ~s** health foods 2 nf dietetics (sg).

dieu, pl **~x** [djø] nm god ◇ **le bon D~** the good Lord; **on lui donnerait le bon D~ sans confession** he looks as if butter wouldn't melt in his mouth; **mon D~!** my goodness!; **mon D~ oui** well yes; **D~ vous bénisse!** God bless you!; **D~ seul le sait** God only knows; **D~ soit loué!** praise God!; **D~ merci** thank goodness; **tu vas te taire bon D~!** [famil] for Heaven's sake will you shut up! [famil].

diffamation [difamɑsjɔ̃] nf ◇ **~(s)** (paroles) slander; (écrits) libel ◆ **diffamer** 1 vt to slander; to libel.

différé, e [difeʀe] adj (TV) pre-recorded.

différemment [difeʀamɑ̃] adv differently.

différence [difeʀɑ̃s] nf difference ◇ **ne pas faire de ~** to make no distinction (*entre* between); **à la ~ de** unlike.

différenciation [difeʀɑ̃sjɑsjɔ̃] nf differentiation ◆ **différencier** 7 1 vt to differentiate 2 **se différencier** vpr to differ (*de* from).

différend [difeʀɑ̃] nm disagreement.

différent, e [difeʀɑ̃, ɑ̃t] adj (gén) different (*de* from) ◇ (divers) **pour ~es raisons** for various reasons.

différer [difeʀe] 6 1 vi to differ (*de* from; *par* in) 2 vt (visite etc) to postpone; (jugement) to defer.

difficile [difisil] adj (gén) difficult; (situation) awkward, tricky [famil] ◇ **~ à faire** difficult ou hard to do; **être ~ sur la nourriture** to be fussy about one's food ◆ **difficilement** adv with difficulty ◇ **c'est ~ visible** it's difficult ou hard to see ◆ **difficulté** nf difficulty (*à faire* in doing) ◇ **être en ~** to be in difficulties.

difforme [difɔʀm(ə)] adj deformed ◆ **difformité** nf deformity.

diffus, e [dify, yz] adj diffuse ◆ **diffuser** 1 vt (lumière, chaleur) to diffuse; (livres) to distribute; (émission) to broadcast ◆ **diffusion** nf diffusion; distribution; broadcasting.

digérer [diʒeʀe] 6 vt to digest ◇ **~ bien** to have a good digestion ◆ **digeste** adj digestible ◆ **digestif, -ive** 1 adj digestive 2 nm (liqueur) liqueur ◆ **digestion** nf digestion.

digital, e, mpl **-aux** [diʒital, o] adj digital.

digne [diɲ] adj (auguste) dignified; (à la hauteur) worthy ◇ **~ de** worthy of; **~ d'éloges** praiseworthy; **~ d'envie** enviable; **il n'est pas ~ de vivre** he's not fit to live ◆ **dignement** adv (se conduire) with dignity; (récompenser) fittingly ◆ **dignitaire** nm dignitary ◆ **dignité** nf dignity.

digression [digʀesjɔ̃] nf digression.

digue [dig] nf dyke.

dilapider [dilapide] 1 vt to squander.

dilatation [dilatɑsjɔ̃] nf (gén) dilation; (métal, gaz) expansion ◆ **dilater** 1 **1** vt to dilate; to cause to expand **2** **se dilater** vpr to dilate; to expand.

dilemme [dilɛm] nm dilemma.

dilettante [dilettɑ̃t] nmf (péj) amateur.

diligence [diliʒɑ̃s] nf **a** (empressement) haste; (soin) diligence **b** (voiture) stage-coach.

diluer [dilɥe] 1 vt to dilute; (peinture) to thin down ◆ **dilution** nf dilution; thinning down.

diluvienne [dilyvjɛn] adj f (pluie) torrential.

dimanche [dimɑ̃ʃ] nm Sunday ◇ **le ~ de Pâques** Easter Sunday → **samedi.**

dimension [dimɑ̃sjɔ̃] nf size ◇ **avoir la même ~** to be the same size; (mesures) **~s** dimensions, measurements.

diminuer [diminɥe] 1 **1** vt **a** (gén) to reduce, decrease; (son) to turn down; (intérêt) to lessen, diminish ◇ **ça l'a beaucoup diminué** this has greatly undermined his health **b** (dénigrer) to belittle **2** vi (gén) to diminish, decrease (*de, en* in); (orage, bruit) to die down; (prix) to go down; (jours) to grow shorter ◆ **diminutif** nm diminutive ◆ **diminution** nf decrease; (de prix) reduction.

dinde [dɛ̃d] nf turkey(hen) ◆ **dindon** nm turkey cock ◇ **être le ~ de la farce** to be made a fool of.

dîner [dine] 1 **1** vi to have dinner ◇ **avoir qn à ~** to have sb to dinner **2** nm dinner; (réception) dinner party ◆ **dîneur, -euse** nm,f diner.

dingue [dɛ̃g] [famil] **1** adj nuts [famil], crazy [famil] (*de* about) **2** nmf nutcase [famil].

dinosaure [dinozɔʀ] nm dinosaur.

diocèse [djɔsɛz] nm diocese.

diphtérie [difteʀi] nf diphtheria ◆ **diphtérique** adj diphtherial.

diphtongue [diftɔ̃g] nf diphthong.

diplomate [diplɔmat] **1** adj diplomatic **2** nmf (Pol) diplomat; (fig) diplomatist ◆ **diplomatie** nf diplomacy ◆ **diplomatique** adj diplomatic.

diplôme [diplom] nm diploma ◇ **avoir des ~s** to have qualifications ◆ **diplômé, e** adj qualified.

dire [diʀ] 37 **1** vt **a** (paroles etc) to say; (mensonge, secret) to tell ◇ **~ bonjour à qn** to say hullo to sb; **il ne croyait pas si bien ~** he didn't know how right he was; **on le dit malade** he's rumoured to be ill; **il sait ce qu'il dit** he knows what he's talking about; **~ des bêtises** to talk nonsense; **son silence en dit long** his silence speaks for itself **b** ◇ **~ à qn que** to tell sb that, say to sb that; **'méfie-toi', me dit-il** he said to me, 'be cautious'; **ce nom me dit quelque chose** this name rings a bell; **dites-lui de partir** tell him to go; **je me suis laissé ~ que** I was told that; **il m'a fait ~ qu'il viendrait** he sent me word that he'd come **c** ◇ (plaire) **cela vous dit de sortir?** do you feel like going out?; **cela ne me dit rien qui vaille** I don't like the look of that **d** (penser) to think ◇ **qu'est-ce que tu dis de ma robe?** what do you think of my dress?; **qu'est-ce que vous diriez d'une promenade?** how about a walk?; **on dirait qu'il va pleuvoir** it looks like rain; **on dirait du poulet** it tastes like chicken **e** ◇ (décider) **disons demain** let's make it tomorrow; **il est dit que je ne gagnerai jamais** I'm destined never to win; **bon, voilà qui est dit** right, it's settled; **à l'heure dite** at the appointed time **f** ◇ **vouloir ~** to mean; **cette phrase ne veut rien ~** this sentence does not mean a thing **g** ◇ (locutions) **X, dit le Chacal** X, known as the Jackal; **pour ainsi ~** so to speak; **dis donc!** (à propos) by the way; (holà) hey!; **cela va sans ~** it goes without saying; **à vrai ~** to tell the truth; **il n'y a pas à ~** there's no doubt about it; **c'est tout ~** that just shows you; **ce n'est pas pour ~, mais...** (se vanter) I don't wish to boast but...; (se plaindre) I don't wish to complain but...; **c'est-à-~** that is to say; **soit dit en passant** incidentally **2** **se dire** vpr ◇ **il se dit qu'il était tard** he said to himself that it was late; **il se dit malade** he claims to be ill; **elles se dirent au revoir** they said goodbye to each other; **comment se dit... en français?** what is the French for...? **3** nm ◇ **d'après ses ~s** according to what he says.

direct, e [diʀɛkt, ɛkt(ə)] **1** adj direct ◇ **ses chefs ~s** his immediate superiors; **être en rapport ~ avec** to be in direct contact with **2** nm (train) express ou fast train ◇ (Boxe) **~ du gauche** straight left; **en ~ de New York** live from New York ◆ **directement** adv directly ◇ **il est ~ allé se coucher** he went straight to bed.

directeur, -trice [diʀɛktœʀ, tʀis] **1** adj leading **2** nm (responsable) manager; (administrateur) director ◇ **~ d'école** headmaster; **~ général** general manager, chief executive officer (US) **3** nf manageress; director ◇ **~trice d'école** headmistress.

direction [diʀɛksjɔ̃] nf **a** (sens) direction ◇ **dans quelle ~ est-il parti?** which way did he go?; **train en ~ de Paris** train for Paris **b** (firme) running, management; (parti) leadership ◇ **prendre la ~ des opérations** to take charge ou control of operations **c** (bureau) director's ou manager's office ◇ (chefs) **la ~** the management; **la ~ générale** top ou general management; (service) **la ~ du personnel** the personnel department **d** (Aut: mécanisme) steering.

directive [diʀɛktiv] nf directive.

directrice [diʀɛktʀis] → **directeur.**

dirigeable [diʀiʒabl(ə)] nm airship.

dirigeant, e [diʀiʒɑ̃, ɑ̃t] 1 adj (classe) ruling 2 nm,f (firme) manager; (pays) leader.

diriger [diʀiʒe] 3 1 vt a (commander) (gén) to run; (entreprise) to manage; (pays, parti, enquête) to lead; (opération) to direct; (recherches) to supervise; (orchestre) to conduct b (voiture, bateau) to steer; (avion) to pilot, fly c (aiguiller) (gén) to direct (*sur, vers* to); (arme) to point, aim (*sur* at) ◇ ~ **son regard sur qch** to look towards sth; **la flèche est dirigée vers la gauche** the arrow is pointing to the left 2 **se diriger** vpr ◇ **se ~ vers** (lieu) to make one's way towards; (carrière) to turn towards.

discernement [disɛʀnəmɑ̃] nm ◇ **sans ~** without distinction ◆ **discerner** 1 vt to discern, make out.

disciple [disipl(ə)] nm disciple.

disciplinaire [disiplinɛʀ] adj disciplinary ◆ **discipline** nf discipline ◆ **discipliné, e** adj well-disciplined ◆ **discipliner** 1 vt to discipline.

discontinu, e [diskɔ̃tiny] adj intermittent ◆ **discontinuer** 1 vi ◇ **sans ~** without a break.

disconvenir [diskɔ̃vniʀ] 22 vi ◇ **je n'en disconviens pas** I don't deny it.

discordance [diskɔʀdɑ̃s] nf (caractères) conflict; (sons) discordance; (couleurs) clash ◇ (témoignages) **~s** discrepancies ◆ **discordant, e** adj conflicting; discordant; clashing ◆ **discorde** nf discord.

discothèque [diskɔtɛk] nf (bâtiment) record library; (club) disco.

discourir [diskuʀiʀ] 11 vi to talk ◆ **discours** nm speech ◇ **perdre son temps en ~** to waste one's time talking; **au ~ direct** in direct speech.

discourtois, e [diskuʀtwa, waz] adj discourteous.

discréditer [diskʀedite] 1 vt to discredit.

discret, -ète [diskʀɛ, ɛt] adj discreet; (personne) unassuming; (vêtement) plain; (couleur, endroit) quiet ◆ **discrètement** adv discreetly; plainly; quietly ◆ **discrétion** nf discretion; plainness ◇ **vin à ~** unlimited wine.

discrimination [diskʀiminɑsjɔ̃] nf discrimination.

disculper [diskylpe] 1 1 vt to exonerate (*de* from) 2 **se disculper** vpr to exonerate o.s.

discussion [diskysjɔ̃] nf (gén) discussion; (débat) debate; (conversation) talk; (querelle) argument ◆ **discutable** adj debatable, questionable ◆ **discuter** 1 1 vt (gén) to discuss; (projet de loi) to debate; (prix) to argue about; (ordre) to question 2 vi (parler) to talk; (parlementer) to argue (*avec* with) ◇ **~ de qch** to discuss sth.

disette [dizɛt] nf food shortage.

diseuse [dizøz] nf ◇ **~ de bonne aventure** fortune-teller.

disgrâce [disgʀɑs] nf disgrace.

disgracieux, -ieuse [disgʀasjø, jøz] adj (démarche) ungainly; (laid) plain.

disjoncter [disʒɔ̃kte] 1 vi a (Élec) to cut out b (famil: fig) to lose the place.

disjoncteur [disʒɔ̃ktœʀ] nm circuit breaker.

dislocation [dislɔkɑsjɔ̃] nf (membre) dislocation; (empire) break-up ◆ **disloquer** 1 1 vt to break up 2 **se disloquer** vpr (meuble) to come apart; (cortège) to break up ◇ **se ~ le bras** to dislocate one's arm.

disparaître [dispaʀɛtʀ(ə)] 57 vi a (gén) to disappear, vanish ◇ **~ discrètement** to slip away quietly; **faire ~** (obstacle) to remove; (personne) to get rid of; **il le fit ~ dans sa poche** he hid it in his pocket b (race, coutume) to die out; (personne) to die; (navire) to sink.

disparate [dispaʀat] adj disparate ◆ **disparité** nf disparity (*de* in).

disparition [dispaʀisjɔ̃] nf (gén) disappearance; (tache, obstacle) removal; (objet, bateau) loss; (mort) death ◇ **espèce en voie de ~** endangered species.

disparu, e [dispaʀy] adj (gén) vanished; (mort) dead; (manquant) missing; (bonheur) lost ◇ **il a été porté ~** he has been reported missing; **le cher ~** the dear departed.

dispensaire [dispɑ̃sɛʀ] nm community ou free (US) clinic.

dispense [dispɑ̃s] nf (exemption) exemption (*de* from); (permission) permission.

dispenser [dispɑ̃se] 1 1 vt a (exempter) to exempt (*de faire* from doing) ◇ **se faire ~** to get exempted b (bienfaits, lumière) to dispense ◇ **~ des soins à un malade** to give medical care to a patient 2 **se dispenser** vpr ◇ **se ~ de** (corvée) to avoid; **se ~ de faire qch** to get out of doing sth; **il peut se ~ de travailler** he doesn't need to work.

disperser [dispɛʀse] 1 1 vt (gén) to scatter; (foule) to disperse 2 **se disperser** vpr (foule) to disperse; (élève) to dissipate one's efforts ◆ **dispersion** nf scattering; dispersal; dissipation.

disponible [dispɔnibl(ə)] adj (livre) available; (personne) free.

dispos, e [dispo, oz] adj refreshed.

disposé, e [dispoze] adj ◇ **bien ~** (personne) in a good mood; (appartement) well laid-out; **bien ~ envers qn** well-disposed towards sb; **être ~ à faire** to be disposed to do.

disposer [dispoze] 1 **1** vt (objets) to place, arrange ◇ ~ **qn à faire qch** to prepare sb to do sth **2** vi ◇ **vous pouvez** ~ you may leave **3** **disposer de** vt indir (argent, moyens) to have at one's disposal ◇ **vous pouvez en** ~ you can use it **4** **se disposer** vpr ◇ **se** ~ **à faire** to prepare to do, be about to do.

dispositif [dispozitif] nm (mécanisme) device ◇ ~ **de défense** defence system.

disposition [dispozisjɔ̃] nf **a** (meubles) arrangement; (invités) placing; (terrain) situation; (pièces) layout **b** (usage) disposal ◇ **être à la** ~ **de qn** to be at sb's disposal **c** ◇ (mesures) ~**s** measures, steps; (préparatifs) **prendre ses** ~**s** to make arrangements **d** (humeur) mood ◇ **être dans de bonnes** ~**s à l'égard de qn** to feel well-disposed towards sb **e** ◇ (aptitude) ~**s** aptitude, ability **f** (tendance) tendency (*à* to) **g** (clause) clause.

disproportion [dispʀɔpɔʀsjɔ̃] nf disproportion (*de* in) ◆ **disproportionné, e** adj (objet) disproportionately large.

dispute [dispyt] nf argument, quarrel ◆ **disputer** 1 **1** vt **a** ◇ ~ **qch à qn** to fight with sb over sth **b** (combat) to fight; (match) to play ◇ **match très disputé** close-fought match **c** (famil: gronder) to tell off [famil] ◇ **se faire** ~ to get a telling-off [famil] (*par* from) **2** **se disputer** vpr to quarrel ◇ **se** ~ **qch** to fight over sth.

disquaire [diskɛʀ] nm record dealer.

disqualification [diskalifikɑsjɔ̃] nf disqualification ◆ **disqualifier** 7 vt to disqualify.

disque [disk(ə)] nm (gén, Méd) disc; (Sport) discus; (Mus) record; (Ordin) disc, disk ◇ ~ **dur/compact** hard/compact disc ◆ **disquette** nf floppy (disc ou disk); diskette (US).

dissection [disɛksjɔ̃] nf dissection.

dissemblable [disɑ̃blabl(ə)] adj dissimilar.

dissémination [diseminɑsjɔ̃] nf **a** scattering, spreading ◆ **disséminer** vt, **se disséminer** vpr 1 **b** to scatter, spread out.

dissension [disɑ̃sjɔ̃] nf dissension.

disséquer [diseke] 6 vt to dissect.

dissertation [disɛʀtɑsjɔ̃] nf essay ◆ **disserter** 1 vi ◇ ~ **sur** (parler) to speak on; (écrire) to write an essay on.

dissidence [disidɑ̃s] nf dissidence ◆ **dissident, e** adj, nm,f dissident.

dissimulation [disimylɑsjɔ̃] nf (duplicité) dissimulation; action de cacher concealment ◆ **dissimuler** 1 **1** vt to conceal (*à qn* from sb) ◇ **caractère dissimulé** secretive character **2** **se dissimuler** vpr to conceal o.s.

dissipation [disipɑsjɔ̃] nf **a** (indiscipline) misbehaviour **b** ◇ **après** ~ **du brouillard** once the fog has cleared.

dissiper [disipe] 1 **1** vt (fumée, crainte) to dispel; (nuage) to disperse; (malentendu) to clear up; (fortune) to fritter away ◇ ~ **qn** to lead sb astray **2** **se dissiper** vpr (fumée) to drift away; (nuages, brouillard) to clear; (inquiétude) to vanish; (élève) to misbehave.

dissocier [disɔsje] 7 **1** vt to dissociate **2** **se dissocier** vpr (éléments) to break up ◇ **se** ~ **de qn** to dissociate o.s. from sb.

dissolu, e [disɔly] adj dissolute.

dissolution [disɔlysjɔ̃] nf (assemblée) dissolution; (parti) break-up.

dissolvant [disɔlvɑ̃] nm nail polish remover.

dissoudre vt, **se dissoudre** vpr [disudʀ(ə)] 51 to dissolve; (association) to break up.

dissuader [disɥade] 1 vt to dissuade (*de faire* from doing) ◆ **dissuasif, -ive** adj dissuasive ◆ **dissuasion** nf dissuasion.

dissymétrie [disimetʀi] nf dissymmetry.

distance [distɑ̃s] nf distance ◇ **à quelle** ~ **est la gare?** how far away is the station?; **habiter à une grande** ~ to live a long way away (*de* from); **nés à quelques années de** ~ born within a few years of one another; **garder ses** ~**s** to keep one's distance (*vis à vis de* from); **tenir qn à** ~ to keep sb at arm's length; **mettre en marche à** ~ (appareil) to start up by remote control ◆ **distancer** 3 vt to leave behind ◇ **se laisser** ~ to be left behind ◆ **distant, e** adj distant ◇ **une ville** ~**e de 10 km** a town 10 km away.

distendre [distɑ̃dʀ(ə)] 41 vt (peau) to distend ◆ **distendu, e** adj (corde) slack.

distillation [distilɑsjɔ̃] nf distillation ◆ **distiller** 1 vt to distil ◆ **distillerie** nf (usine) distillery.

distinct, e [distɛ̃(kt), distɛ̃kt(ə)] adj distinct (*de* from) ◆ **distinctement** adv distinctly ◆ **distinctif, -ive** adj distinctive ◆ **distinction** nf distinction.

distinguer [distɛ̃ge] 1 **1** vt (gén) to distinguish; (percevoir) to make out; (choisir) to single out ◇ **il distingue mal sans lunettes** he can't see very well without his glasses; ~ **une chose d'avec une autre** to distinguish ou tell one thing from another; **ce qui le distingue des autres** what sets him apart from the others **2** **se distinguer** vpr (réussir) to distinguish o.s. ◇ **il se distingue par son absence** he is conspicuous by his absence; **ces objets se distinguent par leur couleur** these objects can be distinguished by their colour ◆ **distingué, e** adj distinguished.

distordre vt, **se distordre** vpr [distɔʀdʀ(ə)] 41 to twist ◆ **distorsion** nf distortion.

distraction [distʀaksjɔ̃] nf **a** (inattention) absent-mindedness ◇ **j'ai eu une ~** my concentration lapsed **b** (passe-temps) entertainment, amusement ◇ **la ~** recreation.

distraire [distʀɛʀ] [50] **1** vt (divertir) to entertain; (déranger) to distract **2** **se distraire** vpr to amuse o.s. ◆ **distrait, e** adj absent-minded ◆ **distrayant, e** adj entertaining.

distribuer [distʀibɥe] [1] vt (gén) to distribute; (gâteau) to share out; (courrier) to deliver; (travail) to allocate; (cartes) to deal; (eau) to supply ◆ **distributeur, -trice** **1** nm,f distributor **2** nm (appareil) machine ◇ **~ automatique** slot machine; **~ automatique de billets** cash dispenser, auto-teller ◆ **distribution** nf **a** distribution; (courrier) delivery; (eau) supply ◇ **~ gratuite** free gifts; **~ des prix** prize giving **b** (acteurs) cast **c** (plan d'appartement) layout.

district [distʀik(t)] nm district.

diurne [djyʀn(ə)] adj diurnal.

divagation [divagɑsjɔ̃] nf rambling ◆ **divaguer** [1] vi (délirer) to ramble.

divan [divɑ̃] nm divan.

divergence [divɛʀʒɑ̃s] nf divergence ◆ **divergent, e** adj divergent ◆ **diverger** [3] vi to diverge.

divers, e [divɛʀ, ɛʀs(ə)] adj (varié) varied; (différent) different; (plusieurs) various, several.

diversification [divɛʀsifikɑsjɔ̃] nf diversification ◆ **diversifier** [7] **1** vt (exercices) to vary; (production) to diversify **2** **se diversifier** vpr to diversify.

diversion [divɛʀsjɔ̃] nf diversion ◇ **faire ~** to create a diversion.

diversité [divɛʀsite] nf diversity.

divertir [divɛʀtiʀ] [2] **1** vt to amuse, entertain **2** **se divertir** vpr to amuse o.s. ◆ **divertissant, e** adj amusing, entertaining ◆ **divertissement** nm distraction, entertainment, amusement ◇ **le ~** recreation.

dividende [dividɑ̃d] nm dividend.

divin, e [divɛ̃, in] adj divine ◆ **divinité** nf divinity.

diviser [divize] [1] **1** vt to divide ◇ **~ en 3** to divide in 3 **2** **se diviser** vpr to divide ◇ **se ~ en 3 chapitres** to be divided into 3 chapters ◆ **divisible** adj divisible ◆ **division** nf (gén) division; (dans un parti) split.

divorce [divɔʀs] nm divorce (*d'avec* from) ◆ **divorcer** [3] vi to get divorced ◇ **~ d'avec sa femme** to divorce one's wife ◆ **divorcé, e** nm,f divorcee.

divulguer [divylge] [1] vt to divulge.

dix [dis] **1** adj inv, nm ten **2** comp: **~-huit** eighteen; **~-huitième** eighteenth; **~-neuf** nineteen; **~neuvième** nineteenth; **~-sept** seventeen; **~septième** seventeenth ◆ **dixième** adj, nmf tenth ◆ **dizaine** nf about ten → **soixantaine.**

dl abrév de *décilitre*.

DM abrév de *Deutsche Mark* DM.

dm abrév de *décimètre*.

do [do] nm inv (note) C; (chanté) doh.

doc [dɔk] [famil] nf abrév de *documentation* info [famil].

docile [dɔsil] adj docile ◆ **docilité** nf docility.

dock [dɔk] nm (bassin) dock; (bâtiment) warehouse ◆ **docker** nm docker.

docteur [dɔktœʀ] nm (gén, Univ) doctor (*ès, en* of) ◇ **le ~ Lebrun** Dr Lebrun ◆ **doctorat** nm doctorate (*ès, en* in) ◆ **doctoresse** nf lady doctor.

doctrinaire [dɔktʀinɛʀ] **1** adj doctrinaire **2** nmf doctrinarian ◆ **doctrine** nf doctrine.

document [dɔkymɑ̃] nm document ◆ **documentaire** nm documentary ◆ **documentaliste** nmf archivist ◆ **documentation** nf documentation, literature, information ◆ **documenter** [1] **1** vt to document ◇ **elle est très bien documentée sur ce sujet** she's very well-informed on this subject; **livre solidement documenté** thoroughly researched book **2** **se documenter** vpr to gather information (*sur* on, about).

dodeliner [dɔdline] [1] vi ◇ **il dodelinait de la tête** his head kept nodding gently forward.

dodo [dɔdo] [famil] nm ◇ **aller au ~** to go to bye-byes [famil].

dodu, e [dɔdy] adj plump.

dogme [dɔgm(ə)] nm dogma.

dogue [dɔg] nm mastiff.

doigt [dwa] nm (gén) finger; (mesure) inch ◇ **~ de pied** toe; **un ~ de vin** a drop of wine; **il a été à deux ~s de se tuer** he was within an inch of being killed; **il ne sait rien faire de ses dix ~s** he's a good-for-nothing; **se mettre le ~ dans l'œil** [famil] to be kidding o.s. [famil]; **il n'a pas levé le petit ~** he didn't lift a finger; **son petit ~ le lui a dit** a little bird told him ◆ **doigté** nm (chirurgien) touch; (fig: tact) tact.

doléances [dɔleɑ̃s] nfpl complaints.

dollar [dɔlaʀ] nm dollar.

domaine [dɔmɛn] nm (propriété) estate; (sphère) domain, field.

dôme [dom] nm dome.

domestique [dɔmɛstik] **1** nmf servant **2** adj domestic ◆ **domestiquer** [1] vt to domesticate.

lomicile [dɔmisil] nm home ◇ **le ~ ;onjugal** the marital home; **dernier ~ :onnu** last known address; **travailler à ~** o work at home.

lominant, e [dɔminɑ̃, ɑ̃t] **1** adj (gén) lominant; (idée) main **2** nf dominant :haracteristic.

lomination [dɔminasjɔ̃] nf domination ◇ **əs pays sous la ~ britannique** countries ınder British rule.

lominer [dɔmine] 1 **1** vt (gén) to lominate; (concurrent) to outclass; situation) to master; (par la taille) to tower ıbove ◇ **~ le monde** to rule the world; **se ~** to control o.s. **2** vi (gén) to dominate; idée, théorie) to prevail.

dominicain, e [dɔminikɛ̃, ɛn] adj, **D~, e** ım,f Dominican ◇ **la République ~e** Do-ninican Republic.

dominion [dɔminjɔn] nm dominion.

domino [dɔmino] nm domino ◇ (jeu) **les ~s** dominoes (sg).

dommage [dɔmaʒ] nm (préjudice) harm, injury ◇ (dégât) **~(s)** damage; **c'est ~!, quel ~!** what a shame!; **~s corporels** physical injury; **~s de guerre** war damages; **~s et intérêts** damages.

domptage [dɔ̃taʒ] nm taming ✦ **dompter** 1 vt (gén) to tame; (rebelles) to subdue; (passions) to master ✦ **dompteur, -euse** nm,f liontamer.

DOM-TOM [dɔmtɔm] nmpl abrév de *départements et territoires d'outre-mer: French overseas departments and territories.*

don [dɔ̃] nm **a** (aptitude) gift, talent (*pour* for) ◇ **elle a le ~ de m'énerver** she has a knack of getting on my nerves **b** (cadeau) gift; (offrande) donation ◇ **faire ~ de** to give ✦ **donation** nf donation.

donc [dɔ̃k] conj (gén) so; (par conséquent) therefore ◇ **c'était ~ un espion?** so he was a spy?; **tais-toi ~!** do be quiet!; **dis ~** I say.

donjon [dɔ̃ʒɔ̃] nm keep.

donnant, e [dɔnɑ̃, ɑ̃t] adj ◇ **avec lui, c'est ~, ~** he always wants something in return for a favour.

donne [dɔn] nf (Cartes) deal ◇ **mauvaise ~** misdeal.

donné, e [dɔne] **1** adj (lieu, date) given ◇ **étant ~ la situation** in view of ou considering the situation **2** nf fact; (Sci) datum (pl) data.

donner [dɔne] 1 **1** vt **a** (gén) to give (*à* to); (vieux habits) to give away; (cartes) to deal; (sa vie, sa place) to give up; (permission) to grant ◇ **~ à manger à qn** to give sb something to eat; **pouvez-vous me ~ l'heure?** could you tell me the time?; **ça lui donne un air triste** it makes him look sad; **cela donne soif** this makes you (feel) thirsty; **c'est donné** [famil] it's dirt cheap; **je vous le donne en mille** you'll never guess; **on lui donnerait le bon Dieu sans confession** he looks as if butter wouldn't melt in his mouth **b** ◇ (avec à + infin: faire) **il m'a donné à penser que** he made me think that; **~ ses chaussures à ressemeler** to take one's shoes to be resoled **c** (organiser) (réception) to give, hold; (film) to show; (pièce) to put on **d** ◇ (attribuer) **quel âge lui donnez-vous?** how old would you say he was?; **~ un fait pour certain** to present a fact as a certainty **e** (résultat, récolte) to yield ◇ **les pommiers ont bien donné** the apple trees have produced a good crop **2** vi ◇ **la porte donne sur la rue** the door opens onto the street; **je ne sais pas où ~ de la tête** I don't know which way to turn; **~ dans le snobisme** to be rather snobbish **3** **se donner** vpr ◇ **se ~ à qch** to devote o.s. to sth; **se ~ un maître** to choose o.s. a master; **se ~ de la peine** to take trouble; **se ~ du bon temps** to have a good time.

donneur, -euse [dɔnœʀ, øz] nm,f (gén) giver; (Cartes) dealer; (Méd) donor.

dont [dɔ̃] pron rel of whom; (choses) of which; (appartenance) whose ◇ **la maison ~ on voit le toit** the house the roof of which ou whose roof you can see; **ils ont 3 filles ~ 2 sont mariées** they have 3 daughters, 2 of whom are married; **la maladie ~ elle souffre** the illness she suffers from ou from which she suffers.

doper [dɔpe] 1 vt to dope ◇ **se ~** to dope o.s.

dorénavant [dɔʀenavɑ̃] adv from now on.

dorer [dɔʀe] 1 **1** vt (objet) to gild; (peau) to tan ◇ **se ~ au soleil** to bask in the sun **2** vi (rôti) to brown ✦ **doré, e** **1** adj (objet) gilt; (peau) tanned **2** nm (matière) gilt.

dorloter [dɔʀlɔte] 1 vt to pamper, cosset.

dormir [dɔʀmiʀ] 16 vi (personne) to sleep; (nature, ville) to be still ou quiet ◇ **il dort** he's sleeping ou asleep; **eau dormante** still water; **avoir envie de ~** to feel sleepy; **ce n'est pas le moment de ~!** this is no time for idling!; **histoire à ~ debout** cock-and-bull story; **~ comme un loir** to sleep like a log; **~ tranquille** (sans soucis) to rest easy.

dorsal, e, mpl **-aux** [dɔʀsal, o] adj dorsal.

dortoir [dɔʀtwaʀ] nm dormitory.

dorure [dɔʀyʀ] nf gilding.

dos [do] nm (gén) back; (livre) spine; (lame) blunt edge ◇ **au ~ de la lettre** on the back of the letter; **'voir au ~'** 'see over'; **aller à ~ d'âne** to ride on a donkey; **~ à ~** back to back; **se mettre qn à ~** to turn sb against one; **avoir qn sur le ~** to have sb breathing down one's neck; **mettre qch**

sur le ~ de qn to blame sb for sth; **il n'y va pas avec le ~ de la cuiller** [famil] he certainly doesn't go in for half-measures.

dosage [dozaʒ] nm (action) measuring out; (mélange) mixture; (équilibre) balance ◆ **dose** nf (Pharm) dose; (quantité) amount, quantity ◇ **forcer la ~** to overstep the mark ◆ **doser** [1] vt (mesurer) to measure out; (équilibrer) to balance ◆ **doseur** nm measure.

dossard [dosaʀ] nm (Sport) number *(worn by competitor)*.

dossier [dosje] nm (siège) back; (documents) file.

dot [dɔt] nf dowry ◆ **dotation** nf endowment ◆ **doter** [1] vt ◇ **~ de** (matériels) to equip with; (qualités) to endow with.

douane [dwan] nf ◇ **la ~** the customs; **passer à la ~** to go through customs ◆ **douanier, -ière** **1** adj customs **2** nm,f customs officer.

doublage [dublaʒ] nm (film) dubbing.

double [dubl(ə)] **1** adj double ◇ **le prix est ~ de ce qu'il était** the price is double what it was; **faire qch en ~ exemplaire** to make two copies of sth; **faire ~ emploi** to be redundant; **à ~ tranchant** double-edged **2** nm **a** ◇ **manger le ~** to eat twice as much; **4 est le ~ de 2** 4 is twice 2; **c'est le ~ du prix normal** it is double the normal price **b** (copie) copy; (sosie) double ◇ **avoir qch en ~** to have two of sth **c** ◇ (Tennis) **faire un ~** to play a doubles match **3** adv double.

doublement [dubləmɑ̃] **1** adv doubly **2** nm doubling; (véhicule) overtaking, passing.

doubler [duble] [1] **1** vt (augmenter) to double; (acteur) to stand in for; (film) to dub; (vêtement) to line (dépasser); (véhicule) to overtake, pass ◇ **~ le pas** to speed up; **~ un cap** to round a cape **2** vi (augmenter) to double ◇ **~ de poids** to double in weight **3** **se doubler** vpr ◇ **se ~ de qch** to be coupled with sth ◆ **doublure** nf **a** (étoffe) lining **b** (remplaçant) understudy; (cascadeur) stuntman.

douce [dus] → **doux** ◆ **doucement** adv (gentiment) gently; (sans bruit) quietly, softly; (prudemment) carefully; (rouler) slowly ◇ **allez-y ~**[famil]**!** easy ou gently does it! ◆ **douceur** nf **a** (peau) softness; (temps) mildness; (personne) gentleness **b** (sucrerie) sweet **c** ◇ **en ~** (démarrer) smoothly; (commencer) gently.

douche [duʃ] nf shower; (famil: averse) soaking ◆ **se doucher** [1] vpr to take a shower.

doué, e [dwe] adj gifted, talented (*en* at) ◇ **~ de** (vie etc) endowed with.

douille [duj] nf (cartouche) case; (électrique) socket.

douillet, -ette [dujɛ, ɛt] adj (craintif) soft; (confortable) cosy.

douleur [dulœʀ] nf pain; (chagrin) sorrow ◆ **douloureux, -euse** adj painful.

doute [dut] nm doubt ◇ **dans le ~ abstiens-toi** when in doubt, don't; **sans ~** no doubt; **sans aucun ~** without a doubt; **mettre en ~** to question ◆ **douter** [1] **1** **douter de** vt indir (gén) to doubt; (authenticité) to question ◇ **je doute qu'il vienne** I doubt if ou whether he'll come; **il ne doute de rien!** [famil] he's got some nerve! **2** **se douter** vpr ◇ **se ~ de qch** to suspect sth; **je m'en doute** I can well imagine that ◆ **douteux, -euse** adj doubtful; questionable; (péj) dubious.

Douvres [duvʀ(ə)] n Dover.

doux, douce [du, dus] adj (gén) soft; (manières, pente, chaleur) gentle; (temps) mild; (au goût) sweet ◇ **~ comme un agneau** as meek as a lamb; **cuire à feu ~** to simmer gently; **en douce** [famil] on the quiet.

douze [duz] adj, nm inv twelve → **six** ◆ **douzaine** nf dozen ◆ **douzième** adj, nm twelfth → **sixième.**

doyen, -enne [dwajɛ̃, ɛn] nm,f doyen.

Dr abrév de *docteur*.

draconien, -ienne [dʀakɔnjɛ̃, jɛn] adj draconian.

dragée [dʀaʒe] nf sugared almond ◇ **tenir la ~ haute à qn** to be a good match for sb.

dragon [dʀagɔ̃] nm dragon; (soldat) dragoon.

draguer [dʀage] [1] vt (pour nettoyer) to dredge; (famil: flirter) to chat up [famil].

drainer [dʀene] [1] vt to drain.

dramatique [dʀamatik] adj (Théât) dramatic; (tragique) tragic ◆ **dramatiser** [1] vt to dramatize ◆ **drame** nm drama.

drap [dʀa] nm ◇ **~ (de lit)** sheet; (tissu) **du ~** woollen cloth; **mettre qn dans de beaux ~s** to land sb in a fine mess.

drapeau, pl **~x** [dʀapo] nm (gén) flag ◇ **le ~ tricolore** the tricolour; **être sous les ~x** to be (serving) in the forces.

draper [dʀape] [1] vt to drape ◆ **draperie** nf drapery.

dressage [dʀɛsaʒ] nm training.

dresser [dʀese] [1] **1** vt **a** (liste) to draw up ◇ **~ une contravention à qn** to report sb **b** (échelle) to set up; (tente) to pitch; (mât) to raise; (tête) to raise, lift ◇ **~ la table** to lay the table **c** ◇ **~ qn contre** to set sb against **d** (animal: gén) to train; (lion) to tame; (cheval) to break in ◇ **ça le dressera!** [famil] that'll teach him a lesson!; **~ un enfant** [famil] to teach a child his place **2**

se dresser vpr (objet) to stand; (personne) to stand up; (cheveux) to stand on end ◇ **se ~ contre qn** to rise up against sb ◆ **dresseur, euse** nm,f trainer.

drogue [dʀɔg] nf drug ◇ **la ~** drugs ◆ **drogué, e** nm,f drug addict ◆ **droguer** [1] vt (malade) to dose up; (victime) to drug ◇ **il se drogue** he's on drugs ◆ **droguerie** nf hardware shop ◆ **droguiste** nmf hardware merchant.

1. droit, 1. e [dʀwa, dʀwat] **1** adj (bras) right ◇ **du côté ~** on the right-hand side **2** nm,f (Boxe) right **3** nf ◇ **la ~e** (gén) the right; (côté) the right-hand side; **à ~e de** on ou to the right of; **garder sa ~e** to keep to the right; **idées de ~e** right-wing ideas.

2. droit, 2. e [dʀwa, dʀwat] **1** adj **a** (ligne, route) straight ◇ (Rel) **le ~ chemin** the straight and narrow (way); **tiens-toi ~** (debout) stand up straight; (assis) sit up straight **b** (loyal) upright **2** nf straight line **3** adv straight ◇ **aller ~ au but** to go straight to the point.

3. droit [dʀwa] nm **a** (prérogative) right ◇ **de quel ~ est-il entré?** what right had he to come in?; **avoir le ~ de faire** to be allowed to do; **avoir ~ à qch** to be entitled to sth; **être dans son ~** to be quite within one's rights; **~s de l'homme** human rights; **~ de grâce** right of reprieve; **le ~ de vote** the right to vote **b** ◇ (Jur) **le ~** law; **faire son ~** to study law **c** (taxe) duty, tax; (d'inscription etc) fee ◇ **~ d'entrée** entrance fee; **~s de douane** customs duties; **~s d'auteur** royalties.

droitier, -ière [dʀwatje, jɛʀ] adj right-handed.

droiture [dʀwatyʀ] nf uprightness.

drôle [dʀol] adj (amusant) funny, amusing; (bizarre) funny, odd ◇ **faire une ~ de tête** to pull a wry face; **de ~s de progrès** [famil] fantastic ou terrific progress [famil] ◆ **drôlement** adv funnily ◇ **il fait ~ froid** [famil] it's terribly ou awfully cold.

dromadaire [dʀɔmadɛʀ] nm dromedary.

dru, e [dʀy] **1** adj (herbe) thick; (barbe) bushy; (pluie) heavy **2** adv thickly; heavily.

druide [dʀɥid] nm druid.

DTP [detepe] abrév de *diphtérie, tétanos, polio*.

du [dy] → **de.**

dû, due [dy] **1** adj due ◇ **la somme qui lui est due** the sum owing to him; **troubles ~s à...** troubles due to...; **en bonne et due forme** in due form **2** nm due; (argent) dues.

duc [dyk] nm duke ◆ **duché** nm dukedom ◆ **duchesse** nf duchess.

duel [dɥɛl] nm duel ◇ **se battre en ~** to fight a duel.

dûment [dymɑ̃] adv duly.

dune [dyn] nf dune.

duo [dɥo] nm (Mus) duet; (Théât, fig) duo.

dupe [dyp] nf dupe ◇ **je ne suis pas ~** I'm not taken in by it ◆ **duper** [1] vt to dupe, deceive.

duplex [dyplɛks] nm (appartement) maisonette; (Téléc) link-up.

duplicata [dyplikata] nm inv duplicate.

duplication [dyplikɑsjɔ̃] nf duplication ◆ **dupliquer** to duplicate.

dur, e [dyʀ] **1** adj **a** (substance) hard; (brosse) stiff; (viande) tough ◇ **être ~ d'oreille** to be hard of hearing **b** (problème) hard; (enfant) difficult **c** (conditions) harsh, hard; (combat) fierce ◇ **être ~ avec qn** to be hard on sb **2** adv (famil) hard ◇ **le soleil tape ~** the sun is beating down; **croire à qch ~ comme fer** to believe firmly in sth **3** nm,f (famil: personne) tough nut [famil] ◇ **en voir de ~es** [famil] to have a tough time of it.

durable [dyʀabl(ə)] adj lasting.

durant [dyʀɑ̃] prép (au cours de) during; (mesure de temps) for ◇ **il a plu ~ la nuit** it rained during the night; **2 heures ~** for 2 hours.

durcir vt, **se durcir** vpr [dyʀsiʀ] [2] to harden ◆ **durcissement** nm hardening.

durée [dyʀe] nf (gén) duration, (bail) term ◇ **pendant une ~ d'un mois** for a period of one month; **de courte ~** short.

durement [dyʀmɑ̃] adv harshly ◇ **~ éprouvé** sorely tried; **élever qn ~** to bring sb up the hard way.

durer [dyʀe] [1] vi to last ◇ **la fête a duré toute la nuit** the party went on ou lasted all night.

dureté [dyʀte] nf (gén) hardness; (brosse) stiffness; (viande) toughness; (traitement) harshness.

DUT [deyte] nm abrév de *diplôme universitaire de technologie: university diploma in technology*.

duvet [dyvɛ] nm down; (sac de couchage) sleeping bag.

dynamique [dinamik] **1** adj (gén) dynamic **2** nf (Phys) dynamics (sg) ◆ **dynamisme** nm dynamism.

dynamite [dinamit] nf dynamite ◆ **dynamiter** [1] vt to dynamite.

dynamo [dinamo] nf dynamo.

dynastie [dinasti] nf dynasty.

dysenterie [disɑ̃tʀi] nf dysentery.

dysfonctionnement [disfɔ̃ksjɔnmɑ̃] nm dysfunction.

dyslexie [dislɛksi] nf dyslexia, word-blindness ◆ **dyslexique** adj, nmf dyslexic.

e

E, e [ə] nm (lettre) E, e.

EAO [əao] nm abrév de *enseignement assisté par ordinateur* CAL.

eau, pl ~**x** [o] **1** nf water ◇ **apporter de l'~ au moulin de qn** to strengthen sb's case; **j'en avais l'~ à la bouche** it made my mouth water; **être en ~** to be bathed in perspiration; (Naut) **mettre à l'~** to launch; (chaussures) **prendre l'~** to leak; **il y a de l'~ dans le gaz** [famil] things aren't running too smoothly **2** comp: ~ **de Cologne** eau de Cologne ~ **douce** fresh water ~ **gazeuse** soda water ~ **de javel** bleach ~ **salée** salt water ~**-de-vie (de prune etc)** (plum etc) brandy.

ébahir [ebaiʀ] [2] vt to astound.

ébats [eba] nmpl frolics ◆ **s'ébattre** [41] vpr to frolic.

ébauche [eboʃ] nf (livre, projet) rough outline; (amitié) beginnings ◇ **première ~** rough draft ◆ **ébaucher** [1] vt (tableau) to sketch out; (plan) to outline; (conversation) to start up ◇ ~ **un geste** to give a hint of a movement.

ébène [ebɛn] nf ebony ◆ **ébéniste** nm cabinetmaker ◆ **ébénisterie** nf cabinet-making.

éberluer [ebɛʀlɥe] [1] vt to astound.

éblouir [ebluiʀ] [2] vt to dazzle ◆ **éblouissement** nm (lumière) dazzle; (émerveillement) bedazzlement; (vertige) dizzy turn.

éborgner [ebɔʀɲe] [1] vt ◇ ~ **qn** to blind sb in one eye.

éboueur [ebwœʀ] nm dustman, garbage collector (US).

ébouillanter [ebujɑ̃te] [1] vt to scald.

éboulement [ebulmɑ̃] nm (progressif) crumbling; (soudain) collapse; (amas) heap of rocks, earth etc ◆ **s'ébouler** [1] vpr to crumble; to collapse.

ébouriffer [ebuʀife] [1] vt to ruffle.

ébranler [ebʀɑ̃le] [1] **1** vt to shake **2** **s'ébranler** vpr (cortège) to move off.

ébrécher [ebʀeʃe] [6] vt to chip.

ébriété [ebʀijete] nf intoxication.

ébrouer (s') [ebʀue] [1] vpr to shake o.s.

ébruiter [ebʀɥite] [1] **1** vt to spread abou[t] **2** **s'ébruiter** vpr to leak out.

ébullition [ebylisjɔ̃] nf ◇ **porter à ~** to brin[g] to the boil; **être en ~** (liquide) to be boiling[;] (fig) to be in an uproar.

écaille [ekɑj] nf (poisson) scale; (peinture[)] flake ◆ **s'écailler** vpr (peinture) to flake off.

écarlate [ekaʀlat] adj, nf scarlet.

écarquiller [ekaʀkije] [1] vt ◇ ~ **les yeux** t[o] stare wide-eyed (*devant* at).

écart [ekaʀ] nm **a** (objets, dates) gap[;] (chiffres) difference (*de* between) ◇ ~ **de régime** lapse in one's diet; **ses ~s de conduite** his bad behaviour **b** ◇ **faire u[n] ~** (cheval) to shy; (voiture) to swerve; (piéton[)] to leap aside; **faire le grand ~** to do the splits **c** ◇ **tirer qn à l'~** to take sb aside[;] **rester à l'~** to stay in the background; **à l'~ de la route** off the road; **tenir qn à l'~ de qch** to keep sb away from sth.

écartement [ekaʀtəmɑ̃] nm space, gap.

écarter [ekaʀte] [1] **1** vt **a** (séparer) t[o] move apart; (éloigner) to move away ◇ **les jambes écartées** with his legs wide apart[;] **les bras écartés** with his arms outsprea[d] **b** (objection, idée) to dismiss; (candidature) t[o] turn down ◇ **endroit écarté** isolated place[;] **tout danger est écarté** there is no danger[;] **ça nous écarte de notre propos** this i[s] leading us off the subject **2** **s'écarter** vp[r] (se séparer) to part; (s'éloigner) to move away; (reculer) to step back (*de* from) ◇ **s'~ de qch** to stray from sth.

ecchymose [ekimoz] nf bruise.

ecclésiastique [eklezjastik] **1** adj ecclesiastical **2** nm ecclesiastic.

écervelé, e [esɛrvəle] nm,f scatterbrain.

échafaud [eʃafo] nm scaffold ◇ **il risque l'~** he's risking his neck ◆ **échafaudage** nm (tas) heap ◇ (constr) **~(s)** scaffolding ◆ **échafauder** [1] vt to build up.

échalote [eʃalɔt] nf shallot.

échancré, e [eʃɑ̃kre] adj (robe) with a plunging neckline; (côte) indented.

échange [eʃɑ̃ʒ] nm (gén) exchange; (troc) swap ◇ **~s commerciaux** trade; **en ~** (par contre) on the other hand; (troc) in exchange (*de* for) ◆ **échanger** [3] vt (gén) to exchange, swap (*contre* for) ◆ **échangeur** nm (autoroute) interchange.

échantillon [eʃɑ̃tijɔ̃] nm sample ◆ **échantillonnage** nm (collection) range.

échappatoire [eʃapatwar] nf way out ◆ **échappée** nf (Sport) breakaway; (vue) vista ◆ **échappement** nm (Aut) exhaust.

échapper [eʃape] [1] **1** vi ◇ **~ à** to escape from; **~ à la règle** to be an exception to the rule; **ce qu'il a dit m'a échappé** (entendre) I did not catch what he said; (comprendre) I did not grasp what he said; **rien ne lui échappe** he doesn't miss a thing; **~ des mains de qn** to slip out of sb's hands; **laisser ~ l'occasion** to let slip the opportunity; **il l'a échappé belle** he had a narrow escape **2** **s'échapper** vpr (gén) to escape; (coureur) to pull away; (cri) to burst (*de* from) ◇ **la voiture réussit à s'~** the car got away; **des flammes s'échappaient du toit** flames were coming out of the roof.

écharde [eʃard(ə)] nf splinter (of wood).

écharpe [eʃarp(ə)] nf (femme) scarf; (maire) sash ◇ **bras en ~** arm in a sling.

échasse [eʃɑs] nf (gén) stilt ◆ **échassier** nm wader *(bird)*.

échauder [eʃode] [1] vt (ébouillanter) to scald ◇ (fig) **~ qn** to teach sb a lesson.

échauffement [eʃofmɑ̃] nm (Sport) warm-up; (moteur) overheating.

échauffer [eʃofe] [1] **1** vt (moteur) to overheat ◇ **échauffé par la course** hot after the race **2** **s'échauffer** vpr (Sport) to warm up; (débat) to become heated.

échauffourée [eʃofure] nf skirmish.

échéance [eʃeɑ̃s] nf (gén) date; (pour payer) date of payment ◇ **faire face à ses ~s** to meet one's financial commitments; **à longue ~** in the long run; **à courte ~** before long.

échéant, e [eʃeɑ̃, ɑ̃t] adj → **cas.**

échec [eʃɛk] nm **a** (insuccès) failure ◇ **tenir qn en ~** to hold sb in check; **faire ~ à qn** to foil sb ou sb's plans **b** ◇ (Jeux) **les ~s** chess; **être en ~** to be in check; **faire ~ au roi** to check the king; **faire ~ et mat** to checkmate.

échelle [eʃɛl] nf (objet) ladder; (croquis, salaires etc) scale ◇ **à l'~ mondiale** on a world scale.

échelon [eʃlɔ̃] nm (échelle) rung; (hiérarchie) grade ◇ **à l'~ national** at the national level ◆ **échelonner** [1] vt to space out.

écheveau, pl **~x** [eʃvo] nm skein, hank; (fig) tangle.

échevelé, e [eʃəvle] adj (personne) tousled; (rythme) frenzied.

échine [eʃin] nf spine; (Culin) loin ◆ **s'échiner** [1] vpr to work o.s. to death (*à faire qch* doing sth).

échiquier [eʃikje] nm chessboard.

écho [eko] nm (gén) echo; (témoignage) account, report; (réponse) response; (Presse) item of gossip ◇ **se faire l'~ de** to repeat.

échographie [ekɔgrafi] nf (technique) ultrasound ◇ **passer une ~** to have a scan.

échouer [eʃwe] [1] vi **a** (rater) to fail ◇ **~ à un examen** to fail an exam; **faire ~** (complot) to foil; (projet) to wreck **b** (aboutir) to end up (*dans* in) **c** (aussi **s'échouer**) (bateau) to run aground; (débris) to be washed up.

éclabousser [eklabuse] [1] vt to splash (*de* with) ◆ **éclaboussure** nf splash.

éclair [eklɛr] nm (orage) flash of lightning; (Phot) flash; (gâteau) éclair ◇ **~ de** (génie etc) flash of; **en un ~** in a flash; **visite ~** lightning visit.

éclairage [eklɛraʒ] nm (intérieur) lighting; (luminosité) light level ◇ **sous cet ~** in this light.

éclaircie [eklɛrsi] nf bright interval.

éclaircir [eklɛrsir] [2] **1** vt **a** (teinte) to lighten **b** (soupe) to make thinner; (cheveux) to thin **c** (mystère, situation) to clarify **2** **s'éclaircir** vpr **a** (ciel) to clear; (temps) to clear up **b** (arbres, foule) to thin out **c** (situation) to become clearer ◆ **éclaircissement** nm clarification ◇ **j'exige des ~s** I demand an explanation.

éclairer [eklere] [1] **1** vt **a** (lampe) to light; (soleil) to shine on ◇ **mal éclairé** badly-lit **b** (situation) to throw light on **c** ◇ **~ qn** to light the way for sb; (renseigner) to enlighten sb (*sur* about) **2** vi ◇ **~ bien** to give a good light **3** **s'éclairer** vpr (visage) to brighten ◇ **tout s'éclaire!** everything's becoming clear!; **s'~ à la bougie** to use candlelight.

éclaireur [eklɛʀœʀ] nm scout ◇ **partir en ~** to go off and scout around ◆ **éclaireuse** nf girl guide.

éclat [ekla] nm **a** (os, bois) splinter; (grenade, pierre) fragment ◇ **~ d'obus** piece of shrapnel **b** (lumière, cérémonie) brilliance; (vernis) shine; (phares) glare; (yeux) sparkle; (jeunesse) radiance; (nom) fame **c** ◇ (scandale) **faire un ~** to make a fuss; **~s de voix** shouts; **~ de colère** angry outburst; **~ de rire** roar of laughter ◆ **éclatant, e** adj (lumineux) bright; (sonore) loud; (blancheur, succès) dazzling; (dons) brilliant; (exemple) striking ◇ **~ de santé** radiant with health.

éclatement [eklatmɑ̃] nm (bombe) explosion; (pneu) bursting (*de* of); (parti) break-up (*de* in).

éclater [eklate] 1 vi **a** (bombe) to explode; (pneu) to burst; (parti) to break up **b** (fléau, applaudissement) to break out; (scandale, orage) to break ◇ **des cris ont éclaté** there were shouts **c** (vérité, joie) to shine **d** ◇ **~ de rire** to burst out laughing; **~ en sanglots** to burst into tears **e** ◇ **faire ~** (bombe) to explode; (ballon) to burst; **faire ~ sa joie** to give free rein to one's joy.

éclectique [eklɛktik] adj eclectic.

éclipse [eklips(ə)] nf eclipse ◆ **éclipser** 1 **1** vt to eclipse **2** **s'éclipser** [famil] vpr to slip away.

éclore [eklɔʀ] 45 vi (œuf) to hatch; (fleur) to open out ◆ **éclosion** nf hatching; opening.

écluse [eklyz] nf (canal) lock.

écœurant, e [ekœʀɑ̃, ɑ̃t] adj (gâteau) sickly; (fig) disgusting ◆ **écœurement** nm disgust ◆ **écœurer** 1 vt ◇ **~ qn** (gâteau) to make sb feel sick; (conduite) to disgust sb.

école [ekɔl] nf school ◇ (éducation) **l'~** education; **être à bonne ~** to be in good hands; **faire l'~ buissonnière** to play truant ou hooky; **~ maternelle** nursery school; **~ normale** ≃ teachers' training college; **~ primaire** primary ou elementary school, grade school (US) ◆ **écolier** nm schoolboy ◆ **écolière** nf schoolgirl.

écologie [ekɔlɔʒi] nf ecology ◆ **écologique** adj ecological ◇ **mouvement ~** green movement ◆ **écologiste** nmf ecologist, environmentalist.

éconduire [ekɔ̃dɥiʀ] 38 vt (soupirant) to reject.

économe [ekɔnɔm] **1** adj thrifty ◇ **~ de son temps** sparing of one's time **2** nmf (Admin) bursar.

économie [ekɔnɔmi] nf **a** (science) economics (sg); (Pol: système) economy **b** (épargne) economy, thrift **c** (gain) saving ◇ **~s** savings; **faire des ~s** to save money; **faire des ~s de chauffage** to economize on heating; **les ~s d'énergie sont nécessaires** energy conservation is essential; **il n'y a pas de petites ~s** every little helps ◆ **économique** adj (Écon) economic; (bon marché) economical ◆ **économiser** 1 vt (électricité, temps, forces) to save; (argent) to save up ◇ **~ sur** to economize on; **~ l'énergie** to conserve ou save energy ◆ **économiste** nmf economist.

écoper [ekɔpe] 1 vti (Naut) to bale (out) ◇ **~ d'une punition** [famil] to catch it [famil].

écorce [ekɔʀs(ə)] nf (arbre) bark; (orange) peel ◇ **l'~ terrestre** the earth's crust.

écorcher [ekɔʀʃe] 1 vt **a** (égratigner) to graze; (par frottement) to rub ◇ **~ les oreilles de qn** to grate on sb's ears **b** (mot) to mispronounce ◇ **il écorche l'allemand** he speaks broken German ◆ **écorchure** nf graze.

écossais, e [ekɔsɛ, ɛz] **1** adj (gén) Scottish; (whisky) Scotch; (tissu) tartan **2** nm,f: **É~, e** Scot ◆ **Écosse** nf Scotland.

écosser [ekɔse] 1 vt to shell, pod.

écosystème [ekosistɛm] nm ecosystem.

écot [eko] nm share (of a bill).

écoulement [ekulmɑ̃] nm (eau, voitures) flow; (temps) passage; (marchandises) selling ◆ **écouler** 1 **1** vt to sell **2** **s'écouler** vpr **a** (suinter) to seep out; (couler) to flow out **b** (temps) to pass, go by; (foule) to drift away ◇ **sa vie écoulée** his past life.

écourter [ekuʀte] 1 vt (gén) to shorten; (visite) to cut short.

écoute [ekut] nf ◇ **être à l'~ de qch** to be listening to sth; (TV) **heures de grande ~** peak viewing hours.

écouter [ekute] 1 vt to listen ◇ **~ qch** to listen to sth; **~ qn parler** to hear sb speak; **~ aux portes** to eavesdrop; **faire ~ un disque à qn** to play a record to sb; **si je m'écoutais je n'irais pas** if I'd any sense I wouldn't go ◆ **écouteur** nm (téléphone) receiver ◇ (Rad) **~s** headphones.

écrabouiller [ekʀabuje] [famil] 1 vt to crush.

écran [ekʀɑ̃] nm screen ◇ **faire ~ à qn** (abriter) to screen sb; (gêner) to get in the way of sb.

écraser [ekʀɑze] 1 **1** vt (gén, fig) to crush; (en purée) to mash ◇ **~ sous la dent** to crunch; (voiture) **~ qn** to run sb over; **il s'est fait ~** he was run over; **être écrasé de chaleur** to be overcome by the heat; **notre équipe s'est fait ~** our team was beaten hollow; **nombre écrasant** overwhelming number **2** **s'écraser** vpr to crash (*contre* on, against); (dans le métro) to get crushed (*dans* in).

écrémer [ekʀeme] 6 vt to skim.

écrevisse [ekʀəvis] nf freshwater crayfish.

écrier (s') [ekʀije] 7 vpr to exclaim.

écrin [ekʀɛ̃] nm jewellery case.

écrire [ekʀiʀ] [39] vt (gén) to write; (orthographier) to spell ◇ ~ **gros** to have large handwriting; ~ **à la machine** to type; **c'était écrit** it was bound to happen ◆ **écrit** nm (ouvrage) piece of writing; (examen) written paper ◇ **par** ~ in writing ◆ **écriteau**, pl ~**x** nm notice, sign ◆ **écriture** nf **a** (à la main) handwriting; (alphabet) writing; (style) style ◇ **l'É**~ **sainte** the Scriptures **b** ◇ (comptes) ~**s** accounts; **tenir les** ~**s** to keep the accounts ◆ **écrivain** nm (homme) writer; (femme) woman writer.

écrou [ekʀu] nm (Tech) nut.

écrouer [ekʀue] [1] vt to imprison.

écroulement [ekʀulmɑ̃] nm collapse ◆ **s'écrouler** [1] vpr to collapse ◇ **être écroulé** (malheur) to be prostrate with grief; (rire) to be doubled up with laughter.

écru, e [ekʀy] adj (tissu) raw; (couleur) natural-coloured.

ECU [eky] nm abrév de *European Currency Unit* ECU.

écu [eky] nm (monnaie ancienne) crown; (monnaie de la CEE) Ecu.

écueil [ekœj] nm (lit) reef; (problème) stumbling block; (piège) pitfall.

écuelle [ekɥɛl] nf bowl.

éculé, e [ekyle] adj (soulier) down-at-heel; (plaisanterie) hackneyed.

écume [ekym] nf (gén) foam; (cheval) lather ◆ **écumer** [1] **1** vt (bouillon) to skim **2** vi to foam; to be in a lather ◆ **écumoire** nf skimmer.

écureuil [ekyʀœj] nm squirrel.

écurie [ekyʀi] nf stable; (fig: sale) pigsty ◇ ~ **de course** racing stable.

écusson [ekysɔ̃] nm badge.

écuyer, -yère [ekɥije, jɛʀ] nm,f (cavalier) rider.

eczéma [ɛgzema] nm eczema.

éd. abrév de *édition*.

Éden [edɛn] nm ◇ **l'**~ Eden.

EDF [ədeɛf] nf abrév de *Électricité de France: national electricity company*.

édicter [edikte] [1] vt to decree.

édification [edifikɑsjɔ̃] nf (maison) building; (esprit) edification ◆ **édifice** nm building ◆ **édifier** [7] vt to build; to edify.

Édimbourg [edɛ̃buʀ] n Edinburgh.

édit [edi] nm edict.

éditer [edite] [1] vt to publish ◆ **éditeur, -trice** nm,f publisher ◆ **édition** nf (action) publishing; (livre) edition.

éditorial, pl **-iaux** [editɔʀjal, jo] nm leader, editorial ◆ **éditorialiste** nmf leader writer.

édredon [edʀədɔ̃] nm eiderdown.

éducateur, -trice [edykatœʀ, tʀis] nm,f educator ◆ **éducatif, -ive** adj educational ◆ **éducation** nf education; (familiale) upbringing ◇ **l'É**~ **nationale** ≃ the Department of Education; ~ **physique** physical education ◆ **éduquer** [1] vt to educate; (à la maison) to bring up ◇ **bien éduqué** well-mannered.

édulcorant [edylkɔʀɑ̃] nm sweetener.

édulcorer [edylkɔʀe] [1] vt (Pharm) to sweeten; (fig) to tone down.

effacer [efase] [3] **1** vt (gén) to erase; (gomme) to rub out; (chiffon) to wipe off **2** **s'effacer** vpr **a** (inscription) to fade ◇ **ça s'efface bien** it's easy to clean **b** (s'écarter) to move aside; (se retirer) to withdraw ◇ **personne très effacée** retiring person.

effarement [efaʀmɑ̃] nm alarm ◆ **effarer** [1] vt to alarm.

effaroucher [efaʀuʃe] [1] **1** vt to frighten away **2** **s'effaroucher** vpr to take fright (*de* at).

effectif, -ive [efɛktif, iv] **1** adj effective **2** nm (taille) size ◇ ~**s** numbers ◆ **effectivement** adv (aider) effectively; (se produire) actually ◇ **oui,** ~**!** yes indeed!

effectuer [efɛktɥe] [1] **1** vt (gén) to make; (expérience) to carry out **2** **s'effectuer** vpr ◇ **le voyage s'est effectué sans incident** the journey went off without a hitch.

efféminé, e [efemine] adj effeminate.

effervescence [efɛʀvesɑ̃s] nf agitation ◆ **effervescent, e** adj effervescent.

effet [efɛ] nm **a** (résultat, procédé) effect ◇ ~ **de serre** greenhouse effect; (Ciné) ~**s spéciaux** special effects; ~ **de style** stylistic effect; **c'est l'**~ **du hasard** it is quite by chance; **avoir pour** ~ **de** to result in; **ce médicament fait de l'**~ this medicine is effective **b** (impression) impression (*sur* on) ◇ **c'est tout l'**~ **que ça te fait?** is that all it means to you?; **il me fait l'**~ **d'être une belle crapule** he seems like a real crook to me **c** ◇ (habits) ~**s** clothes **d** (balle) spin **e** ◇ **avec** ~ **rétroactif** backdated; **prendre** ~ **à la date de** to take effect as from; ~ **de commerce** bill of exchange; **oui, en** ~ yes indeed; **c'est en** ~ **plus rapide** it's actually faster; **à cet** ~ to that effect; **sous l'**~ **de** under the influence of.

efficace [efikas] adj (mesure) effective; (remède) efficacious; (personne, machine) efficient ◆ **efficacité** nf effectiveness; efficacy; efficiency.

effigie [efiʒi] nf effigy ◇ **à l'**~ **de** bearing the effigy of.

effilé, e [efile] adj tapering.

effilocher vt, **s'effilocher** vpr [efilɔʃe] [1] to fray.

efflanqué, e [eflɑ̃ke] adj (animal) rawboned, bony.

effleurer [eflœʀe] [1] vt (frôler) to touch lightly; (érafler) to graze ◇ ~ **l'esprit de qn** to cross sb's mind.

effondrement [efɔ̃dʀəmɑ̃] nm collapse ♦ **s'effondrer** [1] vpr (gén) to collapse; (empire, espoir) to crumble; (accusé) to break down ◇ **être effondré** to be shattered.

efforcer (s') [efɔʀse] [3] vpr ◇ **s'~ de faire** to try hard to do.

effort [efɔʀ] nm effort ◇ **faire de gros ~s** to make a great effort; **faire tous ses ~s** to do one's utmost; **sans** ~ effortlessly.

effraction [efʀaksjɔ̃] nf break-in ◇ **entrer par** ~ to break in.

effranger vt, **s'effranger** vpr [efʀɑ̃ʒe] [3] to fray.

effrayant, e [efʀɛjɑ̃, ɑ̃t] adj frightening ♦ **effrayer** [8] **1** vt to frighten **2** **s'effrayer** vpr to be frightened (*de* by).

effréné, e [efʀene] adj (course) frantic; (passion, luxe) unbridled.

effriter vt, **s'effriter** vpr [efʀite] [1] to crumble.

effroi [efʀwɑ] nm terror, dread.

effronté, e [efʀɔ̃te] adj insolent ♦ **effronterie** nf insolence.

effroyable [efʀwajabl(ə)] adj dreadful.

effusion [efyzjɔ̃] nf effusion ◇ ~ **de sang** bloodshed.

égal, e, mpl **-aux** [egal, o] **1** adj **a** (valeur) equal (*en* in; *à* to); (régularité) even ◇ **à ~e distance de** equidistant from **b** ◇ **ça m'est** ~ I don't mind; (je m'en fiche) I don't care; **c'est ~, il aurait pu écrire** all the same he might have written **2** nm,f (personne) equal ◇ **sans** ~ unequalled; **discuter d'~ à ~** to talk as equals ♦ **également** adv (gén) equally; (aussi) too, as well ♦ **égaler** [1] vt to equal (*en* in) ◇ **2 plus 2 égalent 4** 2 plus 2 equals 4.

égalisation [egalizɑsjɔ̃] nf equalization ♦ **égaliser** [1] vti to equalize.

égalité [egalite] nf (identité) equality; (régularité) evenness, regularity ◇ **être à ~** (gén) to be equal; (match nul) to draw.

égard [egaʀ] nm ◇ (respect) **~(s)** consideration; **à l'~ de** (envers) towards; (à propos de) concerning; **à cet ~** in this respect.

égarement [egaʀmɑ̃] nm (trouble) distraction.

égarer [egaʀe] [1] **1** vt (enquêteurs) to mislead; (objet) to mislay **2** **s'égarer** vpr (gén) to get lost; (discussion) to wander from the point ♦ **égaré, e** adj (voyageur) lost; (animal, obus) stray; (air) distraught.

égayer [egeje] [8] **1** vt (gén) to brighten up; (divertir) to amuse **2** **s'égayer** vpr to amuse o.s.

égide [eʒid] nf ◇ **sous l'~ de** under the aegis of.

églantier [eglɑ̃tje] nm (arbre) wild rose ♦ **églantine** nf (fleur) wild rose.

église [egliz] nf (gén) church.

égoïsme [egɔism(ə)] nm selfishness, egoism ♦ **égoïste** **1** adj selfish, egoistic **2** nmf egoist.

égorger [egɔʀʒe] [3] vt to cut the throat of.

égout [egu] nm sewer.

égoutter [egute] [1] **1** vt (avec passoire) to strain; (en tordant) to wring out ◇ **(faire)** ~ (eau) to drain off; (linge) to hang up to drip **2** **s'égoutter** vpr to drip ♦ **égouttoir** nm (sur évier) draining rack; (passoire) strainer, colander.

égratigner [egʀatiɲe] [1] vt to scratch ♦ **égratignure** nf scratch.

égrillard, e [egʀijaʀ, aʀd(ə)] adj bawdy.

Égypte [eʒipt] nf **a** Egypt ♦ **égyptien, -ienne** adj, **É~, -ienne** nm,f **b** Egyptian.

éhonté, e [eɔ̃te] adj shameless.

éjectable [eʒɛktabl(ə)] adj → **siège.**

éjecter [eʒɛkte] [1] vt to eject.

élaboration [elabɔʀɑsjɔ̃] nf elaboration ♦ **élaborer** [1] vt to elaborate.

élaguer [elage] [1] vt to prune.

1. **élan** [elɑ̃] nm (Zool) elk, moose.

2. **élan** [elɑ̃] nm **a** (course) run up; (saut) spring; (vitesse acquise) momentum ◇ **prendre de l'~** to gather speed **b** (ferveur) fervour ◇ **~s (d'affection)** bursts of affection.

élancer [elɑ̃se] [3] **1** vi (blessure) to give shooting pains **2** **s'élancer** vpr (se précipiter) to rush, dash (*vers* towards); (se dresser) to soar (upwards) ◇ **forme élancée** slender shape.

élargir vt, **s'élargir** vpr [elaʀʒiʀ] [2] (gén) to widen; (débat) to broaden ♦ **élargissement** nm widening; broadening.

élasticité [elastisite] nf elasticity ♦ **élastique** **1** adj (objet) elastic; (démarche) springy; (fig) flexible **2** nm (de bureau) elastic ou rubber band; (Couture) elastic.

électeur, -trice [elɛktœʀ, tʀis] nm,f voter ♦ **élection** nf election ◇ **jour des ~s** polling ou election day; ~ **partielle** ≃ by-election ♦ **électoral, e,** mpl **-aux** adj election ♦ **électorat** nm voters.

électricien [elɛktʀisjɛ̃] nm electrician ♦ **électricité** nf electricity ♦ **électrifier** [7] vt to electrify ♦ **électrique** adj electrical.

électro [elɛktʀɔ] préf electro ◇ **~cardiogramme** electrocardiogram; **~choc(s)** electric shock treatment; **~-encéphalogramme plat** electroencephalogram registering brain death.

électrocuter [elɛktʀɔkyte] [1] vt to electrocute.

électrode [elɛktʀɔd] nf electrode.

électrogène [elɛktʀɔʒɛn] adj → **groupe.**

électroménager [elɛktʀɔmenaʒe] adj (appareil) household electrical.

électron [elɛktʀɔ̃] nm electron.

électronicien, -ienne [elɛktʀɔnisjɛ̃, jɛn] nm,f electronics engineer ◆ **électronique** 1 adj electronic 2 nf electronics (sg).

électrophone [elɛktʀɔfɔn] nm record player.

élégance [elegɑ̃s] nf elegance; (conduite) generosity ◆ **élégant, e** adj elegant; generous.

élément [elemɑ̃] nm (gén) element; (machine) part, component; (armée) unit; (fait) fact ◇ **~s préfabriqués** ready-made units; **c'est le meilleur ~ de ma classe** he's the best pupil in my class; **être dans son ~** [famil] to be in one's element ◆ **élémentaire** adj elementary.

éléphant [elefɑ̃] nm elephant.

élevage [ɛlvaʒ] nm (action) breeding; (ferme) farm ◇ (bétail) **faire de l'~** to breed cattle; **~ de poulets** poultry farm.

élève [elɛv] nmf pupil, student (US).

élevé, e [ɛlve] adj (gén) high; (pertes) heavy ◇ **peu ~** low; (pertes) slight; **bien ~** well-mannered; **mal ~** ill-mannered, rude.

élever [ɛlve] 5 1 vt (objection, niveau etc) to raise; (mur) to put up; (enfant) to bring up; (bétail) to breed, rear 2 **s'élever** vpr (gén) to rise, go up; (objection) to arise ◇ (somme) **s'~ à** to amount to; **s'~ contre** to rise up against ◆ **éleveur, -euse** nm,f stockbreeder.

éligible [eliʒibl(ə)] adj eligible.

élimer vt, **s'élimer** vpr [elime] 1 to fray.

élimination [eliminɑsjɔ̃] nf elimination ◆ **éliminatoire** 1 adj (épreuve) eliminatory; (note) disqualifying 2 nf (Sport) heat ◆ **éliminer** 1 vt to eliminate.

élire [eliʀ] 43 vt to elect.

élite [elit] nf élite ◇ **d'~** first-class.

elle [ɛl] pron pers f a (sujet) (personne, nation) she; (chose) it; (animal, bébé) she, it ◇ **~s** they b (objet) her; it ◇ **~s** them; **ce livre est à ~** this book belongs to her ou is hers c ◇ **~(-même)** herself; **elle ne pense qu'à ~** she only thinks of herself d ◇ (comparaison) **il est plus grand qu'~** he is taller than she is ou than her.

ellipse [elips(ə)] nf (Géom) ellipse.

élocution [elɔkysjɔ̃] nf diction ◇ **défaut d'~** speech impediment.

éloge [elɔʒ] nm ◇ **~(s)** praise; **faire l'~ de** to praise; **~ funèbre** funeral oration ◆ **élogieux, -ieuse** adj laudatory.

éloigné, e [elwaɲe] adj distant (*de* from) ◇ **est-ce très ~ de la gare?** is it very far from the station?; **~ de 3 km** 3 km away; **se tenir ~ de** to keep away from.

éloignement [elwaɲmɑ̃] nm distance.

éloigner [elwaɲe] 1 1 vt to move ou take away; (espacer) to space out; (fig: dissiper) to remove (*de* from); (danger) to ward off 2 **s'éloigner** vpr (partir) to move ou go away (*de* from); (se reculer) to move back; (souvenir) to fade ◇ **s'~ de** to wander ou stray from.

élongation [elɔ̃gɑsjɔ̃] nf ◇ **se faire une ~** to strain a muscle.

éloquence [elɔkɑ̃s] nf eloquence ◆ **éloquent, e** adj eloquent.

élu, e [ely] nm,f (député) elected member ◇ **l'heureux ~** the lucky man; (Rel) **les É~s** the Elect; **les ~s locaux** the local ou town councillors.

élucidation [elysidɑsjɔ̃] nf elucidation ◆ **élucider** 1 vt to elucidate.

élucubrations [elykybʀɑsjɔ̃] nfpl wild imaginings.

éluder [elyde] 1 vt to evade, elude.

émacié, e [emasje] adj emaciated.

émail, pl **-aux** [emaj, o] nm enamel ◇ (Art) **~aux** pieces of enamel work ◆ **émailler** 1 vt to enamel ◇ **émaillé de fautes** sprinkled with mistakes.

émanation [emanɑsjɔ̃] nf ◇ (odeurs) **~s** exhalations; **c'est l'~ de** it's the outcome of.

émancipation [emɑ̃sipɑsjɔ̃] nf (Jur) emancipation; (fig) liberation ◆ **émanciper** 1 1 vt to emancipate 2 **s'émanciper** vpr to become liberated.

émaner [emane] 1 **~ de** vt indir to emanate from.

émarger [emaʀʒe] 3 1 vt to sign 2 vi to be paid.

emballage [ɑ̃balaʒ] nm (action) packing; (boîte) packet, package ◆ **emballement** [famil] nm (enthousiasme) craze; (colère) angry outburst ◆ **emballer** 1 1 vt (paquet) to pack; (moteur) to rev up; (famil: enthousiasmer) to thrill 2 **s'emballer** vpr a [famil] (enthousiasme) to get carried away; (colère) to fly off the handle [famil] b (cheval) to bolt.

embarcadère [ɑ̃baʀkadɛʀ] nm landing stage.

embarcation [ɑ̃baʀkɑsjɔ̃] nf (small) boat.

embardée [ɑ̃baʀde] nf (Aut) swerve ◇ **faire une ~** to swerve.

embargo [ɑ̃baʀgo] nm embargo ◇ **mettre l'~ sur** to put an embargo on.

embarquement [ɑ̃baʀkəmɑ̃] nm (cargaison) loading; (passagers) boarding ◇ **avant l'~** before boarding ◆ **embarquer** 1 1 vt to load; to take on board; (famil: emporter) to carry off 2 vi (aussi **s'embarquer**) ◇ (en bateau) to embark, board; (en avion) to board; **s'~ dans une aventure** to set off on an adventure.

embarras [ɑ̃baʀa] nm (ennui) trouble; (gêne) embarrassment; (situation délicate) awkward position ◇ **être dans l'~** (dilemme) to be in a dilemma; (argent) to be in financial difficulties; **~ gastrique** stomach upset; **faire des ~** (chichis) to make a fuss; (ennuis) to make trouble (*à qn* for sb); **elle n'a que l'~ du choix** her only problem is that she has too great a choice ♦ **embarrassant, e** adj (situation) embarrassing; (problème) awkward ♦ **embarrassé, e** adj embarrassed ♦ **embarrasser** [1] 1 vt (paquets) to clutter; (vêtements) to hamper ◇ **~ l'estomac** to lie heavy on the stomach; **ça m'embarrasse** (obstacle) it's in my way; (ennui) it puts me in an awkward position 2 **s'embarrasser** vpr ◇ **s'~ de qch** to burden o.s. with sth.

embauche [ɑ̃boʃ] nf hiring ◇ **bureau d'~** job centre ♦ **embaucher** [1] vt to take on, hire.

embaumer [ɑ̃bome] [1] 1 vt (cadavre) to embalm ◇ **l'air embaumait le lilas** the air was fragrant with the scent of lilac 2 vi to be fragrant.

embellir [ɑ̃beliʀ] [2] 1 vt to make attractive 2 vi to grow more attractive ♦ **embellissement** nm improvement.

embêtement [ɑ̃bɛtmɑ̃] [famil] nm problem, trouble ♦ **embêter** [famil] [1] 1 vt (tracasser) to bother, worry; (irriter) to annoy; (ennuyer) to bore 2 **s'embêter** [famil] vpr to be bored.

emblée [ɑ̃ble] adv ◇ **d'~** straightaway.

emblème [ɑ̃blɛm] nm emblem.

emboîter [ɑ̃bwate] [1] 1 vt to fit together ◇ **~ qch dans** to fit sth into; **~ le pas à qn** to follow sb 2 **s'emboîter** vpr to fit together.

embonpoint [ɑ̃bɔ̃pwɛ̃] nm stoutness.

embouchure [ɑ̃buʃyʀ] nf mouth.

embourber vt, **s'embourber** vpr [ɑ̃buʀbe] [1] (voiture) to get stuck in the mud.

embout [ɑ̃bu] nm (canne) tip; (tuyau) nozzle.

embouteillage [ɑ̃butɛjaʒ] nm traffic jam, holdup ♦ **embouteiller** [1] vt (Aut) to jam, block; (Téléc) to block.

emboutir [ɑ̃butiʀ] [2] vt (métal) to stamp; (accident) to crash into.

embranchement [ɑ̃bʀɑ̃ʃmɑ̃] nm junction; (route) side road.

embraser [ɑ̃bʀɑze] [1] 1 vt (forêt) to set on fire; (cœur) to fire 2 **s'embraser** vpr to blaze up.

embrasser [ɑ̃bʀase] [1] 1 vt to kiss; (aspects) to embrace; (carrière) to take up 2 **s'embrasser** vpr to kiss (each other).

embrasure [ɑ̃bʀɑzyʀ] nf embrasure ◇ **dans l'~ de la porte** in the doorway.

embrayage [ɑ̃bʀɛjaʒ] nm (mécanisme) clutch ♦ **embrayer** [8] vi to engage the clutch.

embrigader [ɑ̃bʀigade] [1] vt to dragoon (*dans* into).

embrouiller [ɑ̃bʀuje] [1] 1 vt to muddle up 2 **s'embrouiller** vpr to get in a muddle (*dans* with).

embruns [ɑ̃bʀœ̃] nmpl sea spray.

embryon [ɑ̃bʀijɔ̃] nm embryo ♦ **embryonnaire** adj embryonic.

embûche [ɑ̃byʃ] nf pitfall, trap.

embuer [ɑ̃bɥe] [1] vt to mist up.

embuscade [ɑ̃byskad] nf ambush ♦ **s'embusquer** [1] vpr to lie in ambush.

éméché, e [emeʃe] [famil] adj tipsy, merry.

émeraude [ɛmʀod] nf, adj inv emerald.

émerger [emɛʀʒe] [3] vi to emerge.

émeri [ɛmʀi] nm emery.

émerveillement [emɛʀvɛjmɑ̃] nm wonder ♦ **émerveiller** [1] vt to fill with wonder ◇ **s'~ de** to marvel at.

émetteur, -trice [emɛtœʀ, tʀis] 1 adj (Rad) transmitting; (Fin) issuing 2 nm transmitter.

émettre [emɛtʀ(ə)] [56] vt (gén) to emit; (Rad) to broadcast; (monnaie) to issue; (hypothèse) to put forward; (vœux) to express.

émeute [emøt] nf riot.

émietter vt, **s'émietter** vpr [emjete] [1] to crumble.

émigrant, e [emigʀɑ̃, ɑ̃t] nm,f emigrant ♦ **émigration** nf emigration ♦ **émigré, e** nm,f (Hist) émigré; (Pol) expatriate ♦ **émigrer** [1] vi to emigrate.

éminence [eminɑ̃s] nf eminence ♦ **éminent, e** adj eminent.

émir [emiʀ] nm emir ♦ **émirat** nm emirate ◇ **les É~s arabes unis** the United Arab Emirates.

émissaire [emisɛʀ] nm emissary.

émission [emisjɔ̃] nf a (action) (gén) emission; (Rad) broadcast; (emprunt) issue b (spectacle) programme, broadcast.

emmagasiner [ɑ̃magazine] [1] vt to accumulate.

emmailloter [ɑ̃majɔte] [1] vt to wrap up.

emmêler [ɑ̃mele] [1] 1 vt (fil) to tangle (up); (dates) to confuse, muddle 2 **s'emmêler** vpr (lit) to get in a tangle; (fig) to get in a muddle (*dans* with).

emménagement [ɑ̃menaʒmɑ̃] nm moving in ♦ **emménager** [3] vi to move in ◇ **~ dans** to move into.

emmener [ɑ̃mne] [5] vt to take ◇ **~ promener qn** to take sb for a walk.

emmitoufler (s') [ɑ̃mitufle] [1] vpr to muffle o.s. up.

émoi [emwa] nm (trouble) agitation; (de joie) excitement; (tumulte) commotion ◇ **en ~** (personne) excited; (rue) in a commotion.

émotif, -ive [emɔtif, iv] adj emotive ◆ **émotion** nf emotion ◇ (peur) **donner des ~s à qn** [famil] to give sb a fright ◆ **émotionnel, -elle** adj emotional.

émoulu, e [emuly] adj → **frais.**

émoussé, e [emuse] adj blunt; (goût) dulled.

émouvant, e [emuvɑ̃, ɑ̃t] adj moving, touching ◆ **émouvoir** [27] vt (beauté) to rouse, stir; (misère) to touch, move ◇ **se laisser ~ par des prières** to be moved by entreaties; **il ne s'émeut de rien** nothing upsets him.

empailler [ɑ̃pɑje] [1] vt (animal) to stuff ◆ **empailleur, -euse** nm,f taxidermist.

empaqueter [ɑ̃pakte] [4] vt to pack.

emparer (s') [ɑ̃paʀe] [1] vpr ◇ **s'~ de qch** to seize ou grab sth; (sentiment) **s'~ de qn** to seize hold of sb.

empêchement [ɑ̃pɛʃmɑ̃] nm difficulty ◇ **avoir un ~** to be detained ◆ **empêcher** [1] vt to prevent, stop ◇ **~ qn de faire** to prevent sb from doing, stop sb doing; **il n'empêche qu'il a tort** all the same he's wrong; **il n'a pas pu s'~ de rire** he couldn't help laughing, he couldn't stop himself laughing.

empereur [ɑ̃pʀœʀ] nm emperor.

empester [ɑ̃pɛste] [1] **1** vi to stink **2** vt to stink of.

empêtrer (s') [ɑ̃petʀe] [1] vpr to get tangled up (*dans* in).

emphase [ɑ̃fɑz] nf pomposity ◆ **emphatique** adj pompous; (Ling) emphatic.

empiéter [ɑ̃pjete] [6] vi ◇ **~ sur** (gén) to encroach on; (terrain) to overlap into.

empiffrer (s') [ɑ̃pifʀe] [1] vpr to stuff o.s. [famil] (*de* with).

empiler [ɑ̃pile] [1] **1** vt to pile, stack **2** **s'empiler** vpr to be piled up (*sur* on).

empire [ɑ̃piʀ] nm **a** (pays) empire ◇ **pas pour un ~!** not for all the world! **b** (emprise) influence ◇ **sous l'~ de** (colère) in the grip of; **~ sur soi-même** self-control.

empirer [ɑ̃piʀe] [1] **1** vi to get worse **2** vt to make worse.

empirique [ɑ̃piʀik] adj empirical.

emplacement [ɑ̃plasmɑ̃] nm site.

emplâtre [ɑ̃plɑtʀ(ə)] nm (Méd) plaster; (pneu) patch.

emplette [ɑ̃plɛt] nf purchase ◇ **faire des ~s** to do some shopping.

emplir vt, **s'emplir** vpr [ɑ̃pliʀ] [2] to fill (*de* with).

emploi [ɑ̃plwa] nm **a** (gén) use; (mot) usage ◇ **~ du temps** timetable, schedule **b** (poste) job ◇ **l'~** employment; **sans ~** unemployed ◆ **employé, e** nm,f employee ◇ **~ de bureau** office worker, clerk; **l'~ du gaz** the gas man ◆ **employer** [8] vt (gén) to use; (moyen, ouvrier) to employ ◇ **mal ~** to misuse; **s'~ à faire qch** to apply o.s. to doing sth ◆ **employeur, -euse** nm,f employer.

empocher [ɑ̃pɔʃe] [famil] [1] vt to pocket.

empoigner [ɑ̃pwaɲe] [1] vt to grab.

empoisonnement [ɑ̃pwazɔnmɑ̃] nm poisoning; (aliments) food-poisoning ◇ (famil: ennui) **~(s)** bother ◆ **empoisonner** [1] **1** vt ◇ **~ qn** (assassin) to poison sb; (aliment) to give sb food poisoning; (importuner) to annoy sb **2** **s'empoisonner** vpr to poison o.s.; to get food poisoning; (ennui) to get bored.

emporté, e [ɑ̃pɔʀte] adj quick-tempered.

emportement [ɑ̃pɔʀtəmɑ̃] nm fit of anger.

emporte-pièce [ɑ̃pɔʀtəpjɛs] nm inv ◇ **à l'~** incisive.

emporter [ɑ̃pɔʀte] [1] **1** vt **a** to take away ◇ **il ne l'emportera pas en paradis!** he'll soon be smiling on the other side of his face! **b** (vent, train) to carry along; (maladie) to carry off; (colère) to carry away ◇ **il a eu le bras emporté** his arm was taken off; **emporté par son élan** carried along by his own momentum **c** (gagner) to take, win ◇ **l'~** to get the upper hand (*sur* of) **2** **s'emporter** vpr (de colère) to lose one's temper (*contre* with); (cheval) to bolt.

empoté, e [ɑ̃pɔte] nm,f awkward lump [famil].

empourprer vt, **s'empourprer** vpr [ɑ̃puʀpʀe] [1] to turn crimson.

empreint, 1. **e** [ɑ̃pʀɛ̃, ɛ̃t] adj ◇ **~ de** full of.

2. **empreinte** [ɑ̃pʀɛ̃t] nf (gén) imprint, impression; (animal) track; (fig: marque) stamp ◇ **~ de pas** footprint; **~s digitales** fingerprints.

empressé, e [ɑ̃pʀese] adj attentive ◆ **empressement** nm (zèle) attentiveness; (hâte) eagerness ◆ **s'empresser** [1] vpr ◇ **s'~ autour de qn** to fuss around sb; **s'~ de faire** to hasten to do.

emprise [ɑ̃pʀiz] nf hold, ascendancy (*sur* over) ◇ **sous l'~ de** (colère) in the grip of.

emprisonnement [ɑ̃pʀizɔnmɑ̃] nm imprisonment ◆ **emprisonner** [1] vt to imprison.

emprunt [ɑ̃pʀœ̃] nm (somme) loan; (Ling: mot) borrowing ◇ (action) **l'~ de qch** borrowing sth; **d'~** (nom) assumed; (matériel) borrowed ◆ **emprunté, e** adj (gêné) awkward; (factice) feigned ◆ **emprunter** [1] vt (gén) to borrow (*à* from); (nom) to assume; (style) to use; (route) to take ◆ **emprunteur, -euse** nm,f borrower.

ému, e [emy] adj (personne) moved, touched; (par peur) nervous; (voix) emotional; (souvenirs) tender.

émulateur [emylatœʀ] nm (Ordin) emulator ◆ **émulation** nf (littér, Ordin) emulation ◆ **émule** nmf (littér) emulator; (égal) equal.

émulsion [emylsjɔ̃] nf emulsion.

EN [əɛn] nf abrév de *Éducation nationale* → **éducation.**

1. **en** [ɑ̃] prép **a** (gén) in; (direction) to; (moyen de transport) by ◇ **vivre ~ France** to live in France; **aller ~ Angleterre** to go to England; **de jour ~ jour** from day to day; **ils y sont allés ~ voiture** they went by car, they drove there; **~ sang** covered in blood; **carte ~ couleur** coloured postcard; **~ groupe** in a group **b** (transformation) (changer etc) into ◇ **traduisez ~ anglais** translate into English; **casser ~ deux** to break in two; **casser ~ deux morceaux** to break into two pieces **c** (comme) as ◇ **~ tant qu'ami** as a friend; **agir ~ tyran** to act like a tyrant; **donné ~ cadeau** given as a present **d** (composition) made of, in ◇ **c'est ~ or** it is made of gold; **une bague ~ or** a gold ring **e** ◇ (avec gérondif) **entrer ~ courant** to run in; **faire obéir qn ~ le punissant** to make sb obey by punishing him; **~ apprenant la nouvelle** on hearing the news; **il a buté ~ montant dans l'autobus** he tripped getting into ou as he got into the bus; **il s'est endormi ~ lisant le journal** he fell asleep while reading the newspaper.

2. **en** [ɑ̃] pron **a** from ou with etc it ◇ **il ~ revient** he's just come back (from there); **il saisit sa canne et l'~ frappa** he seized his stick and struck him with it; **~ mourir** to die of it; **je t'~ donne 10 F** I'll give you 10 francs for it **b** ◇ (quantitatif) **prenez-~** (bonbons) take some (of them); (café) take some (of it); **donne-m'~ un** give me one; **il n'y ~ a plus** (pain) there isn't any left; (biscuits) there aren't any left.

encadrement [ɑ̃kadʀəmɑ̃] nm (cadre) frame; (instruction) training ◇ **personnel d'~** executive staff; **dans l'~ de la porte** in the doorway ◆ **encadrer** [1] vt (tableau) to frame; (étudiants, recrues) to train; (prisonnier) to surround ◇ **je ne peux pas l'~** [famil] I can't stand him [famil].

encaissement [ɑ̃kɛsmɑ̃] nm (argent) collection; (chèque) cashing; (vallée) depth ◆ **encaisser** [1] vt to collect; to cash; (famil: coups) to take ◇ **je ne peux pas l'~** [famil] I can't stand him [famil] ◆ **encaissé, e** adj (vallée) deep ◆ **encaisseur** nm collector.

encart [ɑ̃kaʀ] nm insert, inset.

en-cas [ɑ̃kɑ] nm (nourriture) snack.

encastrer [ɑ̃kastʀe] [1] **1** vt (dans mur) to embed (*dans* in); (dans boîtier) to fit (*dans* into) **2** **s'encastrer** vpr to fit (*dans* into).

encaustique [ɑ̃kɔstik] nf polish ◆ **encaustiquer** [1] vt to polish.

enceindre [ɑ̃sɛ̃dʀ(ə)] [52] vt to surround.

enceinte [ɑ̃sɛ̃t] **1** adj f pregnant (*de qn* by sb) ◇ **~ de 5 mois** 5 months pregnant **2** nf (mur) wall; (espace clos) enclosure ◇ **dans l'~ de la ville** inside the town; **~ acoustique** loudspeaker.

encens [ɑ̃sɑ̃] nm incense ◆ **encenser** [1] vt (complimenter) to heap praise upon ◆ **encensoir** nm censer.

encercler [ɑ̃sɛʀkle] [1] vt to surround.

enchaînement [ɑ̃ʃɛnmɑ̃] nm (liaison) linking ◇ (série) **~ de** (circonstances) string of ◆ **enchaîner** [1] **1** vt (prisonnier) to chain up (*à* to); (épisodes) to link together ◇ **tout s'enchaîne** it's all linked **2** vi (continuer) to move on.

enchantement [ɑ̃ʃɑ̃tmɑ̃] nm enchantment ◇ **comme par ~** as if by magic ◆ **enchanter** [1] vt to enchant ◇ **j'en suis enchanté** I'm delighted with it ◆ **enchanteur, -teresse** **1** adj enchanting **2** nm enchanter **3** nf enchantress.

enchère [ɑ̃ʃɛʀ] nf bid ◇ **les ~s** the bidding; **mettre aux ~s** to put up for auction.

enchevêtrement [ɑ̃ʃ(ə)vɛtʀəmɑ̃] nm tangle ◆ **enchevêtrer** [1] **1** vt to tangle **2** **s'enchevêtrer** vpr to become entangled.

enclave [ɑ̃klav] nf enclave ◆ **enclaver** [1] vt to enclose.

enclencher [ɑ̃klɑ̃ʃe] [1] vt to engage.

enclin, e [ɑ̃klɛ̃, in] adj inclined, prone (*à* to).

enclore [ɑ̃klɔʀ] [45] vt to enclose ◆ **enclos** nm (gén) enclosure; (moutons) fold.

enclume [ɑ̃klym] nf anvil.

encoche [ɑ̃kɔʃ] nf notch (*à* in).

encoignure [ɑ̃kɔɲyʀ] nf corner.

encoller [ɑ̃kɔle] [1] vt (papier) to paste.

encolure [ɑ̃kɔlyʀ] nf neck.

encombrant, e [ɑ̃kɔ̃bʀɑ̃, ɑ̃t] adj cumbersome ◆ **encombre** nm ◇ **sans ~** without incident ◆ **encombrement** nm **a** (gén) congestion; (Aut) traffic jam **b** (volume) bulk ◆ **encombrer** [1] **1** vt (pièce, mémoire) to clutter up; (téléphone) to block ◇ (gêner) **ça m'encombre** it's in my way **2** **s'encombrer** vpr ◇ **s'~ de** to burden o.s. with.

encontre [ɑ̃kɔ̃tʀ(ə)] prép ◇ **à l'~ de** (contre) against; (au contraire de) contrary to.

encore [ɑ̃kɔʀ] adv **a** (toujours) still ◇ **pas ~** not yet; **il n'est pas ~ prêt** he's not ready yet; **il fait ~ nuit** it's still dark **b** (pas plus tard que) only ◇ **ce matin ~** only this morning **c** (de nouveau) again ◇ **ça s'est ~ défait** it has come undone again ou once more; **j'en veux ~** I want some more; **pendant ~ 2 jours** for another 2 days, for 2 more days; **il fait ~ plus froid qu'hier** it's even colder than yesterday; ~

autant as much again **d** (aussi) too, also, as well **e** ◇ ~ **faut-il le faire** you still have to do it; **c'est passable, et** ~! it'll do, but only just!; **si** ~ if only.

encouragement [ɑ̃kuʀaʒmɑ̃] nm encouragement ◆ **encourager** [3] vt (gén) to encourage.

encourir [ɑ̃kuʀiʀ] [11] vt to incur.

encrasser (s') [ɑ̃kʀase] [1] vpr to get dirty.

encre [ɑ̃kʀ(ə)] nf ink ◇ ~ **de Chine** Indian ink ◆ **encrier** nm inkwell.

encroûter (s') [ɑ̃kʀute] [famil] [1] vpr to stagnate.

encyclique [ɑ̃siklik] adj, nf encyclical.

encyclopédie [ɑ̃siklɔpedi] nf encyclopaedia ◆ **encyclopédique** adj encyclopaedic.

endémique [ɑ̃demik] adj endemic.

endettement [ɑ̃dɛtmɑ̃] nm **a** debt ◆ **endetter** vt, **s'endetter** vpr [1] **b** to get into debt ◇ **être endetté** to be in debt; (fig) to be indebted (*envers qn* to sb).

endeuiller [ɑ̃dœje] [1] vt (personne) to plunge into mourning; (manifestation) to cast a (tragic) shadow over.

endiablé, e [ɑ̃djɑble] adj furious, wild.

endiguer [ɑ̃dige] [1] vt to hold back.

endimanché, e [ɑ̃dimɑ̃ʃe] adj in one's Sunday best.

endive [ɑ̃div] nf ◇ ~**(s)** chicory.

endoctrinement [ɑ̃dɔktʀinmɑ̃] nm indoctrination ◆ **endoctriner** [1] vt to indoctrinate.

endolori, e [ɑ̃dɔlɔʀi] adj painful, aching.

endommager [ɑ̃dɔmaʒe] [3] vt to damage.

endormir [ɑ̃dɔʀmiʀ] [16] **1** vt (personne) to send to sleep; (duper) to beguile; (douleur) to deaden; (soupçons) to allay **2** **s'endormir** vpr to go to sleep, fall asleep ◇ **s'**~ **sur ses lauriers** to rest on one's laurels ◆ **endormi, e** adj (lit) sleeping, asleep; (famil: apathique) sluggish; (ville) sleepy.

endosser [ɑ̃dose] [1] vt (vêtement) to put on; (responsabilité) to shoulder; (chèque) to endorse.

endroit [ɑ̃dʀwa] nm **a** (lieu) place; (récit) passage ◇ **à quel** ~? where?; **par** ~**s** in places; **à l'**~ **de qn** regarding sb **b** (bon côté) right side ◇ **à l'**~ (vêtement) the right way out; (objet posé) the right way round.

enduire [ɑ̃dɥiʀ] [38] vt to coat (*de* with) ◆ **enduit** nm coating.

endurance [ɑ̃dyʀɑ̃s] nf endurance ◆ **endurant, e** adj tough, hardy.

endurcir [ɑ̃dyʀsiʀ] [2] vt (corps) to toughen; (âme) to harden ◆ **endurci, e** adj (criminel) hardened; (célibataire) confirmed.

endurer [ɑ̃dyʀe] [1] vt to endure, bear.

énergétique [enɛʀʒetik] adj (ressources) energy; (aliment) energy-giving.

énergie [enɛʀʒi] nf (gén) energy; (morale) spirit ◆ **énergique** adj (physiquement) energetic; (moralement) spirited; (résistance, ton) forceful; (remède) powerful; (mesures) drastic ◆ **énergiquement** adv energetically; spiritedly; forcefully; powerfully; drastically.

énergumène [enɛʀgymɛn] nmf rowdy character.

énervement [enɛʀvəmɑ̃] nm (irritation) annoyance; (excitation) agitation ◆ **énerver** [1] **1** vt ◇ ~ **qn** (agiter) to get sb wound up ou excited; (agacer) to annoy sb **2** **s'énerver** vpr to get wound up ou excited.

enfance [ɑ̃fɑ̃s] nf (jeunesse) childhood; (petite enfance) infancy ◇ **c'est l'**~ **de l'art** it's child's play; (enfants) ~ **déshéritée** deprived children.

enfant [ɑ̃fɑ̃] **1** nmf (gén) child ◇ **faire l'**~ to behave childishly; **sans** ~ childless **2** comp: ~ **de chœur** altar boy ~ **trouvé** foundling ~ **unique** only child ◆ **enfanter** [1] vt to give birth to ◆ **enfantillage** nm ◇ ~**(s)** childishness ◆ **enfantin, e** adj childlike; (puéril) childish ◇ (facile) **c'est** ~ it's child's play.

enfer [ɑ̃fɛʀ] nm hell ◇ **l'**~ **est pavé de bonnes intentions** the road to hell is paved with good intentions; **bruit d'**~ infernal noise; **feu d'**~ raging fire.

enfermer [ɑ̃fɛʀme] [1] vt to shut up; (à clef) to lock up; (dans un dilemme) to trap (*dans* in) ◇ **il est bon à** ~ **(à l'asile)** [famil] he ought to be locked up; **s'**~ **dans** (chambre) to lock o.s. in; (rôle) to stick to.

enferrer (s') [ɑ̃feʀe] [1] vpr to tie o.s. in knots.

enfiévrer [ɑ̃fjevʀe] [6] vt (imagination) to fire; (esprits) to raise.

enfilade [ɑ̃filad] nf ◇ **une** ~ **de** a row of.

enfiler [ɑ̃file] [1] vt (aiguille) to thread; (rue) to take; (vêtement) to slip on ◇ ~ **qch dans** to slip sth into.

enfin [ɑ̃fɛ̃] adv (à la fin) at last; (en dernier lieu) lastly; (somme toute) after all; (quand même) all the same; (restrictif) well ◇ **il y est** ~ **arrivé** he has at last ou finally succeeded; **c'est un élève qui,** ~, **n'est pas bête** this pupil is not stupid, after all; ~, **tu aurais pu le faire!** all the same you could have done it!; ~, **dans un sens, oui** well, in a way, yes; **mais** ~ but.

enflammer [ɑ̃flame] [1] **1** vt (bois) to set on fire; (imagination) to fire **2** **s'enflammer** vpr (bois) to catch fire; (colère) to flare up; (ferveur) to become impassioned ◆ **enflammé, e** adj (allumette) burning; (caractère) fiery, passionate; (plaie) inflamed.

enfler vti, **s'enfler** vpr [ɑ̃fle] 1 to swell ◇ **se faire ~ de 10 F** [famil] to be done out of 10 francs [famil] ♦ **enflure** nf swelling.

enfoncer [ɑ̃fɔ̃se] 3 **1** vt **a** (pieu) to drive in; (punaise) to push in ◇ **~ un couteau dans** to plunge a knife into; **~ qch dans sa poche** to put ou stick [famil] sth in one's pocket **b** (abîmer) to smash in; (famil: concurrent) to beat hollow [famil] ◇ **côte enfoncée** broken rib **2** vi (pénétrer) to sink in; (céder) to give way **3** **s'enfoncer** vpr **a** (gén) to sink (*dans* in, into) ◇ **s'~ dans** (forêt) to disappear into; **s'~ une arête dans la gorge** to get a bone stuck in one's throat; **enfoncez-vous bien ça dans le crâne** [famil] now get this into your head [famil]; **à mentir, tu ne fais que t'~ davantage** by lying, you're just getting yourself into deeper and deeper water **b** (céder) to give way.

enfouir [ɑ̃fwiʀ] 2 vt to bury (*dans* in).

enfourcher [ɑ̃fuʀʃe] 1 vt to mount.

enfreindre [ɑ̃fʀɛ̃dʀ(ə)] 52 vt to infringe.

enfuir (s') [ɑ̃fɥiʀ] 17 vpr to run away, escape (*de* from).

enfumer [ɑ̃fyme] 1 vt to smoke out ◇ **atmosphère enfumée** smoky atmosphere.

engagé, e [ɑ̃gaʒe] **1** adj (écrivain) committed **2** nm (soldat) enlisted man.

engageant, e [ɑ̃gaʒɑ̃, ɑ̃t] adj (proposition) attractive; (air) engaging.

engagement [ɑ̃gaʒmɑ̃] nm **a** (promesse) promise; (Pol etc: position) commitment ◇ **prendre l'~ de** to undertake to; **sans ~ de votre part** without obligation on your part; **~s financiers** financial commitments **b** (contrat) engagement **c** (début) start; (coup d'envoi) kick-off **d** (attaque) engagement.

engager [ɑ̃gaʒe] 3 **1** vt **a** (ouvrier) to take on; (recrues) to enlist; (concurrents) to enter **b** (combat, discussion) to start; (Jur: poursuites) to institute; (objets) to insert (*dans* in) ◇ **la partie est bien engagée** the match is well under way **c** (mettre en gage) to pawn; (investir) to invest **d** ◇ (promesse) **~ qn** to bind sb; **ça n'engage à rien** it doesn't commit you to anything; **~ qn à faire** to urge sb to do **2** **s'engager** vpr **a** (promettre) to commit o.s. ◇ **s'~ à faire** to undertake to do **b** ◇ **s'~ dans** (frais) to incur; (discussion) to enter into; (affaire) to embark on **c** ◇ **s'~ dans** (mécanisme) to fit into; (véhicule) to turn into; **s'~ sur la chaussée** to step onto the road **d** (combat, pourparlers) to start **e** (recrues) to enlist ◇ **s'~ dans l'armée** to join the army.

engelure [ɑ̃ʒlyʀ] nf chilblain.

engendrer [ɑ̃ʒɑ̃dʀe] 1 vt (enfant) to father; (fig) to generate.

engin [ɑ̃ʒɛ̃] nm (machine) machine; (outil) instrument; (auto) vehicle; (avion) aircraft; (famil: truc) contraption.

englober [ɑ̃glɔbe] 1 vt to include (*dans* in).

engloutir [ɑ̃glutiʀ] 2 **1** vt (nourriture) to gobble up; (navire) to engulf; (fortune) to devour **2** **s'engloutir** vpr to be engulfed.

engorgement [ɑ̃gɔʀʒəmɑ̃] nm (tuyau) block; (marché) glut ♦ **engorger** 3 vt to block; to glut.

engouement [ɑ̃gumɑ̃] nm craze (*pour* for).

engouffrer [ɑ̃gufʀe] 1 **1** vt (fortune) to devour; (nourriture) to gobble up; (navire) to engulf **2** **s'engouffrer** vpr to rush.

engourdir [ɑ̃guʀdiʀ] 2 **1** vt (membres) to numb; (esprit) to dull **2** **s'engourdir** vpr to go numb; to grow dull ♦ **engourdissement** nm numbness; dullness; (sommeil) sleepiness.

engrais [ɑ̃gʀɛ] nm fertilizer; (animal) manure ◇ **mettre à l'~** to fatten up ♦ **engraisser** 1 **1** vt (volailles) to cram; (bétail) to fatten up; (terre) to manure, fertilize **2** vi [famil] to put on weight.

engrenage [ɑ̃gʀənaʒ] nm gearing; (fig) chain.

engueulade [ɑ̃gœlad] [famil] nf (dispute) row [famil]; (réprimande) bawling out [famil] ♦ **engueuler** 1 vt ◇ **~ qn** to give sb a bawling out [famil]; **s'~** to have a row.

enguirlander [ɑ̃giʀlɑ̃de] [famil] 1 vt ◇ **~ qn** to give sb a telling-off.

enhardir [ɑ̃aʀdiʀ] 2 **1** vt to make bolder **2** **s'enhardir** vpr to get bolder.

énième [ɛnjɛm] adj → **nième.**

énigmatique [enigmatik] adj enigmatic ♦ **énigme** nf (mystère) enigma; (jeu) riddle.

enivrer [ɑ̃nivʀe] 1 **1** vt to intoxicate, make drunk **2** **s'enivrer** vpr to get drunk (*de* on).

enjambée [ɑ̃ʒɑ̃be] nf stride.

enjamber [ɑ̃ʒɑ̃be] 1 vt to stride over; (pont) to span.

enjeu, pl **~x** [ɑ̃ʒø] nm stake (*de* in).

enjoindre [ɑ̃ʒwɛ̃dʀ(ə)] 49 vt ◇ **~ à qn de faire** to order sb to do.

enjôler [ɑ̃ʒole] 1 vt ◇ **~ qn** to get round sb.

enjoliver [ɑ̃ʒɔlive] 1 vt to embellish ♦ **enjoliveur** nm hub cap.

enjoué, e [ɑ̃ʒwe] adj cheerful ♦ **enjouement** nm cheerfulness.

enlacement [ɑ̃lasmɑ̃] nm (étreinte) embrace; (enchevêtrement) intertwining ♦ **enlacer** 3 vt (étreindre) to clasp, hug; (enchevêtrer) to intertwine.

enlaidir [ɑ̃lediʀ] 2 **1** vt to make ugly **2** vi to become ugly.

enlevé, e [ɑ̃lve] adj (rythme etc) lively.

enlèvement [ɑ̃lɛvmɑ̃] nm (gén) removal; (ordures) collection; (rapt) kidnapping.

enlever [ɑ̃lve] 5 1 vt a (gén) to remove, take away; (ordures) to collect; (rapt) to kidnap; (vêtement) to take off; (tache) to take out ◇ ~ **qch à qn** to take sth away from sb; **enlève tes coudes de la table** take your elbows off the table; **ça lui enlèvera le goût de recommencer** that'll cure him of trying that again; **faire** ~ **qch** to have sth taken away b (victoire) to win; (Mil: position) to capture, take ◇ ~ **la décision** to carry the day; ~ **une affaire** to pull off a deal 2 **s'enlever** vpr (tache etc) to come off.

enliser (s') [ɑ̃lize] 1 vpr to sink (*dans* into).

enneigé, e [ɑ̃neʒe] adj snowed up ◆ **enneigement** nm snow coverage.

ennemi, e [ɛnmi] 1 adj (Mil) enemy; (hostile) hostile 2 nm,f enemy.

ennui [ɑ̃nɥi] nm (désœuvrement) boredom; (monotonie) tediousness; (tracas) trouble ◇ **avoir des** ~**s** to have troubles; **faire des** ~**s à qn** to make trouble for sb; **l'**~**, c'est que...** the trouble is that...

ennuyer [ɑ̃nɥije] 8 1 vt (lasser) to bore; (préoccuper, gêner) to trouble; (irriter) to annoy ◇ **si cela ne vous ennuie pas trop** if you wouldn't mind 2 **s'ennuyer** vpr to get bored ◇ **s'**~ **de qn** to miss sb ◆ **ennuyeux, -euse** adj (lassant) boring, tedious; (irritant) annoying; (préoccupant) worrying.

énoncé [enɔ̃se] nm (sujet) exposition; (problème) terms; (Jur) statement.

énoncer [enɔ̃se] 3 vt (gén) to say; (idée) to express.

enorgueillir (s') [ɑ̃nɔʀgœjiʀ] 2 vpr ◇ **s'**~ **de** to pride o.s. on.

énorme [enɔʀm(ə)] adj enormous, huge ◆ **énormément** adv enormously, hugely ◇ ~ **déçu** greatly disappointed; ~ **de gens** an enormous number of people ◆ **énormité** nf (poids, somme) hugeness; (demande) enormity ◇ (erreur) **une** ~ a howler [famil].

enquérir (s') [ɑ̃keʀiʀ] 21 vpr to inquire, ask (*de* about).

enquête [ɑ̃kɛt] nf (gén) inquiry; (après décès) inquest; (Police) investigation; (sondage) survey ◆ **enquêter** 1 vi to hold an inquiry ◇ ~ **sur qch** to investigate sth ◆ **enquêteur, -euse** nm,f (Police) officer; (sondage) pollster ◇ **les** ~**s** the police.

enquiquiner [ɑ̃kikine] [famil] 1 vt to bother.

enraciner [ɑ̃ʀasine] 1 1 vt to root ◇ (préjugé) **solidement enraciné** deep-rooted 2 **s'enraciner** vpr to take root.

enragé, e [ɑ̃ʀaʒe] adj (chien) rabid; (fig: passionné) keen (*de* on).

enrager [ɑ̃ʀaʒe] 3 vi to be furious ◇ **faire** ~ **qn** [famil] (taquiner) to tease sb; (importuner) to pester sb.

enrayer [ɑ̃ʀeje] 8 1 vt (maladie) to check, stop; (chômage, inflation) to curb 2 **s'enrayer** vpr to jam.

enregistrement [ɑ̃ʀʒistʀəmɑ̃] nm (acte) registration; (bagages) check-in; (musique) recording ◆ **enregistrer** 1 vt (voix) to record; (acte) to register; (commande) to enter ◇ (**faire**) ~ **ses bagages** to register one's luggage; (Aviat) to check in one's luggage.

enrhumer (s') [ɑ̃ʀyme] 1 vpr to catch (a) cold ◇ **être enrhumé** to have a cold.

enrichir [ɑ̃ʀiʃiʀ] 2 1 vt enrich 2 **s'enrichir** vpr to grow rich; (collection) to be enriched (*de* with) ◆ **enrichissement** nm enrichment.

enrober [ɑ̃ʀɔbe] 1 vt to coat (*de* with).

enrôler vt, **s'enrôler** vpr [ɑ̃ʀole] 1 to enlist.

enrouement [ɑ̃ʀumɑ̃] nm hoarseness ◆ **s'enrouer** 1 vpr to go hoarse ◇ **enroué** hoarse.

enrouler [ɑ̃ʀule] 1 1 vt to roll up 2 **s'enrouler** vpr (serpent) to coil up ◇ **s'**~ **dans une couverture** to roll o.s. up in a blanket.

ensabler vt, **s'ensabler** vpr [ɑ̃sɑble] 1 (port) to silt up; (voiture) to get stuck in the sand.

ensanglanter [ɑ̃sɑ̃glɑ̃te] 1 vt to cover with blood.

enseignant, e [ɑ̃sɛɲɑ̃, ɑ̃t] 1 adj teaching 2 nm,f teacher.

enseigne [ɑ̃sɛɲ] nf shop sign; (drapeau) ensign.

enseignement [ɑ̃sɛɲmɑ̃] nm (éducation) education; (métier, pédagogie) teaching; (leçon) lesson ◇ ~ **par correspondance** postal tuition; **être dans l'**~ to be a teacher ◆ **enseigner** 1 vt to teach ◇ ~ **qch à qn** to teach sb sth.

ensemble [ɑ̃sɑ̃bl(ə)] 1 adv together ◇ **tous** ~ all together 2 nm a (totalité) whole ◇ **l'**~ **du personnel** the whole staff; **dans l'**~ on the whole; **vue d'**~ overall view b (objets) set; (maisons) housing scheme; (costume) suit; (orchestre) ensemble c (accord, unité) unity.

ensemencer [ɑ̃smɑ̃se] 3 vt to sow.

ensevelir [ɑ̃səvliʀ] 2 vt to bury.

ensoleillé, e [ɑ̃sɔleje] adj sunny ◆ **ensoleillement** nm hours of sunshine.

ensommeillé, e [ɑ̃sɔmeje] adj sleepy.

ensorceler [ɑ̃sɔʀsəle] 4 vt to bewitch.

ensuite [ɑ̃sɥit] adv (puis) then, next; (par la suite) afterwards.

ensuivre (s') [ɑ̃sɥivʀ(ə)] 40 vpr to follow ◇ **et tout ce qui s'ensuit** and all the rest.

entacher [ɑ̃taʃe] 1 vt to taint.

entaille [ɑ̃taj] nf (gén) cut; (profonde) gash; (sur objet) notch; (allongée) groove ◆ **entailler** 1 vt to cut; to gash; to notch.

entame [ɑ̃tam] nf first slice.

entamer [ɑ̃tame] 1 vt **a** (commencer) to start; (discussion, partie) to open; (poursuites) to institute **b** (résistance) to wear down; (conviction) to shake; (réputation) to damage **c** (inciser) to cut into.

entartrer vt, **s'entartrer** vpr [ɑ̃taʀtʀe] 1 to scale.

entasser vt, **s'entasser** vpr [ɑ̃tɑse] 1 to pile up (*sur* onto) ◇ **s'~ dans** to cram ou pack into.

entendement [ɑ̃tɑ̃dmɑ̃] nm understanding.

entendeur [ɑ̃tɑ̃dœʀ] nm ◇ **à bon ~, salut** a word to the wise is enough.

entendre [ɑ̃tɑ̃dʀ(ə)] 41 **1** vt **a** to hear ◇ **il ne l'entend pas de cette oreille** he doesn't see it like that; **à l'~** to hear him talk; **~ raison** to listen to reason; **~ parler de** to hear of ou about; **on entend dire que** it is said that; **sa voix se fit ~** his voice was heard **b** (comprendre) to understand; (vouloir) to intend, mean ◇ **laisser ~ à qn que** to give sb to understand that; **j'entends être obéi** I intend ou mean to be obeyed; **qu'entendez-vous par là?** what do you mean by that? **2 s'entendre** vpr **a** (être d'accord) to agree (*sur* on) ◇ **ils s'entendent bien** they get on well **b** ◇ (s'y connaître) **il s'y entend pour le faire** he knows how to do it **c** (se comprendre) to mean ◇ **ça s'entend de deux façons** it can mean two things ◆ **entendu, e** adj (convenu) agreed ◇ (évidemment) **bien ~!** of course!; (sourire, air) knowing ◆ **entente** nf (amitié, compréhension) understanding; (accord) agreement ◇ **vivre en bonne ~** to live in harmony.

entériner [ɑ̃teʀine] 1 vt to ratify, confirm.

enterrement [ɑ̃tɛʀmɑ̃] nm burial; (cérémonie) funeral; (convoi) funeral procession ◇ **faire une tête d'~** [famil] to look gloomy ◆ **enterrer** 1 vt (mort) to bury; (projet) to drop.

en-tête, pl **en-têtes** [ɑ̃tɛt] nm heading.

entêté, e [ɑ̃tete] adj stubborn ◆ **entêtement** nm stubbornness ◆ **entêter** 1 **1** vt (parfum) to go to the head of **2 s'entêter** vpr to persist (*à faire* in doing).

enthousiasme [ɑ̃tuzjasm(ə)] nm enthusiasm ◆ **enthousiasmer** 1 **1** vt to fill with enthusiasm **2 s'enthousiasmer** vpr to be enthusiastic (*pour* about, over) ◆ **enthousiaste** adj enthusiastic.

enticher (s') [ɑ̃tiʃe] 1 vpr to become infatuated (*de* with).

entier, -ière [ɑ̃tje, jɛʀ] **1** adj (plein) whole, full; (intact) intact; (absolu) absolute, complete; (caractère) unbending ◇ **une heure ~ière** a whole ou full hour; **il était tout ~ à son travail** he was completely absorbed in his work; **pain ~** wholemeal bread; **lait ~** full-cream milk, whole milk (US) **2** nm whole ◇ **lire qch en ~** to read the whole of sth, read sth right through ◆ **entièrement** adv completely, wholly, fully.

entité [ɑ̃tite] nf entity.

entonner [ɑ̃tɔne] 1 vt to sing.

entonnoir [ɑ̃tɔnwaʀ] nm (Culin) funnel.

entorse [ɑ̃tɔʀs(ə)] nf (Méd) sprain; (fig) breach (*à* of) ◇ **se faire une ~ au poignet** to sprain one's wrist; **faire une ~ à** (règlement etc) to bend.

entortiller [ɑ̃tɔʀtije] 1 vt **a** (ficelle) to twist **b** (duper) to hoodwink.

entourage [ɑ̃tuʀaʒ] nm (famille) family circle; (fenêtre etc) surround ◆ **entourer** 1 vt (gén) to surround (*de* with); (envelopper) to wrap (*de* in) ◇ **les gens qui nous entourent** people around us; **s'~ de** to surround o.s. with.

entracte [ɑ̃tʀakt(ə)] nm interval.

entraide [ɑ̃tʀɛd] nf mutual aid ◆ **s'entraider** 1 vpr to help one another.

entrailles [ɑ̃tʀɑj] nfpl entrails.

entrain [ɑ̃tʀɛ̃] nm spirit, liveliness ◇ **faire qch sans ~** to do sth half-heartedly ◆ **entraînant, e** adj (rythme) lively.

entraînement [ɑ̃tʀɛnmɑ̃] nm (Sport) training.

entraîner [ɑ̃tʀene] 1 **1** vt **a** (emporter) (gén) to carry along; (sentiments) to carry away; (Tech: moteur) to drive ◇ **~ qn à faire qch** to lead sb to do sth **b** (dépenses, chutes) (impliquer) to entail, mean; (causer) to lead to **c** (athlète) to train (*à* for) **2 s'entraîner** vpr (gén) to train o.s.; (Sport) to train ◆ **entraîneur** nm trainer.

entrave [ɑ̃tʀav] nf hindrance (*à* to) ◇ (fig) **les ~s de** the fetters of ◆ **entraver** 1 vt (circulation) to hold up; (action) to hinder.

entre [ɑ̃tʀ(ə)] prép (gén) between; (parmi) among; (dans) in; (à travers) through ◇ **~ nous** between you and me; **~ autres** among other things; **~ parenthèses** in brackets; **passer ~ les mailles** to slip through the net; **ils se sont disputés ~ eux** they have quarrelled with each other ou with one another; **~ chien et loup** when darkness is falling; **~ deux âges** middle-aged; **pris ~ deux feux** caught in the crossfire.

entrebâiller [ɑ̃tʀəbaje] 1 vt to half-open ◇ **être entrebâillé** to be ajar ou half-open.

entrechoquer vt, **s'entrechoquer** vpr [ɑ̃tʀəʃɔke] 1 to knock together.

entrecôte [ɑ̃tʀəkot] nf entrecôte ou rib steak.

entrecouper [ɑ̃tʀəkupe] 1 **1** vt ◇ **~ de** to interrupt with; **voix entrecoupée** broken voice **2 s'entrecouper** vpr (lignes) to intersect.

entrecroiser vt, **s'entrecroiser** vpr [ɑ̃tʀəkʀwaze] 1 (fils) to intertwine; (lignes) to intersect.

entre-deux-guerres [ɑ̃tʀədøgɛʀ] nm ◊ **l'~** the interwar years ou period.

entrée [ɑ̃tʀe] nf **a** (arrivée) entry, entrance; (accès) admission (*de* to) ◊ (pancarte) **'~'** 'way in'; **'~ libre'** 'admission free'; **'~ interdite'** 'no entry'; **son ~** as he entered; **depuis son ~ à l'université** since he went to university; **avoir ses ~s auprès de qn** to have easy access to sb **b** (billet) ticket ◊ (recette) **les ~s** the takings **c** (porte) entrance; (vestibule) entrance (hall) ◊ **~ de service** tradesman's entrance **d** ◊ (début) **à l'~ de l'hiver** at the beginning of winter; **~ en matière** introduction **e** (Culin) first ou main course **f** (comptabilité) entry.

entrefaites [ɑ̃tʀəfɛt] nfpl ◊ **sur ces ~** at that moment.

entrefilet [ɑ̃tʀəfilɛ] nm paragraph.

entre-jambes [ɑ̃tʀəʒɑ̃b] nm inv crotch.

entrelacer vt, **s'entrelacer** vpr [ɑ̃tʀəlase] 3 to intertwine.

entremêler vt, **s'entremêler** vpr [ɑ̃tʀəmele] 1 to intermingle.

entremets [ɑ̃tʀəmɛ] nm cream dessert.

entremetteur, -euse [ɑ̃tʀəmɛtœʀ, øz] nm,f (péj) go-between.

entremise [ɑ̃tʀəmiz] nf intervention ◊ **par l'~ de** through.

entreposer [ɑ̃tʀəpoze] 1 vt to store.

entrepôt [ɑ̃tʀəpo] nm warehouse.

entreprenant, e [ɑ̃tʀəpʀənɑ̃, ɑ̃t] adj enterprising ◆ **entreprendre** 58 vt to begin ou start on ◊ **~ de faire qch** to undertake to do sth ◆ **entrepreneur** nm contractor ◊ **~ de pompes funèbres** undertaker ◆ **entreprise** nf (firme) firm; (tentative) undertaking, venture.

entrer [ɑ̃tʀe] 1 **1** vi **a** (aller) to go in, enter; (venir) to come in ◊ **entrez!** come in!; **la clef n'entre pas** the key won't go in; **l'eau entre par le toit** water comes in through the roof; **alors ces maths, ça entre?** [famil] are you getting the hang of maths then? [famil] **b** ◊ **~ dans** (gén) to go into; (catégorie) to fall into; (arbre) to crash into; (club, parti) to join; (vue de qn) to share; **~ dans une pièce** to go ou come into a room, enter a room; **~ en convalescence** etc to begin convalescing etc; **c'est entré pour beaucoup dans sa décision** it weighed heavily in his decision; **il n'entre pas dans mes intentions de le faire** I have no intention of doing so; **~ dans la cinquantaine** to turn fifty; **~ dans le vif du sujet** to get to the heart of the matter **c** ◊ **laisser ~** to let in; **laisser ~ qn dans** to let sb into; **faire ~ qn** to show sb in; **faire ~ qch dans** to put sth into; **il m'a fait ~ dans leur club** (aidé) he got me into their club; (contraint) he made me join their club **2** vt ◊ **~ les bras dans les manches** to put one's arms into the sleeves.

entresol [ɑ̃tʀəsɔl] nm mezzanine.

entre-temps [ɑ̃tʀətɑ̃] adv meanwhile.

entretenir [ɑ̃tʀətniʀ] 22 vt **a** (propriété, machine) to maintain; (famille) to support, keep; (correspondance) to keep up ◊ **bien entretenu** well kept; **~ le feu** to keep the fire going; **s'~ en forme** to keep fit **b** ◊ (converser) **~ qn, s'~ avec qn** to speak to sb (*de* about) ◆ **entretien** nm **a** (route, famille) maintenance **b** (conversation) conversation; (entrevue) interview ◊ (Pol) **~(s)** talks, discussions.

entre-tuer (s') [ɑ̃tʀətɥe] 1 vpr to kill one another.

entrevoir [ɑ̃tʀəvwaʀ] 30 vt to glimpse.

entrevue [ɑ̃tʀəvy] nf (discussion) meeting; (audience) interview.

entrouvert, e [ɑ̃tʀuvɛʀ, ɛʀt(ə)] adj (gén) half-open; (porte) ajar.

entrouvrir vt, **s'entrouvrir** vpr [ɑ̃tʀuvʀiʀ] 18 to half-open.

énumération [enymeʀɑsjɔ̃] nf enumeration, listing ◆ **énumérer** 6 vt to enumerate, list.

envahir [ɑ̃vaiʀ] 2 vt (ennemi) to invade; (herbes) to overrun; (douleur, sommeil) to overcome ◆ **envahissant, e** adj (personne) intrusive ◆ **envahisseur** nm invader.

envaser vt, **s'envaser** vpr [ɑ̃vɑze] 1 (port) to silt up.

enveloppe [ɑ̃vlɔp] nf **a** (postale) envelope ◊ **mettre sous ~** to put in an envelope **b** (emballage) covering; (en métal) casing; (graine) husk **c** (apparence) exterior **d** (argent) sum of money ◊ **~ budgétaire** budget ◆ **envelopper** 1 vt **a** (objet, enfant) to wrap up **b** (brume) to envelop, shroud.

envenimer [ɑ̃vnime] 1 **1** vt (querelle) to inflame **2** **s'envenimer** vpr (plaie) to go septic; (situation) to grow more bitter.

envergure [ɑ̃vɛʀgyʀ] nf (oiseau, avion) wingspan; (fig: taille) scale, scope; (fig: calibre) calibre ◊ (entreprise) **de grande ~** large-scale.

envers [ɑ̃vɛʀ] **1** prép towards, to ◊ **~ et contre tous** despite all opposition **2** nm (étoffe) wrong side; (papier) back; (médaille) reverse ◊ **à l'~** the wrong way round.

envie [ɑ̃vi] nf **a** (désir) desire; (besoin) need (*de qch* for sth; *de faire* to do) ◊ **avoir ~ de** to want; **j'ai ~ d'y aller** I feel like going, I'd like to go **b** (convoitise) envy ◊ **mon bonheur lui fait ~** he envies my happiness

◆ **envier** [7] vt to envy ◇ **il n'a rien à m'~** he has no cause to be jealous of me ◆ **envieux, -euse** adj envious ◇ **faire des ~** to arouse envy.

environ [ɑ̃viʀɔ̃] [1] adv about ◇ **c'est à 100 km ~** it's about 100 km away [2] nmpl ◇ **les ~s** the surroundings; **aux ~s de 10 F** round about 10 francs ◆ **environnement** nm environment ◆ **environner** [1] vt to surround.

envisageable [ɑ̃vizaʒabl(ə)] adj conceivable.

envisager [ɑ̃vizaʒe] [3] vt to envisage, contemplate (*de faire* doing).

envoi [ɑ̃vwa] nm (action) sending; (colis) parcel ◇ **~ contre remboursement** cash on delivery.

envol [ɑ̃vɔl] nm (avion) takeoff ◇ **prendre son ~** (oiseau) to take flight ◆ **s'envoler** [1] vpr (oiseau) to fly away; (avion) to take off; (chapeau) to blow off; (espoirs) to vanish.

envoûter [ɑ̃vute] [1] vt to bewitch.

envoyer [ɑ̃vwaje] [8] vt (gén) to send; (marchandises) to dispatch, send off; (candidature) to send in; (pierre) to throw ◇ **~ des coups de poing à qn** to punch sb; **~ chercher qn** to send for sb; **~ promener qn** [famil] to send sb packing [famil]; **~ promener qch** [famil] (objet) to send sth flying; (métier) to pack sth in [famil] ◆ **envoyé, e** nm,f (gén) messenger; (Pol) envoy; (Presse) correspondent ◆ **envoyeur, -euse** nm,f sender.

épagneul, e [epaɲœl] nm,f spaniel.

épais, -aisse [epɛ, ɛs] [1] adj (gén) thick; (neige) deep; (barbe) bushy; (nuit) pitch-black; (fig: stupide) dull ◇ **~ de 5 cm** 5 cm thick [2] adv ◇ **il n'y en a pas ~!** [famil] there's not much of it! ◆ **épaisseur** nf [a] thickness; depth ◇ **la neige a un mètre d'~** the snow is a metre deep ◆ **épaissir** vti, **s'épaissir** vpr [2] [b] to thicken.

épanchement [epɑ̃ʃmɑ̃] nm effusion ◆ **s'épancher** [1] vpr (personne) to pour out one's feelings; (sang) to pour out.

épanouir (s') [epanwiʀ] [2] vpr (fleur) to bloom, open out; (visage) to light up; (personne) to blossom ◆ **épanoui, e** adj (fleur) in full bloom; (sourire) radiant ◆ **épanouissement** nm blossoming.

épargnant, e [epaʀɲɑ̃, ɑ̃t] nm,f saver ◆ **épargne** nf (somme) savings ◇ (vertu) **l'~** saving ◆ **épargner** [1] vt (argent) to save; (ennemi) to spare ◇ **pour t'~ des explications** to spare you explanations.

éparpillement [epaʀpijmɑ̃] nm [a] scattering ◆ **éparpiller** vt, **s'éparpiller** vpr [1] [b] to scatter ◆ **épars, e** adj scattered.

épatant, e [epatɑ̃, ɑ̃t] [famil] adj splendid, great [famil].

épaté, e [epate] adj (nez) flat.

épater [epate] [famil] [1] vt to amaze.

épaulard [epolaʀ] nm killer whale.

épaule [epol] nf shoulder.

épauler [epole] [1] vt [a] (personne) to back up, support [b] (fusil) to raise.

épaulette [epolɛt] nf epaulette.

épave [epav] nf wreck.

épée [epe] nf sword.

épeler [eple] [4] ou [5] vt to spell.

éperdu, e [epɛʀdy] adj (personne, regard) distraught; (amour) passionate; (fuite) headlong ◇ **~ de gratitude** overcome with gratitude ◆ **éperdument** adv (aimer) passionately ◇ **je m'en moque ~** I couldn't care less.

éperon [epʀɔ̃] nm spur ◆ **éperonner** [1] vt (cheval) to spur on.

épervier [epɛʀvje] nm sparrowhawk.

éphémère [efemɛʀ] adj short-lived.

épi [epi] nm (blé) ear; (cheveux) tuft.

épice [epis] nf spice ◆ **épicé, e** adj spicy ◆ **épicer** [3] vt to spice.

épicerie [episʀi] nf (magasin) grocer's shop; (nourriture) groceries ◇ **~ fine** ≃ delicatessen ◆ **épicier, -ière** nm,f grocer; (fruits et légumes) greengrocer.

épidémie [epidemi] nf epidemic ◆ **épidémique** adj epidemic.

épiderme [epidɛʀm(ə)] nm skin ◆ **épidermique** adj skin.

épier [epje] [7] vt (personne) to spy on; (geste) to watch closely; (bruit) to listen out for; (occasion) to watch out for.

épilepsie [epilɛpsi] nf epilepsy ◆ **épileptique** adj, nmf epileptic.

épiler [epile] [1] vt (jambes) to remove the hair from; (sourcils) to pluck.

épilogue [epilɔg] nm epilogue; (fig) conclusion.

épinard [epinaʀ] nm ◇ **~(s)** spinach.

épine [epin] nf (buisson) thorn; (hérisson, oursin) spine, prickle ◇ **~ dorsale** backbone; **vous m'enlevez une belle ~ du pied** you have got me out of a spot [famil] ◆ **épineux, -euse** adj thorny.

épingle [epɛ̃gl(ə)] nf pin ◇ **virage en ~ à cheveux** hairpin bend ou turn (US); **~ à linge** clothes peg ou pin (US); **~ de nourrice** safety pin; **tirer son ~ du jeu** to manage to extricate o.s. ◆ **épingler** [1] vt to pin on (*sur* to); (famil: arrêter) to nab [famil].

Épiphanie [epifani] nf ◇ **l'~** Epiphany, Twelfth Night.

épique [epik] adj epic.

épiscopal, e, mpl **-aux** [episkɔpal, o] adj episcopal ◆ **épiscopat** nm episcopacy.

épisode [epizɔd] nm episode ◇ **film à ~s** serial ◆ **épisodique** adj occasional ◆ **épisodiquement** adv occasionally.

épitaphe [epitaf] nf epitaph.

épithète [epitɛt] nf **a** ◇ **(adjectif) ~** attributive adjective **b** (qualificatif) epithet.

épître [epitʀ(ə)] nf epistle.

éploré, e [eplɔʀe] adj tearful.

éplucher [eplyʃe] 1 vt (gén) to peel; (salade) to clean; (bonbon) to unwrap; (comptes) to dissect ◆ **épluchures** nfpl peelings.

éponge [epɔ̃ʒ] nf sponge ◇ **passons l'~!** let's forget all about it! ◆ **éponger** 3 vt (liquide) to mop ou sponge up; (front) to mop; (dette) to absorb.

épopée [epɔpe] nf epic.

époque [epɔk] nf (gén) time; (ère) age, epoch ◇ **à l'~** at the time; **à l'~ où nous sommes** in this day and age; **meuble d'~** genuine antique.

époumoner (s') [epumɔne] 1 vpr to shout o.s. hoarse.

épouse [epuz] nf wife ◆ **épouser** 1 vt (personne) to marry; (idée) to take up; (contours) to follow.

épousseter [epuste] 4 vt to dust.

époustoufler [epustufle] [famil] 1 vt to stagger.

épouvantable [epuvɑ̃tabl(ə)] adj appalling, dreadful ◆ **épouvantail** nm (à oiseaux) scarecrow ◆ **épouvante** nf terror ◇ **film d'~** horror film ◆ **épouvanter** 1 vt to appal.

époux [epu] nm husband ◇ **les ~** the husband and wife.

éprendre (s') [eprɑ̃dʀ(ə)] 58 vpr ◇ (littér) **s'~ de** to fall in love with.

épreuve [eprœv] nf **a** (essai) test ◇ **~ de force** showdown, confrontation; **mettre à l'~** to put to the test; **à l'~ des balles** bulletproof; **courage à toute ~** unfailing courage **b** (malheur) ordeal **c** (Scol) test; (Sport) event **d** (Typ) proof; (Phot) print.

épris, e [epʀi, iz] adj in love (*de* with).

éprouver [epʀuve] 1 vt **a** (sensation) to feel; (perte) to suffer; (difficultés) to experience **b** (tester) to test **c** (maladie) to afflict; (nouvelle) to distress ◆ **éprouvant, e** adj testing ◆ **éprouvé, e** adj (remède) well-tried.

éprouvette [epʀuvɛt] nf test-tube.

EPS [əpeɛs] nf abrév de *éducation physique et sportive* ≃ PE.

épuisement [epɥizmɑ̃] nm exhaustion ◆ **épuiser** 1 **1** vt to exhaust **2** **s'épuiser** vpr (réserves) to run out; (personne) to exhaust o.s. (*à faire qch* doing sth) ◆ **épuisé, e** adj (gén) exhausted; (marchandises) sold out; (livre) out of print.

épuisette [epɥizɛt] nf landing net; (à crevettes) shrimping net.

épuration [epyʀɑsjɔ̃] nf (lit) purification; (Pol) purge ◆ **épurer** 1 vt to purify; to purge.

équateur [ekwatœʀ] nm equator ◇ (pays) **république de l'É~** Ecuador.

équation [ekwɑsjɔ̃] nf equation.

équatorial, e, mpl **-aux** [ekwatɔʀjal, o] adj equatorial.

équerre [ekɛʀ] nf (pour tracer) set square; (de soutien) brace ◇ **être d'~** to be straight.

équestre [ekɛstʀ(ə)] adj equestrian.

équidistant, e [ekɥidistɑ̃, ɑ̃t] adj equidistant (*de* between).

équilatéral, e, mpl **-aux** [ekɥilateʀal, o] adj equilateral.

équilibre [ekilibʀ(ə)] nm balance ◇ **perdre l'~** to lose one's balance; **être en ~** (personne) to balance; (objet) to be balanced; **mettre qch en ~** to balance sth (*sur* on); **budget en ~** balanced budget; **l'~ du monde** the world balance of power ◆ **équilibré, e** adj well-balanced ◇ **mal ~** unbalanced ◆ **équilibrer** 1 **1** vt to balance **2** **s'équilibrer** vpr (forces etc) to counterbalance each other ◆ **équilibriste** nmf tightrope walker.

équinoxe [ekinɔks(ə)] nm equinox.

équipage [ekipaʒ] nm (Aviat, Naut) crew; (chevaux) team.

équipe [ekip] nf (Sport) team; (ouvriers) gang; (par roulement) shift ◇ **faire ~ avec** to team up with ◆ **équipier, -ière** nm,f team member.

équipée [ekipe] nf (prisonnier) escape; (aventurier) venture; (promeneur) jaunt.

équipement [ekipmɑ̃] nm equipment ◆ **équiper** 1 vt to equip (*de* with) ◇ **s'~** to equip o.s.

équitable [ekitabl(ə)] adj fair ◆ **équitablement** adv fairly.

équitation [ekitɑsjɔ̃] nf horse-riding.

équité [ekite] nf equity.

équivalence [ekivalɑ̃s] nf equivalence ◆ **équivalent, e** **1** adj equivalent (*à* to) **2** nm equivalent (*de* of) ◆ **équivaloir** 29 vi to be equivalent (*à* to).

équivoque [ekivɔk] **1** adj (ambigu) equivocal; (louche) dubious **2** nf ambiguity ◇ **sans ~** unequivocal.

érable [eʀabl(ə)] nm maple.

érafler [eʀafle] 1 vt to scratch, graze ◆ **éraflure** nf scratch, graze.

éraillé, e [eʀɑje] adj (voix) rasping.

ère [ɛʀ] nf era ◇ **avant notre ~** BC; **de notre ~** AD.

érection [eʀɛksjɔ̃] nf erection.

éreinter [eʀɛ̃te] 1 vt to exhaust, wear out.

ergonomie [ɛʀgɔnɔmi] nf ergonomics (sg) ◆ **ergonomique** adj ergonomic(al).

ergot [ɛʀgo] nm (coq) spur.

ergoter [ɛʀgɔte] 1 vi to quibble (*sur* about).

ériger [eʀiʒe] 3 vt to erect ◇ **il s'érige en maître** he sets himself up as a master.

ermite [ɛʀmit] nm hermit.

éroder [eʀɔde] 1 vt to erode ◆ **érosion** nf erosion.

érotisme [eʀɔtism(ə)] nm eroticism ◆ **érotique** adj erotic.

errer [ɛʀe] 1 vi to wander, roam (*sur* over); (se tromper) to err ◇ **chien errant** stray dog.

erreur [ɛʀœʀ] nf mistake, error ◇ **~ de traduction** mistranslation; **~ judiciaire** miscarriage of justice; **sauf ~** unless I'm mistaken; **par ~** by mistake; **faire ~** to be wrong ou mistaken; **~s de jeunesse** mistakes of youth ◆ **erroné, e** adj erroneous.

ersatz [ɛʀzats] nm (lit, fig) ersatz.

érudit, e [eʀydi, it] **1** adj erudite **2** nm,f scholar ◆ **érudition** nf erudition.

éruption [eʀypsjɔ̃] nf eruption ◇ **entrer en ~** to erupt.

ès [ɛs] prép of.

escabeau, pl ~x [ɛskabo] nm (tabouret) stool; (échelle) stepladder.

escadre [ɛskadʀ(ə)] nf squadron ◆ **escadrille** nf flight ◆ **escadron** nm squadron.

escalade [ɛskalad] nf (action) climbing; (Pol) escalation ◇ **une belle ~** a beautiful climb ◆ **escalader** 1 vt to climb.

escalator [ɛskalatɔʀ] nm escalator.

escale [ɛskal] nf (Naut) port of call; (Aviat) stop ◇ **faire ~ à** to call at; to stop over at; **vol sans ~** non-stop flight; (Aviat) **~ technique** refuelling stop.

escalier [ɛskalje] nm (marches) stairs; (cage) staircase ◇ **dans l'~** on the stairs; **~ de service** backstairs; **~ roulant** escalator; **~ de secours** fire escape.

escalope [ɛskalɔp] nf escalope.

escamotable [ɛskamɔtabl(ə)] adj retractable.

escamoter [ɛskamɔte] 1 vt (cartes) to conjure away; (difficulté) to evade; (Aviat) to retract.

escapade [ɛskapad] nf (promenade) jaunt ◇ (écolier) **faire une ~** to run away.

escargot [ɛskaʀgo] nm snail.

escarmouche [ɛskaʀmuʃ] nf skirmish.

escarpé, e [ɛskaʀpe] adj steep ◆ **escarpement** nm (côte) steep slope.

escarpin [ɛskaʀpɛ̃] nm flat shoe.

escient [esjɑ̃] nm ◇ **à bon ~** advisedly; **à mauvais ~** ill-advisedly.

esclaffer (s') [ɛsklafe] 1 vpr to burst out laughing.

esclandre [ɛsklɑ̃dʀ(ə)] nm scene.

esclavage [ɛsklavaʒ] nm slavery ◇ **réduire en ~** to enslave ◆ **esclave** nm slave (*de* to).

escompte [ɛskɔ̃t] nm discount ◆ **escompter** 1 vt (Fin) to discount; (espérer) to expect.

escorte [ɛskɔʀt(ə)] nf escort ◇ **sous bonne ~** under escort ◆ **escorter** 1 vt to escort.

escouade [ɛskwad] nf squad.

escrime [ɛskʀim] nf fencing ◇ **faire de l'~** to fence ◆ **s'escrimer** [famil] 1 vpr ◇ **s'~ à faire qch** to wear o.s. out doing sth.

escroc [ɛskʀo] nm swindler ◆ **escroquer** 1 vt ◇ **~ qch à qn** to swindle sb out of sth ◆ **escroquerie** nf swindle; (Jur) fraud.

ésotérique [ezɔteʀik] adj esoteric.

espace [ɛspas] nm space ◇ **manquer d'~** to be short of space; **~ parcouru** distance covered; **~s verts** green spaces; **~ vital** living space ◆ **espacement** nm spacing ◆ **espacer** 3 **1** vt to space out **2** **s'espacer** vpr to become less frequent.

espadon [ɛspadɔ̃] nm swordfish.

espadrille [ɛspadʀij] nf rope-soled sandal.

Espagne [ɛspaɲ] nf Spain ◆ **espagnol, e** **1** adj Spanish **2** nm (Ling) Spanish **3** nm,f ◇ **E~, e** Spaniard.

espèce [ɛspɛs] nf **a** (Bio, Rel) species ◇ **~ humaine** human race **b** (sorte) sort, kind ◇ **ça n'a aucune ~ d'importance** that is of absolutely no importance; **~ de maladroit!** you clumsy clot! [famil] **c** ◇ (Fin) **~s** cash; **en ~s** in cash.

espérance [ɛspeʀɑ̃s] nf hope ◇ **avoir de grandes ~s d'avenir** to have great prospects; **~ de vie** life expectancy ◆ **espérer** 6 **1** vt to hope for ◇ **~ réussir** to hope to succeed; **je l'espère** I hope so **2** vi (avoir confiance) to have faith (*en* in).

espiègle [ɛspjɛgl(ə)] adj mischievous ◆ **espièglerie** nf mischievousness; (tour) prank.

espion, -onne [ɛspjɔ̃, ɔn] nm,f spy ◆ **espionnage** nm espionage, spying ◆ **espionner** 1 vt to spy on.

esplanade [ɛsplanad] nf esplanade.

espoir [ɛspwaʀ] nm hope ◇ **avoir bon ~ de faire** to be confident of doing; (situation) **sans ~** hopeless.

esprit [ɛspʀi] nm **a** (pensée) mind ◇ **avoir l'~ large** to be broad-minded; **avoir l'~ d'analyse** to have an analytical mind; **il m'est venu à l'~ que** it crossed my mind that **b** (humour) wit ◇ **faire de l'~** to try to be witty **c** (être humain) person; (fantôme) spirit ◇ **c'est un ~ subtil** he is a shrewd man **d** (loi, époque, texte) spirit **e** (attitude) spirit ◇ **l'~ de cette classe** the attitude of this class; ~ **d'équipe** team spirit; ~ **de contradiction** argumentativeness; ~ **de famille** family feeling.

esquimau, -aude, mpl ~**x** [ɛskimo, od] **1** adj Eskimo **2** nm (Ling) Eskimo; (glace) choc-ice, Eskimo (US) **3** nm,f ◇ **E~, -aude** Eskimo.

esquinter [ɛskɛ̃te] [famil] 1 **1** vt (objet) to mess up; (santé) to ruin **2** **s'esquinter** vpr to tire o.s. out (*à faire* doing).

esquisse [ɛskis] nf (Peinture) sketch; (projet) outline ◆ **esquisser** 1 vt to sketch; to outline ◇ ~ **un geste** to half-make a gesture.

esquive [ɛskiv] nf evasion ◆ **esquiver** 1 **1** vt to evade **2** **s'esquiver** vpr to slip away.

essai [esɛ] nm **a** (test) test ◇ (course automobile) ~**s** practice; **prendre qn à l'~** to take sb on for a trial period; **faire l'~ d'un produit** to try out a product **b** (tentative) attempt, try **c** (Rugby) try **d** (Littérat) essay.

essaim [esɛ̃] nm swarm.

essayage [esɛjaʒ] nm (Couture) fitting.

essayer [eseje] 8 vt (tenter) to try; (tester) to test ou try out; (vêtement) to try on ◇ **s'~ à faire** to try one's hand at doing.

essence [esɑ̃s] nf **a** (carburant) petrol, gas(oline) (US); (solvant) spirit ◇ ~ **sans plomb** unleated petrol, unleaded gas (US); (extrait) ~ **de rose** rose oil **b** (principal) essence ◇ **par** ~ in essence **c** (espèce) species.

essentiel, -elle [esɑ̃sjɛl] **1** adj essential (*à, pour* for) **2** nm ◇ **l'~** (objets, résumé) the essentials; (l'important) the main thing; **l'~ de ce qu'il dit** most of what he says ◆ **essentiellement** adv essentially.

essieu, pl ~**x** [esjø] nm axle.

essor [esɔʀ] nm (oiseau) flight; (pays) expansion ◇ **prendre son** ~ to fly off; to expand.

essorer [esɔʀe] 1 vt (manuellement) to wring (out); (à la machine) to spin-dry ◆ **essoreuse** nf spin-dryer.

essoufflement [esufləmɑ̃] nm breathlessness ◆ **essouffler** 1 **1** vt to make breathless ◇ **être essoufflé** to be out of breath **2** **s'essouffler** vpr to get out of breath.

essuie- [esɥi] préf ◇ ~**-glace** [nm inv] windscreen ou windshield (US) wiper; ~**-mains** [nm inv] hand towel; ~**-tout** [nm inv] kitchen paper.

essuyer [esɥije] 8 **1** vt (objet) to wipe; (pertes, reproches) to suffer ◇ ~ **un coup de feu** to be shot at **2** **s'essuyer** vpr to dry o.s. ◇ **s'~ les mains** to dry ou wipe one's hands.

1. **est** [ɛ] → **être**.

2. **est** [ɛst] **1** nm east ◇ **à l'~** (situation) in the east; (direction) to the east; **les pays de l'E~** the eastern countries **2** adj inv (région) eastern; (côté) east; (direction) easterly.

estafilade [ɛstafilad] nf slash.

estampe [ɛstɑ̃p] nf print.

estampille [ɛstɑ̃pij] nf stamp.

esthète [ɛstɛt] nmf aesthete ◆ **esthéticien, -ienne** nm,f (maquillage) beautician ◆ **esthétique** **1** adj attractive; (Art) aesthetic **2** nf attractiveness ◇ (discipline) **l'~** aesthetics (sg).

estimable [ɛstimabl(ə)] adj (respectable) estimable ◆ **estimation** nf (objets) valuation; (dégâts, distance) estimation ◇ (sondage, vote) ~**s** projections ◆ **estime** nf esteem ◆ **estimer** 1 vt **a** (objet) to value; (distance, dégâts) to estimate **b** (respecter) to esteem; (apprécier) to prize, appreciate ◇ **plat très estimé** greatly appreciated dish **c** ◇ (considérer) ~ **que...** to consider that...; ~ **inutile de faire** to consider it pointless to do; **s'~ heureux d'un résultat** to consider o.s. fortunate with a result.

estival, e, mpl **-aux** [ɛstival, o] adj summer ◆ **estivant, e** nm,f holiday-maker, vacationer (US).

estomac [ɛstɔma] nm stomach ◇ **avoir l'~ creux** to feel empty.

estomper (s') [ɛstɔ̃pe] 1 vpr to become blurred.

estrade [ɛstʀad] nf platform, rostrum.

estragon [ɛstʀagɔ̃] nm tarragon.

estropier [ɛtʀɔpje] 7 vt (personne) to cripple, disable; (citation, langue étrangère) to mangle ◆ **estropié, e** nm,f cripple.

estuaire [ɛstɥɛʀ] nm estuary.

estudiantin, e [ɛstydjɑ̃tɛ, in] adj student.

esturgeon [ɛstyʀʒɔ̃] nm sturgeon.

et [e] conj and ◇ ~ **moi?** what about me?; ~ **puis** and then; **vingt ~ un** twenty-one; **à midi ~ quart** at a quarter past twelve; **le vingt ~ unième** the twenty-first.

étable [etabl(ə)] nf cowshed.

établi [etabli] nm workbench.

établir [etabliʀ] 2 **1** vt (gén) to establish; (usine, record, communications) to set up; (liste, plan) to draw up; (chèque) to make out; (prix) to fix; (démonstration) to base (*sur* on) ◇ **il est établi que** it's an established fact that **2** **s'établir** vpr (personne) to establish o.s.; (pouvoir) to become established; (contacts) to develop ◇ **s'~ boulanger** to set o.s. up as a baker; **un grand silence s'établit** a great silence fell ◆ **établissement** nm **a** (action) establishing; setting-up; drawing-up; fixing; development **b**

(bâtiment) establishment; (colonie) settlement; (firme) company ◇ ~ **d'enseignement secondaire** secondary ou high school; ~ **hospitalier** hospital.

étage [etaʒ] nm (bâtiment) floor, storey; (fusée) stage; (jardin) level ◇ **au premier ~** on the first ou second (US) floor; **maison à deux ~s** three storey house ◆ **s'étager** [3] vpr to rise in tiers ou terraces ◆ **étagère** nf (tablette) shelf; (meuble) shelves.

étai [etɛ] nm stay.

étain [etɛ̃] nm (minerai) tin; (Orfèvrerie) (matière) pewter; (objet) piece of pewterware.

étal, pl **~s** [etal] nm stall.

étalage [etalaʒ] nm (gén, fig) display; (devanture) shop window; (tréteaux) stand; (articles) display ◇ **faire ~ de** to display ◆ **étalagiste** nmf window dresser.

étale [etal] adj (mer, situation) slack.

étalement [etalmɑ̃] nm (paiement) spreading; (vacances) staggering.

étaler [etale] [1] **1** vt (objets, beurre, pain) to spread; (journal) to spread out; (marchandise, connaissances) to display; (crème solaire) to apply; (vacances) to stagger (*sur 3 mois* over 3 months) **2** **s'étaler** vpr (plaine) to stretch out; (vacances) to be staggered (*sur* over) ◇ (Presse) **s'~ sur** to be splashed across; **s'~ par terre** [famil] to fall flat on one's face [famil].

étalon [etalɔ̃] nm (mesure) standard; (cheval) stallion.

étamine [etamin] nf (plante) stamen.

étanche [etɑ̃ʃ] adj (vêtements, montre) waterproof; (compartiment, fig) watertight ◇ **~ à l'air** airtight ◆ **étanchéité** nf waterproofness; watertightness; airtightness.

étancher [etɑ̃ʃe] [1] vt (sang) to stem; (soif) to quench.

étang [etɑ̃] nm pond.

étape [etap] nf (gén) stage; (Sport) stopover point ◇ **faire ~ à** to stop off at; **~ de ravitaillement** staging post.

état [eta] nm **a** (personne) state ◇ **~ de santé** health; **~ d'âme** mood; **~ d'esprit** frame ou state of mind; **il n'est pas en ~ de le faire** he's in no state to do it; **il était dans tous ses ~s** he was in a terrible state; **il n'était pas dans son ~ normal** he wasn't his usual self **b** (objet, situation) state ◇ **~ d'alerte** state of alert; **~ de choses** situation; **en mauvais ~** in bad condition; **en ~ de marche** in working order; **remettre en ~** to repair; **à l'~ brut** in its raw state; **à l'~ neuf** as good as new **c** (nation) state **d** (métier) profession, trade ◇ **~ civil** civil status **e** (compte) statement, account; (inventaire) inventory ◇ **~s de service** service record **f** ◇ **faire ~ de** (ses services etc) to instance; **mettre en ~ d'arrestation** to put under arrest; **en tout ~ de cause** in any case; **en ~ d'ivresse** in a drunken state; **mettre qn hors d'~ de nuire** to render sb harmless ◆ **étatisé, e** adj state-controlled ◆ **état-major**, pl **~s-~s** nm (officiers) staff; (bureaux) staff headquarters ◆ **États-Unis** nmpl ◇ **les ~ (d'Amérique)** the United States (of America).

étau, pl **~x** [eto] nm vice ◇ (fig) **l'~ se resserre** the noose is tightening.

étayer [eteje] [8] vt (mur) to prop up; (théorie) to support.

etc. [ɛtseteʀa] loc abrév de *et cetera.*

et cetera [ɛtseteʀa] loc et cetera, and so on (and so forth).

été [ete] nm summer ◇ **~ de la Saint-Martin** Indian summer.

éteindre [etɛ̃dʀ(ə)] [52] **1** vt (flamme) to put out, extinguish; (gaz, électricité) to turn off, switch off; (envie) to kill; (soif) to quench **2** **s'éteindre** vpr (lit, fig: mourir) to die; (feu) to go out ◆ **éteint, e** adj (race, volcan) extinct; (regard) dull.

étendard [etɑ̃daʀ] nm standard.

étendre [etɑ̃dʀ(ə)] [41] **1** vt **a** (beurre, ailes) to spread; (bras, blessé) to stretch out ◇ **~ du linge** to hang up the washing; **étendu sur le sol** lying on the ground **b** (agrandir) to extend (*sur* over); (vocabulaire) to widen **c** ◇ **~ qch d'eau** to dilute sth with water **2** **s'étendre** vpr **a** (s'allonger) to stretch out; (se reposer) to lie down ◇ **s'~ sur un sujet** to dwell on a subject **b** (forêt, travaux) to stretch, extend (*sur* over); (brouillard, épidémie) to spread; (pouvoir) to expand **c** (s'appliquer) (loi) to apply (*à* to) ◆ **étendu, 1. e** adj wide ◆ 2. **étendue** nf **a** (surface) area; (durée) duration, length ◇ **~ de sable** stretch ou expanse of sand **b** (importance) extent; (connaissances) range ◇ **devant l'~ du désastre** faced with the scale of the disaster.

éternel, -elle [etɛʀnɛl] **1** adj eternal **2** nm ◇ **l'É~** the Eternal, the Everlasting ◆ **éternellement** adv eternally.

éterniser (s') [etɛʀnize] [1] vpr (attente) to drag on; (visiteur) to linger too long ◇ **on ne peut pas s'~ ici** we can't stay here for ever.

éternité [etɛʀnite] nf eternity ◇ **ça a duré une ~** it lasted for ages; **de toute ~** from time immemorial; **pour l'~** to all eternity.

éternuement [etɛʀnymɑ̃] nm sneeze.

éternuer [etɛʀnɥe] [1] vi to sneeze.

éther [etɛʀ] nm ether.

Éthiopie [etjɔpi] nf **a** Ethiopia ◆ **éthiopien, -ienne** adj, **É~, -ienne** nm,f **b** Ethiopian.

éthique [etik] **1** adj ethical **2** nf (Philos) ethics (sg); (code moral) moral code.

ethnie [ɛtni] nf ethnic group ◆ **ethnique** adj ethnic.

ethnologie [ɛtnɔlɔʒi] nf ethnology ◆ **éthnologue** nmf ethnologist.

étinceler [etɛ̃sle] [4] vi (gén) to sparkle, glitter (*de* with); (étoile) to twinkle.

étincelle [etɛ̃sɛl] nf spark ◇ **jeter des ~s** to throw out sparks; **faire des ~s** [famil] (élève) to shine; (dispute) to make the sparks fly.

étioler (s') [etjɔle] [1] vpr (plante) to wilt; (personne) to wither away.

étiqueter [etikte] [4] vt to label.

étiquette [etikɛt] nf label ◇ (protocole) **l'~** etiquette.

étirer vt, **s'étirer** vpr [etiʀe] [1] to stretch.

étoffe [etɔf] nf material, fabric ◇ (fig) **avoir l'~ de** to have the makings of.

étoffer vt, **s'étoffer** vpr [etɔfe] [1] to fill out.

étoile [etwal] nf star ◇ **~ filante** shooting star; **~ de mer** starfish; **bonne ~** lucky star; **dormir à la belle ~** to sleep out in the open; **(hôtel) trois ~s** three-star hotel.

étoilé, e [etwale] adj starry.

étonnant, e [etɔnɑ̃, ɑ̃t] adj (surprenant) amazing, astonishing; (remarquable: personne) amazing ◆ **étonnement** nm amazement, astonishment ◆ **étonner** [1] **1** vt to amaze, astonish **2 s'étonner** vpr to be amazed, marvel (*de* at).

étouffant, e [etufɑ̃, ɑ̃t] adj stifling.

étouffement [etufmɑ̃] nm (personne) suffocation; (scandale) hushing-up.

étouffer [etufe] [1] **1** vt **a** (assassin) to smother; (chaleur) to suffocate; (sanglots, aliment) to choke **b** (bruit) to muffle; (scandale) to hush up; (cris, sentiments) to stifle; (révolte) to quell; (feu) to put out **2** vi to suffocate **3 s'étouffer** vpr (mourir) to suffocate; (en mangeant) to choke ◆ **étouffé,** 1. **e** adj (rire) suppressed; (voix) subdued; (bruit) muffled ◆ 2. **étouffée** nf ◇ **faire cuire à l'~** (légumes) to steam; (viande) to braise.

étourderie [etuʀdəʀi] nf (caractère) absent-mindedness; (faute) careless mistake ◆ **étourdi, e** **1** adj absent-minded **2** nm,f scatterbrain ◆ **étourdiment** adv carelessly ◆ **étourdir** [2] vt (coup) to stun; (bruit) to deafen ◇ (attitude, vin) **~ qn** to make sb dizzy ◆ **étourdissant, e** adj (bruit) deafening; (succès, beauté) stunning ◇ **à un rythme ~** at a tremendous pace ◆ **étourdissement** nm (syncope) blackout; (vertige) dizzy spell; (griserie) intoxication.

étourneau, pl **~x** [etuʀno] nm starling.

étrange [etʀɑ̃ʒ] adj strange, odd ◆ **étrangement** adv strangely, oddly.

étranger, -ère [etʀɑ̃ʒe, ɛʀ] **1** adj (autre pays) foreign; (inconnu) strange (*à* to) ◇ **être ~** to be a foreigner; **son nom ne m'est pas ~** his name is not unknown to me; **être ~ à un complot** to have no part in a plot **2** nm,f foreigner; stranger **3** nm ◇ **vivre à l'~** to live abroad ou in foreign parts.

étrangeté [etʀɑ̃ʒte] nf strangeness ◇ **une ~** a strange thing.

étranglement [etʀɑ̃gləmɑ̃] nm (victime) strangulation; (vallée) neck ◆ **étrangler** [1] vt (personne) to strangle; (presse) to stifle; (taille) to squeeze ◇ **ce col m'étrangle** this collar chokes me; **s'~ de rire** to choke with laughter ◆ **étranglé, e** adj (rue) narrow; (voix) choking with emotion ◆ **étrangleur, -euse** nm,f strangler.

être [ɛtʀ(ə)] [61] **1** vb copule **a** (gén) to be ◇ **elle est médecin** she is a doctor; **si j'étais vous** if I were you; **nous sommes le 12 janvier** it is January 12th; **je suis pour** I'm in favour of it **b** ◇ (appartenance) **à qui est ce livre? -il est à moi** whose book is this? -it's mine ou it belongs to me; **c'était à elle de protester** it was up to her to protest; **~ de l'expédition** to take part in the expedition **2** vb aux ◇ **est-il venu?** has he come?; **il est passé hier** he came yesterday; (passif) **c'est fait en France** it's made in France; **c'est à manger tout de suite** it should be eaten straightaway **3** vi (exister, habiter) to be ◇ (être allé) **il n'avait jamais été à Londres** he'd never been to London; **j'ai été en Italie l'an dernier** I went to Italy last year **4** vb impers **a** (gén) to be ◇ **j'en suis là** I'm there, I've got that far; **j'en suis à me demander si** I've come to wonder if; **il était une fois** once upon a time there was; **tu y es?** are you ready? **b** ◇ (insistance) **c'est lui qui me l'a dit** he told me; **est-ce que vous saviez?** did you know?; **il fait beau, n'est-ce pas?** it's a lovely day, isn't it? **c** ◇ (supposition) **ne serait-ce que pour nous ennuyer** if only to annoy us **5** nm (personne) person ◇ **~ humain** human being; **de tout son ~** with all his heart.

étreindre [etʀɛ̃dʀ(ə)] [52] vt (gén) to grip; (ami) to embrace; (ennemi) to grasp.

étreinte [etʀɛ̃t] nf grip; embrace; grasp.

étrenner [etʀene] [1] vt to use for the first time.

étrennes [etʀɛn] nfpl (enfant) New Year's gift; (facteur etc) ≃ Christmas box.

étrier [etʀije] nm stirrup.

étriqué, e [etʀike] adj (habit) tight; (vie) narrow.

étroit, e [etʀwa, wat] adj (gén) narrow; (vêtement, étreinte) tight; (surveillance, liens) close ◇ **être à l'~** (logé) to live in cramped conditions ◆ **étroitement** adv (lier) closely; (tenir) tightly ◆ **étroitesse** nf narrowness; tightness; crampedness; closeness ◇ **~ d'esprit** narrow-mindedness.

étude [etyd] nf **a** (gén) study ◇ **mettre qch à l'~** to study sth; **faire des ~s** to study; **~(s) de marché** market research **b** (classe du soir) preparation ◇ (Scol) **(salle d')~** study room **c** (Jur) (bureau) office; (clientèle) practice ◆ **étudiant, e** adj, nm,f student ◆ **étudier** [7] vt (gén) to study; (procédé) to devise; (machine) to design.

étui [etɥi] nm (gén) case; (revolver) holster.

étuve [etyv] nf (de désinfection) sterilizer; (fig) oven.

étymologie [etimɔlɔʒi] nf etymology ◆ **étymologique** adj etymological.

E.-U.A. [əya] abrév de *États-Unis d'Amérique* → **États-Unis.**

eucalyptus [økaliptys] nm eucalyptus.

Eucharistie [økaʀisti] nf ◇ **l'~** the Eucharist.

eunuque [ønyk] nm eunuch.

euphémisme [øfemism(ə)] nm euphemism.

euphorie [øfɔʀi] nf euphoria ◆ **euphorique** adj euphoric.

Europe [øʀɔp] nf Europe ◇ **l'~ des douze** the Twelve (Common Market countries); **l'~ politique** Europe as a single political entity; **l'~ verte** European ou Community agriculture ◆ **eurochèque** nm Eurocheque ◆ **eurodevises** nfpl Eurocurrency ◆ **européen, -éenne** adj, **E~, -éenne** nm,f European ◆ **Eurovision** nf Eurovision.

euthanasie [øtanazi] nf euthanasia.

eux [ø] pron pers (sujet) they; (objet) them; (réfléchi) themselves ◇ **nous y allons, ~ non** we are going but they aren't; **cette maison est-elle à ~?** is this house theirs?

évacuation [evakɥasjɔ̃] nf evacuation.

évacuer [evakɥe] [1] vt to evacuate.

évader (s') [evade] [1] vpr to escape (*de* from) ◇ **faire s'~ qn** to help sb escape; **un évadé** an escaped prisoner.

évaluation [evalɥasjɔ̃] nf (bijoux) valuation; (dégâts, prix) assessment ◆ **évaluer** [1] vt to value; to assess.

évangélique [evɑ̃ʒelik] adj evangelical.

évangile [evɑ̃ʒil] nm gospel.

évanouir (s') [evanwiʀ] [2] vpr to faint (*de* from); (rêves, craintes) to vanish, disappear ◆ **évanoui, e** adj unconscious ◆ **évanouissement** nm loss of consciousness; (fig) disappearance ◇ **un ~** a fainting fit.

évaporation [evapɔʀasjɔ̃] nf **a** evaporation ◆ **évaporer** vt, **s'évaporer** vpr **b** to evaporate.

évasif, -ive [evasif, iv] adj evasive.

évasion [evazjɔ̃] nf escape ◇ **~ fiscale** tax evasion.

évêché [eveʃe] nm (région) bishopric; (palais) bishop's palace; (ville) cathedral town.

éveil [evɛj] nm (personne) awakening; (sentiment) arousing ◇ **être en ~** to be on the alert; **donner l'~** to raise the alarm ◆ **éveiller** [1] **1** vt to awaken; to arouse ◇ **être éveillé** to be awake; (intelligent) to be bright; **tenir éveillé** to keep awake **2** **s'éveiller** vpr to awaken; to be aroused; (ville, nature) to wake up.

événement [evɛnmɑ̃] nm event.

éventail [evɑ̃taj] nm (instrument) fan; (fig: gamme) range.

éventé, e [evɑ̃te] adj (bière) flat.

éventration [evɑ̃tʀasjɔ̃] nf (Méd) rupture.

éventrer [evɑ̃tʀe] [1] vt (personne) to disembowel; (sac) to tear open; (coffre) to smash open.

éventualité [evɑ̃tɥalite] nf possibility ◇ **dans cette ~** in that case ◆ **éventuel, -elle** adj possible ◆ **éventuellement** adv possibly.

évêque [evɛk] nm bishop.

évertuer (s') [evɛʀtɥe] [1] vpr ◇ **s'~ à faire** to struggle hard to do.

éviction [eviksjɔ̃] nf eviction.

évidemment [evidamɑ̃] adv obviously; (bien sûr) of course.

évidence [evidɑ̃s] nf ◇ **l'~ de qch** the obviousness of sth; **c'est une ~** it's an obvious fact; **se rendre à l'~** to yield to the facts; **être en ~** to be conspicuous ou in evidence; **mettre en ~** (fait) to underline; (objet) to put in a conspicuous position; **de toute ~** quite obviously ◆ **évident, e** adj obvious, evident.

évider [evide] [1] vt to hollow out.

évier [evje] nm sink.

évincer [evɛ̃se] [3] vt to oust.

éviter [evite] [1] vt (gén) to avoid (*de faire* doing); (coup) to dodge; (regard) to evade ◇ **pour ~ que ça n'arrive** to prevent it from happening; **ça lui a évité le déplacement** that saved him the bother of going.

évocateur, -trice [evɔkatœʀ, tʀis] adj evocative (*de* of) ◆ **évocation** nf evocation.

évoluer [evɔlɥe] [1] vi **a** (changer) to evolve, change; (maladie) to develop **b** (se déplacer) to move about ◆ **évolué, e** adj (peuple, procédé) advanced; (personne) (compréhensif) broad-minded; (indépendant) independent ◆ **évolution** nf evolution; development; movement; advancement.

évoquer [evɔke] 1 vt (gén) to evoke; (souvenir) to recall; (problème) to touch on.

ex. abrév de *exemple; exercice.*

exacerber [ɛgzasɛʀbe] 1 vt to exacerbate.

exact, e [ɛgza, akt(ə)] adj (juste, précis) exact, accurate; (ponctuel) punctual ◇ **est-il ~ que?** is it right ou correct that? ◆ **exactement** adv exactly ◆ **exactitude** nf exactness, accuracy; punctuality.

exaction [ɛgzaksjɔ̃] nf exaction.

ex æquo [ɛgzeko] 1 adj inv equally placed 2 adv (classer) equal.

exagération [ɛgzaʒeʀɑsjɔ̃] nf exaggeration ◆ **exagérément** adv exaggeratedly ◆ **exagérer** 6 vt to exaggerate ◇ **sans ~** without any exaggeration; **il exagère** he goes too far; **s'~ qch** to exaggerate sth; **c'est un peu exagéré** it's a bit much [famil].

exaltant, e [ɛgzaltɑ̃, ɑ̃t] adj exalting ◆ **exaltation** nf (excitation) excitement; (glorification) exaltation ◆ **exalté, e** nm,f (péj) fanatic ◆ **exalter** 1 vt to excite; to exalt.

examen [ɛgzamɛ̃] nm (gén) examination; (d'une demande) consideration ◇ (Méd) **se faire faire des ~s** to have some tests done.

examinateur, -trice [ɛgzaminatœʀ, tʀis] nm,f examiner ◆ **examiner** 1 vt to examine; (demande) to consider.

exaspération [ɛgzaspeʀɑsjɔ̃] nf exasperation ◆ **exaspérer** 6 vt to exasperate.

exaucer [ɛgzose] 3 vt to grant ◇ **~ qn** to grant sb's wish.

excavation [ɛkskavɑsjɔ̃] nf excavation.

excédent [ɛksedɑ̃] nm surplus (*sur* over) ◇ **un ~ de poids** some excess weight; **budget en ~** surplus budget ◆ **excédentaire** adj (production) excess, surplus.

excéder [ɛksede] 6 vt (dépasser) to exceed; (agacer) to exasperate ◇ **excédé de fatigue** exhausted.

excellence [ɛksɛlɑ̃s] nf excellence ◇ **par ~** (héros) par excellence; (aimer) above all else; **Son E~** his Excellency ◆ **excellent, e** adj excellent ◆ **exceller** 1 vi to excel (*dans* in).

excentricité [ɛksɑ̃tʀisite] nf eccentricity ◆ **excentrique** adj, nmf eccentric.

excepter [ɛksɛpte] 1 vt to except (*de* from) ◇ **sans ~ personne** without excluding anyone ◆ **excepté, e** adj, prép except ◇ **sa mère ~e, ~ sa mère** apart from ou aside from (US) ou except his mother ◆ **exception** nf exception ◇ **mesure d'~** exceptional measure; **faire ~ à la règle** to be an exception to the rule; **à l'~ de** except for ◆ **exceptionnel, -elle** adj exceptional ◆ **exceptionnellement** adv exceptionally.

excès [ɛksɛ] nm a (surplus) excess, surplus ◇ **~ de précautions** excessive care b (abus) excess ◇ **des ~ de langage** immoderate language; **tomber dans l'~ inverse** to go to the opposite extreme; **faire un ~ de vitesse** to break the speed limit; **faire des ~ de table** to overindulge ◆ **excessif, -ive** adj excessive ◆ **excessivement** adv excessively.

excitant, e [ɛksitɑ̃, ɑ̃t] 1 adj exciting 2 nm stimulant ◆ **excitation** nf excitement; (Méd, Élec) excitation ◆ **excité, e** nm,f hothead.

exciter [ɛksite] 1 1 vt (gén) to excite; (désir) to arouse ◇ **le café excite** coffee is a stimulant; **il commence à m'~** [famil] he's getting on my nerves; **~ qn contre qn** to set sb against sb; **~ qn à faire qch** to urge sb to do sth 2 **s'exciter** vpr (enthousiaste) to get excited (*sur* about, over); (nerveux) to get worked up [famil]; (famil: fâché) to get angry.

exclamation [ɛksklamɑsjɔ̃] nf exclamation ◆ **s'exclamer** 1 vpr to exclaim.

exclure [ɛksklyʀ] 35 vt (personne) to expel; (hypothèse) to exclude ◇ **c'est tout à fait exclu** it's quite out of the question ◆ **exclusif, -ive** adj exclusive ◆ **exclusion** nf exclusion; expulsion (*de* from) ◇ (sauf) **à l'~ de** with the exception of ◆ **exclusivement** adv (seulement) exclusively ◇ **~ réservé au personnel** reserved for staff only; **du 10 au 15 ~** from the 10th to the 15th exclusive ◆ **exclusivité** nf ◇ **avoir l'~ de qch** to have exclusive rights to sth.

excommunication [ɛkskɔmynikɑsjɔ̃] nf excommunication.

excommunier [ɛkskɔmynje] 7 vt to excommunicate.

excréments [ɛkskʀemɑ̃] nmpl excrement.

excroissance [ɛkskʀwasɑ̃s] nf outgrowth.

excursion [ɛkskyʀsjɔ̃] nf excursion, trip; (à pied) walk, hike.

excuse [ɛkskyz] nf (prétexte) excuse ◇ (regret) **~s** apology; **faire des ~s** to apologize (*à qn* to sb).

excuser [ɛkskyze] 1 vt to excuse ◇ **excusez-moi de ne pas venir** I'm sorry I can't come; **se faire ~** to ask to be excused; **s'~ de qch** to apologize for sth (*auprès de* to).

exécrable [ɛgzekʀabl(ə)] adj execrable.

exécrer [ɛgzekʀe] 6 vt to loathe, execrate.

exécutable [ɛgzekytabl(ə)] adj (Ordin) executable ◆ **exécutant, e** nm,f (agent) underling ◆ **exécuter** 1 1 vt a (objet) to make; (travail, promesse) to carry out; (mouvements) to execute; (symphonie) to perform; (Ordin) to run ◇ **il a fait ~ des travaux** he had some work done b (tuer) to execute 2 **s'exécuter** vpr (obéir) to comply; (payer) to pay up ◆ **exécutif, -ive** adj, nm executive ◆ **exécution** nf making; carrying out; execution; performance ◇ **mettre à** ~ (projet, idées) to carry out; **en** ~ **de la loi** in compliance with the law.

exemplaire [ɛgzɑ̃plɛʀ] **1** adj exemplary **2** nm (livre) copy; (échantillon) example.

exemple [ɛgzɑ̃pl(ə)] nm example, instance ◇ **donner l'**~ to set an example (*de* of); **à l'**~ **de son père** just like his father; **par** ~ (explicatif) for example ou instance; (famil: par contre) on the other hand; **(ça) par** ~**!** my word!

exempt, e [ɛgzɑ̃, ɑ̃t] adj ◇ ~ **de** exempt from ◆ **exempter** 1 vt to exempt (*de* from) ◆ **exemption** nf exemption.

exercer [ɛgzɛʀse] 3 **1** vt **a** (profession) to practise; (fonction) to fulfil; (talents, droit) to exercise; (influence, poussée) to exert; (représailles) to take ◇ **quel métier exercez-vous?** what job do you do? **b** (corps, esprit) to train (*à* to, for) **2 s'exercer** vpr (pianiste) to practise ◇ **s'**~ **à faire qch** to train o.s. to do sth; **oreille exercée** trained ear.

exercice [ɛgzɛʀsis] nm (gén) exercise ◇ **l'**~ **de qch** the practice of sth; **dans l'**~ **de ses fonctions** in the execution of his duties; **être en** ~ (médecin) to be in practice; (fonctionnaire) to hold office; **faire de l'**~ to take some exercise; (Mil) **l'**~ drill; (Fin) ~ **financier** financial year.

exhaler [ɛgzale] 1 vt to exhale ◇ **s'**~ **de** to rise from.

exhaustif, -ive [ɛgzostif, iv] adj exhaustive.

exhiber [ɛgzibe] 1 vt to show ◆ **exhibition** nf ◇ (péj) **ses** ~**s** his showing off ◆ **exhibitionnisme** nm exhibitionism.

exhortation [ɛgzɔʀtɑsjɔ̃] nf exhortation.

exhorter [ɛgzɔʀte] 1 vt to exhort (*à* to).

exhumation [ɛgzymɑsjɔ̃] nf exhumation.

exhumer [ɛgzyme] 1 vt to exhume; (fig) to unearth.

exigeant, e [ɛgziʒɑ̃, ɑ̃t] adj demanding ◆ **exigence** nf demand, requirement ◇ **il est d'une** ~**!** he's so particular! ◆ **exiger** 3 vt to demand, require (*qch de qn* sth of ou from sb) ◇ **j'exige que vous le fassiez** I insist on your doing it, I demand that you do it ◆ **exigible** adj payable.

exigu, -uë [ɛgzigy] adj (lieu, ressources) tight; (délais) short ◆ **exiguïté** nf tightness; shortness.

exil [ɛgzil] nm exile ◆ **exilé, e** nm,f exile ◆ **exiler** 1 vt to exile ◇ **s'**~ to go into exile.

existence [ɛgzistɑ̃s] nf (gén) existence ◇ **dans l'**~ in life.

exister [ɛgziste] 1 vi to exist ◇ **il existe des gens** there are people.

exode [ɛgzɔd] nm exodus.

exonération [ɛgzɔneʀɑsjɔ̃] nf exemption ◆ **exonérer** 6 vt (Fin) to exempt (*de* from).

exorbitant, e [ɛgzɔʀbitɑ̃, ɑ̃t] adj exorbitant.

exorciser [ɛgzɔʀsize] 1 vt to exorcize ◆ **exorcisme** nm exorcism ◆ **exorciste** nm exorcist.

exotique [ɛgzɔtik] adj exotic ◆ **exotisme** nm exoticism.

expansif, -ive [ɛkspɑ̃sif, iv] adj expansive ◇ **peu** ~ not very forthcoming.

expansion [ɛkspɑ̃sjɔ̃] nf (extension) expansion; (effusion) expansiveness ◇ **en** ~ expanding.

expatrier (s') [ɛkspatʀije] 7 vpr to expatriate o.s.

expectative [ɛkspɛktativ] nf ◇ **je suis dans l'**~ I still don't know.

expédient, e [ɛkspedjɑ̃, ɑ̃t] adj, nm expedient.

expédier [ɛkspedje] 7 vt (paquet etc) to send, dispatch; (famil: client, affaire) to dispose of, deal with ◇ ~ **par bateau** to ship ◆ **expéditeur, -trice** **1** adj dispatching **2** nm,f sender ◆ **expéditif, -ive** adj expeditious ◆ **expédition** nf (action) dispatch; shipping; (paquet) consignment; (par bateau) shipment; (Mil) expedition.

expérience [ɛkspeʀjɑ̃s] nf **a** (gén) experience ◇ **sans** ~ inexperienced; **tente l'**~ try it; **faire l'**~ **de qch** to experience sth **b** (scientifique) experiment.

expérimental, e, mpl -aux [ɛkspeʀimɑ̃tal, o] adj experimental ◆ **expérimentateur, -trice** nm,f experimenter ◆ **expérimentation** nf experimentation ◆ **expérimenté, e** adj experienced ◆ **expérimenter** 1 vt (appareil) to test; (remède) to experiment with.

expert, e [ɛkspɛʀ, ɛʀt(ə)] **1** adj expert (*en* in) **2** nm expert; (d'assurances) valuer ◇ ~**-comptable** ≃ chartered accountant (Brit), certified public accountant (US).

expertise [ɛkspɛʀtiz] nf (évaluation) valuation; (rapport) expert's report.

expertiser [ɛkspɛʀtize] 1 vt (bijou) to value; (dégâts) to assess.

expiation [ɛkspjɑsjɔ̃] nf expiation (*de* of).

expier [ɛkspje] 7 vt to expiate.

expiration [ɛkspiʀɑsjɔ̃] nf expiry ◇ **venir à** ~ to expire.

expirer [ɛkspiʀe] 1 **1** vt (air) to breathe out **2** vi (mourir, prendre fin) to expire.

explication [ɛksplikɑsjɔ̃] nf explanation (*de* for); (discussion) discussion; (Scol: d'un texte) analysis.

explicite [ɛksplisit] adj explicit ◆ **expliciter** 1 vt to make explicit.

expliquer [ɛksplike] 1 **1** vt to explain (*à qn* to sb); (Scol: texte) to analyse **2** **s'expliquer** vpr to explain o.s. ◇ **s'~ qch** to understand sth; **ça s'explique par le mauvais temps** it is explained by the bad weather; **s'~ avec qn** to explain o.s. to sb, discuss with sb.

exploit [ɛksplwa] nm exploit, feat.

exploitant, e [ɛksplwatɑ̃, ɑ̃t] nm,f farmer ◆ **exploitation** nf **a** (gén) exploitation; (d'une mine) working; (d'une usine) running ◇ **mettre en ~** to exploit **b** (entreprise) concern; (ferme) farm ◆ **exploiter** 1 vt to exploit; to work; to run ◆ **exploiteur, -euse** nm,f exploiter.

explorateur, -trice [ɛksplɔʀatœʀ, tʀis] nm,f explorer ◆ **exploration** nf exploration ◆ **explorer** 1 vt to explore.

exploser [ɛksploze] 1 vi to explode ◇ **faire ~** (bombe) to explode; (bâtiment) to blow up; **cette remarque le fit ~** he blew up at that remark ◆ **explosif, -ive** adj, nm explosive ◆ **explosion** nf explosion; (joie, colère) outburst ◇ **faire ~** to explode; to blow up.

exportateur, -trice [ɛkspɔʀtatœʀ, tʀis] **1** adj exporting **2** nm,f exporter ◆ **exportation** nf export ◆ **exporter** 1 vt to export.

exposant, e [ɛkspozɑ̃, ɑ̃t] **1** nm,f (foire) exhibitor **2** nm (Math) exponent.

exposé [ɛkspoze] nm (conférence) talk (*sur* on) ◇ **faire l'~ de la situation** to give an account of the situation.

exposer [ɛkspoze] 1 **1** vt **a** (marchandises) to display; (tableaux) to show **b** (expliquer) to explain **c** (au danger, au vent) to expose (*à* to); (vie, réputation) to risk ◇ **sa conduite l'expose à des reproches** his behaviour lays him open to blame; **exposé au sud** facing south **2** **s'exposer** vpr to expose o.s.

exposition [ɛkspozisjɔ̃] nf **a** (marchandises) display; (tableaux) exhibition **b** (foire) exhibition ◇ **l'E~ universelle** the World Fair **c** (Phot) exposure **d** (introduction) exposition **e** (orientation) aspect.

1. **exprès** [ɛkspʀɛ] adv (spécialement) specially; (intentionnellement) on purpose.

2. **exprès, -esse** [ɛkspʀɛs] adj (interdiction) formal ◇ **lettre ~** express ou special delivery (US) letter.

express [ɛkspʀɛs] adj, nm inv ◇ **(train) ~** fast train; **(café) ~** espresso coffee.

expressément [ɛkspʀesemɑ̃] adv (formellement) expressly; (spécialement) specially.

expressif, -ive [ɛkspʀesif, iv] adj expressive.

expression [ɛkspʀɛsjɔ̃] nf (gén) expression ◇ **~ corporelle** self-expression through movement; **~ figée** set expression.

exprimer [ɛkspʀime] 1 **1** vt (idée) to express; (jus) to press out **2** **s'exprimer** vpr (personne) to express o.s.; (sentiment) to be expressed.

exproprier [ɛkspʀɔpʀije] 7 vt to expropriate, place a compulsory purchase order on.

expulser [ɛkspylse] 1 vt (membre) to expel; (locataire) to evict; (manifestant) to eject (*de* from); (joueur) to send off ◆ **expulsion** nf expulsion; eviction; ejection; sending off.

exquis, -ise [ɛkski, iz] adj (mets) exquisite; (personne, temps) delightful.

extase [ɛkstɑz] nf ecstasy ◇ **en ~ devant** in ecstasies over ◆ **s'extasier** 7 vpr to go into ecstasies (*sur* over) ◆ **extatique** adj ecstatic.

extensible [ɛkstɑ̃sibl(ə)] adj extensible.

extensif, -ive [ɛkstɑ̃sif, iv] adj extensive.

extension [ɛkstɑ̃sjɔ̃] nf (gén) extension; (commerce) expansion; (ressort) stretching ◇ **prendre de l'~** to spread.

exténuer [ɛkstenɥe] 1 vt to exhaust.

extérieur, e [ɛksteʀjœʀ] **1** adj (gén) outside; (apparence) outward; (commerce, politique) foreign ◇ **signes ~s de richesse** outward signs of wealth; **être ~ à un sujet** to be external to ou outside a subject **2** nm (objet) outside, exterior; (personne) exterior ◇ **c'est à l'~ de la ville** it's outside the town; (Ciné) **~s** location shots; **vendre à l'~** to sell abroad ◆ **extérieurement** adv (du dehors) on the outside, externally; (en apparence) outwardly ◆ **extérioriser** 1 vt (joie etc) to show.

extermination [ɛkstɛʀminɑsjɔ̃] nf extermination ◆ **exterminer** 1 vt to exterminate.

externat [ɛkstɛʀna] nm (Scol) day school.

externe [ɛkstɛʀn(ə)] **1** adj external **2** nmf (Scol) day pupil ◇ (Méd) **~ (des hôpitaux)** non-resident student at a teaching hospital, extern (US).

extincteur [ɛkstɛ̃ktœʀ] nm fire extinguisher.

extinction [ɛkstɛ̃ksjɔ̃] nf (incendie) extinguishing; (peuple) extinction ◇ **~ de voix** loss of voice.

extirper [ɛkstiʀpe] 1 vt to eradicate.

extorquer [ɛkstɔʀke] 1 vt to extort (*à qn* from sb) ◆ **extorqueur, -euse** nm,f extortioner ◆ **extorsion** nf extortion.

extra [ɛkstʀa] **1** nm inv (domestique) extra servant ou help; (gâterie) special treat **2** adj inv (qualité) first-rate; (famil: personne, film) terrific [famil] **3** préf extra ◇ **~-fin** extra fine; **(voyante) ~-lucide** clairvoyant.

extraction [ɛkstʀaksjɔ̃] nf (extraire) extraction; mining; quarrying.

extrader [ɛkstʀade] 1 vt to extradite ◆ **extradition** nf extradition.

extraire [ɛkstʀɛʀ] 50 vt (gén) to extract; (charbon) to mine; (marbre) to quarry ◇ ~ **qch de sa poche** to take sth out of one's pocket ◆ **extrait** nm (gén) extract ◇ ~ **de naissance** etc birth etc certificate.

extraordinaire [ɛkstʀaɔʀdinɛʀ] adj extraordinary.

extraterrestre [ɛkstʀatɛʀɛstʀ] adj, nmf extraterrestrial.

extravagance [ɛkstʀavagɑ̃s] nf extravagance ◇ **ses ~s** his extravagant behaviour ◆ **extravagant, e** adj extravagant.

extrême [ɛkstʀɛm] adj, nm extreme ◇ ~ **droite** extreme right; **l'E~-Orient** the Far East ◆ **extrêmement** adv extremely ◆ **extrémisme** nm extremism ◆ **extrémiste** adj, nmf extremist.

extrémité [ɛkstʀemite] nf (limite) limit; (bout) end; (objet mince) tip; (village) extremity ◇ **à la dernière** ~ (misère) in the most dire plight; (mort) on the point of death.

exubérance [ɛgzybeʀɑ̃s] nf exuberance ◇ **ses ~s** his exuberant behaviour ◆ **exubérant, e** adj exuberant.

exultation [ɛgzyltɑsjɔ̃] nf exultation.

exulter [ɛgzylte] 1 vi to exult.

exutoire [ɛzytwaʀ] nm outlet, release.

f

F, **f** [ɛf] nm **a** (lettre) F, f **b** abrév de *Fahrenheit* ◇ **F** F **c** abrév de *franc* ◇ **F** Fr; (appartement) **un F2** a 2-roomed flat ou apartment (US).

fa [fa] nm inv (Mus) F; (en chantant) fa.

fable [fabl(ə)] nf fable; (mensonge) tale.

fabricant [fabʀikɑ̃] nm manufacturer ◆ **fabrication** nf making; (industrielle) manufacturing ◇ **de ~ française** of French make ◆ **fabrique** nf factory ◆ **fabriquer** [1] vt to make; to manufacture; (histoire) to make up ◇ **il s'est fabriqué une cabane** he made himself a shed; **qu'est-ce qu'il fabrique?** [famil] what is he up to? [famil]

fabuleux, **-euse** [fabylø, øz] adj fabulous.

fac [fak] [famil] nf abrév de *faculté*.

façade [fasad] nf (maison) front; (arrière) back; (fig) façade.

face [fas] nf **a** (visage) face ◇ **sauver la ~** to save face **b** (objet) side; (médaille) front; (à pile ou face) heads **c** ◇ **regarder qn en ~** to look sb in the face; **faire ~ à** (lieu, difficulté) to face; (engagement) to meet; **se faire ~** to be facing each other; **la dame d'en ~** the lady opposite; **~ à, en ~ de** in front of; (TV) **un ~ à ~** a face to face discussion.

facétie [fasesi] nf (drôlerie) joke; (farce) prank ◆ **facétieux**, **-euse** adj facetious.

facette [fasɛt] nf facet.

fâcher [fɑʃe] [1] **1** vt (gén) to anger; (contrarier) to distress **2** **se fâcher** vpr to get angry; (se brouiller) to fall out (*avec* with) ◆ **fâché**, **e** adj (en colère) angry, cross (*contre* with); (contrarié) sorry (*de qch* about sth) ◆ **fâcherie** nf quarrel ◆ **fâcheux**, **-euse** adj unfortunate.

facile [fasil] adj (problème) easy (*à faire* to do); (caractère) easy-going ◇ (péj) **effet ~** facile effect; **il est ~ à vivre** he's easy to get on with ◆ **facilement** adv easily ◆ **facilité** nf **a** (simplicité) easiness ◇ (aisance) **il travaille avec ~** he works with ease **b** (aptitude) ability; (tendance) tendency **c** (possibilité) facility ◇ **~s de transport** transport facilities; (Comm) **~s de paiement** easy terms ◆ **faciliter** [1] vt to facilitate ◇ **~ les choses** to make matters easier.

façon [fasɔ̃] nf **a** (manière) way ◇ **de quelle ~ est-ce arrivé?** how did it happen?; **d'une certaine ~** in a way; **d'une ~ générale** generally speaking; **de toutes ~s** in any case, anyway; **de cette ~** in this way; **de ~ à ne pas le déranger** so as not to disturb him; **de ~ à ce qu'il puisse regarder** so that he can see **b** ◇ **sans ~** (accepter) without fuss; (repas) unpretentious; **merci, sans ~** no thanks, honestly; **faire des ~s** to make a fuss **c** ◇ (imitation) **veste ~ daim** jacket in imitation suede.

façonner [fasɔne] [1] vt (gén) to make; (industriellement) to manufacture.

facteur [faktœʀ] nm (Poste) postman, mailman (US); (élément, Math) factor.

factice [faktis] adj (gén) artificial; (bijou) imitation.

faction [faksjɔ̃] nf **a** (groupe) faction **b** ◇ (Mil) **être de ~** to be on guard.

factrice [faktʀis] nf postwoman, mailwoman (US).

facture [faktyʀ] nf (gén) bill; (Comm) invoice ◆ **facturer** [1] vt to invoice ◇ **~ qch 20 F à qn** to charge sb 20 francs for sth.

facultatif, **-ive** [fakyltatif, iv] adj optional ◇ **matière ~ive** optional subject, elective (subject) (US).

faculté [fakylte] nf **a** (Univ) faculty **b** (don) faculty; (pouvoir) power; (propriété) property; (droit) right ◇ (possibilité) **je te laisse la ~ de choisir** I'll give you the freedom to choose.

fade [fad] adj (plat) tasteless; (teinte, conversation) dull.

fagot [fago] nm bundle of sticks.

fagoter [fagɔte] [famil] 1 vt to rig out [famil].

faible [fɛbl(ə)] 1 adj (physiquement) weak, feeble; (quantité) small; (qualité, rendement) poor; (espoir, bruit, odeur) slight, faint; (lumière) dim ◇ **il est trop ~ avec elle** he is too soft with her; ~ **en français** poor at French 2 nm a (sans volonté) weakling ◇ (sans défense) **les ~s** the weak; ~ **d'esprit** feeble-minded person b (déficience, penchant) weakness ◆ **faiblement** adv weakly; poorly; slightly, faintly; dimly ◆ **faiblesse** nf a weakness; feebleness; smallness; slightness, faintness; dimness ◇ **la ~ de la demande** the low ou poor demand; ~ **d'esprit** feeble-mindedness b (syncope, défaut) weakness ◆ **faiblir** 2 vi to get weaker (ou smaller etc); (résistance) to weaken; (forces) to fail.

faïence [fajɑ̃s] nf (substance) earthenware; (objets) crockery, earthenware.

faille [faj] nf (roche) fault; (raisonnement) flaw; (amitié) rift.

faillir [fajiʀ] vi ◇ **j'ai failli tomber** I almost fell; ~ **à sa promesse** to fail to keep one's promise.

faillite [fajit] nf (Comm) bankruptcy; (fig) collapse ◇ **faire ~** to go bankrupt.

faim [fɛ̃] nf hunger ◇ **avoir ~** to be hungry; **manger à sa ~** to eat one's fill; **j'ai une ~ de loup** I'm famished.

fainéant, e [feneɑ̃, ɑ̃t] 1 adj idle 2 nm,f idler ◆ **fainéanter** 1 vi to idle about ◆ **fainéantise** nf idleness.

faire [fɛʀ] 60 1 vt a (fabrication) to make; (maison) to build; (repas) to cook; (cours) to give ◇ ~ **du thé** to make tea b (activité) to do ◇ **que faites-vous?** (dans la vie) what is your job?; (en ce moment) what are you doing?; ~ **du français** to study French c (faute, bruit, geste, projet) to make; (rêve, chute, angine) to have; (farce, piano, tennis) to play ◇ ~ **de la fièvre** to have a temperature d ◇ (fonction) ~ **le malade** to feign illness; **quel idiot je fais!** what a fool I am!; **il en a fait son héritier** he's made him his heir; **ils ont fait de cette pièce une cuisine** they made the room into a kitchen; **la cuisine fait salle à manger** the kitchen serves as a dining-room e (parcours) to do ◇ ~ **un voyage** to go on a journey; ~ **du 100 km/h** to do 100 km/h f (ménage) to do; (lit) to make; (chaussures) to clean g (mesure) to be ◇ **2 et 2 font 4** 2 and 2 are ou make 4; **ça fait 3 mètres de long** it is 3 metres long; **combien fait cette chaise?** how much is this chair?; **je vous la fais 100 F** I'll let you have it for 100 F h ◇ (effet) ~ **du bien à qn** to do good to sb; ~ **du chagrin à qn** to make sb unhappy; **qu'est-ce que cela peut te ~?** what does it matter to you?; **cela ne vous ferait rien de sortir?** would you mind going out? i ◇ **n'avoir que ~ de** to have no need of; **ne ~ que de protester** to keep on and on protesting; **je ne fais que d'arriver** I've only just arrived 2 vi a (agir) to do ◇ ~ **de son mieux** to do one's best; **faites comme chez vous** make yourself at home b (dire) to say ◇ **il fit un 'ah' de surprise** he gave a surprised 'ah' c ◇ (durer) **ce chapeau me fera encore un hiver** this hat will last me another winter d (paraître) to look ◇ ~ **vieux** to look old e (devenir) to make, be ◇ **cet enfant fera un bon musicien** this child will make ou be a good musician 3 vb impers ◇ **il fait beau** it is fine, the weather is fine; **cela fait 2 ans que je ne l'ai pas vu** it is 2 years since I last saw him, I haven't seen him for 2 years; **ça fait 2 ans qu'il est parti** he left 2 years ago; **cela fait que nous devons partir** the result is that we must leave 4 vb substitut to do ◇ **il travaille mieux que je ne fais** he works better than I do 5 **se faire** vpr a (robe, amis) to make o.s.; (argent) to make, earn ◇ **il se fait sa cuisine** he does his own cooking; **cela ne se fait pas** it's not done; **s'en ~** to worry b (fromage, vin) to mature c (devenir) to become, get ◇ **se ~ vieux** to be getting old; **se ~ beau** to make o.s. beautiful; **se ~ à qch** to get used to sth d ◇ (impers) **il peut se ~ qu'il pleuve** it may rain; **comment se fait-il qu'il soit absent?** how is it that he is absent? 6 vb aux ◇ **il m'a fait partir** (obligé) he made me go; (convaincu) he got me to go; (aidé) he helped me to go; **se ~ vomir** to make o.s. vomit; **je me suis fait avoir** [famil] I've been conned [famil]; **se ~ faire une robe** to have a dress made 7 comp: **~-part** nm inv announcement (of a birth ou death etc).

faisable [fəzabl(ə)] adj feasible.

faisan [fəzɑ̃] nm pheasant.

faisceau, pl **~x** [fɛso] nm (rayon) beam.

1. **fait** [fɛ] nm a (gén) fact; (événement) event ◇ ~ **nouveau** new development; ~ **divers** news item; ~ **accompli** fait accompli; **~s et gestes** actions b ◇ **au ~** (à propos) by the way; **en venir au ~** to get to the point; **être au ~ de qch** to be informed of sth; **de ~, en ~** in fact; **en ~ de** (en guise de) by way of a; **situation de ~** de facto situation; **de ce ~** therefore; **prendre ~ et cause pour qn** to side with sb; **comme par un ~ exprès** as if on purpose.

2. **fait, e** [fɛ, fɛt] adj a ◇ **ceci n'est pas ~ pour lui plaire** this is not likely to please him b ◇ (fini) **c'en est ~ de notre vie calme** that's the end of our quiet life c (mûr) (personne) mature; (fromage) ripe ◇ **il est ~ comme un rat** [famil] he's cornered!; **c'est bien ~!** it serves them right!

faîte [fɛt] nm (montagne) summit; (arbre, toit) top; (gloire) peak.

falaise [falɛz] nf cliff.

falloir [falwaʀ] 29 1 vb impers a (besoin) to need ◇ **il me faut du pain** I need some bread; **il me le faut à tout prix** I must have it at all costs; **s'il le faut** if need be; **il faut de tout pour faire un monde** it takes all sorts to make a world b ◇ (obligation) **il faut que tu y ailles** you must go, you have to go; **il faudrait qu'il parte** he ought to ou should go; **que faut-il leur dire?** what shall I tell them?; **il fallait me le dire** you should have told me; **il a fallu qu'elle le perde!** she had to go and lose it!; **faut-il donc être bête!** some people are so stupid! 2 **s'en falloir** vpr ◇ **il s'en faut de beaucoup qu'il soit heureux** he is far from happy; **peu s'en est fallu qu'il pleure** he almost wept.

falsifier [falsifje] 7 vt to falsify.

famé, e [fame] adj → **mal.**

famélique [famelik] adj half-starved.

fameux, -euse [famø, øz] adj a (famil: bon) first-rate ◇ **ce n'est pas** ~ it's not brilliant b ◇ (famil: intensif) **c'est un** ~ **problème** it's a big problem; **quel est le nom de cette ~euse rue?** what's the name of that famous street? c (célèbre) famous (*pour* for).

familial, e, mpl **-aux** [familjal, o] adj family.

familiariser [familjaʀize] 1 vt to familiarize ◇ **se** ~ **avec** (lieu) to familiarize o.s. with; **être familiarisé avec** to be familiar with ♦ **familiarité** nf familiarity.

familier, -ière [familje, jɛʀ] 1 adj a (bien connu) familiar ◇ **ça m'est** ~ I'm familiar with it b (amical) informal, friendly; (désinvolte) offhand, casual ◇ **expression ~ière** colloquial expression 2 nm (club) regular visitor (*de* to); (famille) friend (*de* of) ♦ **familièrement** adv informally; casually; colloquially.

famille [famij] nf family ◇ **dîner de** ~ family dinner; **passer ses vacances en** ~ to spend one's holidays with the family.

famine [famin] nf famine.

fanal, pl **-aux** [fanal, o] nm lantern.

fanatique [fanatik] 1 adj fanatical (*de* about) 2 nmf fanatic ♦ **fanatisme** nm fanaticism.

faner (se) [fane] 1 vpr to fade.

fanfare [fɑ̃faʀ] nf (orchestre) brass band; (musique) fanfare ◇ **en** ~ (réveil) noisy; (partir) noisily.

fanfaron, -onne [fɑ̃faʀɔ̃, ɔn] 1 adj boastful 2 nm,f boaster ◇ **faire le** ~ to boast.

fanfreluche [fɑ̃fʀəlyʃ] nf trimming.

fanion [fanjɔ̃] nm pennant.

fantaisie [fɑ̃tezi] nf a (caprice) whim ◇ **je me suis payé une petite** ~ I bought myself a little present; **il veut vivre à sa** ~ he wants to live as he pleases b (imagination) fancy, imagination; (entrain) liveliness c ◇ **boutons** etc ~ fancy buttons etc ♦ **fantaisiste** 1 adj (faux) fanciful; (bizarre) eccentric 2 nmf (Théât) variety artist; (original) eccentric.

fantasme [fɑ̃tasm(ə)] nm fantasy ♦ **fantasmer** 1 vi to fantasize (*sur* about).

fantasque [fɑ̃task(ə)] adj (humeur) whimsical; (chose) weird, fantastic.

fantassin [fɑ̃tasɛ̃] nm infantryman.

fantastique [fɑ̃tastik] adj fantastic.

fantoche [fɑ̃tɔʃ] nm, adj puppet.

fantôme [fɑ̃tom] 1 nm ghost 2 adj (firme) bogus.

FAO [ɛfao] nf abrév de *Food and Agriculture Organization* FAO.

faon [fɑ̃] nm (Zool) fawn.

farce [faʀs(ə)] nf a (tour) practical joke, hoax ◇ **faire une** ~ **à qn** to play a joke on sb b (Théât) farce c (Culin) stuffing ♦ **farceur, -euse** nm,f joker.

farcir [faʀsiʀ] 2 vt (Culin) to stuff ◇ **farci de fautes** packed with mistakes; **il faudra se le** ~[famil] we'll have to put up with it [famil].

fard [faʀ] nm make-up; (acteur) greasepaint ◇ ~ **à joues** blusher.

fardeau, pl **~x** [faʀdo] nm burden.

farfelu, e [faʀfəly] [famil] adj, nm,f eccentric.

farine [faʀin] nf (blé) flour ◇ ~ **d'avoine** oatmeal ♦ **fariner** 1 vt to flour.

farouche [faʀuʃ] adj a (timide) shy; (peu sociable) unsociable b (hostile) fierce; (indompté) wild ◇ **ennemi** ~ bitter enemy c (volonté, résistance) unshakeable; (énergie) irrepressible.

fart [faʀ(t)] nm (ski) wax.

fascicule [fasikyl] nm (livre) instalment.

fascination [fasinɑsjɔ̃] nf fascination (*sur* on, over) ♦ **fasciner** 1 vt to fascinate.

fascisme [faʃism(ə)] nm fascism ♦ **fasciste** adj, nmf fascist.

faste [fast(ə)] nm splendour.

fastidieux, -euse [fastidjø, øz] adj tedious.

fatal, e, mpl **~s** [fatal] adj (mortel) fatal; (inévitable) inevitable; (ton, instant) fateful ♦ **fatalement** adv inevitably ♦ **fatalité** nf (destin) fate; (coïncidence) fateful coincidence ♦ **fatidique** adj fateful.

fatigant, e [fatigɑ̃, ɑ̃t] adj (épuisant) tiring; (agaçant) tiresome, tedious ♦ **fatigue** nf tiredness ♦ **fatiguer** 1 1 vt a (personne) to tire; (moteur, cœur) to strain b (agacer) to annoy 2 vi (moteur) to strain; (personne) to tire 3 **se fatiguer** vpr to get tired (*de qch* of sth); (se surmener) to overwork o.s. ◇ **se** ~ **à faire qch** to tire o.s. out doing sth; **se** ~ **les yeux** to strain one's eyes.

fatras [fatʀa] nm jumble.

faubourg [fobuʀ] nm suburb.

faucher [foʃe] [1] vt **a** (herbe) to mow ◊ **la mort l'a fauché** death cut him down **b** (famil: voler) to pinch [famil] ◆ **fauché, e** [famil] adj (sans argent) stony-broke [famil].

faucille [fosij] nf sickle.

faucon [fokɔ̃] nm falcon, hawk.

faufiler (se) [fofile] [1] vpr ◊ **se ~ parmi la foule** to worm one's way through the crowd; **se ~ à l'intérieur** to slip in.

faune [fon] nf (Zool) wildlife; (péj) set.

faussaire [fosɛʀ] nmf forger.

faussement [fosmɑ̃] adv (accuser) wrongly ◊ ~ **modeste** falsely modest.

fausser [fose] [1] vt (calcul, réalité) to distort; (clef) to bend; (charnière) to buckle ◊ ~ **compagnie à qn** to give sb the slip.

fausseté [foste] nf (inexactitude) falseness; (duplicité) duplicity.

faute [fot] nf (erreur) mistake, error; (péché) sin; (délit) offence; (responsabilité) fault ◊ ~ **de frappe** typing error; ~ **d'impression** misprint; **faire une** ~ to make a mistake; **candidat qui a fait un sans** ~ candidate who hasn't put a foot wrong; **c'est de la** ~ **de Richard** it's Richard's fault; **être en** ~ to be at fault ou in the wrong; ~ **d'argent** for want of money; ~ **de quoi** failing which.

fauteuil [fotœj] nm armchair; (président) chair; (Théât) seat ◊ ~ **à bascule** rocking-chair; ~ **roulant** wheelchair.

fautif, -ive [fotif, iv] adj (faux) faulty; (coupable) guilty ◊ **je suis (le)** ~ I'm the one to blame.

fauve [fov] **1** adj (couleur) fawn **2** nm big cat.

1. **faux** [fo] nf scythe.

2. **faux, fausse** [fo, fos] **1** adj **a** (documents) forged, fake; (marbre) imitation; (dent, nez) false **b** (colère) feigned; (promesse) false; (situation) awkward **c** (affirmation) untrue; (calcul) wrong; (piano) out of tune; (rumeur, soupçons) false ◊ **c'est** ~ that's wrong; **faire fausse route** to be on the wrong track; **faire un** ~ **pas** to stumble **2** nm (contrefaçon) forgery **3** adv (chanter) out of tune **4** comp: **fausse alerte** false alarm; ~ **ami** (traître) false friend; (Ling) faux ami; **faire** ~ **bond à qn** to let sb down; **fausse clef** skeleton key; **fausse couche** miscarriage; ~ **départ** false start; ~ **frais** incidental expenses; ~**-fuyant** equivocation; ~ **jeton** [famil] devious character; **fausse joie** vain joy; **fausse manœuvre** wrong move; ~**-monnayeur** forger; ~ **nom** false name; **fausse note** wrong note; ~ **problème** non-problem; ~ **sens** mistranslation; ~ **témoin** lying witness.

faveur [favœʀ] nf **a** favour ◊ **faites-moi la** ~ **de...** would you be so kind as to...; **de** ~ (billet) complimentary; (régime) preferential; **être en** ~ **de qch** to be in favour of sth; **à la** ~ **de** thanks to **b** (ruban) favour ◆ **favorable** adj favourable (*à* to) ◆ **favori, -ite** adj, nm,f favourite ◆ **favoris** nmpl side whiskers ◆ **favoriser** [1] vt to favour ◆ **favoritisme** nm favouritism.

FB abrév de *franc belge* → **franc.**

fébrile [febʀil] adj feverish ◆ **fébrilité** nf feverishness.

fécond, e [fekɔ̃, ɔ̃d] adj fertile; (fig) fruitful ◆ **fécondation** nf fertilization ◆ **féconder** [1] vt to fertilize ◆ **fécondité** nf fertility.

fécule [fekyl] nf starch ◆ **féculent, e** **1** adj starchy **2** nm starchy food.

fédéral, e, mpl **-aux** [fedeʀal, o] adj federal ◆ **fédération** nf federation.

fée [fe] nf fairy.

féerie [fe(e)ʀi] nf (Théât) extravaganza; (vision) enchantment ◆ **féerique** adj magical.

feindre [fɛ̃dʀ(ə)] [52] **1** vt to feign ◊ **ignorance feinte** feigned ignorance; ~ **de faire** to pretend to do **2** vi to dissemble ◆ **feinte** nf (manœuvre) dummy move; (Boxe) feint; (ruse) ruse.

fêler vt, **se fêler** vpr [fele] [1] to crack.

félicitations [felisitasjɔ̃] nfpl congratulations (*pour* on) ◆ **féliciter** [1] vt to congratulate ◊ **se** ~ **de qch** to congratulate o.s. on sth.

félicité [felisite] nf (Rel) bliss.

félin, e [felɛ̃, in] adj, nm feline.

fêlure [felyʀ] nf crack.

femelle [fəmɛl] adj, nf female ◊ **souris** etc ~ she mouse etc.

féminin, e [feminɛ̃, in] adj (gén) feminine; (sexe) female ◊ (Ling) **au** ~ in the feminine; **mode** ~**e** women's fashion ◆ **féminisme** nm feminism ◆ **féministe** adj, nmf feminist ◆ **féminité** nf femininity.

femme [fam] nf woman; (épouse) wife ◊ **la** ~ woman; ~ **d'affaires** businesswoman; ~ **médecin** lady ou woman doctor; ~ **de chambre** chambermaid; ~ **au foyer** housewife; ~ **de ménage** domestic help; ~ **du monde** society woman; ~**-objet** (female) sex object.

fémur [femyʀ] nm thighbone.

fendiller vt, **se fendiller** vpr [fɑ̃dije] [1] to crack.

fendre [fɑ̃dʀ(ə)] [41] **1** vt (gén) to split; (plâtre) to crack ◊ ~ **du bois** to chop wood; ~ **la foule** to push one's way through the crowd; **récit qui fend le cœur** heartbreaking story; **jupe fendue** slit skirt **2** **se fendre** vpr to crack ◊ **se** ~ **la lèvre** to cut one's lip; **se** ~ **la pipe** [famil] to laugh one's head off.

ənêtre [f(ə)nɛtʀ(ə)] nf window ◇ ~ **à** **ɪillotine** sash window; ~ **à battants** case- **ıent** window.

ənouil [fənuj] nm fennel.

ənte [fɑ̃t] nf a (fissure) crack b (volet) slit; ›oîte à lettres) slot; (veston) vent.

éodal, e, mpl **-aux** [feɔdal, o] adj feudal.

ər [fɛʀ] nm (métal) iron; (lame) blade; (de ɔulier) steel tip; (pour flèche) head ◇ (chaînes) **-s** chains; **~-blanc** tinplate; **~ à cheval** .orseshoe; **~ forgé** wrought iron; **~ à əpasser** iron.

érié, e [feʀje] adj ◇ **jour ~** public holiday.

. **ferme** [fɛʀm(ə)] 1 adj (gén) firm; (viande) ɔugh ◇ **~ sur ses jambes** steady on one's əgs 2 adv (travailler) hard; (discuter) vigor- ›usly.

:. ferme [fɛʀm(ə)] nf (domaine) farm; ıabitation) farmhouse.

ərmé, e [fɛʀme] adj (gén) closed; (robinet) ›ff; (club) exclusive; (personne) un- ommunicative ◇ **être ~ à** (sentiment) to ›e impervious to.

ərmement [fɛʀməmɑ̃] adv firmly.

ərment [fɛʀmɑ̃] nm ferment ✦ **ərmentation** nf fermentation ✦ **fermenter** [1] vi to ferment.

ərmer [fɛʀme] [1] 1 vt (gén) to close; (porte) o shut, close; (boutique) to close ou shut lown; (passage) to block; (manteau) to do up, 'asten; (gaz) to turn off ◇ **~ à clef** to lock; **~ au verrou** to bolt; **ferme-la!** [famil] shut ɪp! [famil]; **~ les yeux sur qch** to turn a ›lind eye to sth; **~ la marche** to bring up he rear 2 vi, **se fermer** vpr to close, shut; vêtement) to do up, fasten.

'ermeté [fɛʀməte] nf firmness.

'ermeture [fɛʀmətyʀ] nf (action) closing; mécanisme) catch ◇ **~ annuelle** annual :losure; **à l'heure de la ~** at closing time; **~ éclair** ® zip (fastener), zipper.

'ermier, -ière [fɛʀmje, jɛʀ] 1 adj farm 2 ım farmer 3 nf farmer's wife; (indé- əendante) woman farmer.

fermoir [fɛʀmwaʀ] nm clasp.

féroce [feʀɔs] adj ferocious ✦ **férocité** nf ferocity.

ferraille [fɛʀɑj] nf (déchets) scrap iron; (famil: monnaie) small change ◇ **mettre à la ~** to scrap ✦ **ferrailleur** nm scrap mer- chant.

ferrer [feʀe] [1] vt a (cheval) to shoe; (soulier) to nail b (poisson) to strike c ◇ **être ferré sur qch** [famil] to be clued up about sth [famil].

ferronnerie [fɛʀɔnʀi] nf (métier) ironwork; (objets) ironware, wrought-iron objects ✦ **ferronnier** nm ironware merchant.

ferroviaire [fɛʀɔvjɛʀ] adj rail.

ferry-boat, pl **~-~s** [feʀibot] nm (voitures) car ferry; (trains) train ferry.

fertile [fɛʀtil] adj fertile; (fig) fruitful ✦ **fertiliser** [1] vt to fertilize ✦ **fertilité** nf fertility.

fervent, e [fɛʀvɑ̃, ɑ̃t] 1 adj fervent 2 nm,f devotee ◇ **~ de musique** music lover ✦ **ferveur** nf fervour.

fesse [fɛs] nf buttock ✦ **fessée** nf spank- ing.

festin [fɛstɛ̃] nm feast.

festival, pl **~s** [fɛstival] nm festival.

festivités [fɛstivite] nfpl festivities.

festoyer [fɛstwaje] [8] vi to feast.

fête [fɛt] 1 nf a (religieuse) feast; (civile) holiday b (prénom) name day ◇ **la ~ de la Saint-Jean** Saint John's day c (congé) holiday ◇ **3 jours de ~** 3 days off, 3 days' holiday d (foire) fair; (folklorique) festival ◇ **la ~ de la ville** the town festival; **air de ~** festive air e (réception) party f ◇ **être à la ~** to have a great time; **faire sa ~ à qn** [famil] to bash sb up [famil]; **faire la ~** [famil] to live it up [famil]; **faire ~ à qn** to give sb a warm reception; **elle se faisait une ~ d'y aller** she was really looking forward to going 2 ◇ **~ de charité** charity fair; **~ de famille** family celebration; **~ foraine** fun fair; **la ~ des Mères** Mother's Day; **~ nationale** national holiday ✦ **fêter** [1] vt to celebrate.

fétiche [fetiʃ] nm fetish.

fétide [fetid] adj fetid.

fétu [fety] nm ◇ **~ (de paille)** wisp of straw.

1. **feu,** pl **~x** [fø] 1 nm a (gén, fig) fire ◇ **faire du ~** to make a fire; (cigarette) **avez-vous du ~?** have you a light?; **prendre ~** to catch fire; **mettre le ~ à qch** to set fire to sth; **en ~** on fire; **il n'y a pas le ~!** [famil] there's no panic! [famil]; **j'ai la gorge en ~** my throat is burning; **faire ~** to fire; **dans le ~ de la discussion** in the heat of the discussion; **mettre le ~ aux poudres** to touch off a crisis; **mettre à ~ une fusée** to fire off a rocket b ◇ (Culin) **mettre qch sur le ~** to put sth on the stove; **plat qui va au ~** fireproof dish; **faire cuire à petit ~** to cook gently c (lumière) light ◇ **~x clignotants** flashing traffic lights; **~x de détresse** hazard warning lights; **~ de position** sidelight; **~ rouge** set of traffic lights; **~ vert** green light; **le ~ est au rouge** the lights are red 2 comp: **~ d'artifice** fireworks **~ de Bengale** Bengal light **~ follet** will-o'-the-wisp **~ de joie** bonfire.

2. **feu** [fø] adj ◇ **~ ma tante** my late aunt.

feuillage [fœjaʒ] nm foliage.

feuille [fœj] nf (plante) leaf; (papier, acier) sheet; (journal) paper ◇ **~ d'impôt** tax form; **~ de paye** pay slip ✦ **feuillet** nm leaf, page ✦ **feuilleter** [4] vt (livre) to leaf through ◇ **pâte feuilletée** puff pastry ♦ **feuilleton** nm (à suivre) serial; (complet) series (sg) ◇ ~ **télévisé** (gén) television serial; (péj) soap (opera) [famil] ♦ **feuillu, e** adj leafy.

feutre [føtʀ(ə)] nm felt; (chapeau) felt hat; (stylo) felt-tip pen ♦ **feutré, e** adj (atmosphère) muffled.

fève [fɛv] broad bean; (gâteau) charm.

février [fevʀije] nm February → **septembre.**

FF abrév de *franc français* → **franc.**

fi [fi] excl pooh! ◇ **faire ~ de** to snap one's fingers at.

fiable [fjabl(ə)] adj reliable.

fiacre [fjakʀ(ə)] nm hackney cab.

fiançailles [fjɑ̃sɑj] nfpl engagement ♦ **fiancé** nm fiancé ◇ **les ~s** the engaged couple ♦ **fiancée** nf fiancée ♦ **fiancer** [3] **1** vt to betroth **2** **se fiancer** vpr to get engaged (*avec* to).

fiasco [fjasko] nm ◇ **faire ~** to be a fiasco.

fibre [fibʀ(ə)] nf fibre ◇ ~ **de verre** fibre glass; ~ **maternelle** maternal streak; **à ~ optique** fibre optics.

ficelle [fisɛl] nf (matière) string; (morceau) piece of string; (pain) stick of French bread ◇ **connaître les ~s** to know the tricks.

fiche [fiʃ] nf **a** (carte) card; (feuille) sheet, slip; (formulaire) form ◇ ~ **de paye** pay slip **b** (cheville) pin.

1. **ficher** [fiʃe] [1] vt **a** (suspects) to put on file **b** (enfoncer) to drive (*dans* into).

2. **ficher** [fiʃe] [famil] [1] **1** vt **a** (faire) to do ◇ **je n'en ai rien à fiche** I couldn't care less (*de* about) **b** (donner) to give ◇ **fiche-moi la paix!** leave me in peace! **c** (mettre) to put ◇ ~ **qn à la porte** to throw sb out [famil]; ~ **le camp** to clear off [famil] **2** **se ficher** vpr **a** ◇ **se ~ qch dans l'œil** to poke sth in one's eye; **se ~ par terre** to fall flat on one's face **b** ◇ **se ~ de qn** to pull sb's leg; **se ~ de qch** to make fun of sth; **il s'en fiche** he couldn't care less about it; **il se fiche du monde!** he's got a nerve!

fichier [fiʃje] nm file; (bibliothèque) catalogue ◇ ~ **(informatisé)** data file; (Ordin) ~ **de travail** scratch ou work file.

1. **fichu** [fiʃy] nm head scarf.

2. **fichu, e** [fiʃy] [famil] adj **a** (temps, métier) rotten [famil], lousy [famil] ◇ **il y a une ~e différence** there's a heck of a difference [famil] **b** ◇ **c'est ~** it's finished, it's had it [famil]; **c'est bien ~** it's clever; **être mal ~** (personne) to feel rotten [famil]; (travail) to be hopeless **c** ◇ (capable) **il est ~ d'y aller** he's quite likely to go; **il n'est pas ~ de le faire** he can't even do it.

fictif, -ive [fiktif, iv] adj (imaginaire) imaginary; (faux) fictitious ♦ **fiction** nf (imagination) fiction; (fait) invention.

fidèle [fidɛl] **1** adj (gén) faithful (*à* to); (client) regular; (récit) accurate **2** nm (client) regular customer ◇ **les ~** (croyants) the faithful; (assemblée) the congregation ♦ **fidèlement** adv faithfully; regularly; accurately ♦ **fidéliser** [1] vt ◇ ~ **sa clientèle** to develop customer loyalty ♦ **fidélité** nf faithfulness; accuracy.

fief [fjɛf] nm fief.

fiel [fjɛl] nm gall.

1. **fier, fière** [fjɛʀ] adj proud ◇ **avoir fière allure** to cut a fine figure; **un ~ imbécile** a prize idiot; **je te dois une fière chandelle** I'm terribly indebted to you ♦ **fièrement** adv proudly ♦ **fierté** nf pride.

2. **fier (se)** [fje] [7] vpr ◇ **se ~ à** to trust, rely on.

fièvre [fjɛvʀ(ə)] nf **a** (température) fever, temperature ◇ **avoir 39 de ~** to have a temperature of 104 (°F) ou 39 (°C) **b** (maladie) fever ◇ ~ **jaune** yellow fever; ~ **aphteuse** foot-and-mouth disease ♦ **fiévreux, -euse** adj feverish.

fifre [fifʀ(ə)] nm fife; (joueur) fife player.

figer vti, **se figer** vpr [fiʒe] [3] (huile) to congeal; (sang) to clot ♦ **figé, e** adj (manières) stiff; (sourire) fixed ◇ **expression ~e** set expression.

fignoler [fiɲɔle] [famil] [1] vt to put the finishing touches to.

figue [fig] nf fig ◇ ~ **de Barbarie** prickly pear ♦ **figuier** nm fig tree.

figurant, e [figyʀɑ̃, ɑ̃t] nm,f (Ciné) extra; (Théât) walker-on.

figuratif, -ive [figyʀatif, iv] adj representational.

figuration [figyʀɑsjɔ̃] nf ◇ **faire de la ~** (Théât) to do walk-on parts; (Ciné) to work as an extra.

figure [figyʀ] nf (visage) face; (personnage) figure; (image) illustration; (Danse, Math) figure ◇ **faire ~ de favori** to be looked on as the favourite; **faire bonne ~** to put up a good show; ~ **de style** stylistic device.

figurer [figyʀe] [1] **1** vt to represent **2** vi to appear **3** **se figurer** vpr to imagine ♦ **figuré, e** adj figurative.

figurine [figyʀin] nf figurine.

fil [fil] nm (gén, fig) thread; (cuivre) wire; (haricots, marionnette) string; (bois) grain; (rasoir) edge; (Tex: matière) linen ◇ ~ **conducteur** lead; ~ **dentaire** dental floss; ~ **de fer** wire; ~ **à plomb** plumbline; **j'ai ta mère au bout du ~** I have your mother on the line; **au ~ des jours** with the passing days; **le ~ de l'eau** the current; **donner du ~ à retordre à qn** to make life difficult for sb; **ne tenir qu'à un ~** to hang by a thread; **de ~ en aiguille** one thing leading to another.

filament [filamɑ̃] nm filament.

filant, e [filɑ̃, ɑ̃t] adj → **étoile.**

ature [filatyʀ] nf **a** (Tex) spinning; (usine) ill **b** (surveillance) shadowing.
e [fil] nf line; (Aut: couloir) lane ◇ ~ **attente** queue; **se garer en double** ~ to uble-park; **se mettre en** ~ to line up; **en indienne** in single file; **à la** ~ one after e other.
er [file] 1 **1** vt **a** (laine etc) to spin ◇ ~ **mauvais coton** [famil] to be in a bad way (Police etc: suivre) to shadow **c** (famil: nner) to slip **d** (bas) to ladder **e** ◇ **navire i file 20 nœuds** ship which does 20 knots vi **a** (famil: courir) to fly by; (s'en aller) to ash off ◇ ~ **à l'anglaise** to take French ave; ~ **entre les doigts de qn** to slip tween sb's fingers; ~ **doux** to behave s. **b** (bas) to ladder.
let [filɛ] nm **a** (eau) trickle; (fumée) wisp; mière) streak; (vinaigre) drop **b** (viande) llet **c** (Pêche, Sport) net ◇ ~ **à provisions** ring bag; ~ **à bagages** luggage rack.
ial, e, mpl **-aux** [filjal, o] **1** adj filial **2** nf ıbsidiary company.
iation [filjɑsjɔ̃] nf (personnes) filiation; lées) relation.
ière [filjɛʀ] nf (administration) channels; rogue) network.
igrane [filigʀan] nm watermark.
in [filɛ̃] nm rope.
lle [fij] nf (opp de **fils**) daughter; (opp de arçon) girl ◇ **vieille** ~ old maid; (péj) **-mère** unmarried mother ◆ **fillette** nf ttle girl.
lleul [fijœl] nm godson ◆ **filleule** nf god-aughter.
lm [film] nm film ◆ **filmer** 1 vt (personne) film; (scène) to film, shoot.
lon [filɔ̃] nm (Minér) seam; (sujet) theme ◇ **ouver le** ~ to strike it lucky.
lou [filu] [famil] nm rogue.
ls [fis] nm son ◇ **M. Martin** ~ Mr Martin ınior; (péj) ~ **à papa** daddy's boy.
ltre [filtʀ(ə)] nm (gén) filter ◆ **filtrer** 1 **1** vt filter; (nouvelles, spectateurs) to screen **2** to filter.
. fin, fine [fɛ̃, fin] **1** adj (objet) thin; (taille) lim, slender; (ouïe, vue) sharp; (qualité, avail) fine; (esprit, remarque) shrewd, lever; (fig: expert) expert ◇ **perles fines** eal pearls; **fines herbes** herbs; **fine** ouche sharp customer; **le** ~ **du** ~ the ast word (*de* in); **tu as l'air** ~ you look a ɔol!; **jouer au plus** ~ **avec qn** to try to utsmart sb; **au** ~ **fond du tiroir** right at he back of the drawer; **savoir le** ~ **mot de histoire** to know the real story behind it ıll **2** adv (moudre) finely; (écrire) small ◇ ~ **rêt** quite ou all ready.
. fin [fɛ̃] nf **a** end ◇ **à la** ~, **en** ~ **de compte** in the end, finally; **ça suffit à la** ~! famil] that's enough now!; **voyage sans** ~ ndless journey; **prendre** ~ to come to an end; **mettre** ~ **à** to put an end to; **avoir une** ~ **tragique** to die a tragic death; ~ **de série** oddment **b** (but) end, aim ◇ **à toutes** ~**s utiles** for your information.
final, e, mpl ~**s** [final] **1** adj final **2** nm (Mus) finale **3** nf (Sport) final ◆ **finalement** adv in the end, finally ◆ **finaliser** 1 vt to finalize ◆ **finaliste** adj, nmf finalist.
finance [finɑ̃s] nf finance ◇ (ministère) **les F**~**s** ≃ the Treasury ◆ **financement** nm financing ◆ **financer** 3 vt to finance ◆ **financier, -ière** **1** adj financial **2** nm financier.
finement [finmɑ̃] adv (ciselé) finely; (agir) shrewdly.
finesse [finɛs] nf (→1. fin) thinness; fineness; sharpness; slimness; shrewdness ◇ (langue) ~**s** niceties; **il connaît toutes les** ~**s** he knows all the tricks.
fini, e [fini] **1** adj (produit) finished; (espace) finite; (famil: menteur) utter **2** nm (ouvrage) finish.
finir [finiʀ] 2 **1** vt (terminer) to finish, end; (arrêter) to stop (*de faire* doing) ◇ **finis ton pain!** eat up ou finish your bread! **2** vi to finish, end ◇ **tout est fini** it's all over; **il finira en prison** he will end up in prison; **il a fini par se décider** he made up his mind in the end; **en** ~ **avec une situation** to put an end to a situation; **pour vous en** ~ to cut the story short; **histoire qui n'en finit pas** never-ending story.
finition [finisjɔ̃] nf finish.
Finlande [fɛ̃lɑ̃d] nf Finland ◆ **finlandais, e** ou **finnois, e** **1** adj, nm Finnish **2** **Finlandais, e** nm,f Finn.
fiole [fjɔl] nf phial, flask.
fioriture [fjɔʀityʀ] nf flourish.
firmament [fiʀmamɑ̃] nm firmament.
firme [fiʀm(ə)] nf firm.
fisc [fisk] nm Inland Revenue (Brit), ≃ Internal Revenue (US) ◆ **fiscal, e,** mpl **-aux** adj fiscal, tax ◆ **fiscalité** nf (système) tax system; (impôts) taxation.
fission [fisjɔ̃] nf fission.
fissure [fisyʀ] nf crack ◆ **fissurer** vt, **se fissurer** vpr 1 to crack.
fiston [fistɔ̃] [famil] nm son.
fixation [fiksɑsjɔ̃] nf (action) fixing; (complexe) fixation; (attache) fastening.
fixe [fiks(ə)] **1** adj (gén) fixed; (emploi) permanent, steady ◇ **à heure** ~ at a set time **2** nm (paye) fixed salary.
fixer [fikse] 1 **1** vt (attacher) to fix, fasten (*à* to); (prix, date) to fix, set ◇ ~ **qn du regard** to stare at sb; **je ne suis pas encore fixé** I haven't made up my mind yet; **à l'heure fixée** at the agreed time; ~ **qn sur qch** [famil] to put sb in the picture about sth [famil] **2** **se fixer** vpr (s'installer) to settle; (usage) to become fixed.

flacon [flakɔ̃] nm bottle.

flageoler [flaʒɔle] [1] vi ◇ ~ **sur ses jambes** to quake at the knees.

flagrant, e [flagʀɑ̃, ɑ̃t] adj (erreur) blatant ◇ **pris en ~ délit** caught red-handed.

flair [flɛʀ] nm (chien) nose; (fig) intuition ◆ **flairer** [1] vt to sniff at; (fig) to sense.

flamand, e [flamɑ̃, ɑ̃d] **1** adj, nm Flemish **2** nm,f ◇ **F~, e** Flemish man (ou woman).

flamant [flamɑ̃] nm flamingo ◇ ~ **rose** pink flamingo.

flambant [flɑ̃bɑ̃] adv ◇ ~ **neuf** brand new.

flambeau, pl ~**x** [flɑ̃bo] nm torch.

flambée [flɑ̃be] nf **a** (feu) quick blaze **b** (violence) outburst; (prix) explosion.

flamber [flɑ̃be] [1] **1** vi (bois) to burn; (feu) to blaze **2** vt (crêpe) to flambe; (volaille) to singe; (aiguille) to sterilize.

flamboyer [flɑ̃bwaje] [8] vi (flamme) to blaze; (yeux) to flash.

flamme [flam] nf flame; (fig: ardeur) fire ◇ **en ~s** on fire; **plein de ~** passionate.

flan [flɑ̃] nm custard tart.

flanc [flɑ̃] nm (objet) side; (animal, armée) flank; (montagne) slope ◇ **tirer au ~** [famil] **to skive** [famil]; (maladie) **mettre qn sur le ~** [famil] to knock sb out; **à ~ de coteau** on the hillside; **prendre de ~** to catch broadside on.

flancher [flɑ̃ʃe] [famil] [1] vi to lose one's nerve.

Flandre [flɑ̃dʀ(ə)] nf ◇ **la ~, les ~s** Flanders.

flanelle [flanɛl] nf (Tex) flannel.

flâner [flɑne] [1] vi to stroll ◆ **flânerie** nf stroll ◆ **flâneur** nm stroller.

flanquer [flɑ̃ke] [1] vt (lit) to flank; (famil: donner) to give; (famil: jeter) to fling ◇ ~ **qn à la porte** [famil] to throw sb out [famil].

flaque [flak] nf ◇ ~ **de sang** etc pool of blood etc; ~ **d'eau** puddle.

flash [flaʃ] nm (Phot) flash; (Rad) newsflash.

flasque [flask(ə)] adj limp.

flatter [flate] [1] vt to flatter ◇ **se ~ de qch** to pride o.s. on sth ◆ **flatterie** nf flattery ◆ **flatteur, -euse** **1** adj flattering **2** nm,f flatterer.

fléau, pl ~**x** [fleo] nm **a** (calamité) scourge, curse **b** (balance) beam; (Agr) flail.

flèche [flɛʃ] nf (arme) arrow; (en caoutchouc) dart; (église) spire ◇ **comme une ~** like a shot; (prix) **monter en ~** to soar ◆ **flécher** [1] vt to arrow ◆ **fléchette** nf dart.

fléchir [fleʃiʀ] [2] **1** vt (plier) to bend; (apaiser) to soothe **2** vi (gén) to weaken; (attention) to flag; (prix) to drop ◆ **fléchissement** nm (prix) drop.

flegmatique [flɛgmatik] adj phlegmatic.

flegme [flɛgm(ə)] nm composure.

flemmard, e [flemaʀ, aʀd(ə)] [famil] **1** a bone-idle [famil] **2** nm,f lazybones [famil] **flemme** [famil] nf laziness ◇ **j'ai la ~ de faire** I can't be bothered doing it.

flétrir vt, **se flétrir** vpr [fletʀiʀ] [2] to withe

fleur [flœʀ] nf flower; (arbre) blossom ◇ **e ~s** in blossom; **couvrir qn de ~s** t shower praise on sb; **dans la ~ de l'âg** in the prime of life; **à ~ de terre** ju above the ground; **j'ai les nerfs à ~ d peau** my nerves are all on edge; **faire un ~ à qn** [famil] to do sb a good turn.

fleuret [flœʀɛ] nm (épée) foil.

fleurir [flœʀiʀ] [2] **1** vi **a** (arbre, sentimen to blossom; (fleur) to flower, bloom **b** (im **florissait**, p. prés. **florissant**) (commerce) t flourish **2** vt to decorate with flowers **fleuri, e** adj in bloom ◆ **fleuriste** nm (personne) florist; (boutique) florist's shop.

fleuve [flœv] **1** nm river **2** adj inv (discour interminable.

flexible [flɛksibl(ə)] adj flexible ◆ **flexibili** nf flexibility.

flexion [flɛksjɔ̃] nf flexion.

flibustier [flibystje] nm freebooter.

flic [flik] [famil] nm cop [famil].

flipper [flipœʀ] nm (électrique) pin-ball ma chine.

flirt [flœʀt] nm (amourette) brief romance **le ~** flirting ◆ **flirter** [1] vi to flirt.

floc [flɔk] nm, excl plop.

flocon [flɔkɔ̃] nm flake.

floraison [flɔʀɛzɔ̃] nf flowering.

floralies [flɔʀali] nfpl flower show.

flore [flɔʀ] nf flora.

florin [flɔʀɛ̃] nm florin.

florissant, e [flɔʀisɑ̃, ɑ̃t] adj (pay flourishing; (santé, teint) blooming.

flot [flo] nm flood, stream ◇ (marée) **le** the floodtide; **les ~s** the waves; **à grand ~s** in streams; **être à ~** to be afloa **mettre à ~** to launch.

flotte [flɔt] nf **a** (Aviat, Naut) fleet **b** [fam (pluie) rain; (eau) water.

flottement [flɔtmɑ̃] nm hesitation, indec sion.

flotter [flɔte] [1] **1** vi (bateau) to floa (brume, parfum) to hang; (cheveux) to strea out; (drapeau) to flutter ◇ **il flotte dans se vêtements** his clothes are too big for hir **2** vb impers (famil: pleuvoir) to rain ◆ **flotte** nm float.

flottille [flɔtij] nf flotilla.

flou, e [flu] **1** adj (gén) vague; (phot blurred **2** nm vagueness; blurredness.

fluctuation [flyktyɑsjɔ̃] nf fluctuation (d in) ◆ **fluctuer** [1] vi to fluctuate.

fluet, -ette [flyɛ, ɛt] adj (corps) slende (voix) thin.

fluide [flyid] 1 adj fluid 2 nm fluid; (fig: pouvoir) mysterious power.

fluor [flyɔʀ] nm fluorine ◆ **fluorescent, e** adj fluorescent.

flûte [flyt] 1 nf flute; (verre) flute glass ◇ ~ **à bec** recorder; ~ **de Pan** Pan's pipes 2 excl [famil] dash it! [famil] ◆ **flûtiste** nmf flautist.

fluvial, e, mpl **-aux** [flyvjal, o] adj (navigation) river.

flux [fly] nm flood ◇ **le ~ et le reflux** the ebb and flow.

fluxion [flyksjɔ̃] nf swelling; (dentaire) abscess ◇ ~ **de poitrine** pneumonia.

FM [ɛfɛm] nf abrév de *fréquence modulée* FM.

FMI [ɛfɛmi] nm abrév de *Fonds monétaire international* IMF.

foc [fɔk] nm jib.

fœtus [fetys] nm foetus.

foi [fwa] nf (gén) faith; (confiance) trust; (promesse) word ◇ **avoir la ~** to have faith; **digne de ~** reliable, trustworthy; **cette lettre en fait ~** this letter proves it; **de bonne ~** in good faith; **ma ~...** well...

foie [fwa] nm liver ◇ ~ **gras** foie gras.

foin [fwɛ̃] nm hay ◇ **faire les ~s** to make hay.

foire [fwaʀ] nf (marché) fair; (fête) fun fair ◇ **faire la ~** [famil] to go on a spree.

fois [fwa] nf time ◇ **une ~** once; **deux ~** twice; **trois ~** three times; **peu de ~** on few occasions; **payer en plusieurs ~** to pay in several instalments; **il avait deux ~ rien** he had absolutely nothing; **il était une ~** once upon a time there was; **une ~ n'est pas coutume** once in a while does no harm; **une ~ pour toutes** once and for all; **une ~ qu'il sera parti** once he has left; **des ~** (parfois) sometimes; **si des ~ vous le rencontrez** if you should happen to meet him; **à la ~** (répondre) at once; **il était à la ~ grand et gros** he was both tall and fat.

foison [fwazɔ̃] nf ◇ **il y a des légumes à ~** there is an abundance of vegetables ◆ **foisonnement** nm abundance ◆ **foisonner** 1 vi to abound (*de* in).

folâtrer [fɔlɑtʀe] 1 vi to frolic.

folichon, -onne [fɔliʃɔ̃, ɔn] [famil] adj ◇ **ce n'est pas très ~** it's not much fun.

folie [fɔli] nf a ◇ **la ~** madness, lunacy; **il a la ~ des timbres-poste** he is mad about stamps; **aimer qn à la ~** to be madly in love with sb b (erreur) extravagance ◇ **il ferait des ~s pour elle** he would do anything for her.

folklore [fɔklɔʀ] nm folklore ◆ **folklorique** adj folk; (famil: excentrique) outlandish.

folle [fɔl] → **fou** ◆ **follement** adv madly.

fomenter [fɔmɑ̃te] 1 vt to foment, stir up.

foncer [fɔ̃se] 3 vi a [famil] to tear along [famil] ◇ ~ **sur qn** to charge at sb b (couleur) to turn ou go darker ◆ **foncé, e** adj dark ◆ **fonceur, -euse** [famil] nm,f fighter (fig).

foncier, -ière [fɔ̃sje, jɛʀ] adj a (impôt) land; (propriété) landed b (fondamental) basic ◆ **foncièrement** adv basically.

fonction [fɔ̃ksjɔ̃] nf a (métier) post, office ◇ **~s** duties; **être en ~** to be in office; **la ~ publique** the civil service b (rôle) function ◇ **faire ~ de directeur** to act as a manager c (Math) function ◇ **c'est ~ du résultat** it depends on the result; **en ~ de** according to.

fonctionnaire [fɔ̃ksjɔnɛʀ] nf (gén) state employee; (ministère) ≃ civil servant.

fonctionnel, -elle [fɔ̃ksjɔnɛl] adj functional.

fonctionnement [fɔ̃ksjɔnmɑ̃] nm operation ◇ **pendant le ~ de l'appareil** while the machine is in operation ◆ **fonctionner** 1 vi to operate.

fond [fɔ̃] nm a (récipient, vallée etc) bottom; (gorge, pièce) back ◇ ~ **d'artichaut** artichoke heart; **y a-t-il beaucoup de ~?** is it very deep?; **au ~ du couloir** at the far end of the corridor; **sans ~** bottomless b ◇ (fig: tréfonds) **au ~ de son cœur** deep down; **je vais vous dire le ~ de ma pensée** I shall tell you what I really think; **il a un bon ~** he's a good person at heart; ~ **de vérité** element of truth c (contenu) content; (arrière-plan) background ◇ **ouvrage de ~** basic work; **avec ~ musical** with background music d (lie) sediment ◇ (petite quantité) **juste un ~ (de verre)** just a drop; **racler les ~s de tiroirs** to scrape some money together e ◇ (Sport) **de ~** long-distance f ◇ ~ **de teint** (make-up) foundation; **les ~s marins** the sea-bed; **le ~ de l'air est frais** [famil] it's a bit chilly; **au ~, dans le ~** in fact; **à ~** thoroughly; **à ~ de train** full tilt; **de ~ en comble** completely.

fondamental, e, mpl **-aux** [fɔ̃damɑ̃tal, o] adj fundamental, basic.

fondateur, -trice [fɔ̃datœʀ, tʀis] nm,f founder ◆ **fondation** nf foundation ◆ **fondé, e** 1 adj well-founded, justified ◇ **mal ~** ill-founded 2 nm ◇ ~ **de pouvoir** (Jur) authorized representative; (Banque) senior executive ◆ **fondement** nm foundation ◆ **fonder** 1 vt (gén) to found; (famille) to start; (richesse) to build; (espoirs) to place (*sur* on) ◇ **sur quoi vous fondez-vous?** what grounds do you have?

fonderie [fɔ̃dʀi] nf (usine) smelting works; (de moulage) foundry.

fondre [fɔ̃dʀ(ə)] 41 1 vt a (aussi **faire ~**) (eau) to dissolve; (chaleur) to melt; (minerai) to smelt b (statue) to cast, found; (idées) to fuse together (*en* into) 2 vi (chaleur) to melt; (eau) to dissolve; (fig) to melt away ◇ ~ **en larmes** to burst into tears; ~ **sur qn** to swoop down on sb **3** **se fondre** vpr to merge (*dans* into).

fondrière [fɔ̃dʀijɛʀ] nf pothole, rut.

fonds [fɔ̃] nm (sg: gén) fund; (pl: argent) funds, capital ◇ ~ **de commerce** business; ~ **commun de placement** unit trust; **mise de** ~ initial capital outlay; **ne pas être en** ~ to be out of funds.

fondu, e [fɔ̃dy] **1** adj (beurre) melted; (métal) molten ◇ **neige** ~**e** slush **2** nf fondue ◇ ~**e bourguignonne / savoyarde** meat / cheese fondue.

fontaine [fɔ̃tɛn] nf (ornementale) fountain; (naturelle) spring.

fonte [fɔ̃t] nf **a** (action) (gén) melting; (minerai) smelting; (cloche) casting ◇ **à la** ~ **des neiges** when the thaw sets in **b** (métal) cast iron.

fonts [fɔ̃] nmpl ◇ ~ **baptismaux** font.

football [futbol] nm football, soccer ◆ **footballeur, -euse** nm,f footballer.

footing [futiŋ] nm ◇ **faire du** ~ to go jogging.

forage [fɔʀaʒ] nm boring.

forain [fɔʀɛ̃] nm fairground entertainer ◇ **marchand** ~ stallholder → **fête.**

forçat [fɔʀsa] nm convict.

force [fɔʀs(ə)] **1** nf (gén) force; (physique) strength ◇ **avoir de la** ~ to be strong; ~ **de frappe** nuclear deterrent; ~ **de dissuasion** deterrent power; **les** ~**s armées** the armed forces; **les** ~**s de l'ordre** the police force; **dans la** ~ **de l'âge** in the prime of life; **de toutes mes** ~**s** (frapper) with all my might; (désirer) with all my heart; **vent de** ~ **4** force 4 wind; **par la** ~ **des choses** by force of circumstances; (joueurs) **de la même** ~ evenly matched; **il est de** ~ **à le faire** he's equal to it; **à** ~**s égales** on equal terms; **en** ~ in force; **faire entrer qn de** ~ to force sb to enter; **vouloir à toute** ~ to want at all costs; **à** ~ **d'essayer** by dint of trying; **à** ~, **tu vas le casser** [famil] you'll end up breaking it **2** adv (hum: beaucoup de) many ◆ **forcé, e** adj (gén) forced; (conséquence) inevitable; (amabilité) strained ◆ **forcément** adv (inévitablement) inevitably; (évidemment) of course ◇ **ça devait** ~ **arriver** it was bound to happen; **pas** ~ not necessarily.

forcené, e [fɔʀsəne] **1** adj (travail) frenzied **2** nm,f (fou) maniac; (fanatique) fanatic.

forceps [fɔʀsɛps] nm forceps.

forcer [fɔʀse] [3] **1** vt (gén) to force; (porte) to force open; (blocus) to run; (ennemi) to track down; (allure) to increase; (talent, voix) to strain ◇ ~ **qn à faire** to force ou compel sb to do; **se** ~ to force o.s.; **ils m'ont forcé la main** they forced my hand; ~ **le passage** to force one's way through; ~ **la dose** [famil] to overdo it **2** vi (exagérer) to overdo it; (en tirant) to force it; (être coincé) to jam ◇ **sans** ~ [famil] easily.

forcing [fɔʀsiŋ] nm pressure ◇ **faire du** ~ to pile on the pressure.

forcir [fɔʀsiʀ] [2] vi to fill out.

forer [fɔʀe] [1] vt to bore ◆ **foret** nm drill.

forestier, -ière [fɔʀɛstje, jɛʀ] adj forest ◆ **forêt** nf forest ◇ ~ **tropicale** rainforest; ~ **vierge** virgin forest.

forfait [fɔʀfɛ] nm **a** fixed ou set price ◇ ~**-vacances** package holiday **b** (abandon) withdrawal ◇ **déclarer** ~ to withdraw **c** (crime) infamy ◆ **forfaitaire** adj standard, uniform.

forge [fɔʀʒ(ə)] nf forge ◆ **forger** [3] vt (métal) to forge; (fig) to form ◇ **c'est forgé de toutes pièces** it's a complete fabrication; **se** ~ **qch** to create sth for o.s. ◆ **forgeron** nm blacksmith.

formaliser [fɔʀmalize] [1] **1** vt to formalize **2** **se formaliser** vpr to take offence (*de* at) ◆ **formalité** nf formality.

format [fɔʀma] nm format ◆ **formatage** nm formatting ◆ **formater** [1] vt to format.

formateur, -trice [fɔʀmatœʀ, tʀis] **1** adj formative **2** nm,f trainer.

formation [fɔʀmɑsjɔ̃] nf (gén) formation; (apprentissage) training; (éducation) education ◇ ~ **professionnelle** vocational training.

forme [fɔʀm(ə)] nf **a** (contour) form, shape; (silhouette) figure ◇ **en** ~ **de cloche** bell-shaped; **sans** ~ shapeless; **prendre** ~ to take shape; **sous** ~ **de comprimés** in tablet form **b** ◇ (genre) ~ **de pensée** etc way of thinking etc **c** (Art, Jur, Ling) form ◇ **de pure** ~ purely formal; **en bonne et due** ~ in due form; **sans autre** ~ **de procès** without further ado **d** ◇ (convenances) ~**s** proprieties **e** (physique) form ◇ **être en** ~ to be on form **f** (instrument) form.

formel, -elle [fɔʀmɛl] adj (gén) formal; (catégorique) positive ◆ **formellement** adv formally; positively.

former [fɔʀme] [1] vt (gén) to form; (constituer) to make up; (instruire) to train.

formidable [fɔʀmidabl(ə)] adj (gén) tremendous; (famil: incroyable) incredible.

formol [fɔʀmɔl] nm formalin.

Formose [fɔʀmoz] n Formosa.

formulaire [fɔʀmylɛʀ] nm form.

formulation [fɔʀmylɑsjɔ̃] nf formulation ◆ **formuler** [1] vt to formulate.

formule [fɔʀmyl] nf (Chim, Math) formula; (expression) phrase, expression; (méthode) method; (formulaire) form ◇ (lettre) ~ **de politesse** letter ending; ~ **de vacances** holiday schedule; **la** ~ **un** Formula One.

fort, e [fɔʀ, fɔʀt(ə)] **1** adj **a** (puissant) strong; (important) big, great; (bruit) loud; (pluie, rhume) heavy; (pente) steep ◇ **~e tête** rebel; **le prix ~** the full price; **la dame est plus ~e que le valet** the queen is higher than the jack; **avoir affaire à ~e partie** to have a tough opponent; **il avait une ~e envie de rire** he had a strong desire to laugh; **il y a de ~es chances** there's a strong chance **b** (doué) clever ◇ **~ en** good at **c** ◇ **il se fait ~ de le faire** he's quite sure he can do it; **à plus ~e raison, tu aurais dû venir** all the more reason for you to have come; **c'est plus ~ que moi** I can't help it; **c'est trop ~!** that's too much!; **c'est trop ~ pour moi** it's beyond me; **et le plus ~ c'est que...** and the best part of it is that... **2** adv **a** (crier) loudly, loud; (lancer) hard ◇ **respirez bien ~** take a deep breath; **tu y vas ~** [famil] you're going too far **b** (détester) strongly; (mécontent) most, highly ◇ **j'en doute ~** I very much doubt it; **j'ai ~ à faire avec lui** I have a hard job with him **3** nm (forteresse) fort; (spécialité) strong point ◇ **au ~ de qch** at the height of sth.

fortement [fɔʀtəmɑ̃] adv (conseiller) strongly; (frapper) hard ◇ **j'espère ~ que** I very much hope that.

forteresse [fɔʀtəʀɛs] nf fortress, stronghold.

fortifiant [fɔʀtifjɑ̃] nm tonic ♦ **fortification** nf fortification ♦ **fortifier** [7] vt to strengthen, fortify.

fortuit, e [fɔʀtɥi, ɥit] adj fortuitous.

fortune [fɔʀtyn] nf fortune ◇ **faire ~** to make one's fortune; **mauvaise ~** misfortune; **venez dîner à la ~ du pot** come to dinner and take pot luck; **lit de ~** makeshift bed ♦ **fortuné, e** adj (riche) wealthy; (heureux) fortunate.

forum [fɔʀɔm] nm forum.

fosse [fos] nf (trou) pit; (tombe) grave ◇ **~ d'aisances** cesspool; **~ septique** septic tank.

fossé [fose] nm (gén) ditch; (fig) gulf, gap.

fossette [fosɛt] nf dimple.

fossile [fosil] nm, adj fossil.

fossoyeur [foswajœʀ] nm gravedigger.

fou [fu], **fol** devant voyelle ou h muet, **folle** [fɔl] f **1** adj **a** (personne, idée etc) mad, crazy, insane; (gestes, course) wild; (camion) runaway; (cheveux) unruly ◇ **~ de qch** mad about sth; **devenir ~** to go mad; **avoir le ~ rire** to have the giggles **b** (famil: énorme) fantastic [famil], tremendous; (prix) huge ◇ **un temps** etc **~** a lot of time etc; **j'ai eu un mal ~ pour venir** I had a terrible job to get here **2** nm,f madman (ou madwoman), lunatic ◇ **faire le ~** to lark about **3** nm (Échecs) bishop; (bouffon) jester, fool.

foudre [fudʀ(ə)] nf ◇ **la ~** lightning; (colère) **les ~s** the wrath.

foudroyant, e [fudʀwajɑ̃, ɑ̃t] adj (vitesse) lightning; (maladie) violent; (mort) instant; (succès) stunning ♦ **foudroyer** [8] vt to strike ◇ **~ qn du regard** to look daggers at sb.

fouet [fwɛ] nm whip; (Culin) whisk ♦ **fouetter** [1] vt to whip; to whisk; (punition) to flog ◇ **il n'y a pas de quoi ~ un chat** it's nothing to make a fuss about.

fougère [fuʒɛʀ] nf fern.

fougue [fug] nf ardour, spirit ♦ **fougueux, -euse** adj fiery, ardent.

fouille [fuj] nf search ◇ (Archéol) **~s** excavations ♦ **fouiller** [1] **1** vt (gén) to search; (personne) to frisk; (région) to scour; (question) to go into ◇ **très fouillé** very detailed **2** vi ◇ **~ dans** (armoire) to rummage in; (bagages) to go through; (mémoire) to search.

fouillis [fuji] nm jumble, mess ◇ **être en ~** to be in a mess.

fouine [fwin] nf stone marten ♦ **fouiner** [1] vi to nose about.

foulard [fulaʀ] nm scarf.

foule [ful] nf crowd ◇ **une ~ d'objets** masses of objects.

foulée [fule] nf stride ◇ **dans la ~** in my etc stride.

fouler [fule] [1] **1** vt (raisins) to press; (sol) to tread upon ◇ **~ aux pieds** to trample underfoot **2** **se fouler** vpr **a** ◇ **se ~ la cheville** to sprain one's ankle **b** (famil: travailler) to flog o.s. to death [famil] ♦ **foulure** nf sprain.

four [fuʀ] nm **a** (Culin) oven; (potier) kiln; (Ind) furnace ◇ **cuire au ~** (gâteau) to bake; (viande) to roast; **~ crématoire** crematorium furnace **b** ◇ (Théât) **faire un ~** to be a flop **c** ◇ **petit ~** fancy cake.

fourbe [fuʀb(ə)] adj deceitful ♦ **fourberie** nf deceit.

fourbi [fuʀbi] [famil] nm (attirail) gear [famil]; (fouillis) mess ◇ **et tout le ~** and the whole caboodle [famil].

fourbu, e [fuʀby] adj exhausted.

fourche [fuʀʃ(ə)] nf (gén) fork; (à foin) pitchfork ♦ **fourcher** [1] vi ◇ **ma langue a fourché** it was a slip of the tongue ♦ **fourchette** nf (lit) fork; (Statistique) margin ♦ **fourchu, e** adj forked.

fourgon [fuʀgɔ̃] nm (wagon) waggon; (camion) van ◇ **~ mortuaire** hearse ♦ **fourgonnette** nf small van.

fourmi [fuʀmi] nf ant ◇ **avoir des ~s dans les jambes** to have pins and needles in one's legs ♦ **fourmilière** nf ant heap; (fig) hive of activity ♦ **fourmiller** [1] vi to swarm (*de* with).

fournaise [fuʀnɛz] nf blaze; (fig) furnace.

fourneau, pl ~**x** [furno] nm (poêle) stove.

fournée [furne] nf batch.

fourni, e [furni] adj (épais) thick ◇ **peu ~** thin.

fourniment [furnimɑ̃] [famil] nm gear [famil].

fournir [furnir] 2 **1** vt (gén) to supply, provide; (pièce d'identité) to produce; (exemple) to give; (effort) to put in ◇ **~ qch à qn** to supply sb with sth **2** **se fournir** vpr to provide o.s. (*de* with) ◇ **je me fournis chez cet épicier** I shop at this grocer's ◆ **fournisseur** nm (détaillant) retailer; (Comm, Ind) supplier ◆ **fourniture** nf supply.

fourrage [furaʒ] nm fodder.

1. **fourré** [fure] nm thicket ◇ **les ~s** the bushes.

2. **fourré, e** [fure] adj (bonbon) filled; (gants) fur-lined ◇ **chocolats ~s** chocolate creams.

fourreau, pl ~**x** [furo] nm (épée) sheath; (parapluie) cover.

fourrer [fure] [famil] 1 vt (mettre) to stick [famil] ◇ **il ne savait plus où se ~** he didn't know where to put himself ◆ **fourre-tout** nm inv (placard) junk cupboard; (sac) holdall.

fourreur [furœr] nm furrier.

fourrière [furjɛr] nf (chien, auto) pound.

fourrure [furyr] nf (pelage) coat; (manteau etc) fur.

fourvoyer [furvwaje] 8 vt ◇ **~ qn** to lead sb astray; **se ~** to go astray.

foutaise [futɛz] [famil] nf ◇ **de la ~** rubbish [famil].

foutre [futr(ə)] [famil] **1** vt (faire) to do; (donner) to give; (mettre) to stick [famil] ◇ **~ qch en l'air** to chuck sth away [famil]; **fous le camp!** clear off! **2** **se foutre** vpr ◇ **se ~ de qn** to take the mickey out of sb [famil]; **je m'en fous** I couldn't give a damn [famil] ◆ **foutu, e** [famil] adj (temps etc) damned [famil] ◇ **c'est ~** it's all up [famil]; **se sentir mal ~** to feel lousy [famil].

foyer [fwaje] nm **a** (maison) home; (famille) family **b** (chaudière) firebox; (âtre) fireplace **c** (vieillards) home; (étudiants) hostel; (club) club; (Théât) foyer **d** (Opt, Phys) focus ◇ (fig) **~ de** centre of.

FP abrév de *franchise postale* exemption from postage.

fracas [fraka] nm (gén) crash; (train, bataille) roar ◆ **fracassant, e** adj (bruit) deafening; (déclaration) sensational ◆ **fracasser** 1 vt to smash ◇ **se ~ contre** to crash against.

fraction [fraksjɔ̃] nf **a** (Math) fraction; (gén: partie) part ◇ **une ~ de seconde** a split second ◆ **fractionner** vt, **se fractionner** vpr 1 **b** to divide, split up.

fracture [fraktyr] nf fracture ◆ **fracturer** 1 vt to fracture; (serrure) to break.

fragile [fraʒil] adj (gén) fragile; (peau) delicate; (équilibre) shaky; (bonheur) frail ◆ **fragiliser** 1 vt to weaken ◆ **fragilité** nf fragility; delicacy; shakiness; frailty.

fragment [fragmɑ̃] nm fragment, bit ◆ **fragmentaire** adj fragmentary ◆ **fragmentation** nf **a** fragmentation ◆ **fragmenter** vt, **se fragmenter** vpr 1 **b** to fragment.

fraîchement [frɛʃmɑ̃] adv (récemment) freshly, newly; (accueillir) coolly.

fraîcheur [frɛʃœr] nf (froid) coolness; (nouveauté) freshness.

1. **frais, fraîche** [frɛ, frɛʃ] **1** adj (froid) cool; (récent, neuf etc) fresh; (peinture) wet ◇ **~ et dispos** as fresh as a daisy; **~ émoulu de l'université** fresh from ou newly graduated from university; (Comm) **argent ~** ready cash; **nous voilà ~!** [famil] we're in a fix! [famil] **2** adv **a** ◇ **il fait ~** it's cool; **il faut boire ~** you need cool drinks **b** (récemment) newly **3** nm ◇ **prendre le ~** to take a breath of fresh air; **mettre au ~** to put in a cool place.

2. **frais** [frɛ] nmpl expenses; (Admin: droits) charges, fees ◇ **~ généraux** overheads; **~ de scolarité** school fees; **se mettre en ~** to go to great expense; **aux ~ de la princesse** [famil] at the firm's etc expense; **à peu de ~** cheaply.

fraise [frɛz] nf (fruit) strawberry; (dentiste) drill ◇ **~ des bois** wild strawberry ◆ **fraisier** nm strawberry plant.

framboise [frɑ̃bwaz] nf raspberry ◆ **framboisier** nm raspberry cane.

1. **franc, franche** [frɑ̃, frɑ̃ʃ] adj (personne, regard) frank, candid; (gaieté) open; (différence) clear-cut; (cassure) clean; (imbécile) downright; (zone, ville) free ◇ **~ de port** postage paid; **~-maçon** freemason; **~-maçonnerie** freemasonry; (Mil) **~-tireur** irregular.

2. **franc** [frɑ̃] nm (monnaie) franc ◇ **~ belge/français/suisse** Belgian/French/Swiss franc; **~ CFA** CFA franc *(unit of currency used in certain African states)*.

français, e [frɑ̃sɛ, ɛz] **1** adj, nm French **2** nm ◇ **F~** Frenchman; **les F~** (gens) the French, French people; (hommes) Frenchmen **3** nf ◇ **F~e** Frenchwoman ◆ **France** nf France.

franchement [frɑ̃ʃmɑ̃] adv **a** (parler) frankly; (agir) openly; (frapper) boldly; (demander) clearly, straight out ◇ (fig: honnêtement) **~!** honestly!; **allez-y ~** go right ahead **b** (tout à fait) really ◇ **c'est ~ trop cher** it's far too dear.

franchir [frɑ̃ʃir] 2 vt (obstacle) to jump over; (seuil) to cross; (porte) to go through; (distance) to cover; (mur du son) to break; (difficulté) to surmount; (limite) to overstep.

franchise [fʀɑ̃ʃiz] nf (sincérité) frankness; (exemption) exemption; (Assurance) excess, deductible (US); (Comm) franchise ◇ ~ **de bagages** baggage allowance.

franco [fʀɑ̃ko] adv ◇ ~ **(de port)** postage-paid; **y aller** ~[famil] to go right ahead.

franco- [fʀɑ̃ko] préf franco- ◆ **franco-canadien** nm French Canadian ◆ **francophile** adj, nmf francophile ◆ **francophobe** adj, nmf francophobe ◆ **francophone** 1 adj French-speaking 2 nmf native French speaker ◆ **francophonie** nf French-speaking communities ◆ **franco-québécois** nm (Ling) Quebec French.

frange [fʀɑ̃ʒ] nf fringe.

frangin [fʀɑ̃ʒɛ̃] [famil] nm brother ◆ **frangine** [famil] nf sister.

franquette [fʀɑ̃kɛt] [famil] nf ◇ **à la bonne** ~ simply, without any fuss.

frappant, e [fʀapɑ̃, ɑ̃t] adj striking.

frappe [fʀap] nf (médaille) striking; (courrier) typing.

frapper [fʀape] 1 1 vt (gén) to strike; (projectile, mesure) to hit; (couteau) to stab ◇ ~ **le regard** to catch the eye; **frappé à mort** fatally wounded; **j'ai été frappé d'entendre que...** I was amazed to hear that...; **frappé de panique** panic-stricken; ~ **qn d'une amende** to impose a fine on sb; **à boire frappé** serve chilled 2 vi to strike; (à la porte) to knock; (sur la table) to bang ◇ ~ **dans ses mains** to clap one's hands 3 **se frapper** vpr a ◇ **se** ~ **la poitrine** to beat one's breast b (famil: se tracasser) to get o.s. worked up [famil].

frasque [fʀask(ə)] nf escapade.

fraternel, -elle [fʀatɛʀnɛl] adj brotherly ◆ **fraterniser** 1 vi to fraternize ◆ **fraternité** nf fraternity, brotherhood.

fraude [fʀod] nf ◇ **la** ~ fraud; (à un examen) cheating; **passer qch en** ~ to smuggle sth in; ~ **fiscale** tax evasion ◆ **frauder** 1 vti to cheat ◇ ~ **le fisc** to evade taxation ◆ **fraudeur, -euse** nm,f person guilty of fraud; (douane) smuggler; (fisc) tax evader ◆ **frauduleux, -euse** adj fraudulent.

frayer [fʀeje] 8 vt (chemin) to open up ◇ **se** ~ **un passage** to push one's way through.

frayeur [fʀɛjœʀ] nf fright.

fredaine [fʀədɛn] nf escapade.

fredonner [fʀədɔne] 1 vt to hum.

freezer [fʀizœʀ] nm ice-box.

frégate [fʀegat] nf frigate.

frein [fʀɛ̃] nm brake ◇ **mettre un** ~ **à** to curb, check; ~ **à main** handbrake; ~ **moteur** engine braking ◆ **freinage** nm braking ◆ **freiner** 1 vti to slow down.

frelaté, e [fʀəlate] adj (aliment) adulterated; (milieu) corrupting.

frêle [fʀɛl] adj frail.

frelon [fʀəlɔ̃] nm hornet.

frémir [fʀemiʀ] 2 vi (gén) to tremble; (froid) to shiver; (eau chaude) to simmer ◆ **frémissement** nm shiver; simmering ◇ **un** ~ **de plaisir** a thrill of pleasure.

frêne [fʀɛn] nm ash (tree).

frénésie [fʀenezi] nf frenzy ◆ **frénétique** adj frenzied.

fréquemment [fʀekamɑ̃] adv frequently ◆ **fréquence** nf frequency ◆ **fréquent, e** adj frequent ◆ **fréquentation** nf frequenting ◇ (relations) ~**s** acquaintances ◆ **fréquenté, e** adj (lieu) busy ◇ **mal** ~ of ill repute ◆ **fréquenter** 1 vt (lieu) to frequent; (voisins) to see frequently.

frère [fʀɛʀ] nm brother ◇ **peuples** ~**s** sister countries; (Rel) **mes** ~**s** brethren; ~ **Antoine** Brother Antoine, Friar Antoine.

fresque [fʀɛsk(ə)] nf (Art) fresco; (Littérat) portrait.

fret [fʀɛ] nm freight.

frétiller [fʀetije] 1 vi to wriggle.

friable [fʀijabl(ə)] adj crumbly, flaky.

friand, e [fʀijɑ̃, ɑ̃d] 1 adj ◇ ~ **de** fond of 2 nm (pâté) (minced) meat pie ◆ **friandise** nf titbit, delicacy.

fric [fʀik] [famil] nm (argent) dough [famil], lolly [famil].

fric-frac [famil], pl ~-~**(s)** [fʀikfʀak] nm break-in.

friche [fʀiʃ] nf ◇ **laisser en** ~ to let lie fallow.

friction [fʀiksjɔ̃] nf (gén) friction; (massage) rub-down; (chez le coiffeur) scalp massage ◆ **frictionner** 1 vt to rub.

frigidaire [fʀiʒidɛʀ] nm ®, **frigo** [fʀigo] [famil] nm refrigerator, fridge ◆ **frigorifier** 7 vt (lit) to refrigerate ◇ **être frigorifié** [famil] to be frozen stiff ◆ **frigorifique** adj (camion) refrigerator.

frileux, -euse [fʀilø, øz] adj (personne) sensitive to the cold; (geste) shivery.

frime [fʀim] [famil] nf ◇ **c'est de la** ~ it's just for show ◆ **frimer** [famil] 1 vi to put on an act [famil] ◆ **frimeur, -euse** [famil] nm,f show-off [famil].

frimousse [fʀimus] nf sweet little face.

fringale [fʀɛ̃gal] [famil] nf raging hunger.

fringant, e [fʀɛ̃gɑ̃, ɑ̃t] adj (cheval) frisky; (personne) dashing.

fringues [fʀɛ̃g] [famil] nfpl togs [famil], gear [famil].

friper vt, **se friper** vpr [fʀipe] 1 to crumple ◆ **fripes** nfpl (old) togs [famil] ◆ **fripier, -ière** nm,f secondhand clothes dealer.

fripon, -onne [fʀipɔ̃, ɔn] 1 adj roguish 2 nm,f rogue.

fripouille [fʀipuj] nf (péj) rogue.

friqué, e [fʀike] [famil] adj filthy rich [famil].

frire [fRiR] vti ◇ ~, **faire** ~ to fry.

frise [fRiz] nf frieze.

friser [fRize] 1 **1** vt **a** ◇ ~ **qn** to curl sb's hair **b** (surface) to graze, skim ◇ ~ **la soixantaine** to be nearly sixty **2** vi (cheveux) to curl; (personne) to have curly hair ◆ **frisé, e** adj (cheveux) curly; (personne) curly-haired ◆ **frisette** nf little curl.

frisquet [fRiskɛ] [famil] adj m chilly.

frisson [fRisɔ̃] nm (peur) shudder; (froid) shiver; (joie) quiver ◆ **frissonner** 1 vi to shudder; to shiver; (feuillage) to quiver, tremble.

frit, e [fRi, fRit] adj fried ◆ **frites** nfpl chips, French fries (US) ◆ **friture** nf (graisse) deep fat; (mets) fried fish; (Rad) crackle.

frivole [fRivɔl] adj frivolous ◆ **frivolité** nf frivolity.

froc [fRɔk] [famil] nm trousers.

froid, e [fRwa, fRwad] **1** adj (gén) cold; (calcul) cool ◇ **garder la tête** ~**e** to keep cool **2** nm **a** ◇ **le** ~ the cold; **j'ai** ~ I am cold; **j'ai** ~ **aux pieds** my feet are cold; **prendre** ~ to catch cold; **n'avoir pas** ~ **aux yeux** to be adventurous; **ça fait** ~ **dans le dos** it makes you shudder **b** (brouille) coolness ◇ **être en** ~ **avec qn** to be on bad terms with sb ◆ **froidement** adv (accueillir) coldly; (calculer) coolly; (tuer) in cold blood ◆ **froideur** nf coldness.

froisser [fRwase] 1 **1** vt (habit) to crumple, crease; (personne) to hurt, offend **2** **se froisser** vpr (tissu) to crease, crumple; (personne) to take offence (*de* at) ◇ **se** ~ **un muscle** to strain ou pull a muscle.

frôler [fRole] 1 vt (toucher) to brush against; (passer près de) to skim ◇ ~ **la mort** to come within a hair's breadth of death.

fromage [fRɔmaʒ] nm cheese ◇ ~ **blanc** soft white cheese; ~ **de chèvre** goat's milk cheese ◆ **fromager, -ère** **1** adj cheese **2** nm cheesemonger ◆ **fromagerie** nf cheese dairy.

froment [fRɔmɑ̃] nm wheat.

fronce [fRɔ̃s] nf gather ◆ **froncer** 3 vt (Couture) to gather ◇ ~ **les sourcils** to frown.

fronde [fRɔ̃d] nf (arme, jouet) sling; (fig) revolt ◆ **frondeur, -euse** adj rebellious.

front [fRɔ̃] nm (Anat) forehead; (Mét, Mil, Pol) front ◇ ~ **de mer** sea front; **tué au** ~ killed in action; **de** ~ (à la fois) at the same time; (de face) head-on; **marcher à trois de** ~ to walk three abreast; **faire** ~ **à qch** to face up to sth; **faire** ~ **commun contre** to join forces against; **avoir le** ~ **de faire** to have the front to do ◆ **frontal, e,** mpl **-aux** adj (collision) head-on; (attaque, os) frontal.

frontalier, -ière [fRɔ̃talje, jɛR] **1** adj border, frontier **2** nm,f inhabitant of the frontier zone.

frontière [fRɔ̃tjɛR] nf frontier, border; (fig) limit ◇ ~ **naturelle** natural boundary.

fronton [fRɔ̃tɔ̃] nm pediment.

frottement [fRɔtmɑ̃] nm (action) rubbing; (friction) friction ◆ **frotter** 1 **1** vt (gén) to rub; (astiquer) to shine; (gratter) to scrape; (allumette) to strike **2** vi to rub, scrape **3** **se frotter** vpr to rub o.s. ◇ **se** ~ **les mains** to rub one's hands; (attaquer) **se** ~ **à qn** to cross swords with sb.

frottis [fRɔti] nm (Méd) smear.

froussard, e [fRusaR, aRd(ə)] [famil] nm,f coward ◆ **frousse** [famil] nf fright ◇ **avoir la** ~ to be scared stiff [famil].

fructifier [fRyktifje] 7 vi to yield a profit ◇ **faire** ~ to increase ◆ **fructueux, -euse** adj fruitful, profitable.

frugal, e, mpl **-aux** [fRygal, o] adj frugal ◆ **frugalité** nf frugality.

fruit [fRɥi] nm fruit ◇ **il y a des** ~**s** there is some fruit; **porter ses** ~**s** to bear fruit; ~**s confits** candied fruits; ~**s de mer** seafood ◆ **fruité, e** adj fruity ◆ **fruitier, -ière** **1** adj fruit **2** nm,f fruiterer.

frusques [fRysk(ə)] [famil] nfpl togs [famil].

fruste [fRyst(ə)] adj coarse, unrefined.

frustration [fRystRɑsjɔ̃] nf frustration ◆ **frustrer** 1 vt to frustrate ◇ ~ **qn de** to deprive sb of.

FS abrév de *franc suisse* → **franc.**

fuel [fjul] nm heating oil.

fugitif, -ive [fyʒitif, iv] **1** adj (impression etc) fleeting **2** nm,f fugitive.

fugue [fyg] nf **a** ◇ **faire une** ~ to run away **b** (Mus) fugue.

fuir [fɥiR] 17 **1** vt (s'échapper) to run away from; (éviter) to avoid **2** vi **a** (prisonnier) to runaway, escape; (troupes) to take flight; (temps) to fly by ◇ **faire** ~ to drive away **b** (liquide) to leak ◆ **fuite** nf **a** (fugitif) flight, escape; (temps) swift passage ◇ **prendre la** ~ to take flight; **mettre qn en** ~ to put sb to flight; **les voleurs en** ~ the thieves on the run **b** (liquide, nouvelle) leak.

fulgurant, e [fylgyRɑ̃, ɑ̃t] adj (vitesse etc) lightning.

fulminer [fylmine] 1 vi to be enraged.

fume-cigarette [fymsigaRɛt] nm inv cigarette holder.

fumée [fyme] nf (gén) smoke; (vapeur d'eau) steam ◇ (Chim) ~**s** fumes; **la** ~ **ne vous gêne pas?** do you mind my smoking?; **il n'y a pas de** ~ **sans feu** there's no smoke without fire ◆ **fumer** 1 **1** vi to smoke; to steam **2** vt to smoke; (Agr) to manure ◆ **fumet** nm aroma ◆ **fumeur, 1. -euse** nm,f smoker ◆ **fumeux, 2. -euse** adj (confus) woolly.

fumier [fymje] nm dung, manure.

fumigène [fymiʒɛn] adj smoke.

fumiste [fymist(ə)] 1 nm heating engineer 2 nmf [famil] (employé) shirker; (philosophe) phoney [famil] ◆ **fumisterie** [famil] nf ◇ **c'est une** ~ it's a fraud.

funambule [fynɑ̃byl] nmf tightrope walker.

funèbre [fynɛbʀ(ə)] adj (gén) funeral; (atmosphère) gloomy.

funérailles [fyneʀɑj] nfpl funeral.

funéraire [fyneʀɛʀ] adj funeral.

funeste [fynɛst(ə)] adj (désastreux) disastrous; (mortel) fatal ◇ **jour** ~ fateful day.

funiculaire [fynikylɛʀ] nm funicular railway.

fur [fyʀ] nm ◇ **au** ~ **et à mesure** little by little; **au** ~ **et à mesure de vos besoins** as and when you need it.

furet [fyʀɛ] nm (animal) ferret ◆ **fureter** 5 vi to ferret about ◆ **fureteur, -euse** adj inquisitive.

fureur [fyʀœʀ] nf fury, rage ◇ **mettre en** ~ to infuriate, enrage; (mode) **faire** ~ to be all the rage ◆ **furie** nf (mégère) shrew; (colère) fury ◆ **furieux, -euse** adj furious (*contre* with, at); (envie, coup) tremendous.

furoncle [fyʀɔ̃kl(ə)] nm boil.

furtif, -ive [fyʀtif, iv] adj furtive.

fusain [fyzɛ̃] nm (crayon) charcoal crayon; (arbre) spindle-tree.

fuseau, pl ~**x** [fyzo] nm (fileuse) spindle; (pantalon) stretch ski pants ◇ ~ **horaire** time zone.

fusée [fyze] nf rocket.

fuselage [fyzlaʒ] nm fuselage.

fuser [fyze] 1 vi (cris) to burst forth; (lumière) to stream out.

fusible [fyzibl(ə)] nm fuse.

fusil [fyzi] nm a (arme) rifle, gun; (de chasse) shotgun ◇ **changer son** ~ **d'épaule** to change one's plans b (allume-gaz) gas lighter; (à aiguiser) steel ◆ **fusillade** nf (bruit) shooting; (combat) shooting battle ◆ **fusiller** 1 vt to shoot.

fusion [fyzjɔ̃] nf (gén) fusion; (Comm) merger ◆ **fusionner** 1 vti to merge.

fût [fy] nm (arbre) trunk; (tonneau) barrel.

futaie [fytɛ] nf forest.

futé, e [fyte] adj crafty, sly.

futile [fytil] adj futile ◆ **futilité** nf futility.

futur, e [fytyʀ] 1 adj future ◇ ~**e maman** mother-to-be 2 nm ◇ **le** ~ the future 3 nm,f fiancé(e).

fuyant, e [fɥijɑ̃, ɑ̃t] adj (personne) evasive; (vision) fleeting.

fuyard, e [fɥijaʀ, aʀd(ə)] nm,f runaway.

g

G, **g** [ʒe] 1 nm (lettre) G, g 2 abrév de *gramme* ◊ **g** g.

gabardine [gabaʀdin] nf gabardine.

gabarit [gabaʀi] nm size.

Gabon [gabɔ̃] nm ◊ **le** ~ the Gabon ♦ **gabonais, e** adj, **G~, e** nm,f Gabonese.

gâcher [gɑʃe] 1 vt a (plâtre, mortier) to mix b (gaspiller) to waste; (gâter) to spoil ♦ **gâcheur, -euse** adj wasteful ♦ **gâchis** nm (désordre) mess; (gaspillage) waste.

gâchette [gɑʃɛt] nf trigger.

gadget [gadʒɛt] nm gadget.

gadoue [gadu] nf (boue) mud; (neige) slush.

gaffe [gaf] nf (bévue) blunder; (Pêche) gaff ◊ **faire** ~ [famil] to be careful (*à* of) ♦ **gaffer** 1 vi to blunder ♦ **gaffeur, -euse** nm,f blunderer.

gag [gag] nm gag.

gage [gaʒ] nm a (créance) security ◊ **mettre qch en** ~ to pawn sth; ~ **de sincérité** proof of one's sincerity; **en** ~ **de** in token of b (Jeux) forfeit c ◊ (salaire) ~**s** wages; **tueur à** ~**s** hired killer; **être aux** ~**s de qn** to be in the pay of sb.

gager [gaʒe] 3 vt ◊ ~ **que** to wager that ♦ **gageure** nf wager ◊ **c'est une** ~ it's attempting the impossible.

gagnant, e [gaɲɑ̃, ɑ̃t] 1 adj winning 2 nm,f winner.

gagne-pain [famil] [gaɲpɛ̃] nm inv job.

gagner [gɑɲe] 1 1 vt a (gén) to gain; (par le hasard) to win; (par le travail) to earn ◊ ~ **sa vie** to earn one's living; ~ **le gros lot** to win the jackpot; **vous n'y gagnerez rien** you'll gain nothing by it; ~ **du terrain** to gain ground b (convaincre) to win over c (atteindre) to reach 2 vi a to gain; to win ◊ (iro) **tu as gagné!** [famil] you got what you asked for!; **vous y gagnez** it's to your advantage b ◊ (s'améliorer) **il gagne à être connu** he improves on acquaintance c (épidémie) to spread, gain ground.

gai, e [ge] adj (personne) cheerful, happy, merry; (ivre) merry, tipsy; (couleur etc) bright ◊ (iro: amusant) **c'est** ~**!** that's great! [famil] ♦ **gaiement** adv cheerfully, happily, merrily ◊ (iro) **allons-y** ~**!** let's get on with it! ♦ **gaieté** nf cheerfulness; brightness ◊ **de** ~ **de cœur** light-heartedly; (joies) **les** ~**s de** the delights ou joys of.

gaillard, e [gajaʀ, aʀd(ə)] 1 adj (fort) strong; (grivois) bawdy 2 nm (famil: type) fellow, guy [famil]; (costaud) strapping fellow.

gain [gɛ̃] nm (salaire) earnings, wages; (avantage) advantage; (économie) saving ◊ (lucre) **le** ~ gain; (bénéfices) ~**s** profits; (au jeu) winnings; **ça nous permet un** ~ **de temps** it saves us time; **obtenir** ~ **de cause** to win; **donner** ~ **de cause à qn** to pronounce sb right.

gaine [gɛn] nf (Habillement) girdle ◊ ~ **d'aération** ventilation shaft.

gala [gala] nm official reception; (pour collecter des fonds) fund-raising reception.

galamment [galamɑ̃] adv courteously ♦ **galant, e** 1 adj (courtois) courteous; (amoureux) flirtatious, gallant 2 nm suitor ♦ **galanterie** nf courtesy.

galaxie [galaksi] nf galaxy.

galbe [galb(ə)] nm curve ♦ **galbé, e** adj curved.

gale [gal] nf (personne) scabies; (chien, chat) mange; (mouton) scab.

galère [galɛʀ] nf (navire) galley; (fig: histoire) business.

galerie [galʀi] nf (gén) gallery; (Théât) circle; (public) audience; (Aut) roof rack ◇ ~ **marchande** shopping arcade.

galérien [galeʀjɛ̃] nm galley slave.

galet [galɛ] nm pebble ◇ ~**s** shingle.

galette [galɛt] nf *round, flat cake.*

galeux, -euse [galø, øz] adj (chien) mangy ◇ **traiter comme un chien** ~ to treat like dirt.

galimatias [galimatja] nm gibberish.

galipette [galipɛt] [famil] nf somersault.

Galles [gal] nfpl ◇ **le pays de** ~ Wales ◆ **gallois, e** 1 adj, nm Welsh 2 nm ◇ **G**~ Welshman 3 nf ◇ **G**~**e** Welshwoman.

galoche [galɔʃ] nf clog.

galon [galɔ̃] nm braid; (Mil) stripe.

galop [galo] nm gallop ◇ (fig) ~ **d'essai** trial run; **partir au** ~ (cheval) to set off at a gallop; (personne) to rush off ◆ **galopade** nf stampede ◆ **galoper** 1 vi (cheval) to gallop; (enfant) to run ◆ **galopin** [famil] nm rascal.

galvaniser [galvanize] 1 vt to galvanize.

galvauder [galvode] 1 1 vt to debase 2 vi (vagabonder) to idle around.

gambade [gɑ̃bad] nf caper ◆ **gambader** 1 vi to caper about ◇ ~ **de joie** to jump for joy.

gamelle [gamɛl] nf (soldat) mess tin, kit *(US)*; (ouvrier) billy-can.

gamin, e [gamɛ̃, in] 1 adj (espiègle) playful; (puéril) childish 2 nm,f [famil] kid [famil] ◆ **gaminerie** nf playfulness; childishness.

gamme [gam] nf (Mus) scale; (fig) range ◇ (Comm: modèle) **haut/bas de** ~ up-/down-market.

gang [gɑ̃g] nm gang of crooks.

Gange [gɑ̃ʒ] nm ◇ **le** ~ the Ganges.

ganglion [gɑ̃glijɔ̃] nm ganglion.

gangrène [gɑ̃gʀɛn] nf gangrene.

gangster [gɑ̃gstɛʀ] nm gangster; (fig) crook ◆ **gangstérisme** nm gangsterism.

gant [gɑ̃] nm glove ◇ ~**s de boxe** boxing gloves; ~ **de toilette** face flannel, wash glove; **ça me va comme un** ~ it suits me perfectly; **prendre des** ~**s avec qn** to be careful with sb; **relever le** ~ to take up the gauntlet.

garage [gaʀaʒ] nm garage ◆ **garagiste** nm garageman.

garant, e [gaʀɑ̃, ɑ̃t] nm,f guarantor (*de* for) ◇ **se porter** ~ **de qch** to guarantee sth ◆ **garantie** nf (gén) guarantee; (gage) security; (protection) safeguard ◇ (police d'assurance) ~**s** cover; **sous** ~ under guarantee; **c'est sans** ~ I can't guarantee it ◆ **garantir** 2 vt to guarantee ◇ ~ **à qn que** to assure sb that; ~ **qch de** to protect sth from; **garanti 3 ans** guaranteed for 3 years.

garçon [gaʀsɔ̃] nm boy; (célibataire) bachelor ◇ (commis) ~ **de bureau** office assistant; ~ **de café** waiter; ~ **d'honneur** best man ◆ **garçonnet** nm small boy ◆ **garçonnière** nf bachelor flat.

1. **garde** [gaʀd(ə)] nf a (surveillance) guard ◇ **prendre en** ~ to take into one's care; **être sous bonne** ~ to be under guard; ~ **à vue** police custody b (service) (soldat) guard duty ◇ **être de** ~ to be on duty; **pharmacie de** ~ chemist ou pharmacist *(US)* on (weekend ou night) duty c (escorte) guard d (infirmière) nurse e (Boxe, Escrime) guard ◇ **en** ~**!** on guard! f (épée) hilt g ◇ **mettre en** ~ to warn; **mise en** ~ warning; **faire bonne** ~ to keep a close watch; **prenez** ~ **de ne pas tomber** mind you don't fall; **prends** ~ **aux voitures** watch out for the cars; **sans y prendre** ~ without realizing it; **être sur ses** ~**s** to be on one's guard.

2. **garde** [gaʀd(ə)] nm (gén) guard; (château) warden; (jardin public) keeper ◇ ~ **champêtre** village policeman; ~ **du corps** body-guard; ~ **des Sceaux** French Minister of Justice, ≃ Lord Chancellor, ≃ Attorney General *(US)*.

garde- [gaʀd(ə)] préf ◇ **garde-barrière** [nmf], [pl] ~**s**-~**(s)** level-crossing keeper; **garde-chasse** [nm], [pl] ~**s**-~**(s)** game-keeper; **garde-côte** [nm], [pl] ~-~**(s)** coast-guard ship; **garde-fou** [nm], [pl] ~-~**s** (en fer) railing; (en pierre) parapet; **garde-manger** [nm inv] meat safe; **garde-pêche** [nm inv] water bailiff; **garde-robe** [nf], [pl] **pl** ~-~**s** (habits) wardrobe; **se mettre au garde-à-vous** to stand to attention.

garder [gaʀde] 1 1 vt a (surveiller) to look after, keep an eye on; (défendre) to guard; (protéger) to protect (*de* from) b (conserver) (gén) to keep; (vêtement) to keep on; (police) to detain ◇ ~ **le lit** to stay in bed; ~ **qn à déjeuner** to have sb stay for lunch; ~ **en retenue** to keep in detention; ~ **son calme** to keep calm; ~ **l'anonymat** to remain anonymous; ~ **rancune à qn** to bear sb a grudge 2 **se garder** vpr (denrées) to keep ◇ **se** ~ **de qch** to guard against sth; **se** ~ **de faire qch** to be careful not to do sth ◆ **garderie** nf (jeunes enfants) day nursery, day-care center *(US)*; (Scol) ≃ after-school club, ≃ after-school center *(US)* ◆ **gardien, -ienne** nm,f (gén) guard; (enfant) child-minder; (prison) officer; (château) warden; (musée, hôtel) attendant; (phare, zoo) keeper; (fig: défenseur) guardian ◇ ~ **de but** goalkeeper; ~ **d'immeuble** caretaker; ~ **de nuit** night watchman; ~ **de la paix** policeman.

1. **gare** [gaʀ] nf station ◇ ~ **routière** (camions) haulage depot; (autocars) coach ou bus station; ~ **de triage** marshalling yard.

2. **gare** [gaʀ] [famil] excl ◇ ~ **à toi!** just

watch it! [famil]; ~ **à ta tête** mind your head.

garer [gaʀe] 1 **1** vt to park **2** **se garer** vpr to park; (piéton) to get out of the way.

gargariser (se) [gaʀgaʀize] 1 vpr to gargle ◆ **gargarisme** nm gargle.

gargote [gaʀgɔt] nf (péj) cheap restaurant.

gargouille [gaʀguj] nf gargoyle ◆ **gargouiller** 1 vi to gurgle ◆ **gargouillis** nm gurgling.

garnement [gaʀnəmɑ̃] nm rascal.

garnir [gaʀniʀ] 2 **1** vt (remplir) to fill; (couvrir) to cover; (doubler) to line; (décorer) to decorate (*de* with) ◇ ~ **une étagère de livres** to put books on a shelf **2** **se garnir** vpr (salle) to fill up (*de* with) ◆ **garni, e** adj (plat) served with vegetables ◇ **bien** ~ (portefeuille) well-lined; (réfrigérateur) well-stocked; (estomac, boîte) full.

garnison [gaʀnizɔ̃] nf garrison.

garniture [gaʀnityʀ] nf (doublage) lining; (légumes) vegetables; (décoration) trimming.

garrot [gaʀo] nm (cheval) withers; (Méd) tourniquet.

gars [gɑ] [famil] nm (enfant) lad; (type) fellow, guy [famil].

gas-oil [gazɔjl] nm diesel oil.

gaspillage [gaspijaʒ] nm (gén) wasting; (fortune) squandering ◆ **gaspiller** 1 vt to waste; to squander.

gastrique [gastʀik] adj gastric.

gastronome [gastʀɔnɔm] nmf gastronome ◆ **gastronomie** nf gastronomy ◆ **gastronomique** adj gastronomic.

gâteau, pl ~**x** [gɑto] nm cake; (au restaurant) gâteau ◇ ~ **de riz** rice pudding; ~ **sec** biscuit; **se partager le** ~ [famil] to share out the loot [famil]; **c'est du** ~ [famil] it's a piece of cake [famil].

gâter [gɑte] 1 **1** vt to spoil ◇ **avoir les dents gâtées** to have bad teeth; **et, ce qui ne gâte rien** and, which is all to the good **2** **se gâter** vpr (viande) to go bad; (relations) to go sour; (temps) to break ◇ **ça va se** ~! there's going to be trouble! ◆ **gâterie** nf little treat.

gâteux, -euse [gɑtø, øz] [famil] adj senile.

gâtisme [gɑtism(ə)] nm senility.

gauche [goʃ] **1** adj **a** (bras) left; (poche, côté) left-hand **b** (maladroit) clumsy, awkward; (tordu) warped **2** nm (Boxe) left **3** nf left ◇ **à** ~ on the left; **tiroir de** ~ left-hand drawer; **idées de** ~ left-wing ideas; **mettre de l'argent à** ~ [famil] to put money aside ◆ **gauchement** adv clumsily, awkwardly ◆ **gaucher, -ère** adj left-handed ◆ **gaucherie** nf **a** awkwardness, clumsiness ◆ **gauchir** vt, **se gauchir** vpr 2 **b** to warp ◆ **gauchisme** nm leftism ◆ **gauchiste** adj, nmf leftist.

gaudriole [godʀijɔl] [famil] nf (propos) bawdy joke.

gaufre [gofʀ(ə)] nf waffle ◆ **gaufrette** nf wafer ◆ **gaufrier** nm waffle iron.

Gaule [gol] nf Gaul.

gaule [gol] nf pole; (Pêche) fishing rod.

gaulois, e [golwa, waz] **1** adj **a** (de Gaule) Gallic **b** (grivois) bawdy **2** [nm], [f]: **G**~, **e** Gaul.

gausser (se) [gose] 1 vpr ◇ **se** ~ **de** to poke fun at.

gaver [gave] 1 vt (animal) to force-feed ◇ **je suis gavé!** I'm full!; **se** ~ **de** to stuff o.s. with.

gaz [gɑz] nm inv gas ◇ (euph) **avoir des** ~ to have wind; ~ **carbonique** carbon dioxide; ~ **d'échappement** exhaust gas; ~ **lacrymogène** teargas.

gaze [gɑz] nf gauze.

gazelle [gazɛl] nf gazelle.

gazer [gɑze] [famil] 1 vi (marcher) to work ◇ **ça gaze?** how's things? [famil]

gazette [gazɛt] nf newspaper.

gazeux, -euse [gɑzø, øz] adj (Chim) gaseous; (boisson) fizzy.

gazoduc [gɑzɔdyk] nm gas pipeline.

gazole [gɑzɔl] nm diesel oil.

gazomètre [gɑzɔmɛtʀ(ə)] nm gasometer.

gazon [gɑzɔ̃] nm (pelouse) lawn ◇ **le** ~ turf.

gazouiller [gazuje] 1 vi (oiseau) to chirp; (ruisseau, bébé) to babble ◆ **gazouillis** nm chirping; babbling.

GB [ʒebe] abrév de *Grande-Bretagne* GB.

GDF [ʒedeɛf] nm abrév de *Gaz de France French gas company.*

geai [ʒɛ] nm jay.

géant, e [ʒeɑ̃, ɑ̃t] **1** adj gigantic **2** nm giant **3** nf giantess.

geindre [ʒɛ̃dʀ(ə)] 52 vi to groan, moan.

gel [ʒɛl] nm (froid) frost; (pâte) gel; (Fin: blocage) freezing ◇ ~ **coiffant** hair gel.

gélatine [ʒelatin] nf gelatine ◆ **gélatineux, -euse** adj gelatinous, jelly-like.

gelée [ʒ(ə)le] nf **a** (gel) frost ◇ ~ **blanche** hoarfrost **b** (Culin) jelly.

geler [ʒ(ə)le] 5 **1** vt to freeze **2** vi (gén) to freeze; (récoltes) to be blighted by frost; (membre) to be frostbitten **3** vb impers ◇ **il gèle** it's freezing.

gélule [ʒelyl] nf (Méd) capsule.

Gémeaux [ʒemo] nmpl ◇ **les** ~ Gemini.

gémir [ʒemiʀ] 2 vi to groan, moan (*de* with) ◆ **gémissement** nm ◇ ~**(s)** groaning, moaning.

gênant, e [ʒɛnɑ̃, ɑ̃t] adj embarrassing; (physiquement) awkward, uncomfortable.

gencive [ʒɑ̃siv] nf gum.

gendarme [ʒɑ̃daʀm(ə)] nm gendarme, policeman ◆ **gendarmerie** nf gendarmerie, police force; (bureaux) police station.

gendre [ʒɑ̃dʀ(ə)] nm son-in-law.

gène [ʒɛn] nm gene.

gêne [ʒɛn] nf (physique) discomfort; (dérangement) trouble, bother; (manque d'argent) financial difficulties; (embarras) embarrassment ◇ **avoir de la ~ à faire qch** to find it difficult to do sth.

généalogie [ʒenealɔʒi] nf genealogy ◆ **généalogique** adj genealogical.

gêner [ʒene] [1] **1** vt (déranger) to bother, disturb; (embarrasser) to embarrass; (financièrement) to put in financial difficulties; (faire obstacle) to hamper, hinder ◇ **~ le passage** to be in the way; **ça me gêne pour respirer** it hampers my breathing; **cela vous gênerait de ne pas fumer?** would you mind not smoking? **2** **se gêner** vpr ◇ **ne vous gênez pas pour moi** don't mind me; **il ne s'est pas gêné pour le lui dire** he didn't mind telling him.

général, e, mpl **-aux** [ʒeneʀal, o] **1** adj general ◇ **à la surprise ~e** to the surprise of most people; **en ~** in general **2** nm general ◇ **~ de brigade** brigadier **3** nf **a** (épouse) general's wife **b** (Théât) dress rehearsal ◆ **généralement** adv generally.

généralisation [ʒeneʀalizɑsjɔ̃] nf generalization ◆ **généraliser** [1] **1** vt to generalize ◇ **cancer généralisé** general cancer; **infection généralisée** systemic infection **2** **se généraliser** vpr to become general ◆ **généraliste** **1** adj (formation) general **2** nm ◇ **(médecin) ~** G.P., general ou family practitioner ◆ **généralité** nf majority ◇ **~s** general points.

générateur, -trice [ʒeneʀatœʀ, tʀis] nm,f generator.

génération [ʒeneʀɑsjɔ̃] nf generation ◆ **générer** [6] vt to generate.

généreux, -euse [ʒeneʀø, øz] adj generous ◆ **générosité** nf generosity ◇ (largesses) **~s** kindnesses.

générique [ʒeneʀik] **1** adj generic **2** nm (Ciné) credits, cast (and credits) *(US)*.

genèse [ʒənɛz] nf genesis.

genêt [ʒ(ə)nɛ] nm (plante) broom.

génétique [ʒenetik] **1** adj genetic **2** nf genetics [sg].

gêneur, -euse [ʒɛnœʀ, øz] nm,f intruder.

Genève [ʒ(ə)nɛv] n Geneva.

génial, e, mpl **-aux** [ʒenjal, o] adj of genius; (famil: formidable) fantastic [famil].

génie [ʒeni] nm **a** (gén) genius; (Myth) spirit ◇ **avoir le ~ des affaires** to have a genius for business; **le mauvais ~ de qn** sb's evil genius **b** ◇ (Mil) **le ~** ≃ the Engineers; **~ civil** civil engineering.

genièvre [ʒənjɛvʀ(ə)] nm (boisson) Hollands gin; (arbre) juniper.

génisse [ʒenis] nf heifer.

génital, e, mpl **-aux** [ʒenital, o] adj genital.

génocide [ʒenɔsid] nm genocide.

genou, pl **~x** [ʒ(ə)nu] nm knee ◇ **il était à ~x** he was kneeling; **se mettre à ~x** to kneel down; **faire du ~ à qn** [famil] to play footsie with sb [famil]; **être sur les ~x** [famil] to be on one's knees [famil].

genre [ʒɑ̃ʀ] nm **a** (espèce) kind, type, sort ◇ **~ de vie** lifestyle, way of life; **le ~ humain** mankind; **le mieux dans le ~** the best of its kind **b** (allure) manner ◇ **avoir bon ~** to have a pleasant air; **ce n'est pas son ~** it's not like him **c** (Art) genre; (Gram) gender.

gens [ʒɑ̃] nmpl ◇ **les ~** people; **braves ~** good people ou folk; **les ~ d'Église** the clergy.

gentil, -ille [ʒɑ̃ti, ij] adj (aimable) kind, nice (*avec* to); (agréable) nice, pleasant; (sage) good ◇ **c'est ~ à toi de...** it's kind of you to...; **sois ~, va me le chercher** be a dear and get it for me ◆ **gentillesse** nf kindness ◆ **gentiment** adv kindly, nicely.

gentilhomme [ʒɑ̃tijɔm], pl **gentilshommes** [ʒɑ̃tizɔm] nm gentleman.

génuflexion [ʒenyflɛksjɔ̃] nf genuflexion.

géode [ʒeɔd] nf geode.

géographe [ʒeɔgʀaf] nmf geographer ◆ **géographie** nf geography ◆ **géographique** adj geographical.

geôle [ʒol] nf gaol, jail ◆ **geôlier, -ière** nm,f gaoler, jailer.

géologie [ʒeɔlɔʒi] nf geology ◆ **géologique** adj geological ◆ **géologue** nmf geologist.

géomètre [ʒeɔmɛtʀ(ə)] nm (arpenteur) surveyor; (mathématicien) geometer ◆ **géométrique** adj geometrical ◆ **géométrie** nf geometry.

géopolitique [ʒeɔpɔlitik] **1** adj geopolitical **2** nf geopolitics [sg].

géostationnaire [ʒeɔstasjɔnɛʀ] adj geostationary.

gérance [ʒeʀɑ̃s] nf management ◇ **mettre qch en ~** to appoint a manager for sth ◆ **gérant** nm manager; (immeuble) managing agent ◆ **gérante** nf manageress.

géranium [ʒeʀanjɔm] nm geranium.

gerbe [ʒɛʀb(ə)] nf (blé) sheaf; (étincelles) shower; (fleurs, eau) spray.

gercer vt, **se gercer** vpr [ʒɛʀse] [3] (peau) to chap ◆ **gerçure** nf crack.

gérer [ʒeʀe] [6] vt to manage.

germain, e [ʒɛʀmɛ̃, ɛn] adj ◇ **cousin ~** first cousin.

germe [ʒɛʀm(ə)] nm germ ◇ **avoir qch en ~** to contain the seeds of sth ◆ **germer** [1] vi to germinate.

gérondif [ʒeʀɔ̃dif] nm gerund.

gésier [ʒezje] nm gizzard.

gésir [ʒeziʀ] vi ◇ **il gisait sur le sol** he was lying on the ground.

gestation [ʒɛstɑsjɔ̃] nf gestation.

geste [ʒɛst(ə)] nm gesture ◇ **faire un** ~ to make a move ou a gesture.

gesticulation [ʒɛstikylɑsjɔ̃] nf gesticulation ◆ **gesticuler** [1] vi to gesticulate.

gestion [ʒɛstjɔ̃] nf management ◆ **gestionnaire** **1** adj administrative **2** nmf administrator ◇ ~ **de bases de données** database management system.

geyser [ʒɛzɛʀ] nm geyser.

Ghana [gana] nm Ghana ◆ **ghanéen, -enne** adj, **G~, -enne** nm,f Ghanaian.

ghetto [gɛto] nm ghetto.

gibecière [ʒibsjɛʀ] nf shoulder bag.

gibet [ʒibɛ] nm gallows.

gibier [ʒibje] nm game ◇ ~ **à plume** game birds; ~ **de potence** gallows bird; **le gros** ~ big game.

giboulée [ʒibule] nf (sudden) shower ◇ ~ **de mars** April shower.

Gibraltar [ʒibʀaltaʀ] nm Gibraltar.

giclée [ʒikle] nf spray ◆ **gicler** [1] vi to spurt ◇ **faire ~ de l'eau** to send up a spray of water.

gifle [ʒifl(ə)] nf slap in the face ◆ **gifler** [1] vt ◇ ~ **qn** to slap sb in the face.

gigantesque [ʒigɑ̃tɛsk(ə)] adj gigantic.

gigaoctet [ʒigaɔktɛt] nm gigabyte.

gigolo [ʒigɔlo] nm gigolo.

gigot [ʒigo] nm joint ◇ ~ **de mouton** leg of mutton.

gigoter [ʒigɔte] [famil] [1] vi to wriggle about.

gilet [ʒilɛ] nm (de complet) waistcoat, vest *(US)*; (cardigan) cardigan ◇ ~ **de corps** vest, undershirt *(US)*; ~ **pare-balles** bulletproof jacket; ~ **de sauvetage** life jacket ou preserver *(US)*.

gin [dʒin] nm gin.

gingembre [ʒɛ̃ʒɑ̃bʀ(ə)] nm ginger.

girafe [ʒiʀaf] nf giraffe.

giratoire [ʒiʀatwaʀ] adj gyrating.

girofle [ʒiʀɔfl(ə)] nm ◇ **clou de** ~ clove.

giroflée [ʒiʀɔfle] nf wallflower.

girouette [ʒiʀwɛt] nf weather cock.

gisement [ʒizmɑ̃] nm (minerai) deposit.

gitan, e [ʒitɑ̃, an] nm,f gipsy.

gîte [ʒit] nm (abri) shelter; (maison) home; (lièvre) form ◇ ~ **à la noix** topside.

givre [ʒivʀ(ə)] nm hoarfrost ◆ **givré, e** adj frosted; (famil: ivre) tight [famil]; (famil: fou) nuts [famil] ◆ **givrer** [1] vt to frost up.

glace [glas] nf **a** (eau) ice ◇ (Géog) ~**s** ice fields **b** (Culin) ice cream **c** (miroir) mirror; (verre) glass; (fenêtre) window ◆ **glacer** [3] **1** vt (geler) to freeze; (rafraîchir) to chill, ice; (au sucre) to ice; (au jus) to glaze ◇ ~ **qn** to turn sb cold; **glacé d'horreur** frozen with horror **2** **se glacer** vpr to freeze ◆ **glacé, e** adj (lac) frozen; (vent, chambre) icy, freezing; (boisson) iced; (papier, fruit) glazed; (accueil) icy, frosty ◇ **j'ai les mains ~es** my hands are frozen ◆ **glacial, e,** mpl ~**s** ou -**aux** adj icy ◆ **glacier** nm **a** (Géog) glacier **b** (fabricant) ice-cream maker; (vendeur) ice-cream man ◆ **glacière** nf icebox ◆ **glaçon** nm (rivière) block of ice; (toit) icicle; (boisson) ice cube ◇ **avec des ~s** on the rocks.

gladiateur [gladjatœʀ] nm gladiator.

glaïeul [glajœl] nm gladiolus, (pl) gladioli.

glaise [glɛz] nf clay.

gland [glɑ̃] nm acorn; (ornement) tassel.

glande [glɑ̃d] nf gland.

glaner [glane] [1] vt to glean.

glapir [glapiʀ] [2] vi to yelp ◆ **glapissement** nm ◇ ~**(s)** yelping.

glas [glɑ] nm knell.

glauque [glok] adj (yeux, eau) dull blue-green.

glissade [glisad] nf (par jeu) slide; (chute) slip; (dérapage) skid.

glissant, e [glisɑ̃, ɑ̃t] adj slippery.

glisse [glis] nf (Ski) glide.

glissement [glismɑ̃] nm (électoral) swing ◇ ~ **de terrain** landslide.

glisser [glise] [1] **1** vi **a** (gén) to slide; (voilier, nuages) to glide along ◇ **faire ~ qch sur le sol** to slide sth along; **il se laissa ~ par terre** he slid down on the ground; ~ **sur un sujet** to skate over a subject **b** (déraper) (personne) to slip; (véhicule) to skid; (parquet) to be slippery ◇ **il m'a fait ~** he made me slip; ~ **de la table** to slip ou slide off the table **2** vt (introduire) to slip (*dans* into); (murmurer) to whisper **3** **se glisser** vpr (gén) to slip; (soupçon, erreur) to creep (*dans* into) ◇ **se ~ jusqu'au premier rang** to edge one's way to the front.

glissière [glisjɛʀ] nf groove ◇ **porte à ~** sliding door.

global, e, mpl **-aux** [glɔbal, o] adj global.

globe [glɔb] nm globe ◇ ~ **oculaire** eyeball.

globule [glɔbyl] nm (gén) globule; (du sang) corpuscle ◆ **globuleux, -euse** adj (forme) globular; (œil) protruding.

gloire [glwaʀ] nf (renommée) glory, fame; (louange) glory, praise; (homme célèbre) celebrity; (mérite) credit ◇ **heure de** ~ hour of glory; **tirer ~ de qch** to be proud of sth; **à la ~ de** in praise of ◆ **glorieux, -euse** adj glorious.

glorification [glɔʀifikɑsjɔ̃] nf glorification ◆ **glorifier** [7] **1** vt to glorify **2** **se glorifier** vpr ◇ **se ~ de** to glory in.

glossaire [glɔsɛʀ] nm glossary.

glotte [glɔt] nf glottis.

glousssement [glusmɑ̃] nm (personne) chuckle; (poule) cluck ◆ **glousser** [1] vi to chuckle; to cluck.

glouton, -onne [glutɔ̃, ɔn] **1** adj gluttonous **2** nm,f glutton ◆ **gloutonnerie** nf gluttony.

glu [gly] nf birdlime ◆ **gluant, e** adj sticky.

glucose [glykoz] nm glucose.

glycérine [gliseʀin] nf glycerine.

glycine [glisin] nf wisteria.

GMT [ʒeɔmte] abrév de *Greenwich Mean Time* GMT.

gnognote [ɲɔɲɔt] [famil] nf ◇ **c'est de la ~!** it's rubbish!

gnôle [ɲol] [famil] nf firewater [famil], hooch [famil].

gnome [gnom] nm gnome.

gnon [ɲɔ̃] [famil] nm bash [famil].

Go abrév de *gigaoctet* Gb.

goal [gol] nm goalkeeper, goalie [famil].

gobelet [gɔblɛ] nm (enfant) beaker; (étain) tumbler; (dés) cup ◇ **~ en papier** paper cup.

gober [gɔbe] [1] vt to swallow.

godasse [gɔdas] [famil] nf shoe.

godet [gɔdɛ] nm pot; (famil: verre) glass.

godille [gɔdij] [famil] nf ◇ (objet) **à la ~** useless [famil].

goéland [gɔelɑ̃] nm seagull, gull.

goélette [gɔelɛt] nf schooner.

goémon [gɔemɔ̃] nm wrack.

gogo [gɔgo] [famil] **1** nm sucker [famil], mug [famil] **2** adv ◇ **du vin** etc **à ~** wine etc galore.

goguenard, e [gɔgnaʀ, aʀd(ə)] adj mocking.

goguette [gɔgɛt] [famil] nf ◇ **en ~** on the binge [famil].

goinfre [famil] [gwɛ̃fʀ(ə)] (glouton) **1** adj piggish [famil] **2** nm pig [famil] ◆ **se goinfrer** [famil] [1] vpr to make a pig of o.s. [famil] ◇ **se ~ de** to guzzle.

goitre [gwatʀ(ə)] nm goitre.

golf [gɔlf] nm (Sport) golf; (terrain) golf course.

golfe [gɔlf(ə)] nm gulf; (petit) bay ◇ **les États du G~** the Gulf States.

gomme [gɔm] nf rubber, eraser *(US)* ◇ **à la ~** [famil] useless [famil] ◆ **gommer** [1] vt to rub out, erase.

gond [gɔ̃] nm hinge.

gondole [gɔ̃dɔl] nf gondola ◆ **gondolier** nm gondolier.

gondoler (se) [gɔ̃dɔle] [1] vpr (papier) to crinkle; (planche) to warp; (tôle) to buckle; (famil: rire) to laugh one's head off.

gonflement [gɔ̃fləmɑ̃] nm (action) inflation; (grosseur) swelling; (exagération) exaggeration.

gonfler [gɔ̃fle] [1] **1** vt (gén, fig) to inflate; (avec pompe) to pump up; (en soufflant) to blow up; (poitrine) to puff out; (rivière, voiles, cœur) to swell ◇ **gonflé d'orgueil** puffed up with pride **2** vi (gén) to swell; (pâte) to rise **3** **se gonfler** vpr to swell ◆ **gonflé, e** adj (yeux) puffy, swollen ◇ **je me sens ~** I feel bloated; **il est ~**[famil]**!** he's got some nerve! [famil]

gong [gɔ̃(g)] nm (Mus) gong; (Boxe) bell.

gorge [gɔʀʒ(ə)] nf (gosier) throat; (poitrine) breast; (vallée) gorge; (rainure) groove ◇ **avoir la ~ serrée** to have a lump in one's throat; **à ~ déployée** (rire) heartily; (chanter) at the top of one's voice.

gorgée [gɔʀʒe] nf mouthful; (petite) sip; (grande) gulp.

gorger [gɔʀʒe] [3] **1** vt to fill (*de* with) ◇ **gorgé de** full of **2** **se gorger** vpr to gorge o.s. (*de* with).

gorille [gɔʀij] nm gorilla; (famil: garde) bodyguard.

gosier [gozje] nm throat.

gosse [gɔs] [famil] nmf kid [famil].

gothique [gɔtik] adj Gothic.

gouache [gwaʃ] nf poster paint.

goudron [gudʀɔ̃] nm tar ◆ **goudronner** [1] vt (route) to tar.

gouffre [gufʀ(ə)] nm abyss, gulf.

goujat [guʒa] nm boor.

goulag [gulag] nm Gulag.

goulot [gulo] nm neck ◇ **~ d'étranglement** bottleneck.

goulu, e [guly] **1** adj gluttonous **2** nm,f glutton.

goupiller [gupije] [famil] [1] **1** vt to fix [famil] ◇ **bien goupillé** well thought out **2** **se goupiller** [famil] vpr to work.

gourde [guʀd(ə)] **1** nf (Bot) gourd; (à eau) flask; (famil: empoté) clot [famil] **2** adj [famil] thick [famil], thick-headed.

gourdin [guʀdɛ̃] nm club, bludgeon.

gourer (se) [guʀe] [famil] [1] vpr to slip up (*dans* in).

gourmand, e [guʀmɑ̃, ɑ̃d] **1** adj greedy **2** nm,f glutton ◆ **gourmandise** nf (défaut) greed; (gâterie) delicacy.

gourmet [guʀmɛ] nm gourmet.

gourmette [guʀmɛt] nf chain bracelet.

gousse [gus] nf (vanille) pod; (ail) clove.

goût [gu] nm taste ◇ **ça a un ~ de fraise** it tastes like strawberry; (aliment) **sans ~** tasteless; **à mon ~** for my liking ou taste; **de bon ~** tasteful, in good taste; **de mauvais ~** tasteless, in bad ou poor taste; **prendre ~ à qch** to get a taste for sth; **tous les ~s sont dans la nature** it takes all sorts to make a world; **ou qch dans ce ~-là** [famil] or sth of that sort.

goûter [gute] 1 **1** vt (aliment) to taste; (repos, spectacle) to enjoy ◇ ~ **à** ou **de qch** to taste sth **2** vi (manger) to have tea **3** nm (after-school) snack; (fête) tea party.

goutte [gut] nf (gén) drop; (Méd) gout; (alcool) brandy ◇ ~ **de rosée** dewdrop; ~ **de sueur** bead of sweat; **c'est la ~ qui fait déborder le vase** it's the last straw ◆ **goutte-à-goutte** nm inv drip, IV *(US)* ◇ **faire du ~ à qn** to put sb on a drip ou an IV *(US)* ◆ **gouttelette** nf droplet ◆ **goutter** 1 vi to drip (*de* from).

gouttière [gutjɛʀ] nf (horizontale) gutter; (verticale) drainpipe; (Méd) plaster cast.

gouvernail [guvɛʀnaj] nm (pale) rudder; (barre) helm, tiller.

gouvernante [guvɛʀnɑ̃t] nf (institutrice) governess; (intendante) housekeeper.

gouvernants [guvɛʀnɑ̃] nmpl ◇ (Pol) **les ~** the government.

gouvernement [guvɛʀnəmɑ̃] nm (régime) government; (cabinet) Cabinet, Government ◆ **gouvernemental, e,** mpl **-aux** adj government ◆ **gouverner** 1 vt to govern ◇ **le parti qui gouverne** the party in power ou in office ◆ **gouverneur** nm governor.

goyave [gɔjav] nf guava.

GPL [ʒepeɛl] nm abrév de *gaz de pétrole liquéfié* LPG.

Graal [gʀɑl] nm Grail.

grabat [gʀaba] nm pallet.

grabuge [famil] [gʀabyʒ] nm ◇ **il va y avoir du ~** there'll be a rumpus [famil].

grâce [gʀɑs] nf **a** (charme) grace **b** (faveur) favour ◇ **être dans les bonnes ~s de qn** to be in sb's good books; **gagner les bonnes ~s de qn** to gain sb's favour; **donner à qn une semaine de ~** to give sb a week's grace; **~ à qn** thanks to sb; **~ à Dieu!** thank God!; **de bonne ~** with a good grace **c** (miséricorde) mercy; (Jur) pardon ◇ **crier ~** to cry for mercy; **de ~** for pity's sake; **je vous fais ~ des détails** I'll spare you the details **d** (Rel) grace ◇ **à la ~ de Dieu!** it's in God's hands!; (déesse) **G~** Grace.

gracier [gʀasje] 7 vt to pardon.

gracieux, -ieuse [gʀasjø, jøz] adj (élégant) graceful; (aimable) gracious; (gratuit) free ◆ **gracieusement** adv gracefully; graciously; (gratuitement) free of charge.

gracile [gʀasil] adj slender.

gradation [gʀadɑsjɔ̃] nf gradation.

grade [gʀad] nm (Admin, Mil) rank; (Tech) grade ◇ **monter en ~** to be promoted ◆ **gradé** nm (gén) officer.

gradin [gʀadɛ̃] nm ◇ **les ~s** (Théât) the tiers; (stade) the terracing; **en ~s** terraced.

graduer [gʀadɥe] 1 vt to graduate ◆ **graduel, -elle** adj gradual ◆ **graduellement** adv gradually.

graffiti [gʀafiti] nmpl graffiti ◇ **un ~** a piece of graffiti, a scribbled slogan.

grain [gʀɛ̃] nm **a** (gén, fig) grain; (café) bean; (poussière) speck; (chapelet) bead; (cassis etc) berry ◇ (semence) **le ~** the seed; **~ de raisin** grape; **~ de poivre** peppercorn; **~ de beauté** beauty spot; **mettre son ~ de sel** [famil] to put one's oar in [famil]; **il a un ~** [famil] he's a bit touched [famil] **b** (texture) grain **c** (averse) heavy shower; (bourrasque) squall.

graine [gʀɛn] nf seed ◇ **prends-en de la ~** [famil] take a leaf out of his (ou her) book [famil].

graisse [gʀɛs] nf (gén) fat; (lubrifiant) grease ◆ **graisser** 1 vt to grease ◇ **~ la patte à qn** [famil] to grease sb's palm ◆ **graisseux, -euse** adj greasy.

grammaire [gʀamɛʀ] nf grammar ◆ **grammatical, e,** mpl **-aux** adj grammatical ◆ **grammaticalement** adv grammatically.

gramme [gʀam] nm gramme.

grand, e [gʀɑ̃, gʀɑ̃d] **1** adj **a** (gén) big; (haut) tall; (important, remarquable) great; (quantité) large; (bruit) loud; (vent) strong, high; (chaleur) intense; (fig: âme) noble ◇ **un ~ ami de** a great friend of; **les ~s malades** the seriously ill **b** (plus âgé) big ◇ **son ~ frère** his big ou older brother; **les ~es classes** the senior forms; **~ âge** great age, old age **c** (très, beaucoup) a lot of ◇ **il n'y a pas ~ monde** there aren't a lot of people ou very many people; **avoir ~ peur** to be very frightened; **de ~ matin** very early in the morning **d** ◇ (locutions) **cela ne vaut pas ~-chose** it's not worth much; **à ma ~e surprise** much to my surprise; **de ~ cœur** wholeheartedly; **à ~s cris** vociferously; **de ~e envergure** large-scale; **au ~ jour** (lit) in broad daylight; (fig) in the open; **en ~e partie** largely; **à ~-peine** with great difficulty; **il est ~ temps de faire ceci** it's high time this was done **2** adv ◇ **voir ~** to think big [famil]; **faire qch en ~** to do sth on a large scale; **ouvrir ~ la fenêtre** to open the window wide **3** nm,f (adulte) adult; (enfant) older child ◇ **mon ~** my dear; **les ~s de ce monde** those in high places; **les quatre G~s** the Big Four; **Pierre le G~** Peter the Great **4** comp: **le ~ air** the open air; **la ~e banlieue** the outer suburbs; **la G~e-Bretagne** Great Britain; **le ~ écart** the splits; **le ~ écran** the big screen **~ ensemble** housing scheme; **le ~ large** the high seas; **~ magasin** department store; **~ manitou** [famil] big shot [famil]; **~-mère** grandmother; (famil: vieille dame) granny [famil]; **le ~ monde** high society; **~-oncle** great-uncle; **~s-parents** grand parents **~-père** grandfather; (famil: vieux monsieur) old man; **~e personne** grown-up; **le ~ public** the general public (Pol); **~e puissance** major power; **la ~-rue**

the high ou main street, the main drag (US); **~e surface** hypermarket; **~-tante** great-aunt; **~ teint** colourfast; **les ~es vacances** the summer holidays ou vacation (US).

grandement [grɑ̃dmɑ̃] adv greatly ◇ **il a ~ le temps** he has plenty of time; **il est ~ temps** it's high time.

grandeur [grɑ̃dœr] nf (gén) greatness; (objet) size ◇ **~ nature** life-size; **~ d'âme** nobility of soul.

grandiose [grɑ̃djoz] adj grandiose.

grandir [grɑ̃dir] [2] **1** vi to grow; (bruit) to grow louder ◇ **~ de 10 cm** to grow 10 cm; (âge) **en grandissant** as you grow up **2** vt (microscope) to magnify ◇ **ça le grandit** it makes him look taller.

grange [grɑ̃ʒ] nf barn.

granit(e) [granit] nm granite.

granulé [granyle] nm granule ◆ **granuleux, -euse** adj granular.

graphique [grafik] **1** adj graphic **2** nm (courbe) graph ◆ **graphiste** nmf graphic designer.

grappe [grap] nf cluster ◇ **~ de raisin** bunch of grapes.

grappin [grapɛ̃] nm grapnel ◇ **mettre le ~ sur** [famil] to grab.

gras, grasse [grɑ, grɑs] **1** adj (gén) fat; (bouillon) fatty; (mains) greasy; (trait) thick; (toux) loose; (rire) coarse ◇ **faire la grasse matinée** to have a long lie **2** nm (Culin) fat; (sale) grease ◆ **grassement** adv ◇ **~ payé** highly paid, well paid.

gratification [gratifikɑsjɔ̃] nf bonus.

gratifier [gratifje] [7] vt ◇ **~ qn de** to reward sb with.

gratin [gratɛ̃] nm (plat) cheese dish; (croûte) cheese topping ◇ (famil: haute société) **le ~** the upper crust; **au ~** au gratin.

gratis [gratis] adv free.

gratitude [gratityd] nf gratitude.

gratte-ciel [gratsjɛl] nm inv skyscraper.

gratte-papier [gratpapje] nm (péj) pen-pusher.

gratter [grate] [1] **1** vt (surface) to scratch; (avec un outil) to scrape ◇ **ça me gratte** I've got an itch, it makes me itch **2** vi **a** (plume) to scratch; (drap: irriter) to be scratchy **b** (famil: économiser) to save; (travailler) to slog away [famil]; (écrire) to scribble **3 se gratter** vpr to scratch o.s.

grattoir [gratwar] nm scraper.

gratuit, e [gratɥi, ɥit] adj (sans payer) free; (affirmation) unwarranted; (cruauté) gratuitous ◆ **gratuité** nf ◇ **la ~ de l'éducation** etc free education etc ◆ **gratuitement** adv free of charge; gratuitously.

gravats [gravɑ] nmpl rubble.

grave [grav] adj (solennel) grave; (alarmant) serious, grave; (accent) grave; (note) low; (voix) deep ◆ **gravement** adv gravely; seriously.

graver [grave] [1] vt (gén) to engrave; (sur bois) to carve (*dans* on); (à l'eau-forte) to etch ◆ **graveur** nm engraver; (sur bois) woodcutter.

gravier [gravje] nm ◇ **un ~** a bit of gravel; **le ~** gravel ◆ **gravillon** nm bit of gravel ◇ **des ~s** loose chippings.

gravir [gravir] [2] vt to climb.

gravité [gravite] nf gravity ◇ **c'est un accident sans ~** it is a minor accident.

graviter [gravite] [1] vi to revolve.

gravure [gravyr] nf (action) engraving; (tableau) print; (photo) plate ◇ **une ~ sur bois** a woodcut.

gré [gre] nm (volonté) will; (goût) liking, taste ◇ **à votre ~** as you like ou please; **de ~ ou de force** whether he likes it or not; **de bon ~** willingly; **de mauvais ~** grudgingly; **volant au ~ du vent** flying in the wind; **au ~ des événements** according to events.

grec, grecque [grɛk] **1** adj, nm Greek **2** nm,f ◇ **G~(que)** Greek ◆ **Grèce** nf Greece.

gredin [grədɛ̃] nm rascal.

gréement [gremɑ̃] nm (Naut) rigging.

1. **greffe** [grɛf] nf (organe) transplant; (tissu, branche) graft ◆ **greffer** [1] vt to transplant; to graft ◆ **greffon** nm transplant; graft.

2. **greffe** [grɛf] nm clerk of the court's office ◆ **greffier** nm clerk of the court.

grégaire [gregɛr] adj gregarious.

1. **grêle** [grɛl] adj (jambes, personne) spindly; (son) shrill.

2. **grêle** [grɛl] nf hail ◇ **averse de ~** hail storm ◆ **grêler** [1] vb impers ◇ **il grêle** it is hailing ◆ **grêlon** nm hailstone.

grelot [grəlo] nm bell.

grelotter [grəlɔte] [1] vi to shiver (*de* with).

grenade [grənad] nf (fruit) pomegranate; (explosif) grenade ◆ **grenadine** nf grenadine.

grenat [grəna] adj inv dark red.

grenier [grənje] nm attic, garret; (pour grain etc) loft.

grenouille [grənuj] nf frog.

grès [grɛ] nm (Géol) sandstone; (Poterie) stoneware.

grésil [grezi(l)] nm (Mét) fine hail.

grésiller [grezije] [1] vi (huile) to sizzle; (radio) to crackle.

grève [grɛv] nf **a** strike ◇ **se mettre en ~** to go on strike; **~ de la faim** hunger strike **b** (mer) shore; (rivière) bank.

grever [grəve] [5] vt (budget) to put a strain on.

gréviste [grevist(ə)] nmf striker.

gribouiller [gʀibuje] 1 vt to scribble, scrawl ♦ **gribouillis** nm scribble.

grief [gʀijɛf] nm grievance ◇ **faire ~ à qn de qch** to hold sth against sb.

grièvement [gʀijɛvmɑ̃] adv seriously.

griffe [gʀif] nf **a** (ongle) claw ◇ **montrer ses ~s** to show one's claws **b** (couturier) maker's label; (fonctionnaire) signature stamp ♦ **griffer** 1 vt to scratch; (avec force) to claw.

griffonner [gʀifɔne] 1 vt (écrire) to scribble, scrawl; (dessiner) to scrawl.

grignoter [gʀiɲɔte] 1 vti to nibble.

gril [gʀi(l)] nm (Culin) steak pan, grill pan ◇ **être sur le ~** [famil] to be on tenterhooks ♦ **grillade** nf (viande) grill.

grillage [gʀijaz] nm wire netting; (clôture) wire fence.

grille [gʀij] nf (clôture) railings; (portail) gate; (barreaux) bars; (pour cheminée) grate; (mots croisés) grid; (fig: échelle) scale.

grille-pain [gʀijpɛ̃] nm inv toaster.

griller [gʀije] 1 vt **a** (Culin: aussi **faire ~**) (pain, amandes) to toast; (viande) to grill; (café, châtaignes) to roast **b** ◇ (fig) **~ un feu rouge** to jump the lights; **~ une étape** to cut out a stop; **se ~ au soleil** to roast in the sun **c** (casser) (lampe) to blow; (moteur) to burn out.

grillon [gʀijɔ̃] nm cricket.

grimace [gʀimas] nf grimace ◇ **faire des ~s** to make ou pull faces; **il fit une ~** he pulled a face ♦ **grimacer** 3 vi to grimace (*de* with).

grimer vt, **se grimer** vpr [gʀime] 1 to make up.

grimper [gʀɛ̃pe] 1 **1** vi (personne) to climb; (fièvre, prix) to soar ◇ **~ aux arbres** to climb trees; **ça grimpe dur!** it's a steep climb! **2** vt to climb.

grincement [gʀɛ̃smɑ̃] nm ◇ **~(s)** (gén) grating; (plancher) creaking; (plume) scratching ♦ **grincer** 3 vi to grate; to creak; to scratch ◇ **~ des dents** to grind one's teeth; (lit, fig) **grinçant** grating.

grincheux, -euse [gʀɛ̃ʃø, øz] adj grumpy.

grippe [gʀip] nf ◇ **la ~** flu; **une ~** a bout of flu; **prendre qn en ~** to take a sudden dislike to sb ♦ **grippé, e** adj ◇ **il est ~** he's got flu.

gris, e [gʀi, gʀiz] adj grey, gray *(US)*; (morne) dull; (soûl) tipsy ◇ **~ perle** pearl grey; **faire ~e mine** to look put out ♦ **grisaille** nf greyness; dullness ♦ **grisâtre** adj greyish.

griser [gʀize] 1 vt to intoxicate ◇ **se ~ de** to be intoxicated by, be carried away by ♦ **griserie** nf intoxication.

grisonnant, e [gʀizɔnɑ̃, ɑ̃t] adj ◇ **il avait les tempes ~es** he was greying at the temples.

grisou [gʀizu] nm firedamp.

grive [gʀiv] nf (oiseau) thrush.

grivois, e [gʀivwa, waz] adj saucy.

Groenland [gʀɔɛnlɑ̃d] nm Greenland.

grog [gʀɔg] nm grog.

grogne [gʀɔɲ] [famil] nf ◇ **la ~ des étudiants/patrons** the rumbling discontent of students/employers.

grognement [gʀɔɲmɑ̃] nm (gén) growl; (cochon) grunt ♦ **grogner** 1 vi to grunt ♦ **grognon** adj grumpy.

groin [gʀwɛ̃] nm (animal) snout.

grommeler [gʀɔmle] 4 vti to mutter.

grondement [gʀɔ̃dmɑ̃] nm ◇ **~(s)** (canon, orage) rumbling; (foule) muttering ♦ **gronder** 1 **1** vt (enfant) to scold **2** vi to rumble; to mutter; (colère) to be brewing.

groom [gʀum] nm bellboy.

gros, grosse [gʀo, gʀos] **1** adj (gén) big, large; (épais) thick; (gras) fat; (lourd, fort) heavy (*de* with); (dégâts, progrès) great ◇ **le ~ travail** the heavy work; **c'est vraiment un peu ~** it's a bit thick [famil]; **avoir le cœur ~** to have a heavy heart; **le chat fait le ~ dos** the cat is arching its back; **faire les ~ yeux à un enfant** to glower at a child **2** nm (personne) fat man ◇ **le ~ du travail** the bulk of the work; **en ~** broadly; **le commerce de ~** the wholesale business; **vendre en ~** to sell wholesale **3** nf fat woman **4** adv (beaucoup) a lot ◇ **écrire ~** to write big; **en avoir ~ sur le cœur** to be upset **5** comp: **~ bonnet** [famil] bigwig [famil]; (Mus) **grosse caisse** bass drum; **~ intestin** large intestine; **~ lot** jackpot; **~ mot** rude word **~; plan** close-up; **~ sel** coarse salt; **~ titre** headline.

groseille [gʀozɛj] nf red (ou white) currant ◇ **~ à maquereau** gooseberry ♦ **groseillier** nm currant bush.

grossesse [gʀosɛs] nf pregnancy.

grosseur [gʀosœʀ] nf **a** (objet) size; (fil, bâton) thickness; (personne) weight **b** (tumeur) lump.

grossier, -ière [gʀosje, jɛʀ] adj **a** (matière, traits) coarse; (instrument, ruse) crude; (réparation, estimation) rough **b** (erreur, ignorance) gross **c** (insolent) rude (*envers* to); (vulgaire) coarse ♦ **grossièreté** nf coarseness; crudeness; rudeness ◇ **dire des ~s** to use rude language.

grossir [gʀosiʀ] 2 **1** vi (gén) to grow; (personne) to put on weight, get fat; (bruit) to get louder **2** vt **a** (lunettes) to enlarge, magnify; (exagérer) to exaggerate **b** (foule, rivière) to swell; (somme) to increase ♦ **grossiste** nmf wholesaler.

grosso modo [gʀosomɔdo] adv roughly.

grotesque [gʀɔtɛsk(ə)] adj (risible) ludicrous; (difforme) grotesque.

grotte [gʀɔt] nf (naturelle) cave; (artificielle) grotto.

grouillement [gʀujmɑ̃] nm (foule) milling; (rue) swarming ◆ **grouiller** [1] **1** vi to mill about; to be swarming with people **2** **se grouiller** vpr [famil] to get a move on [famil], hurry up.

groupe [gʀup] nm group ◇ **un ~ de touristes** a group ou party of tourists; **par ~s de 3** in groups of 3, in threes; **~ électrogène** generating set; **~ scolaire** school complex; **~ sanguin** blood group ◆ **groupement** nm (action) grouping; (groupe) group ◇ **~ d'achats** bulk-buying organization ◆ **grouper** [1] **1** vt to group; (ressources) to pool **2** **se grouper** vpr to gather ◆ **groupuscule** nm (Pol péj) small group.

grue [gʀy] nf (machine, oiseau) crane; (famil: prostituée) tart.

grumeau, pl **~x** [gʀymo] nm (sauce) lump.

gruyère [gʀyjɛʀ] nm gruyère cheese.

Guadeloupe [gwadlup] nf Guadeloupe ◆ **guadeloupéen, -enne** **1** adj Guadelupian **2** [nm, f]: **G~, -enne** native of Guadeloupe.

Guatemala [gwatemala] nm Guatemala ◆ **guatémaltèque** adj, **G~** nmf Guatemalan.

gué [ge] nm ford ◇ **passer à ~** to ford.

guenille [gənij] nf rag.

guenon [gənɔ̃] nf female monkey.

guépard [gepaʀ] nm cheetah.

guêpe [gɛp] nf wasp ◆ **guêpier** nm (piège) trap; (nid) wasp's nest.

guère [gɛʀ] adv hardly, scarcely ◇ **il n'y a ~ de monde** there's hardly ou scarcely anybody there; **il n'y a ~ que lui qui...** he's about the only one who...; **je n'aime ~ qu'on me questionne** I don't much like being questioned.

guéridon [geʀidɔ̃] nm pedestal table.

guérilla [geʀija] nf guerrilla warfare.

guérir [geʀiʀ] [2] **1** vt (gén) to cure; (membre, blessure) to heal **2** vi (malade) to recover (*de* from); (blessure) to heal ◇ **se ~ de** to cure o.s. of ◆ **guérison** nf (malade) recovery; (maladie) curing; (membre, plaie) healing ◆ **guérisseur, -euse** nm,f healer; (péj) quack.

guérite [geʀit] nf (Mil) sentry box; (sur chantier) site hut.

guerre [gɛʀ] nf war ◇ **la ~ de Sécession** the American Civil War; **en ~** at war (*avec* with); **faire la ~ à** to wage war on; **faire la ~ à qn pour obtenir qch** to battle with sb to get sth; **de ~ lasse elle accepta** she gave up the struggle and accepted ◆ **guerrier, -ière** **1** adj (nation) warlike; (danse) war **2** nm,f warrior.

guet [gɛ] nm watch ◇ **faire le ~** to be on the watch ou look-out.

guet-apens, pl **~s-~** [gɛtapɑ̃] nm ambush.

guêtre [gɛtʀ(ə)] nf gaiter.

guetter [gete] [1] vt (épier) to watch; (attendre) to be on the look-out for.

guetteur [gɛtœʀ] nm look-out.

gueule [gœl] nf **a** ([famil]: bouche) mouth; (figure) face; (aspect) look **b** (animal, four) mouth; (canon) muzzle ◇ **se jeter dans la ~ du loup** to throw o.s. into the lion's jaws ◆ **gueuler** [famil] [1] vi to bawl (*de* with).

gueuleton [gœltɔ̃] [famil] nm blow-out [famil].

gui [gi] nm mistletoe.

guibol(l)e [gib@el] [famil] **nf** (jambe) leg.

guichet [giʃɛ] nm (banque) counter; (théâtre) box office; (gare) ticket office ◆ **guichetier, -ière** nm,f counter clerk.

guide [gid] **1** nm (gén) guide; (livre) guide book **2** nfpl ◇ (rênes) **~s** reins ◆ **guider** [1] vt to guide.

guidon [gidɔ̃] nm (vélo) handlebars.

guigne [giɲ(ə)] [famil] nf rotten luck [famil].

guignol [giɲɔl] nm (marionnette) guignol; (péj) clown; (spectacle) puppet show ◇ **c'est du ~!** it's a farce!

guillemet [gijmɛ] nm inverted comma.

guilleret, -ette [gijʀɛ, ɛt] adj (enjoué) perky.

guillotine [gijɔtin] nf guillotine ◆ **guillotiner** [1] vt to guillotine.

guimauve [gimov] nf marshmallow.

guimbarde [gɛ̃baʀd(ə)] [famil] nf ◇ **(vieille) ~** old banger [famil].

guindé, e [gɛ̃de] adj (personne) stiff; (style) stilted.

Guinée [gine] nf Guinea ◆ **guinéen, -enne** adj, **G~, -enne** nm,f Guinean.

guingois [gɛ̃gwa] [famil] adv ◇ **de ~** skew-whiff [famil].

guirlande [giʀlɑ̃d] nf garland.

guise [giz] nf ◇ **n'en faire qu'à sa ~** to do as one pleases ou likes; **en ~ de** by way of.

guitare [gitaʀ] nf guitar ◆ **guitariste** nmf guitarist.

guttural, e, mpl **-aux** [gytyʀal, o] adj guttural.

Guyane [gɥijan] nf **a** Guiana, Guyana ◆ **guyanais, e** adj, **G~, e** nm,f **b** Guyanese.

gym [ʒim] nf abrév de *gymnastique* gym, PE.

gymkhana [ʒimkana] nm rally.

gymnase [ʒimnaz] nm gymnasium, gym ◆ **gymnaste** nmf gymnast ◆ **gymnastique** nf gymnastics (sg) ◇ **professeur de ~** physical education ou P.E. teacher.

gynécologie [ʒinekɔlɔʒi] nf gynaecology ◆ **gynécologique** adj gynaecological ◆ **gynécologue** nmf gynaecologist.

gyrophare [ʒiʀɔfaʀ] nm revolving ou flashing light *(on vehicle)*.

gyroscope [ʒiʀɔskɔp] nm gyroscope.

h

H, **h** [aʃ] nm (lettre) H, h ◇ **H aspiré** aspirate h; **H muet** silent ou mute h.

ha abrév de *hectare* ha.

hab abrév de *habitant*.

habile [abil] adj skilful, clever (*à faire* at doing) ◆ **habileté** nf skill, skilfulness, cleverness.

habillement [abijmɑ̃] nm (costume) clothes; (profession) clothing trade.

habiller [abije] 1 **1** vt (personne) to dress (*de* in); (mur, fauteuil) to cover (*de* with) **2** **s'habiller** vpr to dress, get dressed; (se déguiser) to dress up (*en* as) ◇ **elle s'habille long** she wears long skirts ◆ **habillé, e** adj (robe, soirée) dressy ◇ **mal** ~ badly dressed; **être** ~ **de noir** to be dressed in ou wearing black.

habit [abi] nm (costume) suit; (Théât) costume; (de cérémonie) tails ◇ **les** ~**s** clothes; (tenue) **son** ~ his dress; **l'**~ **ne fait pas le moine** do not judge by appearances.

habitable [abitabl(ə)] adj habitable.

habitant, **e** [abitɑ̃, ɑ̃t] nm,f (maison) occupant; (pays) inhabitant ◇ **loger chez l'**~ to stay with local people.

habitat [abita] nm (Bot, Zool) habitat; (conditions de logement) housing ou living conditions.

habitation [abitɑsjɔ̃] nf house ◇ **conditions d'**~ housing ou living conditions; ~ **à loyer modéré** (appartement) ≃ council flat, public housing unit *(US)*.

habiter [abite] 1 **1** vt (maison) to live in; (région) to inhabit ◇ (Espace) **vol habité** manned flight **2** vi to live.

habitude [abityd] nf habit ◇ (coutumes) ~**s** customs; **avoir l'**~ **de faire** to be used to doing; **avoir une longue** ~ **de** to have long experience of; **d'**~ usually; **comme d'**~ as usual.

habitué, **e** [abitɥe] nm,f (maison) regular visitor; (café) regular customer ◆ **habituel, -elle** adj usual, habitual ◆ **habituellement** adv usually.

habituer [abitɥe] vt ◇ ~ **qn à faire** to accustom sb to doing; **s'**~ **à faire** to get used to doing.

hache ['aʃ] nf axe ◇ ~ **de guerre** hatchet ◆ **haché, e** adj (viande) minced, ground *(US)*; (style) jerky ◆ **hacher** 1 vt (au couteau) to chop; (avec un appareil) to mince, grind (US) ◆ **hachette** nf hatchet ◆ **hachis** nm mince ◇ ~ **Parmentier** ≃ shepherd's pie ◆ **hachoir** nm (couteau) chopper; (appareil) (meat-) mincer, grinder *(US)*.

hagard, **e** ['agaʀ, aʀd(ə)] adj distraught, wild.

haie ['ɛ] nf **a** (clôture) hedge; (spectateurs) line, row **b** (coureur) hurdle; (chevaux) fence ◇ **110 mètres** ~**s** 110 metres hurdles.

haillon ['ɑjɔ̃] nm rag.

haine ['ɛn] nf hatred, hate (*de*, *pour* of) ◇ **avoir de la** ~ **pour** to be filled with hate for ◆ **haineux, -euse** adj full of hatred ou hate.

haïr ['aiʀ] 10 vt to detest, hate.

Haïti [aiti] nf Haiti ◆ **haïtien, -ienne** adj, **H**~**, -ienne** nm,f Haitian.

halage ['alaʒ] nm towing ◇ **chemin de** ~ towpath.

hâle ['ɑl] nm tan, sunburn ◆ **hâlé, e** adj tanned, sunburnt.

haleine [alɛn] nf (souffle) breath; (respiration) breathing ◇ **hors d'~** out of breath, breathless; **tenir qn en ~** to keep sb in suspense; **travail de longue ~** long-term job.

haler ['ale] 1 vt to tow.

haletant, e ['altɑ̃, ɑ̃t] adj panting; (voix) breathless.

haleter ['alte] 5 vi (personne) to pant (*de* with); (moteur) to puff.

hall ['ol] nm (immeuble) hall, foyer; (gare) arrival (ou departure) hall.

halle ['al] nf ◇ **les H~s** *the central food market of Paris.*

hallucination [alysinɑsjɔ̃] nf hallucination.

halo ['alo] nm halo.

halogène [alɔʒɛn] 1 adj (gén) halogenous; (lampe) halogen 2 nm halogen.

halte ['alt(ə)] nf (pause) stop, break; (fig) pause; (endroit) stopping place; (Rail) halt ◇ **faire ~** to stop; **~!** stop!; **~ aux essais nucléaires!** no more nuclear tests!

haltère [altɛʀ] nm (à boules) dumbbell; (à disques) barbell ◇ **faire des ~s** to do weightlifting.

hamac ['amak] nm hammock.

hamburger ['ɑ̃buʀgœʀ] nm hamburger, beefburger.

hameau, pl **~x** ['amo] nm hamlet.

hameçon [amsɔ̃] nm fish hook.

hanche ['ɑ̃ʃ] nf (personne) hip; (cheval) haunch.

hand-ball ['ɑ̃dbal] nm handball.

handicap ['ɑ̃dikap] nm handicap ◆ **handicapé, e** 1 adj handicapped 2 nm,f handicapped person ◇ **~ moteur** spastic ◆ **handicaper** 1 vt to handicap.

hangar ['ɑ̃gaʀ] nm (gén) shed; (marchandises) warehouse; (avions) hangar.

hanneton ['antɔ̃] nm maybug.

hanter ['ɑ̃te] 1 vt to haunt.

hantise ['ɑ̃tiz] nf obsessive fear.

happer ['ape] 1 vt (avec la gueule) to snap up; (avec la main) to snatch up.

haras ['aʀɑ] nm stud farm.

harasser ['aʀase] 1 vt to exhaust.

harceler ['aʀsəle] 5 vt to harass (*de* with).

hardi, e ['aʀdi] adj bold, daring ◆ **hardiesse** nf boldness, daring ◇ **une ~** a bold remark ◆ **hardiment** adv boldly, daringly.

hareng ['aʀɑ̃] nm herring ◇ **~ saur** smoked herring, kipper.

hargne ['aʀɲ(ə)] nf spite, resentment ◆ **hargneux, -euse** adj spiteful, resentful.

haricot ['aʀiko] nm bean ◇ **~ blanc** haricot bean; **~ vert** French bean; **~ de mouton** mutton stew.

harmonica [aʀmɔnika] nm harmonica, mouth organ.

harmonie [aʀmɔni] nf (gén) harmony; (fanfare) wind band ◆ **harmonieux, -euse** adj harmonious ◆ **harmoniser** vt, **s'harmoniser** vpr 1 to harmonize.

harmonium [aʀmɔnjɔm] nm harmonium.

harnais ['aʀnɛ] nm harness.

harpe ['aʀp(ə)] nf (Mus) harp.

harpon ['aʀpɔ̃] nm harpoon ◆ **harponner** 1 vt (baleine) to harpoon; (au passage) to waylay.

hasard ['azaʀ] nm (coïncidence) coincidence; (destin) chance, fate, luck ◇ (risques) **~s** hazards; **un ~ heureux** a stroke of luck; **au ~** (aller) aimlessly; (agir) haphazardly; (tirer, citer) at random; **à tout ~** just in case; **par ~** by chance ◆ **hasarder** 1 vt (vie) to risk; (hypothèse) to hazard, venture ◇ **se ~ à faire** to risk doing, venture to do ◆ **hasardeux, -euse** adj risky.

hâte ['ɑt] nf (empressement) haste; (impatience) impatience ◇ **à la ~** in a hurry; **avoir ~ de faire** to be eager to do ◆ **hâter** 1 1 vt to hasten ◇ **~ le pas** to quicken one's pace 2 **se hâter** vpr to hurry, hasten (*de faire* to do) ◇ **hâtez-vous** hurry up ◆ **hâtif, -ive** adj (développement) precocious; (décision) hasty ◆ **hâtivement** adv hurriedly, hastily.

hausse ['os] nf rise, increase (*de* in) ◇ **être en ~** to be going up ◆ **hausser** 1 vt to raise ◇ **~ les épaules** to shrug one's shoulders; **se ~ sur la pointe des pieds** to stand up on tiptoe.

haut, e ['o, 'ot] 1 adj (gén) high; (en taille) tall ◇ **un mur ~ de 3 mètres** a wall 3 metres high; **marcher la tête ~e** to walk with one's head held high; **la mer est ~e** it is high tide, the tide is in; **en ~e mer** on the open sea; **à voix ~e** aloud, out loud; **~ en couleur** colourful; **avoir la ~e main sur qch** to have supreme control of sth; **~e cuisine** etc haute cuisine etc; **~ fonctionnaire** high-ranking civil servant; **la ~e bourgeoisie** the upper middle classes; **dans la plus ~e antiquité** in earliest antiquity; **la H~e Normandie** Upper Normandy 2 nm top ◇ **le mur a 3 mètres de ~** the wall is 3 metres high; **en ~** at the top; (étage) upstairs; **l'étagère du ~** the top shelf; **des ~s et des bas** ups and downs; **tomber de ~** (lit) to fall from a height; (fig) to have one's hopes dashed; **prendre qch de ~** to take sth in a high and mighty way; **d'en ~** from above 3 adv high; (sur colis) 'this side up' ◇ **lire tout ~** to read aloud; **des gens ~ placés** people in high places; **'voir plus ~'** 'see above'; **~ les mains!** hands up!; **gagner ~ la main** to win hands down 4 comp: **avoir un ~-le-cœur** to retch; **~ commissaire** high commissioner; **avoir un ~-le-corps** to start, jump; **~e fidélité** hi-fi, high fidelity; **~-de-forme** nm, pl **s-~-~** top hat; **~-fourneau** nm, pl **~s-~x** blast furnace; **en ~ lieu** in high places; **~-parleur** nm, pl **~-~s** loudspeaker; **de ~ vol, de ~e volée** (personne) high-flying; (projet) far-reaching.

hautain, e ['otɛ̃, ɛn] adj haughty.

hautbois ['obwɑ] nm oboe.

hautement ['otmɑ̃] adv highly.

hauteur ['otœʀ] nf **a** height ◇ **prendre de la ~** to climb, gain height; **arriver à la ~ de qn** to draw level with sb; **être à la ~ de la situation** to be equal to the situation **b** (Géom: ligne) perpendicular **c** (colline) hill **d** (arrogance) haughtiness.

hâve ['ɑv] adj gaunt, haggard.

havre ['ɑvʀ(ə)] nm haven.

Haye ['ɛ] nf ◇ **La ~** the Hague.

hebdomadaire [ɛbdɔmadɛʀ] adj, nm weekly.

hébergement [ebɛʀʒəmɑ̃] nm accommodation ◆ **héberger** 3 vt to accommodate.

hébéter [ebete] 6 vt to stupefy.

hébraïque [ebʀaik] adj Hebrew, Hebraic.

hébreu, pl **~x** [ebʀø] adj m, nm Hebrew ◇ **pour moi, c'est de l'~** [famil] it's all Greek to me!

hécatombe [ekatɔ̃b] nf slaughter.

hectare [ɛktaʀ] nm hectare.

hecto... [ɛkto] préf hecto....

hégémonie [eʒemɔni] nf hegemony.

hein ['ɛ̃] [famil] excl eh.

hélas ['elɑs] **1** excl alas! **2** adv unfortunately.

héler ['ele] 6 vt to hail.

hélice [elis] nf propeller, screw.

hélicoptère [elikɔptɛʀ] nm helicopter.

hélium [eljɔm] nm helium.

helvétique [ɛlvetik] adj Swiss.

hématie [emati] nf red blood corpuscle.

hématome [ematom] nm bruise.

hémisphère [emisfɛʀ] nm hemisphere ◇ **~ nord** northern hemisphere.

hémoglobine [emɔglɔbin] nf haemoglobin.

hémophile [emɔfil] **1** adj haemophiliac **2** nmf haemophiliac ◆ **hémophilie** nf haemophilia.

hémorragie [emɔʀaʒi] nf haemorrhage ◇ **faire une ~** to haemorrhage.

hémorroïde [emɔʀɔid] nf haemorrhoid, pile.

hennir ['eniʀ] 2 vi to neigh, whinny ◆ **hennissement** nm neigh, whinny.

hep ['ɛp, hɛp] excl hey!

hépatique [epatik] adj hepatic ◆ **hépatite** nf hepatitis.

herbage [ɛʀbaʒ] nm pasture.

herbe [ɛʀb(ə)] nf grass ◇ **une ~** a blade of grass; (Culin, Méd) a herb; **mauvaise ~** weed; **en ~** (blé) green, unripe; (avocat) budding; **couper l'~ sous les pieds de qn** to cut the ground from under sb's feet ◆ **herbeux, -euse** adj grassy ◆ **herbivore** **1** adj herbivorous **2** nm herbivore.

herboriste [ɛʀbɔʀist(ə)] nmf herbalist ◆ **herboristerie** nf herbalist's shop.

Hercule [ɛʀkyl] nm Hercules.

héréditaire [eʀeditɛʀ] adj hereditary ◆ **hérédité** nf heredity.

hérésie [eʀezi] nf (Rel) heresy ◆ **hérétique** **1** adj heretical **2** nmf heretic.

hérisser ['eʀise] 1 **1** vt ◇ **le chat hérisse ses poils** the cat makes its coat bristle; (colère) **~ qn** to put sb's back up [famil] **2** **se hérisser** vpr (lit, fig) to bristle ◆ **hérissé, e** adj bristling (*de* with).

hérisson ['eʀisɔ̃] nm hedgehog.

héritage [eʀitaʒ] nm inheritance; (culturel) heritage ◇ **faire un ~** to come into an inheritance; **tante à ~** rich aunt ◆ **hériter** 1 vti to inherit ◇ **~ (de) qch de qn** to inherit sth from sb ◆ **héritier** nm heir ◆ **héritière** nf heiress.

hermétique [ɛʀmetik] adj (joint) airtight; (barrage) impenetrable; (écrivain) obscure ◆ **hermétiquement** adv tightly.

hermine [ɛʀmin] nf ermine.

hernie ['ɛʀni] nf hernia, rupture ◇ **~ discale** slipped disc.

héroïne [eʀɔin] nf (femme) heroine; (drogue) heroin.

héroïque [eʀɔik] adj heroic ◆ **héroïsme** nm heroism.

héron ['eʀɔ̃] nm heron.

héros ['eʀo] nm hero.

hertz [ɛʀts] nm hertz ◆ **hertzien, -ienne** adj Hertzian.

hésitant, e [ezitɑ̃, ɑ̃t] adj (gén) hesitant; (caractère) wavering; (voix, pas) faltering ◆ **hésitation** nf hesitation ◇ **après bien des ~s** after much hesitation ◆ **hésiter** 1 vi to hesitate; (en récitant) to falter ◇ **~ à faire qch** to be reluctant to do sth.

hétéroclite [eteʀɔklit] adj heterogeneous.

hétérogène [eteʀɔʒɛn] adj heterogeneous.

hétérosexualité [eteʀɔsɛksɥalite] nf heterosexuality ◆ **hétérosexuel, -elle** adj, nm,f heterosexual.

hêtre ['ɛtʀ(ə)] nm (arbre) beech tree; (bois) beech wood.

heure [œʀ] nf **a** (mesure) hour ◇ **20 F de l'~** 20 francs an hour ou per hour; **3 ~s de travail** 3 hours' work; **d'~ en ~** hourly; **24 ~s sur 24** 24 hours a day; **faire des ~s supplémentaires** to work overtime **b** ◇ (de la journée) **quelle ~ est-il?** what time is it?; **il est 6 ~s** it is 6 o'clock; **3 ~s 10** 10 past 3 **c** (fixée) time ◇ **avant l'~** before time, early; **à l'~** on time; **après l'~** late; **~ d'été** daylight-saving time; **mettre sa montre à l'~** to put one's watch right **d** ◇ (moment) **l'~ du déjeuner** lunchtime; **~ de pointe** rush hour; **les ~s creuses** slack periods; **à l'~ H** at zero hour; **~ de gloire** hour of glory; **~ de vérité** moment of truth; **il attend son ~** he is biding his time; **repas chaud à toute ~** hot meals all day; **tout à l'~** (passé) a short while ago; (futur) in a little while.

heureusement [œʀøzmɑ̃] adv fortunately, luckily.

heureux, -euse [œʀø, øz] adj (gén) happy; (chanceux) fortunate, lucky ◇ **vivre ~** to live happily; **j'en suis ~** I'm pleased ou happy with it, I'm glad ou pleased to hear it; **~ en amour** lucky in love; **c'est encore ~!** it's just as well!; **attendre un ~ événement** to be expecting a happy event.

heurt ['œʀ] nm (choc) collision; (conflit) clash ◇ **sans ~s** smoothly ◆ **heurter** 1 **1** vt (cogner) to strike, hit, knock; (bousculer) to jostle; (par collision) to collide with; (fig: choquer) to offend ◇ **rythme heurté** jerky rhythm; **~ qn de front** to clash head-on with sb **2** **heurter contre** vt indir to strike against **3** **se heurter** vpr to collide; (fig) to clash ◇ **se ~ à un problème** to come up against a problem.

hexagonal, e, mpl **-aux** [ɛgzagɔnal, o] adj hexagonal ◆ **hexagone** nm hexagon; (fig: France) France.

hiberner [ibɛʀne] 1 vi to hibernate.

hibou, pl **~x** ['ibu] nm owl.

hic ['ik] [famil] nm ◇ **c'est là le ~** that's the snag.

hideux, -euse ['idø, øz] adj hideous.

hier [jɛʀ] adv yesterday ◇ **~ soir** yesterday evening, last night; **je ne suis pas né d'~** I wasn't born yesterday.

hiérarchie ['jeʀaʀʃi] nf hierarchy ◆ **hiérarchique** adj hierarchical.

hi-fi ['ifi] adj, nf hi-fi.

hilare [ilaʀ] adj beaming ◆ **hilarité** nf hilarity.

hindou, e [ɛ̃du] adj, **H~, e** nm,f (citoyen) Indian; (croyant) Hindu.

hippique [ipik] adj ◇ **concours ~** horse show.

hippocampe [ipɔkɑ̃p] nm sea horse.

hippodrome [ipɔdʀom] nm racecourse.

hippopotame [ipɔpɔtam] nm hippopotamus, hippo.

hirondelle [iʀɔ̃dɛl] nf swallow.

hirsute [iʀsyt] adj (tête) tousled; (personne) shaggy-haired; (barbe) shaggy.

hisser ['ise] 1 vt to hoist ◇ **se ~ sur un toit** to haul o.s. up onto a roof.

histoire [istwaʀ] nf **a** ◇ (science) **l'~** history; **c'est de l'~ ancienne** [famil] all that's ancient history [famil] **b** (récit) story; (historique) history; (famil: mensonge) story [famil], fib [famil]; (famil: affaire) business ◇ **~ drôle** joke; **c'est une ~ à dormir debout** it's a cock-and-bull story; **~ de prendre l'air** [famil] just for a breath of fresh air; **c'est une drôle d'~** [famil] it's a funny business; **faire des ~s à qn** [famil] to make trouble for sb; **quelle ~ pour si peu!** [famil] what a fuss about nothing! ◆ **historien, -ienne** nm,f historian ◆ **historique** **1** adj historic **2** nm ◇ **faire l'~ de qch** to review sth.

hit-parade, pl **~-~s** ['itpaʀad] nm ◇ (Mus) **le ~** the charts; **premier au ~** number one in the charts.

hiver [ivɛʀ] nm winter ◆ **hivernal, e,** mpl **-aux** adj winter; (fig: glacial) wintry.

HLM ['aʃɛlɛm] nm ou nf abrév de *habitation à loyer modéré* → **habitation.**

hochement ['ɔʃmɑ̃] nm ◇ **~ de tête** (affirmatif) nod; (négatif) shake of the head ◆ **hocher** 1 vt ◇ **~ la tête** to nod; to shake one's head ◆ **hochet** nm (bébé) rattle.

hockey ['ɔkɛ] nm hockey ◇ **~ sur glace** ice hockey; **~ sur gazon** field hockey.

holà ['ɔla, hɔla] **1** excl hold! **2** nm ◇ **mettre le ~ à qch** to put a stop to sth.

hold-up ['ɔldœp] nm inv hold-up.

hollandais, e ['ɔlɑ̃dɛ, ɛz] **1** adj, nm Dutch **2** nm ◇ **H~** Dutchman **3** nf ◇ **H~e** Dutchwoman ◆ **Hollande** nf Holland.

holocauste [ɔlɔkost(ə)] nm (Rel, fig) sacrifice; (Rel juive) holocaust.

hologramme [ɔlɔgʀam] nm hologram ◆ **holographie** nf holography.

homard ['ɔmaʀ] nm lobster.

homéopathie [ɔmeɔpati] nf hom(o)eopathy ◆ **homéopathique** adj hom(o)eopathic.

homicide [ɔmisid] nm murder ◇ **~ par imprudence** manslaughter.

hommage [ɔmaʒ] nm ◇ **rendre ~ à qn** to pay homage ou tribute to sb; **présenter ses ~s à qn** to pay one's respects to sb; **en ~ de ma gratitude** as a token of my gratitude.

homme [ɔm] nm man ◇ (espèce) **l'~** man, mankind; **des vêtements d'~** men's clothes; **comme un seul ~** as one man; **un ~ averti en vaut deux** forewarned is forearmed; **~ d'affaires** businessman; **~ d'État** statesman; **~-grenouille** frogman; **l'~ de la rue** the man in the street; **~ de lettres** man of letters; **~ du monde** man about town, gentleman.

homogène [ɔmɔʒɛn] adj homogeneous.

homologue [ɔmɔlɔg] **1** adj homologous (*de* to) **2** nm counterpart, opposite number.

homologuer [ɔmɔlɔge] 1 vt to ratify.

homonyme [ɔmɔnim] 1 adj homonymous 2 nm (Ling) homonym; (personne) namesake ◆ **homonymie** nf homonymy.

homosexualité [ɔmɔsɛksɥalite] nf homosexuality ◆ **homosexuel, -elle** adj, nm,f homosexual.

Honduras ['ɔ̃dyʀas] nm ◇ **le** ~ Honduras.

Hong-Kong ['ɔ̃gkɔ̃g] n Hong Kong.

Hongrie ['ɔ̃gʀi] nf a Hungary ◆ **hongrois, e** adj, nm, **H**~, **e** nm,f b Hungarian.

honnête [ɔnɛt] adj (gén) honest; (satisfaisant) reasonable, fair ◆ **honnêtement** adv honestly; reasonably ◆ **honnêteté** nf honesty.

honneur [ɔnœʀ] nm honour ◇ **mettre son** ~ **à faire qch** to make it a point of honour to do sth; **en l'**~ **de** in honour of; **invité d'**~ guest of honour; (titre) **votre H**~ Your Honour; ~ **aux dames** ladies first; **à vous l'**~ after you; **faire** ~ **à** (sa famille) to be a credit to; (repas) to do justice to; **c'est à son** ~ it's to his credit; **j'ai l'**~ **de solliciter** I am writing to request ◆ **honorabilité** nf worthiness ◆ **honorable** adj (gén) honourable; (sentiments) creditable; (résultats) decent ◆ **honoraire** 1 adj honorary 2 nmpl ◇ ~**s** fees ◆ **honorer** 1 1 vt to honour (*de* with) ◇ **cette franchise l'honore** this frankness does him credit 2 **s'honorer** vpr ◇ **s'**~ **de** to pride o.s. upon ◆ **honorifique** adj honorary.

honte ['ɔ̃t] nf a (déshonneur) disgrace, shame ◇ **c'est une** ~! that's a disgrace! b (gêne) shame ◇ **avoir** ~ **de qch** to be ou feel ashamed of sth; **faire** ~ **à qn** to make sb feel ashamed ◆ **honteux, -euse** adj (déshonorant) shameful; (confus) ashamed (*de* of) ◇ **c'est** ~! it's disgraceful!

hôpital, pl **-aux** [ɔpital, o] nm hospital.

hoquet ['ɔkɛ] nm hiccough ◆ **hoqueter** 4 vi ◇ to hiccough.

horaire [ɔʀɛʀ] 1 adj hourly 2 nm timetable, schedule.

horde [ʌɔʀd(ə)] nf horde.

horizon [ɔʀizɔ̃] nm (gén) horizon; (paysage) landscape ◇ **à l'**~ on the horizon ◆ **horizontal, e**, mpl **-aux** adj, nf horizontal.

horloge [ɔʀlɔʒ] nf clock ◇ ~ **normande** grandfather clock ◆ **horloger, -ère** nm,f watchmaker ◆ **horlogerie** nf (métier) watch-making; (magasin) watchmaker's shop.

hormis ['ɔʀmi] prép save.

hormone [ɔʀmɔn] nf hormone.

horodateur [ɔʀɔdatœʀ] nm (parking) ticket machine.

horoscope [ɔʀɔskɔp] nm horoscope.

horreur [ɔʀœʀ] nf (gén) horror; (répugnance) loathing ◇ **vision d'**~ horrifying sight; **les** ~**s de la guerre** the horrors of war; **quelle** ~! how dreadful!; **j'ai** ~ **de ça, ça me fait** ~ I loathe ou detest it.

horrible [ɔʀibl(ə)] adj (effrayant) horrible; (laid) hideous; (mauvais) dreadful ◆ **horriblement** adv horribly ◆ **horrifier** 7 vt to horrify.

hors ['ɔʀ] 1 prép a (excepté) except for, apart from b ◇ ~ **de** out of; ~ **d'haleine** etc out of breath etc; ~ **de prix** exorbitant; ~ **d'ici!** get out of here!; **il est** ~ **d'affaire** he's over the worst; **il est** ~ **de doute que** it is beyond doubt that; **mettre** ~ **d'état de nuire** to render harmless; **c'est** ~ **de question** it is out of the question; **être** ~ **de soi** to be beside o.s. with anger 2 comp: ~**-bord** nm inv speedboat; ~**-d'œuvre** nm inv hors d'œuvre; ~**-jeu** offside; ~**-la-loi** nm inv outlaw; ~ **ligne**, ~ **pair** outstanding; (Ski) ~**-piste** off-piste; ~**-taxe** duty-free.

hortensia [ɔʀtɑ̃sja] nm hydrangea.

horticulture [ɔʀtikyltyʀ] nf horticulture.

hospice [ɔpis] nm home ◇ ~ **de vieillards** old people's home.

hospitalier, -ière [ɔspitalje, jɛʀ] adj (Méd) hospital; (accueillant) hospitable.

hospitalisation [ɔspitalizɑsjɔ̃] nf hospitalization ◇ ~ **à domicile** home (medical) care ◆ **hospitaliser** 1 vt to hospitalize ◆ **hospitalité** nf hospitality.

hostie [ɔsti] nf (Rel) host.

hostile [ɔstil] adj hostile (*à* to) ◆ **hostilité** nf hostility.

hôte [ot] 1 nm (maître de maison) host 2 nmf (invité) guest.

hôtel [otɛl] nm hotel ◇ ~ **particulier** private mansion; ~ **de ville** town hall, city hall (US) ◆ **hôtelier, -ière** 1 adj hotel 2 nm,f hotelier ◆ **hôtellerie** nf (auberge) inn; (profession) hotel business.

hôtesse [otɛs] nf hostess ◇ ~ **de l'air** air hostess.

hotte ['ɔt] nf (panier) basket; (cheminée) hood.

hou ['u, hu] excl (peur) boo!; (honte) tut-tut!

houblon ['ublɔ̃] nm ◇ **le** ~ hops.

houille ['uj] nf coal ◇ ~ **blanche** hydroelectric power ◆ **houiller, -ère** 1 adj coal 2 nf coalmine.

houle ['ul] nf swell ◆ **houleux, -euse** adj (mer, séance) stormy; (foule) turbulent.

housse ['us] nf dust cover.

houx ['u] nm holly.

HT abrév de *hors taxe* → **hors.**

hublot ['yblo] nm porthole.

huche ['yʃ] nf ◇ ~ **à pain** bread bin.

huées ['ɥe] nfpl boos ◆ **huer** 1 vt to boo.

huile [ɥil] nf oil; (famil: notable) bigwig [famil] ◇ ~ **de baleine** sperm oil; ~ **de table** salad oil; ~ **de foie de morue** cod-liver oil; **jeter de l'** ~ **sur le feu** to add fuel to the flames; **mer d'** ~ glassy sea; **peint à l'** ~ painted in oils ◆ **huiler** [1] vt to oil, lubricate ◆ **huileux, -euse** adj oily.

huis [ɥi] nm door ◇ **à** ~ **clos** in camera.

huissier [ɥisje] nm (appariteur) usher; (Jur) ≃ bailiff.

huit ['ɥi(t)] adj, nm inv eight ◇ **lundi en** ~ a week on Monday; **dans** ~ **jours** in a week → **six** ◆ **huitaine** nf about eight ◆ **huitième** adj, nmf eighth → **sixième.**

huître [ɥitʀ(ə)] nf oyster.

humain, e [ymɛ̃, ɛn] **1** adj (gén) human; (compatissant) humane **2** nm human ◆ **humainement** adv humanly; humanely ◆ **humaniser** [1] vt to humanize ◆ **humanitaire** adj humanitarian ◆ **humanité** nf humanity ◇ **l'** ~ humanity, mankind.

humble [œ̃bl(ə)] adj humble.

humecter [ymɛkte] [1] vt (linge) to dampen; (front) to moisten.

humer ['yme] [1] vt to smell.

humeur [ymœʀ] nf **a** (momentanée) mood, humour ◇ **de bonne** ~ in a good mood ou humour; **se sentir d'** ~ **à travailler** to feel in the mood for work; **plein de bonne** ~ good-humoured **b** (tempérament) temper, temperament; (irritation) bad temper, ill humour **c** (Méd) secretion.

humide [ymid] adj (gén) damp; (mains) moist; (climat chaud) humid ◆ **humidifier** [7] vt to humidify ◆ **humidité** nf dampness; humidity ◇ **taches d'** ~ damp patches.

humiliation [ymiljasjɔ̃] nf humiliation ◆ **humilier** [7] vt to humiliate.

humilité [ymilite] nf humility.

humoriste [ymɔʀist(ə)] nmf humorist ◆ **humoristique** adj humorous.

humour [ymuʀ] nm humour ◇ ~ **noir** sick humour; **avoir de l'** ~ to have a sense of humour.

hune ['yn] nf (bateau) top.

huppé, e ['ype] [famil] adj (riche) posh [famil], classy [famil].

hurlement ['yʀləmɑ̃] nm (personne) howl, yell; (vent) roar; (sirène) wail ◆ **hurler** [1] **1** vi to howl, yell; to roar; to wail ◇ **faire** ~ **sa télé** [famil] to let one's T.V. blare out [famil] **2** vt to roar, bellow out.

hurluberlu [yʀlybɛʀly] nm crank.

hutte ['yt] nf hut.

hybride [ibʀid] adj, nm hybrid.

hydratation [idʀatasjɔ̃] nf moisturizing, hydration ◆ **hydrater** [1] vt to moisturize.

hydraulique [idʀolik] adj hydraulic.

hydravion [idʀavjɔ̃] nm seaplane.

hydrocarbure [idʀɔkaʀbyʀ] nm hydrocarbon.

hydrogène [idʀɔʒɛn] nm hydrogen.

hydroglisseur [idʀɔglisœʀ] nm hydroplane.

hydrophile [idʀɔfil] adj → **coton.**

hyène [jɛn] nf hyena.

hygiène [iʒjɛn] nf hygiene ◆ **hygiénique** adj hygienic.

hymne [imn(ə)] nm (Littérat, Rel) hymn ◇ ~ **national** national anthem.

hyper... [ipɛʀ] préf hyper....

hyperbole [ipɛʀbɔl] nf (Math) hyperbola; (Littérat) hyperbole.

hypermarché [ipɛʀmaʀʃe] nf hypermarket.

hypertension [ipɛʀtɑ̃sjɔ̃] nf high blood pressure, hypertension.

hypnose [ipnoz] nf hypnosis ◆ **hypnotique** adj hypnotic ◆ **hypnotiser** [1] vt to hypnotize ◆ **hypnotiseur** nm hypnotist ◆ **hypnotisme** nm hypnotism.

hypo... [ipɔ] préf hypo....

hypoallergénique [ipɔalɛʀgenik] adj hypoallergenic.

hypocalorique [ipɔkalɔʀik] adj (aliments) low-calorie.

hypocondriaque [ipɔkɔ̃dʀiak] adj, nmf hypochondriac.

hypocrisie [ipɔkʀizi] nf hypocrisy ◆ **hypocrite** **1** adj hypocritical **2** nmf hypocrite.

hypotension [ipɔtɑ̃sjɔ̃] nf low blood pressure.

hypoténuse [ipɔtenyz] nf hypotenuse.

hypothèque [ipɔtɛk] nf mortgage ◆ **hypothéquer** [6] vt to mortgage.

hypothèse [ipɔtɛz] nf hypothesis ◆ **hypothétique** adj hypothetical.

hystérie [isteʀi] nf hysteria ◆ **hystérique** **1** adj hysterical **2** nmf (Méd) hysteric; (péj) hysterical sort.

Hz abrév de *hertz* Hz.

i

I, i [i] nm (lettre) I, i.

ibérique [ibeʀik] adj Iberian.

ibis [ibis] nm ibis.

iceberg [isbɛʀg] nm iceberg.

ici [isi] adv **a** (espace) here ◇ **~-bas** here below; **les gens d'~** the local people; **passez par ~** come this way **b** (temps) now ◇ **jusqu'~** up until now; **d'~ demain** by tomorrow; **d'~ peu** shortly; **d'~ là** in the meantime.

icône [ikon] nf icon.

idéal, e, mpl **-aux** [ideal, o] adj, nm ideal ◇ **l'~ serait** the ideal thing would be ◆ **idéalement** adv ideally ◆ **idéalisme** nm idealism ◆ **idéaliste** **1** adj idealistic **2** nmf idealist.

idée [ide] nf **a** (gén) idea ◇ **~ fixe** obsession; **~ noire** black thought; **~ de génie** brainwave; **l'~ de faire** the idea of doing; **avoir une ~ derrière la tête** to have something at the back of one's mind; **tu te fais des ~s** you're imagining things; **on n'a pas ~** [famil]**!** it's incredible!; **avoir les ~s larges** to be broad-minded; **il n'en fait qu'à son ~** he does just as he likes; **il y a de l'~** [famil] it's an idea **b** (esprit) mind ◇ **avoir dans l'~ de faire** to have it in mind to do; **il s'est mis dans l'~ de faire** he took it into his head to do.

identification [idɑ̃tifikɑsjɔ̃] nf **a** identification ◇ **~ génétique** genetic fingerprinting ◆ **identifier** vt, **s'identifier** vpr **7** **b** to identify (*à* with).

identité [idɑ̃tite] nf identity.

idéologie [ideɔlɔʒi] nf ideology ◆ **idéologique** adj ideological.

idiomatique [idjɔmatik] adj idiomatic ◇ **expression ~** idiom ◆ **idiome** nm (langue) idiom.

idiot, e [idjo, idjɔt] **1** adj idiotic, stupid **2** nm,f idiot ◇ **ne fais pas l'~** [famil] don't be stupid ◆ **idiotement** adv idiotically, stupidly ◆ **idiotie** nf idiocy, stupidity ◇ **une ~** an idiotic thing.

idolâtrer [idɔlɑtʀe] **1** vt to idolize ◆ **idolâtrie** nf idolatry.

idole [idɔl] nf idol.

idylle [idil] nf idyll ◆ **idyllique** adj idyllic.

i.e. abrév de *id est* i.e.

if [if] nm yew (tree).

IFOP [ifɔp] nm abrév de *Institut français d'opinion publique: French market research institute* MORI.

IGF [iʒeɛf] nm abrév de *Impôt sur les grandes fortunes* wealth tax.

igloo, iglou [iglu] nm igloo.

IGN [iʒeɛn] nm abrév de *Institut géographique national* ≃ Ordnance Survey.

ignare [iɲaʀ] (péj) **1** adj ignorant **2** nmf ignoramus.

ignoble [iɲɔbl(ə)] adj vile, base.

ignorance [iɲɔʀɑ̃s] nf ignorance ◇ **il a de graves ~s en maths** there are serious gaps in his knowledge of maths ◆ **ignorant, e** **1** adj ignorant **2** nm,f ignoramus ◇ **ne fais pas l'~** stop pretending you don't know what I mean ◆ **ignorer** **1** vt **a** ◇ **je l'ignore** I don't know; **vous n'ignorez pas que** you know ou are aware that **b** (bouder) to ignore ◆ **ignoré, e** adj unknown.

il [il] pron pers m (personne) he; (chose) it ◇ **~s** they; **~ y a 3 enfants** there are 3 children; (non traduit) **~ est si beau cet arbre** this tree is so beautiful.

île [il] nf island ◇ **les ~s Britanniques** the British Isles.

illégal, e, mpl **-aux** [ilegal, o] adj illegal, unlawful ◆ **illégalité** nf illegality.

illégitime [ileʒitim] adj illegitimate.

illettré, e [iletʀe] adj, nm,f illiterate.

illicite [ilisit] adj illicit.

illimité, e [ilimite] adj unlimited.

illisible [ilizibl(ə)] adj (indéchiffrable) illegible; (mauvais) unreadable.

illogique [ilɔʒik] adj illogical ◆ **illogisme** nm illogicality.

illumination [ilyminɑsjɔ̃] nf illumination; (inspiration) flash of inspiration ◆ **illuminé, e** nm,f (péj) crank (péj) ◆ **illuminer** 1 **1** vt to light up, illuminate; (projecteurs) to floodlight **2** **s'illuminer** vpr to light up (*de* with).

illusion [ilyzjɔ̃] nf illusion ◆ **s'illusionner** 1 vpr to delude o.s. (*sur* about) ◆ **illusionniste** nmf conjurer ◆ **illusoire** adj illusory.

illustration [ilystʀɑsjɔ̃] nf (gén) illustration ◆ **illustre** adj illustrious ◆ **illustré** nm (journal) comic ◆ **illustrer** 1 **1** vt to illustrate (*de* with) **2** **s'illustrer** vpr to become famous (*par*, *dans* through).

îlot [ilo] nm (île, zone) island; (maisons) block.

îlotage [ilɔtaʒ] nm community policing ◆ **îlotier** nm ≃ community policeman.

image [imaʒ] nf (dessin) picture; (métaphore) image; (reflet) reflection ◇ ~ **de marque** (parti, firme) public image; ~ **satellite** satellite picture; ~ **de synthèse** computer(-generated) image; ~**s de synthèse** computer graphics ◆ **imagé, e** adj full of imagery.

imaginaire [imaʒinɛʀ] adj imaginary ◆ **imaginatif, -ive** adj imaginative ◆ **imagination** nf imagination ◆ **imaginer** 1 vt (supposer) to imagine; (inventer) to devise, dream up ◇ **s'~ que** to imagine that.

imbattable [ɛ̃batabl(ə)] adj unbeatable.

imbécile [ɛ̃besil] **1** adj stupid, idiotic **2** nmf idiot, imbecile ◇ **ne fais pas l'~** [famil] don't be stupid ◆ **imbécillité** nf idiocy ◇ **une ~** an idiotic thing.

imbiber [ɛ̃bibe] 1 vt to moisten (*de* with) ◇ **imbibé de** saturated with.

imbroglio [ɛ̃bʀɔljo] nm imbroglio.

imbu, e [ɛ̃by] adj ◇ ~ **de** full of.

imbuvable [ɛ̃byvabl(ə)] adj (lit) undrinkable; (famil: personne) insufferable.

imitateur, -trice [imitatœʀ, tʀis] nm,f (gén) imitator; (d'un personnage) impersonator ◆ **imitation** nf imitation; impersonation; (signature) forgery ◇ **c'est en ~ cuir** it's made of imitation leather ◆ **imiter** 1 vt to imitate; to impersonate; to forge ◇ **tout le monde l'imita** everybody did likewise.

immaculé, e [imakyle] adj spotless, immaculate ◇ **d'un blanc ~** spotlessly white.

immangeable [ɛ̃mɑ̃ʒabl(ə)] adj uneatable, inedible.

immatriculation [imatʀikylɑsjɔ̃] nf registration ◆ **immatriculer** 1 vt to register ◇ **faire ~, se faire ~** to register.

immédiat, e [imedja, at] **1** adj immediate **2** nm ◇ **dans l'~** for the time being ◆ **immédiatement** adv immediately.

immense [imɑ̃s] adj immense, huge ◆ **immensément** adv immensely ◆ **immensité** nf immensity, hugeness.

immerger [imɛʀʒe] 3 vt to immerse, submerge ◆ **immersion** nf immersion, submersion.

immeuble [imœbl(ə)] nm building; (d'habitation) block of flats, apartment building (US) ◇ ~ **de bureaux** office block ou building (US).

immigrant, e [imigʀɑ̃, ɑ̃t] adj, nm,f immigrant ◆ **immigration** nf immigration ◆ **immigré, e** adj, nm,f immigrant ◇ ~ **de la deuxième génération** second-generation immigrant ◆ **immigrer** 1 vi to immigrate.

imminence [iminɑ̃s] nf imminence ◆ **imminent, e** adj imminent.

immiscer (s') [imise] 3 vpr ◇ **s'~ dans** to interfere in.

immobile [imɔbil] adj motionless, immobile.

immobilier, -ière [imɔbilje, jɛʀ] **1** adj ◇ **bien ~** property **2** nm ◇ **l'~** the property ou real-estate business.

immobilisation [imɔbilizɑsjɔ̃] nf immobilization ◆ **immobiliser** 1 **1** vt (gén) to immobilize; (véhicule) to stop **2** **s'immobiliser** vpr to stop ◆ **immobilité** nf stillness ◇ ~ **forcée** forced immobility.

immolation [imɔlɑsjɔ̃] nf sacrifice ◆ **immoler** 1 vt to sacrifice (*à* to).

immonde [imɔ̃d] adj (taudis) squalid, foul; (personne) base, vile ◆ **immondices** nfpl (ordures) refuse.

immoral, e, mpl **-aux** [imɔʀal, o] adj immoral ◆ **immoralité** nf immorality.

immortaliser [imɔʀtalize] 1 **1** vt to immortalize **2** **s'immortaliser** vpr to win immortality ◆ **immortalité** nf immortality ◆ **immortel, -elle** **1** adj immortal **2** nf (fleur) everlasting flower.

immuable [imɥabl(ə)] adj unchanging.

immuniser [imynize] 1 vt to immunize ◆ **immunitaire** adj immune ◆ **immunité** nf immunity ◇ ~ **parlementaire** ≃ parliamentary privilege.

impact [ɛ̃pakt] nm impact.

impair, e [ɛ̃pɛʀ] **1** adj odd **2** nm blunder.

impalpable [ɛ̃palpabl(ə)] adj impalpable.

imparable [ɛ̃paʀabl(ə)] adj unstoppable.

impardonnable [ɛ̃paʀdɔnabl(ə)] adj unforgivable, unpardonable.

imparfait, e [ɛ̃paʀfɛ, ɛt] adj, nm imperfect.

impartial, e, mpl **-aux** [ɛ̃paʀsjal, o] adj impartial, unbiased ◆ **impartialité** nf impartiality.

impasse [ɛ̃pas] nf (rue) dead end; (fig) impasse ◇ **être dans l'~** to be at deadlock.

impassible [ɛ̃pasibl(ə)] adj impassive.

impatiemment [ɛ̃pasjamɑ̃] adv impatiently ◆ **impatience** nf impatience ◆ **impatient, e** adj impatient ◇ **~ de faire** eager to do ◆ **impatienter** [1] **1** vt to irritate, annoy **2** **s'impatienter** vpr to get impatient (*contre* with, at).

impeccable [ɛ̃pekabl(ə)] adj impeccable.

impénétrable [ɛ̃penetʀabl(ə)] adj impenetrable (*à* to, by).

impénitent, e [ɛ̃penitɑ̃, ɑ̃t] adj unrepentant.

impensable [ɛ̃pɑ̃sabl(ə)] adj unbelievable.

impératif, -ive [ɛ̃peʀatif, iv] **1** adj imperative **2** nm **a** ◇ (Ling) **l'~** the imperative **b** (fonction) requirement; (mode, horaire) demand; (Mil) imperative ◆ **impérativement** adv imperatively.

impératrice [ɛ̃peʀatʀis] nf empress.

imperceptible [ɛ̃pɛʀsɛptibl(ə)] adj imperceptible (*à* to).

imperfection [ɛ̃pɛʀfɛksjɔ̃] nf imperfection.

impérial, e, mpl **-aux** [ɛ̃peʀjal, o] **1** adj imperial **2** nf (autobus) top deck ◆ **impérialisme** nm imperialism ◆ **impérialiste** adj, nmf imperialist.

impérieux, -euse [ɛ̃peʀjø, øz] adj (autoritaire) imperious; (pressant) pressing.

impérissable [ɛ̃peʀisabl(ə)] adj imperishable.

imperméable [ɛ̃pɛʀmeabl(ə)] **1** adj (roches) impermeable; (tissu) waterproof ◇ **~ à l'air** airtight; (fig: insensible) **~ à** impervious to **2** nm (manteau) raincoat.

impersonnel, -elle [ɛ̃pɛʀsɔnɛl] adj impersonal.

impertinence [ɛ̃pɛʀtinɑ̃s] nf impertinence ◆ **impertinent, e** adj impertinent.

imperturbable [ɛ̃pɛʀtyʀbabl(ə)] adj imperturbable.

impétueux, -euse [ɛ̃petɥø,øz] adj impetuous ◆ **impétuosité** nf impetuosity.

impie [ɛ̃pi] adj impious, ungodly ◆ **impiété** nf impiety, ungodliness.

impitoyable [ɛ̃pitwajabl(ə)] adj merciless, pitiless.

implacable [ɛ̃plakabl(ə)] adj implacable.

implant [ɛ̃plɑ̃] nm (Méd) implant ◆ **implantation** nf establishment; (Méd) implantation ◆ **implanter** [1] vt to establish; to implant.

implication [ɛ̃plikɑsjɔ̃] nf implication.

implicite [ɛ̃plisit] adj implicit.

impliquer [ɛ̃plike] [1] vt to imply (*que* that) ◇ **~ qn dans** to implicate sb in.

imploration [ɛ̃plɔʀɑsjɔ̃] nf entreaty ◆ **implorer** [1] vt to implore.

imploser [ɛ̃ploze] [1] vi to implode ◆ **implosion** nf implosion.

impoli, e [ɛ̃pɔli] adj impolite, rude (*envers* to) ◆ **impolitesse** nf impoliteness, rudeness; (remarque) impolite ou rude remark.

impopulaire [ɛ̃pɔpylɛʀ] adj unpopular ◆ **impopularité** nf unpopularity.

import [ɛ̃pɔʀ] nm import ◇ **faire de l'~-export** to be in the import-export business.

importance [ɛ̃pɔʀtɑ̃s] nf (gén) importance; (taille) size; (dégâts) extent ◇ **sans ~** unimportant, insignificant; **ça n'a pas d'~** it doesn't matter; **d'une certaine ~** sizeable; **prendre de l'~** to become more important ◆ **important, e** adj important; significant; sizeable; extensive ◇ **l'~ est de** the important thing is to.

importateur, -trice [ɛ̃pɔʀtatœʀ, tʀis] **1** adj importing **2** nm,f importer ◆ **importation** nf (action) importation; (produit) import ◆ 1. **importer** [1] vt to import (*de* from).

2. **importer** [ɛ̃pɔʀte] [1] vi (être important) to matter ◇ **il importe de faire** it is important to do; **peu importe** (gén) it doesn't matter; (pas de préférence) I don't mind; (je m'en moque) I don't care; **n'importe qui** anybody; **n'importe quoi** anything; **n'importe comment** anyhow; **n'importe où** anywhere; **n'importe quand** anytime.

importun, e [ɛ̃pɔʀtœ̃, yn] **1** adj troublesome **2** nm,f intruder ◆ **importuner** [1] vt to bother.

imposable [ɛ̃pozabl(ə)] adj (revenu) taxable.

imposant, e [ɛ̃pozɑ̃, ɑ̃t] adj imposing.

imposer [ɛ̃poze] [1] **1** vt (gén) to impose (*à qn* on sb); (conditions) to lay down; (Fin: taxer) to tax ◇ **en ~ à qn** to impress sb **2** **s'imposer** vpr (être nécessaire) to be essential; (se faire connaître) to make o.s. known ◇ **s'~ une tâche** to set o.s. a task; **s'~ à qn** to impose upon sb ◆ **imposition** nf (Fin) taxation.

impossibilité [ɛ̃pɔsibilite] nf impossibility ◇ **être dans l'~ de faire** to find it impossible to do ◆ **impossible** **1** adj impossible **2** nm ◇ **je ferai l'~** I'll do my utmost.

imposteur [ɛ̃pɔstœʀ] nm impostor ◆ **imposture** nf imposture.

impôt [ɛ̃po] nm (taxe) tax ◇ **payer des ~s** to pay tax; **bénéfices avant ~** pre-tax profits; **~s locaux** local taxes; **~ sur le revenu** income tax.

impotent, e [ɛ̃pɔtɑ̃, ɑ̃t] **1** adj disabled, crippled **2** nm,f cripple.

impraticable [ɛ̃pʀatikabl(ə)] adj (Sport) (terrain) unfit for play; (route) impassable.

imprécis, e [ɛ̃pʀesi, iz] adj imprecise ◆ **imprécision** nf imprecision.

imprégner [ɛ̃pʀeɲe] 6 vt (remplir) to fill; (eau) to impregnate (*de* with).

imprenable [ɛ̃pʀənabl(ə)] adj (forteresse) impregnable ◇ **vue** ~ open outlook.

imprésario [ɛ̃pʀesaʀjo] nm impresario.

impression [ɛ̃pʀesjɔ̃] nf **a** (sensation) impression ◇ **faire bonne** ~ to create a good impression **b** (livre) printing **c** (Peinture) undercoat ◆ **impressionnable** adj impressionable ◆ **impressionnant, e** adj impressive ◆ **impressionner** 1 vt to impress.

imprévisible [ɛ̃pʀevizibl(ə)] adj unpredictable.

imprévoyance [ɛ̃pʀevwajɑ̃s] nf lack of foresight; (d'argent) improvidence ◆ **imprévoyant, e** adj improvident.

imprévu, e [ɛ̃pʀevy] **1** adj unexpected, unforeseen **2** nm unexpected ou unforeseen event.

imprimante [ɛ̃pʀimɑ̃t] nf printer ◇ ~ **laser** laser printer; ~ **matricielle** dot matrix printer.

imprimer [ɛ̃pʀime] 1 vt (livre) to print; (marque) to imprint (*dans* in, on); (mouvement) to transmit (*à* to) ◆ **imprimé, e** **1** adj printed **2** nm printed letter ◆ **imprimerie** nf (firme) printing works ◇ (technique) **l'**~ printing ◆ **imprimeur** nm printer.

improbable [ɛ̃pʀɔbabl(ə)] adj unlikely, improbable.

impromptu, e [ɛ̃pʀɔ̃pty] **1** adj (départ) sudden; (visite) surprise; (repas) impromptu **2** nm, adv impromptu.

impropre [ɛ̃pʀɔpʀ(ə)] adj (terme) inappropriate ◇ ~ **à** unsuitable ou unfit for ◆ **impropriété** nf incorrectness.

improvisation [ɛ̃pʀɔvizɑsjɔ̃] nf improvisation ◆ **improviser** 1 vt to improvise ◇ **s'**~ **cuisinier** to act as cook ◆ **improviste** nm ◇ **à l'**~ unexpectedly.

imprudemment [ɛ̃pʀydamɑ̃] adv carelessly, imprudently ◆ **imprudence** nf carelessness, imprudence ◇ **une** ~ a careless action ◆ **imprudent, e** **1** adj careless, imprudent ◇ **il est** ~ **de** it's unwise to **2** nm,f careless person.

impuissant, e [ɛ̃pɥisɑ̃, ɑ̃t] adj helpless.

impulsif, -ive [ɛ̃pylsif, iv] adj impulsive ◆ **impulsion** nf impulse; (fig: élan) impetus.

impuni, e [ɛ̃pyni] adj unpunished.

impur, e [ɛ̃pyʀ] adj impure ◆ **impureté** nf impurity.

imputer [ɛ̃pyte] 1 vt ◇ ~ **à** to impute ou attribute to; (Fin) to charge to.

inabordable [inabɔʀdabl(ə)] adj (prix) prohibitive.

inacceptable [inaksɛptabl(ə)] adj (offre) unacceptable; (propos) outrageous.

inaccessible [inaksesibl(ə)] adj inaccessible.

inaccoutumé, e [inakutyme] adj unusual.

inachevé, e [inaʃve] adj unfinished.

inactif, -ive [inaktif, iv] adj inactive; (population) non-working ◆ **inaction** nf inactivity.

inadapté, e [inadapte] adj (personne) maladjusted; (outil, moyens) unsuitable (*à* for).

inadéquat, e [inadekwa, at] adj inadequate.

inadmissible [inadmisibl(ə)] adj outrageous.

inadvertance [inadvɛʀtɑ̃s] nf ◇ **par** ~ inadvertently, by mistake.

inaltérable [inalteʀabl(ə)] adj stable.

inanimé, e [inanime] adj (matière) inanimate; (évanoui) unconscious; (mort) lifeless.

inaperçu, e [inapɛʀsy] adj unnoticed ◇ **passer** ~ to pass unnoticed.

inappréciable [inapʀesjabl(ə)] adj (aide) invaluable; (bonheur) inestimable.

inapte [inapt(ə)] adj incapable (*à faire* of doing).

inarticulé, e [inaʀtikyle] adj inarticulate.

inattendu, e [inatɑ̃dy] adj unexpected, unforeseen.

inattentif, -ive [inatɑ̃tif, iv] adj inattentive (*à* to) ◆ **inattention** nf inattention ◇ **faute d'**~ careless mistake.

inaudible [inodibl(ə)] adj inaudible.

inauguration [inɔgyʀɑsjɔ̃] nf inauguration ◆ **inaugurer** 1 vt to inaugurate.

inca [ɛ̃ka] **1** adj Inca **2** nmf ◇ **I**~ Inca.

incalculable [ɛ̃kalkylabl(ə)] adj incalculable.

incandescent, e [ɛ̃kɑ̃desɑ̃, ɑ̃t] adj incandescent, white-hot.

incantation [ɛ̃kɑ̃tɑsjɔ̃] nf incantation.

incapable [ɛ̃kapabl(ə)] **1** adj incapable ◇ ~ **de bouger** unable to move, incapable of moving **2** nmf incompetent ◆ **incapacité** nf (incompétence) incapability; (invalidité) disablement ◇ **être dans l'**~ **de faire** to be unable to do, be incapable of doing.

incarcération [ɛ̃kaʀseʀɑsjɔ̃] nf incarceration ◆ **incarcérer** 6 vt to incarcerate.

incarnation [ɛ̃kaʀnɑsjɔ̃] nf (Rel) incarnation; (fig) embodiment ◆ **incarné, e** adj (ongle) ingrown ◆ **incarner** 1 vt to embody.

incartade [ɛ̃kaʀtad] nf prank.

incassable [ɛ̃kɑsabl(ə)] adj unbreakable.

incendiaire [ɛ̃sɑ̃djɛʀ] 1 nmf arsonist 2 adj incendiary ◆ **incendie** nm fire ◇ ~ **criminel** arson ◆ **incendier** 7 vt to set fire to ◇ (réprimander) ~ **qn** [famil] to give sb a telling-off [famil].

incertain, e [ɛ̃sɛʀtɛ̃, ɛn] adj (gén) uncertain (*de* about); (lumière) dim; (fait) doubtful ◆ **incertitude** nf uncertainty.

incessamment [ɛ̃sɛsamɑ̃] adv shortly ◆ **incessant, e** adj incessant.

inceste [ɛ̃sɛst(ə)] nm incest ◆ **incestueux, -euse** adj incestuous.

inchangé, e [ɛ̃ʃɑ̃ʒe] adj unchanged.

incidence [ɛ̃sidɑ̃s] nf (conséquence) effect; (Écon, Phys) incidence.

incident [ɛ̃sidɑ̃] nm incident ◇ ~ **technique** technical hitch.

incinération [ɛ̃sineʀɑsjɔ̃] nf incineration; (mort) cremation ◆ **incinérer** 6 vt to incinerate; to cremate.

inciser [ɛ̃size] 1 vt to incise ◆ **incisif, -ive** 1 adj incisive 2 nf (dent) incisor ◆ **incision** nf incision.

incitation [ɛ̃sitɑsjɔ̃] nf incitement (*à* to) ◆ **inciter** 1 vt ◇ ~ **qn à faire** to incite ou urge sb to do.

inclinaison [ɛ̃klinɛzɔ̃] nf (route) gradient; (toit) slope; (mur) lean; (chapeau, tête) tilt ◆ **inclination** nf a (penchant) inclination ◇ **avoir de l'~ pour** to have a liking for b (acquiescement) nod; (salut) inclination of the head; (du buste) bow.

incliner [ɛ̃kline] 1 1 vt a (pencher) to tilt; (courber) to bend ◇ ~ **la tête** to bow ou incline one's head b ◇ ~ **qn à** to encourage sb to 2 vi ◇ ~ **à** to be inclined to; (bifurquer) ~ **vers** to veer towards 3 **s'incliner** vpr a (se courber) to bow; (s'avouer battu) to admit defeat ◇ **s'~ devant un ordre** to accept an order b (arbre) to bend over; (mur) to lean; (chemin) to slope.

inclure [ɛ̃klyʀ] 35 vt to include; (enveloppe) to enclose (*dans* in) ◇ **jusqu'au 10 mars inclus** until March 10th inclusive ◆ **inclusion** nf inclusion.

incohérence [ɛ̃kɔeʀɑ̃s] nf incoherence; (illogisme) inconsistency ◆ **incohérent, e** adj incoherent; inconsistent.

incollable [ɛ̃kɔlabl(ə)] adj (famil: imbattable) unbeatable ◇ **il est ~ (en histoire)** you can't catch him out [famil] (on history).

incolore [ɛ̃kɔlɔʀ] adj colourless; (vernis) clear.

incomber [ɛ̃kɔ̃be] 1 ~ **à** vt indir ◇ **il nous incombe de** it falls to us to; **ça vous incombe** it is your responsibility.

incommoder [ɛ̃kɔmɔde] 1 vt to disturb, bother ◇ **être incommodé** to be indisposed.

incomparable [ɛ̃kɔ̃paʀabl(ə)] adj incomparable.

incompatibilité [ɛ̃kɔ̃patibilite] nf incompatibility ◆ **incompatible** adj incompatible (*avec* with).

incompétence [ɛ̃kɔ̃petɑ̃s] nf incompetence ◆ **incompétent, e** adj incompetent.

incomplet, -ète [ɛ̃kɔ̃plɛ, ɛt] adj incomplete.

incompréhensible [ɛ̃kɔ̃pʀeɑ̃sibl(ə)] adj incomprehensible ◆ **incompréhensif, -ive** adj unsympathetic ◆ **incompréhension** nf (ignorance) lack of understanding; (hostilité) lack of sympathy ◆ **incompris, e** adj misunderstood.

inconcevable [ɛ̃kɔ̃svabl(ə)] adj inconceivable.

inconciliable [ɛ̃kɔ̃siljabl(ə)] adj irreconcilable.

inconditionnel, -elle [ɛ̃kɔ̃disjɔnɛl] adj unconditional.

inconfort [ɛ̃kɔ̃fɔʀ] nm discomfort ◆ **inconfortable** adj uncomfortable.

inconnu, e [ɛ̃kɔny] 1 adj unknown (*à qn* to sb) 2 nm,f stranger 3 nm ◇ **l'~** the unknown 4 nf (Math, fig) unknown quantity.

inconsciemment [ɛ̃kɔ̃sjamɑ̃] adv unconsciously ◆ **inconscience** nf unconsciousness ◇ **c'est de l'~** that's sheer madness ◆ **inconscient, e** 1 adj unconscious; (famil: fou) mad [famil] ◇ ~ **de** unaware of 2 nm ◇ (Psych) **l'~** the unconscious 3 nm,f [famil] lunatic.

inconsidéré, e [ɛ̃kɔ̃sideʀe] adj thoughtless.

inconsolable [ɛ̃kɔ̃sɔlabl(ə)] adj inconsolable.

inconstance [ɛ̃kɔ̃stɑ̃s] nf fickleness ◆ **inconstant, e** adj fickle.

incontestable [ɛ̃kɔ̃tɛstabl(ə)] adj incontestable ◆ **incontesté, e** adj uncontested.

incontinence [ɛ̃kɔ̃tinɑ̃s] nf incontinence ◆ **incontinent, e** adj incontinent.

incontrôlable [ɛ̃kɔ̃tʀolabl(ə)] adj (non vérifiable) unverifiable; (irrépressible) uncontrollable ◆ **incontrôlé, e** adj unverified; uncontrolled.

inconvenance [ɛ̃kɔ̃vnɑ̃s] nf impropriety ◆ **inconvenant, e** adj improper; (personne) impolite.

inconvénient [ɛ̃kɔ̃venjɑ̃] nm (désavantage) disadvantage, drawback; (risque) risk ◇ **si vous n'y voyez pas d'~...** if you have no objections...

incorporation [ɛ̃kɔʀpɔʀɑsjɔ̃] nf incorporation; (Mil) enlistment ◆ **incorporer** 1 vt to incorporate; to enlist (*dans* into).

incorrect, e [ɛ̃kɔʀɛkt, ɛkt(ə)] adj a (réglage) faulty; (solution) incorrect, wrong b (langage) improper; (tenue) indecent; (personne) impolite; (procédé) underhand ◆ **incorrection** nf impropriety; (action) impolite action.

incorrigible [ɛ̃kɔʀiʒibl(ə)] adj incorrigible.
incorruptible [ɛ̃kɔʀyptibl(ə)] adj incorruptible.
incrédule [ɛ̃kʀedyl] adj incredulous ◆ **incrédulité** nf incredulity.
increvable [ɛ̃kʀəvabl(ə)] adj (pneu) puncture-proof; (famil: infatigable) tireless.
incriminer [ɛ̃kʀimine] [1] vt (personne) to incriminate.
incroyable [ɛ̃kʀwajabl(ə)] adj incredible, unbelievable ◆ **incroyant, e** nm,f nonbeliever.
incrustation [ɛ̃kʀystɑsjɔ̃] nf (ornement) inlay; (Géol) incrustation ◆ **incruster** [1] **1** vt (Art) to inlay **2** **s'incruster** vpr (invité) to take root ◇ **s'~ dans** to become embedded in.
incubation [ɛ̃kybasjɔ̃] nf incubation.
inculpation [ɛ̃kylpɑsjɔ̃] nf (action) charging ◇ **sous l'~ de** on a charge of ◆ **inculpé, e** nm,f accused ◆ **inculper** [1] vt to charge (*de* with).
inculquer [ɛ̃kylke] [1] vt ◇ **~ à qn** to inculcate in sb.
inculte [ɛ̃kylt(ə)] adj (terre) uncultivated; (barbe) unkempt; (personne) uneducated.
incurable [ɛ̃kyʀabl(ə)] adj, nmf incurable.
incursion [ɛ̃kyʀsjɔ̃] nf incursion.
incurver vt, **s'incurver** vpr [ɛ̃kyʀve] [1] to curve.
Inde [ɛ̃d] nf India ◇ **les ~s** the Indies.
indécence [ɛ̃desɑ̃s] nf indecency ◆ **indécent, e** adj indecent.
indécis, e [ɛ̃desi, iz] adj (gén) undecided (*sur* about); (réponse) vague ◆ **indécision** nf (tempérament) indecisiveness; (temporaire) indecision (*sur* about).
indéfendable [ɛ̃defɑ̃dabl(ə)] adj indefensible.
indéfini, e [ɛ̃defini] adj (vague) undefined; (indéterminé) indefinite ◆ **indéfiniment** adv indefinitely.
indélébile [ɛ̃delebil] adj indelible.
indélicat, e [ɛ̃delika, at] adj (malhonnête) dishonest.
indémaillable [ɛ̃demɑjabl(ə)] adj run-resist.
indemne [ɛ̃dɛmn(ə)] adj unharmed, unscathed.
indemnisation [ɛ̃dɛmnizɑsjɔ̃] nf (action) indemnification; (somme) indemnity, compensation ◇ **10 F d'~** 10 francs compensation ◆ **indemniser** [1] vt to indemnify (*de* for) ◆ **indemnité** nf indemnity; (prime) allowance.
indéniable [ɛ̃denjabl(ə)] adj undeniable.
indentation [ɛ̃dɑ̃tasjɔ̃] nf indentation.
indépendamment [ɛ̃depɑ̃damɑ̃] adv (seul) independently ◇ **~ de cela** apart from that ◆ **indépendance** nf independence ◆ **indépendant, e** adj independent (*de* of) ◇ **travailleur ~** (non salarié) freelance worker; (son propre patron) self-employed worker ◆ **indépendantiste** **1** adj ◇ **mouvement ~** independence movement **2** nmf member of an independence movement, freedom fighter.
indescriptible [ɛ̃dɛskʀiptibl(ə)] adj indescribable.
indésirable [ɛ̃deziʀabl(ə)] adj, nmf undesirable.
indestructible [ɛ̃destʀyktibl(ə)] adj indestructible.
indétermination [ɛ̃detɛʀminɑsjɔ̃] nf (irrésolution) indecision ◆ **indéterminé, e** adj unspecified.
index [ɛ̃dɛks] nm (doigt) forefinger; (liste) index ◆ **indexation** nf indexing ◆ **indexer** [1] vt to index (*sur* to).
indicateur, -trice [ɛ̃dikatœʀ, tʀis] **1** nm,f ◇ **~ (de police)** (police) informer **2** nm (horaire) timetable; (Tech) gauge, indicator.
indicatif, -ive [ɛ̃dikatif, iv] **1** adj indicative (*de* of) **2** nm (mélodie) signature tune ◇ **~ téléphonique** dialling code; (Ling) **l'~** the indicative ◆ **indication** nf (gén) indication (*de* of); (directive) instruction, direction; (renseignement) piece of information.
indice [ɛ̃dis] nm (signe) sign; (élément d'enquête) clue; (Admin: grade) grading ◇ (TV, Radio) **~ d'écoute** audience rating; **~ des prix** price index.
indien, -ienne [ɛ̃djɛ̃, jɛn] **1** adj Indian **2** nm,f ◇ **I~, -ienne** (Inde) Indian; (Amérique) (Red ou American) Indian.
indifféremment [ɛ̃difeʀamɑ̃] adv equally ◆ **indifférence** nf indifference (*envers* to) ◆ **indifférent, e** adj indifferent (*à* to) ◇ **cela m'est ~** it doesn't matter to me.
indigence [ɛ̃diʒɑ̃s] nf poverty ◆ **indigent, e** adj poor.
indigène [ɛ̃diʒɛn] adj, nmf native.
indigeste [ɛ̃diʒɛst] adj indigestible ◆ **indigestion** nf indigestion ◇ **avoir une ~** to get indigestion.
indignation [ɛ̃diɲɑsjɔ̃] nf indignation ◆ **indigné, e** adj indignant (*par* at) ◆ **indigner** [1] vt ◇ **~ qn** to make sb indignant; **s'~** to get indignant (*de* at).
indigne [ɛ̃diɲ] adj (acte) shameful; (personne) unworthy (*de* of).
indignité [ɛ̃diɲite] nf shamefulness; (personne) unworthiness.
indiqué, e [ɛ̃dike] adj (conseillé) advisable; (adéquat) appropriate, suitable.
indiquer [ɛ̃dike] [1] vt (montrer) to show, indicate (*à qn* to sb); (écrire) to write; (fixer: date) to give ◇ **qu'indique la pancarte?** what does the sign say?; **à l'heure indiquée** at the agreed ou appointed time.
indirect, e [ɛ̃diʀɛkt, ɛkt(ə)] adj indirect.

indiscipliné, e [ɛ̃disipline] adj unruly.

indiscret, -ète [ɛ̃diskʀɛ, ɛt] adj (gén) indiscreet; (curieux) inquisitive ◆ **indiscrétion** nf indiscretion; inquisitiveness.

indiscutable [ɛ̃diskytabl(ə)] adj unquestionable.

indispensable [ɛ̃dispɑ̃sabl(ə)] adj essential (*à* to) ◇ **se rendre** ~ to make o.s. indispensable.

indisponible [ɛ̃disponibl(ə)] adj unavailable.

indisposé, e [ɛ̃dispoze] adj (malade) indisposed ◆ **indisposer** [1] vt (rendre malade) to upset; (mécontenter) to antagonize ◆ **indisposition** nf upset.

indissociable [ɛ̃disɔsjabl(ə)] adj indissociable.

indistinct, e [ɛ̃distɛ̃(kt), ɛ̃kt(ə)] adj indistinct ◆ **indistinctement** adv indistinctly; (indifféremment) indiscriminately.

individu [ɛ̃dividy] nm (gén) individual; (corps) body ◆ **individualiser** [1] vt to individualize ◆ **individualisme** nm individualism ◆ **individuel, -elle** adj (gén) individual; (caractères) distinctive ◆ **individuellement** adv individually.

indivisible [ɛ̃divizibl(ə)] adj indivisible.

indolence [ɛ̃dɔlɑ̃s] nf indolence ◆ **indolent, e** adj indolent.

indolore [ɛ̃dɔlɔʀ] adj painless.

indomptable [ɛ̃dɔ̃tabl(ə)] adj (gén) untameable; (volonté) indomitable.

Indonésie [ɛ̃dɔnezi] nf Indonesia ◆ **indonésien, -ienne** adj, **I~, -ienne** nm,f Indonesian.

induire [ɛ̃dɥiʀ] [38] vt **a** ◇ ~ **qn en erreur** to mislead sb **b** (inférer) to infer (*de* from).

indulgence [ɛ̃dylʒɑ̃s] nf indulgence; (juge) leniency ◆ **indulgent, e** adj indulgent (*avec* with); lenient (*envers* to).

industrialisation [ɛ̃dystʀializɑsjɔ̃] nf industrialization ◆ **industrialiser** [1] **1** vt to industrialize **2** **s'industrialiser** vpr to become industrialized ◆ **industrie** nf industry ◇ **l'~ du spectacle** show business ◆ **industriel, -elle** **1** adj industrial **2** nm industrialist, manufacturer ◆ **industriellement** adv industrially.

inébranlable [inebʀɑ̃labl(ə)] adj (résolu) unshakeable; (inamovible) immovable.

inédit, e [inedi, it] adj (texte) unpublished; (trouvaille) original.

ineffable [inefabl(ə)] adj ineffable.

inefficace [inefikas] adj ineffective.

inégal, e, mpl **-aux** [inegal, o] adj (irrégulier) uneven; (disproportionné) unequal ◆ **inégalé, e** adj unequalled ◆ **inégalité** nf (différence) difference (*de* between); (injustice) inequality; (irrégularité) unevenness.

inéluctable [inelyktabl(ə)] adj, nm inescapable.

inenvisageable [inɑ̃vizaʒabl(ə)] adj which cannot be considered, unthinkable.

inepte [inɛpt(ə)] adj inept ◆ **ineptie** nf ineptitude ◇ **une** ~ an inept remark.

inépuisable [inepɥizabl(ə)] adj inexhaustible.

inerte [inɛʀt(ə)] adj (gén) inert; (corps) lifeless ◆ **inertie** nf inertia.

inestimable [inɛstimabl(ə)] adj invaluable; (valeur) incalculable.

inévitable [inevitabl(ə)] adj inevitable.

inexact, e [inɛgza(kt), akt(ə)] adj inaccurate, inexact ◆ **inexactitude** nf inaccuracy.

inexcusable [inɛkskyzabl(ə)] adj inexcusable, unforgivable.

inexistant, e [inɛgzistɑ̃, ɑ̃t] adj non-existent.

inexorable [inɛgzɔʀabl(ə)] adj (destin) inexorable; (juge) inflexible.

inexpérience [inɛkspeʀjɑ̃s] nf inexperience ◆ **inexpérimenté, e** adj inexperienced.

inexplicable [inɛksplikabl(ə)] adj inexplicable ◆ **inexpliqué, e** adj unexplained.

inexpressif, -ive [inɛkspʀesif, iv] adj expressionless, inexpressive.

in extremis [inɛkstʀemis] loc adv at the last minute.

inextricable [inɛkstʀikabl(ə)] adj inextricable.

infaillible [ɛ̃fajibl(ə)] adj infallible.

infâme [ɛ̃fɑm] adj (vil) vile; (dégoûtant) disgusting ◆ **infamie** nf infamy ◇ **une** ~ a vile action.

infanterie [ɛ̃fɑ̃tʀi] nf infantry.

infantile [ɛ̃fɑ̃til] adj infantile.

infarctus [ɛ̃faʀktys] nm coronary.

infatigable [ɛ̃fatigabl(ə)] adj indefatigable, tireless.

infect, e [ɛ̃fɛkt, ɛkt(ə)] adj revolting, filthy.

infecter [ɛ̃fɛkte] [1] **1** vt to infect **2** **s'infecter** vpr to become infected ◆ **infectieux, -euse** adj infectious ◆ **infection** nf (Méd) infection; (puanteur) stench.

inférieur, e [ɛ̃feʀjœʀ] **1** adj (plus bas) lower; (plus petit) smaller (*à* than); (moins bon) inferior (*à* to) ◇ ~ **à la moyenne** below average **2** nm,f inferior ◆ **infériorité** nf inferiority.

infernal, e, mpl **-aux** [ɛ̃fɛʀnal, o] adj infernal.

infester [ɛ̃fɛste] [1] vt to infest.

infidèle [ɛ̃fidɛl] adj unfaithful (*à* to) ◆ **infidélité** nf unfaithfulness ◇ **une** ~ an infidelity.

infiltration [ɛ̃filtʀɑsjɔ̃] nf (gén) infiltration; (liquide) percolation; (piqûre) injection ◆ **s'infiltrer** [1] vpr ◇ **s'~ dans** to infiltrate; (liquide) to percolate.

infime [ɛ̃fim] adj tiny, minute.

infini, e [ɛ̃fini] 1 adj infinite 2 nm ◇ **l'~** (Philos) the infinite; (Math, Phot) infinity; **à l'~** endlessly ◆ **infiniment** adv infinitely ◆ **infinité** nf infinity.

infinitif, -ive [ɛ̃finitif, iv] adj, nm infinitive.

infirme [ɛ̃fiʀm(ə)] 1 adj crippled, disabled 2 nmf cripple ◆ **infirmerie** nf (gén) infirmary; (école, navire) sick bay ◆ **infirmier** nm male nurse ◆ **infirmière** nf nurse ◆ **infirmité** nf disability.

inflammable [ɛ̃flamabl(ə)] adj inflammable, flammable.

inflammation [ɛ̃flamɑsjɔ̃] nf inflammation.

inflation [ɛ̃flɑsjɔ̃] nf inflation.

inflexibilité [ɛ̃flɛksibilite] nf inflexibility ◆ **inflexible** adj inflexible.

infliger [ɛ̃fliʒe] 3 vt (gén) to inflict; (amende) to impose (*à* on).

influençable [ɛ̃flyɑ̃sabl(ə)] adj easily influenced ◆ **influence** nf influence (*sur* on) ◆ **influencer** 3 vt to influence ◆ **influent, e** adj influential ◆ **influer** 1 vi ◇ **~ sur** to influence.

informateur, -trice [ɛ̃fɔʀmatœʀ, tʀis] nm,f informer.

informaticien, -ienne [ɛ̃fɔʀmatisjɛ̃, jɛn] nm,f computer scientist.

information [ɛ̃fɔʀmɑsjɔ̃] nf (gén) information; (renseignement) piece of information; (nouvelle) piece of news; (Jur: enquête) inquiry ◇ **les ~s** the news (sg).

informatique [ɛ̃fɔʀmatik] nf ◇ **l'~** (science) computer science; (techniques) data processing ◆ **informatiser** 1 vt to computerize.

informe [ɛ̃fɔʀm(ə)] adj shapeless.

informer [ɛ̃fɔʀme] 1 1 vt to inform (*de* of, about) 2 **s'informer** vpr to inquire, find out, ask (*de* about).

infortune [ɛ̃fɔʀtyn] nf misfortune ◆ **infortuné, e** 1 adj wretched 2 nm,f wretch.

infraction [ɛ̃fʀaksjɔ̃] nf offence ◇ **être en ~** to be committing an offence.

infranchissable [ɛ̃fʀɑ̃ʃisabl(ə)] adj (lit) impassable; (fig) insurmountable.

infrarouge [ɛ̃fʀaʀuʒ] adj, nm infrared.

infrastructure [ɛ̃fʀastʀyktyʀ] nf (Constr) substructure; (Écon, fig) infrastructure.

infructueux, -euse [ɛ̃fʀyktɥø, øz] adj fruitless, unfruitful.

infuser [ɛ̃fyze] 1 vt ◇ **(laisser** ou **faire) ~ qch** to leave sth to brew ou infuse ◆ **infusion** nf infusion ◇ **~ de tilleul** lime tea.

ingénier (s') [ɛ̃ʒenje] 7 vpr ◇ **s'~ à faire** to try hard to do.

ingénierie [ɛ̃ʒeniʀi] nf engineering ◆ **ingénieur** nm engineer.

ingénieux, -euse [ɛ̃ʒenjø, øz] adj ingenious ◆ **ingéniosité** nf ingenuity.

ingénu, e [ɛ̃ʒeny] adj naïve.

ingérence [ɛ̃ʒeʀɑ̃s] nf interference (*dans* in) ◆ **s'ingérer** 6 vpr ◇ **s'~ dans** to interfere in.

ingrat, e [ɛ̃gʀa, at] adj (personne) ungrateful (*envers* to); (métier) thankless; (visage) unattractive ◆ **ingratitude** nf ingratitude, ungratefulness (*envers* towards).

ingrédient [ɛ̃gʀedjɑ̃] nm ingredient.

inguérissable [ɛ̃geʀisabl(ə)] adj incurable.

ingurgiter [ɛ̃gyʀʒite] 1 vt to ingurgitate.

inhabité, e [inabite] adj uninhabited.

inhabituel, -elle [inabitɥɛl] adj unusual.

inhalation [inalasjɔ̃] nf inhalation ◆ **inhaler** 1 vt to inhale, breathe in.

inhérent, e [ineʀɑ̃, ɑ̃t] adj inherent (*à* in).

inhibition [inibisjɔ̃] nf inhibition.

inhumain, e [inymɛ̃, ɛn] adj inhuman.

inhumation [inymɑsjɔ̃] nf interment.

inhumer [inyme] 1 vt to inter.

inimaginable [inimaʒinabl(ə)] adj unimaginable.

inimitable [inimitabl(ə)] adj inimitable.

inimitié [inimitje] nf enmity.

inintéressant, e [inɛ̃teʀɛsɑ̃, ɑ̃t] adj uninteresting.

ininterrompu, e [inɛ̃tɛʀɔ̃py] adj (ligne) unbroken; (flot) steady, uninterrupted.

inique [inik] adj iniquitous.

initial, e, mpl **-aux** [inisjal, o] adj, nf initial ◆ **initialement** adv initially.

initialiser [inisjalize] 1 vt (Ordin) (pro-gramme)to initialize; (ordinateur) to boot (up).

initiateur, -trice [inisjatœʀ, tʀis] nm,f initiator ◆ **initiation** nf initiation (*à* into) ◆ **initié, e** nm,f initiate ◆ **initier** 7 vt to initiate ◇ **s'~ à** to be initiated into.

initiative [inisjativ] nf initiative ◇ **conférence à l'~ des USA** conference initiated by the USA.

injecter [ɛ̃ʒɛkte] 1 vt to inject.

injection [ɛ̃ʒɛksjɔ̃] nf injection.

injonction [ɛ̃ʒɔ̃ksjɔ̃] nf injunction, command.

injure [ɛ̃ʒyʀ] nf insult ◇ **des ~s** abuse, insults ◆ **injurier** 7 vt to abuse, insult ◆ **injurieux, -euse** adj abusive, insulting (*pour* to).

injuste [ɛ̃ʒyst(ə)] adj (gén) unjust; (partial) unfair (*avec* to) ◆ **injustice** nf injustice; unfairness ◇ **une ~** an injustice.

injustifiable [ɛ̃ʒystifjabl(ə)] adj unjustifiable ◆ **injustifié, e** adj unjustified.

inlassable [ɛ̃lɑsabl(ə)] adj tireless.

inné, e [ine] adj innate, inborn.

innocence [inɔsɑ̃s] nf innocence ◆ **innocent, e** adj, nm,f innocent (*de* of) ◆ **innocenter** 1 vt to clear (*de* of).

innombrable [inɔ̃bʀabl(ə)] adj countless.

innovateur, -trice [inɔvatœʀ, tʀis] **1** adj innovatory **2** nm,f innovator ◆ **innovation** nf innovation ◆ **innover** 1 vi to innovate.

inoccupé, e [inɔkype] adj unoccupied.

inoculer [inɔkyle] 1 vt ◇ ~ **qch à qn** to infect sb with sth.

inodore [inɔdɔʀ] adj (gaz) odourless; (fleur) scentless.

inoffensif, -ive [inɔfɑ̃sif, iv] adj inoffensive, harmless, innocuous.

inondation [inɔ̃dɑsjɔ̃] nf flood ◆ **inonder** 1 vt to flood (*de* with) ◇ **inondé de soleil** bathed in sunlight; (pluie) **se faire** ~ to get soaked.

inoubliable [inublijabl(ə)] adj unforgettable.

inouï, e [inwi] adj (jamais vu) unheard-of; (incroyable) incredible.

inoxydable [inɔksidabl(ə)] adj (acier) stainless; (couteau) stainless steel.

inqualifiable [ɛ̃kalifjabl(ə)] adj unspeakable.

inquiet, -ète [ɛ̃kjɛ, ɛt] **1** adj worried, anxious (*de* about); (gestes) uneasy **2** nm,f worrier ◆ **inquiétant, e** adj worrying ◆ **inquiéter** 6 **1** vt to worry **2** **s'inquiéter** vpr to worry; (s'enquérir) to inquire (*de* about) ◆ **inquiétude** nf anxiety, worry.

inquisiteur, -trice [ɛ̃kizitœʀ, tʀis] **1** adj inquisitive **2** nm inquisitor ◆ **inquisition** nf inquisition.

insalubre [ɛ̃salybʀ(ə)] adj insalubrious, unhealthy.

insanité [ɛ̃sanite] nf insanity ◇ **une** ~ an insane act (ou remark).

insatiable [ɛ̃sasjabl(ə)] adj insatiable.

inscription [ɛ̃skʀipsjɔ̃] nf **a** (légende) inscription **b** (immatriculation) enrolment, registration (*à* in) ◇ **l'~ à un club** joining a club; **il y a 3 ~s** 3 people have enrolled.

inscrire [ɛ̃skʀiʀ] 39 **1** vt (nom, date) to note down, write down; (dans la pierre) to inscribe; (étudiant) to register, enrol; (pour rendez-vous) to put down ◇ ~ **une question à l'ordre du jour** to put a question on the agenda **2** **s'inscrire** vpr to register, enrol (*à* at); to put one's name down (*sur* on) ◇ **s'~ à un club** to join a club; **s'~ dans le cadre de qch** to fit into sth ◆ **inscrit, e** nm,f registered member (ou student).

insecte [ɛ̃sɛkt(ə)] nm insect.

insecticide [ɛ̃sɛktisid] adj, nm insecticide.

insécurité [ɛ̃sekyʀite] nf insecurity.

INSEE [inse] nm abrév de *Institut national de la statistique et des études économiques French national institute of economic and statistical information.*

insémination [ɛ̃seminɑsjɔ̃] nf insemination ◇ ~ **artificielle** artificial insemination.

insensé, e [ɛ̃sɑ̃se] adj insane.

insensibiliser [ɛ̃sɑ̃sibilize] 1 vt to anaesthetize ◆ **insensibilité** nf insensitivity ◆ **insensible** adj insensitive (*à* to); (imperceptible) imperceptible.

inséparable [ɛ̃sepaʀabl(ə)] adj inseparable (*de* from).

insérer [ɛ̃seʀe] 6 vt to insert ◇ **s'~ dans** to fit into ◆ **insertion** nf insertion ◇ ~ **sociale** social integration.

insidieux, -euse [ɛ̃sidjø, øz] adj insidious.

insigne [ɛ̃siɲ] nm (cocarde) badge; (emblème) insignia.

insignifiance [ɛ̃siɲifjɑ̃s] nf insignificance ◆ **insignifiant, e** adj insignificant; (somme) trifling.

insinuation [ɛ̃sinɥasjɔ̃] nf insinuation ◆ **insinuer** 1 **1** vt to insinuate, imply **2** **s'insinuer** vpr ◇ **s'~ dans** to creep into.

insipide [ɛ̃sipid] adj insipid.

insistance [ɛ̃sistɑ̃s] nf insistence (*à faire* on doing) ◆ **insistant, e** adj insistent ◆ **insister** 1 vi to be insistent (*auprès de* with); insist ◇ ~ **sur qch** to stress sth.

insolation [ɛ̃sɔlɑsjɔ̃] nf (malaise) sunstroke ◇ **une** ~ a touch of sunstroke.

insolence [ɛ̃sɔlɑ̃s] nf insolence; (remarque) insolent remark ◆ **insolent, e** adj insolent.

insolite [ɛ̃sɔlit] adj unusual, strange.

insoluble [ɛ̃sɔlybl(ə)] adj insoluble.

insomnie [ɛ̃sɔmni] nf insomnia.

insonoriser [ɛ̃sɔnɔʀize] 1 vt to soundproof.

insouciance [ɛ̃susjɑ̃s] nf carefree attitude ◆ **insouciant, e** ou **insoucieux, -euse** adj carefree.

insoumission [ɛ̃sumisjɔ̃] nf rebelliousness.

insoutenable [ɛ̃sutnabl(ə)] adj unbearable.

inspecter [ɛ̃spɛkte] 1 vt to inspect ◆ **inspecteur, -trice** nm,f inspector ◆ **inspection** nf inspection.

inspiration [ɛ̃spiʀɑsjɔ̃] nf (idée) inspiration; (respiration) breath ◆ **inspirer** 1 **1** vt to inspire ◇ **il ne m'inspire pas confiance** he doesn't inspire me with confidence; **être bien inspiré** to be truly inspired; **s'~ d'un modèle** to be inspired by a model **2** vi (respirer) to breathe in.

instabilité [ɛ̃stabilite] nf instability, unsteadiness ◆ **instable** adj unstable, unsteady; (temps) unsettled.

installateur [ɛ̃stalatœʀ] nm fitter.

installation [ɛ̃stalɑsjɔ̃] nf **a** (téléphone) installation; (local) fitting out; (locataire) settling in; (artisan) setting up **b** (appareils) fittings, installations.

installer [ɛ̃stale] 1 **1** vt (gén) to install; (étagère, tente) to put up; (appartement) to fit out; (bureaux) to set up ◇ **ils ont installé leur bureau dans le grenier** they've turned the attic into a study **2 s'installer** vpr (commerçant) to set o.s. up (*comme* as); (locataire) to settle in; (dans un fauteuil) to settle down ◇ **ils sont bien installés** they have a comfortable home; **s'~ dans la guerre** to settle into war.

instance [ɛ̃stɑ̃s] nf (autorité) authority ◇ (prières) **~s** entreaties; **tribunal d'~** ≃ magistrates' court; **demander qch avec ~** to ask earnestly for sth; **en ~ de départ** on the point of departure; **courrier en ~** mail ready for posting.

instant [ɛ̃stɑ̃] nm moment, instant ◇ **à l'~** now; **à tout ~** (d'un moment à l'autre) at any moment; (tout le temps) all the time, every minute; **par ~s** at times; **pour l'~** for the time being.

instantané, e [ɛ̃stɑ̃tane] **1** adj instantaneous **2** nm (Phot) snapshot.

instauration [ɛ̃stɔʀɑsjɔ̃] nf institution.

instaurer [ɛ̃stɔʀe] 1 vt to institute.

instigateur, -trice [ɛ̃stigatœʀ, tʀis] nm,f instigator ◆ **instigation** nf instigation.

instinct [ɛ̃stɛ̃] nm (gén) instinct ◇ **d'~** instinctively ◆ **instinctif, -ive** adj instinctive.

instituer [ɛ̃stitɥe] 1 vt to institute.

institut [ɛ̃stity] nm institute ◇ **~ de beauté** beauty salon.

instituteur, -trice [ɛ̃stitytœʀ, tʀis] nm,f primary school teacher.

institution [ɛ̃stitysjɔ̃] nf (gén) institution; (école) private school.

instructif, -ive [ɛ̃stʀyktif, iv] adj instructive.

instruction [ɛ̃stʀyksjɔ̃] nf **a** education ◇ **avoir de l'~** to be well educated **b** (Jur) investigation **c** (circulaire) directive ◇ (ordres) **~s** instructions.

instruire [ɛ̃stʀɥiʀ] 38 **1** vt (gén) to teach, educate; (Jur) to investigate ◇ **~ qn de qch** to inform sb of sth **2 s'instruire** vpr to educate o.s. ◆ **instruit, e** adj educated.

instrument [ɛ̃stʀymɑ̃] nm instrument ◇ (Aviat) **les ~s de bord** the controls; **~ de musique** musical instrument; **~s de travail** tools.

insu [ɛ̃sy] nm ◇ **à mon ~** without my ou me knowing it.

insuffisance [ɛ̃syfizɑ̃s] nf (quantité) insufficiency; (qualité) inadequacy ◇ **une ~ de personnel** a shortage of staff ◆ **insuffisant, e** adj insufficient; inadequate ◇ **c'est ~** it's not enough.

insulaire [ɛ̃sylɛʀ] **1** adj island **2** nmf islander.

insuline [ɛ̃sylin] nf insulin.

insulte [ɛ̃sylt(ə)] nf insult ◇ **~s** insults, abuse ◆ **insulter** 1 vt to insult, abuse.

insupportable [ɛ̃sypɔʀtabl(ə)] adj unbearable, insufferable.

insurger (s') [ɛ̃syʀʒe] 3 vpr to rebel, revolt (*contre* against) ◆ **insurgé, e** adj, nm,f rebel, insurgent.

insurmontable [ɛ̃syʀmɔ̃tabl(ə)] adj (obstacle) insurmountable.

insurrection [ɛ̃syʀɛksjɔ̃] nf insurrection.

intact, e [ɛ̃takt, akt(ə)] adj intact.

intarissable [ɛ̃taʀisabl(ə)] adj inexhaustible.

intégral, e, mpl **-aux** [ɛ̃tegʀal, o] adj complete ◇ **texte ~** unabridged version; (Ciné) **version ~e** uncut version ◆ **intégralement** adv in full ◆ **intégralité** nf ◇ **l'~ de la somme** the whole of the sum; **dans son ~** in full.

intégration [ɛ̃tegʀɑsjɔ̃] nf integration (*à* into) ◆ **intégrer** 6 vt to integrate ◇ **s'~ à** to become integrated into.

intègre [ɛ̃tɛgʀ(ə)] adj upright, honest.

intégrisme [ɛ̃tegʀism(ə)] nm fundamentalism ◆ **intégriste** adj, nmf fundamentalist.

intégrité [ɛ̃tegʀite] nf integrity.

intellectuel, -elle [ɛ̃telɛktɥɛl] adj nm,f intellectual.

intelligence [ɛ̃teliʒɑ̃s] nf (aptitude) intelligence ◇ (compréhension) **avoir l'~ de qch** to have a good grasp ou understanding of sth; **~ artificielle** artificial intelligence; **signe d'~** sign of complicity; **vivre en bonne ~ avec qn** to be on good terms with sb ◆ **intelligent, e** adj intelligent, clever ◆ **intelligemment** adv intelligently, cleverly.

intelligible [ɛ̃teliʒibl(ə)] adj intelligible.

intempérance [ɛ̃tɑ̃peʀɑ̃s] nf intemperance.

intempéries [ɛ̃tɑ̃peʀi] nfpl bad weather.

intempestif, -ive [ɛ̃tɑ̃pɛstif, iv] adj (gén) untimely; (zèle) excessive.

intenable [ɛ̃tnabl(ə)] adj (situation) unbearable; (personne) unruly.

intendance [ɛ̃tɑ̃dɑ̃s] nf (Mil) supplies office; (Scol) bursar's office ◆ **intendant** nm (Scol) bursar; (régisseur) steward ◆ **intendante** nf (Scol) bursar; (régisseur) housekeeper.

intense [ɛ̃tɑ̃s] adj (gén) intense; (circulation) dense, heavy ◆ **intensément** adv intensely ◆ **intensif, -ive** adj intensive ◆ **intensifier** vt, **s'intensifier** vpr 7 to intensify ◆ **intensité** nf intensity.

intenter [ɛ̃tɑ̃te] 1 vt ◇ **~ un procès à qn** to take proceedings against sb.

intention [ɛ̃tɑ̃sjɔ̃] nf intention (*de faire* of doing) ◇ **à cette** ~ with this intention; **à l'**~ **de qn** for sb ◆ **intentionné, e** adj ◇ **mal** ~ ill-intentioned ◆ **intentionnel, -elle** adj intentional.

inter [ɛ̃tɛʀ] préf inter... ◇ ~**ministériel** etc interdepartmental etc.

interaction [ɛ̃tɛʀaksjɔ̃] nf interaction.

intercaler [ɛ̃tɛʀkale] [1] vt to insert ◇ **s'**~ **entre** to come in between.

intercéder [ɛ̃tɛʀsede] [6] vi to intercede (*auprès de* with).

intercepter [ɛ̃tɛʀsɛpte] [1] vt to intercept ◆ **interception** nf interception.

interchangeable [ɛ̃tɛʀʃɑ̃ʒabl(ə)] adj interchangeable.

interclasse [ɛ̃tɛʀklɑs] nm (Scol) break.

interdiction [ɛ̃tɛʀdiksjɔ̃] nf (gén) ban (*de* on) ◇ **'**~ **de fumer'** 'smoking prohibited'; ~ **de parler** it is forbidden to talk.

interdire [ɛ̃tɛʀdiʀ] [37] vt to forbid; (Admin) to prohibit, ban ◇ ~ **à qn de faire qch** to forbid sb to do sth; (rendre impossible) to prevent sb from doing sth; **sa santé lui interdit tout travail** his health does not allow ou permit him to do any work; **s'**~ **toute remarque** to refrain from making any remark.

interdisciplinaire [ɛ̃tɛʀdisiplinɛʀ] adj interdisciplinary.

interdit, e [ɛ̃tɛʀdi, it] adj **a** ◇ **stationnement** ~ no parking; **il est** ~ **de faire** it is forbidden to do **b** (surpris) dumbfounded.

intéressant, e [ɛ̃teʀesɑ̃, ɑ̃t] adj (captivant) interesting; (avantageux) attractive ◇ **faire son** ~ to show off.

intéressé, e [ɛ̃teʀese] adj **a** (en cause) concerned ◇ **l'**~ the person concerned **b** (égoïste) (personne) self-interested; (motif) interested.

intéresser [ɛ̃teʀese] [1] vt (captiver) to interest; (concerner) to affect, concern ◇ **ça pourrait vous** ~ this might interest you ou be of interest to you; **s'**~ **à qch** to be interested in sth.

intérêt [ɛ̃teʀɛ] nm (attention) interest ◇ **porter de l'**~ **à** to take an interest in; **sans** ~ (ennuyeux) uninteresting; (sans importance) of no importance; **il a** ~ **à accepter** it's in his interest to accept; **7 % d'**~ 7 % interest; (égoïsme) **agir par** ~ to act out of self-interest; **il a des** ~**s dans l'affaire** he has a stake in the business.

interface [ɛ̃tɛʀfas] nf interface ◆ **interfacer** vt, **s'**~ vpr [3] to interface (*avec* with).

interférence [ɛ̃tɛʀfeʀɑ̃s] nf interference.

intérieur, e [ɛ̃teʀjœʀ] **1** adj (gén) inner, inside; (paroi) interior; (marché) home; (politique, vol) domestic, internal **2** nm (gén) interior; (tiroir etc) inside ◇ **à l'**~ inside; (de la maison) indoors; **à l'**~ **de nos frontières** within our frontiers; (Ftbl) ~ **gauche** inside-left ◆ **intérieurement** adv inwardly.

intérim [ɛ̃teʀim] nm **a** (période) interim period ◇ **assurer l'**~ **de qn** to deputize for sb, stand in for sb; **ministre par** ~ acting minister **b** (travail à temps partiel) temporary work, temping ◇ **faire de l'**~ to temp ◆ **intérimaire** **1** adj interim, temporary **2** nmf (secrétaire) temporary secretary, temp [famil]; (médecin) locum.

interjection [ɛ̃tɛʀʒɛksjɔ̃] nf interjection.

interligne [ɛ̃tɛʀliɲ] nm space between the lines.

interlocuteur, -trice [ɛ̃tɛʀlɔkytœʀ, tʀis] nm,f ◇ **mon** ~ the person I was speaking to.

interloquer [ɛ̃tɛʀlɔke] [1] vt to take aback.

intermède [ɛ̃tɛʀmɛd] nm (Théât, gén) interlude.

intermédiaire [ɛ̃tɛʀmedjɛʀ] **1** adj intermediate **2** nmf intermediary, go-between; (Comm) middleman ◇ **sans** ~ directly; **par l'**~ **de** through.

interminable [ɛ̃tɛʀminabl(ə)] adj endless, interminable.

intermittence [ɛ̃tɛʀmitɑ̃s] nf ◇ **par** ~ intermittently ◆ **intermittent, e** adj intermittent.

internat [ɛ̃tɛʀna] nm boarding school.

international, e, mpl **-aux** [ɛ̃tɛʀnasjɔnal, o] adj international.

interne [ɛ̃tɛʀn(ə)] **1** adj internal **2** nmf (Scol) boarder ◇ ~ **des hôpitaux** houseman, intern (US) ◆ **internement** nm (Pol) internment ◆ **interner** [1] vt (Pol) to intern; (Méd) to place in a mental hospital, institutionalize *(US)*.

interpellation [ɛ̃tɛʀpelɑsjɔ̃] nf (cri) call; (Police) questioning, interrogation ◆ **interpeller** [1] vt (appeler) to call ou shout out to; (malfaiteur) to question, interrogate.

interphone [ɛ̃tɛʀfɔn] nm intercom, interphone; (immeuble) entry phone.

interposer [ɛ̃tɛʀpoze] [1] **1** vt to interpose **2** **s'interposer** vpr to intervene.

interprétariat [ɛ̃tɛʀpʀetaʀja] nm interpreting ◆ **interprétation** nf interpretation ◆ **interprète** nmf (traducteur) interpreter; (artiste) performer ◆ **interpréter** [6] vt **a** (rôle, sonate) to play; (chanson) to sing **b** (expliquer) to interpret ◇ **mal** ~ to misinterpret.

interrogateur, -trice [ɛ̃tɛʀɔgatœʀ, tʀis] **1** adj (air) questioning, inquiring **2** nm,f oral examiner ◆ **interrogatif, -ive** adj, nm interrogative ◆ **interrogation** nf questioning, interrogation; (question) question; (Scol: exercice) test ◆ **interrogatoire** nm questioning, interrogation ◆ **interroger**

[3] vt (gén) to question, ask (*sur* about); (minutieusement) to interrogate; (élève) to test, examine orally ◇ **s'~ sur qch** to wonder about sth.

interrompre [ɛ̃tɛʀɔ̃pʀ(ə)] [41] **1** to break off, interrupt ◇ ~ **qn** to interrupt sb **2** **s'interrompre** vpr to break off ◆ **interrupteur** nm (Élec) switch ◆ **interruption** nf interruption ◇ **sans** ~ without a break; (Méd) ~ **(volontaire) de grossesse** termination (of pregnancy).

intersection [ɛ̃tɛʀsɛksjɔ̃] nf intersection.

interstice [ɛ̃tɛʀstis] nm crack, chink.

interurbain, e [ɛ̃tɛʀyʀbɛ̃, ɛn] adj (communication) long-distance.

intervalle [ɛ̃tɛʀval] nm (espace) space; (temps) interval ◇ **à 2 jours d'~** after an interval of 2 days; **dans l'~** (temporel) in the meantime; (spatial) in between.

intervenant, e [ɛ̃tɛʀvənɑ̃, ɑ̃t] nm,f (Jur) intervener; (conférencier) contributor.

intervenir [ɛ̃tɛʀvəniʀ] [22] vi (entrer en action) to intervene; (Méd) to operate; (se produire) to take place, occur ◆ **intervention** nf (gén) intervention; (Méd) operation.

intervertir [ɛ̃tɛʀvɛʀtiʀ] [2] vt to invert.

interview [ɛ̃tɛʀvju] nf (Presse, TV) interview ◆ **interviewer** [1] vt to interview.

intestin [ɛ̃tɛstɛ̃] nm intestine ◇ **~s** intestines, bowels ◆ **intestinal, e**, mpl **-aux** adj intestinal.

intime [ɛ̃tim] **1** adj (gén) intimate; (journal, vie) private; (cérémonie) quiet ◇ **être ~ avec qn** to be close to sb **2** nmf close friend ◆ **intimement** adj intimately ◇ ~ **persuadé** deeply convinced.

intimidation [ɛ̃timidɑsjɔ̃] nf intimidation ◆ **intimider** [1] vt to intimidate.

intimité [ɛ̃timite] nf (gén) intimacy; (vie privée) privacy ◇ **dans la plus stricte ~** in the strictest privacy.

intituler [ɛ̃tityle] [1] **1** vt to entitle **2** **s'intituler** vpr to be entitled.

intolérable [ɛ̃tɔleʀabl(ə)] adj intolerable.

intolérance [ɛ̃tɔleʀɑ̃s] nf intolerance ◇ ~ **à un médicament** inability to tolerate a drug ◆ **intolérant, e** adj intolerant.

intonation [ɛ̃tɔnɑsjɔ̃] nf intonation ◇ ~ **de voix** tone of voice.

intouchable [ɛ̃tuʃabl(ə)] adj, nmf untouchable.

intoxication [ɛ̃tɔksikɑsjɔ̃] nf poisoning ◇ ~ **alimentaire** food poisoning ◆ **intoxiqué, e** nm,f drug etc addict ◆ **intoxiquer** [1] vt to poison.

intraduisible [ɛ̃tʀadɥizibl(ə)] adj (texte) untranslatable.

intraitable [ɛ̃tʀɛtabl(ə)] adj inflexible.

intransigeance [ɛ̃tʀɑ̃ziʒɑ̃s] nf intransigence ◆ **intransigeant, e** adj intransigent.

intransitif, -ive [ɛ̃tʀɑ̃zitif, iv] adj, nm intransitive.

intrépide [ɛ̃tʀepid] adj intrepid ◆ **intrépidité** nf intrepidity.

intrigue [ɛ̃tʀig] nf (manœuvre) intrigue, scheme; (liaison) love affair; (Théât) plot ◆ **intriguer** [1] **1** vt to intrigue, puzzle **2** vi to scheme, intrigue.

intrinsèque [ɛ̃tʀɛ̃sɛk] adj intrinsic.

introduction [ɛ̃tʀɔdyksjɔ̃] nf introduction.

introduire [ɛ̃tʀɔdɥiʀ] [38] **1** vt (gén) to introduce; (visiteur) to show in; (idées nouvelles) to bring in (*dans* into) **2** **s'introduire** vpr to get in ◇ **s'~ dans** to get into.

introuvable [ɛ̃tʀuvabl(ə)] adj ◇ **c'est ~** it cannot be found.

intrus, e [ɛ̃tʀy, yz] nm,f intruder ◆ **intrusion** nf intrusion (*dans* in).

intuitif, -ive [ɛ̃tɥitif, iv] adj intuitive ◆ **intuition** nf intuition.

inuit adj, **I~** nmf [inɥit] Inuit.

inusité, e [inyzite] adj uncommon.

inutile [inytil] adj useless; (superflu) needless ◇ ~ **de vous dire que** I hardly need say that ◆ **inutilement** adv uselessly; needlessly ◆ **inutilité** nf uselessness; needlessness.

inutilisable [inytilizabl(ə)] adj unusable.

inutilisé, e [inytilize] adj unused.

invalide [ɛ̃valid] **1** nmf disabled person **2** adj (Méd) disabled ◆ **invalidité** nf disablement.

invariable [ɛ̃vaʀjabl(ə)] adj invariable.

invasion [ɛ̃vɑzjɔ̃] nf invasion.

invective [ɛ̃vɛktiv] nf invective ◆ **invectiver** [1] **1** vt to shout abuse at **2** vi to inveigh (*contre* against).

invendable [ɛ̃vɑ̃dabl(ə)] adj unsaleable.

invendu, e [ɛ̃vɑ̃dy] adj unsold.

inventaire [ɛ̃vɑ̃tɛʀ] nm (gén) inventory; (liste) stocklist; (fig: recensement) survey ◇ **faire l'~ de** to take stock of.

inventer [ɛ̃vɑ̃te] [1] vt to invent ◇ **il n'a pas inventé la poudre** he'll never set the Thames on fire ◆ **inventeur, -trice** nm,f inventor ◆ **inventif, -ive** adj inventive ◆ **invention** nf invention ◇ **de mon ~** of my own invention.

invérifiable [ɛ̃veʀifjabl(ə)] adj unverifiable.

inverse [ɛ̃vɛʀs(ə)] **1** adj (gén) opposite ◇ **dans l'ordre ~** in the reverse order **2** nm ◇ **l'~** the opposite, the reverse; **à l'~** conversely ◆ **inversement** adv conversely ◆ **inverser** [1] vt (ordre) to reverse, invert ◆ **inversion** nf inversion.

investigation [ɛ̃vɛstigɑsjɔ̃] nf investigation.

investir [ɛ̃vɛstiʀ] 2 vt to invest ◆ **investissement** nm (Écon) investment; (Mil) investing ◆ **investiture** nf nomination, appointment.
invétéré, e [ɛ̃veteʀe] adj inveterate.
invincibilité [ɛ̃vɛ̃sibilite] nf invincibility ◆ **invincible** adj invincible.
invisibilité [ɛ̃vizibilite] nf invisibility ◆ **invisible** adj invisible.
invitation [ɛ̃vitɑsjɔ̃] nf invitation (*à* to) ◆ **invité, e** nm,f guest ◆ **inviter** 1 vt to invite (*à* to).
invivable [ɛ̃vivabl(ə)] adj unbearable.
invocation [ɛ̃vɔkɑsjɔ̃] nf invocation (*à* to).
involontaire [ɛ̃vɔlɔ̃tɛʀ] adj (gén) unintentional; (incontrôlé) involuntary.
invoquer [ɛ̃vɔke] 1 vt (excuse) to put forward; (témoignage) to call upon; (Dieu) to invoke, call upon.
invraisemblable [ɛ̃vʀɛsɑ̃blabl(ə)] adj (nouvelle) improbable; (insolence) incredible ◆ **invraisemblance** nf improbability.
invulnérable [ɛ̃vylneʀabl(ə)] adj invulnerable (*à* to).
iode [jɔd] nm iodine.
Irak [iʀak] nm Iraq ◆ **irakien, -ienne** adj, **I~, -ienne** nm,f Iraqi.
Iran [iʀɑ̃] nm Iran ◆ **iranien, -ienne** adj, **I~, -ienne** nm,f Iranian.
Iraq [iʀak] nm = **Irak.**
iris [iʀis] nm iris.
irlandais, e [iʀlɑ̃dɛ, ɛz] 1 adj, nm Irish 2 nm ◇ **I~** Irishman 3 nf ◇ **I~e** Irishwoman ◆ **Irlande** nf ◇ **l'~** (pays) Ireland; (État) the Irish Republic; **l'~ du Nord** Northern Ireland.
ironie [iʀɔni] nf irony ◆ **ironique** adj ironical.
irradiation [iʀ(ʀ)adjɑsjɔ̃] nf irradiation ◆ **irradier** 7 vt to irradiate.
irraisonné, e [iʀɛzɔne] adj irrational.
irréalisable [iʀealizabl(ə)] adj (but) unrealizable; (projet) unworkable.
irrécupérable [iʀekypeʀabl(ə)] adj (voiture) beyond repair; (personne) irredeemable.
irréductible [iʀedyktibl(ə)] adj (gén) irreducible; (ennemi) implacable.
irréel, -elle [iʀeɛl] adj unreal.
irréfléchi, e [iʀefleʃi] adj thoughtless.
irréfutable [iʀefytabl(ə)] adj irrefutable.
irrégularité [iʀegylaʀite] nf irregularity.
irrégulier, -ière [iʀegylje, jɛʀ] adj (gén) irregular; (terrain, travail) uneven.
irrémédiable [iʀemedjabl(ə)] adj (perte) irreparable; (mal) irremediable.
irremplaçable [iʀɑ̃plasabl(ə)] adj irreplaceable.
irréprochable [iʀepʀɔʃabl(ə)] adj (conduite) irreproachable; (tenue) impeccable.
irrésistible [iʀezistibl(ə)] adj (gén) irresistible; (amusant) hilarious.
irrésolu, e [iʀezɔly] adj (personne) irresolute ◆ **irrésolution** nf irresoluteness.
irrespirable [iʀɛspiʀabl(ə)] adj (gén) unbreathable; (fig) stifling.
irresponsable [iʀɛspɔ̃sabl(ə)] adj irresponsible.
irréversible [iʀevɛʀsibl(ə)] adj irreversible.
irrévocable [iʀevɔkabl(ə)] adj irrevocable.
irrigation [iʀigɑsjɔ̃] nf irrigation ◆ **irriguer** 1 vt to irrigate.
irritable [iʀitabl(ə)] adj irritable ◆ **irritation** nf irritation ◆ **irriter** 1 vt to irritate ◇ **s'~ de qch** to feel irritated ou annoyed at sth.
irruption [iʀypsjɔ̃] nf irruption ◇ **faire ~ chez qn** to burst in on sb.
ISF [iɛsɛf] nm abrév de *impôt de solidarité sur la fortune* wealth tax.
Islam [islam] nm ◇ **l'~** Islam ◆ **islamique** adj Islamic.
islandais, e [islɑ̃dɛ, ɛz] 1 adj, nm Icelandic 2 nm,f ◇ **I~, e** Icelander ◆ **Islande** nf Iceland.
isolant [izɔlɑ̃] nm insulator ◆ **isolation** nf insulation ◇ **~ phonique** soundproofing ◆ **isolé, e** adj (gén) isolated; (délaissé) lonely; (à l'écart) remote ◆ **isolement** nm isolation; loneliness; remoteness ◆ **isolément** adv in isolation ◆ **isoler** 1 1 vt (gén) to isolate (*de* from); (Élec) to insulate; (contre le bruit) to soundproof 2 **s'isoler** vpr to isolate o.s. ◆ **isoloir** nm polling booth.
Isorel [izɔʀɛl] nm ® hardboard.
Israël [isʀaɛl] nm Israel ◆ **israélien, -ienne** adj, **I~, -ienne** nm,f Israeli ◆ **israélite** 1 adj Jewish 2 nm ◇ **I~** Jew 3 nf ◇ **I~** Jewess.
issu, 1. **e** [isy] adj ◇ **être ~ de** to come from.
2. **issue** [isy] nf (sortie) exit; (fig: solution) way out; (fin) outcome ◇ **voie sans ~** dead end; **~ fatale** fatal outcome; **à l'~ de** at the conclusion ou close of.
Italie [itali] nf Italy ◆ **italien, -ienne** adj, nm, **I~, -ienne** nm,f Italian.
italique [italik] nm italics.
itinéraire [itineʀɛʀ] nm route; (fig) itinerary.
itinérant, e [itineʀɑ̃, ɑ̃t] adj itinerant.
IUT [iyte] nm abrév de *institut universitaire de technologie* polytechnic (Brit), technical institute (US).
IVG [iveʒe] nf abrév de *interruption volontaire de grossesse* → **interruption.**
ivoire [ivwaʀ] nm ivory.
ivre [ivʀ(ə)] adj drunk ◇ **~ de joie** wild with joy ◆ **ivresse** nf drunkenness ◇ **avec ~** rapturously ◆ **ivrogne** nmf drunkard.

j

J, j [ʒi] nm **a** (lettre) J, j **b** abrév de *Joule* ◇ **J** J.

j' [ʒ(ə)] → **je.**

jacasser [ʒakase] 1 vi to chatter.

jachère [ʒaʃɛʀ] nf ◇ **mettre une terre en** ~ to leave a piece of land fallow.

jacinthe [ʒasɛ̃t] nf hyacinth ◇ ~ **des bois** bluebell.

jade [ʒad] nm jade; (objet) jade object.

jadis [ʒadis] adv formerly, long ago ◇ **mes amis de** ~ my friends of long ago.

jaguar [ʒagwaʀ] nm jaguar.

jaillir [ʒajiʀ] 2 vi (gén) to gush out; (lumière) to flash; (cris) to burst out; (idée, vérité) to spring (*de* from) ◇ **il jaillit dans la pièce** he burst into the room ◆ **jaillissement** nm (liquide) gush.

jais [ʒɛ] nm (Minér) jet; (couleur) jet black.

jalon [ʒalɔ̃] nm (étape) step ◇ **poser des** ~**s** to prepare the ground ◆ **jalonner** 1 vt (border) to line ◇ **carrière jalonnée de succès** career punctuated with successes.

jalouser [ʒaluze] 1 vt to be jealous of ◆ **jalousie** nf (sentiment) jealousy; (persienne) venetian blind ◆ **jaloux, -ouse** adj jealous.

jamaïquain, -aine [ʒamaikɛ̃, ɛn] adj, **J**~, **-aine** nm,f Jamaican ◆ **Jamaïque** nf Jamaica.

jamais [ʒamɛ] adv **a** (négatif) never ◇ **il partit pour ne** ~ **plus revenir** he departed never to return; **sans** ~ **rien faire** without ever doing anything; **ce n'est** ~ **qu'un enfant** he is only a child; ~ **de la vie!** never!; ~ **deux sans trois!** there's always a third time! **b** (indéfini) ever ◇ **si** ~ **tu le vois** if you ever see him, if by any chance you see him; **plus chers que** ~ dearer than ever; **à tout** ~ for ever.

jambe [ʒɑ̃b] nf leg ◇ ~ **de pantalon** trouser leg; **prendre ses** ~**s à son cou** to take to one's heels; **faire qch par-dessus la** ~ [famil] to do sth in a slipshod way; **tenir la** ~ **à qn** [famil] to detain sb; **elle est toujours dans mes** ~**s** [famil] she's always in my way.

jambon [ʒɑ̃bɔ̃] nm ham ◇ ~ **fumé** smoked ham, gammon; ~ **blanc** boiled ham ◆ **jambonneau,** pl ~**x** nm knuckle of ham.

jante [ʒɑ̃t] nf rim.

janvier [ʒɑ̃vje] nm January → **septembre.**

Japon [ʒapɔ̃] nm Japan ◆ **japonais, e** adj, nm, **J**~, **e** nm,f Japanese.

jappement [ʒapmɑ̃] nm yap, yelp ◆ **japper** 1 vi to yap, yelp.

jaquette [ʒakɛt] nf (homme) morning coat; (livre) dust jacket.

jardin [ʒaʀdɛ̃] nm garden ◇ ~ **d'enfants** nursery school; ~ **public** public park ou gardens ◆ **jardinage** nm gardening ◆ **jardiner** 1 vi to garden ◆ **jardinerie** nf garden centre ◆ **jardinier, -ière** **1** nm,f gardener **2** nf (caisse) window box ◇ ~**ière de légumes** mixed vegetables.

jargon [ʒaʀgɔ̃] nm (gén) jargon; (baragouin) gibberish ◇ ~ **informatique** computerese [famil].

jarret [ʒaʀɛ] nm (homme) ham; (animal) hock ◇ (Culin) ~ **de veau** knuckle of veal.

jarretelle [ʒaʀtɛl] nf suspender, garter *(US)*.

jarretière [ʒaʀtjɛʀ] nf garter.

jars [ʒaʀ] nm gander.

jaser [ʒaze] 1 vi (enfant) to chatter; (oiseau) to twitter; (ruisseau) to babble; (médire) to gossip.

jasmin [ʒasmɛ̃] nm jasmine.

jauge [ʒoʒ] nf (compteur) gauge; (règle graduée) dipstick; (capacité) capacity; (de navire) tonnage ◆ **jauger** [3] **1** vt to gauge the capacity of ◇ ~ **qn du regard** to size sb up **2** vi to have a capacity of.

jaune [ʒon] **1** adj yellow **2** nmf ◇ **J~** Asiatic **3** nm (couleur) yellow; (péj: non gréviste) scab [famil] ◇ ~ **d'œuf** egg yolk ◆ **jaunir** [2] vti to turn yellow ◆ **jaunisse** nf jaundice ◇ **en faire une** ~[famil] (de jalousie) to turn green with envy.

java [ʒava] nf popular waltz ◇ **faire la** ~[famil] to live it up [famil].

javelliser [ʒavelize] [1] vt to chlorinate.

javelot [ʒavlo] nm javelin.

jazz [dʒaz] nm jazz.

J.-C. abrév de *Jésus-Christ*.

je, j' [ʒ(ə)] pron pers I.

jean [dʒin] nm (pair of) jeans.

jeep [ʒip] nf jeep.

jérémiades [ʒeʀemjad] [famil] nfpl moaning.

jerrycan [ʒeʀikan] nm jerry can.

jésuite [ʒezɥit] nm, adj Jesuit.

jésus [ʒezy] nm ◇ **J~(-Christ)** Jesus (Christ); (date) **avant J~-Christ** B.C.; **après J~-Christ** A.D.; **mon** ~[famil] my darling.

1. **jet** [ʒɛ] nm (eau etc) jet; (lumière) beam; (pierre) throw ◇ **premier** ~ first sketch; **à** ~ **continu** in a continuous stream; ~ **d'eau** (fontaine) fountain; (gerbe) spray.

2. **jet** [dʒɛt] nm (avion) jet.

jetable [ʒətabl(ə)] adj (briquet, rasoir) disposable.

jetée [ʒ(ə)te] nf jetty; (grande) pier.

jeter [ʒ(ə)te] [4] **1** vt **a** (lancer) to throw; (avec force) to fling, hurl; (au rebut) to throw away ou out ◇ ~ **qch à qn** to throw sth to sb; (agressivement) to throw sth at sb; ~ **dehors** (visiteur) to throw out; (employé) to sack **b** (pont) to throw (*sur* over); (fondations) to lay **c** (lueur, regard) to give, cast; (cri) to utter, let out ◇ ~ **un coup d'œil sur qch** (rapidement) to glance at sth; (pour surveiller) to take a look at sth **d** (dans le désespoir) to plunge; (dans l'embarras) to throw (*dans* into) ◇ **ça me jette hors de moi** it drives me frantic ou wild **e** (discrédit, sort) to cast ◇ ~ **le trouble chez qn** to disturb sb; ~ **un froid** to cast a chill **f** (dire) to say (*à* to) **g** ◇ ~ **son dévolu sur qch** to set one's heart on sth; (fig) ~ **du lest** to make concessions; ~ **l'argent par les fenêtres** to spend money like water; ~ **le manche après la cognée** to throw in one's hand; ~ **de la poudre aux yeux de qn** to impress sb **2** **se jeter** vpr **a** ◇ **se** ~ **par la fenêtre** to throw o.s. out of the window; **se** ~ **sur qn** to rush at sb; **se** ~ **à l'eau** (lit) to plunge into the water; (fig) to take the plunge **b** (rivière) to flow (*dans* into).

jeton [ʒ(ə)tɔ̃] nm (Jeu) counter; (Roulette) chip ◇ ~ **de téléphone** telephone token; **avoir les** ~**s** [famil] to have the jitters [famil].

jeu, pl ~**x** [ʒø] nm **a** (gén) game ◇ ~ **d'adresse** game of skill; ~ **de société** parlour game; ~ **de mots** pun; **J~x olympiques** Olympic games; **J~x olympiques d'hiver** Winter Olympics; ~**-concours** competition; (avec questions) quizz; ~ **télévisé** television quiz; ~ **de patience** jigsaw puzzle; ~ **de rôles** role play; ~ **vidéo** video game; (Tennis) **mener par 5** ~**x à 2** to lead by 5 games to 2 **b** (série) (pions, clefs) set ◇ ~ **de construction** building set; ~ **de cartes** pack of cards **c** ◇ (lieu) ~ **de boules** bowling ground **d** (Cartes: main) hand ◇ **avoir du** ~ to have a good hand **e** ◇ **le** ~ (amusement) play; (Casino) gambling **f** (fonctionnement) working; (Tech) play ◇ **il y a du** ~ it's a bit loose, there's a bit of play **g** ◇ **le** ~ **n'en vaut pas la chandelle** the game is not worth the candle; **il a beau** ~ **de protester** it's easy for him to complain; **ce qui est en** ~ what is at stake; **faire le** ~ **de qn** to play into sb's hands; **c'est un** ~ **d'enfant** it's child's play; **par** ~ for fun.

jeudi [ʒødi] nm Thursday → **samedi.**

jeun [ʒœ̃] adv ◇ **être à** ~ to have consumed nothing, have an empty stomach.

jeune [ʒœn] **1** adj **a** (gén) young; (apparence) youthful; (industrie) new ◇ **dans mon** ~ **âge** in my youth; **mon** ~ **frère** my younger brother; **Durand** ~ Durand junior **b** ([famil]: inexpérimenté) inexperienced; (insuffisant) short, skimpy ◇ **c'est un peu** ~ it's a bit on the short side **2** nm youth ◇ **les** ~**s** young people **3** nf girl **4** comp: ~ **fille** girl **la** ~ **génération** the younger generation ~**s gens** young people ~ **marié** bridegroom ~ **mariée** bride **les** ~**s mariés** the newly-weds (Théât) ~ **premier** leading man.

jeûne [ʒøn] nm fast ◆ **jeûner** [1] vi (gén) to go without food; (Rel) to fast.

jeunesse [ʒœnɛs] nf (gén) youth; (apparence) youthfulness ◇ (personnes) **la** ~ young people.

JO [ʒio] **1** nmpl abrév de *Jeux olympiques* → **jeu** **2** nm abrév de *Journal officiel* → **journal.**

joaillerie [ʒɔajʀi] nf (marchandise) jewellery; (magasin) jeweller's shop ◆ **joaillier, -ière** nm,f jeweller.

job [dʒɔb] [famil] nm (travail) (temporary) job.

jockey [ʒɔkɛ] nm jockey.

jogging [dʒɔgiŋ] nm jogging ◇ **faire du** ~ to go jogging.

joie [ʒwa] nf (gén) joy; (plaisir) pleasure ◇ **au comble de la ~** overjoyed; **~ de vivre** cheerfulness; **je me ferai une ~ de le faire** I shall be delighted to do it.

joindre [ʒwɛ̃dʀ(ə)] 49 **1** vt (gén) to join (*à* to); (villes) to link (*à* with); (efforts) to combine; (correspondant) to contact, get in touch with; (dans une enveloppe) to enclose (*à* with) ◇ **~ les deux bouts** [famil] to make ends meet; **carte jointe à un cadeau** card attached to a gift **2** vi (fenêtre, porte) to shut, close; (planches etc) to join **3 se joindre** vpr ◇ **se ~ à** (groupe) to join; (foule) to mingle ou mix with; (discussion) to join in ◆ **joint** nm (articulation) joint; (ligne) join; (en ciment, mastic) pointing ◇ **~ de robinet** tap washer; **trouver le ~** [famil] to come up with the answer ◆ **jointure** nf joint; join.

joker [ʒɔkɛʀ] nm (Cartes) joker.

joli, e [ʒɔli] adj (gén) nice; (femme) pretty ◇ **il est ~ garçon** he is good-looking; **tout ça c'est bien ~ mais** that's all very well but; **vous avez fait du ~!** you've made a fine mess of things! ◆ **joliment** adv nicely; prettily ◇ **il était ~ en retard** [famil] he was pretty late [famil].

jonc [ʒɔ̃] nm bulrush.

joncher [ʒɔ̃ʃe] 1 vt to strew (*de* with).

jonction [ʒɔ̃ksjɔ̃] nf junction.

jongler [ʒɔ̃gle] 1 vi to juggle (*avec* with) ◆ **jonglerie** nf juggling ◆ **jongleur, -euse** nm,f juggler.

jonque [ʒɔ̃k] nf (Naut) junk.

jonquille [ʒɔ̃kij] nf daffodil.

Jordanie [ʒɔʀdani] nf Jordan ◆ **jordanien, -ienne** adj, **J~, -ienne** nm,f Jordanian.

joue [ʒu] nf (Anat) cheek ◇ (Mil) **mettre en ~ qch** to aim at sth.

jouer [ʒwe] 1 **1** vi **a** to play (*avec* with; *à faire* at doing) ◇ **~ aux cartes** to play cards; **~ du piano** to play the piano; **faire qch pour ~** to do sth for fun; **~ perdant** to play a losing game; **~ de malheur** to be dogged by ill luck; **à vous de ~!** your turn!; (Échecs) your move!; **bien joué!** well done! **b** (Casino) to gamble ◇ **~ à la roulette** to play roulette; **~ aux courses** to bet on the horses **c** (Théât) to act ◇ **on joue à guichets fermés** the performance is fully booked ou is booked out **d** (fonctionner) to work **e** (joindre mal) to be loose; (se voiler) to warp **f** (être important) to count ◇ **cette mesure joue pour tout le monde** this measure applies to everybody; **il a fait ~ ses appuis politiques** he made use of his political connections **2** vt **a** (gén) to play; (film) to put on, show; (argent) to stake (*sur* on); (cheval) to back; (réputation) to wager ◇ **~ un tour à qn** to play a trick on sb; (fig) **~ la comédie** to put on an act; (fig) **le drame s'est joué très rapidement** the tragedy happened very quickly **b** (tromper) to deceive **3 jouer de** vt indir (utiliser) to use, make use of **4 se jouer** vpr ◇ **se ~ de qn** to deceive sb; **se ~ des difficultés** to make light of the difficulties ◆ **jouet** nm toy, plaything ◆ **joueur, -euse** nm,f player; (Casino) gambler ◇ **être beau ~** to be a good loser; **il est très ~** he's very playful.

joufflu, e [ʒufly] adj chubby.

joug [ʒu] nm (Agr, fig) yoke; (balance) beam.

jouir [ʒwiʀ] 2 , **~ de** vt indir to enjoy ◆ **jouissance** nf (volupté) pleasure; (usage) use.

joujou, pl **~x** [ʒuʒu] nm [famil] toy ◇ **faire ~** to play.

jour [ʒuʀ] **1** nm **a** (gén) day ◇ **dans 2 ~s** in 2 days' time, in 2 days; **un de ces ~s** one of these days; **le ~ de Pâques** Easter Day; **ce n'est vraiment pas le ~!** you etc have picked the wrong day!; **un œuf du ~** an egg laid today **b** ◇ (indéterminé) **mettre fin à ses ~s** to put an end to one's life; **leurs vieux ~s** their old age; **les mauvais ~s** hard times **c** (lit, fig: lumière) light ◇ **il fait ~** it is daylight; **le ~** in the daytime; **jeter un ~ nouveau sur** to throw new light on **d** (ouverture) (mur, haie) gap ◇ (Couture) **~s** hemstitching **e** ◇ (locutions) **donner le ~ à** to give birth to; **voir le ~** to be born; **c'est le ~ et la nuit!** it's like night and day!; **vivre au ~ le ~** to live from day to day; **mettre à ~** to bring up to date; **mise à ~** updating; **un ~ ou l'autre** sooner or later; **du ~ au lendemain** overnight; **chose de tous les ~s** everyday thing; **de nos ~s** these days, nowadays; **il y a 2 ans ~ pour ~** 2 years ago to the day **2** comp: **le ~ de l'An** New Year's day **~ de congé** day off **~ férié** public holiday **~ de fête** holiday **le ~ J** D-day **le ~ des Morts** All Souls' Day **~ ouvrable** weekday **le ~ des Rois** Epiphany, Twelfth Night **le ~ du Seigneur** Sunday.

journal, pl **-aux** [ʒuʀnal, o] nm newspaper; (magazine) magazine; (bulletin) journal; (intime) diary, journal; (Rad) news ◇ **~ de bord** ship's log; **~ pour enfants** children's comic; **le J~ officiel** *bulletin issued by the French Republic giving details of laws and official announcements.*

journalier, -ière [ʒuʀnalje, jɛʀ] adj (de chaque jour) daily; (banal) everyday.

journalisme [ʒuʀnalism(ə)] nm journalism ◆ **journaliste** nmf journalist ◆ **journalistique** adj journalistic.

journée [ʒuʀne] nf day ◇ **dans la ~ d'hier** yesterday; **faire la ~ continue** to work over lunch; **~ de repos** day off.

journellement [ʒuʀnɛlmɑ̃] adv (quotidiennement) daily; (souvent) every day.

joute [ʒut] nf joust.

jovial, e, mpl **-aux** ou **~s** [ʒɔvjal, o] adj jovial, jolly ◆ **jovialité** nf joviality.

joyau, pl ~**x** [ʒwajo] nm gem, jewel.

joyeusement [ʒwajøzmɑ̃] adv joyfully, merrily, cheerfully ◆ **joyeux, -euse** adj joyful, merry, cheerful ◇ ~ **Noël!** merry ou happy Christmas!; ~**euse fête!** many happy returns!

jubilé [ʒybile] nm jubilee.

jubilation [ʒybilɑsjɔ̃] nf jubilation ◆ **jubiler** [famil] [1] vi to be jubilant.

jucher vt, **se jucher** vpr [ʒyʃe] [1] to perch (*sur* on).

judiciaire [ʒydisjɛʀ] adj judicial.

judicieux, -euse [ʒydisjø, øz] adj judicious.

judo [ʒydo] nm judo ◆ **judoka** nmf judoka.

juge [ʒyʒ] nm (gén) judge ◇ **oui, Monsieur le J~** yes, your Honour; **le ~ X** Mr Justice X; ~ **d'instruction** examining magistrate; ~ **de paix** justice of the peace; ~ **de touche** linesman.

jugé [ʒyʒe] nm ◇ **au ~** by guesswork.

jugement [ʒyʒmɑ̃] nm (Gén, Rel) judgment; (criminel) sentence; (civil) decision, award ◇ **passer en ~** to stand trial; **porter un ~ sur** to pass judgment on.

jugeote [ʒyʒɔt] [famil] nf gumption [famil].

juger [ʒyʒe] [3] **1** vt (gén, Jur) to judge; (accusé) to try (*pour* for); (différend) to arbitrate in ◇ (estimer) ~ **que** to consider ou reckon that; **jugez combien j'étais surpris** imagine how surprised I was; ~ **qn ridicule** to find sb ridiculous; ~ **mal qn** to think badly of sb; ~ **bon de faire** to consider it advisable to do **2** **juger de** vt indir to judge.

juguler [ʒygyle] [1] vt to suppress.

juif, juive [ʒɥif, ʒɥiv] **1** adj Jewish **2** nm ◇ **J~** Jew **3** nf ◇ **Juive** Jewess.

juillet [ʒɥijɛ] nm July → **septembre.**

juin [ʒɥɛ̃] nm June → **septembre.**

jumeau, -elle, mpl ~**x** [ʒymo, ɛl] **1** adj (gén) twin; (maison) semi-detached **2** nm,f (personne) twin; (sosie) double **3** nf ◇ **jumelles** binoculars; (de théâtre) opera glasses ◆ **jumelage** nm twinning ◆ **jumeler** [4] vt (villes) to twin; (efforts) to join.

jument [ʒymɑ̃] nf mare.

jungle [ʒɔ̃gl(ə)] nf jungle.

junior [ʒynjɔʀ] adj, nmf junior.

junte [ʒœ"t] nf junta.

jupe [ʒyp] nf skirt ◆ **jupon** nm waist petticoat ou slip.

Jupiter [ʒypitɛʀ] nm (Astron) Jupiter.

juré, e [ʒyʀe] **1** adj sworn **2** nm,f juror, juryman (ou woman) ◇ **les ~s** the members of the jury.

jurer [ʒyʀe] [1] **1** vt to swear ◇ **faire ~ à qn de garder le secret** to swear sb to secrecy; **ah! je vous jure!** honestly!; **on ne jure plus que par lui** everyone swears by him **2** **jurer de** vt indir to swear to ◇ **il ne faut ~ de rien** you never can tell **3** vi **a** (pester) to swear, curse **b** (couleurs) to clash, jar **4** **se jurer** vpr ◇ **se ~ qch** (à soi-même) to vow sth to o.s.; (l'un à l'autre) to swear ou vow sth to each other.

juridiction [ʒyʀidiksjɔ̃] nf (compétence) jurisdiction; (tribunal) court of law.

juridique [ʒyʀidik] adj legal.

juriste [ʒyʀist(ə)] nm (avocat) lawyer; (professeur) jurist.

juron [ʒyʀɔ̃] nm oath, swearword ◇ **dire des ~s** to swear, curse.

jury [ʒyʀi] nm (Jur) jury; (Art, Sport) panel of judges; (Scol) board of examiners.

jus [ʒy] nm **a** (liquide) juice ◇ ~ **de fruit** fruit juice; ~ **de viande** gravy **b** [famil] (café) coffee; (courant) juice [famil]; (eau) water.

jusque [ʒysk(ə)] **1** prép **a** ◇ (lieu) **jusqu'à la, jusqu'au** to; **j'ai marché jusqu'au village** I walked to ou as far as the village; **jusqu'où?** how far?; **en avoir ~-là** [famil] to be fed up [famil] **b** ◇ (temps) **jusqu'à, jusqu'en** until, till, up to; **jusqu'à quand?** until when?, how long?; **jusqu'à présent** until now, so far; **jusqu'au bout** to the end; **du matin jusqu'au soir** from morning till night **c** (limite) up to ◇ **jusqu'à 20 kg** up to 20 kg; **aller jusqu'à dire** to go so far as to say **d** (y compris) even ◇ **ils ont regardé ~ sous le lit** they even looked under the bed **2** conj ◇ **jusqu'à ce que** until.

juste [ʒyst(ə)] **1** adj **a** (légitime) just; (équitable) just, fair (*envers* to) ◇ **à ~ titre** with just cause **b** (calcul, réponse) right; (raisonnement, remarque) sound; (appareil) accurate; (oreille) good; (note, voix) true; (piano) well-tuned ◇ **à l'heure ~** right on time; **à 6 heures ~** on the stroke of 6; **apprécier qch à son ~ prix** to appreciate the true worth of sth; **le ~ milieu** the happy medium; **très ~!** quite right! **c** (trop court) tight ◇ (quantité) **c'est un peu ~** it's a bit on the short side; (on a eu peur) **c'était ~** it was a close thing **2** adv **a** (compter, viser) accurately; (raisonner) soundly; (deviner) rightly; (chanter) in tune ◇ **la pendule va ~** the clock is keeping good time **b** (exactement) just, exactly ◇ ~ **au-dessus** just above; **3 kg ~** 3 kg exactly **c** (seulement) only, just **d** (pas assez) not quite enough **e** ◇ **que veut-il au ~?** what exactly does he want?; **comme de ~** of course; **tout ~** (seulement) only just; (à peine) hardly, barely; (exactement) exactly.

justement [ʒystəmɑ̃] adv **a** (précisément) just, precisely **b** (remarquer) rightly, justly.

justesse [ʒystɛs] nf (gén) accuracy; (raisonnement) soundness ◇ **de ~** narrowly.

justice [ʒystis] nf **a** (gén) justice ◇ **rendre la ~** to dispense justice; **rendre ~ à qn** to do sb justice; **ce n'est que ~** it's only fair; **se faire ~** (se venger) to take the law into one's own hands; (se suicider) to take one's life **b** (tribunal) court; (autorités) law ◇ **la ~ le recherche** he is wanted by the law; **passer en ~** to stand trial; **aller en ~** to take a case to court ◆ **justicier** nm defender of justice.

justifiable [ʒystifjabl(ə)] adj justifiable.

justificatif [ʒystifikatif] nm proof.

justification [ʒystifikɑsjɔ̃] nf (explication) justification; (preuve) proof.

justifier [ʒystifje] 7 **1** vt to justify **2** **justifier de** vt indir to prove **3** **se justifier** vpr to justify o.s.

jute [ʒyt] nm jute.

juteux, -euse [ʒytø, øz] adj juicy.

juvénile [ʒyvenil] adj (allure) youthful.

juxtaposer [ʒykstapoze] 1 vt to juxtapose ◆ **juxtaposition** nf juxtaposition.

k

K, k [ka] nm (lettre) K, k.

kaki [kaki] adj, nm (couleur) khaki.

kaléidoscope [kaleidɔskɔp] nm kaleidoscope.

Kampuchéa [kɑ̃putʃea] nm ◇ ~ **(démocratique)** Democratic Kampuchea ◆ **kampuchéen, -enne** adj, **K~, -enne** nm,f Kampuchean.

kangourou [kɑ̃guʀu] nm kangaroo.

karaté [kaʀate] nm karate ◆ **karateka** nm karate expert.

kayak [kajak] nm canoe ◇ **faire du** ~ to go canoeing.

kcal abrév de *kilocalorie.*

Kenya [kenja] nm Kenya ◆ **kényan, -yanne** adj, **K~, -yanne** nm,f Kenyan.

képi [kepi] nm kepi.

kermesse [kɛʀmɛs] nf fair; (de charité) bazaar, fête.

kérosène [keʀozɛn] nm kerosene, jet fuel.

kg abrév de *kilogramme.*

kidnapper [kidnape] 1 vt to kidnap ◆ **kidnappeur, -euse** nm,f kidnapper.

kilo [kilo] 1 nm kilo 2 préf kilo... ◆ **kilocalorie** nf kilocalory ◆ **kilogramme** (etc) nm kilogramme etc ◆ **kilométrage** nm ≃ (voiture) mileage ◆ **kilo-octet** nm kilobyte.0

kinésithérapeute [kineziteʀapøt] nmf physiotherapist ◆ **kinésithérapie** nf physiotherapy.

kiosque [kjɔsk(ə)] nm (journaux etc) kiosk; (jardin) pavilion.

kirsch [kiʀʃ] nm kirsch.

kit [kit] nm kit ◇ **en** ~ in kit form.

kiwi [kiwi] nm kiwi.

kj abrév de *kilojoule.*

klaxon [klaksɔn] nm ® (Aut) horn ◆ **klaxonner** 1 vi to sound one's horn.

kleptomane [klɛptɔman] adj, nmf kleptomaniac ◆ **kleptomanie** nf kleptomania.

km abrév de *kilomètre.*

km/h abrév de *kilomètres/heure* ≃ mph.

knock-out [nɔkawt] 1 adj knocked out ◇ **mettre qn** ~ to knock sb out 2 nm knock-out.

Ko abrév de *kilo-octet.*

K.-O. [kao] nm abrév de *knock-out* K.O.

Koweït [kɔwɛt] nm Kuwait ◆ **koweïtien, -ienne** adj, **K~, -ienne** nm,f Kuwaiti.

krach [kʀak] nm (Bourse) crash.

kraft [kʀaft] nm ◇ **papier** ~ strong wrapping paper.

kumquat [kumkwat] nm kumquat.

kW abrév de *kilowatt.*

kW/h abrév de *kilowatt(s)-heure.*

kyrielle [kiʀjɛl] nf (grand nombre) stream.

kyste [kist(ə)] nm cyst.

l

L, l [ɛl] nm ou nf **a** (lettre) L, l **b** abrév de *litre* ◇ l l.

l' [l(ə)], 1. **la** [la] → **le.**

2. **la** [la] nm inv (note) A; (chanté) la.

là [la] **1** adv **a** (espace) there ◇ **c'est ~ où** ou **que je suis né** that's where I was born; **c'est à 3 km de ~** it's 3 km away (from there); **passez par ~** go that way **b** (temps) then ◇ **à partir de ~** from then on; **à quelques jours de ~** a few days later **c** (pour désigner) that ◇ **ils en sont ~** that's the stage they've reached; **ce jour-~** that day; **en ce temps-~** in those days; **ce qu'il dit ~** what he says; **de ~ vient que nous ne le voyons plus** that's why we don't see him any more; **tout est ~** that's the whole question; **alors ~!** well!; **oh ~ ~!** dear! dear! **2** comp: **~-bas** over there **~-dedans** inside **~-dessous** underneath **~-dessus** on that **~-haut** up there; (à l'étage) upstairs.

label [labɛl] nm (Comm) stamp, seal.

labeur [labœʀ] nm labour.

laboratoire [labɔʀatwaʀ] nm laboratory.

laborieux, -euse [labɔʀjø, øz] adj (pénible) laborious; (travailleur) hard-working, industrious ◇ **les classes ~euses** the working classes.

labour [labuʀ] nm (avec charrue) ploughing, plowing (US); (avec bêche) digging; (champ) ploughed field ◆ **labourer** [1] vt to plough, plow (US); to dig; (visage, corps) to gash ◇ **ça me laboure les côtes** it is digging into my sides.

labyrinthe [labiʀɛ̃t] nm maze, labyrinth.

lac [lak] nm lake ◇ **le ~ Léman** Lake Geneva; **c'est dans le ~** [famil] it has fallen through.

lacer [lɑse] [3] vt to lace up.

lacérer [laseʀe] [6] vt (vêtement) to tear ou rip up; (corps) to lacerate.

lacet [lɑsɛ] nm (chaussure) shoe lace; (route) sharp bend, twist; (piège) snare ◇ **en ~** winding, twisty.

lâche [lɑʃ] **1** adj (nœud etc) loose; (personne) cowardly **2** nmf coward ◆ **lâchement** adv in a cowardly way.

lâcher [lɑʃe] [1] **1** vt **a** (objet) to let go of; (bombes) to drop; (juron) to come out with ◇ **lâche-moi!** let go of me!; **~ un chien sur qn** to set a dog on sb; **~ prise** to let go **b** (famil: abandonner) to give up ◇ **il ne m'a pas lâché** (poursuivant) he stuck to me; (mal de tête) it didn't leave me **c** (desserrer) to loosen **2** vi (corde) to break, give way; (frein) to fail ◇ **ses nerfs ont lâché** he broke down **3** nm ◇ **~ de ballons** release of balloons.

lâcheté [lɑʃte] nf cowardice; (acte) cowardly act.

laconique [lakɔnik] adj laconic.

lacrymogène [lakʀimɔʒɛn] adj → **gaz.**

lacté, e [lakte] adj milk.

lacune [lakyn] nf gap, deficiency.

ladite [ladit] adj → **ledit.**

lagune [lagyn] nf lagoon.

laid, e [lɛ, lɛd] adj (gén) ugly; (région) unattractive; (bâtiment) unsightly; (action) low, mean ◇ **c'est ~ de montrer du doigt** it's rude to point ◆ **laideur** nf ugliness; unattractiveness; unsightliness.

lainage [lɛnaʒ] nm woollen garment ◆ **laine** nf wool ◇ **~ de verre** glass wool.

laïque [laik] adj (tribunal) lay, civil; (vie) secular; (collège) non-religious ◇ **l'enseignement ~** state education *(in France).*

laisse [lɛs] nf leash, lead.

laisser [lese] 1 **1** vt to leave (*à qn* to sb) ◇ **il m'a laissé ce vase pour 10 F** he let me have this vase for 10 francs; **laisse-moi le temps d'y réfléchir** give me time to think about it; ~ **la vie à qn** to spare sb's life; **il y a laissé sa vie** it cost him his life; ~ **qn debout** to keep sb standing; **c'était à prendre ou à** ~ it was a case of take it or leave it; **avec lui il faut en prendre et en** ~ you must take what he tells you with a pinch of salt **2** vb aux ◇ ~ **qn faire qch** to let sb do sth; **le gouvernement laisse faire!** the government does nothing!; **laissez-moi rire** don't make me laugh **3** **se laisser** vpr ◇ **se** ~ **aller** to let o.s. go; **je me suis laissé surprendre par la pluie** I got caught in the rain; **je n'ai pas l'intention de me** ~ **faire** I'm not going to let myself be pushed around ◆ **laisser-aller** nm inv carelessness ◆ **laissez-passer** nm inv pass.

lait [lɛ] nm milk ◇ **petit** ~ whey; (fig) **boire du petit** ~ to lap it up; **frère de** ~ foster brother; **chocolat au** ~ milk chocolate; ~ **de beauté** beauty lotion; ~ **caillé** curds; ~ **entier** unskimmed milk ◆ **laitage** nm milk product ◆ **laitance** nf soft roe ◆ **laiterie** nf dairy ◆ **laiteux, -euse** adj milky ◆ **laitier, -ière** **1** adj dairy **2** nm (livreur) milkman; (vendeur) dairyman **3** nf dairywoman.

laiton [lɛtɔ̃] nm brass.

laitue [lety] nf lettuce.

lama [lama] nm (Zool) llama; (Rel) lama.

lambeau, pl ~**x** [lɑ̃bo] nm scrap ◇ **en** ~**x** in tatters; **mettre en** ~**x** to tear to shreds; **tomber en** ~**x** to fall to pieces.

lambin, e [lɑ̃bɛ̃, in] [famil] adj slow.

lame [lam] nf **a** (métal, verre) strip; (ressort) leaf ◇ ~ **de parquet** floorboard **b** (poignard, tondeuse) blade ◇ ~ **de rasoir** razor blade **c** (épée) sword; (escrimeur) swordsman **d** (vague) wave ◇ ~**s de fond** ground swell ◆ **lamelle** nf small strip.

lamentable [lamɑ̃tabl(ə)] adj lamentable.

lamentation [lamɑ̃tɑsjɔ̃] nf ◇ ~**(s)** moaning ◆ **se lamenter** 1 vpr to moan.

laminer [lamine] 1 vt to laminate ◆ **laminoir** nm rolling mill.

lampadaire [lɑ̃padɛʀ] nm (intérieur) standard lamp; (rue) street lamp.

lampe [lɑ̃p(ə)] nf lamp; (ampoule) bulb; (Rad) valve ◇ ~ **de bureau** desk light; ~ **de poche** torch, flashlight (US); ~ **à souder** blowlamp ◆ **lampion** nm Chinese lantern.

1. **lance** [lɑ̃s] nf (arme) spear; (tournoi) lance ◇ ~ **d'incendie** fire hose.

2. **lance** [lɑ̃s] préf ◇ ~**-flammes** nm inv flame thrower; ~**-missiles** nm inv missile launcher; ~**-pierres** nm inv catapult.

lancée [lɑ̃se] nf ◇ **être sur sa** ~ to have got under way; **continuer sur sa** ~ to keep going.

lancement [lɑ̃smɑ̃] nm (gén) throwing; (navire, campagne etc) launching; (emprunt) issuing ◇ **le** ~ **du poids** putting the shot.

lancer [lɑ̃se] 3 **1** vt **a** (objet) to throw (*à* to); (violemment) to hurl, fling; (bombes) to drop; (fumée, s.o.s.) to send out; (proclamation) to issue; (hurlement) to give out ◇ **elle lui lança un coup d'œil furieux** she flashed a furious glance at him; **'je refuse' lança-t-il** 'I refuse' he said **b** (navire, idée, produit, attaque) to launch; (emprunt) to issue **c** (moteur) to rev up; (voiture) to get up to full speed; (balançoire) to set going **2** **se lancer** vpr (prendre de l'élan) to build up speed; (sauter) to leap, jump; (se précipiter) to dash, rush (*contre* at) ◇ **se** ~ **à l'assaut** to leap to the attack; **se** ~ **dans** (discussion etc) to launch into **3** nm **a** ◇ (Sport) **un** ~ a throw; **le** ~ **du poids** etc → **lancement** **b** (Pêche) rod and reel.

lancinant, e [lɑ̃sinɑ̃, ɑ̃t] adj (douleur) shooting; (musique) insistent.

landau [lɑ̃do] nm (d'enfant) pram, baby carriage (US); (carrosse) landau.

lande [lɑ̃d] nf moor.

langage [lɑ̃gaʒ] nm language.

lange [lɑ̃ʒ] nm baby's blanket ◆ **langer** 3 vt (bébé) to change the nappy ou diaper (US) of.

langoureux, -euse [lɑ̃guʀø, øz] adj languorous.

langouste [lɑ̃gust(ə)] nf crayfish, spiny lobster (US) ◆ **langoustine** nf Dublin bay prawn ◇ (Culin) ~**s** scampi.

langue [lɑ̃g] nf **a** (Anat) tongue ◇ **tirer la** ~ to stick out one's tongue; **il a la** ~ **bien pendue** he's a chatterbox; **donner sa** ~ **au chat** to give in; **j'ai le mot sur le bout de la** ~ the word is on the tip of my tongue; **mauvaise** ~ spiteful gossip **b** (Ling) language ◇ **les gens de** ~ **anglaise** English-speaking people; ~ **maternelle** mother tongue; ~ **de terre** spit of land ◆ **languette** nf tongue.

langueur [lɑ̃gœʀ] nf languor ◆ **languir** 2 vi (personne) to languish, pine (*après qch* for sth); (conversation etc) to flag; (famil: attendre) to wait.

lanière [lanjɛʀ] nf (cuir) strap; (étoffe) strip; (fouet) lash.

lanterne [lɑ̃tɛʀn(ə)] nf lantern; (électrique) lamp, light ◇ (Aut) ~**s** sidelights.

Laos [laɔs] nm Laos ◆ **laotien, -ienne** adj, nm, **L**~, **-ienne** nm,f Laotian.

laper [lape] 1 vti to lap.

lapider [lapide] 1 vt to stone.

lapin [lapɛ̃] nm rabbit; (fourrure) rabbitskin ◇ ~ **de garenne** wild rabbit; **mon** ~ my lamb; **poser un** ~ **à qn** [famil] to stand sb up [famil] ◆ **lapine** nf (doe) rabbit.

lapon, e [lapɔ̃, ɔn] **1** adj Lapp **2** nm (Ling) Lapp **3** nm,f ◇ **L~, e** Lapp, Laplander ◆ **Laponie** nf Lapland.

laps [laps] nm ◇ ~ **de temps** lapse of time.

lapsus [lapsys] nm slip of the tongue.

laquais [lakɛ] nm lackey, footman.

laque [lak] nf lacquer.

laquelle [lakɛl] → **lequel.**

laquer [lake] 1 vt to lacquer.

larcin [laʀsɛ̃] nm (vol) theft; (butin) spoils.

lard [laʀ] nm (gras) pork fat; (viande) bacon.

large [laʀʒ(ə)] **1** adj (surface) wide, broad; (concessions, pouvoirs) wide; (sens, esprit) broad; (fig: généreux) generous ◇ ~ **de 3 mètres** 3 metres wide; **dans une ~ mesure** to a great ou large extent; **1 kg de viande pour 4, c'est ~** 1 kg of meat for 4 is ample ou plenty; ~ **d'idées** broad-minded **2** nm **a** ◇ **3 mètres de ~** 3 metres wide; **être au ~** to have plenty of room **b** ◇ (Naut) **le ~** the open sea; **au ~ de Calais** off Calais; (fig) **prendre le ~** [famil] to clear off [famil].

largement [laʀʒəmɑ̃] adv (gén) widely; (généreusement) generously; (tout à fait) quite ◇ (au moins) **ça fait ~ 3 kg** it is easily ou at least 3 kg; **idée ~ répandue** widespread view; **déborder ~ le sujet** to go well beyond the limits of the subject; **vous avez ~ le temps** you have ample time ou plenty of time.

largesse [laʀʒɛs] nf generosity; (cadeau) generous gift.

largeur [laʀʒœʀ] nf width, breadth; (idées) broadness ◇ **dans le sens de la ~** widthwise.

larguer [laʀge] 1 vt (amarres) to cast off, slip; (parachutiste) to drop; (famil: abandonner) to ditch [famil] ◇ **être largué** [famil] to be all at sea [famil].

larme [laʀm(ə)] nf (lit) tear; (famil: goutte) drop ◇ **en ~s** in tears ◆ **larmoyant, e** adj tearful.

larron [laʀɔ̃] nm thief ◇ **s'entendre comme ~s en foire** to be as thick as thieves.

larve [laʀv(ə)] nf larva, (pl) larvae ◆ **larvé, e** adj latent.

larynx [laʀɛ̃ks] nm larynx ◆ **laryngite** nf laryngitis.

las, lasse [lɑ, lɑs] adj weary, tired (*de* of).

lascar [laskaʀ] [famil] nm fellow.

lascif, -ive [lasif, iv] adj lascivious.

laser [lazɛʀ] nm laser ◇ **disque/platine ~** laser disc/disc player.

lasser [lɑse] 1 vt to weary, tire ◇ **se ~ de faire qch** to grow weary of doing sth; **lassant** wearisome, tiresome ◆ **lassitude** nf weariness, lassitude.

lasso [laso] nm lasso ◇ **prendre au ~** to lasso.

latent, e [latɑ̃, ɑ̃t] adj latent.

latéral, e, mpl **-aux** [lateʀal, o] adj lateral.

latex [latɛks] nm inv latex.

latin, e [latɛ̃, in] adj, nm, **L~, e** nm,f Latin ◇ **j'y perds mon ~** I can't make head nor tail of it.

latitude [latityd] nf latitude.

latte [lat] nf (gén) lath; (plancher) board.

lauréat, e [lɔʀea, at] **1** adj prize-winning **2** nm,f prize winner.

laurier [lɔʀje] nm (Bot) laurel; (Culin) bay leaves ◇ **feuille de ~** bay leaf ◆ **laurier-rose,** pl **~s-~s** nm oleander.

lavable [lavabl(ə)] adj washable.

lavabo [lavabo] nm washbasin ◇ (W.C.) **les ~s** the toilets.

lavage [lavaʒ] nm washing ◇ ~ **d'estomac** stomach wash; ~ **de cerveau** brainwashing.

lavande [lavɑ̃d] nf lavender.

lavandière [lavɑ̃djɛʀ] nf washerwoman.

1. **lave** [lav] nf ◇ **~(s)** lava.

2. **lave** [lav] préf ◇ **~-glace** [pl **~-~s**] [nm] windscreen ou windshield (US) washer; **~-mains** [nm inv] wash-stand; **~-vaisselle** [nm inv] dishwasher.

lavement [lavmɑ̃] nm enema.

laver [lave] 1 **1** vt (gén) to wash; (affront) to avenge ◇ ~ **à grande eau** to swill down; ~ **la vaisselle** to do the washing up, wash the dishes; ~ **qn de qch** to clear sb of sth **2 se laver** vpr to have a wash ◇ **se ~ la figure** to wash one's face; **se ~ les dents** to clean ou brush one's teeth; **je m'en lave les mains** I wash my hands of the matter ◆ **laverie** nf laundry ◇ ~ **automatique** launderette ◆ **lavette** nf (chiffon) dish cloth; (péj) drip [famil] ◆ **laveur** nm ◇ ~ **de carreaux** window cleaner ◆ **lavoir** nm (dehors) washing-place; (édifice) wash house; (bac) washtub.

laxatif, -ive [laksatif, iv] adj, nm laxative.

laxisme [laksism(ə)] nm laxity.

layette [lɛjɛt] nf baby clothes, layette.

le [l(ə)], **la** [la], **les** [le] **1** art déf (avec *à*, *de*: **au, du, des**) **a** (détermination) the ◇ **les enfants sont en retard** the children are late; **la femme de l'épicier** the grocer's wife **b** (généralisation) the (parfois non traduit) ◇ ~ **hibou vole la nuit** owls fly at night, the owl flies at night; **la jeunesse** youth; **les riches** the rich; **l'homme et la femme** man and woman **c** (temps) the (souvent omis) ◇ **l'hiver dernier** last winter; **il ne travaille pas ~ samedi** he doesn't work on Saturdays; ~ **matin** in the morning **d** ◇ (mesure) **5 F ~ mètre** 5 francs a metre; **j'en ai fait ~ dixième** I have done a tenth of it **e** ◇ (possession) **elle ouvrit les yeux** she opened her eyes; **j'ai mal au pied** I've a pain in my foot; **il a les cheveux noirs** he has black hair **f** ◇ (démonstratif) **faites attention, les enfants!** be careful children!; **oh ~ beau**

chien! what a lovely dog! **2** pron (homme) him; (femme, bateau) her; (animal, chose) it ◇ **les** them; **regarde-la** look at her ou it; **demande-~-lui** ask him.

lécher [leʃe] 6 vt (gén) to lick; (vagues) to wash ou lap against; (fig: fignoler) to polish up ◇ **se ~ les doigts** to lick one's fingers ✦ **lèche-vitrines** [famil] nm ◇ **faire du ~** to go window-shopping.

leçon [l(ə)sɔ̃] nf (gén) lesson ◇ **faire la ~ à qn** to lecture sb.

lecteur, -trice [lɛktœʀ, tʀis] nm,f (gén) reader; (Univ) foreign language assistant ◇ **~ de cassettes** cassette player; **~ de disquettes** disk drive; **~ optique** optical character reader.

lecture [lɛktyʀ] nf reading ◇ (Ordin) **~ optique** optical character recognition; **faire la ~ à qn** to read to sb; **donner ~ de qch** to read sth out (*à qn* to sb); **apportez-moi de la ~** bring me something to read ou some books.

ledit [lədi], **ladite** [ladit] adj the aforesaid.

légal, e, mpl **-aux** [legal, o] adj legal ✦ **légalement** adv legally ✦ **légalisation** nf legalization ✦ **légaliser** 1 vt to legalize ✦ **légalité** nf ◇ **la ~ de qch** the legality of sth; **rester dans la ~** to keep within the law.

légataire [legatɛʀ] nmf legatee.

légation [legɑsjɔ̃] nf (Diplomatie) legation.

légendaire [leʒɑ̃dɛʀ] adj legendary ✦ **légende** nf **a** (mythe) legend **b** (médaille) legend; (dessin) caption; (carte) key.

léger, -ère [leʒe, ɛʀ] adj (gén) light; (bruit, maladie etc) slight; (construction, argument) flimsy; (personne) (superficiel) thoughtless; (frivole) fickle ◇ **un blessé ~** a slightly injured person; **agir à la ~ère** to act thoughtlessly ✦ **légèrement** adv lightly; slightly; thoughtlessly ◇ **~ plus grand** slightly bigger ✦ **légèreté** nf lightness; thoughtlessness; fickleness.

légion [leʒjɔ̃] nf legion ✦ **légionnaire** nm (Hist) legionary; (moderne) legionnaire.

législatif, -ive [leʒislatif, iv] **1** adj legislative **2** nm ◇ **le ~** the legislature ✦ **législation** nf legislation ✦ **législature** nf (durée) term of office.

légitime [leʒitim] adj (gén) legitimate; (colère) justifiable ◇ **j'étais en état de ~ défense** I was acting in self-defence ✦ **légitimité** nf legitimacy.

legs [lɛg] nm legacy ✦ **léguer** 6 vt (Jur) to bequeath; (tradition) to hand down.

légume [legym] nm vegetable ◇ **~s verts** green vegetables; **~s secs** dry vegetables.

lendemain [lɑ̃dmɛ̃] nm **a** ◇ **le ~** the next ou following day, the day after; **le ~ de son arrivée** the day after his arrival **b** ◇ **~s** (conséquences) consequences; (perspectives) prospects.

lénifiant, e [lenifjɑ̃, ɑ̃t] adj (médicament, propos) soothing.

lent, e [lɑ̃, lɑ̃t] adj slow ◇ **à l'esprit ~** slow-witted ✦ **lentement** adv slowly ✦ **lenteur** nf slowness.

lentille [lɑ̃tij] nf (Culin) lentil; (Opt) lens.

léopard [leɔpaʀ] nm leopard.

lèpre [lɛpʀ(ə)] nf leprosy ✦ **lépreux, -euse** **1** adj (lit) leprous; (mur) flaking **2** nm,f leper.

lequel [ləkɛl], **laquelle** [lakɛl], m(f)pl **lesquel(le)s** [lekɛl] (avec *à*, *de* **auquel**, **duquel** etc) **1** pron rel **a** (personne: sujet) who; (personne: objet) whom; (chose) which (souvent non traduit) ◇ **j'ai écrit au directeur, ~ n'a jamais répondu** I wrote to the manager, who has never answered; **le pont sur ~ vous êtes passé** the bridge you came over **b** (interrog) which ◇ **va voir ma sœur – laquelle?** go and see my sister – which one? **2** adj ◇ **auquel cas** in which case.

les [le] → **le.**

lesbienne [lɛsbjɛn] nf lesbian.

lèse-majesté [lɛzmaʒɛste] nf lese-majesty.

léser [leze] 6 vt (personne) to wrong; (intérêts) to damage; (Méd) to injure.

lésiner [lezine] 1 vi to skimp (*sur* on).

lésion [lezjɔ̃] nf (gén) lesion ◇ (Méd) **~s internes** internal injuries.

lessivage [lesivaʒ] nm washing ✦ **lessive** nf (produit) washing powder; (linge) washing ◇ **faire la ~** to do the washing ✦ **lessiver** 1 vt (lit) to wash ◇ (fatigué) **être lessivé** [famil] to be dead beat [famil] ✦ **lessiveuse** nf (laundry) boiler.

lest [lɛst] nm ballast ✦ **lester** 1 vt to ballast.

leste [lɛst(ə)] adj (agile) nimble, agile; (grivois) risqué.

léthargie [letaʀʒi] nf lethargy ✦ **léthargique** adj lethargic.

lettre [lɛtʀ(ə)] nf **a** (caractère) letter ◇ **écrire en toutes ~s** to write in full **b** (missive) letter ◇ **~ recommandée** recorded delivery letter; (assurant sa valeur) registered letter **c** ◇ **les belles ~s** literature; **homme de ~s** man of letters; **fort en ~s** good at arts subjects; **professeur de ~s** teacher of French *(in France)* **d** ◇ **rester ~ morte** to go unheeded; **c'est passé comme une ~ à la poste** [famil] it went off smoothly; **prendre qch au pied de la ~** to take sth literally; **exécuter qch à la ~** to carry out sth to the letter ✦ **lettré, e** adj well-read.

leucémie [løsemi] nf leukaemia.

leur [lœʀ] **1** pron pers them ◇ **il ~ est facile de le faire** it is easy for them to do it **2** adj poss their ◇ **ils ont ~s petites manies** they have their little fads **3** pron poss ◇ **le ~, la ~, les ~s** theirs **4** nm **a** ◇ **ils ont mis du ~** they pulled their weight **b** ◇ **les ~s** (famille) their family; (partisans) their own people; **ils ont encore fait des ~s** [famil] they've done it again [famil]; **nous étions des ~s** we were with them.

leurre [lœʀ] nm (illusion) delusion; (duperie) deception; (piège) trap, snare; (Pêche, Chasse) lure ◆ **leurrer** [1] vt to delude ◇ **se ~** to delude o.s.

levain [ləvɛ̃] nm leaven.

levant [ləvɑ̃] **1** adj ◇ **soleil ~** rising sun **2** nm ◇ **le ~** the East.

levé, e [l(ə)ve] **1** adj ◇ **être ~** to be up **2** nf **a** (interdiction) lifting; (armée) levying ◇ **la ~ du corps** the funeral **b** (Poste) collection **c** (Cartes) trick **d** (remblai) levee.

lever [l(ə)ve] [5] **1** vt **a** (objet, bras) to raise, lift; (la main en classe) to put up ◇ **~ l'ancre** (Naut) to weigh anchor; (fig) to make tracks [famil] **b** (blocus) to raise; (séance) to close; (difficulté) to remove; (interdiction) to lift; (impôts, armée) to levy **c** (malade) to get up ◇ **faire ~ qn** (d'une chaise) to make sb stand up **2** vi (plante) to come up; (pâte) to rise **3** **se lever** vpr (rideau, main) to go up; (personne) to get up (*de* from); (soleil, lune, vent) to rise; (jour) to break ◇ **le temps se lève** the weather is clearing **4** nm (roi) levee ◇ (Méd) **au ~** on rising; **~ de soleil** sunrise; **~ du jour** daybreak, dawn; (Théât) **le ~ du rideau** the curtain ◆ **lève-tard** nm inv late riser ◆ **lève-tôt** nm inv early riser.

levier [ləvje] nm lever ◇ **faire ~ sur qch** to lever sth up.

lèvre [lɛvʀ(ə)] nf lip.

lévrier [levʀije] nm greyhound.

levure [l(ə)vyʀ] nf (ferment) yeast.

lexique [lɛksik] nm vocabulary; (glossaire) lexicon.

lézard [lezaʀ] nm lizard.

lézarde [lezaʀd(ə)] nf (fissure) crack ◆ **se lézarder** [1] vpr to crack.

liaison [ljɛzɔ̃] nf (rapport) connection; (Phonétique) liaison; (Transport) link ◇ **~ amoureuse** love affair; **entrer en ~ avec qn** to get in contact with sb; **~ radio** radio contact; **officier de ~** liaison officer.

liane [ljan] nf creeper.

liasse [ljas] nf bundle, wad.

Liban [libɑ̃] nm ◇ **le ~** (the) Lebanon ◆ **libanais, e** adj, **L~, e** nm,f Lebanese.

libeller [libele] [1] vt (lettre) to word; (chèque) to make out (*au nom de* to).

libellule [libelyl] nf dragonfly.

libéral, e, mpl **-aux** [libeʀal, o] adj, nm,f liberal ◆ **libéralisation** nf liberalization ◆ **libéraliser** [1] vt to liberalize ◆ **libéralisme** nm liberalism ◆ **libéralité** nf liberality; (don) generous gift.

libérateur, -trice [libeʀatœʀ, tʀis] **1** adj liberating **2** nm,f liberator.

libération [libeʀɑsjɔ̃] nf (prisonnier) release; (soldat) discharge; (pays) liberation.

libérer [libeʀe] [6] **1** vt (prisonnier, gaz etc) to release; (soldat) to discharge; (pays) to free, liberate (*de* from); (instincts) to give free rein to **2** **se libérer** vpr to free o.s. (*de* from) ◆ **libéré, e** adj liberated.

liberté [libɛʀte] nf freedom, liberty ◇ **mettre en ~** to free, release; **mise en ~** release; **être en ~** to be free; **avoir toute ~ pour agir** to have full freedom to act; (loisir) **moments de ~** spare ou free time; (droit) **les ~s syndicales** the rights of the unions.

libertin, e [libɛʀtɛ̃, in] adj, nm,f libertine.

libraire [libʀɛʀ] nmf bookseller ◆ **librairie** nf bookshop.

libre [libʀ(ə)] adj **a** (sans contrainte) free (*de qch* from sth) ◇ **'entrée ~'** 'entrance free'; **en vente ~** on open sale; **~ comme l'air** as free as a bird; **vous êtes ~ de refuser** you're free to refuse; **donner ~ cours à** to give free rein to **b** (non occupé) (gén) free; (passage) clear; (taxi) empty; (place, W.C.) vacant ◇ (Téléc) **la ligne n'est pas ~** the line is engaged; **avoir du temps ~** to have some spare ou free time **c** (enseignement) private and Roman Catholic ◆ **libre arbitre** nm free will ◆ **libre-échange** nm free trade ◆ **librement** adv freely ◆ **libre penseur** nm freethinker ◆ **libre-service,** pl **~s-~s** nm self-service.

Libye [libi] nf Libya ◆ **libyen, -enne** adj, **L~, -enne** nm,f Libyan.

licence [lisɑ̃s] nf **a** (Univ) degree ◇ **~ ès lettres** Arts degree, ≃ B.A.; **~ ès sciences** Science degree, ≃ B.Sc **b** (autorisation, Sport) permit; (Comm, Jur) licence **c** (des mœurs) licentiousness ◆ **licencié, e** nm,f **a** ◇ **~ ès lettres** etc Bachelor of Arts etc graduate **b** (Sport) permit-holder.

licenciement [lisɑ̃simɑ̃] nm (action) dismissal ◇ (résultat) **il y a eu des centaines de ~s** there were hundreds of redundancies; **~ (pour raison) économique** lay-off, redundancy ◆ **licencier** [7] vt (débaucher) to make redundant; (renvoyer) to dismiss.

lichette [liʃɛt] [famil] nf nibble.

licite [lisit] adj lawful, licit.

licorne [likɔʀn(ə)] nf unicorn.

lie [li] nf dregs.

liège [ljɛʒ] nm cork.

lien [ljɛ̃] nm (attache) bond, tie; (corrélation) link, connection ◇ **~s de parenté** family ties.

lier [lje] 7 **1** vt **a** (attacher) to bind, tie up ◇ ~ **qn à un arbre** to tie sb to a tree **b** (relier) to link, connect ◇ **étroitement lié** closely linked ou connected **c** (unir) to bind **d** (sauce) to thicken **e** ◇ ~ **conversation** to strike up a conversation **2** **se lier** vpr to make friends (*avec qn* with sb) ◇ **ils sont très liés** they are very close friends.

lierre [ljɛʀ] nm ivy.

lieu, pl ~**x** [ljø] nm **a** (endroit) place ◇ (fig) ~ **commun** commonplace; ~**-dit** locality; ~ **de naissance** birthplace; **en tous** ~**x** everywhere; **en** ~ **sûr** in a safe place; **sur les** ~**x de l'accident** on the scene of the accident; (locaux) **les** ~**x** the premises **b** ◇ **en premier** ~ in the first place; **en dernier** ~ lastly; **au** ~ **de qch** instead of sth; **en** ~ **et place de qn** on behalf of sb; **avoir** ~ (se produire) to take place; **avoir** ~ **d'être inquiet** to have reason to be worried; **s'il y a** ~ if necessary; **donner** ~ **à des critiques** to give rise to criticism; **tenir** ~ **de qch** to take the place of sth.

lieue [ljø] nf league.

lieutenant [ljøtnɑ̃] nm lieutenant; (marine marchande) mate.

lièvre [ljɛvʀ(ə)] nm hare.

lifting [liftiŋ] nm face lift ◇ **se faire faire un** ~ to have a face lift.

ligament [ligamɑ̃] nm ligament.

ligature [ligatyʀ] nf ligature.

ligne [liɲ] nf **a** (trait, etc) line ◇ **se mettre en** ~ to line up; (Ordin) **en** ~ on-line; ~ **d'horizon** skyline; ~ **de départ** starting line; (Aut) ~ **droite** stretch of straight road **b** (formes) (gén) lines; (Mode) look ◇ **garder la** ~ to keep one's figure **c** (règle) line ◇ ~ **de conduite** line of action **d** (Rail) line ◇ (service) ~ **d'autobus** bus service; ~ **d'aviation** (compagnie) air line; (trajet) air route **e** (Élec, Téléc) (gén) line; (câbles) wires ◇ ~ **extérieure** outside line; **être en** ~ to be connected; **la** ~ **est occupée** the line is engaged (Brit) ou busy (US) **f** (Pêche) fishing line **g** ◇ **faire entrer en** ~ **de compte** to take into account; **sur toute la** ~ all along the line.

lignée [liɲe] nf (postérité) descendants; (race) line; (tradition) tradition.

ligoter [ligɔte] 1 vt to bind, tie up.

ligue [lig] nf league ◆ **se liguer** 1 vpr to be in league (*contre* against).

lilas [lilɑ] nm, adj inv lilac.

limace [limas] nf (Zool) slug.

limande [limɑ̃d] nf (poisson) dab ◇ ~**-sole** lemon sole.

lime [lim] nf file ◆ **limer** 1 vt to file.

limier [limje] nm bloodhound; (fig) sleuth.

limitatif, -ive [limitatif, iv] adj restrictive ◆ **limitation** nf limitation ◇ ~ **de vitesse** speed limit.

limite [limit] **1** nf (gén) limit; (jardin) boundary ◇ ~ **d'âge** age limit; **sans** ~ boundless, limitless; **il dépasse les** ~**s!** he's going a bit too far!; **à la** ~ in a way; **dans une certaine** ~ up to a point; **jusqu'à la dernière** ~ to the end **2** adj ◇ **cas** ~ borderline case; **âge** ~ maximum age; **date** ~ deadline ◆ **limiter** 1 vt (restreindre) to limit; (border) to border ◇ ~ **les dégâts** [famil] to stop things getting any worse; **se** ~ **à faire** to limit ou confine o.s. to doing.

limitrophe [limitʀɔf] adj (département) border.

limoger [limɔʒe] 3 vt to dismiss, fire [famil].

limonade [limɔnad] nf lemonade.

limpide [lɛ̃pid] adj (gén) limpid; (explication) lucid ◆ **limpidité** nf limpidity; lucidity.

lin [lɛ̃] nm (plante) flax; (tissu) linen.

linceul [lɛ̃sœl] nm shroud.

linéaire [lineɛʀ] adj linear.

linge [lɛ̃ʒ] nm ◇ **le** ~ (tissu) linen; (lessive) the washing; ~ **de corps** underwear; **blanc comme un** ~ as white as a sheet ◆ **lingerie** nf (local) linen room; (sous-vêtements) lingerie, underwear.

lingot [lɛ̃go] nm ingot.

linguiste [lɛ̃gɥist(ə)] nmf linguist ◆ **linguistique** **1** nf linguistics (sg) **2** adj linguistic.

lion [ljɔ̃] nm lion ◆ **lionceau**, pl ~**x** nm lion cub ◆ **lionne** nf lioness.

liquéfier vt, **se liquéfier** vpr [likefje] 7 to liquefy.

liqueur [likœʀ] nf liqueur.

liquidation [likidɑsjɔ̃] nf (gén) liquidation; (compte) settlement; (retraite) payment; (vente) sale ◇ **mettre en** ~ to liquidate ◆ **liquider** 1 vt **a** to liquidate; to settle; to pay; to sell (off) **b** (famil: se débarrasser de) to get rid of; (finir) to finish off.

liquide [likid] **1** adj liquid **2** nm liquid ◇ (argent) **du** ~ ready money ou cash.

liquoreux, -euse [likɔʀø, øz] adj syrupy.

1. **lire** [liʀ] 43 vt to read; (discours) to read out.

2. **lire** [liʀ] nf lira.

lis [lis] nm lily.

liseron [lizʀɔ̃] nm bindweed, convolvulus.

lisibilité [lizibilité] nf legibility ◆ **lisible** adj (écriture) legible; (livre) readable.

lisière [lizjɛʀ] nf edge.

lisse [lis] adj smooth ◆ **lisser** 1 vt to smooth out.

liste [list(ə)] nf list ◇ **faire la** ~ **de** to make out a list of, list; (Téléc) **demander à être sur la** ~ **rouge** (to ask) to go ex-directory ou unlisted (US) ◆ **lister** 1 vt to list.

lit [li] nm bed ◇ ~ **d'une personne** single bed; ~ **de deux personnes** double bed; ~ **de camp** campbed; ~ **d'enfant** cot; ~ **de mort** deathbed; **se mettre au** ~ to go to bed; **faire le** ~ to make the bed.

litchi [litʃi] nm litchi.

literie [litʀi] nf bedding.

lithographie [litɔgʀafi] nf (technique) lithography; (image) lithograph.

litière [litjɛʀ] nf litter.

litige [litiʒ] nm dispute ◇ **objet de** ~ object of contention ◆ **litigieux, -ieuse** adj contentious.

litre [litʀ(ə)] nm litre.

littéraire [liteʀɛʀ] adj literary ◆ **littérature** nf literature.

littéral, e, mpl **-aux** [liteʀal, o] adj literal ◆ **littéralement** adv literally.

littoral, e, mpl **-aux** [litɔʀal, o] **1** adj coastal **2** nm coast.

liturgie [lityʀʒi] nf liturgy ◆ **liturgique** adj liturgical.

livide [livid] adj (pâle) pallid; (bleu) livid.

livraison [livʀɛzɔ̃] nf delivery.

1. **livre** [livʀ(ə)] nm book ◇ ~ **de bord** ship's log; ~ **d'or** visitors' book; ~ **de poche** paperback.

2. **livre** [livʀ(ə)] nf (poids) ≃ pound, half a kilo ◇ (monnaie) ~ **sterling** pound sterling.

livrée [livʀe] nf (uniforme) livery.

livrer [livʀe] [1] **1** vt (marchandise) to deliver; (secret) to give away; (prisonnier) to hand over (*à* to) ◇ **être livré à soi-même** to be left to o.s.; ~ **bataille** to do battle (*à* with); ~ **passage à qn** to let sb pass **2** **se livrer** vpr ◇ **se** ~ **à** (destin) to abandon o.s. to; (boisson) to indulge in; (occupation) to do; (enquête) to carry out; (la police) to give o.s. up to ◆ **livreur, -euse** nm,f delivery boy (ou girl).

livret [livʀɛ] nm (gén) book; (Mus) libretto ◇ ~ **scolaire** report book.

local, e, mpl **-aux** [lɔkal, o] **1** adj local **2** nm (salle) room ◇ ~**aux** offices, premises ◆ **localement** adv (ici) locally; (par endroits) in places ◆ **localisation** nf localization ◆ **localiser** [1] vt to localize ◆ **localité** nf locality.

locataire [lɔkatɛʀ] nmf (appartement) leaseholder, tenant; (chambre) lodger ◆ **location** nf **a** (par locataire) (maison) renting; (voiture) hiring, renting (US) **b** (par propriétaire) (maison) renting out, letting; (voiture) hiring out, renting (US) ◇ (écriteau) ~ **de voitures** 'cars for hire', 'car rental' (US) **c** (bail) lease ◇ ~**-vente** hire purchase **d** (réservation) booking ◇ **bureau de** ~ advance booking office.

locomotive [lɔkɔmɔtiv] nf locomotive, engine.

locution [lɔkysjɔ̃] nf phrase ◇ ~ **figée** set phrase.

loge [lɔʒ] nf (concierge) lodge; (artiste) dressing room; (spectateur) box ◇ (fig) **être aux premières** ~**s** to have a ringside seat.

logeable [lɔʒabl(ə)] adj (spacieux) roomy.

logement [lɔʒmɑ̃] nm (hébergement) housing; (appartement) flat, apartment (US) ◇ **trouver un** ~ to find accommodation.

loger [lɔʒe] [3] **1** vi to live (*dans* in; *chez* with, at) **2** vt (ami) to put up; (client) to accommodate ◇ **salle qui loge beaucoup de monde** room which can hold a lot of people; ~ **une balle dans** to lodge a bullet in **3** **se loger** vpr (jeunes mariés) to find somewhere to live; (touristes) to find accommodation ◇ **être bien logé** to have a nice place; **être logé à la même enseigne** to be in the same boat ◆ **logeur** nm landlord ◆ **logeuse** nf landlady ◆ **logis** nm dwelling.

logiciel [lɔʒisjɛl] nm software, application program ◇ ~ **intégré** integrated software.

logique [lɔʒik] **1** nf logic **2** adj logical ◆ **logiquement** adv logically.

logistique [lɔʒistik] **1** adj logistic **2** nf logistics (sg).

logo [lɔgo] nm logo.

loi [lwa] nf law; (fig) rule ◇ ~ **martiale** martial law.

loin [lwɛ̃] adv far ◇ **plus** ~ further, farther; **au** ~ in the distance; **de** ~ from a distance; **il n'est pas** ~ **de minuit** it isn't far off midnight; **c'est** ~ **tout cela!** (passé) that was a long time ago!; (fut) that's a long way off!; ~ **de là** far from it.

lointain, e [lwɛ̃tɛ̃, ɛn] **1** adj distant **2** nm ◇ **dans le** ~ in the distance.

loir [lwaʀ] nm dormouse.

loisir [lwaziʀ] nm ◇ ~**s** (temps libre) leisure ou spare time; (activités) leisure ou spare time activities; **avoir le** ~ **de faire** to have time to do.

londonien, -ienne [lɔ̃dɔnjɛ̃, jɛn] **1** adj London **2** nm,f ◇ **L**~**, -ienne** Londoner ◆ **Londres** n London.

long, longue [lɔ̃, lɔ̃g] **1** adj (gén) long; (amitié) long-standing ◇ **un pont** ~ **de 30 mètres** a bridge 30 metres long; **il était** ~ **à venir** he was a long time coming; **ils se connaissent de longue date** they have known each other for a long time; **à** ~ **terme** (prévoir) in the long term ou run; (projet) longterm; **ça n'a pas fait** ~ **feu** it didn't last long; ~ **métrage** full-length film **2** adv ◇ **s'habiller** ~ to wear long clothes; **en savoir** ~ to know a lot (*sur* about) **3** nm ◇ **un bateau de 7 mètres de** ~ a boat 7 metres long; **en** ~ lengthwise; **étendu de tout son** ~ stretched out at full length; **le** ~ **du fleuve** along the river; **tout du** ~ all along; **de** ~ **en large** back and forth; (fig) **en ~ et en large** at great length **4** nf ◇ **à la longue** in the end ◆ **long-courrier**, pl **~-~s** nm long-distance aircraft ◆ **longue-vue**, pl **~s-~s** nf telescope.

longer [lɔ̃ʒe] 3 vt (limiter) to border; (circuler le long de) to go along.

longiligne [lɔ̃ʒiliɲ] adj (silhouette) rangy.

longitude [lɔ̃ʒityd] nf longitude ◇ **à 50° de ~ est** at 50° longitude east.

longtemps [lɔ̃tɑ̃] adv for a long time ◇ **je n'en ai pas pour ~** I shan't be long.

longue [lɔ̃g] → **long.**

longuement [lɔ̃gmɑ̃] adv (longtemps) for a long time; (en détail) at length.

longueur [lɔ̃gœʀ] nf length ◇ **~ d'onde** wavelength; **à ~ de journée** all day long; **traîner en ~** to drag on; (dans un film) **~s** monotonous moments.

lopin [lɔpɛ̃] nm ◇ **~ de terre** patch of land.

loquace [lɔkas] adj talkative.

loque [lɔk] nf ◇ **~s** rags; **tomber en ~s** to be in tatters; **~ humaine** human wreck.

loquet [lɔkɛ] nm latch.

lorgner [lɔʀɲe] [famil] & vt to eye ◆ **lorgnette** nf spyglass ◆ **lorgnon** nm pince-nez.

lors [lɔʀ] adv ◇ **~ de** at the time of.

lorsque [lɔʀsk(ə)] conj when.

losange [lɔzɑ̃ʒ] nm diamond.

lot [lo] nm **a** (Loterie) prize ◇ **le gros ~** the jackpot **b** (portion) share **c** (assortiment) batch, set; (aux enchères) lot **d** (destin) lot, fate.

loterie [lɔtʀi] nf lottery.

lotion [losjɔ̃] nf lotion.

lotir [lɔtiʀ] 2 vt (équiper) to provide (*de* with) ◇ **mal loti** badly off ◆ **lotissement** nm (ensemble) housing estate; (parcelle) plot, lot.

loto [lɔto] nm (jeu) lotto; (matériel) lotto set ◇ **~ national** *national bingo competition*; **le ~ sportif** ≃ the pools.

lotus [lɔtys] nm lotus.

louable [lwabl(ə)] adj praiseworthy, laudable ◆ **louange** nf praise ◇ **à la ~ de** in praise of.

loubar(d) [lubaʀ] nm hooligan, thug.

1. **louche** [luʃ] adj shady, fishy [famil], suspicious.

2. **louche** [luʃ] nf ladle.

loucher [luʃe] 1 vi to squint.

1. **louer** [lwe] 1 **1** vt to praise (*de* for) ◇ **Dieu soit loué!** thank God! **2** **se louer** vpr ◇ **se ~ de** to be pleased with; **se ~ d'avoir fait qch** to congratulate o.s. on having done sth.

2. **louer** [lwe] 1 vt **a** (propriétaire) (maison) to let, rent out; (voiture) to hire out **b** (locataire) to rent; to hire ◇ **à ~** (chambre etc) to let, for rent (US) **c** (place) to book ◆ **loueur, -euse** nm,f hirer.

loup [lu] nm (carnassier) wolf; (poisson) bass; (masque) eye mask ◇ **~-garou** nm werewolf.

loupe [lup] nf magnifying glass.

louper [lupe] [famil] 1 vt (train) to miss; (travail) to mess up [famil]; (examen) to flunk [famil].

lourd, e [luʀ, luʀd(ə)] adj (gén) heavy (*de* with); (chaleur) sultry, close; (faute) serious ◇ **j'ai la tête ~e** I feel a bit headachy; **il n'y a pas ~ de pain** [famil] there isn't much bread ◆ **lourdaud, e** **1** adj oafish **2** nm,f oaf ◆ **lourdement** adv (gén) heavily ◇ **se tromper ~** to make a big mistake ◆ **lourdeur** nf heaviness ◇ **avoir des ~s d'estomac** to feel bloated.

loustic [lustik] [famil] nm lad [famil].

loutre [lutʀ(ə)] nf otter.

louve [luv] nf she-wolf ◆ **louveteau**, pl **~x** nm (scout) cub scout.

loyal, e, mpl **-aux** [lwajal, o] adj (fidèle) loyal, faithful; (honnête) fair (*envers* to) ◆ **loyauté** nf loyalty, faithfulness; fairness.

loyer [lwaje] nm rent.

LP [ɛlpe] nm abrév de *lycée professionnel* → **lycée.**

lubie [lybi] nf whim.

lubrifiant [lybʀifjɑ̃] nm lubricant ◆ **lubrifier** 7 vt to lubricate.

lubrique [lybʀik] adj lewd.

lucarne [lykaʀn(ə)] nf (toit) skylight; (en saillie) dormer window.

lucide [lysid] adj (gén) lucid; (accidenté) conscious; (observateur) clear-headed ◆ **lucidité** nf lucidity; consciousness; clear-headedness.

lucratif, -ive [lykʀatif, iv] adj lucrative ◇ **à but non ~** non-profitmaking.

ludique [lydik] adj play.

lueur [lɥœʀ] nf ◇ **~(s)** (lit) faint light; (fig) glimmer, gleam; (braises) glow; **à la ~ d'une bougie** by candlelight.

luge [lyʒ] nf sledge, sled (US).

lugubre [lygybʀ(ə)] adj gloomy, dismal.

lui [lɥi] **1** pron pers mf (homme) him; (femme) her; (chose) it ◇ **il ~ est facile de le faire** it's easy for him ou her to do it **2** pron m **a** (homme) him; (emphatique) he; (chose) it ◇ **c'est ~** it's him; **c'est ~ qui me l'a dit** he told me himself **b** ◇ (avec prép) **un ami à ~** a friend of his, one of his friends; **il ne pense qu'à ~** he only thinks of himself; **elle veut une photo de ~** she wants a photo of him **c** ◇ (comparaison) **j'ai mangé plus que ~** I ate more than he did ou than him [famil].

luire [lɥiʀ] [38] vi (gén) to shine; (reflet humide) to glisten; (reflet moiré) to shimmer.

lumbago [lɔ̃bago] nm lumbago.

lumière [lymjɛʀ] nf light ◇ **la ~ du soleil** the sunlight; **il y a de la ~ dans sa chambre** there's a light on in his room; **faire la ~ sur qch** to clear sth up; (péj) **ce n'est pas une ~** he doesn't really shine; (connaissances) **~s** knowledge ♦ **luminaire** nm light, lamp ♦ **lumineux, -euse** adj (gén) luminous; (fontaine, enseigne) illuminated; (rayon) of light ◇ **c'est ~!** it's as clear as daylight! ♦ **luminosité** nf luminosity.

lunapark [lynapaʀk] nm (fun) fair.

lunatique [lynatik] adj temperamental.

lunch [lœnʃ] nm buffet lunch.

lundi [lœ̃di] nm Monday → **samedi.**

lune [lyn] nf moon ◇ **pleine ~** full moon; **~ de miel** honeymoon; **être dans la ~** to be in a dream; **demander la ~** to ask for the moon.

lunette [lynɛt] nf **a** ◇ **~s** glasses; (de protection) goggles; **~s de soleil** sunglasses **b** (télescope) telescope ◇ (Aut) **~ arrière** rear window.

luron [lyʀɔ̃] [famil] nm lad [famil] ◇ **gai ~** gay dog.

lustre [lystʀ(ə)] nm (éclat) lustre; (luminaire) chandelier ◇ **depuis des ~s** for ages.

lustré, e [lystʀe] adj (poil) glossy; (manche usée) shiny.

luth [lyt] nm lute.

lutin [lytɛ̃] nm imp.

lutte [lyt] nf (bataille) struggle, fight; (Sport) wrestling ◇ (action) **la ~** fighting ♦ **lutter** [1] vi to struggle, fight (*contre* against) ♦ **lutteur, -euse** nm,f (Sport) wrestler; (fig) fighter.

luxation [lyksasjɔ̃] nf dislocation ♦ **luxer** [1] vt to dislocate.

luxe [lyks(ə)] nm (gén) luxury; (maison) luxuriousness ◇ **de ~** (voiture) luxury; (produits) de luxe; **un ~ de détails** a wealth of details ♦ **luxueux, -euse** adj luxurious.

Luxembourg [lyksɑ̃buʀ] nm Luxembourg.

luxuriant, e [lyksyʀjɑ̃, ɑ̃t] adj luxuriant.

luzerne [lyzɛʀn(ə)] nf lucerne, alfalfa.

lycée [lise] nm ≃ secondary school, high school (US) ◇ **~ professionnel** technical school ♦ **lycéen, -enne** nm,f secondary school ou high school (US) pupil (ou boy ou girl).

lyncher [lɛ̃ʃe] [1] vt to lynch.

lynx [lɛ̃ks] nm lynx.

lyre [liʀ] nf lyre ♦ **lyrique** adj (Art) lyric; (fig) lyrical ♦ **lyrisme** nm lyricism.

lys [lis] nm = **lis.**

m

M, m [ɛm] nm ou nf **a** (lettre) M, m **b** abrév de *mètre* ◇ **m** m.

M. abrév de *Monsieur*.

m' [m(ə)] → **me.**

ma [ma] adj poss → **mon.**

macabre [makɑbʀ(ə)] adj gruesome.

macadam [makadam] nm (goudron) Tarmac ®.

Macao [makao] nm Macao.

macaron [makaʀɔ̃] nm (gâteau) macaroon; (insigne) button, badge; (autocollant) sticker.

macaroni [makaʀɔni] nm ◇ **~(s)** macaroni.

macédoine [masedwan] nf ◇ **~ de légumes** mixed vegetables; **~ de fruits** fruit salad.

macération [maseʀɑsjɔ̃] nf soaking ◆ **macérer** [6] vti ◇ **(faire) ~** to soak.

mâche [mɑʃ] nf corn salad, lambs' lettuce.

mâchefer [maʃfɛʀ] nm clinker.

mâcher [mɑʃe] [1] vt to chew; (avec bruit) to munch ◇ **il ne mâche pas ses mots** he doesn't mince his words.

machiavélique [makjavelik] adj Machiavellian.

machin [maʃɛ̃] nm (chose) thing, whatsit [famil]; (personne) what's-his-name [famil].

machinal, e, mpl **-aux** [maʃinal, o] adj mechanical ◆ **machinalement** adv mechanically.

machination [maʃinɑsjɔ̃] nf plot, machination.

machine [maʃin] **1** nf (gén) machine; (moteur, locomotive) engine; (avion) plane; (moto) bike ◇ **fait à la ~** machine-made; **faire ~ arrière** (Naut) to go astern; (fig) to back-pedal **2** comp: **~ à calculer** calculating machine **~ à coudre** sewing machine **~ à écrire** typewriter **~ à laver** washing machine **~ à laver la vaisselle** dishwasher **~-outil** machine tool **~ à sous** (Casino) fruit machine; (distributeur) slot machine.

machiner [maʃine] [1] vt to plot.

machiniste [maʃinist(ə)] nm (Théât) stagehand; (Transport) driver.

macho [matʃo] [famil] **1** nm **a** (phallocrate) male chauvinist (pig) [famil] **b** (viril) macho **2** adj **a** (male) chauvinistic **b** macho.

mâchoire [mɑʃwaʀ] nf jaw.

maçon [masɔ̃] nm (gén) builder; (pierre) stone mason; (briques) bricklayer ◆ **maçonnerie** nf (pierres) masonry, stonework; (briques) brickwork.

macro... [makʀɔ] préf macro... .

maculer [makyle] [1] vt to stain (*de* with).

Madagascar [madagaskaʀ] nf Madagascar.

Madame [madam], pl **Mesdames** [medam] nf **a** ◇ (en parlant) **bonjour ~** (courant) good morning; (nom connu) good morning, Mrs X; (avec déférence) good morning, Madam; **Mesdames Messieurs** ladies and gentlemen; **~ dit que c'est à elle** the lady says it belongs to her **b** ◇ (sur une enveloppe) **~ X** Mrs X **c** (en-tête de lettre) Dear Madam; (nom connu) Dear Mrs X.

Mademoiselle [madmwazɛl], pl **Mesdemoiselles** [medmwazɛl] nf miss; (en-tête de lettre) Dear Madam; (nom connu) Dear Miss X ◇ **bonjour ~** (courant) good morning; (nom connu) good morning, Miss X; **bonjour Mesdemoiselles** good morning ladies.

madère [madɛʀ] nm Madeira (wine).

madone [madɔn] nf madonna.

maf(f)ia [mafja] nf (gang) gang, ring ◇ **la M~** the Maf(f)ia.

magasin [magazɛ̃] nm **a** (boutique) shop, store; (entrepôt) warehouse ◇ **faire les ~s** to go shopping; **avoir qch en ~** to have sth in stock **b** (fusil, appareil-photo) magazine.

magazine [magazin] nm (Presse) magazine ◇ (Rad, TV) **~ féminin** woman's programme.

mage [maʒ] nm magus, (pl) magi.

Maghreb [magʀɛb] nm ◇ **le ~** the Maghreb ◆ **maghrébin, e** **1** adj of ou from the Maghreb **2** nm,f ◇ **M~, e** North African.

magicien, -ienne [maʒisjɛ̃, jɛn] nm,f magician ◆ **magie** nf magic ◇ **comme par ~** as if by magic ◆ **magique** adj magic, magical.

magistral, e, mpl **-aux** [maʒistʀal, o] adj (éminent) masterly; (hum: gigantesque) colossal ◇ (Univ) **cours ~** lecture.

magistrat [maʒistʀa] nm magistrate ◆ **magistrature** nf (Jur) magistracy.

magma [magma] nm magma.

magnanime [maɲanim] adj magnanimous.

magnat [magna] nm tycoon, magnate.

magner (se) [maɲe] [famil] [1] vpr to hurry up.

magnésium [maɲezjɔm] nm magnesium.

magnétique [maɲetik] adj magnetic ◆ **magnétiser** [1] vt to magnetize ◆ **magnétisme** nm magnetism.

magnéto [maɲeto] nf, préf magneto ◆ **magnétophone** nm tape recorder ◇ **~ à cassettes** cassette recorder ◆ **magnétoscope** nm video cassette recorder.

magnifique [maɲifik] adj magnificent, gorgeous.

magot [mago] [famil] nm (argent) packet [famil]; (économies) nest egg.

magouille [maguj] [famil] nf (péj) scheming ◆ **magouiller** [famil] [1] vi (péj) to scheme.

mai [mɛ] nm May → **septembre.**

maigre [mɛgʀ(ə)] **1** adj **a** (personne) thin **b** (bouillon) clear; (viande) lean; (fromage) low-fat ◇ (Rel) **faire ~** to eat no meat **c** (faible) (gén) meagre, poor; (espoir) slim, slight ◇ **c'est un peu ~** it's a bit on the short side **2** nm (viande) lean meat; (jus) thin gravy ◆ **maigreur** nf thinness ◆ **maigrir** [2] **1** vi to get thinner, lose weight ◇ **il a maigri de 5 kg** he has lost 5 kg; **faire ~ qn** to make sb lose weight; **se faire ~** to slim **2** vt ◇ **~ qn** (vêtement) to make sb look slimmer.

mailing [mɛliŋ] nm mailing ◇ **faire un ~** to do a mailing ou a mailshot.

maille [maj] nf (tricot) stitch; (filet) mesh ◇ (bas) **~ filée** ladder; (lit, fig) **passer à travers les ~s** to slip through the net; **avoir ~ à partir avec qn** to get into trouble with sb.

maillet [majɛ] nm mallet.

maillon [mɑjɔ̃] nm link.

maillot [majo] nm (Danse) leotard; (Sport) jersey; (bébé) baby's wrap ◇ **~ de bain** (homme) swimming trunks; (femme) swimming costume, swimsuit; **~ de corps** vest, undershirt (US).

main [mɛ̃] nf **a** hand ◇ **donner la ~ à qn** to hold sb's hand; **la ~ dans la ~** (promeneurs) hand in hand; (escrocs) hand in glove; **les ~s en l'air!** hands up!; **à ~ droite** on the right hand side; **de ~ de maître** with a master's hand; **en ~s propres** personally; **fait ~** handmade; **vol à ~ armée** armed robbery; **pris la ~ dans le sac** caught red-handed; **les ~s vides** empty handed; **avoir tout sous la ~** to have everything at hand **b** ◇ (+ vb) **avoir la ~ heureuse** to be lucky; **avoir la ~ lourde** to be heavy-handed; **je ne suis pas à ma ~** I can't get a proper grip; **perdre la ~** to lose one's touch; **se faire la ~** to get one's hand in; **faire ~ basse sur qch** to run off with sth; **laisser les ~s libres à qn** to give sb a free hand; **en venir aux ~s** to come to blows; **mettre la ~ à la pâte** to lend a hand; **mettre la dernière ~ à** to put the finishing touches to; **prendre qch en ~** to take sth in hand; **il n'y va pas de ~ morte** he overdoes it a bit; **j'en mettrais ma ~ au feu** ou **à couper** I'd stake my life on it; **prêter ~-forte à qn** to come to sb's assistance ◆ **main courante** nf handrail ◆ **main-d'œuvre** nf labour, manpower.

maint, e [mɛ̃, ɛ̃t] adj many ◇ **~ étranger** many a foreigner, many foreigners.

maintenance [mɛ̃tnɑ̃s] nf maintenance, servicing.

maintenant [mɛ̃tnɑ̃] adv now ◇ **les jeunes de ~** young people nowadays ou today.

maintenir [mɛ̃tniʀ] [22] **1** vt (gén) to keep; (objet) to support; (décision) to stand by ◇ **~ qch en équilibre** to keep ou hold sth balanced **2** **se maintenir** vpr (temps, amélioration) to persist; (malade) to hold one's own; (prix) to hold steady ◆ **maintien** nm (sauvegarde) maintenance; (posture) bearing.

maire [mɛʀ] nm mayor ◆ **mairie** nf (bâtiment) town hall; (administration) town council.

mais [mɛ] conj but ◇ **~ oui** of course; **non ~!** look here!

maïs [mais] nm maize, corn (US).

maison [mɛzɔ̃] nf **a** (bâtiment) house; (immeuble) building; (locatif) block of flats, apartment building (US) ◇ **~ d'arrêt** prison; **la M~ Blanche** the White House; **~ de campagne** house in the country; **~ de repos** convalescent home; **~ de retraite** old people's home **b** (foyer) home ◇ **être à la ~** to be at home; **rentrer à la ~** to go back home; **fait (à la) ~** home-made **c** (entreprise) firm, company; (grand magasin) store; (boutique) shop **d** ◇ **employés de ~** domestic staff ◆ **maisonnée** nf household ◆ **maisonnette** nf small house.

maître, maîtresse [mɛtʀ(ə), mɛtʀɛs] **1** adj (principal) main, chief, major ◇ **une maîtresse femme** a managing woman **2** nm (gén) master; (Pol: dirigeant) ruler ◇ **~ d'école** teacher; (titre) **mon cher M~** Dear Mr X; **être ~ de faire** to be free to do; **rester ~ de soi** to keep one's self-control; **se rendre ~ de** (pays) to gain control of; (incendie) to bring under control **3** nf mistress ◇ **maîtresse d'école** teacher **4** comp: **~ de conférences** ≃ senior lecturer, assistant professor (US) **~ d'équipage** boatswain **~ d'hôtel** (restaurant) head waiter **~ de maison** host **maîtresse de maison** (ménagère) housewife; (hôtesse) hostess **~ nageur** swimming instructor **~ d'œuvre** project manager.

maîtrise [metʀiz] nf **a** (contrôle) mastery, control; (habileté) skill, expertise ◇ **~ de soi** self-control; **avoir la ~ de** to control **b** (chœur) choir **c** (Univ) research degree ≃ master's degree ◆ **maîtriser** [1] **1** vt (gén) to master; (révolte) to suppress; (inflation) to control **2** **se maîtriser** vpr to control o.s.

majesté [maʒɛste] nf majesty ◇ **Sa M~** (roi) His Majesty; (reine) Her Majesty ◆ **majestueusement** adv majestically ◆ **majestueux, -euse** adj majestic.

majeur, e [maʒœʀ] **1** adj **a** (principal) major ◇ **la ~e partie des gens** most people **b** ◇ (Jur) **être ~** to be of age **c** (Mus) major **2** nm,f (Jur) major **3** nm middle finger.

major [maʒɔʀ] nm medical officer.

majoration [maʒɔʀɑsjɔ̃] nf (hausse) rise, increase (*de* in); (supplément) surcharge ◆ **majorer** [1] vt to increase, raise (*de* by).

majoritaire [maʒɔʀitɛʀ] adj ◇ **être ~** to be in the majority.

majorité [maʒɔʀite] nf majority ◇ (Pol) **la ~** the government; **composé en ~ de** mainly composed of; (Jur) **atteindre sa ~** to come of age.

majuscule [maʒyskyl] **1** adj capital **2** nf capital letter.

mal [mal] **1** adv **a** (fonctionner etc) badly, not properly ◇ **ça ferme ~** it shuts badly ou doesn't shut properly; **il s'y est ~ pris** he set about it the wrong way; **de ~ en pis** from bad to worse; **~ renseigner** etc to misinform etc; **on comprend ~ pourquoi** it is difficult to understand why; **~ choisi** etc ill-chosen etc; **~ famé** disreputable; **~ en point** in a bad state; **~ à propos** at the wrong moment **b** (agir) badly, wrongly ◇ **trouves-tu ~ qu'il y soit allé?** do you think it was wrong of him to go? **c** ◇ (malade) **se sentir ~** to feel ill; **~ portant** in poor health; **se trouver ~** to faint **d** ◇ **il n'a pas ~ travaillé** he has worked quite well; **vous ne feriez pas ~ d'y aller** it wouldn't be a bad idea if you went **e** ◇ (beaucoup) **pas ~** [famil] quite a lot; **je m'en fiche pas ~!** I couldn't care less! **2** adj inv (mauvais) wrong, bad; (malade) ill; (mal à l'aise) uncomfortable ◇ **être ~ avec qn** to be on bad terms with sb; **pas ~** [famil] not bad [famil], quite good **3** nm, pl **maux** [mo] **a** (mauvais) evil, ill ◇ **le ~** evil; **dire du ~ de qn** to speak ill of sb **b** (dommage) harm ◇ **faire du ~ à** to harm, hurt **c** (douleur) pain; (maladie) illness, disease ◇ **se faire du ~** to hurt o.s.; **ça fait ~, j'ai ~** it hurts; **j'ai ~ dans le dos** I've got a pain in my back; **avoir un ~ de tête** to have a headache; **avoir ~ au pied** to have a sore foot; **des maux d'estomac** stomach pains; **~ blanc** whitlow; **avoir le ~ de mer** to be seasick; **~ du pays** homesickness **d** (effort) difficulty, trouble ◇ **se donner du ~ à faire qch** to take trouble over sth.

malabar [malabaʀ] [famil] nm muscle man [famil].

malade [malad] **1** adj (homme) ill, sick, unwell; (famil: fou) mad; (organe, plante) diseased; (dent, jambe) bad ◇ **tomber ~** to fall ill ou sick; **ça me rend ~** it makes me sick (*de* with) **2** nmf invalid, sick person; (d'un médecin) patient ◇ **les ~s** the sick ◆ **maladie** nf illness, disease; (famil: obsession) mania ◇ **~ de foie** liver complaint; **il en a fait une ~** [famil] he was in a terrible state about it ◆ **maladif, -ive** adj sickly; (obsession) pathological.

maladresse [maladʀɛs] nf clumsiness, awkwardness ◇ **une ~** a blunder ◆ **maladroit, e** adj clumsy, awkward.

malais, 1. **e** [malɛ, ɛz] **1** adj Malay(an) **2** nm,f ◇ **M~, e** Malay(an) **3** nm (Ling) Malay.

2. **malaise** [malɛz] nm **a** (Méd) dizzy turn ◇ **avoir un ~** to feel faint ou dizzy **b** (fig: trouble) uneasiness.

malaisé, e [maleze] adj difficult.

Malaisie [malɛzi] nf Malaya, Malaysia ◆ **malaisien, -ienne** adj, **M~, -ienne** nm,f Malaysian.

malaxer [malakse] [1] vt (triturer) to knead; (mélanger) to mix.

malchance [malʃɑ̃s] nf misfortune ◇ **par ~** unfortunately ◆ **malchanceux, -euse** adj unlucky.

mâle [mɑl] **1** adj (gén) male; (viril) manly **2** nm male.

malédiction [malediksjɔ̃] nf curse.

maléfice [malefis] nm evil spell ◆ **maléfique** adj evil.

malencontreux, -euse [malɑ̃kɔ̃tʀø, øz] adj unfortunate.

malentendant [malɑ̃tɑ̃dɑ̃] nm ◇ **les ~s** the hard of hearing.

malentendu [malɑ̃tɑ̃dy] nm misunderstanding.

malfaçon [malfasɔ̃] nf fault, defect.

malfaisant, e [malfəzɑ̃, ɑ̃t] adj evil, harmful.

malfaiteur [malfɛtœʀ] nm criminal.

malformation [malfɔʀmɑsjɔ̃] nf malformation.

malgache [malgaʃ] 1 nm (Ling) Malagasy 2 adj Malagasy, Malagascan 3 nmf ◇ **M~** Malagasy, Madagascan.

malgré [malgʀe] prép in spite of, despite ◇ ~ **moi** reluctantly; ~ **tout** after all.

malhabile [malabil] adj clumsy.

malheur [malœʀ] nm (gén) misfortune; (accident) accident ◇ **famille dans le ~** family in misfortune ou faced with adversity; (maudit) **de ~** [famil] wretched; **par ~** unfortunately; **quel ~ qu'il ne soit pas venu** what a shame ou pity he didn't come ◆ **malheureusement** adv unfortunately ◆ **malheureux, -euse** 1 adj (victime, parole) unfortunate; (enfant, vie) unhappy; (air) distressed; (candidat) unlucky ◇ **il y avait 3 ~ spectateurs** [famil] there was a miserable handful of spectators 2 nm,f (infortuné) poor wretch; (indigent) needy person.

malhonnête [malɔnɛt] adj dishonest ◆ **malhonnêteté** nf dishonesty ◇ **une ~** a dishonest action.

Mali [mali] nm Mali ◆ **malien, -ienne** adj, **M~, -ienne** nm,f Malian.

malice [malis] nf (espièglerie) mischievousness; (méchanceté) malice, spite ◆ **malicieux, -euse** adj mischievous.

malin, -igne [malɛ̃, iɲ] ou **-ine** [in] [famil] adj (intelligent) smart, clever; (mauvais) malignant ◇ (famil: difficile) **ce n'est pas bien ~** it isn't difficult.

malingre [malɛ̃gʀ(ə)] adj puny.

malintentionné, e [malɛ̃tɑ̃sjɔne] adj ill-intentioned (*envers* towards).

malle [mal] nf (valise) trunk; (voiture) boot, trunk (US) ◆ **mallette** nf suitcase.

malmener [malməne] 5 vt to manhandle.

malnutrition [malnytʀisjɔ̃] nf malnutrition.

malodorant, e [malɔdɔʀɑ̃, ɑ̃t] adj foul-smelling.

malotru, e [malɔtʀy] nm,f lout, boor.

malpoli, e [malpɔli] adj impolite.

malpropre [malpʀɔpʀ(ə)] adj dirty ◆ **malpropreté** nf dirtiness.

malsain, e [malsɛ̃, ɛn] adj unhealthy.

malt [malt] nm malt.

Malte [malt] nf Malta ◆ **maltais, e** adj, **M~, e** nm,f Maltese.

maltraiter [maltʀete] 1 vt to ill-treat.

malus [malys] nm car insurance surcharge.

malveillance [malvɛjɑ̃s] nf malevolence ◆ **malveillant, e** adj malevolent.

malvoyant [malvwajɑ̃] nm ◇ **les ~s** the partially sighted.

maman [mamɑ̃] nf mummy, mother.

mamelle [mamɛl] nf (animal) teat; (femme) breast ◆ **mamelon** nm (colline) hillock.

mamie [mami] nf granny [famil].

mammifère [mamifɛʀ] nm mammal.

mammouth [mamut] nm mammoth.

manche [mɑ̃ʃ] 1 nf a (Habillement) sleeve ◇ **sans ~s** sleeveless b (Sport) round; (Cartes) game c ◇ (Géog) **la M~** the English Channel 2 nm handle ◇ ~ **à balai** (gén) broomstick; (Aviat) joystick.

manchette [mɑ̃ʃɛt] nf (chemise) cuff; (journal) headline; (Lutte) forearm blow.

manchot, -ote [mɑ̃ʃo, ɔt] 1 adj one-armed (ou one-handed); (des deux) armless (ou handless) 2 nm (oiseau) penguin.

mandarin [mɑ̃daʀɛ̃] nm mandarin.

mandarine [mɑ̃daʀin] nf mandarin orange, tangerine.

mandat [mɑ̃da] nm (postal) postal order, money order; (procuration) proxy; (Politique) mandate; (Police etc) warrant ◆ **mandataire** nmf (Jur) proxy; (représentant) representative; (aux Halles) sales agent ◆ **mandater** 1 vt (personne) to commission; (Pol) to mandate; (somme) to make over.

mandoline [mɑ̃dɔlin] nf mandolin(e).

manège [manɛʒ] nm a ◇ ~ **(de chevaux de bois)** roundabout, carousel (US) b (Équitation) riding school; (piste) ring c (agissements) game.

manette [manɛt] nf lever, tap.

mangeable [mɑ̃ʒabl(ə)] adj edible, eatable ◆ **mangeaille** nf (péj) food ◆ **mangeoire** nf trough, manger.

manger [mɑ̃ʒe] 3 1 vt a to eat ◇ **donner à ~ à qn** to feed sb; **faire ~ qch à qn** to give sb sth to eat; **mange!** eat up!; **on mange bien à cet hôtel** the food is good at this hotel; **mangé aux mites** moth-eaten; ~ **comme quatre** to eat like a horse; ~ **à sa faim** to have enough to eat; ~ **du bout des dents** to pick at one's food b ◇ (faire un repas) ~ **au restaurant** to eat out, have a meal out; **c'est l'heure de ~** (midi) it's lunchtime; (soir) it's dinnertime; **inviter qn à ~** to invite sb for a meal c (électricité, économies) to go through; (temps) to take up; (mots) to swallow 2 nm (nourriture) food; (repas) meal ◆ **mangeur, -euse** nm,f eater.

mangue [mɑ̃g] nf mango.

maniabilité [manjabilite] nf handiness ◆ **maniable** adj handy ◆ **maniement** nm handling ◆ **manier** 7 vt to handle.

maniaque [manjak] 1 adj fussy 2 nmf (fou) maniac; (méticuleux) fusspot [famil].

manie [mani] nf (habitude) habit; (obsession) mania.

manière [manjɛʀ] nf **a** (façon) way ◇ **il le fera à sa ~** he'll do it his own way; **~ de vivre** way of life; **de quelle ~ as-tu fait cela?** how did you do that?; **employer la ~ forte** to use strong-arm measures; **d'une certaine ~** in a way; **d'une ~ générale** generally speaking; **de toute ~** anyway; **de ~ à faire** so as to do; **de ~ (à ce) que nous arrivions à l'heure** so that we get there on time **b** ◇ **avoir de bonnes ~s** to have good manners; **faire des ~s** (chichis) to make a fuss ♦ **maniéré, e** adj affected.

manifestant, e [manifɛstɑ̃, ɑ̃t] nm,f demonstrator.

manifestation [manifɛstɑsjɔ̃] nf **a** (Pol) demonstration **b** (opinion) expression; (maladie) appearance **c** (fête) event.

manifeste [manifɛst] **1** adj obvious, evident, manifest **2** nm manifesto ♦ **manifestement** adv obviously.

manifester [manifɛste] [1] **1** vt (gén) to show; (sentiment) to express **2** vi (Pol) to demonstrate **3** **se manifester** vpr (émotion) to show itself, express itself; (difficultés) to arise; (personne) (se présenter) to appear; (se faire remarquer) to attract attention; (dans un débat) to make o.s. heard.

manigance [manigɑ̃s] nf trick ♦ **manigancer** [3] vt to plot.

manioc [manjɔk] nm manioc, cassava.

manipulation [manipylɑsjɔ̃] nf (maniement) handling; (expérience) experiment ◇ (Méd, péj) **~s** manipulation; **les ~s génétiques posent des problèmes éthiques** genetic engineering poses ethical problems ♦ **manipuler** [1] vt to handle; (péj) to manipulate.

manivelle [manivɛl] nf crank.

manne [man] nf (aubaine) godsend.

mannequin [mankɛ̃] nm (personne) model; (objet) dummy.

manœuvre [manœvʀ(ə)] **1** nf manœuvre ◇ **~ d'obstruction** obstructive move; **~s frauduleuses** fraudulent schemes; **grandes ~s** army manœuvres **2** nm labourer, unskilled worker ♦ **manœuvrer** [1] **1** vt (véhicule) to manœuvre; (machine) to operate, work **2** vi to manœuvre.

manoir [manwaʀ] nm manor house.

manque [mɑ̃k] nm **a** ◇ **~ de** (faiblesse) lack of, want of; (pénurie) shortage of; **~ à gagner** loss of profit **b** ◇ **~s** (roman) faults; (personne) failings **c** (vide) gap, emptiness ♦ **manquement** nm lapse ◇ **~ à** (règle) breach of.

manquer [mɑ̃ke] [1] **1** vt (photo, gâteau) to spoil; (examen) to fail; (but, train) to miss ◇ **essai manqué** abortive attempt; **je l'ai manqué de 5 minutes** I missed him by 5 minutes; **ils ont manqué leur coup** their attempt failed **2** vi **a** (faire défaut) to be lacking ◇ **l'argent vint à ~** money ran out; **ce qui me manque c'est le temps** what I lack is time **b** (absent) to be absent; (disparu) to be missing **c** (échouer) to fail **3** **manquer à** vt indir (ses devoirs) to neglect ◇ **il nous manque** we miss him **4** **manquer de** vt indir **a** (intelligence) to lack; (argent, main-d'œuvre) to be short of, lack **b** ◇ (faillir) **il a manqué mourir** he nearly ou almost died **c** ◇ (formules nég) **ne manquez pas de le remercier** don't forget to thank him; **ça ne manque pas de charme** it's not without charm, it has a certain charm; **ça ne va pas ~ d'arriver** [famil] it's bound to happen **5** vb impers ◇ **il manque 2 chaises** we are 2 chairs short; **il ne manquait plus que ça** that's all we needed **6** **se manquer** vpr (suicide) to fail.

mansarde [mɑ̃saʀd(ə)] nf attic.

manteau, pl **~x** [mɑ̃to] nm coat.

manuel, -elle [manɥɛl] **1** adj manual **2** nm (livre) manual, handbook ◇ **~ de lecture** reader ♦ **manuellement** adv manually.

manufacture [manyfaktyʀ] nf (usine) factory; (fabrication) manufacture ♦ **manufacturer** [1] vt to manufacture.

manuscrit, e [manyskʀi, it] **1** adj handwritten ◇ **pages ~es** manuscript pages **2** nm manuscript; (dactylographié) typescript.

manutention [manytɑ̃sjɔ̃] nf handling ♦ **manutentionnaire** nmf packer.

mappemonde [mapmɔ̃d] nf (carte) map of the world; (sphère) globe.

maquereau, pl **~x** [makʀo] nm mackerel.

maquette [makɛt] nf scale model.

maquillage [makijaʒ] nm make up ♦ **maquiller** [1] **1** vt (visage) to make up; (vérité) to fake **2** **se maquiller** vpr to make up.

maquis [maki] nm (Géog) scrub, bush; (labyrinthe) maze; (Hist) maquis ◇ **prendre le ~** to go underground ♦ **maquisard, e** nm,f maquis.

maraîcher, -ère [maʀeʃe, maʀeʃɛʀ] nm,f market gardener, truck farmer (US).

marais [maʀɛ] nm marsh, swamp.

marasme [maʀasm(ə)] nm depression; (Écon, Pol) stagnation, slump.

marathon [maʀatɔ̃] nm marathon.

marâtre [maʀɑtʀ(ə)] nf cruel mother.

marbre [maʀbʀ(ə)] nm marble ◇ **rester de ~** to remain impassive ♦ **marbrier** nm monumental mason.

marc [maʀ] nm (raisin) marc; (alcool) brandy ◇ **~ de café** coffee grounds.

marchand, **e** [marʃɑ̃, ɑ̃d] **1** adj (valeur) market **2** nm,f shopkeeper; (de marché) stallholder; (vins) merchant; (meubles) dealer ◇ **la ~e de chaussures** the shoe-shop owner; **~ ambulant** hawker; **~ de biens** ≃ estate agent, realtor (US); **~ de couleurs** ironmonger; **~ de journaux** newsagent; **~ de légumes** greengrocer, produce dealer (US); **~ de sable** sandman.

marchandage [marʃɑ̃daʒ] nm bargaining, haggling ◆ **marchander** [1] **1** vi to bargain, haggle **2** vt (objet) to haggle ou bargain over ◇ **il n'a pas marchandé ses compliments** he wasn't sparing with his compliments.

marchandise [marʃɑ̃diz] nf commodity ◇ **~s** goods, merchandise.

1. **marche** [marʃ(ə)] nf **a** (démarche) walk, step; (rythme) pace, step; (trajet) walk ◇ (Sport) **la ~** walking; **se mettre en ~** to get moving **b** (Mus, Mil, Pol) march ◇ **ouvrir la ~** to lead the way; **faire ~ sur** to march upon **c** (véhicule) running; (navire) sailing; (usine, machine) working; (événements) course ◇ **mettre en ~** to start; **véhicule en ~** moving vehicle; **en état de ~** in working order; (Tech) **~-arrêt** on-off; **faire ~ arrière** (Aut) to reverse; (fig) to back-pedal; **~ à suivre** correct procedure.

2. **marche** [marʃ(ə)] nf (escalier) step.

marché [marʃe] nm **a** (lieu) market ◇ **faire son ~** to go shopping; **le M~ commun** the Common Market **b** (transaction) bargain, deal ◇ **passer un ~ avec qn** to make a deal with sb.

marchepied [marʃəpje] nm (train) step; (voiture) running board.

marcher [marʃe] [1] vi **a** to walk; (soldats) to march ◇ **faire ~ un bébé** to help a baby walk; **~ dans une flaque d'eau** to step in a puddle; **~ sur les pieds de qn** to tread on sb's toes **b** (famil) (consentir) to agree; (être dupé) to be taken in ◇ **faire ~ qn** to pull sb's leg **c** ◇ (avec véhicule) **on a bien marché** we made good time; **nous marchions à 100 à l'heure** we were doing a hundred **d** (appareil, usine, ruse) to work; (affaires, études) to go well ◇ **faire ~** (appareil) to work, operate; (entreprise) to run; **est-ce que le métro marche?** is the underground running? ◆ **marcheur**, **-euse** nm,f walker; (Pol) marcher.

mardi [mardi] nm Tuesday ◇ **M~ gras** Shrove Tuesday → **samedi.**

mare [mar] nf (étang) pond; (flaque) pool.

marécage [marekaʒ] nm marsh, swamp ◆ **marécageux**, **-euse** adj marshy, swampy.

maréchal, pl **-aux** [mareʃal, o] nm marshal ◇ **~-ferrant** blacksmith.

marée [mare] nf tide ◇ **à ~ basse** at low tide; **~ noire** oil slick; (poissons) **la ~** fresh fish; (fig) **~ de** flood of.

marelle [marɛl] nf hopscotch.

margarine [margarin] nf margarine, marge [famil].

marge [marʒ(ə)] nf margin ◇ **~ bénéficiaire** profit margin; **~ de sécurité** safety margin; **j'ai encore de la ~** I still have time to spare; **en ~ de la société** on the fringe of society ◆ **marginal**, **e**, mpl **-aux** **1** adj marginal **2** nm,f (artiste, homme politique) independent; (déshérité) dropout ◇ (contestataires) **les ~aux** the dissident minority ou fringe.

marguerite [margərit] nf oxeye daisy.

mari [mari] nm husband.

mariage [marjaʒ] nm **a** (lit, fig: union) marriage ◇ **50 ans de ~** 50 years of marriage; **donner qn en ~ à** to give sb in marriage to **b** (cérémonie) wedding ◇ **cadeau de ~** wedding present ◆ **marié**, **e** **1** adj married **2** nm groom ◇ **les ~s** (jour du mariage) the bride and bridegroom; (après le mariage) the newlyweds **3** nf bride ◇ **robe de ~e** wedding dress ◆ **marier** [7] vt (personne) to marry; (couleurs) to blend ◇ **se ~** to get married; **se ~ avec qn** to marry sb, get married to sb.

marin, **e** [marɛ̃, in] **1** adj sea **2** nm sailor **3** nf navy ◇ **~ marchande** merchant navy.

mariner [marine] [1] vti to marinade.

marionnette [marjɔnɛt] nf (lit, fig) puppet; (à fils) marionette.

marital, **e**, mpl **-aux** [marital, o] adj ◇ (Jur) **autorisation ~e** husband's permission ◆ **maritalement** adv ◇ **vivre ~** to live as husband and wife.

maritime [maritim] adj (gén) maritime; (côtier) coastal; (commerce, droit) shipping.

marmaille [marmɑj] [famil] nf gang of kids [famil].

marmelade [marməlad] nf stewed fruit.

marmite [marmit] nf cooking-pot.

marmonner [marmɔne] [1] vt to mumble.

marmot [marmo] [famil] nm kid [famil], brat [famil] (pej).

marmotte [marmɔt] nf (animal) marmot; (famil: dormeur) dormouse.

Maroc [marɔk] nm Morocco ◆ **marocain**, **e** adj, **M~**, **e** nm,f Moroccan.

maroquinerie [marɔkinri] nf fine leather goods shop.

marotte [marɔt] nf hobby, craze.

marquant, **e** [markɑ̃, ɑ̃t] (événement) outstanding; (souvenir) vivid.

marque [maʀk] nf **a** (lit, fig: trace) mark; (tampon) stamp ◇ (Sport) **à vos ~s!** on your marks! **b** (Comm) (nourriture) brand; (objets) make ◇ **~ déposée** registered trademark; **visiteur de ~** important visitor, V.I.P **c** (score) score.

marquer [maʀke] 1 **1** vt **a** (par une trace) to mark; (animal, criminel) to brand ◇ **la souffrance l'a marqué** suffering has left its mark on him **b** (indiquer) to show ◇ **la pendule marque 6 heures** the clock points to 6 o'clock; **la déception se marquait sur son visage** disappointment showed in his face **c** (écrire) to note down ◇ **on l'a marqué absent** he was marked absent; **qu'y a-t-il de marqué?** what's written on it? **d** (joueur) to mark; (but) to score **e** ◇ **~ le coup** [famil] to mark the occasion; **~ le pas** to mark time; **~ un temps d'arrêt** to mark a pause **2** vi (événement) to stand out; (coup) to reach home, tell; (trace) to leave a mark ◆ **marqué, e** adj pronounced, marked ◆ **marqueur** nm (stylo) felt-tip pen.

marquis [maʀki] nm marquess ◆ **marquise** nf marchioness; (auvent) glass canopy.

marraine [maʀɛn] nf godmother.

marrant, e [maʀɑ̃, ɑ̃t] [famil] adj funny.

marre [maʀ] [famil] adv ◇ **en avoir ~** to be fed up [famil] (*de* with); be sick [famil] (*de* of).

marrer (se) [maʀe] [famil] 1 vpr to laugh.

marron [maʀɔ̃] **1** nm **a** chestnut ◇ **~ d'Inde** horse chestnut; **~ glacé** marron [famil]glacé **b** (couleur) brown **c** (famil: coup) thump, clout [famil] **2** adj inv brown ◆ **marronnier** nm chestnut tree.

Mars [maʀs] nm (Astron, Myth) Mars.

mars [maʀs] nm March → **septembre.**

marsouin [maʀswɛ̃] nm porpoise.

marteau, pl **~x** [maʀto] nm hammer ◇ **~-pilon** power hammer; **~-piqueur** pneumatic drill; **être ~**[famil] to be nuts [famil] ◆ **marteler** 5 vt to hammer.

martial, e, mpl **-aux** [maʀsjal, o] adj martial.

martien, -ienne [maʀsjɛ̃, jɛn] adj, nm,f Martian.

Martinique [maʀtinik] nf Martinique ◆ **martiniquais, e** **1** adj of ou from Martinique **2** nm,f ◇ **M~, e** inhabitant ou native of Martinique.

martyr, 1.**e** [maʀtiʀ] **1** adj martyred ◇ **enfant ~** battered child **2** nm,f martyr ◆ 2.**martyre** nm martyrdom ◇ **souffrir le ~** to suffer agonies ◆ **martyriser** 1 vt to torture; (enfant) to batter.

mascarade [maskaʀad] nf masquerade.

mascotte [maskɔt] nf mascot.

masculin, e [maskylɛ̃, in] **1** adj (gén) male; (viril) manly; (péj) mannish; (Gram) masculine **2** nm (Gram) masculine.

masochisme [mazɔʃism(ə)] nm masochism ◆ **masochiste** **1** adj masochistic **2** nmf masochist.

masque [mask(ə)] nm mask ◇ **~ à gaz** gas mask ◆ **masquer** 1 **1** vt (gén) to mask (*à qn* from sb); (lumière, vue) to block **2** **se masquer** vpr to hide (*derrière* behind).

massacre [masakʀ(ə)] nm slaughter, massacre ◆ **massacrer** 1 vt (tuer) to slaughter, massacre; (famil: saboter) to make a mess of.

massage [masaʒ] nm massage.

masse [mas] nf **a** (volume) mass ◇ **~ monétaire** money supply; **taillé dans la ~** carved from the block; (Élec) **faire ~** to act as an earth ou a ground (US) **b** ◇ (foule) **la ~** the masses; **la ~ des lecteurs** the majority of readers; **manifestation de ~** mass demonstration; **venir en ~** to come en masse; **une ~ de** [famil] masses of; **il n'y en a pas des ~s** [famil] (objets) there aren't very many; (argent) there isn't very much **c** (maillet) sledgehammer ◆ 1.**masser** vt, **se masser** vpr 1 **d** to mass.

2.**masser** [mase] 1 vt to massage ◇ **se faire ~** to have a massage ◆ **masseur** nm masseur ◆ **masseuse** nf masseuse.

massif, -ive [masif, iv] **1** adj massive ◇ (pur) **or ~** solid gold **2** nm (montagnes) massif; (fleurs, arbres) clump ◆ **massivement** adv (répondre) en masse; (injecter) in massive doses.

massue [masy] nf club, bludgeon.

mastic [mastik] nm putty.

mastiquer [mastike] 1 vt (mâcher) to chew.

masturbation [mastyʀbɑsjɔ̃] nf **a** masturbation ◆ **masturber** vt, **se masturber** vpr 1 **b** to masturbate.

m'as-tu-vu, e [matyvy] [famil] nm,f (pl inv) show-off [famil].

masure [mazyʀ] nf hovel.

1.**mat** [mat] adj inv ◇ (Échecs) **être ~** to be checkmate; **faire ~** to checkmate.

2.**mat, e** [mat] adj (couleur) matt; (bruit) dull.

mât [mɑ] nm (bateau) mast; (pylône) pole, post; (drapeau) flagpole.

mat' [mat] [famil] nm abrév de *matin* ◇ **à 2/6 heures du ~** at 2/6 in the morning [famil].

match [matʃ] nm (Sport) match, game (US) ◇ **faire ~ nul** to draw, tie (US).

matelas [matla] nm mattress ◇ **~ pneumatique** air bed, Lilo ® ◆ **matelasser** 1 vt (meuble) to pad; (tissu) to quilt.

matelot [matlo] nm sailor, seaman.

mater [mate] 1 vt **a** (rebelles) to subdue; (révolution) to suppress **b** (Échecs) to checkmate **c** (marteler) to burr.

matérialiser [materjalize] [1] **1** vt (concrétiser) to make materialize; (symboliser) to embody **2** **se matérialiser** vpr to materialize.

matérialisme [materjalism(ə)] nm materialism ♦ **matérialiste** **1** adj materialistic **2** nmf materialist.

matériau [materjo] nm inv material ♦ **matériaux** nmpl materials.

matériel, -elle [materjɛl] **1** adj (gén) material; (financier) financial; (organisation) practical **2** nm equipment ◇ (Ordin) **le ~** the hardware; **~ d'exploitation** plant.

maternel, -elle [matɛrnɛl] adj (gén) maternal; (geste, amour) motherly ◇ **école ~elle** state nursery shool ♦ **maternité** nf maternity hospital.

mathématique [matematik] **1** adj mathematical **2** nfpl ◇ **les ~s** mathematics.

matière [matjɛr] nf (produit) material, substance; (sujet) subject ◇ **~s grasses** fat; **~ plastique** plastic; **~ première** raw material; **la ~** matter; **en la ~** on the matter ou subject; **en ~ poétique** as regards poetry.

matin [matɛ̃] nm morning ◇ **2 h du ~** 2 a.m; 2 in the morning ♦ **matinal, e,** mpl **-aux** adj (tâches) morning; (heure) early ◇ **être ~** to get up early ♦ **matinée** nf (matin) morning; (spectacle) matinée.

matou [matu] nm tomcat.

matraque [matrak] nf (Police) truncheon, billy (US); (malfaiteur) cosh ♦ **matraquer** [1] vt (Police) to beat up; (publicité) to plug.

matrice [matris] nf (utérus) womb; (Tech) matrix.

matrimonial, e, mpl **-aux** [matrimɔnjal, o] adj matrimonial.

matrone [matrɔn] nf matronly woman.

mâture [mɑtyr] nf masts.

maturité [matyrite] nf maturity.

maudire [modir] [2] vt to curse ♦ **maudit, e** **1** adj (famil: sacré) blasted [famil], confounded [famil] **2** nm,f damned soul.

maugréer [mogree] [1] vi to grouse, grumble (*contre* about, at).

Maurice [mɔris] nf ◇ **(l'île) ~** Mauritius ♦ **mauricien, -ienne** adj, **M~, -ienne** nm,f Mauritian.

Mauritanie [mɔritani] nf Mauritania ♦ **mauritanien, -ienne** adj, **M~, -ienne** nm,f Mauritanian.

mausolée [mozɔle] nm mausoleum.

maussade [mosad] adj gloomy, sullen.

mauvais, e [mɔvɛ, ɛz] **1** adj **a** (en qualité) bad; (appareil) faulty; (santé, film, élève) poor ◇ **~ en géographie** bad at geography **b** (erroné) wrong ◇ **il ne serait pas ~ d'y aller** it wouldn't be a bad idea if we went **c** (nuisible) bad; (blessure, personne) nasty; (mer) rough ◇ **~ coucheur** awkward customer; **~e herbe** weed; **~e langue** gossip; **~e passe** tight spot; **~ plaisant** hoaxer; **en ~e posture** in a tricky ou nasty position; **la soupe a un ~ goût** the soup tastes nasty; **il fait ~** the weather is bad; **se faire du ~ sang** to worry; **faire la ~e tête** to sulk; **faire subir de ~ traitements à** to ill-treat **2** nm ◇ **le ~** the bad part.

mauve [mov] adj, nm (couleur) mauve.

mauviette [movjɛt] nf (péj) weakling.

maxi... [maksi] préf maxi....

maxillaire [maksilɛr] nm jawbone.

maxime [maksim] nf maxim.

maximal, e, mpl **-aux** [maksimal, o] adj maximal ♦ **maximum,** pl **~s** ou **maxima** adj, nm maximum ◇ **il faut rester au ~ à l'ombre** one must stay as much as possible in the shade.

mayonnaise [majɔnɛz] nf mayonnaise.

mazout [mazut] nm heating oil ◇ **poêle à ~** oil-fired stove.

me, m' [m(ə)] pron pers me; (réfléchi) myself.

méandre [meɑ̃dr(ə)] nm meander.

mec [mɛk] [famil] nm guy.

mécanicien [mekanisjɛ̃] nm (Aut) garage mechanic; (Naut) engineer; (Rail) engine driver, engineer (US).

mécanique [mekanik] **1** adj mechanical ◇ **ennuis ~s** engine trouble **2** nf (gén) mechanics (sg); (mécanisme) mechanism ♦ **mécanisation** nf mechanization ♦ **mécaniser** [1] vt to mechanize ♦ **mécanisme** nm mechanism.

mécénat [mesena] nm (Art) patronage ♦ **mécène** nm (Art) patron.

méchamment [meʃamɑ̃] adv (cruellement) nastily, wickedly; (famil: très) (bon) fantastically [famil]; (abîmé) badly.

méchanceté [meʃɑ̃ste] nf nastiness, wickedness ◇ **une ~** a nasty ou wicked action; **dire des ~s** to say spiteful things.

méchant, e **1** adj **a** (mauvais) nasty, wicked; (enfant) naughty ◇ **ce n'est pas ~** [famil] (blessure) it's not serious; (examen) it's not difficult **b** ([famil]) (insignifiant) miserable; (sensationnel) fantastic [famil] **2** nm,f (enfant) naughty child; (personne) wicked person.

mèche [mɛʃ] nf (lampe) wick; (bombe) fuse; (cheveux) lock; (chignole) bit ◇ **être de ~ avec qn** [famil] to be in league with sb.

méconnaissable [mekɔnɛsabl(ə)] adj unrecognizable ♦ **méconnaissance** nf ignorance (*de* of) ♦ **méconnaître** [57] vt (mérites) to underestimate; (devoirs) to ignore ◇ **il méconnaît les faits** he does not know the facts ♦ **méconnu, e** adj unrecognized.

mécontent, e [mekɔ̃tɑ̃, ɑ̃t] **1** adj dissatisfied; (irrité) annoyed (*de* with) **2** nm,f grumbler; (Pol) malcontent ◆ **mécontentement** nm dissatisfaction; annoyance; (Pol) discontent ◆ **mécontenter** [1] vt to dissatisfy; to annoy.

Mecque [mɛk] nf ◇ **la ~** (lit) Mecca; (fig) the Mecca.

médaille [medaj] nf (décoration) medal; (insigne) badge; (chien) name tag ◆ **médaillé, e** nm,f medalholder ◆ **médaillon** nm (Art, Culin) medallion; (bijou) locket.

médecin [mɛdsɛ̃] nm doctor ◆ **médecine** nf medicine.

media [medja] nm ◇ **les m~s** the media; **dans les ~** in the media.

médiateur, -trice [medjatœʀ, tʀis] **1** nm,f mediator; (grève) arbitrator **2** nf (Géom) median ◆ **médiation** nf mediation; arbitration.

médiatique [medjatik] adj media.

médical, e, mpl **-aux** [medikal, o] adj medical ◆ **médicament** nm medicine, drug.

médiéval, e, mpl **-aux** [medjeval, o] adj medieval.

médiocre [medjɔkʀ(ə)] adj (gén) mediocre; (personne, emploi) second-rate ◆ **médiocrement** adv (intelligent) not particularly; (travailler) indifferently ◆ **médiocrité** nf mediocrity.

médire [mediʀ] [37] vi ◇ **~ de qn** to speak ill of sb ◆ **médisance** nf piece of gossip ◇ **dire des ~s** to gossip ◆ **médisant, e** adj (paroles) slanderous ◇ **être ~** to spread gossip.

méditatif, -ive [meditatif, iv] adj meditative, thoughtful ◆ **méditation** nf ◇ **~(s)** meditation ◆ **méditer** [1] **1** vt (pensée) to meditate on; (projet) to meditate ◇ **~ de faire qch** to plan to do sth **2** vi to meditate (*sur* on).

Méditerranée [meditɛʀane] nf ◇ **la (mer) ~** the Mediterranean (Sea) ◆ **méditerranéen, -enne** adj Mediterranean.

méduse [medyz] nf jellyfish.

meeting [mitiŋ] nm meeting.

méfait [mefɛ] nm misdemeanour ◇ **les ~s de** the ravages of.

méfiance [mefjɑ̃s] nf distrust, mistrust, suspicion ◇ **être sans ~** to be unsuspecting ◆ **méfiant, e** adj distrustful, mistrustful, suspicious ◆ **se méfier** [7] vpr to be suspicious ◇ **méfie-toi** be careful (*de* about); **méfie-toi de lui** don't trust him.

méga [mega] préf mega... . ◆ **megaoctet** nm megabyte.

mégarde [megaʀd(ə)] nf ◇ **par ~** by mistake.

mégère [meʒɛʀ] nf (péj: femme) shrew.

mégot [mego] [famil] nm cigarette butt ou end.

meilleur, e [mɛjœʀ] **1** adj better (*que* than) ◇ **le ~ de tous** the best of the lot; **~ marché** cheaper; **~s vœux** best wishes **2** adv (sentir) better **3** nm,f ◇ **le ~, la ~e** the best; **le ~ de son temps** the best part of one's time; **prendre le ~ sur qn** to get the better of sb.

mélancolie [melɑ̃kɔli] nf melancholy ◆ **mélancolique** adj melancholy.

mélange [melɑ̃ʒ] nm **a** (opération) mixing; (couleurs, vins) blending **b** (résultat) mixture; blend ◆ **mélanger** [3] **1** vt to mix; to blend; (par erreur) to mix up ◇ **public mélangé** mixed public **2** **se mélanger** vpr to mix; to blend.

mélasse [melas] nf (sucre) treacle, molasses (US); (boue) muck ◇ **être dans la ~** [famil] to be in the soup [famil].

mêlée [mele] nf (bataille) mêlée; (Rugby) scrum.

mêler [mele] [1] **1** vt to mix; (liquides) to blend; (traits de caractère) to combine; (par erreur) to mix up ◇ **~ qn à** (affaire) to involve sb in; (conversation) to bring sb into **2** **se mêler** vpr to mix; to combine (*à* with) ◇ **se ~ à** (conversation) to join in; (groupe) to join; **se ~ de qch** to meddle with sth; **mêle-toi de tes affaires!** mind your own business!; **se ~ de faire qch** to take it upon o.s. to do sth ◆ **méli-mélo** [famil] nm muddle.

mélo [melo] [famil] adj (film, roman) soppy [famil], sentimental ◇ **feuilleton ~** (gén) sentimental serial; (TV) soap (opera).

mélodie [melɔdi] nf (air) tune; (œuvre) melody ◆ **mélodieux, -euse** adj melodious, tuneful.

mélodrame [melɔdʀam] nm melodrama ◆ **mélodramatique** adj melodramatic.

mélomane [melɔman] adj, nmf ◇ **être ~** to be a music lover.

melon [m(ə)lɔ̃] nm melon ◇ **chapeau ~** bowler hat.

membrane [mɑ̃bʀan] nf membrane.

membre [mɑ̃bʀ(ə)] nm (Anat) limb; (personne) member; (Math, Ling) member.

même [mɛm] **1** adj **a** (identique) same ◇ **il arrive en ~ temps que toi** he arrives at the same time as you **b** (réel) very ◇ **ce sont ses paroles ~s** those are his very words; **il est la générosité ~** he is generosity itself **c** ◇ **moi-~** myself; **toi-~** yourself; **lui-~** himself; **elle-~** herself; **nous-~s** ourselves; **vous-~** yourself; **vous-~s** yourselves; **eux-ou elles-~s** themselves; **faire qch par soi-~** to do sth by oneself **2** pron indéf ◇ **le ou la ~** the same one **3** adv **a** even ◇ **~ pas lui** not even him; **~ si** even if, even though **b** ◇ **ici ~** in this very place; **c'est cela ~** that's just ou exactly it **c** ◇ **à ~ le sol** etc on the ground etc; **à ~ la peau** next to the skin; **être à ~ de faire**

be able to do; **faire de** ~ to do the same likewise; **moi de** ~ me too; **il en est de pour moi** it's the same for me; **quand** ~, ut de ~ all the same, even so.

émé [meme] [famil] nf, **mémère** [famil] emɛʀ] nf granny [famil].

émoire [memwaʀ] 1 nf a (gén) memory **de** ~ from memory; **pour** ~ as a matter interest; **avoir la** ~ **courte** to have a ort memory; **à la** ~ **de** in memory of b rdin) memory, store, storage ◇ ~ **vive** AM, random access memory; ~ **morte** OM, read only memory; ~ **tampon** iffer (memory) 2 nm (requête) emorandum; (rapport) report; (facture) ll ◇ (souvenirs) ~**s** memoirs ◆ **mémo-ble** adj memorable ◆ **mémorandum** nm emorandum ◆ **mémorial**, pl **-aux** nm rchit) memorial ◆ **mémoriser** 1 vt to emorize; (Ordin) to store.

enace [mənas] nf threat ◆ **menacer** 3 vt threaten (*de* with) ◇ **menaçant** reatening; **la pluie menace** it looks like ain.

énage [menaʒ] nm (couple) couple ◇ ntretien) **faire le** ~ to do the housework; **e mettre en** ~ **avec qn** to set up house ith sb; **faire bon** ~ **avec qn** to get on well ith sb.

énagement [menaʒmɑ̃] nm care ◇ **avec** ~ gently; **sans** ~ roughly.

. **ménager, -ère** [menaʒe, ɛʀ] 1 adj a stensiles) household, domestic b ◇ conome) ~ **de** sparing of 2 nf (femme) ousewife; (couverts) canteen of cutlery.

. **ménager** [menaʒe] 3 vt a (personne) to reat gently; (temps, argent) to use arefully; (santé) to take care of ◇ **il faut ous** ~ you should take things easy; **il n'a as ménagé ses efforts** he spared no ffort b (rencontre etc) to arrange, rganize ◇ **il nous ménage une surprise** e has a surprise in store for us; ~ **une lace pour** to make room for.

énagerie [menaʒʀi] nf menagerie.

endiant, e [mɑ̃djɑ̃, ɑ̃t] nm,f beggar ◆ **endicité** nf begging ◆ **mendier** 7 1 vt to eg for 2 vi to beg.

enées [məne] nfpl intrigues.

ener [məne] 5 vt (gén) to lead; (pays) to un; (enquête) to carry out, conduct ◇ **ène-le à sa chambre** take him to his oom; ~ **qch à bien** to carry sth off; (Sport) **Écosse mène** Scotland is in the lead; ~ **a vie dure à qn** to rule sb with an iron and; ~ **qn en bateau** [famil] to take sb for a ide [famil]; **il n'en menait pas large** his eart was in his boots ◆ **meneur** nm (chef) ingleader; (agitateur) agitator ◇ ~ **d'hommes** born leader; ~ **de jeu** ompère.

éningite [menɛ̃ʒit] nf meningitis.

ménopause [menɔpoz] nf menopause.

menotte [mənɔt] nf (famil: main) hand ◇ ~**s** handcuffs; **mettre les** ~**s à qn** to handcuff sb.

mensonge [mɑ̃sɔ̃ʒ] nm lie, untruth ◇ **le** ~ lying ◆ **mensonger, -ère** adj untrue, false.

menstruation [mɑ̃stʀyɑsjɔ̃] nf menstruation.

mensualité [mɑ̃sɥalite] nf monthly payment ◆ **mensuel, -elle** 1 adj monthly 2 nm monthly ◆ **mensuellement** adv monthly.

mensurations [mɑ̃syʀɑsjɔ̃] nfpl measurements.

mental, e, mpl **-aux** [mɑ̃tal, o] adj mental ◆ **mentalité** nf mentality.

menteur, -euse [mɑ̃tœʀ, øz] 1 adj (proverbe) false; (enfant) untruthful, lying 2 nm,f liar.

menthe [mɑ̃t] nf mint.

mention [mɑ̃sjɔ̃] nf a (action) mention ◇ **faire** ~ **de** to mention b (annotation) note, comment ◇ **'rayer la** ~ **inutile'** 'delete as appropriate' c ◇ (Scol) ~ **très bien** ≃ grade A pass; **être reçu avec** ~ to pass with distinction ◆ **mentionner** 1 vt to mention.

mentir [mɑ̃tiʀ] 16 vi to lie (*à qn* to sb; *sur* about) ◇ **sans** ~ quite honestly; **faire** ~ **le proverbe** to give the lie to the proverb; ~ **à sa réputation** to belie one's reputation.

menton [mɑ̃tɔ̃] nm chin.

1. **menu** [məny] nm (repas) meal; (carte) menu; (régime) diet ◇ ~ **à prix fixe** set menu; ~ **touristique** standard menu.

2. **menu, e** [məny] 1 adj (petit) small, tiny; (grêle) slender, slim; (voix) thin; (incidents) minor, trifling ◇ **dans les** ~**s détails** in minute detail; ~**e monnaie** small ou loose change 2 adv (hacher) fine.

menuiserie [mənɥizʀi] nf joinery; (en bâtiment) carpentry; (atelier) joiner's workshop ◆ **menuisier** nm joiner; carpenter.

méprendre (se) [mepʀɑ̃dʀ(ə)] 58 vpr to make a mistake (*sur* about).

mépris [mepʀi] nm contempt, scorn ◇ **au** ~ **du danger** regardless of danger ◆ **méprisable** adj contemptible, despicable ◆ **méprisant, e** adj contemptuous, scornful.

méprise [mepʀiz] nf (erreur) mistake, error; (malentendu) misunderstanding.

mépriser [mepʀize] 1 vt to scorn, despise.

mer [mɛʀ] 1 nf sea; (marée) tide ◇ **la** ~ **est haute** the tide is high ou in; **en haute** ou **pleine** ~ on the open sea; **prendre la** ~ to put out to sea; **ce n'est pas la** ~ **à boire!** it's not asking the impossible! 2 ◇ **la** ~ **des Antilles** ou **des Caraïbes** the Caribbean (Sea); **la** ~ **Morte** the Dead Sea; **la** ~ **Rouge** the Red Sea.

mercantile [mɛʀkɑ̃til] adj mercenary, venal.

mercenaire [mɛʀsənɛʀ] adj, nm mercenary.

mercerie [mɛʀsəʀi] nf haberdashery, notions (US); (boutique) haberdasher's shop ◆ **mercier, -ière** nm,f haberdasher.

merci [mɛʀsi] 1 excl thank you (*de,pour* for) ◇ ~ **beaucoup** thank you very much, many thanks 2 nf mercy ◇ **crier** ~ to cry for mercy; **sans** ~ (combat) merciless.

mercredi [mɛʀkʀədi] nm Wednesday ◇ ~ **des Cendres** Ash Wednesday → **samedi.**

mercure [mɛʀkyʀ] 1 nm mercury 2 nf ◇ (Astron) **M**~ Mercury ◆ **mercurochrome** nm mercurochrome.

merde [mɛʀd(ə)] [famil] 1 nf shit [famil] 2 excl hell! [famil]

mère [mɛʀ] nf mother ◇ ~ **de famille** mother, housewife; ~ **porteuse** surrogate mother; **maison** ~ parent company.

méridien [meʀidjɛ̃] nm meridian.

méridional, e, mpl **-aux** [meʀidjɔnal, o] 1 adj southern 2 nm,f ◇ **M**~**, e** Southerner.

meringue [məʀɛ̃g] nf meringue.

méritant, e [meʀitɑ̃, ɑ̃t] adj deserving ◆ **mérite** nm merit, credit ◆ **mériter** 1 vt to deserve, merit ◇ **bien mérité** well-deserved; **ça mérite d'être noté** it is worth noting ◆ **méritoire** adj commendable, creditable.

merlan [mɛʀlɑ̃] nm whiting.

merle [mɛʀl(ə)] nm blackbird.

merveille [mɛʀvɛj] nf marvel, wonder ◇ **à** ~ (fonctionner) perfectly; **faire** ~ to work wonders ◆ **merveilleusement** adv marvellously, wonderfully ◆ **merveilleux, -euse** 1 adj (magnifique) marvellous, wonderful; (magique) magic 2 nm ◇ **le** ~ the supernatural.

mes [me] adj poss → **mon** ◆ **Mesdames** etc → **Madame** etc.

mésange [mezɑ̃ʒ] nf tit.

mésaventure [mezavɑ̃tyʀ] nf misadventure.

mésentente [mezɑ̃tɑ̃t] nf dissension.

mesquin, e [mɛskɛ̃, in] adj mean ◆ **mesquinerie** nf meanness ◇ **une** ~ a mean trick.

mess [mɛs] nm (armée) mess.

message [mesaʒ] nm message ◇ ~ **publicitaire** advertisement ◆ **messager, -ère** nm,f messenger.

messe [mɛs] nf mass ◇ **aller à la** ~ to go to mass.

messie [mesi] nm messiah.

mesure [m(ə)zyʀ] nf a (évaluation, dimension) measurement; (étalon, quantité) measure ◇ ~ **de longueur** measure of length; **dépasser la** ~ to overstep the mark; **boire outre** ~ to drink to excess; **i est à ma** ~ (travail) it is within m capabilities; (adversaire) he's a goo match for me b (modération) moderatio ◇ (orgueil) **sans** ~ immoderate c (moyer measure, step ◇ **j'ai pris mes** ~**s** I hav made arrangements d (Mus) (cadence time, tempo; (division) bar ◇ **être en** ~ t be in time e ◇ (Habillement) ~ measurements; **est-ce bien à ma** ~**?** is i my size?, will it fit me?; **sur** ~ made t measure f ◇ **dans la** ~ **du possible** as fa as possible; **dans la** ~ **où** in as much as, i so far as; **dans une certaine** ~ to som extent; **être en** ~ **de faire qch** to be in position to do sth; **au fur et à** ~ gradually **à** ~ **que** as.

mesurer [məzyʀe] 1 1 vt (gén) t measure; (dégâts, valeur, conséquences) t assess; (proportionner) to match (*à, sur* to ◇ **cette pièce mesure 3 mètres sur 10** thi room measures 3 metres by 10; **le temp nous est mesuré** our time is limited; ~ **se paroles** to moderate one's language 2 **s mesurer** vpr ◇ **se** ~ **avec** (personne) to pi o.s. against; (difficulté) to confront, tackle **se** ~ **du regard** to size each other up ◆ **mesuré, e** adj (ton, pas) measured; (personne moderate (*dans* in).

métal, pl **-aux** [metal, o] nm metal ◆ **métallique** adj (objet) metal; (reflet) metalli ◇ **bruit** ~ jangle ◆ **métallisé, e** adj (peinture metallic ◆ **métallurgie** nf metallurgica industry ◆ **métallurgique** adj metallurgi ◆ **métallurgiste** nm (ouvrier) steel o metal-worker; (industriel) metallurgist.

métamorphose [metamɔʀfoz] nf metamorphosis ◆ **métamorphoser** 1 1 vt t transform (*en* into) 2 **se métamorphose** vpr to be transformed (*en* into).

métaphore [metafɔʀ] nf metaphor.

métastase [metastaz] nf metastasis.

météo [meteo] nf (bulletin) weather forecas ◆ **météorologie** nf (science) meteorology (services) Meteorological Office ◆ **météorologique** adj (phénomène) meteorological (station etc) weather.

météore [meteɔʀ] nm meteor.

métèque [metɛk] nmf (péj) wog [famil] (pej).

méthode [metɔd] nf (gén) method; (livre manual ◇ **faire qch avec** ~ to do st methodically ◆ **méthodique** adj methodical.

méticuleux, -euse [metikylø, øz] adj meticulous.

métier [metje] nm a (gén: travail) job occupation; (manuel) trade; (intellectuel profession ◇ **il connaît son** ~ he knows his job; **avoir du** ~ to have practica experience; **homme de** ~ specialist b ◇ ~ **à tisser** weaving loom.

métis, -isse [metis] nm,f half-caste.

nètre [mɛtʀ(ə)] nm (gén) metre; (instrument) netre) rule ◇ ~ **carré** square metre; Sport) **un 100 ~s** a 100-metre race ◆ **nétreur** nm quantity surveyor ◆ **métrique** dj metric.

nétro [metʀo] nm underground, subway JS) ◇ **le ~ de Londres** the tube.

nétronome [metʀɔnɔm] nm metronome.

nétropole [metʀɔpɔl] nf (ville) metropolis; tat) home country ◆ **métropolitain, e** adj netropolitan.

nets [mɛ] nm dish.

nettable [mɛtabl(ə)] adj wearable, decent.

netteur [mɛtœʀ] nm ◇ ~ **en scène** (Théât) roducer; (Ciné) director.

nettre [mɛtʀ(ə)] 56 1 vt a (placer) to put › **je mets Molière parmi les plus grands crivains** I rank Molière among the greatst writers; ~ **qch à plat** to lay sth down lat; ~ **qch à cuire** to put sth on to cook b vêtements, lunettes) to put on; (Rad, chauffage) o put ou switch ou turn on ◇ **je ne mets lus mon gilet** I've stopped wearing my ardigan; ~ **le réveil à 7 heures** to set the larm for 7 o'clock c ◇ (consacrer) **j'ai mis heures à le faire** I took 2 hours to do it, I pent 2 hours over it; **il y a mis le temps!** e's taken his time!; **il faut y ~ le prix** you ave to pay for it d ◇ (écrire) ~ **en anglais** o put into English; **il met qu'il est bien rrivé** he writes that he arrived safely e › (supposer) **mettons que je me sois trompé** et's say ou suppose I've got it wrong 2 **e mettre** vpr a (personne) to put o.s.; (objet) o go ◇ **mets-toi là** stand (ou sit) there; **elle e savait plus où se ~** she didn't know vhere to put herself; **se ~ de l'encre sur es doigts** to get ink on one's fingers b ◇ emps) **se ~ au froid** to turn cold; **ça se met la pluie** it looks like rain c ◇ (s'habiller) **se ~ en robe** to put on a dress; **je n'ai rien me ~** I've got nothing to wear d ◇ **se ~ rire** to start laughing; **se ~ au travail** to et to work; **il s'est bien mis à l'anglais** he's eally taken to English e ◇ (se grouper) **ils e sont mis à 2 pour pousser la voiture** the 2 f them joined forces to push the car; **se ~ avec qn** (faire équipe) to team up with sb; prendre parti) to side with sb.

meuble [mœbl(ə)] 1 nm piece of furniture ◇ **les ~s** the furniture 2 adj (terre) loose ◆ **neubler** 1 1 vt (pièce) to furnish; (loisirs) to ill (*de* with) 2 **se meubler** vpr to buy urniture.

neuglement [møgləmɑ̃] nm ◇ ~**(s)** nooing ◆ **meugler** 1 vi to moo.

meule [møl] nf (à moudre) millstone; (à iguiser) grindstone; (de foin) haystack.

meunier [mønje] nm miller.

meurtre [mœʀtʀ(ə)] nm murder ◆ **meurtrier, -ière** 1 adj deadly 2 nm murderer 3 nf murderess; (Archit) loophole.

meurtrir [mœʀtʀiʀ] 2 vt to bruise ◆ **meurtrissure** nf bruise.

meute [møt] nf pack.

mévente [mevɑ̃t] nf slump in sales.

mexicain, e [mɛksikɛ̃, ɛn] adj, **M~, e** nm,f Mexican ◆ **Mexique** nm Mexico.

MF abrév de *modulation de fréquence* → **modulation.**

mg abrév de *milligramme*.

mi [mi] nm (Mus) E; (en chantant) mi.

mi- [mi] préf half, mid- ◇ **la mi-janvier** the middle of January, mid-January; **à mi-chemin** halfway; **manche mi-longue** elbow-length sleeve; **à mi-corps** up to the waist; **à mi-voix** in a low voice → **mi-temps.**

miaou [mjau] nm miaow ◇ **faire ~** to miaow.

miaulement [mjolmɑ̃] nm ◇ ~**(s)** mewing ◆ **miauler** 1 vi to mew.

mica [mika] nm (roche) mica.

miche [miʃ] nf round loaf, cob loaf.

micheline [miʃlin] nf railcar.

micmac [mikmak] [famil] nm (intrigue) game [famil]; (complications) fuss.

micro [mikʀo] 1 nm microphone, mike [famil] 2 préf micro... . ◇ ~**film** etc microfilm etc ◆ **microbe** nm germ, microbe ◆ **micro-informatique** nf microcomputing ◆ **micro-onde** nf microwave ◆ **micro-ordinateur** nm microcomputer ◆ **microphone** nm microphone ◆ **microprocesseur** nm micro processor ◆ **microscope** nm microscope ◆ **microscopique** adj microscopic ◆ **microsillon** nm long-playing record, L.P.

midi [midi] nm a (heure) 12 o'clock ◇ **à ~** at 12 o'clock, at noon, at midday; (heure de déjeuner) at lunchtime; (repas) for lunch; (période) **en plein ~** right in the middle of the day b (sud) south ◇ **le M~** the South of France, the Midi.

mie [mi] nf crumb (of the loaf).

miel [mjɛl] nm honey ◆ **mielleux, -euse** adj (personne) unctuous; (paroles) honeyed.

mien, mienne [mjɛ̃, mjɛn] 1 pron poss ◇ **le ~** etc mine, my own 2 nm ◇ **les ~s** my family → **sien.**

miette [mjɛt] nf (pain) crumb; (fig) scrap ◇ **en ~s** (verre) in bits ou pieces; (gâteau) in crumbs.

mieux [mjø] (comp, superl de *bien*) 1 adv a better (*que* than) ◇ **aller ~** to be better; **~ vaut tard que jamais** better late than never; **il va de ~ en ~** he's getting better and better b ◇ **le ~, la ~, les ~** the best; (de deux) the better; **j'ai fait du ~ que j'ai pu**

I did my best **2** adj inv (gén) better; (plus beau) better-looking ◇ **le ~ serait de** the best thing would be to; **au ~** at best; **tu n'as rien de ~ à faire?** haven't you got anything better to do? **3** nm **a** best ◇ **aider qn de son ~** to do one's best to help sb **b** (progrès) improvement.

mièvre [mjɛvʀ(ə)] adj vapid.

mignon, -onne [miɲɔ̃, ɔn] adj pretty, nice, sweet ◇ **donne-le-moi, tu seras ~** [famil] give it to me there's a dear [famil].

migraine [migʀɛn] nf headache.

migrateur [migʀatœʀ] nm migrant.

mijoter [miʒɔte] [1] **1** vt **a** ◇ (Culin) **(faire) ~** (lentement) to simmer; (avec soin) to concoct **b** (famil: tramer) to plot **2** vi (plat) to simmer.

mil [mil] nm a ou one thousand.

mile [mil] nm mile (1609 mètres).

milice [milis] nf militia ◆ **milicien** nm militiaman.

milieu, pl **~x** [miljø] nm **a** (centre) middle ◇ **celui du ~** the one in the middle, the middle one; **au ~ de** (au centre de) in the middle of; (parmi) among; **au ~ de la descente** halfway down; **au ~ de l'hiver** in mid-winter; **il n'y a pas de ~ entre** there is no middle course ou way between; **le juste ~** the happy medium **b** (environnement) environment; (Phys) medium; (groupe) set, circle ◇ **~ social** social background; **~x bien informés** well-informed circles; (Crime) **le ~** the underworld.

militaire [militɛʀ] **1** adj military, army **2** nm serviceman, soldier.

militant, e [militɑ̃, ɑ̃t] adj, nm,f militant ◆ **militer** [1] vi to be a militant ◇ **~ pour les droits de l'homme** to campaign for human rights; (arguments) **~ pour** to militate in favour of.

1. **mille** [mil] adj et nm inv a ou one thousand ◇ **~ un** one thousand and one; **trois ~** three thousand; **c'est ~ fois trop grand** it's far too big; **mettre dans le ~** to hit the bull's-eye.

2. **mille** [mil] nm **a** ◇ **~ (marin)** nautical mile (1852 m) **b** (Can) mile (1609 m).

millénaire [milenɛʀ] nm millennium.

mille-pattes [milpat] nm inv centipede.

milli [mili] préf milli ◇ **~gramme** milligram(me); **~litre** millilitre; **~mètre** millimetre.

milliard [miljaʀ] nm thousand million, billion (US) ◇ **10 ~s de francs** 10 thousand million francs ◆ **milliardaire** nmf millionaire, billionaire (US).

millième [miljɛm] adj, nmf thousandth.

millier [milje] nm thousand ◇ **un ~ de gens** about a thousand people; **il y en a des ~s** there are thousands of them.

million [miljɔ̃] nm million ◇ **2 ~s de franc** 2 million francs ◆ **millionième** adj, nm millionth ◆ **millionnaire** nmf millionaire.

mime [mim] nm **a** (personne) mimic (professionnel) mime **b** (art, pièce) mime

mimer [1] vt (Théât) to mime; (singer) t mimic ◆ **mimique** nf expressive gesture.

mimosa [mimoza] nm mimosa.

minable [minabl(ə)] **1** adj (décrépi shabby-looking; (médiocre) hopeless [famil (salaire, vie) miserable, wretched **2** nm washout [famil].

minauder [minode] [1] vi to mince about

mince [mɛ̃s] **1** adj (peu épais) thin; (svelte infime) slim, slender ◇ **ce n'est pas une ~ affaire** it's no easy task **2** adv (coupe thinly, in thin slices **3** excl ◇ [famil] **~ (alors)!** drat! [famil] ◆ **minceur** nf slendernes ◆ **mincir** [2] vi to get slimmer ou thinner.

1. **mine** [min] nf (physionomie) expression look; (allure) appearance ◇ **faire triste ~** t look a sorry sight; **avoir bonne ~** to look well; **il a meilleure ~** he looks better; **j'a fait ~ de lui donner une gifle** I made as if t slap him.

2. **mine** [min] nf (or, renseignements) mine **~ de charbon** (gén) coalmine; (puits) pit mine; (entreprise) colliery; **~ de crayon** pencil lead.

miner [mine] [1] vt to undermine; (ave explosifs) to mine ◇ **miné par la jalousie** consumed by jealousy.

minerai [minʀɛ] nm ore.

minéral, e, mpl **-aux** [mineʀal, o] adj, nm mineral.

minéralogique [mineʀalɔʒik] adj ◇ **plaque ~** licence ou number plate.

minet, -ette [minɛ, ɛt] [famil] nm,f (chat) puss [famil], pussy-cat [famil].

mineur, e [minœʀ] **1** adj (gén) minor ◇ **être ~** to be under age **2** nm,f minor **3** nm (Mus) minor; (ouvrier) miner.

mini [mini] préf mini.

miniature [minjatyʀ] adj, nf miniature ◆ **miniaturiser** [1] vt to miniaturize.

minier, -ière [minje, jɛʀ] adj mining.

mini-jupe [miniʒyp] nf miniskirt.

minimal, e, mpl **-aux** [minimal, o] ad minimum ◆ **minime** adj minor; (différence minimal; (salaire) paltry ◆ **minimiser** [1] vt to minimize ◆ **minimum,** pl **~s** ou **minima** adj, nm minimum ◇ **un ~ de temps** a minimum amount of time; **il faut rester le ~ au soleil** you must stay in the sun as little as possible.

ministère [ministɛʀ] nm (département ministry, department (surtout US); (gouvernement) government; (Rel) ministry ◇ **~ de l'Intérieur** Ministry of the Interior, ≃ Home Office (Brit), Department of the Interior (US); (Jur) **le ~ public** the

Prosecution ◆ **ministériel, -elle** adj (gén) ministerial; (remaniement) cabinet ◆ **ministre** nm minister, secretary (surtout US) ◇ ~ **de l'Intérieur** Minister of the Interior, ≃ Home Secretary (Brit), Secretary of the Interior (US); ~ **plénipotentiaire** minister plenipotentiary; ~ **du culte** minister of religion.

Minitel [minitɛl] nm ® *home terminal of the French telecommunications system* ◇ **obtenir un renseignement par le** ~ to get information on Minitel.

minium [minjɔm] nm red lead paint.

minoration [minɔʀɑsjɔ̃] nf cut, reduction (*de* in) ◆ **minorer** 1 vt to cut, reduce.

minoritaire [minɔʀitɛʀ] adj ◇ **être** ~ to be in the minority ◆ **minorité** nf minority ◇ (Pol) **mettre en** ~ to defeat.

minoterie [minɔtʀi] nf flour-mill.

minou [minu] [famil] nm pussy-cat [famil], puss [famil].

minuit [minɥi] nm midnight.

minuscule [minyskyl] 1 adj minute, tiny, minuscule 2 nf ◇ **(lettre)** ~ small letter.

minute [minyt] nf minute; (moment) minute, moment ◇ **on me l'a apporté à la** ~ it has just this moment been brought to me ◆ **minuter** 1 vt to time ◆ **minuterie** nf (lumière) time switch.

minutie [minysi] nf meticulousness ◇ (détails: péj) ~**s** trifling details, minutiae ◆ **minutieusement** adv (avec soin) meticulously; (dans le détail) in minute detail ◆ **minutieux, -euse** adj (personne) meticulous; (inspection) minute.

mioche [mjɔʃ] [famil] nmf kid [famil].

mirabelle [miʀabɛl] nf cherry plum.

miracle [miʀɑkl(ə)] nm miracle ◇ **faire des** ~**s** to work miracles; **par** ~ miraculously; **le remède** ~ the miracle cure ◆ **miraculeux, -euse** adj miraculous.

mirador [miʀadɔʀ] nm (Mil) watchtower.

mirage [miʀaʒ] nm mirage.

mirer (se) [miʀe] 1 vpr to gaze at o.s.; (chose) to be mirrored.

mirobolant, e [miʀɔbɔlɑ̃, ɑ̃t] [famil] adj fabulous [famil].

miroir [miʀwaʀ] nm mirror ◆ **miroiter** 1 vi (étinceler) to sparkle, gleam; (chatoyer) to shimmer ◇ **il lui fit** ~ **les avantages** he painted in glowing colours the advantages ◆ **miroiterie** nf mirror factory.

mis, 1.e [mi, miz] adj ◇ **bien** ~ well-dressed.

misaine [mizɛn] nf ◇ (voile) foresail; (mât) foremast.

misanthrope [mizɑ̃tʀɔp] 1 nmf misanthropist 2 adj misanthropic.

2. **mise** [miz] nf a (action) putting ◇ ~ **en service** etc putting into service etc; ~ **en accusation** impeachment; (fusée) ~ **à feu** blast-off; ~ **de fonds** capital outlay; ~ **en garde** warning; ~ **en liberté** release; ~ **en plis** set; ~ **au point** (Tech) adjustment; (explication) clarification; ~ **en scène** production; (fig) performance b (enjeu) stake; (Comm) outlay c (habillement) clothing d ◇ (remarque) **être de** ~ to be in place.

miser [mize] 1 vt (argent) to stake, bet (*sur* on) ◇ (famil: compter sur) ~ **sur** to bank on, count on.

misérable [mizeʀabl(ə)] 1 adj (pauvre) poverty-stricken; (d'aspect) seedy, mean; (pitoyable) miserable, wretched; (sans valeur) paltry, miserable 2 nmf wretch.

misère [mizɛʀ] nf a (pauvreté) poverty ◇ **être dans la** ~ to be poverty-stricken; **salaire de** ~ starvation wage b ◇ ~**s** (malheur) miseries; (famil: ennuis) troubles; **faire des** ~**s à qn** [famil] to be nasty to sb; **quelle** ~! what a shame! ◆ **miséreux, -euse** nm,f poor person.

miséricorde [mizeʀikɔʀd(ə)] nf mercy.

misogyne [mizɔʒin] 1 adj misogynous 2 nmf misogynist.

missel [misɛl] nm missal.

missile [misil] nm missile.

mission [misjɔ̃] nf mission ◆ **missionnaire** adj, nmf missionary.

mite [mit] nf clothes moth ◆ **se miter** 1 vpr to get moth-eaten ◆ **miteux, -euse** adj shabby.

mi-temps [mitɑ̃] nf inv (Sport) half ◇ **à la** ~ at half-time; **travailler à** ~ to work part-time.

mitigé, e [mitiʒe] adj mixed.

mitraille [mitʀaj] nf hail of bullets ◆ **mitrailler** 1 vt to machine gun; (de questions) to bombard (*de* with) ◆ **mitraillette** nf submachine gun ◆ **mitrailleuse** nf machine gun.

mitron [mitʀɔ̃] nm baker's boy.

mixer, mixeur [miksœʀ] nm liquidizer.

mixte [mikst(ə)] adj (gén) mixed; (commission) joint; (rôle) dual ◇ **lycée** ~ (d'enseignement) comprehensive school; (des deux sexes) coeducational school; **cuisinière** ~ gas and electric cooker.

mixture [mikstyʀ] nf (lit) mixture; (péj) concoction.

ml abrév de *millilitre*.

MLF [ɛmɛlɛf] nm abrév de *Mouvement de libération de la femme* Women's Liberation Movement.

Mlle abrév de *Mademoiselle*.

Mlles abrév de *Mesdemoiselles*.

MM abrév de *Messieurs*.

mm abrév de *millimètre*.

Mme abrév de *Madame*.

Mmes abrév de *Mesdames*.

mn abrév de *minute*.

Mo abrév de *mégaoctet*.

mobile [mɔbil] 1 adj (gén) mobile; (pièce) moving; (panneau) movable 2 nm (impulsion) motive (*de* for); (Art) mobile.

mobilier [mɔbilje] nm furniture.

mobilisation [mɔbilizɑsjɔ̃] nf mobilization ◆ **mobiliser** 1 vt to mobilize.

mobilité [mɔbilite] nf mobility.

Mobylette [mɔbilɛt] nf ® moped.

mocassin [mɔkasɛ̃] nm moccassin.

moche [mɔʃ] [famil] adj (laid) ugly; (mauvais) rotten [famil].

modalité [mɔdalite] nf mode.

1. **mode** [mɔd] nf (gén) fashion; (coutume) custom; (péj: engouement) craze ◇ (métier) **la** ~ the fashion business; **suivre la** ~ to keep in fashion; **à la** ~ fashionable; **c'est la** ~ **des boucles d'oreilles** earrings are in fashion; **journal de** ~ fashion magazine.

2. **mode** [mɔd] nm a (méthode) method; (genre) way ◇ ~ **de vie** way of life; ~ **d'emploi** directions for use b (Gram) mood; (Mus) mode.

modèle [mɔdɛl] 1 nm model ◇ ~ **réduit** small-scale model; ~ **déposé** registered design; **petit** ~ small size; **prendre qn pour** ~ to model o.s. upon sb 2 adj model ◆ **modelé** nm (corps) contours; (paysage) relief ◆ **modeler** 5 vt to model, mould ◇ **se** ~ **sur** to model o.s. on.

modem [mɔdɛm] nm modem.

modérateur, -trice [mɔdeʀatœʀ, tʀis] adj moderating ◆ **modération** nf (retenue) moderation, restraint; (diminution) reduction ◆ **modéré, e** adj moderate ◆ **modérément** adv (manger) in moderation; (satisfait) moderately ◆ **modérer** 6 1 vt (gén) to moderate; (réduire) to reduce 2 **se modérer** vpr to restrain o.s.

moderne [mɔdɛʀn(ə)] 1 adj modern 2 nm (style) modern style ◆ **modernisation** nf modernization ◆ **moderniser** 1 vt to modernize ◆ **modernisme** nm modernism.

modeste [mɔdɛst(ə)] adj modest ◇ **faire le** ~ to make a show of modesty ◆ **modestement** adv modestly ◆ **modestie** nf modesty ◇ **fausse** ~ false modesty.

modification [mɔdifikɑsjɔ̃] nf modification, alteration ◆ **modifier** 7 1 vt to modify, alter 2 **se modifier** vpr to alter, be modified.

modique [mɔdik] adj modest, low.

modiste [mɔdist(ə)] nf milliner.

modulation [mɔdylɑsjɔ̃] nf modulation ◇ ~ **de fréquence** frequency modulation; **poste à** ~ **de fréquence** VHF ou FM radio ◆ **moduler** 1 vti to modulate.

module [mɔdyl] nm module.

moelle [mwal] nf marrow ◇ ~ **épinière** spinal cord.

moelleux, -euse [mwalø, øz] 1 adj (tapis) soft; (aliment) smooth 2 nm softness; smoothness.

mœurs [mœʀ(s)] nfpl a (morale) morals, moral standards ◇ **affaire de** ~ sex case; **la police des** ~ ≃ the vice squad b (coutumes) customs, habits; (goûts) tastes ◇ **c'est entré dans les** ~ it has become normal practice c (manières) manners, ways.

moi [mwa] 1 pron pers a (objet) me; (sujet) I ◇ **écoute-**~ **ça!** [famil] just listen to that!; **mon mari et** ~ **refusons** my husband and I refuse; ~ **qui vous parle** I myself b ◇ (avec prép) **venez chez** ~ come to my place; **j'ai un appartement à** ~ I have a flat of my own; **ce livre est à** ~ this book is mine; **il veut une photo de** ~ he wants a photo of me c (comparaison) I, me ◇ **il mange plus que** ~ he eats more than I do ou than me 2 nm ◇ **le** ~ the self.

moignon [mwaɲɔ̃] nm stump.

moindre [mwɛ̃dʀ(ə)] adj a (moins grand) lesser; (inférieur) lower ◇ **les dégâts sont bien** ~**s** the damage is much less; **à** ~ **prix** at a lower price b ◇ **le** ~ the least etc; **le** ~ **de deux maux** the lesser of two evils; **c'est la** ~ **des choses!** it's a pleasure!, it's the least I could do!

moine [mwan] nm monk, friar.

moineau, pl ~**x** [mwano] nm sparrow.

moins [mwɛ̃] 1 adv a less ◇ **il est** ~ **grand que son frère** he is not as tall as his brother; **vous avez 5 ans de** ~ **qu'elle** you are 5 years younger than she is; **il y a 3 verres en** ~ there are 3 glasses missing; ~ **je fume, plus je mange** the less I smoke the more I eat b ◇ ~ **de** (quantité: argent, pain etc) less, not so much; (nombre: personnes, objets etc) fewer, not so many; **les enfants de** ~ **de 4 ans** children under 4; **ça coûte** ~ **de 100 F** it costs less than 100 francs; **en** ~ **de deux** [famil] in a flash c ◇ **le** ~ the least; **c'est le** ~ **qu'on puisse faire** it's the least one can do; **le** ~ **haut** the lowest d ◇ **le signe** ~ the minus sign e ◇ **à** ~ **qu'il ne vienne** unless he comes; **du** ~, **au** ~ at least; **de** ~ **en** ~ less and less 2 prép ◇ (soustraction) **6** ~ **2** 6 minus 2; (heure) **4 heures** ~ **5** 5 to 4; **il n'est que** ~ **10** [famil] it's only 10 to [famil]; (température) **il fait** ~ **5°** it is 5° below freezing, it's minus 5°.

moire [mwaʀ] nf moiré ◆ **moiré, e** adj moiré.

mois [mwa] nm (période) month; (paie) monthly salary ◇ **bébé de 6 ~** 6-month-old baby.

moisi, e [mwazi] 1 adj mouldy 2 nm mould ◇ **odeur de ~** musty smell ◆ **moisir** [2] 1 vt to make mouldy 2 vi to go mouldy; (fig) to stagnate ◆ **moisissure** nf mould.

moisson [mwasɔ̃] nf harvest ◇ **faire la ~** to harvest ◆ **moissonner** [1] vt (céréale) to harvest; (champ) to reap ◆ **moissonneur, -euse** nm,f harvester ◇ **~euse-batteuse** combine harvester.

moite [mwat] adj (gén) sticky; (mains) sweaty; (atmosphère) muggy ◆ **moiteur** nf stickiness; sweatiness; mugginess.

moitié [mwatje] nf (partie) half, (pl) halves; (milieu) halfway mark ◇ **donne-m'en la ~** give me half of it; **la ~ du temps** half the time; **il a fait le travail à ~** he has half done the work; **à ~ plein** half-full; **à ~ chemin** at the halfway mark; **à ~ prix** at half-price; **réduire de ~** to cut by half, halve; **~ ~** half-and-half, fifty-fifty [famil]; (hum: épouse) **ma ~** my better half [famil], my wife.

moka [mɔka] nm (gâteau) coffee cream cake; (café) mocha coffee.

molaire [mɔlɛʀ] nf (dent) molar.

môle [mol] nm jetty.

molécule [mɔlekyl] nf molecule.

molester [mɔlɛste] [1] vt to manhandle, maul.

molette [mɔlɛt] nf toothed wheel.

molle [mɔl] adj (f) → **mou** ◆ **mollement** adv (tomber) softly; (protester) feebly ◆ **mollesse** nf (substance) softness; (faiblesse) weakness, feebleness; (indolence) sluggishness; (manque d'autorité) spinelessness; (indulgence) laxness.

mollet [mɔlɛ] nm (jambe) calf.

molletonner [mɔltɔne] [1] vt to line.

mollir [mɔliʀ] [2] vi (substance) to soften, go soft; (fig: céder) to yield, give way.

mollusque [mɔlysk(ə)] nm mollusc.

molosse [mɔlɔs] nm big dog ou hound.

môme [mom] [famil] nmf kid [famil].

moment [mɔmɑ̃] nm a (instant) while, moment; (période) time ◇ **ça va prendre un ~** it will take some time ou a good while; **il réfléchit un ~** he thought for a moment; **arriver au bon ~** to come at the right time; **à ses ~s perdus** in his spare time; **au ~ de l'accident** at the time of the accident, when the accident happened; **au ~ où elle entrait** when ou as she was going in b ◇ **en ce ~** at the moment, at present; **à tout ~, d'un ~ à l'autre** at any moment ou time; **à ce ~-là** (temps) at that time; (circonstance) in that case; **du ~ où ou que** since, seeing that; **par ~s** now and then, at times; **pour le ~** for the time being; **sur le ~** at the time ◆ **momentané, e** adj momentary ◆ **momentanément** adv (en ce moment) at present; (un court instant) momentarily.

momie [mɔmi] nf mummy.

mon [mɔ̃], **ma** [ma], **mes** [me] adj poss my ◇ (Rel) **oui ~ Père** yes Father; **~ Dieu!** good heavens!

Monaco [mɔnako] nm ◇ **(la principauté de) ~** (the principality of) Monaco.

monarchie [mɔnaʀʃi] nf monarchy ◆ **monarchique** adj monarchistic ◆ **monarque** nm monarch.

monastère [mɔnastɛʀ] nm monastery.

monceau, pl **~x** [mɔ̃so] nm heap.

mondain, e [mɔ̃dɛ̃, ɛn] adj (réunion) society; (obligations) social; (ton) refined ◇ **vie ~e** society life; **la police ~e** ≃ the vice squad ◆ **mondanités** nfpl (divertissements) society life; (propos) society small talk.

monde [mɔ̃d] nm a world ◇ **dans le ~ entier** all over the world; **il se moque du ~** he's got a nerve; **mettre au ~** to bring into the world; **le meilleur du ~** the best in the world; **le mieux du ~** perfectly, like a dream [famil]; **pas le moins du ~** not in the least; **pour rien au ~** not for all the world; **se faire tout un ~ de qch** to make a fuss about sth; **c'est un ~** [famil]**!** if that doesn't beat all! [famil]; **il y a un ~ entre** there is a world of difference between b (gens) people ◇ **est-ce qu'il y a du ~?** is there anybody there?; (y a-t-il foule) are there a lot of people there?; **ce week-end nous avons du ~** we have visitors this weekend c (milieu social) set, circle ◇ **le grand ~** high society; **homme du ~** man about town, gentleman ◆ **mondial, e**, mpl **-aux** adj world ◆ **mondialement** adv ◇ **~ connu** world-famous.

monégasque [mɔnegask(ə)] adj, **M~** nmf Monegasque, Monacan.

monétaire [mɔnetɛʀ] adj (Pol) monetary; (circulation) currency.

mongolien, -ienne [mɔ̃gɔljɛ̃, jɛn] adj, nm,f mongol ◆ **mongolisme** nm mongolism.

moniteur [mɔnitœʀ] nm (Sport) instructor; (colonie) supervisor ◆ **monitorat** nm (formation) training to be an instructor; (fonction) instructorship ◆ **monitrice** nf instructress; supervisor.

monnaie [mɔnɛ] nf (devises) currency; (pièce) coin; (appoint) change ◇ **petite ~** small change; **faire la ~ de 100 F** to get change for 100 francs; **c'est ~ courante** it's common practice; **rendre à qn la ~ de sa pièce** to pay sb back in his own coin ◆ **monnayer** [8] vt to convert into cash.

mono [mɔnɔ] préf mono.

monocle [mɔnɔkl(ə)] nm monocle, eyeglass.

monocorde [mɔnɔkɔʀd(ə)] adj monotonous.

monolingue [mɔnɔlɛ̃g] adj monolingual.

monologue [mɔnɔlɔg] nm monologue.

monoparental, e, mpl **-aux** [mɔnɔpaʀɑ̃tal, o] adj ◇ **familles ~es** single-parent ou one-parent families.

monoplace [mɔnɔplas] nmf single-seater.

monopole [mɔnɔpɔl] nm monopoly ✦ **monopolisation** nf monopolization ✦ **monopoliser** [1] vt to monopolize.

monosyllabe [mɔnɔsilab] nm monosyllable.

monotone [mɔnɔtɔn] adj monotonous ✦ **monotonie** nf monotony.

monseigneur [mɔ̃sɛɲœʀ], pl **messeigneurs** [mesɛɲœʀ] nm (archevêque, duc) His Grace; (cardinal) His Eminence; (prince) His Highness ◇ **oui, ~** yes, your Grace etc.

Monsieur [məsjø], pl **Messieurs** [mesjø] nm **a** ◇ **bonjour ~** (courant) good morning; (nom connu) good morning Mr X; (avec déférence) good morning sir; **Messieurs** gentlemen; **~ le Président** Mr President; **mon bon ~** [famil] my dear sir; **~ dit que c'est à lui** the gentleman says it's his; **~ tout le monde** the average man **b** ◇ (sur une enveloppe) **~ X** Mr X; (en-tête de lettre) Dear Sir; (nom connu) Dear Mr X **c** (sans majuscule) gentleman.

monstre [mɔ̃stʀ(ə)] **1** nm monster ◇ (Ciné) **~ sacré** superstar **2** adj [famil] monstrous ✦ **monstrueux, -euse** adj monstrous ✦ **monstruosité** nf monstrosity ◇ **dire des ~s** to say monstrous things.

mont [mɔ̃] nm mountain ◇ (nom propre) **le ~ Everest** etc Mount Everest etc; **être toujours par ~s et par vaux** [famil] to be always on the move ✦ **mont-de-piété**, pl **~s-~-~** nm (state-owned) pawnshop.

montage [mɔ̃taʒ] nm (appareil) assembly; (film) editing; (électricité) connection ◇ **~ de photographies** photomontage.

montagnard, e [mɔ̃taɲaʀ, aʀd(ə)] nm,f mountain dweller.

montagne [mɔ̃taɲ] nf mountain ◇ (région) **la ~** the mountains; **il se fait une ~ de cet examen** he's making far too much of this exam; **les ~s Rocheuses** the Rocky Mountains; **~s russes** roller coaster ✦ **montagneux, -euse** adj mountainous; (accidenté) hilly.

montant, e [mɔ̃tɑ̃, ɑ̃t] **1** adj (mouvement) upward, rising; (robe) high-necked **2** nm (bâti) upright; (somme) total amount.

monte-charge [mɔ̃tʃaʀʒ(ə)] nm inv service elevator.

montée [mɔ̃te] nf **a** (escalade) climb; (côte) hill **b** (ballon, avion) ascent; (eaux, prix) rise.

1. **monter** [mɔ̃te] [1] **1** vi **a** (grimper) to go up; (s'élever, augmenter) to rise (*à* to; *dans* into); (avion) to climb; (mer) to come in; (vedette) to be on the way up; (bruit) to come (*de* from) ◇ **~ en courant** to run up(stairs); **monte me voir** come up and see me; **l'eau monte aux genoux** the water comes up to the knees; **ça fait ~ les prix** it sends prices up **b** ◇ **~ sur** (table) to climb on; (colline, échelle) to climb up; **monté sur une chaise** standing on a chair **c** ◇ (moyen de transport) **~ dans un train** to get on a train, board a train; **~ à bord d'un navire** to go on board ou aboard a ship; **~ à cheval** to get on ou mount a horse; (faire du cheval) to ride **d** ◇ (locutions) **~ en grade** to be promoted; (Culin) **(faire) ~ des blancs en neige** to whisk up egg whites; **le sang lui monta au visage** the blood rushed to his face; **~ en graine** to bolt, go to seed; **~ à l'assaut de** to launch an attack on; **~ sur ses grands chevaux** to get on one's high horse; **~ sur le trône** to ascend the throne **2** vt (côte) to go up; (valise) to take up; (cheval) to ride ◇ **~ l'escalier** to go upstairs; **~ qn contre** to set sb against; **~ la garde** to mount guard **3** **se monter** vpr ◇ (frais) **se ~ à** to come to; **se ~ la tête** to get worked up.

2. **monter** [mɔ̃te] [1] vt (machine, robe) to assemble; (tente) to pitch; (diamant) to set; (pneu, pièce de théâtre) to put on; (affaire) to set up; (complot) to hatch ◇ **coup monté** put-up job [famil]; **être bien monté en qch** to be well-equipped with sth ✦ **monteur, -euse** nm,f (Tech) fitter; (Ciné) film editor.

monticule [mɔ̃tikyl] nm mound.

montre [mɔ̃tʀ(ə)] nf **a** watch ◇ **~-bracelet** wrist watch; **~ en main** exactly, precisely **b** ◇ **faire ~ de** (courage) to show.

montrer [mɔ̃tʀe] [1] **1** vt (gén) to show; (détail) to point out; (du doigt) to point to; (ostensiblement) to show off (*à* to) ◇ **~ à qn à faire qch** to show sb how to do sth; **je lui montrerai de quel bois je me chauffe** I'll show him what I'm made of; **~ les dents** to bare one's teeth **2** **se montrer** vpr to appear, show o.s.; (se faire respecter) to assert o.s. ◇ **se ~ désagréable** to behave unpleasantly.

monture [mɔ̃tyʀ] nf **a** (cheval) mount **b** (lunettes) frame; (bijou) setting.

monument [mɔnymɑ̃] nm monument ◇ (commémoratif) **~ aux morts** war memorial; **les ~s de Paris** the famous buildings ou sights of Paris ✦ **monumental, e**, mpl **-aux** adj monumental.

moquer (se) [mɔke] [1] vpr ◇ **se ~ de** to make fun of, laugh at; **vous vous moquez du monde!** you've got an absolute nerve!; **je m'en moque** [famil] I couldn't care less ✦ **moquerie** nf ◇ **~(s)** mockery ✦ **moqueur, -euse** adj mocking.

moquette [mɔkɛt] nf fitted carpet.

moral, e, mpl **-aux** [mɔʀal, o] 1 adj moral 2 nm (état d'esprit) morale ◊ **avoir bon** ~ to be in good spirits; **au** ~ mentally 3 nf a (doctrine) moral code; (mœurs) morals, moral standards ◊ **faire la** ~**e à qn** to lecture sb b (fable) moral ◆ **moralement** adv morally ◆ **moralité** nf (mœurs) morals, moral standards.

morbide [mɔʀbid] adj morbid.

morceau, pl ~**x** [mɔʀso] nm (gén) piece; (bout) bit; (passage) passage; (sucre) lump; (terre) patch, plot; (Boucherie) cut ◊ **manger un** ~ to have a bite to eat ◆ **morceler** [4] vt (gén) to divide up.

mordant, e [mɔʀdɑ̃, ɑ̃t] 1 adj (ton) cutting, scathing; (froid) biting 2 nm (gén) bite; (ironie) irony.

mordiller [mɔʀdije] [1] vt to nibble at.

mordre [mɔʀdʀ(ə)] [41] 1 vt to bite ◊ ~ **qn à la jambe** to bite sb's leg; (balle) ~ **la ligne** to touch the line 2 vi to bite ◊ ~ **dans une pomme** to bite into an apple; (empiéter) ~ **sur qch** to overlap into sth; **il a mordu aux maths** [famil] he's taken to maths ◆ **mordu, e** [famil] adj ◊ **être** ~ **de** to be crazy [famil] about; **c'est un** ~ **du football** he is a great football fan ou buff (US).

morfondre (se) [mɔʀfɔ̃dʀ(ə)] [42] vpr to languish.

morgue [mɔʀg(ə)] nf a (fierté) haughtiness b (Police) morgue; (hôpital) mortuary.

moribond, e [mɔʀibɔ̃, ɔ̃d] adj dying.

morne [mɔʀn(ə)] adj dull.

morose [mɔʀoz] adj morose ◆ **morosité** nf moroseness.

morphine [mɔʀfin] nf morphine.

morphologie [mɔʀfɔlɔʒi] nf morphology.

mors [mɔʀ] nm (cheval) bit ◊ (fig) **prendre le** ~ **aux dents** to take the bit between one's teeth.

morse [mɔʀs(ə)] nm (animal) walrus; (code) Morse (code).

morsure [mɔʀsyʀ] nf bite.

1. **mort** [mɔʀ] nf death ◊ **donner la** ~ **à qn** to kill sb; **en danger de** ~ in danger of one's life; **à la** ~ **de sa mère** when his mother died; **il n'y a pas eu** ~ **d'homme** there was no loss of life; ~ **subite du nourrisson** cot death; ~ **au tyran!, à** ~ **le tyran!** death to the tyrant!; **silence de** ~ deathly hush; **peine de** ~ death penalty; **blessé à** ~ (combat) mortally wounded; (accident) fatally injured; **mettre qn à** ~ to put sb to death; **nous sommes fâchés à** ~ we're at daggers drawn; **il avait la** ~ **dans l'âme** his heart ached.

2. **mort, e** [mɔʀ, mɔʀt(ə)] 1 adj dead ◊ **il est** ~ **depuis 2 ans** he's been dead for 2 years, he died 2 years ago; ~ **de fatigue** dead tired; ~ **de peur** frightened to death 2 nm a dead man ◊ **les** ~**s** the dead; **il y a eu un** ~ one man was killed; **faire le** ~ (lit) to pretend to be dead; (fig) to lie low b (Cartes) dummy 3 nf dead woman ◆ **mort-né, e,** pl ~**-**~**(e)s** adj stillborn ◆ **mort-aux-rats** nf rat poison ◆ **morte-saison** nf slack ou off season.

mortadelle [mɔʀtadɛl] nf mortadella.

mortalité [mɔʀtalite] nf mortality.

mortel, -elle [mɔʀtɛl] 1 adj (gén) mortal; (blessure) fatal; (poison) deadly, lethal; (livre) deadly boring 2 nm,f mortal ◆ **mortellement** adv fatally.

mortier [mɔʀtje] nm (gén) mortar.

mortification [mɔʀtifikɑsjɔ̃] nf mortification ◆ **mortifier** [7] vt to mortify.

mortuaire [mɔʀtɥɛʀ] adj mortuary ◊ **la maison** ~ the house of the deceased.

morue [mɔʀy] nf cod.

mosaïque [mɔzaik] nf mosaic.

Moscou [mɔsku] n Moscow.

mosquée [mɔske] nf mosque.

mot [mo] nm (gén) word; (lettre) note ◊ **sur ces** ~**s** with these words; ~ **à** ~**,** ~**pour** ~ word for word; **en toucher un** ~ **à qn** to have a word with sb about it; **se donner le** ~ to pass the word round; **avoir des** ~**s avec qn** to have words with sb; **tenir le** ~ **de l'énigme** to hold the key to the mystery; **il a son** ~ **à dire** he's entitled to have his say; **je vais lui dire deux** ~**s** I'll give him a piece of my mind; **prendre qn au** ~ to take sb at his word; ~**s croisés** crossword puzzle; **bon** ~ witticism, witty remark; ~ **d'ordre** watchword; ~ **de passe** password.

motard [mɔtaʀ] nm motorcyclist; (Police) motorcycle policeman.

motel [mɔtɛl] nm motel.

1. **moteur** [mɔtœʀ] nm motor, engine.

2. **moteur,** 1. **-trice** [mɔtœʀ, tʀis] adj (muscle) motor; (troubles) motory; (force) driving.

motif [mɔtif] nm a (raison) reason, grounds; (Jur) motive (*de* for) b (dessin) pattern.

motion [mosjɔ̃] nf (Pol) motion ◊ ~ **de censure** censure motion.

motivation [mɔtivɑsjɔ̃] nf motivation ◆ **motiver** [1] vt (pousser à agir) to motivate; (justifier) to justify ◊ **être motivé** to be motivated.

moto [mɔto] [famil] nf (motor)bike [famil] ◆ **moto-cross** nm inv motocross ◆ **motoculteur** nm cultivator ◆ **motocycliste** nmf motorcyclist.

motoriser [mɔtɔʀize] [1] vt to motorize ◊ **être motorisé** [famil] to have a car.

2. **motrice** [mɔtʀis] nf motor unit → **moteur**[2].

motte [mɔt] nf (terre) clod; (gazon) turf, sod; (beurre) lump, block.

mou, **molle** [mu, mɔl], (masc **mol** [mɔl] devant voyelle ou h muet) 1 adj (substance) soft; (faible) weak, feeble; (sans énergie) sluggish; (sans autorité) spineless; (indulgent) lax ◇ **bruit ~** muffled noise 2 nm a ◇ (corde) **avoir du ~** to be slack b (Boucherie) lights.

mouchard [muʃaʀ] [famil] nm (Scol) sneak [famil]; (Police) grass ◆ **moucharder** [famil] 1 vt to sneak on [famil]; to grass on.

mouche [muʃ] nf fly ◇ **~ à vers** bluebottle; **quelle ~ t'a piqué?** what has bitten you? [famil]; **prendre la ~** to take the huff [famil]; **faire ~** to hit home.

moucher (se) [muʃe] 1 vpr to blow one's nose.

moucheron [muʃʀɔ̃] nm midge; (famil: enfant) kid [famil].

moucheté, e [muʃte] adj (œuf) speckled; (laine) flecked.

mouchoir [muʃwaʀ] nm handkerchief; (en papier) tissue ◇ **ils sont arrivés dans un ~** it was a close finish.

moudre [mudʀ(ə)] 47 vt to grind.

moue [mu] nf pout ◇ **faire la ~** (tiquer) to pull a face; (enfant gâté) to pout.

mouette [mwɛt] nf seagull.

moufle [mufl(ə)] nf mitten.

mouiller [muje] 1 1 vt to wet ◇ **se faire ~** to get wet; **~ l'ancre** to cast ou drop anchor 2 vi (Naut) to lie at anchor 3 **se mouiller** vpr to get o.s. wet; (famil: risquer) to commit o.s. ◆ **mouillé, e** adj wet.

moulage [mulaʒ] nm cast.

1. **moule** [mul] nm mould ◇ **~ à gâteaux** cake tin; **~ à gaufre** waffle-iron; **~ à tarte** flan case.

2. **moule** [mul] nf mussel.

mouler [mule] 1 vt (briques) to mould; (statue) to cast ◇ **robe qui moule** tight-fitting dress.

moulin [mulɛ̃] nm mill; (famil: moteur) engine ◆ **mouliner** 1 vt to put through a vegetable mill ◆ **moulinet** nm (Pêche) reel; (Escrime) flourish ◆ **Moulinette** nf ® vegetable mill.

moulu, e [muly] adj (de coups) aching all over; (famil: de fatigue) worn-out.

moulure [mulyʀ] nf moulding.

mourant, e [muʀɑ̃, ɑ̃t] adj dying; (voix) faint; (rythme) deadly ◇ **un ~** a dying man.

mourir [muʀiʀ] 19 vi (gén) to die; (bruit) to die away; (coutume) to die out ◇ **faire ~ qn** to kill sb; **tu n'en mourras pas!** [famil] it won't kill you!; **il meurt d'envie de le faire** he's dying to do it; **s'ennuyer à ~** to be bored to death; **~ de faim** (lit) to starve to death; (fig) to be famished ou starving; **je meurs de soif** I am parched; **c'est à ~ de rire** it's killing [famil].

mousquetaire [muskətɛʀ] nm musketeer.

1. **mousse** [mus] nf (herbe) moss; (bière, eau) froth, foam; (savon) lather; (champagne) bubbles; (Culin) mousse ◇ **~ au chocolat** chocolate mousse; **~ de caoutchouc** foam rubber; **~ à raser** shaving foam.

2. **mousse** [mus] nm ship's boy.

mousseline [muslin] nf muslin.

mousser [muse] 1 vi (bière, eau) to froth, foam; (champagne) to sparkle; (savon) to lather ◆ **mousseux** nm sparkling wine.

mousson [musɔ̃] nf monsoon.

moustache [mustaʃ] nf (homme) moustache ◇ (animal) **~s** whiskers.

moustiquaire [mustikɛʀ] nf (rideau) mosquito net; (fenêtre) screen ◆ **moustique** nm mosquito; (famil: enfant) kid [famil].

moutarde [mutaʀd(ə)] nf mustard ◇ **~ forte** English mustard; **~ à l'estragon** French mustard; **la ~ me monta au nez** I lost my temper.

mouton [mutɔ̃] nm (animal) sheep; (viande) mutton; (peau) sheepskin ◇ (poussière) **~s** bits of fluff.

mouvant, e [muvɑ̃, ɑ̃t] adj (gén) moving; (situation) fluid; (terrain) shifting.

mouvement [muvmɑ̃] nm a (geste) movement; (en gymnastique) exercise; (impulsion) impulse, reaction ◇ **bon ~** kind gesture; **~ de colère** burst of anger b (agitation) activity, bustle c (déplacement) movement; (manœuvre) move ◇ **être en ~** to be on the move; **se mettre en ~** to start ou set off; **le ~ perpétuel** perpetual motion; **~ de fonds** movement of capital; **~ de personnel** changes in staff d (idées) evolution; (prix) trend ◇ **être dans le ~** to keep up-to-date e (phrase) rhythm; (tragédie) action f (groupe) movement g (symphonie) movement h (mécanisme) movement ◇ **~ d'horlogerie** time mechanism ◆ **mouvementé, e** adj (récit etc) eventful; (séance) stormy ◆ **mouvoir** 27 1 vt to move; (sentiment) to drive 2 **se mouvoir** vpr to move.

moyen, -enne [mwajɛ̃, ɛn] 1 adj (gén) average (*en* at); (temps) mixed ◇ **résultat très ~** poor result; **de taille ~enne** medium-sized 2 nm a means, way ◇ **~s de défense** etc means of defence etc; **c'est l'unique ~ de s'en sortir** it's the only way out; **se débrouiller avec les ~s du bord** to use makeshift devices; **au ~ de** by means of; **est-ce qu'il y a ~ de lui parler?** is it possible to speak to him? b ◇ (physiques) **~s** abilities; **par ses propres ~s** all by himself c ◇ (financiers) **~s** means; **c'est au-dessus de ses ~s** he can't afford it **3** nf average ◇ **la ~enne d'âge** the average age; **la ~enne des gens** most people; **en ~enne** on average; **cet élève est dans la ~enne** this pupil is about average; **avoir la ~enne** (devoir) to get half marks; (examen) to get a pass ◆ **Moyen Age** nm ◇ **le ~** the Middle Ages ◆ **Moyen-Orient** nm ◇ **le ~** the Middle East ◆ **moyennant** prép (argent) for; (travail, effort) with ◆ **moyennement** adv (content) moderately; (travailler) moderately well.

moyeu, pl **~x** [mwajø] nm (roue) hub.

Mozambique [mɔzɑ̃bik] nm Mozambique.

MST [ɛmɛste] nfpl abrév de *maladies sexuellement transmissibles* STD.

mue [my] nf moulting; (serpent) sloughing ◆ **muer** [1] **1** vi to moult; to slough ◇ **sa voix mue** his voice is breaking ou changing (US) **2** vt, **se muer** vpr to change, turn (*en* into).

muet, **-ette** [mɥɛ, ɛt] **1** adj (infirme) dumb; (silencieux) silent ◇ **~ de surprise** speechless with surprise **2** nm,f dumb person.

mufle [myfl(ə)] nm (chien etc) muzzle; (famil: goujat) boor, lout.

mugir [myʒiʀ] [2] vi (vache) to moo; (bœuf) to bellow; (vent, sirène) to howl ◆ **mugissement** nm ◇ **~(s)** mooing [famil]; bellowing [famil]; howling.

muguet [mygɛ] nm lily of the valley.

mule [myl] nf (she-)mule; (pantoufle) mule ◆ **mulet** nm (âne) (he-)mule; (poisson) mullet.

multicolore [myltikɔlɔʀ] adj multicoloured.

multicoque [myltikɔk] adj, nm ◇ **(voilier) ~** multihull.

multiculturel, **-elle** [myltikyltyʀɛl] adj multicultural.

multinational, **e**, mpl **-aux** [myltinasjonal, o] **1** adj multinational **2** **multinationale** nf multinational (company).

multiple [myltipl(ə)] **1** adj numerous, multiple ◇ **à usages ~s** multi-purpose **2** nm multiple ◆ **multiplication** nf multiplication ◆ **multiplicité** nf multiplicity ◆ **multiplier** [7] **1** vt to multiply (*par* by) **2** **se multiplier** vpr to multiply; (infirmier) to do one's utmost.

multirisque [myltiʀisk(ə)] adj multiple-risk.

multistandard [myltistɑ̃daʀ] adj ◇ **(téléviseur) ~** multichannel television.

multitude [myltityd] nf multitude ◇ **la ~ de** the mass of; **la ~ des gens** the majority of people.

municipal, **e**, mpl **-aux** [mynisipal, o] adj (élection, stade) municipal; (conseil) town ◇ **arrêté ~** local by-law ◆ **municipalité** nf (ville) town; (conseil) town council.

munir [myniʀ] [2] vt to provide, equip (*de* with) ◇ **se ~ de** to provide o.s. with.

munitions [mynisjɔ̃] nfpl ammunition.

muqueuse [mykøz] nf mucous membrane.

mur [myʀ] nm wall ◇ **faire le ~** [famil] to jump the wall; **le ~ du son** the sound barrier ◆ **muraille** nf wall ◆ **mural**, **e**, mpl **-aux** adj wall; (Art) mural ◆ **murer** [1] **1** vt (ouverture) to wall up, brick up **2** **se murer** vpr (chez soi) to shut o.s. up; (dans son silence) to immure o.s.

mûr, 1. **e** [myʀ] adj (fruit, projet) ripe; (tissu) worn; (personne) mature ◇ **pas ~** unripe; **trop ~** overripe; **~ pour le mariage** ready for marriage.

2. **mûre** [myʀ] nf (ronce) blackberry, bramble; (mûrier) mulberry.

mûrement [myʀmɑ̃] adv ◇ **ayant ~ réfléchi** after much thought.

mûrier [myʀje] nm mulberry bush.

mûrir [myʀiʀ] [2] **1** vi (fruit) to ripen; (idée, personne) to mature; (abcès) to come to a head **2** vt (fruit) to ripen; (projet) to nurture; (personne) to make mature.

murmure [myʀmyʀ] nm murmur ◆ **murmurer** [1] vti to murmur.

muscade [myskad] nf nutmeg.

muscat [myska] nm (raisin) muscat grape; (vin) muscatel.

muscle [myskl(ə)] nm muscle ◆ **musclé**, **e** adj brawny ◆ **musculaire** adj (force) muscular ◆ **musculature** nf muscle structure.

muse [myz] nf Muse.

museau, pl **~x** [myzo] nm (chien, bovin) muzzle; (porc) snout; (Culin) brawn, headcheese (US); (famil: visage) face ◆ **museler** [4] vt to muzzle ◆ **muselière** nf muzzle.

musée [myze] nm (gén) museum; (tableaux) art gallery ◆ **muséum** nm museum.

musical, **e**, mpl **-aux** [myzikal, o] adj musical ◆ **music-hall**, pl **music-halls** nm variety theatre, music hall ◇ **faire du ~** to be in variety ◆ **musicien**, **-ienne** **1** adj musical **2** nm,f musician ◆ **musique** nf (Art) music; (orchestre) band.

musulman, **e** [myzylmɑ̃, an] adj, nm,f Moslem, Muslim.

mutant, **e** [mytɑ̃, ɑ̃t] adj, nm,f mutant.

mutation [mytɑsjɔ̃] nf (gén) transformation; (Bio) mutation; (Admin) transfer ◇ **société en ~** changing society ◆ **muter** [1] vt to transfer.

mutilation [mytilɑsjɔ̃] nf mutilation ◆ **mutilé**, **e** **1** adj ◇ **être ~** to be disabled **2** nm,f cripple, disabled person ◆ **mutiler** [1] vt (gén) to mutilate; (personne) to maim; (statue, arbre) to deface.

mutin, **e** [mytɛ̃, in] **1** adj (espiègle) mischievous **2** nm,f mutineer ◆ **mutiné**,

e adj mutinous ◆ **se mutiner** [1] vpr to mutiny ◆ **mutinerie** nf mutiny.

mutisme [mytism(ə)] nm silence.
mutualité [mytɥalite] nf (système d'entraide) mutual (benefit) insurance system.
mutuel, -elle [mytɥɛl] **1** adj mutual **2** nf mutual benefit society ◆ **mutuellement** adv (s'aider) one another, each other ◇ ~ **ressenti** mutually felt.
myope [mjɔp] adj short-sighted ◆ **myopie** nf short-sightedness.
myosotis [mjɔzɔtis] nm forget-me-not.
myrtille [miʀtij] nf bilberry, blueberry (US).

mystère [mistɛʀ] nm mystery ◆ **mystérieux, -euse** adj mysterious.

mystification [mistifikɑsjɔ̃] nf hoax ◆ **mystifier** [7] vt to fool, take in.

mystique [mistik] **1** adj mystical **2** nmf (personne) mystic **3** nf (péj) blind belief (*de* in) ◆ **mysticisme** nm mysticism.

mythe [mit] nm myth ◆ **mythique** adj mythical ◆ **mythologie** nf mythology ◆ **mythologique** adj mythological ◆ **mythomane** adj, nmf mythomaniac.

myxomatose [miksɔmatoz] nf myxomatosis.

n

N, n [ɛn] nm (lettre) N, n.

n' [n] → **ne.**

nacre [nakʀ(ə)] nf mother-of-pearl ✦ **nacré, e** adj pearly.

nage [naʒ] nf **a** ◇ **la** ~ swimming; **une** ~ a stroke; ~ **sur le dos** backstroke; ~ **libre** freestyle **b** ◇ **être en** ~ to be bathed in sweat; **mettre qn en** ~ to make sb sweat ✦ **nageoire** nf (poisson) fin; (phoque) flipper ✦ **nager** 3 **1** vi (personne) to swim; (objet) to float ◇ **je nage complètement** [famil] I'm completely at sea [famil] **2** vt to swim ✦ **nageur, -euse** nm,f swimmer.

naguère [nagɛʀ] adv (récemment) not long ago; (autrefois) formerly.

naïf, naïve [naif, naiv] **1** adj naïve **2** nm,f innocent ✦ **naïveté** nf naïvety.

nain, e [nɛ̃, nɛn] **1** adj dwarfish **2** nm,f dwarf.

naissance [nɛsɑ̃s] nf (gén) birth; (cheveux) root; (cou) base ◇ **à la** ~ at birth; **de** ~ (aveugle) from birth; (français) by birth; **prendre** ~ to take form; **donner** ~ **à** (enfant) to give birth to; (rumeurs) to give rise to ✦ **naissant, e** adj (Chim) nascent; (amitié) budding; (industrie) developing.

naître [nɛtʀ(ə)] 59 vi (gén) to be born; (difficulté) to arise ◇ **il vient de** ~ he has just been born; **X est né le 4 mars** X was born on March 4; **Mme Durand, née Dupont** Mme Durand, née Dupont; **être né coiffé** to be born lucky; **il n'est pas né d'hier** he wasn't born yesterday; **faire** ~ (industrie) to create; (désir) to arouse.

Namibie [namibi] nf **a** Namibia ✦ **namibien, -ienne** adj, **N**~, **-ienne** nm,f **b** Namibian.

nana [nana] nf [famil] (femme) girl, chick [famil].

nantir [nɑ̃tiʀ] 2 vt to provide (*de* with) ◇ **se** ~ **de** to provide o.s. with ✦ **nanti, e** adj (riche) affluent.

NAP [nap] abrév de *Neuilly-Auteuil-Passy* ≃ preppy; ≃ (Brit) Sloane Ranger.

napalm [napalm] nm napalm.

naphtaline [naftalin] nf mothballs.

nappe [nap] nf tablecloth; (gaz, pétrole) layer; (brouillard) blanket; (eau, feu) sheet ◇ ~ **de mazout** oil slick ✦ **napper** 1 vt (Culin) to coat (*de* with) ✦ **napperon** nm doily.

narcisse [naʀsis] nm (Bot) narcissus; (péj: égocentrique) narcissistic individual.

narcotique [naʀkɔtik] adj, nm narcotic.

narguer [naʀge] 1 vt to scoff at.

narine [naʀin] nf nostril.

narquois, e [naʀkwa, waz] adj mocking.

narrateur, -trice [naʀatœʀ, tʀis] nm,f narrator ✦ **narration** nf (action) narration; (récit) narrative; (Scol: rédaction) essay ✦ **narrer** 1 vt to narrate.

nasal, e, mpl **-aux** [nazal, o] adj nasal.

naseau, pl ~**x** [nazo] nm (cheval) nostril.

nasiller [nazije] 1 vi (personne) to have a nasal twang; (micro) to whine.

nasse [nas] nf hoop net.

natal, e, mpl ~**s** [natal] adj native ✦ **natalité** nf birth rate.

natation [natɑsjɔ̃] nf swimming ◇ ~ **synchronisée** synchronized swimming.

natif, -ive [natif, iv] adj, nm,f native.

nation [nɑsjɔ̃] nf nation ◇ **les N**~**s Unies** the United Nations ✦ **national, e,** mpl **-aux** adj (gén) national; (éducation) state; (économie, monnaie) domestic ◇ **route** ~**e** ≃ 'A' road, (US) state highway ✦ **nationalisation** nf nationalization ✦ **nationaliser** 1 vt to nationalize ✦ **nationalisme** nm nationalism ✦ **nationaliste** adj, nmf nationalist ✦ **nationalité** nf nationality.

nativité [nativite] nf nativity.

natte [nat] nf (tresse) pigtail, plait; (paillasse) mat.

naturalisation [natyʀalizɑsjɔ̃] nf naturalization ◆ **naturaliser** [1] vt to naturalize ◇ **se faire ~ français** to become a naturalized Frenchman.

nature [natyʀ] **1** nf **a** (caractère) nature ◇ **ce n'est pas de ~ à** it's not likely to **b** ◇ (monde) **la ~** nature; **disparaître dans la ~**[famil] to vanish into thin air **c** (sorte) nature, kind ◇ **de toute ~** of all kinds **d** ◇ (Art) **plus grand que ~** more than life-size; **~ morte** still life **e** ◇ (Fin) **en ~** in kind **2** adj inv (eau, thé etc) plain.

naturel, -elle [natyʀɛl] **1** adj (gén) natural; (besoins) bodily ◇ (politesse) **c'est tout ~** please don't mention it **2** nm (caractère) nature; (absence d'affectation) naturalness ◆ **naturellement** adv naturally.

naufrage [nofʀaʒ] nm ◇ **un ~** a shipwreck; **le ~ du bateau** the wreck of the ship; **faire ~** (bateau) to be wrecked; (marin) to be shipwrecked ◆ **naufragé, e** adj shipwrecked.

nauséabond, e [nozeabɔ̃, ɔ̃d(ə)] adj nauseating, foul.

nausée [noze] nf ◇ **avoir la ~** ou **des ~s** to feel sick, have bouts of nausea; **ça me donne la ~** it makes me sick.

nautique [notik] adj nautical ◇ **sports ~s** water sports.

naval, e, mpl **~s** [naval] adj (gén) naval; (industrie) ship-building.

navet [navɛ] nm turnip; (péj) third-rate film.

navette [navɛt] nf (transport) shuttle service ◇ **faire la ~ entre** to go back and forward between; **~ spatiale** space shuttle.

navigateur [navigatœʀ] nm (gén) navigator ◇ **~ solitaire** lone sailor ◆ **navigation** nf (pilotage) navigation; (trafic) sea (ou air) traffic ◆ **naviguer** [1] vi (bateau) to sail; (avion) to fly; (piloter) to navigate ◇ **bateau en état de ~** seaworthy ship; (Aviat) **personnel navigant** flight crew.

navire [naviʀ] nm ship ◇ **~ de guerre** warship.

navrer [navʀe] [1] vt to distress, upset ◇ **je suis navré** I'm sorry (*de* to); **c'est navrant** it's quite distressing ou upsetting.

nazi, e [nazi] adj, nm,f Nazi ◆ **nazisme** nm Nazism.

N.B. [ɛnbe] nm abrév de *nota bene* N.B.

ne [n(ə)] adv nég, **n'** devant voyelles et h muet **a** not ◇ **je n'ai pas d'argent** I have no money, I haven't any money; **~ me dérangez pas** don't ou do not disturb me **b** ◇ **~... que** only; **il n'y a pas que vous** you're not the only one **c** ◇ (sans valeur nég) **j'ai peur qu'il ~ vienne** I am afraid that he will come.

né, e [ne] adj, nm,f born ◇ **premier ~** first-born.

néanmoins [neɑ̃mwɛ̃] adv nevertheless, yet.

néant [neɑ̃] nm (aucun) none ◇ **le ~** nothingness.

nébuleux, -euse [nebylø, øz] **1** adj (discours) nebulous **2** nf (Astron) nebula.

nécessaire [nesesɛʀ] **1** adj (gén) necessary ◇ **il est ~ qu'on le fasse** we need ou have to do it, we must do it, it's necessary to do it **2** nm ◇ **je n'ai pas le ~** I haven't got what's needed ou necessary; **le strict ~** the bare necessities ou essentials; **je vais faire le ~** I'll see to it; **~ de toilette** toilet bag; **~ de voyage** overnight bag ◆ **nécessairement** adv (faux etc) necessarily; (échouer) inevitably ◆ **nécessité** nf (gén) necessity; (pauvreté) destitution ◇ (exigences) **~s** demands; **je n'en vois pas la ~** I don't see the need for it ◆ **nécessiter** [1] vt to necessitate, require.

nécropole [nekʀɔpɔl] nf necropolis.

nectar [nɛktaʀ] nm nectar.

nectarine [nɛktaʀin] nf nectarine.

néerlandais, e [neɛʀlɑ̃dɛ, ɛz] **1** adj Dutch **2** nm **a** ◇ **N~** Dutchman; **les N~** the Dutch **b** (Ling) Dutch **3** nf ◇ **N~e** Dutchwoman.

nef [nɛf] nf nave.

néfaste [nefast(ə)] adj (nuisible) harmful (*à* to); (funeste) ill-fated, unlucky.

négatif, -ive [negatif, iv] adj, nm,f negative ◆ **négation** nf negation.

négligé, e [negliʒe] **1** adj (tenue) slovenly; (travail, style) slipshod **2** nm (laisser-aller) slovenliness; (vêtement) négligée ◆ **négligeable** adj (gén) negligible; (détail) trivial ◇ **non ~** not inconsiderable ◆ **négligemment** adv (sans soin) carelessly, negligently; (nonchalamment) casually ◆ **négligence** nf negligence; (erreur) omission ◆ **négligent, e** adj (sans soin) negligent, careless; (nonchalant) casual ◆ **négliger** [3] **1** vt (gén) to neglect; (tenue) to be careless about; (conseil) to disregard **2** **se négliger** vpr (santé) to neglect o.s.; (tenue) to neglect one's appearance.

négociable [negɔsjabl(ə)] adj negotiable ◆ **négociant, e** nm,f merchant ◇ **~ en gros** wholesaler ◆ **négociateur, -trice** nm,f negotiator ◆ **négociation** nf negotiation ◇ **~s commerciales** trade talks ◆ **négocier** [7] vti to negotiate.

nègre [nɛgʀ(ə)] **1** nm (péj) Negro, nigger (pej); (écrivain) ghost writer **2** adj Negro ◆ **négresse** nf Negress.

neige [nɛʒ] nf snow ◇ **aller à la** ~[famil] to go skiing; ~ **carbonique** dry ice ◆ **neiger** [3] vb impers ◇ **il neige** it's snowing ◆ **neigeux, -euse** adj (sommet) snow-covered; (aspect) snowy.

nénuphar [nenyfaʀ] nm water lily.

néo- [neɔ] préf neo-.

néologisme [neɔlɔʒism(ə)] nm neologism.

néon [neɔ̃] nm neon.

néophyte [neɔfit] nmf (débutant) beginner.

néo-zélandais, e [neɔzelɑ̃dɛ, ɛz] **1** adj New Zealand **2** nm,f ◇ **N~, e** New Zealander.

Népal [nepal] nm **a** Nepal ◆ **népalais, e** adj, nm, **N~, e** nm,f **b** Nepalese, Nepali.

Neptune [nɛptyn] nm Neptune.

nerf [nɛʀ] nm nerve ◇ **avoir les ~s à vif** to be on edge; **être sur les ~s** to live on one's nerves; **taper** [famil] **sur les ~s de qn** to get on sb's nerves; **du ~!** buck up! [famil]; **ça manque de** ~ it has no go about it ◆ **nerveusement** adv (excité) nervously; (agacé) nervily ◆ **nerveux, -euse** adj (gén) nervous; (irritable) nervy; (maigre) wiry; (vigoureux) vigorous; (cellule) nerve; (moteur) responsive; (viande) stringy ◆ **nervosité** nf (agitation) nervousness; (passagère) agitation; (irritabilité) nerviness.

nervure [nɛʀvyʀ] nf (feuille) nervure.

n'est-ce pas [nɛspɑ] adv ◇ **il est fort, ~?** he is strong, isn't he?; **il l'ignore, ~?** he doesn't know, does he?

net, nette [nɛt] **1** adj **a** (propre) clean; (travail) neat, tidy; (conscience) clear **b** (clair) clear; (réponse) straight, plain; (refus) flat; (situation) clearcut; (différence) marked; (photo) sharp; (cassure) clean **c** (poids, prix) net **2** adv **a** (s'arrêter) dead; (tué) outright ◇ **se casser** ~ to break clean through **b** (parler) frankly, bluntly; (refuser) flatly **c** (Comm) net ◇ **2 kg** ~ 2 kg net ◆ **nettement** adv (gén) clearly; (dire) bluntly, frankly; (s'améliorer) markedly ◆ **netteté** nf (travail) neatness; (explication) clearness; (contour) sharpness.

nettoiement [nɛtwamɑ̃] nm cleaning ◆ **nettoyage** nm cleaning ◇ ~ **à sec** dry cleaning ◆ **nettoyer** [8] vt (objet) to clean; (jardin) to clear; (ruiner, vider) to clean out.

1. **neuf** [nœf] adj inv, nm inv nine → **six.**

2. **neuf, neuve** [nœf, nœv] **1** adj new **2** nm ◇ **il y a du** ~ there has been a new development; **remettre à** ~ to do up like new.

neurasthénie [nøʀasteni] nf depression ◆ **neurasthénique** adj depressed.

neurologie [nøʀɔlɔʒi] nf neurology ◆ **neurologue** nmf neurologist.

neutraliser [nøtʀalize] [1] vt to neutralize ◆ **neutralité** nf neutrality ◆ **neutre** adj (gén) neutral; (Ling) neuter ◇ (Élec) **le** ~ neutral ◆ **neutron** nm neutron.

neuvième [nœvjɛm] adj, nmf ninth → **sixième.**

neveu, pl ~**x** [n(ə)vø] nm nephew.

névralgie [nevʀalʒi] nf neuralgia.

névrose [nevʀoz] nf neurosis ◆ **névrosé, e** adj, nm,f neurotic ◆ **névrotique** adj neurotic.

nez [ne] nm nose ◇ **cela sent le brûlé à plein** ~ there's a strong smell of burning; **tu as le ~ dessus!** it's right under your nose!; **lever le** ~ to look up; **fermer la porte au ~ de qn** to shut the door in sb's face; ~ **à** ~ face to face (*avec* with); **avoir du** ~ to have flair; **il m'a dans le** ~[famil] he can't stand me [famil]; **ça lui est passé sous le** ~[famil] it slipped through his fingers.

NF **a** abrév de *norme française* ◇ **avoir le label** ~ to have the mark of the approved French standard of manufacture **b** abrév de *nouveau(x) franc(s).*

ni [ni] conj nor ◇ ~ **l'un** ~ **l'autre** neither one nor the other; ~ **plus** ~ **moins** no more no less.

niais, e [njɛ, ɛz] **1** adj silly **2** nm,f simpleton ◆ **niaiserie** nf silliness ◇ **~s** foolish remarks etc.

Nicaragua [nikaʀagwa] nm Nicaragua ◆ **nicaraguayen, -enne** adj, **N~, -enne** nm,f Nicaraguan.

niche [niʃ] nf **a** (alcôve) niche, recess; (chien) kennel **b** (farce) trick.

nichée [niʃe] nf (oiseaux) brood; (chiens) litter ◆ **nicher** [1] **1** vi to nest **2** **se nicher** vpr (oiseau) to nest; (village etc) to nestle; (famil: se mettre) to stick [famil] ou put o.s.

nickel [nikɛl] nm nickel ◆ **nickeler** [4] vt to nickel-plate.

nicotine [nikɔtin] nf nicotine.

nid [ni] nm nest; (repaire) den ◇ ~ **de poule** pothole; ~ **de résistance** centre of resistance.

nièce [njɛs] nf niece.

nième [ɛnjɛm] adj nth.

nier [nje] [7] vt to deny (*avoir fait* having done) ◇ **il nie** he denies it.

nigaud, e [nigo, od] **1** adj silly **2** nm,f simpleton.

Niger [niʒɛʀ] nm ◇ **le** ~ (pays) Niger; (fleuve) the Niger.

Nigeria [niʒeʀja] nm ou f Nigeria ◆ **nigérian, e** adj, **N~, e** nm,f Nigerian.

nigérien, -ienne [niʒeʀjɛ̃, jɛn] **1** adj of ou from Niger **2** nm,f ◇ **N~, -ienne** native of Niger.

Nil [nil] nm ◇ **le** ~ the Nile.

n'importe [nɛ̃pɔʀt(ə)] → **2. importer.**

nippon, e ou **-onne** [nipɔ̃, ɔn] adj, **N~, e** nm,f Japanese.

niveau, pl ~**x** [nivo] nm (gén) level; (jauge) gauge; (Scol: compétence) standard ◇ **au ~ du sol** at ground level; **au même ~ que** level with; **mettre à ~** to make level; **~ de langue** register; **~ social** social standing; **~ de vie** standard of living; (Scol) **au ~** up to standard ◆ **niveler** [4] vt to level ◆ **nivellement** nm levelling.

N° abrév de *numéro*.

noble [nɔbl(ə)] **1** adj noble **2** nm nobleman ◇ **les ~s** the nobility **3** nf noblewoman ◆ **noblesse** nf nobility ◇ **la petite ~** the gentry.

noce [nɔs] nf (cérémonie) wedding; (cortège) wedding party ◇ **~s** wedding; **faire la ~** [famil] to live it up [famil]; **je n'étais pas à la ~** I was having a pretty uncomfortable time ◆ **noceur, -euse** nm,f [famil] reveller.

nocif, -ive [nɔsif, iv] adj harmful ◆ **nocivité** nf harmfulness.

noctambule [nɔktɑ̃byl] nmf night-owl.

nocturne [nɔktyʀn(ə)] **1** adj nocturnal, night **2** nf ou m (Sport) evening fixture; (magasin) late(-night) opening.

Noël [nɔɛl] nm Christmas; (chant) carol; (cadeau) Christmas present.

nœud [nø] nm (gén) knot; (ruban) bow ◇ (fig: liens) **~s** ties, bonds; **faire son ~ de cravate** to knot ou tie one's tie; **~ coulant** slipknot; **~ ferroviaire** rail junction; **~ papillon** bow tie.

noir, e [nwaʀ] **1** adj (gén, fig) black; (peau bronzée) tanned; (yeux, cheveux) dark; (race) black, coloured; (misère) utter; (idée) gloomy; (famil: ivre) drunk, tight ◇ **il faisait nuit ~e** it was pitch-dark; **rue ~e de monde** street teeming with people **2** nm **a** (couleur) black; (trace) black mark; (obscurité) dark, darkness ◇ **vendre au ~** to sell on the black market; **travailler au ~** to work on the side, moonlight [famil] **b** ◇ (personne) **N~** black **3** nf (Mus) crotchet, quarter note (US) ◇ (personne) **N~e** black (woman) ◆ **noirceur** nf blackness; darkness; (acte perfide) black deed ◆ **noircir** [2] **1** vt to blacken ◇ **~ la situation** to paint a black picture of the situation **2** vi (peau) to tan; (ciel) to darken.

noise [nwaz] nf ◇ **chercher ~ à qn** to try to pick a quarrel with sb.

noisetier [nwaztje] nm hazel tree ◆ **noisette** **1** adj inv hazel **2** nf (fruit) hazelnut; (beurre) knob.

noix [nwa] nf (fruit) walnut; (côtelette) eye; (beurre) knob ◇ **à la ~** [famil] rubbishy; **~ de coco** coconut; **~ de veau** cushion of veal.

nom [nɔ̃] nm name ◇ **petit ~**, **~ de baptême** Christian ou first name, given name (US); **~ commun** common noun; **~ d'emprunt** assumed name; **~ de famille** surname; **~ de jeune fille** maiden name; **~ propre** proper noun; **crime sans ~** unspeakable crime; **se faire un ~** to make a name for o.s.; **parler au ~ de qn** to speak for ou on behalf of sb; **au ~ du ciel!** in heaven's name!; **~ de ~!** [famil] damn it! [famil]; **traiter qn de tous les ~s** to call sb names.

nomade [nɔmad] **1** adj nomadic **2** nmf nomad.

nombre [nɔ̃bʀ(ə)] nm number ◇ **les gagnants sont au ~ de 3** there are 3 winners; **sans ~** innumerable; **être en ~** to be in large numbers; **faire ~** to make up the numbers; **le plus grand ~** the great majority of people; **est-il du ~ des reçus?** is he among those who passed?

nombreux, -euse [nɔ̃bʀø, øz] adj (objets) numerous; (foule, collection) large ◇ **de ~ accidents** many ou numerous accidents; **peu ~** few.

nombril [nɔ̃bʀi] nm navel, belly button [famil].

nominal, e, mpl **-aux** [nɔminal, o] adj nominal ◆ **nominatif, -ive** **1** adj ◇ **liste ~ive** list of names **2** nm (Ling) nominative.

nomination [nɔminɑsjɔ̃] nf appointment, nomination (*à* to) ◆ **nommément** adv (par son nom) by name; (spécialement) particularly ◆ **nommer** [1] **1** vt (fonctionnaire) to appoint; (candidat) to nominate (*à* to); (nom) to name **2** **se nommer** vpr (s'appeler) to be called; (se présenter) to introduce o.s.

non [nɔ̃] **1** adv no ◇ **le connaissez-vous? - ~** do you know him? - no (I don't); **bien sûr que ~!** of course not!; **faire ~ de la tête** to shake one's head; **je pense que ~** I don't think so; **erreur ou ~** mistake or no mistake; **~ (pas) que...** not that...; **tu vas cesser de pleurer ~?** do stop crying; **c'est bon ~?** it's good isn't it?; **nous ne l'avons pas vu - nous ~ plus** we didn't see him - neither did we ou we didn't either; **~ sans raison** not without reason; **toutes les places ~ réservées** all the unreserved seats, all seats not reserved; **il y a eu 30 ~** there were 30 votes against **2** préf non-, un- ◇ **~-agression** non-aggression; **~-aligné** nonaligned; **~-conformisme** nonconformism; **~-croyant** non-believer; **~-existant** non-existent; **~-fumeur** ◇ **les ~-fumeurs** non-smokers; **compartiment (pour) ~-fumeurs** no-smoking compartment; **~-ingérence** noninterference; **~-initié** lay person; **~-intervention** nonintervention; **~-lieu** ◇ **bénéficier d'un ~-lieu** to be discharged ou have one's case dismissed for lack of evidence; **~-sens** (absurdité) piece of nonsense; (en traduction) meaningless word; **~-vérifié** unverified.

nonante [nɔnɑ̃t] adj ninety.

nonchalance [nɔ̃ʃalɑ̃s] nf nonchalance ◆ **nonchalant, e** adj nonchalant.

nord [nɔʀ] 1 nm north ◇ **au** ~ (situation) in the north; (direction) to the north; **l'Europe du N~** Northern Europe; **l'Amérique du N~** North America 2 adj inv (région) northern; (côté, pôle) north; (direction) northerly ◇ **~-africain** etc North African etc ♦ **nordique** 1 adj Nordic 2 nmf ◇ **N~** Scandinavian ♦ **Nordiste** nmf Northerner, Yankee.

normal, e, mpl **-aux** [nɔʀmal, o] 1 adj normal ◇ **il n'est pas** ~ there's something wrong with him; **c'est ~!** it's natural! 2 nf ◇ **la ~e** (norme) the norm; (habitude) normality; **au-dessus de la ~e** above average ♦ **normalement** adv normally, usually ♦ **normaliser** [1] vt (situation) to normalize; (produit) to standardize.

Normandie [nɔʀmɑ̃di] nf Normandy ♦ **normand, e** adj, **N~, e** nm,f Norman.

norme [nɔʀm(ə)] nf norm; (Tech) standard.

Norvège [nɔʀvɛʒ] nf Norway ♦ **norvégien, -ienne** adj, nm, **N~, -ienne** nm,f Norwegian.

nos [no] adj poss → **notre.**

nostalgie [nɔstalʒi] nf nostalgia ♦ **nostalgique** adj nostalgic.

notabilité [nɔtabilite] nf notability ♦ **notable** adj, nm notable.

notaire [nɔtɛʀ] nm ≃ lawyer, solicitor.

notamment [nɔtamɑ̃] adv notably.

notation [nɔtɑsjɔ̃] nf (gén) notation; (chiffrée) marking, grading; (remarque) remark.

note [nɔt] nf a (écrite) note ◇ **prendre qch en** ~ to make a note of sth, write sth down; ~ **de service** memorandum b (chiffrée) mark, grade ◇ **bonne** ~ good mark c (facture) bill, check (US) d (Mus, fig) note ♦ **noter** [1] vt a (inscrire) to write down, note down; (remarquer) to notice; (faire un repère) to mark ◇ **il faut ~ qu'il a des excuses** he has an excuse mind ou mark you b (devoir) to mark, grade; (élève) to give a mark to, grade ♦ **notice** nf (gén) note; (mode d'emploi) directions, instructions.

notification [nɔtifikɑsjɔ̃] nf notification ♦ **notifier** [7] vt to notify.

notion [nosjɔ̃] nf notion.

notoire [nɔtwaʀ] adj (criminel) notorious; (fait) well-known ♦ **notoriété** nf (fait) notoriety; (renommée) fame ◇ **c'est de ~ publique** that's common knowledge.

notre [nɔtʀ(ə)], pl **nos** [no] adj poss our.

nôtre [notʀ(ə)] 1 pron poss ◇ **le** ~ etc ours, our own 2 nm ◇ **nous y mettrons du** ~ we'll do our bit; **les ~s** (famille) our family; (partisans) our people; **il sera des ~s** he will join us.

nouer [nwe] [1] vt (ficelle) to tie, knot; (paquet) to tie up; (alliance) to form; (conversation) to start ◇ **avoir la gorge nouée** to have a lump in one's throat ♦ **noueux, -euse** adj gnarled.

nougat [nuga] nm nougat ◇ **c'est du** ~ [famil] it's dead easy [famil].

nouille [nuj] nf a ◇ (Culin) **~s** pasta, noodles b [famil] (imbécile) noodle [famil]; (mollasson) big lump [famil].

nounou [nunu] nf [famil] nanny.

nounours [nunuʀs] nm teddy bear.

nourrice [nuʀis] nf child-minder; (qui allaite) wet nurse ◇ **mettre un enfant en** ~ to foster a child.

nourrir [nuʀiʀ] [2] 1 vt to feed; (projet) to nurse; (espoir, haine) to nourish ◇ **bien nourri** well-fed 2 vi to be nourishing 3 **se nourrir** vpr to eat ◇ **se ~ de** to feed on ♦ **nourri, e** adj (fusillade) heavy; (conversation) lively ♦ **nourrissant, e** adj nourishing ♦ **nourrisson** nm infant ♦ **nourriture** nf food; (régime) diet.

nous [nu] pron pers (sujet) we; (objet) us ◇ **écoutez-~** listen to us; **cette maison est à** ~ this house is ours; **un élève à** ~ one of our pupils; **il est aussi fort que** ~ he is as strong as we are ou as us [famil]; **~ ~ sommes bien amusés** we thoroughly enjoyed ourselves; **~ ~ détestons** we hate each other.

nouveau, 1. **nouvelle** [nuvo, nuvɛl], **nouvel** devant nm à voyelle ou h muet, mpl **nouveaux** 1 adj new ◇ **tout** ~ brand-new; **il y a eu un ~ tremblement de terre** there has been a further ou a fresh earthquake 2 nm,f new man (ou woman); (Scol) new boy (ou girl) 3 nm ◇ **il y a du** ~ there has been a new development; **de** ou **à** ~ again 4 comp: **Nouvel An** New Year; **Nouvelle-Angleterre** New England; **Nouvelle-Calédonie** New Caledonia; **nouveaux mariés** newly-weds; **~-né**, mpl **~-nés** newborn child; ~ **venu** newcomer; **Nouvelle-Zélande** New Zealand.

nouveauté [nuvote] nf (originalité) novelty; (chose) new thing; (voiture) new model; (disque) new release.

2. **nouvelle** [nuvɛl] nf a ◇ (écho) **une** ~ a piece of news; **vous connaissez la ~?** have you heard the news?; **les ~s sont bonnes** the news is good; **j'irai prendre de ses ~s** I'll go and see how he's getting on; **il aura de mes ~s!** [famil] I'll give him a piece of my mind! [famil]; **vous m'en direz des ~s** I'm sure you'll like it b (court récit) short story.

nouvellement [nuvɛlmɑ̃] adv recently, newly.

novateur, -trice [nɔvatœʀ, tʀis] 1 adj innovatory, innovative 2 nm,f innovator.

novembre [nɔvɑ̃bʀ(ə)] nm November → **septembre.**

novice [nɔvis] 1 adj inexperienced (*dans* in) 2 nmf novice, beginner.

novotique [nɔvɔtik] nf new technology.

noyade [nwajad] nf drowning ◊ **une** ~ a drowning accident.

noyau, pl ~**x** [nwajo] nm (fruit) stone, pit; (cellule) nucleus; (groupe) small group ◊ ~ **de résistance** centre of resistance.

1. **noyer** [nwaje] nm walnut tree.

2. **noyer** [nwaje] [8] **1** vt to drown; (moteur, rives) to flood ◊ ~ **le poisson** [famil] to confuse the issue; **noyé dans la foule** lost in the crowd **2** **se noyer** vpr to drown; (volontairement) to drown o.s.; (dans les détails) to get bogged down ◊ **se** ~ **dans un verre d'eau** to make a mountain out of a molehill ◆ **noyé, e** **1** adj ◊ (fig: perdu) **être** ~ to be out of one's depth, be all at sea (*en* in) **2** nm,f drowned person.

NPI [ɛnpei] nmpl abrév de *nouveaux pays industriels* newly industrialized countries.

nu, e [ny] **1** adj (personne) naked; (bras, mur etc) bare ◊ **tête** ~**e** bareheaded; ~ **jusqu'à la ceinture** stripped to the waist; **se mettre** ~ to strip off; **mettre à** ~ to strip **2** nm nude ◆ **nu-pieds** **1** nmpl (sandales) beach sandals, flip-flops **2** adj, adv barefoot.

nuage [nɥaʒ] nm cloud ◊ **il est dans les** ~**s** his head is in the clouds; **sans** ~**s** (ciel) cloudless; (bonheur) unclouded ◆ **nuageux, -euse** adj (ciel) cloudy ◊ **zone** ~**euse** cloud zone.

nuance [nɥɑ̃s] nf (couleur) shade; (sens) shade of meaning; (différence) difference; (touche) touch, note; (subtilité) subtlety ◊ **sans** ~ unsubtle ◆ **nuancer** [3] vt (opinion) to qualify.

nucléaire [nykleɛʀ] **1** adj nuclear **2** nm ◊ (énergie) **le** ~ nuclear energy.

nudisme [nydizm(ə)] nm nudism ◆ **nudiste** adj, nmf nudist ◆ **nudité** nf (personne) nakedness, nudity; (mur) bareness.

nuée [nɥe] nf (gén) cloud; (ennemis) horde, host.

nues [ny] nfpl ◊ **porter qn aux** ~**s** to praise sb to the skies; **tomber des** ~**s** to be completely taken aback.

nuire [nɥiʀ] [38], ~ **à** vt indir to harm, injure ◊ **ça lui nuit** it's a disadvantage to him ◆ **nuisance** nf (gén pl) (environnemental) pollution ◊ **les** ~**s sonores** noise pollution ◆ **nuisible** adj harmful, injurious (*à* to) ◊ **animaux** ~**s** pests.

nuit [nɥi] nf **a** (obscurité) darkness, night ◊ **il fait** ~ **noire** it's pitch dark; **à la** ~ **tombante** at nightfall **b** (temps) night ◊ **cette** ~ (passée) last night; (qui vient) tonight; ~ **blanche** sleepless night; **rouler la** ~ ou **de** ~ to drive at night; (service etc) **de** ~ night ◆ **nuitée** nf night (in a hotel room).

nul, nulle [nyl] **1** adj indéf **a** (aucun) no ◊ ~ **autre** no one else; **nulle part** nowhere; **sans** ~ **doute** without any doubt **b** (résultat, risque) nil ◊ (testament) ~ **(et non avenu)** null and void; **score** ~ draw **c** (personne, travail) useless (*en* at); (récolte) non-existant **2** pron indéf no one ◆ **nullement** adv not at all ◆ **nullité** nf (Jur) nullity; (personne) uselessness (*en* at) ◊ (péj) **c'est une** ~ he's a washout [famil].

numéraire [nymeʀɛʀ] nm cash.

numéral, e, mpl **-aux** [nymeʀal, o] adj, nm numeral ◆ **numérique** adj numerical ◆ **numéro** nm (gén) number; (au cirque) act, turn ◊ **j'habite au** ~ **6** I live at number 6; (Presse) **vieux** ~ back number ou issue; ~ **vert** ≃ Freefone ® number (Brit), ≃ toll-free number (US); **faire son** ~ to put on an act (*à* for); (personne) **c'est un drôle de** ~**!** [famil] what a character! ◆ **numéroter** [1] vt to number.

nuptial, e, mpl **-aux** [nypsjal, o] adj (bénédiction) nuptial; (cérémonie) wedding.

nuque [nyk] nf nape of the neck.

nurse [nœʀs(ə)] nf nanny, children's nurse.

nutritif, -ive [nytʀitif, iv] adj (nourrissant) nutritious ◊ **valeur** ~**ive** food value ◆ **nutrition** nf nutrition.

nylon [nilɔ̃] nm ® nylon.

nymphe [nɛ̃f] nf nymph.

O

O, o [o] nm (lettre) O, o.

oasis [ɔazis] nf oasis.

obéir [ɔbeiʀ] 2 , ~ **à** vt indir (personne) to obey; (voilier, cheval) to respond to ◆ **obéissance** nf obedience (*à* to) ◆ **obéissant, e** adj obedient.

obélisque [ɔbelisk(ə)] nm obelisk.

obèse [ɔbɛz] adj obese ◆ **obésité** nf obesity.

objecter [ɔbʒɛkte] 1 vt (argument) to put forward ◇ ~ **que** to object that (*à qn* to sb); **je n'ai rien à** ~ I have no objection ◆ **objecteur** nm ◇ ~ **de conscience** conscientious objector ◆ **objection** nf objection.

objectif, -ive [ɔbʒɛktif, iv] 1 adj objective 2 nm (gén) objective; (Phot) lens ◆ **objectivement** adv objectively ◆ **objectivité** nf objectivity.

objet [ɔbʒɛ] nm (gén) object; (sujet) subject ◇ ~**s de toilette** toilet requisites; **les** ~**s trouvés** the lost property office, lost and found (US); **être l'**~ **de** (discussion) to be the subject of; (soins) to be shown.

obligation [ɔbligɑsjɔ̃] nf (devoir) obligation; (Fin) bond ◇ **avoir l'**~ **de faire** to be under an obligation to do ◆ **obligatoire** adj compulsory, obligatory; (famil: inévitable) inevitable ◆ **obligatoirement** adv inevitably.

obligeance [ɔbliʒɑ̃s] nf kindness.

obligeant, e [ɔbliʒɑ̃, ɑ̃t] adj (personne) obliging; (offre) kind.

obliger [ɔbliʒe] 3 vt a ◇ (forcer) ~ **qn à faire** to oblige ou compel sb to do; **je suis obligé de vous laisser** I have to ou I'm obliged to leave you; **il est bien obligé** he has no choice; **c'était obligé!** it was bound to happen! b (rendre service à) to oblige ◇ **être obligé à qn** to be obliged ou indebted to sb (*de qch* for sth).

oblique [ɔblik] 1 adj oblique 2 nf oblique line ◆ **obliquer** 1 vi (voiture) to turn off.

oblitérer [ɔbliteʀe] 6 vt (timbre) to cancel.

oblong, -ongue [ɔblɔ̃, ɔ̃g] adj oblong.

obnubiler [ɔbnybile] 1 vt to obsess.

obole [ɔbɔl] nf (contribution) offering.

obscène [ɔpsɛn] adj obscene ◆ **obscénité** nf obscenity.

obscur, e [ɔpskyʀ] adj (lit) dark; (confus) obscure; (vague) vague, dim ◆ **obscurcir** 2 1 vt to darken; (fig) to obscure 2 **s'obscurcir** vpr (ciel) to darken; (vue) to grow dim; (mystère) to deepen ◆ **obscurément** adv obscurely ◆ **obscurité** nf darkness; obscurity.

obséder [ɔpsede] 6 vt to obsess ◆ **obsédant, e** adj obsessive ◆ **obsédé, e** nm,f maniac.

obsèques [ɔpsɛk] nfpl funeral.

observateur, -trice [ɔpsɛʀvatœʀ, tʀis] 1 adj observant 2 nm,f observer ◆ **observation** nf (gén) observation; (objection) objection; (reproche) reproof; (commentaire) comment; (obéissance) observance ◇ **faire une** ~ **à qn** to reprove sb; (Méd) **en** ~ under observation ◆ **observatoire** nm observatory.

observer [ɔpsɛʀve] 1 vt a (regarder) to observe; (adversaire) to watch; (au microscope) to examine b (remarquer) to notice, observe ◇ **faire** ~ **qch** to point sth out c (respecter) to observe, keep.

obsession [ɔpsesjɔ̃] nf obsession ◇ **avoir l'**~ **de qch** to have an obsession with sth ◆ **obsessionnel, -elle** adj obsessional.

obstacle [ɔpstakl(ə)] nm (gén) obstacle; (Équitation) jump, fence ◇ **faire** ~ **à qch** to block sth.

obstination [ɔpstinasjɔ̃] nf obstinacy ◆ **obstiné, e** adj obstinate ◆ **s'obstiner** [1] vpr to insist ◇ **s'~ à faire** to persist in doing.

obstruction [ɔpstʀyksjɔ̃] nf obstruction ◇ **faire de l'~** to be obstructive ◆ **obstruer** [1] vt to obstruct, block.

obtenir [ɔptəniʀ] [22] vt to obtain, get ◇ **elle a obtenu qu'il paie** she got him to pay ◆ **obtention** nf ◇ **pour l'~ du visa** to obtain the visa.

obtus, e [ɔpty, yz] adj obtuse.

obus [ɔby] nm shell.

occasion [ɔkazjɔ̃] nf **a** (circonstance) occasion; (possibilité) opportunity ◇ **à l'~ de** on the occasion of; **venez à l'~** come some time **b** (Comm) secondhand buy; (famil: avantageuse) bargain ◇ **d'~** secondhand ◆ **occasionnel, -elle** adj (gén) occasional ◆ **occasionnellement** adv occasionally ◆ **occasionner** [1] vt to cause.

occident [ɔksidɑ̃] nm west ◆ **occidental, e,** mpl **-aux** adj western ◇ **les ~aux** Western countries, the West.

occulte [ɔkylt(ə)] adj occult.

occupant, e [ɔkypɑ̃, ɑ̃t] nm,f occupant ◇ (Mil) **l'~** the occupying forces ◆ **occupation** nf occupation ◇ **vaquer à ses ~s** to go about one's business ◆ **occupé, e** adj (personne) busy; (toilettes, téléphone) engaged; (places, zone, usine) occupied ◆ **occuper** [1] **1** vt (gén) to occupy; (logement) to live in; (poste) to hold; (main-d'œuvre) to employ ◇ **mon travail m'occupe beaucoup** my work keeps me very busy **2** **s'occuper** vpr ◇ **s'~ de** (problème) to deal with, take care of; (organisme) to be in charge of; (enfant, malade) to look after; (client) to attend to; **occupe-toi de tes affaires** [famil] mind your own business; **s'~ à faire qch** to busy o.s. doing sth.

occurrence [ɔkyʀɑ̃s] nf ◇ **en l'~** in this case.

océan [ɔseɑ̃] nm ocean ◆ **Océanie** nf ◇ **l'~** Oceania, the South Sea Islands ◆ **océanien, -ienne** **1** adj Oceanian, Oceanic **2** nm,f Oceanian, South Sea Islander ◆ **océanique** adj oceanic.

ocre [ɔkʀ(ə)] nf, adj inv ochre.

octane [ɔktan] nm octane.

octave [ɔktav] nf (Mus) octave.

octobre [ɔktɔbʀ(ə)] nm October → **septembre.**

octroyer [ɔktʀwaje] [8] vt to grant (*à* to) ◇ **s'~ qch** to grant o.s. sth.

octet [ɔktɛt] nm byte.

oculaire [ɔkylɛʀ] adj ocular ◆ **oculiste** nmf eye specialist, oculist, eye doctor (US).

ode [ɔd] nf ode.

odeur [ɔdœʀ] nf (gén) smell, odour; (de fleurs etc) fragrance, scent ◇ **être en ~ de sainteté** to be in favour ◆ **odorant, e** adj sweet-smelling ◆ **odorat** nm sense of smell.

odieux, -euse [ɔdjø, øz] adj odious.

œil [œj], pl **yeux** [jø] nm eye ◇ **avoir de bons yeux** to have good eyes ou eyesight; **à l'~ nu** with the naked eye; **~ au beurre noir** black eye; **à mes yeux** in my opinion; **d'un ~ d'envie** with an envious look; **voir qch d'un bon ~** to view sth favourably; **il a l'~** he has sharp eyes; **chercher qn des yeux** to look around for sb; (gratuitement) **à l'~** [famil] for nothing, for free [famil]; **mon ~!** [famil] my eye! [famil]; **avoir qn à l'~** to keep an eye on sb; **faire de l'~ à qn** to make eyes at sb; **coûter les yeux de la tête** to cost the earth, cost an arm and a leg [famil]; **faire les yeux doux à qn** to make sheep's eyes at sb; **faire des yeux ronds** to stare round-eyed ◆ **œillade** nf wink ◆ **œillères** nfpl blinkers.

œillet [œjɛ] nm carnation ◇ **~ d'Inde** French marigold; **~ mignardise** pink.

œsophage [ezɔfaʒ] nm œsophagus.

œuf [œf], pl **~s** [ø] nm egg ◇ **~s brouillés** scrambled eggs; **~ à la coque** (soft-)boiled egg; **~ dur** hard-boiled egg; **~ sur le plat** fried egg; **détruire dans l'~** to nip in the bud.

œuvre [œvʀ(ə)] nf work ◇ **~s choisies** selected works; **se mettre à l'~** to get down to work; **mettre en ~** (moyens) to implement; **mise en ~** implementation; **il faut tout mettre en ~ pour** everything must be done to; **faire ~ de pionnier** to act as a pioneer; (institution) **bonne ~, ~ de bienfaisance** charitable organization, charity ◆ **œuvrer** [1] vi (littér) to work.

off [ɔf] adj inv (Ciné) (voix) off; (festival) fringe, alternative.

offensant, e [ɔfɑ̃sɑ̃, ɑ̃t] adj offensive, insulting ◆ **offense** nf insult; (Rel: péché) offence ◆ **offenser** [1] vt to offend ◇ **s'~ de qch** to take offence at sth.

offensif, -ive [ɔfɑ̃sif, iv] adj, nf offensive.

office [ɔfis] nm **a** (métier) office; (fonction) function ◇ **faire ~ de** to act as; **d'~** automatically; **bons ~s** good offices **b** (bureau) bureau, agency **c** (messe) church service **d** (cuisine) pantry.

officialiser [ɔfisjalize] [1] vt to make official ◆ **officiel, -elle** adj, nm,f official ◆ **officiellement** adv officially.

1. **officier** [ɔfisje] nm officer.

2. **officier** [ɔfisje] [7] vi to officiate.

officieux, -euse [ɔfisjø, øz] adj unofficial.

offrande [ɔfʀɑ̃d] nf offering ◆ **offrant** nm ◇ **au plus** ~ to the highest bidder ◆ **offre** nf (gén) offer; (aux enchères) bid ◇ **l'~ et la demande** supply and demand; **il y avait plusieurs ~s d'emploi** there were several jobs advertised; (Fin) ~ **publique d'achat** takeover bid (Brit), tender offer (US).

offrir [ɔfʀiʀ] 18 **1** vt **a** (cadeau) (donner) to give (*à* to); (acheter) to buy (*à* for) ◇ **c'est pour ~?** is it for a present? **b** (présenter: choix etc) to offer; (démission) to tender ◇ ~ **de faire** to offer to do; **cela n'offre rien de particulier** there is nothing special about that **2 s'offrir** vpr ◇ **s'~ à faire qch** to offer to do sth.

offusquer [ɔfyske] 1 vt to offend ◇ **s'~ de** to take offence at.

ogive [ɔʒiv] nf (Archit) diagonal rib; (fusée) nose cone.

ogre [ɔgʀ(ə)] nm ogre ◇ **manger comme un ~** to eat like a horse.

oie [wa] nf goose.

oignon [ɔɲɔ̃] nm (légume) onion; (tulipe etc) bulb ◇ **ce n'est pas mes ~s** [famil] it's no business of mine.

oiseau, pl ~**x** [wazo] nm bird ◇ ~ **de proie** bird of prey; **trouver l'~ rare** to find the man (ou woman) in a million; **drôle d'~** [famil] queer fish [famil].

oisif, **-ive** [wazif, iv] adj idle ◆ **oisiveté** nf idleness.

oléoduc [ɔleɔdyk] nm oil pipeline.

olive [ɔliv] nf olive ◆ **olivier** nm (arbre) olive tree; (bois) olive wood.

olympique [ɔlɛ̃pik] adj Olympic.

ombilical, **e**, mpl **-aux** [ɔ̃bilikal, o] adj (Anat) umbilical.

ombrage [ɔ̃bʀaʒ] nm (ombre) shade ◇ **prendre ~ de qch** to take offence at sth ◆ **ombragé**, **e** adj shady ◆ **ombrager** 3 vt to shade ◆ **ombrageux**, **-euse** adj easily offended.

ombre [ɔ̃bʀ(ə)] nf **a** shade; (portée) shadow; (obscurité) darkness ◇ **à l'~** in the shade; **tu me fais de l'~** you're in my light **b** (forme) shadow; (fantôme) shade **c** ◇ (fig) **laisser dans l'~** to leave in the dark; **une ~ de moustache** a hint of a moustache; **il n'y a pas l'~ d'un doute** there's not the shadow of a doubt; **jeter une ~ sur qch** to cast a gloom over sth; **mettre qn à l'~** [famil] to put sb behind bars; ~**s chinoises** shadow show ◆ **ombrelle** nf parasol, sunshade.

omelette [ɔmlɛt] nf omelette.

omettre [ɔmɛtʀ(ə)] 56 vt to omit ◆ **omission** nf omission.

omnibus [ɔmnibys] nm stopping train.

omnisports [ɔmnispɔʀ] adj inv (salle) multipurpose; (terrain) general-purpose.

omoplate [ɔmɔplat] nf shoulder blade.

OMS [ɔɛmɛs] nf abrév de *Organisation mondiale de la santé* WHO.

on [ɔ̃] pron (celui qui parle) one, you, we; (les gens) people, they; (quelqu'un) someone ◇ ~ **ne sait jamais** one ou you never can tell; ~ **dit que** people ou they say that, it's said that; ~ **t'a téléphoné** someone phoned you; ([famil]: nous) we phoned you; (sens passif) ~ **l'interrogea** he was questioned; (intensif) **c'est ~ ne peut plus beau** it couldn't be lovelier.

once [ɔ̃s] nf ounce.

oncle [ɔ̃kl(ə)] nm uncle.

onctueux, **-euse** [ɔ̃ktɥø, øz] adj creamy; (paroles) unctuous.

onde [ɔ̃d] nf wave ◇ **petites ~s**, **~s moyennes** medium waves; **sur les ~s** (radio) on the radio; (mer) on the waters.

ondée [ɔ̃de] nf (rain) shower.

on-dit [ɔ̃di] nm inv rumour.

ondulation [ɔ̃dylɑsjɔ̃] nf undulation ◇ (cheveux) ~**s** waves ◆ **onduler** 1 vi (gén) to undulate; (blés) to wave; (cheveux) to be wavy.

onéreux, **-euse** [ɔneʀø, øz] adj costly.

ongle [ɔ̃gl(ə)] nm (personne) finger nail; (animal) claw.

onomatopée [ɔnɔmatɔpe] nf onomatopoeia.

ONU [ɔny] nm abrév de *Organisation des Nations Unies* UNO.

onze [ɔ̃z] adj, nm inv eleven ◇ **le ~ novembre** Armistice Day → **six** ◆ **onzième** adj, nmf eleventh.

OPA [ɔpea] nf abrév de *offre publique d'achat* → **offre**.

opale [ɔpal] nf opal.

opacité [ɔpasite] nf opaqueness ◆ **opaque** adj opaque (*à* to).

OPEP [ɔpɛp] nf abrév de *Organisation des pays exportateurs de pétrole* OPEC.

opéra [ɔpeʀa] nm (œuvre) opera; (édifice) opera house ◇ ~**-comique** light opera.

opérateur, **-trice** [ɔpeʀatœʀ, tʀis] **1** nm,f (sur machine) operator; (Ciné) cameraman; (Ordin) (computer) operator **2** nm (Math) operator; (calculateur) processing unit ◆ **opération** nf (gén) operation; (financière) deal ◇ **salle d'~** operating theatre ◆ **opérationnel**, **-elle** adj operational ◆ **opératoire** adj (techniques) operating; (dépression) post-operative ◆ **opérer** 6 **1** vt **a** (malade) to operate on (*de* for); (tumeur) to remove; (réforme) to carry out ◇ **se faire ~ de qch** to have an operation, have sth removed **b** (choix) to make ◇ **un changement s'était opéré** a change had taken place **2** vi (remède) to work; (technicien etc) to proceed.

ophtalmologiste [ɔftalmɔlɔʒist(ə)] nmf ophthalmologist, eye specialist.

opiner [ɔpine] [1] vi to nod.

opiniâtre [ɔpinjɑtʀ(ə)] adj obstinate.

opinion [ɔpinjɔ̃] nf opinion (*sur* on, about) ◇ **se faire une** ~ to form an opinion (*sur* on); make up one's mind (*sur* about); **les sans** ~ the don't-knows.

opium [ɔpjɔm] nm opium.

opportun, e [ɔpɔʀtœ̃, yn] adj opportune ✦ **opportunité** nf opportuneness.

opposant, e [ɔpozɑ̃, ɑ̃t] nm,f opponent (*à* of) ✦ **opposé, e** 1 adj (rive, direction) opposite; (camp) opposing; (intérêts) conflicting ◇ **la maison ~e à la nôtre** the house opposite ours; (contre) ~ **à** opposed to, against 2 nm ◇ **l'~** the opposite, the reverse (*de* of); **à l'~** (de l'autre côté) on the opposite side (*de* from) ✦ **opposer** [1] 1 vt a (diviser) to divide (*à* from); (contraster) to contrast; (rivaux) to bring into conflict (*à* with) b (arguments) to put forward; (résistance) to put up ◇ ~ **son refus** to refuse 2 **s'opposer** vpr (équipes) to confront each other; (rivaux) to clash; (théories) to conflict; (styles) to contrast (*à* with) ◇ **s'~ à qch** to oppose sth; **rien ne s'y oppose** there's nothing against it ✦ **opposition** nf opposition (*à* to) ◇ **mettre en** ~ to contrast; **mettre ~ à** (décision) to oppose; (chèque) to stop; **par ~ à** as opposed to.

oppressant, e [ɔpʀesɑ̃, ɑ̃t] adj oppressive ✦ **oppresser** [1] vt (gén) to oppress; (suffoquer) to suffocate ✦ **oppresseur** nm oppressor ✦ **oppression** nf oppression.

opprimer [ɔpʀime] [1] vt to oppress.

opter [ɔpte] [1] vi ◇ ~ **pour** to opt for; ~ **entre** to choose between.

opticien, -ienne [ɔptisjɛ̃, jɛn] nm,f optician.

optimisme [ɔptimism(ə)] nm optimism ✦ **optimiste** 1 adj optimistic 2 nmf optimist.

optimal, e, mpl **-aux** [ɔptimal, o] adj optimal ✦ **optimum**, pl **~s** ou **optima** nm, adj optimum.

option [ɔpsjɔ̃] nf option ◇ **matière à** ~ optional subject (Brit), option, elective (US) ✦ **optionnel, -elle** adj optional.

optique [ɔptik] 1 adj (verre) optical; (nerf) optic 2 nf (science, appareils) optics (sg); (perspective) perspective.

opulence [ɔpylɑ̃s] nf opulence ✦ **opulent, e** adj opulent.

1. **or** [ɔʀ] nm gold ◇ ~ **noir** black gold; **en** ~ (objet) gold; (occasion) golden; (sujet) marvellous; **faire des affaires d'~** to make a fortune.

2. **or** [ɔʀ] conj (transition) now; (pourtant) but, yet.

oracle [ɔʀɑkl(ə)] nm oracle.

orage [ɔʀaʒ] nm (tempête) thunderstorm; (dispute) row ✦ **orageux, -euse** adj (gén, fig) stormy; (temps) thundery.

oraison [ɔʀɛzɔ̃] nf prayer ◇ ~ **funèbre** funeral oration.

oral, e, mpl **-aux** [ɔʀal, o] adj, nm oral.

orange [ɔʀɑ̃ʒ] adj inv, nmf orange ✦ **orangé, e** adj orangey ✦ **orangeade** nf orangeade ✦ **oranger** nm orange tree.

orang-outan(g), pl **~s-~s** [ɔʀɑ̃utɑ̃] nm orang-outang.

orateur [ɔʀatœʀ] nm (gén) speaker.

oratorio [ɔʀatɔʀjo] nm oratorio.

orbite [ɔʀbit] nf (œil) eye-socket; (astre) orbit; (zone d'influence) sphere of influence ◇ (satellite) **mettre sur** ~ to put into orbit; **être sur** ~ to be in orbit.

orchestre [ɔʀkɛstʀ(ə)] nm orchestra; (jazz, danse) band; (parterre) stalls, orchestra (US) ✦ **orchestrer** [1] vt to orchestrate.

orchidée [ɔʀkide] nf orchid.

ordinaire [ɔʀdinɛʀ] 1 adj (gén) ordinary; (habituel) usual; (péj: commun) common; (qualité) standard; (de tous les jours) everyday; (essence) two-star, regular (US) ◇ **peu** ~ unusual 2 nm ◇ (nourriture) **l'~** the food; **qui sort de l'~** which is out of the ordinary; **comme à l'~** as usual; **d'~** usually, as a rule ✦ **ordinairement** adv usually, as a rule.

ordinal, e, mpl **-aux** [ɔʀdinal, o] 1 adj ordinal 2 nm ordinal number.

ordinateur [ɔʀdinatœʀ] nm computer ◇ **mettre sur** ~ to computerize; **~individuel** ou **personnel** personal computer.

ordonnance [ɔʀdɔnɑ̃s] nf (organisation) organization; (Méd) prescription; (décret) order; (Mil: domestique) batman.

ordonner [ɔʀdɔne] [1] vt (commander) to order; (organiser) to organize; (traitement) to prescribe; (prêtre) to ordain ✦ **ordonné, e** adj orderly.

ordre [ɔʀdʀ(ə)] nm a (succession, importance) order ◇ **par ~ alphabétique** in alphabetical order; **dans un autre ~ d'idées** in a different way; **motifs d'~ personnel** reasons of a personal nature; **un chiffre de l'~ de** a figure of the order of; ~ **de grandeur** rough estimate; **de premier** ~ first-rate; **de dernier** ~ third-rate b (organisation) order; (personne, chambre) tidiness, orderliness ◇ **l'~ public** law and order; **avoir de l'~** to be tidy ou orderly; **en** ~ (maison) tidy, orderly; (comptes) in order; **sans** ~ untidy; **mettre en** ~ to tidy up; **mettre bon ~ à qch** to sort sth out; **en ~ de marche** in working order c (association, catégorie) order ◇ **entrer dans les ~s** to take orders; **l'~ des médecins** ≃ the Medical Association d (commandement) (gén) order; (Mil) order, command ◇ **par ~ de, sur l'~ de** by order of; **être aux ~s de qn** to be at sb's disposal; (Mil) **à vos ~s!** yes sir!; **l'~ du jour** (Mil) the order of the day; (programme) the agenda.

ordure [ɔʀdyʀ] nf dirt, filth ◇ (détritus) **~s** rubbish, refuse, garbage (US); **jeter qch aux ~s** to throw sth into the dustbin ou garbage can (US).

orée [ɔʀe] nf (bois) edge.

oreille [ɔʀɛj] nf ear ◇ **tirer les ~s à qn** (lit) to tweak sb's ears; (fig) to tell sb off [famil]; **se faire tirer l'~** to need a lot of persuading; **l'~ basse** crestfallen; **avoir l'~ fine** to have a sharp ear ♦ **oreiller** nm pillow ♦ **oreillons** nmpl ◇ **les ~** mumps.

ores [ɔʀ] adv ◇ **d'~ et déjà** already.

orfèvre [ɔʀfɛvʀ(ə)] nm silversmith, goldsmith; (fig) expert ♦ **orfèvrerie** nf silversmith's ou goldsmith's trade ◇ **pièce d'~** piece of silver ou gold plate.

organe [ɔʀgan] nm (gén) organ; (porte-parole) spokesman ◇ **~s de transmission** transmission system.

organigramme [ɔʀganigʀam] nm (hiérarchie) organization chart; (procédure, Ordin) flow chart.

organique [ɔʀganik] adj organic.

organisateur, -trice [ɔʀganizatœʀ, tʀis] nm,f organizer ♦ **organisation** nf organization ♦ **organiser** [1] vt to organize ◇ **s'~** to organize o.s., get organized.

organisme [ɔʀganism(ə)] nm body, organism.

orgasme [ɔʀgasm(ə)] nm orgasm, climax.

orge [ɔʀʒ(ə)] nf barley.

orgie [ɔʀʒi] nf orgy.

orgue [ɔʀg(ə)] nm organ ◇ **~ de Barbarie** barrel organ; **les grandes ~s** (nfpl) the great organs.

orgueil [ɔʀgœj] nm pride ◇ **tirer ~ de qch** to take pride in sth ♦ **orgueilleux, -euse** adj proud.

orient [ɔʀjɑ̃] nm ◇ **l'O~** the East, the Orient ♦ **oriental, e,** mpl **-aux** 1 adj (région) eastern; (produits) oriental 2 nm ◇ **O~** Oriental 3 nf ◇ **O~e** Oriental woman.

orientable [ɔʀjɑ̃tabl(ə)] adj adjustable ♦ **orientation** nf (gén) direction, orientation; (maison) aspect; (science) trends; (magazine) political tendencies ◇ (action) **l'~ de l'antenne** positioning ou adjusting the aerial; **~ professionnelle** career guidance ♦ **orienté, e** adj (partial) slanted ♦ **orienter** [1] 1 vt (gén) to direct; (objet) to position, adjust ◇ **~ un élève** to advise a pupil on what courses to follow 2 **s'orienter** vpr (voyageur) to find one's bearings ◇ **s'~ vers** to turn towards.

orifice [ɔʀifis] nm opening; (tuyau) mouth.

originaire [ɔʀiʒinɛʀ] adj ◇ (plante) **~ de** native to; **il est ~ de** he is a native of.

original, e, mpl **-aux** [ɔʀiʒinal, o] 1 adj original; (bizarre) eccentric 2 nm,f eccentric 3 nm (tableau etc) original; (document) top copy ♦ **originalité** nf originality; eccentricity ◇ **une ~** an original feature.

origine [ɔʀiʒin] nf origin ◇ **d'~** (pays) of origin; (pneus) original; **coutume d'~ ancienne** custom of long standing; **à l'~** originally; **dès l'~** from the beginning ♦ **originel, -elle** adj original.

ORL [oɛʀɛl] nmf abrév de *oto-rhino-laryngologiste* ENT specialist.

orme [ɔʀm(ə)] nm elm.

ornement [ɔʀnəmɑ̃] nm (gén) ornament ♦ **orner** [1] vt to decorate (*de* with) ◇ **robe ornée d'un galon** dress trimmed with braid.

ornière [ɔʀnjɛʀ] nf rut ◇ (fig) **il est sorti de l'~** he's out of the wood.

orphelin, e [ɔʀfəlɛ̃, in] 1 adj orphaned 2 nm,f orphan ♦ **orphelinat** nm orphanage.

orque [ɔʀk(ə)] nm killer whale.

ORSEC [ɔʀsɛk] nf abrév de *Organisation de secours* ◇ **plan ~** *scheme set up to deal with major civil emergencies.*

orteil [ɔʀtɛj] nm toe ◇ **gros ~** big toe.

orthodoxe [ɔʀtɔdɔks(ə)] adj, nmf orthodox ♦ **orthodoxie** nf orthodoxy.

orthographe [ɔʀtɔgʀaf] nf spelling ♦ **orthographier** [7] vt to spell.

ortie [ɔʀti] nf nettle.

OS [oɛs] nm abrév de *ouvrier spécialisé* → **ouvrier.**

os [ɔs] nm bone ◇ **tomber sur un ~** [famil] to hit [famil] a snag.

oscillation [ɔsilɑsjɔ̃] nf oscillation; (prix) fluctuation ♦ **osciller** [1] vi (Tech) to oscillate; (tête) to rock; (flamme) to flicker; (prix) to fluctuate; (hésiter) to waver.

oseille [ozɛj] nf sorrel; (famil: argent) dough [famil].

oser [oze] [1] vt to dare ◇ **si j'ose dire** if I may say so ♦ **osé, e** adj daring.

osier [ozje] nm wicker.

osmose [ɔsmoz] nf osmosis.

ossature [ɔsatyʀ] nf frame ♦ **osselets** nmpl knucklebones ♦ **ossements** nmpl bones ♦ **osseux, -euse** adj bone; (maigre) bony.

ostensible [ɔstɑ̃sibl(ə)] adj conspicuous.

ostentation [ɔstɑ̃tasjɔ̃] nf ostentation.

otage [ɔtaʒ] nm hostage ◇ **prendre qn en ~ ou comme ~** to take sb hostage.

OTAN [ɔtɑ̃] nf abrév de *Organisation du traité de l'Atlantique Nord* NATO.

otarie [ɔtaʀi] nf sea-lion.

ôter [ote] [1] vt (gén) to remove (*de* from); (ornement, scrupules) to take away; (vêtement) to take off; (tache) to take out (*de* of) ◇ **ôte tes mains de la porte!** take your hands off the door!; ~ **qch à qn** (objet) to take sth away from sb; (droits, forces) to deprive sb of sth; **ôtez-vous de là!** get out of there!

otite [ɔtit] nf ear infection.

oto-rhino-laryngologiste [ɔtɔʀinɔlaʀɛ̃gɔlɔʒist(ə)] nmf ear, nose and throat specialist.

ou [u] conj or ◇ **avec ~ sans sucre?** with or without sugar?; ~ **il est malade ~ il est fou** he's either sick or mad.

où [u] **1** pron **a** (lieu) where ◇ **la ville ~ j'habite** the town I live in ou where I live **b** (situation) in etc which ◇ **l'état ~ c'est** the state in which it is, the state it is in; **la famille d'~ il sort** the family he comes from **c** (temps) when ◇ **le jour ~ je l'ai rencontré** the day (when) I met him **2** adv rel where ◇ ~ **que l'on aille** wherever one goes; **d'~ l'on peut conclure que...** from which one may conclude that...; **d'~ son silence** hence his silence **3** adv interrog where ◇ ~ **es-tu?** where are you?; ~ **voulez-vous en venir?** what are you getting at?

ouailles [waj] nfpl (Rel, hum) flock.

ouate [wat] nf cotton wool, absorbent cotton (US).

oubli [ubli] nm (trou de mémoire) lapse of memory; (omission) omission; (négligence) oversight ◇ **l'~** oblivion, forgetfulness; **l'~ de qch** forgetting sth ◆ **oublier** [7] **1** vt (gén) to forget; (fautes d'orthographe) to miss; (phrase) to leave out **2** **s'oublier** vpr (personne) to forget o.s. ◇ **ça s'oublie facilement** it's easily forgotten.

ouest [wɛst] **1** nm west ◇ **à l'~** (situation) in the west; (direction) to the west, westwards; **l'Europe de l'O ~** Western Europe **2** adj inv (région) western; (côté) west; (direction) westerly.

ouf [uf] excl phew!

Ouganda [ugɑ̃da] nm Uganda ◆ **ougandais, e** nm, **O~, e** nm,f Ugandan.

oui [wi] adv yes ◇ **le connaissez-vous?** – ~ do you know him? – yes (I do); **faire ~ de la tête** to nod; **je pense que ~** (yes) I think so; **il va accepter, ~ ou non?** is he or isn't he going to accept?; **il y a eu 30 ~** there were 30 votes in favour; **pleurer pour un ~ ou pour un non** to cry at the drop of a hat.

ouïe [wi] nf hearing ◆ **ouï-dire** nm inv ◇ **par ~** by hearsay ◆ **ouïr** [10] vt to hear.

ouïes [wi] nfpl gills.

ouille [uj] excl ouch!

ouragan [uʀagɑ̃] nm hurricane.

ourler [uʀle] [1] vt to hem ◆ **ourlet** nm hem.

ours [uʀs] nm bear ◇ ~ **en peluche** teddy bear; ~ **blanc** polar bear.

oursin [uʀsɛ̃] nm sea urchin.

oust(e) [ust(ə)] excl [famil] off with you!

outil [uti] nm tool; (agricole) implement ◇ ~ **de travail** tool ◆ **outillage** nm (bricoleur) set of tools; (usine) equipment ◆ **outiller** [1] vt to equip.

outrage [utʀaʒ] nm insult (*à* to) ◆ **outragé, e** adj offended ◆ **outrageant, e** adj offensive ◆ **outrager** [3] vt to offend.

outrageux, -euse [utʀaʒø, øz] adj outrageous, excessive.

outrance [utʀɑ̃s] nf (excès) excess ◆ **outrancier, -ière** adj excessive.

outre [utʀ(ə)] prép besides ◇ ~ **son salaire** on top of ou in addition to his salary; **en ~** moreover, besides; ~ **mesure** to excess; **passer ~** to carry on regardless (*à* of); **~-Manche** across the Channel; **~-mer** overseas.

outrepasser [utʀəpɑse] [1] vt (droits) to exceed; (limites) to overstep.

outrer [utʀe] [1] vt (exagérer) to exaggerate; (indigner) to outrage ◆ **outré, e** adj exaggerated; outraged (*par* by).

outsider [awtsajdœʀ] nm outsider.

ouvert, e [uvɛʀ, ɛʀt(ə)] adj (gén) open (*à* to); (robinet) on; (personne) open-minded ◆ **ouvertement** adv openly ◆ **ouverture** nf (gén) opening; (Mus) overture ◇ (avances) **~s** overtures; (bureau) **à l'~** at opening time; ~ **d'esprit** open-mindedness ◆ **ouvrable** adj ◇ **jour ~** working day; **heures ~s** business hours.

ouvrage [uvʀaʒ] nm (gén) work; (objet) piece of work; (livre) book ◇ (pont etc) ~ **d'art** structure; **se mettre à l'~** to start work ◆ **ouvragé, e** adj finely worked.

ouvre [uvʀə] préf ◇ **~-boîte(s)** [nm inv] tin-opener; ~ **bouteille(s)** [nm inv] bottle-opener.

ouvreuse [uvʀøz] nf usherette.

ouvrier, -ière [uvʀije, ijɛʀ] **1** adj (quartier) working-class; (agitation) industrial, labour **2** nm worker, workman ◇ ~ **agricole** farm labourer ou hand; ~ **qualifié** skilled worker; ~ **spécialisé** unskilled worker **3** nf female worker.

ouvrir [uvʀiʀ] [18] **1** vt (gén) to open; (mur, ventre, perspectives) to open up; (porte fermée à clef) to unlock; (robinet, radio) to turn on; (ailes) to spread; (manteau) to undo; (procession) to lead; (hostilités) to begin, open; (appétit) to whet ◇ **va ~!** go and open ou answer the door!; **fais-toi ~ par la concierge** ask ou get the caretaker to let you in; ~ **l'œil** to keep one's eyes open; ~ **la voie à qn** to lead the way for sb; ~ **la marche** to take the lead **2** vi to open (*sur* on; *par* with) **3** **s'ouvrir** vpr (gén) to open; (fleur) to open out ◇ **robe qui s'ouvre par**

devant dress that undoes at the front; **s'~ un passage dans la foule** to cut one's way through the crowd; **la porte a dû s'~** the door must have come open; **s'~ à** (problèmes) to become aware of; (confident) to open one's heart to; **s'~ la jambe** to cut one's leg.

ovaire [ɔvɛʀ] nm ovary.

ovale [ɔval] adj, nm oval.

ovation [ɔvasjɔ̃] nf ovation ◇ **faire une ~ à qn** to give sb an ovation.

overdose [ɔvɛʀdoz] nf overdose.

ovni [ɔvni] nm abrév de *objet volant non identifié* UFO.

ovulation [ɔvylasjɔ̃] nf ovulation ◆ **ovule** nm (Physiol) ovum.

oxydation [ɔksidasjɔ̃] nf oxidization ◆ **oxyde** nm oxide ◇ **~ de carbone** carbon monoxide ◆ **oxyder** [1] vt to oxidize ◇ **s'~** to become oxidized.

oxygène [ɔksiʒɛn] nm oxygen ◆ **oxygéner** [6] vt to oxygenate ◇ **s'~** [famil] to get some fresh air.

ozone [ozɔn] nm ozone.

p

P, p [pe] nm (lettre) P, p.

PAC [pak] nf abrév de *politique agricole commune* CAP.

pachyderme [paʃidɛʀm(ə)] nm elephant.

pacification [pasifikɑsjɔ̃] nf pacification ◆ **pacifier** 7 vt to pacify ◆ **pacifique** 1 adj (gén) peaceful; (humeur) peaceable; (océan) Pacific 2 nm ◇ **le P~** the Pacific ◆ **pacifisme** nm pacifism ◆ **pacifiste** nmf, adj pacifist ◇ **manifestation ~** peace march.

pacotille [pakɔtij] nf poor-quality stuff.

pacte [pakt(ə)] nm pact ◆ **pactiser** 1 vt (se liguer) to take sides; (transiger) to come to terms (*avec* with).

pactole [paktɔl] nm gold mine.

PAF [paf] m abrév de *paysage audiovisuel français* nation-wide broadcasting media.

pagaie [pagɛ] nf paddle.

pagaïe, pagaille [pagaj] nf mess ◇ **mettre la ~ dans qch** to mess sth up; **il y en a en ~** [famil] there are loads [famil] ou masses of them.

pagayer [pageje] 8 vi to paddle.

1. **page** [paʒ] nf page; (passage) passage ◇ **~ de garde** flyleaf; **être à la ~** to be up-to-date.

2. **page** [paʒ] nm (Hist) page.

pagne [paɲ] nm loincloth.

pagode [pagɔd] nf pagoda.

paie [pɛ] nf (gén) pay; (ouvrier) wages ◇ **ça fait une ~ que nous ne nous sommes pas vus** [famil] it's ages since we last saw each other ◆ **paiement** nm payment ◇ **~ comptant** payment in full; **~ en nature** payment in kind.

païen, -ïenne [pajɛ̃, jɛn] adj, nm,f pagan, heathen.

paillasse [pajas] nf (matelas) straw mattress; (évier) draining board ◆ **paillasson** nm doormat.

paille [pɑj] nf straw; (pour boire) drinking straw; (Tech: défaut) flaw ◇ **~ de riz** straw; **mettre sur la ~** to reduce to poverty; (un rien) **une ~!** [famil] peanuts! [famil].

paillette [pajɛt] nf (or) speck; (mica, lessive) flake; (sur robe) sequin.

pain [pɛ̃] nm (gén) bread ◇ (miche) **un ~** a loaf; (gâteau) a bun; (cire) a bar; **~ de campagne** farmhouse bread; **~ d'épices** ≃ gingerbread; **~ de Gênes** Genoa cake; **~ grillé** toast; **~ de mie** sandwich loaf; **se vendre comme des petits ~s** to sell like hot cakes; **avoir du ~ sur la planche** [famil] to have a lot on one's plate.

1. **pair** [pɛʀ] nm (personne) peer; (Fin) par ◇ **jeune fille au ~** au pair girl; **ça va de ~** it goes hand in hand (*avec* with).

2. **pair, 1. e** [pɛʀ] adj (nombre) even ◇ **le côté ~** the even-numbers side of the street.

2. **paire** [pɛʀ] nf pair ◇ **c'est une autre ~ de manches** [famil] that's another story.

paisible [pezibl(ə)] adj peaceful, quiet; (sans agressivité) peaceable.

paître [pɛtʀ(ə)] 57 vi to graze ◇ **faire ~** to graze; **envoyer ~ qn** [famil] to send sb packing [famil].

paix [pɛ] nf (gén) peace; (traité) peace treaty; (silence) peacefulness ◇ **faire la ~ avec qn** to make one's peace with sb; **avoir la ~** to have a bit of peace and quiet; **avoir la conscience en ~** to have a clear conscience; **fiche-moi la ~!** [famil] leave me alone!

Pakistan [pakistɑ̃] nm Pakistan ◆ **pakistanais, e** adj, **P~, e** nm,f Pakistani.

palace [palas] nm luxury hotel.

palais [palɛ] nm (édifice) palace; (bouche) palate ◇ ~ **des congrès/expositions** conference/exhibition centre; **le P~ de Justice** the Law Courts; ~ **des sports** sports stadium.

palan [palɑ̃] nm hoist.

pale [pal] nf (hélice) blade; (roue) paddle.

pâle [pɑl] adj (gén) pale; (maladif) pallid.

Palestine [palɛstin] nf Palestine ◆ **palestinien, -ienne** adj, **P~, ienne** nm,f Palestinian.

paletot [palto] nm knitted jacket.

palette [palɛt] nf (Peinture) palette; (Boucherie) shoulder; (Manutention) pallet.

pâleur [pɑlœʀ] nf paleness; (maladive) pallor.

palier [palje] nm (escalier) landing; (route) level; (étape) stage.

pâlir [pɑliʀ] [2] vti to turn pale ◇ **faire ~ qn d'envie** to make sb green with envy.

palissade [palisad] nf (pieux) fence; (planches) boarding.

palliatif [paljatif] nm palliative ◆ **pallier** [7] vt (difficulté) to get round; (manque) to compensate for.

palmarès [palmaʀɛs] nm list of prizes ou winners; (athlète etc) record.

palme [palm(ə)] nf (feuille) palm leaf; (symbole) palm; (nageur) flipper ◆ **palmé, e** adj (oiseau) webfooted ◆ **palmier** nm palm tree; (gâteau) palmier.

pâlot, -otte [pɑlo, ɔt] adj [famil] pale, peaky [famil].

palourde [paluʀd(ə)] nf clam.

palper [palpe] [1] vt to finger; (Méd) to palpate.

palpitations [palpitɑsjɔ̃] nfpl palpitations ◆ **palpiter** [1] vi (cœur) to beat; (violemment) to pound; (narines) to quiver.

paludisme [palydism(ə)] nm malaria.

pamphlet [pɑ̃flɛ] nm lampoon.

pamplemousse [pɑ̃pləmus] nm grapefruit.

1. **pan** [pɑ̃] nm (morceau) piece; (basque) tail ◇ ~ **de mur** wall; **il est en ~ de chemise** he has just his shirt on.

2. **pan** [pɑ̃] excl (fusil) bang!; (gifle) slap!

3. **pan** [pɑ̃] préf Pan- ◇ **panaméricain** etc Pan-American etc.

panacée [panase] nf panacea.

panache [panaʃ] nm plume; (héroïsme) gallantry.

panaché, e [panaʃe] [1] adj (assortiment) motley; (glace) mixed-flavour [2] nm (boisson) shandy.

Panama [panama] nm Panama ◆ **panaméen, -enne** adj, **P~, -enne** nm,f Panamian.

panaris [panaʀi] nm whitlow.

pancarte [pɑ̃kaʀt(ə)] nf (gén) sign, notice; (Aut) road sign; (manifestant) placard.

pancréas [pɑ̃kʀeɑs] nm pancreas.

panda [pɑ̃da] nm panda.

panel [panɛl] nm (jury) panel; (échantillon) sample group.

paner [pane] [1] vt to coat with breadcrumbs.

panier [panje] nm basket ◇ **ils sont tous à mettre dans le même ~** they are all much of a muchness; **mettre au ~** to throw out; ~ **percé** spendthrift; ~ **à salade** (Culin) salad basket; ([famil] fig) police van.

panique [panik] nf panic ◇ **pris de ~** panic-stricken; **pas de ~!** [famil] don't panic!, no need to panic! ◆ **paniquer** [1] [1] vt [famil] ◇ ~ **qn** to put the wind up sb [famil] [2] vi, **se paniquer** [famil] vpr to panic, get the wind up [famil].

panne [pan] nf breakdown ◇ **je suis tombé en ~** my car has broken down; **tomber en ~ sèche** to run out of petrol ou gas (US); ~ **de courant** etc power failure etc.

panneau, pl **~x** [pano] nm (porte etc) panel; (écriteau) sign, notice ◇ ~ **d'affichage** (résultats) notice board, bulletin board (US); (publicité) hoarding, billboard (US); ~ **indicateur** signpost; ~ **de signalisation** road sign; **tomber dans le ~** [famil] to fall into the trap ◆ **panonceau**, pl **~x** nm (plaque) plaque; (publicitaire) sign.

panoplie [panɔpli] nf (jouet) outfit; (moyens etc) range ◇ ~ **d'armes** display of weapons.

panorama [panɔʀama] nm panorama ◆ **panoramique** adj panoramic.

panse [pɑ̃s] nf paunch; (famil: ventre) belly [famil].

pansement [pɑ̃smɑ̃] nm dressing; (bandage) bandage ◇ ~ **adhésif** sticking plaster, Band Aid ® (US) ◆ **panser** [1] vt (plaie) to dress; (bras) to put a dressing on; (blessé) to dress the wounds of; (cheval) to groom.

pantalon [pɑ̃talɔ̃] nm trousers, pants (US) ◇ **10 ~s** 10 pairs of trousers.

panthéon [pɑ̃teɔ̃] nm pantheon.

panthère [pɑ̃tɛʀ] nf panther.

pantin [pɑ̃tɛ̃] nm (jouet) jumping jack; (péj: personne) puppet.

pantomime [pɑ̃tɔmim] nf (art) mime; (spectacle) mime show; (fig) scene, fuss.

pantouflard, e [pɑ̃tuflaʀ, aʀd(ə)] adj [famil] (caractère) stay-at-home; (vie) quiet ◆ **pantoufle** nf slipper.

PAO [peao] nf abrév de *publication assistée par ordinateur* DTP.

paon [pɑ̃] nm peacock.

papa [papa] nm dad, daddy ◇ **la musique de ~** [famil] old-fashioned music; **c'est un ~ gâteau** he spoils children.

papauté [papote] nf papacy ◆ **pape** nm pope.

paperasse [papʀas] nf ◇ (péj) ~**(s)** papers; (à remplir) forms.

papeterie [papetʀi] nf (magasin) stationer's shop; (fourniture) stationery; (fabrique) paper mill ◆ **papetier**, **-ière** nm,f stationer.

papier [papje] nm (gén) paper; (feuille) sheet of paper; (formulaire) form; (article) article ◇ **sac en** ~ paper bag; ~ **aluminium** aluminium ou aluminum (US) foil, tinfoil; ~ **calque** tracing paper; ~**s d'identité** identity papers; ~ **hygiénique** toilet paper; ~ **journal** newsprint; ~ **à lettres** writing paper, notepaper; ~ **peint** wallpaper; ~ **de verre** sandpaper; **sur** ~ **libre** on plain paper; **être dans les petits** ~**s de qn** to be in sb's good books.

papillon [papijɔ̃] nm (insecte) butterfly; (écrou) wing ou butterfly nut; (contravention) parking ticket; (autocollant) sticker ◇ ~ **de nuit** moth.

papillote [papijɔt] nf (bonbon) (sweet ou candy US) paper; (papier aluminium) tinfoil.

papotage [papɔtaʒ] nm ◇ ~**(s)** chatter ◆ **papoter** [1] vi to chatter.

paquebot [pakbo] nm liner, steamship.

pâquerette [pɑkʀɛt] nf daisy.

Pâques [pɑk] **1** nm Easter **2** nfpl ◇ **joyeuses** ~ Happy Easter.

paquet [pakɛ] nm **a** (café) bag; (cigarettes) packet; (cartes) pack; (linge) bundle ◇ ~**-cadeau** gift-wrapped parcel **b** (colis) parcel ◇ **faire ses** ~**s** to pack one's bags; **il y a mis le** ~ [famil] he spared no expense **c** ◇ (Rugby) ~ **d'avants** pack; ~ **de mer** heavy sea ◆ **paquetage** nm (Mil) pack, kit.

par [paʀ] prép **a** (gén) by ◇ ~ **le train** by rail ou train; ~ **erreur** by mistake; ~ **bien des côtés** in many ways; **ça ferme** ~ **un verrou** it locks with a bolt; **faire qch** ~ **soi-même** to do sth for o.s. **b** (motif) out of, from, for ◇ ~ **habitude** out of ou from habit; ~ **plaisir** for pleasure **c** (lieu, état) through ◇ **il est sorti** ~ **la fenêtre** he went out through the window; **il habite** ~ **ici** he lives round here; **sortez** ~ **ici** go out this way; ~ **où allons-nous commencer?** where shall we begin? **d** (provenance) from ◇ **apprendre qch** ~ **un ami** to learn sth from ou through a friend; **arriver** ~ **le nord** to arrive from the north **e** (distribution, mesure) a, per, by ◇ **marcher 2** ~ **2** to walk 2 by 2; **3 fois** ~ **an** 3 times a ou per year; ~ **moments** at times; **ils sont venus** ~ **milliers** they came in their thousands; ~ **3 fois, on lui a demandé** he has been asked 3 times **f** (atmosphère) in; (moment) on ◇ ~ **une belle nuit** one ou on a beautiful night; ~ **ce froid** in this cold; **sortir** ~ **moins 10°** to go out when it's minus 10° **g** ◇ ~ **trop grand** etc far too big etc.

parabole [paʀabɔl] nf (Math) parabola; (Rel) parable ◆ **parabolique** adj parabolic ◇ **antenne** ~ satellite dish.

parachever [paʀaʃve] [5] vt to perfect.

parachute [paʀaʃyt] nm parachute ◆ **parachuter** [1] vt to parachute ◆ **parachutisme** nm parachuting ◇ **faire du** ~ to go parachuting ◆ **parachutiste** nmf parachutist; (Mil) paratrooper.

parade [paʀad] nf (spectacle) parade; (Escrime) parry; (fig) answer, reply ◆ **parader** [1] vi to show off.

paradis [paʀadi] nm paradise, heaven ◆ **paradisiaque** adj heavenly.

paradoxe [paʀadɔks(ə)] nm paradox ◆ **paradoxal**, **e**, mpl **-aux** adj paradoxical.

paraffine [paʀafin] nf paraffin wax.

parages [paʀaʒ] nmpl ◇ **dans les** ~ round here; **dans les** ~ **de** in the vicinity of.

paragraphe [paʀagʀaf] nm paragraph.

Paraguay [paʀagwɛ] nm Paraguay ◆ **paraguayen**, **-enne** adj, **P**~, **-enne** nm,f Paraguayan.

paraître [paʀɛtʀ(ə)] [57] vi **a** (se montrer) to appear; (être visible) to show (*sur* on) ◇ **faire** ~ **qch** (éditeur) to bring sth out; (auteur) to have sth published; **laisser** ~ **son irritation** to let one's annoyance show **b** (sembler) to look, seem, appear ◇ **cela me paraît une erreur** it looks ou seems like a mistake to me.

parallèle [paʀalɛl] **1** adj (Math) parallel (*à* to); (comparable) similar; (non officiel) unofficial; (énergie, société) alternative **2** nf (Math) parallel line **3** nm parallel ◇ **mettre en** ~ to compare ◆ **parallèlement** adv parallel (*à* to); (similairement) in the same way (*à* as).

paralyser [paʀalize] [1] vt to paralyse ◆ **paralysé**, **e** **1** adj paralysed ◇ ~ **par la grève** (gare) strike-bound **2** nm,f paralytic ◆ **paralysie** nf paralysis ◆ **paralytique** adj, nmf paralytic.

paramédical, **e**, mpl **-aux** [paʀamedikal, o] adj paramedical.

paramètre [paʀamɛtʀ(ə)] nm parameter.

paranoïaque [paʀanɔjak] adj, nmf paranoiac.

parapente [paʀapɑ̃t] nm paragliding.

parapet [paʀapɛ] nm parapet.

paraphe [paʀaf] nm signature.

paraphrase [paʀafʀɑz] nf paraphrase.

parapluie [paʀaplɥi] nm umbrella.

parapsychologie [paʀapsikɔlɔʒi] nf parapsychology.

parascolaire [paʀaskɔlɛʀ] adj extracurricular.

parasite [paʀazit] **1** nm parasite ◇ (Rad) ~**s** interference **2** adj parasitical.

parasol [paʀasɔl] nm (gén) parasol; (plage) beach umbrella.

paratonnerre [paratɔnɛr] nm lightning conductor.

paravent [paravɑ̃] nm folding screen.

parc [park] nm park; (château) grounds; (Mil: entrepôt) depot ◇ ~ **automobile** (pays) number of vehicles on the road; (entreprise) car fleet; ~ **à bébé** playpen; ~ **à huîtres** oyster bed; ~ **naturel** reserve; ~ **de stationnement** car park, parking lot (US).

parcelle [parsɛl] nf fragment ◇ ~ **de terre** plot of land.

parce que [parsk(ə)] conj because.

parchemin [parʃəmɛ̃] nm parchment.

parcimonie [parsimɔni] nf parsimony.

par-ci par-là [parsiparla] adv (espace) here and there; (temps) now and then.

parcmètre [parkmɛtr(ə)] nm parking meter.

parcourir [parkurir] [11] vt (distance) to cover, travel; (pays) to travel up and down; (des yeux) to glance at ◇ **un frisson parcourut son corps** a shiver ran through his body ◆ **parcours** nm **a** (distance) distance; (trajet) journey; (itinéraire) route **b** (Sport) course ◇ ~ **de golf** (terrain) golf course; (partie) round of golf.

par-delà [pardəla] prép beyond.

par-derrière [pardɛrjɛr] **1** prép behind **2** adv (se trouver) at the back.

par-dessous [pard(ə)su] prép, adv under.

pardessus [pardəsy] nm overcoat.

par-dessus [pard(ə)sy] prép, adv over ◇ ~ **tout** above all; **j'en ai ~ la tête** I'm sick and tired of it; ~ **le marché** into the bargain; ~ **bord** overboard.

par-devant [pard(ə)vɑ̃] **1** prép ◇ ~ **notaire** before a lawyer **2** adv at the front.

pardon [pardɔ̃] nm (grâce) forgiveness, pardon ◇ **demander ~ à qn d'avoir fait** to apologize to sb for doing; **(je vous demande) ~** I'm sorry, I beg your pardon; (pour demander) excuse me ◆ **pardonnable** adj pardonable, forgivable ◆ **pardonner** [1] **1** vt to forgive ◇ ~ **qch à qn** to forgive sb for sth; ~ **à qn d'avoir fait qch** to forgive sb for doing sth; **on lui pardonne tout** he gets away with everything **2** vi ◇ **erreur qui ne pardonne pas** fatal mistake.

pare- [par] préf ◇ ~**-balles** [adj inv] bulletproof; ~**-brise** [nm inv] windscreen, windshield (US); ~**-chocs** [nm inv] bumper, fender (US).

paré, e [pare] adj (prêt) ready.

pareil, -eille [parɛj] **1** adj (identique) similar; (tel) such ◇ ~ **que,** ~ **à** the same as, similar to; **c'est toujours ~** it's always the same; **je n'ai jamais entendu un discours ~** I've never heard such a speech **2** nm,f ◇ **nos ~s** our fellow men; **ne pas avoir son ~** to be second to none; **c'est du ~ au même** [famil] it comes to the same thing **3** adv the same thing (*que* as) ◆ **pareillement** adv the same (*à* as).

parent, e [parɑ̃, ɑ̃t] **1** adj related (*de* to) **2** nm,f relative, relation **3** nmpl ◇ ~**s** parents; (ancêtres) ancestors, forefathers ◆ **parenté** nf relationship.

parenthèse [parɑ̃tɛz] nf (digression) digression; (signe) bracket, parenthesis ◇ **entre ~s** in brackets; (fig) incidentally.

1. **parer** [pare] [1] **1** vt to adorn; (viande) to dress **2** **se parer** vpr to put on all one's finery.

2. **parer** [pare] [1] **1** vt (coup) to parry **2** **parer à** vt indir (gén) to deal with; (danger) to ward off.

paresse [parɛs] nf laziness, idleness; (péché) sloth ◆ **paresser** [1] vi to laze about ◆ **paresseux, -euse** **1** adj (personne) lazy, idle **2** nm,f lazybones [famil].

parfaire [parfɛr] [60] vt to perfect ◆ **parfait, e** **1** adj (gén) perfect **2** nm (Ling) perfect ◇ ~ **au café** coffee parfait ◆ **parfaitement** adv perfectly; (bien sûr) certainly.

parfois [parfwa] adv sometimes.

parfum [parfœ̃] nm (substance) perfume, scent; (odeur) scent, fragrance; (goût) flavour ◇ **mettre qn au ~** [famil] to put sb in the picture [famil] ◆ **parfumé, e** adj (savon) scented; (fleur) fragrant ◇ ~ **au café** coffee-flavoured ◆ **parfumer** [1] **1** vt to perfume **2** **se parfumer** vpr to use perfume ◆ **parfumerie** nf perfumery; (boutique) perfume shop.

pari [pari] nm bet, wager ◆ **parier** [7] vt to bet, wager ◇ **je l'aurais parié** I might have known ◆ **parieur, -euse** nm,f punter.

parisien, -ienne [parizjɛ̃, jɛn] **1** adj Paris, Parisian **2** nm,f ◇ **P~, -ienne** Parisian.

paritaire [paritɛr] adj (commission) joint; (représentation) equal ◆ **parité** nf parity.

parjure [parʒyr] **1** adj (personne) faithless; (serment) false **2** nm (violation de serment) betrayal **3** nmf traitor ◆ **se parjurer** [1] vpr to be a traitor to one's promise.

parking [parkiŋ] nm (lieu) car park, parking lot (US); (action) parking.

parlant, e [parlɑ̃, ɑ̃t] **1** adj eloquent, meaningful **2** adv ◇ **économiquement** etc ~ economically etc speaking.

parlement [parləmɑ̃] nm parliament ◆ **parlementaire** **1** adj parliamentary **2** nmf (Pol) member of Parliament; (négociateur) negociator ◆ **parlementer** [1] vi to parley.

parler [parle] [1] **1** vi to talk, speak ◇ **moi qui vous parle** I myself; (fig) **trouver à qui ~** to meet one's match; **faire ~ de soi** to get o.s. talked about; ~ **mal de qn** to speak ill of sb; **toute la ville en parle** it's the talk of the town; **il n'en parle jamais** he never mentions it; **quand on parle du loup (on en voit la queue)** speak of the devil (and he will appear); **il m'en a parlé** he told me about it, he spoke to me about it; **on m'a beaucoup parlé de vous** I've heard a lot about you; **les faits parlent d'eux-mêmes** the facts speak for themselves; **de quoi ça parle, ton livre?** what is your book about?; **vous parlez!** [famil] you're telling me! [famil]; **n'en parlons plus** let's forget it; **sans ~ de...** not to mention..., to say nothing of...; **vous n'avez qu'à ~** just say the word **2** vt ◇ **~ (l')anglais** to speak English; **~ politique** to talk politics **3** nm speech; (régional) dialect ◆ **parlé, e** adj (langue) spoken ◆ **parleur, -euse** nm,f talker ◆ **parloir** nm (école, prison) visiting room; (couvent) parlour.

parmi [paʀmi] prép among.

parodie [paʀɔdi] nf parody ◆ **parodier** [7] vt to parody.

paroi [paʀwa] nf wall; (cloison) partition ◇ **~ rocheuse** rock face.

paroisse [paʀwas] nf parish ◆ **paroissial, e,** mpl **-aux** adj parish ◇ **salle ~e** church hall ◆ **paroissien, -ienne** nm,f parishioner.

parole [paʀɔl] nf **a** (mot) word; (remarque) remark ◇ (chanson) **~s** lyrics; **histoire sans ~s** wordless cartoon **b** (promesse) word ◇ **tenir ~** to keep one's word; **je l'ai cru sur ~** I took his word for it; **ma ~!** [famil] my word! **c** (faculté) speech ◇ **passer la ~ à qn** to hand over to sb; **prendre la ~** to speak.

paroxysme [paʀɔksism(ə)] nm height.

parpaing [paʀpɛ̃] nm breeze-block.

parquer [paʀke] [1] **1** vt (voiture) to park; (bétail) to pen **2 se parquer** vpr to park.

parquet [paʀkɛ] nm (plancher) floor; (Jur) public prosecutor's department.

parrain [paʀɛ̃] nm (Rel) godfather; (dans une société) sponsor ◆ **parrainage** nm sponsorship ◆ **parrainer** [1] vt to sponsor.

parsemer [paʀsəme] [5] vt to sprinkle (*de* with) ◇ **~ le sol** to be sprinkled over the ground.

part [paʀ] nf **a** (portion, partie) part, share; (participation) part ◇ **la ~ du lion** the lion's share; **prendre ~ à** (débat) to take part in; (douleur) to share in; **faire la ~ de la fatigue** to make allowances for tiredness; **pour une large ~** to a great extent **b** ◇ **à ~** (de côté) aside; (séparément) separately; (excepté) except for, apart from; **plaisanterie à ~** joking apart; **cas à ~** special case **c** ◇ **faire ~ de qch à qn** to tell sb about sth; **de la ~ de qn** from sb; **pour ma ~** as far as I'm concerned; (Téléc) **c'est de la ~ de qui?** who's calling?; **de toutes ~s** from all sides; **d'autre ~** (de plus) moreover; **d'une ~... d'autre ~** on the one hand... on the other hand; **de ~ en ~** right through; **membre à ~ entière** full member.

partage [paʀtaʒ] nm (division) division; (distribution) sharing out; (part) share ◆ **partager** [3] vt (fractionner) to divide up; (distribuer) to share out; (avoir en commun) to share (*avec* with) ◇ **~ en 2** to divide in 2; **partagé entre l'amour et la haine** torn between love and hatred; **se ~ qch** to share sth; **les avis sont partagés** opinion is divided.

partance [paʀtɑ̃s] nf ◇ **en ~** due to leave; **en ~ pour Londres** for London.

partant [paʀtɑ̃] nm **a** (coureur) starter; (cheval) runner **b** (personne) person leaving ◇ **je suis ~** I'm quite prepared to join in.

partenaire [paʀtənɛʀ] nmf partner ◆ **partenariat** nm partnership.

parterre [paʀtɛʀ] nm **a** (plate-bande) border, flower bed **b** (Théât) stalls, orchestra (US); (public) audience.

parti [paʀti] nm **a** (groupe) party; (en mariage) match ◇ **prendre ~ pour qn** to take sb's side **b** (solution) option ◇ **prendre le ~ de faire** to decide to do; **prendre son ~ de qch** to come to terms with sth; **tirer ~ de qch** to take advantage of sth **c** ◇ **~ pris** prejudice, bias.

partial, e, mpl **-aux** [paʀsjal, o] adj biased ◆ **partialité** nf bias.

participant, e [paʀtisipɑ̃, ɑ̃t] **1** adj participating **2** nm,f (concours) entrant; (débat) participant (*à* in) ◆ **participation** nf participation; (spectacle) appearance ◇ **«~ aux frais : 50 F»** 'cost: 50 francs'; **~ aux bénéfices** profit-sharing ◆ **participe** nm participle ◆ **participer à** [1] vt indir (gén) to take part in, participate in; (concours) to enter; (frais) to contribute to; (profits) to share in; (spectacle) to appear in.

particulariser [paʀtikylaʀize] [1] vt to particularize ◆ **particularité** nf particularity.

particule [paʀtikyl] nf particle.

particulier, -ière [paʀtikylje, jɛʀ] **1** adj (gén) particular; (inhabituel) unusual; (étrange) peculiar, odd ◇ (privé) **leçons ~ières** private lessons; **en ~** in particular; (en privé) in private; **c'est ~ à** it's peculiar to **2** nm (Admin: personne) private individual ◆ **particulièrement** adv particularly ◇ **tout ~** especially.

partie [paʀti] nf **a** (fraction) part ◇ **la majeure ~ du temps** most of the time; **en ~** partly, in part; **en majeure ~** for the most part; **faire ~ de** (gén) to be part of; (club) to belong to; (gagnants) to be among **b** (spécialité) field, subject ◇ **il n'est pas de la ~** it's not his line ou field **c** (Cartes, Sport) game **d** (contrat) party; (procès) litigant ◇ **être ~ prenante dans qch** to be a party to sth; **la ~ adverse** (Mil) the opponent; **prendre qn à ~** to attack sb **e** (sortie, réunion) party ◇ **ce n'est pas une ~**

de plaisir! it's not my idea of fun!; **ils ont la ~ belle** it's easy for them; **se mettre de la ~** to join in; **ce n'est que ~ remise** it will be for another time.

partiel, -elle [paʀsjɛl] **1** adj partial, part **2** nm (Univ) class exam ◆ **partiellement** adv partially, partly.

partir [paʀtiʀ] 16 vi **a** (gén) to go (*pour* to); (quitter un lieu) to leave; (se mettre en route) to set off (*pour* for); (s'éloigner) to go away ◇ **il est parti chercher du pain** he has gone to buy some bread; **faire ~ qn** to chase sb away **b** (moteur) to start; (fusée, coup de fusil) to go off ◇ **la voiture partit** the car drove off; **faire ~** (voiture) to start; (fusée) to launch; (pétard) to set off **c** (fig: commencer) to start ◇ **si tu pars de ce principe** if you start from this notion; (affaire) **~ bien** to get off to a good start; **le pays est mal parti** the country is in a bad way; **~ dans des digressions** to launch into digressions; **on est parti pour ne pas déjeuner** at this rate we won't get any lunch **d** (disparaître) (gén) to go; (tache) to come out; (bouton) to come off; (odeur) to clear ◇ **faire ~** (tache) to remove **e** ◇ **à ~ de** from; **à ~ de maintenant** from now on; **pantalons à ~ de 50 F** trousers from 50 francs (upwards).

partisan, e [paʀtizɑ̃, an] **1** adj (partial) partisan ◇ **être ~ de faire qch** to be in favour of doing sth **2** nm,f (gén) supporter; (Mil) partisan.

partition [paʀtisjɔ̃] nf **a** (Mus) score **b** (division) partition.

partout [paʀtu] adv everywhere ◇ **~ où** wherever; **avoir mal ~** to ache all over; (Sport) **2 ~** 2 all.

parure [paʀyʀ] nf (toilette) costume; (bijoux) jewels.

parution [paʀysjɔ̃] nf appearance, publication.

parvenir [paʀvəniʀ] 22 **~ à** vt indir to reach, get to ◇ **faire ~ qch à qn** to send sth to sb; **~ à ses fins** to achieve one's ends; **~ à faire qch** to manage to do sth ◆ **parvenu, e** adj, nm,f (péj) upstart.

parvis [paʀvi] nm square *(in front of church)*.

1. **pas** [pɑ] nm **a** (gén) step; (bruit) footstep; (trace) footprint; (démarche) tread ◇ **faire un ~ en arrière** to step ou take a step back; **revenir** ou **retourner sur ses ~** to retrace one's steps; **~ à ~** step by step **b** (distance) pace ◇ **c'est à deux ~ d'ici** it's just a stone's throw from here; **d'un bon ~** at a brisk pace; **à ~ de loup** steathily; (Mil) **marcher au ~** to march; **rouler au ~** to drive dead slow [famil]; **au ~ de course** at a run **c** ◇ **j'y vais de ce ~** I'll go straight away; **mettre qn au ~** to bring sb to heel; **avoir le ~ sur qn** to rank before sb; **prendre le ~ sur** to supplant **d** ◇ **le ~ de Calais** the Straits of Dover; **le ~ de la porte** the doorstep; **~ de vis** thread.

2. **pas** [pɑ] adv nég **a** not ◇ **je ne sais ~** I don't know; **ce n'est ~ moins bon** it's no less good; **il m'a dit de ne ~ le faire** he told me not to do it; **elle travaille, mais lui ~** she works, but he doesn't; **~ de sucre, merci!** no sugar, thanks!; **~ du tout** not at all; **~ encore** not yet **b** ◇ **~ possible!** [famil] no!; **~ de chance!** [famil] bad luck!; **content, n'est-ce ~ ou ~ vrai?** [famil] you're pleased, aren't you?; **~ de ça!** none of that!; **ce n'est ~ trop tôt!** it's not before time!; **~ plus tard qu'hier** only ou just yesterday; **ils ont ~ mal d'argent** they have quite a lot of money.

passable [pɑsabl(ə)] adj reasonable; (sur copie d'élève) fair ◇ (Univ) **mention ~** ≃ passmark ◆ **passablement** adv (travailler) reasonably well; (long) rather, fairly; (beaucoup) quite a lot (*de* of).

passade [pɑsad] nf passing fancy.

passage [pɑsaʒ] nm **a** (gén) passage; (traversée) crossing ◇ **le ~ du jour à la nuit** the change from day to night; **~ à l'acte** taking action; **attendre le ~ de l'autobus** to wait for the bus to come; **il est de ~ à Paris** he is in ou visiting Paris at the moment; **je l'ai saisi au ~** I grabbed him as I went past; **barrer le ~ à qn** to block sb's way **b** ◇ **~ clouté** pedestrian crossing; **'~ interdit'** 'no entry'; **~ à niveau** level crossing, grade crossing (US); **~ souterrain** subway, underground passage (US).

passager, -ère [pɑsaʒe, ɛʀ] **1** adj **a** (temporaire) temporary ◇ **pluies ~ères** intermittent ou occasional showers **b** (rue) busy **2** nm,f passenger ◇ **~ clandestin** stowaway ◆ **passagèrement** adv temporarily.

passant, e [pɑsɑ̃, ɑ̃t] **1** adj (rue) busy **2** nm,f passer-by **3** nm (ceinture) loop.

passation [pɑsɑsjɔ̃] nf (contrat) signing ◇ **~ de pouvoirs** transfer of power.

passe [pɑs] nf pass ◇ **être en ~ de faire** to be on the way to doing; **traverser une mauvaise ~** to go through a bad patch ◆ **passe-droit**, pl **~-~s** nm undeserved privilege ◆ **passe-montagne**, pl **~-~s** nm balaclava ◆ **passe-partout** **1** nm inv skeleton ou master key **2** adj inv ◇ **formule** etc **~** all-purpose phrase etc ◆ **passe-temps** nm inv pastime.

passé, e [pɑse] **1** adj **a** (dernier) last ◇ **le mois ~** last month **b** (révolu) past ◇ **~ de mode** out of fashion; **sa gloire ~e** his past ou former glory; **c'est ~ maintenant** it's all over now **c** (fané) faded **d** ◇ (plus de) **il est 8 heures ~es** it's past ou after 8 o'clock; **ça fait une heure ~e que je t'attends** I've been waiting for you for more than ou over an hour **2** nm (gén) past; (Gram) past tense ◇ ~ **antérieur** past anterior; ~ **composé** perfect; ~ **simple** past historic **3** prép after ◇ ~ **6 heures** after 6 o'clock.

passeport [pɑspɔʀ] nm passport.

passer [pɑse] 1 **1** vi **a** (gén, fig) to pass; (démarcheur) to call ◇ **il passait dans la rue** he was walking down the street; ~ **prendre qn** to call for sb; **le facteur est passé** the postman has been **b** ◇ ~ **sous** etc to go under etc; ~ **devant la maison** to pass ou go past the house; **passe devant** you go first; **le travail passe avant les loisirs** work comes before leisure; **ma famille passe en premier** my family comes first; ~ **sur** (détail, faute) to pass over; ~ **d'un état à l'autre** to change ou pass from one state to another; **la photo passa de main en main** the photo was passed ou handed round; **il est passé dans la classe supérieure** he's moved up to the next class, he's passed ou been promoted to the next grade (US); ~ **directeur** to be appointed director; **passe pour cette fois** I'll let you off this time **c** (temps) to go by, pass ◇ **comme le temps passe!** how time flies!; **cela fait ~ le temps** it passes the time **d** (liquide) to percolate; (courant électrique) to get through **e** (film, acteur) to be on ◇ ~ **à la télé** [famil] to be on TV [famil] **f** (queue etc: dépasser) to stick out **g** (disparaître) (gén) to pass; (couleur) to fade; (mode) to die out; (douleur) to wear off; (colère, orage) to die down ◇ **cela fera ~ votre rhume** that will make your cold better; **le plus dur est passé** the worst is over; **ça lui passera!** [famil] he'll grow out of it! **h** ◇ (Aut) ~ **en première** to go into first (gear); ~ **en seconde** to change into second **i** ◇ (lit, fig) ~ **par** to go through; **par où êtes-vous passé?** which way did you go?; **il faudra bien en ~ par là** ther's no way round it; **une idée m'est passée par la tête** an idea occurred to me **j** ◇ ~ **pour un imbécile** to be taken for a fool; **il passe pour intelligent** he is supposed ou thought to be intelligent; **se faire ~ pour** to pass o.s. off as; **faire ~ qn pour** to make sb out to be **k** ◇ **y ~** [famil]: **tout le monde y a** ou **y est passé** everybody got it; **toute sa fortune y a passé** his whole fortune went on it **l** ◇ **laisser ~** (gén) to let in (ou past etc); (occasion) to let slip.

2 vt **a** (frontière) to cross; (obstacle) to get through (ou over etc) ◇ ~ **une rivière à la nage** to swim across a river **b** (examen) to sit, take; (visite médicale) to have **c** (temps) to spend (*à faire* doing) ◇ **pour ~ le temps** to pass the time **d** (omettre) to miss ◇ **et j'en passe!** and that's not all! **e** (permettre) to tolerate ◇ **on lui passe tout** he gets away with everything **f** ◇ (transmettre: objet etc) **(faire)** ~ to pass (*à* to); ~ **qch en fraude** to smuggle sth in; (au téléphone) **je vous passe M X** I'm putting you through to Mr X; **passe-lui un coup de fil** give him a ring **g** (mettre) to put; (pull) to slip on ◇ ~ **la main à la fenêtre** to stick one's hand out of the window; **passe le chiffon dans le salon** dust the sitting room, give the sitting room a dust; **elle lui passa la main dans les cheveux** she ran her hand through his hair; **se ~ les mains à l'eau** to rinse one's hands **h** (dépasser) (maison) to pass, go past ◇ ~ **les bornes** to go too far; **tu as passé l'âge** you are too old (*de* for) **i** (soupe, thé) to strain; (café) to pour the water on **j** (film) to show; (disque) to put on, play **k** (commande) to place; (accord) to reach, come to; (contrat) to sign.

3 se passer vpr **a** (avoir lieu) to take place, happen ◇ **qu'est-ce qu'il se passe?** what's going on?; **tout s'est bien passé** everything went off smoothly **b** ◇ **se ~ de faire** to go without doing; **ça se passe de commentaires** it needs no comment.

passerelle [pɑsʀɛl] nf (pont) footbridge; (Aviat, Naut) gangway; (du commandant) bridge; (fig: passage) link.

passible [pasibl(ə)] adj liable (*de* to, for).

passif, -ive [pasif, iv] **1** adj (gén) passive **2** nm (Ling) passive; (Fin) liabilities ◆ **passivité** nf passivity.

passion [pɑsjɔ̃] nf passion ◇ **avoir la ~ de qch** to have a passion for sth ◆ **passionnant, e** adj fascinating, exciting ◆ **passionné, e** adj passionate ◇ **être ~ de** to have a passion for ◆ **passionnel, -elle** adj (sentiment) passionate; (crime) of passion ◆ **passionnément** adv passionately ◆ **passionner** 1 vt to fascinate ◇ **se ~ pour** to have a passion for.

passoire [pɑswaʀ] nf (gén, fig) sieve; (thé) strainer; (légumes) colander.

pastel [pastɛl] nm, adj inv pastel.

pastèque [pastɛk] nf watermelon.

pasteur [pastœʀ] nm (prêtre) minister, pastor, preacher (US); (berger) shepherd.

pasteurisation [pastœʀizɑsjɔ̃] nf pasteurization ◆ **pasteuriser** 1 vt to pasteurize.

pastille [pastij] nf (bonbon) pastille; (disque) disc ◇ **~s de menthe** mints.

patate [patat] nf (famil: légume) potato, spud [famil]; (famil: bête) chump [famil] ◇ ~ **douce** sweet potato.

patatras [patatʀa] excl crash!

pataud, e [pato, od] adj lumpish, clumsy.

patauger [patoʒe] 3 vi to splash about.

pâte [pɑt] nf **a** (à tarte) pastry; (à gâteaux) mixture; (à pain) dough; (à frire) batter ◇ ~ **brisée** shortcrust ou pie crust (US) pastry; ~ **feuilletée** puff ou flaky pastry **b** (fromage) cheese **c** ◇ **~s alimentaires** pasta; (dans la soupe) noodles **d** (gén: substance) paste; (crème) cream ◇ ~

d'amandes almond paste; ~ **de fruits** crystallized fruit; ~ **à modeler** Plasticine ® ◆ **pâté** nm (Culin) pâté; (d'encre) inkblot ◇ ~ **en croûte** ≃ meat pie; ~ **de maisons** block of houses; ~ **de sable** sandpie, sandcastle ◆ **pâtée** nf **a** (chien, volaille) mash, feed; (porcs) swill **b** (famil: correction) hiding [famil].

patelin [patlɛ̃] nm [famil] village.

patent, 1. **e** [patɑ̃, ɑ̃t] adj obvious, patent.

2. **patente** [patɑ̃t] nf trading licence ◆ **patenté, e** adj licensed.

patère [patɛʀ] nf coat-peg.

paternalisme [patɛʀnalism(ə)] nm paternalism.

paternel, -elle [patɛʀnɛl] adj paternal; (bienveillant) fatherly.

paternité [patɛʀnite] nf paternity.

pâteux, -euse [pɑtø, øz] adj (gén) pasty; (langue) coated; (voix) thick, husky.

pathétique [patetik] adj pathetic.

pathologique [patɔlɔʒik] adj pathological.

patibulaire [patibylɛʀ] adj sinister.

patiemment [pasjamɑ̃] adv patiently ◆ **patience** nf patience ◇ **prendre** ~ to be patient ◆ **patient, e** adj, nm,f patient ◆ **patienter** [1] vi to wait ◇ **pour** ~ to pass the time.

patin [patɛ̃] nm ◇ ~**s à glace** iceskates; ~**s à roulettes** roller skates; ~ **de frein** brake block; **faire du** ~ to go skating ◆ **patinage** nm skating ◇ ~ **artistique** figure skating ◆ 1. **patiner** [1] vi to skate; (voiture) to spin; (embrayage) to slip ◆ **patinette** nf scooter ◆ **patineur, -euse** nm,f skater ◆ **patinoire** nf skating rink.

patine [patin] nf patina ◆ 2. **patiner** [1] vt to give a patina to.

pâtir [pɑtiʀ] [2] vi to suffer (*de* because of).

pâtisserie [pɑtisʀi] nf (magasin) cake shop, confectioner's; (gâteau) cake, pastry; (art ménager) cake-making ◆ **pâtissier, -ière** nm,f confectioner, pastrycook.

patois [patwa] nm patois.

patraque [patʀak] adj [famil] peaky [famil], out of sorts.

pâtre [pɑtʀ(ə)] nm shepherd.

patriarche [patʀijaʀʃ(ə)] nm patriarch.

patrie [patʀi] nf homeland, fatherland.

patrimoine [patʀimwan] nm (gén) inheritance; (Jur) patrimony; (fig) heritage.

patriote [patʀijɔt] nmf patriot ◆ **patriotique** adj patriotic ◆ **patriotisme** nm patriotism.

patron, -onne [patʀɔ̃, ɔn] **1** nm,f (chef) boss [famil]; (saint) patron saint **2** nm (couture) pattern ◇ **taille grand** ~ large size ◆ **patronage** nm (protection) patronage; (organisation) youth club ◆ **patronat** nm ◇ **le** ~ the employers ◆ **patronner** [1] vt to sponsor, support.

patrouille [patʀuj] nf patrol ◆ **patrouiller** [1] vi to patrol.

patte [pat] nf **a** (jambe) leg ◇ ~**s de devant** forelegs; ~**s de derrière** hindlegs; **court sur** ~**s** short-legged; **il est toujours dans mes** ~**s** [famil] he's always under my feet **b** (pied) foot; (chat) paw; (famil: main) hand **c** (languette) tongue; (sur l'épaule) épaulette **d** ◇ (favoris) ~**s de lapin** sideburns.

pâturage [pɑtyʀaʒ] nm pasture ◆ **pâture** nf (nourriture) food.

paume [pom] nf (main) palm.

paumer [pome] [1] vt [famil] (perdre) to lose.

paupière [popjɛʀ] nf eyelid.

paupiette [popjɛt] nf ◇ ~ **de veau** veal olive.

pause [poz] nf pause; (halte) break.

pauvre [povʀ(ə)] **1** adj poor ◇ **pays** ~ **en ressources** country short of resources; **un** ~ **d'esprit** a half-wit; **mon** ~ **ami** my dear friend **2** nmf poor man ou woman ◆ **pauvrement** adv poorly; (vêtu) shabbily ◆ **pauvreté** nf poverty.

pavaner (se) [pavane] [1] vpr to strut about.

pavé [pave] nm (chaussée) cobblestone; (cour) paving stone ◇ **mettre qn sur le** ~ to throw sb out ◆ **paver** [1] vt to cobble; to pave.

pavillon [pavijɔ̃] nm **a** (villa) house; (de gardien) lodge; (d'hôpital) ward, pavilion **b** (drapeau) flag.

pavoiser [pavwaze] [1] **1** vt to deck with flags **2** vi to put out flags; (fig) to exult.

pavot [pavo] nm poppy.

payant, e [pɛjɑ̃, ɑ̃t] adj (rentable) profitable ◇ (entrée) **c'est** ~ you have to pay to get in ◆ **paye** nf = **paie** ◆ **payement** nm = **paiement.**

payer [peje] [8] **1** vt (somme, personne) to pay; (travail, objet, faute) to pay for ◇ (fig) **il est payé pour le savoir** he has learnt that to his cost; **il m'a fait** ~ **10 F** he charged me 10 francs (*pour* for); ~ **qch à qn** to buy sth for sb; **il l'a payé de sa vie** it cost him his life; **il me le paiera!** he'll pay for this! **2** vi (gén) to pay; (effort) to pay off; (métier) to be well-paid ◇ ~ **de sa personne** to sacrifice o.s.; **ça ne paie pas de mine, mais** it isn't much to look at but **3** **se payer** vpr ◇ **se** ~ **qch** to buy o.s. sth; **se** ~ **la tête de qn** to make a fool of sb.

pays [pei] nm (contrée) country, land; (région) region; (village) village ◇ **les gens du** ~ local people; ~ **d'accueil** (jeux) host country; (réfugiés) country of refuge; **les P~-Bas** [nmpl] the Netherlands; ~ **développé/en voie de développement** developed/developing country; **le** ~ **de Galles** Wales.

paysage [peizaʒ] nm (gén) landscape, scenery ◇ **le ~ urbain** the urban lakscape; **le ~ politique** the political scene.

paysan, -anne [peizɑ̃, an] **1** adj farming; (péj: manières) peasant **2** nm country man, farmer; (péj) peasant **3** nf peasant woman, countrywoman ◆ **paysannerie** nf peasantry, farmers.

PC [pese] nm **a** abrév de *poste de commandement* → **poste b** (Ordin) PC.

PCV [peseve] nm (Télec) abrév de *percevoir* ≃ transfer charge call (Brit), collect call (US) *(facility longer exists for calls within France but the cost of international calls can still be transferred).*

PDG [pedeʒe] nm inv abrév de *président-directeur général* → **président.**

péage [peaʒ] nm toll; (barrière) tollgate.

peau, pl **~ x** [po] nf (gén) skin; (cuir) hide; (fourrure) pelt; (du fromage) rind ◇ **risquer sa ~** [famil] to risk one's neck [famil]; **être bien dans sa ~** [famil] to feel quite at ease; **avoir le jeu** etc **dans la ~** [famil] to have gambling etc in one's blood; **gants de ~** leather gloves; **~ de chamois** chamois leather; **~ de mouton** sheepskin; **un P~-Rouge** a Red Indian.

1. **pêche** [pɛʃ] nf peach ◇ **avoir la ~** [famil] to be on top form ◆ 1. **pêcher** nm peach tree.

2. **pêche** [pɛʃ] nf **a** (activité) fishing ◇ **la ~ à la ligne** line fishing; (rivière) angling; **la ~ aux moules** the gathering of mussels; **aller à la ~** to go fishing **b** (poissons) catch ◆ 2. **pêcher** [1] **1** vt (poisson) to catch; (coquillages) to gather; (famil: idée) to dig up [famil] ◇ **~ la truite** to fish for trout **2** vi to go fishing ◆ **pêcheur** nm fisherman; angler.

péché [peʃe] nm sin ◇ **~ mortel** deadly sin; **c'est son ~ mignon** it's his little weakness ◆ **pécher** [6] vi to sin ◇ **~ par imprudence** to be too reckless; **ça pèche par bien des points** it has a lot of weaknesses ◆ **pécheur, pécheresse** nm,f sinner.

pécule [pekyl] nm (économies) savings; (gain) earnings.

pécuniaire [pekynjɛʀ] adj financial.

pédagogie [pedagɔʒi] nf education ◆ **pédagogique** adj educational ◆ **pédagogue** nmf teacher.

pédale [pedal] nf pedal ◆ **pédaler** [1] vi to pedal ◆ **pédalier** nm pedal and gear mechanism ◆ **pédalo** nm pedal-boat.

pédéraste [pedeʀast(ə)] nm homosexual.

pédiatre [pedjatʀ(ə)] nmf paediatrician ◆ **pédiatrie** nf paediatrics (sg).

pédicure [pedikyʀ] nmf chiropodist.

pedigree [pedigʀe] nm pedigree.

pègre [pɛgʀ(ə)] nf ◇ **la ~** the underworld.

peigne [pɛɲ] nm comb ◇ **passer qch au ~ fin** to go through sth with a finetooth comb ◆ **peigner** [1] vt ◇ **~ qn** to comb sb's hair; **se ~** to comb one's hair; **mal peigné** tousled.

peignoir [pɛɲwaʀ] nm dressing gown ◇ **~ (de bain)** bathrobe.

peindre [pɛ̃dʀ(ə)] [52] vt to paint ◇ **~ qch en jaune** to paint sth yellow.

peine [pɛn] nf **a** (chagrin) sorrow, sadness ◇ **avoir de la ~** to be sad; **cela m'a fait de la ~** I felt sorry; **~s de cœur** emotional troubles; **il faisait ~ à voir** he looked a pitiful sight **b** (effort) effort, trouble ◇ **si tu te donnais la ~ d'essayer** if you would bother to try; **est-ce que c'est la ~ d'y aller?** is it worth going?, is there any point in going?; **ce n'est pas la ~** don't bother; **c'était bien la ~ de sortir!** it was a waste of time going out! **c** (difficulté) difficulty ◇ **avoir de la ~ à faire** to have difficulty in doing; **sans ~** without difficulty **d** (punition) punishment, penalty; (Jur) sentence ◇ **~ de mort** death sentence; **défense d'afficher sous ~ d'amende** billposters will be fined; **pour la ~** for that **e** ◇ **à ~** (chaud etc) hardly, barely; **il est à ~ 2 heures** it's only just 2 o'clock; **à ~ rentré, il a dû ressortir** he had hardly ou scarcely got in when he had to go out again ◆ **peiner** [1] **1** vi to struggle **2** vt to sadden, distress.

peintre [pɛ̃tʀ(ə)] nmf painter ◇ **~ en bâtiment** house painter ◆ **peinture** nf (matière) paint; (action, tableau) painting ◇ **faire de la ~** to paint; **~ fraîche!** wet paint! ◆ **peinturlurer** [1] vt to daub with paint.

péjoratif, -ive [peʒɔʀatif, iv] adj derogatory, pejorative.

Pékin [pekɛ̃] n Peking.

PEL [peəɛl] nm abrév de *plan d'épargne-logement: savings scheme providing lower-interest mortgages.*

pelage [pəlaʒ] nm coat, fur.

pêle-mêle [pɛlmɛl] adv higgledy-piggledy.

peler [pəle] [5] vti to peel.

pèlerin [pɛlʀɛ̃] nm pilgrim ◆ **pèlerinage** nm pilgrimage.

pèlerine [pɛlʀin] nf cape.

pélican [pelikɑ̃] nm pelican.

pelle [pɛl] nf (gén) shovel; (enfant) spade ◇ **~ à ordures** dustpan; **~ à tarte** pie server; **il y en a à la ~** [famil] there are loads of them [famil] ◆ **pelletée** nf shovelful.

pellicule [pelikyl] nf film ◇ (Méd) **~s** dandruff.

pelote [p(ə)lɔt] nf (laine) ball.

peloton [p(ə)lɔtɔ̃] nm (Mil) platoon; (Sport) pack ◇ ~ **d'exécution** firing squad; **être dans le ~ de tête** (Sport) to be up with the leaders; (en classe) to be among the top few; (pays) to be one of the front runners.

pelouse [p(ə)luz] nf lawn; (Sport) field.

peluche [p(ə)lyʃ] nf plush ◇ **chien en ~** fluffy dog.

pelure [p(ə)lyʀ] nf (épluchure) peeling.

pénal, e, mpl **-aux** [penal, o] adj penal ◆ **pénaliser** [1] vt to penalize ◆ **pénalité** nf penalty ◆ **penalty,** pl **~ies** nm (Ftbl) penalty kick.

penaud, e [pəno, od] adj sheepish.

penchant [pɑ̃ʃɑ̃] nm (tendance) tendency (*à faire* to do); (faible) liking (*pour* for).

pencher [pɑ̃ʃe] [1] **1** vt to tilt **2** vi **a** (mur, arbre) to lean over; (navire) to list; (objet) to tilt ◇ **faire ~ la balance** to tip the scales **b** ◇ **~ pour qch** to favour sth **3** **se pencher** vpr to lean over; (au dehors) to lean out ◇ **se ~ sur un problème** to turn one's attention to a problem ◆ **penché, e** adj (tableau, poteau) slanting; (objet) tilting; (écriture) sloping.

pendaison [pɑ̃dɛzɔ̃] nf hanging ◇ **~ de crémaillère** house-warming party.

1. **pendant, e** [pɑ̃dɑ̃, ɑ̃t] **1** adj (branches) hanging; (question) outstanding **2** nm ◇ **~ d'oreille** drop earring; (contrepartie) **le ~ de qch** the matching piece to sth; **faire ~ à** to match.

2. **pendant** [pɑ̃dɑ̃] **1** prép (au cours de) during; (durée) for ◇ **~ la journée** during the day; **~ ce temps** meanwhile; **marcher ~ des heures** to walk for hours **2** comp: **~ que** conj while.

pendentif [pɑ̃dɑ̃tif] nm (bijou) pendant.

penderie [pɑ̃dʀi] nf wardrobe.

pendre [pɑ̃dʀ(ə)] [41] **1** vt (objet) to hang up; (criminel) to hang ◇ **qu'il aille se faire ~ ailleurs!** [famil] he can go hang! [famil] **2** vi to hang (*de* from) ◇ **laisser ~ ses jambes** to dangle one's legs; **cela lui pend au nez** [famil] he's got it coming to him [famil] **3** **se pendre** vpr (se tuer) to hang o.s. ◇ **se ~ à** (branche) to hang from ◆ **pendu, e** **1** adj (chose) hanging up ◇ **~ à** hanging from; **être ~ au téléphone** [famil] to spend all one's time on the telephone **2** nm,f hanged man (ou woman).

pendule [pɑ̃dyl] **1** nf clock ◇ (fig) **remettre les ~s à l'heure** to set the record straight **2** nm pendulum ◆ **pendulette** nf small clock.

pénétrant, e [penetʀɑ̃, ɑ̃t] (gén) penetrating; (pluie) drenching; (froid) piercing ◆ **pénétration** nf penetration ◆ **pénétrer** [6] **1** vi to get in ◇ **~ dans une maison** to get into ou enter a house; **faire ~ qn dans une pièce** to let sb into a room **2** vt (gén) to penetrate; (odeur, sentiment) to fill **3** **se pénétrer** vpr ◇ **se ~ d'une idée** to become convinced of an idea; (conscient) **pénétré de qch** conscious of sth.

pénible [penibl(ə)] adj (fatigant) tiresome; (douloureux) painful (*à* to) ◇ **~ à lire** hard ou difficult to read ◆ **péniblement** adv with difficulty.

péniche [peniʃ] nf barge.

pénicilline [penisilin] nf penicillin.

péninsule [penɛ̃syl] nf peninsula.

pénis [penis] nm penis.

pénitence [penitɑ̃s] nf punishment ◇ **faire ~** to repent (*de* of); **mettre qn en ~** to make sb stand in the corner ◆ **pénitencier** nm penitentiary ◆ **pénitentiaire** adj prison.

pénombre [penɔ̃bʀ(ə)] nf darkness.

pensée [pɑ̃se] nf (idée) thought; (fleur) pansy.

penser [pɑ̃se] [1] **1** vi to think ◇ **~ tout haut** to think out loud; **~ à qch** (réfléchir) to think about sth; (prévoir) to think of sth; (se souvenir) to remember sth; **il me fait ~ à mon père** he makes me think of ou he reminds me of my father; **n'y pensons plus!** let's forget it!; **pensez-vous!** you must be joking! [famil]; **je pense bien!** of course! **2** vt to think ◇ **il en pense du bien** he has a high opinion of it; **qu'en pensez-vous?** what do you think about ou of it?; **je pense que oui** I think so; **vous pensez bien qu'elle a refusé** you can well imagine that she refused; **j'ai pensé mourir** I thought I was going to die; **je pense y aller** (intention) I'm thinking of going; (espoir) I expect to go ◆ **penseur** nm thinker ◆ **pensif, -ive** adj pensive, thoughtful.

pension [pɑ̃sjɔ̃] nf **a** (allocation) pension ◇ (divorcée) **~ alimentaire** alimony **b** (Scol) boarding school ◇ **~ de famille** ≃ boarding house, guesthouse; **être en ~ chez qn** to board with sb; **~ complète** full board ◆ **pensionnaire** nmf (Scol) boarder; (famille) lodger; (hôtel) resident ◆ **pensionnat** nm boarding school.

pentagone [pɛ̃tagɔn] nm pentagon.

pente [pɑ̃t] nf slope; (fig: tendance) tendency ◇ **être en ~** to slope down; **en ~** (toit) sloping; (allée) on a slope; (fig) **remonter la ~** to get on one's feet again.

Pentecôte [pɑ̃tkot] nf (dimanche) Whit Sunday; (période) Whitsun.

pénurie [penyʀi] nf shortage.

PEP [pɛp] nm abrév de *plan d'épargne populaire* savings plan.

pépé [pepe] nm [famil] grandad [famil], grandpa [famil].

pépée [pepe] nf [famil] (fille) bird [famil], chick [famil].

pépère [pepɛʀ] [famil] **1** nm grandad [famil], grandpa [famil] **2** adj quiet.

pépin [pepɛ̃] nm (orange etc) pip; (famil: ennui) snag, hitch; (famil: parapluie) brolly [famil] ◆ **pépinière** nf tree nursery.

pépite [pepit] nf nugget.

PER [peəɛʀ] nm abrév de *plan d'épargne-retraite: type of personal pension plan.*

perçant, e [pɛʀsɑ̃, ɑ̃t] adj (gén) piercing; (vue) sharp, keen.

percée [pɛʀse] nf (trou) opening; (Mil, Sci, Écon) breakthrough.

perce-neige [pɛʀsənɛʒ] nm inv snowdrop.

percepteur [pɛʀsɛptœʀ] nm tax collector ◆ **perceptible** adj perceptible (*à* to) ◆ **perception** nf **a** (sensation) perception **b** (impôt) collection; (bureau) tax office.

percer [pɛʀse] 3 **1** vt **a** (trouer) to pierce; (avec perceuse) to drill, bore; (abcès) to lance; (mystère) to penetrate ◇ **percé de trous** full of holes **b** (ouverture) to pierce, make; (tunnel) to bore (*dans* through) ◇ **mur percé de petites fenêtres** wall with small windows set in it; ~ **une dent** to cut a tooth **2** vi (abcès) to burst; (soleil) to break through; (émotion) to show; (vedette) to become famous ◇ **il a une dent qui perce** he's cutting a tooth ◆ **perceuse** nf drill.

percevoir [pɛʀsəvwaʀ] 28 vt (sensation) to perceive; (taxe) to collect; (indemnité) to receive, get.

perche [pɛʀʃ(ə)] nf (poisson) perch; (bâton) pole.

percher vi, **se percher** vpr [pɛʀʃe] 1 to perch; (volailles) to roost ◇ **perché sur** perched upon ◆ **perchoir** nm (lit, fig) perch.

percussion [pɛʀkysjɔ̃] nf percussion.

percutant, e [pɛʀkytɑ̃, ɑ̃t] adj (discours) forceful.

percuter [pɛʀkyte] 1 vt to strike; (accident) to crash into.

perdant, e [pɛʀdɑ̃, ɑ̃t] **1** adj losing ◇ **je suis** ~ I lose out [famil] **2** nm,f loser.

perdition [pɛʀdisjɔ̃] nf (Rel) perdition ◇ (Naut) **en** ~ in distress.

perdre [pɛʀdʀ(ə)] 41 **1** vt (gén) to lose; (habitude) to get out of; (temps, argent) to waste (*à qch* on sth; *à faire* doing); (occasion) to lose, miss ◇ ~ **qn de vue** to lose sight of sb; ~ **l'équilibre** to lose one's balance; **il ne perd rien pour attendre!** I'll be quits with him yet!; **son ambition l'a perdu** ambition was his downfall **2** vi (gén) to lose (*sur* on) ◇ **tu as perdu en ne venant pas** you missed something by not coming **3** **se perdre** vpr (s'égarer) to get lost; (disparaître) to disappear; (devenir inutilisable) to be wasted ◆ **perdu, e** adj **a** (gén) lost; (malade) done for; (balle) stray; (récolte) ruined ◇ **c'est de l'argent** ~ it's a waste of money; **moments** ~**s** spare time **b** (endroit) out-of-the-way, isolated.

perdreau, pl ~**x** [pɛʀdʀo] nm, **perdrix** [pɛʀdʀi] nf partridge.

père [pɛʀ] nm father ◇ (ancêtres) ~**s** forefathers, ancestors; (Rel) **mon P**~ Father; (famil: monsieur) **le** ~ **Benoit** old man Benoit [famil]; **le** ~ **Noël** Father Christmas, Santa Claus.

péremption [peʀɑ̃psjɔ̃] nf lapsing ◇ **date de** ~ expiry date ◆ **péremptoire** adj peremptory.

perfection [pɛʀfɛksjɔ̃] nf perfection ◇ **à la** ~ to perfection ◆ **perfectionné, e** adj sophisticated ◆ **perfectionnement** nm improvement ◆ **perfectionner** 1 vt to improve ◇ **se** ~ **en anglais** to improve one's English ◆ **perfectionniste** nmf perfectionist.

perfide [pɛʀfid] adj perfidious ◆ **perfidie** nf perfidy; (acte) perfidious act.

perforation [pɛʀfɔʀɑsjɔ̃] nf punch; (Méd) perforation ◆ **perforer** 1 vt (gén) to pierce; (carte, bande) to punch; (Méd) to perforate.

performance [pɛʀfɔʀmɑ̃s] nf **a** (résultat) result, performance; (exploit) feat, achievement **b** ◇ (machine) ~**s** performance ◆ **performant, e** adj (machine) high-performance; (résultat) outstanding; (investissement) high-return; (administrateur) effective.

perfusion [pɛʀfyzjɔ̃] nf perfusion.

péricliter [peʀiklite] 1 vi to collapse.

péril [peʀil] nm peril ◇ **mettre en** ~ to imperil; **au** ~ **de sa vie** at the risk of one's life ◆ **périlleux, -euse** adj perilous.

périmé, e [peʀime] adj ◇ **être** ~ to be no longer valid.

périmètre [peʀimɛtʀ(ə)] nm (Math) perimeter; (zone) area.

période [peʀjɔd] nf period, time ◇ ~ **d'essai** trial run ◆ **périodique** **1** adj periodic **2** nm (Presse) periodical.

péripétie [peʀipesi] nf event, episode.

périphérie [peʀifeʀi] nf (limite) periphery; (banlieue) outskirts ◆ **périphérique** **1** adj peripheral ◇ **radio** ou **station** ~ private radio station **2** nm (boulevard) ring road, circular route (US); (Ordin) preripheral.

périphrase [peʀifʀɑz] nf circumlocution.

périple [peʀipl(ə)] nm journey.

périr [peʀiʀ] 2 vi to perish ◇ ~ **noyé** to drown; **faire** ~ to kill ◆ **périssable** adj perishable.

périscope [peʀiskɔp] nm periscope.

péritel [peʀitɛl] adj f, nf ® ◇ **(prise)** ~ SCART (socket).

perle [pɛʀl(ə)] nf (bijou) pearl; (boule) bead; (eau) drop; (fig) gem.

permanence [pɛʀmanɑ̃s] nf **a** (durée) permanence ◇ **en** ~ permanently **b** (bureau) duty office; (Pol) committee room; (Scol) study room ou hall (US) ◇ **être de** ~ to be on duty ◆ **permanent, e 1** adj (gén) permanent; (armée, comité) standing; (spectacle) continuous **2** nf (Coiffure) perm.

perméable [pɛʀmeabl(ə)] adj permeable.

permettre [pɛʀmɛtʀ(ə)] 56 **1** vt to allow, permit ◇ ~ **à qn de faire** (permission) to allow ou permit sb to do; (possibilité) to enable sb to do; **il se croit tout permis** he thinks he can do what he likes; (sollicitation) **vous permettez?** may I?; **vous permettez que je fume?** do you mind if I smoke? **2 se permettre** vpr to allow o.s. ◇ **se** ~ **de faire qch** to take the liberty of doing sth; (achat) **je ne peux pas me le** ~ I can't afford it ◆ **permis, e 1** adj permitted, allowed **2** nm permit, licence ◇ ~ **de conduire** driving licence; driver's license (US) ◆ **permissif, -ive** adj permissive ◆ **permission** nf permission; (Mil) leave ◇ **demander la** ~ to ask permission (*de* to); **en** ~ on leave.

permutation [pɛʀmytɑsjɔ̃] nf permutation ◆ **permuter** 1 vt to permutate.

Pérou [peʀu] nm peru ◇ **ce n'est pas le** ~ [famil] it's no great fortune.

perpendiculaire [pɛʀpɑ̃dikylɛʀ] adj, nf perpendicular (*à* to).

perpétrer [pɛʀpetʀe] 6 vt to perpetrate.

perpétuel, -elle [pɛʀpetɥɛl] adj perpetual ◆ **perpétuer** 1 vt to perpetuate ◆ **perpétuité** nf perpetuity ◇ (condamnation) **à** ~ for life.

perplexe [pɛʀplɛks(ə)] adj perplexed, puzzled ◇ **laisser** ~ to perplex, puzzle ◆ **perplexité** nf perplexity.

perquisition [pɛʀkizisjɔ̃] nf (Police) search ◆ **perquisitionner** 1 vi to carry out a search.

perron [pɛʀɔ̃] nm steps *(leading to entrance)*.

perroquet [pɛʀɔkɛ] nm parrot.

perruche [peʀyʃ] nf budgerigar, budgie [famil]; (bavard) chatterbox [famil].

perruque [peʀyk] nf wig.

persan, e [pɛʀsɑ̃, an] adj, nm , **P**~, **e** nm,f Persian ◆ **perse 1** adj, nm Persian **2** nmf Persian **3** nf ◇ **P**~ Persia.

persécuter [pɛʀsekyte] 1 vt to persecute ◆ **persécution** nf persecution.

persévérance [pɛʀseveʀɑ̃s] nf perseverance ◆ **persévérer** 6 vi to persevere.

persienne [pɛʀsjɛn] nf metal shutter.

persiflage [pɛʀsiflaʒ] nm mockery.

persil [pɛʀsi] nm parsley.

persistance [pɛʀsistɑ̃s] nf persistence ◆ **persistant, e** adj persistent ◆ **persister** 1 vi to persist ◇ ~ **à faire** to persist in doing; **je persiste à croire que...** I still believe that....

personnage [pɛʀsɔnaʒ] nm (gén) character; (tableau) figure ◇ ~ **influent** influential person ◆ **personnaliser** 1 vt to personalize ◆ **personnalité** nf personality ◇ **avoir de la** ~ to have lots of personality.

personne [pɛʀsɔn] **1** nf person ◇ ~ **âgée** elderly person; ~ **à charge** dependent; **deux** ~**s** two people, two persons (US); **100 F par** ~ 100 francs per head ou per person; **être bien fait de sa** ~ to be good-looking; **je m'en occupe en** ~ I'll see to it personally; **c'est la bonté en** ~ he's kindness itself ou personified **2** pron (quelqu'un) anyone, anybody; (aucun) no one, nobody ◇ **il n'y a** ~ there's no one ou nobody there, there isn't anyone ou anybody there ◆ **personnel, -elle 1** adj (gén) personal; (égoïste) selfish **2** nm staff ◆ **personnellement** adv personally ◆ **personnifier** 7 vt to personify, embody.

perspective [pɛʀspɛktiv] nf **a** (Art) perspective **b** (point de vue) (lit) view; (fig) viewpoint **c** (possibilité) prospect.

perspicace [pɛʀspikas] adj perspicacious ◆ **perspicacité** nf insight, perspicacity.

persuader [pɛʀsɥade] 1 vt to persuade, convince ◇ **j'en suis persuadé** I'm convinced of it ◆ **persuasif, -ive** adj persuasive, convincing ◆ **persuasion** nf persuasion; (croyance) conviction.

perte [pɛʀt(ə)] nf (gén) loss; (ruine) ruin ◇ ~ **de** (chaleur) loss of; (temps) waste of; **à** ~ **de vue** as far as the eye can see; ~ **sèche** dead loss.

pertinemment [pɛʀtinamɑ̃] adv ◇ **savoir** ~ **que** to know full well that ◆ **pertinence** nf pertinence, relevance ◆ **pertinent, e** adj (remarque) pertinent, relevant; (analyse) judicious.

perturbateur, -trice [pɛʀtyʀbatœʀ, tʀis] **1** adj disruptive **2** nm,f troublemaker ◆ **perturbation** nf (gén) disturbance; (réunion) disruption; (personne) perturbation ◆ **perturber** 1 vt to disturb; to disrupt; to perturb.

péruvien, -ienne [peʀyvjɛ̃, jɛn] adj, **P**~, **-ienne** nm,f Peruvian.

pervenche [pɛʀvɑ̃ʃ] nf (Bot) periwinkle; (famil: contractuelle) female traffic warden, meter maid (US).

pervers, e [pɛʀvɛʀ, ɛʀs(ə)] **1** adj (joie) perverse; (personne) perverted **2** nm,f pervert ◆ **perversion** nf perversion ◆ **perversité** nf perversity ◆ **pervertir** 2 vt to pervert.

pesamment [pəzamɑ̃] adv heavily ◆ **pesant, e** 1 adj heavy 2 nm ◇ **valoir son ~ d'or** to be worth one's weight in gold ◆ **pesanteur** nf (Phys) gravity; (lourdeur) heaviness ◆ **pesée** nf (action) weighing; (poussée) push, thrust ◆ **pèse-personne**, pl **~-~s** nm scales.

peser [pəze] 5 1 vt (lit) to weigh; (fig: évaluer) to weigh up ◇ **tout bien pesé** everything considered 2 vi to weigh ◇ **~ lourd** (objet) to be heavy; (argument) to carry weight; **~ sur** (objet) to press on; (décision) to influence; **ce qui pèse sur lui** (menace) what hangs over him; (responsabilité) what rests on his shoulders; **ça me pèse** it weighs heavy on me.

pessimisme [pesimism(ə)] nm pessimism ◆ **pessimiste** 1 adj pessimistic (*sur* about) 2 nmf pessimist.

peste [pɛst(ə)] nf plague; (péj) pest.

pester [pɛste] 1 vi to curse ◇ **~ contre qch** to curse sth.

pestilentiel, -elle [pɛstilɑ̃sjɛl] adj stinking.

pet [pɛ] nm [famil] fart [famil] ◇ **faire le ~** [famil] to be on watch.

pétale [petal] nm petal.

pétarader [petaʀade] 1 vi to backfire.

pétard [petaʀ] nm banger, firecracker ◇ **être en ~** [famil] to be raging mad [famil].

péter [pete] [famil] 6 1 vi (éclater) to burst; (casser) to snap; (avoir des vents) to fart [famil] 2 vt to bust [famil].

pétillant, e [petijɑ̃, ɑ̃t] adj (eau) bubbly, fizzy; (vin) sparkling ◆ **pétillement** nm ◇ **~(s)** (feu) crackling; (liquide) bubbling; (yeux, joie) sparkling ◆ **pétiller** 1 vi to crackle; to bubble; to sparkle.

petit, e [p(ə)ti, it] 1 adj a (gén) small; (nuance affective) little; (trajet, lettre) short; (épaisseur) thin ◇ **son ~ frère** his younger ou little brother; **un ~ Anglais** an English boy; **le ~ Jésus** baby Jesus; **un bon ~ repas** a nice little meal; (euph) **le ~ coin** the bathroom; **il en a pour une ~e heure** it won't take him more than an hour; **~e(s) et moyenne(s) entreprise(s)** small and medium-sized concern(s); **~e(s) et moyenne(s) industrie(s)** small and medium-sized industrial business(es) b (bruit, espoir) faint, slight; (coup) light, gentle; (opération, détail, fonctionnaire) minor c (mesquin) mean, petty, low d ◇ **être dans les ~s papiers de qn** to be in sb's good books; **mettre les ~s plats dans les grands** to lay on a first rate meal; **être aux ~s soins pour qn** to dance attendance on sb; **être dans ses ~s souliers** to be shaking in one's shoes 2 adv ◇ **~ à ~** little by little 3 nm,f (little) child; (personne) small person ◇ **le ~ Durand** young Durand, the Durand boy; **les tout ~s** the very young; (chatte) **faire des ~s** to have kittens; **c'est le monde en ~** it is the world in miniature 4 ◇ **~ ami** boyfriend; **~e amie** girlfriend; **~ cousin** distant cousin; **~ déjeuner** breakfast; **le ~ doigt** the little finger; **le ~ écran** television, TV; **~s-enfants** grandchildren; **~e-fille** granddaughter; **~-fils** grandson; **~-neveu** great-nephew; **~e-nièce** great-niece; **~ nom** [famil] Christian name, first name; **~-pois** garden pea ◆ **petitement** adv ◇ **être logé ~** to have a small house ◆ **petitesse** nf (taille) smallness; (mesquinerie) meanness, pettiness.

pétition [petisjɔ̃] nf petition.

pétrifier [petʀifje] 7 vt to petrify; (fig) to paralyze (*de* with).

pétrin [petʀɛ̃] nm kneading-trough ◇ (famil: ennui) **être dans le ~** to be in a mess [famil] ◆ **pétrir** 2 vt to knead.

pétrochimie [petʀɔʃimi] nf petrochemistry ◆ **pétrochimique** adj petrochemical.

pétrole [petʀɔl] nm (brut) oil, petroleum; (lampant) paraffin, kerosene (US) ◆ **pétrolier, -ière** 1 adj oil 2 nm (navire) oil tanker; (financier) oil magnate ◆ **pétrolifère** adj oil-bearing.

peu [pø] 1 adv a (petite quantité) little, not much; (petit nombre) few, not many ◇ **~ de** (argent, soleil) little, not much; (gens, voitures) few, not many; **c'est trop ~** it's not enough; **il est ~ sociable** he is not very sociable; **c'est un ~ grand** it's a little ou a bit too big; **il est ici pour ~ de temps** he is here for only a short time ou while b ◇ (locutions) **il l'a battu de ~** he just beat him; **à ~ près terminé** almost ou nearly finished; **à ~ près 10 kilos** roughly 10 kilos; **à ~ de chose près** more or less; **c'est ~ de chose** it' s nothing; **~ à ~** little by little 2 nm a little ◇ **le ~ d'argent qu'elle a** the little money she has; **son ~ de patience** his lack of patience; **le ~ d'amis qu'elle avait** the few friends she had b ◇ **un petit ~** a little bit; **un ~ d'eau** some ou a little water; **un ~ moins de monde** slightly fewer people; **pour un ~ ou un ~ plus il écrasait le chien** he very nearly ran over the dog; **un ~ partout** just about everywhere.

peuplade [pœplad] nf tribe, people ◆ **peuple** nm (gén) people; (foule) crowd (of people) ◇ **le ~** ordinary people ◆ **peuplé, e** adj populated ◆ **peuplement** nm (action) populating; (population) population ◆ **peupler** 1 vt (colonie) to populate; (habiter) to inhabit ◇ **se ~ de monde** to be filled with people.

peuplier [pøplije] nm poplar tree.

peur [pœʀ] nf fear ◇ **prendre ~** to take fright; **faire ~ à qn** to frighten ou scare sb; **avoir ~** to be frightened ou afraid ou scared (*de* of); **j'ai bien ~ qu'il ne pleuve**

I'm afraid it's going to rain; **il a couru de ~ de manquer le train** he ran for fear of missing the train ◆ **peureux, -euse** adj fearful.

peut-être [pøtɛtʀ(ə)] adv perhaps, maybe.

phalange [falɑ̃ʒ] nf phalanx.

pharaon [faʀaɔ̃] nm Pharaoh.

phare [faʀ] nm (tour) lighthouse; (voiture) headlight, headlamp ◇ **rouler pleins ~s** to drive on full beam ou high beams (US).

pharmaceutique [faʀmasøtik] adj pharmaceutical ◆ **pharmacie** nf (magasin) chemist's (shop), pharmacy, drugstore (Can, US); (profession) pharmacy; (produits) pharmaceuticals, medicines ◇ **armoire à ~** medicine cabinet ◆ **pharmacien, -ienne** nm,f dispensing chemist, pharmacist, druggist (US).

phase [fɑz] nf phase ◇ **être en ~** (Phys) to be in phase; (fig) to be on the same wavelength.

phénoménal, e, mpl **-aux** [fenɔmenal, o] adj phenomenal ◆ **phénomène** nm phenomenon; (excentrique) character.

philanthrope [filɑ̃tʀɔp] nmf philanthropist ◆ **philanthropie** nf philanthropy ◆ **philanthropique** adj philanthropic.

philatélie [filateli] nf philately, stamp collecting ◆ **philatélique** adj philatelic ◆ **philatéliste** nmf philatelist, stamp collector.

Philippines [filipin] nfpl ◇ **les ~** the Philippines.

philosophe [filɔzɔf] **1** nmf philosopher **2** adj philosophical ◆ **philosopher** 1 vi to philosophize ◆ **philosophie** nf philosophy ◆ **philosophique** adj philosophical.

philtre [filtʀ(ə)] nm potion.

phlébite [flebit] nf phlebitis.

phobie [fɔbi] nf phobia.

phonétique [fɔnetik] **1** nf phonetics (sg) **2** adj phonetic.

phoque [fɔk] nm seal.

phosphate [fɔsfat] nm phosphate.

phosphore [fɔsfɔʀ] nm phosphorus ◆ **phosphorer** 1 vi [famil] to work hard ◆ **phosphorescent, e** adj phosphorescent.

photo [fɔto] nf photo ◇ **prendre qn en ~** to take a photo of sb ◆ **photocopie** nf photocopy ◆ **photocopier** 7 vt **a** to photocopy ◆ **photocopieur** nm, **photocopieuse** nf **b** photocopier ◆ **photogénique** adj photogenic ◆ **photographe** nmf (artiste) photographer; (commerçant) camera dealer ◆ **photographie** nf (art) photography; (image) photograph ◆ **photographier** 7 vt to photograph ◇ **se faire ~** to have one's photo(graph) taken ◆ **photographique** adj photographic ◆ **photomaton** nm ® automatic photbooth, five-minute photo machine.

phrase [fʀɑz] nf sentence ◇ **~ toute faite** stock phrase.

physicien, -ienne [fizisjɛ̃, jɛn] nm,f physicist.

physiologie [fizjɔlɔʒi] nf physiology ◆ **physiologique** adj physiological.

physionomie [fizjɔnɔmi] nf face ◆ **physionomiste** adj, nmf ◇ **il est ~** he has a good memory for faces.

physique [fizik] **1** adj physical **2** nm physique ◇ **au ~** physically.

piaffer [pjafe] 1 vi (cheval) to stamp; (d'impatience) to fidget.

piailler [pjɑje] 1 vi to squawk.

pianiste [pjanist(ə)] nmf pianist ◆ **piano** nm piano.

PIB [peibe] nm abrév de *produit intérieur brut* GDP.

pic [pik] nm (cime) peak; (pioche) pickaxe ◇ **~ à glace** ice pick; (oiseau) **~ vert** woodpecker; **à ~** (falaise) sheer; (couler) straight down; (arriver) in the nick of time.

pichet [piʃɛ] nm pitcher, jug.

picoler [pikɔle] 1 vi [famil] to drink, tipple [famil].

picorer [pikɔʀe] 1 vti to peck.

picotement [pikɔtmɑ̃] nm ◇ **~(s)** (gorge) tickling; (yeux, peau) stinging ◆ **picoter** 1 vt to tickle; to sting.

pie [pi] nf magpie.

pièce [pjɛs] nf (gén) piece; (chambre) room; (document) paper; (canon) gun; (reprise) patch ◇ **~ de monnaie** coin; **~ de théâtre** play; **~ d'identité** identity paper; **~ détachée** part; (de rechange) spare part; **~ d'eau** ornamental lake; **~ montée** tiered cake; **mettre en ~s** to pull to pieces; **se vendre à la ~** to be sold separately; **2 F ~** 2 francs each; **deux ~s** (costume) two piece suit; (maison) 2-room flat ou apartment (US); **donner la ~ à qn** [famil] to give sb a tip.

pied [pje] nm **a** (gén) foot, (pl) feet; (table) leg; (appareil photo) stand, tripod; (lampe) base; (verre) stem; (salade, tomate) plant ◇ **aller à ~** to go on foot; **~s et poings liés** bound hand and foot; **~ de vigne** vine; **~ de porc** pig's trotter; **vivre sur un grand ~** to live in style; **sur un ~ d'égalité** on an equal footing; **il chante comme un ~** [famil] he's a useless [famil] singer **b** ◇ (avec prép) **au ~ de la lettre** literally; **au ~ levé** at a moment's notice; **de ~ ferme** resolutely **c** ◇ (avec verbes) **avoir ~** to be able to touch the bottom; **avoir bon ~ bon œil** to be as fit as a fiddle; **avoir les ~s sur terre** to have one's feet firmly on the ground; **faire des ~s et des mains pour faire qch** [famil] to move heaven and earth to do sth; **faire un ~ de nez à qn** to thumb one's nose at sb; **cela lui fera les ~s** [famil] that'll teach him; **mettre ~ à terre** to dismount; **mettre**

qn au ~ du mur to put sb to the test; **mettre les ~s dans le plat** [famil] (gaffer) to put one's foot in it; (intervenir) to put one's foot down; **mettre qch sur ~** to set sth up ◆ **pied-à-terre** nm inv pied-à-terre ◆ **pied-de-poule** nm hound's-tooth cloth ◆ **pied-noir** nm pied-noir *(Algerian-born Frenchman)*.

piédestal, pl **-aux** [pjedɛstal, o] nm pedestal.

piège [pjɛʒ] nm (lit, fig) trap; (fosse) pit; (collet) snare ◇ **tendre un ~ à qn** to set a trap for sb ◆ **piéger** [3] vt to trap; (avec explosifs) to booby-trap ◇ **voiture piégée** car-bomb; **se faire ~** to be trapped.

pierre [pjɛʀ] nf stone ◇ **faire d'une ~ deux coups** to kill two birds with one stone; **~ d'achoppement** stumbling block; **~ ponce** pumice stone; **~ précieuse** precious stone, gem; **~ tombale** tombstone ◆ **pierreries** nfpl gems, precious stones ◆ **pierreux, -euse** adj stony.

piété [pjete] nf piety.

piétiner [pjetine] [1] 1 vi (trépigner) to stamp one's feet; (patauger) to wade about; (ne pas avancer) (personne) to stand about; (enquête) to mark time 2 vt to trample ou tread on.

piéton [pjetɔ̃] nm pedestrian ◆ **piétonne** ou **piétonnière** adj f ◇ **rue ~** pedestrianized street; **zone ~** pedestrian precinct, mall (US).

piètre [pjɛtʀ(ə)] adj very poor.

pieu, pl 1 **~x** [pjø] nm post; (pointu) stake; (en ciment) pile; ([famil]: lit) bed.

pieuvre [pjœvʀ(ə)] nf octopus.

2. **pieux, -euse** [pjø, øz] adj pious.

pif [pif] nm [famil] (nez) beak [famil], nose ◇ **au ~** at a rough guess.

pigeon [piʒɔ̃] nm (oiseau) pigeon; (famil: dupe) mug [famil] ◇ **~ voyageur** homing pigeon ◆ **pigeonnier** nm dovecote.

piger [piʒe] [3] vi [famil] to twig [famil], understand.

pigment [pigmɑ̃] nm pigment.

pignon [piɲɔ̃] nm (maison) gable.

pile [pil] 1 nf (tas, pilier) pile; (électrique) battery ◇ **à ~(s)** battery-operated; **~ atomique** nuclear reactor; (pièce) **~ ou face?** heads or tails?; **tirer à ~ ou face** to toss up 2 adv [famil] (s'arrêter) dead [famil]; (arriver) just at the right time ◇ **à 2 heures ~** at dead on 2 [famil].

piler [pile] [1] 1 vt to crush, pound 2 vi (famil: freiner) to jam on the brakes.

pilier [pilje] nm pillar; (Rugby) prop forward.

pillage [pijaʒ] nm looting, pillaging ◆ **pillard, e** 1 adj looting, pillaging 2 nm,f looter ◆ **piller** [1] vt to loot, pillage.

pilon [pilɔ̃] nm (instrument) pestle; (poulet) drumstick ◆ **pilonner** [1] vt (Mil) to shell.

pilori [pilɔʀi] nm pillory.

pilotage [pilɔtaʒ] nm piloting ◆ **pilote** 1 adj (ferme) experimental 2 nm (Aviat, Naut) pilot; (Aut) driver; (fig: guide) guide ◇ **~ automatique/d'essai/de ligne** automatic/test/airline pilot ◆ **piloter** [1] vt to pilot; to drive.

pilotis [pilɔti] nm pile.

pilule [pilyl] nf pill ◇ **prendre la ~** (contraceptive) to be on the pill.

piment [pimɑ̃] nm chilli pepper; (fig) spice ◇ **~ doux** pepper, capsicum ◆ **pimenté, e** adj (plat) hot.

pimpant, e [pɛ̃pɑ̃, ɑ̃t] adj spruce.

pin [pɛ̃] nm (arbre) pine tree; (bois) pine.

pinard [pinaʀ] nm [famil] plonk [famil], cheap wine.

pince [pɛ̃s] nf (tenailles) pliers; (pincettes) tongs; (levier) crowbar; (crabe) claw; (couture) dart ◇ **une ~-monseigneur** a jemmy; **~ à épiler** tweezers; **~ à linge** clothes peg; **~ à sucre** sugar tongs.

pinceau, pl **~x** [pɛ̃so] nm paint brush.

pincer [pɛ̃se] [3] vt (gén) to pinch, nip; (guitare) to pluck; ([famil]: arrêter) to cop ◇ **se ~ le doigt dans la porte** to trap one's finger in the door; **se ~ le nez** to hold one's nose ◆ **pincé, e** 1 adj (air, ton) stiff 2 nf (sel) pinch ◆ **pincettes** nfpl fire tongs ◇ **il n'est pas à prendre avec des ~** (sale) he's filthy dirty; (mécontent) he's like a bear with a sore head.

pinède [pinɛd] nf pinewood, pine forest.

pingouin [pɛ̃gwɛ̃] nm (arctique) auk; (gén) penguin.

ping-pong [piŋpɔ̃g] nm table tennis.

pingre [pɛ̃gʀ(ə)] 1 adj niggardly 2 nmf niggard.

pinson [pɛ̃sɔ̃] nm chaffinch.

pintade [pɛ̃tad] nf guinea-fowl.

pioche [pjɔʃ] nf mattock, pickaxe ◆ **piocher** [1] vt (terre) to dig up; (carte) to take (from the pile); ([famil]) (sujet) to cram for.

piolet [pjɔlɛ] nm ice axe.

pion [pjɔ̃] nm a (Échecs) pawn; (Dames) piece, draught, checker (US) b (Scol: péj) ≃ supervisor.

pionnier [pjɔnje] nm pioneer.

pipe [pip] nf pipe.

pipi [pipi] nm [famil] wee [famil] ◇ **faire ~** to go to the toilet.

piquant, e [pikɑ̃, ɑ̃t] 1 adj (détail) spicy; (goût) pungent; (vin) sour ◇ **sauce ~e** piquant sauce 2 nm (hérisson, oursin) spine; (rosier) thorn; (chardon) prickle; (conversation) piquancy.

pique [pik] **1** nf (arme) pike; (critique) cutting remark **2** nm (carte) spade; (couleur) spades.

pique-assiette [pikasjɛt] nmf [famil] inv scrounger [famil].

pique-nique, pl ~-~**s** [piknik] nm picnic ◆ **pique-niquer** [1] vi to have a picnic, picnic.

piquer [pike] [1] **1** vt **a** (guêpe, ortie) to sting; (moustique, serpent) to bite; (pointe) to prick; (Méd) to give an injection to ◇ ~ **une épingle dans** to stick a pin in; (Couture) ~ **qch** to stitch sth, sew sth up; **ça pique** (démangeaison) it itches; (liqueur) it burns; (barbe, ronces) it prickles **b** (curiosité) to arouse, excite; (vexer) to nettle **c** ([famil]) (crise de nerfs) to have; (maladie) to pick up, catch, get; (portefeuille) to pinch [famil] (*à* from); (voleur) to nab [famil] ◇ ~ **un cent mètres** to put on a burst of speed; ~ **une colère** to fly into a rage; ~ **dans le tas** to pick at random **2** vi **a** (moutarde, radis) to be hot; (vin) to be sour; (fromage) to be pungent **b** ◇ ~ **vers** to head towards; (avion) ~ **du nez** to go into a nose-dive **3** **se piquer** vpr **a** (aiguille) to prick o.s.; (orties) to get stung ◇ **se** ~ **de faire qch** to pride o.s. on one's ability to do sth; **il s'est piqué au jeu** it grew on him **b** (miroir, linge) to go mildewed; (métal) to be pitted; (vin) to go sour.

piquet [pikɛ] nm (pieu) post, stake; (tente) peg ◇ ~ **de grève** strike-picket; (Scol) **mettre qn au** ~ to put sb in the corner.

piqueter [pikte] [4] vt to dot (*de* with).

piquette [pikɛt] nf (vin) (cheap) wine ◇ (défaite) **prendre une** ~[famil] to be thrashed [famil].

piqûre [pikyʀ] nf (épingle) prick; (guêpe, ortie) sting; (moustique) bite; (seringue) injection; (en couture) stitch; (trace, trou) hole ◇ **faire une** ~ to give an injection.

pirate [piʀat] adj, nm pirate ◇ ~ **de l'air** hijacker; ~ **informatique** hacker [famil] ◆ **piraterie** nf piracy.

pire [piʀ] **1** adj (comp) worse ◇ (superl) **le** ~, **la** ~ the worst **2** nm ◇ **le** ~ the worst; **au** ~ at the worst.

pirogue [piʀɔg] nf dugout canoe.

pirouette [piʀwɛt] nf pirouette.

1. **pis** [pi] nm (vache) udder.

2. **pis** [pi] **1** adj, adv worse ◇ **de** ~ **en** ~ worse and worse **2** nm ◇ **le** ~ the worst; **au** ~ **aller** if the worst comes to the worst ◆ **pis-aller** nm inv stopgap.

pisciculture [pisikyltyʀ] nf fish breeding.

piscine [pisin] nf swimming pool.

pissenlit [pisɑ̃li] nm dandelion.

pisse [pis] nf [famil] pee [famil] ◆ **pisser** [famil] [1] vi (personne) to pee [famil]; (récipient) to gush out.

pistache [pistaʃ] nf pistachio.

piste [pist(ə)] nf **a** (animal, suspect) track, trail; (Police: indice) lead ◇ **sur la bonne** ~ on the right track **b** (hippodrome) course; (stade) track; (patinage) rink; (danse) floor; (skieurs) run; (cirque) ring; (avions) runway; (magnétophone) track ◇ ~ **cyclable** cycle track.

pistolet [pistɔlɛ] nm (arme) pistol, gun; (peintre) spray gun.

piston [pistɔ̃] nm (machine) piston; (trompette) valve; ([famil]: aide) string-pulling ◆ **pistonner** [famil] [1] vt to pull strings for [famil] (*auprès de* with).

piteux, **-euse** [pitø, øz] adj pitiful.

pitié [pitje] nf pity ◇ **avoir** ~ **de qn** (plaindre) to pity sb; (faire grâce) to have pity ou mercy on sb; **il me fait** ~ I feel sorry for him; **être sans** ~ to be pitiless.

piton [pitɔ̃] nm **a** (à anneau) eye; (à crochet) hook; (alpiniste) piton **b** (sommet) peak.

pitoyable [pitwajabl(ə)] adj pitiful.

pitre [pitʀ(ə)] nm clown ◇ **faire le** ~ to clown about ◆ **pitrerie** nf ◇ ~**(s)** clowning.

pittoresque [pitɔʀɛsk(ə)] adj picturesque.

pivert [pivɛʀ] nm green woodpecker.

pivoine [pivwan] nf peony.

pivot [pivo] nm (gén) pivot; (dent) post ◆ **pivoter** [1] vi to revolve, pivot ◇ **faire** ~ **qch** to swivel sth round.

PJ [peʒi] nf abrév de *police judiciaire* ≃ CID (Brit), FBI (US).

placage [plakaʒ] nm (en bois) veneer; (en pierre) facing.

placard [plakaʀ] nm (armoire) cupboard; (affiche) poster ◆ **placarder** [1] vt (affiche) to stick up.

place [plas] nf **a** (esplanade) square **b** (objet, personne) place ◇ **changer qch de** ~ to move sth; **il ne tient pas en** ~ he can't keep still; **à votre** ~ if I were you, in your place **c** (espace libre) room, space ◇ **prendre de la** ~ to take up room ou space **d** (siège, billet) seat; (prix d'un trajet) fare; (emplacement réservé) space ◇ **payer** ~ **entière** to pay full price; ~ **de parking** parking space; **cinéma de 400** ~**s** cinema seating 400 (people); **prenez** ~ take a seat **e** (rang) place **f** (emploi) job ◇ (Pol) **les gens en** ~ influential people **g** ◇ ~ **forte** fortified town; ~ **financière** money market **h** ◇ **rester sur** ~ to stay on the spot; **à la** ~ instead (*de* of); **mettre qch en** ~ to set sth up; **faire** ~ **nette** to make a clean sweep.

placement [plasmɑ̃] nm (argent) investment.

placer [plase] [3] **1** vt **a** (mettre) (gén) to place, put; (invité, spectateur) to seat ◇ ~ **qn comme vendeur** to find sb a job as a salesman **b** (vendre) to place, sell **c** (investir) to invest **2** **se placer** vpr (personne) to take up a position; (événement) to take place, occur ◇ **si nous nous plaçons dans cette perspective** if we look at things from this angle; **se** ~ **2e** to be ou come 2nd ◆ **placé, e** adj ◇ **la fenêtre est** ~**e à gauche** the window is on the left; **être bien** ~ (concurrent) to be well placed; (spectateur) to have a good seat; **je suis mal** ~ **pour vous répondre** I'm in no position to answer.

placide [plasid] adj placid.

plafond [plafɔ̃] nm ceiling ◆ **plafonner** [1] vi (prix etc) to reach a ceiling.

plage [plaʒ] nf (mer) beach; (disque) track; (ville) seaside resort; (fig: zone) area.

plagiat [plaʒja] nm plagiarism ◆ **plagier** [7] vt plagiarize.

plaider [plede] [1] vti to plead ◆ **plaideur, -euse** nm,f litigant ◆ **plaidoirie** nf speech ◆ **plaidoyer** nm defence, plea.

plaie [plɛ] nf (gén) wound; (coupure) cut; (fig: fléau) scourge.

plaignant, e [plɛɲɑ̃, ɑ̃t] **1** adj (partie) litigant **2** nm,f plaintiff.

plaindre [plɛ̃dʀ(ə)] [52] **1** vt (personne) to pity, feel sorry for **2** **se plaindre** vpr (gémir) to moan; (protester) to complain (*de* about); (Jur) to make a complaint (*auprès de* to) ◇ **se** ~ **de** (maux de tête etc) to complain of.

plaine [plɛn] nf plain.

plain-pied [plɛ̃pje] adv ◇ **de** ~ (pièce) on the same level (*avec* as); (maison) (built) at street-level; (fig) **entrer de** ~ **dans le sujet** to come straight to the point.

plainte [plɛ̃t] nf (gémissement) moan, groan; (protestation) complaint ◇ **porter** ~ to lodge a complaint (*contre* against) ◆ **plaintif, -ive** adj plaintive, doleful.

plaire [plɛʀ] [54] **1** vi ◇ **ça me plaît** I like ou enjoy it; **ça ne me plaît pas beaucoup** I'm not keen on it; **il cherche à** ~ **à tout le monde** he tries to please everyone; **ça te plairait d'aller au cinéma?** would you like to go to the pictures?; **quand ça me plaît** when I feel like it, when it suits me; **je fais ce qui me plaît** I do as I like ou please **2** vb impers ◇ **et s'il me plaît d'y aller?** and what if I want to go?; **s'il te plaît, s'il vous plaît** please **3** **se plaire** vpr ◇ **il se plaît à Londres** he likes ou enjoys being in London; **plante qui se plaît à l'ombre** plant which thrives in the shade.

plaisance [plɛzɑ̃s] nf ◇ **bateau de** ~ yacht ◆ **plaisancier** nm yachtsman.

plaisant, e [plɛzɑ̃, ɑ̃t] adj (agréable) pleasant; (amusant) amusing, funny.

plaisanter [plɛzɑ̃te] [1] vi to joke (*sur* about) ◇ **vous plaisantez** you must be joking; **pour** ~ for fun ◆ **plaisanterie** nf joke ◇ **mauvaise** ~ (nasty) practical joke ◆ **plaisantin** nm (blagueur) joker; (fumiste) phoney [famil].

plaisir [plezir] nm pleasure ◇ **j'ai le** ~ **de vous annoncer que...** I have pleasure in announcing that...; **ranger pour le** ~ **de ranger** to tidy up just for the sake of it; **au** ~ **de vous revoir** I'll see you again sometime; **faire** ~ **à qn** to please sb; **cela me fait** ~ **de vous voir** I'm pleased ou delighted to see you; **fais-moi** ~**: mange ta soupe** eat your soup, there's a dear; **si ça peut te faire** ~**!** if it will make you happy!

1. **plan** [plɑ̃] nm **a** (projet, dessin) plan; (carte d'une ville) map ◇ **laisser qch en** ~ [famil] to abandon ou ditch [famil] sth **b** (Math etc: surface) plane ◇ **en** ~ **incliné** sloping; ~ **d'eau** stretch of water **c** (Ciné) shot ◇ **premier** ~ foreground; **dernier** ~ background **d** (fig: niveau) plane ◇ **de premier** ~ of utmost importance, major.

2. **plan, plane** [plɑ̃, plan] adj flat.

planche [plɑ̃ʃ] nf (en bois) plank, board; (gravure) plate; (légumes) bed ◇ ~ **à repasser** ironing board; ~ **à roulettes** (objet) skateboard; (sport) skateboarding; (fig) ~ **de salut** last hope; ~ **à voile** (objet) sailboard; (sport) windsurfing; (Théât) **monter sur les** ~**s** to go on the stage; (Natation) **faire la** ~ to float on one's back; **cabine en** ~**s** wooden hut ◆ **plancher** nm floor.

plancton [plɑ̃ktɔ̃] nm plankton.

planer [plane] [1] vi (oiseau) to glide, hover; (danger) to hang (*sur* over); (rêveur) to have one's head in the clouds.

planétaire [planetɛʀ] adj planetary.

planète [planɛt] nf planet.

planeur [planœʀ] nm glider.

planification [planifikasjɔ̃] nf planning ◆ **planifier** [7] vt to plan ◆ **planning** nm programme, schedule ◇ ~ **familial** family planning.

planque [plɑ̃k] nf **a** (cachette) hideout; (travail) cushy [famil] job ◆ **planquer** vt, **se planquer** [famil] vpr [1] **b** to hide.

plant [plɑ̃] nm (plante) plant; (semis) bed.

plantation [plɑ̃tasjɔ̃] nf (action) planting; (terrain) bed; (arbres) plantation.

plante [plɑ̃t] nf plant ◇ ~ **grasse** succulent plant; ~ **d'intérieur** house plant; ~ **verte** green foliage plant; ~ **des pieds** sole of the foot.

planter [plɑ̃te] [1] vt (plante) to plant; (clou, pieu) to drive in; (tente) to pitch; (objet: mettre) to put; ([famil]: abandonner) to pack in [famil] ◇ **se** ~ **une épine dans le doigt** to get a thorn stuck in one's finger; **rester planté devant une vitrine** [famil] to stand looking at a shop window; (se tromper) **se** ~ [famil] to get it all wrong.

planton [plɑ̃tɔ̃] nm (Mil) orderly ◇ **faire le** ~ [famil] to hang about [famil].

plantureux, -euse [plɑ̃tyʀø, øz] adj (repas) copious; (région) fertile; (récolte) bumper.

plaquage [plakaʒ] nm (Rugby) tackle.

plaque [plak] nf (gén) plate; (marbre, chocolat) slab; (de verglas, sur la peau) patch; (écriteau) plaque; (insigne) badge ◇ ~ **chauffante** hot-plate, hob; ~ **dentaire** dental plaque; ~ **minéralogique** number ou license (US) plate; ~ **tournante** (Rail) turntable; (fig) centre.

plaquer [plake] 1 vt **a** (bois) to veneer; (bijoux) to plate ◇ **plaqué or** gold-plated **b** ([famil]: abandonner) to give up **c** (aplatir) (gén) to flatten; (cheveux) to plaster down; (Rugby) to tackle.

plaquette [plakɛt] nf (gén) slab; (chocolat) block; (pilules) blister pack; (livre) small volume ◇ (Aut) ~ **de frein** brake pad.

plasma [plasma] nm plasma.

plastic [plastik] nm gelignite ♦ **plasticage** nm bombing (*de* of).

plastifier [plastifje] 7 vt to coat with plastic.

plastique [plastik] adj, nm plastic.

plastiquer [plastike] 1 vt to blow up.

plastron [plastʀɔ̃] nm (chemise) shirt front; (escrimeur) plastron.

1. **plat**, **plate** [pla, plat] **1** adj flat ◇ **poser qch à** ~ to lay sth flat; **être à** ~ (pneu, batterie) to be flat; (automobiliste) to have a flat tyre; (malade) to be washed out [famil]; **tomber à** ~ **ventre** to fall flat on one's face; **se mettre à** ~ **ventre devant qn** to crawl to sb **2** nm flat part ♦ **plate-bande**, pl ~**s**-~**s** nf flower bed ♦ **plate-forme**, pl ~**s**-~**s** nf platform ◇ ~ **flottante** floating rig.

2. **plat** [pla] nm (récipient, mets) dish; (partie du repas) course ◇ **il en a fait tout un** ~ [famil] he made a great fuss about it; **mettre les petits** ~**s dans les grands** to lay on a slap-up meal; ~**s cuisinés** convenience foods; ~ **du jour** today's special.

platane [platan] nm plane tree.

plateau, pl ~**x** [plato] nm (de serveur) tray; (balance) pan; (électrophone) turntable, deck; (table) top; (graphique) plateau; (montagne) plateau; (théâtre) stage; (cinéma) set ◇ ~ **de fromages** cheeseboard.

platine [platin] **1** nm (métal) platinum **2** nf (tourne-disque) deck, turntable.

platitude [platityd] nf platitude.

platonique [platɔnik] adj (amour) platonic.

plâtre [plɑtʀ(ə)] nm (matière) plaster; (objet) plaster cast ◇ **les** ~**s** the plasterwork ♦ **plâtrer** 1 vt (mur) to plaster; (jambe) to set in plaster ♦ **plâtrier** nm plasterer.

plausible [plozibl(ə)] adj plausible.

play-back [plɛbak] nm miming ◇ **chanter en** ~ to mime to a prerecorded tape.

plébiscite [plebisit] nm plebiscite.

pléiade [plejad] nf pleiad.

plein, **pleine** [plɛ̃, plɛn] **1** adj **a** (rempli) full (*de* of); (journée) busy; (succès etc, total) complete ◇ ~ **à craquer** full to bursting, crammed full; ~ **de taches** covered in stains; **salle pleine de monde** crowded room; **remarque pleine de finesse** very shrewd remark; **absent un jour** ~ absent for a whole day; **à** ~ **temps** full-time **b** (paroi) solid; (trait) unbroken **c** ◇ (intensité) **la pleine lumière** the bright light; **en pleine mer** on the open sea; **avoir pleine conscience de qch** to be fully aware of sth; **membre de** ~ **droit** rightful member; **ça sent l'ammoniaque à** ~ **nez** there's an overpowering smell of ammonia; **prendre qch à pleines mains** to grasp sth firmly; **jeux de** ~ **air** outdoor games; **s'asseoir en** ~ **air** to sit in the open air; **en** ~ **milieu** right ou bang [famil] in the middle; **en pleine jeunesse** in the bloom of youth; **en** ~ **jour** in broad daylight; **en pleine saison** at the height of the season; **je suis en** ~ **travail** I'm in the middle of work **2** adv ◇ **avoir de l'encre** ~ **les mains** to have ink all over one's hands; **il a des jouets** ~ **un placard** he's got a cupboard full of toys; ~ **de gens** [famil] lots of people; **en** ~ **devant toi** right ou straight in front of you; **à** ~ (utiliser) to the full **3** nm ◇ (voiture) **faire le** ~ to fill up the tank; **battre son** ~ to be at its height.

pleinement [plɛnmɑ̃] adv fully.

plénipotentiaire [plenipɔtɑ̃sjɛʀ] adj, nm plenipotentiary.

pléonasme [pleɔnasm(ə)] nm pleonasm.

pléthore [pletɔʀ] nf superabundance ♦ **pléthorique** adj excessive.

pleurer [plœʀe] 1 **1** vi (personne) to cry, weep (*sur* over); (yeux) to water, run ◇ ~ **de rire** to shed tears of laughter **2** vt **a** (personne) to mourn; (chose) to bemoan ◇ ~ **des larmes de joie** to weep ou shed tears of joy **b** (péj) (quémander) to beg for; (lésiner sur) to stint ◇ ~ **misère** to moan about one's lot.

pleurésie [plœʀezi] nf pleurisy.

pleurnicher [plœʀniʃe] 1 vi to snivel [famil].

pleurs [plœʀ] nmpl ◇ **en** ~ in tears.

pleuviner [pløvine] 1 vi to drizzle.

pleuvoir [pløvwaʀ] 23 **1** vb impers to rain ◇ **il pleut** it's raining; (à torrents) it's pouring **2** vi (critiques etc) to shower down.

plexiglas [plɛksiglɑs] nm ® plexiglass ®.

pli [pli] nm **a** (rideau, peau etc) fold; (pantalon, front) crease; (jupe) pleat ◇ **faux** ~ crease; **ton manteau fait un** ~ your coat creases up **b** (habitude) habit ◇ **mauvais** ~ bad habit **c** (enveloppe) envelope; (lettre) letter **d** (Cartes) trick ◇ **faire un** ~ to take a trick.

pliant, **e** [plijɑ̃, ɑ̃t] **1** adj collapsible, folding **2** nm folding stool.

plie [pli] nf plaice.

plier [plije] 7 **1** vt (gén) to fold; (branche, genou) to bend ◇ ~ **bagage** to pack up and go; **plié de rire** doubled up with laughter; ~ **qn à une discipline** to force a discipline upon sb **2** vi (branche) to bend; (personne) to yield, give in; (armée) to give way **3** **se plier** vpr (chaise) to fold up ◇ **se** ~ **à qch** to submit to sth.

plinthe [plɛ̃t] nf skirting board.

plisser [plise] 1 **1** vt (froisser) to crease; (lèvres) to pucker; (yeux) to screw up; (front) to crease ◇ (jupe) **plissé** pleated **2** vi to become creased.

pliure [plijyʀ] nf (gén) fold; (bras) bend.

plomb [plɔ̃] nm (métal) lead; (Pêche) sinker; (Chasse) piece of shot; (fusible) fuse ◇ **de** ~ (tuyau) lead; (soldat) lead, tin; (ciel) leaden; (soleil) blazing; (sommeil) deep, heavy; **avoir du** ~ **dans l'aile** to be in a bad way; **avoir du** ~ **dans la tête** to have common sense.

plombage [plɔ̃baʒ] nm (dent) filling ◆ **plomber** 1 vt (dent) to fill; (colis) to seal (with lead) ◆ **plomberie** nf plumbing; (atelier) plumber's shop ◆ **plombier** nm plumber.

plongée [plɔ̃ʒe] nf (action) diving; (exercice) dive ◆ **plongeoir** nm diving board ◆ **plongeon** nm dive ◇ **faire un** ~ to dive.

plonger [plɔ̃ʒe] 3 **1** vi (personne, avion) to dive; (route) to plunge down ◇ **tir** etc **plongeant** plunging fire etc; **il plongea dans sa poche** he plunged his hand into his pocket **2** vt to plunge (*dans* into) **3** **se plonger** vpr ◇ **se** ~ **dans** (lecture) to bury o.s. in; (eau) to plunge into ◆ **plongeur**, **-euse** nm,f **a** diver; (sans scaphandre) skin diver **b** (restaurant) dishwasher.

plouf [pluf] nm, excl splash.

ployer [plwaje] 8 vti to bend.

pluie [plɥi] nf rain; (averse) shower; (fine) drizzle ◇ ~**s acides** acid rain; **le temps est à la** ~ it looks like rain; (fig) ~ **de** shower of; **faire la** ~ **et le beau temps** to rule the roost; **il n'est pas né de la dernière** ~ he wasn't born yesterday.

plumage [plymaʒ] nm plumage, feathers.

plume [plym] nf feather; (pour écrire) pen ◇ **il y a laissé des** ~**s** [famil] he got his fingers burnt ◆ **plumeau**, pl ~**x** nm feather duster ◆ **plumer** 1 vt (volaille) to pluck; (famil: personne) to fleece [famil] ◆ **plumet** nm plume ◆ **plumier** nm pencil box.

plupart [plypaʀ] nf ◇ **la** ~ **des gens** most people, the majority of people; **pour la** ~ for the most part; **la** ~ **du temps** most of the time.

pluriel, **-elle** [plyʀjɛl] adj, nm plural.

plus **1** adv nég [ply] **a** (temps) no longer ◇ **il n'en a** ~ **besoin** he doesn't need it any longer, he no longer needs it **b** (quantité) no more ◇ **elle n'a** ~ **de pain** she hasn't got any more bread, she's got no bread left; **il n'y a** ~ **rien** there's nothing left; **on n'y voit** ~ **guère** you can hardly see anything now **c** ◇ (avec que) ~ **que 5 km à faire** only another 5 km to go **2** adv comparatif [ply(s)] **a** (travailler etc) more (*que* than) ◇ **il est** ~ **âgé que moi** he is older than me ou than I am; **trois fois** ~ **cher que...** three times as expensive as...; ~ **de pain** etc more bread etc; **les enfants de** ~ **de 4 ans** children over 4; **il n'y avait pas** ~ **de 10 personnes** there were no more than 10 people; **il est** ~ **de 9 heures** it's after 9 o'clock; ~ **il gagne, moins il est content** the more he earns, the less happy he is **b** ◇ **elle a 10 ans de** ~ **que lui** she's 10 years older than him; **il y a 10 personnes de** ~ **qu'hier** there are 10 more people than yesterday; **une fois de** ~ once more; **c'est en** ~ it's extra; **en** ~ **de son travail** in addition to his work; **de** ~ **en** ~ more and more; **de** ~ **en** ~ **vite** faster and faster; ~ **ou moins** more or less; **de** ~, **qui** ~ **est** moreover **3** adv superlatif [ply(s)] ◇ **le** ~ **long** the longest; **la** ~ **belle** the most beautiful; **la** ~ **grande partie de son temps** most of his time; **ce que j'aime le** ~ what I like most ou best; **c'est le samedi qu'il y a le** ~ **de monde** Saturday is the day there are the most people; **prends le** ~ **possible de livres** take as many books as possible; **au** ~ at the most **4** conj [plys] plus ◇ **lui** ~ **sa mère** him plus [famil] ou he and his mother; (degré) **il fait** ~ **deux** it's two above freezing **5** nm [plys] ◇ (Math) **signe** ~ plus sign ◆ **plus-que-parfait** nm pluperfect, past perfect ◆ **plus-value** nf (bénéfice) profit; (imposable) capital gains.

plusieurs [plyzjœʀ] adj, pron several.

Pluton [plytɔ̃] nm (Astron) Pluto.

plutonium [plytɔnjɔm] nm plutonium.

plutôt [plyto] adv rather (*que* than) ◇ **prends ce livre** ~ **que celui-là** take this book rather than ou instead of that one; **il est** ~ **petit** he is rather ou fairly ou quite small.

pluvieux, **-euse** [plyvjø, øz] adj rainy, wet.

PME [peɛmə] nf(pl) abrév de *petite(s) et moyenne(s) entreprise(s)* → **petit.**

PMI [peɛmi] nf(pl) abrév de *petite(s) et moyenne(s) industrie(s)* → **petit.**

PMU [peɛmy] nm abrév de *Pari mutuel urbain state-controlled betting system.*

PNB [peɛnbe] nm abrév de *produit national brut* GNP.

pneu [pnø] nm (roue) tyre, tire (US); (lettre) letter sent by pneumatic tube ◇ ~ **clouté** ou **à clous** studded tyre ou tire (US); ~**-neige** snow tyre ou tire (US) ◆ **pneumatique** 1 adj (Sci) pneumatic; (gonflable) inflatable 2 nm = **pneu.**

pneumonie [pnømɔni] nf ◇ **la** ~ pneumonia; **une** ~ a bout of pneumonia.

poche [pɔʃ] nf (gén) pocket; (sac) bag ◇ ~ **revolver** hip pocket; **de** ~ (mouchoir) pocket; (livre) paperback; **il l'a payé de sa** ~ he paid for it out of his own pocket; **mettre qn dans sa** ~ [famil] to twist sb round one's little finger; **c'est dans la** ~**!** [famil] it's in the bag! [famil]; **faire les** ~**s à qn** [famil] to go through sb's pockets; **connaître un endroit comme sa** ~ to know a place like the back of one's hand.

pocher [pɔʃe] [1] vt (Culin) to poach.

pochette [pɔʃɛt] nf (mouchoir) pocket handkerchief; (sac) bag; (d'allumettes) book; (de disque) sleeve ◇ ~ **surprise** lucky bag.

podium [pɔdjɔm] nm podium.

1. **poêle** [pwal] nf ◇ ~ **à frire** frying pan.

2. **poêle**, **poële** [pwal] nm stove.

poème [pɔɛm] nm poem ◆ **poésie** nf (art) poetry; (poème) poem ◆ **poète** 1 nm poet 2 adj (tempérament) poetic ◆ **poétique** adj poetic.

poids [pwa] nm weight ◇ ~ **lourd** (personne) heavyweight; (camion) lorry, truck (US); ~ **mort** dead load; **prendre du** ~ to gain ou put on weight; **il ne fait pas le** ~ he doesn't measure up; **argument de** ~ weighty argument; (Sport) **lancer le** ~ to put the shot; ~ **et haltères** weight lifting.

poignant, e [pwaɲɑ̃, ɑ̃t] adj poignant.

poignard [pwaɲaʀ] nm dagger ◇ **coup de** ~ stab ◆ **poignarder** [1] vt to stab.

poigne [pwaɲ] nf (étreinte) grip.

poignée [pwaɲe] nf (bouton) handle; (quantité) handful ◇ ~ **de main** handshake; **donner une** ~ **de main à qn** to shake hands with sb.

poignet [pwaɲɛ] nm wrist; (chemise) cuff.

poil [pwal] nm a (personne) hair; (brosse) bristle; (pelage) coat, fur ◇ **les** ~**s d'un tapis** the pile of a carpet; (couleur) ~ **de carotte** red-haired b ◇ **être à** ~ [famil] to be in one's birthday suit [famil]; **se mettre à** ~ to strip off; **c'est au** ~ [famil] it's great [famil]; **avoir un** ~ **dans la main** [famil] to be bone-idle [famil]; **être de mauvais** ~ [famil] to be in a bad mood ◆ **poilu, e** adj hairy.

poinçon [pwɛ̃sɔ̃] nm (outil) awl; (estampille) hallmark ◆ **poinçonner** [1] vt (billet) to punch.

poindre [pwɛ̃dʀ(ə)] [49] vi (jour) to break.

poing [pwɛ̃] nm fist ◇ **coup de** ~ punch.

1. **point** [pwɛ̃] 1 nm a (gén) point; (Scol: note) mark; (ordre du jour) item ◇ ~ **de rencontre** etc meeting etc point; ~ **faible** weak point; **au** ~ **où on en est** considering the situation we're in; **jusqu'à un certain** ~ up to a point, to a certain extent; **au plus haut** ~ extremely; **sa colère avait atteint un** ~ **tel que...** he was so angry that..., his anger was such that...; **faire le** ~ (pilote) to plot one's position; (fig) to sum up the situation b (en morse, sur i etc) dot; (sur dé) pip; (tache) spot; (ponctuation) full stop, period ◇ (fig) **mettre les** ~**s sur les i** to spell it out; **mettre un** ~ **final à qch** to put an end to sth c (Couture) stitch ◇ **faire un** ~ **à qch** to put a stitch in sth d ◇ **à** ~ (viande) medium; **arriver à** ~ to arrive just at the right moment; **mettre au** ~ (photo) to focus; (procédé) to perfect; **mettre une affaire au** ~ **avec qn** to finalize the details of a matter with sb; **j'étais sur le** ~ **de faire du café** I was just going to make some coffee 2 comp: ~ **de côté** stitch *(pain in the side)*; ~ **culminant** peak; ~ **de départ** starting point; ~ **d'exclamation** exclamation mark ou point (US); ~ **d'interrogation** question mark; **le** ~ **du jour** daybreak; (Aut) ~ **mort** neutral; (fig) **au** ~ **mort** at a standstill; ~ **de repère** (dans l'espace) landmark; (dans le temps) point of reference; ~**s de suspension** suspension points; ~ **de suture** stitch; ~ **de vente** shop, store; ~ **virgule** semicolon; ~ **de vue** viewpoint; **au** ~ **de vue argent** from the financial point of view.

2. **point** [pwɛ̃] adv = **2.pas.**

pointage [pwɛ̃taʒ] nm (contrôle) check.

pointe [pwɛ̃t] nf (gén) point; (extrémité) tip; (clou) tack; (pour grille, chaussure) spike; (foulard) triangular scarf ◇ ~ **de terre** spit of land; **sur la** ~ **des pieds** on tiptoe; (Danse) **faire des** ~**s** to dance on points; **en** ~ pointed; ~ **de** (ail, ironie) touch ou hint of; ~ **de vitesse** burst of speed; **à la** ~ **de** (actualité etc) in the forefront of; **de** ~ (industrie) leading; (technique) latest, advanced; **heure de** ~ peak hour; **faire une** ~ **jusqu'à Paris** to push on as far as Paris.

pointer [pwɛ̃te] [1] 1 vt (cocher) to tick off; (diriger) to aim (*vers* at); direct (*vers* towards); (doigt) to point (*sur* at) 2 vi a (employé) (arrivée) to clock in; (départ) to clock out b (apparaître) (gén) to appear; (jour) to break, dawn 3 **se pointer** [famil] vpr (arriver) to turn up [famil].

pointillé, e [pwɛ̃tije] 1 adj dotted 2 nm dotted line.

pointilleux, -euse [pwɛ̃tijø, øz] adj pernickety.

pointu, e [pwɛ̃ty] adj pointed; (aiguisé) sharp.

pointure [pwɛ̃tyʀ] nf size ◇ **quelle est votre ~?** what size are you?

poire [pwaʀ] nf pear.

poireau, pl **~x** [pwaʀo] nm leek ✦ **poireauter** [1] vi [famil] to hang about [famil].

poirier [pwaʀje] nm pear tree.

pois [pwa] nm (légume) pea; (dessin) dot, spot ◇ **petits ~** garden peas; **~ chiche** chickpea; **~ de senteur** sweet pea.

poison [pwazɔ̃] nm poison.

poisse [pwas] nf [famil] bad luck.

poisseux, -euse [pwasø, øz] adj sticky.

poisson [pwasɔ̃] nm fish ◇ **2 ~s** 2 fish ou fishes; **comme un ~ dans l'eau** in one's element; (Astron) **P~s** Pisces; (blague) **~ d'avril** April fool's trick; **~ rouge** goldfish ✦ **poissonnerie** nf fishmonger's shop ✦ **poissonneux, -euse** adj full of fish ✦ **poissonnier, -ière** nm,f fishmonger.

poitrail [pwatʀaj] nm breast.

poitrine [pwatʀin] nf (gén) chest; (Culin) breast.

poivre [pwavʀ(ə)] nm pepper; (grain) peppercorn ✦ **poivré, e** adj peppery ✦ **poivrer** [1] vt to pepper ✦ **poivrier** nm (plante) pepper plant; (objet) pepperpot, pepper shaker (US) ✦ **poivron** nm capsicum, red ou green pepper.

poivrot, e [pwavʀo, ɔt] nm,f [famil] drunkard.

poker [pɔkɛʀ] nm poker ◇ (fig) **coup de ~** gamble.

polaire [pɔlɛʀ] adj polar.

polar [pɔlaʀ] nm [famil] thriller.

polariser [pɔlaʀize] [1] vt (Élec, Phys) to polarize; (fig: attirer) to attract.

pôle [pol] nm pole ◇ **P~ Nord/Sud** North/South Pole.

polémique [pɔlemik] [1] adj controversial [2] nf argument, polemic.

poli, e [pɔli] adj (personne) polite (*avec* to); (métal) polished ✦ **poliment** adv politely.

police [pɔlis] nf [a] (corps) police, police force; (règlements) regulations ◇ **la ~ est à ses trousses** the police are after him; **faire la ~** to keep law and order; **~ judiciaire** ≃ Criminal Investigation Department, CID; **~ secours** ≃ emergency services [b] ◇ **~ d'assurance** insurance policy ✦ **policier, -ière** [1] adj (gén) police; (roman) detective [2] nm policeman.

poliomyélite [pɔljɔmjelit] nf poliomyelitis.

polir [pɔliʀ] [2] vt to polish.

polisson, -onne [pɔlisɔ̃, ɔn] [1] adj naughty [2] nm,f (enfant) little devil [famil].

politesse [pɔlitɛs] nf politeness; (parole) polite remark; (action) polite gesture.

politicien, -ienne [pɔlitisjɛ̃, jɛn] nm,f politician; (péj) political schemer.

politique [pɔlitik] [1] adj political; (habile) politic ◇ **homme ~** politician [2] nf [a] (science, carrière) politics (sg) ◇ **faire de la ~** to be in politics [b] (tactique) policy ◇ (globale) **la ~ du gouvernement** the government's policies ✦ **politiser** [1] vt to politicize.

pollen [pɔlɛn] nm pollen.

polluer [pɔlɥe] [1] vt to pollute ◇ **produit polluant** pollutant ✦ **pollution** nf pollution.

polo [pɔlo] nm (sport) polo; (chemise) sports shirt.

polochon [pɔlɔʃɔ̃] nm [famil] bolster.

Pologne [pɔlɔɲ] nf Poland ✦ **polonais, e** [1] adj Polish [2] nm [a] ◇ **P~** Pole [b] (Ling) Polish [3] nf [a] ◇ **P~e** Pole [b] (Mus, Culin) polonaise.

poltron, -onne [pɔltʀɔ̃, ɔn] [1] adj cowardly [2] nm,f coward.

polyclinique [pɔliklinik] nf private general hospital.

polycopier [pɔlikɔpje] [7] vt to duplicate, stencil.

polyester [pɔliɛstɛʀ] nm polyester.

polyglotte [pɔliglɔt] adj, nmf polyglot.

polygone [pɔligɔn] nm polygon.

Polynésie [pɔlinezi] nf Polynesia.

polyvalent, e [pɔlivalɑ̃, ɑ̃t] adj (rôle) varied; (usages) various, many.

pommade [pɔmad] nf ointment.

pomme [pɔm] nf apple; (arrosoir) rose ◇ **tomber dans les ~s** [famil] to faint, pass out [famil]; **~ d'Adam** Adam's apple; **~s chips** potato crisps, chips (US); **~s frites** chips, French fries; **~ de pin** pine ou fir cone; **~ de terre** potato.

pommeau, pl **~x** [pɔmo] nm (épée, selle) pommel; (canne) knob.

pommelé, e [pɔmle] adj (cheval) dappled; (ciel) mackerel.

pommette [pɔmɛt] nf cheekbone.

pommier [pɔmje] nm apple tree.

pompe [pɔ̃p] nf [a] (machine) pump; (famil: chaussure) shoe ◇ **à toute ~** flat out [famil]; **faire des ~s** to do press-ups ou push-ups (US); **~ à essence** petrol ou gas (US) station; **~ à incendie** fire engine [b] (solennité) pomp ◇ **en grande ~** with great pomp; **~s funèbres** funeral director's, undertaker's, mortician's (US) ✦ **pomper** [1] vt to pump; (buvard) to soak up; (famil: épuiser) to tire out ✦ **pompeux, -euse** adj pompous ✦ **pompier** nm fireman ◇ **les ~s** the fire brigade ✦ **pompiste** nmf petrol ou gasoline (US) pump attendant.

pompon [pɔ̃pɔ̃] nm pompon ◇ **c'est le ~!** [famil] it's the last straw!

pomponner [pɔ̃pɔne] [1] vt to titivate.

poncer [pɔ̃se] [3] vt to sand, rub down ✦ **ponceuse** nf sander.

ponction [pɔ̃ksjɔ̃] nf (lombaire) puncture; (pulmonaire) tapping; (argent) withdrawal.

ponctualité [pɔ̃ktɥalite] nf punctuality.

ponctuation [pɔ̃ktɥasjɔ̃] nf punctuation.

ponctuel, -elle [pɔ̃ktɥɛl] adj (à l'heure) punctual; (intervention) selective.

ponctuer [pɔ̃ktɥe] 1 vt to punctuate (*de* with).

pondération [pɔ̃deʀasjɔ̃] nf (calme) level-headedness; (équilibrage) balancing ◆ **pondéré, e** adj level-headed.

pondéreux, -euse [pɔ̃deʀø, øz] adj heavy.

pondre [pɔ̃dʀ(ə)] 41 vti (œuf) to lay; (famil: texte) to produce.

poney [pɔnɛ] nm pony.

pont [pɔ̃] nm (gén) bridge; (navire) deck; (voiture) axle; (de graissage) ramp ◇ (vacances) **faire le ~** to make a long weekend of it; **~ aérien** airlift; **les P~s et Chaussées** the department of civil engineering; **~-levis** drawbridge.

pontage [pɔ̃taʒ] nm decking (Naut) ◇ (Méd) **~ (cardiaque)** (heart) bypass operation.

1. **ponte** [pɔ̃t] nf egg-laying.

2. **ponte** [pɔ̃t] nm big shot [famil], big noise [famil].

pontife [pɔ̃tif] nm pontiff ◆ **pontifical, e**, mpl **-aux** adj (messe) pontifical; (gardes) papal.

ponton [pɔ̃tɔ̃] nm pontoon, landing stage.

pope [pɔp] nm Orthodox priest.

popote [famil] [pɔpɔt] **1** nf (cuisine) cooking **2** adj inv stay-at-home.

populace [pɔpylas] nf (péj) rabble.

populaire [pɔpylɛʀ] adj (gén) popular; (quartier) working-class; (expression) colloquial ◇ **république ~** people's republic; **manifestation ~** mass demonstration.

popularité [pɔpylaʀite] nf popularity.

population [pɔpylasjɔ̃] nf population.

porc [pɔʀ] nm (animal) pig, hog (US); (viande) pork; (péj: personne) pig.

porcelaine [pɔʀsəlɛn] nf porcelain, china.

porc-épic, pl **~s-~s** [pɔʀkepik] nm porcupine.

porche [pɔʀʃ(ə)] nm porch.

porcherie [pɔʀʃəʀi] nf pigsty.

pore [pɔʀ] nm pore ◆ **poreux, -euse** adj porous.

pornographie [pɔʀnɔgʀafi] nf pornography ◆ **pornographique** adj pornographic.

1. **port** [pɔʀ] nm harbour, port ◇ **arriver à bon ~** to arrive safe and sound.

2. **port** [pɔʀ] nm (transport) carriage ◇ (prix) **en ~ dû** postage due; **le ~ de la barbe** wearing a beard.

portable [pɔʀtabl(ə)] **1** nm (Ordin) laptop **2** adj (Ordin) portable.

portail [pɔʀtaj] nm portal.

portant, e [pɔʀtɑ̃, ɑ̃t] adj ◇ **bien ~** in good health.

portatif, -ive [pɔʀtatif, iv] adj portable.

porte [pɔʀt(ə)] nf (gén) door; (forteresse, jardin) gate ◇ **~ cochère** carriage entrance; **~ d'embarquement** departure gate; **~ d'entrée** front door; **~-fenêtre** French window; **~ de secours** emergency exit; **~ de sortie** way out; **faire du ~ à ~** to sell from door to door; **mettre qn à la ~** (licencier) to sack sb; (éjecter) to throw sb out; **prendre la ~** to go away, leave; **aimable comme une ~ de prison** like a bear with a sore head.

porte- [pɔʀt(ə)] préf formant nm ◇ **~-avions** aircraft carrier; **~-bagages** luggage rack; **~-clefs** (anneau) key ring; (étui) key case; **~-documents** attaché case; **en ~-à-faux** (objet) precariously balanced; **~-monnaie** purse, coin purse (US); **~-parapluies** umbrella stand; **~-parole** spokesman; **~-plume** penholder; **~-savon** soapdish; **~-serviettes** towel rail.

porté, 1. **e** [pɔʀte] adj ◇ **être ~ à faire** to be inclined to do; **être ~ sur qch** to be partial to sth.

2. **portée** [pɔʀte] nf **a** (fusil) range; (paroles) impact; (voûte) span ◇ **à ~ de voix** within earshot; **c'est à la ~ de toutes les bourses** it's within everyone's means; **hors de ~** out of reach (*de* of); **se mettre à la ~ des enfants** to come down to a child's level **b** (Mus) stave, staff **c** (animaux) litter.

portefeuille [pɔʀtəfœj] nm wallet; (ministre) portfolio.

portemanteau, pl **~x** [pɔʀtmɑ̃to] nm coat hanger; (sur pied) hat stand.

porter [pɔʀte] 1 **1** vt **a** (paquet, responsabilité) to carry; (intérêts, fruit) to bear ◇ **je ne le porte pas dans mon cœur** I am not exactly fond of him **b** (amener) to take, bring ◇ **porte-lui ce livre** take him this book; **il s'est fait ~ à manger** he had food brought to him; **~ bonheur** to bring good luck; **~ le nombre à** to bring the number up to **c** (barbe etc) to have; (vêtement) to wear; (nom, inscription) to bear ◇ **~ le nom de Jérôme** to be called Jerome **d** (inscrire) to write down; (somme) to enter (*sur* in) ◇ **se faire ~ absent** to go absent; **se faire ~ malade** to report sick; **porté disparu** reported missing **e** (sentiment) to have, feel (*à* for); (coup) to deal (*à* to); (attaque) to make (*contre* against) ◇ **faire ~ son choix sur** to direct one's choice towards; **~ qn à faire qch** to lead sb to do sth **2** vi **a** (bruit) to carry ◇ **le son a porté à 500 mètres** the sound carried 500 metres **b** (reproche, coup) to hit home **c** ◇ **~ sur** (édifice) to be supported by; (débat) to be about; (accent) to fall on; ~ **contre qch** to strike sth **3** **se porter** vpr ◇ **se** ~ **bien** to be ou feel well; **se** ~ **candidat** to stand as a candidate; (regard etc) **se** ~ **sur** to fall on.

porteur [pɔʀtœʀ] nm (colis) porter; (message, chèque) bearer; (actions) shareholder; (eau, germes) carrier.

portier [pɔʀtje] nm janitor.

portière [pɔʀtjɛʀ] nf door.

portillon [pɔʀtijɔ̃] nm gate.

portion [pɔʀsjɔ̃] nf portion.

portique [pɔʀtik] nm (Archit) portico; (Sport) crossbar.

porto [pɔʀto] nm port ◇ (ville) **P**~ Oporto.

Porto Rico [pɔʀtɔʀiko] nf Puerto Rico ◆ **portoricain, e** adj, **P**~**, e** nm,f Puerto Rican.

portrait [pɔʀtʀɛ] nm (peinture) portrait; (photo) photograph ◇ ~**-robot** Identikit picture ®.

portuaire [pɔʀtɥɛʀ] adj port, harbour.

Portugal [pɔʀtygal] nm **a** Portugal ◆ **portugais, e** adj, nm, **P**~**, e** nm,f **b** Portuguese.

pose [poz] nf (installation) installation; (attitude) pose; (photo) exposure; (bouton) time exposure.

posé, e [poze] adj calm, steady.

poser [poze] 1 **1** vt **a** (placer) to put ou lay down; (debout) to stand ◇ ~ **son manteau** to take off one's coat **b** (carrelage, fondations) to lay; (gaz) to install; (moquette, serrure) to fit (*sur* on); (bombe) to plant ◇ (fig) ~ **des jalons** to prepare the ground **c** (condition) to lay down, state; (problème) to pose; (devinette) to set ◇ ~ **une question à qn** to ask sb a question; ~ **sa candidature** to apply (*à* for) **2** vi (modèle) to pose (*pour* for) ◇ (poutre) ~ **sur** to rest on **3** **se poser** vpr (oiseau) to alight (*sur* on); (avion) to land, touch down; (regard) to settle, fix (*sur* on); (problème) to come up, arise ◇ **se** ~ **comme victime** to claim to be a victim; **comme menteur, il se pose là** [famil] he's a terrible liar; **il commence à se** ~ **des questions** he's beginning to wonder.

poseur, -euse [pozœʀ, øz] **1** adj affected **2** nm,f **a** (péj) poseur **b** (ouvrier) layer.

positif, -ive [pozitif, iv] adj, nm positive.

position [pozisjɔ̃] nf position ◇ **rester sur ses** ~**s** to stand one's ground; **avoir une** ~ **de repli** to have something to fall back on; **prendre** ~ **contre** to take a stand against; **être en première** ~ to be first; (compte) **demander sa** ~ to ask for the balance of one's account ◆ **positionnement** nm positioning ◆ **positionner** 1 vt to position.

posologie [pozɔlɔʒi] nf directions for use.

posséder [pɔsede] 6 **1** vt (gén) to have; (fortune, qualité) to possess; (maison) to own; (diplôme) to hold ◇ **possédé du démon** possessed by the devil; ([famil]: duper) ~ **qn** to take sb in [famil] **2** **se posséder** vpr (personne) to control o.s. ◆ **possesseur** nm possessor, owner; holder ◆ **possessif, -ive** adj, nm possessive ◆ **possession** nf possession ◇ **la** ~ **d'une arme** possessing a weapon; **prendre** ~ **de** to take possession of.

possibilité [pɔsibilite] nf possibility ◇ **ai-je la** ~ **de le faire?** can I do that?; ~**s de logement** accommodation facilities.

possible [pɔsibl(ə)] **1** adj possible ◇ **lui serait-il** ~ **d'arriver plus tôt?** could he possibly ou would it be possible for him to come earlier?; **si** ~ if possible, if you can; **il est** ~ **qu'il vienne** he may ou might possibly come; **ce n'est pas** ~ (faux) that can't be true; (irréalisable) it's impossible **2** nm ◇ **dans les limites du** ~ within the realms of possibility; **faire tout son** ~ to do one's utmost (*pour* to); **énervant au** ~ extremely annoying.

post- [pɔst] préf post-.

postal, e, mpl **-aux** [pɔstal, o] adj (gén) postal; (train) mail; (colis) sent by post ou mail.

postdater [pɔstdate] 1 vt to postdate.

1. **poste** [pɔst(ə)] nf (bureau) post office; (service) postal ou mail service ◇ **par la** ~ by post ou mail; ~ **aérienne** airmail; ~ **restante** poste restante.

2. **poste** [pɔst(ə)] nm **a** (emplacement) post ◇ ~ **de douane** etc customs etc post; ~ **de commandement** headquarters; ~ **d'essence** petrol ou gas (US) station; ~ **de pilotage** cockpit; ~ **de police** police station; (Ordin) ~ **de travail** work station **b** (emploi) (gén) job; (fonctionnaire) post **c** (radio, TV) set ◇ ~ **émetteur** transmitter; (téléphone) ~ **23** extension 23.

1. **poster** [pɔste] 1 **1** vt (lettre) post, mail; (sentinelle) to post, station **2** **se poster** vpr to station o.s.

2. **poster** [pɔstɛʀ] nm poster.

postérieur, e [pɔsteʀjœʀ] **1** adj (temps) later; (espace) back ◇ ~ **à** after **2** nm [famil] behind [famil] ◆ **postérieurement** adv later ◇ ~ **à** after.

postérité [pɔsteʀite] nf posterity.

posthume [pɔstym] adj posthumous.

postiche [pɔstiʃ] adj false.

postier, -ière [pɔstje, jɛʀ] nm,f post office worker.

post-scriptum [pɔstskʀiptɔm] nm inv postscript.

postulant, e [pɔstylɑ̃, ɑ̃t] nm,f applicant ◆ **postuler** 1 vt (emploi) to apply for; (principe) to postulate.

posture [pɔstyʀ] nf posture, position.

pot [po] **1** nm **a** (en verre) jar; (en terre) pot; (en carton) carton; (de bébé) potty ◇ **tu viens boire un** ~**?** [famil] are you coming for a drink? **b** (famil: chance) luck ◇ **avoir du** ~

to be lucky **2** comp: ~ **catalytique** catalytic converter ~ **de chambre** chamberpot ~ **à eau** water jug ~ **d'échappement** exhaust pipe ~**-au-feu** (plat) (beef) stew; (viande) stewing beef ~ **de fleurs** (récipient) flowerpot; (fleurs) flowering plant ~**-de-vin** bribe, backhander [famil], payola (US).

potable [pɔtabl(ə)] adj (lit) drinkable; ([famil] fig) decent ◇ **eau** ~ drinking water.

potage [pɔtaʒ] nm soup.

potager, -ère [pɔtaʒe, ɛʀ] **1** adj vegetable **2** nm kitchen ou vegetable garden.

potasser [pɔtase] 1 vt [famil] to cram for.

pote [pɔt] nm [famil] pal [famil], mate [famil].

poteau, pl ~**x** [pɔto] nm post ◇ ~ **indicateur** signpost.

potelé, e [pɔtle] adj (enfant) plump, chubby; (bras) plump.

potence [pɔtɑ̃s] nf (gibet) gallows (sg); (support) bracket.

potentiel, -elle [pɔtɑ̃sjɛl] adj, nm potential.

poterie [pɔtʀi] nf pottery; (objet) piece of pottery ◆ **potiche** nf oriental vase ◆ **potier** nm potter.

potin [famil] [pɔtɛ̃] nm (vacarme) din, racket ◇ **faire du** ~ to make a noise; (commérage) ~**s** gossip.

potion [posjɔ̃] nf potion.

potiron [pɔtiʀɔ̃] nm pumpkin.

pou, pl ~**x** [pu] nm louse, (pl) lice.

pouah [pwa] excl ugh!

poubelle [pubɛl] nf dustbin, trash can (US) ◇ **mettre à la** ~ to throw away.

pouce [pus] nm (main) thumb; (pied) big toe; (mesure) inch ◇ (au jeu) ~**!** pax!; **manger sur le** ~ [famil] to have a quick snack.

poudre [pudʀ(ə)] nf powder ◇ **en** ~ (lait) dried, powdered; (chocolat) drinking; (sucre) granulated; ~ **à laver** soap powder ◆ **poudrer** 1 vt to powder ◆ **poudreux, -euse** adj (poussiéreux) dusty ◇ **neige** ~**euse** powder snow ◆ **poudrier** nm (powder) compact ◆ **poudrière** nf powder magazine; (fig) powder keg (fig).

pouffer [pufe] 1 vi ◇ ~ **(de rire)** to giggle.

pouilleux, -euse [pujø, øz] adj dirty, filthy.

poulailler [pulɑje] nm henhouse ◇ (théâtre) **le** ~ [famil] the gods [famil].

poulain [pulɛ̃] nm foal.

poule [pul] nf **a** hen; (Culin) fowl ◇ ~ **mouillée** [famil] coward, softy [famil]; **la** ~ **aux œufs d'or** the goose that lays the golden eggs; ~ **au pot** boiled chicken; **quand les** ~**s auront des dents** when pigs can fly **b** [famil] (maîtresse) mistress; (prostituée) whore ◇ **ma** ~ my pet **c** (Rugby) group ◆ **poulet** nm chicken; (famil: flic) cop [famil].

pouliche [puliʃ] nf filly.

poulie [puli] nf pulley; (avec caisse) block.

poulpe [pulp(ə)] nm octopus.

pouls [pu] nm pulse.

poumon [pumɔ̃] nm lung ◇ ~ **d'acier** iron lung.

poupe [pup] nf stern.

poupée [pupe] nf doll, dolly.

poupon [pupɔ̃] nm little baby ◆ **pouponner** 1 vi to play mother ◆ **pouponnière** nf day nursery, crèche.

pour [puʀ] **1** prép **a** (gén) for ◇ **il part** ~ **l'Espagne** he leaves for Spain, he is off to Spain; **il lui faut sa voiture** ~ **demain** he must have his car for ou by tomorrow; **c'est fait** ~ that's what it's meant for; **son amour** ~ **les bêtes** his love of animals; **il a été très gentil** ~ **ma mère** he was very kind to my mother; **sa fille est tout** ~ **lui** his daughter is everything to him; **je suis** ~ [famil] I'm all for it; **il y est** ~ **beaucoup** he is largely responsible for it; **donnez-moi** ~ **200 F d'essence** give me 200 francs' worth of petrol **b** ◇ (à la place de) **parler** ~ **qn** to speak on behalf of sb; (comme) **il a** ~ **adjoint son cousin** he has his cousin as his deputy **c** ◇ (rapport) ~ **cent** per cent; **jour** ~ **jour** to the day **d** ◇ (emphatique) ~ **moi** personally, for my part; ~ **ce qui est de notre voyage** as for our journey, as far as our journey is concerned **e** (but) to ◇ **je viens** ~ **l'aider** I'm coming to help him; **je n'ai rien dit** ~ **ne pas le blesser** I didn't say anything in order not to ou so as not to hurt him; **il est parti** ~ **ne plus revenir** he left never to return; **j'étais** ~ **partir** [famil] I was just about to go; **écris ta lettre** ~ **qu'elle parte ce soir** write your letter so that it leaves this evening **f** ◇ (restriction) ~ **riche qu'il soit** rich though he is; ~ **peu qu'il soit sorti...** if on top of it all he has gone out...; ~ **autant que je sache** as far as I know **2** nm ◇ **le** ~ **et le contre** the arguments for and against, the pros and the cons.

pourboire [puʀbwaʀ] nm tip.

pourcentage [puʀsɑ̃taʒ] nm percentage.

pourchasser [puʀʃase] 1 vt to pursue.

pourparlers [puʀpaʀle] nmpl talks.

pourpre [puʀpʀ(ə)] **1** adj, nm (couleur) crimson **2** nf (matière, symbole) purple.

pourquoi [puʀkwa] **1** conj, adv why **2** nm inv (raison) reason (*de* for); (question) question.

pourrir [puʀiʀ] 2 **1** vi (fruit) to go rotten ou bad; (bois) to rot away **2** vt (fruit) to rot; (fig: enfant) to spoil ◆ **pourri, e** **1** adj rotten **2** nm (morceau) rotten ou bad part; (odeur) putrid smell ◆ **pourriture** nf rot.

poursuite [puʀsɥit] nf (gén) pursuit (*de* of); (continuation) continuation ◇ **à la** ~ **de** in pursuit of; **engager des** ~**s contre** to take legal action against ◆ **poursuivant, e** nm,f pursuer ◆ **poursuivre** [40] **1** vt (gén) to pursue; (harceler) to hound; (hanter) to haunt; (continuer) to continue, go ou carry on with ◇ ~ **sa marche** to keep going, walk on; ~ **qn en justice** (au criminel) to prosecute sb; (au civil) to sue sb **2** vi to carry on, go on, continue **3** **se poursuivre** vpr to go on, continue.

pourtant [puʀtɑ̃] adv yet, nevertheless ◇ **il n'est ~ pas intelligent** and yet he's not clever, he's not clever though.

pourtour [puʀtuʀ] nm edge.

pourvoir [puʀvwaʀ] [25] **1** vt ◇ ~ **qn de qch** to provide ou equip sb with sth; **pourvu de** equipped with **2** **pourvoir à** vt indir (besoins) to provide for, cater for; (emploi) to fill ◆ **pourvoyeur, -euse** nm,f supplier.

pourvu [puʀvy] conj ◇ ~ **que** (souhait) let's hope; (condition) provided (that), so long as.

pousse [pus] nf (action) growth; (bourgeon) shoot.

poussé, 1. **e** [puse] adj (études) advanced; (enquête) exhaustive.

2. **poussée** [puse] nf **a** (pression) pressure; (coup) push, shove; (Mil) thrust **b** (acné) attack; (prix) rise ◇ ~ **de fièvre** (sudden) fever.

pousser [puse] [1] **1** vt **a** (gén) to push; (verrou) to slide; (objet gênant) to move, push aside; (du coude) to nudge; (en bousculant) to jostle ◇ ~ **la porte** (fermer) to push the door to ou shut; (ouvrir) to push the door open **b** (moteur) to drive hard; (chauffage) to turn up; (élève) to push **c** ◇ ~ **qn à faire qch** to drive ou urge sb to do sth; **son échec nous pousse à croire que...** his failure leads us to think that... **d** (continuer) to continue; (poursuivre) to pursue ◇ ~ **qch à la perfection** to carry ou bring sth to perfection; **il a poussé la gentillesse jusqu'à faire** he was kind enough to do; ~ **qn à bout** to push sb to breaking point **e** (cri) to let out; (soupir) to heave ◇ ~ **des cris** to shout, scream **2** vi **a** (grandir) (gén) to grow; (graine) to sprout ◇ **faire ~ des tomates** to grow tomatoes; **se laisser ~ la barbe** to grow a beard; **il a une dent qui pousse** he's cutting a tooth **b** (faire un effort) to push ◇ **faut pas ~!** [famil] this is going a bit far!; ~ **jusqu'à Lyon** to push on as far as Lyons **3** **se pousser** vpr (se déplacer) to move, shift [famil].

poussette [pusɛt] nf push chair.

poussière [pusjɛʀ] nf dust ◇ **avoir une ~ dans l'œil** to have a speck of dust in one's eye; **3 F et des ~s** [famil] just over 3 francs ◆ **poussiéreux, -euse** adj dusty.

poussif, -ive [pusif, iv] adj puffing.

poussin [pusɛ̃] nm chick ◇ **mon ~**[famil]! pet!

poussoir [puswaʀ] nm button.

poutre [putʀ(ə)] nf (en bois) beam; (en métal) girder ◆ **poutrelle** nf girder.

1. **pouvoir** [puvwaʀ] [33] **1** vb aux **a** (permission) can, may, to be allowed to ◇ **peut-il venir?** can he ou may he come?; **il peut ne pas venir** he doesn't have to come, he needn't come **b** (possibilité) can, to be able to ◇ **il n'a pas pu venir** he couldn't ou wasn't able to ou was unable to come; **il ne peut pas s'empêcher de tousser** he can't help coughing **c** (éventualité, suggestion) may, can ◇ **il peut être français** he may ou might ou could be French; **qu'est-ce que cela peut bien lui faire?** [famil] what's that got to do with him? [famil]; **puissiez-vous dire vrai!** let us pray ou hope you're right! **2** vb impers ◇ **il peut** ou **pourrait pleuvoir** it may ou might ou could rain **3** vt can ◇ **il partira dès qu'il le pourra** he will leave as soon as he can ou is able to; **il n'en peut plus** he can't take any more; **on n'y peut rien** it can't be helped **4** **se pouvoir** vpr ◇ **il se peut qu'elle vienne** she may ou might come; **cela se pourrait bien** that's quite possible.

2. **pouvoir** [puvwaʀ] nm **a** power ◇ ~ **d'achat** purchasing power; (gouvernement) **le ~** the government; **le parti au ~** the party in office, the ruling party; **prendre le ~** (légalement) to come to power; (illégalement) to seize power; **les ~s publics** the authorities **b** (procuration) proxy.

prairie [pʀeʀi] nf meadow.

praline [pʀalin] nf sugared almond ◆ **praliné, e** adj praline-flavoured.

praticable [pʀatikabl(ə)] adj practicable.

praticien, -ienne [pʀatisjɛ̃, jɛn] nm,f practitioner.

pratiquant, e [pʀatikɑ̃, ɑ̃t] nm,f regular churchgoer.

pratique [pʀatik] **1** adj (commode) (gén) practical; (instrument) handy; (emploi du temps) convenient **2** nf **a** (habitude) practice; (expérience) practical experience ◇ **en ~** in practice; **mettre en ~** to put into practice **b** (règle) observance; (sport, médecine) practising ◆ **pratiquement** adv (en pratique) in practice; (presque) practically.

pratiquer [pʀatike] [1] **1** vt **a** (art etc) to practise; (football) to play **b** (ouverture) to make; (opération) to carry out (*sur* on) **c** (méthode) to use **2** vi (Méd) to be in practice **3** **se pratiquer** vpr (méthode) to be the practice ◇ **les prix qui se pratiquent à Paris** prices which prevail in Paris.

pré [pʀe] nm meadow.

pré... [pʀe] préf pre....

préalable [prealabl(ə)] 1 adj (condition) preliminary; (accord) prior, previous ◇ ~ **à** prior to 2 nm precondition ◇ **au** ~ first, beforehand ◆ **préalablement** adv first, beforehand.

préambule [preɑ̃byl] nm (loi) preamble; (fig: prélude) prelude (*à* to).

préau, pl ~**x** [preo] nm (école) covered playground; (prison, couvent) inner courtyard.

préavis [preavi] nm (advance) notice.

précaire [prekɛr] adj (gén) precarious; (santé) shaky.

précaution [prekosjɔ̃] nf (disposition) precaution; (prudence) caution, care ◇ **pour plus de** ~ to be on the safe side ◆ **précautionneux, -euse** adj (prudent) cautious; (soigneux) careful.

précédemment [presedamɑ̃] adv before, previously ◆ **précédent, e** 1 adj previous, preceding 2 nm precedent ◇ **sans** ~ unprecedented ◆ **précéder** 6 vti to precede ◇ **il m'a précédé de 5 minutes** he got there 5 minutes before me, he preceded me by 5 minutes; **faire** ~ **qch de** to precede sth by.

précepte [presɛpt(ə)] nm precept.

précepteur [presɛptœr] nm private tutor.

prêcher [preʃe] 1 vti to preach.

précieux, -euse [presjø, øz] adj precious.

précipice [presipis] nm chasm, abyss.

précipitamment [presipitamɑ̃] adv hastily ◆ **précipitation** nf (hâte) haste ◇ (pluie) ~**s** precipitation ◆ **précipité, e** adj (gén) hasty; (rythme) swift ◆ **précipiter** 1 1 vt (jeter) to throw ou hurl down; (hâter) to hasten; (plonger) to plunge (*dans* into) ◇ **il ne faut rien** ~ we mustn't rush things 2 **se précipiter** vpr (gén) to rush (*sur* at); (s'accélérer) to speed up ◇ **se** ~ **au-dehors** to rush outside.

précis, e [presi, iz] 1 adj (gén) precise; (instrument) accurate ◇ **rien de** ~ nothing in particular; **à 4 heures** ~**es** at 4 o'clock sharp 2 nm (résumé) précis, summary; (manuel) handbook ◆ **précisément** adv precisely; accurately ◇ ~ **à ce moment-là** right at that moment, at that very moment ◆ **préciser** 1 1 vt to specify, make clear ◇ **je dois** ~ **que...** I must point out that... 2 **se préciser** vpr to become clearer ◆ **précision** nf a precision; accuracy b (détail) piece of information; (explication) explanation.

précoce [prekɔs] adj (gén) early; (enfant) precocious ◆ **précocité** nf earliness; precociousness.

préconçu, e [prekɔ̃sy] adj preconceived.

préconiser [prekɔnize] 1 vt (remède) to recommend; (solution) to advocate.

précurseur [prekyrsœr] 1 adj m precursory 2 nm precursor.

prédateur, -trice [predatœr, tris] 1 adj predatory 2 nm predator.

prédécesseur [predesesœr] nm predecessor.

prédestination [predɛstinɑsjɔ̃] nf predestination ◆ **prédestiner** 1 vt to predestine.

prédicateur [predikatœr] nm preacher.

prédiction [prediksjɔ̃] nf prediction.

prédilection [predilɛksjɔ̃] nf predilection ◇ **de** ~ favourite.

prédire [predir] 37 vt to predict.

prédisposer [predispoze] 1 vt to predispose ◆ **prédisposition** nf predisposition (*à* to).

prédominance [predɔminɑ̃s] nf predominance ◆ **prédominant, e** adj predominant ◆ **prédominer** 1 vi (gén) to predominate.

préfabriqué, e [prefabrike] adj prefabricated.

préface [prefas] nf preface.

préfecture [prefɛktyr] nf prefecture ◇ ~ **de police** Paris police headquarters.

préférable [preferabl(ə)] adj preferable (*à qch* to sth); better (*à qch* than sth) ◆ **préféré, e** adj, nm,f favourite, pet [famil] ◆ **préférence** nf preference ◇ **de** ~ preferably; **de** ~ **à** rather than ◆ **préférentiel, -ielle** adj preferential ◆ **préférer** 6 vt to prefer (*à* to) ◇ **je préfère aller au cinéma** I prefer to go ou I would rather go to the cinema.

préfet [prefɛ] nm prefect.

préfigurer [prefigyre] 1 vt to foreshadow.

préfixe [prefiks(ə)] nm prefix.

préhistoire [preistwar] nf prehistory ◆ **préhistorique** adj prehistoric.

préjudice [preʒydis] nm (matériel) loss; (moral) harm ◇ **porter** ~ **à qn** to harm sb; **au** ~ **de** at the expense of ◆ **préjudiciable** adj harmful (*à* to).

préjugé [preʒyʒe] nm prejudice ◇ **avoir un** ~ **contre** to be prejudiced ou biased against.

préjuger [preʒyʒe] vt, **préjuger de** vt indir to prejudge.

prélasser (se) [prelɑse] 1 vpr to lounge.

prélat [prela] nm prelate.

prélèvement [prelɛvmɑ̃] nm (déduction) deduction; (retrait d'argent) withdrawal ◇ **faire un** ~ **de sang** to take a blood sample ◆ **prélever** 5 vt to deduct; to withdraw; to take (*sur* from).

préliminaire [preliminɛr] adj, nm preliminary.

prélude [prelyd] nm prelude (*à* to).

prématuré, e [prematyre] 1 adj (gén) premature; (mort) untimely 2 nm,f premature baby.

préméditation [pʀemeditasjɔ̃] nf premeditation ◇ **avec ~** (tuer) with intent ◆ **préméditer** [1] vt to premeditate ◇ **~ de faire** to plan to do.

premier, -ière [pʀəmje, jɛʀ] **1** adj **a** (gén) first; (enfance) early; (rang) front ◇ **en ~ière page** on the front page; **les 100 ~ières pages** the first 100 pages; **le P~ Mai** the First of May, May Day; **ses ~s poèmes** his first ou early poems **b** ◇ (en importance) **P~ ministre** Prime Minister, Premier; **~ rôle** leading part; **de ~ière qualité** top-quality; **de ~ ordre** first-rate; **c'est de ~ière urgence** it's a matter of the utmost urgency; **~ en classe** top of the class, first in the class; **de ~ière importance** of prime ou the first importance; **de ~ière nécessité** absolutely essential; **c'est le ~ écrivain français** he's the leading ou foremost French writer **c** (du début: grade, prix) bottom ◇ **c'était le ~ prix** it was the cheapest; **la ~ière marche** (en bas) the bottom step; (en haut) the top step **d** (après n: fondamental) (cause) basic; (objectif, qualité) prime; (état) initial, original **e** ◇ **au ~ abord** at first sight; **du ~ coup** at the first go ou try; **en ~ lieu** in the first place; **être aux ~ières loges** to have a front seat; **~ière nouvelle!** it's news to me!; **faire les ~s pas** to make the first move; **dans les ~s temps** at first **2** nm,f first one ◇ **passer le ~** to go first **3** nm (gén) first; (étage) first floor, second floor (US) ◇ **en ~** first **4** nf (gén) first; (Rail etc) first class; (Théât) first night; (Ciné) première; (classe) ≃ lower sixth, junior year (US) ◇ (vitesse) **passer en ~ière** to go into first gear.

premièrement [pʀəmjɛʀmɑ̃] adv firstly, in the first place.

prémonition [pʀemɔnisjɔ̃] nf premonition ◆ **prémonitoire** adj premonitory.

prémunir [pʀemyniʀ] [2] vt to protect.

prenant, e [pʀənɑ̃, ɑ̃t] adj (gén) absorbing; (voix) captivating.

prénatal, e, mpl **~s** [pʀenatal] adj antenatal; (allocation) maternity.

prendre [pʀɑ̃dʀ(ə)] [58] **1** vt **a** (gén) to take; (poisson, voleur, maladie) to catch; (repas) to have; (billet, essence) to get; (passager) to pick up; (employé) to take on; (air, ton, lunettes) to put on; (par écrit) to write down ◇ **il l'a pris dans le tiroir** he took it out of the drawer; **il prit un journal sur la table** he picked up ou took a newspaper from the table; **~ qn à faire qch** to catch sb doing sth; **j'ai pris mon manteau** ou **mon manteau s'est pris dans la porte** I caught ou trapped my coat in the door; **fais-lui ~ son médicament** give him his medicine; **savoir ~ un problème** to know how to tackle a problem; **qu'est-ce qu'on a pris!** (défaite) we took a beating! [famil]; (averse) we got drenched! **b** (déduire) to take off, deduct (*sur* from); (faire payer) to charge ◇ **~ cher** to charge high prices; **~ de l'argent à la banque** to withdraw money from the bank **c** ◇ **~ qn pour un autre** to mistake sb for sb else; **~ qn pour un idiot** to take sb for a fool **d** (fièvre, remords) to strike; (doute, colère) to seize, sweep over ◇ **pris de panique** panic-stricken; **il me prend l'envie de faire** I feel like doing; **qu'est-ce qui te prend?** [famil] what's the matter with you?, what's come over you? **e** ◇ (locutions) **à tout ~** on the whole, all in all; **c'est à ~ ou à laisser** take it or leave it; **il faut en ~ et en laisser** you have to take it with a pinch of salt; **~ sur soi de faire qch** to take it upon o.s. to do sth.

2 vi (ciment, pâte) to set; (plante) to take root; (vaccin) to take; (mode) to catch on; (bois) to catch fire ◇ **avec moi, ça ne prend pas** [famil] it doesn't work with me [famil]; **~ à gauche** to go ou turn left.

3 se prendre vpr **a** ◇ **se ~ au sérieux** to take o.s. seriously; **il se prend pour un intellectuel** he thinks he's an intellectual; **s'y ~ bien pour faire qch** to set about doing sth the right way; **s'y ~ à deux fois pour faire qch** to take two attempts to do sth; **s'en ~ à** (agresser) to attack; (blâmer) to blame **b** (se solidifier) to set hard ◇ **se ~ en glace** to freeze over.

preneur, -euse [pʀənœʀ, øz] nm,f buyer.

prénom [pʀenɔ̃] nm Christian name, first name; (Admin) forename, given name (US) ◆ **prénommer** [1] vt to call, name ◇ **se ~** to be called ou named.

préoccupation [pʀeɔkypasjɔ̃] nf (gén) worry; (problème à résoudre) preoccupation, concern ◆ **préoccuper** [1] **1** vt (inquiéter) to worry; (absorber) to preoccupy ◇ **l'avenir le préoccupe** he is concerned about the future **2 se préoccuper** vpr (s'occuper) to concern o.s. (*de* with); (s'inquiéter) to worry (*de* about).

préparatifs [pʀepaʀatif] nmpl preparations (*de* for) ◆ **préparation** nf preparation (*d'un repas* etc of a meal etc; *d'un voyage* etc for a trip etc) ◆ **préparatoire** adj preparatory.

préparer [pʀepaʀe] [1] **1** vt (gén) to prepare; (organiser) to organize; (repas) to make, get ready; (examen) to prepare for ◇ **~ qn à qch** to prepare sb for sth; **~ qn à un examen** to coach sb for an exam; **il nous prépare une surprise** he has a surprise in store for us **2 se préparer** vpr (s'apprêter) to prepare o.s., get ready ◇ **préparez-vous à venir** be prepared to come; **un orage se prépare** there's going to be a storm, there's a storm brewing.

prépondérance [pʀepɔ̃deʀɑ̃s] nf supremacy, domination ◆ **prépondérant, e** adj dominant.

préposé, e [pʀepoze] **1** ptp ◇ ~ **à** in charge of **2** nm,f employee; (des postes) postman (ou woman), mailman (ou woman) (US).

préposition [pʀepozisjɔ̃] nf preposition.

préretraite [pʀeʀ(ə)tʀɛt] nf (état) early retirement; (pension) early retirement pension ◆ **préretraité, e** nm,f person who takes early retirement.

prérogative [pʀeʀɔgativ] nf prerogative.

près [pʀɛ] adv **a** near, close ◇ ~ **de la maison** close to ou near (to) the house; **elle est ~ de sa mère** she's with her mother; **il en a dépensé ~ de la moitié** he has spent nearly ou almost half of it; **il a été ~ de refuser** he was about to refuse; (iro) **je ne suis pas ~ de partir** I'm not likely to be going yet; **être ~ de son argent** to be tight-fisted **b** ◇ **de ~** closely; **il voit mal de ~** he can't see very well close to **c** ◇ **à peu de chose ~** more or less; **à beaucoup ~** by far; **ils sont identiques, à la couleur ~** they are identical apart from ou except for the colour; **à cela ~ que...** apart from the fact that...; **je vais vous donner le chiffre à un franc ~** I'll give you the figure to within about a franc; **il n'est pas à 10 minutes ~** he can spare 10 minutes.

présage [pʀezaʒ] nm omen, sign ◆ **présager** [3] vt (annoncer) to be a sign of; (prévoir) to predict.

presbyte [pʀɛsbit] adj long-sighted, far-sighted (US).

presbytère [pʀɛsbitɛʀ] nm presbytery.

prescription [pʀɛskʀipsjɔ̃] nf prescription ◆ **prescrire** [39] vt to prescribe.

préséance [pʀeseɑ̃s] nf precedence.

présélection [pʀeselɛksjɔ̃] nf (gén) preselection; (candidats) short-listing ◆ **présélectionner** [1] vt (Rad) to preset; (candidats) to short-list.

présence [pʀezɑ̃s] nf (gén) presence; (au bureau, à l'école) attendance ◇ **être en ~** to be face to face; **~ d'esprit** presence of mind.

1. **présent, e** [pʀezɑ̃, ɑ̃t] **1** adj (gén) present ◇ **je l'ai ~ à l'esprit** I have it in mind **2** nm (Gram) present tense ◇ (époque) **le ~** the present; **il y avait 5 ~s** there were 5 people present ou there; **à ~** at present, now.

2. **présent** [pʀezɑ̃] nm (cadeau) gift, present.

présentable [pʀezɑ̃tabl(ə)] adj presentable ◆ **présentateur, -trice** nm,f presenter; (nouvelles) newsreader ◆ **présentation** nf (gén) presentation; (nouveau venu) introduction ◇ **~ de mode** fashion show.

présenter [pʀezɑ̃te] [1] **1** vt (gén) to present; (passeport) to show; (danger, avantage) to present; (personne) to introduce (*à* to); (marchandises) to display; (émission) to compere; (théorie) to expound ◇ **~ sa candidature à un poste** to apply for a job; **travail bien présenté** well-presented piece of work **2** vi ◇ (personne) **~ bien** to have a good appearance **3** **se présenter** vpr **a** (aller) to go (*chez* to) ◇ **il ne s'est présenté personne** no one came ou appeared **b** (candidat) to come forward ◇ **se ~ à** (élection) to stand ou run (US) for; (examen) to sit, take; (concours) to enter for **c** (donner son nom) to introduce o.s. **d** (solution etc) to present itself; (occasion) to arise; (difficulté) to crop up **e** ◇ (apparaître) **se ~ sous forme de cachets** to come in the form of tablets; **l'affaire se présente bien** things are looking good; **se ~ sous un nouveau jour** to appear in a new light.

présentoir [pʀezɑ̃twaʀ] nm (étagère) display shelf.

préservatif, -ive [pʀezɛʀvatif, iv] **1** adj preventive, protective **2** nm condom ◆ **préservation** nf preservation, protection ◆ **préserver** [1] vt to protect (*de* from, against).

présidence [pʀezidɑ̃s] nf (pays, club) presidency; (comité, firme) chairmanship; (université) vice-chancellorship; (résidence) presidential palace ◆ **président** nm president; chairman; vice-chancellor ◇ (Scol) **~ du jury** chief examiner; **~-directeur général** chairman and managing director; (Jur) **Monsieur le ~** your Honour ◆ **présidente** nf (en titre) president etc; (épouse) president's etc wife ◆ **présidentiable** adj ◇ **être ~** to be in the running as a presidential candidate ◆ **présidentiel, -elle** adj presidential.

présider [pʀezide] [1] vt (gén) to preside over; (débat) to chair ◇ **~ un dîner** to be the guest of honour at a dinner.

présomption [pʀezɔ̃psjɔ̃] nf (supposition) presumption; (prétention) presumptuousness ◆ **présomptueux, -euse** adj presumptuous.

presque [pʀɛsk(ə)] adv almost, nearly ◇ (négatif) **~ rien** hardly ou scarcely anything, next to nothing.

presqu'île [pʀɛskil] nf peninsula.

pressant, e [pʀɛsɑ̃, ɑ̃t] adj (besoin) pressing; (travail, désir) urgent; (demande) insistent.

presse [pʀɛs] nf **a** (institution) press; (journaux) newspapers ◇ **avoir bonne ~** to be well thought of **b** (appareil) press ◇ **mettre sous ~** (livre) to send to press; (journal) to put to bed.

presse-citron [pʀɛssitʀɔ̃] nm inv lemon squeezer.

pressentir [pʀesɑ̃tiʀ] [16] vt to sense ◇ **rien ne laissait ~ sa mort** there was nothing to hint at his death ◆ **pressentiment** nm presentiment.

presse-papiers [pʀɛspapje] nm inv paperweight.

presse-purée [pʀɛspyʀe] nm inv potato-masher.

presser [pʀese] 1 **1** vt (gén, fig) to press; (éponge, fruit) to squeeze; (départ) to hasten, speed up ◇ ~ **qn de faire** to urge sb to do; **faire** ~ **qn** to hurry sb (up); ~ **le pas** to speed up; **pas pressé** hurried pace; ~ **qn de questions** to bombard sb with questions **2** vi (affaire) to be urgent ◇ **parer au plus pressé** to do the most urgent things first; **le temps presse** time is short; **rien ne presse** there's no hurry **3** **se presser** vpr **a** ◇ **se** ~ **contre qn** to squeeze up against sb; **se** ~ **autour de qn** to crowd round sb **b** (se hâter) to hurry up ◇ **être pressé** to be in a hurry.

pressing [pʀesiŋ] nm dry-cleaner's.

pression [pʀɛsjɔ̃] nf (gén) pressure; (bouton) press-stud ◇ **mettre sous** ~ to pressurize; **faire** ~ **sur** (objet) to press on; (personne) to put pressure on; **bière à la** ~ draught beer ◆ **pressoir** nm (appareil) press; (local) press-house ◆ **pressurer** 1 vt (fig: personne) to squeeze ◆ **pressuriser** 1 vt to pressurize.

prestance [pʀɛstɑ̃s] nf imposing bearing.

prestation [pʀɛstɑsjɔ̃] nf (allocation) benefit, allowance; (performance) performance ◇ (services) ~**s** service; ~**s sociales** social benefits.

prestidigitateur, -trice [pʀɛstidiʒitatœʀ, tʀis] nm,f conjurer ◆ **prestidigitation** nf conjuring.

prestige [pʀɛstiʒ] nm prestige ◆ **prestigieux, -euse** adj prestigious.

présumer [pʀezyme] 1 vt to presume ◇ **trop** ~ **de** to overestimate.

1. **prêt** [pʀɛ] nm (emprunt) loan.

2. **prêt, e** [pʀɛ, ɛt] adj (préparé) ready (*à qch* for sth; *à faire* to do) ◇ **il est** ~ **à tout** he will do anything; (disposé) ~ **à** ready ou willing to ◆ **prêt-à-porter** nm ready-to-wear clothes.

prétendant, e [pʀetɑ̃dɑ̃, ɑ̃t] **1** nm (prince) pretender; (amoureux) suitor **2** nm,f (candidat) candidate (*à* for).

prétendre [pʀetɑ̃dʀ(ə)] 41 vt (affirmer) to claim, maintain; (vouloir) to want ◇ **il se prétend médecin** he claims he's a doctor; **on le prétend riche** he is said to be rich; (avoir la prétention de) **tu ne prétends pas le faire tout seul?** you don't pretend ou expect to do it on your own?; ~ **à faire** to aspire to do ◆ **prétendu, e** adj (chose) alleged; (personne) so-called, would-be.

prétentieux, -euse [pʀetɑ̃sjø, øz] adj pretentious ◆ **prétention** nf (exigence) claim; (ambition) pretension, claim (*à* to); (vanité) pretentiousness ◇ **sans** ~ unpretentious.

prêter [pʀete] 1 **1** vt (gén) to lend; (intention) to attribute, ascribe; (importance) to attach (*à* to) ◇ **on lui prête l'intention de démissionner** he is alleged to be going to resign; ~ **main forte à qn** to lend sb a hand; ~ **attention à** to pay attention to; ~ **l'oreille** to listen (*à* to); ~ **serment** to take an oath **2** **prêter à** vt indir (critique) to be open to, give rise to ◇ ~ **à rire** to be ridiculous ◆ **prêteur, -euse** nm,f money lender ◇ ~ **sur gages** pawnbroker.

prétérit [pʀeteʀit] nm preterite.

prétexte [pʀetɛkst(ə)] nm pretext, excuse ◇ **sous** ~ **de** on the pretext ou pretence of; **sous aucun** ~ on no account ◆ **prétexter** 1 vt ◇ ~ **qch** to give sth as a pretext.

prêtre [pʀɛtʀ(ə)] nm priest ◆ **prêtrise** nf priesthood.

preuve [pʀœv] nf proof ◇ **je n'ai pas de** ~**s** I have no proof ou evidence; **faire** ~ **de** to show; **faire ses** ~**s** (personne) to prove o.s.; (technique) to be well-tried.

prévaloir [pʀevalwaʀ] 29 vi to prevail (*sur* over).

prévenance [pʀɛvnɑ̃s] nf ◇ ~**(s)** thoughtfulness ◆ **prévenant, e** adj thoughtful.

prévenir [pʀɛvniʀ] 22 vt **a** (menacer) to warn; (aviser) to inform, tell (*de* about) ◇ ~ **le médecin** to call the doctor **b** (accident) to prevent; (besoin) to anticipate ◆ **préventif, -ive** adj preventive ◆ **prévention** nf (empêchement) prevention; (Jur) custody; (préjugé) prejudice ◇ ~ **routière** road safety ◆ **prévenu, e** **1** adj ◇ ~ **contre qn** prejudiced against sb **2** nm,f (Jur) defendant.

prévisible [pʀevizibl(ə)] adj foreseeable ◆ **prévision** nf prediction ◇ ~**s budgétaires** budget estimates; ~**s météorologiques** weather forecast; **en** ~ **de qch** in anticipation of sth.

prévoir [pʀevwaʀ] 24 vt **a** (deviner) to foresee, anticipate; (temps) to forecast ◇ **rien ne laissait** ~ **que** there was nothing to suggest that; **plus tôt que prévu** earlier than anticipated **b** (temps, place, argent) to allow; (équipements, repas) to provide; (voyage) to plan ◇ **voiture prévue pour 4 personnes** car designed to take 4 people; **tout est prévu** everything has been organized; **au moment prévu** at the appointed ou scheduled time.

prévoyance [pʀevwajɑ̃s] nf foresight, forethought ◆ **prévoyant, e** adj provident.

prier [pʀije] 7 **1** vt (Rel) to pray to; (implorer) to beg; (inviter) to invite; (ordonner) to request ◇ **je vous en prie** please do; **voulez-vous ouvrir la fenêtre je vous prie?** would you mind opening the window please?; **il s'est fait** ~ he needed coaxing

2 vi to pray (*pour* for) ◆ **prière** nf (Rel) prayer; (demande) request; (supplication) plea, entreaty ◇ ~ **de ne pas fumer** no smoking please.

primaire [pRimɛR] adj primary ◇ (Scol) **en** ~ in primary school.

primate [pRimat] nm (Zool) primate.

primauté [pRimote] nf primacy.

1. **prime** [pRim] nf (cadeau) free gift; (bonus) bonus; (subvention) subsidy; (indemnité) allowance; (Assurance, Bourse) premium.

2. **prime** [pRim] adj ◇ **de** ~ **abord** at first glance.

primer [pRime] 1 vt (surpasser) to prevail over; (récompenser) to award a prize to.

primeur [pRimœR] 1 nfpl ◇ ~**s** early fruit and vegetables 2 nf ◇ **avoir la** ~ **de qch** to be the first to hear sth.

primevère [pRimvɛR] nf primrose, primula.

primitif, -ive [pRimitif, iv] 1 adj (gén) primitive; (originel) original 2 nm,f primitive ◆ **primitivement** adv originally.

primo [pRimo] adv first.

primordial, e, mpl **-aux** [pRimɔRdjal, o] adj primordial.

prince [pRɛ̃s] nm prince ◆ **princesse** nf princess ◆ **princier, -ière** adj princely.

principal, e, mpl **-aux** [pRɛ̃sipal, o] 1 adj principal, main, chief ◇ **un des rôles** ~**aux** a major role 2 nm headmaster ◇ **c'est le** ~ that's the main thing 3 nf (Gram) main clause.

principauté [pRɛ̃sipote] nf principality.

principe [pRɛ̃sip] nm principle ◇ **en** ~ (d'habitude) as a rule; (théoriquement) in principle.

printanier, -ière [pRɛ̃tanje, jɛR] adj (soleil) spring; (temps) spring-like ◆ **printemps** nm spring.

prioritaire [pRijɔRitɛR] adj having priority ◆ **priorité** nf priority ◇ **en** ~ as a priority; (Aut) **avoir la** ~ to have right of way (*sur* over).

pris, 1. **prise** [pRi, pRiz] adj (place) taken; (mains) full; (personne) busy, engaged; (nez) stuffed-up; (gorge) hoarse ◇ ~ **de peur** stricken with fear.

2. **prise** [pRiz] 1 nf (gén) hold, grip; (pour soulever) purchase; (Chasse, Pêche) catch; (Mil, Dames, Échecs) capture; (Méd: dose) dose ◇ (Aut) **être en** ~ to be in gear; **donner** ~ **à qch** to give rise to sth; **aux** ~**s avec qn** grappling with sb 2 comp: ~ **d'air** air inlet; ~ **de conscience** awareness; ~ **de contact** initial contact; ~ **de courant** (mâle) plug;; (femelle) socket; ~ **de position** stand; ~ **de sang** blood test; (photo) ~ **de vue** shot.

priser [pRize] 1 1 vt (apprécier) to prize, value 2 vi (tabac) to take snuff.

prisme [pRism(ə)] nm prism.

prison [pRizɔ̃] nf (lieu) prison, jail, penitentiary (US); (peine) imprisonment ◇ **mettre en** ~ to send to prison ou jail ◆ **prisonnier, -ière** 1 adj (soldat) captive 2 nm,f prisoner ◇ **faire qn** ~ to take sb prisoner.

privation [pRivɑsjɔ̃] nf (suppression) deprivation ◇ ~**s** privations, hardship.

privatisation [pRivatizɑsjɔ̃] nf privatization ◆ **privatiser** 1 vt to privatize.

privautés [pRivote] nfpl liberties.

privé, e [pRive] 1 adj private 2 nm (vie) private life; (firmes) private sector.

priver [pRive] 1 1 vt ◇ ~ **qn de qch** to deprive sb of sth; ~ **qch d'un élément** to remove an element from sth; (nourriture) **cela ne me prive pas** I don't miss it 2 **se priver** vpr ◇ **se** ~ **de qch** to go ou do without sth; **il ne s'est pas privé de le dire** he had no hesitation in saying so.

privilège [pRivilɛʒ] nm privilege ◆ **privilégié, e** adj privileged ◆ **privilégier** 7 vt to favour.

prix [pRi] nm a (gén) price; (location, transport) cost ◇ ~ **de revient** cost price; **menu à** ~ **fixe** set price menu; **ça n'a pas de** ~ it is priceless; **y mettre le** ~ to pay a lot for sth; **objet de** ~ expensive object; **à tout** ~ at all costs; **à aucun** ~ on no account; **au** ~ **de grands efforts** at the expense of great effort b (récompense) prize; (vainqueur) prizewinner; (livre) prize winning book c (Courses) race ◇ (Aut) **Grand P**~ **automobile** Grand Prix.

pro [pRo] nm, préf pro.

probabilité [pRɔbabilite] nf probability, likelihood ◆ **probable** adj probable, likely ◇ **peu** ~ unlikely ◆ **probablement** adv probably.

probant, e [pRɔbɑ̃, ɑ̃t] adj convincing.

probité [pRɔbite] nf probity, integrity.

problématique [pRɔblematik] 1 adj problematic(al) 2 nf (problème) problem.

problème [pRɔblɛm] nm (gén) problem; (à débattre) issue.

procéder [pRɔsede] 6 1 vi to proceed; (moralement) to behave 2 **procéder à** vt indir (enquête) to conduct, carry out ◇ ~ **au vote (sur)** to take a vote (on) ◆ **procédé** nm (méthode) process ◇ (conduite) ~**s** behaviour.

procédure [pRɔsedyR] nf (gén) procedure; (poursuites) proceedings.

procès [pRɔsɛ] nm (civil) lawsuit; (criminel) trial ◇ **engager un** ~ **contre qn** to sue sb; **gagner son** ~ to win one's case; ~**-verbal** (compte-rendu) minutes; (constat) report; (de contravention) statement; **dresser un** ~**-verbal contre qn** to book sb.

processeur [pRɔsesœR] nm processor.

procession [pRɔsesjɔ̃] nf procession.

processus [pʀɔsesys] nm process.

prochain, e [pʀɔʃɛ̃, ɛn] 1 adj a (suivant) next ◇ **le mois ~** next month; **une ~e fois** some other time b (arrivée) imminent; (avenir) near, immediate ◇ **un jour ~** soon 2 nm fellow man ◆ **prochainement** adv soon, shortly.

proche [pʀɔʃ] 1 adj (gén) close, near; (village) neighbouring, nearby ◇ **~ de** near ou close to; **de ~ en ~** gradually; **le P~-Orient** the Near-East; **dans un ~ avenir** in the near future 2 nmpl ◇ **~s** close relations.

proclamation [pʀɔklamɑsjɔ̃] nf (gén) proclamation; (élections) declaration; (examen) announcement ◆ **proclamer** [1] vt to proclaim; to declare; to announce.

procréation [pʀɔkʀeɑsjɔ̃] nf procreation ◆ **procréer** [1] vt to procreate.

procuration [pʀɔkyʀɑsjɔ̃] nf proxy; (Fin) power of attorney.

procurer [pʀɔkyʀe] [1] vt to bring, give (*à qn* for sb) ◇ **se ~ qch** to acquire sth.

procureur [pʀɔkyʀœʀ] nm public ou state prosecutor.

prodigalité [pʀɔdigalite] nf prodigality; (profusion) profusion.

prodige [pʀɔdiʒ] 1 nm (événement) marvel, wonder; (personne) prodigy ◇ **faire des ~s** to work wonders; **des ~s de courage** prodigious courage 2 adj ◇ **enfant ~** child prodigy ◆ **prodigieux, -euse** adj (gén) fantastic; (effort, personne) prodigious.

prodigue [pʀɔdig] adj (dépensier) wasteful, prodigal ◆ **prodiguer** [1] vt to give ◇ **~ qch à qn** to lavish sth on sb.

producteur, -trice [pʀɔdyktœʀ, tʀis] 1 adj (gén, Agr) producing ◇ **pays ~ de pétrole** oil-producing country, oil producer 2 nm,f producer ◆ **productif, -ive** adj productive ◆ **production** nf (gén) production; (produit) product ◆ **productivité** nf productivity ◆ **produire** [38] 1 vt (gén) to produce; (intérêt) to yield, return 2 **se produire** vpr a (survenir) to happen, take place b (acteur) to appear.

produit [pʀɔdɥi] nm (gén) product; (Chim) chemical ◇ **~s** (Agr) produce; (Comm, Ind) goods, products; **~s alimentaires** foodstuffs; **~s de beauté** cosmetics; **~ de consommation** consumable; **~ de substitution** alternative product; **le ~ de la collecte** the proceeds from the collection.

proéminent, e [pʀɔeminɑ̃, ɑ̃t] adj prominent.

prof [famil] [pʀɔf] abrév de *professeur*.

profanation [pʀɔfanɑsjɔ̃] nf desecration, profanation ◆ **profane** 1 adj secular 2 nmf lay person ◆ **profaner** [1] vt to desecrate, profane.

proférer [pʀɔfeʀe] [6] vt (parole) to utter.

professer [pʀɔfese] [1] vt a (opinion etc) to profess, declare b (enseigner) to teach.

professeur [pʀɔfɛsœʀ] nm teacher; (université) ≃ lecturer, instructor (US); (avec chaire) professor.

profession [pʀɔfɛsjɔ̃] nf (gén) occupation; (manuelle) trade; (libérale) profession ◇ **~ de foi** profession of faith ◆ **professionnel, -elle** 1 adj (gén) occupational; (formation) vocational; (secret, faute) professional ◇ **école ~elle** training college 2 nm,f (gén, Sport) professional.

professorat [pʀɔfɛsɔʀa] nm ◇ **le ~** teaching.

profil [pʀɔfil] nm profile ◇ **de ~** in profile ◆ **profilé, e** adj (gén) shaped; (aérodynamique) streamlined ◆ **se profiler** [1] vpr to stand out (*sur* against).

profit [pʀɔfi] nm (gén) profit; (avantage) benefit, advantage ◇ **faire du ~** to be economical; **vous avez ~ à faire cela** it's in your interest ou to your advantage to do that; **tirer ~ de, mettre à ~** (gén) to take advantage of; (leçon) to benefit from; **collecte au ~ des aveugles** collection in aid of the blind ◆ **profitable** adj (utile) beneficial; (lucratif) profitable (*à* to) ◆ **profiter** [1] 1 **profiter de** vt indir to take advantage of; (vacances) to make the most of 2 **profiter à** vt indir ◇ **ça lui a profité** he benefited by it ◆ **profiteur, -euse** nm,f profiteer.

profond, e [pʀɔfɔ̃, ɔ̃d] 1 adj (gén) deep; (erreur, sentiment) profound; (cause, tendance) underlying ◇ **peu ~** shallow; **~ de 3 mètres** 3 metres deep 2 nm ◇ **au plus ~ de** in the depths of 3 adv (creuser) deep ◆ **profondément** adv deeply; profoundly ◇ **il dort ~** he is sound ou fast asleep ◆ **profondeur** nf depth; profundity ◇ **les ~s** the depths (*de* of); **en ~** (agir) in depth; (creuser) deep.

profusion [pʀɔfyzjɔ̃] nf profusion ◇ **des fruits à ~** fruit in plenty.

progéniture [pʀɔʒenityʀ] nf offspring.

progiciel [pʀɔʒisjɛl] nm software package.

programmable [pʀɔgʀamabl(ə)] adj programmable ◇ **touche ~** user-definable key.

programmation [pʀɔgʀamɑsjɔ̃] nf programming.

programme [pʀɔgʀam] nm a (gén) programme, program (US); (emploi du temps) timetable; (Ordin) program b (Scol) (d'une matière) syllabus; (d'une classe) curriculum ◆ **programmer** [1] vt (émission) to bill; (ordinateur) to program; (famil: prévoir) to plan ◆ **programmeur, -euse** nm,f computer programmer.

progrès [pʀɔgʀɛ] nm progress ◇ **faire des ~** to make progress ◆ **progresser** [1] vi to progress ◆ **progressif, -ive** adj progressive ◆ **progression** nf (gén) progress; (ennemi) advance; (maladie) progression ◆ **progressiste** adj, nmf progressive ◆ **progressivement** adv progressively.

prohiber [pʀɔibe] [1] vt to prohibit ◆ **prohibitif, -ive** adj prohibitive ◆ **prohibition** nf prohibition.

proie [pʀwa] nf prey ◇ **en ~ à** tortured by.

projecteur [pʀɔʒɛktœʀ] nm **a** (film) projector **b** (lampe) (théâtre) spotlight; (bateau) searchlight; (monument) floodlight.

projectile [pʀɔʒɛktil] nm missile, projectile.

projection [pʀɔʒɛksjɔ̃] nf **a** (film) (action) projection; (séance) showing ◇ **salle de ~** film theatre **b** (pierres etc) throwing ◆ **projectionniste** nmf projectionist.

projet [pʀɔʒɛ] nm (gén) plan; (ébauche de roman etc) draft ◇ **~ de loi** bill.

projeter [pʀɔʒte] [4] vt (envisager) to plan (*de faire* to do); (jeter) to throw; (ombre, film) to project.

prolétaire [pʀɔletɛʀ] adj, nmf proletarian ◆ **prolétariat** nm proletariat.

prolifération [pʀɔlifeʀasjɔ̃] nf proliferation ◆ **proliférer** [6] vi to proliferate ◆ **prolifique** adj prolific.

prologue [pʀɔlɔg] nm prologue (*à* to).

prolongateur [pʀɔlɔ̃gatœʀ] nm extension cable ◆ **prolongation** nf prolongation ◇ (Ftbl) **~s** extra time ◆ **prolongé, e** adj prolonged ◆ **prolongement** nm (route) continuation; (bâtiment) extension ◇ **être dans le ~ de qch** to run straight on from sth; (suites) **~s** repercussions ◆ **prolonger** [3] **1** vt to prolong **2** **se prolonger** vpr (gén) to go on, continue; (effet) to last, persist.

promenade [pʀɔmnad] nf **a** (à pied) walk; (en voiture) drive, ride; (en bateau) sail; (en vélo, à cheval) ride ◇ **faire une ~** to go out for a walk **b** (avenue) walk, esplanade ◆ **promener** [5] **1** vt ◇ **~ qn** to take sb for a walk; (péj) **~ qch partout** [famil] to trail sth everywhere; **~ ses regards sur qch** to run one's eyes over sth **2** **se promener** vpr to go for a walk etc ◆ **promeneur, -euse** nm,f walker.

promesse [pʀɔmɛs] nf promise ◇ **~ d'achat** commitment to buy; **j'ai sa ~** I have his word for it ◆ **prometteur, -euse** adj promising ◆ **promettre** [56] vt to promise ◇ **je te le promets** I promise you; (iro) **ça promet!** that's promising! (iro); **se ~ de faire** to mean ou resolve to do ◆ **promis, e** adj ◇ **être ~ à qch** to be destined for sth.

promiscuité [pʀɔmiskɥite] nf lack of privacy (*de* in).

promontoire [pʀɔmɔ̃twaʀ] nm headland.

promoteur [pʀɔmɔtœʀ] nm promoter ◇ **~ immobilier** property developer.

promotion [pʀɔmɔsjɔ̃] nf (gén) promotion; (Scol: année) year, class (US); (article réclame) special offer ◇ **~ sociale** social advancement ◆ **promotionnel, -elle** adj (article) on special offer; (vente) promotional.

promouvoir [pʀɔmuvwaʀ] [27] vt to promote (*à* to).

prompt, **prompte** [pʀɔ̃, pʀɔ̃t] adj swift, rapid ◇ **~ rétablissement!** get well soon! ◆ **promptitude** nf swiftness, rapidity.

promulguer [pʀɔmylge] [1] vt to promulgate.

prôner [pʀone] [1] vt (vanter) to extol; (préconiser) to advocate.

pronom [pʀɔnɔ̃] nm pronoun ◆ **pronominal, e**, mpl **-aux** adj pronominal ◇ **verbe ~** reflexive verb.

prononcer [pʀɔnɔ̃se] [3] **1** vt **a** (articuler) to pronounce ◇ **~ distinctement** to speak clearly **b** (parole) to utter; (discours) to make; (sentence) to pronounce **2** **se prononcer** vpr **a** to reach a decision (*sur* on) ◇ **se ~ en faveur de** to pronounce o.s. in favour of **b** (mot) to be pronounced ◆ **prononcé, e** adj pronounced ◆ **prononciation** nf pronunciation ◇ **défaut de ~** speech defect.

pronostic [pʀɔnɔstik] nm forecast ◆ **pronostiquer** [1] vt to forecast.

propagande [pʀɔpagɑ̃d] nf propaganda.

propagation [pʀɔpagasjɔ̃] nf **a** propagation, spreading ◆ **propager** vt, **se propager** vpr [3] **b** to propagate, spread.

propane [pʀɔpan] nm propane.

propension [pʀɔpɑ̃sjɔ̃] nf propensity (*à qch* for sth; *à faire* to do).

prophète [pʀɔfɛt] nm prophet ◆ **prophétie** nf prophecy ◆ **prophétique** adj prophetic ◆ **prophétiser** [1] vt to prophesy.

propice [pʀɔpis] adj favourable (*à* to).

proportion [pʀɔpɔʀsjɔ̃] nf proportion ◇ **en ~** in proportion (*de* to); **toutes ~s gardées** relatively speaking ◆ **proportionné, e** adj ◇ **~ à** proportionate to; **bien ~** well-proportioned ◆ **proportionnel, -elle** adj proportional (*à* to) ◆ **proportionner** [1] vt to proportion.

propos [pʀɔpo] nm **a** (paroles) remarks, words **b** (intention) intention ◇ **de ~ délibéré** on purpose **c** (sujet) subject ◇ **à ~ de ta voiture** about your car; **à ~ de l'annonce** regarding ou concerning the advertisement; **à ce ~** in this connection **d** ◇ **arriver à ~** to come at the right moment; **juger à ~ de faire qch** to see fit to do sth; **à ~, dis-moi...** incidentally ou by the way, tell me....

proposer [pʀɔpoze] [1] **1** vt (offrir) to offer (*de faire* to do); (suggérer) to propose (*de faire* doing); (solution, candidat) to put forward **2** **se proposer** vpr **a** (offrir ses services) to offer one's services **b** (but, tâche) to set o.s. ◊ **se ~ de faire** to propose to do ♦ **proposition** nf (offre) proposal; (affirmation) proposition; (Gram) clause.

1. **propre** [pʀɔpʀ(ə)] **1** adj (pas sali) clean; (net) neat, tidy; (fig: décent) decent ◊ **ce n'est pas ~ de faire ça** it's messy to do that; **nous voilà ~s!** [famil] now we're in a fine mess! [famil] **2** nm ◊ **recopier qch au ~** to make a fair copy of sth; **c'est du ~** [famil]! what a mess!

2. **propre** [pʀɔpʀ(ə)] **1** adj **a** (possessif) own ◊ **par mes ~s moyens** on my own; **de son ~ chef** on his own initiative; (spécifique) **~ à** peculiar to, characteristic of **b** (qui convient) suitable, appropriate (*à* for) ◊ **poste ~ à lui apporter des satisfactions** job likely to bring him satisfaction **c** (sens d'un mot) literal **2** nm ◊ **c'est le ~ de qch** it's a peculiarity ou feature of sth; **avoir qch en ~** to have exclusive possession of sth ♦ **propre-à-rien**, pl **~s-~-~** nmf good-for-nothing.

proprement [pʀɔpʀəmɑ̃] adv **a** (propre[1]) cleanly; neatly, tidily; decently ◊ **mange ~!** eat properly! **b** (exactement) exactly; (exclusivement) specifically ◊ **à ~ parler** strictly speaking; **le village ~ dit** the village itself; **~ scandaleux** absolutely disgraceful ♦ **propreté** nf cleanliness; neatness, tidiness; (hygiène) hygiene.

propriétaire [pʀɔpʀijetɛʀ] **1** nm (gén) owner; (entreprise) proprietor; (appartement loué) landlord **2** nf owner; proprietress; landlady ♦ **propriété** nf (bien, caractéristique) property; (correction d'un mot etc) suitability, appropriateness ◊ (possession) **la ~ de qch** the ownership of sth; **~ privée** private property.

propulser [pʀɔpylse] [1] vt **a** (voiture) to propel, drive **b** (projeter) to hurl, fling ♦ **propulsion** nf propulsion.

prorata [pʀɔʀata] nm inv ◊ **au ~ de** in proportion to.

prosaïque [pʀozaik] adj prosaic.

proscription [pʀɔskʀipsjɔ̃] nf (interdiction) proscription; (bannissement) banishment ♦ **proscrire** [39] vt to proscribe; to banish ♦ **proscrit, e** nm,f (hors-la-loi) outlaw; (exilé) exile.

prose [pʀoz] nf prose.

prospecter [pʀɔspɛkte] [1] vt to prospect ♦ **prospection** nf prospecting.

prospectus [pʀɔspɛktys] nm leaflet.

prospère [pʀɔspɛʀ] adj (gén) flourishing; (pays, commerçant) prosperous ♦ **prospérer** [6] vi to flourish; to prosper ♦ **prospérité** nf prosperity.

prosterner (se) [pʀɔstɛʀne] [1] vpr to prostrate o.s. (*devant* before) ◊ **prosterné** prostrate.

prostituée [pʀɔstitɥe] nf prostitute ♦ **se prostituer** [1] vpr to prostitute o.s. ♦ **prostitution** nf prostitution.

protagoniste [pʀɔtagɔnist(ə)] nm protagonist.

protecteur, -trice [pʀɔtɛktœʀ, tʀis] **1** adj (gén) protective (*de* of); (air) patronizing **2** nm,f protector ♦ **protection** nf (défense) protection; (patronage) patronage; (blindage) armour-plating ♦ **protectionnisme** nm protectionism.

protéger [pʀɔteʒe] [6] et [3] **1** vt (gén) to protect; (fig: patronner) to patronize **2** **se protéger** vpr to protect o.s. ♦ **protégé** nm protégé ♦ **protégée** nf protégée.

protéine [pʀɔtein] nf protein.

protestant, e [pʀɔtɛstɑ̃, ɑ̃t] adj, nm,f Protestant ♦ **protestantisme** nm Protestantism.

protestataire [pʀɔtɛstatɛʀ] nmf protester ♦ **protestation** nf (plainte) protest; (déclaration) protestation ♦ **protester** [1] vti to protest (*contre* against, about).

prothèse [pʀɔtɛz] nf prosthesis ◊ **~ (dentaire)** dentures ♦ **prothésiste** nmf dental technician.

protide [pʀɔtid] nm protein.

protocole [pʀɔtɔkɔl] nm protocol ◊ **~ d'accord** draft treaty.

prototype [pʀɔtɔtip] nm prototype.

protubérant, e [pʀɔtybeʀɑ̃, ɑ̃t] adj bulging.

proue [pʀu] nf bow, bows, prow.

prouesse [pʀuɛs] nf feat.

prouver [pʀuve] [1] vt to prove.

provenance [pʀɔvnɑ̃s] nf origin ◊ **en ~ de l'Angleterre** from England ♦ **provenir de** [22] vt indir to come from.

proverbe [pʀɔvɛʀb(ə)] nm proverb ♦ **proverbial, e**, mpl **-aux** adj proverbial.

providence [pʀɔvidɑ̃s] nf providence ♦ **providentiel, -elle** adj providential.

province [pʀɔvɛ̃s] nf province ◊ **vivre en ~** to live in the provinces; **de ~** provincial ♦ **provincial, e**, mpl **-aux** adj, nm,f provincial.

proviseur [pʀɔvizœʀ] nm headmaster *(of a lycée)*.

provision [pʀɔvizjɔ̃] nf **a** (réserve) stock, supply ◊ **faire ~ de** to stock up with **b** ◊ **~s** (vivres) provisions, food; (courses) groceries, shopping; **filet à ~s** shopping bag **c** (arrhes) deposit.

provisoire [pʀɔvizwaʀ] adj provisional, temporary ♦ **provisoirement** adv for the time being.

provocant, e [pʀɔvɔkɑ̃, ɑ̃t] adj provocative ◆ **provocateur** nm agitator ◆ **provocation** nf provocation ◆ **provoquer** [1] vt **a** (gén) to cause; (réaction) to provoke; (colère) to arouse **b** (défier) to provoke.

proxénète [pʀɔksenɛt] nm procurer.

proximité [pʀɔksimite] nf proximity ◇ **à ~** close by; **à ~ de** near.

prude [pʀyd] **1** adj prudish **2** nf prude.

prudemment [pʀydamɑ̃] adv cautiously; (sagement) wisely ◆ **prudence** nf caution, prudence; (sagesse) wisdom ◇ **par ~** as a precaution ◆ **prudent, e** adj (circonspect) cautious, prudent; (sage) wise, sensible ◇ **c'est plus ~** it's wiser ou safer; **soyez ~!** be careful!

prune [pʀyn] nf (fruit) plum; (alcool) plum brandy ◇ **pour des ~s** [famil] for nothing ◆ **pruneau**, pl **~x** nm prune; (famil: balle) bullet, slug [famil] ◆ **prunier** nm plum tree.

prunelle [pʀynɛl] nf (fruit) sloe; (pupille) pupil ◇ **il y tient comme à la ~ de ses yeux** it's the apple of his eye.

P.-S. [peɛs] nm abrév de *post scriptum* PS.

psaume [psom] nm psalm.

pseudo- [psødɔ] préf (gén) pseudo-; (péj) bogus (pej).

pseudonyme [psødɔnim] nm (gén) assumed name; (écrivain) pen name; (comédien) stage name.

psychanalyse [psikanaliz] nf psychoanalysis ◆ **psychanalyser** [1] vt to psychoanalyze ◆ **psychanalyste** nmf psychoanalyst ◆ **psychanalytique** adj psychoanalytic.

psychiatre [psikjatʀ(ə)] nmf psychiatrist ◆ **psychiatrie** nf psychiatry ◆ **psychiatrique** adj psychiatric.

psychique [psiʃik] adj psychic ◆ **psychisme** nm psyche.

psychodrame [psikɔdʀam] nm psychodrama.

psychologie [psikɔlɔʒi] nf psychology ◆ **psychologique** adj psychological ◆ **psychologue** nmf psychologist ◆ **psychopathe** nmf person who is mentally ill; (criminel) psychopath ◆ **psychose** nf psychosis ◆ **psychothérapie** nf psychotherapy.

PTT [petete] nfpl abrév de *Postes, Télécommunications et Télédiffusion: French postal and telecommunications service.*

puant, e [pɥɑ̃, ɑ̃t] adj stinking ◆ **puanteur** nf stink, stench.

1. **pub** [pœb] nm (bar) pub.

2. **pub** [pyb] nf ad [famil], advert [famil].

puberté [pybɛʀte] nf puberty.

public, -ique [pyblik] **1** adj public ◇ **rendre ~** to make public **2** nm (population) public; (assistance) audience ◇ **en ~** in public; **le grand ~** the general public.

publication [pyblikɑsjɔ̃] nf publication.

publicitaire [pyblisitɛʀ] adj advertising ◆ **publicité** nf (profession) advertising; (annonce) advertisement ◇ **faire de la ~ pour qch** to advertise sth; (fig) **la ~ faite autour de ce scandale** the publicity given to this scandal.

publier [pyblije] [7] vt to publish.

publiphone [pyblifɔn] nm public telephone, payphone ◇ **~ à carte à mémoire** card phone.

publiquement [pyblikmɑ̃] adv publicly.

puce [pys] nf (Zool) flea; (Ordin) (silicon) chip ◇ **cela m'a mis la ~ à l'oreille** that started me thinking; **marché aux ~s** flea market; **oui, ma ~** [famil] yes, pet [famil]; **jeu de ~s** tiddlywinks ◆ **puceron** nm greenfly.

pudeur [pydœʀ] nf sense of modesty ◆ **pudibond, e** adj prudish ◆ **pudique** adj modest.

puer [pɥe] [1] **1** vi to stink **2** vt to stink of.

puéricultrice [pɥeʀikyltʀis] nf paediatric nurse.

puéril, e [pɥeʀil] adj puerile, childish ◆ **puérilité** nf puerility, childishness.

puis [pɥi] adv then ◇ **et ~** (gén) and; (en outre) besides.

puisard [pɥizaʀ] nm cesspool.

puiser [pɥize] [1] vt to draw (*dans* from).

puisque [pɥisk(ə)] conj as, since.

puissamment [pɥisamɑ̃] adv (fortement) powerfully; (beaucoup) greatly ◆ **puissance** nf power ◇ **10 ~ 4** 10 to the power of 4; **c'est là en ~** it is potentially present ◆ **puissant, e** adj powerful.

puits [pɥi] nm (gén) well; (de mine, d'aération) shaft.

pull(-over) [pul(ɔvœʀ)] nm pullover.

pulluler [pylyle] [1] vi (se reproduire) to proliferate; (grouiller) to swarm (*de* with).

pulmonaire [pylmɔnɛʀ] adj pulmonary, lung.

pulpe [pylp(ə)] nf pulp.

pulsation [pylsɑsjɔ̃] nf heart-beat.

pulsion [pylsjɔ̃] nf drive, urge.

pulvérisateur [pylveʀizatœʀ] nm spray ◆ **pulvérisation** nf (gén) pulverization; (liquide) spraying ◇ (Méd) **~s** nasal spray ◆ **pulvériser** [1] vt to pulverize; to spray; (record) to smash [famil].

puma [pyma] nm puma.

punaise [pynɛz] nf (insecte) bug; (clou) drawing pin, thumbtack (US).

punching-ball, pl **~-~s** [pœnʃiŋbol] nm punchball.

punir [pyniʀ] [2] vt to punish (*pour* for) ◆ **punition** nf punishment.

pupille [pypij] **1** nf (œil) pupil **2** nmf ward ◇ **~ de la Nation** war orphan.

pupitre [pypitʀ(ə)] nm (écolier) desk; (musicien) music stand; (chef d'orchestre) rostrum.

pur, e [pyʀ] adj (gén) pure; (vin) undiluted; (whisky) neat, straight; (hasard, folie) sheer; (vérité) plain, simple ◇ **en ~e perte** fruitlessly; **un ~-sang** a thoroughbred.

purée [pyʀe] nf (tomates etc) purée ◇ **~ (de pommes de terre)** mashed potatoes.

purement [pyʀmɑ̃] adv purely ♦ **pureté** nf purity.

purgatoire [pyʀgatwaʀ] nm purgatory.

purge [pyʀʒ(ə)] nf purge ♦ **purger** 3 vt (Méd, fig) to purge; (Jur: peine) to serve; (radiateur) to bleed.

purification [pyʀifikɑsjɔ̃] nf purification ♦ **purifier** 7 vt to purify.

purin [pyʀɛ̃] nm liquid manure.

puritain, e [pyʀitɛ̃, ɛn] adj, nm,f puritan ♦ **puritanisme** nm puritanism.

pus [py] nm pus.

pustule [pystyl] nf pustule.

putain [famil] [pytɛ̃] nf whore.

putois [pytwa] nm polecat.

putréfaction [pytʀefaksjɔ̃] nf a putrefaction ♦ **putréfier** vt, **se putréfier** vpr 7 b to putrefy.

puzzle [pœzl(ə)] nm jigsaw puzzle.

P.-V. [peve] nm abrév de *procès-verbal* → **procès.**

pygmée [pigme] nm pygmy, pigmy.

pyjama [piʒama] nm pyjamas, pajamas (US) ◇ **un ~** a pair of pyjamas.

pylône [pilon] nm pylon.

pyramide [piʀamid] nf pyramid.

pyromane [piʀɔman] nmf arsonist.

q

Q, q [ky] nm (lettre) Q, q.

QCM [kyseɛm] nm abrév de *questionnaire à choix multiple* → **questionnaire.**

QG [kyʒe] nm abrév de *quartier général* HQ.

QI [kyi] nm abrév de *quotient intellectuel* IQ.

qu' [k(ə)] → **que.**

quadragénaire [kwadʀaʒenɛʀ] adj ◇ **être** ~ to be forty years old.

quadrilatère [kadʀilatɛʀ] nm quadrilateral.

quadrillage [kadʀijaʒ] nm (Mil) covering, control ◆ **quadrillé, e** adj (papier) squared ◆ **quadriller** [1] vt to cover, control.

quadriréacteur [kadʀiʀeaktœʀ] nm four-engined plane.

quadrupède [kadʀypɛd] adj, nm quadruped.

quadruple [kadʀypl(ə)] adj, nm quadruple ◇ **je l'ai payé le** ~ I paid four times as much for it ◆ **quadrupler** [1] vti to quadruple ◆ **quadruplés, -ées** nm,fpl quadruplets, quads [famil].

quai [ke] nm (port) quay; (pour marchandises) wharf; (gare) platform; (rivière) embankment ◇ **être à** ~ (bateau) to be alongside the quay; (train) to be in the station.

qualificatif, -ive [kalifikatif, iv] **1** adj (adjectif) qualifying **2** nm (terme) term ◆ **qualification** nf (gén) qualification; (description) description ◆ **qualifié, e** adj (compétent) qualified; (ouvrier) skilled ◇ **non** ~ unskilled; (fig) **c'est du vol** ~ it's sheer robbery ◆ **qualifier** [7] **1** vt (gén) to qualify; (décrire) to describe (*de* as) ◇ ~ **qn de menteur** to call sb a liar **2** **se qualifier** vpr (Sport) to qualify (*pour* for).

qualitatif, -ive [kalitatif, iv] adj qualitative ◆ **qualité** nf (gén) quality; (fonction) position; (métier) occupation ◇ **en sa** ~ **de maire** in his capacity as mayor; (Jur) **avoir** ~ **pour** to have authority to.

quand [kɑ̃] **1** conj when ◇ ~ **ce sera fini, nous partirons** when it's finished we'll go; ~ **je te le disais!** didn't I tell you so!; ~ **bien même** even though ou if; ~ **même** even so, all the same **2** adv when ◇ ~ **pars-tu?** when are you leaving?

quant [kɑ̃] adv ◇ ~ **à** as for, as to; ~ **à moi** as for me; ~ **à cela** as to that, as regards that.

quantifier [kɑ̃tifje] [7] vt to quantify ◆ **quantitatif, -ive** adj quantitative ◆ **quantité** nf quantity, amount ◇ **une** ~ **de** (argent, eau) a great deal of, a lot of; (gens, objets) a great many, a lot of; **des fruits en** ~ fruit in plenty.

quarantaine [kaʀɑ̃tɛn] nf **a** (nombre) about forty → **soixantaine** **b** (Méd) quarantine ◇ **mettre en** ~ (lit) to quarantine; (fig) to send to Coventry ◆ **quarante** adj, nm inv forty ◇ **un** ~**-cinq tours** (à une plage) a single; (à plusieurs plages) an EP → **soixante** ◆ **quarantième** adj, nmf fortieth.

quart [kaʀ] nm **a** (fraction) quarter ◇ **un** ~ **de poulet** a quarter chicken; ~**s de finale** quarter finals; **on n'a pas fait le** ~ **du travail** we haven't done a quarter of the work; **le** ~**-monde** the Fourth World **b** (gobelet) beaker **c** ◇ ~ **d'heure** quarter of an hour; **3 heures moins le** ~ a quarter to 3; **3 heures et** ~ ou **un** ~ a quarter past 3; **il est le** ~ it's a quarter past; **passer un mauvais** ~ **d'heure** to have a bad time of it **d** (Naut) watch ◇ **être de** ~ to keep the watch.

quartette [kwaʀtɛt] nm jazz quartet.

quartier [kaʀtje] nm **a** (ville) district, quarter ◇ **cinéma de ~** local cinema **b** ◇ (Mil) **~(s)** quarters; **avoir ~s libres** to be free; **prendre ses ~s d'hiver** to go into winter quarters; **~ général** headquarters **c** (bœuf) quarter; (viande) chunk; (fruit) piece, segment ◇ **mettre en ~s** to tear to pieces; **pas de ~!** no quarter!

quartz [kwaʀts] nm quartz.

quasi [kazi] **1** adv almost, nearly **2** préf near ◇ **~-certitude** near certainty ♦ **quasiment** adv almost, nearly.

quatorze [katɔʀz(ə)] adj, nm inv fourteen ◇ **la guerre de ~** the First World War ♦ **quatorzième** adj, nmf fourteenth → **sixième.**

quatrain [katʀɛ̃] nm quatrain.

quatre [katʀ(ə)] adj, nm inv four ◇ **une robe de ~ sous** a cheap dress; **aux ~ coins de** in the four corners of; **à ~ pattes** on all fours; **être tiré à ~ épingles** to be dressed up to the nines; **faire les ~ cents coups** to be a real troublemaker; **faire ses ~ volontés** to do exactly as one pleases; **dire à qn ses ~ vérités** to tell sb a few home truths; **monter ~ à ~** to rush up the stairs four at a time; **manger comme ~** to eat like a wolf; **se mettre en ~ pour qn** to put o.s. out for sb; **ne pas y aller par ~ chemins** not to beat about the bush ♦ **quatre heures** nm inv afternoon tea ♦ **quatre-vingt-dix** adj, nm inv ninety ♦ **quatre-vingt-onze** adj, nm inv ninety-one ♦ **quatre-vingts** adj, nm inv eighty ♦ **quatrième** **1** adj, nm fourth ◇ **en ~ vitesse** [famil] at top speed **2** nf (Aut) fourth gear → **sixième** ♦ **quatrièmement** adv fourthly.

quatuor [kwatɥɔʀ] nm quartette.

que [k(ə)] **1** conj **a** (gén) that ◇ **elle sait ~ tu es prêt** she knows (that) you're ready; **je veux qu'il vienne** I want him to come; **venez ~ nous causions** come along so that we can have a chat; **si vous êtes sages et qu'il fasse beau** if you are good and the weather is fine **b** ◇ (temps) **elle venait à peine de sortir qu'il se mit à pleuvoir** she had hardly gone out when it started raining; **ça fait 2 ans qu'il est là** he has been here (for) 2 years; **ça fait 2 ans qu'il est parti** it is 2 years since he left, he left 2 years ago **c** ◇ **qu'il le veuille ou non** whether he likes it or not; **~ la guerre finisse!** if only the war would end!; **qu'il vienne!** let him come!; **~ m'importe!** what do I care? **d** ◇ (comparaison) **il est plus petit qu'elle** he's smaller than her ou than she is; **elle est aussi capable ~ vous** she's as capable as you (are).

2 adv ◇ **ce ~ tu es lent!** [famil] you're so slow!, how slow you are!; **~ de monde!** what a lot of people!; **~ n'es-tu venu?** why didn't you come?

3 pron **a** (relatif) (personne) that, whom; (chose) which, that; (temps) when ◇ **les enfants ~ tu vois** the children (that ou whom) you see; **la raison qu'il a donnée** the reason (that ou which) he gave; **un jour ~** one day when; **quel homme charmant ~ votre voisin!** what a charming man your neighbour is; **c'est un inconvénient ~ de ne pas avoir de voiture** it's inconvenient not having a car; **en bon fils qu'il est** being the good son he is **b** (interrog) what; (discriminatif) which ◇ **~ fais-tu?** what are you doing?; **qu'est-ce qu'il y a?** what's the matter?; **je pense ~ non** I don't think so; **mais il n'a pas de voiture! – il dit ~ si** but he has no car! – he says he has; **qu'est-ce ~ tu préfères, le rouge ou le noir?** which (one) do you prefer, the red or the black? **c** ◇ **~ oui!** yes indeed!; **~ non!** certainly not!

Québec [kebɛk] nm ◇ (province) **le ~** Quebec ♦ **québécois, e** **1** adj Quebec **2** nm (Ling) Quebec French **3** nm,f ◇ **Q~, e** Quebecker, Quebecer.

quel, quelle [kɛl] **1** adj **a** (gén) what ◇ **sur ~ auteur va-t-il parler?** what author is he going to talk about?; **quelle surprise!** what a surprise! **b** (discriminatif) which ◇ **~ acteur préférez-vous?** which actor do you prefer? **c** (qui) who ◇ **~ est cet auteur?** who is that author? **d** ◇ (relatif) **~ que soit le train que vous preniez** whichever train you take; **les hommes, ~s qu'ils soient** men, whoever they may be **2** pron interrog which ◇ **~ est le meilleur?** which (one) is the best?

quelconque [kɛlkɔ̃k] adj **a** some, any ◇ **pour une raison ~** for some reason or other **b** (médiocre) poor, indifferent; (laid) plain-looking; (ordinaire) ordinary.

quelque [kɛlk(ə)] **1** adj indéf some; (avec interrog) any ◇ **cela fait ~ temps que je ne l'ai vu** I haven't seen him for some time; **par ~ temps qu'il fasse** whatever the weather; **en ~ sorte** as it were; **~s personnes** some ou a few people; **les ~s enfants qui étaient venus** the few children who had come **2** adv **a** ◇ **ça a augmenté de ~ 50 F** it's gone up by about 50 francs; **20 kg et ~s** [famil] a bit over 20 kg [famil] **b** ◇ **~ peu déçu** rather ou somewhat disappointed; **il est ~ peu menteur** he is a bit of a liar ♦ **quelque chose** pron indéf something; (avec interrog) anything ◇ **~ d'autre** something else; (effet) **faire ~ à qn** to have an effect on sb; **ça alors, c'est ~!** that's a bit stiff! ♦ **quelquefois** adv sometimes ♦ **quelque part** adv somewhere ♦ **quelques-uns, -unes** pron indéf pl some, a few ♦ **quelqu'un** pron indéf somebody, someone; (avec interrog) anybody, anyone.

quémander [kemɑ̃de] [1] vt to beg for.

qu'en-dira-t-on [kɑ̃diʀatɔ̃] nm inv gossip.

quenelle [kənɛl] nf quenelle.

quenotte [kənɔt] nf [famil] tooth, toothy-peg [famil].

querelle [kəʀɛl] nf quarrel ◆ **se quereller** [1] vpr to quarrel ◆ **querelleur, -euse** adj quarrelsome.

question [kɛstjɔ̃] nf (demande) question; (pour lever un doute) query; (problème) question, matter, issue ◇ (Pol) **poser la ~ de confiance** to ask for a vote of confidence; **la ~ n'est pas là** that's not the point; **~ argent** as far as money goes, money-wise [famil]; **de quoi est-il ~?** what is it about?; **il est ~ d'un emprunt** there's talk of a loan; **il n'en est pas ~!** there's no question of it!, it's out of the question!; **la personne en ~** the person in question; **remettre en ~** to question; **c'est notre vie même qui est en ~** it's our lives that are at stake ◆ **questionnaire** nm questionnaire ◇ **~ à choix multiple** multiple choice question paper ◆ **questionner** [1] vt to question, ask (*sur* about).

quête [kɛt] nf (collecte) collection; (recherche) quest (*de* for); pursuit (*de* of) ◇ **être en ~ de** to be looking for, be in search of ◆ **quêter** [1] **1** vi (à l'église) to take the collection; (dans la rue) to collect money **2** vt to seek ◆ **quêteur, -euse** nm,f collector.

queue [kø] nf **a** (animal) tail; (classement) bottom; (poêle) handle; (fruit, feuille) stalk; (fleur) stem; (train) rear ◇ **commencer par la ~** to begin at the end **b** (file) queue, line (US) **c** ◇ **à la ~ leu leu** (marcher) in single file; (se plaindre) one after the other; **faire une ~ de poisson à qn** to cut in front of sb; **finir en ~ de poisson** to finish up in the air; **histoire sans ~ ni tête** [famil] cock-and-bull story; **~ de cheval** ponytail; **~-de-pie** tails.

qui [ki] pron **a** (interrog) (sujet) who; (objet) who, whom ◇ **~ l'a vu?** who saw him?; **~ d'entre eux?** which of them?; **à ~ est ce sac?** whose bag is this?, whose is this bag?; **elle ne sait à ~ se plaindre** she doesn't know who to complain to ou to whom to complain **b** (relatif) (personne) who, that [famil]; (chose) which, that ◇ **Paul, ~ traversait le pont, trébucha** Paul, who was crossing the bridge, tripped; **il a un perroquet ~ parle** he's got a parrot which ou that talks; **je la vis ~ nageait vers le rivage** I saw her swimming towards the bank; (avec prép) **le patron pour ~ il travaille** the employer he works for, the employer for whom he works **c** ◇ (sans antécédent) **amenez ~ vous voulez** bring along whoever ou anyone you like; **~ vous savez** you-know-who [famil]; **je le dirai à ~ de droit** I will tell whoever is concerned; **j'interdis à ~ que ce soit d'entrer ici** I forbid anyone to come in here; **à ~ mieux mieux** (gén) each one more so than the other; (crier) each one louder than the other; **ils ont pris tout ce qu'ils ont pu: ~ une chaise, ~ une radio** they took whatever they could: some took a chair, others a radio **d** ◇ **~ va lentement va sûrement** more haste less speed; **~ vivra verra** what will be will be; **~ a bu boira** once a thief always a thief; **~ se ressemble s'assemble** birds of a feather flock together; **~ veut la fin veut les moyens** he who wills the end wills the means **e** ◇ **~-vive?** who goes there?; **être sur le ~-vive** to be on the alert.

quiche [kiʃ] nf quiche.

quiconque [kikɔ̃k] **1** pron rel whoever, anyone who **2** pron indéf anyone, anybody.

quiétude [kjetyd] nf quiet, peace.

quille [kij] nf (jouet) skittle; (navire) keel ◇ **jeu de ~s** skittles.

quincaillerie [kɛ̃kajʀi] nf hardware, ironmongery; (magasin) ironmonger's (shop) ◆ **quincaillier, -ière** nm,f hardware dealer, ironmonger.

quinconce [kɛ̃kɔ̃s] nm ◇ **en ~** in staggered rows.

quinine [kinin] nf quinine.

quinquagénaire [kɛ̃kaʒenɛʀ] adj ◇ **être ~** to be fifty years old.

quinquennal, e, mpl **-aux** [kɛ̃kenal, o] adj five-year, quinquennial.

quintal, pl **-aux** [kɛ̃tal, o] nm quintal (*100 kg*).

quinte [kɛ̃t] nf (Cartes) quint ◇ **~ de toux** coughing fit.

quintessence [kɛ̃tesɑ̃s] nf quintessence.

quintuple [kɛ̃typl(ə)] adj, nm quintuple ◇ **je l'ai payé le ~** I paid five times as much for it ◆ **quintupler** [1] vti to quintuple, increase fivefold ◆ **quintuplés, -ées** nm,fpl quintuplets, quins [famil].

quinzaine [kɛ̃zɛn] nf about fifteen ◇ **une ~ de jours** a fortnight, two weeks → **soixantaine** ◆ **quinze** adj, nm inv fifteen ◇ **le ~ août** Assumption; **lundi en ~** a fortnight on Monday, two weeks from Monday (US); **dans ~ jours** in a fortnight, in two weeks → **six** ◆ **quinzième** adj, nmf fifteenth → **sixième.**

quiproquo [kipʀɔko] nm (sur personne) mistake; (sur sujet) misunderstanding.

quittance [kitɑ̃s] nf (reçu) receipt; (facture) bill.

quitte [kit] adj ◇ **être ~ envers qn** to be quits with sb; **nous en sommes ~s pour la peur** we got off with a fright; **~ à s'ennuyer** even if it means being bored; (fig) **c'est du ~ ou double** it's a big gamble.

quitter [kite] [1] vt (gén) to leave; (vêtement) to take off; (espoir) to give up ◇ **si je le quitte des yeux** if I take my eyes off him; (téléphone) **ne quittez pas** hold the line.

quoi [kwa] pron what ◇ **de ~ parles-tu?** what are you talking about?; **à ~ bon?** what's the use? (*faire* of doing); **et puis ~ encore!** what next!; **c'est en ~ tu te trompes** that's where you're wrong; **il n'y a pas de ~ rire** there's nothing to laugh about; **il n'y a pas de ~ fouetter un chat** it's not worth making a fuss about; **ils ont de ~ occuper leurs vacances** they've got plenty to do during their holiday; **avoir de ~ écrire** to have something to write with; **il n'a pas de ~ se l'acheter** he can't afford it; **si vous avez besoin de ~ que ce soit** if there's anything you need; **il n'y a pas de ~!** don't mention it!, not at all!; **~ qu'il arrive** whatever happens; **~ qu'il en soit** be that as it may; **~ qu'on en dise** whatever ou no matter what people say.

quoique [kwak(ə)] conj although, though ◇ **quoiqu'il soit malade** although he is ill.

quolibet [kɔlibɛ] nm gibe, jeer.

quote-part, pl **~s-~s** [kɔtpaʀ] nf share.

quotidien, -ienne [kɔtidjɛ̃, jɛn] **1** adj (journalier) daily; (banal) everyday ◇ **dans la vie ~ienne** in everyday ou daily life **2** nm daily (paper) ◆ **quotidiennement** adv daily, every day.

quotient [kɔsjɑ̃] nm quotient ◇ **~ intellectuel** intelligence quotient, IQ.

r

R, r [ɛʀ] nm (lettre) R, r.

rabâcher [ʀabɑʃe] 1 vt to keep repeating.

rabais [ʀabɛ] nm reduction, discount ◇ **vendre au** ~ to sell at a reduced price; **médecine au** ~ cheap-rate medicine.

rabaisser [ʀabese] 1 vt (dénigrer) to belittle; (réduire) to reduce.

rabat [ʀaba] nm flap ◆ **rabat-joie** nm inv killjoy, spoilsport [famil].

rabatteur [ʀabatœʀ] nm (Chasse) beater.

rabattre [ʀabatʀ(ə)] 41 **1** vt **a** (capot) to close; (col) to turn down ◇ **le vent rabat la fumée** the wind blows the smoke back down; ~ **les couvertures** (se couvrir) to pull the blankets up; (se découvrir) to push back the blankets **b** (diminuer) to reduce; (déduire) to deduct ◇ (prétentieux) **en** ~ to climb down **c** (gibier) to drive **2 se rabattre** vpr (couvercle) to close ◇ **se** ~ **devant qn** to cut in front of sb; **se** ~ **sur** (marchandise etc) to fall back on.

rabbin [ʀabɛ̃] nm rabbi ◇ **grand** ~ chief rabbi.

rabibocher [ʀabibɔʃe] 1 [famil] **1** vt to reconcile **2 se rabibocher** vpr to make it up (*avec* with).

rabiot [ʀabjo] nm [famil] (supplément) extra.

râblé, e [ʀɑble] adj well-set, heavy-set (US), stocky.

rabot [ʀabo] nm plane ◆ **raboter** 1 vt to plane down ◆ **raboteux, -euse** adj uneven, rough.

rabougri, e [ʀabugʀi] adj (chétif) stunted; (desséché) shrivelled.

rabrouer [ʀabʀue] 1 vt to snub, rebuff.

racaille [ʀakɑj] nf rabble, riffraff.

raccommoder [ʀakɔmɔde] 1 vt (gén) to mend, repair ◇ **se** ~ **avec qn** to make it up with sb.

raccompagner [ʀakɔ̃paɲe] 1 vt to take ou see back (*à* to).

raccord [ʀakɔʀ] nm (objet) link; (trace) join ◇ ~ **(de maçonnerie)** pointing; ~ **(de peinture)** touch up.

raccordement [ʀakɔʀdəmɑ̃] nm (action) joining; (résultat) join; (téléphone) connection ◆ **raccorder** 1 vt to join (up); to connect (*à* with, to).

raccourcir [ʀakuʀsiʀ] 2 **1** vt to shorten **2** vi to get shorter ◆ **raccourci** nm (chemin) short cut; (résumé) summary ◆ **raccourcissement** nm shortening.

raccrocher [ʀakʀɔʃe] 1 **1** vi (Téléc) to hang up, ring off **2** vt (relier) to connect (*à* with); (vêtement) to hang back up; (personne) to get hold of ◇ **se** ~ **à qch** to cling to sth.

race [ʀas] nf race; (animale) breed ◇ **de** ~ purebred ◆ **racé, e** adj purebred.

rachat [ʀaʃa] nm (gén) buying; (firme) take-over; (pécheur) redemption; (faute) expiation.

racheter [ʀaʃte] 5 vt to buy (*à* from); (nouvel objet) to buy another; (pain) to buy some more; (firme) to take over; (pécheur) to redeem; (imperfection) to make up for (*par* by) ◇ (fautif) **se** ~ to make amends.

rachitique [ʀaʃitik] adj (Méd) rickety ◆ **rachitisme** nm rickets (sg).

racial, e, mpl **-aux** [ʀasjal, o] adj racial.

racine [ʀasin] nf root ◇ **prendre** ~ to take root.

racisme [ʀasism(ə)] nm racialism, racism ◆ **raciste** adj, nmf racialist, racist.

racket [ʀakɛt] nm (action) racketeering; (vol) racket *(extortion through blackmail* etc).

raclée [ʀɑkle] nf [famil] thrashing.

racler [ʀɑkle] 1 vt to scrape ◇ **se** ~ **la gorge** to clear one's throat.

raclette [Raklɛt] nf (outil) scraper; (Culin) raclette *(Swiss cheese dish)*.

racolage [Rakɔlaʒ] nm soliciting ◆ **racoler** [1] vt to solicit ◆ **racoleur, -euse** adj (slogan) eye-catching.

racontar [Rakɔ̃taR] nm story, lie.

raconter [Rakɔ̃te] [1] vt (histoire) to tell; (malheurs) to tell about ◇ ~ **qch à qn** to tell sb sth, relate sth to sb; ~ **ce qui s'est passé** to say ou recount what happened; **qu'est-ce que tu racontes?** what are you talking about?

racorni, e [RakɔRni] adj (durci) hardened; (desséché) shrivelled.

radar [RadaR] nm radar.

rade [Rad] nf harbour, roads ◇ **en ~ de Brest** in Brest harbour; **laisser qn en ~** [famil] to leave sb stranded.

radeau, pl **~x** [Rado] nm raft.

radiateur [RadjatœR] nm radiator; (à gaz, électrique) heater.

radiation [Radjɑsjɔ̃] nf (rayon) radiation; (suppression) crossing off.

radical, e, mpl **-aux** [Radikal, o] adj, nm radical ◆ **radicalement** adj (gén) radically ◇ **~ faux** completely wrong ◆ **radicaliser** vt, **se ~** vpr [1] (position) to toughen.

radier [Radje] [7] vt to cross off.

radieux, -euse [Radjø, øz] adj (personne) beaming; (soleil) radiant; (temps) glorious.

radin, e [Radɛ̃, in] [famil] **1** adj stingy, tight-fisted **2** nm,f skinflint.

radio [Radjo] **1** nf **a** (poste) radio ◇ **mets la ~** turn on the radio **b** ◇ (radiodiffusion) **la ~** (the) radio; **parler à la ~** to speak on the radio **c** (station) radio station ◇ **~ libre** independent local radio (station) **d** (photo) X-ray ◇ **passer une ~** to have an X-ray **2** nm (opérateur) radio operator; (message) radiogram ◆ **radioactif, -ive** adj radioactive ◆ **radioactivité** nf radioactivity ◆ **radiocassette** nm radio cassette (player) ◆ **radiodiffuser** [1] vt to broadcast ◆ **radiodiffusion** nf broadcasting ◆ **radiographie** nf (technique) X-ray photography; (photographie) X-ray photograph ◆ **radiographier** [7] vt to X-ray ◆ **radiographique** adj X-ray ◆ **radiologie** nf radiology ◆ **radiologue** nmf radiologist ◆ **radiophonique** adj radio ◆ **radio-réveil**, pl **~-~s** nm radio-alarm ◆ **radioscopie** nf radioscopy ◆ **radiotélévisé, e** adj broadcast and televised.

radis [Radi] nm radish; (famil: sou) penny (Brit), cent (US) ◇ **~ noir** horseradish.

radium [Radjɔm] nm radium.

radoter [Radɔte] [1] vi [famil] to drivel on [famil] ◆ **radoteur, -euse** nm,f [famil] driveller [famil].

radoucir (se) [RadusiR] [2] vpr (personne) to calm down; (voix) to soften; (temps) to become milder ◆ **radoucissement** nm ◇ **un ~** a milder spell.

rafale [Rafal] nf (vent) gust; (mitrailleuse) burst; (neige) flurry.

raffermir [RafɛRmiR] [2] **1** vt to strengthen **2** **se raffermir** vpr to grow stronger.

raffinage [Rafinaʒ] nm refining ◆ **raffiné, e** adj refined ◆ **raffinement** nm refinement ◆ **raffiner** [1] vt to refine ◆ **raffinerie** nf refinery.

raffoler [Rafɔle] [1] ◇ **~ de** vt indir to be very keen on.

raffut [Rafy] nm [famil] racket, din.

rafiot [Rafjo] nm [famil] boat, old tub [famil].

rafistoler [Rafistɔle] [1] vt [famil] to patch up.

rafle [Rɑfl(ə)] nf police raid ◆ **rafler** [famil] [1] vt to swipe ◇ **elle a raflé tous les prix** she ran away with all the prizes.

rafraîchir [RafReʃiR] [2] **1** vt (lit) to make cooler; (personne, mémoire) to refresh; (vêtement) to brighten up; (connaissances) to brush up ◇ **se faire ~ les cheveux** to have a trim; **mettre à ~** to chill **2** **se rafraîchir** vpr (temps) to get cooler; (personne) to refresh o.s. ◆ **rafraîchissant, e** adj refreshing ◆ **rafraîchissement** nm **a** (température) cooling **b** (boisson) cool drink ◇ (glaces) **~s** refreshments.

ragaillardir [RagajaRdiR] [2] vt to buck up [famil].

rage [Raʒ] nf (colère) rage, fury; (manie) maddening habit ◇ (maladie) **la ~** rabies (sg); **mettre qn en ~** to infuriate ou enrage sb; (incendie etc) **faire ~** to rage; **~ de dents** raging toothache ◆ **rager** [3] vi to fume ◆ **rageur, -euse** adj furious.

ragot [Rago] nm [famil] piece of gossip.

ragoût [Ragu] nm stew.

ragoûtant, e [Ragutɑ̃, ɑ̃t] adj ◇ **peu ~** (lit) unappetising; (fig) unsavoury.

raid [Rɛd] nm (Mil) raid; (Sport) rally.

raide [Rɛd] **1** adj (gén, fig) stiff; (cheveux) straight; (câble) taut, tight; (pente) steep; (alcool) rough **2** adv ◇ **ça montait ~** (ascension) it was a steep climb; **tomber ~** to drop to the ground; **~ mort** stone dead ◆ **raideur** nf stiffness ◆ **raidillon** nm steep path ◆ **raidir** [2] **1** vt (gén) to stiffen; (corde) to tighten; (position) to harden **2** **se raidir** vpr (position) to harden; (lutteur) to tense ◆ **raidissement** nm (gén) stiffening; (prise de position) hard line.

raie [Rɛ] nf **a** (trait) line; (éraflure) mark, scratch **b** (bande) stripe **c** (Coiffure) parting **d** (poisson) skate, ray.

raifort [RɛfɔR] nm horseradish.

rail [Rɑj] nm rail ◇ (transport) **le ~** the railway, the railroad (US).

railler [ʀaje] 1 vt to mock at ◆ **raillerie** nf mocking remark ◆ **railleur, -euse** adj mocking.

rainure [ʀenyʀ] nf groove.

raisin [ʀɛzɛ̃] nm (espèce) grape ◇ **le ~, les ~s** grapes; **~s secs** raisins.

raison [ʀɛzɔ̃] **1** nf (gén) reason ◇ **pour quelles ~s?** on what grounds?, what were your reasons for it?; **~ de plus** all the more reason (*pour faire* for doing); **il boit plus que de ~** he drinks more than is good for him; **comme de ~** as one might expect; **avoir ~** to be right (*de faire* in doing, to do); **rire sans ~** to laugh for no reason; **avoir ~ de qn** to get the better of sb; **donner ~ à qn** (événement) to prove sb right; (personne) to side with sb; **se faire une ~** to put up with it; **en ~ de** (à cause de) because of, owing to; (selon) according to; **à ~ de 5 F par caisse** at the rate of 5 francs per crate **2** ◇ **~ d'État** reason of State; **~ d'être** raison d'être; **~ sociale** corporate name.

raisonnable [ʀɛzɔnabl(ə)] adj (gén) reasonable; (conseil) sensible.

raisonnement [ʀɛzɔnmɑ̃] nm (façon de réfléchir) reasoning; (argumentation) argument ◆ **raisonner** 1 **1** vi (penser) to reason **2** vt ◇ **~ qn** to reason with sb; **se ~** to reason with o.s. ◆ **raisonneur, -euse** (péj) nm,f arguer.

rajeunir [ʀaʒœniʀ] 2 **1** vt (gén) to modernize ◇ (cure) **~ qn** to rejuvenate sb **2** vi (personne) to look younger **3** **se rajeunir** vpr to make o.s. younger ◆ **rajeunissement** nm modernization; rejuvenation.

rajout [ʀaʒu] nm addition ◆ **rajouter** 1 vt to add ◇ **en ~** [famil] to overdo it.

rajustement [ʀaʒystəmɑ̃] nm adjustment ◆ **rajuster** 1 vt to readjust; (vêtement) to straighten.

râle [ʀɑl] nm (blessé) groan; (mourant) death rattle.

ralentir [ʀalɑ̃tiʀ] 2 **1** vti to slow down **2** **se ralentir** vpr (production) to slow down; (ardeur) to flag ◆ **ralenti, e** **1** adj slow **2** nm (Ciné) slow motion ◇ **tourner au ~** to tick over, idle ◆ **ralentissement** nm slowing down; flagging ◆ **ralentisseur** nm retarder.

râler [ʀɑle] 1 vi (blessé) to groan, moan; (mourant) to give the death rattle; (famil: rouspéter) to grouse [famil] ◇ **faire ~ qn** [famil] to infuriate sb ◆ **râleur, -euse** [famil] nm,f grouser [famil].

ralliement [ʀalimɑ̃] nm rallying ◆ **rallier** 7 **1** vt (grouper) to rally; (unir) to unite; (rejoindre) to rejoin **2** **se rallier** vpr (se regrouper) to rally ◇ **se ~ à** (parti) to join; (avis) to come round to.

rallonge [ʀalɔ̃ʒ] nf (table) extension; (électrique) extension cord ◇ **une ~ d'argent** some extra money ◆ **rallonger** 3 **1** vt (gén) to lengthen; (vacances, bâtiment) to extend **2** vi (jours) to get longer.

rallumer [ʀalyme] 1 **1** vt (feu) to relight; (conflit) to revive ◇ **~ la lumière** to turn the light on again **2** **se rallumer** vpr (incendie, guerre) to flare up again.

rallye [ʀali] nm ◇ **~ automobile** car rally.

RAM [ʀam] nf (Ordin) abrév de *random access memory* RAM.

ramage [ʀamaʒ] nm (chant) song.

ramassage [ʀamasaʒ] nm (gén) picking up; (copies, ordures) collection; (fruits) gathering ◇ **~ scolaire** school bus service ◆ **ramassé, e** adj (trapu) squat; (concis) compact ◆ **ramasser** 1 **1** vt to pick up; to collect; to gather **2** **se ramasser** vpr (se pelotonner) to curl up; (pour bondir) to crouch ◆ **ramassis** nm ◇ (péj) **~ de** pack of.

rambarde [ʀɑ̃baʀd(ə)] nf guardrail.

ramdam [ʀamdam] nm [famil] row, racket ◇ **faire du ~** to kick up a row [famil].

rame [ʀam] nf (aviron) oar; (train) train; (papier) ream; (perche) pole.

rameau, pl **~x** [ʀamo] nm branch ◇ **les R~x** Palm Sunday.

ramener [ʀamne] 5 **1** vt (gén) to bring back; (paix) to restore ◇ **je vais te ~** I'll take you back; (réduire à) **~ qch à** to reduce sth to **2** **se ramener** vpr **a** ◇ (problèmes) **se ~ à** to come down to **b** (famil: arriver) to turn up [famil].

ramer [ʀame] 1 vi to row ◆ **rameur, -euse** nm,f rower.

rameuter [ʀamøte] 1 vt to round up.

rami [ʀami] nm rummy.

ramier [ʀamje] nm ◇ **pigeon ~** wood-pigeon.

ramification [ʀamifikɑsjɔ̃] nf ramification ◆ **se ramifier** 7 vpr to ramify.

ramollir [ʀamɔliʀ] 2 **1** vt to soften **2** **se ramollir** vpr to get soft ◆ **ramollissement** nm softening.

ramonage [ʀamɔnaʒ] nm chimney-sweeping ◆ **ramoner** 1 vt to sweep ◆ **ramoneur** nm (chimney) sweep.

rampe [ʀɑ̃p] nf (pour escalier) banister; (pente) ramp ◇ **~ de lancement** launching pad; (projecteurs) **la ~** the footlights.

ramper [ʀɑ̃pe] 1 vi to crawl, creep.

rancard [ʀɑ̃kaʀ] nm [famil] (tuyau) tip; (rendez-vous) date ◆ **rancarder** 1 vt [famil] to tip off.

rancart [ʀɑ̃kaʀ] nm [famil] ◇ **mettre au ~** to scrap.

rance [ʀɑ̃s] adj rancid ◆ **rancir** 2 vi to go rancid.

rancœur [ʀɑ̃kœʀ] nf rancour, resentment.

rançon [ʀɑ̃sɔ̃] nf ransom.

rancune [ʀɑ̃kyn] nf grudge, rancour ◇ **sans ~!** no hard feelings! ◆ **rancunier, -ière** adj ◇ **être ~** to bear a grudge.

randonnée [ʀɑ̃dɔne] nf (voiture) drive, ride; (vélo) ride; (à pied) walk ◇ **faire une ~** to go for a drive etc ◆ **randonneur, -euse** nm,f walker, rambler.

rang [ʀɑ̃] nm **a** (rangée) row, line ◇ **en ~ d'oignons** in a row ou line; **se mettre en ~s par 4** to form rows of 4 **b** (hiérarchique) rank; (classement) place ◇ **par ~ d'âge** in order of age.

rangement [ʀɑ̃ʒmɑ̃] nm (placards) cupboard space ◇ **faire du ~** to do some tidying.

rangée [ʀɑ̃ʒe] nf row, line.

ranger [ʀɑ̃ʒe] 3 **1** vt (maison) to tidy up; (objet) to put away; (voiture) to park; (pions etc: disposer) to place ◇ **je le range parmi les meilleurs** I rank him among the best; **mal rangé** untidy; **vie rangée** well-ordered life **2 se ranger** vpr (voiture) to park; (piéton) to step aside; (célibataire) to settle down ◇ **où se rangent les tasses?** where do the cups go?; (accepter) **se ~ à qch** to fall in with sth; **se ~ du côté de qn** to side with sb.

ranimer [ʀanime] vt, **se ranimer** vpr 1 to revive.

rapace [ʀapas] nm bird of prey ◆ **rapacité** nf rapaciousness.

rapatrié, e [ʀapatʀije] nm,f repatriate ◆ **rapatriement** nm repatriation ◆ **rapatrier** 7 vt to repatriate.

râpe [ʀɑp] nf (fromage) grater; (bois) rasp ◆ **râpé, e** **1** adj (usé) threadbare **2** nm (fromage) grated cheese ◆ **râper** 1 vt to grate; to rasp.

rapetisser [ʀaptise] 1 **1** vt to shorten **2** vi to get smaller ou shorter.

râpeux, -euse [ʀɑpø, øz] adj rough.

raphia [ʀafja] nm raffia.

rapiat, e [ʀapja, at] adj [famil] niggardly.

rapide [ʀapid] **1** adj quick, rapid, swift, fast **2** nm (train) express train; (rivière) rapid ◆ **rapidement** adv fast, quickly, rapidly, swiftly ◆ **rapidité** nf speed, rapidity, swiftness, quickness.

rapiécer [ʀapjese] 3 et 6 vt to patch.

rappel [ʀapɛl] nm (personne) recall; (promesse) reminder; (somme due) back pay; (vaccination) booster ◇ **~ à l'ordre** call to order; (Alpinisme) **faire un ~** to abseil.

rappeler [ʀaple] 4 **1** vt (faire revenir) to call back, recall; (au téléphone) to call ou ring back; (mentionner) to mention; (référence) to quote; (être similaire) to be reminiscent of ◇ **elle me rappelle sa mère** she reminds me of her mother; **~ qn à l'ordre** to call sb to order **2 se rappeler** vpr to remember, recollect, recall.

rappliquer [ʀaplike] 1 vi [famil] (revenir) to come back; (arriver) to turn up [famil].

rapport [ʀapɔʀ] nm **a** (lien) connection, relationship, link ◇ (relations) **~s** relations; **ça n'a aucun ~** it has nothing to do with it; **se mettre en ~ avec qn** to get in touch with sb; **sous tous les ~s** in every respect **b** (compte rendu) report **c** (profit) yield, return **d** (proportion) ratio ◇ **~ de 1 à 100** ratio of 1 to 100; **en ~ avec son salaire** in keeping with his salary; **par ~ à** in relation to.

rapporter [ʀapɔʀte] 1 **1** vt (objet, réponse) to bring ou take back (*à* to); (profit) to bring in, yield; (fait) to report, mention; (annuler) to revoke **2** vi (placement) to give a good return; (mouchard) to tell on [famil] ou tattle on [famil] (US) one's friends **3 se rapporter** vpr ◇ **se ~ à qch** to relate to sth; **s'en ~ au jugement de qn** to rely on sb's judgment.

rapporteur, -euse [ʀapɔʀtœʀ, øz] **1** nm,f (mouchard) telltale ou tattler (US) **2** nm (délégué) reporter; (outil) protractor.

rapprochement [ʀapʀɔʃmɑ̃] nm (réconciliation) reconciliation; (comparaison) comparison; (rapport) link, connection.

rapprocher [ʀapʀɔʃe] 1 **1** vt (approcher) to bring closer (*de* to); (réunir) to bring together; (assimiler) to establish a connection ou link between **2 se rapprocher** vpr to get closer (*de* to); (en fréquence) to become more frequent ◇ **ça se rapproche de ce qu'on disait** that ties up with what was being said.

rapt [ʀapt] nm abduction.

raquette [ʀakɛt] nf (Tennis) racket; (Ping-Pong) bat; (à neige) snowshoe.

rare [ʀaʀ] adj (peu commun) uncommon, rare; (peu nombreux) few, rare ◇ (peu abondant) **se faire ~** to become scarce ◆ **se raréfier** 7 vpr to become scarce ◆ **rarement** adv rarely, seldom ◆ **rareté** nf (gén) rarity; (vivres, argent) scarcity; (visites) infrequency ◆ **rarissime** adj extremely rare.

R.A.S. [ɛʀaɛs] abrév de *rien à signaler* → **rien.**

ras, e [ʀɑ, ʀɑz] adj (poil, herbe) short; (mesure) full ◇ **à ~ de terre** level with the ground; **à ~ bords** to the brim; **en ~e campagne** in open country; **j'en ai ~ le bol** [famil] I'm fed up to the back teeth [famil]; **le ~-le-bol étudiant** [famil] the students' discontent.

rasade [ʀɑzad] nf glassful.

rasage [ʀɑzaʒ] nm shaving ◆ **raser** 1 **1** vt **a** (barbe) to shave off; (menton) to shave **b** (frôler) to graze; (abattre) to raze; (famil: ennuyer) to bore ◇ **~ les murs** to hug the walls **2** **se raser** vpr to shave; (famil: s'ennuyer) to be bored stiff [famil] ◇ **rasé de près** close-shaven ◆ **raseur, -euse** [famil] nm,f bore ◆ **rasoir** **1** nm razor; (électrique) shaver **2** adj (famil: ennuyeux) boring.

rassasier [Rasazje] 7 vt to satisfy (*de* with) ◇ **être rassasié** to have had enough (*de* of).

rassemblement [Rasɑ̃bləmɑ̃] nm gathering.

rassembler [Rasɑ̃ble] 1 **1** vt (gén) to gather together, assemble; (troupes) to rally; (courage) to summon up **2** **se rassembler** vpr to gather, assemble.

rasseoir (se) [RaswaR] 26 vpr to sit down again.

rassis, e [Rasi, iz] adj stale.

rassurer [RasyRe] 1 vt to reassure.

rat [Ra] nm rat.

ratatiner (se) [Ratatine] 1 vpr to shrivel up.

rate [Rat] nf spleen.

râteau, pl ~**x** [Rɑto] nm rake.

râtelier [Rɑtəlje] nm rack.

rater [Rate] 1 **1** vi to fail, go wrong ◇ **tout faire** ~ to ruin everything; **ça ne va pas** ~ [famil] it's dead certain [famil] **2** vt [famil] (gén) to miss; (gâteau) to mess up [famil], spoil; (examen) to fail, flunk [famil] ◇ **il n'en rate pas une** he's always putting his foot in it [famil] ◆ **raté, e** **1** nm,f (personne) failure **2** nm ◇ **avoir des** ~**s** to misfire.

ratification [Ratifikasjɔ̃] nf (Jur) ratification ◆ **ratifier** 7 vt to ratify.

ratio [Rasjo] nm ratio.

ration [Rɑsjɔ̃] nf (gén) ration; (part) share.

rationaliser [Rasjɔnalize] 1 vt to rationalize ◆ **rationnel, -elle** adj rational.

rationnement [Rasjɔnmɑ̃] nm rationing ◆ **rationner** 1 vt to ration.

ratisser [Ratise] 1 vt (gravier) to rake; (feuilles) to rake up; (Police) to comb.

raton [Ratɔ̃] nm ◇ ~ **laveur** racoon.

RATP [ɛRatepe] nf abrév de *régie autonome des transports parisiens: the Paris transport authority*.

rattachement [Rataʃmɑ̃] nm joining (*à* to) ◆ **rattacher** 1 vt (gén) to link, join (*à* to); (avec ficelle) to tie up again.

rattrapage [RatRapaʒ] nm (candidat) passing ◇ **le** ~ **d'un oubli** making up for an omission; **cours de** ~ remedial class.

rattraper [RatRape] 1 **1** vt (prisonnier) to recapture; (objet, enfant qui tombe) to catch (hold of); (voiture, leçon en retard) to catch up with; (erreur, temps perdu) to make up for ◇ (Scol: repêcher) ~ **qn** to allow sb to pass **2** **se rattraper** vpr (reprendre son équilibre) to stop o.s. falling; (fig: récupérer) to make up for it ◇ **se** ~ **à qch** to catch hold of sth.

rature [RatyR] nf (correction) alteration; (pour barrer) deletion ◆ **raturer** 1 vt to alter; to delete.

rauque [Rok] adj (voix) hoarse; (cri) raucous.

ravage [Ravaʒ] nm ◇ **faire des** ~**s** to wreak havoc (*dans* in) ◆ **ravager** 3 vt (pays) to ravage, devastate.

ravalement [Ravalmɑ̃] nm cleaning ◆ **ravaler** 1 vt (nettoyer) to clean; (maîtriser) to choke back; (humilier) to lower.

rave [Rav] nf (légume) rape.

ravier [Ravje] nm hors d'œuvres dish.

ravin [Ravɛ̃] nm gully; (encaissé) ravine.

ravir [RaviR] 2 vt (charmer) to delight ◇ (enlever) ~ **qch à qn** to rob sb of sth; **ravi** delighted; **à** ~ beautifully ◆ **ravissant, e** adj ravishing, delightful ◆ **ravissement** nm rapture ◇ **avec** ~ rapturously ◆ **ravisseur, -euse** nm,f kidnapper, abductor.

raviser (se) [Ravize] 1 vpr to change one's mind, think better of it.

ravitaillement [Ravitɑjmɑ̃] nm (réserves) supplies; (action) supplying; (en carburant) refuelling ◆ **ravitailler** 1 **1** vt to refuel **2** **se ravitailler** vpr (ménagère) to stock up (*à* at).

raviver [Ravive] 1 vt to revive.

ravoir [RavwaR] vt to get back; (davantage) to get more; (famil: nettoyer) to get clean.

rayer [Reje] 8 vt (érafler) to scratch; (biffer) to cross out, delete ◆ **rayé, e** adj (tissu) striped; (disque) scratched.

rayon [Rɛjɔ̃] nm **a** (lumière) ray, beam ◇ ~ **laser** laser beam; ~ **de soleil** ray of sunshine **b** (planche) shelf **c** (magasin) department ◇ **c'est son** ~ (spécialité) that's his line; (responsabilité) that's his department [famil] **d** (ruche) honeycomb **e** (roue) spoke; (cercle) radius ◇ **dans un** ~ **de 10 km** within a radius of 10 km; ~ **d'action** range ◆ **rayonnage** nm shelving.

rayonnant, e [Rɛjɔnɑ̃, ɑ̃t] adj radiant ◆ **rayonnement** nm (culture) influence; (beauté, astre) radiance; (radiation) radiation ◆ **rayonner** 1 vi (gén) to radiate; (touristes) to tour around ◇ (prestige etc) ~ **sur** to extend over; ~ **de bonheur** to be radiant with happiness.

rayonne [Rɛjɔn] nf rayon.

rayure [RejyR] nf (dessin) stripe; (éraflure) scratch ◇ **à** ~**s** striped.

raz-de-marée [RɑdmaRe] nm inv tidal wave ◇ ~ **électoral** landslide.

razzia [Razja] nf raid, foray.

R & D abrév de *Recherche et Développement* R & D.

RDA [ɛRdea] nf abrév de *République démocratique allemande* GDR.

rdc abrév de *rez-de-chaussée.*

ré [Re] nm (Mus) D; (en chantant) re.

réacteur [ʀeaktœʀ] nm (avion) jet engine; (nucléaire) reactor.

réaction [ʀeaksjɔ̃] nf reaction ◇ **~ en chaîne** chain reaction; **avion à ~** jet plane ◆ **réactionnaire** adj, nmf reactionary.

réadapter vt, **se réadapter** vpr [ʀeadapte] 1 to readjust (*à* to).

réaffirmer [ʀeafiʀme] 1 vt to reaffirm.

réagir [ʀeaʒiʀ] 2 vi to react (*à* to).

réalisateur, -trice [ʀealizatœʀ, tʀis] nm,f (Ciné, TV) director ◆ **réalisation** nf (rêve) achievement; (film) production; (capital) realization ◇ **plusieurs projets sont déjà en cours de ~** several projects are already under way ◆ **réaliser** 1 **1** vt (effort, bénéfice etc) to make; (rêve) to achieve; (projet) to carry out; (film) to produce; (Fin: capital) to realize **2** **se réaliser** vpr (rêve) to come true.

réalisme [ʀealism(ə)] nm realism ◆ **réaliste** **1** adj realistic **2** nmf realist.

réalité [ʀealite] nf reality ◇ **en ~** in fact.

réanimation [ʀeanimɑsjɔ̃] nf resuscitation ◇ **être en (service de) ~** to be in the intensive care unit ◆ **réanimer** 1 vt resuscitate.

réapparaître [ʀeapaʀɛtʀ(ə)] 57 vi to reappear ◆ **réapparition** nf reappearance.

réapprovisionner [ʀeapʀɔvisjɔne] 1 **1** vt to restock **2** **se réapprovisionner** vpr to stock up again (*en* with).

réarmement [ʀeaʀməmɑ̃] nm (Pol) rearmament ◆ **réarmer** 1 **1** vt (fusil) to reload **2** **se réarmer** vpr (pays) to rearm.

réassortiment [ʀeasɔʀtimɑ̃] nm replenishment ◆ **réassortir** 2 vt (stock) to replenish.

rébarbatif, -ive [ʀebaʀbatif, iv] adj forbidding.

rebâtir [ʀ(ə)bɑtiʀ] 2 vt to rebuild.

rebattre [ʀ(ə)batʀ(ə)] 41 vt ◇ **~ les oreilles de qn de qch** to keep harping about sth [famil] ◆ **rebattu, e** adj (citation) hackneyed.

rebelle [ʀəbɛl] **1** adj (soldat) rebel; (enfant, esprit) rebellious ◇ **~ à** unamenable to **2** nmf rebel ◆ **se rebeller** 1 vpr to rebel ◆ **rébellion** nf rebellion.

rebiffer (se) [ʀ(ə)bife] 1 vpr [famil] to hit back (*contre* at).

reboiser [ʀ(ə)bwaze] 1 vt to reafforest.

rebond [ʀ(ə)bɔ̃] nm (gén) bounce; (contre un mur) rebound ◆ **rebondi, e** adj (objet) potbellied; (ventre) fat; (visage) chubby ◆ **rebondir** 2 vi to bounce; to rebound; (scandale) to take a new turn ◆ **rebondissement** nm development (*de* in).

rebord [ʀ(ə)bɔʀ] nm edge; (rond) rim; (fenêtre) windowsill.

rebours [ʀ(ə)buʀ] nm ◇ **à ~** the other way round.

rebouteux [ʀ(ə)butø] nm bonesetter.

rebrousser [ʀ(ə)bʀuse] 1 vt ◇ **~ chemin** to retrace one's steps; (lit, fig) **à rebrousse-poil** the wrong way.

rebuffade [ʀ(ə)byfad] nf rebuff.

rébus [ʀebys] nm rebus.

rebut [ʀəby] nm (déchets) scrap ◇ **mettre au ~** to scrap; **le ~ de la société** the scum of society.

rebuter [ʀ(ə)byte] 1 vt **~ qn** to put sb off ◇ **rebutant** off-putting.

récalcitrant, e [ʀekalsitʀɑ̃, ɑ̃t] adj, nm,f recalcitrant.

recaler [ʀ(ə)kale] 1 vt (Scol) to fail ◇ **se faire ~** to fail.

récapitulation [ʀekapitylɑsjɔ̃] nf recapitulation ◆ **récapituler** 1 vt to recapitulate.

recel [ʀəsɛl] nm receiving stolen goods ◆ **receler** 5 vt to receive; (trésor) to conceal ◆ **receleur, -euse** nm,f receiver.

récemment [ʀesamɑ̃] adv recently.

recensement [ʀəsɑ̃smɑ̃] nm (population) census; (objets) inventory; (conscrits) registration ◆ **recenser** 1 vt to take a census of; to make an inventory of; (Mil) to register.

récent, e [ʀesɑ̃, ɑ̃t] adj recent.

recentrage [ʀ(ə)sɑ̃tʀaʒ] nm (parti) movement towards the centre.

récépissé [ʀesepise] nm receipt.

récepteur, -trice [ʀesɛptœʀ, tʀis] **1** adj receiving **2** nm receiver ◆ **réceptif, -ive** adj receptive (*à* to) ◆ **réception** nf **a** (gala) reception **b** (accueil) reception, welcome **c** (salon) reception room; (hall) entrance hall; (bureau) reception desk ◇ **salle de ~** function room **d** (paquet) receipt; (Rad, TV) reception; (ballon) catching ◆ **réceptionner** 1 vt to receive ◆ **réceptionniste** nmf receptionist.

récession [ʀesesjɔ̃] nf recession.

recette [ʀ(ə)sɛt] nf (cuisine) recipe (*de* for); (argent) takings; (fig: truc) formula ◇ **faire ~** to be a big success.

recevable [ʀəsvabl(ə)] adj (Jur: demande) admissible.

receveur, -euse [ʀəsvœʀ, øz] nm,f (Méd) recipient; (autobus) bus conductor (ou conductress); (contributions) tax collector; (postes) postmaster (ou mistress).

recevoir [ʀəsvwaʀ] 28 **1** vt **a** (gén) to receive, get; (accueillir) to welcome, greet; (à dîner) to entertain; (en audience) to see; (hôtel: contenir) to hold, accommodate ◇ **je vous reçois 5 sur 5** I'm reading ou receiving you loud and clear; **le docteur reçoit à 10 h** the doctor's surgery ou office (US) is at 10 a.m.; **~ la visite de qn** to have a visit from sb **b** (candidat) to pass ◇ **être reçu à un examen** to pass an exam; **il a été reçu premier** he came first **2** **se recevoir** vpr (en sautant) to land.

rechange [R(ə)ʃɑ̃ʒ] nm ◇ **de ~** (solution) alternative; (outil) spare; **vêtements de ~** change of clothes.

réchapper [Reʃape] [1] vi ◇ **~ de ou à** (accident) to come through.

recharge [R(ə)ʃaRʒ(ə)] nf (arme) reload; (stylo, briquet) refill; (accumulateur) to recharge ◆ **rechargeable** adj reloadable; refillable; rechargeable ◆ **recharger** [3] vt to reload; to refill; to recharge.

réchaud [Reʃo] nm stove.

réchauffement [Reʃofmɑ̃] nm (température) rise (*de* in) ◆ **réchauffer** [1] **1** vt (gén) to warm up ◇ (Culin) **(faire) ~** to warm up again **2** **se réchauffer** vpr (temps) to get warmer; (personne) to warm o.s. up.

rêche [Rɛʃ] adj rough, harsh.

recherche [R(ə)ʃɛRʃ] nf **a** (gén) search (*de* for); (plaisirs, gloire) pursuit (*de* of) ◇ (enquête) **faire des ~s** to make investigations; (Univ) **la ~** research **b** (élégance) elegance ◆ **recherché, e** adj (très demandé) in great demand; (de qualité) exquisite; (élégant) elegant ◆ **rechercher** [1] vt (objet, cause) to look for; (honneurs) to seek ◇ **~ comment** to try to find out how; **recherché pour meurtre** wanted for murder.

rechigner [R(ə)ʃiɲe] [1] vi to balk, jib (*à* at).

rechute [R(ə)ʃyt] nf (Méd) relapse ◆ **rechuter** [1] vi to have a relapse.

récidive [Residiv] nf second offence ou offense (US) ◆ **récidiver** [1] vi to commit a second offence ou offense (US); (fig) to do it again ◆ **récidiviste** nmf recidivist.

récif [Resif] nm reef.

récipient [Resipjɑ̃] nm container.

réciprocité [ResipRɔsite] nf reciprocity.

réciproque [ResipRɔk] **1** adj reciprocal **2** nf ◇ **la ~** (l'inverse) the opposite; (la pareille) the same ◆ **réciproquement** adv (l'un l'autre) each other, one another; (vice versa) vice versa.

récit [Resi] nm (histoire) account; (genre) narrative ◇ **faire le ~ de** to give an account of.

récital, pl **~s** [Resital] nm recital.

récitation [Resitɑsjɔ̃] nf (poème) recitation ◆ **réciter** [1] vt to recite.

réclamation [Reklamɑsjɔ̃] nf complaint ◇ (Téléc) **téléphonez aux ~s** ring the engineers.

réclame [Reklam] nf advertisement, advert ◇ **faire de la ~ pour** to advertise; **article en ~** special offer.

réclamer [Reklame] [1] **1** vt (gén) to ask for; (droit, part) to claim; (patience, soin) to require, demand **2** vi to complain.

reclus, e [Rəkly, yz] **1** adj cloistered **2** nm,f recluse ◆ **réclusion** nf ◇ **~ criminelle** imprisonment.

recoiffer [R(ə)kwafe] [1] **1** vt ◇ **~ qn** to do sb's hair **2** **se recoiffer** vpr to do one's hair.

recoin [Rəkwɛ̃] nm nook.

récoltant [Rekɔltɑ̃] nm grower ◆ **récolte** nf (gén) crop; (blé) harvest ◆ **récolter** [1] vt (gén) to collect; (fruits etc) to gather; (blé) to harvest.

recommandation [R(ə)kɔmɑ̃dɑsjɔ̃] nf recommendation ◆ **recommander** [1] vt **a** to recommend ◇ **~ à qn de faire** to recommend ou advise sb to do **b** (lettre) to record; (pour assurer sa valeur) to register.

recommencement [R(ə)kɔmɑ̃smɑ̃] nm new beginning ◆ **recommencer** [3] **1** vt to begin again; (erreur) to repeat **2** vi to begin ou start again.

récompense [Rekɔ̃pɑ̃s] nf reward; (prix) award ◇ **en ~ de** in return for ◆ **récompenser** [1] vt to reward (*de* for).

reconciliation [Rekɔ̃siljɑsjɔ̃] nf reconciliation ◆ **réconcilier** [7] vt to reconcile ◇ **se ~** to be reconciled (*avec* with).

reconduction [R(ə)kɔ̃dyksjɔ̃] nf renewal ◆ **reconduire** [38] vt (politique, bail) to renew ◇ **~ qn chez lui** to take sb home.

réconfort [Rekɔ̃fɔR] nm comfort ◆ **réconfortant, e** adj comforting ◆ **réconforter** [1] vt to comfort.

reconnaissable [R(ə)kɔnɛsabl(ə)] adj recognizable (*à* by) ◆ **reconnaissance** nf **a** (gratitude) gratitude (*à* to) **b** (fait de reconnaître) recognition ◇ **signe de ~** sign of recognition; **~ de dette** note of hand; (Mil) **partir en ~** to make a reconnaissance ◆ **reconnaissant, e** adj grateful (*à qn de qch* to sb for sth).

reconnaître [R(ə)kɔnɛtR(ə)] [57] **1** vt (gén) to recognize; (torts) to admit; (supériorité) to acknowledge ◇ **ces jumeaux sont impossibles à ~** these twins are impossible to tell apart; **je le reconnais bien là** that's just like him; **~ qn coupable** to find sb guilty; **~ les lieux** to see how the land lies **2** **se reconnaître** vpr (trouver son chemin) to find one's way about ◆ **reconnu, e** adj recognized.

reconquérir [R(ə)kɔ̃keRiR] [21] vt (pays) to reconquer; (liberté) to recover, win back ◆ **reconquête** nf reconquest; recovery.

reconsidérer [R(ə)kɔ̃sideRe] [6] vt to reconsider.

reconstituant, e [R(ə)kɔ̃stitɥɑ̃, ɑ̃t] **1** adj energizing **2** nm energy-giving food ◆ **reconstituer** [1] vt (parti, texte) to reconstitute; (édifice) to reconstruct; (faits, puzzle, crime) to piece together; (organisme) to regenerate ◆ **reconstitution** nf reconstitution; reconstruction; piecing together; regeneration ◇ **~ historique** reconstruction of history.

reconstruction [R(ə)kɔ̃stRyksjɔ̃] nf reconstruction ◆ **reconstruire** [38] vt to reconstruct.

reconversion [R(ə)kɔ̃vɛRsjɔ̃] nf (cuisine) reconversion; (personnel) redeployment ◆ **reconvertir** [2] **1** vt to reconvert (*en* to); to redeploy **2** **se reconvertir** vpr to move into a new type of employment.

recopier [R(ə)kɔpje] [7] vt to recopy ◇ ~ **ses notes au propre** to make a fair copy of one's notes.

record [R(ə)kɔR] nm, adj inv record ◇ **en un temps** ~ in record time ◆ **recordman**, pl **recordmen** nm record holder.

recoucher (se) [R(ə)kuʃe] [1] vpr to go back to bed.

recoupement [R(ə)kupmɑ̃] nm crosscheck ◆ **se recouper** [1] vpr (faits) to tie up; (chiffres) to add up.

recourbé, e [R(ə)kuRbe] adj (gén) curved; (bec) hooked ◇ **nez** ~ hooknose.

recourir [R(ə)kuRiR] [11] ~ **à** vt indir (moyen) to resort to; (personne) to appeal to ◆ **recours** nm resort, recourse; (Jur) appeal ◇ **en dernier** ~ as a last resort.

recouvrement [R(ə)kuvRəmɑ̃] nm collection ◆ **recouvrer** [1] vt (santé) to recover; (cotisation) to collect.

recouvrir [R(ə)kuvRiR] [18] vt to cover.

récréation [RekReasjɔ̃] nf (pause) break; (amusement) recreation ◇ **être en** ~ to have a break.

recréer [R(ə)kRee] [1] vt to recreate.

récrier (se) [RekRije] [7] vpr to exclaim.

récrimination [RekRiminasjɔ̃] nf recrimination.

recroqueviller (se) [R(ə)kRɔkvije] [1] vpr to curl up.

recrudescence [R(ə)kRydesɑ̃s] nf (fresh) [famil] upsurge, new outburst.

recrue [R(ə)kRy] nf recruit ◆ **recrutement** nm recruitment ◆ **recruter** [1] vt to recruit.

rectangle [Rɛktɑ̃gl(ə)] nm rectangle ◆ **rectangulaire** adj rectangular.

rectificatif [Rɛktifikatif] nm correction ◆ **rectification** nf correction ◆ **rectifier** [7] vt (corriger) to correct, rectify; (ajuster) to adjust.

rectiligne [Rɛktiliɲ] adj straight.

recto [Rɛkto] nm first side ◇ ~ **verso** on both sides (of the page).

reçu, e [R(ə)sy] **1** adj (usages) accepted; (candidat) successful **2** nm (quittance) receipt.

recueil [R(ə)kœj] nm book, collection.

recueillement [R(ə)kœjmɑ̃] nm meditation ◇ **avec** ~ reverently ◆ **recueilli, e** adj meditative ◆ **recueillir** [12] **1** vt (gén) to collect; (réfugié) to take in; (déposition) to take down **2** **se recueillir** vpr ◇ **se** ~ **sur la tombe de qn** to meditate at sb's grave.

recul [R(ə)kyl] nm **a** (retraite) retreat; (déclin) decline ◇ **être en** ~ to be on the decline; **avec le** ~ (temps) with the passing of time; (espace) from a distance; **prendre du** ~ to stand back **b** (fusil) recoil, kick; (véhicule) backward movement ◆ **reculade** nf retreat.

reculer [R(ə)kyle] [1] **1** vi **a** (personne) to move ou step back; (automobiliste) to reverse; (armée) to retreat ◇ ~ **de 2 pas** to take 2 paces back; **faire** ~ to move back; ~ **devant la dépense** to shrink from the expense; **rien ne me fera** ~ nothing will deter me **b** (diminuer) (gén) to decline; (eaux) to subside **2** vt (meuble) to push back; (véhicule) to reverse; (date) to postpone **3** **se reculer** vpr to step back, retreat ◆ **reculé, e** adj remote, distant ◆ **reculons** loc adv ◇ **à** ~ backwards.

récupération [RekypeRasjɔ̃] nf (argent) recovery; (ferraille) salvage; (mouvement) takeover; (physique) recuperation ◆ **récupérer** [6] **1** vt to recover; to salvage; to take over **2** vi (coureur) to recover, recuperate.

récurer [RekyRe] [1] vt to scour.

récuser [Rekyze] [1] **1** vt (Jur) to challenge **2** **se récuser** vpr to decline to give an opinion.

recyclage [R(ə)siklaʒ] nm (élève) redirecting; (employé) retraining; (matière) recycling ◆ **recycler** [1] **1** vt to redirect; to retrain; to recycle **2** **se recycler** vpr to retrain; (se perfectionner) to go on a refresher course.

rédacteur, -trice [RedaktœR, tRis] nm,f (gén) writer; (Presse) sub-editor ◇ ~ **en chef** chief editor ◆ **rédaction** nf **a** (action d'écrire) writing **b** (Presse) (personnel) editorial staff; (bureaux) editorial offices **c** (Scol) essay, composition, theme (US).

reddition [Redisjɔ̃] nf surrender.

redémarrage [RədemaRaʒ] nm (économie) take-off ◆ **redémarrer** [1] vi (économie) to take off again.

rédempteur, -trice [Redɑ̃ptœR, tRis] **1** adj redemptive **2** nm,f redeemer ◆ **rédemption** nf redemption.

redevance [Rədvɑ̃s] nf (impôt) tax; (TV) licence fee; (Téléc) rental charge.

rédhibitoire [RedibitwaR] adj damning.

rediffuser [Rədifyze] [1] vt (émission) to repeat ◆ **rediffusion** nf repeat.

rédiger [Rediʒe] [3] vt (lettre) to write; (contrat) to draw up.

redire [R(ə)diR] [37] vt to repeat ◇ **trouver à** ~ **à qch** to find fault with sth.

redondant, e [R(ə)dɔ̃dɑ̃, ɑ̃t] adj superfluous.

redonner [R(ə)dɔne] 1 vt (objet) to give back; (confiance) to restore; (renseignement) to give again; (pain) to give more; (tranche) to give another.

redoublant, e [R(ə)dublɑ̃, ɑ̃t] nm,f pupil who is repeating a year at school, repeater (US).

redoublement [R(ə)dubləmɑ̃] nm increase (*de* in) ◇ (Scol) **le** ~ repeating a year ◆ **redoubler** 1 **1** vt (augmenter) to increase, intensify; (Scol: classe) to repeat **2** **redoubler de** vt indir ◇ ~ **d'efforts** to redouble one's efforts; ~ **de prudence** to be extra careful **3** vi to increase, intensify.

redoutable [R(ə)dutabl(ə)] adj fearsome ◆ **redouter** 1 vt to dread.

redoux [R(ə)du] nm spell of milder weather.

redressement [R(ə)dRɛsmɑ̃] nm recovery.

redresser [R(ə)dRese] 1 **1** vt (objet) to straighten; (situation, abus) to redress ◇ ~ **la tête** to hold up one's head **2** **se redresser** vpr **a** (assis) to sit up; (debout) to stand up straight; (être fier) to hold one's head up high **b** (objet) to straighten up; (économie) to recover; (situation) to correct itself **c** (cheveux) to stick up.

réduction [Redyksjɔ̃] nf reduction.

réduire [RedɥiR] 38 **1** vt (gén) to reduce (*à, en* to); (prix, production) to cut ◇ ~ **qch en bouillie** to crush ou reduce sth to a pulp **2** vi ◇ (sauce) **(faire)** ~ to reduce **3** **se réduire** vpr ◇ **se** ~ **à** (revenir à) to amount to; (se limiter à) to limit o.s. to ◆ **réduit, e** **1** adj **a** (à petite échelle) small-scale; (miniaturisé) miniaturized **b** (vitesse) reduced; (moyens) limited ◇ **livres à prix** ~**s** cut-price books, books at reduced prices **2** nm (recoin) recess.

rééchelonner [Reeʃlɔne] 1 vt (dette) to recycle.

rééditer [Reedite] 1 vt (Typ) to republish ◆ **réédition** nf (Typ) new edition.

rééducation [Reedykɑsjɔ̃] nf rehabilitation.

réel, -elle [Reɛl] **1** adj real **2** nm ◇ **le** ~ reality ◆ **réellement** adv really.

réélire [ReeliR] 43 vt to re-elect.

rééquilibrer [ReekilibRe] 1 vt to restabilize.

réévaluer [Reevalɥe] 1 vt (monnaie) to revalue; (salaire) to upgrade.

réexpédier [Reɛkspedje] 7 vt (à l'envoyeur) to return; (au destinataire) to forward.

réf abrév de *référence*.

refaire [R(ə)fɛR] 60 vt (recommencer) to redo, make ou do again; (redémarrer) to start again; (rénover) to do up ◇ ~ **sa vie** to start a new life; **il va falloir** ~ **de la soupe** we'll have to make some more soup; **je me suis fait** ~ **de 5 F** he did me out of 5 francs [famil]; **on ne se refait pas!** you can't change your own character!

réfection [Refɛksjɔ̃] nf repairing.

réfectoire [RefɛktwaR] nm (gén) canteen; (couvent) refectory.

référence [RefeRɑ̃s] nf reference ◇ **faire** ~ **à** to refer to; (iro) **ce n'est pas une** ~ that's no recommendation.

référendum [RefeRɛ̃dɔm] nm referendum.

référer [RefeRe] 6 **1** vt indir ◇ **en** ~ **à qn** to refer a matter to sb **2** **se référer** vpr ◇ **se** ~ **à** (consulter) to consult; (s'en remettre à) to refer to.

refermer [R(ə)fɛRme] 1 **1** vt to close again **2** **se refermer** vpr to close up.

refiler [R(ə)file] 1 vt [famil] (gén) to give; (maladie) to pass on (*à* to).

réfléchir [RefleʃiR] 2 **1** vi to think (*à* about) **2** vt (lumière) to reflect ◇ ~ **que** to realize that **3** **se réfléchir** vpr to be reflected ◆ **réfléchi, e** adj (verbe) reflexive; (personne) thoughtful ◇ **tout bien** ~ after careful thought; **c'est tout** ~ my mind is made up.

reflet [R(ə)flɛ] nm (gén) reflection; (cheveux) light ◇ **c'est le** ~ **de son père** he's the image of his father ◆ **refléter** 6 vt to reflect ◇ **se** ~ to be reflected.

réflexe [Reflɛks(ə)] adj, nm reflex ◇ **il a eu le** ~ **de couper l'électricité** he instinctively switched off the electricity; **manquer de** ~ to be slow to react.

réflexion [Reflɛksjɔ̃] nf **a** (méditation) thought ◇ **la** ~ reflection; **ceci mérite** ~ this is worth considering; **à la** ~ when you think about it **b** (remarque) remark, reflection; (idée) thought; (plainte) complaint **c** (reflet) reflection.

refluer [R(ə)flye] 1 vi (liquide) to flow back; (foule) to surge back ◆ **reflux** nm backward surge; (marée) ebb.

refondre [R(ə)fɔ̃dR(ə)] 41 vt to recast.

réformateur, -trice [RefɔRmatœR, tRis] nm,f reformer ◆ **réforme** nf reform; (Rel) reformation ◆ **réformer** 1 **1** vt (gén) to reform; (conscrit) to declare unfit for service **2** **se réformer** vpr to change one's ways.

reformer vt, **se reformer** vpr [R(ə)fɔRme] 1 to reform.

refoulement [R(ə)fulmɑ̃] nm (complexe) repression ◆ **refoulé, e** adj (complexé) frustrated, inhibited ◆ **refouler** 1 vt (personne) to drive back, repulse; (colère) to repress.

réfractaire [RefRaktɛR] **1** adj (brique) fire; (plat) heat-resistant ◇ ~ **à qch** resistant to sth **2** nm (soldat) draft evader.

refrain [R(ə)fRɛ̃] nm refrain, chorus.

refréner [R(ə)fRene] 6 vt to curb.

réfrigérateur [ʀefʀiʒeʀatœʀ] nm refrigerator, fridge [famil] ◆ **réfrigération** nf refrigeration ◆ **réfrigérer** [6] vt to refrigerate ◇ **je suis réfrigéré** [famil] I'm frozen stiff [famil].

refroidir [ʀ(ə)fʀwadiʀ] [2] **1** vt to cool; (fig: dégoûter) to put off **2** vi to cool down; (devenir trop froid) to get cold ◇ **faire** ~ to let cool **3** **se refroidir** vpr (ardeur) to cool; (temps) to get cooler; (personne) to get cold ◆ **refroidissement** nm cooling; (Méd) chill.

refuge [ʀ(ə)fyʒ] nm refuge; (en montagne) mountain hut ◆ **réfugié**, **e** adj, nm,f refugee ◆ **se réfugier** [7] vpr to take refuge.

refus [ʀ(ə)fy] nm refusal ◆ **refuser** [1] **1** vt (gén) to refuse; (offre) to turn down, reject; (client) to turn away; (candidat) to fail; (à un poste) to turn down ◇ ~ **l'entrée à qn** to refuse entry to sb **2** **se refuser** vpr (plaisir) to refuse o.s., deny o.s. ◇ (iro) **tu ne te refuses rien!** you don't deny yourself (anything)!; **se** ~ **à** (solution) to reject; (commentaire) to refuse to make.

réfutation [ʀefytasjɔ̃] nf refutation ◆ **réfuter** [1] vt to refute.

regagner [ʀ(ə)gaɲe] [1] vt (gén) to regain; (lieu) to get back to ◇ ~ **le temps perdu** to make up for lost time.

regain [ʀ(ə)gɛ̃] nm ◇ ~ **de** renewal of.

régal, pl ~**s** [ʀegal] nm delight, treat ◆ **régaler** [1] **1** vt ◇ ~ **qn de qch** to treat sb to sth **2** **se régaler** vpr to have a delicious meal ◇ **se** ~ **de qch** to feast on sth.

regard [ʀ(ə)gaʀ] nm **a** (coup d'œil) look, glance; (expression) look; (vue) eye, glance; (fixe) stare ◇ **soustraire qch aux** ~**s** to hide sth from sight ou view **b** (égout) manhole; (four) window **c** ◇ (comparaison) **en** ~ **de** in comparison with.

regardant, **e** [ʀ(ə)gaʀdɑ̃, ɑ̃t] adj careful with money.

regarder [ʀ(ə)gaʀde] [1] **1** vt **a** (paysage, objet) to look at; (action en déroulement, TV) to watch ◇ **regarde voir dans l'armoire** have a look in the wardrobe; **vous ne m'avez pas regardé!** [famil] what do you take me for! [famil]; **sans** ~ (traverser) without looking; (payer) regardless of the expense **b** (rapidement) to glance at; (longuement) to gaze at; (fixement) to stare at; (bouche bée) to gape at ◇ ~ **qn de travers** to scowl at sb **c** (vérifier) to check **d** (considérer) to consider ◇ ~ **qn comme un ami** to regard ou consider sb as a friend **e** (concerner) to concern ◇ **mêlez-vous de ce qui vous regarde** mind your own business **f** ◇ (maison) ~ **(vers)** to face **2** **regarder à** vt indir ◇ **y** ~ **à deux fois avant de faire qch** to think twice before doing sth; **il ne regarde pas à la dépense** he doesn't worry how much he spends **3** **se regarder** vpr to look at o.s.; (l'un l'autre) to look at each other.

régate [ʀegat] nf ◇ ~**(s)** regatta.

régence [ʀeʒɑ̃s] nf regency.

régénérer [ʀeʒeneʀe] [6] vt to regenerate.

régent, **e** [ʀeʒɑ̃, ɑ̃t] nm,f regent ◆ **régenter** [1] vt to rule.

régie [ʀeʒi] nf **a** (Théât) production department; (Rad, TV) (salle de contrôle) control room **b** ◇ (compagnie) ~ **(d'État)** state-owned company.

regimber [ʀ(ə)ʒɛ̃be] [1] vi to baulk (*contre* at).

régime [ʀeʒim] nm **a** (gén) system; (gouvernement) government; (péj) régime; (règlements) regulations **b** (Méd) diet ◇ **être au** ~ to be on a diet; **à ce** ~ at this rate **c** (bananes) bunch **d** (moteur) speed.

régiment [ʀeʒimɑ̃] nm regiment ◇ **être au** ~ [famil] to be doing one's military service.

région [ʀeʒjɔ̃] nf region, area ◆ **régional**, **e**, mpl **-aux** adj regional.

régir [ʀeʒiʀ] [2] vt to govern.

régisseur [ʀeʒisœʀ] nm (Théât) stage manager; (propriété) steward.

registre [ʀəʒistʀ(ə)] nm register.

réglage [ʀeglaʒ] nm adjustment; (moteur) tuning.

règle [ʀɛgl(ə)] nf (loi) rule; (instrument) ruler ◇ ~ **à calculer** slide rule; (femme) **avoir ses** ~**s** to have one's period; **il est de** ~ **qu'on fasse** it's usual to do; **je ne suis pas en** ~ my papers are not in order; **en** ~ **générale** as a general rule.

réglé, **e** [ʀegle] adj (vie) well-ordered.

règlement [ʀɛgləmɑ̃] nm (règle) regulation; (réglementation) rules, regulations; (solution) settlement; (paiement) payment ◇ ~ **de comptes** settling of scores; (de gangsters) gangland killing ◆ **réglementaire** adj (uniforme) regulation; (procédure) statutory ◇ **ce n'est pas** ~ it doesn't conform to the regulations.

réglementation [ʀɛgləmɑ̃tasjɔ̃] nf regulation ◆ **réglementer** [1] vt to regulate.

régler [ʀegle] [6] vt (gén) to settle; (ajuster) to adjust; (moteur) to tune; (payer) to pay ◇ **j'ai un compte à** ~ **avec lui** I've got a score to settle with him; ~ **le sort de qn** to decide sb's fate; **se** ~ **sur qn d'autre** to model o.s. on sb else.

réglisse [ʀeglis] nf ou nm liquorice.

règne [ʀɛɲ] nm (gén) reign; (espèce) kingdom ◇ **sous le** ~ **de Louis XIV** in the reign of Louis XIV ◆ **régner** [6] vi (gén) to reign; (confiance, confusion) to prevail (*sur* over) ◇ **faire** ~ **l'ordre** to maintain order.

regorger [ʀ(ə)gɔʀʒe] [3] vi ◇ ~ **de** to abound in.

régresser [ʀegʀese] [1] vi to regress ◆ **régression** nf regression ◇ **en** ~ on the decrease.

regret [R(ə)gRɛ] nm regret (*de qch* for sth; *d'avoir fait* at having done) ◇ **j'ai le ~ de vous dire que** I'm sorry ou I regret to have to tell you that; **sans ~** with no regrets; **à ~** with regret ◆ **regrettable** adj regrettable ◆ **regretter** [1] vt (gén) to regret; (personne) to miss ◇ **je regrette mon geste** I'm sorry I did that, I regret doing that.

regrouper vt, **se regrouper** vpr [R(ə)gRupe] [1] to gather together.

régulariser [RegylaRize] [1] vt (position) to regularize; (passeport) to put in order; (débit) to regulate.

régularité [RegylaRite] nf (régulier) regularity; steadiness; evenness; (légalité) legality.

régulation [Regylasjɔ̃] nf (gén) regulation; (naissances etc) control.

régulier, -ière [Regylje, jɛR] adj **a** (gén) regular; (élève, qualité, vitesse) steady; (répartition, ligne, paysage) even; (humeur) equable ◇ (Aviat) **ligne ~ière** scheduled service **b** (gouvernement) legitimate; (procédure) in order; (tribunal) legal; (fig: honnête) honest, above-board ◆ **régulièrement** adv regularly; steadily; evenly; legally; (fig: normalement) normally.

réhabilitation [Reabilitasjɔ̃] nf rehabilitation ◆ **réhabiliter** [1] vt to rehabilitate.

rehausser [Rəose] [1] vt (plafond) to raise; (beauté, mérite) to enhance, increase ◇ **rehaussé de** embellished with.

réimpression [Reɛ̃pRɛsjɔ̃] nf (action) reprinting; (livre) reprint.

rein [Rɛ̃] nm kidney ◇ **~ artificiel** kidney machine; (dos) **les ~s** the small of the back.

réincarnation [Reɛ̃kaRnasjɔ̃] nf reincarnation ◆ **réincarner (se)** [1] vpr to be reincarnated.

reine [Rɛn] nf queen ◇ **la ~ Élisabeth** Queen Elizabeth; **~-claude** greengage.

reinette [Rɛnɛt] nf rennet; (grise) russet.

réinsertion [Reɛ̃sɛRsjɔ̃] nf (sociale) rehabilitation.

réitérer [ReiteRe] [6] vt to repeat.

rejaillir [R(ə)ʒajiR] [2] vi ◇ **~ sur qn** (scandale) to rebound on sb; (bienfaits) to fall upon sb.

rejet [R(ə)ʒɛ] nm (déchets) discharge; (projet, greffe) rejection.

rejeton [Rəʒtɔ̃] nm (famil: enfant) kid [famil]; (plante) shoot.

rejeter [Rəʒte] [4] **1** vt (vomir) to vomit; (déverser) to discharge; (chasser) to drive back, repulse; (refuser) to reject ◇ **~ une faute sur qn** to shift ou transfer the blame for a mistake onto sb; **~ en arrière** (tête) to throw back; (cheveux) to brush back **2 se rejeter** vpr ◇ **se ~ sur qch** to fall back on sth.

rejoindre [R(ə)ʒwɛ̃dR(ə)] [49] **1** vt (retourner à) to return to; (rencontrer) to meet; (rattraper) to catch up with; (réunir) to bring together; (être d'accord avec) to agree with ◇ **je vous rejoins là-bas** I'll meet ou join you there **2 se rejoindre** vpr (routes) to join, meet; (idées) to be similar to each other; (personnes) to meet; (sur point de vue) to agree.

rejouer [R(ə)ʒwe] [1] vti to play again ◇ **on rejoue une partie?** shall we have ou play another game?

réjouir [ReʒwiR] [2] **1** vt to delight **2 se réjouir** vpr to be delighted ou thrilled (*de faire* to do; *de qch* about ou at sth) ◇ **je me réjouis à l'avance de les voir** I am greatly looking forward to seeing them ◆ **réjoui, e** adj (air) joyful, joyous ◆ **réjouissances** nfpl festivities ◆ **réjouissant, e** adj amusing.

relâche [R(ə)lɑʃ] nf **a** (Théât) closure ◇ **faire ~** to be closed **b** ◇ **faire ~ dans un port** to call at a port; **sans ~** without a break, non-stop.

relâchement [R(ə)lɑʃmɑ̃] nm (discipline) slackening; (mœurs) laxity; (attention) flagging.

relâcher [R(ə)lɑʃe] [1] **1** vt (étreinte, discipline) to relax; (lien) to loosen, slacken; (ressort, prisonnier) to release **2 se relâcher** vpr (effort, zèle) to flag ◇ **ne te relâche pas maintenant!** don't slacken off now! ◆ **relâché, e** adj (style) loose; (mœurs, discipline) lax.

relais [R(ə)lɛ] nm (gén) relay; (restaurant) restaurant ◇ **prendre le ~** to take over (*de* from); **~ de télévision** television relay station.

relance [R(ə)lɑ̃s] nf (économie) boost; (idée) revival ◆ **relancer** [3] vt to boost; to revive; (débiteur) to hound.

relater [R(ə)late] [1] vt to relate, recount.

relatif, -ive [R(ə)latif, iv] **1** adj relative (*à* to) **2** nm relative pronoun **3** nf relative clause.

relation [R(ə)lasjɔ̃] nf **a** (rapport) relation, relationship (*avec* to); connection (*avec* with) ◇ **~s** relations; **être en ~ avec qn** to be in contact with sb **b** (ami) acquaintance ◇ **avoir des ~s** to have influential connections **c** (récit) account ◆ **relationnel, -elle** adj (gén) relational; (problèmes) relationship.

relativement [R(ə)lativmɑ̃] adv relatively ◇ **~ à** (par comparaison) in relation to; (concernant) concerning.

relativiser [R(ə)lativize] [1] vt to relativize.

relativité [R(ə)lativite] nf relativity.

relaxation [Rɛlaksɑsjɔ̃] nf relaxation ◆ 1. **relaxe** nf (acquittement) discharge; (relâchement) release ◆ 2. **relaxe** [famil] adj relaxed ◆ 1. **relaxer** [1] vt (acquitter) to discharge; (relâcher) to release ◆ 2. **relaxer** **1** vt (muscle) to relax **2** **se relaxer** vpr to relax.

relayer [R(ə)leje] [8] **1** vt (personne) to relieve; (émission) to relay **2** **se relayer** vpr to take turns (*pour faire* to do); (Sport) to take over from one another.

relégation [R(ə)legɑsjɔ̃] nf relegation ◆ **reléguer** [6] vt to relegate (*en*, *à* to).

relent [R(ə)lɑ̃] nm stench.

relève [R(ə)lɛv] nf (gén) relief ◇ **la ~ de la garde** the changing of the guard; **prendre la ~** to take over (*de* from).

relevé, e [Rəlve] **1** adj (virage) banked; (sauce) spicy **2** nm (dépenses) statement; (cote) plotting; (adresses) list; (compteur) reading; (facture) bill ◇ **~ de compte** bank statement; **~ d'identité bancaire** (bank) account number; **~ de notes** marks sheet, grade sheet (US).

relèvement [Rlɛvmɑ̃] nm **a** (note, prix) (action) raising (*de* of); (résultat) rise (*de* in) **b** (économie) recovery (*de* of).

relever [Rəlve] [5] **1** vt **a** (ramasser) (objet) to stand up again; (personne) to help back up; (blessé) to pick up **b** (remonter) (gén) to raise; (chaussettes) to pull up; (manche) to roll up **c** (rebâtir) to rebuild **d** (sauce) to season; (goût) to bring out **e** (sentinelle) to relieve ◇ **~ la garde** to change the guard; **~ qn de** (promesse) to release sb from; (fonctions) to relieve sb of **f** (remarquer) (gén) to find; (faute) to pick out **g** (inscrire) to take down; (compteur) to read; (cote) to plot **h** (injure) to react to; (défi) to accept **2** **relever de** vt indir (être du ressort de) to be the concern of ◇ **~ de maladie** to recover from ou get over an illness **3** vi (vêtement) to pull up **4** **se relever** vpr (personne) to get up again; (couvercle) to lift up; (économie) to recover.

releveur [RəlvœR] nm (gas etc) meter man.

relief [Rəljɛf] nm **a** (gén) relief ◇ **au ~ accidenté** hilly; **manquer de ~** to be flat **b** ◇ **en ~** (motif) in relief; (caractères) embossed; **mettre en ~** (intelligence) to bring out; (point à débattre) to stress; **essayer de se mettre en ~** to try to get o.s. noticed **c** ◇ (restes) **~s** remains.

relier [Rəlje] [7] vt (gén) to link (*à* to); (ensemble) to link together; (livre) to bind.

religieux, -euse [R(ə)liʒjø, øz] **1** adj (gén) religious; (art) sacred; (école, mariage, musique) church **2** nm monk **3** nf **a** (nonne) nun **b** (Culin) cream puff ◆ **religion** nf religion.

reliquat [R(ə)lika] nm remainder.

relique [R(ə)lik] nf relic.

reliure [RəljyR] nf binding.

reloger [R(ə)lɔʒe] [3] vt to rehouse.

reluire [RəlɥiR] [38] vi to shine, gleam ◇ **faire ~ qch** to polish sth up ◆ **reluisant, e** adj shining (*de* with) ◇ (iro) **peu ~** (résultat) far from brilliant; (personne) despicable.

remaniement [R(ə)manimɑ̃] nm (gén) revision; (ministère) reshuffle ◆ **remanier** [7] vt to revise; to reshuffle.

remariage [R(ə)maRjaʒ] nm second marriage, remarriage ◆ **se remarier** [7] vpr to remarry.

remarquable [R(ə)maRkabl(ə)] adj (excellent) remarkable, outstanding; (frappant) striking.

remarque [R(ə)maRk(ə)] nf (observation) remark, comment; (critique) critical remark; (annotation) note.

remarquer [R(ə)maRke] [1] vt **a** (apercevoir) to notice ◇ **ça se remarque beaucoup** it is very noticeable; **se faire ~** to make o.s. conspicuous **b** (dire) to remark, comment ◇ **remarquez que je n'en sais rien** mind you I don't know; **faire ~** to point out (*à qn* to sb) ◆ **remarqué, e** adj (absence) conspicuous.

remballer [Rɑ̃bale] [1] vt to pack (up) again.

rembarrer [Rɑ̃baRe] [1] vt to rebuff.

remblai [Rɑ̃blɛ] nm (talus) embankment ◇ **terre de ~** (Rail) ballast; (pour route) hard core; (Constr) backfill ◆ **remblayer** [8] vt (fossé) to fill in.

rembobiner [Rɑ̃bɔbine] [1] vt to rewind.

rembourrer [Rɑ̃buRe] [1] vt (fauteuil) to stuff; (vêtement) to pad.

remboursement [Rɑ̃buRsmɑ̃] nm reimbursement, repayment (gén); (dette) settlement; (billet) refund ◇ **envoi contre ~** cash with order ◆ **rembourser** [1] vt to reimburse, repay; to settle; to refund ◇ **se faire ~** to get one's money back.

remède [R(ə)mɛd] nm (traitement) remedy; (médicament) medicine ◆ **remédier à** [7] vt indir to remedy.

remembrement [R(ə)mɑ̃bRəmɑ̃] nm regrouping of lands ◆ **remembrer** [1] vt (terres) to regroup.

remémorer (se) [R(ə)memɔRe] [1] vpr to recall, recollect.

remerciement [R(ə)mɛRsimɑ̃] nm ◇ **~s** thanks; (dans un livre) acknowledgements; **lettre de ~** thank-you letter ◆ **remercier** [7] vt (dire merci) to thank (*de* for); (licencier) to dismiss ◇ **je vous remercie** thank you, thanks.

remettre [R(ə)mɛtR(ə)] [56] **1** vt **a** (à nouveau) (objet) to put back; (vêtement, radio) to put on again ◇ **je ne veux plus ~ les pieds ici!** I never want to set foot in here again!; **~ qn à sa place** to put sb in his place; **~ en question** to call into question;

~ **une pendule à l'heure** to put a clock right; ~ **à neuf** to make as good as new again; ~ **en état** to repair **b** (davantage) (gén) to add; (tricot) to put on another **c** (lettre, rançon) to hand over; (démission, devoir) to hand in; (objet prêté) to return; (récompense) to present **d** (différer) to put off, postpone (*à* until) **e** (se rappeler) to remember **f** (peine, péché) to remit **g** ◇ ~ **ça** [famil] (gén) to start again; (au café) to have another drink; (bruit) **les voilà qui remettent ça!** there they go again! **2 se remettre** vpr **a** (santé) to recover ◇ **remettez-vous!** pull yourself together! **b** ◇ (recommencer) **se** ~ **à faire qch** to start doing sth again; **il se remet à faire froid** it is turning cold again; **se** ~ **debout** to get back to one's feet **c** ◇ (se confier) **je m'en remets à vous** I'll leave it to you **d** ◇ (se réconcilier) **se** ~ **avec qn** to make it up with sb.

réminiscence [reminisɑ̃s] nf ◇ ~**s** vague recollections.

remise [R(ə)miz] **1** nf **a** (lettre) delivery; (rançon) handing over; (récompense) presentation; (péchés, peine, dette) remission **b** (rabais) discount, reduction **c** (local) shed **d** (ajournement) postponement **2** comp: ~ **en état** repair; ~ **en jeu** throw-in; ~ **à jour** updating.

remiser [R(ə)mize] 1 vt to put away.

rémission [Remisjɔ̃] nf remission ◇ **sans** ~ (mal) irremediable.

remontant [R(ə)mɔ̃tɑ̃] nm tonic.

remontée [R(ə)mɔ̃te] nf (côte, rivière) ascent; (prix) rise; (candidat) recovery ◇ (ski) ~ **mécanique** ski lift.

remonte-pente, pl ~**-**~**s** [R(ə)mɔ̃tpɑ̃t] nm ski tow.

remonter [R(ə)mɔ̃te] 1 **1** vi **a** (personne) to go ou come back up; (marée) to come in again; (prix, baromètre, route) to rise again, go up again ◇ ~ **de la 7e à la 3e place** to go from 7th to 3rd place **b** (vêtement) to pull up **c** (revenir) (gén) to go back; (odeur) to rise ◇ ~ **jusqu'au coupable** to trace back to the guilty man; **ça remonte à plusieurs années** it dates back ou goes back several years **2** vt **a** (étage, rue) to go ou come back up ◇ ~ **le courant** to sail upstream **b** (adversaire) to catch up with **c** (mur, jupe, note) to raise; (manche) to roll up **d** (objet) to take ou bring back up **e** (montre) to wind up **f** (meuble démonté) to reassemble **g** (réassortir) (garde-robe) to renew; (magasin) to restock **h** (remettre en état) (physiquement) to set up again; (moralement) to cheer up again; (entreprise) to put ou set back on its feet **3 se remonter** vpr (physiquement) to set o.s. up again ◇ **se** ~ **en chaussures** to get some new shoes.

remontoir [R(ə)mɔ̃twaR] nm winder.

remontrance [R(ə)mɔ̃tRɑ̃s] nf reprimand ◇ **faire des** ~**s à qn** to reprimand sb.

remontrer [R(ə)mɔ̃tRe] 1 vt **a** (de nouveau) to show again **b** ◇ **il a voulu m'en** ~ he wanted to show he knew better than me.

remords [R(ə)mɔR] nm ◇ **le** ~, **les** ~ remorse; **avoir un** ou **des** ~ to feel remorse.

remorque [R(ə)mɔRk(ə)] nf (véhicule) trailer; (câble) tow-rope ◇ **prendre en** ~ to tow; **avoir en** ~ to have in tow ♦ **remorquer** 1 vt to tow ♦ **remorqueur** nm tug boat.

remous [R(ə)mu] nm ◇ **le** ~, **les** ~ (bateau) the backwash; (eau) the swirl; (air) the eddy; (foule) the bustle; (scandale) the stir.

rempart [Rɑ̃paR] nm rampart ◇ **les** ~**s** the ramparts ou battlements.

remplaçant, e [Rɑ̃plasɑ̃, ɑ̃t] nm,f (gén) replacement; (médecin) locum; (joueur) reserve; (professeur) supply ou substitute (US) teacher, stand-in ♦ **remplacement** nm replacement ◇ **faire des** ~**s** to do temporary (replacement) work; **en** ~ **de qch** in place of sth; **solution de** ~ alternative (solution); **produit de** ~ substitute product ♦ **remplacer** 3 vt (gén) to replace (*par* with); (objet usagé) to change (*par* for); (retraité) to take over from; (malade) to stand in for ◇ **ça peut** ~ **le sucre** it can be used in place of sugar.

remplir [Rɑ̃pliR] 2 **1** vt **a** (gén) to fill (*de* with); (complètement) to fill up; (à nouveau) to refill; (questionnaire) to fill in ◇ ~ **qch à moitié** to fill sth half full **b** (promesse, condition) to fulfil ◇ ~ **ses fonctions** to carry out ou perform one's duties **2 se remplir** vpr to fill up ♦ **rempli, e** adj (gén) full (*de* of); filled (*de* with); (journée) busy ♦ **remplissage** nm (tonneau) filling; (discours) padding.

remporter [Rɑ̃pɔRte] 1 vt (objet) to take back; (victoire) to win; (succès) to achieve.

remuant, e [Rəmɥɑ̃, ɑ̃t] adj restless.

remue-ménage [R(ə)mymenaʒ] nm inv (bruit) commotion; (activité) hurly-burly.

remuer [R(ə)mɥe] 1 **1** vt (déplacer) to move; (secouer) to shake; (café, sauce) to stir; (salade) to toss ◇ ~ **la queue** (vache) to flick its tail; (chien) to wag its tail **2** vi (personne) to move; (dent, tuile) to be loose ◇ **cesse de** ~**!** stop fidgeting! **3 se remuer** vpr (bouger) to move; (famil: s'activer) to get a move on [famil].

rémunérateur, -trice [RemyneRatœR, tRis] adj remunerative ♦ **rémunération** nf remuneration (*de* for) ♦ **rémunérer** 6 vt to remunerate.

renâcler [R(ə)nɑkle] 1 vi (animal) to snort; (personne) to show reluctance (*à faire* to do).

renaissance [R(ə)nɛsɑ̃s] nf ◇ (Hist) **la R**~ the Renaissance.

renaître [R(ə)nɛtR(ə)] 59 vi (sentiment, intérêt) to be revived (*dans* in); (difficulté) to recur ◇ **faire ~** to bring back, revive; **je me sens ~** I feel as if I've been given a new lease of life.

rénal, e, mpl **-aux** [Renal, o] adj renal, kidney.

renard [R(ə)naR] nm fox.

renchérir [Rɑ̃ʃeRiR] 2 vi **a** (personne) to go further (*sur ce que qn dit* than sb) **b** (prix) to rise, go up ◆ **renchérissement** nm rise.

rencontre [Rɑ̃kɔ̃tR(ə)] nf (gén) meeting; (imprévue, Mil) encounter; (jonction) junction; (match) match ◇ **faire la ~ de qn** to meet sb ◆ **rencontrer** 1 **1** vt (gén) to meet; (en réunion) to have a meeting with; (expression, passant) to find, come across; (obstacle) to meet with, encounter; (en cognant) to strike **2 se rencontrer** vpr (gén) to meet; (en réunion) to have a meeting; (véhicules) to collide; (coïncidence) to be found.

rendement [Rɑ̃dmɑ̃] nm (champ) yield; (machine, personne) output; (investissement) return (*de* on).

rendez-vous [Rɑ̃devu] nm inv appointment; (d'amoureux) date; (lieu) meeting place ◇ **donner ~ à qn** to make an appointment with sb.

rendormir (se) [Rɑ̃dɔRmiR] 16 vpr to fall asleep again.

rendre [Rɑ̃dR(ə)] 41 **1** vt **a** (gén) to return; (objet, argent) to give back; (exercice) to hand in; (réponse) to give ◇ **~ la liberté à qn** to set sb free; **~ la monnaie à qn** to give sb his change; (fig) **je le lui rendrai** I'll pay him back **b** (justice) to administer; (jugement) to pronounce ◇ (fig) **~ justice à qn** to do justice to sb **c** (+ adj) to make ◇ **~ qn heureux** etc to make sb happy etc **d** (expression, traduction) to render **e** (liquide) to give out; (son) to produce ◇ **l'enquête n'a rien rendu** the inquiry didn't produce anything **f** (vomir) to vomit, bring up **g** ◇ **~ l'âme** to breathe one's last; **~ des comptes à qn** to be accountable to sb; **~ compte de qch à qn** to give sb an account of sth; **~ grâces à** to give thanks to; **~ hommage à** to pay tribute to; **~ la pareille à qn** to do the same for sb; **~ service à qn** to be of service ou help to sb; **~ visite à qn** to visit sb, pay sb a visit **2** vi **a** (arbres, terre) to yield **b** (vomir) to be sick, vomit **3 se rendre** vpr **a** (céder) (soldat, criminel) to give o.s. up, surrender ◇ **se ~ à l'évidence** to face facts; **se ~ aux prières de qn** to give in ou yield to sb's pleas **b** ◇ (aller) **se ~ à** to go to **c** ◇ **se ~ compte de qch** to realize sth, be aware of sth; **rendez-vous compte!** just imagine! ou think! **d** ◇ **se ~ ridicule** etc to make o.s. ridiculous etc.

rendu, e [Rɑ̃dy] **1** adj **a** ◇ (arrivé) **être ~** to have arrived; **~ à domicile** delivered to the house **b** (fatigué) exhausted, tired out **2** nm (Comm) return.

rêne [Rɛn] nf rein.

renégat, e [Rənega, at] nm,f renegade.

renfermer [Rɑ̃fɛRme] 1 **1** vt to contain, hold **2 se renfermer** vpr (én soi-même) to withdraw ◆ **renfermé, e** **1** adj withdrawn **2** nm ◇ **odeur de ~** stale smell.

renflement [Rɑ̃fləmɑ̃] nm bulge.

renflouer [Rɑ̃flue] 1 vt to refloat.

renfoncement [Rɑ̃fɔ̃smɑ̃] nm recess.

renforcer [Rɑ̃fɔRse] 3 **1** vt (gén) to strengthen, reinforce; (effort) to intensify ◇ **~ qn dans une opinion** to confirm sb in an opinion **2 se renforcer** vpr to strengthen; to intensify.

renfort [Rɑ̃fɔR] nm reinforcement ◇ **de ~** (barre) strengthening; (armée) back-up, supporting; (personnel) extra, additional; **envoyer qn en ~** to send sb as an extra; **à grand ~ de gestes** accompanied by a great many gestures.

renfrogner (se) [Rɑ̃fRɔɲe] 1 vpr to scowl ◆ **renfrogné, e** adj sullen, sulky.

rengaine [Rɑ̃gɛn] nf old song.

reniement [Rənimɑ̃] nm (foi) renunciation; (enfant, signature) repudiation; (promesse) breaking ◆ **renier** 7 vt to renounce; to repudiate; to break.

renifler [R(ə)nifle] 1 vti to sniff.

renne [Rɛn] nm reindeer.

renom [R(ə)nɔ̃] nm (célébrité) renown, fame; (réputation) reputation ◇ **avoir du ~** to be famous ◆ 1. **renommé, e** adj famous ◇ **~ pour** renowned ou famed for ◆ 2. **renommée** nf (célébrité) renown, fame; (réputation) reputation; (opinion publique) public report.

renoncement [R(ə)nɔ̃smɑ̃] nm renunciation ◆ **renoncer à** 3 vt indir to renounce ◆ **renonciation** nf renunciation.

renouer [Rənwe] 1 **1** vt (lacet) to retie; (conversation) to renew **2** vi ◇ **~ avec** (habitude) to take up again.

renouveau, pl **~x** [R(ə)nuvo] nm revival ◇ **~ de faveur** renewed favour.

renouveler [R(ə)nuvle] 4 **1** vt (gén) to renew; (stock) to replenish; (conseil d'administration) to re-elect; (offre, exploit, erreur) to repeat; (théorie) to revive **2 se renouveler** vpr (se répéter) to recur; (innover) to try sth new ◆ **renouvellement** nm renewal; replenishment; re-election; repetition; recurrence.

rénovation [Renɔvasjɔ̃] nf (maison) renovation; (institution) reform ◆ **rénover** 1 vt to renovate; to reform.

renseignement [Rɑ̃sɛɲmɑ̃] nm **a** ◇ **un ~, des ~s** information; **un ~ intéressant** an interesting piece of information; **pourriez-vous me donner un ~?** could you give me some information?; **les ~s sur lui** the information about ou on him; **'~s'** (panneau) 'inquiries', 'information'; (Téléc) directory inquiries, information (US) **b** ◇ (Mil) **~(s)** intelligence; **agent de ~s** intelligence agent.

renseigner [Rɑ̃seɲe] 1 **1** vt to give information to ◇ **bien renseigné** well informed **2** **se renseigner** vpr to make inquiries (*sur* about) ◇ **se ~ auprès de qn** to ask sb for information; **je vais me ~** I'll find out.

rentabilité [Rɑ̃tabilite] nf profitability ◆ **rentable** adj profitable.

rente [Rɑ̃t] nf annuity, pension; (fournie par la famille) allowance; (emprunt d'État) government stock ou bond ◇ **avoir des ~s** to have private means ◆ **rentier, -ière** nm,f person of private means.

rentrée [Rɑ̃tRe] nf **a** ◇ **~ scolaire** start of the new year (ou term); **la ~ aura lieu lundi** school starts again on Monday; **à la ~** after the holidays **b** (tribunaux) reopening; (parlement) reassembly **c** (acteur, sportif) comeback **d** (retour) return ◇ **~ dans l'atmosphère** re-entry into the atmosphere **e** ◇ **~ d'argent** incoming sum of money.

rentrer [Rɑ̃tRe] 1 **1** vi **a** (chez soi) to return home, go (ou come) back home ◇ **est-ce qu'il est rentré?** is he back home?; **~ à Paris** to go back to Paris **b** (élèves) to go back to school; (tribunaux) to reopen; (parlement) to reassemble **c** (entrer) to go in ◇ **nous sommes rentrés dans un café** we went into a café **d** ◇ **~ dans** (firme) to join; (arbre) to crash into; (prix) to be included in; (catégorie) to fall ou come into; **il lui est rentré dedans** [famil] he laid into him [famil] **e** (argent) to come in ◇ **faire ~ l'argent** to bring in the money **f** ◇ **faire ~ qch dans la tête de qn** to get sth into sb's head; **~ dans sa coquille** to go back into one's shell; **~ dans son argent** to recover ou get back one's money; **tout est rentré dans l'ordre** everything is back to normal again **2** vt (objet) to bring in; (griffes) to draw in; (pan de chemise) to tuck in ◇ **~ sa voiture** to put the car away in the garage; **ne me rentre pas ton coude dans le ventre** don't stick your elbow into my stomach; **~ le ventre** to pull one's stomach in; **~ sa rage** to hold back one's anger.

renverse [Rɑ̃vɛRs] nf ◇ **tomber à la ~** to fall backwards ◆ **renversement** nm (gén) reversal; (par coup d'État) overthrow; (par vote) defeat.

renverser [Rɑ̃vɛRse] 1 **1** vt **a** (personne, objet) to knock over; (liquide) to spill, upset; (grains) to scatter; (obstacle) to knock down; (gouvernement) to overthrow; (vote) to defeat ◇ **~ le corps en arrière** to lean back **b** (mettre à l'envers) to turn upside down **c** (inverser) to reverse **d** (famil: étonner) to stagger ◇ **renversant** amazing **2** **se renverser** vpr (voiture) to overturn; (vase) to fall over ◇ **se renverser en arrière** to lean back.

renvoi [Rɑ̃vwa] nm **a** (renvoyer) dismissal; expulsion; suspension; return; referral; postponement **b** (référence) cross-reference; (en bas de page) footnote **c** (rot) belch.

renvoyer [Rɑ̃vwaje] 8 vt **a** (employé) to dismiss; (élève) to expel; (temporairement) to suspend **b** (lettre, ballon) to send back, return **c** (référer) to refer (*à* to) **d** (différer) to postpone, put off **e** (son) to echo; (lumière, image) to reflect.

réorganiser [ReɔRganize] 1 vt to reorganize.

réouverture [ReuvɛRtyR] nf reopening.

repaire [R(ə)pɛR] nm den.

répandre [Repɑ̃dR(ə)] 41 **1** vt (liquide) to spill; (grains) to scatter; (volontairement) to spread; (sang, lumière) to shed; (chaleur) to give out **2** **se répandre** vpr (gén) to spread (*sur* over); (liquide) to spill; (grains) to scatter; (méthode) to become widespread (*dans* among) ◇ **se ~ en menaces** etc to pour out threats etc ◆ **répandu, e** adj (opinion) widespread.

reparaître [R(ə)paRɛtR(ə)] 57 vi to reappear.

réparateur [ReparatœR] nm repairer ◇ **~ de télévision** television engineer ◆ **réparation** nf **a** (action) mending, repairing; (résultat) repair ◇ **en ~** under repair; **faire des ~s** to do some repairs **b** (compensation) compensation (*de* for) ◇ **en ~ de qch** to make up for ou to compensate for sth ◆ **réparer** 1 vt (gén) to mend, repair; (erreur) to put right; (faute, perte) to make up for, compensate for ◇ **faire ~ qch** to have sth repaired.

repartie [Rəparti] nf retort.

repartir [R(ə)paRtiR] 16 vi (s'en aller) to leave again; (recommencer) to start again ◇ **~ à zéro** to start from scratch again.

répartir [RepaRtiR] 2 vt (gén) to distribute; (espacer) to spread (*sur* over); (diviser) to divide up; (partager) to share out (*en* into; *entre* among) ◇ **se ~ le travail** to share out the work ◆ **répartition** nf distribution.

repas [R(ə)pɑ] nm meal ◇ **aux heures des ~** at mealtimes; **panier-~** packed lunch; **plateau-~** meal tray.

repassage [R(ə)pasaʒ] nm (linge) ironing.

repasser [R(ə)pɑse] 1 1 vt a (frontière) to cross again; (examen) to resit; (film) to show again b (au fer) to iron ◇ **planche à ~** ironing board c (couteau, lame) to sharpen up d (leçon) to go over again e (famil: transmettre) (affaire) to hand over ou on; (maladie) to pass on (*à qn* to sb) 2 vi to come back, go back ◇ **~ devant qch** to go past sth again; **tu peux toujours ~** [famil] nothing doing [famil].

repêcher [R(ə)peʃe] 1 vt (corps) to fish out; (candidat) to let through.

repeindre [R(ə)pɛ̃dR(ə)] 52 vt to repaint.

1. **repentir (se)** [R(ə)pɑ̃tiR] 16 vpr (Rel) to repent ◇ **se ~ de qch** to regret sth; (Rel) to repent of sth; **repentant, repenti** repentant, penitent ◆ 2. **repentir** nm repentance; regret.

repérage [R(ə)peRaʒ] nm location.

répercussion [RepɛRkysjɔ̃] nf repercussion.

répercuter [RepɛRkyte] 1 1 vt (son) to echo; (augmentation) to pass on (*sur* to) 2 **se répercuter** vpr to echo ◇ (fig) **se ~ sur** to have repercussions on.

repère [R(ə)pɛR] nm (marque) mark; (jalon) marker; (événement) landmark.

repérer [R(ə)peRe] 6 1 vt to locate, spot ◇ **se faire ~** to be spotted 2 **se repérer** vpr to find one's way about.

répertoire [RepɛRtwaR] nm a (carnet) index notebook; (liste) list; (catalogue) catalogue ◇ **~ des rues** street index b (artistique) repertoire.

répertorier [RepɛRtɔRje] 7 vt to itemize, list.

répéter [Repete] 6 1 vt a (gén) to repeat ◇ **je te l'ai répété dix fois** I've told you that a dozen times b (pièce) to rehearse; (au piano) to practise; (leçon) to go over 2 **se répéter** vpr (personne) to repeat o.s.; (événement) to be repeated, recur ◆ **répétitif, -ive** repetitive ◆ **répétition** nf repetition; (Théât) rehearsal.

repeuplement [Rəpœpləmɑ̃] nm (région) repopulation; (chasse) restocking; (forêt) replanting ◆ **repeupler** to repopulate; to restock (*de* with); to replant (*de* with).

repiquer [R(ə)pike] 1 vt (plante) to plant out; (disque) to record.

répit [Repi] nm respite ◇ **sans ~** (travailler) continuously; (harceler) relentlessly; **un moment de ~** a breathing space.

replacer [R(ə)plase] 3 vt to replace.

replâtrer [R(ə)plɑtRe] 1 vt (famil: réparer) to patch up.

repli [R(ə)pli] nm (pli) fold; (retrait) withdrawal ◆ **replier** 7 1 vt a (journal) to fold up; (ailes) to fold; (jambes) to tuck up b (troupes) to withdraw 2 **se replier** vpr to withdraw (*sur* to).

réplique [Replik] nf a (réponse) reply, retort ◇ **et pas de ~!** and don't answer back!; **sans ~** irrefutable b (contre-attaque) counter-attack c (Théât) line; (signal) cue d (objet identique) replica ◆ **répliquer** 1 1 vt to reply ◇ **il n'y a rien à ~ à cela** there's no answer to that 2 vi (répondre) to reply; (protester) to protest; (être insolent) to answer back; (contre-attaquer) to counter-attack.

répondant, e [Repɔ̃dɑ̃, ɑ̃t] 1 nm,f guarantor, surety 2 nm ◇ **avoir du ~** to have a lot of money.

répondeur [Repɔ̃dœR] nm ◇ **~ (téléphonique)** (telephone) answering machine; **~ (enregistreur)** recorded message.

répondre [Repɔ̃dR(ə)] 41 1 vt (bêtise etc) to reply with ◇ **il m'a répondu que** he replied that; **bien répondu!** well said! 2 vi a to answer, reply; (au téléphone) to answer the phone ◇ **~ à qn** to reply to sb, answer sb; **il répond au nom de Dick** he answers to the name of Dick; **~ par oui** to reply ou answer yes b (impertinent) to answer back c (commandes, membres) to respond (*à* to) 3 **répondre à** vt indir (besoin, signalement) to answer; (désirs) to meet; (attaque, appel) to respond to; (salut) to return ◇ **les dessins se répondent** the patterns match (each other) 4 **répondre de** vt indir (garantir) to answer ou vouch for ◇ **je vous en réponds!** you can take my word for it!

réponse [Repɔ̃s] nf (gén) answer, reply; (fig) response (*à, de* to) ◇ **avoir ~ à tout** to have an answer for everything; **~ de Normand** evasive answer.

report [R(ə)pɔR] nm (recul) postponement; (transcription) transfer ◇ (en haut de page) '**~**' 'brought forward'.

reportage [R(ə)pɔRtaʒ] nm report (*sur* on); (métier) reporting ◇ **~ en direct** live commentary; **faire le ~ de qch** to cover sth; **le grand ~** the coverage of major international events.

1. **reporter** [R(ə)pɔRte] 1 1 vt a (objet etc) to take back b (différer) to postpone, put off (*à* until) c (transcrire) to transfer; (sur la page suivante) to carry over (*sur* to) 2 **se reporter** vpr ◇ **se ~ à** to refer to; (par la pensée) to think back to.

2. **reporter** [R(ə)pɔRtɛR] nm reporter ◇ **grand ~** international reporter.

repos [R(ə)po] nm a (détente) rest ◇ **prendre du ~** to take ou have a rest; **au ~** at rest; (Mil) **~!** at ease! b ◇ (congé) **jour de ~** day off; **le médecin lui a donné du ~** the doctor has given him some time off c (tranquillité) peace and quiet; (moral) peace of mind; (sommeil, mort) rest, sleep

◇ **pour avoir l'esprit en** ~ to put my mind at rest; **laisse-moi en** ~ leave me in peace; (poursuivre) **sans** ~ relentlessly; **de tout** ~ safe **d** (pause) pause.

reposer [R(ə)poze] 1 **1** vt **a** (objet) to put down again ◇ (Mil) **reposez armes!** order arms! **b** (yeux, corps) to rest ◇ **reposant** restful **c** (question) to ask again; (problème) to raise again **2** **reposer sur** vt indir (bâtiment) to be built on; (supposition) to rest on **3** vi (personne) to rest; (objet) to be lying ◇ **laisser** ~ (liquide) to leave to settle; (pâte) to leave to stand; **faire** ~ **son cheval** to rest one's horse **4** **se reposer** vpr **a** (se délasser) to rest **b** ◇ **se** ~ **sur qn** to rely on sb **c** (problème) to crop up again ✦ **repose-tête**, pl ~-~**s** nm headrest.

repoussant, e [R(ə)pusɑ̃, ɑ̃t] adj repulsive.

repousser [R(ə)puse] 1 **1** vt **a** (objet encombrant, personne) to push away; (ennemi) to drive back; (coups) to ward off; (demande, aide) to turn down; (hypothèse) to reject **b** (remettre en place) to push back **c** (date, réunion) to put off, postpone **d** (dégoûter) to repel, repulse **2** vi (feuilles, cheveux) to grow again.

répréhensible [Repreɑ̃sibl(ə)] adj reprehensible.

reprendre [R(ə)pRɑ̃dR(ə)] 58 **1** vt **a** (gén) to take back; (Comm: contre nouvel achat) to take in part exchange; (firme) to take over; (prisonnier) to recapture; (espoir, forces) to regain ◇ ~ **sa place** (à table) to go back to one's seat; **j'irai** ~ **mon livre** I'll go and get ou fetch my book; **ces articles ne sont pas repris** these goods cannot be returned ou exchanged **b** (pain, viande) to have ou take some more **c** (travaux, récit etc) to resume; (refrain) to take up; (argument) to repeat ◇ **reprenez au début** start from the beginning again; ~ **le travail** to go back to work **d** (saisir à nouveau) (gén) to catch again ◇ **son rhume l'a repris** he's suffering from a cold again; **ça le reprend!** there he goes again!; **que je ne t'y reprenne pas!** don't let me catch you doing that again! **e** (modifier) to alter **f** (réprimander) to reprimand; (corriger) to correct **2** vi **a** (plante) to take again; (affaires) to pick up **b** (recommencer) to start again **c** ◇ (dire) **'ce n'est pas moi' reprit-il** 'it's not me' he went on **3** **se reprendre** vpr (se corriger) to correct o.s.; (s'interrompre) to stop o.s.; (réagir) to pull o.s. together ◇ (recommencer) **se** ~ **à plusieurs fois pour faire qch** to make several attempts to do sth.

représailles [R(ə)pRezaj] nfpl reprisals ◇ **en** ~ in retaliation (*de* for).

représentant, e [R(ə)pRezɑ̃tɑ̃, ɑ̃t] nm,f representative ✦ **représentatif, -ive** adj representative (*de* of) ✦ **représentation** nf (gén) representation; (Théât) performance ◇ (Comm) **faire de la** ~ to be a sales representative; **frais de** ~ entertainment allowance ✦ **représenter** 1 **1** vt (gén) to represent; (Théât) to perform; (peintre etc: montrer) to show ◇ **se faire** ~ **par qn** to be represented by sb **2** **se représenter** vpr **a** (s'imaginer) to imagine **b** (situation etc) to occur again ◇ **se** ~ **à un examen** to resit an exam.

répressif, -ive [RepResif, iv] adj repressive ✦ **répression** nf repression.

réprimande [RepRimɑ̃d] nf reprimand ✦ **réprimander** 1 vt to reprimand.

réprimer [RepRime] 1 vt (gén) to suppress; (insurrection) to quell; (colère) to hold back.

repris de justice [R(ə)pRidʒystis] nm inv ex-prisoner, ex-convict.

reprise [R(ə)pRiz] nf **a** (activité) resumption; (hostilités) renewal; (Théât) revival; (rediffusion) repeat ◇ **les ouvriers ont décidé la** ~ **du travail** the men have decided to go back ou return to work; ~ **économique** economic revival ou recovery **b** ◇ (Aut) **avoir de bonnes** ~**s** to have good acceleration **c** (Boxe) round **d** (Comm) (marchandise) taking back; (pour nouvel achat) part exchange **e** (chaussette) darn; (drap) mend **f** ◇ **à plusieurs** ~**s** on several occasions, several times.

repriser [R(ə)pRize] 1 vt (lainage) to darn; (drap, accroc) to mend.

réprobateur, -trice [RepRɔbatœR, tRis] adj reproving ✦ **réprobation** nf reprobation.

reproche [R(ə)pRɔʃ] nm reproach ◇ **faire des** ~**s à qn** to reproach sb; **ton de** ~ reproachful tone ✦ **reprocher** 1 vt ◇ ~ **qch à qn** to reproach sb for sth; **qu'as-tu à** ~ **à ce tableau?** what have you got against this picture?; **il n'y a rien à** ~ **à cela** there's nothing wrong with that.

reproducteur, -trice [R(ə)pRɔdyktœR, tRis] adj reproductive ✦ **reproduction** nf reproduction ✦ **reproduire** 38 **1** vt (gén) to reproduce; (modèle) to copy; (erreur) to repeat **2** **se reproduire** vpr (être vivant) to reproduce; (phénomène) to recur.

réprouver [RepRuve] 1 vt (personne) to reprove; (action) to condemn; (projet) to disapprove of.

reptile [Rɛptil] nm reptile.

repu, e [Rəpy] adj (animal) satisfied ◇ **je suis** ~ I'm full, I've eaten my fill.

républicain, e [Repyblikɛ̃, ɛn] adj, nm,f republican ✦ **république** nf republic.

répudiation [Repydjasjɔ̃] nf (conjoint) repudiation; (engagement) renouncement ✦ **répudier** 7 vt to repudiate; to renounce.

répugnance [ʀepyɲɑ̃s] nf (répulsion) repugnance (*pour* for); loathing (*pour* of); (hésitation) reluctance (*à faire* to do) ◇ **avec** ~ reluctantly ◆ **répugnant, e** adj revolting ◆ **répugner à** [1] vt indir ◇ **ça me répugne** I am repelled by it; (hésiter) ~ **à faire qch** to be reluctant to do sth.

répulsion [ʀepylsjɔ̃] nf repulsion.

réputation [ʀepytasjɔ̃] nf reputation ◇ **avoir la** ~ **de faire** to have a reputation for doing ◆ **réputé, e** adj (célèbre) renowned, famous (*pour* for) ◇ (prétendu) ~ **infaillible** reputed to be infallible.

requérir [ʀəkeʀiʀ] [21] vt (exiger) to require; (solliciter) to request; (Jur: peine) to call for.

requête [ʀəkɛt] nf petition ◇ **à la** ~ **de qn** at sb's request.

requiem [ʀekɥijɛm] nm inv requiem.

requin [ʀ(ə)kɛ̃] nm (Zool, fig) shark.

requis, e [ʀəki, iz] adj (conditions) requisite, required.

réquisition [ʀekizisjɔ̃] nf requisition ◆ **réquisitionner** [1] vt to requisition.

réquisitoire [ʀekizitwaʀ] nm (plaidoirie) closing speech for the prosecution.

RER [ɛʀəɛʀ] nm abrév de *réseau express régional: Greater Paris high-speed train service.*

rescapé, e [ʀɛskape] **1** adj surviving **2** nm,f survivor (*de* of).

rescousse [ʀɛskus] nf ◇ **venir à la** ~ to come to the rescue; **appeler qn à la** ~ to call on sb for help.

réseau, pl ~**x** [ʀezo] nm network.

réservation [ʀezɛʀvasjɔ̃] nf reservation.

réserve [ʀezɛʀv(ə)] nf **a** (provisions) reserve; (stock) stock ◇ **avoir qch en** ~ (gén) to have sth in reserve; (Comm) to have sth in stock; **armée de** ~ reserve army **b** (restriction) reservation, reserve ◇ **sous toutes** ~**s** with all reserve; **sous** ~ **de** subject to; **sans** ~ (admiration) unreserved **c** (discrétion) reserve **d** (territoire) (nature, animaux) reserve; (Indiens) reservation ◇ ~ **de pêche** fishing preserve; ~ **naturelle** nature reserve **e** (entrepôt) storehouse, storeroom.

réserver [ʀezɛʀve] [1] **1** vt **a** (à part) to reserve, save; (marchandises) to put aside (*à, pour* for); (place, table) to book, reserve; (accueil, destin) to have in store, reserve (*à* for) **b** (réponse, opinion) to reserve **2** **se réserver** vpr ◇ **se** ~ **pour plus tard** to save ou reserve o.s. for later; **se** ~ **le droit de faire** to reserve the right to do ◆ **réservé, e** adj (gén) reserved; (prudent) cautious ◇ **pêche** ~**e** private fishing.

réserviste [ʀezɛʀvist(ə)] nm reservist.

réservoir [ʀezɛʀvwaʀ] nm (cuve) tank; (lac) reservoir.

résidence [ʀezidɑ̃s] nf residence ◇ **en** ~ **surveillée** under house arrest; ~ **principale** main home; ~ **secondaire** second home; ~ **universitaire** hall(s) of residence, residence hall (US), dormitory (US) ◆ **résident, e** nm,f foreign national ou resident ◆ **résidentiel, -ielle** adj residential ◆ **résider** [1] vi to reside.

résidu [ʀezidy] nm ◇ ~**(s)** residue.

résignation [ʀeziɲasjɔ̃] nf resignation ◆ **se résigner** [1] vpr to resign o.s. (*à* to).

résiliation [ʀeziljasjɔ̃] nf (contrat) termination ◆ **résilier** [7] vt to terminate.

résille [ʀezij] nf (filet) net.

résine [ʀezin] nf resin.

résistance [ʀezistɑ̃s] nf **a** resistance (*à* to) ◇ **je sentis une** ~ I felt some resistance **b** (Élec) (mesure) resistance; (radiateur) element ◆ **resistant, e** **1** adj (personne) tough; (plante) hardy; (tissu, métal) strong ◇ ~ **à la chaleur** heat-resistant **2** nm,f (Hist) Resistance worker ◆ **résister à** [1] vt indir (gén) to resist; (fatigue, douleur) to withstand; (attaque) to hold out against ◇ **le plancher ne pourra pas** ~ **au poids** the floor won't support ou take the weight; **couleur qui résiste au lavage** colour which is fast in the wash; **ça ne résiste pas à l'analyse** it does not stand up to analysis.

résolu, e [ʀezɔly] adj resolute ◇ ~ **à faire** resolved ou determined to do ◆ **résolument** adv resolutely ◆ **résolution** nf resolution ◇ **prendre la** ~ **de faire** to make a resolution to do.

résonance [ʀezɔnɑ̃s] nf resonance ◆ **résonner** [1] vi (son, objet) to resound; (salle) to be resonant ◇ **ça résonne** the noise resonates; ~ **de** to resound with.

résorber [ʀezɔʀbe] [1] **1** vt (Méd) to resorb; (chômage) to reduce; (surplus) to absorb **2** **se résorber** vpr to be resorbed; to be reduced; to be absorbed ◆ **résorption** nf resorption; reduction (*de* in); absorption.

résoudre [ʀezudʀ(ə)] [51] vt **a** (problème etc) to solve; (difficultés) to resolve, sort out **b** ◇ ~ **de faire** to decide ou resolve to do; ~ **qn à faire** to induce sb to do; **se** ~ **à faire** (se décider) to resolve ou decide to do; (se résigner) to bring o.s. to do.

respect [ʀɛspɛ] nm respect (*de* for) ◇ **présentez mes** ~**s à votre femme** give my regards to your wife; **tenir qn en** ~ to keep sb at a respectful distance ◆ **respectabilité** nf respectability ◆ **respectable** adj respectable ◆ **respecter** [1] vt to respect, have respect for ◇ **se faire** ~ to be respected (*par* by); ~ **l'ordre alphabétique** to keep things in alphabetical order; **faire** ~ **la loi** to enforce the law; **le professeur qui se respecte** any self-respecting teacher.

respectif, -ive [rɛspɛktif, iv] adj respective ◆ **respectivement** adv respectively.

respectueux, -euse [rɛspɛktɥø, øz] adj respectful (*envers* to; *de* of) ◆ **respectueusement** adv respectfully.

respirable [rɛspirabl(ə)] adj breathable ◆ **respiration** nf (fonction) breathing; (souffle) breath ◆ **respiratoire** adj breathing, respiratory ◆ **respirer** 1 **1** vi to breathe; (fig: se détendre) to get one's breath; (se rassurer) to breathe again **2** vt to breathe in, inhale; (calme, bonheur) to radiate.

resplendir [rɛsplɑ̃dir] 2 vi to shine ◆ **resplendissant, e** adj radiant.

responsabiliser [rɛspɔ̃sabilize] 1 vt ◇ ~ **qn** to make sb aware of his responsibilities ◆ **responsabilité** nf responsibility (*de* for) ◇ **avoir la ~ de qch** to be responsible for sth; ~ **civile** civil liability ◆ **responsable** **1** adj (gén) responsible (*de* for) ◇ (chargé de) ~ **de** in charge of **2** nmf (coupable) person responsible ou who is to blame; (chef) person in charge; (parti, syndicat) official.

resquiller [rɛskije] 1 vi (dans l'autobus) to sneak a free ride; (dans la queue) to jump the queue.

ressaisir (se) [r(ə)seziʀ] 2 vpr to regain one's self-control.

ressasser [r(ə)sase] 1 vt (pensées) to keep turning over; (conseil) to keep trotting out.

ressemblance [r(ə)sɑ̃blɑ̃s] nf (visuelle) resemblance, likeness; (de composition) similarity ◆ **ressemblant, e** adj (photo) lifelike ◆ **ressembler** 1 **1 ressembler à** vt indir to resemble, look like ◇ **à quoi ça ressemble de crier comme ça!** [famil] what do you mean by shouting like that! **2 se ressembler** vpr to look alike, resemble each other.

ressemeler [r(ə)səmle] 4 vt to resole.

ressentiment [r(ə)sɑ̃timɑ̃] nm resentment.

ressentir [r(ə)sɑ̃tiʀ] 16 vt (gén) to feel; (sensation) to experience ◇ (travail etc) **se ~ de qch** to show the effects of sth.

resserre [r(ə)sɛʀ] nf (cabane) shed.

resserrer [r(ə)seʀe] 1 **1** vt (gén) to tighten; (crédits) to squeeze **2 se resserrer** vpr (étreinte) to tighten; (groupe) to draw in; (mâchoire) to close; (vallée) to narrow.

resservir [r(ə)sɛʀviʀ] 14 **1** vt (plat) to serve again (*à* to) **2** vi (vêtement) to serve again **3 se resservir** vpr (dîneur) to help o.s. again (*de* to) ◇ **se ~ de** (outil) to use again.

ressort [r(ə)sɔʀ] nm (objet) spring; (fig: énergie) spirit; (juridiction) jurisdiction; (compétence) competence ◇ **ce n'est pas de mon ~** this is not my responsibility.

ressortir [r(ə)sɔʀtiʀ] 2 **1** vi **a** (personne) to go out again; (objet) to come out again **b** (en relief) to stand out ◇ **faire ~ qch** to bring out sth **2 ressortir de** vt indir (résulter) to emerge from **3** vt (vêtement) to bring out again; (film) to re-release.

ressortissant, e [r(ə)sɔʀtisɑ̃, ɑ̃t] nm,f national.

ressource [r(ə)suʀs(ə)] nf **a** ◇ **~s** resources; ~ **financières** means; **à bout de ~s** at the end of one's resources **b** (recours) possibility (*de faire* of doing) **c** ◇ **avoir de la ~** to have strength in reserve ◆ **se ressourcer** 3 vpr to refresh one's ideas.

ressouvenir (se) [r(ə)suvniʀ] 22 vpr ◇ **se ~ de** to remember, recall.

ressusciter [resysite] 1 vi (Rel) to rise (from the dead); (fig) to revive.

restant, e [rɛstɑ̃, ɑ̃t] **1** adj remaining **2** nm ◇ **le ~** the rest, the remainder; **un ~ de tissu** etc some left-over material etc.

restaurant [rɛstɔʀɑ̃] nm restaurant; (cantine) canteen ◇ ~ **d'entreprise** staff canteen.

restaurateur, -trice [rɛstɔʀatœʀ, tʀis] nm,f restaurant owner ◆ **restauration** nf **a** (Art, Pol) restoration **b** (hôtellerie) catering ◇ **la ~ rapide** the fast-food industry ◆ **restaurer** 1 **1** vt to restore **2 se restaurer** vpr to have sth to eat.

reste [rɛst(ə)] nm **a** ◇ **le ~** the rest; **il y a un ~ de fromage** there's some cheese left over; **un ~ de tendresse** a remnant of tenderness **b** ◇ **les ~s** (nourriture) the left-overs; (cadavre) the remains; **les ~s de** the remains of, what is left of **c** (Math: différence) remainder **d** ◇ **avoir de l'argent de ~** to have money left over ou to spare; **il ne voulait pas être en ~ avec eux** he didn't want to be indebted to them; **au ~, du ~** besides, moreover; **partir sans demander son ~** to leave without further ado.

rester [rɛste] 1 **1** vi **a** (gén) to stay, remain (*à faire* doing) ◇ ~ **à dîner** to stay for ou to dinner; **un os lui est resté dans la gorge** a bone got stuck in his throat; **ça reste entre nous** we shall keep this to ourselves; **il ne peut pas ~ en place** he can't keep still; ~ **debout** to remain standing; (ne pas se coucher) to stay up; **je suis resté assis toute la journée** I spent the whole day sitting **b** (subsister) to be left, remain ◇ **rien ne reste de l'ancien château** nothing is left ou remains of the old castle; **l'argent qui leur reste** the money they have left **c** (sentiments, œuvre: durer) to last, live on ◇ **le surnom lui est resté** the nickname stuck **d** ◇ ~ **sur une impression** to retain an impression; **je suis resté sur ma faim** I was left unsatisfied; **ça m'est resté sur le cœur** I still feel sore about it [famil] **e** ◇ **ils en sont restés là** they have got no further than that; **où en étions-nous restés?** where did we leave off? **f** ◇ (famil: mourir) **y** ~ to meet one's end **2** vb impers ◇ **il reste un peu de pain** there's a little bread left; **il me reste à faire ceci** I still have this to do; **il ne me reste qu'à vous remercier** it only remains for me to thank you; **il restait à faire 50 km** there were 50 km still to go; **il n'en reste pas moins que** the fact remains that.

restituer [ʀɛstitɥe] [1] vt (objet) to return, restore; (énergie) to release; (sons) to reproduce ✦ **restitution** nf return, restoration; release; reproduction.

restreindre [ʀɛstʀɛ̃dʀ(ə)] [52] **1** vt (gén) to restrict; (dépenses) to cut down **2** **se restreindre** vpr (gén) to decrease; (champ d'action) to narrow; (dans ses dépenses) to cut down ✦ **restreint, e** adj restricted (*à* to).

restrictif, -ive [ʀɛstʀiktif, iv] adj restrictive ✦ **restriction** nf (limitation) restriction; (condition) qualification ◇ ~ **mentale** mental reservation.

restructurer [ʀəstʀyktyʀe] [1] vt to restructure.

résultat [ʀezylta] nm result ✦ **résulter** [1] vi to result (*de* from) ◇ **il en résulte que** the result is that.

résumé [ʀezyme] nm summary ◇ **en** ~ (en bref) in short; (pour conclure) to sum up ✦ **résumer** [1] **1** vt (abréger) to summarize; (récapituler) to sum up **2** **se résumer** vpr ◇ **se** ~ **à** to amount to, come down to.

resurgir [ʀ(ə)syʀʒiʀ] [2] vi to reappear.

résurrection [ʀezyʀɛksjɔ̃] nf (Rel) resurrection; (fig) revival.

rétablir [ʀetabliʀ] [2] **1** vt (gén) to restore; (vérité) to re-establish ◇ (guérir) ~ **qn** to restore sb to health **2** **se rétablir** vpr (malade) to recover; (calme) to return ✦ **rétablissement** nm (action) restoring; (guérison) recovery ◇ (Sport) **faire un** ~ to do a pull-up (onto a ledge etc).

retaper [ʀ(ə)tape] [1] [famil] **1** vt (maison) to do up; (lit) to straighten; (malade) to buck up [famil] **2** **se retaper** vpr (guérir) to get back on one's feet.

retard [ʀ(ə)taʀ] nm **a** (personne attendue) lateness ◇ **être en** ~ to be late; **vous avez 2 heures de** ~ you're 2 hours late; **après plusieurs** ~**s** after being late several times **b** (train etc) delay ◇ **en** ~ **sur l'horaire** behind schedule; **cette montre a du** ~ this watch is slow; **prendre un** ~ **de 3 minutes par jour** to lose 3 minutes a day; **il est toujours en** ~ **sur les autres** he is always behind the others; **j'ai du courrier en** ~ I'm behind with my mail; **il doit combler son** ~ **en anglais** he has to make up for the ground he has lost in English **c** (peuple, pays) backwardness ◇ **il est en** ~ **pour son âge** he's backward for his age; **être en** ~ **sur son temps** to be behind the times ✦ **retardataire** **1** adj (arrivant) late; (théorie) old-fashioned **2** nmf latecomer ✦ **retardé, e** adj (enfant) backward ✦ **retardement** nm ◇ **dispositif à** ~ delayed action mechanism.

retarder [ʀ(ə)taʀde] [1] **1** vt (gén) to delay; (programme, automobiliste) to hold up; (date etc: reculer) to put back ◇ **ne te retarde pas** don't make yourself late; ~ **son départ d'une heure** to put back one's departure by an hour; ~ **l'horloge d'une heure** to put the clock back an hour **2** vi (montre) to be slow ◇ **je retarde de 10 minutes** I'm 10 minutes slow; ~ **(sur son époque)** to be behind the times.

retenir [ʀətniʀ] [22] **1** vt **a** (personne qui tombe, cri, colère) to hold back; (cheval, chien) to check ◇ ~ **qn de faire** to keep sb from doing, stop sb doing; ~ **son souffle** to hold one's breath; ~ **qn à dîner** to have sb stay for dinner, keep sb for dinner; **j'ai été retenu** I was detained; ~ **qn prisonnier** to hold sb prisoner **b** (humidité, chaleur) to retain **c** (fixer: clou, nœud etc) to hold ◇ (fig) ~ **l'attention de qn** to hold sb's attention **d** (réserver: place, table) to book, reserve **e** (se souvenir de) (leçon, nom) to remember; (impression) to retain **f** (déduire) (gén) to deduct; (salaire) to stop, withhold ◇ **je pose 4 et je retiens 2** put down 4 and carry 2 **g** (accepter: proposition) to accept **2** **se retenir** vpr (s'accrocher) to hold o.s. back; (se contenir) to restrain o.s. ◇ **se** ~ **de pleurer** to stop o.s. crying; **se** ~ **à qch** to hold ou cling on to sth.

rétention [ʀetɑ̃sjɔ̃] nf retention.

retentir [ʀ(ə)tɑ̃tiʀ] [2] vi to ring (*de* with) ✦ **retentissant, e** adj (voix) ringing; (bruit, succès) resounding; (scandale) tremendous ✦ **retentissement** nm (effet) stir, effect ◇ (répercussions) ~**s** repercussions.

retenue [ʀətny] nf **a** (prélèvement) deduction **b** (modération) self-control, restraint; (réserve) reserve ◇ **sans** ~ without restraint **c** ◇ (Math) **n'oublie pas la** ~ don't forget what to carry over **d** ◇ (Scol) **être en** ~ to be in detention.

réticence [ʀetisɑ̃s] nf reluctance ◇ ~**s** hesitations, reservations; **avec** ~ reluctantly ✦ **réticent, e** adj hesitant, reluctant.

rétif, ive [ʀetif, iv] adj restive.

rétine [ʀetin] nf retina.

retirer [ʀ(ə)tiʀe] [1] **1** vt **a** (manteau etc) to take off, remove; (candidature, plainte) to withdraw; (bouchon) to pull ou take out ◇ **il retira sa main** he took away ou removed ou withdrew his hand; ~ **qch à qn** to take sth away from sb; **je retire ce que j'ai dit** I take back what I said; **retire-lui ses chaussures** take his shoes off for him; ~ **la clef de la serrure** to take the key out of the lock **b** (bagages, billets) to collect, pick up; (argent en dépôt) to withdraw, take out **c** (avantages) to get, gain, derive **d** (minerai, huile) to obtain **2** **se retirer** vpr (gén) to withdraw (*de* from); (se coucher) to retire; (marée) to recede ◆ **retiré, e** adj (lieu) remote, out-of-the-way; (vie) secluded ◇ ~ **des affaires** retired from business.

retombée [ʀ(ə)tɔ̃be] nf (invention etc) spin-off ◇ ~**s** (bombe, scandale) fallout.

retomber [ʀ(ə)tɔ̃be] 1 vi (gén) to fall again; (chose lancée) to come down; (conversation, intérêt) to fall away; (cheveux, rideaux) to fall, hang (*sur* onto) ◇ ~ **sur ses pieds** to fall ou land on one's feet; ~ **dans l'erreur** to lapse into error.

rétorquer [ʀetɔʀke] 1 vt to retort.

rétorsion [ʀetɔʀsjɔ̃] nf retaliation.

retouche [ʀ(ə)tuʃ] nf alteration ◆ **retoucher** 1 vt (gén) to touch again; (modifier) to alter; (photo) to touch up.

retour [ʀ(ə)tuʀ] nm return ◇ (Tech) ~ **chariot** carriage return; ~ **à l'envoyeur** return to sender; **en** ~ in return; **par** ~ **du courrier** by return of post; **sur le chemin du** ~ on the way back; **à leur** ~ when they got back; **de** ~ **à la maison** back home; ~ **d'âge** change of life.

retournement [ʀ(ə)tuʀnəmɑ̃] nm (situation) reversal (*de* of).

retourner [ʀ(ə)tuʀne] 1 **1** vt (matelas, terre etc) to turn over; (sac, gant) to turn inside out; (argument) to turn back (*contre* against); (compliment, critique) to return; (marchandise, lettre) to return, send back; (bouleverser: maison) to turn upside down ◇ ~ **la situation** to reverse the situation; ~ **le couteau dans la plaie** to twist the knife in the wound; (fig) ~ **sa veste** to turn one's coat; **ce spectacle m'a retourné** [famil] the sight of this shook me ou gave me quite a turn [famil] **2** vi to return, go back (*à, chez* to) **3** vb impers ◇ **sais-tu de quoi il retourne?** do you know what is going on? **4** **se retourner** vpr (personne) to turn round; (pour regarder) to look back; (personne couchée) to turn over; (véhicule) to overturn ◇ **se** ~ **dans son lit** to toss and turn in bed; (fig) **laissez-lui le temps de se** ~ give him time to sort himself out; **se** ~ **contre qn** (personne) to turn against sb; (situation) to backfire on sb, rebound on sb; (partir) **s'en** ~ to go back.

retracer [ʀ(ə)tʀase] 3 vt (histoire) to retrace.

rétracter (se) [ʀetʀakte] 1 vpr to retract.

retrait [ʀ(ə)tʀɛ] nm **a** (gén) withdrawal; (eaux) retreat; (bagages) collection ◇ ~ **du permis de conduire** disqualification from driving **b** ◇ **situé en** ~ set back (*de* from); **se tenant en** ~ standing back; (fig) **rester en** ~ to stand aside.

retraite [ʀ(ə)tʀɛt] nf **a** (fuite) retreat ◇ ~ **aux flambeaux** torchlight tattoo **b** (travailleur) retirement; (pension) retirement pension ◇ **être en** ~ to be retired ou in retirement; **mettre qn à la** ~ to pension sb off; **prendre sa** ~ to retire **c** (refuge) retreat; (animal) lair; (voleurs) hideout ◆ **retraité, e** **1** adj retired **2** nm,f old age pensioner.

retraitement [ʀ(ə)tʀɛtmɑ̃] nm reprocessing ◇ **usine de** ~ **des déchets nucléaires** nuclear reprocessing plant ◆ **retraiter** 1 vt to reprocess.

retranchement [ʀ(ə)tʀɑ̃ʃmɑ̃] nm (Mil) entrenchment ◇ (fig) **poursuivre qn jusque dans ses derniers** ~**s** to drive sb into a corner.

retrancher [ʀ(ə)tʀɑ̃ʃe] 1 **1** vt (quantité) to subtract; (argent) to deduct; (mot) to take out, remove (*de* from) **2** **se retrancher** vpr ◇ **se** ~ (Mil) to entrench o.s.; (fig) to take refuge (*derrière* behind).

retransmettre [ʀ(ə)tʀɑ̃smɛtʀ(ə)] 56 vt to broadcast ◆ **retransmission** nf broadcast.

rétrécir [ʀetʀesiʀ] 2 **1** vt (gén) to make smaller ou narrower; (vêtement) to take in **2** vi, **se rétrécir** vpr (gén) to get smaller ou narrower; (tissu) to shrink ◆ **rétrécissement** nm (tricot) shrinkage; (vallée) narrowing.

rétribuer [ʀetʀibɥe] 1 vt to pay ◆ **rétribution** nf payment.

rétro [ʀetʀo] **1** adj inv ◇ **la mode** ~ the pre-1940s fashions **2** nm ◇ **le** ~ the pre-1940s style.

rétroactif, -ive [ʀetʀɔaktif, iv] adj (Jur) retroactive ◆ **rétroactivité** nf retroactivity.

rétrofusée [ʀetʀɔfyze] nf retrorocket.

rétrograde [ʀetʀɔgʀad] adj retrograde.

rétrograder [ʀetʀɔgʀade] 1 **1** vi to move back; (Aut: vitesses) to change down **2** vt (fonctionnaire) to demote, downgrade.

rétroprojecteur [ʀetʀɔpʀɔʒɛktœʀ] nm overhead projector.

rétrospectif, -ive [ʀetʀɔspɛktif, iv] adj, nf retrospective ◆ **rétrospectivement** adv in retrospect.

retrousser [ʀ(ə)tʀuse] 1 vt (jupe) to hitch up; (manche) to roll up; (lèvres) to curl up ◆ **retroussé, e** adj (nez) turned-up.

retrouvailles [ʀ(ə)tʀuvaj] nfpl reunion.

retrouver [ʀ(ə)tʀuve] 1 **1** vt (gén) to find (again); (personne) to meet again; (santé, calme) to regain; (nom, date) to think of, remember **2** **se retrouver** vpr (personne) to meet (again) ◇ **il s'est retrouvé dans le fossé** he ended up in the ditch; **s'y** ~ (trouver son chemin) to find one's way; (famil: rentrer dans ses frais) to break even; (famil: tirer un profit) to make a profit.

rétroviseur [ʀetʀɔvizœʀ] nm rear-view mirror.

réunification [reynifikasjɔ̃] nf reunification ◆ **réunifier** [7] vt to reunify.

Réunion [reynjɔ̃] nf ◇ **(l'île de) la ~** Réunion Island.

réunion [reynjɔ̃] nf (action) collection, gathering; (séance) meeting ◇ ~ **cycliste** cycle rally; ~ **de famille** family gathering ◆ **réunir** [2] **1** vt (gén) to gather, collect; (fonds) to raise; (tendances, styles) to combine; (membres d'un parti) to call together; (amis, famille) to entertain; (couloirs, fils) to join, link **2** **se réunir** vpr (se rencontrer) to meet, get together [famil]; (s'unir) to unite ◇ **réunis** (pris ensemble) put together; (Comm: associés) associated.

réussir [reysiʀ] [2] **1** vi (gén) to succeed, be a success, be successful; (à un examen) to pass ◇ **tout lui réussit** everything works for him; **cela ne lui a pas réussi** that didn't do him any good; **il a réussi à son examen** he passed his exam; ~ **à faire** to succeed in doing, manage to do; (climat, aliment) ~ **à qn** to agree with sb **2** vt (plat etc) to make a success of ◇ ~ **son coup** [famil] to pull it off [famil] ◆ **réussi, e** adj successful ◆ **réussite** nf (succès) success ◇ (Cartes) **faire des ~s** to play patience.

réutiliser [reytilize] [1] vt to re-use.

revaloir [ʀ(ə)valwaʀ] [29] vt ◇ **je te revaudrai ça** (hostile) I'll pay you back for this; (reconnaissant) I'll repay you some day.

revaloriser [ʀ(ə)valɔʀize] [1] vt (monnaie) to revalue; (salaire) to raise.

revanche [ʀ(ə)vɑ̃ʃ] nf revenge; (Sport) return match ◇ **en ~** on the other hand.

rêvasser [ʀɛvase] [1] vi to daydream.

rêve [ʀɛv] nm dream; (éveillé) daydream ◇ **faire des ~s** to dream, have dreams; **voiture de ~** dream car; **ça, c'est le ~** [famil] that would be ideal.

revêche [ʀəvɛʃ] adj surly, sour-tempered.

réveil [ʀevɛj] nm (action) awakening; (pendule) alarm-clock ◇ **dès le ~** as soon as he's awake ◆ **réveillé, e** adj awake ◇ **à moitié ~** half awake ◆ **réveille-matin** nm inv alarm clock ◆ **réveiller** [1] **1** vt (dormeur) to wake up, waken; (sentiment) to rouse **2** **se réveiller** vpr (dormeur) to wake up, awake; (sentiment) to be roused; (douleur, souvenir) to return; (nature) to reawaken.

réveillon [ʀevɛjɔ̃] nm Christmas Eve ou New Year's Eve dinner ◆ **réveillonner** [1] vi to celebrate Christmas ou New Year's Eve *(with a dinner and a party)*.

révélateur, -trice [ʀevelatœʀ, tʀis] **1** adj (indice) revealing **2** nm (Phot) developer ◆ **révélation** nf (gén) revelation; (jeune auteur) discovery ◆ **révéler** [6] **1** vt (gén) to reveal; (sentiments) to show **2** **se révéler** vpr to reveal itself; (artiste) to show one's talent ◇ **se ~ cruel** to show o.s. cruel; **se ~ difficile** to prove difficult.

revenant, e [ʀəvnɑ̃, ɑ̃t] nm,f ghost.

revendeur, -euse [ʀ(ə)vɑ̃dœʀ, øz] nm,f retailer; (d'occasion) secondhand dealer.

revendicatif, -ive [ʀ(ə)vɑ̃dikatif, iv] adj (mouvement etc) of protest ◆ **revendication** nf (action) claiming; (demande) claim, demand ◆ **revendiquer** [1] vt (gén) to claim; (attentat) to claim responsibility for.

revendre [ʀ(ə)vɑ̃dʀ(ə)] [41] vt to resell ◇ (fig) **avoir qch à ~** to have plenty of sth.

revenir [ʀəvniʀ] [22] **1** vi **a** (repasser) to come back, come again; (être de retour) to come back, return ◇ ~ **chez soi** to come back ou return home; **je reviens dans un instant** I'll be back in a minute **b** ◇ ~ **à** (études) to go back to, return to; **revenons à nos moutons** let's get back to the subject; **il n'y a pas à y ~** there's no going back on it; ~ **en arrière** to go back **c** ◇ (équivaloir) ~ **à** to come down to, amount to; **ça revient cher** it's expensive; **à combien est-ce que cela va vous ~?** how much will that cost you? **d** ◇ ~ **à qn** (souvenir, appétit) to come back to sb; (honneur) to fall to sb; (héritage, somme d'argent) to come to sb; **il a une tête qui ne me revient pas** I don't like the look of him; **tout le mérite vous revient** the credit is all yours; **il lui revient de décider** it's up to him to decide **e** ◇ ~ **sur** (passé, problème) to go back over; (promesse) to go back on **f** ◇ ~ **de** (maladie, surprise) to get over; (illusions) to shake off; **il revient de loin** it's a miracle he's still with us; **je n'en reviens pas!** I can't get over it! **g** ◇ ~ **à soi** to come round **h** ◇ (Culin) **faire ~** to brown **2** **s'en revenir** vpr to come back *(de* from).

revente [ʀ(ə)vɑ̃t] nf resale.

revenu [ʀəvny] nm (fortune) income; (profit) yield, revenue *(de* from, on).

rêver [ʀeve] [1] **1** vi to dream *(de* of); (rêvasser) to daydream ◇ (espérer) ~ **de réussir** to long to succeed **2** vt to dream; (imaginer) to dream up ◆ **rêvé, e** adj ideal, perfect.

réverbération [ʀevɛʀbeʀasjɔ̃] nf reverberation.

réverbère [ʀevɛʀbɛʀ] nm street lamp.

révérence [ʀeveʀɑ̃s] nf **a** (homme) bow; (femme) curtsey ◇ **faire une ~** to bow [famil]; to curtsey *(à qn* to sb) **b** (respect) reverence *(envers* for) ◆ **révérencieux, -ieuse** adj reverent.

révérend, e [ʀeveʀɑ̃, ɑ̃d] adj, nm reverend.

rêverie [ʀɛvʀi] nf (état) daydreaming; (rêve) daydream.

revérifier [ʀ(ə)veʀifje] [7] vt to double-check.

revers [ʀ(ə)vɛʀ] nm **a** (main) back; (étoffe) wrong side; (col de veste) lapel; (médaille) reverse side ◇ **prendre l'ennemi à ~** to take the enemy from the rear; (fig) **c'est le ~ de la médaille** that's the other side of the coin **b** (Tennis) backhand **c** (coup du sort) reverse, setback.

réversible [ʀevɛʀsibl(ə)] adj reversible; (Jur) revertible (*sur* to) ◆ **réversion** nf reversion.

revêtement [ʀ(ə)vɛtmɑ̃] nm (route) surface; (mur extérieur) facing; (mur intérieur) covering; (sol) flooring ◆ **revêtir** 20 vt **a** (couvrir) to cover (*de* with) **b** (habit) to put on ◇ **revêtu de** wearing, dressed in **c** (importance, forme) to assume **d** ◇ **~ un document de sa signature** to append one's signature to a document.

rêveur, -euse [ʀɛvœʀ, øz] **1** adj (air) dreamy ◇ **ça laisse ~** [famil] the mind boggles [famil] **2** nm,f dreamer.

revigorer [ʀ(ə)vigɔʀe] 1 vt to revive.

revirement [ʀ(ə)viʀmɑ̃] nm (abrupt) change (*de* in).

réviser [ʀevize] 1 vt (procès, opinion) to review; (leçons, manuscrit) to revise; (moteur) to overhaul, service ◆ **révision** nf review; revision; service.

revivre [ʀəvivʀ(ə)] 46 **1** vi (ressuscité) to live again; (revigoré) to come alive again ◇ **faire ~** to revive **2** vt to relive.

révocation [ʀevɔkɑsjɔ̃] nf (fonctionnaire) dismissal; (contrat) revocation.

revoir [ʀ(ə)vwaʀ] 30 vt **a** to see again ◇ **au ~** goodbye; **dire au ~ à qn** to say goodbye to sb **b** (réviser) to revise.

révoltant, e [ʀevɔltɑ̃, ɑ̃t] adj revolting, outrageous ◆ **révolte** nf revolt ◆ **révolté, e** **1** adj (mutiné) rebellious; (outré) outraged **2** nm,f rebel ◆ **révolter** 1 **1** vt to revolt, outrage **2** **se révolter** vpr to revolt (*contre* against).

révolu, e [ʀevɔly] adj past ◇ **âgé de 20 ans ~s** over 20 years of age; **après deux ans ~s** when two full years have passed.

révolution [ʀevɔlysjɔ̃] nf revolution ◇ (rue) **être en ~** to be in an uproar ◆ **révolutionnaire** adj, nmf revolutionary ◆ **révolutionner** 1 vt to revolutionize.

revolver [ʀevɔlvɛʀ] nm gun, revolver.

révoquer [ʀevɔke] 1 vt (fonctionnaire) to dismiss; (contrat) to revoke.

revue [ʀ(ə)vy] nf **a** (examen) review ◇ **~ de presse** review of the press; **passer en ~** to review **b** (magazine) magazine; (spécialisée) journal; (érudite) review **c** (spectacle) variety show.

révulser (se) [ʀevylse] 1 vpr (visage) to contort; (yeux) to roll upwards.

rez-de-chaussée [ʀedʃose] nm inv ground floor, first floor (US).

RFA [ɛʀɛfa] nf abrév de *République fédérale d'Allemagne* FRG.

rhabiller [ʀabije] 1 vt ◇ **~ qn** to dress sb again; **se ~** to put one's clothes back on.

rhapsodie [ʀapsɔdi] nf rhapsody.

rhésus [ʀezys] nm (Méd) Rhesus.

rhétorique [ʀetɔʀik] **1** nf rhetoric **2** adj rhetorical.

Rhin [ʀɛ̃] nm ◇ **le ~** the Rhine.

rhinocéros [ʀinɔseʀɔs] nm rhinoceros.

rhododendron [ʀɔdɔdɛ̃dʀɔ̃] nm rhododendron.

Rhône [ʀon] nm ◇ **le ~** the Rhone.

rhubarbe [ʀybaʀb(ə)] nf rhubarb.

rhum [ʀɔm] nm rum.

rhumatisme [ʀymatism(ə)] nm ◇ **~(s)** rheumatism.

rhume [ʀym] nm cold ◇ **~ de cerveau** head cold; **~ des foins** hay fever.

riant, e [ʀijɑ̃, ɑ̃t] adj pleasant.

RIB [ʀib] nm abrév de *relevé d'identité bancaire* → **relevé.**

ribambelle [ʀibɑ̃bɛl] nf ◇ **~ de** swarm of.

ricaner [ʀikane] 1 vi (méchamment) to snigger; (bêtement) to giggle.

riche [ʀiʃ] **1** adj (gén) rich (*en* in); (personne) rich, wealthy, well-off ◇ **ce n'est pas un ~ cadeau** it's not a lavish gift; **~ idée** great [famil] ou grand idea; **une documentation très ~** a vast amount of information; **~ en** (calories, gibier) rich in; **~ de** full of **2** nmf rich ou wealthy person ◆ **richesse** nf (personne, pays) wealth; (décor, sol, collection) richness ◇ **~s** (argent) riches, wealth; (ressources) wealth; (fig: trésors) treasures; **~s naturelles** natural resources ◆ **richissime** adj fabulously rich.

ricin [ʀisɛ̃] nm castor oil plant.

ricocher [ʀikɔʃe] 1 vi to rebound; (sur l'eau) to bounce (*sur qch* off sth) ◆ **ricochet** nm rebound; rebounce ◇ **faire des ~s** to skim pebbles.

rictus [ʀiktys] nm (cruel) grin; (fou) grimace.

ride [ʀid] nf (peau, pomme) wrinkle (*de* in); (eau, sable) ripple (*de* on, in).

rideau, pl **~x** [ʀido] nm (gén) curtain; (boutique) shutter ◇ **~ de** (arbres) screen of; (pluie) sheet of; (Pol) **le ~ de fer** the Iron Curtain.

rider [ʀide] 1 vt (peau, fruit) to wrinkle; (eau) to ripple.

ridicule [ʀidikyl] **1** adj (gén) ridiculous; (grotesque) ludicrous; (quantité) ridiculously small **2** nm ◇ **le ~** ridicule; **le ~ de qch** the ridiculousness of sth; **tomber dans le ~** to become ridiculous; **~s** ridiculous ways ◆ **ridiculiser** 1 **1** vt to ridicule **2** **se ridiculiser** vpr to make a fool of o.s.

rien [rjɛ̃] 1 pron indéf a nothing ◇ **je n'ai ~ entendu** I didn't hear anything, I heard nothing; **trois fois ~** next to nothing; **~ de plus** nothing more; **il n'y a ~ de tel** there's nothing like it b ◇ **~ que la chambre coûte très cher** the room alone costs a great deal; **la vérité, ~ que la vérité** the truth and nothing but the truth; **~ qu'une minute** just for a minute c (= quelque chose) anything ◇ **as-tu jamais lu ~ de plus drôle?** have you ever read anything funnier? d (Sport) nil, nothing ◇ **~ partout** nothing all; (Tennis) **15 à ~** 15 love e ◇ (avec avoir, être, faire) **il n'a ~ d'un dictateur** he's got nothing of the dictator about him; **n'être pour ~ dans qch** to have nothing to do with sth; **il n'en est ~** it's nothing of the sort; **élever 4 enfants, ça n'est pas ~** bringing up 4 children is no mean feat; **cela ne lui fait ~** he doesn't mind, it doesn't matter to him; **ça ne fait ~** [famil] it doesn't matter, never mind; **~ à faire!** nothing doing! [famil] f ◇ **~ à signaler** nothing to report; **je vous remercie - de ~** [famil] thank you - you're welcome ou don't mention it ou not at all; **une blessure de ~** a trifling injury; **cela ne nous gêne en ~** it doesn't bother us at all; **pour ~** (peu cher) for a song, for next to nothing; (inutilement) for nothing; **ce n'est pas pour ~ que...** it is not without cause ou not for nothing that... 2 nm ◇ **un ~** a mere nothing; **des ~s** trivia; **avec un ~ d'ironie** with a hint of irony; **en un ~ de temps** in no time; **c'est un ~ bruyant** it's a trifle noisy.

rieur, rieuse [rijœr, rijøz] 1 adj cheerful 2 nm,f ◇ **les ~s** people who are laughing.

rigide [riʒid] adj (gén) rigid; (muscle, carton) stiff ◆ **rigidité** nf rigidity; stiffness.

rigole [rigɔl] nf (canal) channel; (filet d'eau) rivulet; (sillon) furrow.

rigolade [rigɔlad] nf [famil] ◇ **aimer la ~** to like a bit of fun ou a laugh [famil]; **il prend tout à la ~** he thinks everything's a big joke; **c'est de la ~** (facile) it's child's play; (attrape-nigaud) it's a con [famil] ◆ **rigoler** [1] vi [famil] (rire) to laugh; (s'amuser) to have fun; (plaisanter) to joke ◇ **tu rigoles!** you're joking!; **pour ~** for a laugh [famil] ◆ **rigolo, -ote** [famil] 1 adj funny 2 nm,f (amusant) comic; (fumiste) fraud.

rigoureusement [rigurøzmɑ̃] adv (rigueur) rigorously; harshly; strictly ◆ **rigoureux, -euse** adj rigorous; harsh; strict.

rigueur [rigœr] nf (gén) rigour; (climat) harshness; (interdiction) strictness ◇ **les ~s de l'hiver** the rigours of winter; **tenir ~ à qn de n'être pas venu** to hold it against sb that he didn't come; **à la ~** at a pinch; **il est de ~ d'envoyer un mot de remerciement** it is the done thing to send a note of thanks.

rime [rim] nf rhyme ◇ **sans ~ ni raison** without either rhyme or reason ◆ **rimer** [1] vi to rhyme (*avec* with) ◇ **cela ne rime à rien** it does not make sense.

rimmel [rimɛl] nm ® mascara.

rinçage [rɛ̃saʒ] nm (action) rinsing; (opération) rinse ◆ **rince-doigts** nm inv finger-bowl ◆ **rincer** [3] vt to rinse ◇ **se ~ la bouche** to rinse out one's mouth.

ring [riŋ] nm boxing ring.

ringard, e [rɛ̃gar, ard(ə)] adj [famil] (démodé) fuddy-duddy [famil], rinky-dink [famil] (US).

riposte [ripɔst] nf (réponse) retort; (contre-attaque) counter-attack ◆ **riposter** [1] 1 vi to retaliate (*par* with) ◇ **~ à** (insulte) to reply to; (attaque) to counter (*par* by) 2 vt ◇ **~ que** to retort that.

riquiqui [rikiki] adj inv [famil] tiny.

rire [rir] [36] 1 vi a to laugh ◇ **~ aux éclats** to roar with laughter; **~ jaune** to laugh on the other side of one's face; **laissez-moi ~!** don't make me laugh!; **c'est à mourir de ~** it's hilarious; **nous avons bien ri** we had a good laugh [famil] b (s'amuser) to have fun c (plaisanter) to joke ◇ **il a fait cela pour ~** he did it for a joke ou laugh [famil]; **c'était une bagarre pour ~** it was a pretend fight 2 **rire de** vt indir to laugh at 3 **se rire** vpr ◇ **se ~ de** (difficultés) to make light of; (menaces, personne) to laugh at 4 nm laugh ◇ **le ~** laughter; **un gros ~** a loud laugh, a guffaw; **un ~ bête** a giggle ou titter; **il y eut des ~s** there was laughter.

ris [ri] nm ◇ **~ de veau** calf sweetbread.

risée [rize] nf ◇ **être la ~ de** to be the laughing stock of.

risible [rizibl(ə)] adj ridiculous, laughable.

risque [riskə] nm risk ◇ **le goût du ~** a taste for danger; **ce sont les ~s du métier** that's an occupational hazard; **c'est à tes ~s et périls** it's at your own risk.

risqué, e [riske] adj risky; (grivois) risqué.

risquer [riske] [1] 1 vt a (gén) to risk ◇ **risquons le coup** [famil] let's chance it; **tu risques gros** you're taking a big risk; **ça ne risque rien** it is quite safe b (allusion, regard) to venture, hazard ◇ **tu risques de le perdre** you may well lose it; **ça ne risque pas d'arriver!** there's no chance ou danger of that happening! 2 **se risquer** vpr ◇ **se ~ dans** to venture into; **se ~ à faire** to venture to do.

rissoler [risɔle] [1] vti ◇ **(faire) ~** to brown.

ristourne [risturn(ə)] nf rebate, discount.

rite [rit] nm rite.

rituel, -elle [ritɥɛl] adj, nm ritual.

rivage [rivaʒ] nm shore.

rival, e, mpl **-aux** [Rival, o] adj, nm,f rival ◇ **sans ~** unrivalled ◆ **rivaliser** [1] vi ◇ **~ avec** to rival; **ils rivalisaient de générosité** they vied with each other in generosity ◆ **rivalité** nf rivalry.

rive [Riv] nf (mer, lac) shore; (rivière) bank.

river [Rive] [1] vt (clou) to clinch; (plaques) to rivet together ◇ **rivé à** riveted to.

riverain, e [RivRɛ̃, ɛn] **1** adj (d'un lac) waterside ◇ (d'une route) **les propriétés ~es** the houses along the road **2** nm,f (habitant) resident.

rivet [Rivɛ] nm rivet ◆ **riveter** [4] vt to rivet together.

rivière [RivjɛR] nf river ◇ **~ de diamants** diamond rivière.

rixe [Riks(ə)] nf brawl, fight, scuffle.

riz [Ri] nm rice ◇ **~ brun** ou **complet** brown rice; **~ au lait** rice pudding ◆ **rizière** nf paddy-field, ricefield.

RMI [ɛRɛmi] nm abrév de *revenu minimum d'insertion* ≃ Income Support.

RN [ɛRɛn] nf abrév de *route nationale* → **route.**

robe [Rɔb] nf (gén) dress; (magistrat, prélat) robe; (professeur) gown; (cheval) coat ◇ **~ de chambre** dressing gown; **pommes de terre en ~ de chambre** baked ou jacket potatoes; **~ du soir** evening dress.

robinet [Rɔbinɛ] nm tap, faucet (US) ◆ **robinetterie** nf (installations) taps.

robot [Rɔbo] nm robot ◇ **~ ménager** food-processor ◆ **robotiser** [1] vt to automate.

robuste [Rɔbyst(ə)] adj robust ◆ **robustesse** nf robustness.

roc [Rɔk] nm rock.

rocade [Rɔkad] nf (route) bypass.

rocaille [Rɔkɑj] nf (terrain) rocky ground; (jardin) rockery ◆ **rocailleux, -euse** adj (terrain) rocky, stony; (voix) harsh, grating.

rocambolesque [Rɔkɑ̃bɔlɛsk(ə)] adj incredible.

roche [Rɔʃ] nf rock ◆ **rocher** nm rock ◆ **rocheux, -euse** adj rocky.

rock (and roll) [Rɔk(ɛnRɔl)] nm (musique) rock-'n'-roll; (danse) jive ◆ **rocker** nm (chanteur) rock musician; (admirateur) rock fan.

rodage [Rɔdaʒ] nm (moteur, spectacle) running in, breaking in (US) ◆ **roder** [1] vt to run in, break in (US); (personne) to break in.

rôder [Rode] [1] vi (gén) to roam ou wander about; (suspect) to prowl about ◇ **~ autour de** to prowl around ◆ **rôdeur, -euse** nm,f prowler.

rogne [Rɔɲ] nf [famil] anger.

rogner [Rɔɲe] [1] vt (ongle, aile) to clip; (salaire) to cut ◇ **~ sur** to cut down on.

rognon [Rɔɲɔ̃] nm (Culin) kidney.

rognures [RɔɲyR] nfpl (viande) scraps.

roi [Rwa] nm king ◇ **les R~s mages** the Magi, the Three Wise Men; **tirer les ~s** to eat Twelfth Night cake; **tu es le ~ des imbéciles!** [famil] you're the world's biggest idiot! [famil]

roide [Rwad] etc = **raide** etc.

roitelet [Rwatlɛ] nm (oiseau) wren.

rôle [Rol] nm **a** (Théât, fig) role, part; (fonction) rôle ◇ **jouer un ~** to play a part; **ce n'est pas mon ~ de** it isn't my job ou place to **b** (registre) roll, list.

ROM [Rɔm] nf (Ordin) abrév de *read only memory* ROM.

romain, e [Rɔmɛ̃, ɛn] **1** adj Roman **2** nf (laitue) cos lettuce **3** nm,f ◇ **R~, e** Roman.

1. **roman** [Rɔmɑ̃] nm (livre) novel; (fig: récit) story ◇ (genre) **le ~** fiction; (lit, fig) **~ d'amour** etc love etc story; **~ policier** detective novel; **~ de série noire** thriller.

2. **roman, e** [Rɔmɑ̃, an] adj (Ling) Romance; (Archit) Romanesque.

romance [Rɔmɑ̃s] nf sentimental ballad.

romancier, -ière [Rɔmɑ̃sje, jɛR] nm,f novelist.

romanesque [Rɔmanɛsk(ə)] adj (incroyable) fantastic; (romantique) romantic ◇ **œuvre ~** novel.

romanichel, -elle [Rɔmaniʃɛl] nm,f gipsy.

romantique [Rɔmɑ̃tik] adj, nmf romantic ◆ **romantisme** nm romanticism.

romarin [RɔmaRɛ̃] nm rosemary.

rompre [Rɔ̃pR(ə)] [41] **1** vt (gén) to break; (fiançailles, pourparlers) to break off; (équilibre) to upset ◇ **~ qn à un exercice** to break sb in to an exercise; **~ les rangs** to fall out **2** vi (gén) to break; (corde) to snap; (digue) to burst; (fiancés) to break it off **3 se rompre** vpr to break; to snap; to burst ◇ **se ~ le cou** to break one's neck ◆ **rompu, e** adj (fourbu) exhausted ◇ (expérimenté) **~ à qch** experienced in sth.

romsteck [Rɔmstɛk] nm rumpsteak.

ronces [Rɔ̃s] nfpl brambles.

ronchonner [Rɔ̃ʃɔne] [1] vi [famil] to grumble, grouse [famil] (*après* at).

rond, e [Rɔ̃, Rɔ̃d] **1** adj **a** (forme, chiffre) round; (visage, ventre) plump ◇ **ça fait 50 F tout ~** it comes to a round 50 francs; **être ~ en affaires** to be straight in business matters **b** (famil: soûl) drunk, tight [famil] **2** nm **a** (cercle) circle, ring; (tranche) slice; (objet) ring ◇ **en ~** in a circle ou ring **b** ◇ (famil: sou) **~s** money, lolly [famil]; **il n'a pas un ~** he hasn't got a penny ou a cent **3** nf **a** (gardien) round; (patrouille) patrol ◇ (policier) **faire sa ~e** to be on the beat ou on patrol **b** (danse) round dance **c** (Mus: note) semibreve, whole note (US) **d** ◇ **à la ~e** around; **passer qch à la ~e** to pass sth round ◆ **rondelet, -ette** adj (personne) plumpish; (somme) tidy ◆ **rondelle** nf (tranche) slice; (disque) disc; (pour boulon) washer ◆ **rondement** adv (efficacement) briskly; (franchement) frankly ◆ **rondeur** nf (gén) roundness; (embonpoint) plumpness; (bonhomie) friendly straightforwardness ◆ **rondin** nm log ◆ **rond-point**, pl **~s-~s** nm roundabout, traffic circle (US).

ronéoter [ʀɔneɔte] 1 vt to duplicate, roneo.

ronflant, e [ʀɔ̃flɑ̃, ɑ̃t] adj (péj) grand-sounding ◆ **ronflement** nm snore ◆ **ronfler** 1 vi (personne) to snore; (famil: dormir) to snore away; (moteur) to roar ◇ **faire ~ son moteur** to rev up one's engine.

ronger [ʀɔ̃ʒe] 3 **1** vi (souris, chagrin) to gnaw away at; (acide, vers) to eat into ◇ **~ un os** to gnaw at a bone; **rongé par la rouille** rust-eaten; **~ son frein** to champ at the bit; **rongé par la maladie** sapped by illness **2** **se ronger** vpr ◇ **se ~ les ongles** to bite one's nails; **se ~ les sangs** to worry ◆ **rongeur, -euse** adj, nm rodent.

ronronnement [ʀɔ̃ʀɔnmɑ̃] nm ◇ **~(s)** (chat) purr; (moteur) hum ◆ **ronronner** 1 vi to purr; to hum.

roquet [ʀɔkɛ] nm (péj) (nasty little) dog.

roquette [ʀɔkɛt] nf (Mil) rocket.

rosace [ʀozas] nf (cathédrale) rose window; (plafond) ceiling rose; (Géom) rosette.

rosaire [ʀozɛʀ] nm rosary.

rosbif [ʀɔsbif] nm ◇ **du ~** (rôti) roast beef; (à rôtir) roasting beef; **un ~** a joint of beef.

rose [ʀoz] **1** nf rose ◇ **pas de ~s sans épines** no rose without a thorn; **~ des sables** gypsum flower; **~ trémière** hollyhock; **~ des vents** compass card **2** nm (couleur) pink **3** adj (gén) pink; (joues, situation) rosy ◇ **~ bonbon** candy-pink.

rosé, 1. **e** [ʀoze] adj (couleur) pinkish; (vin) rosé.

roseau, pl **~x** [ʀozo] nm reed.

2. **rosée** [ʀoze] nf dew.

roseraie [ʀozʀɛ] nf rose garden.

rosette [ʀozɛt] nf (nœud) bow; (insigne) rosette.

rosier [ʀozje] nm rosebush.

rosse [ʀɔs] adj (péj: méchant) nasty, rotten [famil].

rosser [ʀɔse] 1 vt to thrash.

rossignol [ʀɔsiɲɔl] nm (oiseau) nightingale.

rot [ʀo] nm belch, burp; (bébé) burp.

rotatif, -ive [ʀɔtatif, iv] **1** adj rotary **2** nf rotary press ◆ **rotation** nf rotation.

roter [ʀɔte] 1 vi [famil] to burp, belch.

rotin [ʀɔtɛ̃] nm rattan cane ◇ **chaise de ~** cane chair.

rôti [ʀoti] nm ◇ **du ~** roasting meat; (cuit) roast meat; **un ~** a joint ◆ **rôtir** 2 vti (aussi **faire ~**) to roast ◇ **se ~ au soleil** to bask in the sun ◆ **rôtisserie** nf (restaurant) steakhouse; (boutique) shop selling roast meat ◆ **rôtissoire** nf (roasting) spit.

rotonde [ʀɔtɔ̃d] nf (Archit) rotunda.

rotor [ʀɔtɔʀ] nm rotor.

rotule [ʀɔtyl] nf (Anat) kneecap ◇ **être sur les ~s** [famil] to be dead beat [famil] ou all in [famil].

rouage [ʀwaʒ] nm cog ◇ **les ~s** (montre) the works ou parts; (organisme) the workings.

rouble [ʀubl(ə)] nm rouble.

roucouler [ʀukule] 1 vi (oiseau) to coo.

roue [ʀu] nf (gén) wheel; (engrenage) cog ◇ **~ à aubes** paddle wheel; **~ de secours** spare wheel; **véhicule à deux ~s** two-wheeled vehicle; (paon) **faire la ~** to spread ou fan its tail; **faire ~ libre** to freewheel.

rouer [ʀwe] 1 vt ◇ **~ qn de coups** to give sb a beating ou thrashing.

rouerie [ʀuʀi] nf cunning; (tour) cunning trick.

rouet [ʀwɛ] nm (à filer) spinning wheel.

rouge [ʀuʒ] **1** adj (gén) red (*de* with); (fer) red-hot ◇ **~ comme une pivoine** as red as a beetroot **2** nm (couleur) red; (vin) red wine; (fard) rouge ◇ **~ à lèvres** lipstick; (Aut) **le feu est au ~** the lights are red; **le ~ lui monta aux joues** he blushed **3** nmf (péj: communiste) Red [famil] (péj), Commie [famil] (péj) ◆ **rougeâtre** adj reddish ◆ **rougeaud, e** adj red-faced ◆ **rouge-gorge**, pl **~s-~s** nm robin.

rougeole [ʀuʒɔl] nf measles (sg) ◇ **une ~** a bout of measles.

rougeoiement [ʀuʒwamɑ̃] nm red ou reddish glow ◆ **rougeoyer** 8 vi to glow red.

rouget [ʀuʒɛ] nm ◇ **~ barbet** red mullet; **~ grondin** gurnard.

rougeur [ʀuʒœʀ] nf (teinte) redness; (Méd: tache) red blotch ou patch ◇ (honte) **sa ~** his (ou her) red face.

rougir [ʀuʒiʀ] 2 **1** vi (gén) to go red, redden; (métal) to get red-hot; (émotion) to flush; (honte) to blush (*de* with) ◇ **faire ~ qn** to make sb blush; (fig: avoir honte) **~ de** to be ashamed of **2** vt to turn red ◆ **rougissant, e** adj (visage) blushing.

rouille [ʀuj] nf rust ◆ **rouillé, e** adj **a** (gén, fig) rusty; (muscles) stiff ◇ **tout ~** rusted over ◆ **rouiller** vi, **se rouiller** vpr 1 **b** to get rusty.

roulade [ʀulad] nf (Mus) roulade; (Culin) rolled meat; (Sport) roll.

roulé, e [ʀule] **1** adj ◇ **être bien ~** [famil] to have a good figure **2** nm (gâteau) Swiss roll; (viande) rolled meat.

rouleau, pl **~x** [ʀulo] nm (objet, vague) roller; (papier, culbute) roll ◇ **~ compresseur** steamroller; **~ à pâtisserie** rolling pin.

roulement [Rulmɑ̃] nm **a** (rotation) rotation ◇ **par ~** in rotation **b** (capitaux) circulation; (véhicules) movement **c** (bruit) (train, tonnerre) rumble; (charrette) rattle; (tambour) roll **d** ◇ **~ à billes** ball bearing.

rouler [Rule] 1 **1** vt **a** (tonneau) to roll along; (tapis, manches) to roll up; (cigarette) to roll; (ficelle) to wind up, roll up; (pâte) to roll out ◇ **~ qch dans** to roll sth in **b** (famil: duper) to con [famil] ◇ **~ qn sur** (prix etc) to diddle sb over [famil] **c** (épaules) to sway; (hanches) to wiggle; (yeux) to roll ◇ **il a roulé sa bosse** he has knocked about the world [famil]; **~ les 'r'** to roll one's r's **2** vi **a** (voiture, train) to go, run; (conducteur) to drive ◇ **~ à gauche** to drive on the left; **~ à 80 km à l'heure** to do 80 km per hour; **on a bien roulé** [famil] we kept up a good speed; **ça roule bien** the traffic is flowing well **b** (bille, dé) to roll ◇ **faire ~** (boule) to roll; (cerceau) to roll along; (conversation) **~ sur** to turn on; **~ sur l'or** to be rolling in money [famil] **c** (bateau) to roll **3 se rouler** vpr ◇ **se ~ par terre** to roll on the ground; (rire) to fall about laughing [famil], roll on the ground with laughter (US); **se ~ en boule** to roll o.s. into a ball.

roulette [Rulɛt] nf (meuble) castor; (dentiste) drill; (jeu) roulette ◇ **comme sur des ~s** [famil] smoothly.

roulis [Ruli] nm rolling.

roulotte [Rulɔt] nf caravan, trailer (US).

Roumanie [Rumani] nf **a** Romania ◆ **roumain, e** adj, nm, **Roumain, e** nm,f **b** Romanian.

round [Rund] nm (Boxe) round.

roupie [Rupi] nf rupee.

roupiller [Rupije] 1 vi [famil] to sleep.

rouquin, e [Rukɛ̃, in] [famil] **1** adj red-haired; (cheveux) red **2** nm,f redhead.

rouspétance [Ruspetɑ̃s] nf [famil] grousing [famil] ◆ **rouspéter** 6 vi [famil] to grouse [famil] (*après* at) ◆ **rouspéteur, -euse** [famil] **1** adj grumpy **2** nm,f grouser [famil].

rousse [Rus] adj f → **roux** ◆ **rousseur** nf ◇ **tache de ~** freckle.

roussir [RusiR] 2 **1** vt to scorch, singe ◇ **ça sent le roussi** there's a smell of burning **2** vi (feuilles) to turn brown.

routard [RutaR] nm [famil] (young) traveller, backpacker.

route [Rut] nf **a** road; (maritime, aérienne) route ◇ **~ nationale** trunk ou main road; **faire de la ~** to do a lot of mileage **b** (direction) way; (voyage) journey; (Naut: cap) course ◇ (fig) **être sur la bonne ~** to be on the right track; **faire ~ vers** to head for; (bateau) **en ~ pour** bound for; **faire ~ avec qn** to travel with sb; **se mettre en ~** to set off; **en ~** on the way; **en ~!** let's go!; **mettre en ~** to start; **tenir la ~** (voiture) to hold the road; (matériel) to be well-made; (plan) to hold together ◆ **routier, -ière** **1** adj road **2** nm (camionneur) long-distance lorry ou truck (US) driver; (restaurant) ≃ transport café.

routine [Rutin] nf routine ◇ **visite de ~** routine visit ◆ **routinier, -ière** adj (travail) humdrum, routine; (personne) routine-minded.

roux, rousse [Ru, Rus] **1** adj (personne) red-haired; (cheveux) red, auburn; (pelage, feuilles) russet, reddish-brown **2** nm (Culin) roux **3** nm,f redhead.

royal, e, mpl **-aux** [Rwajal, o] adj (gén) royal; (cadeau) fit for a king; (salaire) princely; (famil: total) complete ◆ **royalement** adv royally ◇ **il s'en moque ~** [famil] he couldn't care less [famil] ◆ **royaliste** adj, nmf royalist ◆ **royaume** nm kingdom, realm ◇ **le R~-Uni** the United Kingdom ◆ **royauté** nf monarchy.

RP [ɛRpe] nfpl abrév de *relations publiques* PR.

ruade [Ryad] nf kick.

ruban [Rybɑ̃] nm (gén) ribbon; (téléscripteur) tape; (chapeau, acier) band ◇ **~ adhésif** sticky tape.

rubéole [Rybeɔl] nf German measles (sg).

rubis [Rybi] nm (pierre) ruby; (montre) jewel.

rubrique [RybRik] nf (article) column; (catégorie) heading, rubric.

ruche [Ryʃ] nf beehive.

rude [Ryd] adj **a** (gén, fig) rough; (dur, solide) tough; (bourru) harsh; (montée) stiff; (traits) rugged ◇ **en faire voir de ~s à qn** to give sb a hard ou tough time **b** (intensif) (gaillard, appétit) hearty; (peur, coup) real ◆ **rudement** adv **a** (frapper) hard; (répondre) harshly; (traiter) roughly **b** [famil] (content, cher) terribly [famil], awfully [famil]; (meilleur, moins cher) a great deal; (travailler) terribly hard [famil] ◇ **ça change ~** it's a real change ◆ **rudesse** nf roughness; toughness; harshness; ruggedness.

rudimentaire [Rydimɑ̃tɛR] adj rudimentary ◆ **rudiments** nmpl rudiments ◇ **quelques ~ d'anglais** a smattering of English, some basic knowledge of English.

rudoyer [Rydwaje] 8 vt to treat harshly.

rue [Ry] nf street ◇ **être à la ~** to be out on the street.

ruée [Rɥe] nf rush; (péj) stampede.

ruelle [Rɥɛl] nf alley, narrow street.

ruer [Rɥe] 1 **1** vi (cheval) to kick out ◇ (fig) **~ dans les brancards** to rebel **2 se ruer** vpr ◇ **se ~ sur** to pounce on; **se ~ vers** to dash ou rush towards.

rugby [Rygbi] nm Rugby (football), rugger [famil] ◇ **~ à quinze** Rugby Union; **~ à treize** Rugby League ◆ **rugbyman,** pl **~men** nm rugby player.

rugir [RyʒiR] 2 vi to roar (*de* with) ◆ **rugissement** nm roar.

rugosité [rygozite] nf roughness ◇ **une** ~ a rough patch ◆ **rugueux, -euse** adj rough.

ruine [ʀɥin] nf ruin ◇ **en** ~ in ruins ◆ **ruiner** 1 vt to ruin ◆ **ruineux, -euse** adj ruinous.

ruisseau, pl ~**x** [ʀɥiso] nm stream, brook; (caniveau) gutter ◇ **des** ~**x de** streams of.

ruisseler [ʀɥisle] 4 vi to stream (*de* with).

rumeur [ʀymœʀ] nf (nouvelle) rumour; (murmure) murmur; (rue, conversation) hum ◇ (protestation) ~ **de mécontentement** rumblings of discontent.

ruminant [ʀyminɑ̃] nm ruminant ◆ **ruminer** 1 vti (vache) to ruminate; (méditer) to meditate.

rumsteck [ʀɔmstɛk] nm = **romsteck.**

rupture [ʀyptyʀ] nf (gén) break; (contrat) breach (*de* of); (pourparlers) breakdown (*de* of, in); (séparation amoureuse) break-up, split ◇ (processus) **la** ~ **du câble** etc the breaking of the rope etc; **être en** ~ **de stock** to be out of stock.

rural, e, mpl **-aux** [ʀyʀal, o] adj rural.

ruse [ʀyz] nf (astuce) cunning, craftiness; (fourberie) trickery ◇ **une** ~ a trick ou ruse ◆ **rusé, e** adj cunning, crafty.

russe [ʀys] adj, nm, **R**~ nmf Russian ◆ **Russie** nf Russia.

rustine [ʀystin] nf ® (vélo) (puncture) patch.

rustique [ʀystik] adj rustic.

rustre [ʀystʀ(ə)] 1 nm boor 2 adj boorish.

rut [ʀyt] nm (mâle) rut; (femelle) heat; (période) rutting ou heat period.

rutabaga [ʀytabaga] nm swede, rutabaga (US).

rutiler [ʀytile] 1 vi to gleam.

RV abrév de *rendez-vous.*

rythme [ʀitm(ə)] nm (gén) rhythm; (vitesse) rate; (vie, travail) pace ◇ **au** ~ **de** at the rate of; **suivre le** ~ to keep up (the pace) ◆ **rythmé, e** adj rhythmical ◆ **rythmer** 1 vt to give rhythm to.

S

S, **s** [ɛs] nm (lettre) S, s.

s' [s] → **se, 1. si.**

SA [ɛsa] nf abrév de *société anonyme* → **société.**

sa [sa] adj poss → **1. son.**

sabbat [saba] nm (Rel) Sabbath ◆ **sabbatique** adj (Rel, Univ) sabbatical.

sable [sɑbl(ə)] nm sand ◇ **de ~** (dune) sand; (plage) sandy; **~s mouvants** quicksands ◆ **sablé** nm shortbread biscuit ou cookie (US) ◆ **sabler** [1] vt **a** (route) to sand ◇ **~ le champagne** to have champagne ◆ **sableux, -euse** , ou **sablonneux, -euse** adj **b** sandy ◆ **sablier** nm (gén) hourglass; (Culin) egg timer ◆ **sablière** nf (carrière) sand quarry.

sabord [sabɔʀ] nm (Naut) scuttle ◆ **saborder** [1] **1** vt to scuttle **2** **se saborder** vpr (navire) to scuttle one's ship; (firme) to shut down.

sabot [sabo] nm (chaussure) clog; (Zool) hoof; (de frein) shoe.

sabotage [sabɔtaʒ] nm sabotage ◇ **un ~** an act of sabotage ◆ **saboter** [1] vt to sabotage; (bâcler) to botch ◆ **saboteur, -euse** nm,f saboteur.

sabre [sɑbʀ(ə)] nm sabre ◆ **sabrer** [1] vt (Mil) to sabre; (famil: critiquer) to tear to pieces; (famil: biffer) to score out; (projet) to axe.

sac [sak] nm **a** (gén) bag; (en toile) sack; (écolier) satchel ◇ **~ de couchage** sleeping bag; **~ à dos** rucksack, knapsack; **~ à main** handbag, purse (US); **~ à provisions** shopping bag; (en papier) carrier bag; **~ de voyage** grip **b** (contenu) bag, bagful **c** (pillage) sack ◇ **mettre à ~ to ransack** **d** ◇ **mettre dans le même ~**[famil] to lump together; **l'affaire est dans le ~**[famil] it's in the bag [famil].

saccade [sakad] nf jerk ◆ **saccadé, e** adj (gén) jerky; (bruit) staccato.

saccager [sakaʒe] [3] vt (dévaster) to wreck; (piller) to ransack.

saccharine [sakaʀin] nf saccharine.

sacerdoce [sasɛʀdɔs] nm (Rel) priesthood; (fig) calling, vocation.

sachet [saʃɛ] nm (bonbons) bag; (poudre) sachet; (soupe) packet ◇ **~ de thé** tea bag.

sacoche [sakɔʃ] nf (gén) bag; (moto) pannier; (écolier) satchel.

sacquer [famil] [sake] [1] vt **a** (employé) to give the sack [famil] to ◇ **se faire ~** to get the sack [famil] **b** (élève) to give a lousy mark to [famil] **c** ◇ (détester) **je ne peux pas le ~** I can't stand him.

sacre [sakʀ(ə)] nm (roi) coronation; (évêque) consecration ◆ **sacré, e** **1** adj (gén) sacred; (saint) holy; (famil: maudit) blasted [famil], damned [famil] ◇ **c'est un ~ menteur** he's one heck [famil] of a liar; **ce ~ Paul** good old Paul [famil] **2** nm ◇ **le ~** the sacred ◆ **sacrement** nm sacrament ◆ **sacrément** [famil] adv (froid) damned [famil]; (plaire) a hell of a lot [famil] ◆ **sacrer** [1] vt to crown; to consecrate.

sacrifice [sakʀifis] nm sacrifice ◆ **sacrifier** [7] **1** vt (gén) to sacrifice (*à* to; *pour* for); (Comm: marchandises) to give away **2** **sacrifier à** vt indir (mode) to conform to **3** **se sacrifier** vpr to sacrifice o.s.

sacrilège [sakʀilɛʒ] **1** adj (Rel, fig) sacrilegious **2** nm sacrilege **3** nmf sacrilegious person.

sacripant [sakʀipɑ̃] nm rogue.

sacristain [sakʀistɛ̃] nm (sacristie) sacristan; (église) sexton ◆ **sacristie** nf (catholique) sacristy; (protestante) vestry.

sacro-saint, e [sakʀosɛ̃, ɛ̃t] adj sacro-sanct.

sadique [sadik] 1 adj sadistic 2 nmf sadist ♦ **sadisme** nm sadism.

safari [safaʀi] nm safari.

safran [safʀɑ̃] nm, adj inv saffron.

sagace [sagas] adj sagacious, shrewd ♦ **sagacité** nf sagacity, shrewdness.

sage [saʒ] 1 adj (docile) good; (avisé) wise, sensible; (modéré) moderate ◇ ~ **comme une image** as good as gold 2 nm wise man; (Antiquité) sage ♦ **sage-femme**, pl ~**s**-~**s** nf midwife ♦ **sagement** adj wisely, sensibly; moderately ◇ ~ **assis** sitting quietly ♦ **sagesse** nf good behaviour; wisdom.

Sagittaire [saʒitɛʀ] nm ◇ **le** ~ Sagittarius.

Sahara [saaʀa] nm ◇ **le** ~ the Sahara (desert).

saignant, e [sɛɲɑ̃, ɑ̃t] adj (plaie) bleeding; (viande) rare, underdone ♦ **saignée** nf a (Méd) bleeding b (budget) savage cut (*à*, *dans* in) c ◇ (Anat) **la** ~ **du bras** the bend of the arm d (sol) ditch; (mur) groove ♦ **saignement** nm bleeding ◇ ~ **de nez** nosebleed ♦ **saigner** [1] 1 vi to bleed ◇ **il saignait du nez** his nose was bleeding 2 vt to bleed ◇ **se** ~ **pour qn** to bleed o.s. white for sb.

saillant, e [sajɑ̃, ɑ̃t] adj (corniche) projecting; (menton, veine) protruding; (pommette) prominent; (yeux) bulging; (événement) salient ♦ **saillie** nf a (aspérité) projection ◇ **faire** ~ to project, jut out b (boutade) witticism.

sain, saine [sɛ̃, sɛn] adj (physiquement) healthy, sound; (moralement) sane; (climat) healthy; (nourriture) wholesome; (jugement) sound ◇ ~ **et sauf** safe and sound.

saindoux [sɛ̃du] nm lard.

sainement [sɛnmɑ̃] adv (sain) healthily; soundly; sanely; wholesomely.

saint, e [sɛ̃, sɛ̃t] 1 adj a (sacré, fig) holy; (personne, action) saintly b ◇ ~ **Pierre** Saint Peter; (église) **S**~-**Pierre** Saint Peter's; **à la S**~-**Pierre** on Saint Peter's day 2 nm,f saint; (statue) statue of a saint 3 comp: (chien) ~-**bernard** [nm inv] St Bernard; **le S**~-**Esprit** the Holy Spirit ou Ghost; ~**e nitouche** pious hypocrite; **S**~-**Père** Holy Father; **le** ~ **sacrement** the Blessed Sacrament; **le S**~ **des S**~**s** the Holy of Holies; **le S**~-**Siège** the Holy See; **la S**~-**Sylvestre** New Year's Eve; **la S**~**e Vierge** the Blessed Virgin ♦ **sainteté** nf (personne) saintliness; (Évangile) holiness; (lieu, mariage) sanctity ◇ **Sa S**~ His Holiness.

saisie [sezi] nf (Jur) seizure; (données) key-boarding.

saisir [seziʀ] [2] vt a (prendre) to take ou catch hold of; (s'emparer de) to seize, grab hold of; (comprendre) to grasp, get [famil]; (surprendre) to surprise; (sentiment) to seize, grip ◇ **se** ~ **de qch** to seize sth; **être saisi par** (ressemblance, froid) to be struck by b (Jur) (biens) to seize; (juridiction) to submit to c (Culin) to fry briskly d (Ordin) to keyboard ♦ **saisissant, e** adj (spectacle) gripping; (ressemblance) striking ♦ **saisissement** nm surprise.

saison [sɛzɔ̃] nf season ◇ **en cette** ~ at this time of year; **temps de** ~ seasonable weather ♦ **saisonnier, -ière** adj seasonal.

salade [salad] nf a (laitue) lettuce; (plat) green salad ◇ ~ **composée** mixed salad; ~ **de tomates** etc tomato etc salad; ~ **niçoise** salade niçoise; **haricots en** ~ bean salad b (famil fig) (confusion) muddle ◇ (mensonges) ~**s** stories [famil] ♦ **saladier** nm salad bowl.

salaire [salɛʀ] nm wages, salary; (fig: récompense) reward (*de* for) ◇ ~ **d'embauche** ou **de départ** starting salary.

salaison [salɛzɔ̃] nf salt meat (ou fish).

salamandre [salamɑ̃dʀ(ə)] nf (animal) salamander; (poêle) slow-combustion stove.

salami [salami] nm salami.

salarié, e [salaʀje] 1 adj salaried 2 nm,f salaried employee, wage-earner.

salaud [famil] [salo] nm bastard [famil], swine [famil].

sale [sal] adj (crasseux) dirty, filthy; (famil: mauvais) nasty; (temps, caractère) rotten [famil], foul ◇ **faire une** ~ **tête** [famil] to be damned annoyed [famil].

salé, e [sale] 1 adj a (saveur) salty; (plat) salted; (conservé au sel) salt b (famil: plaisanterie) spicy [famil]; (punition) stiff [famil]; (facture) steep [famil] 2 nm (nourriture) salty food; (porc) salt pork 3 adv ◇ **manger** ~ to like a lot of salt on one's food.

salement [salmɑ̃] adv dirtily; (famil: très) damned [famil].

saler [sale] [1] vt to salt.

saleté [salte] nf a (apparence) dirtiness; (crasse) dirt ◇ **il y a une** ~ **par terre** there's some dirt on the floor; **tu as fait des** ~**s** you've made a mess b [famil] (maladie) nasty bug [famil]; (méchanceté) dirty trick [famil] ◇ (objet) **c'est une** ~ ou **de la** ~ it's rubbish.

salière [saljɛʀ] nf saltcellar.

salin, e [salɛ̃, in] adj saline.

salir [saliʀ] [2] 1 vt (lieu) to dirty, mess up; (réputation) to soil, tarnish 2 **se salir** vpr to get dirty ◇ **se** ~ **les mains** to get one's hands dirty ♦ **salissant, e** adj (étoffe) which shows the dirt; (travail) dirty, messy.

salive [saliv] nf saliva, spittle ♦ **saliver** [1] vi to salivate.

salle [sal] 1 nf a (gén) room; (château) hall; (hôpital) ward b (auditorium) auditorium, theatre; (public) audience 2 comp: ~ **d'attente** waiting room; ~ **de bain(s)**

bathroom; ~ **de concert** concert hall; ~ **de conférences** conference room; ~ **d'eau** shower-room; ~ **d'embarquement** departure lounge; ~ **des fêtes** village hall; ~ **à manger** (pièce) dining-room; (meubles) dining-room suite; ~ **d'opération** operating theatre ou room (US); ~ **des professeurs** staff room; ~ **de rédaction** (newspaper) office; ~ **de séjour** living room; ~ **de spectacle** theatre; cinema; ~ **des ventes** saleroom, auction room.

salon [salɔ̃] **1** nm **a** (maison) lounge, sitting room; (hôtel) lounge **b** (meubles) three piece suite ◇ ~ **de jardin** set of garden furniture **c** (exposition) exhibition, show **d** (littéraire) salon **2** comp: **S~ de l'Auto** Motor Show; ~ **de coiffure** hairdressing salon; ~ **de thé** tearoom.

salopard [salɔpaʀ] nm [famil] bastard [famil], swine [famil].

salope [salɔp] nf [famil] (méchante) bitch [famil].

saloper [salɔpe] 1 vt [famil] (salir) to mess up [famil].

saloperie [salɔpʀi] nf [famil] (action) dirty trick [famil] ◇ (objet) **de la** ~ rubbish; **ça fait de la** ~ ou **des ~s** it makes a mess.

salopette [salɔpɛt] nf (gén) dungarees; (ouvrier) overalls.

salpêtre [salpɛtʀ(ə)] nm saltpetre.

salsifis [salsifi] nm salsify.

saltimbanque [saltɛ̃bɑ̃k] nmf travelling acrobat.

salubre [salybʀ(ə)] adj healthy, salubrious ◆ **salubrité** nf healthiness, salubrity.

saluer [salɥe] 1 vt (gén) to greet; (Mil) to salute ◇ ~ **qn** (dire au revoir) to take one's leave of sb; (de la main) to wave to sb; (de la tête) to nod to sb; (du buste) to bow to sb; **saluez-le de ma part** give him my regards; **'je vous salue, Marie'** 'Hail, Mary'.

salut [saly] **1** nm **a** (de la main) wave; (de la tête) nod; (du buste) bow; (Mil) salute **b** (sauvegarde) safety; (Rel) salvation **2** excl [famil] (bonjour) hello!; (au revoir) bye! [famil]

salutaire [salytɛʀ] adj (gén) salutary; (remède) beneficial ◇ **ça m'a été** ~ it did me good.

salutation [salytasjɔ̃] nf salutation, greeting ◇ **veuillez agréer mes ~s distinguées** yours faithfully.

Salvador [salvadɔʀ] nm ◇ **le** ~ El Salvador ◆ **salvadorien, -ienne** adj, **S~, -ienne** nm,f Salvadorian.

salve [salv(ə)] nf salvo.

samedi [samdi] nm Saturday ◇ **nous irons** ~ we'll go on Saturday; ~ **qui vient** this Saturday; ~, **le 18 décembre** Saturday December 18th; **le** ~ **23 janvier** on Saturday January 23rd.

SAMU [samy] nm abrév de *service d'assistance médicale d'urgence* mobile emergency medical service.

sanatorium [sanatɔʀjɔm] nm sanatorium, sanitarium (US).

sanction [sɑ̃ksjɔ̃] nf **a** (condamnation) sanction, penalty; (Scol) punishment **b** (ratification) sanction ◆ **sanctionner** 1 vt to punish; to sanction.

sanctuaire [sɑ̃ktɥɛʀ] nm sanctuary.

sandale [sɑ̃dal] nf sandal.

sandwich [sɑ̃dwitʃ] nm sandwich.

sang [sɑ̃] nm blood ◇ **en** ~ bleeding; **il a ça dans le** ~ it's in his blood; **mon** ~ **n'a fait qu'un tour** (peur) my heart missed a beat; (colère) I saw red ◆ **sang-froid** nm inv sang-froid, self-control ◇ **faire qch de** ~ to do sth in cold blood ou cold-bloodedly; **avec** ~ calmly.

sanglant, e [sɑ̃glɑ̃,ɑ̃t] adj (gén) bloody; (défaite) savage.

sangle [sɑ̃gl(ə)] nf (gén) strap; (selle) girth ◆ **sangler** 1 vt to strap up; to girth.

sanglier [sɑ̃glije] nm wild boar.

sanglot [sɑ̃glo] nm sob ◆ **sangloter** 1 vi to sob.

sangsue [sɑ̃sy] nf leech.

sanguin, e [sɑ̃gɛ̃, in] **1** adj (caractère) fiery; (visage) ruddy; (Anat) blood **2** nf (Bot) blood orange.

sanguinaire [sɑ̃ginɛʀ] adj (personne) bloodthirsty; (combat) bloody.

sanitaire [sanitɛʀ] **1** adj (mesures) health; (conditions) sanitary ◇ **l'installation** ~ the bathroom plumbing; **appareil** ~ bathroom ou sanitary appliance **2** nmpl ◇ **les ~s** (lieu) the bathroom; (appareils) the bathroom suite.

sans [sɑ̃] prép **a** (gén) without ◇ **je suis sorti** ~ **chapeau ni manteau** I went out without a hat or coat ou with no hat or coat; **repas à 60 F** ~ **le vin** meal at 60 francs exclusive of wine ou not including wine; **il est** ~ **scrupules** he is unscrupulous; **robe** ~ **manches** sleeveless dress; **je le connais,** ~ **plus** I know him but no more than that **b** (cause négative) but for ◇ ~ **cette réunion, il aurait pu venir** if it had not been for ou were it not for ou but for this meeting he could have come; **je n'irai pas** ~ **être invité** ou ~ **que je sois invité** I won't go without being invited; **il va** ~ **dire que** it goes without saying that; ~ **ça,** ~ **quoi** otherwise, if not, or else ◆ **sans-abri** nmf inv homeless person ◆ **sans-emploi** nmf inv unemployed person ◇ **les** ~ the jobless, the unemployed ◆ **sans faute** loc adv without fail ◇ **faire un** ~ not to put a foot wrong ◆ **sans-gêne** **1** adj inv inconsiderate 2 nm inv lack of consideration for others ◆ **sans-le-sou** adj inv penniless ◆ **sans-travail** nmf inv = **sans-emploi.**

santé [sɑ̃te] nf health ◇ **meilleure ~!** get well soon!; **à votre ~!** cheers! [famil]; **à la ~ de Paul!** here's to Paul!; **boire à la ~ de qn** to drink to sb's health.

saoudien, -ienne [saudjɛ̃, jɛn] adj, **S~, -ienne** nm,f Saudi Arabian.

saoul, e [su, sul] = **soûl.**

saper [sape] 1 1 vt (lit, fig) to undermine, sap 2 **se saper** vpr to do o.s. up [famil] ◇ **bien sapé** well turned out ou got up [famil].

sapeur [sapœʀ] nm (Mil) sapper ◇ **~-pompier** fireman.

saphir [safiʀ] nm sapphire.

sapin [sapɛ̃] nm fir (tree) ◇ **~ de Noël** Christmas tree.

saquer [sake] 1 [famil] vt = **sacquer** [famil].

sarabande [saʀabɑ̃d] nf (danse) saraband; (famil: tapage) racket [famil].

sarbacane [saʀbakan] nf (arme) blowpipe; (jouet) peashooter.

sarcasme [saʀkasm(ə)] nm (ironie) sarcasm; (remarque) sarcastic remark ◆ **sarcastique** adj sarcastic.

sarcler [saʀkle] 1 vt to weed.

sarcophage [saʀkɔfaʒ] nm sarcophagus.

Sardaigne [saʀdɛɲ] nf Sardinia.

sardine [saʀdin] nf sardine.

sardonique [saʀdɔnik] adj sardonic.

SARL [ɛsaɛʀɛl] nf abrév de *société à responsabilité limitée* → **société.**

sarment [saʀmɑ̃] nm ◇ **~ de vigne** vine shoot.

sarrasin [saʀazɛ̃] nm (Bot) buckwheat.

sas [sɑ] nm a (Espace, Naut) airlock; (écluse) lock b (tamis) sieve, screen.

Satan [satɑ̃] nm Satan ◆ **satané, e** [famil] adj blasted [famil] ◆ **satanique** adj satanic.

satellite [satelit] nm satellite ◇ **~ de communication** communications satellite.

satiété [sasjete] nf ◇ **manger à ~** to eat one's fill; **répéter à ~** to repeat ad nauseam.

satin [satɛ̃] nm satin ◆ **satiné, e** adj satin-like; (peinture) with a silk finish.

satire [satiʀ] nf satire ◆ **satirique** adj satirical.

satisfaction [satisfaksjɔ̃] nf satisfaction ◇ **donner ~ à qn** to give sb satisfaction (*de qch* for sth) ◆ **satisfaire** 60 1 vt to satisfy ◇ **se ~ de qch** to be satisfied with sth 2 **satisfaire à** vt indir (besoin, désir) to satisfy; (promesse, condition) to fulfil ◆ **satisfaisant, e** adj (acceptable) satisfactory; (qui fait plaisir) satisfying ◆ **satisfait, e** adj satisfied.

saturation [satyʀɑsjɔ̃] nf saturation ◆ **saturer** 1 vt to saturate (*de* with) ◇ **saturé d'eau** waterlogged; **j'en suis saturé** I've had my fill of it; (Télé) **être saturé** (standard) to be jammed; (lignes) to be engaged ou busy (US).

Saturne [satyʀn(ə)] nm Saturn.

satyre [satiʀ] nm (famil: obsédé) sex maniac; (Myth) satyr.

sauce [sos] nf (Culin) sauce; (salade) dressing; (jus de viande) gravy ◇ **~ blanche** etc white etc sauce ◆ **saucer** 3 vt (assiette) to wipe (the sauce off) ◆ **saucière** nf sauceboat; gravy boat.

saucisse [sosis] nf sausage ◇ **~ de Francfort** ≃ frankfurter ◆ **saucisson** nm (slicing) sausage.

1. **sauf, sauve** [sof, sov] adj (personne) unharmed, unhurt; (honneur) intact.

2. **sauf** [sof] prép (à part) except; (à moins de) unless ◇ **~ si** except if, unless.

sauf-conduit, pl **~-~s** [sofkɔ̃dɥi] nm safe-conduct.

sauge [soʒ] nf (Culin) sage; (fleur) salvia.

saugrenu, e [sogʀəny] adj preposterous.

saule [sol] nm willow tree ◇ **~ pleureur** weeping willow.

saumâtre [somɑtʀ(ə)] adj (goût) briny; (fig) unpleasant.

saumon [somɔ̃] 1 nm salmon (pl inv) 2 adj inv salmon pink.

saumure [somyʀ] nf brine.

sauna [sona] nm sauna.

saupoudrer [sopudʀe] 1 vt to sprinkle.

saut [so] nm (lit, fig: bond) jump, leap ◇ (Sport: spécialité) **le ~** jumping; **faire qch au ~ du lit** to do sth on getting up; **faire un ~ chez qn** to pop round to see sb; **~ en hauteur** high jump; **~ en longueur** long jump; **~ en parachute** (sport) parachuting; (bond) parachute jump; **~ à la perche** (sport) pole vaulting; (bond) pole vault; **~ périlleux** somersault.

saute [sot] nf ◇ **~ de** (humeur, vent) sudden change of; (température) jump in.

sauté, e [sote] adj, nm (Culin) sauté.

saute-mouton [sotmutɔ̃] nm leapfrog.

sauter [sote] 1 1 vi a (gén, fig) to jump, leap (*de* from) ◇ **~ à pieds joints** to make a standing jump; **~ à cloche-pied** to hop; **~ à la corde** to skip *(with a rope)*; **~ en parachute** to parachute; **~ en l'air** to jump ou leap ou spring up; **~ de joie** to jump for joy; **~ au cou de qn** to fly into sb's arms; **~ d'un sujet à l'autre** to skip from one subject to another; **il m'a sauté dessus** he pounced on me; **et que ça saute!** [famil] and be quick about it!; **cela saute aux yeux** it's obvious b (bouchon) to pop off; (pont) to blow up, explode; (fusible) to blow; (cours) to be cancelled c ◇ **faire ~** (train) to blow up;

(fusible) to blow; (serrure) to break open; (gouvernement) to throw out; (Culin) to sauté; **faire ~ un enfant sur ses genoux** to dandle a child on one's knee; **se faire ~ la cervelle** [famil] to blow one's brains out **2** vt (obstacle) to jump over, leap over; (page, repas) to skip, miss out ◆ **sauterelle** nf grasshopper ◆ **sauterie** nf party ◆ **sauteur, -euse** **1** nm,f jumper ◇ **~ à la perche** pole-vaulter **2** nf (Culin) high-sided frying pan.

sautiller [sotije] 1 vi (oiseau) to hop; (enfant) to skip ◇ **sautillant** (musique) bouncy.

sautoir [sotwaʀ] nm (Bijouterie) chain.

sauvage [sovaʒ] **1** adj **a** (gén) wild; (peuplade, combat) savage; (insociable) unsociable ◇ **vivre à l'état ~** to live wild **b** (camping, vente) unauthorized; (concurrence) unfair; (grève) unofficial; (urbanisation) unplanned **2** nmf (solitaire) unsociable type ◆ **sauvagerie** nf savagery.

sauve [sov] adj f → 1. **sauf** ◆ **sauvegarde** nf (gén) safeguard; (Ordin) backup ◆ **sauvegarder** 1 vt to safeguard; (Ordin) to save ◆ **sauve-qui-peut** nm inv stampede.

sauver [sove] 1 **1** vt (gén) to save; (accidenté) to rescue (*de* from); (meubles) to salvage ◇ **~ la vie à qn** to save sb's life; **~ les apparences** to keep up appearances **2** **se sauver** vpr (s'enfuir) to run away (*de* from); (famil: partir) to be off; (lait) to boil over ◆ **sauvetage** nm rescue; (biens) salvaging ◆ **sauveteur** nm rescuer ◆ **sauveur** adj m, nm saviour.

sauvette [sovɛt] nf [famil] ◇ **à la ~** hastily; **vendre à la ~** to peddle on the streets.

SAV [ɛsave] nm abrév de *service après-vente* → **service.**

savamment [savamɑ̃] adv (savant) learnedly; skilfully, cleverly.

savane [savan] nf savannah.

savant, e [savɑ̃, ɑ̃t] **1** adj (érudit) learned, scholarly; (habile) clever, skilful; (chien, puce) performing **2** nm (sciences) scientist; (lettres) scholar.

savate [savat] nf [famil] worn-out old shoe.

saveur [savœʀ] nf flavour; (fig) savour.

savoir [savwaʀ] 32 **1** vt **a** (gén) to know; (nouvelle) to hear, learn of ◇ **je la savais malade** I knew (that) she was ill; **je crois ~ que** I understand that; **qu'en savez-vous?** how do you know?; **il nous a fait ~ que** he informed us ou let us know that **b** (pouvoir) to know how to ◇ **elle sait lire** she can read, she knows how to read; **elle saura bien se défendre** she'll be quite able to look after herself; **il faut ~ attendre** you have to learn to be patient; **je ne saurais pas vous répondre** I'm afraid I couldn't answer you; **sans le ~** unknowingly; **qui sait?** who knows?; **je ne sais où** goodness knows where; **on ne sait jamais** you never know, you can never tell; **pas que je sache** not as far as I know; **sachez que** let me tell you that; (énumération) **à ~** that is, namely, i.e.; **qui vous savez** you-know-who; **vous n'êtes pas sans ~ que** you are not unaware that **2** nm learning, knowledge ◇ **~-faire** know-how [famil]; **avoir du ~-vivre** to know how to behave.

savon [savɔ̃] nm soap; (morceau) cake of soap ◇ **~ en poudre** soap powder; **il m'a passé un ~** [famil] he gave me a ticking-off [famil] ◆ **savonner** 1 vt to soap ◆ **savonnette** nf cake of toilet soap ◆ **savonneux, -euse** adj soapy.

savourer [savuʀe] 1 vt to savour ◆ **savoureux, -euse** adj (plat) tasty; (anecdote) spicy.

saxophone [saksɔfɔn] nm saxophone.

sbire [sbiʀ] nm (péj) henchman (pej).

SC abrév de *service compris*.

scabreux, -euse [skabʀø, øz] adj (indécent) improper, shocking; (dangereux) risky.

scalper [skalpe] 1 vt to scalp.

scalpel [skalpɛl] nm scalpel.

scandale [skɑ̃dal] nm scandal ◇ **faire ~** to scandalize people; **à ~** (livre) controversial; **faire un** ou **du ~** to kick up a fuss [famil] ◆ **scandaleux, -euse** adj scandalous, outrageous ◆ **scandaliser** 1 vt to scandalize.

scander [skɑ̃de] 1 vt (vers) to scan; (nom) to chant.

scandinave [skɑ̃dinav] adj, **S~** nmf Scandinavian ◆ **Scandinavie** nf Scandinavia.

scanner [skanɛʀ] nm body scanner.

scaphandre [skafɑ̃dʀ(ə)] nm (plongeur) diving suit; (cosmonaute) space-suit ◇ **~ autonome** aqualung ◆ **scaphandrier** nm underwater diver.

scarabée [skaʀabe] nm beetle.

scarlatine [skaʀlatin] nf scarlet fever.

scarole [skaʀɔl] nf curly endive.

sceau, pl **~x** [so] nm seal; (fig) stamp, mark.

scélérat [seleʀa] nm rascal.

sceller [sele] 1 vt (pacte, sac) to seal; (Constr) to embed ◆ **scellés** nmpl seals.

scénario [senaʀjo] nm (gén, fig) scenario; (dialogues) screenplay.

scène [sɛn] nf **a** (gén) scene ◇ **~ de ménage** domestic fight ou scene; **faire une ~ (à qn)** to make a scene **b** (estrade) stage ◇ **en ~, sur ~** on stage; **mettre en ~** (personnage) to present; (pièce de théâtre) to stage; (film) to direct ◆ **scénique** adj scenic.

scepticisme [sɛptisism(ə)] nm scepticism ◆ **sceptique** **1** adj sceptical **2** nmf sceptic.

sceptre [sɛptʀ(ə)] nm sceptre.

schéma [ʃema] nm diagram, sketch ◇ ~ **de montage** assembly diagram ♦ **schématique** adj (dessin) schematic; (péj) oversimplified ♦ **schématiser** [1] vt to schematize; (péj) to oversimplify.

schisme [ʃism(ə)] nm schism.

schizophrène [skizɔfʀɛn] adj, nmf schizophrenic ♦ **schizophrénie** nf schizophrenia.

sciatique [sjatik] **1** nf sciatica **2** adj sciatic.

scie [si] nf saw ◇ ~ **à découper** fretsaw; (mécanique) jigsaw; ~ **à métaux** hacksaw.

sciemment [sjamɑ̃] adv knowingly, wittingly.

science [sjɑ̃s] nf **a** (domaine) science ◇ ~**s humaines** social sciences; ~**s naturelles** biology **b** (art) art; (habileté) skill; (érudition) knowledge ♦ **science-fiction** nf science fiction ♦ **scientifique** **1** adj scientific **2** nmf scientist.

scier [sje] [7] vt to saw ◇ **ça m'a scié!** [famil] it staggered me! ♦ **scierie** nf sawmill ♦ **scieur** nm sawyer.

scinder vt, **se scinder** vpr [sɛ̃de] [1] to split up.

scintillement [sɛ̃tijmɑ̃] nm ◇ ~**(s)** (gén) sparkling; (lumière) glittering; (étoiles) twinkling; (goutte d'eau) glistening ♦ **scintiller** [1] vi to sparkle; to glitter; to twinkle; to glisten.

scission [sisjɔ̃] nf split, scission ◇ **faire** ~ to secede.

sciure [sjyʀ] nf ◇ ~ **de bois** sawdust.

sclérose [skleʀoz] nf sclerosis ◇ ~ **en plaques** multiple sclerosis ♦ **se scléroser** [1] vpr to sclerose.

scolaire [skɔlɛʀ] adj (gén) school; (péj) schoolish ◇ **progès** ~**s** academic progress ♦ **scolariser** [1] vt to provide with schooling ♦ **scolarité** nf schooling ◇ **années de** ~ school years.

scoop [skup] nm [famil] (Presse) scoop.

scooter [skutœʀ] nm (motor) scooter.

scorbut [skɔʀbyt] nm scurvy.

score [skɔʀ] nm (Sport) score ◇ (Pol) **faire un bon/mauvais** ~ to have a good/bad result.

scorpion [skɔʀpjɔ̃] nm (Zool) scorpion ◇ (Astron) **le S**~ Scorpio, the Scorpion.

scotch [skɔtʃ] nm (boisson) scotch (whisky); (collant) ® sellotape ®, Scotchtape ® (US).

scout, e [skut] adj, nm boy scout.

script [skʀipt] nm ◇ **écriture** ~ printing ♦ **script-girl**, pl ~-~**s** nf continuity girl.

scrupule [skʀypyl] nm scruple ◇ **sans** ~**s** (personne) unscrupulous; (agir) unscrupulously ♦ **scrupuleusement** adv scrupulously ♦ **scrupuleux, -euse** adj scrupulous.

scruter [skʀyte] [1] vt to scrutinize, examine; (pénombre) to peer into.

scrutin [skʀytɛ̃] nm (vote) ballot; (élection) poll ◇ ~ **secret** secret ballot; **dépouiller le** ~ to count the votes; **le jour du** ~ polling day; ~ **proportionnel** voting using the system of proportional representation; ~ **uninominal** uninominal system.

sculpter [skylte] [1] vt (marbre) to sculpt; (bois) to carve (*dans* out of) ♦ **sculpteur** nm sculptor; (femme) sculptress ◇ ~ **sur bois** woodcarver ♦ **sculptural, e,** mpl **-aux** adj (Art) sculptural; (beauté) statuesque ♦ **sculpture** nf sculpture; woodcarving.

se [s(ə)] pron **a** (mâle) himself; (femelle) herself; (non humain) itself; (pl) themselves ◇ (indéfini) ~ **regarder** to look at oneself; ~ **raser** to shave; ~ **mouiller** to get wet; (réciproque) **s'aimer** to love each other ou one another; (possessif) **il** ~ **lave les mains** he is washing his hands **b** ◇ (passif) **cela ne** ~ **fait pas** that's not done; **cela** ~ **répare** it can be repaired **c** ◇ (changement) ~ **boucher** to become ou get blocked.

séance [seɑ̃s] nf session ◇ **être en** ~ to sit; ~ **de pose** sitting; ~ **de cinéma** film show; **dernière** ~ last showing; ~ **tenante** forthwith.

1. **séant** [seɑ̃] nm (hum) posterior (hum) ◇ **se mettre sur son** ~ to sit up.

2. **séant, e** [seɑ̃, ɑ̃t] adj (convenable) seemly, fitting.

seau, pl ~**x** [so] nm bucket, pail ◇ ~ **hygiénique** slop pail.

sébile [sebil] nf offering bowl.

sec, sèche [sɛk, sɛʃ] **1** adj (gén) dry; (fruits) dried; (maigre: personne) thin; (cœur) hard, cold; (réponse) curt; (whisky) neat, straight ◇ **bruit** ~ sharp snap **2** adv (frapper, boire) hard **3** nm ◇ **au** ~ in a dry place; **être à** ~ (puits) to be dry; (caisse) to be empty; **mettre à** ~ to drain.

sécateur [sekatœʀ] nm pair of secateurs.

sécession [sesesjɔ̃] nf secession ◇ **faire** ~ to secede.

sèche [sɛʃ] adj → **sec** ♦ **sèche-cheveux** nm inv hair drier ♦ **sèche-linge** nm inv clothes dryer ♦ **sèchement** adv (gén) drily; (répondre) curtly ♦ **sécher** [6] **1** vt to dry **2** vi **a** (gén) to dry ◇ **faire** ~ **qch** to leave sth to dry **b** (famil Scol) (ignorer) to be stumped [famil]; (être absent) to skip classes ♦ **sécheresse** nf (gén) dryness; (réponse) curtness; (cœur) coldness, hardness; (absence de pluie) drought ♦ **séchoir** nm (local) drying shed; (appareil) drier.

1. **second, e** [s(ə)gɔ̃, ɔ̃d] **1** adj second ◇ (péj) **de** ~ **choix** low-quality; **passer en** ~ to come second; ~**e vue** second sight; **être dans un état** ~ to be in a sort of trance **2** nm,f second **3** nm **a** (adjoint)

second in command; (Naut) first mate **b** (étage) second floor, third floor (US) **4** nf (transport) second class; (Scol) ≃ fifth form, tenth grade (US); (Aut) second gear.

secondaire [s(ə)gɔ̃dɛʀ] **1** adj secondary ◇ **effets ~s** side effects **2** nm ◇ (Scol) **le ~** secondary ou high-school (US) education.

2. **seconde** [s(ə)gɔ̃d] nf (gén, Géom) second.

seconder [s(ə)gɔ̃de] 1 vt to assist, help.

secouer [s(ə)kwe] 1 **1** vt (gén) to shake; (poussière) to shake off ◇ **~ la tête** (oui) to nod; (non) to shake one's head; (deuil) **~ qn** to shake sb **2** **se secouer** vpr (lit) to shake o.s.; (famil fig) to shake o.s. up [famil].

secourable [s(ə)kuʀabl(ə)] adj (personne) helpful ◆ **secourir** 11 vt to help, assist, aid ◆ **secourisme** nm first aid ◆ **secouriste** nmf first-aid worker ◆ **secours** nm **a** (aide) help, aid, assistance ◇ **crier au ~** to shout for help; **au ~!** help!; **porter ~ à qn** to give help to sb; (en montagne etc) to rescue sb; **équipe de ~** rescue party; **sortie de ~** emergency exit; **roue de ~** spare wheel **b** ◇ (Mil) **le ~, les ~** relief **c** ◇ (aumône) **un ~, des ~** aid.

secousse [s(ə)kus] nf (choc) jerk, jolt; (traction) tug, pull; (morale) shock ◇ **sans ~** smoothly; **~ sismique** earth tremor.

secret, -ète [səkʀɛ, ɛt] **1** adj (gén) secret; (renfermé) reserved **2** nm **a** secret ◇ **~ de Polichinelle** open secret; **mettre qn dans le ~** to let sb into the secret; **en ~** secretly; (Prison) **au ~** in solitary confinement **b** (discrétion) secrecy ◇ **le ~ professionnel** professional secrecy; **garder le ~** to maintain silence (*sur* about).

secrétaire [s(ə)kʀetɛʀ] **1** nmf secretary ◇ **~ de direction** executive secretary; **~ d'État** junior minister; **~ général** Secretary-General; **~ particulier** personal assistant **2** nm (meuble) writing desk ◆ **secrétariat** nm **a** (travail) secretarial work ◇ **école de ~** secretarial college **b** (bureaux d'une école) (secretary's) office; (d'une firme) secretarial offices; (d'un organisme) secretariat **c** (personnel) secretarial staff **d** ◇ **~ d'État** (ministère) ≃ ministry; (fonction) office of junior minister.

sécréter [sekʀete] 6 vt to secrete ◆ **sécrétion** nf secretion.

sectaire [sɛktɛʀ] adj, nmf sectarian ◆ **secte** nf sect.

secteur [sɛktœʀ] nm (gén) area; (Écon, Mil) sector; (Admin) district ◇ (Élec) **le ~** the mains supply; **~ d'activité** branch of industry.

section [sɛksjɔ̃] nf (gén) section; (autobus) fare stage; (Mil) platoon ◆ **sectionner** 1 vt to sever.

séculaire [sekylɛʀ] adj (vieux) age-old.

séculier, -ière [sekylje, jɛʀ] adj secular.

sécurisant, e [sekyʀizɑ̃, ɑ̃t] adj (climat) of security, reassuring.

sécuriser [sekyʀize] 1 vt ◇ **~ qn** to give a feeling of security to sb.

sécurité [sekyʀite] nf (gén) security; (absence de danger) safety ◇ **en ~** safe, secure; **de ~** (dispositif) safety; **la ~ routière** road safety; **la S~ sociale** ≃ Social Security.

sédatif, -ive [sedatif, iv] adj, nm sedative.

sédentaire [sedɑ̃tɛʀ] adj sedentary.

sédiment [sedimɑ̃] nm sediment ◆ **sédimentation** nf sedimentation.

séditieux, -euse [sedisjø, øz] adj seditious ◆ **sédition** nf sedition.

séducteur, -trice [sedyktœʀ, tʀis] **1** adj seductive **2** nm seducer; (péj: Don Juan) womanizer (pej) **3** nf seductress ◆ **séduction** nf (gén) seduction; (attirance) appeal, charm, attraction ◆ **séduire** 38 vt (abuser de) to seduce; (tenter) to entice; (charmer) to charm; (plaire) to appeal to ◆ **séduisant, e** adj (femme) seductive; (homme, visage) attractive; (projet) appealing.

segment [sɛgmɑ̃] nm segment.

ségrégation [segʀegɑsjɔ̃] nf segregation.

seiche [sɛʃ] nf cuttlefish.

seigle [sɛgl(ə)] nm rye.

seigneur [sɛɲœʀ] nm lord ◇ (Rel) **le S~** the Lord.

sein [sɛ̃] nm (mamelle) breast; (fig: giron) bosom ◇ **donner le ~ à un bébé** to breast-feed a baby; **au ~ de** in the midst of.

Seine [sɛn] nf ◇ **la ~** the Seine.

séisme [seism(ə)] nm earthquake.

seize [sɛz] adj inv, nm sixteen → **six** ◆ **seizième** adv, nmf sixteenth.

séjour [seʒuʀ] nm (arrêt) stay; (salon) living room ◆ **séjourner** 1 vi to stay.

sel [sɛl] nm (gén) salt; (humour) wit; (piquant) spice ◇ **~ gemme** rock salt.

select [selɛkt] adj inv [famil] posh [famil].

sélectif, -ive [selɛktif, iv] adj selective ◆ **sélection** nf selection ◆ **sélectionner** 1 vt to select, pick.

self(-service) [sɛlf(sɛʀvis)] nm self-service.

selle [sɛl] nf **a** saddle ◇ **se mettre en ~** to get into the saddle **b** ◇ (Méd) **~s** stools, motions; **aller à la ~** to have a motion ◆ **seller** 1 vt to saddle.

sellette [sɛlɛt] nf ◇ **être sur la ~** to be in the hot seat.

selon [s(ə)lɔ̃] prép according to ◇ **c'est ~ le cas** it all depends on the individual case; **~ toute vraisemblance** in all probability; **~ que** according to whether.

semailles [s(ə)mɑj] nfpl (opération) sowing; (période) sowing period.

semaine [s(ə)mɛn] nf (gén) week; (salaire) week's ou weekly pay ◇ **en** ~ during the week; **faire la** ~ **anglaise** to work a five-day week.

sémaphore [semafɔʀ] nm (Naut) semaphore.

semblable [sɑ̃blabl(ə)] **1** adj similar ◇ ~ **à** like, similar to; **être** ~**s** to be alike; (tel) **un** ~ **discours** such a speech **2** nm fellow creature ◇ (péj) **tes** ~**s** people like you.

semblant [sɑ̃blɑ̃] nm ◇ **un** ~ **de** a semblance of; **faire** ~ **de faire qch** to pretend to do sth.

sembler [sɑ̃ble] 1 vi to seem (*à qn* to sb) ◇ **vous me semblez pessimiste** you sound ou seem pessimistic; **il me semble que** it seems ou appears to me that, I think that; **comme bon te semble** as you like ou wish.

semelle [s(ə)mɛl] nf sole ◇ (famil: viande) **c'est de la** ~ it's like leather; **il ne m'a pas quitté d'une** ~ he never left me by so much as an inch.

semence [s(ə)mɑ̃s] nf seed; (clou) tack.

semer [s(ə)me] 5 vt **a** (gén) to sow; (clous) to scatter; (faux bruits) to spread ◇ **semé de** (pièges) bristling with; (arbres) dotted with; (joies) strewn with **b** (famil: perdre) to lose, shed [famil]; (poursuivant) to shake off ◆ **semeur, -euse** nm,f sower.

semestre [s(ə)mɛstʀ(ə)] nm (période) half-year; (Univ) semester ◆ **semestriel, -elle** adj half-yearly, six-monthly.

semi- [səmi] préf inv semi- ◇ ~**-conserve** semi-preserve; ~**-fini** semifinished ◆ **semi-remorque** nm (camion) articulated lorry, trailer truck (US).

séminaire [seminɛʀ] nm (Rel) seminary; (Univ) seminar ◆ **séminariste** nm seminarist.

semis [s(ə)mi] nm (plante) seedling; (opération) sowing; (terrain) seedbed.

semonce [səmɔ̃s] nf reprimand ◇ **coup de** ~ shot across the bows.

semoule [s(ə)mul] nf semolina.

sénat [sena] nm senate ◆ **sénateur** nm senator.

Sénégal [senegal] nm **a** Senegal ◆ **sénégalais,** ~**e** adj, **S-, e** nm,f **b** Senegalese.

sénile [senil] adj senile ◆ **sénilité** nf senility.

sens [sɑ̃s] nm **a** (mental) sense ◇ **les 5** ~ the 5 senses; **reprendre ses** ~ to regain consciousness; ~ **commun** common sense; **à mon** ~ to my mind, in my opinion **b** (signification) meaning ◇ **cela n'a pas de** ~ that doesn't make sense; **au** ~ **propre** in the literal sense ou meaning; **en un** ~ in a way ou sense; **en ce** ~ **que** in the sense that **c** (direction) direction ◇ **dans le mauvais** ~ in the wrong direction, the wrong way; **dans le** ~ **de la longueur** lengthwise, lengthways; **dans le** ~ **des aiguilles d'une montre** clockwise; **rue en** ~ **interdit** one-way street; (Aut) ~ **giratoire** roundabout (Brit), traffic circle (US); **mettre** ~ **dessus dessous** to turn upside down **d** (ligne directrice) line ◇ **agir dans le même** ~ to act along the same lines; **des directives dans ce** ~ instructions to that effect.

sensation [sɑ̃sɑsjɔ̃] nf feeling ◇ **faire** ~ to cause a sensation; **roman à** ~ sensational novel ◆ **sensationnel, -elle** adj sensational.

sensé, e [sɑ̃se] adj sensible.

sensibilisation [sɑ̃sibilizɑsjɔ̃] nf ◇ **la** ~ **de l'opinion publique à ce problème est récente** public opinion has only become sensitive ou receptive to this problem in recent years ◆ **sensibiliser** 1 vt ◇ ~ **qn** to make sb sensitive (*à* to).

sensibilité [sɑ̃sibilite] nf sensitivity ◆ **sensible** adj (gén) sensitive (*à* to); (perceptible) noticeable ◇ (fig) **elle a le cœur** ~ she is tenderhearted ◆ **sensiblement** adv (presque) approximately; (notablement) noticeably ◆ **sensiblerie** nf **a** sentimentality ◆ **sensitif, -ive**, ou **sensoriel, -elle** adj **b** sensory.

sensualité [sɑ̃sɥalite] nf sensuousness; (sexuelle) sensuality ◆ **sensuel, -elle** adj sensuous; sensual.

sentence [sɑ̃tɑ̃s] nf (verdict) sentence; (adage) maxim ◆ **sentencieux, -euse** adj sententious.

senteur [sɑ̃tœʀ] nf scent, perfume.

senti, e [sɑ̃ti] adj ◇ **bien** ~ well-chosen.

sentier [sɑ̃tje] nm path.

sentiment [sɑ̃timɑ̃] nm feeling ◇ (péj) **faire du** ~ to be sentimental; **avoir le** ~ **de** to be aware of; **recevez, Monsieur, mes** ~**s distingués** yours faithfully; **avec nos meilleurs** ~**s** with our best wishes ◆ **sentimental, e,** mpl **-aux** **1** adj (gén) sentimental; (aventure, vie) love **2** nm,f sentimentalist ◆ **sentimentalité** nf sentimentality.

sentinelle [sɑ̃tinɛl] nf sentry ◇ **être en** ~ to be on sentry duty.

sentir [sɑ̃tiʀ] 16 **1** vt **a** (odeur) to smell; (goût) to taste; (toucher) to feel; (fig: avoir l'air) to look like ◇ **il ne peut pas le** ~ [famil] he can't stand ou bear him; ~ **bon** to smell good ou nice; ~ **des pieds** to have smelly feet; **ce thé sent le jasmin** this tea tastes of ou smells of jasmine; **la pièce sent le renfermé** the room smells stale; **ça sent la pluie** it looks like rain **b** (ressentir: fatigue) to feel; (pressentir: danger) to sense ◇ (montrer) **faire** ~ to show; **faire** ~ **son autorité** to make one's authority felt; (effets) **se faire** ~ to be felt **2** **se sentir** vpr (changements) to be felt ◇ **se** ~ **mieux** etc to feel better etc; **ne pas se** ~ **de joie** to be beside o.s.with joy.

séparation [separasjɔ̃] nf (gén) separation; (cloison) partition ◇ **des ~s déchirantes** heartrending partings ◆ **séparé, e** adj (notions) separate; (Jur: époux) separated ◇ (loin) **vivre ~** to live apart (*de* from) ◆ **séparément** adv separately ◆ **séparer** [1] **1** vt (gén) to separate (*de* from); (combattants) to part; (questions) to distinguish between ◇ **~ qch en 2** to split sth in 2 **2** **se séparer** vpr **a** (s'écarter) to divide, part; (se détacher) to split off, separate off (*de* from) ◇ **se ~ en deux** to divide in two **b** (adversaires) to separate; (manifestants) to disperse; (assemblée) to break up; (époux) to separate ◇ **se ~ de qch** to part from sth.

sept [sɛt] adj inv, nm inv seven → **six.**

septante [sɛptɑ̃t] adj inv (dial) seventy.

septembre [sɛptɑ̃bʀ(ə)] nm September ◇ **arriver le premier ~** to arrive on the first of September; **en ~** in September; **en ~ dernier** last September.

septennat [sɛptena] nm seven-year term (of office).

septentrional, e, mpl **-aux** [sɛptɑ̃tʀijɔnal, o] adj northern.

septième [sɛtjɛm] adj, nmf seventh ◇ **le ~ art** the cinema → **sixième** ◆ **septièmement** adv seventhly → **sixièmement.**

septuagénaire [sɛptɥaʒenɛʀ] adj, nmf septuagenarian.

sépulcral, e, mpl **-aux** [sepylkʀal, o] adj sepulchral ◆ **sépulcre** nm sepulchre.

sépulture [sepyltyʀ] nf burial place.

séquelles [sekɛl] nfpl (maladie) after-effects; (guerre) aftermath.

séquence [sekɑ̃s] nf sequence.

séquestration [sekɛstʀasjɔ̃] nf illegal confinement ◆ **séquestre** nm ◇ **mettre sous ~** to sequester ◆ **séquestrer** [1] vt (personne) to confine illegally.

séquoia [sekɔja] nm sequoia, redwood.

serbo-croate [sɛʀbɔkʀɔat] **1** adj Serbo-Croat(ian) **2** nm (Ling) Serbo-Croat.

serein, e [səʀɛ̃, ɛn] adj serene ◆ **sereinement** adv serenely ◆ **sérénité** nf serenity.

sérénade [seʀenad] nf serenade.

serf, serve [sɛʀ(f), sɛʀv(ə)] nm,f serf.

sergent [sɛʀʒɑ̃] nm sergeant ◇ **~-major** ≃ quartermaster sergeant.

série [seʀi] nf (gén) series (sg); (objets) set ◇ **ouvrages de ~ noire** crime thrillers; **film de ~ B** B (grade) film; **~ télévisée** TV series; **fabrication en ~** mass production; **article de ~** standard article.

sérieux, -euse [seʀjø, øz] **1** adj (gén) serious; (réparateur) reliable; (moralement) trustworthy; (air) earnest; (acquéreur, menace) genuine; (raison, chances) strong, good **2** nm seriousness; reliability; earnestness ◇ **garder son ~** to keep a straight face; **prendre au ~** to take seriously ◆ **sérieusement** adv seriously ◇ **il l'a dit ~** he was in earnest.

serin [s(ə)ʀɛ̃] nm (oiseau) canary.

seringue [s(ə)ʀɛ̃g] nf syringe.

serment [sɛʀmɑ̃] nm (solennel) oath; (promesse) pledge ◇ **faire un ~** to take an oath; **sous ~** on ou under oath; **je fais le ~ de venir** I swear that I'll come.

sermon [sɛʀmɔ̃] nm sermon ◆ **sermonner** [1] vt ◇ **~ qn** to lecture sb.

séronégatif, -ive [seʀɔnegatif, iv] **1** adj not infected with the HIV virus **2** nm,f person not infected with the HIV virus.

séropositif, -ive [seʀɔpositif, iv] adj, nm, f HIV positive.

serpe [sɛʀp(ə)] nf billhook, bill.

serpent [sɛʀpɑ̃] nm (Zool) snake, serpent ◇ **~ à sonnettes** rattlesnake ◆ **serpenter** [1] vi to wind ◆ **serpentin** nm (ruban) streamer; (Chim) coil.

serpillière [sɛʀpijɛʀ] nf floorcloth.

serre [sɛʀ] nf **a** (Agr) (gén) greenhouse; (d'une maison) conservatory ◇ **effet de ~** greenhouse effect; **~ chaude** hothouse **b** (griffe) talon, claw.

serrer [seʀe] [1] **1** vt **a** (avec la main) to grip, hold tight; (dans ses bras) to clasp ◇ **~ la main à qn** to shake hands with sb **b** (poing, mâchoires) to clench; (lèvres) to set ◇ **la gorge serrée par l'émotion** choked with emotion; **cela serre le cœur** it wrings your heart **c** ◇ (vêtements) **~ qn** to be too tight for sb **d** (vis, nœud, ceinture) to tighten; (dans un étau) to grip; (frein à main) to put on ◇ **~ la vis à qn** [famil] to keep a tighter rein on sb **e** (véhicule) (par derrière) to keep close behind; (latéralement) to squeeze **f** (rapprocher) (objets) to close up; (convives) to squeeze up ◇ (Mil) **~ les rangs** to close ranks **2** vi ◇ (Aut) **~ à droite** to move in to the right **3** **se serrer** vpr to squeeze up ◇ **se ~ contre qn** to huddle against sb; **son cœur se serra** he felt a pang of anguish; **se ~ les coudes** to back one another up ◆ **serré, e** adj (gén, fig) tight; (spectateurs) packed; (réseau) dense; (mailles) close ◇ **trop ~** too tight; **jouer ~** to play a tight game.

serrure [seʀyʀ] nf lock ◆ **serrurerie** nf locksmith's trade ◆ **serrurier** nm locksmith.

sertir [sɛʀtiʀ] [2] vt (bijou) to set.

sérum [seʀɔm] nm serum.

servante [sɛʀvɑ̃t] nf maid servant.

serveur [sɛʀvœʀ] nm **a** waiter; (bar) barman **b** ◇ (Ordin) **centre ~** service centre ◆ **serveuse** nf waitress; barmaid.

serviabilité [sɛʀvjabilite] nf obligingness ◆ **serviable** adj obliging.

service [sɛʀvis] nm **a** (gén) service ◇ **mauvais** ~ disservice; ~ **funèbre** funeral service; **faire son** ~ **militaire** to do one's military ou national service; ~ **de verres** service ou set of glasses; ~ **après-vente** after-sales service; **être au** ~ **de** to be in the service of; **rendre** ~ **à qn** (personne) to do sb a service ou a good turn; (outil) to be of use to sb; **mettre en** ~ to put into service; **hors de** ~ out of order; (Tennis) **être au** ~ to have the service **b** (temps de travail) duty ◇ **être de** ~ to be on duty; **avoir 25 ans de** ~ to have completed 25 years' service **c** (organisme public) service; (section) department, section **d** (au restaurant) service; (pourboire) service charge ◇ **premier** ~ first sitting; ~ **compris/non compris** service included/ not included **e** ◇ ~ **d'ordre** (policiers) police patrol; (manifestants) team of stewards.

serviette [sɛʀvjɛt] nf **a** ◇ ~ **de toilette** hand towel; ~ **de table** serviette, table napkin; ~**-éponge** towel **b** (cartable) briefcase.

servile [sɛʀvil] adj (gén) servile; (imitation) slavish ◆ **servilité** nf servility; slavishness.

servir [sɛʀviʀ] 14 **1** vt **a** (gén) to serve ◇ (au restaurant) ~ **qn** to wait on sb; **en fait d'ennuis, elle a été servie** as regards troubles, she's had more than her share; ~ **qch à qn** to serve sb with sth, help sb to sth; **à table, c'est servi!** come and sit down, it's ready!; **sa prudence l'a servi** his caution served him well (*auprès de* with) **b** (être utile) to be of use ◇ ~ **à faire** to be used for doing; **ça m'a servi à réparer le lit** I used it to mend the bed; **cela ne sert à rien de pleurer** it's no use crying, crying doesn't help; **à quoi ça sert?** what is it used for? **c** ◇ ~ **de qch** to serve as sth, be used as sth; **elle lui a servi d'interprète** she acted as his interpreter **d** (argent) to pay; (Cartes) to deal **2** **se servir** vpr (à table) to help o.s. ◇ (commissions) **se** ~ **chez X** to shop at X's; **se** ~ **de qch** to use sth.

serviteur [sɛʀvitœʀ] nm servant.

servitude [sɛʀvityd] nf (esclavage) servitude; (contrainte) constraint.

ses [se] adj poss → 1. **son.**

session [sesjɔ̃] nf session.

seuil [sœj] nm (marche) doorstep; (entrée) doorway; (fig) threshold.

seul, e [sœl] **1** adj **a** (non accompagné) alone, on one's (ou its etc) own, by oneself (ou itself etc); (isolé) lonely ◇ ~ **à** ~ alone; **comme un** ~ **homme** as one man **b** (unique) only ◇ **un** ~ **livre** a single book, only one book; **pour cette** ~**e raison** for this reason alone ou only; ~ **et unique** one and only; **d'un** ~ **coup** (subitement) suddenly; (ensemble) in one go; **vous êtes** ~ **juge** you alone can judge; **à** ~**e fin de** with the sole purpose of; **une** ~**e fois** only once; (en apposition) ~ **le résultat compte** the result alone counts, only the result counts **2** adv alone, by oneself, on one's own; (sans aide) unaided, single-handed **3** nm,f ◇ **le** ~ the only one; **pas un** ~ not a single one.

seulement [sœlmɑ̃] adv only ◇ **on ne vit pas** ~ **de pain** you can't live on bread alone ou only ou solely on bread; **il vient** ~ **d'entrer** he's only just come in; **non** ~ **il a plu, mais il a fait froid** it didn't only rain but it was cold too; **on ne nous a pas** ~ **donné un verre d'eau** we were not even given a glass of water; **si** ~ if only.

sève [sɛv] nf sap.

sévère [sevɛʀ] adj (gén) severe; (climat) harsh; (ton) stern; (parents) strict ◆ **sévérité** nf severity; harshness; sternness; strictness.

sévices [sevis] nmpl ill treatment.

sévir [seviʀ] 2 vi **a** (punir) to act ruthlessly ◇ ~ **contre** to punish **b** (fléau) to rage ◇ **il sévit à la télé depuis 20 ans** he's been plaguing our screens for the last 20 years.

sevrer [səvʀe] 5 vt to wean; (priver) to deprive.

sexe [sɛks(ə)] nm sex; (organes) sex organs ◆ **sexiste** adj, nmf sexist ◆ **sexualité** nf sexuality ◆ **sexuel, -elle** adj sexual.

sextant [sɛkstɑ̃] nm sextant.

seyant, e [sɛjɑ̃, ɑ̃t] adj (vêtement) becoming.

Seychelles [seʃɛl] nfpl ◇ **les** ~ the Seychelles.

SGBD [ɛsʒebede] nm abrév de *système de gestion de bases de données* → **système.**

shampooing [ʃɑ̃pwɛ̃] nm shampoo ◇ **faire un** ~ **à qn** to shampoo sb's hair ◆ **shampooiner** 1 vt to shampoo ◆ **shampooineur, -euse** **1** nm,f (hairdressing) junior **2** nf carpet shampooer.

shérif [ʃeʀif] nm sheriff.

short [ʃɔʀt] nm (pair of) shorts.

1. **si** [si] conj **a** (hypothèse) if ◇ ~ **j'avais de l'argent** if I had any money; ~ **j'étais riche** if I were rich; ~ **tu lui téléphonais?** supposing you phoned him? **b** (opposition) while ◇ ~ **lui est aimable, sa femme est arrogante** while ou whereas he is very pleasant, his wife is arrogant **c** ◇ (constatation) **c'est un miracle s'il est vivant** it's a miracle he's alive; **excusez-moi** ~ **je suis en retard** excuse me for being late **d** (indirect) if, whether ◇ **il demande** ~ **elle viendra** he is asking whether ou if she will come; **vous imaginez s'ils étaient fiers!** you can imagine how proud they were! **e** ◇ **qui,** ~ **ce n'est lui?** who if not him? ou apart from him?; ~ **ce n'était la crainte de les décourager** if it were not ou were it not

for the fear of putting them off **f** ◇ **s'il te ou vous plaît** please; ~ **j'ose dire** if I may say so; ~ **l'on peut dire** so to speak; ~ **l'on veut** in a way.

2. **si** [si] adv **a** ◇ (affirmatif) **vous ne venez pas?** – ~ aren't you coming? – yes I am; **il n'a pas voulu, moi** ~ he didn't want to, but I did **b** (tellement) so ◇ **il est ~ gentil** he's so nice, he's such a nice man **c** ◇ ~ **bien que** so that **d** (concessif) however ◇ ~ **bête qu'il soit** however stupid he may be **e** (égalité) as, so ◇ **elle n'est pas ~ timide que vous croyez** she's not so ou as shy as you think.

3. **si** [si] nm inv (Mus) B; (en chantant) ti, te.

siamois, e [sjamwa, waz] adj Siamese.

sida, SIDA [sida] nm abrév de *syndrome immuno-déficitaire acquis* aids ou AIDS.

sidérer [sideʀe] 6 vt [famil] to stagger, shatter [famil].

sidérurgie [sideʀyʀʒi] nf iron and steel industry ◆ **sidérurgique** adj steel-making ◆ **sidérurgiste** nmf steel worker.

siècle [sjɛkl(ə)] nm century ◇ **il y a des ~s que nous ne nous sommes vus** [famil] it's years ou ages since we last saw each other.

siège [sjɛʒ] nm **a** (objet, Pol) seat ◇ **prenez un** ~ take a seat; ~ **éjectable** ejector seat **b** (firme) head office; (parti) headquarters; (maladie) seat; (faculté, sensation) centre ◇ ~ **social** registered office **c** (place forte) siege ◇ **faire le ~ de** to lay siege to; **lever le** ~ to raise the siege ◆ **siéger** 3 et 6 vi (se trouver) to lie; (assemblée) to sit.

sien, sienne [sjɛ̃, sjɛn] **1** pron poss ◇ **le ~, la sienne, les ~s, les siennes** (homme) his (own); (femme) hers, her own; (chose) its own; (indéf) one's own; **mes enfants sont sortis avec les 2 ~s** my children have gone out with her (ou his) 2 **2** nm **a** ◇ **y mettre du** ~ to give and take **b** ◇ **les ~s** (famille) one's family; (partisans) one's own people **3** nf ◇ **il a encore fait des siennes** [famil] he has done it again [famil].

Sierra Leone [sjɛʀaleɔn] nf Sierra Leone.

sieste [sjɛst(ə)] nf (gén) nap, (en Espagne etc) siesta ◇ **faire la** ~ to have a nap.

sifflement [sifləmɑ̃] nm ◇ **un** ~ a whistle; **des ~s** whistling ◆ **siffler** 1 **1** vi (gén) to whistle; (avec un sifflet) to blow a whistle; (gaz, serpent) to hiss **2** vt **a** (chien) to whistle for; (automobiliste) to blow one's whistle at; (faute) to blow one's whistle for ◇ ~ **la fin du match** to blow the final whistle **b** (acteur, pièce) to hiss, boo **c** (chanson) to whistle **d** (famil: avaler) to knock back [famil] ◆ **sifflet** nm whistle ◇ (huées) **~s** booing, cat calls ◆ **siffloter** 1 vti to whistle.

sigle [sigl(ə)] nm (set of) initials, acronym.

signal, pl **-aux** [siɲal, o] nm signal ◇ (Aut) **signaux lumineux** traffic signals ou lights; **tirer le ~ d'alarme** to pull the alarm cord ◆ **signalement** nm description, particulars ◆ **signaler** 1 **1** vt (gén) to indicate; (avertir) to signal; (vol) to report; (détail) to point out ◇ **rien à** ~ nothing to report **2** **se signaler** vpr to draw attention to o.s. ◆ **signalisation** nf (action) signposting ◇ **panneau de** ~ roadsign.

signature [siɲatyʀ] nf (action) signing; (marque) signature.

signe [siɲ] nm sign ◇ ~ **de croix** etc sign of the cross etc; ~ **de ponctuation** punctuation mark; ~ **du zodiaque** sign of the zodiac; **en ~ de respect** as a sign ou token of respect; **'~s particuliers: néant'** 'distinguishing marks: none'; **faire ~ à qn** (lit) to make a sign to sb; (fig: contacter) to contact sb; **faire ~ du doigt à qn** to beckon (to) sb with one's finger; (de la tête) **faire ~ que oui** to nod in agreement; **faire ~ que non** to shake one's head.

signer [siɲe] 1 **1** vt to sign **2** **se signer** vpr (Rel) to cross o.s.

signet [siɲɛ] nm bookmark.

significatif, -ive [siɲifikatif, iv] adj (révélateur) significant; (expressif) meaningful ◆ **signification** nf (sens) meaning ◆ **signifier** 7 vt (avoir pour sens) to mean, signify; (notifier) to notify (*à* to).

sikh, e [sik] adj, nm, f Sikh.

silence [silɑ̃s] nm (gén) silence; (pause) pause; (Mus) rest ◇ **garder le** ~ to keep silent (*sur* on); **faire** ~ to be silent; **passer qch sous** ~ to pass over sth in silence ◆ **silencieusement** adv silently ◆ **silencieux, -euse** **1** adj silent **2** nm (Tech) silencer.

silex [silɛks] nm flint.

silhouette [silwɛt] nf (profil) outline, silhouette; (allure, dessin) figure.

silicium [silisjɔm] nm silicon.

sillage [sijaʒ] nm (bateau, fig) wake; (avion) slipstream.

sillon [sijɔ̃] nm (Agr, fig) furrow; (disque) groove ◆ **sillonner** 1 vt (bateau, routes) to cut across; (rides, ravins) to furrow ◇ ~ **les routes** to travel the roads.

silo [silo] nm silo.

simagrées [simagʀe] nfpl fuss.

similaire [similɛʀ] adj similar ◆ **simili** préf imitation ◆ **similitude** nf similarity.

simple [sɛ̃pl(ə)] **1** adj (gén) simple; (non multiple: billet, fleur) single ◇ **réduit à sa plus ~ expression** reduced to a minimum; ~ **comme bonjour** [famil] easy as pie [famil]; (hum) **dans le plus ~ appareil** in one's birthday suit; **un ~ d'esprit** a simpleton; **un ~ particulier** an ordinary citizen; **un ~ soldat** a private; **un ~ regard la déconcertait** just a look ou a mere look would upset her **2** nm ◇ **passer du ~ au**

double to double; (Tennis) ~ **dames** ladies' singles ◆ **simplement** adv (gén) simply; (seulement) simply, merely, just ◆ **simplet, -ette** adj (personne) simple; (raisonnement) simplistic ◆ **simplicité** nf simplicity; (naïveté) simpleness ◆ **simplification** nf simplification ◆ **simplifier** [7] vt to simplify ◆ **simpliste** adj (péj) simplistic.

simulacre [simylakʀ(ə)] nm ◇ (péj) **un ~ de** a mockery of ◆ **simulateur, -trice** nm,f shammer ◆ **simulation** nf simulation ◇ **c'est de la ~** it's sham ◆ **simulé, e** adj feigned, sham ◆ **simuler** [1] vt to simulate ◇ **~ une maladie** to feign illness.

simultané, e [simyltane] adj simultaneous.

sincère [sɛ̃sɛʀ] adj sincere ◆ **sincérité** nf sincerity.

sinécure [sinekyʀ] nf sinecure.

Singapour [sɛ̃gapuʀ] nm Singapore.

singe [sɛ̃ʒ] nm (gén) monkey; (de grande taille) ape ◇ **faire le ~** to monkey about ◆ **singer** [3] vt to ape, mimic ◆ **singeries** nfpl clowning ◇ **faire des ~** to clown about.

singulariser [sɛ̃gylaʀize] [1] vt to make conspicuous ◆ **singularité** nf singularity ◆ **singulier, -ière** adj, nm singular ◆ **singulièrement** adv singularly.

sinistre [sinistʀ(ə)] **1** adj sinister **2** nm (catastrophe) disaster; (incendie) blaze; (Assurances: cas) accident ◆ **sinistré, e** **1** adj disaster-stricken ◇ **le département a été déclaré zone ~e** the department was declared a disaster area **2** nm,f disaster victim.

sinon [sinɔ̃] conj (sauf) except (*que* that); (sans quoi) otherwise, or else ◇ (concession) **il avait leur approbation, ~ leur enthousiasme** he had their approval, if not their enthusiasm.

sinueux, -euse [sinɥø, øz] adj (route) winding; (ligne) sinuous; (pensée) tortuous.

sinus [sinys] nm (Anat) sinus; (Math) sine ◆ **sinusite** nf sinusitis.

siphon [sifɔ̃] nm (bouteille) siphon; (évier) U-bend ◆ **siphonner** [1] vt to siphon.

sire [siʀ] nm (seigneur) lord ◇ (au roi) **S~** Sire; **triste ~** unsavoury individual.

sirène [siʀɛn] nf (Myth, fig) siren, mermaid; (véhicule) siren; (usine) hooter, siren (US) ◇ **~ d'alarme** fire (ou burglar) alarm.

sirop [siʀo] nm (gén) syrup; (potion) mixture ◇ **~ de menthe** mint cordial ◆ **siroter** [1] vt to sip ◆ **sirupeux, -euse** adj syrupy.

sis, sise [si, siz] adj located.

sismique [sismik] adj seismic.

site [sit] nm (lieu) site; (environnement) setting; (endroit pittoresque) beauty spot ◇ **un ~ classé** a conservation area.

sitôt [sito] adv, prép as soon as ◇ **~ (qu'il sera) guéri** as soon as he is better; **~ dit, ~ fait** no sooner said than done; **~ après la guerre** immediately after the war; **il ne reviendra pas de ~** he won't be back for quite a while.

situation [sitɥasjɔ̃] nf situation, position ◇ **~ de famille** marital status.

situer [sitɥe] [1] **1** vt (gén) to place; (construire) to site, situate, locate **2** **se situer** vpr (espace) to be situated; (temps) to take place.

six [sis] ,devant consonne [si], devant voyelle ou h muet [siz] **1** adj cardinal inv six ◇ **les ~ huitièmes de cette somme** six eighths of this sum; **un objet de ~ F** a six-franc article; **à ~ faces** six-sided; **cinq fois sur ~** five times out of six; **tous les ~** all six of them; **ils viennent à ~ pour déjeuner** there are six coming to lunch; **on peut s'asseoir à ~ autour de cette table** this table can seat six (people); **se battre à ~ contre un** to fight six against one; **~ par ~** six at a time, six by six; **se mettre en rangs par ~** to form rows of six **2** adj ordinal inv sixth, six ◇ **arriver le ~ septembre** to arrive on the sixth of September ou on September the sixth; **Louis ~** Louis the Sixth; **page ~** page six **3** nm inv six ◇ **quarante-~** forty-six; **quatre et deux font ~** four and two are ou make six; **il habite ~ rue de Paris** he lives at (number) six Rue de Paris; **nous sommes le ~ aujourd'hui** it's the sixth today ◆ **sixième** **1** adj sixth ◇ **vingt-~** twenty-sixth **2** nmf sixth **3** nm (portion) sixth; (étage) sixth floor ◇ **recevoir le ~ d'une somme** to receive a sixth of a sum; **(les) deux ~s du budget** two sixths of the budget **4** nf (Scol) ≃ first year ou form, ≃ sixth grade (US) ◇ **élève de ~** ≃ first form pupil, sixth grade student (US) ◆ **sixièmement** adv in the sixth place, sixthly.

skaï [skaj] nm leatherette.

sketch, pl **~es** [skɛtʃ] nm variety sketch.

ski [ski] nm (objet) ski; (sport) skiing ◇ **~ acrobatique** hot-dogging; **~ de fond** cross-country skiing, ski touring (US); **~ nautique** water-skiing; **faire du ~** to ski, go skiing ◆ **skier** [7] vi to ski ◆ **skieur, -euse** nm,f skier.

skipper [skipəʀ] nm (course à la voile) skipper.

slalom [slalɔm] nm slalom; (fig) zigzag ◆ **slalomer** [1] vi to slalom; to zigzag.

slave [slav] **1** adj Slavonic **2** nmf ◇ **S~** Slav.

slip [slip] nm briefs, pants ◇ **~ de bain** (homme) bathing trunks; (du bikini) bikini briefs; **~s** 2 pairs of briefs ou pants.

slogan [slɔgɑ̃] nm slogan.

slow [slo] nm slow number.

SMIC [smik] nm abrév de *salaire minimum interprofessionnel de croissance* (index-linked) guaranteed minimum wage.

smicard, e [smikaʀ, aʀd(ə)] nm,f [famil] minimum wage earner.

smoking [smɔkiŋ] nm (costume) dinner suit; (veston) dinner jacket, tuxedo (US).

snack(-bar) [snak(baʀ)] nm snack bar.

SNC abrév de *service non compris* → **service.**

SNCF [ɛsɛnseɛf] nf abrév de *Société nationale des chemins de fer français: French railways.*

snob [snɔb] **1** nmf snob **2** adj snobbish, posh [famil] ◆ **snobisme** nm snobbery.

sobre [sɔbʀ(ə)] adj sober ◆ **sobriété** nf sobriety.

sobriquet [sɔbʀikɛ] nm nickname.

sociable [sɔsjabl(ə)] adj sociable.

social, e, mpl **-aux** [sɔsjal, o] adj social ◆ **social-démocratie** nf, pl, **~-~s** social democracy ◆ **socialisme** nm socialism ◆ **socialiste** adj, nmf socialist.

sociétaire [sɔsjetɛʀ] nmf member *(of a society).*

société [sɔsjete] nf **a** (groupe) society ◇ **la ~** society **b** (club) society; (sportive) club ◇ **la S~ protectrice des animaux** ≃ the Royal Society for the Prevention of Cruelty to Animals, the American Society for the Prevention of Cruelty to Animals **c** (gén, Comm: compagnie) company ◇ **~ anonyme** ≃ limited company; **~ à responsabilité limitée** limited liability company.

socio- [sɔsjɔ] préf socio ◆ **sociologie** nf sociology ◆ **sociologique** adj sociological ◆ **sociologue** nmf sociologist.

socle [sɔkl(ə)] nm (statue) plinth, pedestal; (lampe) base.

socquette [sɔkɛt] nf ankle sock.

soda [sɔda] nm fizzy drink.

sodium [sɔdjɔm] nm sodium.

sœur [sœʀ] nf (gén, Rel) sister ◇ (école) **les ~s** convent school.

sofa [sɔfa] nm sofa.

SOFRES [sɔfʀɛs] nf abrév de *Société française d'enquêtes par sondage: company which conducts opinion polls.*

soft(ware) [sɔft(wɛʀ)] nm software.

soi [swa] **1** pron pers (gén) oneself ◇ **il n'agit que pour ~** he is only acting for himself; **s'aider entre ~** to help each other ou one another; **cela va de ~** it's obvious (*que* that); (intrinsèquement) **en ~** in itself **2** nm (Philos) self; (Psych) id ◆ **soi-disant** **1** adj inv so-called **2** adv ◇ **il était ~ parti** he had supposedly left.

soie [swa] nf silk; (sanglier etc) bristle.

soif [swaf] nf thirst (*de* for) ◇ **avoir ~** to be thirsty; **ça donne ~** it makes you thirsty.

soigné, e [swaɲe] adj (propre) tidy, neat.

soigner [swaɲe] 1 **1** vt (gén) to look after, take (good) care of; (tenue, travail) to take care over; (Méd) to treat ◇ **se faire ~** to have treatment **2** **se soigner** vpr to take good care of o.s., look after o.s.

soigneux, -euse [swaɲø, øz] adj tidy, neat ◇ **~ de** careful about ◆ **soigneusement** adv carefully.

soin [swɛ̃] nm **a** (application) care; (ordre et propreté) tidiness, neatness ◇ **avec ~** carefully **b** (charge) care ◇ **je vous laisse ce ~** I leave you to take care of this; **son premier ~ fut de faire...** his first concern was to do... **c** ◇ **~s** care; (traitement) treatment; **~s médicaux** medical care; **~s dentaires** dental treatment; **les premiers ~s** first aid; (sur lettre) **aux bons ~s de** care of, c/o; **être aux petits ~s pour qn** to wait on sb hand and foot **d** ◇ **avoir ~ de faire** to take care to do; **prendre ~ de qn** to take care of ou look after sb.

soir [swaʀ] nm evening ◇ **6 heures du ~** 6 in the evening, 6 pm; **11 heures du ~** 11 at night, 11 pm; **le ~** in the evening; **ce ~** this evening, tonight ◆ **soirée** nf evening; (réception) party; (Théât) evening performance ◇ **~ dansante** dance.

soit [swa] **1** adv (oui) very well **2** conj **a** ◇ **~ l'un ~ l'autre** (either) one or the other; **~ qu'il soit fatigué, ~ qu'il en ait assez** whether he is tired or whether he has had enough **b** (à savoir) that is to say **c** ◇ **~ un rectangle ABCD** let ABCD be a rectancle.

soixantaine [swasɑ̃tɛn] nf **a** (environ soixante) sixty or so, about sixty ◇ **la ~ de spectateurs qui** the sixty or so people who; **une ~ de mille francs** sixty thousand or so francs **b** (soixante) sixty **c** (âge) sixty ◇ **d'une ~ d'années** of about sixty; **elle a la ~** she is sixtyish ou in her sixties ◆ **soixante** adj inv, nm inv sixty ◇ **les années ~** the sixties, the 60s; **~ et unième** sixty-first; **~-dix** seventy; **~-dixième** seventieth; **~ et onze** seventy-one ◆ **soixantième** adj, nmf sixtieth.

soja [sɔʒa] nm (plante) soya.

1. **sol** [sɔl] nm (gén) ground; (d'une maison) floor; (Agr, Géol) soil.

2. **sol** [sɔl] nm inv (Mus) G; (en chantant) so(h).

solaire [sɔlɛʀ] **1** adj (gén) solar; (crème) sun **2** nm ◇ (énergie) **le ~** solar energy.

soldat [sɔlda] nm soldier ◇ **simple ~** private; **~ de plomb** lead soldier.

solde [sɔld(ə)] **1** nf (salaire) pay ◇ (péj) **à la ~ de** in the pay of **2** nm **a** (Fin) balance ◇ **~ créditeur** credit balance; **pour ~ de tout compte** in settlement **b** ◇ **(article en) ~** sales article; **~ de lainages** woollen sale;

acheter qch en ~ to buy sth at sale price; **les** ~**s** the sales ◆ **solder** [1] **1** vt **a** (compte) (arrêter) to wind up; (acquitter) to balance **b** (marchandises) to sell at sale price **2** **se solder** vpr ◇ (fig) **se** ~ **par** to end in ◆ **solderie** nf discount store.

sole [sɔl] nf (poisson) sole.

soleil [sɔlɛj] nm **a** (astre) sun; (chaleur) sunshine ◇ **il fait du** ~ the sun is shining **b** (feu d'artifice) Catherine wheel; (acrobatie) grand circle; (fig: culbute) somersault; (fleur) sunflower.

solennel, -elle [sɔlanɛl] adj solemn ◆ **solennité** nf solemnity.

solfège [sɔlfɛʒ] nm musical theory.

solidaire [sɔlidɛʀ] adj **a** ◇ (personnes) **être** ~**s** to show solidarity (*de* with) **b** (mécanismes) interdependent ◇ ~ **de** dependent on ◆ **solidairement** adv jointly ◆ **se solidariser** [1] vpr ◇ **se** ~ **avec** to show solidarity with ◆ **solidarité** nf solidarity.

solide [sɔlid] **1** adj (non liquide) solid; (robuste) solid, strong ◇ **être** ~ **sur ses jambes** to be steady on one's legs **2** nm solid ◆ **solidement** adv (fixer) firmly; (fabriquer) solidly ◆ **solidification** nf **a** solidification ◆ **solidifier** vt, **se solidifier** vpr [7] **b** to solidify ◆ **solidité** nf solidity.

soliloque [sɔlilɔk] nm soliloquy.

soliste [sɔlist(ə)] nmf soloist.

solitaire [sɔlitɛʀ] **1** adj (gén) solitary, lonely; (caractère) solitary **2** nmf (ermite) recluse; (fig: ours) loner **3** nm (sanglier) old boar; (diamant, jeu) solitaire ◆ **solitude** nf solitude, loneliness; (désert) solitude.

solive [sɔliv] nf joist.

sollicitation [sɔlisitɑsjɔ̃] nf (démarche) appeal, request; (tentation) temptation, solicitation ◆ **solliciter** [1] vt to seek, request, solicit (*de qn* from sb) ◇ **il est très sollicité** he's very much in demand.

sollicitude [sɔlisityd] nf solicitude.

solo [sɔlo] adj inv, nm solo.

solstice [sɔlstis] nm solstice.

soluble [sɔlybl(ə)] adj soluble.

solution [sɔlysjɔ̃] nf solution (*de* to).

solvable [sɔlvabl(ə)] adj (Fin) solvent.

solvant [sɔlvɑ̃] nm (Chim) solvent.

Somalie [sɔmali] nf (région) Somaliland; (État) Somalia ◆ **somalien, -ienne** adj, **S**~, **-ienne** nm,f Somalian.

sombre [sɔ̃bʀ(ə)] adj (couleur) dark; (pensées) sombre, gloomy ◇ **il fait** ~ it's dark; ~ **idiot** utter idiot.

sombrer [sɔ̃bʀe] [1] vi to sink, go down, founder ◇ (fig) ~ **dans** to sink into.

sommaire [sɔmɛʀ] **1** adj (gén) summary, cursory; (réparation, repas) basic; (décoration) scanty **2** nm summary.

sommation [sɔmɑsjɔ̃] nf (Jur) summons; (injonction) demand; (Mil) warning.

1. **somme** [sɔm] nm nap ◇ **faire un** ~ to have a nap.

2. **somme** [sɔm] nf (Math) sum; (quantité) amount ◇ **faire la** ~ **de** to add up; **en** ~ in sum; ~ **toute** all in all.

sommeil [sɔmɛj] nm (gén) sleep; (envie de dormir) drowsiness, sleepiness ◇ **avoir** ~ to be ou feel sleepy; **nuit sans** ~ sleepless night; **laisser qch en** ~ to leave sth dormant; **le** ~ **éternel** eternal rest ◆ **sommeiller** [1] vi (personne) to doze; (qualité, nature) to lie dormant.

sommelier [sɔməlje] nm wine waiter.

sommer [sɔme] [1] vt to enjoin (*de faire* to do).

sommet [sɔmɛ] nm (gén) top; (fig) height; (montagne) summit; (crâne) crown; (angle) vertex.

sommier [sɔmje] nm bedsprings; (avec pieds) divan base ◇ ~ **à lattes** slatted bed base.

sommité [sɔmite] nf leading light (*de* in).

somnambule [sɔmnɑ̃byl] nmf sleepwalker, somnambulist.

somnifère [sɔmnifɛʀ] nm soporific; (pilule) sleeping pill ou tablet.

somnolence [sɔmnɔlɑ̃s] nf sleepiness, drowsiness, somnolence ◆ **somnolent, e** adj sleepy, drowsy, somnolent ◆ **somnoler** [1] vi to doze.

somptueux, -euse [sɔ̃ptɥø, øz] adj sumptuous ◆ **somptuosité** nf sumptuousness.

1. **son** [sɔ̃], **sa** [sa], **ses** [se] adj poss (homme) his; (femme) her; (objet) its; (indéfini) one's ◇ **Sa Majesté** (roi) His Majesty; (reine) Her Majesty; ~ **jardin à elle** her own garden; **un de ses amis** a friend of his (ou hers); **ça a** ~ **importance** that has its importance; **aimer** ~ **métier** to like one's job; (intensif) **ça pèse** ~ **kilo** it weighs a good kilo.

2. **son** [sɔ̃] nm (bruit) sound ◇ (fig) **entendre un autre** ~ **de cloche** to hear another side of the story; ~ **et lumière** son et lumière.

3. **son** [sɔ̃] nm (Agr) bran.

sonate [sɔnat] nf sonata.

sondage [sɔ̃daʒ] nm (terrain) boring, drilling; (océan) sounding; (vessie) catheterization ◇ ~ **d'opinion** opinion poll ◆ **sonde** nf borer, drill; sounding line; catheter ◇ **mettre une** ~ **à qn** to put a catheter in sb ◆ **sonder** [1] vt to bore, drill; to sound; to catheterize; (personne) (gén) to sound out; (par sondage d'opinion) to poll.

songe [sɔ̃ʒ] nm dream ◆ **songer** [3] **1** vi to dream **2** vt ◇ ~ **que** to think ou consider that **3** **songer à** vt indir (réfléchir à) to think about; (s'occuper de) to think of ◇ ~ **à faire qch** to think of doing sth ◆ **songeur, -euse** adj pensive.

sonnant, e [sɔnɑ̃, ɑ̃t] adj ◇ **à 4 heures** ~**(es)** on the stroke of 4.

sonné, e [sɔne] adj a ◇ **il est midi** ~ it's gone twelve b [famil] (fou) cracked [famil]; (assommé) groggy.

sonner [sɔne] 1 1 vt a (cloche) to ring; (glas) to sound, toll; (clairon, alarme) to sound; (infirmière) to ring for ◇ **la pendule sonne 3 heures** the clock strikes 3; **se faire** ~ **les cloches** [famil] to get a good telling-off [famil] b (famil: étourdir) to knock out 2 vi (gén) to ring; (clairon) to sound; (glas) to sound, toll; (heure) to strike ◇ (fig) ~ **bien** to sound good 3 **sonner de** vt indir (clairon) to sound ◆ **sonnerie** nf a (cloche) ringing; (téléphone) bell; (clairon) sound b (Mil: air) call c (mécanisme) (réveil) alarm; (pendule) chimes; (sonnette) bell ◆ **sonnette** nf bell ◇ ~ **d'alarme** alarm bell; (fig) **tirer la** ~ **d'alarme** to set off the alarm (bell).

sonore [sɔnɔʀ] adj (gén) resonant; (salle) echoing; (bande, onde) sound ◆ **sonorisation** nf ◆ **sono** [famil] nf (équipement) public address system ◆ **sonorité** nf (instrument) tone; (salle) acoustics (pl) ◇ ~**s** tones.

sophistiqué, e [sɔfistike] adj (gén) sophisticated.

soporifique [sɔpɔʀifik] adj, nm soporific.

sorbet [sɔʀbɛ] nm water ice, sorbet, sherbet (US).

sorcellerie [sɔʀsɛlʀi] nf witchcraft, sorcery ◆ **sorcier** nm (lit) sorcerer; (fig) wizard ◆ **sorcière** nf witch, sorceress; (péj) (old) witch, (old) hag.

sordide [sɔʀdid] adj (gén) sordid; (quartier) squalid.

sornettes [sɔʀnɛt] nfpl balderdash.

sort [sɔʀ] nm (condition) lot; (destinée, hasard) fate ◇ **le mauvais** ~ fate; **tirer qch au** ~ to draw lots for sth; **jeter un** ~ **sur** to put a curse ou spell on.

sortable [sɔʀtabl(ə)] adj [famil] ◇ **tu n'est pas** ~! we (ou I) can't take you anywhere.

sorte [sɔʀt(ə)] nf a (espèce) sort, kind b ◇ **accoutré de la** ~ dressed in that fashion ou way; **il n'a rien fait de la** ~ he did nothing of the kind; **de** ~ **à** so as to, in order to; **en quelque** ~ in a way, as it were; **de** ~ **que** (afin de) so that, in such a way that; (si bien que) so much so that; **faire en** ~ **que** to see to it that.

sortie [sɔʀti] nf a (action) exit; (Mil) sortie ◇ **à sa** ~ when he went out ou left; (Mil) **faire une** ~ to make a sortie; ~ **d'usine** factory exit; **à la** ~ **de l'école** after school b (promenade) outing; (au théâtre etc) evening ou night out ◇ **jour de** ~ (domestique) day off; (pensionnaire) day out c (lieu) exit ◇ (lit, fig) **porte de** ~ way out; ~ **de secours** emergency exit d (paroles) (indignée) outburst; (drôle) sally; (incongrue) odd remark e (voiture) launching; (livre) appearance; (disque, film) release f (argent) outlay ◇ ~**s** outgoings g ◇ ~ **de bain** bathrobe h (Ordin) output, read-out ◇ ~ **sur imprimante** print-out i ◇ (Sport) ~ **en touche** going into touch.

sortilège [sɔʀtilɛʒ] nm magic spell.

sortir [sɔʀtiʀ] 16 1 vi a (gén) to leave; (aller) to go out; (venir) to come out; (le soir) to go out; (Ordin) to exit, log out ◇ **laisser** ~ **qn** to let sb out ou leave; **fais-le** ~ make him go, get him out; ~ **de** (pièce) to leave, go ou come out of; (lit etc) to get out of; **sors d'ici!** get out of here!; **d'où sors-tu?** where have you been? b (objet, livre) to come out; (film, disque) to be released c (dépasser) to stick out; (plante) to come up; (dent) to come through d ◇ (passé immédiat) **il sort de maladie** he's just got over an illness e ◇ (fig) ~ **de** (milieu social) to come from; (torpeur) to get over, overcome; (légalité, limites) to go beyond, overstep; (compétences) to be outside; (sujet) to go ou get off; **cela sort de l'ordinaire** that's out of the ordinary; (discussions) **que va-t-il en** ~**?** what will come (out) of it?; ~ **de ses gonds** to fly off the handle; **il est sorti d'affaire** he has got over it; **on n'est pas sorti de l'auberge** [famil] we're not out of the wood yet 2 vt (gén) to take out; (expulser) to throw out; (mettre en vente) to bring out; (film) to release ◇ ~ **qch de sa poche** to take sth out of one's pocket 3 **se sortir** vpr ◇ (réussir) **s'en** ~ to pull through 4 nm ◇ **au** ~ **de l'hiver** as winter draws to a close.

S.O.S. [ɛsoɛs] nm SOS ◇ (Aviat, Naut) **lancer un** ~ to put out an SOS; ~ **médecins/dépannage** etc emergency medical/repair etc service.

sosie [sɔzi] nm double *(person)*.

sot, sotte [so, sɔt] adj silly, foolish ◆ **sottise** nf foolishness ◇ **une** ~ a silly ou foolish remark (ou action).

sou [su] nm ◇ (argent) **des** ~**s** money; **sans le** ~ penniless; **pas pour un** ~ not in the least.

soubassement [subasmɑ̃] nm (maison) base.

soubresaut [subʀəso] nm (cahot) jolt; (de peur) start; (d'agonie) convulsive movement ◇ **avoir un** ~ to give a start.

soubrette [subʀɛt] nf maid.

souche [suʃ] nf (arbre) stump; (vigne) stock; (microbes) colony, clone ◇ (famille) **de vieille** ~ of old stock; **carnet à** ~**s** counterfoil book.

souci [susi] nm a (tracas) worry; (préoccupation) concern (*de* for) ◇ **se faire du** ~ to worry; **c'est le cadet de mes** ~**s** that's the least of my worries b (fleur) marigold ◆ **se soucier** 7 vpr ◇ **se** ~ **de** to care about ◆ **soucieux, -euse** adj worried, concerned (*de* about) ◇ **être** ~ **de faire** to be anxious to do.

soucoupe [sukup] nf saucer ◇ ~ **volante** flying saucer.

soudain, e [sudɛ̃, ɛn] **1** adj sudden **2** adv suddenly ◆ **soudainement** adv suddenly ◆ **soudaineté** nf suddenness.

Soudan [sudɑ̃] nm ◇ **le** ~ (the) Sudan ◆ **soudanais, e** adj, **S**~, **e** nm,f Sudanese.

soude [sud] nf (industrielle) soda.

souder [sude] 1 vt (métal) to solder; (soudure autogène) to weld; (os) to knit; (fig: unir) to bind together ◆ **soudeur** nm solderer; welder ◆ **soudure** nf (opération) soldering; welding; (endroit) soldered joint; weld; (substance) solder ◇ **faire la** ~ **entre** to bridge the gap between.

soudoyer [sudwaje] 8 vt to bribe, buy over.

souffle [sufl(ə)] nm **a** (en soufflant) blow, puff; (en respirant) breath ◇ ~ **régulier** regular breathing; **à bout de** ~ out of breath; **reprendre son** ~ to get one's breath back; (fig) **il en a eu le** ~ **coupé** it took his breath away **b** (explosion) blast **c** (vent) puff ou breath of air **d** (inspiration) inspiration **e** ◇ ~ **au cœur** heart murmur.

soufflé [sufle] nm (Culin) soufflé.

souffler [sufle] 1 **1** vi (gén) to blow; (respirer avec peine) to puff; (se reposer) to get one's breath back **2** vt **a** (bougie) to blow out **b** (par explosion) to destroy **c** (réponse) to whisper (*à qn* to sb) ◇ (Théât) ~ **son rôle à qn** to prompt sb; **ne pas** ~ **mot** not to breathe a word **d** (famil: étonner) to stagger **e** (famil: prendre) to pinch [famil] ◆ **souffleur, -euse** nm,f (Théât) prompter ◇ ~ **de verre** glass-blower.

soufflet [suflɛ] nm (Tech) bellows; (Couture) gusset.

souffrance [sufʀɑ̃s] nf **a** (douleur) suffering **b** ◇ **en** ~ (colis) held up; (dossier) pending ◆ **souffrant, e** adj (personne) unwell ◆ **souffre-douleur** nmf inv whipping boy, underdog ◆ **souffrir** 18 **1** vi to suffer (*de* from) ◇ **faire** ~ **qn** (physiquement) to hurt sb; (moralement) to make sb suffer; **ça fait** ~ it hurts, it is painful; ~ **de l'estomac** to have stomach trouble **2** vt (endurer) to endure, suffer; (permettre) to admit of, allow of ◇ ~ **le martyre** to go through agonies; (fig) **il ne peut pas le** ~ he can't stand ou bear him; ~ **que** to allow ou permit that.

soufre [sufʀ(ə)] nm sulphur.

souhait [swɛ] nm wish ◇ **les** ~**s de bonne année** New Year greetings; **à tes** ~**s!** bless you!; (parfaitement) **à** ~ perfectly ◆ **souhaitable** adj desirable ◆ **souhaiter** 1 vt (changements) to wish for ◇ ~ **que** to hope that; **je souhaite réussir** I hope to succeed; **je souhaiterais vous aider** I wish I could help you; ~ **bonne chance à qn** to wish sb luck.

souiller [suje] 1 vt to dirty.

soûl, soûle [su, sul] **1** adj drunk **2** nm ◇ **manger tout son** ~ to eat one's fill.

soulagement [sulaʒmɑ̃] nm relief ◆ **soulager** 3 vt (gén) to relieve (*de* of); (douleur, conscience) to soothe.

soûler [sule] 1 **1** vt ◇ ~ **qn** to make sb drunk **2** **se soûler** vpr to get drunk (*de* with).

soulèvement [sulɛvmɑ̃] nm uprising.

soulever [sulve] 5 **1** vt **a** (poids) to lift; (poussière) to raise ◇ **cela me soulève le cœur** it makes me feel sick **b** (foule) to stir up, rouse; (colère) to arouse; (protestations, problème) to raise **2** **se soulever** vpr (malade) to lift o.s. up; (couvercle, rideau) to lift; (rebelles) to rise up.

soulier [sulje] nm shoe ◇ ~**s montants** boots; **être dans ses petits** ~**s** to feel awkward.

souligner [suliɲe] 1 vt (gén, fig) to underline; (silhouette) to emphasize.

soumettre [sumɛtʀ(ə)] 56 **1** vt **a** (astreindre) (gén) to subject (*à* to); (rebelles) to subjugate **b** (idée, cas) to submit (*à* to) **2** **se soumettre** vpr (gén) to submit (*à* to) ◆ **soumis, e** adj submissive ◆ **soumission** nf submission (*à* to) ◇ **faire sa** ~ to submit.

soupape [supap] nf valve.

soupçon [supsɔ̃] nm suspicion ◇ **au-dessus de tout** ~ above suspicion; **un** ~ **de** (ironie) a hint of; (lait) a drop of ◆ **soupçonner** 1 vt to suspect (*de* of); (fig: imaginer) to imagine ◆ **soupçonneux, -euse** adj suspicious.

soupe [sup] nf (Culin) soup; (famil: Ski) porridge [famil] ◇ ~ **populaire** soup kitchen.

souper [supe] **1** nm supper **2** 1 vi to have supper.

soupeser [supəze] 5 vt (lit) to weigh in one's hands; (fig) to weigh up.

soupière [supjɛʀ] nf soup tureen.

soupir [supiʀ] nm sigh; (Mus) crotchet rest, quater(-note) rest (US) ◆ **soupirant** nm suitor ◆ **soupirer** 1 vi to sigh (*après* for).

soupirail, pl **-aux** [supiʀaj, o] nm (small) basement window.

souple [supl(ə)] adj (gén) supple; (discipline) flexible; (démarche) lithe ◆ **souplesse** nf suppleness; flexibility; litheness.

source [suʀs(ə)] nf (gén, fig) source; (point d'eau) spring ◇ ~ **thermale** thermal spring; (Pol) ~ **autorisée** official source; (Ordin) **programme** ~ source program.

sourcil [suʀsi] nm (eye)brow ◆ **sourciller** [1] vi ◇ **il n'a pas sourcillé** he didn't bat an eyelid.

sourd, e [suʀ, suʀd(ə)] 1 adj a (personne) deaf (*à* to) ◇ ~ **comme un pot** [famil] as deaf as a post; **faire la ~e oreille** to turn a deaf ear b (son) muffled, muted; (douleur) dull; (inquiétude) gnawing; (hostilité) veiled; (lutte) silent, hidden 2 nm,f deaf person ◇ **les ~s** the deaf; **comme un** ~ (taper) with all one's might; (crier) at the top of one's voice ◆ **sourdement** adv (cogner) dully; (secrètement) silently ◆ **sourdine** nf mute ◇ **en** ~ softly, quietly ◆ **sourd-muet**, f. **~e-~ette** 1 adj deaf-and-dumb 2 nm,f deaf-mute.

souriant, e [suʀjɑ̃, ɑ̃t] adj smiling.

souricière [suʀisjɛʀ] nf (lit) mousetrap; (fig) trap.

sourire [suʀiʀ] 1 nm smile ◇ **avec le** ~ with a smile; **faire un ~ à qn** to give sb a smile 2 vi [36] to smile (*à qn* at sb) ◇ (chance) ~ **à qn** to smile on sb; **ça ne me sourit guère** it doesn't appeal to me.

souris [suʀi] nf mouse; (famil: femme) bird [famil].

sournois, e [suʀnwa, waz] adj (gén) sly; (regard) shifty; (méthode) underhand ◆ **sournoiserie** nf slyness.

sous [su] 1 prép a (position) under, underneath, beneath ◇ **se promener ~ la pluie** to take a walk in the rain; ~ **terre** underground; ~ **nos yeux** before ou under our very eyes; ~ **tube** in a tube; **emballé ~ vide** vacuum-packed b (époque) under, during ◇ ~ **peu** shortly, before long; ~ **huitaine** within a week c (cause) under ◇ ~ **les ordres de** under the orders of; ~ **l'empire de la terreur** in the grip of terror; ~ **certaines conditions** on certain conditions; ~ **un jour nouveau** in a new light; **il a été peint ~ les traits d'un berger** he was painted as a shepherd.
2 préf a (subordination) sub- ◇ **~-directeur** assistant ou sub-manager; **~-chef de bureau** deputy chief clerk; **~-officier** non-commissioned officer, NCO; **~-titrer** to subtitle; **~-traiter** (vt) to subcontract; (vi) to become a subcontractor b (insuffisance) under ◇ **~-alimenté** undernourished; **~-équipement** lack of equipment; **~-développement** underdevelopment; **~-évaluer** to underestimate.
◆ **sous-bois** nm inv undergrowth ◆ **sous-entendre** [41] vt to imply ◆ **sous-entendu** nm insinuation ◆ **sous-estimer** vt to underestimate ◆ **sous-jacent, e** adj underlying ◆ **sous-main** nm inv desk blotter ◆ **sous-marin, e** 1 adj (chasse) underwater; (faune) submarine 2 nm submarine ◆ **sous-sol** nm (cave) basement ◆ **sous-vêtement** nm undergarment.

souscripteur, -trice [suskʀiptœʀ, tʀis] nm,f subscriber (*de* to) ◆ **souscription** nf subscription ◇ **ouvrir une ~ en faveur de...** to start a fund in aid of... ◆ **souscrire** [39] 1 **souscrire à** vt indir to subscribe to 2 vt (Comm: billet) to sign.

soussigné, e [susiɲe] adj, nm, f undersigned ◇ **je ~ X** I the undersigned, X.

soustraction [sustʀaksjɔ̃] nf (Math) subtraction; (vol) abstraction ◆ **soustraire** [50] 1 vt (défalquer) to subtract (*de* from); (dérober) to abstract; (cacher) to conceal, shield (*à* from) 2 **se soustraire** vpr ◇ **se ~ à** (devoir) to shirk; (autorité) to escape from.

soutane [sutan] nf cassock.

soute [sut] nf (navire) hold ◇ ~ **à charbon** coal-bunker; ~ **à mazout** oiltank.

souteneur [sutnœʀ] nm procurer.

soutenir [sutniʀ] [22] 1 vt a (personne) to support; (par médicament) to sustain; (politiquement) to back ◇ ~ **qn contre** to take sb's part against b (effort) to keep up, sustain; (réputation) to maintain; (choc) to withstand; (regard) to bear c (opinion) to uphold, support ◇ (Univ) ~ **sa thèse** to attend one's viva; ~ **que** to maintain that 2 **se soutenir** vpr (sur ses jambes) to hold o.s. up, support o.s.; (s'entraider) to stand by each other ◆ **soutenu, e** adj (style) elevated; (effort) sustained.

souterrain, e [sutɛʀɛ̃, ɛn] 1 adj underground, subterranean 2 nm underground passage.

soutien [sutjɛ̃] nm support ◇ (Scol) **cours de** ~ remedial course ◆ **soutien-gorge**, pl **~s-~** nm bra.

soutirer [sutiʀe] [1] vt ◇ ~ **qch à qn** to extract sth from sb.

souvenir [suvniʀ] 1 nm a (réminiscence) memory, recollection ◇ **mauvais** ~ bad memory; **en ~ de** in memory ou remembrance of b (mémoire) memory c (objet) keepsake, memento; (pour touristes) souvenir d ◇ (politesse) **amical** ~ yours; **mon bon ~ à X** give my regards to X 2 **se souvenir** [22] vpr ◇ **se ~ de** to remember; **se ~ d'avoir fait** to remember ou recall ou recollect doing; **tu m'as fait me ~ que...** you have reminded me that....

souvent [suvɑ̃] adv often ◇ **le plus** ~ more often than not; **peu** ~ seldom.

souverain, e [suvʀɛ̃, ɛn] 1 adj (Pol) sovereign; (suprême) supreme ◇ **le ~ pontife** the Supreme Pontiff 2 nm,f sovereign ◆ **souverainement** adv supremely ◆ **souveraineté** nf sovereignty.

soviet [sɔvjɛt] nm soviet ◆ **soviétique** 1 adj Soviet 2 nmf ◇ **S~** Soviet citizen.

soyeux, -euse [swajø, øz] adj silky.

SPA [ɛspea] nf abrév de *Société protectrice des animaux* ≃ RSPCA (Brit), ≃ ASPCA (US).

spacieux, -euse [spasjø, øz] adj spacious, roomy.

sparadrap [sparadra] nm adhesive ou sticking plaster, bandaid (US).

spasme [spasm(ə)] nm spasm ◆ **spasmodique** adj spasmodic.

spatial, e, mpl **-aux** [spasjal, o] adj spatial; (Espace) space.

spatule [spatyl] nf spatula.

speaker [spikœr] nm announcer ◆ **speakerine** nf (woman) announcer.

spécial, e, mpl **-aux** [spesjal, o] adj (gén) special; (bizarre) peculiar ◆ **spécialement** adv (particulièrement) especially; (exprès) specially.

spécialisation [spesjalizɑsjɔ̃] nf specialization ◆ **spécialiser** [1] vpr to specialize (*dans* in) ◆ **spécialiste** nmf specialist ◆ **spécialité** nf speciality.

spécification [spesifikɑsjɔ̃] nf specification ◆ **spécificité** nf specificity ◆ **spécifier** [7] vt to specify ◆ **spécifique** adj specific.

spécimen [spesimɛn] nm (gén) specimen; (publicitaire) specimen copy, sample copy.

spectacle [spɛktakl(ə)] nm [a] (vue) sight; (grandiose) spectacle [b] (représentation) show ◇ (branche) **le ~** show business, entertainment; (rubrique) '**~s**' 'entertainment' ◆ **spectaculaire** adj spectacular, dramatic ◆ **spectateur, -trice** nm,f (événement) onlooker, witness; (Sport) spectator ◇ (Ciné, Théât) **les ~s** the audience.

spectre [spɛktr(ə)] nm (fantôme) spectre; (Phys) spectrum.

spéculateur, -trice [spekylatœr, tris] nm,f speculator ◆ **spéculation** nf speculation ◆ **spéculer** [1] vi to speculate.

spéléologie [speleɔlɔʒi] nf (étude) speleology; (exploration) potholing ◆ **spéléologue** nmf speleologist; potholer.

sperme [spɛrm(ə)] nm semen, sperm ◆ **spermicide** adj, nm spermicide.

sphère [sfɛr] nf sphere ◆ **sphérique** adj spherical.

sphincter [sfɛ̃ktɛr] nm sphincter.

sphinx [sfɛ̃ks] nm sphinx.

spirale [spiral] nf spiral.

spiritualité [spiritɥalite] nf spirituality.

spirituel, -elle [spiritɥɛl] adj (gén) spiritual; (fin) witty.

spiritueux [spiritɥø] nm (alcool) spirit.

splendeur [splɑ̃dœr] nf splendour ◆ **splendide** adj splendid.

spolier [spɔlje] [7] vt to despoil.

spongieux, -euse [spɔ̃ʒjø, øz] adj spongy.

sponsor [spɔ̃sɔr] nm sponsor ◆ **sponsoriser** [1] vt to sponsor.

spontané, e [spɔ̃tane] adj spontaneous ◆ **spontanéité** nf spontaneity ◆ **spontanément** adv spontaneously.

sporadique [spɔradik] adj sporadic.

sport [spɔr] [1] nm sport ◇ **faire du ~** to do sport; **aller aux ~s d'hiver** to go on a winter sports holiday; **voiture** etc **de ~** sports car etc [2] adj inv (vêtement) casual ◆ **sportif, -ive** [1] adj (résultats) sports; (allure) athletic; (mentalité) sporting [2] nm sportsman [3] nf sportswoman ◆ **sportivement** adv sportingly ◆ **sportivité** nf sportsmanship.

spot [spɔt] nm spot(light); (publicitaire) commercial.

square [skwar] nm public garden.

squash [skwaʃ] nm squash.

squelette [skəlɛt] nm skeleton ◆ **squelettique** adj skeleton-like.

Sri Lanka [srilɑ̃ka] nf Sri Lanka ◆ **sri-lankais, e** adj, **S~, e** nm,f Sri-Lankan.

stabilisateur [stabilizatœr] nm stabilizer ◆ **stabilisation** nf stabilization ◆ **stabiliser** vt, **se stabiliser** vpr [1] to stabilize ◆ **stabilité** nf stability ◆ **stable** adj stable, steady.

stade [stad] nm [a] (sportif) stadium [b] (période) stage.

stage [staʒ] nm (période) training period ◇ (cours) **faire un ~** to go on a training course; **~ de formation (professionnelle)** (vocational) training course ◆ **stagiaire** nmf, adj trainee.

stagnant, e [stagnɑ̃, ɑ̃t] adj stagnant ◆ **stagnation** nf stagnation ◆ **stagner** [1] vi to stagnate.

stalactite [stalaktit] nf stalactite.

stalagmite [stalagmit] nf stalagmite.

stand [stɑ̃d] nm (exposition) stand; (foire) stall ◇ **~ de tir** shooting range.

standard [stɑ̃dar] [1] nm (Téléc) switchboard ◇ **~ de vie** standard of living [2] adj inv standard ◆ **standardisation** nf standardization ◆ **standardiser** [1] vt to standardize ◆ **standardiste** nmf switchboard operator.

standing [stɑ̃diŋ] nm standing.

star [star] nf (Ciné) star.

starter [startɛr] nm (Aut) choke ◇ **mettre le ~** to pull the choke out.

station [stɑsjɔ̃] nf [a] (gén) station; (autobus) stop ◇ **~ de taxis** taxi rank; **~-service** service station, gas station (US); **~ balnéaire** seaside resort; **~ spatiale** space station; **~ thermale** thermal spa [b] ◇ **la ~ debout** an upright posture ou stance [c] (halte) stop ◆ **stationnaire** adj stationary.

stationnement [stasjɔnmɑ̃] nm parking ◇ '**~ interdit**' 'no parking' ◆ **stationner** [1] vi (être garé) to be parked; (se garer) to park.

statique [statik] adj static.

statistique [statistik] **1** nf statistic **2** adj statistical.

statue [staty] nf statue ◆ **statuette** nf statuette.

statuer [statɥe] 1 vi ◇ ~ **sur** to rule on.

statu quo [statykwo] nm status quo.

stature [statyʀ] nf stature.

statut [staty] nm (position) status ◇ (règlement) ~**s** statutes ◆ **statutaire** adj statutory.

Sté abrév de *société*.

stencil [stɛnsil] nm (Typ) stencil.

sténo(dactylo) [steno(daktilo)] nf shorthand typist ◆ **sténo(graphie)** nf shorthand.

steppe [stɛp] nf steppe.

stère [stɛʀ] nm stere.

stéréo [steʀeo] nf, adj stereo ◆ **stéréophonie** nf stereophony ◆ **stéréophonique** adj stereophonic.

stéréotype [steʀeɔtip] nm stereotype ◆ **stéréotypé, e** adj stereotyped.

stérile [steʀil] adj (gén) sterile; (terre) barren; (discussion) fruitless ◆ **stérilet** nm coil, IUD ◆ **stérilisation** nf sterilization ◆ **stériliser** 1 vt to sterilize ◆ **stérilité** nf sterility; barrenness; fruitlessness.

sternum [stɛʀnɔm] nm breastbone, sternum.

stéthoscope [stetɔskɔp] nm stethoscope.

steward [stiwaʀt] nm (Aviat) steward.

stigmate [stigmat] nm mark ◇ (Rel) ~**s** stigmata ◆ **stigmatiser** 1 vt to stigmatize.

stimulant, e [stimylɑ̃, ɑ̃t] **1** adj stimulating **2** nm (physique) stimulant; (intellectuel) stimulus ◆ **stimulateur** nm ◇ ~ **cardiaque** pacemaker ◆ **stimulation** nf stimulation ◆ **stimuler** 1 vt to stimulate.

stipulation [stipylɑsjɔ̃] nf stipulation ◆ **stipuler** 1 vt to stipulate.

stock [stɔk] nm stock ◆ **stockage** nm stocking ◆ **stocker** 1 vt to stock.

stoïque [stɔik] adj stoical, stoic.

stop [stɔp] **1** excl stop **2** nm (panneau) stop sign; (feu arrière) brake-light ◇ **faire du** ~ [famil] to hitch-hike ◆ **stopper** 1 vti to halt, stop.

store [stɔʀ] nm (fenêtre) blind, shade; (voilage) net curtain; (magasin) awning, shade ◇ ~ **vénitien** Venetian blind.

strabisme [stʀabism(ə)] nm squint.

strapontin [stʀapɔ̃tɛ̃] nm jump seat, fold-away seat.

stratagème [stʀataʒɛm] nm stratagem.

strate [stʀat] nf stratum, (pl) strata.

stratège [stʀatɛʒ] nm strategist ◆ **stratégie** nf strategy ◆ **stratégique** adj strategic.

stratification [stʀatifikɑsjɔ̃] nf stratification ◆ **stratifier** 7 vt to stratify.

stratosphère [stʀatɔsfɛʀ] nf stratosphere.

stress [stʀɛs] nm (gén, Méd) stress ◆ **stressant, e** adj stressful, stress-inducing ◆ **stresser** 1 vt to make tense ◇ **être stressé** to be under stress.

strict, e [stʀikt(ə)] adj (gén) strict; (costume) plain ◇ **la** ~**e vérité** the plain truth; **c'est son droit le plus** ~ it is his most basic right; **le** ~ **minimum** the bare minimum ◆ **strictement** adv strictly.

strident, e [stʀidɑ̃, ɑ̃t] adj shrill, strident.

strie [stʀi] nf streak; (en relief) ridge ◆ **strier** 7 vt to streak; to ridge.

stroboscope [stʀɔbɔskɔp] nm stroboscope ◆ **stroboscopique** adj stroboscopic ◇ **lumière** ~ strobe lighting.

strophe [stʀɔf] nf verse, stanza.

structure [stʀyktyʀ] nf **a** structure ◆ **structural, e**, pl **-aux** ou **structurel, -elle** adj **b** structural ◆ **structurer** 1 vt to structure.

stuc [styk] nm stucco.

studieux, -euse [stydjø, øz] adj (personne) studious; (vacances) study.

studio [stydjo] nm (d'artiste, de prise de vues) studio; (auditorium) film theatre; (chambre) bedsitter, studio apartment (US).

stupéfaction [stypefaksjɔ̃] nf stupefaction ◆ **stupéfait, e** adj stunned, astounded (*de qch* at sth) ◆ **stupéfiant, e** **1** adj stunning, astounding **2** nm drug, narcotic ◆ **stupéfier** 7 vt to stun, astound ◆ **stupeur** nf astonishment, amazement; (Méd) stupor.

stupide [stypid] adj stupid, silly, foolish ◆ **stupidité** nf stupidity ◇ **une** ~ a stupid remark (ou action).

style [stil] nm style ◇ **meubles de** ~ period furniture; (Ling) ~ **indirect** indirect ou reported speech ◆ **stylé, e** adj well-trained ◆ **styliser** 1 vt to stylize ◆ **styliste** nmf ◇ ~ **de mode** dress designer.

stylo [stilo] nm pen ◇ ~**-bille** ball-point pen; ~ **à encre** fountain pen.

suave [sɥav] adj (personne) suave; (musique, parfum) sweet ◆ **suavité** nf suavity; sweetness.

subalterne [sybaltɛʀn(ə)] **1** adj (rôle) subordinate; (employé, poste) junior **2** nmf subordinate.

subconscient, e [sypkɔ̃sjɑ̃, ɑ̃t] adj, nm subconscious.

subdiviser [sybdivize] 1 vt to subdivide (*en* into) ◆ **subdivision** nf subdivision.

subir [sybiʀ] 2 vt (gén) to undergo; (perte, défaite) to suffer, sustain; (corvée) to put up with; (influence) to be under ◇ ~ **les effets de qch** to experience the effects of sth; **faire** ~ **à qn** (torture) to subject sb to; (défaite) to inflict upon sb; (examen) to put sb through.

subit, e [sybi, it] adj sudden ◆ **subitement** adv suddenly, all of a sudden.

subjectif, -ive [sybʒɛktif, iv] adj subjective ◆ **subjectivité** nf subjectivity.

subjonctif, -ive [sybʒɔ̃ktif, iv] adj, nm subjunctive.

subjuguer [sybʒyge] 1 vt (auditoire) to captivate; (vaincu) to subjugate.

sublime [syblim] adj sublime ◆ **sublimer** 1 vt to sublimate.

submerger [sybmɛʀʒe] 3 vt (eau) to submerge; (fig) to overcome, overwhelm ◇ **submergé de** (travail etc) snowed under ou swamped with ◆ **submersible** adj, nm submarine ◆ **submersion** nf submersion.

subordination [sybɔʀdinɑsjɔ̃] nf subordination ◆ **subordonné, e** 1 adj subordinate (*à* to) 2 nm,f subordinate 3 nf (Ling) subordinate clause ◆ **subordonner** 1 vt to subordinate (*à* to) ◇ (dépendre) **c'est subordonné au résultat** it depends on the result.

subreptice [sybʀɛptis] adj surreptitious.

subside [sypsid] nm grant ◇ **~s** allowance.

subsidiaire [sypsidjɛʀ] adj subsidiary.

subsistance [sybzistɑ̃s] nf subsistence ◆ **subsister** 1 vi (gén) to subsist; (survivre) to survive.

substance [sypstɑ̃s] nf substance ◆ **substantiel, -elle** adj substantial.

substantif [sypstɑ̃tif] nm noun, substantive.

substituer [sypstitɥe] 1 vt to substitute for ◇ **se ~ à qn** to stand in for sb; (par traîtrise) to substitute o.s. for sb ◆ **substitut** nm substitute (*de* for); (magistrat) deputy public prosecutor ◆ **substitution** nf substitution (*à* for).

subterfuge [syptɛʀfyʒ] nm subterfuge.

subtil, e [syptil] adj subtle ◆ **subtilité** nf subtlety.

subtiliser [syptilize] 1 vt to steal.

subvenir [sybvəniʀ] 22 **~ à** vt indir to provide for, meet ◇ **~ à ses besoins** to support o.s.

subvention [sybvɑ̃sjɔ̃] nf (gén) grant; (aux agriculteurs, à un théâtre) subsidy ◆ **subventionner** 1 vt to grant funds to; to subsidize.

subversif, -ive [sybvɛʀsif, iv] adj subversive ◆ **subversion** nf subversion.

suc [syk] nm juice.

succédané [syksedane] nm substitute (*de* for).

succéder [syksede] 6 1 **succéder à** vt indir to succeed 2 **se succéder** vpr to succeed one another.

succès [syksɛ] nm (gén) success; (livre) bestseller; (disque, film) hit ◇ **avoir du ~** to be a success, be successful (*auprès de* with).

successeur [syksesœʀ] nm successor ◆ **successif, -ive** adj successive ◆ **succession** nf (gén) succession; (Jur: patrimoine) estate, inheritance ◇ **prendre la ~ de** to take over from ◆ **successivement** adv successively.

succinct, e [syksɛ̃, ɛ̃t] adj (écrit) succinct; (repas) frugal.

succion [syksjɔ̃] nf suction.

succomber [sykɔ̃be] 1 vi to die, succumb; (sous le nombre) to be overcome ◇ (fig) **~ à** to succumb to.

succulent, e [sykylɑ̃, ɑ̃t] adj succulent.

succursale [sykyʀsal] nf (Comm) branch.

sucer [syse] 3 vt to suck ◆ **sucette** nf (bonbon) lollipop.

sucre [sykʀ(ə)] nm (substance) sugar; (morceau) lump of sugar ◇ **~ de canne** cane sugar; **~ d'orge** stick of barley sugar; **~ en poudre** caster sugar ◆ **sucré, e** adj (saveur) sweet; (café etc) sweetened ◇ **trop ~** too sweet; **non ~** unsweetened ◆ **sucrer** 1 vt to sugar, sweeten ◆ **sucrerie** nf a ◇ **~s** sweets b (raffinerie) sugar refinery ◆ **sucrier, -ière** 1 adj sugar 2 nm (récipient) sugar basin ou bowl; (industriel) sugar producer.

sud [syd] 1 nm south ◇ **au ~** (situation) in the south; (direction) to the south; **l'Europe du ~** Southern Europe 2 adj inv (région) southern; (côté, pôle) south; (direction) southerly ◇ **~-africain** etc South African etc ◆ **sudiste** nmf Southerner.

Suède [sɥɛd] 1 nf Sweden 2 nm ◇ (peau) **s~** suede ◆ **suédine** nf suedette ◆ **suédois, e** 1 adj, nm Swedish 2 nm,f ◇ **S~, e** Swede.

suer [sɥe] 1 1 vi to sweat ◇ (fig) **faire ~ qn** to bother sb; **se faire ~** [famil] to get bored 2 vt to sweat ◆ **sueur** nf sweat ◇ **en ~** sweating.

suffire [syfiʀ] 37 1 vi to be enough, be sufficient, suffice ◇ **~ à** (besoins) to meet; (personne) to be enough for; **ça suffit** that's enough 2 vb impers ◇ **il suffit de s'inscrire** you just ou only have to enrol; **il suffit d'une fois** once is enough 3 **se suffire** vpr ◇ **se ~ à soi-même** to be self-sufficient ◆ **suffisamment** adv sufficiently, enough ◇ **~ fort** sufficiently strong, strong enough; **~ de place** enough ou sufficient room ◆ **suffisance** nf a (vanité) self-importance b ◇ **avoir qch en ~** to have a sufficiency of sth ◆ **suffisant, e** adj a (adéquat) sufficient ◇ **c'est ~ pour** it's enough to; **je n'ai pas la place ~e** I haven't got sufficient ou enough room b (prétentieux) self-important.

suffixe [syfiks(ə)] nm suffix.

suffocation [syfɔkasjɔ̃] nf (sensation) suffocating feeling ♦ **suffoquer** 1 vti to choke, suffocate, stifle (*de* with) ◇ (fig) **ça m'a suffoqué!** it staggered me!

suffrage [syfʀaʒ] nm vote ◇ ~ **universel** universal suffrage ou franchise.

suggérer [sygʒeʀe] 6 vt to suggest (*de faire* doing) ♦ **suggestif, -ive** adj suggestive ♦ **suggestion** nf suggestion.

suicidaire [sɥisidɛʀ] adj suicidal ♦ **suicide** nm suicide ♦ **suicidé, e** nm,f suicide ♦ **se suicider** 1 vpr to commit suicide.

suie [sɥi] nf soot.

suintement [sɥɛ̃tmɑ̃] nm ◇ ~**(s)** oozing ♦ **suinter** 1 vi to ooze.

Suisse [sɥis] **1** nf (pays) Switzerland **2** nmf (habitant) Swiss **3** adj ◇ **s~** Swiss **4** nm ◇ **s~** (bedeau) ≃ verger; (fromage) **petit-~** petit-suisse ♦ **Suissesse** nf Swiss woman.

suite [sɥit] nf **a** (escorte) retinue, suite **b** (nouvel épisode) continuation, following episode; (second film etc) sequel; (rebondissement d'une affaire) follow-up; (reste) remainder, rest ◇ **la ~ au prochain numéro** to be continued; **la ~ des événements** the events which followed; **attendons la ~** let's see what comes next **c** (aboutissement) result ◇ **~s** (maladie) after-effects; (incident) repercussions **d** (succession) series (*de* of) **e** (cohérence) coherence ◇ **avoir de la ~ dans les idées** to show great single-mindedness **f** (appartement) suite **g** (Mus) suite **h** ◇ **~ à votre lettre** further to your letter; **à la ~** (successivement) one after the other; (derrière) **mettez-vous à la ~** join on at the back; **à la ~ de** (derrière) behind; (en conséquence de) following; **de ~** (immédiatement) at once; **3 jours de ~** 3 **days on end** ou in a row; **par ~ de** owing to; **par la ~** afterwards; **donner ~ à** to follow up; **faire ~ à** to follow; **prendre la ~ de** to succeed, take over from.

1. **suivant, e** [sɥivɑ̃, ɑ̃t] **1** adj following, next ◇ **le mardi ~** the following ou next Tuesday **2** nm,f following (one), next (one) ◇ **au ~!** next please!

2. **suivant** [sɥivɑ̃] prép (selon) according to ◇ **~ que** according to whether.

suivi, e [sɥivi] **1** adj (travail, correspondance) steady; (qualité, conversation) consistent **2** nm ◇ **assurer le ~ de** (affaire) to follow through; (produit en stock) to go on stocking.

suivre [sɥivʀ(ə)] 40 **1** vt (gén) to follow ◇ **je ne peux pas vous ~** I can't keep up with you; **~ un cours** (assister à) to attend a class; (comprendre) to follow a class; **~ un régime** to be on a diet; **il est suivi par un médecin** he's having treatment from a doctor; (feuilleton) **à ~** to be continued; **l'enquête suit son cours** the inquiry is running its course **2** vi **a** (être attentif) to attend; (comprendre) to keep up, follow **b** ◇ **faire ~ son courrier** to have one's mail forwarded; **'faire ~'** 'please forward' **c** (venir après) to follow **3** vb impers ◇ **comme suit** as follows **4** **se suivre** vpr to follow one behind the other; (argument) to be consistent ◇ **3 démissions qui se suivent** 3 resignations running ou in a row.

sujet, -ette [syʒɛ, ɛt] **1** adj ◇ **~ à** (maladie etc) liable to, subject to, prone to; **~ à faire** liable ou prone to do; **~ à caution** (nouvelle) unconfirmed; (moralité) questionable **2** nm,f (gouverné) subject **3** nm **a** (matière) subject (*de* for) ◇ **~ de conversation** topic of conversation; **~ d'examen** examination question; **au ~ de** about, concerning **b** (motif) cause, grounds (*de* for) ◇ **ayant tout ~ de croire que** having every reason to believe that **c** (individu) subject ◇ (Scol) **brillant ~** brilliant pupil; **un mauvais ~** a bad lot **d** (Gram) subject.

sujétion [syʒesjɔ̃] nf (asservissement) subjection; (contrainte) constraint.

sulfate [sylfat] nm sulphate.

sultan [syltɑ̃] nm sultan.

summum [sɔmɔm] nm height.

super [sypɛʀ] **1** nm ◇ **~ carburant** super, fourstar petrol, premium (US) **2** préf ◇ [famil] **~ chic** fantastically smart [famil]; (Pol) **les ~-grands** the superpowers **3** adj inv [famil] terrific [famil], great [famil].

superbe [sypɛʀb(ə)] adj superb.

supercherie [sypɛʀʃəʀi] nf trick.

superficie [sypɛʀfisi] nf area.

superficiel, -ielle [sypɛʀfisjɛl] adj (gén) superficial; (esprit) shallow; (blessure) skin.

superflu, e [sypɛʀfly] **1** adj superfluous **2** nm ◇ **le ~** (excédent) the surplus; (accessoire) the superfluity.

supérieur, e [sypeʀjœʀ] **1** adj **a** (plus haut) (niveaux, classes) upper ◇ **la partie ~e de l'objet** the upper ou top part of the object; **l'étage ~** the floor above **b** (plus important) (gén) higher; (nombre, vitesse) greater; (quantité, somme) larger (*à* than); (intelligence, qualité) superior (*à* to) ◇ **~ en nombre** superior in number; **~ à la moyenne** above-average **c** (hautain) superior **2** nm,f superior ◇ **~ hiérarchique** senior ♦ **supériorité** nf superiority.

superlatif, -ive [sypɛʀlatif, iv] adj, nm superlative.

supermarché [sypɛʀmaʀʃe] nm supermarket.

superposer [sypɛʀpoze] 1 vt (objets) to superpose (*à* on); (clichés) to superimpose.

superproduction [sypɛʀpʀɔdyksjɔ̃] nf (Ciné) blockbuster.

superpuissance [sypɛʀpɥisɑ̃s] nf superpower.

supersonique [sypɛʀsɔnik] adj supersonic.

superstition [sypɛʀstisjɔ̃] nf superstition ◆ **superstitieux, -euse** adj superstitious.

superstructure [sypɛʀstʀyktyʀ] nf superstructure.

superviser [sypɛʀvize] 1 vt to supervise.

supplanter [syplɑ̃te] 1 vt to supplant.

suppléance [sypleɑ̃s] nf (poste) supply post; (action) temporary replacement ◆ **suppléant, e** 1 adj (gén) deputy, substitute (US); (professeur) supply, substitute (US) 2 nm,f (professeur) supply ou substitute teacher; (juge, député) deputy; (médecin) locum.

suppléer [syplee] 1 1 vt a (ajouter) to supply b (remplacer) (gén) to replace; (professeur) to stand in for; (juge) to deputize for 2 **suppléer à** vt indir (défaut) to make up for; (qualité) to substitute for.

supplément [syplemɑ̃] nm (gén) supplement; (restaurant) extra charge; (train) excess fare ◇ **un ~ de travail** extra ou additional work; **c'est en ~** it is extra ◆ **supplémentaire** adj additional, extra.

supplication [syplikɑsjɔ̃] nf entreaty.

supplice [syplis] nm torture ◇ **~ chinois** Chinese torture; **être au ~** to be in agonies; **mettre au ~** to torture ◆ **supplicié, e** nm,f torture victim ◆ **supplicier** 7 vt to torture.

supplier [syplije] 7 vt to beseech, entreat (*de faire* to do) ◇ **je vous en supplie** please.

support [sypɔʀ] nm (gén) support; (béquille) prop; (moyen) medium ◇ **~ publicitaire** advertising medium; **~ visuel** visual aids ◆ **supportable** adj (douleur, chaleur) bearable; (conduite) tolerable ◆ 1. **supporter** 1 vt a (soutenir) to support, hold up b (subir) (gén) to bear; (conséquences) to suffer; (maladie) to endure; (conduite) to tolerate, put up with ◇ **je ne peux pas les ~** I can't bear ou stand them c (résister à) (température, épreuve) to withstand; (opération, alcool) to take ◇ **lait facile à ~** easily-digested milk.

2. **supporter** [sypɔʀtɛʀ] nm (Sport) supporter.

supposer [sypoze] 1 vt (présumer) to suppose, assume; (présupposer) to presuppose; (impliquer) to imply ◇ **à ~ que** supposing ou assuming that ◆ **supposition** nf supposition.

suppositoire [sypozitwaʀ] nm suppository.

suppression [sypʀesjɔ̃] nf (gén) removal; (mot) deletion; (train) cancellation; (permis de conduire) withdrawal ◇ **7000 ~s d'emploi** 7000 jobs axed ou lost ◆ **supprimer** 1 1 vt to remove; to delete; to cancel; to withdraw (*de* from) ◇ **~ qch à qn** to take sth away ou withdraw sth from sb; **ça supprime des opérations inutiles** it does away with unnecessary operations 2 **se supprimer** vpr to do away with o.s., take one's own life.

suppurer [sypyʀe] 1 vi to suppurate.

supputer [sypyte] 1 vt to calculate.

supra... [sypʀa] préf supra....

suprématie [sypʀemasi] nf supremacy ◆ **suprême** adj, nm supreme.

1. **sur** [syʀ] 1 prép a (position) on, upon; (dans) in; (par-dessus) over; (au-dessus) above ◇ **~ l'armoire** on top of the wardrobe; **jeter qch ~ la table** to throw sth onto the table; **~ le journal** in the paper; **un pont ~ la rivière** a bridge across ou on ou over the river; **~ nos têtes** above our heads; **retire tes livres de ~ la table** take your books from ou off the table; **je n'ai pas d'argent ~ moi** I haven't any money on me; **~ le marché** at the market b (direction) to, towards ◇ **tourner ~ la droite** to turn (to the) right; **~ votre gauche** on ou to your left; **travaux ~ 5 km** roadworks for 5 km c ◇ (temps) **~ les midi** (at) about ou around noon; **il va ~ ses quinze ans** he's getting on for fifteen; **l'acte s'achève ~ une réconciliation** the act ends with a reconciliation; **il est ~ le départ** he's just going, he's about to leave; **~ ce, il est sorti** upon which he went out d (cause, sujet etc) on ◇ **~ la recommandation de X** on X's recommendation; **~ ordre de** by order of; **chanter qch ~ l'air de** to sing sth to the tune of; **causerie ~ la Grèce** talk on ou about Greece; **être ~ une bonne affaire** to be on to a bargain; **elle ne peut rien ~ lui** she has no control over him e (proportion) out of, in; (mesure) by ◇ **un homme ~ 10** one man in ou out of 10; (note) **9 ~ 10** 9 out of 10; **ça fait 2 mètres ~ 3** it is ou measures 2 metres by 3; **un jour ~ deux** every other day; **faire faute ~ faute** to make one mistake after another.
2 préf over ◇ **~excité** overexcited; **~production** overproduction.
3 comp: **~-le-champ** adv immediately, straightaway, right away (US).

2. **sur, e** [syʀ] adj (aigre) sour.

sûr, e [syʀ] adj a (certain) certain, sure (*de* of, about) ◇ **~ de soi** self-assured, self-confident b (sans danger) safe ◇ **peu ~** unsafe; **en lieu ~** in a safe place c (digne de confiance) (gén) reliable; (personne, firme) trustworthy; (jugement) sound.

surabondance [syʀabɔ̃dɑ̃s] nf superabundance ◆ **surabonder** 1 vi to be superabundant, overabound.

suranné, e [syʀane] adj outdated.

surarmement [syʀaʀməmɑ̃] nm massive stock of weapons.

surcharge [syʀʃaʀʒ(ə)] nf **a** (action) overloading; (poids) extra load, excess load ◇ **une ~ de travail** extra work **b** (rature) alteration ◆ **surcharger** [3] vt to overload; to alter.

surchauffer [syʀʃofe] [1] vt to overheat.

surchoix [syʀʃwa] adj inv top-quality.

surclasser [syʀklɑse] [1] vt to outclass.

surcroît [syʀkʀwa] nm ◇ **un ~ de travail** extra ou additional work; **un ~ d'honnêteté** an excess of honesty; **de ~** furthermore.

surdité [syʀdite] nf deafness.

surdoué, e [syʀdwe] **1** adj (enfant) gifted, exceptional (US) **2** nm,f gifted ou exceptional child.

sureau, pl **~x** [syʀo] nm elder tree.

sureffectifs [syʀefɛktif] nmpl overmanning.

surélever [syʀɛlve] [5] vt to raise (*de* by).

sûrement [syʀmɑ̃] adv (sans danger) safely; (solidement) securely; (certainement) certainly ◇ **~ pas!** surely not!

surenchère [syʀɑ̃ʃɛʀ] nf overbid ◆ **surenchérir** [2] vi to bid higher ◇ **~ sur qn** to outbid sb.

surestimer [syʀɛstime] [1] vt (importance) to overestimate; (objet) to overvalue.

sûreté [syʀte] nf **a** (sécurité) safety; (précaution) precaution ◇ **la ~ de l'État** state security; **pour plus de ~** to be on the safe side; **être en ~** to be safe; **mettre en ~** to put in a safe place **b** (appareil) reliability; (geste) steadiness; (jugement) soundness **c** (dispositif) safety device **d** (garantie) assurance, guarantee **e** ◇ (Police) **la S~ nationale** ≃ the CID (Brit), ≃ the FBI (US).

surévaluer [syʀevalɥe] [1] vt to overvalue.

surexciter [syʀɛksite] [1] vt to overexcite.

surf [sœʀf] nm surfing, surfboarding ◇ **faire du ~** to go surfing ou surfboarding ◆ **surfeur, -euse** nm,f surfer, surfrider.

surface [syʀfas] nf (gén) surface; (superficie) area ◇ **faire ~** to surface; **de ~** (politese) superficial; (modifications) cosmetic.

surfait, e [syʀfɛ, ɛt] adj overrated.

surfin, e [syʀfɛ̃, in] adj superfine.

surgelé, e [syʀʒəle] adj deep-frozen ◇ **~s** (deep-)frozen food.

surgir [syʀʒiʀ] [2] vi (lit) to appear suddenly; (difficultés) to arise, crop up.

surhomme [syʀɔm] nm superman ◆ **surhumain, e** adj superhuman.

surir [syʀiʀ] [2] vi to turn ou go sour.

surlendemain [syʀlɑ̃dmɛ̃] nm ◇ **le ~** two days later; **le ~ de son arrivée** two days after his arrival.

surligneur [syʀliɲœʀ] nm highlighter (pen).

surmenage [syʀmənaʒ] nm overwork ◆ **surmener** [5] vt to overwork ◇ **se ~** to overwork (o.s.).

surmonter [syʀmɔ̃te] [1] **1** vt to surmount **2** **se surmonter** vpr to control o.s.

surnager [syʀnaʒe] [3] vi to float.

surnaturel, -elle [syʀnatyʀɛl] adj supernatural.

surnom [syʀnɔ̃] nm nickname; (d'un héros) name.

surnombre [syʀnɔ̃bʀ(ə)] nm ◇ **en ~** too many; **j'étais en ~** I was one too many.

surnommer [syʀnɔme] [1] vt (surnom) to nickname; to name.

surpasser [syʀpɑse] [1] vt to surpass (*en* in) ◇ **se ~** to surpass o.s.

surpeuplé, e [syʀpœple] adj overpopulated ◆ **surpeuplement** nm overpopulation.

surplomb [syʀplɔ̃] nm overhang ◇ **en ~** overhanging ◆ **surplomber** [1] vt to overhang.

surplus [syʀply] nm surplus ◇ **avec le ~ du bois** with the leftover ou surplus wood.

surpopulation [syʀpɔpylɑsjɔ̃] nf overpopulation.

surprendre [syʀpʀɑ̃dʀ(ə)] [58] vt **a** (voleur) to surprise; (secret) to discover; (conversation) to overhear; (regard) to intercept **b** (pluie, nuit) to catch out **c** (étonner) to amaze, surprise ◆ **surprenant, e** adj amazing, surprising ◆ **surpris**, 1. **e** adj surprised (*de* at) ◆ 2. **surprise** nf surprise ◇ **par ~** by surprise.

surproduction [syʀpʀɔdyksjɔ̃] nf overproduction.

sursaut [syʀso] nm start, jump ◇ **~ d'énergie** burst ou fit of energy; (se réveiller) **en ~** with a start ◆ **sursauter** [1] vi to start, jump ◇ **faire ~ qn** to startle sb.

surseoir [syʀswaʀ] [26] **~ à** vt indir to defer, postpone ◆ **sursis** nm (gén) reprieve; (Mil) deferment ◇ **il a eu 2 ans avec ~** he was given a 2-year suspended sentence ◆ **sursitaire** adj (Mil) deferred.

surtaxe [syʀtaks(ə)] nf surcharge ◆ **surtaxer** [1] vt to surcharge.

surtout [syʀtu] adv (avant tout) above all; (spécialement) especially, particularly ◇ (quantité) **j'ai ~ lu des romans** I have read mostly ou mainly novels; **~ que** [famil] especially as ou since; **~ pas** certainly not.

surveillance [syʀvejɑ̃s] nf (gén) watch; (travaux) supervision; (examen) invigilation ◇ **sous la ~ de la police** under police surveillance ◆ **surveillant, e** nm,f (prison) warder; (chantier) supervisor; (hôpital) nursing officer; (lycée) supervisor; (aux examens) invigilator ◆ **surveiller** [1] **1** vt to watch; to supervise; to invigilate; (enfants, déjeuner) to keep an eye on; (ennemi) to keep watch on **2** **se surveiller** vpr to keep a check on o.s.

survenir [syʀvəniʀ] 22 vi (gén) to take place; (incident, retards) to occur, arise.

survêtement [syʀvɛtmɑ̃] nm (sportif) tracksuit; (skieur) overgarments.

survie [syʀvi] nf survival ◆ **survivance** nf survival ◆ **survivant, e** **1** adj surviving **2** nm,f survivor ◆ **survivre** 46 vi to survive ◇ ~ **à** (accident) to survive; (personne) to outlive.

survol [syʀvɔl] nm ◇ **le** ~ **de** (région) flying over; (livre) skipping through; (question) skimming over ◆ **survoler** 1 vt to fly over; to skip through; to skim over.

survolté, e [syʀvɔlte] adj worked up.

sus [sy(s)] adv ◇ **en** ~ in addition (*de* to).

susceptibilité [sysɛptibilite] nf touchiness ◇ ~**s** susceptibilities ◆ **susceptible** adj **a** (ombrageux) touchy **b** ◇ **être** ~ **de faire** (aptitude) to be in a position ou be able to do; (éventualité) to be likely ou liable to do.

susciter [sysite] 1 vt (intérêt) to arouse; (controverse) to give rise to; (obstacles) to create.

suspect, e [syspɛ(kt), ɛkt(ə)] **1** adj (gén) suspicious; (opinion) suspect ◇ ~ **de qch** suspected of sth **2** nm,f suspect ◆ **suspecter** 1 vt (personne) to suspect (*de faire* of doing); (bonne foi) to question.

suspendre [syspɑ̃dʀ(ə)] 41 **1** vt (accrocher) to hang up (*à* on); (interrompre) to suspend; (différer) to postpone, defer; (séance) to adjourn ◇ ~ **qn de ses fonctions** to suspend sb from office **2** **se suspendre** vpr ◇ **se** ~ **à qch** to hang from sth ◆ **suspendu, e** adj ◇ ~ **à** hanging ou suspended from; **être** ~ **aux lèvres de qn** to hang upon sb's every word; **voiture bien** ~**e** car with good suspension.

suspens [syspɑ̃] nm ◇ **en** ~ (affaire) in abeyance; (dans l'incertitude) in suspense; **en** ~ **dans l'air** suspended in the air.

suspense [syspɑ̃s] nm suspense.

suspension [syspɑ̃sjɔ̃] nf **a** (suspendre) suspension; postponement, deferment; adjournment **b** (lustre) chandelier **c** ◇ **en** ~ in suspension; **en** ~ **dans l'air** suspended in the air.

suspicion [syspisjɔ̃] nf suspicion.

susurrer [sysyʀe] 1 vti to murmur.

suture [sytyʀ] nf suture ◇ **point de** ~ stitch ◆ **suturer** 1 vt to stitch up.

svelte [svɛlt(ə)] adj slender.

SVP [ɛsvepe] abrév de *s'il vous plaît* please.

Swaziland [swazilɑ̃d] nm Swaziland.

syllabe [silab] nf syllabe.

symbole [sɛ̃bɔl] nm symbol ◆ **symbolique** adj (gén) symbolic; (somme) token, nominal ◆ **symboliser** 1 vt to symbolize.

symétrie [simetʀi] nf symmetry ◆ **symétrique** adj symmetrical (*de* to).

sympathie [sɛ̃pati] nf (inclination) liking; (affinité) fellow feeling; (compassion) sympathy ◇ **j'ai de la** ~ **pour lui** I like him ◆ **sympathique** adj (personne) nice, friendly; (ambiance) pleasant ◇ **je le trouve** ~ I like him ◆ **sympathisant, e** nm,f sympathizer ◆ **sympathiser** 1 vi to make friends; (fréquenter) to have contact (*avec* with).

symphonie [sɛ̃fɔni] nf symphony ◆ **symphonique** adj symphonic; (orchestre) symphony.

symposium [sɛ̃pozjɔm] nm symposium.

symptomatique [sɛ̃ptɔmatik] adj symptomatic (*de* of) ◆ **symptôme** nm symptom.

synagogue [sinagɔg] nf synagogue.

synchroniser [sɛ̃kʀɔnize] 1 vt to synchronize ◆ **synchronisme** nm synchronism.

syncope [sɛ̃kɔp] nf blackout ◇ **tomber en** ~ to faint.

syndic [sɛ̃dik] nm ◇ ~ **d'immeuble** managing agent.

syndical, e, mpl **-aux** [sɛ̃dikal, o] adj trade-union ◆ **syndicalisme** nm trade unionism ◆ **syndicaliste** **1** nmf trade unionist **2** adj (chef) trade-union; (doctrine) unionist ◆ **syndicat** nm (travailleurs) (trade) union; (patrons) union; (non professionnel) association ◇ ~ **d'initiative** tourist information office ◆ **syndiqué, e** nm,f union member ◆ **se syndiquer** 1 vpr to join a trade union.

syndrome [sɛ̃dʀom] nm syndrome ◇ ~ **immuno-déficitaire acquis** acquired immune deficiency syndrome.

synode [sinɔd] nm synod.

synonyme [sinɔnim] **1** adj synonymous (*de* with) **2** nm synonym.

syntaxe [sɛ̃taks(ə)] nf syntax ◆ **syntactique** ou **syntaxique** adj syntactic.

synthèse [sɛ̃tɛz] nf synthesis ◆ **synthétique** adj synthetic ◆ **synthétiser** 1 vt to synthesize ◆ **synthétiseur** nm synthesizer.

syphilis [sifilis] nf syphilis.

Syrie [siʀi] nf Syria ◆ **syrien, -ienne** adj, **S**~, **-ienne** nm,f Syrian.

systématique [sistematik] adj systematic ◆ **systématisation** nf systematization ◆ **systématiser** 1 vt to systematize ◆ **système** nm system ◇ (Ordin) ~ **d'exploitation** operating system; ~ **de gestion de bases de données** database management system; ~ **immunitaire** immune system.

t

T, t [te] nm **a** (lettre) T, t ◇ **en T** T-shaped **b** abrév de *tonne*.

t' [t(ə)] → **te, tu.**

ta [ta] adj poss → 1. **ton.**

tabac [taba] **1** nm tobacco; (magasin) tobacconist's ◇ ~ **à priser** snuff; **passer qn à** ~ [famil] to beat sb up; **faire un** ~ [famil] to be a great hit **2** adj inv buff ♦ **tabagie** nf smoke den ♦ **tabagisme** nm addiction to smoking ◇ ~ **passif** passive smoking.

tabasser [tabase] [1] vt [famil] ◇ ~ **qn** to beat sb up.

tabatière [tabatjɛʀ] nf **a** (boîte) snuffbox **b** (lucarne) skylight.

tabernacle [tabɛʀnakl(ə)] nm tabernacle.

table [tabl(ə)] nf table ◇ **faire** ~ **rase** to make a clean sweep (*de* of); **être à** ~ to be having a meal, be at table; **à** ~! come and eat!; **mettre la** ~ to lay ou set the table; **se mettre à** ~ to sit down to eat; (famil: dénoncer) to talk; ~ **à dessin** drawing board; ~ **des matières** table of contents; ~ **de nuit** bedside table; ~ **d'opération** operating table; ~ **ronde** round table; ~ **roulante** trolley; (Ordin) ~ **traçante** (graph) plotter.

tableau, pl ~**x** [tablo] nm **a** (peinture) painting; (reproduction, fig: scène) picture; (Théât) scene ◇ **gagner sur tous les** ~**x** to win on all counts **b** (panneau) (gén) board; (fusibles) box; (clefs) rack ◇ ~ **d'affichage** notice board; ~ **de bord** dashboard, instrument panel; (Scol) ~ **(noir)** blackboard **c** (graphique) table, chart; (liste) register, roll, list ◇ ~ **des horaires** timetable; ~ **d'honneur** merit list, honor roll (US); ~ **de service** duty roster.

tablée [table] nf table *(of people)*.

tabler [table] [1] vi to count, reckon (*sur* on).

tablette [tablɛt] nf (chocolat) bar; (chewing-gum) piece; (étagère) shelf.

tableur [tablœʀ] nm (Ordin) spreadsheet (program).

tablier [tablije] nm (gén) apron; (ménagère) pinafore; (écolier) overall; (pont) roadway.

tabou [tabu] nm, adj taboo.

tabouret [tabuʀɛ] nm stool; (pour les pieds) footstool.

tabulateur [tabylatœʀ] nm tabulator *(on typewriter)*.

tac [tak] nm **a** (bruit) tap **b** ◇ **répondre du** ~ **au** ~ to answer pat.

tache [taʃ] nf **a** (fruit) mark; (plumage, pelage) spot; (peau) blotch, mark ◇ ~ **de rousseur** freckle; (fig) **faire** ~ to jar **b** (lit, fig: salissure) stain ◇ ~ **d'encre** ink stain; (sur le papier) ink blot; (fig) **faire** ~ **d'huile** to spread; **sans** ~ spotless **c** (endroit) patch; (peinture) spot, dot ◇ ~ **d'ombre** patch of shadow.

tâche [tɑʃ] nf task, work, job ◇ **travail à la** ~ piecework.

tacher [taʃe] [1] **1** vt **a** (lit, fig: salir) to stain ◇ **taché de sang** bloodstained **b** (colorer) (pré, robe) to spot, dot; (peau, fourrure) to spot, mark **2** **se tacher** vpr (personne) to get stains on one's clothes.

tâcher [tɑʃe] [1] vi ◇ ~ **de faire** to try to do.

tacheter [taʃte] [4] vt to spot, dot, speckle.

tacite [tasit] adj tacit.

taciturne [tasityʀn(ə)] adj taciturn, silent.

tacot [tako] nm [famil] (voiture) banger [famil], crate [famil].

tact [takt] nm tact ◇ **plein de** ~ tactful.

tactile [taktil] adj tactile.

tactique [taktik] **1** adj tactical **2** nf tactics.

taie [tɛ] nf **a** ◇ ~ **d'oreiller** pillowcase, pillowslip **b** (Méd) opaque spot.

taillader [tajade] 1 vt to slash, gash.

1. **taille** [taj] **a** (personne, cheval) height; (objet, vêtement) size ◇ (Comm) '~ **unique**' 'one size'; **de haute** ~ tall; **ils ont la même** ~ they are the same height ou size; **ce pantalon n'est pas à sa** ~ these trousers aren't his size; **être de** ~ **à faire** to be capable of doing; (erreur) **de** ~ considerable, sizeable **b** (ceinture) waist ◇ **avoir la** ~ **fine** to have a slim waist.

2. **taille** [taj] nf (action: V **tailler**) cutting; carving; pruning; trimming; (forme) cut ◆ **taille-crayon(s)** nm inv pencil sharpener.

tailler [taje] 1 **1** vt (gén) to cut; (bois, statue) to carve; (crayon) to sharpen; (arbre) to prune; (haie, barbe) to trim; (tartine) to slice; (vêtement) to make ◇ ~ **qch en pointe** to sharpen sth to a point; (personne) **bien** ~ well-built; ~ **une bavette** [famil] to have a natter [famil] **2** vi ◇ ~ **dans** to cut into **3** **se tailler** vpr (famil: partir) to clear off ◇ **se** ~ **la part du lion** to take the lion's share ◆ **tailleur** nm **a** (couturier) tailor ◇ **en** ~ (assis) cross-legged **b** (costume) lady's suit **c** ◇ ~ **de pierre(s)** stone-cutter.

taillis [taji] nm copse, coppice.

tain [tɛ̃] nm (miroir) silvering ◇ **glace sans** ~ two-way mirror.

taire [tɛʀ] 54 **1** **se taire** vpr (personne) to fall silent; (bruit) to disappear; (fig: être discret) to keep quiet ou silent (*sur* about) ◇ **tais-toi!** [famil] keep quiet!, stop talking! **2** vt to conceal, say nothing about **3** vi ◇ **faire** ~ (opposition) to silence; **fais** ~ **les enfants** make the children keep quiet.

Taiwan [tajwan] n Taiwan.

talc [talk] nm talcum powder, talc.

talent [talɑ̃] nm talent ◆ **talentueux, -euse** adj talented.

taler [tale] 1 vt (fruits) to bruise.

talisman [talismɑ̃] nm talisman.

taloche [talɔʃ] nf [famil] (gifle) clout [famil], cuff.

talon [talɔ̃] nm (gén) heel; (chèque) stub, counterfoil; (Cartes) talon ◇ **tourner les** ~**s** to leave; ~ **d'Achille** Achilles' heel; ~**-minute** heel bar ◆ **talonner** 1 vt (fugitifs) to follow hot on the heels of ◇ ~ **le ballon** to heel the ball ◆ **talonneur** nm (Rugby) hooker.

talus [taly] nm (route) embankment; (rivière) bank.

tambouille [tɑ̃buj] nf [famil] grub [famil].

tambour [tɑ̃buʀ] nm **a** (gén) drum; (musicien) drummer; (à broder) embroidery hoop ◇ ~ **battant** briskly; **sans** ~ **ni trompette** without any fuss; ~**-major** drum major **b** (porte à tourniquet) revolving door ◆ **tambourin** nm tambourine ◆ **tambouriner** 1 vi to drum (*sur* on).

tamis [tami] nm (gén) sieve; (à sable) riddle ◆ **tamiser** 1 vt to sieve; to riddle ◆ **tamisé, e** adj (lumière) subdued.

Tamise [tamiz] nf ◇ **la** ~ the Thames.

tampon [tɑ̃pɔ̃] nm **a** (pour boucher) plug; (en coton) wad; (pour nettoyer une plaie) swab; (pour étendre un liquide) pad ◇ ~ **buvard** blotter; **rouler qch en** ~ to roll sth into a ball **b** (timbre) stamp ◇ **le** ~ **de la poste** the postmark **c** (Rail, fig: amortisseur) buffer ◆ **tamponner** 1 **1** vt (essuyer) to mop up, dab; (heurter) to crash into; (timbrer) to stamp **2** **se tamponner** vpr (trains) to crash into each other ◇ **il s'en tamponne** [famil] he doesn't give a damn [famil] ◆ **tamponneuse** adj f → **auto.**

tam-tam, pl ~-~**s** [tamtam] nm tomtom.

tandem [tɑ̃dɛm] nm (bicyclette) tandem; (fig: duo) pair, duo.

tandis [tɑ̃di] conj ◇ ~ **que** (simultanéité) while; (opposition) whereas, while.

tangage [tɑ̃gaʒ] nm (bateau) pitching.

tangent, e [tɑ̃ʒɑ̃, ɑ̃t] **1** adj tangent (*à* to) ◇ **c'était** ~ [famil] it was a close thing **2** nf (Géom) tangent ◇ **prendre la** ~**e** [famil] (partir) to clear off [famil]; (éluder) to dodge the issue.

tangible [tɑ̃ʒibl(ə)] adj tangible.

tango [tɑ̃go] nm tango.

tanguer [tɑ̃ge] 1 vi to pitch.

tanière [tanjɛʀ] nf den, lair.

tank [tɑ̃k] nm tank.

tanker [tɑ̃kɛʀ] nm tanker.

tannage [tanaʒ] nm tanning ◆ **tanner** 1 vt (cuir) to tan; (visage) to weather ◇ ~ **qn** [famil] to pester sb ◆ **tannerie** nf tannery ◆ **tanneur** nm tanner.

tant [tɑ̃] adv **a** (gén) so much ◇ ~ **de** (temps, eau) so much; (arbres, gens) so many; (habileté) such, so much; **gagner** ~ **par mois** to earn so much a month; ~ **pour cent** so many per cent; **il est rentré** ~ **le ciel était menaçant** he went home because the sky looked so overcast; ~ **il est vrai que...** which only goes to show ou prove that... **b** ◇ (comparaison) **ce n'est pas** ~ **le prix que la qualité** it's not so much the price as the quality; **il criait** ~ **qu'il pouvait** he shouted as much as he could; ~ **filles que garçons** girls as well as boys **c** ◇ ~ **que** (aussi longtemps que) as long as; (pendant que) while **d** ◇ ~ **bien que mal** so-so; **s'il est** ~ **soit peu intelligent** if he is at all intelligent; ~ **mieux** so much the better; ~ **mieux pour lui** good for him; ~ **pis** (conciliant) never mind; (peu importe) too bad; ~ **pis pour lui** too bad for him; ~ **et si bien que** so much so that; ~ **qu'à marcher, allons en forêt** if we have to walk let's go to the forest; ~ **que ça?** [famil] as much as that?; ~ **s'en faut** far from it.

tante [tɑ̃t] nf aunt, aunty [famil].

tantinet [tɑ̃tinɛ] nm [famil] ◇ **un ~** fatigant a tiny ou weeny [famil] bit tiring.

tantôt [tɑ̃to] adv (cet après-midi) this afternoon; (parfois) sometimes.

Tanzanie [tɑ̃zani] nf Tanzania ◆ **tanzanien, -ienne** adj, **T~, -ienne** nm,f Tanzanian.

taon [tɑ̃] nm horsefly, gadfly.

tapage [tapaʒ] nm (vacarme) din, uproar, row ◇ **faire du ~** to make a row; **~ nocturne** breach of the peace *(at night)* ◆ **tapageur, -euse** adj (bruyant) rowdy; (publicité) obtrusive; (toilette) flashy.

tapant, e [tapɑ̃, ɑ̃t] adj [famil] (précis) sharp.

tape [tap] nf (coup) slap.

tape-à-l'œil [tapalœj] **1** adj inv flashy **2** nm flashiness.

taper [tape] 1 **1** vt **a** (tapis) to beat; (enfant) to slap; (porte) to bang, slam **b** (lettre) to type (out) ◇ **tapé à la machine** typed, typewritten **c** ◇ (famil: emprunter) **~ qn de 10 F** to touch sb [famil] for ten francs **2** vi **a** ◇ **~ sur** (gén) to hit; (table) to bang on; (famil: critique) to run down [famil]; **~ dans** (ballon) to kick; (provisions) to dig into [famil]; **~ à la porte** to knock on the door **b** (soleil) to beat down **c** ◇ **~ des pieds** to stamp one's feet; **~ des mains** to clap one's hands; (fig) **se faire ~ sur les doigts** [famil] to be rapped over the knuckles; **il a tapé à côté** [famil] he was wide of the mark; **~ sur les nerfs de qn** [famil] to get on sb's nerves [famil]; **~ dans l'œil de qn** [famil] to take sb's fancy [famil]; **~ dans le tas** (bagarre) to pitch into the crowd; (repas) to tuck in [famil], dig in [famil] **3** **se taper** vpr [famil] (repas) to have; (corvée) to do ◇ **se ~ la cloche** [famil] to feed one's face [famil].

tapeur, -euse [tapœʀ, øz] nm,f [famil] cadger [famil].

tapinois [tapinwa] nm ◇ **en ~** furtively.

tapioca [tapjɔka] nm tapioca.

tapir (se) [tapiʀ] 2 vpr to crouch down.

tapis [tapi] nm (gén) carpet; (petit) rug; (sur meuble) cloth ◇ **~-brosse** doormat; **~ roulant** (colis) conveyor belt; (piétons) moving walkway; **envoyer qn au ~** to floor sb; **mettre sur le ~** to bring up for discussion ◆ **tapisser** 1 vt (gén) to cover (*de* with); (de papier peint) to wallpaper ◆ **tapisserie** nf tapestry; (papier peint) wallpaper ◆ **tapissier, -ière** nm,f upholsterer and interior decorator.

taquin, e [takɛ̃, in] adj teasing ◇ **il est ~** he is a tease ou teaser ◆ **taquiner** 1 vt to tease ◆ **taquinerie** nf ◇ **~(s)** teasing.

tarabiscoté, e [taʀabiskɔte] adj ornate.

tarabuster [taʀabyste] 1 vt to bother.

taratata [taʀatata] excl nonsense!, rubbish!

tard [taʀ] **1** adv late ◇ **plus ~** later on; **au plus ~** at the latest; **pas plus ~ qu'hier** only yesterday **2** nm ◇ **sur le ~** late on in life ◆ **tarder** 1 **1** vi **a** ◇ **~ à entreprendre qch** to put off ou delay starting sth; **ne tardez pas à le faire** don't be long doing it; **~ en chemin** to loiter on the way; **sans ~** without delay **b** (moment, lettre) to be a long time coming ◇ **ils ne vont pas ~** they won't be long **2** vb impers ◇ **il me tarde de** I am longing to ◆ **tardif, -ive** adj (gén) late; (regrets, remords) belated ◆ **tardivement** adv late; belatedly.

tare [taʀ] nf (contrepoids) tare; (défaut) defect ◆ **taré, e** nm,f (Méd) degenerate; (péj) cretin [famil].

targette [taʀʒɛt] nf bolt *(on a door)*.

targuer (se) [taʀge] 1 vpr to boast (*de qch* about sth); pride o.s. (*de faire* on doing).

tarif [taʀif] nm (gén) tariff ◇ (taux) **les ~s postaux** postage rates; **voyager à ~ réduit** to travel at a reduced fare ◆ **tarifaire** adj tariff.

tarir vti, **se tarir** vpr [taʀiʀ] 2 to dry up.

tartare [taʀtaʀ] adj, **T~** nmf Tartar.

tarte [taʀt(ə)] **1** nf (Culin) tart; (famil: gifle) clout [famil] ◇ **c'est pas de la ~** [famil] it's no easy matter **2** adj inv [famil] (bête) stupid; (laid) ugly ◆ **tartelette** nf tartlet, tart.

tartine [taʀtin] nf slice of bread; (beurrée) slice of bread and butter ◆ **tartiner** 1 vt to spread (*de* with).

tartre [taʀtʀ(ə)] nm (dents) tartar; (chaudière) fur.

tas [tɑ] nm pile, heap ◇ **un** ou **des ~ de** [famil] loads of [famil], lots of; (groupe) **prends-en un dans le ~** take one out of that lot; **former qn sur le ~** to train sb on the job [famil].

tasse [tɑs] nf cup ◇ **~ à thé** teacup; **~ de thé** cup of tea; **boire une ~** [famil] to swallow a mouthful *(when swimming)*.

tassement [tɑsmɑ̃] nm settling.

tasser [tɑse] 1 **1** vt (gén) to pack; (passagers) to cram together; (sol) to pack down **2** **se tasser** vpr (terrain) to settle, sink; (passagers) to squeeze up ◇ **ça va se ~** [famil] things will settle down.

tata [tata] nf [famil] auntie [famil].

tâter [tɑte] 1 **1** vt (palper) to feel; (fig: sonder) to sound out ◇ (fig) **~ le terrain** to see how the land lies **2** vi ◇ **~ de** (gén) to try; (mets) to taste **3** **se tâter** vpr to feel o.s.; (famil: hésiter) to be in two minds.

tatillon, -onne [tatijɔ̃, ɔn] adj finicky.

tâtonnement [tatɔnmɑ̃] nm ◇ **~(s)** trial and error ◆ **tâtonner** 1 vi to grope around; (par méthode) to proceed by trial and error ◆ **tâtons** adv ◇ **avancer à ~** to grope one's way along.

tatouage [tatwaʒ] nm (action) tattooing; (dessin) tattoo ◆ **tatouer** 1 vt to tattoo.

taudis [todi] nm hovel.

taule [tol] nf [famil] (prison) nick [famil], clink [famil] ◇ **il a fait de la ~** he's done time [famil].

taupe [top] nf mole ◆ **taupinière** nf mole-hill.

taureau, pl **~x** [tɔʀo] nm bull ◇ (Astron) **le T~** Taurus; **prendre le ~ par les cornes** to take the bull by the horns ◆ **tauromachie** nf bullfighting.

taux [to] nm (gén) rate; (infirmité) degree; (cholestérol) level.

taverne [tavɛʀn(ə)] nf inn, tavern.

taxation [taksɑsjɔ̃] nf taxation ◆ **taxe** nf (impôt) tax; (à la douane) duty ◇ **toutes ~s comprises** inclusive of tax ◆ **taxer** 1 vt to tax; (produit) to fix the price of ◇ **~ qn de** to accuse sb of.

taxi [taksi] nm (voiture) taxi, cab; ([famil]: chauffeur) cabby [famil], taxi driver.

taxiphone [taksifɔn] nm pay phone.

TB abrév de *très bien* VG.

TCF [teseɛf] abrév de *Touring club de France* AA (Brit), AAA (US).

Tchad [tʃad] nm **a** ◇ **le ~** Chad ◆ **tchadien, -ienne** adj, **T~, -ienne** nm,f **b** Chad.

tchao [tʃao] excl bye!

tchécoslovaque [tʃekɔslɔvak] adj Czechoslovakian ◆ **Tchécoslovaquie** nf Czechoslovakia ◆ **tchèque** adj, nmf, **T~** nmf Czech.

tchin(-tchin) [tʃin(tʃin)] excl [famil] cheers!

TD [tede] nmpl abrév de *travaux dirigés* → **travail.**

te [t(ə)] pron you; (réfléchi) yourself.

technicien, -ienne [tɛknisjɛ̃, jɛn] nm,f technician ◆ **technicité** nf technical nature ◆ **technico-commercial, e**, mpl **-aux** adj ◇ **(ingénieur) ~** technical engineer ◆ **technique** **1** nf technique **2** adj technical ◆ **technologie** nf technology ◇ **~ de pointe** advanced ou high technology ◆ **technologique** adj technological.

teck [tɛk] nm teak.

teckel [tekɛl] nm dachshund.

teigne [tɛɲ] nf (Méd) ringworm; (péj: personne) pest.

teindre [tɛ̃dʀ(ə)] 52 vt to dye ◇ **se ~ les cheveux** to dye one's hair ◆ **teint** nm complexion ◆ **teinte** nf (nuance) shade, tint; (couleur) colour; (fig) tinge, hint ◆ **teinter** 1 vt (gén) to tint; (bois) to stain; (fig) to tinge ◆ **teinture** nf dye; (Pharm) tincture ◇ (fig) **une ~ de maths** a smattering of maths ◆ **teinturerie** nf (métier) dyeing; (magasin) dry cleaner's ◆ **teinturier, -ière** nm,f dry cleaner.

tel, telle [tɛl] **1** adj (gén) such; (comparaison) like ◇ **une telle ignorance** such ignorance; **~ père, ~ fils** like father like son; **as-tu jamais rien vu de ~?** have you ever seen such a thing? ou anything like it?; **en tant que ~** as such; **venez ~ jour** come on such-and-such a day; **les métaux ~s que l'or** metals like ou such as gold; **laissez-les ~s quels** leave them as they are; **de telle sorte que** so that; **à telle enseigne que** so much so that **2** pron indéf (quelqu'un) someone ◇ **~ est pris qui croyait prendre** it's the biter bitten.

tél abrév de *téléphone* tel.

télé [tele] nf [famil] abrév de *télévision* TV [famil], telly [famil] ◇ **la ~ du matin** breakfast TV.

télécommande [telekɔmɑ̃d] nf remote control ◆ **télécommander** 1 vt to operate by remote control.

télécommunications [telekɔmynikɑsjɔ̃] nfpl telecommunications.

télécopie [telekɔpi] nf facsimile transmission, fax ◆ **télécopieur** nm facsimile ou fax machine.

télédiffusion [teledifyzjɔ̃] nf television broadcasting.

téléférique [telefeʀik] nm (installation) cableway; (cabine) cable-car.

téléfilm [telefilm] nm television ou TV film.

télégramme [telegʀam] nm telegram, wire.

télégraphe [telegʀaf] nm telegraph ◆ **télégraphier** 7 **1** vt to telegraph, wire **2** vi ◇ **~ à qn** to wire sb ◆ **télégraphique** adj (fils) telegraph; (alphabet) Morse; (message) telegraphic ◆ **télégraphiste** nm telegraph boy.

téléguider [telegide] 1 vt (Tech) to radio-control.

télématique [telematik] **1** adj telematic **2** nf telematics (sg), home and office information systems and services.

téléobjectif [teleɔbʒɛktif] nm telephoto lens.

télépathie [telepati] nf telepathy.

téléphone [telefɔn] nm telephone ◇ **avoir le ~** to be on the telephone; **~ arabe** bush telegraph; **~ à carte** cardphone; (Pol) **le ~ rouge** the hot line; **~ sans fil** cordless (tele)phone; **~ de voiture** carphone ◆ **téléphoner** 1 **1** vt to telephone, phone **2** vi to phone, be on the phone ◇ **~ à qn** to phone ou ring ou call sb (up) ◆ **téléphonique** adj telephone ◆ **téléphoniste** nmf operator.

téléprompteur [telepʀɔ̃ptœʀ] nm teleprompteur.

télescope [telɛskɔp] nm telescope ◆ **télescopique** adj (gén) telescopic.

télescoper (se) [telɛskɔpe] 1 vpr to telescope, concertina.

téléscripteur [teleskʀiptœʀ] nm teleprinter.

télésiège [telesjɛʒ] nm chairlift.

téléski [teleski] nm ski tow.

téléspectateur, -trice [telespɛktatœʀ, tʀis] nm,f (television ou TV) viewer.

télésurveillance [telesyʀvɛjɑ̃s] nf remote monitoring.

Télétel [teletɛl] nm ® electronic telephone directory.

télétype [teletip] nm teleprinter.

téléviser [televize] 1 vt to televise ♦ **téléviseur** nm television set ♦ **télévision** nf television ◇ **à la ~** on television; **à ~ câblée** ou **par câble** cable television; **la ~ par satellite** satellite television.

télex [telɛks] nm telex.

tellement [tɛlmɑ̃] adv (gén) so much; (devant adj) so ◇ **il est ~ gentil** he's so nice, he's such a nice man; **~ de** (temps, argent) so much; (gens, objets) so many; **on ne le comprend pas, ~ il parle vite** he talks so quickly you can't understand him; **tu aimes ça? - pas ~** do you like it? - not all that much.

téméraire [temeʀɛʀ] adj rash, reckless ♦ **témérité** nf rashness, recklessness.

témoignage [temwaɲaʒ] nm (gén, Jur) testimony, evidence; (fig: récit) account ◇ (preuve) **~ de** (bonne conduite) evidence ou proof of; **en ~ de ma reconnaissance** as a token ou mark of my gratitude ♦ **témoigner** 1 **1** vi (Jur) to testify, give evidence **2** vt (gén) to show ◇ (témoin) **~ que** to testify that **3** **témoigner de** vt indir (conduite) to show ◇ **je peux en ~** I can testify to that.

témoin [temwɛ̃] **1** nm **a** (gén, Jur) witness; (duel) second ◇ **~ à charge** witness for the prosecution; **être ~ de** to witness; **prendre qn à ~ de qch** to call sb to witness to sth **b** (Sport) baton **2** adj (échantillon) control ◇ **appartement ~** show-flat, model apartment (US).

tempe [tɑ̃p] nf (Anat) temple.

tempérament [tɑ̃peʀamɑ̃] nm **a** (physique) constitution; (caractère) disposition, temperament **b** ◇ **acheter qch à ~** to buy sth on hire purchase ou on an installment plan (US).

tempérance [tɑ̃peʀɑ̃s] nf temperance ♦ **tempérant, e** adj temperate.

température [tɑ̃peʀatyʀ] nf temperature ◇ **avoir de la ~** to have a temperature.

tempérer [tɑ̃peʀe] 16 vt to temper ♦ **tempéré, e** adj (climat) temperate.

tempête [tɑ̃pɛt] nf storm ◇ **une ~ dans un verre d'eau** a storm in a teacup ♦ **tempêter** 1 vi to rage.

temple [tɑ̃pl(ə)] nm (Hist) temple; (protestant) church.

temporaire [tɑ̃pɔʀɛʀ] adj temporary.

temporel, -elle [tɑ̃pɔʀɛl] adj temporal.

temporiser [tɑ̃pɔʀize] 1 vi to temporize.

1. **temps** [tɑ̃] nm **a** (gén) time ◇ **avoir le ~ de faire** to have time to do; **il est ~ qu'il parte** it's time for him to go; **il était ~!** none too soon!; **ça n'a qu'un ~** it doesn't last long; **travailler à ~ partiel** to work part-time; (Ordin) **~ d'accès** access time; **~ d'arrêt** pause; **~ mort** lull; **~ réel** real time **b** ◇ **peu de ~ après** shortly after, a short while ou time after; **dans quelque ~** in a little while; **depuis quelque ~** for a while, for some time; **la plupart du ~** most of the time; **à ~** in time; **de ~ en ~** from time to time; **en ~ voulu** ou **utile** in due course; **à ~ perdu** in one's spare time **c** (époque) time, times, days ◇ **en ~ de guerre** in wartime; **par les ~ qui courent** these days, nowadays; **dans le ~** at one time; **en ce ~ là** at that time; **en ~ normal** in normal circumstances; **les premiers ~** at first; **ces derniers ~** lately; **dans mon jeune ~** in my younger days; **être de son ~** to move with the times; **les jeunes de notre ~** young people of our time ou of today **d** ◇ (Mus) **~ fort** etc strong etc beat; (mesure) **à deux ~** in double time **e** (verbe) tense ◇ **~ composé** compound tense **f** ◇ (Tech) **moteur à 4 ~** 4-stroke engine **g** (étape) stage ◇ **dans un premier ~** in the first stage.

2. **temps** [tɑ̃] nm (conditions atmosphériques) weather ◇ **il fait beau ~** the weather's fine; **le ~ est lourd** it's close.

tenace [tənas] adj (personne) stubborn; (volonté) tenacious; (colle) strong ♦ **ténacité** nf stubbornness; tenacity.

tenaille [t(ə)nɑj] nf ◇ **~(s)** (menuisier) pincers; (forgeron) tongs.

tenailler [tənɑje] 1 vt to torment.

tenancier [tənɑ̃sje] nm (bar) manager ♦ **tenancière** nf manageress.

tenant [tənɑ̃] nm **a** (doctrine) supporter (*de* of); (record) holder **b** ◇ **les ~s et les aboutissants d'une affaire** the ins and outs of a question; (terrain) **d'un seul ~** all in one piece.

tendance [tɑ̃dɑ̃s] nf (gén) tendency; (parti, artiste) leanings; (économie, public) trend ◇ **avoir ~ à faire qch** to have a tendency to do sth ♦ **tendancieux, -ieuse** adj tendentious.

tendeur [tɑ̃dœʀ] nm (ficelle de tente) runner; (chaîne de bicyclette) chain-adjuster.

tendon [tɑ̃dɔ̃] nm tendon.

1. **tendre** [tɑ̃dʀ(ə)] 41 **1** vt **a** (raidir) (corde) to tighten; (ressort) to set; (muscles) to tense; (pièce de tissu) to stretch **b** (installer) (tenture) to hang; (piège, filet) to set; (bâche, fil) to

stretch **c** (cou) to crane; (joue) to offer; (main) to hold out; (bras) to stretch out (*à* to) ◇ ~ **l'oreille** to prick up one's ears; ~ **qch à qn** to hold sth out to sb; ~ **une perche à qn** to throw sb a line **2 se tendre** vpr (corde) to tighten; (rapports) to become strained **3** vi ◇ ~ **à faire** (tendance) to tend to do; (but) to aim to do.

2. **tendre** [tɑ̃dʀ(ə)] adj **a** (peau, pierre, couleur) soft; (viande) tender ◇ ~ **enfance** early childhood **b** (affectueux) tender ◇ **ne pas être ~ pour qn** to be hard on sb ✦ **tendrement** adv tenderly ✦ **tendresse** nf tenderness ◇ ~ **maternelle** motherly love.

tendu, e [tɑ̃dy] adj (corde) tight; (muscles) tensed; (rapports) strained; (personne, situation) tense ◇ **les bras ~s** with arms outstretched; ~ **de** (soie) hung with.

ténèbres [tenɛbʀ(ə)] nfpl darkness ✦ **ténébreux, -euse** adj dark.

teneur [tənœʀ] nf content.

tenir [t(ə)niʀ] 22 **1** vt **a** (avec les mains etc) to hold; (dans un état) to keep ◇ **une robe qui tient chaud** a warm dress; ~ **qch en place** to hold ou keep sth in place **b** (avoir: voleur, rhume etc) to have ◇ (menace) **si je le tenais!** if I could get my hands on him! ou lay hands on him!; **il tient cela de son père** he gets that from his father **c** (être responsable de) (pays, classe) to control, run; (hôtel, magasin) to run, keep; (registre) to keep; (conférence) to hold **d** (occuper: place, largeur) to take up; (contenir: liquide) to hold ◇ (Aut) **il ne tenait pas sa droite** he was not keeping to the right; ~ **la route** to hold the road **e** (promesse) to keep; (pari) (accepter) to take on; (respecter) to keep to **f** (discours) to give; (langage) to use ◇ ~ **des propos désobligeants** to make offensive remarks **g** ◇ ~ **qn pour** to regard ou consider sb as; ~ **pour certain que...** to regard it as certain that... **h** ◇ **tiens!** (en donnant) take this, here you are; (de surprise) ah!; (pour attirer l'attention) look!; **tiens, tiens** [famil] well, well!; **tenez, ça m'écœure** you know, that sickens me.

2 vi **a** (gén) to hold; (objet posé) to stay ◇ (objet fixé) ~ **à qch** to be held to sth; **il n'y a pas de bal qui tienne** there's no question of going to any dance; **ça tient toujours, notre pique-nique?** [famil] is our picnic still on? [famil]; **il tient bien sur ses jambes** he is very steady on his legs; **cet enfant ne tient pas en place** this child cannot keep ou stay still; ~ **bon** to hold ou stand firm; **je n'ai pas pu** ~ (chaleur) I couldn't stand it; (colère) I couldn't contain myself **b** ◇ (être contenu dans) ~ **dans** to fit into; **nous tenons à 4 à cette table** we can get 4 round this table **c** (durer) to last.

3 tenir à vt indir **a** (réputation, vie) to care about; (objet, personne) to be attached to, be fond of ◇ **il tient beaucoup à vous connaître** he is very anxious ou keen to meet you **b** (avoir pour cause) to be due to.

4 tenir de vt indir (son père etc) to take after ◇ **il a de qui** ~ it runs in the family; **ça tient du prodige** it's something of a miracle.

5 vb impers ◇ **il ne tient qu'à elle** it's up to her, it depends on her; **à quoi cela tient-il?** why is it?; **qu'à cela ne tienne** never mind.

6 se tenir vpr **a** ◇ **se ~ la tête** to hold one's head; **se ~ à qch** to hold on to sth; **elle se tenait à sa fenêtre** she was standing at her window; **tiens-toi tranquille** keep still; **il ne se tenait pas de joie** he couldn't contain his joy **b** (se conduire) to behave ◇ **tiens-toi bien!** behave yourself! **c** (réunion etc: avoir lieu) to be held **d** (faits etc: être liés) to hang ou hold together **e** ◇ **s'en ~ à qch** (se limiter à) to confine o.s. to sth; (se satisfaire de) to content o.s. with sth; **il aimerait savoir à quoi s'en ~** he'd like to know where he stands **f** ◇ (se considérer) **il ne se tient pas pour battu** he doesn't consider himself beaten.

tennis [tenis] **1** nm (Sport) tennis; (terrain) tennis court ◇ ~ **de table** table tennis **2** nfpl (chaussures) sneakers; (de tennis) tennis shoes ✦ **tennisman**, pl **tennismen** nm tennis player.

ténor [tenɔʀ] nm, adj tenor.

tension [tɑ̃sjɔ̃] nf (gén, fig) tension; (Élec) voltage, tension ◇ **sous** ~ (Élec) live; (fig) under stress; **avoir de la** ~ to have high blood pressure; ~ **nerveuse** nervous tension.

tentacule [tɑ̃takyl] nm tentacle.

tente [tɑ̃t] nf tent ◇ **coucher sous la** ~ to sleep under canvas.

tentant, e [tɑ̃tɑ̃, ɑ̃t] adj (gén) tempting; (offre) attractive, enticing ✦ **tentation** nf temptation ✦ **tentative** nf attempt ✦ **tenter** 1 vt **a** (séduire) to tempt **b** (essayer) to try, attempt ◇ ~ **sa chance** to try one's luck; ~ **le coup** [famil] to have a go [famil].

tenture [tɑ̃tyʀ] nf (tapisserie) hanging; (rideau) curtain, drape (US).

tenu, 1. **e** [t(ə)ny] adj ◇ (maison) **bien ~** well kept ou looked after; **être ~ de faire** to be obliged to do.

2. **tenue** [t(ə)ny] nf **a** (maison) upkeep, running ◇ **la ~ des livres de comptes** the book-keeping **b** (conduite) good behaviour ◇ **un peu de ~!** behave yourself! **c** (journal: qualité) standard, quality **d** (maintien) posture; (apparence) appearance; (vêtements) clothes; (uniforme) uniform ◇ ~ **de soirée** evening dress **e** ◇ (Aut) ~ **de route** road holding.

ténu, e [teny] adj (point, fil) fine; (brume, voix) thin; (raisons, nuances) tenuous.

ter [tɛʀ] adj ◇ **10** ~ (number) 10 B.

térébenthine [teʀebɑ̃tin] nf turpentine.

Tergal [tɛʀgal] nm ® Terylene ®.

tergiversations [tɛʀʒivɛʀsɑsjɔ̃] nfpl procrastinations ◆ **tergiverser** [1] vi to procrastinate.

terme [tɛʀm(ə)] nm **a** (mot, clause) term ◇ (fig) **en bons ~s avec qn** on good terms with sb **b** (date limite) time limit, deadline; (fin) end, term ◇ **mettre un ~ à qch** to put an end ou a stop to sth; **mener qch à ~** to bring sth to completion; (emprunt) **à court ~** short-term; (naître) **avant ~** prematurely **c** (loyer) (date) term; (somme) quarterly rent.

terminaison [tɛʀminɛzɔ̃] nf ending ◆ **terminal, e**, mpl **-aux** **1** adj ◇ (Scol) **(classe) ~e** final year, ≃ upper sixth (form), senior year (US); **malade au stade ~** terminally ill patient **2** nm terminal **3** nf (Scol) → 1 ◆ **terminer** [1] **1** vt (gén) to end, finish; (séance) to bring to an end ou to a close; (travail) to complete ◇ **j'en ai terminé avec eux** I am ou have finished with them **2** **se terminer** vpr to end (*par* with; *en* in).

terminologie [tɛʀminɔlɔʒi] nf terminology.

terminus [tɛʀminys] nm terminus.

termite [tɛʀmit] nm termite, white ant ◆ **termitière** nf ant-hill.

terne [tɛʀn(ə)] adj dull.

ternir [tɛʀniʀ] [2] vt to tarnish.

terrain [tɛʀɛ̃] nm **a** (gén, fig) ground ◇ **gagner du ~** to gain ground; **trouver un ~ d'entente** to find some common ground **b** (Ftbl, Rugby) pitch, field; (avec les installations) ground; (Courses, Golf) course; (Basketball) basketball court ◇ **~ d'aviation** airfield; **~ de camping** campsite; **~ de sport** sports ground **c** (parcelle) piece of land; (à bâtir) site ◇ **le prix du ~** the price of land; **un ~ vague** a piece of waste ground.

terrasse [tɛʀas] nf (gén) terrace; (toit) terrace roof ◇ **à la ~ du café** outside the café.

terrassement [tɛʀasmɑ̃] nm excavation.

terrasser [tɛʀase] [1] vt (gén) to lay low; (armée) to strike ou bring down.

terrassier [tɛʀasje] nm navvy.

terre [tɛʀ] nf **a** ◇ **la ~** (planète) the earth **b** (sol) ground; (matière) earth, soil; (pour poterie) clay ◇ **~ battue** hard-packed surface; **~ de bruyère** heath-peat; **par ~** (poser) on the ground; (jeter) to the ground; **cela fiche nos projets par ~** [famil] that really messes up our plans [famil]; **sous ~** underground **c** (étendue, campagne) land ◇ **la ~** the land; (domaine) **une ~** an estate; **des ~s à blé** corngrowing land **d** (opp à mer) land ◇ **sur la ~ ferme** on dry land; **aller à ~** to go ashore; **dans les ~s** inland **e** (pays) land, country ◇ **la T~ Sainte** the Holy Land **f** (Élec) earth, ground (US) ◆ **terreau** nm compost ◇ **~ de feuilles** leaf mould ◆ **Terre-Neuve** nf Newfoundland ◆ **terre-plein**, pl **~-~s**, nm platform ◆ **terre-à-terre** adj inv (esprit) down-to-earth, matter-of-fact.

terrer (se) [tɛʀe] [1] vpr to hide (o.s.) away.

terrestre [tɛʀɛstʀ(ə)] adj (transports) land; (surface) earth's; (plaisirs, vie) earthly, terrestrial.

terreur [tɛʀœʀ] nf terror; (famil: personne) tough guy [famil].

terreux, -euse [tɛʀø, øz] adj (goût) earthy; (sabots) muddy; (mains, salade) dirty; (teint) sallow.

terrible [tɛʀibl(ə)] adj terrific [famil], tremendous [famil]; (horrible) terrible, dreadful ◇ **pas ~** [famil] nothing special [famil].

terrien, -ienne [tɛʀjɛ̃, jɛn] **1** adj (propriétaire) landed; (origine) country **2** nm (habitant de la Terre) Earthman (ou woman).

terrier [tɛʀje] nm **a** (lapin) burrow, hole **b** (chien) terrier.

terrifiant, e [tɛʀifjɑ̃, ɑ̃t] adj terrifying; (incroyable) incredible ◆ **terrifier** [7] vt to terrify.

terrine [tɛʀin] nf terrine; (pâté) pâté.

territoire [tɛʀitwaʀ] nm territory ◆ **territorial, e**, mpl **-aux** adj territorial.

terroir [tɛʀwaʀ] nm soil ◇ **du ~** rural.

terroriser [tɛʀɔʀize] [1] vt to terrorize ◆ **terrorisme** nm terrorism ◆ **terroriste** adj, nmf terrorist.

tertiaire [tɛʀsjɛʀ] adj tertiary.

tertre [tɛʀtʀ(ə)] nm mound.

tes [te] adj poss → 1. **ton.**

tesson [tesɔ̃] nm ◇ **~ de bouteille** piece of broken bottle.

test [tɛst] nm, adj test ◇ **faire passer un ~ à qn** to give sb a test; **~ psychologique** ou **de personnalité** personality test.

testament [tɛstamɑ̃] nm (Jur) will; (fig, Rel) testament.

tester [tɛste] [1] vt to test.

testicule [tɛstikyl] nm testicle.

tétanos [tetanos] nm tetanus.

têtard [tɛtaʀ] nm tadpole.

tête [tɛt] nf **a** (gén) head; (visage) face ◇ **avoir la ~ sale** to have dirty hair; **50 F par ~** 50 francs a head ou per person; **risquer sa ~** to risk one's neck; **faire une drôle de ~** to pull a face; **faire la ~** to sulk; **courir ~ baissée** to rush headlong (*dans* into); **tomber la ~ la première** to fall headfirst; **en avoir par-dessus la ~** to be fed up to the teeth [famil]; **j'en donnerais ma ~ à couper** I would stake my life on it; **il ne sait où donner de la ~** he doesn't know which way to turn; **tenir ~ à** to stand up to; (Rail) **monter en ~** to get on at the front; (coureur etc) **être en ~** to be in the lead; **être à la ~ de qch** to be at the head of sth, head sth **b** (esprit) head, mind ◇ **où ai-je la ~?**

whatever am I thinking of?; **avoir la ~ chaude** to be hot-headed; **calculer qch de ~** to work sth out in one's head; **se mettre dans la ~ de faire qch** to take it into one's head to do sth; **avoir la ~ ailleurs** to have one's mind elsewhere; **se creuser la ~** to rack one's brains; **il n'en fait qu'à sa ~** he does exactly as he pleases; **à ~ reposée** in a more leisurely moment; **c'est une forte ~** he's self-willed **c** (Ftbl) header ◇ **faire une ~** to head the ball **d** ◇ **~ chercheuse** homing device; **~ d'épingle** pinhead; **~ de lard** [famil] pigheaded so and so [famil]; **~ de lecture** (magnétophone) play-back head; (Ordin) reading head; **~ de linotte** [famil] scatterbrain; **~ nucléaire** nuclear warhead; **~ de pont** (fleuve) bridgehead; (mer) beachhead; **~ de Turc** whipping boy ◆ **tête-à-queue** nm inv (Aut) spin ◆ **tête-à-tête** nm inv (conversation) tête-à-tête ◇ **en ~** in private ◆ **tête-bêche** adv head to foot.

tétée [tete] nf (repas) feed, nursing (US); (moment) feeding ou nursing time ◆ **téter** 6 vt (lait, pouce) to suck; (biberon, pipe) to suck at ◇ **~ sa mère** to suck at one's mother's breast; **donner à ~** to feed ◆ **tétine** nf teat; (sucette) dummy, pacifier (US).

têtu, e [tety] adj stubborn, pigheaded.

texte [tɛkst(ə)] nm text; (morceau choisi) passage; (énoncé de devoir) subject ◇ **apprendre son ~** to learn one's lines ◆ **textuel, -elle** adj (traduction) literal; (citation) exact; (analyse) textual.

textile [tɛkstil] nm, adj textile ◇ **~s synthétiques** synthetic fibres.

texture [tɛkstyʀ] nf texture.

TGV [teʒeve] nm abrév de *train à grande vitesse* → **train.**

Thaïlande [tailɑ̃d] nf **a** Thailand ◆ **thaïlandais, e** adj, nm, **T~, e** nm,f **b** Thai.

thé [te] nm tea; (réunion) tea party ◇ **~ à la menthe** mint tea.

théâtral, e, mpl **-aux** [teɑtʀal, o] adj (gén) theatrical; (rubrique, saison) theatre.

théâtre [teɑtʀ(ə)] nm **a** ◇ (technique, genre) **le ~** the theatre; **le ~ classique** the classical theatre, classical drama; **le ~ de boulevard** light theatrical entertainment; **faire du ~** to be an actor; **~ d'amateurs** amateur dramatics ou theatricals; **adapté pour le ~** adapted for the stage; **accessoires de ~** stage props **b** (lieu) theatre **c** (péj) (exagération) theatricals; (simulation) playacting **d** (crime) scene; (Mil) theatre.

théière [tejɛʀ] nf teapot.

thème [tɛm] nm **a** (sujet) theme **b** (Scol: traduction) prose composition.

théologie [teɔlɔʒi] nf theology ◆ **théologien** nm theologian.

théorème [teɔʀɛm] nm theorem.

théorie [teɔʀi] nf theory ◆ **théoricien, -ienne** nm,f theoretician, theorist ◆ **théorique** adj theoretical.

thérapeutique [teʀapøtik] **1** adj therapeutic **2** nf (traitement) therapy ◆ **thérapie** nf therapy.

thermal, e, mpl **-aux** [tɛʀmal, o] adj ◇ **établissement ~** hydropathic establishment; **source ~e** thermal ou hot springs; **station ~e** spa.

thermique [tɛʀmik] adj (unité, usine) thermal; (énergie) thermic.

thermomètre [tɛʀmɔmɛtʀ(ə)] nm thermometer.

thermonucléaire [tɛʀmɔnykleɛʀ] adj thermonuclear.

Thermos [tɛʀmos] nm ou nf (®: aussi **bouteille ~**) vacuum ou Thermos ® flask.

thermostat [tɛʀmɔsta] nm thermostat.

thésauriser [tezɔʀize] 1 vi to hoard money.

thèse [tɛz] nf (gén) thesis; (Univ) ≃ Ph. D. thesis.

thon [tɔ̃] nm tunny, tuna-fish.

thorax [tɔʀaks] nm thorax.

thrombose [tʀɔ̃boz] nf thrombosis.

thym [tɛ̃] nm thyme.

thyroïde [tiʀɔid] adj, nf thyroid.

tiare [tjaʀ] nf tiara.

Tibet [tibɛ] nm Tibet ◆ **tibétain, e** adj, nm, **T~, e** nm,f Tibetan.

tibia [tibja] nm shinbone, tibia.

tic [tik] nm (nerveux) twitch, tic; (manie) mannerism.

ticket [tikɛ] nm ticket.

tic-tac [tiktak] nm inv ◇ **faire ~** to go tick tock.

tiède [tjɛd] adj (gén) lukewarm; (temps) mild, warm ◆ **tiédeur** nf lukewarmness; mildness, warmth ◆ **tiédir** 2 **1** vi (gén, fig) to cool ◇ (réchauffer) **faire ~ de l'eau** to warm some water **2** vt to cool; to warm.

tien, tienne [tjɛ̃, tjɛn] **1** pron poss ◇ **le ~** etc yours, your own; **à la tienne** your health, cheers [famil] **2** nm ◇ **le ~** what's yours; **les ~s** (famille) your family; (groupe) your set.

tiers, tierce [tjɛʀ, tjɛʀs(ə)] **1** adj third ◇ **le t~ monde** the Third World **2** nm (fraction) third; (personne) third party **3** nf (Mus) third; (Cartes) tierce ◆ **tiercé** nm tiercé, *French system of forecast betting on three horses.*

tif [tif] nm [famil] hair ◇ **~s** hair.

tige [tiʒ] nf (fleur) stem; (céréales) stalk; (botte, chaussette) leg; (en métal) shaft.

tignasse [tiɲas] nf [famil] shock of hair, mop.

tigre [tigʀ(ə)] nm tiger ◆ **tigré, e** adj (tacheté) spotted; (rayé) striped, streaked ◆ **tigresse** nf tigress.

tilleul [tijœl] nm (arbre) lime (tree); (infusion) lime tea.

tilt [tilt] nm (billard électrique) electronic billiards ◇ **faire ~** (lit) to mark the end of the game; (fig: échouer) to fail; **ce mot a fait ~ dans mon esprit** this word rang a bell.

timbale [tɛ̃bal] nf metal cup ◇ (Mus) **les ~s** the timpani, the kettledrums.

timbre [tɛ̃bʀ(ə)] nm (gén) stamp; (cachet de la poste) postmark; (sonnette) bell ◆ **timbré, e** adj [famil] (fou) cracked [famil] ◆ **timbrer** [1] vt to stamp; to postmark.

timide [timid] adj (timoré) timid; (emprunté) shy, timid ◆ **timidité** nf timidity; shyness.

timonier [timɔnje] nm helmsman.

timoré, e [timɔʀe] adj timorous.

tintamarre [tɛ̃tamaʀ] nm din, racket [famil].

tintement [tɛ̃tmɑ̃] nm ◇ **~(s)** (cloche, oreilles) ringing; (clochette) tinkling; (clefs etc) jingling ◆ **tinter** [1] vi to ring; to tinkle; to jingle ◇ **faire ~** to ring.

tintin [tɛ̃tɛ̃] excl [famil] nothing doing! [famil] ◇ **faire ~** to go without.

tintouin [tɛ̃twɛ̃] nm [famil] bother.

tique [tik] nf (Zool) tick.

tiquer [tike] [1] vi to pull a face ◇ **sans ~** without turning a hair.

tir [tiʀ] nm **a** (Sport) shooting ◇ **~ à l'arc** archery **b** (action) firing ◇ **déclencher le ~** to open the firing **c** (rafales, trajectoire) fire ◇ **des ~s de barrage** barrage fire **d** (Boules, Ftbl) shot **e** ◇ (stand) **~ forain** shooting gallery, rifle range.

tirade [tiʀad] nf soliloquy.

tirage [tiʀaʒ] nm **a** (Phot) (action) printing; (photo) print **b** (journal) circulation; (livre) edition ◇ **~ de 2000 exemplaires** run of 2,000 copies **c** (cheminée) draught, draft (US) **d** (Loterie) draw (*de* for) ◇ **procéder par ~ au sort** to draw lots **e** (famil: désaccord) friction.

tiraillement [tiʀɑjmɑ̃] nm (douleur) gnawing pain; (doute) doubt ◇ (conflit) **~s** friction ◆ **tirailler** [1] vt **a** (corde) to pull at, tug at **b** (douleurs) to gnaw at; (doutes) to plague ◇ **tiraillé entre** torn between ◆ **tirailleur** nm skirmisher.

tirant [tiʀɑ̃] nm ◇ **~ d'eau** draught, draft (US).

tiré, e [tiʀe] adj (visage) drawn, haggard ◇ **~ à quatre épingles** done up ou dressed up to the nines [famil]; **~ par les cheveux** far-fetched.

tire-bouchon [tiʀbuʃɔ̃] nm corkscrew.

tirelire [tiʀliʀ] nf moneybox.

tirer [tiʀe] [1] **1** vt **a** (corde, cheveux) to pull; (robe) to pull down; (chaussette) to pull up; (véhicule, charge, rideaux) to pull, draw; (remorque, navire) to tow; (verrou) to shoot ◇ **~ qn à l'écart** to draw sb aside; **tire la porte** pull the door to **b** (vin, carte, chèque) to draw; (substance) to extract; (citation) to take (*de* from) ◇ **~ de l'argent d'une activité** to make money from an activity; **~ son origine de qch** to have sth as its origin; **~ qn de** (prison etc) to get sb out of **c** (Phot, Typ) to print **d** (trait) to draw; (plan) to draw up **e** (coup de feu) to fire; (feu d'artifice) to set off; (gibier) to shoot.

2 vi **a** (faire feu) to fire, shoot; (Ftbl) to shoot **b** ◇ (Presse) **~ à 10 000 exemplaires** to have a circulation of 10,000 **c** (cheminée) to draw; (voiture) to pull **d** ◇ **~ au flanc** [famil] to skive [famil]; **~ dans les jambes de qn** to make life difficult for sb.

3 tirer sur vt indir **a** (corde) to pull ou tug at **b** (couleur) to border on, verge on **c** (faire feu sur) to shoot at, fire at **d** (cigarette) to puff at, draw on.

4 tirer à vt indir ◇ **~ à sa fin** to be drawing to a close; **~ à conséquence** to matter.

5 se tirer vpr **a** ◇ **se ~ de** (danger) to get out of; (travail) to manage, cope with; (malade) **s'en ~** [famil] to pull through; **il s'en est bien tiré** (procès) he got off lightly; (épreuve) he coped well with it **b** (déguerpir) to push off, clear off.

tiret [tiʀɛ] nm (trait) dash; (en fin de ligne) hyphen.

tireur [tiʀœʀ] nm **a** ◇ **~ isolé** sniper; **~ d'élite** marksman **b** (Fin) drawer.

tiroir [tiʀwaʀ] nm drawer ◆ **tiroir-caisse**, pl **~s-~s** nm till.

tisane [tizan] nf herb(al) tea ◇ **~ de menthe** mint tea.

tison [tizɔ̃] nm brand ◆ **tisonnier** nm poker.

tissage [tisaʒ] nm weaving ◆ **tisser** [1] vt to weave; (araignée) to spin ◆ **tisserand** nm weaver.

tissu [tisy] nm (Tex) cloth, fabric, material; (Anat) tissue ◇ **un ~ de** (mensonges) a web of; **le ~-éponge** terry towelling.

titre [titʀ(ə)] nm **a** (gén) title ◇ (Presse) **les gros ~s** the headlines; **~ de noblesse** title; **~ de propriété** title deed; **~ de transport** ticket; (fig) **ses ~s de gloire** his claims to fame **b** (Bourse) security **c** (diplôme) qualification **d** (or, argent) fineness; (solution) titre ◇ **à ce ~** (en cette qualité) as such; (pour cette raison) therefore; **à quel ~?** on what grounds?; **au même ~** in the same way (*que* as); **à double ~** on two accounts; **à ~ privé** in a private capacity; **à ~ provisoire** on a temporary basis; **à ~ exceptionnel** exceptionally; **à ~ gratuit** ou **gracieux** free of charge; **à ~ d'exemple** etc as an example etc; **à ~**

indicatif for information only ◆ **titré, e** adj (personne) titled ◆ **titrer** [1] vt (Presse) to run as a headline ◇ (Chim) ~ **10°** to be 10° proof.

tituber [titybe] [1] vi to stagger ou totter (along); (d'ivresse) to reel (along).

titulaire [titylɛʀ] **1** adj ◇ **être** ~ to have tenure; **être** ~ **de** to hold **2** nmf (poste) incumbent; (carte) holder ◆ **titulariser** [1] vt to give tenure to.

toast [tost] nm (pain) piece of toast; (discours) toast.

toboggan [tɔbɔgɑ̃] nm (jeu) slide; (traîneau) toboggan; (Aut) flyover, overpass (US).

toc [tɔk] **1** excl ◇ ~ ~! knock knock! **2** nm ◇ **en** ~ imitation, fake.

tocsin [tɔksɛ̃] nm alarm (bell), tocsin.

toge [tɔʒ] nf (Hist) toga; (Jur, Scol) gown.

Togo [tɔgo] nm Togo ◆ **togolais, e** adj, **T~, e** nm,f Togolese.

tohu-bohu [tɔybɔy] nm hubbub.

toi [twa] pron pers **a** (sujet, objet) you ◇ **si j'étais** ~ if I were you **b** ◇ (avec vpr) **assieds-~** sit down **c** ◇ (avec prép) **cette maison est-elle à ~?** is this house yours?; **as-tu une chambre à ~ tout seul?** have you a room of your own?

toile [twal] nf **a** (tissu) cloth ◇ **en** ~ (draps) linen; (pantalon) cotton; (sac) canvas; ~ **cirée** oilcloth; ~ **de fond** backdrop; ~ **de tente** tent canvas **b** (Peinture) canvas **c** ◇ **la** ~ **de l'araignée** the spider's web; **plein de ~s d'araignées** full of cobwebs.

toilette [twalɛt] nf **a** (action) washing; (chien) grooming ◇ **faire sa** ~ to have a wash, get washed; **nécessaire de** ~ toilet bag **b** (vêtements) clothes **c** ◇ (W.-C.) **~s** toilet; (publiques) public conveniences ou lavatory, restroom (US).

toiser [twaze] [1] vt to look up and down.

toison [twazɔ̃] nf (mouton) fleece; (chevelure) mop.

toit [twa] nm roof; (fig: foyer) home ◇ **crier qch sur les ~s** to shout sth from the rooftops; **voiture à** ~ **ouvrant** car with a sunshine roof ◆ **toiture** nf roof.

tôle [tol] nf sheet metal; (morceau) steel (ou iron) sheet ◇ ~ **ondulée** corrugated iron.

tolérable [tɔleʀabl(ə)] adj tolerable, bearable ◆ **tolérance** nf (gén) tolerance; (religieuse) toleration; (bagages, importations) allowance ◆ **tolérant, e** adj tolerant ◆ **tolérer** [6] vt (gén) to tolerate; (douleur) to bear, endure, stand; (excédent de bagages etc) to allow.

tollé [tɔle] nm ◇ ~ **général** general outcry.

tomate [tɔmat] nf tomato.

tombe [tɔ̃b] nf (gén, fig) grave; (avec monument) tomb; (pierre) gravestone, tombstone ◆ **tombeau,** pl **~x** nm grave; tomb ◇ **à** ~ **ouvert** at breakneck speed.

tombée [tɔ̃be] nf ◇ **à la** ~ **de la nuit** at nightfall.

tomber [tɔ̃be] [1] **1** vi **a** (gén, fig) to fall; (température, vent, fièvre) to drop; (enthousiasme) to fall away; (colère, conversation) to die down; (objection) to disappear; (brouillard) to come down ◇ ~ **malade** etc to fall ill etc; **il tombe de la neige** snow is falling; **Noël tombe un mardi** Christmas falls on a Tuesday; **le jour** ou **la nuit tombe** night is falling; ~ **par terre** to fall down, fall to the ground; ~ **de fatigue** to drop from exhaustion; ~ **de sommeil** to be falling asleep on one's feet; (fig) ~ **bien bas** to sink very low; **la nouvelle vient de** ~ the news has just broken ou come through; **ce pantalon tombe bien** these trousers hang well **b** ◇ (inopinément) **il est tombé en pleine réunion** he walked in right in the middle of a meeting **c** ◇ **faire** ~ (objet) to knock over ou down; (vent, prix, gouvernement) to bring down; **laisser** ~ to drop; **se laisser** ~ **dans un fauteuil** to drop ou fall into an armchair **d** ◇ (projets etc) ~ **à l'eau** to fall through; **bien** ~ (avoir de la chance) to be lucky; (se produire au bon moment) to come at the right moment; ~ **juste** (en devinant) to be right; (calculs) to come out right; ~ **de haut** to be bitterly disappointed; **il n'est pas tombé de la dernière pluie** he wasn't born yesterday; **il est tombé sur la tête!** [famil] he's got a screw loose! [famil]; (aubaine) ~ **du ciel** to be heavensent; ~ **des nues** to be completely taken aback; (plaisanterie) ~ **à plat** to fall flat; **cela tombe sous le sens** it's obvious **2** **tomber sur** vt indir **a** (ami) to run into; (détail) to come across **b** (regard) to fall upon; (conversation) to come round to **c** (famil: attaquer) to go for [famil] **3** vt ◇ ~ **la veste** [famil] to slip off one's jacket.

tombereau, pl **~x** [tɔ̃bʀo] nm (charrette) tipcart; (contenu) cartload.

tombola [tɔ̃bɔla] nf tombola.

tome [tɔm] nm (livre) volume.

1. **ton** [tɔ̃], **ta** [ta], **tes** [te] adj poss your (own).

2. **ton** [tɔ̃] nm (gén) tone; (hauteur du son) pitch; (Mus: clef) key ◇ **donner le** ~ (Mus) to give the pitch; (fig) to set the tone; **être dans le** ~ (Mus) to be in tune; (couleur) to match; (propos) to fit in; **hausser le** ~ to raise one's voice; **ne le prenez pas sur ce** ~ don't take it like that; **plaisanteries de bon** ~ jokes in good taste; **il est de bon** ~ **de faire** it is good form to do ◆ **tonalité** nf (gén) tone; (Téléc) dialling tone.

tondeuse [tɔ̃døz] nf (cheveux) clippers; (moutons) shears ◇ ~ **à gazon** lawn mower ◆ **tondre** [41] vt (mouton) to shear; (gazon) to mow; (haie, caniche) to clip; (cheveux) to crop; (famil: escroquer) to fleece [famil].

tongs [tɔ̃g] nfpl (sandales) flip-flops, thongs (US).

tonifier [tɔnifje] 7 vt (muscles) to tone up; (esprit) to invigorate ◆ **tonique** 1 adj (boisson) tonic; (lotion) toning; (air) invigorating; (Ling) tonic 2 nm (Méd, fig) tonic; (lotion) toning lotion.

tonitruant, e [tɔnitʀyɑ̃, ɑ̃t] adj booming.

tonnage [tɔnaʒ] nm tonnage.

tonne [tɔn] nf ton, tonne ◇ **des ~s de** [famil] tons of [famil].

tonneau, pl **~x** [tɔno] nm (fût) barrel, cask; (Aut) somersault; (Naut) ton ◆ **tonnelet** nm keg ◆ **tonnelier** nm cooper.

tonnelle [tɔnɛl] nf bower, arbour.

tonner [tɔne] 1 1 vi to thunder 2 vb impers ◇ **il tonne** it is thundering.

tonnerre [tɔnɛʀ] nm thunder ◇ **bruit de ~** thunderous noise; **du ~** [famil] terrific [famil], fantastic [famil]; **~!** [famil] hell's bells! [famil]

tonte [tɔ̃t] nf (moutons) shearing; (haie) clipping; (gazon) mowing.

tonton [tɔ̃tɔ̃] nm [famil] uncle.

tonus [tɔnys] nm (musculaire) tone; (fig: dynamisme) energy, dynamism.

top [tɔp] 1 nm ◇ (Rad) **au 4e ~** at the 4th stroke 2 adj ◇ **~ secret** top secret; (athlète) **être au ~ niveau** to be a top level athlete.

topaze [tɔpaz] nf topaz.

topinambour [tɔpinɑ̃buʀ] nm Jerusalem artichoke.

topo [topo] nm [famil] (exposé) spiel [famil].

topographie [tɔpɔgʀafi] nf topography.

toquade [tɔkad] nf (péj) (pour qn) infatuation; (pour qch) fad, craze.

toque [tɔk] nf (femme) fur hat; (juge, jockey) cap ◇ **~ de cuisinier** chef's hat.

torche [tɔʀʃ(ə)] nf torch ◇ **~ électrique** (electric) torch, flashlight (US); (Parachutisme) **se mettre en ~** to candle.

torcher [tɔʀʃe] 1 vt [famil] to wipe.

torchon [tɔʀʃɔ̃] nm a (gén) cloth; (pour épousseter) duster; (à vaisselle) tea towel, dish towel ◇ **le ~ brûle entre eux** they're at daggers drawn b (devoir mal présenté) mess; (mauvais journal) rag.

tordant, e [tɔʀdɑ̃, ɑ̃t] adj [famil] (drôle) killing [famil].

tordre [tɔʀdʀ(ə)] 41 1 vt (gén) to wring; (barre de fer, bras) to twist 2 **se tordre** vpr a (de rire) to be doubled up (*de* with) ◇ **se ~ le bras** to sprain ou twist one's arm b (barre) to bend; (roue) to buckle, twist ◆ **tordu, e** 1 adj (jambes, barre) bent; (roue) buckled, twisted; (esprit) warped 2 nm,f (famil: fou) nutcase [famil].

tornade [tɔʀnad] nf tornado.

torpeur [tɔʀpœʀ] nf torpor.

torpille [tɔʀpij] nf torpedo ◆ **torpiller** 1 vt to torpedo ◆ **torpilleur** nm torpedo boat.

torréfier [tɔʀefje] 7 vt (café) to roast.

torrent [tɔʀɑ̃] nm torrent ◇ (fig) **des ~s de** streams ou floods of ◆ **torrentiel, -elle** adj torrential.

torride [tɔʀid] adj torrid.

torsade [tɔʀsad] nf (fils) twist ◆ **torsader** 1 vt to twist.

torse [tɔʀs(ə)] nm (gén) chest; (Anat, Sculp) torso ◇ **~ nu** stripped to the waist.

torsion [tɔʀsjɔ̃] nf (Phys, Tech) torsion.

tort [tɔʀ] nm a (erreur) wrong, fault ◇ **être en ~** to be in the wrong ou at fault; **avoir ~** to be wrong (*de faire* to do); **donner ~ à qn** (témoin) to blame sb; (événements) to prove sb wrong; **avoir des ~s envers qn** to have wronged sb; **regretter ses ~s** to be sorry for one's wrongs; **à ~** wrongly; **à ~ ou à raison** rightly or wrongly; **à ~ et à travers** wildly b (préjudice) wrong ◇ **faire du ~ à qn** to harm sb; **faire du ~ à qch** to be harmful ou detrimental to sth.

torticolis [tɔʀtikɔli] nm stiff neck.

tortiller [tɔʀtije] 1 1 vt (mouchoir) to twist 2 vi ◇ **il n'y a pas à ~** [famil] there's no wriggling round it 3 **se tortiller** vpr (serpent) to writhe; (ver, personne) to wiggle.

tortionnaire [tɔʀsjɔnɛʀ] nm torturer.

tortue [tɔʀty] nf (gén, fig) tortoise ◇ **~ de mer** turtle.

tortueux, -euse [tɔʀtɥø, øz] adj (chemin) winding; (discours) tortuous; (manœuvres) devious.

torture [tɔʀtyʀ] nf ◇ **~(s)** torture ◆ **torturer** 1 vt to torture.

tôt [to] adv (de bonne heure) early; (rapidement) soon, early ◇ **~ dans la matinée** early in the morning; **~ ou tard** sooner or later; **il n'était pas plus ~ parti que la voiture est tombée en panne** no sooner had he set off than the car broke down; **le plus ~ sera le mieux** the sooner the better; **jeudi au plus ~** Thursday at the earliest.

total, e, mpl **-aux** [tɔtal, o] 1 adj (gén) total; (ruine, désespoir) utter 2 adv ◇ **~, il a tout perdu** [famil] the net result was he lost everything 3 nm total ◇ (fig) **si on fait le ~** if you add it all up; **au ~** all in all ◆ **totalement** adv totally, completely ◆ **totaliser** 1 vt to total ◆ **totalitaire** adj totalitarian ◆ **totalité** nf ◇ **la ~ de la somme** the whole amount, all the money.

toubib [tubib] nm [famil] doctor, doc [famil].

1. **touchant** [tuʃɑ̃] prép concerning.

2. **touchant, e** [tuʃɑ̃, ɑ̃t] adj (émouvant) touching, moving.

touche [tuʃ] nf (piano etc) key; (Pêche) bite ◇ (Ftbl, Rugby) **ligne de ~** touchline; (un peu) **une ~ de** a touch of; (fig) **rester sur la ~** to be left on the sidelines; (allure) **quelle drôle de ~!** what a sight! [famil].

touche-à-tout [tuʃatu] nmf inv (gén enfant) (little) meddler; (inventeur) dabbler.

toucher [tuʃe] 1 **1** vt **a** (par contact) to touch (*du doigt* with one's finger); (palper) to feel; (jouxter) to adjoin, be adjacent to ◇ (avion) **~ terre** to land, touch down; **touchons du bois!** [famil] touch wood!, let's keep our fingers crossed! **b** (adversaire, objectif) to hit **c** (contacter) to get in touch with ◇ **je vais lui en ~ un mot** I'll have a word with him about it **d** (argent) to get, receive; (salaire) to draw; (chèque) to cash; (gros lot) to win **e** (drame) to affect; (cadeau, bonté) to touch, move; (problème) to affect, concern ◇ **touché par la dévaluation** affected by devaluation **2** **se toucher** vpr (lignes) to touch; (terrains) to be adjacent, adjoin **3** **toucher à** vt indir **a** (gén, fig) to touch; (règlement) to meddle with; (mécanisme) to tamper with; (problème, domaine) to have to do with **b** (aborder) (période, but) to approach; (sujet) to broach; (activité) to try one's hand at ◇ **l'hiver touche à sa fin** winter is nearing its end **4** nm (contact) feel ◇ (sens) **le ~** touch.

touffe [tuf] nf (herbe, poils) tuft; (arbres, fleurs) clump ◆ **touffu, e** adj (barbe) bushy; (arbres) leafy; (haie, bois) thick.

touiller [tuje] 1 vt [famil] to stir.

toujours [tuʒuʀ] adv **a** (continuité) always; (répétition) forever, always ◇ **comme ~** as ever, as always; **des amis de ~** lifelong friends; **partir pour ~** to go forever ou for good **b** (encore) still ◇ **ils n'ont ~ pas répondu** they still haven't replied, they have not yet replied **c** ◇ (intensif) **tu peux ~ essayer** (ça vaut la peine) try anyway ou anyhow; (ça ne sert à rien) try as much as you like; **je trouverai ~ bien une excuse** I can always think up an excuse; **tu peux ~ courir!** [famil] you've got some hope!; **~ est-il que** the fact remains that.

toupet [tupɛ] nm (cheveux) quiff ◇ ([famil]: culot) **avoir du ~** to have a nerve ou a cheek.

toupie [tupi] nf spinning top.

1. **tour** [tuʀ] nf (gén) tower; (immeuble) tower block; (Échecs) castle, rook.

2. **tour** [tuʀ] nm **a** ◇ **faire le ~ de** (parc, magasin etc) to go round; (possibilités) to explore; (problème) to survey; **~ de ville** (pour touristes) city tour; **si on faisait le ~?** shall we go round (it)?; **~ d'horizon** general survey; **~ de chant** song recital; **~ de piste** (Sport) lap; (Cirque) circuit **b** (excursion) trip, outing; (à pied) walk, stroll; (en voiture) run, drive ◇ **faire un ~ de manège** to have a ride on a merry-go-round; **faire un ~** to go for a walk **c** (succession) turn ◇ **chacun son ~** everyone will have his turn; **à ~ de rôle** in turn; **à ton ~ (de jouer)** (gén) (it's) your turn; (Échecs) (it's) your move **d** ◇ (Pol) **~ de scrutin** ballot **e** (circonférence) circumference ◇ **~ de taille** etc waist etc measurement **f** (rotation) turn ◇ (Aut) **régime de 2 000 ~s** speed of 2,000 revs ou revolutions; **donner un ~ de clef** to give the key a turn; **souffrir d'un ~ de reins** to suffer from a sprained back; **à ~ de bras** (frapper) with all one's strength; (produire) prolifically **g** ◇ (disque) **un 33 ~s** an LP; **un 45 ~s** a single **h** (événements etc: tournure) turn **i** (jongleur, escroc) trick ◇ **~ de cartes** card trick; **~ de force** (lit) feat of strength; (fig) amazing feat; **en un ~ de main** in next to no time; **par un ~ de passe-passe** by sleight of hand; **~ de cochon** [famil] dirty ou lousy trick [famil] **j** (Tech) lathe ◇ **~ de potier** potter's wheel.

tourbe [tuʀb(ə)] nf peat ◆ **tourbeux, -euse** adj peaty ◆ **tourbière** nf peat bog.

tourbillon [tuʀbijɔ̃] nm (eau) whirlpool; (vent) whirlwind; (fig) whirl ◇ **~ de neige** swirl ou eddy of snow ◆ **tourbillonner** 1 vi to whirl, swirl, eddy.

tourelle [tuʀɛl] nf (gén) turret; (sous-marin) conning tower.

tourisme [tuʀism(ə)] nm ◇ **le ~** tourism; (profession) the tourist trade ou industry; **voiture de ~** private car; **office du ~** tourist office; **faire du ~** to go touring ◆ **touriste** nmf tourist ◆ **touristique** adj (gén) tourist; (région) picturesque; (route) scenic.

tourment [tuʀmɑ̃] nm agony, torment.

tourmente [tuʀmɑ̃t] nf storm ◇ **~ de neige** blizzard.

tourmenter [tuʀmɑ̃te] 1 **1** vt to torment **2** **se tourmenter** vpr to worry ◆ **tourmenté, e** adj (gén) tortured; (vie, mer) stormy.

tournage [tuʀnaʒ] nm (Ciné) shooting; (Menuiserie) turning.

tournant, e [tuʀnɑ̃, ɑ̃t] **1** adj (fauteuil) swivel; (panneau) revolving; (Mil: mouvement) encircling; (escalier) spiral **2** nm (virage) bend; (changement) turning point ◇ **avoir qn au ~** [famil] to get even with sb.

tournebroche [tuʀnəbʀɔʃ] nm roasting jack.

tourne-disque, pl **~-~s** [tuʀnədisk(ə)] nm record player.

tournée [tuʀne] nf (artiste) tour; (inspecteur, livreur) round; (au café) round of drinks ◇ **faire la ~ de** (magasins) to go round.

tournemain [tuʀnəmɛ̃] nm ◇ **en un ~** in next to no time.

tourner [turne] 1 **1** vt **a** (gén) to turn; (difficulté) to get round; (lettre) to phrase; (sauce) to stir ◇ (lit, fig) ~ **le dos à** to turn one's back on; **compliment bien tourné** well-turned compliment; **il a l'esprit mal tourné** he has a nasty turn of mind; ~ **qch en ridicule** to ridicule sth; **il a tourné l'incident en plaisanterie** he made a joke out of the incident; (fig) ~ **la page** to turn over a new leaf; **se** ~ **les pouces** to twiddle one's thumbs; ~ **la tête à qn** to go to sb's head **b** (Ciné) (film) to make; (scène) to shoot, film **2** vi **a** (gén) to turn; (aiguilles) to go round; (roue) to revolve; (toupie, fig: tête) to spin; (usine, moteur) to run; (programme d'ordinateur) to work; (fig: chance) to change ◇ **l'heure tourne** time is passing; **faire** ~ **le moteur** to run the engine; ~ **au ralenti** to tick over; (importun) ~ **autour de qn** to hang round sb; (enquête, conversation) ~ **autour de qch** to centre on sth; ~ **au froid** to turn cold; ~ **à la bagarre** to turn into a fight; ~ **au drame** to take a dramatic turn; **ça a mal tourné** it turned out badly **b** (lait) to go sour; (poisson, fruit) to go bad **c** ◇ (locutions) ~ **à l'aigre** to turn sour; ~ **court** to come to a sudden end; ~ **de l'œil** [famil] to pass out [famil], faint; ~ **en rond** to go round in circles; ~ **rond** to run smoothly; **qu'est-ce qui ne tourne pas rond?** [famil] what's the matter?, what's wrong?; ~ **autour du pot** [famil] to beat about the bush; **faire** ~ **qn en bourrique** [famil] to drive sb round the bend [famil] **3** **se tourner** vpr to turn round ◇ **se** ~ **vers** to turn to.

tournesol [turnəsɔl] nm sunflower.

tourneur [turnœr] nm (Tech) turner.

tournevis [turnəvis] nm screwdriver.

tourniquet [turnikɛ] nm (barrière) turnstile; (porte) revolving door; (d'arrosage) sprinkler hose; (présentoir) revolving stand; (Méd) tourniquet.

tournis [turni] nm [famil] ◇ **avoir le** ~ to feel dizzy ou giddy.

tournoi [turnwa] nm tournament.

tournoyer [turnwaje] 8 vi to whirl, swirl ◇ **faire** ~ **qch** to whirl sth round.

tournure [turnyr] nf **a** (locution) turn of phrase ◇ (forme) ~ **négative** negative form **b** (événements) turn ◇ **prendre** ~ to take shape **c** ◇ ~ **d'esprit** turn of mind.

tourte [turt(ə)] nf (Culin) pie.

tourteau, pl ~**x** [turto] nm (sort of) crab.

tourterelle [turtərɛl] nf turtledove.

tous [tu] → **tout.**

Toussaint [tusɛ̃] nf ◇ **la** ~ All Saints' Day.

tousser [tuse] 1 vi to cough.

tout [tu], **toute** [tut], mpl **tous** [tu] (adj) ou [tus] (pron), fpl **toutes** [tut] **1** adj **a** (gén) all; (la totalité de) the whole of ◇ **toute la nuit** all night long; ~ **le monde** everybody, everyone; ~ **le temps** all the time; **toute la France** the whole of ou all France; **en toute franchise** in all sincerity **b** ◇ (tout à fait) **c'est** ~ **le contraire** it's the very opposite; **c'est** ~ **autre chose** that's quite another matter **c** ◇ (seul) **c'est** ~ **l'effet que cela lui fait** that's all the effect ou the only effect it has on him **d** (n'importe quel) any, all ◇ **à** ~ **âge** at any age, at all ages; **pour** ~ **renseignement** for all information; **(véhicule)** ~ **terrain** all-purpose vehicle **e** ◇ (complètement) ~ **à son travail** entirely taken up by his work; **habillé** ~ **en noir** dressed all in black **f** ◇ **tous, toutes** all, every; **courir dans tous les sens** to run in all directions ou in every direction; **film pour tous publics** film suitable for all audiences; **toutes sortes de** all sorts of; **tous azimuts** on all fronts; **tous les ans** every year; **tous les 10 mètres** every 10 metres; **tous les deux** both of them, the two of them **g** ◇ (locutions) **en** ~ **bien** ~ **honneur** with the most honourable intentions; **à** ~ **bout de champ, à** ~ **propos** every now and then; ~ **un chacun** every one of us; **à tous égards** in every respect; **à toutes jambes** as fast as his legs can carry him; **de** ~ **cœur** whole-heartedly; **de** ~ **temps** from time immemorial; **de** ~ **repos** easy; **à toute vitesse** at full ou top speed; **il a une patience à toute épreuve** he has limitless patience; **selon toute apparence** to all appearances.

2 pron indéf **a** (gén) everything, all; (n'importe quoi) anything ◇ **il a** ~ **organisé** he organized everything, he organized it all **b** ◇ **tous, toutes** all; **vous tous** all of you **c** ◇ ~ **ce qui,** ~ **ce que:** ~ **ce que je sais, c'est qu'il est parti** all I know is that he's gone; **ne croyez pas** ~ **ce qu'il raconte** don't believe everything ou all he tells you **d** ◇ (locutions) ~ **est bien qui finit bien** all's well that ends well; **... et** ~ **et** ~ [famil]**...** and so on and so forth; ~ **est là** that's the whole point; **c'est** ~ that's all; **c'est** ~ **dire** I need say no more; **et ce n'est pas** ~**!** and that's not all!; **ce n'est pas** ~ **de partir, il faut arriver** it's not enough to set off, one must arrive as well; **à** ~ **prendre,** ~ **bien considéré** all things considered, taking everything into consideration; (Comm) ~ **compris** inclusive, all-in; **avoir** ~ **d'un brigand** to be a real outlaw; **en** ~ in all; **en** ~ **et pour** ~ all in all.

3 adv **a** (très) very, most; (tout à fait) quite, completely ◇ ~ **près** very near; ~ **simplement** quite simply; ~ **au bout** right at the end, at the very end; **être** ~ **yeux** to be all eyes; **c'est une** ~ **autre histoire** that's quite another story; **la ville** ~ **entière** the whole town; ~ **nu** stark naked; ~ **neuf** brand new **b** ◇ (quoique) ~ **médecin qu'il soit** even though ou although he is a doctor **c** ◇ ~ **en marchant** etc as ou while you walk etc, while walking etc **d** ◇ (déjà) ~ **prêt**, ~ **préparé** ready-made; **idées toutes faites** preconceived ideas; **c'est du ~ cuit** [famil] it's a cinch [famil]; **c'est ~ vu** [famil] it's a foregoone conclusion [famil] **e** ◇ (locutions) ~ **à coup** all of a sudden; ~ **à fait** quite; ~ **à l'heure** (futur) in a moment; (passé) a moment ago; ~ **de suite** straightaway, at once; ~ **au plus** at the most; ~ **au moins** at least; ~ **d'abord** first of all; ~ **de même** all the same; **c'est ~ comme** [famil] it comes to the same thing really.

4 nm **a** (ensemble) whole **b** ◇ **le ~ est que** the main ou most important thing is that; **du ~ au ~** completely; **ce n'est pas le ~** [famil] this isn't good enough; **pas du ~** not at all.

◆ **tout-à-l'égout** nm inv mains drainage.

◆ **toute-puissance** nf omnipotence.

◆ **tout-puissant**, f ~**e**-~**e** adj omnipotent, all-powerful.

◆ **tout-venant** nm inv ◇ (Comm) **le ~** the run-of-the-mill.

toutefois [tutfwa] adv however.

toutou [tutu] nm [famil] doggie [famil].

toux [tu] nf cough.

toxicomane [tɔksikɔman] nmf drug addict ◆ **toxicomanie** nf drug addiction ◆ **toxine** nf toxin ◆ **toxique** adj toxic.

TP [tepe] nmpl abrév de *travaux pratiques* et de *travaux publiques* → **travail.**

trac [tʀak] nm ◇ **le ~** (Théât) stage fright; (aux examens etc) nerves.

tracas [tʀaka] nm **a** worry ◆ **tracasser** vt, **se tracasser** vpr [1] **b** to worry.

trace [tʀas] nf (gén) trace; (marque) mark; (empreinte d'animal, de pneu) tracks; (indice) sign ◇ ~**s de pas** footprints; ~**s de doigt** finger marks; **sans laisser de ~s** without trace; **être sur la ~ de** to be on the track of.

tracé [tʀase] nm (gén) line; (plan) layout.

tracer [tʀase] [3] vt (dessiner) (ligne) to draw; (courbe de graphique) to plot; (écrire) to trace; (frayer: route) to open up ◆ **traceur** nm ◇ (Ordin) ~ **de courbes** (graph) plotter.

trachée [tʀaʃe] nf ◇ ~-**artère** windpipe.

tract [tʀakt] nm leaflet.

tractation [tʀaktɑsjɔ̃] nf negotiation.

tracter [tʀakte] [1] vt to tow.

tracteur [tʀaktœʀ] nm tractor.

traction [tʀaksjɔ̃] nf traction ◇ (Aut) ~ **avant** car with front-wheel drive.

tradition [tʀadisjɔ̃] nf tradition ◆ **traditionnel, -elle** adj traditional.

traducteur, -trice [tʀadyktœʀ, tʀis] nm,f translator ◆ **traduction** nf (texte) translation; (sentiment) expression ◆ **traduire** [38] vt to translate (*en* into); to express ◇ ~ **qn en justice** to bring sb before the courts; (fig) **se ~ par** to be translated into ◆ **traduisible** adj translatable.

trafic [tʀafik] nm (commerce, circulation) traffic; (activités suspectes) dealings; (famil: micmac) funny business [famil] ◆ **trafiquant, e** nm,f (péj) trafficker ◇ ~ **d'armes** arms dealer, gunrunner ◆ **trafiquer** [1] **1** vi to traffic **2** vt (famil: moteur, vin) to doctor [famil].

tragédie [tʀaʒedi] nf tragedy ◆ **tragédien, -ienne** nm,f tragic actor ou actress ◆ **tragique** adj tragic ◇ **prendre qch au ~** to make a tragedy out of sth ◆ **tragiquement** adv tragically.

trahir [tʀaiʀ] [2] vt to betray ◆ **trahison** nf (gén) betrayal; (Jur, Mil: crime) treason.

train [tʀɛ̃] nm **a** (Rail) train ◇ ~ **auto-couchettes** car-sleeper train; ~ **à grande vitesse** high-speed train; **prendre le ~ en marche** (lit) to get on the moving train; (fig) to jump on the bandwagon **b** (allure) pace ◇ (affaire, voiture) **aller bon ~** to make good progress **c** ◇ **être en ~** (en forme) to be in good form; (gai) to be in good spirits; **mettre qch en ~** to get sth started; **être en ~ de faire qch** to be doing sth **d** (bateaux) train; (réformes) set **e** ◇ (Aut) ~ **avant** front-wheel-axle unit; (animal) ~ **de derrière** hindquarters; ~ **d'atterrissage** undercarriage; ~ **de vie** style of living, life style.

traînant, e [tʀɛnɑ̃, ɑ̃t] adj (voix) drawling.

traînard, e [tʀɛnaʀ, aʀd(ə)] nm,f (en marchant) straggler; (famil: au travail) slow-coach [famil].

traîne [tʀɛn] nf (robe) train ◇ (fig) **être à la ~** (en remorque) to be in tow; (famil: en retard) to lag behind.

traîneau, pl ~**x** [tʀɛno] nm sledge, sled (US).

traînée [tʀɛne] nf (sur le sol) trail, streak ◇ **comme une ~ de poudre** like wildfire.

traîner [tʀɛne] [1] **1** vt to drag (along) ◇ ~ **les pieds** to shuffle along; ~ **la jambe** to limp; **elle traîne un mauvais rhume** she has a bad cold she can't get rid of **2** vi **a** (rester en arrière) to lag ou trail behind; (errer, s'attarder) to hang about **b** (objets éparpillés) to lie about **c** ◇ ~ **(en longueur)** to drag on; **ça n'a pas traîné!** [famil] that wasn't long coming!; **faire ~ qch** to drag sth out **d** (robe) to trail ◇ ~ **par terre** to trail ou drag on the ground **3** **se traîner** vpr (person) to drag o.s. about; (conversation) to drag on ◇ **se ~ par terre** to crawl on the ground.

training [tʀɛniŋ] nm **a** (entraînement) training **b** (chaussure) trainer ◇ (®: survêtement) **T~** tracksuit top.

train-train [tʀɛ̃tʀɛ̃] nm humdrum routine.

traire [tʀɛʀ] [50] vt (vache) to milk.

trait [tʀɛ] nm **a** (ligne) line ◇ **faire un** ~ to draw a line; ~ **de plume** stroke of the pen; ~ **d'union** (Typ) hyphen; (fig) link **b** (caractéristique) feature, trait ◇ (physionomie) ~**s** features; (acte) ~ **de courage** act of courage **c** (flèche) arrow ◇ ~ **d'esprit** flash ou shaft of wit; ~ **de génie** flash of genius **d** (courroie) trace ◇ **animal de** ~ draught animal **e** (gorgée) draught, draft (US), gulp ◇ **d'un** ~ (boire) in one gulp; (dormir) without a break **f** ◇ (rapport) **avoir** ~ **à** to relate to, concern.

traite [tʀɛt] nf **a** (billet) draft, bill **b** (vache) milking **c** ◇ **d'une seule** ~ at a stretch **d** ◇ ~ **des Noirs** slave trade.

traité [tʀete] nm (livre) treatise; (convention) treaty.

traitement [tʀɛtmɑ̃] nm **a** (personne) treatment; (Méd) course of treatment ◇ **mauvais** ~**s** ill-treatment **b** (rémunération) salary **c** (matières premières) processing, treating ◇ (logiciel) ~ **de texte** word-processing package; **machine de** ~ **de texte (dédié)** word processor.

traiter [tʀete] 1 **1** vt (gén) to treat; (Comm: affaire) to handle, deal with; (Tech: produit) to process ◇ **bien** ~ **qn** to treat sb well; ~ **qn durement** to be hard on sb; **se faire** ~ **pour** to be treated for; ~ **qn de menteur** to call sb a liar; **non traité** untreated **2** **traiter de** vt indir (sujet) to deal with **3** vi (négocier) to deal (*avec* with).

traiteur [tʀɛtœʀ] nm caterer.

traître, **traîtresse** [tʀɛtʀ(ə), tʀɛtʀɛs] **1** adj treacherous ◇ **pas un** ~ **mot** not a single word **2** nm traitor ◇ **prendre qn en** ~ to catch sb off-guard **3** nf traitress ♦ **traîtrise** nf ◇ **la** ~ treacherousness; **une** ~ a treachery.

trajectoire [tʀaʒɛktwaʀ] nf trajectory.

trajet [tʀaʒɛ] nm (distance) distance; (itinéraire) route; (voyage) journey; (par mer) voyage; (nerf) course.

tralala [tʀalala] nm [famil] (luxe, apprêts) fuss.

trame [tʀam] nf (tissu) weft; (roman) framework ◇ **usé jusqu'à la** ~ threadbare.

tramer [tʀame] 1 vt (évasion) to plot; (complot) to hatch.

trampoline [tʀɑ̃pɔlin] nm trampoline ◇ **faire du** ~ to go trampolining.

tramway [tʀamwɛ] nm (moyen de transport) tram(way); (voiture) tram(car), streetcar (US).

tranchant, e [tʀɑ̃ʃɑ̃, ɑ̃t] **1** adj (lit, fig) sharp, cutting **2** nm cutting edge.

tranche [tʀɑ̃ʃ] nf (rondelle) slice; (bord) edge; (section) section ◇ ~ **d'âge** age bracket; **une** ~ **de vie** a part of sb's life.

tranchée [tʀɑ̃ʃe] nf (fossé) trench.

trancher [tʀɑ̃ʃe] 1 **1** vt (gén) to cut; (question) to settle, decide ◇ **il faut** ~ we have to take a decision; **opinion tranchée** clearcut opinion **2** vi to contrast sharply (*sur* with).

tranquille [tʀɑ̃kil] adj (calme) quiet; (paisible) peaceful ◇ **j'aime être** ~ I like to have some peace; **laisser qn** ~ to leave sb alone ou in peace; **tu peux être** ~ you needn't worry; **tu peux être** ~ **que** you may be sure that; **pour avoir l'esprit** ~ to set my mind at rest; **avoir la conscience** ~ to have a clear conscience ♦ **tranquillement** adv quietly; peacefully ♦ **tranquillisant** nm (Méd) tranquillizer ♦ **tranquilliser** 1 vt to reassure ♦ **tranquillité** nf quietness; peacefulness ◇ **en toute** ~ (agir) without being disturbed; (partir) with complete peace of mind.

trans... [tʀɑ̃z] préf trans....

transaction [tʀɑ̃zaksjɔ̃] nf transaction.

transatlantique [tʀɑ̃zatlɑ̃tik] nm (paquebot) transatlantic liner; (fauteuil) deckchair.

transborder [tʀɑ̃sbɔʀde] 1 vt to transship.

transcendant, e [tʀɑ̃sɑ̃dɑ̃, ɑ̃t] adj (sublime) transcendent ♦ **transcender** 1 vt to transcend.

transcription [tʀɑ̃skʀipsjɔ̃] nf transcription ♦ **transcrire** 39 vt to transcribe.

transe [tʀɑ̃s] nf trance ◇ (affres) ~**s** agony; (mystique) **être en** ~ to be in a trance; **dans les** ~**s** in agony.

transférer [tʀɑ̃sfeʀe] 6 vt to transfer ♦ **transfert** nm transfer; (Psych) transference.

transfigurer [tʀɑ̃sfigyʀe] 1 vt to transfigure.

transformateur [tʀɑ̃sfɔʀmatœʀ] nm transformer ♦ **transformation** nf (gén) change, alteration; (radicale) transformation; (Rugby) conversion; (minerai) processing ◇ **industries de** ~ processing industries ♦ **transformer** 1 **1** vt to change, alter; to transform; to convert; to process ◇ ~ **qch en** to turn ou convert sth into **2** **se transformer** vpr to change, alter ◇ **se** ~ **en** to be converted into.

transfuge [tʀɑ̃sfyʒ] nmf (Mil, Pol) renegade.

transfusion [tʀɑ̃sfyzjɔ̃] nf ◇ ~ **(sanguine)** (blood) transfusion.

transgresser [tʀɑ̃sgʀese] 1 vt (règle) to infringe; (ordre) to disobey ♦ **transgression** nf infringement; disobedience.

transiger [tʀɑ̃ziʒe] 3 vi to compromise.

transir [tʀɑ̃ziʀ] 2 vt to numb ◇ **transi** numb.

transistor [tʀɑ̃zistɔʀ] nm transistor.

transit [tʀɑ̃zit] nm transit ♦ **transiter** 1 vti to pass in transit ♦ **transitif, -ive** adj transitive ♦ **transition** nf transition ◇ **de**

~ transitional ◆ **transitoire** adj transitional.

translucide [tʀɑ̃slysid] adj translucent.

transmettre [tʀɑ̃smɛtʀ(ə)] 56 vt (gén) to transmit; (fonctions) to hand over; (message) to pass on; (ballon) to pass; (Rad, TV) to broadcast ◆ **transmission** nf transmission; handing over; passing on; broadcasting ◇ (Mil: service) ~**s** ≃ Signals corps; ~ **de pensée** thought transfer.

transparaître [tʀɑ̃sparɛtʀ(ə)] 57 vi to show through ◆ **transparence** nf transparency ◇ **regarder qch par** ~ to look at sth against the light ◆ **transparent, e** 1 adj (gén) transparent; (sans secret) open 2 nm transparent screen.

transpercer [tʀɑ̃spɛʀse] 3 vt to pierce.

transpiration [tʀɑ̃spiʀɑsjɔ̃] nf perspiration ◇ **en** ~ perspiring, sweating ◆ **transpirer** 1 vi to perspire, sweat; (fig: secret) to leak out ◇ ~ **sur qch** [famil] to sweat over sth.

transplantation [tʀɑ̃splɑ̃tɑsjɔ̃] nf (action) transplantation ◇ **une** ~ a transplant ◆ **transplanter** 1 vt to transplant.

transport [tʀɑ̃spɔʀ] nm a (action) (gén) carrying; (par véhicule) transportation, conveyance ◇ **frais de** ~ transportation costs b ◇ **les** ~**s** transport; ~**s en commun** public transport c (émotion) transport ◇ ~**s de joie** transports of delight; ~ **au cerveau** seizure, stroke.

transporter [tʀɑ̃spɔʀte] 1 1 vt (gén) to carry; (avec véhicule) to transport, convey; (exalter) to carry away ◇ **transporté d'urgence à l'hôpital** rushed to hospital; **transporté de joie** in transports of delight 2 **se transporter** vpr to repair (*à, dans* to) ◆ **transporteur** nm (entrepreneur) haulage contractor, carrier ◇ ~ **aérien** airline company.

transposer [tʀɑ̃spoze] 1 vt to transpose ◆ **transposition** nf transposition.

transvaser [tʀɑ̃svɑze] 1 vt to decant.

transversal, e, mpl **-aux** [tʀɑ̃svɛʀsal, o] adj (coupe, barre) cross; (mur, rue) which runs across.

trapèze [tʀapɛz] nm (Géom) trapezium, trapezoid (US); (Sport) trapeze ◆ **trapéziste** nmf trapeze artist.

trappe [tʀap] nf trap door; (Tech) hatch; (piège) trap.

trappeur [tʀapœʀ] nm trapper, fur trader.

trapu, e [tʀapy] adj squat.

traquenard [tʀaknaʀ] nm trap.

traquer [tʀake] 1 vt to track down, hunt down ◇ **bête traquée** hunted animal.

traumatiser [tʀomatize] 1 vt to traumatize ◆ **traumatisme** nm traumatism.

travail, pl **-aux** [tʀavaj, o] nm a ◇ **le** ~ work; **un** ~ a job; ~**aux** work; **être au** ~ to be at work; **avoir du** ~ to have some work to do; **se mettre au** ~ to get down to work; **c'est un** ~ **d'électricien** it's work for an electrician, it's an electrician's job; ~**aux de plomberie** plumbing work; ~**aux ménagers** housework; (Scol) ~**aux manuels** handicrafts; (Univ) ~**aux dirigés** tutorial (class) (Brit), section (of a course) (US); ~ **posté** shift work; ~**aux pratiques** (gén) practical works; (en laboratoire) lab work (Brit), lab (US); (Admin) ~**aux publics** civil engineering; **'pendant les** ~**aux'** 'during alterations'; **attention!** ~**aux!** caution! work in progress!; (sur la route) road works ahead!; ~**aux d'utilité collective** community work; **être sans** ~ to be out of work ou without a job ou unemployed; **accident du** ~ industrial accident; ~ **au noir** [famil] moonlighting [famil] b (Écon: opposé au capital) labour c (pierre, bois) (façonnage) working ◇ (facture) **c'est un joli** ~ it's a nice piece of craftsmanship ou work d (accouchement) labour ◇ **femme en** ~ woman in labour e ◇ ~**aux forcés** hard labour.

travaillé, e [tʀavaje] adj (ornement) finely-worked ◇ (tourmenté) ~ **par** tormented by.

travailler [tʀavaje] 1 1 vi a (gén) to work ◇ **commencer à** ~ to start work; **va** ~ get on with your work b (métal, bois) to warp; (vin) to work 2 vt a (gén) to work ◇ ~ **le piano** to practise the piano b (doutes) to worry; (douleur) to distract, torment 3 **travailler à** vt indir (projet) to work on; (but) to work for.

travailleur, -euse [tʀavajœʀ, øz] 1 adj hard-working 2 nm,f worker ◇ **les** ~**s** the workers, working people; ~ **de force** labourer; ~ **indépendant** self-employed person, freelance worker.

travailliste [tʀavajist(ə)] 1 adj Labour 2 nmf Labour Party member ◇ **les** ~**s** Labour.

travée [tʀave] nf a (mur) bay; (pont) span b (rangée) row.

1. **travers** [tʀavɛʀ] nm (défaut) failing, fault.

2. **travers** [tʀavɛʀ] nm a ◇ **en** ~ across, crosswise; **en** ~ **de** across b ◇ **au** ~ **de, au** ~ through; **à** ~ **champs** through ou across the fields; (fig) **passer au** ~ to get away with it c ◇ **de** ~ (nez) crooked; **comprendre de** ~ to misunderstand; **tout va de** ~ everything is going wrong; **elle a mis son chapeau de** ~ her hat is not on straight; **il l'a regardé de** ~ he looked askance at him; **il a avalé sa soupe de** ~ his soup has gone down the wrong way.

traverse [tʀavɛʀs(ə)] nf (Rail) sleeper; (barre transversale) crosspiece.

traversée [tʀavɛʀse] nf crossing.

traverser [tʀavɛʀse] 1 vt (rue, pont) to cross; (forêt, crise) to go through; (s'infiltrer, transpercer) to go through ◇ ~ **une rivière à la nage** to swim across a river.

traversin [tʀavɛʀsɛ̃] nm bolster.

travestir [tʀavɛstiʀ] 2 vt (personne) to dress up; (vérité) to misrepresent.

trébucher [tʀebyʃe] 1 vi to stumble (*sur* over) ◇ **faire** ~ **qn** to trip sb up.

trèfle [tʀɛfl(ə)] nm clover; (Cartes) clubs.

tréfonds [tʀefɔ̃] nm ◇ **le** ~ **de** the depths of.

treille [tʀɛj] nf climbing vine.

treillis [tʀeji] nm (en bois) trellis; (en métal) wire-mesh; (Mil: tenue) combat uniform.

treize [tʀɛz] adj inv, nm inv thirteen → **six** ◆ **treizième** adj, nmf thirteenth → **sixième.**

tréma [tʀema] nm dieresis ◇ **i** ~ i dieresis.

tremblement [tʀɑ̃bləmɑ̃] nm (frisson) shiver ◇ **tout le** ~ [famil] the whole caboodle [famil]; ~ **de terre** earthquake.

trembler [tʀɑ̃ble] 1 vi (gén) to tremble, shake; (de froid, fièvre) to shiver (*de* with); (feuille) to flutter; (lumière) to flicker; (voix) to quaver ◆ **trembloter** 1 vi to tremble ou shake ou flutter ou flicker slightly.

trémolo [tʀemɔlo] nm (instrument) tremolo; (voix) quaver.

trémousser (se) [tʀemuse] 1 vpr (sur sa chaise) to wriggle; (en marchant) to wiggle.

trempe [tʀɑ̃p] nf (stature) calibre; ([famil]: gifle) slap.

tremper [tʀɑ̃pe] 1 **1** vt **a** (pluie) to soak, drench ◇ **se faire** ~ to get drenched; **trempé de sueur** bathed in sweat; **trempé jusqu'aux os** soaked to the skin **b** (plus gén: **faire** ~) (linge, aliments) to soak **c** (plonger) to dip (*dans* into, in) **d** (métal) to quench ◇ **acier trempé** tempered steel **2** vi (linge, graines) to soak ◇ ~ **dans** (crime) to be involved in **3** **se tremper** vpr (bain rapide) to have a quick dip; (se mouiller) to get soaked ◆ **trempette** nf [famil] ◇ **faire** ~ to have a quick dip.

tremplin [tʀɑ̃plɛ̃] nm springboard.

trentaine [tʀɑ̃tɛn] nf about thirty, thirty or so → **soixantaine** ◆ **trente** adj inv, nm inv thirty ◇ **il y en a** ~**-six modèles** [famil] there are umpteen [famil] models; **tous les** ~**-six du mois** once in a blue moon; **voir** ~**-six chandelles** [famil] to see stars; **se mettre sur son** ~ **et un** [famil] to put on one's Sunday best → **six, soixante** ◆ **trentième** adj, nmf thirtieth → **sixième.**

trépas [tʀepɑ] nm death ◆ **trépasser** 1 vi to pass away.

trépidant, e [tʀepidɑ̃, ɑ̃t] adj (gén) vibrating; (rythme) pulsating; (vie) hectic, busy ◆ **trépidation** nf vibration ◆ **trépider** 1 vi to vibrate.

trépied [tʀepje] nm tripod.

trépigner [tʀepiɲe] 1 vi to stamp one's feet (*de* with).

très [tʀɛ] adv very; (avec ptp) (very) much ◇ ~ **bien** very well; **avoir** ~ **peur** to be very much afraid ou very frightened; **ils sont** ~ **amis** they are great friends.

trésor [tʀezɔʀ] nm (gén, fig) treasure; (musée) treasure-house, treasury; (finances d'un État) exchequer, finances ◇ (service) **T**~ **public** public revenue department; **des** ~**s de** (patience etc) a wealth of ◆ **trésorerie** nf (bureaux) public revenue office; (gestion) accounts; (argent disponible) finances, funds ◆ **trésorier, -ière** nm,f treasurer ◇ ~**-payeur général** paymaster.

tressaillement [tʀesajmɑ̃] nm (plaisir) thrill, quiver; (peur) shudder; (douleur) wince; (surprise) start; (fig: vibration) vibration ◆ **tressaillir** 13 vi to thrill, quiver; to shudder; to wince; to start; to vibrate.

tressauter [tʀesote] 1 vi (sursauter) to start; (être secoué) to be shaken about.

tresse [tʀɛs] nf (cheveux) plait, braid; (cordon) braid ◆ **tresser** 1 vt to plait, braid; (panier) to weave.

tréteau, pl ~**x** [tʀeto] nm trestle ◇ (Théât fig) **les** ~**x** the boards, the stage.

treuil [tʀœj] nm winch, windlass.

trêve [tʀɛv] nf (Mil) truce; (fig: répit) respite ◇ ~ **de plaisanteries** enough of this joking; **sans** ~ unceasingly.

tri [tʀi] nm (classement) sorting out; (sélection) selection ◇ **bureau de** ~ sorting office ◆ **triage** nm sorting out.

tri... [tʀi] préf tri....

triangle [tʀijɑ̃gl(ə)] nm triangle ◆ **triangulaire** adj triangular; (débat) three-cornered.

tribal, e, mpl **-aux** [tʀibal, o] adj tribal.

tribord [tʀibɔʀ] nm starboard.

tribu [tʀiby] nf tribe.

tribulations [tʀibylɑsjɔ̃] nfpl tribulations.

tribunal, pl **-aux** [tʀibynal, o] nm (criminel) court; (Mil, fig) tribunal.

tribune [tʀibyn] nf **a** (pour public) gallery; (sur un stade) stand **b** (pour orateur) platform, rostrum **c** (fig: débat) forum.

tribut [tʀiby] nm tribute.

tributaire [tʀibytɛʀ] adj ◇ (dépendant) **être** ~ **de** to be dependant ou reliant on.

tricher [tʀiʃe] 1 vi to cheat (*sur* over) ◆ **tricherie** nf ◇ **la** ~ cheating; **une** ~ a trick ◆ **tricheur, -euse** nm,f cheat.

tricolore [tʀikɔlɔʀ] adj three-coloured ◇ **l'équipe** ~ [famil] the French team.

tricot [tʀiko] nm (pull) jumper, sweater ◇ (technique) **le** ~ knitting; ~ **de corps** vest, undershirt (US); **faire du** ~ to knit; **en** ~ knitted ◆ **tricoter** 1 vti to knit.

tricycle [tʀisikl(ə)] nm tricycle.

trident [tʀidɑ̃] nm trident.

trier [tʀije] 7 vt (classer) to sort (out); (sélectionner) to select, pick ◇ (fig) **trié sur le volet** hand-picked ◆ **trieuse** nf sorting machine.

trilingue [tʀilɛ̃g] adj trilingual.

trilogie [tʀilɔʒi] nf trilogy.

trimbal(l)er vt [famil], **se trimbal(l)er** vpr [tʀɛ̃bale] 1 [famil] to trail along.

trimer [tʀime] 1 vi [famil] to slave away.

trimestre [tʀimɛstʀ(ə)] nm (période) quarter; (Scol) term; (loyer) quarterly rent; (frais de scolarité) term's fees ◆ **trimestriel, -elle** adj (gén) quarterly; (Scol: bulletin) end-of-term.

tringle [tʀɛ̃gl(ə)] nf rod.

trinité [tʀinite] nf trinity.

trinquer [tʀɛ̃ke] 1 vi (porter un toast) to clink glasses; (famil: écoper) to cop it [famil].

trio [tʀijo] nm trio.

triomphal, e, mpl **-aux** [tʀijɔ̃fal, o] adj triumphant ◆ **triomphant, e** adj triumphant ◆ **triomphateur, -trice** nm,f triumphant victor ◆ **triomphe** nm (gén) triumph; (succès) triumphant success ◇ **en ~** in triumph ◆ **triompher** 1 **1** vi **a** (vainqueur) to triumph; (raison) to prevail ◇ **faire ~ qch** to give victory to sth **b** (crier victoire) to exult, rejoice **2** **triompher de** vt indir to triumph over.

triperie [tʀipʀi] nf (boutique) tripe shop ◆ **tripes** nfpl tripe; (famil: intestins) guts [famil] ◆ **tripier, -ière** nm,f tripe butcher.

triple [tʀipl(ə)] **1** adj triple ◇ **faire qch en ~ exemplaire** to make three copies of sth; **~ idiot** prize idiot **2** nm ◇ **manger le ~** to eat three times as much; **9 est le ~ de 3** 9 is three times 3; **c'est le ~ du prix normal** it's three times the normal price ◆ **triplement** **1** adv trebly **2** nm trebling, tripling (*de* of) ◆ **tripler** 1 vti to triple, treble ◆ **triplés, -ées** nmpl, fpl (bébés) triplets.

triporteur [tʀipɔʀtœʀ] nm delivery tricycle.

tripot [tʀipo] nm (péj) dive [famil], joint [famil].

tripoter [tʀipɔte] 1 (péj) **1** vt [famil] to fiddle with **2** vi [famil] (fouiller) to rummage about (*dans* in) ◇ (trafiquer) **~ dans qch** to get involved in sth.

trique [tʀik] nf cudgel.

triste [tʀist(ə)] adj **a** (gén) sad; (sort) unhappy; (regard) sorrowful; (devoir) painful; (pensée) gloomy; (couleur, paysage) dreary ◇ **dans un ~ état** in a sad ou sorry state **b** (péj) (résultats) deplorable; (affaire) dreadful; (réputation) sorry ◆ **tristement** adv sadly ◆ **tristesse** nf sadness; gloominess; dreariness; (chagrin) sorrow.

triturer [tʀityʀe] 1 vt (pâte) to knead; (objet) to manipulate ◇ **se ~ la cervelle** [famil] to rack one's brains.

trivial, e, mpl **-aux** [tʀivjal, o] adj (vulgaire) coarse, crude ◆ **trivialité** nf coarseness, crudeness ◇ (remarque) **une ~** a coarse ou crude remark.

troc [tʀɔk] nm (échange) exchange; (système) barter.

troène [tʀɔɛn] nm privet.

troglodyte [tʀɔglɔdit] nm cave dweller.

trognon [tʀɔɲɔ̃] nm (fruit) core.

trois [tʀwɑ] adj, nm three ◇ **c'est ~ fois rien** it's nothing at all → **six** ◆ **trois étoiles** nm inv three-star hotel ◆ **trois-pièces** nm inv (complet) three-piece suit; (appartement) three-room flat ou apartment (US) ◆ **trois-portes** nf inv (Aut) two-door hatchback, three door ◆ **troisième** adj, nmf third ◇ **gens du ~ âge** senior citizens → **sixième** ◆ **troisièmement** adv thirdly, in the third place.

trolleybus [tʀɔlɛbys] nm trolley bus.

trombe [tʀɔ̃b] nf ◇ **~ d'eau** downpour; (fig) **en ~** like a whirlwind.

trombone [tʀɔ̃bɔn] nm (Mus) trombone; (agrafe) paper clip.

trompe [tʀɔ̃p] nf (Mus) horn; (éléphant) trunk; (insecte) proboscis.

tromper [tʀɔ̃pe] 1 **1** vt **a** (gén) to deceive (*sur* about); (sans le faire exprès) to mislead; (poursuivant, vigilance) to elude ◇ **c'est ce qui vous trompe** that's where you are mistaken ou wrong **b** (attente) to while away; (faim) to stave off; (espoirs) to disappoint **2** **se tromper** vpr to be mistaken ◇ **se ~ de 5 F** to be 5 francs out; **se ~ de route** to take the wrong road; **se ~ de jour** to get the day wrong ◆ **tromperie** nf deception ◆ **trompeur, -euse** adj (personne) deceitful; (apparences) deceptive, misleading.

trompette [tʀɔ̃pɛt] nf trumpet ◆ **trompettiste** nmf trumpet player.

tronc [tʀɔ̃] nm (gén) trunk; (pour aumônes) collection box.

tronçon [tʀɔ̃sɔ̃] nm section ◆ **tronçonner** 1 vt to cut into sections ◆ **tronçonneuse** nf chain saw.

trône [tʀon] nm throne ◆ **trôner** 1 vi (roi, invité) to sit enthroned; (chose) to sit imposingly.

tronquer [tʀɔ̃ke] 1 vt to truncate.

trop [tʀo] **1** adv **a** (devant adv, adj) too; (avec vb) too much; (durer etc) for too long ◇ **un ~ grand effort l'épuiserait** too great an effort would exhaust him; **c'est ~ loin pour que j'y aille** it's too far for me to go; **~ chauffé** overheated; **c'est ~ bête** it's too stupid for words; **je ne le sais que ~** I know only too well; **je n'en sais ~ rien** I really don't know **b** ◇ **~ de** (pain, eau) too much; (objets) too many; (gentillesse) excessive; **nous avons ~ de travail** we are overworked **c** ◇ **une personne de ~ ou en ~** one person too many; (intrus) **si je suis de ~** if I'm in the way; **s'il y a du pain en ~** if there is any bread left over ou any bread extra; **il m'a rendu 2 F de ~** he gave me back 2 francs too much; **l'argent versé en ~** the excess payment **2** nm (excédent) excess; (reste) extra ◇ **~-plein** excess; (d'eau) overflow.

trophée [tʀɔfe] nm trophy.

tropical, e, mpl **-aux** [tʀɔpikal, o] adj tropical ◆ **tropique** nm tropic.

troquer [tʀɔke] 1 vt to swap, exchange (*contre* for).

troquet [tʀɔkɛ] nm [famil] small café.

trot [tʀo] nm trot ◇ **course de ~** trotting race; (fig) **au ~** [famil] at the double ◆ **trotte** nf [famil] ◇ **ça fait une ~** it's a fair distance ◆ **trotter** 1 vi to trot along; (souris, enfants) to scurry along ◇ **~ par la tête de qn** to run through sb's head ◆ **trotteuse** nf (aiguille) second hand ◆ **trottiner** 1 vi to trot along; to scurry along.

trottoir [tʀɔtwaʀ] nm pavement, sidewalk (US) ◇ **~ roulant** moving walkway.

trou [tʀu] nm (gén, fig) hole; (moment de libre) gap; (famil: village) dump [famil] ◇ **~ d'air** air pocket; **le ~ de la serrure** the keyhole; **~ de mémoire** lapse of memory; **~ noir** black hole.

troublant, e [tʀublɑ̃, ɑ̃t] adj disturbing.

1. **trouble** [tʀubl(ə)] **1** adj (eau) unclear, cloudy; (regard, image) blurred, misty; (affaire) shady, murky; (désir) dark **2** adv ◇ **voir ~** to have blurred vision **3** nm (émoi) agitation; (inquiétude) distress; (gêne, perplexité) confusion ◇ (émeute) **~s** disturbances, troubles; **~s psychiques** psychological disorders.

trouble-fête [tʀubləfɛt] nmf inv spoilsport.

troubler [tʀuble] 1 **1** vt **a** (ordre etc) to disturb, disrupt; (esprit) to cloud ◇ **temps troublés** troubled times **b** (impressionner) to disturb; (inquiéter, gêner) to trouble, bother **c** (eau) to make cloudy **2** **se troubler** vpr (eau) to become cloudy; (personne) to become flustered.

trouer [tʀue] 1 vt (silence, nuit) to pierce; (vêtement) to make a hole in ◇ **tout troué** full of holes.

trouée [tʀue] nf (haie, nuages) gap, break; (Mil) breach (*dans* in).

troufion [tʀufjɔ̃] nm [famil] soldier.

trouillard, e [tʀujaʀ, aʀd(ə)] adj, nm, f [famil] chicken [famil] ◆ **trouille** [famil] nf ◇ **avoir la ~** to be scared stiff.

troupe [tʀup] nf (gens, soldats) troop; (artistes) troupe.

troupeau, pl **~x** [tʀupo] nm (bœufs, touristes) herd; (transhumant) drove; (moutons) flock; (oies) gaggle.

trousse [tʀus] nf **a** (étui) case ◇ **~ à outils** toolkit; **~ de toilette** toilet bag **b** ◇ **aux ~s de** on the tail of.

trousseau, pl **~x** [tʀuso] nm (clefs) bunch; (mariée) trousseau; (écolier) outfit.

trouvaille [tʀuvɑj] nf find.

trouver [tʀuve] 1 **1** vt to find ◇ **j'ai trouvé!** I've got it!; **vous trouvez?** do you think so?; **~ un emploi à qn** to find sb a job, find a job for sb; **aller ~ qn** to go and see sb; **~ à manger** to find something to eat; **~ du plaisir à qch** to take pleasure in sth; **~ à qui parler** to meet one's match; **~ la mort** to meet one's death; **~ le sommeil** to get to sleep; **~ le moyen de faire qch** to manage to do sth; **~ bon de faire** to think ou see fit to do **2** **se trouver** vpr ◇ **où se trouve la poste?** where is the post office?; **je me suis trouvé dans le noir** I found myself in the dark; **se ~ bien** to feel comfortable; **se ~ mal** to faint, pass out; **elles se trouvaient avoir le même chapeau** they happened to have the same hat **3** vpr impers ◇ **il se trouve que c'est moi** it happens ou it turns out to be me; **si ça se trouve** [famil] perhaps.

truand [tʀyɑ̃] nm gangster.

truc [tʀyk] nm [famil] (moyen) way; (artifice) trick; (dispositif) whatsit [famil]; (chose, idée) thing; (personne) what's-his-(ou -her-) name [famil] ◆ **trucage** nm = **truquage.**

truchement [tʀyʃmɑ̃] nm ◇ **par le ~ de** through.

truculent, e [tʀykylɑ̃, ɑ̃t] adj colourful.

truelle [tʀyɛl] nf trowel.

truffe [tʀyf] nf (Culin) truffle; (nez) nose ◆ **truffé, e** adj garnished with truffles ◇ **~ de** (citations) peppered with; (pièges) bristling with.

truie [tʀɥi] nf (Zool) sow.

truite [tʀɥit] nf trout [pl inv].

truquage [tʀykaʒ] nm **a** (gén) fixing [famil]; (élections) rigging [famil]; (comptes) fiddling [famil] **b** (Ciné) special effect ◆ **truquer** 1 vt to fix [famil]; to rig [famil]; to fiddle [famil].

trust [tʀœst] nm (Écon: cartel) trust; (grande entreprise) corporation.

tsar [dzaʀ] nm tsar.

tsigane [tsigan] adj, **T~** nmf Tzigane.

TSVP abrév de *tournez s'il vous plaît* PTO.

TTC [tetese] abrév de *toutes taxes comprises* → **taxe.**

tu [ty] pron pers you (to a child, friend etc).

tuant, e [tɥɑ̃, ɑ̃t] adj (fatigant) exhausting; (énervant) exasperating.

tuba [tyba] nm (Mus) tuba; (nage sous-marine) snorkel.

tubage [tybaʒ] nm (Méd) intubation.

tube [tyb] nm **a** (gén) tube; (canalisation) pipe ◇ ~ **à essai** test tube; ~ **cathodique** cathode ray tube; ~ **de rouge à lèvres** lipstick; ~ **digestif** digestive tract **b** (famil: chanson) hit **c** ◇ (loc) **délirer à pleins ~s** [famil] to be raving mad [famil].

tubercule [tybɛʀkyl] nm (Anat, Méd) tubercle; (Bot) tuber.

tuberculeux, -euse [tybɛʀkylø, øz] **1** adj tuberculous, tubercular ◇ **être** ~ to have tuberculosis ou TB **2** nm,f TB patient ◆ **tuberculose** nf tuberculosis.

tubulaire [tybylɛʀ] adj tubular ◆ **tubulure** nf (tube) pipe.

TUC [tyk] nmpl abrév de *travaux d'utilité collective* → **travail.**

tuer [tɥe] 1 **1** vt (gén) to kill; (d'une balle) to shoot; (fig: exténuer) to exhaust, wear out **2** **se tuer** vpr (accident) to be killed; (suicide) to kill o.s. ◇ **se** ~ **à travailler** to work o.s. to death ◆ **tué, e** nm,f person killed ◇ **les ~s** the dead ◆ **tuerie** nf (carnage) slaughter, carnage ◆ **tue-tête** adv ◇ **à** ~ at the top of one's voice ◆ **tueur, -euse** nm,f killer.

tuile [tɥil] nf (Constr) tile; (famil: malchance) blow; (Culin) wafer.

tulipe [tylip] nf tulip.

tuméfié, e [tymefje] adj puffed-up, swollen.

tumeur [tymœʀ] nf tumour.

tumulte [tymylt(ə)] nm (bruit) commotion; (agitation) turmoil, tumult ◆ **tumultueux, -euse** adj turbulent.

tunique [tynik] nf tunic.

Tunisie [tynizi] nf Tunisia ◆ **tunisien, -ienne** adj, **T~, -ienne** nm,f Tunisian.

tunnel [tynɛl] nm tunnel ◇ **le** ~ **sous la Manche** the Chunnel, the Channel Tunnel.

TUP [typ] nm abrév de *titre universel de paiement* ≃ payment slip.

turban [tyʀbɑ̃] nm turban.

turbine [tyʀbin] nf turbine.

turboréacteur [tyʀboʀeaktœʀ] nm turbojet.

turbulence [tyʀbylɑ̃s] nf ◇ (Aviat) **~(s)** turbulence.

turbulent, e [tyʀbylɑ̃, ɑ̃t] adj boisterous.

turc, turque [tyʀk(ə)] **1** adj Turkish **2** nm (Ling) Turkish ◇ (personne) **T~** Turk **3** nf ◇ **Turque** Turkish woman.

turfiste [tyʀfist(ə)] nmf racegoer.

turlupiner [tyʀlypine] 1 vt [famil] to worry.

turne [famil] [tyʀn(ə)] nf room.

Turquie [tyʀki] nf Turkey.

turquoise [tyʀkwaz] nf, adj inv turquoise.

tutelle [tytɛl] nf (Jur) guardianship; (Pol) trusteeship ◇ (dépendance) **sous la** ~ **de qn** under sb's supervision.

tuteur, -trice [tytœʀ, tʀis] **1** nm,f (Jur) guardian **2** nm (Agr) stake, support, prop.

tutoiement [tytwamɑ̃] nm *use of the familiar 'tu'* ◆ **tutoyer** 8 vt ◇ ~ **qn** to address sb as 'tu'.

tutu [tyty] nm tutu, ballet skirt.

tuyau, pl **~x** [tɥijo] nm (tube) pipe; (famil: conseil) tip; (pour pipe) stem ◇ ~ **d'arrosage** hosepipe; ~ **d'échappement** exhaust; **dans le** ~ **de l'oreille** [famil] in sb's ear ◆ **tuyauter** 1 vt [famil] ◇ ~ **qn** to give sb a tip ◆ **tuyauterie** nf ◇ **la** ~ the piping.

TV [teve] abrév de *télévision* TV.

TVA [tevea] nf abrév de *taxe sur la valeur ajoutée* VAT.

tympan [tɛ̃pɑ̃] nm eardrum.

type [tip] **1** nm (modèle) type; (famil: individu) guy [famil], bloke [famil] ◇ **avoir le** ~ **oriental** to have an Oriental look; **c'est le** ~ **même de l'intellectuel** he's a classic example of the intellectual **2** adj inv typical; (Statistique) standard.

typhoïde [tifɔid] nf typhoid fever.

typhon [tifɔ̃] nm typhoon.

typhus [tifys] nm typhus fever.

typique [tipik] adj typical.

typographe [tipɔgʀaf] nmf typographer ◆ **typographie** nf typography ◆ **typographique** adj typographical.

tyran [tiʀɑ̃] nm tyrant ◆ **tyrannie** nf tyranny ◆ **tyrannique** adj tyrannical ◆ **tyranniser** 1 vt to tyrannize.

u

U, u [y] nm (lettre) U, u.

UFR [yɛfɛʀ] nf abrév de *Unité de formation et de recherche* ≃ university department.

UHT [yaʃte] nf abrév de *ultra-haute température* UHT.

ulcère [ylsɛʀ] nm ulcer ◆ **ulcérer** [6] **1** vt (révolter) to sicken, appal **2 s'ulcérer** vpr (Méd) to ulcerate.

ULM [yɛlɛm] nm abrév de *Ultra Léger Motorisé* → **ultra.**

ultérieur, e [ylteʀjœʀ] adj later ◆ **ultérieurement** adv later.

ultimatum [yltimatɔm] nm ultimatum.

ultime [yltim] adj ultimate, final.

ultra(-) [yltʀa] préf ultra ◇ **~-rapide** ultrafast; **U~Léger Motorisé** [nm] microlight.

ultra-confidentiel, -ielle [yltʀakɔ̃fidɑ̃sjɛl] adj top-secret.

ultramoderne [yltʀamɔdɛʀn(ə)] adj (gén) ultramodern; (équipement) high-tech.

ultrason [yltʀasɔ̃] nm ultrasonic sound ◇ (Méd) **~s** ultrasound.

ultraviolet [yltʀavjɔlɛ] **1** adj ultraviolet **2** nm ultraviolet ray.

un, une [œ̃, yn] **1** adj indéf **a** a (*an* devant voyelle); (un quelconque) some (avec noms abstraits) non traduit ◇ **~ jour, tu comprendras** one day ou some day you'll understand; **avec une grande sagesse** with great wisdom **b** ◇ (intensif) **elle a fait une de ces scènes!** she made a dreadful scene! ou such a scene!; **j'ai une de ces faims!** I'm so hungry! **c** ◇ **~ autre** another, another one; **Monsieur Un tel** Mr So-and-So; **~ petit peu** a little **2** pron **a** one ◇ **prêtez-m'en ~** lend me one of them; **j'en connais ~ qui sera content!** I know someone ou somebody who'll be pleased! **b** ◇ (avec art déf) **l'~** one; **les ~s** some; **l'une et l'autre solution sont acceptables** either solution is acceptable, both solutions are acceptable; **ils se regardaient l'~ l'autre** they looked at one another ou at each other; (à tout prendre) **l'~ dans l'autre** on balance, by and large **3** adj inv one ◇ **~ seul** one only, only one; **sans ~ sou** [famil] penniless, broke [famil] **4** nm,f one ◇ **j'ai tiré le numéro ~** I picked number one; (Presse) **la une** the front page, page one.

unanime [ynanim] adj unanimous ◆ **unanimité** nf unanimity ◇ **à l'~** unanimously.

UNESCO [ynɛsko] nf abrév de *United Nations Educational, Scientific and Cultural Organization* UNESCO.

uni, e [yni] adj (tissu, couleur) plain; (amis) close; (surface) smooth, even ◇ **~ contre** united against.

UNICEF [ynisɛf] nf ou m abrév de *United Nations Children's Fund* UNICEF.

unième [ynjɛm] adj ◇ **vingt et ~** etc twenty-first etc.

unification [ynifikɑsjɔ̃] nf unification ◆ **unifier** [7] vt to unify.

uniforme [ynifɔʀm(ə)] **1** adj (gén) uniform; (surface) even **2** nm (vêtement) uniform ◆ **uniformément** adv uniformly; evenly ◆ **uniformiser** [1] vt to standardize ◆ **uniformité** nf uniformity; evenness.

unijambiste [yniʒɑ̃bist(ə)] nmf one-legged man (ou woman).

unilatéral, e, mpl **-aux** [ynilateʀal, o] adj unilateral.

unilingue [ynilɛ̃g] adj unilingual.

union [ynjɔ̃] nf (gén) union; (mélange) combination ◇ ~ **de consommateurs** consumers' association; **l'U~ soviétique** the Soviet Union; **l'~ fait la force** strength through unity.

unique [ynik] adj **a** (seul) only ◇ **mon ~ espoir** my only ou sole ou one hope; **fils ~** only son; **route à voie ~** single-lane road; **~ en France** the only one of its kind in France; **deux aspects d'un même et ~ problème** two aspects of one and the same problem **b** (après n: exceptionnel) (livre, talent) unique ◇ **~ en son genre** unique of its kind; **~ au monde** absolutely unique **c** (famil: impayable) priceless [famil] ◆ **uniquement** adv **a** (exclusivement) only, solely ◇ **pas ~** not only **b** ◇ (simplement) **c'était ~ par curiosité** it was only ou just out of curiosity.

unir [yniʀ] 2 **1** vt (associer) to unite; (combiner) to combine (*à* with); (relier) to link, join up **2** **s'unir** vpr to unite; to combine (*à*, *avec* with).

unisexe [yniseks] adj inv unisex.

unisson [ynisɔ̃] nm ◇ **à l'~** in unison.

unitaire [ynitɛʀ] adj (gén) unitary; (Pol) unitarian ◇ **prix ~** unit price.

unité [ynite] nf (cohésion) unity; (élément, troupe) unit; (bateau) ship ◇ (Ordin) **~ centrale** mainframe.

univers [ynivɛʀ] nm (gén) universe ◆ **universalité** nf universality ◆ **universel, -elle** adj (gén) universal; (réputation) world-wide; (outil) all-purpose (épith) ◆ **universellement** adv universally.

universitaire [ynivɛʀsitɛʀ] **1** adj (gén) university; (études, milieux, diplôme) university, academic **2** nmf academic.

université [ynivɛʀsite] nf university ◇ **~ d'été** summer school.

uranium [yʀanjɔm] nm uranium.

urbain, e [yʀbɛ̃, ɛn] adj urban, city ◆ **urbanisation** nf urbanization ◆ **urbaniser** 1 **1** vt to urbanize **2** **s'urbaniser** vpr to become urbanized ◆ **urbanisme** nm town planning ◆ **urbaniste** nmf town planner.

urée [yʀe] nf urea ◆ **urémie** nf uraemia.

urgence [yʀʒɑ̃s] nf **a** (décision, situation) urgency ◇ **mesures d'~** emergency measures; **faire qch d'~** to do sth as a matter of urgency; **transporté d'~ à l'hôpital** rushed to hospital; **à envoyer d'~** to be sent immediately **b** (cas urgent) emergency ◇ **salle des ~s** emergency ward ◆ **urgent, e** adj urgent ◇ **l'~ est de** the most urgent thing is to.

urine [yʀin] nf ◇ **~(s)** urine ◆ **uriner** 1 vi to urinate ◆ **urinoir** nm public urinal.

urne [yʀn(ə)] nf **a** ◇ **~ électorale** ballot box; **aller aux ~s** to vote, go to the polls **b** (vase) urn.

URSS [yʀss] nf abrév de *Union des Républiques socialistes soviétiques* USSR.

urticaire [yʀtikɛʀ] nf nettle rash.

Uruguay [yʀygwɛ] nm Uruguay ◆ **uruguayen, -enne** adj, **U~, -enne** nm,f Uruguayan.

us [ys] nmpl ◇ **~ et coutumes** habits and customs.

USA [yɛsa] nmpl abrév de *United States of America* USA.

usage [yzaʒ] nm **a** (utilisation) use ◇ **outil à ~s multiples** multi-purpose tool; **faire ~ de** (gén) to use, make use of; (droit) to exercise; **faire un bon ~ de qch** to put sth to good use; **avoir l'~ de qch** to have the use of sth; **ces souliers ont fait de l'~** these shoes have worn well; **à l'~** with use; **à l'~ de** for; **en ~** in use **b** (coutume, habitude) custom ◇ **c'est l'~** it's the custom, it's what's done; **entrer dans l'~** (objet, mot) to come into common ou current use; (mœurs) to become common practice; **il était d'~ de** it was customary ou a custom ou usual to; **après les compliments d'~** after the usual ou customary compliments; (Ling) **l'~ écrit** written usage ◆ **usagé, e** adj worn, old ◆ **usager** nm user ◇ **~ de la route** roaduser.

user [yze] 1 **1** vt **a** (détériorer) (outil, roches) to wear away; (vêtements, personne) to wear out **b** (consommer) to use ◇ **il use 2 paires de chaussures par mois** he goes through 2 pairs of shoes a month **2** vi ◇ **en ~ bien avec qn** to treat sb well **3** **user de** vt indir (gén) to make use of, use; (droit) to exercise **4** **s'user** vpr (tissu) to wear out ◇ **s'~ les yeux** to strain one's eyes (*à faire* by doing) ◆ **usé, e** adj **a** (objet) worn; (personne) worn-out ◇ **~ jusqu'à la corde** threadbare **b** (banal) (thème) hackneyed, trite; (plaisanterie) well-worn, stale.

usine [yzin] nf (gén) factory; (importante) plant; (textile) mill; (métallurgique) works ◇ **~ à gaz** gasworks ◆ **usiner** 1 vt (fabriquer) to manufacture.

usité, e [yzite] adj in common use, common.

ustensile [ystɑ̃sil] nm (gén) implement ◇ **~ de cuisine** kitchen utensil.

usuel, -elle [yzɥɛl] **1** adj (objet) everyday, ordinary; (mot) everyday; (nom) common **2** nm (livre) book on the open shelf.

usufruit [yzyfʀɥi] nm usufruct.

usuraire [yzyʀɛʀ] adj usurious ◆ 1. **usure** nf (intérêt) usury.

2. **usure** [yzyʀ] nf (processus) wear; (état) worn state ◇ **on l'aura à l'~** we'll wear him down in the end.

usurier, -ière [yzyʀje, jɛʀ] nm,f usurer.

usurpateur, -trice [yzyʀpatœʀ, tʀis] 1 adj usurping 2 nm,f usurper ◆ **usurpation** nf usurpation ◆ **usurper** 1 vt to usurp.

ut [yt] nm (Mus) C.

utérus [yteʀys] nm womb.

utile [ytil] adj (gén) useful; (conseil) helpful (*à qn* to ou for sb) ◇ **cela vous sera** ~ that'll be of use to you; **est-il vraiment** ~ **que j'y aille?** do I really need to go?; **puis-je vous être** ~**?** can I be of help? ◆ **utilement** adv profitably, usefully.

utilisable [ytilizabl(ə)] adj usable ◆ **utilisateur, -trice** nm,f user ◆ **utilisation** nf use ◆ **utiliser** 1 vt to use, make use of.

utilitaire [ytilitɛʀ] 1 adj utilitarian 2 nm (Ordin) utility.

utilité [ytilite] nf usefulness, use ◇ **d'aucune** ~ useless; **déclaré d'**~ **publique** state-approved.

utopie [ytɔpi] nf utopian view ◇ **c'est de l'**~ that's sheer utopianism ◆ **utopique** adj utopian.

UV [yve] nm abrév de *ultraviolet*.

v

V, v [ve] nm (lettre) V, v ◇ **en V** V-shaped.

vacance [vakɑ̃s] **1** nf (Admin: poste) vacancy **2** nfpl ◇ **~s** holidays, vacation (US); **les ~s de Noël** the Christmas holidays; **être en ~s** to be on holiday ◆ **vacancier, -ière** nm,f holiday-maker, vacationist (US).

vacant, e [vakɑ̃, ɑ̃t] adj vacant.

vacarme [vakaʀm(ə)] nm din, racket, row.

vaccin [vaksɛ̃] nm vaccine ◇ **faire un ~ à qn** to give sb a vaccination ◆ **vaccination** nf vaccination ◆ **vacciner** [1] vt to vaccinate ◇ **se faire ~** to have a vaccination.

vache [vaʃ] **1** nf cow ◇ **~ laitière** dairy cow; **~ à eau** canvas waterbag; **~ à lait** [famil] sucker [famil]; **manger de la ~ enragée** to go through hard ou lean times; **ah la ~!** [famil] hell! [famil], damn! [famil] **2** adj (famil: méchant) rotten [famil], mean ◆ **vachement** adv [famil] (crier etc) like mad [famil]; (bon etc) damned [famil] ◆ **vacher** nm cowherd ◆ **vacherie** nf ([famil] : méchanceté) rottenness [famil], meanness ◇ **une ~** (action) a dirty trick [famil]; (remarque) a nasty remark.

vaciller [vasije] [1] vi (personne, mur) to sway; (bébé) to wobble; (lumière) to flicker; (courage) to falter, waver; (raison) to be shaky ◆ **vacillant, e** adj (santé, démarche) shaky.

vadrouille [vadʀuj] nf [famil] ramble ◆ **vadrouiller** [1] vi [famil] to ramble about.

va-et-vient [vaevjɛ̃] nm inv (personnes) comings and goings; (piston) to and fro motion; (interrupteur) two-way switch ◇ **faire le ~ entre** to go to and fro between.

vagabond, e [vagabɔ̃, ɔ̃d] **1** adj wandering **2** nm,f tramp, vagrant ◆ **vagabondage** nm wandering; (Jur, péj) vagrancy ◆ **vagabonder** [1] vi to wander.

vagin [vaʒɛ̃] nm vagina.

vagir [vaʒiʀ] [2] vi (bébé) to cry, wail ◆ **vagissement** nm cry, wailing.

1. **vague** [vag] **1** adj (gén) vague; (idée) hazy; (robe) loose(-fitting) ◇ **un ~ cousin** some distant cousin; **un ~ diplôme** some kind of degree **2** nm vagueness ◇ **rester dans le ~** to keep things rather vague; **regarder dans le ~** to gaze vacantly into space; **avoir du ~ à l'âme** to feel vaguely melancholy.

2. **vague** [vag] nf wave ◇ **~(s) de fond** ground swell; **~ de froid** cold spell.

vaguement [vagmɑ̃] adv vaguely.

vaillamment [vajamɑ̃] adv bravely, valiantly ◆ **vaillance** nf bravery, valour ◆ **vaillant, e** adj (courageux) valiant, brave; (vigoureux) vigorous.

vain, e [vɛ̃, vɛn] adj vain ◇ **en ~** in vain ◆ **vainement** adv vainly.

vaincre [vɛ̃kʀ(ə)] [42] vt (ennemi) to defeat, vanquish, conquer; (obstacle etc) to overcome ◇ **nous vaincrons** we shall overcome ◆ **vaincu, e** adj ◇ **s'avouer ~** to admit defeat; **les ~s** the vanquished ◆ **vainqueur** **1** nm conqueror, victor; (en sport) winner **2** adj m victorious.

vaisseau, pl **~x** [vɛso] nm (bateau) ship, vessel; (veine) vessel.

vaisselier [vɛsəlje] nm dresser.

vaisselle [vɛsɛl] nf crockery; (à laver) dishes ◇ **faire la ~** to do the washing-up ou the dishes.

val, pl **~s ou vaux** [val, vo] nm valley.

valable [valabl(ə)] adj (gén) valid; (de qualité) decent ◇ **offre ~ une semaine** firm offer for a week.

valet [valɛ] nm (man)servant; (Cartes) jack, knave ◇ **~ de chambre** manservant, valet; **~ de ferme** farmhand.

valeur [valœʀ] nf **a** (objet) value, worth; (devise, action) value, price ◇ **prendre de la ~** to gain in value; **ça a beaucoup de ~** it is worth a lot **b** (titre boursier) security ◇ **~s** securities, stocks and shares **c** (qualité) value, worth, merit ◇ **acteur de ~** actor of merit **d** (mesure) value ◇ **en ~ absolue** in absolute terms; **la ~ d'une cuiller à café** the equivalent of a teaspoonful **e** ◇ (locutions) **objets de ~** valuables, articles of value; **sans ~** valueless, worthless; **mettre en ~** (terrain) to exploit; (détail, objet décoratif) to set off, show off to advantage; **se mettre en ~** to show o.s. off to advantage.

valeureux, -euse [valœʀø, øz] adj valorous.

validation [validasjɔ̃] nf validation ◆ **valide** adj **a** (non blessé) able-bodied; (en bonne santé) fit, well; (membre) good **b** (billet) valid ◆ **valider** 1 vt to validate ◆ **validité** nf validity.

valise [valiz] nf (suit)case ◇ **faire ses ~s** to pack one's bags.

vallée [vale] nf valley ◆ **vallon** nm small valley ◆ **vallonné, e** adj undulating ◆ **vallonnement** nm undulation.

valoir [valwaʀ] 29 **1** vi **a** ◇ (objet) **ça vaut combien?** how much is it worth?; **ça vaut plus cher** it's worth more, it's more expensive; **acompte à ~ sur...** deposit to be deducted from... **b** ◇ (qualité) **que vaut cet auteur?** is this author any good?; **il ne vaut pas cher!** he's a bad lot!; **ça ne vaut rien** (gén) it's no good (*pour* for); (marchandise) it's rubbish; (argument) it's worthless; **~ qch** (être aussi bon) to be as good as sth; (revenir au même) to be equivalent to sth, be worth sth; **rien ne vaut la mer** there's nothing like the sea; **ces méthodes se valent** these methods are the same ou are just as good; **le musée valait d'être vu** the museum was worth seeing; **cela vaut la peine** it's worth it **c** (s'appliquer) to apply (*pour* to) ◇ **ça vaut dans certains cas** this holds ou applies in certain cases **d** ◇ **faire ~** (droits) to assert; (argument) to emphasize; (personne) to show off to advantage **e** ◇ **il vaut mieux partir** it is better to go; **il vaudrait mieux que vous refusiez** you had better refuse, you would do better to refuse **2** vt ◇ **ceci lui a valu des reproches** this earned ou brought him reproaches; **qu'est-ce qui nous vaut cette visite?** to what do we owe this visit?

valorisation [valɔʀizasjɔ̃] nf valorization ◆ **valoriser** 1 vt to enhance the value of.

valse [vals(ə)] nf waltz ◆ **valser** 1 vi to waltz ◇ **envoyer ~ qch** [famil] to send sth flying; **faire ~ l'argent** to spend money like water ◆ **valseur, -euse** nm,f waltzer.

valve [valv(ə)] nf valve.

vampire [vɑ̃piʀ] nm vampire.

van [vɑ̃] nm (véhicule) horse-box, horse trailer (US).

vandale [vɑ̃dal] adj, nmf vandal ◆ **vandalisme** nm vandalism.

vanille [vanij] nf vanilla.

vanité [vanite] nf (amour-propre) pride, vanity, conceit; (futilité) vanity; (inutilité) uselessness ◇ **tirer ~ de** to pride o.s. on ◆ **vaniteux, -euse** adj vain, conceited.

vanne [van] nf (écluse etc) gate.

vannerie [vanʀi] nf basketwork.

vantail, pl **-aux** [vɑ̃taj, o] nm (porte) leaf.

vantard, e [vɑ̃taʀ, aʀd(ə)] **1** adj boastful **2** nm,f boaster ◆ **vantardise** nf (caractère) boastfulness; (propos) boast ◆ **vanter** 1 **1** vt to praise **2** **se vanter** vpr to boast, brag ◇ **se ~ de qch** to pride o.s. on sth; **il n'y a pas de quoi se ~** there's nothing to be proud of ou to boast about.

va-nu-pieds [vanypje] nmf inv tramp.

vapeur [vapœʀ] nf (eau chaude) steam; (brouillard, émanation) vapour ◇ **~s d'essence** petrol ou gasoline (US) fumes; **aller à toute ~** to go full steam ahead; (Méd) **~s** vapours ◆ **vaporeux, -euse** adj (tissu) filmy; (atmosphère) misty, vaporous ◆ **vaporisateur** nm spray ◆ **vaporiser** 1 **1** vt to spray **2** **se vaporiser** vpr (Phys) to vaporize.

vaquer [vake] 1 vt indir ◇ **~ à ses occupations** to go about one's business.

varappe [vaʀap] nf rock-climbing ◇ **faire de la ~** to go rock-climbing ◆ **varappeur, -euse** nm,f rock-climber.

varech [vaʀɛk] nm wrack.

vareuse [vaʀøz] nf (marin) pea jacket; (d'uniforme) tunic.

varice [vaʀis] nf varicose vein.

varicelle [vaʀisɛl] nf chickenpox.

variable [vaʀjabl(ə)] **1** adj (gén) variable; (temps, humeur) changeable **2** nf variable ◆ **variante** nf variant (*de* of) ◆ **variateur** nm ◇ (Élec) **~ (électronique)** dimmer (switch) ◆ **variation** nf variation (*de* in) ◆ **varié, e** adj (non monotone) varied; (divers) various ◇ **hors-d'œuvre ~s** selection of hors-d'œuvres ◆ **varier** 7 vti to vary ◆ **variété** nf variety ◇ **spectacle de ~s** variety show.

variole [vaʀjɔl] nf smallpox.

1. **vase** [vɑz] nm vase.

2. **vase** [vɑz] nf silt, mud, sludge.

vaseline [vazlin] nf vaseline.

vaseux, -euse [vɑzø, øz] adj (boueux) silty, muddy, sludgy; (famil : confus) woolly [famil].

vasistas [vazistɑs] nm fanlight.

vasque [vask(ə)] nf basin; (coupe) bowl.

vassal, e, mpl **-aux** [vasal, o] nm,f vassal.

vaste [vast(ə)] adj vast, huge, immense.

Vatican [vatikɑ̃] nm ◇ **le ~** the Vatican.

va-tout [vatu] nm ◇ **jouer son ~** to stake ou risk one's all.

vaudeville [vodvil] nm vaudeville, light comedy.

vaudou [vodu] **1** nm ◇ **le (culte du) ~** voodoo **2** adj inv voodoo.

vau-l'eau [volo] adv ◇ **aller à ~** to be on the road to ruin.

vaurien, -ienne [vorjɛ̃, jɛn] nm,f good-for-nothing.

vautour [vótur] nm vulture.

vautrer (se) [votre] [1] vpr ◇ **se ~ dans** (boue, vice) to wallow in; (fauteuil) to loll in; **se ~ sur qch** to sprawl on sth.

va-vite [vavit] adv [famil] ◇ **à la ~** in a rush.

veau, pl **~x** [vo] nm (animal) calf, [pl] calves; (viande) veal; (cuir) calfskin.

vecteur [vɛktœr] nm vector.

vécu, e [veky] **1** adj real(-life) **2** nm ◇ **le ~** real-life experience.

vedette [vədɛt] nf **a** (artiste) star ◇ **une ~ de la politique** a leading figure in politics; **produit-~** leading product; **avoir la ~** (artiste) to top the bill, have star billing; (événement) to make the headlines; (orateur etc) to be in the limelight; **en ~ américaine** as a special guest star **b** (bateau) launch; (Mil) patrol boat ◆ **vedettariat** nm (état) stardom.

végétal, e, mpl **-aux** [veʒetal, o] **1** adj (gén) plant; (graisses) vegetable **2** nm vegetable, plant ◆ **végétarien, -ienne** adj, nm,f vegetarian ◆ **végétatif, -ive** adj vegetative ◆ **végétation** nf vegetation ◇ (Méd) **~s** adenoids ◆ **végéter** [6] vi (personne) to vegetate; (affaire) to stagnate.

véhémence [veemɑ̃s] nf vehemence ◆ **véhément, e** adj vehement.

véhicule [veikyl] nm vehicle ◇ **~ tout terrain** all-purpose vehicle ◆ **véhiculer** [1] vt to convey.

veille [vɛj] nf **a** ◇ **la ~ (de cet examen)** the day before (that exam); **la ~ de Noël** Christmas Eve; **à la ~ de** (guerre etc) on the eve of; **à la ~ de faire** on the point of doing **b** ◇ **en état de ~** awake.

veillée [veje] nf (réunion) evening gathering; (funèbre) watch.

veiller [veje] [1] **1** vi (éveillé) to stay up; (de garde) to be on watch; (vigilant) to be watchful **2** vt (malade) to watch over **3** vt indir ◇ **~ à qch** to attend to sth, see to sth; **~ à ce que...** to see to it that...; **~ sur** to watch over ◆ **veilleur** nm (Mil) look-out ◇ **~ de nuit** night watchman ◆ **veilleuse** nf (lampe) night light; (Aut) sidelight ◇ **mettre qch en ~** to soft-pedal on sth.

veinard, e [vɛnar, ard(ə)] [famil] **1** adj lucky **2** nm,f lucky devil [famil].

veine [vɛn] nf (gén) vein; (famil : chance) luck; (fig : inspiration) inspiration ◇ **de la même ~** in the same vein; **c'est une ~** [famil] that's a bit of luck; **avoir de la ~** [famil] to be lucky [famil].

vêler [vele] [1] vi to calve.

vélin [velɛ̃] nm vellum.

véliplanchiste [veliplɑ̃ʃist(ə)] nmf windsurfer.

velléitaire [veleitɛr] adj irresolute ◆ **velléité** nf vague desire.

vélo [velo] nm bike ◇ **~ d'appartement** ou **de santé** exercise bike; **~-cross** (sport) stunt-riding; (vélo) stunt bike; **~ tout terrain** mountain bike; **faire du ~** to do some cycling; **il sait faire du ~** he can ride a bike.

vélocité [velɔsite] nf swiftness.

vélodrome [velɔdrom] nm velodrome.

vélomoteur [velɔmɔtœr] nm small motorbike *(under 125cc)*.

véloski [velɔski] nm skibob.

velours [v(ə)lur] nm velvet ◇ **~ côtelé** corduroy, cord.

velouté, e [vəlute] **1** adj smooth, velvety **2** nm smoothness, velvetiness ◇ (potage) **~ de tomates** cream of tomato soup.

velu, e [vəly] adj hairy.

venaison [vənɛzɔ̃] nf venison.

vénal, e, mpl **-aux** [venal, o] adj venal.

vendange [vɑ̃dɑ̃ʒ] nf ◇ **~(s)** grape harvest, vintage ◆ **vendanger** [3] vi to harvest ou pick the grapes ◆ **vendangeur, -euse** nm,f grape-picker.

vendeur, -euse [vɑ̃dœr, øz] nm,f shop ou sales assistant, salesclerk (US); (Jur) seller ◇ **~ de journaux** newsvendor.

vendre [vɑ̃dr(ə)] [41] vt to sell (*à* to) ◇ **il m'a vendu un tableau 500 F** he sold me a picture for 500 francs; **il vend cher** he charges a lot, his prices are high; **maison à ~** house for sale; **~ la peau de l'ours avant de l'avoir tué** to count one's chickens before they are hatched; **~ la mèche** [famil] to give the game away [famil].

vendredi [vɑ̃drədi] nm Friday ◇ **~ saint** Good Friday → **samedi.**

vénéneux, -euse [venenø, øz] adj poisonous.

vénérable [venerabl(ə)] adj venerable ◆ **vénération** nf veneration ◆ **vénérer** [6] vt to venerate.

Venezuela [venezɥela] nm Venezuela ◆ **vénézuélien, -ienne** adj, **V~, -ienne** nm,f Venezuelan.

vengeance [vɑ̃ʒɑ̃s] nf vengeance, revenge ◆ **venger** [3] **1** vt to avenge (*de qch* for sth) **2** **se venger** vpr to take (one's) revenge ou vengeance (*de qn* on sb; *de qch* for sth); (pour son honneur) to avenge o.s. ◆ **vengeur, -geresse** **1** adj (personne) vengeful; (lettre) avenging **2** nm,f avenger.

véniel, -elle [venjɛl] adj venial.

venimeux, -euse [vənimø, øz] adj venomous ◆ **venin** nm venom.

venir [v(ə)niʀ] 22 **1** vi **a** to come (*de* from; *jusqu'à* to) ◇ **je viens!** I'm coming!; **il vient beaucoup d'enfants** a lot of children are coming; **l'eau nous vient (jusqu')aux genoux** the water comes up to ou reaches our knees; **ça ne me serait pas venu à l'idée** that would never have occurred to me, I should never have thought of that; **la semaine qui vient** the coming week; **les années à ~** the years to come; **d'où vient cette hâte ?** what's the reason for this haste?; **ça vient de ce que...** it comes ou stems from the fact that...; **~ au monde** to come into the world, be born; **~ à bout de** (travail) to get through; (adversaire) to overcome **b** ◇ **faire ~** (médecin) to call, send for; **tu nous a fait ~ pour rien** you got us to come ou you made us come for nothing; **il fait ~ son vin de Provence** he gets his wine sent from Provence **c** ◇ **en ~ aux mains** to come to blows; **j'en viens maintenant à votre question** I shall now come ou turn to your question; **j'en viens à me demander si...** I'm beginning to wonder if...; **venons-en au fait** let's get to the point; **où voulez-vous en ~?** what are you getting ou driving at?
2 vb aux ◇ **je suis venu travailler** I have come to work; **viens m'aider** come and help me; (passé récent) **il vient d'arriver** he has just arrived; (éventualité) **s'il venait à mourir** if he were to die.

Venise [vəniz] n Venice.

vent [vɑ̃] nm (gén, fig) wind ◇ (Naut) **~ contraire** headwind; **il fait du ~** it is windy; **coup de ~** gust of wind; (Méd) **avoir des ~s** to have wind; **le ~ est à l'optimisme** there is optimism in the air; **il a le ~ en poupe** he has the wind in his sails; **aux quatre ~s** to the four winds; **être dans le ~** [famil] to be with it [famil], be trendy [famil]; (péj) **c'est du ~** [famil] it's all hot air [famil]; **avoir ~ de** to get wind of; **contre ~s et marées** against all the odds.

vente [vɑ̃t] nf sale ◇ **promesse de ~** sales agreement; **mettre en ~** (produit) to put on sale; (maison) to put up for sale; **~ par correspondance** mail order; **~ aux enchères** auction sale; **~ de charité** charity bazaar, jumble sale.

venter [vɑ̃te] 1 vb impers ◇ **il vente** the wind blows ◆ **venté, e** adj windswept, windy.

ventilateur [vɑ̃tilatœʀ] nm fan ◆ **ventilation** nf (pièce) ventilation; (travail etc) allocation ◆ **ventiler** 1 vt to ventilate; to allocate.

ventouse [vɑ̃tuz] nf (Méd) cupping glass; (Zool) sucker; (dispositif adhésif) suction pad ◇ **faire ~** to cling.

ventre [vɑ̃tʀ(ə)] nm (personne) stomach, tummy [famil], belly [famil]; (animal, bateau) belly; (fig : utérus) womb ◇ **prendre du ~** to be getting fat; **~ à terre** at top speed; **avoir le ~ plein** to be full; (fig) **ça me ferait mal au ~** [famil] it would make me sick; **voyons ce que ça a dans le ~** [famil] let's see what's inside it; (courage) **il n'a rien dans le ~** [famil] he's got no guts [famil] ◆ **ventricule** nm ventricle ◆ **ventriloque** nmf ventriloquist ◆ **ventru, e** adj (personne) potbellied; (objet) bulbous.

1. **venu, e** [v(ə)ny] adj ◇ **être bien ~ de faire** to have (good) grounds for doing; (remarque) **bien ~** timely, apposite; **il serait mal ~ de** it would be unseemly to; **tard ~** late; **tôt ~** early ◆ 2. **venue** nf coming.

vêpres [vɛpʀ(ə)] nfpl vespers.

ver [vɛʀ] nm worm ◇ **~ luisant** glow-worm; **~ à soie** silkworm; **~ solitaire** tapeworm; **~ de terre** earthworm; **tirer les ~s du nez à qn** [famil] to worm information out of sb [famil].

véracité [veʀasite] nf veracity, truthfulness.

véranda [veʀɑ̃da] nf veranda(h).

verbal, e, mpl **-aux** [vɛʀbal, o] adj verbal.

verbaliser [vɛʀbalize] 1 vi ◇ **l'agent a dû ~** the officer had to report him (ou me etc).

verbe [vɛʀb(ə)] nm (Gram) verb ◇ (langage) **le ~** the word.

verbiage [vɛʀbjaʒ] nm verbiage.

verdâtre [vɛʀdɑtʀ(ə)] adj greenish.

verdict [vɛʀdik(t)] nm verdict.

verdir [vɛʀdiʀ] 2 vti to turn green.

verdoyant, e [vɛʀdwajɑ̃, ɑ̃t] adj green.

verdure [vɛʀdyʀ] nf (végétation) greenery; (légumes verts) green vegetables.

véreux, -euse [veʀø, øz] adj (aliment) worm-eaten; (financier) dubious.

verge [vɛʀʒ(ə)] nf rod; (Anat) penis.

verger [vɛʀʒe] nm orchard.

vergeture [vɛʀʒətyʀ] nf stretch mark.

verglas [vɛʀgla] nm black ice ◆ **verglacé, e** adj icy, iced-over.

vergogne [vɛʀgɔɲ] nf ◇ **sans ~** (adj) shameless; (adv) shamelessly.

vergue [vɛʀg(ə)] nf (Naut) yard.

véridique [veʀidik] adj truthful, veracious.

vérifiable [veʀifjabl(ə)] adj verifiable ◆ **vérification** nf **a** (contrôle) check; (action) checking, verification; (comptes) auditing ◇ **~ faite** on checking; **~ d'identité** identity check **b** (confirmation) confirmation ◆ **vérifier** 7 vt to check, verify; to audit; to confirm.

vérin [veʀɛ̃] nm jack.

véritable [veʀitabl(ə)] adj (gén) true; (réel) real; (authentique) genuine ◇ **c'est une ~ folie** it's absolute madness ◆ **véritablement** adv really.

vérité [veʀite] nf (gén) truth; (tableau) trueness to life; (ton, récit) truthfulness, sincerity ◇ **dire la ~** to tell ou speak the truth; **~s premières** first truths; **en ~** actually, in fact, to tell the truth.

verlan [vɛʀlɑ̃] nm (back) slang.

vermeil, -eille [vɛʀmɛj] **1** adj (gén) bright red; (bouche) ruby; (teint) rosy **2** nm vermeil.

vermicelle [vɛʀmisɛl] nm ◇ **~(s)** vermicelli.

vermifuge [vɛʀmifyʒ] adj, nm vermifuge.

vermillon [vɛʀmijɔ̃] nm, adj inv vermilion.

vermine [vɛʀmin] nf vermin.

vermoulu, e [vɛʀmuly] adj worm-eaten.

vernir [vɛʀniʀ] [2] vt to varnish; (poterie) to glaze ◇ **souliers vernis** patent (leather) shoes; (famil: chanceux) **verni** lucky ◆ **vernis** nm varnish; glaze; (éclat) shine, gloss ◇ **~ à ongles** nail varnish ou polish; **un ~ de culture** a veneer of culture ◆ **vernissage** nm **a** varnishing; glazing **b** (exposition) private viewing.

vérole [veʀɔl] nf [famil] pox [famil].

verre [vɛʀ] nm (gén) glass ◇ **porter des ~s** to wear glasses; **~s de contact** contact lenses; **~ à bière** beer glass; **~ de bière** glass of beer; **boire** ou **prendre un ~** to have a drink ◆ **verrerie** nf (usine) glass factory; (objets) glassware ◆ **verrier** nm glassworker ◆ **verrière** nf (toit) glass roof; (paroi) glass wall.

verrou [vɛʀu] nm **a** (porte) bolt ◇ **mettre le ~** to bolt the door; **mettre qn sous les ~s** to put sb behind bars; (fig) **faire sauter le ~** to break the deadlock **b** (Ordin) lock ◆ **verrouiller** [1] vt (porte) to bolt; (culasse) to lock; (Ordin) to lock.

verrue [vɛʀy] nf wart ◇ **~ plantaire** verruca.

1. **vers** [vɛʀ] prép **a** (direction) toward(s), to ◇ **en allant ~ la gare** going to ou towards the station **b** (approximation) around, about ◇ **il était ~ 3 heures** it was about ou around 3.

2. **vers** [vɛʀ] nm ◇ **un ~** a line; **des ~** verse; **en ~** in verse.

versant [vɛʀsɑ̃] nm (vallée) side.

versatile [vɛʀsatil] adj fickle, changeable.

verse [vɛʀs(ə)] adv ◇ **à ~** in torrents.

versé, e [vɛʀse] adj (expert) well-versed.

Verseau [vɛʀso] nm ◇ **le ~** Aquarius.

versement [vɛʀsəmɑ̃] nm payment; (échelonné) instalment.

verser [vɛʀse] [1] **1** vt (liquide) to pour; (grains) to tip (*dans* into); (larmes, sang, clarté) to shed; (argent) to pay (*sur un compte* into an account) ◇ (incorporer) **~ qn dans** to assign ou attach sb to; **~ une pièce au dossier** to add an item to the file **2** vi (véhicule) to overturn ◇ **~ dans** (sentimentalité) to lapse into.

verset [vɛʀsɛ] nm (Rel) verse.

version [vɛʀsjɔ̃] nf **a** (traduction) translation *(into the mother tongue)* **b** (variante) version ◇ **film en ~ originale** film in the original language ou version; **film italien en ~ française** Italian film dubbed in French.

verso [vɛʀso] nm back ◇ **au ~** on the back; **'voir au ~'** 'see overleaf'.

vert, verte [vɛʀ, vɛʀt(ə)] **1** adj (gén) green; (fruit) unripe; (vin) young; (réprimande) sharp; (plaisanterie) spicy, saucy; (vieillard) sprightly ◇ **il en a dit des vertes (et des pas mûres)** [famil] he said some pretty spicy things; **tourisme ~** country holidays; **classe ~e** school camp; **l'Europe ~e** European agriculture **2** nm **a** (couleur) green ◇ **~ olive** etc olive etc green **b** ◇ (écologistes) **les V~s** the Greens ◆ **vert-de-gris** **1** nm inv verdigris **2** adj inv greyish-green.

vertébral, e, mpl **-aux** [vɛʀtebʀal, o] adj vertebral ◆ **vertèbre** nf vertebra.

vertement [vɛʀtəmɑ̃] adv (réprimander) sharply.

vertical, e, mpl **-aux** [vɛʀtikal, o] **1** adj vertical **2** nf vertical line ◇ **à la ~e** vertically ◆ **verticalement** adv vertically.

vertige [vɛʀtiʒ] nm **a** ◇ **le ~** vertigo; **un ~** a dizzy ou giddy spell; **j'ai le ~** I feel dizzy ou giddy **b** (fig : égarement) fever ◆ **vertigineux, -euse** adj (gén) breathtaking; (hauteur) dizzy, giddy.

vertu [vɛʀty] nf virtue ◇ **en ~ de** in accordance with ◆ **vertueux, -euse** adj virtuous.

verve [vɛʀv(ə)] nf ◇ **être en ~** to be in brilliant form.

vésicule [vezikyl] nf vesicle ◇ **la ~ biliaire** the gall-bladder.

vessie [vesi] nf bladder ◇ **prendre des ~s pour des lanternes** to believe that the moon is made of green cheese.

veste [vɛst(ə)] nf jacket ◇ **retourner sa ~** [famil] to turn one's coat.

vestiaire [vɛstjɛʀ] nm (théâtre) cloakroom; (stade) changing-room ◇ **(armoire-)~** locker.

vestibule [vɛstibyl] nm hall, vestibule.

vestige [vɛstiʒ] nm (objet) relic; (fragment) vestige.

vestimentaire [vɛstimɑ̃tɛʀ] adj (élégance) sartorial ◇ **détails ~s** details of one's dress.

veston [vɛstɔ̃] nm jacket.

vêtement [vɛtmɑ̃] nm garment, article of clothing ◇ **~s** clothes.

vétéran [veteʀɑ̃] nm veteran.

vétérinaire [veteʀinɛʀ] 1 nm vet, veterinary surgeon, veterinarian (US) 2 adj veterinary.

vétille [vetij] nf trifle, triviality.

vêtir [vetiʀ] 20 1 vt to clothe, dress 2 **se vêtir** vpr to dress (o.s.) ◇ **vêtu de** dressed in, wearing.

veto [veto] nm veto ◇ **opposer son ~ à qch** to veto sth; **je mets mon ~** I veto that.

vétuste [vetyst(ə)] adj dilapidated ♦ **vétusté** nf dilapidation.

veuf, veuve [vœf, vœv] 1 adj widowed 2 nm widower 3 nf widow ♦ **veuvage** nm (femme) widowhood; (homme) widowerhood.

veule [vøl] adj spineless.

vexant, e [vɛksɑ̃, ɑ̃t] adj hurtful ♦ **vexation** nf humiliation ♦ **vexer** 1 vt to hurt, upset ◇ **se ~** to be hurt (*de* by); be upset (*de* at).

VF [veɛf] nf abrév de *version française* → **version.**

via [vja] prép via.

viable [vjabl(ə)] adj viable.

viaduc [vjadyk] nm viaduct.

viager, -ère [vjaʒe, ɛʀ] 1 adj ◇ **rente ~ère** life annuity 2 nm ◇ **mettre un bien en ~** *to sell a property in return for a life annuity.*

viande [vjɑ̃d] nf meat.

vibration [vibʀasjɔ̃] nf vibration ♦ **vibrer** 1 vi (gén) to vibrate; (voix) to be vibrant; (personne) to thrill (*de* with) ◇ **faire ~** (objet) to vibrate; (auditoire) to thrill; (fig) **vibrant de** vibrant with.

vicaire [vikɛʀ] nm curate.

vice [vis] nm (moral) vice; (technique) fault, defect (*de* in) ◇ **~ de forme** legal flaw.

vice- [vis] préf vice- ◇ **~-amiral** etc vice-admiral etc.

vice versa [visevɛʀsa] adv vice versa.

vicier [visje] 7 vt to taint.

vicieux, -euse [visjø, øz] 1 adj (personne) perverted; (attaque) nasty; (prononciation) incorrect, wrong 2 nm,f pervert.

vicinal, e, mpl **-aux** [visinal, o] adj ◇ **chemin ~** byroad, byway.

vicissitudes [visisityd] nfpl vicissitudes.

vicomte [vikɔ̃t] nm viscount ♦ **vicomtesse** nf viscountess.

victime [viktim] nf victim ◇ (accident) **~s** casualties; **être ~ de** to be the victim of.

victoire [viktwaʀ] nf (gén) victory; (Sport) win ◇ **crier ~** to crow ♦ **victorieux, -euse** adj (gén) victorious; (équipe) winning.

victuailles [viktɥaj] nfpl provisions.

vidange [vidɑ̃ʒ] nf (action) emptying; (syphon de lavabo) waste outlet ◇ (Aut) **faire la ~** to change the oil ♦ **vidanger** 3 vt (réservoir) to empty; (liquide) to empty out.

vide [vid] 1 adj empty (*de* of) ◇ **~ de sens** (mot) meaningless 2 nm a (abscence d'air) vacuum ◇ **sous ~** under vacuum; **emballé sous ~** vacuum-packed b (trou) gap; (Archit) void c (abîme) drop ◇ (l'espace) **le ~** the void; **être au-dessus du ~** to be over a drop; **avoir peur du ~** to be afraid of heights d (néant) emptiness ◇ **regarder dans le ~** to gaze into space ou emptiness e ◇ (loc) **faire le ~ dans son esprit** to make one's mind a blank; **parler dans le ~** (sans objet) to talk vacuously; (personne n'écoute) to waste one's breath; (camion) **repartir à ~** to go off again empty 3 préf ◇ **~-ordures** [nm inv] rubbish chute; **~-poches** [nm inv] (Aut) glove compartment.

vidéo [video] 1 adj inv video ◇ **caméra/jeu ~** video camera/game 2 nf video.

vidéocassette [videɔkasɛt] nf video cassette.

vidéoclip [videɔklip] nm (pop) video.

vidéodisque [videɔdisk(ə)] nm videodisk.

vider [vide] 1 1 vt (gén) to empty; (contenu) to empty (out); (verre, citerne) to drain; (poisson, poulet) to gut, clean out; (pomme) to core; (querelle) to settle; (famil : expulser) to throw out [famil] (*de* of); (famil : épuiser) to wear out ◇ **~ son sac** [famil] to come out with it [famil]; **~ l'abcès** to root out the evil; **~ les lieux** to vacate the premises 2 **se vider** vpr to empty.

vie [vi] nf a life ◇ **être en ~** to be alive; **donner la ~** to give birth (*à* to); **dans la ~ courante** in everyday life; **~ de bohème** bohemian way of life ou life style; **une seule fois dans la ~** once in a lifetime; **elle m'a raconté sa ~** she told me her life story; (moyens matériels) **le coût de la ~** the cost of living b ◇ (locutions) **à ~, pour la ~** for life; **passer de ~ à trépas** to pass on; **une question de ~ ou de mort** a matter of life and death; **ce n'est pas une ~!** it's a rotten [famil] ou hard life!; **jamais de la ~!** never!; **être entre la ~ et la mort** to be at death's door; **avoir la ~ dure** (personne) to have nine lives; (superstitions) to die hard; **mener la ~ dure à qn** to give sb a hard time of it; **sans ~** (mort, amorphe) lifeless; (évanoui) unconscious; **refaire sa ~ avec qn** to make a new life with sb; **faire la ~** (se débaucher) to live it up; (famil: faire une scène) to kick up a row [famil], make a scene.

vieil, vieille [vjɛj] → **vieux** ♦ **vieillard** nm old man ♦ **vieillesse** nf (personne) old age; (choses) age, oldness ♦ **vieillir** 2 1 vi to grow old; (paraître plus vieux) to age; (mot, doctrine) to become outdated 2 vt ◇ (coiffure etc) **~ qn** to age sb 3 **se vieillir** vpr to make o.s. older ♦ **vieillissant, e** adj ageing ♦ **vieillissement** nm ageing ♦ **vieillot, -otte** adj (démodé) antiquated, quaint.

Vienne [vjɛn] n (en Autriche) Vienna ◆ **viennoiserie** nf Viennese bread and buns.

vierge [vjɛʀʒ(ə)] 1 nf virgin ◇ (Astron) **la V~** Virgo 2 adj (gén) virgin; (feuille de papier) blank; (film) unexposed; (disquette, cassette) blank; (casier judiciaire) clean ◇ **~ de** free from.

Viêt-nam [vjɛtnam] nm Vietnam ◆ **vietnamien, -ienne** adj, nm, **V~, -ienne** nm,f Vietnamese.

vieux [vjø], **vieille** [vjɛj], **vieil** [vjɛj] (devant voyelle ou h muet), mpl **vieux** [vjø] 1 adj (gén) old; (ami, habitude) long-standing ◇ **~ comme le monde** as old as the hills; **se faire ~** to be getting on in years, get old; **sur ses ~ jours** in his old age; **il n'a pas fait de ~ os** he didn't live long; **de vieille race** of ancient lineage; **de la vieille école** traditional 2 nm a old man ◇ **les ~** the old ou elderly, old people, old folk [famil]; (père) **le ~** [famil] my old man [famil]; (parents) **ses ~** [famil] his folks [famil]; **mon ~!** [famil] old man! [famil] b ◇ **préférer le ~ au neuf** to prefer old things to new 3 nf old woman ◇ (mère) **la vieille** [famil] my old woman [famil]; **ma vieille!** [famil] old girl! [famil] 4 adv (vivre) to a ripe old age; (s'habiller) old 5 comp: **vieille fille** spinster, old maid **~ garçon** bachelor **~ jeton** [famil] old misery [famil] **~ jeu** adj inv old-fashioned.

1. **vif, vive** [vif, viv] 1 adj a (allègre) lively, vivacious; (agile) sharp, quick; (emporté) sharp, brusque ◇ **il a l'œil ~** he has a sharp ou keen eye; **à l'esprit ~** quick-witted b (émotion, plaisir etc) deep, keen, intense; (souvenirs, impression, couleur) vivid; (impatience) great; (penchant) strong; (lumière, éclat) bright, brilliant; (froid) biting, bitter; (douleur, air) sharp; (vent) keen ◇ **à vive allure** at a brisk pace; **avec mes plus ~s remerciements** with my most profound thanks c (à nu : pierre) bare; (acéré : arête) sharp d ◇ **brûler ~ qn** to burn sb alive; **de vive voix** personally 2 nm ◇ **à ~** (chair) bared; (plaie) open; **avoir les nerfs à ~** to be on edge; **piqué au ~** cut to the quick; **entrer dans le ~ du sujet** to get to the heart of the matter; **prendre qn en photo sur le ~** to photograph sb in a real-life situation.

vigie [viʒi] nf (matelot) look-out, watch; (poste) look-out post.

vigilance [viʒilɑ̃s] nf vigilance, watchfulness ◆ **vigilant, e** adj vigilant, watchful.

vigile [viʒil] nm (veilleur de nuit) (night) watchman; (police privée) vigilante.

vigne [viɲ] nf (plante) vine; (vignoble) vineyard ◇ **~ vierge** Virginia creeper ◆ **vigneron, -onne** nm,f wine grower ◆ **vignoble** nm vineyard.

vignette [viɲɛt] nf (dessin) vignette; (timbre) label ◇ (Aut) **la ~** ≃ the (road) tax disc, the (annual) license tag (US).

vigoureux, -euse [viguʀø, øz] adj (gén) vigorous; (bras) strong, powerful ◆ **vigueur** nf vigour; strength ◇ **en ~** (loi) in force; (formule) current, in use; **entrer en ~** to come into effect.

vil, e [vil] adj (méprisable) vile, base ◇ **à ~ prix** at a very low price.

vilain, e [vilɛ̃, ɛn] 1 adj (mauvais) nasty; (laid) ugly-looking 2 nm a (Hist) villain b ◇ **il va y avoir du ~** [famil] it's going to turn nasty.

vilebrequin [vilbʀəkɛ̃] nm (outil) bit-brace; (Aut) crankshaft.

villa [villa] nf detached house.

village [vilaʒ] nm village ◆ **villageois, e** 1 adj village 2 nm,f villager.

ville [vil] nf town; (importante) city ◇ **les gens de la ~** townspeople; **aimer la ~** to like town ou city life; (autorités) **la ~** the town council; **~ d'eaux** spa.

villégiature [vileʒjatyʀ] nf ◇ **en ~** on holiday ou vacation (US).

vin [vɛ̃] nm wine ◇ **~ chaud** mulled wine; **~ cuit** liqueur wine; (réunion) **~ d'honneur** reception *(where wine is served)*.

vinaigre [vinɛgʀ(ə)] nm vinegar ◇ **tourner au ~** [famil] to turn sour ◆ **vinaigré, e** adj ◇ **trop ~** with too much vinegar ◆ **vinaigrette** nf French dressing, oil and vinegar dressing.

vindicatif, -ive [vɛ̃dikatif, iv] adj vindictive.

vingt [vɛ̃] ([vɛ̃t] en liaison et dans les nombres de 22 à 29) adj inv, nm inv twenty ◇ **il mérite ~ sur ~** he deserves full marks; **~-quatre heures sur ~-quatre** round the clock, twenty-four hours a day → **six, soixante** ◆ **vingtaine** nf ◇ **une ~** about twenty, twenty or so, (about) a score ◆ **vingtième** adj, nmf twentieth.

vinicole [vinikɔl] adj (industrie) wine; (région) wine-growing; (firme) wine-making.

vinyle [vinil] nm vinyl.

viol [vjɔl] nm (gén) violation; (femme) rape.

violacé, e [vjɔlase] adj purplish, mauvish.

violation [vjɔlɑsjɔ̃] nf (gén) violation; (promesse) beaking ◇ **~ de domicile** forcible entry *(into a person's home)*.

violemment [vjɔlamɑ̃] adv violently ◆ **violence** nf violence ◇ **une ~** an act of violence; **se faire ~** to force o.s.; **faire ~ à** to do violence to ◆ **violent, e** adj violent ◆ **violenter** 1 vt to assault (sexually).

violer [vjɔle] 1 vt (gén) to violate; (promesse) to break; (femme) to rape.

violet, -ette [vjɔlɛ, ɛt] 1 adj purple; (pâle) violet 2 nm (couleur) purple 3 nf (fleur) violet.

violon [vjɔlɔ̃] nm violin, fiddle [famil]; (famil : prison) lock-up [famil] ◇ ~ **d'Ingres** (artistic) hobby ◆ **violoncelle** nm cello ◆ **violoncelliste** nmf cellist, cello-player ◆ **violoniste** nmf violonist.

vipère [vipɛʀ] nf adder, viper.

virage [viʀaʒ] nm (véhicule) turn; (route) bend, turn (US); (fig) change in direction ◇ ~ **en épingle à cheveux** hairpin bend.

virée [viʀe] nf [famil] (en voiture, vélo) run, ride; (à pied) walk; (de plusieurs jours) trip; (dans les cafés etc) tour ◇ **faire une** ~ to go for a run etc.

virement [viʀmɑ̃] nm credit transfer ◇ ~ **postal** ≃ (National) Giro transfer.

virer [viʀe] 1 **1** vi (gén) to turn; (cuti) to come up positive ◇ ~ **sur l'aile** to bank; ~ **de bord** to tack; ~ **au violet** to turn purple **2** vt (argent) to transfer; (famil : importun) to throw out ◇ **il a viré sa cuti** he gave a positive skin test.

virevolter [viʀvɔlte] 1 vi to twirl around.

virginité [viʀʒinite] nf virginity.

virgule [viʀgyl] nf comma; (Math) decimal point ◇ **5** ~ **2** 5 point 2.

viril, e [viʀil] adj (gén) manly, virile; (attributs) male ◆ **virilité** nf manliness, virility.

virtuel, -elle [viʀtɥɛl] adj virtual ◆ **virtuellement** adv virtually.

virtuose [viʀtɥoz] nmf virtuoso ◆ **virtuosité** nf virtuosity.

virulence [viʀylɑ̃s] nf virulence ◆ **virulent, e** adj virulent.

virus [viʀys] nm virus ◇ (fig) **le** ~ **de la danse** the dancing bug.

vis [vis] nf screw ◇ **escalier à** ~ spiral staircase; ~ **platinées** contact points.

visa [viza] nm (signature) signature; (timbre) stamp; (passeport) visa ◇ ~ **de censure** (censor's) certificate; (fig) ~ **pour...** passport to....

visage [vizaʒ] nm face ◇ **à** ~ **découvert** openly ◆ **visagiste** nmf beautician.

vis-à-vis [vizavi] **1** prép ◇ ~ **de** (gén) vis-à-vis; (en face de) opposite; (comparé à) beside; (envers) towards **2** adv (face à face) face to face ◇ **se faire** ~ to be facing each other **3** nm inv (personne) person opposite; (maison) house opposite.

viscéral, e, mpl **-aux** [viseʀal, o] adj (Anat) visceral; (peur) deep-seated.

viscères [visɛʀ] nmpl intestines.

viscosité [viskozite] nf viscosity.

visée [vize] nf (avec arme) aiming ◇ (desseins) ~**s** aim, design.

viser [vize] 1 **1** vt **a** (personne) to aim at; (mesure, remarque) to be aimed at, be directed at ◇ **il se sent visé** he feels he is being got at [famil] **b** (passeport) to visa; (document) to sign; (timbrer) to stamp **2** vi to aim **3** **viser à** vt indir ◇ ~ **à faire** to aim at doing ou to do; (mesures) to be aimed at doing ◆ **viseur** nm (arme) sights; (caméra) viewfinder.

visibilité [vizibilite] nf visibility ◇ **sans** ~ (pilotage etc) blind ◆ **visible** adj (objet) visible; (embarras) obvious, visible ◇ **il est** ~ **que...** it is obvious ou clear that...; **Monsieur est-il** ~**?** is Mr X available? ◆ **visiblement** adv visibly, obviously, clearly.

visière [vizjɛʀ] nf eyeshade; (casquette) peak.

vision [vizjɔ̃] nf vision ◇ **tu as des** ~**s** [famil] you're seeing things ◆ **visionnaire** adj, nmf visionary ◆ **visionner** 1 vt to view ◆ **visionneuse** nf viewer.

visite [vizit] nf (gén) visit; (à domicile) call; (inspection) inspection ◇ (action) **la** ~ **du pays** visiting the country; ~ **guidée** guided tour; **rendre** ~ **à qn** to pay sb a visit, call on sb, visit sb; **attendre de la** ~ to be expecting visitors; ~ **médicale** medical examination; **heures de** ~ visiting hours ◆ **visiter** 1 vt (gén) to visit; (maison à vendre) to view; (bagages) to examine, inspect ◇ **il nous a fait** ~ **la maison** he showed us round the house ◆ **visiteur, -euse** nm,f visitor.

vison [vizɔ̃] nm mink.

visqueux, -euse [viskø, øz] adj viscous.

visser [vise] 1 vt to screw on ◇ **vissé sur sa chaise** glued to his chair.

visu [vizy] adv ◇ **de** ~ with one's own eyes.

visuel, -elle [vizɥɛl] **1** adj visual ◇ **troubles** ~**s** eye trouble **2** nm (Ordin) visual display unit.

vital, e, mpl **-aux** [vital, o] adj vital ◆ **vitalité** nf vitality.

vitamine [vitamin] nf vitamin ◆ **vitaminé, e** adj with added vitamins.

vite [vit] adv (rapidement) quickly, fast; (tôt) soon ◇ (excl : immédiatement) ~**!** quick!; **c'est** ~ **fait** it doesn't take long; **on a** ~ **fait de dire que...** it's easy to say that...; **fais** ~**!** be quick about it!, hurry up!; **aller plus** ~ **que la musique** to jump the gun; **pas si** ~**!** not so fast!; **il faut le prévenir au plus** ~ he must be warned as soon as possible.

vitesse [vitɛs] nf **a** (promptitude) speed, quickness ◇ **en** ~ (rapidement) quickly; (en hâte) in a hurry ou rush; **à toute** ~ at full ou top speed **b** (véhicule, courant) speed ◇ ~ **acquise** momentum; **à quelle** ~ **allait-il?** what speed was he doing?; **faire de la** ~ to drive fast; **prendre de la** ~ to gather speed **c** (Aut) gear ◇ **changer de** ~ to change gear; **passer les** ~**s** to go through the gears.

viticole [vitikɔl] adj (industrie) wine; (région) wine-growing; (cave) wine-making ◆ **viticulteur** nm wine grower ◆ **viticulture** nf wine growing.

vitrage [vitʀaʒ] nm (vitres) windows; (cloison) glass partition ◆ **vitrail**, pl **-aux** nm stained-glass window ◆ **vitre** nf window pane; (voiture) window ◆ **vitré, e** adj glass ◆ **vitreux, -euse** adj (Sci) vitreous; (yeux) glassy, dull; (eau) dull ◆ **vitrier** nm glazier ◆ **vitrification** nf vitrification; (par enduit) glazing ◆ **vitrifier** [7] vt to vitrify; to glaze.

vitrine [vitʀin] nf (devanture) shop window; (armoire) display cabinet.

vitriol [vitʀijɔl] nm vitriol.

vivable [vivabl(ə)] adj (personne) livable-with [famil]; (monde) fit to live in.

vivace [vivas] adj (arbre) hardy; (préjugé) deep-rooted.

vivacité [vivasite] nf **a** (rapidité, vie) (personne) liveliness, vivacity; (intelligence) sharpness, quickness; (mouvement) liveliness **b** ◇ (brusquerie) ~ **d'humeur** brusqueness **c** (lumière) brightness; (couleur) vividness; (froid) bitterness; (douleur) sharpness **d** (émotion) keenness; (souvenir, impression) vividness.

vivant, e [vivɑ̃, ɑ̃t] **1** adj (gén) living; (plein d'entrain) lively ◇ **être** ~ to be alive ou living; **animaux** ~**s** live ou living animals **2** nm ◇ **les** ~**s** the living; **de son** ~ in his lifetime.

vivats [viva] nmpl cheers.

2. **vive** [viv] excl ◇ ~ **le roi!** long live the king!; **vivent les vacances!** three cheers for the holidays! → aussi **vif.**

vivement [vivmɑ̃] adv (rétorquer) sharply, brusquely; (regretter) deeply, greatly; (désirer) keenly; (éclairer) brilliantly, vividly, brightly ◇ ~ **que ce soit fini!** I'll be glad when it's all over!

viveur [vivœʀ] nm pleasure-seeker.

vivier [vivje] nm (étang) fishpond; (réservoir) fish-tank.

vivifier [vivifje] [7] vt to invigorate.

vivisection [vivisɛksjɔ̃] nf vivisection.

vivoter [vivɔte] [1] vi to get along (somehow).

vivre [vivʀ(ə)] [46] **1** vi **a** (être vivant) to live, be alive ◇ ~ **centenaire** to live to be a hundred; **ce manteau a vécu** [famil] this coat has had it [famil] **b** (habiter) to live ◇ ~ **à Londres** to live in London **c** (se comporter) to live ◇ **se laisser** ~ to take life as it comes; **facile à** ~ easy to live with ou to get on with; **il a beaucoup vécu** he has seen a lot of life; (inquiétude) **elle ne vit plus** she lives on her nerves **d** (subsister) to live ◇ ~ **de qch** to live on sth; **avoir de quoi** ~ to have enough to live on; **travailler pour** ~ to work for a living; **faire** ~ **qn** to support sb **2** vt (aventure) to live out ◇ ~ **des jours heureux** to live through happy days; ~ **sa vie** to live one's own life **3** nmpl ◇ **les** ~**s** supplies, provisions.

vlan [vlɑ̃] excl wham!, bang!

VO [veo] nf abrév de *version originale* → **version.**

vocabulaire [vɔkabylɛʀ] nm vocabulary.

vocal, e, mpl **-aux** [vɔkal, o] adj vocal.

vocation [vɔkɑsjɔ̃] nf vocation.

vocifération [vɔsifeʀɑsjɔ̃] nf vociferation ◆ **vociférer** [6] **1** vi to vociferate **2** vt to scream.

vœu, pl ~**x** [vø] nm (promesse) vow; (souhait) wish ◇ **faire le** ~ **de faire** to make a vow to do; **faire un** ~ to make a wish; **meilleurs** ~**x** best wishes.

vogue [vɔg] nf fashion, vogue.

voguer [vɔge] [1] vi to sail; (flotter) to drift.

voici [vwasi] prép **a** here is (ou are) ◇ ~ **vos livres** here ou these are your books; **me** ~ here I am; **les** ~ **prêts** they're ready; **M Dupont, que** ~ M Dupont here; **il m'a raconté l'histoire que** ~ he told me the following story; ~ **pourquoi** that is why **b** ◇ (il y a) ~ **5 ans que je ne l'ai pas vu** I haven't seen him for the past 5 years; **il est parti** ~ **une heure** he left an hour ago, it's an hour since he left.

voie [vwa] nf **a** (chemin) way; (route) road ◇ **par la** ~ **des airs** by air; ~**s de communication** communication routes; ~ **express** expressway; ~**s navigables** waterways; **la** ~ **publique** the public highway; ~ **sans issue** cul-de-sac **b** (partie d'une route) lane ◇ **route à 4** ~**s** 4-lane road **c** ◇ (Rail) ~ **(s)** track, line; ~ **ferrée** railway ou railroad (US) line; ~ **de garage** siding; (fig) **mettre sur une** ~ **de garage** (affaire) to shelve; (personne) to shunt to one side; **le train est annoncé sur la** ~ **2** the train will arrive at platform 2 **d** ◇ ~**s digestives** etc digestive etc tract; **par** ~ **orale** orally **e** (fig) way ◇ **la** ~ **du bien** the way of righteousness; **montrer la** ~ to show the way; **l'affaire est en bonne** ~ the matter is shaping well; **mettre qn sur la** ~ to put sb on the right track **f** ◇ (filière) **par des** ~**s détournées** by devious ou roundabout means; **par la** ~ **diplomatique** through diplomatic channels; **par** ~ **de conséquence** in consequence **g** ◇ **en** ~ **d'exécution** in the process of being carried out; **pays en** ~ **de développement** developing country; **en** ~ **de guérison** getting better **h** ◇ ~ **d'eau** leak; **se livrer à des** ~**s de fait sur qn** to assault sb; **la** ~ **lactée** the Milky Way.

voilà [vwala] **1** prép **a** (voici) here is (ou are); (opposé à voici) there is (ou are) ◇ **voici ma valise et** ~ **les vôtres** here ou this is my bag and there ou those are yours; ~ **le printemps** here comes spring; **le** ~ there he is; **le** ~ **prêt** he's ready; **l'homme que** ~ that man there; **il m'a raconté l'histoire que** ~ he told me the following story **b** ◇ (il y a) ~ **5 ans que je ne l'ai pas vu** I haven't seen him for the past 5 years; **il est parti** ~

une heure he left an hour ago, it's an hour since he left **c** ◇ (locutions) **en ~ une histoire!** what a story!; **en ~ assez!** that's enough!; **~ tout** that's all; **~ bien les Français!** how like the French!, that's the French all over! [famil] **2** excl ◇ **~! j'arrive!** there – I'm coming!; **ah! ~! je comprends!** oh, (so) that's it; **~! ça devait arriver!** there you are, it was bound to happen!; **~, je vais vous expliquer** right (then), I'll explain to you.

voilage [vwalaʒ] nm net curtain.

1. **voile** [vwal] nf sail ◇ (Sport) **la ~** sailing; **faire ~ vers** to sail towards; **toutes ~s dehors** with full sail on; **faire de la ~** to sail, go sailing.

2. **voile** [vwal] nm (gén) veil ◇ (tissu) **~ de Tergal** ® Terylene ® net; **~ du palais** soft palate, velum ◆ **voilé, e** adj (brumeux) misty; (femme, allusion) veiled; (voix) husky ◆ 1. **voiler** 1 **1** vt to veil **2** **se voiler** vpr (horizon, regard) to mist over; (ciel) to grow misty.

2. **voiler** vt, **se voiler** vpr [vwale] 1 (roue) to buckle; (planche) to warp.

voilier [vwalje] nm sailing ship; (de plaisance) sailing boat ◆ **voilure** nf sails.

voir [vwaʀ] 30 **1** vt **a** to see ◇ **on n'y voit rien** you can't see a thing; **~ double** to see double; **~ qn faire qch** to see sb do sth; **j'ai vu bâtir ces maisons** I saw these houses being built; **aller ~** (gén) to go and see; (ami) to call on; (s'enquérir) to go and find out; **c'est à voir** (intéressant) it's worth seeing; (douteux) it remains to be seen **b** (se représenter) to see ◇ **je le vois mal habitant la banlieue** I can't see ou imagine him living in the suburbs; **~ les choses en noir** to take a black view of things; **~ qch sous un autre jour** to see ou view sth in a different light; **il a vu grand** he planned things on a big scale, he thought big **c** (problème) to look into; (dossier) to look at; (leçon) to go over ◇ **je verrai** I'll think about it; **c'est à vous de ~** it's up to you to see ou decide **d** ◇ (subir) **en faire ~ de dures à qn** to give sb a hard time; **j'en ai vu d'autres!** I've been through ou seen worse! **e** ◇ **laisser ~, faire ~** to show; **faites-moi ~ ce dessin** let me see ou show me this picture; **elle ne peut pas le ~** [famil] she can't stand him; **se faire bien ~ (de qn)** to make o.s. popular (with sb) **f** ◇ **voyons** (réflexion) let's see now; (irritation) come on now; **dis-moi ~** tell me; **je voudrais t'y ~** I'd like to see you try; **regarde ~ ce qu'il a fait!** just look what he has done!; **qu'il aille se faire ~** [famil]! he can go to hell! [famil]; **cela n'a rien à ~ avec...** this has got nothing to do with...; **n'y ~ que du feu** to be completely taken in; **~ trente-six chandelles** to see stars; **~ venir** to wait and see; **je te vois venir** [famil] I can see what you're getting at **2** **voir à** vt indir ◇ **voyez à être à l'heure** see to it that ou make sure that you are on time **3** **se voir** vpr **a** (tache etc) to show ◇ **cela se voit!** that's obvious! **b** ◇ **se ~ forcé de** to find o.s. forced to.

voire [vwaʀ] adv or even.

voirie [vwaʀi] nf (enlèvement des ordures) refuse collection; (entretien des routes) highway maintenance.

voisin, e [vwazɛ̃, in] **1** adj **a** (proche) neighbouring; (adjacent) next (*de* to) **b** (idées, cas) connected ◇ **~ de** akin to, related to **2** nm,f neighbour ◇ **nos ~s d'à-côté** our next-door neighbours, the people next door ◆ **voisinage** nm **a** (voisins) neighbourhood ◇ **être en bon ~ avec qn** to be on neighbourly terms with sb **b** (environs) vicinity; (proximité) proximity, closeness ◆ **voisiner** 1 vi ◇ **~ avec qch** to be placed side by side with sth.

voiture [vwatyʀ] nf **a** (auto) (motor)car, automobile (US) ◇ **~ piégée** car bomb; **~ de location** hire car; **~ de sport** sportscar; **~ de tourisme** private car **b** (wagon) carriage, coach, car (US) ◇ **en ~!** all aboard! **c** (chariot) cart; (pour voyageurs) carriage, coach ◇ **~ à bras** handcart; **~ d'enfant** pram, perambulator, baby carriage (US).

voix [vwa] nf (gén, fig) voice; (vote) vote ◇ **à ~ haute** in a loud voice; **rester sans ~** to be speechless; (chien) **donner de la ~** to give tongue; **donner sa ~ à qn** to vote for sb; **avoir ~ au chapitre** to have a say in the matter.

1. **vol** [vɔl] nm **a** (avion, oiseau) flight ◇ **il y a 8 heures de ~** it's an 8-hour flight; **~ régulier** scheduled flight; **~ à voile** gliding; **en ~** in flight; **prendre son ~** to take wing, fly off; **attraper au ~** to seize; **à ~ d'oiseau** as the crow flies **b** (troupe) (perdrix) covey, flock; (sauterelles) cloud.

2. **vol** [vɔl] nm (crime) theft ◇ (fig) **c'est du ~!** it's daylight robbery!; **~ à main armée** armed robbery.

volage [vɔlaʒ] adj (époux) flighty, fickle.

volaille [vɔlaj] nf ◇ **une ~** a fowl; **la ~** poultry ◆ **volailler** nm poulterer.

volant [vɔlɑ̃] nm **a** (voiture) steering wheel; (machine) (hand)wheel **b** (robe) flounce **c** (Badminton) shuttlecock.

1. **volatil, e** [vɔlatil] adj (Chim) volatile ◆ 2. **volatile** nm (volaille) fowl; (oiseau) bird ◆ **se volatiliser** 1 vpr (Chim) to volatilize; (fig) to vanish.

vol-au-vent [vɔlovɑ̃] nm inv vol-au-vent.

volcan [vɔlkɑ̃] nm (Géog) volcano; (personne) spitfire; (situation) powder keg ◆ **volcanique** adj (lit, fig) volcanic.

volée [vɔle] nf (Tennis) volley; (gifles) beating, thrashing ◇ ~ **de** (moineaux, escalier) flight of; (enfants) swarm of; (coups) volley of; **jeter qch à la** ~ to fling sth about; **à toute** ~ (lancer) with full force; **sonner à toute** ~ to peal out.

1. **voler** [vɔle] 1 vi (oiseau, fig) to fly ◇ ~ **en éclats** to fly into pieces.

2. **voler** [vɔle] 1 vt ◇ ~ **qch à qn** to steal sth from sb; ~ **qn** to rob sb; ~ **les clients sur le poids** to cheat customers over the weight; **on n'est pas volé** [famil] you get your money's worth all right [famil]; (fig) **il ne l'a pas volé!** he asked for it!

volet [vɔlɛ] nm (persienne) shutter; (triptyque) panel; (carte) section; (reportage) part.

voleter [vɔlte] 4 vi to flutter about.

voleur, -euse [vɔlœʀ, øz] adj, nm, f ◇ **(être)** ~ (to be a) thief; **au** ~**!** stop thief!

volière [vɔljɛʀ] nf (cage) aviary ◇ (fig) **c'est une** ~ it's a proper henhouse [famil].

volley-ball [vɔlɛbol] nm volleyball ◆ **volleyeur, -euse** nm,f volleyball player.

volontaire [vɔlɔ̃tɛʀ] **1** adj (renonciation) voluntary; (oubli) intentional; (personne) self-willed **2** nmf volunteer ◆ **volontairement** adv voluntarily; (exprès) intentionally.

volonté [vɔlɔ̃te] nf **a** (intention) wish, will ◇ **respecter la** ~ **de qn** to respect sb's wishes; ~ **de puissance** will for power **b** ◇ **bonne** ~ goodwill, willingness; **il y met de la mauvaise** ~ he does it unwillingly; **faire appel aux bonnes** ~**s pour construire qch** to appeal to volunteers to construct sth; **avec la meilleure** ~ **du monde** with the best will in the world **c** (énergie) willpower, will ◇ **une** ~ **de fer** a will of iron **d** ◇ (faire feu etc) **à** ~ at will.

volontiers [vɔlɔ̃tje] adv (de bonne grâce) willingly; (avec plaisir) with pleasure; (naturellement) readily ◇ **on croit** ~ **que...** people readily believe that....

volt [vɔlt] nm volt ◆ **voltage** nm voltage.

volte-face [vɔltəfas] nf inv **a** ◇ (lit) **faire** ~ to turn round **b** (fig) volte-face, about-turn.

voltige [vɔltiʒ] nf (Équitation) trick riding; (Aviat) aerobatics ◇ (Gym) **faire de la** ~ to do acrobatics.

voltiger [vɔltiʒe] 3 vi to flutter about.

volubile [vɔlybil] adj voluble ◆ **volubilité** nf volubility.

volume [vɔlym] nm volume ◆ **volumineux, -euse** adj voluminous, bulky.

volupté [vɔlypte] nf voluptuous pleasure ◆ **voluptueux, -euse** adj voluptuous.

volute [vɔlyt] nf (Archit) volute; (fumée) curl.

vomi [vɔmi] nm vomit ◆ **vomir** 2 vt (aliments) to vomit, bring up; (flammes, injures) to spew out; (fig : détester) to loathe ◇ **avoir envie de** ~ to want to be sick ◆ **vomissement** nm ◇ ~**(s)** vomiting.

vorace [vɔʀas] adj voracious ◆ **voracité** nf voraciousness.

vos [vo] adj poss → **votre.**

votant, e [vɔtɑ̃, ɑ̃t] nm,f voter ◆ **vote** nm (action) voting (*de* for); (suffrage) vote; (ensemble des votants) voters ◇ (acceptation) **le** ~ **d'une loi** the passing of a law; ~ **secret** secret vote ◆ **voter** 1 **1** vi to vote **2** vt (loi) to vote for; (accepter) to pass; (crédits) to vote.

votre [vɔtʀ(ə)], pl **vos** [vo] adj poss your → **1. son, 1. ton.**

vôtre [votʀ(ə)] **1** pron poss ◇ **le** ~, **la** ~, **les** ~**s** yours, your own; **à la** ~**!** cheers! **2** nmf ◇ **les** ~**s** your family; (péj) **vous et les** ~**s** you and those like you; **nous serons des** ~**s** we'll be with you **3** adj poss yours → **sien.**

vouer [vwe] 1 vt (temps) to devote; (fidélité) to vow; (Rel) to dedicate (*à* to) ◇ **se** ~ **à une cause** to dedicate o.s. ou devote o.s. to a cause; **voué à l'échec** doomed to failure.

vouloir [vulwaʀ] 31 **1** vt **a** (gén) to want ◇ (vendeur) **j'en veux 10 F** I want 10 francs for it; **je veux que tu te laves les mains** I want you to wash your hands; **que lui voulez-vous?** what do you want with him?; **l'usage veut que** custom requires that; **voulez-vous à boire?** would you like ou do you want a drink?; **je voulais vous dire** I meant to tell you; ~ **du bien à qn** to wish sb well; **je voudrais que vous voyiez sa tête!** I wish you could see his face!; **comme vous voulez** as you like ou wish ou please; **tu l'as voulu!** you asked for it!; **sans le** ~ unintentionally **b** ◇ (consentir) **voulez-vous me prêter ce livre?** will you lend me this book?; **ils ne voulurent pas nous recevoir** they wouldn't see us; **voudriez-vous fermer la fenêtre?** would you mind closing the window?; **veuillez quitter la pièce immédiatement!** please leave the room at once!; **je veux bien le faire** (volontiers) I'm happy to do it; (s'il le faut) I don't mind doing it; **moi je veux bien le croire mais...** I'm quite willing ou prepared to believe him but...; **moi je veux bien, mais...** fair enough [famil], but... **c** (s'attendre à) to expect ◇ **comment voulez-vous que je sache?** how should I know?; **et vous voudriez que nous acceptions?** and you expect us to agree?; **que voulez-vous qu'on y fasse?** what can we do? **d** ◇ **il m'en veut d'avoir fait cela** he holds a grudge against me for having done that; **tu ne m'en veux pas?** no hard feelings?; **il en veut à mon argent** he is after my money **e** ◇ ~ **dire** (signifier) to mean; **qu'est-ce que cela veut dire?** what does that mean?

2 **vouloir de** vt indir ◇ **on ne veut plus de lui** they don't want him any more; **il en veut** (gâteau) he wants some; (fig: il veut réussir) he's really keen.

3 nm will ◇ **bon ~** goodwill.

voulu, e [vuly] adj (requis) required, requisite; (volontaire) intentional.

vous [vu] **1** pron pers **a** you ◇ **si j'étais ~** if I were you; **~ tous** all of you; **un ami à ~** a friend of yours; **cette maison est-elle à ~?** is this house yours? ou your own?; **~ ne pensez qu'à ~** you think only of yourself (ou yourselves) **b** (dans comparaisons) you ◇ **je vais faire comme ~** I'll do the same as you (do) **c** ◇ (avec vpr) **je crois que ~ ~ connaissez** I believe you know each other; **servez-~ donc** do help yourself; **ne ~ disputez pas** don't fight **2** nm ◇ **dire ~ à qn** to call sb 'vous'.

voûte [vut] nf (Archit) vault; (porche) archway ◆ **voûté, e** adj stooped.

vouvoyer [vuvwaje] 8 vt ◇ **~ qn** to address sb as 'vous'.

voyage [vwajaʒ] nm journey, trip; (par mer) voyage ◇ (action) **le ~, les ~s** travelling; **il est en ~** he's away; **frais de ~** travel expenses; **~ de noces** honeymoon; **~ organisé** package tour ou holiday ◆ **voyager** 3 vi to travel ◆ **voyageur, -euse** nm,f traveller ◆ **voyagiste** nm tour operator.

voyant, e [vwajɑ̃, ɑ̃t] **1** adj (couleurs) loud, gaudy, garish **2** nm (lampe) (warning) light **3** nf ◇ **~e (extra-lucide)** clairvoyant.

voyelle [vwajɛl] nf vowel.

voyeur, -euse [vwajœʀ, øz] nm,f (péj) peeping Tom, voyeur.

voyou [vwaju] nm hoodlum, hooligan.

VPC [vepese] nf abrév de *vente par correspondance* → **vente.**

vrac [vʀak] adv ◇ **en ~** (sans emballage) loose; (en gros) in bulk; (fig: en désordre) in a jumble.

vrai, vraie [vʀɛ] **1** adj (gén) true; (réel) real; (authentique) genuine ◇ **c'est un ~ fou!** he's really mad! **2** nm (vérité) truth ◇ **être dans le ~** to be right **3** adv ◇ **il dit ~** what he says is right ou true; **à ~ dire** to tell you the truth, in fact; **pour de ~** [famil] for real [famil] ◆ **vraiment** adv really.

vraisemblable [vʀɛsɑ̃blabl(ə)] adj (gén) likely; (intrigue) plausible ◇ **peu ~** unlikely ◆ **vraisemblablement** adv probably ◆ **vraisemblance** nf likelihood; plausibility ◇ **selon toute ~** in all likelihood ou probability.

vrille [vʀij] nf (outil) gimlet; (spirale) spiral.

vrombir [vʀɔ̃biʀ] 2 vi to hum ◆ **vrombissement** nm ◇ **~(s)** humming.

VRP [veɛʀpe] nm abrév de *voyageur, représentant, placier* (sales) rep.

1. vu, vue [vy] **1** adj ◇ (famil : compris) **c'est ~?** all right?; **c'est tout ~** it's a foregone conclusion; (personne) **être bien ~** to be well thought of **2** nm ◇ **au ~ de tous** openly **3** prép et conj ◇ **~ la situation** in view of the situation; **~ que** in view of the fact that.

2. vue [vy] nf **a** (sens) (eye)sight ◇ **il a la ~ basse** he is short-sighted ou near-sighted (US); **détourner la ~** to look away; **perdre de ~** to lose sight of; **il lui en a mis plein la ~** [famil] he dazzled him **b** (panorama) view; (spectacle) sight ◇ **avec ~ imprenable** with an open view ou outlook; **cette pièce a ~ sur la mer** this room looks out onto the sea; **la ~ du sang** the sight of blood; **à ma ~** when he saw me **c** (image) view; (photo) photograph **d** (conception) view ◇ **~s** (opinion) views; (projet) plans; (sur qn ou ses biens) designs (*sur* on) **e** ◇ **à ~** (payable etc) at sight; **à ~ d'œil** perceptibly; **à ~ de nez** [famil] roughly; **en ~** (proche) in sight; (célèbre) in the public eye; **avoir qch en ~** to have one's sights on sth, have sth in mind; **avoir en ~ de faire** to plan to do; **en ~ d'y aller** with the idea of ou with a view to going.

vulgaire [vylgɛʀ] adj (grossier) vulgar, coarse; (commun) common, ordinary ◆ **vulgarisation** nf popularization ◆ **vulgariser** 1 vt to popularize ◆ **vulgarité** nf vulgarity.

vulnérabilité [vylneʀabilite] nf vulnerability ◆ **vulnérable** adj vulnerable.

vulve [vylv(ə)] nf vulva.

W

W, w [dubləve] nm **a** (lettre) W, w **b** abrév de *watt* ◇ **W** W.

wagon [vagɔ̃] nm (marchandises) truck, wagon, freight car (US); (voyageurs) carriage, car (US); (contenu) truckload ◇ ~**-lit** sleeper, Pullman (US); ~**-restaurant** restaurant ou dining car ✦ **wagonnet** nm small truck.

walkman [wɔkman] nm ® walkman ®, personal stereo.

waters [watɛʀ] nmpl toilet, lavatory, restroom (US).

watt [wat] nm watt.

W.-C. [(dublə)vese] nmpl abrév de *water-closet(s)* = **waters.**

week-end, pl ~**-**~**s** [wikɛnd] nm weekend.

western [wɛstɛʀn] nm western.

whisky, pl ~**ies** [wiski] nm whisky.

X

X, x [iks] nm (lettre) X, x ◇ **ça fait x temps que je ne l'ai pas vu** [famil] I haven't seen him for n months; **je te l'ai dit x fois** I've told you umpteen times; **plainte contre X** action against person or persons unknown; **film classé X** 18 film.

xénophobe [ksenɔfɔb] **1** adj xenophobic **2** nmf xenophobe ◆ **xénophobie** nf xenophobia.

xérès [gzeʀɛs] nm (vin) sherry.

xylophone [ksilɔfɔn] nm xylophone.

y

1. **Y, y** [igʀɛk] nm (lettre) Y, y.

2. **y** [i] 1 adv there ◇ **restez-~** stay there; **j'~ suis, j'~ reste** here I am and here I stay 2 pron pers it ◇ **elle s'~ connaît** she knows all about it.

yacht [jɔt] nm yacht.

yaourt [jauʀ(t)] nm yog(h)urt.

Yémen [jemɛn] nm ◇ **le ~** the Yemen.

yen [jɛn] nm yen.

yeux [jø] nmpl œil.

yoga [jɔga] nm yoga.

yoghourt [jɔguʀ(t)] nm = **yaourt.**

yougoslave [jugɔslav] adj, **Y~** nmf Yugoslav(ian) ◆ **Yougoslavie** nf Yugoslavia.

youyou [juju] nm dinghy.

yo-yo [jojo] nm inv yo-yo.

Z

Z, z [zɛd] nm (lettre) Z, z.

Zaïre [zaiʀ] nm Zaire ◆ **zaïrois, -oise** adj, **Z~, -oise** nm,f Zairese.

Zambie [zɑ̃bi] nf Zambia.

zapper [zape] vi (TV) to zap.

zèbre [zɛbʀ(ə)] nm zebra; (famil: individu) bloke [famil], guy [famil] ◆ **zébrer** [6] vt to stripe, streak (*de* with).

zébu [zeby] nm zebu.

zèle [zɛl] nm zeal ◇ (péj) **faire du ~** to be over-zealous ◆ **zélé, e** adj zealous.

zénith [zenit] nm zenith.

zéro [zeʀo] [1] nm (gén) zero, nought; (dans numéro) O, zero (US); (Ftbl) nil, nothing (US); (Tennis) love; (famil: personne) nonentity ◇ **recommencer à ~** to start from scratch again; **3 degrés au-dessus de ~** 3 degrees above freezing ou above zero; **~ de conduite** bad mark for behaviour [2] adj ◇ **~ heure** zero hour; **il a fait ~ faute** he didn't make any mistakes; **c'est ~** it's useless ou a dead loss.

zeste [zɛst(ə)] nm ◇ **~ de citron** piece of lemon peel.

zézayer [zezeje] [8] vi to lisp.

ZI [zɛdi] nf abrév de *zone industrielle* → **zone.**

zibeline [ziblin] nf sable.

zigoto [zigɔto] nm [famil] bloke [famil], guy [famil].

zigouiller [ziguje] [1] vt [famil] to do in [famil].

zigzag [zigzag] nm zigzag ◇ **en ~** winding ◆ **zigzaguer** [1] vi to zigzag along.

Zimbabwe [zimbabwe] nm Zimbabwe.

zinc [zɛ̃g] nm (métal) zinc; (famil: avion) plane; (famil: comptoir) bar, counter.

zizanie [zizani] nf discord.

zodiaque [zɔdjak] nm zodiac.

zona [zona] nm shingles (sg).

zone [zon] nf zone, area ◇ **~ bleue** ≃ restricted parking zone; **~ franche** free zone; **~ industrielle** industrial estate; industrial park (US); **~ à urbaniser en priorité** urban development zone; (fig) **de deuxième ~** second-rate; (bidonville) **la ~** the slum belt ◆ **zoner** vi [famil] to be a dropout [famil].

zoo [zoo] nm zoo ◆ **zoologie** nf zoology ◆ **zoologique** adj zoological.

zoom [zum] nm zoom lens.

zouave [zwav] nm Zouave, zouave ◇ **faire le ~** [famil] to play the fool, fool around.

zozoter [zɔzɔte] [1] vi to lisp.

ZUP [zyp] nf abrév de *zone à urbaniser en priorité* → **zone.**

zut [zyt] excl [famil] (c'est embêtant) dash (it)! [famil]; (tais-toi) (do) shut up! [famil]

DICTIONNAIRE ANGLAIS-FRANÇAIS
ENGLISH-FRENCH DICTIONARY

a

A, 1. **a** [eɪ] n A, a [m]; (Mus) la [m] ◇ (houses) **24a** le 24 bis; **A road** ≃ route [f] nationale; **on the A4** ≃ sur la nationale 4 ◆ **A-1** adj formidable [famil] ◆ **A-levels** npl ≃ baccalauréat [m].

2. **a** [eɪ, ə], **an** indef art un [m], une [f] ◇ ~ **tree** un arbre; **an apple** une pomme; ~ **fifth of the book** le cinquième du livre; **she was** ~ **doctor** elle était médecin; **my uncle,** ~ **sailor** mon oncle, qui est marin; ~ **Mr Martyn** un certain M. Martyn; **at** ~ **blow** d'un seul coup; **£4** ~ **person** 4 livres par personne; **3 francs** ~ **kilo** 3 F le kilo; **twice** ~ **month** deux fois par mois; **80 km an hour** 80 kilomètres à l'heure.

AA [eɪ'eɪ] n **a** abbr of *Alcoholics Anonymous* **b** (Brit) abbr of *Automobile Association* ≃ TCF [m].

AAA [ˌeɪeɪ'eɪ] n abbr of *American Automobile Association* ≃ TCF [m].

aback [ə'bæk] adv ◇ **taken** ~ interloqué (*by* par).

abandon [ə'bændən] **1** vt abandonner ◇ **to** ~ **ship** abandonner le navire **2** n ◇ **with gay** ~ avec désinvolture.

abate [ə'beɪt] vi se calmer.

abbey ['æbɪ] n abbaye [f] ◇ **Westminster A**~ l'abbaye de Westminster.

abbot ['æbət] n abbé [m].

abbreviate [ə'bri:vɪeɪt] vt abréger ◆ **abbreviation** n abréviation [f].

abdicate ['æbdɪkeɪt] vi abdiquer ◆ **abdication** n abdication [f].

abdomen ['æbdəmen] n abdomen [m].

abduct [æb'dʌkt] vt kidnapper ◆ **abduction** n enlèvement [m].

abeyance [ə'beɪəns] n ◇ **in** ~ en suspens.

abhor [əb'hɔ:ʳ] vt abhorrer ◆ **abhorrent** adj odieux, [f] -ieuse (*to* à).

abide [ə'baɪd] vt supporter ◇ **to** ~ **by** se conformer à.

ability [ə'bɪlɪtɪ] n aptitude [f] (*to do* à faire), compétence [f] (*in* en) ◇ **to the best of my** ~ de mon mieux; **a certain artistic** ~ un certain talent artistique.

abject ['æbdʒekt] adj (person) abject; (apology) servile; (poverty) extrême.

ablaze [ə'bleɪz] adj, adv ◇ **to be** ~ être en flammes; ~ **with light** resplendissant de lumière.

able ['eɪbl] adj capable (*to do* de faire) ◇ **to be** ~ **to do** pouvoir faire, être capable de faire; **he's very** ~ il est très capable; **I was** ~ **to catch the bus** j'ai réussi à attraper l'autobus ◆ **able-bodied** adj robuste.

abnormal [æb'nɔ:məl] adj anormal ◆ **abnormality** n (gen) anomalie [f]; (medical) malformation [f] ◆ **abnormally** adv (quiet etc) exceptionnellement.

aboard [ə'bɔ:d] **1** adv à bord ◇ **all** ~**!** (train) en voiture!; (ship) tout le monde à bord! **2** prep ◇ ~ **ship** à bord.

abolish [ə'bɒlɪʃ] vt abolir ◆ **abolition** n abolition [f].

abominable [ə'bɒmɪnəbl] adj abominable.

aborigine [ˌæbə'rɪdʒɪnɪ] n aborigène [mf].

abort [ə'bɔ:t] vt (mission etc) abandonner (pour raisons de sécurité); (Comput) abandonner ◆ **abortion** n avortement [m] ◇ **to have an** ~ se faire avorter.

abound [ə'baʊnd] vi abonder (*in* en).

about [ə'baʊt] **1** adv **a** (approximately) environ ◇ ~ **11 o'clock** vers 11 heures; **it's** ~ **11 o'clock** il est environ 11 heures; **there are** ~ **30** il y en a une trentaine, il y en a 30 environ **b** ◇ (here and there) **shoes lying** ~ des chaussures ici et là; **there was nobody** ~ il n'y avait personne; **he's somewhere** ~ il est par ici quelque part;

there's a lot of flu ~ il y a beaucoup de cas de grippe en ce moment **c** ◇ **it's the other way** ~ c'est tout le contraire; (to soldier) ~ **turn!** demi-tour, marche!; **to be** ~ **to do** être sur le point de faire, aller faire **2** prep **a** (concerning) au sujet de, à propos de ◇ **I heard nothing** ~ **it** je n'en ai pas entendu parler; **there's a lot** ~ **him in the papers** on parle beaucoup de lui dans les journaux; **what is it** ~ **?** de quoi s'agit-il?; **to speak** ~ **sth** parler de qch; **how** ~[famil] or **what** ~[famil] **doing it?** si on le faisait? **b** ◇ ~ **here** près d'ici; ~ **the house** quelque part dans la maison **c** ◇ **while we're** ~ **it** pendant que nous y sommes; **how does one go** ~ **it?** comment est-ce qu'on s'y prend?; **there is something interesting** ~ **him** il a un côté intéressant **d** ◇ **round** ~ autour de ◆ **about-turn** n ◇ **to do an** ~ (in deciding etc) faire volte-face.

above [ə'bʌv] **1** adv **a** (overhead) au-dessus, en haut ◇ **from** ~ d'en haut; **the flat** ~ l'appartement au-dessus **b** ◇ (more) **boys of 6 and** ~ les garçons à partir de 6 ans **c** ◇ (earlier in document etc) **the address** ~ l'adresse ci-dessus **2** prep (higher than) au-dessus de ◇ ~ **all** surtout; **over and** ~ **something** en plus de quelque chose; **to get** ~ **o.s.** avoir des idées de grandeur; **he is** ~ **such behaviour** il est au-dessus d'une pareille conduite; **he's not** ~ **stealing** il irait jusqu'à voler **3** adj (in text) ci-dessus mentionné ◆ **aboveboard** adj régulier, [f] -ière, correct ◇ **it's all quite** ~ c'est régulier ◆ **above-mentioned** adj ci-dessus mentionné.

abrasion [ə'breɪʒən] n (on skin) écorchure [f] ◆ **abrasive** adj (substance) abrasif, [f] -ive.

abreast [ə'brest] adv ◇ **3** ~ 3 de front; ~ **of** (at level of) à la hauteur de; (aware of) au courant de.

abridge [ə'brɪdʒ] vt abréger.

abroad [ə'brɔ:d] adv à l'étranger ◇ **from** ~ de l'étranger.

abrupt [ə'brʌpt] adj (gen) brusque; (slope) raide ◆ **abruptly** adv (turn, move) brusquement; (speak, behave) avec brusquerie; (rise) en pente raide.

abscess ['æbsɪs] n abcès [m].

abscond [əb'skɒnd] vi s'enfuir (*from* de).

absence ['æbsəns] n **a** absence [f] ◇ **in his** ~ en son absence **b** (lack) manque [m] ◇ **in the** ~ **of sth** faute de qch.

absent ['æbsənt] **1** adj absent (*from* de) **2** [æb'sent] vt ◇ **to** ~ **o.s.** s'absenter (*from* de) ◆ **absentee** n absent(e) [m(f)]; (habitual) absentéiste [mf] ◆ **absent-minded** adj distrait.

absolute ['æbsəlu:t] adj (gen) absolu ◇ **it's an** ~ **scandal** c'est un véritable scandale ◆ **absolutely** adv absolument.

absolution [,æbsə'lu:ʃən] n absolution [f].

absolve [əb'zɒlv] vt (from sin) absoudre (*from* de).

absorb [əb'sɔ:b] vt (gen) absorber; (sound, shock) amortir ◆ **absorbed** adj absorbé ◇ **to be completely** ~ **in one's work** être tout entier à son travail; **to be** ~ **in a book** être plongé dans un livre; **to become** ~ **in one's work/in a book** s'absorber dans son travail/dans la lecture d'un livre ◆ **absorbent** adj absorbant ◇ (US) ~ **cotton** coton [m] hydrophile ◆ **absorbing** adj (book, film) captivant; (work) absorbant.

abstain [əb'steɪn] vi s'abstenir (*from doing* de faire) ◆ **abstainer** n (teetotaller) personne [f] qui s'abstient de toute boisson alcoolisée.

abstemious [əb'sti:mɪəs] adj frugal.

abstention [əb'stenʃən] n abstention [f].

abstinence ['æbstɪnəns] n abstinence [f].

abstract ['æbstrækt] **1** adj abstrait **2** n (summary) résumé [m]; (work of art) œuvre [f] abstraite **3** [æb'strækt] vt (remove) retirer (*from* de).

absurd [əb'sɜ:d] adj absurde ◆ **absurdity** n absurdité [f].

abundance [ə'bʌndəns] n abondance [f] ◆ **abundant** adj abondant ◆ **abundantly** adv (clear) tout à fait ◇ **he made it** ~ **clear to me that...** il m'a bien fait comprendre que....

abuse [ə'bju:z] **1** vt (privilege) abuser de; (person: insult) injurier; (ill-treat) maltraiter **2** [ə'bju:s] n abus [m]; injures [fpl]; (ill-treatment) mauvais traitements [mpl] (*of* infligés à) ◆ **abusive** adj (language) injurieux, [f] -ieuse; (person) grossier, [f] -ière.

abysmal [ə'bɪzməl] adj épouvantable.

abyss [ə'bɪs] n abîme [m].

AC ['eɪ'si:] abbr of *alternating current* courant [m] alternatif.

academic [,ækə'demɪk] **1** adj (year, career) universitaire; (freedom) de l'enseignement ◇ (fig) **that's quite** ~ ça n'a aucun intérêt pratique; **it's** ~ **now** ça n'a plus d'importance **2** n (person) universitaire [mf].

academy [ə'kædəmɪ] n académie [f]; (school etc) école [f].

accede [æk'si:d] vi accéder (*to* à).

accelerate [æk'seləreɪt] vti accélérer ◆ **accelerator** n accélérateur [m].

accent ['æksənt] n accent [m] ◆ **accentuate** vt accentuer.

accept [ək'sept] vt accepter ◆ **acceptable** adj acceptable ◆ **acceptance** n acceptation [f] ◆ **accepted** adj (fact, method) reconnu; (meaning) usuel, [f] -elle.

access ['ækses] **1** n accès [m] (*to sth* à qch; *to sb* auprès de qn) ◇ (Comput) **random ~** accès aléatoire **2** adj ◇ **~ road** (to motorway) bretelle [f] d'accès; (Comput) **~ time** temps [m] d'accès ◆ **accessible** adj accessible.

accession [æk'seʃən] n accession [f].

accessory [æk'sesərɪ] n (thing) accessoire [m]; (person) complice [mf].

accident ['æksɪdənt] n accident [m] ◇ **by ~** (meet etc) par hasard; **I did it by ~** je ne l'ai pas fait exprès ◆ **accidental** adj (death) accidentel, [f] -elle; (meeting) fortuit ◆ **accidentally** adv (meet) par hasard; (injure) accidentellement ◆ **accident-prone** adj prédisposé aux accidents.

acclaim [ə'kleɪm] **1** vt acclamer **2** n acclamations [fpl].

acclimatized [ə'klaɪmətaɪzd] adj ◇ **to become ~** s'acclimater (*to* à).

accommodate [ə'kɒmədeɪt] vt (of car, house) contenir; (of hotel, landlady) recevoir ◆ **accommodating** adj accommodant.

accommodation [əˌkɒmə'deɪʃən] n (permanent) logement [m]; (for students, visitors) hébergement [m] ◇ **'~ (to let)'** 'chambres [fpl] à louer'; **we have no ~ available** nous n'avons pas de place; **~ bureau** agence [f] de logement; **~ officer** responsable [mf] de l'hébergement.

accompany [ə'kʌmpənɪ] vt accompagner (*on* à) ◆ **accompaniment** n accompagnement [m] ◆ **accompanist** n accompagnateur [m], [f] -trice.

accomplice [ə'kʌmplɪs] n complice [mf] (*in* de).

accomplish [ə'kʌmplɪʃ] vt (task) accomplir; (aim) arriver à ◆ **accomplished** adj accompli ◆ **accomplishment** n (achievement) œuvre [f] accomplie; (skill) talent [m].

accord [ə'kɔ:d] **1** vi s'accorder (*with* avec) **2** n accord [m] ◇ **of his own ~** de son propre chef; **with one ~** d'un commun accord ◆ **accordance** n ◇ **in ~ with** conformément à.

according [ə'kɔ:dɪŋ] adv ◇ **~ to** selon; **everything went ~ to plan** tout s'est passé comme prévu; **~ to what he says** d'après ce qu'il dit ◆ **accordingly** adv en conséquence.

accordion [ə'kɔ:dɪən] n accordéon [m].

accost [ə'kɒst] vt accoster.

account [ə'kaʊnt] **1** n **a** (bill) compte [m] ◇ **~ book** livre [m] de comptes; **~s department** service [m] de comptabilité; **put it on my ~** vous le mettrez sur mon compte; **to pay £50 on ~** verser un acompte de 50 livres; **to keep the ~s** tenir les comptes **b** (report) compte rendu [m] ◇ **to give an ~ of** faire le compte rendu de; **by all ~s** d'après l'opinion générale; **by her own ~** d'après ce qu'elle dit **c** ◇ **of no ~** sans importance; **to take sth into ~** tenir compte de qch; **on ~ of** à cause de; **on no ~** en aucun cas; **on her ~** pour elle **2** vi ◇ **to ~ for** (explain) expliquer; (expenses) rendre compte de; **there's no ~ing for tastes** chacun son goût; **everyone is ~ed for** on n'a oublié personne; (after air crash etc) tous les passagers ont été retrouvés ◆ **accountable** adj responsable (*for* de; *to* devant) ◆ **accountancy** n comptabilité [f] ◆ **accountant** n comptable [mf].

accrued [ə'kru:d] adj ◇ **~ interest** intérêt [m] couru.

accumulate [ə'kju:mjʊleɪt] **1** vt accumuler **2** vi s'accumuler.

accuracy ['ækjʊrəsɪ] n (gen) exactitude [f]; (shot etc) précision [f]; (assessment etc) justesse [f].

accurate ['ækjʊrɪt] adj (gen) exact; (shot) précis; (aim, assessment) juste ◆ **accurately** adv exactement; avec précision; avec justesse.

accusation [ˌækjʊ'zeɪʃən] n accusation [f].

accusative [ə'kju:zətɪv] adj, n accusatif (m).

accuse [ə'kju:z] vt accuser (*of* de; *of doing* de faire) ◆ **accused** n accusé(e) [m(f)] ◆ **accusing** adj accusateur, [f] -trice.

accustom [ə'kʌstəm] vt habituer (*to* à; *to doing* à faire) ◆ **accustomed** adj **a** habitué (*to* à; *to do, to doing* à faire) ◇ **to become ~ to** s'habituer à **b** (usual) habituel, [f] -elle.

ace [eɪs] n as [m] ◇ (fig) **to play one's ~** jouer sa meilleure carte.

acetylene [ə'setɪli:n] n acétylène [m].

ache [eɪk] **1** vi faire mal, être douloureux, [f] -euse ◇ **my head ~s** j'ai mal à la tête; **I'm aching all over** j'ai mal partout; (fig) **to be aching to do** mourir d'envie de faire **2** n douleur [f] (*in* dans) ◇ **stomach ~** mal [m] de ventre; **I've got stomach ~** j'ai mal au ventre ◆ **aching** adj (gen) douloureux, [f] -euse; (tooth, limb) malade.

achieve [ə'tʃi:v] vt (task) accomplir; (aim) atteindre; (success) obtenir ◇ **I've ~d sth** j'ai fait qch d'utile ◆ **achievement** n réussite [f].

acid ['æsɪd] **1** n acide [m] **2** adj acide; (fig) acerbe ◇ **~ rain** pluies [fpl] acides; (fig) **the ~ test** l'épreuve [f].

acknowledge [ək'nɒlɪdʒ] vt avouer (*that* que); (error) reconnaître; (greeting) répondre à; (letter) accuser réception de; (sb's help) manifester sa gratitude pour ◇ **to ~ sb as leader** reconnaître qn pour chef ◆ **acknowledged** adj reconnu ◆ **acknowledgement** n ◇ **in ~ of** en reconnaissance de.

acne ['æknɪ] n acné [f].

acorn ['eɪkɔ:n] n gland [m] *(d'un chêne)*.

acoustics [ə'ku:stɪks] n acoustique [f].

acquaint [ə'kweɪnt] vt ◇ **to ~ sb with sth** mettre qn au courant de qch; **to be ~ed with** connaître; **to become ~ed with** (person) faire la connaissance de; (facts) prendre connaissance de ◆ **acquaintance** n ◇ **to make sb's ~** faire la connaissance de qn; **he's just an ~** c'est une de mes relations.

acquiesce [,ækwɪ'es] vi consentir (*in* à).

acquire [ə'kwaɪəʳ] vt (gen) acquérir; (habit) prendre ◇ **to ~ a taste for** prendre goût à ◆ **acquired** adj (taste) qui s'acquiert.

acquisition [,ækwɪ'zɪʃən] n acquisition [f] ◆ **acquisitive** adj qui a l'instinct de possession.

acquit [ə'kwɪt] vt acquitter (*of* de) ◆ **acquittal** n acquittement [m].

acre ['eɪkəʳ] n ≃ demi-hectare [m] ◇ **a few ~s of land** quelques hectares de terrain.

acrid ['ækrɪd] adj âcre.

acrimonious [,ækrɪ'məʊnɪəs] adj acrimonieux, [f] -ieuse.

acrobat ['ækrəbæt] n acrobate [mf] ◆ **acrobatic** adj acrobatique ◆ **acrobatics** npl (gymnast) acrobatie [f]; (child) acrobaties [fpl].

acronym ['ækrənɪm] n sigle [m].

across [ə'krɒs] **1** prep **a** (from one side to other of) d'un côté à l'autre de ◇ **to walk ~ the road** traverser la route **b** (on other side of) de l'autre côté de ◇ **the shop ~ the road** le magasin d'en face; **lands ~ the sea** terres d'outre-mer **c** (crosswise over) en travers de ◇ **to go ~ country** aller à travers champs; **plank ~ a door** planche en travers d'une porte; **~ his chest** sur la poitrine **2** adv ◇ **it is 3 m ~** cela fait 3 m de large; **to help sb ~** aider qn à traverser; (fig) **to get sth ~ to sb** faire comprendre qch à qn.

acrylic [ə'krɪlɪk] adj, n acrylique (m).

act [ækt] **1** n **a** (deed) acte [m] ◇ **in the ~ of doing** en train de faire; **caught in the ~** pris en flagrant délit **b** ◇ **A~ of Parliament** loi [f] **c** (play) acte [m]; (in circus etc) numéro [m] ◇ **to put on an ~** [famil] jouer la comédie; **to get in on the ~** [famil] participer aux opérations; **to get one's ~ together** [famil] se reprendre en main **2** vi **a** (gen) agir (*like* comme) ◇ **it ~s as a desk** ça sert de bureau; **to ~ on** (advice) suivre; (order) exécuter; **I have ~ed on your letter** j'ai fait le nécessaire quand j'ai reçu votre lettre **b** (Theat) jouer ◇ **have you ever ~ed before?** avez-vous déjà fait du théâtre?; (fig) **she's only ~ing** elle joue la comédie; **to ~ up** [famil] (person) se conduire mal; (car etc) faire des caprices **3** vt (Theat: part) jouer ◇ **to ~ the part of** tenir le rôle de; (fig) **to ~ the fool** [famil] faire l'idiot(e).

acting ['æktɪŋ] **1** adj (manager etc) suppléant **2** n ◇ **his ~ is very good** il joue très bien.

action ['ækʃən] n **a** action [f] ◇ **to put into ~** (plan) mettre à exécution; (machine) mettre en marche; **to take ~** agir; **to put out of ~** (machine) détraquer; (person) mettre hors de combat; **they want a piece of the ~** [famil] ils veulent être dans le coup; (TV) **~ replay** répétition [f] immédiate *(d'une séquence)* **b** (deed) acte [m] **c** ◇ (Law) **to bring an ~ against sb** intenter un procès contre qn **d** ◇ **to go into ~** (soldier) aller au combat; (army) engager le combat; **to see ~** combattre; **killed in ~** tué à l'ennemi ◆ **action-packed** adj (film) plein d'action.

activate ['æktɪveɪt] vt activer.

active ['æktɪv] adj (gen) actif, [f] -ive; (volcano) en activité ◇ (army etc) **on ~ service** en campagne; (verb) **in the ~** à l'actif [m] ◆ **actively** adv activement ◆ **activist** n militant(e) [m(f)] ◆ **activity** n activité [f] ◇ **~ holiday** vacances [fpl] actives.

actor ['æktəʳ] n acteur [m] ◆ **actress** n actrice [f].

actual ['æktjʊəl] adj (figures, results, words) réel, [f] réelle; (example) concret, [f] -ète ◇ **in ~ fact** en fait ◆ **actually** adv **a** (in reality) en fait, en réalité **b** (even: often showing surprise) vraiment ◇ **it's ~ taking place now** ça se produit en ce moment même.

acumen ['ækjʊmen] n flair [m] ◇ **business ~** sens [m] aigu des affaires.

acupuncture ['ækjʊpʌŋktʃəʳ] n acupuncture [f].

acute [ə'kju:t] adj (pain, accent, angle) aigu, [f] aiguë; (remorse) intense; (shortage) critique; (person) perspicace; (hearing) fin ◆ **acutely** adv (suffer) intensément.

ad [æd] n abbr of *advertisement*.

AD [eɪ'di:] adv abbr of *Anno Domini* apr. J.-C. ◇ **in 53 ~** en 53 après Jésus-Christ.

Adam ['ædəm] n ◇ **~'s apple** pomme [f] d'Adam.

adamant ['ædəmənt] adj inflexible.

adapt [ə'dæpt] **1** vt adapter (*to* à; *for* pour) **2** vi s'adapter ◆ **adaptable** adj adaptable ◆ **adaptation** n adaptation (*of* de; *to* à) ◆ **adaptor** n (two-voltage) adaptateur [m]; (two-plug) prise [f] multiple.

add [æd] **1** vt **a** ajouter (*to* à; *that* que) ◇ **to ~ insult to injury** porter l'insulte à son comble; **~ed to which...** ajoutez à cela que... **b** (Math: **~ up**) additionner **2** vi ◇ **to ~ up to** (figures) s'élever à; (facts) signifier; **it all ~s up** [famil] tout s'explique; **it doesn't ~ up** [famil] il y a qch qui cloche [famil] ◆ **adding machine** n machine [f] à calculer ◆ **additive** n additif [m] ◇ **~-free** sans additif.

adder ['ædəʳ] n vipère [f].

addict ['ædɪkt] n intoxiqué(e) [m(f)] ◇ **heroin ~** héroïnomane [mf]; **a yoga ~** [famil] un(e) fanatique du yoga ◆ **addicted** adj adonné (*to* à) ◇ **to become ~ to** s'adonner à ◆ **addiction** n (Med) dépendance [f] (*to* à) ◆ **addictive** adj qui crée une dépendance.

addition [ə'dɪʃən] n (Math etc) addition [f]; (increase) augmentation [f] (*to* de) ◇ **in ~** de plus; **in ~ to** en plus de ◆ **additional** adj (extra) supplémentaire ◆ **additionally** adv de plus.

address [ə'dres] 1 n a (on letter etc, also Comput) adresse [f] b (talk) discours [m] 2 vt a (letter, comment) adresser (*to* à) b (speak to) s'adresser à ◇ **he ~ed the meeting** il a pris la parole devant l'assistance ◆ **addressee** n destinataire [mf].

adenoids ['ædɪnɔɪdz] npl végétations [fpl] (adénoïdes).

adept [ə'dept] adj expert (*at doing* à faire).

adequate ['ædɪkwɪt] adj (gen) suffisant; (performance) satisfaisant ◆ **adequately** adv (warm) suffisamment; (do etc) convenablement.

adhere [əd'hɪəʳ] vi adhérer (*to* à) ◆ **adherent** n adhérent(e) [m(f)] ◆ **adhesive** adj adhésif, [f] -ive ◇ **~ plaster** pansement [m] adhésif; **~ tape** sparadrap [m].

ad infinitum [,ædɪnfɪ'naɪtəm] adv à l'infini.

adjacent [ə'dʒeɪsənt] adj adjacent (*to* à).

adjective ['ædʒektɪv] n adjectif [m].

adjoining [ə'dʒɔɪnɪŋ] adj voisin.

adjourn [ə'dʒɜːn] 1 vt (debate etc) ajourner (*until, for* à); (law: case) renvoyer (*to* à) ◇ **to ~ a meeting** (break off) suspendre la séance; (close) lever la séance 2 vi (break off) suspendre la séance; (close) lever la séance.

adjudicate [ə'dʒuːdɪkeɪt] vt juger ◆ **adjudicator** n juge [m].

adjust [ə'dʒʌst] 1 vt (wages, prices) ajuster (*to* à); (instrument, tool) régler; (dress, picture) arranger 2 vi s'adapter (*to* à) ◆ **adjustable** adj (tool, fastening) réglable ◇ **~ spanner** clef [f] à molette ◆ **adjustment** n (prices, wages etc) rajustement [m]; (tool) réglage [m]; (person) adaptation [f].

ad lib [æd'lɪb] 1 n improvisation [f] 2 vti ◇ **ad-lib** improviser.

administer [əd'mɪnɪstəʳ] vt administrer (*to* à) ◇ **to ~ an oath to sb** faire prêter serment à qn ◆ **administration** n administration [f]; (government) gouvernement [m] ◆ **administrative** adj administratif, [f] -ive ◆ **administrator** n administrateur [m], [f] -trice.

admiral ['ædmərəl] n amiral [m].

admire [əd'maɪəʳ] vt admirer ◆ **admirable** ['ædmərəbl] adj admirable ◆ **admiration** n admiration [f] (*of, for* pour) ◆ **admirer** n admirateur [m], [f] -trice ◆ **admiring** adj admiratif, [f] -ive.

admissible [əd'mɪsəbl] adj acceptable.

admission [əd'mɪʃən] n a (gen) admission [f] (*to* à); (to museum etc) entrée [f] (*to* à) ◇ **~ free** entrée gratuite; **to gain ~ to** être admis dans b (confession) aveu [m].

admit [əd'mɪt] vti a (let in) laisser entrer ◇ **children not ~ted** entrée interdite aux enfants b (acknowledge: gen) reconnaître (*that* que; *to having done* avoir fait) ◇ **to ~ a crime, to ~ to a crime** reconnaître avoir commis un crime; **I must ~ that...** je dois reconnaître or admettre que...; **to ~ to a feeling of** avouer avoir un sentiment de ◆ **admittance** n admission [f]; accès [m] (*to sth* à qch) ◇ **I gained ~** on m'a laissé entrer; **no ~** accès interdit ◆ **admittedly** adv ◇ **~ this is true** il faut reconnaître que c'est vrai.

admonish [əd'mɒnɪʃ] vt réprimander (*for doing* pour avoir fait; *about* à propos de).

adolescent [,ædəʊ'lesnt] adj, n adolescent(e) [m(f)] ◆ **adolescence** n adolescence [f].

adopt [ə'dɒpt] vt (gen) adopter; (candidate, career) choisir ◆ **adopted** adj (child) adopté; (country) d'adoption; (son, family) adoptif, [f] -ive ◆ **adoption** n adoption [f].

adore [ə'dɔːʳ] vt adorer ◆ **adorable** adj adorable ◆ **adoringly** adv avec adoration.

adorn [ə'dɔːn] vt (room) orner; (dress, hair, person) parer (*with* de).

adrenalin(e) [ə'drenəlɪn] n adrénaline [f].

Adriatic (Sea) [,eɪdrɪ'ætɪk('siː)] n (mer [f]) Adriatique [f].

adrift [ə'drɪft] adv, adj (boat) à la dérive ◇ **to turn ~** abandonner à la dérive.

adroit [ə'drɔɪt] adj adroit.

adult ['ædʌlt] 1 n adulte [mf] ◇ (film etc) **"~s only"** "interdit aux moins de 18 ans" 2 adj (person, animal) adulte; (classes) pour adultes ◇ **~ education** enseignement [m] pour adultes.

adultery [ə'dʌltərɪ] n adultère [m].

advance [əd'vɑːns] 1 n (gen) avance [f] ◇ **~s in technology** des progrès [mpl] en technologie; **in ~** (prepare, book) à l'avance; (decide, announce) d'avance; **a week in ~** une semaine à l'avance 2 adj (payment) anticipé ◇ **~ guard** avant-garde [f] 3 vt avancer 4 vi avancer; (work, civilization, mankind) progresser ◇ **he ~d upon me** il a marché sur moi ◆ **advanced** adj (gen) avancé; (studies, class) supérieur; (technology) de pointe.

advantage [əd'vɑːntɪdʒ] n avantage [m] (*over* sur) ◇ **to take ~ of** (chance) profiter de; (person) exploiter; **it is to his ~ to do it** c'est son intérêt de le faire ◆ **advantageous** adj avantageux, [f] -euse (*to* pour).

Advent ['ædvənt] n l'Avent [m].

adventure [əd'ventʃəʳ] 1 n aventure (f) 2 adj (story) d'aventures ◇ ~ **playground** aire (f) de jeu ◆ **adventurous** adj aventureux, (f) -euse.

adverb ['ædvɜ:b] n adverbe (m).

adversary ['ædvəsərɪ] n adversaire (mf).

adverse ['ædvɜ:s] adj défavorable ◆ **adversity** n adversité (f).

advert ['ædvɜ:t] n abbr of *advertisement.*

advertise ['ædvətaɪz] 1 vt (goods) faire de la publicité pour ◇ **I've seen that ~d** j'ai vu une publicité pour ça; **to ~ sth for sale** mettre une annonce pour vendre qch 2 vi (commercially) faire de la publicité ◇ **to ~ for sth** faire paraître une annonce pour trouver qch ◆ **advertiser** n annonceur (m) (publicitaire) ◆ **advertising** n publicité (f) ◇ ~ **agency** agence (f) de publicité.

advertisement [əd'vɜ:tɪsmənt] n a (commerce) réclame (f), publicité (f); (TV) spot (m) publicitaire ◇ (TV) **the ~s** la publicité b (private: in paper etc) annonce (f) ◇ ~ **column** petites annonces.

advice [əd'vaɪs] n conseils (mpl) ◇ **a piece of ~** un conseil; **to ask sb's ~** demander conseil à qn; **to follow sb's ~** suivre les conseils de qn.

advisable [əd'vaɪzəbl] adj recommandé, conseillé.

advise [əd'vaɪz] vt a (give advice to) conseiller (*sb on sth* qn sur qch) ◇ **to ~ sb to do** conseiller à qn de faire; **to ~ sb against sth** déconseiller qch à qn; **you would be well ~d to do that** vous feriez bien de faire cela b (inform) aviser (*sb of sth* qn de qch) ◆ **adviser, advisor** n conseiller (m), (f) -ère ◆ **advisory** adj ◇ **in an ~ capacity** à titre consultatif.

advocate ['ædvəkɪt] 1 n (Scot law) avocat (m) (plaidant); (fig) partisan (m) (*of* de) 2 ['ædvəkeɪt] vt recommander.

aerated ['ɛəreɪtəd] adj ◇ ~ **water** eau (f) gazeuse.

aerial ['ɛərɪəl] 1 adj aérien, (f) -enne 2 n (Rad, TV) antenne (f).

aero... ['ɛərəʊ] prefix aéro... ◆ **aerobatics** npl acrobatie (f) aérienne ◆ **aerobics** nsg aérobic (m) ◆ **aerodrome** n aérodrome (m) ◆ **aerodynamic** adj aérodynamique ◆ **aerogramme** n aérogramme (m) ◆ **aeronautics** nsg aéronautique (f) ◆ **aeroplane** n avion (m) ◆ **aerosol** n bombe (f), aérosol (m) ◆ **aerospace industry** n industrie (f) aérospatiale.

aesthetic [i:s'θetɪk] adj esthétique ◆ **aesthetically** adv esthétiquement.

afar [ə'fɑ:ʳ] adv au loin ◇ **from ~** de loin.

affable ['æfəbl] adj affable.

affair [ə'fɛəʳ] n (gen) affaire (f); (love ~) liaison (f) (*with* avec) ◇ **state of ~s** situation (f).

affect [ə'fekt] vt (concern sb) concerner, toucher; (move sb) affecter; (change: situation, results) avoir un effet sur; (health) détériorer; (drug) agir sur ◆ **affectation** n affectation (f) ◆ **affected** adj affecté.

affection [ə'fekʃən] n affection (f) (*for* pour) ◆ **affectionate** adj affectueux, (f) -euse ◆ **affectionately** adv affectueusement.

affidavit [,æfɪ'deɪvɪt] n (Law) déclaration (f) par écrit sous serment.

affiliate [ə'fɪlɪeɪt] vt affilier (*to, with* à) ◇ ~**d company** filiale (f).

affinity [ə'fɪnɪtɪ] n affinité (f).

affirm [ə'fɜ:m] vt affirmer (*that* que) ◆ **affirmative** 1 adj affirmatif, (f) -ive 2 n ◇ **in the ~** (sentence) à l'affirmatif; (say, answer) affirmativement.

affix [ə'fɪks] vt (signature) apposer (*to* à); (stamp) coller (*to* à).

afflict [ə'flɪkt] vt affliger ◇ ~**ed with** affligé de.

affluence ['æfluəns] n richesse (f) ◆ **affluent** adj (person) riche; (society) d'abondance.

afford [ə'fɔ:d] vt a (gen) avoir les moyens (*to do* de faire); (object) s'offrir ◇ **she can't ~ a car** elle ne peut pas s'offrir une voiture, elle n'a pas les moyens d'acheter une voiture; **he can't ~ to make a mistake** il ne peut pas se permettre de faire une erreur; **I can't ~ the time to do it** je n'ai pas le temps de le faire b (provide: opportunity) fournir; (pleasure) procurer.

affront [ə'frʌnt] n affront (m).

Afghan ['æfgæn] 1 adj afghan 2 n Afghan(e) (m(f)).

Afghanistan [æf'gænɪstæn] n Afghanistan (m).

afield [ə'fi:ld] adv ◇ **far ~** très loin.

afloat [ə'fləʊt] adv ◇ **to stay ~** (ship) rester à flot; (person in water) surnager; (fig) rester à flot.

afoot [ə'fʊt] adv ◇ **there is sth ~** il se prépare qch.

afraid [ə'freɪd] adj ◇ **to be ~ of** avoir peur de; **don't be ~** n'ayez pas peur; **I am ~ of hurting him** j'ai peur de lui faire mal; **I am ~ he will** or **may** or **might hurt me** j'ai peur qu'il ne me fasse mal; **I am ~ to go** j'ai peur d'y aller; (regret to say) **I'm ~ I can't do it** je suis désolé, mais je ne pourrai pas le faire; **I'm ~ not** hélas non; **I'm ~ so** hélas oui.

afresh [ə'freʃ] adv ◇ **to start ~** recommencer.

Africa ['æfrɪkə] n Afrique (f) ◆ **African** 1 n Africain(e) (m(f)) 2 adj africain.

aft [ɑ:ft] adv à l'arrière.

after ['ɑ:ftəʳ] 1 prep après ◇ ~ **dinner** après le dîner; **the day ~ tomorrow** après-demain; **it was ~ 2 o'clock** il était plus de 2 heures; ~ **all** après tout; ~

seeing her après l'avoir vue; **to run ~ sb** courir après qn; **shut the door ~ you** fermez la porte derrière vous; **day ~ day** jour après jour; **for kilometre ~ kilometre** sur des kilomètres et des kilomètres; **they went out one ~ the other** ils sont sortis les uns après les autres; (looking for) **to be ~ sth** chercher qch; **the police are ~ him** il est recherché par la police **2** adv après ◇ **soon ~** bientôt après; **the week ~** la semaine suivante **3** conj après que ◇ **~ he had closed the door, she spoke** après qu'il a fermé la porte, elle a parlé; **~ he had closed the door, he spoke** après avoir fermé la porte, il a parlé **4** npl ◇ (dessert) **~s** [famil] dessert [m] ◆ **afterbirth** n placenta [m] ◆ **after-effects** npl (of event) suites [fpl]; (treatment) réaction [f]; (illness) séquelles [fpl] ◆ **afterlife** n vie [f] future ◆ **aftermath** n suites [fpl] ◆ **afternoon** see below ◆ **after-sales service** n service [m] après-vente ◆ **after-shave** n lotion [f] après-rasage ◆ **aftertaste** n arrière-goût [m] ◆ **afterthought** see below ◆ **afterwards** adv après, plus tard.

afternoon ['ɑ:ftə'nu:n] **1** n après-midi [m or f] ◇ **in the ~** l'après-midi; **at 3 o'clock in the ~** à 3 heures de l'après-midi; **on Sunday ~** or **on Sunday ~s** le dimanche après-midi; **on the ~ of May 2nd** l'après-midi du 2 mai; **good ~!** (on meeting sb) bonjour!; (on leaving sb) au revoir! **2** adj (train, meeting) de l'après-midi ◇ **~ tea** le thé de cinq heures.

afterthought ['ɑ:ftəθɔ:t] n pensée [f] après coup ◇ **I had ~s about it** j'ai eu après coup des doutes à ce sujet; **added as an ~** ajouté après coup.

again [ə'gen] adv de nouveau, encore une fois ◇ **~ and ~** plusieurs fois; **she is home ~** elle est rentrée chez elle; **what's his name ~?** comment s'appelle-t-il déjà?; **to begin ~** recommencer; **I won't do it ~** je ne le ferai plus; **never ~** plus jamais; (ironically) **not ~!** encore!; **as much ~** deux fois autant; **then ~, and ~** d'un autre côté.

against [ə'genst] prep **a** (opposition etc) contre ◇ **I'm ~ helping him at all** je ne suis pas d'avis qu'on l'aide (subj); **I've got nothing ~ him** je n'ai rien contre lui; **to be ~ sth** s'opposer à qch; **now we're up ~ it!** nous voici au pied du mur! **b** (concrete object) contre ◇ **to lean ~ a wall** s'appuyer contre un mur **c** ◇ (in contrast to) **~ the sky** sur le ciel; **~ the light** à contre-jour; **as ~** en comparaison de.

age [eɪdʒ] **1** n **a** âge [m] ◇ **what's her ~?** or **what ~ is she?** quel âge a-t-elle?; **he is 10 years of ~** il a 10 ans; **you don't look your ~** vous ne faites pas votre âge; **they are the same ~** ils ont le même âge; **to be under ~** être mineur; **~ of consent** *âge à partir duquel les rapports sexuels entre parties consentantes sont licites*; **~ bracket, ~ group** tranche [f] d'âge; **~ limit** limite [f] d'âge **b** ◇ **for ~s** très longtemps; **I haven't seen him for ~s** cela fait très longtemps que je ne l'ai vu **2** vti vieillir ◆ **aged** adj **a** [eɪdʒd] âgé de ◇ **a boy ~ 10** un garçon âgé de 10 ans **b** ['eɪdʒɪd] (old) âgé ◇ **the ~** les personnes [fpl] âgées ◆ **ageless** adj toujours jeune.

agency ['eɪdʒənsɪ] n **a** agence [f] ◇ **tourist ~** agence de tourisme **b** ◇ **through the ~ of** par l'intermédiaire [m] de.

agenda [ə'dʒendə] n ◇ **on the ~** à l'ordre [m] du jour.

agent ['eɪdʒənt] n (gen) agent [m] (*of, for* de) ◇ (dealer) **the Citroën ~** le concessionnaire Citroën.

aggravate ['ægrəveɪt] vt aggraver; (annoy) exaspérer ◆ **aggravation** n (annoyance) exaspération [f], agacement [m].

aggregate ['ægrɪgɪt] n ensemble [m].

aggression [ə'greʃən] n agression [f] ◆ **aggressive** adj agressif, [f] -ive ◆ **aggressor** n agresseur [m].

aggrieved [ə'gri:vd] adj chagriné (*at, by* par).

aggro ['ægrəʊ] [famil] n (physical violence) grabuge [famil] [m]; (non physical) agressivité [f].

aghast [ə'gɑ:st] adj atterré (*at* de).

agile ['ædʒaɪl] adj agile ◆ **agility** n agilité [f].

agitate ['ædʒɪteɪt] **1** vt agiter **2** vi (make a fuss) mener une campagne (*for* en faveur de; *against* contre) ◆ **agitation** n agitation [f] ◆ **agitator** n agitateur [m], [f] -trice.

agnostic [æg'nɒstɪk] n agnostique [mf].

ago [ə'gəʊ] adv ◇ **a week ~** il y a huit jours; **how long ~?** il y a combien de temps?; **a little while ~** il n'y a pas longtemps.

agog [ə'gɒg] adj ◇ **to be all ~** être en émoi.

agonize ['ægənaɪz] vi se tourmenter (*over* à propos de) ◆ **agonizing** adj (situation) angoissant; (cry) déchirant.

agony ['ægənɪ] n (mental pain) angoisse [f]; (physical pain) douleur [f] atroce ◇ **death ~** agonie [f]; **to be in ~** souffrir le martyre; **~ aunt** *journaliste qui tient la rubrique du courrier du cœur*; **~ column** courrier [m] du cœur.

agree [ə'gri:] **1** vt **a** (one person: consent) consentir (*to do* à faire), accepter (*to do* de faire) **b** (admit) reconnaître (*that* que) **c** (people: come to agreement) se mettre d'accord (*to do* pour faire); (be of same opinion) être d'accord (*that* que) ◇ **everyone ~s that...** tout le monde s'accorde à reconnaître que...; **it was ~d that...** il était convenu que....

2 vi a (one or more persons: be in agreement) être d'accord (*with* avec); ◇ **she ~s with me that...** elle trouve comme moi que...; **I can't ~ with you** je ne suis absolument pas d'accord avec vous b (come to terms) se mettre d'accord (*with sb* avec qn; *about sth* sur qch; *to do* pour faire) c (get on well) bien s'entendre d (consent) consentir (*to sth* à qch; *to doing* à faire) ◇ **he ~d to help us** il a consenti à nous aider; **to ~ to a proposal** accepter une proposition e (ideas, stories) concorder (*with* avec) f (in grammar) s'accorder (*with* avec) g (in health) réussir à ◇ **onions don't ~ with him** les oignons ne lui réussissent pas ◆ **agreeable** adj agréable ◆ **agreed** adj a ◇ **to be ~** être d'accord (*about* au sujet de; *on* sur) b (time etc) convenu ◆ **agreement** n accord [m] ◇ **to be in ~ on** être d'accord sur.

agricultural [ˌæɡrɪˈkʌltʃərəl] adj (gen) agricole; (engineer) agronome ◇ **~ college** école [f] d'agriculture.

agriculture [ˈæɡrɪkʌltʃəʳ] n agriculture [f].

aground [əˈɡraʊnd] adv ◇ **to run ~** s'échouer.

ahead [əˈhed] adv a (in space) en avant ◇ **I'll go on ~** moi, je vais en avant; **to get ~** prendre de l'avance b (in time: book etc) à l'avance ◇ **~ of time** (decide, announce) d'avance; (arrive, be ready) en avance; **2 hours ~ of** en avance de 2 heures sur; (fig) **~ of one's time** en avance sur son époque; **to think ~** penser à l'avenir.

aid [eɪd] 1 n a (help) aide [f] ◇ **with the ~ of** (person) avec l'aide de; (thing) à l'aide de; **in ~ of the blind** au profit des aveugles; **what is it all in ~ of?** [famil] c'est dans quel but? b (helper) assistant(e) [m(f)]; (apparatus) moyen [m] 2 vt (person) aider (*to do* à faire).

aide [eɪd] n aide [mf].

AIDS, **aids** [eɪdz] n abbr of *acquired immune deficiency syndrome* SIDA [m].

ailment [ˈeɪlmənt] n ennui [m] de santé.

aim [eɪm] 1 n a ◇ (shooting etc) **to take ~ at sb or sth** viser qn or qch b (purpose) but [m] ◇ **with the ~ of doing** dans le but de faire; **her ~ is to do** elle a pour but de faire 2 vti viser (*at sth* qch); (gun) braquer (*at* sur); (stone, blow, remark) lancer (*at* contre) ◇ **to ~ at doing** or **to ~ to do** avoir l'intention de faire ◆ **aimless** adj sans but ◆ **aimlessly** adv (wander) sans but; (chat) pour passer le temps.

air [ɛəʳ] 1 n a air [m] ◇ **to go out for some fresh ~** sortir prendre l'air; **by ~** par avion; **to throw sth into the ~** jeter qch en l'air; (sth odd) **there's sth in the ~** il se prépare qch; **it's still all in the ~** c'est encore très vague; **I can't live on ~** je ne peux pas vivre de l'air du temps b ◇ (Rad, TV) **to be on the ~** (speaker, programme) passer à l'antenne; (station) émettre c (manner) air [m] ◇ **with an ~ of bewilderment** d'un air perplexe; **to put on ~s** se donner de grands airs; **~s and graces** minauderies [fpl] d (Mus) air [m] 2 vt (room, bed) aérer; (opinions) faire connaître 3 adj (bubble) d'air; (hole) d'aération; (pressure, current) atmosphérique; (Mil: base, raid) aérien, [f] -enne ◇ **~ bed** matelas [m] pneumatique; **~ force** armée [f] de l'air; **~ freshener** désodorisant [m]; **~ letter** lettre [f] par avion; **~ pocket** trou [m] d'air; **~ terminal** aérogare [f]; **~ traffic controller** contrôleur [m], [f] -euse de la navigation aérienne ◆ **airborne** adj (troops) aéroporté ◇ **the plane was ~** l'avion avait décollé ◆ **air-conditioned** adj climatisé ◆ **air-conditioner** n climatiseur [m] ◆ **air-conditioning** n climatisation [f] ◆ **air-cooled** adj à refroidissement par air ◆ **aircraft** n (pl inv) avion [m] ◆ **aircraft-carrier** n porte-avions [m inv] ◆ **aircrew** n équipage [m] *(d'un avion)* ◆ **airfield** n terrain [m] d'aviation ◆ **airgun** n fusil [m] à air comprimé ◆ **air-hostess** n hôtesse [f] de l'air ◆ **airing cupboard** n placard-séchoir [m] ◆ **airlift** vt évacuer (or amener etc) par pont aérien ◆ **airline** n compagnie [f] d'aviation ◆ **airliner** n avion [m] (de ligne) ◆ **airmail** n ◇ **by ~** par avion ◆ **airman** n (Air Force) soldat [m] de l'armée de l'air ◆ **airplane** n avion [m] ◆ **airport** n aéroport [m] ◆ **airship** n dirigeable [m] ◆ **airsick** adj ◇ **to be ~** avoir le mal de l'air ◆ **airstrip** n piste [f] d'atterrissage ◆ **airtight** adj hermétique ◆ **airway** n compagnie [f] d'aviation ◆ **airy** adj (room) clair; (manner) désinvolte.

aisle [aɪl] n (in building) allée [f] centrale; (in train, coach) couloir [m] central.

ajar [əˈdʒɑːʳ] adj entrouvert.

akin [əˈkɪn] adj ◇ **~ to** qui tient de.

alabaster [ˈæləbɑːstəʳ] n albâtre [m].

alarm [əˈlɑːm] 1 n (gen) alarme [f] ◇ **~ call** réveil [m] par téléphone; **~ clock** réveil [m]; **~ bell** sonnerie [f] d'alarme; **to raise the ~** donner l'alarme 2 vt (person) alarmer; (animal) effaroucher ◇ **to become ~ed** prendre peur.

alas [əˈlæs] excl hélas!

Albania [ælˈbeɪnɪə] n Albanie [f] ◆ **Albanian** 1 adj albanais 2 n Albanais(e) [m(f)].

albatross [ˈælbətrɒs] n albatros [m].

albino [ælˈbiːnəʊ] n albinos [mf].

album [ˈælbəm] n album [m] ◇ **stamp ~** album de timbres.

albumin [ˈælbjʊmɪn] n albumine [f].

alchemy [ˈælkɪmɪ] n alchimie [f] ◆ **alchemist** n alchimiste [m].

alcohol [ˈælkəhɒl] n alcool [m] ◆ **alcoholic** 1 adj (drink) alcoolisé 2 n alcoolique [mf] ◆ **alcoholism** n alcoolisme [m].

ale [eɪl] n bière [f], ale [f].

alert [ə'lɜ:t] 1 n alerte (f) ◇ **on the ~** sur le qui-vive 2 adj (watchful) vigilant; (bright) alerte, vif, (f) vive; (child) éveillé 3 vt alerter (*to* sur).

algebra ['ældʒıbrə] n algèbre (f).

Algeria [æl'dʒıərıə] n Algérie (f) ◆ **Algerian** 1 adj algérien, (f) -ienne 2 n Algérien(ne) (m(f)) ◆ **Algiers** n Alger.

alias ['eılıæs] 1 adv alias 2 n faux nom (m).

alibi ['ælıbaı] n alibi (m).

alien ['eılıən] n, adj (foreign) étranger (m), (f) -ère; (non human) extra-terrestre (mf) ◆ **alienate** vt aliéner.

1. **alight** [ə'laıt] vi (person) descendre (*from* de); (bird) se poser (*on* sur).

2. **alight** [ə'laıt] adj, adv (fire) allumé; (building) en feu ◇ **to set sth ~** mettre le feu à qch.

align [ə'laın] vt aligner (*with* sur) ◇ **non-~ed** non-aligné ◆ **alignment** n alignement (m).

alike [ə'laık] 1 adj semblable ◇ **to be ~** se ressembler 2 adv (dress, treat) de la même façon ◇ **winter and summer ~** été comme hiver.

alimony ['ælımənı] n (Law) pension (f) alimentaire.

alive [ə'laıv] adj vivant ◇ **to bury sb ~** enterrer qn vivant; **to burn ~** brûler vif, (f) vive; **no man ~** personne au monde; **to keep sb ~** maintenir qn en vie; **to stay ~** survivre; **look ~!** [famil] dépêchez-vous!; **~ with insects** grouillant d'insectes.

all [ɔ:l] 1 adj tout ◇ **~ my life** toute ma vie; **~ the others** tous (or toutes) les autres; **~ three** tous les trois; **~ three men** les trois hommes; **~ day** toute la journée; **~ that** tout cela.

2 pron a tout (m) ◇ **~ is well** tout va bien; **that is ~** c'est tout; **he drank ~ of it** il a tout bu; **~ of Paris** Paris tout entier; **that is ~ he said** c'est tout ce qu'il a dit b (plural) tous (mpl), toutes (fpl) ◇ **we ~ sat down** nous nous sommes tous assis (or toutes assises); **~ of the boys came** tous les garçons sont venus; **~ who knew him** tous ceux qui l'ont connu; (score) **two ~** (Tennis) deux partout; (other sports) deux à deux c ◇ (in phrases) **if she comes at ~** si elle vient; **if at ~ possible** dans la mesure du possible; **not at ~** pas du tout; (replying to thanks) il n'y a pas de quoi; **it was ~ I could do not to laugh** c'est tout juste si j'ai pu m'empêcher de rire; **it's not as bad as ~ that** ce n'est pas si mal que ça; **that's ~ very well but...** tout cela est bien beau mais...; **he ~ but lost it** il a bien failli le perdre; **for ~ his wealth he...** malgré sa fortune il...; **once and for ~** une fois pour toutes; **most of ~** surtout.

3 adv a tout ◇ **dressed ~ in white** habillé tout en blanc; **~ too quickly** bien trop vite; **he did it ~ the same** il l'a tout de même fait; **it's ~ the same to me** cela m'est tout à fait égal; **~ over** (everywhere) partout; (finished) fini; **to be ~ for sth** [famil] être tout à fait en faveur de qch; (alert) **to be ~ there** [famil] avoir toute sa tête; **it's ~ up with him** [famil] il est fichu [famil]; **~ the better!** tant mieux! b ◇ **~ right** très bien; (in approval, exasperation) ça va! [famil]; **it's ~ right** ça va; **he's ~ right** (doubtfully) il n'est pas mal [famil]; (approvingly) il est très bien; (healthy) il va bien; (safe) il est sain et sauf ◆ **all-important** adj de la plus haute importance ◆ **all-in** adj (price) net; (cost) tout compris; (tariff) inclusif, (f) -ive ◆ **all-out** adj (effort) maximum; (strike, war) total ◆ **all-powerful** adj tout-puissant ◆ **all-purpose** adj (knife etc) universel, (f) -elle ◆ **all-round** adj (improvement) général ◆ **all-rounder** n ◇ **to be a good ~** être bon en tout ◆ **allspice** n poivre (m) de la Jamaïque ◆ **all-time** adj (record) sans précédent ◇ **an ~ low** un record de médiocrité.

Allah ['ælə] n Allah (m).

allay [ə'leı] vt apaiser.

allege [ə'ledʒ] vt alléguer (*that* que) ◇ **he is ~d to have said...** il aurait dit... ◆ **allegedly** adv à ce que l'on prétend.

allegory ['ælıgərı] n allégorie (f).

allergy ['ælədʒı] n allergie (f) (*to* à) ◆ **allergic** adj allergique.

alleviate [ə'li:vıeıt] vt soulager.

alley ['ælı] n (between buildings: also *~way*) ruelle (f); (in garden) allée (f).

alliance [ə'laıəns] n alliance (f).

alligator ['ælıgeıtə^r] n alligator (m).

allocate ['æləʊkeıt] vt (to somebody) allouer (*to sb* à qn); (to a purpose) affecter (*to sth* à qch) ◆ **allocation** n allocation (f).

allot [ə'lɒt] vt assigner (*sth to sb* qch à qn) ◆ **allotment** n parcelle (f) de terre *(louée pour la culture)*.

allow [ə'laʊ] vti permettre (*sb sth* qch à qn; *sb to do* à qn de faire) ◇ **she is not ~ed to do it** elle n'est pas autorisée à le faire, on ne lui permet pas de le faire; **to ~ sb in** etc permettre à qn d'entrer etc; **to ~ sth to happen** laisser se produire qch; **dogs not ~ed** interdit aux chiens; **to ~ sb a discount** consentir une remise à qn; **~ an hour to cross the city** comptez une heure pour traverser la ville; **to ~ for sth** tenir compte de qch; **~ing for the fact that** compte tenu du fait que.

allowance [ə'laʊəns] n a (from parent etc) pension (f); (from government etc) indemnité (f), allocation (f); (of food etc) ration (f) b (discount) réduction (f) (*on* or *for sth* pour qch) ◇ **tax ~s** sommes [fpl] déductibles **c** ◇ **to make ~s for sb** se montrer indulgent envers qn; **to make ~s for sth** tenir compte de qch.

alloy ['ælɔɪ] n alliage [m].

allude [ə'lu:d] vi faire allusion (*to* à).

alluring [ə'ljʊərɪŋ] adj séduisant.

allusion [ə'lu:ʒən] n allusion [f].

ally [ə'laɪ] **1** vt ◇ **to ~ o.s. with** s'allier avec **2** ['ælaɪ] n allié(e) [m(f)].

almighty [ɔ:l'maɪtɪ] **1** adj tout-puissant ◇ **an ~ din** [famil] un vacarme du diable **2** n ◇ (God) **the A~** le Tout-Puissant.

almond ['ɑ:mənd] n amande [f]; (**~ tree**) amandier [m].

almost ['ɔ:lməʊst] adv (gen) presque ◇ **he ~ fell** il a failli tomber.

alms [ɑ:mz] n aumône [f].

alone [ə'ləʊn] adj, adv seul ◇ **all ~** tout(e) seul(e); **he ~ could tell** lui seul pourrait le dire; **we are not ~ in thinking that...** nous ne sommes pas les seuls à penser que...; **to let** or **leave ~** (person) laisser tranquille; (object) ne pas toucher à; **he can't read, let ~ write** il ne sait pas lire, encore moins écrire.

along [ə'lɒŋ] **1** adv ◇ **she'll be ~ tomorrow** elle viendra demain; **come ~ with me** venez avec moi; **bring your friend ~** amène ton camarade; **~ here** par ici; **all ~** (over the whole length) d'un bout à l'autre; (since the beginning) depuis le début **2** prep le long de ◇ **to walk ~ the beach** se promener le long de la plage; **the trees ~ the road** les arbres qui sont au bord de la route ✦ **alongside** **1** prep (along) le long de; (beside) à côté de **2** adv ◇ (ship) **to come ~** accoster.

aloof [ə'lu:f] adj distant (*towards* à l'égard de).

aloud [ə'laʊd] adv (read) à haute voix; (think, wonder) tout haut.

alphabet ['ælfəbet] n alphabet [m] ✦ **alphabetic(al)** adj alphabétique ✦ **alphabetically** adv par ordre alphabétique.

alpine ['ælpaɪn] adj ◇ **~ hut** chalet-refuge [m] ✦ **alpinism** n alpinisme [m].

Alps [ælps] npl Alpes [fpl].

already [ɔ:l'redɪ] adv déjà.

alright [ˌɔ:l'raɪt] = **all right** → **all** 3b.

Alsatian [æl'seɪʃən] n (dog) chien [m] loup, berger [m] allemand.

also ['ɔ:lsəʊ] adv **a** (too) aussi, également **b** (what's more) de plus ◇ **~ I must explain** de plus je dois expliquer.

altar ['ɒltəʳ] n autel [m].

alter ['ɒltəʳ] **1** vt **a** (change) changer; (plans, speech etc) modifier; (garment) retoucher ◇ **to ~ one's attitude** changer d'attitude (*to* envers) **b** (falsify: date, evidence) falsifier **2** vi changer ✦ **alteration** n **a** (act of altering) changement [m]; modification [f]; retouchage [m] ◇ **timetable subject to ~** horaire [m] sujet à des modifications **b** (to plan, rules etc) modification [f] (*to, in* apporté à); (to painting, garment) retouche [f] ◇ **they're having ~s made to their house** ils font des travaux dans leur maison.

alternate [ɒl'tɜ:nɪt] **1** adj (every second) tous les deux ◇ **on ~ days** or **every ~ day** tous les deux jours, un jour sur deux **2** ['ɒltɜ:neɪt] vi (occur etc in turns) alterner (*with* avec); (change over regularly) se relayer ✦ **alternately** adv alternativement.

alternative [ɒl'tɜ:nətɪv] **1** adj (gen) autre (before n); (medicine) parallèle, alternatif, [f] -ive ◇ (road) **~ route** itinéraire [m] de délestage **2** n ◇ **there are several ~s** il y a plusieurs solutions [fpl]; **what are the ~s?** quelles sont les autres solutions?; **faced with this ~** devant ce choix; **she had no ~ but to accept** elle n'avait pas d'autre solution que d'accepter; **there is no ~** il n'y a pas le choix ✦ **alternatively** adv comme alternative.

although [ɔ:l'ðəʊ] conj bien que + subj, quoique + subj ◇ **~ it's raining** bien qu'il pleuve, malgré la pluie; **~ he's rich, she won't marry him** il est riche et pourtant elle ne veut pas l'épouser.

altitude ['æltɪtju:d] n altitude [f].

alto ['æltəʊ] n (female) contralto [m]; (instrument) alto [m].

altogether [ˌɔ:ltə'geðəʳ] adv **a** (entirely) tout à fait, complètement **b** (considering everything) tout compte fait **c** (with everything included) en tout ◇ **taken ~** à tout prendre.

aluminium [ˌæljʊ'mɪnɪəm] n aluminium [m].

always ['ɔ:lweɪz] adv toujours ◇ **as ~** comme toujours; **for ~** pour toujours.

a.m. [eɪ'em] adv abbr of *ante meridiem* du matin ◇ **3 a.m.** 3 heures du matin.

amalgamate [ə'mælgəmeɪt] vti (companies) fusionner.

amass [ə'mæs] vt amasser.

amateur ['æmətəʳ] **1** n amateur [m] **2** adj (painter, player, sport) amateur [inv]; (photography, work etc) d'amateur ◇ **~ dramatics** théâtre [m] amateur ✦ **amateurish** adj d'amateur.

amaze [ə'meɪz] vt stupéfier ✦ **amazed** adj stupéfait, ébahi (*at sth* de qch; *at seeing* de voir) ✦ **amazement** n stupéfaction [f] ✦ **amazing** adj (event, sight) stupéfiant; (bargain, offer) sensationnel, [f] -elle ✦ **amazingly** adv étonnamment.

Amazon ['æməzən] n Amazone [f] ✦ **Amazonia** n Amazonie [f].

ambassador [æm'bæsədəʳ] n ambassadeur [m] ◇ **French ~** ambassadeur de France.

amber ['æmbəʳ] 1 n ambre [m] 2 adj (colour) couleur d'ambre [inv]; (traffic light) orange [inv].

ambiguous [æm'bɪgjʊəs] adj ambigu, [f] -uë ◆ **ambiguity** n ambiguïté [f].

ambition [æm'bɪʃən] n ambition [f] ◇ **it is my ~ to do** mon ambition est de faire ◆ **ambitious** adj ambitieux, [f] -ieuse.

ambivalent [æm'bɪvələnt] adj ambivalent.

amble ['æmbl] vi aller sans se presser.

ambulance ['æmbjʊləns] n ambulance [f] ◇ **~ driver** ambulancier [m], [f] -ière.

ambush ['æmbʊʃ] 1 n embuscade [f] 2 vt tendre une embuscade à.

amelioration [ə,mi:lɪə'reɪʃən] n amélioration [f].

amenable [ə'mi:nəbl] adj conciliant ◇ **~ to reason** raisonnable.

amend [ə'mend] vt (law, document) amender; (text, wording) modifier ◆ **amendment** n amendement [m] ◆ **amends** npl ◇ **to make ~** réparer ses torts; **to make ~ to sb for sth** dédommager qn de qch.

amenities [ə'mi:nɪtɪz] npl (town) aménagements [mpl].

America [ə'merɪkə] n Amérique [f] ◆ **American** 1 adj américain ◇ **~ Indian** [n] Indien(ne) [m(f)] d'Amérique; [adj] des Indiens d'Amérique 2 n (person) Américain(e) [m(f)]; (language) américain [m] ◆ **americanism** n américanisme [m].

amethyst ['æmɪθɪst] n améthyste [f].

amiable ['eɪmɪəbl] adj aimable.

amicable ['æmɪkəbl] adj amical ◆ **amicably** adv amicalement.

amid(st) [ə'mɪd(st)] prep au milieu de.

amiss [ə'mɪs] 1 adv ◇ **to take sth ~** s'offenser de qch; **it wouldn't come ~** cela ne ferait pas de mal 2 adj ◇ **there's sth ~** il y a qch qui ne va pas; **to say sth ~** dire qch mal à propos.

ammonia [ə'məʊnɪə] n (gas) ammoniac [m]; (liquid) ammoniaque [f].

ammunition [,æmjʊ'nɪʃən] n munitions [fpl].

amnesia [æm'ni:zɪə] n amnésie [f].

amnesty ['æmnɪstɪ] n amnistie [f].

amniocentesis [,æmnɪəʊsən'ti:sis] n amniocentèse [f].

amok [ə'mɒk] adv = **amuck.**

among(st) [ə'mʌŋ(st)] prep entre, parmi ◇ **this is ~ the things we must do** ceci fait partie des choses que nous devons faire; **~ other things** entre autres choses; **to count sb ~ one's friends** compter qn parmi ses amis; **~ friends** entre amis.

amount [ə'maʊnt] 1 n a (sum of money) somme [f]; (of bill, debt) montant [m] ◇ **there is a small ~ still to pay** il reste une petite somme à payer b (quantity) quantité [f] ◇ (lots) **any ~ of** énormément de 2 vi ◇ **to ~ to** (costs etc) s'élever à; (fig) **it ~s to stealing** cela revient à du vol; **this ~s to very little** cela ne représente pas grand-chose.

amp [æmp] n ampère [m] ◇ **a 13-~ plug** une fiche de 13 ampères.

amphibian [æm'fɪbɪən] 1 adj amphibie 2 n (animal) amphibie [m] ◆ **amphibious** adj amphibie.

amphitheatre ['æmfɪ,θɪətəʳ] n amphithéâtre [m].

ample ['æmpl] adj (enough: money etc) bien assez de, largement assez de ◇ **this is ~** c'est bien suffisant.

amplifier ['æmplɪfaɪəʳ] n amplificateur [m] ◆ **amplify** vt (sound) amplifier; (statement) développer.

amply ['æmplɪ] adv amplement.

amputate ['æmpjʊteɪt] vt amputer ◇ **to ~ sb's leg** amputer qn de la jambe ◆ **amputation** n amputation [f].

amuck [ə'mʌk] adv ◇ **to run ~** (crowd) se déchaîner.

amuse [ə'mju:z] vt amuser ◇ **it ~d us** cela nous a fait rire; **to be ~d at** or **by** s'amuser de; **he was not ~d** il n'a pas trouvé ça drôle; **to ~ o.s. by doing** s'amuser à faire ◆ **amusement** n amusement [m] ◇ **look of ~** regard [m] amusé; **a town with plenty of ~s** une ville qui offre beaucoup de distractions [fpl]; **~ arcade** galerie [f] de jeux; **~ park** parc [m] d'attractions ◆ **amusing** adj amusant, drôle.

an [æn, ən, n] indefinite article: → 2.a.

anachronism [ə'nækrənɪzəm] n anachronisme [m].

anaemia [ə'ni:mɪə] n anémie [f] ◆ **anaemic** adj anémique.

anaesthetic [,ænɪs'θetɪk] n anesthésique [m] ◇ **under the ~** sous anesthésie ◆ **anaesthetize** [æ'ni:sθɪtaɪz] vt anesthésier.

anagram ['ænəgræm] n anagramme [f].

analgesic [,ænæl'dʒi:sɪk] n analgésique [m].

analogy [ə'nælədʒɪ] n analogie [f].

analyse ['ænəlaɪz] vt analyser ◆ **analysis** n, pl **analyses** analyse [f]; (Psych) psychanalyse [f] ◆ **analyst** n psychanalyste [mf] ◆ **analytical** adj analytique.

anarchist ['ænəkɪst] n anarchiste [mf] ◆ **anarchy** n anarchie [f].

anatomy [ə'nætəmɪ] n anatomie [f].

ancestor ['ænsɪstəʳ] n ancêtre [m] ◆ **ancestral home** n château [m] ancestral ◆ **ancestry** n ascendance [f].

anchor ['æŋkəʳ] 1 n ancre [f] ◇ **to be at ~** être à l'ancre 2 vi jeter l'ancre ◆ **anchorage** n ancrage [m].

anchovy ['æntʃəvɪ] n anchois [m].

ancient ['eɪnʃənt] adj (gen) ancien, [f] -enne (after noun); (very old: person, thing) très vieux, [f] vieille; (world) antique; (monument) historique ◇ **in ~ days** dans les temps anciens.

and [ænd, ənd, nd, ən] conj et ◇ **his table ~ chair** sa table et sa chaise; **on Saturday ~/ or Sunday** (Admin) samedi et/ou dimanche; **an hour ~ twenty minutes** une heure vingt; **five ~ three quarters** cinq trois quarts; **try ~ come** tâchez de venir; **he talked ~ talked** il a parlé pendant des heures; **~ so on, ~ so forth** et ainsi de suite; **uglier ~ uglier** de plus en plus laid; **eggs ~ bacon** œufs [mpl] au bacon.

Andorra [,æn'dɔːrə] n (la république d')Andorre [f].

anecdote ['ænɪkdəʊt] n anecdote [f].

anemia = **anaemia.**

anemone [ə'nemənɪ] n anémone [f].

anesthetic etc = **anaesthetic** etc.

anew [ə'njuː] adv ◇ **to begin ~** recommencer.

angel ['eɪndʒəl] n ange [m] ♦ **angelic** adj angélique.

anger ['æŋgəʳ] **1** n colère [f] ◇ **in ~** sous le coup de la colère **2** vt mettre en colère.

angina [æn'dʒaɪnə] n (heart) angine [f] de poitrine.

angle ['æŋgl] n angle [m] ◇ **at an ~ of** formant un angle de; **at an ~** en biais (*to* par rapport à); **to study sth from every ~** étudier qch sous tous les angles.

angler ['æŋgləʳ] n pêcheur [m], [f] -euse à la ligne ♦ **angling** n pêche [f] à la ligne.

Anglican ['æŋglɪkən] adj, n anglican(e) [m(f)].

Anglo- ['æŋgləʊ] prefix anglo- ◇ **~-Saxon** anglo-saxon, [f] -onne.

Angola [æŋ'gəʊlə] n Angola [m] ♦ **Angolan** **1** adj angolais **2** n Angolais(e) [m(f)].

angrily ['æŋgrɪlɪ] adv (leave) en colère; (talk) avec colère.

angry ['æŋgrɪ] adj (person) en colère (*with sb* contre qn; *at* à cause de; *about* à propos de); (look, reply) irrité, plein de colère ◇ **to get ~** se fâcher, se mettre en colère; **to make sb ~** mettre qn en colère; **he was ~ at being dismissed** il était furieux qu'on l'ait renvoyé.

anguish ['æŋgwɪʃ] n angoisse [f].

animal ['ænɪməl] **1** n animal [m], [pl] -aux **2** adj (gen) animal ◇ **~ kingdom** règne [m] animal; **~ lover** personne [f] qui aime les animaux; **~ rights** les droits [mpl] des animaux.

animate ['ænɪmɪt] **1** adj animé **2** ['ænɪmeɪt] vt animer ◇ **to get ~d** s'animer ♦ **animation** n animation [f].

animosity [,ænɪ'mɒsɪtɪ] n animosité [f] (*towards* contre).

aniseed ['ænɪsiːd] **1** n graine [f] d'anis **2** adj à l'anis.

ankle ['æŋkl] n cheville [f] ◇ **~ sock** socquette [f]; **~ strap** bride [f].

annex(e) ['æneks] n annexe [f].

annihilate [ə'naɪəleɪt] vt anéantir.

anniversary [,ænɪ'vɜːsərɪ] n anniversaire [m] *(d'une date)* ◇ **~ dinner** dîner [m] commémoratif; **wedding ~** anniversaire [m] de mariage.

annotate ['ænəʊteɪt] vt annoter.

announce [ə'naʊns] vt (gen) annoncer ◇ **it is ~d from London** on apprend de Londres ♦ **announcement** n (gen) annonce [f]; (birth, marriage, death) avis [m]; (privately inserted or circulated) faire-part [m inv] ♦ **announcer** n (Rad, TV) présentateur [m], [f] -trice.

annoy [ə'nɔɪ] vt agacer, ennuyer ♦ **annoyance** n **a** (feeling) contrariété [f] **b** (something annoying) ennui [m] ♦ **annoyed** adj en colère ◇ **to get ~ with** se mettre en colère contre; **to be ~ about** or **over sth** être contrarié par qch; **to be ~ with sb about sth** être mécontent de qn à propos de qch; **I am very ~ that he hasn't come** je suis très contrarié qu'il ne soit pas venu ♦ **annoying** adj agaçant; (stronger) ennuyeux, [f] -euse.

annual ['ænjʊəl] **1** adj annuel, [f] -elle **2** n (plant) plante [f] annuelle; (children's book) album [m] ♦ **annually** adv annuellement.

annuity [ə'njuːɪtɪ] n (income) rente [f]; (for life) rente viagère.

annul [ə'nʌl] vt (gen) annuler; (law) abroger ♦ **annulment** n annulation [f].

Annunciation [ə,nʌnsɪ'eɪʃən] n Annonciation [f].

anoint [ə'nɔɪnt] vt oindre (*with* de).

anomaly [ə'nɒməlɪ] n anomalie [f].

anon [ə'nɒn] adj = **anonymous.**

anonymity [æna'nɪmɪtɪ] n anonymat [m].

anonymous [ə'nɒnɪməs] adj anonyme.

anorak ['ænəræk] n anorak [m].

anorexia [ænə'reksɪə] n anorexie [f] ◇ **~ nervosa** anorexie mentale ♦ **anorexic** adj, n anorexique [mf].

another [ə'nʌðəʳ] **1** adj **a** (one more) un, [f] une... de plus, encore un(e) ◇ **~ book** un livre de plus, encore un livre; **~ 10** 10 de plus; **and ~ thing,...** et de plus...; **in ~ 20 years** dans 20 ans d'ici **b** (different) un(e) autre ◇ **give me ~ knife, this one is no good** donne-moi un autre couteau, celui-ci ne vaut rien **2** pron ◇ **one ~** = **each other** → **each.**

answer ['ɑːnsəʳ] **1** n **a** (reply) réponse [f] (*to* à) ◇ **there's no ~** (gen) on ne répond pas; (phone) ça ne répond pas; **in ~ to your letter** en réponse à votre lettre **b** (solution to problem, sum etc) solution [f] (*to* de) ◇

there is no easy ~ c'est un problème difficile à résoudre **2** vt répondre à ◇ ~ **him** répondez-lui; **to** ~ **the bell, to** ~ **the door** aller ouvrir; **to** ~ **the phone** répondre (au téléphone) **3** vi répondre ◇ **to** ~ **back** répondre avec impertinence; **to** ~ **for sth** répondre de qch; **he has a lot to** ~ **for** il a bien des comptes à rendre; **to** ~ **to a description** répondre à une description ◆ **answerable** adj ◇ (responsible) **I am** ~ **to no one** je n'ai de comptes à rendre à personne ◆ **answering machine** n répondeur [m].

ant [ænt] n fourmi [f].

antagonism [æn'tægənɪzəm] n antagonisme [m] (*between* entre), opposition [f] (*to* à) ◆ **antagonistic** adj opposé (*to sth* à qch) ◆ **antagonize** vt contrarier.

Antarctic [ænt'ɑ:ktɪk] **1** adj antarctique ◇ ~ **Circle/Ocean** cercle [m]/océan [m] Antarctique **2** n ◇ **the** ~ Antarctique [m], régions [fpl] antarctiques ◆ **Antarctica** n Antarctique [m].

antecedent [,æntɪ'si:dənt] n antécédent [m].

antechamber ['æntɪ,tʃeɪmbə'] n antichambre [f].

antelope ['æntɪləʊp] n antilope [f].

antenatal ['æntɪ'neɪtl] adj ◇ ~ **clinic** service [m] de consultation prénatale.

antenna [æn'tenə] n, pl **-æ** antenne [f].

anteroom ['æntɪrʊm] n antichambre [f].

anthem ['ænθəm] n motet [m].

anthology [æn'θɒlədʒɪ] n anthologie [f].

anthracite ['ænθrəsaɪt] n anthracite [m].

anthropology [,ænθrə'pɒlədʒɪ] n anthropologie [f].

anti... ['æntɪ] prefix anti..., contre... ◆ **anti-aircraft** adj antiaérien ◆ **antibiotic** n antibiotique [m] ◆ **antibody** n anticorps [m] ◆ **anticlimax** n ◇ **it was an** ~ c'était décevant; **what an** ~! quelle déception! ◆ **anticlockwise** adv dans le sens inverse des aiguilles d'une montre ◆ **anticyclone** n anticyclone [m] ◆ **antidepressant** n antidépresseur [m] ◆ **antidote** n antidote [m] (*for, to* contre) ◆ **antifreeze** n antigel [m] ◆ **anti-histamine** n antihistaminique [m] ◆ **antiperspirant** n antiperspirant [m] ◆ **antipodes** [æn'tɪpədi:z] npl antipodes [mpl] ◆ **anti-semitic** adj antisémite ◆ **anti-semitism** n antisémitisme [m] ◆ **antiseptic** adj, n antiseptique [m] ◆ **antisocial** adj (thing) antisocial; (person) sauvage ◆ **antitheft device** n (on car) antivol [m] ◆ **antithesis** n, pl **-eses** antithèse [f].

antics ['æntɪks] npl cabrioles [fpl] ◇ (fig) **all his** ~ tout le cinéma [famil] qu'il a fait.

anticipate [æn'tɪsɪpeɪt] vt (expect) prévoir; (do before: wishes etc) aller au-devant de ◇ **I** ~ **that he will come** je pense qu'il viendra; **as** ~**d** comme prévu ◆ **anticipation** n ◇ **in** ~ **of** en prévision de; (in letter) **thanking you in** ~ avec mes remerciements anticipés.

antipathy [æn'tɪpəθɪ] n antipathie [f].

antiquarian [,æntɪ'kwɛərɪən] adj ◇ ~ **bookseller** libraire [mf] spécialisé(e) dans le livre ancien.

antiquated ['æntɪkweɪtɪd] adj (gen) vieillot, [f] -otte; (person) vieux jeu [inv].

antique [æn'ti:k] **1** adj (very old) ancien, [f] -enne (after noun); (premedieval) antique **2** n (ornament etc) objet [m] d'art (ancien); (furniture) meuble [m] ancien ◇ ~ **dealer** antiquaire [mf]; ~ **shop** magasin [m] d'antiquités.

antler ['æntlə'] n ◇ ~**s** bois [mpl] *(d'un cerf)*.

anus ['eɪnəs] n anus [m].

anvil ['ænvɪl] n enclume [f].

anxiety [æŋ'zaɪətɪ] n (feeling) anxiété [f]; (sth causing anxiety) sujet [m] d'inquiétude ◇ **in his** ~ **to leave** dans son souci de partir au plus vite; ~ **to do well** grand désir [m] de réussir.

anxious ['æŋkʃəs] adj **a** (troubled) anxieux, [f] -ieuse, très inquiet, [f] -ète ◇ **she is** ~ **about it** cela l'inquiète beaucoup; **an** ~ **moment** un moment angoissant **b** (eager) impatient (*for* de; *to do* de faire) ◇ **he is** ~ **to see you** il tient beaucoup à vous voir; **I am** ~ **that...** je tiens beaucoup à ce que + subj ◆ **anxiously** adv (worriedly) anxieusement; (eagerly) avec impatience.

any ['enɪ] **1** adj **a** ◇ (with 'not' etc) **I haven't** ~ **money** je n'ai pas d'argent; **I haven't** ~ **books** je n'ai pas de livres; **without** ~ **difficulty** sans la moindre difficulté **b** (in questions, with 'if' etc) du, de la, des ◇ **have you** ~ **butter?** est-ce que vous avez du beurre?; **can you see** ~ **birds?** est-ce que vous voyez des oiseaux?; **are there** ~ **others?** est-ce qu'il y en a d'autres?; **if you see** ~ **children** si vous voyez des enfants **c** (no matter which) n'importe quel, [f] quelle ◇ **take** ~ **dress** prenez n'importe quelle robe; ~ **person who** toute personne qui **2** pron ◇ **I haven't** ~ je n'en ai pas; **have you got** ~? en avez-vous?; **if** ~ **of you can sing** si quelqu'un parmi vous sait chanter; ~ **of those books** n'importe lequel de ces livres **3** adv ◇ **I can't hear him** ~ **more** je ne l'entends plus; **not** ~ **further** pas plus loin; **not** ~ **longer** pas plus longtemps; **are you feeling** ~ **better?** vous sentez-vous un peu mieux?; **do you want** ~ **more soup?** voulez-vous encore de la soupe?

anybody ['enɪbɒdɪ] pron **a** ◇ (with 'not' etc) **I can't see** ~ je ne vois personne; **without** ~ **seeing him** sans que personne le voie **b** (in questions, with 'if' etc) quelqu'un ◇ **did**

~ **see you?** est-ce que quelqu'un t'a vu?, est-ce qu'on t'a vu? c ◇ (no matter who) ~ **could tell you** n'importe qui pourrait vous le dire; ~ **would have thought he had lost** on aurait pu croire qu'il avait perdu; ~ **who had heard him** quiconque l'a entendu; ~ **but Robert** n'importe qui d'autre que Robert; ~ **else** n'importe qui d'autre; (in question) **is there ~ else I can talk to?** est-ce qu'il y a quelqu'un d'autre à qui je puisse parler?

anyhow ['enɪhaʊ] adv a (any way whatever) n'importe comment ◇ **do it ~ you like** faites-le comme vous voulez b (in any case) en tout cas, quand même ◇ ~ **he did see her** en tout cas il l'a vue, il l'a quand même vue.

anyone ['enɪwʌn] pron = **anybody.**

anyplace [famil] ['enɪpleɪs] adv (US) = **anywhere.**

anything ['enɪθɪŋ] pron a ◇ (with 'not' etc) **we haven't seen ~** nous n'avons rien vu; **hardly ~** presque rien; (reply to question) ~ **but!** pas du tout! b ◇ (in questions, with 'if' etc) **did you see ~?** avez-vous vu quelque chose?; **if ~ happens** s'il arrive quelque chose; ~ **else?** c'est tout?; ~ **between 15 and 20 apples** quelque chose comme 15 ou 20 pommes; **if ~ it's an improvement** ce serait plutôt une amélioration c ◇ (no matter what) ~ **at all** n'importe quoi; ~ **you like** ce que vous voudrez; **I'll try ~ else** j'essaierai n'importe quoi d'autre; **he ran like ~** [famil] il a drôlement [famil] couru.

anyway ['enɪweɪ] adv = **anyhow** (b).

anywhere ['enɪwεəʳ] adv a n'importe où ◇ **put it down ~** pose-le n'importe où; **you can find that soap ~** ce savon se trouve partout; **go ~ you like** allez où vous voulez; ~ **else** partout ailleurs b (with 'not') nulle part ◇ **they didn't go ~** ils ne sont allés nulle part; **not ~ else** nulle part ailleurs; (fig) **it won't get you ~** cela ne vous mènera à rien c (in question) quelque part ◇ **have you seen it ~?** l'avez-vous vu quelque part?

apart [ə'pɑ:t] adv a ◇ (separated) **2 metres ~** à 2 mètres l'un(e) de l'autre; **2 days ~** à 2 jours d'intervalle; **to stand with one's feet ~** se tenir les jambes écartées b (on one side) à part ◇ ~ **from that** à part ça; ~ **from the fact that** outre que c ◇ (separately) **to tell ~** distinguer l'un(e) de l'autre; **to keep ~** séparer; **to come ~** se défaire; (furniture) se démonter; (two things) se détacher; **to take ~** démonter.

apartheid [ə'pɑ:teɪt] n apartheid [m].

apartment [ə'pɑ:tmənt] n (flat) appartement [m] ◇ ~ **house** immeuble [m] *(de résidence)*.

apathetic [,æpə'θetɪk] adj apathique ◆ **apathy** n apathie [f].

ape [eɪp] n grand singe [m].

aperitif [ə,perə'ti:f] n apéritif [m].

aperture ['æpətʃjʊəʳ] n ouverture [f] (also Phot).

apiece [ə'pi:s] adv chacun, [f] chacune.

aplomb [ə'plɒm] n sang-froid [m].

Apocalypse [ə'pɒkəlɪps] n Apocalypse [f].

apocryphal [ə'pɒkrɪfəl] adj apocryphe.

apologetic [ə,pɒlə'dʒetɪk] adj (smile etc) d'excuse ◇ **she was ~ about...** elle s'est excusée de... ◆ **apologetically** adv pour s'excuser.

apologize [ə'pɒlədʒaɪz] vi ◇ **to ~ to sb for sth** s'excuser de qch auprès de qn; **to ~ for having done** s'excuser d'avoir fait.

apology [ə'pɒlədʒɪ] n excuses [fpl] ◇ **to send one's apologies** envoyer une lettre d'excuse.

apostle [ə'pɒsl] n apôtre [m].

apostrophe [ə'pɒstrəfɪ] n apostrophe [f].

appal [ə'pɔ:l] vt épouvanter ◆ **appalling** adj (destruction) épouvantable; (ignorance) consternant.

apparatus [,æpə'reɪtəs] n (for heating etc) appareil [m]; (in laboratory) instruments [mpl]; (in gym) agrès [mpl]; (for filming, camping etc) équipement [m].

apparent [ə'pærənt] adj apparent, évident ◇ **the ~ cause** la cause apparente; **it was ~ that** il était évident que ◆ **apparently** adv apparemment.

apparition [,æpə'rɪʃən] n apparition [f].

appeal [ə'pi:l] 1 vi a ◇ **to ~ for sth** demander qch; (publicly) lancer un appel pour obtenir qch; **he ~ed for silence** il a demandé le silence b (Law) se pourvoir en appel ◇ **to ~ against** (judgment) appeler de; (decision) faire opposition à c ◇ (attract) **to ~ to** plaire à; **it doesn't ~ to me** cela ne me dit rien [famil] 2 n a (public call) appel [m]; (by individual: for help etc) appel [m] (*for* à), (for money) demande [f] (*for* de) ◇ **with a look of ~** d'un air suppliant b (Jur) appel [m] ◇ **A~ Court** cour [f] d'appel c (attraction) attrait [m] ◆ **appealing** adj (begging) suppliant; (attractive) attirant.

appear [ə'pɪəʳ] vi a (gen) apparaître; (book etc) paraître ◇ **to ~ on TV** passer à la télévision; **he ~ed from nowhere** il est apparu comme par miracle b (Law) comparaître (*before a judge* devant un juge) ◇ **to ~ on a charge of** être jugé pour c ◇ (seem) **it ~s that...** il paraît que...; **it ~s to me that...** il me semble que...; **so it ~s** à ce qu'il paraît; **how does it ~ to you?** qu'en pensez-vous?

appearance [ə'pɪərəns] n a apparition [f]; (arrival) arrivée [f]; (Law) comparution [f] ◇ **to put in an ~** faire acte de présence; (Theat) **in order of ~** par ordre d'entrée en scène

b (look) apparence [f]; (house etc) aspect [m] ◇ **you shoudn't go by ~s** il ne faut pas se fier aux apparences; **to keep up ~s** sauver les apparences.

appease [ə'pi:z] vt apaiser.

appendicitis [ə,pendɪ'saɪtɪs] n appendicite [f].

appendix [ə'pendɪks] n, pl **-ices** appendice [m] ◇ **to have one's ~ out** se faire opérer de l'appendicite.

appetite ['æpɪtaɪt] n appétit [m] ◇ **to have a good ~** avoir bon appétit ◆ **appetizing** adj appétissant.

applaud [ə'plɔ:d] vt (gen) applaudir; (decision) approuver ◆ **applause** n applaudissements [mpl].

apple ['æpl] n pomme [f]; (**~ tree**) pommier [m] ◇ **he's the ~ of my eye** je tiens à lui comme à la prunelle de mes yeux; (US) **the big A~** [famil] New York; **~ core** trognon [m] de pomme; **~ pie** tourte [f] aux pommes; **~ sauce** compote [f] de pommes; **~ tart** tarte [f] aux pommes; (individual) tartelette [f] aux pommes.

appliance [ə'plaɪəns] n appareil [m]; (smaller) dispositif [m].

applicable ['æplɪkəbl] adj applicable (*to* à).

applicant ['æplɪkənt] n (for job) candidat(e) [m(f)] (*for* à); (for benefits etc) demandeur [m], [f] -euse.

application [,æplɪ'keɪʃən] n demande [f] (*for* de) ◇ **on ~** sur demande; **~ form** formulaire [m] de demande; (for job) formulaire de demande d'emploi.

apply [ə'plaɪ] **1** vt (ointment etc) appliquer (*to* sur); (rule etc) appliquer (*to* à); (brakes) actionner ◇ **to ~ o.s. to sth** s'appliquer à qch; **applied science** sciences [fpl] appliquées **2** vi **a** s'adresser (*to sb for sth* à qn pour obtenir qch) ◇ **to ~ for a scholarship** faire une demande de bourse; **to ~ for a job** faire une demande d'emploi (*to sb* auprès de qn) **b** s'appliquer (*to* à) ◇ **this does not ~ to you** ceci ne s'applique pas à vous.

appoint [ə'pɔɪnt] vt nommer (*sb to a post* qn à un poste); (fix: date, place) fixer ◇ **at the ~ed time** à l'heure dite; **to ~ sb manager** nommer qn directeur; **to ~ a new secretary** engager une nouvelle secrétaire.

appointment [ə'pɔɪntmənt] n **a** (meeting) rendez-vous [m inv] ◇ **to make an ~ with sb** prendre rendez-vous avec qn; **to keep an ~** aller à un rendez-vous; **by ~** sur rendez-vous **b** (office, post) poste [m] ◇ (in newspaper etc) **'~s vacant'** 'offres [fpl] d'emploi'.

appraisal [ə'preɪzəl] n évaluation [f].

appreciable [ə'pri:ʃəbl] adj appréciable.

appreciate [ə'pri:ʃɪeɪt] vt **a** (be aware of: difficulty etc) se rendre compte de ◇ **yes, I ~ that** oui, je m'en rends bien compte **b** (value: help, music, person) apprécier; (sb's work, kindness) être reconnaissant de ◆ **appreciation** n reconnaissance [f] ◇ **in ~ of** en remerciement de ◆ **appreciative** adj (admiring) admiratif, [f] -ive; (grateful) reconnaissant.

apprehend [,æprɪ'hend] vt appréhender ◆ **apprehension** n (fear) appréhension [f] ◆ **apprehensive** adj plein d'appréhension ◆ **apprehensively** adv avec appréhension.

apprentice [ə'prentɪs] n apprenti(e) [m(f)] ◇ **~ plumber** or **plumber's ~** apprenti [m] plombier ◆ **apprenticeship** n apprentissage [m].

approach [ə'prəʊtʃ] **1** vi (of person, car) s'approcher; (of day, event) approcher **2** vt (place) s'approcher de; (topic) aborder ◇ **to ~ sb** (come towards) venir vers qn; (speak to) aborder qn; **to ~ sb about sth** s'adresser à qn à propos de qch; **it was ~ing midnight** il était presque minuit **3** n (gen) approche [f]; (of place) abord [m] ◇ **at the ~ of** à l'approche de; **his ~ was wrong** sa façon de le faire n'était pas bonne; **to make an ~ to sb** faire une proposition à qn; **~ road** (gen) route [f] d'accès; (motorway) voie [f] de raccordement ◆ **approachable** adj approchable ◆ **approaching** adj (date, car) qui approche; (oncoming car) venant en sens inverse.

approbation [,æprə'beɪʃən] n approbation [f].

appropriate [ə'prəʊprɪɪt] **1** adj (gen) opportun; (word) juste; (name) bien choisi; (department) compétent ◇ **~ for** or **to** approprié à; **it would not be ~ for me to do it** ce n'est pas à moi de le faire **2** [ə'prəʊprɪeɪt] vt s'approprier ◆ **appropriately** adv ◇ **~ chosen** bien choisi; **~ named** au nom bien choisi.

approval [ə'pru:vəl] n approbation [f] ◇ **on ~** à l'essai; **it has got her ~** elle l'approuve.

approve [ə'pru:v] vti (gen: also *to ~ of*) approuver; (request) agréer; (person) avoir bonne opinion de ◇ **she doesn't ~ of drinking** elle n'approuve pas qu'on boive ◆ **approving** adj approbateur, [f] -trice.

approximate [ə'prɒksɪmɪt] adj approximatif, [f] -tive ◇ **~ to** proche de ◆ **approximately** adv approximativement ◆ **approximation** n approximation [f].

apricot ['eɪprɪkɒt] n abricot [m]; (**~ tree**) abricotier [m].

April ['eɪprəl] n avril [m] ◇ **to make an ~ fool of sb** faire un poisson d'avril à qn; **~ Fools' Day** le premier avril → for phrases **September**.

apron ['eɪprən] n tablier [m].

apropos [,æprə'pəʊ] adj, adv à propos (*of* de).
apt [æpt] adj **a** (person) porté (*to do* à faire); (thing) susceptible (*to do* de faire) ◇ **one is ~ to believe...** on a tendance à croire... **b** (comment) juste ◆ **aptitude** n aptitude [f] (*for* à) ◆ **aptly** adv (answer) avec justesse ◇ **~-named** bien nommé.
aqualung ['ækwəlʌŋ] n scaphandre [m] autonome.
aquarium [ə'kwɛərɪəm] n aquarium [m].
Aquarius [ə'kwɛərɪəs] n (Astrol) le Verseau ◇ **I'm ~** je suis (du) Verseau.
aquatic [ə'kwætɪk] adj (gen) aquatique; (sport) nautique.
aqueduct ['ækwɪdʌkt] n aqueduc [m].
Arab ['ærəb] **1** n Arabe [mf] **2** adj arabe ◆ **Arabia** n Arabie [f] ◆ **Arabian** adj ◇ **~ Gulf** golfe [m] Arabique; **the ~ Nights** les Mille et Une Nuits ◆ **Arabic** **1** n arabe [m] **2** adj arabe.
arable ['ærəbl] adj arable.
arbitrary ['ɑːbɪtrərɪ] adj arbitraire.
arbitrate ['ɑːbɪtreɪt] vti arbitrer ◆ **arbitration** n arbitrage [m] ◇ **to go to ~** recourir à l'arbitrage ◆ **arbitrator** n arbitre [m] *(dans un conflit)*.
arc [ɑːk] n arc [m].
arcade [ɑː'keɪd] n arcade [f]; (shops) galerie [f] marchande.
1. **arch** [ɑːtʃ] n (church etc) voûte [f]; (bridge etc) arche [f]; (foot) voûte [f] plantaire ◆ **arched** adj (back) cambré ◆ **archway** n voûte [f] (d'entrée).
2. **arch** [ɑːtʃ] adj ◇ **an ~ hypocrite** un grand hypocrite; **the ~ hypocrite** le principal hypocrite.
archaeology [,ɑːkɪ'ɒlədʒɪ], (US) **archeology** n archéologie [f] ◆ **archaeologist** n archéologue [mf].
archaic [ɑː'keɪɪk] adj archaïque.
archangel ['ɑːk,eɪndʒəl] n archange [m].
archbishop ['ɑːtʃ'bɪʃəp] n archevêque [m].
archery ['ɑːtʃərɪ] n tir [m] à l'arc.
archipelago [,ɑːkɪ'pelɪgəʊ] n archipel [m].
architect ['ɑːkɪtekt] n architecte [m] ◆ **architecture** n architecture [f].
archives ['ɑːkaɪvz] npl archives [fpl].
Arctic ['ɑːktɪk] **1** adj arctique ◇ (fig) **a~** glacial; **~ Circle/Ocean** cercle/océan [m] Arctique **2** n ◇ **the ~** l'Arctique [m], les régions [fpl] arctiques.
ardent ['ɑːdənt] adj (gen) ardent; (admirer) fervent.
arduous ['ɑːdjʊəs] adj ardu ◆ **arduously** adv laborieusement.
area ['ɛərɪə] n **a** (surface measure) superficie [f] **b** (region) région [f]; (army etc) territoire [m]; (smaller) secteur [m]; (fig: of knowledge, enquiry) domaine [m] ◇ (fig) **in this ~** à ce propos; **dining ~** coin [m] salle-à-manger; **~ code** (Brit Post) code [m] postal; (US Telec) indicatif [m] de zone; **~ manager** directeur [m] régional; **~ office** agence [f] régionale.
arena [ə'riːnə] n arène [f].
Argentina [,ɑːdʒən'tiːnə] n (also *the Argentine*) Argentine [f] ◆ **Argentinian** **1** adj argentin **2** n Argentin(e) [m(f)].
arguable ['ɑːgjuəbl] adj ◇ **it is ~ that...** on peut soutenir que... ◆ **arguably** adv ◇ **it is ~...** on peut soutenir que c'est....
argue ['ɑːgjuː] vti **a** (dispute) se disputer (*with sb* avec qn; *about sth* au sujet de qch) ◇ **don't ~!** pas de discussion! **b** (debate: case) discuter; (maintain) affirmer (*that* que) ◇ **he ~d against going** il a donné les raisons qu'il avait de ne pas vouloir y aller; **to ~ the toss** [famil] discuter le coup; **it ~s a certain lack of feeling** cela indique une certaine insensibilité.
argument ['ɑːgjʊmənt] n **a** (debate) discussion [f] ◇ **one side of the ~** une seule version de l'affaire; **for ~'s sake** à titre d'exemple **b** (dispute) dispute [f] ◇ **to have an ~** se disputer (*with sb* avec qn) **c** (reason) argument [m] ◆ **argumentative** adj raisonneur, [f] -euse.
arid ['ærɪd] adj aride.
Aries ['ɛəriːz] n (Astrol) le Bélier ◇ **I'm ~** je suis (du) Bélier.
arise [ə'raɪz] pret *arose*, ptp *arisen* [ə'rɪzn] vi (difficulty) surgir; (question, occasion) se présenter; (cry) s'élever ◇ **should the need ~** en cas de besoin; **it ~s from...** cela résulte de....
aristocracy [,ærɪs'tɒkrəsɪ] n aristocratie [f].
aristocrat ['ærɪstəkræt] n aristocrate [mf].
aristocratic [,ærɪstə'krætɪk] adj aristocratique.
arithmetic [ə'rɪθmətɪk] n arithmétique [f].
ark [ɑːk] n arche [f] ◇ **Noah's ~** l'arche de Noé.
1. **arm** [ɑːm] n (gen) bras [m]; (sleeve) manche [f] ◇ **in one's ~s** dans ses bras; **he had a coat over his ~** il avait un manteau sur le bras; **to put one's ~ round sb** passer son bras autour des épaules de qn; **~ in ~** bras dessus bras dessous; **within ~'s reach** à portée de la main; **at ~'s length** à bout de bras, (fig) à distance; **to coast an ~ and a leg** [famil] coûter les yeux de la tête [famil]; **the long ~ of the law** le bras de la loi ◆ **armband** n brassard [m] ◆ **armchair** n fauteuil [m] ◆ **armful** n brassée [f] ◆ **armpit** n aisselle [f] ◆ **armrest** n accoudoir [m].
2. **arm** [ɑːm] **1** n **a** ◇ (weapons) **~s** armes [fpl]; **under ~s** sous les armes; **~s control** contrôle [m] des armements; **~s manufacturer** fabricant [m] d'armes; **~s race** course [f] aux armements; **to be up in ~s against** être en rébellion ouverte

contre; **she was up in ~s about it** cela la mettait hors d'elle-même **b** ◇ **coat of ~s** armes [fpl] **2** vt (person, nation) armer; (missile) munir d'une tête d'ogive **3** vi s'armer (*against* contre) ◆ **armaments** npl armements [mpl] ◆ **armed** adj armé (*with* de) ◇ ~ **to the teeth** armé jusqu'aux dents; **the ~ forces** les forces [fpl] armées; ~ **robbery** vol [m] à main armée.

armistice ['ɑ:mɪstɪs] n armistice [m] ◇ (Brit) **A~ Day** le onze novembre.

armour, (US) **armor** ['ɑ:məʳ] n (knight) armure [f] ◆ **armoured car** n voiture [f] blindée ◆ **armour-plated** adj blindé.

army ['ɑ:mɪ] n armée [f] (de terre) ◇ **in the ~** dans l'armée; **to join the ~** s'engager; ~ **uniform** uniforme [m] militaire; ~ **officer** officier [m] (de l'armée de terre).

aroma [ə'rəʊmə] n arôme [m] ◆ **aromatic** adj aromatique.

arose [ə'rəʊz] pret of *arise*.

around [ə'raʊnd] **1** adv autour ◇ **all ~** tout autour; **for miles ~** sur un rayon de plusieurs kilomètres; **he is somewhere ~** il est dans les parages; **he's been ~** [famil] (travelled) il a roulé sa bosse [famil]; (experienced) il n'est pas né d'hier; **it's been ~** [famil] **for 20 years** ça existe depuis 20 ans **2** prep **a** (round) autour de; (about) dans ◇ ~ **the fire** autour du feu; ~ **the corner** après le coin; **to go ~ an obstacle** contourner un obstacle; **somewhere ~ the house** quelque part dans la maison **b** (approximately) environ, vers ◇ ~ **2 kilos** environ or à peu près 2 kilos; ~ **10 o'clock** vers 10 heures.

arouse [ə'raʊz] vt (waken) réveiller; (stir to action) pousser à agir; (curiosity, suspicion etc) éveiller.

arrange [ə'reɪndʒ] **1** vt **a** (order: room, hair, flowers) arranger; (books, objects) ranger; (music) arranger (*for* pour) **b** (fix: meeting, programme) organiser; (date) fixer ◇ **it was ~d that** il a été convenu que **2** vi s'arranger (*to do* pour faire; *for sb to do* pour que qn fasse; *with sb about sth* avec qn au sujet de qch) ◇ **to ~ for luggage to be sent up** faire monter des bagages.

arrangement [ə'reɪndʒmənt] n arrangement [m] ◇ **by ~ with...** avec l'autorisation [f] de...; **to make ~s to do** s'arranger pour faire; **to make ~s for sth** prendre des dispositions [fpl] pour qch.

array [ə'reɪ] n ensemble [m] impressionnant.

arrears [ə'rɪəz] npl arriéré [m] ◇ **to be 3 months in ~ with the rent** devoir 3 mois de loyer.

arrest [ə'rest] **1** vt arrêter **2** n arrestation [f] ◇ **under ~** en état d'arrestation; **to put sb under ~** arrêter qn; **to make an ~** procéder à une arrestation.

arrival [ə'raɪvəl] n (gen) arrivée [f]; (consignment) arrivage [m] ◇ **on ~** à l'arrivée; (person) **the first ~** le premier arrivé; **a new ~** un(e) arrivant(e).

arrive [ə'raɪv] vi arriver (*at* à) ◇ **to ~ on the scene** arriver; **to ~ at a decision** parvenir à une décision; **to ~ at a price** (one person) fixer un prix; (2 people) se mettre d'accord sur un prix.

arrogance ['ærəgəns] n arrogance [f] ◆ **arrogant** adj arrogant.

arrow ['ærəʊ] n flèche [f].

arsenic ['ɑ:snɪk] n arsenic [m].

arson ['ɑ:sn] n incendie [m] criminel.

art [ɑ:t] n **a** art [m] ◇ **to study ~** faire des études d'art, (at university) faire les beaux-arts [mpl]; **~s and crafts** artisanat [m] (d'art); ~ **collection** collection [f] de tableaux; ~ **exhibition** exposition [f]; ~ **gallery** (museum) musée [m] d'art; (shop) galerie [f] (d'art); ~ **school**, ~ **college** École [f] des Beaux-Arts; ~ **student** étudiant(e) [m(f)] aux Beaux-Arts **b** ◇ **Faculty of A~s** faculté [f] des Lettres; **A~s degree** licence [f] ès lettres; **A~s student** étudiant(e) en Lettres.

artefact ['ɑ:tɪfækt] n objet [m] fabriqué.

artery ['ɑ:tərɪ] n artère [f].

artful ['ɑ:tfʊl] adj rusé.

arthritis [ɑ:'θraɪtɪs] n arthrite [f].

artichoke ['ɑ:tɪtʃəʊk] n (globe ~) artichaut [m]; (Jerusalem ~) topinambour [m].

article ['ɑ:tɪkl] n article [m] ◇ **~s of clothing** vêtements [mpl]; **~s of value** objets [mpl] de valeur.

articulate [ɑ:'tɪkjʊlɪt] **1** adj (person) qui s'exprime bien **2** [ɑ:'tɪkjʊleɪt] vti articuler ◇ **~d lorry** semi-remorque [m] ◆ **articulately** adv avec facilité.

artifact ['ɑ:tɪfækt] n = **artefact.**

artifice ['ɑ:tɪfɪs] n artifice [m].

artificial [,ɑ:tɪ'fɪʃəl] adj artificiel, [f] -ielle ◇ ~ **insemination** insémination [f] artificielle; ~ **intelligence** intelligence [f] artificielle; ~ **teeth** fausses dents [fpl].

artillery [ɑ:'tɪlərɪ] n artillerie [f].

artisan ['ɑ:tɪzæn] n artisan [m].

artist ['ɑ:tɪst] n artiste [mf] ◆ **artiste** n artiste [mf] *(de théâtre* etc) ◆ **artistic** adj (gen) artistique; (temperament) artiste ◇ **he's very ~** il a un sens artistique très développé.

artless ['ɑ:tlɪs] adj naturel, [f] -elle.

arty-crafty [famil] ['ɑ:tɪ'krɑ:ftɪ] adj (object) exagérément artisanal; (person) bohème.

as [æz, əz] **1** conj **a** (when, while) comme, alors que, tandis que, pendant que ◇ **he got deafer ~ he got older** il devenait plus sourd à mesure qu'il vieillissait **b** (since, because) comme, puisque **c** ◇ (in comparisons) **as tall ~** aussi grand que; **not**

so or **not as tall** ~ pas aussi or pas si grand que; **as much** ~ autant que; **twice as rich** ~ deux fois plus riche que **d** ◇ (concessive) **big** ~ **the box is...** si grande que soit la boîte...; **try** ~ **he would, he couldn't do it** il a eu beau essayer, il n'y est pas arrivé **e** (manner) comme ◇ **do** ~ **you like** faites comme vous voudrez; **M** ~ **in Marcel** M comme Marcel; ~ **usual** comme d'habitude; ~ **often happens** comme il arrive souvent; ~ **it were** pour ainsi dire; ~ **it is, I can't come** les choses étant ce qu'elles sont, je ne peux pas venir; **leave it** ~ **it is** laisse ça tel quel **f** ◇ **the same day** ~ le même jour que; ~ **if,** ~ **though** comme (si); ~ **if he'd been drinking** comme s'il avait bu; **he rose** ~ **if to go out** il s'est levé comme pour sortir; ~ **for,** ~ **to,** ~ **regards** quant à; ~ **of yesterday** depuis hier; ~ **of today** à partir d'aujourd'hui **g** ◇ **so** ~ **to** + infin pour, de façon à, afin de + infin **2** adv aussi, si ◇ ~ **tall as** aussi grand que; **not** ~ **tall as** pas si or pas aussi grand que **3** prep **a** (in the capacity of) comme, en tant que ◇ **Olivier** ~ **Hamlet** Olivier dans le rôle de Hamlet **b** ◇ **to treat sb** ~ **a child** traiter qn comme un enfant or en enfant.

a.s.a.p. [ˌeɪeseɪ'piː] abbr of *as soon as possible* dès que possible.

asbestos [æz'bestəs] n amiante (f) ◇ ~ **mat** plaque (f) d'amiante.

ascend [ə'send] **1** vi monter **2** vt (ladder) monter à; (mountain) faire l'ascension de; (staircase) monter; (throne) monter sur ♦ **ascension** n ascension (f) ♦ **ascent** n ascension (f).

ascertain [ˌæsə'teɪn] vt (gen) établir (*that* que); (truth, what happened) établir.

1. **ash** [æʃ] n (~ **tree**) frêne (m).

2. **ash** [æʃ] n cendre (f) ◇ **A**~ **Wednesday** le mercredi des Cendres ♦ **ashcan** n boîte (f) à ordures ♦ **ashtray** n cendrier (m).

ashamed [ə'ʃeɪmd] adj honteux, (f) -euse ◇ **to be** or **feel** ~ avoir honte (*of* de); **to be** ~ **of o.s.** avoir honte; **I am** ~ **to say** à ma honte je dois dire.

ashore [ə'ʃɔːʳ] adv à terre ◇ **to go** ~ descendre à terre; **to put sb** ~ débarquer qn.

Asia ['eɪʃə] n Asie (f) ♦ **Asian** **1** adj asiatique **2** n Asiatique (mf).

aside [ə'saɪd] **1** adv de côté ◇ **to put sth** ~ mettre qch de côté; **to take sb** ~ prendre qn à part; ~ **from** à part **2** n (in conversation etc) aparté (m).

ask [ɑːsk] vti **a** (inquire) demander (*sb sth* qch à qn) ◇ **to** ~ **about sth** se renseigner sur qch; **to** ~ **sb about sth, to** ~ **sb a question about sth** poser une question à qn au sujet de qch; ~ **him if he has seen her** demande-lui s'il l'a vue; **don't** ~ **me!** [famil] je ne sais pas, moi!; **to** ~ **after sb** demander des nouvelles de qn **b** (request) demander (*sb to do* à qn de faire; *that sth be done* que qch soit fait; *sb for sth* qch à qn) ◇ **he** ~**ed to go** il a demandé s'il pouvait y aller; **that's** ~**ing a lot!** c'est beaucoup en demander!; **to** ~ **for sth** demander qch; **he** ~**ed for the manager** il a demandé à voir le directeur; **they are** ~**ing for trouble** [famil] ils cherchent les embêtements [famil] **c** (invite) inviter (*sb to sth* qn à qch; *sb to do* qn à faire) ◇ **to** ~ **sb in** etc inviter qn à entrer etc.

askance [ə'skɑːns] adv ◇ **to look** ~ **at** (suspiciously/disapprovingly) regarder d'un air soupçonneux/d'un œil désapprobateur.

askew [ə'skjuː] adv de travers.

asleep [ə'sliːp] adj endormi ◇ **to be** ~ dormir, être endormi; **to be fast** or **sound** ~ dormir à poings fermés; **to fall** ~ s'endormir.

asparagus [ə'spærəgəs] n (plant) asperge (f); (food) asperges.

aspect ['æspekt] n aspect (m) ◇ **to study every** ~ **of sth** étudier qch sous tous ses aspects.

aspersion [əs'pɜːʃən] n ◇ **to cast** ~**s on** dénigrer.

asphalt ['æsfælt] n asphalte (m).

asphyxiate [æs'fɪksɪeɪt] **1** vt asphyxier **2** vi s'asphyxier.

aspiration [ˌæspə'reɪʃən] n aspiration (f).

aspire [əs'paɪəʳ] vi aspirer (*to* à; *to do* à faire).

aspirin ['æsprɪn] n aspirine (f).

ass [æs] n âne (m); (fool) imbécile (mf) ◇ **don't be an** ~! ne fais pas l'imbécile!

assail [ə'seɪl] vt assaillir (*with* de) ♦ **assailant** n agresseur (m).

assassin [ə'sæsɪn] n assassin (m) (*politique* etc) ♦ **assassinate** vt assassiner ♦ **assassination** n assassinat (m).

assault [ə'sɔːlt] **1** n (on person) agression (f); (in battle) assaut (m) (*on* de) ◇ **the** ~ **on the man** l'agression dont l'homme a été victime **2** vt agresser; (sexually) violenter.

assemble [ə'sembl] **1** vt (things) assembler; (people) rassembler; (machine) monter **2** vi se rassembler ♦ **assembly** n **a** (meeting) assemblée (f); (in school) réunion (f) de tous les élèves de l'établissement **b** ◇ ~ **line** chaîne (f) de montage.

assent [ə'sent] n assentiment (m).

assert [ə'sɜːt] vt soutenir (*that* que) ♦ **assertion** n affirmation (f) ♦ **assertive** adj assuré.

assess [ə'ses] vt (gen) estimer; (payment etc) déterminer le montant de; (situation, time, amount) évaluer; (candidate) juger la valeur de ◆ **assessment** n estimation [f]; évaluation [f]; jugement [m] (*of* sur) ◇ (of sb's work) **continuous ~** contrôle [m] continu ◆ **assessor** n expert [m] (*en impôts* etc).

asset ['æset] n ◇ **~s** (in commerce) actif [m]; (gen: possessions) biens [mpl]; **~s and liabilities** actif et passif [m]; (fig) **his greatest ~** son meilleur atout.

assiduous [ə'sɪdjʊəs] adj assidu.

assign [ə'saɪn] vt (gen) assigner (*to* à); (property, right) céder (*to sb* à qn) ◆ **assignation** n (appointment) rendez-vous [m inv] ◆ **assignment** n (task) mission [f]; (in school) devoir [m].

assimilate [ə'sɪmɪleɪt] vt assimiler (*to* à).

assist [ə'sɪst] vti aider (*to do, in doing* à faire) ◆ **assistance** n aide [f] ◇ **his ~ in doing...** l'aide qu'il nous a apportée en faisant...; **to come to sb's ~** venir à l'aide de qn; **can I be of ~?** puis-je vous aider? ◆ **assistant** 1 n assistant(e) [m(f)]; (in shop) vendeur [m], [f] -euse 2 adj adjoint.

associate [ə'səʊʃɪɪt] 1 adj associé 2 n associé(e) [m(f)] 3 [ə'səʊʃɪeɪt] vt associer (*with* avec) ◇ (in undertaking etc) **to be ~ed with sth** être associé à qch 4 vi ◇ **to ~ with sb** fréquenter qn.

association [ə,səʊsɪ'eɪʃən] n association [f] ◇ **~ football** football [m] association.

assorted [ə'sɔ:tɪd] adj (gen) assorti; (sizes etc) différent ◆ **assortment** n (objects) assortiment [m] ◇ **an ~ of people** des gens [mpl] très divers.

assume [ə'sju:m] vt a (suppose) supposer, présumer ◇ **let us ~ that** supposons que + subj b (take: gen) prendre; (responsibility, role) assumer; (attitude) adopter ◇ **to ~ control of** prendre en main la direction de; **under an ~d name** sous un nom d'emprunt ◆ **assumption** n (supposition) supposition [f] ◇ **on the ~ that** en supposant que + subj; **to go on the ~ that** présumer que; **A~ Day** fête [f] de l'Assomption [f].

assure [ə'ʃʊəʳ] vt assurer (*sb of sth* qn de qch) ◆ **assurance** n assurance [f] ◆ **assuredly** adv assurément.

asterisk ['æstərɪsk] n astérisque [m].

asthma ['æsmə] n asthme [m] ◆ **asthmatic** adj asthmatique.

astonish [ə'stɒnɪʃ] vt étonner, stupéfier ◆ **astonished** adj étonné, stupéfait ◇ **I am ~ that** cela m'étonne que + subj ◆ **astonishing** adj étonnant ◆ **astonishingly** adv incroyablement ◆ **astonishment** n étonnement [m].

astound [ə'staʊnd] vt stupéfier ◆ **astounding** adj stupéfiant.

astray [ə'streɪ] adv ◇ **to go ~** s'égarer; **to lead sb ~** détourner qn du droit chemin.

astride [ə'straɪd] 1 adv à califourchon 2 prep à califourchon sur.

astringent [əs'trɪndʒənt] n astringent [m].

astrology [əs'trɒlədʒɪ] n astrologie [f] ◆ **astrologer** n astrologue [m].

astronaut ['æstrənɔ:t] n astronaute [mf].

astronomy [əs'trɒnəmɪ] n astronomie [f] ◆ **astronomer** n astronome [m] ◆ **astronomical** adj astronomique.

astute [əs'tju:t] adj astucieux, [f] -ieuse ◆ **astutely** adv astucieusement.

asylum [ə'saɪləm] n asile [m].

at [æt] prep a (place, time) à ◇ **~ the table** à la table; **~ my brother's** chez mon frère; **~ the baker's** chez le boulanger; **~ home** à la maison; **~ 10 o'clock** à 10 heures; **~ a time like this** à un moment pareil b ◇ (phrases) **to play ~ football** jouer au football; **while we are ~ it** [famil] pendant que nous y sommes; **they are ~ it all day** [famil] ils font ça toute la journée; **~ 80 km/h** à 80 km/h; **he drove ~ 80 km/h** il faisait du 80 (à l'heure); **3 ~ a time** 3 par 3; **he sells them ~ 2 francs a kilo** il les vend 2 F le kilo; **let's leave it ~ that** restons-en là! c ◇ (cause) **surprised ~** étonné de; **annoyed ~** contrarié par; **angry ~** en colère contre.

ate [et, (US) eɪt] pret of *eat*.

atheism ['eɪθɪɪzəm] n athéisme [m] ◆ **atheist** n athée [mf].

Athens ['æθɪnz] n Athènes.

athlete ['æθli:t] n (in competitions) athlète [mf] ◇ (gen) **he's a fine ~** il est très sportif; (disease) **~'s foot** mycose [f] ◆ **athletic** [æθ'letɪk] adj athlétique ◆ **athletics** nsg (Brit) athlétisme [m]; (US) sport [m].

Atlantic [ət'læntɪk] 1 adj (winds, currents) de l'Atlantique ◇ **the ~ Ocean** l'océan [m] Atlantique 2 n ◇ **the ~** l'Atlantique [m].

atlas ['ætləs] n atlas [m].

atmosphere ['ætməsfɪəʳ] n atmosphère [f].

atmospheric [,ætməs'ferɪk] adj atmosphérique.

atom ['ætəm] n atome [m] ◇ (fig) **not an ~ of truth** pas un grain de vérité; **~ bomb** bombe [f] atomique ◆ **atomic** adj atomique ◆ **atomizer** n atomiseur [m].

atone [ə'təʊn] vi ◇ **to ~ for** (sin) expier; (mistake) réparer ◆ **atonement** n expiation [f]; réparation [f].

atrocious [ə'trəʊʃəs] adj atroce.

atrocity [ə'trɒsɪtɪ] n atrocité [f].

atrophy ['ætrəfɪ] vi s'atrophier.

attach [ə'tætʃ] vt (gen) attacher (*to* à); (document) joindre (*to* à) ◇ **the ~ed letter** la lettre ci-jointe; **to ~ o.s. to a group** se joindre à un groupe; (fond of) **~ed to**

attaché à ◆ **attaché** [ə'tæʃeɪ] n attaché(e) [m(f)] ◇ ~ **case** attaché-case [m] ◆ **attachment** n (for tool etc: accessory) accessoire [m]; (affection) attachement [m] (*to* à).

attack [ə'tæk] 1 n a attaque [f] (*on* contre) ◇ ~ **on sb's life** attentat [m] contre qn; **to be under** ~ (of army etc) être attaqué (*from* par); (fig) être en butte aux attaques (*from* de) b (disease: gen) crise [f] ◇ ~ **of fever** accès [m] de fièvre; **an** ~ **of migraine** une migraine 2 vt (person) attaquer; (task) s'attaquer à ◆ **attacker** n agresseur [m].

attain [ə'teɪn] vti (aim, rank, age) atteindre; (also ~ **to:** knowledge) acquérir; (happiness, power) parvenir à ◆ **attainable** adj accessible (*by* à) ◆ **attainment** n réussite [f].

attempt [ə'tempt] 1 vt (gen) essayer (*to do* de faire); (task) entreprendre ◇ ~**ed murder** tentative [f] de meurtre; **to** ~ **suicide** tenter de se suicider 2 n tentative [f] (*at sth* de qch); (unsuccessful) essai [m] ◇ **to make an** ~ **at doing** essayer de faire; **to make an** ~ **on the record** essayer de battre le record; ~ **on sb's life** attentat [m] contre qn.

attend [ə'tend] 1 vt (meeting) assister à; (classes) suivre; (school) aller à ◇ **it was well** ~**ed** il y avait beaucoup de monde 2 vi a (be present) être présent b (pay attention) faire attention (*to* à) ◇ **to** ~ **to sb** s'occuper de qn ◆ **attendance** n (being present) présence [f]; (number of people present) assistance [f] ◇ (of doctor) ~ **on a patient** visites [fpl] à un malade ◆ **attendant** n (museum etc) gardien(ne) [m(f)]; (servant) serviteur [m].

attention [ə'tenʃən] n attention [f] ◇ **to pay** ~ **to** faire attention à; **to call sb's** ~ **to sth** attirer l'attention de qn sur qch; **it has come to my** ~ **that** j'ai appris que; **for the** ~ **of** à l'attention de; (Mil) ~! garde-à-vous!; **to stand at** ~ être au garde-à-vous ◆ **attentive** adj attentif, [f] -ive ◇ ~ **to sb** prévenant envers qn ◆ **attentively** adv attentivement.

attest [ə'test] vt attester.

attic ['ætɪk] n grenier [m] ◇ ~ **room** mansarde [f].

attire [ə'taɪəʳ] n vêtements [mpl].

attitude ['ætɪtju:d] n attitude [f] (*towards* envers) ◇ **if that's your** ~ si c'est ainsi que vous le prenez.

attorney [ə'tɜ:nɪ] n mandataire [m]; (US: lawyer) avoué [m] ◇ **A**~ **General** (Brit) ≃ Procureur [m] général; (US) ≃ ministre [m] de la Justice.

attract [ə'trækt] vt attirer ◆ **attraction** n attrait [m] ◆ **attractive** adj attrayant.

attribute [ə'trɪbju:t] 1 vt attribuer (*to* à) 2 ['ætrɪbju:t] n (gen, Gram) attribut [m] ◆ **attributable** adj attribuable (*to* à).

aubergine ['əʊbəʒi:n] n aubergine [f].

auburn ['ɔ:bən] adj auburn [inv].

auction ['ɔ:kʃən] 1 n (~ **sale**) vente [f] aux enchères [fpl] ◇ ~ **room** salle [f] des ventes 2 vt vendre aux enchères ◆ **auctioneer** n commissaire-priseur [m].

audacious [ɔ:'deɪʃəs] adj audacieux, [f] -ieuse ◆ **audacity** n audace [f].

audible ['ɔ:dɪbl] adj (words) perceptible; (voice) distinct ◇ **she was hardly** ~ on l'entendait à peine ◆ **audibly** adv distinctement.

audience ['ɔ:dɪəns] n a (in theatre) spectateurs [mpl]; (of speaker) auditoire [m]; (at concert etc) auditeurs [mpl]; (TV) téléspectateurs [mpl] ◇ **those in the** ~ les gens [mpl] dans la salle b (formal interview) audience [f].

audio ['ɔ:dɪəʊ] adj (equipment) acoustique ◆ **audiotypist** n audiotypiste [mf] ◆ **audio-visual** adj audiovisuel, [f] -uelle.

audit ['ɔ:dɪt] 1 n vérification [f] des comptes 2 vt vérifier ◆ **auditor** n expert-comptable [m].

audition [ɔ:'dɪʃən] 1 n audition [f] 2 vti auditionner (*for a part* pour un rôle).

auditorium [,ɔ:dɪ'tɔ:rɪəm] n salle [f].

augment [ɔ:g'ment] vti augmenter (*by* de).

augur ['ɔ:gəʳ] vi ◇ **to** ~ **well** être de bon augure (*for* pour).

August ['ɔ:gəst] n août [m] → for phrases **September.**

aunt [ɑ:nt] n tante [f] ◇ **yes** ~ oui, ma tante ◆ **auntie** [famil], **aunty** [famil] n tata [famil] [f].

au pair ['əʊ'pɛə] 1 adj, adv au pair 2 n jeune fille [f] au pair.

auspices ['ɔ:spɪsɪz] npl ◇ **under the** ~ **of** sous les auspices [mpl] de ◆ **auspicious** [ɔ:s'pɪʃəs] adj (sign) de bon augure; (start) bon, [f] bonne.

austere [ɒs'tɪəʳ] adj austère ◆ **austerity** n austérité [f].

Australia [ɒs'treɪlɪə] n Australie [f] ◆ **Australian** 1 n Australien(ne) [m(f)] 2 adj australien.

Austria ['ɒstrɪə] n Autriche [f] ◆ **Austrian** 1 n Autrichien(ne) [m(f)] 2 adj autrichien.

authentic [ɔ:'θentɪk] adj authentique ◆ **authenticity** n authenticité [f].

author ['ɔ:θəʳ] n auteur [m].

authoritarian [,ɔ:θɒrɪ'tɛərɪən] adj autoritaire.

authoritative [ɔ:'θɒrɪtətɪv] adj (person) autoritaire; (writing) qui fait autorité.

authority [ɔ:'θɒrɪtɪ] n (gen) autorité [f]; (permission) autorisation [f] ◇ **to be in** ~ commander; **to be in** ~ **over sb** avoir autorité sur qn; **he has no** ~ **to do it** il n'a pas le droit de le faire; **on her own** ~ de sa propre autorité; **the health authorities** les services [mpl] de la Santé publique; **to be an** ~ **on** faire autorité en matière de; **I**

have it on good ~ that... je sais de source sûre que... ◆ **authorization** n autorisation [f] (*of, for* pour; *to do* de faire) ◆ **authorize** vt autoriser (*sb to do* qn à faire) ◇ **the A~d Version** la Bible de 1611.

auto ['ɔ:təʊ] n (US) auto [f].

auto... ['ɔ:təʊ] pref auto... ◆ **auto-pilot** n pilote [m] automatique ◆ **auto-teller** n distributeur [m] automatique de billets.

autobiography [,ɔ:təʊbaɪ'ɒgrəfɪ] n autobiographie [f].

autocratic [,ɔ:təʊ'krætɪk] adj autocratique.

autograph ['ɔ:təgrɑ:f] **1** n autographe [m] ◇ **~ album** album [m] d'autographes **2** vt dédicacer.

automatic [,ɔ:tə'mætɪk] **1** adj automatique **2** n (gun) automatique [m]; (car) voiture [f] automatique ◆ **automatically** adv automatiquement ◆ **automation** n automatisation [f].

automaton [ɔ:'tɒmətən] n, pl **-ta** automate [m].

automobile ['ɔ:təməbi:l] n automobile [f], auto [f].

autonomy [ɔ:'tɒnəmɪ] n autonomie [f] ◆ **autonomous** adj autonome.

autopsy ['ɔ:tɒpsɪ] n autopsie [f].

autumn ['ɔ:təm] n automne [m] ◇ **in ~** en automne; **~ day** journée [f] d'automne; **~ leaves** feuilles [fpl] mortes.

auxiliary [ɔ:g'zɪlɪərɪ] **1** adj auxiliaire **2** n (person) auxiliaire [mf]; (verb) auxiliaire [m].

Av. abbr of *avenue*.

avail [ə'veɪl] **1** vt ◇ **to ~ o.s. of** (opportunity) profiter de; (service) utiliser **2** n ◇ **to no ~** sans résultat; **it is of no ~** cela ne sert à rien ◆ **availability** n disponibilité [f] ◆ **available** adj disponible ◇ **to make sth ~ to sb** mettre qch à la disposition de qn; **he is not ~** il n'est pas libre.

avalanche ['ævəlɑ:nʃ] n avalanche [f].

avarice ['ævəris] n avarice [f] ◆ **avaricious** adj avare.

Ave abbr of *avenue*.

avenge [ə'vendʒ] vt venger ◇ **to ~ o.s. on** se venger de.

avenue ['ævənju:] n avenue [f]; (fig) route [f].

average ['ævərɪdʒ] **1** n moyenne [f] ◇ **on ~** en moyenne; **above ~** au-dessus de la moyenne; **under ~** au-dessous de la moyenne **2** adj moyen, [f] -enne **3** vt ◇ **we ~ 8 hours' work** nous travaillons en moyenne 8 heures; **the sales ~ 200 copies a month** la vente moyenne est de 200 exemplaires par mois; **we ~d 50 mph** nous avons fait du 50 de moyenne.

averse [ə'vɜ:s] adj opposé (*to* à; *to doing* à l'idée de faire) ◆ **aversion** n aversion [f] ◇ **to take an ~ to** se mettre à détester; **my pet ~** ce que je déteste le plus.

avert [ə'vɜ:t] vt (accident) éviter; (eyes) détourner (*from* de).

aviary ['eɪvɪərɪ] n volière [f].

aviation [,eɪvɪ'eɪʃən] n aviation [f] ◇ **~ industry** aéronautique [f] ◆ **aviator** n aviateur [m], [f] -trice.

avid ['ævɪd] adj avide (*for* de) ◆ **avidly** adv avidement.

avocado [,ævə'kɑ:dəʊ] n (also **~ pear**) avocat [m] *(fruit)*.

avoid [ə'vɔɪd] vt (gen) éviter (*doing* de faire) ◇ **to ~ tax** se soustraire à l'impôt; **~ being seen** évitez qu'on ne vous voie; **to ~ sb's eye** fuir le regard de qn; **I can't ~ going now** je ne peux plus ne pas y aller ◆ **avoidable** adj évitable.

avow [ə'vaʊ] vt avouer ◇ **~ed enemy** ennemi [m] déclaré.

await [ə'weɪt] vt attendre ◇ **long-~ed visit** visite [f] longtemps attendue.

awake [ə'weɪk] pret *awoke* or *awaked*, ptp *awoken* or *awaked* **1** vi se réveiller; (fig) se rendre compte (*to sth* de qch; *to the fact that* que) **2** vt (person, memories) réveiller; (suspicion, hope, curiosity) éveiller **3** adj réveillé ◇ **he was still ~** il ne s'était pas encore endormi; **to lie ~** ne pas pouvoir dormir; **to stay ~ all night** (deliberately) veiller toute la nuit; (involuntarily) passer une nuit blanche; **it kept me ~** cela m'a empêché de dormir ◆ **awaken** vti = **awake** ◆ **awakening** n réveil [m] ◇ **a rude ~** un réveil brutal.

award [ə'wɔ:d] **1** vt (prize etc) décerner (*to* à); (money) attribuer (*to* à); (honour) conférer (*to* à); (damages) accorder (*to* à) **2** n prix [m]; (scholarship) bourse [f]; (for bravery) récompense [f].

aware [ə'wɛəʳ] adj (conscious) conscient (*of* de); (informed) au courant (*of* de) ◇ **to become ~** se rendre compte (*of sth* de qch; *that* que); **I am quite ~ of it** je m'en rends bien compte; **as far as I am ~** autant que je sache; **to make sb ~ of sth** rendre qn conscient de qch; **politically ~** au courant des problèmes politiques ◆ **awareness** n conscience [f] (*of* de).

awash [ə'wɒʃ] adj inondé (*with* de).

away [ə'weɪ] **1** adv **a** loin ◇ **~ from** loin de; **far ~** très loin; **the lake is 3 km ~** le lac est à 3 km de distance; **~ back in 1600** il y a longtemps en 1600; **~ over there** là-bas au loin **b** ◇ (absent) **he's ~ just now** il n'est pas là en ce moment; **he is ~ in London** il est parti à Londres; **when I have to be ~** lorsque je dois m'absenter; **she was ~ before I could speak** elle était partie avant que j'aie pu parler; **~ with you!** allez-vous-en!; **the snow has melted ~** la neige a fondu complètement c (continuously) sans arrêt ◇ **to work ~** travailler sans arrêt 2 adj ◇ **~ match** match [m] à l'extérieur.

awe [ɔː] n crainte [f] révérentielle ◇ **in ~ of** intimidé par ◆ **awe-inspiring** adj impressionnant.

awful ['ɔːfəl] adj affreux, [f] -euse; (stronger) épouvantable ◇ **an ~ lot of** (cars, people) un nombre incroyable de; (butter, flowers) une quantité incroyable de ◆ **awfully** adv vraiment ◇ **thanks ~** [famil] merci infiniment.

awhile [ə'waɪl] adv pendant quelque temps ◇ **wait ~** attendez un peu.

awkward ['ɔːkwəd] adj a (tool, shape) peu commode; (path, problem, situation) difficile; (silence) embarrassé ◇ **at an ~ time** au mauvais moment; **an ~ moment** (embarrassing) un moment gênant; **he's an ~ customer** [famil] c'est un type pas facile [famil]; **it's a bit ~** (inconvenient) ce n'est pas très commode; (annoying) c'est un peu ennuyeux; **he's being ~ about it** il ne se montre pas très coopératif à ce sujet b (clumsy, person, movement) maladroit; (style) gauche ◇ **the ~ age** l'âge ingrat ◆ **awkwardly** adv (speak) d'un ton embarrassé; (behave, move) maladroitement; (place) à un endroit difficile; (express) gauchement ◆ **awkwardness** n (person, movement) maladresse [f]; (embarrassment) embarras [m].

awl [ɔːl] n poinçon [m].

awning ['ɔːnɪŋ] n (shop, tent) auvent [m]; (hotel door) marquise [f].

awoke(n) [ə'wəʊk(ən)] → **awake.**

awry [ə'raɪ] adv de travers ◇ **to go ~** mal tourner.

ax (US), **axe** [æks] 1 n hache [f] 2 vt (expenditure) réduire; (jobs) réduire le nombre de; (one job) faire disparaître.

axiom ['æksɪəm] n axiome [m].

axis ['æksɪs] n, pl **axes** axe [m] (*Geom* etc).

axle ['æksl] n (wheel) axe [m]; (on car) essieu [m] ◇ **~ grease** graisse [f] à essieux.

ay(e) [aɪ] 1 particle oui 2 n oui [m].

azalea [ə'zeɪlɪə] n azalée [f].

b

B, b [biː] n B, b [m]; (Mus) si [m] ◇ **B road** ≃ route [f] départementale.

BA [biːˈeɪ] n abbr of *Bachelor of Arts* (qualification) licence [f] ès lettres; (person) licencié(e) [m(f)] ès lettres.

babble [ˈbæbl] vi bredouiller; (baby, stream) gazouiller.

babe [beɪb] n bébé [m].

baby [ˈbeɪbɪ] n bébé [m] ◇ **don't be such a ~!** ne fais pas l'enfant!; (fig) **he was left holding the ~** tout lui est retombé dessus; **the new system is his ~** le nouveau système est son affaire; **~ boy** petit garçon [m]; **~ girl** petite fille [f]; (US) **~ carriage** voiture [f] d'enfant; **~ clothes** vêtements [mpl] de bébé; **~ linen** layette [f]; **~ rabbit** bébé lapin [m]; **~ seat** siège [m] pour bébés; **~ talk** langage [m] de bébé ◆ **baby-batterer** n bourreau [m] d'enfants ◆ **baby-battering** n mauvais traitements [mpl] infligés aux enfants ◆ **baby boom** n baby boom [m] ◆ **babyish** adj puéril ◆ **baby-minder** n gardienne [f] d'enfants ◆ **baby-sit** vi garder les bébés or les enfants ◆ **baby-sitter** n baby-sitter [mf].

bachelor [ˈbætʃələʳ] n célibataire [m] ◇ **B~ of Arts/of Science** (qualification) licence [f] ès lettres/ès sciences; (person) licencié(e) [m(f)] ès lettres/ès sciences; **~ flat** garçonnière [f].

back [bæk] **1** n **a** (gen) dos [m]; (chair) dossier [m] ◇ **to fall on one's ~** tomber à la renverse; **~ to ~** dos à dos; **he had his ~ to the houses** il tournait le dos aux maisons; **he stood with his ~ against the wall** il était adossé au mur; (fig) **to have one's ~ to the wall** être au pied du mur; (fig) **behind his mother's ~** derrière le dos de sa mère; **to get off sb's ~** laisser qn en paix; **to put sb's ~ up** [famil] braquer qn **b** (as opposed to front: of hand, medal) revers [m]; (of record) deuxième face [f]; (of head, house) derrière [m]; (of page, cheque) verso [m]; (of material) envers [m] ◇ **~ to front** devant derrière; **at the ~ of the book** à la fin du livre; **in the ~ of a car** à l'arrière d'une voiture; **I wonder what he's got at the ~ of his mind** je me demande ce qu'il a derrière la tête; **I know Paris like the ~ of my hand** je connais Paris comme ma poche **c** (furthest from front: of cupboard, stage) fond [m] ◇ **at the very ~** tout au fond; **at the ~ of beyond** [famil] au diable vert [famil] **d** (Ftbl etc) arrière [m].

2 adj **a** (not front: seat, wheel) arrière [inv]; (door, garden) de derrière ◇ **~ room** chambre [f] du fond; (fig) **to take a ~ seat** [famil] passer au second plan; **the ~ streets of Leeds** les quartiers [mpl] pauvres de Leeds; **~ tooth** molaire [f]; **~ number** (magazine etc) vieux numéro [m] **b** ◇ (overdue) **~ pay** rappel [m] de salaire; **~ rent** arriéré [m] de loyer.

3 adv **a** (to the rear) en arrière, à or vers l'arrière ◇ **stand ~!** reculez!; **far ~** loin derrière; **~ and forth** en allant et venant; (in mechanism) par un mouvement de va-et-vient **b** ◇ (in return) **to give ~** rendre **c** ◇ (again: often re- + vb in French) **to come ~** revenir; **to be ~** être rentré; **to go there and ~** faire l'aller et retour **d** ◇ (in time phrases) **as far ~ as 1800** déjà en 1800; **a week ~** il y a une semaine.

4 vt **a** (support: wall, map) renforcer; (fig: person) soutenir; (finance: enterprise) financer; (singer) accompagner **b** (bet on horse) parier sur ◇ **to ~ a horse each way** jouer un cheval gagnant et placé **c** (reverse: horse, cart) faire reculer ◇ **he ~ed the car out** il a sorti la voiture en marche arrière.

5 vi (person, animal) reculer; (vehicle) faire marche arrière ◇ **to ~ in** etc (vehicle) entrer etc en marche arrière; (person) entrer etc à reculons; **to ~ away** reculer (*from* devant); (fig) **to ~ down** se dégonfler [famil]; **to ~ on to** (house etc) donner par derrière sur; **to ~ out of** se dédire de; **to ~ sb up** soutenir qn; **to ~ up** (car) faire marche arrière ✦ **backache** n maux [mpl] de reins ✦ **backbencher** n membre [m] du Parlement sans portefeuille ✦ **backbiting** n médisance [f] ✦ **backbone** n colonne [f] vertébrale ◇ (fig) **the ~ of an organisation** le pivot d'une organisation ✦ **back-breaking** adj éreintant ✦ **backchat** [famil] n impertinence [f] ✦ **backcomb** vt crêper ✦ **backdate** vt ◇ (increase etc) **~d to** avec rappel à compter de ✦ **backer** n (supporter) partisan [m]; (of play etc) commanditaire [m] ✦ **backfire** vi (car) avoir un raté d'allumage; (plan etc) échouer ✦ **backgammon** n trictrac [m] ✦ **background** see below ✦ **backhand** 1 adj (writing) penché à gauche 2 n (Tennis) revers [m] ✦ **backing** n (gen) soutien [m]; (Mus) accompagnement [m] ✦ **backlash** n répercussions [fpl] ✦ **backlog** n (rent etc) arriéré [m]; (work) accumulation [f] ✦ **backpacker** n routard [m] ✦ **backrest** n dossier [m] ✦ **backside** n arrière [m]; (famil : buttocks) postérieur [famil] [m] ✦ **backslide** vi ne pas tenir bon ✦ **backstage** adv, adj dans les coulisses ✦ **backstroke** n (Swimming) dos [m] crawlé ✦ **backtrack** vi faire marche arrière (fig) ✦ **backup** 1 n appui [m] ◇ (Comput) **~ (file)** sauvegarde [f] 2 adj (vehicle etc) supplémentaire ✦ **backward** see below ✦ **backwater** n (river) bras [m] mort; (fig) petit coin [m] tranquille; (pej) trou [m] perdu ✦ **backwoods** npl région forestière [f] inexploitée ◇ **in the ~** en plein bled [famil] ✦ **backyard** n arrière-cour [f].

background ['bækgraʊnd] 1 n a (of picture, fabric) fond [m]; (on photograph, also fig) arrière-plan [m] ◇ **in the ~** dans le fond, à l'arrière-plan; **on a blue ~** sur fond bleu; **to keep sb in the ~** tenir qn à l'écart b (political) climat [m] politique; (basic knowledge) éléments [mpl] de base; (sb's experience) formation [f] ◇ **family ~** milieu [m] familial; **what is his ~?** (past life) quels sont ses antécédents?; (social) de quel milieu est-il?; (professional) qu'est-ce qu'il a comme formation?; **what is the ~ to these events?** quel est le contexte de ces événements? 2 adj (music, noise) de fond ◇ **~ reading** lectures [fpl] générales autour du sujet.

backward ['bækwəd] 1 adj (look, step) en arrière; (person: retarded) retardé; (reluctant) lent (*in doing* à faire) 2 adv (also **~s**) (look) en arrière; (fall) à la renverse; (walk) à reculons ◇ **to walk ~ and forwards** aller et venir; **to know sth ~** savoir qch sur le bout des doigts ✦ **backwardness** n (mental) retard [m] mental; (of country) état [m] arriéré.

bacon ['beɪkən] n bacon [m] ◇ **fat ~** lard [m]; **~ and eggs** œufs [mpl] au jambon.

bacteria [bæk'tɪərɪə] npl bactéries [fpl].

bad [bæd] 1 adj, comp **worse,** superl **worst** (gen) mauvais; (person) méchant; (tooth) carié; (coin, money) faux, [f] fausse; (mistake, accident, wound) grave ◇ **~ language** gros mots [mpl]; **it was a ~ thing to do** ce n'était pas bien de faire cela; **it is not so ~** ce n'est pas si mal; **how is he? – not (so) ~** comment va-t-il? – pas (trop) mal; **it's too ~!** (indignant) c'est un peu fort!; (sympathetic) quel dommage!; **this is ~ for you** cela ne vous vaut rien; (physically) **to feel ~** se sentir mal; (fig) **I feel ~ about it** [famil] ça m'embête [famil]; **from ~ to worse** de mal en pis; **business is ~** les affaires vont mal; **she speaks ~ English** elle parle un mauvais anglais; **to go ~** (food) se gâter; (teeth) se carier; **it's a ~ business** c'est une triste affaire; **a ~ cold** un gros rhume; **to come to a ~ end** mal finir; **~ headache** violent mal [m] de tête; **her ~ leg** sa jambe malade; **in a ~ sense** (of word) dans un sens péjoratif; **it wouldn't be a ~ thing** ce ne serait pas une mauvaise idée; **to have a ~ time of it** (pain) avoir très mal; (trouble) être dans une mauvaise passe; **to be in a ~ way** (in a fix) être dans le pétrin; (very ill) être très mal.

2 adv ◇ **he's got it ~** [famil] (hobby etc) c'est une marotte chez lui; (girlfriend) il l'a dans la peau [famil] ✦ **badly** adv, **(worse, worst)** (gen) mal; (wound) grièvement; (want, need) absolument ◇ **he did ~** ça a mal marché pour lui; **things are going ~** les choses vont mal; **he took it ~** il a mal pris la chose; **to be ~ off** être dans la gêne; **he is ~ off for space/money** il manque de place/d'argent ✦ **badmannered** adj mal élevé ✦ **badness** n méchanceté [f] ✦ **bad-tempered** adj ◇ **to be ~** (generally) avoir mauvais caractère; (in bad temper) être de mauvaise humeur.

bade [bæd, beɪd] pret of *bid.*

badge [bædʒ] n (gen) insigne [m]; (sew-on, stick-on) badge [m] ◇ **his ~ of office** l'insigne de sa fonction.

badger ['bædʒəʳ] 1 n (animal) blaireau [m] 2 vt harceler (*sb to do* qn pour qu'il fasse; *with* de).

badminton ['bædmɪntən] n badminton [m].

baffle ['bæfl] vt déconcerter.

bag [bæg] 1 n sac [m] ◇ **~s** (luggage) bagages [mpl]; **~s of** [famil] des masses de [famil]; **paper ~** sac en papier; **~s under the eyes** [famil] poches [fpl] sous les yeux; (fig) **it's in the ~** [famil] c'est dans le sac [famil] 2 vt (famil : grab) empocher ✦ **bagful** n sac [m] plein.

baggage ['bægɪdʒ] n bagages [mpl] ◇ (esp US) ~ **car** fourgon [m]; ~ **handler** bagagiste [m]; ~ **reclaim (area)** livraison [f] des bagages; ~ **room** consigne [f].

baggy ['bægɪ] adj très ample.

bagpipes ['bægpaɪps] npl cornemuse [f].

Bahamas [bə'hɑ:məz] npl ◇ **the** ~ les Bahamas [fpl].

1. **bail** [beɪl] 1 n (Law) caution [f] ◇ **on** ~ sous caution; **to release sb on** ~ mettre qn en liberté provisoire sous caution 2 vt ◇ (fig) **to** ~ **sb out** sortir qn d'affaire.

2. **bail** [beɪl] vt (~ **out**) (boat) écoper; (water) vider.

bailiff ['beɪlɪf] n (Law) huissier [m].

bait [beɪt] 1 n appât [m] ◇ **to swallow the** ~ mordre à l'hameçon 2 vt (torment) tourmenter.

bake [beɪk] vt (food) faire cuire au four; (cake) faire; (bricks) cuire ◇ ~**d potatoes** pommes [fpl] de terre au four; ~**d beans** haricots [mpl] blancs à la sauce tomate ◆ **baker** n boulanger [m], [f] -ère ◇ ~**'s shop** boulangerie [f] ◆ **baking** adj ◇ ~ **dish** plat [m] allant au four; ~ **powder** ≃ levure [f] alsacienne; ~ **soda** bicarbonate [m] de soude; ~ **tin** moule [m] (à gâteaux); **it's** ~ **(hot)!** [famil] il fait une de ces chaleurs!

balaclava [,bælə'klɑ:və] n ◇ ~ **(helmet)** passe-montagne [m].

balance ['bæləns] 1 n a équilibre [m] ◇ **to lose one's** ~ perdre son équilibre; **off** ~ mal équilibré; **the** ~ **of power** l'équilibre des forces; **to keep a** ~ **between** réaliser l'équilibre entre; **to strike a** ~ trouver le juste milieu; **on** ~ tout compte fait b (remainder: of holidays etc) reste [m] ◇ **credit** ~, ~ **in hand** solde [m] créditeur; ~ **of payments** balance [f] des paiements; **bank** ~ état [m] de compte (bancaire); ~ **sheet** bilan [m] 2 vt a tenir en équilibre (*on* sur); (compensate for) compenser b (weigh up) peser c (account) balancer; (budget) équilibrer ◇ **to** ~ **the books** dresser le bilan; **to** ~ **the cash** faire la caisse 3 vi (acrobat etc) se tenir en équilibre; (accounts) être en équilibre ◆ **balanced** adj équilibré.

balcony ['bælkənɪ] n balcon [m].

bald [bɔ:ld] adj (person) chauve; (tyre) lisse ◇ ~ **patch** (on person) petite tonsure [f]; (on carpet etc) coin [m] pelé ◆ **balding** adj qui devient chauve ◆ **baldly** adv (say) abruptement ◆ **baldness** n calvitie [f].

1. **bale** [beɪl] n balle [f] (*de coton* etc).

2. **bale** [beɪl] vi ◇ **to** ~ **out** sauter en parachute.

baleful ['beɪlfʊl] adj sinistre.

balk [bɔ:k] vi regimber (*at* contre).

Balkans ['bɔ:lkənz] npl Balkans [mpl].

1. **ball** [bɔ:l] n (in games: gen) balle [f]; (inflated: Ftbl etc) ballon [m]; (Billiards) boule [f]; (something round: gen) boule [f]; (of wool etc) pelote [f]; (of meat, fish) boulette [f]; (of potato) croquette [f] ◇ **the cat curled up in a** ~ le chat s'est pelotonné; (fig) **to start the** ~ **rolling** [famil] faire démarrer une discussion; **the** ~ **is in your court** c'est à vous de jouer; **to be on the** ~ [famil] avoir l'esprit rapide; ~ **of the foot** plante [f] du pied ◆ **ball bearings** npl roulement [m] à billes ◆ **ball game** n (US) partie [f] de baseball ◇ **it's a whole new** ~ [famil] c'est une toute autre histoire ◆ **ballpark** n (US) stade [m] de baseball ◇ ~ **figure** [famil] chiffre [m] approximatif ◆ **ballpoint** n stylo [m] à bille.

2. **ball** [bɔ:l] n (dance) bal [m] ◆ **ballroom** n salle [f] de bal ◇ ~ **dancing** danse [f] de salon.

ballad ['bæləd] n (Mus) romance [f]; (poem) ballade [f].

ballast ['bæləst] n (Naut etc) lest [m].

ballerina [,bælə'ri:nə] n ballerine [f].

ballet ['bæleɪ] n ballet [m] ◇ ~ **dancer** danseur [m], [f] -euse de ballet.

ballistic [bə'lɪstɪk] adj ◇ ~ **missile** engin [m] balistique.

balloon [bə'lu:n] 1 n ballon [m] *(qui vole)* 2 vi ◇ **to go** ~**ing** faire une ascension en ballon.

ballot ['bælət] 1 n (election) scrutin [m]; (drawing lots) tirage [m] au sort ◇ **first** ~ premier tour [m] de scrutin; ~ **box** urne [f] électorale; ~ **paper** bulletin [m] de vote 2 vi (draw lots) tirer au sort.

Baltic ['bɔ:ltɪk] n ◇ **the** ~ la Baltique.

ban [bæn] 1 n interdit [m] 2 vt (gen) interdire (*sth* qch; *sb from doing* à qn de faire); (person) exclure (*from* de).

banal [bə'nɑ:l] adj banal.

banana [bə'nɑ:nə] n banane [f] ◇ ~ **skin** peau [f] de banane.

1. **band** [bænd] n (gen) bande [f]; (hat) ruban [m]; (gramophone record) plage [f] ◇ **elastic** or **rubber** ~ élastique [m].

2. **band** [bænd] 1 n (of people) bande [f]; (music) orchestre [m]; (military) fanfare [f] 2 vi ◇ **to** ~ **together** former une bande ◆ **bandstand** n kiosque [m] à musique.

bandage ['bændɪdʒ] 1 n (strip) bande [f]; (dressing) pansement [m] 2 vt (limb) bander; (wound) mettre un pansement sur.

Band-Aid ['bændeɪd] n ® pansement [m] adhésif.

bandit ['bændɪt] n bandit [m].

1. **bandy** ['bændɪ] vt ◇ **to** ~ **words** discuter; **to** ~ **about** faire circuler.

2. **bandy** ['bændɪ] adj (leg) arqué; (also ~**-legged**) bancal.

1. **bang** [bæŋ] 1 n (explosives) détonation [f], bang [m] 2 excl pan! 3 adv ◇ [famil] **to go** ~ éclater; ~ **in the middle** en plein milieu; ~ **on time** exactement à l'heure; ~ **went a £10 note!** et pan, voilà un billet de 10 livres fichu! [famil] 4 vt frapper

violemment ◇ **to ~ one's head against sth** se cogner la tête contre qch; **to ~ the door** claquer la porte **5** vi (door) claquer; (more than once) battre ◇ **to ~ on the door** donner de grands coups dans la porte; **to ~ into sth** heurter qch; **to ~ sth down** poser qch brusquement.

2. **bang** [bæŋ] n (of hair) (also US **bangs**) frange [f] (droite).

banger [famil] ['bæŋəʳ] n **a** (sausage) saucisse [f] ◇ **~s and mash** saucisses à la purée **b** (old car) (vieux) tacot [famil] [m].

Bangladesh [ˌbæŋglə'deʃ] n Bangladesh [m] ◆ **Bangladeshi** **1** adj du Bangladesh **2** n habitant(e) [m(f)] or natif [m], [f] -ive du Bangladesh.

bangle ['bæŋgl] n bracelet [m] rigide.

banish ['bænɪʃ] vt (person) exiler (*from* de; *to* en, à); (cares) bannir.

banister ['bænɪstəʳ] n = **bannister.**

1. **bank** [bæŋk] n (of earth, snow) talus [m]; (embankment) remblai [m]; (in sea, river) banc [m]; (edge) bord [m] ◇ (in Paris) **the Left B~** la rive gauche.

2. **bank** [bæŋk] **1** n banque [f] ◇ **the B~ of France** la Banque de France; **~ account** compte [m] en banque; **~ balance** état [m] de compte bancaire; **~ book** livret [m] de banque; **~ card** carte [f] d'identité bancaire; **~ charges** frais [mpl] de banque; **~ clerk** employé(e) [m(f)] de banque; **~ holiday** jour [m] férié; **~ note** billet [m] de banque; **~ rate** taux [m] d'escompte; **~ statement** relevé [m] de compte **2** vt déposer en banque **3** vi **a** ◇ **to ~ with Lloyds** avoir un compte à la Lloyds **b** ◇ **to ~ on sth** compter sur qch ◆ **banker** n banquier [m] ◇ **~ order** ordre [m] de virement bancaire *(pour paiements réguliers)* ◆ **banking** n ◇ **to study ~** faire des études bancaires; **he's in ~** il est banquier ◆ **bankrupt** **1** n failli(e) [m(f)] **2** adj ◇ **to go ~** faire faillite; **to be ~** être en faillite **3** vt mettre en faillite; ([famil]: fig) ruiner ◆ **bankruptcy** n faillite [f].

banner ['bænəʳ] n bannière [f].

bannister ['bænɪstəʳ] n rampe [f] (d'escalier) ◇ **to slide down the ~s** descendre sur la rampe.

banns [bænz] npl bans [mpl] *(de mariage).*

banquet ['bæŋkwɪt] n banquet [m].

banter ['bæntəʳ] **1** n badinage [m] **2** vi badiner.

baptize [bæp'taɪz] vt baptiser ◆ **baptism** n baptême [m] ◆ **Baptist** n, adj baptiste [mf].

1. **bar** [bɑːʳ] **1** n **a** (slab of metal) barre [f]; (wood) planche [f]; (gold) lingot [m]; (chocolate) tablette [f] ◇ **~ of soap** savonnette [f] **b** (on window, cage) barreau [m]; (on door, also Sport) barre [f] ◇ **behind ~s** sous les verrous **c** ◇ (Law) **the B~** le barreau [m]; **to be called to the ~** s'inscrire au barreau **d** (drinking place) bar [m] ◇ **to have a drink at the ~** prendre un verre au comptoir **e** (music) mesure [f] ◇ **the opening ~s** les premières mesures **2** vt **a** (road) barrer ◇ **to ~ sb's way** barrer le passage à qn **b** (exclude) exclure (*from* de) ◆ **bar code** n code [m] barres ◆ **barmaid** n serveuse [f] *(de bar)* ◆ **barman** or **bartender** n barman [m].

2. **bar** [bɑːʳ] prep sauf ◇ **~ none** sans exception.

barbaric [bɑː'bærɪk] adj barbare.

barbecue ['bɑːbɪkjuː] **1** n barbecue [m] **2** vt (steak) griller au charbon de bois.

barbed wire ['bɑːbd'waɪəʳ] n fil [m] de fer barbelé.

barber ['bɑːbəʳ] n coiffeur [m] *(pour hommes).*

barbiturate [bɑː'bɪtjʊrɪt] n barbiturique [m].

bare [bɛəʳ] **1** adj (gen) nu; (hill, patch) pelé; (tree) dépouillé; (wire) dénudé; (room) vide; (wall) nu; (fig: statement) simple (before n); (necessities) strict (before n) ◇ **with his ~ hands** à mains nues; **to lay ~** mettre à nu **2** vt mettre à nu ◇ **to ~ one's teeth** montrer les dents (*at* à); **to ~ one's head** se découvrir la tête ◆ **bareback** adv sans selle ◆ **barefaced** adj éhonté ◆ **barefoot** **1** adv nu-pieds **2** adj aux pieds nus ◆ **bareheaded** adv, adj nu-tête [inv] ◆ **barelegged** adj aux jambes nues ◆ **barely** adv à peine.

bargain ['bɑːgɪn] **1** n **a** (transaction) marché [m], affaire [f] ◇ **to make a ~** conclure un marché (*with* avec); **it's a ~!** (agreed) c'est convenu!; (fig) **into the ~** par-dessus le marché **b** (good buy) occasion [f] ◇ **it's a real ~!** c'est une véritable occasion!; **~ price** prix [m] avantageux **2** vi ◇ **to ~ with sb** (haggle) marchander avec qn; (negotiate) négocier avec qn; (fig) **I did not ~ for** or **on that** je ne m'attendais pas à cela; **I got more than I ~ed for** j'ai eu des problèmes.

barge [bɑːdʒ] **1** n (on river, canal) chaland [m]; (large) péniche [f]; (ceremonial) barque [f] ◇ **I wouldn't touch it with a ~ pole** [famil] je n'y toucherais à aucun prix **2** vi ◇ **to ~ into a room** faire irruption dans une pièce; **to ~ in** (enter) faire irruption; (interrupt) interrompre; (interfere) se mêler de ce qui ne vous regarde pas.

baritone ['bærɪtəʊn] n baryton [m].

1. **bark** [bɑːk] n (of tree) écorce [f].

2. **bark** [bɑːk] **1** n (of dog) aboiement [m] ◇ **his ~ is worse than his bite** il fait plus de bruit que de mal **2** vi (dog) aboyer (*at* après); (speak sharply) crier ◇ (fig) **to ~ up the wrong tree** faire fausse route.

barley ['bɑːlɪ] n orge [f] ◇ **~ sugar** sucre [m] d'orge; **~ water** orgeat [m].

barn [bɑːn] n grange [f] ◇ **~ dance** soirée [f] de danses paysannes.

barometer [bəˈrɒmɪtəʳ] n baromètre [m].

baron [ˈbærən] n baron [m]; (fig) magnat [m] ◆ **baroness** n baronne [f].

barracks [ˈbærəks] n caserne [f].

barrage [ˈbærɑːʒ] n (shooting) tir [m] de barrage; (of questions) pluie [f].

barrel [ˈbærəl] n a (of beer) tonneau [m]; (of oil) baril [m] b (of gun) canon [m] ◇ ~ **organ** orgue [m] de Barbarie.

barren [ˈbærən] adj stérile.

barricade [ˌbærɪˈkeɪd] 1 n barricade [f] 2 vt barricader.

barrier [ˈbærɪəʳ] n barrière [f]; (in station) portillon [m]; (fig) obstacle [m] (*to* à).

barring [ˈbɑːrɪŋ] prep excepté, sauf.

barrister [ˈbærɪstəʳ] n avocat [m].

barrow [ˈbærəʊ] n (wheel ~) brouette [f]; (coster's) voiture [f] des quatre saisons.

barter [ˈbɑːtəʳ] vt troquer (*for* contre).

1. **base** [beɪs] 1 n (gen, also army etc) base [f]; (of tree) pied [m] 2 vt (opinion) baser (*on* sur); (troops) baser (*at* à) ◇ ~**d in Paris** (person) qui se trouve à Paris; (company) basé à Paris ◆ **baseball** n base-ball [m].

2. **base** [beɪs] adj a (vile: gen) bas, [f] basse; (behaviour, motive) ignoble; (metal) vil b (US) = **bass**[1].

basement [ˈbeɪsmənt] n sous-sol [m].

bash [bæʃ] 1 n coup [m] ◇ **I'll have a ~ at it** [famil] je vais essayer un coup [famil] 2 vt cogner ◇ **to ~ sb on the head** [famil] assommer qn; **to ~ sb up** tabasser [famil] qn.

bashful [ˈbæʃfʊl] adj timide.

basic [ˈbeɪsɪk] 1 adj (fundamental: principle, problem, French) fondamental; (without extras: salary, vocabulary) de base; (elementary: rules, precautions) élémentaire 2 n ◇ **the ~s** l'essentiel [m] ◆ **basically** adv au fond, essentiellement.

BASIC [ˈbeɪsɪk] n (Comput) BASIC [m].

basil [ˈbæzl] n (plant) basilic [m].

basin [ˈbeɪsn] n (gen) cuvette [f]; (for food) saladier [m]; (wash ~) lavabo [m]; (of river) bassin [m].

basis [ˈbeɪsɪs] n, pl **bases** base [f] ◇ **on that ~** dans ces conditions; **on the ~ of what you've told me** par suite de ce que vous m'avez dit.

bask [bɑːsk] vi (in sun) se dorer (*in* à).

basket [ˈbɑːskɪt] n (gen) corbeille [f]; (also for bicycle etc) panier [m] ◇ ~ **chair** chaise [f] en osier ◆ **basketball** n basket-ball [m].

Basque [bæsk] 1 n Basque [mf]; (Ling) basque [m] 2 adj basque ◇ ~ **Country** pays [m] Basque.

1. **bass** [beɪs] (Mus) 1 n basse [f] 2 adj bas, [f] basse; (clef) de fa ◇ ~ **drum** grosse caisse [f].

2. **bass** [bæs] n (river) perche [f]; (sea) bar [m].

bassoon [bəˈsuːn] n basson [m].

bastard [ˈbɑːstəd] n bâtard(e) [m(f)]; (insult) salaud [famil] [m] ◇ **poor ~**[famil] pauvre type [famil] [m].

baste [beɪst] vt (Culin) arroser; (Sewing) bâtir.

1. **bat** [bæt] n (animal) chauve-souris [f].

2. **bat** [bæt] 1 n (Baseball, Cricket) batte [f]; (Table Tennis) raquette [f] ◇ (fig) **off one's own ~** de sa propre initiative 2 vi manier la batte.

3. **bat** [bæt] vt ◇ **without ~ting an eyelid** sans sourciller.

batch [bætʃ] n (loaves) fournée [f]; (people) groupe [m]; (letters) paquet [m]; (goods) lot [m].

bated [ˈbeɪtəd] adj ◇ **with ~ breath** en retenant son souffle.

bath [bɑːθ] 1 n, pl ~**s** [bɑːðz] (gen) bain [m]; (also ~ **tub**) baignoire [f] ◇ **to have a ~** prendre un bain; **room with ~** chambre [f] avec salle de bains; ~ **mat** tapis [m] de bain; ~ **towel** serviette [f] de bain; **swimming ~s** piscine [f] 2 vt donner un bain à 3 vi prendre un bain ◆ **bathrobe** n peignoir [m] de bain ◆ **bathroom** n salle [f] de bains ◇ ~ **cabinet** armoire [f] de toilette.

bathe [beɪð] 1 vt (person) baigner; (wound) laver 2 vi se baigner *(dans la mer)* etc; (US) prendre un bain *(dans une baignoire)* 3 n ◇ **to have a ~** se baigner ◆ **bather** n baigneur [m], [f] -euse ◆ **bathing** n baignade [f] ◇ ~ **beauty** belle baigneuse [f]; ~ **costume** or **suit** or **trunks** maillot [m] de bain.

baton [ˈbætən] n (gen) bâton [m]; (relay race) témoin [m].

battalion [bəˈtælɪən] n bataillon [m].

batter [ˈbætəʳ] 1 n (for frying) pâte [f] à frire; (for pancakes) pâte à crêpes 2 vt battre; (baby) martyriser ◇ **to ~ sth down, to ~ sth in** défoncer qch ◆ **battered** adj (hat, car) cabossé; (face) meurtri ◇ ~ **babies** enfants [mpl] martyrs ◆ **battering ram** n bélier [m] *(machine)*.

battery [ˈbætərɪ] n a (guns) batterie [f] b (in torch, radio) pile [f]; (vehicle) accumulateurs [mpl] ◇ ~ **charger** chargeur [m] c (row of similar objects) batterie [f]; (questions etc) pluie [f] d (Agr) batterie [f] ◇ ~ **farming** élevage [m] intensif; ~ **hen** poule [f] en batterie.

battle [ˈbætl] 1 n bataille [f]; (fig) lutte [f] (*for sth* pour obtenir qch; *to do* pour faire) ◇ **killed in ~** tué à l'ennemi; (fig) **we are fighting the same ~** nous nous battons pour la même cause; **that's half the ~**[famil] c'est déjà pas mal [famil] 2 vi se battre (*for sth* pour obtenir qch; *to do* pour faire) ◆ **battledress** n tenue [f] de campagne ◆ **battlefield** or **battleground** n champ [m] de bataille ◆ **battlements** npl remparts [mpl] ◆ **battleship** n cuirassé [m].

bawl [bɔːl] vti brailler (*at* contre).

1. **bay** [beɪ] n (gen) baie [f] ◇ **the B~ of Biscay** le golfe de Gascogne.

2. **bay** [beɪ] n (also ~ **tree**) laurier [m] ◇ ~ **leaf** feuille [f] de laurier.

3. **bay** [beɪ] n (parking) lieu [m] de stationnement ◇ ~ **window** fenêtre [f] en saillie.

4. **bay** [beɪ] n ◇ **to keep at** ~ tenir en échec.

bayonet ['beɪənɪt] n baïonnette [f].

bazaar [bə'zɑ:ʳ] n (market, shop) bazar [m]; (sale of work) vente [f] de charité.

B & B n abbr of *bed and breakfast* → **bed.**

BBC [bi:bi:'si:] n abbr of *British Broadcasting Corporation* office de la radiodiffusion et télévision britannique.

BC [bi:'si:] adv abbr of *before Christ* av. J.-C.

be [bi:] pret *was, were,* ptp *been* **1** vb **a** être ◇ **he is a soldier** il est soldat; **it is red/big** c'est rouge/grand; **she is an Englishwoman** c'est une Anglaise, elle est anglaise; **it's me!** c'est moi!; ~ **good** sois sage; **that may** ~ cela se peut; ~ **that as it may** quoi qu'il en soit; **let me** ~ laissez-moi tranquille; **mother-to-**~ future maman [f] **b** ◇ **there is, there are** il y a; **there was once a castle here** il y avait autrefois un château ici; **there will** ~ **dancing** on dansera; **there were 3 of us** nous étions 3; **there is no knowing...** il est impossible de savoir...; **there he was, sitting** il était là, assis; (giving) **here is, here are** voici **c** (health) aller ◇ **how are you?** comment allez-vous?; **I am better** je vais mieux; **she is well** elle va bien **d** ◇ (age) **he is 3** il a 3 ans **e** (cost) coûter ◇ **it is 10 F** cela coûte 10 F **f** (Math) faire ◇ **2 and 2 are 4** 2 et 2 font 4 **g** (time) être ◇ **it is morning** c'est le matin; **it is 6 o'clock** il est 6 heures; **it is the 14th June** nous sommes le 14 juin, c'est le 14 juin **h** (weather etc) faire ◇ **it is fine** il fait beau; **it is windy** il fait du vent **i** ◇ (go, come) **I have been to see my aunt** je suis allé voir ma tante, j'ai été voir ma tante; **he has been and gone** il est venu et reparti.

2 aux vb **a** ◇ **I am reading** je lis, je suis en train de lire; **what have you been doing?** qu'avez-vous fait?; **I have been waiting for you for an hour** je t'attends depuis une heure; **he was killed** il a été tué, on l'a tué; **peaches are sold by the kilo** les pêches se vendent au kilo; **he's always late, isn't he? – yes, he is** il est toujours en retard, n'est-ce pas? – oui, toujours; **it's all done, is it?** tout est fait, alors? **b** ◇ (+ to + verb) **you are to do it** tu dois le faire; **I wasn't to tell you** je ne devais pas vous le dire; **they are to** ~ **married** ils vont se marier; **she was never to return** elle ne devait jamais revenir; **the telegram was to warn us** le télégramme était pour nous avertir.

beach [bi:tʃ] n plage [f] ◇ ~ **ball** ballon [m] de plage; ~ **umbrella** parasol [m] ◆ **beachwear** n tenue [f] de plage.

beacon ['bi:kən] n (gen) phare [m]; (on runway, at sea) balise [f]; (at crossing: **Belisha** ~) lampadaire [m] *(indiquant un passage clouté).*

bead [bi:d] n (gen) perle [f]; (of rosary) grain [m]; (of sweat) goutte [f] ◇ **her** ~**s, her string of** ~**s** son collier.

beak [bi:k] n bec [m].

beaker ['bi:kəʳ] n gobelet [m].

beam [bi:m] **1** n **a** (in ceiling) poutre [f] **b** ◇ (on ship) **on the port** ~ à bâbord **c** (light) rayon [m]; (headlight etc) faisceau [m] lumineux ◇ (fig) **to be off** ~ [famil] dérailler [famil] **d** (smile) sourire [m] épanoui **2** vi (sun) rayonner ◇ **she** ~**ed** son visage s'est épanoui en un large sourire; ~**ing with joy** rayonnant de joie **3** vt (Rad, Telec) diffuser (*to* à l'intention de).

bean [bi:n] n haricot [m]; (green ~) haricot vert; (broad ~) fève [f]; (of coffee) grain [m] ◇ (fig) **full of** ~**s** [famil] en pleine forme ◆ **beansprouts** npl germes [mpl] de soja.

1. **bear** [bɛəʳ] pret *bore,* ptp *borne* **1** vt **a** (carry: burden, message, signature) porter ◇ **to** ~ **away** emporter; **to** ~ **back** rapporter **b** (endure) supporter ◇ **she cannot** ~ **being laughed at** elle ne supporte pas qu'on se moque (subj) d'elle **c** (produce child) donner naissance à; (crop) produire ◇ **to** ~ **fruit** porter des fruits **d** ◇ **to** ~ **sth out** confirmer qch; **to** ~ **sb out** confirmer ce que qn a dit **2** vi **a** ◇ (go) **to** ~ **right** prendre à droite; ~ **north** prenez la direction nord; **to** ~ **down** foncer (*on* sur) **b** (of ice etc) porter, supporter **c** (of fruit tree etc) produire **d** ◇ **to bring to** ~ (pressure) exercer (*on sth* sur qch); (energy) consacrer (*on* à) **e** ◇ ~ **up!** [famil] courage!; **how are you? –** ~**ing up!** [famil] comment ça va? – on fait aller [famil]; ~ **with me** je vous demande un peu de patience ◆ **bearable** adj supportable ◆ **bearer** n (gen) porteur [m], [f] -euse; (passport) titulaire [mf] ◆ **bearing** n **a** (posture) maintien [m] **b** ◇ (relation) **to have a** ~ **on** avoir un rapport avec **c** ◇ **to take a ship's** ~**s** faire le point; (fig) **to get one's** ~**s** se repérer; **to lose one's** ~**s** être désorienté.

2. **bear** [bɛəʳ] n ours(e) [m(f)] ◇ **like a** ~ **with a sore head** [famil] d'une humeur massacrante; ~ **cub** ourson [m].

beard [bɪəd] n barbe [f] ◇ **to have a** ~ porter la barbe; **a man with a** ~ un barbu ◆ **bearded** adj barbu.

beast [bi:st] n bête [f], animal [m], [pl] -aux; (cruel person) brute [f]; (famil: disagreeable) chameau [famil] [m] ◇ **the king of the** ~**s** le roi des animaux ◆ **beastly** adj (person, conduct) brutal; (sight, language) dégoûtant; (child, trick, business) sale (before n).

beat [bi:t] (vb: pret *beat*, ptp *beaten*) **1** n **a** (of heart, drums) battement [m]; (Mus) mesure [f]; (Jazz) rythme [m] **b** (of policeman, sentry) ronde [f] ◇ **on the ~** faisant sa ronde **2** vti **a** (strike) battre ◇ **to ~ a drum** battre du tambour; **to ~ a retreat** battre en retraite; **to ~ at the door** cogner à la porte; (fig) **he doesn't ~ about the bush** il n'y va pas par quatre chemins; **~ it!** [famil] fiche le camp! [famil]; **to ~ time** battre la mesure; **the sun is ~ing down** le soleil tape [famil]; **the rain was ~ing down** il pleuvait à torrents; **I ~ him down to £2** je l'ai fait descendre à 2 livres; **to ~ up** (person, eggs, cream) battre; (recruits) racoler **b** (defeat) battre, vaincre ◇ **to be ~en** être vaincu; **to ~ sb to the top of a hill** arriver au sommet d'une colline avant qn; **to ~ back** or **off** repousser; (fig) **to ~ sb to it** [famil] devancer qn; **to ~ sb hollow** battre qn à plates coutures; **it ~s me how...** ça me dépasse que [famil] + subj; **that takes some ~ing!** [famil] faut le faire! [famil] ◆ **beater** n (egg whisk) batteur [m] ◆ **beating** n **a** (whipping) correction [f] **b** (of drums, heart) battement [m] **c** (defeat) défaite [f].

beautician [bju:'tɪʃən] n esthéticien(ne) [m(f)].

beautiful ['bju:tɪfʊl] adj (gen) beau, [f] belle; (weather, dinner) magnifique ◆ **beautifully** adv (very well: do etc) à la perfection; (pleasantly: hot, calm) merveilleusement.

beauty ['bju:tɪ] n beauté [f] ◇ **the ~ of it is that** [famil]**...** ce qui est formidable, c'est que [famil]...; **isn't this car a ~!** [famil] quelle merveille que cette voiture!; **~ competition** concours [m] de beauté; **~ queen** reine [f] de beauté; **~ salon** salon [m] de beauté; **~ spot** (in tourist guide etc) site [m] touristique; **~ treatment** soins [mpl] de beauté.

beaver ['bi:vəʳ] n castor [m] ◇ **to work like a ~** travailler d'arrache-pied.

became [bɪ'keɪm] pret of *become*.

because [bɪ'kɒz] conj (gen) parce que ◇ **~ of** à cause de.

beckon ['bekən] vti faire signe (*to sb* à qn; *to do* de faire).

become [bɪ'kʌm] pret *became*, ptp *become* vti devenir ◇ **to ~ a doctor** devenir médecin; **to ~ thin** maigrir; **to ~ accustomed to** s'accoutumer à; **what has ~ of him?** qu'est-il devenu?; **it does not ~ him** cela ne lui va pas ◆ **becoming** adj (clothes) seyant.

bed [bed] n **a** lit [m] ◇ **room with 2 ~s** chambre [f] à 2 lits; **to go to ~** se coucher; **to get out of ~** se lever; (fig) **to get out of ~ on the wrong side** se lever du pied gauche; **to put to ~** coucher; **to make the ~** faire le lit; **to be in ~** être couché; (through illness) garder le lit; **~ and breakfast** chambre *(avec petit déjeuner)*; **to book in for ~ and breakfast** prendre une chambre avec le petit déjeuner; **we stayed at ~-and-breakfast places** nous avons pris une chambre chez des particuliers **b** (layer: coal, ore) couche [f] **c** (bottom: sea) fond [m]; (river) lit [m] **d** (in garden: of vegetables) carré [m]; (flowers) parterre [m] ◆ **bedclothes** npl couvertures [fpl] et draps [mpl] de lit ◆ **bedcover** n couvre-lit [m] ◆ **bedding** n literie [f]; (animals) litière [f] ◆ **bedjacket** n liseuse [f] ◆ **bedlinen** n draps [mpl] de lit (et taies [fpl] d'oreillers) ◆ **bedpan** n bassin [m] (hygiénique) ◆ **bedridden** adj alité ◆ **bedroom** n chambre [f] à coucher ◇ **~ slipper** pantoufle [f]; **~ suite** chambre [f] à coucher *(mobilier)* ◆ **bedsettee** n divan-lit [m] ◆ **bedside** n chevet [m] ◇ **~ light/table** lampe [f]/table [f] de chevet ◆ **bedsit** [famil] or **bed-sitter** n chambre [f] meublée ◆ **bedsore** n escarre [f] ◆ **bedspread** n dessus-de-lit [m inv] ◆ **bedstead** n bois [m] de lit ◆ **bedtime** n ◇ **it is ~** il est l'heure d'aller se coucher; **before ~** avant de se coucher; **it's past your ~** tu devrais être déjà couché; **to tell a child a ~ story** raconter une histoire à un enfant avant qu'il ne s'endorme ◆ **bedwetting** n incontinence [f] nocturne.

bedraggled [bɪ'drægld] adj (person) débraillé; (wet) trempé.

bee [bi:] n abeille [f] ◇ (fig) **to have a ~ in one's bonnet** [famil] avoir une idée fixe (*about* en ce qui concerne) ◆ **beehive** n ruche [f] ◆ **beekeeper** n apiculteur [m], [f] -trice ◆ **beeline** n ◇ **to make a ~ for** filer droit sur ◆ **beeswax** n cire [f] d'abeille.

beech [bi:tʃ] n hêtre [m].

beef [bi:f] n bœuf [m] ◇ **roast ~** rosbif [m]; **~ tea** bouillon [m] de viande ◆ **beefburger** n hamburger [m] ◆ **beefsteak** n bifteck [m], steak [m].

been [bi:n] ptp of *be*.

beer [bɪəʳ] n bière [f] ◇ **~ bottle** canette [f]; **~ can** boîte [f] de bière; **~ glass** chope [f].

beetle ['bi:tl] n (black ~) cafard [m]; (scarab) scarabée [m].

beetroot [,bi:tru:t] n betterave [f] potagère.

befall [bɪ'fɔ:l] pret *befell*, ptp *befallen* vt arriver à.

befit [bɪ'fɪt] vt convenir à.

before [bɪ'fɔ:ʳ] **1** prep **a** (time, order, rank) avant ◇ **~ Christ** avant Jésus-Christ; **the year ~ last** il y a deux ans; **~ then** avant, auparavant; **~ now** déjà; **~ long** d'ici peu; **~ doing** avant de faire **b** (place, position) devant ◇ **he stood ~ me** il était là devant moi; **the task ~ him** la tâche qu'il a devant lui **c** (rather than) plutôt que ◇ **he would die**

~ **betraying...** il mourrait plutôt que de trahir... 2 adv (previously) avant; (already) déjà ◇ **the day** ~ la veille; **the evening** ~ la veille au soir; **the week** ~ la semaine d'avant; **I have read it** ~ je l'ai déjà lu; **I've never done it** ~ c'est la première fois que je le fais; **long** ~ longtemps auparavant; **the one** ~ celui d'avant 3 conj avant de + infin, avant que + ne + subj ◇ **I did it** ~ **I went out** je l'ai fait avant de sortir; **go and see him** ~ **he goes** allez le voir avant son départ, allez le voir avant qu'il ne parte; ~ **I forget...** avant que je n'oublie (subj)... ✦ **beforehand** adv à l'avance.

beg [beg] vti (also ~ **for**) (money, food) mendier; (favour) solliciter ◇ **to** ~ **for help** demander de l'aide; **to** ~ **sb's pardon** demander pardon à qn; **to** ~ **sb to do** supplier qn de faire; **I** ~ **you!** je vous en supplie!; **it's going** ~**ging** [famil] personne n'en veut ✦ **beggar** n mendiant(e) [m(f)] ◇ **poor** ~**!** [famil] pauvre diable! [famil] [m]; **a lucky** ~ un veinard [famil].

began [bɪ'gæn] pret of *begin*.

begin [bɪ'gɪn] pret *began*, ptp *begun* 1 vt (gen) commencer; (conversation) engager; (quarrel, war, series of events) déclencher; (fashion, custom, policy) lancer ◇ **to** ~ **to do, to** ~ **doing** commencer à faire; **to** ~ **a journey** partir en voyage; **to** ~ **life as** débuter dans la vie comme; **to** ~ **again** recommencer (*to do* à faire) 2 vi (gen) commencer (*with* par; *by doing* par faire); (of road) partir (*at* de) ◇ **to** ~ **at the beginning** commencer par le commencement; **before October** ~**s** avant le début d'octobre; ~**ning from Monday** à partir de lundi; **he began in the sales department and now...** il a débuté dans le service des ventes et maintenant...; **he began as a Marxist but now...** il a commencé par être marxiste mais maintenant...; **to** ~ **with, there was...** d'abord, il y avait...; ~ **on a new page** prenez une nouvelle page; **to** ~ **on sth** commencer qch ✦ **beginner** n débutant(e) [m(f)] ◇ **it's just** ~**'s luck** aux innocents les mains pleines ✦ **beginning** n commencement [m], début [m] ◇ **in the** ~ au commencement, au début; **to start again at the** ~ recommencer au commencement.

begun [bɪ'gʌn] ptp of *begin*.

behalf [bɪ'hɑ:f] n ◇ **on** ~ **of** de la part de; **he did it on my** ~ il l'a fait de ma part; **he was worried on my** ~ il s'inquiétait pour moi.

behave [bɪ'heɪv] vi (also ~ **o.s.**) se conduire; (of machine) marcher ◇ ~ **yourself!** sois sage! ✦ **behaviour**, (US) **behavior** n conduite [f] (*to, towards* envers) ◇ **to be on one's best** ~ se conduire de façon exemplaire.

behead [bɪ'hed] vt décapiter.

behind [bɪ'haɪnd] 1 adv (come) derrière; (stay, look) en arrière ◇ **to leave sth** ~ laisser qch derrière soi; **to be** ~ **with sth** être en retard dans qch 2 prep derrière ◇ **from** ~ **the door** de derrière la porte; **close** ~ tout de suite derrière; (fig) **what is** ~ **this?** qu'y a-t-il là-dessous?; (in work) **he is** ~ **the others** il est en retard sur les autres; ~ **time** en retard; ~ **the times** en retard sur son temps 3 n (famil: buttocks) postérieur [famil] [m].

beholden [bɪ'həʊldən] adj redevable (*to* à; *for* de).

beige [beɪʒ] adj, n beige [m].

Beijing ['beɪ'dʒɪŋ] n Beijing.

being ['bi:ɪŋ] n a ◇ **to come into** ~ (idea) prendre naissance; (society) être créé; **to bring into** ~ faire naître b être [m] ◇ **human** ~**s** êtres humains.

Beirut [beɪ'ru:t] n Beyrouth.

belated [bɪ'leɪtɪd] adj tardif, [f] -ive.

belch [beltʃ] 1 vi faire un renvoi 2 vt (smoke etc) vomir 3 n renvoi [m].

Belfast ['bɛlfɑ:st, bɛl'fɑ:st] n Belfast.

belfry ['belfrɪ] n beffroi [m].

Belgium ['beldʒəm] n Belgique [f] ✦ **Belgian** 1 n Belge [mf] 2 adj belge.

belief [bɪ'li:f] n a croyance [f] (*in God* en Dieu; *in sth* à qch) ◇ **it's beyond** ~ c'est incroyable b conviction [f] ◇ **in the** ~ **that** persuadé que; **to the best of my** ~ autant que je sache.

believe [bɪ'li:v] vti croire (*that* que; *in God* en Dieu; *in sth* à qch) ◇ **to** ~ **in sb** avoir confiance en qn; **I don't** ~ **a word of it** je n'en crois pas un mot; **don't you** ~ **it!** ne va pas croire ça!; **he could hardly** ~ **his eyes** il en croyait à peine ses yeux; **if he is to be** ~**d** à l'en croire; **he is** ~**d to be ill** on le croit malade; **I** ~ **so** je crois que oui; **I** ~ **not** je crois que non; **I don't** ~ **in borrowing** je n'aime pas faire des emprunts ✦ **believer** n (religion) croyant(e) [m(f)] ◇ (gen) **she is a great** ~ **in** elle est très partisan de.

belittle [bɪ'lɪtl] vt déprécier.

bell [bel] n (of church, school, cows) cloche [f]; (hand~) clochette [f]; (on toys, cats etc) grelot [m]; (on door, bicycle etc) sonnette [f]; (electric, also phone) sonnerie [f] ◇ **there's the** ~**!** on sonne! ✦ **bellboy** n groom [m] ✦ **bell-ringer** n sonneur [m] ✦ **bell-tower** n clocher [m].

belligerent [bɪ'lɪdʒərənt] adj, n belligérant(e) [m(f)].

bellow ['beləʊ] 1 vi (animals) mugir; (person) brailler (*with* de) 2 n mugissement [m]; braillement [m].

bellows ['beləʊz] npl (on forge, organ) soufflerie [f]; (for fire) soufflet [m].

belly ['belɪ] n ventre [m] ◇ ~ **button** nombril [m]; ~ **laugh** gros rire [m] gras ✦ **bellyache** n mal [m] de ventre.

belong [bɪ'lɒŋ] vi appartenir (*to* à) ◇ **it ~s to me** ça m'appartient, c'est à moi; **to ~ to a society** faire partie d'une société; **to ~ to a town** (native) être originaire d'une ville; (inhabitant) habiter une ville; **to feel one doesn't ~** se sentir étranger; **put it back where it ~s** remets-le à sa place ♦ **belongings** npl affaires [fpl].

beloved [bɪ'lʌvɪd] adj, n bien-aimé(e) [m(f)].

below [bɪ'ləʊ] 1 prep (under) sous; (lower than) au-dessous de ◇ **~ the bed** sous le lit; **on the bed and ~ it** sur le lit et au-dessous; **~ average** au-dessous de la moyenne 2 adv en bas, en dessous; (Naut) en bas ◇ **2 floors ~** 2 étages au-dessous; **voices from ~** des voix venant d'en bas; (in hell) **down ~** en enfer; (on documents) **see ~** voir ci-dessous.

belt [belt] 1 n a (gen) ceinture [f]; (on machine) courroie [f]; (corset) gaine [f] ◇ **that was below the ~** c'était un coup bas; **he's got 10 years' experience under his ~** il a 10 ans d'expérience à son acquis; (fig) **to tighten one's ~** se serrer la ceinture b (area) zone [f] ◇ **industrial ~** zone industrielle; **green ~** zone de verdure 2 vi a ◇ (famil: rush) **to ~ across** etc traverser etc à toutes jambes b ◇ **to ~ up** (fasten seatbelt) attacher sa ceinture; (famil: be quiet) **~ up!** boucle-la! [famil] ♦ **beltway** n (US) périphérique [m].

bench [bentʃ] n (gen, also in Parliament) banc [m]; (in tiers) gradin [m]; (padded) banquette [f]; (in workshop, factory) établi [m] ◇ **to be on the B~** être juge.

bend [bend] (vb: pret, ptp *bent*) 1 n (in river, tube, pipe) coude [m]; (in arm, knee) pli [m]; (in road) virage [m] ◇ (of car) **to take a ~** prendre un virage; (fig) **round the ~** [famil] cinglé [famil]; (in diving) **the ~s** [famil] la maladie des caissons 2 vt (back, body, head, branch) courber; (leg, arm) plier; (fig famil: rule) faire une entorse à ◇ **to ~ out of shape** fausser; **to ~ back** recourber 3 vi (of person: also **~ down**) se courber; (of branch, instrument etc) être courbé; (of river, road) faire un coude ◇ **to ~ forward** se pencher en avant; **to ~ over** se pencher; (fig) **to ~ over backwards to help sb** [famil] se mettre en quatre pour aider qn.

beneath [bɪ'ni:θ] 1 prep (under) sous; (lower than) au-dessous de ◇ **~ the table** sous la table; **it is ~ her to interfere** elle ne daignerait pas intervenir 2 adv ◇ **the flat ~** l'appartement au-dessous.

benefactor ['benɪfæktəʳ] n bienfaiteur [m].

beneficent [bɪ'nefɪsənt] adj bienfaisant.

beneficial [,benɪ'fɪʃəl] adj salutaire (*to* pour) ◇ **~ to the health** bon pour la santé.

beneficiary [,benɪ'fɪʃərɪ] n bénéficiaire [mf].

benefit ['benɪfɪt] 1 n (advantage) avantage [m] ◇ **it is for his ~ that...** c'est pour lui que...; **it is to his ~** c'est dans son intérêt; **it wasn't much ~ to me** cela ne m'a pas beaucoup aidé; **he's just crying for your ~** [famil] il pleure pour se faire remarquer; **to give sb the ~ of the doubt** laisser à qn le bénéfice du doute; (money) **unemployment ~** allocation [f] de chômage; **~ concert** concert [m] *(au profit d'une œuvre de bienfaisance)*; (Sport) **~ match** match [m] au profit d'un joueur 2 vt profiter à 3 vi gagner (*from, by doing* à faire) ◇ **he will ~ from it** cela lui fera du bien.

Benelux ['benɪlʌks] adj ◇ **the ~ countries** les pays [mpl] du Benelux.

benevolent [bɪ'nevələnt] adj bienveillant (*to* envers); (society) de bienfaisance.

benign [bɪ'naɪn] adj bienveillant ◇ **~ tumour** tumeur [f] bénigne.

Benin [be'ni:n] n Bénin [m].

1\. **bent** [bent] pret, ptp of *bend* adj (wire, pipe) tordu; (famil: dishonest) malhonnête ♦ **bentwood** adj en bois courbé.

2\. **bent** [bent] 1 n ◇ **to follow one's ~** suivre son inclination [f] 2 adj ◇ **to be ~ on doing** vouloir absolument faire.

bequeath [bɪ'kwi:ð] vt léguer (*to* à).

bequest [bɪ'kwest] n legs [m].

bereaved [bɪ'ri:vd] 1 adj endeuillé 2 n ◇ **the ~** la famille du disparu ♦ **bereavement** n deuil [m].

bereft [bɪ'reft] adj ◇ **~ of** privé de.

beret ['bereɪ] n béret [m].

Berlin [bɜ:'lɪn] n Berlin ◇ **East/West ~** Berlin-Est/Ouest.

Bermuda [bɜ:'mju:də] n Bermudes [fpl] ♦ **Bermudan** 1 adj bermudien, [f] -ienne 2 n Bermudien(ne) [m(f)].

berry ['berɪ] n baie [f].

berserk [bə'sɜ:k] adj ◇ **to go ~** devenir fou furieux, [f] folle furieuse.

berth [bɜ:θ] 1 n a (bed) couchette [f] b (anchorage) poste [m] d'amarrage ◇ (fig) **to give sb a wide ~** éviter qn à tout prix 2 vi s'amarrer.

beseech [bɪ'si:tʃ] pret, ptp *besought* vt implorer (*sb to do* qn de faire).

beset [bɪ'set] adj ◇ **~ with** (doubts) assailli de; (difficulties) hérissé de ♦ **besetting** adj ◇ **his ~ sin** son plus grand défaut [m].

beside [bɪ'saɪd] prep à côté de ◇ **that's ~ the point** cela n'a rien à voir avec la question; **to be ~ o.s.** (with anger) être hors de soi; (with excitement) ne plus se posséder; **~ himself with joy** fou de joie.

besides [bɪ'saɪdz] 1 adv en outre, d'ailleurs ◇ **many more ~** bien d'autres encore 2 prep en plus de ◇ **others ~ ourselves** d'autres que nous; **there were 3 of us ~ Mary** nous étions 3 sans compter Marie; **~ which...** et par-dessus le marché....

besiege [bɪ'si:dʒ] vt assiéger.

besought [bɪ'sɔ:t] pret, ptp of *beseech*.

bespectacled [bɪ'spektɪkld] adj à lunettes.

best [best] 1 adj (superl of *good*) le meilleur, la meilleure ◇ **the ~ pupil in...** le meilleur élève de...; **the ~ thing about her is...** ce qu'il y a de meilleur chez elle c'est...; **the ~ thing to do is to wait** le mieux c'est d'attendre; **her ~ friend** sa meilleure amie; **for the ~ part of an hour** pendant près d'une heure; **~ man** (at wedding) garçon [m] d'honneur; (on product) **~ before...** à consommer de préférence avant...

2 n ◇ **to do one's ~** faire de son mieux (*to do* pour faire); **to make the ~ of sth** profiter au maximum de qch; **to make the ~ of a bad job** faire contre mauvaise fortune bon cœur; **it's all for the ~** c'est pour le mieux; **to the ~ of my knowledge** autant que je sache; **to look one's ~** être resplendissant; (on form) **to be at one's ~** être en pleine forme; **even at the ~ of times he's not very patient** il n'est jamais particulièrement patient; **at ~** au mieux; **all the ~** (on letter) amicalement; (when speaking) salut!

3 adv (superl of *well*) (dress, sing) le mieux; (like, love) le plus ◇ **I like strawberries ~** je préfère les fraises; **as ~ I can** de mon mieux; **to think it ~ to do** croire qu'il vaudrait mieux faire; **do as you think ~** faites pour le mieux; **you know ~** c'est vous le mieux placé pour en décider; ◆ **bestseller** n (book, goods) best-seller [m]; (author) auteur [m] à succès.

bestow [bɪ'stəʊ] vt accorder (*on* à).

bet [bet] pret, ptp *bet* or *betted* 1 vti parier (*against* contre; *on* sur; *with* avec) ◇ **to ~ 10 to 1** parier (à) 10 contre 1; **to ~ on horses** jouer aux courses; **to ~ on a horse** jouer un cheval; **I ~ he'll come!** [famil] je te parie qu'il viendra!; **you ~** [famil]**!** tu parles! [famil]; **you can ~ your life that** [famil]**...** tu peux parier tout ce que tu veux que... 2 n pari [m] (*on* sur) ◆ **betting** n paris [mpl] ◇ **the ~ was 2 to 1** la cote était 2 contre 1; (fig) **the ~ is that...** il y a des chances que...; **~ shop** ≃ bureau [m] de P.M.U.

betray [bɪ'treɪ] vt trahir ◇ **to ~ sb to the police** livrer qn à la police; **his speech ~ed the fact that...** on devinait à l'écouter que... ◆ **betrayal** n trahison [f].

better ['betəʳ] 1 adj (comp of *good*) meilleur (*than* que) ◇ **she is ~ at dancing than at singing** elle danse mieux qu'elle ne chante; **that's ~!** voilà qui est mieux!; **he's no ~ than a thief** c'est un voleur ni plus ni moins; (sick man) **he is much ~ now** il va bien mieux maintenant; **to get ~** (gen) s'améliorer; (after illness) se remettre (*from* de); **~ and ~!** de mieux en mieux!; **it couldn't be ~** ça ne pourrait pas être mieux; **it would be ~ to stay** il vaudrait mieux rester; **the ~ part of a year** près d'un an.

2 adv (comp of *well*) mieux (*than* que) ◇ **he sings ~ than he dances** il chante mieux qu'il ne danse; **all the ~, so much the ~** tant mieux (*for* pour); **he was all the ~ for it** il s'en est trouvé mieux; **they are ~ off than we are** (richer) ils ont plus d'argent que nous; (more fortunate) ils sont dans une meilleure position que nous; **he is ~ off at his sister's** il est mieux chez sa sœur; **she's ~ off without him** c'est un bon débarras pour elle; **I had ~ go** il vaut mieux que je m'en aille; **~ dressed** mieux habillé; **~ known** plus connu.

3 n ◇ **a change for the ~** un changement en mieux; **for ~ or worse** pour le meilleur ou pour le pire; **to get the ~ of sb** triompher de qn.

between [bɪ'twi:n] 1 prep (gen) entre ◇ **~ here and London** d'ici Londres; **~ now and next week** d'ici la semaine prochaine; **~ ourselves, he...** entre nous, il...; **the 2 boys managed to do it ~ them** à eux deux les garçons sont arrivés à le faire 2 adv au milieu ◇ **few and far ~** très rares; **rows of trees with grass in ~** des rangées d'arbres séparées par de l'herbe.

bevel ['bevəl] n (**~ edge**) biseau [m].

beverage ['bevərɪdʒ] n boisson [f].

beware [bɪ'wɛəʳ] vti ◇ **to ~ of sth** prendre garde à qch; **~ of falling** prenez garde de tomber; **'~ of the dog!'** 'attention, chien méchant'; **'~ of imitations'** 'se méfier des contrefaçons'.

bewilder [bɪ'wɪldəʳ] vt dérouter ◆ **bewildered** adj (person) dérouté; (look) perplexe ◆ **bewildering** adj déroutant ◆ **bewilderment** n confusion [f].

bewitch [bɪ'wɪtʃ] vt ensorceler; (fig) charmer ◆ **bewitching** adj charmant.

beyond [bɪ'jɒnd] 1 prep (in space) au-delà de; (in time) plus de; (more than) au-dessus de; (except) sauf ◇ **this work is quite ~ him** ce travail le dépasse complètement; **~ my reach** hors de ma portée; **he is ~ caring** il ne s'en fait plus du tout; **that's ~ a joke** cela dépasse les bornes; **~ his means** au-dessus de ses moyens 2 adv au-delà.

bi... [baɪ] pref bi...

bias ['baɪəs] n a préjugé [m] (*towards* pour; *against* contre) b ◇ (Sewing) **~ binding** biais [m] (*ruban*) ◆ **biassed** adj partial ◇ **to be ~ against** avoir un préjugé contre.

bib [bɪb] n bavoir [m].

Bible ['baɪbl] n Bible [f] ◇ **~ story** histoire [f] tirée de la Bible ◆ **biblical** ['bɪblɪkəl] adj biblique.

bibliography [,bɪblɪ'ɒgrəfɪ] n bibliographie [f].

bicarbonate [baɪ'kɑ:bənɪt] n ◇ **~ of soda** bicarbonate [m] de soude.

bicentenary [ˌbaɪsen'ti:nərɪ] n bicentenaire [m].

biceps ['baɪseps] npl inv biceps [m].

bicker ['bɪkə^r] vi se chamailler [famil].

bicycle ['baɪsɪkl] **1** n bicyclette [f] ◇ **by ~** à bicyclette; **to ride a ~** faire de la bicyclette **2** adj (chain) de bicyclette ◇ **~ rack** râtelier [m] à bicyclettes; **~ shed** abri [m] à bicyclettes.

bid [bɪd] pret *bade* or *bid*, ptp *bidden* **1** vt **a** (command) ordonner (*sb to do* à qn de faire) **b** ◇ **to ~ sb good morning** dire bonjour à qn; **to ~ sb welcome** souhaiter la bienvenue à qn **c** (at auction) faire une enchère de; (Cards) demander **2** vi faire une enchère (*for* pour) **3** n **a** (at auction) enchère [f]; (Cards) demande [f] ◇ **'no ~'** 'parole' **b** (attempt) tentative [f] ◇ **suicide ~** tentative de suicide; **to make a ~ for freedom** tenter de s'évader ✦ **bidder** n offrant [m] ◇ **the highest ~** le plus offrant ✦ **bidding** n **a** (sale, Cards) enchères [fpl] **b** ◇ **I did his ~** j'ai fait ce qu'il m'a dit.

bide [baɪd] vt ◇ **to ~ one's time** attendre le bon moment.

bier [bɪə^r] n bière [f] *(pour enterrement)*.

bifocals ['baɪ'fəʊkəlz] npl verres [mpl] à double foyer.

big [bɪg] adj (in height, age: person, building, tree) grand; (in bulk, amount: fruit, parcel, book, lie) gros, [f] grosse ◇ **my ~ brother** mon grand frère; **a ~ man** un homme grand et fort; (important) un grand homme; (Pol) **the B~ Four** les quatre Grands; **~ toe** gros orteil [m]; **to grow ~** or **~ger** grandir (or grossir); **to look ~** faire l'important; **the B~ Bang** le big bang; **~ business** les grandes entreprises [fpl]; **that's rather a ~ word** c'est un bien grand mot; (fig) **he's too ~ for his boots** il a des prétentions; (iro) **that's ~ of you!** [famil] quelle générosité! (iro) ✦ **bighead** [famil] n crâneur [famil] [m], [f] -euse [famil] ✦ **bigheaded** [famil] adj crâneur [famil], [f] -euse ✦ **big-hearted** adj ◇ **to be ~** avoir du cœur ✦ **big shot** [famil] or **big noise** [famil] n grosse légume [famil] [f].

bigamy ['bɪgəmɪ] n bigamie [f].

bigot ['bɪgət] n (gen) fanatique [mf]; (religious) bigot(e) [m(f)] ✦ **bigoted** adj fanatique; bigot.

bike [famil] [baɪk] n vélo [m]; (motorbike) moto [f].

bikini [bɪ'ki:nɪ] n bikini [m].

bile [baɪl] n bile [f].

bilingual [baɪ'lɪŋgwəl] adj bilingue.

bilious ['bɪlɪəs] adj bilieux, [f] -euse ◇ **~ attack** crise [f] de foie.

1. **bill** [bɪl] **1** n **a** (account) facture [f]; (for hotel, also gas etc) note [f]; (in restaurant) addition [f] ◇ **have you paid the milk ~?** as-tu payé le lait?; **may I have the ~ please?** l'addition (or la note) s'il vous plaît **b** ◇ **~ of fare** menu [m]; **~ of rights** déclaration [f] des droits; **~ of sale** acte [m] de vente **c** ◇ (US) **5-dollar ~** billet [m] de 5 dollars **d** (Parl) projet [m] de loi **e** (poster) placard [m]; (Theat etc) affiche [f] ◇ **to top the ~** être en tête d'affiche **2** vt ◇ **to ~ sb for sth** envoyer la facture de qch à qn ✦ **billboard** n panneau [m] d'affichage.

2. **bill** [bɪl] n (of bird) bec [m] ✦ **billing** n ◇ **~ and cooing** roucoulements [mpl] d'amoureux.

billet ['bɪlɪt] vt cantonner (*on sb* chez qn).

billiard ['bɪljəd] n ◇ **~s** billard [m]; **~ ball** boule [f] de billard; **~ table** table [f] de billard.

billion ['bɪljən] n (Brit) billion [m]; (US) milliard [m].

billow ['bɪləʊ] vi (of sail) se gonfler; (of cloth) onduler.

billy can [ˌbɪlɪ'kæn] n gamelle [f].

billy goat ['bɪlɪgəʊt] n bouc [m].

bin [bɪn] n (rubbish ~) boîte [f] à ordures, poubelle [f]; (for bread) huche [f]; (for coal, corn) coffre [m].

binary ['baɪnərɪ] adj binaire.

bind [baɪnd] pret, ptp *bound* vt **a** (fasten: gen) attacher; (person, animal) lier, attacher (*to* à); (sauce) lier ◇ **bound hand and foot** pieds et poings liés **b** (put sth round sth) entourer (*with* de); (material, hem) border (*with* de); (book) relier (*in* en) ◇ **to ~ up a wound** bander une blessure **c** (oblige) obliger (*sb to do* qn à faire) ◇ (Law) **to ~ sb over** mettre qn en liberté conditionnelle ✦ **binder** n (for papers) classeur [m] ✦ **binding** **1** n (of book) reliure [f] **2** adj (agreement, promise) qui lie ◇ **to be ~ on sb** lier qn ✦ **bindweed** n liseron [m].

binge [bɪndʒ] n [famil] ◇ **to have a ~** faire la bombe [famil].

bingo ['bɪŋgəʊ] n ◇ **to go to ~** aller jouer au loto.

binoculars [bɪ'nɒkjʊləz] npl jumelles [fpl] *(lorgnette)*.

biochemistry ['baɪəʊ'kemɪstrɪ] n biochimie [f].

biodegradable ['baɪəʊdɪ'greɪdəbl] adj biodégradable.

biography [baɪ'ɒgrəfɪ] n biographie [f] ✦ **biographer** n biographe [mf].

biology [baɪ'ɒlədʒɪ] n biologie [f] ✦ **biologist** n biologiste [mf] ✦ **biological** adj biologique; (soap powder) aux enzymes.

birch [bɜ:tʃ] **1** n (tree, wood) bouleau [m]; (for whipping) verge [f] **2** vt fouetter.

bird [bɜ:d] n oiseau [m]; (game bird) pièce [f] de gibier *(à plume)*; (as food) volaille [f]; (famil: girl) nana [famil] [f] ◇ **~ of prey** oiseau de proie; **a ~ in the hand is worth two in the bush** un tiens vaut mieux que deux tu l'auras; **they're ~s of a feather** ils sont à mettre dans le même sac; **a little ~ told me** [famil] mon petit doigt me l'a dit;

~ **bath** vasque [f] pour les oiseaux; ~ **cage** cage [f] à oiseaux; ~ **call** cri [m] d'oiseau; ~**'s nest** nid [m] d'oiseau; **to go** ~ **nesting** aller dénicher les oiseaux; ~ **sanctuary** réserve [f] d'oiseaux; **a** ~**'s eye view of Paris** Paris vu à vol d'oiseau; **to go** ~ **watching** aller observer les oiseaux.

Birmingham ['bɜ:mɪŋəm] n Birmingham.

Biro ['baɪərəʊ] n ® ≃ Bic [m] ®.

birth [bɜ:θ] n (of baby, idea etc) naissance [f] ◇ **during the** ~ pendant l'accouchement [m]; **to give** ~ **to** donner naissance à; **from** ~, **by** ~ de naissance; **of good** ~ de bonne famille; ~ **certificate** acte [m] de naissance; ~ **control** régulation [f] des naissances; **does she use** ~ **control?** est-ce qu'elle utilise des moyens contraceptifs?; ~ **rate** taux [m] de natalité [f] ◆ **birthday** n anniversaire [m] ◇ ~ **cake** gâteau [m] d'anniversaire; ~ **card** carte [f] d'anniversaire; **she is having a** ~ **party** on a organisé une petite fête pour son anniversaire ◆ **birthmark** n tache [f] de vin *(sur la peau)* ◆ **birthplace** n (gen) lieu [m] de naissance; (house) maison [f] natale.

biscuit ['bɪskɪt] n biscuit [m].

bishop ['bɪʃəp] n évêque [m]; (Chess) fou [m].

1. **bit** [bɪt] **1** pret of *bite* **2** n **a** (of horse) mors [m] ◇ **to take the** ~ **between one's teeth** prendre le mors aux dents **b** (of tool) mèche [f].

2. **bit** [bɪt] n (piece: gen) morceau [m], bout [m]; (of book, talk etc) passage [m] ◇ **a** ~ **hot/cold** un peu chaud/froid; **a** ~ **of** (money, butter etc) un peu de; (string, garden) un bout de; **a tiny little** ~ un tout petit peu; **a** ~ **of advice** un petit conseil; **a** ~ **of news** une nouvelle; **a** ~ **of luck** une chance; **a** ~ **slow** un peu lent; **a good** ~ **bigger** bien plus grand; **it was a** ~ **of a shock** ça nous a plutôt fait un choc; **not a** ~ pas du tout; **all your** ~**s and pieces** toutes tes petites affaires; **in** ~**s and pieces** (broken) en morceaux; (dismantled) en pièces détachées; ~ **by** ~ petit à petit; **to do one's** ~ fournir sa part d'effort; **wait a** ~ attendez un instant.

bitch [bɪtʃ] n (animal) chienne [f]; (famil: woman) garce [famil] [f] ◆ **bitchy** [famil] adj rosse [famil].

bite [baɪt] (vb: pret *bit*, ptp *bitten*) **1** n (of dog, snake etc) morsure [f]; (of insect) piqûre [f]; (Fishing) touche [f] ◇ **in two** ~**s** en deux bouchées [fpl]; **come and have a** ~ [famil] **to eat** venez manger un morceau **2** vti (gen) mordre; (of insect) piquer ◇ **to** ~ **one's nails** se ronger les ongles; **to** ~ **one's tongue** se mordre la langue; **to** ~ **the dust** mordre la poussière; **once bitten twice shy** chat échaudé craint l'eau froide; **what's biting you?** [famil] qu'est-ce que tu as à râler? [famil]; **to** ~ **into sth** (person) mordre dans qch; (acid) mordre sur qch; **she bit off a piece of apple** elle a mordu dans la pomme; (fig) **he has bitten off more than he can chew** il a eu les yeux plus grands que le ventre; (fig) **to** ~ **sb's head off** [famil] rembarrer qn; **to** ~ **through a thread** couper un fil avec les dents ◆ **biting** adj (wind) cinglant; (remarks) mordant.

bitter ['bɪtəʳ] **1** adj **a** (taste) amer, [f] amère ◇ ~ **lemon** Schweppes [m] ® au citron **b** (weather) glacial **c** (person, reproach) amer; (criticism, sorrow) cruel, [f] -elle; (opposition, protest) violent; (remorse) cuisant ◇ **to the** ~ **end** jusqu'au bout; **I feel very** ~ **about it** ça m'a rempli d'amertume **2** n (Brit: beer) bière [f] anglaise ◇ (drink) ~**s** bitter [m] ◆ **bitterly** adv (speak, weep) amèrement; (criticize, oppose) violemment; (disappointed) cruellement ◇ **it was** ~ **cold** il faisait un froid de loup ◆ **bitterness** n amertume [f].

bivouac ['bɪvʊæk] n bivouac [m].

bizarre [bɪ'zɑ:ʳ] adj bizarre.

black [blæk] **1** adj noir ◇ ~ **and blue** (bruised) couvert de bleus; ~ **beetle** cafard [m]; (on aircraft) ~ **box** boîte [f] noire; ~ **eye** œil [m] au beurre noir; **to give sb a** ~ **eye** pocher l'œil à qn; ~ **economy** économie [f] noire; ~ **hole** trou [m] noir; ~ **ice** verglas [m]; ~ **magic** magie [f] noire; **B**~ **Maria** [famil] (police van) panier [m] à salade [famil]; **on the** ~ **market** au marché noir; ~ **pudding** boudin [m]; **the B**~ **Sea** la mer [f] Noire; (fig) **the** ~ **sheep** la brebis galeuse; '~ **tie'** (on invitation) 'smoking'; '~ **is beautiful'** ≃ 'nous sommes fiers d'être noirs'; (fig) ~ **list** liste [f] noire see below ; **it is as** ~ **as pitch** il fait noir comme dans un four; **a** ~ **deed** un crime; **things are looking** ~ les choses se présentent très mal; **a** ~ **day for England** une sombre journée pour l'Angleterre **2** n (colour) noir [m]; (person) Noir(e) [m(f)] ◇ **there it is in** ~ **and white** c'est écrit noir sur blanc **3** vti **a** (gen) noircir; (during a strike) boycotter ◇ **to** ~ **sb's eye for him** pocher l'œil à qn **b** ◇ **to** ~ **out** (faint) s'évanouir ◆ **blackberry** **1** n mûre [f]; (bush) mûrier [m] **2** vi ◇ **to go** ~**ing** aller cueillir des mûres ◆ **blackbird** n merle [m] ◆ **blackboard** n tableau [m] noir ◆ **blackcurrant** n cassis [m] ◆ **blacken** vti noircir ◆ **blackhead** n point [m] noir *(sur la peau)* ◆ **blackleg** n jaune [m], briseur [m] de grève ◆ **blacklist** **1** n liste [f] noire **2** vt mettre sur la liste noire ◆ **blackmail** **1** n chantage [m] **2** vt faire chanter ◇ **to** ~ **sb into doing** forcer qn par le chantage à faire ◆ **blackmailer** n maître-chanteur [m] ◆ **blackness** n (of colour, substance) noirceur [f]; (darkness) obscurité [f] ◆ **blackout** n (of lights) panne [f] d'électricité; (during war) black-out [m]; (amnesia) trou [m] de mémoire; (fainting) évanouissement [m] ◆ **blacksmith** n (shoes horses) maréchal-ferrant [m]; (forges iron) forgeron [m].

bladder ['blædəʳ] n vessie [f].

blade [bleɪd] n (gen) lame [f]; (of chopper, guillotine) couperet [m]; (of windscreen wiper) caoutchouc [m] ◇ ~ **of grass** brin [m] d'herbe.

blame [bleɪm] 1 vt a ◇ (fix responsibility on) **to ~ sb for sth, to ~ sth on sb** [famil] rejeter la responsabilité de qch sur qn; **I'm not to ~** ce n'est pas ma faute; **you have only yourself to ~** tu l'as bien cherché b (censure) blâmer (*sb for doing* qn de faire; *sb for sth* qn de qch) ◇ **to ~ o.s. for sth** se reprocher qch 2 n a (responsibility) responsabilité [f] ◇ **to put** or **lay the ~ for sth on sb** rejeter la responsabilité de qch sur qn b (censure) blâme [m] ◆ **blameless** adj irréprochable.

blanch [blɑːntʃ] vt (vegetables) blanchir.

bland [blænd] adj doux, [f] douce.

blank [blæŋk] 1 adj (paper) blanc, [f] blanche; (cheque) en blanc; (cartridge) à blanc; (refusal, denial) absolu; (look) déconcerté ◇ ~ **map** carte [f] muette; ~ **wall** mur [m] aveugle; ~ **space** blanc [m], espace [m] vide; ~ **tape** cassette [f] vierge; ~ **form** formulaire [m]; (on form) **please leave ~** laisser en blanc s.v.p.; **his mind went ~** il a eu un passage à vide; ~ **verse** vers [mpl] blancs 2 n (in answer) blanc [m] ◇ **my mind was a ~** j'avais la tête vide; **to draw a ~** faire chou blanc ◆ **blankly** adv (announce) carrément; (look) sans comprendre.

blanket ['blæŋkɪt] n couverture [f] ◇ **a ~ of fog** un brouillard épais; (insurance policy) **to give ~ cover** être tous risques.

blare [blɛəʳ] vi (also ~ **out**) (of music, horn etc) retentir; (of radio) beugler.

blarney [famil] ['blɑːnɪ] n boniment [famil] [m].

blaspheme [blæs'fiːm] vti blasphémer (*against* contre) ◆ **blasphemous** ['blæsfɪməs] adj (person) blasphémateur, [f] -trice; (words) blasphématoire ◆ **blasphemy** ['blæsfɪmɪ] n blasphème [m].

blast [blɑːst] 1 n (sound: of bomb, quarrying) explosion [f]; (of space rocket) grondement [m]; (of trumpets etc) fanfare [f] ◇ ~ **on the siren** coup [m] de sirène; **the radio was going at full ~** la radio marchait à plein volume; **the ~ of the explosion** le souffle de l'explosion; ~ **of air** jet [m] d'air; ~ **furnace** haut fourneau [m] 2 vti (rocks) faire sauter ◇ **the rocket was ~ed off** la fusée a été mise à feu 3 excl [famil] la barbe! [famil] ◇ ~ **him!** il est embêtant! [famil] ◆ **blasted** [famil] adj fichu [famil] (before n) ◆ **blasting** n ◇ **'~ in progress'** 'attention, tir de mines' ◆ **blast-off** n lancement [m] (*spatial*).

blatant ['bleɪtənt] adj (injustice, lie) flagrant.

1. **blaze** [bleɪz] 1 n (fire) feu [m]; (building etc on fire) incendie [m] ◇ ~ **of light** torrent [m] de lumière; ~ **of colour** flamboiement [m] de couleurs; ~ **of anger** explosion [f] de colère; **like ~s** [famil] comme un fou, [f] une folle 2 vi (of fire) flamber; (of sun, jewel, light) resplendir; (of anger) éclater ◆ **blazing** adj (building etc) en flammes; (sun) éclatant.

2. **blaze** [bleɪz] vt ◇ **to ~ a trail** (fig) montrer la voie.

blazer ['bleɪzəʳ] n blazer [m].

bleach [bliːtʃ] 1 n décolorant [m]; (liquid) eau [f] oxygénée ◇ **household ~** eau [f] de Javel 2 vt (gen) blanchir; (hair) décolorer ◇ **to ~ one's hair** se décolorer.

bleak [bliːk] adj (country) désolé; (room) austère; (weather) froid; (existence, smile) morne.

bleary ['blɪərɪ] adj (eyes: from sleep, fatigue) voilé; (from tears) larmoyant.

bleat [bliːt] vi bêler.

bleed [bliːd] pret, ptp *bled* [bled] vti saigner ◇ **his nose is ~ing** il saigne du nez; **he is ~ing to death** il perd tout son sang ◆ **bleeding** 1 n saignement [m]; (more serious) hémorragie [f] 2 adj (wound) saignant.

bleep [bliːp] 1 n (Rad, TV) top [m]; (on pocket call radio) bip [m] 2 vi émettre des signaux 3 vt (person) biper ◆ **bleeper** n bip [m].

blemish ['blemɪʃ] n défaut [m]; (on fruit, reputation) tache [f].

blench [blentʃ] vi (turn pale) blêmir ◇ **without ~ing** sans broncher.

blend [blend] 1 n mélange [m] ◇ (coffee) **Brazilian ~** café [m] du Brésil; **'our own ~'** 'mélange maison' 2 vt (gen) mélanger (*with* à, avec); (colours, styles) fondre 3 vi (gen) se mélanger (*with* à, avec); (of voices, perfumes) se confondre; (colours: shade in) se fondre; (go together) aller bien ensemble ◆ **blender** n (for food) mixeur [m].

bless [bles] pret, ptp *blessed* [blest] or *blest* vt bénir ◇ (iron) **she'll ~ you for this!** elle va te bénir!; **~ you!** vous êtes un ange!; (sneezing) à vos souhaits!; **well I'm blest!** [famil] ça alors! [famil] ◆ **blessed** ['blesɪd] adj a béni ◇ **B~ Virgin** Sainte Vierge [f] b ◇ [famil] **that ~ child** ce fichu [famil] gosse; **every ~ evening** tous les soirs que le bon Dieu fait [famil] ◆ **blessing** n ◇ **with God's ~** par la grâce de Dieu; **the plan had his ~** [famil] il avait donné sa bénédiction à ce projet; **the ~s of civilization** les bienfaits [mpl] de la civilisation; **what a ~ that...** quelle chance que... + subj; **it was a ~ in disguise** c'était malgré les apparences un bien.

blew [bluː] pret of *blow¹*.

blight [blaɪt] n (on plants) rouille [f]; (fig) fléau [m].

blighter [famil] ['blaɪtəʳ] n type [famil] [m] ◇ **silly ~** imbécile [mf].

blimey [famil] ['blaɪmɪ] excl mince alors! [famil]

blind [blaɪnd] 1 adj (gen) aveugle; (corner) sans visibilité ◇ **a ~ man** un aveugle; **~ man's buff** colin-maillard [m]; **~ in one eye** borgne; **as ~ as a bat** myope comme une taupe [famil]; (of car etc) **it was approaching on his ~ side** cela approchait dans son angle mort; (fig) **that was his ~ spot** sur ce point il refusait d'y voir clair; **to turn a ~ eye to** fermer les yeux sur; **~ alley** impasse [f] 2 vt aveugler (*to* sur) 3 n a ◇ **the ~** les aveugles [mpl]; **it's the ~ leading the ~** c'est comme l'aveugle qui conduit l'aveugle b (window) store [m] 4 adv ◇ **~ drunk** [famil] complètement soûl ♦ **blindfold** vt bander les yeux à ♦ **blinding** adj aveuglant ♦ **blindly** adv aveuglément ♦ **blindness** n (lit) cécité [f].

blink [blɪŋk] 1 n clignotement [m] (des yeux) ◇ **it's on the ~** [famil] c'est détraqué 2 vi cligner des yeux; (light) vaciller 3 vt ◇ **to ~ one's eyes** cligner des yeux ♦ **blinkers** npl œillères [fpl].

blip [blɪp] n (on radar) signal [m]; (fig) petit accident [m].

bliss [blɪs] n (gen) félicité [f]; (religious) béatitude [f] ◇ **it's ~** [famil]! c'est divin! ♦ **blissful** adj (gen) bienheureux, [f] -euse; [famil] divin ♦ **blissfully** adv (smile) d'un air béat; (happy, unaware) parfaitement.

blister ['blɪstəʳ] 1 n (on skin) ampoule [f]; (on paint) boursouflure [f] 2 vi former une ampoule; se boursoufler ♦ **blistering** adj (heat) étouffant; (attack) cinglant.

blithe [blaɪð] adj joyeux, [f] -euse.

blithering [famil] ['blɪðərɪŋ] adj ◇ **~ idiot** espèce [f] d'idiot(e).

blitz [blɪts] n (by air force) bombardement [m] aérien ◇ (fig) **to have a ~ on sth** s'attaquer à qch.

blizzard ['blɪzəd] n tempête [f] de neige.

bloated ['bləʊtɪd] adj (gen) gonflé; (face) bouffi; (stomach) ballonné; (with pride) bouffi (*with* de).

blob [blɒb] n grosse goutte [f].

bloc [blɒk] n bloc [m] *(politique)*.

block [blɒk] 1 n a (gen) bloc [m]; (butcher's, executioner's) billot [m]; (of chocolate) plaque [f] b (of buildings) pâté [m] de maisons ◇ **a ~ of flats, an apartment ~** un immeuble; **3 ~s away** 3 rues plus loin c (Psych) blocage [m] d (of tickets) série [f]; (of seats) groupe [m] 2 adj ◇ **in ~ capitals** or **letters** en majuscules [fpl] d'imprimerie 3 vt (gen) bloquer; (pipe etc) boucher; (Ftbl: opponent) gêner ◇ **to ~ sb's way** barrer le chemin à qn; **to ~ off a road** interdire une rue; **to ~ out a view** boucher une vue; **to ~ up** bloquer ♦ **blockade** 1 n blocus [m] 2 vt bloquer ♦ **blockage** n (gen) obstruction [f]; (Psych) blocage [m] ♦ **blockbuster** [famil] n (film) superproduction [f] ♦ **blockhead** [famil] n imbécile [mf].

bloke [bləʊk] n [famil] type [famil] [m].

blond(e) [blɒnd] adj, n blond(e) [m(f)].

blood [blʌd] 1 n sang [m] ◇ **it's like trying to get ~ out of a stone** c'est comme si on parlait à un mur; **bad ~** désaccord [m]; **my ~ was boiling** je bouillais de rage; **she is out for his ~** [famil] elle veut sa peau [famil]; **his ~ ran cold** son sang s'est figé dans ses veines; **it's in his ~** il a cela dans le sang 2 adj (temperature) du sang; (group, transfusion, vessel) sanguin ◇ **~ bath** massacre [m]; **~ cell** globule [m] sanguin; **~ donor** donneur [m], [f] -euse de sang; **~ heat** température [f] du sang (37 °); **~ poisoning** empoisonnement [m] du sang; **~ pressure** tension [f] artérielle; **to have high ~ pressure** faire de l'hypertension; **~ relation** parent(e) [m(f)] par le sang; **~ sports** sports [mpl] sanguinaires; **~ test** analyse [f] du sang ♦ **bloodcurdling** adj à vous figer le sang ♦ **bloodless** adj (victory) sans effusion de sang ♦ **blood-red** adj rouge sang [inv] ♦ **bloodshed** n effusion [f] de sang ♦ **bloodshot** adj injecté de sang ♦ **bloodstained** adj taché de sang ♦ **bloodstream** n système [m] sanguin ♦ **bloodthirsty** adj sanguinaire.

bloody ['blʌdɪ] 1 adj a (hands, weapon) ensanglanté; (battle) sanglant; (nose) en sang b (famil: annoying) foutu [famil], sacré [famil] (before n) 2 adv [famil] vachement [famil] ♦ **bloody-minded** [famil] adj contrariant [famil].

bloom [blu:m] 1 n a (flower) fleur [f] ◇ **in ~** (flower) éclos; (tree) en fleurs b (on fruit, skin) velouté [m] 2 vi (of flower) éclore; (of tree) fleurir; (of person) être florissant ♦ **blooming** [famil] adj fichu [famil] (before n).

blossom ['blɒsəm] 1 n fleurs [fpl]; (one flower) fleur [f] 2 vi fleurir; (fig: also **~ out**) s'épanouir.

blot [blɒt] 1 n tache [f] ◇ **a ~ on his character** une tache à sa réputation; **to be a ~ on the landscape** déparer le paysage 2 vt (dry: ink) sécher ◇ (fig) **to ~ one's copybook** faire un accroc à sa réputation; **to ~ out** (word, memory) effacer; (destroy: city) annihiler ♦ **blotting paper** n buvard [m].

blotch [blɒtʃ] n tache [f] ♦ **blotchy** adj (face) marbré; (paint) couvert de taches.

blouse [blaʊz] n chemisier [m].

blouson ['blu:zɒn] n blouson [m].

1. **blow** [bləʊ] pret *blew*, ptp *blown* 1 vi a (of wind, person) souffler ◇ (fig) **to see which way the wind ~s** regarder de quel côté souffle le vent; **to ~ hot and cold** souffler le chaud et le froid; **the door blew open** un coup de vent a ouvert la porte; **his hat blew away** or **off** son chapeau s'est envolé;

the tree was ~n down l'arbre a été abattu par le vent; **to ~ out** (lamp) s'éteindre; (tyre) éclater; (fuse) sauter; **to ~ over** (dispute) passer; **to ~ up** exploser **b** (of trumpet, whistle) retentir ◇ **when the whistle ~s** au coup de sifflet **2** vt **a** (of wind: ship) pousser; (leaves) chasser ◇ **it was ~ing a gale** le vent soufflait en tempête; **the wind blew the door open** un coup de vent a ouvert la porte; **the wind blew it down** le vent l'a fait tomber; **to ~ sth off** emporter qch; **to ~ a light out** éteindre une lumière **b** (bubbles) faire; (glass) souffler; (kiss) envoyer **c** (trumpet) souffler dans ◇ **to ~ a whistle** siffler; **to ~ up a tyre** gonfler un pneu; (fig) **to ~ one's own trumpet** chanter ses propres louanges **d** (fuse, safe) faire sauter; (famil: money) claquer [famil] ◇ **the whole plan has been ~n sky-high** tout le projet a sauté; **to ~ one's brains out** se brûler la cervelle; **to ~ up** (a building) faire sauter; (a photo) agrandir **e** ◇ **to ~ one's nose** se moucher; **to ~ one's top** [famil] piquer une colère [famil]; **to ~ the gaff** [famil] vendre la mèche; **well, I'm ~ed!** [famil] ça alors! [famil] ◆ **blow-dry** **1** n brushing [m] **2** vt faire un brushing à ◆ **blower** [famil] n (phone) téléphone [m] ◆ **blowlamp** n lampe [f] à souder ◆ **blow-out** n (tyre) éclatement [m]; (Elec) court-circuit [m] ◆ **blowtorch** n lampe [f] à souder ◆ **blow-up** n explosion [f]; (photo) agrandissement [m].

2. **blow** [bləʊ] n (gen) coup [m]; (with fist) coup de poing ◇ **to come to ~s** en venir aux mains; **he gave me a ~-by-~ account** il ne m'a fait grâce d'aucun détail.

bludgeon ['blʌdʒən] **1** n matraque [f] **2** vt matraquer; (fig) forcer.

blue [blu:] **1** adj **a** bleu ◇ **~ with cold** bleu de froid; **you may talk till you are ~ in the face** [famil] tu peux toujours parler; **~ cheese** fromage [m] bleu; **~ jeans** blue-jean [m]; **once in a ~ moon** [famil] tous les trente-six du mois; (fig) **to feel ~** [famil] avoir le cafard [famil] **b** (obscene: film etc) porno [famil] [inv] **2** n (colour) bleu [m] ◇ (fig) **to come out of the ~** être complètement inattendu; **the ~s** (famil: depression) le cafard [famil]; (music) le blues **3** vt (famil: squander) gaspiller ◆ **bluebell** n jacinthe [f] des bois ◆ **bluebottle** n mouche [f] bleue ◆ **blue-eyed** adj aux yeux bleus ◇ (fig) **the ~ boy** le chouchou [famil] ◆ **blueprint** n (fig) schéma [m] directeur (*for* de).

1. **bluff** [blʌf] adj (person) direct.

2. **bluff** [blʌf] **1** vti bluffer [famil] **2** n bluff [famil] [m] ◇ **to call sb's ~** prouver que qn bluffe [famil].

blunder ['blʌndəʳ] **1** n (socially) gaffe [f]; (error) grosse faute [f] **2** vi faire une gaffe, faire une grosse faute ◇ **to ~ in** etc entrer etc à l'aveuglette ◆ **blundering** adj maladroit.

blunt [blʌnt] **1** adj **a** (not sharp) émoussé; (pencil) mal taillé **b** (outspoken) brusque; (fact) brutal ◇ **he was very ~** il n'a pas mâché ses mots **2** vt (blade etc) émousser ◆ **bluntly** adv (speak) carrément.

blur [blɜ:ʳ] **1** n masse [f] confuse **2** vt estomper ◇ **eyes ~red with tears** yeux voilés de larmes ◆ **blurred** adj flou.

blurb [blɜ:b] n baratin [famil] [m] publicitaire.

blurt [blɜ:t] vt ◇ **to ~ out** (word) lâcher; (fact) laisser échapper.

blush [blʌʃ] **1** vi rougir (*with* de) **2** n rougeur [f] ◇ **with a ~** en rougissant ◆ **blusher** n fard [m] à joues.

bluster ['blʌstəʳ] vi (of wind) faire rage; (of person) tempêter ◆ **blustery** adj à bourrasques.

boa ['bəʊə] n boa [m].

boar [bɔ:ʳ] n (wild) sanglier [m].

board [bɔ:d] **1** n **a** (piece of wood) planche [f] ◇ (fig) **above ~** tout à fait régulier; **across the ~** systématiquement **b** (meals) pension [f] ◇ **~ and lodging** chambre [f] avec pension; **full ~** pension complète **c** (officials) conseil [m] ◇ **~ of directors** conseil d'administration; **~ room** salle [f] de conférence; (Brit) **B~ of Trade** ministère [m] du Commerce; **~ of inquiry** commission [f] d'enquête; **~ of examiners** jury [m] d'examen **d** ◇ **to go on ~** monter à bord (*a ship* etc d'un navire etc); **to take on ~** embarquer; (fig) prendre note de; **on ~** à bord; (of plans etc) **they've gone by the ~** on a dû les abandonner **e** (cardboard) carton [m]; (for games) tableau [m] ◇ **~ game** jeu [m] de société **2** vti **a** (get on ~: ship, plane) monter à bord de; (train, bus) monter dans **b** ◇ (lodge) **to ~ with sb** être en pension chez qn; **to ~ sb out** mettre qn en pension **c** ◇ **to ~ sth up** boucher qch ◆ **boarder** n pensionnaire [mf] ◆ **boarding** adj ◇ **~ card, ~ pass** carte [f] d'embarquement; **~ house** pension [f] de famille; **~ school** pensionnat [m].

boast [bəʊst] **1** n fanfaronnade [f] **2** vi se vanter (*about, of* de) ◇ **to ~ that one can do** se vanter de pouvoir faire qch ◆ **boastful** adj vantard ◆ **boasting** n vantardise [f].

boat [bəʊt] **1** n (gen) bateau [m]; (ship) navire [m]; (rowing ~) canot [m]; (sailing ~) voilier [m] ◇ **to go by ~** prendre le bateau; **~ train** *train qui assure la correspondance avec le ferry*; (fig) **we're all in the same ~** nous sommes tous logés à la même enseigne **2** vi ◇ **to go ~ing** aller faire une partie de canot ◆ **boatbuilder** n constructeur [m] de bateaux ◆ **boating** n canotage [m] ◇ **~ trip** excursion [f] en bateau ◆ **boatload** n (of goods etc) cargaison [f]; (of people) plein bateau [m] ◆

boatswain ['bəʊsn] n maître [m] d'équipage ◆ **boatyard** n chantier [m] de construction de bateaux.

bob [bɒb] vi ◇ **to ~ up and down** (in the air) pendiller; (in water) danser sur l'eau.

bobbin ['bɒbɪn] n bobine [f].

bobby [famil] ['bɒbɪ] n (policeman) flic [famil] [m].

bobsleigh ['bɒb,sleɪ] n bobsleigh [m].

bodice ['bɒdɪs] n corsage [m] *(d'une robe)*.

bodily ['bɒdɪlɪ] 1 adv (carry) dans ses bras 2 adj (need) matériel, [f] -elle ◇ **~ harm** blessure [f].

body ['bɒdɪ] n (gen) corps [m]; (of car) carrosserie [f]; (of plane) fuselage [m] ◇ **dead ~** cadavre [m]; **~ of troops** corps de troupes; **the main ~ of the army** le gros de l'armée; **a large ~ of people** une masse de gens; **in a ~** en masse; **in the ~ of the hall** au centre de la salle; **to give one's hair ~** donner du volume à ses cheveux ◆ **body-building** n culturisme [m] ◆ **bodyguard** n (one person) garde [m] du corps ◆ **body stocking** n body [m] ◆ **body warmer** n gilet [m] matelassé ◆ **bodywork** n (of car) carrosserie [f].

bog [bɒg] 1 n marécage [m] 2 vt ◇ **to get ~ged down** s'enliser (*in* dans).

bogeyman ['bəʊgɪ,mæn] n croque-mitaine [m].

boggle ['bɒgl] vi être ahuri (*at* par) ◇ **the mind ~s!** c'est ahurissant!

bogus ['bəʊgəs] adj faux, [f] fausse (before n).

bohemian [bəʊ'hi:mɪən] adj (artist) bohème [mf].

1. **boil** [bɔɪl] n (on skin) furoncle [m].

2. **boil** [bɔɪl] 1 vi bouillir ◇ **the kettle is ~ing** l'eau bout; **to let the kettle ~ dry** laisser s'évaporer complètement l'eau de la bouilloire; **to ~ away** s'évaporer; **to ~ over** déborder; (fig) **to ~ down to** revenir à 2 vt (water, food) faire bouillir 3 n ◇ **to bring sth to the ~** amener qch à ébullition; **on the ~** bouillant; **off the ~** qui ne bout plus ◆ **boiled** adj (bacon, beef) bouilli; (ham) cuit; (egg) à la coque; (vegetables) cuit à l'eau; (potatoes) à l'anglaise ◆ **boiler** n chaudière [f] ◇ **~ room** salle [f] des chaudières; **~ suit** bleu [m] de travail ◆ **boilermaker** n chaudronnier [m] ◆ **boiling** adj (water, oil) bouillant ◇ **at ~ point** à ébullition; **it's ~ hot** il fait une chaleur terrible; **I'm ~ hot** [famil] je crève [famil] de chaleur!; **he is ~ing with rage** il bout de colère.

boisterous ['bɔɪstərəs] adj gai et bruyant.

bold [bəʊld] adj hardi ◇ **to grow ~** s'enhardir; **to be ~ enough to do** avoir l'audace de faire; **as ~ as brass** d'une impudence peu commune; (Print) **~ type** caractères [mpl] gras ◆ **boldly** adv hardiment ◆ **boldness** n hardiesse [f].

Bolivia [bə'lɪvɪə] n Bolivie [f] ◆ **Bolivian** 1 adj bolivien, [f] -ienne 2 n Bolivien(ne) [m(f)].

bollard ['bɒləd] n borne [f] *(de signalisation)*.

bolshie [famil] ['bɒlʃɪ] adj (Pol) rouge; (gen) querelleur, [f] -euse.

bolster ['bəʊlstə^r] 1 n traversin [m] 2 vt ◇ **to ~ up** soutenir (*with* par).

bolt [bəʊlt] 1 n a (of door, window) verrou [m] ◇ **~ of lightning** éclair [m]; (fig) **a ~ from the blue** un coup de tonnerre dans un ciel bleu b ◇ **he made a ~ for the door** il a fait un bond vers la porte 2 vi a (runaway horse) s'emballer; (of person) se sauver b (move quickly) se précipiter ◇ **to ~ in** etc entrer etc comme un ouragan 3 vt a (food) engouffrer b (door) verrouiller 4 adv ◇ **~ upright** droit comme un piquet.

bomb [bɒm] 1 n bombe [f] ◇ **letter ~** lettre [f] piégée; (fig) **it went like a ~** [famil] ça a été du tonnerre [famil]; **it cost a ~** [famil] cela a coûté les yeux de la tête; **~ disposal expert** artificier [m]; **~ disposal squad** équipe [f] de déminage; **~ scare** alerte [f] à la bombe 2 vt (town) bombarder ◆ **bomber** n (aircraft) bombardier [m]; (terrorist) plastiqueur [m] ◆ **bombing** n bombardement [m]; (by terrorists) attentat [m] au plastic ◆ **bombshell** n ◇ (fig) **to come like a ~** faire l'effet d'une bombe.

bombard [bɒm'bɑ:d] vt bombarder (*with* de) ◆ **bombardment** n bombardement [m].

bona fide ['bəʊnə'faɪdɪ] adj (traveller) véritable; (offer) sérieux, [f] -ieuse ◆ **bona fides** n bonne foi [f].

bonanza [bə'nænzə] n (money) mine [f] d'or; (boon) aubaine [f].

bond [bɒnd] 1 n a lien [m] b (financial) bon [m], titre [m] 2 vt (of strong glue) coller ◆ **bondage** n esclavage [m].

bone [bəʊn] n (gen) os [m]; (of fish) arête [f] ◇ **I feel it in my ~s** j'en ai le pressentiment; **~ of contention** pomme [f] de discorde; **to have a ~ to pick with sb** avoir un compte à régler avec qn; **he made no ~s about saying what he thought** il n'a pas hésité à dire ce qu'il pensait; **made of ~** en os; **~ china** porcelaine [f] tendre ◆ **boned** adj (meat) désossé; (fish) sans arêtes ◆ **bone-dry** adj absolument sec, [f] sèche ◆ **bone-idle** [famil] or **bone-lazy** [famil] adj fainéant.

bonfire ['bɒnfaɪə^r] n feu [m] de joie; (for rubbish) feu de jardin.

bonkers ['bɒkəz] adj [famil] cinglé [famil].

bonnet ['bɒnɪt] n bonnet [m]; (Brit: on car) capot [m].

bonus ['bəʊnəs] n prime [f] ◇ **~ of 500 francs** 500 F de prime; (fig) **as a ~** en prime; (Aut) **no-claims ~** bonus [f].

boo [bu:] **1** excl hou!, peuh! ◇ **he wouldn't say ~ to a goose** [famil] il n'ose jamais ouvrir le bec [famil] **2** vti huer **3** n ◇ **~s** (also **~ing**) huées [fpl].

boob [famil] [bu:b] **1** n (mistake) gaffe [f] **2** vi gaffer.

booby ['bu:bɪ] n nigaud(e) [m(f)] ◇ **~ prize** prix [m] de consolation *(décerné au dernier)*; **~ trap** traquenard [m]; (Mil) objet [m] piégé.

book [bʊk] **1** n livre [m]; (exercise ~) cahier [m]; (of samples etc) album [m]; (of tickets etc) carnet [m]; (of matches) pochette [f] ◇ (accounts) **the ~s** le livre de comptes; **to keep the ~s** tenir la comptabilité; **to bring sb to ~** obliger qn à rendre des comptes; **by the ~** selon les règles; **to go by the ~** se conformer à la règle; **to be in sb's good** or **bad ~s** être bien vu or mal vu de qn; (fig) **in my ~** [famil] à mon avis; **~ club** club [m] du livre; **~ token** bon-cadeau [m] *(négociable en librairie)* **2** vt **a** (seat, room, sleeper) retenir, réserver; (ticket) prendre ◇ (Theat) **we're fully ~ed** on joue à guichets fermés; **the hotel is ~ed up** or **fully ~ed** l'hôtel est complet; **I'm ~ed for lunch** [famil] je suis pris à déjeuner **b** (Police: driver etc) donner un procès-verbal à; (football player) prendre le nom de ◇ **to be ~ed for speeding** attraper une contravention pour excès de vitesse **3** vi ◇ **(~ up)** réserver; **to ~ in** prendre une chambre ◆ **bookable** adj ◇ **all seats ~** toutes les places peuvent être retenues ◆ **bookbinder** n relieur [m], [f] -euse ◆ **bookcase** n bibliothèque [f] *(meuble)* ◆ **bookends** npl presse-livres [m inv] ◆ **bookie** [famil] n bookmaker [m] ◆ **booking** n réservation [f] ◇ **~ office** bureau [m] de location ◆ **book-keeper** n comptable [mf] ◆ **book-keeping** n comptabilité [f] ◆ **booklet** n brochure [f] ◆ **bookmaker** n bookmaker [m] ◆ **bookmark** n signet [m] ◆ **bookseller** n libraire [mf] ◆ **bookshelf** n rayon [m] de bibliothèque ◆ **bookshop** n librairie [f] ◆ **bookstall** n kiosque [m] à journaux ◆ **bookstore** n librairie [f] ◆ **bookworm** n rat [m] de bibliothèque.

1. **boom** [bu:m] n **a** (across river etc) barrage [m] **b** (of mast) gui [m]; (of crane) flèche [f]; (of microphone, camera) perche [f].

2. **boom** [bu:m] **1** vi (gen) gronder; (of voice) retentir; (of person) tonitruer **2** n grondement [m] ◇ **sonic ~** bang [m] supersonique.

3. **boom** [bu:m] **1** vi être en expansion **2** n expansion [f] ◇ **~ period** boom [m].

boomerang ['bu:məræŋ] n boomerang [m].

boon [bu:n] n aubaine [f], bénédiction [famil] [f].

boor [bʊəʳ] n rustre [m] ◆ **boorish** adj grossier, [f] -ière.

boost [bu:st] **1** n ◇ **to give sb a ~** (help him up) soulever qn par en dessous; (raise his morale) remonter le moral à qn **2** vt (Elec) survolter; (engine) suralimenter; (price) faire monter; (output, sales) augmenter; (the economy) renforcer ◆ **booster** n (Elec) survolteur [m]; (Rad) amplificateur [m]; (dose) piqûre [f] de rappel [m].

1. **boot** [bu:t] n ◇ **to ~** par-dessus le marché.

2. **boot** [bu:t] **1** n **a** (gen) botte [f]; (ankle ~) bottillon [m]; (of workman etc) grosse chaussure [f] montante ◇ (fig) **the ~ is on the other foot** les rôles sont renversés; **to give sb the ~** [famil] flanquer [famil] qn à la porte **b** (of car) coffre [m] **2** vt **(~ up)** (Comput) initialiser ◆ **bootee** n petit chausson [m] ◆ **bootlace** n lacet [m] ◆ **bootpolish** n cirage [m].

booth [bu:ð] n (at fair) baraque [f] foraine; (in language lab, telephone etc) cabine [f]; (voting ~) isoloir [m].

booty ['bu:tɪ] n butin [m].

booze [famil] [bu:z] **1** n alcool [m] *(boissons)* **2** vi boire beaucoup.

border ['bɔ:dəʳ] **1** n **a** (of lake, carpet, dress) bord [m]; (of picture, in garden) bordure [f] **b** (frontier) frontière [f] ◇ **to escape over the ~** s'enfuir en passant la frontière; **~ incident** incident [m] de frontière; **~ raid** incursion [f]; **~ town** ville [f] frontière **2** vi ◇ **to ~ on** (country) être limitrophe de; (estate) toucher; (fig: come near to being) être voisin de ◆ **borderline** n ligne [f] de démarcation ◇ **~ case** cas [m] limite.

1. **bore** [bɔ:ʳ] **1** vt (hole, tunnel) percer; (well, rock) forer **2** n ◇ **a 12-~ shotgun** un fusil de calibre 12.

2. **bore** [bɔ:ʳ] **1** n (person) raseur [famil] [m], [f] -euse [famil]; (event, situation) corvée [f] **2** vt ennuyer ◆ **bored** adj (person) qui s'ennuie; (look) d'ennui ◇ **to be ~ stiff** or **to death** or **to tears** s'ennuyer à mourir; **he was ~ with reading** il en avait assez de lire ◆ **boredom** n ennui [m] ◆ **boring** adj ennuyeux, [f] -euse.

3. **bore** [bɔ:ʳ] pret of *bear¹*.

born [bɔ:n] adj né ◇ **to be ~** naître; **he was ~ in 1920** il est né en 1920; **he wasn't ~ yesterday** [famil] il n'est pas né de la dernière pluie; **a ~ poet** un poète né; **a Parisian ~ and bred** un vrai Parisien de Paris; **Chicago-~** né à Chicago.

borne [bɔ:n] ptp of *bear¹*.

borough ['bʌrə] n municipalité [f]; (in London) ≃ arrondissement [m].

borrow ['bɒrəʊ] vt emprunter (*from* à) ◆ **borrowing** m emprunt [m].

Borstal ['bɔ:stl] n (Brit) maison [f] d'éducation surveillée.

bosom ['bʊzəm] n poitrine [f] ◇ (fig) **in the ~ of the family** au sein de la famille; **~ friend** ami(e) [m(f)] intime.

boss [famil] [bɒs] 1 n patron(ne) [m(f)] 2 vt ◇ **to ~ about** [famil], **to ~ around** [famil] mener à la baguette ✦ **bossy** [famil] adj autoritaire.

bosun ['bəʊsn] n maître [m] d'équipage.

botany ['bɒtənɪ] n botanique [f] ✦ **botanic(al)** adj botanique ✦ **botanist** n botaniste [mf].

botch [bɒtʃ] vt (**~ up**) (bungle) saboter.

both [bəʊθ] adj, pron, adv tous [mpl] les deux, toutes [fpl] les deux ◇ **~ books are his** les deux livres sont à lui; **~ you and I saw him** nous l'avons vu vous et moi; **from ~ of us** de nous deux; **~ of them were there, they were ~ there** ils étaient là tous les deux; **~ this and that** non seulement ceci mais aussi cela; **~ Paul and I came** Paul et moi sommes venus tous les deux; **she was ~ laughing and crying** elle riait et pleurait à la fois; **you can't have it ~ ways** [famil] il faut choisir.

bother ['bɒðəʳ] 1 vt (gen) déranger; (pester) harceler; (worry) inquiéter ◇ **I'm sorry to ~ you** excusez-moi de vous déranger; **does it ~ you if I smoke?** ça vous dérange si je fume?; **I can't be ~ed going out** je n'ai pas le courage de sortir; **are you going? – I can't be ~ed** tu y vas? – non, je n'en ai pas envie; **his leg ~s him** sa jambe le fait souffrir 2 vi se donner la peine (*to do* de faire) ◇ **you needn't ~ to come** ce n'est pas la peine de venir; **don't ~ about me** ne vous occupez pas de moi; **please don't ~** ce n'est pas la peine 3 n ennui [m] ◇ (excl) **~!** la barbe! [famil]; **she's having a spot of ~** elle a des ennuis.

bottle ['bɒtl] 1 n bouteille [f]; (small) flacon [m]; (for beer) canette [f]; (baby's ~) biberon [m] ◇ **wine ~** bouteille à vin; **~ of wine** bouteille de vin 2 vt (wine) mettre en bouteilles; (fruit) mettre en bocaux ◇ **to ~ up one's feelings** refouler ses sentiments ✦ **bottle bank** n conteneur [m] (pour le verre usagé) ✦ **bottled** adj (beer) en canette; (wine) en bouteilles; (fruit) en bocaux ✦ **bottle-fed** adj nourri au biberon ✦ **bottle-green** adj vert bouteille [inv] ✦ **bottleneck** n (road) rétrécissement [m] de la chaussée; (traffic) bouchon [m]; (production etc) goulet [m] d'étranglement ✦ **bottle-opener** n ouvre-bouteilles [m inv]; décapsuleur [m].

bottom ['bɒtəm] 1 n (of box: outside) bas [m]; (inside) fond [m]; (well, garden, sea) fond; (dress, heap, page) bas; (tree, hill) pied [m]; (buttocks) derrière [m] ◇ **the name at the ~ of the list** le nom au bas de la liste; **he's at the ~ of the list** il est en queue de liste; **to be ~ of the class** être le dernier de la classe; **from the ~ of my heart** du fond de mon cœur; **at ~** au fond; (fig) **we can't get to the ~ of it** impossible de découvrir l'origine de tout cela 2 adj (shelf) du bas; (step, gear) premier, [f] -ière ◇ **~ half** (box) partie [f] inférieure; (class, list) deuxième moitié [f]; **the ~ line** (Fin) le résultat financier; (fig) l'essentiel [m] ✦ **bottomless** adj (pit) sans fond; (supply) inépuisable.

bough [baʊ] n rameau [m].

bought [bɔ:t] pret, ptp of *buy*.

boulder ['bəʊldəʳ] n rocher [m].

bounce [baʊns] 1 vi (of ball) rebondir; (child) faire des bonds; (famil: cheque) être sans provision ◇ (person) **to ~ in** etc entrer etc avec entrain 2 vt (ball) faire rebondir; ([famil]: cheque) refuser ✦ **bouncer** [famil] n videur [famil] [m] ✦ **bouncing** adj ◇ **~ baby** beau bébé [m] ✦ **bouncy** adj (hair) vigoureux; (person) dynamique.

1. **bound** [baʊnd] 1 n ◇ **~s** limites [fpl], bornes [fpl]; **to keep within ~s** rester dans la juste mesure; **within the ~s of possibility** dans les limites du possible; **out of ~s** dont l'accès est interdit 2 vt ◇ **~ed by** limité par ✦ **boundless** adj sans bornes.

2. **bound** [baʊnd] 1 n bond [m] 2 vi (person) bondir ◇ **to ~ in** etc entrer etc d'un bond.

3. **bound** [baʊnd] pret, ptp of *bind* adj ◇ **I am ~ to confess** je suis forcé d'avouer; **you're ~ to do it** (obliged to) vous êtes tenu or obligé de le faire; (sure to) vous le ferez sûrement; **it was ~ to happen** cela devait arriver; (destined) **~ for** (person) en route pour; (parcel, train) à destination de; **where are you ~ for?** où allez-vous?

boundary ['baʊndərɪ] n limite [f]; (Sport) limites [fpl] du terrain.

bouquet ['bʊkeɪ] n bouquet [m].

bourbon ['bɜ:bən] n (US) bourbon [m].

bourgeois ['bʊəʒwɑ:] adj, n bourgeois(e) [m(f)].

bout [baʊt] n a (fever, malaria etc) accès [m]; (rheumatism) crise [f] ◇ **a ~ of flu** une grippe; **he's had several ~s of illness** il a été malade plusieurs fois b (Boxing) combat [m].

boutique [bu:'ti:k] n boutique [f] (*de mode etc*).

1. **bow** [bəʊ] n (weapon) arc [m]; (violin) archet [m]; (rainbow etc) arc; (knot) nœud [m] ◇ **~ tie** nœud [m] papillon; **~ window** fenêtre [f] en saillie ✦ **bow-legged** adj aux jambes arquées.

2. **bow** [baʊ] 1 n salut [m] ◇ **to take a ~** saluer 2 vi a ◇ **to ~ to sb** saluer qn b (**~ down**) se courber; (submit) s'incliner 3 vt (back) courber; (head) pencher; (knee) fléchir.

3. **bow** [baʊ] n (of ship: also ~**s**) avant [m], proue [f] ◇ **in the** ~**s** à l'avant, en proue.

bowels ['baʊəlz] npl intestins [mpl].

1. **bowl** [bəʊl] n (for eating) bol [m]; (for preparing, storing) jatte [f]; (for washing up, also of sink, lavatory) cuvette [f]; (for fruit) coupe [f]; (for salad) saladier [m]; (for sugar) sucrier [m].

2. **bowl** [bəʊl] 1 n ◇ (game) ~**s** (Brit) jeu [m] de boules; (US: skittles) bowling [m] 2 vi a ◇ **to go** ~**ing** jouer aux boules or au bowling b ◇ **to go** ~**ing down the street** descendre la rue à bonne allure 3 vt (ball) lancer ◇ **to** ~ **sb out** mettre qn hors jeu; **to** ~ **sb down** or **over** renverser qn; (fig) **to be** ~**ed over by** être bouleversé par ◆ **bowler** n (Cricket) lanceur [m]; (hat) chapeau [m] melon ◆ **bowling** adj ◇ ~ **alley** bowling [m]; ~ **green** terrain [m] de boules *(sur gazon)*.

1. **box** [bɒks] 1 n a boîte [f]; (crate; also for cash) caisse [f]; (cardboard ~) carton [m] ◇ (TV) **on the** ~ [famil] à la télé [famil] b (Theat) loge [f]; (jury, press) banc [m]; (witness) barre [f]; (stable) box [m] ◇ ~ **number** numéro [m] d'annonce 2 vt ◇ **to** ~ **sth in** encastrer qch; (fig) **to feel** ~**ed in** se sentir à l'étroit ◆ **Boxing Day** n le lendemain de Noël ◆ **box office** n bureau [m] de location.

2. **box** [bɒks] 1 vi faire de la boxe 2 vt boxer avec ◇ **to** ~ **sb's ears** gifler qn ◆ **boxer** n boxeur [m] ◇ ~ **shorts** boxer short [m] ◆ **boxing** 1 n boxe [f] 2 adj (gloves, match) de boxe ◇ ~ **ring** ring [m].

boxroom ['bɒksrʊm] n cabinet [m] de débarras.

boy [bɔɪ] n garçon [m] ◇ **English** ~ petit or jeune Anglais [m]; **the Jones** ~ le petit Jones; **when I was a** ~ quand j'étais petit; ~**s will be** ~**s** les garçons, on ne les changera jamais; **my dear** ~ mon cher; (to child) mon petit; (excl) ~**!** [famil] bigre! [famil] ◆ **boyfriend** n petit ami [m] ◆ **boyhood** n enfance [f] ◆ **boyish** adj gamin.

boycott ['bɔɪkɒt] 1 vt boycotter 2 n boycottage [m].

BR [bi:'ɑ:ʳ] n abbr of *British Rail* → **British.**

bra [brɑ:] n soutien-gorge [m].

brace [breɪs] 1 n a (gen) attache [f]; (on limb) appareil [m] orthopédique; (dental) appareil dentaire ◇ (Brit) ~**s** bretelles [fpl] b (pl inv: pair) paire [f] 2 vt ◇ (fig) **to** ~ **o.s.** rassembler ses forces (*to do* pour faire) ◆ **bracing** adj vivifiant.

bracelet ['breɪslɪt] n bracelet [m].

bracken ['brækən] n fougère [f].

bracket ['brækɪt] 1 n a (angled support) support [m]; (shelf) petite étagère [f]; (for lamp) fixation [f] ◇ ~ **lamp** applique [f] b (punctuation: round) parenthèse [f]; (square) crochet [m] ◇ **in** ~**s** entre parenthèses; (fig) **income** ~ tranche [f] de revenus 2 vt mettre entre parenthèses etc; (fig: ~ **together**) mettre dans le même groupe; (in exam results) mettre ex aequo.

brag [bræg] vti se vanter (*about* de; *about doing* de faire; *that one has done* d'avoir fait).

braid [breɪd] 1 vt (hair) tresser 2 n (on dress) ganse [f]; (Mil) galon [m]; (hair) tresse [f].

Braille [breɪl] n braille [m].

brain [breɪn] 1 n cerveau [m] ◇ ~**s** (Culin) cervelle [f]; **he's got** ~**s** il est intelligent; ~ **damage** lésions [fpl] cérébrales; ~ **disease** maladie [f] cérébrale; ~**s trust** réunion-débat [f] 2 vt (famil: knock out) assommer ◆ **brain-child** n invention [f] personnelle ◆ **brainless** adj stupide ◆ **brainwash** vt faire un lavage de cerveau à ◇ (fig) **he was** ~**ed into believing that...** on a réussi à lui faire croire que... ◆ **brainwashing** n lavage [m] de cerveau ◆ **brainwave** n idée [f] géniale ◆ **brainy** [famil] adj intelligent.

braise [breɪz] vt braiser.

1. **brake** [breɪk] n (vehicle) break [m].

2. **brake** [breɪk] 1 n (on car etc) frein [m] ◇ ~ **fluid** liquide [m] de freins; ~ **light** feu [m] rouge *(des freins)*; ~ **pad** plaquette [f] de frein 2 vi freiner.

bramble ['bræmbl] n a (thorny shrub) roncier [m] b = **blackberry.**

bran [bræn] n son [m] *(de blé)*.

branch [brɑ:ntʃ] 1 n a (gen) branche [f]; (river) bras [m]; (road, pipe, railway) embranchement [m] ◇ (rail) ~ **line** ligne [f] secondaire b (store, company) succursale [f]; (bank) agence [f]; (administration) section [f] ◇ (in army) **their** ~ **of the service** leur arme [f] 2 vi ◇ **the road** ~**es off at...** la route quitte la grand-route à...; **to** ~ **out** étendre ses activités (*into* à).

brand [brænd] 1 n a (Comm: of goods) marque [f] ◇ ~ **image** image [f] de marque; ~ **name** marque [f] b (mark: on cattle) marque [f] 2 vt (cattle) marquer au fer rouge ◇ ~**ed goods** produits [mpl] de marque ◆ **brand-new** adj flambant neuf, [f] flambant neuve.

brandish ['brændɪʃ] vt brandir.

brandy ['brændɪ] n cognac [m] ◇ **plum** etc ~ eau-de-vie [f] de prune etc.

brash [bræʃ] adj (reckless) impétueux, [f] -euse; (impudent) effronté; (tactless) indiscret, [f] -ète.

brass [brɑ:s] 1 n (metal) cuivre [m] jaune; (object) objet [m] en cuivre; (tablet) plaque [f] en cuivre ◇ **to clean the** ~ astiquer les cuivres; (Mus) **the** ~ les cuivres [mpl]; **the top** ~ [famil] les huiles [famil] [fpl] 2 adj (ornament etc) en cuivre ◇ ~ **band** fanfare [f]; ~ **rubbing** décalque [m] (*d'une plaque tombale* etc); (fig) **to get down to** ~ **tacks** [famil] en venir aux choses sérieuses.

brassière ['bræsɪəʳ] n soutien-gorge [m].

brat [bræt] n gosse [famil] [mf].

bravado [brə'vɑ:dəʊ] n bravade [f].

brave [breɪv] 1 adj courageux, (f) -euse, brave ◇ **be ~!** du courage! 2 vt braver ◇ **to ~ it out** faire face à la situation ✦ **bravely** adv courageusement ✦ **bravery** n courage (m).

bravo ['brɑː'vəʊ] excl, n bravo (m).

brawl [brɔːl] 1 vi se bagarrer [famil] 2 n bagarre (f).

brawn [brɔːn] n muscle (m); (food) fromage (m) de tête ✦ **brawny** adj musclé.

bray [breɪ] 1 n braiement (m) 2 vi braire.

brazen ['breɪzn] 1 adj effronté 2 vt ◇ **to ~ it out** payer d'effronterie.

brazier ['breɪzɪəʳ] n brasero (m).

Brazil [brə'zɪl] n Brésil (m) ◇ **in** or **to ~** au Brésil; **~ nut** noix (f) du Brésil ✦ **Brazilian** 1 n Brésilien(ne) (m(f)) 2 adj brésilien, du Brésil.

breach [briːtʃ] 1 n a (law, secrecy) violation (f); (rules) infraction (f) (*of* à) ◇ **~ of contract** rupture (f) de contrat; **~ of the peace** attentat (m) à l'ordre public; **~ of trust** abus (m) de confiance b (gap: in wall etc) brèche (f) 2 vt percer.

bread [bred] n pain (m) ◇ **~ and butter** tartine (f) beurrée; (fig) **it's his ~ and butter** c'est son gagne-pain; **he knows which side his ~ is buttered** il sait où est son intérêt; **to be on the ~ line** [famil] être sans le sou; **~ sauce** sauce (f) à la mie de pain ✦ **breadbin** n huche (f) à pain ✦ **breadboard** n planche (f) à pain ✦ **breadcrumbs** npl miettes (fpl) de pain; (Culin) chapelure (f) ◇ **fried in ~** pané ✦ **breadknife** n couteau (m) à pain ✦ **breadwinner** n soutien (m) de famille.

breadth [bretθ] n largeur (f) ◇ **this field is 100 metres in ~** ce champ a 100 mètres de large.

break [breɪk] (vb: pret *broke*, ptp *broken*) 1 n a (gen) cassure (f); (relationship) rupture (f); (wall) trouée (f); (line, conversation) arrêt (m); (Scol) récréation (f) ◇ **to take a ~** (few minutes) s'arrêter cinq minutes; (holiday) prendre des vacances; **6 hours without a ~** 6 heures de suite; **a ~ in the clouds** une éclaircie; **a ~ in the weather** un changement de temps; **at ~ of day** au point du jour; **to make a ~ for it** [famil] (escape) prendre la fuite; **give me a ~!** [famil] donnez-moi ma chance! b (vehicle) break (m).

2 vt a (gen) casser; (into small pieces: also **~ up**) briser; (ranks) rompre; (record) battre; (skin) écorcher ◇ **to ~ one's leg** se casser la jambe; (fig) **to ~ the back of a task** faire le plus dur d'une tâche; **to ~ open** (door) enfoncer; (lock, safe) fracturer; (fig) **to ~ new ground** faire œuvre de pionnier; **to ~ sb's heart** briser le cœur de qn; **to ~ the ice** briser la glace; **to ~ down** (door) enfoncer; (opposition) briser; **to ~ down a substance** (analyze) décomposer une substance; **to ~ off** (piece of sth) détacher; (work) interrompre b (promise) manquer à; (vow, engagement) rompre; (treaty, law) violer ◇ **to ~ an appointment with sb** faire faux bond à qn c (strike) briser; (spirit) abattre; (horse: also **~ in**) dresser ◇ **to ~ the bank** faire sauter la banque d (silence, spell, fast) rompre; (journey) interrompre; (Elec) couper; (fall, blow) amortir ◇ **the wall ~s the force of the wind** le mur coupe le vent e (news) annoncer (*to* à).

3 vi a (gen) se casser; (into small pieces) se briser; (bone, limb) se casser; (wave) déferler; (heart) se briser ◇ **to ~ with a friend** rompre avec un ami; **to ~ even** s'y retrouver; **to ~ free** se libérer (*from* de); **to ~ away** se détacher (*from* de); **to ~ away from the routine** sortir de la routine; **to ~ in on sth** interrompre qch; **to ~ in** (of burglar) entrer par effraction; **to ~ into a sweat** commencer à suer; **to ~ into an explanation** se lancer dans une explication; **to ~ into a trot** se mettre au trot; **to ~ into** (house) entrer par effraction dans; (safe) forcer; **to ~ loose** (of person, animal) s'échapper (*from* de); **to ~ off** (of twig etc) se détacher net; **to ~ out** (of epidemic, storm, war) éclater; (of burglar) s'évader; **to ~ out in spots** se couvrir de boutons; **to ~ through** se frayer un passage à travers b ◇ **to ~ up** (ice) craquer; (ship, partnership, marriage) se briser; (crowd, meeting) se disperser; **the schools ~ up tomorrow** les vacances scolaires commencent demain c (of dawn, day) poindre; (news, story, storm) éclater ◇ **the sun broke through** le soleil a percé d (of health, weather) se détériorer; (heatwave etc) toucher à sa fin; (boy's voice) muer; (in emotion) se briser ◇ **to ~ down** (machine) tomber en panne; (argument) s'effondrer; (negotiations) échouer; (weep) éclater en sanglots; **his spirit broke** son courage l'a abandonné ✦ **breakable** 1 adj fragile 2 n ◇ **~s** objets (mpl) fragiles ✦ **breakage** n casse (f) ✦ **breakaway** adj dissident ✦ **breakdown** n (of machine, electricity) panne (f); (mental) dépression (f) nerveuse; (analysis) analyse (f); (into categories etc) décomposition (f) (*into* en) ◇ **~ service** service (m) de dépannage; **~ truck** dépanneuse (f) ✦ **breaker** n a (wave) brisant (m) b ◇ **to send to the ~'s** (ship) envoyer à la démolition; (car) envoyer à la casse ✦ **breakfast** see below ✦ **break-in** n cambriolage (m) ✦ **breaking** adj ◇ **at ~ point** (rope, situation) au point de rupture; (person, sb's patience) à bout ✦ **breakthrough** n (research etc) découverte (f) sensationnelle ✦ **break-up** n (ice, political party) débâcle (f); (friendship) rupture (f).

breakfast ['brekfəst] 1 n petit déjeuner (m) ◇ **~ cereals** flocons (mpl) d'avoine or de maïs etc; ~ **TV** la télévision du matin **2** vi déjeuner (*off, on* de).

breast [brest] n (of woman) sein [m]; (chest) poitrine [f]; (of chicken etc) blanc [m] ◆ **breast-fed** adj nourri au sein ◆ **breast-feed** vt allaiter ◆ **breast-stroke** n ◇ **to swim** ~ nager la brasse.

breath [breθ] n haleine [f] ◇ **bad** ~ mauvaise haleine; **to get one's** ~ **back** reprendre haleine; **out of** ~ essoufflé; **to take a deep** ~ respirer à fond; **to take sb's** ~ **away** couper le souffle à qn; **under one's** ~ tout bas; **there wasn't a** ~ **of air** il n'y avait pas un souffle d'air; **to go out for a** ~ **of air** sortir prendre l'air ◆ **breathless** adj hors d'haleine ◆ **breathlessly** adv en haletant ◆ **breathtaking** adj stupéfiant.

breathalyser ['breθəlaɪzəʳ] n ® alcootest [m].

breathe [bri:ð] **1** vi respirer ◇ **to** ~ **in** aspirer; **to** ~ **out** expirer; **she is still breathing** elle vit encore **2** vt (air) respirer; (sigh) laisser échapper ◇ **don't** ~ **a word!** n'en dis rien à personne! ◆ **breather** [famil] n moment [m] de répit ◆ **breathing** n respiration [f] ◇ **a** ~ **space** un moment de répit.

bred [bred] pret, ptp of *breed* adj ◇ **well-**~ bien élevé.

breed [bri:d] pret, ptp *bred* **1** vt (animal) élever; (hate, suspicion) faire naître **2** vi se reproduire **3** n espèce [f] ◆ **breeder** n (person) éleveur [m], [f] -euse; (~ **reactor**) sur(ré)générateur [m] ◆ **breeding** n **a** élevage [m] **b** (good manners) bonne éducation [f].

breeze [bri:z] **1** n (wind) brise [f] ◇ **gentle** ~ petite brise [f] **2** vi ◇ **to** ~ **in** entrer d'un air désinvolte ◆ **breezy** adj (person) désinvolte.

brevity ['brevɪtɪ] n brièveté [f]; (conciseness) concision [f].

brew [bru:] **1** vt (beer) brasser; (tea) préparer **2** vi (brewer) brasser; (beer) fermenter; (tea) infuser; (storm) se préparer ◇ (fig) **sth's** ~**ing** il se trame qch ◆ **brewer** n brasseur [m] ◆ **brewery** n brasserie [f] *(fabrique)*.

bribe [braɪb] **1** n pot-de-vin [m] **2** vt soudoyer; (witness) suborner ◇ **to** ~ **sb to do sth** soudoyer qn pour qu'il fasse qch ◆ **bribery** n corruption [f].

brick [brɪk] n brique [f]; (toy) cube [m] *(de construction)* ◇ **to come up against a** ~ **wall** se heurter à un mur; **he's a** ~ [famil] il est sympa [famil] ◆ **bricklayer** n ouvrier-maçon [m].

bride [braɪd] n mariée [f] ◇ **the** ~ **and groom** les mariés ◆ **bridegroom** n marié [m] ◆ **bridesmaid** n demoiselle [f] d'honneur.

1. **bridge** [brɪdʒ] **1** n (gen) pont [m] (*across* sur); (on ship) passerelle [f]; (nose) arête [f]; (Dentistry) bridge [m] **2** vt (river) construire un pont sur ◇ (fig) **to** ~ **a gap** (between people) établir un rapprochement (*between* entre); (in knowledge) combler une lacune (*in* dans) ◆ **bridgehead** n tête [f] de pont ◆ **bridging loan** n prêt-relais [m].

2. **bridge** [brɪdʒ] n (Cards) bridge [m].

bridle ['braɪdl] n bride [f] ◇ ~ **path** sentier [m] *(pour chevaux)*.

brief [bri:f] **1** adj bref, [f] brève ◇ **in** ~**, he...** bref, il... **2** n instructions [fpl] **3** vt (gen) mettre au fait (*on sth* de qch); (soldiers etc) donner des instructions à ◆ **briefcase** n serviette [f] ◆ **briefing** n briefing [m] ◆ **briefly** adv (reply) laconiquement; (speak) brièvement ◇ ~**, he...** en deux mots, il....

briefs [bri:fs] npl slip [m].

brier [braɪəʳ] n bruyère [f]; (~ **pipe**) pipe [f] de bruyère.

brigade [brɪ'geɪd] n brigade [f] ◆ **brigadier general** n général [m] de brigade.

bright [braɪt] adj **a** (gen) brillant; (light, fire, colour) vif, [f] vive; (day, room) clair ◇ (weather) **it's becoming** ~**er** ça s'éclaircit; ~ **intervals** éclaircies [fpl]; (fig) **the outlook is** ~**er** l'avenir se présente mieux **b** (cheerful: person) gai; (prospects) brillant ◇ ~ **and early** de bon matin; **to look on the** ~ **side** essayer d'être optimiste **c** (intelligent: person) intelligent; (idea) lumineux, [f] -euse ◆ **brighten** vi (~ **up:** person) s'animer; (prospects) s'améliorer; (~ **up:** weather) se dégager ◆ **brightly** adv (shine) avec éclat; (say) avec animation.

brilliant ['brɪljənt] adj (gen) brillant; (light) éclatant ◆ **brilliantly** adv brillamment; avec éclat.

Brillo ['brɪləʊ] adj ® ◇ ~ **pad** ≃ tampon [m] Jex ®.

brim [brɪm] **1** n bord [m] **2** vi ◇ **to** ~ **over with** déborder de.

brine [braɪn] n (for food) saumure [f].

bring [brɪŋ] pret, ptp *brought* vt (gen) apporter; (person, animal, vehicle, consequences) amener; (income) rapporter ◇ **to** ~ **about** causer, provoquer; **to** ~ **along** (object) apporter; (person) amener; **to** ~ **back** (person) ramener; (object) rapporter; (call to mind) rappeler à la mémoire; **to** ~ **down** (bird, plane, opponent) abattre; (government) faire tomber; (temperature, prices) faire baisser; (swelling) réduire; **to** ~ **forward a meeting** avancer une réunion; **to** ~ **in** (person) faire entrer; (chair) rentrer; (police, troops) faire intervenir; (income) rapporter; **to** ~ **off** (plan) réaliser; (deal) mener à bien; **he didn't** ~ **it off** il n'a pas réussi son coup; **to** ~ **on an illness** provoquer une maladie; **to** ~ **out** (person) faire sortir; (object) sortir; (meaning, quality) faire ressortir; (book) publier; (new product) lancer; **to ~ round** (object) apporter; (person) amener; (unconscious person) ranimer; (convert) convertir à; **to ~ sb to** ranimer qn; **to ~ up** (person) faire monter; (object) monter; (vomit) vomir; (question) soulever; (rear: child, animal) élever; **well brought-up** bien élevé; **to ~ sth upon o.s.** s'attirer qch; **I cannot ~ myself to do it** je ne peux pas me résoudre à le faire; **to ~ sth to an end** mettre fin à qch ◆ **bring-and-buy sale** n vente [f] de charité.

brink [brɪŋk] n bord [m] ◇ **on the ~ of** à deux doigts de.

brisk [brɪsk] adj (gen) vif, [f] vive ◇ **at a ~ pace** d'un bon pas; **business is ~** les affaires marchent bien ◆ **briskly** adv (move) vivement; (walk) d'un bon pas; (speak) brusquement.

bristle ['brɪsl] n poil [m]; (boar etc) soie [f] ◇ **brush with nylon ~s** brosse [f] en nylon; **pure ~ brush** brosse pur sanglier [inv] ◆ **bristly** adj (chin) qui pique; (hair) hérissé.

Britain ['brɪtən] n (also **Great-~**) Grande-Bretagne [f] ◆ **British** 1 adj (gen) britannique, anglais; (ambassador) de Grande-Bretagne ◇ **~ English** l'anglais [m] d'Angleterre; **the ~ Isles** les îles [fpl] Britanniques; **~ Rail** *compagnie ferroviaire britannique* 2 n ◇ **the ~** les Britanniques [mpl], les Anglais [mpl] ◆ **Britisher** or **Briton** n Britannique [mf].

Brittany ['brɪtənɪ] n Bretagne [f].

brittle ['brɪtl] adj cassant.

broad [brɔ:d] adj (gen) large; (accent) prononcé ◇ **~ bean** fève [f]; (fig) **he's got a ~ back** il a bon dos; **it's as ~ as it is long** c'est du pareil au même [famil]; **in ~ daylight** au grand jour; **the ~ outlines** les grandes lignes; **in the ~est sense** au sens le plus large ◆ **broadcast** see below ◆ **broaden** 1 vt élargir 2 vi s'élargir ◆ **broadly** adv ◇ **~ speaking** en gros ◆ **broadminded** adj qui a les idées larges ◆ **broadshouldered** adj large d'épaules.

broadcast ['brɔ:dkɑ:st] pret, ptp *broadcast* 1 vt (Rad) diffuser; (TV) téléviser ◇ (fig) **don't ~ it!** [famil] ne va pas le crier sur les toits! 2 vi (station) émettre; (interviewer) faire une émission 3 n émission [f], programme [m] ◆ **broadcaster** n personnalité [f] de la radio or de la télévision ◆ **broadcasting** n (Rad) radiodiffusion [f]; (TV) télévision [f].

broccoli ['brɒkəlɪ] n brocoli [m].

brochure ['brəʊʃjʊə^r] n brochure [f].

broil [brɔɪl] vti griller.

broke [brəʊk] pret of *break* adj (famil: penniless) fauché [famil].

broken ['brəʊkən] ptp of *break* adj a (gen) cassé; (skin) écorché; (fig: person, marriage) brisé; (promise) rompu ◇ **~ home** foyer [m] brisé; **~ weather** temps [m] variable b (uneven: road) défoncé; (line) brisé c (interrupted: journey) interrompu; (sleep) agité; (voice) brisé ◇ **to speak ~ English** parler un mauvais anglais ◆ **broken-down** adj en panne ◆ **broken-hearted** adj au cœur brisé.

broker ['brəʊkə^r] n courtier [m].

bromide ['brəʊmaɪd] n bromure [m].

bronchitis [brɒŋ'kaɪtɪs] n bronchite [f].

bronze [brɒnz] 1 n bronze [m] 2 adj (made of ~) en bronze; (colour) bronze [inv].

brooch [brəʊtʃ] n broche [f] *(bijou)*.

brood [bru:d] 1 n nichée [f] 2 vi (person) broyer du noir.

broody ['bru:dɪ] adj [famil] (person) distrait; (depressed) cafardeux [famil].

brook [brʊk] n (stream) ruisseau [m].

broom [brʊm] n a (plant) genêt [m] b (brush) balai [m] ◆ **broomstick** n manche [m] à balai [m].

Bros. [brɒs] abbr of *Brothers* Frères [mpl].

broth [brɒθ] n bouillon [m] de viande et de légumes.

brothel ['brɒθl] n bordel [famil] [m].

brother ['brʌðə^r] n frère [m] ◆ **brotherhood** n fraternité [f] ◆ **brother-in-law** n beau-frère [m] ◆ **brotherly** adj fraternel, [f] -elle.

brought [brɔ:t] pret, ptp of *bring*.

brow [braʊ] n front [m]; (of hill) sommet [m] ◆ **browbeat** pret *~beat*, ptp *~beaten* vt intimider.

brown [braʊn] 1 adj (gen) brun; (hair) châtain [f inv]; (shoes, material) marron [inv]; (tanned) bronzé ◇ **~ bread** pain [m] bis; **~ paper** papier [m] d'emballage; **~ rice** riz [m] complet; **~ sugar** cassonade [f], sucre [m] brun; **to go ~** brunir 2 n brun [m], marron [m] 3 vt (sun) bronzer; (meat) faire dorer ◇ **to be ~ed off** [famil] en avoir marre [famil] ◆ **Brownie (Guide)** n jeannette [f].

browse [braʊz] vi (in bookshop) feuilleter les livres; (in other shops) regarder.

bruise [bru:z] 1 vt ◇ **to ~ one's foot** se faire un bleu au pied; **to be ~d all over** être couvert de bleus 2 n bleu [m].

brunch [brʌntʃ] n petit déjeuner [m] copieux.

brunette [bru:'net] n brunette [f], brune [f].

brunt [brʌnt] n ◇ **the ~** (of attack, blow) le choc; (of work, expense) le plus gros.

brush [brʌʃ] 1 n a (gen) brosse [f]; (paint ~) pinceau [m]; (broom) balai [m]; (hearth etc) balayette [f]; (shaving) blaireau [m] ◇ **hair ~** brosse à cheveux; **give your coat a ~** donne un coup de brosse à ton manteau b ◇ **to have a ~ with the law** avoir des démêlés avec la police 2 vt a (gen) brosser; (carpet) balayer ◇ **to ~ one's teeth** se laver les dents; **to ~ one's hair** se brosser les cheveux; **to ~ aside**

(suggestion) écarter; (objections) balayer; **to ~ off** enlever; **to ~ up** (crumbs) ramasser à la balayette; (famil: revise) réviser **b** (touch lightly) effleurer **3** vi ◇ **to ~ against sth** frôler qch ◆ **brush-off** [famil] n ◇ **to give sb the ~** [famil] envoyer promener [famil] qn ◆ **brushwood** n broussailles [fpl].

brusque [bru:sk] adj brusque ◆ **brusquely** adv avec brusquerie.

Brussels ['brʌslz] n Bruxelles ◇ **~ sprouts** choux [mpl] de Bruxelles.

brutal ['bru:tl] adj brutal ◆ **brutality** n brutalité [f] ◆ **brutally** adv brutalement.

brute [bru:t] n brute [f] ◇ **by ~ force** par la force.

BSc [ˌbi:es'si:] n abbr of *Bachelor of Science* **a** (qualification) licence [f] ès sciences **b** (person) licencié(e) [m(f)] ès sciences.

bubble ['bʌbl] **1** n bulle [f]; (in hot liquid) bouillon [m] ◇ **to blow ~s** faire des bulles; **~ bath** bain [m] moussant **2** vi (liquid) bouillonner ◇ **to ~ over** déborder (*with* de) ◆ **bubble-gum** n chewing-gum [m] (qui fait des bulles).

buck [bʌk] **1** n **a** (US [famil]) dollar [m] **b** ◇ **to pass the ~** refiler [famil] la responsabilité aux autres **2** adj ◇ **to have ~ teeth** avoir des dents de lapin **3** vi **a** (horse) lancer une ruade **b** ◇ **to ~ up** [famil] (hurry up) se grouiller [famil]; (cheer up) se secouer ◆ **buckshot** n chevrotines [fpl].

bucket ['bʌkɪt] **1** n (gen) seau [m]; (dredger etc) godet [m] ◇ **to weep ~s** [famil] pleurer à chaudes larmes **2** vi ◇ (rain) **it's ~ing down** [famil] il tombe des cordes [famil] ◆ **bucket shop** n *agence* [f] *vendant des billets d'avion à prix réduit*.

buckle ['bʌkl] **1** n boucle [f] **2** vt boucler **3** vi ◇ **to ~ down to a job** [famil] s'atteler à un boulot [famil].

bud [bʌd] n (tree, plant) bourgeon [m]; (flower) bouton [m] ◆ **budding** adj (fig: poet etc) en herbe; (passion) naissant.

Buddha ['bʊdə] n Bouddha [m] ◆ **Buddhism** n bouddhisme [m] ◆ **Buddhist** adj bouddhiste.

buddy [famil] ['bʌdɪ] n (US) copain [famil] [m].

budge [bʌdʒ] vi bouger; (change your mind) changer d'avis.

budgerigar ['bʌdʒərɪgɑ:ʳ], abbr **budgie** ['bʌdʒɪ] n [famil] perruche [f].

budget ['bʌdʒɪt] **1** n budget [m] ◇ **~ account** compte-crédit [m]; **~ day** jour [m] de la présentation du budget; (US) **~ plan** système [m] de crédit **2** adj (cut-price) pour petits budgets, économique **3** vi dresser un budget ◇ **to ~ for sth** inscrire qch à son budget.

1. **buff** [bʌf] adj (**~-coloured**) couleur chamois [inv].

2. **buff** [bʌf] n [famil] ◇ **film** etc **~** mordu(e) [famil] [m(f)] du cinéma etc.

buffalo ['bʌfələʊ] n (wild ox) buffle [m]; (esp in US) bison [m].

buffer ['bʌfəʳ] n (gen) tampon [m]; (US: car) pare-chocs [m inv] ◇ (Comput) **~ (memory)** mémoire [f] tampon; **~ state** État [m] tampon.

1. **buffet** ['bʌfɪt] vt (of waves) battre; (of wind) secouer.

2. **buffet** ['bʊfeɪ] n buffet [m] *(repas)* ◇ (in menu) **cold ~** viandes [fpl] froides; **~ car** voiture-buffet [f].

bug [bʌg] **1** n punaise [f]; (famil: any insect) bestiole [famil] [f]; (famil: germ) microbe [m]; (Comput) défaut [m] ◇ (fig) **the skiing ~** [famil] le virus du ski **2** vt **a** [famil] poser des micros cachés dans **b** (famil: annoy) embêter [famil] ◆ **bugbear** n épouvantail [m].

buggy ['bʌgɪ] n (pram) voiture [f] d'enfant ◇ **(baby) ~** (Brit: push-chair) poussette [f].

bugle ['bju:gl] n clairon [m].

build [bɪld] (vb: pret, ptp *built*) **1** vti **a** (gen) bâtir; (ship, machine) construire; (games: words) former ◇ **the house is being built** la maison se bâtit or se construit; (person) **solidly built** puissamment charpenté; **to ~ in** (wardrobe) encastrer; (safeguards) intégrer (*to* à) **b** ◇ **to ~ up** (business) créer; (production) accroître; (pressure) faire monter; **the interest is ~ing up** l'intérêt augmente **2** n (of person) carrure [f] ◆ **builder** n maçon [m]; (large-scale) entrepreneur [m]; (of ships, machines) constructeur [m] ◆ **building** n (gen) bâtiment [m]; (imposing) édifice [m]; (house or offices) immeuble [m] ◇ (toy) **~ block** cube [m]; **~ industry** industrie [f] du bâtiment [m]; **~ materials** matériaux [mpl] de construction; **~ site** chantier [m] de construction; **~ society** ≃ société [f] d'investissement immobilier ◆ **build-up** n (of pressure, gas) accumulation [f]; (of troops) rassemblement [m]; (excitement) montée [f] ◇ (fig) **to give sb a good ~** faire une bonne publicité pour qn ◆ **built-in** adj (bookcase) encastré; (desire) inné ◆ **built-up area** n agglomération [f] urbaine.

bulb [bʌlb] n (plant) bulbe [m], oignon [m]; (light) ampoule [f].

Bulgaria [bʌl'gɛərɪə] n Bulgarie [f] ◆ **Bulgarian** **1** adj bulgare **2** n Bulgare [mf].

bulge [bʌldʒ] **1** n (gen) renflement [m]; (in plaster) bosse [f]; (on tyre) hernie [f]; (in numbers) augmentation [f] temporaire **2** vi être renflé ◆ **bulging** adj (forehead, wall) bombé; (stomach, eyes) protubérant; (pockets, suitcase) bourré (*with* de).

bulk [bʌlk] n (thing) volume [m]; (person) corpulence [f] ◇ **the ~ of** le plus gros de; **in ~** en gros ◆ **bulk-buying** n achat [m] en gros ◆ **bulky** adj (parcel, suitcase) volumineux, [f] -euse; (person) corpulent.

bull [bʊl] n taureau [m] ◇ (fig) **to take the ~ by the horns** prendre le taureau par les cornes; **it's like a red rag to a ~** ça lui fait monter la moutarde au nez; **~ elephant** éléphant [m] mâle ◆ **bullfight** n corrida [f] ◆ **bullfighter** n torero [m] ◆ **bullring** n arène [f] *(pour courses de taureaux)*.

bulldog ['bʊldɒg] n bouledogue [m] ◇ **~ clip** pince [f] à dessin.

bulldozer ['bʊldəʊzəʳ] n bulldozer [m].

bullet ['bʊlɪt] n balle [f] *(de revolver* etc) ◆ **bulletproof** adj (garment) pare-balles [inv]; (car) blindé.

bulletin ['bʊlɪtɪn] n bulletin [m].

bullion ['bʊljən] n or [m] (or argent [m]) en lingots.

bull's-eye ['bʊlzaɪ] n centre [m] de la cible.

bully ['bʊlɪ] 1 n brute [f] 2 vt brimer ◇ **to ~ sb into doing sth** contraindre qn à faire qch ◆ **bullying** n brimades [fpl].

bum [bʌm] 1 n a (famil: vagrant) clochard [famil] [m]; (good-for-nothing) bon à rien [m] b (famil: bottom) derrière [m] 2 vi (~ **about** or **around**) fainéanter.

bumblebee ['bʌmblbi:] n bourdon [m] *(insecte)*.

bump [bʌmp] 1 n a (impact) choc [m]; (jolt) secousse [f] b (on road, car, head etc) bosse [f] 2 vt ◇ **to ~ one's head** se cogner la tête (*against* contre); **to ~ sb off** [famil] liquider [famil] qn; **to ~ up** [famil] (prices, marks) faire grimper [famil] 3 vi ◇ **to ~ into** (of car) entrer en collision avec; (person) se cogner contre; (famil: meet) rencontrer par hasard ◆ **bumper** 1 n (on car) pare-chocs [m inv] 2 adj ◇ **a ~ crop** une récolte exceptionnelle; **~ cars** autos [fpl] tamponneuses ◆ **bumpy** adj (road) inégal ◇ **we had a ~ flight** nous avons été très secoués pendant le vol.

bumptious ['bʌmpʃəs] adj prétentieux, [f] -ieuse.

bun [bʌn] n (bread) petit pain [m] au lait; (hair) chignon [m].

bunch [bʌntʃ] n (flowers) bouquet [m]; (bananas) régime [m]; (radishes) botte [f]; (keys) trousseau [m]; (people) groupe [m] ◇ **~ of grapes** grappe [f] de raisin; (fig) **she's the best of the ~** c'est la meilleure; **he's the best of a bad ~** [famil] c'est le moins médiocre.

bundle ['bʌndl] 1 n (gen) paquet [m]; (hay) botte [f]; (papers) liasse [f]; (firewood) fagot [m] ◇ **he is a ~ of nerves** c'est un paquet de nerfs 2 vt ◇ **to ~ sth into a corner** fourrer qch dans un coin; **to ~ sth up** empaqueter qch.

bung [bʌŋ] 1 n bonde [f] 2 vt (~ **up**) boucher.

bungalow ['bʌŋgələʊ] n bungalow [m].

bungle ['bʌŋgl] vt bousiller [famil].

bunion ['bʌnjən] n oignon [m] *(sur le pied)*.

bunk [bʌŋk] n (bed) couchette [f] ◆ **bunk-beds** npl lits [mpl] superposés.

bunker ['bʌŋkəʳ] n (for coal) coffre [m]; (Mil) blockhaus [m]; (Golf) bunker [m] ◇ **(nuclear) ~** abri [m] antinucléaire.

bunny [famil] ['bʌnɪ] n (~ **rabbit**) Jeannot [m] lapin.

bunting ['bʌntɪŋ] n pavoisement [m].

buoy [bɔɪ] n balise [f] flottante ◆ **buoyant** adj (object) flottable; (fig) optimiste.

burden ['bɜ:dn] 1 n fardeau [m]; (fig: of taxes, years) poids [m] 2 vt accabler (*with* de).

bureau ['bjʊərəʊ] n (desk) secrétaire [m] *(bureau)*; (office) bureau [m] ◆ **bureaucracy** n bureaucratie [f] ◆ **bureaucratic** adj bureaucratique.

burger ['bɜ:gəʳ] n hamburger [m].

burglar ['bɜ:gləʳ] n cambrioleur [m], [f] -euse ◇ **~ alarm** sonnerie [f] d'alarme ◆ **burglary** n cambriolage [m] ◆ **burgle** vt cambrioler.

Burgundy ['bɜ:gəndɪ] n Bourgogne [f].

burial ['berɪəl] n enterrement [m] ◇ **~ ground** cimetière [m].

burly ['bɜ:lɪ] adj de forte carrure.

Burma ['bɜ:mə] n Birmanie [f] ◆ **Burmese** 1 adj birman, de Birmanie 2 n Birman(e) [m(f)].

burn [bɜ:n] (vb: pret, ptp *burned* or *burnt*) 1 n brûlure [f] 2 vt (gen) brûler; (meat, toast) laisser brûler ◇ **~t to a cinder** carbonisé; **~t to death** brûlé vif; **to ~ one's fingers** se brûler les doigts; **to ~ a house down** incendier une maison; (fig) **to ~ one's boats** brûler ses vaisseaux; **to ~ the candle at both ends** brûler la chandelle par les deux bouts 3 vi brûler ◇ **to ~ down** (of house etc) brûler complètement; (of fire, candle) baisser; **to ~ out** (fire) s'éteindre; **to ~ up** flamber ◆ **burner** n (on cooker) brûleur [m]; (in science lab) bec [m] de gaz ◆ **burning** 1 adj (town, forest) en flammes; (fire) allumé; (faith) ardent; (wound) cuisant; (question) brûlant; (indignation) violent 2 n ◇ **there is a smell of ~** ça sent le brûlé; **I could smell ~** je sentais une odeur de brûlé.

burp [bɜ:p] [famil] 1 vi faire un rot [famil] 2 n rot [famil] [m].

burrow ['bʌrəʊ] n terrier [m].

bursar ['bɜ:səʳ] n économe [mf] ◆ **bursary** n bourse [f] d'études.

burst [bɜ:st] (vb: pret, ptp *burst*) 1 n (of shell, anger) explosion [f]; (laughter) éclat [m]; (affection, enthusiasm) élan [m]; (applause, activity) vague [f] ◇ **~ of gunfire** rafale [f] de tir 2 vi a (of tyre, bomb, boiler) éclater; (balloon, abscess) crever ◇ **to ~ open** (door) s'ouvrir violemment; (container) s'éventrer; **to be ~ing with** (health, joy) déborder de; (impatience) brûler de; **I was ~ing** [famil] **to**

tell you je mourais d'envie de vous le dire **b** ◇ (rush) **to ~ in** etc entrer etc en trombe; **to ~ into tears** fondre en larmes; **to ~ out laughing** éclater de rire; **to ~ out singing** se mettre tout d'un coup à chanter; **to ~ into flames** prendre feu soudain **3** vt crever, faire éclater ◇ **the river has ~ its banks** le fleuve a rompu ses digues.

bury ['berɪ] vt (gen) enterrer; (of avalanche etc) ensevelir; (plunge: knife) enfoncer (*in* dans) ◇ **to ~ one's face in one's hands** se couvrir la figure de ses mains; **village buried in the country** village enfoui en pleine campagne; **buried in thought** plongé dans une rêverie or dans ses pensées; (fig) **to ~ one's head in the sand** pratiquer la politique de l'autruche; **to ~ the hatchet** enterrer la hache de guerre.

bus [bʌs] **1** n autobus [m]; bus [famil] [m]; (long-distance) autocar [m]; car [m] **2** adj (driver, ticket etc) d'autobus ◇ **on a ~ route** desservi par l'autobus; **~ lane** couloir [m] d'autobus; **~ shelter** abri-bus [m]; **~ station** gare [f] d'autobus; (coaches) gare [f] routière; **~ stop** arrêt [m] d'autobus ◆ **busload** n car [m] entier (*of* de) ◆ **busman** n employé [m] des autobus.

bush [bʊʃ] n (shrub) buisson [m] ◇ (wild country) **the ~** la brousse; **~ fire** feu [m] de brousse ◆ **bushy** adj touffu.

business ['bɪznɪs] **1** n **a** (trade) affaires [fpl]; (a firm etc) entreprise [f], commerce [m] ◇ **to be in ~** être dans les affaires; **to set up in ~ as a butcher** s'établir boucher; **to go out of ~** fermer; **to put out of ~** faire fermer; **to do ~ with sb** faire des affaires avec qn; **on ~** pour affaires; **what's his line of ~?** [famil] qu'est-ce qu'il fait dans la vie?; **the fashion ~** l'industrie [f] or le commerce de la mode; **the music ~** l'industrie [f] du disque; (fig) **to get down to ~** passer aux choses sérieuses; **he means ~** [famil] il ne plaisante pas **b** (task) affaire [f] ◇ **to know one's ~** s'y connaître; **to make it one's ~ to do** se charger de faire; **that's none of his ~** cela ne le regarde pas; **mind your own ~** mêlez-vous de ce qui vous regarde; **finding a flat is quite a ~** c'est toute une affaire de trouver un appartement; **it's a bad ~** c'est une sale affaire **2** adj (lunch, meeting) d'affaires; (college, centre, studies) commercial ◇ **his ~ address** l'adresse [f] de son bureau; **~ expenses** frais [mpl] généraux; **~ hours** (office) heures [fpl] de travail; (shop) heures [fpl] d'ouverture; **~ letter** lettre [f] commerciale; **~ manager** directeur [m] commercial; (of actor etc) manager [m]; **to have ~ sense** avoir du flair pour les affaires ◆ **businesslike** adj efficace ◆ **businessman** n homme [m] d'affaires ◆ **businesswoman** n femme [f] d'affaires.

busker ['bʌskə^r] n musicien [m] ambulant.

1. **bust** [bʌst] n (head and shoulders) buste [m] ◇ **~ measurement** tour [m] de poitrine.

2. **bust** [famil] [bʌst] **1** adj fichu [famil] **2** adv ◇ **to go ~** [famil] faire faillite ◆ **bust-up** [famil] n engueulade [famil] [f].

bustle ['bʌsl] vi ◇ **to ~ in** etc entrer etc d'un air affairé ◆ **bustling** adj (person) affairé; (place) bruyant.

busy ['bɪzɪ] **1** adj **a** (occupied person) occupé (*with sth* à qch) ◇ **she's ~ cooking** elle est en train de faire la cuisine **b** (person) occupé, affairé; (day) chargé; (period) de grande activité; (place) animé ◇ **to keep o.s. ~** trouver à s'occuper; **get ~!** au travail! **c** (telephone: line) occupé **2** vt ◇ **to ~ o.s.** s'occuper (*doing* à faire; *with sth* à qch) ◆ **busily** adv activement ◆ **busybody** n mouche [f] du coche.

but [bʌt] **1** conj mais **2** adv ◇ **she's ~ a child** ce n'est qu'une enfant; **you can ~ try** vous pouvez toujours essayer **3** prep sauf, excepté ◇ **they've all gone ~ me** ils sont tous partis sauf or excepté moi; **no one ~ him** personne d'autre que lui; **anything ~ that** tout mais pas ça; **there was nothing for it ~ to jump** il n'y avait plus qu'à sauter; **~ for you** sans vous.

butane ['bju:teɪn] n butane [m] ◇ **~ gas** gaz [m] butane, butagaz [m] ®.

butcher ['bʊtʃə^r] **1** n boucher [m] ◇ **at the ~'s** chez le boucher; **~'s shop** boucherie [f]; **~ meat** viande [f] de boucherie **2** vt tuer, abattre.

butler ['bʌtlə^r] n maître [m] d'hôtel.

1. **butt** [bʌt] n (end) bout [m]; (rifle) crosse [f] ◇ **cigarette ~** mégot [m].

2. **butt** [bʌt] **1** vt (of goat etc) donner un coup de corne à **2** vi ◇ **to ~ in** s'immiscer dans la conversation.

butter ['bʌtə^r] **1** n beurre [m] ◇ **~ bean** gros haricot [m] blanc; **~ dish** beurrier [m]; **~ knife** couteau [m] à beurre **2** vt beurrer ◇ (fig) **to ~ sb up** [famil] passer de la pommade à qn [famil] ◆ **butterfingers** n maladroit(e) [m(f)] ◆ **buttermilk** n babeurre [m] ◆ **butterscotch** n caramel [m] dur.

buttercup ['bʌtəkʌp] n bouton [m] d'or.

butterfly ['bʌtəflaɪ] n papillon [m] ◇ **to have butterflies in the stomach** [famil] avoir le trac [famil]; **~ stroke** brasse [f] papillon.

buttock ['bʌtək] n fesse [f].

button ['bʌtn] **1** n bouton [m] ◇ **chocolate ~s** pastilles [fpl] de chocolat **2** vt (~ *up*) (garment) boutonner ◆ **buttonhole** **1** n boutonnière [f] ◇ **to wear a ~** avoir une fleur à sa boutonnière **2** vt (person) accrocher [famil].

buttress ['bʌtrɪs] n contrefort [m].

buy [baɪ] pret, ptp *bought* **1** vt acheter (*sth from sb* qch à qn; *sth for sb* qch pour or à qn) ◇ **to ~ o.s. sth** s'acheter qch; **to ~ back** racheter; **to ~ out** (partner) désintéresser; **to ~ over** (company) absorber, racheter; **to ~ up** acheter tout ce qu'il y a de; (fig: believe) **he won't ~**[famil] **that** il ne marchera pas; (die) **he's bought it** [famil] il y est resté [famil] 2 n ◇ **a good ~**[famil] une bonne affaire ◆ **buyer** n acheteur [m], [f] -euse ◆ **buying** n achat [m] ◇ **~ power** pouvoir [m] d'achat.

buzz [bʌz] 1 n bourdonnement [m] ◇ (phone) **to give sb a ~**[famil] passer un coup de fil [famil] à qn 2 vi a bourdonner ◇ **my head is ~ing** j'ai des bourdonnements; (fig) **~ing with** bourdonnant de b ◇ (go) **to ~ off** [famil] ficher le camp [famil] 3 vt (person) appeler par interphone; ([famil]: telephone) passer un coup de fil [famil] à ◆ **buzzer** n (phone) interphone [m]; (on timer) sonnerie [f] ◆ **buzz word** [famil] n mot [m] à la mode.

by [baɪ] 1 adv près ◇ **close ~** tout près; **to go** or **pass ~** passer; **we'll get ~** on y arrivera; **to put** or **lay ~** mettre de côté; **~ and large** généralement 2 prep a (in space; close to) à côté de; (past) devant ◇ **the house ~ the church** la maison à côté de l'église; **~ the fire** près du feu; **~ the sea** au bord de la mer; **you go ~ the church** vous passez devant l'église; **I went ~ Dover** j'y suis allé par Douvres; **he was all ~ himself** il était tout seul; **broader ~ a metre** plus large d'un mètre; **to divide ~ 4** diviser par 4; **a room 4 metres ~ 5** une pièce de 4 mètres sur 5; (points of compass) **south ~ south-west** sud quart sud-ouest; (fig) **~ the way** à propos b ◇ (in time) **~ day** le jour, de jour; **~ night** la nuit, de nuit; **I'll be back ~ midnight** je rentrerai avant minuit; **~ tomorrow** d'ici demain; **~ the time I got here** lorsque je suis arrivé ici; **~ then** à ce moment-là; **~ 1999** d'ici à 1999 c (method, cause) par ◇ **warned ~ his neighbour** prévenu par son voisin; **killed ~ lightning** tué par la foudre; **a painting ~ Van Gogh** un tableau de Van Gogh; **surrounded ~ soldiers** entouré de soldats; **~ land and sea** par terre et par mer; **~ bus** en autobus; **~ electric light** à la lumière électrique; **made ~ hand** fait à la main; **to sell ~ the metre** vendre au mètre; **~ the hour** à l'heure; **one ~ one** un à un; **little ~ little** peu à peu d (according to) d'après ◇ **to judge ~ appearances** juger d'après les apparences; **~ my watch** à ma montre; **to call sth ~ its proper name** appeler qch de son vrai nom; **it's all right ~ me** [famil] je n'ai rien **contre** [famil] ◆ **by-election** n élection [f] législative partielle ◆ **bygone** 1 adj ◇ **in ~ days** jadis 2 n ◇ **let ~s be ~s** oublions le passé ◆ **by-law** n arrêté [m] municipal ◆ **bypass** 1 n a (road) route [f] de contournement [m] b ◇ (Med) **~ (operation)** pontage [m] 2 vt (town) contourner, éviter ◆ **by-product** n sous-produit [m], dérivé [m] ◆ **by-road** n chemin [m] de traverse ◆ **bystander** n spectateur [m], [f] -trice.

bye [famil] [baɪ] excl (also *bye-bye* [famil]) salut! [famil]

byte [baɪt] n (Comput) octet [m].

C

C, c [si:] n C, c [m]; (Mus) do [m], ut [m].

CA [ˌsi:'eɪ] n abbr of *chartered accountant* → **chartered.**

cab [kæb] n **a** taxi [m] ◇ **by** ~ en taxi **b** (of truck, engine) cabine [f] ◆ **cab-driver** n chauffeur [m] de taxi.

cabbage ['kæbɪdʒ] n chou [m] ◇ **she's just a** ~ [famil] elle végète.

cabin ['kæbɪn] n (hut) cabane [f]; (on ship) cabine [f]; (driver's ~) cabine ◇ ~ **cruiser** yacht [m] à moteur.

cabinet ['kæbɪnɪt] n meuble [m] de rangement; (glass-fronted) vitrine [f]; (filing ~) classeur [m]; (medicine ~) armoire [f] à pharmacie; (ministers) cabinet [m] ◆ **cabinetmaker** n ébéniste [m].

cable ['keɪbl] **1** n câble [m] **2** vt câbler (*to* à) ◆ **cablecar** n téléphérique [m]; (on rail) funiculaire [m] ◆ **cable-railway** n funiculaire [m] ◆ **cable television** [famil] n télévision [f] par câble.

cache [kæʃ] n ◇ **a** ~ **of guns** des fusils [mpl] cachés.

cackle ['kækl] **1** n caquet [m] **2** vi caqueter.

cactus ['kæktəs] n, pl **-ti** [-taɪ] or **-tuses** cactus [m].

cadaverous [kə'dævərəs] adj cadavérique.

caddie ['kædɪ] n caddie [m].

caddy ['kædɪ] n (tea ~) boîte [f] à thé.

cadet [kə'det] n (Mil) élève [m] officier; (Police) école [f] de police ◇ ~ **school** (Mil) école [f] militaire; **police** ~ élève [m] policier.

cadge [kædʒ] vt ◇ **to** ~ **sth from** or **off sb** taper [famil] qn de qch; **she** ~**d a meal from** or **off me** elle s'est fait inviter par moi; **he's always cadging** il est toujours à quémander ◆ **cadger** n parasite [m].

café ['kæfeɪ] n café-restaurant [m]; (snack bar) snack [m] ◆ **cafeteria** n cafétéria [f].

caffein(e) ['kæfi:n] n caféine [f].

cage [keɪdʒ] n cage [f]; (of elevator) cabine [f]; (in mine) cage.

cagey [famil] ['keɪdʒɪ] adj peu communicatif, [f] -ive.

Cairo ['kaɪərəʊ] n Le Caire.

cajole [kə'dʒəʊl] vt cajoler.

cake [keɪk] n **a** gâteau [m]; (small) pâtisserie [f]; (fruit ~) cake [m] ◇ ~ **shop** pâtisserie [f] *(magasin)*; ~ **tin** moule [m] à gâteaux; **it's selling like hot** ~**s** [famil] cela se vend comme des petits pains; **it's a piece of** ~ [famil] c'est du gâteau [famil] **b** (of chocolate) tablette [f] ◇ ~ **of soap** savonnette [f] ◆ **caked** adj (blood) coagulé; (mud) séché.

calamity [kə'læmɪtɪ] n calamité [f].

calcium ['kælsɪəm] n calcium [m].

calculate ['kælkjʊleɪt] vti (count) calculer; (estimate: distance) évaluer; (chances) estimer ◇ **this was not** ~**d to reassure me** cela n'était pas fait pour me rassurer ◆ **calculated** adj (gen) délibéré; (risk) pris en toute connaissance de cause ◆ **calculating** adj (scheming) calculateur, [f] -trice ◆ **calculation** n calcul [m] ◆ **calculator** n calculatrice [f].

calendar ['kæləndə^r] n calendrier [m] ◇ **university** ~ ≃ livret [m] de l'étudiant.

1. **calf** [kɑ:f] n, pl **calves** (animal) veau [m] ◇ **elephant** ~ éléphanteau [m].

2. **calf** [kɑ:f] n, pl **calves** (leg) mollet [m].

calibre, (US) **-ber** ['kælɪbə^r] n calibre [m].

call [kɔ:l] **1** n **a** (shout) appel [m], cri [m]; (of bird) cri; (telephone ~) coup [m] de téléphone, communication [f]; (vocation) vocation [f]; (Bridge) annonce [f] ◇ **within** ~ à portée de voix; **a** ~ **for help** un appel au secours; (Telec) **to make a ~** téléphoner; (for wakening) **I'd like a ~ at 7 a.m.** j'aimerais qu'on me réveille (subj) à 7 heures; **to be on ~** être de garde; **there's not much ~ for these articles** ces articles ne sont pas très demandés; **there was no ~ to say that** vous n'aviez aucune raison de dire cela **b** (visit: also doctor's) visite [f] ◇ **to make a ~ on sb** aller voir qn; **port of ~** port [m] d'escale.

2 adj ◇ **~ girl** call-girl [f]; (radio) **~ sign** indicatif [m] d'appel **3** vti **a** (gen) appeler; (phone: also **~ up**) téléphoner à; (waken) réveiller; (Bridge) annoncer ◇ (US Telec) **to ~ collect** téléphoner en PCV; **to ~ to sb** appeler qn; **duty ~s** le devoir m'appelle; **to ~ a meeting** convoquer une assemblée; **to be ~ed away on business** être obligé de s'absenter pour affaires; **to be ~ed away from a meeting** devoir s'absenter d'une réunion; (also phone) **to ~ sb back** rappeler qn; **to ~ for** (person) appeler; (food, drink) demander; (courage) exiger; **to ~ in the police** appeler la police; **to ~ off** (appointment, strike) annuler; **to ~ out for sth** demander qch à haute voix; **to ~ out the doctor** appeler le médecin; **to ~ out to sb** héler qn; **to ~ workers out on strike** lancer un ordre de grève; (Mil) **to ~ up** mobiliser; **to ~ upon sb to do** inviter qn à faire **b** (name) appeler ◇ **what are you ~ed?** comment vous appelez-vous?; **he is ~ed after his father** on lui a donné le nom de son père; **he ~s himself a colonel** il se prétend colonel; **he ~ed her a liar** il l'a traitée de menteuse; **would you ~ French a difficult language?** diriez-vous que le français est difficile?; **let's ~ it a day!** ça suffira pour aujourd'hui! **c** (visit: **~ in**) passer (*on sb* chez qn) ◇ (Naut) **to ~ (in) at Dover** faire escale à Douvres; **to ~ for sb** passer prendre qn; **to ~ round to see sb** passer voir qn; **to ~ on sb** rendre visite à qn ◆ **callbox** n (Brit) cabine [f] téléphonique; (US) téléphone [m] de police-secours ◆ **caller** n (visitor) visiteur [m], [f] -euse; (Telec) demandeur [m], [f] -euse ◆ **call-up** n (Mil) appel [m] sous les drapeaux ◇ **~ papers** feuille [f] de route.

callous ['kæləs] adj (person, judgment) dur; (suggestion) cynique ◆ **callously** adv avec dureté; cyniquement.

calm [kɑ:m] **1** adj calme, tranquille ◇ **keep ~!** du calme! **2** n ◇ **the ~ before the storm** le calme qui précède la tempête **3** vt ◇ **(~ down)** calmer **4** vi ◇ **to ~ down** se calmer ◆ **calmly** adv calmement ◆ **calmness** n calme [m].

Calor ['kælə^r] ® n ◇ **~ gas** butagaz [m] ®.

calorie ['kælərɪ] n calorie [f].

calumny ['kæləmnɪ] n calomnie [f].

calves [kɑ:vz] npl of *calf.*

camber ['kæmbə^r] n (of road) bombement [m].

Cambodia [kæm'bəʊdɪə] n Cambodge [m] ◆ **Cambodian** **1** adj cambodgien **2** n Cambodgien(ne) [m(f)].

camcorder ['kæm,kɔ:də] n caméscope [m] ®.

came [keɪm] pret of *come.*

camel ['kæməl] n chameau [m].

camellia [kə'mi:lɪə] n camélia [m].

cameo ['kæmɪəʊ] n camée [m].

camera ['kæmərə] n appareil-photo [m] ◇ **movie ~** caméra [f] ◆ **cameraman** n cameraman [m].

Cameroon [,kæmə'ru:n] n Cameroun [m] ◆ **Cameroonian** **1** adj camerounais **2** n Camerounais(e) [m(f)].

camouflage ['kæməflɑ:ʒ] **1** n camouflage [m] **2** vt camoufler.

1. **camp** [kæmp] **1** n camp [m] ◇ **to go to ~** partir camper **2** vi camper ◇ **to go ~ing** aller faire du camping ◆ **campbed** n lit [m] de camp ◆ **camper** n (person) campeur [m], [f] -euse; (van) camping-car [m] ◆ **campfire** n feu [m] de camp ◆ **camping** n camping [m] *(activité)* ◇ **~ chair** chaise [f] pliante; **~ gas** ® (Brit: gas) butane [m]; **~ stove** réchaud [m] de camping ◆ **campsite** n (commercialized) camping [m].

2. **camp** [kæmp] adj (affected) maniéré; (homosexual) qui fait homosexuel.

campaign [kæm'peɪn] **1** n campagne [f] **2** vi faire campagne (*for* pour; *against* contre) ◆ **campaigner** n militant(e) [m(f)] (*for* pour; *against* contre).

campus ['kæmpəs] n campus [m].

1. **can** [kæn] modal aux vb: neg *cannot, can't,* cond and pret *could* **a** (am etc able to) (je) peux etc ◇ **he ~ lift the suitcase** il peut soulever la valise; **he will do what he ~** il fera ce qu'il pourra; **he will help you all he ~** il vous aidera de son mieux; **he couldn't speak** il ne pouvait pas parler; **she could do it next time** elle peut or pourrait le faire la prochaine fois; **he can't leave yet** (is unable to) il ne peut pas partir encore; (must not) il ne doit pas partir encore; **he could have helped us** il aurait pu nous aider; **you could be making a big mistake** tu es peut-être en train de faire une grosse erreur; **I ~ see you** je vous vois; **she can't be very clever** elle ne doit pas être très intelligente; **as big as ~** or **could be** aussi grand que possible; **it ~ be very cold here** il arrive qu'il fasse très froid ici **b** (know how to) (je) sais etc ◇ **he ~ read and write** il sait lire et écrire; **she could not swim** elle ne savait pas nager **c** (have permission to) (je) peux etc ◇ **you ~ go** vous pouvez partir; **~ I have some milk? -yes, you ~** puis-je avoir du lait? -mais oui, bien sûr.

2. **can** [kæn] n (for oil, water) bidon [m]; (for garbage) boîte [f] à ordures ◇ **a ~ of fruit** une boîte de fruits; **a ~ of beer** une boîte de bière ◆ **canned** adj (fruit, salmon) en boîte, en conserve ◇ **~ music** [famil] musique [f] enregistrée ◆ **can-opener** n ouvre-boîtes [m inv].

Canada ['kænədə] n Canada [m] ◇ **in** or **to ~** au Canada ◆ **Canadian** 1 adj canadien, [f] -ienne 2 n Canadien(ne) [m(f)].

canal [kə'næl] n canal [m].

canary [kə'nɛərɪ] n canari [m].

cancel ['kænsəl] vt (gen) annuler; (contract) résilier; (cheque) faire opposition à; (taxi, appointment, party) décommander; (train) annuler; (cross out) barrer; (stamp) oblitérer ◇ **they ~ each other out** ils se neutralisent ◆ **cancellation** n annulation [f]; résiliation [f]; suppression [f]; oblitération [f] ◇ **~s will not be accepted after...** les réservations ne peuvent être annulées après....

cancer ['kænsə^r] 1 n a cancer [m] ◇ **lung etc ~** cancer du poumon etc b ◇ (Astrol, Geog) **C~** Cancer [m]; **I'm C~** je suis (du) Cancer 2 adj ◇ **~ patient** cancéreux [m], [f] -euse; **~ research** lutte [f] contre le cancer; **~ specialist** cancérologue [mf].

candelabra ['kændɪ'lɑ:brə] n candélabre [m].

candid ['kændɪd] adj franc, [f] franche ◆ **candour** n franchise [f].

candidate ['kændɪdeɪt] n candidat(e) [m(f)].

candied ['kændɪd] adj ◇ **~ peel** écorce [f] confite.

candle ['kændl] n bougie [f], chandelle [f]; (in church) cierge [m] ◇ **~ grease** suif [m] ◆ **candlelight** or **candlelit dinner** n dîner [m] aux chandelles ◆ **candlestick** n (flat) bougeoir [m]; (tall) chandelier [m] ◆ **candlewick** n chenille [f] de coton.

candy ['kændɪ] n sucre [m] candi; (US: sweets) bonbons [mpl] ◆ **candy-floss** n barbe [f] à papa ◆ **candy store** n (US) confiserie [f].

cane [keɪn] 1 n (gen) canne [f]; (for baskets) rotin [m]; (for punishment) verge [f] ◇ **~ chair** chaise [f] cannée 2 vt fouetter.

canine ['keɪnaɪn] adj canin.

canister ['kænɪstə^r] n boîte [f (en métal)].

cannabis ['kænəbɪs] n cannabis [m].

cannibal ['kænɪbəl] adj, n cannibale [mf] ◆ **cannibalism** n cannibalisme [m].

cannon ['kænən] n canon [m] ◆ **cannonball** n boulet [m] de canon.

canoe [kə'nu:] 1 n kayac [m] 2 vi ◇ **to go ~ing** faire du kayac ◆ **canoeist** n canoéiste [mf].

canon ['kænən] n (Law etc) canon [m]; (cleric) chanoine [m] ◆ **canonize** vt canoniser.

canopy ['kænəpɪ] n dais [m].

cant [kænt] vti (tilt) pencher.

cantankerous [kæn'tæŋkərəs] adj acariâtre.

canteen [kæn'ti:n] n (restaurant) cantine [f] ◇ **~ of cutlery** ménagère [f (couverts)].

canter ['kæntə^r] vi aller au petit galop.

canvas ['kænvəs] n toile [f] ◇ **under ~** (in a tent) sous la tente.

canvass ['kænvəs] 1 vt (people, opinions) sonder (*about* à propos de) 2 vi ◇ **to ~ for sb** (Pol) solliciter des voix pour qn; (gen) faire campagne pour qn.

canyon ['kænjən] n cañon [m], gorge [f].

cap [kæp] 1 n a (on head) casquette [f] ◇ (Sport) **he's got his ~ for England** il a été sélectionné pour l'équipe d'Angleterre b (on bottle) capsule [f]; (on pen) capuchon [m]; (radiator) bouchon [m] c (for toy gun) amorce [f] d (contraceptive) diaphragme [m] 2 vt ◇ **he ~ped this story** il a trouvé une histoire encore meilleure que celle-ci; **to ~ it all** pour couronner le tout ◆ **capful** n pleine capsule [f].

capability [,keɪpə'bɪlətɪ] n capacité [f].

capable ['keɪpəbl] adj (person) capable (*of doing* de faire); (event, situation) susceptible (*of* de) ◆ **capably** adv avec compétence.

capacity [kə'pæsɪtɪ] n a (gen) capacité [f]; (of factory) moyens [mpl] de production ◇ **filled to ~** absolument plein; **a seating ~ of 400** 400 places [fpl] assises; **to work at full ~** produire à plein rendement; **there was a ~ crowd** il n'y avait plus une place libre b (ability) aptitude [f] (*for sth* à qch; *for doing* à faire); (legal power) pouvoir [m] légal (*to do* de faire) ◇ **in his ~ as...** en sa qualité de...; **in his official ~** dans l'exercice de ses fonctions; **in an advisory ~** à titre consultatif.

1. **cape** [keɪp] n cape [f]; (shorter) pèlerine [f].

2. **cape** [keɪp] n (on coast) cap [m].

1. **caper** ['keɪpə^r] vi gambader; (fool around) faire l'idiot.

2. **caper** ['keɪpə^r] n (Culin) câpre [f].

capital ['kæpɪtl] 1 adj a (gen) capital ◇ **~ punishment** peine [f] capitale; (excl) **~!** excellent!; **~ A** A majuscule b ◇ (money) **~ expenditure** dépense [f] d'investissement 2 n (**~ city**) capitale [f]; (**~ letter**) majuscule [f]; (money) capital [m] ◇ (fig) **to make ~ out of** tirer parti de ◆ **capitalism** n capitalisme [m] ◆ **capitalist** adj, n capitaliste [mf] ◆ **capitalize** vti ◇ (fig) **to ~ on** tirer parti de; (business) **under-~d** sous-capitalisé.

capitulate [kə'pɪtjʊleɪt] vi capituler ◆ **capitulation** n capitulation [f].

cappuccino [,kæpʊ'tʃi:nəʊ] n cappuccino [m].

caprice [kə'pri:s] n caprice [m] ◆ **capricious** adj capricieux, [f] -ieuse.

Capricorn ['kæprɪkɔ:n] n Capricorne [m] ◇ **I'm ~** je suis (du) Capricorne.

capsicum ['kæpsɪkəm] n poivron [m].

capsize [kæp'saɪz] **1** vi (of boat) chavirer; (object) se renverser **2** vt faire chavirer; renverser.

capsule ['kæpsju:l] n capsule [f].

captain ['kæptɪn] **1** n capitaine [m] **2** vt (team) être le capitaine de; (ship) commander.

caption ['kæpʃən] n (newspaper heading) sous-titre [m]; (under illustration) légende [f]; (Cine) sous-titre.

captivate ['kæptɪveɪt] vt captiver.

captive ['kæptɪv] n captif [m], [f] -ive ◇ **to take sb ~** faire qn prisonnier ◆ **captivity** n ◇ **in ~** en captivité.

capture ['kæptʃə^r] **1** vt (animal, soldier) capturer; (city) s'emparer de; (fig: attention) captiver; (Art: sb in portrait etc) rendre **2** n (gen) capture [f].

car [kɑ:^r] n voiture [f], automobile [f]; (US Rail) wagon [m], voiture ◇ **~ allowance** indemnité [f] de déplacements (en voiture); **~ bomb** voiture piégée; **~ chase** poursuite [f]; **~ radio** auto(-)radio [m]; **~ wash** (place) lave-auto [m] ◆ **car-ferry** n ferry [m] ◆ **car-park** n parking [m] ◆ **carphone** n téléphone [m] de voiture ◆ **carport** n auvent [m] (pour voiture) ◆ **car-sick** adj ◇ **to be ~** avoir le mal de la route ◆ **car-worker** n ouvrier [m], [f] -ière de l'industrie automobile.

caramel ['kærəməl] n caramel [m].

carat ['kærət] n carat [m] ◇ **22 ~ gold** or [m] à 22 carats.

caravan ['kærəvæn] n (gen) caravane [f]; (gipsy) roulotte [f] ◇ **~ site** camping [m] pour caravanes ◆ **caravanette** n auto-camping [f].

caraway ['kærəweɪ] n cumin [m].

carbohydrate [ˌkɑ:bəʊ'haɪdreɪt] n hydrate [m] de carbone ◇ (in diets etc) **~s** féculents [mpl].

carbon ['kɑ:bən] n carbone [m] ◇ **~ copy** (typing etc) carbone [m]; (fig) réplique [f]; **~ paper** papier [m] carbone.

carbuncle ['kɑ:bʌŋkl] n (Med) furoncle [m].

carburet(t)or [ˌkɑ:bjʊ'retə^r] n carburateur [m].

carcass ['kɑ:kəs] n carcasse [f].

card [kɑ:d] n (gen) carte [f]; (index ~) fiche [f]; (cardboard) carton [m] ◇ **identity ~** carte d'identité; **~ game** (e.g. bridge etc) jeu [m] de cartes; (game of cards) partie [f] de cartes; **to play ~s** jouer aux cartes; (fig) **to put one's ~s on the table** jouer cartes sur table; **it's quite on the ~s that** [famil]... il y a de grandes chances pour que... + subj; (at work) **to get one's ~s** être mis à la porte ◆ **cardboard** **1** n carton [m] **2** adj de or en carton ◇ **a ~ box** un carton ◆ **card-index** n fichier [m] ◆ **cardphone** n téléphone [m] à carte ◆ **card-player** n joueur [m], [f] -euse de cartes ◆ **cardsharp** n tricheur [m], [f] -euse *(professionnel)* ◆ **card-table** n table [f] de jeu ◆ **card-trick** n tour [m] de cartes.

cardiac ['kɑ:dɪæk] adj cardiaque.

Cardiff ['kɑ:dɪf] n Cardiff.

cardigan ['kɑ:dɪgən] n cardigan [m].

cardinal ['kɑ:dɪnl] adj, n cardinal [m].

cardiology [ˌkɑ:dɪ'ɒlədʒɪ] n cardiologie [f] ◆ **cardiologist** n cardiologue [mf].

care [kɛə^r] **1** n **a** (heed) attention [f], soin [m] ◇ **with the greatest ~** avec le plus grand soin; (on parcels) **'with ~'** 'fragile'; **take ~ not to catch cold** faites attention à ne pas prendre froid; **take ~!** (as good wishes) fais bien attention à toi; **to take great ~ with sth** faire très attention à qch; **to take ~ of** s'occuper de; **he can take ~ of himself** il sait se débrouiller tout seul; **I leave it in your ~** je vous le confie; (on letters) **~ of** (abbr *c/o*) aux bons soins de; **he was left in his aunt's ~** on l'a laissé à la garde de sa tante **b** (anxiety) souci [m] ◇ **he hasn't a ~ in the world** il n'a pas le moindre souci.
2 vi **a** s'intéresser (*about* à) ◇ **to ~ deeply about** (thing) être profondément concerné par; (person) être profondément attaché à; **I don't ~** ça m'est égal; **who ~s!** qu'est-ce que cela peut bien faire!; **for all I ~** pour ce que cela me fait; **I couldn't ~ less** je m'en fiche pas mal [famil] **b** (like) vouloir ◇ **would you ~ to sit down?** voulez-vous vous asseoir?; **I don't ~ for him** il ne me plaît pas beaucoup; **would you ~ for a cup of tea?** voulez-vous une tasse de thé? **c** (invalid) soigner; (child) s'occuper de ◇ **well-~d for** (child) dont on s'occupe bien; (hands, hair) soigné; (garden) bien entretenu; (house) bien tenu V also **caring.**

career [kə'rɪə^r] **1** n carrière [f] ◇ **to make a ~ in** faire carrière dans; **~ girl** jeune fille [f] qui veut faire carrière; **~ guidance** orientation [f] professionnelle; **~s officer** conseiller [m], [f] -ère d'orientation professionnelle **2** vi ◇ **to ~ along** aller à toute allure.

carefree ['kɛəfri:] adj insouciant.

careful ['kɛəfʊl] adj (cautious) prudent; (painstaking: worker) soigneux, [f] -euse; (work) soigné ◇ **to be ~** faire attention (*of, with sth* à qch; *to do* à faire); **be ~ to shut the door** n'oubliez pas de fermer la porte; **be ~ he doesn't hear you** faites attention à ce qu'il ne vous entende (subj) pas; **he was ~ to point out** il a pris soin de faire remarquer; **he's careful (with money)** il est très regardant; **you can't be too ~** on n'est jamais trop prudent ◆ **carefully**

adv (painstakingly: work, choose) avec soin; (cautiously: proceed, announce) prudemment.

careless ['kɛəlɪs] adj (worker) qui manque de soin; (driver, driving) négligent ◇ ~ **mistake** faute [f] d'inattention ◆ **carelessly** adv (inattentively) négligemment; (in carefree way) avec insouciance ◆ **carelessness** n manque [m] de soin; négligence [f].

caress [kə'res] **1** n caresse [f] **2** vt caresser.

caretaker ['kɛəteɪkəʳ] n gardien(ne) [m(f)], concierge [mf].

cargo ['kɑ:gəʊ] n cargaison [f] ◇ ~ **boat** cargo [m].

Caribbean [,kærɪ'bi:ən] , esp (US) [kə'rɪbɪən] **1** adj caraïbe ◇ **the** ~ **(Sea)** la mer des Antilles or des Caraïbes **2** n ◇ **the** ~ les Caraïbes.

caricature ['kærɪkətjʊəʳ] **1** n caricature [f] **2** vt caricaturer.

caring ['kɛərɪŋ] adj (parent) aimant; (teacher) bienveillant; (society) humanitaire.

carnage ['kɑ:nɪdʒ] n carnage [m].

carnal ['kɑ:nl] adj charnel, [f] -elle.

carnation [kɑ:'neɪʃən] n œillet [m].

carnival ['kɑ:nɪvəl] n carnaval [m].

carnivore ['kɑ:nɪvɔ:ʳ] n carnivore [m] ◆ **carnivorous** adj carnivore.

carol ['kærəl] n ◇ **Christmas** ~ chant [m] de Noël.

1. **carp** [kɑ:p] n (fish) carpe [f].

2. **carp** [kɑ:p] vi critiquer sans cesse.

carpenter ['kɑ:pɪntəʳ] n charpentier [m]; (joiner) menuisier [m] ◆ **carpentry** n charpenterie [f]; menuiserie [f].

carpet ['kɑ:pɪt] **1** n tapis [m]; (fitted) moquette [f] ◇ ~ **sweeper** (mechanical) balai [m] mécanique; (vacuum cleaner) aspirateur [m] **2** vt (floor) recouvrir d'un tapis or d'une moquette.

carriage ['kærɪdʒ] n **a** (Rail) voiture [f], wagon [m] de voyageurs; (horse-drawn) équipage [m] **b** (goods) transport [m] ◇ ~ **free** franco de port; ~ **paid** port payé ◆ **carriage return** n retour-chariot [m].

carrier ['kærɪəʳ] n **a** (company) entreprise [f] de transports; (truck owner etc) transporteur [m] **b** (on cycle etc) porte-bagages [m inv] ◆ **carrier-bag** n sac [m] en plastique ◆ **carrier-pigeon** n pigeon [m] voyageur.

carrot ['kærət] n carotte [f].

carry ['kærɪ] vti **a** (gen) porter; (goods, passengers) transporter; (identity card, money) avoir sur soi; (fig: responsibility) comporter; (motion) voter ◇ **this pipe carries water to the house** ce tuyau amène l'eau à la maison; (fig) **to** ~ **sth too far** pousser qch trop loin; **she carries herself very well** elle se tient très droite; **to** ~ **sth in one's head** retenir qch dans sa tête; **to** ~ **the can** [famil] devoir payer les pots cassés; (in shop) **we don't** ~ **this article** nous ne faisons pas cet article; **to** ~ **all before one** l'emporter sur tous les tableaux; **the newspapers carried the murder** les journaux ont parlé du meurtre; **his voice carries far** sa voix porte loin **b** ◇ **to** ~ **sth away** emporter qch; (fig) **to get carried away by sth** [famil] s'enthousiasmer pour qch; **to** ~ **sth forward** or **over** reporter qch; **to** ~ **it off** (succeed) réussir; **to** ~ **on** (business) diriger; (correspondence) entretenir; (conversation) soutenir; **to** ~ **on with sth** continuer qch; (fig) **he's always** ~**ing on** [famil] il fait toujours des histoires [famil]; **to** ~ **out** (object) emporter; (plan, idea) exécuter; (experiment, reform) effectuer ◆ **carryall** n fourre-tout [m inv] *(sac)* ◆ **carrycot** n porte-bébé [m] ◆ **carry-on** [famil] n histoires [famil] [fpl] ◇ **what a** ~**!** [famil] que d'histoires! [famil]

cart [kɑ:t] **1** n (horse-drawn) charrette [f]; (hand ~) voiture [f] à bras ◇ (fig) **to put the** ~ **before the horse** mettre la charrue avant les bœufs **2** vt transporter ◆ **cart-horse** n cheval [m] de trait.

cartilage ['kɑ:tɪlɪdʒ] n cartilage [m].

carton ['kɑ:tən] n (yogurt, cream) pot [m]; (milk, squash) carton [m]; (ice cream) boîte [f]; (cigarettes) cartouche [f].

cartoon [kɑ:'tu:n] n (in newspaper etc) dessin [m] humoristique; (Cine, TV) dessin animé ◆ **cartoonist** n dessinateur [m], [f] -trice humoristique; dessinateur, [f] -trice de dessins animés.

cartridge ['kɑ:trɪdʒ] n (of rifle, pen) cartouche [f]; (camera) chargeur [m].

cartwheel ['kɑ:twi:l] n ◇ **to turn a** ~ faire la roue *(en gymnastique)*.

carve [kɑ:v] vt (gen) tailler (*out of* dans); (initials) graver; (sculpt) sculpter (*out of* dans); (Culin) découper ◆ **carving knife** n couteau [m] à découper.

cascade [kæs'keɪd] n cascade [f].

1. **case** [keɪs] n (suitcase) valise [f]; (packing ~, **crate**) caisse [f]; (box) boîte [f]; (for watch etc) écrin [m]; (for camera, violin etc) étui [m].

2. **case** [keɪs] n (gen) cas [m]; (Law) affaire [f] ◇ **if that's the** ~ dans ce cas-là; **as the** ~ **may be** selon le cas; **a clear** ~ **of lying** un exemple manifeste de mensonge; **in** ~ **he comes** au cas où il viendrait; **in** ~ **of** en cas de; **just in** ~ à tout hasard; **in any** ~ en tout cas; **in that** ~ dans ce cas-là; **here is a** ~ **in point** en voici un bon exemple; **that alters the whole** ~ cela change tout; (Gram) **dative** ~ datif [m]; **to try a** ~ juger une affaire; (fig) **to win one's** ~ avoir gain de cause; **to make out a good** ~ **for sth** présenter de bons arguments en faveur de qch; **to make out a** ~ **for doing** expliquer pourquoi il faudrait faire;

there is a strong ~ for... il y a beaucoup à dire en faveur de....

cash [kæʃ] 1 n argent [m] ◇ **paid in ~ and not by cheque** payé en espèces et non pas par chèque; **ready ~** argent [m] liquide; **to pay ~** payer comptant or cash [famil]; **~ with order** payable à la commande; **~ on delivery** paiement [m] à la livraison; **to be short of ~** être à court (d'argent) 2 adj (terms, sale) au comptant; (payment, price) comptant [inv]; (prize) en espèces ◇ **~ card** carte [f] de retrait; **~ dispenser** billetterie [f], distributeur [m] (automatique de billets) 3 vti (cheque) encaisser ◇ **to ~ sth in** réaliser qch; **to ~ in on sth** [famil] tirer profit de qch ◆ **cash-and-carry** n libre-service [m] de gros ◆ **cashbox** n caisse [f] ◆ **cash-desk** n (in shop, restaurant) caisse [f]; (theatre) guichet [m] ◆ **cash-register** n caisse [f] enregistreuse.

cashew [kæ'ʃu:] n ◇ (**~ nut**) noix [f] de cajou.

cashier [kæ'ʃɪəʳ] n (shop, bank) caissier [m], [f] -ière.

cashmere [kæʃ'mɪəʳ] n cachemire [m].

casino [kə'si:nəʊ] n casino [m].

cask [kɑ:sk] n tonneau [m], fût [m].

casket ['kɑ:skɪt] n (gen) coffret [m]; (coffin) cercueil [m].

cassava [kə'sɑ:və] n manioc [m].

casserole ['kæsərəʊl] n (utensil) cocotte [f]; (food) ragoût [m].

cassette [kæ'set] n (Sound Recording) cassette [f]; (Phot) cartouche [f] ◇ **~ player** lecteur [m] de cassettes; **~ recorder** magnétophone [m] à cassettes.

cassock ['kæsək] n soutane [f].

cast [kɑ:st] (vb: pret, ptp *cast*) 1 n a (in plaster, metal) moulage [m] ◇ (Med) **leg in a ~** jambe [f] dans le plâtre; (fig) **~ of mind** tournure [f] d'esprit b (Theat: actors) acteurs [mpl]; (list) distribution [f] c ◇ (squint) **to have a ~ in one eye** loucher d'un œil 2 vti a (throw) jeter; (shadow, light) projeter; (doubt) émettre; (blame) rejeter ◇ **to ~ a vote** voter b (shed) se dépouiller de ◇ (snake) **to ~ its skin** muer c (plaster, metal) couler d ◇ (Theat) **he was ~ as Hamlet** on lui a donné le rôle de Hamlet e ◇ (depressed) **to be ~ down** être abattu f ◇ (Knitting) **to ~ off** arrêter les mailles; **to ~ on** monter les mailles ◆ **castaway** n naufragé(e) [m(f)] ◆ **casting** adj ◇ **to have a ~ vote** avoir voix prépondérante ◆ **cast-iron** 1 n fonte [f] 2 adj en fonte; (fig: claim, case) solide ◆ **cast-offs** npl vêtements [mpl] dont on ne veut plus.

caste [kɑ:st] n caste [f].

caster ['kɑ:stəʳ] n a (wheel) roulette [f] b ◇ **~ sugar** sucre [m] en poudre.

castle ['kɑ:sl] n château [m] (fort); (Chess) tour [f] ◇ **~s in the air** châteaux en Espagne.

1. **castor** ['kɑ:stəʳ] n → **caster.**

2. **castor** ['kɑ:stəʳ] n ◇ **~ oil** huile [f] de ricin.

castrate [kæs'treɪt] vt châtrer.

casual ['kæʒjʊl] adj a (by chance: error) fortuit; (meeting) de hasard; (glance) jeté au hasard; (stroll) sans but précis; (remark) fait en passant ◇ **a ~ acquaintance of mine** quelqu'un que je connais un peu; **a ~ love affair** une aventure b (informal) désinvolte; (clothes) sport [inv] ◇ **to sound ~** parler avec désinvolture c (work) intermittent; (worker) temporaire ◇ **~ conversation** conversation [f] à bâtons rompus ◆ **casually** adv (behave, treat) avec désinvolture; (mention) en passant.

casualty ['kæʒjʊltɪ] n (accident victim) victime [f]; (also in war: dead) mort(e) [m(f)]; (wounded) blessé(e) [m(f)] ◇ **~ department** service [m] des urgences; **~ ward** salle [f] de traumatologie.

cat [kæt] n chat(te) [m(f)] ◇ (species) **the ~s** les félins [mpl]; **to let the ~ out of the bag** vendre la mèche; **to fight like ~ and dog** s'entendre comme chien et chat; **that set the ~ among the pigeons** ça a été le pavé dans la mare ◆ **catcall** n (Theat) sifflet [m] ◆ **catnap** n ◇ **to take a ~** faire un (petit) somme ◆ **cat's-eyes** npl cataphotes [mpl] ◆ **catty** adj méchant, rosse [famil] ◆ **catwalk** n passerelle [f].

cataclysm ['kætəklɪzəm] n cataclysme [m].

catalogue ['kætəlɒg] n catalogue [m]; (in library) fichier [m].

catapult ['kætəpʌlt] 1 n (child's) lance-pierres [m inv]; (Aviat, Mil) catapulte [f] 2 vt catapulter.

cataract ['kætərækt] n cataracte [f].

catarrh [kə'tɑ:ʳ] n catarrhe [m].

catastrophe [kə'tæstrəfɪ] n catastrophe [f].

catastrophic [,kætə'strɒfɪk] adj catastrophique.

catch [kætʃ] (vb: pret, ptp *caught*) 1 n a (sth or sb caught) capture [f]; (Fishing) pêche [f]; (single fish) prise [f] b (drawback) attrape [f] ◇ **where's the ~?** qu'est-ce qui se cache là-dessous?; **it's a ~-22 situation** [famil] il n'y a pas moyen de s'en sortir.

2 vti a (gen) attraper; (understand, hear) saisir, comprendre ◇ **to ~ sb by the arm** saisir qn par le bras; **you can usually ~ me in around noon** en général on peut me trouver vers midi; **to ~ sb doing sth** surprendre qn à faire qch; **you won't ~ me doing that again** il n'y a pas de danger que je recommence (subj); **caught in the act** pris en flagrant délit; **caught in a storm** pris dans un orage; **I must ~ the train** il ne faut pas que je manque le train; **to ~ the**

post arriver à temps pour la levée; **to ~ one's foot in sth** se prendre le pied dans qch; **I caught my shirt on the branch** ma chemise s'est accrochée à la branche; **her dress caught in the door** sa robe s'est prise dans la porte; **to ~ sb out** prendre qn en défaut; (in the act) prendre qn sur le fait **b** ◇ **to ~ sb's attention** attirer l'attention de qn; **to ~ a cold** attraper un rhume; **to ~ cold** prendre froid; **to ~ one's breath** retenir son souffle; **to ~ fire** prendre feu; **to ~ sight of** apercevoir; **you'll ~ it!** [famil] tu vas prendre quelque chose! [famil] **c** ◇ **to ~ on** (fashion) prendre; **to ~ on to sth** (understand) comprendre qch; **to ~ up** se rattraper; **to ~ up with sb** rattraper qn ◆ **catching** adj contagieux, (f) -ieuse ◆ **catch-phrase** n cliché (m) ◆ **catchword** n slogan (m) ◆ **catchy** adj (tune) entraînant.

catechism ['kætɪkɪzəm] n catéchisme (m).

category ['kætɪgərɪ] n catégorie (f) ◆ **categorical** adj catégorique ◆ **categorize** vt classer par catégories.

cater ['keɪtəʳ] vi (provide food) préparer des repas (*for* pour) ◇ **this magazine ~s for all ages** ce magazine s'adresse à tous les âges ◆ **caterer** n fournisseur (m) *(en alimentation)* ◆ **catering** n ◇ **the ~ was done by...** le buffet a été confié à...; **~ trade** restauration (f).

caterpillar ['kætəpɪləʳ] n chenille (f).

caterwaul ['kætəwɔ:l] vi miauler.

cathedral [kə'θi:drəl] n cathédrale (f) ◇ **~ city** évêché (m).

catholic ['kæθəlɪk] **1** adj **a** ◇ (Rel) **C~** catholique; **the C~ Church** l'Église (f) catholique **b** (tastes) éclectique; (views) libéral **2** n ◇ **C~** catholique (mf) ◆ **Catholicism** n catholicisme (m).

catkin ['kætkɪn] n chaton (m (plante)).

cattle ['kætl] npl bétail (m) ◇ **~ truck** fourgon (m) à bestiaux.

caught [kɔ:t] pret, ptp of *catch*.

cauldron ['kɔ:ldrən] n chaudron (m).

cauliflower ['kɒlɪflaʊəʳ] n chou-fleur (m) ◇ **~ cheese** chou-fleur au gratin.

cause [kɔ:z] **1** n cause (f) ◇ **to be the ~ of** être cause de; **she has no ~ to be angry** elle n'a aucune raison de se fâcher; **with ~** avec raison; **~ for complaint** sujet (m) de plainte; **in the ~ of** pour la cause de **2** vt causer ◇ **to ~ trouble to sb** (problems) créer des ennuis à qn; (disturbance) déranger qn; **to ~ sb to do sth** faire faire qch à qn; **to ~ sth to be done** faire faire qch.

causeway ['kɔ:zweɪ] n chaussée (f).

caustic ['kɔ:stɪk] adj caustique.

caution ['kɔ:ʃən] **1** n (gen) prudence (f); (warning) avertissement (m) **2** vt avertir ◇ (Police) **to ~ sb** informer qn de ses droits; **to ~ sb against doing sth** déconseiller à qn de faire qch.

cautious ['kɔ:ʃəs] adj prudent ◆ **cautiously** adv prudemment.

cavalry ['kævəlrɪ] n cavalerie (f).

cave [keɪv] **1** n caverne (f), grotte (f) ◇ **~ painting** peinture (f) rupestre **2** vi **a** ◇ **to go caving** faire de la spéléologie **b** ◇ **to ~ in** (of floor etc) s'effondrer ◆ **caveman** n homme (m) des cavernes.

cavern ['kævən] n caverne (f).

caviar(e) ['kævɪɑ:ʳ] n caviar (m).

cavity ['kævɪtɪ] n cavité (f).

cavort [famil] [kə'vɔ:t] vi faire des gambades.

cayenne ['keɪen] n poivre (m) de cayenne.

CB n abbr of *Citizens' Band (Radio)* CB (f).

CBI n abbr of *Confederation of British Industry: groupement du patronat.*

cc **a** abbr of *carbon copy* **b** abbr of *cubic centimetre(s)* cm^3.

cease [si:s] vti cesser (*doing* de faire) ◇ **to ~ fire** cesser le feu ◆ **ceasefire** n cessez-le-feu (m inv) ◆ **ceaseless** adj incessant ◆ **ceaselessly** adv sans cesse.

cedar ['si:dəʳ] n cèdre (m).

cedilla [sɪ'dɪlə] n cédille (f).

ceiling ['si:lɪŋ] n plafond (m) ◇ **to hit the ~** [famil] (get angry) piquer une crise [famil].

celebrate ['selɪbreɪt] vt (gen) célébrer; (event) fêter ◆ **celebrated** adj célèbre ◆ **celebration** n (occasion) festivités (fpl); (act) célébration (f) ◆ **celebrity** n célébrité (f).

celeriac [sə'lerɪæk] n céleri-rave (m).

celery ['selərɪ] n céleri (m) (à côtes) ◇ **stick of ~** côte (f) de céleri.

celibacy ['selɪbəsɪ] n célibat (m).

celibate ['selɪbɪt] adj célibataire.

cell [sel] n (gen) cellule (f); (Elec) élément (m).

cellar ['seləʳ] n cave (f).

cellist ['tʃelɪst] n violoncelliste (mf).

cello ['tʃeləʊ] n violoncelle (m).

cellophane ['seləfeɪn] n ® cellophane (f) ®.

Celt [kelt, selt] n Celte (mf) ◆ **Celtic** adj, n celtique (m).

cement [sə'ment] **1** n ciment (m) ◇ **~ mixer** bétonnière (f) **2** vt cimenter.

cemetery ['semɪtrɪ] n cimetière (m).

censor ['sensəʳ] **1** n censeur (m) **2** vt censurer ◆ **censorship** n censure (f).

census ['sensəs] n recensement (m).

cent [sent] n **a** ◇ **per ~** pour cent **b** (money) cent (m) ◇ **not a ~** [famil] pas un sou.

centenary [sen'ti:nərɪ] n centenaire (m).

center ['sentəʳ] n (US) = **centre.**

centigrade ['sentɪgreɪd] adj centigrade.

centimetre, (US) **-ter** ['sentɪˌmi:tə^r] n centimètre [m].

centipede ['sentɪpi:d] n mille-pattes [m inv].

central ['sentrəl] 1 adj central ◇ **C~ African Republic** République centrafricaine; **C~ America** Amérique [f] centrale; ~ **heating** chauffage [m] central 2 n (US) central [m] téléphonique ◆ **centralize** vt centraliser ◆ **centrally** adv ◇ ~ **heated** doté du chauffage central.

centre, (US) **-ter** ['sentə^r] 1 n centre [m] ◇ **in the** ~ au centre 2 vt centrer 3 vi tourner (*on* autour de) ◆ **centre-forward** n (Ftbl) avant-centre [m].

century ['sentjʊrɪ] n siècle [m] ◇ **in the twentieth** ~ au vingtième siècle.

ceramic [sɪ'ræmɪk] 1 adj (vase) en céramique 2 n ◇ ~**s** céramique [f].

cereal ['sɪərɪəl] n (plant) céréale [f]; (grain) grain [m] *(de céréale)* ◇ **baby** ~ blédine [f] ®; **breakfast** ~ flocons [mpl] de céréales.

ceremony ['serɪmənɪ] n (event) cérémonie [f] ◇ (fig) **to stand on** ~ faire des cérémonies ◆ **ceremonial** n cérémonial [m] ◆ **ceremonious** adj cérémonieux, [f] -ieuse.

certain ['sɜ:tən] adj a (sure) certain (*that* que) ◇ **she is** ~ **to go** il est certain qu'elle ira; **I cannot say for** ~ **that...** je ne peux pas affirmer que...; **I don't know for** ~ je n'en suis pas sûr; **to make** ~ s'assurer (*of sth* de qch; *that* que) b (particular) certain (before n) ◇ **a** ~ **gentleman** un certain monsieur ◆ **certainly** adv (undoubtedly) certainement; (of course) bien sûr ◇ ~ **not** certainement pas; **I shall** ~ **be there** j'y serai sans faute ◆ **certainty** n certitude [f].

certificate [sə'tɪfɪkɪt] n (legal) certificat [m]; (academic) diplôme [m].

certify ['sɜ:tɪfaɪ] vt certifier (*that* que) ◇ **certified public accountant** (US) expert-comptable [m].

cesspit ['sespɪt] n fosse [f] à purin.

cesspool ['sespu:l] n fosse [f] d'aisance.

cf. abbr of *confer* cf., voir.

Chad [tʃæd] n Tchad [m].

chafe [tʃeɪf] 1 vt (rub) frotter; (rub against) frotter contre ◇ (from cold) ~**d lips** lèvres [fpl] gercées 2 vi (fig) s'impatienter (*at* de).

chaff [tʃɑ:f] vt (tease) taquiner.

chaffinch ['tʃæfɪntʃ] n pinson [m].

chagrin ['ʃægrɪn] n vif dépit [m].

chain [tʃeɪn] 1 n a (gen) chaîne [f] ◇ **in** ~**s** enchaîné; (in lavatory) **to pull the** ~ tirer la chasse d'eau b (mountains, shops) chaîne [f]; (events) série [f] ◇ ~ **letters** chaîne [f] de lettres; ~ **mail** cotte [f] de mailles; ~ **reaction** réaction [f] en chaîne; ~ **saw** tronçonneuse [f]; ~ **store** grand magasin [m] à succursales multiples 2 vt attacher (*to* à) ◆ **chain-smoke** vi fumer cigarette sur cigarette ◆ **chain smoker** n personne [f] qui fume cigarette sur cigarette.

chair [tʃɛə^r] 1 n (gen) chaise [f]; (arm ~) fauteuil [m]; (wheel ~) fauteuil roulant; (of committee) président(e) [m(f)] ◇ **to take a** ~ s'asseoir; (Univ) ~ **of French** chaire [f] de français; **dentist's** ~ fauteuil de dentiste; (US: electric ~) **to go to the** ~ passer à la chaise électrique; (at meeting) **to be in the** ~ présider 2 vt (meeting) présider ◆ **chairlift** n télésiège [m] ◆ **chairman** n président(e) [m(f)] *(d'un comité* etc).

chalet ['ʃæleɪ] n chalet [m].

chalice ['tʃælɪs] n calice [m].

chalk [tʃɔ:k] n craie [f] ◇ **they're as different as** ~ **from cheese** c'est le jour et la nuit; **not by a long** ~ loin de là.

challenge ['tʃælɪndʒ] 1 n défi [m]; (by sentry) sommation [f] ◇ **the job was a** ~ **to him** il a pris cette tâche comme une gageure 2 vt défier (*sb to do* qn de faire); (Sport) inviter (*sb to a game* qn à faire une partie); (cast doubt on) contester; (of sentry) faire une sommation à ◇ **to** ~ **sb to a duel** provoquer qn en duel; **to** ~ **sb's authority to do** contester à qn le droit de faire ◆ **challenger** n (Sport) challenger [m] ◆ **challenging** adj (look, tone) de défi; (book) stimulant.

chamber ['tʃeɪmbə^r] n chambre [f] ◇ (Law) ~**s** cabinet [m]; **C~ of Commerce** Chambre de commerce; **the C~ of Horrors** la Chambre d'épouvante; ~ **music** musique [f] de chambre ◆ **chambermaid** n femme [f] de chambre *(dans un hôtel)* ◆ **chamberpot** n pot [m] de chambre.

chameleon [kə'mi:lɪən] n caméléon [m].

chamois ['ʃæmɪ] n ◇ ~ **leather** peau [f] de chamois.

champagne [ʃæm'peɪn] n champagne [m].

champion ['tʃæmpjən] 1 n champion(ne) [m(f)] ◇ **world** ~ champion(ne) du monde; **skiing** ~ champion(ne) de ski 2 vt défendre ◆ **championship** n (Sport) championnat [m].

chance [tʃɑ:ns] 1 n a (luck) hasard [m] ◇ **by** ~, **by any** ~ par hasard b (possibility) chances [fpl], possibilité [f] ◇ **he hasn't much** ~ **of winning** il n'a pas beaucoup de chances de gagner; **the** ~**s are that...** il y a de grandes chances que + subj; **the** ~**s are against that happening** il y a peu de chances pour que cela arrive (subj); **you'll have to take a** ~ **on his coming** vous verrez bien s'il vient ou non; **he's taking no** ~**s** il ne veut prendre aucun risque c (opportunity) occasion [f] ◇ **I had the** ~ **to go** or **of going** j'ai eu l'occasion d'y aller; **now's your** ~**!** saute sur l'occasion!; **give him another** ~ laisse-lui encore sa chance; **give me a** ~ **to show you...** donnez-moi la possibilité de vous montrer... 2 adj (remark, discovery) fortuit; (companion) rencontré par hasard;

(meeting) de hasard 3 vt ◇ (happen) **to ~ to do** faire par hasard; (risk) **to ~ doing** prendre le risque de faire; **I'll (just) ~ it** [famil] je vais tenter le coup.

chancel ['tʃɑːnsəl] n chœur [m] *(d'église)*.

chancellor ['tʃɑːnsələʳ] n chancelier [m] ◇ **C~ of the Exchequer** Chancelier [m] de l'Échiquier.

chandelier [,ʃændə'lɪəʳ] n lustre [m].

change [tʃeɪndʒ] 1 n a changement [m] (*from, in, of* de; *into* en) ◇ **a ~ for the better** un changement en mieux; **just for a ~** pour changer un peu; **to have a ~ of heart** changer d'avis; **the ~ of life** le retour d'âge; **a ~ of clothes** des vêtements [mpl] de rechange b (money) monnaie [f] ◇ **~ machine** distributeur [m] de monnaie; **small** or **loose ~** petite monnaie; **can you give me ~ of £1?** pouvez-vous me faire la monnaie d'une livre?

2 vt a (substitute) changer de ◇ **to ~ colour** changer de couleur; **let's ~ the subject** parlons d'autre chose; **to ~ one's mind** changer d'avis; **to ~ gear** changer de vitesse; **to ~ a wheel** changer une roue b (exchange) échanger (*sth for sth else* qch contre qch d'autre); (banknote, coin) faire la monnaie de; (foreign currency) changer (*into* en) ◇ (Sport) **to ~ ends** changer de côté; **to ~ places** changer de place (*with sb* avec qn); **to ~ sides** changer de camp c (alter) changer (*sth into sth else* qch en qch d'autre).

3 vi a (become different) changer (*into* en) ◇ **you've ~d a lot** tu as beaucoup changé b (**~ clothes**) se changer ◇ **she ~d into an old skirt** elle s'est changée et a mis une vieille jupe c (Rail etc) changer ◇ **all ~!** tout le monde descend! ◆ **changeable** adj (weather) variable ◆ **changeover** n changement [m] (*from* de; *to* à) ◆ **changing** n ◇ **the ~ of the guard** la relève de la garde ◆ **changing-room** n vestiaire [m].

channel ['tʃænl] 1 n (in river) chenal [m]; (in sea) bras [m] de mer; (for irrigation) rigole [f]; (groove in surface) rainure [f]; (TV) chaîne [f] ◇ **the (English) C~** la Manche; **~ of communication** voie [f] de communication; **to go through the usual ~s** suivre la filière habituelle 2 adj ◇ (Geog) **the C~ Islands** les îles [fpl] Anglo-Normandes; **the C~ tunnel** le tunnel sous la Manche 3 vt canaliser (*into* dans).

chant [tʃɑːnt] 1 n (in church) psalmodie [f]; (of demonstrators) chant [m] scandé 2 vt (poem etc) réciter; (by demonstrators etc) scander 3 vi scander des slogans.

chaos ['keɪɒs] n chaos [m].

chaotic [keɪ'ɒtɪk] adj chaotique.

chap [famil] [tʃæp] n (man) type [famil] [m] ◇ **yes, old ~** oui, mon vieux [famil]; **poor little ~** pauvre petit.

chapel ['tʃæpəl] n chapelle [f]; (nonconformist church) église [f].

chaplain ['tʃæplɪn] n aumônier [m].

chapter ['tʃæptəʳ] n chapitre [m] ◇ **in ~ 4** au chapitre 4.

char [famil] [tʃɑːʳ] n (also **~lady, ~woman**) femme [f] de ménage.

character ['kærɪktəʳ] n caractère [m]; (in book, play etc) personnage [m] ◇ **it's in ~ for him** cela lui ressemble; **it takes ~ to do that** il faut avoir du caractère pour faire cela; **he's quite a ~** c'est un numéro [famil]; **~ actor** acteur [m] de genre ◆ **characteristic** adj, n caractéristique [f] ◆ **characteristically** adv typiquement ◆ **characterize** vt caractériser.

charcoal ['tʃɑːkəʊl] 1 n charbon [m] de bois 2 adj (colour) gris anthracite [inv].

charge [tʃɑːdʒ] 1 n a ◇ **to take ~** assumer la responsabilité; **to take ~ of** se charger de; **to be in ~ of** avoir la garde de; **to put sb in ~ of** charger qn de la garde de; **who's in ~ (of this project)?** qui est responsable (de ce projet)?; **the man in ~** le responsable b (cost) prix [m] ◇ **to make a ~ for sth** faire payer qch; **is there a ~ (for repairing it)?** y a-t-il quelque chose à payer (pour la réparation)?; **free of ~** gratuit; **at a ~ of...** moyennant...; **extra ~** supplément [m] c (in battle) charge [f] d (Law etc) accusation [f] ◇ **arrested on a ~ of murder** arrêté sous l'inculpation [f] de meurtre 2 vt a ◇ **to ~ sb with sth** (Law) inculper qn de qch; (gen) accuser qn de qch b (Mil) charger c (customer) faire payer; (amount) prendre (*for* pour) d ◇ (**~ up**) (amount owed) mettre sur le compte (*to sb* de qn) e (firearm, battery) charger 3 vi a ◇ (rush) **to ~ in** entrer à toute vitesse b (battery) se recharger ◆ **charge card** n carte [f] de crédit.

chariot ['tʃærɪət] n char [m].

charisma [kæ'rɪzmə] n charisme [m].

charitable ['tʃærɪtəbl] adj charitable.

charity ['tʃærɪtɪ] n charité [f]; (charitable society) œuvre [f] de bienfaisance.

charm [tʃɑːm] 1 n charme [m] ◇ **it worked like a ~** ça a marché à merveille; **~ bracelet** bracelet [m] à breloques 2 vt charmer ◆ **charmer** n charmeur [m], [f] -euse ◆ **charming** adj charmant.

charred [tʃɑːd] adj carbonisé.

chart [tʃɑːt] n (map) carte [f] marine; (graph etc) graphique [m] ◇ **temperature ~** courbe [f] de température; (pop music) **the ~s** le hit-parade.

charter ['tʃɑ:tə^r] 1 n (document) charte [f] 2 adj ◇ ~ **flight** charter [m]; **by** ~ **flight** en charter; ~ **plane** charter [m] 3 vt (plane etc) affréter ◆ **chartered** adj ◇ ~ **accountant** expert-comptable [m].

chary ['tʃɛərı] adj ◇ **to be** ~ **of doing** hésiter à faire.

chase [tʃeıs] 1 n chasse [f] 2 vt poursuivre ◇ **to** ~ **away** ; **to** ~ **off** chasser; **to** ~ **up** (information) rechercher; (sth already asked for) réclamer 3 vi ◇ **to** ~ **after sb** courir après qn.

chassis ['ʃæsı] n châssis [m].

chaste [tʃeıst] adj chaste ◆ **chastity** n chasteté [f].

chasten ['tʃeısn] vt (punish) châtier; (subdue) assagir.

chastise [tʃæs'taız] vt châtier.

chat [tʃæt] 1 n petite conversation [f] ◇ **to have a** ~ bavarder (*with, to* avec); (on radio, TV) ~ **show** conversation [f] à bâtons rompus avec un(e) invité(e) célèbre 2 vi bavarder (*with* avec) ◇ **to** ~ **up** draguer ◆ **chatty** [famil] adj (person) bavard; (style) familier; (letter) plein de bavardages.

chatter ['tʃætə^r] vi bavarder ◇ **his teeth were** ~**ing** il claquait des dents ◆ **chatterbox** n moulin [m] à paroles.

chauffeur ['ʃəʊfə^r] n chauffeur [m] (de maître).

chauvinism ['ʃəʊvınızəm] n chauvinisme [m] ◆ **chauvinist** n chauvin(e) [m(f)].

cheap [tʃi:p] 1 adj bon marché [inv], peu cher, [f] chère; (tickets) à prix réduit; (fare) réduit; (poor quality) de mauvaise qualité; (joke) facile ◇ **on the** ~ à bon marché; ~**er** meilleur marché, moins cher; **it's** ~ **and nasty** c'est de la camelote [famil]; **to feel** ~ avoir honte (*about* de) 2 adv (also **cheaply**) à bon marché; (cut-price) au rabais.

cheat [tʃi:t] 1 vt tromper ◇ **to** ~ **sb out of sth** escroquer qch à qn 2 vi (at games) tricher (*at* à) ◇ **to** ~ **on one's husband/wife** tromper son mari/sa femme 3 n tricheur [m], [f] -euse ◆ **cheating** n tricherie [f].

1. **check** [tʃek] n (US) = **cheque.**

2. **check** [tʃek] 1 n a ◇ **to hold** or **keep in** ~ tenir en échec; **to act as a** ~ **upon** freiner b (examination: of passport, ticket etc) contrôle [m] ◇ **to keep a** ~ **on sth** surveiller qch c (left luggage ticket) bulletin [m] de consigne; (in restaurant: bill) addition [f] 2 vti a (examine) vérifier (*against* sur); (ticket, passport) contrôler ◇ **to** ~ **off** pointer, cocher; **to** ~ **sth out** (fact) vérifier qch; (place) s'assurer que qch convient bien; **to** ~ **up on** (fact) vérifier; (person) se renseigner sur; **I'll** ~ **up** je vais vérifier b (stop) arrêter; (restrain) maîtriser ◇ **to** ~ **o.s.** se contrôler c (rebuke) réprimander d ◇ **to** ~ **in** (in hotel: arrive) arriver; (register) remplir une fiche; (airport) se présenter à l'enregistrement; **to** ~ **in the luggage** enregistrer les bagages; **to** ~ **out** (from hotel) régler sa note ◆ **checker** n contrôleur [m], [f] -euse ◆ **check-in** n, adj (also ~ **desk**) enregistrement [m] des bagages ◇ **your** ~ **time is...** présentez-vous à l'enregistrement des bagages à... ◆ **checklist** n liste [f] de contrôle ◆ **checkmate** n (Chess) échec et mat [m] ◆ **check-out** n caisse [f] *(dans un libre-service)* ◆ **checkpoint** n contrôle [m] ◆ **checkup** n ◇ (Med) **to have a** ~ se faire faire un bilan de santé.

checked [tʃekt] adj à carreaux.

checkered ['tʃekəd] adj (US) = **chequered.**

checks [tʃeks] npl (pattern) carreaux [mpl].

cheek [tʃi:k] n a joue [f] ◇ ~**bone** pommette [f] b (famil: impudence) toupet [m] ◆ **cheekily** adv avec impertinence ◆ **cheeky** adj impertinent.

cheer [tʃıə^r] 1 n ◇ ~**s** (also **cheering**) acclamations [fpl]; **three** ~**s for...** un ban pour...; ~**s!** [famil] (drinking) à la vôtre! [famil], à la tienne! [famil]; (goodbye) au revoir!, tchao! [famil] 2 vi applaudir ◇ **to** ~ **up** prendre courage; ~ **up!** courage! 3 vt a (~ **up**) remonter le moral à b (applaud) acclamer, applaudir ◇ **to** ~ **sb on** encourager qn ◆ **cheerful** adj gai ◆ **cheerfully** adv gaiement ◆ **cheerio** [famil] excl (goodbye) salut! [famil]; (your health) à la vôtre! [famil], à la tienne! [famil] ◆ **cheery** adj gai.

cheese [tʃi:z] 1 n fromage [m] 2 adj (sandwich) au fromage ◇ ~ **board** plateau [m] de fromages ◆ **cheeseburger** n cheeseburger [m] ◆ **cheesecake** n flan [m] au fromage blanc ◆ **cheesed** adj ◇ **to be** ~ **off** [famil] en avoir marre [famil] (*with* de).

cheetah ['tʃi:tə] n guépard [m].

chef [ʃef] n chef [m] (de cuisine).

chemical ['kemıkəl] 1 adj chimique 2 n ◇ ~**s** produits [mpl] chimiques.

chemist ['kemıst] n a (pharmacist) pharmacien(ne) [m(f)] ◇ ~**'s shop** pharmacie [f] b (researcher) chimiste [mf] ◆ **chemistry** n chimie [f].

cheque [tʃek] n chèque [m] (*for £10* de 10 livres) ◇ ~ **book** carnet [m] de chèques; ~ **card** carte [f] d'identité bancaire.

chequered ['tʃekəd] adj à carreaux, à damier.

cherish ['tʃerıʃ] vt (gen) chérir; (hope) caresser.

cherry ['tʃerı] n a cerise [f] b (~ **tree**) cerisier [m] ◇ ~ **orchard** cerisaie [f].

cherub ['tʃerəb] n chérubin [m].

chervil ['tʃɜ:vıl] n cerfeuil [m].

chess [tʃes] n échecs [mpl] ◆ **chessboard** n échiquier [m].

1. **chest** [tʃest] n (box) coffre [m]; (tea ~) caisse [f] ◇ ~ **of drawers** commode [f].

2. **chest** [tʃest] n (of person) poitrine [f] ◇ **to get something off one's ~** [famil] raconter ce qu'on a sur le cœur.

chestnut ['tʃesnʌt] n châtaigne [f]; (in cooking) châtaigne, marron [m] ◇ **~ tree** châtaignier [m], marronnier [m].

chew [tʃu:] vt mâcher ◆ **chewing gum** n chewing-gum [m].

chick [tʃɪk] n (gen) oisillon [m]; (chicken) poussin [m] ◇ **~ pea** pois [m] chiche.

chicken ['tʃɪkɪn] 1 n poulet [m] ◇ **~ farming** élevage [m] de volailles; (fig) **~-feed** une somme dérisoire; **~ liver** foie [m] de volaille 2 vi ◇ **to ~ out** [famil] se dégonfler [famil].

chickenpox ['tʃɪkɪnpɒks] n varicelle [f].

chicory ['tʃɪkərɪ] n (for coffee) chicorée [f]; (for salads) endive [f].

chief [tʃi:f] 1 n (gen) chef [m]; (boss) patron [m] ◇ **~ of staff** chef d'état-major 2 adj (assistant, inspector) principal ◇ **C~ Constable** ≃ directeur [m] (de police) ◆ **chiefly** adv principalement ◆ **chieftain** n chef [m] *(de clan).*

chiffon ['ʃɪfɒn] n mousseline [f] de soie.

chilblain ['tʃɪlbleɪn] n engelure [f].

child [tʃaɪld], pl **children** ['tʃɪldrən] 1 n enfant [mf] 2 adj (labour) des enfants; (psychology) de l'enfant; (psychologist) pour enfants ◇ **~ abuse** mauvais traitement [m] à enfant; **~ care** protection [f] de l'enfance; **~ minder** gardienne [f] d'enfants; **~ prodigy** enfant [mf] prodige; **it's ~'s play** c'est un jeu d'enfant ◆ **childbirth** n accouchement [m] ◇ **in ~** en couches ◆ **childhood** n enfance [f] ◇ **to be in one's second ~** retomber en enfance ◆ **childish** adj (behaviour) puéril ◇ **don't be so ~** ne fais pas l'enfant ◆ **childishly** adv comme un enfant ◆ **childlike** adj (behaviour, appearance) d'enfant.

Chile ['tʃɪlɪ] n Chili [m] ◆ **Chilean** 1 adj chilien, [f] -ienne 2 n Chilien(ne) [m(f)].

chill [tʃɪl] 1 n froid [m]; (fig) froideur [f]; (Med) refroidissement [m] ◇ **there's a ~ in the air** il fait frais; **to take the ~ off sth** réchauffer qch un peu; **to catch a ~** prendre froid 2 vt (wine, melon) faire rafraîchir; (meat) réfrigérer; (dessert) mettre au frais ◆ **chilled** adj (wine, dessert) servi frais ◇ **~ to the bone** transi jusqu'aux os ◆ **chilling** adj (wind) froid; (thought) qui donne le frisson ◆ **chilly** adj froid ◇ **to feel ~** avoir froid; **it's rather ~** il fait un peu froid.

chilli ['tʃɪlɪ] n piment [m] (rouge).

chime [tʃaɪm] vi (bells) carillonner; (clock) sonner.

chimney ['tʃɪmnɪ] n cheminée [f] ◇ **~ pot, ~ stack** tuyau [m] de cheminée; **~ sweep** ramoneur [m].

chimpanzee [,tʃɪmpæn'zi:] n chimpanzé [m].

chin [tʃɪn] n menton [m].

china ['tʃaɪnə] 1 n porcelaine [f] ◇ **a piece of ~** une porcelaine 2 adj en porcelaine.

China ['tʃaɪnə] n Chine [f] ◇ **~ tea** thé [m] de Chine.

Chinese [tʃa'ni:z] 1 adj chinois ◇ **~ leaves** bette [f]; **~ People's Republic** République [f] populaire de Chine 2 n (person: pl inv) Chinois(e) [m(f)]; (language) chinois [m].

chink [tʃɪŋk] n (in wall) fente [f]; (door) entrebâillement [m].

chip [tʃɪp] 1 n (piece) éclat [m], fragment [m]; (break: on cup etc) ébréchure [f]; (Poker) jeton [m]; (Comput) puce [f]; (Elec) microplaquette [f] ◇ **to have a ~ on one's shoulder** être aigri; **~s** (Brit: potatoes) frites [fpl]; (US: crisps) chips [fpl] 2 vt (cup) ébrécher; (paint) écailler 3 vi ◇ **to ~ in** [famil] (interrupt) dire son mot; (contribute) contribuer ◆ **chipboard** n bois [m] aggloméré ◆ **chippings** npl gravillons [mpl].

chiropodist [kɪ'rɒpədɪst] n pédicure [mf].

chirp [tʃɜ:p] 1 vi pépier 2 n pépiement [m].

chisel ['tʃɪzl] 1 n ciseau [m] 2 vt ciseler.

chit [tʃɪt] n note [f], petit mot [m].

chitchat ['tʃɪttʃæt] n bavardage [m].

chivalry ['ʃɪvəlrɪ] n (of man) galanterie [f] ◇ **tales of ~** contes [mpl] de chevalerie ◆ **chivalrous** adj galant.

chives [tʃaɪvz] npl ciboulette [f].

chivvy [famil] ['tʃɪvɪ] vt harceler *(sb into doing* qn jusqu'à ce qu'il fasse) ◇ **to ~ sb along** pourchasser qn.

chlorinated ['klɒrɪneɪtɪd] adj (water) javellisé.

chlorine ['klɔ:ri:n] n chlore [m].

chloroform ['klɒrəfɔ:m] n chloroforme [m].

choc-ice ['tʃɒkaɪs] n esquimau [m] *(glace).*

chock [tʃɒk] n cale [f] ◆ **chock-a-block** adj absolument plein (*with* de) ◆ **chock-full** adj (container) plein à déborder (*with, of* de); (room) plein à craquer (*with, of* de).

chocolate ['tʃɒklɪt] 1 n chocolat [m] 2 adj (egg) en chocolat; (cake) au chocolat; (colour) chocolat [inv].

choice [tʃɔɪs] 1 n choix [m] ◇ **a wide ~** un grand choix; **he had no ~** il n'avait pas le choix; **he had no ~ but to obey** il ne pouvait qu'obéir; **he did it from ~** or **out of ~** il a choisi de le faire; **this would be my ~** c'est ça que je choisirais 2 adj de choix.

choir ['kwaɪər] n chœur [m] ◆ **choirboy** n jeune choriste [m].

choke [tʃəʊk] 1 vt (person) étrangler; (pipe) boucher 2 vi s'étrangler ◇ **to ~ back tears** refouler ses larmes 3 n (on car) starter [m].

cholesterol [kə'lestə,rɒl] n cholestérol [m].

choose [tʃu:z] pret *chose*, ptp *chosen* vti **a** (gen) choisir; (leader etc) élire ◇ **there is nothing to ~ between them** ils se valent; **there's not too much to ~ from** il n'y a pas tellement de choix **b** décider, juger bon (*to do* de faire) ◇ **as you ~** comme vous voulez ◆ **choosy** [famil] adj difficile (à satisfaire).

1. **chop** [tʃɒp] **1** n (meat) côtelette [f] ◇ **pork ~** côtelette de porc; **to get the ~**[famil] être mis à la porte, se faire virer [famil] **2** vt (wood) couper; (meat, vegetables) hacher ◇ **to ~ down** abattre; **to ~ up** (wood) couper en morceaux; (food) hacher menu ◆ **chopper** n hachoir [m] ◆ **chopping** adj ◇ **~ board** planche [f] à hacher; **~ knife** hachoir [m] *(couteau)* ◆ **chopsticks** npl baguettes [fpl].

2. **chop** [tʃɒp] vi ◇ **to ~ and change** changer constamment d'avis ◆ **choppy** adj (sea) un peu agité.

choral ['kɔ:rəl] adj choral ◇ **~ society** chorale [f].

chord [kɔ:d] n (gen) corde [f]; (Mus) accord [m].

chore [tʃɔ:ʳ] n (everyday) travail [m] de routine; (unpleasant) corvée [f] ◇ **to do the ~s** (household) faire le ménage.

choreography [ˌkɒrɪ'ɒgrəfɪ] n chorégraphie [f].

chortle ['tʃɔ:tl] vi glousser (*about* de).

chorus ['kɔ:rəs] n (singers etc) chœur [m]; (part of song) refrain [m] ◇ **in ~** en chœur; **she's in the ~** (at concert) elle chante dans les chœurs; (Theat) elle fait partie de la troupe; **a ~ of objections** un concert de protestations; **~ girl** girl [f].

chose [tʃəʊz], **chosen** ['tʃəʊzn] → **choose.**

chowder ['tʃaʊdəʳ] n soupe [f] épaisse de palourdes.

Christ [kraɪst] n (le) Christ.

christen ['krɪsn] vt (in church) baptiser; (gen: name) appeler; (nickname) surnommer ◆ **christening** n baptême [m].

Christian ['krɪstɪən] **1** adj chrétien, [f] -ienne ◇ **~ name** prénom [m] **2** n chrétien(ne) [m(f)] ◆ **Christianity** n christianisme [m].

Christmas ['krɪsməs] **1** n Noël [m] ◇ **at ~, at ~ time** à Noël **2** adj (card, tree, present etc) de Noël ◇ **~ cracker** diablotin [m]; **~ Day** le jour de Noël; **~ Eve** la veille de Noël; **~ party** fête [f] de Noël.

chrome [krəʊm] **1** n chrome [m] **2** adj (fittings) chromé.

chromium ['krəʊmɪəm] n acier [m] chromé.

chromosome ['krəʊməsəʊm] n chromosome [m].

chronic ['krɒnɪk] adj (gen) chronique; (liar etc) invétéré; (famil: awful) épouvantable.

chronicle ['krɒnɪkl] n chronique [f].

chronological [ˌkrɒnə'lɒdʒɪkəl] adj chronologique ◇ **in ~ order** par ordre chronologique.

chrysanthemum [krɪ'sænθəməm] n chrysanthème [m].

chubby ['tʃʌbɪ] adj potelé.

chuck [famil] [tʃʌk] vt (throw) lancer; (give up; also **~ in** [famil], **~ up** [famil]) laisser tomber [famil] ◇ **to ~ away** (old things) jeter; (opportunity) laisser passer; **to ~ out** (thing) jeter; (person) mettre à la porte.

chuckle ['tʃʌkl] **1** n petit rire [m] **2** vi rire (*over*, *at* de).

chuffed [famil] [tʃʌft] adj tout content (*about* de).

chum [famil] [tʃʌm] n copain [famil] [m], copine [famil] [f].

chunk [tʃʌŋk] n gros morceau [m] ◆ **chunky** adj (knitwear) de grosse laine.

church [tʃɜ:tʃ] n église [f] ◇ **to go to ~** aller à l'église; **in ~** à l'église; **in the ~** dans l'église; **the C~ of England** l'Église anglicane ◆ **churchgoer** n pratiquant(e) [m(f)] ◆ **church hall** n salle [f] paroissiale ◆ **churchyard** n cimetière [m] *(autour d'une église)*.

churlish ['tʃɜ:lɪʃ] adj hargneux, [f] -euse.

churn [tʃɜ:n] **1** n (milk can) bidon [m] **2** vt ◇ (fig) **to ~ out** produire en série.

chute [ʃu:t] n (in playground) toboggan [m].

chutney ['tʃʌtnɪ] n condiment [m] *(à base de fruits)*.

CIA (US) n abbr of *Central Intelligence Agency* CIA [f].

CID n abbr of *Criminal Investigation Department* ≃ P. J. [f].

cider ['saɪdəʳ] n cidre [m].

cigar [sɪ'gɑ:ʳ] n cigare [m].

cigarette [ˌsɪgə'ret] n cigarette [f] ◇ **~ end** mégot [m]; **~ holder** fume-cigarette [m inv]; **~ lighter** briquet [m].

cinder ['sɪndəʳ] n cendre [f] ◇ **burnt to a ~** (gen) réduit en cendres; (food) carbonisé.

Cinderella [ˌsɪndə'relə] n Cendrillon [f].

cine-camera ['sɪnɪ'kæmərə] n caméra [f].

cinema ['sɪnəmə] n cinéma [m] ◇ **in or at the ~** au cinéma.

cinnamon ['sɪnəmən] n cannelle [f].

circle ['sɜ:kl] **1** n (gen) cercle [m] ◇ **to stand in a ~** faire un cercle; (Theat) **in the ~** au balcon; **in political ~s** dans les milieux [mpl] politiques **2** vt tourner autour de **3** vi décrire des cercles.

circuit ['sɜ:kɪt] n (journey) tournée [f]; (group of cinemas etc) groupe [m]; (Elec) circuit [m] ◆ **circuit-breaker** n disjoncteur [m].

circular ['sɜ:kjʊləʳ] **1** adj circulaire **2** n prospectus [m].

circulate ['sɜ:kjʊleɪt] 1 vi circuler 2 vt faire circuler ◆ **circulation** n (gen) circulation [f]; (of newspaper etc) tirage [m] ◇ **in ~** en circulation.

circumcise ['sɜ:kəmsaɪz] vt circoncire ◆ **circumcision** n circoncision [f].

circumference [sə'kʌmfərəns] n circonférence [f].

circumflex ['sɜ:kəmfleks] n accent [m] circonflexe.

circumspect ['sɜ:kəmspekt] adj circonspect.

circumstance ['sɜ:kəmstəns] n circonstance [f] ◇ **in the ~s** dans les circonstances actuelles; **under no ~s** en aucun cas; (financial) **his ~s** sa situation financière.

circus ['sɜ:kəs] n cirque [m].

cissy [famil] ['sɪsɪ] n (coward) poule [f] mouillée.

cistern ['sɪstən] n citerne [f].

citadel ['sɪtədl] n citadelle [f].

cite [saɪt] vt citer.

citizen ['sɪtɪzn] n citoyen(ne) [m(f)]; (of town) habitant(e) [m(f)] ◇ **C~'s Band Radio** *fréquence réservée au public* ◆ **citizenship** n citoyenneté [f].

citrus ['sɪtrəs] n ◇ **~ fruits** agrumes [mpl].

city ['sɪtɪ] n (grande) ville [f] ◇ (in London) **the C~** la Cité; **he's in the C~** [famil] il est dans les affaires; **~ centre** centre [m] de la ville; **~ dweller** citadin(e) [m(f)]; (US) **~ hall** hôtel [m] de ville.

civic ['sɪvɪk] adj (virtues) civique; (authorities) municipal ◇ **~ centre** centre [m] administratif (municipal).

civil ['sɪvl] adj a (gen) civil; (liberties, rights) civique ◇ **~ war** guerre [f] civile; **~ defence** défense [f] passive; **~ disobedience** résistance [f] passive *(à la loi)*; **~ engineer** ingénieur [m] des travaux publics; **~ engineering** travaux [mpl] publics; **~ servant** fonctionnaire [mf]; **C~ Service** fonction [f] publique b (polite) poli ◆ **civilian** n, adj civil(e) [m(f)] *(opposé à militaire)*.

civilization [,sɪvɪlaɪ'zeɪʃən] n civilisation [f].

civilize ['sɪvɪlaɪz] vt civiliser.

clad [klæd] adj habillé (*in* de).

claim [kleɪm] 1 vt (property, prize) revendiquer (*from* à); (damages) réclamer (*from* à); (attention) demander; (maintain) prétendre (*that* que) 2 n (to throne) titre [m] (*to* à); (Insurance) demande [f] d'indemnité ◇ **to lay ~ to** prétendre à; **that's a big ~ to make!** la prétention est de taille!; **his ~ that he acted legally** son affirmation d'avoir agi d'une manière licite; **a ~ for an extra £5 per week** une demande d'augmentation de 5 livres par semaine; **expenses ~** note [f] de frais; **~ form** formulaire [m] de demande ◆ **claimant** n (for social benefits) demandeur [m].

clairvoyant(e) [klɛə'vɔɪənt] n voyant(e) [m(f)].

clam [klæm] 1 n palourde [f] 2 vi ◇ **to ~ up** [famil] se taire.

clamber ['klæmbəʳ] vi grimper (avec difficulté).

clammy ['klæmɪ] adj (hand) moite; (climate) humide.

clamour, (US) **-or** ['klæməʳ] 1 n clameurs [fpl] 2 vi ◇ **to ~ for sth** réclamer qch à grands cris.

clamp [klæmp] 1 n (gen) attache [f]; (bigger) crampon [m] 2 vti a fixer (*onto* à); (car wheel) mettre un sabot (de Denver) à b ◇ **to ~ down on** [famil] (expenditure) mettre un frein à.

clan [klæn] n clan [m].

clandestine [klæn'destɪn] adj clandestin.

clang [klæŋ] 1 n fracas [m] métallique 2 vi émettre un son métallique ◆ **clanger** [famil] n gaffe [f].

clank [klæŋk] 1 n cliquetis [m] 2 vi cliqueter.

clap [klæp] 1 n ◇ **a ~ on the back** une tape dans le dos; **a ~ of thunder** un coup de tonnerre 2 vti a taper sur; (applaud) applaudir ◇ **to ~ one's hands** battre des mains; **to ~ sb on the back** donner à qn une tape dans le dos b ◇ **to ~ sb into prison** mettre qn en prison; **to ~ eyes on** voir; **to ~ on the brakes** freiner brusquement ◆ **clapped-out** [famil] adj crevé [famil] ◆ **clapping** n applaudissements [mpl].

claret ['klærət] n bordeaux [m] (rouge).

clarify ['klærɪfaɪ] vt clarifier.

clarinet [,klærɪ'net] n clarinette [f].

clarity ['klærɪtɪ] n clarté [f].

clash [klæʃ] 1 vi (of metallic objects) s'entrechoquer; (armies) se heurter; (interests, personalities) être incompatible (*with* avec); (colours) jurer (*with* avec); (two events at the same time) tomber en même temps (*with* que) ◇ **they ~ over the question of...** ils sont en désaccord total en ce qui concerne... 2 vt (metallic objects) heurter bruyamment 3 n (sound) fracas [m] métallique; (of armies, enemies) heurt [m]; (of personalities) incompatibilité [f].

clasp [klɑ:sp] 1 n (gen) fermoir [m]; (on belt) boucle [f] ◇ **~ knife** grand couteau [m] pliant 2 vt serrer ◇ **to ~ one's hands** joindre les mains.

class [klɑ:s] 1 n (gen) classe [f] ◇ **a good ~ of hotel** un très bon hôtel; **to give a ~** faire un cours; **the French ~** la classe or le cours de français; **to attend a ~** suivre un cours; **she's got ~** elle a de la classe 2 vt classer (*as* comme) ◆ **classmate** n camarade [mf] de classe ◆ **classroom** n salle [f] de classe ◆ **classy** [famil] adj chic [inv].

classic ['klæsɪk] 1 adj classique 2 n (book etc) classique [m]; (Racing) classique [f] ◇ **to study ~s** étudier les humanités [fpl] ◆ **classical** adj classique ◇ ~ **scholar** humaniste [mf] ◆ **classicism** n classicisme [m].

classification [ˌklæsɪfɪ'keɪʃən] n classification [f].

classify ['klæsɪfaɪ] vi classifier ◇ (information) **classified** secret, [f] -ète; **classified advertisement** petite annonce [f].

clatter ['klætəʳ] 1 n cliquetis [m]; (louder) fracas [m] 2 vi cliqueter.

clause [klɔːz] n (gen) clause [f]; (will) disposition [f]; (Gram) proposition [f].

claustrophobia [ˌklɔːstrə'fəʊbɪə] n claustrophobie [f] ◆ **claustrophobic** adj (person) claustrophobe.

claw [klɔː] 1 n (of cat, lion, small bird etc) griffe [f]; (bird of prey) serre [f]; (lobster etc) pince [f] 2 vt griffer.

clay [kleɪ] n argile [f] ◇ ~ **pigeon shooting** ball-trap [m].

clean [kliːn] 1 adj (gen) propre; (sheet of paper) neuf, [f] neuve; (reputation, shape, cut) net, [f] nette; (joke, story) qui n'a rien de choquant; (contest) loyal ◇ **to wipe sth ~** essuyer qch; **keep it ~** ne le salissez pas; **as ~ as a new pin** propre comme un sou neuf; **to make a ~ breast of it** dire ce qu'on a sur la conscience; ~ **living** une vie saine 2 adv (forget etc) complètement ◇ **to break off ~** casser net; **to come ~ about sth** [famil] tout dire sur qch 3 n ◇ **to give sth a good ~** bien nettoyer qch 4 vt nettoyer ◇ **to ~ one's teeth** se brosser les dents; **to ~ one's nails** se nettoyer les ongles; **to ~ the windows** faire les vitres; **to ~ out a room** nettoyer une chambre à fond; **to ~ up** (room) nettoyer; (fig: town, television) épurer; **to ~ o.s. up** se débarbouiller ◆ **cleaner** n (Comm) teinturier [m], [f] -ière; (charwoman) femme [f] de ménage; (device) appareil [m] de nettoyage; (household ~) produit [m] d'entretien; (stain remover) détachant [m] ◇ **the ~'s shop** la teinturerie ◆ **cleaning** n nettoyage [m]; (housework) ménage [m] ◇ ~ **fluid** détachant [m]; ~ **woman** femme [f] de ménage ◆ **cleanliness** ['klenlɪnɪs] n propreté [f] ◆ **cleanly** ['klenlɪ] adv proprement ◆ **cleanness** n propreté [f] ◆ **clean-shaven** adj ◇ **to be ~** avoir le visage glabre.

cleanse [klenz] vt nettoyer; (fig) purifier (*of* de) ◆ **cleanser** n (detergent) détergent [m]; (for complexion) démaquillant [m] ◆ **cleansing** adj ◇ ~ **cream** crème [f] démaquillante; ~ **department** service [m] de voirie.

clear [klɪəʳ] 1 adj (gen) clair; (glass, plastic) transparent; (water) limpide; (honey) liquide; (outline, majority, profit) net, [f] nette; (road) libre ◇ **on a ~ day** par temps clair; ~ **soup** bouillon [m]; **with a ~ conscience** la conscience tranquille; **to make o.s. ~** se faire bien comprendre; **to make it ~ to sb that** bien faire comprendre à qn que; **all ~!** fin d'alerte!; **we had a ~ view** rien ne gênait la vue; **three ~ days** trois jours entiers.

2 n ◇ **to be in the ~** [famil] ne pas être soupçonné.

3 adv ◇ **loud and ~** très distinctement; **to get ~ away** disparaître sans laisser de traces; ~ **of** à l'écart de; **to keep ~ of sb** éviter qn; **to stand ~** s'écarter; **to get ~ of** s'écarter de.

4 vti a (liquid) clarifier; (situation) éclaircir ◇ **to ~ the air** aérer; (fig) détendre l'atmosphère; **to ~ one's throat** s'éclaircir la voix; (of weather) **it will ~ up** ça va se lever b (road etc) dégager; (pipe) déboucher; (land) défricher ◇ **to ~ sth away** or **off** enlever qch; **to ~ the table, to ~ away** débarrasser la table; **to ~ sth of rubbish** déblayer qch; **to ~ a way through** ouvrir un passage à travers; **to ~ (out) a room** (of people) faire évacuer une salle; (of things) débarrasser une salle; **to ~ up a mystery** éclaircir un mystère; **to ~ up the mess** (lit) tout nettoyer; (fig) tout arranger c (find innocent etc: person) disculper (*of* de) ◇ **to ~ o.s.** se disculper; **we've ~ed it with him** nous avons obtenu son accord d (hedge, fence) sauter; (obstacle) éviter; (harbour) quitter e ◇ (leave) **to ~ off** [famil], **to ~ out** [famil] décamper, partir f (cheque) compenser; (profit) [famil] gagner net; (one's conscience) décharger; (doubts) dissiper ◇ (Comm) **'half price to ~'** 'solde à moitié prix pour liquider' ◆ **clearance** n (of road, land) déblaiement [m]; (cheque) compensation [f]; (Customs) dédouanement [m]; (permission etc) autorisation [f]; (space between things) espace [m] ◇ ~ **sale** soldes [mpl] ◆ **clear-cut** adj net, [f] nette ◆ **clearheaded** adj lucide ◆ **clearing** n (in forest) clairière [f] ◇ ~ **bank** banque [f] (appartenant à une chambre de compensation) ◆ **clearly** adv (distinctly: see, state) clairement; (hear) distinctement; (understand) bien; (obviously) manifestement ◇ ~ **visible** bien visible ◆ **clear-sighted** adj (fig) clairvoyant ◆ **clearway** n route [f] à stationnement interdit.

clef [klef] n (Mus) clef [f].

cleft [kleft] 1 n (in rock) crevasse [f] 2 adj ◇ ~ **palate** palais [m] fendu; (fig) **in a ~ stick** dans une impasse.

clematis ['klemətɪs] n clématite [f].

clementine ['kleməntaɪn] n clémentine [f].

clench [klentʃ] vt serrer.

clergy ['klɜːdʒɪ] n (+ pl vb) clergé [m] ◆ **clergyman** n ecclésiastique [m].

clerical ['klerɪkəl] adj (job) d'employé; (work, worker) de bureau; (error) d'écriture.

clerk [klɑ:k, (US) klɜ:rk] n employé(e) [m(f)] *(de bureau, de commerce)* ◇ **bank ~** employé(e) de banque; (in hotel) **desk ~** réceptionniste [mf].

clever ['klevəʳ] adj (person) intelligent; (smart) astucieux, [f] -ieuse; (play, film) intelligemment fait; (machine, trick, explanation) ingénieux, [f] -ieuse; (idea, joke, story) astucieux; (skilful) habile (*at doing* à faire) ◇ **~ at French** fort en français; **~ with one's hands** adroit de ses mains; **he was too ~ for me** il était trop malin pour moi ◆ **cleverly** adv intelligemment; astucieusement; ingénieusement; habilement.

cliché ['kli:ʃeɪ] n cliché [m].

click [klɪk] **1** n petit bruit [m] sec **2** vti faire un bruit sec; (of heels, typewriter) cliqueter ◇ **to ~ one's heels** claquer des talons; (fig) **suddenly it ~ed** [famil] j'ai compris tout à coup.

client ['klaɪənt] n client(e) [m(f)] ◆ **clientele** n clientèle [f].

cliff [klɪf] n falaise [f] ◆ **cliff-hanger** [famil] n récit [m] (or situation [f] etc) à suspense.

climate ['klaɪmɪt] n climat [m].

climax ['klaɪmæks] n point [m] culminant; (sexual) orgasme [m] ◇ **to come to a ~** atteindre son point culminant.

climb [klaɪm] **1** vt (**~ up**: stairs, slope) monter; (tree, ladder) monter à; (cliff, wall) escalader; (mountain) faire l'ascension de **2** vi (**~ up:** gen) monter; (of plants) grimper ◇ **to ~ down** descendre; (fig) en rabattre; **to ~ over sth** escalader qch; **to ~ into an aircraft** monter à bord d'un avion; (Sport) **to go ~ing** faire de l'alpinisme; (rock-**~ing**) faire de la varappe **3** n (Sport etc) ascension [f] ◆ **climber** n grimpeur [m], [f] -euse; (mountaineer) alpiniste [mf]; (also **rock-~**) varappeur [m], [f] -euse; (social etc ~) arriviste [mf]; (plant) plante [f] grimpante ◆ **climbing** n (Sport) alpinisme [m].

cling [klɪŋ] pret, ptp *clung* vi **a** ◇ (hold tight) **to ~ to** se cramponner à **b** (stick) coller (*to* à) ◆ **clingfilm** n Scellofrais [m] ® ◆ **clinging** adj collant.

clinic ['klɪnɪk] n (nursing home; teaching session) clinique [f]; (by GP, at hospital) service [m] de consultation ◆ **clinical** adj clinique; (fig: attitude) objectif, [f] -ive.

clink [klɪŋk] **1** vt faire tinter **2** vi tinter **3** n tintement [m].

1. **clip** [klɪp] **1** n (paper ~) trombone [m]; (bulldog ~) pince [f] à dessin; (for tube) collier [m] **2** vt ◇ **to ~ sth on** fixer qch; **to ~ together** attacher ◆ **clipboard** n écritoire [f] *(panneau)*.

2. **clip** [klɪp] **1** vt (cut: gen) couper; (hedge) tailler; (animal) tondre; (cut out) découper **2** n (film) extrait [m] ◆ **clippers** npl (for hair) tondeuse [f]; (hedge) sécateur [m]; (nails) pince [f] à ongles.

clique [kli:k] n clique [f], coterie [f].

cloak [kləʊk] **1** n grande cape [f] **2** vt ◇ **~ed with mystery** empreint de mystère ◆ **cloakroom** n (coats etc) vestiaire [m]; (WC: public) toilettes [fpl]; (in house) cabinets [mpl].

clock [klɒk] **1** n **a** (large) horloge [f]; (smaller) pendule [f] ◇ **by the church ~** à l'horloge de l'église; **round the ~** vingt-quatre heures d'affilée; **to work against the ~** travailler contre la montre **b** (of taxi) compteur [m] **2** vi ◇ **to ~ in** pointer (à l'arrivée) ◆ **clock-radio** n radio-réveil [m] ◆ **clock-tower** n clocher [m] ◆ **clockwise** adv, adj dans le sens des aiguilles d'une montre ◆ **clockwork** **1** n ◇ **to go like ~** aller comme sur des roulettes **2** adj (toy) mécanique.

clog [klɒg] **1** n sabot [m] *(chaussure)* **2** vt (**~ up:** pipe) boucher; (wheel, passage) bloquer.

cloister ['klɔɪstəʳ] n cloître [m].

1. **close** [kləʊs] **1** adj **a** (date, place, relative) proche; (friend) intime; (resemblance, translation) fidèle; (connection, control, surveillance) étroit; (contact) direct; (argument) précis; (questioning, investigation) minutieux, [f] -ieuse; (attention) soutenu ◇ (gen) **~ to** tout près de; **at ~ quarters** tout près; **that was ~!** on l'a échappé belle!; **to keep a ~ watch on** surveiller de près; **~ combat** corps à corps [m]; **she was very ~ to her brother** (in age) son frère et elle étaient d'âges très rapprochés; (in friendship) elle était très proche de son frère **b** ◇ (airless) **it's very ~ in here** il n'y a pas d'air ici; **it's ~ today** il fait lourd aujourd'hui **2** adv étroitement, de près ◇ **to hold sb ~** serrer qn dans ses bras; **~ by** tout près; **~ to, ~ (up)on** tout près de; **~ at hand** tout près; **~ together** serrés les uns contre les autres; **to come ~r together** se rapprocher **3** n (of cathedral) enceinte [f] ◆ **close-cropped** adj coupé ras ◆ **close-fitting** adj ajusté ◆ **close-knit** adj (fig) très uni ◆ **closely** adv (guard) étroitement; (resemble) beaucoup; (watch, follow, study) de près; (connected) étroitement ◆ **close-set** adj (eyes) rapprochés ◆ **close-up** n gros plan [m] ◇ **in ~** en gros plan.

2. **close** [kləʊz] **1** n (end) fin [f] ◇ **to come to a ~** se terminer; **to bring sth to a ~** mettre fin à qch **2** vt **a** (shut: gen) fermer; (pipe, opening) boucher; (road) barrer ◇ **~d to traffic** interdit à la circulation; **to ~ ranks** serrer les rangs; **to ~ up** (shop) fermer définitivement; (wound) refermer **b** (end: gen) terminer;

(account) arrêter, clore; (bargain) conclure ◇ **to ~ the meeting** lever la séance **3** vi **a** (shut) fermer; (of eyes) se fermer ◇ **the shop ~s on Sundays** le magasin ferme le dimanche; **the wound has ~d up** la plaie s'est refermée; **to ~ in** (of hunters etc) se rapprocher; (of fog) descendre; **to ~ in on sb** cerner qn; **the shop has ~d down** le magasin a fermé définitivement **b** (end) se terminer ◆ **closed** adj (door, eyes) fermé; (road) barré; (pipe, opening etc) bouché ◇ **~-circuit television** télévision [f] en circuit fermé; (in industry) **~ shop** atelier [m] qui n'admet que des travailleurs syndiqués ◆ **close-down** n fermeture [f] définitive ◆ **closing** adj dernier, [f] -ière (before n) ◇ **when is ~ time?** à quelle heure est-ce qu'on ferme? ◆ **closure** n fermeture [f].

closet ['klɒzɪt] n (cupboard) placard [m]; (for clothes) penderie [f]; (W.C.) cabinets [mpl].

clot [klɒt] n caillot [m]; (famil: fool) imbécile [mf] ◇ **a ~ on the brain** une embolie cérébrale; **a ~ in the leg** une thrombose ◆ **clotted cream** n crème [f] en grumeaux.

cloth [klɒθ] n **a** (material) tissu [m], étoffe [f]; (of wool) drap [m] **b** (tablecloth) nappe [f]; (duster) chiffon [m]; (dishcloth) torchon [m].

clothe [kləʊð] vt vêtir (*in*, *with* de) ◆ **clothes** npl vêtements [mpl]; (bed~) draps [mpl] et couvertures [fpl] ◇ **with one's ~ off** tout nu; **to put on one's ~** s'habiller; **to take off one's ~** se déshabiller; **~ basket** panier [m] à linge; **~ brush** brosse [f] à habits; **~ dryer** séchoir [m]; sèche-linge [m inv]; **~ hanger** cintre [m]; **~ line** corde [f] à linge; **~ peg** pince [f] à linge; **~ shop** magasin [m] d'habillement ◆ **clothing** n vêtements [mpl] ◇ **an article of ~** un vêtement.

cloud [klaʊd] **1** n (gen) nuage [m]; (of insects etc) nuée [f]; (gas) nappe [f] ◇ **to have one's head in the ~s** être dans les nuages; (fig) **under a ~** en disgrâce **2** vt (mirror) embuer; (mind) obscurcir ◇ **to ~ the issue** brouiller les cartes (fig) **3** vi (of sky: **~ over**) se couvrir ◆ **cloudburst** n déluge [m] de pluie ◆ **cloudy** adj (sky) couvert; (liquid) trouble ◇ **it was ~** le temps était couvert.

clout [klaʊt] vt frapper.

clove [kləʊv] n clou [m] de girofle ◇ **~ of garlic** gousse [f] d'ail.

clover ['kləʊvəʳ] n trèfle [m] ◇ **to be in ~** [famil] être comme un coq en pâte.

clown [klaʊn] **1** n clown [m] **2** vi (**~ about**, **~ around**) faire le clown.

club [klʌb] **1** n **a** (weapon) matraque [f]; (golf ~) club [m] **b** ◇ (Cards) **~s** trèfles [mpl]; **one ~** un trèfle; **he played a ~** il a joué trèfle **c** (society) club [m] ◇ **tennis ~** club de tennis; **~ member** membre [m] du club **2** vt assommer **3** vi ◇ **to ~ together** se cotiser (*to buy* pour acheter) ◆ **club-foot** n pied-bot [m] ◆ **clubhouse** n pavillon [m].

cluck [klʌk] vi glousser.

clue [klu:] n (gen) indication [f]; (police etc) indice [m]; (in crosswords) définition [f] ◇ (fig) **I haven't a ~!** [famil] je n'en ai pas la moindre idée!

1. **clump** [klʌmp] n (trees) bouquet [m]; (flowers) touffe [f].

2. **clump** [klʌmp] vi (**~ about**) marcher d'un pas lourd.

clumsy ['klʌmzɪ] adj maladroit ◆ **clumsily** adv maladroitement ◆ **clumsiness** n maladresse [f].

clung [klʌŋ] pret, ptp of *cling*.

clunk [klʌŋk] n bruit sourd [m].

cluster ['klʌstəʳ] **1** n (gen) petit groupe [m]; (of stars) amas [m]; (flowers, fruit) grappe [f]; (trees) bouquet [m] **2** vi former un groupe.

clutch [klʌtʃ] **1** n **a** (on car) embrayage [m]; (**~ pedal**) pédale [f] d'embrayage ◇ **to let in the ~** embrayer; **to let out the ~** débrayer **b** ◇ **to fall into sb's ~es** tomber sous les griffes de qn **2** vt (grasp) empoigner; (hold on to) se cramponner à.

clutter ['klʌtəʳ] **1** n fouillis [m] **2** vt (**~ up**) encombrer (*with* de).

CND n abbr of *Campaign for Nuclear Disarmament: mouvement pour le désarmement nucléaire*.

Co. **a** abbr of *county* **b** abbr of *company* Cie.

co- [kəʊ] pref co- ◆ **co-driver** n (in race) copilote [m]; (of lorry) deuxième chauffeur [m] ◆ **coeducational** adj mixte ◆ **coexistence** n coexistence [f] ◆ **co-pilot** n copilote [m] (Aviat) ◆ **co-star** n partenaire [mf].

c/o abbr of *care of* chez, aux bons soins de.

coach [kəʊtʃ] **1** n **a** (Rail) voiture [f], wagon [m]; (motor ~) car [m], autocar [m]; (horse-drawn) carrosse [m] ◇ **~ trip** excursion [f] en car **b** (tutor) répétiteur [m], [f] -trice; (Sport) entraîneur [m] **2** vt donner des leçons particulières à; (Sport) entraîner ◇ **to ~ sb for an exam** préparer qn à un examen.

coagulate [kəʊ'ægjʊleɪt] vi se coaguler.

coal [kəʊl] **1** n charbon [m]; (industrial) houille [f] ◇ (fig) **on hot ~s** sur des charbons ardents **2** adj (fire) de charbon; (cellar) à charbon ◇ **~ scuttle** seau [m] à charbon; **~ shed** réserve [f] à charbon ◆ **coal-black** adj noir comme du charbon ◆ **coalfield** n bassin [m] houiller ◆ **coalman** or **coal-merchant** n charbonnier [m] ◆ **coalmine** n mine [f] de charbon ◆ **coalminer** n mineur [m].

coalition [ˌkəʊə'lɪʃən] n coalition [f].

coarse [kɔ:s] adj (gen) grossier, [f] -ière; (laugh) gras, [f] grasse; (accent) vulgaire ◇ **~ red wine** gros rouge [m]; **~ salt** gros sel [m] ◆ **coarsely** adv grossièrement.

coast [kəʊst] 1 n côte [f]; (~**line**) littoral [m] ◇ **the ~ is clear** la voie est libre 2 vi (Aut, Cycling) descendre en roue libre ◆ **coastal** adj côtier, [f] -ière ◆ **coaster** n (mat) dessous [m] de verre ◆ **coastguard** n membre [m] de la gendarmerie maritime ◇ ~ **vessel** (vedette [f]) garde-côte [m].

coat [kəʊt] 1 n (gen) manteau [m]; (of animal) pelage [m]; (of horse) robe [f]; (of paint, tar etc) couche [f] ◇ ~ **of arms** armoiries [fpl] 2 vt enduire (*with* de) ◇ **his tongue was ~ed** il avait la langue chargée ◆ **coat-hanger** n cintre [m] ◆ **coating** n couche [f] ◆ **coatstand** n portemanteau [m].

coax [kəʊks] vt enjôler ◇ **to ~ sb into doing** amener qn à force de cajoleries à faire ◆ **coaxing** n cajoleries [fpl].

cobble ['kɒbl] n (~ **stone**) pavé [m] rond.

cobbler ['kɒbləʳ] n cordonnier [m].

COBOL ['kəʊbɔ:l] n (Comput) COBOL [m].

cobra ['kəʊbrə] n cobra [m].

cobweb ['kɒbweb] n toile [f] d'araignée.

Coca-Cola [,kəʊkə'kələ] n ® Coca-Cola, coca [m] ®.

cocaine [kə'keɪn] n cocaïne [f].

cock [kɒk] n coq [m] ◇ ~ **and bull story** histoire [f] à dormir debout ◆ **cock-a-doodle-doo** n cocorico [m] ◆ **cockerel** n jeune coq [m].

cock-eyed [famil] ['kɒk,aɪd] adj (cross-eyed) qui louche; (absurd) absurde.

cockle ['kɒkl] n (Culin) coque [f].

cockney ['kɒknɪ] 1 n Cockney [mf] *(personne née dans l'East End' de Londres)* 2 adj cockney.

cockpit ['kɒkpɪt] n (in aircraft) poste [m] de pilotage; (in racing car) poste du pilote.

cockroach ['kɒkrəʊtʃ] n cafard [m] *(insecte)*.

cocktail ['kɒkteɪl] n cocktail [m] *(boisson)* ◇ **fruit** ~ salade [f] de fruits; ~ **bar** bar [m] *(dans un hôtel)*; ~ **party** cocktail [m] *(réunion)*.

cocky ['kɒkɪ] adj trop sûr de soi.

cocoa ['kəʊkəʊ] n cacao [m].

coconut ['kəʊkənʌt] n noix [f] de coco ◇ ~ **matting** tapis [m] de fibre; ~ **palm** cocotier [m].

cocoon [kə'ku:n] n cocon [m].

cod [kɒd] n, pl inv morue [f]; (cooked) cabillaud [m] ◆ **cod-liver oil** n huile [f] de foie de morue.

COD abbr of *cash on delivery* → **cash.**

code [kəʊd] 1 n (all senses) code [m] ◇ **in ~** en code; ~ **name** nom [m] codé 2 vt coder.

codeine ['kəʊdi:n] n codéine [f].

coerce [kəʊ'ɜ:s] vt contraindre (*sb into doing* qn à faire) ◆ **coercion** n contrainte [f].

coffee ['kɒfɪ] n café [m] ◇ **black ~** café noir; **white ~** ; (US) ~ **with milk** café au lait; (in restaurant etc) café-crème [m]; ~ **bar** cafétéria [f]; ~ **break** pause-café [f]; ~ **cup** tasse [f] à café; ~ **maker** cafetière [f]; ~ **morning** ≃ vente [f] de charité; ~ **percolator** cafetière [f] *(à pression)*; ~ **pot** cafetière [f]; ~ **shop** cafétéria [f]; ~ **table** petite table [f] basse.

coffin ['kɒfɪn] n cercueil [m].

cog [kɒg] n dent [f] *(d'engrenage)*.

cognac ['kɒnjæk] n cognac [m].

coherent [kəʊ'hɪərənt] adj cohérent.

coil [kɔɪl] 1 vt enrouler 2 vi s'enrouler 3 n (gen) rouleau [m]; (one loop) spire [f]; (of smoke) anneau [m]; (contraceptive) stérilet [m].

coin [kɔɪn] 1 n pièce [f] de monnaie ◇ **a 10p** ~ une pièce de 10 pence; ~ **box** (phone) cabine [f] téléphonique 2 vt (word) inventer ◇ (fig) **he is ~ing money** il fait des affaires d'or; **well, to ~ a phrase** eh bien, si je peux m'exprimer ainsi ◆ **coin-operated** adj automatique.

coincide [,kəʊɪn'saɪd] vi coïncider (*with* avec) ◆ **coincidence** n coïncidence [f].

coke [kəʊk] n coke [m].

Coke [kəʊk] n ® (drink) coca [m] ®.

cola ['kəʊlə] n cola [m or f].

colander ['kʌləndəʳ] n passoire [f].

cold [kəʊld] 1 adj (lit, fig) froid ◇ **as ~ as ice** (gen) glacé; (room) glacial; **it's ~ this morning** il fait froid ce matin; **I am** or **feel ~** j'ai froid; **my feet are ~** j'ai froid aux pieds; (fig) **to have ~ feet** avoir la frousse [famil]; **to get ~** (weather, room) se refroidir; (food) refroidir; (person) commencer à avoir froid; **in ~ blood** de sang-froid; ~ **cream** crème [f] de beauté; ~ **meat** viande [f] froide; ~ **sore** bouton [m] de fièvre; **the ~ war** la guerre froide 2 n a (Met etc) froid [m] ◇ (fig) **to be left out in the ~** rester en plan [famil] b (Med) rhume [m] ◇ **a bad ~** un gros rhume; **to have a ~** être enrhumé; **to get a ~** s'enrhumer ◆ **cold-blooded** adj (animal) à sang froid; (person) sans pitié ◆ **coldly** adv avec froideur ◆ **coldness** n froideur [f].

coleslaw ['kəʊlslɔ:] n salade [f] de chou cru.

colic ['kɒlɪk] n coliques [fpl].

collaborate [kə'læbəreɪt] vi collaborer (*with sb in sth* avec qn à qch) ◆ **collaboration** n collaboration [f] (*in* à) ◆ **collaborator** n collaborateur [m], [f] -trice.

collage [kɒ'la:ʒ] n collage [m].

collapse [kə'læps] 1 vi (gen) s'effondrer; (of government) tomber; (famil: with laughter) être plié en deux de rire 2 n effondrement [m] ◆ **collapsible** adj pliant.

collar ['kɒləʳ] n col [m]; (for dog) collier [m] ◆ **collarbone** n clavicule [f].

colleague ['kɒli:g] n collègue [mf].

collect [kə'lekt] **1** vt **a** (assemble: gen) rassembler; (money, subscriptions) recueillir; (taxes, fines) percevoir; (rents) encaisser; (as hobby: stamps etc) collectionner ◇ **~ed works** œuvres [fpl] complètes **b** (take in, pick up) ramasser; (take away: rubbish etc) enlever; (call for: person, books, one's mail) passer prendre ◇ **the bus ~s the children** l'autobus ramasse les enfants; (Post) **to ~ letters** faire la levée du courrier **2** vi **a** (people) se rassembler; (things, dust, water) s'accumuler **b** (take money) faire la quête (*for* pour) ◆ **collect call** n (US Telec) communication [f] en PCV ◆ **collection** n **a** (stamps etc) collection [f]; (miscellaneous objects) ramassis [m] **b** (in church) quête [f]; (Post) levée [f]; (of rubbish) enlèvement [m] ◆ **collective** adj collectif, [f] -ive ◆ **collectively** adv collectivement ◆ **collector** n (of stamps etc) collectionneur [m], [f] -euse.

college ['kɒlɪdʒ] n (gen) collège [m] ◇ **~ of education** (for primary teachers) ≃ école [f] normale primaire; (for secondary teachers) ≃ centre [m] pédagogique régional de formation des maîtres; **~ of music** conservatoire [m] de musique; **technical ~** collège technique; **to go to ~** faire des études supérieures.

collide [kə'laɪd] vi entrer en collision; (less violently) se heurter ◇ **to ~ with** entrer en collision avec, heurter.

collier ['kɒlɪəʳ] n mineur [m] ◆ **colliery** n mine [f] de charbon.

collision [kə'lɪʒən] n collision [f].

colloquial [kə'ləʊkwɪəl] adj familier, [f] -ière, parlé ◆ **colloquialism** n expression [f] familière.

Colombia [kə'lɒmbɪə] n Colombie [f] ◆ **Colombian** **1** adj colombien **2** n Colombien(ne) [m(f)].

colon ['kəʊlən] n (intestine) côlon [m]; (Gram) deux-points [m inv].

colonel ['kɜːnl] n colonel [m].

colonial [kə'ləʊnɪəl] adj colonial ◆ **colonialism** n colonialisme [m].

colonize ['kɒlənaɪz] vt coloniser.

colony ['kɒlənɪ] n colonie [f].

colossal [kə'lɒsl] adj colossal.

colour, (US) **-or** ['kʌləʳ] **1** n couleur [f] ◇ **what ~ is it?** de quelle couleur est-ce?; **to lose ~** pâlir; **to get one's ~ back** reprendre des couleurs; (fig) **to see sth in its true ~s** voir qch sous son vrai jour; **he showed his true ~s** il s'est révélé tel qu'il est vraiment; **~s** (gen, Mil, Naut) couleurs [fpl]; **to salute the ~s** saluer le drapeau; **it is not a question of ~** (race) ce n'est pas une question de race **2** adj **a** (photograph etc) en couleur ◇ **~ scheme** combinaison [f] de couleurs; (Press) **~ supplement** supplément [m] illustré; **~ television (set)** téléviseur [m] couleur [inv] **b** (problem etc) racial ◇ **~ bar** discrimination [f] raciale **3** vt (gen: lit, fig) colorer; (crayon: **~ in**) colorier; (tint) teinter ◇ **to ~ sth red** colorer etc qch en rouge; **~ing book** album [m] à colorier ◆ **colour-blind** adj daltonien ◆ **coloured** adj **a** (liquid) coloré; (drawing) colorié; (pencil) de couleur; (photograph etc) en couleur ◇ **muddy-~** couleur de boue **b** (person, race) de couleur ◆ **colourfast** adj grand teint [inv] ◆ **colourful** adj (dress) coloré; (personality) pittoresque ◆ **colouring** n coloration [f]; (complexion) teint [m] ◇ **high ~** teint coloré ◆ **colourless** adj incolore.

colt [kəʊlt] n poulain [m].

column ['kɒləm] n (all senses) colonne [f] ◆ **columnist** n chroniqueur [m], échotier [m], [f] -ière.

coma ['kəʊmə] n coma [m] ◇ **in a ~** dans le coma.

comb [kəʊm] **1** n peigne [m] ◇ **to run a ~ through one's hair** se donner un coup de peigne **2** vti **a** ◇ **to ~ one's hair** se peigner; **to ~ sb's hair** peigner qn **b** (search, town) ratisser.

combat ['kɒmbæt] **1** n combat [m] ◇ **~ jacket** veste [f] de treillis; **~ troops** troupes [fpl] de combat **2** vti combattre (*for* pour; *with, against* contre).

combine [kəm'baɪn] **1** vt (resources etc) unir; (projects, objectives) combiner (*with* avec); (qualities) allier (*with* à) ◇ **a ~d effort** un effort conjugué; **~d forces** forces [fpl] alliées; **~d clock and radio** combiné [m] radio-réveil **2** vi (gen) s'unir; (fig) se liguer (*against* contre); (events) concourir (*to* à); (Chem) se combiner **3** ['kɒmbaɪn] n (commercial) cartel [m], trust [m] ◇ **~ harvester** moissonneuse-batteuse [f] ◆ **combination** n (gen) combinaison [f]; (of events) concours [m]; (motorcycle) side-car [m] ◇ **~ lock** serrure [f] à combinaison.

combustion [kəm'bʌstʃən] n combustion [f].

come [kʌm] pret *came*, ptp *come* vti **a** (gen) venir (*from* de; *to* à) ◇ **~ and see me, ~ to see me** venez me voir; **they came to a town** ils sont arrivés à une ville; **he has just ~ from Edinburgh** il arrive d'Édimbourg; **he has ~ a long way** il est venu de loin; (fig) il a fait du chemin; **they were coming and going all day** ils n'ont fait qu'aller et venir toute la journée; **the pain ~s and goes** la douleur est intermittente; **to ~ running** arriver en courant; **to ~ home** rentrer; **to ~ for sb** venir chercher qn; **coming!** j'arrive!; (excl) **~ now!** voyons!; **he ~s across as rather arrogant** il donne l'impression d'être plutôt arrogant; **to ~ along with sb** accompagner qn; **~ along!** dépêchez-vous! → also d; **~ away from there!** écartez-vous de là!; **to ~ back** revenir; **to ~ back to what I was saying**

pour en revenir à ce que je disais; **to ~ down** (gen) descendre; (of building) être démoli; (of prices) baisser; **to ~ down in the world** descendre dans l'échelle sociale → also d; **to ~ forward** se présenter → also d; **to ~ in** (of person) entrer; (of train) arriver; (of tide) monter; **to ~ off** (of button, stain) partir; **to ~ out** (gen) sortir (*of* de); (of sun) paraître; (of secret) être divulgué → also d; **~ over** or **round and see me** passez me voir; **to ~ up** monter → also d; **he came up to me** il s'est approché de moi; **it ~s up to his waist** cela lui arrive à la taille; **it came into my head that** il m'est venu à l'esprit que; **it came as a surprise to him** cela l'a (beaucoup) surpris; **when it ~s to choosing** quand il s'agit de choisir; **the years to ~** les années à venir; **if it ~s to that** à ce compte-là; **I've known him for 3 years ~ January** cela fera 3 ans en janvier que je le connais; **she had it coming to her** [famil] elle l'a bien cherché; **she's as clever as they ~** [famil] elle est futée comme pas une [famil]; **you could see that coming** [famil] on voyait venir ça de loin; **~ again?** [famil] comment?; **how ~?** [famil] comment ça se fait?

b ◇ (result) **nothing came of it** il n'en est rien résulté; **that's what ~s of disobeying!** voilà ce que c'est que de désobéir!; **~ what may** quoi qu'il arrive.

c ◇ (be, become: often translated by verb) **it has ~ loose** ça s'est desserré; **to ~ undone** se défaire; **everything came right in the end** tout s'est arrangé à la fin; **he came to admit he was wrong** il a fini par reconnaître qu'il avait tort; **now I ~ to think of it** réflexion faite; **to ~ under** (influence) tomber sous; (heading) se trouver sous.

d ◇ (fig) **to ~ about** arriver, se faire; (of pupil) **to ~ along** faire des progrès; **how are your plans coming along?** où en sont vos projets?; **to ~ by sth** se procurer qch; **she came by yesterday** elle est venue or passée (par là) hier; **to ~ down with flu** attraper la grippe; **to ~ forward with** (help, suggestion) offrir; **to ~ in for criticism** être critiqué; **to ~ into a fortune** hériter d'une fortune; **to ~ off** (of event etc) avoir lieu; (plans etc) se réaliser; (attempts) réussir; **to ~ off best** gagner; **the rain came on** il s'est mis à pleuvoir; **I feel a cold coming on** je sens que je m'enrhume; **to ~ out on strike** se mettre en grève; **the photo came out well** la photo est très bonne; **the total ~s out at 500** le total s'élève à 500; **to ~ out in a rash** avoir une poussée de boutons; **to ~ out for sth** se déclarer ouvertement pour qch; **his speech came over well** son discours a fait bonne impression; **what's ~ over you?** qu'est-ce qui vous prend?; **to ~ round** (change one's mind) changer d'avis; (regain consciousness) reprendre connaissance; **to ~ through** (survive) s'en tirer; **how much does it ~ to?** cela fait combien?; **to ~ up** (of accused) comparaître (*before* devant); (matters for discussion) être soulevé; **to ~ up against sb** entrer en conflit avec qn; **his work has not ~ up to our expectations** son travail n'a pas répondu à notre attente; **to ~ up with** (idea, plan) proposer; **to ~ upon** (object, person) tomber sur ◆ **comeback** n (Theat etc) rentrée [f]; (reaction) réaction [f] ◆ **comedown** [famil] n ◇ **it was rather a ~ for him** c'etait assez humiliant pour lui (*to do* de faire) ◆ **coming** **1** npl ◇ **~s and goings** allées et venues [fpl] **2** adj (future) à venir; (next) prochain.

comedian [kə'mi:dɪən] n acteur [m] comique.

comedy ['kɒmɪdɪ] n comédie [f].

comet ['kɒmɪt] n comète [f].

comfort ['kʌmfət] **1** n **a** (comfortableness) confort [m] ◇ **to live in ~** vivre dans l'aisance **b** (consolation) réconfort [m] ◇ **to take ~ from sth** trouver du réconfort dans qch; **you are a great ~ to me** vous êtes pour moi d'un grand réconfort; **if it's any ~ to you** si ça peut te consoler; **it is a ~ to know that...** il est consolant de savoir que...; **it was too close for ~** c'était un peu trop juste pour mon goût; (US) **~ station** toilettes [fpl] **2** vt consoler ◆ **comfortable** adj (gen) confortable; (temperature) agréable; (income) très suffisant ◇ **I am quite ~ here** je me trouve très bien ici; **to make o.s. ~** se mettre à son aise ◆ **comfortably** adv confortablement; agréablement ◇ **they are ~ off** ils sont à l'aise ◆ **comforting** adj (thoughts) consolant; (news) soulageant ◇ **it is ~ to think that...** il est réconfortant de penser que... ◆ **comfy** [famil] adj confortable.

comic ['kɒmɪk] **1** adj comique ◇ **~ opera** opéra [m] comique; **~ relief** moment [m] de détente comique; **~ verse** poésie [f] humoristique **2** n (person) (acteur [m]) comique [m], actrice [f] comique; (magazine) comic [m] ◇ **~ strip** bande [f] dessinée ◆ **comical** adj comique.

comma ['kɒmə] n virgule [f].

command [kə'mɑ:nd] **1** vti commander (*sb to do* à qn de faire; *that* que + subj); (respect etc) imposer **2** n (order) ordre [m]; (Mil) commandement [m] ◇ **at** or **by the ~ of** sur l'ordre de; **at the word of ~** au commandement; **to be in ~ of sth** commander qch; **to take ~ of** prendre le commandement de; **under the ~ of** sous le commandement de; **his ~ of English** sa maîtrise de l'anglais; **~ performance** ≃ représentation [f] de gala *(à la requête du souverain)*; **~ post** poste [m] de commandement ◆ **commandant** n commandant [m] ◆ **commandeer** vt réquisitionner ◆

commander n commandant [m] ◇ **~-in-chief** commandant [m] en chef ♦ **commanding** adj impérieux, [f] -ieuse ◇ **~ officer** commandant [m] ♦ **commandment** n commandement [m] ♦ **commando** n commando [m].

commemorate [kə'meməreɪt] vt commémorer.

commence [kə'mens] vti commencer (*sth* qch; *to do, doing* à faire).

commend [kə'mend] vt (praise) louer; (recommend) recommander; (entrust) confier (*to* à) ◇ **it has little to ~ it** ça n'a pas grand-chose qui le fasse recommander.

commensurate [kə'menʃərɪt] adj ◇ **~ with** proportionné à.

comment ['kɒment] 1 n commentaire [m]; (critical) critique [f] ◇ **'no ~'** 'je n'ai rien à dire' 2 vt remarquer (*that* que); (text) commenter 3 vi faire des remarques (*on* sur) ♦ **commentary** n (gen) commentaire [m]; (Sport) reportage [m] ♦ **commentator** n reporter [m].

commerce ['kɒmɜːs] n commerce [m] ◇ **Department of C~** ≃ ministère [m] du Commerce ♦ **commercial** 1 adj (gen) commercial; (district) commerçant; (college, studies) de commerce ◇ **~ traveller** représentant [m] de commerce 2 n (TV) annonce [f] publicitaire ♦ **commercialize** vt commercialiser.

commiserate [kə'mɪzəreɪt] vi témoigner de la sympathie (*with* à).

commission [kə'mɪʃən] 1 n a (money etc) commission [f] ◇ **on a ~ basis** à la commission; **he gets 10 % ~** il reçoit une commission de 10 % b (body of people) commission [f], comité [m] ◇ **~ of inquiry** commission d'enquête c (orders) instructions [fpl]; (to artist etc) commande [f] d ◇ (army etc) **to get one's ~** être nommé officier e ◇ **out of ~** (machine etc) hors service 2 vt a ◇ **to be ~ed to do** être chargé de faire b (book etc) commander c ◇ (army etc) **~ed officer** officier [m]; **to be ~ed** être nommé officier ♦ **commissionaire** n portier [m] ♦ **commissioner** n commissaire [m]; (Brit Police) ≃ préfet [m] de police.

commit [kə'mɪt] vt a (crime etc) commettre ◇ **to ~ suicide** se suicider b (consign) remettre (*to* à) c ◇ **to ~ o.s.** s'engager (*to* à); **we're ~ted to it now** nous nous sommes engagés à le faire ♦ **commitment** n (gen) engagement [m] ◇ (Comm) **'without ~'** 'sans obligation'; **~s** (responsibilities) responsabilités [fpl]; **teaching ~s** heures [fpl] d'enseignement ♦ **committal** n (to prison) incarcération [f]; (burial) mise [f] en terre.

committee [kə'mɪtɪ] n (gen) comité [m]; (Parl etc) commission [f] ◇ **to be on a ~** faire partie d'une commission or d'un comité; **~ of inquiry** commission d'enquête; **~ meeting** réunion [f] de comité or de commission.

commodity [kə'mɒdɪtɪ] n produit [m]; (food) denrée [f].

common ['kɒmən] 1 adj a (usual, universal: method) commun, ordinaire; (sight) familier, [f] -ière; (occurrence) fréquent; (belief) général; (accent, person) commun, vulgaire; (Gram, Math) commun ◇ **it's quite ~** c'est très courant; **it's ~ courtesy** c'est de la politesse élémentaire; **the ~ man** l'homme [m] du peuple; **the ~ people** le peuple; **out of the ~ run** hors du commun; **~ or garden** ordinaire b (of many people: interest, language) commun ◇ **by ~ consent** d'un commun accord; (fig) **~ ground** terrain [m] d'entente; **it's ~ knowledge that...** chacun sait que...; **~ land** terrain [m] communal; **the C~ Market** le Marché commun 2 n a (land) terrain [m] communal b ◇ **in ~ with** en commun avec; **they have nothing in ~** ils n'ont rien de commun ♦ **commoner** n roturier [m], [f] -ière ♦ **commonly** 1 adv → above 1a 2 ordinairement; fréquemment; généralement ♦ **commonplace** 1 adj ordinaire 2 n lieu [m] commun ♦ **commonroom** n salle [f] commune; (staffroom) salle des professeurs ♦ **commons** npl ◇ (Parl) **the C~** les Communes [fpl] ♦ **commonsense** 1 n sens [m] commun, bon sens 2 adj plein de bon sens ♦ **Commonwealth** n ◇ **the ~** le Commonwealth; **Minister of ~ Affairs** ministre [m] du Commonwealth.

commotion [kə'məʊʃən] n agitation [f], confusion [f].

commune ['kɒmjuːn] n (district) commune [f]; (people living together) communauté [f] ♦ **communal** adj commun; (life) collectif, [f] -ive ♦ **communally** adv (own) en commun; (live) en communauté.

communicant [kə'mjuːnɪkənt] n communiant(e) [m(f)].

communicate [kə'mjuːnɪkeɪt] vti (gen) communiquer (*to* à; *with* avec); (illness) transmettre (*to* à) ♦ **communication** n communication [f] ◇ **in ~ with** en contact avec; **~ cord** sonnette [f] d'alarme; **~ satellite** satellite [m] de communication ♦ **communicative** adj communicatif, [f] -ive.

communion [kə'mjuːnɪən] n (also **Holy C~**) communion [f].

communiqué [kə'mjuːnɪkeɪ] n communiqué [m].

communism ['kɒmjʊnɪzəm] n communisme [m] ♦ **communist** adj, n communiste [mf].

community [kə'mju:nɪtɪ] n (gen) communauté [f] ◇ **the student** ~ les étudiants [mpl]; (Pol: EEC) **the C**~ la Communauté; ~ **centre** foyer [m] socio-éducatif; ~ **health centre** centre [m] médico-social; ~ **singing** chants [mpl] en chœur *(improvisés)*; ~ **spirit** esprit [m] civique; ~ **worker** animateur [m], [f] -trice socio-culturel(le).

commute [kə'mju:t] **1** vt substituer (*into* à); (Elec, Law) commuer (*into* en) **2** vi faire la navette (*between* entre; *from* de) ◆ **commuter** n banlieusard(e) [m(f)] ◇ **the** ~ **belt** la grande banlieue; ~ **train** train [m] de banlieue.

compact [kəm'pækt] **1** adj compact ◇ ~ **disc** disque [m] compact **2** ['kɒmpækt] n (agreement) convention [f]; (powder ~) poudrier [m].

companion [kəm'pænjən] n compagnon [m], [f] compagne; (lady ~) dame [f] de compagnie; (handbook) manuel [m] ◇ ~ **volume** volume [m] qui va de pair (*to* avec) ◆ **companionship** n compagnie [f].

company ['kʌmpənɪ] n compagnie [f] ◇ **to keep sb** ~ tenir compagnie à qn; **to part** ~ **with** se séparer de; **he is good** ~ on ne s'ennuie pas avec lui; **to get into bad** ~ avoir de mauvaises fréquentations; **Smith & C**~ Smith et Compagnie; **shipping** ~ compagnie de navigation; ~ **car** voiture [f] de fonction; ~ **secretary** secrétaire [m] général *(d'une société)*; **ship's** ~ équipage [m].

compare [kəm'pɛəʳ] **1** vt comparer (*with* à, avec; *to* à) ◇ ~**d with** en comparaison de; **to** ~ **notes with sb** échanger ses impressions avec qn **2** vi être comparable (*with* à) ◇ **how do the prices** ~**?** est-ce que les prix sont comparables?; **he can't** ~ **with you** il n'y a pas de comparaison entre vous et lui ◆ **comparable** ['kɒmpərəbl] adj comparable (*with, to* à) ◆ **comparative** [kəm'pærətɪv] adj (cost, luxury) relatif, [f] -ive; (literature etc) comparé; (Gram) comparatif, [f] -ive ◇ **he's a** ~ **stranger** je le connais relativement peu ◆ **comparatively** adv relativement ◆ **comparison** n comparaison [f] ◇ **in** ~ **with** en comparaison de; **by** ~ par comparaison (*with* avec).

compartment [kəm'pɑ:tmənt] n compartiment [m].

compass ['kʌmpəs] n boussole [f]; (Naut) compas [m] ◆ **compasses** npl (Math) compas [m].

compassion [kəm'pæʃən] n compassion [f] ◆ **compassionate** adj (person) compatissant; (leave) exceptionnel, [f] -elle.

compatible [kəm'pætɪbl] adj compatible (*with* avec).

compatriot [kəm'pætrɪət] n compatriote [mf].

compel [kəm'pel] vt contraindre (*sb to do* qn à faire) ◇ **to be** ~**led to do** être contraint de faire ◆ **compelling** adj irrésistible.

compensate ['kɒmpənseɪt] vti (gen) compenser (*for sth* qch; *sb for sth* qn de qch); (financially) dédommager (*sb for sth* qn de qch) ◆ **compensation** n (financial) dédommagement [m] ◇ **in** ~ en compensation (*for* de).

compère ['kɒmpɛəʳ] n animateur [m], [f] -trice.

compete [kəm'pi:t] vi (gen) rivaliser (*with sb* avec qn; *for sth* pour obtenir qch; *to do* pour faire); (Comm) faire concurrence (*with* à; *for* pour); (Sport) concourir (*against sb* avec qn; *for sth* pour obtenir qch; *to do* pour faire) ◇ **to** ~ **for a prize** se disputer un prix; **to** ~ **in a race** participer à une course.

competence ['kɒmpɪtəns] n compétence [f] (*for* pour; *in* en) ◆ **competent** adj compétent (*for* pour; *to do* pour faire) ◆ **competently** adv avec compétence.

competition [,kɒmpɪ'tɪʃən] n **a** concurrence [f] (*for* pour) ◇ **in** ~ **with** en concurrence avec **b** (test etc) concours [m] (*for* pour); (Sport) compétition [f]; (Aut) course [f] ◇ **to go in for a** ~ se présenter à un concours; **beauty** ~ concours de beauté ◆ **competitive** adj (entry) par concours; (person) qui a l'esprit de compétition; (price) concurrentiel, [f] -elle ◇ ~ **examination** concours [m] ◆ **competitor** n concurrent(e) [m(f)].

compile [kəm'paɪl] vt (material) compiler; (dictionary) composer; (list, catalogue) dresser.

complacent [kəm'pleɪsənt] adj suffisant, vain ◆ **complacence** n suffisance [f] ◆ **complacently** adv avec suffisance.

complain [kəm'pleɪn] vi se plaindre (*to sb* à qn; *of, about* de; *that* que) ◆ **complaint** n (gen) plainte [f]; (Comm) réclamation [f]; (Med) maladie [f] ◇ **her only** ~ **was...** son seul sujet de plainte était....

complement ['kɒmplɪmənt] **1** n complément [m] **2** ['kɒmplɪment] vt être le complément de ◆ **complementary** adj complémentaire.

complete [kəm'pli:t] **1** adj **a** (total: gen) complet, [f] -ète ◇ **he's a** ~ **idiot** [famil] il est complètement idiot **b** (finished) achevé **2** vt (collection) compléter; (work) achever; (questionnaire) remplir ◇ **and just to** ~ **things** et pour comble ◆ **completely** adv complètement ◆ **completion** n (work) achèvement [m]; (contract, sale) exécution [f] ◇ **near** ~ près d'être achevé.

complex ['kɒmpleks] 1 adj (all senses) complexe 2 n a complexe [m] ◇ **housing ~** résidences [fpl]; (high rise) grand ensemble [m] b (Psych) complexe [m] ◇ **he's got a ~ about it** il en fait un complexe ♦ **complexity** n complexité [f].

complexion [kəm'plekʃən] n (of face) teint [m].

complicate ['kɒmplɪkeɪt] vt compliquer (*with* de; *by doing* en faisant) ♦ **complicated** adj compliqué ♦ **complication** n complication [f].

compliment ['kɒmplɪmənt] 1 n compliment [m] ◇ **to pay sb a ~** faire un compliment à qn; **give him my ~s** faites-lui mes compliments; **the ~s of the season** tous mes vœux 2 ['kɒmplɪment] vt faire des compliments à (*on* de, sur); féliciter (*on doing* d'avoir fait) ♦ **complimentary** adj (praising) flatteur, [f] -euse; (gratis: ticket etc) de faveur.

comply [kəm'plaɪ] vi ◇ **to ~ with** (rules) respecter; (sb's wishes) se conformer à; (request) accéder à.

component [kəm'pəʊnənt] n pièce [f] (*détachée*).

compose [kəm'pəʊz] vt composer ◇ **to be ~d of** se composer de; **to ~ o.s.** se calmer ♦ **composed** adj calme ♦ **composer** n compositeur [m], [f] -trice ♦ **composition** n (gen) composition [f]; (at school: essay) rédaction [f].

compost ['kɒmpɒst] n compost [m].

composure [kəm'pəʊʒə^r] n calme [m].

compound ['kɒmpaʊnd] 1 n (chemical) composé [m]; (grammatical) mot [m] composé; (enclosed area) enclos [m] 2 adj (gen) composé; (fracture) compliqué 3 [kəm'paʊnd] vt (fig: difficulties) aggraver.

comprehend [,kɒmprɪ'hend] vt comprendre ♦ **comprehensible** adj compréhensible ♦ **comprehension** n compréhension [f]; (in school) exercice [m] de compréhension ♦ **comprehensive** adj (gen) complet, [f] -ète; (measures) d'ensemble; (insurance) tous risques [inv] ◇ **~ school** établissement [m] secondaire polyvalent.

compress [kəm'pres] vt (substance) comprimer; (facts) condenser ♦ **compressor** n compresseur [m].

comprise [kəm'praɪz] vt inclure.

compromise ['kɒmprəmaɪz] 1 n compromis [m] 2 vi transiger (*over* sur) 3 vt compromettre 4 adj (solution) de compromis ♦ **compromising** adj compromettant.

compulsion [kəm'pʌlʃən] n contrainte [f] ◇ **under ~** sous la contrainte ♦ **compulsive** adj (behaviour) compulsif, [f] -ive; (liar) invétéré.

compulsory [kəm'pʌlsərɪ] adj (gen) obligatoire ◇ **~ retirement** mise [f] à la retraite d'office.

compunction [kəm'pʌŋkʃən] n scrupule [m] (*about doing* à faire).

computer [kəm'pju:tə^r] n ordinateur [m] ◇ **~ game** jeu [m] électronique; **~ generated image** image [f] de synthèse; **~ graphics** images [fpl] de synthèse; **~ language** langage [m] de programmation; **~ programmer** programmeur [m], [f] -euse; **~ programming** programmation [f]; **~ science** informatique [f]; **~ scientist** informaticien(ne) [m(f)] ♦ **computerization** n (facts, figures) traitement [m] électronique; (system, process) automatisation [f] électronique; (records, accounts) mise [f] sur ordinateur ♦ **computerized** adj (office, catalogue) informatisé.

computing [kəm'pju:tɪŋ] n informatique [f].

comrade ['kɒmrɪd] n camarade [mf].

con [famil] [kɒn] 1 vt ◇ **to ~ sb into doing** amener qn à faire en le dupant; **I've been ~ned** je me suis fait avoir [famil] 2 n escroquerie [f] ◇ **~ man** escroc [m].

concave ['kɒn'keɪv] adj concave.

conceal [kən'si:l] vt (object) cacher (*from sb* pour que qn ne le voie pas); (news, event) cacher (*from sb* à qn).

concede [kən'si:d] vt concéder.

conceit [kən'si:t] n vanité [f] ♦ **conceited** adj vaniteux, [f] -euse.

conceivable [kən'si:vəbl] adj concevable, envisageable (*that* que + subj) ♦ **conceivably** adv ◇ **she may ~ be right** il est concevable qu'elle ait raison.

conceive [kən'si:v] vti concevoir; (understand) comprendre.

concentrate ['kɒnsəntreɪt] 1 vt concentrer (*on* sur) 2 vi a (think hard) se concentrer (*on sth* sur qch) b ◇ (put main effort into) **to ~ on sth** s'occuper surtout de qch; **to ~ on doing** s'appliquer à faire 3 n concentré [m] ♦ **concentration** n concentration [f] ◇ **~ camp** camp [m] de concentration.

concept ['kɒnsept] n concept [m].

conception [kən'sepʃən] n conception [f].

concern [kən'sɜ:n] 1 vt (affect) concerner; (worry) inquiéter; (be the business of) être l'affaire de ◇ **as ~s** en ce qui concerne; **that doesn't ~ you** ce n'est pas votre affaire; **as far as he is ~ed** en ce qui le concerne; **the department ~ed** (under discussion) le service en question; (relevant) le service compétent; **to be ~ed with, to ~ o.s. with** s'occuper de 2 n a ◇ **it's no ~ of his, it's none of his ~** cela ne le regarde pas b (business ~) entreprise [f], affaire [f] c (anxiety) inquiétude [f] ◇ **a look of ~** un regard inquiet ♦ **concerned** adj a (worried) inquiet, [f] -ète (*at, about, for* de) b ◇ **I am**

~ **about him** je m'inquiète à son sujet; **I am ~ to hear that...** j'apprends avec inquiétude que... ◆ **concerning** prep en ce qui concerne.

concert ['kɒnsət] **1** n concert [m] **2** adj (ticket, pianist) de concert; (tour) de concerts ◆ **concerted** adj concerté ◆ **concert-hall** n salle [f] de concert.

concertina [,kɒnsə'ti:nə] **1** n concertina [m] **2** vi se télescoper.

concerto [kən'tʃɛətəʊ] n concerto [m].

concession [kən'seʃən] n concession [f] ◆ **concessionary** adj (ticket, fare) à prix réduit.

conciliate [kən'sɪlɪeɪt] vt (person) apaiser; (views) concilier ◆ **conciliation** n apaisement [m]; conciliation [f] ◇ ~ **board** conseil [m] d'arbitrage ◆ **conciliatory** adj conciliant.

concise [kən'saɪs] adj (short) concis; (shortened) abrégé.

conclude [kən'klu:d] **1** vt conclure ◇ **'to be ~d'** 'suite et fin au prochain numéro' **2** vi (of events) se terminer (*with* par, sur); (of speaker) conclure ◆ **concluding** adj final.

conclusion [kən'klu:ʒən] n conclusion [f] ◇ **in ~** pour conclure; **to come to the ~ that** conclure que ◆ **conclusive** adj concluant.

concoct [kən'kɒkt] vt (food) confectionner; (excuse) fabriquer ◆ **concoction** n mixture [f].

concrete ['kɒnkri:t] **1** adj **a** (object, proof) concret, [f] -ète; (proposal, offer) précis **b** (building) en béton **2** n **a** (for building) béton [m] ◇ ~ **mixer** bétonnière [f] **b** ◇ **the ~ and the abstract** le concret et l'abstrait [m].

concur [kən'kɜ:ʳ] vi (agree) être d'accord (*with sb* avec qn; *in sth* sur qch).

concurrent [kən'kʌrənt] adj simultané.

concussed [kən'kʌst] adj commotionné ◆ **concussion** n commotion [f] cérébrale.

condemn [kən'dem] vt condamner (*to* à) ◇ **to ~ to death** condamner à mort; **the ~ed man** le condamné ◆ **condemnation** n condamnation [f].

condense [kən'dens] vt condenser ◆ **condensation** n condensation [f].

condescend [,kɒndɪ'send] vi daigner (*to do* faire) ◆ **condescending** adj condescendant.

condiment ['kɒndɪmənt] n condiment [m].

condition [kən'dɪʃən] **1** n condition [f] ◇ **on ~ that** à condition que + fut indic or subj, à condition de + infin; **under** or **in the present ~s** dans les conditions actuelles; **working ~s** conditions de travail; **in ~** (person) en forme; **he's out of ~** il n'est pas en forme; **she was not in any ~ to go out** elle n'était pas en état de sortir **2** vt (all senses) conditionner (*to do* à faire) ◆ **conditional** **1** adj conditionnel, [f] -elle ◇ **to be ~ on** dépendre de **2** n conditionnel [m] ◇ **in the ~** au conditionnel ◆ **conditioner** n (for hair) baume [m] démêlant.

condolences [kən'dəʊlənsɪz] npl condoléances [fpl].

condom ['kɒndəm] n préservatif [m].

condone [kən'dəʊn] vt fermer les yeux sur.

conducive [kən'dju:sɪv] adj ◇ **to be ~ to** conduire à.

conduct ['kɒndʌkt] **1** n conduite [f] **2** [kən'dʌkt] vt (gen) conduire; (business, orchestra) diriger ◇ ~**ed tour** (gen) voyage [m] organisé; (building) visite [f] guidée; **to ~ o.s.** se conduire ◆ **conductor** n (Mus) chef [m] d'orchestre; (on bus) receveur [m]; (US Rail) chef de train; (of heat etc) conducteur [m] ◆ **conductress** n receveuse [f].

cone [kəʊn] n (gen) cône [m]; (ice cream) cornet [m].

confectioner [kən'fekʃənəʳ] n confiseur [m], [f] -euse ◇ ~**'s shop** confiserie [f] ◆ **confectionery** n confiserie [f].

confederate [kən'fedərɪt] **1** adj confédéré **2** n (criminal) complice [mf] ◆ **confederacy** or **confederation** n confédération [f].

confer [kən'fɜ:ʳ] vti conférer (*with sb* avec qn; *about sth* de qch; *sth on sb* qch à qn).

conference ['kɒnfərəns] n conférence [f], congrès [m] ◇ ~ **centre** (building) palais [m] des congrès; ~ **room** salle [f] de conférences; ~ **table** table [f] de conférence.

confess [kən'fes] **1** vt avouer, confesser (*that* que) **2** vi avouer (*to sth* qch; *to doing* avoir fait); (Rel) se confesser ◆ **confession** n aveu [m]; (Rel) confession [f] ◇ (Rel) **to hear sb's ~** confesser qn; **to go to ~, to make one's ~** se confesser ◆ **confessional** n confessionnal [m].

confetti [kən'fetɪ] n confettis [mpl].

confide [kən'faɪd] **1** vt avouer en confidence (*that* que) **2** vi ◇ **to ~ in sb** se confier à qn; **to ~ in sb about sth** confier qch à qn.

confidence ['kɒnfɪdəns] n **a** (trust) confiance [f] (*in* en) ◇ **to have every ~ in sb** avoir pleine confiance en qn; **I have every ~ that** je suis certain que; ~ **trick** escroquerie [f] **b** (self-~) assurance [f] **c** (secret) confidence [f] ◇ **to take sb into one's ~** faire des confidences à qn; **this is in strict ~** c'est strictement confidentiel.

confident ['kɒnfɪdənt] adj (self~) sûr de soi; (sure) certain (*of* de; *of doing* de faire; *that* que) ◆ **confidently** adv avec confiance.

confidential [,kɒnfɪ'denʃəl] adj confidentiel, [f] -elle ◆ **confidentially** adv en confidence.

confine [kən'faɪn] vt a emprisonner ◇ **to be ~d to the house** être obligé de rester chez soi; **~d to barracks** consigné b (limit) limiter ◇ **to ~ o.s. to doing** se borner à faire; **in a ~d space** dans un espace restreint ◆ **confinement** n (Med) couches (fpl); (imprisonment) réclusion (f).

confirm [kən'fɜːm] vt (gen) confirmer; (treaty, appointment) ratifier ◆ **confirmation** n confirmation (f); ratification (f) ◆ **confirmed** adj (smoker, habit) invétéré; (bachelor) endurci; (admirer) fervent.

confiscate ['kɒnfɪskeɪt] vt confisquer (*sth from sb* qch à qn).

conflict ['kɒnflɪkt] 1 n conflit (m) 2 [kən'flɪkt] vi être en conflit (*with* avec) ◇ **that ~s with what he told me** ceci est en contradiction avec ce qu'il m'a raconté ◆ **conflicting** adj (views) incompatible; (reports, evidence) contradictoire.

conform [kən'fɔːm] vi se conformer (*to, with* à).

confound [kən'faʊnd] vt (perplex) déconcerter ◇ **~ it!** [famil] la barbe! [famil].

confront [kən'frʌnt] vt présenter (*sb with sth* qch à qn); confronter (*sb with sb* qn avec qn); (enemy) affronter ◇ **problems which ~ us** problèmes (mpl) auxquels nous devons faire face ◆ **confrontation** n affrontement (m); (with situation etc) confrontation (f).

confuse [kən'fjuːz] vt (perplex) déconcerter; (less strong) embrouiller; (mix up) confondre (*with* avec) ◆ **confused** adj (perplexed) déconcerté; (muddled) désorienté ◇ **to get ~** (muddled up) s'embrouiller; (embarrassed) se troubler ◆ **confusing** adj déroutant ◆ **confusion** n confusion (f).

congeal [kən'dʒiːl] vi se figer.

congenial [kən'dʒiːnɪəl] adj sympathique.

congenital [kən'dʒenɪtl] adj congénital.

congested [kən'dʒestɪd] adj (district) surpeuplé; (street) encombré; (traffic) difficile; (telephone lines) embouteillé ◆ **congestion** n (traffic) encombrements (mpl); (Med) congestion (f).

Congo ['kɒŋgəʊ] n Congo (m) ◆ **Congolese** 1 adj congolais 2 n, pl inv Congolais(e) (m(f)).

congratulate [kən'grætjʊleɪt] vt féliciter (*on* de; *on doing* de faire) ◆ **congratulations** npl félicitations (fpl) (*on* pour).

congregate ['kɒŋgrɪgeɪt] vi s'assembler ◆ **congregation** n assemblée (f).

congress ['kɒŋgres] n congrès (m) ◇ (US) **C~** le Congrès ◆ **Congressional** adj (US) du Congrès.

conical ['kɒnɪkəl] adj conique.

conifer ['kɒnɪfəʳ] n conifère (m).

conjecture [kən'dʒektʃəʳ] 1 vti conjecturer 2 n conjecture (f).

conjugal ['kɒndʒʊgəl] adj conjugal.

conjugate ['kɒndʒʊgeɪt] vt conjuguer ◆ **conjugation** n conjugaison (f).

conjunction [kən'dʒʌŋkʃən] n conjonction (f).

conjunctivitis [kən,dʒʌŋktɪ'vaɪtɪs] n conjonctivite (f).

conjure ['kʌndʒəʳ] vti a faire des tours de passe-passe b ◇ **to ~ up** évoquer ◆ **conjurer** or **conjuror** n prestidigitateur (m), (f) -trice ◆ **conjuring trick** n tour (m) de passe-passe.

conk [kɒŋk] vi [famil] (**~ out**) tomber en panne.

conker ['kɒŋkəʳ] n [famil] (Brit) marron (m).

connect [kə'nekt] 1 vt (gen) relier (*with, to* à); (Telephone: caller) mettre en communication (*with* avec); (install: cooker, telephone) brancher (*to* sur) ◇ **I always ~ Paris with...** j'associe toujours Paris à...; **he is ~ed with that firm** il a des contacts avec cette firme; **it is not ~ed with the murder** cela n'a aucun rapport avec le meurtre 2 vi (of roads etc) se rejoindre; (of trains) assurer la correspondance (*with* avec) ◇ (on car) **~ing rod** bielle (f) ◆ **connected** adj (languages, species) connexe; (events) lié ◆ **connection** or **connexion** n (gen) rapport (m) (*with* avec); (electric) contact (m); (train) correspondance (f) (*with* avec) ◇ **this has no ~ with** ceci n'a aucun rapport avec; **in this ~** à ce sujet; **in ~ with** à propos de; (train) **to miss one's ~** manquer la correspondance.

connive [kə'naɪv] vi ◇ **to ~ at** (pretend not to notice) fermer les yeux sur; (aid and abet) être de connivence dans.

connoisseur [,kɒnə'sɜːʳ] n connaisseur (m) (*of* de, en).

connotation [,kɒnəʊ'teɪʃən] n connotation (f).

conquer ['kɒŋkəʳ] vt (person) vaincre; (country) conquérir; (habits) surmonter ◆ **conqueror** n conquérant (m).

conquest ['kɒŋkwest] n conquête (f).

conscience ['kɒnʃəns] n conscience (f) ◇ **to have a clear ~** avoir la conscience tranquille; **to have sth on one's ~** avoir qch sur la conscience ◆ **conscience-stricken** adj pris de remords.

conscientious [,kɒnʃɪ'enʃəs] adj consciencieux, (f) -ieuse ◇ **~ objector** objecteur (m) de conscience.

conscious ['kɒnʃəs] adj a conscient (*of* de); (insult) délibéré ◇ **to be ~ of doing** avoir conscience de faire b (Med) conscient ◇ **to become ~** reprendre connaissance ◆ **consciously** adv consciemment ◆ **consciousness** n conscience (f) (*of* de); (Med) connaissance (f) ◇ **to lose ~** perdre connaissance.

conscript ['kɒnskrɪpt] n conscrit (m) ◆ **conscription** n conscription (f).

consecrate ['kɒnsɪkreɪt] vt consacrer (*to* à) ◆ **consecration** n consécration (f).

consecutive [kən'sekjʊtɪv] adj consécutif, (f) -ive ◆ **consecutively** adv consécutivement.

consensus [kən'sensəs] n ◇ ~ **of opinion** opinion (f) générale, consensus (m) d'opinion.

consent [kən'sent] 1 vi consentir (*to sth* à qch; *to do* à faire) 2 n consentement (m) ◇ **by mutual** ~ d'un commun accord.

consequence ['kɒnsɪkwəns] n (result) conséquence (f) ◇ **in** ~ par conséquent; **in** ~ **of which** par suite de quoi; **it's of no** ~ c'est sans importance ◆ **consequently** adv par conséquent.

conservation [,kɒnsə'veɪʃən] n préservation (f); (of nature) défenseur (m) de l'environnement ◇ ~ **area** secteur (m) sauvegardé ◆ **conservationist** n défense (f) de l'environnement (m).

conservative [kən'sɜːvətɪv] 1 adj (gen) traditionnel, (f) -elle ◇ (Brit Pol) **C**~ conservateur, (f) -trice 2 n ◇ **C**~ conservateur (m), (f) -trice.

conservatory [kən'sɜːvətrɪ] n (greenhouse) serre (f); (Mus) conservatoire (m).

conserve [kən'sɜːv] vt conserver ◇ **to** ~ **energy** (electricity etc) économiser l'énergie.

consider [kən'sɪdəʳ] vt (gen) considérer (*that* que); (think about: problem, subject) réfléchir à; (take into account: cost, difficulties) tenir compte de; (person's feelings) penser à ◇ **I had not** ~**ed doing that** je n'avais pas envisagé de faire cela; **all things** ~**ed** tout bien considéré; **she** ~**s him very mean** elle estime qu'il est très avare; **he's being** ~**ed (for the job)** on songe à lui (pour le poste) ◆ **considering** 1 prep étant donné (*that* que) 2 adv ◇ **he played very well,** ~ tout compte fait, il a très bien joué.

considerable [kən'sɪdərəbl] adj considérable ◇ ~ **difficulty** beaucoup de mal ◆ **considerably** adv considérablement.

considerate [kən'sɪdərɪt] adj prévenant (*towards* envers).

consideration [kən,sɪdə'reɪʃən] n (gen) considération (f) ◇ **out of** ~ **for** par égard pour; **to take sth into** ~ prendre qch en considération; **taking everything into** ~ tout bien considéré; **that is the first** ~ il faut considérer cela avant tout.

consign [kən'saɪn] vt (send) expédier; (hand over) remettre ◆ **consignment** n (incoming) arrivage (m); (outgoing) envoi (m).

consist [kən'sɪst] vi consister (*of* en; *in doing* à faire; *in sth* dans qch) ◆ **consistency** n consistance (f); (of behaviour) logique (f) ◆ **consistent** adj logique ◇ ~ **with** compatible avec ◆ **consistently** adv (happen) régulièrement.

consolation [,kɒnsə'leɪʃən] n consolation (f).

1. **console** [kən'səʊl] vt consoler.

2. **console** ['kɒnsəʊl] n console (f); (in aircraft) tableau (m) de bord.

consolidate [kən'sɒlɪdeɪt] vt consolider.

consonant ['kɒnsənənt] n consonne (f).

consort [kən'sɔːt] vi ◇ **to** ~ **with sb** fréquenter qn → **prince.**

conspicuous [kən'spɪkjʊəs] adj (gen) voyant; (bravery) insigne; (fact etc) évident ◇ **in a** ~ **position** bien en évidence; **to make o.s.** ~ se faire remarquer.

conspiracy [kən'spɪrəsɪ] n conspiration (f).

conspirator [kən'spɪrətəʳ] n conspirateur (m), (f) -trice.

conspire [kən'spaɪəʳ] vi conspirer (*against* contre); comploter (*to do* pour faire).

constable ['kʌnstəbl] n (in town) agent (m) de police; (in country) gendarme (m).

constabulary [kən'stæbjʊlərɪ] n police (f); gendarmerie (f).

constant ['kɒnstənt] adj constant ◆ **constantly** adv sans cesse.

constellation [,kɒnstə'leɪʃən] n constellation (f).

consternation [,kɒnstə'neɪʃən] n consternation (f).

constipated ['kɒnstɪpeɪtɪd] adj constipé ◆ **constipation** n constipation (f).

constituency [kən'stɪtjʊənsɪ] n (place) circonscription (f) électorale ◆ **constituent** n (element) élément (m) constitutif; (Pol) électeur (m), (f) -trice *(dans une circonscription)*.

constitute ['kɒnstɪtjuːt] vt constituer.

constitution [,kɒnstɪ'tjuːʃən] n constitution (f) ◆ **constitutional** 1 adj (Pol etc) constitutionnel, (f) -elle 2 n [famil] petite promenade (f).

constrain [kən'streɪn] vt contraindre (*sb to do* qn à faire) ◆ **constraint** n contrainte (f).

constrict [kən'strɪkt] vt (gen) resserrer; (movements) gêner.

construct [kən'strʌkt] vt construire ◆ **construction** n construction (f) ◇ **under** ~ en construction ◆ **constructive** adj constructif, (f) -ive.

consul ['kɒnsəl] n consul (m) ◆ **consular** adj consulaire ◆ **consulate** n consulat (m).

consult [kən'sʌlt] vt consulter (*about* sur) ◆ **consultant** n consultant [m], conseiller [m]; (Med) spécialiste [m] ◆ **consultation** n consultation [f] ◆ **consulting** adj ◇ ~ **hours** heures [fpl] de consultation; ~ **room** cabinet [m] de consultation.

consume [kən'sju:m] vt consommer ◇ ~**d with grief** consumé de douleur ◆ **consumer** n consommateur [m], [f] -trice; (of electricity etc) abonné(e) [m(f)] ◇ ~ **demand** demande [f] de consommation; ~ **goods** biens [mpl] de consommation; ~ **protection** défense [f] du consommateur; ~ **research** études [fpl] de marchés; ~ **society** société [f] de consommation ◆ **consumerism** n consumérisme [m].

consummate [kən'sʌmɪt] adj consommé.

consumption [kən'sʌmpʃən] n consommation [f] ◇ **not fit for human** ~ non-comestible; (pej) immangeable.

cont. abbr of *continued*.

contact ['kɒntækt] **1** n contact [m] ◇ **to be in** ~ **with** être en contact avec; **he has some** ~**s in Paris** il a des relations [fpl] à Paris; ~ **lenses** verres [mpl] de contact **2** vt se mettre en contact avec.

contagious [kən'teɪdʒəs] adj contagieux, [f] -ieuse.

contain [kən'teɪn] vt contenir ◆ **container** n (goods transport) conteneur [m]; (jug, box etc) récipient [m] ◇ ~ **truck** camion [m] porte-conteneurs.

contaminate [kən'tæmɪneɪt] vt contaminer ◆ **contamination** n contamination [f].

contd. abbr of *continued*.

contemplate ['kɒntempleɪt] vt (look at) contempler; (consider) envisager (*doing* de faire) ◆ **contemplation** n contemplation [f].

contemporary [kən'tempərərɪ] adj, n contemporain(e) [m(f)] (*with* de).

contempt [kən'tempt] n mépris [m] ◇ **to hold in** ~ mépriser; **beneath** ~ au-dessous de tout; ~ **of court** outrage [m] à la Cour ◆ **contemptible** adj méprisable ◆ **contemptuous** adj méprisant.

contend [kən'tend] **1** vi ◇ **to** ~ **with sb** rivaliser avec qn; **to have sth to** ~ **with** devoir faire face à qch; **to have sb to** ~ **with** avoir affaire à qn **2** vt soutenir (*that* que) ◆ **contender** n concurrent(e) [m(f)].

1. **content** [kən'tent] **1** adj content (*with* de; *to do* de faire) ◇ **to be** ~ **with** (accept) se contenter de **2** vt contenter ◇ **to** ~ **o.s. with doing** se contenter de faire ◆ **contented** adj content (*with* de).

2. **content** ['kɒntent] n contenu [m] ◇ ~**s** (of box etc) contenu; (of book) table [f] des matières; **with a high vitamin C** ~ riche en vitamine C; **gold** ~ teneur [f] en or.

contest [kən'test] **1** vt (gen) contester; (election) disputer **2** ['kɒntest] n (gen) lutte [f]; (Boxing etc) rencontre [f]; (competition) concours [m] ◆ **contestant** n (for prize) concurrent(e) [m(f)]; (in fight) adversaire [mf].

context ['kɒntekst] n contexte [m] ◇ **in** ~ dans le contexte.

continent ['kɒntɪnənt] n continent [m] ◇ (Brit) **on the C**~ en Europe ◆ **continental** adj continental ◇ ~ **breakfast** café [m] or thé [m] complet; ~ **quilt** couette [f].

contingency [kən'tɪndʒənsɪ] n événement [m] imprévu ◇ ~ **plans** plans [mpl] d'urgence ◆ **contingent** adj ◇ **to be** ~ **upon sth** dépendre de qch.

continual [kən'tɪnjʊəl] adj continuel, [f] -elle ◆ **continually** adv continuellement.

continue [kən'tɪnju:] **1** vt (gen) continuer (*sth* qch; *to do* à faire, de faire) ◇ (of serial) **to be** ~**d** à suivre; **'and so,' he** ~**d** 'et ainsi,' reprit-il **2** vi continuer ◇ **he** ~**d with his work** il a poursuivi son travail; **she** ~**d as his secretary** elle est restée sa secrétaire ◆ **continuation** n continuation [f]; (of a serial) suite [f] ◆ **continuous** adj continu ◇ (Cine) ~ **performance** spectacle [m] permanent ◆ **continuously** adv (uninterruptedly) sans interruption; (repeatedly) continuellement.

contortion [kən'tɔ:ʃən] n contorsion [f].

contour ['kɒntʊəʳ] n contour [m] ◇ ~ **map** carte [f] avec courbes de niveau.

contraband ['kɒntrəbænd] **1** n contrebande [f] **2** adj de contrebande.

contraception [,kɒntrə'sepʃən] n contraception [f] ◆ **contraceptive** adj, n contraceptif [m].

contract ['kɒntrækt] **1** n contrat [m] ◇ **to enter into a** ~ **with sb for sth** passer un contrat avec qn pour qch **2** [kən'trækt] vt (gen) contracter ◇ **to** ~ **to do** s'engager (par contrat) à faire **3** vi se contracter ◆ **contraction** n contraction [f]; (word) forme [f] contractée ◆ **contractor** n entrepreneur [m].

contradict [,kɒntrə'dɪkt] vt contredire ◆ **contradiction** n contradiction [f] ◆ **contradictory** adj contradictoire.

contralto [kən'træltəʊ] n contralto [m].

contraption [kən'træpʃən] n [famil] machin [famil] [m], truc [famil] [m].

contrary ['kɒntrərɪ] **1** adj **a** contraire (*to* à) **b** [kən'trɛərɪ] (self-willed) contrariant **2** adv contrairement (*to* à) **3** n contraire [m] ◇ **on the** ~ au contraire.

contrast [kən'trɑ:st] **1** vti contraster (*with* avec) **2** ['kɒntrɑ:st] n contraste [m] ◇ **in** ~ par contraste (*to* avec) ◆ **contrasting** adj (opinions) opposé; (colours) contrasté.

contravene [,kɒntrə'vi:n] vt enfreindre.

contribute [kən'trɪbju:t] **1** vt (gen) contribuer; (to appeal, publication) donner **2** vi ◇ **to ~ to** (gen) contribuer à; (discussion) prendre part à; **to ~ to doing** contribuer à faire ◆ **contribution** [ˌkɒntrɪ'bju:ʃən] n (gen) contribution [f]; (to publication) article [m] ◆ **contributor** n (to publication) collaborateur [m], [f] -trice.

contrite ['kɒntraɪt] adj contrit.

contrive [kən'traɪv] vt ◇ **to ~ to do** s'arranger pour faire ◆ **contrivance** n appareil [m] ◆ **contrived** adj qui manque de naturel.

control [kən'trəʊl] **1** n **a** (gen) contrôle [m] (*of* de) ◇ **the ~ of** (traffic) la réglementation de; (disease) la lutte contre; (the seas) la maîtrise de; **he has no ~ over his children** il n'a aucune autorité sur ses enfants; **to keep a dog under ~** se faire obéir d'un chien; **to lose ~ of** perdre le contrôle de; **to lose ~ of o.s.** perdre tout contrôle de soi; **in ~ of** maître de; **the situation is under ~** on a la situation bien en main; **everything's under ~** [famil] tout est en ordre; **his car was out of ~** il avait perdu le contrôle de sa voiture; **circumstances beyond our ~** circonstances indépendantes de notre volonté **b** ◇ **~s** (vehicle) commandes [fpl]; (machine) boutons [mpl] de commande; (Mil) **~ room** salle [f] de commande; **~ tower** tour [f] de contrôle **2** vt (emotions) maîtriser; (animal, child) se faire obéir de; (vehicle, machine) manier; (traffic) régler; (prices, wages) mettre un frein à la hausse de; (immigration) contrôler ◇ **to ~ o.s.** se contrôler; **she can't ~ the children** elle n'a aucune autorité sur les enfants ◆ **controller** n contrôleur [m].

controversial [ˌkɒntrə'vɜ:ʃəl] adj sujet, [f] -ette à controverse ◆ **controversy** n controverses [fpl].

conurbation [ˌkɒnɜ:'beɪʃən] n conurbation [f].

convalesce [ˌkɒnvə'les] vi se remettre (*from* de) ◇ **to be convalescing** être en convalescence ◆ **convalescent** adj, n convalescent(e) [m(f)] ◇ **~ home** maison [f] de convalescence.

convector [kən'vektəʳ] n radiateur [m] à convection.

convene [kən'vi:n] **1** vt convoquer **2** vi s'assembler.

convenience [kən'vi:nɪəns] **1** n **a** commodité [f] ◇ (Comm) **at your earliest ~** dans les meilleurs délais **b** (lavatory) W.C. [mpl] **2** adj ◇ **~ foods** aliments [mpl] tout préparés; (meals) plats [mpl] cuisinés; (US) **~ store** épicerie [f] de dépannage.

convenient [kən'vi:nɪənt] adj (device) commode, pratique; (time) qui convient; (position) bon, [f] bonne; (event) opportun ◇ **will it be ~ for you to come tomorrow?** est-ce que cela vous convient de venir demain? ◆ **conveniently** adv (happen) fort à propos; (situated etc) bien ◇ **very ~ he...** heureusement, il....

convent ['kɒnvənt] n couvent [m] ◇ **~ school** couvent [m].

convention [kən'venʃən] n (meeting, agreement) convention [f]; (accepted behaviour) usage [m] ◆ **conventional** adj (gen) conventionnel, [f] -elle; (weapons) classique.

converge [kən'vɜ:dʒ] vi converger (*on* sur).

conversant [kən'vɜ:sənt] adj ◇ **to be ~ with** s'y connaître en; (facts) être au courant de.

conversation [ˌkɒnvə'seɪʃən] n conversation [f] ◇ **in ~ with** en conversation avec ◆ **conversational** adj (way of speaking) de la conversation ◇ **I've ~ French** je peux m'exprimer oralement en français.

converse [kən'vɜ:s] vi ◇ **to ~ with sb about sth** s'entretenir avec qn de qch.

conversely [kɒn'vɜ:slɪ] adv inversement.

convert ['kɒnvɜ:t] **1** n converti(e) [m(f)] **2** [kən'vɜ:t] vt convertir (*into* en; *to* à); (Rugby) transformer; (house) aménager (*into* en) ◆ **conversion** n conversion [f]; transformation [f] ◆ **converter** n (electric) convertisseur [m] ◆ **convertible** n (car) décapotable [f].

convex ['kɒn'veks] adj convexe.

convey [kən'veɪ] vt (goods, people) transporter; (by pipeline etc) amener; (order, thanks) transmettre (*to* à) ◇ **to ~ to sb that...** faire comprendre à qn que...; **words cannot ~...** les paroles ne peuvent traduire... ◆ **conveyance** n (of goods) transport [m] ◆ **conveyor** n transporteur [m] ◇ **~ belt** tapis [m] roulant.

convict ['kɒnvɪkt] **1** n forçat [m] **2** [kən'vɪkt] vt ◇ **to ~ sb of sth** reconnaître qn coupable de qch; **a ~ed murderer** un homme reconnu coupable de meurtre ◆ **conviction** n **a** (Law) condamnation [f] **b** conviction [f] (*that* que).

convince [kən'vɪns] vt persuader (*of* de) ◇ **he ~d her that she should leave** il l'a persuadée de partir ◆ **convincing** adj convaincant ◆ **convincingly** adv (speak) d'une façon convaincante.

convoke [kən'vəʊk] vt convoquer.

convoluted ['kɒnvəlu:tɪd] adj compliqué.

convolvulus [kən'vɒlvjʊləs] n liseron [m].

convoy ['kɒnvɔɪ] n convoi [m].

convulse [kən'vʌls] vt ébranler ◇ **to be ~d with laughter** se tordre de rire; **~d with pain** etc convulsé par la douleur etc ◆ **convulsion** n convulsion [f].

coo [ku:] vti roucouler.

cook [kʊk] 1 n cuisinier [m], [f] -ière ◇ **she is a good** ~ elle fait bien la cuisine 2 vt a (food) faire cuire ◇ (fig) **to** ~ **the books** [famil] truquer les comptes b ◇ **to** ~ **up** [famil] **an excuse** inventer une excuse 3 vi (of food) cuire; (of person) faire la cuisine ◇ (fig) **what's** ~**ing?** [famil] qu'est-ce qui se mijote? [famil] ◆ **cookbook** n livre [m] de cuisine ◆ **cooker** n cuisinière [f] *(fourneau)* ◆ **cookery** n cuisine [f] *(activité)* ◇ ~ **book** livre [m] de cuisine ◆ **cookie** n gâteau [m] sec ◆ **cooking** 1 n cuisine [f] *(activité, nourriture)* 2 adj (utensils) de cuisine; (apples, chocolate) à cuire ◇ ~ **salt** gros sel [m] ◆ **cook out** n grillade [f] en plein air.

cool [ku:l] 1 adj (gen) frais, [f] fraîche; (soup, hot drink) qui n'est plus chaud; (dress) léger, [f] -ère; (calm) calme; (impertinent) effronté; (unfriendly etc) froid (*towards* envers) ◇ (Met) **it is** ~ il fait frais; **to keep in a** ~ **place** tenir au frais; **I feel** ~ **now** j'ai moins chaud maintenant 2 n ◇ **in the** ~ **of the evening** dans la fraîcheur du soir; **to keep one's** ~ [famil] garder son sang-froid 3 vt (also ~ **down**) (air) rafraîchir; (food) laisser refroidir ◇ ~ **it!** [famil] calme-toi! 4 vi a (of food, liquid: also ~ **down**) refroidir b ◇ (fig) **to** ~ **down, to** ~ **off** se calmer; **to** ~ **off towards sb** se refroidir envers qn ◆ **cooling** adj rafraîchissant ◇ ~**-off period** période [f] de détente ◆ **coolly** adv (calmly) calmement; (unenthusiastically) avec froideur; (impertinently) sans la moindre gêne.

coop [ku:p] vt ◇ **to** ~ **up** (person) enfermer; (feelings) refouler.

co-op ['kəʊ'ɒp] n abbr of *cooperative* coop [famil] [f].

cooperate [kəʊ'ɒpəreɪt] vi coopérer (*with sb* avec qn; *in sth* à qch; *to do* pour faire) ◆ **cooperation** n coopération [f] ◆ **cooperative** 1 adj coopératif, [f] -ive 2 n coopérative [f].

coordinate [kəʊ'ɔ:dnɪt] 1 n coordonnée [f] 2 [kəʊ'ɔ:dɪneɪt] vt coordonner (*with* avec).

cop [famil] [kɒp] n (policeman) flic [famil] [m].

cope [kəʊp] vi se débrouiller ◇ **to** ~ **with** (person) s'occuper de; (situation) faire face à; (problems: tackle) affronter; (solve) venir à bout de; **she just can't** ~ **any more** elle est complètement dépassée.

copious ['kəʊpɪəs] adj (food) copieux, [f] -ieuse; (amount) abondant.

copper ['kɒpəʳ] n a cuivre [m] ◇ (money) ~**s** la petite monnaie b (famil: policeman) flic [famil] [m].

copse [kɒps] n taillis [m].

copy ['kɒpɪ] 1 n (gen) copie [f]; (Phot: print) épreuve [f]; (of book, newspaper) exemplaire [m] 2 vt (also **out, down**) copier ◆ **copier** n machine [f] à polycopier ◆ **copyright** n droits [mpl] d'auteur.

coral ['kɒrəl] 1 n corail [m] 2 adj de corail.

cord [kɔ:d] n a (gen) cordon [m]; (electric) fil [m] électrique b (corduroy) velours [m] côtelé ◇ ~**s** [npl] pantalon [m] en velours côtelé.

cordial ['kɔ:dɪəl] adj cordial.

cordless ['kɔ:dlɪs] adj (telephone) sans fil.

cordon ['kɔ:dn] 1 n cordon [m] 2 vt (~ **off**) (area) interdire l'accès à.

corduroy ['kɔ:dərɔɪ] n velours [m] côtelé.

core [kɔ:ʳ] 1 n (of fruit) trognon [m]; (of earth, cable) noyau [m]; (of nuclear reactor) cœur [m] ◇ (fig) **English to the** ~ anglais jusqu'à la moelle des os 2 vt (fruit) enlever le trognon de.

cork [kɔ:k] 1 n (substance) liège [m]; (in bottle etc) bouchon [m] ◇ **to pull the** ~ **out of** déboucher 2 vt boucher ◆ **corked** adj (wine) qui sent le bouchon ◆ **corkscrew** n tire-bouchon [m].

1. **corn** [kɔ:n] 1 n (gen) grain [m]; (Brit: wheat) blé [m]; (US: maize) maïs [m] ◇ ~ **on the cob** épi [m] de maïs 2 adj (oil) de maïs ◆ **cornflakes** npl céréales [fpl] *(pour petit déjeuner)* ◆ **cornflour** n maïzena [f] ® ◆ **cornflower** n bleuet [m] ◆ **cornstarch** n (US) = **cornflouer.**

2. **corn** [kɔ:n] n (on foot) cor [m].

corner ['kɔ:nəʳ] 1 n (gen) coin [m]; (bend in road) tournant [m]; (Ftbl) corner [m] ◇ (fig) **in a tight** ~ dans le pétrin; **out of the** ~ **of his eye** du coin de l'œil; **it's just round the** ~ (lit) c'est juste après le coin; (fig: very near) c'est à deux pas d'ici; **in every** ~ dans tous les coins et recoins; ~ **seat** place [f] de coin; ~ **shop** boutique [f] du coin 2 vt (hunted animal) acculer; (fig: catch sb to speak to etc) coincer [famil] 3 vi prendre un virage ◆ **cornerstone** n pierre [f] angulaire.

cornet ['kɔ:nɪt] n cornet [m]; (musical) cornet [m] à pistons.

Cornish ['kɔ:nɪʃ] adj de Cornouailles.

Cornwall ['kɔ:nwəl] n Cornouailles [f].

corny [famil] ['kɔ:nɪ] adj (joke, story) bébête.

corollary [kə'rɒlərɪ] n corollaire [m].

coronary ['kɒrənərɪ] 1 adj coronaire 2 n ◇ ~ **(thrombosis)** infarctus [m].

coronation [ˌkɒrə'neɪʃən] n couronnement [m].

1. **corporal** ['kɔ:pərəl] n caporal-chef [m].

2. **corporal** ['kɔ:pərəl] adj ◇ ~ **punishment** châtiment [m] corporel.

corporation [ˌkɔ:pə'reɪʃən] n (in commerce) société [f] commerciale.

corps [kɔ:ʳ] n corps [m].

corpse [kɔ:ps] n cadavre [m], corps [m].

corpulent ['kɔ:pjʊlənt] adj corpulent.

corpuscle ['kɔ:pʌsl] n (in blood) globule [m].

correct [kəˈrekt] 1 adj (accurate) correct, exact; (proper) convenable, correct ◇ **you are ~** vous avez raison; **the ~ procedure** la procédure d'usage 2 vt corriger ◇ **I stand ~ed** je reconnais mon erreur ◆ **correction** n correction [f] ◇ **~ fluid** liquide [m] correcteur ◆ **correctly** adv correctement.

correspond [ˌkɒrɪsˈpɒnd] vi correspondre (*with* or *to sth* à qch; *with sb* avec qn) ◆ **correspondence** n correspondance [f] ◇ **~ column** courrier [m] des lecteurs; **~ course** cours [m] par correspondance ◆ **correspondent** n correspondant(e) [m(f)] ◆ **corresponding** adj ◇ **the ~ period** la période correspondante; **a ~ period** une période analogue ◆ **correspondingly** adv (as a result) en conséquence; (proportionately) proportionnellement.

corridor [ˈkɒrɪdɔːʳ] n couloir [m].

corroborate [kəˈrɒbəreɪt] vt corroborer.

corrode [kəˈrəʊd] 1 vt corroder 2 vi se corroder ◆ **corrosion** n corrosion [f].

corrugated iron [ˈkɒrəgeɪtɪdˈaɪən] n tôle [f] ondulée.

corrugated paper [ˈkɒrəgeɪtɪdˈpeɪpəʳ] n carton [m] ondulé.

corrupt [kəˈrʌpt] 1 adj (evil) corrompu; (dishonest) malhonnête 2 vt corrompre ◆ **corruption** n corruption [f].

corset [ˈkɔːsɪt] n corset [m].

Corsica [ˈkɔːsɪkə] n Corse [f].

cosh [kɒʃ] n matraque [f].

cos lettuce [ˌkɒsˈletɪs] n romaine [f] (*laitue*).

cosmetic [kɒzˈmetɪk] 1 adj esthétique 2 n ◇ **~s** produits [mpl] de beauté.

cosmopolitan [ˌkɒzməˈpɒlɪtən] adj cosmopolite.

cosmos [ˈkɒzmɒs] n cosmos [m].

cost [kɒst] 1 vt a (pret, ptp *cost*) coûter ◇ **how much** or **what does it ~?** combien est-ce que cela coûte or vaut?; **what will it ~ to do it?** combien est-ce que cela coûtera de le faire?; **it ~ him a lot of money** cela lui a coûté cher; **it ~s the earth** [famil] cela coûte les yeux de la tête; (fig) **whatever it ~s** coûte que coûte b pret, ptp *~ed* évaluer le coût de 2 n coût [m] ◇ **~ of living** coût de la vie; **to bear the ~ of** faire face aux frais [mpl] de; **at great ~** à grands frais; **at ~ price** au prix coûtant; (fig) **at all ~s, at any ~** à tout prix; **at the ~ of his life** au prix de sa vie; (fig) **to my ~** à mes dépens ◆ **cost-cutting** n réduction [f] des coûts ◆ **cost-effective** adj rentable ◆ **costly** adj (valuable) de grande valeur; (expensive) coûteux, [f] -euse.

Costa Rica [ˈkɒstəˈriːkə] n Costa Rica [m] ◆ **Costa Rican** 1 adj costaricien 2 n Costaricien(ne) [m(f)].

costume [ˈkɒstjuːm] n (gen) costume [m]; (lady's suit) tailleur [m] ◇ **~ ball** bal [m] masqué; **~ jewellery** bijoux [mpl] fantaisie.

cosy [ˈkəʊzɪ] 1 adj (place) douillet, [f] -ette ◇ **it is ~ in here** on est bien ici 2 n (tea ~) couvre-théière [m].

cot [kɒt] n lit [m] d'enfant ◇ **~ death** mort [f] subite du nourrisson.

cottage [ˈkɒtɪdʒ] n petite maison [f] (à la campagne); (thatched) chaumière [f]; (in holiday village etc) villa [f] ◇ **~ cheese** ≃ fromage [m] blanc (*égoutté*); **~ hospital** petit hôpital [m].

cotton [ˈkɒtn] 1 n (material) coton [m]; (sewing thread) fil [m] (de coton) 2 adj (shirt, dress) de coton ◇ **~ wool** coton [m] hydrophile.

couch [kaʊtʃ] n divan [m]; (in surgery) lit [m].

cough [kɒf] 1 n toux [f] ◇ **he has a bad ~** il tousse beaucoup; **~ mixture** sirop [m] pour la toux 2 vti tousser ◇ **to ~ up** cracher en toussant; (famil: money) cracher [famil].

could [kʊd] → **can¹**.

council [ˈkaʊnsl] n conseil [m] ◇ **Security C~** Conseil de Sécurité; **town ~** conseil municipal; **~ flat** or **house** ≃ H.L.M. [m or f]; **~ housing** logements [mpl] sociaux; **C~ of Europe** Conseil [m] de l'Europe ◆ **councillor** n conseiller [m], [f] -ère.

counsel [ˈkaʊnsəl] 1 n a (pl inv: Law) avocat(e) [m(f)] ◇ **King's** or **Queen's C~** avocat de la Couronne b (advice) conseil [m] ◇ **to keep one's own ~** garder ses opinions pour soi 2 vt conseiller (*sb to do* à qn de faire) ◆ **counselling** n (Psych, Soc) assistance [f] socio-psychologique ◆ **counsellor** n conseiller [m], [f] -ère.

1. **count** [kaʊnt] 1 n a ◇ **at the last ~** la dernière fois qu'on a compté; **to be out for the ~** être K.-O. [famil]; **to keep ~ of** tenir le compte de; **I've lost ~** je ne sais plus où j'en suis b (Law) chef [m] d'accusation 2 vti (all senses) compter (*among* parmi) ◇ **to ~ the votes** dépouiller le scrutin; **~ing from the left** à partir de la gauche; **to ~ the cost** compter la dépense; (fig) faire le bilan; **not ~ing the children** sans compter les enfants; **I ~ it an honour** je m'estime honoré (*to do* de faire; *that* que + subj); **two children ~ as one adult** deux enfants comptent pour un adulte; **that doesn't ~** ça ne compte pas; **that ~s against him** cela est un désavantage; **(you can) ~ me in** je suis de la partie!; **you can ~ me out of it** [famil] ne comptez pas sur moi là-dedans; **I'm ~ing on you** je compte sur vous; **to ~ on doing** compter faire ◆ **countdown** n compte [m] à rebours ◆ **countless** adj innombrable ◇ **on ~ occasions** je ne sais combien de fois.

2. **count** [kaʊnt] n (nobleman) comte [m] ◆ **countess** n comtesse [f].

countenance ['kaʊntɪnəns] n (expression) mine [f].

1. **counter** ['kaʊntəʳ] n a (in shop, canteen) comptoir [m]; (position: in post office) guichet [m] b (disc: in games etc) jeton [m] c (device) compteur [m] ◇ **Geiger ~** compteur Geiger.

2. **counter** ['kaʊntəʳ] 1 adv ◇ **~ to** à l'encontre de 2 vi riposter (*with* par).

counter... ['kaʊntəʳ] pref contre... [e.g] ◇ **~-offensive** contre-offensive [f] ✦ **counteract** vt neutraliser ✦ **counter-attack** 1 n contre-attaque [f] 2 vti contre-attaquer ✦ **counterbalance** vt faire contrepoids à ✦ **counter-espionage** n contre-espionnage [m] ✦ **counterpart** n contrepartie [f]; (person) homologue [mf] ✦ **counter-productive** adj inefficace ✦ **countertenor** n haute-contre [m].

counterfeit ['kaʊntəfi:t] 1 adj faux, [f] fausse 2 vt contrefaire.

counterfoil ['kaʊntəfɔɪl] n talon [m], souche [f].

counting ['kaʊntɪŋ] n (school subject) calcul [m].

country ['kʌntrɪ] n (gen) pays [m]; (native land) patrie [f]; (as opposed to town) campagne [f] ◇ **in the ~** à la campagne; **mountainous ~** une région montagneuse; **~ life** vie [f] à la campagne; (election) **to go to the ~** appeler le pays aux urnes; (music) **~ and western** country music [f]; **~ dancing** danse [f] folklorique; **~ house** manoir [m]; **~ road** petite route [f] de campagne ✦ **countrified** adj rustique ✦ **countryman** n ◇ **fellow ~** compatriote [m] ✦ **countryside** n campagne [f] ✦ **country-wide** adj national.

county ['kaʊntɪ] n (local government) comté [m], ≃ département [m] ◇ **~ town** chef-lieu [m].

coup [ku:] n coup [m] d'État.

coupé ['ku:peɪ] n (Aut) coupé [m].

couple ['kʌpl] n couple [m] ◇ **a ~ of** (two) deux; (two or three) deux ou trois.

coupon ['ku:pɒn] n (gen) coupon [m] (*détachable*); (offering price reductions etc) bon [m].

courage ['kʌrɪdʒ] n courage [m] ◇ **I haven't the ~ to refuse** je n'ai pas le courage de refuser ✦ **courageous** adj courageux, [f] -euse.

courgette [kʊə'ʒet] n courgette [f].

courier ['kʊrɪəʳ] n (tourists) guide [m].

course [kɔ:s] n a (of life, disease) cours [m] ◇ **in the ~ of** au cours de, pendant b ◇ **of ~** bien sûr; **of ~ not!** (gen) bien sûr que non!; (refusing) certainement pas! c (route: of river) cours [m]; (of ship) route [f]; (thing to do: also **~ of action**) possibilité [f] ◇ **to set ~ for** mettre le cap sur; **to go off ~** faire fausse route; **to let sth take its ~** laisser qch suivre son cours d (class etc) cours [m] ◇ **to go to a French ~** suivre un cours de français e (golf ~) terrain [m] de golf; (race ~) champ [m] de courses f (Culin) plat [m] ◇ **first ~** entrée [f]; **main ~** plat de résistance.

court [kɔ:t] 1 n a (Law) cour [f], tribunal [m]; (**~ room**) salle [f] du tribunal ◇ **~ of appeal** cour d'appel; **to take sb to ~ over sth** poursuivre qn en justice à propos de qch b (of monarch) cour [f] (royale); (Tennis) court [m]; (Basketball) terrain [m] 2 vt (woman) faire la cour à ✦ **courthouse** n palais [m] de justice ✦ **courtier** n courtisan [m], dame [f] de la cour ✦ **court-martial** 1 n conseil [m] de guerre 2 vt faire passer en conseil de guerre.

courteous ['kɜ:tɪəs] adj courtois (*to* envers).

courtesy ['kɜ:tɪsɪ] n courtoisie [f] ◇ **by ~ of** avec la permission de.

courtyard ['kɔ:tja:d] n cour [f].

cousin ['kʌzn] n cousin(e) [m(f)].

cove [kəʊv] n crique [f].

covenant ['kʌvɪnənt] n convention [f].

Coventry ['kɒvəntrɪ] n ◇ **to send sb to ~** mettre qn en quarantaine (fig).

cover ['kʌvəʳ] 1 n a (lid) couvercle [m]; (for furniture, typewriter) housse [f]; (for merchandise, vehicle etc) bâche [f]; (bed~) dessus-de-lit [m inv]; (of book) couverture [f] ◇ (bedclothes) **the ~s** les couvertures [fpl]; (mail) **under separate ~** sous pli séparé b (shelter) abri [m] ◇ **to take ~** (hide) se cacher; (shelter) s'abriter (*from* de); **under ~** à l'abri; **under ~ of darkness** à la faveur de la nuit c (Insurance) couverture [f] (*against* contre) ◇ **~ note** ≃ récépissé [m] (*d'assurance*) d ◇ (in restaurant) **~ charge** couvert [m] 2 vti a (gen) couvrir (*with* de) ◇ **to ~ a lot of ground** faire beaucoup de chemin; (fig) faire du bon travail; (Insurance) **~ed against fire** couvert contre l'incendie; (with gun) **to keep sb ~ed** tenir qn sous la menace du revolver; (Sport) **to ~ an opponent** marquer un adversaire; **in order to ~ all possibilities** pour parer à toute éventualité; **to ~ one's expenses** rentrer dans ses frais; **£5 will ~ everything** 5 livres payeront tout b ◇ **to ~ up** (gen) recouvrir (*with* de); (hide: truth etc) dissimuler; **to ~ up for sb** couvrir qn ✦ **coverage** n (Press, TV) reportage [m] ✦ **covering** 1 n couverture [f]; (of snow, dust etc) couche [f] 2 adj (letter) explicatif, [f] -ive ✦ **cover-up** n tentatives [fpl] faites pour étouffer une affaire.

covet ['kʌvɪt] vt convoiter ✦ **covetous** adj (look) de convoitise.

1. **cow** [kaʊ] n vache [f] ◇ ~ **elephant** etc éléphant [m] etc femelle; (fig) **to wait till the ~s come home** [famil] attendre jusqu'à la saint-glinglin [famil] ◆ **cowboy** n cow-boy [m]; (pej) fumiste [m] ◇ ~ **boots** rangers [mpl] ◆ **cowshed** n étable [f].

2. **cow** [kaʊ] vt (person) intimider.

coward ['kaʊəd] n lâche [mf] ◆ **cowardice** n lâcheté [f] ◆ **cowardly** adj lâche.

cower ['kaʊə^r] vi se recroqueviller.

cowslip ['kaʊslɪp] n coucou [m] *(fleur)*.

cox [kɒks] 1 n barreur [m] 2 vti barrer.

coy [kɔɪ] adj (person) qui fait le or la timide; (smile) de sainte nitouche (pej).

CPA (US) n abbr of *certified public accountant* → **certify.**

crab [kræb] n crabe [m]; (~ **apple**) pomme [f] sauvage.

crack [kræk] 1 n a (split: gen) fente [f]; (in glass, bone etc) fêlure [f]; (in ground, skin) crevasse [f]; (in paint) craquelure [f] ◇ **at the ~ of dawn** au point du jour b (noise) craquement [m]; (of whip) claquement [m]; (of rifle, thunder) coup [m] c ◇ (sharp blow) **a ~ on the head** un grand coup sur la tête d ◇ (try) **to have a ~ at doing sth** [famil] essayer de faire qch 2 adj (sportsman) de première classe ◇ **a ~ skier** un as du ski; ~ **shot** tireur [m] d'élite 3 vt a (glass, bone) fêler; (wall) lézarder; (ground) crevasser; (nut etc) casser ◇ **to ~ sb over the head** assommer qn b (whip) faire claquer ◇ **to ~ jokes** [famil] faire des astuces [famil] c (code etc) déchiffrer; (case) résoudre 4 vi a (of pottery, glass) se fêler; (of ground, skin) se crevasser; (of wall) se fendiller; (of whip) claquer; (of dry wood) craquer ◇ **to get ~ing** [famil] se mettre au boulot [famil]; **to ~ down on** (actions etc) mettre le frein à b ◇ **to ~ up** [famil] ne pas tenir le coup; **I must be ~ing up!** [famil] ça ne tourne plus rond chez moi! [famil]; **he's not as clever as he's ~ed up to be** il n'est pas aussi intelligent qu'on le dit ◆ **cracker** n (biscuit) cracker [m]; (firework) pétard [m] ◆ **crackers** [famil] adj cinglé [famil] ◆ **crackpot** [famil] n fou [m], [f] folle.

crackle ['krækl] vi (of twigs burning) crépiter; (of sth frying) grésiller ◆ **crackling** n (sound) crépitement [m]; (Rad) friture [famil] [f]; (food) couenne [f] rissolée *(de porc)*.

cradle ['kreɪdl] n berceau [m]; (of telephone) support [m] ◆ **cradlesong** n berceuse [f].

craft [krɑːft] n a (skill) art [m], métier [m] b (pl inv: boat) embarcation [f] ◆ **craftsman** n artisan [m] ◆ **craftsmanship** n connaissance [f] d'un métier.

crafty ['krɑːftɪ] adj malin; (gadget, action) astucieux, [f] -ieuse ◇ **he's a ~ one** [famil] c'est un malin ◆ **craftily** adv astucieusement.

crag [kræg] n rocher [m] escarpé.

cram [kræm] 1 vt (gen) fourrer (*into* dans); bourrer (*with* de); (people, passengers) faire entrer (*into* dans); (pupil) faire bachoter ◇ **we were all ~med into one room** nous étions tous entassés dans une seule pièce 2 vi (of people) s'entasser (*into* dans) ◇ **to ~ for an exam** bachoter.

cramp [kræmp] 1 n crampe [f] (*in* à) 2 vt gêner ◆ **cramped** adj (posture) inconfortable; (space) resserré ◇ **we were very ~** on était à l'étroit.

cranberry ['krænbərɪ] n canneberge [f].

crane [kreɪn] 1 n (bird, machine) grue [f] 2 vt ◇ **to ~ one's neck** tendre le cou.

crank [kræŋk] 1 n (eccentric) excentrique [mf]; (religious) fanatique [mf] 2 vt (~ **up**) (car) faire partir à la manivelle; (cine-camera) remonter ◆ **crankshaft** n vilebrequin [m] ◆ **cranky** adj (eccentric) excentrique.

crash [kræʃ] 1 n a (noise) fracas [m]; (of thunder) coup [m] b (accident) accident [m] ◇ **in a car ~** dans un accident de voiture; ~ **course** cours [m] intensif; ~ **barrier** glissière [f] de sécurité; ~ **diet** régime [m] intensif; ~ **helmet** casque [m] (protecteur); (of plane) ~ **landing** atterrissage [m] en catastrophe c (of company, firm) faillite [f] 2 vt ◇ **to ~ one's car** avoir un accident de voiture; **to ~ the car into a tree** percuter un arbre 3 vi a (of aeroplane, vehicle) s'écraser; (two vehicles) se percuter ◇ **to ~ into sth** rentrer dans qch [famil]; **the car ~ed through the gate** la voiture a enfoncé la barrière b (of bank, firm) faire faillite.

crate [kreɪt] n caisse [f].

crater ['kreɪtə^r] n (gen) cratère [m]; (bomb) entonnoir [m].

crave [kreɪv] vti a (~ **for**) (drink, tobacco etc) avoir un besoin maladif de; (affection) avoir soif de b (pardon) implorer ◆ **craving** n besoin [m] maladif (*for* de); (for affection) soif [f] (*for* de).

crawl [krɔːl] 1 vi (gen) ramper; (of vehicles) avancer au pas; (of child) se traîner à quatre pattes ◇ **to ~ in** entrer en rampant or à quatre pattes; (fig) **to ~ to sb** s'aplatir devant qn; **to ~ with vermin** grouiller de vermine 2 n (Swimming) crawl [m] ◇ **to do the ~** nager le crawl.

crayfish ['kreɪfɪʃ] n (freshwater) écrevisse [f]; (saltwater) langouste [f].

crayon ['kreɪən] n (Art) pastel [m].

craze [kreɪz] n engouement [m] (*for* pour) ◆ **crazed** adj (person) affolé.

crazy ['kreɪzɪ] adj (person) fou, [f] folle; (angle, slope) incroyable; (idea) stupide; (price) incroyable; (US: excellent) terrible [famil]; (famil: enthusiastic) fana [famil] (f inv) (*about sb/sth* de qn/qch) ◇ **to go ~** devenir fou; **he's ~ about her** il l'aime à la folie ◆ **crazily** adv follement.

creak [kri:k] vi (of door) grincer; (of shoes, floorboard) craquer ◆ **creaky** adj grinçant; qui craque.

cream [kri:m] **1** n crème [f] ◇ **double** ~ crème fraîche épaisse; **chocolate** ~ chocolat [m] fourré; ~ **of tomato soup** crème de tomates **2** adj (colour) crème [inv]; (made with ~) à la crème ◇ ~ **cheese** fromage [m] frais; ~ **jug** pot [m] à crème ◆ **creamy** adj crémeux, [f] -euse.

crease [kri:s] **1** n (gen) pli [m]; (unwanted) faux pli ◇ ~**-resistant** infroissable **2** vt froisser **3** vi se froisser.

create [kri:'eɪt] vt (gen) créer; (impression, noise) faire ◇ **to** ~ **a sensation** faire sensation ◆ **creation** n création [f] ◆ **creative** adj (mind, power) créateur, [f] -trice; (person, activity) créatif, [f] -ive ◆ **creativity** n créativité [f] ◆ **creator** n créateur [m], [f] -trice.

creature ['kri:tʃəʳ] n (gen) créature [f].

crèche [kreɪʃ] n (Brit) crèche [f], garderie [f].

credible ['kredɪbl] adj plausible.

credence ['kri:dəns] n ◇ **to lend** or **give** ~ **to** donner crédit à.

credit ['kredɪt] **1** n **a** (money) crédit [m] ◇ **on** ~ à crédit; ~ **card** carte [f] de crédit; ~ **facilities** facilités [fpl] de paiement; ~ **note** avoir [m]; **on the** ~ **side** à l'actif; ~ **squeeze** restrictions [fpl] de crédit **b** ◇ (merit) **to his** ~ à son honneur; **he is a** ~ **to his family** il fait honneur à sa famille; **to give sb** ~ **for (doing) sth** reconnaître que qn a fait qch; **it does you** ~ cela vous fait honneur; (Cine) ~**s** générique [m] **2** vt **a** (believe) croire ◇ **it is** ~**ed with having magic powers** on lui attribue des pouvoirs magiques **b** ◇ (Banking) **to** ~ **£5 to sb, to** ~ **sb with £5** créditer le compte de qn de 5 livres ◆ **creditable** adj honorable ◆ **creditor** n créancier [m], [f] -ière.

credulous ['kredjʊləs] adj crédule.

creed [kri:d] n credo [m].

creep [kri:p] (vb: pret, ptp *crept*) **1** vi (gen) ramper; (move silently) se glisser ◇ **to** ~ **in** etc entrer etc sans un bruit; **to** ~ **up on sb** (person) s'approcher de qn à pas de loup; (old age etc) prendre qn par surprise **2** n ◇ **it gives me the** ~**s** [famil] cela me donne la chair de poule ◆ **creeper** n plante [f] rampante ◆ **creepy** adj qui donne la chair de poule ◆ **creepy-crawly** [famil] n petite bestiole [f].

cremate [krɪ'meɪt] vt incinérer *(un cadavre)* ◆ **cremation** n incinération [f] ◆ **crematorium** n crématorium [m].

creosote ['krɪəsəʊt] n créosote [f].

crêpe [kreɪp] n crêpe [m] ◇ ~ **bandage** bande [f] Velpeau ®; ~ **paper** papier [m] crêpon.

crept [krept] → **creep.**

crescent ['kresnt] n croissant [m]; (street) rue [f] *(en arc de cercle)*.

cress [kres] n cresson [m].

crest [krest] n (gen) crête [f]; (of road) haut [m] de côte; (of family) armoiries [fpl] familiales ◆ **crestfallen** adj découragé.

Cretan ['kri:tən] **1** adj crétois **2** n Crétois(e) [m(f)].

Crete [kri:t] n Crète [f].

crevice ['krevɪs] n fissure [f].

crew [kru:] n (on ship, plane) équipage [m]; (elsewhere) équipe [f] ◆ **crew-cut** n ◇ **to have a** ~ avoir les cheveux en brosse.

crib [krɪb] **1** n lit [m] d'enfant; (Rel) crèche [f] ◇ (US) ~ **death** mort [f] subite du nourrisson **2** vti (in school) copier *(illicitement)*.

crick [krɪk] n ◇ ~ **in the neck** torticolis [m]; ~ **in the back** tour [m] de reins.

1. **cricket** ['krɪkɪt] n (insect) grillon [m].

2. **cricket** ['krɪkɪt] n (Sport) cricket [m] ◆ **cricketer** n joueur(-euse) [m(f)] de cricket.

crime [kraɪm] n crime [m] ◇ **minor** ~ délit [m]; ~ **prevention** lutte [f] contre le crime; ~ **wave** vague [f] de criminalité.

criminal ['krɪmɪnl] **1** n criminel(le) [m(f)] **2** adj criminel, [f] -elle ◇ ~ **offence** délit [m]; ~ **record** casier [m] judiciaire; (fig) **it's** ~ **to stay indoors today** c'est un crime de rester enfermé aujourd'hui; **the C~ Investigation Department** la police judiciaire, la P.J.

crimp [krɪmp] vt (hair) frisotter.

crimson ['krɪmzn] adj cramoisi.

cringe [krɪndʒ] vi avoir un mouvement de recul (*from* devant).

crinkle ['krɪŋkl] vt chiffonner.

cripple ['krɪpl] **1** n (lame) estropié(e) [m(f)]; (disabled) invalide [mf] **2** vt estropier; (plane etc) désemparer; (production etc) paralyser ◇ **crippling taxes** impôts [mpl] écrasants ◆ **crippled** adj (person) estropié, handicapé ◇ ~ **with rheumatism** perclus de rhumatismes.

crisis ['kraɪsɪs], pl **crises** ['kraɪsi:z] n crise [f]; (fig) problème [m] urgent ◇ **to come to a** ~ atteindre un point critique.

crisp [krɪsp] **1** adj (biscuit) croustillant; (vegetables) croquant; (snow, paper) craquant; (linen) apprêté; (weather, reply) vif, [f] vive **2** n ◇ **(potato)** ~**s** chips [fpl]; **packet of** ~**s** sachet [m] de chips ◆ **crispbread** n pain [m] scandinave ◆ **crispness** n croquant [m].

criss-cross ['krɪskrɒs] **1** vt entrecroiser (*by* de) **2** vi s'entrecroiser.

criterion [kraɪ'tɪərɪən], pl **-ia** n critère [m].

critic ['krɪtɪk] n (of books etc) critique [m]; (faultfinder) détracteur [m], [f] -trice ◆ **critical** adj critique ◆ **critically** adv (assessing) en critique; (condemning) sévèrement ◇ ~ **ill** gravement malade ◆ **criticism** n critique [f] ◆ **criticize** vt critiquer.

croak [krəʊk] vi (of frog) coasser; (of person) parler d'une voix rauque.

crochet ['krəʊʃeɪ] 1 n travail [m] au crochet ◇ ~ **hook** crochet [m] 2 vi faire du crochet.

crockery ['krɒkərɪ] n vaisselle [f].

crocodile ['krɒkədaɪl] n crocodile [m].

crocus ['krəʊkəs] n crocus [m].

croft [krɒft] n petite ferme [f].

crony [famil] ['krəʊnɪ] n copain [famil] [m], copine [famil] [f].

crook [krʊk] n (thief) escroc [m].

crooked ['krʊkɪd] adj (bent) courbé; (dishonest) malhonnête ◇ **the picture is** ~ le tableau est de travers.

crooner ['kru:nəʳ] n chanteur [m], [f] -euse de charme.

crop [krɒp] 1 n (thing produced) culture [f] ◇ **a good** ~ (gen) une bonne récolte [f]; (cereals) une bonne moisson [f]; **the** ~**s** la récolte; ~ **spraying** pulvérisation [f] des cultures 2 vti a (hair) tondre ◇ ~**ped hair** cheveux [mpl] coupés ras b ◇ **to** ~ **up** se présenter; **something's** ~**ped up** il s'est passé quelque chose.

croquet ['krəʊkeɪ] n croquet [m].

croquette [krəʊ'ket] n croquette [f].

cross [krɒs] 1 n a croix [f] b (mixture) hybride [m] ◇ **it's a** ~ **between a novel and a poem** cela tient du roman et du poème c ◇ **on the** ~ en biais 2 adj a (angry) de mauvaise humeur ◇ **to be** ~ **with sb** être fâché contre qn; **to get** ~ **with sb** se fâcher contre qn; **don't be** ~ **with me** ne m'en veuillez pas b (diagonal) transversal, diagonal 3 vt a (gen) traverser; (barrier, ditch) franchir ◇ **it** ~**ed my mind that...** il m'est venu à l'esprit que...; (fig) **to** ~ **sb's path** se trouver sur le chemin de qn b (letter T, cheque) barrer ◇ **to** ~ **off, to** ~ **out** rayer, barrer; **to** ~ **sb's name off a list** rayer qn d'une liste c (arms) croiser ◇ **to** ~ **o.s.** se signer; **keep your fingers** ~**ed for me** [famil] fais une petite prière pour moi; (telephone) **the lines are** ~**ed** les lignes sont embrouillées d (thwart) contrecarrer e (animals) croiser (*with* avec) 4 vi a (~ **over**) traverser; (by boat) faire la traversée b (of roads, letters) se croiser ◆ **cross-Channel ferry** n ferry [m] qui traverse la Manche ◆ **cross-check** vti vérifier par recoupement ◆ **cross-country** n (race) cross-country [m] ◆ **cross-examine** vt interroger de façon serrée ◆ **cross-eyed** adj qui louche ◆ **crossing** n traversée [f]; (level ~) passage [m] à niveau; (pedestrian ~) passage [m] clouté ◆ **cross-legged** adv en tailleur ◆ **crossly** adv avec humeur ◆ **cross-purposes** npl ◇ **to be at** ~ **with sb** comprendre qn de travers ◆ **cross-reference** n renvoi [m] (*to* à) ◆ **crossroads** n carrefour [m] ◆ **cross-section** n (fig) échantillon [m] ◆ **crossword puzzle** n mots [mpl] croisés.

crotch [krɒtʃ] n (on garment) entre-jambes [m inv].

crotchet ['krɒtʃɪt] n (Mus) noire [f].

crotchety ['krɒtʃɪtɪ] adj grincheux, [f] -euse.

crouch [kraʊtʃ] vi (~ **down**) s'accroupir; (before springing) se ramasser.

1. **crow** [krəʊ] n (bird) corneille [f] ◇ **as the** ~ **flies** à vol d'oiseau; (wrinkles) ~**'s feet** pattes [fpl] d'oie *(rides)*; (on ship) ~**'s nest** nid [m] de pie ◆ **crowbar** n pince [f] à levier.

2. **crow** [krəʊ] vi (of cock) chanter; (of baby) gazouiller; (of victor) chanter victoire (*over sb* sur qn).

crowd [kraʊd] 1 n foule [f] ◇ **in** ~**s** en foule; **there was quite a** ~ il y avait beaucoup de monde; ~**s of** des masses [famil] [fpl] de; **he's one of our** ~ [famil] il fait partie de notre bande 2 vti ◇ **to** ~ **into** s'entasser dans; **to** ~ **together** se serrer; **to** ~ **round sb** se presser autour de qn; **all** ~**ed together** très serrés ◆ **crowded** adj plein (*with* de).

crown [kraʊn] 1 n (gen) couronne [f]; (of road) milieu [m] ◇ ~ **jewels** joyaux [mpl] de la couronne; ~ **prince** prince [m] héritier 2 vt couronner (*with* de); (famil: hit) flanquer [famil] un coup sur la tête à ◇ **and to** ~ **it all** [famil] et pour couronner le tout ◆ **crowning** adj (fig) suprême.

crucial ['kru:ʃəl] adj crucial.

crucifix ['kru:sɪfɪks] n crucifix [m] ◆ **crucifixion** n crucifixion [f].

crucify ['kru:sɪfaɪ] vt crucifier.

crude [kru:d] adj (gen) grossier, [f] -ière; (piece of work) mal fini; (oil etc) brut ◇ **he made a** ~ **attempt at building...** il a essayé tant bien que mal de construire... ◆ **crudely** adv grossièrement ◇ **to put it** ~**...** pour dire les choses crûment....

cruel ['krʊəl] adj cruel, [f] cruelle (*to* envers) ◆ **cruelly** adv cruellement ◆ **cruelty** n cruauté [f] (*to* envers).

cruet ['kru:ɪt] n salière [f] et poivrier [m].

cruise [kru:z] 1 vi (of ship) croiser; (passengers) être en croisière; (taxi) être en maraude ◇ **cruising speed** vitesse [f] de croisière 2 n croisière [f] ◇ **to go on or for a** ~ faire une croisière ◆ **cruiser** n (warship) croiseur [m]; (cabin ~) yacht [m] de croisière.

crumb [krʌm] n miette [f] ◇ ~**s!** [famil] zut alors! [famil]

crumble ['krʌmbl] 1 vt (bread) émietter; (earth) effriter 2 vi (of bread) s'émietter; (of plaster) s'effriter; (of rock) s'ébouler.

crumple ['krʌmpl] vt froisser; (~ **up**) chiffonner; (into a ball) faire une boule de.

crunch [krʌntʃ] 1 vt croquer 2 n craquement [m] ◇ (fig) **when the** ~[famil] **comes** au moment crucial ◆ **crunchy** adj croquant.

crusade [kru:'seɪd] n croisade [f] ◆ **crusader** n (fig) militant(e) [m(f)].

crush [krʌʃ] 1 vt (gen) écraser; (snub) rabrouer ◇ **to** ~ **to a pulp** réduire en pulpe 2 vi (of clothes) se froisser 3 n a (crowd) cohue [f] ◇ ~ **barrier** barrière [f] de sécurité b ◇ **to have a** ~ **on sb** [famil] avoir le béguin [famil] pour qn ◆ **crushed** adj (dress) froissé; (people) tassés ◆ **crushing** adj (defeat) écrasant; (reply) percutant ◆ **crush-resistant** adj infroissable.

crust [krʌst] n croûte [f] ◆ **crusty** adj croustillant; (fig: grumpy) hargneux, [f] -euse.

crutch [krʌtʃ] n a béquille [f] b = **crotch.**

crux [krʌks] n point [m] crucial.

cry [kraɪ] 1 n cri [m] ◇ **to give a** ~ pousser un cri 2 vti a (weep) pleurer (*about, over* sur; *with* de) ◇ **to** ~ **one's eyes out** pleurer toutes les larmes de son corps; **to laugh till one cries** rire aux larmes; **it's no use** ~**ing over spilt milk** ce qui est fait est fait b (~ **out**) (inadvertently) pousser un cri; (deliberately) s'écrier ◇ **to** ~ **out for mercy** implorer la pitié c ◇ **to** ~ **off** [famil] se décommander ◆ **crying** 1 adj (need) pressant ◇ **it's a** ~ **shame** c'est une honte 2 n (weeping) pleurs [mpl].

crypt [krɪpt] n crypte [f].

cryptic(al) ['krɪptɪk(əl)] adj énigmatique.

crystal ['krɪstl] n cristal [m] ◇ ~ **ball** boule [f] de cristal ◆ **crystal-clear** adj clair comme le jour ◆ **crystallized fruits** npl fruits [mpl] confits.

cub [kʌb] n petit(e) [m(f)] ◇ **wolf** ~ jeune loup [m]; ~ **reporter** jeune reporter [m]; ~ **scout** louveteau [m] *(scout)*.

Cuba ['kju:bə] n Cuba [m] ◇ **in** ~ à Cuba ◆ **Cuban** 1 adj cubain 2 n Cubain(e) [m(f)].

cubbyhole ['kʌbɪhəʊl] n cagibi [m].

cube [kju:b] 1 n cube [m] ◇ (food) **to cut into** ~**s** couper en dés 2 vt cuber.

cubic ['kju:bɪk] adj (shape) cubique; (yard, metre) cube ◇ ~ **capacity** volume [m].

cubicle ['kju:bɪkəl] n (in hospital, dormitory) box [m]; (swimming baths) cabine [f].

cuckoo ['kʊku:] 1 n coucou [m] *(oiseau)* ◇ ~ **clock** coucou [m] *(pendule)* 2 adj (famil: mad) toqué [famil].

cucumber ['kju:kʌmbəʳ] n concombre [m].

cuddle ['kʌdl] 1 vt serrer dans ses bras 2 vi ◇ **to kiss and** ~ se caresser; **to** ~ **down** se pelotonner ◆ **cuddly** adj (child) caressant; (toy) doux, [f] douce.

cudgel ['kʌdʒəl] n gourdin [m].

cue [kju:] n a (words) réplique [f]; (sign) signal [m] ◇ (fig) **to take one's** ~ **from sb** emboîter le pas à qn (fig) b (Billiards) queue [f] de billard.

cuff [kʌf] n a manchette [f] ◇ ~ **link** bouton [m] de manchette; (fig) **off the** ~ à l'improviste b (blow) gifle [f].

cul-de-sac ['kʌldəˌsæk] n cul-de-sac [m].

culinary ['kʌlɪnərɪ] adj culinaire.

cull [kʌl] vt (animals) supprimer, éliminer.

culminate ['kʌlmɪneɪt] vi ◇ **to** ~ **in** se terminer par; (be cause of) mener à ◆ **culmination** n point [m] culminant.

culprit ['kʌlprɪt] n coupable [mf].

cult [kʌlt] n culte [m] ◇ ~ **figure** idole [f].

cultivate ['kʌltɪveɪt] vt cultiver ◆ **cultivated** adj cultivé ◆ **cultivation** n culture [f] ◆ **cultivator** n motoculteur [m].

cultural ['kʌltʃərəl] adj culturel, [f] -elle.

culture ['kʌltʃəʳ] n culture [f] ◆ **cultured** adj (person) cultivé; (voice) distingué; (pearl) de culture ◆ **culture shock** n choc [m] culturel.

cumbersome ['kʌmbəsəm] adj encombrant.

cumulative ['kju:mjʊlətɪv] adj cumulatif, [f] -ive.

cunning ['kʌnɪŋ] 1 n ruse [f] 2 adj (scheming) rusé; (clever) astucieux, [f] -ieuse ◆ **cunningly** adv avec ruse; astucieusement.

cup [kʌp] n a tasse [f]; (of bra) bonnet [m] (de soutien-gorge) ◇ ~ **of tea** tasse de thé; **tea** ~ tasse à thé; (fig) **that's just his** ~ **of tea** [famil] c'est tout à fait à son goût b (Sport: prize) coupe [f] ◇ ~ **final** finale [f] de la coupe; ~**-tie** match [m] de coupe ◆ **cupful** n tasse [f] *(contenu)*.

cupboard ['kʌbəd] n placard [m].

cuppa [famil] ['kʌpə] n tasse [f] de thé.

curate ['kjʊərɪt] n vicaire [m].

curator [kjʊə'reɪtəʳ] n conservateur [m] *(d'un musée* etc).

curb [k'ɜ:b] vt (feeling etc) refréner; (expenditure) réduire.

curd cheese ['kɜ:d'tʃi:z] n ≃ fromage [m] blanc.

curdle ['kɜ:dl] vi (milk) se cailler.

cure [kjʊəʳ] 1 vt a (gen) guérir (*of* de); (injustice) réparer; (an evil) remédier à ◇ **to** ~ **sb of a habit** faire perdre une habitude à qn b (food: salt) saler; (smoke) fumer; (skins) traiter 2 n (remedy) remède [m]; (recovery) guérison [f].

curfew ['kɜ:fju:] n couvre-feu [m].

curio ['kjʊərɪəʊ] n bibelot [m].

curiosity [ˌkjʊərɪˈɒsɪtɪ] n curiosité [f] (*about* de) ◇ ~ **shop** magasin [m] de curiosités.

curious [ˈkjʊərɪəs] adj curieux, [f] -ieuse; (*about* de) ◆ **curiously** adv (inquisitively) avec curiosité; (oddly) curieusement.

curl [kɜːl] **1** n (of hair) boucle [f] **2** vti **a** (of hair) boucler; (tightly) friser **b** ◇ **to ~ up** (gen) s'enrouler; (of paper) se recourber; (of person) se pelotonner; (of cat, dog) se coucher en rond; **to ~ up with laughter** se tordre de rire ◆ **curler** n rouleau [m] (*bigoudi*) ◆ **curly** adj (hair) bouclé; (tightly) frisé ◇ **~-haired** aux cheveux bouclés.

currant [ˈkʌrənt] n groseille [f]; (dried fruit) raisin [m] de Corinthe.

currency [ˈkʌrənsɪ] n monnaie [f]; (money) argent [m] ◇ **foreign ~** devise [f] or monnaie étrangère.

current [ˈkʌrənt] **1** adj (at this time: events, tendency) actuel, [f] -elle; (year, week) en cours; (common, general: use, expression) courant ◇ (Banking) **~ account** compte [m] courant; **~ affairs** l'actualité [f]; **his ~ job** le travail qu'il fait en ce moment **2** n courant [m] ◆ **currently** adv actuellement, en ce moment.

curriculum [kəˈrɪkjʊləm] n programme [m] (d'études) ◇ **~ vitae** curriculum vitae [m].

curry [ˈkʌrɪ] n curry [m].

curse [kɜːs] **1** n malédiction [f]; (swearword) juron [m] ◇ **~s!** [famil] zut! [famil]; **the ~ of poverty** le fléau de la pauvreté; (menstruation) **she has the ~** [famil] elle a ses règles [fpl] **2** vt maudire ◇ (fig) **~d with** affligé de **3** vi (swear) jurer.

cursor [ˈkɜːsəʳ] n (Comput) curseur [m].

cursory [ˈkɜːsərɪ] adj hâtif, [f] -ive.

curt [kɜːt] adj brusque, sec, [f] sèche ◆ **curtly** adv sèchement.

curtail [kɜːˈteɪl] vt (gen) écourter; (expenses) réduire.

curtain [ˈkɜːtn] n rideau [m] ◇ **to draw the ~s** tirer les rideaux ◆ **curtain call** n rappel [m] ◆ **curtain-up** n lever [m] du rideau.

curts(e)y [ˈkɜːtsɪ] **1** n révérence [f] **2** vi faire une révérence (*to* à).

curve [kɜːv] **1** n (gen) courbe [f]; (in road) tournant [m] **2** vt (gen) courber **3** vi (gen) se courber; (of road, line etc) faire une courbe ◆ **curved** adj courbe.

cushion [ˈkʊʃən] **1** n coussin [m] **2** vt (seat) rembourrer; (shock) amortir.

cuss [famil] [kʌs] **1** n juron [m] **2** vi jurer.

custard [ˈkʌstəd] n (pouring) crème [f] anglaise; (set) crème renversée ◇ **~ tart** flan [m].

custodian [kʌsˈtəʊdɪən] n (gen) gardien(ne) [m(f)]; (museum) conservateur [m], [f] -trice.

custody [ˈkʌstədɪ] n garde [f] ◇ **in safe ~** sous bonne garde; **in the ~ of** sous la garde de; **to take sb into ~** mettre qn en détention préventive.

custom [ˈkʌstəm] n **a** coutume [f], habitude [f] ◇ **it was his ~ to go...** il avait l'habitude d'aller... **b** ◇ **the ~s** la douane; **to go through the ~s** passer la douane; **~s duty** droits [mpl] de douane; **~s officer** douanier [m] ◆ **customary** adj coutumier, [f] -ière.

customer [ˈkʌstəməʳ] n client(e) [m(f)] ◇ **he's an awkward ~** [famil] il n'est pas commode.

customize [ˈkʌstəmaɪz] vt fabriquer (or arranger etc) sur commande.

cut [kʌt] pret, ptp *cut* **1** n **a** (stroke) coup [m]; (mark, slit) coupure [f]; (notch) entaille [f] ◇ **he is a ~ above the others** il vaut mieux que les autres **b** (reduction) réduction [f] (*in* de); (in book) coupure [f]; (in staff) compression [f] (*in* de) ◇ **the ~s in education** les réductions dans les budgets scolaires; **power ~** coupure de courant **c** (of meat: piece) morceau [m]; (slice) tranche [f] ◇ **a ~ in the profits** [famil] une part du gâteau [famil] **d** (of clothes) coupe [f]
2 adj (flowers) coupé ◇ **~ glass** cristal [m] taillé; **~ prices** prix [mpl] réduits; **~ and dried opinions** opinions toutes faites.
3 vti **a** (gen) couper; (joint of meat) découper; (cards) couper; (shape: jewel) tailler; (channel) creuser; (record) graver; (Cine etc: film) monter; (trim: hedge) tailler; (corn) faucher; (lawn) tondre ◇ **to ~ one's finger** se couper le doigt; **to ~ sb's throat** couper la gorge à qn; **to ~ open** ouvrir avec un couteau (or avec des ciseaux etc); **to get one's hair ~** se faire couper les cheveux; **to ~ along the dotted line** découper selon le pointillé; **to ~ sth away** enlever qch en coupant; **to ~ sth out** (gen) découper qch; (statue, coat) tailler; (details, bad habit) supprimer; (fig) **to be ~ out for sth** être fait pour qch; **~ it out!** [famil] ça suffit!; **to ~ sth up** (gen) couper; (chop up) hacher; (fig) **to be ~ up about sth** être très affecté par qch; (hurt) être très embêté [famil] par qch; **to ~ sb free** délivrer qn en coupant ses liens; **to ~ sth off** couper qch (*from* dans); (fig) **to ~ off one's nose to spite one's own face** scier la branche sur laquelle on est assis, par dépit; **our water supply has been ~ off** on nous a coupé l'eau; (during telephone call) **we were ~ off** nous avons été coupés; **to feel ~ off** se sentir isolé; **to ~ short** (story) abréger; (visit) écourter; (speaker) couper la parole à; **to ~ a long story short...** bref...; **to ~ one's way through** s'ouvrir un chemin à travers; **to ~ across country** couper à travers champs; (of child) **to ~ a tooth** percer une dent; (fig) **to ~ it fine** compter un peu juste; **that ~s no ice with me** ça ne

m'impressionne guère; **to ~ a corner** (of car) prendre un virage à la corde; (fig) **to ~ corners** prendre des raccourcis; **to ~ in** (of car) se rabattre; (of speaker) se mêler à la conversation.

b (reduce: also ~ **back**, ~ **down**) réduire; (book) faire des coupures dans ◇ **to ~ down on** (buying food) acheter moins de; (eating food) manger moins de; (cigarettes) fumer moins de; (expenditure) réduire; (fig) **to ~ sb down to size** [famil] remettre qn à sa place c ([famil]: avoid: appointment) manquer exprès; (class) sécher [famil] ◆ **cutback** n (in expenditure etc) réduction [f] (*in* de); (in staff) compression [f] (*in* de) ◆ **cut-price** adj (goods) au rabais; (shop) à prix réduits ◆ **cutter** n (tool) coupoir [m]; (motor boat) vedette [f] ◆ **cut-offs** npl jeans [m] coupés ◆ **cutoff switch** n interrupteur [m] ◆ **cut-throat** 1 n assassin [m] 2 adj (competition) acharné ◆ **cutting** 1 n (gen) coupe [f]; (cleared way: for road, railway) tranchée [f]; (press ~) coupure [f] 2 adj (wind) glacial; (rain, words) cinglant ◇ **the ~ edge** le tranchant.

cute [famil] [kju:t] adj (attractive) mignon, [f] -onne; (clever) futé.

cuticle ['kju:tɪkl] n petites peaux [fpl] *(de l'ongle).*

cutlery ['kʌtlərɪ] n couverts [mpl].

cutlet ['kʌtlɪt] n côtelette [f].

cuttlefish ['kʌtlfɪʃ] n seiche [f].

CV n abbr of *curriculum vitae* → **curriculum.**

cwt abbr of *hundredweight(s)* → **hundredweight.**

cyanide ['saɪənaɪd] n cyanure [m].

cyclamen ['sɪkləmən] n cyclamen [m].

cycle ['saɪkl] 1 n a vélo [m] b (poems etc) cycle [m] 2 vi faire du vélo ◇ **he ~s to school** il va à l'école en vélo 3 adj (path) cyclable; (race) cycliste ◇ ~ **rack** râtelier [m] à bicyclettes; ~ **shed** abri [m] à bicyclettes ◆ **cycling** 1 n cyclisme [m] 2 adj (holiday) à bicyclette ◆ **cyclist** n cycliste [mf].

cyclone ['saɪkləʊn] n cyclone [m].

cylinder ['sɪlɪndə[r]] n cylindre [m] ◇ ~ **head** culasse [f] ◆ **cylindrical** adj cylindrique.

cymbal ['sɪmbəl] n cymbale [f].

cynic ['sɪnɪk] n cynique [mf] ◆ **cynical** adj cynique ◆ **cynicism** n cynisme [m].

cypress ['saɪprɪs] n cyprès [m].

Cyprus ['saɪprəs] n Chypre [f] ◇ **in ~** à Chypre ◆ **Cypriot** 1 adj cypriote 2 n Cypriote [mf].

cyst [sɪst] n kyste [m] ◆ **cystitis** n cystite [f].

Czech [tʃek] 1 adj tchèque 2 n Tchèque [mf]; (language) tchèque [m] ◆ **Czechoslovakia** n Tchécoslovaquie [f] ◆ **Czechoslovak(ian)** 1 adj tchécoslovaque 2 n Tchécoslovaque [mf].

d

D, d [di:] n D, d [m]; (Music) ré [m] ◇ **D-day** le jour J.

dab [dæb] 1 n ◇ **a ~ of** un petit peu de; (of paint) un petit coup de 2 vt (gen) tamponner ◇ **to ~ sth on sth** appliquer qch à petits coups sur qch.

dabble ['dæbl] vi s'occuper un peu (*in* de).

dachshund ['dækshʊnd] n teckel [m].

dad [dæd] [famil], **daddy** [famil] ['dædɪ] n papa [m] ◆ **daddy-long-legs** n, pl inv faucheux [m].

daffodil ['dæfədɪl] n jonquille [f].

daft [dɑ:ft] adj stupide, idiot.

dagger ['dægəʳ] n dague [f] ◇ **at ~s drawn** à couteaux tirés (*with* avec).

dahlia ['deɪlɪə] n dahlia [m].

daily ['deɪlɪ] 1 adj (task, walk, paper) quotidien, [f] -ienne; (per day: output, wage) journalier, [f] -ière 2 adv tous les jours ◇ **twice ~** deux fois par jour 3 n (**~ paper**) quotidien [m]; (**~ help**) femme [f] de ménage.

dainty ['deɪntɪ] adj (figure) menu; (blouse) délicat; (child) mignon, [f] -onne.

dairy ['dɛərɪ] 1 n (on farm) laiterie [f]; (shop) crémerie [f] 2 adj (gen) laitier, [f] -ière; (ice cream) fait à la crème ◇ **~ butter** beurre [m] fermier; **~ farming** industrie [f] laitière ◆ **dairyman** n employé [m] de laiterie; crémier [m].

daisy ['deɪzɪ] n pâquerette [f]; (cultivated) marguerite [f].

dam [dæm] 1 n (wall) barrage [m] (de retenue); (water) réservoir [m] 2 vt endiguer.

damage ['dæmɪdʒ] 1 n dégâts [mpl]; (fig) tort [m] ◇ **it did a lot of ~** (to house etc) cela a fait de gros dégâts; (to cause etc) cela a fait beaucoup de tort; **there's no ~ done** il n'y a pas de mal; (Law) **~s** dommages [mpl] et intérêts [mpl] 2 vt (object) endommager; (eyesight, health) abîmer; (reputation, cause) faire du tort à.

dame [deɪm] n dame [f].

damn [dæm] [famil] 1 excl merde! [famil] 2 vt ◇ **~ him!** qu'il aille se faire fiche! [famil] 3 n ◇ **I don't give a ~** je m'en fiche pas mal [famil] 4 adj fichu [famil] (before n) 5 adv rudement [famil] ◇ **~ all** strictement rien ◆ **damnation** 1 n damnation [f] 2 excl [famil] merde! [famil] ◆ **damned** [famil] adj fichu [famil] (before n) ◇ **well I'll be ~!** c'est trop fort! ◆ **damning** adj accablant.

damp [dæmp] 1 adj (gen) humide; (skin) moite 2 n humidité [f] 3 vt (also **dampen**: lit) humecter; (enthusiasm) refroidir ◇ **to ~ sb's spirits** décourager qn ◆ **dampness** n humidité [f].

damson ['dæmzən] n prune [f] de Damas.

dance [dɑ:ns] 1 n danse [f]; (social gathering) soirée [f] dansante 2 vti danser ◇ (fig) **to ~ in** etc entrer etc joyeusement 3 adj (band, music) de danse ◇ **~ hall** dancing [m] ◆ **dancer** n danseur [m], [f] -euse ◆ **dancing** n danse [f].

dandelion ['dændɪlaɪən] n pissenlit [m].

dandruff ['dændrəf] n pellicules [fpl].

Dane [deɪn] n Danois(e) [m(f)].

danger ['deɪndʒəʳ] n danger [m] (*to* pour) ◇ **in ~** en danger; **out of ~** hors de danger; **he was in ~ of losing it** il risquait de le perdre; **a ~ of fire** un risque d'incendie; **~ area** zone [f] dangereuse; **~ signal** signal [m] d'alarme ◆ **dangerous** adj dangereux, [f] -euse ◆ **dangerously** adv (gen) dangereusement; (ill) gravement; (wounded) grièvement.

dangle ['dæŋgl] 1 vt (object on string) balancer; (arm, leg) laisser pendre; (offer) faire miroiter 2 vi pendre.

Danish ['deɪnɪʃ] 1 adj danois ◇ ~ **pastry** feuilleté [m] fourré 2 n (language) danois [m].

dare [dɛəʳ] 1 vt a oser (*to do* faire) ◇ **I daren't!** je n'ose pas!; **how ~ you!** vous en avez du culot! [famil]; **I ~ say he'll come** il viendra sans doute b ◇ **to ~ sb to do** mettre qn au défi de faire; **I ~ you!** chiche! [famil] 2 n ◇ **to do sth for a ~** faire qch pour relever un défi ♦ **daredevil** n casse-cou [mf inv] ♦ **daring** 1 adj audacieux, [f] -ieuse 2 n audace [f].

dark [dɑ:k] 1 adj a (room) sombre ◇ **it is ~** il fait nuit, il fait noir b (colour) foncé; (complexion, hair, person) brun; (eyes) noir ◇ **~ blue** etc bleu etc foncé [inv]; **~ glasses** lunettes [fpl] noires c (sinister: threat, thoughts) sombre ◇ **to keep sth ~** tenir qch secret; **keep it ~!** pas un mot!; **the D~ Ages** le haut moyen âge 2 n obscurité [f], noir [m] ◇ **after ~** après la tombée de la nuit; **to be afraid of the ~** avoir peur du noir; (fig) **to leave sb in the ~ about sth** laisser qn dans l'ignorance sur qch ♦ **darken** vi (of sky) s'assombrir; (of colour) foncer ♦ **darkly** adv (gloomily) tristement; (sinisterly) sinistrement ♦ **darkness** n obscurité [f] ♦ **darkroom** n (Phot) chambre [f] noire.

darling ['dɑ:lɪŋ] 1 n ◇ **come here, ~** viens, mon chéri or ma chérie; **she's a ~** elle est adorable; **be a ~** [famil]... sois un ange... 2 adj chéri; (famil: house etc) adorable.

darn [dɑ:n] 1 vt repriser 2 n reprise [f] 3 excl [famil] mince! [famil] ♦ **darning** adj (needle, wool) à repriser.

dart [dɑ:t] 1 n a fléchette [f] ◇ **~s** (game) fléchettes [fpl]; **~ board** cible [f] b (Sewing) pince [f] 2 vi ◇ **to ~ in** entrer comme une flèche.

dash [dæʃ] 1 n a ◇ **a ~ of** un petit peu de b (punctuation mark) tiret [m] 2 vt (throw) jeter violemment; (hopes) anéantir ◇ **to ~ sth to pieces** casser qch en mille morceaux; **to ~ one's head against** se cogner la tête contre 3 vi ◇ **to ~ away** etc s'en aller etc à toute allure; **I must ~** [famil] il faut que je file [famil] 4 excl [famil] zut [famil] alors! ♦ **dashboard** n (on car) tableau [m] de bord ♦ **dashing** adj qui a grande allure.

data ['deɪtə] npl (gen, Comput) données [fpl] ◇ **~ capture** saisie [f] des données; **~ processing** traitement [m] des données; **~ processor** unité [f] de traitement des données ♦ **database** n (Comput) base [f] de données ◇ **~ management system** système de gestion [f] de bases de données; **~ manager** administrateur [m] de bases de données.

1. **date** [deɪt] n (fruit) datte [f].

2. **date** [deɪt] 1 n a (gen) date [f] ◇ **~ of birth** date [f] de naissance; **what's the ~?** quelle est la date?, nous sommes le combien?; **what ~ is he coming on?** à quelle date vient-il?; **to ~** jusqu'ici; **to be out of ~** (gen) être démodé; (of document) ne plus être applicable; (of person) retarder; **up to ~** (document) à jour; (building, person) moderne; **to bring sth up to ~** mettre qch à jour, moderniser qch; **to bring sb up to ~** mettre qn au courant (*about sth* de qch) b (famil: appointment) rendez-vous [m] ◇ **to have a ~** avoir rendez-vous 2 vti a (gen) dater (*from* de) ◇ **~d August 7th** daté du 7 août; **that ~s him** cela trahit son âge; **to ~ from** remonter à, dater de b (famil: go out with) sortir avec ♦ **dated** adj démodé ♦ **date-line** n (Geog) ligne [f] de changement de date.

dative ['deɪtɪv] adj, n datif [m].

daub [dɔ:b] vt barbouiller (*with* de).

daughter ['dɔ:təʳ] n fille [f] ◇ **~-in-law** belle-fille [f].

daunting ['dɔ:ntɪŋ] adj (task, problem) décourageant; (person) intimidant.

dawdle ['dɔ:dl] vi traîner.

dawn [dɔ:n] 1 n aube [f] ◇ **at ~** à l'aube; **from ~ to dusk** du matin au soir 2 vi (of day) se lever; (of hope) naître ◇ **it ~ed on him that...** il lui vint à l'esprit que...

day [deɪ] n a (24 hours) jour [m] ◇ **3 ~s ago** il y a 3 jours; **what ~ is it today?** quel jour sommes-nous aujourd'hui?; **the ~ that they...** le jour où ils...; **on that ~** ce jour-là; **twice a ~** deux fois par jour; **any ~ now** d'un jour à l'autre; **the ~ before yesterday** avant-hier [m]; **the ~ before her birthday** la veille de son anniversaire; **the next ~, the ~ after, the following ~** le lendemain; **2 years ago to the ~** il y a 2 ans jour pour jour; **to this ~** encore aujourd'hui; **any ~ now** d'un jour à l'autre; **every ~** tous les jours; **one of these ~s** un de ces jours; **~ by ~** jour après jour; **~ in ~ out** tous les jours que Dieu fait; **to live from ~ to ~** vivre au jour le jour; **~ return ticket** billet [m] d'aller et retour *(valable pour la journée)*; **to go on a ~ trip to Calais** faire une excursion (d'une journée) à Calais b (daylight hours) jour [m], journée [f] ◇ **during the ~** pendant la journée; **to work all ~** travailler toute la journée; **to travel by ~** voyager de jour; **~ and night** jour et nuit; **it's a fine ~** il fait beau aujourd'hui; **on a wet ~** par une journée pluvieuse; **~ bed** banquette-lit [f]; **~ care centre** ≃ garderie [f]; **~ centre** *centre spécialisé de jour pour le troisième âge, les handicapés* etc; **~ nursery** crèche [f]; **to go to ~ school** être externe [mf]; **to be on ~ shift** être de jour c (working hours) journée [f] ◇ **paid by the ~** payé à la journée; **a ~ off** un jour de congé; **to work an 8-hour ~** faire une journée de 8 heures **d** ◇ (fig) **these ~s** de nos jours, actuellement; **in his younger ~s** quand il était plus jeune; **in Napoleon's ~** à l'époque [f] de Napoléon; **in the good old ~s** dans le bon vieux temps; **that has had its ~** cela est passé de mode ◆ **daybreak** n ◇ **at ~** au point du jour ◆ **daydream** vi rêvasser ◆ **daylight** n ◇ **in the ~** à la lumière du jour; **it is still ~** il fait encore jour; **it's ~ robbery** [famil] c'est du vol manifeste ◆ **daytime** **1** n jour [m], journée [f] **2** adj de jour ◆ **day-to-day** adj quotidien, [f] -ienne ◇ **on a ~ basis** au jour le jour ◆ **day-tripper** n excursionniste [mf].

daze [deɪz] **1** vt (of drug) hébéter; (of blow) étourdir; (of news etc) abasourdir **2** n ◇ **in a ~** hébété; étourdi; abasourdi.

dazzle ['dæzl] vt éblouir.

DC [di:'si:] abbr of *direct current* courant [m] continu.

deacon ['di:kən] n diacre [m].

dead [ded] **1** adj (gen) mort; (limb, fingers) engourdi; (custom) tombé en désuétude ◇ **~ or alive** mort ou vif; **to drop down ~** tomber mort; **over my ~ body!** [famil] pas question! [famil]; **he was ~ to the world** il dormait comme une souche; (Telec) **the line is ~** on n'entend rien sur la ligne; **in the ~ centre** en plein milieu; **it was a ~ heat** ils sont arrivés ex aequo; **that is a ~ loss** [famil] ça ne vaut rien; **the D~ Sea** la mer Morte; **~ season** morte-saison [f]; **~ silence** silence [m] de mort; **~ weight** poids [m] mort **2** adv (completely) absolument, complètement ◇ **~ ahead** tout droit; **~ drunk** [famil] ivre mort; **to be ~ against sth** [famil] s'opposer absolument à qch; **to stop ~** s'arrêter net; (traffic sign) **~ slow** allez au pas; **~ tired**, **~-beat** [famil] éreinté **3** n **a** ◇ **the ~** les morts [mpl] **b** ◇ **at ~ of night** au plus profond de la nuit ◆ **deaden** vt (gen) amortir; (pain) calmer; (nerve) endormir ◆ **dead end** n impasse [f] ◇ **a ~ job** un travail sans débouchés ◆ **deadline** n date [f] (or heure [f]) limite ◆ **deadlock** n impasse [f] ◆ **deadly** **1** adj (gen) mortel, [f] -elle; (weapon) meurtrier, [f] -ière; (famil: boring) rasoir [famil] [inv] ◇ **in ~ earnest** tout à fait sérieux **2** adv mortellement ◆ **deadpan** adj (face) sans expression; (humour) pince-sans-rire [inv] ◆ **deadwood** n bois [m] mort.

deaf [def] **1** adj sourd (*to* à; *in one ear* d'une oreille) ◇ **to turn a ~ ear to sth** faire la sourde oreille à qch **2** n ◇ **the ~** les sourds [mpl] ◆ **deaf-aid** n appareil [m] acoustique ◆ **deaf-and-dumb** adj sourd-muet, [f] sourde-muette; (alphabet) des sourds-muets ◆ **deafen** vt rendre sourd ◆ **deafening** adj assourdissant ◆ **deaf-mute** n sourd(e)-muet(te) [m(f)] ◆ **deafness** n surdité [f].

1. **deal** [di:l] n (wood) bois [m] de sapin.

2. **deal** [di:l] (vb: pret, ptp *dealt* [delt]) **1** n **a** ◇ **a good ~, a great ~** beaucoup; **a good ~ of work** beaucoup de travail; **a good ~ of the work** une bonne partie du travail **b** (agreement, bargain) affaire [f]; (Stock Exchange) opération [f] ◇ **business ~** affaire, marché [m]; **to do a ~ with sb** (in business) faire une affaire avec qn; (gen) conclure un marché avec qn; **it's a ~**[famil]! d'accord!; (iro) **big ~**[famil]! la belle affaire!, tu parles! [famil]; (reforms) **new ~** programme [m] de réformes **c** ◇ (Cards) **it's your ~** à vous de donner **2** vt **a** ◇ **~ out:** (cards) donner; (gifts, money) distribuer (*between* entre) **b** ◇ **to ~ sb a blow** porter un coup à qn **3** vi ◇ **to ~ with** (gen) s'occuper de; (person) avoir affaire à; (commercially) traiter avec; (of book, film) traiter de; **to know how to ~ with sb** savoir s'y prendre avec qn; **he's not very easy to ~ with** il n'est pas commode; (trade) **to ~ in** être dans le commerce de ◆ **dealer** n négociant [m] (*in* en) ◇ **Citroën ~** concessionnaire [m(f)] Citroën ◆ **dealings** npl (gen) relations [fpl] (*with* avec); (commercial) transactions [fpl] (*in* en); (trafficking) trafic [m] (*in* de).

dean [di:n] n doyen [m]; (US Scol) conseiller [m], [f] -ère [principal(e)].

dear [dɪə^r] **1** adj **a** (gen) cher, [f] chère; (lovable) adorable ◇ **to hold ~** chérir; (in letter-writing) **~ Daddy** cher papa; **~ Sir** Monsieur; **~ Sirs** Messieurs; **~ Mr Smith** cher Monsieur; **~ Mr and Mrs Smith** cher Monsieur, chère Madame **b** (expensive) cher, [f] chère ◇ **to get ~er** augmenter **2** excl ◇ **oh ~!** oh mon Dieu! **3** n ◇ **my ~** mon cher, ma chère; **poor ~** (to child) pauvre petit(e); (to grown-up) mon pauvre, ma pauvre; **she is a ~**[famil] c'est un amour **4** adv cher ◆ **dearly** adv (love, like) beaucoup; (pay) cher.

dearth [dɜ:θ] n pénurie [f].

death [deθ] n mort [f] ◇ **to be burnt to ~** mourir carbonisé; **at ~'s door** à l'article de la mort; **to sentence sb to ~** condamner qn à mort; **to put to ~** mettre à mort; **~ certificate** acte [m] de décès; **~ duties** droits [mpl] de succession; **~ penalty** peine [f] de mort; **~ rate** (taux [m] de) mortalité [f]; **~ sentence** arrêt [m] de mort; **~ squad** escadron [m] de la mort; **it's a real ~ trap** c'est mortellement dangereux; **~ wish** désir [m] de mort; (fig) **he will be the ~ of me** il me fera mourir; **I'm sick to ~**[famil] **of all this** j'en ai par-dessus la tête de tout ceci; **tired to ~**[famil] extrêmement fatigué, crevé [famil] ◆ **deathbed** n lit [m] de mort ◆ **deathly** **1** adj (appearance) cadavérique; (silence) de mort **2** adv ◇ **~ pale** d'une pâleur mortelle.

debatable [dɪ'beɪtəbl] adj discutable ◇ **it is ~ whether** on peut se demander si.

debate [dɪ'beɪt] **1** vti discuter (*with* avec; *about* sur) **2** n débat [m] ◆ **debating society** n société [f] de conférences contradictoires.

debauchery [dɪ'bɔ:tʃərɪ] n débauche [f].

debilitate [dɪ'bɪlɪteɪt] vt débiliter.

debit ['debɪt] **1** n (Commerce) débit [m] **2** adj (balance) débiteur, [f] -trice **3** vt débiter (*sth to sb* qn de qch).

debrief [ˌdi:'bri:f] vt ◇ **to be ~ed** (gen) faire un compte rendu; (in army) faire rapport.

debris ['debri:] n débris [mpl].

debt [det] n dette [f] ◇ **to be in ~** avoir des dettes; **to be £5 in ~** devoir 5 livres; **to get into ~** s'endetter; **I am greatly in your ~ for...** je vous suis très redevable de.... ◆ **debt collector** n agent [m] de recouvrements ◆ **debtor** n débiteur [m], [f] -trice.

debunk [ˌdi:'bʌŋk] [famil] vt démythifier.

decade ['dekeɪd] n décennie [f].

decadence ['dekədəns] n décadence [f] ◆ **decadent** adj décadent.

decaffeinated [ˌdi:'kæfɪneɪtɪd] adj décaféiné.

decant [dɪ'kænt] vt (wine) décanter ◆ **decanter** n carafe [f].

decay [dɪ'keɪ] **1** vi (of plant) pourrir; (of food) se gâter; (of tooth) se carier; (of statue, building) se détériorer; (of civilization) décliner **2** n pourriture [f]; carie [f]; détérioration [f]; déclin [m] ◆ **decayed** adj (tooth) carié; (wood) pourri; (food) gâté; (building) délabré.

deceased [dɪ'si:st] **1** adj décédé **2** n défunt(e) [m(f)].

deceit [dɪ'si:t] n tromperie [f] ◆ **deceitful** adj trompeur, [f] -euse.

deceive [dɪ'si:v] vt tromper ◇ **to ~ o.s.** s'abuser; **he ~d me into thinking that...** il m'a faussement fait croire que...; **I thought my eyes were deceiving me** je n'en croyais pas mes yeux.

December [dɪ'sembə^r] n décembre [m] → for phrases **September.**

decency ['di:sənsɪ] n décence [f] ◇ **common ~** la simple décence; **to have the ~ to do** avoir la décence de faire.

decent ['di:sənt] adj **a** (gen) convenable; (not shocking: behaviour, dress) décent **b** (famil; pleasant: person) brave (before n); (thing) qui n'est pas mal ◇ **it was ~ of him** c'était chic [famil] de sa part ◆ **decently** adv (dressed etc) convenablement; (behave: well) bien.

decentralize [di:'sentrəlaɪz] vt décentraliser.

deception [dɪ'sepʃən] n (deceiving) tromperie [f]; (deceitful act) supercherie [f] ◆ **deceptive** adj trompeur, [f] -euse ◆ **deceptively** adv ◇ **it looks ~ near** ça donne l'illusion d'être proche.

decide [dɪ'saɪd] **1** vt décider (*sth* qch; *to do* de faire; *that* que; *sb to do* qn à faire); (sb's fate, future) décider de **2** vi se décider (*on* pour; *against* contre; *on doing* à faire) ◆ **decided** adj (improvement) incontestable; (refusal) catégorique; (person) décidé ◆ **decidedly** adv incontestablement.

decimal ['desɪməl] **1** adj (gen) décimal ◇ **~ point** virgule [f] *(de fraction décimale)* **2** n décimale [f] ◇ **~s** le calcul décimal ◆ **decimalization** n décimalisation [f].

decimate ['desɪmeɪt] vt décimer.

decipher [dɪ'saɪfə^r] vt déchiffrer, décrypter.

decision [dɪ'sɪʒən] n décision [f] ◇ **to come to a ~** arriver à une décision ◆ **decisive** adj (victory, factor) décisif, [f] -ive; (manner, answer) décidé; (person) qui a de la décision ◆ **decisively** adv d'une façon décidée.

deck [dek] n **a** (of ship) pont [m] ◇ **below ~** sous le pont; **upper ~** (of bus) impériale [f]; (of jumbo jet) étage [m] **b** (of record player etc) platine [f] **c** ◇ **~ of cards** jeu [m] de cartes ◆ **deckchair** n chaise [f] longue.

declaration [ˌdeklə'reɪʃən] n déclaration [f].

declare [dɪ'klɛə^r] vt (gen) déclarer (*that* que); (results) proclamer ◇ **to ~ war** déclarer la guerre (*on* à).

decline [dɪ'klaɪn] **1** n (gen) déclin [m] ◇ **these cases are on the ~** ces cas sont de moins en moins fréquents **2** vt (gen) refuser (*to do* de faire); (invitation, responsibility) décliner **3** vi décliner ◇ **to ~ in importance** perdre de l'importance.

declutch ['di:'klʌtʃ] vi débrayer.

decode ['di:'kəʊd] vt décoder ◆ **decoder** n décodeur [m].

decompose [ˌdi:kəm'pəʊz] **1** vt décomposer **2** vi se décomposer.

decompression [ˌdi:kəm'preʃən] n décompression [f] ◇ **~ sickness** maladie [f] des caissons.

decongestant [ˌdi:kən'dʒestənt] n décongestif [m].

decontaminate [ˌdi:kən'tæmɪneɪt] vt décontaminer.

decorate ['dekəreɪt] vt décorer (*with* de; *for gallantry* pour acte de bravoure); (paint etc: room) décorer, peindre (et tapisser) ◆ **decorating** n ◇ **(painting and) ~** décoration [f] intérieure; **to do some ~** refaire les peintures ◆ **decoration** n décoration [f] ◆ **decorative** adj décoratif, [f] -ive ◆ **decorator** n décorateur [m], [f] -trice.

decorum [dɪ'kɔ:rəm] n décorum [m].

decoy ['di:kɔɪ] 1 n ◇ **police ~** policier [m] en civil 2 [*also* dɪ'kɔɪ] vt attirer dans un piège.

decrease [di:'kri:s] 1 vi (gen) diminuer, décroître; (of power, strength) s'affaiblir; (of price, value, enthusiasm) baisser; (Knitting) diminuer 2 vt diminuer; affaiblir; baisser 3 ['di:kri:s] n diminution [f] (*in* de); affaiblissement [m] (*in* de); baisse [f] (*in* de) ◆ **decreasing** adj décroissant; qui s'affaiblit; en baisse.

decree [dɪ'kri:] 1 n (gen) décret [m]; (in divorce) jugement [m] de divorce 2 vt décréter (*that* que + indic).

decrepit [dɪ'krepɪt] adj décrépit.

dedicate ['dedɪkeɪt] vt dédier (*to* à) ◇ **to ~ o.s. to** se consacrer à ◆ **dedication** n (in book) dédicace [f]; (devotion) dévouement [m].

deduce [dɪ'dju:s] vt déduire (*from* de; *that* que).

deduct [dɪ'dʌkt] vt (gen) déduire (*from* de); (figures) soustraire (*from* de) ◇ **to ~ sth from the price** faire une réduction sur le prix; **to ~ 5% from the wages** faire une retenue de 5% sur les salaires.

deduction [dɪ'dʌkʃən] n déduction [f] (*from* de).

deed [di:d] n a action [f] ◇ **good ~** bonne action; **in ~** en fait b (Law) acte [m] ◇ **to change one's name by ~ poll** changer de nom officiellement.

deem [di:m] vt juger, estimer.

deep [di:p] 1 adj (gen) profond; (snow) épais, [f] épaisse; (shelf, border) large; (sound, voice) grave; (colour) foncé ◇ **it was 4 metres ~** cela avait 4 mètres de profondeur; (fig) **to be in ~ water** être dans de vilains draps; (in swimming pool) **the ~ end** le grand bain; (fig) **to go off at the ~ end** [famil] se mettre en colère; **~ in thought** absorbé dans ses pensées; **~ breathing** exercices [mpl] respiratoires 2 adv (breathe, penetrate) profondément; (drink) à longs traits ◇ **don't go in too ~** (into water) ne va pas trop loin; **~ into the night** tard dans la nuit 3 n ◇ (sea) **the ~** l'océan [m] ◆ **deepen** 1 vt (gen) approfondir; (sorrow) augmenter 2 vi devenir plus profond; (of mystery) s'épaissir ◆ **deep-freeze** 1 n congélateur [m] 2 vt surgeler ◆ **deep-fry** vt faire frire (*en friteuse*) ◆ **deeply** adv (gen) profondément; (drink) à longs traits; (very: grateful, moving, concerned) extrêmement ◇ **to regret ~** regretter vivement ◆ **deep-sea** adj (diver) sous-marin ◆ **deep-seated** adj profondément enraciné.

deer [dɪə^r] n, pl inv cerf [m], biche [f]; ◆ **red ~** cerf; ◆ **fallow ~** daim [m]; ◆ **roe ~** chevreuil [m].

deface [dɪ'feɪs] vt (gen) mutiler; (poster, inscription) barbouiller.

defamation [ˌdefə'meɪʃən] n diffamation [f] ◆ **defamatory** adj diffamatoire.

default [dɪ'fɔ:lt] n a ◇ **in ~ of** à défaut de b (Comput: also **~ value**) valeur [f] par défaut.

defeat [dɪ'fi:t] 1 n défaite [f] 2 vt (gen) vaincre; (plans, efforts) faire échouer ◇ **to ~ one's own ends** aller à l'encontre du but que l'on s'est proposé ◆ **defeatist** adj, n défaitiste [mf].

defect ['di:fekt] 1 n défaut [m] 2 [dɪ'fekt] vi (of spy etc) faire défection ◇ **to ~ from one country to another** s'enfuir d'un pays dans un autre pour raisons politiques ◆ **defective** adj défectueux, [f] -ueuse ◆ **defector** n transfuge [mf].

defence [dɪ'fens] 1 n (gen) défense [f] (*against* contre); (of action, argument, belief) justification [f] ◇ **in ~ of** pour défendre; **Ministry of D~** ministère [m] de la Défense nationale; **~s** moyens [mpl] de défense; (military construction) ouvrages [mpl] défensifs; **as a ~ against** en guise de défense contre; **in his ~** à sa décharge; (Law) **witness for the ~** témoin [m] à décharge 2 adj de défense ◇ **~ expenditure** dépenses [fpl] militaires; **the ~ forces** les forces [fpl] défensives; **~ mechanism** système [m] de défense ◆ **defenceless** adj sans défense.

defend [dɪ'fend] vt défendre (*against* contre) ◇ **to ~ o.s.** se défendre (*against* contre) ◆ **defendant** n (Law) prévenu(e) [m(f)] ◆ **defender** n (gen) défenseur [m]; (of record, title) détenteur [m], [f] -trice.

defense [dɪ'fens] n (US) = **defence.**

defensive [dɪ'fensɪv] 1 adj défensif, [f] -ive 2 n ◇ **on the ~** sur la défensive.

1. **defer** [dɪ'fɜ:^r] vt (delay) remettre à plus tard (*doing* de faire); (meeting) reporter ◇ **~red payment** paiement [m] par versements échelonnés.

2. **defer** [dɪ'fɜ:^r] vi (submit) déférer (*to sb* à qn).

defiance [dɪ'faɪəns] n défi [m] (*of* à) ◇ **in ~ of** au mépris de ◆ **defiant** adj (attitude, reply) de défi; (person) intraitable.

deficiency [dɪ'fɪʃənsɪ] n a (lack) manque [m], insuffisance [f] b (fault) imperfection [f] (*in* dans) c (Fin) déficit [m] ◆ **deficient** adj ◇ **to be ~ in sth** manquer de qch.

deficit ['defɪsɪt] n déficit [m].

defile [dɪ'faɪl] vt (pollute) souiller.

define [dɪ'faɪn] vt définir.

definite ['defɪnɪt] adj a (decision, agreement) bien déterminé; (stain) très visible; (improvement) net, [f] nette; (order, sale) ferme b (certain) certain, sûr; (manner) positif, [f] -ive ◇ **it is ~ that** il est certain que (+ indic); **is it ~ that...?** est-il certain que...? (+ subj); **she was very ~** elle a été catégorique c ◇ (Grammar) **~ article**

article [m] défini ◆ **definitely** adv (certainly) sans aucun doute; (appreciably: better) nettement; (emphatically: state) catégoriquement ◇ ~**!** absolument!

definition [ˌdefɪ'nɪʃən] n définition [f].

definitive [dɪ'fɪnɪtɪv] adj définitif, [f] -ive.

deflate [diː'fleɪt] vt (tyre) dégonfler ◆ **deflation** n (economy) déflation [f].

deflect [dɪ'flekt] vt (projectile) faire dévier; (person) détourner (*from* de) ◆ **deflector** n déflecteur [m].

deform [dɪ'fɔːm] vt déformer ◆ **deformed** adj difforme ◆ **deformity** n difformité [f].

defraud [dɪ'frɔːd] vt (Customs, state) frauder; (person) escroquer.

defrost [diː'frɒst] **1** vt (fridge, windscreen) dégivrer; (food) décongeler **2** vi (fridge) se dégivrer; (frozen food) se décongeler.

deft [deft] adj adroit.

defuse [diː'fjuːz] vt désamorcer.

defy [dɪ'faɪ] vt défier (*sb to do* qn de faire).

degenerate [dɪ'dʒenəreɪt] vi dégénérer (*into* en).

degrade [dɪ'greɪd] vt dégrader.

degree [dɪ'griː] n **a** (gen) degré [m] ◇ **it was 35 ~s in the shade** il faisait 35 degrés à l'ombre; **by ~s** par degrés; **to a ~** extrêmement; **to a certain ~** jusqu'à un certain point; **to such a ~ that** à un tel point que; **a considerable ~ of doubt** des doutes [mpl] considérables **b** (University) diplôme [m] universitaire ◇ **first ~** ≃ licence [f]; **to have a ~ in** avoir une licence de.

dehydrated [ˌdiːhaɪ'dreɪtɪd] adj (gen) déshydraté; (powdered) en poudre.

de-icer ['diː'aɪsə^r] n dégivreur [m].

deign [deɪn] vt daigner (*to do* faire).

deity ['diːɪtɪ] n divinité [f].

dejected [dɪ'dʒektɪd] adj découragé ◇ **to become ~** se décourager ◆ **dejection** n découragement [m].

delay [dɪ'leɪ] **1** vti (gen) retarder; (traffic) ralentir; (payment) différer ◇ **to ~ doing sth** différer à faire qch; **don't ~!** dépêchez-vous! **2** n (waiting) délai [m] ◇ **without further ~** sans plus tarder; **~s to trains** retards [mpl] pour les trains.

delegate ['delɪgeɪt] **1** vt déléguer (*to sb* à qn; *to do* pour faire) **2** ['delɪgɪt] n délégué(e) [m(f)] (*to* à) ◆ **delegation** n délégation [f].

delete [dɪ'liːt] vt (gen) effacer (*from* de); (score out) rayer (*from* de) ◇ **'~ where inapplicable'** 'rayer les mentions inutiles' ◆ **deletion** n suppression [f]; (thing deleted) rature [f].

deliberate [dɪ'lɪbərɪt] **1** adj (intentional: action) délibéré; (thoughtful: decision) mûrement réfléchi; (purposeful: voice) décidé ◇ **it wasn't ~** ce n'était pas fait exprès **2** [dɪ'lɪbəreɪt] vi délibérer (*upon* sur) **3** vt délibérer sur ◆ **deliberately** adv (intentionally) exprès; (purposefully) posément.

delicacy ['delɪkəsɪ] n délicatesse [f]; (tasty food) mets [m] délicat.

delicate ['delɪkɪt] adj délicat ◆ **delicately** adv (touch) délicatement; (act, express) avec délicatesse.

delicatessen [ˌdelɪkə'tesn] n ≃ charcuterie [f].

delicious [dɪ'lɪʃəs] adj délicieux, [f] -ieuse.

delight [dɪ'laɪt] **1** n **a** (joy) joie [f] ◇ **to my ~** à ma plus grande joie **b** ◇ (pleasant thing etc) **the ~s of life in the open** les charmes [mpl] de la vie en plein air; **it is a great ~** c'est vraiment merveilleux; **he's a ~ to watch** il fait plaisir à voir **2** vt (person) enchanter **3** vi prendre plaisir (*in sth* à qch; *in doing* à faire) ◆ **delighted** adj ravi (*with, at, by* de, par; *to do* de faire; *that* que + subj) ◆ **delightful** adj charmant ◆ **delightfully** adv délicieusement.

delinquency [dɪ'lɪŋkwənsɪ] n délinquance [f] ◆ **delinquent** n délinquant(e) [m(f)].

delirious [dɪ'lɪrɪəs] adj délirant ◇ (Med) **to be ~** délirer ◆ **delirium** n délire [m].

deliver [dɪ'lɪvə^r] vt **a** (gen) remettre (*to sb* à qn); (of postman) distribuer; (goods) livrer; (person: take) emmener; (hand over) confier (*to* à) ◇ (fig) **he ~ed the goods** [famil] il a fait ce qu'on attendait de lui **b** (rescue) délivrer (*from* de) **c** (speech) prononcer; (ultimatum) lancer; (blow) porter **d** (baby) mettre au monde; (woman) accoucher ◆ **delivery** n distribution [f]; livraison [f]; accouchement [m] ◇ **~ man** livreur [m].

delta ['deltə] n delta [m].

delude [dɪ'luːd] vt tromper ◇ **to ~ o.s.** se faire des illusions ◆ **deluded** adj ◇ **to be ~** être victime d'illusions.

deluge ['deljuːdʒ] **1** n déluge [m] **2** vt inonder (*with* de).

delusion [dɪ'luːʒən] n illusion [f].

delve [delv] vi ◇ **to ~ into** (subject) creuser; (past) fouiller.

demand [dɪ'mɑːnd] **1** vt (gen) exiger (*to do* de faire; *that* que + subj; *from, of* de); (higher pay etc) revendiquer **2** n **a** exigence [f]; revendication [f]; (Admin etc: letter) avertissement [m] ◇ **payable on ~** payable sur demande; **to make great ~s on sb** exiger beaucoup de qn; (of child, work) accaparer qn **b** (in trade) demande [f] (*for* pour) ◇ **in great ~** très demandé ◆ **demanding** adj (person) exigeant; (work) astreignant.

demarcation [ˌdiːmɑː'keɪʃən] n démarcation [f].

demeanour [dɪ'miːnə^r] n attitude [f].

demented [dɪ'mentɪd] adj dément.

demerara [ˌdeməˈrɛərə] n (~ **sugar**) cassonade [f].

demi... [ˈdemɪ] pref demi-.

demise [dɪˈmaɪz] n décès [m]; (of custom etc) mort [f].

demister [diːˈmɪstəʳ] n (Brit Aut) dispositif [m] anti-buée.

demo [famil] [ˈdeməʊ] n abbr of *demonstration* manif [famil] [f].

demobilize [diːˈməʊbɪlaɪz] vt démobiliser.

democracy [dɪˈmɒkrəsɪ] n démocratie [f] ◆ **democrat** n démocrate [mf] ◆ **democratic** adj (gen) démocratique; (person, party) démocrate.

demolish [dɪˈmɒlɪʃ] vt démolir.

demolition [ˌdeməˈlɪʃən] n démolition [f].

demon [ˈdiːmən] n démon [m].

demonstrate [ˈdemənstreɪt] 1 vt (truth, need) démontrer; (system) expliquer; (appliance) faire une démonstration de ◇ **to ~ how to do** montrer comment faire 2 vi manifester (*for* pour; *against* contre) ◆ **demonstration** n (gen) démonstration [f]; (political) manifestation [f] ◇ **to hold a ~** manifester ◆ **demonstrative** adj démonstratif, [f] -ive ◆ **demonstrator** n (Comm) démonstrateur [m], [f] -trice; (political) manifestant(e) [m(f)].

demoralize [dɪˈmɒrəlaɪz] vt démoraliser ◆ **demoralizing** adj démoralisant.

demote [dɪˈməʊt] vt rétrograder.

demur [dɪˈmɜːʳ] vi élever des objections (*at sth* contre qch).

demure [dɪˈmjʊəʳ] adj sage, modeste.

den [den] n antre [m]; (of thieves) repaire [m].

denationalize [diːˈnæʃnəlaɪz] vt dénationaliser.

denial [dɪˈnaɪəl] n ◇ **to issue a ~** publier un démenti.

denigrate [ˈdenɪgreɪt] vt dénigrer.

denim [ˈdenɪm] 1 n toile [f] de jean ◇ **~s** [npl] (trousers) blue-jean [m]; (overalls) bleus [mpl] de travail 2 adj en toile de jean.

Denmark [ˈdenmɑːk] n Danemark [m] ◇ **in** (or) **to ~** au Danemark.

denomination [dɪˌnɒmɪˈneɪʃən] n confession [f] *(secte)*; (of money) valeur [f].

denominator [dɪˈnɒmɪneɪtəʳ] n dénominateur [m].

denote [dɪˈnəʊt] vt dénoter.

denounce [dɪˈnaʊns] vt (gen) dénoncer (*to* à) ◇ **to ~ sb as** accuser publiquement qn d'être.

dense [dens] adj (gen) dense; (famil: stupid) bête ◆ **densely** adv ◇ **~ populated** très peuplé ◆ **density** n densité [f] ◇ (Comput) **high/double ~ disk(ette)** disquette [f] haute/double densité.

dent [dent] 1 n bosse [f] ◇ **to have a ~ in the bumper** avoir le pare-choc cabossé 2 vt cabosser.

dental [ˈdentl] adj dentaire ◇ **~ floss** fil [m] dentaire; **~ surgeon** chirurgien [m] dentiste.

dentist [ˈdentɪst] n dentiste [mf] ◇ **to go to the ~'s** aller chez le dentiste; **~'s chair** fauteuil [m] de dentiste; **~'s surgery** cabinet [m] de dentiste ◆ **dentistry** n ◇ **faculty of D~** école [f] dentaire.

dentures [ˈdentʃəz] npl dentier [m]; prothèse (dentaire) [f].

denunciation [dɪˌnʌnsɪˈeɪʃən] n dénonciation [f].

deny [dɪˈnaɪ] vt (gen) nier (*sth* qch; *having done* avoir fait; *that* que + indic or subj); (leader, religion) renier ◇ **there is no ~ing it** c'est indéniable; **to ~ sb sth** refuser qch à qn.

deodorant [diːˈəʊdərənt] adj, n déodorant [m].

depart [dɪˈpɑːt] vi (gen) partir (*from* de); (from rule) s'écarter (*from* de) ◆ **departed** 1 adj disparu 2 n, pl inv (dead) défunt(e) [m(f)].

department [dɪˈpɑːtmənt] n (government ~) ministère [m], département [m]; (in factory, company) service [m]; (in shop, store) rayon [m]; (in college) section [f] ◇ **D~ of Employment** ≃ ministère [m] du Travail; (US) **D~ of State** Département [m] d'État; **government ~** ministère [m]; **this is my wife's ~** [famil] c'est le rayon de ma femme; **~ store** grand magasin [m].

departure [dɪˈpɑːtʃəʳ] n départ [m] (*from* de) ◇ **a ~ from the norm** une exception à la règle; **~ indicator** horaire [m] des départs; **~ lounge** salle [f] de départ; salle [f] d'embarquement.

depend [dɪˈpend] vti a dépendre (*on* de; *on whether* si) ◇ **it ~s what you mean** ça dépend de ce que vous voulez dire; **~ing on what happens tomorrow...** selon ce qui se passera demain... b ◇ **to ~ on sb** compter sur qn (*for sth* pour qch) ◆ **dependable** adj (person) sérieux, [f] -ieuse; (vehicle) solide; (information) sûr ◆ **dependence** n dépendance [f] (*on* à l'égard de) ◆ **dependent** 1 adj (gen) dépendant (*on* de); (child, relative) à charge ◇ **to be ~ on** dépendre de 2 n personne [f] à charge.

depict [dɪˈpɪkt] vt (in words) dépeindre; (in picture) représenter.

deplete [dɪˈpliːt] vt réduire.

deplorable [dɪˈplɔːrəbl] adj déplorable.

deplore [dɪˈplɔːʳ] vt déplorer (*the fact that* le fait que + subj).

deploy [dɪˈplɔɪ] vt (Mil) déployer; (equipment, staff) utiliser.

depopulate [ˌdiːˈpɒpjʊleɪt] vt dépeupler ◆ **depopulation** n dépeuplement [m].

deport [dɪˈpɔːt] vt (gen) expulser; (transport) déporter ◆ **deportation** n déportation [f].

depose [dɪˈpəʊz] vt déposer, destituer.

deposit [dɪˈpɒzɪt] **1** vt (all senses) déposer (*in the bank* à la banque; *sth with sb* qch chez qn) **2** n **a** (in bank) dépôt [m] ◇ ~ **account** compte [m] de dépôt **b** (part payment) acompte [m]; (in hire purchase) premier versement [m] comptant; (in hiring goods, against damage etc) caution [f]; (on bottle etc) consigne [f] **c** (chemical) dépôt [m]; (of mineral, oil) gisement [m].

depot [ˈdepəʊ (US) ˈdi:pəʊ] n dépôt [m].

depraved [dɪˈpreɪvd] adj dépravé.

deprecate [ˈdeprɪkeɪt] vt désapprouver ◆ **deprecating** adj (disapproving) désapprobateur, [f] -trice; (apologetic: smile) d'excuse.

depreciate [dɪˈpri:ʃɪeɪt] vi se déprécier.

depress [dɪˈpres] vt (person) déprimer; (prices) faire baisser; (press down: lever) abaisser ◆ **depressed** adj **a** (person) déprimé (*about* à cause de) ◇ **to get** ~ se décourager **b** (area) en déclin; (market) en crise; (class, group) économiquement faible ◆ **depressing** adj déprimant ◆ **depression** n (gen) dépression [f]; (of lever, key etc) abaissement [m] ◇ **the D**~ la crise de 1929 ◆ **depressive** adj, n dépressif [m], [f] -ive.

deprivation [ˌdeprɪˈveɪʃən] n privation [f].

deprive [dɪˈpraɪv] vt priver (*of* de) ◇ **to** ~ **o.s. of** se priver de ◆ **deprived** adj (child etc) déshérité.

depth [depθ] n (gen) profondeur [f]; (of snow) épaisseur [f]; (of shelf, border) largeur [f]; (of feeling, sorrow, colour) intensité [f] ◇ **at a** ~ **of 3 metres** à 3 mètres de profondeur; **to get out of one's** ~ perdre pied; **to study in** ~ étudier en profondeur; **to be in the** ~**s of despair** toucher le fond du désespoir; **in the** ~ **of** (winter) au plus fort de; (night, forest) au plus profond de.

deputation [ˌdepjʊˈteɪʃən] n députation [f].

deputy [ˈdepjʊtɪ] **1** n (second in command) adjoint(e) [m(f)]; (replacement) suppléant(e) [m(f)]; (Pol) député [m] **2** adj (gen) adjoint ◇ ~ **chairman** vice-président [m].

derail [dɪˈreɪl] vt ◇ **to be** ~**ed** dérailler ◆ **derailment** n déraillement [m].

deranged [dɪˈreɪndʒd] adj dérangé.

derelict [ˈderɪlɪkt] adj à l'abandon.

deride [dɪˈraɪd] vt tourner en ridicule.

derision [dɪˈrɪʒən] n dérision [f].

derisive [dɪˈraɪsɪv] adj railleur, [f] -euse.

derisory [dɪˈraɪsərɪ] adj dérisoire.

derivation [ˌderɪˈveɪʃən] n dérivation [f].

derivative [dɪˈrɪvətɪv] adj, n dérivé [m].

derive [dɪˈraɪv] **1** vt tirer (*from* de) **2** vi ◇ **to** ~ **from, to be** ~**d from** dériver de; **it all** ~**s from the fact that** tout cela tient au fait que.

dermatitis [ˌdɜ:məˈtaɪtɪs] n dermatite [f] ◆ **dermatologist** n dermatologue [mf] ◆ **dermatology** n dermatologie [f].

derogatory [dɪˈrɒgətərɪ] adj désobligeant.

derrick [ˈderɪk] n (on oil well) derrick [m].

derv [dɜ:v] n (Brit) gas-oil [m].

descend [dɪˈsend] vti (gen) descendre; (of title etc) passer (*from* de; *to* à) ◇ (Mil, fig) **to** ~ **on** faire une descente sur; **to** ~ **upon sb** arriver chez qn sans crier gare; **to be** ~**ed from sb** descendre de qn ◆ **descendant** n descendant(e) [m(f)].

descent [dɪˈsent] n (gen) descente [f] (*into* dans); (ancestry) origine [f].

describe [dɪsˈkraɪb] vt décrire ◇ ~ **him for us** décrivez-le-nous.

description [dɪsˈkrɪpʃən] n description [f]; (Police) signalement [m] ◇ **of every** ~ de toutes sortes ◆ **descriptive** adj descriptif, [f] -ive.

desecrate [ˈdesɪkreɪt] vt profaner.

desegregated [ˌdi:ˈsegrɪgeɪtɪd] adj où la ségrégation raciale n'est plus pratiquée.

1. **desert** [ˈdezət] **1** n désert [m] **2** adj (region, climate) désertique ◇ ~ **island** île [f] déserte.

2. **desert** [dɪˈzɜ:t] **1** vt (gen) déserter; (person) abandonner **2** vi (of soldiers) déserter ◇ **to** ~ **to** passer du côté de ◆ **deserted** adj désert ◆ **deserter** n déserteur [m].

deserts [dɪˈzɜ:ts] npl ◇ **to get one's just** ~ recevoir ce que l'on mérite.

deserve [dɪˈzɜ:v] vt mériter (*to do* de faire) ◇ **he** ~**s to be pitied** il mérite qu'on le plaigne (subj) ◆ **deservedly** adv à juste titre ◆ **deserving** adj (person) méritant.

desiccated [ˈdesɪkeɪtɪd] adj desséché.

design [dɪˈzaɪn] **1** n **a** (intention) dessein [m] ◇ **by** ~ à dessein; **to have** ~**s on** avoir des visées [fpl] sur **b** (detailed plan) plan [m] (*of, for* de); (of clothes) croquis [m], dessin [m]; (preliminary sketch) ébauche [f], étude [f] (*for* de) **c** (way sth is planned and made: building, book) plan [m], conception [f] (*of* de); (dress) style [m], ligne [f] (*of* de); (car, machine) conception ◇ **the latest** ~ **in...** le dernier modèle de...; **industrial** ~ la création industrielle **d** (pattern: on pottery etc) motif [m] (*on* sur) **e** (subject: for furniture, housing) ≃ design [m]; (for clothes) stylisme [m] **2** vt (think out: object, scheme) concevoir; (draw plans for: object) dessiner; (scheme) élaborer ◇ **well-**~**ed** bien conçu; ~**ed as sth** conçu pour être qch ◆ **designer** **1** n (of machine, car) concepteur [m]; (of furniture) designer [m]; (of clothes) styliste [mf]; (famous: of dress etc) grand couturier [m]; (of building) architecte [m]; (of theatre sets) décorateur [m], [f] -trice **2** adj (jeans, gloves) haute couture [inv].

designate [ˈdezɪgneɪt] vt désigner.

desirable [dɪˈzaɪərəbl] adj désirable.

desire [dɪ'zaɪəʳ] 1 n désir [m] (*for* de; *to do* de faire) ◇ **I have no ~ to do it** je n'ai aucune envie de le faire 2 vt désirer, vouloir (*sth* qch; *to do* faire; *that* que + subj).

desist [dɪ'zɪst] vi cesser (*from sth* qch; *from doing* de faire).

desk [desk] n (gen) bureau [m]; (in school) pupitre [m]; (in shop, restaurant) caisse [f]; (in hotel, at airport) réception [f] ◇ **~ clerk** réceptionniste [mf]; **~ top publishing** publication [f] assistée par ordinateur, micro-édition [f].

desolate ['desəlɪt] adj (place) désolé; (future) sombre; (person) au désespoir.

despair [dɪs'pɛəʳ] 1 n désespoir [m] (*at having done* d'avoir fait) ◇ **in ~** désespéré 2 vi désespérer (*of* de; *of doing* de faire) ♦ **despairing** adj désespéré ♦ **despairingly** adv avec désespoir.

despatch [dɪs'pætʃ] = **dispatch.**

desperate ['despərɪt] adj (gen) désespéré; (criminal) prêt à tout ◇ **to do something ~** commettre un acte de désespoir; **I am ~ for...** j'ai désespérément besoin de.... ♦ **desperately** adv (struggle) désespérément; (say, look) avec désespoir; (cold, ill) extrêmement ♦ **desperation** n désespoir [m] ◇ **to drive sb to ~** pousser qn à bout; **in ~ she...** poussée à bout elle...

despicable [dɪs'pɪkəbl] adj ignoble.

despise [dɪs'paɪz] vt mépriser (*for* pour; *for doing* pour avoir fait).

despite [dɪs'paɪt] prep malgré.

despondent [dɪs'pɒndənt] adj découragé.

despot ['despɒt] n despote [m].

dessert [dɪ'zɜːt] n dessert [m] ◇ **~ spoon** cuiller [f] à dessert.

destination [ˌdestɪ'neɪʃən] n destination [f].

destine ['destɪn] vt destiner (*for* à; *to do* à faire) ♦ **destiny** n destin [m].

destitute ['destɪtjuːt] adj indigent.

destroy [dɪs'trɔɪ] vt (gen) détruire; (toy, gadget) démolir; (put down: animal) abattre; (cat, dog) faire piquer ♦ **destroyer** n (ship) contre-torpilleur [m].

destruction [dɪs'trʌkʃən] n destruction [f]; (from war, fire) dégâts [mpl] ♦ **destructive** adj destructeur, [f] -trice.

desultory ['desəltərɪ] adj (attempt) peu soutenu; (conversation) à bâtons rompus.

detach [dɪ'tætʃ] vt détacher (*from* de) ♦ **detachable** adj détachable (*from* de); (collar, lining) amovible ♦ **detached** adj (gen) détaché ◇ **~ house** ≃ pavillon [m].

detail ['diːteɪl] 1 n détail [m]; (often pl: information) renseignements [mpl] ◇ **in ~** en détail; **to go into ~s** entrer dans les détails 2 vt a (facts) exposer en détail b (person) détacher (*to do* pour faire) ♦ **detailed** adj détaillé.

detain [dɪ'teɪn] vt retenir; (in prison) détenir.

detect [dɪ'tekt] vt (gen) distinguer; (sadness) déceler; (gas) détecter; (disease) dépister.

detective [dɪ'tektɪv] n policier [m] en civil; (private ~) détective [m] (privé) ◇ **~ story** roman [m] policier.

detention [dɪ'tenʃən] n (in army) arrêts [mpl]; (in school) retenue [f] ◇ (Law) **~ centre** centre [m] de détention pour mineurs.

deter [dɪ'tɜːʳ] vt dissuader; (discourage) décourager (*from doing* de faire).

detergent [dɪ'tɜːdʒənt] adj, n détergent [m].

deteriorate [dɪ'tɪərɪəreɪt] vi (gen) se détériorer; (of situation) se dégrader.

determination [dɪˌtɜːmɪ'neɪʃən] n détermination [f] (*to do* de faire).

determine [dɪ'tɜːmɪn] vt (gen) déterminer; (sb's future) décider de; (resolve) décider (*to do* de faire) ♦ **determined** adj décidé (*to do* à faire; *that* à ce que + subj).

deterrent [dɪ'terənt] n force [f] de dissuasion ◇ **to act as a ~** exercer un effet de dissuasion.

detest [dɪ'test] vt détester (*doing* faire).

detonate ['detəneɪt] 1 vi détoner 2 vt faire détoner ♦ **detonator** n détonateur [m].

detour ['diːtʊəʳ] n détour [m].

detract [dɪ'trækt] vi ◇ **to ~ from sth** diminuer qch.

detriment ['detrɪmənt] n ◇ **to the ~ of** au détriment de ♦ **detrimental** adj nuisible ◇ **to be ~ to** nuire à.

deuce [djuːs] n (Tennis) égalité [f].

devalue ['diː'væljuː] vt dévaluer ♦ **devaluation** n dévaluation [f].

devastate ['devəsteɪt] vt (place) dévaster; (astound) foudroyer ♦ **devastating** adj (storm) dévastateur, [f] -trice; (news, effect) accablant; (charm, woman) irrésistible ♦ **devastation** n dévastation [f].

develop [dɪ'veləp] 1 vt (gen) développer; (habit, illness) contracter; (change and improve: district) aménager (*as* en) 2 vi (gen) se développer; (of feeling) se former; (of situation) se produire ◇ **to ~ into** devenir ♦ **developer** n (property ~) promoteur [m] (de constructions); (Phot) révélateur [m] ♦ **developing** adj (crisis) qui se prépare; (country) en voie de développement; (industry) en expansion ♦ **development** n (gen) développement [m] (*of sth* de qch); aménagement [m] (*of sth as* de qch en) ◇ **(housing) ~** cité [f]; (in situation etc) **a new ~** un fait nouveau.

deviate ['diːvɪeɪt] vi dévier (*from* de) ♦ **deviation** n déviation [f] (*from* de).

device [dɪ'vaɪs] n a (mechanical) appareil [m], mécanisme [m] (*for* pour) b (scheme) formule [f] (*to do* pour faire) ◇ **to leave sb to his own ~s** laisser qn se débrouiller.

devil ['devl] n a diable [m] ◇ **go to the ~!** [famil] va te faire voir! [famil]; **talk of the ~!** quand on parle du loup, on en voit la queue!; **to be the ~'s advocate** se faire l'avocat du diable; **the luck of the ~** [famil] une veine de pendu [famil] b ◇ (famil: also dickens) **he had the ~ of a job to find it** il a eu un mal fou à le trouver; **why the ~...?** pourquoi diable...?; **to work** etc **like the ~** travailler etc comme un fou ◆ **devilish** adj diabolique.

devious ['di:vɪəs] adj (route, means) détourné; (path, mind) tortueux, [f] -ueuse ◇ **he's very ~** il n'est pas franc.

devise [dɪ'vaɪz] vt (gen) inventer; (project, escape) combiner.

devoid [dɪ'vɔɪd] adj ◇ **~ of** denué de.

devolution [ˌdi:və'lu:ʃən] n (Pol etc) décentralisation [f]; (power) délégation [f].

devolve [dɪ'vɒlv] vi retomber (*on* sur).

devote [dɪ'vəʊt] vt consacrer (*to* à) ◇ **to ~ o.s. to sth** se consacrer à qch ◆ **devoted** adj (gen) dévoué; (admirer) fervent ◆ **devotee** n passionné(e) [m(f)] (*of* de) ◆ **devotion** n dévouement [m] (*to* à); (religious) dévotion [f].

devour [dɪ'vaʊəʳ] vt dévorer.

devout [dɪ'vaʊt] adj (person) pieux, [f] pieuse; (hope) fervent.

dew [dju:] n rosée [f] ◆ **dewdrop** n goutte [f] de rosée.

dexterity [deks'terɪtɪ] n dextérité [f] (*in doing* à faire) ◆ **dexterous** adj adroit.

diabetes [ˌdaɪə'bi:ti:z] n diabète [m] ◆ **diabetic** adj, n diabétique [mf].

diabolical [ˌdaɪə'bɒlɪkəl] adj (lit) diabolique; (famil: dreadful) épouvantable.

diadem ['daɪədem] n diadème [m].

diaeresis [daɪ'erɪsɪs] n tréma [m].

diagnose ['daɪəgnəʊz] vt diagnostiquer ◇ **it was ~d as bronchitis** on a diagnostiqué une bronchite ◆ **diagnosis**, pl **-oses** n diagnostic [m].

diagonal [daɪ'ægənl] 1 adj diagonal 2 n diagonale [f] ◆ **diagonally** adv en diagonale.

diagram ['daɪəgræm] n diagramme [m]; (Math) figure [f].

dial ['daɪəl] 1 n cadran [m] 2 vt (phone number) faire ◇ **you must ~ 336-1295** il faut faire le 336-1295; **to ~ 999** ≃ appeler Police secours; **can I ~ London from here?** est-ce que d'ici je peux avoir Londres par l'automatique? ◆ **dialling** adj ◇ **~ code** indicatif [m]; **~ tone** tonalité [f].

dialect ['daɪəlekt] n dialecte [m].

dialogue ['daɪəlɒg] n dialogue [m].

diameter [daɪ'æmɪtəʳ] n diamètre [m] ◇ **one metre in ~** un mètre de diamètre ◆ **diametrically** adv diamétralement.

diamond ['daɪəmənd] 1 n (stone) diamant [m]; (shape) losange [m]; (Cards) carreau [m] ◇ **the ace of ~s** l'as [m] de carreau; **he played a ~** il a joué carreau 2 adj (ring) de diamants ◇ **~ jubilee** soixantième anniversaire [m] *(d'un événement)*; **~ wedding** noces [fpl] de diamant.

diaper ['daɪəpəʳ] n (US) couche [f] *(de bébé)*.

diaphragm ['daɪəfræm] n diaphragme [m].

diarrh(o)ea [ˌdaɪə'ri:ə] n diarrhée [f].

diary ['daɪərɪ] n (record) journal [m] intime; (for engagements) agenda [m].

dice [daɪs] 1 n, pl inv dé [m] (à jouer) ◇ **to play ~** jouer aux dés 2 vt couper en dés.

dicey ['daɪsɪ] [famil] adj risqué.

dickens ['dɪkɪnz] [famil] n = **devil** (b).

dictate [dɪk'teɪt] vt dicter (*to* à) ◆ **dictation** n dictée [f] ◇ **at ~ speed** à une vitesse de dictée.

dictator [dɪk'teɪtəʳ] n dictateur [m] ◆ **dictatorial** adj dictatorial ◆ **dictatorship** n dictature [f].

diction ['dɪkʃən] n diction [f].

dictionary ['dɪkʃənrɪ] n dictionnaire [m] ◇ **French ~** dictionnaire de français.

did [dɪd] pret of 1. *do*.

diddle ['dɪdl] [famil] vt rouler [famil], escroquer ◇ **to ~ sb out of sth** soutirer qch à qn.

die [daɪ] vi (gen) mourir (*of* de); (of engine) s'arrêter ◇ **to be dying** être à l'agonie; **to ~ a violent death** mourir de mort violente; **to ~ off** mourir les uns après les autres; **to be dying to do** [famil] mourir d'envie de faire; **I'm dying** [famil] **for a coffee** j'ai une envie folle d'un café; **to ~ away** (of sound) s'éteindre; **to ~ down** (gen) diminuer; (of plant) se flétrir; **to ~ out** disparaître ◆ **diehard** n réactionnaire [mf].

diesel ['di:zəl] n diesel [m] ◇ **~ engine** (on car) moteur [m] diesel; (on train) motrice [f]; **~ fuel**, **~ oil** gas-oil [m].

diet ['daɪət] 1 n (for invalids, slimmers) régime [m]; (usual food) alimentation [f] ◇ **to go on a ~** se mettre au régime; **to live on a ~ of** se nourrir de 2 vi suivre un régime *(amaigrissant)* ◆ **dietician** n diététicien(ne) [m(f)].

differ ['dɪfəʳ] vi différer (*from* de); (disagree) ne pas être d'accord (*from sb* avec qn; *on* or *about sth* sur qch).

difference ['dɪfrəns] n différence [f] (*in* de; *between* entre) ◇ **that makes a big ~ to me** c'est très important pour moi; **it makes no ~ to me** cela m'est égal; **to make a ~ in sth** changer qch; **what ~ does it make if...?** qu'est-ce que cela peut faire que...? + subj.

different ['dɪfrənt] adj a différent (*from* de), autre ◇ **he wore a ~ tie each day** il portait chaque jour une cravate différente; **go and put on a ~ tie** va mettre une autre cravate; **let's do something** ~ faisons quelque chose de nouveau; **that's quite a ~ matter** c'est tout autre chose; **he wants to be ~** il veut se singulariser **b** (various) différent(e)s, plusieurs ◇ ~ **people noticed it** plusieurs personnes l'ont remarqué ◆ **differentiate** vt différencier (*from* de) ◆ **differently** adv différemment (*from* de); autrement (*from* que).

difficult ['dɪfɪkəlt] adj difficile ◇ ~ **to get on with** difficile à vivre; **it is ~ to know** il est difficile de savoir; **I find it ~ to believe that...** il m'est difficile de croire que...; **the ~ thing is to begin** le plus difficile c'est de commencer ◆ **difficulty** n difficulté [f] ◇ **she has ~ in walking** elle a de la difficulté à marcher; **to get into difficulties** se trouver en difficulté; **I am in ~** j'ai des difficultés; **he was working under great difficulties** il travaillait dans des conditions très difficiles; **he's having ~ with...** il a des ennuis avec...

diffident ['dɪfɪdənt] adj qui manque d'assurance ◇ **to be ~ about doing** hésiter à faire ◆ **diffidently** adv avec timidité.

diffuse [dɪ'fju:z] **1** vt diffuser **2** [dɪ'fju:s] adj diffus.

dig [dɪg] (vb: pret, ptp *dug*) **1** n **a** ◇ **to give sb a ~ in the ribs** donner un coup de coude dans les côtes de qn; (fig) **that's a ~ at Paul** c'est une pierre dans le jardin de Paul **b** (Archeol) fouilles [fpl] ◇ **to go on a ~** aller faire des fouilles **2** vt **a** (gen) creuser; (with spade) bêcher; (also ~ **out**, ~ **up**: potatoes) arracher; (sth buried) déterrer; (fact) dénicher; (garden) piocher **b** (thrust) enfoncer (*sth into sth* qch dans qch) ◇ (fig) **to ~ one's heels in** se buter **c** ◇ [famil] ~ **that guy!** vise un peu le type! [famil]; **he really ~s jazz** il est vraiment fou de jazz **3** vi (of dog, pig) fouiller; (of person) creuser (*into* dans); (Archeol) faire des fouilles ◇ **to ~ for minerals** extraire du minerai; **to ~ into one's pockets** fouiller dans ses poches ◆ **digger** n (machine) pelleteuse [f].

digest [daɪ'dʒest] **1** vti digérer **2** ['daɪdʒest] n (summary) résumé [m]; (magazine) digest [m] ◆ **digestible** adj facile à digérer ◆ **digestion** n digestion [f] ◆ **digestive** adj digestif, [f] -ive; (biscuit) sablé [m].

digit ['dɪdʒɪt] n (number) chiffre [m]; (finger) doigt [m] ◆ **digital** adj (clock) à affichage numérique.

dignified ['dɪgnɪfaɪd] adj digne.

dignitary ['dɪgnɪtərɪ] n dignitaire [m].

dignity ['dɪgnɪtɪ] n dignité [f].

digress [daɪ'gres] vi faire une digression ◆ **digression** n digression [f].

digs [famil] [dɪgz] npl ◇ **to be in ~** avoir une chambre chez un particulier.

dilapidated [dɪ'læpɪdeɪtɪd] adj délabré.

dilate [daɪ'leɪt] **1** vt dilater **2** vi se dilater.

dilatory ['dɪlətərɪ] adj dilatoire; (person) lent.

dilemma [daɪ'lemə] n dilemme [m].

diligent ['dɪlɪdʒənt] adj assidu.

dillydally ['dɪlɪdælɪ] vi lambiner [famil].

dilute [daɪ'lu:t] vt diluer.

dim [dɪm] **1** adj (light) faible; (room, forest etc) sombre; (memory, outline) vague; (famil: stupid) stupide ◇ **to take a ~ view of** avoir une piètre opinion de **2** vt (light) baisser; (memory) effacer ◆ **dimly** adv (light) faiblement; (see, recollect) vaguement.

dime [daɪm] n (Can, US) pièce [f] de dix cents ◇ ~ **store** ≃ prisunic [m] ®.

dimension [daɪ'menʃən] n dimension [f]; (of problem, epidemic etc) étendue [f] ◆ **dimensional** adj ◇ **two-~** à deux dimensions.

diminish [dɪ'mɪnɪʃ] vti diminuer ◆ **diminished** adj (gen) diminué; (staff, value) réduit.

diminutive [dɪ'mɪnjʊtɪv] **1** adj minuscule **2** n diminutif [m].

dimmer ['dɪmə^r] n (Elec) variateur [m] (électronique).

dimple ['dɪmpl] n fossette [f].

din [dɪn] n vacarme [m].

dine [daɪn] vi dîner (*off*, *on* de) ◇ **to ~ out** dîner en ville ◆ **diner** n (person) dîneur [m], [f] -euse; (Rail: also **dining car**) wagon-restaurant [m] ◆ **dining-room** n salle [f] à manger.

dinghy ['dɪŋgɪ] n canot [m]; (**sailing ~**) dériveur [m].

dingy ['dɪndʒɪ] adj minable.

dinner ['dɪnə^r] n dîner [m]; (lunch) déjeuner [m]; (for dog, cat) pâtée [f] ◇ **to have ~** dîner; **to go out to ~** (restaurant) dîner en ville; (at friends') dîner chez des amis; ~ **jacket** smoking [m]; ~ **party** dîner; ~ **service** service [m] de table; **at ~ time** à l'heure [f] du dîner.

diocese ['daɪəsɪs] n diocèse [m].

dip [dɪp] **1** vt (gen) plonger (*into* dans); (sheep) laver ◇ **to ~ the headlights** se mettre en code; ~**ped headlights** codes [mpl] **2** vi **a** (of road) descendre; (of boat) tanguer **b** ◇ **to ~ into** (pocket, savings) puiser dans; (book) feuilleter **3** n **a** (famil: in sea etc) bain [m], baignade [f] **b** (in ground) déclivité [f] **c** (cheese ~) fondue [f] au fromage ◆ **dipper** n (at fairground) montagnes [fpl] russes ◆ **dipstick** n jauge [f] (de niveau d'huile).

diphtheria [dɪf'θɪərɪə] n diphtérie [f].

diphthong ['dɪfθɒŋ] n diphtongue [f].

diploma [dɪ'pləʊmə] n diplôme [m] (*in* de, en).

diplomacy [dɪ'pləʊməsɪ] n diplomatie [f] ◆ **diplomat** n diplomate [mf] ◆ **diplomatic** adj (gen) diplomatique; (tactful: person) diplomate ◇ ~ **bag** valise [f] diplomatique.

dire ['daɪəʳ] adj (event, poverty) terrible; (prediction) sinistre.

direct [daɪ'rekt] **1** adj (gen) direct; (refusal, denial) catégorique; (Gram: object, speech) direct ◇ (Elec) ~ **current** courant [m] continu; **to make a ~ hit** porter un coup au but; (bomb, projectile) toucher son objectif **2** vt **a** (address: remark, letter) adresser (*to* à); (efforts) orienter (*towards* vers); (steps) diriger (*towards* vers) ◇ **can you ~ me to the town hall?** pourriez-vous m'indiquer le chemin de la mairie? **b** (control: sb's work) diriger; (a play) mettre en scène; (film, programme) réaliser **c** (instruct) charger (*sb to do* qn de faire) **3** adv (go etc) directement ◆ **directive** n directive [f] ◆ **directly** **1** adv (gen: go) directement; (completely: opposite) exactement; (immediately) tout de suite **2** conj dès que ◆ **directness** n franchise [f].

direction [dɪ'rekʃən] n **a** direction [f] ◇ **in every ~** dans toutes les directions; **in the opposite ~** en sens inverse; **a sense of ~** le sens de l'orientation **b** ◇ (instruction) **~s for use** mode [m] d'emploi; **stage ~s** indications [fpl] scéniques.

director [dɪ'rektəʳ] n (gen) directeur [m], [f] -trice; (Theat) metteur [m] en scène; (Cine, Rad, TV) réalisateur [m], [f] -trice ◇ ~ **of music** chef [m] de musique.

directory [dɪ'rektərɪ] n (of addresses) répertoire [m] (d'adresses); (street ~) guide [m] des rues; (phonebook) annuaire [m] (des téléphones) ◇ (Telec) ~ **inquiries** renseignements [mpl].

dirge [dɜ:dʒ] n chant [m] funèbre.

dirt [dɜ:t] n (gen) saleté [f]; (earth) terre [f]; (on machine) encrassement [m] ◇ **dog ~** crotte [f] de chien; **to treat sb like ~** [famil] traiter qn comme un chien; ~ **track** (gen) piste [f]; (Sport) cendrée [f] ◆ **dirt-cheap** [famil] adj, adv très bon marché [inv].

dirty ['dɜ:tɪ] **1** adj (gen) sale; (job) salissant; (machine) encrassé; (wound) infecté ◇ **to get ~** se salir; **to get sth ~** salir qch; ~ **joke** histoire [f] cochonne [famil]; ~ **old man** vieux cochon [famil] [m]; ~ **word** mot [m] grossier; ~ **trick** sale tour [m]; **to give sb a ~ look** regarder qn d'un sale œil; **the ~ work** le plus embêtant du boulot [famil] **2** vt salir.

disability [,dɪsə'bɪlɪtɪ] n (state) invalidité [f]; (handicap) infirmité [f].

disable [dɪs'eɪbl] vt (person) rendre infirme; (ship, tank) mettre hors d'action ◆ **disabled** **1** adj handicapé, infirme **2** n ◇ **the ~** les handicapés [mpl].

disadvantage [,dɪsəd'vɑ:ntɪdʒ] n désavantage [m] ◇ **at a ~** dans une position désavantageuse.

disagree [,dɪsə'gri:] vi ne pas être d'accord (*with* avec; *over* sur); (of reports, figures) ne pas concorder (*with* avec) ◇ **to ~ with the suggestion** être contre la suggestion; (of climate, food) **to ~ with sb** ne pas convenir à qn ◆ **disagreeable** adj désagréable ◆ **disagreement** n désaccord [m] ◇ **to have a ~ with sb** se disputer avec qn (*about* à propos de).

disallow [,dɪsə'laʊ] vt (Sport: goal) refuser.

disappear [,dɪsə'pɪəʳ] vi disparaître ◇ **he ~ed from sight** on l'a perdu de vue ◆ **disappearance** n disparition [f].

disappoint [,dɪsə'pɔɪnt] vt décevoir ◆ **disappointed** adj déçu ◇ **I'm ~ with you** vous m'avez déçu ◆ **disappointing** adj décevant ◆ **disappointment** n déception [f].

disapproval [,dɪsə'pru:vəl] n désapprobation [f].

disapprove [,dɪsə'pru:v] vi désapprouver (*of sth* qch; *of sb's doing* que qn fasse) ◆ **disapproving** adj désapprobateur, [f] -trice.

disarm [dɪs'ɑ:m] vti désarmer ◆ **disarmament** n désarmement [m].

disarray [,dɪsə'reɪ] n ◇ **in ~** (troops) en déroute; (clothes) en désordre.

disaster [dɪ'zɑ:stəʳ] n désastre [m]; (**air ~**, **sea ~** etc) catastrophe [f] ◇ ~ **area** région [f] sinistrée ◆ **disastrous** adj désastreux, [f] -euse.

disband [dɪs'bænd] vt disperser.

disbelief ['dɪsbə'li:f] n incrédulité [f].

disbelieving ['dɪsbə'li:vɪŋ] adj incrédule.

disc [dɪsk] n (gen) disque [m] ◇ **identity ~** plaque [f] d'identité; ~ **brakes** freins [mpl] à disque; ~ **jockey** disc-jockey [m].

discard [dɪs'kɑ:d] vt (gen) se débarrasser de; (throw out) jeter; (idea) abandonner.

discern [dɪ'sɜ:n] vt discerner ◆ **discerning** adj perspicace.

discharge [dɪs'tʃɑ:dʒ] **1** vt (ship, cargo) décharger; (liquid) déverser; (employee, jury) congédier; (soldier) rendre à la vie civile; (prisoner) libérer; (debt) acquitter; (patient) renvoyer de l'hôpital; (gun) faire partir **2** ['dɪstʃɑ:dʒ] n (electrical) décharge [f]; (pus etc) suppuration [f]; (vaginal) pertes [fpl] blanches; (of employee, patient) renvoi [m]; (of prisoner) libération [f].

disciple [dɪ'saɪpl] n disciple [mf].

discipline ['dɪsɪplɪn] **1** n discipline [f] **2** vt (control) discipliner; (punish) punir.

disclaim [dɪs'kleɪm] vt (news, statement) démentir; (responsibility) rejeter.

disclaimer [dɪs'kleɪməʳ] n démenti [m].

disclose [dɪs'kləʊz] vt révéler.

disclosure [dɪs'kləʊʒəʳ] n révélation [f].

disco ['dɪskəʊ] [famil] n abbr of *discotheque* disco [f] ◇ ~ **dancing** disco [m].

discolour, (US) **-or** [dɪs'kʌlə^r] 1 vt décolorer 2 vi se décolorer.

discomfort [dɪs'kʌmfət] n gêne [f] ◇ **I feel some ~ from it** ça me gêne.

disconcert [ˌdɪskən'sɜ:t] vt déconcerter.

disconnect ['dɪskə'nekt] vt (gen) détacher; (electrical device) débrancher; (gas, electricity, water supply, telephone) couper ◆ **disconnected** adj (speech etc) sans suite.

disconsolate [dɪs'kɒnsəlɪt] adj inconsolable.

discontent ['dɪskən'tent] n mécontentement [m] ◆ **discontented** adj mécontent (*with* de).

discontinue ['dɪskən'tɪnju:] vt cesser, interrompre ◇ (of goods) **~d line** série [f] qui ne se fait plus.

discord ['dɪskɔ:d] n discorde [f]; (Mus) dissonance [f].

discotheque ['dɪskəʊtek] n discothèque [f] (*dancing*).

discount ['dɪskaʊnt] 1 n ◇ **to give a ~** faire une remise (*on* sur); **to buy at a ~** acheter au rabais; **~ for cash** escompte [m] au comptant; **~ store** magasin [m] de vente au rabais 2 [dɪs'kaʊnt] vt ne pas tenir compte de.

discourage [dɪs'kʌrɪdʒ] vt décourager (*sb from doing* qn de faire) ◇ **to become ~d** se laisser décourager ◆ **discouraging** adj décourageant.

discourteous [dɪs'kɜ:tɪəs] adj peu courtois (*towards* avec).

discover [dɪs'kʌvə^r] vt (gen) découvrir; (mistake, loss) s'apercevoir de ◆ **discovery** n (act) découverte [f]; (happy find) trouvaille [f].

discredit [dɪs'kredɪt] vt discréditer.

discreet [dɪs'kri:t] adj discret, [f] -ète ◆ **discreetly** adv discrètement.

discretion [dɪs'kreʃən] n discrétion [f] ◇ **use your own ~** faites comme bon vous semblera.

discrepancy [dɪs'krepənsɪ] n contradiction [f], divergence [f] (*between* entre).

discriminate [dɪs'krɪmɪneɪt] vi distinguer (*between* entre); (unfairly) établir une discrimination (*against* contre; *in favour of* en faveur de) ◆ **discriminating** adj (judgment, mind) judicieux, [f] -ieuse ◆ **discrimination** n (judgment) discernement [m]; (bias) discrimination [f].

discus ['dɪskəs] n (Sport) disque [m].

discuss [dɪs'kʌs] vt (problem, project, price) discuter; (talk about: topic, person) discuter de ◆ **discussion** n discussion [f] (*of* sur) ◇ **under ~** en discussion.

disdain [dɪs'deɪn] 1 vt dédaigner (*to do* de faire) 2 n dédain [m] ◆ **disdainful** adj dédaigneux, [f] -euse.

disease [dɪ'zi:z] n maladie [f] ◆ **diseased** adj malade.

disembark [ˌdɪsɪm'bɑ:k] vti débarquer ◆ **disembarkation** n débarquement [m].

disengage [ˌdɪsɪn'geɪdʒ] vt (gen) dégager (*from* de) ◇ **to ~ the clutch** débrayer.

disentangle ['dɪsɪn'tæŋgl] vt démêler.

disfavour, (US) **-or** [dɪs'feɪvə^r] n défaveur [f].

disfigure [dɪs'fɪgə^r] vt défigurer.

disgorge [dɪs'gɔ:dʒ] vt dégorger.

disgrace [dɪs'greɪs] 1 n (dishonour) honte [f]; (disfavour) disgrâce [f] ◇ **there is no ~ in doing** il n'y a aucune honte à faire; **in ~** en disgrâce; **it's a ~** c'est une honte 2 vt (family etc) faire honte à; (name, country) déshonorer ◇ **to ~ o.s.** très mal se conduire (*by doing* en faisant) ◆ **disgraceful** adj honteux, [f] -euse ◆ **disgracefully** adv (act) honteusement.

disgruntled [dɪs'grʌntld] adj mécontent.

disguise [dɪs'gaɪz] 1 vt déguiser (*as* en) 2 n déguisement [m] ◇ **in ~** déguisé.

disgust [dɪs'gʌst] 1 n dégoût [m] (*for, at* pour) ◇ **he left in ~** il est parti dégoûté 2 vt dégoûter ◆ **disgusted** adj dégoûté (*at* de, par) ◆ **disgusting** adj dégoûtant.

dish [dɪʃ] 1 n plat [m] ◇ **vegetable ~** plat à légumes; **the ~es** la vaisselle; **to do the ~es** faire la vaisselle 2 vt ◇ **to ~ out** (food) servir; ([famil]: money, books etc) distribuer; **to ~ up** servir ◆ **dishcloth** n (for washing) lavette [f]; (for drying) torchon [m] ◆ **dishrack** n égouttoir [m] (à vaisselle) ◆ **dishtowel** n torchon [m] (à vaisselle) ◆ **dishwasher** n (machine) lave-vaisselle [m inv].

dishearten [dɪs'hɑ:tn] vt décourager ◇ **to get ~ed** se décourager.

dishevelled [dɪ'ʃevəld] adj (person, hair) échevelé; (clothes) en désordre.

dishonest [dɪs'ɒnɪst] adj (gen) malhonnête; (untruthful: person) menteur, [f] -euse; (reply) mensonger, [f] -ère ◆ **dishonesty** n malhonnêteté [f].

dishonour, (US) **-or** [dɪs'ɒnə^r] 1 n déshonneur [m] 2 vt déshonorer ◆ **dishonourable** adj peu honorable.

dishy [famil] ['dɪʃɪ] adj (person) sexy [famil].

disillusion [ˌdɪsɪ'lu:ʒən] vt désillusionner.

disinclined ['dɪsɪn'klaɪnd] adj peu disposé (*for* à; *to do* à faire).

disinfect [ˌdɪsɪn'fekt] vt désinfecter ◆ **disinfectant** n désinfectant [m] ◆ **disinfection** n désinfection [f].

disinherit ['dɪsɪn'herɪt] vt déshériter.

disintegrate [dɪs'ɪntɪgreɪt] 1 vi se désintégrer 2 vt désintégrer.

disinterested [dɪs'ɪntrɪstɪd] adj (impartial) désintéressé; (uninterested) indifférent.

disjointed [dɪs'dʒɔɪntɪd] adj décousu.

disk [dɪsk] n **a** (Comput) disque [m] ◇ **on ~** sur disque; **single-/double-sided ~** disque [m] simple/double face; **~ drive** lecteur [m] de disques **b** (esp US) = **disc.**

diskette [dɪs'ket] n (Comput) disquette [f].

dislike [dɪs'laɪk] **1** vt ne pas aimer (*doing* faire) ◇ **I don't ~ it** cela ne me déplaît pas; **I ~ it** cela ne me plaît pas **2** n ◇ **his ~ of...** le fait qu'il n'aime pas...; **to take a ~ to sb** prendre qn en grippe.

dislocate ['dɪsləʊkeɪt] vt ◇ **to ~ one's shoulder** se disloquer l'épaule.

dislodge [dɪs'lɒdʒ] vt (stone) déplacer; (sth stuck) débloquer; (person) faire bouger (*from* de).

disloyal ['dɪs'lɔɪəl] adj déloyal (*to* à, envers) ◆ **disloyalty** n déloyauté [f].

dismal ['dɪzməl] adj (gen) morne; (failure) lamentable.

dismantle [dɪs'mæntl] vt démonter.

dismay [dɪs'meɪ] **1** n consternation [f] **2** vt consterner.

dismiss [dɪs'mɪs] vt **a** (gen) congédier; (official, officer) destituer **b** (thought, possibility) écarter; (appeal) rejeter ◇ (to soldiers) ~! rompez!; (Law) **to ~ a charge** rendre un non-lieu ◆ **dismissal** n congédiement [m]; destitution [f]; rejet [m].

dismount [dɪs'maʊnt] vi mettre pied à terre.

disobedience [ˌdɪsə'bi:dɪəns] n désobéissance [f] (*to* à).

disobedient [ˌdɪsə'bi:dɪənt] adj désobéissant (*to* à).

disobey ['dɪsə'beɪ] vt (person) désobéir à; (rule) enfreindre.

disorder [dɪs'ɔ:dəʳ] n désordre [m]; (rioting etc) désordres [mpl]; (Med) troubles [mpl] ◆ **disorderly** adj (gen) désordonné; (meeting) tumultueux, [f] -ueuse.

disorganized [dɪs'ɔ:gənaɪzd] adj désorganisé.

disorientate [dɪs'ɔ:rɪənteɪt] vt désorienter.

disown [dɪs'əʊn] vt renier.

disparage [dɪs'pærɪdʒ] vt dénigrer ◆ **disparaging** adj désobligeant.

disparity [dɪs'pærɪtɪ] n disparité [f].

dispassionate [dɪs'pæʃənɪt] adj (unemotional) calme; (unbiased) impartial.

dispatch [dɪs'pætʃ] **1** vt **a** (send: thing) expédier; (people) envoyer **b** (finish off: job) expédier; (animal) tuer **2** n (sending) expédition [f]; (report) dépêche [f] ◇ (Mil) **mentioned in ~es** cité à l'ordre du jour; **~ box** (in Parliament) ≃ tribune [f]; (case) valise [f] officielle (*à documents*); **~ case** serviette [f]; **~ rider** estafette [f].

dispel [dɪs'pel] vt dissiper, chasser.

dispensary [dɪs'pensərɪ] n (in hospital) pharmacie [f]; (in clinic) dispensaire [m].

dispensation [ˌdɪspen'seɪʃən] n dispense [f] (*from* de).

dispense [dɪs'pens] vt **a** (justice, sacrament) administrer ◇ **dispensing chemist** (person) pharmacien(ne) [m(f)]; (shop) pharmacie [f] **b** (exempt) dispenser (*sb from sth* qn de qch; *from doing* de faire) ◇ **to ~ with sth** se passer de qch ◆ **dispenser** n (person) pharmacien(ne) [m(f)]; (device) distributeur [m].

disperse [dɪs'pɜ:s] **1** vt disperser **2** vi se disperser.

dispirited [dɪs'pɪrɪtɪd] adj découragé.

displace [dɪs'pleɪs] vt (move: refugees) déplacer; (replace) remplacer.

display [dɪs'pleɪ] **1** vt (gen) montrer; (quality) faire preuve de; (notice) afficher; (goods) exposer; (Comput) visualiser **2** n (in shop) étalage [m]; (of courage, force etc) déploiement [m]; (Comput) visuel [m] ◇ **on ~** exposé; **~ cabinet** vitrine [f] (*meuble*); **air ~** fête [f] aéronautique; **~ of gymnastics/dancing** (etc) exhibition [f] de gymnastique/de danse (etc); **military ~** parade [f] militaire.

displease [dɪs'pli:z] vt déplaire à ◆ **displeased** adj mécontent (*with* de) ◆ **displeasing** adj déplaisant.

displeasure [dɪs'pleʒəʳ] n mécontentement [m].

disposable [dɪs'pəʊzəbl] adj (not reusable) jetable, à jeter ◇ **~ nappy** couche-culotte [f].

disposal [dɪs'pəʊzəl] n (of bomb) désamorçage [m] ◇ **at sb's ~** à la disposition de qn; **waste ~ unit** broyeur [m] d'ordures.

dispose [dɪs'pəʊz] vt **a** disposer (*sb to do* qn à faire) **b** ◇ **to ~ of** se débarrasser de; (by selling: item) vendre; (: stock) écouler; (rubbish etc: remove) enlever; (destroy) détruire; (bomb) désamorcer; (meal, question) expédier; (kill) liquider [famil]; (property, money) disposer de ◆ **disposed** adj disposé (*to do* à faire; *towards* envers) ◆ **disposition** n (character) tempérament [m].

disproportionate [ˌdɪsprə'pɔ:ʃnɪt] adj disproportionné (*to* à, avec).

disprove [dɪs'pru:v] vt établir la fausseté de.

dispute [dɪs'pju:t] **1** n **a** discussion [f] ◇ **beyond ~** incontestable; **without ~** sans contredit; **there is some ~ about** on n'est pas d'accord sur; **in ~** contesté **b** (quarrel) dispute [f]; (political etc) conflit [m] ◇ **industrial ~** conflit social **2** vt contester ◇ **I do not ~ the fact that...** je ne conteste pas que... + subj.

disqualification [dɪsˌkwɒlɪfɪ'keɪʃən] n disqualification [f]; (from driving) retrait [m] du permis de conduire.

disqualify [dɪs'kwɒlɪfaɪ] vt rendre inapte (*from* à); (Sport) disqualifier ◇ **to ~ sb from driving** retirer à qn le permis de conduire (*for sth* pour qch).

disquieting [dɪs'kwaɪətɪŋ] adj inquiétant.

disregard ['dɪsrɪ'gɑ:d] **1** vt ne tenir aucun compte de **2** n indifférence [f] (*for* à); (of rule) non-observation [f] (*for* de).

disrepair ['dɪsrɪ'pɛəʳ] n ◇ **in a state of ~** en mauvais état.

disreputable [dɪs'repjʊtəbl] adj (person, area) peu recommandable; (behaviour) honteux, [f] -euse.

disrespectful [ˌdɪsrɪs'pektfʊl] adj irrespectueux, [f] -ueuse ◇ **to be ~ to** manquer de respect envers.

disrupt [dɪs'rʌpt] vt (gen) perturber; (plans) déranger ◆ **disruption** n perturbation [f]; dérangement [m] ◆ **disruptive** adj perturbateur, [f] -trice.

dissatisfaction ['dɪsˌsætɪs'fækʃən] n mécontentement [m] (*at, with* devant) ◆ **dissatisfied** adj mécontent (*with* de).

dissect [dɪ'sekt] vt disséquer.

disseminate [dɪ'semɪneɪt] vt disséminer.

dissent [dɪ'sent] **1** vi différer (*from* de) **2** n dissentiment [m].

dissertation [ˌdɪsə'teɪʃən] n mémoire [m].

disservice ['dɪs'sɜ:vɪs] n ◇ **to do sb a ~** rendre un mauvais service à qn.

dissident ['dɪsɪdənt] adj, n dissident(e) [m(f)].

dissimilar ['dɪ'sɪmɪləʳ] adj différent (*to* de) ◆ **dissimilarity** n différence [f] (*between* entre).

dissipate ['dɪsɪpeɪt] vt dissiper.

dissociate [dɪ'səʊʃɪeɪt] vt dissocier (*from* de).

dissolute ['dɪsəlu:t] adj débauché.

dissolution [ˌdɪsə'lu:ʃən] n dissolution [f].

dissolve [dɪ'zɒlv] **1** vt dissoudre; (Culin: sugar) faire fondre **2** vi se dissoudre; (Cine: of picture) se fondre ◇ **to ~ into thin air** s'en aller en fumée; **to ~ into tears** fondre en larmes.

dissuade [dɪ'sweɪd] vt dissuader (*sb from doing* qn de faire) ◆ **dissuasive** adj (person) qui cherche à dissuader; (powers) de dissuasion.

distance ['dɪstəns] n distance [f] (*between* entre) ◇ **at a ~ of 2 metres** à une distance de 2 mètres; **what ~ is it from here to London?** nous sommes à combien de Londres?; **it's a good ~** c'est assez loin; **in the ~** au loin; **from a ~** de loin; **it's no ~** [famil] c'est tout près; **to keep sb at a ~** tenir qn à distance; **to keep one's ~** garder ses distances.

distant ['dɪstənt] adj (gen) éloigné; (reserved) distant ◇ **it is 2 km ~ from the church** c'est à une distance de 2 km de l'église; **in the ~ past** dans un passé lointain ◆ **distantly** adv (resemble) vaguement; (say) froidement ◇ **~ related** d'une parenté éloignée.

distaste ['dɪs'teɪst] n répugnance [f] (*for* pour) ◆ **distasteful** adj déplaisant (*to* à).

1. **distemper** [dɪs'tempəʳ] n badigeon [m].

2. **distemper** [dɪs'tempəʳ] n (in dogs) maladie [f] des jeunes chiens.

distil(l) [dɪs'tɪl] vt distiller ◇ (Aut) **distilled water** eau [f] déminéralisée ◆ **distillery** n distillerie [f].

distinct [dɪs'tɪŋkt] adj (gen) distinct (*from* de); (unmistakable: preference, increase) net, [f] nette ◇ **as ~ from** par opposition à ◆ **distinction** n (gen) distinction [f]; (in exam) mention [f] très bien ◆ **distinctive** adj distinctif, [f] -ive ◆ **distinctly** adv (speak, see) distinctement; (cool, friendly) vraiment.

distinguish [dɪs'tɪŋgwɪʃ] vti (gen) distinguer (*from* de; *between* entre); (change) discerner ◇ **to ~ o.s.** se distinguer (*as* en tant que); **~ing mark** signe [m] particulier ◆ **distinguished** adj distingué.

distort [dɪs'tɔ:t] vt déformer ◆ **distorted** adj (shape) déformé ◇ **a ~ impression** une idée fausse.

distract [dɪs'trækt] vt distraire (*from* de) ◆ **distracted** adj (gen) éperdu; (person) dans tous ses états ◆ **distracting** adj gênant ◆ **distraction** n ◇ **to drive sb to ~** rendre qn fou, [f] folle.

distraught [dɪs'trɔ:t] adj éperdu (*with* de).

distress [dɪs'tres] **1** n **a** (grief etc) peine [f]; (stronger) douleur [f] ◇ **in great ~** bouleversé **b** (poverty, danger) détresse [f] ◇ **in ~** (ship, plane) en détresse; **~ signal** signal [m] de détresse **2** vt peiner ◆ **distressing** adj pénible.

distribute [dɪs'trɪbju:t] vt (hand out) distribuer; (spread evenly) répartir ◆ **distribution** n distribution [f]; répartition [f] ◆ **distributor** n (in car) distributeur [m].

district ['dɪstrɪkt] **1** n (of a country) région [f]; (in town) quartier [m] **2** adj (manager etc) régional ◇ (US) **~ attorney** ≃ procureur [m] de la République; **~ nurse** infirmière [f] visiteuse.

distrust [dɪs'trʌst] **1** vt se méfier de **2** n méfiance [f] (*of* à l'égard de).

disturb [dɪs'tɜ:b] vt (gen) troubler; (papers, objects) déranger; (atmosphere) perturber; (inconvenience) déranger ◇ **sorry to ~ you** excusez-moi de vous déranger; **'please do not ~'** 'prière de ne pas déranger' ◆ **disturbance** n dérangement [m]; (noisy) tapage [m] ◇ (political etc) **~s** troubles [mpl] ◆ **disturbed** adj troublé (*at, by* par) ◆ **disturbing** adj (worrying) troublant; (distracting) gênant.

disuse ['dɪs'ju:s] n ◇ **to fall into ~** tomber en désuétude ✦ **disused** ['dɪs'ju:zd] adj abandonné.

ditch [dɪtʃ] **1** n fossé [m] **2** vt ([famil]: get rid of) se débarrasser de.

dither [famil] ['dɪðəʳ] vi hésiter.

ditto ['dɪtəʊ] adv idem.

divan [dɪ'væn] n divan [m] ◇ **~ bed** divan-lit [m].

dive [daɪv] **1** n (gen) plongeon [m]; (by submarine, deep-sea diver) plongée [f]; (by aircraft) piqué [m] **2** vi plonger; descendre en piqué ◇ **he ~d under the table** il s'est jeté sous la table; (rush) **to ~ in** etc entrer etc tête baissée ✦ **diver** n plongeur [m]; (in suit) scaphandrier [m] ✦ **diving** adj ◇ **~ board** plongeoir [m]; **~ suit** scaphandre [m].

diverge [daɪ'vɜ:dʒ] vi diverger.

diverse [daɪ'vɜ:s] adj divers.

diversion [daɪ'vɜ:ʃən] n (gen) diversion [f]; (of traffic) déviation [f]; (of stream) dérivation [f].

diversity [daɪ'vɜ:sɪtɪ] n diversité [f].

divert [daɪ'vɜ:t] vt (stream, attention) détourner; (vehicle) dérouter; (traffic) dévier; (amuse) divertir.

divide [dɪ'vaɪd] **1** vt (gen: **~ up**) diviser (*into* en; *between*, *among* entre; *by* par); (**~ out**) répartir (*among* entre); (**~ off**) séparer (*from* de) ◇ **to ~ one's time between** partager son temps entre; **they ~d it (amongst themselves)** ils se le sont partagé **2** vi (gen: **~ up**) se diviser (*into* en); (of road) bifurquer; (Math) être divisible (*by* par) ✦ **divided** adj (fig: people) divisés (*about*, *on* sur); (opinions etc) partagés (*on* sur); (country) désuni ◇ **~ skirt** jupe-culotte [f].

dividend ['dɪvɪdend] n dividende [m].

1. **divine** [dɪ'vaɪn] adj divin ✦ **divinely** adv divinement ✦ **divinity** n divinité [f]; (subject of study) théologie [f].

2. **divine** [dɪ'vaɪn] vt (sb's intentions) deviner.

division [dɪ'vɪʒən] n (gen) division [f] (*into* en; *between*, *among* entre) ✦ **divisive** [dɪ'vaɪsɪv] adj qui sème la discorde.

divorce [dɪ'vɔ:s] **1** n divorce [m] (*from* d'avec) ◇ **to start ~ proceedings** demander le divorce **2** vt divorcer d'avec; (fig) séparer (*from* de) **3** vi divorcer ✦ **divorced** adj divorcé (*from* d'avec); (fig) séparé (*from* de) ✦ **divorcee** n divorcé(e) [m(f)].

divulge [daɪ'vʌldʒ] vt divulguer.

DIY [di:aɪ'waɪ] n (Brit) abbr of *do-it-yourself* → **1. do.**

dizzy ['dɪzɪ] adj (height, speed) vertigineux, [f] -euse ◇ **he felt ~** il était pris de vertiges; (fear of heights) il avait le vertige.

DJ [di:'dʒeɪ] n abbr of *disc jockey* → **disc.**

1. **do** [du:] (vb: pret *did*, ptp *done*) **1** aux vb ◇ **~ you understand?** est-ce que vous comprenez?; **I don't understand** je ne comprends pas; **but I ~ like it!** mais si, je l'aime!; **I ~ wish I could come with you** je voudrais tant pouvoir vous accompagner; **you speak better than I ~** vous parlez mieux que moi; **she says she will go but she never does** elle dit qu'elle ira, mais elle n'y va jamais; **so ~ I** moi aussi; **neither ~ I** moi non plus; **you know him, don't you?** vous le connaissez, n'est-ce pas?; **you know him, ~ you?** alors, vous le connaissez?; **~ they really?** vraiment?; **may I come in? - ~!** puis-je entrer? -bien sûr!; **who broke the mirror? -I did** qui est-ce qui a cassé le miroir? -c'est moi.

2 vti **a** (gen) faire ◇ **what are you ~ing now?** qu'est-ce que tu fais?; **what are you ~ing these days?** qu'est-ce que tu deviens?; **what do you ~ for a living?** que faites-vous dans la vie?; **I've got plenty to ~** j'ai beaucoup à faire; **I shall ~ nothing of the sort** je n'en ferai rien; **~ as your friends ~** faites comme vos amis; **he did well to refuse** il a bien fait de refuser; **how ~ you ~?** (greeting: gen) comment allez-vous?; (on being introduced) enchanté de faire votre connaissance; **how are you ~ing?** [famil] comment ça va?; **his business is ~ing well** ses affaires vont bien; **he does nothing but complain** il ne fait que se plaindre; **what have you done with my gloves?** qu'avez-vous fait de mes gants?; **I could ~ with a cup of tea** je prendrais bien une tasse de thé; **to ~ without sth** se passer de qch; **what's to be done?** que faire?; **what can I ~ for you?** en quoi puis-je vous aider?; **what do you want me to ~ about it?** qu'est-ce que vous voulez que j'y fasse?; **to ~ sth again** refaire qch; **that's just not done!** cela ne se fait pas!; **well done!** bravo!; **that's done it!** [famil] (dismay) il ne manquait plus que ça!; (satisfaction) ça y est!

b ◇ (phrases) **to ~ the flowers** arranger les fleurs (dans les vases); **to ~ one's hair** se coiffer; **to ~ one's nails** se faire les ongles; **he's been badly done by** on s'est très mal conduit à son égard; **to ~ the cooking** faire la cuisine; **steak well done** bifteck [m] bien cuit; **done to a turn** à point; **the car was ~ing 100** la voiture roulait à 100 à l'heure; **£5? -nothing ~ing!** [famil] 5 livres? -rien à faire! [famil]; **it has to ~ with...** cela concerne...; **that has nothing to ~ with the problem** cela n'a rien à voir avec le problème; **that has nothing to ~ with you!** cela ne vous regarde pas!; **I won't have anything to ~ with it** je ne veux pas m'en mêler; **to ~ away with** supprimer; **to ~ up** (buttons) boutonner; (zip) fermer; (dress, shoes) attacher; (parcel) faire; (renovate: house etc) refaire; **that is**

your ~ing c'est vous qui avez fait cela; **that takes some ~ing** il faut le faire! [famil]

c ◇ (finished) **the work's done** le travail est fait; **done!** entendu!; **to get done with sth** en finir avec qch; **done for** [famil] fichu [famil]; **I've done** j'ai fini; **have you done with that book?** vous n'avez plus besoin de ce livre?

d (visit: city, museum) visiter, faire [famil].

e (suit) aller bien (*sb* à qn); (be sufficient for) suffire (*sb* à qn; *for sth* pour qch) ◇ **that will ~ me nicely** (what I want) cela fera très bien mon affaire; (enough) cela me suffit; **this room will ~** cette chambre fera l'affaire; **will it ~ if I come back at 8?** ça va si je reviens à 8 heures?; **to make ~** s'arranger (*with* avec); **that will ~!** ça suffit!, assez!

f (famil: cheat) avoir [famil] ◇ **you've been done!** on vous a eu! [famil]; **to ~ sb out of £10** refaire [famil] qn de 10 livres; **to ~ sb out of a job** prendre à qn son travail.

3 n [famil] **a** (party) soirée [f]; (ceremony) fête [f] **b** ◇ **it's a poor ~** c'est plutôt minable; **the ~s and don'ts** ce qu'il faut faire ou ne pas faire ◆ **do-gooder** [famil] n pilier [m] de bonnes œuvres ◆ **do-it-yourself** n bricolage [m] ◇ **~ enthusiast** bricoleur [m], [f] -euse.

2. **do** [dəʊ] n (Mus) do [m], ut [m].

docile ['dəʊsaɪl] adj docile.

1. **dock** [dɒk] **1** n dock [m] **2** vi arriver à quai ◇ **the ship has ~ed** le bateau est à quai ◆ **docker** n docker [m] ◆ **dockyard** n chantier [m] naval.

2. **dock** [dɒk] n (Law) banc [m] des accusés.

3. **dock** [dɒk] vt (tail) couper ◇ **to ~ 50p off sth** retenir 50 pence sur qch.

doctor ['dɒktə^r] **1** n (Med) docteur [m], médecin [m] ◇ **D~ Smith** le docteur Smith; **yes ~** oui docteur; **she is a ~** elle est médecin; **a woman ~** une femme médecin; **D~ of Philosophy** (abbr **PhD**) docteur ès lettres **2** vt (wine) frelater; (text, document) falsifier ◆ **doctorate** n doctorat [m] (*in* ès, en).

doctrine ['dɒktrɪn] n doctrine [f].

document ['dɒkjʊmənt] n document [m] ◇ **~ case** porte-documents [m inv] ◆ **documentary** adj, n documentaire [m].

doddle ['dɒdəl] n ◇ **it's a ~** c'est simple comme bonjour [famil].

dodge [dɒdʒ] **1** n (famil: trick, scheme) truc [famil] [m] **2** vt (blow, question) esquiver; (tax) éviter de payer; (work, duty) se dérober à; (acquaintance) éviter ◇ **to ~ the issue** passer volontairement à côté de la question.

dodgems ['dɒdʒəmz] npl autos [fpl] tamponneuses.

dodgy ['dɒdʒɪ] [famil] adj douteux, [f] -euse, difficile.

doe [dəʊ] n (deer) biche [f].

dog [dɒg] **1** n chien(ne) [m(f)]; (fox etc) mâle [m] ◇ (Sport) **the ~s** [famil] les courses [fpl] de lévriers; (fig) **to go to the ~s** [famil] (person) gâcher sa vie; (business) aller à vau-l'eau; (fig) **it's a real ~'s dinner** or **breakfast** [famil] ça a l'air de Dieu sait quoi; **lucky ~** [famil] veinard(e) [famil] [m(f)]; **dirty ~** [famil] sale type [famil] [m] **2** adj (breed, show) canin; (collar) de chien; (food) pour chien; (wolf, fox) mâle ◇ **~ biscuit** biscuit [m] pour chien; **~ licence** permis [m] de posséder un chien **3** vt ◇ **to ~ sb's footsteps** suivre qn de près ◆ **dog-eared** adj écorné ◆ **dogged** adj (person) tenace; (courage) opiniâtre ◆ **doggy bag** n *petit sac* [m] *pour emporter les restes* ◆ **doggy paddle** n ◇ **to do the ~** nager en chien ◆ **dogsbody** [famil] n bonne [f] à tout faire ◆ **dog-tired** [famil] adj éreinté.

doggerel ['dɒgərəl] n mauvais vers [mpl].

dogma ['dɒgmə] n dogme [m] ◆ **dogmatic** adj dogmatique (*about* sur).

doh [dəʊ] n (Mus) = 2. **do.**

doldrums ['dɒldrəmz] npl ◇ (fig) **to be in the ~** (person) avoir le cafard [famil]; (business) être dans le marasme.

dole [dəʊl] **1** n (**~ money**) indemnité [f] de chômage ◇ **on the ~** au chômage **2** vt ◇ **to ~ out** distribuer au compte-gouttes.

doleful ['dəʊlfʊl] adj lugubre, morne.

doll [dɒl] **1** n poupée [f] ◇ **~'s house** maison [f] de poupée **2** vt ◇ **to ~ o.s. up** se faire beau, [f] belle.

dollar ['dɒlə^r] n dollar [m] ◇ **~ bill** billet [m] d'un dollar.

dollop ['dɒləp] [famil] n (of butter etc) bon morceau [m]; (of cream, jam) bonne cuillerée [f].

dolphin ['dɒlfɪn] n dauphin [m] (*animal*).

domain [də'ʊmeɪn] n domaine [m].

dome [dəʊm] n dôme [m].

domestic [də'mestɪk] adj (policy, flights) intérieur; (animal) domestique ◇ **everything of a ~ nature** tout ce qui se rapporte au ménage; **~ science** arts [mpl] ménagers; **~ science college** école [f] d'art ménager; **~ servants** employé(e)s [m(f)pl] de maison.

domicile ['dɒmɪsaɪl] n domicile [m] ◆ **domiciled** adj domicilié (*at* à).

dominant ['dɒmɪnənt] **1** adj (gen) dominant; (Mus) de dominante **2** n dominante [f].

dominate ['dɒmɪneɪt] vti dominer ◆ **domination** n domination [f].

domineering [,dɒmɪ'nɪərɪŋ] adj dominateur, [f] -trice.

Dominica [,dɒmɪ'ni:kə] n Dominique [f].

Dominican Republic [də'mɪni:kənrɪ'pʌblɪk] n république [f] Dominicaine.

dominion [də'mɪnɪən] n (Brit) dominion [m].

domino ['dɒmɪnəʊ], pl **-es** n domino [m] ◇ **~es** (game) dominos [mpl]; **~ effect** effet [m] d'entraînement.

1. **don** [dɒn] n ≃ professeur [m] d'université.

2. **don** [dɒn] vt (garment) revêtir.

donate [dəʊ'neɪt] vt faire don de ◆ **donation** n (act) donation [f]; (gift) don [m].

done [dʌn] ptp of 1. do.

donkey ['dɒŋkɪ] n âne [m], ânesse [f]; (famil: fool) imbécile [mf] ◇ **the ~ work** le gros du travail; **~'s years** [famil] très longtemps.

donor ['dəʊnəʳ] n (gen) donateur [m], [f] -trice; (blood etc ~) donneur [m], [f] -euse.

doodle ['du:dl] vi griffonner (distraitement).

doom [du:m] vt condamner (*to* à) ◆ **doomed** adj (thing) voué à l'échec; (person) perdu d'avance ◆ **doomsday** n ◇ (fig) **till ~** jusqu'à la fin des temps.

door [dɔːʳ] n (gen) porte [f]; (of railway carriage, car) portière [f] ◇ **'pay at the ~'** 'billets à l'entrée'; **out of ~s** dehors ◆ **doorbell** n sonnette [f] ◆ **door chain** n chaîne [f] de sûreté ◆ **door-handle** or **door-knob** n poignée [f] de porte ◆ **doorkeeper** or **doorman** n (of hotel) portier [m]; (of block of flats) concierge [m] ◆ **doormat** n paillasson [m] (d'entrée) ◆ **doorstep** n pas [m] de porte ◇ **at my ~** à ma porte ◆ **doorway** n ◇ **in the ~** dans l'embrasure [f] de la porte.

dope [dəʊp] **1** n **a** (famil: drugs) drogue [f]; (for athlete, horse) dopant [m] **b** (information) tuyaux [famil] [mpl] **2** vt (horse, person) doper; (food) mettre une drogue dans.

dopey ['dəʊpɪ] [famil] adj abruti [famil].

dormant ['dɔ:mənt] adj (gen) dormant; (volcano) en sommeil.

dormitory ['dɔ:mɪtrɪ] n dortoir [m]; (US Univ) résidence [f] universitaire.

dormouse ['dɔ:maʊs], pl **-mice** n loir [m].

dose [dəʊs] n **a** dose [f] ◇ (fig) **to give sb a ~ of his own medicine** rendre à qn la monnaie de sa pièce **b** (illness) attaque [f] (*of* de) ◇ **a ~ of flu** une bonne grippe [famil].

doss [dɒs] vi ◇ **to ~ down** [famil] loger quelque part ◆ **doss-house** n asile [m] (de nuit).

dot [dɒt] **1** n (gen) point [m]; (on material) pois [m] ◇ (in punctuation) **~s** points de suspension; (fig) **on the ~** [famil] à l'heure pile [famil] **2** vt ◇ (fig) **to ~ one's i's and cross one's t's** mettre les points sur les i; **cars ~ted along the route** des voitures échelonnées sur le parcours; **~ted line** ligne [f] pointillée ◆ **dot matrix printer** n imprimante [f] matricielle.

dote [dəʊt] vi ◇ **to ~ on** aimer à la folie.

dotty ['dɒtɪ] [famil] adj toqué [famil].

double ['dʌbl] **1** adj (gen) double (*often before n*); (door) à deux battants; (room) pour deux personnes; (bed) de deux personnes ◇ **~ seven five four** (7754) deux fois sept cinq quatre, (telephone number) soixante-dix-sept cinquante-quatre; **spelt with a ~'p'** écrit avec deux 'p'; **~ agent** agent [m] double; (in road) **~ bend** virage [m] en S; **to earn ~ time** être payé double **2** adv (twice) deux fois; (twofold) en deux; (see) double **3** n **a** (twice sth) double [m] ◇ (Tennis) **mixed ~s** double [m] mixte; **~ or quits** quitte ou double; (running) **at the ~** au pas de course **b** (similar thing) réplique [f]; (person) sosie [m]; (Cine: stand-in) doublure [f] **4** vti **a** (twice) doubler ◇ **to ~ back** (person) revenir sur ses pas; (road) faire un crochet **b** (fold: **~ over**) plier en deux ◇ **to ~ up with laughter** être plié en deux de rire ◆ **double-barrelled** adj (gun) à deux coups ◆ **double bass** n contrebasse [f] ◆ **double-book** vt (room, seat) réserver pour deux personnes différentes ◆ **double-breasted** adj croisé (*veston*) ◆ **double-check** **1** vti revérifier **2** n revérification [f] ◆ **double-cross** [famil] vt trahir ◆ **double-decker** n (bus) autobus [m] à impériale ◆ **double Dutch** [famil] n charabia [famil] [m] ◆ **double entendre** n ambiguïté [f] ◆ **double glazing** n ◇ **to put in ~** faire installer des doubles fenêtres ◆ **double-park** vi stationner en double file ◆ **double-quick** adv en vitesse ◆ **doubly** adv deux fois plus.

doubt [daʊt] **1** n doute [m] ◇ **there is some ~ about** on ne sait pas très bien si + indic; **to have one's ~s about sth** avoir des doutes sur qch; **I have my ~s about whether** je doute que + subj; **there is no ~ that** il n'y a pas de doute que + indic; **no ~** sans doute; **without ~** sans aucun doute; **beyond ~** indubitablement; **if in ~** en cas de doute **2** vt douter de ◇ **I ~ it very much** j'en doute fort; **to ~ whether** or **if** douter que + subj; **I don't ~ that he will come** je ne doute pas qu'il vienne ◆ **doubtful** adj (undecided) indécis; (suspect) suspect; (taste) douteux, [f] -euse ◇ **to be ~ about** avoir des doutes sur; **to be ~ about doing** hésiter à faire; **it is ~ whether** il est douteux que + subj ◆ **doubtfully** adv (unconvincedly) d'un air de doute; (hesitatingly) d'une façon indécise ◆ **doubtless** adv très probablement.

dough [dəʊ] n **a** pâte [f] ◇ **bread ~** pâte à pain **b** (famil: money) fric [famil] [m].

doughnut ['dəʊnʌt] n beignet [m].

dove [dʌv] n colombe [f] ◆ **dovecote** n colombier [m] ◆ **dove-grey** adj gris perle [inv].

Dover ['dəʊvəʳ] n Douvres.

dowdy ['daʊdɪ] adj sans chic.

1. **down** [daʊn] **1** adv **a** (move) en bas, vers le bas; (to ground) à terre, par terre ◇ (to dog) ~! couché!; ~ **with traitors!** à bas les traîtres!; **to come** or **go** ~ descendre; **to fall** ~ tomber; **to run** ~ descendre en courant; **from the biggest** ~ **to the smallest** du plus grand jusqu'au plus petit **b** (stay) en bas ◇ ~ **there** en bas; ~ **here** ici, en bas; ~ **under** aux Antipodes *(Australie* etc); **don't hit a man when he is** ~ ne frappez pas un homme à terre; **Paul isn't** ~ **yet** Paul n'est pas encore descendu; **I've been** ~ **with flu** j'ai été au lit avec une grippe; **I'm feeling rather** ~[famil] j'ai un peu le cafard [famil]; **his temperature is** ~ sa température a baissé; (Comput) **to go** ~ tomber en panne; **to be** ~ **for the next race** être inscrit dans la course suivante; **to put £5** ~ **on sth** verser un acompte de 5 livres sur qch **2** prep (roll) du haut en bas de; (drip) le long de ◇ **he went** ~ **the hill** il a descendu la colline; **he's** ~ **the hill** il est en bas de la côte; ~ **the street** plus bas dans la rue; **looking** ~ **this street, you can see...** si vous regardez le long de cette rue, vous verrez...; ~ **the ages** au cours des siècles **3** vt (opponent) terrasser; (drink) vider ◇ **to** ~ **tools** cesser le travail ◆ **down-and-out** **1** adj (destitute) sur le pavé **2** n (tramp) clochard [m] ◆ **down-at-heel** adj (person) miteux, [f] -euse; (shoes) éculé ◆ **downcast** adj (discouraged) abattu; (eyes) baissé ◆ **downfall** n ruine [f] ◆ **downhearted** adj découragé ◆ **downhill** **1** adv ◇ **to go** ~ (road) descendre; (walker, car) descendre la pente; (fig) être sur le déclin; (business etc) péricliter **2** adj ◇ (Ski) ~ **race** descente [f]; ~ **racing** (ski [m] de) descente [f] ◆ **down-in-the-mouth** adj démoralisé ◆ **down-market** adj (goods) bas de gamme [inv] ◇ **it's rather** ~ (programme etc) c'est plutôt du genre grand public ◆ **downpour** n pluie [f] torrentielle ◆ **downright** **1** adj (refusal) catégorique; (lie, rudeness) flagrant **2** adv tout à fait ◆ **downstairs** **1** adj (on the ground floor) du rez-de-chaussée; (below) d'en bas **2** adv au rez-de-chaussée; en bas ◇ **to come** or **go** ~ descendre ◆ **downstream** adv en aval ◆ **down-to-earth** adj terre à terre [inv] ◆ **downtown** adv en ville ◆ **downtrodden** adj opprimé ◆ **downward** **1** adj (movement, pull) vers le bas; (glance) baissé; (trend) à la baisse **2** adv (also ~**wards:** go, look) vers le bas.

2. **down** [daʊn] n duvet [m] ◆ **downy** adj duveté; (peach) velouté.

3. **down** [daʊn] n (hill) colline [f] *(herbeuse)*.

Down's syndrome ['daʊnz,sɪndrəʊm] n trisomie [f] 21 ◇ **a** ~ **baby** un bébé trisomique.

dowry ['daʊrɪ] n dot [f].

doz abbr of *dozen*.

doze [dəʊz] **1** n somme [m] **2** vi sommeiller ◇ **to** ~ **off** s'assoupir.

dozen ['dʌzn] n douzaine [f] ◇ **a** ~ **shirts** une douzaine de chemises; **half-a-**~ une demi-douzaine; **20p a** ~ 20 pence la douzaine; ~**s of** des dizaines or douzaines de.

Dr **a** abbr of *doctor* **b** abbr of *drive*.

drab [dræb] adj terne.

draft [drɑːft] **1** n **a** (gen) avant-projet [m]; (of letter) brouillon [m]; (of novel) ébauche [f] **b** (for money) traite [f] **c** (US Mil) contingent [m] ◇ ~ **board** conseil [m] de révision; ~ **dodger** insoumis [m] **d** (US) = **draught** **2** vt **a** (letter) faire le brouillon de; (speech) préparer; (bill, contract) rédiger **b** (US Mil) appeler sous les drapeaux.

drag [dræg] **1** n (famil) **a** ◇ (nuisance) **what a** ~! quelle barbe! [famil] **b** ◇ (clothing) **in** ~ en travesti; ~ **show** spectacle [m] de travestis **c** ◇ (US) **the main** ~ la grand-rue **2** adj ◇ (US) ~ **race** course [f] de hot-rods à départ arrêté **3** vti **a** (gen) traîner; (of anchor) chasser ◇ **to** ~ **one's feet** traîner les pieds; (fig) traîner exprès; **to** ~ **o.s. about** se traîner péniblement; **to** ~ **sb away from** arracher qn à; **to** ~ **down** entraîner vers le bas; **to** ~ **on** (of situation etc) s'éterniser **b** (river) draguer (*for* à la recherche de).

dragon ['drægən] n dragon [m] ◆ **dragonfly** n libellule [f].

drain [dreɪn] **1** n **a** (in town) égout [m]; (in house) tuyau [m] d'écoulement; (Med) drain [m]; (~ **cover:** in street) bouche [f] d'égout; (beside house) puisard [m] ◇ (fig) **to throw one's money down the** ~ jeter son argent par les fenêtres; **all his hopes have gone down the** ~[famil] voilà tous ses espoirs à l'eau [famil] **b** (on resources etc) perte [f] (*on* en) ◇ **it has been a great** ~ **on her** cela l'a complètement épuisée **2** vt (land) assécher; (vegetables) égoutter; (boiler, glass) vider complètement **3** vi (of liquid) s'écouler (*into* dans); (of dishes) s'égoutter ◇ **to** ~ **away** (of strength) s'épuiser ◆ **drainage** n (system: land etc) système [m] de fossés; (in town etc) système d'égouts ◆ **drainer** or **draining board** n égouttoir [m] ◆ **drainpipe** n tuyau [m] d'écoulement.

drama ['drɑːmə] n (play; also fig) drame [m]; (dramatic art) théâtre [m] ◇ **English** ~ le théâtre anglais; ~ **critic** critique [m] dramatique ◆ **dramatic** adj (gen) dramatique; (effect, change) spectaculaire ◆ **dramatically** adv d'une manière dramatique or spectaculaire ◆ **dramatist** n auteur [m] dramatique ◆ **dramatize** vt (gen) dramatiser; (adapt: novel etc) adapter pour la scène or pour la télévision etc.

drank [dræŋk] pret of *drink*.

drape [dreɪp] 1 vt (gen) draper (*with* de); (room, altar) tendre (*with* de) 2 n ◇ (US) ~**s** rideaux [mpl] ◆ **draper** n marchand(e) [m(f)] de nouveautés.

drastic ['dræstɪk] adj (measures, remedy) énergique; (effect, change) radical; (price reduction) massif, [f] -ive ◆ **drastically** adv radicalement.

draught [drɑːft] 1 n a courant [m] d'air; (for fire) tirage [m]; (Naut) tirant [m] d'eau b ◇ **a ~ of cider** un coup de cidre c ◇ (game) ~**s** dames [fpl] 2 adj (beer) à la pression ◇ **~ excluder** bourrelet [m] *(de porte* etc) ◆ **draughtboard** n damier [m] ◆ **draughtsman** n dessinateur [m] industriel ◆ **draughty** adj (room) plein de courants d'air.

draw [drɔː] (vb: pret *drew*, ptp *drawn*) 1 n a (lottery) tombola [f]; (act of ~ing) tirage [m] au sort b match [m] nul ◇ **the match ended in a ~** ils ont fini par faire match nul 2 vti a (pull: gen) tirer; (caravan, trailer) remorquer; (move: one's hand etc) passer (*over* sur) ◇ **to ~ sb aside** tirer qn à l'écart; **to ~ one's hand back** retirer sa main; **to ~ down a blind** baisser un store; **the cat drew in its claws** le chat a rentré ses griffes; **to ~ one's gloves off** retirer ses gants; **to ~ on** (garment) enfiler; **to ~ out** (wire) étirer; (meeting etc) faire traîner en longueur; **to ~ up a chair** approcher une chaise; **to ~ o.s. up** se redresser b (extract: gen) tirer (*from* de); (from well) puiser (*from* dans); (sword) dégainer; (cork, money from bank) retirer (*from* de); (cheque) tirer (*on* sur); (salary) toucher; (conclusion) tirer (*from* de); (at cards) tirer (*for* pour) ◇ **he drew a gun on me** il a tiré un pistolet et l'a braqué sur moi; **to ~ breath** aspirer; **to ~ on one's savings** tirer sur ses économies; **to ~ a smile from sb** faire sourire qn; **to ~ out** (handkerchief, purse) sortir (*from* de); (money from bank) retirer (*from* de); (secret) soutirer (*from* à); **try and ~ him out** essayez de le faire parler c (attract etc: attention, crowd) attirer ◇ **to feel ~n towards sb** se sentir attiré par qn; **to ~ sb into a plan** entraîner qn dans un projet d (sketch etc: picture) dessiner; (plan, line, circle) tracer; (portrait) faire ◇ (fig) **it's hard to know where to ~ the line** il n'est pas facile de savoir où fixer les limites e ◇ **to ~ up** (contract, list, agreement) dresser; (scheme) établir f (be equal: of two teams) faire match nul; (in exam, competition) être ex æquo [inv] ◇ **to ~ for second place** remporter la deuxième place ex æquo; **to ~ a match** faire match nul g ◇ (move) **the train drew into the station** le train est entré en gare; **the car drew over towards...** la voiture a dévié vers...; **they drew level** ils sont arrivés à la hauteur l'un de l'autre; **to ~ near to** s'approcher de; (time, event) approcher de; **to ~ to an end** tirer à sa fin; **to ~ away** (go away) s'éloigner (*from* de); (move ahead) prendre de l'avance (*on* sur); **to ~ back** reculer (*from* de; *at* devant); **the days are ~ing in** les jours raccourcissent; **winter is ~ing on** l'hiver approche; **to ~ up** (of car) s'arrêter ◆ **drawback** n inconvénient [m] (*to* à) ◆ **drawbridge** n pont-levis [m] ◆ **drawer** n tiroir [m] ◆ **drawing** n dessin [m] ◇ **~ board** planche [f] à dessin; **~ pin** punaise [f] *(à papier)*; **~ room** salon [m] ◆ **drawn** adj a ◇ (haggard) **to look ~** avoir les traits tirés b (equal: game, match) nul, [f] nulle.

drawl [drɔːl] vt dire d'une voix traînante.

dread [dred] 1 vt redouter (*doing* de faire; *that* que... ne + subj) 2 n terreur [f] ◆ **dreadful** adj épouvantable; (less strong) affreux, [f] -euse ◇ **I feel ~!** (ill) je ne me sens pas bien du tout!; (ashamed) j'ai vraiment honte! ◆ **dreadfully** adv (gen) terriblement ◇ **~ sorry** absolument désolé.

dream [driːm] (vb: pret, ptp *dreamed* or *dreamt* [dremt]) 1 n rêve [m] ◇ **to have a ~ about sth** faire un rêve sur qch, rêver de qch; **to have ~s of doing** rêver de faire; **it was like a ~ come true** c'était comme dans un rêve; **the house of his ~s, his ~ house** la maison de ses rêves; **a ~ house** une maison de rêve; **he lives in a ~ world** il plane [famil] complètement; **rich beyond his wildest ~s** plus riche qu'il n'aurait jamais pu rêver de l'être 2 vti rêver (*about*, *of* de; *about or of doing* qu'on a fait; *that* que) ◇ **to ~ a dream** faire un rêve; **I shouldn't ~ of doing that!** jamais il ne me viendrait à l'idée de faire cela!; **I shouldn't ~ of it!** jamais de la vie!; **I didn't ~ that...** je n'ai jamais imaginé un instant que...; **to ~ sth up** [famil] imaginer qch ◆ **dreamer** n rêveur [m], [f] -euse ◆ **dreamland** n pays [m] des rêves ◆ **dreamy** adj (gen) rêveur, [f] -euse; (famil: adorable) ravissant.

dreary ['drɪərɪ] adj (gen) morne; (boring) ennuyeux, [f] -euse.

dredge [dredʒ] vti (also ~ **up**) draguer (*for* pour trouver) ◆ **dredger** n dragueur [m].

dregs [dregz] npl lie [f] (also fig).

drench [drentʃ] vt tremper ◇ **to get ~ed to the skin** se faire tremper jusqu'aux os.

Dresden ['drezdən] n porcelaine [f] de Saxe.

dress [dres] 1 n robe [f]; (clothing) tenue [f] ◇ **in eastern ~** en tenue orientale; (Theat) **~ circle** premier balcon [m]; **~ designer** styliste [mf]; (famous) grand couturier [m]; (Theat) **~ rehearsal** répétition [f] générale; **~ shirt** chemise [f] de soirée; **~ uniform** uniforme [m] de cérémonie 2 vt a habiller ◇ **to ~ o.s., to get ~ed** s'habiller; **well-~ed** bien habillé; **~ed for tennis** en tenue de tennis; **~ed in black** habillé en noir b (salad) assaisonner *(d'une vinaigrette* etc); (chicken, crab) préparer; (wound) panser ◇ **to ~ sb's hair** coiffer qn **3** vi s'habiller *(in black* etc de noir etc) ◇ **to ~ up** (smart clothes) se mettre en grande toilette; (fancy dress) se déguiser *(as* en) ◆ **dresser** n (Theat) habilleur [m], [f] -euse; (sideboard) vaisselier [m]; (US: dressing table) coiffeuse [f] ◆ **dressing** n habillement [m]; (Med) pansement [m]; (for food) assaisonnement [m] ◇ **oil and vinegar ~** vinaigrette [f]; **~ gown** robe [f] de chambre; **~ room** (in house) dressing(-room) [m]; (Theat) loge [f] *(d'acteur)*; (US: in shop) cabine [f] d'essayage; **~ table** coiffeuse [f] ◆ **dressmaker** n couturière [f] ◆ **dressmaking** n couture [f] ◆ **dressy** adj (person) chic [inv], élégant; (clothes) qui fait habillé.

drew [dru:] pret of *draw*.

dribble ['drɪbl] vi (of liquids) tomber goutte à goutte; (of person) baver; (Sport) dribbler.

dribs and drabs ['drɪbzən'dræbz] npl ◇ **in ~** petit à petit; (arrive) par petits groupes.

dried [draɪd] pret, ptp of *dry* adj (fruit, beans) sec, [f] sèche; (vegetables, flowers) séché; (eggs, milk) en poudre.

drier ['draɪəʳ] n = **dryer.**

drift [drɪft] **1** vi (gen) dériver; (in wind, current) être emporté; (of snow, sand etc) s'amonceler; (fig: of person) aller à la dérive; (of events) tendre *(towards* vers) ◇ **to let things ~** laisser les choses aller à la dérive **2** n **a** (snow) amoncellement [m] **b** (movement) dérive [f]; (direction: of conversation, events) tournure [f] ◆ **driftwood** n bois [m] flotté.

1. **drill** [drɪl] **1** n (cutting part) mèche [f]; (complete tool) perceuse [f]; (dentist's) roulette [f]; (in mine, quarry) foreuse [f]; (pneumatic ~) marteau-piqueur [m]; (for oil well) trépan [m] **2** vt (gen) percer; (tooth) fraiser; (oil well) forer **3** vi effectuer des forages *(for* pour trouver) ◆ **drilling** n forages [mpl] ◇ **~ rig** derrick [m]; (at sea) plate-forme [f].

2. **drill** [drɪl] **1** n (exercises) exercice(s) [m(pl)] ◇ (fig) **what's the ~?** [famil] quelle est la marche à suivre? **2** vt ◇ **I ~ed it into him that...** je lui ai bien fait entrer dans la tête que... **3** vi (of soldiers) faire l'exercice.

drily ['draɪlɪ] adv (coldly) sèchement; (ironically) d'un air pince-sans-rire.

drink [drɪŋk] (vb: pret *drank*, ptp *drunk*) **1** n **a** (liquid to ~) boisson [f] ◇ **may I have a ~?** est-ce que je pourrais boire quelque chose?; **to give sb a ~** donner à boire à qn **b** ◇ (beer, wine etc) **a ~** un verre; (before meal) un apéritif; (after meal) un digestif; **let's have a ~** prenons un verre; **to ask friends in for ~s** inviter des amis à venir prendre un verre **c** (alcohol) la boisson, l'alcool [m] ◇ **to be under the influence of ~** être en état d'ébriété; **to take to ~** se mettre à boire; **to smell of ~** sentir l'alcool; **to have a ~ problem** boire trop **2** vti (gen) boire ◇ **would you like something to ~?** voulez-vous boire quelque chose?; **to ~ sb's health** boire à la santé de qn; **'don't ~ and drive'** 'attention, au volant l'alcool tue'; (fig) **the children were ~ing it all in** les enfants n'en perdaient pas une miette [famil]; **to ~ sth up** finir qch ◆ **drinkable** adj (not poisonous) potable; (palatable) buvable ◆ **drinker** n buveur [m], [f] -euse ◇ **he's a heavy ~** il boit sec ◆ **drinking** **1** n (fait [m] de) boire [m]; (drunkenness) boisson [f] **2** adj ◇ **~ chocolate** chocolat [m] en poudre; **~ water** eau [f] potable.

drip [drɪp] **1** vti (of liquid) tomber goutte à goutte; (of tap) couler, goutter; (of walls) suinter; (of washing) s'égoutter ◇ **to be ~ping with** ruisseler de; **~ping wet** trempé; **you're ~ping paint all over the floor** tu mets de la peinture partout **2** n (drop) goutte [f]; (medical) goutte-à-goutte [m inv] ◇ **to be on a ~** être sous perfusion ◆ **drip-dry** adj qui ne nécessite aucun repassage ◆ **dripping** n (food) graisse [f] (de rôti).

drive [draɪv] (vb: pret *drove*, ptp *driven* ['drɪvn]) **1** n **a** ◇ (car journey) **to go for a ~** faire une promenade en voiture; **it's one hour's ~ from London** c'est à une heure de voiture de Londres **b** (private road) allée [f] **c** (energy) dynamisme [m] **d** (Pol) campagne [f]; (of army) poussée [f] **e** (Tech) transmission [f] ◇ **front-wheel ~** traction [f] avant; **left-hand ~** conduite [f] à gauche **f** (Comput: for disk) unité [f] de disques; (for tape) dérouleur [m] **2** vt **a** (chase) chasser (devant soi) ◇ **to ~ sb out of the country** chasser qn du pays; (fig) **to ~ sb hard** surcharger qn de travail; **to ~ sb mad** rendre qn fou; **to ~ sb to despair** réduire qn au désespoir; **to ~ sb to (do) sth** pousser qn à (faire) qch **b** (vehicle, passenger) conduire ◇ **he ~s a Peugeot** il a une Peugeot; **I'll ~ you back** je te ramènerai en voiture **c** (operate: machine) actionner ◇ **machine driven by electricity** machine fonctionnant à l'électricité **d** (nail, stake: also **~ in**) enfoncer; (Golf, Tennis) driver; (tunnel) percer ◇ (fig) **to ~ a point home** réussir à faire comprendre un argument **3** vi **a** ◇ (in car) **to ~ to London** aller à Londres en voiture; **to ~ away** etc partir etc en voiture; **can you ~?** savez-vous conduire?; **to ~ at 50 km/h** rouler à 50 km/h; **to ~ on the right** rouler à droite; **to ~ over sth** écraser qch **b** ◇ (fig) **what are you driving at?** où voulez-vous en venir? ◆ **drive-in** adj, n drive-in [m] ◆ **driver** n conducteur [m], [f] -trice; (of racing car) pilote [m] ◇ **car ~s** automobilistes [mpl]; **to be a good ~** conduire bien ◆ **driving** n ◇ **his ~ is awful** il conduit très mal; **~ instructor** moniteur [m], [f] -trice d'auto-école; **~ lesson** leçon [f] de conduite; **~ licence** permis [m] de conduire; ~ **school** auto-école [f]; **to pass one's ~ test** avoir son permis.

drizzle ['drɪzl] 1 n bruine [f] 2 vi bruiner.

drone [drəʊn] 1 vi (of engine) ronronner; (speak: ~ **away**, ~ **on**) parler d'une façon monotone 2 n a (sound) ronronnement [m] b (bee) abeille [f] mâle.

droop [dru:p] vi (of body) s'affaisser; (of eyelids) s'abaisser; (of flowers) commencer à se faner.

drop [drɒp] 1 n a goutte [f] ◇ ~ **by** ~ goutte à goutte b (fall) baisse [f] (*in* de) ◇ (fig) **at the ~ of a hat** sans hésitation c (abyss) précipice [m]; (distance of fall) hauteur [f]; (by parachute) parachutage [m] ◇ **sheer** ~ descente [f] à pic 2 vt a (gen) laisser tomber; (release, let go) lâcher; (stitch) sauter; (voice, price) baisser; (person, thing: from car) déposer; (from boat) débarquer ◇ **to ~ by parachute** parachuter; **to ~ sb off** (by car) déposer qn; **to ~ anchor** jeter l'ancre b (remark, clue) laisser échapper ◇ **to ~ a hint about sth** suggérer qch c (letter) envoyer (*to* à) ◇ **to ~ sb a line** écrire un petit mot à qn d (omit etc) omettre; (person) écarter (*from* de) e (abandon: habit, idea) renoncer à; (work, discussion) abandonner; (friend) laisser tomber ◇ **let's ~ the subject** ne parlons plus de cela 3 vi a (~ **down**: of object) tomber; (of person) se laisser tomber ◇ **to ~ back** or **behind** rester en arrière; (in work) prendre du retard; **to ~ in on sb** passer chez qn; **to ~ off** s'endormir; **to ~ out** (withdraw) se retirer (*of* de); (from college etc) abandonner; ~ **dead!** [famil] va te faire voir! [famil] b (of wind) tomber; (of temperature, price) baisser; (of numbers, sales) diminuer ✦ **dropout** n (from society) marginal(e) [m(f)]; (from college etc) étudiant(e) [m(f)] qui abandonne ses études.

drought [draʊt] n sécheresse [f].

drove [drəʊv] pret of *drive* n ◇ **in ~s** en foule.

drown [draʊn] 1 vt (kill) noyer 2 vi (die) se noyer ✦ **drowning** n (death) noyade [f].

drowse [draʊz] vi être à moitié endormi ✦ **drowsy** adj somnolent ◇ **to feel** ~ avoir envie de dormir.

drudgery ['drʌdʒərɪ] n corvées [fpl].

drug [drʌg] 1 n drogue [f]; (medicine) médicament [m] ◇ **he's on ~s** (gen) il se drogue; (Med) il est sous médication; ~ **abuse** abus [m] de drogues; ~ **addict** drogué(e) [m(f)]; ~ **peddler** or **pusher** revendeur [m], [f] -euse de drogue; ~ **traffic** trafic [m] de drogue 2 vt (person) droguer (also Med); (food, wine) mêler un narcotique à ✦ **druggist** n (US) droguiste-épicier [m], [f] -ière ✦ **drugstore** n (US) drugstore [m] ✦ **drug-taking** n usage [m] de la drogue.

drum [drʌm] 1 n a (Mus) tambour [m] ◇ **the big** ~ la grosse caisse [f]; **the ~s** la batterie [f]; ~ **kit** batterie [f] b (for oil) bidon [m]; (cylinder, also machine part) tambour [m] 2 vti (Mus) battre le tambour ◇ **to ~ one's fingers on sth** tambouriner sur qch; **to ~ sth into sb** enfoncer qch dans le crâne de qn ✦ **drummer** n tambour [m]; (Jazz) batteur [m] ✦ **drumstick** n baguette [f] de tambour; (of chicken) pilon [m].

drunk [drʌŋk] ptp of *drink* 1 adj ivre; (fig) enivré (*with* de, par) ◇ **to get** ~ s'enivrer, se soûler (*on* de) 2 n [famil] homme [m] or femme [f] soûl(e) [famil] ✦ **drunkard** n ivrogne [m] ✦ **drunken** adj (habitually) ivrogne; (intoxicated) ivre; (fury, voice) d'ivrogne ◇ ~ **driving** conduite [f] en état d'ivresse.

dry [draɪ] 1 adj a (gen) sec, [f] sèche; (day) sans pluie; (well) à sec ◇ **on ~ land** sur la terre ferme; **as ~ as a bone** tout sec; **to keep sth** ~ tenir qch au sec; **'to be kept ~'** 'craint l'humidité'; ~ **dock** cale [f] sèche; ~ **rot** pourriture [f] sèche *(du bois)*; **the river ran** ~ la rivière s'est asséchée b (humour) pince-sans-rire [inv]; (dull) ennuyeux, [f] -euse 2 vti (gen: also ~ **off**, ~ **out**) sécher; (clothes) faire sécher; (of stream, source of supply) se tarir ◇ **to ~ one's eyes** sécher ses larmes; **to ~ the dishes, to ~ up** essuyer la vaisselle; **to ~ o.s.** se sécher ✦ **dry-clean** vt nettoyer à sec ◇ **to have sth ~ed** donner qch à nettoyer ✦ **dry-cleaner** n teinturier [m] ✦ **dry-cleaning** n nettoyage [m] à sec ✦ **dryer** n (gen) séchoir [m] ◇ (at hairdresser's) **under the** ~ sous le casque ✦ **dryness** n sécheresse [f].

DSS [di:es'es] n (Brit) abbr of *Department of Social Security* ministère [m] de la Santé.

DTP [di:ti:'pi:] n abbr of *desktop publishing* PAO.

dual ['djʊəl] adj double ◇ ~ **carriageway** route [f] à chaussées séparées; ~ **controls** double commande [f].

dub [dʌb] vt (Cine) doubler *(dialogue)*.

dubious ['dju:bɪəs] adj (gen) douteux, [f] -euse; (look) de doute ◇ **I'm very ~ about it** j'en doute fort ✦ **dubiously** adv avec doute.

duchess ['dʌtʃɪs] n duchesse [f].

duck [dʌk] 1 n canard [m] ◇ (fig) **he took to it like a ~ to water** c'était comme s'il l'avait fait toute sa vie 2 vi (~ **down**) se baisser vivement ✦ **duckling** n caneton [m].

dud [dʌd] 1 adj (tool) mal fichu [famil]; (coin) faux, [f] fausse; (cheque) sans provision 2 n (person) nullard(e) [famil] [m(f)].

due [dju:] 1 adj a (owing) dû, [f] due ◇ **to fall** ~ venir à échéance; **when is the rent ~?** quand faut-il payer le loyer?; **he is ~ for a rise** il doit recevoir une augmentation; **the train is ~ at midday** le train doit arriver à midi b ◇ (proper) **in** ~

course (when the time is ripe) en temps utile; (in the long run) à la longue; **with all ~ respect...** sans vouloir vous contredire... **c** ◇ **~ to** (caused by) dû à; (because of) à cause de; (thanks to) grâce à **2** adv ◇ **to go ~ west** aller droit vers l'ouest; **~ east of** plein est par rapport à **3** n **a** ◇ **to give him his ~, he did do it** il faut reconnaître qu'il l'a quand même fait **b** ◇ (fees: in harbour) **~s** droits [mpl].

duel ['djʊəl] n duel [m].

duet [dju:'et] n duo [m] ◇ **to sing a ~** chanter en duo.

duffel, duffle ['dʌfəl] adj ◇ **~ bag** sac [m] de paquetage; **~ coat** duffel-coat [m].

dug [dʌg] pret, ptp of *dig*.

duke [dju:k] n duc [m].

dull [dʌl] adj (person: slow-witted) borné; (boring) ennuyeux, [f] -euse; (colour) terne; (sound, pain) sourd; (weather) maussade.

duly ['dju:lɪ] adv (properly) ainsi qu'il convient; (Law etc) dûment; (on time) en temps voulu; (in effect) en effet.

dumb [dʌm] adj **a** muet, [f] muette; (*with, from* de) ◇ **~ animals** les animaux [mpl]; **to be struck ~** rester muet **b** (famil: stupid) bête ◇ **to act ~** faire l'innocent ◆ **dumbfounded** adj ahuri.

dummy ['dʌmɪ] **1** n (of book etc) maquette [f]; (model) mannequin [m]; (of ventriloquist) pantin [m]; (Bridge) mort [m]; (baby's teat) tétine [f] **2** adj faux, [f] fausse, factice ◇ **~ run** essai [m].

dump [dʌmp] **1** n (pile of rubbish) tas [m] d'ordures; (place) décharge [f] publique; (Mil) dépôt [m]; (famil: unpleasant place) trou [m]; (famil: house, hotel) baraque [famil] [f] ◇ **~er** or **~ truck** tombereau [m] automoteur; **to be down in the ~s** [famil] avoir le cafard [famil] **2** vt **a** (famil: get rid of) larguer [famil] **b** (put down: package, passenger) déposer; (sand, bricks) décharger.

dumpling ['dʌmplɪŋ] n (savoury) boulette [f] (de pâte) ◇ **apple ~** ≃ chausson [m] aux pommes.

dunce [dʌns] n cancre [m] (*at* en).

dune [dju:n] n dune [f].

dung [dʌŋ] n (gen) crotte [f]; (of cattle) bouse [f]; (manure) fumier [m].

dungarees [,dʌŋgə'ri:z] npl (of workman) bleu [m] (de travail); (of child, woman) salopette [f].

dungeon ['dʌndʒən] n cachot [m] (souterrain).

Dunkirk [dʌn'kɜ:k] n Dunkerque.

dupe [dju:p] vt duper.

duplex ['dju:pleks] adj, n duplex [m].

duplicate ['dju:plɪkeɪt] **1** vt (gen) faire un double de; (on machine) polycopier; (action etc) répéter exactement **2** ['dju:plɪkɪt] n double [m] ◇ **in ~** en deux exemplaires **3** ['dju:plɪkɪt] adj (copy) en double ◇ **a ~ key** un double de la clef ◆ **duplication** n répétition [f], reproduction [f] ◆ **duplicator** n duplicateur [m].

durable ['djʊərəbl] adj (material) résistant; (friendship) durable.

duration [djʊə'reɪʃən] n (gen) durée [f] ◇ **for the ~ of the war** jusqu'à la fin de la guerre.

during ['djʊərɪŋ] prep pendant, durant; (in the course of) au cours de.

dusk [dʌsk] n crépuscule [m].

dust [dʌst] **1** n poussière [f] ◇ **I've got a speck of ~ in my eye** j'ai une poussière dans l'œil; **~ cover** (of book: also **~ jacket**) jaquette [f] *(d'un livre)*; (of furniture: also **~ sheet**) housse [f] de protection **2** vt **a** (furniture) épousseter; (room) essuyer la poussière dans **b** (sprinkle) saupoudrer (*with* de) ◆ **dustbin** n poubelle [f], boîte [f] à ordures ◆ **dustcart** n tombereau [m] aux ordures ◆ **duster** n (Brit) chiffon [m] *(à poussière, à effacer)* ◆ **dusting powder** n talc [m] ◆ **dustman** n éboueur [m] ◆ **dustpan** n pelle [f] à poussière ◆ **dusty** adj poussiéreux, [f] -euse.

Dutch [dʌtʃ] **1** adj hollandais, néerlandais ◇ **~ cap** diaphragme [m]; **~ cheese** hollande [m]; **~ elm disease** champignon [m] parasite de l'orme **2** n (Ling) hollandais [m] ◇ **the ~** les Hollandais [mpl], les Néerlandais [mpl]; (fig) **it's all ~ to me** [famil] c'est du chinois pour moi ◆ **Dutchman** n Hollandais [m] ◆ **Dutchwoman** n Hollandaise [f].

dutiful ['dju:tɪfʊl] adj (child) respectueux, [f] -ueuse; (husband) plein d'égards ◆ **dutifully** adv consciencieusement.

duty ['dju:tɪ] n **a** (moral, legal) devoir [m] (*to do* de faire; *to or by sb* envers qn) ◇ **I feel ~ bound to do it** il est de mon devoir de le faire; (of employee, official etc) **duties** fonctions [fpl]; **on ~** (gen) de service; (doctor, chemist) de garde; **to be off ~** être libre **b** (tax) droit [m], taxe [f] (indirecte) ◆ **duty-free** adj (goods etc) exempté de douane; (shop) hors-taxe.

duvet ['du:veɪ] n couette [f] *(édredon)* ◇ **~ cover** housse [f] de couette.

dwarf [dwɔ:f] **1** adj, n nain(e) [m(f)] **2** vt faire paraître petit.

dwell [dwel] pret, ptp *dwelt* vi demeurer ◇ **to ~ upon** (think about) s'arrêter sur; (talk about) s'étendre sur ◆ **dweller** n habitant(e) [m(f)] ◆ **dwelling** n habitation [f].

dwindle ['dwɪndl] vi diminuer (peu à peu).

dye [daɪ] **1** n teinture [f], colorant [m] ◇ **hair ~** teinture [f] pour les cheveux; **fast ~** grand teint [m] **2** vt teindre ◇ **to ~ sth red** teindre qch en rouge; **to ~ one's hair** se teindre les cheveux ◆ **dyer** n ◇ **~'s and cleaner's** teinturier [m].

dying ['daɪɪŋ] **1** adj mourant; (custom etc) en train de disparaître ◇ **to my ~ day** jusqu'à ma dernière heure **2** n (death) mort [f]; (just before death) agonie [f] ◇ **the ~** les mourants [mpl].

dyke [daɪk] n digue [f].

dynamic [daɪ'næmɪk] adj dynamique.

dynamism ['daɪnəmɪzəm] n dynamisme [m].

dynamite ['daɪnəmaɪt] n dynamite [f].

dynamo ['daɪnəməʊ] n dynamo [f].

dynasty ['dɪnəstɪ] n dynastie [f].

dysentery ['dɪsɪntrɪ] n dysenterie [f].

dyslexic [dɪs'leksɪk] adj, n dyslexique [mf].

e

E, e [iː] n **a** E, e [m]; (Mus) mi [m] ◇ (Comput) **e mail = electronic mail b** ◇ **E number** *numéro de code chimique sur produits alimentaires.*

each [iːtʃ] **1** adj chaque ◇ ~ **day** chaque jour, tous les jours; ~ **one of us** chacun(e) d'entre nous **2** pron **a** chacun(e) [m(f)] ◇ ~ **of the boys** chacun des garçons; ~ **of us** chacun(e) d'entre nous; **one apple** ~ une pomme chacun **b** ◇ ~ **other** l'un(e) l'autre [m(f)]; **they love** ~ **other** ils s'aiment; **they write to** ~ **other** ils s'écrivent; **you must help** ~ **other** vous devez vous aider les uns les autres; **separated from** ~ **other** séparés l'un de l'autre.

eager [ˈiːgəʳ] adj (keen) très désireux, [f] -euse (*for* de; *to do* de faire); (supporter) passionné; (search, glance) avide ◇ **to be** ~ **for** désirer vivement; **to be** ~ **to do** désirer vivement faire ◆ **eagerly** adv (await) avec impatience; (want) passionnément ◆ **eagerness** n vif désir [m] (*to do* de faire; *for* de).

eagle [ˈiːgl] n aigle [m].

1. **ear** [ɪəʳ] **1** n oreille [f] ◇ (fig) **to keep one's** ~ **to the ground** être aux écoutes; **to be all** ~**s** [famil] être tout oreilles; **to be up to the** ~**s in work** avoir du travail par-dessus la tête; (Mus) **to have a good** ~ avoir de l'oreille; **to play by** ~ jouer à l'oreille **2** adj (operation) à l'oreille ◇ (in hospital) ~, **nose and throat department** service [m] d'oto-rhino-laryngologie ◆ **earache** n mal [m] d'oreille ◇ **to have** ~ avoir mal à l'oreille ◆ **eardrops** npl gouttes [fpl] pour les oreilles ◆ **eardrum** n tympan [m] ◆ **earmark** vt réserver (*for* à) ◆ **earphone** n écouteur [m] ◇ **set of** ~**s** casque [m] ◆ **earplugs** npl (for sleeping) boules [fpl] Quiès ® ◆ **earring** n boucle [f] d'oreille ◆ **earshot** n ◇ **within** ~ à portée de voix ◆ **ear-splitting** adj strident ◆ **earwig** n perce-oreille [m].

2. **ear** [ɪəʳ] n (of corn) épi [m].

earl [ɜːl] n comte [m].

early [ˈɜːlɪ] **1** adj (man, Church) primitif, [f] -ive; (plant) précoce; (death) prématuré ◇ **it's still** ~ il est encore tôt; **you're** ~**!** vous arrivez de bonne heure!; **an** ~ **train** un train tôt le matin; **the** ~ **train** le premier train; **to be an** ~ **riser** se lever de bonne heure; ~ **retirement** préretraite [f], retraite [f] anticipée; (shops) **it's** ~ **closing day** les magasins ferment l'après-midi; **it is too** ~ **yet to say** il est trop tôt pour dire; **it was** ~ **in the morning** c'était tôt le matin; **in the** ~ **afternoon** au début de l'après-midi; **she's in her** ~ **forties** elle a un peu plus de 40 ans; **from an** ~ **age** dès l'enfance; **his** ~ **life** sa jeunesse; **at the earliest possible moment** le plus tôt possible **2** adv de bonne heure, tôt ◇ **too** ~ trop tôt; **as** ~ **as possible** le plus tôt possible; **he's always** ~ il est toujours en avance; **10 minutes** ~ **or earlier** 10 minutes plus tôt; **earlier on** plus tôt; **book** ~ réservez longtemps à l'avance; ~ **in the year** au début de l'année.

earn [ɜːn] vt (money) gagner; (salary) toucher; (interest) rapporter; (praise, rest) mériter ◇ **to** ~ **one's living** gagner sa vie ◆ **earnings** npl salaire [m].

earnest [ˈɜːnɪst] **1** adj (gen) sérieux, [f] -ieuse; (sincere) sincère **2** n ◇ **in** ~ sérieusement; **I am in** ~ je ne plaisante pas ◆ **earnestly** adv (speak) avec sérieux; (beseech, pray) sincèrement.

earth [ɜ:θ] 1 n a (the world) terre [f], monde [m] ◇ **(the) E~** la Terre; **on ~** sur terre; **why on ~...?** mais pourquoi...?; **nothing on ~** rien au monde (+ *ne*); **~ tremor** secousse [f] sismique b (ground) terre [f]; (Elec) masse [f] ◇ **to fall to ~** tomber à terre; **to run sth to ~** dépister qch 2 vt (electrical appliance) mettre à la masse ◆ **earthenware** 1 n faïence [f] 2 adj en faïence ◆ **earthly** adj terrestre ◇ **there is no ~ reason to think** il n'y a pas la moindre raison de croire ◆ **earthquake** n tremblement [m] de terre.

ease [i:z] 1 n a (mental) tranquillité [f]; (physical) bien-être [m] ◇ **at ~** à l'aise; (Mil) au repos; **to put sb at his ~** mettre qn à l'aise; **to put sb's mind at ~** tranquilliser qn; **ill at ~** mal à l'aise b (lack of difficulty) facilité [f] 2 vt (pain) soulager; (mind) tranquilliser; (strap) relâcher; (pressure, tension) diminuer ◇ **to ~ a key into a lock** introduire doucement une clef dans une serrure; **he ~d himself through the gap** il s'est glissé par le trou 3 vi (**~ off**) (slow down) ralentir; (of situation) se détendre; (of pressure) diminuer; (of pain) se calmer; (of demand) baisser ◇ **to ~ up** se détendre; **~ up a bit!** vas-y plus doucement!

easel ['i:zl] n chevalet [m].

easily ['i:zɪlɪ] adv (gen) facilement; (relaxedly) tranquillement; (unquestionably) sans aucun doute ◇ **he may ~ change his mind** il pourrait bien changer d'avis.

east ['i:st] 1 n est [m] ◇ (politically) **the E~** les pays [mpl] de l'Est; **the mysterious E~** l'Orient [m] mystérieux; **to the ~ of** à l'est de; **to live in the ~** habiter dans l'Est 2 adj (gen) est [inv]; (wind) d'est ◇ (in London) **the E~ End** les quartiers [mpl] est de Londres; **E~ Africa** l'Afrique [f] orientale 3 adv (travel) vers l'est ◇ **~ of the border** à l'est de la frontière ◆ **eastbound** adj en direction de l'est ◆ **easterly** adj (wind) d'est ◇ **in an ~ direction** en direction de l'est ◆ **eastern** adj est [inv] ◇ **E~ France** l'est [m] de la France; **the E~ bloc** les pays [mpl] de l'Est ◆ **eastward** 1 adj à l'est 2 adv (also **eastwards**) vers l'est.

Easter ['i:stə^r] 1 n Pâques [mf] ◇ **at ~** à Pâques; **Happy ~!** joyeuses Pâques! 2 adj de Pâques ◇ **~ Day** le jour de Pâques; **~ egg** œuf [m] de Pâques.

easy ['i:zɪ] 1 adj a (not difficult) facile ◇ **it is ~ for him to do that** il lui est facile de faire cela; **it is ~ to see that...** on voit bien que...; **easier said than done!** c'est vite dit!; **~ to get on with** facile à vivre; **I'm ~** [famil] ça m'est égal b (relaxed: manners, style) aisé; (life) tranquille; (pace) modéré; (conditions) favorable; (relationship) cordial ◇ **~ chair** fauteuil [m] (rembourré); (when buying) **on ~ terms** avec facilités [fpl] de paiement 2 adv ◇ **to take things ~** ne pas se fatiguer; **take it ~!** doucement!; **go ~ with the sugar** vas-y doucement avec le sucre; **to go ~ with sb** ne pas être trop dur envers qn ◆ **easy-care** adj (fabric) facile d'entretien ◆ **easy-going** adj accommodant.

eat [i:t] pret *ate*, ptp *eaten* vti a (gen) manger ◇ **to ~ one's lunch** déjeuner; **to ~ a meal** prendre un repas; **we ~ at 8** nous dînons à 8 heures; **to have nothing to ~** n'avoir rien à manger; **to ~ like a horse** manger comme quatre; **to ~ out** aller au restaurant; **to ~ sth up** finir qch b ◇ **to ~ into sth** ronger qch; (savings) entamer qch ◆ **eatable** adj (fit to eat) mangeable; (not poisonous) comestible ◆ **eater** n ◇ **a big ~** un gros mangeur.

eaves [i:vz] npl avant-toit [m].

eavesdrop ['i:vzdrɒp] vi écouter en cachette (*on sth* qch).

ebb [eb] 1 n (of tide) reflux [m] ◇ **the ~ and flow** le flux et le reflux; (fig) **to be at a low ~** aller mal; **~ tide** marée [f] descendante 2 vi (of tide) descendre ◇ **to ~ and flow** monter et baisser; **to ~ away** (of enthusiasm etc) décliner.

ebony ['ebənɪ] n ébène [f].

EC [i:'si:] n abbr of *European Community* CEE [f].

eccentric [ɪk'sentrɪk] adj, n excentrique [mf] ◆ **eccentricity** n excentricité [f].

ecclesiastical [ɪ'kli:zɪ'æstɪkəl] adj ecclésiastique.

echo ['ekəʊ] 1 n écho [m] 2 vti (of sound) se répercuter; (of place) faire écho ◇ **to ~ with music** retentir de musique; (of person) **to ~ sb's words** répéter les paroles de qn.

eclipse [ɪ'klɪps] 1 n éclipse [f] 2 vt éclipser.

ecological [ˌi:kəʊ'lɒdʒɪkəl] adj écologique.

ecologist [ɪ'kɒlədʒɪst] n écologiste [mf].

ecology [ɪ'kɒlədʒɪ] n écologie [f].

economic ['i:kə'nɒmɪk] adj (development, factor) économique; (rent, price) rentable ◇ **it isn't an ~ proposition** ce n'est pas intéressant financièrement ◆ **economical** adj (method, appliance) économique; (person) économe ◆ **economically** adv économiquement ◇ **to use sth ~** économiser qch ◆ **economics** nsg économie [f] politique.

economist [ɪ'kɒnəmɪst] n économiste [mf].

economize [ɪ'kɒnəmaɪz] vti économiser (*on* sur).

economy [ɪ'kɒnəmɪ] n économie [f] (*in* de) ◇ **~ class** classe [f] touriste; **to have an ~ drive** faire des économies; **~ size** taille [f] économique.

ecosystem ['i:kəʊˌsɪstəm] n écosystème [m].

ecstasy ['ekstəsɪ] n extase [f] ◆ **ecstatic** adj extasié.

ECU ['eku:] n abbr of *European Currency Unit* unité [f] de compte européenne, ECU [m].

Ecuador ['ekwədɔ:ʳ] n Équateur [m] ◆ **Ecuador(i)an** 1 adj équatorien, [f] -ienne 2 n Équatorien(ne) [m(f)].

ecumenical ['i:kjʊ'menɪkəl] adj œcuménique.

eczema ['eksɪmə] n eczéma [m].

eddy ['edɪ] n tourbillon [m].

edge [edʒ] 1 n (gen) bord [m]; (of town) abords [mpl]; (of cube, brick) arête [f]; (of knife, razor) tranchant [m]; (distance round ~) pourtour [m] ◇ **on the ~ of disaster** au bord du désastre; **it sets my teeth on ~** cela m'agace les dents; **he is on ~** il est énervé; (fig) **to have the ~ on** être légèrement supérieur à 2 vti border (*with* de) ◇ **to ~ forward** avancer petit à petit ◆ **edgeways** adv de côté ◇ **I couldn't get a word in ~** [famil] je n'ai pas réussi à placer un mot.

edgy ['edʒɪ] adj énervé.

edible ['edɪbl] adj (not poisonous) comestible; (fit to eat) mangeable.

edict ['i:dɪkt] n décret [m].

Edinburgh ['edɪnbərə] n Édimbourg.

edit ['edɪt] vt (newspaper) être le rédacteur en chef de, diriger; (text, author, Comput) éditer; (dictionary) rédiger; (article, tape) mettre au point; (cut) couper; (film) monter ◆ **edition** n édition [f] ◆ **editor** n (of newspaper) rédacteur [m], [f] -trice en chef; (of magazine, review) directeur [m], [f] -trice; (of text) éditeur [m], [f] -trice; (of dictionary) rédacteur, [f] -trice; (of radio, TV programme) réalisateur [m], [f] -trice ◆ **editorial** n éditorial [m].

EDP [i:di:'pi:] n abbr of *electronic data processing* traitement [m] électronique de données.

educate ['edjʊkeɪt] vt (pupil) instruire; (the public) éduquer; (mind, tastes) former; (bring up: children) élever ◇ **he is being ~d in Paris** il fait ses études à Paris ◆ **educated** adj cultivé ◇ **well-~** qui a reçu une bonne éducation.

education ['edjʊ'keɪʃən] n (gen) éducation [f]; (teaching) enseignement [m]; (studies) études [fpl]; (training) formation [f]; (knowledge) culture [f] ◇ **Ministry of E~** ministère [m] de l'Éducation nationale; **primary ~** enseignement primaire; **he had a good ~** il a reçu une bonne éducation; **diploma in ~** diplôme [m] de pédagogie; **the ~ system** le système d'éducation ◆ **educational** adj (methods) pédagogique; (establishment) d'enseignement; (qualifications) diplômes [mpl]; (supplies) scolaire; (film, games, visit) éducatif, [f] -ive ◆ **educationally** adv pédagogiquement.

Edwardian [ed'wɔ:dɪən] adj ◇ (Brit) **the ~ era** ≃ la Belle Époque.

EEC [,i:i:'si:] n abbr of *European Economic Community* CEE [f].

eel [i:l] n anguille [f].

eerie, **eery** ['ɪərɪ] adj sinistre.

efface [ɪ'feɪs] vt effacer.

effect [ɪ'fekt] 1 n effet [m] (*on* sur) ◇ **to have an ~ on** produire un effet sur; **it will have the ~ of preventing** cela aura pour effet d'empêcher; **to no ~** en vain; **to put into ~** (project) mettre à exécution; (regulation) mettre en vigueur; **to take ~** (drug) agir; (law) entrer en vigueur; **in ~** en fait; **a letter to that ~** une lettre dans ce sens; **or words to that ~** ou quelque chose d'analogue; (property) **~s** biens [mpl] 2 vt effectuer.

effective [ɪ'fektɪv] adj a (efficient: measures) efficace; (telling: remark) qui porte ◇ (of law etc) **to become ~** entrer en vigueur b (actual: aid) effectif, [f] -ive ◆ **effectively** adv (efficiently) efficacement; (in reality) effectivement.

effeminate [ɪ'femɪnɪt] adj efféminé.

effervesce ['efə'ves] vi être en effervescence ◆ **effervescent** adj effervescent.

efficiency [ɪ'fɪʃənsɪ] n (of person) compétence [f]; (of system) efficacité [f]; (of machine) bon fonctionnement [m].

efficient [ɪ'fɪʃənt] adj (person) compétent; (system, organization) efficace; (machine) qui fonctionne bien ◆ **efficiently** adv (plan) avec compétence; (function, work) bien.

effort ['efət] n effort [m] ◇ **it's not worth the ~** cela ne vaut pas la peine; **what do you think of his latest ~?** [famil] qu'est-ce que tu penses de ce qu'il vient de faire?; **that's a good ~** [famil] ça n'est pas mal réussi; **to make an ~ to do sth** faire un effort pour faire qch, s'efforcer de faire qch ◆ **effortless** adj facile ◆ **effortlessly** adv sans effort.

effusive [ɪ'fju:sɪv] adj chaleureux, [f] -euse.

eg [,i:'dʒi:] adv abbr of *exempli gratia* par exemple, p. ex.

egalitarian [ɪ,gælɪ'tɛərɪən] adj (person) égalitariste; (principle) égalitaire.

egg [eg] 1 n œuf [m] ◇ **~s and bacon** œufs au bacon; **~ white** blanc [m] d'œuf 2 vt (**~ on**) inciter (*to do* à faire) ◆ **eggcup** n coquetier [m] ◆ **eggshell** n coquille [f] d'œuf ◆ **egg timer** n (sand) sablier [m]; (automatic) minuteur [m].

ego ['i:gəʊ] n ◇ **the ~** le moi, l'ego [m].

Egypt ['i:dʒɪpt] n Égypte [f] ◆ **Egyptian** 1 adj égyptien 2 n Égyptien(ne) [m(f)].

eiderdown ['aɪdədaʊn] n édredon [m].

eight [eɪt] 1 adj, n huit [m inv] 2 pron huit [mfpl] V for phrases **six** ◆ **eighteen** 1 adj, n dix-huit [m inv] 2 pron dix-huit [mfpl] ◆ **eighteenth** adj, n dix-huitième [mf] ◆ **eighth**

adj, n huitième [mf]; (fraction) huitième [m] → for phrases **sixth** ◆ **eightieth** adj, n quatre-vingtième [mf]; (fraction) quatre-vingtième [m] ◆ **eighty** 1 adj, n quatre-vingts [m inv] ◇ **~-one** quatre-vingt-un 2 pron quatre-vingts [mfpl] → for phrases **sixty.**

Eire ['ɛərə] n république [f] d'Irlande.

either ['aɪðəʳ] 1 adj, pron a (one or other) l'un ou l'autre ◇ **~ day would suit me** l'un ou l'autre jour me conviendrait; **I don't like ~ girl** je n'aime ni l'une ni l'autre de ces filles; **I don't believe ~ of them** je ne les crois ni l'un ni l'autre b (each) chaque ◇ **in ~ hand** dans chaque main 2 adv non plus ◇ **he can't do it ~** il ne peut pas le faire non plus; **no, I haven't ~** moi non plus 3 conj ◇ **~... or** ou bien... ou bien, soit... soit; (after neg) ni... ni; **I have never been ~ to Paris or to Rome** je ne suis jamais allé ni à Paris ni à Rome.

eject [ɪ'dʒekt] vt (lit) éjecter; (fig: troublemaker) expulser.

eke [i:k] vt ◇ **to ~ out** (by adding) augmenter; (by saving) faire durer.

elaborate [ɪ'læbərɪt] 1 adj (complicated) compliqué; (careful) minutieux, [f] -ieuse; (joke, meal, style) recherché 2 vi donner des détails (*on* sur) ◆ **elaborately** adv (plan) minutieusement; (dress) avec recherche.

elapse [ɪ'læps] vi s'écouler.

elastic [ɪ'læstɪk] 1 adj élastique ◇ **~ band** élastique [m]; **~ stockings** bas [mpl] à varices 2 n élastique [m].

elated [ɪ'leɪtɪd] adj transporté de joie ◆ **elation** n allégresse [f].

elbow ['elbəʊ] 1 n coude [m] ◇ **with his ~s on the table** accoudé à la table; **at his ~** à ses côtés; **to use a bit of ~ grease** [famil] mettre de l'huile de coude [famil]; **to have enough ~ room** avoir de la place pour se retourner 2 vt ◇ **to ~ one's way through the crowd** se frayer un passage à travers la foule.

1. **elder** ['eldəʳ] 1 adj aîné *(de deux)* ◇ **my ~ sister** ma sœur aînée; **~ statesman** homme [m] politique chevronné 2 n aîné(e) [m(f)] ◆ **elderly** adj assez âgé ◆ **eldest** adj aîné *(de plusieurs)* ◇ **my ~ brother** l'aîné de mes frères.

2. **elder** ['eldəʳ] n (tree) sureau [m] ◆ **elderberry wine** n vin [m] de sureau.

elect [ɪ'lekt] 1 vt élire (*to* à); (choose) choisir (*to do* de faire) ◇ **he was ~ed chairman** il a été élu président 2 adj futur ◇ **the president ~** le futur président.

election [ɪ'lekʃən] 1 n élection [f] 2 adj (campaign) électoral; (day, results) du scrutin.

electorate [ɪ'lektərɪt] n électorat [m].

electric [ɪ'lektrɪk] adj (gen) électrique ◇ **~ blanket** couverture [f] chauffante; **~ chair** chaise [f] électrique; **~ eye** cellule [f] photoélectrique; **~ fence** clôture [f] électrifiée; **~ fire** radiateur [m] électrique; **~ light** lumière [f] électrique; **to get an ~ shock** recevoir une décharge électrique ◆ **electrical** adj électrique ◇ **~ engineer** ingénieur [m] électricien ◆ **electrician** n électricien [m] ◆ **electricity** n électricité [f] ◇ **to switch off the ~** couper le courant; **~ board** office [m] régional de l'électricité ◆ **electrification** n électrification [f] ◆ **electrify** vt (Rail) électrifier.

electro... [ɪ'lektrəʊ] pref électro...

electrocute [ɪ'lektrəkju:t] vt électrocuter.

electrode [ɪ'lektrəʊd] n électrode [f].

electrolysis [ɪlek'trɒlɪsɪs] n électrolyse [f].

electronic [ɪlek'trɒnɪk] adj (gen) électronique ◇ (Comput) **~ mail** messagerie [f] électronique ◆ **electronics** nsg électronique [f].

elegance ['elɪgəns] n élégance [f].

elegant ['elɪgənt] adj élégant.

element ['elɪmənt] n (gen) élément [m]; (electric) résistance [f] ◇ **an ~ of danger** une part de danger; **to be in one's ~** être dans son élément ◆ **elementary** adj élémentaire.

elephant ['elɪfənt] n éléphant [m].

elevate ['elɪveɪt] vt élever ◆ **elevating** adj (fig) exaltant ◆ **elevator** n élévateur [m]; (US: lift) ascenseur [m].

eleven [ɪ'levn] 1 adj, n onze [m inv] ◇ (Sport) **the first ~** la première équipe 2 pron onze [mfpl] → for phrases **six** ◆ **elevenses** [famil] npl pause-café [f] ◆ **eleventh** adj, n onzième [mf]; (fraction) onzième [m] → for phrases **sixth.**

elf [elf], pl **elves** n lutin [m].

elicit [ɪ'lɪsɪt] vt obtenir (*from* de).

eligible ['elɪdʒəbl] adj (for membership) éligible (*for* à); (for job) admissible (*for* à); (for pension) qui a droit à ◇ **an ~ young man** un beau parti ◆ **eligibility** n éligibilité [f]; admissibilité [f].

eliminate [ɪ'lɪmɪneɪt] vt (gen) éliminer (*from* de); (kill) supprimer ◆ **elimination** n élimination [f] ◇ **by the process of ~** en procédant par élimination.

elision [ɪ'lɪʒən] n élision [f].

élite [eɪ'li:t] n élite [f].

Elizabethan [ɪ,lɪzə'bi:θən] adj élisabéthain.

elliptical [ɪ'lɪptɪkəl] adj elliptique.

elm [elm] n orme [m].

elocution [,elə'kju:ʃən] n élocution [f].

elongated ['i:lɒŋgeɪtɪd] adj allongé.

elope [ɪ'ləʊp] vi (of couple) s'enfuir.

eloquent ['eləkwənt] adj (gen) éloquent; (silence, look) qui en dit long ◆ **eloquence** n éloquence [f] ◆ **eloquently** adv avec éloquence.

El Salvador [el'sælvə,dɔːʳ] n Le Salvador.

else [els] adv ◇ **anybody** ~ n'importe qui d'autre; (in questions and with 'not') quelqu'un d'autre; **anything** ~ n'importe quoi d'autre; (in questions and with 'not') quelque chose d'autre; **anywhere** ~ n'importe où ailleurs; (in questions and with 'not') ailleurs; **everybody** ~ tous les autres; **how** ~ **can I do it?** comment est-ce que je peux le faire autrement?; **nobody** ~, **no one** ~ personne d'autre; **nothing** ~ (no alternative) rien d'autre; (nothing further) plus rien; **nowhere** ~ nulle part ailleurs; **somebody** ~ quelqu'un d'autre; **something** ~ autre chose, quelque chose d'autre; **somewhere** ~ ailleurs; **and much** ~ et bien d'autres choses; **or** ~ ou bien; **do it or** ~**!** [famil] faites-le, sinon...!; **who** ~**?** qui d'autre? ◆ **elsewhere** adv ailleurs.

elude [ɪ'luːd] vt (gen) échapper à; (question) éluder.

elusive [ɪ'luːsɪv] adj (enemy, thoughts) insaisissable; (word, happiness) qui échappe; (answer) évasif, [f] -ive ◇ **she's very** ~ il est impossible de la coincer.

emaciated [ɪ'meɪsɪeɪtɪd] adj (gen) émacié; (limb) décharné.

emanate ['eməneɪt] vi émaner (*from* de).

emancipate [ɪ'mænsɪpeɪt] vt (women) émanciper; (slaves) affranchir ◆ **emancipation** n émancipation [f]; affranchissement [m].

embalm [ɪm'bɑːm] vt embaumer.

embankment [ɪm'bæŋkmənt] n talus [m].

embargo [ɪm'bɑːgəʊ] n embargo [m]; (fig) interdiction [f].

embark [ɪm'bɑːk] vi s'embarquer ◇ **to** ~ **on** (journey etc) commencer ◆ **embarkation** n embarquement [m] ◇ ~ **card** carte [f] d'embarquement.

embarrass [ɪm'bærəs] vt embarrasser ◇ **I feel** ~**ed about it** cela m'embarrasse ◆ **embarrassing** adj embarrassant ◆ **embarrassment** n embarras [m] (*at* devant).

embassy ['embəsɪ] n ambassade [f] ◇ **the French E**~ l'ambassade de France.

embellish [ɪm'belɪʃ] vt embellir (*with* de).

embers ['embəz] npl braise [f].

embezzle [ɪm'bezl] vt détourner *(des fonds)* ◆ **embezzlement** n détournement [m] de fonds.

embittered [ɪm'bɪtəd] adj aigri.

emblem ['embləm] n emblème [m].

embody [ɪm'bɒdɪ] vt (spirit, quality) incarner; (features) réunir.

embossed [ɪm'bɒst] adj (wallpaper) gaufré; (writing paper) à en-tête en relief; (leather, metal) repoussé.

embrace [ɪm'breɪs] 1 vt embrasser 2 vi s'embrasser 3 n étreinte [f].

embroider [ɪm'brɔɪdəʳ] vt broder ◆ **embroidery** n broderie [f].

embryo ['embrɪəʊ] n embryon [m].

emerald ['emərəld] 1 n (stone) émeraude [f] 2 adj (necklace) d'émeraudes; (colour: ~ **green**) émeraude [inv].

emerge [ɪ'mɜːdʒ] vi (gen) surgir (*from* de); (of truth, facts) émerger (*from* de); (of new nation, theory) naître ◇ **it** ~**s that** il apparaît que.

emergency [ɪ'mɜːdʒənsɪ] 1 n cas [m] urgent; (medical) urgence [f] ◇ **in an** ~ en cas d'urgence; **prepared for any** ~ prêt à toute éventualité; **to declare a state of** ~ déclarer l'état d'urgence 2 adj (measures, repair) d'urgence; (brake, airstrip) de secours; (powers) extraordinaire; (rations) de réserve; (improvised: mast etc) de fortune; (landing) forcé; (Med: ward) des urgences ◇ ~ **exit** sortie [f] de secours; ~ **services** police secours [f].

emery ['emərɪ] n émeri [m] ◇ ~ **paper** papier [m] d'émeri.

emigrate ['emɪgreɪt] vi émigrer ◆ **emigrant** n émigré(e) [m(f)] ◆ **emigration** n émigration [f].

eminence ['emɪnəns] n distinction [f] ◇ **Your E**~ Votre Éminence [f].

eminent ['emɪnənt] adj éminent ◆ **eminently** adv tout à fait.

emir [e'mɪəʳ] n émir [m] ◆ **emirate** n émirat [m].

emit [ɪ'mɪt] vt (gen) émettre; (sparks) jeter; (cry) laisser échapper.

emotion [ɪ'məʊʃən] n émotion [f] ◇ **full of** ~ ému ◆ **emotional** adj (shock) émotif, [f] -ive; (reaction, state) émotionnel; (moment) d'émotion profonde; (story) qui fait appel aux sentiments; (person) facilement ému ◆ **emotionally** adv (speak) avec émotion ◇ **he is** ~ **involved** ses sentiments sont en cause.

emperor ['empərəʳ] n empereur [m].

emphasis ['emfəsɪs] n (in word, phrase) accentuation [f]; (fig) accent [m] ◇ (fig) **the** ~ **is on...** on accorde une importance particulière à... ◆ **emphasize** vt (gen) appuyer sur ◇ **I must** ~ **that...** je dois souligner le fait que...

emphatic [ɪm'fætɪk] adj énergique ◆ **emphatically** adv (speak) énergiquement; (deny, refuse) catégoriquement.

empire ['empaɪəʳ] 1 n empire [m] 2 adj ◇ (style, design) **E**~ Empire [inv].

empirical [em'pɪrɪkəl] adj empirique.

employ [ɪm'plɔɪ] vt employer (*as* comme; *to do* pour faire) ◆ **employee** n employé(e) [m(f)] ◆ **employer** n (gen) patron(ne) [m(f)]; (more formally) employeur [m], [f] -euse ◆ **employment** n emploi [m] ◇ **full** ~ le plein emploi; **to find** ~ trouver un emploi; **in sb's** ~ employé par qn; **conditions of** ~ conditions [fpl] de travail; **Ministry of E**~ ministère [m] de l'Emploi; ~ **agency** agence [f] de placement; ~ **exchange** bourse [f] de l'emploi.

empress ['emprɪs] n impératrice [f].

emptiness ['emptɪnɪs] n vide [m].

empty ['emptɪ] 1 adj (gen) vide; (post, job) vacant; (words, promise) en l'air ◇ **on an** ~ **stomach** à jeun 2 n ◇ **empties** bouteilles [fpl] (or boîtes [fpl] etc) vides 3 vt (gen) vider; (~ **out:** pocket) vider; (bricks, books) sortir (*of, from* de; *into* dans); (liquid) verser (*from* de; *into* dans) ◆ **empty-handed** adj ◇ **to arrive** ~ arriver les mains vides.

EMS [,i:em'es] n abbr of *European Monetary System* système [m] monétaire européen, SME [m].

emulsion [ɪ'mʌlʃən] n émulsion [f] ◇ ~ **paint** peinture [f] mate.

enable [ɪ'neɪbl] vt permettre (*sb to do* à qn de faire).

enamel [ɪ'næməl] 1 n (gen) émail [m] ◇ **nail** ~ vernis [m] à ongles 2 vt émailler.

enchant [ɪn'tʃɑ:nt] vt enchanter ◆ **enchanting** adj enchanteur, [f] -eresse ◆ **enchantment** n enchantement [m].

encircle [ɪn'sɜ:kl] vt entourer.

enc(l) abbr of *enclosure(s)* P.J., pièce(s) jointe(s).

enclose [ɪn'kləʊz] vt a (with letter etc) joindre (*in, with* à) ◇ **please find** ~**d** veuillez trouver ci-joint b (fence in) clôturer; (surround) entourer (*with* de) ◆ **enclosed** adj (space) clos; (in letter: cheque etc) ci-joint.

enclosure [ɪn'kləʊʒə^r] n a (gen) enceinte [f]; (at racecourse) pesage [m] b (document) pièce [f] jointe.

encore [ɒŋ'kɔ:^r] 1 excl bis! 2 n bis [m] ◇ **to give an** ~ jouer (or chanter etc) un bis.

encounter [ɪn'kaʊntə^r] 1 vt (gen) rencontrer; (opposition) se heurter à 2 n rencontre [f].

encourage [ɪn'kʌrɪdʒ] vt encourager (*sb to do* qn à faire) ◆ **encouragement** n encouragement [m] ◆ **encouraging** adj encourageant.

encroach [ɪn'krəʊtʃ] vi empiéter (*on* sur).

encumbrance [ɪn'kʌmbrəns] n (burden) fardeau [m].

encyclical [ɪn'sɪklɪkəl] adj, n encyclique [f].

encyclop(a)edia [ɪn'saɪkləʊ'pi:dɪə] n encyclopédie [f].

end [end] 1 n a (farthest part) bout [m] ◇ **the fourth from the** ~ le quatrième avant la fin; **from** ~ **to** ~ d'un bout à l'autre; **to stand sth on** ~ mettre qch debout; **his hair stood on** ~ ses cheveux se dressèrent sur sa tête; ~ **to** ~ bout à bout; (Sport) **to change** ~**s** changer de côté; (fig) **to make** ~**s meet** joindre les deux bouts b (conclusion) fin [f] ◇ **in the** ~ à la fin, finalement; **at the** ~ **of three weeks** au bout de trois semaines; **that was the** ~ **of my watch** ma montre était fichue [famil]; **to be at an** ~ (action) être terminé; (time, period) être écoulé; (supplies) être épuisé; (patience) être à bout; **to come to an** ~ prendre fin; **to come to a bad** ~ mal finir; **to get to the** ~ **of** finir; **to put an** ~ **to** mettre fin à; **there is no** ~ **to it all** cela n'en finit plus; **no** ~ [famil] **of** une masse [famil] de; **no** ~ [famil] (adv) énormément; **he's the** ~! [famil] il est insupportable!; **for two hours on** ~ deux heures de suite; **for days on** ~ pendant des jours et des jours c (remnant: of rope, candle) bout [m]; (of loaf, meat) reste [m] ◇ **cigarette** ~ mégot [m] d (purpose) but [m], fin [f] ◇ **with this** ~ **in view** dans ce but; **the** ~ **justifies the means** la fin justifie les moyens 2 adj (house) dernier, [f] -ière (before n); (result) final ◇ ~ **product** produit [m] fini; (fig) résultat [m]; (Comput) ~ **user** utilisateur [m] final 3 vt (work) finir, achever; (speech, series) terminer (*with* par); (speculation, quarrel) mettre fin à 4 vi a se terminer (*in* par) b ◇ **he** ~**ed up in Paris** il s'est retrouvé à Paris; **he** ~**ed up as a teacher** il a fini par devenir professeur ◆ **ending** n (gen) fin [f]; (of speech etc) conclusion [f]; (of word) terminaison [f] ◇ **it had a happy** ~ ça s'est bien terminé ◆ **endless** adj (gen) interminable; (attempts) innombrable; (discussion) incessant; (patience) infini; (resources) inépuisable; (possibilities) illimité ◆ **endlessly** adv (stretch out) interminablement; (argue) continuellement.

endanger [ɪn'deɪndʒə^r] vt mettre en danger ◇ ~**ed species** espèce [f] menacée or en voie de disparition.

endearing [ɪn'dɪərɪŋ] adj sympathique.

endeavour [ɪn'devə^r] 1 n effort [m] (*to do* pour faire) 2 vi s'efforcer (*to do* de faire).

endive ['endaɪv] n (curly) chicorée [f]; (smooth, flat) endive [f].

endorse [ɪn'dɔ:s] vt (sign) endosser; (approve) approuver ◇ (of driver) **to have one's licence** ~**d** avoir une contravention portée à son permis de conduire ◆ **endorsement** n (on driving licence) *contravention* [f] *portée à un permis de conduire.*

endow [ɪn'daʊ] vt doter (*with* de).

endurance [ɪn'djʊərəns] n endurance [f] ◇ **beyond** ~ intolérable; ~ **test** (gen) épreuve [f] de résistance.

endure [ɪn'djʊəʳ] 1 vt supporter (*doing* de faire) 2 vi (gen) durer; (of book, memory) rester ◆ **enduring** adj durable.

enemy ['enəmɪ] 1 n (gen) ennemi(e) [m(f)]; (Mil) ennemi [m] ◇ **to make an ~ of sb** (se) faire un ennemi de qn 2 adj ennemi ◇ **killed by ~ action** tombé à l'ennemi.

energetic [ˌenə'dʒetɪk] adj (gen) énergique ◇ **do you feel ~ enough to do...?** est-ce que tu as assez d'énergie pour faire...? ◆ **energetically** adv énergiquement.

energy ['enədʒɪ] n énergie [f] ◇ **Ministry of E~** ministère [m] de l'Énergie; **~ conservation** les économies [fpl] d'énergie; **the ~ crisis** la crise de l'énergie; **to save ~** faire des économies d'énergie; **to put all one's ~ into doing sth** se consacrer tout entier à faire qch ◆ **energy-saving** adj qui permet d'économiser l'énergie.

enforce [ɪn'fɔːs] vt (gen) appliquer; (discipline) imposer ◇ **to ~ obedience** se faire obéir ◆ **enforced** adj forcé.

engage [ɪn'geɪdʒ] 1 vt (servant) engager; (workers) embaucher; (lawyer) prendre; (sb's interest) retenir; (the enemy) attaquer ◇ **to ~ sb in conversation** lier conversation avec qn; **to ~ gear** mettre en prise 2 vi ◇ **to ~ in** se lancer dans ◆ **engaged** adj a (person, seat, phone number) occupé ◇ **to be ~ in doing** être occupé à faire; (Telec) **the ~ signal** la tonalité occupé [inv] b (betrothed) fiancé (*to* à, avec) ◇ **to get ~** se fiancer (*to* à, avec).

engagement [ɪn'geɪdʒmənt] n a (appointment) rendez-vous [m inv] ◇ **previous ~** engagement [m] antérieur; **I have an ~** je ne suis pas libre; **~ book** agenda [m] b (betrothal) fiançailles [fpl] ◇ **to break off one's ~** rompre ses fiançailles; **~ ring** bague [f] de fiançailles c ◇ (undertaking) **to give an ~ to do sth** s'engager à faire qch.

engine ['endʒɪn] n (of car, plane) moteur [m]; (of ship) machine [f]; (of train) locomotive [f] ◇ **facing the ~** dans le sens de la marche; **~ driver** mécanicien [m]; (on ship) **~ room** salle [f] des machines; **twin-~d** à deux moteurs.

engineer [ˌendʒɪ'nɪəʳ] 1 n (gen) ingénieur [m]; (Rail, Naut) mécanicien [m]; (for domestic appliances etc) dépanneur [m] ◇ (Mil) **the E~s** le génie 2 vt (scheme) manigancer ◆ **engineering** n engineering [m] ◇ **to study ~** faire des études d'ingénieur; **~ factory** atelier [m] de construction mécanique.

England ['ɪŋglənd] n Angleterre [f].

English ['ɪŋglɪʃ] 1 adj anglais; (king) d'Angleterre ◇ **~ breakfast** petit déjeuner [m] anglais; **the ~ Channel** la Manche 2 n (language) anglais [m] ◇ (people) **the ~** les Anglais [mpl]; **the King's ~** l'anglais correct; **in plain ~** ≃ en bon français ◆ **Englishman** n Anglais [m] ◆ **English-speaker** n anglophone [mf] ◆ **English-speaking** adj qui parle anglais; (nation) anglophone ◆ **Englishwoman** n Anglaise [f].

engrave [ɪn'greɪv] vt graver ◆ **engraving** n gravure [f].

engrossed [ɪn'grəʊst] adj ◇ **~ in** absorbé par.

engulf [ɪn'gʌlf] vt engouffrer.

enhance [ɪn'hɑːns] vt (beauty) mettre en valeur; (reputation, powers) accroître.

enigma [ɪ'nɪgmə] n énigme [f].

enigmatic [ˌenɪg'mætɪk] adj énigmatique.

enjoy [ɪn'dʒɔɪ] vt a (like) aimer (*sth* qch; *doing* faire) ◇ **I ~ed doing it** cela m'a fait plaisir de le faire; **I am ~ing France** je me plais en France; **to ~ life** profiter de la vie; **did he ~ the concert?** est-ce que le concert lui a plu?; **to ~ o.s.** bien s'amuser b (benefit from: income, health) jouir de ◆ **enjoyable** adj (visit) agréable; (meal) excellent ◆ **enjoyment** n plaisir [m].

enlarge [ɪn'lɑːdʒ] 1 vt agrandir 2 vi s'agrandir ◇ (in speaking) **to ~ on** s'étendre sur ◆ **enlargement** n agrandissement [m].

enlighten [ɪn'laɪtn] vt éclairer (*sb on sth* qn sur qch) ◆ **enlightening** adj révélateur, [f] -trice (*about* au sujet de).

enlist [ɪn'lɪst] 1 vi (Mil etc) s'engager (*in* dans) ◇ (US Mil) **~ed man** simple soldat [m] 2 vt (supporters) recruter; (sb's support) s'assurer.

enliven [ɪn'laɪvn] vt animer.

enormous [ɪ'nɔːməs] adj (gen) énorme; (patience) immense; (stature) colossal ◇ **an ~ quantity of, an ~ number of** énormément de ◆ **enormously** adv (+ vb) énormément; (+ adj) extrêmement ◇ **it has changed ~** cela a énormément changé; **~ funny** extrêmement drôle.

enough [ɪ'nʌf] 1 adj, n assez (de) ◇ **~ money** assez d'argent; **~ to eat** assez à manger; **I've had ~** (impatiently) j'en ai marre [famil]; (food) j'ai assez mangé; **that's ~** cela suffit; **more than ~** plus qu'assez 2 adv assez ◇ **old ~ to go** assez grand pour y aller; **he writes well ~** il écrit assez bien; **oddly ~, I...** c'est curieux, je...

enquire [ɪn'kwaɪəʳ] etc = **inquire** etc.

enrage [ɪn'reɪdʒ] vt mettre en rage.

enrich [ɪn'rɪtʃ] vt enrichir.

enrol, (US) **enroll** [ɪn'rəʊl] 1 vt inscrire 2 vi s'inscrire (*in* à; *for* pour).

ensign ['ensən] n (flag) pavillon [m] (*drapeau*).

ensue [ɪn'sjuː] vi s'ensuivre (*from* de).

ensure [ɪn'ʃʊəʳ] vt assurer (*that* que).

entail [ɪn'teɪl] vt occasionner, entraîner.

entangled [ɪn'tæŋgld] adj emmêlé.

enter ['entəʳ] **1** vt **a** (go into: house, profession etc) entrer dans; (vehicle) monter dans ◇ **it never ~ed my head** cela ne m'est jamais venu à l'esprit **b** (write down etc) inscrire (*in* dans); (candidate) présenter (*for* à) **c** (Comput: data) introduire, entrer **2** vi **a** entrer ◇ **to ~ into** (explanation etc) se lancer dans; **that doesn't ~ into it at all** ça n'y est pour rien **b** (for race, exam etc) s'inscrire (*for* pour).

enterprise ['entəpraɪz] n **a** (undertaking etc) entreprise [f] **b** (initiative) esprit [m] d'initiative ◆ **enterprising** adj (person) entreprenant; (venture) audacieux, [f] -ieuse.

entertain [,entə'teɪn] vt **a** (audience) amuser; (guests) distraire ◇ **they ~ a lot** (invite) ils reçoivent beaucoup **b** (thought) méditer; (doubt) nourrir ◆ **entertainer** n artiste [mf] (de music-hall etc) ◆ **entertaining** adj amusant ◆ **entertainment** n **a** ◇ (amusement) **for your ~ we...** pour vous distraire nous... **b** (performance) spectacle [m].

enthral(l) [ɪn'θrɔ:l] vt passionner.

enthusiasm [ɪn'θu:zɪæzəm] n enthousiasme [m] (*for* pour).

enthusiast [ɪn'θu:zɪæst] n enthousiaste [mf] ◇ **jazz** etc ~ passionné(e) [m(f)] de jazz etc ◆ **enthusiastic** adj (gen) enthousiaste; (swimmer etc) passionné ◇ **to get ~ about** s'enthousiasmer pour ◆ **enthusiastically** adv avec enthousiasme.

enticing [ɪn'taɪsɪŋ] adj alléchant.

entire [ɪn'taɪəʳ] adj entier, [f] -ière ◇ **the ~ week** la semaine entière; **my ~ confidence** mon entière confiance ◆ **entirely** adv entièrement.

entitle [ɪn'taɪtl] vt **a** (book) intituler **b** ◇ **to ~ sb to sth** donner droit à qch à qn; **to ~ sb to do** donner à qn le droit de faire; **to be ~d to sth** avoir droit à qch; **to be ~d to do** avoir le droit de faire ◆ **entitlement** n droit [m] (*to* à).

entomology [,entə'mɒlədʒɪ] n entomologie [f].

1. **entrance** [ɪn'trɑ:ns] vt ravir ◆ **entrancing** adj enchanteur, [f] -eresse.

2. **entrance** ['entrəns] n entrée [f] (*into* dans; *to* de) ◇ **'no ~'** 'défense d'entrer'; **to gain ~ to** réussir à entrer dans; (to university etc) être admis à; **~ examination** examen [m] d'entrée; **~ fee** droit [m] d'inscription.

entrant ['entrənt] n (in race) concurrent(e) [m(f)]; (in exam) candidat(e) [m(f)].

entreat [ɪn'tri:t] vt supplier (*sb to do* qn de faire) ◇ **I ~ you** je vous en supplie.

entrust [ɪn'trʌst] vt confier (*to* à).

entry ['entrɪ] n **a** = 2. **entrance** **b** (item: in dictionary, ship's log) entrée [f]; (in encyclopedia) article [m] ◇ **~ form** feuille [f] d'inscription; **~ permit** visa [m] d'entrée; **~ phone** interphone [m], portier [m] électrique; **'no ~'** 'défense d'entrer'; (road sign) 'sens interdit'.

enumerate [ɪ'nju:məreɪt] vt énumérer.

enunciate [ɪ'nʌnsɪeɪt] vt (word) articuler; (theory) énoncer.

envelop [ɪn'veləp] vt envelopper.

envelope ['envələʊp] n enveloppe [f] ◇ **in the same ~** sous le même pli.

enviable ['envɪəbl] adj enviable.

envious ['envɪəs] adj envieux, [f] -ieuse (*of sth/sb* de qch/qn) ◆ **enviously** adv avec envie.

environment [ɪn'vaɪərənmənt] n (gen) milieu [m] ◇ (Ecol etc) **the ~** l'environnement [m]; **Ministry of the E~** ministère [m] de l'Environnement ◆ **environmental** adj écologique, du milieu ◇ **~ studies** études [fpl] de l'environnement ◆ **environmentalist** n écologiste [mf] ◆ **environment-friendly** adj qui respecte l'environnement.

envisage [ɪn'vɪzɪdʒ] vt (foresee) prévoir; (imagine) envisager.

envoy ['envɔɪ] n envoyé(e) [m(f)].

envy ['envɪ] **1** n envie [f] **2** vt envier (*sb sth* qch à qn).

ephemeral [ɪ'femərəl] adj éphémère.

epic ['epɪk] **1** adj épique **2** n épopée [f] ◇ **an ~ of the screen** un film à grand spectacle.

epicure ['epɪkjʊəʳ] n gourmet [m].

epidemic [,epɪ'demɪk] n épidémie [f].

epigram ['epɪgræm] n épigramme [f].

epigraph ['epɪgrɑ:f] n épigraphe [f].

epilepsy ['epɪlepsɪ] n épilepsie [f].

epileptic [,epɪ'leptɪk] adj, n épileptique [mf] ◇ **~ fit** crise [f] d'épilepsie.

epilogue ['epɪlɒg] n épilogue [m].

Epiphany [ɪ'pɪfənɪ] n Épiphanie [f].

episcopal [ɪ'pɪskəpəl] adj épiscopal.

episode ['epɪsəʊd] n épisode [m].

epistle [ɪ'pɪsl] n épître [f].

epitaph ['epɪtɑ:f] n épitaphe [f].

epithet ['epɪθet] n épithète [f].

epitome [ɪ'pɪtəmɪ] n modèle [m] même.

epoch ['i:pɒk] n époque [f].

equable ['ekwəbl] adj égal, constant.

equal ['i:kwəl] **1** adj égal (*to* à) ◇ **~ pay for ~ work** à travail égal salaire égal; **other things being ~** toutes choses égales d'ailleurs; **on an ~ footing** sur un pied d'égalité (*with* avec); **she did not feel ~ to going out** elle ne se sentait pas capable de sortir; **~ opportunities** égalité [f] des chances; **~(s) sign** signe [m] d'égalité **2** n égal(e) [m(f)] **3** vt égaler (*in* en) ◆ **equality** n égalité [f] ◆ **equalize** vti égaliser ◆ **equally** adv (gen) également; (divide) en parts égales ◇ **it would be ~ wrong to...** il serait tout aussi faux de...

equanimity [ˌekwəˈnɪmɪtɪ] n sérénité [f].

equation [ɪˈkweɪʒən] n équation [f].

equator [ɪˈkweɪtəʳ] n équateur [m] (terrestre) ◇ **at the ~** sous l'équateur ◆ **equatorial** adj équatorial.

equilibrium [ˌiːkwɪˈlɪbrɪəm] n équilibre [m].

equinox [ˈiːkwɪnɒks] n équinoxe [m].

equip [ɪˈkwɪp] vt équiper (*with* de) ◇ **well ~ped with** bien pourvu en ◆ **equipment** n (gen) équipement [m]; (office, camping etc) matériel [m] ◇ **sports ~** équipements [mpl] sportifs.

equitable [ˈekwɪtəbl] adj équitable.

equivalent [ɪˈkwɪvələnt] adj, n équivalent [m] (*to* à; *in* en).

era [ˈɪərə] n (gen) époque [f]; (geological) ère [f].

eradicate [ɪˈrædɪkeɪt] vt supprimer.

erase [ɪˈreɪz] vt (gen) effacer; (with rubber) gommer ◆ **eraser** n (rubber) gomme [f]; (liquid) liquide [m] correcteur.

erect [ɪˈrekt] **1** adj (straight) bien droit; (standing) debout **2** vt (temple, statue) ériger; (building) construire; (traffic signs) installer; (altar, tent) dresser.

erode [ɪˈrəʊd] vt (gen) éroder; (fig) ronger.

erosion [ɪˈrəʊʒən] n érosion [f].

erotic [ɪˈrɒtɪk] adj érotique.

err [ɜːʳ] vi (be mistaken) se tromper; (sin) pécher.

errand [ˈerənd] n course [f] ◇ **to run ~s** faire des courses; **~ boy** garçon [m] de courses.

erratic [ɪˈrætɪk] adj irrégulier, [f] -ière ◇ **his driving is ~** il conduit de façon déconcertante.

erroneous [ɪˈrəʊnɪəs] adj erroné.

error [ˈerəʳ] n (gen) erreur [f] (*of, in* de) ◇ **typing ~** faute [f] de frappe; **spelling ~** faute [f] d'orthographe; **in ~** par erreur.

erudite [ˈerʊdaɪt] adj savant.

erupt [ɪˈrʌpt] vi (of volcano) entrer en éruption; (of war) éclater ◆ **eruption** n éruption [f].

escalate [ˈeskəleɪt] vi (gen) s'intensifier; (of numbers, costs) monter en flèche ◇ **the war is escalating** c'est l'escalade militaire ◆ **escalation** n escalade [f].

escalator [ˈeskəleɪtəʳ] n escalier [m] roulant.

escapade [ˌeskəˈpeɪd] n (adventure) équipée [f].

escape [ɪsˈkeɪp] **1** vi (gen) échapper (*from sb* à qn), s'échapper (*from somewhere* de quelque part), s'enfuir (*to another place* dans un autre endroit); (of prisoner) s'évader (*from* de); (of water, gas) s'échapper ◇ (fig) **to ~ with a fright** en être quitte pour la peur **2** vt échapper à ◇ **he narrowly ~d being run over** il a failli être écrasé; **to ~ notice** passer inaperçu **3** n (gen) fuite [f]; (of prisoner) évasion [f]; (Comput: also **~ key**) touche [f] d'échappement ◇ **to have a lucky ~** l'échapper belle **4** adj (valve, pipe) d'échappement; (plan, route) d'évasion ◇ (Aviat) **~ chute** toboggan [m] de secours.

escapism [ɪsˈkeɪpɪzəm] n ◇ **it's sheer ~!** c'est simplement s'évader du réel!

escort [ˈeskɔːt] **1** n (Mil etc) escorte [f]; (male companion) cavalier [m]; (female) hôtesse [f] **2** [ɪsˈkɔːt] vt escorter ◇ **to ~ sb in** faire entrer qn.

Eskimo [ˈeskɪməʊ] n Esquimau(de) [m(f)].

especial [ɪsˈpeʃəl] adj particulier, [f] -ière, spécial ◆ **especially** adv (particularly) particulièrement; (expressly) exprès.

Esperanto [ˌespəˈræntəʊ] n espéranto [m].

espionage [ˌespɪəˈnɑːʒ] n espionnage [m].

espresso [esˈpresəʊ] n express [m] (*café*).

Esq. [ɪsˈkwaɪəʳ] abbr of *esquire* ◇ **B. Smith ~** Monsieur B. Smith.

essay [ˈeseɪ] n (literary) essai [m] (*on* sur); (in school) rédaction [f] (*on* sur); (at university) dissertation [f] (*on* sur).

essence [ˈesəns] n (gen) essence [f]; (of food) extrait [m] ◇ **in ~** essentiellement.

essential [ɪˈsenʃəl] **1** adj essentiel, [f] -elle (*to* à; *that* que + subj) **2** n ◇ **the ~s** (necessities) l'essentiel [m]; (rudiments) les éléments [mpl] ◆ **essentially** adv essentiellement.

establish [ɪsˈtæblɪʃ] vt (gen) établir; (guilt) prouver; (state, business, post) créer ◆ **established** adj (gen) établi; (fact) acquis; (government) au pouvoir ◇ **the ~ Church** la religion d'État ◆ **establishment** n (institution etc) établissement [m]; (personnel) effectifs [mpl] ◇ **the E~** les pouvoirs [mpl] établis; **against the E~** anticonformiste.

estate [ɪsˈteɪt] n **a** (land) domaine [m] ◇ **housing ~** lotissement [m], cité [f]; **~ agency** agence [f] immobilière; **~ agent** agent [m] immobilier; **~ car** break [m] **b** (on death) succession [f] ◇ **~ duty** droits [mpl] de succession.

esteem [ɪsˈtiːm] **1** vt estimer **2** n estime [f].

esthetic [ɪsˈθetɪk] etc = **aesthetic** etc.

estimate [ˈestɪmɪt] **1** n évaluation [f]; (for work to be done) devis [m] ◇ **at a rough ~** approximativement; **at the lowest ~** au bas mot **2** [ˈestɪmeɪt] vt estimer (*that* que) ◆ **estimation** n ◇ **in my ~** à mon avis; **he went up in my ~** il a monté dans mon estime.

estuary [ˈestjʊərɪ] n estuaire [m].

etc [ɪtˈsetərə] abbr of *et cetera* etc.

etching [ˈetʃɪŋ] n gravure [f] à l'eau forte.

eternal [ɪ'tɜ:nl] adj éternel, (f) -elle ◇ (fig) **the ~ triangle** ≃ le ménage à trois ◆ **eternally** adv éternellement.

eternity [ɪ'tɜ:nɪtɪ] n éternité (f).

ether ['i:θəʳ] n éther (m).

ethical ['eθɪkəl] adj moral ◆ **ethics** n (pl: principles) morale (f); (sg: study) éthique (f).

Ethiopia [ˌi:θɪ'əʊpɪə] n Éthiopie (f) ◆ **Ethiopian** 1 adj éthiopien, (f) -ienne 2 n Éthiopien(ne) (m(f)).

ethnic ['eθnɪk] adj ethnique ◇ **~ minority** minorité (f) ethnique.

ethnology [eθ'nɒlədʒɪ] n ethnologie (f).

ethos ['i:θɒs] n génie (m) *(d'un peuple)*.

etiquette ['etɪket] n étiquette (f), convenances (fpl) ◇ **that isn't ~** cela ne se fait pas.

etymology [ˌetɪ'mɒlədʒɪ] n étymologie (f).

eucalyptus [ˌju:kə'lɪptəs] n eucalyptus (m).

Eucharist ['ju:kərɪst] n Eucharistie (f).

eulogy ['ju:lədʒɪ] n panégyrique (m).

euphemism ['ju:fəmɪzəm] n euphémisme (m).

euphoria [ju:'fɔ:rɪə] n euphorie (f) ◆ **euphoric** adj euphorique.

Eurasian [jʊə'reɪʃn] 1 adj eurasien, (f) -ienne 2 n Eurasien(ne) (m(f)).

euro... ['jʊərəʊ] pref euro... ◆ **Eurocheque** n eurochèque (m) ◆ **Eurovision** n (TV) Eurovision (f).

Europe ['jʊərəp] n Europe (f) ◆ **European** 1 adj européen, (f) -éenne ◇ **~ Community** Communauté (f) européenne; **~ Parliament** Parlement (m) européen 2 n Européen(ne) (m(f)).

euthanasia [ˌju:θə'neɪzɪə] n euthanasie (f).

evacuate [ɪ'vækjʊeɪt] vt évacuer ◆ **evacuation** n évacuation (f).

evade [ɪ'veɪd] vt (avoid) éviter; (escape) échapper à; (question) éluder.

evaluate [ɪ'væljʊeɪt] vt évaluer (*at* à).

evangelical [ˌi:væn'dʒelɪkəl] adj évangélique ◆ **evangelist** n évangéliste (m).

evaporate [ɪ'væpəreɪt] vi s'évaporer ◆ **evaporated milk** n lait (m) concentré ◆ **evaporation** n évaporation (f).

evasion [ɪ'veɪʒən] n (of prisoner) fuite (f) ◇ **tax ~** fraude (f) fiscale ◆ **evasive** adj évasif, (f) -ive.

eve [i:v] n ◇ **on the ~ of** à la veille de.

even ['i:vən] 1 adj (number) pair; (surface) uni; (breathing, temper) égal; (progress) régulier, (f) -ière; (equal) égal ◇ **to get ~ with sb** se venger de qn 2 adv a même ◇ **~ if** même si; **~ though** quand (bien) même + cond; **~ so** quand même b (still) encore ◇ **~ better** encore mieux 3 vt ◇ **to ~ up** égaliser; **that will ~ things up** cela rétablira l'équilibre ◆ **evenly** adv (spread etc) de façon égale; (breathe) régulièrement; (divide) également.

evening ['i:vnɪŋ] 1 n soir (m); (period of time) soirée (f) ◇ **in the ~** le soir; **6 o'clock in the ~** 6 heures du soir; **on the ~ of the 29th** le 29 au soir; **all ~** toute la soirée; **to spend one's ~ reading** passer sa soirée à lire 2 adj ◇ **~ class** cours (m) du soir; **in ~ dress** (man) en tenue de soirée; (woman) en robe du soir; **~ paper** journal (m) du soir.

evensong ['i:vənsɒŋ] n ≃ vêpres (fpl).

event [ɪ'vent] n a événement (m) ◇ **course of ~s** suite (f) des événements; **in the normal course of ~s** normalement; **after the ~** après coup; **in the ~ of** en cas de; **in that ~** dans ce cas; **in any ~, at all ~s** en tout cas b (Sport) épreuve (f); (Racing) course (f) ◆ **eventful** adj (busy etc) mouvementé.

eventual [ɪ'ventʃʊəl] adj (resulting) qui s'ensuit; (probably resulting) éventuel, (f) -elle ◆ **eventuality** n éventualité (f) ◆ **eventually** adv (gen) finalement ◇ **he ~ did it** il a fini par le faire.

ever ['evəʳ] adv a jamais ◇ **if you ~ see her** si jamais vous la voyez; **do you ~ see her?** est-ce qu'il vous arrive de la voir?; **I haven't ~ seen her** je ne l'ai jamais vue b (at all times) toujours ◇ **~ since I was a boy** depuis mon enfance; **for ~** (for always) pour toujours; (continually) sans cesse; (in letters) **yours ~** bien amicalement à vous c ◇ (phrases) **the best ~** le meilleur qu'on ait jamais vu; **~ so pretty** vraiment joli; **thank you ~ so much** merci mille fois; **why ~ not?** mais pourquoi pas?; **did you ~!** [famil] ça par exemple! ◆ **evergreen** adj à feuilles persistantes ◆ **everlasting** adj éternel, (f) -elle ◆ **evermore** adv ◇ **for ~** à tout jamais.

every ['evrɪ] adj chaque ◇ **~ shop** chaque magasin, tous les magasins; **~ one of them does it** chacun d'entre eux le fait, ils le font tous; **of ~ age** de tout âge; **~ fifth day, ~ five days** tous les cinq jours; **~ second or ~ other Wednesday** un mercredi sur deux; **~ few days** tous les deux ou trois jours; **~ bit as clever as** tout aussi doué que; **~ now and then, ~ now and again, ~ so often** de temps en temps; **~ time** chaque fois; **~ single time** chaque fois sans exception; **I have ~ confidence in him** j'ai entièrement confiance en lui ◆ **everybody** pron tout le monde ◇ **~ else** tous les autres ◆ **everyday** adj (coat) de tous les jours; (occurrence) banal; (use) ordinaire ◇ **in ~ use** d'usage courant ◆ **everyone** pron = **everybody** ◆ **everything** n tout (m) ◇ **~ you have** tout ce que vous avez ◆ **everywhere** adv (gen) partout ◇ **~ you go you meet...** où qu'on aille on rencontre...

evict [ɪ'vɪkt] vt expulser (*from* de) ◆ **eviction** n expulsion (f).

evidence ['evɪdəns] n (given by sb) témoignage [m] ◇ **a piece of** ~ une preuve; **the** ~ les preuves; **to give** ~ témoigner (*for* en faveur de; *against* contre); **to show** ~ **of** témoigner de; **in** ~ en évidence.

evident ['evɪdənt] adj évident, manifeste ◇ **it is** ~ **from his speech that...** il ressort de son discours que... ◆ **evidently** adv (obviously) manifestement; (apparently) à ce qu'il paraît.

evil ['i:vl] 1 adj (gen) mauvais; (spell, spirit) malfaisant ◇ **the** ~ **eye** le mauvais œil 2 n mal [m] ◇ **the lesser** ~ le moindre mal; **the** ~**s of drink** les conséquences [fpl] funestes de la boisson; **one of the great** ~**s of our time** un des grands fléaux de notre temps.

evocative [ɪ'vɒkətɪv] adj évocateur, [f] -trice.

evolution [,i:və'lu:ʃən] n évolution [f].

evolve [ɪ'vɒlv] 1 vt élaborer 2 vi se développer (*from* à partir de).

ewe [ju:] n brebis [f].

ex- [eks] pref ex-, ancien (before n) ◇ ~**husband** ex-mari [m]; ~**serviceman** ancien combattant [m].

exacerbate [ɪg'zæsəbeɪt] vt exacerber.

exact [ɪg'zækt] 1 adj exact ◇ **to be** ~ **he...** plus exactement il... 2 vt extorquer (*from* à) ◆ **exacting** adj (person) exigeant; (work) astreignant ◆ **exactly** adv (gen) exactement; (describe) avec précision ◇ **3 o'clock** ~ 3 heures juste.

exaggerate [ɪg'zædʒəreɪt] vt (gen) exagérer; (in one's own mind) s'exagérer ◆ **exaggeration** n exagération [f].

exalted [ɪg'zɔ:ltɪd] adj (position) élevé.

exam [ɪg'zæm] n (Scol) abbr of *examination* examen [m].

examination [ɪg,zæmɪ'neɪʃən] n examen [m] ◇ **on** ~ après examen; ~ **candidate** candidat(e) [m(f)] à un (or l') examen.

examine [ɪg'zæmɪn] vt a (gen) examiner; (luggage) inspecter b (candidate) examiner (*in* en); (witness) interroger ◆ **examiner** n examinateur [m], [f] -trice (*in* de).

example [ɪg'zɑ:mpl] n exemple [m] ◇ **for** ~ par exemple; **to set a good** ~ donner l'exemple; **to make an** ~ **of sb** faire un exemple en punissant qn.

exasperate [ɪg'zɑ:spəreɪt] vt exaspérer ◆ **exasperated** adj exaspéré (*at sth* de qch; *with sb* par qn) ◇ **to get** ~ s'exaspérer ◆ **exasperation** n exaspération [f].

excavate ['ekskəveɪt] vt (dig) creuser; (Archeol) fouiller; (dig up: remains) déterrer ◆ **excavations** npl fouilles [fpl] ◆ **excavator** n excavatrice [f].

exceed [ɪk'si:d] vt (gen) dépasser (*in* en; *by* de); (powers) outrepasser ◇ **to** ~ **the speed limit** dépasser la vitesse permise ◆ **exceedingly** adv extrêmement.

excel [ɪk'sel] vti exceller (*at doing* à faire) ◇ **to** ~ **o.s.** se surpasser.

excellence ['eksələns] n excellence [f] ◆ **Excellency** n ◇ **His** ~ Son Excellence [f].

excellent ['eksələnt] adj excellent ◆ **excellently** adv admirablement.

except [ɪk'sept] 1 prep a (gen) sauf, excepté ◇ ~ **for** à l'exception de; ~ **that** sauf que b ◇ **what can they do** ~ **wait?** que peuvent-ils faire sinon attendre? 2 vt excepter (*from* de) ◇ **children** ~**ed** exception faite des enfants ◆ **excepting** prep = **except 1(a).**

exception [ɪk'sepʃən] n exception [f] (*to* à) ◇ **with the** ~ **of** à l'exception de; **to take** ~ **to** s'offenser de ◆ **exceptional** adj exceptionnel, [f] -elle ◆ **exceptionally** adv exceptionnellement.

excerpt ['eksɜ:pt] n extrait [m].

excess [ɪk'ses] 1 n excès [m] ◇ **to** ~ à l'excès; **in** ~ **of** dépassant 2 adj excédentaire ◇ ~ **fare** supplément [m]; ~ **luggage** excédent [m] de bagages ◆ **excessive** adj excessif, [f] -ive ◆ **excessively** adv (too much) avec excès, par trop; (extremely) extrêmement.

exchange [ɪks'tʃeɪndʒ] 1 vt échanger (*for* contre) 2 n a échange [m] ◇ **in** ~ en échange (*for* de) b (of money) change [m] ◇ ~ **rate** taux [m] de change c (telephone ~) central [m] 3 adj (student, teacher) participant à un échange.

exchequer [ɪks'tʃekə^r] n ◇ **the E**~ l'Échiquier [m], ≃ le ministère des Finances.

excise ['eksaɪz] n ◇ ~ **duties** ≃ contributions [fpl] indirectes.

excitable [ɪk'saɪtəbl] adj excitable.

excite [ɪk'saɪt] vt exciter ◆ **excited** adj excité ◇ **to get** ~ (pleased) s'exciter (*about* au sujet de); (worked up) s'énerver ◆ **excitement** n excitation [f] ◇ **it caused great** ~ ça a fait sensation; **he likes** ~ il aime les émotions fortes.

exciting [ɪk'saɪtɪŋ] adj excitant.

exclaim [ɪks'kleɪm] vti s'exclamer ◆ **exclamation** n exclamation [f] ◇ ~ **mark** point [m] d'exclamation.

exclude [ɪks'klu:d] vt exclure (*from* de).

exclusion [ɪks'klu:ʒən] n exclusion [f] (*of, from* de).

exclusive [ɪks'klu:sɪv] adj a (gen) exclusif, [f] -ive; (group, gathering) choisi; (club, society) fermé b ◇ (not including) **from 15th to 20th** ~ du 15 au 20 exclusivement; ~ **of** non compris ◆ **exclusively** adv exclusivement.

excommunicate [,ekskə'mju:nɪkeɪt] vt excommunier.

excrement ['ekskrɪmənt] n excrément [m].

excruciating [ɪks'kru:ʃɪeɪtɪŋ] adj atroce.

excursion [ɪks'kɜ:ʃən] n excursion [f] ◇ ~ **ticket** billet [m] d'excursion; ~ **train** train [m] spécial.

excusable [ɪks'kju:zəbl] adj excusable.

excuse [ɪks'kju:z] **1** vt **a** excuser (*sb for having done* qn d'avoir fait) ◇ **if you will ~ me,...** si vous permettez,...; ~ **me!** excusez-moi! **b** (exempt) dispenser (*from sth* de qch; *from doing* de faire) ◇ **to ask to be ~d** se faire excuser **2** [ɪks'kju:s] n excuse [f] ◇ **to make an ~** trouver une excuse (*for sth* pour qch; *for doing* pour faire).

ex-directory [,eksdɪ'rektərɪ] adj (Telec) *qui ne figure pas dans l'annuaire, qui est sur la liste rouge.*

execute ['eksɪkju:t] vt exécuter ◆ **execution** n exécution [f] ◆ **executioner** n bourreau [m].

executive [ɪg'zekjʊtɪv] **1** adj (powers, committee) exécutif, [f] -ive; (post, car) de directeur; (unemployment) des cadres **2** n (power) exécutif [m]; (person) cadre [m].

exemplary [ɪg'zemplərɪ] adj exemplaire.

exemplify [ɪg'zemplɪfaɪ] vt (illustrate) exemplifier; (be example of) servir d'exemple de.

exempt [ɪg'zempt] **1** adj exempt (*from* de) **2** vt dispenser (*from sth* de qch; *from doing* de faire) ◆ **exemption** n dispense [f].

exercise ['eksəsaɪz] **1** n (gen) exercice [m] ◇ **to take ~** prendre de l'exercice; **NATO ~s** manœuvres [fpl] de l'OTAN **2** vt exercer; (tact, restraint) faire preuve de; (dog etc) promener **3** vi prendre de l'exercice ◆ **exercise bike** n vélo [m] de santé or d'appartement ◆ **exercise book** n cahier [m].

exert [ɪg'zɜ:t] vt exercer ◇ **to ~ o.s.** se dépenser; **don't ~ yourself!** ne vous fatiguez pas! ◆ **exertion** n effort [m].

exhaust [ɪg'zɔ:st] **1** vt (all senses) épuiser **2** n (~ **system**) échappement [m]; (~ **pipe**) pot [m] d'échappement; (~ **fumes**) gaz [m] d'échappement ◆ **exhausted** adj (gen) épuisé ◇ **my patience is ~** ma patience est à bout ◆ **exhausting** adj épuisant ◆ **exhaustion** n épuisement [m] ◆ **exhaustive** adj très complet, [f] -ète.

exhibit [ɪg'zɪbɪt] **1** vt (gen) exposer; (courage, skill) faire preuve de **2** n (in exhibition) objet [m] exposé; (Law) pièce [f] à conviction ◆ **exhibition** n exposition [f] ◇ **to make an ~ of o.s.** se donner en spectacle ◆ **exhibitionist** n exhibitionniste [mf] ◆ **exhibitor** n exposant(e) [m(f)].

exhilarate [ɪg'zɪləreɪt] vt stimuler ◆ **exhilarating** adj stimulant.

exhort [ɪg'zɔ:t] vt exhorter (*to* à; *to do* à faire).

exhume [eks'hju:m] vt exhumer.

exile ['eksaɪl] **1** n exil [m]; (person) exilé(e) [m(f)] ◇ **in ~** en exil **2** vt exiler (*from* de).

exist [ɪg'zɪst] vi (be) exister; (live) vivre (*on* de) ◆ **existence** n existence [f] ◇ **to be in ~** exister; **the only one in ~** le seul qui existe (subj) ◆ **existentialist** adj, n existentialiste [mf] ◆ **existing** adj existant; (present) actuel, [f] -elle.

exit ['eksɪt] **1** n sortie [f] ◇ ~ **permit** permis [m] de sortie **2** vi (Comput) sortir.

exonerate [ɪg'zɒnəreɪt] vt disculper.

exorbitant [ɪg'zɔ:bɪtənt] adj exorbitant.

exorcize ['eksɔ:saɪz] vt exorciser ◆ **exorcist** n exorciste [m].

exotic [ɪg'zɒtɪk] adj exotique.

expand [ɪks'pænd] **1** vt (metal) dilater; (business, market, notes) développer; (influence) étendre **2** vi se dilater; se développer; s'étendre ◆ **expanding** adj (industry) en pleine expansion; (bracelet) extensible.

expanse [ɪks'pæns] n étendue [f].

expansion [ɪks'pænʃən] n (of gas) dilatation [f]; (of trade, subject) développement [m]; (territorial, economic) expansion [f].

expect [ɪks'pekt] vt **a** (anticipate) s'attendre à; (count on) compter sur ◇ **to ~ to do** penser faire, compter faire; **it was ~ed** c'était prévu (*that* que); **that was to be ~ed** il fallait s'y attendre; **I ~ed as much** je m'y attendais; **to ~ that** s'attendre à ce que + subj; **it is not as heavy as I ~ed** ce n'est pas aussi lourd que je le croyais; **as ~ed** comme prévu **b** (suppose) penser ◇ **I ~ it is** je m'en doute **c** (demand) exiger, attendre (*sth from sb* qch de qn); demander (*sth from sb* qch à qn) ◇ **to ~ sb to do sth** exiger que qn fasse qch; **you're ~ed to do it** tu es censé le faire; **what do you ~ me to do about it?** que voulez-vous que j'y fasse? **d** (await: baby, guests) attendre ◇ **she is ~ing a baby, she is ~ing** [famil] elle attend un bébé ◆ **expectant** adj (look) *de quelqu'un qui attend quelque chose* ◇ ~ **mother** femme [f] enceinte ◆ **expectantly** adv *avec l'air d'attendre quelque chose* ◆ **expectation** n attente [f] ◇ **in ~ of** dans l'attente de; ~ **of life** espérance [f] de vie; **to come up to sb's ~s** répondre à l'attente or aux espérances de qn.

expedient [ɪks'pi:dɪənt] **1** adj opportun **2** n expédient [m].

expedite ['ekspɪdaɪt] vt activer, hâter.

expedition [,ekspɪ'dɪʃən] n expédition [f].

expel [ɪks'pel] vt (gen) expulser (*from* de); (from school) renvoyer.

expend [ɪks'pend] vt consacrer (*on* à; *on doing* à faire); (use up) épuiser ◆ **expendable** adj remplaçable ◆ **expenditure** n dépenses [fpl].

expense [ɪks'pens] n dépense [f], frais [mpl] ◇ **at my** ~ à mes frais; (fig) à mes dépens; **at great** ~ à grands frais; **to go to great** ~ faire beaucoup de frais (*to do* pour faire); ~ **account** frais [mpl] de représentation; **to go on sb's** ~ **account** passer sur la note de frais de qn; **travelling** ~**s** frais [mpl] de déplacement.

expensive [ɪks'pensɪv] adj (gen) cher, [f] chère; (tastes) de luxe ◇ **to be** ~ coûter cher [inv].

experience [ɪks'pɪərɪəns] **1** n expérience [f] (*of* de) ◇ **by** or **from** ~ par expérience; **from my own** ~ d'après mon expérience personnelle; **he has no** ~ **of that** il ne sait pas ce que c'est; **practical** ~ pratique [f]; **business** ~ expérience des affaires; **have you any previous** ~**?** avez-vous déjà fait ce genre de travail?; **I had a frightening** ~ il m'est arrivé une aventure effrayante **2** vt (gen) connaître; (difficulty, remorse) éprouver; (emotion) ressentir ◇ **he has never** ~**d it** cela ne lui est jamais arrivé ◆ **experienced** adj expérimenté; (eye, ear) exercé.

experiment [ɪks'perɪmənt] **1** n expérience [f] ◇ **as an** ~ à titre d'expérience **2** [ɪks'perɪment] vi faire une expérience (*on* sur) ◇ **to** ~ **with sth** expérimenter qch ◆ **experimental** adj (gen) expérimental; (cinema, period) d'essai ◆ **experimentally** adv à titre d'expérience.

expert ['ekspɜːt] **1** n spécialiste [mf] (*on*, *at* de); (qualified) expert [m] (*in* en) ◇ **he is an** ~ **on wines** il est grand connaisseur en vins **2** adj (person) expert (*in sth* en qch; *at* or *in doing* à faire); (advice) d'expert ◇ **he is** ~ il s'y connaît ◆ **expertise** n compétence [f] (*in* en).

expire [ɪks'paɪəʳ] vi expirer ◆ **expiry** n expiration [f] ◇ ~ **date** (gen) date [f] de péremption; (on label) à utiliser avant...

explain [ɪks'pleɪn] vt (gen) expliquer; (mystery) éclaircir ◇ **to** ~ **o.s.** s'expliquer; **to** ~ **sth away** trouver une justification à qch ◆ **explainable** adj explicable.

explanation [ˌeksplə'neɪʃən] n explication [f] ◇ **in** ~ **of sth** pour expliquer qch.

explanatory [ɪks'plænətərɪ] adj explicatif, [f] -ive.

explicit [ɪks'plɪsɪt] adj explicite.

explode [ɪks'pləʊd] **1** vi exploser ◇ **to** ~ **with laughter** éclater de rire **2** vt faire exploser.

exploit ['eksplɔɪt] **1** n exploit [m] **2** [ɪks'plɔɪt] vt exploiter ◆ **exploitation** n exploitation [f].

exploration [ˌeksplə'reɪʃən] n exploration [f] ◆ **exploratory** adj (discussion) préparatoire ◇ (Med) ~ **operation** sondage [m].

explore [ɪks'plɔːʳ] vt (gen) explorer; (possibilities) examiner ◆ **explorer** n explorateur [m], [f] -trice.

explosion [ɪks'pləʊʒən] n explosion [f]; (noise) détonation [f] ◆ **explosive** **1** adj (gen) explosif, [f] -ive; (gas) explosible **2** n explosif [m].

export [ɪks'pɔːt] **1** vt exporter (*to* vers) **2** ['ekspɔːt] n exportation [f] ◇ **for** ~ **only** réservé à l'exportation; ~ **duty** droit [m] de sortie; ~ **permit** permis [m] d'exportation ◆ **exportation** n exportation [f] ◆ **exporter** n exportateur [m].

expose [ɪks'pəʊz] vt (gen, also Phot) exposer (*to* à); (contents, vice, scandal) révéler; (wrongdoer) dénoncer ◇ **to be** ~**d to view** s'offrir à la vue; **to** ~ **o.s. to** s'exposer à ◆ **exposed** adj (ground) battu par les vents; (film, position) exposé ◆ **exposure** n exposition [f] (*to* à); (Phot) pose [f] ◇ ~ **meter** posemètre [m]; **to die of** ~ mourir de froid.

expostulate [ɪks'pɒstjʊleɪt] vti protester.

expound [ɪks'paʊnd] vt exposer.

express [ɪks'pres] **1** vt **a** (gen) exprimer; (wish) formuler ◇ **to** ~ **o.s.** s'exprimer **b** (post: letter, parcel) expédier par exprès **2** adj **a** (instructions) formel, [f] -elle; (intention) explicite ◇ **with the** ~ **purpose of** dans le seul but de **b** (fast: letter, delivery) exprès [inv]; (coach etc) express [inv] ◇ ~ **train** rapide [m]; (esp US) ~ **way** voie [f] express **3** adv (post) par exprès **4** n (train) rapide [m] ◆ **expression** n expression [f] ◆ **expressive** adj expressif, [f] -ive ◆ **expressly** adv expressément ◆ **expressway** voie [f] express (à plusieurs files).

expulsion [ɪks'pʌlʃən] n expulsion [f]; (from school) renvoi [m].

exquisite [ɪks'kwɪzɪt] adj (gen) exquis; (pleasure) vif, [f] vive ◆ **exquisitely** adv d'une façon exquise; (extremely) extrêmement.

extend [ɪks'tend] **1** vt **a** (stretch out: arm) étendre; (one's hand) tendre (*to sb* à qn) ◇ **to** ~ **an invitation to sb** inviter qn; **to** ~ **one's thanks to sb** remercier qn **b** (prolong: street, line, visit) prolonger (*by*, *for* de); (enlarge: house) agrandir; (powers, business) étendre; (knowledge) accroître ◇ ~**ed credit** un long crédit; **the** ~**ed family** la famille étendue **2** vi (of wall, estate) s'étendre (*to*, *as far as* jusqu'à); (of meeting, visit) se prolonger (*over* pendant).

extension [ɪks'tenʃən] n (for table) rallonge [f]; (to holidays, leave) prolongation [f]; (telephone) appareil [m] supplémentaire; (in office) poste [m] ◇ (Elec) ~ **cable** or **lead** prolongateur [m]; ~ **21** poste 21; **to have an** ~ **built on to the house** faire agrandir la maison.

extensive [ɪks'tensɪv] adj (gen) vaste, étendu; (research) approfondi; (alterations, business) considérable; (use) répandu ◆ **extensively** adv beaucoup.

extent [ɪks'tent] n (gen) étendue [f]; (of damage, losses) importance [f] ◇ **to what ~?** dans quelle mesure?; **to a certain ~** dans une certaine mesure; **to a large ~** en grande partie; **to a small ~** dans une faible mesure; **to such an ~ that** à tel point que; **to the ~ of doing** au point de faire.

exterior [ɪks'tɪərɪəʳ] 1 adj extérieur (*to* à) 2 n extérieur [m].

exterminate [ɪks'tɜ:mɪneɪt] vt exterminer ◆ **extermination** n extermination [f].

external [eks'tɜ:nl] adj (gen) extérieur ◇ **for ~ use only** pour usage externe ◆ **externally** adv extérieurement.

extinct [ɪks'tɪŋkt] adj (gen) éteint; (species) disparu.

extinguish [ɪks'tɪŋgwɪʃ] vt éteindre ◆ **extinguisher** n ◇ **(fire ~)** extincteur [m].

extort [ɪks'tɔ:t] vt extorquer (*from* à) ◆ **extortionate** adj exorbitant.

extra ['ekstrə] 1 adj (additional) de plus, supplémentaire; (spare) en trop ◇ **an ~ chair** une chaise de plus; **the ~ chair** la chaise supplémentaire; **the chair is ~** (spare) la chaise est en trop; (costs more) la chaise est en supplément; (Ftbl) **after ~ time** après prolongation [f]; **there will be no ~ charge** on ne vous comptera pas de supplément; **take ~ care!** faites particulièrement attention!; **for ~ safety** pour plus de sécurité; **postage ~** frais [mpl] de port en sus 2 adv particulièrement 3 n (luxury) agrément [m]; (actor: in film) figurant(e) [m(f)] ◆ **extracurricular** adj (Scol) extrascolaire ◆ **extra-fine** adj extra-fin ◆ **extra-large** adj extra-large ◆ **extra-strong** adj (material) extra-solide.

extract [ɪks'trækt] 1 vt (gen) extraire (*from* de); (tooth) arracher (*from* à); (fig: money, promise) soutirer (*from* à) 2 ['ekstrækt] n extrait [m] ◆ **extraction** n (of mineral, tooth) extraction [f]; (descent) origine [f] ◆ **extractor fan** n ventilateur [m].

extradite ['ekstrədaɪt] vt extrader ◆ **extradition** n extradition [f].

extraordinary [ɪks'trɔ:dnrɪ] adj extraordinaire ◇ **there's nothing ~ about that** cela n'a rien d'extraordinaire; **it's ~ to think that...** il semble incroyable que... + subj ◆ **extraordinarily** adv extraordinairement.

extraterrestrial ['ekstrətɪ'restrɪəl] 1 adj extraterrestre 2 n extraterrestre [mf].

extravagance [ɪks'trævəgəns] n (excessive spending) prodigalité [f]; (wastefulness) gaspillage [m]; (thing bought) folie [f] ◆ **extravagant** adj (spendthrift) dépensier, [f] -ière; (exaggerated) extravagant; (prices) exorbitant.

extreme [ɪks'tri:m] 1 adj (exceptional, exaggerated) extrême (after n); (furthest) extrême (before n) ◇ **in ~ danger** en très grand danger; (Pol) **the ~ right** l'extrême droite [f]; **how ~!** c'est un peu poussé! 2 n ◇ **in the ~** à l'extrême ◆ **extremely** adv extrêmement ◆ **extremist** 1 adj (opinion) extrême; (person) extrémiste 2 n extrémiste [mf].

extremity [ɪks'tremɪtɪ] n extrémité [f].

extricate ['ekstrɪkeɪt] vt dégager (*from* de) ◇ **to ~ o.s.** se tirer (*from* de).

extrovert ['ekstrəʊvɜ:t] adj, n extraverti(e) [m(f)].

exuberant [ɪg'zu:bərənt] adj exubérant.

exult [ɪg'zʌlt] vi exulter.

eye [aɪ] 1 n œil [m], [pl] yeux ◇ **girl with blue ~s, blue-~d girl** fille aux yeux bleus; **to have brown ~s** avoir les yeux bruns; **with one's ~s closed** les yeux fermés; **before my very ~s** sous mes yeux; **with my own ~s** de mes propres yeux; **as far as the ~ can see** à perte de vue; **in the ~s of** aux yeux de; **to be all ~s** être tout yeux; **up to one's ~s in work** dans le travail jusqu'au cou; **to shut one's ~s to** refuser de voir; **to keep an ~ on sth/sb** surveiller qch/qn; **to keep one's ~s open** ouvrir l'œil; **to keep one's ~s open for sth** essayer de trouver qch; **he couldn't keep his ~s open** il dormait debout; **to see ~ to ~ with sb** partager le point de vue de qn; **I've never set ~s on him** je ne l'ai jamais vu de ma vie 2 vt regarder ◆ **eyeball** n globe [m] oculaire ◆ **eyebath** n œillère [f] *(pour bains d'œil)* ◆ **eyebrow** n sourcil [m] ◇ **~ pencil** crayon [m] à sourcils ◆ **eye-catching** adj qui tire l'œil ◆ **eyedrops** npl gouttes [fpl] pour les yeux ◆ **eyelash** n cil [m] ◆ **eyelid** n paupière [f] ◆ **eyeliner** n eye-liner [m] ◆ **eye-opener** n révélation [f] ◆ **eyeshade** n visière [f] ◆ **eyeshadow** n fard [m] à paupières ◆ **eyesight** n vue [f] ◆ **eyesore** n horreur [f] ◆ **eye-tooth** n canine [f] supérieure ◇ (fig) **I'd give my ~-teeth** [famil] **for that/to do that** qu'est-ce que je ne donnerais pas pour avoir ça/pour faire ça ◆ **eyewitness** n témoin [m] oculaire.

eyrie ['ɪərɪ] n aire [f] *(d'aigle)*.

f

F, f [ef] n F, f [m or f]; (Mus) fa [m].

fable ['feɪbl] n fable [f].

fabric ['fæbrɪk] n (cloth) tissu [m]; (of building, society) structure [f] ◆ **fabricate** vt fabriquer.

fabulous ['fæbjʊləs] adj (gen) fabuleux, [f] -euse; (famil: wonderful) formidable [famil].

façade [fə'sɑːd] n façade [f].

face [feɪs] **1** n visage [m], figure [f]; (expression) mine [f]; (of building) façade [f]; (of clock) cadran [m]; (of cliff) paroi [f]; (of coin) côté [m]; (of the earth) surface [f]; (of playing card) face [f] ◇ **~ down** (person) face contre terre; (card) face en dessous; **~ up** (person) sur le dos; (card) retourné; **~ to ~** face à face; **he laughed in my ~** il m'a ri au nez; **he won't show his ~ here again** il ne se montrera plus ici; **he told him so to his ~** il le lui a dit tout cru; **in the ~ of** devant; (difficulty) en dépit de; **to put a brave ~ on things** faire bon visage; **to lose ~** perdre la face; **to save ~** sauver la face; **to pull ~s** faire des grimaces (*at* à); **on the ~ of it** à première vue; **to have the ~ to do** [famil] avoir le toupet [famil] de faire; **~ card** figure [f]; **~ cream** crème [f] pour le visage; **~ cloth** gant [m] de toilette; **to have a ~-lift** se faire faire un lifting; **~ powder** poudre [f] de riz; (fig) **to take sth at ~ value** se contenter de juger d'après les apparences.

2 vt **a** (turn towards) faire face à; (also **to be facing**) être en face de; (wall etc) être face à; (of building: look towards) donner sur ◇ **the problem facing me** le problème devant lequel je me trouve; **to be ~d with** (possibility) se trouver devant; (danger, defeat) être menacé par; **~d with the prospect of...** devant la perspective de... **b** (confront: enemy, danger, problem) faire face à ◇ **to ~ facts** regarder les choses en face; **to ~ the fact that...** admettre que...; **I can't ~ doing it** je n'ai pas le courage de le faire; (fig) **to ~ the music** braver l'orage.

3 vi (of person) se tourner (*towards* vers) ◇ **he was facing this way** il était tourné de ce côté; (of house) **facing north** orienté au nord; **facing towards the sea** face à la mer; **to ~ up to sth** faire face à qch; **to ~ up to the fact that** admettre que.

◆ **face-saving** adj qui sauve la face.

facet ['fæsɪt] n facette [f].

facetious [fə'siːʃəs] adj facétieux, [f] -ieuse.

facial ['feɪʃəl] n soin [m] du visage.

facilitate [fə'sɪlɪteɪt] vt faciliter.

facility [fə'sɪlɪtɪ] n facilité [f] (*in*, *for doing* pour faire) ◇ **facilities** (leisure) équipements [mpl]; (transport, production) moyens [mpl]; (in airport) installations [fpl].

facing ['feɪsɪŋ] n (on building) revêtement [m]; (Sewing) revers [m].

fact [fækt] n fait [m] ◇ **it is a ~ that** il est vrai que; **to know for a ~ that** savoir de source sûre que; **in ~, in point of ~, as a matter of ~** en fait; **the ~ of the matter is that...** le fait est que... ◆ **fact sheet** n fiche [f] d'information.

faction ['fækʃən] n faction [f].

factor ['fæktəʳ] n facteur [m] ◇ **safety ~** facteur de sécurité.

factory ['fæktərɪ] n usine [f]; (gen smaller) fabrique [f]; (arms, china, tobacco) manufacture [f] ◇ **~ chimney** cheminée [f] d'usine; **~ inspector** inspecteur [m] du travail; **~ worker** ouvrier [m], [f] -ière.

factual ['fæktjʊəl] adj basé sur les faits.

faculty ['fækəltɪ] n faculté [f].

fad [fæd] n (habit) marotte [f]; (fashion) folie [f] (*for* de).

fade [feɪd] vi (of flower) se faner; (of colour) passer; (fig: also ~ **away**) disparaître peu à peu; (of person) dépérir.

fag [fæg] n (famil: nasty work) corvée [f]; (famil: cigarette) sèche [famil] [f] ◆ **fagged out** [famil] adj éreinté.

fag(g)ot ['fægət] n fagot [m].

fah [fɑː] n (Mus) fa [m].

Fahrenheit ['færənhaɪt] adj Fahrenheit.

fail [feɪl] 1 vi a (gen) échouer (*in an exam* à un examen; *in Latin* en latin; *in an attempt* dans une tentative); (of play) être un four; (of business) faire faillite ◇ **to ~ to do** (be unsuccessful) ne pas réussir à faire; **to ~ in one's duty** manquer à son devoir b (of sight, memory, light) baisser; (of person, voice) s'affaiblir; (of crops) être perdu; (of electricity, water supply) manquer; (of engine) tomber en panne; (of brakes) lâcher 2 vt a (examination) échouer à; (subject) échouer en; (candidate) coller [famil] b (let down) décevoir; (of memory etc) trahir ◇ **words ~ me!** les mots me manquent! c ◇ (omit) **he ~ed to do it** il ne l'a pas fait 3 n ◇ **without ~** (come, do) sans faute; (happen) immanquablement ◆ **failing** 1 n défaut [m] 2 prep à défaut de ◆ **failure** n (gen) échec [m]; (electrical etc) panne [f]; (of crops) perte [f]; (unsuccessful person) raté(e) [m(f)] ◇ **a total ~** un fiasco.

faint [feɪnt] 1 adj (gen) faible; (colour) pâle; (smile) vague ◇ **I haven't the ~est idea** je n'en ai pas la moindre idée; **to feel ~** (unwell) être pris d'un malaise 2 vi s'évanouir (*from* de) ◆ **faintly** adv (gen) faiblement; (disappointed, reminiscent) légèrement.

1. **fair** [fɛəʳ] n (gen) foire [f]; (fun ~) fête [f] foraine ◆ **fairground** n champ [m] de foire.

2. **fair** [fɛəʳ] 1 adj a (just: person, decision) juste (*to sb* vis-à-vis de qn); (deal, exchange) équitable; (fight, competition) loyal; (profit, comment) mérité; (sample) représentatif, [f] -ive ◇ **it's not ~** ce n'est pas juste; **~ enough!** d'accord!; **to give sb a ~ deal** agir équitablement envers qn; **by ~ means or foul** par tous les moyens; **~ play** fair-play [m]; **it was all ~ and square** tout était très correct b (not bad: work) passable c (quite large) considérable ◇ **a ~ amount** [famil] pas mal (*of* de) d (light-coloured: hair, person) blond; (complexion) clair e (fine: wind) favorable; (weather, promises) beau, [f] belle ◇ **it's set ~** le temps est au beau fixe; **the ~ sex** le beau sexe; **~ copy** (rewritten) copie [f] au propre 2 adv ◇ **to play ~** jouer franc jeu ◆ **fair-haired** adj blond ◆ **fairly** adv a (justly: treat) équitablement; (obtain) honnêtement b (reasonably: good etc) assez ◇ **~ sure** presque sûr ◆ **fair-minded** adj impartial ◆ **fairness** n ◇ **in all ~** en toute justice; **in ~ to him** pour être juste envers lui ◆ **fair-skinned** adj à la peau claire.

fairy ['fɛərɪ] n fée [f] ◇ (fig) **~ godmother** marraine [f] gâteau [inv]; **~ lights** guirlande [f] électrique; **~ tale** conte [m] de fées; (untruth) conte à dormir debout ◆ **fairyland** n royaume [m] des fées.

faith [feɪθ] n foi [f] ◇ **F~, Hope and Charity** la foi, l'espérance et la charité; **~ in God** la foi en Dieu; **to have ~ in sb** avoir confiance en qn; **to put one's ~ in** mettre tous ses espoirs en; **in all good ~** en toute bonne foi; **in bad ~** de mauvaise foi; **~ healer** guérisseur [m], [f] -euse) (mystique); **~ healing** guérison [f] par la foi ◆ **faithful** adj, n fidèle [mf] ◆ **faithfully** adv fidèlement ◇ **to promise ~ that** donner sa parole que; **yours ~** je vous prie (or Madame etc), d'agréer mes salutations distinguées.

fake [feɪk] 1 n (picture, signature) faux [m]; (person) imposteur [m] 2 vt (signature etc) faire un faux de; (accounts etc) truquer.

falcon ['fɔːlkən] n faucon [m].

fall [fɔːl] (vb: pret *fell*, ptp *fallen*) 1 n a (gen) chute [f]; (in price, temperature) baisse [f] (*in* de) ◇ **the ~ of the Bastille** la prise de la Bastille; **a heavy ~ of snow** de fortes chutes de neige b ◇ (waterfall) **~s** chute [f] d'eau; **the Niagara F~s** les chutes du Niagara c (US: autumn) automne [m].

2 vi a tomber (*into* dans; *out of, off* de) ◇ **to ~ flat** (person) tomber à plat ventre; (fig: joke) tomber à plat; **to ~ to** or **on one's knees** tomber à genoux; **to ~ on one's feet** retomber sur ses pieds; **to ~ over a chair** tomber en butant contre une chaise (→ also 2 b); **to let sth ~** laisser tomber qch; **his face fell** son visage s'est assombri; **the students ~ into 3 categories** les étudiants se divisent en 3 catégories; **to ~ short of** ne pas répondre à; **~ing star** étoile [f] filante b ◇ (with **behind, down** etc) **to ~ apart** tomber en morceaux; (plans) se désagréger; (person: after tragedy) s'effondrer; (under stress) perdre tous ses moyens; **to ~ away** (of ground) descendre en pente; **to ~ back** (retreat) reculer; **something to ~ back on** quelque chose en réserve; **to ~ behind** rester en arrière; **to ~ behind with** (work) prendre du retard dans; (rent) être en retard pour; **to ~ down** (gen) tomber; (building) s'effondrer; **to ~ in** tomber (dans l'eau); (troops etc) former les rangs; **to ~ in with sth** accepter qch; **to ~ off** (numbers etc) diminuer; **to ~ off sth** tomber de qch; **to ~ out** (quarrel) se brouiller (*with* avec); (troops) rompre les rangs; **to ~ over** (of object) tomber par terre (→ also 2 a); **to ~ through** (plans) échouer c ◇ (become etc) **to ~ asleep** s'endormir; **to ~ due** venir à échéance; **to**

~ **ill** tomber malade; **to** ~ **into line** s'aligner; **to** ~ **in love** tomber amoureux (*with* de); **to** ~ **for** [famil] (person) tomber amoureux de; (idea) s'enthousiasmer pour; (be taken in by) se laisser prendre à; **to** ~ **silent** se taire; **to** ~ **(a) victim to** devenir la victime de ◆ **fallen** 1 adj tombé; (morally) déchu ◇ ~ **leaf** feuille [f] morte 2 npl ◇ (Mil) **the** ~ ceux qui sont tombés au champ d'honneur ◆ **fallout** n retombées [fpl] ◇ ~ **shelter** abri [m] antiatomique.

fallacy ['fæləsɪ] n (belief) erreur [f]; (reasoning) faux raisonnement [m].

fallow ['fæləʊ] adj en jachère.

false [fɔ:ls] adj faux, [f] fausse (before n) ◇ **under** ~ **pretences** (Law) par des moyens frauduleux; (by lying) sous des prétextes fallacieux; **with a** ~ **bottom** à double fond; ~ **teeth** fausses dents [fpl] ◆ **falsehood** n (lie) mensonge [m] ◆ **falsely** adv (accuse) à tort.

falsetto [fɔ:l'setəʊ] n fausset [m].

falsify ['fɔ:lsɪfaɪ] vt (accounts) truquer; (documents) falsifier.

falter ['fɔ:ltəʳ] 1 vi (of speaker) hésiter 2 vt (words) bredouiller.

fame [feɪm] n célébrité [f], renommée [f].

familiar [fə'mɪljəʳ] adj (gen) familier, [f] -ière; (event, protest) habituel, [f] -uelle ◇ **his face is** ~ sa tête me dit quelque chose [famil]; **to be** ~ **with sth** bien connaître qch ◆ **familiarity** n familiarité [f] (*with* avec) ◆ **familiarize** vt ◇ **to** ~ **o.s. with** se familiariser avec ◆ **familiarly** adv familièrement.

family ['fæmɪlɪ] n famille [f] ◇ **has he any** ~**?** a-t-il des enfants?; **he's one of the** ~ il fait partie de la famille; ~ **allowance** allocations [fpl] familiales; ~ **doctor** médecin [m] de famille; **a** ~ **friend** un ami de la famille; ~ **jewels** bijoux [mpl] de famille; ~ **man** bon père [m] de famille; ~ **planning** planning [m] familial; ~ **tree** arbre [m] généalogique.

famine ['fæmɪn] n famine [f].

famished ['fæmɪʃt] adj affamé.

famous ['feɪməs] adj célèbre (*for* pour) ◇ **so that's his** ~ **motorbike!** voilà sa fameuse moto! ◆ **famously** [famil] adv fameusement [famil].

1. **fan** [fæn] 1 n éventail [m]; (mechanical) ventilateur [m] ◇ ~ **belt** courroie [f] de ventilateur; ~ **heater** radiateur [m] soufflant; ~ **light** imposte [f] 2 vt éventer 3 vi ◇ **to** ~ **out** se déployer.

2. **fan** [fæn] n (of pop star) fan [mf]; (of sports team) supporter [m] ◇ **he is a football** ~ c'est un mordu [famil] du football; ~ **club** club [m] de fans; **his** ~ **mail** les lettres [fpl] de ses admirateurs.

fanatic [fə'nætɪk] n fanatique [mf].

fanciful ['fænsɪfʊl] adj fantaisiste.

fancy ['fænsɪ] 1 n ◇ **to take a** ~ **to** (person) se prendre d'affection pour; (thing) prendre goût à; **it caught his** ~ ça lui a plu 2 vt a (think) croire ◇ **I rather** ~ **he's gone out** je crois bien qu'il est sorti; ~ **that!** [famil] tiens! b (want) avoir envie de; (like) aimer ◇ **do you** ~ **going?** as-tu envie d'y aller?; **I don't** ~ **the idea** cette idée ne me dit rien [famil]; **he fancies himself** [famil] il ne se prend pas pour rien; **he fancies her** [famil] il la trouve attirante 3 adj (hat etc) fantaisie [inv]; (price) exorbitant ◇ ~ **cakes** pâtisseries [fpl]; **in** ~ **dress** déguisé; ~**-dress ball** bal [m] masqué; ~ **goods** nouveautés [fpl].

fanfare ['fænfɛəʳ] n fanfare [f] (*air*).

fang [fæŋ] n croc [m]; (snake) crochet [m].

fantastic [fæn'tæstɪk] adj fantastique.

fantasy ['fæntəzɪ] n (gen) fantaisie [f]; (sexual etc) fantasme [m].

far [fɑ:ʳ] (comp *farther* or *further*, superl *farthest* or *furthest*) 1 adv loin ◇ **not** ~ **from here** pas loin d'ici; **how** ~ **is it to...?** combien y a-t-il jusqu'à...?; **how** ~ **are you going?** jusqu'où allez-vous?; (fig) **how** ~ **have you got with your plans?** où en êtes-vous de vos projets?; **I would even go so** ~ **as to say that...** je dirais même que...; **you're going too** ~ vous exagérez; **so** ~ (time) jusqu'à présent; (place) jusque-là; **so** ~ **so good** jusqu'ici ça va; **as** ~ **as the town** jusqu'à la ville; **as** ~ **as I know** pour autant que je sache; **as** ~ **as the eye can see** à perte de vue; ~ **and away the best** de très loin le meilleur; ~ **and wide**, ~ **and near** partout; ~ **away**, ~ **off** au loin; **not** ~ **off** (place) pas loin; (time) bientôt; ~ **from** loin de (*doing* faire); ~ **from it!** loin de là!; ~ **into** très avant dans; (fig) **to be** ~ **out** (calculations) être complètement erroné; **by** ~ beaucoup; ~ **better** beaucoup mieux 2 adj (country) lointain ◇ **the F~ East** l'Extrême-Orient [m]; **the F~ North** le Grand Nord; **the F~ West** le Far West; **on the** ~ **side of** de l'autre côté de; (Pol) **the** ~ **left** l'extrême-gauche [f] ◆ **faraway** adj (country) lointain; (look) perdu dans le vague ◆ **far-distant** adj lointain ◆ **far-fetched** adj tiré par les cheveux ◆ **far-off** adj lointain ◆ **far-reaching** adj d'une grande portée ◆ **far-sighted** adj clairvoyant.

farce [fɑ:s] n farce [f] ◆ **farcical** adj grotesque.

fare [fɛəʳ] 1 n (on bus, in underground) prix [m] du ticket; (on boat, plane, train) prix du billet; (in taxi) prix de la course ◇ (bus) ~ **stage** section [f] 2 vi ◇ **how did you** ~ comment cela s'est-il passé?

farewell [fɛə'wel] n, excl adieu [m] ◇ ~ **dinner** dîner [m] d'adieu.

farm [fɑ:m] **1** n ferme [f] ◇ **on a ~** dans une ferme; **~ labourer** ouvrier [m], [f] -ière agricole; **~ produce** produits [mpl] de ferme **2** vi être fermier ◆ **farmer** n fermier [m] ◇ **~'s wife** fermière [f] ◆ **farmhouse** n (maison [f] de) ferme [f] ◆ **farming** n agriculture [f] ◇ **mink ~** élevage [m] du vison; **~ methods** méthodes [fpl] de culture ◆ **farmland** n terres [fpl] cultivées ◆ **farmyard** n cour [f] de ferme.

farther ['fɑ:ðəʳ] (comp of *far*) adv plus loin ◇ **it is ~ than I thought** c'est plus loin que je ne pensais; **how much ~ is it?** c'est encore à combien?; **I got no ~ with him** je ne suis arrivé à rien de plus avec lui; **to get ~ and ~ away** s'éloigner de plus en plus; **~ away, ~ off** plus loin.

farthest ['fɑ:ðɪst] (superl of *far*) **1** adj le plus lointain, le plus éloigné **2** adv le plus loin.

fascinate ['fæsɪneɪt] vt fasciner ◆ **fascinating** adj fascinant ◆ **fascination** n fascination [f].

fascism ['fæʃɪzəm] n fascisme [m] ◆ **fascist** adj, n fasciste [mf].

fashion ['fæʃən] **1** n **a** (manner) façon [f] ◇ **in a queer ~** d'une façon bizarre; **after a ~** tant bien que mal; **in his own ~** à sa façon **b** (habit) habitude [f] (*of doing* de faire) **c** (latest style) mode [f] ◇ **in ~** à la mode; **out of ~** démodé; **~ designer** styliste [mf]; (grander) grand couturier [m]; **~ house** maison [f] de couture; **~ model** mannequin [m] *(personne)*; **~ show** présentation [f] de collections **2** vt façonner ◆ **fashionable** adj à la mode ◆ **fashionably** adv à la mode.

1. **fast** [fɑ:st] **1** adj **a** (speedy) rapide ◇ **~ food** prêt-à-manger [m]; (for cars) **the ~ lane** ≃ la voie la plus à gauche; **~ train** rapide [m]; **to pull a ~ one on sb** [famil] rouler qn [famil] **b** ◇ (of clock etc) **to be ~** avancer; **my watch is 5 minutes ~** ma montre avance de 5 minutes **c** (firm) solide; (colour) grand teint [inv] **2** adv **a** (quickly) vite, rapidement ◇ **how ~ can you type?** à quelle vitesse pouvez-vous taper? **b** (firmly, securely: tied) solidement ◇ **~ asleep** profondément endormi ◆ **fast-forward** **1** vt ◇ (cassette, tape) appuyer sur la touche d'avance rapide pour faire avancer **2** n ◇ **the ~ button** la touche d'avance rapide.

2. **fast** [fɑ:st] **1** vi (not eat) jeûner **2** n jeûne [m].

fasten ['fɑ:sn] **1** vt (gen) attacher (*to* à); (box, door) fermer solidement ◇ **to ~ sth down** or **on** fixer qch en place **2** vi (gen) se fermer; (of dress) s'attacher ◆ **fastener** or **fastening** n attache [f]; (on box, garment) fermeture [f]; (on bag, necklace) fermoir [m].

fastidious [fæs'tɪdɪəs] adj difficile (à contenter).

fat [fæt] **1** n (on body) graisse [f]; (on meat) gras [m]; (for cooking) matière [f] grasse ◇ **to fry in deep ~** faire cuire à la grande friture **2** adj (gen) gros, [f] grosse; (meat) gras, [f] grasse ◇ **to get ~** grossir; **a ~ lot he knows about it!** [famil] comme s'il en savait quelque chose!

fatal ['feɪtl] adj (injury etc) mortel, [f] -elle; (consequences, mistake) désastreux, [f] -euse ◇ **it was absolutely ~ to say that** c'était une grave erreur que de dire cela ◆ **fatalistic** adj fataliste ◆ **fatality** n mort [m] ◆ **fatally** adv (wounded) mortellement ◇ **~ ill** perdu.

fate [feɪt] n sort [m] ◆ **fated** adj destiné (*to do* à faire); (friendship, person) voué au malheur ◆ **fateful** adj fatal.

father ['fɑ:ðəʳ] n père [m] ◇ **Our F~** Notre Père; **from ~ to son** de père en fils; **F~ Bennet** le père Bennet; **yes, F~** oui, mon père; **F~ Christmas** le père Noël ◆ **fatherhood** n paternité [f] ◆ **father-in-law** n beau-père [m] ◆ **fatherland** n patrie [f] ◆ **fatherly** adj paternel, [f] -elle.

fathom ['fæðəm] **1** n brasse [f] *(= 1,83 m)* **2** vt (fig: understand) comprendre.

fatigue [fə'ti:g] n fatigue [f].

fatten ['fætn] vt (**~ up**) engraisser ◆ **fattening** adj qui fait grossir.

fatty ['fætɪ] adj gras, [f] grasse.

fatuous ['fætjʊəs] adj stupide.

faucet ['fɔ:sɪt] n (US) robinet [m].

fault [fɔ:lt] n **a** (gen) défaut [m]; (mistake) erreur [f]; (Tennis) faute [f]; (Geol) faille [f] ◇ **to be at ~** être fautif; **to find ~ with** critiquer **b** (responsibility) faute [f] ◇ **whose ~ is it?** qui est fautif?; **it's not my ~** ce n'est pas de ma faute ◆ **faultless** adj (person) irréprochable; (work) impeccable ◆ **faulty** adj défectueux, [f] -ueuse.

fauna ['fɔ:nə] n faune [f].

favour, (US) **-or** ['feɪvəʳ] **1** n **a** service [m] ◇ **to do sb a ~** rendre un service à qn; **do me a ~ and...** sois gentil et...; **to ask a ~ of sb** demander un service à qn **b** faveur [f] ◇ **in ~** (person) en faveur (*with* auprès de); (style) à la mode; **in sb's ~** en faveur de qn; **to be in ~ of sth** être partisan de qch; **I'm not in ~ of doing that** je ne suis pas d'avis de faire cela; **to show ~ to sb** montrer une préférence pour qn **2** vt (approve) être partisan de; (prefer) préférer ◆ **favourable** adj favorable (*to* à) ◆ **favourably** adv favorablement ◆ **favourite** adj, n favori(te) [m(f)] ◇ **it's a ~ of mine** je l'aime beaucoup ◆ **favouritism** n favoritisme [m].

1. **fawn** [fɔ:n] **1** n (deer) faon [m] **2** adj (colour) fauve.

2. **fawn** [fɔ:n] vi ◇ **to ~ upon sb** flatter qn servilement.

fax [fæks] 1 n (machine) télécopieur [m]; (document) télécopie [f] ◇ ~ **number** numéro [m] de télécopieur 2 vt envoyer par télécopie.

FBI [ˌefbiːˈaɪ] n (US) abbr of *Federal Bureau of Investigation* FBI [m].

fear [fɪəʳ] 1 n crainte [f], peur [f] ◇ **there are ~s that** on craint fort que + ne + subj; **have no ~** ne craignez rien; **to live in ~** vivre dans la peur; **in ~ and trembling** en tremblant de peur; **for ~ of doing** de peur de faire; **for ~ (that)** de peur que + ne + subj; **~ of heights** vertige [m]; **there's not much ~ of his coming** il est peu probable qu'il vienne; **no ~** [famil]! pas de danger! [famil] 2 vt avoir peur de; (God) craindre ◇ **to ~ the worst** craindre le pire; **to ~ that** avoir peur que + ne + subj, craindre que + ne + subj ◆ **fearful** adj (terrible) affreux, [f] -euse; (timid) craintif, [f] -ive ◆ **fearfully** adv (very) affreusement; (timidly) craintivement ◆ **fearless** adj intrépide.

feasible [ˈfiːzəbl] adj (practicable) faisable; (likely) plausible ◆ **feasibility** n faisabilité [f], possibilité [f] (*of doing* de faire).

feast [fiːst] n festin [m]; (religious: ~ **day**) fête [f].

feat [fiːt] n exploit [m].

feather [ˈfeðəʳ] n plume [f] ◇ ~ **duster** plumeau [m].

feature [ˈfiːtʃəʳ] 1 n (of person) trait [m]; (of place, thing) caractéristique [f] ◇ ~ **film** grand film [m]; (Press) ~ **article** article [m] de fond; (Press) **it is a regular ~ in...** cela paraît régulièrement dans... 2 vt (of film) avoir pour vedette 3 vi figurer (*in* dans).

February [ˈfebrʊərɪ] n février [m] → for phrases **September.**

fed [fed] pret, ptp of *feed* ◆ **fed up** [famil] adj ◇ **to be ~** en avoir marre [famil] (*doing* de faire).

federal [ˈfedərəl] adj fédéral.

federation [ˌfedəˈreɪʃən] n fédération [f].

fee [fiː] n (gen) prix [m] (*for* de); (lawyer etc) honoraires [mpl]; (artist etc) cachet [m]; (private tutor) appointements [mpl] ◇ **registration ~** droits [mpl] d'inscription; **membership ~** montant [m] de la cotisation ◆ **fee-paying school** n établissement [m] d'enseignement privé.

feeble [ˈfiːbl] adj (gen) faible; (attempt, excuse) piètre; (joke) piteux, [f] -euse ◆ **feebly** adv faiblement; piteusement.

feed [fiːd] (vb: pret, ptp *fed*) 1 n (food) nourriture [f]; (of baby: breast-~) tétée [f]; (bottle) biberon [m] 2 vt (provide food for) nourrir; (give food to) donner à manger à; (baby: breastfed) allaiter; (bottle-fed) donner le biberon à ◇ **to ~ sth to sb** faire manger qch à qn; **to ~ sth into a machine** introduire qch dans une machine; **to ~ back results** donner des résultats en retour 3 vi manger ◇ **to ~ on** se nourrir de ◆ **feedback** n feed-back [m] ◆ **feeding** n alimentation [f].

feel [fiːl] (vb: pret, ptp *felt*) 1 n ◇ **to know sth by the ~ of it** reconnaître qch au toucher; **I don't like the ~ of it** je n'aime pas cette sensation; (fig) **you have to get the ~ of it** il faut s'y faire.
2 vti a (touch) tâter ◇ **to ~ sb's pulse** tâter le pouls à qn; **to ~ one's way** avancer à tâtons; (of object) **to ~ hard** être dur au toucher; **it ~s damp** cela donne l'impression d'être humide; **to ~ about** or **around** (in dark) tâtonner; (in pocket, drawer) fouiller (*for sth* pour trouver qch) b (be aware of: blow, pain) sentir; (grief) ressentir ◇ **I can ~ it** je le sens; **she felt it move** elle l'a senti bouger; (fig) **if you ~ strongly about it** si cela vous semble important; **to ~ cold** avoir froid; **to ~ the heat** craindre la chaleur; **to ~ ill** se sentir malade; **I ~ better** je me sens mieux; **she really felt it a lot** elle en a été très affectée c (think) penser (*that* que; *about* de); (have vague feeling) avoir l'impression (*that* que; *as if* que) ◇ **to ~ it necessary to do** juger nécessaire de faire; **I ~ sure that...** je suis sûr que...; **I ~ very bad about it** cela m'ennuie beaucoup; **how do you ~ about going for a walk?** est-ce que cela vous dit d'aller vous promener?; **what does it ~ like?** quel effet cela vous fait-il?; **to ~ like (doing) sth** avoir envie de (faire) qch; **I ~ for you!** comme je vous comprends!

feeler [ˈfiːləʳ] n (insect) antenne [f]; (octopus etc) tentacule [m].

feeling [ˈfiːlɪŋ] n a (physical) sensation [f] ◇ **a cold ~** une sensation de froid b (in the mind) sentiment [m] ◇ **a ~ of isolation** un sentiment d'isolement; **I have the ~ that...** j'ai l'impression que... c ◇ (emotions) **~s** sentiments [mpl]; **you can imagine my ~s** tu t'imagines ce que je ressens; **to hurt sb's ~s** froisser qn; **with ~** avec émotion; **bad ~** hostilité [f].

feet [fiːt] npl of *foot.*

feign [feɪn] vt feindre.

felicitous [fɪˈlɪsɪtəs] adj heureux, [f] -euse.

1. **fell** [fel] pret of *fall.*

2. **fell** [fel] vt (tree) abattre.

fellow [ˈfeləʊ] n a homme [m], garçon [m] ◇ **a nice ~** un brave garçon; **an old ~** un vieux; **poor little ~** pauvre petit [m] b (of society etc) membre [m]; (Univ) ≃ professeur [m] c (comrade) compagnon [m] ◇ ~ **citizen** concitoyen(ne) [m(f)]; ~ **countryman** compatriote [m]; ~ **feeling** sympathie [f]; ~ **men** semblables [mpl].

felony [ˈfelənɪ] n crime [m].

1. **felt** [felt] pret, ptp of *feel.*

2. **felt** [felt] n feutre [m] ◇ **~-tip pen** feutre [m] *(crayon).*

female ['fi:meɪl] 1 adj (gen) femelle; (company, vote) des femmes; (sex, character) féminin ◇ **~ students** étudiantes [fpl] 2 n (person) femme [f], fille [f]; (animal, plant) femelle [f].

feminine ['femɪnɪn] 1 adj féminin 2 n (Gram) féminin [m] ◇ **in the ~** au féminin ✦ **feminism** n féminisme [m] ✦ **feminist** n féministe [mf].

fen [fen] n marais [m].

fence [fens] 1 n (gen) barrière [f]; (Racing) obstacle [m] ◇ (fig) **to sit on the ~** ménager la chèvre et le chou 2 vt (**~ in**) clôturer 3 vi (Sport) faire de l'escrime ✦ **fencing** n (Sport) escrime [f].

fend [fend] vti ◇ **to ~ for o.s.** se débrouiller (tout seul); **to ~ sth off** détourner qch ✦ **fender** n (fire) garde-feu [m inv]; (US) pare-chocs [m inv].

fennel ['fenl] n fenouil [m].

ferment [fə'ment] 1 vi fermenter 2 ['fɜ:ment] n ferment [m] ◇ (fig) **in a ~** en effervescence.

fern [fɜ:n] n fougère [f].

ferocious [fə'rəʊʃəs] adj féroce.

ferret ['ferɪt] 1 n furet [m] 2 vti (**~ about**) fureter ◇ **to ~ sth out** dénicher qch.

ferry ['ferɪ] 1 n (**~ boat**) ferry(-boat) [m]; (small: across river etc) bac [m] 2 vt transporter.

fertile ['fɜ:taɪl] adj fertile ✦ **fertility** n fertilité [f] ◇ **~ drug** médicament [m] contre la stérilité ✦ **fertilize** vt fertiliser ✦ **fertilizer** n engrais [m].

fervent ['fɜ:vənt] adj fervent.

fervour, (US) **-or** ['fɜ:vəʳ] n ferveur [f].

fester ['festəʳ] vi suppurer.

festival ['festɪvəl] n (religious) fête [f]; (musical) festival [m].

festive ['festɪv] adj ◇ **~ season** période [f] des fêtes; **in a ~ mood** en veine de réjouissances ✦ **festivities** npl réjouissances [fpl].

fetch [fetʃ] vt a (go for) aller chercher; (actually bring: person) amener; (thing) apporter ◇ **to ~ in** (person) faire entrer; (thing) rentrer b (sell for: money) rapporter; (price) atteindre.

fetching ['fetʃɪŋ] adj charmant.

fête [feɪt] 1 n fête [f] 2 vt fêter.

fetish ['fi:tɪʃ] n fétiche [m] *(de culte).*

fetters ['fetəz] npl chaînes [fpl].

fetus ['fi:təs] n (US) = **foetus.**

feud [fju:d] n querelle [f].

feudal ['fju:dl] adj féodal.

fever ['fi:vəʳ] n fièvre [f] ◇ **to have a ~** avoir de la fièvre; **a bout of ~** un accès de fièvre; **high ~** forte fièvre ✦ **feverish** adj fiévreux, [f] -euse.

few [fju:] adj, pron a (not many) peu (de) ◇ **~ books** peu de livres; **~ of them** peu d'entre eux; **~ have seen him** peu de gens l'ont vu; **he is one of the ~ people who...** c'est l'une des rares personnes qui...; **in the past ~ days** ces derniers jours; **the next ~ days** les quelques jours qui viennent; **every ~ days** tous les deux ou trois jours; **they are ~ and far between** ils sont rares; **I have as ~ books as you** j'ai aussi peu de livres que vous; **so ~** si peu (de); **too ~** trop peu (de); **there were 3 too ~** il en manquait 3 b ◇ (some) **a ~** quelques-uns, quelques-unes; **a ~ books** quelques livres; **a ~ more** quelques-uns de plus; **quite a ~ books** pas mal [famil] de livres; **a ~ of us** quelques-uns d'entre nous; **a good ~ of** bon nombre de; **a ~ more days** encore quelques jours ✦ **fewer** adj, pron moins (de) ◇ **~ books than** moins de livres que; **no ~ than** pas moins de ✦ **fewest** adj, pron le moins (de).

fiancé(e) [fɪ'ɑ̃:ŋseɪ] n fiancé(e) [m(f)].

fiasco [fɪ'æskəʊ] n fiasco [m].

fib [fɪb] n [famil] blague [famil] [f], mensonge [m].

fibre, (US) **-er** ['faɪbəʳ] n fibre [f] ◇ **dietary ~** fibres [fpl], cellulose [f] végétale; **high ~ diet** alimentation [f] riche en fibres ✦ **fibreglass** n fibre [f] de verre ✦ **fibre optics** nsg la fibre optique ✦ **fibre-tip pen** n stylo [m] pointe fibre ✦ **fibrositis** n cellulite [f].

fickle ['fɪkl] adj inconstant, volage.

fiction ['fɪkʃən] n (writing) romans [mpl] ◇ **fact and ~** le réel et l'imaginaire [m].

fictitious [fɪk'tɪʃəs] adj fictif, [f] -ive.

fiddle ['fɪdl] 1 n a violon [m] b (famil: dishonest) combine [famil] [f] 2 vti a ◇ **to ~ with sth** tripoter qch b ([famil]: falsify) truquer ✦ **fiddlesticks** [famil] excl quelle blague! [famil].

fidelity [fɪ'delɪtɪ] n fidélité [f].

fidget ['fɪdʒɪt] vi remuer continuellement ◇ **stop ~ing!** reste donc tranquille! ✦ **fidgety** adj remuant, agité.

field [fi:ld] n (gen) champ [m]; (oil, coal) gisement [m]; (Aviat, Sport) terrain [m]; (sphere of activity) domaine [m] ◇ **~ of battle** champ de bataille; **it's outside my ~** ce n'est pas de mon domaine; **his particular ~** sa spécialité; (fig) **they had a ~ day** [famil] cela a été une bonne journée pour eux; **~ glasses** jumelles [fpl]; **~ marshal** maréchal [m].

fiend [fi:nd] n démon [m] ◇ **tennis ~** mordu(e) [famil] [m(f)] du tennis ✦ **fiendish** adj diabolique; (famil: unpleasant) abominable.

fierce [fɪəs] adj (gen) féroce; (attack, wind) violent; (heat) intense; (fighting) acharné.

fiery ['faɪərɪ] adj (person) fougueux, [f] -euse; (sky) rougeoyant; (temper) violent.

fifteen [fɪf'ti:n] 1 adj, n quinze [(m) inv] ◇ **about ~ books** une quinzaine de livres; **about ~** une quinzaine 2 pron quinze [mfpl] → for phrases **six** ♦ **fifteenth** adj, n quinzième [mf].

fifth [fɪfθ] adj, n cinquième [mf]; (fraction) cinquième [m] → for phrases **sixth.**

fifty ['fɪftɪ] 1 adj, n cinquante [(m) inv] ◇ **about ~ books** une cinquantaine de livres; **about ~** une cinquantaine; **to go ~-~** partager moitié-moitié; **a ~-~ chance** une chance sur deux 2 pron cinquante [mfpl] → for phrases **sixty** ♦ **fiftieth** adj, n cinquantième [mf]; (fraction) cinquantième [m].

fig [fɪg] n figue [f]; (**~ tree**) figuier [m] ◇ **~ leaf** (on statue) feuille [f] de vigne.

fight [faɪt] (vb: pret, ptp *fought*) 1 n (between persons) bagarre [famil] [f]; (quarrel) dispute [f]; (Mil, Boxing) combat [m]; (against disease etc) lutte [f] (*against* contre) ◇ **he put up a good ~** il s'est bien défendu 2 vi se battre (*with* avec; *against* contre); (quarrel) se disputer (*with/over* avec/au sujet de); (fig) lutter (*for* pour; *against* contre) ◇ **to ~ back** se défendre,; (tears) refouler 3 vt (gen) se battre contre; (fire, disease) lutter contre ◇ **to ~ a battle** livrer bataille; **to ~ a losing battle against sth** se battre en pure perte contre qch; **to ~ one's way through the crowd** se frayer un passage à travers la foule; **to ~ off an attack** repousser une attaque; **to ~ it out** se bagarrer [famil] *(pour régler qch)* ♦ **fighter** n (Boxing) boxeur [m]; (fig) lutteur [m]; (plane) avion [m] de chasse ♦ **fighting** 1 n (Mil) combat [m]; (in streets) échauffourées [fpl]; (in classroom, pub) bagarres [fpl] 2 adj ◇ **~ spirit** cran [famil] [m].

figment ['fɪgmənt] n ◇ **a ~ of the imagination** une pure invention.

figurative ['fɪgjʊrətɪv] adj figuré.

figure ['fɪgə^r] 1 n a chiffre [m] ◇ **in round ~s** en chiffres ronds; **he's good at ~s** il est doué pour le calcul; **the crime/unemployment** etc **~s** le taux de la criminalité/du chômage etc; **a 3-~ number** un numéro de 3 chiffres b (drawing) figure [f] ◇ **a ~ of eight** un huit c ◇ (person) **I saw a ~** j'ai vu une forme; **she has a good ~** elle est bien faite; **remember your ~!** pense à ta ligne! d ◇ **a ~ of speech** une façon de parler 2 vti a (imagine) penser, supposer (*that* que) b ◇ **to ~ sth out** arriver à comprendre qch; **to ~ on doing sth** compter faire qch; **that ~s!** [famil] ça s'explique! c (appear) figurer (*on* sur).

filament ['fɪləmənt] n filament [m].

1. **file** [faɪl] 1 n (tool) lime [f] 2 vt (**~ down**) limer ◇ **to ~ one's nails** se limer les ongles.

2. **file** [faɪl] 1 n dossier [m] (*on* sur); (with hinges) classeur [m]; (Comput) fichier [m] ◇ (Comput) **scratch** or **work ~** fichier de travail 2 vt (notes) classer; (add to ~) joindre au dossier ◇ (Law) **to ~ a suit against sb** intenter un procès à qn; **filing cabinet** classeur [m] *(meuble)*.

3. **file** [faɪl] 1 n file [f] ◇ **in Indian ~** en file indienne; **in single ~** en file 2 vi ◇ **to ~ in** etc entrer etc en file.

Filipino [ˌfɪlɪ'pi:nəʊ] 1 adj philippin 2 n Philippin(e) [m(f)]; (language) tagalog [m].

fill [fɪl] 1 vt (gen: also **~ in**, **~ up**) remplir (*with* de); (hole) boucher; (teeth) plomber; (need) répondre à; (job) pourvoir ◇ **to ~ in** or **out a form** remplir un formulaire; **to ~ sb in on sth** [famil] mettre qn au courant de qch; **that ~s the bill** cela fait l'affaire 2 vi (**~ up**) se remplir (*with* de) ◇ **to ~ in for sb** remplacer qn; (car) **to ~ up** faire le plein d'essence 3 n ◇ **to eat one's ~** manger à sa faim; **I've had my ~ of it** j'en ai assez.

fillet ['fɪlɪt] n filet [m] ◇ **~ steak** tournedos [m].

filling ['fɪlɪŋ] n (in tooth) plombage [m]; (food) garniture [f] ◇ **~ station** station-service [f].

film [fɪlm] 1 n (Phot) pellicule [f]; (Cine) film [m]; (round food) scellofrais [m] ® ◇ **to go to the ~s** aller au cinéma; **a ~ of dust** une fine couche de poussière; **~ maker** cinéaste [mf]; **~ star** vedette [f] de cinéma 2 vt filmer 3 vi faire un film ♦ **filmstrip** n film [m] fixe.

Filofax ['faɪləʊfæks] ® n Filofax [m] ®.

filter ['fɪltə^r] 1 n filtre [m] 2 vt (liquids) filtrer; (air) purifier ♦ **filter-tipped** adj à bout filtre.

filth [fɪlθ] n (lit) saleté [f]; (fig) saletés [fpl] ♦ **filthy** adj (gen) sale; (language) grossier, [f] -ière; (famil: weather etc) abominable.

fin [fɪn] n nageoire [f]; (shark) aileron [m].

final ['faɪnl] 1 adj (last) dernier, [f] -ière; (conclusive) définitif, [f] -ive ◇ **and that's ~!** un point c'est tout! 2 n (Sport) finale [f] ◇ (Univ) **the ~s** les examens [mpl] de dernière année ♦ **finale** [fɪ'nɑ:lɪ] n finale [m] ◇ (fig) **the grand ~** l'apothéose [f] ♦ **finalist** n finaliste [mf] ♦ **finalize** vt mettre au point les derniers détails de, finaliser; (details, date) fixer de façon définitive ♦ **finally** adv enfin, finalement; (once and for all) définitivement.

finance [faɪ'næns] 1 n finance [f] ◇ **Ministry of F~** ministère [m] des Finances; **~ company** compagnie [f] financière 2 vt financer ♦ **financial** adj (gen) financier, [f] -ière ◇ **~ year** exercice [m] financier.

finch [fɪntʃ] n *famille d'oiseaux: pinson, bouvreuil etc.*

find [faɪnd] (vb: pret, ptp *found*) 1 vti a (gen) trouver (*that* que); (sth or sb lost) retrouver ◇ **he found himself in Paris** il s'est retrouvé à Paris; **I ~ her very pleasant** je la trouve très agréable; **he ~s it difficult to...** il a du mal à...; (fig) **to ~ one's feet** s'adapter; (Law) **to ~ sb guilty** prononcer qn coupable; **go and ~ me a pen** va me chercher un stylo b (invent: also ~ **out**) découvrir ◇ **to ~ out about sth** (enquire) se renseigner sur qch; (discover) découvrir qch; **to ~ sb out** démasquer qn 2 n trouvaille [f] ◆ **findings** npl conclusions [fpl].

1. **fine** [faɪn] 1 n amende [f]; (parking ~) contravention [f] 2 vt condamner à une amende; donner une contravention à.

2. **fine** [faɪn] 1 adj a (not coarse) fin; (metal) pur; (workmanship) délicat; (distinction) subtil ◇ **he's got it down to a ~ art** il le fait à la perfection; **~ art** les beaux arts [mpl] b (very good: clothes, weather) beau, [f] belle; (musician etc) excellent ◇ (fig) **one ~ day** un beau jour; (excl) **~!** entendu!; **(that's) ~!** très bien!; **you're a ~ one to talk!** c'est bien à toi de le dire! 2 adv a (excellently) très bien ◇ **you're doing ~!** tu te débrouilles bien! b (finely) finement; (chop) menu ◇ (fig) **you've cut it a bit ~** vous avez calculé un peu juste ◆ **finely** adv (gen) admirablement; (adjust) délicatement; (chop) menu ◆ **finery** n parure [f].

finger ['fɪŋgəʳ] 1 n doigt [m] ◇ **between ~ and thumb** entre le pouce et l'index; (fig) **to keep one's ~s crossed** dire une petite prière (*for sb* pour qn); **~ bowl** rince-doigts [m inv]; **~mark** trace [f] de doigt 2 vt (feel: money) palper ◆ **fingernail** n ongle [m] ◆ **fingerprint** n empreinte [f] digitale ◆ **fingertip** n bout [m] du doigt ◇ **he has it at his ~s** il connaît cela sur le bout du doigt.

finicky ['fɪnɪkɪ] adj difficile (*about* pour).

finish ['fɪnɪʃ] 1 n a (end) fin [f]; (Sport) arrivée [f] ◇ **to fight to the ~** se battre jusqu'au bout b (appearance etc) finitions [fpl] ◇ **with an oak ~** teinté chêne 2 vt finir (*doing* de faire) ◇ **to ~ sth off** terminer qch; **to put the ~ing touch to** mettre la dernière main à; (fig) **it nearly ~ed me** [famil] ça a failli m'achever 3 vi (gen) finir; (of book, film) finir, se terminer; (of holiday, contract) prendre fin ◇ (Sport) **to ~ first** arriver premier; **~ing line** ligne [f] d'arrivée; **he ~ed up in Rome** il s'est retrouvé à Rome; **she ~ed up working abroad** elle a fini par partir pour travailler à l'étranger; **I've ~ed with the paper** je n'ai plus besoin du journal; **she's ~ed with him** elle a rompu avec lui ◆ **finished** adj fini; (done for) fichu [famil].

finite ['faɪnaɪt] adj fini.

Finland ['fɪnlənd] n Finlande [f].

Finn [fɪn] n Finlandais(e) [m(f)] ◆ **Finnish** 1 adj finlandais 2 n (language) finnois [m].

fir [fɜːʳ] n sapin [m] ◇ **~ cone** pomme [f] de pin.

fire ['faɪəʳ] 1 n a (gen) feu [m]; (heater) radiateur [m]; (accident) incendie [m] ◇ **on ~** en feu, en flammes; **forest ~** incendie de forêt; **to set ~ to** mettre le feu à b (Mil) feu [m] ◇ **to open ~** ouvrir le feu 2 adj ◇ **~ alarm** avertisseur [m] d'incendie; **~ brigade**, (US) **~ department** (sapeurs-)pompiers [mpl]; **~ door** porte [f] anti-incendie; **~ drill** exercice [m] d'évacuation *(incendie)*; **~ engine** voiture [f] de pompiers; **~ escape** escalier [m] de secours; **~ exit** sortie [f] de secours; **~ regulations** consignes [fpl] en cas d'incendie; **~ station** caserne [f] de pompiers 3 vti a (shoot) tirer (*at* sur); (gun) partir ◇ **~!** feu!; **to ~ questions at sb** bombarder qn de questions b (famil: dismiss) renvoyer ◆ **firearm** n arme [f] à feu ◆ **fireguard** n garde-feu [m inv] ◆ **firelight** n ◇ **by ~** à la lueur du feu ◆ **fireman** n (sapeur-)pompier [m] ◆ **fireplace** n cheminée [f], foyer [m] ◆ **fireproof** adj ignifugé ◆ **fireside** n ◇ **by the ~** au coin [m] du feu ◆ **firewood** n bois [m] de chauffage ◆ **fireworks** npl feux [mpl] d'artifice; (display) feu [m] d'artifice ◆ **firing** n (guns) tir [m] ◇ **~ squad** peloton [m] d'exécution.

1. **firm** [fɜːm] n compagnie [f], firme [f].

2. **firm** [fɜːm] adj (gen) ferme; (faith, friendship) solide ◇ **to stand ~** tenir bon ◆ **firmly** adv (gen) fermement; (speak) avec fermeté.

first [fɜːst] 1 adj premier ◇ **the ~ of May** le premier mai; **twenty-~** vingt et unième; **Charles the F~** Charles Premier; **~ thing in the morning** dès le matin; **~ cousin** cousin(e) [m(f)] germain(e); (US: Scol) **~ grade** cours [m] préparatoire; (US) **F~ Lady** présidente [f] des États-Unis; **~ name** prénom [m]; (Theat etc) **~ night** première [f]; (Brit: Scol) **~ year** ≃ sixième [f] 2 adv a (gen) d'abord; (at ~) au début ◇ **~ A then B** d'abord A ensuite B; **~ of all** tout d'abord; **~ and foremost** en tout premier lieu; **he arrived ~** il est arrivé le premier; **~ one thing and then another** tantôt ceci, tantôt cela; **~ and last** avant tout b (for the ~ **time**) pour la première fois 3 n a premier [m], [f] -ière ◇ **they were the ~ to come** ils sont arrivés les premiers b ◇ **at ~** d'abord, au début; **from the ~** dès le début c (~ **gear**) première [f] ◇ **in ~** en première ◆ **first-aid** adj ◇ **~ classes** cours [mpl] de secourisme; **~ kit** trousse [f] de pharmacie ◆ **first-class** 1 adj de première classe ◇ **~ mail** courrier [m] tarif normal 2 adv (travel) en première ♦ **first-hand** adj, adv de première main ♦ **firstly** adv premièrement ♦ **first-rate** adj excellent.

fish [fɪʃ] 1 n, pl ~ or ~**es** poisson [m] ◇ ~ **and chips** du poisson frit avec des frites; **like a ~ out of water** complètement dépaysé; ~ **knife** couteau [m] à poisson; ~ **shop** poissonnerie [f]; ~ **tank** aquarium [m] 2 vti pêcher ◇ **to go ~ing** aller à la pêche; **to ~ for trout** pêcher la truite; **to ~ for information** tâcher d'obtenir des renseignements; **to ~ a river** pêcher dans une rivière; **to ~ sth out** (from water) repêcher qch; (from pocket) sortir qch ♦ **fish-and-chip shop** n débit [m] de fritures ♦ **fishbone** n arête [f] (de poisson) ♦ **fishcake** n croquette [f] de poisson ♦ **fisherman** n pêcheur [m] ♦ **fish fingers** npl bâtonnets [mpl] de poisson ♦ **fishing** 1 n pêche [f] 2 adj (boat, line) de pêche ◇ ~ **rod** canne [f] à pêche ♦ **fishmonger** n poissonnier [m], [f] -ière ♦ **fishy** adj (smell) de poisson ◇ (fig) **something ~**[famil] quelque chose de louche.

fission ['fɪʃən] n fission [f].

fist [fɪst] n poing [m] ◇ **he shook his ~ at me** il m'a menacé du poing ♦ **fistful** n poignée [f].

1. **fit** [fɪt] 1 adj a (able) capable (*for* de; *to do* de faire); (worthy) digne (*for* de; *to do* de faire); (right and proper) convenable ◇ ~ **to eat** mangeable; (after illness) ~ **for duty** en état de reprendre le travail; **I'm not ~ to be seen** je ne suis pas présentable; ~ **for habitation** habitable; **to see ~ to do** trouver bon de faire; **as I think ~** comme bon me semblera b (in health) en bonne santé ◇ **to be as ~ as a fiddle** se porter comme un charme 2 n ◇ **your dress is a very good ~** votre robe est tout à fait à votre taille; **it's rather a tight ~** c'est un peu juste 3 vti a (of clothes, key etc) aller (*sb* à qn; *sth* pour qch); (of description, fact) correspondre (*sth* avec qch) ◇ **it ~s me like a glove** cela me va comme un gant; (fig) **he didn't ~ in** il n'arrivait pas à s'intégrer; **it all ~s now!** tout s'éclaire! b (put) mettre (*on sth* sur qch; *into* dans); (install) poser; (garment) ajuster (*on sb* sur qn) ◇ **to ~ a lock on a door** poser une serrure sur une porte; **to ~ 2 things together** ajuster 2 objets; ~**ted with a radio** équipé d'une radio; **he has been ~ted with a new hearing aid** on lui a mis un nouvel appareil auditif c (prepare) préparer (*sb for sth* qn à qch; *sb to do* qn à faire) ♦ **fitment** n (kitchen furniture) élément [m] (de cuisine); (for vacuum cleaner etc) accessoire [m] ♦ **fitness** n (health) santé [f]; (suitability) aptitudes [fpl] (*for* pour) ♦ **fitted** adj (person) apte (*to do* à faire); (garment) ajusté ◇ ~ **carpet** moquette [f]; ~ **kitchen** cuisine [f] équipée; ~ **sheet** drap-housse [m] ♦ **fitter** n (in factory) monteur [m]; (of carpet etc) poseur [m] ♦ **fitting** 1 adj approprié (*to* à) 2 n a (Dress) essayage [m] ◇ ~ **room** cabine [f] d'essayage b ◇ (in house etc) ~**s** installations [fpl] ♦ **fittingly** adv avec à-propos.

2. **fit** [fɪt] n (gen, also Med) accès [m] ◇ ~ **of coughing** quinte [f] de toux; ~ **of crying** crise [f] de larmes; (fig) **to have a ~**[famil] piquer [famil] une crise; **to be in ~s** (laughing) avoir le fou rire; **in ~s and starts** par à-coups.

five [faɪv] 1 adj, n cinq [(m) inv] 2 pron cinq [mfpl] → for phrases **six** ♦ **five-a-side (football)** n football [m] à cinq ♦ **fiver** [famil] n billet [m] de cinq livres.

fix [fɪks] 1 vti a (gen: put) fixer; (tie) attacher; (blame, hopes) mettre (*on sb* sur le dos de qn; *on sth* sur qch) ◇ **he ~ed it on** il l'a fixé b (arrange: details) décider; (time, price) fixer ◇ **to ~ on sth** (choose) choisir qch; **to ~ up to do sth** s'arranger pour faire qch; **to ~ sth up with sb** arranger qch avec qn c (deal with) arranger; (mend) réparer ◇ **I'll ~ it all** je vais tout arranger; **can I ~ you a drink?** puis-je vous offrir un verre?; **I'll ~ something to eat** je vais vite nous faire quelque chose à manger d (famil: dishonestly) truquer 2 n a ◇ **to be in a ~**[famil] être dans le pétrin b (Drugs) piqûre [f] c (of ship, plane) position [f] ♦ **fixed** adj (gen) fixe; (smile) figé ◇ ~ **menu** menu [m] à prix fixe; **how are we ~ for time?** [famil] on a combien de temps? ♦ **fixture** n a ◇ ~**s and fittings** installations [fpl] b (Sport) match [m] (prévu).

fizz [fɪz] vi pétiller ♦ **fizzy** adj gazeux, [f] -euse.

fizzle ['fɪzl] vi ◇ **to ~ out** tourner court; (of enthusiasm) tomber.

flabbergast ['flæbəgɑːst] vt [famil] sidérer [famil].

flabby ['flæbɪ] adj flasque.

1. **flag** [flæg] 1 n drapeau [m]; (naval) pavillon [m]; (for charity) insigne [m] *(d'une œuvre charitable)* ◇ ~ **day** journée [f] de vente d'insignes (*in aid of* pour); ~ **of convenience** pavillon de complaisance 2 vt (~ **down**) faire signe de s'arrêter à ♦ **flagpole** n mât [m].

2. **flag** [flæg] vi faiblir, fléchir.

flagrant ['fleɪgrənt] adj flagrant.

flagstone ['flægstəʊn] n dalle [f].

flair [flɛəʳ] n flair [m].

flak [flæk] n [famil] critiques [fpl] (désobligeantes).

flake [fleɪk] 1 n flocon [m] 2 vi (~ **off:** of stone etc) s'effriter; (of paint) s'écailler ♦ **flaky pastry** n pâte [f] feuilletée.

flamboyant [flæm'bɔɪənt] adj flamboyant.

flame [fleɪm] n flamme [f] ◇ **in ~s** en flammes; **to go up in ~s** s'enflammer ◆ **flamethrower** n lance-flammes [m inv] ◆ **flaming** [famil] adj (furious) furibard [famil]; (annoying) fichu [famil] (before n).

flamingo [flə'mɪŋgəʊ] n flamant [m] rose.

flammable ['flæməbl] adj inflammable.

flan [flæn] n tarte [f].

flank [flæŋk] **1** n flanc [m] **2** vt flanquer.

flannel ['flænl] n flanelle [f]; (face ~) gant [m] de toilette ◆ **flannelette** n pilou [m].

flap [flæp] **1** n rabat [m] ◇ **to get into a ~** [famil] paniquer **2** vti (of wings, shutters) battre; (of sails, garment) claquer; (famil: be panicky) paniquer ◇ **to ~ its wings** battre des ailes.

flare [flɛəʳ] **1** n signal [m] lumineux; (Mil) fusée [f] éclairante ◇ **~ path** piste [f] balisée **2** vi ◇ **to ~ up** (of fire) s'embraser; (of person, political situation) exploser ◆ **flared** adj (skirt) évasé.

flash [flæʃ] **1** n **a** (of light etc) éclat [m] ◇ **~ of lightning** éclair [m]; **in a ~** tout d'un coup; (fig) **a ~ in the pan** un feu de paille; **~ of inspiration** éclair de génie **b** (Phot) flash [m] ◇ **~ bulb** ampoule [f] de flash; **~ cube** cube-flash [m]; **~ gun** flash [m] **2** vi (of jewels) étinceler; (of light) clignoter; (of eyes) lancer des éclairs ◇ **to ~ past** passer comme un éclair **3** vt **a** (light) projeter; (torch) diriger (*on* sur) ◇ **to ~ one's headlights** faire un appel de phares (*at* à) **b** (flaunt: **~ around**) étaler ◆ **flashback** n flashback [m inv] ◆ **flashing** adj ◇ **~ light** (or **indicator** etc) clignotant [m] ◆ **flashlight** n (torch) lampe [f] de poche ◆ **flashy** adj tape-à-l'œil [inv].

flask [flɑ:sk] n (vacuum ~) bouteille [f] Thermos ®; (for medicine) flacon [m]; (hip ~) flasque [f].

1. **flat** [flæt] **1** adj **a** (gen) plat; (tyre, battery) à plat; (beer) éventé ◇ **as ~ as a pancake** [famil] plat comme une galette; **to have ~ feet** avoir les pieds plats; **lay the book ~** pose le livre à plat; **~ racing** plat [m]; **in a ~ spin** [famil] dans tous ses états **b** (Mus: voice) faux, [f] fausse ◇ **B ~** si [m] bémol **c** (refusal) catégorique ◇ **and that's ~!** [famil] un point c'est tout! **2** adv (fall) à plat; (sing) faux ◇ **in 10 seconds ~** en 10 secondes pile [famil]; **to go ~ out** filer à toute allure; **to be working ~ out** travailler d'arrache-pied; **to be ~ out** (lying) être étendu de tout son long; (famil: exhausted) être à plat [famil] **3** n (of hand, blade) plat [m]; (Mus) bémol [m]; (US: **~ tyre**) pneu [m] crevé ◆ **flatfooted** adj aux pieds plats ◆ **flatly** adv catégoriquement ◆ **flatten** vt (path) aplanir; (metal) aplatir; (building) raser; (crops) coucher ◇ **to ~ o.s. against** s'aplatir contre.

2. **flat** [flæt] n (Brit) appartement [m] ◇ **to go ~-hunting** chercher un appartement ◆ **flatlet** n studio [m] ◆ **flatmate** n ◇ **my ~** la fille (or le garçon) avec qui je partage mon appartement.

flatter ['flætəʳ] vt flatter ◆ **flattering** adj flatteur, [f] -euse; (clothes) qui avantage ◆ **flattery** n flatterie [f].

flatulence ['flætjʊləns] n flatulence [f].

flaunt [flɔ:nt] vt étaler, afficher.

flautist ['flɔ:tɪst] n flûtiste [mf].

flavour, (US) **-or** ['fleɪvəʳ] **1** n goût [m], saveur [f]; (ice cream) parfum [m] **2** vt parfumer (*with* à) ◇ **pineapple-~ed** parfumé à l'ananas ◆ **flavouring** n (in cake etc) parfum [m] ◇ **vanilla ~** essence [f] de vanille.

flaw [flɔ:] n défaut [m] ◆ **flawed** adj imparfait ◆ **flawless** adj parfait.

flax [flæks] n lin [m].

flea [fli:] n puce [f] ◇ **~ market** marché [m] aux puces ◆ **fleabite** n piqûre [f] de puce.

fleck [flek] **1** n (of colour) moucheture [f]; (of dust) particule [f] **2** vt ◇ **~ed with** moucheté de.

fled [fled] pret, ptp of *flee*.

fledged [fledʒd] adj ◇ **fully-~** (doctor, architect) diplômé; **a fully-~ British citizen** un citoyen britannique à part entière.

fledgling ['fledʒlɪŋ] n oiselet [m].

flee [fli:] pret, ptp *fled* **1** vi s'enfuir (*from* de); fuir (*before* devant); se réfugier (*to* auprès de) **2** vt (place) s'enfuir de; (temptation) fuir.

fleece [fli:s] n toison [f].

fleet [fli:t] n (ships) flotte [f] ◇ (fig) **a ~ of vehicles** un parc automobile.

fleeting ['fli:tɪŋ] adj (gen) éphémère; (moment, visit) bref, [f] brève.

Flemish ['flemɪʃ] **1** adj flamand **2** n (language) flamand [m].

flesh [fleʃ] n chair [f] ◇ **~ wound** blessure [f] superficielle; **I'm only ~ and blood** je ne suis pas un saint; **his own ~ and blood** les siens [mpl]; **in the ~** en chair et en os.

flew [flu:] pret of 2. *fly*.

flex [fleks] **1** vt (body, knees) fléchir; (muscle) faire jouer **2** n (electric) fil [m]; (of telephone) cordon [m] ◆ **flexible** adj flexible.

flick [flɪk] **1** n (gen) petit coup [m]; (with finger) chiquenaude [f] ◇ **~ knife** couteau [m] à cran d'arrêt; **at the ~ of a switch** rien qu'en appuyant sur un bouton **2** vt donner un petit coup à ◇ **to ~ sth off** enlever qch d'une chiquenaude; **to ~ through a book** feuilleter un livre.

flicker ['flɪkəʳ] **1** vi (of flames, light) danser; (before going out) vaciller; (of eyelids) battre **2** n vacillement [m] ◇ **a ~ of hope** une lueur d'espoir ◆ **flickering** adj dansant; vacillant.

flier ['flaɪəʳ] n aviateur [m], [f] -trice.

flies [flaɪz] npl (on trousers) braguette [f].

1. **flight** [flaɪt] n (gen) vol [m] (*to* à destination de; *from* en provenance de); (of ball) trajectoire [f] ◇ **in** ~ en plein vol; ~ **number 776** le vol numéro 776; **did you have a good** ~**?** vous avez fait bon voyage?; ~ **attendant** steward [m]/ hôtesse [f] de l'air; ~ **bag** sac [m] avion; ~ **deck** poste [m] de pilotage; ~ **path** trajectoire [f] de vol; ~ **of stairs** escalier [m]; **to climb 3** ~**s** monter 3 étages.

2. **flight** [flaɪt] n (act of fleeing) fuite [f].

flimsy ['flɪmzɪ] adj (dress) trop léger, [f] -ère; (material) mince; (excuse) pauvre.

flinch [flɪntʃ] vi tressaillir ◇ **to** ~ **from** reculer devant; **without** ~**ing** sans broncher.

fling [flɪŋ] (vb: pret, ptp *flung*) **1** n ◇ (fig) **to have one's** ~ se payer du bon temps **2** vt (gen) lancer (*at sb* à qn; *at sth* sur or contre qch) ◇ **to** ~ **the window open** ouvrir toute grande la fenêtre; **to** ~ **off one's coat** enlever son manteau d'un geste brusque; **to** ~ **sb out** mettre qn à la porte.

flint [flɪnt] n silex [m]; (for lighter) pierre [f] (à briquet).

flip [flɪp] vt donner une chiquenaude à ◇ **to** ~ **through a book** feuilleter un livre ✦ **flip-flops** npl (sandals) tongs [fpl] ®.

flippant ['flɪpənt] adj désinvolte ✦ **flippantly** adv avec désinvolture.

flipper ['flɪpəʳ] n nageoire [f] ◇ (on swimmer) ~**s** palmes [fpl].

flirt [flɜ:t] vi flirter ✦ **flirtation** n flirt [m].

flit [flɪt] vi (of butterflies etc) voltiger ◇ **she** ~**ted in and out** elle n'a fait qu'entrer et sortir.

float [fləʊt] **1** n **a** (gen) flotteur [m]; (cork) bouchon [m] **b** (vehicle in a parade) char [m] **2** vi (gen) flotter; (of bather) faire la planche ◇ **to** ~ **down the river** descendre la rivière **3** vt faire flotter ✦ **floating** adj (gen) flottant ◇ ~ **voter** électeur [m] indécis.

flock [flɒk] **1** n (of animals, geese) troupeau [m]; (of birds) vol [m]; (in church) ouailles [fpl] **2** vi affluer ◇ **to** ~ **in** entrer en foule.

flog [flɒg] vt **a** (beat) fouetter **b** ([famil]: sell) vendre.

flood [flʌd] **1** n inondation [f]; (of river) crue [f]; (of light) torrent [m]; (of tears, letters) déluge [m]; (Bible) déluge **2** vt (gen) inonder (*with* de); (carburettor) noyer **3** vi (of river) déborder ◇ **to** ~ **in** (sunshine) entrer à flots; (people) entrer en foule ✦ **flooding** n inondations [fpl] ✦ **floodlight** **1** vt pret, ptp *floodlit* (buildings) illuminer **2** n projecteur [m].

floor [flɔ:ʳ] **1** n **a** (gen) sol [m]; (~ **boards**) plancher [m]; (for dance) piste [f] (de danse) ◇ **stone** ~ sol dallé; **on the** ~ par terre; ~ **covering** revêtement [m] de sol; (TV) ~ **manager** régisseur [m] de plateau; ~ **polish** cire [f]; ~ **show** attractions [fpl] (*cabaret* etc) **b** (storey) étage [m] ◇ **on the first** ~ (Brit) au premier étage; (US) au rez-de-chaussée **2** vt (baffle) couper le sifflet à [famil] ✦ **floorboard** n planche [f] (*de plancher*) ✦ **floorcloth** n serpillière [f].

flop [flɒp] **1** vi (drop) s'affaler (*on* sur; *into* dans) **2** n ◇ **to be a** ~ [famil] être un fiasco; (person) échouer complètement.

floppy ['flɒpɪ] adj, n ◇ ~ **(disk)** disque [m] souple.

flora ['flɔ:rə] n flore [f].

floral ['flɔ:rəl] adj floral.

florid ['flɒrɪd] adj (complexion) rougeaud; (style) tarabiscoté.

florist ['flɒrɪst] n fleuriste [mf].

flounce [flaʊns] **1** n volant [m] **2** vi ◇ **to** ~ **out** sortir dans un mouvement d'humeur.

flounder ['flaʊndəʳ] vi patauger (péniblement).

flour ['flaʊəʳ] n farine [f] ◇ ~ **mill** minoterie [f].

flourish ['flʌrɪʃ] **1** vi (of plants) bien pousser; (of business etc) prospérer; (of literature, painting) être en plein essor; (of person) être en pleine forme **2** vt (wave) brandir **3** n ◇ **with a** ~ avec panache ✦ **flourishing** adj florissant.

flout [flaʊt] vt passer outre à.

flow [fləʊ] **1** vi (gen) couler; (of electric current, blood in veins) circuler ◇ **to** ~ **in** (of liquid) rentrer; (of people) entrer en foule; **to** ~ **past sth** passer devant qch; **to** ~ **back** refluer; **the river** ~**s into the sea** le fleuve se jette dans la mer **2** n (blood from wound) écoulement [m]; (words) flot [m] ◇ ~ **chart** organigramme [m] ✦ **flowing** adj (movement) gracieux, [f] -ieuse; (dress) flottant; (style) coulant.

flower ['flaʊəʳ] **1** n fleur [f] ◇ **in** ~ en fleurs; ~ **arrangement** composition [f] florale; ~ **bed** parterre [m]; ~ **shop** boutique [f] de fleuriste; ~ **show** floralies [fpl] **2** vi fleurir ✦ **flowering** adj (in flower) en fleurs; (which flowers) à fleurs ✦ **flowerpot** n pot [m] (à fleurs) ✦ **flowery** adj (material) à fleurs; (style) fleuri.

flown [fləʊn] ptp of 2. *fly*.

fl. oz. abbr of *fluid ounce(s)* → **fluid.**

flu [flu:] n grippe [f].

fluctuate ['flʌktjʊeɪt] vi fluctuer.

fluent ['flu:ənt] adj ◇ **to be a** ~ **speaker** avoir la parole facile; **he is** ~ **in Italian** il parle couramment l'italien ✦ **fluently** adv (speak, write) avec facilité ◇ **he speaks French** ~ il parle couramment le français.

fluff [flʌf] n (on birds) duvet [m]; (from material) peluche [f]; (dust on floors) moutons [mpl] *(de poussière)* ◆ **fluffy** adj (bird) duveteux, [f] -euse; (toy) en peluche.

fluid ['flu:ɪd] 1 adj (gen) fluide; (plans) vague ◇ ~ **ounce** *(= 0,028 L)* 2 n fluide [m] ◇ (as diet) ~**s** liquides [mpl].

fluke [flu:k] n coup [m] de chance.

flung [flʌŋ] pret, ptp of *fling.*

fluorescent [flʊə'resnt] adj fluorescent.

fluoride ['flʊəraɪd] n fluor [m] ◇ ~ **toothpaste** dentifrice [m] au fluor.

flurried ['flʌrɪd] adj ◇ **to get** ~ s'affoler (*at* pour).

1. **flush** [flʌʃ] 1 n (blush) rougeur [f] ◇ **hot** ~**es** bouffées [fpl] de chaleur 2 vi rougir (*with* de) 3 vt ◇ **to** ~ **the lavatory** tirer la chasse d'eau; **to** ~ **sth away** (down lavatory) faire partir qch en tirant la chasse d'eau ◆ **flushed** adj tout rouge.

2. **flush** [flʌʃ] adj ◇ ~ **with** (ground) à ras de; (wall) dans l'alignement de.

fluster ['flʌstəʳ] vt énerver ◇ **to get** ~**ed** s'énerver.

flute [flu:t] n flûte [f].

flutter ['flʌtəʳ] 1 vi (of flag) flotter; (of bird) voleter; (of heart) palpiter ◇ (of leaf) **to** ~ **down** tomber en tourbillonnant 2 n ◇ **to have a** ~[famil] parier une petite somme (*on* sur).

flux [flʌks] n ◇ **to be in a state of** ~ changer sans arrêt.

1. **fly** [flaɪ] n mouche [f] ◇ **he wouldn't hurt a** ~ il ne ferait pas de mal à une mouche; (fig) **the** ~ **in the ointment** le gros obstacle; ~ **fishing** pêche [f] à la mouche; ~ **paper** papier [m] tue-mouches.

2. **fly** [flaɪ] pret *flew*, ptp *flown* 1 vi (gen) voler; (of air passenger) voyager en avion; (of flag) flotter; (of time) passer vite; (flee) fuir ◇ **to** ~ **over London** survoler Londres; **we flew in from Rome** nous sommes venus de Rome par avion; **to** ~ **away** or **off** s'envoler; **I must** ~**!** il faut que je me sauve!; **to** ~ **into a rage** s'emporter; **to** ~ **at sb** (attack) sauter sur qn; **the door flew open** la porte s'est ouverte brusquement 2 vt (aircraft) piloter; (kite) faire voler; (goods) transporter par avion; (flag) arborer ◇ **to** ~ **the Atlantic** traverser l'Atlantique (en avion) ◆ **flying** 1 n (action) vol [m]; (activity) aviation [f] ◇ **he likes** ~ il aime l'avion 2 adj volant ◇ ~ **saucer** soucoupe [f] volante; (fig) **to get off to a** ~ **start** prendre un excellent départ; ~ **visit** visite [f] éclair [inv]; ~ **boat** hydravion [m]; (Police) **F**~ **Squad** brigade [f] volante de la police judiciaire ◆ **flyleaf** n page [f] de garde ◆ **flyover** n (road) toboggan [m] ◆ **flypast** n défilé [m] aérien.

FM [ef'em] n abbr of *frequency modulation* FM.

foal [fəʊl] n poulain [m].

foam [fəʊm] 1 n (gen) mousse [f]; (on sea, from mouth) écume [f] ◇ ~ **bath** bain [m] moussant; ~ **rubber** caoutchouc [m] mousse 2 vi (gen) écumer; (of soapy water) mousser.

fob [fɒb] vt ◇ **to** ~ **sb off** se débarrasser de qn (*with* par).

focus ['fəʊkəs] 1 n (gen) foyer [m]; (of interest) centre [m] ◇ (Phot) **to get a picture into** ~ mettre une image au point 2 vt (instrument) régler (*on* sur); (attention, efforts) concentrer (*on* sur) 3 vi ◇ **to** ~ **on sth** fixer son regard sur qch.

fodder ['fɒdəʳ] n fourrage [m].

foe [fəʊ] n adversaire [mf].

foetus ['fi:təs] n fœtus [m].

fog [fɒg] n brouillard [m] ◆ **fogbound** adj bloqué par le brouillard ◆ **foggy** adj (day) de brouillard ◇ **it's** ~ il fait du brouillard; **I haven't the foggiest!** [famil] pas la moindre idée! ◆ **foghorn** n sirène [f] de brume ◆ **foglamp** or **foglight** n feu [m] de brouillard.

fogey ['fəʊgɪ] n [famil] ◇ **old** ~ vieille baderne [famil] [f].

1. **foil** [fɔɪl] n (gen) feuille [f] de métal; (kitchen ~) papier [m] d'aluminium; (Fencing) fleuret [m].

2. **foil** [fɔɪl] vt (plans) déjouer.

foist [fɔɪst] vt ◇ **to** ~ **sth off on sb** refiler [famil] qch à qn; **to** ~ **o.s. on to sb** s'imposer à qn or *(as guest)* chez qn.

fold [fəʊld] 1 n pli [m] 2 vt (gen: also ~ **up**) plier ◇ **to** ~ **one's arms** croiser les bras; **to** ~ **back** rabattre; **to** ~ **over** replier 3 vi (also ~ **up**, ~ **away:** of chair etc) se plier; (fail: of business) fermer ◆ **folder** n (file) chemise [f]; (for drawings) carton [m] ◆ **folding** adj pliant.

foliage ['fəʊlɪɪdʒ] n feuillage [m].

folk [fəʊk] 1 npl (also ~**s**) gens [mpl] (adj fem if before n) ◇ **old** ~ les vieux [mpl], les vieilles gens; **hullo** ~**s!** [famil] bonjour tout le monde! [famil]; (pl: relatives) **my** ~**s** [famil] ma famille 2 adj (dance etc) folklorique ◇ ~ **singer** chanteur [m], [f] -euse de folk or (traditional) de chansons folkloriques.

folklore ['fəʊk,lɔ:] n folklore [m].

follow ['fɒləʊ] vti (gen) suivre; (suspect) filer; (serial) lire régulièrement; (football team) être supporter de; (career) poursuivre ◇ **to** ~ **sb about** or **around** suivre qn partout; **we're being** ~**ed** on nous suit; **to have sb** ~**ed** faire filer qn; ~**ed by** suivi de; **what is there to** ~**?** qu'y a-t-il après?; **to** ~ **sb's advice** suivre les conseils de qn; **to** ~ **suit** (Cards) fournir; (fig) en faire autant; **I don't quite** ~ (understand) je ne vous suis pas tout à fait; (fig) **to** ~ **in sb's footsteps** marcher sur les traces de qn; **as** ~**s** comme suit; **it** ~**s that...** il s'ensuit que...; **that doesn't** ~ pas forcément; **to** ~ **sth**

through poursuivre qch jusqu'au bout; **to ~ sth up** (advantage) tirer parti de qch; (letter, offer) donner suite à; (case) suivre; (remark) faire suivre (*with* de) ◆ **follower** n partisan [m] ◆ **following** 1 adj (gen) suivant; (wind) arrière [inv] 2 n ◇ (supporters) **a large ~** de nombreux partisans; **he said the ~** il a dit ceci 3 prep ◇ **~ our meeting** comme suite à notre entretien ◆ **follow-up** n suite [f] (*to* de).

folly ['fɒlɪ] n folie [f].

fond [fɒnd] adj a ◇ **to be ~ of** aimer beaucoup b (loving) affectueux, [f] -ueuse; (look) tendre ◇ **one of his ~est hopes** l'un de ses espoirs les plus chers ◆ **fondly** adv (embrace, look) tendrement; (believe) naïvement ◆ **fondness** n (for things) prédilection [f] (*for* pour); (for people) affection [f] (*for* pour).

fondle ['fɒndl] vt caresser.

font [fɒnt] n fonts [mpl] baptismaux.

food [fu:d] n nourriture [f]; (for dogs) pâtée [f] ◇ **to give sb ~** donner à manger à qn; **to be off one's ~** [famil] avoir perdu l'appétit; **the ~ is good** on mange bien; **~ poisoning** intoxication [f] alimentaire; **~ processor** robot [m] de cuisine; **~ rationing** rationnement [m] alimentaire; (fig) **it gave him ~ for thought** cela lui a donné à penser ◆ **foodstuffs** npl denrées [fpl] alimentaires.

fool [fu:l] 1 n a idiot(e) [m(f)] ◇ **don't be a ~!** ne fais pas l'idiot(e)!; **to play the ~** faire l'imbécile; **to make a ~ of o.s.** se rendre ridicule; **to make a ~ of sb** ridiculiser qn b (food) purée [f] de fruits à la crème 2 vti ◇ **to ~ sb** duper qn; **to ~ about** or **around** (waste time) perdre son temps; (play the fool) faire l'imbécile (*with* avec) ◆ **foolhardy** adj téméraire ◆ **foolish** adj idiot, bête ◆ **foolishly** adv bêtement ◆ **foolishness** n bêtise [f] ◆ **foolproof** adj infaillible.

foolscap ['fu:lskæp] n ≃ papier [m] ministre.

foot [fʊt] 1 n, pl **feet** (gen) pied [m]; (of animal) patte [f]; (of page, stairs) bas [m]; (measure) pied *(= 30 cm environ)* ◇ **to be on one's feet** être debout; **to jump to one's feet** sauter sur ses pieds; **to go on ~** aller à pied; **wet under ~** mouillé par terre; **at the ~ of the page** au bas de la page; (fig) **to get under sb's feet** venir dans les jambes de qn; **to put one's ~ down** (be firm) faire acte d'autorité; (stop sth) y mettre le holà; (of driver: accelerate) appuyer sur le champignon [famil]; **to put one's ~ in it** [famil] gaffer; **to put one's feet up** [famil] se reposer un peu; **I've never set ~ there** je n'y ai jamais mis les pieds 2 vt ◇ **to ~ the bill** [famil] payer la note ◆ **footage** n (Cine: length) ≃ métrage [m]; (material) séquences [fpl] (*about* sur) ◆ **foot-and-mouth disease** n fièvre [f] aphteuse ◆ **football** n a (Brit: Sport) football [m]; (US) football américain; (ball) ballon [m] b ◇ **~ match** match [m] de football; **~ league** championnat [m] de football; **to do the ~ pools** parier sur les matchs de football ◆ **footballer** n joueur [m] de football ◆ **footbrake** n frein [m] à pied ◆ **footbridge** n passerelle [f] ◆ **foothills** npl contreforts [mpl] ◆ **foothold** n ◇ **to gain a ~** prendre pied ◆ **footing** n ◇ **on an equal ~** sur un pied d'égalité ◆ **footlights** npl (Theat) rampe [f] ◆ **footman** n valet [m] de pied ◆ **footnote** n note [f] en bas de la page; (fig) post-scriptum [m] ◆ **footpath** n sentier [m]; (by highway) chemin [m] ◆ **footprint** n empreinte [f] ◆ **footstep** n pas [m] *(bruit)* ◆ **footstool** n tabouret [m] ◆ **footwear** n chaussures [fpl].

for [fɔ:ʳ] 1 prep a (gen) pour ◇ **is this ~ me?** c'est pour moi?; **it's time ~ dinner** c'est l'heure du dîner; **he left ~ Italy** il est parti pour l'Italie; **trains ~ Paris** trains en direction de Paris; **the train ~ Paris** le train pour Paris; **it's not ~ cutting wood** ça n'est pas fait pour couper du bois; **a bag ~ carrying books in** un sac pour porter des livres; **~ or against** pour ou contre; **I'm all ~ it** [famil] je suis tout à fait pour [famil]; **D ~ Daniel** D comme Daniel; **I'll see her ~ you** je la verrai à ta place; **what is G.B. ~?** qu'est-ce que G.B. veut dire?; **to shout ~ joy** hurler de joie; **to go to prison ~ theft** aller en prison pour vol; **if it weren't ~ him, but ~ him** sans lui; **~ my part** pour ma part; **as ~ him** quant à lui; **~ all his wealth** malgré toute sa richesse b ◇ (in exchange ~) **I'll give you this book ~ that one** je vous échange ce livre-ci contre celui-là; **to pay 5 francs ~ a ticket** payer 5 F le billet; **I sold it ~ £2** je l'ai vendu 2 livres; **he'll do it ~ £5** il le fera pour 5 livres; **what's the German ~ 'dog'?** comment est-ce qu'on dit 'chien' en allemand? c ◇ (in time) **I have been waiting ~ 2 hours** j'attends depuis 2 heures; **he won't be back ~ a week** il ne sera pas de retour avant huit jours; **that's enough ~ the moment** cela suffit pour le moment; **to go away ~ two weeks** partir pendant quinze jours; **I have not seen her ~ 2 years** voilà 2 ans que je ne l'ai vue d (distance) pendant ◇ **road lined with trees ~ 3 km** route bordée d'arbres pendant 3 km e ◇ (with verbs) **~ this to be possible** pour que cela puisse être; **it's easy ~ him to do it** il lui est facile de le faire; **I brought it ~ you to see** je l'ai apporté pour que vous le voyiez (subj); **it's not ~ me to say** ce n'est pas à moi de le dire f ◇ (phrases) **now ~ it!** allons-y!; **you're ~ it!** [famil] qu'est-ce que tu vas prendre! [famil]; **oh ~ a cup of tea!** je donnerais n'importe quoi pour une tasse de thé! 2 conj car.

forbid [fə'bɪd] pret *forbad(e)* [fə'bæd], ptp

forbidden vt défendre, interdire (*sb to do* à qn de faire) ◇ **employees are ~den to do this** il est interdit or défendu aux employés de faire cela; **'smoking strictly ~den'** 'défense absolue de fumer' ◆ **forbidding** adj menaçant.

force [fɔ:s] 1 n force [f] ◇ **~ of gravity** pesanteur [f]; **from ~ of habit** par la force de l'habitude; **~ of a blow** violence [f] d'un coup; **to come into ~** entrer en vigueur; (Mil) **the ~s** les forces armées; **police ~** la police 2 vt (gen) forcer (*sb to do* qn à faire); (thrust) pousser (*into* dans) ◇ **to be ~d to do** être forcé de faire; **to ~ sth on sb** imposer qch à qn; **to ~ one's way into** pénétrer de force dans; **to ~ one's way through** se frayer un passage à travers; **to ~ sb's hand** forcer la main à qn ◆ **force-feed** (pret, ptp *-fed*) vt nourrir de force ◆ **forceful** adj vigoureux, [f] -euse ◆ **forcefully** adv avec force.

forceps ['fɔ:seps] npl forceps [m].

forcibly ['fɔ:səblɪ] adv (gen) de force; (speak, object) avec véhémence.

ford [fɔ:d] 1 n gué [m] 2 vt passer à gué.

fore [fɔ:ʳ] n ◇ **to the ~** en évidence ◆ **forearm** n avant-bras [m inv] ◆ **foreboding** n pressentiment [m] ◆ **forecast** see below ◆ **forecourt** see below ◆ **forego** (pret *-went*, ptp *-gone*) vt renoncer à ◇ **it was a foregone conclusion** c'était prévu d'avance ◆ **foreground** n premier plan [m] ◇ **in the ~** au premier plan ◆ **forehead** see below ◆ **foreman** see below ◆ **foremost** 1 adj le plus en vue 2 adv ◇ **first and ~** tout d'abord ◆ **forename** n prénom [m] ◆ **forenoon** n matinée [f] ◆ **forerunner** n précurseur [m] ◆ **foresee** (pret *-saw*, ptp *-seen*) vt prévoir ◆ **foresight** n prévoyance [f] ◆ **forestall** vt devancer ◆ **foretell** (pret, ptp *-told*) vt prédire ◆ **foreword** n avant-propos [m inv].

forecast ['fɔ:kɑ:st] pret, ptp *-cast* 1 vt prévoir 2 n (gen) prévision [f] ◇ **weather ~** bulletin [m] météorologique, météo [famil] [f].

forecourt ['fɔ:kɔ:t] n avant-cour [f].

forehead ['fɒrɪd] n front [m].

foreign ['fɒrən] adj (language, visitor) étranger, [f] -ère; (politics, trade) extérieur; (produce, aid) de l'étranger; (travel, correspondent) à l'étranger ◇ **F~ Ministry**, (Brit) **F~ Office** ministère [m] des Affaires étrangères; **~ currency** devises [fpl] étrangères; **F~ Legion** Légion [f] (étrangère); **the ~ service** le service diplomatique ◆ **foreigner** n étranger [m], [f] -ère.

foreman ['fɔ:mən] n, pl **-men** contremaître [m].

forensic [fə'rensɪk] adj (medicine) légal; (evidence) médico-légal.

forest ['fɒrɪst] n forêt [f] ◆ **forestry** n ◇ **the F~ Commission** ≃ les Eaux et Forêts [fpl].

forever [fər'evəʳ] adv (incessantly) toujours; (for always) (pour) toujours; (famil: a long time) une éternité.

forfeit ['fɔ:fɪt] 1 vt perdre 2 n gage [m].

forgave [fə'geɪv] pret of *forgive*.

forge [fɔ:dʒ] 1 vti a (signature, banknote) contrefaire; (document, picture) faire un faux de ◇ **~d** (passport) faux, [f] fausse b (metal) forger c ◇ **to ~ ahead** pousser de l'avant 2 n forge [f] ◆ **forger** n faussaire [mf] ◆ **forgery** n ◇ **it's a ~** c'est un faux.

forget [fə'get] pret *-got*, ptp *-gotten* vti oublier (*sth* qch; *to do* de faire; *that* que; *how to do* comment faire) ◇ **~ it** [famil] (when thanked) de rien [famil]; (let's drop the subject) ça n'a aucune importance; (when pestered) laissez tomber!; **I forgot all about it** je l'ai complètement oublié ◆ **forgetful** adj qui a mauvaise mémoire ◇ **~ of** oublieux, [f] -euse de ◆ **forget-me-not** n myosotis [m].

forgive [fə'gɪv] pret *-gave*, ptp *-given* vt pardonner (*sb for sth* qch à qn; *sb for doing* à qn de faire) ◆ **forgiving** adj indulgent.

forgot(ten) [fə'gɒt(n)] pret (ptp of) *forget*.

fork [fɔ:k] 1 n fourchette [f]; (for hay) fourche [f]; (of roads) embranchement [m] 2 vti a (of roads) bifurquer b ◇ **to ~ out** [famil] payer ◆ **forked** adj fourchu; (lightning) en zigzags ◆ **fork-lift truck** n chariot [m] élévateur.

forlorn [fə'lɔ:n] adj (person) triste; (attempt) désespéré.

form [fɔ:m] 1 n a forme [f] ◇ (gen) **in the ~ of** sous forme de; **to take the ~ of...** consister en...; **it took various ~s** cela s'est manifesté de différentes façons; **as a matter of ~** pour la forme; **it's bad ~** cela ne se fait pas; **on ~** en forme; **in great ~, on top ~** en pleine forme b (document) formulaire [m] c (bench) banc [m] d (Scol) classe [f] ◇ **in the sixth ~** ≃ en première; **~ tutor** professeur [m] de classe 2 vt (gen) former; (habit) contracter; (plan, sentence) faire; (impression, idea) avoir; (constitute) constituer ◇ **to ~ an opinion** se faire une opinion; **to ~ a queue** se mettre en file; **to ~ part of** faire partie de.

formal ['fɔ:məl] adj (announcement) officiel, [f] -elle; (dinner) grand (before n); (person) cérémonieux, [f] -ieuse; (language) soigné; (official: acceptance) en bonne et due forme; (specific: instructions) formel, [f] -elle; (in form only: agreement) de forme ◇ **~ gardens** jardins [mpl] à la française; **~ dress** tenue [f] de cérémonie ◆ **formality** n (ceremoniousness) cérémonie [f] ◇ **a mere ~** une simple formalité ◆ **formalize** vt formaliser ◆ **formally** adv (ceremoniously) cérémonieusement; (officially) officiellement ◇ ~ **dressed** en tenue de cérémonie.

format ['fɔ:mæt] 1 n (size) format [m]; (layout) présentation [f] 2 vt (Comput) formater.

formation [fɔ:'meɪʃən] n formation [f].

former ['fɔ:məʳ] 1 adj a (previous) ancien, [f] -ienne (before n); (life) antérieur ◇ **my ~ husband** mon ex-mari; **in ~ days** autrefois b (as opp to later) premier, [f] -ière (before n) 2 pron celui-là, celle-là ◇ **the ~ ... the latter** celui-là ... celui-ci ◆ **formerly** adv autrefois.

formidable ['fɔ:mɪdəbl] adj terrible.

formula ['fɔ:mjʊlə] n, pl **-s** or **-ae** formule [f] ◆ **formulate** vt formuler.

forsake [fə'seɪk] pret *-sook*, ptp *-saken* vt abandonner.

fort [fɔ:t] n (Mil) fort [m].

forte ['fɔ:tɪ, US fɔ:t] n ◇ **his ~** son fort.

forth [fɔ:θ] adv ◇ **to set ~** se mettre en route; **to go back and ~** aller et venir; **and so ~** et ainsi de suite ◆ **forthcoming** adj (book, film) qui va sortir; (event) qui va avoir lieu prochainement ◇ **if funds are ~** si on nous donne de l'argent; **he wasn't ~ about it** il s'est montré peu disposé à en parler ◆ **forthright** adj franc, [f] franche ◆ **forthwith** adv sur-le-champ.

fortification [,fɔ:tɪfɪ'keɪʃən] n fortification [f].

fortify ['fɔ:tɪfaɪ] vt fortifier (*against* contre).

fortnight ['fɔ:tnaɪt] n (Brit) quinze jours [mpl], quinzaine [f] ◇ **a ~'s holiday** quinze jours de vacances; **a ~ tomorrow** demain en quinze ◆ **fortnightly** adv tous les quinze jours.

fortress ['fɔ:trɪs] n château [m] fort.

fortunate ['fɔ:tʃənɪt] adj (circumstances, event) propice ◇ **to be ~** (person) avoir de la chance.

fortune ['fɔ:tʃən] n a (chance) chance [f] ◇ **by good ~** par chance; **to tell sb's ~** dire la bonne aventure à qn b (riches) fortune [f] ◇ **to make a ~** faire fortune; **to seek one's ~** aller chercher fortune ◆ **fortune-teller** n diseur [m], [f] -euse de bonne aventure.

forty ['fɔ:tɪ] adj, n quarante [(m) inv] ◇ **about ~ books** une quarantaine de livres → for phrases **sixty** ◆ **fortieth** adj, n quarantième [mf]; (fraction) quarantième [m].

forward ['fɔ:wəd] 1 adv (also **forwards**) en avant ◇ **to go ~** avancer; **to go straight ~** aller droit devant soi; **from this time ~** désormais; **to go backward(s) and ~(s)** aller et venir 2 adj (movement) en avant; (on car: gears) avant [inv]; (planning) à long terme ◇ **~ line** (Mil) première ligne [f]; (Sport) ligne des avants 3 n (Sport) avant [m] 4 vt (goods) expédier; (send on: letter, parcel) faire suivre ◇ **please ~** faire suivre SVP; **he left no ~ing address** il est parti sans laisser d'adresse.

fossil ['fɒsl] n fossile [m].

foster ['fɒstəʳ] 1 vt (child) élever *(sans obligation d'adoption)*; (friendship etc) favoriser 2 adj (parent, child) adoptif, [f] -ive ◇ **~ home** famille [f] adoptive.

fought [fɔ:t] pret, ptp of *fight*.

foul [faʊl] 1 adj (gen) infect; (weather, temper) sale (before n); (language) ordurier, [f] -ière ◇ **~ play** (Sport) jeu [m] irrégulier; (Police) **there's no suspicion of ~ play** un acte criminel est exclu 2 n (Ftbl) faute [f] 3 vt (air) polluer; (fishing line) embrouiller.

1. **found** [faʊnd] pret, ptp of *find*.

2. **found** [faʊnd] vt fonder (*on* sur) ◆ **foundation** n fondation [f] ◇ **to lay the ~s of** (lit) poser les fondations de; (fig) poser les bases de; **entirely without ~** dénué de tout fondement; **~ cream** fond [m] de teint; **~ stone** pierre [f] commémorative.

1. **founder** ['faʊndəʳ] n fondateur [m], [f] -trice.

2. **founder** ['faʊndəʳ] vi (of ship) sombrer.

foundry ['faʊndrɪ] n fonderie [f].

fountain ['faʊntɪn] n fontaine [f] ◇ **~ pen** stylo [m] *(à encre)*.

four [fɔ:ʳ] 1 adj, n quatre [(m) inv] ◇ **in ~ figures** dans les milliers; **on all ~s** à quatre pattes 2 pron quatre [mfpl] → for phrases **six** ◆ **four-letter word** n gros mot [m] ◆ **fourposter** n lit [m] à colonnes ◆ **foursome** n ◇ **we went in a ~** nous y sommes allés à quatre ◆ **four-star** adj, n ◇ **~ (petrol)** super [m] ◆ **fourteen** 1 adj, n quatorze [(m) inv] 2 pron quatorze [mfpl] ◆ **fourteenth** adj, n quatorzième [mf] ◆ **fourth** adj, n quatrième [mf]; (fraction) quart [m] → for phrases **sixth**.

fowl [faʊl] n volaille [f].

fox [fɒks] 1 n renard [m] ◇ **~ cub** renardeau [m] 2 vt (puzzle) rendre perplexe ◆ **foxglove** n digitale [f] (pourprée) ◆ **foxhunting** n chasse [f] au renard.

fraction ['frækʃən] n fraction [f] ◆ **fractionally** adv un tout petit peu.

fracture ['fræktʃəʳ] 1 n fracture [f] 2 vt fracturer ◇ **to ~ one's leg** se fracturer la jambe.

fragile ['frædʒaɪl] adj fragile.

fragment ['frægmənt] n fragment [m].

fragrance ['freɪgrəns] n parfum [m].

fragrant ['freɪgrənt] adj parfumé.

frail [freɪl] adj frêle.

frame [freɪm] 1 n (gen) charpente [f]; (of ship) carcasse [f]; (of car) châssis [m]; (of cycle, picture, racket) cadre [m]; (of door) encadrement [m]; (of spectacles) monture [f] ◇ **~ of mind** humeur [f] 2 vt a (picture) encadrer

b (plan) formuler; (sentence) construire **c** ◇ (crime etc) **to be ~d** être victime d'un coup monté ♦ **framework** n **a** → **frame** 1 **b** charpente [f]; carcasse [f]; châssis [m]; encadrement [m]; (of society, novel) structure [f].

franc [fræŋk] n franc [m].

France [frɑːns] n France [f] ◇ **in ~** en France.

Franco- ['fræŋkəʊ] pref franco- ◇ **~-British** franco-britannique ♦ **francophile** adj, n francophile [mf].

1. **frank** [fræŋk] adj franc, [f] franche ♦ **frankly** adv franchement ♦ **frankness** n franchise [f].

2. **frank** [fræŋk] vt (letter) affranchir.

frankfurter ['fræŋk,fɜːtəʳ] n saucisse [f] de Francfort.

frantic ['fræntɪk] adj (activity, cry) frénétique; (desire) effréné; (person) dans tous ses états.

fraternal [frə'tɜːnl] adj fraternel, [f] -elle ♦ **fraternity** n fraternité [f] ♦ **fraternize** vi fraterniser (*with* avec).

fraud [frɔːd] n (Law) fraude [f] ◇ **he's a ~** c'est un imposteur; (less serious) il joue la comédie [famil] ♦ **fraudulent** adj frauduleux, [f] -euse.

fraught [frɔːt] adj (tense) tendu; (risky) risqué [famil] ◇ **~ with** plein de.

fray [freɪ] **1** vi (of garment) s'effilocher; (of rope) s'user **2** vt effilocher; user ◇ **tempers were getting ~ed** tout le monde commençait à s'énerver; **my nerves are quite ~ed** je suis à bout de nerfs.

freak [friːk] **1** n (person or animal) phénomène [m] ◇ **a health food ~** [famil] un(e) fana [famil] des aliments naturels **2** adj (weather) anormal; (error) bizarre; (victory) inattendu.

freckle ['frekl] n tache [f] de rousseur ♦ **freckled** adj plein de taches de rousseur.

free [friː] **1** adj **a** (at liberty) libre (*to do* de faire) ◇ **to get ~** se libérer; **to set ~** libérer; **~ from** or **of** sans; **to be ~ of sb** être débarrassé de qn; **tax ~** hors taxe; **~ and easy** décontracté; **F~ Church** église [f] non conformiste; (fig) **it's a ~ country!** on est en république! [famil]; **~ enterprise** libre entreprise [f]; **to give sb a ~ hand** donner carte blanche à qn (*to do* pour faire); **~ kick** coup [m] franc; **~ love** amour [m] libre; **~ speech** liberté [f] de parole; **~ trade** libre-échange [m]; **of his own ~ will** de son propre gré **b** ◇ (costing nothing) **~ (of charge)** gratuit **c** (not occupied: room, person) libre **d** ◇ (lavish) **to be ~ with one's money** dépenser son argent sans compter; **feel ~!** [famil] je t'en prie! **2** adv (without paying) gratuitement **3** vt (gen) libérer (*from* de); (sb trapped) dégager; (pipe) déboucher.

♦ **freedom** n liberté [f] ◇ **~ of speech** liberté de la parole; **~ from responsibility** absence [f] de responsabilité; **to give sb the ~ of a city** nommer qn citoyen d'honneur d'une ville; **~ fighter** guérillero [m] ♦ **free-for-all** n mêlée [f] générale ♦ **freehold** adv en propriété libre ♦ **freelance** **1** n free-lance [mf inv] **2** adj indépendant; free-lance [inv] ♦ **freely** adv (give) libéralement; (grow) avec luxuriance; (speak) franchement; (act) librement ♦ **freemason** n franc-maçon [m] ♦ **freemasonry** n franc-maçonnerie [f] ♦ **freephone** n numéro [m] vert ♦ **free-range** adj de ferme (*œufs* etc) ♦ **free-standing** adj sur pied ♦ **freethinker** n libre-penseur [m], [f] -euse ♦ **freeway** n (US) autoroute [f] (*sans péage*) ♦ **freewheel** vi être en roue libre.

freeze [friːz] pret *froze*, ptp *frozen* **1** vi (gen) geler; (food) se congeler ◇ (weather) **to ~ hard** geler dur; **I'm freezing** or **frozen** je suis gelé; **my hands are freezing** j'ai les mains gelées; **to be frozen stiff** être gelé jusqu'aux os; **frozen food** aliments [mpl] surgelés; **to ~ to death** mourir de froid; **to ~ up** geler; (of windscreen) givrer; **he froze in his tracks** il est resté figé sur place **2** vt (water etc) geler; (food) surgeler; (prices, wages) bloquer **3** n gel [m]; (of prices, wages) blocage [m] ♦ **freeze-dry** vt lyophiliser ♦ **freezer** n congélateur [m]; (part of fridge) freezer [m] ♦ **freezing** adj glacial ◇ **~ fog** brouillard [m] givrant; **below ~ point** au-dessous de zéro.

freight [freɪt] n fret [m] ♦ **freighter** n cargo [m].

French [frentʃ] **1** adj français; (lesson, teacher, dictionary) de français; (embassy) de France ◇ **~ bean** haricot [m] vert; **~ Canadian** (adj) canadien français; (n) Canadien(ne) français(e) [m(f)]; (Brit) **~ dressing** vinaigrette [f]; **~ fries** frites [fpl]; **~ horn** cor [m] d'harmonie; **to take ~ leave** filer à l'anglaise [famil]; **~ loaf** baguette [f] (*de pain*); **~ window** porte-fenêtre [f] **2** n (language) français [m] ◇ **the ~** les Français [mpl] ♦ **Frenchman** n Français [m] ♦ **French-speaking** adj qui parle français; (nation etc) francophone ♦ **Frenchwoman** n Française [f].

frenzy ['frenzɪ] n frénésie [f].

frequency ['friːkwənsɪ] n fréquence [f].

frequent ['friːkwənt] **1** adj fréquent ◇ **a ~ visitor to...** un habitué de **2** [frɪ'kwent] vt fréquenter ♦ **frequently** adv fréquemment.

fresco ['freskəʊ] n fresque [f].

fresh [freʃ] adj (gen: not stale) frais, [f] fraîche; (new, different) nouveau, [f] nouvelle; (clothes) de rechange ◇ **to make a ~ start** prendre un nouveau départ; **~ water** (not salt) eau [f] douce; **to go out for a breath of ~ air** sortir prendre l'air; **in the ~ air** au grand air; **don't get ~ with me!**

[famil] pas d'impertinences! ◆ **freshen** vi (of wind) fraîchir ◇ **to ~ up** (wash etc) faire un brin de toilette ◆ **fresher** or **freshman** n bizut(h) [m], nouveau [m], nouvelle [f] *(étudiant(e) de première année)* ◆ **freshly** adv nouvellement ◆ **freshness** n fraîcheur [f] ◆ **freshwater** adj (fish) d'eau douce.

fret [fret] vi s'agiter; (of baby) pleurer ◇ **don't ~!** ne t'en fais pas! ◆ **fretful** adj (child) grognon [f inv] ◆ **fretfully** adv avec énervement.

FRG [efɑ:'dʒi:] n abbr of *Federal Republic of Germany* RFA [f].

friar ['fraɪəʳ] n frère [m] *(moine)*.

friction ['frɪkʃən] n friction [f].

Friday ['fraɪdɪ] n vendredi [m] V for phrases **Saturday.**

fridge [frɪdʒ] n frigidaire [m] ®.

fried [fraɪd] pret, ptp of 2. *fry*.

friend [frend] n ami(e) [m(f)]; (schoolmate, workmate etc) camarade [mf] ◇ **a ~ of mine** un de mes amis; **~s of ours** des amis à nous; **her best ~** sa meilleure amie; **to make ~s with sb** devenir ami avec qn; (after quarrel) **to make ~s** faire la paix; **F~s of the Earth** les Amis [mpl] de la Terre; **Society of F~s** Quakers [mpl] ◆ **friendliness** n attitude [f] amicale ◆ **friendly** adj (gen) amical; (dog, act) gentil; (advice) d'ami ◇ **I am quite ~ with her** je suis assez ami(e) avec elle; **on ~ terms with** en termes amicaux avec ◆ **friendship** n amitié [f].

frieze [fri:z] n frise [f].

fright [fraɪt] n peur [f] ◇ **to take ~** s'effrayer (*at* de); **to have a ~** avoir peur; **to give sb a ~** faire peur à qn ◆ **frightful** adj affreux, [f] -euse ◆ **frightfully** adv (gen) affreusement; (very: kind, pretty) terriblement ◇ **~ sorry** absolument désolé.

frighten ['fraɪtn] vt faire peur à, effrayer ◇ **to ~ sb away** or **off** chasser qn ◆ **frightened** adj effrayé ◇ **to be ~ of (doing) sth** avoir peur de (faire) qch; **to be ~ to death** avoir une peur bleue ◆ **frightening** adj effrayant ◆ **frighteningly** adv épouvantablement.

frigid ['frɪdʒɪd] adj (gen) glacial; (woman) frigide.

frill [frɪl] n volant [m] ◇ (fig) **without any ~s** tout simple.

fringe [frɪndʒ] n (gen) frange [f]; (of forest) lisière [f] ◇ (fig) **on the ~ of society** en marge de la société; **~ benefits** avantages [mpl] divers; **~ theatre** théâtre [m] marginal.

frisk [frɪsk] vt fouiller.

frisky ['frɪskɪ] adj fringant.

1. **fritter** ['frɪtəʳ] vt (**~ away**) gaspiller.

2. **fritter** ['frɪtəʳ] n (food) beignet [m].

frivolous ['frɪvələs] adj frivole.

frizzy ['frɪzɪ] adj (hair) crêpelé.

fro [frəʊ] adv ◇ **to walk to and ~** marcher de long en large; **to go to and ~ between** faire la navette entre.

frock [frɒk] n robe [f].

frog [frɒg] n grenouille [f] ◇ (fig) **to have a ~ in one's throat** avoir un chat dans la gorge ◆ **frogman** n homme-grenouille [m].

from [frɒm] prep **a** (gen) de ◇ **~ London to Paris** de Londres à Paris; **where are you ~?** d'où venez-vous?; **~ under the table** de dessous la table; **a letter ~ my mother** une lettre de ma mère; **tell him ~ me** dites-lui de ma part; **~ the novel by...** d'après le roman de... **b** (with dates, numbers) à partir de ◇ **~ the 29th May** à partir du 29 mai; **it is 10 km ~ the coast** c'est à 10 km de la côte; **dresses ~ 150 francs** robes à partir de 150 F; **~ 10 to 15 people** de 10 à 15 personnes **c** (out of) dans ◇ **to drink ~ a glass** boire dans un verre; **he took it ~ the cupboard** il l'a pris dans le placard; **to pick sb ~ the crowd** choisir qn dans la foule **d** (away from) à ◇ **take the knife ~ this child!** prenez le couteau à cet enfant!; **he stole it ~ them** il le leur a volé **e** ◇ (other uses) **to speak ~ notes** parler avec des notes; **to act ~ conviction** agir par conviction; **to die ~ fatigue** mourir de fatigue; **~ what I heard** d'après ce que j'ai entendu.

front [frʌnt] **1** n **a** (gen) devant [m]; (of audience, class) premier rang [m]; (of vehicle) avant [m]; (of book: beginning) début [m]; (cover) couverture [f] ◇ **in ~** (be, walk, put) devant; (send, move) en avant; **in ~ of the table** devant la table; (in car) **in the ~** à l'avant; (Sport) **to be in ~** mener; (fig) **it's all just a ~** tout ça n'est que façade **b** (Mil etc) front [m] ◇ **at the ~** au front; **on all ~s** de tous côtés; **on the ~** (beach) sur le front de mer **2** adj (garden, tooth) de devant; (wheel) avant [inv]; (row, page) premier, [f] -ière ◇ **~ door** (house) porte [f] d'entrée; (car) portière [f] avant; (Mil) **~ line(s)** front [m]; (Press) **on the ~ page** en première page; **it was ~-page news** cela a été à la une [famil] des journaux; **~ room** pièce [f] de devant; (lounge) salon [m]; **to have a ~ seat** (lit) avoir une place au premier rang; (fig) être aux premières loges; **~-wheel drive** traction [f] avant ◆ **frontage** n façade [f] ◆ **frontal** adj (gen) frontal; (attack) de front.

frontier ['frʌntɪəʳ] **1** n frontière [f] **2** adj (town, zone) frontière [inv].

frost [frɒst] n gel [m]; (hoar~) givre [m] ◇ **10° of ~** 10° au-dessous de zéro ◆ **frostbite** n gelure [f] ◆ **frostbitten** adj gelé ◆ **frosted** adj (windscreen) givré; (opaque: glass) dépoli ◆ **frosting** n (US: icing) glaçage [m] ◆ **frosty** adj glacial ◇ **it is going to be ~** il va geler.

froth [frɒθ] **1** n mousse [f] **2** vi mousser.

frown [fraʊn] 1 n froncement [m] (de sourcils) 2 vi froncer les sourcils; (fig: also ~ **on**) désapprouver.

froze(n) ['frəʊz(n)] pret (ptp of) *freeze*.

frugal ['fru:gəl] adj frugal.

fruit [fru:t] 1 n fruit [m] ◇ **may I have some ~?** puis-je avoir un fruit?; **more** ~ plus de fruits; ~ **is good for you** les fruits sont bons pour la santé; (lit, fig) **to bear** ~ porter fruit 2 adj (basket) à fruits; (salad) de fruits ◇ ~ **cake** cake [m]; ~ **farm** exploitation [f] fruitière; ~ **machine** machine [f] à sous; ~ **tree** arbre [m] fruitier ◆ **fruiterer** n fruitier [m], [f] -ière ◆ **fruitful** adj fécond; (fig) fructueux, [f] -ueuse ◆ **fruition** [fru:'ɪʃən] n ◇ **to come to** ~ se réaliser ◆ **fruitless** adj stérile (fig) ◆ **fruity** adj (flavour) fruité; (voice) bien timbré.

frustrate [frʌs'treɪt] vt (hopes) tromper; (attempts, plans) faire échouer; (person) décevoir ◆ **frustrated** adj (person) frustré; (effort) vain ◇ **he feels very** ~ il se sent très insatisfait ◆ **frustrating** adj irritant ◆ **frustration** n frustration [f]; (sth frustrating etc) déception [f].

1. **fry** [fraɪ] n ◇ **the small** ~ le menu fretin.

2. **fry** [fraɪ] pret, ptp *fried* 1 vt faire frire ◇ **fried eggs** œufs [mpl] sur le plat; **fried fish** poisson [m] frit 2 vi frire ◆ **frying pan** n poêle [f] (à frire).

ft. a abbr of *foot* b abbr of *feet*.

fuchsia ['fju:ʃə] n fuchsia [m].

fudge [fʌdʒ] n caramel(s) [m(pl)].

fuel [fjʊəl] 1 n (gen) combustible [m]; (for engine) carburant [m] ◇ ~ **bill** facture [f] de chauffage; ~ **oil** mazout [m], fuel [m]; ~ **pump** pompe [f] d'alimentation; ~ **tank** réservoir [m] à carburant 2 vt (furnace etc) alimenter; (vehicles) ravitailler en carburant 3 vi se ravitailler en carburant ◇ ~**ling stop** escale [f] technique.

fugitive ['fju:dʒɪtɪv] adj, n fugitif [m], [f] -ive.

fulfil, (US) **-fill** [fʊl'fɪl] vt (order) exécuter; (condition) remplir; (ambition) réaliser; (hope) répondre à; (prayer) exaucer; (promise) tenir ◇ **to feel** ~**led** se réaliser dans la vie ◆ **fulfilling** adj (work) profondément satisfaisant.

full [fʊl] 1 adj (gen) plein (*of* de); (hotel, bus, train) complet, [f] -ète; (programme) chargé; (lips) charnu; (skirt) large ◇ ~ **moon** pleine lune [f]; ~ **employment** plein emploi [m]; **a** ~ **life** une vie bien remplie; ~ **of life** débordant d'entrain; **to be** ~ **up** (no rooms etc left) être complet; (not hungry) avoir trop mangé; **the** ~ **particulars** tous les détails; ~ **information** des renseignements complets; **2** ~ **hours** 2 bonnes heures; ~ **name** nom et prénom(s) [mpl]; **at** ~ **speed** à toute vitesse; (in sentence) ~ **stop** point [m]; **to come to a** ~ **stop** s'arrêter complètement; **to be in** ~ **swing** battre son plein; **in** ~ **uniform** en grande tenue 2 adv ◇ ~ **well** fort bien; **to go** ~ **out** aller à toute vitesse 3 n ◇ **in** ~ (write sth) en toutes lettres; (publish) intégralement; **he paid in** ~ il a tout payé; **to the** ~ (use) au maximum ◆ **fullback** n (Sport) arrière [m] ◆ **full-length** adj (portrait) en pied; (film) long métrage ◆ **fullness** n ◇ **in the** ~ **of time** (eventually) avec le temps ◆ **full-scale** adj (drawing, replica) grandeur nature [inv]; (search, retreat) de grande envergure ◇ ~ **fighting** une bataille rangée ◆ **full-time** 1 n (Sport) fin [f] de match 2 adj, adv à plein temps ◇ **it's a** ~ **job doing that** il faut le faire 24 heures sur 24 ◆ **fully** adv (satisfied) entièrement; (understand) très bien; (use) au maximum; (at least) au moins ◆ **fully-fashioned** adj entièrement diminué.

fumble ['fʌmbl] vi (~ **about**, ~ **around**) (in the dark) tâtonner; (in pockets) fouiller (*for sth* pour trouver qch) ◇ **to** ~ **with sth** tripoter qch.

fume [fju:m] 1 vi fumer; (famil: be furious) être en rage 2 n ◇ ~**s** (gen) émanations [fpl]; (from factory) fumées [fpl].

fumigate ['fju:mɪgeɪt] vt désinfecter par fumigation.

fun [fʌn] n ◇ **to have (good** or **great)** ~ bien s'amuser; **to be (good** or **great)** ~ être très amusant; **what** ~**!** ce que c'est amusant!; **for** ~, **in** ~ pour rire; ~ **run** course [f] de fond pour amateurs; **to spoil sb's** ~ empêcher qn de s'amuser; **to have** ~ **and games with sth** (fig: trouble) en voir de toutes les couleurs [famil] avec qch; **to make** ~ **of** or **poke** ~ **at sb/sth** se moquer de qn/qch ◆ **funfair** n fête [f] foraine.

function ['fʌŋkʃən] 1 n (gen) fonction [f]; (reception) réception [f]; (official ceremony) cérémonie [f] publique 2 vi fonctionner ◇ **to** ~ **as** faire fonction de.

fund [fʌnd] n fonds [m] ◇ ~**s** fonds [mpl]; **in** ~**s** en fonds.

fundamental [ˌfʌndə'mentl] 1 adj fondamental 2 n ◇ **the** ~**s** les principes [mpl] essentiels ◆ **fundamentally** adv fondamentalement.

funeral ['fju:nərəl] 1 n enterrement [m]; (grander) funérailles [fpl] ◇ (fig) **that's your** ~**!** [famil] tant pis pour toi! 2 adj (service etc) funèbre ◇ ~ **director** entrepreneur [m] des pompes funèbres; ~ **procession** cortège [m] funèbre.

fungus ['fʌŋgəs] n, pl **-gi** (plant) champignon [m].

funnel ['fʌnl] n (for pouring) entonnoir [m]; (on ship etc) cheminée [f].

funnily ['fʌnɪlɪ] adv (amusingly) drôlement; (strangely) curieusement ◇ ~ **enough,...** chose curieuse,...

funny ['fʌnɪ] adj **a** (comic) drôle, amusant ◇ **it's not** ~ ça n'a rien de drôle **b** (strange) curieux, [f] -ieuse, bizarre ◇ **a** ~ **idea** une drôle d'idée; **it tastes** ~ ça a un drôle de goût; **I felt** ~[famil] je me suis senti tout chose [famil].

fur [fɜːʳ] n **a** (on animal) poil [m]; (for wearing) fourrure [f] ◇ ~ **coat** manteau [m] de fourrure **b** (in kettle etc) tartre [m].

furious ['fjʊərɪəs] adj (person) furieux, [f] -ieuse (*with sb* contre qn; *at having done* d'avoir fait); (struggle) acharné; (speed) fou, [f] folle ◆ **furiously** adv furieusement; (fight) avec acharnement; (rush) à une allure folle.

furnace ['fɜːnɪs] n fourneau [m]; (for central heating etc) chaudière [f].

furnish ['fɜːnɪʃ] vt **a** (house) meubler (*with* de) **b** (supply: thing) fournir (*to* à); (person) pourvoir (*with sth* de qch) ◆ **furnishing** n ◇ ~**s** mobilier [m]; ~ **fabrics** tissus [mpl] d'ameublement.

furniture ['fɜːnɪtʃəʳ] n meubles [mpl] ◇ **a piece of** ~ un meuble; ~ **polish** encaustique [f]; ~ **shop** magasin [m] d'ameublement; ~ **van** camion [m] de déménagement.

furrier ['fʌrɪəʳ] n fourreur [m].

furrow ['fʌrəʊ] n (in field) sillon [m]; (on brow) ride [f].

furry ['fʌrɪ] adj (animal) à poil; (toy) en peluche.

further ['fɜːðəʳ] (comp of *far*) **1** adv **a** = **farther** **b** (more) davantage, plus ◇ **without thinking any** ~ sans réfléchir davantage; **I got no** ~ **with him** je ne suis arrivé à rien de plus avec lui; **we heard nothing** ~ **from him** nous n'avons plus rien reçu de lui; (in letter) ~ **to** par suite à **2** adj **a** = **farther** **b** (additional) supplémentaire, autre ◇ ~ **information** des renseignements [mpl] supplémentaires; **a** ~ **letter** une autre lettre; ~ **education** enseignement [m] post-scolaire; **college of** ~ **education** centre [m] d'enseignement post-scolaire **3** vt promouvoir ◆ **furthermore** adv en outre, de plus.

furthest ['fɜːθɪst] = **farthest.**

furtive ['fɜːtɪv] adj (action) furtif, [f] -ive; (person) sournois.

fury ['fjʊərɪ] n fureur [f] ◇ **in a** ~ en furie.

fuse [fjuːz] **1** vi (of metals) fondre; (fig) fusionner ◇ **the television** (or **the lights** etc) ~**d** les plombs ont sauté **2** n **a** (wire) plomb [m], fusible [m] ◇ **to blow a** ~ faire sauter un plomb or un fusible; ~ **box** boîte [f] à fusibles; ~ **wire** fusible [m] **b** (of bomb etc) détonateur [m] ◆ **fused** adj avec fusible incorporé ◆ **fusion** n fusion [f].

fuselage ['fjuːzəlɑːʒ] n fuselage [m].

fuss [fʌs] **1** n histoires [famil] [fpl] ◇ **to make a** ~ faire un tas d'histoires [famil] (*about, over* pour); **to make a** ~ **of sb** être aux petits soins pour qn **2** vi s'agiter; (worriedly) se tracasser ◇ **to** ~ **over sb** être aux petits soins pour qn ◆ **fussy** adj (person) tatillon, [f] -onne; (dress, style) tarabiscoté ◇ **I'm not** ~[famil] (don't mind) ça m'est égal.

futile ['fjuːtaɪl] adj vain.

future ['fjuːtʃəʳ] **1** n **a** avenir [m] ◇ **in (the)** ~ à l'avenir; **in the near** ~ dans un proche avenir **b** (Gram) futur [m] ◇ **in the** ~ au futur **2** adj futur (before n) ◇ **at some** ~ **date** à une date ultérieure.

fuzz [fʌz] n (frizzy hair) cheveux [mpl] crépus; (light growth) duvet [m] ◇ (collective: police) **the** ~[famil] les flics [famil] [mpl].

g

G, g [dʒi:] n G, g [m]; (Mus) sol [m].
gabardine [ˌgæbəˈdi:n] n gabardine [f].
gabble [ˈgæbl] vti baragouiner [famil].
gable [ˈgeɪbl] n pignon [m].
Gabon [gəˈbɒn] n Gabon [m] ◆ **Gabonese** 1 adj gabonais 2 n Gabonais(e) [m(f)].
gadget [ˈgædʒɪt] n gadget [m]; ([famil]: thingummy) truc [famil] [m].
Gaelic [ˈgeɪlɪk] 1 adj gaélique 2 n (language) gaélique [m].
gag [gæg] 1 n a (in mouth) bâillon [m] b (joke) plaisanterie [f] 2 vt bâillonner.
gaiety [ˈgeɪɪtɪ] n gaieté [f].
gaily [ˈgeɪlɪ] adv gaiement.
gain [geɪn] 1 n (profit) bénéfice [m], profit [m]; (fig) avantage [m]; (increase) augmentation [f] (*in* de); (in wealth) accroissement [m] (*in* de); (knowledge etc) acquisition [f] (*in* de); (St Ex) hausse [f] ◇ **to do sth for ~** faire qch pour le profit 2 vti a (gen) gagner (*in* en; *by* à); (experience) acquérir; (objective) atteindre; (liberty) conquérir; (friends) se faire; (supporters) s'attirer ◇ **to ~ ground** gagner du terrain b ◇ (increase) **to ~ speed** prendre de la vitesse; **she's ~ed 3 kg** elle a pris 3 kg c (of watch) avancer ◇ **my watch has ~ed 5 minutes** ma montre a pris 5 minutes d'avance d ◇ (of runner) **to ~ on sb** prendre de l'avance sur qn ◆ **gainful** adj rémunérateur, [f] -trice.
gainsay [ˌgeɪnˈseɪ] pret, ptp *-said* vt nier.
gait [geɪt] n façon [f] de marcher.
gal. abbr of *gallon*.
gala [ˈgɑ:lə] n gala [m]; (sports) grand concours [m].
galaxy [ˈgæləksɪ] n galaxie [f].
gale [geɪl] n coup [m] de vent ◇ **it was blowing a ~** le vent soufflait très fort; **~ force winds** coups [mpl] de vent; **~ warning** avis [m] de coups de vent.
gallant [ˈgælənt] adj brave, vaillant.
gallantry [ˈgæləntrɪ] n bravoure [f].
gall bladder [ˈgɔ:lblædəʳ] n vésicule [f] biliaire.
gallery [ˈgælərɪ] n (gen) galerie [f]; (for spectators etc) tribune [f]; (Theat) dernier balcon [m]; (art: private) galerie; (state-owned) musée [m].
galley [ˈgælɪ] n (ship's kitchen) coquerie [f].
Gallic [ˈgælɪk] adj (French) français.
galling [ˈgɔ:lɪŋ] adj irritant.
gallon [ˈgælən] n gallon [m] (Brit = 4,546 litres, US = 3,785 litres).
gallop [ˈgæləp] 1 n galop [m] ◇ **at full ~** au grand galop 2 vi galoper ◇ **to ~ away** etc partir etc au galop.
gallows [ˈgæləʊz] npl gibet [m].
gallstone [ˈgɔ:lstəʊn] n calcul [m] biliaire.
galore [gəˈlɔ:ʳ] adv en abondance.
galvanize [ˈgælvənaɪz] vt ◇ (fig) **to ~ sb into action** galvaniser qn.
gambit [ˈgæmbɪt] n (fig) manœuvre [f].
gamble [ˈgæmbl] 1 n ◇ **it's a ~** c'est affaire de chance 2 vi jouer (*on* sur; *with* avec) ◇ **to ~ on sth** (count on) miser sur qch ◆ **gambler** n joueur [m], [f] -euse ◆ **gambling** n le jeu [m].
1. **game** [geɪm] n a (gen) jeu [m] ◇ **~ of cards** partie de cartes; **card ~** jeu de cartes (*bridge* etc); **a ~ of football** un match de football; **a ~ of tennis** une partie de tennis; **to have a ~ of** faire une partie de, jouer un match de; (Scol) **~s** sport [m]; **~s teacher** professeur [m] d'éducation physique; **to be good at ~s** être sportif, [f] -ive; **to put sb off his ~** troubler qn; **this isn't a ~!** c'est sérieux!; (fig) **the ~ is up** tout est fichu [famil]; **what's the ~?** [famil] qu'est-ce qui se passe?; **to beat sb at**

his own ~ battre qn sur son propre terrain **b** (birds, animals) gibier [m] ◇ **big** ~ gros gibier; ~ **birds** gibier [m] à plume ◆ **gamekeeper** n garde-chasse [m].

2. **game** [geɪm] adj ◇ **to be** ~ **to do sth** se sentir de taille à faire qch; ~ **for anything** prêt à tout.

gammon ['gæmən] n jambon [m] fumé.

gamut ['gæmət] n gamme [f] ◇ **to run the** ~ **of** passer par toute la gamme de.

gang [gæŋ] **1** n (gen) bande [f]; (of workmen) équipe [f] **2** vi ◇ **to** ~ **up** [famil] se mettre à plusieurs (*to do* pour faire; *on sb* contre qn) ◆ **gangplank** or **gangway** n passerelle [f].

Ganges ['gændʒi:z] n ◇ **the** ~ le Gange.

gangrene ['gæŋgri:n] n gangrène [f].

gangster ['gæŋstəʳ] n gangster [m].

gaol [dʒeɪl] n (Brit) = **jail.**

gap [gæp] n (gen) trou [m]; (in print) blanc [m]; (narrow: in curtains, teeth) interstice [m]; (mountain pass) trouée [f]; (fig: gen) vide [m]; (in education) lacune [f]; (of time) intervalle [m] ◇ **to fill in a** ~ boucher un trou, combler un vide; (Comm) **a** ~ **in the market** un créneau; **a** ~ **in his memory** un trou de mémoire; **to close the** ~ **between A and B** rapprocher A et B.

gape [geɪp] vi ◇ (stare) **to** ~ **at sb** regarder qn bouche bée ◆ **gaping** adj béant.

garage ['gærɑ:ʒ] **1** n garage [m] ◇ ~ **mechanic** mécanicien [m]; ~ **proprietor** garagiste [m]; ~ **sale** vente [f] d'objets usagés *(chez un particulier)* **2** vt mettre au garage.

garbage ['gɑ:bɪdʒ] n ordures [fpl] ◇ ~ **can** boîte [f] à ordures.

garbled ['gɑ:bld] adj (gen) embrouillé; (speech) incompréhensible.

garden ['gɑ:dn] **1** n jardin [m] ◇ ~**s** (private) parc [m]; (public) jardin public; ~ **centre** jardinerie [f]; ~ **hose** tuyau [m] d'arrosage; ~ **party** garden-party [f]; ~ **produce** produits [mpl] maraîchers; ~ **seat** banc [m] de jardin; ~ **tools** outils [mpl] de jardinage **2** vi faire du jardinage ◆ **gardener** n jardinier [m], [f] -ière ◆ **gardening** n jardinage [m].

gargle ['gɑ:gl] vi se gargariser.

gargoyle ['gɑ:gɔɪl] n gargouille [f].

garish ['gɛərɪʃ] adj voyant, criard.

garland ['gɑ:lənd] n guirlande [f].

garlic ['gɑ:lɪk] n ail [m] ◇ ~ **press** presse-ail [m]; ~ **salt** sel [m] d'ail; ~ **sausage** saucisson [m] à l'ail.

garment ['gɑ:mənt] n vêtement [m].

garnet ['gɑ:nɪt] n grenat [m].

garnish ['gɑ:nɪʃ] **1** vt garnir (*with* de) **2** n garniture [f].

garret ['gærət] n mansarde [f].

garrison ['gærɪsən] n garnison [f].

garrulous ['gærʊləs] adj loquace.

garter ['gɑ:təʳ] n jarretière [f]; (for men) fixe-chaussette [m].

gas [gæs] **1** n **a** gaz [m inv] ◇ **to cook with** ~ faire la cuisine au gaz; (Med) **I had** ~ j'ai eu une anesthésie au masque **b** (US: gasoline) essence [f] **2** vt asphyxier; (Mil) gazer **3** adj (industry) du gaz; (engine, stove, pipe) à gaz; (heating) au gaz ◇ ~ **burner**, ~ **jet** brûleur [m] à gaz; ~ **chamber** chambre [f] à gaz; ~ **cooker** cuisinière [f] à gaz; ~ **fire**, ~ **heater** appareil [m] de chauffage à gaz; **the** ~ **man** l'employé [m] du gaz; ~ **meter** compteur [m] à gaz; ~ **ring** (part of cooker) brûleur [m]; (small stove) réchaud [m] à gaz; (US) ~ **station** station-service [f]; (US) ~ **tank** réservoir [m] à essence ◆ **gas-fired** adj (heating) au gaz ◆ **gasmask** n masque [m] à gaz ◆ **gas permeable** adj perméable à l'air ◆ **gasworks** n usine [f] à gaz.

gash [gæʃ] **1** n (in flesh) entaille [f]; (in fabric) grande déchirure [f] **2** vt ◇ **to** ~ **one's leg** s'entailler la jambe.

gasket ['gæskɪt] n (on car) joint [m] de culasse ◇ **to blow a** ~ griller un joint de culasse.

gasoline ['gæsəʊli:n] n (US) essence [f].

gasp [gɑ:sp] **1** n halètement [m] **2** vti (choke: also ~ **for breath**) haleter; (from astonishment) avoir le souffle coupé (*by* par) ◇ **to make sb** ~ couper le souffle à qn; **'no!' she** ~**ed** 'pas possible!' souffla-t-elle.

gastric ['gæstrɪk] adj gastrique; (flu) gastro-intestinal; (ulcer) de l'estomac ◆ **gastroenteritis** n gastro-entérite [f].

gastronomic [,gæstrə'nɒmɪk] adj gastronomique.

gate [geɪt] n (to castle, town) porte [f]; (of field, level crossing) barrière [f]; (of garden) porte; (made of iron) grille [f]; (in canal) vanne [f]; (at sports ground) entrée [f]; (attendance: at match) spectateurs [mpl] ◇ (at airport) ~ **5** porte n° (numéro) 5 ◆ **gatecrasher** [famil] n (at party etc) intrus(e) [m(f)] ◆ **gatepost** n montant [m] (de porte) ◆ **gateway** n (to a place) porte [f] (*to* de); (to success) porte [f] ouverte (*to* à).

gâteau ['gætəʊ] n grand gâteau fourré.

gather ['gæðəʳ] **1** vt **a** (~ **together**) rassembler **b** (flowers) cueillir; (~ **in**: crops) récolter; (~ **up**) ramasser; (collect: contributions, information) recueillir ◇ **to** ~ **one's thoughts** se ressaisir; **to** ~ **speed** prendre de la vitesse; **to** ~ **strength** se renforcer **c** (Sewing) froncer **d** (infer) croire comprendre (*from sb* d'après ce que dit qn; *that* que) ◇ **as you will have** ~**ed** comme vous avez dû le deviner **2** vi (of people) se rassembler; (of objects) s'accumuler; (of clouds) s'amonceler; (of storm) se préparer ◇ **to** ~ **round** s'approcher ◆ **gathering** **1** n réunion [f] **2** adj croissant; (storm) qui se prépare.

gaudy ['gɔ:dɪ] adj voyant, criard.

gauge [geɪdʒ] 1 n a (size: of pipe etc) calibre [m]; (Rail) écartement [m] b (instrument) jauge [f] ◇ **petrol** ~ jauge [f] d'essence; **pressure** ~ manomètre [m]; **tyre** ~ indicateur [m] de pression des pneus 2 vt jauger.

Gaul [gɔ:l] n (country) Gaule [f]; (person) Gaulois(e) [m(f)].

gaunt [gɔ:nt] adj (very thin) émacié.

gauntlet ['gɔ:ntlɪt] n gant [m] ◇ **to run the** ~ foncer à travers une foule hostile.

gauze [gɔ:z] n gaze [f].

gave [geɪv] pret of *give*.

gawky ['gɔ:kɪ] adj dégingandé, godiche.

gay [geɪ] adj a (person) gai; (thing) joyeux, [f] -euse ◇ **to have a** ~ **time** prendre du bon temps b (homosexual) homosexuel, [f] -uelle, gay [inv].

gaze [geɪz] 1 n regard [m] (fixe) 2 vi regarder (*into space* dans le vide) ◇ **to** ~ **at sth** regarder fixement qch.

gazette [gə'zet] n journal [m] officiel ◆ **gazetteer** n index [m] (géographique).

GB [dʒi:'bi:] abbr of *Great Britain* G.B.

GCE [dʒi:si:'i:] n (Brit) abbr of *General Certificate of Education* ≃ baccalauréat [m].

GCSE [dʒi:si:es'i:] n (Brit) abbr of *General Certificate of Secondary Education* Brevet [m] des collèges.

GDP [dʒi:di:'pi:] n abbr of *gross domestic product* PIB [m].

GDR [dʒi:di:'a:ʳ] n abbr of *German Democratic Republic* RDA [f].

gear [gɪəʳ] 1 n a (gen) matériel [m]; (belongings) affaires [fpl]; (clothing) vêtements [mpl]; (famil: modern) fringues [famil] [fpl] à la mode ◇ **fishing** etc ~ matériel de pêche etc b (on car: mechanism) embrayage [m]; (speed) vitesse [f] ◇ **in** ~ en prise; **not in** ~ au point mort; **to change** ~ changer de vitesse; **first** or **low** ~ première vitesse; **in second** ~ en seconde; **to change into third** ~ passer en troisième 2 vt ◇ ~**ed up to do sth** préparé pour faire qch ◆ **gearbox** n boîte [f] de vitesses ◆ **gear-lever** n levier [m] de vitesse.

geese [gi:s] npl of *goose*.

gelatin(e) ['dʒeləti:n] n gélatine [f].

gem [dʒem] n pierre [f] précieuse ◇ (of thing, person) **a** ~ une vraie merveille.

Gemini ['dʒeminaɪ] npl (Astrol) les Gémeaux [mpl] ◇ **I'm** ~ je suis (des) Gémeaux.

gen [dʒen] [famil] 1 n renseignements [mpl] (*on* sur) 2 vt ◇ **to get** ~**ned up on** se renseigner sur; **to** ~ **sb up on sth** donner à qn les coordonnées [famil] de qch.

gender ['dʒendəʳ] n (Gram) genre [m].

gene [dʒi:n] n gène [m].

genealogy [ˌdʒi:nɪ'ælədʒɪ] n généalogie [f].

general ['dʒenərəl] 1 adj (gen) général; (not in detail: view, plan) d'ensemble ◇ **as a** ~ **rule** en règle générale; **in** ~ **use** d'usage courant; **the** ~ **public** le grand public; **the** ~ **reader** le lecteur moyen; **I've got the** ~ **idea** je vois la question; (Med) ~ **anaesthetic** anesthésie [f] générale; ~ **election** élections [fpl] législatives; ~ **hospital** centre [m] hospitalier; ~ **knowledge** culture [f] générale; ~ **manager** directeur [m] général; ~ **practitioner** médecin [m] traitant, généraliste [m]; ~ **store** grand magasin [m] 2 n général [m] ◇ **in** ~ en général ◆ **generalization** n généralisation [f] ◆ **generalize** vti généraliser ◆ **generally** adv généralement, en général ◇ ~ **speaking** en général ◆ **general-purpose** adj universel, [f] -elle.

generate ['dʒenəreɪt] vt produire ◆ **generating station** n centrale [f] électrique.

generation [ˌdʒenə'reɪʃən] n génération [f] ◇ **the** ~ **gap** le conflit des générations; **the younger** ~ la jeune génération.

generator ['dʒenəreɪtəʳ] n groupe [m] électrogène.

generosity [ˌdʒenə'rɒsɪtɪ] n générosité [f].

generous ['dʒenərəs] adj (gen) généreux, [f] -euse (*with* de); (large) grand ◆ **generously** adv généreusement.

genetics [dʒɪ'netɪks] nsg génétique [f].

Geneva [dʒɪ'ni:və] n Genève ◇ **Lake** ~ le lac Léman.

genial ['dʒi:nɪəl] adj cordial.

genitals ['dʒenɪtlz] npl organes [mpl] génitaux.

genitive ['dʒenɪtɪv] adj, n génitif [m].

genius ['dʒi:nɪəs] n génie [m] ◇ **to have a** ~ **for (doing) sth** avoir le génie de (faire) qch.

gent [dʒent] n abbr of *gentleman* homme [m] ◇ (cloakroom) **the** ~**s** [famil] les toilettes [fpl].

genteel [dʒen'ti:l] adj qui se veut distingué.

gentle ['dʒentl] adj (gen) doux, [f] douce; (exercise, heat) modéré; (hint, reminder) discret, [f] -ète ◆ **gentleness** n douceur [f] ◆ **gently** adv (gen) doucement; (say, smile) gentiment ◇ **to go** ~ **with sth** y aller doucement avec qch.

gentleman ['dʒentlmən] n, pl **-men** (man) monsieur [m], [pl] messieurs; (man of breeding) gentleman [m] ◇ **gentlemen!** messieurs!; ~**'s agreement** accord [m] reposant sur l'honneur.

gentry ['dʒentrɪ] n petite noblesse [f].

genuine ['dʒenjʊɪn] adj a (authentic: silver) véritable; (antique) authentique; (goods) garanti d'origine b (sincere) sincère ◆ **genuinely** adv (prove, originate) authentiquement; (believe) sincèrement; (sorry, surprised) vraiment.

geography [dʒɪ'ɒgrəfɪ] n géographie (f).
geologist [dʒɪ'ɒlədʒɪst] n géologue (mf).
geology [dʒɪ'ɒlədʒɪ] n géologie (f).
geometry [dʒɪ'ɒmɪtrɪ] n géométrie (f).
Georgian ['dʒɔ:dʒɪən] adj du temps des rois George I-IV *(1714-1830)*.
geranium [dʒɪ'reɪnɪəm] n géranium (m).
gerbil ['dʒɜ:bɪl] n gerbille (f).
geriatric [,dʒerɪ'ætrɪk] 1 adj gériatrique 2 n (Med) malade (mf) gériatrique; (pej) vieillard(e) (m(f)).
germ [dʒɜ:m] n (Med) microbe (m) ◇ ~ **warfare** guerre (f) bactériologique.
German ['dʒɜ:mən] 1 adj allemand ◇ **East-**~ est-allemand; **West-**~ ouest-allemand; ~ **measles** rubéole (f); ~ **sheep dog** berger (m) allemand 2 n Allemand(e) (m(f)); (language) allemand (m).
Germany ['dʒɜ:mənɪ] n Allemagne (f) ◇ **East** ~ Allemagne de l'Est; **West** ~ Allemagne de l'Ouest.
gerund ['dʒerənd] n gérondif (m).
gesticulate [dʒes'tɪkjʊleɪt] vi gesticuler.
gesture ['dʒestʃə^r] n (lit, fig) geste (m).
get [get] pret, ptp *got*, (US) ptp *gotten* 1 vt a (obtain) avoir; (permission, result) obtenir (*from* de); (help, present, shock) recevoir; (prize) gagner; (buy) acheter ◇ **to** ~ **sth to eat** manger qch; **to** ~ **sth for sb** trouver qch pour or à qn; **I've still 3 to** ~ il m'en manque encore 3; **I didn't** ~ **much for it** je ne l'ai pas vendu cher; **he** ~**s it from his mother** il le tient de sa mère b (catch: ball, disease) attraper; (hit: target etc) atteindre; (seize) saisir; (understand) comprendre; (sb's name etc) saisir ◇ **got you at last!** enfin je te tiens!; **he'll** ~ **you for that!** [famil] qu'est-ce que tu vas prendre! [famil]; **that really** ~**s me!** [famil] (annoy) ça me met en rogne [famil]; (thrill) ça me fait quelque chose! c (fetch: person) aller chercher, faire venir; (object) chercher ◇ **go and** ~ **my books** allez chercher mes livres; **can I** ~ **you a drink?** voulez-vous boire quelque chose? d ◇ (have) **to have got** avoir; **I have got 3 sisters** j'ai 3 sœurs e ◇ (cause etc) **to** ~ **sb to do sth** faire faire qch à qn; **I got him to go** je l'ai fait partir; **to** ~ **sth done** faire faire qch; **to** ~ **one's hair cut** se faire couper les cheveux; **to** ~ **sth ready** préparer qch; **to** ~ **sb drunk** soûler qn; **to** ~ **sth to sb** faire parvenir qch à qn; **they got him home somehow** ils l'ont ramené tant bien que mal; **to** ~ **sth past the customs** passer qch à la douane; **where does that** ~ **us?** où est-ce que ça nous mène?
2 vi a (go) aller (*to* à; *from* de); (arrive) arriver (*at* à) ◇ **how do you** ~ **there?** comment fait-on pour y aller?; **how did that box** ~ **here?** comment se fait-il que cette boîte se trouve ici?; (in book, work etc) **where have you got to?** où en êtes-vous?; (fig) **now we're** ~**ting somewhere!** [famil] enfin on arrive à quelque chose! b (start to be etc) devenir ◇ **to** ~ **old** devenir vieux; **to** ~ **killed** se faire tuer; **it's** ~**ting late** il se fait tard; **to** ~ **to like sb** se mettre à aimer qn; **to** ~ **going** commencer, s'y mettre; **I got talking to him** je me suis mis à parler avec lui.
3 ◇ (must) **you've got to come** il faut absolument que vous veniez; **I haven't got to leave** je ne suis pas obligé de partir; **have you got to see her?** est-ce que vous êtes obligé de la voir? → also **have** 2
◆ **get about, get around** vi (of person) se déplacer; (travel) voyager; (of news) se répandre ◆ **get across** 1 vi traverser 2 vt (road) traverser; (person) faire traverser ◇ (fig) **to** ~ **sth across to sb** faire comprendre qch à qn ◆ **get along** vi (manage) se débrouiller (*without* sans); (be on good terms) s'entendre bien (*with sb* avec qn) ◇ ~ **along with you!** [famil] (go away) va-t-en!; (stop joking) ça va, hein! [famil] ◆ **get at** vt (place) parvenir à; (object on shelf) atteindre; (facts, truth) découvrir ◇ **let me** ~ **at him!** [famil] que je l'attrape!; (fig) **what are you** ~**ting at?** où voulez-vous en venir?; **she's always** ~**ting at her brother** elle est toujours après son frère [famil] ◆ **get away** 1 vi (leave) partir (*from* de; *with sth* avec qch); (escape) s'échapper (*from* de) ◇ **to** ~ **away from it all** partir se reposer loin de tout; **to** ~ **away with an apology** en être quitte pour une simple excuse; **there's no** ~**ting away from it** le fait est là 2 vt ◇ **to** ~ **sth away from sb** arracher qch à qn ◆ **get back** 1 vi (return) revenir; (move back) reculer ◇ **to** ~ **back (home)** rentrer chez soi; **to** ~ **back to bed** se recoucher; **let's** ~ **back to why** revenons à la question de savoir pourquoi 2 vt (recover) retrouver; (sth lent) se faire rendre; (return) renvoyer ◇ (fig) **to** ~ **back at sb** rendre la monnaie de sa pièce à qn ◆ **get by** vi (of person) se débrouiller (*with, on* avec) ◆ **get down** 1 vi descendre (*from, off* de); (lie down) se coucher ◇ **to** ~ **down to (doing) sth** se mettre à (faire) qch 2 vt sep (from shelf etc) descendre (*off* de); (swallow) avaler; (write) noter; (depress) déprimer ◇ **don't let it** ~ **you down!** ne vous laissez pas abattre! ◆ **get in** 1 vi (enter) entrer; (reach home) rentrer; (of train etc) arriver; (of political party) accéder au pouvoir 2 vt (thing) rentrer; (person) faire entrer; (obtain: groceries) acheter; (summon: police etc) faire venir; (insert) glisser ◇ **to** ~ **a word in edgeways** glisser or placer un mot ◆ **get into** vt (place) entrer dans; (vehicle) monter dans; (school etc) être accepté dans; (clothes) mettre ◇ **to** ~ **into bed** se mettre au lit, aller se coucher ◆

get off 1 vi (depart) partir; (from vehicle) descendre ◇ **to ~ off with a fine** en être quitte pour une amende 2 vt (remove) enlever (*from* de); (from ship) débarquer; (from punishment) tirer d'affaire ◇ **to ~ off sth** (bus, horse etc) descendre de qch; **to ~ off doing sth** se dispenser de faire qch ◆ **get on** 1 vi (on bus etc) monter; (make progress) faire des progrès; (succeed) réussir ◇ **how are you ~ting on?** comment ça marche?; **to be ~ting on in years** se faire vieux; **time is ~ting on** il se fait tard; **~ting on for 500** près de 500; (continue) **~ on with it!** allez, au travail!; **to ~ on with sb** bien s'entendre avec qn; **to ~ on with sth** continuer qch 2 vt ◇ **to ~ on sth** (horse, bicycle) monter sur qch; (bus, train) monter dans qch ◆ **get out** 1 vi sortir (*of* de); (from vehicle) descendre (*of* de); (of news) se répandre; (escape) s'échapper (*of* de) ◇ (fig) **to ~ out of** (habit) perdre; (obligation) se dérober à; (difficulty) se tirer de 2 vt (object) sortir; (person) faire sortir (*of* de); (stain) enlever ◆ **get over** 1 vi traverser 2 vt (cross: river, road) traverser; (fence) passer par-dessus; (recover from: illness, loss) se remettre de; (surprise) revenir de ◇ **I can't ~ over the fact that...** je n'en reviens pas que... + subj; (have done with) **let's ~ it over** finissons-en; (communicate) **to ~ sth over to sb** faire comprendre qch à qn ◆ **get round** 1 vi ◇ **to ~ round to doing sth** arriver à faire qch 2 vt (difficulty) tourner ◇ **he knows how to ~ round her** il sait la prendre ◆ **get through** 1 vi (of message, news) parvenir (*to* à); (in exam) être reçu ◇ **to ~ through to sb** (Telec) obtenir la communication avec qn; (fig: communicate with) se faire comprendre de qn 2 vt (hole, window) passer par; (crowd) se frayer un chemin à travers; (finish: task, book) venir au bout de; (use: food, supplies) consommer ◇ (fig) **I can't ~ it through to him that...** je n'arrive pas à lui faire comprendre que... ◆ **get together** 1 vi se réunir 2 vt rassembler ◆ **get up** 1 vi (rise) se lever (*from* de) ◇ (fig) **I've got up to page 17** j'en suis à la page 17; **you never know what he'll ~ up to next** on ne sait jamais ce qu'il va encore inventer 2 vt (tree, ladder) monter à; (hill) gravir; (petition) organiser ◇ **to ~ sb up** faire lever qn; **to ~ o.s. up as** se déguiser en; **beautifully got up** (person) très bien habillé ◆ **getaway** n ◇ **to make a ~** filer ◆ **get-together** n petite réunion (f) ◆ **get-well card** n carte (f) de vœux de bon rétablissement.

geyser ['gi:zəʳ] n geyser (m); (water-heater) chauffe-bain (m inv).

Ghana ['ga:nə] n Ghana (m) ◆ **Ghanaian** 1 adj ghanéen, (f) -enne 2 n Ghanéen(ne) (m(f)).

ghastly ['gɑ:stlɪ] adj horrible.

gherkin ['gɜ:kɪn] n cornichon (m).

ghetto ['getəʊ] n (lit, fig) ghetto (m).

ghost [gəʊst] n fantôme (m) ◇ **~ story** histoire (f) de revenants ◆ **ghostly** adj spectral.

giant ['dʒaɪənt] 1 n géant (m) 2 adj géant; (amount, task) gigantesque.

gibberish ['dʒɪbərɪʃ] n charabia [famil] (m).

gibe [dʒaɪb] n raillerie (f).

giblets ['dʒɪblɪts] npl abattis (mpl).

Gibraltar [dʒɪ'brɔ:ltəʳ] n Gibraltar (m).

giddy ['gɪdɪ] adj (dizzy) pris de vertige; (height) vertigineux, (f) -euse ◇ **I feel ~** la tête me tourne; **to make sb ~** donner le vertige à qn.

gift [gɪft] n a cadeau (m) ◇ **free ~** prime (f); **to make sb a ~ of sth** faire don de qch à qn; **~ voucher** bon-prime (m); **~ token** chèque-cadeau (m) b (talent) don (m) ◆ **gifted** adj doué (*for* pour; *with* de) ◇ **the ~ child** l'enfant (m) surdoué ◆ **gift-wrapping** n emballage-cadeau (m).

gigantic [dʒaɪ'gæntɪk] adj gigantesque.

giggle ['gɪgl] 1 vi rire (sottement) 2 n ◇ **to get the ~s** attraper le fou rire.

gild [gɪld] vt dorer.

gill [dʒɪl] n = *0,142 litre.*

gills [gɪlz] npl (of fish) ouïes (fpl).

gilt [gɪlt] adj doré.

gimlet ['gɪmlɪt] n vrille (f).

gimmick ['gɪmɪk] n truc [famil] (m), astuce (f).

gin [dʒɪn] n gin (m) ◇ **~ and tonic** gin-tonic (m).

ginger ['dʒɪndʒəʳ] 1 n gingembre (m) ◇ **~ beer** boisson (f) gazeuse au gingembre 2 adj (hair) roux, (f) rousse ◆ **gingerbread** n pain (m) d'épice ◆ **gingerly** adv avec précaution.

gingham ['gɪŋəm] n (Tex) vichy (m).

gipsy ['dʒɪpsɪ] 1 n bohémien(ne) (m(f)); (pej) romanichel(le) (m(f)) 2 adj (gen) de bohémien, de gitan; (music) tsigane.

giraffe [dʒɪ'rɑ:f] n girafe (f).

girder ['gɜ:dəʳ] n poutre (f).

girdle ['gɜ:dl] n (corset) gaine (f).

girl [gɜ:l] n petite fille (f), jeune fille ◇ **a little ~** une petite fille, une fillette; **an English ~** une jeune or petite Anglaise; **poor little ~** pauvre petite; **the Smith ~s** les filles des Smith; **~ scout** éclaireuse (f), guide (f) ◆ **girlfriend** n (of boy) petite amie (f); (of girl) amie (f) ◆ **girlhood** n jeunesse (f).

giro ['dʒaɪrəʊ] n ◇ **National G~** ≃ Comptes Chèques Postaux (mpl).

girth [gɜ:θ] n circonférence (f).

gist [dʒɪst] n (gen) essentiel (m) ◇ **give me the ~ of it** mettez-moi au courant.

give [gɪv] pret *gave*, ptp *given* vti **a** (gen) donner (*to* à); (gift, food) offrir (*to* à); (message) remettre (*to* à); (pain, pleasure) occasionner (*to* à); (dedicate: life, fortune) consacrer (*to* à) ◇ **one must ~ and take** il faut faire des concessions; **~ or take a few minutes** à quelques minutes près; **to ~ sb something to eat** donner à manger à qn; **can you ~ him something to do?** pouvez-vous lui trouver quelque chose à faire?; **you've ~n me your cold** tu m'as passé ton rhume; (Telec) **~ me Charminster 231** passez-moi le 231 à Charminster; **how long do you ~ that marriage?** combien de temps crois-tu que ce mariage tiendra?; **~ me time** laissez-moi du temps; **~ me Mozart every time!** [famil] pour moi, rien ne vaut Mozart; **to ~ sb to understand that** donner à entendre à qn que; **~ him my love** faites-lui mes amitiés; **what did you ~ for it?** combien l'avez-vous payé?; **I'd ~ anything to know** je donnerais n'importe quoi pour savoir; **~ us a song** chantez-nous quelque chose; **this lamp ~s a poor light** cette lampe éclaire mal; **it ~s a total of 100** cela fait 100 en tout **b** ◇ (with **back**, **out** etc) **to ~ away** (money) donner; (prizes) distribuer; (reveal) révéler; (betray) trahir; **to ~ o.s. away** se trahir; **to ~ sth back to sb** rendre qch à qn; **to ~ in** (yield) renoncer; **to ~ in an essay** rendre une dissertation; **to ~ off heat** émettre de la chaleur; **to ~ on to** (of window) donner sur; **to ~ sth out** distribuer qch (*to* à); **to ~ over doing sth** [famil] arrêter de faire qch; **to ~ up** (friends, idea) abandonner; (seat) céder; (job) quitter; **to ~ up doing** renoncer à faire; **to ~ sb up** (patient) condamner qn; (visitor) ne plus espérer voir qn; **to ~ sb up for lost** considérer qn comme perdu; **to ~ o.s. up to the police** se livrer à la police **c** (of elastic etc) prêter ◇ **to ~ way** (ground) s'affaisser; (rope etc) casser; (yield: person) céder (*to sb* devant qn; *to* à); (agree) consentir; (make room for) céder la place (*to* à); (Aut) céder la priorité (*to* à) ◆ **give-and-take** n concessions [fpl] mutuelles ◆ **given** adj (time, size) donné, déterminé ◇ **to be ~ to (doing) sth** être enclin à (faire) qch; **~ that** étant donné que.

glacé ['glæseɪ] adj (fruit) confit.

glacier ['glæsɪəʳ] n glacier [m].

glad [glæd] adj content; (*of*, *about* de; *to do* de faire; *that* que + subj) ◇ **he's only too ~ to do it** il ne demande pas mieux que de le faire ◆ **gladly** adv (willingly) avec plaisir.

gladiolus [ˌglædɪ'əʊləs] n, pl **-li** glaïeul [m].

glamorous ['glæmərəs] adj (life) brillant; (person) séduisant; (job) prestigieux, [f] -ieuse.

glamour ['glæməʳ] n (of person) fascination [f]; (of occasion) éclat [m].

glance [glɑːns] **1** n coup [m] d'œil, regard [m] ◇ **at a ~** d'un coup d'œil; **at first ~** à première vue **2** vi **a** (look) jeter un coup d'œil (*at* sur, à) **b** ◇ **to ~ off** dévier (*sth* sur qch).

gland [glænd] n glande [f] ◆ **glandular fever** n mononucléose [f] infectieuse.

glare [glɛəʳ] **1** vi lancer un regard furieux (*at* à) **2** n regard [m] furieux; (of light) éclat [m] éblouissant ◆ **glaring** adj (fact, mistake) qui crève les yeux; (injustice) flagrant.

Glasgow ['glaːzgəʊ] n Glasgow.

glass [glaːs] **1** n verre [m]; (mirror) glace [f] ◇ **broken ~** des éclats [mpl] de verre; **pane of ~** vitre [f]; **a ~ of wine** un verre de vin; **a wine ~** un verre à vin **2** adj (gen) de verre; (door) vitré ◇ **~ case** vitrine [f] ◆ **glasses** npl (spectacles) lunettes [fpl]; (binoculars) jumelles [fpl] ◆ **glassful** n plein verre [m] ◆ **glasshouse** n (for plants) serre [f].

glaze [gleɪz] **1** vt (cake, meat) glacer **2** n (on tiles) vernis [m]; (on food) glaçage [m] ◆ **glazed** adj (door) vitré; (pottery) vernissé ◆ **glazier** n vitrier [m].

gleam [gliːm] **1** n lueur [f] **2** vi luire.

glee [gliː] n joie [f] ◇ **~ club** chorale [f].

glen [glen] n vallon [m].

glib [glɪb] adj désinvolte.

glide [glaɪd] vi (of bird, aircraft) planer ◇ **to ~ in/out** etc entrer/sortir etc sans bruit ◆ **glider** n planeur [m] ◆ **gliding** n vol [m] plané.

glimmer ['glɪməʳ] **1** vi luire faiblement **2** n faible lueur [f].

glimpse [glɪmps] **1** n vision [f] momentanée (*of* de); (of truth etc) aperçu [m] **2** vt (also **catch a ~ of**) entrevoir.

glint [glɪnt] n reflet [m].

glisten ['glɪsn] vi luire.

glitter ['glɪtəʳ] **1** vi scintiller; (of eyes) briller **2** n scintillement [m]; (fig) éclat [m].

gloat [gləʊt] vi exulter, jubiler ◇ **to ~ over sb** triompher de qn.

global ['gləʊbl] adj (world-wide) mondial; (comprehensive) global ◇ (Ecol) **~ warming** réchauffement [m] de la planète.

globe [gləʊb] n globe [m].

gloom [gluːm] n tristesse [f]; (darkness) ténèbres [fpl] ◆ **gloomily** adv d'un air lugubre ◆ **gloomy** adj morne; (stronger) lugubre ◇ **to feel ~** avoir des idées noires.

glorious ['glɔːrɪəs] adj magnifique.

glory ['glɔːrɪ] n gloire [f].

gloss [glɒs] **1** n lustre [m] ◇ **~ finish** brillant [m]; (Phot) glaçage [m]; **~ paint** peinture [f] laquée **2** vi ◇ **to ~ over sth** (play down) glisser sur qch; (hide) dissimuler qch ◆ **glossy** adj (gen) brillant; (magazine) de luxe.

glossary ['glɒsərɪ] n glossaire [m].

glove [glʌv] n gant [m] ◇ ~ **compartment** boîte [f] à gants.

glow [gləʊ] **1** vi (of fire, metal, sky) rougeoyer; (of cigarette end, lamp) luire; (of eyes) rayonner; (of cheeks) être en feu ◇ **to ~ with health** être florissant de santé; **to ~ with pleasure** être radieux, [f] -ieuse **2** n (of fire) rougeoiement [m]; (of lamp) lueur [f]; (of enthusiasm) élan [m] ◆ **glowing** adj (words) enthousiaste ◇ **to paint sth in ~ colours** présenter qch en rose ◆ **glow-worm** n ver [m] luisant.

glucose ['glu:kəʊs] n glucose [m].

glue [glu:] **1** n colle [f] **2** vt coller (*to, on* à) ◇ **to ~ sth together** recoller qch; **he was ~d to the television** [famil] il est resté cloué devant la télévision ◆ **glue-sniffing** n intoxication [f] à la colle.

glum [glʌm] adj triste, morose.

glut [glʌt] n surabondance [f].

glutton ['glʌtn] n glouton(ne) [m(f)] ◇ **a ~ for punishment** un(e) masochiste (fig) ◆ **gluttony** n gloutonnerie [f].

glycerin(e) [,glɪsə'ri:n] n glycérine [f].

GMT [,dʒi:em'ti:] n abbr of *Greenwich Mean Time* GMT

gnarled [nɑ:ld] adj noueux, [f] -euse.

gnat [næt] n moucheron [m].

gnaw [nɔ:] vti ronger.

gnome [nəʊm] n gnome [m].

GNP [,dʒi:en:'pi:] n abbr of *gross national product* PNB [m].

go [gəʊ] pret *went*, ptp *gone* **1** vi **a** (gen) aller (*to* à, en; *from* de) ◇ **to ~ swimming** aller nager; **~ after him!** poursuivez-le!; **there he ~es!** le voilà!; **there he ~es again** (he's at it again) le voilà qui recommence; **here ~es!** [famil] allez, on y va!; **who ~es there?** qui va là?; **you ~ first** passe devant; **you ~ next** à toi après; **~ and shut the door** va fermer la porte; **to be ~ing to do** aller faire; **to be just ~ing to do** être sur le point de faire; **to ~ to sb for sth** aller demander qch à qn; **we had gone only 3 km** nous n'avions fait que 3 km; **it won't ~ into my case** ça n'entre pas dans ma valise **b** (depart) partir; (disappear) disparaître; (of time) passer; (of hearing etc) baisser; (of health) se détériorer ◇ **to ~ on a journey** partir en voyage; **his mind is ~ing** il n'a plus toute sa tête; **the coffee has all gone** il n'y a plus de café; **we must be ~ing** il faut partir; (Sport) **~!** partez!; **it was gone 4 o'clock** il était plus de 4 heures; **to let** or **leave ~ of sth** lâcher qch; **to let o.s. ~** se laisser aller; **we'll let it ~ at that** ça ira comme ça; **'John must ~!'** 'à bas John!'; **it was ~ing cheap** cela se vendait à bas prix; **~ing, ~ing, gone!** une fois, deux fois, adjugé! **c** (function, progress) marcher ◇ **it ~es on petrol** ça marche à l'essence; (of machine) **to be ~ing** être en marche; **the train ~es at 90 km/h** le train roule à 90 km/h; **to keep ~ing** tenir le coup; **to get things ~ing** faire démarrer les choses; **to get ~ing on sth** se mettre à faire qch, s'attaquer à qch; **once he gets ~ing...** une fois lancé...; **to ~ well** (of party etc) bien se passer; (of work) bien marcher; **how's it ~ing?** comment ça va? [famil]; **the tune ~es like this** voici l'air; **as things ~** dans l'état actuel des choses; **all went well for him** tout a bien marché pour lui **d** (of fuse) sauter ◇ (of garment) **to ~ at the seams** craquer aux coutures; **to ~ at the elbows** être usé aux coudes **e** (make sound etc) faire; (of bell, clock) sonner ◇ **~ like that with your foot** faites comme ça du pied; **to ~ 'bang'** faire 'pan' **f** ◇ (other uses) **I wouldn't ~ as far as to say that** je n'irais pas jusqu'à dire cela; **you've gone too far!** tu exagères!; **he's not bad, as boys ~** pour un garçon, il n'est pas mal; **money does not ~ very far** l'argent ne va pas loin; **4 into 12 ~es 3 times** 12 divisé par 4 égale 3; **4 into 3 won't ~** 3 divisé par 4, il n'y va pas; **the red ~es well with the green** le rouge va bien avec le vert; **is there any coffee ~ing?** est-ce qu'il y a du café?; **I'll have what's ~ing** je prendrai ce qu'il y a; **anything ~es** [famil] tout est permis; **that ~es without saying** cela va sans dire; **what he says ~es** c'est lui qui commande; ; **to ~ unpunished** (person) s'en tirer sans châtiment; **to ~ hungry** avoir faim; **to ~ red** rougir; **the money will ~ towards it** l'argent sera consacré à ça.

2 n, pl **~es** **a** ◇ **to keep sb on the ~** ne pas laisser souffler qn; **he has 2 books on the ~** il a 2 livres en train; **it's all ~!** [famil] ça n'arrête pas! **b** ◇ **to have a ~** essayer (*at doing sth* de faire qch); **have a ~ at it** essayez de le faire; **at one ~** d'un seul coup; **to make a ~ of sth** réussir qch; **no ~!** [famil] rien à faire! **c** ◇ **to have a ~ at sb** [famil] critiquer qn.

◆ **go about** **1** vi ◇ **to ~ about with** (friends) fréquenter; (boyfriend etc) sortir avec **2** vt ◇ **he knows how to ~ about it** il sait s'y prendre; **how does one ~ about getting seats?** comment fait-on pour avoir des places?

◆ **go across** vi traverser.

◆ **go after** vt (job) essayer d'avoir.

◆ **go against** vt (oppose: public opinion) aller à l'encontre de ◇ **the decision went against him** la décision lui a été défavorable.

◆ **go ahead** vi ◇ **~ ahead!** allez-y!; **to ~ ahead with a scheme** mettre un projet à exécution.

◆ **go along** vi aller, avancer ◇ **I'll tell you as we ~ along** je vous le dirai en chemin; **to ~ along with sb** (agree) être d'accord avec qn; **I check as I ~ along** je vérifie au fur et à mesure ◆ **go around** vi = **go about** 1.

◆ **go away** vi s'en aller, partir.

◆ **go back** vi (return) revenir, retourner ◇ **to ~ back to a subject** revenir sur un sujet; **to ~ back to the beginning** recommencer; **it ~es back to 1900** cela remonte à 1900; **to ~ back on a decision** revenir sur une décision.

◆ **go by** 1 vi (of person, period of time) passer ◇ **as time ~es by** à mesure que le temps passe 2 vt (appearances) juger d'après; (instructions) suivre ◇ **that's nothing to ~ by** ça ne prouve rien.

◆ **go down** vi (descend) descendre; (fall, drop) tomber; (of tyre, swelling) se dégonfler; (of price) baisser; (of amount, numbers) diminuer; (sink) couler; (of sun) se coucher ◇ **to ~ down to the country/the sea** aller à la campagne/au bord de la mer; **to ~ down with flu** attraper la grippe; **his speech didn't ~ down well** son discours a été très mal reçu.

◆ **go for** vt (attack) attaquer ◇ (like) **I don't ~ much for that** [famil] ça ne me dit pas grand-chose; (fig) **she's got a lot ~ing for her** elle a beaucoup d'atouts.

◆ **go forward** vi avancer.

◆ **go in** vi (enter) entrer, rentrer; (of troops) attaquer; (of sun) se cacher (*behind* derrière) ◇ **to ~ in for** (examination) se présenter à; (job) poser sa candidature à; (sport, hobby) faire; **we don't ~ in for that** nous n'aimons pas beaucoup ça; **he's ~ing in for science** il va se spécialiser dans les sciences.

◆ **go into** vt (take up: politics) entrer dans ◇ **let's not ~ into that** laissons cela; **to ~ into a question** examiner une question.

◆ **go off** 1 vi (leave) partir, s'en aller; (of feeling) passer; (of gun) partir; (of light, heating) s'éteindre; (of meat, fish) se gâter; (of milk) tourner ◇ **to ~ off with sth** emporter qch; **to ~ off with sb** partir avec qn; **the evening went off very well** la soirée s'est très bien passée 2 vt ◇ **I've gone off cheese** je n'aime plus le fromage.

◆ **go on** vi (be going on) être en train; (of time) passer; (continue) continuer (*with sth* qch; *doing* de or à faire) ◇ **to ~ on to sth else** passer à qch d'autre; **he went on to say that...** il a dit ensuite que...; **~ on trying!** essaie encore!; **he ~es on and on about it** [famil] il ne finit pas d'en parler; **don't ~ on about it** arrête!; **while this was ~ing on** au même moment; **what's ~ing on here?** qu'est-ce qui se passe ici?; **what have you to ~ on?** (judge by) sur quoi vous fondez-vous?; **to ~ on at sb** (nag) s'en prendre continuellement à qn; **it's ~ing on for 5 o'clock** il est presque 5 heures.

◆ **go out** vi (leave) sortir (*of* de); (depart) partir (*to* pour, à); (of tide) descendre; (of custom) disparaître; (of fire, light) s'éteindre ◇ **he ~es out a lot** il sort beaucoup; **she doesn't ~ out with him any more** elle ne sort plus avec lui; **to ~ out to work** travailler au dehors.

◆ **go over** 1 vi passer (*to* à) 2 vt (accounts, report) vérifier; (house) visiter; (lesson) revoir; (facts etc) récapituler ◇ **let's ~ over it again** reprenons les faits.

◆ **go round** vi (of wheel etc) tourner; (make a detour) faire un détour (*by* par); (of rumour) circuler ◇ **to ~ round to see sb** passer voir qn; **enough food to ~ round** assez de nourriture pour tout le monde.

◆ **go through** vt (suffer) subir; (examine) examiner à fond; (pockets) fouiller dans; (use up: money) dépenser; (wear out: garment, shoes) user ◇ **she couldn't ~ through with it** elle n'a pas pu aller juqu'au bout.

◆ **go together** vi aller ensemble.

◆ **go under** vi (ship, person, business) couler.

◆ **go up** vi monter; (of curtain) se lever; (explode) exploser ◇ **to ~ up in price** augmenter.

◆ **go without** vt se passer de.

◆ **go-ahead** 1 adj dynamique 2 n ◇ **to give sb the ~** donner à qn le feu vert (*to do* pour faire) ◆ **go-between** n intermédiaire [mf] ◆ **going** 1 n ◇ (pace) **that was good ~** ça a été rapide; **while the ~ was good** au bon moment 2 adj ◇ **a ~ concern** une affaire qui marche; **the ~ rate** le taux en vigueur ◆ **goings-on** [famil] npl activités [fpl] ◆ **go-slow (strike)** n grève [f] perlée.

goad [gəʊd] vt aiguillonner.

goal [gəʊl] n but [m] ◇ **to win by 3 ~s to 2** gagner par 3 buts à 2 ◆ **goalie** [famil] n goal [famil] [m] ◆ **goalkeeper** n gardien [m] de but ◆ **goal-post** n poteau [m] de but.

goat [gəʊt] n chèvre [f]; bouc [m] ◇ **to act the ~** [famil] faire l'andouille [famil].

gobble ['gɒbl] vt engloutir.

goblet ['gɒblɪt] n coupe [f]; (modern) verre [m] à pied.

goblin ['gɒblɪn] n lutin [m].

god [gɒd] n dieu [m] ◇ **G~** Dieu [m]; **G~ save the Queen** que Dieu bénisse la reine; **for G~'s sake!** [famil] nom d'un chien! [famil]; **(my) G~!** [famil] bon Dieu! [famil]; **G~ knows** [famil] Dieu seul le sait; **G~ willing** s'il plaît à Dieu; (Theat) **the ~s** [famil] le poulailler [famil] ◆ **goddaughter** n filleule [f] ◆ **goddess** n déesse [f] ◆ **godfather** n parrain [m] ◆ **god-forsaken** adj (place) perdu ◆ **godmother** n marraine [f] ◆ **godsend** n bénédiction [f] (*to* pour) ◆ **godson** n filleul [m].

goggle ['gɒgl] vi ◇ **to ~ at sth** regarder qch en roulant de gros yeux ronds ◆ **goggles** npl (gen) lunettes [fpl] protectrices; (of skindiver) lunettes de plongée.

gold [gəʊld] 1 n or [m] 2 adj (watch etc) en or; (coin, mine) d'or; (**~-coloured**) or [inv] ◇ **~ rush** ruée [f] vers l'or ◆ **golden** adj (hair) doré; (era) idéal; (opportunity) magnifique ◇ (fig) **~ handshake** gratification [f] de fin de service; ~ **syrup** mélasse [f] raffinée; ~ **wedding** noces [fpl] d'or ◆ **goldfinch** n chardonneret [m] ◆ **goldfish** n poisson [m] rouge ◇ ~ **bowl** bocal [m] (à poissons) ◆ **gold-plated** adj plaqué or ◆ **goldsmith** n orfèvre [m].

golf [gɒlf] n golf [m] ◇ ~ **ball** balle [f] de golf; ~ **club** (stick, place) club [m] de golf; ~ **course** terrain [m] de golf ◆ **golfer** n joueur [m], [f] -euse de golf ◆ **golfing** n ◇ **to go** ~ jouer au golf.

gone [gɒn] ptp of *go*.

gong [gɒŋ] n gong [m].

good [gʊd] **1** adj, comp **better**, superl **best** **a** (gen) bon, [f] bonne; (well-behaved: child, animal) sage; (high quality) bien [inv] ◇ **a** ~ **man** un homme bien or bon, quelqu'un de bien; **as** ~ **as gold** sage comme une image; **be** ~! sois sage!; **that's very** ~ **of you** vous êtes bien aimable; **G**~ **Friday** Vendredi saint; **very** ~, **sir!** très bien, monsieur!; (fig) **that's not** ~ **enough** c'est déplorable; **that's** ~ **enough for me** cela me suffit; ~ **for you!** bravo!; **it's as** ~ **a way as any other** c'est une façon comme une autre; **it's** ~ **for you** ça te fait du bien **b** ◇ (competent) ~ **at French** bon en français; **she's** ~ **with children** elle sait s'y prendre avec les enfants; **he's** ~ **at telling stories** il sait bien raconter les histoires; **he's too** ~ **for that** il mérite mieux que cela **c** (agreeable: visit, holiday, news) bon, [f] bonne (before n); (weather) beau, [f] belle (before n) ◇ **to have a** ~ **time** bien s'amuser; ~ **looks** beauté [f]; **that looks** ~ **on you** ça te va bien; **he's on to a** ~ **thing** [famil] il a trouvé un filon [famil]; **it would be a** ~ **thing to ask him** il serait bon de lui demander; **it's a** ~ **thing I was there** heureusement que j'étais là; **too** ~ **to be true** trop beau pour être vrai; **it's** ~ **to be here** cela fait plaisir d'être ici; **I feel** ~ je me sens bien **d** ◇ (in greetings) ~ **afternoon** (early) bonjour, (later, on leaving) bonsoir; ~ **evening** bonsoir; ~ **morning** bonjour; ~**bye** au revoir; ~**night** bonne nuit; **he sends his** ~ **wishes** il envoie ses amitiés; **with every** ~ **wish, with all** ~ **wishes** tous mes meilleurs vœux **e** ◇ (phrases) **a** ~ **deal (of), a** ~ **many** beaucoup (de); **a** ~ **while** assez longtemps; **a** ~ **8 kilometres** 8 bons kilomètres; **to give sth a** ~ **clean** [famil] nettoyer qch à fond; **as** ~ **as** pour ainsi dire; **to make** ~ (succeed) faire son chemin; (replace: deficit, losses) compenser; (damage) réparer.

2 adv bien ◇ **a** ~ **strong stick** un bâton bien solide; **a** ~ **long walk** une bonne promenade; ~ **and hot** bien chaud; **for** ~ pour de bon; **for** ~ **and all** une fois pour toutes.

3 n ◇ **the** ~ le bien; (people) les bons [mpl]; **to do** ~ faire du bien; **she's up to no** ~ [famil] elle prépare quelque mauvais coup; **he'll come to no** ~ il finira mal; **the common** ~ l'intérêt [m] commun; **for your own** ~ pour votre bien; **for the** ~ **of his health** pour sa santé; **that will do you** ~ cela vous fera du bien; **what's the** ~ **of hurrying?** à quoi bon se presser?; **it's no** ~ ça ne sert à rien; **if that is any** ~ **to you** si ça peut vous être utile.

◆ **good-for-nothing** adj, n propre à rien [mf] ◆ **good-looking** adj beau, [f] belle, bien [inv] ◆ **goodness** n (of person) bonté [f] ◇ **my** ~! [famil] Seigneur!; ~ **knows** [famil] Dieu sait; **for** ~ **'sake** [famil] par pitié ◆ **goods** npl marchandises [fpl] ◇ **leather** ~ articles [mpl] de cuir; ~ **train** train [m] de marchandises ◆ **good-tempered** adj qui a bon caractère ◆ **goodwill** n bonne volonté [f] ◆ **goodies** npl (food) friandises [fpl].

gooey [famil] ['gu:ɪ] adj gluant.

goose [gu:s] n, pl **geese** oie [f] ◆ **gooseberry** n **a** groseille [f] à maquereau ◆ **gooseflesh** n or **goosepimples** npl or **goosebumps** npl **b** chair [f] de poule.

gorge [gɔ:dʒ] n gorge [f].

gorgeous ['gɔ:dʒəs] adj (in appearance) magnifique; (holiday etc) formidable [famil].

gorilla [gə'rɪlə] n gorille [m].

gorse [gɔ:s] n ajoncs [mpl].

gory ['gɔ:rɪ] adj sanglant ◇ **all the** ~ **details** tous les détails les plus horribles.

gosh [gɒʃ] [famil] excl ça alors! [famil].

gospel ['gɒspəl] n évangile [m] ◇ ~ **(music)** gospel [m].

gossip ['gɒsɪp] **1** n (talk) commérages [mpl]; (person) commère [f] ◇ **a piece of** ~ un ragot; ~ **column** échos [mpl]; ~ **writer** échotier [m], [f] -ière **2** vi bavarder; (maliciously) faire des commérages (*about* sur).

got [gɒt] pret, ptp of *get*.

Gothic ['gɒθɪk] adj, n gothique (m).

goulash ['gu:læʃ] n goulache [m or f].

gout [gaʊt] n (Med) goutte [f].

govern ['gʌvən] vti (gen) gouverner; (affect) déterminer ◆ **governess** n gouvernante [f].

government ['gʌvənmənt] **1** n gouvernement [m]; (the State) l'État [m] ◇ **local** ~ administration [f] locale **2** adj (policy) gouvernemental; (responsibility) de l'État.

governor ['gʌvənə^r] n (of state, bank) gouverneur [m]; (of prison) directeur [m (f) -trice]; (Brit Scol) ≃ membre [m] d'un conseil d'établissement *(de lycée* or *IUT)*.

gown [gaʊn] n robe [f]; (Law, Univ) toge [f].

GP [dʒi:'pi:n] n bbr of *general practitioner* médecin [m] traitant, généraliste [m] ◇ **who is your** ~**?** qui est votre médecin traitant?

grab [græb] vt saisir ◇ **to ~ sth from sb** arracher qch à qn.

grace [greɪs] n (gen) grâce [f] ◇ **to say ~** dire le bénédicité; **to be in sb's good ~s** être bien vu de qn; **with good ~** de bonne grâce; **his saving ~** ce qui le rachète; **a day's ~** un jour de grâce ◆ **graceful** adj gracieux, [f] -ieuse.

gracious ['greɪʃəs] adj (person) gracieux, [f] -ieuse (*to* envers); (action) courtois; (house) d'une élégance raffinée ◇ **~ living** vie [f] élégante.

grade [greɪd] **1** n **a** (in hierarchy) catégorie [f]; (Mil: rank) rang [m]; (of steel etc) qualité [f]; (size: of eggs etc) calibre [m] ◇ **high-~** de première qualité; (fig) **to make the ~** avoir les qualités requises **b** (US) (class) classe [f]; (mark) note [f] **2** vt classer; (apples etc) calibrer.

gradient ['greɪdɪənt] n inclinaison [f].

gradual ['grædjʊəl] adj graduel, [f] -elle ◆ **gradually** adv graduellement, petit à petit.

graduate ['grædjʊeɪt] **1** vti **a** (jug etc) graduer (*in* en; *according to* selon) **b** (Univ) ≃ obtenir sa licence (or son diplôme etc) **2** ['grædjʊɪt] n (Univ) ≃ licencié(e) [m(f)], diplômé(e) [m(f)] ◆ **graduation** n remise [f] des diplômes.

graffiti [grə'fi:tɪ] npl graffiti [mpl].

graft [grɑ:ft] **1** n (Med) greffe [f] **2** vt greffer (*on* sur).

grain [greɪn] n (gen) grain [m]; (in wood) fibre [f] ◇ (fig) **it goes against the ~ for him to apologize** cela va à l'encontre de sa nature de s'excuser.

gram(me) [græm] n gramme [m].

grammar ['græmə^r] n grammaire [f] ◇ **that is bad ~** cela n'est pas grammatical; **~ school** ≃ lycée [m] ◆ **grammatical** adj grammatical.

gramophone ['græməfəʊn] n phonographe [m] ◇ **~ record** disque [m].

granary ['grænərɪ] n grenier [m] (*à blé* etc).

grand [grænd] adj (gen) grand (before n); (house) splendide; (excellent) magnifique ◇ **~ jury** jury [m] d'accusation; **~ piano** piano [m] à queue; **~ total** résultat [m] final; **a ~ tour** le tour complet; **the ~ old man of...** le patriarche de... ◆ **grandchild** n petit(e)-enfant [m(f)], petit-fils [m], petite-fille [f] ◆ **grandchildren** npl petits-enfants [mpl] ◆ **granddaughter** n petite-fille [f] ◆ **grandeur** n grandeur [f] ◆ **grandfather** n grand-père [m] ◇ **~ clock** ≃ horloge [f] de parquet ◆ **grandmother** n grand-mère [f] ◆ **grandparents** npl grands-parents [mpl] ◆ **grandson** n petit-fils [m] ◆ **grandstand** n (Sport) tribune [f].

granite ['grænɪt] n granit [m].

granny ['grænɪ] n [famil] grand-maman [famil] [f].

grant [grɑ:nt] **1** vt (gen) accorder; (a request) accéder à; (admit) admettre, reconnaître (*that* que) ◇ **~ed that...** en admettant que...; **I ~ you that** je vous l'accorde; **to take the details for ~ed** considérer les détails comme convenus **2** n (subsidy) subvention [f]; (scholarship) bourse [f] ◇ **he is on a ~ of £900** il a une bourse de 900 livres.

granulated ['grænjʊleɪtɪd] adj ◇ **~ sugar** sucre [m] semoule.

granule ['grænju:l] n granule [m].

grape [greɪp] n (grain [m] de) raisin [m] ◇ **~s** raisin [m], raisins [mpl].

grapefruit ['greɪp'fru:t] n pamplemousse [m].

grapevine ['greɪp,vaɪn] n ◇ (fig) **I heard on the ~ that...** j'ai appris par le téléphone arabe que....

graph [grɑ:f] n graphique [m] ◇ **~ paper** ≃ papier [m] millimétré ◆ **graphic** adj (gen) graphique; (description) vivant ◆ **graphics** nsg art [m] graphique.

grapple ['græpl] vi ◇ **to ~ with** être aux prises avec.

grasp [grɑ:sp] **1** vt saisir **2** n ◇ (fig) **in one's ~** en son pouvoir; **a good ~ of mathematics** une solide connaissance des mathématiques.

grass [grɑ:s] n **a** herbe [f]; (lawn) gazon [m] ◇ **'keep off the ~'** 'défense de marcher sur le gazon'; **~ court** court [m] en gazon; **~ cutter** grosse tondeuse [f] à gazon; (fig) **~ roots** base [f]; **~ snake** couleuvre [f] **b** (famil: marijuana) herbe [famil] [f] **c** (famil: police informer) mouchard [famil] [m] ◆ **grasshopper** n sauterelle [f].

1. **grate** [greɪt] n (fireplace) foyer [m].

2. **grate** [greɪt] **1** vt (cheese etc) râper **2** vi grincer (*on* sur) ◇ **it ~d on his nerves** cela lui tapait sur les nerfs [famil].

grateful ['greɪtfʊl] adj reconnaissant (*to* à; *towards* envers; *for* de); (letter) plein de reconnaissance ◇ **I am most ~ to him** je lui suis très reconnaissant; **I should be ~ if you would come** je vous serais reconnaissant de venir; **with ~ thanks** avec mes plus sincères remerciements ◆ **gratefully** adv avec reconnaissance.

grater ['greɪtə^r] n râpe [f].

gratify ['grætɪfaɪ] vt (person) faire plaisir à; (desire etc) satisfaire ◆ **gratified** adj content ◆ **gratifying** adj agréable.

grating ['greɪtɪŋ] **1** n (grill) grille [f] **2** adj grinçant.

gratitude ['grætɪtju:d] n gratitude [f] (*for* de).

gratuitous [grə'tju:ɪtəs] adj gratuit ◆ **gratuity** n (of soldiers) prime [f] de démobilisation; (tip) pourboire [m].

1. **grave** [greɪv] n tombe [f] ♦ **gravestone** n pierre [f] tombale ♦ **graveyard** n cimetière [m].

2. **grave** [greɪv] adj **a** (serious: gen) grave, sérieux, [f] -ieuse; (symptoms) inquiétant **b** [grɑ:v] (accent) grave ♦ **gravely** adv (gen) gravement; (wounded) grièvement.

gravel ['grævəl] n gravier [m] ◇ ~ **path** allée [f] de gravier.

gravity ['grævɪtɪ] n **a** pesanteur [f] ◇ **the law of** ~ la loi de la pesanteur **b** (seriousness) gravité [f].

gravy ['greɪvɪ] n jus [m] de viande.

gray [greɪ] = **grey.**

1. **graze** [greɪz] vti paître.

2. **graze** [greɪz] vt (touch lightly) frôler; (scrape: skin etc) érafler.

grease [gri:s] **1** n graisse [f] **2** vt graisser ♦ **grease-gun** n pistolet [m] graisseur [m] ♦ **greasepaint** n fard [m] gras ♦ **greaseproof paper** n papier [m] sulfurisé ♦ **greasy** adj (hair, food, ointment) gras, [f] grasse; (slippery: road etc) glissant; (covered with grease) graisseux, [f] -euse.

great [greɪt] **1** adj (gen) grand (before n); (heat, pain) fort (before n); (age) avancé; (excellent: holiday etc) sensationnel [famil], [f] -elle ◇ **G~ Britain** Grande-Bretagne [f]; **G~er London** le grand Londres; **a ~ man** un grand homme; **a ~ deal (of), a ~ many** beaucoup (de); **you were ~!** [famil] tu as été magnifique!; **to have a ~ time** rudement [famil] bien s'amuser; **he's ~** [famil] **at football** il est doué pour le football; **he's a ~ one** [famil] **for cathedrals** il adore visiter les cathédrales **2** n ◇ **the ~** les grands [mpl] **3** pref **a** arrière- ◇ **~-grandchildren** arrière-petits-enfants [mpl]; **~-grandfather** arrière-grand-père [m]; **~-grandmother** arrière-grand-mère [f] **b** grand- ◇ **~-aunt** grand-tante [f] **c** petit- ◇ **~-niece** petite-nièce [f] ♦ **greatcoat** n pardessus [m]; (Mil) capote [f] ♦ **greatly** adv (gen: love) beaucoup; (loved) très; (superior, prefer) de beaucoup; (improve, increase) considérablement ◇ **you're ~ mistaken** vous vous trompez grandement; **it is ~ to be feared** il est fort à craindre ♦ **greatness** n grandeur [f].

Greece [gri:s] n Grèce [f].

greed [gri:d] n (gen) avidité [f]; (for food) gloutonnerie [f] ♦ **greedily** adv (snatch) avidement; (eat) gloutonnement; (drink) avec avidité ♦ **greedy** adj avide (*for* de); (for food) glouton, [f] -onne ◇ **don't be ~!** (gen) n'en demande pas tant!; (at table) ne sois pas si gourmand!

Greek [gri:k] **1** adj grec, [f] grecque ◇ ~ **Orthodox Church** Église [f] orthodoxe grecque **2** n Grec(que) [m(f)]; (language) grec [m] ◇ **ancient ~** grec [m] classique; (fig) **that's ~ to me** [famil] tout ça c'est de l'hébreu pour moi [famil].

green [gri:n] **1** adj (colour) vert; (bacon) non fumé; (inexperienced) inexpérimenté; (naïve) naïf, [f] naïve ◇ ~ **bean** haricot [m] vert; (around town) ~ **belt** zone [f] de verdure; ~ **card** (US: work permit) permis [m] de travail; (fig) **he's got ~ fingers** il a un don pour faire pousser les plantes; **the ~ light** le feu vert; ~ **peas** petits pois [mpl]; ~ **pepper** poivron [m] vert; ~ **politics** le mouvement écologiste; ~ **salad** salade [f] *(plat)*; ~ **with envy** vert de jalousie **2** n (colour) vert [m]; (Golf) green [m] (bowling ~) terrain gazonné pour le jeu de boules ◇ **the village ~** ≃ la place du village *(gazonnée)*; (Culin) **~s** légumes [mpl] verts; (Pol) **the G~s** les verts ♦ **greenery** n verdure [f] ♦ **greenfly** n puceron [m] (des plantes) ♦ **greengage** n reine-claude [f] ♦ **greengrocer** n marchand(e) [m(f)] de légumes ◇ **~'s** fruiterie [f] ♦ **greenhouse** n serre [f] ◇ (Ecol) ~ **effect** effet [m] de serre.

Greenland ['gri:nlənd] n Groenland [m] ♦ **Greenlander** n Groenlandais(e) [m(f)].

Greenpeace ['gri:n,pi:s] n Greenpeace [m].

Greenwich ['grɪnɪdʒ] n ◇ ~ **mean time** heure [f] de Greenwich.

greet [gri:t] vt accueillir (*with* avec) ♦ **greeting** n (welcome) accueil [m] ◇ **Xmas ~s** vœux [mpl] de Noël; **~s card** carte [f] de vœux; **she sends you her ~s** elle vous envoie son bon souvenir.

gregarious [grɪ'gɛərɪəs] adj grégaire.

grenade [grɪ'neɪd] n (Mil) grenade [f].

grew [gru:] pret of *grow*.

grey [greɪ] **1** adj gris; (complexion) blême; (bleak) morne ◇ (hair) **to go ~** grisonner; (fig) ~ **matter** [famil] cervelle [famil] [f]; (fig) **a ~ area** une zone d'incertitude **2** n (colour) gris [m] ♦ **grey-haired** adj aux cheveux gris ♦ **greyhound** n lévrier [m].

grid [grɪd] n (gen) grille [f] ◇ (electricity) **the national ~** le réseau électrique national.

griddle ['grɪdl] n plaque [f] en fonte *(pour cuire)*.

grief [gri:f] n chagrin [m], douleur [f] ◇ **to come to ~** (gen) avoir des ennuis; (vehicle, driver) avoir un accident; (plan etc) tourner mal ♦ **grief-stricken** adj accablé de douleur.

grievance [gri:vəns] n grief [m] ◇ **to have a ~ against** en vouloir à.

grieve [gri:v] vti (of person) avoir de la peine (*at, about, over* à cause de); (stronger) se désoler (*at, about, over* de) ◇ **it ~d us** cela nous a peinés.

grill [grɪl] 1 n a (cooking utensil) gril [m]; (food) grillade [f] ◇ **under the ~** au gril b (also **grille**) (grating) grille [f]; (car: radiator ~) calandre [f] 2 vt a faire griller ◇ **~ed fish** poisson [m] grillé b (famil: interrogate) cuisiner [famil].

grim [grɪm] adj (gen) sinistre; (landscape, building) lugubre; (face) sévère; (reality, necessity) dur (before n); (famil: unpleasant) désagréable ◇ **with ~ determination** avec une volonté inflexible; **to hold on to sth like ~ death** rester cramponné à qch de toutes ses forces; **she's feeling pretty ~** [famil] elle n'est pas bien du tout ✦ **grimly** adv (frown) d'un air mécontent; (fight) avec acharnement; (say) d'un air résolu.

grimace [grɪ'meɪs] vi (disgust etc) faire la grimace; (funny) faire des grimaces.

grime [graɪm] n crasse [f] ✦ **grimy** adj crasseux, [f] -euse.

grin [grɪn] 1 vi sourire ◇ **to ~ and bear it** garder le sourire 2 n grand sourire [m].

grind [graɪnd] (vb: pret, ptp *ground*) 1 vt (corn, coffee etc) moudre; (blade) aiguiser; (handle) tourner; (barrel organ) jouer de ◇ **to ~ sth up** pulvériser qch; **to ~ one's teeth** grincer des dents 2 vi grincer ◇ **to ~ to a halt** (process, production) s'arrêter progressivement 3 n corvée [f] ◇ **the daily ~** le train-train quotidien ✦ **grinder** n (in kitchen) moulin [m].

grip [grɪp] 1 n a ◇ **to get a ~ on sth** empoigner qch; (fig) **to get a ~ on o.s.** [famil] se contrôler; **to lose one's ~** lâcher prise; (famil: grow less efficient etc) baisser [famil]; **to have a good ~ of a subject** bien posséder son sujet; **to come** or **get to ~s with** (person) en venir aux prises avec; (problem) s'attaquer à b (suitcase) valise [f]; (bag) sac [m] (de voyage) 2 vt (grasp) saisir; (hold) serrer; (interest) passionner ✦ **gripping** adj passionnant.

gripe [graɪp] vi [famil] (grumble) rouspéter [famil] (*at* contre).

grisly ['grɪzlɪ] adj macabre.

gristle ['grɪsl] n tendons [mpl] *(viande cuite)*.

grit [grɪt] 1 n (for road etc) sable [m] ◇ **a piece of ~ in the eye** une poussière dans l'œil; (fig) **he's got ~** [famil] il a du cran [famil] 2 vt a ◇ **to ~ one's teeth** serrer les dents b (road) sabler.

grizzle ['grɪzl] vi (whine) pleurnicher.

groan [grəʊn] 1 n gémissement [m] 2 vi gémir (*with* de).

grocer ['grəʊsəʳ] n épicier [m] ◇ **at the ~'s** à l'épicerie, chez l'épicier ✦ **groceries** npl (goods) provisions [fpl].

groin [grɔɪn] n aine [f].

groom [gru:m] 1 n (for horses) valet [m] d'écurie; (bridegroom) (jeune) marié [m] 2 vt (horse) panser ◇ **well-~ed** très soigné.

groove [gru:v] n (for door etc) rainure [f]; (in screw) cannelure [f]; (in record) sillon [m] ◇ (fig) **to be in a ~** [famil] être pris dans la routine.

grope [grəʊp] vi (**~ around**) tâtonner ◇ **to ~ for sth** chercher qch à tâtons.

gross [grəʊs] 1 adj a (coarse) grossier, [f] -ière; (fat) obèse; (injustice) flagrant; (negligence) grave b (US: disgusting) dégueulasse [famil] c (weight, income) brut ◇ **~ national product** revenu [m] national brut 2 n (12 x 12) grosse [f] ✦ **grossly** adv (exaggerate) énormément; (unfair) extrêmement.

grotesque [grə(ʊ)'tesk] adj grotesque.

grotto ['grɒtəʊ] n grotte [f].

grotty [famil] ['grɒtɪ] adj (gen) minable [famil] ◇ **he was feeling ~** il ne se sentait pas bien.

1. **ground** [graʊnd] 1 n a terre [f] ◇ **on the ~** par terre; **above ~** en surface *(du sol)*; **to fall to the ~** tomber par terre; **to get off the ~** (plane) décoller; (scheme etc) démarrer [famil]; **~ crew** équipe [f] au sol; **~ floor** rez-de-chaussée [m]; **~ forces** armée [f] de terre; **~ frost** gelée [f] blanche; **at ~ level** au ras du sol b (soil) sol [m] ◇ **stony ~** sol caillouteux c (piece of land) terrain [m]; (territory) territoire [m] ◇ **to stand one's ~** ne pas lâcher pied; **to gain ~** gagner du terrain; (fig) **on dangerous ~** sur un terrain glissant; (fig) **to go over the same ~** reprendre les mêmes points; (fig) **on his own ~** sur son propre terrain; **football ~** terrain de football; (gardens etc) **~s** parc [m] d ◇ (reason) **~s** raison [f]; **on medical ~s** pour des raisons médicales; **on the ~s of** pour raison de e ◇ **(coffee) ~s** marc [m] (de café) 2 vt (plane, pilot) empêcher de voler ✦ **grounding** n ◇ **a good ~ in French** une base solide en français ✦ **groundnut** n arachide [f] ✦ **groundsheet** n tapis [m] de sol ✦ **groundsman** n gardien [m] de stade.

2. **ground** [graʊnd] pret, ptp of *grind* adj (coffee etc) moulu.

group [gru:p] 1 n groupe [m] ◇ **in ~s** par groupes; (Med) **~ practice** cabinet [m] collectif; **~ therapy** psychothérapie [f] de groupe 2 vt grouper.

1. **grouse** [graʊs] n, pl inv (bird) grouse [f].

2. **grouse** [graʊs] vi [famil] râler [famil] (*about* contre).

grovel ['grɒvl] vi être à plat ventre (*to, before* devant).

grow [grəʊ] pret *grew*, ptp *grown* 1 vi a (of plant, hair) pousser; (of person, friendship) grandir; (increase) augmenter ◇ **fully ~n** adulte; **he's ~n out of it** (clothes) il est trop grand pour le mettre; (habit) il en a perdu l'habitude (en grandissant or avec l'âge);

to ~ to like finir par aimer; **it ~s on you** on finit par l'aimer; **to ~ up** grandir; **when I ~ up** quand je serai grand **b** (become) devenir ◇ **to ~ bigger** grandir; **to ~ angry** se fâcher **2** vt (plants) cultiver; (one's hair etc) laisser pousser ◆ **grower** n cultivateur [m], [f] -trice ◆ **growing** adj (plant) qui pousse; (child) qui grandit; (friendship, feeling) grandissant; (group, amount) de plus en plus grand ◆ **grown-up** n grande personne [f].

growl [graʊl] **1** vti grogner (*at* contre) **2** n grognement [m].

growth [grəʊθ] n **a** (gen) croissance [f]; (increase) augmentation [f] (*in* de) ◇ **~ rate** taux [m] de croissance **b** (Med) grosseur [f] (*on* à).

grub [grʌb] n (larva) larve [f]; (famil: food) bouffe [famil] [f].

grubby ['grʌbɪ] adj sale.

grudge [grʌdʒ] **1** vt ◇ **she ~s paying £2** cela lui fait mal au cœur de payer 2 livres; **it's not the money I ~** ce n'est pas la dépense que je plains **2** n rancune [f] ◇ **to bear a ~ against sb** en vouloir à qn (*for* de) ◆ **grudging** adj (person) peu généreux, [f] -euse; (gift, praise etc) accordé à contrecœur.

gruelling ['grʊəlɪŋ] adj exténuant.

gruesome ['gru:səm] adj horrible.

gruff [grʌf] adj bourru.

grumble ['grʌmbl] **1** vi ronchonner [famil] (*at, about* contre), se plaindre (*about, at* de) **2** n ◇ **without a ~** sans murmurer.

grumpy ['grʌmpɪ] adj maussade.

grunt [grʌnt] **1** vti grogner **2** n grognement [m].

Guadeloupe [,gwa:də'lu:p] n Guadeloupe [f].

guarantee [,gærən'ti:] **1** n garantie [f] (*against* contre) ◇ **there's no ~ that it will happen** il n'est pas garanti que cela arrivera **2** vt garantir (*against* contre; *for 2 years* pendant 2 ans; *that* que) ◇ **I can't ~ that he will come** je ne peux pas certifier qu'il viendra.

guard [gɑ:d] **1** n **a** ◇ **to be on ~** être de garde; **to stand ~** monter la garde; **to keep** or **stand ~ on** garder; **to keep sb under ~** garder qn sous surveillance; **to be on one's ~** se tenir sur ses gardes (*against* contre); **to catch sb off his ~** prendre qn au dépourvu; **~ dog** chien [m] de garde **b** (Mil etc: squad) garde [f]; (one man) garde [m] ◇ **~ of honour** garde [f] d'honneur; **the G~s** les régiments [mpl] de la garde royale **c** (Brit Rail) chef [m] de train ◇ **~'s van** fourgon [m] du chef de train **d** (on machine) dispositif [m] de sûreté; (fire ~) garde-feu [m inv] **2** vt (gen) garder; (prisoner etc) surveiller ◇ **to ~ against sth** se protéger contre qch; **to ~ against doing** se garder de faire ◆ **guarded** adj (remark, tone) circonspect ◆ **guardhouse** n (Mil) corps [m] de garde; (for prisoners) salle [f] de police ◆ **guardian** n (gen) gardien(ne) [m(f)]; (of child) tuteur [m], [f] -trice ◇ **~ angel** ange [m] gardien ◆ **guardroom** n (Mil) corps [m] de garde ◆ **guardsman** n (Brit Mil) garde [m] *(de la garde royale)*; (US) soldat [m] de la garde nationale.

Guatemala ['gwa:tɪ'ma:lə] n Guatemala [m] ◆ **Guatemalan** **1** adj guatémaltèque **2** n Guatémaltèque [mf].

Guernsey ['gɜ:nzɪ] n Guernesey [m or f].

guerrilla [gə'rɪlə] **1** n guérillero [m] **2** adj de guérilla ◇ **~ war(fare)** guérilla [f] *(guerre)*.

guess [ges] **1** n supposition [f] ◇ **to have a ~** essayer de deviner (*at sth* qch); **that was a good ~ but...** c'était une bonne intuition mais...; **at a ~** à vue de nez; **it's anyone's ~** [famil] **who will win** impossible de prévoir qui va gagner **2** vti **a** (gen) deviner; (height, numbers etc) estimer ◇ **~ how heavy he is** devine combien il pèse; **I ~ed as much** je m'en doutais; **to ~ right** deviner juste; **to ~ wrong** tomber à côté [famil]; **to keep sb ~ing** laisser qn dans le doute **b** (surmise) supposer ◇ **it's OK, I ~** ça va, je suppose ◆ **guesswork** n conjectures [fpl].

guest [gest] n (at home) invité(e) [m(f)]; (at table) convive [mf]; (in hotel) client(e) [m(f)]; (in boarding house) pensionnaire [mf] ◇ (fig) **be my ~!** [famil] fais comme chez toi! [famil]; **~ artist** artiste [mf] en vedette américaine; **~ house** pension [f] de famille; **~ room** chambre [f] d'amis.

guffaw [gʌ'fɔ:] vi rire bruyamment.

guidance ['gaɪdəns] n conseils [mpl] (*about* quant à) ◇ **for your ~** à titre d'information.

guide [gaɪd] **1** n **a** (person) guide [m] ◇ **it's only a ~** ce n'est qu'une indication; **as a rough ~** en gros; **~ dog** chien [m] d'aveugle **b** (**~ book**) guide [m] (*to* de); (instructions) manuel [m] ◇ **~ to sailing** manuel de voile **c** (girl ~) éclaireuse [f], guide [f] **2** vt guider ◇ **to be ~d by** se laisser guider par ◆ **guided** adj (missile) téléguidé ◇ **~ tour** visite [f] guidée ◆ **guidelines** npl lignes [fpl] directrices ◆ **guiding** adj (principle) directeur, [f] -trice ◇ **~ star** guide [m].

guild [gɪld] n association [f].

guile [gail] n ruse [f].

guillotine [,gɪlə'ti:n] **1** n guillotine [f]; (for paper) massicot [m] **2** vt guillotiner.

guilt [gɪlt] n culpabilité [f] ◆ **guilty** adj coupable (*of* de) ◇ ~ **person**, ~ **party** coupable [mf]; **to plead** ~ plaider coupable; **not** ~ non coupable; **I feel very** ~ je suis plein de remords.

Guinea ['gɪnɪ] n Guinée [f].

guinea-pig ['gɪnɪpɪg] n cobaye [m].

guitar [gɪ'tɑːʳ] n guitare [f] ◆ **guitarist** n guitariste [mf].

gulf [gʌlf] n gouffre [m]; (in ocean) golfe [m] ◇ **the G~ States** les États [mpl] du Golfe; **G~ Stream** Gulf Stream [m].

gull [gʌl] n mouette [f], goéland [m].

gullet ['gʌlɪt] n gosier [m].

gullible ['gʌlɪbl] adj crédule.

gully ['gʌlɪ] n ravine [f].

gulp [gʌlp] 1 n ◇ **to take a** ~ **of milk** avaler une gorgée de lait 2 vti (~ **down**) avaler vite ◇ **he** ~**ed** (from emotion) sa gorge s'est serrée.

1. **gum** [gʌm] n (mouth) gencive [f] ◆ **gumboil** n fluxion [f] dentaire.

2. **gum** [gʌm] 1 n (glue) colle [f]; (chewing ~) chewing-gum [m]; (fruit ~) boule [f] de gomme 2 vt coller ◇ ~**med label** étiquette [f] gommée; (fig) **to** ~ **sth up** [famil] bousiller [famil] qch ◆ **gumboots** npl bottes [fpl] de caoutchouc.

gumption ['gʌmpʃən] n [famil] bon sens [m].

gun [gʌn] 1 n (small) pistolet [m]; (rifle) fusil [m]; (cannon) canon [m] ◇ **he's got a** ~**!** il est armé!; **a 21-~ salute** une salve de 21 coups de canon; ~ **dog** chien [m] de chasse; ~ **licence** permis [m] de port d'armes; **paint** ~ pistolet à peinture 2 vti ◇ **to** ~ **sb down** abattre qn; (fig) **to be** ~**ning for sb** [famil] essayer d'avoir qn ◆ **gunboat** n canonnière [f] ◆ **gunfight** n échange [m] de coups de feu ◆ **gunfire** n (canons) tir [m] d'artillerie ◆ **gunman** n bandit [m] armé; (Pol etc) terroriste [m] ◆ **gunner** n artilleur [m] ◆ **gunpoint** n ◇ **to have** or **hold sb at** ~ tenir qn sous son revolver or au bout de son fusil ◆ **gunpowder** n poudre [f] à canon ◆ **gunrunning** n trafic [m] d'armes ◆ **gunship** n hélicoptère [m] de combat ◆ **gunshot** n (sound) coup [m] de feu ◇ ~ **wound** blessure [f] de balle.

gurgle ['gɜːgl] 1 n (of water) glouglou [m]; (of baby) gazouillis [m] 2 vi glouglouter; gazouiller.

gush [gʌʃ] vi a (~ **out**) jaillir ◇ **to** ~ **in** etc entrer etc en bouillonnant b (of person) se répandre en compliments (*over* sur; *about* à propos de).

gust [gʌst] n ◇ ~ **of wind** rafale [f]; ~ **of rain** averse [f].

gusto ['gʌstəʊ] n enthousiasme [m].

gut [gʌt] 1 n (intestine) intestin [m]; (for stitching) catgut [m]; (Mus etc) corde [f] de boyau ◇ ~**s** (famil fig: courage) cran [famil] [m]; **I hate his** ~**s** [famil] je ne peux pas le sentir [famil] 2 vt (fish) vider.

gutter ['gʌtəʳ] n (of roof) gouttière [f]; (of road) caniveau [m] ◇ (fig) **in the** ~ dans le ruisseau; **the** ~ **press** la presse à scandale.

guttural ['gʌtərəl] adj guttural.

1. **guy** [gaɪ] n [famil] type [famil] [m] ◇ **the good/bad** ~**s** les bons [mpl] /les méchants [mpl]; **smart** ~ malin [m]; **tough** ~ dur [famil] [m].

2. **guy** [gaɪ] n (~**-rope**) corde [f] de tente.

Guyana [gaɪ'ænə] n Guyane [f] ◆ **Guyanese** 1 adj guyanais 2 n Guyanais(e) [m(f)].

guzzle ['gʌzl] 1 vi s'empiffrer [famil] 2 vt bâfrer [famil].

gym [dʒɪm] n (gymnastics) gym [famil] [f]; (gymnasium) gymnase [m]; (of school) salle [f] de gym [famil] ◇ ~ **shoes** tennis [fpl].

gymnast ['dʒɪmnæst] n gymnaste [mf] ◆ **gymnastics** nsg gymnastique [f].

gynaecologist [,gaɪnɪ'kɒlədʒɪst] n gynécologue [mf].

gynaecology [,gaɪnɪ'kɒlədʒɪ] n gynécologie [f].

gypsy ['dʒɪpsɪ] = **gipsy.**

h

H, h [eɪtʃ] n H, h (m or f).

haberdashery [ˌhæbəˈdæʃərɪ] n mercerie (f).

habit [ˈhæbɪt] n habitude (f) ◇ **to be in the ~ of doing, to make a ~ of doing, to have a ~ of doing** avoir l'habitude de faire; **to get into bad ~s** prendre de mauvaises habitudes; **to get into the ~ of** prendre l'habitude de; **to get out of the ~ of** perdre l'habitude de; **from ~** par habitude ◆ **habit-forming** adj qui crée une accoutumance.

habitual [həˈbɪtjʊəl] adj (gen) habituel, (f) -uelle; (liar, drinker etc) invétéré ◆ **habitually** adv d'habitude.

1. **hack** [hæk] vt (cut: ~ **up**) tailler (*to pieces* en pièces) ◆ **hacker** [famil] n (Comput) pirate (m) informatique.

2. **hack** [hæk] n **a** (horse) haridelle (f) ◇ (ride) **to go for a ~** se promener à cheval **b** (~ **writer**) mauvais écrivain (m).

hackneyed [ˈhæknɪd] adj (subject) rebattu ◇ ~ **expression** cliché (m).

hacksaw [ˈhæksɔː] n scie (f) à métaux.

had [hæd] pret, ptp of *have*.

haddock [ˈhædək] n églefin (m) ◇ **smoked** ~ haddock (m).

haemoglobin [ˌhiːməʊˈgləʊbɪn] n hémoglobine (f).

haemophilia [ˌhiːməʊˈfɪlɪə] n hémophilie (f) ◆ **haemophiliac** n hémophile (mf).

haemorrhage [ˈhemərɪdʒ] **1** n hémorragie (f) **2** vi faire une hémorragie.

haemorrhoids [ˈhemərɔɪdz] npl hémorroïdes (fpl).

hag [hæg] n (ugly) vieille sorcière (f); (nasty) chameau [famil] (m).

haggard [ˈhægəd] adj (careworn) défait, abattu; (wild) égaré.

haggle [ˈhægl] vi marchander.

Hague [heɪg] n ◇ **The ~** La Haye.

1. **hail** [heɪl] **1** n grêle (f) **2** vi grêler ◆ **hailstone** n grêlon (m) ◆ **hailstorm** n averse (f) de grêle.

2. **hail** [heɪl] **1** vt **a** acclamer (*as* comme) ◇ ~! je vous salue!; **the H~ Mary** l'Avé Maria (m) **b** (shout: taxi, person) héler **2** vi ◇ **to ~ from** venir de.

hair [hɛəʳ] n **a** (on head) cheveux (mpl); (on body) poils (mpl); (of animal) pelage (m) ◇ **he has black ~** il a les cheveux noirs; **a man with long ~** un homme aux cheveux longs; **to wash one's ~** se laver la tête; **to do one's ~** se coiffer; **to do sb's ~** coiffer qn; **to get one's ~ cut** se faire couper les cheveux; ~ **appointment** rendez-vous (m) chez le coiffeur; ~ **gel** gel (m) coiffant; ~ **remover** crème (f) épilatoire; **a can of ~ spray** une bombe de laque; ~ **style** coiffure (f); **to make sb's ~ stand on end** faire dresser les cheveux sur la tête à qn; (fig) **to let one's ~ down** [famil] se défouler [famil] **b** (single ~: on head) cheveu (m); (on body, animal) poil (m) ◇ (fig) **he never has a ~ out of place** il est toujours tiré à quatre épingles; (fig) **it was hanging by a ~** cela ne tenait qu'à un cheveu ◆ **hairsbreadth** n ◇ **by a ~** de justesse ◆ **hairbrush** n brosse (f) à cheveux ◆ **haircut** n ◇ **to have a ~** se faire couper les cheveux ◆ **hairdo** [famil] n coiffure (f) ◆ **hairdresser** n coiffeur (m), (f) -euse ◇ ~ **'s salon** (m) de coiffure ◆ **hairdressing** n coiffure (f) ◆ **hair-drier** n séchoir (m) à cheveux ◆ **hair-grip** n pince (f) à cheveux ◆ **hairnet** n résille (f) ◆ **hairpin** n épingle (f) à cheveux ◇ ~ **bend** virage (m) en épingle à cheveux ◆ **hair-raising** adj à vous faire dresser les cheveux sur la tête ◆ **hairy** adj poilu, hirsute; (famil: frightening) terrifiant.

Haiti ['heɪtɪ] n Haïti [m] ◆ **Haitian** 1 adj haïtien, [f] -ienne 2 n Haïtien(ne) [m(f)].

hake [heɪk] n colin [m].

half [hɑ:f], pl **halves** 1 n a moitié [f] ◇ **to cut in** ~ couper en deux; **to take** ~ **of** prendre la moitié de; **to do things by halves** faire les choses à moitié; **to go halves in sth with sb** se mettre de moitié avec qn pour qch; **bigger by** ~ moitié plus grand; **too clever by** ~ un peu trop malin b (footballer etc) demi [m]; (part of match) mi-temps [f] c ◇ (of beer) **a** ~ **of Guinness** ≃ un bock de Guinness 2 adj demi ◇ **a** ~ **cup**, ~ **a cup** une demi-tasse; **two and a** ~ **hours** deux heures et demie; ~ **an hour** une demi-heure 3 adv à moitié, à demi ◇ ~ **asleep** à moitié endormi; ~ **dressed/open** à demi vêtu/ouvert; ~ **laughing** ~ **crying** moitié riant moitié pleurant; **I** ~ **suspect that...** je soupçonne presque que...; **not** ~! [famil] et comment! [famil]; **it is** ~ **past three** il est trois heures et demie; ~ **as big as** moitié moins grand que; ~ **as much as** moitié moins que; ~ **as much again** moitié plus 4 **half-** pref a (+ n) demi-, e.g. ◇ ~**-fare** demi-tarif [m]; ~**-sister** demi-sœur [f] b (+ vb) à moitié, e.g. ◇ **to** ~**-fill** remplir à moitié c (+ adj) à moitié, à demi, e.g. ◇ ~**-dead** à moitié mort.

◆ **half-and-half** adv moitié-moitié ◆ **half-a-dozen** n une demi-douzaine ◆ **half-back** n (Sport) demi [m] ◆ **half-board** n demi-pension [f] ◆ **half-caste** adj, n métis(se) [m(f)] ◆ **half-day** n demi-journée [f] ◆ **half-hearted** adj peu enthousiaste ◆ **half-mast** n ◇ **at** ~ en berne ◆ **half-price** adv (buy goods) à moitié prix; (buy tickets) demi-tarif ◆ **half-term holiday** n congé [m] de demi-trimestre ◆ **half-time** 1 n (Sport) mi-temps [f] 2 adv, adj (work) à mi-temps ◆ **halfway** adv, adj à mi-chemin (*to* de; *between* entre) ◇ ~ **through sth** à la moitié de qch → **meet**.

◆ **half-wit** n idiot(e) [m(f)].

halibut ['hælɪbət] n flétan [m].

hall [hɔ:l] n a (public room or building) salle [f] b (mansion) manoir [m] ◇ (Univ) ~ **of residence** résidence [f] universitaire c (also **hallway:** entrance) entrée [f], hall [m]; (corridor) couloir [m] ◇ ~ **porter** concierge [mf] ◆ **hallmark** n poinçon [m]; (fig) marque [f] ◆ **hallstand** n portemanteau [m].

hallo [hə'ləʊ] excl bonjour!; (Telec) allô!

Hallowe'en ['hæləʊ'i:n] n la veille de la Toussaint.

hallucination [hə,lu:sɪ'neɪʃən] n hallucination [f].

halo ['heɪləʊ] n auréole [f].

halt [hɔ:lt] 1 n halte [f], arrêt [m] ◇ (fig) **to call a** ~ **to sth** mettre fin à qch; **to come to a** ~ s'arrêter 2 vi s'arrêter ◇ ~! halte!

halting ['hɔ:ltɪŋ] adj hésitant.

halve [hɑ:v] vt (apple etc) partager en deux; (expense, time) réduire de moitié.

halves [hɑ:vz] npl of *half.*

ham [hæm] n jambon [m] ◇ ~ **and eggs** œufs [mpl] au jambon; ~ **sandwich** sandwich [m] au jambon.

hamburger ['hæm,bɜ:gə^r] n hamburger [m].

hamlet ['hæmlɪt] n hameau [m].

hammer ['hæmə^r] 1 n marteau [m] 2 vti marteler ◇ **to** ~ **a nail into a plank** enfoncer un clou dans une planche; **to** ~ **at the door** frapper à la porte à coups redoublés; (fig) **to** ~ **out** (plan, agreement) élaborer (avec difficulté).

hammock ['hæmək] n hamac [m].

1. **hamper** ['hæmpə^r] n panier [m] d'osier.

2. **hamper** ['hæmpə^r] vt (hinder) gêner.

hamster ['hæmstə^r] n hamster [m].

hand [hænd] 1 n a main [f] ◇ **on** ~**s and knees** à quatre pattes; **to hold in one's** ~ tenir à la main; **give me your** ~ donne-moi la main; **to take sb's** ~ prendre la main de qn; **by the** ~ par la main; ~ **in** ~ la main dans la main; **with** or **in both** ~**s** à deux mains; ~**s up!** (at gunpoint) haut les mains!; (in school etc) levez la main!; ~**s off!** ne touche pas!; ~ **cream** crème [f] pour les mains; ~ **luggage** bagages [mpl] à main; ~ **towel** essuie-mains [m inv] b ◇ (phrases) **at** ~ (object) à portée de la main; (money, information) disponible; (day) tout proche; **at first** ~ de première main; **by** ~ à la main; **from** ~ **to** ~ de main en main; **to live from** ~ **to mouth** vivre au jour le jour; **in good** ~**s** en bonnes mains; **the matter in** ~ l'affaire en question; **work in** ~ travail [m] en cours; **to have sth on one's** ~**s** avoir qch sur les bras; **on my right** ~ à ma droite; **on the one** ~**... on the other** ~ d'une part... d'autre part; **to get sth off one's** ~**s** se débarrasser de qch; **to get out of** ~ (children, situation) devenir impossible; **they are** ~ **in glove** ils s'entendent comme larrons en foire; (fig) **I've got him eating out of my** ~ il fait tout ce que je veux; **to have one's** ~**s full** avoir fort à faire (*with* avec); **to have a** ~ **in** être pour quelque chose dans; **to give sb a** ~ donner un coup de main à qn (*to do* pour faire); **to win sth** ~**s down** gagner qch haut la main; **he's an old** ~ **at it** il n'en est pas à son coup d'essai; (horse) **13** ~**s high** de 13 paumes c (worker) ouvrier [m], [f] -ière ◇ (on ship) **all** ~**s on deck** tout le monde sur le pont; **lost with all** ~**s** perdu corps et biens d (of clock etc) aiguille [f] e (Cards) main [f] ◇ **I've got a good** ~ j'ai une belle main 2 vt passer, donner (*to* à) ◇ (fig) **you've got to** ~ **it to him** [famil] c'est une justice à lui rendre; **to** ~ **back** rendre (*to* à); **to** ~ **down** or **on** transmettre (*to* à); **to** ~ **in** remettre (*to* à); **to** ~ **out** distribuer; **to** ~ **over** (object) remettre (*to* à); (prisoner) livrer (*to* à); (powers) transmettre (*to* à); (property, business) céder; **to ~ round** faire passer ◆ **handbag** n sac [m] à main ◆ **handbasin** n lavabo [m] ◆ **handbook** n (instructions) manuel [m]; (tourist) guide [m] ◆ **handbrake** n frein [m] à main ◆ **handcuff** **1** n menotte [f] **2** vt ◇ **to be ~ed** avoir les menottes aux poignets ◆ **hand-drier** n sèche-mains [m inv] ◆ **handful** n poignée [f] ◆ **handmade** adj fait à la main ◆ **handout** n (leaflet) documentation [f]; (money) aumône [f] ◆ **hand-picked** adj (fig) trié sur le volet ◆ **handrail** n (on stairs etc) rampe [f]; (on bridge) garde-fou [m] ◆ **hands-on** adj, adv (gen) sur le tas; (Comput) appareil en main ◆ **handstand** n ◇ **to do a ~** faire l'arbre droit ◆ **handwriting** n écriture [f] ◆ **handwritten** adj écrit à la main.

handicap ['hændɪkæp] **1** n handicap [m] **2** vt handicaper ◆ **handicapped** adj handicapé ◇ **mentally ~** handicapé mentalement; **the mentally ~** les handicapés [mpl] mentaux.

handicrafts ['hændɪkra:fts] npl objets [mpl] artisanaux.

handkerchief ['hæŋkətʃɪf] n mouchoir [m].

handle ['hændl] **1** n (of broom, knife) manche [m]; (of basket, bucket) anse [f]; (of door, suitcase) poignée [f]; (of saucepan) queue [f]; (of stretcher, wheelbarrow) bras [m] **2** vt (weapon) manier; (car) manœuvrer; (touch) toucher à; (Sport: ball) toucher de la main ◇ **'~ with care'** 'fragile'; **he knows how to ~ his son** il sait s'y prendre avec son fils; **he ~d the situation very well** il a très bien conduit l'affaire; **I'll ~ this** je m'en charge ◆ **handlebars** npl guidon [m].

handsome ['hænsəm] adj (person etc) beau, [f] belle; (gift) généreux, [f] -euse; (apology) honorable; (amount, profit) considérable.

handy ['hændɪ] adj **a** (at hand: tool) sous la main; (place) commode; (shops etc) accessible **b** (convenient: tool, method) pratique ◇ **that would come in very ~** ce serait bien utile **c** (person) adroit de ses mains ◆ **handyman** n (do-it-yourself) bricoleur [m].

hang [hæŋ] pret, ptp *hung* **1** vt **a** (also **~ up:** suspend) suspendre (*on* à); (curtains, hat, picture) accrocher (*on* à); (clothes) pendre (*on*, *from* à); (also **~ out:** washing) étendre; (wallpaper) poser; (dangling object) laisser pendre (*out of* de; *into* dans) ◇ **to ~ one's head** baisser la tête **b** pret, ptp *hanged* (execute: criminal) pendre (*for* pour) **2** vi **a** (also **~ down:** of rope, dangling object) pendre (*on*, *from* à); (of hair) tomber; (of picture) être accroché (*on* à); (of criminal etc) être pendu; (of fog, threat) planer (*over* sur) ◇ **to ~ out of the window** (person) se pencher par la fenêtre; (thing) pendre à la fenêtre **b** ◇ **to ~ about, to ~ around** (loiter) traîner; **to keep sb ~ing about** faire attendre qn; **to ~ back** hésiter; **to ~ on** (wait) attendre; **~ on!** attendez!; (on phone) ne quittez pas!; (hold out) tenez bon!; **to ~ on to sth** [famil] (keep hold of) ne pas lâcher qch; (keep) garder qch; (Telec) **to ~ up** raccrocher **3** n ◇ **to get the ~** [famil] **of doing sth** attraper le coup [famil] pour faire qch ◆ **hanger** n (clothes ~) cintre [m] ◆ **hanger-on** n parasite [m] *(personne)* ◆ **hang-glide** vi ◇ **to go hang-gliding** pratiquer le vol libre ◆ **hanging** n (execution) pendaison [f] ◆ **hangman** n bourreau [m] ◆ **hangover** n (from drink) gueule [f] de bois [famil] ◆ **hang-up** [famil] n complexe [m].

hangar ['hæŋəʳ] n hangar [m].

hank [hæŋk] n (wool etc) écheveau [m].

hanker ['hæŋkəʳ] vi avoir envie (*for* de).

hankie, hanky ['hæŋkɪ] n [famil] abbr of *handkerchief* mouchoir [m].

haphazard [ˌhæp'hæzəd] adj fait au hasard.

happen ['hæpən] vi arriver, se passer ◇ **what's ~ed?** qu'est-ce qui s'est passé?, qu'est-ce qui est arrivé?; **as if nothing had ~ed** comme si de rien n'était; **whatever ~s** quoi qu'il arrive; **don't let it ~ again!** et que ça ne se reproduise pas!; **a funny thing ~ed to me** il m'est arrivé quelque chose de bizarre; **as it ~s** justement; **it so ~s that...** il se trouve que...; **if he ~s to see her** si par hasard il la voit ◆ **happening** n événement [m].

happily ['hæpɪlɪ] adv (delightedly: say etc) joyeusement; (contentedly: play etc) tranquillement; (fortunately) heureusement ◇ **they lived ~ ever after** et ils vécurent toujours heureux.

happiness ['hæpɪnɪs] n bonheur [m].

happy ['hæpɪ] adj heureux, [f] -euse; (*about* de; *about doing*, *to do* de faire) ◇ (uneasy) **I'm not ~ about it** je ne suis pas tranquille; **I'm ~ here reading** je suis très bien ici à lire; **it has a ~ ending** cela se termine bien; **~ birthday!** bon anniversaire!; **~ Christmas!** joyeux Noël!; **~ New Year!** bonne année! ◆ **happy-go-lucky** adj insouciant.

harass ['hærəs] vt harceler.

harbour, (US) **-or** ['hɑ:bəʳ] n port [m] ◇ (station) **Dover-H~** Douvres-maritime; **~ master** capitaine [m] de port.

hard [hɑ:d] **1** adj **a** (not soft) dur ◇ (Comput) **~ copy** copie [f] papier; (Comput) **~ disk** disque [m] dur; (Aut) **~ shoulder** bas-côté [m]; **to grow ~** durcir **b** (difficult: gen) difficile; (task) dur ◇ **~ to understand** difficile à comprendre; **I find it ~ to explain** j'ai du mal à l'expliquer **c** (fig) dur (*on*, *to* avec; *towards* envers); (climate, winter) rude; (water) calcaire; (fall) mauvais (before n); (fight) acharné; (worker) dur à la tâche ◇ **he's a ~ man** il est dur; **to grow ~** s'endurcir; **it's ~ work!** c'est dur!; **~ cash** espèces [fpl]; **~ drinker** gros buveur [m]; **~ evidence** preuve(s) [f(pl)] concrète(s); **the ~ facts** la réalité brutale; **no ~ feelings!** sans rancune!; **~ frost** forte gelée [f]; **it was ~ going** ça a été dur [famil]; (prison) **~ labour** travaux [mpl] forcés; **~ luck!** [famil] pas de veine! [famil]; **it's ~ luck on him** [famil] il n'a pas de veine [famil]; **~ liquor** boisson [f] fortement alcoolisée; **~ news** de l'information [f] sérieuse; (Mus) **~ rock** (rock [m]) hard [m]; **you'll have a ~ time of it persuading...** vous allez avoir du mal à persuader... **2** adv (pull, hit) fort; (fall down) durement; (run) à toutes jambes; (think) sérieusement; (work, study) d'arrache-pied; (drink) beaucoup; (hold on) ferme; (rain) à verse; (snow, freeze) dur ◇ **to try ~** faire un gros effort; (fig) **to be ~ hit** être sérieusement touché; **~ at it** [famil] attelé à la tâche; **~ by** tout près; **to be ~ put to it to do** avoir beaucoup de mal à faire; **she took it pretty ~** elle a été très affectée; **~ done by** [famil] traité injustement ◆ **hardback** n livre [m] cartonné ◆ **hardboard** n Isorel [m] ® ◆ **hard-boiled** adj (egg) dur; (fig: person) dur à cuire [famil] ◆ **hard-earned** adj (money) durement gagné; (holiday) bien mérité ◆ **harden** vi (of substance) durcir; (of person) s'endurcir ◆ **hard-headed** adj réaliste ◆ **hard-hearted** adj impitoyable ◆ **hardly** adv (scarcely) à peine ◇ **he can ~ write** il sait à peine écrire; **I need ~ point out that** je n'ai pas besoin de faire remarquer que; **~ anyone** presque personne; **~ ever** presque jamais ◆ **hardness** n (of substance) dureté [f]; (of exam) difficulté [f] ◆ **hard-of-hearing** npl ◇ **the ~** les mal-entendants ◆ **hardship** n (difficulties) épreuves [fpl]; (poverty) pauvreté [f] ◆ **hard-up** [famil] adj fauché [famil] ◆ **hardware** n quincaillerie [f]; (Mil, Police etc) matériel [m]; (Comput, Space) hardware [m] ◇ **~ shop** quincaillerie [f] ◆ **hard-wearing** adj solide ◆ **hardwood** n bois [m] dur ◆ **hard-working** adj travailleur, [f] -euse.

hardy ['hɑ:dɪ] adj (strong) robuste; (plant) résistant (au gel); (tree) de plein vent.

hare [hɛəʳ] n lièvre [m].

harebell ['hɛəbel] n campanule [f].

harelip ['hɛəlɪp] n bec-de-lièvre [m].

haricot ['hærɪkəʊ] n (**~ bean**) haricot [m] blanc.

hark [hɑ:k] excl écoutez!

harm [hɑ:m] **1** n (gen) mal [m]; (to reputation, interests) tort [m] ◇ **to do sb ~** faire du mal or du tort à qn; **no ~ done** il n'y a pas de mal; **he means no ~** il n'a pas de mauvaises intentions; **you will come to no ~** il ne t'arrivera rien; **I don't see any ~ in it** je n'y vois aucun mal; **there's no ~ in doing that** il n'y a pas de mal à faire cela; **out of ~'s way** en sûreté **2** vt (person) faire du mal à; (in reputation etc) faire du tort à; (object) abîmer; (cause) nuire à ◆ **harmful** adj nuisible (*to* à) ◆ **harmless** adj inoffensif, [f] -ive; (action, game) innocent.

harmonica [hɑ:'mɒnɪkə] n harmonica [m].

harmonious [hɑ:'məʊnɪəs] adj harmonieux, [f] -ieuse.

harmony ['hɑ:mənɪ] n harmonie [f].

harness ['hɑ:nɪs] **1** n harnais [m] **2** vt (horse) harnacher; (resources etc) exploiter.

harp [hɑ:p] **1** n harpe [f] **2** vi ◇ **to ~ on (about) sth** [famil] rabâcher qch.

harpsichord ['hɑ:psɪkɔ:d] n clavecin [m].

harrowing ['hærəʊɪŋ] adj (experience) atroce.

harsh [hɑ:ʃ] adj (gen) dur (*with sb* avec or envers qn); (climate) rigoureux, [f] -euse; (sound) discordant ◆ **harshly** adv durement.

harvest ['hɑ:vɪst] **1** n (gen) moisson [f]; (of fruit) récolte [f]; (of grapes) vendange [f] ◇ **~ festival** fête [f] de la moisson **2** vt moissonner; récolter; vendanger ◆ **harvester** n (machine) moissonneuse [f].

has [hæz] → **have.**

hash [hæʃ] n (food) hachis [m] ◇ (US Culin) **~ browns** pommes [fpl] de terre sautées *(servies au petit déjeuner)*; **to make a ~** [famil] **of sth** saboter qch.

hashish ['hæʃɪʃ] n hachisch [m].

hassle [famil] ['hæsl] n histoire [famil] [f].

haste [heɪst] n hâte [f] ◇ **in ~** à la hâte; **to make ~** se hâter (*to do* de faire) ◆ **hasten** ['heɪsn] vi (gen) se hâter (*to do* de faire) ◆ **hastily** adv à la hâte ◆ **hasty** adj (not thorough) hâtif, [f] -ive; (sudden) précipité.

hat [hæt] n chapeau [m] ◇ (fig) **to take off one's ~ to** tirer son chapeau à; **to keep sth under one's ~** [famil] garder qch pour soi; **to talk through one's ~** [famil] dire n'importe quoi; **that's old ~!** [famil] c'est vieux tout ça!; **to get a ~ trick** réussir trois coups consécutifs.

1. **hatch** [hætʃ] vi (**~ out**) éclore.

2. **hatch** [hætʃ] n (**service ~**) passe-plats [m inv].

hatchback ['hætʃbæk] n voiture [f] avec hayon arrière.

hatchet ['hætʃɪt] n hachette [f].

hate [heɪt] vt détester (*to do, doing* faire) ◇ **I ~ to say so** cela m'ennuie beaucoup de devoir le dire; **I should ~ him to think...** je ne voudrais surtout pas qu'il pense (subj).... ◆ **hateful** adj détestable.

hatred ['heɪtrɪd] n haine [f].

haughty ['hɔ:tɪ] adj hautain.

haul [hɔ:l] 1 n (of fishermen) prise [f]; (of thieves) butin [m] ◇ **it's a long ~** la route est longue 2 vt traîner, tirer ◆ **haulage** n transport [m] routier ◇ **~ contractor** entrepreneur [m] de transports routiers.

haunt [hɔ:nt] 1 vt hanter 2 n ◇ **one of his favourite ~s** un des lieux où on le trouve souvent ◆ **haunted** adj (house) hanté; (expression) hagard ◆ **haunting** adj obsédant.

have [hæv] pret, ptp *had* 1 aux vb a ◇ **to ~ been** avoir été; **to ~ eaten** avoir mangé; **to ~ gone** être allé; **to ~ got up** s'être levé; **I ~ just seen him** je viens de le voir; **I had just seen him** je venais de le voir; **you've seen her, ~n't you?** vous l'avez vue, n'est-ce pas?; **you ~n't seen her, ~ you?** vous ne l'avez pas vue, je suppose?; **no I ~n't** mais non! b ◇ (be obliged) **I ~ (got) to speak to you** je dois vous parler, il faut que je vous parle (subj); **I ~n't got to do it, I don't ~ to do it** je ne suis pas obligé de le faire; **you didn't ~ to tell her!** tu n'avais pas besoin de le lui dire!

2 vt a (gen) avoir ◇ **she has blue eyes** elle a les yeux bleus; **all I ~, all I've got** tout ce que je possède; **I've got an idea** j'ai une idée; **what will you ~? -I'll ~ an egg** qu'est-ce que vous voulez? -je prendrai un œuf; **he had eggs for breakfast** il a mangé des œufs au petit déjeuner; **to ~ some more coffee** reprendre du café; **to ~ a cigarette** fumer une cigarette; **I had a telegram from him** j'ai reçu un télégramme de lui; **to ~ a child** avoir un enfant; **I must ~...** il me faut...; **which one will you ~?** lequel voulez-vous?; **let me ~ your address** donnez-moi votre adresse; **there are none to be had** on n'en trouve pas; **I ~ (got) him where I want him!** [famil] je le tiens à ma merci!; **I won't ~ this nonsense** je ne tolérerai pas cette absurdité; **to ~ a pleasant evening** passer une bonne soirée; **he has (got) flu** il a la grippe; **to ~ (got) sth to do** avoir qch à faire; **I ~ it!** j'ai trouvé!; **you've been had** [famil] tu t'es fait avoir [famil]; **he's had it!** [famil] il est fichu! [famil]; **to ~ it in for sb** [famil] avoir une dent contre qn; **to ~ a coat on** porter un manteau; **he had (got) nothing on** il était tout nu; (busy) **I've got so much on that...** j'ai tant à faire que...; (trick) **to ~ sb on** [famil] faire marcher [famil] qn; **to ~ it out with sb** s'expliquer avec qn b ◇ (cause) **to ~ one's hair cut** se faire couper les cheveux; **to ~ one's case brought up** faire monter sa valise; **to ~ sth mended** faire réparer qch; **I had him clean the car** je lui ai fait nettoyer la voiture; **he had his car stolen** on lui a volé sa voiture; **to ~ sb in** faire venir qn; **to ~ a tooth out** se faire arracher une dent 3 n ◇ **the ~s and the ~-nots** les riches [mpl] et les pauvres [mpl].

haven ['heɪvn] n (fig) abri [m].

haversack ['hævəsæk] n musette [f].

havoc ['hævək] n ravages [mpl] ◇ (fig) **to play ~ with sth** désorganiser qch complètement.

hawk [hɔ:k] n faucon [m].

hawthorn ['hɔ:θɔ:n] n aubépine [f].

hay [heɪ] n foin [m] ◇ (fig) **to make ~ while the sun shines** profiter de l'occasion; **~ fever** rhume [m] des foins ◆ **haystack** n meule [f] de foin.

haywire [famil] ['heɪwaɪəʳ] adj ◇ **to go ~** (person) perdre la tête; (plans) mal tourner; (equipment) se détraquer.

hazard ['hæzəd] 1 n risque [m] ◇ (Aut) **~ warning lights** feux [mpl] de détresse; **health ~** risque pour la santé 2 vt risquer ◆ **hazardous** adj hasardeux, [f] -euse.

haze [heɪz] n brume [f]; (of smoke etc) vapeur [f].

hazel ['heɪzl] adj (colour) noisette [inv] ◆ **hazelnut** n noisette [f].

hazy ['heɪzɪ] adj (day) brumeux, [f] -euse; (photo) flou; (idea) vague.

he [hi:] 1 pers pron il ◇ **~ has come** il est venu; **here ~ is** le voici; **~ did not do it, she did** ce n'est pas lui qui l'a fait, c'est elle; **it's a ~** [famil] (animal) c'est un mâle; (baby) c'est un garçon 2 pref mâle ◇ **~-bear** ours [m] mâle.

head [hed] 1 n a tête [f] ◇ **from ~ to foot** de la tête aux pieds; **~ down** (upside down) la tête en bas; (looking down) la tête baissée; **~ first** la tête la première; **~ cold** rhume [m] de cerveau; **to hit sb on the ~** frapper qn à la tête; (of horse) **to win by a ~** gagner d'une tête; **to go ~ over heels** faire la culbute; (fig) **to keep one's ~ above water** se maintenir à flot; **on your ~ be it!** à vos risques et périls!; **10 francs a ~** 10 F par tête b (mind) tête [f] ◇ **to get sth into one's ~** se mettre qch dans la tête; **to take it into one's ~ to do** se mettre en tête de faire; **it's gone right out of my ~** ça m'est tout à fait sorti de la tête; **he has a good ~ for mathematics** il a des dispositions [fpl] pour les mathématiques; **he has a good ~ for heights** il n'a jamais le vertige; **we put our ~s together** nous nous sommes consultés; **I can't do it in my ~** je ne peux pas faire ça de tête; **he gave orders over my ~** il a donné des ordres sans me consulter; **it's quite above my ~** cela me dépasse complètement; **to keep one's ~** garder son sang-froid; **to lose one's ~** perdre la tête; **it went to his ~** cela lui est monté à la tête; **he is off his ~** [famil] il a perdu la boule [famil] c (gen: of flower, hammer etc) tête [f]; (of lettuce) pomme [f]; (of bed) chevet [m]; (of tape recorder) tête magnétique ◇ (of person) **at the ~ of** (in charge of) à la tête de; (in front row of, at top of) en tête de; **to come to a ~** (abscess etc) mûrir; (situation etc) devenir critique; **~s or**

tails? pile ou face?; **I can't make ~ nor tail of it** je n'y comprends rien **d** (of department, family, business etc) chef [m] ◇ (in school) **the ~** le directeur, la directrice; **~ of state** chef d'État.

2 adj (typist, assistant etc) principal ◇ **~ gardener** jardinier [m] en chef; **~ office** siège [m] central; **~ waiter** maître [m] d'hôtel; **to have a ~ start** avoir une grosse avance (*over, on* sur).

3 vti **a** (list, poll) être en tête de; (group of people) être à la tête de ◇ **~ed writing paper** papier [m] à en-tête; **the chapter ~ed...** le chapitre intitulé...; (Ftbl) **to ~ the ball** faire une tête **b** ◇ **to ~ for** se diriger vers; (fig) **to ~ for a disappointment** aller vers une déception ◆ **headache** n mal [m] de tête; (fig) problème [m] ◇ **bad ~** migraine [f]; **to have a ~** avoir mal à la tête ◆ **headcount** n ◇ **let's take** or **do a ~** on va les compter ◆ **header** [famil] n (Ftbl) (coup [m] de) tête [f] ◆ **headhunter** n (lit, fig) chasseur [m] de têtes ◆ **heading** n (gen) titre [m]; (subject title) rubrique [f]; (**chapter ~**) tête [f] de chapitre; (printed: on document etc) en-tête [m] ◆ **headlamp** or **headlight** n (on car) phare [m] ◆ **headland** n promontoire [m] ◆ **headline** n (in newspaper) gros titre [m]; (TV) grand titre ◇ **to hit the ~s** [famil] faire les gros titres ◆ **headlong** adv (fall) la tête la première; (rush) à toute allure ◆ **headmaster** n (school) directeur [m]; (college) principal [m] ◆ **headmistress** n directrice [f] ◆ **head-on** **1** adj (collision) de plein fouet; (confrontation) en face à face **2** adv (collide) de front; (fig: meet) de front ◆ **headphones** npl casque [m] (à écouteurs) ◆ **headquarters** n (gen) siège [m] central; (Mil) quartier [m] général ◆ **headrest** n appui-tête [m] ◆ **headroom** n ◇ **there is not enough ~** le toit n'est pas assez haut ◆ **headscarf** n foulard [m] ◆ **headset** n casque [m] (à écouteurs) ◆ **headstrong** adj têtu ◆ **headway** n ◇ **to make ~** (gen) faire des progrès; (of ship) faire route ◆ **headwind** n vent [m] contraire.

heal [hi:l] **1** vi (**~ up**) se cicatriser **2** vt (person) guérir (*of* de) ◆ **healer** n guérisseur [m], [f] -euse.

health [helθ] n santé [f] ◇ **in good ~** en bonne santé; **Ministry of H~** ministère [m] de la Santé; **your ~!** à votre santé!; **~ centre** ≃ centre [m] médico-social; **~ club** club [m] de gymnastique or de mise en forme; **~ farm** établissement [m] de cure; **~ foods** aliments [mpl] naturels; **~ food shop** boutique [f] de produits diététiques; **the H~ Service** ≃ la Sécurité sociale; **he got it on the H~ Service** [famil] ça lui a été remboursé par la Sécurité sociale; **H~ Service doctor** ≃ médecin [m] conventionné; **~ visitor** auxiliaire [f] médicale à domicile ◆ **healthy** adj (person) en bonne santé; (climate) salubre; (appetite) robuste; (fig: economy, attitude) sain ◇ **a ~ respect for...** beaucoup de respect pour....

heap [hi:p] **1** n tas [m], monceau [m] ◇ **~s of** [famil] des tas [famil] de **2** vt (**~ up**) entasser (*on sth* sur qch) ◇ **~ed spoonful** grosse cuillerée [f].

hear [hɪəʳ] pret, ptp *heard* [hɜ:d] vti (gen) entendre; (news) apprendre ◇ **I can't ~ you** je ne vous entends pas; **I heard him say...** je l'ai entendu dire...; **to make o.s. heard** se faire entendre; **to ~ sb out** écouter qn jusqu'au bout; **to ~ him, you'd think he...** à l'entendre, on dirait qu'il...; **I heard he's been ill** j'ai entendu dire qu'il a été malade; **I ~ you've been ill** il paraît que vous avez été malade; **that's the first I've heard of it!** c'est la première fois que j'entends parler de ça!; **I won't ~ of it!** pas question!; **I ~ about him from his mother** j'ai de ses nouvelles par sa mère; **I've never heard of him** je ne le connais pas; (excl) **~, ~!** bravo! ◆ **hearer** n auditeur [m], [f] -trice ◆ **hearing** n **a** (sense) ouïe [f] ◇ **to have good ~** avoir l'oreille fine; **hard of ~** dur d'oreille; **~ aid** appareil [m] acoustique **b** (of committee etc) séance [f] ◆ **hearsay** n ◇ **from ~** par ouï-dire; **it's only ~** ce ne sont que des rumeurs.

hearse [hɜ:s] n corbillard [m].

heart [hɑ:t] n **a** cœur [m] ◇ **to have a weak ~, to have ~ trouble** être cardiaque; **~ attack** crise [f] cardiaque; **~ disease** maladie [f] de cœur; **~ failure** arrêt [m] du cœur **b** ◇ (fig) **at ~** au fond; **in his ~ of ~s** en son for intérieur; **with all my ~** de tout mon cœur; **to take sth to ~** prendre qch à cœur; **I hadn't the ~ to tell him** je n'ai pas eu le courage de lui dire; **have a ~!** [famil] pitié! [famil]; **his ~ isn't in his work** il n'a pas le cœur à l'ouvrage; **to lose ~** perdre courage; **to set one's ~ on (doing) sth** vouloir à tout prix (faire) qch; **my ~ sank** j'ai eu un coup au cœur; **she had her ~ in her mouth** son cœur battait la chamade; **to learn by ~** apprendre par cœur; **the ~ of the matter** le fond du problème **c** ◇ (Cards) **~s** cœur [m]; **to play a ~** jouer cœur ◆ **heartache** n chagrin [m] ◆ **heartbeat** n battement [m] de cœur ◆ **heartbreaking** adj déchirant ◆ **heartbroken** adj ◇ **to be ~** avoir beaucoup de chagrin ◆ **heartburn** n brûlures [fpl] d'estomac ◆ **heartless** adj cruel, [f] cruelle ◆ **heart-to-heart** n ◇ **to have a ~** parler à cœur ouvert (*with* à).

heartening ['hɑ:tnɪŋ] adj encourageant.

hearth [hɑ:θ] n foyer [m] ◇ **~ rug** devant [m] de foyer.

heartily ['hɑ:tɪlɪ] adv (say, welcome) chaleureusement; (laugh) de tout son cœur; (eat) avec appétit; (agree, dislike) absolument; (glad, tired) extrêmement.

hearty ['hɑ:tɪ] adj (welcome, approval) chaleureux, [f] -euse; (meal) copieux, [f] -ieuse; (appetite) solide; (person) jovial.

heat [hi:t] 1 n a chaleur [f] ◇ (Culin) **at low ~** à feu doux; (fig) **in the ~ of the moment** dans le feu de l'action; **on ~** (animal) en chaleur; **~ haze** brume [f] de chaleur; **~ rash** irritation [f] (due à la chaleur) b (competition) éliminatoire [f] 2 vt chauffer; (reheat: **~ up**) réchauffer ◆ **heated** adj (fig: argument) passionné ◇ (person) **to grow ~** s'échauffer ◆ **heater** n appareil [m] de chauffage; (in car) chauffage [m] ◆ **heating** n chauffage [m] ◆ **heat-resistant** adj (dish) allant au four ◆ **heatstroke** n coup [m] de chaleur ◆ **heatwave** n vague [f] de chaleur.

heath [hi:θ] n lande [f].

heathen ['hi:ðən] adj, n païen(ne) [m(f)].

heather ['heðər] n bruyère [f].

heave [hi:v] 1 vt traîner avec effort; (throw) lancer; (sigh) pousser 2 vi (retch) avoir des haut-le-cœur.

heaven ['hevn] n paradis [m] ◇ **to go to ~** aller au paradis; **in ~** au paradis; **~ forbid!** [famil] surtout pas!; **~ knows!** [famil] Dieu seul le sait!; **good ~s!** [famil] Seigneur!; **for ~'s sake** [famil] (pleading) pour l'amour du ciel; (protesting) zut alors! [famil]; **it was ~** [famil] c'était divin ◆ **heavenly** adj céleste; (delightful) divin.

heavily ['hevɪlɪ] adv (load, tax, walk) lourdement; (sleep, sigh) profondément; (breathe) bruyamment; (lean) de tout son poids; (say) d'une voix accablée; (rain) très fort; (drink) beaucoup ◇ **~ built** solidement bâti.

heavy ['hevɪ] adj (gen) lourd (*with* de); (crop, loss, sigh, rain) gros, [f] grosse (before n); (day) chargé; (blow) violent; (book, film) indigeste; (population, traffic) dense; (sky) couvert; (task) pénible ◇ **~ (goods) vehicle** poids lourd [m]; **how ~ are you?** combien pesez-vous?; **to be a ~ smoker** fumer beaucoup; **to be a ~ sleeper** avoir le sommeil profond; **~ fighting** combats [mpl] acharnés; **~ casualties** de nombreuses victimes [fpl]; (Mus) **~ metal** heavy metal [m]; (fig) **it's ~ going** ça n'avance pas; **the ~ work** le gros travail ◆ **heavy-duty** adj (equipment) à usage industriel ◆ **heavyweight** n (Boxing) poids [m] lourd.

Hebrew ['hi:bru:] 1 adj hébraïque 2 n Hébreu [m]; (language) hébreu [m].

Hebrides ['hebrɪdi:z] n Hébrides [fpl].

heckle ['hekl] vti interrompre bruyamment ◆ **heckler** n (élément [m]) perturbateur [m].

hectare ['hektɑ:r] n hectare [m].

hectic ['hektɪk] adj (busy) très bousculé; (eventful) très mouvementé.

hedge [hedʒ] 1 n (also **~row**) haie [f] 2 vi répondre évasivement.

hedgehog ['hedʒhɒg] n hérisson [m].

heed [hi:d] vt faire attention à, tenir compte de ◆ **heedless** adj ◇ **~ of** sans se soucier de.

heel [hi:l] n talon [m] ◇ **to take to one's ~s** prendre ses jambes à son cou ◆ **heel-bar** n talon-minute [m].

hefty [famil] ['heftɪ] adj (person) costaud [famil]; (parcel) lourd; (piece, price) gros, [f] grosse [before n].

height [haɪt] n a (of building) hauteur [f]; (of person) taille [f]; (of mountain, plane) altitude [f] ◇ **what ~ are you?** combien mesurez-vous?; **he is 1 metre 80 in ~** il mesure 1 m 80; **of average ~** de taille moyenne b (of success) apogée [m]; (of absurdity, ill manners) comble [m] ◇ **at the ~ of** (storm etc) au cœur de; **at the ~ of the season** en pleine saison; **the ~ of fashion** la toute dernière mode; (of excitement) **to be at its ~** être à son maximum ◆ **heighten** vt (gen) intensifier; (flavour) relever.

heir [ɛər] n héritier [m] (*to* de) ◇ **~ apparent** héritier présomptif ◆ **heiress** n héritière [f] ◆ **heirloom** n héritage [m] ◇ **a family ~** un tableau (or bijou etc) de famille.

held [held] pret, ptp of *hold*.

helicopter ['helɪkɒptər] 1 n hélicoptère [m] 2 adj (patrol, rescue) en hélicoptère; (pilot) d'hélicoptère.

hell [hel] n enfer [m] ◇ **in ~** en enfer; **a ~ of a noise** [famil] un boucan de tous les diables [famil]; **a ~ of a lot of** [famil] tout un tas de; **to run** etc **like ~** [famil] courir etc comme un fou; **to give sb ~** [famil] faire mener une vie infernale à qn; **oh ~!** [famil] merde! [famil]; **go to ~!** [famil] va te faire voir! [famil]; **what the ~ does he want?** [famil] qu'est-ce qu'il peut bien vouloir? ◆ **hellish** adj diabolique.

hello [hə'ləʊ] excl = **hallo.**

helm [helm] n barre [f] *(de bateau)* ◇ **to be at the ~** tenir la barre.

helmet ['helmɪt] n casque [m].

help [help] 1 n a aide [f], secours [m] ◇ **~!** au secours!; **with the ~ of** (person) avec l'aide de; (tool etc) à l'aide de; **to shout for ~** appeler au secours; **to go to sb's ~** aller au secours de qn; **we need more ~ in the shop** il nous faut davantage de personnel au magasin b (charwoman) femme [f] de ménage 2 vti a aider (*sb to do* qn à faire; *sb with sth* qn à faire qch) ◇ **to ~ sb with his luggage** aider qn à porter ses bagages; **to ~ sb out** donner un coup de main à qn; (sb in trouble) dépanner; **that doesn't ~ much** cela ne sert pas à grand-chose; **it will ~ to save the church** cela contribuera à sauver l'église; (in shops etc) **can I ~ you?** vous désirez?; **to ~ sb across** aider qn à traverser **b** ◇ ~ **yourself** servez-vous (*to* de) **c** ◇ **I couldn't ~ laughing** je n'ai pas pu m'empêcher de rire; **it can't be ~ed** tant pis!; **I can't ~ it if...** je n'y peux rien si...; **not if I can ~ it!** sûrement pas! ◆ **helper** n aide [mf], assistant(e) [m(f)] ◆ **helpful** adj (willing) obligeant; (useful) qui est d'un grand secours ◆ **helping** n portion [f] ◇ **to take a second ~ of sth** reprendre de qch ◆ **helpless** adj (mentally, morally) impuissant; (physically) impotent; (powerless) sans ressource ◇ ~ **with laughter** malade de rire ◆ **helplessly** adv (struggle) en vain; (lie, remain) sans pouvoir bouger; (say) d'un ton d'impuissance.

hem [hem] **1** n (part doubled over) ourlet [m]; (edge) bord [m] **2** vt **a** (sew) ourler **b** ◇ **~med in** (lit) cerné; (fig) prisonnier, [f] -ière.

hemisphere ['hemɪsfɪəʳ] n hémisphère [m].

hemp [hemp] n chanvre [m].

hen [hen] n poule [f] ◇ ~ **bird** oiseau [m] femelle ◆ **henpecked** adj dominé par sa femme.

hence [hens] adv (therefore) d'où ◆ **henceforth** adv désormais.

her [hɜːʳ] **1** pers pron **a** (direct) la ◇ **I see ~** je la vois; **I have seen ~** je l'ai vue; **I know him, but I have never seen ~** je le connais, lui, mais elle, je ne l'ai jamais vue **b** (indirect) lui ◇ **I give ~ the book** je lui donne le livre; **I'm speaking to ~** je lui parle **c** (after prep etc) elle ◇ **without ~** sans elle; **it's ~** c'est elle; **younger than ~** plus jeune qu'elle **2** poss adj son, sa, ses ◆ **hers** poss pron le sien, la sienne, les siens, les siennes ◇ **it's ~** c'est à elle; **a friend of ~** un de ses amis ◆ **herself** pers pron (reflexive) se; (emphatic) elle-même ◇ **she has hurt ~** elle s'est blessée; **she said to ~** elle s'est dit; **she told me ~** elle me l'a dit elle-même; **all by ~** toute seule.

heraldry ['herəldrɪ] n héraldique [f].

herb [hɜːb] n herbe [f] ◇ (Culin) **~s** fines herbes; ~ **garden** jardin [m] d'herbes aromatiques; **~(al) tea** tisane [f].

herbaceous [hɜː'beɪʃəs] adj ◇ ~ **border** bordure [f] de plantes herbacées.

herd [hɜːd] n troupeau [m].

here [hɪəʳ] adv ici ◇ **come ~** venez ici; (at roll call) **~!** présent!; ~ **I am** me voici; ~ **is my brother** voici mon frère; (giving sth) ~ **you are!** tenez!; ~ **come my friends** voici mes amis qui arrivent; **spring is ~** c'est le printemps; **~'s to your success!** à votre succès!; **around ~** par ici; **over ~** ici; **it's cold up ~** il fait froid ici; **down to ~** jusqu'ici; **from ~ to there** d'ici jusqu'à là-bas; **are you there? -yes I'm ~** vous êtes là? -oui je suis là; ~ **and there** par-ci par-là; (fig) **it's neither ~ nor there** cela n'a aucune importance; ~ **goes!** [famil] allons-y!; ~ **and now** sur-le-champ; ~ **lies** ci-gît ◆ **hereby** adv par la présente ◆ **herewith** adv ◇ **I send you ~** je vous envoie ci-joint.

hereditary [hɪ'redɪtərɪ] adj héréditaire.

heredity [hɪ'redɪtɪ] n hérédité [f].

heresy ['herəsɪ] n hérésie [f].

heretic ['herətɪk] n hérétique [mf].

heritage ['herɪtɪdʒ] n patrimoine [m].

hermetic [hɜː'metɪk] adj hermétique.

hermit ['hɜːmɪt] n ermite [m].

hernia ['hɜːnɪə] n hernie [f].

hero ['hɪərəʊ] n héros [m] ◆ **heroic** [hɪ'rəʊɪk] adj héroïque ◆ **heroine** ['herəʊɪn] n héroïne [f] *(femme)* ◆ **heroism** n héroïsme [m].

heroin ['herəʊɪn] n héroïne [f] *(drogue)*.

heron ['herən] n héron [m].

herring ['herɪŋ] n hareng [m].

hesitant ['hezɪtənt] adj hésitant ◆ **hesitantly** adv avec hésitation; (speak) d'une voix hésitante.

hesitate ['hezɪteɪt] vi hésiter (*over, about, at* sur, devant; *to do* à faire) ◆ **hesitation** n hésitation [f] ◇ **I have no ~ in saying** je n'hésite pas à dire.

hessian ['hesɪən] n toile [f] de jute.

heterosexual ['hetərəʊ'seksjʊəl] adj, n hétérosexuel(le) [m(f)].

het up [famil] ['het'ʌp] adj agité (*about* par).

hew [hjuː] vt tailler (*out of* dans).

hexagonal [hek'sægənəl] adj hexagonal.

heyday ['heɪdeɪ] n âge [m] d'or.

HGV [,eɪtʃdʒiː'viː] n abbr of *heavy goods vehicle* poids lourd [m].

hi [haɪ] excl hé!; ([famil]: greeting) salut! [famil]

hibernate ['haɪbəneɪt] vi hiberner.

hiccough, hiccup ['hɪkʌp] **1** n hoquet [m]; (fig) contretemps [m] ◇ **to have ~s** avoir le hoquet **2** vi hoqueter.

1. **hide** [haɪd] pret *hid*, ptp *hidden* **1** vt cacher (*from sb* à qn) ◇ **to ~ one's face** se cacher le visage **2** vi (**~ away, ~ out**) se cacher (*from sb* de qn) ◆ **hide-and-seek** n cache-cache [m] ◆ **hideout** n cachette [f].

2. **hide** [haɪd] n (skin) peau [f]; (leather) cuir [m].

hideous ['hɪdɪəs] adj (sight, person) hideux, [f] -euse; (crime) atroce; (disappointment) terrible.

hiding ['haɪdɪŋ] n **a** ◇ **to be in ~** se tenir caché; **to go into ~** se cacher; ~ **place** cachette [f] **b** ◇ **to give sb a good ~** donner une bonne correction à qn.

hierarchy ['haɪərɑːkɪ] n hiérarchie [f].

hi-fi ['haɪ'faɪ] adj hi-fi [inv].

high [haɪ] **1** adj **a** (gen) haut ◇ **building 40 metres ~** bâtiment de 40 mètres de haut; **how ~ is that tower?** quelle est la hauteur de cette tour?; **when he was so ~** [famil] quand il était grand comme ça; ~ **jump** saut [m] en hauteur; **to leave sb ~ and**

dry laisser qn en plan [famil] **b** (speed, value) grand (before n); (fever) fort (before n); (complexion) vif, [f] vive; (wind) violent; (pressure, official) haut (before n); (price) élevé; (sound) aigu, [f] -uë; (ideal) noble ◇ (lit, fig) **to pay a ~ price for sth** payer qch cher; **it's ~ time you went home** il est grand temps que tu rentres *(subj)* **c** ◇ ~ **altar** maître-autel [m]; ~ **mass** grand-messe [f]; ~ **commissioner** haut commissaire [m]; ~ **court** cour [f] suprême; ~ **explosive** explosif [m] puissant; ~ **school** (Brit) lycée [m]; (US) collège [m] d'enseignement secondaire; (US) ~ **school diploma** diplôme [m] de fin d'études secondaires; **on the ~ seas** en haute mer; **the ~ point** or **spot** (of visit etc) le grand moment; ~ **street** rue [f] principale; ~ **tea** goûter [m] dînatoire; ~ **technology** technologie [f] de pointe; ~ **treason** haute trahison [f] **d** (meat) faisandé **e** ([famil]: intoxicated) ivre, parti [famil]; (on drugs) défoncé [famil] **2** adv haut ◇ ~ **up** en haut; ~**er up** plus haut; ~**er and ~er** de plus en plus haut **3** n ◇ **on ~** en haut ♦ **highbrow** n intellectuel(le) [m(f)] ♦ **high-class** adj de premier ordre ♦ **higher 1** adj supérieur (*than* à) **2** adv plus haut ♦ **high-heeled** adj à hauts talons ♦ **highlands** npl hautes terres [fpl] ◇ (in Scotland) **the H~** les Highlands [fpl] ♦ **highlight** n; (in evening, match etc) moment [m] le plus marquant; ~ **s** (in hair) mèches [fpl] ♦ **highlighter** n (pen) surligneur [m] lumineux ♦ **highly** adv (pleased, interesting) extrêmement; (recommended) chaudement; (pay) très bien ◇ ~ **coloured** haut en couleur; ~ **strung** nerveux, [f] -euse; **to think ~ of** penser beaucoup de bien de ♦ **highness** n ◇ **Your H~** Votre Altesse [f] ♦ **high-pitched** adj aigu, [f] -uë ♦ **high-powered** adj (car) très puissant; (person) très important ♦ **high-ranking official** n haut fonctionnaire [m] ♦ **high-rise block** n tour [f] (d'habitation) ♦ **highroad** n grand-route [f] ♦ **high-speed** adj ultra-rapide; (lens) à obturation ultra-rapide ◇ ~ **train** train [m] à grande vitesse, TGV [m] ♦ **high-tech 1** adj (camera, system) ultra-perfectionné; (furniture) high-tech [inv] **2** n (technology) technologie [f] de pointe; (furniture) high-tech [m] ♦ **highway** n grande route [f] ◇ **on the public ~** sur la voie publique; **the H~ code** le code de la route; (US) **(State) ~ patrol** police [f] de la route or des autoroutes.

hijack ['haɪdʒæk] **1** vt détourner *(par la force)* **2** n détournement [m] ♦ **hijacker** n (gen) gangster [m]; (of plane) pirate [m] de l'air ♦ **hijacking** n détournement [m].

hike [haɪk] **1** n excursion [f] à pied **2** vi ◇ **to go hiking** faire des excursions ♦ **hiker** n excursionniste [mf] *(à pied)*.

hilarious [hɪ'lɛərɪəs] adj désopilant.

hill [hɪl] n colline [f] ◇ (slope) **a slight ~** une légère pente [f] ♦ **hillside** n coteau [m] ♦ **hilly** adj accidenté.

hilt [hɪlt] n (of sword) poignée [f] ◇ **to the ~** au maximum.

him [hɪm] pers pron **a** (direct) le ◇ **I see ~** je le vois; **I have seen ~** je l'ai vu; **I know her, but I've never seen ~** je la connais, elle, mais lui, je ne l'ai jamais vu **b** (indirect) lui ◇ **I give ~ the book** je lui donne le livre; **I'm speaking to ~** je lui parle **c** (after prep etc) lui ◇ **without ~** sans lui; **it's ~** c'est lui; **younger than ~** plus jeune que lui ♦ **himself** pers pron (reflexive) se; (emphatic) lui-même ◇ **he has hurt ~** il s'est blessé; **he said to ~** il s'est dit; **he told me ~** il me l'a dit lui-même; **all by ~** tout seul.

hind [haɪnd] adj ◇ ~ **legs**, ~ **feet** pattes [fpl] de derrière.

hinder ['hɪndəʳ] vt (obstruct) gêner; (delay) retarder ♦ **hindrance** n obstacle [m].

Hindi ['hɪndi:] n (language) hindi [m].

hindsight ['haɪndsaɪt] n ◇ **with ~** rétrospectivement.

Hindu ['hɪn'du:] **1** adj hindou **2** n Hindou(e) [m(f)].

hinge [hɪndʒ] **1** n (on door) gond [m]; (on box, stamp) charnière [f] **2** vi (fig) dépendre (*on* de).

hint [hɪnt] **1** n allusion [f] ◇ **to drop a ~** faire une allusion; **to drop a ~ that** faire comprendre que; **I can take a ~** bon, j'ai compris; **he gave no ~ of...** il n'a donné aucune indication sur...; ~**s for travellers** conseils [mpl] aux voyageurs; **a ~ of garlic** un soupçon d'ail **2** vt laisser comprendre (*that* que) **3** vi ◇ **to ~ at sth** faire allusion à qch.

hip [hɪp] n hanche [f] ◇ **to break one's ~** se casser le col du fémur; ~ **pocket** poche [f] revolver; ~ **size** tour [m] de hanches ♦ **hipbone** n os [m] iliaque.

hippie, **hippy** ['hɪpɪ] [famil] adj, n hippie [mf].

hippopotamus [,hɪpə'pɒtəməs] n, pl **-mi** [-maɪ] hippopotame [m].

hire ['haɪəʳ] **1** n location [f] ◇ **for ~** à louer; (on taxi) 'libre'; **on ~** en location; **car ~** location [f] de voiture; ~ **car** voiture [f] de location; ~ **purchase** achat [m] à crédit; **on ~ purchase** à crédit **2** vt **a** (thing) louer; (person) engager **b** (~ **out**) donner en location.

his [hɪz] **1** poss adj son, sa, ses **2** poss pron le sien, la sienne, les siens, les siennes ◇ **a friend of ~** un de ses amis.

hiss [hɪs] **1** vti siffler **2** n sifflement [m]; (Theat etc) sifflet [m].

historian [hɪs'tɔ:rɪən] n historien(ne) [m(f)].

historic(al) [hɪs'tɒrɪk(əl)] adj historique.

history ['hɪstərɪ] n histoire (f) ◇ **to make ~** (person) entrer dans l'histoire; (event) être historique; **he has a ~ of...** il a dans son passé...; **medical ~** passé (m) médical.

hit [hɪt] (vb: pret, ptp *hit*) **1** n **a** (stroke) coup (m) ◇ (fig) **that's a ~ at me** c'est moi qui suis visé **b** (as opp to miss) coup (m) réussi ◇ **direct ~** coup dans le mille **c** (song or film etc) chanson (f) or film (m) etc à succès ◇ **to make a ~ with sb** [famil] faire une grosse impression sur qn; **to be a big ~** avoir un énorme succès; **~ list** liste (f) noire; **~ song** chanson (f) à succès **2** vti **a** (strike) frapper; (Typ, Comput: key) appuyer sur; (collide with) heurter; (reach) atteindre; (hurt) affecter ◇ **to ~ sb a blow** porter un coup à qn; **to ~ one's head against sth** se cogner la tête contre qch; **to ~ a nail with a hammer** taper sur un clou avec un marteau; (fig) **to ~ the nail on the head** mettre le doigt dessus; (fig) **to ~ the mark** atteindre son but; **to be ~** être touché (*by* par); (realization) **then it ~ me** [famil] tout à coup j'ai réalisé; (fig) **to ~ the ceiling** [famil] sortir de ses gonds; **to ~ back at sb** riposter; **to ~ it off with sb** bien s'entendre avec qn; **to ~ out at** décocher un coup à; (fig) attaquer **b** (find: also **~ upon**) tomber sur; (problems etc) rencontrer ✦ **hit-and-run driver** n chauffard [famil] (m) (coupable du délit de fuite) ✦ **hit-and-run raid** n raid (m) éclair (inv) ✦ **hit-or-miss** adj fait au petit bonheur.

hitch [hɪtʃ] **1** n contretemps (m) (*in* dans) ◇ **technical ~** incident (m) technique **2** vt **a** (**~ up**) remonter **b** (fasten) accrocher (*to* à) **c** ◇ ([famil]) **to ~ a lift to Paris** (hitch-hike) faire du stop [famil] jusqu'à Paris; (ask friend etc) se faire emmener en voiture jusqu'à Paris ✦ **hitch-hike** vi faire de l'auto-stop (*to* jusqu'à) ✦ **hitch-hiker** n auto-stoppeur (m), (f) -euse ✦ **hitch-hiking** n auto-stop (m).

hither ['hɪðəʳ] adv ◇ **~ and thither** çà et là.

HIV [ˌeɪtʃaɪ'viː] n (Med) abbr of *human immunodeficiency virus* VIH ◇ **~ negative** séronégatif, (f) -ive; **~ positive** séropositif, (f) -ive.

hive [haɪv] **1** n ruche (f) **2** vt ◇ **to ~ off** [famil] séparer (*from* de).

HMS [ˌeɪtʃem'es] abbr of *His* or Her Majesty's Ship ◇ **~ Maria** la Maria; **~ Falcon** le Faucon.

hoard [hɔːd] **1** n réserves (fpl) ◇ **~s** [famil] **of** un tas [famil] de **2** vt amasser.

hoarding ['hɔːdɪŋ] n panneau (m) d'affichage.

hoarfrost ['hɔː'frɒst] n givre (m).

hoarse [hɔːs] adj enroué.

hoax [həʊks] n canular (m).

hob [hɒb] n plan (m) de cuisson.

hobble ['hɒbl] vi ◇ **to ~ in** etc entrer etc en clopinant.

hobby ['hɒbɪ] n passe-temps (m inv) favori, hobby (m) ✦ **hobby-horse** n (fig) dada (m).

hock [hɒk] n (wine) vin (m) du Rhin.

hockey ['hɒkɪ] n hockey (m).

hoe [həʊ] n houe (f), binette (f).

hog [hɒg] **1** n porc (m) ◇ (fig) **to go the whole ~** aller jusqu'au bout **2** vt (famil: keep) garder pour soi.

hoist [hɔɪst] vt hisser.

hold [həʊld] (vb: pret, ptp *held*) **1** n **a** prise (f) ◇ **to get ~ of** saisir; (find) trouver; (fig: contact sb) contacter; **I've got a firm ~ on it** je le tiens bien; **to keep ~ of** ne pas lâcher; (fig) **to have a ~ over sb** avoir prise sur qn **b** (ship) cale (f).

2 vti **a** (gen) tenir; (contain) contenir; (sb's attention) retenir; (opinion) avoir ◇ **they are ~ing hands** ils se tiennent par la main; **he held my arm** il me tenait le bras; **to ~ sb tight** serrer qn très fort; **the ladder won't ~ you** l'échelle ne supportera pas ton poids; **to ~ one's head down** tenir la tête baissée; **to ~ down** (keep on ground) maintenir par terre; (keep in place) maintenir en place; **to ~ on to** (rope etc) se cramponner à; (idea etc) se raccrocher à; (keep) garder; **to ~ out** offrir (*sth to sb* qch à qn); (one's arms) ouvrir; **to ~ o.s. ready** se tenir prêt; (fig) **he was left ~ing the baby** [famil] tout est retombé sur sa tête; **to ~ one's breath** retenir son souffle; **to ~ one's own** (invalid) se maintenir; (in conversation etc) se débrouiller; (Telec) **to ~ the line** attendre; **~ the line!** ne quittez pas!; **to ~ the enemy off** tenir l'ennemi à distance; **to ~ sth up** (raise) lever qch; (support) soutenir qch (→ also 2 d) **b** (meeting, conversation etc) tenir; (examination) organiser; (check, count) faire ◇ **it is always held here** cela a toujours lieu ici; (in church) **to ~ a service** célébrer un office **c** (believe) maintenir (*that* que) ◇ **to ~ sb responsible for sth** considérer qn responsable de qch **d** (keep) garder; (restrain: **~ back**) retenir (*from doing* de faire); (crowd) contenir ◇ **to ~ a train** empêcher un train de partir; **~ the letter until...** n'envoyez pas la lettre avant que... + subj; **to ~ sth back from sb** cacher qch à qn; **~ it!** [famil] arrêtez!; **to ~ in** (stomach) rentrer; **to ~ up** (delay) retarder; (rob: bank) faire un hold-up dans; (person) attaquer à main armée **e** (possess: ticket, post etc) avoir; (Mil) tenir (*against* contre); (Sport: record) détenir ◇ **to ~ down a job** garder un poste; (fig) **to ~ the fort** monter la garde **f** (of rope, nail etc) tenir, être solide; (of weather) se maintenir ◇ **to ~ good** être valable; **the rain held off** il n'a pas plu; **to ~ on** (endure) tenir bon; **~ on!** attendez!; (Telec) ne quittez pas!; **to ~ out**

(of supplies) durer; (of person) tenir bon; **to ~ over** (meeting) remettre (*until* à)

♦ **holdall** n fourre-tout [m inv] ♦ **holder** n (owner: of ticket, record) détenteur [m], [f] -trice; (of passport, post) titulaire [mf] ♦ **hold-up** n (robbery) hold-up [m inv]; (delay) retard [m]; (in traffic) bouchon [m].

hole [həʊl] n (gen) trou [m]; (of rabbit, fox) terrier [m]; (in defences, dam) brèche [f].

holiday ['hɒlədɪ] n (vacation) vacances [fpl]; (day off) jour [m] de congé ◇ **on ~** en vacances, en congé; **to take a month's ~** prendre un mois de vacances; **~s with pay** congés [mpl] payés; **school ~s** vacances scolaires; **~ camp** camp [m] de vacances; **~ resort** station [f] de vacances ♦ **holiday-maker** n vacancier [m], [f] -ière.

holiness ['həʊlɪnɪs] n sainteté [f].

Holland ['hɒlənd] n Hollande [f], Pays-Bas [mpl] ◇ **in** or **to ~** en Hollande, aux Pays-Bas.

hollow ['hɒləʊ] **1** adj (gen) creux ([f] creuse); (voice) caverneux, [f] -euse; (victory) faux, [f] fausse; (promise) vain ◇ **to give a ~ laugh** rire jaune **2** n creux [m] **3** vt (**~ out**) creuser.

holly ['hɒlɪ] n houx [m].

hollyhock ['hɒlɪˌhɒk] n rose [f] trémière.

holocaust ['hɒləkɔːst] n holocauste [m].

hologram ['hɒləˌgræm] n hologramme [m].

holster ['həʊlstəʳ] n étui [m] de revolver.

holy ['həʊlɪ] adj **a** (gen) saint (before n); (bread, water) bénit; (ground) sacré ◇ **the H~ Father** le Saint-Père; **the H~ Ghost** or **Spirit** le Saint-Esprit; **the H~ Land** la Terre Sainte; **H~ Week** la Semaine Sainte **b** (saintly: place, life) saint (after n).

homage ['hɒmɪdʒ] n hommage [m] ◇ **to pay ~ to** rendre hommage à.

home [həʊm] **1** n maison [f]; (of plant, animal) habitat [m] ◇ **to leave ~** quitter la maison; **at ~** chez soi, à la maison; **to feel at ~ with** se sentir à l'aise avec; **to make o.s. at ~** faire comme chez soi; **near my ~** près de chez moi; **he is far from ~** il est loin de chez lui; **my ~ is in London** (live there) j'habite Londres; (was born there) je suis de Londres; **to have a ~ of one's own** avoir un foyer; **to give sb a ~** recueillir qn chez soi; **he comes from a good ~** il a une famille comme il faut; **a broken ~** un foyer désuni; **safety in the ~** prudence à la maison; **at ~ and abroad** chez nous et à l'étranger; **children's ~** maison pour enfants.

2 adv **a** chez soi, à la maison ◇ **to go** or **get ~** rentrer (chez soi or à la maison); **I'll be ~ at 5 o'clock** je rentrerai à 5 heures; **on the journey ~** sur le chemin du retour; **to see sb ~** accompagner qn jusque chez lui; **I must write ~** il faut que j'écrive à la maison **b** ◇ (from abroad) **he came ~** il est rentré de l'étranger; **to send sb ~** rapatrier qn; **to return ~** rentrer dans son pays **c** (right in etc: hammer) à fond ◇ (fig) **to bring sth ~ to sb** faire comprendre qch à qn.

3 adj **a** (atmosphere, life) de famille, familial; (comforts) du foyer; (doctor etc: visit) à domicile; (Sport: team etc) qui reçoit; (match) joué à domicile ◇ **~ address** adresse [f] personnelle; **~ computer** ordinateur [m] familial; **~ economics** économie [f] domestique; **~ help** aide [f] ménagère; **~ loan** prêt [m] immobilier; **~ owners** ceux qui possèdent leur propre habitation; (Baseball) **~ run** coup [m] de circuit; **my ~ town** (place of birth) ma ville natale; (where I grew up) la ville où j'ai grandi; **~ truths** vérités [fpl] bien senties **b** (not abroad) du pays, national; (policy, market, sales etc) intérieur ◇ **the ~ country** le vieux pays; **on the ~ front** à l'intérieur; **~ leave** congé [m] de longue durée; (Brit) **H~ Office** ≃ ministère [m] de l'Intérieur; **H~ Secretary** ≃ ministre [m] de l'Intérieur.

4 vi ◇ **to ~ in on sth** se diriger automatiquement vers qch ♦ **home-baked** (or **-brewed** or **-made** etc) adj fait à la maison ♦ **homecoming** n retour [m] au foyer ♦ **home-grown** adj (from own garden) du jardin ♦ **homeland** n patrie [f] ♦ **homeless** adj sans abri ◇ **the ~** les sans-abri [mpl] ♦ **home-lover** n casanier [m], [f] -ière ♦ **homely** adj **a** (gen) simple; (atmosphere) confortable **b** (US: plain) laid ♦ **homesick** adj ◇ **to be ~** avoir la nostalgie (*for* de); (abroad) avoir le mal du pays ♦ **homeward** **1** adj du retour **2** adv vers la maison ♦ **homework** n devoirs [mpl] (à la maison).

homicide ['hɒmɪsaɪd] n homicide [m].

hom(o)eopathic [ˌhəʊmɪəʊ'pæθɪk] adj (gen) homéopathique; (doctor) homéopathe ♦ **hom(o)eopathy** n homéopathie [f].

homogeneous [ˌhɒmə'dʒiːnɪəs] adj homogène.

homonym ['hɒmənɪm] n homonyme [m].

homosexual ['hɒməʊ'seksjʊəl] adj, n homosexuel(le) [m(f)].

Honduras [hɒn'djʊərəs] n Honduras [m].

honest ['ɒnɪst] adj (gen) honnête; (opinion) sincère; (profit) honnêtement acquis ◇ **the ~ truth** la pure vérité; **to be ~ with you...** à vous dire la vérité...; **to be ~ with sb** être franc, [f] franche avec qn ♦ **honestly** adv (behave) honnêtement ◇ **~, I don't care** franchement, ça m'est égal; **I didn't do it, ~!** je ne l'ai pas fait, je vous le jure!; **~?** vraiment? ♦ **honesty** n honnêteté [f].

honey ['hʌnɪ] n miel [m] ◇ **yes, ~** [famil] oui, chéri(e) ♦ **honeycomb** n rayon [m] de miel ♦ **honeymoon** n lune [f] de miel ◇ **the ~ couple** les nouveaux mariés [mpl] ♦ **honeysuckle** n chèvrefeuille [m].

Hong Kong ['hɒŋ'kɒŋ] n Hong-Kong [f].

honk [hɒŋk] vi (of car) klaxonner.

honor etc (US) = **honour** etc.

honorary ['ɒnərərɪ] adj (secretary etc) honoraire; (degree) à titre honorifique.

honour, (US) **-or** ['ɒnəʳ] 1 n honneur [m] (*to do, of doing* de faire) ◇ **in ~ of** en l'honneur de; **to put sb on his ~ to do** engager qn sur l'honneur à faire; (Univ) **first-class/second-class ~s in English** ≃ licence [f] d'anglais avec mention très bien/mention bien 2 vt honorer (*with* de) ◆ **honourable** adj honorable.

hood [hʊd] n (gen) capuchon [m]; (rain-~) capuche [f]; (hiding face) cagoule [f]; (of car: Brit) capote [f]; (US) capot [m]; (over cooker etc) hotte [f].

hoodwink ['hʊd'wɪŋk] vt tromper.

hoof [hu:f] n, pl **~s** or **hooves** sabot [m] (*d'animal*).

hook [hʊk] 1 n (gen) crochet [m]; (for coats) patère [f]; (on dress) agrafe [f]; (Fishing) hameçon [m]; (Boxing) crochet ◇ **to get sb off the ~** [famil] tirer qn d'affaire; **to take the (tele)phone off the ~** décrocher le téléphone 2 vt accrocher (*to* à) ◆ **hooked** adj (nose etc) recourbé; (famil: fascinated) accroché ◇ (fig) **to be ~** [famil] **on** ne plus pouvoir se passer de; **to get ~** [famil] **on drugs** se droguer.

hooligan ['hu:lɪgən] n voyou [m] ◆ **hooliganism** n vandalisme [m].

hoop [hu:p] n (toy etc) cerceau [m] ◆ **hoopla** n jeu [m] d'anneaux.

hoot [hu:t] 1 vi (of owl) hululer; (of driver) klaxonner; (of train) siffler; (jeer) huer; (with laughter) s'esclaffer 2 n ◇ **I don't care a ~** [famil] je m'en fiche [famil] éperdument; **it was a ~** [famil] c'était tordant [famil] ◆ **hooter** n (factory) sirène [f]; (car) klaxon [m].

hoover ['hu:vəʳ] ® 1 n aspirateur [m] 2 vt passer l'aspirateur sur or dans.

hop [hɒp] 1 n (gen) saut [m] ◇ (fig) **to catch sb on the ~** prendre qn au dépourvu 2 vi sauter; (on one foot) sauter à cloche-pied; (of bird) sautiller ◇ **~ in!** montez!; **to ~ it** [famil] ficher le camp [famil].

hope [həʊp] 1 n espoir [m] (*of doing* de faire) ◇ **beyond all ~** sans espoir; **to live in ~** vivre d'espoir; **in the ~ of** dans l'espoir de; **to have ~s of doing** avoir l'espoir de faire; **there is no ~ of that** ça ne risque pas d'arriver; **to raise sb's ~s** donner de l'espoir à qn; **what a ~!** [famil] **some ~!** [famil] tu parles! [famil].

2 vti espérer (*that* que; *to do* faire) ◇ **to ~ for sth** espérer (avoir) qch; **to ~ for the best** être optimiste; **to ~ against hope** espérer en dépit de tout; **hoping to hear from you** dans l'espoir d'avoir de vos nouvelles; **I ~ so** j'espère que oui; **I ~ not** j'espère que non ◆ **hopeful** adj (person) plein d'espoir; (situation, sign) encourageant ◇ **I am ~ that...** j'ai bon espoir que... . ◆ **hopefully** adv (speak, smile) avec optimisme ◇ ~ [famil] **it won't rain** avec un peu de chance il ne va pas pleuvoir ◆ **hopeless** adj (person, situation) désespéré; (task) impossible; (famil: bad work) lamentable; (bad person) bon à rien; (liar, drunkard etc) invétéré ◇ **it's ~!** c'est désespérant; **he's a ~** [famil] **teacher** il est nul comme professeur ◆ **hopelessly** adv (act) sans espoir; (say) avec désespoir; (lost etc) complètement; (in love) éperdument.

hops [hɒps] npl houblon [m].

hopscotch ['hɒpskɒtʃ] n marelle [f].

horde [hɔ:d] n foule [f].

horizon [hə'raɪzn] n horizon [m] ◇ **on the ~** à l'horizon.

horizontal [ˌhɒrɪ'zɒntl] adj horizontal.

hormone ['hɔ:məʊn] n hormone [f] ◇ **~ treatment** traitement [m] hormonal.

horn [hɔ:n] n (gen) corne [f]; (Mus) cor [m]; (on car) klaxon [m]; (on ship) sirène [f] ◆ **horn-rimmed** adj à monture d'écaille.

hornet ['hɔ:nɪt] n frelon [m].

horoscope ['hɒrəskəʊp] n horoscope [m].

horrendous [hɒ'rendəs] adj horrible, affreux.

horrible ['hɒrɪbl] adj (sight, murder) horrible; (holiday, weather etc) affreux, [f] -euse ◆ **horribly** adv horriblement; affreusement.

horrid ['hɒrɪd] adj (person) méchant; (thing) affreux, [f] -euse.

horrific [hɒ'rɪfɪk] adj horrible.

horrify ['hɒrɪfaɪ] vt horrifier.

horror ['hɒrəʳ] n horreur [f] ◇ **that child is a ~** [famil] cet enfant est un petit monstre; **~ film** film [m] d'épouvante.

horse [hɔ:s] n cheval [m] ◇ (fig) **straight from the ~'s mouth** de source sûre; **~ race** course [f] de chevaux; **~ show, ~ trials** concours [m] hippique ◆ **horseback** n ◇ **on ~** à cheval ◆ **horse-drawn** adj à chevaux ◆ **horseplay** n jeu [m] de mains, chahut [m] ◆ **horsepower** n puissance [f] (en chevaux) ◆ **horse-racing** n courses [fpl] de chevaux ◆ **horseradish** n raifort [m] ◆ **horse-sense** [famil] n gros bon sens [m] ◆ **horseshoe** n fer [m] à cheval.

horticulture ['hɔ:tɪkʌltʃəʳ] n horticulture [f].

hose [həʊz] 1 n (also **~pipe**) tuyau [m] 2 vt (in garden) arroser au jet; (of firemen) arroser à la lance ◇ **to ~ sth down** laver qch au jet.

hosiery ['həʊʒərɪ] n bonneterie [f].

hospice ['hɒspɪs] n hospice [m].

hospitable [hɒs'pɪtəbl] adj hospitalier, [f] -ière.

hospital ['hɒspɪtl] n hôpital [m] ◇ **in ~** à l'hôpital; **~ bed** lit [m] d'hôpital; **the ~ facilities** le service hospitalier; **~ staff** le personnel hospitalier.

hospitality [ˌhɒspɪ'tælɪtɪ] n hospitalité [f].

hospitalize ['hɒspɪtəlaɪz] vt hospitaliser.

1. **host** [həʊst] n hôte [m] ◆ **hostess** n hôtesse [f]; (in night club) entraîneuse [f].

2. **host** [həʊst] n (of people) foule [f]; (of reasons) tas [famil] [m].

3. **host** [həʊst] n (Rel) hostie [f].

hostage ['hɒstɪdʒ] n otage [m] ◇ **to take sb ~** prendre qn comme otage.

hostel ['hɒstəl] 1 n (gen) foyer [m] ◇ **youth ~** auberge [f] de jeunesse 2 vi ◇ **to go youth ~ling** passer ses vacances dans des auberges de jeunesse ◆ **hosteller** n ajiste [mf].

hostile ['hɒstaɪl] adj hostile (*to* à).

hostility [hɒs'tɪlɪtɪ] n hostilité [f].

hot [hɒt] adj a (gen) chaud; (sun) brûlant ◇ **to be ~** (person) avoir chaud; (thing) être chaud; (weather) **it's ~** il fait chaud; **this room is ~** il fait très (or trop) chaud dans cette pièce; **to get ~** (person) commencer à avoir chaud; (thing) chauffer; (fig) **in the ~ seat** en première ligne; (fig) **to be in ~ water** être dans le pétrin; (fig) **~ air** [famil] blablabla [famil] [m]; (food) **~ dog** hot-dog [m]; **~ line** téléphone [m] rouge (*to* avec); **to be ~ stuff** [famil] être sensationnel [famil], [f] -elle b (curry, spices etc) fort; (news, report) dernier, [f] -ière (before n) ◇ **~ favourite** grand favori [m]; **to make things ~ for sb** [famil] mener la vie dure à qn; **not so ~** [famil] pas formidable [famil]; **he's pretty ~** [famil] **at maths** il est très calé en maths ◆ **hot-air balloon** n ballon [m] (*dirigeable* etc) ◆ **hotfoot** adv à toute vitesse ◆ **hotheaded** adj impétueux, [f] -ueuse ◆ **hothouse** n serre [f] (chaude) ◆ **hotly** adv passionnément ◆ **hotplate** n plaque [f] chauffante ◆ **hotpot** n ragoût [m] ◆ **hotted-up** [famil] adj (car) au moteur gonflé ◆ **hot-tempered** adj colérique ◆ **hot-water bottle** n bouillotte [f].

hotel [həʊ'tel] n hôtel [m] ◇ **the ~ industry** l'industrie [f] hôtelière; **~ room** chambre [f] d'hôtel; **~ workers** le personnel hôtelier ◆ **hotelier** n hôtelier [m], [f] -ière.

hound [haʊnd] 1 n chien [m] courant ◇ **the ~s** la meute 2 vt traquer (*sb for sth* qn pour obtenir qch).

hour ['aʊəʳ] n heure [f] ◇ **80 km an ~** 80 km à l'heure; **to pay sb by the ~** payer qn à l'heure; **she is paid £2 an ~** elle est payée 2 livres l'heure; **he's been waiting for ~s** il attend depuis des heures; **on the ~** toutes les heures à l'heure juste; **in the early ~s** au petit matin; **at all ~s** à toute heure; **till all ~s** jusqu'à une heure indue; **at this ~** à cette heure-ci; **to work long ~s** avoir une journée très longue; **out of ~s** en dehors des heures d'ouverture; **~ hand** petite aiguille [f] ◆ **hourly** adj, adv (every hour) toutes les heures ◇ **~ paid** payé à l'heure.

house [haʊs] 1 n a maison [f] ◇ **at** or **to my ~** chez moi; **~ plant** plante [f] d'intérieur; **~ prices** prix [mpl] immobiliers; **to put sb under ~ arrest** assigner qn à domicile; **to keep ~** tenir la maison (*for sb* de qn) b ◇ (Parl) **H~ of Commons** Chambre [f] des communes; **H~ of Lords** Chambre des lords; (US) **H~ of Representatives** Chambre des députés; **the H~s of Parliament** le Palais de Westminster c ◇ (Theat etc) **a full ~** une salle pleine; **'~ full'** 'complet'; **the second ~** la deuxième séance; (fig) **to bring the ~ down** faire crouler la salle sous les applaudissements d (Comm) maison [f] ◇ **publishing ~** maison d'édition; (fig: free) **on the ~** aux frais de la maison 2 [haʊz] vt (gen: of person, town council etc) loger; (of building) abriter ◆ **house agent** n agent [m] immobilier ◆ **houseboat** n péniche [f] aménagée ◆ **housebound** adj confiné chez soi ◆ **house-breaking** n cambriolage [m] ◆ **housecoat** n peignoir [m] ◆ **housefly** n mouche [f] (commune) ◆ **houseguest** n invité(e) [m(f)] ◆ **household** n ménage [m] ◇ (fig) **a ~ word** un mot que tout le monde connaît; **~ name** nom [m] bien connu ◆ **householder** n occupant(e) [m(f)] ◆ **housekeeper** n (for sb else) gouvernante [f] ◇ **she is a good ~** elle est bonne ménagère ◆ **housekeeping** n (work) ménage [m] ◇ **~ money** argent [m] du ménage ◆ **houseman** n ≃ interne ◆ **house-proud** adj très méticuleux, [f] -euse ◆ **house surgeon** n ≃ interne [mf] en chirurgie ◆ **house-to-house** adj ◇ **to make a ~ search for sb** aller de porte en porte à la recherche de qn ◆ **house-trained** adj propre ◆ **housewarming** n ◇ **to give a ~ party** pendre la crémaillère ◆ **housewife** n, pl **-wives** ménagère [f]; (as opposed to career woman) femme [f] au foyer ◆ **housework** n ménage [m] ◇ **to do the ~** faire le ménage.

housing ['haʊzɪŋ] n logement [m] ◇ **~ association** *association fournissant des logements*; **~ shortage** crise [f] du logement; **~ development** or **scheme** or **estate** cité [f], lotissement [m].

hovel ['hɒvəl] n taudis [m].

hover ['hɒvəʳ] vi (gen) planer (*above* au-dessus de); (of person: **~ about**) rôder ◆ **hovercraft** n aéroglisseur [m] ◆ **hoverport** n hoverport [m].

how [haʊ] adv (gen) comment; (that) que ◇ **~ are you?** comment allez-vous?; **~ do you do?** (greeting) bonjour; (on being introduced) enchanté de faire votre connaissance; **to learn ~ to do sth** apprendre à faire qch; **I know ~ to do it** je sais le faire; **~ was the play?** comment avez-vous trouvé la pièce?; **~ is it that...?** comment se fait-il que...? + subj; **~ come?** [famil], **~'s that?** [famil] comment ça se fait? [famil]; **~ ever did you do that?** comment as-tu bien pu faire ça?; **~ about going for a walk?** si on allait se promener?; **and ~!** [famil] et comment! [famil]; **~ big he is!** comme or qu'il est grand!; **~ old is he?** quel âge a-t-il?; **~ much, ~ many** combien (de) ◆ **however** 1 adv ◇ **~ you may do it** de quelque manière que vous le fassiez; **~ that may be** quoi qu'il en soit; **~ tall he may be** quelque grand qu'il soit 2 conj cependant, toutefois ◇ **after that, ~, he...** cependant, après cela, il...

howl [haʊl] 1 vi hurler (*with pain* etc de douleur etc) ◇ **a ~ing gale** une violente tempête 2 n hurlement [m] ◆ **howler** [famil] n gaffe [f].

HP [eɪtʃ'pi:] abbr of *hire purchase* achat [m] à crédit.

hp [eɪtʃ'pi:] abbr of *horsepower* CV.

HQ [eɪtʃ'kju:] abbr of *headquarters* QG [m].

hub [hʌb] n moyeu [m] ◇ **~ cap** enjoliveur [m].

huddle ['hʌdl] vti se blottir (les uns contre les autres) ◇ **~d under a blanket** blotti sous une couverture; **~d over his books** penché sur ses livres.

hue [hju:] n (colour) teinte [f].

huff [hʌf] n [famil] ◇ **in a ~** froissé; **to take the ~** se froisser ◆ **huffy** [famil] adj froissé.

hug [hʌg] vt serrer dans ses bras.

huge [hju:dʒ] adj (gen) énorme; (house) immense ◇ **a ~ success** un succès fou ◆ **hugely** adv énormément; (very) extrêmement.

hulk [hʌlk] n (ship) épave [f].

hull [hʌl] n coque [f].

hullo [hʌ'ləʊ] excl = **hallo.**

hum [hʌm] 1 vti (of insect, wire) bourdonner; (of person) fredonner; (of engine) vrombir; (of radio) ronfler 2 n bourdonnement [m]; vrombissement [m].

human ['hju:mən] 1 adj humain ◇ **~ being** être [m] humain; **~ nature** nature [f] humaine; **~ rights** droits [mpl] de l'homme; **it's only ~ nature to want...** c'est humain de vouloir...; **he's only ~** il n'est pas un saint 2 n être [m] humain ◆ **humane** adj plein d'humanité ◆ **humanely** adv avec humanité ◆ **humanism** n humanisme [m] ◆ **humanitarian** adj humanitaire ◆ **humanity** n humanité [f].

humble ['hʌmbl] adj humble ◆ **humbly** adv humblement.

humbug ['hʌmbʌg] n (person) fumiste [famil] [mf]; (talk) fumisterie [famil] [f].

humdrum ['hʌmdrʌm] adj monotone.

humid ['hju:mɪd] adj humide ◆ **humidity** n humidité [f].

humiliate [hju:'mɪlɪeɪt] vt humilier ◆ **humiliation** n humiliation [f].

humility [hju:'mɪlɪtɪ] n humilité [f].

humorous ['hju:mərəs] adj (book, writer) humoristique; (person, remark) plein d'humour ◆ **humorously** adv avec humour.

humour, (US) **-or** ['hju:məʳ] 1 n a (sense of fun) humour [m] ◇ **he has no sense of ~** il n'a pas le sens de l'humour b ◇ (temper) **in a good ~** de bonne humeur 2 vt faire plaisir à.

hump [hʌmp] n bosse [f].

humus ['hju:məs] n humus [m].

hunch [hʌntʃ] 1 vt (**~ up**) voûter ◇ **~ed (up) over his books** courbé sur ses livres 2 n (famil: premonition) intuition [f] ◇ **to have a ~ that** soupçonner que ◆ **hunchback** n bossu(e) [m(f)].

hundred ['hʌndrɪd] adj, n cent [m] ◇ **a or one ~** cent; **a or one ~ and one** cent un; **a or one ~ and two** cent deux; **a ~ chairs** cent chaises; **about a ~ chairs** une centaine de chaises; **two ~** deux cents; **two ~ and one** deux cent un; **two ~ and two** deux cent deux; (fig) **~s** [famil] **of** des centaines de; **a ~ per cent successful** réussi à cent pour cent; **to live to be a ~** devenir centenaire ◆ **hundredth** adj, n centième [mf]; (fraction) centième [m] ◆ **hundredweight** n (Brit) = 50,7 kg, (US) = 45,3 kg.

hung [hʌŋ] pret, ptp of *hang*.

Hungarian [hʌŋ'gɛərɪən] 1 adj hongrois 2 n Hongrois(e) [m(f)]; (language) hongrois [m].

Hungary ['hʌŋgərɪ] n Hongrie [f].

hunger ['hʌŋgəʳ] n faim [f] (*for* de) ◇ **~ strike** grève [f] de la faim.

hungrily ['hʌŋgrɪlɪ] adv avidement.

hungry ['hʌŋgrɪ] adj ◇ **to be or feel ~** avoir faim; **to make sb ~** donner faim à qn; **to go ~** (starve) souffrir de la faim; (miss a meal) se passer de manger; (fig) **~ for** avide de.

hunk [hʌŋk] n gros morceau [m].

hunt [hʌnt] 1 n (gen) chasse [f]; (for sth or sb missing) recherche [f] (*for* de); (huntsmen) chasseurs [mpl] ◇ **tiger ~** chasse au tigre; **the ~ for the murderer** la chasse au meurtrier; **I've had a ~ for my gloves** j'ai cherché mes gants partout 2 vti (Sport) chasser; (pursue) poursuivre; (seek) chercher ◇ **to go ~ing** aller à la chasse; **to ~ for** (game) chasser; (object, facts) rechercher (partout); **to ~ (in) one's pockets for sth** fouiller dans ses poches pour trouver qch; **to ~ sth up** rechercher qch ◆ **hunter** n (horse) cheval [m] de chasse ◆ **hunting** n chasse [f] à courre ◇ **fox-~** chasse au renard ◆ **huntsman** n chasseur [m].

hurdle ['hɜ:dl] n (Sport) haie [f]; (fig) obstacle [m].

hurl [hɜ:l] vt (stone) lancer (avec violence) (*at* contre); (abuse etc) lancer (*at* à) ◇ **to ~ o.s.** se jeter; **to ~ o.s. at** se ruer sur.

hurrah [hʊ'rɑ:] n, **hurray** [hʊ'reɪ] hourra [m] ◇ **hip, hip, ~!** hip, hip, hip, hourra!; **~ for Richard!** vive Richard!

hurricane ['hʌrɪkən] n ouragan [m].

hurry ['hʌrɪ] **1** n (haste) hâte [f]; (eagerness) empressement [m] ◇ **to be in a ~** être pressé; **to be in a ~ to do** avoir hâte de faire; **done in a ~** fait à la hâte; **are you in a ~ for this?** vous le voulez très vite?; **there's no ~ for it** ça ne presse pas **2** vi se dépêcher, se presser (*to do* de faire) ◇ **~ up!** dépêchez-vous!; **to ~ back** se dépêcher de revenir (*or* de retourner); **to ~ in** etc entrer etc à la hâte; **he hurried after her** il a couru pour la rattraper **3** vt (**~ up, ~ along:** person) faire presser; (piece of work) activer ◇ **don't ~ your meal** ne mangez pas trop vite; **to ~ sb in (or out)** faire entrer (or sortir) qn à la hâte; **they hurried him to a doctor** ils l'ont emmené d'urgence chez un médecin ◆ **hurried** adj (steps, departure) précipité; (work) fait à la hâte ◆ **hurriedly** adv à la hâte.

hurt [hɜ:t] pret, ptp *hurt* **1** vt **a** (physically) faire mal à; (injure) blesser ◇ **to ~ o.s., to get ~** se faire mal, se blesser; **to ~ one's arm** se blesser au bras; **where does it ~ you?** où avez-vous mal? **b** (mentally etc) faire de la peine à ◇ **somebody is bound to get ~** il y a toujours quelqu'un qui écope [famil]; **to ~ sb's feelings** froisser qn **c** (damage: thing) abîmer; (reputation, trade) nuire à **2** vi faire mal ◇ **my arm ~s** mon bras me fait mal; **where does it ~?** où avez-vous mal? ◆ **hurtful** adj (remark etc) blessant.

hurtle ['hɜ:tl] vi ◇ **to ~ along** etc avancer etc à toute vitesse.

husband ['hʌzbənd] n mari [m] ◇ **to live as ~ and wife** vivre maritalement.

hush [hʌʃ] **1** excl chut! **2** vt (scandal) étouffer; (person) faire taire ◆ **hushed** adj (voice) étouffé; (silence) profond.

husk [hʌsk] n (of grain) balle [f]; (of nut) écale [f].

husky ['hʌskɪ] adj **a** (voice) rauque; (singer's voice) voilé **b** (burly) costaud [famil].

hustle ['hʌsl] **1** vt ◇ **to ~ sb out** etc bousculer qn pour le faire sortir etc **2** n ◇ **~ and bustle** tourbillon [m] d'activité.

hut [hʌt] n hutte [f]; (shed) cabane [f]; (Mil) baraquement [m]; (in mountains) refuge [m].

hutch [hʌtʃ] n clapier [m].

hyacinth ['haɪəsɪnθ] n jacinthe [f].

hybrid ['haɪbrɪd] adj, n hybride [m].

hydrant ['haɪdrənt] n prise [f] d'eau ◇ **fire ~** bouche [f] d'incendie.

hydraulic [haɪ'drɒlɪk] adj hydraulique.

hydroelectric ['haɪdrəʊɪ'lektrɪk] adj hydro-électrique.

hydrogen ['haɪdrɪdʒən] n hydrogène [m].

hyena [haɪ'i:nə] n hyène [f].

hygiene ['haɪdʒi:n] n hygiène [f].

hygienic [haɪ'dʒi:nɪk] adj hygiénique.

hymn [hɪm] n cantique [m], hymne [m].

hype [haɪp] [famil] **1** n campagne [f] publicitaire **2** vt lancer à grand renfort de publicité.

hyper... ['haɪpə^r] pref hyper... ◆ **hypermarket** n hypermarché [m].

hyphen ['haɪfən] n trait [m] d'union.

hypnosis [hɪp'nəʊsɪs] n hypnose [f] ◇ **under ~** en état d'hypnose ◆ **hypnotist** n hypnotiseur [m], [f] -euse ◆ **hypnotize** vt hypnotiser.

hypoallergenic [ˌhaɪpəʊˌæləˌdʒenɪk] adj hypoallergénique.

hypochondriac [ˌhaɪpəʊ'kɒndrɪæk] **1** adj hypocondriaque **2** n malade [mf] imaginaire.

hypocrisy [hɪ'pɒkrɪsɪ] n hypocrisie [f] ◆ **hypocritical** adj hypocrite.

hypodermic [ˌhaɪpə'dɜ:mɪk] n seringue [f] hypodermique.

hypothesis [haɪ'pɒθɪsɪs] n, pl **-eses** hypothèse [f] ◆ **hypothetical** adj hypothétique.

hysterectomy [ˌhɪstə'rektəmɪ] n hystérectomie [f].

hysteria [hɪs'tɪərɪə] n (Med) hystérie [f]; (gen) crise [f] de nerfs ◆ **hysterical** adj (Med) hystérique; (gen) surexcité ◇ **to become ~** avoir une crise de nerfs ◆ **hysterically** adv (laugh) convulsivement; (shout) comme un(e) hystérique ◆ **hysterics** npl ◇ **to have ~** avoir une violente crise de nerfs; (laughing) attraper un fou rire.

i

1. **I, i** [aɪ] n (letter) I, i [m].

2. **I** [aɪ] pers pron je ◇ ~ **am** je suis; **here** ~ **am** me voici; **he and** ~ **are going to sing** lui et moi allons chanter; **I'll do it, she can't** c'est moi qui vais le faire, elle ne peut pas; **it's** ~ c'est moi.

Iberia [aɪ'bɪərɪə] n Ibérie [f] ◆ **Iberian** adj ibérique.

ice [aɪs] 1 n a glace [f]; (on road) verglas [m] ◇ **like** ~ (hands) glacé; (room) glacial; ~ **age** période [f] glaciaire; ~ **axe** piolet [m]; ~ **cube** glaçon [m]; ~ **floe** banquise [f]; ~ **hockey** hockey [m] sur glace; ~ **rink** patinoire [f] b ◇ (~ **cream**) glace [f] 2 vt (cake) glacer 3 vi ◇ **to** ~ **over** or **up** givrer ◆ **iceberg** n iceberg [m] ◆ **icebox** n (fridge) frigidaire [m] ® ◆ **ice-cold** adj (drink) glacé; (room) glacial ◆ **ice cream** n glace [f] ◆ **iced** adj (tea, coffee) glacé ◆ **ice lolly** n ≃ esquimau [m] *(glace)* ◆ **ice-skate** vi patiner (sur glace) ◆ **ice-skating** n patinage [m] (sur glace) ◆ **ice-tray** n bac [m] à glaçons.

Iceland ['aɪslənd] n Islande [f] ◆ **Icelander** n Islandais(e) [m(f)] ◆ **Icelandic** 1 adj islandais 2 n (language) islandais [m].

icicle ['aɪsɪkl] n glaçon [m] *(naturel)*.

icing ['aɪsɪŋ] n glaçage [m] ◇ ~ **sugar** sucre [m] glace.

icon ['aɪkɒn] n icône [f].

icy ['aɪsɪ] adj (weather, room) glacial; (ground, hands) glacé; (road) verglacé.

idea [aɪ'dɪə] n idée [f] ◇ **brilliant** ~ idée géniale; **the** ~ **is to sell the car** il s'agit de vendre la voiture; **what gave you the** ~ **that...?** qu'est-ce qui t'a fait penser que...?; **to put** ~**s into sb's head** mettre des idées dans la tête de qn; **if that's your** ~ **of work** si c'est ça que tu appelles travailler; **I've got some** ~ **of physics** j'ai quelques notions [fpl] de physique; **I haven't the slightest** or **foggiest** ~ je n'en ai pas la moindre idée; **I have an** ~ **that...** j'ai l'impression que...; **I had no** ~ **that...** j'ignorais absolument que...; **can you give me a rough** ~ **of how many?** pouvez-vous m'indiquer en gros combien?; **I've got the general** ~ [famil] je vois à peu près; **that's the** ~**!** [famil] c'est ça!; **to have big** ~**s** voir grand; **what's the big** ~**?** [famil] qu'est-ce que c'est que cette histoire?

ideal [aɪ'dɪəl] adj, n idéal [m] ◆ **idealist** adj, n idéaliste [mf] ◆ **ideally** adv (gen) d'une manière idéale; (suited) idéalement ◇ ~ **it should have...** l'idéal serait que cela...

identical [aɪ'dentɪkəl] adj identique (*to* à); (twins) vrais.

identification [aɪˌdentɪfɪ'keɪʃən] n (document) pièce [f] d'identité.

identify [aɪ'dentɪfaɪ] 1 vt identifier (*as* comme étant) 2 vi s'identifier (*with* avec, à).

identikit [aɪ'dentɪkɪt] n portrait-robot [m].

identity [aɪ'dentɪtɪ] n identité [f] ◇ **mistaken** ~ erreur [f] d'identité; ~ **card** carte [f] d'identité; ~ **papers** papiers [mpl] d'identité; ~ **parade** séance [f] d'identification (d'un suspect).

ideology [ˌaɪdɪ'ɒlədʒɪ] n idéologie [f].

idiom ['ɪdɪəm] n expression [f] idiomatique ◆ **idiomatic** adj idiomatique.

idiosyncrasy [ˌɪdɪə'sɪŋkrəsɪ] n particularité [f].

idiot ['ɪdɪət] n idiot(e) [m(f)] ◆ **idiotic** adj idiot, bête ◆ **idiotically** adv bêtement.

idle ['aɪdl] adj a (doing nothing) oisif, [f] -ive; (unemployed) en chômage; (lazy) paresseux, [f] -euse; (moment) de loisir; (machinery) inutilisé ◇ **the** ~ **rich** l'élite [f] oisive b (speculation, threat, promises) vain; (fears) sans fondement ◇ ~ **curiosity** curiosité [f] pure et simple; ~ **gossip** racontars [mpl] ◆ **idleness** n oisiveté [f], paresse [f] ◆ **idly** adv (laze) paresseusement; (say, suggest) négligemment.

idol ['aɪdl] n idole [f] ◆ **idolize** vt idolâtrer.

idyllic [ɪ'dɪlɪk] adj idyllique.

i.e. [,aɪ'i:] adv abbr of *id est* c'est-à-dire.

if [ɪf] conj si ◇ **I'll go ~ you come with me** j'irai si tu m'accompagnes; ~ **you like** or **want** si vous voulez; ~ **I were you** si j'étais vous; **even** ~ même si; ~ **only...** si seulement...; ~ **so** s'il en est ainsi; ~ **not** sinon; **nice,** ~ **rather cold** agréable, bien qu'un peu froid; **as** ~ **you were rich** comme si vous étiez riche; **as** ~ **by chance** comme par hasard.

ignite [ɪg'naɪt] vi prendre feu ◆ **ignition** n (gen) ignition [f]; (on car) allumage [m] ◇ **to switch on the** ~ mettre le contact; ~ **key** clef [f] de contact; ~ **switch** contact [m].

ignoramus [,ɪgnə'reɪməs] n ignare [mf].

ignorance ['ɪgnərəns] n ignorance [f] (*of a fact* d'un fait; *of geography* etc en matière de géographie etc) ◆ **ignorant** adj (person) ignorant (*of* de) ◇ **to be** ~ **of sth** ignorer qch.

ignore [ɪg'nɔ:ʳ] vt (remark, fact) ne tenir aucun compte de; (sb's behaviour) faire semblant de ne pas s'apercevoir de; (person) faire semblant de ne pas reconnaître; (letter) ne pas répondre à; (rule) ne pas respecter.

ill [ɪl] **1** adj (comp *worse*, superl *worst*) **a** (sick) malade (*with* de); (less serious) souffrant ◇ **to be taken** ~ tomber malade **b** (bad: deed, health etc) mauvais (before n) ◇ ~ **effects** conséquences [fpl] désastreuses; ~ **feeling** ressentiment [m]; **no** ~ **feeling!** sans rancune! **2** n ◇ (misfortunes) ~**s** malheurs [mpl] **3** adv mal ◆ **ill-advised** adj peu judicieux, [f] -ieuse ◆ **ill-fated** adj néfaste ◆ **ill-mannered** adj mal élevé ◆ **ill-natured** adj désagréable ◆ **illness** n maladie [f] ◇ **to have a long** ~ faire une longue maladie ◆ **ill-timed** adj intempestif, [f] -ive ◆ **ill-treat** or **ill-use** vt maltraiter ◆ **ill-treatment** n mauvais traitements [mpl].

illegal [ɪ'li:gəl] adj illégal.

illegible [ɪ'ledʒəbl] adj illisible.

illegitimate [,ɪlɪ'dʒɪtɪmɪt] adj illégitime.

illicit [ɪ'lɪsɪt] adj illicite.

illiteracy [ɪ'lɪtərəsɪ] n analphabétisme [m].

illiterate [ɪ'lɪtərɪt] adj (person) illettré; (letter) plein de fautes.

illogical [ɪ'lɒdʒɪkəl] adj illogique.

illuminate [ɪ'lu:mɪneɪt] vt (gen) éclairer; (for special occasion: building) illuminer ◇ ~**d sign** enseigne [f] lumineuse ◆ **illuminating** adj éclairant ◆ **illuminations** npl illuminations [fpl].

illusion [ɪ'lu:ʒən] n illusion [f] (*about* sur) ◇ **to be under the** ~ **that** avoir l'illusion que.

illustrate ['ɪləstreɪt] vt (lit, fig) illustrer ◇ ~**d journal** illustré [m] ◆ **illustration** n illustration [f].

image ['ɪmɪdʒ] n (gen) image [f]; (reflection) réflexion [f] ◇ (fig) **he is the** ~ **of his father** c'est tout le portrait de son père; (of politician, town etc) **public** ~ image de marque.

imaginary [ɪ'mædʒɪnərɪ] adj imaginaire.

imagination [ɪ,mædʒɪ'neɪʃən] n imagination [f] ◇ **it is all your** ~**!** vous vous faites des idées!; **use your** ~**!** aie donc un peu d'imagination!

imaginative [ɪ'mædʒɪnətɪv] adj plein d'imagination ◆ **imaginatively** adv avec imagination.

imagine [ɪ'mædʒɪn] vt imaginer (*that* que) ◇ **he's always imagining things** il se fait des idées; **I didn't** ~ **he would come** je ne me doutais pas qu'il viendrait.

imbalance [ɪm'bæləns] n déséquilibre [m].

imbecile ['ɪmbəsi:l] adj, n imbécile [mf].

IMF [,aɪem'ef] n abbr of *International Monetary Fund* FMI [m].

imitate ['ɪmɪteɪt] vt imiter ◆ **imitation** **1** n imitation [f] **2** adj (jewellery etc) faux, [f] fausse (before n) ◇ ~ **leather** imitation [f] cuir ◆ **imitator** n imitateur [m], [f] -trice.

immaculate [ɪ'mækjʊlɪt] adj impeccable ◇ **the I~ Conception** l'Immaculée Conception [f].

immaterial [,ɪmə'tɪərɪəl] adj ◇ **it is** ~ **whether** il importe peu que + subj.

immature [,ɪmə'tjʊəʳ] adj qui manque de maturité.

immediate [ɪ'mi:dɪət] adj immédiat ◇ **to take** ~ **action** agir immédiatement (*to do* pour faire) ◆ **immediately** **1** adv (at once) immédiatement; (directly: affect, concern) directement **2** conj dès que.

immense [ɪ'mens] adj immense ◆ **immensely** adv (rich) immensément; (enjoy o.s.) énormément.

immerse [ɪ'mɜ:s] vt immerger ◇ ~**d in one's work** plongé dans son travail ◆ **immersion heater** n chauffe-eau [m inv] électrique.

immigrant ['ɪmɪgrənt] adj, n immigré(e) [m(f)] ◆ **immigration** n immigration [f] ◇ ~ **authorities** service [m] de l'immigration.

imminent ['ɪmɪnənt] adj imminent.

immobilize [ɪ'məʊbɪlaɪz] vt immobiliser.

immoderate [ɪ'mɒdərɪt] adj immodéré.

immoral [ɪ'mɒrəl] adj immoral ◆ **immorality** n immoralité [f].

immortal [ɪ'mɔ:tl] adj, n immortel(le) [m(f)] ◆ **immortality** n immortalité [f] ◆ **immortalize** vt immortaliser.

immune [ɪ'mju:n] adj immunisé (*from, to* contre) ◇ ~ **system** système (m) immunitaire; (fig) ~ **to criticism** à l'abri de la critique ♦ **immunity** n immunité (f) ♦ **immunize** vt immuniser (*against* contre).

impact ['ɪmpækt] n impact (m) (*on* sur) ♦ **impacted** adj (tooth) inclus.

impair [ɪm'pɛəʳ] vt affecter, détériorer.

impart [ɪm'pɑ:t] vt communiquer.

impartial [ɪm'pɑ:ʃəl] adj impartial.

impassable [ɪm'pɑ:səbl] adj infranchissable.

impassioned [ɪm'pæʃnd] adj passionné.

impassive [ɪm'pæsɪv] adj impassible.

impatience [ɪm'peɪʃəns] n impatience (f) (*to do* de faire); intolérance (f) (*with sb* vis-à-vis de qn).

impatient [ɪm'peɪʃənt] adj impatient (*to do* de faire); intolérant (*with sb* vis-à-vis de qn) ♦ **impatiently** adv avec impatience.

impeccable [ɪm'pekəbl] adj impeccable ♦ **impeccably** adv impeccablement.

impede [ɪm'pi:d] vt entraver.

impediment [ɪm'pedɪmənt] n obstacle (m) ◇ **speech** ~ défaut (m) d'élocution.

impel [ɪm'pel] vt forcer (*to do* à faire).

impending [ɪm'pendɪŋ] adj imminent.

impenetrable [ɪm'penɪtrəbl] adj impénétrable.

imperative [ɪm'perətɪv] adj (need) impérieux, (f) -ieuse; (Gram) impératif ◇ **it is** ~ **that** il faut absolument que + subj.

imperceptible [,ɪmpə'septəbl] adj imperceptible.

imperfect [ɪm'pɜ:fɪkt] adj, n imparfait (m) ♦ **imperfection** n imperfection (f).

imperial [ɪm'pɪərɪəl] adj (gen) impérial; (lordly) majestueux, (f) -ueuse; (weight, measure) légal ♦ **imperialist** adj, n impérialiste (mf).

imperil [ɪm'perɪl] vt mettre en péril.

impersonal [ɪm'pɜ:snl] adj impersonnel, (f) -elle.

impersonate [ɪm'pɜ:səneɪt] vt (gen) se faire passer pour; (Theat) imiter ♦ **impersonation** n (Theat) imitation (f).

impertinent [ɪm'pɜ:tɪnənt] adj impertinent (*to sb* envers qn).

impervious [ɪm'pɜ:vɪəs] adj (fig) sourd (*to* à).

impetuous [ɪm'petjʊəs] adj impétueux, (f) -ueuse.

impetus ['ɪmpɪtəs] n (fig) impulsion (f).

impinge [ɪm'pɪndʒ] vi ◇ **to** ~ **on** affecter.

implement ['ɪmplɪmənt] **1** n outil (m); (for cooking) ustensile (m) **2** ['ɪmplɪment] vt (decision) exécuter; (plan, ideas) mettre en pratique.

implicate ['ɪmplɪkeɪt] vt impliquer.

implication [,ɪmplɪ'keɪʃən] n implication (f) ◇ **by** ~ implicitement; **to study all the** ~**s** étudier toutes les conséquences (fpl) possibles.

implicit [ɪm'plɪsɪt] adj (implied: threat) implicite (*in* dans); (unquestioning: belief) absolu ♦ **implicitly** adv (threaten) implicitement; (believe) absolument; aveuglément.

implore [ɪm'plɔ:ʳ] vt implorer (*sb to do* qn de faire).

imply [ɪm'plaɪ] vt (of person) laisser entendre; (insinuate) insinuer; (of fact) impliquer ◇ **this implies that...** ceci suggère que...; **an implied refusal** un refus implicite.

impolite [,ɪmpə'laɪt] adj impoli.

import ['ɪmpɔ:t] **1** n **a** (goods) importation (f) ◇ ~ **licence** licence (f) d'importation **b** (meaning) sens (m) **2** [ɪm'pɔ:t] vt importer.

importance [ɪm'pɔ:təns] n importance (f) ◇ **to be of** ~ avoir de l'importance; **to give** ~ **to sth** donner de l'importance à qch; **of no** ~ sans importance; **full of his own** ~ plein de lui-même.

important [ɪm'pɔ:tənt] adj important (*to sth* pour qch; *to sb* à qn; *that* que + subj) ◇ **that's not** ~ ça n'a pas d'importance.

importer [ɪm'pɔ:təʳ] n importateur (m).

impose [ɪm'pəʊz] **1** vt (gen) imposer (*on* à); (punishment) infliger (*on* à) **2** vi ◇ **to** ~ **on sb** abuser de la gentillesse de qn ♦ **imposing** adj imposant.

impossibility [ɪm,pɒsə'bɪlɪtɪ] n impossibilité (f) (*of sth* de qch; *of doing* de faire).

impossible [ɪm'pɒsəbl] adj impossible (*that* que + subj) ◇ **it is** ~ **for him to leave, he finds it** ~ **to leave** il lui est impossible de partir; **he made it** ~ **for me to accept** il m'a mis dans l'impossibilité d'accepter; **the** ~ l'impossible (m) ♦ **impossibly** adv (behave) de façon impossible; (late etc) terriblement.

impostor [ɪm'pɒstəʳ] n imposteur (m).

impotent ['ɪmpətənt] adj impuissant.

impound [ɪm'paʊnd] vt confisquer.

impoverished [ɪm'pɒvərɪʃt] adj appauvri.

impracticable [ɪm'præktɪkəbl] adj impraticable.

impractical [ɪm'præktɪkəl] adj peu réaliste.

imprecise [,ɪmprɪ'saɪs] adj imprécis.

impregnate ['ɪmpregneɪt] vt (fertilize) féconder; (saturate) imprégner (*with* de).

impress [ɪm'pres] vt impressionner ◇ **I am not** ~**ed** ça ne m'impressionne pas; **how did he** ~ **you?** quelle impression vous a-t-il faite?; **to** ~ **on sb** faire bien comprendre à qn (*that* que) ♦ **impression** n (gen) impression (f) ◇ **to make an** ~ faire de l'effet (*on sb* à qn); **to make a good/bad** ~ **on sb** faire une bonne/

mauvaise impression à qn; **to be under the ~ that...** avoir l'impression que... ◆ **impressionist** adj, n impressionniste (mf) ◆ **impressive** adj impressionnant.

imprint [ɪm'prɪnt] 1 vt imprimer (*on* sur) 2 ['ɪmprɪnt] n empreinte (f).

imprison [ɪm'prɪzn] vt emprisonner ◆ **imprisonment** n emprisonnement (m).

improbable [ɪm'prɒbəbl] adj (gen) improbable (*that* que + subj); (excuse) invraisemblable.

impromptu [ɪm'prɒmptju:] adv, adj, n impromptu (m).

improper [ɪm'prɒpəʳ] adj (indecent) indécent; (wrong) incorrect.

improve [ɪm'pru:v] 1 vt améliorer ◇ **to ~ sb's looks** embellir qn; **that should ~ his chances of success** ceci devrait lui donner de meilleures chances de réussir; **to ~ one's French** se perfectionner en français 2 vi (gen) s'améliorer; (in looks) embellir; (in health) aller mieux ◇ **to ~ on acquaintance** gagner à être connu; **things are improving** les choses vont mieux; **to ~ on sth** faire mieux que qch ◆ **improvement** n amélioration (f) (*in* de; *on* par rapport à) ◇ **there's been an ~** il y a du mieux; **there is room for ~** cela pourrait être mieux; **to carry out ~s to sth** apporter des améliorations à qch.

improvise ['ɪmprəvaɪz] vti improviser.

imprudent [ɪm'pru:dənt] adj imprudent.

impudent ['ɪmpjʊdənt] adj impudent.

impulse ['ɪmpʌls] n impulsion (f) ◇ **on a sudden ~ he...** pris d'une impulsion soudaine il...; **to act on (an) ~** agir par impulsion ◆ **impulsive** adj (person, action) impulsif, (f) -ive; (remark) irréfléchi ◆ **impulsively** adv par impulsion.

impunity [ɪm'pju:nɪtɪ] n ◇ **with ~** impunément.

impure [ɪm'pjʊəʳ] adj impur.

in [ɪn] 1 prep a (gen) dans ◇ **~ the box** dans la boîte; **~ here** ici; **~ there** là-dedans; **~ school** à l'école; **~ the school** dans l'école; **~ London** à Londres; **~ Yorkshire** dans le Yorkshire; **~ Provence** en Provence; **~ France** en France; **~ Denmark** au Danemark; **~ the United States** aux États-Unis; **~ a child of that age** chez un enfant de cet âge; **the best pupil ~ the class** le meilleur élève de la classe b (time: during) en ◇ **~ 1989** en 1989; **~ June** en juin; **~ the morning** le matin; **3 o'clock ~ the afternoon** 3 heures de l'après-midi; **I haven't seen him ~ years** cela fait des années que je ne l'ai pas vu; **I did it ~ an hour** je l'ai fait en une heure; **he will arrive ~ an hour** il arrivera dans une heure; **he returned ~ an hour** il est rentré au bout d'une heure c ◇ (fig) **~ a loud voice** d'une voix forte; **~ a whisper** en chuchotant; **~ pencil** au crayon; **~ French** en français; **~ a rage** en rage; **~ hundreds** par centaines; **dressed ~ white** habillé en blanc; **~ slippers** en pantoufles; **you look nice ~ that dress** tu es jolie avec cette robe; **~ marble** en marbre; **one ~ ten** un sur dix; **~ maths** en maths; **10 metres ~ height by 30 ~ length** 10 mètres de haut sur 30 de long; **~ so far as** dans la mesure où; **~ all** en tout 2 adv ◇ **to be ~** (at home, office etc) être là; (of train) être arrivé; (of harvest) être rentré; (in fashion) être à la mode; **there is nobody ~** il n'y a personne; **we were asked ~** on nous a invités à entrer; **~ between** (space) entre; (time) entre-temps; **it's ~ between** c'est entre les deux; **~ between times** dans les intervalles; **we are ~ for trouble** nous allons avoir des ennuis; **you don't know what you're ~ for!** [famil] tu ne sais pas ce qui t'attend!; **he's ~ for the job of...** il est candidat au poste de...; **to have it ~ for sb** [famil] avoir une dent contre qn; **to be ~ on a secret** être au courant d'un secret; **to be well ~ with sb** être bien avec qn; **day ~ day out** jour après jour 3 n ◇ **the ~s and outs** les tenants et les aboutissants (mpl) ◆ **in-flight** adj en vol ◆ **in-house** adj (publication) interne; (training) effectué sur place ◆ **in-laws** [famil] npl (parents-in-law) beaux-parents (mpl); (others) belle-famille (f) ◆ **in-patient** n malade (mf) hospitalisé(e).

in. abbr of *inch*.

in... [ɪn] (préfixe exprimant surtout la négation) ◇ **inapplicable** inapplicable; **inartistic** peu artistique.

inability [,ɪnə'bɪlɪtɪ] n incapacité (f) (*to do* de faire).

inaccessible [,ɪnæk'sesəbl] adj inaccessible (*to* à).

inaccuracy [ɪn'ækjʊrəsɪ] n (gen) inexactitude (f); (of person) manque (m) de précision; (of word, expression) impropriété (f).

inaccurate [ɪn'ækjʊrɪt] adj (gen) inexact; (report, translation) manquant de précision.

inactive [ɪn'æktɪv] adj (person) inactif, (f) -ive; (volcano) qui n'est pas en activité.

inadequate [ɪn'ædɪkwɪt] adj (gen) insuffisant; (piece of work) médiocre; (person) incompétent ◇ **he felt ~** il ne se sentait pas à la hauteur.

inadvertently [,ɪnəd'vɜ:təntlɪ] adv par inadvertance.

inadvisable [,ɪnəd'vaɪzəbl] adj à déconseiller ◇ **it is ~ to...** il est déconseillé de... + infin.

inane [ɪ'neɪn] adj inepte.

inanimate [ɪn'ænɪmɪt] adj inanimé.

inappropriate [,ɪnə'prəʊprɪɪt] adj (gen) inopportun; (word, name) mal choisi.

inarticulate [ˌɪnɑːˈtɪkjʊlɪt] adj qui s'exprime avec difficulté.

inattention [ˌɪnəˈtenʃən] n manque [m] d'attention (*to* accordée à).

inaudible [ɪnˈɔːdəbl] adj inaudible.

inaugurate [ɪˈnɔːgjʊreɪt] vt (gen) inaugurer; (person) investir de ses fonctions ◆ **inauguration** n inauguration [f]; investiture [f].

inborn [ˌɪnˈbɔːn] adj, **inbred** adj inné.

Inc. [a] abbr of *incorporated* [b] ◇ **Smith and Jones** ~ Smith et Jones SARL.

Inca [ˈɪŋkə] [1] adj inca [2] n Inca [mf].

incalculable [ɪnˈkælkjʊləbl] adj incalculable.

incapable [ɪnˈkeɪpəbl] adj incapable (*of doing* de faire).

incapacitate [ˌɪnkəˈpæsɪteɪt] vt rendre incapable (*for work* etc de travailler etc).

incapacity [ˌɪnkəˈpæsɪtɪ] n incapacité [f] (*to do* de faire).

incarcerate [ɪnˈkɑːsəreɪt] vt incarcérer.

incarnation [ˌɪnkɑːˈneɪʃən] n incarnation [f].

incendiary [ɪnˈsendɪərɪ] n engin [m] incendiaire.

1. **incense** [ɪnˈsens] vt mettre en fureur.

2. **incense** [ˈɪnsens] n encens [m].

incentive [ɪnˈsentɪv] n objectif [m] ◇ **he has no** ~ **to do it** il n'a rien qui l'incite à le faire; **it gave me an** ~ cela m'a encouragé.

incessant [ɪnˈsesnt] adj incessant.

incest [ˈɪnsest] n inceste [m] ◆ **incestuous** adj incestueux, [f] -euse.

inch [ɪntʃ] [1] n pouce [m] (= 2,54 cm) ◇ **a few** ~**es** ≃ quelques centimètres; **every** ~ **of the...** tout le (or toute la)...; **within an** ~ **of doing** à deux doigts de faire; ~ **by** ~ petit à petit [2] vi ◇ **to** ~ **forward** etc avancer etc petit à petit ◆ **inchtape** n centimètre [m] (de couturière).

incidence [ˈɪnsɪdəns] n fréquence [f].

incident [ˈɪnsɪdənt] n (gen) incident [m]; (in book, play etc) épisode [m].

incidental [ˌɪnsɪˈdentl] [1] adj accessoire; (less important) d'importance secondaire; (music) d'accompagnement [2] n ◇ ~**s** (expenses) frais [mpl] accessoires ◆ **incidentally** adv (by the way) à propos.

incinerate [ɪnˈsɪnəreɪt] vt incinérer.

incinerator [ɪnˈsɪnəˌreɪtə^r] n incinérateur [m].

incision [ɪnˈsɪʒən] n incision [f].

incisive [ɪnˈsaɪsɪv] adj incisif, [f] -ive.

incite [ɪnˈsaɪt] vt pousser, inciter (*to* à; *to do* à faire) ◆ **incitement** n incitation [f].

inclination [ˌɪnklɪˈneɪʃən] n inclination [f] ◇ **my** ~ **is to leave** j'incline à partir.

incline [ˈɪnklaɪn] n inclinaison [f] ◆ **inclined** [ɪnˈklaɪnd] adj ◇ (of person) **to be** ~ **to do** être enclin à faire; **it's** ~ **to break** cela se casse facilement; **if you feel** ~ si le cœur vous en dit; **well** ~ **towards sb** bien disposé à l'égard de qn.

include [ɪnˈkluːd] vt inclure ◇ **it is not** ~**d** ce n'est pas inclus; **everything** ~**d** tout compris; **the children** ~**d** y compris les enfants; **does that** ~ **me?** est-ce que cela s'adresse aussi à moi? ◆ **including** prep y compris ◇ **not** ~ **tax** taxe non comprise; **up to and** ~ **4th May** jusqu'au 4 mai inclus.

inclusive [ɪnˈkluːsɪv] adj (charge) global ◇ **from 1st to 6th May** ~ du 1er au 6 mai inclus; **cost** ~ **of all meals** forfait repas compris.

incoherent [ˌɪnkəʊˈhɪərənt] adj incohérent.

income [ˈɪnkʌm] n (gen) revenu [m] ◇ **private** ~ rentes [fpl]; **the lowest** ~ **group** les économiquement faibles [mpl]; **the middle** ~ **group** la classe à revenus moyens; ~**s policy** politique [f] des revenus; ~ **tax** impôt [m] sur le revenu.

incoming [ˈɪnkʌmɪŋ] adj (flight, person) qui arrive; (tide) montant; (tenant, mayor) nouveau, [f] -elle (before n) ◇ ~ **mail** courrier [m] à l'arrivée.

incompatible [ˌɪnkəmˈpætəbl] adj incompatible.

incompetence [ɪnˈkɒmpɪtəns] n incompétence [f].

incompetent [ɪnˈkɒmpɪtənt] adj incompétent.

incomplete [ˌɪnkəmˈpliːt] adj incomplet, [f] -ète.

incomprehensible [ɪnˌkɒmprɪˈhensəbl] adj incompréhensible.

inconceivable [ˌɪnkənˈsiːvəbl] adj inconcevable.

inconclusive [ˌɪnkənˈkluːsɪv] adj (result) peu concluant; (evidence) peu convaincant.

incongruous [ɪnˈkɒŋgrʊəs] adj incongru, déplacé; (absurd) absurde.

inconsiderate [ˌɪnkənˈsɪdərɪt] adj (person) qui manque d'égards; (act) inconsidéré ◇ **you were very** ~ tu as agi sans aucun égard.

inconsistency [ˌɪnkənˈsɪstənsɪ] n incohérence [f]; inconséquence [f].

inconsistent [ˌɪnkənˈsɪstənt] adj incohérent; inconséquent ◇ ~ **with** incompatible avec.

inconspicuous [ˌɪnkənˈspɪkjʊəs] adj qui passe inaperçu.

incontinent [ɪnˈkɒntɪnənt] adj incontinent.

incontrovertible [ɪnˌkɒntrəˈvɜːtəbl] adj indéniable.

inconvenience [ˌɪnkən'viːnɪəns] 1 n (trouble) dérangement [m]; (annoying thing) inconvénient [m] 2 vt déranger; (stronger) gêner.

inconvenient [ˌɪnkən'viːnɪənt] adj (time, place) mal choisi; (house, equipment) peu pratique ◇ **if it is not** ~ si cela ne vous dérange pas; **it is most** ~ c'est très gênant ◆ **inconveniently** adv (place etc) de façon peu pratique; (happen) à contretemps.

incorporate [ɪn'kɔːpəreɪt] vt incorporer.

incorrect [ˌɪnkə'rekt] adj (dress, behaviour) incorrect; (statement, report, time) inexact.

incorrigible [ɪn'kɒrɪdʒəbl] adj incorrigible.

incorruptible [ˌɪnkə'rʌptəbl] adj incorruptible.

increase [ɪn'kriːs] 1 vti augmenter ◇ **to** ~ **in weight** prendre du poids; **to** ~ **speed** accélérer 2 ['ɪnkriːs] n augmentation [f] (*in*, *of* de) ◇ **to be on the** ~ augmenter ◆ **increasing** adj croissant ◆ **increasingly** adv de plus en plus.

incredible [ɪn'kredəbl] adj incroyable ◆ **incredibly** adv incroyablement.

incredulous [ɪn'kredjʊləs] adj incrédule.

increment ['ɪnkrɪmənt] n augmentation [f].

incriminate [ɪn'krɪmɪneɪt] vt compromettre ◇ (Law) **incriminating evidence** pièces [fpl] à conviction.

incubate ['ɪnkjʊbeɪt] vt (eggs) couver; (disease) incuber.

incubator ['ɪnkjʊbeɪtə^r] n couveuse [f] (artificielle).

incur [ɪn'kɜː^r] vt (anger, expenses) encourir; (risk) courir; (debts) contracter; (loss) subir.

incurable [ɪn'kjʊərəbl] adj incurable.

incursion [ɪn'kɜːʃən] n incursion [f].

indebted [ɪn'detɪd] adj redevable (*to sb for sth* à qn de qch; *for doing* d'avoir fait).

indecent [ɪn'diːsnt] adj indécent ◇ (Law) ~ **assault** attentat [m] à la pudeur (*on* sur).

indecipherable [ˌɪndɪ'saɪfərəbl] adj indéchiffrable.

indecision [ˌɪndɪ'sɪʒən] n indécision [f].

indecisive [ˌɪndɪ'saɪsɪv] adj indécis.

indeed [ɪn'diːd] adv (gen) en effet ◇ **I feel,** ~ **I know...** je sens, et même je sais...; **yes** ~! mais bien sûr!; ~**?** vraiment?; **very pleased** ~ vraiment très content; **thank you very much** ~ merci mille fois.

indefinable [ˌɪndɪ'faɪnəbl] adj indéfinissable.

indefinite [ɪn'defɪnɪt] adj (gen, also Gram) indéfini; (number, period) indéterminé ◆ **indefinitely** adv (wait etc) indéfiniment ◇ **postponed** ~ remis à une date indéterminée.

indelible [ɪn'deləbl] adj indélébile.

indemnify [ɪn'demnɪfaɪ] vt indemniser (*for* de).

indent [ɪn'dent] 1 vt (text) mettre en retrait 2 ['ɪndent] n (for goods) commande [f].

independence [ˌɪndɪ'pendəns] n indépendance [f] (*from* par rapport à) ◇ **to get one's** ~ devenir indépendant.

independent [ˌɪndɪ'pendənt] 1 adj (gen) indépendant (*of* de); (radio) libre 2 n ◇ (Pol) **I** ~ non-inscrit [m] ◆ **independently** adv de façon indépendante ◇ ~ **of** indépendamment de.

indescribable [ˌɪndɪs'kraɪbəbl] adj indescriptible.

indeterminate [ˌɪndɪ'tɜːmɪnɪt] adj indéterminé.

index ['ɪndeks] n (in book) index [m]; (in library) catalogue [m] ◇ **cost-of-living** ~ indice [m] du coût de la vie; (fig) **it is an** ~ **of how much...** cela permet de se rendre compte combien...; ~ **card** fiche [f]; ~ **finger** index [m] ◆ **index-linked** adj indexé.

India ['ɪndɪə] n Inde [f] ◆ **Indian** 1 n Indien(ne) [m(f)] 2 adj (gen) indien, [f] -ienne; (Brit Hist) des Indes; (ink) de Chine; (tea) indien ◇ ~ **Ocean** océan [m] Indien.

indicate ['ɪndɪkeɪt] vt (gen) indiquer (*that* que); (intentions) manifester ◇ (of driver) **to** ~ **left** mettre son clignotant gauche ◆ **indication** n indication [f] ◇ **there is no** ~ **that** rien ne porte à croire que + subj; **it is an** ~ **of** cela permet de se rendre compte de ◆ **indicative** adj indicatif, [f] -ive ◇ **to be** ~ **of sth/of the fact that...** montrer qch/que... ◆ **indicator** n (gen) indicateur [m]; (on car) clignotant [m] ◇ (Rail) **arrival** ~ tableau [m] des arrivées.

indict [ɪn'daɪt] vt accuser (*for, on a charge of* de).

Indies ['ɪndɪz] npl Indes [fpl] ◇ **West** ~ Antilles [fpl].

indifference [ɪn'dɪfrəns] n indifférence [f] (*to/towards* à/envers); (poor quality) médiocrité [f].

indifferent [ɪn'dɪfrənt] adj indifférent (*to* à); (mediocre) médiocre.

indigenous [ɪn'dɪdʒɪnəs] adj indigène (*to* de).

indigestion [ˌɪndɪ'dʒestʃən] n ◇ **to have** ~ avoir une indigestion.

indignant [ɪn'dɪgnənt] adj indigné (*about* à propos de; *at sth* de qch; *with sb* contre qn) ◇ **to grow** ~ s'indigner ◆ **indignantly** adv avec indignation ◆ **indignation** n indignation [f].

indignity [ɪn'dɪgnɪtɪ] n indignité [f].

indigo ['ɪndɪgəʊ] adj indigo [inv].

indirect [ˌɪndɪ'rekt] adj (gen) indirect; (route, means) détourné ◆ **indirectly** adv indirectement.

indiscreet [ˌɪndɪs'kriːt] adj indiscret, [f] -ète.

indiscretion [ˌɪndɪs'kreʃən] n indiscrétion (f).

indiscriminate [ˌɪndɪs'krɪmɪnɪt] adj (punishment, blows) distribué au hasard; (killings) commis au hasard; (person) manquant de discernement ◆ **indiscriminately** adv (choose, kill) au hasard; (watch TV, admire) sans aucun sens critique.

indispensable [ˌɪndɪs'pensəbl] adj indispensable (*to* à).

indisposed [ˌɪndɪs'pəʊzd] adj indisposé.

indisputable [ˌɪndɪs'pju:təbl] adj incontestable.

indistinct [ˌɪndɪs'tɪŋkt] adj indistinct.

indistinguishable [ˌɪndɪs'tɪŋgwɪʃəbl] adj indifférenciable (*from* de).

individual [ˌɪndɪ'vɪdjʊəl] 1 adj (separate: portion, attention) individuel, (f) -elle; (characteristic: style) particulier, (f) -ière 2 n individu (m) ◆ **individualist** n individualiste (mf) ◆ **individuality** n individualité (f) ◆ **individually** adv individuellement.

indoctrination [ɪnˌdɒktrɪ'neɪʃən] n endoctrinement (m).

indolent ['ɪndələnt] adj indolent.

indomitable [ɪn'dɒmɪtəbl] adj indomptable.

Indonesia [ˌɪndəʊ'ni:zɪə] n Indonésie (f) ◆ **Indonesian** 1 adj indonésien, (f) -ienne 2 n indonésien(ne) (m(f)).

indoor ['ɪndɔ:ʳ] adj (shoes, film scene, photography) d'intérieur; (aerial) intérieur; (plant) d'appartement; (pool, tennis court) couvert; (game, job) pratiqué en intérieur ◆ **indoors** adv à l'intérieur ◇ **to go ~** rentrer.

induce [ɪn'dju:s] vt (gen) persuader (*sb to do* qn de faire); (reaction, sleep) provoquer (*in sb* chez qn) ◇ (Med) **to ~ labour** déclencher l'accouchement ◆ **inducement** n (gen) encouragement (m) (*to do* à faire) ◇ **as an added ~** comme avantage (m) supplémentaire.

indulge [ɪn'dʌldʒ] vti (person) gâter; (sb's wishes) se prêter à; (one's desires) satisfaire ◇ **to ~ in sth** se permettre qch; **I'll ~ myself and have a chocolate** je vais me faire plaisir et manger un chocolat ◆ **indulgence** n indulgence (f) ◆ **indulgent** adj indulgent (*to* envers).

industrial [ɪn'dʌstrɪəl] adj (gen) industriel, (f) -ielle; (accident, medicine) du travail; (dispute) ouvrier, (f) -ière ◇ **~ action** action (f) revendicative; **to take ~ action** se mettre en grève; **~ dispute** conflit (m) social; **~ estate** zone (f) industrielle; **~ injury** accident (m) du travail; **~ park** (US) zone (f) industrielle; **~ unrest** agitation (f) ouvrière ◆ **industrialist** n industriel (m) ◆ **industrialize** vt industrialiser.

industrious [ɪn'dʌstrɪəs] adj industrieux, (f) -ieuse.

industry ['ɪndəstrɪ] n a industrie (f) ◇ **Department of I~** ministère (m) de l'Industrie b (industriousness) assiduité (f).

inedible [ɪn'edɪbl] adj (not to be eaten) non comestible; (not fit to be eaten) immangeable.

ineffective [ˌɪnɪ'fektɪv] adj, **ineffectual** [ˌɪnɪ'fektjʊəl] adj (measures) inefficace; (attempt) vain (before n); (person) incompétent.

inefficiency [ˌɪnɪ'fɪʃənsɪ] n inefficacité (f); (of person) incompétence (f).

inefficient [ˌɪnɪ'fɪʃənt] adj (gen) inefficace; (person) incompétent.

ineligible [ɪn'elɪdʒəbl] adj ◇ **to be ~ for** ne pas avoir droit à.

inept [ɪ'nept] adj inepte, stupide.

inequality [ˌɪnɪ'kwɒlɪtɪ] n inégalité (f).

inert [ɪ'nɜ:t] adj inerte.

inertia [ɪ'nɜ:ʃə] n inertie (f) ◇ **~ reel seat belts** ceintures (fpl) de sécurité à enrouleurs.

inescapable [ˌɪnɪs'keɪpəbl] adj inéluctable.

inevitable [ɪn'evɪtəbl] adj inévitable ◆ **inevitably** adv inévitablement; fatalement.

inexcusable [ˌɪnɪks'kju:zəbl] adj inexcusable.

inexhaustible [ˌɪnɪg'zɔ:stəbl] adj inépuisable.

inexorable [ɪn'eksərəbl] adj inexorable.

inexpensive [ˌɪnɪks'pensɪv] adj bon marché (inv).

inexperience [ˌɪnɪks'pɪərɪəns] n inexpérience (f) ◆ **inexperienced** adj inexpérimenté.

inexplicable [ˌɪnɪks'plɪkəbl] adj inexplicable.

inextricable [ˌɪnɪks'trɪkəbl] adj inextricable.

infallible [ɪn'fæləbl] adj infaillible.

infamous ['ɪnfəməs] adj infâme.

infancy ['ɪnfənsɪ] n toute petite enfance (f) ◇ (fig) **still in its ~** encore à ses débuts.

infant ['ɪnfənt] n bébé (m); (Law) mineur(e) (m(f)); (school) petit(e) (m(f)) *(de 5 à 7 ans)* ◇ **~ mortality** mortalité (f) infantile; **~ school** ≃ classes (fpl) de onzième et de dixième.

infantry ['ɪnfəntrɪ] n infanterie (f) ◆ **infantryman** n fantassin (m).

infatuated [ɪn'fætjʊeɪtɪd] adj ◇ **~ with** (person) entiché de; (idea etc) engoué de ◆ **infatuation** n engouement (m), béguin [famil] (m) (*with* pour).

infect [ɪn'fekt] vt infecter ◆ **infection** n infection (f) ◆ **infectious** adj (disease) infectieux, (f) -ieuse; (person, laughter) contagieux, (f) -ieuse.

infer [ɪn'fɜ:ʳ] vt déduire (*from* de; *that* que) ◆ **inference** n déduction (f); inférence (f) ◇ **by ~** par déduction.

inferior [ɪn'fɪərɪəʳ] adj inférieur (*to* à); (work, goods) de qualité inférieure ◇ **I feel ~** j'ai un sentiment d'infériorité ◆ **inferiority** n infériorité [f] (*to* par rapport à) ◇ **~ complex** complexe [m] d'infériorité.

infernal [ɪn'fɜ:nl] adj infernal ◆ **infernally** adv abominablement.

inferno [ɪn'fɜ:nəʊ] n enfer [m] (fig).

infest [ɪn'fest] vt infester (*with* de).

infidelity [ˌɪnfɪ'delɪtɪ] n infidélité [f].

infiltrate ['ɪnfɪltreɪt] vti s'infiltrer (*sth* dans qch).

infinite ['ɪnfɪnɪt] adj, n infini [m] ◆ **infinitely** adv infiniment ◆ **infinitive** n infinitif [m] ◆ **infinity** n infini [m] ◇ **an ~ of** une infinité de; **to ~** à l'infini.

infirm [ɪn'fɜ:m] adj infirme.

infirmary [ɪn'fɜ:mərɪ] n hôpital [m].

inflamed [ɪn'fleɪmd] adj enflammé.

inflammable [ɪn'flæməbl] adj inflammable.

inflammation [ˌɪnflə'meɪʃən] n inflammation [f].

inflatable [ɪn'fleɪtɪbl] adj pneumatique.

inflate [ɪn'fleɪt] vt (tyre) gonfler (*with* de); (prices) faire monter ◆ **inflated** adj (prices, idea) exagéré.

inflation [ɪn'fleɪʃən] n inflation [f] ◆ **inflationary** adj inflationniste.

inflexible [ɪn'fleksəbl] adj (object) rigide; (person, attitude) inflexible.

inflict [ɪn'flɪkt] vt infliger (*on* à).

influence ['ɪnflʊəns] **1** n influence [f] (*on* sur) ◇ **under the ~ of** (person) sous l'influence de; (drugs) sous l'effet [m] de; **under the ~ of drink** en état d'ivresse; **to be a good ~ on** exercer une bonne influence sur **2** vt (gen) influencer ◇ **to be ~d by** se laisser influencer par ◆ **influential** adj ◇ **to be ~** avoir de l'influence.

influenza [ˌɪnflʊ'enzə] n grippe [f].

influx ['ɪnflʌks] n flot [m], afflux [m].

info [famil] ['ɪnfəʊ] n abbr of *information* doc [famil] [f].

inform [ɪn'fɔ:m] vti informer (*of* de); (Police) avertir ◇ **to keep sb ~ed** tenir qn au courant (*of* de); **to ~ against sb** dénoncer qn.

informal [ɪn'fɔ:məl] adj (person, manner, style) simple; (dance, dinner) entre amis; (announcement, arrangement) officieux, [f] -ieuse; (invitation, meeting) dénué de caractère officiel ◇ **'dress ~'** 'tenue de ville'; **it will be quite ~** ce sera sans cérémonie ◆ **informally** adv (arrange, meet) officieusement; (behave, speak, dress) de façon toute simple.

information [ˌɪnfə'meɪʃən] n (facts) renseignements [mpl]; (knowledge) connaissances [fpl] ◇ **a piece of ~** un renseignement; **to get ~ about** se renseigner sur; **for your ~** à titre d'information; **~ bureau** bureau [m] de renseignements; **~ desk** accueil [m]; **~ processing** informatique [f]; **~ technology** informatique [f].

informative [ɪn'fɔ:mətɪv] adj instructif, [f] -ive.

informer [ɪn'fɔ:məʳ] n (Police) indicateur [m] de police.

infrared ['ɪnfrə'red] adj infrarouge.

infrequent [ɪn'fri:kwənt] adj peu fréquent.

infringe [ɪn'frɪndʒ] vi ◇ **to ~ on** empiéter sur ◆ **infringement** n infraction [f] (*of* à).

infuriate [ɪn'fjʊərɪeɪt] vt exaspérer.

infuse [ɪn'fju:z] vt (tea) faire infuser ◆ **infusion** n infusion [f].

ingenious [ɪn'dʒi:nɪəs] adj ingénieux, [f] -ieuse.

ingenuity [ˌɪndʒɪ'nju:ɪtɪ] n ingéniosité [f].

ingenuous [ɪn'dʒenjʊəs] adj ingénu.

ingot ['ɪŋgət] n lingot [m].

ingrained [ɪn'greɪnd] adj (prejudice) enraciné ◇ **~ dirt** crasse [f].

ingratiating [ɪn'greɪʃɪeɪtɪŋ] adj doucereux, [f] -euse.

ingratitude [ɪn'grætɪtju:d] n ingratitude [f].

ingredient [ɪn'gri:dɪənt] n ingrédient [m].

ingrowing [ˌɪn'grəʊɪŋ] adj incarné.

inhabit [ɪn'hæbɪt] vt habiter dans ◆ **inhabitant** n habitant(e) [m(f)].

inhale [ɪn'heɪl] **1** vt inhaler **2** vi (of smoker) avaler la fumée ◆ **inhaler** n inhalateur [m].

inherent [ɪn'hɪərənt] adj inhérent (*in* à).

inherit [ɪn'herɪt] vt hériter de; (title) succéder à; (characteristics) tenir (*from sb* de qn) ◆ **inheritance** n (gen) héritage [m]; (national) patrimoine [m].

inhibit [ɪn'hɪbɪt] vt gêner ◇ **to ~ sb from doing** empêcher qn de faire ◆ **inhibited** adj refoulé ◆ **inhibition** n inhibition [f].

inhuman [ɪn'hju:mən] adj inhumain.

inimitable [ɪ'nɪmɪtəbl] adj inimitable.

iniquitous [ɪ'nɪkwɪtəs] adj inique.

initial [ɪ'nɪʃəl] **1** adj initial ◇ **in the ~ stages** au début **2** n ◇ **~s** initiales [fpl]; (as signature) parafe [m] ◆ **initialize** vt (Comput) initialiser ◆ **initially** adv initialement.

initiate [ɪ'nɪʃɪeɪt] vt (scheme, fashion etc) lancer ◆ **initiation** n initiation [f] ◆ **initiative** n initiative [f] ◇ **to take the ~** prendre l'initiative (*in doing sth* de faire qch).

inject [ɪn'dʒekt] vt injecter (*sth into* qch dans) ◇ **to ~ sb with sth** faire une piqûre de qch à qn ◆ **injection** n injection [f], piqûre [f].

injure ['ɪndʒəʳ] vt blesser ◇ **to ~ one's leg** se blesser à la jambe ◆ **injured** **1** adj (Med) blessé ◇ (Law) **the ~ party** la partie lésée **2** npl ◇ **the ~** les blessés [mpl] ◆ **injury** n (Med) blessure [f] ◇ (Ftbl) **~ time** arrêts [mpl] de jeu.

injustice [ɪn'dʒʌstɪs] n injustice [f] ◇ **to do sb an ~** être injuste envers qn.

ink [ɪŋk] n encre [f] ◇ **in ~** à l'encre.

inkling ['ɪŋklɪŋ] n petite idée [f] ◇ **I had no ~ that** je n'avais pas la moindre idée que.

inlaid ['ɪn'leɪd] adj (gen) incrusté (*with* de); (box, table) marqueté.

inland ['ɪnlænd] **1** adj intérieur ◇ **~ waterways** canaux [mpl] et rivières [fpl]; **the I~ Revenue** le fisc **2** [ɪn'lænd] adv à l'intérieur.

inlet ['ɪnlet] n (in sea) bras [m] de mer ◇ **~ pipe** tuyau [m] d'arrivée.

inmate ['ɪnmeɪt] n (in prison) détenu(e) [m(f)]; (in hospital) malade [mf].

inn [ɪn] n auberge [f] ◇ (in London) **the I~s of Court** les Écoles [fpl] de droit.

innate [ɪ'neɪt] adj inné.

inner ['ɪnəʳ] adj (gen) intérieur; (ear) interne; (emotions, thoughts) intime ◇ **~ city** quartiers [mpl] déshérités du centre ville; (tyre) **~ tube** chambre [f] à air.

innings ['ɪnɪŋz] n (Cricket) tour [m] de batte.

innocence ['ɪnəsns] n innocence [f].

innocent ['ɪnəsnt] adj innocent (*of* de).

innocuous [ɪ'nɒkjʊəs] adj inoffensif, [f] -ive.

innovate ['ɪnəʊveɪt] vti innover ◆ **innovation** n innovation [f] (*in* en matière de).

innuendo [ˌɪnjʊ'endəʊ] n insinuation [f] malveillante.

innumerable [ɪ'nju:mərəbl] adj innombrable.

inoculate [ɪ'nɒkjʊleɪt] vt inoculer (*against* contre; *sb with sth* qch à qn).

inoffensive [ˌɪnə'fensɪv] adj inoffensif, [f] -ive.

inordinate [ɪ'nɔ:dɪnɪt] adj excessif, [f] -ive.

input ['ɪnpʊt] n (Comput) données [fpl] à traiter.

inquest ['ɪnkwest] n enquête [f] (criminelle).

inquire [ɪn'kwaɪəʳ] vti s'informer (*about, after* de); se renseigner (*about, into* sur); (ask) demander ◇ **he ~d what she wanted** il a demandé ce qu'elle voulait ◆ **inquiring** adj (mind) curieux, [f] -ieuse.

inquiry [ɪn'kwaɪərɪ] n **a** ◇ **to make inquiries about** se renseigner sur; **~ desk, ~ office** bureau [m] de renseignements; (sign) **'Inquiries'** 'Renseignements' **b** (Law etc) enquête [f] ◇ **to hold an ~ into** faire une enquête sur; **the police are making inquiries** la police enquête.

inquisitive [ɪn'kwɪzɪtɪv] adj curieux, [f] -ieuse.

inroad ['ɪnrəʊd] n incursion [f] ◇ (fig) **to make ~s into** entamer.

ins abbr of *inches*.

insane [ɪn'seɪn] adj (person) fou, [f] folle; (Med) aliéné; (project etc) insensé ◆ **insanely** adv (behave) de façon insensée; (jealous) follement ◆ **insanity** n (Med) aliénation [f] mentale; (gen) folie [f].

insanitary [ɪn'sænɪtərɪ] adj insalubre.

insatiable [ɪn'seɪʃəbl] adj insatiable.

inscribe [ɪn'skraɪb] vt (write) inscrire (*in* dans); (engrave) graver (*on* sur).

inscription [ɪn'skrɪpʃən] n inscription [f].

inscrutable [ɪn'skru:təbl] adj impénétrable (fig).

insect ['ɪnsekt] n insecte [m] ◇ **~ bite** piqûre [f] d'insecte; **~ repellent** produit [m] anti-insecte [inv] ◆ **insecticide** n insecticide [m].

insecure [ˌɪnsɪ'kjʊəʳ] adj (thing) peu solide; (future) incertain; (person) anxieux, [f] -ieuse ◆ **insecurity** n insécurité [f].

insensitive [ɪn'sensɪtɪv] adj insensible (*to* à).

inseparable [ɪn'sepərəbl] adj inséparable.

insert [ɪn'sɜ:t] vt insérer.

inshore ['ɪn'ʃɔ:ʳ] adj (gen) côtier, [f] -ière; (wind) de mer.

inside ['ɪn'saɪd] **1** adv dedans; à l'intérieur ◇ **come ~!** entrez! **2** prep (place) dans; à l'intérieur de ◇ **~ 10 minutes** en moins de 10 minutes; **he was ~ the record** il avait battu le record **3** n **a** intérieur [m] ◇ **on the ~** à l'intérieur; **~ out** à l'envers; **to turn sth ~ out** retourner qch entièrement; **to know sth ~ out** connaître qch à fond **b** (famil: stomach) ventre [m] **4** adj (gen) intérieur ◇ **~ information** renseignements [mpl] à la source; **the ~ lane** (Brit) la voie de gauche; (US, Europe etc) la voie de droite ◆ **insider** n (with influence, knowledge) initié(e) [m(f)].

insidious [ɪn'sɪdɪəs] adj insidieux, [f] -ieuse.

insight ['ɪnsaɪt] n (gen) perspicacité [f]; (glimpse) aperçu [m].

insignia [ɪn'sɪgnɪə] npl insignes [mpl].

insignificant [ˌɪnsɪg'nɪfɪkənt] adj insignifiant.

insincere [ˌɪnsɪn'sɪəʳ] adj peu sincère ◆ **insincerity** n manque [m] de sincérité.

insinuate [ɪn'sɪnjʊeɪt] vt insinuer.

insipid [ɪn'sɪpɪd] adj insipide, fade.

insist [ɪn'sɪst] vti insister (*on doing* pour faire; *on sb's doing* pour que qn fasse) ◇ **to ~ on sth** exiger qch; **I ~ that you let me help** j'insiste pour que tu me permettes d'aider; **he ~s that he has seen her** il affirme qu'il l'a vue ◆ **insistence** n insistance [f] ◇ **at his ~** parce qu'il a insisté.

insole ['ɪnˌsəʊl] n (removable) semelle [f] intérieure; (of shoe) première [f].

insolent ['ɪnsələnt] adj insolent.

insoluble [ɪn'sɒljʊbl] adj insoluble.

insolvent [ɪn'sɒlvənt] adj insolvable; (bankrupt) en faillite.

insomnia [ɪn'sɒmnɪə] n insomnie (f) ♦ **insomniac** adj, n insomniaque (mf).

inspect [ɪn'spekt] vt (gen) inspecter; (document, object) examiner; (review: troops) passer en revue ♦ **inspection** n inspection (f); examen (m); revue (f) ♦ **inspector** n (gen) inspecteur (m), (f) -trice; (on bus, train) contrôleur (m), (f) -euse.

inspiration [ˌɪnspɪ'reɪʃən] n inspiration (f).

inspire [ɪn'spaɪəʳ] vt inspirer (*sb with sth* qch à qn) ◇ **an ~d idea** or **guess** etc une inspiration ♦ **inspiring** adj qui suscite l'inspiration.

instability [ˌɪnstə'bɪlɪtɪ] n instabilité (f).

install [ɪn'stɔːl] vt installer.

instalment [ɪn'stɔːlmənt] n (of payment) versement (m) partiel; (in serial) épisode (m) ◇ **by ~s** (pay) en plusieurs versements; (buy) à tempérament; **~ plan** système (m) de crédit.

instance ['ɪnstəns] n exemple (m) ◇ **for ~** par exemple; **in many ~s** dans bien des cas; **in the first ~** en premier lieu.

instant ['ɪnstənt] **1** adj (gen) immédiat, instantané; (coffee) soluble; (food) à préparation rapide; (soup) en poudre ◇ **~ camera** appareil (m) à développement instantané; **your letter of the 10th inst(ant)** votre lettre du 10 courant **2** n instant (m) ◇ **come this ~** viens immédiatement; **just this ~** à l'instant; **in an ~** (+ past tense) en un instant; (+ future tense) dans un instant; **the ~ he heard the news** dès qu'il a appris la nouvelle ♦ **instantly** adv immédiatement.

instantaneous [ˌɪnstən'teɪnɪəs] adj instantané.

instead [ɪn'sted] adv au lieu de cela ◇ **do that ~** faites plutôt cela; **~ of doing sth** au lieu de faire qch; **~ of him** à sa place.

instep ['ɪnstep] n (of foot) cou-de-pied (m); (of shoe) cambrure (f).

instil [ɪn'stɪl] vt inculquer (*into* à) ◇ **to ~ into sb that** faire comprendre à qn que.

instinct ['ɪnstɪŋkt] n instinct (m) ◇ **by ~** d'instinct ♦ **instinctive** adj instinctif, (f) -ive ♦ **instinctively** adv instinctivement.

institute ['ɪnstɪtjuːt] **1** vt (system, rules) instituer; (organization) fonder; (inquiry) ouvrir **2** n institut (m).

institution [ˌɪnstɪ'tjuːʃən] n (organization, school etc) établissement (m); (private) institution (f); (mental hospital) hôpital (m) psychiatrique; (old custom) institution (f).

instruct [ɪn'strʌkt] vt (teach) enseigner (*sb in sth* qch à qn); (order) ordonner (*sb to do* à qn de faire) ♦ **instruction** n instruction (f) ◇ **~s** (on medicine) indications (fpl); (for tool) mode (m) d'emploi; **~ book** manuel (m) d'entretien; **driving ~** leçons (fpl) de conduite ♦ **instructor** n (gen) professeur (m); (Mil) instructeur (m); (Ski) moniteur (m) ◇ **driving ~** moniteur (m) d'auto-école.

instrument ['ɪnstrʊmənt] n instrument (m) ◇ **~ panel** tableau (m) de bord ♦ **instrumental** adj (Mus) instrumental ◇ **to be ~ in doing** contribuer à faire ♦ **instrumentalist** n instrumentiste (mf).

insubordinate [ˌɪnsə'bɔːdɪnɪt] adj insubordonné.

insufferable [ɪn'sʌfərəbl] adj insupportable.

insufficient [ˌɪnsə'fɪʃənt] adj insuffisant.

insular ['ɪnsjʊləʳ] adj (climate) insulaire; (person) aux vues étroites.

insulate ['ɪnsjʊleɪt] vt (gen, also Elec) isoler; (against sound) insonoriser ♦ **insulating** adj ◇ **~ material** isolant (m); **~ tape** chatterton (m).

insulin ['ɪnsjʊlɪn] n insuline (f).

insult [ɪn'sʌlt] **1** vt insulter **2** ['ɪnsʌlt] n insulte (f) ♦ **insulting** adj insultant.

insuperable [ɪn'suːpərəbl] adj insurmontable.

insurance [ɪn'ʃʊərəns] n assurance (f) (*on, for sth* pour qch; *against* contre); (cover) garantie (f) (d'assurances), couverture (f) ◇ **to take out ~ against** s'assurer contre; **~ company** compagnie (f) d'assurances; **~ policy** police (f) d'assurance V **national.**

insure [ɪn'ʃʊəʳ] vt **a** (house etc) assurer (*against* contre) ◇ **to ~ one's life** prendre une assurance-vie **b** (make sure) s'assurer (*that* que + subj); (success) assurer.

insurrection [ˌɪnsə'rekʃən] n insurrection (f).

intact [ɪn'tækt] adj intact.

intake ['ɪnteɪk] n (of water, gas etc) admission (f); (in schools) admissions (fpl); (of food) consommation (f).

integral ['ɪntɪgrəl] adj ◇ **to be an ~ part of** faire partie intégrante de.

integrate ['ɪntɪgreɪt] vti intégrer (*in, into* dans); (racially: school etc) pratiquer la déségrégation raciale dans ◇ **he wants to ~** il veut s'intégrer; (Comput) **~d software** logiciel (m) intégré ♦ **integration** n intégration (f); (racial) déségrégation (f) raciale.

integrity [ɪn'tegrɪtɪ] n intégrité (f).

intellect ['ɪntɪlekt] n intellect (m) ♦ **intellectual** adj, n intellectuel(le) (m(f)).

intelligence [ɪn'telɪdʒəns] n (cleverness) intelligence (f); (information) informations (fpl) ◇ **~ service** service (m) de renseignements; **~ quotient** → **IQ**; **~ test** test (m) d'aptitude intellectuelle.

intelligent [ɪn'telɪdʒənt] adj intelligent ♦ **intelligently** adv intelligemment.

intelligible [ɪn'telɪdʒəbl] adj intelligible.

intend [ɪn'tend] vt avoir l'intention (*to do, doing* de faire; *sb to do* que qn fasse); (gift etc) destiner (*for* à) ◇ **I fully ~ to...** j'ai la ferme intention de...; **it is ~ed to help...** c'est destiné à aider... ◆ **intended** adj (journey) projeté; (effect, insult) voulu ◇ **~ for** destiné à, conçu pour.

intense [ɪn'tens] adj (gen) intense; (person) véhément ◆ **intensely** adv (live, look) intensément; (cold) extrêmement ◆ **intensify** 1 vt intensifier 2 vi s'intensifier ◆ **intensity** n intensité [f] ◆ **intensive** adj intensif, [f] -ive ◇ (Med) **in ~ care** en réanimation.

intent [ɪn'tent] 1 n intention [f] ◇ **to all ~s and purposes** en fait 2 adj absorbé (*on sth* par qch) ◇ **~ on leaving** bien décidé à partir.

intention [ɪn'tenʃən] n intention [f] (*of doing* de faire) ◇ **to have no ~ of doing** n'avoir aucune intention de faire ◆ **intentional** adj intentionnel, [f] -elle ◆ **intentionally** adv (gen) intentionnellement; (do, say) exprès.

inter [ɪn'tɜːʳ] vt enterrer.

inter... ['ɪntəʳ] pref inter... ◇ **~-schools** interscolaire ◆ **inter-city** adj ◇ **~ link** or **train** ligne [f] interurbaine.

interact [,ɪntər'ækt] vi avoir une action réciproque.

intercede [,ɪntə'siːd] vi intercéder (*with* auprès de; *for* en faveur de).

intercept [,ɪntə'sept] vt (ship, message) intercepter; (person) arrêter au passage.

interchange ['ɪntə,tʃeɪndʒ] n (on motorway) échangeur [m] ◆ **interchangeable** adj interchangeable.

intercom ['ɪntəkɒm] [famil] n interphone [m].

intercourse ['ɪntəkɔːs] n (sexual) rapports [mpl] (sexuels).

interdisciplinary [,ɪntə'dɪsəplɪnərɪ] adj interdisciplinaire.

interest ['ɪntrɪst] 1 n a intérêt [m] ◇ **to take an ~ in** s'intéresser à; **to lose ~ in** se désintéresser de; **to be of ~ to sb** intéresser qn; **my main ~ is...** ce qui m'intéresse le plus c'est...; **to act in sb's ~** agir dans l'intérêt de qn b (share, concern) intérêts [mpl] ◇ **I have an ~ in this firm** j'ai des intérêts dans cette firme c (Fin) intérêts [mpl] (*on* de) ◇ **~ rate** taux [m] d'intérêt 2 vt intéresser ◇ **to be or become ~ed in** s'intéresser à; **I am ~ed in going** ça m'intéresse d'y aller; **can I ~ you in reading...?** est-ce que cela vous intéresserait de lire...? ◆ **interest-free** adj sans intérêt ◆ **interesting** adj intéressant.

interface ['ɪntəfeɪs] n (Comput) interface [f].

interfere [,ɪntə'fɪəʳ] vi se mêler des affaires des autres ◇ **to ~ with sb's plans** contrecarrer les projets de qn; **his hobbies ~ with his work** ses distractions empiètent sur son travail ◆ **interference** n (Rad) parasites [mpl].

interim ['ɪntərɪm] 1 n intérim [m] 2 adj intérimaire.

interior [ɪn'tɪərɪəʳ] 1 adj (gen) intérieur ◇ **~ decoration** décoration [f] d'intérieurs; **~ decorator** décorateur [m], [f] -trice 2 n intérieur [m].

interjection [,ɪntə'dʒekʃən] n interjection [f].

interloper ['ɪntələʊpəʳ] n intrus(e) [m(f)].

interlude ['ɪntəluːd] n intervalle [m] ◇ **musical ~** interlude [m].

intermediary [,ɪntə'miːdɪərɪ] n intermédiaire [mf].

intermediate [,ɪntə'miːdɪət] adj (gen) intermédiaire; (school etc) moyen, [f] -enne.

intermission [,ɪntə'mɪʃən] n (gen) pause [f]; (Cin) entracte [m].

intermittent [,ɪntə'mɪtənt] adj intermittent.

intern [ɪn'tɜːn] vt interner *(pour raisons de sécurité)* ◆ **internee** n interné(e) [m(f)].

internal [ɪn'tɜːnl] adj interne ◇ **~ injuries** lésions [fpl] internes; (US) **I~ Revenue Service** fisc [m] ◆ **internally** adv intérieurement.

international [,ɪntə'næʃnəl] 1 adj international 2 n international [m].

interpret [ɪn'tɜːprɪt] vti interpréter ◆ **interpreter** n interprète [mf].

interrogate [ɪn'terəgeɪt] vt soumettre à un interrogatoire ◆ **interrogation** n interrogatoire [m] ◆ **interrogative** adj, n (Gram) interrogatif [m], [f] -ive ◆ **interrogator** n interrogateur [m], [f] -trice.

interrupt [,ɪntə'rʌpt] vt interrompre ◆ **interruption** n interruption [f].

intersect [,ɪntə'sekt] 1 vt couper 2 vi s'entrecouper ◆ **intersection** n (crossroads) croisement [m].

interspersed [,ɪntə'spɜːst] adj ◇ **~ with...** avec de temps en temps,...

interval ['ɪntəvəl] n (gen, Mus) intervalle [m]; (in school) récréation [f]; (Sport) mi-temps [f]; (Theat) entracte [m] ◇ **at ~s** par intervalles; **at frequent ~s** à intervalles rapprochés; (weather) **bright ~s** belles éclaircies [fpl].

intervene [,ɪntə'viːn] vi (gen) intervenir (*in* dans); (of time) s'écouler (*between* entre) ◆ **intervention** n intervention [f].

interview ['ɪntəvjuː] 1 n (gen) entrevue [f] (*with* avec); (Press, TV etc) interview [f] ◇ **to call sb to an ~** convoquer qn 2 vt (for job etc) avoir une entrevue avec; (Press, TV etc) interviewer ◆ **interviewer** n (Press, TV etc) interviewer [m].

intestine [ɪn'testɪn] n intestin (m).

intimacy ['ɪntɪməsɪ] n intimité (f); (sexual) rapports (mpl) intimes.

intimate ['ɪntɪmɪt] **1** adj (gen) intime; (knowledge etc) approfondi **2** ['ɪntɪmeɪt] vt annoncer; (indirectly) laisser entendre ◆ **intimately** adv intimement ◇ ~ **involved in sth** mêlé de près à qch.

intimation [ˌɪntɪ'meɪʃən] n (gen) annonce (f); (hint, sign) indication (f).

intimidate [ɪn'tɪmɪdeɪt] vt intimider.

into ['ɪntʊ] prep dans, en ◇ **to go ~ a room** entrer dans une pièce; **to go ~ town** aller en ville; **to get ~ a car** monter dans une voiture or en voiture; **4 ~ 12 goes 3 times** 12 divisé par 4 donne 3; (fig) **she's ~**[famil] **health foods** elle donne à fond [famil] dans les aliments naturels.

intolerable [ɪn'tɒlərəbl] adj intolérable (*that* que + subj).

intolerant [ɪn'tɒlərənt] adj intolérant (*of* de).

intonation [ˌɪntəʊ'neɪʃən] n intonation (f).

intoxicate [ɪn'tɒksɪkeɪt] vt enivrer ◆ **intoxicated** adj ivre (*with* de) ◆ **intoxication** n ivresse (f).

intractable [ɪn'træktəbl] adj (child) intraitable; (problem) insoluble.

intransigence [ɪn'trænsɪdʒəns] n intransigeance (f).

intransitive [ɪn'trænsɪtɪv] adj, n intransitif (m).

intrepid [ɪn'trepɪd] adj intrépide.

intricacy ['ɪntrɪkəsɪ] n complexité (f).

intricate ['ɪntrɪkɪt] adj compliqué, complexe.

intrigue [ɪn'tri:g] **1** vt intriguer **2** n intrigue (f) ◆ **intriguing** adj fascinant.

intrinsic [ɪn'trɪnsɪk] adj intrinsèque ◆ **intrinsically** adv intrinsèquement.

introduce [ˌɪntrə'dju:s] vt (bring in, put in: gen) introduire; (subject, speaker) amener; (TV programme etc) présenter ◇ **to ~ sb to sb** présenter qn à qn; **may I ~ Martin?** puis-je vous présenter Martin?; **to ~ sb into a firm** faire entrer qn dans une compagnie ◆ **introduction** n introduction (f); présentation (f) ◇ **letter of ~** lettre (f) de recommandation (*to sb* auprès de qn) ◆ **introductory** adj (remarks) d'introduction; (offer) de lancement.

introspective [ˌɪntrəʊ'spektɪv] adj introspectif, (f) -ive.

introvert ['ɪntrəʊvɜ:t] adj, n introverti(e) (m(f)).

intrude [ɪn'tru:d] vi ◇ **to ~ on** (person) s'imposer à; (conversation) s'immiscer dans; **am I intruding?** est-ce que je vous gêne? ◆ **intruder** n intrus(e) (m(f)) ◆ **intrusion** n intrusion (f) (*into* dans).

intuition [ˌɪntju:'ɪʃən] n intuition (f).

Inuit ['ɪnju:ɪt] **1** adj inuit **2** n Inuit (mf).

inundate ['ɪnʌndeɪt] vt inonder (*with* de).

invade [ɪn'veɪd] vt envahir ◆ **invader** n envahisseur (m), (f) -euse ◆ **invading** adj (army, troops) d'invasion.

1. **invalid** ['ɪnvəlɪd] adj, n malade (mf); (disabled) infirme (mf) ◇ ~ **chair** fauteuil (m) d'infirme.

2. **invalid** [ɪn'vælɪd] adj non valable.

invalidate [ɪn'vælɪdeɪt] vt invalider.

invaluable [ɪn'væljʊəbl] adj inestimable.

invariable [ɪn'vɛərɪəbl] adj invariable.

invasion [ɪn'veɪʒən] n invasion (f).

invective [ɪn'vektɪv] n invective (f).

inveigle [ɪn'vi:gl] vt persuader.

invent [ɪn'vent] vt inventer ◆ **invention** n invention (f) ◆ **inventor** n inventeur (m), (f) -trice.

inventory ['ɪnvəntrɪ] n inventaire (m).

inverse ['ɪn'vɜ:s] adj inverse ◇ **in ~ proportion** en raison inverse (*to* de).

invert [ɪn'vɜ:t] vt (gen) inverser; (object) retourner ◇ **in ~ed commas** entre guillemets (mpl).

invertebrate [ɪn'vɜ:tɪbrɪt] n invertébré (m).

invest [ɪn'vest] vti investir (*in* dans) ◇ **I've ~ed in a car** je me suis payé une voiture.

investigate [ɪn'vestɪgeɪt] vt (question, possibilities) étudier; (crime) enquêter sur ◆ **investigation** n (of Police etc) enquête (f) ◇ **the matter under ~** la question à l'étude ◆ **investigative** adj ◇ ~ **journalism** enquête-reportage (f) ◆ **investigator** n (Police) enquêteur (m) ◇ **private ~** détective (m).

investiture [ɪn'vestɪtʃə^r] n investiture (f).

investment [ɪn'vestmənt] n investissement (m).

inveterate [ɪn'vetərɪt] adj invétéré.

invidious [ɪn'vɪdɪəs] adj injuste.

invigilate [ɪn'vɪdʒɪleɪt] vi être de surveillance (*at* à).

invigorating [ɪn'vɪgəreɪtɪŋ] adj stimulant.

invincible [ɪn'vɪnsəbl] adj invincible.

invisible [ɪn'vɪzəbl] adj invisible ◇ ~ **mending** stoppage (m).

invitation [ˌɪnvɪ'teɪʃən] n invitation (f) ◇ **by ~ only** sur invitation seulement.

invite [ɪn'vaɪt] vt (person) inviter (*to do* à faire); (subscriptions etc) demander; (trouble, defeat) chercher ◇ **to ~ sb to dinner** inviter qn à dîner; **to ~ sb in** inviter qn à entrer; **to ~ sb out** inviter qn à sortir ◆ **inviting** adj (gen) attrayant; (food) appétissant.

invoice ['ɪnvɔɪs] n facture (f).

invoke [ɪn'vəʊk] vt invoquer.

involuntary [ɪn'vɒləntərɪ] adj involontaire.

involve [ɪn'vɒlv] vt **a** (gen) mêler (*in* à); entraîner (*in* dans); (implicate) impliquer (*in* dans) ◇ **to be ~d in a quarrel** être mêlé à une querelle; **to ~ sb in expense** entraîner qn à faire des frais; **how did you come to be ~d?** comment vous êtes-vous trouvé impliqué?; **the police became ~d** la police est intervenue; **the factors ~d** les facteurs en jeu; **the person ~d** la personne en question; **we are all ~d** nous sommes tous concernés; **to get ~d with sb** (gen) se trouver mêlé aux affaires de qn; (in love) tomber amoureux de qn **b** (entail: expense, trouble) entraîner ◇ **it ~s travelling** cela nécessite qu'on voyage ◆ **involved** adj compliqué ◆ **involvement** n **a** rôle (m) (*in* dans), participation (f) (*in* à) **b** (difficulty) difficulté (f).

invulnerable [ɪn'vʌlnərəbl] adj invulnérable.

inward ['ɪnwəd] **1** adj (movements) vers l'intérieur; (peace) intérieur; (thoughts) intime **2** adv (also **~s**) vers l'intérieur ◆ **inwardly** adv (feel, think) en son for intérieur.

I/O (Comput) abbr of *input/output* E/S.

iodine ['aɪədi:n] n (Med) teinture (f) d'iode.

iota [aɪ'əʊtə] n iota (m); (of truth) brin (m).

IOU [,aɪəʊ'ju:] n abbr of *I owe you* reconnaissance (f) de dette (*for* pour).

IQ [,aɪ'kju:] n abbr of *intelligence quotient* QI (m).

IRA [aɪɑ:r'eɪ] n abbr of *Irish Republican Army* IRA (f).

Iran [ɪ'rɑ:n] n Iran (m) ◆ **Iranian** **1** adj iranien, (f) -ienne **2** n Iranien(ne) (m(f)); (language) iranien (m).

Iraq [ɪ'rɑ:k] n Irak (m) ◆ **Iraqi** **1** adj irakien, (f) -ienne **2** n Irakien(ne) (m(f)).

irascible [ɪ'ræsɪbl] adj irascible.

irate [aɪ'reɪt] adj furieux, (f) -ieuse.

Ireland ['aɪələnd] n Irlande (f) ◇ **Northern ~** Irlande du Nord; **Republic of ~** République (f) d'Irlande.

iris ['aɪərɪs] n iris (m).

Irish ['aɪərɪʃ] **1** adj irlandais ◇ **Northern ~** de l'Irlande (f) du Nord; **~ coffee** café (m) irlandais; **~ Sea** mer (f) d'Irlande **2** n (language) irlandais (m) ◇ **the ~** les Irlandais (mpl) ◆ **Irishman** n Irlandais (m) ◆ **Irishwoman** n Irlandaise (f).

irksome ['ɜ:ksəm] adj ennuyeux, (f) -euse.

iron ['aɪən] **1** n fer (m); (for clothes) fer (à repasser) ◇ **scrap ~** ferraille (f) **2** adj de fer ◇ **the I~ Age** l'âge (m) de fer; **the ~ and steel industry** la sidérurgie; **~ curtain** rideau (m) de fer; **~ lung** poumon (m) d'acier; **~ ore** minerai (m) de fer **3** vt (clothes) repasser ◇ **to ~ out** (problems) faire disparaître ◆ **ironing** n repassage (m) ◇ **~ board** planche (f) à repasser ◆ **ironmonger** n quincaillier (m) ◆ **ironmongery** n quincaillerie (f).

ironic [aɪ'rɒnɪk] adj ironique.

irony ['aɪərənɪ] n ironie (f).

irrational [ɪ'ræʃənl] adj (gen) irrationnel, (f) -elle; (person) qui n'est pas rationnel, (f) -elle.

irreconcilable [ɪ,rekən'saɪləbl] adj (enemies) irréconciliable; (belief) inconciliable (*with* avec).

irrefutable [,ɪrɪ'fju:təbl] adj irréfutable.

irregular [ɪ'regjʊlə^r] adj irrégulier, (f) -ière.

irrelevant [ɪ'reləvənt] adj (factor) sans rapport; (remark) hors de propos ◇ **that's ~** cela n'a rien à voir.

irreligious [,ɪrɪ'lɪdʒəs] adj irréligieux, (f) -ieuse.

irreparable [ɪ'repərəbl] adj irréparable.

irreplaceable [,ɪrɪ'pleɪsəbl] adj irremplaçable.

irrepressible [,ɪrɪ'presəbl] adj irrépressible.

irreproachable [,ɪrɪ'prəʊtʃəbl] adj irréprochable.

irresistible [,ɪrɪ'zɪstəbl] adj irrésistible.

irresolute [ɪ'rezəlu:t] adj irrésolu.

irrespective [,ɪrɪ'spektɪv] adj ◇ **~ of** sans tenir compte de.

irresponsible [,ɪrɪs'pɒnsəbl] adj (action) irréfléchi, irresponsable; (person) qui n'a pas le sens des responsabilités ◆ **irresponsibly** adv sans penser à ses (or leurs etc) responsabilités; (without thinking enough) à la légère.

irretrievable [,ɪrɪ'tri:vəbl] adj irréparable.

irreverent [ɪ'revərənt] adj irrévérencieux, (f) -ieuse.

irreversible [,ɪrɪ'vɜ:səbl] adj (decision) irrévocable.

irrevocable [ɪ'revəkəbl] adj irrévocable.

irrigate ['ɪrɪgeɪt] vt irriguer.

irrigation [,ɪrɪ'geɪʃən] n irrigation (f).

irritable ['ɪrɪtəbl] adj irritable.

irritate ['ɪrɪteɪt] vt irriter ◆ **irritating** adj irritant ◆ **irritation** n irritation (f).

IRS [aɪɑ:r'es] n (US) abbr of *Internal Revenue Service* → **internal**.

Islam ['ɪzlɑ:m] n Islam (m) ◆ **Islamic** adj islamique.

island ['aɪlənd] n île (f); (traffic ~) refuge (m) *(pour piétons)* ◆ **islander** n insulaire (mf).

isle [aɪl] n île (f).

isolate ['aɪsəʊleɪt] vt isoler (*from* de) ◆ **isolated** adj isolé ◆ **isolation** n isolement (m) ◇ **~ ward** salle (f) des contagieux.

isotope ['aɪsəʊtəʊp] n isotope (m).

Israel ['ɪzreɪl] n Israël (m) ◆ **Israeli** **1** adj israélien, (f) -ienne **2** n Israélien(ne) (m(f)).

issue ['ɪʃu:] **1** n **a** (matter) question (f), problème (m) ◇ **the ~ is whether...** la question consiste à savoir si...; **to confuse the ~** brouiller les cartes; **to force the ~**

forcer une décision; **to make an ~ of** insister sur; **to be at ~** être en cause **b** (outcome) issue [f] **c** (issuing: of tickets) distribution [f]; (of passport) délivrance [f]; (of shares, stamp) émission [f] **d** (copy) numéro [m] ◇ **back ~** vieux numéro **2** vt (order) donner; (goods, tickets) distribuer; (passport, document) délivrer; (banknote, shares, stamps) émettre; (warrant, warning) lancer ◇ **to ~ a statement** faire une déclaration; **to ~ sb with sth** fournir qch à qn.

isthmus ['ɪsməs] n isthme [m].

it [ɪt] pron **a** (subject) il, elle; (object) le, la; (before vowel) l'; (indirect object) lui ◇ **my machine is old but ~ works** ma machine est vieille mais elle marche; **give ~ to me** donne-le-moi; **of ~, from ~, out of ~** etc en; **he's afraid of ~** il en a peur; **he spoke about ~** il en a parlé; **in ~, to ~, at ~** etc y; **above ~, over ~** dessus; **below ~, beneath ~, under ~** dessous **b** ◇ (impersonal) **~ is raining** il pleut; **~ frightens me** cela or ça m'effraie; **~'s pleasant here** c'est agréable ici; **I've done ~** je l'ai fait; **I've thought about ~** j'y ai pensé; **~'s 3 o'clock** il est 3 heures; **who is ~?** qui est-ce?; **~'s me** c'est moi; **what is ~?** qu'est-ce que c'est?; **~'s difficult to understand** c'est difficile à comprendre; **~'s difficult to understand why** il est difficile de comprendre pourquoi ◆ **its** poss adj son, sa, ses ◆ **it's = it is** ◆ **itself** pron (emphatic) lui-même [m]; elle-même [f]; (reflexive) se ◇ **in the theatre ~** dans le théâtre même; **by ~** tout seul.

italics [ɪ'tælɪks] npl ◇ **in ~** en italique.

Italian [ɪ'tæljən] **1** adj italien, [f] -ienne, d'Italie **2** n Italien(ne) [m(f)]; (language) italien [m].

Italy ['ɪtəlɪ] n Italie [f].

itch [ɪtʃ] **1** n démangeaison [f] ◇ (fig) **the ~** [famil] **to travel** l'envie [f] de voyager **2** vi (of person) éprouver des démangeaisons ◇ **his legs ~** ses jambes le démangent; (fig) **to be ~ing** [famil] **to do** mourir d'envie de faire ◆ **itchy** adj qui démange.

item ['aɪtəm] n (gen) article [m]; (on agenda) question [f]; (in show) numéro [m] ◇ **an ~ of furniture** un meuble; **an important ~ in our policy** un point important de notre politique ◆ **itemize** vt détailler, spécifier.

itinerary [aɪ'tɪnərərɪ] n itinéraire [m].

ITV [ˌaɪti:'vi:] n (Brit) abbr of *Independent Television: chaîne fonctionnant en concurrence avec la BBC.*

IUD [ˌaɪju:'di:] n abbr of *intrauterine device* stérilet [m].

ivory ['aɪvərɪ] **1** n ivoire [m] **2** adj en ivoire; (**~-coloured**) ivoire [inv] ◆ **Ivory Coast** n Côte-d'Ivoire [f].

ivy ['aɪvɪ] n lierre [m].

j

J, j [dʒeɪ] n J, j [m].

jab [dʒæb] 1 vti enfoncer (*into* dans) 2 n (famil: injection) piqûre [f].

jabber ['dʒæbəʳ] vi baragouiner [famil].

jack [dʒæk] 1 n (for car) cric [m]; (Bowling) cochonnet [m]; (Cards) valet [m] ◇ **every man ~** chacun 2 vt ◇ **to ~ sth in** [famil] plaquer [famil] qch; **to ~ a car up** soulever une voiture avec un cric ◆ **jack-plug** n prise [f] à fiche.

jackdaw ['dʒækˌdɔ:] n choucas [m].

jacket ['dʒækɪt] n (man's) veston [m]; (child's, woman's) veste [f]; (of book) couverture [f] ◇ **~ potatoes** pommes [fpl] de terre au four.

jack-knife ['dʒækˌnaɪf] 1 n couteau [m] de poche 2 vi ◇ **the lorry ~d** la remorque du camion s'est mise en travers.

jackpot ['dʒækˌpɒt] n ◇ **to hit the ~** gagner le gros lot.

Jacobean [ˌdʒækə'bi:ən] adj de l'époque de Jacques Ier *(1603-1625)*.

jacuzzi [dʒə'ku:zɪ] n jacuzzi [m]; bain [m] à jet propulsé.

jade [dʒeɪd] n jade [m].

jaded ['dʒeɪdɪd] adj blasé.

jagged ['dʒægɪd] adj déchiqueté.

jail [dʒeɪl] 1 n prison [f] ◇ **in ~** en prison; **to send sb to ~** condamner qn à la prison; **sent to ~ for 5 years** condamné à 5 ans de prison 2 vt mettre en prison (*for murder* pour meurtre) ◇ **~ed for life** condamné à perpétuité ◆ **jailbreak** n évasion [f] ◆ **jailer** n geôlier [m], [f] -ière.

1. **jam** [dʒæm] 1 n (also **traffic ~**) embouteillage [m] ◇ (fig) **in a ~** [famil] dans le pétrin 2 vti a (cram) entasser (*into* dans); (wedge) coincer (*between* entre) ◇ (of driver) **to ~ on the brakes** freiner à mort [famil] b (block: door) coincer; (broadcast) brouiller; (telephone lines) encombrer ◆ **jam-full** or **jam-packed** adj plein à craquer ◆ **jammed** adj (brakes) bloqué; (gun) enrayé; (street: with cars) embouteillé; (with people) noir de monde.

2. **jam** [dʒæm] n confiture [f] ◇ **cherry ~** confiture de cerises; **~ tart** tartelette [f] à la confiture; (Mus) **~ session** séance [f] de jazz improvisé ◆ **jamjar** n pot [m] à confitures.

Jamaica [dʒə'meɪkə] n Jamaïque [f] ◆ **Jamaican** 1 adj jamaïquain 2 n Jamaïquain(e) [m(f)].

jangle ['dʒæŋgl] vi (gen) cliqueter; (of bells) retentir.

janitor ['dʒænɪtəʳ] n concierge [m].

January ['dʒænjʊərɪ] n janvier [m] → for phrases **September.**

Japan [dʒə'pæn] n Japon [m] ◇ **in or to ~** au Japon ◆ **Japanese** 1 adj japonais 2 n (pl inv) Japonais(e) [m(f)]; (language) japonais [m].

1. **jar** [dʒɑ:ʳ] 1 n (jolt) secousse [f] 2 vi (gen) détonner; (of colours) jurer (*with* avec) ◇ **to ~ on sb's nerves** porter sur les nerfs à qn ◆ **jarring** adj ◇ (fig) **to strike a ~ note** être plutôt choquant.

2. **jar** [dʒɑ:ʳ] n (gen) pot [m]; (larger, glass) bocal [m].

jargon ['dʒɑ:gən] n jargon [m].

jasmine ['dʒæzmɪn] n jasmin [m].

jaundice ['dʒɔ:ndɪs] n jaunisse [f] ◆ **jaundiced** adj ◇ **to have a ~ view of things** voir les choses en noir; **to give sb a ~ look** jeter un regard noir à qn.

jaunt [dʒɔ:nt] n balade [famil] [f].

jaunty ['dʒɔ:ntɪ] adj (sprightly) vif, [f] vive; (carefree) désinvolte.

javelin ['dʒævlɪn] n javelot [m].

jaw [dʒɔ:] n mâchoire [f].

jay [dʒeɪ] n geai [m].

jaywalker ['dʒeɪ,wɔ:kəʳ] n piéton [m] indiscipliné.

jazz [dʒæz] 1 n (Mus) jazz [m] ◇ ~ **band** groupe [m] de jazz; (fig) **and all that** ~[famil] et tout ça 2 vt ◇ **to** ~ **up** (music) jouer en jazz; (party) mettre de l'entrain dans; (old dress etc) égayer.

jealous ['dʒeləs] adj jaloux, [f] -ouse (*of* de) ◆ **jealousy** n jalousie [f].

jeans [dʒi:nz] npl jean [m].

jeep [dʒi:p] n jeep [f].

jeer [dʒɪəʳ] vi (of individual) railler; (of crowd) huer ◇ **to** ~ **at sb** railler qn ◆ **jeering** n railleries [fpl].

Jehovah [dʒɪ'həʊvə] n Jéhovah [m].

jelly ['dʒelɪ] n gelée [f]; (US: jam) confiture [f].

jellyfish ['dʒelɪ,fɪʃ] n méduse [f].

jeopardy ['dʒepədɪ] n ◇ **in** ~ en danger.

jerk [dʒɜ:k] 1 n (gen) secousse [f]; (mechanical) à-coup [m]; (famil: person) pauvre type [famil] [m] 2 vt (pull) tirer brusquement; (shake) donner une secousse à.

jerkin ['dʒɜ:kɪn] n blouson [m].

jerky ['dʒɜ:kɪ] adj saccadé.

jersey ['dʒɛ:zɪ] n (garment) tricot [m]; (cloth) jersey [m].

Jersey ['dʒɜ:zɪ] n Jersey [f].

jest [dʒest] n ◇ **in** ~ pour rire.

Jesuit ['dʒezjʊɪt] n Jésuite [m].

Jesus ['dʒi:zəs] n Jésus [m] ◇ ~ **Christ** Jésus-Christ.

jet [dʒet] n (of liquids, gas) jet [m]; (nozzle) brûleur [m]; (plane) avion [m] à réaction, jet [m] ◇ ~ **engine** moteur [m] à réaction; ~ **fuel** kérosène [m]; **to have** ~ **lag** souffrir du décalage horaire ◆ **jet-foil** n hydroglisseur [m].

jet-black ['dʒet'blæk] adj noir comme jais.

jettison ['dʒetɪsn] vt (from ship) jeter par-dessus bord; (from plane) larguer.

jetty ['dʒetɪ] n jetée [f]; (for landing) embarcadère [m].

Jew [dʒu:] n Juif [m] ◆ **Jewess** n Juive [f].

jewel ['dʒu:əl] n bijou [m] ◆ **jeweller**, (US) **jeweler** n bijoutier [m] ◇ ~**'s** bijouterie [f] ◆ **jewellery**, (US) **jewelry** n bijoux [mpl] ◇ **a piece of** ~ un bijou.

Jewish ['dʒu:ɪʃ] adj juif, [f] juive.

jib [dʒɪb] 1 n (sail) foc [m]; (of crane) flèche [f] 2 vi se refuser (*at doing* à faire).

jibe [dʒaɪb] = **gibe.**

jiffy ['dʒɪfɪ] n [famil] ◇ **in a** ~ en moins de deux [famil]; **J**~ **bag** ® enveloppe [f] rembourrée.

jigsaw (puzzle) ['dʒɪg,sɔ:('pʌzl)] n puzzle [m].

jilt [dʒɪlt] vt laisser tomber *(fiancé(e))*.

jingle ['dʒɪŋgl] 1 n ◇ **advertising** ~ couplet [m] publicitaire 2 vi tinter.

jinx [dʒɪŋks] n [famil] ◇ **there's a** ~ **on...** on a jeté un sort à...

jitters ['dʒɪtəz] npl [famil] ◇ **to have the** ~ être agité ◆ **jittery** [famil] adj froussard [famil].

job [dʒɒb] n a (work) travail [m]; boulot [famil] [m] ◇ **I have a little** ~ **for you** j'ai un petit travail pour vous; **to look for a** ~ chercher du travail or un emploi; **out of a** ~ au chômage; **he found a** ~ **as a librarian** il a trouvé un poste de bibliothécaire; **he has a very good** ~ il a une belle situation; **he knows his** ~ il connaît son affaire; **I had the** ~ **of telling them** c'est moi qui ai été obligé de le leur dire; ~ **centre** agence [f] pour l'emploi; ~ **creation** création [f] d'emplois; ~ **description** description [f] de poste; ~ **hunting** chasse [f] à l'emploi; ~ **satisfaction** satisfaction [f] au travail; ~ **security** garantie [f] de l'unité de l'emploi b ◇ (fig) **it's a good** ~ **that...** heureusement que... + subj; **to give sth up as a bad** ~ renoncer à qch en désespoir de cause; **this is just the** ~[famil] c'est exactement ce qu'il faut; **to have a** ~ **to do sth** or **doing sth** avoir du mal à faire qch ◆ **jobless** adj au chômage ◇ **the** ~ les chômeurs [mpl].

jockey ['dʒɒkɪ] 1 n jockey [m] 2 vi ◇ **to** ~ **for position** manœuvrer pour se placer avantageusement.

jockstrap ['dʒɒkstræp] n suspensoir [m].

jocular ['dʒɒkjʊləʳ] adj badin.

jog [dʒɒg] 1 vt (sb's elbow) pousser; (sb's memory) rafraîchir ◇ (fig) **to** ~ **sb into action** secouer qn 2 vi faire du jogging ◇ (fig) **to** ~ **along** aller cahin-caha [famil] ◆ **jogger** n jogger [mf] ◆ **jogging** n jogging [m] ◇ ~ **shoes** chaussures [fpl] de jogging.

join [dʒɔɪn] 1 vt a ◇ (~ **together**) joindre; unir; (link) relier (*to* à); (~ **up:** broken halves) raccorder; (wires, batteries) connecter; **to** ~ **sth on** fixer qch; **to** ~ **hands** se donner la main; **to** ~ **forces with sb to do** s'unir à qn pour faire b (club) devenir membre de; (political party) adhérer à; (procession) se joindre à; (army) s'engager dans; (business firm) entrer dans; (queue) prendre c (person, road, river) rejoindre ◇ **Paul** ~**s me in wishing you...** Paul se joint à moi pour vous souhaiter...; **will you** ~ **us?** voulez-vous être des nôtres?; **will you** ~ **me in a drink?** vous prendrez un verre avec moi? 2 vi se joindre (*with* à); (of lines) se rencontrer; (of roads, rivers) se rejoindre; (of club member) devenir membre ◇ **to** ~ **in** participer; **to** ~ **in sth** prendre part à qch; (Mil) **to** ~ **up** s'engager.

joiner ['dʒɔɪnəʳ] n menuisier [m].

joint [dʒɔɪnt] 1 n a (body) articulation [f] b (food) rôti [m] ◇ **a cut off the** ~ une tranche de rôti c (famil: place) boîte [famil] [f] 2 adj (gen) commun ◇ ~ **author** coauteur

[m]; ~ **ownership** copropriété [f]; ~ **responsibility** coresponsabilité [f] ◆ **jointly** adv en commun.

joist [dʒɔɪst] n solive [f].

joke [dʒəʊk] 1 n plaisanterie [f]; blague [famil] [f] ◇ **for a** ~ pour rire; **he can't take a** ~ il ne comprend pas la plaisanterie; **it's no** ~ ce n'est pas drôle (*doing* de faire); **it's beyond a** ~ [famil] ça cesse d'être drôle; **to play a** ~ **on sb** jouer un tour à qn 2 vi plaisanter; blaguer [famil] ◇ **I was only joking** ce n'était qu'une plaisanterie; **to** ~ **about sth** plaisanter sur qch ◆ **joker** n (Cards) joker [m]; (famil: person) type [famil] [m].

jolly ['dʒɒlɪ] 1 adj gai 2 adv (famil) drôlement [famil] ◇ **you** ~ **well will go!** pas question que tu n'y ailles pas!

jolt [dʒəʊlt] 1 vti cahoter ◇ **to** ~ **along** avancer en cahotant 2 n secousse [f] ◇ (fig) **it gave me a** ~ ça m'a fait un coup [famil].

Jordan ['dʒɔ:dn] n Jordanie [f] ◆ **Jordanian** 1 adj jordanien, [f] -ienne 2 n Jordanien(ne) [m(f)].

jostle ['dʒɒsl] 1 vi se bousculer 2 vt bousculer.

jot [dʒɒt] 1 n ◇ **not a** ~ **of truth** pas un grain de vérité 2 vt ◇ **(**~ **down)** noter ◆ **jotter** n (book) cahier [m] (de brouillon); (pad) bloc-notes [m].

journal ['dʒɜ:nl] n (periodical) revue [f]; (diary) journal [m] ◆ **journalese** n jargon [m] journalistique ◆ **journalism** n journalisme [m] ◆ **journalist** n journaliste [mf].

journey ['dʒɜ:nɪ] 1 n (trip) voyage [m]; (daily etc) trajet [m] ◇ **a 2 days'** ~ un voyage de 2 jours; **a 10 mile** ~ un trajet de 10 miles; **to go on a** ~ partir en voyage; **the return** ~ le retour 2 vi voyager.

jovial ['dʒəʊvɪəl] adj jovial.

joy [dʒɔɪ] n joie [f] ◇ **the** ~**s of** les plaisirs [mpl] de ◆ **joyful** adj joyeux, [f] -euse ◆ **joyride** n virée [famil] [f] en voiture *(parfois volée)* ◆ **joystick** n (Aviat, Comput) manche [m] à balai.

JP [dʒeɪ'pi:] n abbr of *Justice of the Peace* → **justice.**

Jr abbr of *junior* Jr.

jubilant ['dʒu:bɪlənt] adj débordant de joie ◇ **to be** ~ jubiler.

jubilee ['dʒu:bɪli:] n jubilé [m].

judge [dʒʌdʒ] 1 n juge [m] ◇ **to be a good** ~ **of** (character) savoir juger; (wine) s'y connaître en 2 vti juger ◇ **to** ~ **for oneself** juger par soi-même; **judging by** à en juger par ◆ **judg(e)ment** n jugement [m] (*on* sur).

judicial [dʒu:'dɪʃəl] adj judiciaire.

judiciary [dʒu:'dɪʃɪərɪ] n magistrature [f].

judicious [dʒu:'dɪʃəs] adj judicieux, [f] -ieuse.

judo ['dʒu:dəʊ] n judo [m].

jug [dʒʌg] n (gen) pot [m]; (heavy, jar-shaped) cruche [f]; (for wine) pichet [m].

juggernaut ['dʒʌgənɔ:t] n mastodonte [m] *(camion)*.

juggle ['dʒʌgl] vi jongler (*with* avec) ◆ **juggler** n jongleur [m], [f] -euse.

juice [dʒu:s] n jus [m] ◆ **juicy** adj juteux, [f] -euse.

jujitsu [dʒu:'dʒɪtsu:] n jiu-jitsu [m].

jukebox ['dʒu:kbɒks] n juke-box [m].

July [dʒu:'laɪ] n juillet [m] → for phrases **September.**

jumble ['dʒʌmbl] 1 vt (~ **up:** objects) mélanger; (facts) embrouiller 2 n (odd things) bric-à-brac [m] ◇ ~ **sale** vente [f] de charité.

jumbo ['dʒʌmbəʊ] adj géant ◇ ~ **jet** jumbo-jet [m].

jump [dʒʌmp] 1 n saut [m] ◇ **to give a** ~ sauter; (nervously) sursauter; **at one** ~ d'un bond; **the** ~ **in prices** la hausse brutale des prix 2 vi (leap) sauter (*off, from* de; *on a bike* sur un vélo; *on a bus, train* dans un bus, train); (nervously) sursauter ◇ **to** ~ **up and down, to** ~ **around** sautiller; **to** ~ **in** etc entrer etc d'un bond; ~ **in!** (into vehicle) montez vite!; (into pool) sautez!; **to** ~ **out of** (gen) sauter de; (window) sauter par; **to** ~ **up** se lever d'un bond; (from car) ~ **out!** descendez vite!; (fig) **to** ~ **at sth** sauter sur qch; **to** ~ **to a conclusion** conclure hâtivement; **you mustn't** ~ **to conclusions** il ne faut pas tirer des conclusions trop hâtives; **to** ~ **down sb's throat** [famil] rabrouer qn 3 vt sauter ◇ (of train) **to** ~ **the rails** dérailler; **to** ~ **the points** dérailler à l'aiguillage; (Law) **to** ~ **bail** se soustraire à la justice *(après paiement de caution)*; (fig) **to** ~ **the gun** [famil] agir prématurément; (of driver) **to** ~ **the lights** passer au rouge; **to** ~ **the queue** resquiller; **to** ~ **ship** déserter le navire; **to** ~ **sb** [famil] rouler qn [famil] ◆ **jump leads** npl (Aut) câbles [mpl] de démarrage *(pour batterie)*.

jumper ['dʒʌmpə^r] n pull(over) [m].

jumpy ['dʒʌmpɪ] adj [famil] nerveux, [f] -euse.

Jun. abbr of *junior* Jr.

junction ['dʒʌŋkʃən] n (crossroads) carrefour [m]; (station) gare [f] de jonction.

juncture ['dʒʌŋktʃə^r] n conjoncture [f] ◇ **at this** ~ à ce moment-là.

June [dʒu:n] n juin [m] → for phrases **September.**

jungle ['dʒʌŋgl] n jungle [f].

junior ['dʒu:nɪə^r] 1 adj (gen) subalterne; (younger) plus jeune; (Sport) cadet, [f] -ette ◇ **John Smith J**~ John Smith fils; **he's my** ~ (in age) il est plus jeune que moi; (in form) il est en-dessous de moi; (clothes) ~ **miss** fillette [f] *(de 11 à 14 ans)*; ~ **partner**

associé-adjoint [m]; (Brit) ~ **school** école [f] primaire *(de 8 à 11 ans)*; (US) ~ **high school** collège [m] d'enseignement secondaire *(de 12 à 15 ans)* **2** n cadet(te) [m(f)]; (Brit Scol) petit(e) élève [m(f)] *(de 8 à 11 ans)*.

juniper ['dʒu:nɪpəʳ] n genévrier [m] ◇ ~ **berries** genièvre [m].

junk [dʒʌŋk] n bric-à-brac [m]; (famil: bad quality goods) camelote [famil] [f] ◇ ~ **food** [famil] aliments [mpl] sans valeur nutritive; ~ **heap** dépotoir [m]; ~ **mail** prospectus [mpl] adressés par la poste; ~ **shop** boutique [f] de brocante.

junkie ['dʒʌŋkɪ] n drogué(e) [m(f)].

Junr abbr of *junior* Jr.

junta ['dʒʌntə] n junte [f].

Jupiter ['dʒu:pɪtəʳ] n (Astron) Jupiter [f].

jurisdiction [ˌdʒʊərɪs'dɪkʃən] n juridiction [f].

juror ['dʒʊərəʳ] n juré [m].

jury ['dʒʊərɪ] n jury [m] ◇ **to be on the** ~ faire partie du jury.

1. **just** [dʒʌst] adv **a** (exactly etc) juste ◇ ~ **here** juste ici; ~ **after** juste après; **he's** ~ **6** il a juste 6 ans; **it's** ~ **on 9** il est tout juste 9 heures; **we (only)** ~ **caught the train** c'est tout juste si nous avons eu le train; **we (only)** ~ **missed the train** nous avons manqué le train de très peu; ~ **as I thought!** c'est bien ce que je pensais!; **that's** ~ **it!, that's** ~ **the point!** justement!; **we're** ~ **off** nous partons; **I'm** ~ **coming!** j'arrive!; ~ **about to start** sur le point de commencer; **I have** ~ **done** je viens de faire; **I had** ~ **done** je venais de faire; ~ **this minute,** ~ **this instant** à l'instant; **only** ~ tout juste; ~ **about** à peu près; **I've had** ~ **about enough!** [famil] j'en ai par-dessus la tête! [famil]; ~ **as** tout aussi; ~ **as big as** tout aussi grand que; **did you enjoy it? -did we** ~**!** [famil] cela vous a plu? -et comment! [famil] **b** ◇ (slightly) ~ **over £10** un peu plus de 10 livres; **it's** ~ **after 9 o'clock** il est un peu plus de 9 heures **c** (only) juste ◇ **he's** ~ **a lad** ce n'est qu'un gamin; **I've come** ~ **to see you** je suis venu exprès pour te voir; **you should** ~ **send it back** vous n'avez qu'à le renvoyer; **I would** ~ **like to say this** je voudrais simplement dire ceci; **I** ~ **can't imagine what...** je ne peux vraiment pas m'imaginer ce que...; ~ **look at that!** regarde-moi ça!

2. **just** [dʒʌst] adj (fair) juste (*to, towards* envers, avec) ✦ **justly** adv avec raison.

justice ['dʒʌstɪs] n **a** (Law) justice [f] ◇ **to bring sb to** ~ amener qn devant les tribunaux; **J**~ **of the Peace** juge [m] de paix **b** (fairness: of decision) équité [f] ◇ **it doesn't do him** ~ (report etc) ce n'est pas juste envers lui; (photo etc) cela ne l'avantage pas; **to do** ~ **to a meal** faire honneur à un repas.

justifiable [ˌdʒʌstɪ'faɪəbl] adj justifiable; légitime ✦ **justifiably** adv avec raison; légitimement.

justification [ˌdʒʌstɪfɪ'keɪʃən] n justification [f] (*of* de; *for* à).

justify ['dʒʌstɪfaɪ] vt justifier ◇ **to be justified in doing** être en droit de faire.

jut [dʒʌt] vi ◇ (~ **out**) faire saillie; **to** ~ **(out) over sth** surplomber qch.

juvenile ['dʒu:vənaɪl] adj juvénile; (books, court) pour enfants ◇ ~ **delinquent** jeune délinquant(e) [m(f)].

juxtaposition [ˌdʒʌkstəpə'zɪʃən] n juxtaposition [f].

k

K, k [keɪ] n **a** K, k [m] **b** abbr of *one thousand* K **c** abbr of *kilobyte* Ko.

kaleidoscope [kəˈlaɪdəskəʊp] n kaléidoscope [m].

Kampuchea [ˌkæmpuˈtʃɪə] n Kampuchéa [m] ◆ **Kampuchean** **1** adj Kampuchéen, [f] -enne **2** n Kampuchéen(ne) [m(f)].

kangaroo [ˌkæŋgəˈruː] n kangourou [m].

karate [kəˈrɑːtɪ] n karaté [m].

kart [kɑːt] n kart [m].

kebab [kəˈbæb] n brochette [f].

kedgeree [ˌkedʒəˈriː] n ≃ pilaf [m] de poisson.

keel [kiːl] **1** n (of ship) quille [f] ◇ (fig) **on an even ~** stable **2** vi ◇ **to ~ over** (boat) chavirer; (person) s'évanouir.

keen [kiːn] adj **a** (enthusiastic: gen) enthousiaste ◇ **a ~ socialist** un socialiste passionné; **to be ~ on** (music, sport etc) être un(e) passionné(e) de; (idea, suggestion) être enthousiasmé par; (person) avoir un béguin pour; **I'm not too ~ on him** il ne me plaît pas beaucoup; **to be ~ to do** tenir absolument à faire **b** (intelligence) pénétrant; (hearing) fin; (feeling) intense; (interest) vif, [f] vive; (competition) serré; (wind) piquant; (appetite) aiguisé ◆ **keenly** adv (enthusiastically) avec enthousiasme; (interest, feel) vivement; (look) d'un regard pénétrant.

keep [kiːp] (vb: pret, ptp *kept*) **1** vti **a** (hold, retain: gen) garder ◇ **~ the receipt** gardez le reçu; **I've kept some for him** je lui en ai gardé; **~ it somewhere safe** gardez-le en lieu sûr; **to ~ sb in prison** garder qn en prison; **to ~ things together** garder les choses ensemble; **to ~ a note of sth** noter qch; **to ~ sb back** (make late) retarder qn; **to ~ sb waiting** faire attendre qn; **what kept you?** qu'est-ce qui vous a retenu?; **to ~ sth from sb** cacher qch à qn; **~ it to yourself** garde-le pour toi; **these apples don't ~** ces pommes se conservent mal; (no rush) **it'll ~** ça peut attendre.

b (maintain etc: wife, children) faire vivre; (garden, house: also **~ up**) entretenir; (shop, hotel) avoir; (hens, cows) élever; (promise, diary, accounts) tenir; (law etc) observer; (feast day) célébrer; (birthday) fêter ◇ **to ~ sth clean** tenir qch propre; **to ~ o.s. clean** être toujours propre; **I earn enough to ~ myself** je gagne assez pour vivre; **to ~ an appointment** se rendre à un rendez-vous; **to ~ up one's French** entretenir ses connaissances de français.

c ◇ (stay, cause to stay etc) **to ~ together** rester ensemble; **to ~ fit** garder la forme; **to ~ away** or **back** or **off** ne pas approcher (*from* de); **to ~ sb away** or **back** or **off** empêcher qn de s'approcher (*from* de); (Scol) **to ~ sb in** garder qn en retenue; **~ off!** n'approchez pas!; **if the rain ~s off** s'il ne pleut pas; **'~ off the grass'** 'défense de marcher sur les pelouses'; **~ your hands off!** n'y touche pas!; **to ~ down** (spending) limiter; (prices) empêcher de monter; **to ~ from doing** s'abstenir de faire; **to ~ sb from doing** empêcher qn de faire; **'~ out'** (on notice) 'défense d'entrer'; **~ out of this** ne vous en mêlez pas; **to ~ out the cold** protéger du froid; **to ~ to one's room** garder la chambre; **they ~ themselves to themselves** ils font bande à part; **to ~ up with sb** (walking, working etc) aller aussi vite que qn; (in understanding) suivre qn; (stay friends) rester en relations avec qn; (fig) **to ~ up with the Joneses** ne pas se trouver en reste avec les voisins.

d ◇ (health) **how are you ~ing?** comment allez-vous?; **she's not ~ing very well** elle ne va pas très bien; **he's ~ing better** il va mieux **e** (continue: also **~ up, ~ on**) continuer (*doing* à faire) ◇ **to ~ to the left** tenir sa gauche; **don't ~ on so!** arrête!; **she ~s talking** elle n'arrête pas de parler; **I ~ hoping that...** j'espère toujours que...; **~ at it!, ~ it up!** continuez!; **she ~s on at him** elle est toujours après lui; **~ on past the church** continuez après l'église; **to ~ to the subject** ne pas s'écarter du sujet, rester dans le sujet.

2 n **a** ◇ **£15 a week with ~** 15 livres par semaine logé et nourri; **to earn one's ~** gagner de quoi vivre **b** (tower) donjon [m] **c** ◇ **for ~s** [famil] pour de bon ◆ **keeper** n (gen) gardien(ne) [m(f)]; (museum etc) conservateur [m], [f] -trice ◆ **keep-fit** adj ◇ **~ classes** cours [mpl] de gymnastique; **~ exercises** culture [f] physique ◆ **keeping** n ◇ **to put in sb's ~** confier à qn; **to be in ~ with** s'accorder avec ◆ **keepsake** n souvenir [m] *(objet)*.

keg [keg] n tonnelet [m].

kennel ['kenl] n niche [f] ◇ **to put a dog in ~s** mettre un chien dans un chenil.

Kenya ['kenjə] n Kenya [m] ◆ **Kenyan** **1** adj kényen, [f] -enne **2** n Kényen(ne) [m(f)].

kept [kept] pret, ptp of *keep*.

kerb [kɜ:b] n bord [m] du trottoir ◇ **~ crawler** dragueur [famil] [m] motorisé.

kernel ['kɜ:nl] n amande [f] *(de noyau)*.

kerosene ['kerəsi:n] n (aircraft fuel) kérosène [m]; (US: for lamps) pétrole [m] (lampant) ◇ **~ lamp** lampe [f] à pétrole.

kestrel ['kestrəl] n crécerelle [f].

ketchup ['ketʃəp] n ketchup [m].

kettle ['ketl] n bouilloire [f] ◇ **the ~'s boiling** l'eau bout; **to put the ~ on** mettre l'eau à chauffer.

key [ki:] **1** n (gen) clef [f] or clé [f] (*to* de); (on piano, typewriter etc) touche [f]; (on map) légende [f] ◇ **to turn the ~ in the door** fermer la porte à clef; (Mus) **to be off ~** ne pas être dans le ton; **to sing off ~** chanter faux; **in the ~ of C** en do; (fig) **~ jobs** postes [mpl] clefs **2** vt (also **~ in**) entrer ◆ **keyboard** n clavier [m] ◆ **keyhole** n ◇ **through the ~** par le trou de la serrure ◆ **keynote** n (Mus) tonique [f]; (of speech etc) note [f] dominante ◆ **keyring** n porte-clefs [m inv].

khaki ['kɑ:kɪ] adj kaki [inv].

kibbutz [kɪ'bʊts] n, pl **-im** kibboutz [m].

kick [kɪk] **1** n coup [m] de pied ◇ **to give sb a ~ in the pants** [famil] botter [famil] le derrière à qn; (fig) **he gets a ~ out of it** [famil] il trouve ça stimulant; (sth nasty) il y prend un malin plaisir; **he did it for ~s** [famil] il l'a fait pour le plaisir **2** vti (of person) donner un coup de pied (*sb* à qn); (of horse etc) lancer une ruade (*sb* à qn); (of baby) gigoter; (of gun) reculer ◇ **to ~ sth away** repousser qch du pied; **to ~ a door in** enfoncer une porte à coups de pied; (fig) **to ~ sb out** [famil] mettre qn à la porte; **I could have ~ed myself** [famil] je me serais flanqué [famil] des coups; **to ~ a goal** marquer un but; **to ~ off** (Ftbl) donner le coup d'envoi; (famil: of meeting etc) démarrer [famil]; (fig) **to ~ one's heels** poireauter [famil]; **to be ~ing about** (stand around) traîner; (fig) **to ~ up a row** [famil] faire du tapage; **to ~ up a fuss** [famil] faire toute une histoire ◆ **kick-off** n coup [m] d'envoi ◆ **kick-start** n démarreur [m] au pied.

kid [kɪd] **1** n **a** (famil: child) gosse [famil] [mf]; (famil: teenager) (petit(e)) jeune [m(f)] ◇ **my ~ brother** mon petit frère [m] **b** (goat, leather) chevreau [m] ◇ (fig) **to handle sb with ~ gloves** prendre des gants avec qn [famil] **2** vti ◇ [famil] **to ~ sb (on)** faire marcher qn [famil]; **no ~ding!** sans blague! [famil]; **don't ~ yourself!** ne te fais pas d'illusions!

kidnap ['kɪdnæp] vt enlever ◆ **kidnapper** n ravisseur [m], [f] -euse ◆ **kidnapping** n enlèvement [m].

kidney ['kɪdnɪ] n rein [m]; (in cooking) rognon [m] ◇ **~ transplant** greffe [f] du rein; **to be on a ~ machine** être sous rein artificiel ◆ **kidney-bean** n haricot [m] rouge.

kill [kɪl] vt **a** (gen) tuer; (slaughter) abattre ◇ **to be ~ed in action** tomber au champ d'honneur; **to ~ off** exterminer; (fig) **to ~ two birds with one stone** faire d'une pierre deux coups; (iro) **don't ~ yourself!** [famil] surtout ne te surmène pas!; (fig) **it's ~ing me!** je n'en peux plus!; **my feet are ~ing me** [famil] j'ai affreusement mal aux pieds; **she was ~ing herself (laughing)** [famil] elle était pliée en deux de rire **b** (fig: attempt, rumour) mettre fin à; (smell) tuer; (sound) amortir; (engine) arrêter ◇ **to ~ time** tuer le temps ◆ **killer** n meurtrier [m], [f] -ière ◇ **it's a ~** cela tue ◆ **killing** **1** n meurtre [m]; (mass ~) massacre [m] ◇ **there were 3 ~s** 3 personnes ont été tuées; (financially) **to make a ~** réussir un beau coup **2** adj (famil: exhausting) tuant; (famil: funny) tordant [famil].

kiln [kɪln] n four [m] *(de potier)*.

kilo ['ki:ləʊ] n kilo [m] ◆ **kilobyte** n (Comput) kilo-octet [m] ◆ **kilogram** n kilogramme [m].

kilometre, (US) **-meter** ['kɪləʊ,mi:tə^r, kɪ'lɒmətə^r] n kilomètre [m].

kilowatt ['kɪləʊwɒt] n kilowatt [m].

kilt [kɪlt] n kilt [m].

kin [kɪn] n ◇ **next of ~** parent [m] le plus proche; **kith and ~** parents [mpl] et amis [mpl].

kind [kaɪnd] **1** n genre [m]; espèce [f]; sorte [f]; (make: of car, coffee etc) marque [f] ◇ **to pay/payment in ~** payer/paiement [m] en nature; **what ~ do you want?** vous en (or le etc) voulez de quelle sorte?; **what ~ of dog is he?** qu'est-ce que c'est comme chien?; **he's not that ~ of person** ce n'est pas son genre; **and all that ~ of thing** et tout ça [famil]; **you know the ~ of thing I**

mean vous voyez ce que je veux dire; **they're two of a** ~ ils se ressemblent; **it's the only one of its** ~ c'est unique en son genre; **sth of the** ~ qch de ce genre; **nothing of the** ~! absolument pas!; **a** ~ **of** une sorte de; **he was** ~ **of worried** il était plutôt inquiet **2** adj gentil, [f] -ille (*to sb* avec qn) ◇ **would you be** ~ **enough to open the door?** voulez-vous être assez aimable pour ouvrir la porte?; **it was very** ~ **of you to help me** vous avez été bien aimable de m'aider; **that's very** ~ **of you** c'est très gentil de votre part ◆ **kind-hearted** adj qui a bon cœur.

kindergarten [ˈkɪndəˌgɑːtn] n jardin [m] d'enfants.

kindle [ˈkɪndl] vt allumer.

kindly [ˈkaɪndlɪ] **1** adv **a** (speak, act) avec gentillesse **b** ◇ **will you** ~ **shut the door?** voulez-vous avoir la bonté de fermer la porte? **c** ◇ **I don't take** ~ **to that** je n'aime pas du tout cela **2** adj bienveillant.

kindness [ˈkaɪndnɪs] n gentillesse [f] (*towards* envers) ◇ **out of the** ~ **of his heart** par bonté d'âme.

kindred [ˈkɪndrɪd] adj ◇ ~ **spirit** âme [f] sœur.

king [kɪŋ] n roi [m] ◇ **K**~ **David** le roi David ◆ **kingdom** n royaume [m] ◇ **the animal** ~ le règne animal; **the K**~ **of Heaven** le royaume des cieux ◆ **king-size** adj (cigarette) long, [f] longue; (packet) géant.

kingfisher [ˈkɪŋˌfɪʃəʳ] n martin-pêcheur [m].

kink [kɪŋk] n (in rope) entortillement [m]; (fig) aberration [f] ◆ **kinky** [famil] adj bizarre; (sexually) qui a des goûts spéciaux.

kiosk [ˈkiːɒsk] n (gen) kiosque [m]; (telephone ~) cabine [f] téléphonique.

kipper [ˈkɪpəʳ] n hareng [m] fumé et salé.

kirk [kɜːk] n (Scot) église [f].

kiss [kɪs] **1** n baiser [m] ◇ (Med) ~ **of life** bouche à bouche [m]; (fig) ~ **of death** coup [m] fatal; (in letter) **love and** ~**es** bons baisers [mpl] **2** vt embrasser ◇ **to** ~ **sb's cheek** embrasser qn sur la joue; **to** ~ **sb's hand** baiser la main de qn; **to** ~ **sb good night** embrasser qn en lui souhaitant bonne nuit **3** vi s'embrasser.

kit [kɪt] **1** n **a** (gen) matériel [m]; (of soldier) fourniment [m]; (belongings) affaires [fpl]; (set of items) trousse [f] ◇ **have you got your football** ~**?** tu as tes affaires de football?; **repair/tool** ~ trousse de réparations/à outils **b** (for assembly) kit [m] ◇ **sold in** ~ **form** vendu en kit; **model aeroplane** ~ maquette [f] d'avion à assembler **2** vt ◇ **to** ~ **sb out** équiper qn (*with* de) ◆ **kitbag** n sac [m] *(de sportif, de marin* etc).

kitchen [ˈkɪtʃɪn] n cuisine [f] *(pièce)* ◇ ~ **cabinet** buffet [m] de cuisine; ~ **garden** potager [m]; ~ **paper**, ~ **roll** essuie-tout [m inv] ◆ **kitchenette** n kitchenette [f] ◆ **kitchenware** n (dishes) vaisselle [f]; (equipment) ustensiles [mpl] de cuisine.

kite [kaɪt] n (toy) cerf-volant [m].

kith [kɪθ] n → **kin.**

kitten [ˈkɪtn] n petit chat [m].

kitty [ˈkɪtɪ] n cagnotte [f].

kiwi [ˈkiːwiː] n (bird) kiwi [m]; (also ~ **fruit**) kiwi [m].

kleptomaniac [ˌkleptəʊˈmeɪnɪæk] adj, n kleptomane [mf].

knack [næk] n ◇ **to learn the** ~ **of doing** attraper le tour de main pour faire; **to have the** ~ **of doing** avoir le chic pour faire.

knapsack [ˈnæpsæk] n sac [m] à dos.

knave [neɪv] n (Cards) valet [m].

knead [niːd] vt pétrir.

knee [niː] n genou [m] ◇ **on one's** ~**s** à genoux; **to go (down) on one's** ~**s** s'agenouiller, se mettre à genoux ◆ **kneecap** n rotule [f] ◆ **knee-deep** adj aux genoux.

kneel [niːl] pret, ptp *knelt* vi (~ **down**) s'agenouiller.

knew [njuː] pret of *know*.

knickers [ˈnɪkəz] npl slip [m] *(de femme)*.

knife [naɪf] **1** n, pl **knives** couteau [m]; (pocket ~) canif [m] **2** vt poignarder.

knight [naɪt] n chevalier [m]; (Chess) cavalier [m] ◆ **knighthood** n ◇ **to receive a** ~ être fait chevalier (*for* pour).

knit [nɪt] vti tricoter ◆ **knitted** adj en tricot ◆ **knitting** **1** n tricot [m] **2** adj (needle etc) à tricoter ◆ **knitwear** n tricots [mpl].

knob [nɒb] n bouton [m] *(de porte* etc) ◇ ~ **of butter** noix [f] de beurre.

knock [nɒk] **1** n (blow) coup [m]; (in engine etc) cognement [m] ◇ **there was a** ~ **at the door** on a frappé à la porte; **I heard a** ~ j'ai entendu frapper; **he got a** ~ **on the head** il a reçu un coup sur la tête **2** vti **a** (hit) frapper (*at* à) ◇ **to** ~ **a nail into sth** enfoncer un clou dans qch; **to** ~ **a nail out of sth** faire sortir un clou de qch; **to** ~ **holes in sth** faire des trous dans qch; **to** ~ **sb to the ground** jeter qn à terre; **to** ~ **sb out** assommer qn; (Boxing) mettre qn KO; (fig: shock) sonner qn [famil]; **to** ~ **sb out of a competition** éliminer qn d'une compétition; **to** ~ **sth off a table** faire tomber qch d'une table; (ill-treat) **to** ~ **sb about** maltraiter qn; **to** ~ **some sense into sb** ramener qn à la raison **b** (bump into: also ~ **into**) heurter ◇ **to** ~ **one's head against** se cogner la tête contre; **his knees were** ~**ing** il tremblait de peur; **to** ~ **down** or **over** (pedestrian) renverser; (gatepost) faire tomber **c** (of engine etc) cogner **d** ◇

(fig) **he's ~ed about a bit** il a pas mal voyagé [famil]; **he ~ed back a whisky** il a avalé un whisky; **it ~ed me back £20** ça m'a coûté 20 livres; **to ~ off** (stop work) s'arrêter de travailler; **to ~ off £10** faire une réduction de 10 livres sur le prix; **to ~ sth up** faire qch en vitesse; **to ~ sb up** [famil] (make ill) rendre qn malade ◆ **knockdown** adj (price) imbattable; (table, shed) démontable ◆ **knocker** n (door-~) marteau [m] de porte ◆ **knocking** n coups [mpl]; (in engine) cognement [m] ◆ **knock-kneed** adj qui a les genoux cagneux ◆ **knockout** n (Boxing etc) knock-out [m] ◇ (success) **to be a ~**[famil] être sensationnel [famil], [f] -elle ◆ **knock-up** n ◇ (Tennis) **to have a ~** faire des balles.

knot [nɒt] **1** n nœud [m] ◇ **to tie a ~** faire un nœud; **to make 20 ~s** filer 20 nœuds **2** vt nouer ◆ **knotty** adj (problem) difficile.

know [nəʊ] (vb: pret *knew*, ptp *known*) **1** vti **a** (facts, a language) savoir (*that* que; *why* pourquoi); (difference) connaître ◇ **I don't ~ much about** je ne sais pas grand-chose sur; **how should I ~?** comment voulez-vous que je le sache?; **to get to ~ sth** apprendre qch; **to ~ how to do** savoir faire; **she ~s all about sewing** elle s'y connaît en couture; **you ~ best** tu sais ce que tu dis; **to ~ one's mind** savoir ce qu'on veut; **he ~s what he's talking about** il sait de quoi il parle; **you ought to have ~n better** tu aurais dû réfléchir; **you ~ what I mean...** tu vois ce que je veux dire...; **that's worth ~ing** c'est bon à savoir; **for all I ~** autant que je sache; **not that I ~ of** pas que je sache; **as far as I ~** à ma connaissance; **there's no ~ing what he'll do** impossible de savoir ce qu'il va faire; **I ~ nothing about it** je n'en sais rien; **to ~ of sth** avoir entendu parler de qch; **do you ~ about Paul?** tu es au courant pour Paul?; **it soon became ~n that...** on a bientôt appris que...; **it is well ~n that...** tout le monde sait que...; **he is ~n to have been there** on sait qu'il y a été; **I've ~n such things to happen** j'ai déjà vu cela se produire **b** (be acquainted with: person, place, book, plan) connaître ◇ **to ~ sb by sight** connaître qn de vue; **to get to ~ sb** (meet) faire la connaissance de qn; (~ **better**) arriver à mieux connaître qn; **to make o.s. ~n to sb** se présenter à qn; **he is ~n as Smith** on le connaît sous le nom de Smith **c** (recognize) reconnaître (*sb by his voice* qn à sa voix) ◇ **I knew him at once** je l'ai reconnu tout de suite **2** n ◇ **in the ~**[famil] au courant ◆ **know-all** [famil] n je sais-tout [mf] ◆ **know-how** [famil] n technique [f]; compétence [f] ◆ **knowing** adj (shrewd) fin; (look, smile) entendu ◆ **knowingly** adv (do) sciemment; (smile) d'un air entendu ◆ **known** adj (thief etc) connu; (fact) établi.

knowledge [ˈnɒlɪdʒ] n (learning) connaissances [fpl] ◇ **my ~ of English** mes connaissances d'anglais; **to have no ~ of** ignorer; **to my ~** à ma connaissance; **without his ~** à son insu; **it has come to my ~ that...** j'ai appris que...; **it's common ~ that...** chacun sait que... ◆ **knowledgeable** adj bien informé.

knuckle [ˈnʌkl] n articulation [f] du doigt.

Koran [kɒˈrɑːn] n Coran [m].

Korea [kəˈrɪə] n Corée [f] ◇ **North/South ~** Corée du Nord/Sud ◆ **Korean** **1** adj coréen, [f] -enne **2** n Coréen(ne) [m(f)]; (language) coréen [m].

kosher [ˈkəʊʃəʳ] adj kascher [inv].

kudos [ˈkjuːdɒs] n [famil] gloire [f].

kumquat [ˈkʌmkwɒt] n kumquat [m].

Kuwait [kʊˈweɪt] n Koweït [f] or Kuweit [f] ◆ **Kuwaiti** **1** adj koweïtien, [f] -ienne **2** n Koweïtien(ne) [m(f)].

l

L, l [el] n L, l [m or f] ◇ (Aut) **L-plates** plaques [fpl] d'apprenti conducteur.

lab [læb] [famil] n abbr of *laboratory* labo [famil] [m].

label ['leɪbl] **1** n étiquette [f] ◇ **record on the Deltaphone ~** disque [m] sorti chez Deltaphone **2** vt étiqueter (*as* comme) ◇ **the bottle was not ~led** il n'y avait pas d'étiquette sur la bouteille.

laboratory [lə'bɒrətərɪ, (US) 'læbrətərɪ] n laboratoire [m].

laborious [lə'bɔːrɪəs] adj laborieux, [f] -euse.

labour, (US) **-bor** ['leɪbəʳ] **1** n **a** (gen) travail [m] ◇ **Ministry of L~** ministère [m] du Travail; **~ camp** camp [m] de travaux forcés; **L~ Day** fête [f] du Travail; **L~ Exchange** ≃ Agence [f] nationale pour l'emploi; (Ind) **~ force** main-d'œuvre [f]; **~ relations** relations [fpl] ouvriers-patronat; (Med) **in ~** en travail; **~ pains** douleurs [fpl] de l'accouchement **b** ◇ (Pol) **L~** les travaillistes [mpl]; **he votes L~** il vote travailliste **2** vti peiner (*to do* pour faire) ◇ **to ~ under a delusion** être victime d'une illusion; **I won't ~ the point** je n'insisterai pas sur ce point ◆ **laboured** adj laborieux, [f] -ieuse ◆ **labourer** n manœuvre [m] ◆ **labour-saving device** n appareil [m] ménager.

laburnum [lə'bɜːnəm] n cytise [m].

labyrinth ['læbɪrɪnθ] n labyrinthe [m].

lace [leɪs] **1** n dentelle [f]; (for shoe etc) lacet [m] **2** vt (**~ up**: shoe) lacer; (drink) corser (*with* de) ◆ **lace-up shoes** npl chaussures [fpl] à lacets.

lack [læk] **1** n manque [m] ◇ **for ~ of** faute de **2** vti (also **be ~ing in**, **~ for**) manquer de ◇ **to be ~ing** faire défaut.

lackadaisical [,lækə'deɪzɪkəl] adj nonchalant.

laconic [lə'kɒnɪk] adj laconique.

lacquer ['lækəʳ] n laque [f].

lad [læd] n garçon [m], gars [famil] [m] ◇ **he's only a ~** ce n'est qu'un gamin.

ladder ['lædəʳ] n échelle [f] ◇ **to have a ~ in one's stocking** avoir un bas filé.

laden ['leɪdn] adj chargé (*with* de).

ladle ['leɪdl] **1** n louche [f] **2** vt (**~ out**) servir (à la louche).

lady ['leɪdɪ] n dame [f] ◇ **Ladies and Gentlemen!** Mesdames, Mesdemoiselles, Messieurs!; **young ~** (married) jeune femme [f]; (unmarried) jeune fille [f]; **ladies' hairdresser** coiffeur [m], [f] -euse pour dames; (Rel) **Our L~** Notre-Dame [f]; **'Ladies'** (lavatory) 'Dames'; **where is the Ladies?** [famil] où sont les toilettes?; **L~ Smith** lady Smith; (vegetable) **~'s finger** okra [m]; **~ friend** [famil] petite amie [f] ◆ **ladybird** or **ladybug** n coccinelle [f] ◆ **lady-in-waiting** n dame [f] d'honneur ◆ **ladylike** adj distingué.

1. **lag** [læg] **1** n ◇ **time ~** retard [m]; (between two events) décalage [m] **2** vi ◇ **to ~ behind** traîner; (in work etc) **to ~ behind sb** avoir du retard sur qn.

2. **lag** [læg] vt (pipes) calorifuger.

lager ['lɑːgəʳ] n lager [f], ≃ bière [f] blonde.

lagoon [lə'guːn] n lagune [f].

lah [lɑː] n (Mus) la [m].

laid [leɪd] pret, ptp of 1.*lay* ◆ **laid-back** [famil] adj relax [famil], relaxe [famil]; décontracté.

lain [leɪn] ptp of 1.*lie*.

lair [lɛəʳ] n repaire [m].

laity ['leɪɪtɪ] collective n ◇ **the ~** les laïcs [mpl].

lake [leɪk] n lac [m].

lamb [læm] n agneau [m] ◇ **~ chop** côtelette [f] d'agneau ◆ **lambswool** n laine [f] d'agneau.

lame [leɪm] 1 adj (gen) boiteux, (f) -euse; (excuse) faible ◇ **to be ~** boiter; (fig) **~ duck** canard (m) boiteux 2 vt estropier.

lament [lə'ment] 1 n lamentation (f) 2 vti se lamenter (*sth* sur qch; *for*, *over* sur) ✦ **lamentably** adv lamentablement.

laminated ['læmɪneɪtɪd] adj (metal) laminé; (windscreen) en verre feuilleté.

lamp [læmp] n lampe (f); (bulb) ampoule (f) ✦ **lamplight** n ◇ **by ~** à la lumière de la lampe ✦ **lamppost** n réverbère (m) ✦ **lampshade** n abat-jour (m inv).

lance [lɑ:ns] vt (Med) ouvrir, inciser.

land [lænd] 1 n a (gen) terre (f) ◇ **dry ~** terre ferme; **on ~** à terre; **to go by ~** voyager par voie de terre; (fig) **to see how the ~ lies** tâter le terrain; **my ~** mes terres b (country) pays (m) ◇ **throughout the ~** dans tout le pays 2 adj (forces) terrestre; (reform) agraire 3 vt (cargo) décharger; (passengers) débarquer; (aircraft) poser; (fish) prendre; (famil: obtain: job) décrocher [famil] ◇ **to ~ sb in trouble** [famil] attirer des ennuis à qn; **to be ~ed with sth** [famil] avoir qch sur les bras 4 vi (of aircraft etc) se poser; (of air traveller) atterrir; (from boat) débarquer; (after fall, jump etc) tomber; (gymnast) retomber ◇ **to ~ on one's feet** retomber sur ses pieds; **he ~ed up in Paris** il a fini par se retrouver à Paris ✦ **landed** adj foncier, (f) -ière ✦ **landing** n a (of aircraft) atterrissage (m); (Mil etc) débarquement (m) ◇ **~ card** carte (f) de débarquement; **~ stage** débarcadère (m); **~ strip** piste (f) d'atterrissage b (between stairs) palier (m) ✦ **landlady** n (of flat etc) logeuse (f); (of boarding house etc) patronne (f) ✦ **landlocked** adj sans accès à la mer ✦ **landlord** n (flat etc) propriétaire (m); (pub etc) patron (m) ✦ **landmark** n point (m) de repère ✦ **landowner** n propriétaire (m) foncier.

landscape ['lænskeɪp] n paysage (m) ◇ **~ gardening** jardinage (m) paysagiste; **~ painter** paysagiste (m).

landslide ['lænd,slaɪd] n glissement (m) de terrain; (loose rocks) éboulement (m); (Pol) raz de marée (m) électoral.

lane [leɪn] n (in country) chemin (m); (in town) ruelle (f); (traffic) file (f) ◇ **'get into ~'** 'mettez-vous sur la bonne file'; **3-~ road** route (f) à 3 voies; **I'm in the wrong ~** je suis dans la mauvaise file; **~ closure** fermeture (f) de voie(s) de circulation; **shipping ~** couloir (m) de navigation.

language ['læŋgwɪdʒ] n (gen) langue (f); (way of expressing things) langage (m) ◇ **the French ~** la langue française; **modern ~s** langues vivantes; **legal ~** langage juridique; **bad ~** gros mots (mpl); **~ laboratory** laboratoire (m) de langues.

languid ['læŋgwɪd] adj languissant.

languish ['læŋgwɪʃ] vi se languir.

lank [læŋk] adj (hair) raide et terne.

lanky ['læŋkɪ] adj grand et maigre.

lanolin ['lænəʊlɪn] n lanoline (f).

lantern ['læntən] n lanterne (f).

Laos [laʊs] n Laos (m).

lap [læp] 1 n a ◇ **in her ~** sur ses genoux; **in the ~ of luxury** dans le plus grand luxe b (Sport) tour (m) de piste ◇ (fig) **we're on the last ~** nous avons fait le plus gros 2 vt ◇ **to ~ up** laper.

lapdog ['læpdɔg] n petit chien (m) d'appartement.

lapel [lə'pel] n revers (m) *(de veston)*.

Lapland ['læplænd] n Laponie (f) ✦ **Laplander** n Lapon(ne) (m(f)).

lapse [læps] 1 n a (gen) écart (m) (*from* de); (fault) faute (f) légère ◇ **~ of memory** trou (m) de mémoire b ◇ **a ~ of time** un laps de temps 2 vi a tomber (*into* dans) b (gen) se périmer; (of subscription) prendre fin.

laptop ['læptɒp] n (Comput) portable (m).

larceny ['lɑ:sənɪ] n (Law) vol (m) simple.

lard [lɑ:d] n saindoux (m).

larder ['lɑ:də[r]] n garde-manger (m inv).

large [lɑ:dʒ] 1 adj (gen) grand; (thick, big: animal, sum etc) gros, (f) grosse; (family, population) nombreux, (f) -euse; (meal) copieux, (f) -ieuse ◇ **a ~ number of them** beaucoup d'entre eux 2 n ◇ **at ~** (at liberty) en liberté; (as a whole) en général 3 adv ◇ **by and ~** généralement ✦ **largely** adv (to a great extent) en grande mesure; (principally) surtout ✦ **large-scale** adj (gen) sur une grande échelle; (map) à grande échelle.

1\. **lark** [lɑ:k] n alouette (f).

2\. **lark** [lɑ:k] [famil] 1 n (joke etc) blague [famil] (f) ◇ **for a ~** pour rigoler [famil] 2 vi ◇ **to ~ about** [famil] faire l'imbécile.

larva ['lɑ:və] n, pl **-ae** ['lɑ:vi:] larve (f).

laryngitis [,lærɪn'dʒaɪtɪs] n laryngite (f).

lasagne [lə'zænjə] n lasagnes (fpl).

lascivious [lə'sɪvɪəs] adj lascif, (f) -ive.

laser ['leɪzə[r]] n laser (m) ◇ **~ printer** imprimante (f) laser.

lash [læʃ] 1 n a (blow) coup (m) de fouet b (**eye~**) cil (m) 2 vti a (tie) attacher (*to* à) b (whip) fouetter ◇ (of rain) **to ~ down** tomber avec violence; (fig) **to ~ out at sb** attaquer qn ✦ **lashings** npl ◇ **~ of** [famil] énormément de.

lass [læs] n (Scot) jeune fille (f).

lasso [læ'su:] n lasso (m).

1\. **last** [lɑ:st] 1 adj, adv a (in series) dernier, (f) -ière (before n) ◇ **the ~ 10 pages** les 10 dernières pages; **~ but one, second ~** avant-dernier; **she arrived ~** elle est arrivée la dernière; **and, ~ of all...** et finalement... b (before this) dernier (usually after n) ◇ **~ week** la semaine dernière; ~ **Monday** lundi dernier; **for the ~ few days** depuis quelques jours; **the day before ~** avant-hier [m]; **the week before ~** l'avant-dernière semaine; **~ time I saw him** la dernière fois que je l'ai vu **2** n **a** dernier [m], [f] -ière ◇ **the ~ but one** l'avant-dernier [m], [f] -ière **b** ◇ (phrases) **at (long) ~** enfin; **to the ~** jusqu'au bout; **I'll be glad to see the ~ of him** je serai content de le voir partir ◆ **lastly** adv pour terminer ◆ **last-minute** adj de dernière minute.

2. **last** [lɑ:st] vti (continue etc: gen) durer; (of person) tenir ◇ **to ~ out** (person) tenir le coup; (money) suffire; **too good to ~** trop beau pour durer ◆ **lasting** adj durable.

latch [lætʃ] n loquet [m] ◆ **latchkey** n clef [f] (de la porte d'entrée).

late [leɪt] **1** adj **a** ◇ (not on time) **to be ~** être en retard; **I was ~ for work** je suis arrivé au travail en retard; **I'm 2 hours ~** j'ai 2 heures de retard; **to make sb ~** mettre qn en retard; **the ~ arrival of the flight** le retard du vol **b** (near the last) dernier, [f] -ière (before n) ◇ **at this ~ hour** à cette heure tardive; **~ opening Wednesday** nocturne [f] le mercredi; **at this ~ stage** à ce stade avancé; **in ~ October** vers la fin d'octobre; **he is in his ~ sixties** il approche des soixante-dix ans; **of ~** dernièrement **c** (former) ancien, [f] -ienne (before n) **d** ◇ (dead) **the ~ Mr Jones** feu M. Jones; **our ~ colleague** notre regretté collègue **2** adv **a** (not on time: arrive etc) en retard ◇ **he arrived 10 minutes ~** il est arrivé 10 minutes en retard; **better ~ than never** mieux vaut tard que jamais **b** (not early: get up etc) tard ◇ **it's getting ~** il se fait tard; **~ at night** tard le soir; **~ in 1960** vers la fin de 1960 ◆ **latecomer** n retardataire [mf] ◆ **lately** adv dernièrement ◇ **till ~** jusqu'à ces derniers temps ◆ **lateness** n retard [m] ◆ **late-night opening** or **show** etc n nocturne [f] ◆ **later** **1** adj (date) ultérieur; (edition) postérieur; (stage) plus avancé ◇ **a ~ train** un train plus tard **2** adv ◇ **~ than** (not on time) plus en retard que; **2 weeks ~** 2 semaines plus tard; **~ on** plus tard; **no ~ than** pas plus tard que; **see you ~!** [famil] à tout à l'heure! ◆ **latest** **1** adj dernier, [f] -ière (before n) **2** adv ◇ **by noon at the ~** à midi au plus tard **3** n (famil: news) dernière nouvelle [f].

latent ['leɪtənt] adj latent.

lathe [leɪð] n (Tech) tour [m].

lather ['lɑ:ðə^r] **1** n mousse [f] (de savon) **2** vt savonner.

Latin ['lætɪn] **1** adj latin ◇ **~ America** Amérique [f] latine; **~ American** [adj] latino-américain; [n] Latino-Américain(e) [m(f)] **2** n (language) latin [m].

latitude ['lætɪtju:d] n latitude [f].

latrine [lə'tri:n] n latrines [fpl].

latter ['lætə^r] **1** adj dernier, [f] -ière (before n) ◇ **the ~ proposition** cette dernière proposition; **the ~ half** la deuxième moitié **2** n ◇ **the ~** celui-ci, [f] celle-ci ◆ **latterly** adv (recently) dernièrement; (towards the end) sur le tard.

lattice ['lætɪs] n ◇ **~ window** fenêtre [f] treillissée.

laugh [lɑ:f] **1** n rire [m] ◇ **to have a good ~ at** bien rire de; **that got a ~** cela a fait rire; **what a ~!** [famil] quelle rigolade! [famil], ça c'est marrant! [famil]; **just for a ~** histoire de rire [famil] **2** vti rire (*at, about, over* de) ◇ (fig) **it's no ~ing matter** il n'y a pas de quoi rire; **he ~ed to himself** il a ri en lui-même; **to be ~ing one's head off** [famil] rire comme un fou; **to make a ~ing stock of o.s.** se couvrir de ridicule; **you can't ~ this one off** cette fois tu ne t'en tireras pas par la plaisanterie ◆ **laughable** adj ridicule ◆ **laughing** adj riant.

laughter ['lɑ:ftə^r] n rires [mpl] ◇ **to roar with ~** rire aux éclats; **~ line** ride [f] d'expression.

launch [lɔ:ntʃ] **1** n **a** (**motor ~**) vedette [f]; (pleasure boat) bateau [m] de plaisance; (on ship) chaloupe [f] **b** (Space) lancement [m] **2** vt (gen) lancer; (lifeboat etc) mettre à la mer **3** vi (fig: **~ out**) se lancer (*into, on* dans) ◆ **launching** n lancement [m]; mise [f] à la mer ◇ **~ pad** rampe [f] de lancement.

launder ['lɔ:ndə^r] vt blanchir ◆ **launderette** n laverie [f] automatique *(à libre-service)*.

Laundromat ['lɔ:ndrəmæt] n ® (US) = **launderette.**

laundry ['lɔ:ndrɪ] n (place) blanchisserie [f], laverie [f]; (clothes) linge [m] ◇ **to do the ~** faire la lessive.

laurel ['lɒrəl] n laurier [m].

lava ['lɑ:və] n lave [f].

lavatory ['lævətrɪ] n toilettes [fpl], W.-C [mpl] ◇ **~ paper** papier [m] hygiénique.

lavender ['lævɪndə^r] n lavande [f] ◇ **~ water** eau [f] de lavande.

lavish ['lævɪʃ] **1** adj (gen) généreux, [f] -euse; (luxurious) somptueux, [f] -ueuse **2** vt prodiguer (*on sb* à qn).

law [lɔ:] n (gen) loi [f]; (subject of study) droit [m] ◇ **against the ~** contraire à la loi; **~ and order** l'ordre [m] public; **by ~** conformément à la loi; **to take the ~ into one's own hands** faire justice soi-même; **~ court** cour [f] de justice; **to go to ~** recourir à la justice; **Faculty of L~** faculté [f] de Droit; **~ student** étudiant(e) [m(f)] en droit; **criminal ~** le droit criminel ◆ **law-abiding** adj respectueux, [f] -ueuse des lois ◆ **lawbreaker** n personne [f] qui transgresse la loi ◆ **lawful** adj légal ◆ **lawsuit** n procès [m].

lawn [lɔ:n] n pelouse (f) ◇ ~ **tennis** tennis (m) ◆ **lawnmower** n tondeuse (f) à gazon.

lawyer ['lɔ:jəʳ] n (gen) juriste (mf); (for sales, wills etc) notaire (m); (for litigation) avocat (m); (in business firm: adviser) conseiller (m) juridique.

lax [læks] adj négligent.

laxative ['læksətɪv] n laxatif (m).

1. **lay** [leɪ] pret, ptp *laid* vti **a** (put etc: gen) poser; (blanket etc) étendre (*over* sur); (tablecloth) mettre; (road) faire; (of hen etc) pondre ◇ (buried) **laid to rest** enterré; **I wish I could ~ my hands on...** si seulement je pouvais mettre la main sur...; **I didn't ~ a finger on him** je ne l'ai même pas touché; **he was laid low with flu** la grippe l'obligeait à garder le lit; **to ~ the facts before sb** exposer les faits à qn **b** (fire) préparer; (trap) tendre (*for* à); (plans) former ◇ **to ~ the table** mettre le couvert; **to ~ the table for 5** mettre 5 couverts; **to ~ sth aside** mettre qch de côté; **to ~ down** (parcel) poser; (cards) étaler; (one's life) sacrifier (*for* pour); (conditions) imposer; (fig) **to ~ down the law** faire la loi (*about* sur); **to ~ in supplies** s'approvisionner; **to ~ into sb** prendre qn à partie; **to ~ off workers** licencier des employés; **~ off him!** fiche-lui la paix! [famil]; **to ~ on** (water, gas) installer; (entertainment etc) fournir; **I'll have a car laid on for you** je tiendrai une voiture à votre disposition; **everything will be laid on** il y aura tout ce qu'il faut; **to ~ sb out** (unconscious) mettre qn knock-out; **to ~ out a body** faire la toilette d'un mort; **to be laid up with flu** être au lit avec la grippe **c** (wager: money) parier (*on* sur) ◇ **to ~ a bet** parier **d** (suppress: ghost) exorciser ◆ **layabout** [famil] n fainéant(e) (m(f)) ◆ **lay-by** n petite aire (f) de stationnement *(sur bas-côté)* ◆ **layout** n (of building, town) disposition (f); (of sth printed) mise (f) en page.

2. **lay** [leɪ] pret of 1. *lie*.

3. **lay** [leɪ] adj laïque ◇ (fig) **to the ~ mind** pour le profane ◆ **layman** n laïc (m); (fig) profane (m).

layer ['leɪəʳ] n couche (f).

laze [leɪz] vi (~ **about**) paresser.

lazily ['leɪzɪlɪ] adv paresseusement.

lazy ['leɪzɪ] adj paresseux, (f) -euse.

lb abbr of *pound* → 1. **pound.**

1. **lead** [li:d] (vb: pret, ptp *led*) **1** n **a** ◇ **to be in the ~** (in match) mener; (in race) être en tête; **a 3-point ~** 3 points d'avance; **to follow sb's ~** suivre l'exemple de qn; **to give sb a ~** mettre qn sur la voie; **the police have a ~** la police tient une piste; (Theat) **to play the ~** tenir le rôle principal **b** (leash) laisse (f) ◇ **on a ~** tenu en laisse **c** (electric) fil (m); (**extension** ~) rallonge (f) **2** vti **a** mener (*to* à) ◇ **to ~ sb away** emmener qn; **to ~ sb back** ramener qn; **to ~ sb in** etc faire entrer etc qn; **to ~ sb into a room** faire entrer qn dans une pièce; **you ~, I'll follow** passez devant, je vous suis; **to ~ the way** montrer le chemin; **~ on!** allez-y, je vous suis!; (fig) **to ~ sb on** faire marcher qn [famil]; **what's all this ~ing up to?** où est-ce qu'on veut en venir avec tout ça?; **the streets that ~ off the square** les rues qui partent de la place **b** (be in charge) être à la tête de; (at head of procession) être en tête de; (be first: in match) mener; (in race) être en tête ◇ **to ~ the field** venir en tête **c** (Cards) jouer **d** (life, existence) mener ◇ **to ~ sb to believe that** amener qn à croire que; **to ~ to** (war) conduire à; (sb's arrest) aboutir à; (change) amener; **one thing led to another and we...** une chose en amenant une autre, nous...

2. **lead** [led] n (metal) plomb (m); (**black** ~) mine (f) de plomb ◇ ~ **pencil** crayon (m) à mine de plomb; ~ **poisoning** saturnisme (m) ◆ **leaded** adj (petrol) avec plomb ◆ **lead-free** adj (petrol) sans addition de plomb; (paint) sans plomb.

leader [li:dəʳ] n **a** (gen) chef (m); (of club) dirigeant(e) (m(f)); (of riot, strike) meneur (m), (f) -euse; (Pol) dirigeant(e), leader (m) ◇ **the ~ of the orchestra** (Brit) le premier violon; (US) le chef d'orchestre **b** (Press) éditorial (m) ◆ **leadership** n direction (f).

leading ['li:dɪŋ] adj (in procession) de tête; (in race) en tête; (principal) principal ◇ **a ~ figure, a ~ light** un personnage marquant; (Press) ~ **article** éditorial (m); ~ **question** question (f) insidieuse.

leaf [li:f] **1** n, pl **leaves** (of plant) feuille (f); (of table) rabat (m); (of book) page (f) ◇ (fig) **to turn over a new ~** changer de conduite **2** vi ◇ **to ~ through a book** feuilleter un livre ◆ **leaflet** n prospectus (m); (instruction sheet) mode (m) d'emploi ◆ **leafy** adj feuillu.

league [li:g] n (Pol) ligue (f); (Baseball) division (f); (Ftbl) championnat (m) ◇ (Ftbl) ~ **championship** championnat (m); **in ~ with** en coalition avec.

leak [li:k] **1** n (gen) fuite (f); (in boat) voie (f) d'eau ◇ **to spring a ~** se mettre à fuir; (of boat) commencer à faire eau **2** vti (gen) fuir; (of ship) faire eau; (of shoes) prendre l'eau ◇ (fig) **to ~ information out** divulguer des renseignements (*to* à).

1. **lean** [li:n] pret, ptp *leaned* or *leant* [lent] **1** vi **a** (~ **over**: of person) se pencher; (of wall etc) pencher ◇ **to ~ back** (in chair) se laisser aller en arrière; **to ~ back against** s'adosser à; **to ~ forward** se pencher en avant; **to ~ out of the window** se pencher par la fenêtre; (fig) **to ~ over backwards to help sb** se mettre en quatre pour aider qn **b** (rest) s'appuyer (*against* contre, à; *on* sur) ◇ **to be ~ing on** être appuyé contre; **to ~ on sb** (for support) s'appuyer sur qn;

([famil]: put pressure on) faire pression sur qn **2** vt (gen) appuyer (*against* contre) ◆ **leaning** n tendance [f] (*towards* à) ◆ **lean-to** n appentis [m].

2. **lean** [li:n] adj maigre.

leap [li:p] (vb: pret, ptp *leaped* or *leapt* [lept]) **1** n bond [m] ◇ **by ~s and bounds** à pas de géant; **~ year** année [f] bissextile **2** vti bondir ◇ **to ~ out** sortir d'un bond; **to ~ (over) a ditch** franchir un fossé d'un bond; **to ~ to one's feet** se lever d'un bond ◆ **leapfrog 1** n saute-mouton [m] **2** vi ◇ **to ~ over sb** sauter à saute-mouton par-dessus qn.

learn [lɜ:n] pret, ptp *learned* or *learnt* vti apprendre ◇ **to ~ (how) to do sth** apprendre à faire qch; (fig) **he's ~t his lesson** cela lui a servi de leçon; **to ~ about sth** (school etc) étudier qch; (hear of) apprendre qch; **to ~ from one's mistakes** tirer la leçon de ses erreurs; **to ~ sth off by heart** apprendre qch par cœur ◆ **learned** ['lɜ:nɪd] adj savant ◆ **learner** n débutant(e) [m(f)] ◇ **to be a quick ~** apprendre vite ◆ **learning** n érudition [f].

lease [li:s] **1** n bail [m] ◇ (fig) **to take on a new ~ of life** retrouver une nouvelle jeunesse **2** vt louer à bail ◆ **leaseholder** n locataire [mf].

leash [li:ʃ] n laisse [f] ◇ **on a ~** tenu en laisse.

least [li:st] (superl of 2. *little*) adj, pron, adv le moins (de) ◇ **the ~ money** le moins d'argent; **the ~ thing** la moindre chose; **at ~** au moins; **...at ~, that's what he says** ...du moins, c'est ce qu'il dit; **at the very ~** au minimum; **not in the ~** pas du tout; **it's the ~ I can do** c'est la moindre des choses; **to say the ~!** c'est le moins qu'on puisse dire!; **the ~ expensive car** la voiture la moins chère; **~ of all him** surtout pas lui.

leather ['leðəʳ] n cuir [m]; (wash ~) peau [f] de chamois ◇ **~ goods** articles [mpl] en cuir.

leave [li:v] (vb: pret, ptp *left*) **1** n **a** (consent) permission [f] (*to do* de faire) **b** (holiday) congé [m]; (Mil) permission [f] ◇ **on ~** en congé, en permission; **~ of absence** congé exceptionnel **c** ◇ **to take (one's) ~ of sb** prendre congé de qn **2** vti **a** partir (*for* pour; *from* de); (room, prison, hospital) sortir de ◇ **to ~ town** quitter la ville; **to ~ sb** quitter qn; **to ~ school** terminer ses études (secondaires); **he has left this address** il n'habite plus à cette adresse; **may I ~ the room?** puis-je sortir?; **to ~ the table** se lever de table **b** laisser (*with* or to sb à qn) ◇ **I've left my umbrella** j'ai laissé mon parapluie; **to ~ the door open** laisser la porte ouverte; **to ~ behind** (gen) laisser; (in race) distancer; (in work etc) dépasser; **to ~ on** (gas etc) laisser ouvert; (light) laisser allumé; **to ~ out** (accidentally) oublier; (deliberately) exclure; (in reading) sauter; **to ~ a lot to be desired** laisser beaucoup à désirer; **I'll ~ it to you to decide** je vous laisse décider; **~ it to me!** je m'en charge!; **I'll ~ you to it** [famil] je vous laisse continuer; **left to himself, he...** laissé à lui-même, il...; **3 from 6 ~s 3** 3 ôté de 6, il reste 3; **~ off!** arrête! **c** ◇ **to be left over** rester; **there are 3 cakes left** il reste 3 gâteaux; **what's left?** qu'est-ce qui reste?; **how many are left?** combien est-ce qu'il en reste?; **I've no money left** il ne me reste plus d'argent.

leavings ['li:vɪŋz] npl restes [mpl].

Lebanese [ˌlebə'ni:z] **1** adj Libanais **2** n(pl inv) Libanais(e) [m(f)].

Lebanon ['lebənən] n Liban [m] ◇ **in** or **to the ~** au Liban.

lecherous ['letʃərəs] adj lubrique.

lectern ['lektɛ:n] n lutrin [m].

lecture ['lektʃəʳ] **1** n (gen) conférence [f]; (Univ: class) cours [m] magistral; (reproof) sermon [m] ◇ **~ hall** or **theatre** amphithéâtre [m]; **~ room** salle [f] de conférences **2** vti faire une conférence or un cours (*to* à; *on* sur); (scold) sermonner (*on*, *about* pour) ◆ **lecturer** n (speaker) conférencier [m], [f] -ière; (university) ≃ assistant(e) [m(f)].

led [led] pret, ptp of 1. *lead*.

ledge [ledʒ] n (gen) rebord [m]; (on mountain) saillie [f].

ledger ['ledʒəʳ] n grand livre [m] (Comptabilité).

lee [li:] n ◇ **in the ~ of** à l'abri de ◆ **leeward** n ◇ **to ~** sous le vent ◆ **leeway** n ◇ (fig) **that gives him some ~** cela lui donne une certaine liberté d'action; **a lot of ~ to make up** beaucoup de retard à rattraper.

leech [li:tʃ] n sangsue [f].

leek [li:k] n poireau [m].

leer [lɪəʳ] vti lorgner (*at sb* qn).

1. **left** [left] pret, ptp of *leave* ◆ **left-luggage** n bagages [mpl] en consigne; (office) consigne [f] ◆ **left-luggage locker** n casier [m] à consigne automatique ◆ **left-overs** npl restes [mpl].

2. **left** [left] **1** adj (not right) gauche **2** adv à gauche **3** n **a** gauche [f] ◇ **on the ~** à gauche; (of driver) **to keep to the ~** tenir sa gauche; **to the ~** vers la gauche; (Pol) **the L~** la gauche **b** (Boxing: punch) gauche [m] ◆ **left-hand** adj (door, page) de gauche ◇ **~ drive** conduite [f] à gauche; **on the ~ side** à gauche ◆ **left-handed** adj gaucher, [f] -ère ◆ **leftist** adj (Pol) de gauche ◆ **left-wing** adj (Pol) de gauche ◇ **he's ~** il est à gauche.

leg [leg] n (of person, horse) jambe [f]; (of other animal) patte [f]; (Culin: of lamb) gigot [m]; (of pork, chicken) cuisse [f]; (of table etc) pied [m]; (of trousers etc) jambe; (in journey) étape [f] ◇ **four-~ged** à quatre pattes; **bare-~ged**

aux jambes nues; **to be on one's last ~s** être à bout de ressources; (of machine etc) être sur le point de rendre l'âme [famil]; **he hasn't got a ~ to stand on** il n'a aucun argument valable; (fig) **to pull sb's ~** (hoax) faire marcher qn [famil]; (tease) taquiner qn.

legacy ['legəsɪ] n legs [m].

legal ['li:gəl] adj **a** (lawful) légal ◇ **it's not ~ currency** cela n'a pas cours **b** (of the law: error) judiciaire; (affairs) juridique ◇ **to take ~ action against** intenter un procès à; **to take ~ advice** consulter un juriste or un avocat; **~ adviser** conseiller [m], [f] -ère juridique; (Brit) **~ aid** assistance [f] judiciaire; **~ proceedings** procès [m] ◆ **legalize** vt légaliser ◆ **legally** adv légalement.

legend ['ledʒənd] n légende [f].

legendary ['ledʒəndərɪ] adj légendaire.

leggings ['legɪŋz] npl jambières [fpl].

legible ['ledʒəbl] adj lisible.

legibly ['ledʒəblɪ] adv lisiblement.

legion ['li:dʒən] n légion [f].

legislate ['ledʒɪsleɪt] vi légiférer.

legislation [,ledʒɪs'leɪʃən] n (laws) lois [fpl].

legitimate [lɪ'dʒɪtɪmɪt] adj (gen) légitime; (excuse) valable; (theatre) littéraire ◆ **legitimately** adv ◇ **one might ~ think** on serait en droit de penser.

legroom ['legrʊm] n place [f] pour les jambes.

leisure ['leʒə^r] n loisir [m], temps [m] libre ◇ **a life of ~** une vie pleine de loisirs; **do it at your ~** faites-le quand vous en aurez le temps; **~ centre** centre [m] de loisirs ◆ **leisurely** adj (gen) tranquille ◇ **in a ~ way** sans se presser.

lemon ['lemən] **1** n citron [m] ◇ **~ squash** citronnade [f]; **~ juice** jus [m] de citron; **~ sole** limande-sole [f]; **~ squeezer** presse-citron [m inv]; **~ tea** thé [m] au citron **2** adj (colour) citron [inv] ◆ **lemonade** n limonade [f].

lend [lend] pret, ptp *lent* vt prêter (*to* à) ◆ **lender** n prêteur [m], [f] -euse ◆ **lending library** n bibliothèque [f] de prêt.

length [leŋθ] n **a** (gen) longueur [f]; (duration) durée [f] ◇ **it's 6 metres in ~** ça fait 6 mètres de long; **~ of life** durée de vie; **~ of time** temps [m]; **at ~** (at last) enfin; (in detail) dans le détail; **to go to the ~ of doing** aller jusqu'à faire; **to go to great ~s to do** se donner beaucoup de mal pour faire; **to win by a ~** gagner d'une longueur **b** (section: gen) morceau [m]; (of cloth) métrage [m] ◆ **lengthen** vt rallonger; (in duration) prolonger ◆ **lengthwise** adv dans le sens de la longueur ◆ **lengthy** adj très long, [f] longue.

lenient ['li:nɪənt] adj indulgent (*to* envers).

lens [lenz] n (of eye) cristallin [m]; (of spectacles) verre [m]; (of camera) objectif [m] ◇ **~ cap** bouchon [m] d'objectif.

lent [lent] pret, ptp of *lend*.

Lent [lent] n Carême [m].

lentil ['lentl] n lentille [f].

Leo ['li:əʊ] n (Astrol) le Lion ◇ **I'm ~** je suis (du) Lion.

leopard ['lepəd] n léopard [m].

leotard ['li:ətɑ:d] n collant [m] *(de danse)*.

leper ['lepə^r] n lépreux [m], [f] -euse.

leprosy ['leprəsɪ] n lèpre [f].

lesbian ['lezbɪən] n lesbienne [f].

lesion ['li:ʒən] n (Med) lésion [f].

less [les] comp of 2. *little* adj, pron, adv, prep moins (de) ◇ **~ butter** moins de beurre; **even ~** encore moins; **much ~ milk** beaucoup moins de lait; **~ and ~** de moins en moins; **~ than** (gen) moins que; **~ than half** moins de la moitié; **~ than a month** moins d'un mois; **~ than you think** moins que vous ne croyez; **that's two ~ than I expected** ça fait deux de moins que je ne pensais; **one ~ thing to worry about** un souci de moins; **no ~ than, nothing ~ than** au moins; **he's bought a car, no ~** [famil] il s'est payé une voiture, s'il vous plaît [famil]; **the ~ you buy the ~ you spend** moins vous achetez moins vous dépensez; **to eat ~** moins manger; **to grow ~** diminuer; **~ often** moins souvent; **he was none the ~ pleased to see me** il n'en était pas moins content de me voir; **~ 10%** moins 10% ◆ **lessen** **1** vt (gen) diminuer; (cost) réduire; (anxiety, pain, effect) atténuer **2** vi diminuer; s'atténuer ◆ **lesser** adj ◇ **to a ~ degree** or **extent** à un moindre degré; **the ~ of** le or la moindre de.

-less [lɪs] adj ending sans.

lesson ['lesn] n leçon [f] (*in* de) ◇ **French ~** leçon or cours [m] de français.

lest [lest] conj de peur que + ne + subj.

let [let] pret, ptp *let* vti **a** (allow: gen) laisser (*sb do* qn faire), permettre (*sb do* à qn de faire, que qn fasse) ◇ **don't ~ him go** ne le laissez pas partir; **he wouldn't ~ us** il ne nous a pas permis; (fig) **you can't ~ him get away with that!** tu ne peux pas le laisser s'en tirer comme ça!; **to ~ down** (sth on rope) descendre; (dress) rallonger; (hem) lâcher; (tyre) dégonfler; (disappoint) décevoir; **don't ~ us down** nous comptons sur vous; **to ~ in** (person, cat) faire entrer; (light) laisser entrer; (of shoes etc) prendre l'eau; **can you ~ him in?** pouvez-vous lui ouvrir?; **to ~ o.s. in** entrer; **to ~ o.s. in for sth** s'engager à qch; **to ~ sb in on sth** mettre qn au courant de qch; **to ~ sb into sth** faire entrer qn dans qch; **to ~ off** (gun, firework) faire partir; (not punish) ne pas punir; **to ~**

sb off lightly laisser qn s'en tirer à bon compte; **to ~ sb off sth** (not make him do) dispenser qn de qch; **he ~ me off with a warning** il m'a seulement donné un avertissement; **I won't ~ on** je ne dirai rien; **to ~ out** (person, cat) faire sortir; (prisoner) relâcher; (water) vider; (secret, news) laisser échapper; **I'll ~ you out** je vais vous ouvrir la porte; **to ~ o.s. out** sortir; **to ~ out a cry** laisser échapper un cri; **to ~ a skirt out** élargir une jupe; **to ~ past** or **through** laisser passer; **to ~ up** (stop) s'arrêter; (lessen) diminuer; **to ~ sb have sth** donner qch à qn; **I ~ myself be persuaded** je me suis laissé convaincre; **to ~ go of sth** lâcher qch **b** ◇ (verb forms) **~ us go, ~'s go** allons; **~'s sit down** asseyons-nous; **~ me think** laissez-moi réfléchir; **~ there be light** que la lumière soit; **~ him come himself** qu'il vienne lui-même **c** (hire out: house etc) louer ◇ **'to ~'** 'à louer'.

let-down ['let'daʊn] [famil] n déception [f].

lethal ['li:θəl] adj mortel, [f] -elle.

lethargy ['leθədʒɪ] n léthargie [f].

letter ['letəʳ] n lettre [f] ◇ **in ~s** en lettres; **he was invited by ~** il a reçu une invitation écrite; **~ bomb** lettre [f] piégée ◆ **letterbox** n boîte [f] à lettres ◆ **lettering** n (engraving) gravure [f]; (letters) caractères [mpl] ◆ **letter opener** n coupe-papier [m inv] ◆ **letter-writer** n correspondant(e) [m(f)].

lettuce ['letɪs] n laitue [f].

leuk(a)emia [lu:'ki:mɪə] n leucémie [f].

level ['levl] **1** n (gen) niveau [m]; (flat place) terrain [m] plat ◇ **he came down to their ~** il s'est mis à leur niveau; (fig) **on the ~** [famil] régulier, [f] -ière, honnête **2** adj (surface, ground) plat; (tray etc) horizontal; (spoonful) ras; (voice) calme ◇ **~ crossing** passage [m] à niveau; **to do one's ~ best** faire tout son possible (*to do* pour faire); **~ with** (in race) à la même hauteur que; (in competition) à égalité avec; (in work) au même niveau que **3** vt (ground) niveler; (building, town) raser; (accusation) lancer (*at sb* contre qn) ◆ **level-headed** adj équilibré.

lever ['li:vəʳ] **1** n levier [m] **2** vt ◇ **to ~ sth out** extraire qch au moyen d'un levier.

levy ['levɪ] **1** n impôt [m], taxe [f] **2** vt (tax) prélever.

lewd [lu:d] adj lubrique.

liability [,laɪə'bɪlɪtɪ] n (for accident) responsabilité [f] (*for* de); (handicap) handicap [m] ◇ **liabilities** (Bookkeeping) passif [m].

liable ['laɪəbl] adj **a** ◇ (likely) **he's ~ to be there** il est possible qu'il soit là; **to be ~ to do** risquer de faire **b** (to fine) passible (*to* de) **c** (responsible) responsable (*for* de).

liaison [li:'eɪzɒn] n liaison [f].

liar ['laɪəʳ] n menteur [m], [f] -euse.

lib [lɪb] [famil] n abbr of *liberation*.

libel ['laɪbəl] **1** n diffamation [f] (par écrit) **2** vt diffamer (par écrit).

liberal ['lɪbərəl] **1** adj libéral (*with* de) **2** n ◇ (Pol) **L~** libéral(e) [m(f)]; (Brit Pol) **L~ Democrat** libéral démocrate.

liberate ['lɪbəreɪt] vt libérer ◆ **liberated** adj libéré.

liberation [,lɪbə'reɪʃən] n libération [f].

liberty ['lɪbətɪ] n liberté [f] ◇ **at ~** en liberté; **at ~ to choose** libre de choisir; **to take the ~ of doing** se permettre de faire.

Libra ['li:brə] n (Astrol) la Balance ◇ **I'm ~** je suis (de la) Balance.

librarian [laɪ'brɛərɪən] n bibliothécaire [mf].

library ['laɪbrərɪ] n bibliothèque [f] ◇ **~ book** livre [m] de bibliothèque.

Libya ['lɪbɪə] n Libye [f] ◆ **Libyan** **1** adj libyen, [f] -enne **2** n Libyen(ne) [m(f)].

lice [laɪs] npl of *louse*.

licence ['laɪsəns] n (gen) autorisation [f], permis [m]; (for selling etc) patente [f]; (pilot's) brevet [m]; (driver's) permis [m]; (for car) vignette [f]; (for TV) redevance [f] ◇ **married by special ~** marié avec dispense de bans; **~ plate** plaque [f] minéralogique.

license ['laɪsəns] **1** n (US) = **licence** **2** vt autoriser (*sb to do* qn à faire) ◇ **~d premises** établissement [m] ayant une patente de débit de boissons ◆ **licensee** n (of pub) patron(ne) [m(f)].

lick [lɪk] **1** vt **a** lécher ◇ **to ~ one's lips** se lécher les lèvres; **to ~ sth off** enlever qch à coups de langue **b** (famil: defeat) battre **2** n ◇ **a ~ of paint** un petit coup de peinture.

lid [lɪd] n (gen) couvercle [m]; (**eye~**) paupière [f].

lido ['li:dəʊ] n complexe [m] balnéaire.

1. **lie** [laɪ] pret *lay*, ptp *lain* vi **a** (also **~ down**) se coucher, s'étendre; (also **be lying, be lying down**) être couché, être étendu ◇ **to ~ about** or **around** traîner; (to dog) **~ down!** couché!; (fig) **to take sth lying down** accepter qch sans protester; **to ~ in** (in bed) faire la grasse matinée; **he was lying still** il était étendu immobile; **~ still!** ne bouge pas!; (on tomb) **here ~s** ci-gît; (fig) **to ~ low** ne pas se faire remarquer; (hide) se cacher **b** (be: book, place etc) se trouver, être; (remain) rester, être ◇ **the snow will not ~** la neige ne tiendra pas; **the valley lay before us** la vallée s'étendait devant nous ◆ **lie-in** [famil] n ◇ **to have a ~** faire la grasse matinée.

2. **lie** [laɪ] (vb: pret, ptp *lied*) **1** n mensonge [m] ◇ **to tell ~s** mentir; **~ detector** détecteur [m] de mensonges **2** vi mentir.

lieu [lu:] n ◇ **in ~ of** au lieu de.

lieutenant [lef'tenənt, *(US)* lu:'tenənt] n (Brit: in army) lieutenant [m]; (navy) lieutenant de vaisseau.

life [laɪf] n, pl **lives** a (gen) vie [f]; (of car, government etc) durée [f] ◇ **to bring sb back to ~** ranimer qn; **all his ~** toute sa vie; **never in all my ~** jamais de ma vie; **in later ~** plus tard dans la vie; **to take one's own ~** se donner la mort; **to take one's ~ in one's hands** jouer sa vie; **to lead a quiet ~** mener une vie tranquille; **~ expectancy** espérance [f] de vie; **~ imprisonment** prison [f] à vie; **~ sentence** condamnation [f] à perpétuité; **~ insurance** assurance-vie [f]; **~ member** membre [m] à vie; **~ peer** pair [m] à vie; **~ raft** radeau [m] de sauvetage; **~ story** biographie [f]; **I couldn't for the ~ of me** [famil] je ne pouvais absolument pas; **how's ~?** [famil] comment ça va? [famil]; **that's ~!** c'est la vie!; **this is the ~!** [famil] voilà comment je comprends la vie!; **not on your ~!** [famil] jamais de la vie! b (liveliness) vie [f] ◇ **full of ~** plein de vie; **the ~ and soul of the party** un boute-en-train ◆ **lifebelt** n bouée [f] de sauvetage ◆ **lifeboat** n (shore) canot [m] de sauvetage; (ship) chaloupe [f] de sauvetage ◆ **lifebuoy** n bouée [f] de sauvetage ◆ **lifeguard** n surveillant [m] de plage ◆ **life-jacket** or (US) **life preserver** n gilet [m] de sauvetage ◆ **lifeless** adj sans vie ◆ **lifelike** adj qui semble vivant or vrai ◆ **lifeline** n corde [f] de sécurité ◆ **lifelong** adj de toute une vie; (friend) de toujours ◆ **life-saver** n ◇ (fig) **it was a ~** ça lui (etc) a sauvé la vie ◆ **life-sized** adj grandeur nature [inv] ◆ **life-support** adj ◇ **on a ~ system** or **machine** sous assistance [f] respiratoire ◆ **lifetime** n (gen) vie [f] ◇ **not in my ~** pas de mon vivant; **a once-in-a-~ opportunity** une occasion unique or à ne pas rater.

lift [lɪft] 1 n a (Brit: elevator) ascenseur [m] b ◇ **to give sb a ~** emmener qn en voiture (*to* à); (cheer up) remonter le moral à qn 2 vt (gen) lever, soulever; (fig: restrictions) supprimer; (siege) lever; (famil: steal) voler (*from sb* à qn) ◇ **to ~ sth down** descendre qch; **to ~ sth off** enlever qch; **to ~ sth out** sortir qch; **to ~ sb over a wall** faire passer qn par-dessus un mur; **to ~ up** (gen) soulever; (head) lever; **he didn't ~ a finger to help** il n'a pas levé le petit doigt pour aider ◆ **lift-off** n (Space) décollage [m].

1. **light** [laɪt] (vb: pret, ptp *lit* or *lighted*) 1 n a (gen) lumière [f]; (of vehicle: gen) feu [m]; (headlamp) phare [m] ◇ **to put on the ~** allumer; **to put off the ~** éteindre; **by the ~ of** à la lumière de; **~ bulb** ampoule [f] électrique; **~ meter** photomètre [m]; **you're in my ~** tu me fais de l'ombre; (Art) **~ and shade** les clairs [mpl] et les ombres [fpl]; **there were ~s on in the room** il y avait de la lumière dans la pièce; (for cigarette) **have you got a ~?** avez-vous du feu? b (lamp) lampe [f] c ◇ (**traffic ~s**) **the ~s** les feux [mpl] (de circulation); **the traffic ~s were at red** le feu était au rouge d ◇ (phrases) **to see the ~** [famil] comprendre; **to bring to ~** mettre en lumière; **to come to ~** être découvert; **to throw some ~ on sth** éclaircir qch; **in a new ~** sous un jour nouveau; **in the ~ of what you say** tenant compte de ce que vous dites 2 adj clair ◇ **while it's ~** pendant qu'il fait jour; **~ beer** bière [f] basses calories; **~ green** vert clair [inv] 3 vti (fire, cigarette etc) allumer; (match) frotter; (room etc: also **~ up**) éclairer ◇ **her eyes lit up** ses yeux se sont éclairés ◆ **light-coloured** adj clair ◆ **lighter** n briquet [m] ◆ **lighthouse** n phare [m] (*sur la côte* etc) ◆ **lighting** n éclairage [m] ◇ **~-up time** heure [f] de l'éclairage des véhicules ◆ **light-year** n année-lumière [f].

2. **light** [laɪt] 1 adj (not heavy: gen) léger, [f] -ère; (rain) fin ◇ **as ~ as a feather** léger comme une plume; **to be a ~ sleeper** avoir le sommeil léger; **~ ale** bière [f] blonde légère; (US) **~ beer** bière [f] basses calories; **~ industry** industrie [f] légère; **~ opera** opérette [f]; **~ reading** lecture [f] distrayante; **to make ~ of sth** prendre qch à la légère 2 adv (travel) avec peu de bagages ◆ **light-headed** adj (dizzy, foolish) étourdi; (excited) exalté ◆ **light-hearted** adj gai ◆ **lightly** adv (gen) légèrement ◇ **to sleep ~** avoir le sommeil léger; **to get off ~** s'en tirer à bon compte ◆ **lightweight** adj léger, [f] -ère.

lighten ['laɪtn] vt (colour, hair) éclaircir; (load etc) alléger.

lightning ['laɪtnɪŋ] 1 n (gen) éclairs [mpl] ◇ **a flash of ~** un éclair; **struck by ~** frappé par la foudre; **~ conductor** paratonnerre [m]; **like ~** [famil] avec la vitesse de l'éclair 2 adj (strike) surprise [inv]; (visit) éclair [inv].

1. **like** [laɪk] 1 prep, adv comme ◇ **it wasn't ~ that** ce n'était pas comme ça; **it was ~ this, I had...** voilà, j'avais...; **to be ~ sb** ressembler à qn; **~ father, ~ son** tel père, tel fils; **I have one ~ it** j'en ai un pareil; **I never saw anything ~ it!** je n'ai jamais rien vu de pareil!; **it's not ~ him to be late** ça n'est pas son genre d'être en retard; **sth ~ a necklace** un collier ou qch dans ce genre-là; **that's more ~ it!** voilà qui est mieux!; **there's nothing ~ real silk** rien ne vaut la soie véritable; **what's he ~?** comment est-il?; **what's the film ~?** comment as-tu trouvé le film?; **it's nothing ~ as good as...** c'est loin d'être aussi bon que...; **more ~ 30 than 25** plutôt 30 que 25 2 conj (famil: as) comme ◇ **do it ~ I did** faites-le comme moi 3 n ◇ **his ~** son pareil; **and the ~, and such ~** et autres choses de ce genre; **the ~s of him** [famil] des gens comme lui.

2. **like** [laɪk] 1 vt a (gen) aimer bien ◇ **I ~ him** (of friend) je l'aime bien; (of acquaintance) il me plaît; **I ~ life in Britain** j'aime bien le

style de vie britannique; **which do you ~ best?** lequel préfères-tu?; **to ~ doing, to ~ to do** aimer bien faire; **I ~ people to be punctual** j'aime bien que les gens soient à l'heure; **how do you ~ him?** comment le trouvez-vous?; **whether he ~s it or not** que cela lui plaise ou non **b** (want) vouloir (*to do* faire; *sb to do* que qn fasse) ◇ **I didn't ~ to disturb you** je ne voulais pas vous déranger; **would you ~ a drink?** voulez-vous boire qch?; **I would ~ you to do it** je voudrais que tu le fasses; **how would you ~ to go to Paris?** est-ce que cela te plairait d'aller à Paris?; **when I ~** quand je veux; **if you ~** si vous voulez **2** n ◇ **all my ~s and dislikes** tout ce que j'aime et tout ce que je n'aime pas.

likeable ['laɪkəbl] adj sympathique.

likelihood ['laɪklɪhʊd] n probabilité (f) ◇ **in all ~** selon toute probabilité.

likely ['laɪklɪ] **1** adj probable ◇ **a ~ place for...** un bon endroit pour...; (iro) **a ~ story!** comme si j'allais croire ça!; **it is ~ that** il est probable que; **it is not ~ that** il est peu probable que + subj; **she is ~ to arrive** elle va probablement arriver; **she is not ~ to come** il est peu probable qu'elle vienne; **the man most ~ to succeed** l'homme qui a le plus de chances de réussir **2** adv probablement ◇ **most ~, as ~ as not** très probablement; **not ~!** pas de danger!

liken ['laɪkən] vt comparer (*to* à).

likeness ['laɪknɪs] n ◇ **a family ~** un air de famille; **it is a good ~** c'est très ressemblant.

likewise ['laɪkwaɪz] adv (similarly) de même; (also) aussi.

liking ['laɪkɪŋ] n goût (m) (*for* pour) ◇ **to have a ~ for** aimer bien; **to your ~** à votre goût.

lilac ['laɪlək] **1** n lilas (m) **2** adj (colour) lilas (inv).

lilting ['lɪltɪŋ] adj chantant (fig).

lily ['lɪlɪ] n lis (m) ◇ **~ of the valley** muguet (m).

limb [lɪm] n membre (m) ◇ (fig) **out on a ~** dans une situation délicate.

limber ['lɪmbəʳ] vi ◇ **to ~ up** faire des exercices d'assouplissement.

1. **lime** [laɪm] n chaux (f).

2. **lime** [laɪm] n (fruit) citron (m) vert.

3. **lime** [laɪm] n (tree) tilleul (m).

limelight ['laɪmlaɪt] n ◇ (fig) **in the ~** en vedette.

limerick ['lɪmərɪk] n petit poème (m) humoristique.

limestone ['laɪmstəʊn] n calcaire (m).

limit ['lɪmɪt] **1** n (gen) limite (f); (restriction on number etc) limitation (f) ◇ **speed ~** limitation de vitesse; **within ~s** dans une certaine limite; (US) **off ~s** d'accès interdit; **there are ~s!** [famil] il y a une limite à tout!; **that's the ~!** [famil] ça dépasse les bornes! **2** vt limiter (*to* à) ◇ **to ~ o.s. to doing** se borner à faire; **to ~ o.s. to 10 cigarettes** se limiter à 10 cigarettes ◆ **limitation** n (gen) limitation (f) ◇ **he knows his ~s** il connaît ses limites ◆ **limited** adj (edition) à tirage limité; (intelligence, person) borné ◇ **to a ~ extent** jusqu'à un certain point.

1. **limp** [lɪmp] adj (gen) mou, (f) molle; (dress, hat) avachi ◇ **let your arm go ~** décontractez votre bras.

2. **limp** [lɪmp] **1** vi boiter ◇ **to ~ in** etc entrer etc en boitant **2** n ◇ **to have a ~** boiter.

limpet ['lɪmpɪt] n bernique (f).

1. **line** [laɪn] **1** n **a** (gen) ligne (f); (pen stroke) trait (m); (wrinkle) ride (f); (boundary) frontière (f); (ancestry) lignée (f); (in poem) vers (m); (in play) réplique (f) ◇ **to draw a ~ under sth** tirer un trait sous qch; **to put a ~ through sth** barrer qch; (fig) **to read between the ~s** lire entre les lignes; (in dictation) **new ~** à la ligne; **drop me a ~** envoyez-moi un mot **b** (rope) corde (f); (Elec, Telec, Fishing) ligne (f) ◇ (Comput) **on ~** en ligne (*to* avec); **the ~'s gone dead** (cut off) on nous a coupés; (no dialling tone) il n'y a plus de tonalité; **Mr Smith is on the ~** c'est M. Smith au téléphone **c** (Mil) ligne (f); (row) rangée (f); (one behind the other) file (f); (queue) queue (f) ◇ (US) **to stand in ~** faire la queue; **they were standing in a ~** ils étaient alignés; (Mil) **in the front ~** en première ligne; **behind the enemy ~s** derrière les lignes ennemies **d** ◇ (fig) **right in the ~ of fire** en plein champ de tir; **to take the ~ of least resistance** choisir la solution de facilité; **in the ~ of duty** dans l'exercice de ses fonctions; **~ of research** ligne de recherches; **what's your ~ of business?** que faites-vous dans la vie?; **it's not my ~** (not my speciality) ce n'est pas dans mes cordes; (not to my taste) ce n'est pas mon genre; **to take a strong ~ on** adopter une attitude ferme sur; **in ~ with** en accord avec; **he's in ~ for the job** on pense à lui pour le poste; **to bring sb into ~** mettre qn au pas; **to fall into ~** se conformer (*with sth* à qch); **all along the ~** sur toute la ligne; **along those ~s** (be) dans le même genre; (think) de la même façon; **on the right ~s** sur la bonne voie; **to give sb a ~ on sth** [famil] renseigner qn sur qch **e** (shipping company) compagnie (f); (route) ligne (f); (Rail) ligne; (track) voie (f) ◇ **the Brighton ~** la ligne de Brighton; **the ~ was blocked** la voie était bloquée **2** vti ◇ **to ~ up** (stand in row) s'aligner; (in queue) faire la queue; (put things in a ~) aligner; (prepare) préparer (*for* pour); **have you got sb ~d up?** avez-vous qn en vue? ◆ **linesman** n (Tennis) juge (m) de ligne; (Ftbl) juge de touche ◆ **line-up** n (of people)

queue [f], file [f]; (of things) suite [f], série [f]; (team) équipe [f].

2. **line** [laɪn] vt (clothes) doubler (*with* de) ◇ (fig) **to ~ one's pockets** se remplir les poches.

lined [laɪnd] adj **a** (coat, etc) doublé **b** (paper) réglé; (face) ridé.

linen ['lɪnɪn] n (material) lin [m]; (sheets, clothes etc) linge [m] ◇ **~ basket** panier [m] à linge; **~ dress** robe [f] de lin; **dirty ~** linge sale.

liner ['laɪnəʳ] n **a** (ship) paquebot [m]; (plane) avion [m] (de ligne) **b** ◇ **dustbin ~** sac [m] à poubelle.

linger ['lɪŋgəʳ] vi (of person: wait) s'attarder; (take one's time) prendre son temps; (of smell, memory) persister; (of doubt) subsister ◇ **to ~ over a meal** manger sans se presser; **~ing death** mort [f] lente.

lingo ['lɪŋgəʊ] [famil] n jargon [m].

linguist ['lɪŋgwɪst] n linguiste [mf] ◆ **linguistic** adj linguistique ◆ **linguistics** nsg linguistique [f].

liniment ['lɪnɪmənt] n liniment [m].

lining ['laɪnɪŋ] n (of coat etc) doublure [f]; (on brakes) garniture [f].

link [lɪŋk] **1** n (in chain) maillon [m]; (connection) lien [m] (*between* entre) ◇ **rail ~** liaison [f] ferroviaire; **to break off all ~s with** cesser toutes relations avec **2** vt (connect) relier; (join up: **~ together**) lier ◇ (fig) **closely ~ed to** étroitement lié à; **to ~ arms** se donner le bras ◆ **link-up** n (gen) lien [m]; (TV) liaison [f]; (spacecraft) jonction [f].

lino ['laɪnəʊ] n lino [m].

linoleum [lɪ'nəʊlɪəm] n linoléum [m].

linseed ['lɪnsiːd] n ◇ **~ oil** huile [f] de lin.

lint [lɪnt] n tissu [m] ouaté *(pour compresses)*.

lintel ['lɪntl] n linteau [m].

lion ['laɪən] n lion [m] ◇ **~ cub** lionceau [m] ◆ **lioness** n lionne [f] ◆ **lion-tamer** n dompteur [m] de lions.

lip [lɪp] n lèvre [f]; (of thing) bord [m] ◇ **to pay ~ service to sth** approuver qch pour la forme ◆ **lipread** vti lire sur les lèvres ◆ **lipstick** n rouge [m] à lèvres.

liquefy ['lɪkwɪfaɪ] vt liquéfier.

liqueur [lɪ'kjʊəʳ] n liqueur [f].

liquid ['lɪkwɪd] adj, n liquide [m] ◆ **liquidate** vt liquider ◆ **liquidation** n ◇ **to go into ~** déposer son bilan ◆ **liquidize** vt (food) passer au mixeur ◆ **liquidizer** n mixeur [m].

liquor ['lɪkəʳ] n (alcohol) spiritueux [m].

liquorice ['lɪkərɪs] n réglisse [mf].

lisp [lɪsp] **1** vi zézayer **2** n zézaiement [m] ◇ **with a ~** en zézayant.

1. **list** [lɪst] **1** n liste [f]; (commercial) catalogue [m] ◇ **at the top of the ~** en tête de liste; **at the bottom of the ~** en fin de liste **2** vt (make ~ of) faire la liste de; (Comput) lister; (give in detail) énumérer ◇ **~ed building** monument [m] classé.

2. **list** [lɪst] vi (of ship) gîter (*20°* de 20°).

listen ['lɪsn] vi écouter ◇ **to ~ to sth** écouter qch; (Rad) **to ~ in** être à l'écoute; **to ~ for** (voice) guetter; (footsteps) guetter le bruit de ◆ **listener** n (to radio etc) auditeur [m], [f] -trice ◇ **to be a good ~** savoir écouter.

listeria [ˌlɪs'tɪərɪə] n (bacteria) listeria [f]; (illness) listériose [f].

listing ['lɪstɪŋ] n (gen, Comput) listage [m].

listless ['lɪstlɪs] adj sans énergie.

lit [lɪt] pret, ptp of 1.*light*.

litany ['lɪtənɪ] n litanie [f].

liter ['liːtəʳ] n (US) = **litre.**

literacy ['lɪtərəsɪ] n fait [m] de savoir lire et écrire.

literal ['lɪtərəl] adj littéral ◆ **literally** adv (gen) littéralement ◇ **to take sth ~** interpréter qch au pied de la lettre.

literary ['lɪtərərɪ] adj (gen) littéraire.

literate ['lɪtərɪt] adj qui sait lire et écrire.

literature ['lɪtərɪtʃəʳ] n littérature [f]; (brochures etc) documentation [f].

lithe [laɪð] adj agile.

lithograph ['lɪθəʊgrɑːf] n lithographie [f].

litigation [ˌlɪtɪ'geɪʃən] n litige [m].

litre ['liːtəʳ] n litre [m].

litter ['lɪtəʳ] **1** n **a** (papers) vieux papiers [mpl]; (rubbish) détritus [mpl] ◇ **to leave ~** jeter des papiers or des détritus **b** (of puppies etc) portée [f] **2** vt ◇ **~ed with** jonché de ◆ **litter-basket** or **litter-bin** n boîte [f] à ordures.

1. **little** ['lɪtl] adj petit ◇ **~ finger** petit doigt; **a tiny ~ baby** un tout petit bébé; **poor ~ thing!** pauvre petit(e)!

2. **little** ['lɪtl] comp *less*, superl *least* adj, pron, adv peu (de) ◇ **~ money** peu d'argent; **he says very ~** il ne dit pas grand-chose; **~ or nothing** rien ou presque rien; **to make ~ of sth** (belittle) faire peu de cas de qch; **as ~ as possible** le moins possible; **very ~** très peu (de); **so ~** si peu (de); **too ~** trop peu (de); **a ~ milk** un peu de lait; **give me a ~** donne-m'en un peu; **a ~ bigger** un peu plus grand; **~ by ~** petit à petit; **a ~ more cream** un peu plus de crème; **it's ~ better** ça n'est guère mieux; **~ did he know that...** il était bien loin de se douter que...; **~ do you know!** si seulement vous saviez!; **~ known** peu connu.

liturgy ['lɪtədʒɪ] n liturgie [f].

1. **live** [lɪv] vt (gen) vivre; (reside) habiter ◇ **to ~ in London** habiter Londres; **to ~ in a flat** habiter un appartement; **where do you ~?** où habitez-vous?; **he's not easy to ~ with** il n'est pas facile à vivre; **he's living**

with Anne (as man and wife) il vit avec Anne; **to ~ together** vivre ensemble; **as long as I ~** tant que je vivrai; **to ~ to be 90** vivre jusqu'à 90 ans; **he was still living when...** il était encore en vie quand...; **long ~ the King!** vive le roi!; **you'll ~** (iron) vous n'en mourrez pas; **to ~ well** vivre sur un grand pied; **they ~d happily ever after** (in fairy tales) ils furent heureux et ils eurent beaucoup d'enfants; **she ~s for her children** elle ne vit que pour ses enfants; **I've nothing left to ~ for** je n'ai plus de raison de vivre; **to learn to ~ with it** s'y faire; **~ and let ~** il faut se montrer tolérant; **we ~ and learn** on apprend à tout âge; **to ~ a healthy life** mener une vie saine; (fig) **to ~ sth down** faire oublier qch avec le temps; (of servant) **he ~s in** il est logé et nourri; **to ~ off sb** vivre aux dépens de qn; **to ~ off the land** vivre du pays; **they ~d on potatoes** ils vivaient de pommes de terre; **you can't ~ on air** [famil] on ne vit pas de l'air du temps; **just enough to ~ on** juste de quoi vivre; **to ~ it up** [famil] mener la grand vie; **it didn't ~ up to expectations** cela n'a pas été ce qu'on avait espéré ◆ **live-in** adj (housekeeper) à demeure.

2. **live** [laɪv] adj (alive) vivant; (lively) dynamique; (issue) brûlant; (broadcast) en direct; (recording) en public; (coal) ardent; (ammunition: not blank) de combat; (unexploded) non explosé; (rail) conducteur, (f) -trice; (wire) sous tension ◇ **a real ~ spaceman** un astronaute en chair et en os; **before a ~ audience** en public; (appliance etc) **that's ~!** c'est branché!

livelihood ['laɪvlɪhʊd] n moyens (mpl) d'existence.

lively ['laɪvlɪ] adj (person, party, discussion) animé; (imagination, interest) vif, (f) vive; (account, style) vivant; (argument, campaign) vigoureux, (f) -euse; (tune) gai.

liven ['laɪvn] vt ◇ **to ~ sth up** animer qch.

liver ['lɪvəʳ] n foie (m).

livery ['lɪvərɪ] n livrée (f).

livestock ['laɪvstɒk] n bétail (m).

livid ['lɪvɪd] adj **a** (colour) livide **b** (furious) furieux, (f) -ieuse.

living ['lɪvɪŋ] **1** adj (person etc) vivant; (conditions) de vie; (wage) convenable ◇ **the greatest ~ pianist** le plus grand pianiste actuellement vivant; **~ or dead** mort ou vif; **there wasn't a ~ soul** il n'y avait pas âme qui vive; **within ~ memory** de mémoire d'homme; **~ expenses** frais (mpl) de subsistance; **~ quarters** logement (m); **~ room** salle (f) de séjour; **~ space** espace (m) vital; **~ standards** niveau (m) de vie **2** n ◇ **to make a ~** gagner sa vie; **to work for a ~** travailler pour vivre; (people) **the ~** les vivants (mpl).

lizard ['lɪzəd] n lézard (m).

load [ləʊd] **1** n (gen) charge (f); (of lorry) chargement (m); (weight, pressure) poids (m) ◇ **that's a ~ off my mind!** quel soulagement!; (fig) **~s of** [famil] énormément de **2** vt (often **~ down** or **up**) charger (*with* de); (Comput) charger ◇ **to ~ sb with gifts** couvrir qn de cadeaux ◆ **loaded** adj (gen) chargé; (dice) pipé; (question) insidieux, (f) -ieuse; (famil: rich) bourré de fric [famil] ◆ **loader** n chargeur (m) ◆ **loading** n chargement (m) ◇ **~ bay** aire (f) de chargement.

1. **loaf** [ləʊf] n, pl **loaves** pain (m).

2. **loaf** [ləʊf] vi (**~ around**) traînasser.

loam [ləʊm] n terreau (m).

loan [ləʊn] **1** n (lent) prêt (m); (borrowed) emprunt (m) ◇ **on ~** (object) prêté (*from* par; *to* à); (library book) sorti; **I have it on ~** je l'ai emprunté **2** vt prêter (*to* à).

loath [ləʊθ] adj ◇ **to be ~ to do** répugner à faire.

loathe [ləʊð] vt détester (*doing* faire).

lobby ['lɒbɪ] **1** n vestibule (m); (Parl: for public) ≃ salle (f) des pas perdus; (pressure group) groupe (m) de pression **2** vti (Pol) faire pression (*sb* sur qn; *for sth* pour obtenir qch).

lobe [ləʊb] n lobe (m).

lobster ['lɒbstəʳ] n homard (m).

local ['ləʊkəl] **1** adj (gen) local; (shops, doctor: in town) du quartier; (in village) du village; (wine) du pays; (pain) localisé ◇ (Telephone) **a ~ call** une communication urbaine; **he's a ~ man** il est du coin; **~ anaesthetic** anesthésie (f) locale; **~ authority** autorité (f) locale; **~ government** administration (f) locale; **~ goverment officer** ≃ fonctionnaire (mf) **2** n **a** ◇ (famil: person) **the ~s** les gens (mpl) du pays **b** (Brit, famil: pub) café (m) du coin ◆ **locality** n (district) région (f); (place) endroit (m) ◆ **locally** adv (not centrally) localement; (nearby) dans les environs.

locate [ləʊ'keɪt] vt (find: gen) repérer; (leak, cause) localiser; (situate: school etc) situer ◆ **location** n emplacement (m) ◇ (Cin) **on ~** en extérieur.

loch [lɒx] n (Scot) lac (m), loch (m).

lock [lɒk] **1** n **a** (gen) serrure (f); (car, bike etc: antitheft) antivol (m) ◇ **under ~ and key** (possessions) sous clef; (prisoner) sous les verrous; (fig) **~, stock and barrel** en bloc **b** (of canal) écluse (f) **c** (of hair) mèche (f) **2** vti (door etc) fermer à clef; (person) enfermer (*in* dans) ◇ **to ~ sb in** enfermer qn; **to ~ up** (before leaving) tout fermer; (house) fermer à clef; (also **~ away:** money etc) mettre sous clef; (criminal etc) mettre sous les verrous; **behind ~ed doors** à huis clos ◆ **locker** n casier (m) ◇ **~-room** vestiaire (m) ◆ **lockjaw** n tétanos (m) ◆ **locksmith** n serrurier (m).

locket ['lɒkɪt] n médaillon (m) *(bijou)*.

locomotive [ˌləʊkəˈməʊtɪv] n locomotive (f).

locum [ˈləʊkəm] n suppléant(e) (m(f)) *(de médecin* etc).

locust [ˈləʊkəst] n sauterelle (f).

lodge [lɒdʒ] **1** n (gen) loge (f); (house on estate) pavillon (m) de gardien **2** vt (gen) loger; (statement) présenter (*with sb* à qn) ◇ (Law) **to ~ an appeal** se pourvoir en cassation **3** vi être logé (*with* chez); (of bullet) se loger ◆ **lodger** n locataire (mf); (with meals) pensionnaire (mf).

lodging [ˈlɒdʒɪŋ] n ◇ **they gave us ~** ils nous ont logés; **he's in ~s** il vit en meublé; (with meals) il prend pension; **~ house** pension (f).

loft [lɒft] n grenier (m).

lofty [ˈlɒftɪ] adj très haut; (noble) élevé.

log [lɒg] **1** n **a** (tree trunk) rondin (m); (for fire) bûche (f) ◇ **~ cabin** cabane (f) en rondins; **~ fire** feu (m) de bois **b** (**~ book**) (gen) registre (m); (on ship) livre (m) de bord; (on plane) carnet (m) de vol; (of lorry driver) carnet de route **2** vt (record: gen) consigner; (**~ up:** distance) faire ◇ **to ~ in** (also **~ on**) (Comput) entrer; **to ~ out** (also **~ off**) (Comput) sortir ◆ **logbook** n (of car) carte (f) grise → also **log 1(b).**

logarithm [ˈlɒgərɪθəm] n logarithme (m).

loggerheads [ˈlɒgəhedz] npl ◇ **at ~** en désaccord complet (*with* avec).

logic [ˈlɒdʒɪk] n logique (f).

logical [ˈlɒdʒɪkəl] adj logique.

logo [ˈləʊgəʊ] n logo (m).

loin [lɔɪn] n (meat: gen) filet (m); (beef) aloyau (m) ◇ **~ chop** côte (f) première.

loiter [ˈlɔɪtəʳ] vi traîner.

loll [lɒl] vi (laze) fainéanter.

lollipop [ˈlɒlɪpɒp] n sucette (f) *(bonbon)* ◇ **~ man** *contractuel* (m) *qui fait traverser la rue aux enfants.*

lolly [ˈlɒlɪ] [famil] n **a** sucette (f) *(bonbon)* **b** (money) fric [famil] (m).

London [ˈlʌndən] **1** n Londres (m) **2** adj londonien, (f) -ienne ◆ **Londoner** n Londonien(ne) (m(f)).

lone [ləʊn] adj (person) solitaire; (house) isolé.

loneliness [ˈləʊnlɪnɪs] n solitude (f).

lonely [ˈləʊnlɪ] adj solitaire; seul ◇ **to feel ~** se sentir seul.

lonesome [ˈləʊnsəm] adj = **lonely.**

1. **long** [lɒŋ] **1** adj **a** (in size) long, (f) longue ◇ **how ~ is the field?** quelle est la longueur du champ?; **10 metres ~** long de 10 mètres; **to get ~er** rallonger; **~ drink** boisson (f) non alcoolisée; **~ jump** saut (m) en longueur; (fig) **it's a ~ shot** ce n'est guère probable; (Rad) **on the ~ wave** sur grandes ondes **b** (in time) long ◇ **how ~ is it?** ça dure combien de temps?; **6 months ~** qui dure 6 mois; **a ~ time** longtemps; **he wasn't ~ in coming** il n'a pas mis longtemps pour venir; (fig) **in the ~ run** à la longue.

2 adv **a** longtemps ◇ **~ ago** il y a longtemps; **how ~ ago?** il y a combien de temps?; **not ~ ago** il y a peu de temps; **~ after** longtemps après (que); **not ~ before** peu de temps avant (que +_ subj); **~ since** depuis longtemps; **how ~ is it since you saw him?** cela fait combien de temps que tu ne l'as pas vu?; **have you been waiting ~?** il y a longtemps que vous attendez?; **wait a little ~er** attendez encore un peu; **will you be ~?** tu en as pour longtemps?; **don't be ~** dépêche-toi; **how ~?** combien de temps?; **as ~ as I live** tant que je vivrai; **before ~** (+ future) dans peu de temps; (+ past) peu de temps après; **at (the) ~est** tout au plus; **for ~** pour longtemps **b** ◇ (phrases) **all night ~** toute la nuit; **so ~ as, as ~ as** pourvu que + subj; **so ~!** [famil] à bientôt!, salut! [famil]; **he is no ~er here** il n'est plus là; **it has ~ been used** c'est employé depuis longtemps ◆ **long-distance** adj (race) de fond; (phone call) interurbain; (flight) sur long parcours ◆ **long-drawn-out** adj interminable ◆ **long-haired** adj aux cheveux longs; (animal) à longs poils ◆ **longhand** adj en écriture normale ◆ **long-lost** adj perdu depuis longtemps ◆ **long-playing record** n 33 tours (m inv) ◆ **long-range** adj (gun) à longue portée; (plane) à grand rayon d'action; (forecast) à long terme ◆ **long-sighted** adj hypermétrope; (in old age) presbyte ◆ **long-standing** adj de longue date ◆ **longsuffering** adj très patient ◆ **long-term** adj à long terme ◆ **long-winded** adj (person) intarissable; (speech) interminable.

2. **long** [lɒŋ] vi avoir très envie (*to do* de faire; *for sth* de qch; *for sb to do* que qn fasse) ◇ **to ~ for sb** se languir de qn ◆ **longing** **1** n désir (m) (*to do* de faire; *for sth* de qch; *for sb* de voir qn); (nostalgia) nostalgie (f); (for food) envie (f) **2** adj (look) plein de désir or d'envie etc.

longitude [ˈlɒŋgɪtjuːd] n longitude (f).

loo [luː] n petit coin [famil] (m), cabinets (mpl) ◇ **in the ~** au petit coin [famil].

look [lʊk] **1** n **a** regard (m) ◇ **to have a ~ for sth** chercher qch; **to have** or **take a ~ at** jeter un coup d'œil à; **to take a good** or **long ~ at sth** bien examiner qch; **let me have a ~** faites voir; **to have a ~ round** jeter un coup d'œil; **with a nasty ~ in his eye** avec un regard méchant **b** ◇ (appearance etc) **I like the ~ of her** je lui trouve l'air sympathique; **I don't like the ~ of this** ça ne me plaît pas du tout; **by the ~ of him** à le voir; **good ~s** beauté (f); (Fashion) **the leather ~** la mode du cuir.

2 vti **a** (glance) regarder ◇ **to ~ at** regarder; (examine: situation etc)

considérer; (deal with) s'occuper de; (check: car etc) vérifier; **to ~ at him you would never think...** à le voir on ne penserait jamais...; **~ where you're going!** regarde où tu vas!; **it isn't much to ~ at** ça ne paie pas de mine; **that's one way of ~ing at it** c'est une façon de voir les choses; **to ~ hard at** (person) dévisager; (thing) regarder de près; **to ~ for sth** chercher qch; **to ~ into** (complaint etc) se renseigner sur; **to ~ on sb as** considérer qn comme; **~ and see if...** regarde voir si...; **let me ~** laisse-moi voir; **~ here,...** écoutez,....
b ◇ (with adv etc) **to ~ ahead** (in front) regarder devant soi; (to future) considérer l'avenir; **to ~ after** (gen) s'occuper de; (possessions) faire attention à; (one's car etc) entretenir; **to ~ after o.s.** (be well) faire attention à soi; (cope) se débrouiller tout seul; **to ~ after sth for sb** garder qch pour qn; **to ~ about** or **around** regarder autour de soi; **to ~ away** détourner les yeux (*from* de); **to ~ back** regarder derrière soi; (remember) regarder en arrière; **to ~ down** baisser les yeux; (from height) regarder en bas; **to ~ down at sth** regarder qch d'en haut; (fig) **to ~ down on sb/sth** mépriser qn/qch; **to ~ down the list** parcourir la liste; **I'm ~ing forward to seeing you** j'attends avec impatience le plaisir de vous voir; (in letter) **~ing forward to hearing from you** en espérant avoir bientôt une lettre de vous; **are you ~ing forward to it?** est-ce que vous êtes content à cette perspective?; **I'm ~ing forward to it** je m'en réjouis à l'avance; **to ~ in on sb** passer voir qn; **to ~ on** regarder; **the house ~s on to the street** la maison donne sur la rue; **to ~ out** (outside) regarder dehors; (take care) faire attention (*for* à); **to ~ out of the window** regarder par la fenêtre; (fig) **to ~ out for sth** guetter qch; **to ~ sth out** essayer de trouver qch; **~ out!** attention!; **to ~ over** (essay) jeter un coup d'œil à; (town etc) visiter; **to ~ round** regarder; (turning round) se retourner; **to ~ round for sth** chercher qch; **to ~ round the town** visiter la ville; **to ~ through** (briefly) parcourir; **to ~ up** regarder en haut; (from reading etc) lever les yeux; **things are ~ing up** ça a l'air d'aller mieux; **to ~ sb up** passer voir qn; **to ~ sth up** chercher qch; (fig) **to ~ up to sb** respecter qn **c** (seem) sembler; avoir l'air ◇ **she ~s tired** elle semble fatiguée, elle a l'air fatiguée; **how pretty you ~!** que vous êtes jolie!; **you ~ well** vous avez bonne mine; **how did she ~?** (in health) est-ce qu'elle avait bonne mine?; **how do I ~?** est-ce que ça va?; **he ~s about 40** il a l'air d'avoir 40 ans; **she ~s her age** elle fait son âge; **to ~ one's best** être à son avantage; **to ~ foolish** paraître ridicule; **ugly-~ing** laid; (fig) **to ~ the part** avoir le physique de l'emploi; **don't ~ like that!** ne faites pas cette tête-là!; **try to ~ as if you're pleased** essaie d'avoir l'air content; **he ~s good in uniform** l'uniforme lui va bien; **it makes her ~ old** cela la vieillit; **that ~s good** (food) ça a l'air bon; (picture etc) ça fait très bien; (book) ça a l'air intéressant; **it ~s all right to me** je trouve que ça va; **it will ~ bad** cela fera mauvais effet; **it ~s as if** on dirait que; **it ~s to me as if** j'ai l'impression que; **what does it ~ like?** comment est-ce?; **to ~ like sb** ressembler à qn; **it ~s like salt** ça a l'air d'être du sel; **it ~s like it!** c'est bien probable! ◆ **lookalike** n ◇ **a Churchill ~** un sosie de Churchill ◆ **looking-glass** n miroir [m] ◆ **look-out** n **a** ◇ **to be on the ~** (watch) guetter (*for sth* qch); (be wary) être sur ses gardes (*for sth* à cause de qch); **it's a poor ~ for...** ça s'annonce mal pour...; **that's your ~** c'est votre affaire! **b** (person: gen) guetteur [m]; (Mil) homme [m] de guet; (on ship) homme de veille.

1. **loom** [lu:m] vi (**~ up**) surgir; (of event) paraître imminent.

2. **loom** [lu:m] n (weaving) métier [m] à tisser.

loop [lu:p] n (gen) boucle [f] (*de ficelle* etc); (Elec) circuit [m] fermé; (motorway etc) bretelle [f]; (contraceptive) stérilet [m] ◇ (of plane) **to loop the ~** boucler la boucle ◆ **loophole** n échappatoire [f].

loose [lu:s] adj **a** (knot etc) qui se défait; (screw) desserré; (brick, tooth) qui branle; (animal etc) en liberté; (skin) flasque; (collar) lâche; (bowels) relâchés; (translation) libre ◇ **to let** or **set** or **turn ~** lâcher; **a ~ sheet of paper** une feuille volante; (electrical) **~ connection** mauvais contact [m]; **~ covers** housses [fpl]; **to be at a ~ end** ne pas trop savoir quoi faire; (fig) **to tie up ~ ends** régler les détails qui restent; **~ living** vie [f] dissolue **b** (not packed: biscuits etc) en vrac; (butter etc) au poids ◆ **loose-fitting** adj ample ◆ **loose-leaf** adj à feuilles volantes ◇ **~ binder** classeur [m] (*dossier*) ◆ **loosely** adv (tie, hold) sans serrer; (associate) vaguement ◆ **loosen** vt (slacken) desserrer; (untie) défaire; (tongue) délier.

loot [lu:t] **1** n butin [m] **2** vt piller ◆ **looting** n pillage [m].

lop [lɒp] vt (**~ off**) couper.

lop-sided ['lɒp'saɪdɪd] adj (not straight) de travers; (asymmetric) disproportionné.

lord [lɔ:d] n seigneur [m] ◇ **~ of the manor** châtelain [m]; **L~ Smith** lord Smith; **my L~** Monsieur le baron (*etc*); (judge) Monsieur le Juge; **Our L~** Notre Seigneur; **the L~'s supper** la sainte Cène; **the L~'s prayer** le Notre-Père; **good L~!** [famil] Seigneur!; **oh L~!** [famil] zut! [famil] ◆ **lordly** adj (dignified) noble; (arrogant) hautain ◆ **lordship** n autorité [f] (*over* sur) ◇ **Your L~** Monsieur le comte (etc); (to judge) Monsieur le Juge.

lore [lɔːʳ] n traditions [fpl].

lorry [ˈlɒrɪ] n camion [m] ◇ ~ **driver** camionneur [m]; (long-distance) routier [m].

lose [luːz] pret, ptp *lost* vti **a** perdre ◇ **he got lost** il s'est perdu; **the key got lost** on a perdu la clef; **get lost!** [famil] va te faire voir! [famil]; **to ~ one's life** périr; **20 lives were lost** 20 personnes ont péri; **to be lost at sea** périr en mer; (fig) **losing battle** bataille [f] perdue d'avance; **to have lost one's breath** être hors d'haleine; (driver) **he's lost his licence** on lui a retiré son permis de conduire; **to ~ one's way** se perdre; **to ~ no time in doing sth** faire qch au plus vite; (Sport) **to ~ to sb** se faire battre par qn; **they lost 6-1** ils ont perdu 6-1; **to ~ out on a deal** être perdant dans une affaire; **you can't ~** [famil] tu ne risques rien **b** (of watch, clock) retarder ◇ **to ~ 10 minutes a day** retarder de 10 minutes par jour ◆ **loser** n perdant(e) [m(f)] ◇ **bad ~** mauvais joueur [m]; **he's a born ~** il n'a jamais de veine [famil] ◆ **losing** adj (team, number) perdant; (business, concern) mauvais ◇ **on a ~ streak** [famil] en période de déveine [famil].

loss [lɒs] n perte [f] ◇ **without ~ of life** sans qu'il y ait de victimes; (Mil) **heavy ~es** pertes sévères; **to sell at a ~** vendre à perte; **at a ~ to explain** incapable d'expliquer; **to be at a ~ for words** chercher ses mots.

lost [lɒst] (pret, ptp of *lose*) adj (gen) perdu (*in* dans) ◇ ~ **property** objets [mpl] trouvés; ~ **property office** bureau [m] des objets trouvés; **to give sb up for ~** considérer qn comme perdu.

lot [lɒt] n **a** ◇ **a ~** beaucoup; **a ~ of** beaucoup de; **~s of** des tas de; **what a ~ of people!** que de monde!; **what a ~!** quelle quantité!; **there wasn't a ~ we could do** nous ne pouvions pas faire grand-chose; **I'd give a ~ to know...** je donnerais cher pour savoir...; **quite a ~ of** pas mal de; **such a ~ of** tellement de; **an awful ~ of** [famil] énormément de [famil]; **a ~ better** beaucoup mieux; **we don't go out a ~** nous ne sortons pas beaucoup; **thanks a ~!** [famil] merci beaucoup!; **a ~ you care** [famil]**!** comme si ça te faisait qch!; **that's the ~** c'est tout; **take the ~** prends le tout; **the ~ of you** vous tous; **the whole ~ of them went off** ils sont tous partis **b** (destiny) sort [m] ◇ **it was not his ~ to succeed** il n'était pas destiné à réussir **c** (batch: auctions etc) lot [m] ◇ **to draw ~s for sth** tirer qch au sort; (fig) **he's a bad ~** [famil] il ne vaut pas cher [famil] **d** (land) parcelle [f] ◇ **parking ~** parking [m].

lotion [ˈləʊʃən] n lotion [f].

lottery [ˈlɒtərɪ] n loterie [f] ◇ ~ **ticket** billet [m] de loterie.

loud [laʊd] **1** adj (voice) fort; (laugh, noise) grand; (music) bruyant; (applause) vif, [f] vive; (protests) vigoureux, [f] -euse; (colour, clothes) voyant ◇ **the radio is too ~** la radio joue trop fort; (Mus) ~ **pedal** pédale [f] forte **2** adv (speak etc) fort ◇ **out ~** tout haut ◆ **loudly** adv (shout) fort; (knock, laugh) bruyamment ◆ **loudspeaker** n haut-parleur [m]; (stereo) baffle [m].

lounge [laʊndʒ] **1** n salon [m] (*d'une maison, d'un hôtel* etc) ◇ ~ **suit** complet(-veston) [m]; (on invitation) 'tenue de ville' **2** vi (on bed etc) se prélasser; (also ~ **about**) paresser ◆ **lounger** n (sun-bed) lit [m] de plage.

louse [laʊs] n, pl **lice** pou [m] ◆ **lousy** [famil] adj infect, dégueulasse [famil] ◇ **I feel ~** je suis mal fichu [famil].

lout [laʊt] n rustre [m].

love [lʌv] **1** n amour [m] ◇ **to fall in ~** tomber amoureux, [f] -euse (*with* de); **they are in ~** ils s'aiment; **~ at first sight** le coup de foudre; **to make ~** faire l'amour; **~ affair** liaison [f]; **~ letter** lettre [f] d'amour; **~ life** vie [f] sentimentale; **~ story** histoire [f] d'amour; **for the ~ of God** pour l'amour du Ciel; **for ~ of** par amour pour; **he sends you his ~** il t'envoie bien des choses; (stronger) il t'embrasse; (letter) **~ from Jim** affectueusement, Jim; (stronger) bons baisers, Jim; **yes, ~** oui, mon amour; **the theatre was her great ~** le théâtre était sa grande passion; **he studies for the ~ of it** il étudie pour son plaisir; (Tennis) **~ 30** zéro 30 **2** vt (gen) aimer (*to do, doing* faire) ◇ **I'd ~ to come** je serais ravi de venir; **I'd ~ to!** cela me ferait très plaisir! ◆ **lovable** adj adorable ◆ **lover** n **a** amant [m]; (romantic) amoureux [m] ◇ **they are ~s** ils ont une liaison **b** ◇ **theatre ~** amateur [m] de théâtre; **a ~ of Brahms** un(e) fervent(e) de Brahms ◆ **loving** adj (gen) affectueux, [f] -ueuse; (tender) tendre ◇ **money-~** qui aime l'argent.

lovely [ˈlʌvlɪ] adj (pretty) ravissant; (pleasant: party, personality) charmant; (very good: idea, holiday) excellent ◇ **the weather's ~** il fait très beau; **to have a ~ time** bien s'amuser; **it's been ~ seeing you** j'ai été vraiment content de vous voir; **~ and cool** délicieusement frais.

1. **low** [ləʊ] **1** adj (gen) bas, [f] basse; (groan, speed, standard, income, intelligence) faible; (quality) inférieur; (depressed) déprimé ◇ **~er down the hill** plus bas sur la colline; **the L~ Countries** les Pays-Bas; **in a ~ voice** à voix basse; **to get ~er** baisser; **L~ Church** Basse Église [f] (*Anglicane*); **~ flying** vols [mpl] à basse altitude; **~er** (gen) inférieur; **the ~er middle class** la petite

bourgeoisie; **the ~er school** le premier cycle; (Pol) **the L~er House** la Chambre basse; **to be ~ on sth** être à court de qch; **the ~est of the ~** le dernier des derniers **2** adv (aim, sing) bas; (fly, plane) à basse altitude ◇ **to turn sth down ~** baisser qch; **supplies are running ~** les provisions baissent **3** n (weather) dépression [f] ◇ (of prices, production) **to reach a new ~** atteindre son niveau le plus bas ◆ **lowbrow** adj sans prétentions intellectuelles ◆ **low-calorie** adj à basses calories, hypocalorique ◆ **low-cost** adj bon marché [inv] ◆ **low-cut** adj décolleté ◆ **low-down** **1** adj (mean) méprisable **2** n ◇ **to give sb the ~ on** [famil] mettre qn au courant de ◆ **lower** vt (gen) baisser; (sail, flag) abaisser; (boat) mettre à la mer; (sth on a rope) descendre; (resistance) diminuer ◇ **~ your voice!** (parle) moins fort! ◆ **low-fat** adj maigre ◇ **~ butter** beurre [m] allégé ◆ **low-key** adj modéré; (operation) très discret, [f] -ète ◆ **lowland** n plaine [f] ◇ **the L~s of Scotland** les Basses-Terres [fpl] d'Écosse ◆ **low-level** adj bas, [f] basse ◆ **lowly** adj humble ◆ **low-lying** adj à basse altitude ◆ **low-paid** adj mal payé ◇ **the ~ workers** les petits salaires [mpl].

2. **low** [ləʊ] vi (of cattle) meugler.

loyal ['lɔɪəl] adj loyal (*to* envers).

lozenge ['lɒzɪndʒ] n (Med) pastille [f]; (Math) losange [m].

LP [el'pi:] n abbr of *long-playing record* 33 tours [m inv].

Ltd abbr of *Limited* ≃ S.A.

lubricant ['lu:brɪkənt] n lubrifiant [m].

lubricate ['lu:brɪkeɪt] vt lubrifier; (car) graisser ◇ **lubricating oil** huile [f] de graissage.

lucid ['lu:sɪd] adj lucide.

luck [lʌk] n (**good ~**) chance [f] ◇ **bad ~** malchance [f]; **to bring sb ~** porter bonheur à qn; **to be down on one's ~** ne pas avoir de chance; **good ~!** bonne chance!; **hard ~!** pas de chance!; **no such ~!** [famil] ç'aurait été trop beau!; **with any ~...** avec un peu de chance...; (fig) **it's the ~ of the draw** c'est une question de chance; **you're in ~**, **your ~'s in** tu as de la veine [famil] ◆ **luckily** adv heureusement ◆ **lucky** adj (person) qui a de la chance (*to do* de faire); (day) de chance; (shot, guess) heureux, [f] -euse; (charm) porte-bonheur [inv] ◇ **he was ~ enough to get a seat** il a eu la chance de trouver une place; **~ thing!** veinard(e)! [famil]; **it was ~ for him that...** heureusement pour lui que...; **how ~!** quelle chance!; **~ dip** pêche [f] miraculeuse; **~ number** chiffre [m] porte-bonheur.

lucrative ['lu:krətɪv] adj lucratif, [f] -ive.

ludicrous ['lu:dɪkrəs] adj ridicule.

ludo ['lu:dəʊ] n jeu [m] des petits chevaux.

lug [lʌg] vt traîner, tirer.

luggage ['lʌgɪdʒ] n bagages [mpl] ◇ **~ in advance** bagages non accompagnés; **~ label** étiquette [f] à bagages; **(left) ~ locker** (casier [m] de) consigne [f] automatique; **~ rack** (in train) filet [m]; (on car) galerie [f]; **~ van** fourgon [m].

lugubrious [lu:'gu:brɪəs] adj lugubre.

lukewarm ['lu:kwɔ:m] adj tiède.

lull [lʌl] **1** n moment [m] de calme **2** vt calmer.

lullaby ['lʌləbaɪ] n berceuse [f].

lumbago [lʌm'beɪgəʊ] n lumbago [m].

lumber ['lʌmbə^r] **1** n (wood) bois [m] de charpente; (junk) bric-à-brac [m inv] ◇ **~ yard** chantier [m] de scierie **2** vti (**~ about**) marcher pesamment ◇ **to get ~ed** [famil] **with doing sth** avoir la corvée de faire qch; **I got ~ed with more work** [famil] il a fallu que je me farcisse un supplément de travail [famil] ◆ **lumberjack** n bûcheron [m] ◆ **lumber-jacket** n blouson [m].

luminous ['lu:mɪnəs] adj lumineux, [f] -euse.

lump [lʌmp] **1** n (gen) morceau [m]; (of earth) motte [f]; (in sauce etc) grumeau [m]; (Med) grosseur [f] (*on* à) ◇ (fig) **to have a ~ in one's throat** avoir la gorge serrée; **~ sugar** sucre [m] en morceaux; **~ sum** somme [f] globale **2** vt **a** ◇ **to ~ together** mettre dans la même catégorie **b** ◇ (famil: endure) **you'll just have to ~ it** il faut bien que tu acceptes sans rien dire ◆ **lumpy** adj (sauce) grumeleux, [f] -euse; (mattress) défoncé.

lunacy ['lu:nəsɪ] n folie [f].

lunar ['lu:nə^r] adj lunaire.

lunatic ['lu:nətɪk] adj, n fou [m], [f] folle ◇ **~ asylum** asile [m] d'aliénés.

lunch [lʌntʃ] **1** n déjeuner [m] ◇ **to have ~** déjeuner; **come to ~** venez déjeuner; **~ break** heure [f] du déjeuner; **his ~ hour** l'heure [f] de son déjeuner **2** vi déjeuner (*on*, *off* de) ◆ **lunchtime** n heure [f] du déjeuner.

luncheon ['lʌntʃən] n déjeuner [m] ◇ **~ meat** ≃ mortadelle [f]; **~ voucher** ticket-restaurant [m].

lung [lʌŋ] n poumon [m] ◇ **~ disease** maladie [f] pulmonaire; **~ cancer** cancer [m] du poumon.

lunge [lʌndʒ] vi (**~ forward**) faire un mouvement brusque en avant.

lurch [lɜ:tʃ] **1** vi (of person) tituber; (of car, ship) faire une embardée **2** n ◇ **to leave sb in the ~** faire faux bond à qn.

lure [ljʊə^r] **1** n attrait [m] **2** vt attirer par la ruse (*into* dans).

lurid ['ljʊərɪd] adj (details) atroce; (account) à sensation; (colour) criard.

lurk [lɜ:k] vi (hide) se cacher; (creep about) rôder.
luscious ['lʌʃəs] adj succulent.
lush [lʌʃ] adj luxuriant.
lust [lʌst] n (sexual) désir [m]; (fig) soif [f] (*for* de).
lustre ['lʌstəʳ] n lustre [m].
lusty ['lʌstɪ] adj vigoureux, [f] -euse.
lute [lu:t] n luth [m].
Luxembourg ['lʌksəmbɜ:g] n Luxembourg [m] ◇ **in or to** ~ au Luxembourg.
luxuriant [lʌg'zjʊərɪənt] adj luxuriant.
luxury ['lʌkʃərɪ] 1 n luxe [m] 2 adj (goods) de luxe; (flat, room etc) de grand luxe ◆ **luxurious** adj luxueux, [f] -ueuse.
lychee ['laɪ,tʃi:] n litchi [m], letchi [m].
Lycra ['laɪkrə] ® n Lycra [m].
lying ['laɪɪŋ] 1 n mensonge(s) [m(pl)] 2 adj (person) menteur, [f] -euse; (statement) mensonger, [f] -ère.
lynch [lɪntʃ] vt lyncher.
lynx [lɪŋks] n lynx [m inv].
lyre ['laɪəʳ] n lyre [f].
lyric ['lɪrɪk] 1 adj lyrique 2 n ◇ (song) ~**s** paroles [fpl] ◆ **lyrical** adj lyrique ◆ **lyricism** n lyrisme [m].

m

M, m [em] n **a** M, m [m or f] **b** abbr of *metre* m **c** abbr of *mile* mile [m] **d** abbr of *million* M **e** ◇ (motorway) **on the M6** ≃ sur l'A6.

MA [ˌem'eɪ] n **a** abbr of *Master of Arts* **b** (qualification) maîtrise [f] ès lettres **c** (person) titulaire [mf] d'une maîtrise ès lettres.

ma'am [mæm] n madame [f].

mac [mæk] [famil] n imper [famil] [m].

Macao [mə'kaʊ] n Macao [m].

macaroni [ˌmækə'rəʊnɪ] n macaroni [m] ◇ ~ **cheese** macaroni au gratin.

macaroon [ˌmækə'ru:n] n macaron [m].

mace [meɪs] n **a** (spice) macis [m] **b** (ceremonial) masse [f].

machine [mə'ʃi:n] n (gen) machine [f]; (plane) appareil [m]; (car etc) véhicule [m] ◇ **adding** (etc) ~ machine à calculer (etc); ~ **operator** machiniste [mf] ◆ **machine code** n (Comput) code [m] machine ◆ **machine-gun** **1** n mitrailleuse [f] **2** vt mitrailler ◆ **machine-made** adj fait à la machine ◆ **machinery** n (machines) machines [fpl]; (parts) mécanisme [m] ◆ **machine-stitch** vt piquer à la machine ◆ **machine-tool** n machine-outil [f].

macho ['mætʃəʊ] adj macho [inv].

mackerel ['mækrəl] n maquereau [m].

mackintosh ['mækɪntɒʃ] n imperméable [m].

mad [mæd] adj (gen) fou, [f] folle; (dog) enragé; (plan) insensé; (famil: angry) furieux, [f] -ieuse (*at, with* contre) ◇ **to go** ~ devenir fou; **to drive sb** ~ rendre qn fou; **as** ~ **as a hatter, stark raving** ~ fou à lier; **to get** ~ **at sb** [famil] s'emporter contre qn; **hopping** ~ [famil] fou furieux; **to run** etc **like** ~ [famil] courir etc comme un fou; ~ **keen on** [famil] fou de ◆ **maddening** adj exaspérant ◆ **madly** adv (gen) comme un fou; (interested) follement; (love sb) à la folie ◇ ~ **keen on** fou de ◆ **madman** n fou [m] ◆ **madness** n folie [f].

Madagascan [mædə'gæskən] **1** adj malgache **2** n Malgache [mf].

Madagascar [mædə'gæskə^r] n Madagascar [f].

madam ['mædəm] n madame [f]; (unmarried) mademoiselle [f] ◇ (in letters) **Dear M~** Madame.

made [meɪd] [famil] pret, ptp of *make* ◆ **made-to-measure** adj fait sur mesure ◆ **made-to-order** adj fait sur commande ◆ **made-up** adj (story) inventé; (face) maquillé.

Madeira [mə'dɪərə] n (Geog) Madère [f]; (wine) madère [m].

Madonna [mə'dɒnə] n madone [f], Madone.

mafia ['mæfɪə] n maffia [f], mafia.

magazine [ˌmægə'zi:n] n (Press, TV) magazine [m]; (gun) magasin [m].

maggot ['mægət] n ver [m], asticot [m].

magic ['mædʒɪk] **1** n magie [f] ◇ **like** ~ comme par enchantement; **it's** ~**!** [famil] c'est génial! [famil] **2** adj magique ◇ ~ **spell** sortilège [m] ◆ **magical** adj magique ◆ **magician** n magicien [m]; (Theatre) illusionniste [mf].

magistrate ['mædʒɪstreɪt] n magistrat [m].

magnanimous [mæg'nænɪməs] adj magnanime.

magnate ['mægneɪt] n magnat [m].

magnesia [mæg'ni:ʃə] n magnésie [f].

magnesium [mæg'ni:zɪəm] n magnésium [m].

magnet ['mægnɪt] n aimant [m] ◆ **magnetic** adj magnétique.

magnificent [mæg'nɪfɪsənt] adj magnifique.

magnify ['mægnɪfaɪ] vt (image) grossir; (incident etc) exagérer ◇ **~ing glass** loupe (f).

magnitude ['mægnɪtju:d] n grandeur (f).

magnolia [mæg'nəʊlɪə] n magnolia (m).

magpie ['mægpaɪ] n pie (f).

mahogany [mə'hɒgənɪ] n acajou (m).

maid [meɪd] n **a** (servant) bonne (f) **b** ◇ **old ~** vieille fille (f) ♦ **maid-of-honour** n demoiselle (f) d'honneur.

maiden ['meɪdn] **1** n jeune fille (f) **2** adj **a** ◇ **~ aunt** tante (f) célibataire; **~ name** nom (m) de jeune fille **b** (flight, voyage, speech) inaugural.

mail [meɪl] **1** n poste (f); (letters) courrier (m) ◇ **by ~** par la poste; **here's your ~** voici votre courrier; **~ train** train (m) postal; **~ van** voiture (f) des postes; (Rail) wagon-poste (m) **2** vt poster ◇ **~ing list** liste (f) d'adresses ♦ **mailbag** n sac (m) postal ♦ **mailbox** n boîte (f) aux lettres ♦ **mailman** n (US) facteur (m) ♦ **mail-order** n achat (m) par correspondance.

maim [meɪm] vt mutiler.

main [meɪn] **1** adj (gen) principal ◇ **the ~ body of...** le gros de...; **the ~ thing is to...** l'essentiel est de...; **the ~ thing to remember is...** ce qu'il ne faut surtout pas oublier c'est...; (of meal) **~ course** plat (m) de résistance; (Rail) **~ line** grande ligne (f); **a ~ road** une grande route; **the ~ road** la grand-route; **~ street** rue (f) principale **2** n **a** (electricity) conducteur (m) principal; (gas, water) conduite (f) principale; (sewer) égout (m) collecteur ◇ **water from the ~s** eau (f) de la conduite; (appliance etc) **connected to the ~s** branché sur le secteur; **to turn off at the ~s** couper au compteur **b** ◇ **in the ~** dans l'ensemble ♦ **mainframe (computer)** n (large computer) gros ordinateur (m) ♦ **mainland** n ◇ **the ~ of Greece** la Grèce continentale ♦ **mainly** adv principalement, surtout ♦ **mainmast** n grand mât (m) ♦ **mainsail** n grand-voile (f) ♦ **mainstay** n (fig) pilier (m).

maintain [meɪn'teɪn] vt (gen) maintenir (*that* que); (attitude, advantage) conserver; (keep: family, building, machine) entretenir.

maintenance ['meɪntɪnəns] n (of machine, road) entretien (m); (after divorce) pension (f) alimentaire ◇ **~ allowance** (student) bourse (f) d'études; (employee) indemnité (f) pour frais de déplacement; **~ costs** frais (mpl) d'entretien.

maisonette [ˌmeɪzə'net] n duplex (m).

maize [meɪz] n maïs (m).

majestic [mə'dʒestɪk] adj majestueux, (f) -ueuse.

majesty ['mædʒɪstɪ] n majesté (f) ◇ **His M~ the King** Sa Majesté le Roi.

major ['meɪdʒə^r] **1** adj majeur ◇ (Mus) **in the ~ key** en majeur; **~ repairs** grosses réparations (fpl); **~ road** route (f) à priorité **2** n **a** (Mil) commandant (m) **b** (Univ) matière (f) principale **3** vi (US Univ) se spécialiser (*in* en).

Majorca [mə'jɔ:kə] n Majorque (f).

majority [mə'dʒɒrɪtɪ] n (gen) majorité (f) ◇ **in the ~** en majorité; **the ~ of people** la plupart des gens; **~ verdict** verdict (m) majoritaire.

make [meɪk] pret, ptp *made* **1** vti **a** (gen) faire; (building) construire; (money: gen) gagner; (of deal etc) rapporter; (points, score) marquer ◇ **made in France** fabriqué en France; **made of gold** en or; **he made £500 on it** cela lui a rapporté 500 livres; (in shop etc) **how much does that ~?** combien ça fait?; **they ~ a handsome pair** ils forment un beau couple; **he'll ~ a good footballer** il fera un bon joueur de football; **this business has made him** cette affaire a fait son succès; **he was made for life** son avenir était assuré; **to ~ or break sb** assurer ou briser la carrière de qn; **that made my day!** (famil) ça a transformé ma journée! **b** (cause to be or do) faire, + adj rendre ◇ **to ~ sb king** faire qn roi; **to ~ sb sad** rendre qn triste; **to ~ o.s. ill** se rendre malade; **to ~ o.s. understood** se faire comprendre; **to ~ yellow** jaunir; **let's ~ it £3** si on disait 3 livres; **to ~ sb do sth** faire faire qch à qn, forcer qn à faire qch; **to ~ sb wait** faire attendre qn; **you can't ~ me!** tu ne peux pas m'y forcer!; **to ~ believe** faire semblant (*that one is* d'être); **to ~ do with** (be satisfied) s'arranger de; (manage) se débrouiller avec; **to ~ sth over to sb** céder qch à qn **c** (go) aller (*for* vers); (of ship) faire route (*for* pour) ◇ **to ~ for home** rentrer; **to ~ off** filer (*with sth* avec qch); (led to) **this made for more...** cela a produit plus de...; **to ~ port** arriver au port; **to ~ 10 knots** filer 10 nœuds; **to ~ it** (arrive) arriver; (achieve sth) parvenir à qch; (succeed) réussir; **we made it to Paris** nous sommes arrivés à Paris; **he made it into the team** il a réussi à être sélectionné dans l'équipe; **can you ~ it by 3 o'clock?** est-ce que tu peux y être pour 3 heures? **d** ◇ (think etc) **what time do you ~ it?** quelle heure as-tu?; **I ~ it 100 km to Paris** d'après moi il y a 100 km d'ici à Paris; **what do you ~ of him?** qu'est-ce que tu penses de lui?; **I can't ~ anything of it** je n'y comprends rien **e** ◇ **to ~ out** (write: bill) faire; (cheque) faire (*to* à l'ordre de); (distinguish) distinguer; (understand) comprendre; (claim) prétendre (*that* que); **I can't ~ it**

out at all je n'y comprends rien; **how do you ~ that out?** qu'est-ce qui vous fait penser cela? **f** ◇ **to ~ up** (put together: parcel, bed) faire; (medicine, prescription) préparer; (invent: story) inventer; (form: a whole etc) former; (total) compléter; (lost time) rattraper; (lost ground) regagner; (settle: dispute) mettre fin à; (be friends: also **~ it up**) se réconcilier; (cosmetics) se maquiller; **group made up of** groupe formé de; **to ~ sth up into a parcel** faire un paquet de qch; **he made it up to £100** il a complété les 100 livres; **let's ~ it up** faisons la paix; **to ~ up for** (damage) compenser; (lost time) rattraper; (trouble caused) se faire pardonner; (mistake) se rattraper pour; **to ~ up to sb** [famil] essayer de se faire bien voir par qn **2** n **a** (brand) marque [f]; (manufacture) fabrication [f] ◇ **French ~ of car** marque française de voiture; **these are our own ~** ceux-ci sont fabriqués par nous **b** ◇ **he's on the ~** [famil] (wants success) c'est le succès qui l'intéresse; (wants money) il cherche à se remplir les poches [famil].

✦ **make-believe** n ◇ **it's just ~** (story) c'est de l'invention [f] pure ✦ **maker** n (of goods) fabricant [m] ✦ **makeshift** **1** n expédient [m] **2** adj de fortune ✦ **make-up** n (of group etc) constitution [f]; (of person) caractère [m]; (cosmetics) maquillage [m] ◇ **~ remover** démaquillant [m].

making ['meɪkɪŋ] n ◇ **history in the ~** l'histoire en train de se faire; **of his own ~** de sa propre faute; **the ~s of a library** ce qu'il faut pour faire une bibliothèque.

maladjusted [ˌmælə'dʒʌstɪd] adj inadapté.

malaria [mə'lɛərɪə] n malaria [f].

Malay [mə'leɪ] n (language) malais [m].

Malaya [mə'leɪə] n Malaisie [f] ✦ **Malayan** **1** adj malais **2** n Malais(e) [m(f)]; (language) malais [m].

Malaysia [mə'leɪzɪə] n Malaisie [f] ✦ **Malaysian** **1** adj malaisien, [f] -ienne **2** n Malaisien(ne) [m(f)].

male [meɪl] **1** adj (gen) mâle; (sex) masculin ◇ **~ and female students** étudiants [mpl] et étudiantes [fpl]; **~ chauvinist** phallocrate [famil] [m] **2** n mâle [m].

malevolent [mə'levələnt] adj malveillant.

malfunction [ˌmæl'fʌŋkʃən] n mauvais fonctionnement [m].

Mali ['mɑːlɪ] n Mali [m].

malice ['mælɪs] n méchanceté [f]; (stronger) malveillance [f] ◇ **to bear sb ~** vouloir du mal à qn.

malicious [mə'lɪʃəs] adj méchant; (stronger) malveillant; (damage) causé avec intention de nuire.

malign [mə'laɪn] vt calomnier.

malignant [mə'lɪgnənt] adj malveillant ◇ **~ tumour** tumeur [f] maligne.

malingerer [mə'lɪŋgərə^r] n faux (or fausse) malade [m(f)].

mall [mɔːl] n (also **shopping ~**) centre [m] commercial.

mallard ['mæləd] n canard [m] sauvage.

mallet ['mælɪt] n maillet [m].

malnutrition [ˌmælnjʊ'trɪʃən] n malnutrition [f].

malpractice [ˌmæl'præktɪs] n faute [f] professionnelle.

malt [mɔːlt] n malt [m] ◇ **~ vinegar** vinaigre [m] de malt; **~ whisky** whisky [m] pur malt.

Malta ['mɔːltə] n Malte [f] ✦ **Maltese** **1** adj maltais **2** n (pl inv) Maltais(e) [m(f)].

maltreat [ˌmæl'triːt] vt maltraiter.

mam(m)a [mə'mɑː] n maman [f].

mammal ['mæməl] n mammifère [m].

mammoth ['mæməθ] **1** n mammouth [m] **2** adj monstre.

man [mæn], pl **men** **1** n (gen) homme [m]; (Sport) joueur [m]; (Chess) pièce [f]; (Draughts) pion [m] ◇ **an old ~** un vieillard; **a blind ~** un aveugle; **to a ~** tous sans exception; **to live as ~ and wife** vivre maritalement; **he's not the ~ to fail** il n'est pas homme à échouer; **the ~ for the job** l'homme qu'il faut pour ce travail; **a medical ~** un docteur; **the ~ in the street** l'homme de la rue; **~ of the world** homme d'expérience; (mankind) **M~** l'homme; **hurry up, ~** [famil]**!** dépêche-toi, mon vieux! [famil] **2** vt (provide staff for) assurer une permanence à; (guns) servir ◇ **the ship was ~ned by Chinese** l'équipage était composé de Chinois; **the telephone is ~ned 12 hours a day** il y a une permanence au téléphone 12 heures par jour ✦ **manhood** n (period) âge [m] d'homme ✦ **man-hour** n heure [f] de main-d'œuvre ✦ **manhunt** n chasse [f] à l'homme ✦ **mankind** n le genre humain ✦ **manly** adj viril ✦ **man-made** adj synthétique ✦ **manservant** n valet [m] de chambre ✦ **man-to-man** adj, adv d'homme à homme.

manacle ['mænəkl] n menotte [f] *(de prisonnier)*.

manage ['mænɪdʒ] vti **a** (gen) arriver (*to do* à faire); (financially) se débrouiller (*on* avec) ◇ **how did you ~ not to spill it?** comment as-tu fait pour ne pas le renverser?; **can you ~?** tu y arrives?; **I can ~** ça va; **I can't ~ it** je ne peux pas; **I can ~ 10 francs** je peux y mettre 10 F; **can you ~ the suitcases?** pouvez-vous porter les valises?; **can you ~ 8 o'clock?** 8 heures, ça vous convient?; **to ~ without sth** se passer de qch **b** (shop, hotel) gérer; (institution) diriger; (farm) exploiter; (vehicle) manœuvrer; (tool) manier; (person, animal) savoir s'y prendre avec ◇ **you ~d it very well** tu t'en es très bien tiré ◆ **manageable** adj (vehicle) facile à manœuvrer; (animal) docile; (size) maniable; (hair) souple ◆ **management** n (people) direction [f] ◇ **~ committee** comité [m] de direction; **~ consultant** conseiller [m] de gestion ◆ **manager** n (gen) directeur [m]; (of shop etc) gérant [m]; (of farm) exploitant [m]; (of actor, boxer etc) manager [m] ◇ **sales ~** directeur commercial ◆ **manageress** n gérante [f] ◆ **managerial** adj directorial ◆ **managing director** n directeur [m] général, ≃ PDG [m].

Manchester ['mæntʃɪstəʳ] n Manchester.

mandarin ['mændərɪn] n (orange) mandarine [f].

mandate ['mændeɪt] n mandat [m].

mandolin(e) ['mændəlɪn] n mandoline [f].

mane [meɪn] n crinière [f].

maneuver (US) = **manœuvre.**

manfully ['mænfəlɪ] adv vaillamment.

manger ['meɪndʒəʳ] n (in church) crèche [f].

mangle ['mæŋgl] **1** n (wringer) essoreuse [f] **2** vt (mutilate) mutiler.

mango ['mæŋgəʊ] n mangue [f] ◇ **~ chutney** condiment [m] à la mangue.

manhandle ['mæn,hændl] vt (treat roughly) malmener; (move by hand) manutentionner.

manhole ['mæn,həʊl] n regard [m] d'égout ◇ **~ cover** plaque [f] d'égout.

mania ['meɪnɪə] n manie [f] ◆ **maniac** n maniaque [mf]; (famil: fig) fou [m], [f] folle à lier.

manicure ['mænɪ,kjʊəʳ] n soin [m] des mains.

manifest ['mænɪfest] adj manifeste.

manifesto [,mænɪ'festəʊ] n (Pol) manifeste [m].

manipulate [mə'nɪpjʊleɪt] vt (tool etc) manipuler; (person) manœuvrer; (facts) truquer.

manner ['mænəʳ] n **a** (way) manière [f] (*in which* dont) ◇ **in this ~** de cette manière; **in a ~ of speaking** pour ainsi dire; **all ~ of...** toutes sortes [fpl] de... **b** (attitude etc) attitude [f] (*to sb* envers qn) ◇ **good ~s** bonnes manières [fpl]; **it's bad ~s** cela ne se fait pas (*to do* de faire) ◆ **mannerism** n trait [m] particulier.

manœuvre [mə'nu:vəʳ] **1** n manœuvre [f] ◇ **on ~s** en manœuvres **2** vti manœuvrer (*sth into position* qch pour le mettre en position).

manor ['mænəʳ] n ◇ (**~ house**) manoir [m].

manpower ['mæn,paʊəʳ] n main-d'œuvre [f]; (Mil) effectifs [mpl].

mansion ['mænʃən] n (in town) hôtel [m] particulier; (in country) château [m].

manslaughter ['mæn,slɔ:təʳ] n homicide [m] involontaire.

mantel ['mæntl] n ◇ (**~piece, ~shelf**) cheminée [f] *(dans une pièce)*.

manual ['mænjʊəl] **1** adj manuel, [f] -uelle ◇ **~ worker** travailleur [m] manuel **2** n (book) manuel [m] ◆ **manually** adv à la main.

manufacture [,mænjʊ'fæktʃəʳ] **1** n fabrication [f] **2** vt fabriquer ◇ **~d goods** produits [mpl] manufacturés ◆ **manufacturer** n fabricant [m] ◆ **manufacturing** n fabrication [f].

manure [mə'njʊəʳ] n fumier [m]; (artificial) engrais [m] ◇ **~ heap** tas [m] de fumier.

manuscript ['mænjʊskrɪpt] n manuscrit [m].

Manx [mæŋks] adj de l'île de Man.

many ['menɪ] adj, pron comp **more**, superl **most** beaucoup (de), un grand nombre (de) ◇ **~ books** beaucoup de livres; **very ~** un très grand nombre (de); **~ of them** un grand nombre d'entre eux; **~ of those books** un grand nombre de ces livres; **~ came** beaucoup sont venus; **of ~ kinds** de toutes sortes; **in ~ cases** dans bien des cas; **as ~ as you** autant que vous; **as ~ books as** autant de livres que; **as ~ as 100** jusqu'à 100; **how ~ people?** combien de gens?; **so ~** tant (*that* que); **so ~ dresses** tant de robes; **too ~ cakes** trop de gâteaux; **3 too ~** 3 de trop; **there are too ~ of you** vous êtes trop nombreux.

map [mæp] **1** n (gen) carte [f]; (of town) plan [m] ◇ (fig) **this will put it on the ~** cela le fera connaître **2** vt ◇ **to ~ out** (route) tracer; (project etc) ébaucher; (plan) élaborer.

maple ['meɪpl] n érable [m].

mar [mɑ:ʳ] vt gâter.

marathon ['mærəθən] n marathon [m].

marauder [mə'rɔ:dəʳ] n maraudeur [m], [f] -euse.

marble ['mɑ:bl] n (gen) marbre [m]; (toy) bille [f] ◇ **to play ~s** jouer aux billes.

March [mɑ:tʃ] n mars [m] → for phrases **September.**

march [mɑ:tʃ] **1** n marche [f]; (demonstration) défilé [m] ◇ **a day's ~ from** à une journée de marche de **2** vti (demonstrate) manifester ◇ **to ~ in** (briskly) entrer d'un pas énergique; (angrily) entrer d'un air furieux; (Mil etc) entrer au pas; **to ~ past** défiler; **~!** marche!; **to ~ up and down** faire les cent pas; **to ~ sb in** faire entrer qn tambour battant ◆ **march-past** n défilé [m].

marchioness ['mɑ:ʃənɪs] n marquise [f] *(titre)*.

mare [mɛəʳ] n jument [f].

margarine [,mɑ:dʒə'ri:n] n (abbr **marge** [famil]) margarine [f].

margin ['mɑ:dʒɪn] n marge [f] ◇ (fig) **by a narrow ~** de justesse ◆ **marginal** adj (gen) marginal; (importance) secondaire ◇ (Pol) **~ seat** siège [m] disputé ◆ **marginally** adv très légèrement.

marguerite [ˌmɑ:gə'ri:t] n marguerite [f].

marigold ['mærɪgəʊld] n souci [m] *(fleur)*.

marijuana [ˌmærɪ'hwɑ:nə] n marijuana [f].

marina [mə'ri:nə] n marina [f].

marinade [ˌmærɪ'neɪd] n marinade [f].

marinate ['mærɪneɪt] vt mariner.

marine [mə'ri:n] **1** adj (life) marin; (insurance) maritime **2** n (Mil) fusilier [m] marin; (US) marine [m] (américain) ◇ (fig) **tell that to the ~s!** [famil] à d'autres!

marital ['mærɪtl] adj (problems) matrimonial; (relations) conjugal ◇ **~ status** situation [f] de famille.

maritime ['mærɪtaɪm] adj maritime.

marjoram ['mɑ:dʒərəm] n marjolaine [f].

mark [mɑ:k] **1** n **a** (gen) marque [f]; (from blow, skid etc) trace [f] ◇ **to make a ~ on** marquer; (fig) **to make one's ~ as** se faire un nom en tant que; **to leave one's ~ on** laisser son empreinte sur; **the ~ of a good teacher** le signe d'un bon professeur; **punctuation ~** signe [m] de ponctuation; **finger ~** trace [f] de doigt **b** (in school) note [f] (*in* en) ◇ **to fail by 2 ~s** échouer à 2 points **c** ◇ (phrases) **to hit the ~** mettre le doigt dessus [famil]; **wide of the ~** loin de la vérité; **to be quick off the ~** ne pas perdre de temps; **up to the ~** (in efficiency: person) à la hauteur; (work) satisfaisant.

2 vt (gen) marquer; (exam etc) corriger ◇ **X ~s the spot** l'endroit est marqué d'une croix; **to ~ time** (Mil) marquer le pas; (fig) faire du sur-place; (before doing sth) attendre son heure (*until one can do* pour faire); **to ~ sth wrong** marquer qch faux; **~ my words** écoutez-moi bien; **to ~ down** (goods) démarquer; **to ~ off** (names on list etc) cocher; **to ~ out** (zone etc) délimiter; (tennis court) tracer les lignes de; (single out) désigner (*for* pour), distinguer (*from* de); **to ~ up** (write) marquer; (increase: price) augmenter ◆ **marked** adj marqué ◆ **markedly** adv (differ) d'une façon marquée; (improve) sensiblement ◆ **marker** n (pen) marqueur [m] indélébile; (flag, stake) marque [f], jalon [m] ◆ **marking** n (school) correction [f] (de copies); (on animal etc) marques [fpl] ◇ **road ~** signalisation [f] horizontale; **~ ink** encre [f] à marquer.

market ['mɑ:kɪt] **1** n marché [m] ◇ **to go to ~** aller au marché; **cattle ~** foire [f] aux bestiaux; **the ~ in sugar** le marché du sucre; **a good ~ for** une grosse demande pour; **to be in the ~ for** être acheteur de; **on the ~** sur le marché **2** adj (day, analysis, economy) de marché; (square, trends) du marché; (value, price) marchand ◇ **~ gardener** maraîcher [m], [f] -ère; **~ research** étude [f] de marché (*in* de) **3** vt (sell) vendre; (launch) lancer sur le marché ◆ **marketing** n marketing [m].

marksman ['mɑ:ksmən] n tireur [m] d'élite.

marmalade ['mɑ:məleɪd] n confiture [f] d'orange ◇ **~ orange** orange [f] amère.

maroon [mə'ru:n] adj bordeaux [inv].

marooned [mə'ru:nd] adj bloqué (*by* par).

marquee [mɑ:'ki:] n grande tente [f].

marquess ['mɑ:kwɪs] n marquis [m].

marriage ['mærɪdʒ] n mariage [m] ◇ **by ~** par alliance; **~ bureau** agence [f] matrimoniale; **~ certificate** extrait [m] d'acte de mariage; **~ licence** ≃ certificat [m] de publication des bans.

married ['mærɪd] adj (person) marié; (name) de femme mariée; (life) conjugal.

marrow ['mærəʊ] n **a** (bone) moelle [f] ◇ **~bone** os [m] à moelle; **chilled to the ~** gelé jusqu'à la moelle des os **b** (vegetable) courge [f].

marry ['mærɪ] vti épouser; (of priest) marier; (also **to get married**) se marier ◇ **will you ~ me?** voulez-vous m'épouser?; **to ~ again** se remarier.

Mars [mɑ:z] n (Astron) Mars [f].

marsh [mɑ:ʃ] n (also **~ land**) marais [m].

marshal ['mɑ:ʃəl] **1** n (Mil etc) maréchal [m]; (at meeting etc) membre [m] du service d'ordre **2** vt rassembler ◇ **~ling yard** gare [f] de triage.

marshmallow ['mɑ:ʃ'mæləʊ] n guimauve [f].

marshy ['mɑ:ʃɪ] adj marécageux, [f] -euse.

martial ['mɑ:ʃəl] adj martial ◇ **~ arts** arts [mpl] martiaux; **~ law** loi [f] martiale.

Martian ['mɑ:ʃɪən] n Martien(ne) [m(f)].

martin ['mɑ:tɪn] n ◇ (**house ~**) hirondelle [f] (de fenêtre).

Martinique [ˌmɑ:tɪ'ni:k] n Martinique [f].

martyr ['mɑ:tə[r]] n martyr(e) [m(f)].

martyrdom ['mɑ:tədəm] n martyre [m].

marvel ['mɑ:vəl] **1** n merveille [f] ◇ **it's a ~ to me how...** je ne sais vraiment pas comment...; **it's a ~ that** c'est un miracle que + subj **2** vi s'émerveiller (*at* de; *that* de ce que).

marvellous, (US) **marvelous** ['mɑ:vələs] adj merveilleux, [f] -euse.

Marxism ['mɑ:ksɪzəm] n marxisme [m] ◆ **Marxist** adj, n marxiste [mf].

marzipan [ˌmɑ:zɪ'pæn] n pâte [f] d'amandes.

mascara [mæs'kɑ:rə] n mascara [m].

mascot ['mæskət] n mascotte [f].

masculine ['mæskjʊlɪn] adj, n masculin [m].

mash [mæʃ] 1 n (also **~ed potatoes**) purée [f] (de pommes de terre) 2 vt (~ **up**) faire une purée de.

mask [mɑːsk] 1 n masque [m] 2 vt masquer.

masochist ['mæsəʊkɪst] n masochiste [mf].

mason ['meɪsn] n maçon [m]; (**free~**) franc-maçon [m].

masonic [mə'sɒnɪk] adj franc-maçonnique .

masonry ['meɪsnrɪ] n maçonnerie [f].

masquerade [,mæskə'reɪd] vi ◇ **to ~ as** se faire passer pour.

1. **mass** [mæs] 1 n masse [f] ◇ **~es of** [famil] des masses de [famil]; (people) **the ~es** les masses populaires 2 adj (resignations, demonstration) en masse; (protest, hysteria) collectif, [f] -ive; (education) des masses; (support, destruction) massif, généralisé ◇ ~ **grave** fosse [f] commune; ~ **media** mass-media [mpl]; ~ **meeting** réunion [f] générale; ~ **murderer** boucher [m]; ~ **murders** tueries [fpl] 3 vi se masser ◆ **mass-produce** vt fabriquer en série.

2. **mass** [mæs] n (Rel) messe [f] ◇ **to go to ~** aller à la messe.

massacre ['mæsəkə^r] 1 n massacre [m] 2 vt massacrer.

massage ['mæsɑːʒ] 1 n massage [m] 2 vt masser.

massive ['mæsɪv] adj massif, [f] -ive.

mast [mɑːst] n mât [m]; (radio) pylône [m].

master ['mɑːstə^r] 1 n (gen) maître [m]; (of ship) capitaine [m]; (of fishing boat) patron [m]; (teacher) professeur [m] ◇ **the ~ of the house** le maître de maison; ~ **of ceremonies** maître des cérémonies; (Univ) **M~ of Arts/Science** etc (qualification) maîtrise [f] ès lettres/sciences; (person) titulaire [mf] d'une maîtrise ès lettres/sciences etc; **a ~'s degree** une maîtrise; **music ~** professeur de musique; **M~ John Smith** Monsieur John Smith *(jeune garçon)*; ~ **bedroom** chambre [f] à coucher principale; ~ **card** carte [f] maîtresse; ~ **key** passe-partout [m inv]; ~ **plan** plan [m] directeur; ~ **stroke** coup [m] de maître 2 vt (control) maîtriser; (learn) apprendre ◇ **to have ~ed sth** posséder qch à fond; **he'll never ~ it** il ne saura jamais bien le faire ◆ **masterful** adj autoritaire ◆ **masterly** adj magistral ◆ **mastermind** 1 n (of crime etc) cerveau [m] 2 vt organiser ◆ **masterpiece** n chef-d'œuvre [m].

masturbate ['mæstəbeɪt] vi se masturber.

mat [mæt] n (on floor) petit tapis [m]; (of straw etc) natte [f]; (at door) paillasson [m]; (on table: heat-resistant) dessous-de-plat [m inv]; (decorative) set [m].

1. **match** [mætʃ] n allumette [f] ◇ **box of ~es** boîte [f] d'allumettes ◆ **matchbox** n boîte [f] à allumettes ◆ **matchstick** n allumette [f].

2. **match** [mætʃ] 1 n a (Sport) match [m] b (equal) égal(e) [m(f)] ◇ **to meet one's ~** trouver à qui parler (*in sb* avec qn) c (marriage) mariage [m] 2 vti a (equal: also ~ **up to**) égaler b (of colours etc) être bien assortis ◇ **~ing skirt** jupe [f] assortie; **the red ~es your tie** le rouge va bien avec ta cravate; **can you ~ (up) this material?** avez-vous du tissu assorti à celui-ci?; **well ~ed** (in strength, skill) de force égale.

mate [meɪt] 1 n a (assistant) aide [mf]; (fellow-worker) camarade [mf] de travail; (famil: friend) copain [famil] [m], copine [famil] [f] ◇ **plumber's ~** aide-plombier [m]; **hey, ~!** [famil] eh, mon vieux! [famil] b (animal) mâle [m], femelle [f] c (Merchant Navy) ≃ second [m] d (Chess) mat [m] 2 vi s'accoupler (*with* avec) ◇ **mating call** appel [m] du mâle; **mating season** saison [f] des amours.

material [mə'tɪərɪəl] 1 adj (success, needs) matériel, [f] -ielle; (relevant) qui importe (*to* à); (fact) pertinent 2 n a (substance) matière [f], substance [f]; (cloth etc) tissu [m] ◇ **dress ~** tissu pour robes; (fig) **he is officer ~** il a l'étoffe d'un officier; **~s** fournitures [fpl]; **building ~s** matériaux [mpl] de construction b (for book etc) matériaux [mpl], documentation [f] ◆ **materialist** adj matérialiste ◆ **materialize** vi (gen) se matérialiser ◆ **materially** adv essentiellement.

maternal [mə'tɜːnl] adj maternel, [f] -elle.

maternity [mə'tɜːnɪtɪ] n maternité [f] ◇ ~ **allowance** or **benefit** ≃ allocation [f] de maternité; ~ **clothes** vêtements [mpl] de grossesse; ~ **home** or **hospital** maternité [f]; ~ **leave** congé [m] de maternité; ~ **ward** (service [m] de) maternité [f].

mathematical [,mæθə'mætɪkəl] adj (gen) mathématique; (person) qui a le sens des mathématiques.

mathematician [,mæθəmə'tɪʃən] n mathématicien(ne) [m(f)].

mathematics [,mæθə'mætɪks] n (abbr **maths** famil) mathématiques [fpl], maths [fpl].

matinée ['mætɪneɪ] n (Theatre) matinée [f].

matriculate [mə'trɪkjʊleɪt] vi s'inscrire ◆ **matriculation** n inscription [f].

matrimony ['mætrɪmənɪ] n mariage [m].

matron ['meɪtrən] n (gen) matrone [f]; (in hospital) infirmière [f] en chef; (in home etc) directrice [f]; (in school) infirmière ◆ **matronly** adj imposant ◆ **matron-of-honour** n dame [f] d'honneur.

matt [mæt] adj mat.

matted ['mætɪd] adj (hair) emmêlé; (sweater) feutré.

matter ['mætəʳ] 1 n a (as opposed to 'mind') matière (f) ◇ **reading** ~ de quoi lire; **advertising** ~ publicité (f) b (affair) affaire (f), question (f) ◇ **there's the** ~ **of...** il y a la question de...; **that's quite another** ~ ça, c'est une autre affaire; **to make** ~**s worse** pour aggraver la situation; **in this** ~ à cet égard; **it's not a laughing** ~ il n'y a pas de quoi rire; **in the** ~ **of** en ce qui concerne; **as** ~**s stand** dans l'état actuel des choses; **for that** ~ d'ailleurs; **as a** ~ **of course** tout naturellement; **as a** ~ **of fact** en fait c ◇ **no** ~ **how old he is** peu importe son âge; **no** ~ **when** quelle que soit l'heure (or la date etc); **no** ~ **how big it is** si grand qu'il soit; **no** ~ **what he says** quoi qu'il dise; **no** ~ **where** où que ce soit; **no** ~ **who** qui que ce soit; **what's the** ~**?** qu'est-ce qu'il y a?; **what's the** ~ **with him?** qu'est-ce qu'il a?; **what's the** ~ **with my hat?** qu'est-ce qu'il a, mon chapeau? [famil]; **there's something the** ~ **with the engine** il y a quelque chose qui ne va pas dans le moteur; **nothing's the** ~ [famil] il n'y a rien; **there's nothing the** ~ **with me!** moi, je vais tout à fait bien!; **there's nothing the** ~ **with that idea** il n'y a rien à redire à cette idée d (pus) pus (m). 2 vi importer (*to* à) ◇ **the place doesn't** ~ l'endroit n'a pas d'importance; **it doesn't** ~ cela ne fait rien; **it doesn't** ~ **who** (etc) peu importe qui (etc); **what does it** ~**?** qu'est-ce que cela peut bien faire? ♦ **matter-of-fact** adj (voice) neutre; (attitude, person) terre à terre; (account) qui se limite aux faits.

mat(t)ins ['mætɪnz] n matines (fpl).

mattress ['mætrɪs] n matelas (m).

mature [mə'tjʊəʳ] adj mûr; (cheese) fait.

maturity [mə'tjʊərɪtɪ] n maturité (f).

maudlin ['mɔːdlɪn] adj larmoyant.

maul [mɔːl] vt déchiqueter.

Maundy Thursday ['mɔːndɪ 'θɜːzdɪ] n le jeudi saint.

Mauritania [mɔːrɪ'teɪnɪə] n Mauritanie (f).

Mauritius [mə'rɪʃəs] n (l'île (f)) Maurice (f).

mausoleum [,mɔːsə'lɪəm] n mausolée (m).

mauve [məʊv] adj mauve.

mawkish ['mɔːkɪʃ] adj mièvre.

maxim ['mæksɪm] n maxime (f).

maximum ['mæksɪməm] 1 n, pl **-ima** maximum (m) 2 adj maximum (f inv) or maxima) ◇ ~ **prices** prix (mpl) maximums; ~ **speed** (highest permitted) vitesse (f) maximum; (highest possible) vitesse maximale.

may [meɪ] modal aux vb (cond **might**) a ◇ (possibility) **he** ~ **arrive** il va peut-être arriver, il peut arriver; **he might arrive** il pourrait arriver; **you may be right** tu as peut-être raison; **I might have left it behind** je l'ai peut-être bien oublié; **you might have killed me!** tu aurais pu me tuer!; **be that as it** ~ quoi qu'il en soit b ◇ (permission) ~ **I have a word with you?** puis-je vous parler un instant?; **might I see it?** est-ce que je pourrais le voir?; ~ **I?** vous permettez?; **he said I might leave** il a dit que je pouvais partir c ◇ (suggestion etc) **you might try writing to him** tu pourrais toujours lui écrire; **you might have told me that!** tu aurais pu me le dire!; **I** ~ or **might as well wait** je ferais aussi bien d'attendre; **they might just as well not have gone** ils auraient tout aussi bien pu ne pas y aller; ~ **God bless you!** que Dieu vous bénisse!

May [meɪ] n mai (m) ◇ **M**~ **Day** le Premier Mai *(fête du Travail)* → for phrases **September.**

maybe ['meɪbiː] adv peut-être ◇ ~ **he'll go** peut-être qu'il ira.

mayonnaise [,meɪə'neɪz] n mayonnaise (f).

mayor [mɛəʳ] n maire (m) ◇ **Lord M**~ *titre du maire des principales villes* ♦ **mayoress** n femme (f) du maire.

maypole ['meɪpəʊl] n ≃ arbre (m) de mai.

maze [meɪz] n labyrinthe (m), dédale (m).

mc [em'siː] n abbr of *master of ceremonies* maître (m) des cérémonies.

me [miː] pers pron a (direct object) me ◇ **he can see** ~ il me voit; **he saw** ~ il m'a vu; **you saw me, not him!** c'est moi que vous avez vu, et non pas lui! b (indirect) me, moi ◇ **he gave** ~ **the book** il me donna or m'a donné le livre; **give it to** ~ donnez-le-moi; **he was speaking to** ~ il me parlait c (after prep etc) moi ◇ **without** ~ sans moi; **it's** ~ c'est moi; **smaller than** ~ plus petit que moi; **dear** ~**!** [famil] mon Dieu!

meadow ['medəʊ] n pré (m), prairie (f).

meagre ['miːgəʳ] adj maigre (before n).

1. **meal** [miːl] n repas (m) ◇ **to have a** ~ manger; **to have a good** ~ bien manger; **evening** ~ dîner (m); **midday** ~ déjeuner (m); (fig) **to make a** ~ **of sth** [famil] faire toute une histoire de qch [famil] ♦ **mealtime** n heure (f) du repas.

2. **meal** [miːl] n (flour etc) farine (f).

1. **mean** [miːn] pret, ptp *meant* [ment] vt a vouloir dire ◇ **what do you** ~ **by that?** que voulez-vous dire par là?; **he said it as if he meant it** il a dit cela sans avoir l'air de plaisanter; **you don't really** ~ **that** vous ne parlez pas sérieusement; **the name** ~**s nothing to me** ce nom ne me dit rien; **it will** ~ **a lot of expense** cela entraînera beaucoup de dépenses; **it will** ~ **getting up early** il faudra se lever tôt; **it** ~**s a lot to her** cela compte beaucoup pour elle; **a pound** ~**s a lot to him** une livre représente une grosse somme pour lui; **it** ~**s trouble** cela nous

annonce des ennuis **b** (intend) avoir l'intention (*to do* de faire), vouloir (*to do* faire); (gift etc) destiner (*for* à); (remark) adresser (*for* à) ◇ **I didn't ~ to break it** je n'ai pas fait exprès de le casser; **I meant it as a joke** j'ai dit (or fait) cela pour rire; **to be meant to do** être censé faire; **she ~s well** elle est pleine de bonnes intentions; **do you ~ me?** (speaking to me) c'est à moi que vous parlez?; (about me) c'est de moi que vous parlez?

2. **mean** [mi:n] **1** n (middle term) milieu [m]; (Math) moyenne [f] ◇ **the golden ~** le juste milieu → also **means** **2** adj moyen, [f] -enne.

3. **mean** [mi:n] adj **a** (stingy) avare (*with* de) **b** (unkind) méchant ◇ **a ~ trick** un sale tour; **you were ~ to me** tu n'as vraiment pas été chic [famil] avec moi; **to feel ~ about sth** [famil] avoir un peu honte de qch **c** (poor) misérable.

meander [mɪ'ændəʳ] vi (of river) faire des méandres.

meaning ['mi:nɪŋ] n (of word) sens [m]; (of phrase, action) signification [f] ◇ **what is the ~ of this?** qu'est-ce que cela signifie? ◆ **meaningful** adj significatif, [f] -ive ◆ **meaningless** adj dénué de sens.

means [mi:nz] npl **a** moyen [m] (*to do, of doing* de faire) ◇ **there's no ~ of getting in** il n'y a pas moyen d'entrer; **the ~ to an end** le moyen d'arriver à ses fins; **by ~ of** (tool etc) au moyen de; (person) par l'entremise de; (work etc) à force de; **by all ~!** je vous en prie!; **by no ~** nullement **b** (wealth etc) moyens [mpl] ◇ **beyond one's ~** au-dessus de ses moyens; **private ~** fortune [f] personnelle ◆ **means-test** vt examiner les ressources de *(avant d'accorder certaines prestations sociales)*.

meantime ['mi:ntaɪm], **meanwhile** ['mi:nwaɪl] adv (also **in the ~**) pendant ce temps.

measles ['mi:zlz] n rougeole [f].

measly ['mi:zlɪ] [famil] adj misérable (before n), minable.

measure ['meʒəʳ] **1** n mesure [f] ◇ **made to ~** fait sur mesure; **a pint ~** une mesure d'un demi-litre; **measuring jug** pot [m] gradué; **measuring tape** mètre [m] à ruban; (fig) **for good ~** pour faire bonne mesure; **I don't like half ~s** je n'aime pas faire les choses à moitié; **a ~ of success** un certain succès; **in some ~** dans une certaine mesure **2** vti (also **~ off** or **out** or **up**) mesurer ◇ **to be ~d for a dress** faire prendre ses mesures pour une robe; **it ~s 3 metres by 2** cela fait or mesure 3 mètres sur 2; (fig) **to ~ up to** être à la hauteur de ◆ **measurements** npl mesures [fpl].

meat [mi:t] n viande [f] ◇ **~ extract** concentré [m] de viande; **~ pie** pâté [m] en croûte; **~ and drink** de quoi manger et boire ◆ **meatball** n boulette [f] de viande ◆ **meaty** adj (fig: book etc) étoffé.

Mecca ['mekə] n la Mecque.

mechanic [mɪ'kænɪk] n mécanicien [m] ◇ **motor ~** mécanicien garagiste ◆ **mechanical** adj mécanique; (fig: action) machinal ◇ **~ engineering** génie [m] mécanique ◆ **mechanics** nsg (science) mécanique [f] ◇ **the ~ of** le processus de.

mechanism ['mekənɪzəm] n mécanisme [m].

mechanize ['mekənaɪz] vt (process) mécaniser; (army) motoriser.

medal ['medl] n médaille [f] ◇ **swimming ~** médaille de natation ◆ **medallion** n médaillon [m] ◆ **medallist**, (US) **medalist** n médaillé(e) [m(f)] ◇ **gold ~** médaillé d'or.

meddle ['medl] vi (interfere) se mêler (*in* de); (tamper) toucher (*with* à).

media ['mi:dɪə] **1** npl media [mpl] **2** adj (attention, coverage) des médias; (event) médiatique ◇ (Univ) **~ studies** études [fpl] des médias.

medi(a)eval [,medɪ'i:vəl] adj (gen) médiéval; (streets, plumbing) moyenâgeux, [f] -euse.

mediate ['mi:dɪeɪt] vi servir d'intermédiaire ◆ **mediator** n médiateur [m], [f] -trice.

Medicaid ['medɪkeɪd] n (US) *assistance médicale aux indigents.*

medical ['medɪkəl] adj (gen) médical; (studies, faculty) de médecine; (student) en médecine ◇ **~ examination** examen [m] médical; **~ insurance** assurance [f] maladie; **~ officer** (in factory) médecin [m] du travail; (Mil) médecin-major [m]; (in town etc) directeur [m] de la santé publique.

Medicare ['medɪkεəʳ] n (US) *assistance médicale aux personnes âgées.*

medicated ['medɪkeɪtɪd] adj médical.

medicine ['medsɪn, 'medɪsɪn] n **a** médecine [f] ◇ **to study ~** faire des études de médecine **b** (drug etc) médicament [m] ◇ **~ chest** pharmacie [f] (portative); **~ cabinet** armoire [f] à pharmacie.

mediocre [,mi:dɪ'əʊkəʳ] adj médiocre.

meditate ['medɪteɪt] vti méditer (*on, about* sur) ◆ **meditation** n méditation [f].

Mediterranean [,medɪtə'reɪnɪən] **1** adj méditerranéen, [f] -enne **2** n ◇ **the ~ (Sea)** la (mer) Méditerranée.

medium ['mi:dɪəm] **1** n, pl **media** **a** milieu [m] ◇ (fig) **through the ~ of** par voie de; **artist's ~** moyens [mpl] d'expression d'un artiste; **television is the best ~ for this** c'est la télévision qui est le meilleur véhicule pour cela **b** ◇ **the happy** ~ le juste milieu **2** adj moyen, [f] -enne ◇ (Culin) **a** ~ **(rare) steak** un steak à point; (Rad) **on the** ~ **wavelength** sur les ondes moyennes.

medley ['medlɪ] n mélange [m]; (Mus) pot-pourri [m].

meek [mi:k] adj humble.

meet [mi:t] pret, ptp *met* vti **a** (gen) rencontrer; (sb coming in opposite direction) croiser; (by arrangement) retrouver; (go to ~) aller chercher; (of committee) se réunir; (face: enemy etc) affronter ◇ **they met (up) in Paris** ils se sont rencontrés à Paris; (by arrangement) ils se sont retrouvés à Paris; **to** ~ **again** se revoir; **until we** ~ **again!** à la prochaine fois!; **to** ~ **with** (resistance) rencontrer; (refusal) essuyer; (welcome) recevoir; **he met with an accident** il lui est arrivé un accident; **I am being met** on doit venir me chercher; ~ **Mr Jones** je vous présente M. Jones; **pleased to** ~ **you** enchanté de faire votre connaissance; **to** ~ **sb halfway** aller à la rencontre de qn; (fig) couper la poire en deux; **to** ~ **one's death** trouver la mort; **the sight which met his eyes** le spectacle qui s'est offert à ses yeux; **there's more to this than** ~**s the eye** c'est moins simple que cela n'en a l'air **b** (expenses, bill) régler, payer; (demand) satisfaire à; (need) répondre à; (objection) réfuter ◇ **this will** ~ **the case** ceci fera l'affaire.

meeting ['mi:tɪŋ] n réunion [f]; (formal) assemblée [f]; (business ~) séance [f] de travail; (Pol, Sport: rally) meeting [m]; (between individuals) rencontre [f]; (arranged) rendez-vous [m] ◇ **to call a** ~ convoquer une réunion; **he's in a** ~ il est en conférence; ~ **place** lieu [m] de réunion.

mega... ['megə] pref méga... ◆ **megabyte** n (Comput) méga-octet [m], Mo [m].

megaphone ['megəfəʊn] n porte-voix [m inv].

melancholy ['melənkəlɪ] **1** n mélancolie [f] **2** adj (person) mélancolique; (thing) triste.

mellow ['meləʊ] **1** adj (wine, colour etc) velouté; (building) patiné; (person) mûri **2** vi (of person) s'adoucir.

melodious [mɪ'ləʊdɪəs] adj mélodieux, [f] -ieuse.

melodrama ['meləʊˌdrɑ:mə] n mélodrame [m].

melody ['melədɪ] n mélodie [f].

melt [melt] **1** vi (gen) fondre; (of colours etc) se fondre (*into* dans) ◇ **to** ~ **away** fondre; (fig) disparaître; **he** ~**ed into the crowd** il s'est fondu dans la foule; ~**ing point** point [m] de fusion; (fig) **she looks as if butter wouldn't** ~ **in her mouth** on lui donnerait le bon Dieu sans confession [famil] **2** vt (also ~ **down**) fondre ◆ **meltdown** n fusion [f] *(du cœur d'un réacteur nucléaire)*.

member ['membəʳ] n membre [m] ◇ **M**~ **of Parliament** ≃ député [m] (*for* de); **M**~ **of the European Parliament** membre [m] du Parlement européen; ~ **of the public** simple particulier [m], [f] -ière; **a** ~ **of the staff** un(e) employé(e); (in school) **a** ~ **of staff** un professeur; ~ **countries** les États [mpl] membres ◆ **membership** n ◇ **a** ~ **of over 800** plus de 800 membres; ~ **card** carte [f] de membre; ~ **fee** cotisation [f].

membrane ['membreɪn] n membrane [f].

memento [mə'mentəʊ] n souvenir [m] *(objet* etc).

memo ['meməʊ] n abbr of *memorandum* note [f] (de service) ◇ ~ **pad** [n] bloc-notes [m].

memoir ['memwɑ:ʳ] n mémoire [m].

memorable ['memərəbl] adj mémorable.

memorial [mɪ'mɔ:rɪəl] **1** adj commémoratif, [f] -ive **2** n monument [m] (*to* à) ◇ **war** ~ monument aux morts.

memorize ['meməraɪz] vt (facts, figures) retenir; (poem) apprendre par cœur.

memory ['memərɪ] n **a** (gen, Comput) mémoire [f] ◇ **to have a good** ~ avoir bonne mémoire; **from** ~ de mémoire **b** (recollection) souvenir [m] ◇ **childhood memories** souvenirs d'enfance; **in** ~ **of** en souvenir de.

men [men] npl of *man* ◇ ~**'s room** toilettes [fpl] pour hommes ◆ **menswear** n (in shop: department) rayon [m] hommes.

menace ['menɪs] **1** n menace [f] ◇ (nuisance) **he's a** ~ [famil] c'est une plaie [famil]; **a public** ~ un danger public **2** vt menacer ◆ **menacing** adj menaçant.

mend [mend] **1** vt (gen) réparer; (clothes) raccommoder ◇ (fig) **to** ~ **one's ways** s'amender **2** n ◇ **to be on the** ~ (gen) s'améliorer; (invalid) aller mieux ◆ **mending** n vêtements [mpl] à raccommoder ◇ **to do the** ~ faire le raccommodage.

menial ['mi:nɪəl] adj (task) inférieur; (position) subalterne.

meningitis [ˌmenɪn'dʒaɪtɪs] n méningite [f].

menopause ['menəʊpɔ:z] n ménopause [f].

menstruate ['menstrʊeɪt] vi avoir ses règles ◆ **menstruation** n menstruation [f].

mental ['mentl] adj (gen) mental; (treatment) psychiatrique ◇ ~ **arithmetic** calcul [m] mental; ~ **hospital** or **institution** hôpital [m] psychiatrique; ~ **illness** maladie [f] mentale; ~ **patient** malade [mf] mental(e); **to make a** ~ **note to do** prendre note mentalement de faire; ~ **reservations**

doutes [mpl] (*about* sur) ◆ **mentality** n mentalité [f] ◆ **mentally** adv mentalement ◇ ~ **handicapped** handicapé(e) mental(e); ~ **ill** atteint de maladie mentale.

menthol ['menθɒl] adj mentholé.

mention ['menʃən] 1 vt mentionner (*sth to sb* qch à qn; *that* que) ◇ **I'll ~ it to him** je lui en parlerai; **just ~ my name** dites que c'est de ma part; **don't ~ it!** il n'y a pas de quoi!; **I need hardly ~ that...** il va sans dire que...; **not to ~** sans parler de 2 n (gen) mention [f] ◇ **it got a ~** [famil] on en a parlé.

menu ['menju:] n (gen, Comput) menu [m].

MEP [,emi:'pi:] n abbr of *Member of the European Parliament* membre [m] du Parlement européen.

mercenary ['mɜ:sɪnərɪ] n mercenaire [m].

merchandise ['mɜ:tʃəndaɪz] n marchandises [fpl].

merchant ['mɜ:tʃənt] 1 n (trader) négociant [m]; (shopkeeper) commerçant [m] ◇ **wine ~** marchand [m] de vins, (large-scale) négociant en vins 2 adj (bank, ship) de commerce ◇ ~ **navy**, (US) ~ **marine** marine [f] marchande; ~ **seaman** marin [m] de la marine marchande.

merciful ['mɜ:sɪfʊl] adj miséricordieux, [f] -ieuse ◆ **mercifully** adv (famil: fortunately) par bonheur.

merciless ['mɜ:sɪlɪs] adj impitoyable.

mercury ['mɜ:kjʊrɪ] n a mercure [m] b ◇ (Astron) **M~** Mercure [f].

mercy ['mɜ:sɪ] n pitié [f]; (Rel) miséricorde [f] ◇ **to have ~ on** avoir pitié de; **to beg for ~** demander grâce; **to show ~ to** montrer de l'indulgence [f] pour; **at the ~ of** à la merci de; **thankful for small mercies** reconnaissant du peu qui s'offre; **it's a ~ that** heureusement que; ~ **killing** euthanasie [f].

mere [mɪəʳ] adj (formality) simple (before n); (thought etc) seul (before n); (chance etc) pur (before n) ◇ **he's a ~ child** ce n'est qu'un enfant; **a ~ clerk** un simple employé de bureau ◆ **merely** adv simplement.

merge [mɜ:dʒ] 1 vi (of colours, sounds) se mêler (*into, with* à); (of roads) se rejoindre; (of companies) fusionner (*with* avec) 2 vt (gen, Comput) fusionner ◆ **merger** n fusion [f].

meringue [mə'ræŋ] n meringue [f].

merit ['merɪt] 1 n mérite [m] ◇ **to decide a case on its ~s** décider d'un cas en toute objectivité; **to discuss the ~s of sth** discuter le pour et le contre de qch; ~ **list** tableau [m] d'honneur 2 vt mériter.

mermaid ['mɜ:meɪd] n sirène [f] (Myth).

merriment ['merɪmənt] n hilarité [f].

merry ['merɪ] adj joyeux, [f] -euse; (famil: tipsy) éméché ◇ **M~ Christmas** Joyeux Noël; **M~ England** l'Angleterre du bon vieux temps ◆ **merry-go-round** n manège [m] (*de foire* etc).

mesh [meʃ] 1 n (of net etc) maille [f]; (fabric) tissu [m] à mailles ◇ **wire ~** grillage [m] 2 vi (of wheels) s'engrener.

mesmerize ['mezməraɪz] vt hypnotiser, fasciner.

mess [mes] 1 n a (confusion of objects) désordre [m]; (dirt) saleté [f]; (muddle) gâchis [m] ◇ **to make a ~** faire du désordre, mettre de la saleté; **the cat has made a ~** le chat a fait des saletés; **get this ~ cleared up!** range tout ça!; **to be in a ~** être en désordre (or très sale); **to make a ~ of** (dirty) salir; (one's life, work) gâcher; **to make a ~ of things** [famil] tout gâcher b (Mil) mess [m]; (Naut) carré [m] 2 vti ◇ **to ~ about** [famil] (waste time) perdre son temps; (hang about) traîner; **what were you doing? -just ~ing about** que faisais-tu? -rien de particulier; **to ~ about with** tripoter; **to ~ sb about** embêter [famil] qn; **to ~ up** (clothes) salir; (room) mettre en désordre; (hair) ébouriffer; (plans etc) gâcher.

message ['mesɪdʒ] n message [m] ◇ **telephone ~** message téléphonique; **would you give him this ~?** voudriez-vous lui faire cette commission?; (fig) **to get the ~** [famil] comprendre.

messenger ['mesɪndʒəʳ] n messager [m], [f] -ère; (in office etc) coursier [m] ◇ ~ **boy** garçon [m] de courses.

Messiah [mɪ'saɪə] n Messie [m].

Messrs ['mesəz] (abbr: on letters) MM.

messy ['mesɪ] adj (dirty) sale; (untidy: room) en désordre; (piece of work) pas assez soigné; (job) salissant; (situation) compliqué.

1. **met** [met] pret, ptp of *meet*.

2. **met** [met] adj abbr of *meteorological* ◇ **the M~ Office** ≃ l'O.N.M. [m].

metal ['metl] 1 n métal [m] 2 adj en métal ◇ ~ **detector** détecteur [m] de métaux; ~ **polish** produit [m] d'entretien (pour métaux) ◆ **metallic** adj métallique ◆ **metallurgy** n métallurgie [f].

metamorphosis [,metə'mɔ:fəsɪs] n, pl **-oses** métamorphose [f].

metaphor ['metəfəʳ] n métaphore [f].

metaphysics [,metə'fɪzɪks] nsg métaphysique [f].

mete [mi:t] vt ◇ **to ~ out** (punishment) infliger; (justice) rendre.

meteor ['mi:tɪəʳ] n météore [m].

meteorology [,mi:tɪə'rɒlədʒɪ] n météorologie [f].

meter ['mi:tə^r] n **a** (gen) compteur [m]; (parking ~) parcmètre [m] ◇ **electricity ~** compteur d'électricité **b** (US) = **metre.**

method ['meθəd] n méthode [f] ◇ **there's ~ in his madness** sa folie ne manque pas d'une certaine logique; **his ~ of working** sa méthode de travail, sa façon de travailler ◆ **methodical** adj méthodique.

Methodist ['meθədɪst] adj, n méthodiste [mf].

methylated spirit(s) ['meθɪleɪtɪd 'spɪrɪt(s)] (abbr **meths**) n alcool [m] à brûler.

meticulous [mɪ'tɪkjʊləs] adj méticuleux, [f] -euse.

metre ['mi:tə^r] n mètre [m].

metric ['metrɪk] adj métrique ◇ **to go ~** [famil] adopter le système métrique ◆ **metrication** n conversion [f] au système métrique.

metronome ['metrənəʊm] n métronome [m].

metropolis [mɪ'trɒpəlɪs] n métropole [f] *(ville)* ◆ **metropolitan** adj métropolitain ◇ (Brit) **the M~ Police** la police [f] de Londres.

mettle ['metl] n fougue [f].

mew [mju:] vi miauler.

mews [mju:z] n ruelle [f] ◇ **~ flat** petit appartement [m] assez chic.

Mexican ['meksɪkən] **1** adj mexicain **2** n Mexicain(e) [m(f)].

Mexico ['meksɪkəʊ] n Mexique [m] ◇ **in** or **to ~** au Mexique.

mi [mi:] n (Mus) mi [m].

miaow [mi:'aʊ] **1** n miaou [m] **2** vi miauler.

mice [maɪs] npl of *mouse.*

Michaelmas ['mɪklməs] n la Saint-Michel ◇ **~ daisy** aster [m] d'automne.

micro... ['maɪkrəʊ] pref micro- ◆ **microchip** n microplaquette [f] ◆ **microcomputer** n micro-ordinateur [m] ◆ **microfilm** n microfilm [m] ◆ **microgroove** n microsillon [m] ◆ **micromesh** adj (stockings) super-fin ◆ **microprocessor** n microprocesseur [m] ◆ **microwave (oven)** n four [m] à micro-ondes, micro-onde [f].

microbe ['maɪkrəʊb] n microbe [m].

microphone ['maɪkrəfəʊn] n microphone [m].

microscope ['maɪkrəskəʊp] n microscope [m] ◇ **under the ~** au microscope.

mid [mɪd] adj ◇ **in/by ~ May** à/avant la mi-mai; **in ~ morning** au milieu de la matinée; **in ~ air** (lit) en plein ciel; (fig) en suspens; **she stopped in ~-sentence** elle s'est arrêtée en plein milieu d'une phrase; **he's in his ~-thirties** il a dans les 35 ans; **~-Victorian** du milieu de l'époque victorienne.

midday [,mɪd'deɪ] n midi [m] ◇ **at ~** à midi.

middle ['mɪdl] **1** adj (central) du milieu; (medium) moyen, [f] -enne ◇ **during ~ age** quand on n'est déjà plus jeune; **he fears ~ age** il a peur de la cinquantaine; **the M~ Ages** le Moyen Age; **M~ America** l'Amérique [f] moyenne; (Mus) **~ C** do [m] en dessous du la du diapason; **the ~ classes** la bourgeoisie; **M~ East** Moyen-Orient [m]; **~ finger** médius [m]; **~ management** cadres [mpl] moyens; **~ name** deuxième nom [m] **2** n (gen) milieu [m]; (famil: waist) taille [f] ◇ **in the ~ of** au milieu de; **right in the ~** au beau milieu; **I'm in the ~ of reading it** je suis justement en train de le lire ◆ **middle-aged** adj d'un certain âge ◆ **middle-class** adj bourgeois ◆ **middle-of-the-road** adj (politics) modéré; (music) neutre ◆ **middling** adj moyen, [f] -enne.

midfield ['mɪd,fi:ld] n (Ftbl) milieu [m] de terrain.

midge [mɪdʒ] n moucheron [m].

midget ['mɪdʒɪt] n nain(e) [m(f)].

Midlands ['mɪdləndz] npl ◇ **the ~** les comtés [mpl] du centre de l'Angleterre.

midnight ['mɪdnaɪt] n minuit [m] ◇ **at ~** à minuit.

midst [mɪdst] n ◇ **in the ~ of** (surrounded by) entouré de; (among) parmi; (during) durant; **in our ~** parmi nous.

midsummer ['mɪd,sʌmə^r] n milieu [m] de l'été ◇ **M~ Day** la Saint-Jean.

midterm ['mɪd'tɜ:m] n (holiday) ≃ vacances [fpl] de la Toussaint (or de février or de la Pentecôte).

midway [,mɪd'weɪ] adj, adv à mi-chemin.

midweek [,mɪd'wi:k] adj de milieu de semaine.

midwife ['mɪdwaɪf] n sage-femme [f].

midwinter [,mɪd'wɪntə^r] n milieu [m] de l'hiver ◇ **in ~** en plein hiver.

1. **might** [maɪt] → **may.**

2. **might** [maɪt] n (power) forces [f(pl)].

mighty ['maɪtɪ] **1** adj (gen) puissant; (achievement) formidable; (ocean) vaste **2** adv [famil] rudement [famil].

migraine ['mi:greɪn] n migraine [f].

migrant ['maɪgrənt] adj (bird) migrateur, [f] -trice; (worker) migrant.

migrate [maɪ'greɪt] vi migrer ◆ **migration** n migration [f].

mike [maɪk] [famil] n abbr of *microphone* micro [m].

mild [maɪld] adj (gen) doux, [f] douce; (reproach, beer) léger, [f] -ère; (exercise, effect) modéré; (curry) pas trop fort; (illness) bénin, [f] -igne ◇ **it's ~ today** il fait doux aujourd'hui ◆ **mildly** adv (gently) doucement; (slightly) légèrement ◇ **to put it ~...** pour ne pas dire plus...

mildew ['mɪldju:] n (gen) moisissure [f]; (on plants) rouille [f].

mile [maɪl] n mile [m] or mille [m] (=*1 609,33 m*) ◇ **20 ~s per gallon** ≃ 14 litres aux cent; **~s and ~s** ≃ des kilomètres et des kilomètres; **~s away** à cent lieues d'ici ◆ **mileage** n (distance covered) ≃ kilométrage [m]; (distance per gallon etc) ≃ consommation [f] aux cent ◇ **the car had a low ~** ≃ la voiture avait peu de kilomètres; **~ allowance** ≃ indemnité [f] kilométrique ◆ **mil(e)ometer** n ≃ compteur [m] kilométrique ◆ **milestone** n ≃ borne [f] kilométrique; (in career etc) jalon [m] (fig).

milieu ['mi:ljɜ:] n milieu [m] (social).

militant ['mɪlɪtənt] adj, n militant(e) [m(f)].

military ['mɪlɪtərɪ] adj militaire ◇ **the ~** l'armée [f].

militia [mɪ'lɪʃə] n milices [fpl].

milk [mɪlk] **1** n lait [m] ◇ **~ of magnesia** lait de magnésie; **~ bar** milk-bar [m]; **~ chocolate** chocolat [m] au lait; **~ float** voiture [f] de laitier; **~ jug** pot [m] à lait; **~ pan** petite casserole [f] pour le lait; **~ product** produit [m] laitier; **~ pudding** entremets [m] au lait; **~ shake** milk-shake [m] **2** vt (cow) traire ◆ **milkman** n laitier [m] ◆ **milky** adj (coffee) au lait; (drink) à base de lait ◇ **M~ Way** Voie [f] lactée.

mill [mɪl] **1** n **a** moulin [m] ◇ **wind~** moulin à vent; **pepper-~** moulin à poivre; **~ stream** courant [m] de bief; (fig) **to put sb through the ~** en faire voir de dures à qn [famil] **b** (factory) usine [f], fabrique [f] ◇ **steel ~** aciérie [f]; **paper ~** usine [f] de papeterie; **cotton ~** filature [f] de coton; **~ owner** industriel [m] du textile; **~ worker** ouvrier [m] des filatures **2** vti (flour etc) moudre ◇ (of crowd) **to ~ about** grouiller ◆ **miller** n meunier [m] ◆ **millstone** n ◇ (fig) **a ~ round his neck** un boulet qu'il traîne avec lui.

millennium [mɪ'lenɪəm] n, pl **-ia** millénaire [m]; (Rel) millénium [m].

millet ['mɪlɪt] n millet [m].

milli... ['mɪlɪ] pref milli... ◆ **milligram** n milligramme [m] ◆ **millilitre** millilitre [m] ◆ **millimetre**, (US) **-ter** n millimètre [m].

millinery ['mɪlɪnərɪ] n modes [fpl] *(chapeaux)*.

million ['mɪljən] n million [m] ◇ **a** or **one ~** un million; **a** or **one ~ and one** un million un; **a** or **one ~ and two** un million deux; **a ~ people** un million de personnes; **about a ~ pounds** environ un million de livres; **two ~** deux millions; **two ~ and one** deux millions un; **two ~ and two** deux millions deux; (fig) **~s** [famil] **of** des milliers de; **he's one in a ~** [famil] c'est la crème des hommes; **thanks a ~!** [famil] merci mille fois!; (US) **to feel like a ~ dollars** [famil] se sentir dans une forme formidable ◆ **millionaire** n millionnaire [mf], ≃ milliardaire [mf] ◆ **millionth** adj, n millionième [mf]; (fraction) millionième [m].

mime [maɪm] **1** n (gen) mime [m]; (gestures etc) mimique [f] **2** vti mimer.

mimic ['mɪmɪk] **1** n imitateur [m], [f] -trice **2** vt imiter.

min. **a** abbr of *minute(s)* mn **b** abbr of *minimum* min.

mince [mɪns] **1** n bifteck [m] haché ◇ **~ pie** (meat) viande [f] hachée en croûte; (at Christmas) tartelette [f] de Noël (au hachis de fruits secs) **2** vt (**~ up**) hacher ◆ **mincemeat** n hachis [m] de fruits secs ◆ **mincer** n hachoir [m] *(appareil)* ◆ **mincing** adj affecté.

mind [maɪnd] **1** n (gen) esprit [m]; (sanity) raison [f]; (opinion) avis [m] ◇ **to be easy in one's ~** avoir l'esprit tranquille; **in one's ~'s eye** en imagination; **to go out of one's ~** perdre la tête; **to be in two ~s about** se tâter pour ce qui est de; **to my ~** à mon avis; **to bear** or **keep sth in ~** ne pas oublier qch; **to bring to ~** rappeler; **to get sth into one's ~** se mettre qch dans la tête; **to get** or **put sth out of one's ~** oublier qch; **to keep one's ~ on** se concentrer sur; **to give sb a piece of one's ~** [famil] dire ses quatre vérités à qn; **it went right out of my ~** cela m'est complètement sorti de la tête [famil]; **to have a good ~ to do** avoir bien envie de faire; **to have in ~** (thing) avoir dans l'idée; (person) avoir en vue; **what's on your ~?** qu'est-ce qui vous préoccupe?; **to know one's own ~** savoir ce que l'on veut; **to make up one's ~** prendre une décision (*about* à propos de); **to make up one's ~ to do** prendre la décision de faire; **to put** or **set one's ~ to sth** s'appliquer à qch; **to set sb's ~ at rest** rassurer qn; **this will take her ~ off it** cela lui changera les idées.

2 vt **a** (pay attention to) faire attention à; (beware of) prendre garde à ◇ **never ~!** ça ne fait rien!; **never ~ the expense!** tant pis pour le prix!; **~ what you're doing!** attention à ce que tu fais!; **~ out!** attention!; **~ the step** attention à la marche; **~ you don't fall** prenez garde de ne pas tomber; **~ you tell her** n'oublie pas de le lui dire; **~ you** [famil], **I...** remarquez, je...; **I don't ~** ça m'est égal; **if you don't ~** si cela ne vous fait rien; **I don't ~ going with you** je veux bien vous accompagner; **I wouldn't ~ a cup of coffee** je prendrais bien une tasse de café; **I don't ~ the cold** le froid ne me gêne pas; **would you ~ doing that?** cela vous ennuierait de faire cela? **b** (take charge of: children, shop) garder.

◆ **minder** n (of child etc) gardienne [f] ◆ **mindful** adj ◇ ~ **of** attentif, [f] -ive à.

1. **mine** [maɪn] poss pron le mien, la mienne, les miens, les miennes ◇ **it's** ~ c'est à moi; **a friend of** ~ un de mes amis.

2. **mine** [maɪn] **1** n mine [f] ◇ **coal** ~ mine de charbon **2** vti (coal etc) extraire; (**lay** ~**s in**) miner ◇ **to** ~ **for coal** exploiter une mine de charbon ◆ **minefield** n champ [m] de mines ◆ **miner** n mineur [m] ◆ **minesweeper** n dragueur [m] de mines ◆ **mining** n exploitation [f] minière ◇ ~ **village** village [m] minier.

mineral ['mɪnərəl] adj, n minéral [m] ◇ ~ **water** (natural) eau [f] minérale; (soft drink) boisson [f] gazeuse.

minestrone [,mɪnɪ'strəʊnɪ] n minestrone [m].

mingle ['mɪŋgl] vi (gen) se mêler (*with* à).

mingy ['mɪndʒɪ] [famil] adj radin [famil].

mini ['mɪnɪ] pref mini- ◆ **minibus** n minibus [m] ◆ **minicab** n taxi [m] *(qu'il faut appeler par téléphone)* ◆ **mini-computer** n mini-ordinateur [m] ◆ **mini-skirt** n mini-jupe [f].

miniature ['mɪnɪtʃə^r] **1** n miniature [f] ◇ **in** ~ en miniature **2** adj (gen) miniature; (tiny) minuscule; (poodle) nain.

minim ['mɪnɪm] n (Brit: Mus) blanche [f].

minimal ['mɪnɪml] adj minimal.

minimize ['mɪnɪmaɪz] vt réduire au minimum.

minimum ['mɪnɪməm] **1** n minimum [m] ◇ **to keep sth to a** ~ limiter qch autant que possible **2** adj minimum (inv or -ima) ◇ (Econ) ~ **lending rate** taux [m] de crédit minimum; ~ **wage** ≃ SMIC [famil] [m].

minister ['mɪnɪstə^r] n (gen) ministre [m]; (priest) pasteur [m] ◇ **M**~ **of Health** ministre de la Santé; **M**~ **of State** ≃ secrétaire [m] d'État ◆ **ministerial** adj ministériel, [f] -ielle.

ministry ['mɪnɪstrɪ] n (Pol) ministère [m] ◇ **M**~ **of Health** ministère de la Santé; (Church) **to go into the** ~ devenir pasteur.

mink [mɪŋk] **1** n vison [m] **2** adj de vison.

minnow ['mɪnəʊ] n vairon [m].

minor ['maɪnə^r] **1** adj (gen) mineur; (detail, operation, repairs) petit; (importance, interest) secondaire ◇ (Mus) **G** ~ sol mineur; **in the** ~ **key** en mineur; ~ **offence** ≃ contravention [f] de simple police **2** n (Law) mineur(e) [m(f)] ◆ **minority** [maɪ'nɒrɪtɪ] n minorité [f] ◇ **in the** ~ en minorité.

Minorca [mɪ'nɔ:kə] n Minorque [f].

minster ['mɪnstə^r] n église [f] abbatiale.

1. **mint** [mɪnt] n ◇ **the M**~ l'hôtel [m] de la Monnaie; **in** ~ **condition** à l'état de neuf.

2. **mint** [mɪnt] n (herb) menthe [f]; (sweet) bonbon [m] à la menthe ◇ ~ **chocolate** chocolat [m] à la menthe; ~ **sauce** menthe [f] au vinaigre.

minus ['maɪnəs] prep (Math) moins; (without) sans ◇ ~ **sign** moins [m].

1. **minute** ['mɪnɪt] n **a** minute [f] ◇ **it is 20** ~**s past 2** il est 2 heures 20 (minutes); **at 4 o'clock to the** ~ à 4 heures pile; ~ **hand** grande aiguille [f]; **without a** ~ **to spare** de justesse; **I'll do it in a** ~ je le ferai dans une minute; **the** ~ **he comes** dès qu'il arrivera; **do it this** ~**!** fais-le à la minute!; **any** ~ **now** d'une minute à l'autre; **I shan't be a** ~ j'en ai pour deux secondes; **it won't take a** ~ ce sera fait en une minute; **up to the** ~ (equipment) dernier modèle [inv]; (fashion) dernier cri [inv]; (news) de dernière heure **b** ◇ (of meeting) ~**s** procès-verbal [m]; **to take the** ~**s** rédiger le procès-verbal.

2. **minute** [maɪ'nju:t] adj (tiny) minuscule; (examination, description) minutieux, [f] -ieuse ◇ **in** ~ **detail** dans les moindres détails.

miracle ['mɪrəkl] n miracle [m] ◇ **by some** ~ par miracle; ~ **cure** remède-miracle [m].

miraculous [mɪ'rækjʊləs] adj miraculeux, [f] -euse.

mirage ['mɪrɑ:ʒ] n mirage [m].

mirror ['mɪrə^r] n (gen) miroir [m], glace [f]; (in car) rétroviseur [m].

mirth [mɜ:θ] n hilarité [f].

misadventure [,mɪsəd'ventʃə^r] n mésaventure [f] ◇ (Law) **death by** ~ mort [f] accidentelle.

mis- pref ◇ **to misapply** etc mal employer etc; **mistranslation** etc mauvaise traduction etc.

misanthropist [mɪ'zænθrəpɪst] n misanthrope [mf].

misapprehension ['mɪs,æprɪ'henʃən] n ◇ **to be under a** ~ se tromper.

misappropriate ['mɪsə'prəʊprɪeɪt] vt détourner.

misbehave ['mɪsbɪ'heɪv] vi (of child) ne pas être sage.

miscalculate ['mɪs'kælkjʊleɪt] **1** vt mal calculer **2** vi (fig) se tromper.

miscarriage ['mɪs'kærɪdʒ] n (Med) fausse couche [f] ◇ **to have a** ~ faire une fausse couche; (Law) ~ **of justice** erreur [f] judiciaire.

miscarry [,mɪs'kærɪ] vi (pregnancy) faire une fausse couche.

miscellaneous [,mɪsɪ'leɪnɪəs] adj divers.

miscellany [mɪ'selənɪ] n (Literature) recueil [m]; (TV etc) sélection [f].

mischance [ˌmɪsˈtʃɑːns] n ◇ **by ~** par malheur.

mischief [ˈmɪstʃɪf] n ◇ **full of ~** espiègle; **to be up to ~** préparer une sottise; **to get into ~** faire des sottises; **to make ~** créer des ennuis (*for sb* à qn) ◆ **mischief-maker** n semeur [m], [f] -euse de discorde.

mischievous [ˈmɪstʃɪvəs] adj espiègle.

misconception [ˈmɪskənˈsepʃən] n idée [f] fausse.

misconduct [ˌmɪsˈkɒndʌkt] n inconduite [f]; (sexual) adultère [m].

misconstrue [ˈmɪskənˈstruː] vt mal interpréter.

misdeed [ˈmɪsˈdiːd] n méfait [m].

misdemeanour, (US) **-nor** [ˌmɪsdɪˈmiːnəʳ] n incartade [f].

misdirect [ˈmɪsdɪˈrekt] vt (letter etc) mal adresser; (person) mal renseigner.

miser [ˈmaɪzəʳ] n avare [mf].

miserable [ˈmɪzərəbl] adj (sad) malheureux, [f] -euse; (poor: conditions etc) misérable; (failure) lamentable; (weather etc) sale [famil] (before n); (amount) dérisoire ◇ **to feel ~** avoir le cafard [famil]; **to make sb ~** déprimer qn; **a ~ 50 francs** la misérable somme de 50 F ◆ **miserably** adv (smile) pitoyablement; (fail) lamentablement; (pay) misérablement.

miserly [ˈmaɪzəlɪ] adj avare.

misery [ˈmɪzərɪ] n (unhappiness) tristesse [f]; (suffering) souffrances [fpl]; (wretchedness) misère [f] ◇ **a life of ~** une vie de misère; **to make sb's life a ~** mener la vie dure à qn; (of arthritis etc) gâcher la vie de qn.

misfire [ˈmɪsˈfaɪəʳ] vi (of gun) faire long feu; (of car engine) avoir des ratés.

misfit [ˈmɪsfɪt] n inadapté(e) [m(f)].

misfortune [mɪsˈfɔːtʃən] n malheur [m].

misgiving [mɪsˈɡɪvɪŋ] n ◇ **to have ~s** avoir des doutes [mpl] (*about* quant à).

misguided [ˈmɪsˈɡaɪdɪd] adj (person) abusé; (action) peu judicieux, [f] -ieuse.

mishandle [ˈmɪsˈhændl] vt (person) s'y prendre mal avec; (problem, situation) traiter avec maladresse.

mishap [ˈmɪshæp] n mésaventure [f].

mishear [ˈmɪsˈhɪəʳ] pret, ptp *-heard* [-hɜːd] vt mal entendre.

misinform [ˈmɪsɪnˈfɔːm] vt mal renseigner.

misinterpret [ˈmɪsɪnˈtɜːprɪt] vt mal interpréter.

misjudge [ˈmɪsˈdʒʌdʒ] vt mal juger.

mislay [ˌmɪsˈleɪ] pret, ptp *-laid* vt égarer.

mislead [ˌmɪsˈliːd] pret, ptp *-led* vt tromper ◆ **misleading** adj trompeur, [f] -euse.

mismanagement [ˈmɪsˈmænɪdʒmənt] n mauvaise administration [f].

misnomer [ˈmɪsˈnəʊməʳ] n nom [m] impropre.

misogynist [mɪˈsɒdʒɪnɪst] n misogyne [mf].

misplace [ˈmɪsˈpleɪs] vt égarer.

misprint [ˈmɪsprɪnt] n faute [f] d'impression.

mispronounce [ˈmɪsprəˈnaʊns] vt prononcer de travers.

misquote [ˈmɪsˈkwəʊt] vt citer inexactement.

misread [ˈmɪsˈriːd] pret, ptp *-read* [ˌred] vt mal lire.

misrepresent [ˈmɪsˌreprɪˈzent] vt dénaturer.

1. **miss** [mɪs] **1** n (shot etc) coup [m] manqué ◇ **that was a near ~** il s'en est fallu de peu; (fig) **to have a near ~** l'échapper belle; **to give sth a ~** [famil] (not do it) ne pas faire qch; (not attend it) ne pas aller à qch.

2 vt **a** (gen: train, target etc) manquer, rater; (thing looked out for) ne pas trouver; (not hear: remark) ne pas entendre; (omit deliberately: meal, page) sauter; (class) sécher [famil]; (avoid) manquer (*doing* faire) ◇ **to ~ out** oublier; (on purpose) omettre; (word, page etc) sauter; **it just ~ed me** ça m'a manqué de justesse; (fig) **to ~ the boat** [famil] manquer le coche [famil]; **she doesn't ~ a trick** [famil] rien ne lui échappe; **don't ~ the Louvre** ne manquez pas d'aller au Louvre; **you've ~ed the whole point!** vous n'avez rien compris!; **he narrowly ~ed being killed** il a manqué se faire tuer **b** ◇ (long for) **I do ~ him** il me manque beaucoup; **he won't be ~ed** personne ne le regrettera **c** (notice loss of) remarquer l'absence de ◇ **I shan't ~ it** ça ne me fera pas défaut.

3 vi (of person, shot) manquer, rater ◇ **he never ~es** il ne manque jamais son coup.

◆ **missing** adj ◇ **to be ~** avoir disparu; **there's one plate ~** il manque une assiette; **the ~ word** le mot qui manque; (Police etc) **~ person** personne [f] absente; **the ~ students** les étudiants dont on est sans nouvelles; (Mil) **reported ~** porté disparu.

2. **miss** [mɪs] n mademoiselle [f] ◇ **M~ Smith** Mademoiselle Smith, Mlle Smith; (in letter) **Dear M~ Smith** Chère Mademoiselle; **yes M~ Smith** oui mademoiselle.

missal [ˈmɪsəl] n missel [m].

misshapen [ˈmɪsˈʃeɪpən] adj difforme.

missile [ˈmɪsaɪl] n projectile [m]; (Mil) missile [m] ◇ **~ base** base [f] de missiles.

mission [ˈmɪʃən] n mission [f] ◇ **on a ~** en mission.

missionary [ˈmɪʃənrɪ] n missionnaire [mf].

mist [mɪst] 1 n brume [f] 2 vi (~ **up**) se couvrir de brume; (of mirror) s'embuer.

mistake [mɪs'teɪk] (vb: pret *mistook*, ptp *mistaken*) 1 n erreur [f], faute [f]; (misunderstanding) méprise [f] ◇ **to make a** ~ se tromper (*about* de, sur); **you're making a big** ~ tu fais une grave erreur; **to make the** ~ **of doing** avoir le tort de faire; **by** ~ par erreur; **there must be some** ~ il doit y avoir erreur; **my** ~! c'est de ma faute! 2 vt (gen) se tromper de; (misunderstand) se méprendre sur ◇ **to** ~ **A for B** prendre A pour B; **there's no mistaking her voice** il est impossible de ne pas reconnaître sa voix ◆ **mistaken** adj erroné ◇ **to be** ~ se tromper (*about* sur); ~ **identity** erreur [f] d'identité ◆ **mistakenly** adv par erreur.

mistletoe ['mɪsltəʊ] n gui [m].

mistranslate ['mɪstrænz'leɪt] vt mal traduire.

mistreat [ˌmɪs'tri:t] vt maltraiter.

mistress ['mɪstrɪs] n (gen) maîtresse [f]; (teacher) professeur [m] ◇ **English** ~ professeur d'anglais.

mistrust ['mɪs'trʌst] vt se méfier de.

misty ['mɪstɪ] adj (weather) brumeux, [f] -euse.

misunderstand ['mɪsʌndə'stænd] pret, ptp -*stood* vt mal comprendre ◆ **misunderstanding** n méprise [f]; (disagreement) malentendu [m] ◆ **misunderstood** adj incompris.

misuse ['mɪs'ju:z] 1 vt (gen) mal employer; (power etc) abuser de 2 ['mɪs'ju:s] n mauvais emploi [m]; abus [m].

mite [maɪt] n (insect) mite [f]; (child) petit(e) [m(f)] ◇ **poor little** ~ le pauvre petit.

mitigate ['mɪtɪgeɪt] vt atténuer.

mitre, (US) **miter** ['maɪtəʳ] n mitre [f].

mitt [mɪt] n (also **mitten**) moufle [f].

mix [mɪks] 1 vt a (gen) mélanger (*with* avec); (cake, cement etc) préparer; (salad) retourner ◇ ~**ing bowl** jatte [f]; **to** ~ **business with pleasure** combiner les affaires et le plaisir; **to** ~ **sth in** incorporer qch (*with* à) b ◇ **to** ~ **up** confondre (*with* avec); **to get** ~**ed up in sth** se trouver mêlé à qch; **to be** ~**ed up** (of person) être déboussolé [famil]; (of account) être embrouillé; **I'm all** ~**ed up** je ne sais plus où j'en suis 2 vi se mélanger ◇ **he doesn't** ~ **well** il est peu sociable; **he** ~**es with all kinds of people** il fréquente toutes sortes de gens 3 n mélange [m] ◇ **cake** ~ préparation [f] pour gâteau.

◆ **mixed** adj (marriage, school) mixte; (biscuits, nuts) assortis; (weather) variable; (motives, feelings) contradictoires ◇ (fig) **it's a** ~ **bag** [famil] il y a un peu de tout; **in** ~ **company** en présence d'hommes et de femmes; (Tennis) ~ **doubles** double [m] mixte ◆ **mixer** 1 n a (for food) mixeur [m] ◇ **cement** ~ bétonnière [f] b ◇ **he's a good** ~ il est très sociable c (drink) boisson [f] gazeuse 2 adj ◇ ~ **tap** mélangeur [m] ◆ **mix-up** n confusion [f] (*over* en ce qui concerne).

mixture ['mɪkstʃəʳ] n mélange [m]; (Med) préparation [f].

moan [məʊn] 1 n gémissement [m] 2 vi gémir; (famil: complain) rouspéter [famil].

moat [məʊt] n fossés [mpl].

mob [mɒb] n foule [f].

mobile ['məʊbaɪl] 1 adj mobile ◇ ~ **canteen** cuisine [f] roulante; ~ **home** grande caravane [f] (*utilisée comme domicile*); ~ **library** bibliobus [m]; ~ **phone** téléphone [m] portatif; (Radio, TV) ~ **studio** car [m] de reportage 2 n (Art: decoration) mobile [m] ◆ **mobility** n mobilité [f].

mock [mɒk] 1 vti se moquer (*sth, at sth* de qch) 2 adj (anger) feint ◇ **a** ~ **trial** un simulacre de procès; ~ **exam** examen [m] blanc; ~ **turtle soup** consommé [m] à la tête de veau ◆ **mockery** n moquerie [f] ◆ **mocking** adj moqueur, [f] -euse ◆ **mock-up** n maquette [f].

mod cons ['mɒd'kɒnz] [famil] npl ◇ **with all** ~ avec tout le confort moderne.

mode [məʊd] n (gen) mode [m]; (Fashion) mode [f].

model ['mɒdl] 1 n (gen) modèle [m]; (small-scale) modèle réduit; (of building, plane etc) maquette [f]; (artist's ~) modèle [m]; (fashion ~) mannequin [m] ◇ **a 1982** ~ un modèle 1982 2 adj (gen) modèle; (small-scale: car etc) modèle réduit [inv]; (railway) en miniature 3 vt (gen) modeler (*in* en; *on* sur); (garment) présenter 4 vi (Art etc) poser (*for* pour); (Fashion) être mannequin (*for sb* chez qn) ◆ **modelling** n (Art) modelage [m] ◇ **she does** ~ (fashion) elle travaille comme mannequin; (for artist) elle travaille comme modèle; ~ **clay** pâte [f] à modeler.

modem ['məʊdem] n (Comput) modem [m].

moderate ['mɒdərɪt] 1 adj (gen) modéré; (price) raisonnable; (not bad: result) passable 2 n (esp Pol) modéré(e) [m(f)] 3 ['mɒdəreɪt] vt modérer ◆ **moderately** adv (gen) plus ou moins; (act) avec modération ◆ **moderation** n modération [f] ◇ **in** ~ (gen) à petites doses; (eat, drink) modérément.

modern ['mɒdən] adj (gen) moderne ◇ ~ **languages** langues [fpl] vivantes ◆ **modernize** vt moderniser.

modest ['mɒdɪst] adj modeste ◆ **modesty** n modestie [f].

modification [ˌmɒdɪfɪ'keɪʃən] n modification [f] (*to, in* à).

modify ['mɒdɪfaɪ] vt modifier.

modulate ['mɒdjʊleɪt] vt moduler.

module ['mɒdju:l] n module [m].

mogul ['məʊgəl] 1 adj ◇ **M~** des Mog(h)ols 2 n a ◇ **M~** Mog(h)ol [m] b (fig: powerful person) nabab [m].

mohair ['məʊhɛəʳ] n mohair [m].

Mohammed [məʊ'hæmɪd] n Mahomet [m].

moist [mɔɪst] adj (hand, atmosphere) moite; (surface, eyes) humide; (cake) moelleux, [f] -euse ◆ **moisten** vt humecter ◆ **moisture** n humidité [f] ◆ **moisturizer** n lait [m] hydratant.

molar ['məʊləʳ] n molaire [f].

molasses [mə'læsɪz] n mélasse [f].

mold [məʊld] (US) = **mould.**

1. **mole** [məʊl] n taupe [f] ◆ **molehill** n taupinière [f].

2. **mole** [məʊl] n (on skin) grain [m] de beauté.

molecule ['mɒlɪkju:l] n molécule [f].

molest [məʊ'lest] vt molester; (by dog) s'attaquer à; (sexually) attenter à la pudeur de.

mollusc ['mɒləsk] n mollusque [m].

mollycoddle ['mɒlɪkɒdl] vt chouchouter [famil].

molt [məʊlt] (US) = **moult.**

molten ['məʊltən] adj en fusion.

mom [mɒm] [famil] n (US) maman [f].

moment ['məʊmənt] n moment [m], instant [m] ◇ **man of the ~** homme [m] du moment; **just a ~!, one ~!, half a ~!** [famil] un instant!; **I shan't be a ~** j'en ai pour un instant; **a ~ ago** il y a un instant; **the ~ he arrives** dès qu'il arrivera; **I've just this ~ heard of it** je viens de l'apprendre à l'instant; **it won't take a ~** c'est l'affaire d'un instant; **at the ~, at this ~ in time** en ce moment; **at any ~** d'un moment à l'autre; **at the right ~** au bon moment; **for a ~** un instant; **from the ~ I saw him** dès l'instant où je l'ai vu; **the ~ of truth** l'heure [f] de vérité.

momentary ['məʊməntərɪ] adj momentané.

momentous [məʊ'mentəs] adj très important.

momentum [məʊ'mentəm] n (Phys etc) moment [m]; (fig) élan [m] ◇ **to gain or gather ~** (of vehicle) prendre de la vitesse; (of campaign etc) gagner du terrain; (lit, fig) **to lose ~** être en perte de vitesse.

Monaco ['mɒnəkəʊ] n Monaco [m].

monarch ['mɒnək] n monarque [m] ◆ **monarchist** n monarchiste [mf] ◆ **monarchy** n monarchie [f].

monastery ['mɒnəstərɪ] n monastère [m] ◆ **monastic** adj monastique.

Monday ['mʌndɪ] n lundi [m] → for phrases **Saturday.**

monetarism ['mʌnɪtərɪzəm] n politique [f] monétaire.

money ['mʌnɪ] n argent [m] ◇ **French ~** argent français; **to make ~** (person) gagner de l'argent; (business etc) rapporter; **how did he make his ~?** comment est-ce qu'il a fait fortune?; **he's earning big ~** il gagne gros; **~ for jam** [famil] de l'argent vite gagné; **to get one's ~'s worth** en avoir pour son argent; **to get one's ~ back** être remboursé; (fig) **for my ~** à mon avis; **he's made of ~** [famil] il roule sur l'or [famil]; **~ order** mandat-poste [m]; **~ supply** masse [f] monétaire; **~ worries** soucis [mpl] financiers ◆ **moneybox** n tirelire [f] ◆ **moneylender** n prêteur [m] sur gages.

mongol ['mɒŋgəl] n (Med) mongolien(ne) [m(f)].

mongrel ['mʌŋgrəl] n bâtard [m] *(chien).*

monitor ['mɒnɪtəʳ] 1 n (device) moniteur [m]; (in school) ≃ chef [m] de classe 2 vt (gen) contrôler; (broadcast) être à l'écoute de.

monk [mʌŋk] n moine [m].

monkey ['mʌŋkɪ] 1 n singe [m] ◇ (child) **little ~** petit(e) polisson(ne) [m(f)]; **~ business** [famil] (dishonest) quelque chose de louche; (mischievous) singeries [fpl]; **~ nut** cacahuète [f]; **~ puzzle** araucaria [m]; **~ wrench** clef [f] anglaise 2 vi ◇ **to ~ about** [famil] faire l'imbécile; **to ~ about with sth** tripoter qch.

mono ['mɒnəʊ] 1 adj mono [famil] [inv] 2 n ◇ **in ~** en monophonie 3 pref mono-.

monochrome ['mɒnəkrəʊm] n monochrome [m]; (Phot, TV) noir et blanc [m].

monocle ['mɒnəkl] n monocle [m].

monogram ['mɒnəgræm] n monogramme [m].

monologue ['mɒnəlɒg] n monologue [m].

monopolize [mə'nɒpəlaɪz] vt monopoliser.

monopoly [mə'nɒpəlɪ] n monopole [m] (*of, in* de).

monorail ['mɒnəʊreɪl] n monorail [m].

monosyllabic ['mɒnəʊsɪ'læbɪk] adj (word) monosyllabe; (reply) monosyllabique.

monotone ['mɒnətəʊn] n ◇ **in a ~** sur un ton monocorde.

monotonous [mə'nɒtənəs] adj monotone ◆ **monotony** n monotonie [f].

monsoon [mɒn'su:n] n mousson [f].

monster ['mɒnstəʳ] n, adj monstre [m].

monstrous ['mɒnstrəs] adj monstrueux, [f] -ueuse.

month [mʌnθ] n mois [m] ◇ **in the ~ of May** au mois de mai, en mai; **paid by the ~** payé au mois; **every ~** tous les mois; **which day of the ~ is it?** le combien sommes-nous? ◆ **monthly** 1 adj (gen) mensuel, [f] -uelle ◇ ~ **ticket** carte [f] (d'abonnement) mensuelle; ~ **instalment** mensualité [f] 2 n (magazine) revue [f] mensuelle 3 adv (pay) mensuellement.

monument ['mɒnjʊmənt] n monument [m] (*to* à) ◆ **monumental** adj monumental ◇ ~ **mason** marbrier [m].

moo [mu:] vi meugler.

mood [mu:d] n (gen) humeur [f]; (Gram, Mus) mode [m] ◇ **in a good** ~ de bonne humeur; **to be in the** ~ **for sth** avoir envie de qch; **I'm in no** ~ **to listen to him** je ne suis pas d'humeur à l'écouter; **she has** ~**s** elle a des sautes [fpl] d'humeur; **the** ~ **of the meeting** l'état [m] d'esprit de l'assemblée ◆ **moody** adj (variable) d'humeur changeante; (sulky) maussade.

moon [mu:n] 1 n lune [f] ◇ **full** ~ pleine lune; **new** ~ nouvelle lune; ~ **landing** alunissage [m]; ~ **shot** tir [m] lunaire; **there was no** ~ c'était une nuit sans lune; **there was a** ~ il y avait clair de lune; **to be over the** ~ [famil] être ravi (*about* de) 2 vi ◇ **to** ~ **about** musarder en rêvassant ◆ **moonbeam** n rayon [m] de lune ◆ **moonlight** 1 n clair [m] de lune ◇ **by** ~, **in the** ~ au clair de lune 2 vi (famil: work) travailler au noir.

1. **moor** [mʊəʳ] n ◇ (also ~**land**) lande [f].

2. **moor** [mʊəʳ] 1 vt (ship) amarrer 2 vi mouiller.

moorhen ['mʊə,hen] n poule [f] d'eau.

mooring ['mʊərɪŋ] n (place) mouillage [m] ◇ **at her** ~**s** sur ses amarres [fpl].

moose [mu:s] n élan [m]; (Can) orignal [m].

moot [mu:t] 1 adj ◇ **it's a** ~ **point** c'est discutable 2 vt suggérer.

mop [mɒp] 1 n (for floor) balai [m] laveur; (for dishes) lavette [f] ◇ ~ **of hair** tignasse [f] 2 vt essuyer ◇ **to** ~ **up** (sth spilt) éponger.

mope [məʊp] vi se morfondre (*about* en pensant à).

moped ['məʊped] n vélomoteur [m].

moral ['mɒrəl] 1 adj moral ◇ ~ **support** soutien [m] moral; ~ **philosophy** la morale; **to raise** ~ **standards** relever les mœurs 2 n a (of story) morale [f] b ◇ ~**s** moralité [f] ◆ **morality** n moralité [f] ◆ **morally** adv (act) moralement ◇ ~ **wrong** immoral.

morale [mɒ'rɑ:l] n moral [m] ◇ **to raise sb's** ~ remonter le moral à qn.

morass [mə'ræs] n marécage [m].

morbid ['mɔ:bɪd] adj morbide.

more [mɔ:ʳ] (comp of *many, much*) 1 adj, pron (greater amount) plus (de); (additional) encore (de); (other) d'autres ◇ ~ **money** plus d'argent; ~ **books** plus de livres; **he's got** ~ **than you** il en a plus que toi; **I've got** ~ **like these** j'en ai d'autres comme ça; ~ **than we expected** plus que prévu; ~ **than you think** plus que vous ne pensez; **a lot** ~ beaucoup plus; **a few** ~ **books** quelques livres de plus; **a little** ~ un peu plus; **some** ~ **meat** un peu plus de viande; **there's no** ~ **meat** il n'y a plus de viande; **is there any** ~ **wine?** y a-t-il encore du vin?; **has she any** ~ **children?** a-t-elle d'autres enfants?; **I've got no** ~, **I haven't any** ~ je n'en ai plus; **he can't pay** ~ **than...** il ne peut payer que...; ~ **than a kilo** plus d'un kilo; ~ **than enough** plus que suffisant; **the** ~ **the merrier** plus on est de fous, plus on rit; **and what's** ~**...** et qui plus est...; **nothing** ~ rien de plus.

2 adv plus ◇ ~ **difficult** plus difficile; ~ **easily** plus facilement; ~ **and** ~ de plus en plus; ~ **or less** plus ou moins; **the** ~ **I think of it the** ~ **I laugh** plus j'y pense, plus je ris; **all the** ~ **so as...** d'autant plus que...; **the** ~ **surprising because...** d'autant plus surprenant que; **no** ~ ne... plus; **I won't do it any** ~ je ne le ferai plus; **once** ~ encore une fois.

moreover [mɔ:'rəʊvəʳ] adv (further) de plus; (besides) d'ailleurs, du reste.

morgue [mɔ:g] n morgue [f].

morning ['mɔ:nɪŋ] n (date, part of day) matin [m]; (stressing duration) matinée [f] ◇ **good** ~ bonjour; **in the** ~ le matin; (tomorrow) demain matin; **a** ~**'s work** une matinée de travail; **a** ~ **off** une matinée de libre; **all** ~ toute la matinée; **on the** ~ **of January 23rd** le 23 janvier au matin; **7 o'clock in the** ~ 7 heures du matin; **this** ~ ce matin; **yesterday** ~ hier matin; ~ **dress** habit [m]; ~ **paper** journal [m] du matin; ~ **prayer** office [m] du matin; ~ **sickness** nausées [fpl] matinales.

Moroccan [mə'rɒkən] 1 adj marocain 2 n Marocain(e) [m(f)].

Morocco [mə'rɒkəʊ] n Maroc [m] ◇ **in or to** ~ au Maroc.

moron ['mɔ:rɒn] n crétin(e) [m(f)].

morose [mə'rəʊs] adj morose.

morphia ['mɔ:fɪə], **morphine** ['mɔ:fi:n] n morphine [f].

Morse [mɔ:s] n (~ **code**) morse [m].

morsel ['mɔ:sl] n petit morceau [m].

mortal ['mɔ:tl] adj, n mortel(le) [m(f)].

mortar ['mɔ:təʳ] n mortier [m].

mortgage ['mɔ:gɪdʒ] n emprunt-logement [m].

mortifying ['mɔ:tɪfaɪɪŋ] adj mortifiant.

mortise ['mɔ:tɪs] n ◇ ~ **lock** serrure [f] encastrée.

mortuary ['mɔ:tjʊərɪ] n morgue [f].

mosaic [məʊ'zeɪɪk] n, adj mosaïque [f].

Moscow ['mɒskəʊ] n Moscou.

Moslem ['mɒzləm] = **Muslim.**

mosque [mɒsk] n mosquée [f].

mosquito [mɒs'ki:təʊ] n moustique [m] ◇ ~ **net** moustiquaire [f].

moss [mɒs] n mousse [f] *(plante)*.

most [məʊst] (superl of *many*, *much*) adj, adv, pron (gen) le plus (de) ◇ ~ **money, the** ~ **money** le plus d'argent; ~ **of the money** la plus grande partie de l'argent; ~ **books, the** ~ **books** le plus de livres; ~ **of the books** la plupart des livres; ~ **of it** presque tout; ~ **of them** la plupart d'entre eux; **who has got the** ~**?** qui en a le plus?; **at the** ~ tout au plus; **to make the** ~ **of** (gen) profiter au maximum de; (time) bien employer; **make the** ~ **of it!** profitez-en bien!; **for the** ~ **part** pour la plupart, en général; **the** ~ **intelligent** le plus intelligent (*of*, *in* de); ~ **easily** le plus facilement; (very) ~ **likely** très probablement ◆ **mostly** adv surtout; (almost all) pour la plupart.

MOT [eməʊ'ti:] n **a** (Brit) abbr of *Ministry of Transport* **b** ◇ **the** ~ **(test)** *la visite technique (annuelle) obligatoire des véhicules*.

motel [məʊ'tel] n motel [m].

moth [mɒθ] n papillon [m] de nuit; (in clothes) mite [f] ◆ **mothball** n boule [f] de naphtaline ◆ **moth-eaten** adj mangé aux mites ◆ **mothproof** adj traité à l'antimite.

mother ['mʌðəʳ] n mère [f] ◇ ~**'s help** aide [f] familiale; **M**~**'s Day** la fête des Mères; ~ **love** amour [m] maternel; ~ **tongue** langue [f] maternelle ◆ **motherhood** n maternité [f] ◆ **mother-in-law** n belle-mère [f] ◆ **motherland** n patrie [f] ◆ **motherly** adj maternel, [f] -elle ◆ **mother-of-pearl** n nacre [f] ◆ **mother-to-be** n future maman [f].

motion ['məʊʃən] **1** n **a** (gen) mouvement [m] ◇ **to set in** ~ mettre en marche; ~ **picture** film [m] **b** (at meeting etc) motion [f] **2** vti faire signe (*sb*, *to sb* à qn; *to do* de faire) ◆ **motionless** adj immobile.

motivated ['məʊtɪveɪtɪd] adj motivé.

motive ['məʊtɪv] n (gen) motif [m]; (of crime) mobile [m] (*for*, *of* de) ◇ **his** ~ **for saying** la raison pour laquelle il dit.

motley ['mɒtlɪ] adj hétéroclite.

motor ['məʊtəʳ] n (engine) moteur [m]; (car) auto [f] ◇ ~ **accident** accident [m] de voiture; **the** ~ **industry** l'industrie [f] de l'automobile; ~ **mechanic** mécanicien [m] garagiste; ~ **mower** tondeuse [f] à moteur; **the M**~ **Show** le Salon de l'automobile; ~ **vehicle** véhicule [m] automobile.

◆ **motorbike** n moto [famil] [f] ◆ **motorboat** n canot [m] automobile ◆ **motorcar** n automobile [f] ◆ **motorcycle** n motocyclette [f] ◆ **motorcyclist** n motocycliste [mf] ◆ **motoring** **1** n conduite [f] automobile **2** adj (holiday) en voiture ◆ **motorist** n automobiliste [mf] ◆ **motorize** vt motoriser ◆ **motor-racing** n course [f] automobile ◆ **motorway** n autoroute [f].

mottled ['mɒtld] adj tacheté.

motto ['mɒtəʊ] n devise [f].

1. **mould** [məʊld] **1** n (shape) moule [m] **2** vt (clay) mouler; (fig: character) former.

2. **mould** [məʊld] n (fungus) moisissure [f] ◆ **mouldy** adj moisi; (famil: unpleasant) minable [famil].

moult [məʊlt] vi muer.

mound [maʊnd] n **a** (in ground) tertre [m]; (burial ~) tumulus [m] **b** (pile) tas [m].

1. **mount** [maʊnt] n (liter) mont [m] ◇ **M**~ **Everest** le mont Everest.

2. **mount** [maʊnt] **1** vt **a** (get up onto: horse etc) monter sur; (climb: hill etc) monter **b** (photo, jewel etc) monter (*on*, *in* sur); (demonstration etc) monter ◇ (Mil) **to** ~ **guard** monter la garde; **it all** ~**s up** tout cela finit par chiffrer **2** n (horse) monture [f]; (for photo) cadre [m] en carton ◆ **mounted** adj monté.

mountain ['maʊntɪn] **1** n montagne [f] ◇ **to live in the** ~**s** habiter la montagne **2** adj (gen) de montagne; (people) montagnard; (air) de la montagne ◆ **mountaineer** **1** n alpiniste [mf] **2** vi faire de l'alpinisme ◆ **mountaineering** n alpinisme [m] ◆ **mountainous** adj montagneux, [f] -euse ◆ **mountainside** n flanc [m] de la montagne.

mourn [mɔ:n] vti pleurer (*sb*, *for sb* qn) ◆ **mourner** n ◇ **the** ~**s** le cortège funèbre ◆ **mournful** adj lugubre ◆ **mourning** n deuil [m] ◇ **in** ~ en deuil (*for* de).

mouse [maʊs] n, pl **mice** (Zool, Comput) souris [f] ◆ **mousetrap** n souricière [f].

moussaka [mʊ'sɑ:kə] n moussaka [f].

mousse [mu:s] n (Culin) mousse [f] *(au chocolat* etc); (for hair) mousse [f] coiffante.

moustache [məs'tɑ:ʃ] n moustache [f] ◇ **man with a** ~ homme à moustache.

mousy ['maʊsɪ] adj (person) effacé; (hair) terne.

mouth [maʊθ] n (gen) bouche [f]; (of dog, cat, lion etc) gueule [f]; (of river) embouchure [f]; (of cave, harbour etc) entrée [f] ◇ **he kept his** ~ **shut about it** il n'en a parlé à personne; **he's got a big** ~ [famil] il ne sait pas se taire; **it makes my** ~ **water** cela me fait venir l'eau à la bouche; ~ **ulcer** aphte [m] ◆ **mouthful** n (of food) bouchée [f]; (of drink) gorgée [f] ◆ **mouth organ** n harmonica [m] ◆ **mouth-to-mouth resuscitation** n bouche à bouche [m inv] ◆ **mouthwash** n eau [f] dentifrice ◆ **mouth-watering** adj appétissant.

movable ['mu:vəbl] adj mobile.

move [mu:v] 1 n a mouvement [m] ◇ **on the ~** en marche; **to be always on the ~** se déplacer continuellement; **to make a ~** (leave) partir, (act) agir; **get a ~ on!** [famil] remue-toi! [famil] b (change of house) déménagement [m]; (change of job) changement [m] d'emploi c (Chess etc: turn) tour [m] ◇ **it's your ~** c'est à vous de jouer; (fig) **a silly ~** une manœuvre stupide; **one false ~ and...** un faux pas et...; **his first ~ after the election** son premier acte après son élection; **what's the next ~?** et maintenant qu'est-ce qu'on fait?; **to make the first ~** faire les premiers pas.
2 vt a (chair etc: also **~ about**) changer de place, déplacer; (limbs) remuer; (chessman) jouer; (employee) muter (*to* à) ◇ **to ~ sth away** éloigner qch (*from* de); **to ~ back** (crowd) faire reculer; (object) reculer; **to ~ sth down** descendre qch; **to ~ forward** (person) faire avancer; (object) avancer; **to ~ sth over** pousser qch; **to ~ house** déménager b (affect) émouvoir ◇ **to ~ sb to tears** émouvoir qn jusqu'aux larmes; **she's easily ~d** elle s'émeut facilement c (resolution) proposer.
3 vi a (go somewhere else: also **~ about**) se déplacer; (stir) bouger; (go) aller (*to* à); (to somewhere near) passer (*to* à); (move house) déménager ◇ (of vehicle) **to be moving** être en marche; **keep moving** (to keep warm) ne restez pas sans bouger; (pass along) circulez; **don't ~!** ne bougez pas!; **he ~d slowly towards...** il s'est dirigé lentement vers...; **to ~ to the country** aller habiter la campagne; **to ~ along, to ~ forward** avancer; **to ~ away** (gen) s'éloigner (*from* de); **to ~ back** reculer; **to ~ down** descendre; **to ~ in** (to house) emménager; (fig) intervenir; **to ~ into a new house** emménager dans une nouvelle maison; **to ~ off** partir; (vehicle) démarrer; **to ~ on** avancer; (after stopping) se remettre en route; **to ~ out** déménager (*of* de); **to ~ over** se pousser; **to ~ up** (gen) monter; (of employee) avoir de l'avancement; (in competition etc) avancer; **it's time we were moving** (leaving) il est temps que nous partions; **things are moving!** ça avance!; **to get things moving** activer les choses b (act) agir; (in games) jouer ◇ **they won't ~ until...** ils ne feront rien tant que...; **to ~ first** prendre l'initiative ◆ **movement** n (gen) mouvement [m] ◆ **movie** [famil] n film [m] ◇ **to go to the ~s** aller au cinéma; **~ camera** caméra [f]; **~ star** vedette [f] de cinéma, star [f] ◆ **moving** adj (vehicle) en marche; (object) en mouvement; (staircase, walkway) roulant; (touching: sight etc) émouvant.

mow [məʊ] pret *-ed*, ptp *-ed* or *-n* vt (lawn) tondre ◇ **to ~ sb down** faucher qn ◆ **mower** n (**lawn~**) tondeuse [f] (à gazon).

Mozambican [məʊzəm'bi:kən] 1 adj mozambicain 2 n Mozambicain(e) [m(f)].

Mozambique [məʊzəm'bi:k] n Mozambique [m].

MP [em'pi:] n abbr of *Member of Parliament* ≃ député [m].

mph [ˌempi:'aɪtʃ] abbr of *miles per hour* ≃ km/h.

Mr ['mɪstəʳ] n monsieur [m] ◇ **~ Smith** Monsieur Smith, M. Smith; **yes, ~ Smith** oui, monsieur.

Mrs ['mɪsɪz] n madame [f] ◇ **~ Smith** Madame Smith, Mme Smith; **yes, ~ Smith** oui, madame.

Ms [mɪz] n *titre évitant la distinction entre madame et mademoiselle.*

MSc [ˌemes'si] n a abbr of *Master of Science* b (qualification) maîtrise [f] ès sciences c (person) titulaire [mf] d'une maîtrise ès sciences.

much [mʌtʃ] comp **more**, superl **most** adj, adv, pron beaucoup (de) ◇ **~ money** beaucoup d'argent; **~ of the money** une bonne partie de l'argent; **thank you very ~** merci beaucoup, merci bien; **~ bigger** beaucoup plus grand; **he hadn't ~ to say** il n'avait pas grand-chose à dire; **we don't see ~ of him** nous ne le voyons pas souvent; **it wasn't ~ of an evening** ce n'était pas une très bonne soirée; **there wasn't ~ in it** (in choice) c'était kif-kif [famil]; (in race etc) il a gagné de justesse; **to make ~ of** faire grand cas de; (fig) **it's a bit ~!** [famil] c'est un peu fort!; **as ~ as** autant que; **as ~ time as** autant de temps que; **twice as ~** deux fois plus (de); **it's as ~ as he can do to stand up** c'est tout juste s'il peut se lever; **how ~?** combien (de)?; **so ~** tant (de); **so ~ that** tellement que; **so ~ so that** à tel point que; **so ~ for his promises** voilà ce que valaient ses promesses; **too ~** trop (de); **I've eaten too ~** j'ai trop mangé; (fig) **it's too ~ for me** c'est trop fatigant pour moi; **~ the same** presque le même (*as* que); **~ as I want...** bien que je désire (subj)...; **~ to my amazement** à ma grande stupéfaction.

muck [mʌk] 1 n (manure) fumier [m]; (dirt) saletés [fpl] 2 vti ◇ **to ~ about** [famil] or **around** [famil] (aimlessly) traîner; (play the fool) faire l'imbécile; **to ~ sb about** [famil] or **around** [famil] créer des complications à qn; **~ about with sth** [famil] tripoter qch; **to ~ sth up** [famil] (dirty) salir qch; (spoil) gâcher qch ◆ **mucky** adj (muddy) boueux, [f] -euse; (filthy) sale.

mucus ['mju:kəs] n mucus [m].

mud [mʌd] n (gen) boue [f]; (in river, sea) vase [f] ◇ **stuck in the ~** embourbé; **~ flap** pare-boue [m inv] ◆ **mudguard** n pare-boue [m inv].

muddle ['mʌdl] 1 n (mix-up) confusion [f] (*over* en ce qui concerne) ◇ **to be in a ~** (room) être en désordre; (person) ne plus s'y retrouver (*over sth* dans qch); (arrangements) être confus; **to get into a ~** (confused) s'embrouiller (*over* dans) 2 vt (~ **up**) confondre; (person, details) embrouiller ◇ **to get ~d** s'embrouiller; **to be ~d up** être embrouillé.

muddy ['mʌdɪ] adj (road, water) boueux, [f] -euse; (clothes etc) couvert de boue.

muesli ['mju:zlɪ] n muesli [m].

muff [mʌf] n manchon [m].

muffin ['mʌfɪn] n muffin [m] *(petit pain rond et plat).*

muffled ['mʌfld] adj (sound) sourd.

mufti ['mʌftɪ] n ◇ **in ~** en civil.

mug [mʌg] 1 n a chope [f]; (of metal) gobelet [m] b (famil: fool) nigaud(e) [m(f)] 2 vt (assault) agresser ◇ **to ~ sth up** [famil] (learn) étudier qch ✦ **mugger** n agresseur [m] ✦ **mugging** n agression [f].

muggy ['mʌgɪ] adj ◇ **it's ~** il fait lourd.

mule [mju:l] n mulet [m]; (female) mule [f].

mull [mʌl] vt ◇ **~ed wine** vin [m] chaud.

mullet ['mʌlɪt] n (**red ~**) rouget [m].

mulligatawny [ˌmʌlɪgə'tɔ:nɪ] n potage [m] au curry.

multi... ['mʌltɪ] pref multi... ✦ **multicoloured** adj multicolore ✦ **multicultural** adj multiculturel, [f] -elle ✦ **multimillionaire** n ≃ multimilliardaire [mf] ✦ **multinational** n multinationale [f] ✦ **multipack** n pack [m] ✦ **multiracial** adj multiracial ✦ **multistorey** adj à étages.

multiple ['mʌltɪpl] 1 n multiple [m] 2 adj multiple ◇ **~ sclerosis** sclérose [f] en plaques; **~ store** grand magasin [m] à succursales multiples.

multiplication [ˌmʌltɪplɪ'keɪʃən] n multiplication [f].

multiply ['mʌltɪplaɪ] vt multiplier (*by* par).

multitude ['mʌltɪtju:d] n multitude [f].

mum [mʌm] [famil] 1 n (mother) maman [f] 2 adj ◇ **to keep ~** ne pas souffler mot (*about* de).

mumble ['mʌmbl] vti marmotter.

mummy ['mʌmɪ] n a (mother) maman [f] b (embalmed) momie [f].

mumps [mʌmps] n oreillons [mpl].

munch [mʌntʃ] vti croquer; (chew) mastiquer.

mundane [ˌmʌn'deɪn] adj banal.

municipal [mju:'nɪsɪpəl] adj municipal.

munitions [mju:'nɪʃənz] npl munitions [fpl].

mural ['mjʊərəl] n peinture [f] murale.

murder ['mɜ:dəʳ] 1 n meurtre [m]; (premeditated) assassinat [m] ◇ **they get away with ~** [famil] ils peuvent faire n'importe quoi impunément; **it's ~** [famil] c'est un cauchemar; **~ trial** ≃ procès [m] en homicide; **the ~ weapon** l'arme [f] du meurtre 2 vt assassiner ◇ **the ~ed man** la victime ✦ **murderer** n meurtrier [m], assassin [m].

murky ['mɜ:kɪ] adj obscur.

murmur ['mɜ:məʳ] 1 n murmure [m] ◇ (Med) **a heart ~** un souffle au cœur 2 vti murmurer.

muscle ['mʌsl] n muscle [m].

muscular ['mʌskjʊləʳ] adj (person, arm) musclé; (disease) musculaire.

muse [mju:z] 1 vi songer (*on* à) 2 n muse [f].

museum [mju:'zɪəm] n musée [m].

mushroom ['mʌʃrʊm] 1 n champignon [m] (comestible) 2 adj (soup, omelette) aux champignons; (colour) beige rosé [inv] ◇ **~ cloud** champignon [m] atomique.

mushy ['mʌʃɪ] adj (food) en bouillie.

music ['mju:zɪk] n musique [f] ◇ **to set to ~** mettre en musique; **~ centre** chaîne [f] compacte stéréo; **~ hall** music-hall [m]; **~ lesson** leçon [f] de musique; **~ lover** mélomane [mf] ✦ **musical** 1 adj (gen) musical; (person) musicien, [f] -ienne ◇ **~ box** boîte [f] à musique; **~ instrument** instrument [m] de musique 2 n (show) comédie [f] musicale ✦ **musician** n musicien(ne) [m(f)].

Muslim ['mʊslɪm] adj, n musulman(e) [m(f)].

muslin ['mʌzlɪn] n mousseline [f] (Tex).

musquash ['mʌskwɒʃ] n rat [m] musqué.

mussel ['mʌsl] n moule [f].

must [mʌst] 1 modal aux vb: use the verb devoir, or il faut que + subj ◇ **you ~ leave** vous devez partir, il faut que vous partiez; **you ~n't touch it** il ne faut pas y toucher, tu ne dois pas y toucher; **it ~ not be opened** il ne faut pas l'ouvrir; (assumption) **I ~ have forgotten** j'ai dû oublier 2 n ◇ **it's a ~** [famil] c'est quelque chose qu'il faut avoir (etc).

mustache ['mʌstæʃ] (US) = **moustache.**

mustard ['mʌstəd] n moutarde [f].

muster ['mʌstəʳ] 1 n ◇ (fig) **to pass ~** être acceptable 2 vt (**~ up**) rassembler, trouver.

musty ['mʌstɪ] adj (smell) de moisi; (room) qui sent le moisi.

mute [mju:t] adj, n muet(te) [m(f)] ✦ **muted** adj (sound) assourdi; (colour) sourd; (protest) voilé.

mutilate ['mju:tɪleɪt] vt mutiler.

mutinous ['mju:tɪnəs] adj mutiné; (fig) rebelle.

mutiny ['mju:tɪnɪ] **1** n mutinerie [f] **2** vi se mutiner.

mutter ['mʌtəʳ] vti marmonner.

mutton ['mʌtn] n mouton [m] *(viande)*.

mutual ['mju:tjʊəl] adj (help) mutuel, [f] -uelle; (common: friend) commun.

muzzle ['mʌzl] n (of gun) bouche [f]; (anti-biting device) muselière [f].

my [maɪ] poss adj mon, ma, mes ◇ ~ **book** mon livre; ~ **table** ma table; ~ **friend** mon ami(e); ~ **clothes** mes vêtements; **I've broken** ~ **leg** je me suis cassé la jambe ◆ **myself** pers pron (reflexive) me; (emphatic) moi-même ◇ **I said to** ~ je me suis dit; **I did it** ~ je l'ai fait moi-même; **I've hurt** ~ je me suis blessé; **all by** ~ tout seul.

Myanmar ['maɪænmɑ:ʳ] n Myanmar.

myopic [maɪ'ɒpɪk] adj myope.

mysterious [mɪs'tɪərɪəs] adj mystérieux, [f] -ieuse.

mystery ['mɪstərɪ] n mystère [m]; (book) roman [m] à suspense ◇ **it's a** ~ **how...** on n'arrive pas à comprendre comment...; **the** ~ **ship** le navire mystérieux.

mystic ['mɪstɪk] n mystique [mf] ◆ **mysticism** n mysticisme [m].

mystify ['mɪstɪfaɪ] vt mystifier; (accidentally) rendre perplexe.

myth [mɪθ] n mythe [m] ◆ **mythical** adj mythique ◆ **mythology** n mythologie [f].

n

N, n [en] n (letter) N, n [m] ◇ **to the nth power** or **degree** à la puissance n; **for the nth time** [famil] pour la énième fois.

n/a abbr of *not applicable* ne s'applique pas.

nab [næb] vt [famil] attraper; (chair) accaparer.

1. **nag** [næg] n (horse) canasson [famil] [m].

2. **nag** [næg] vti (~ **at**) être toujours après [famil]; (of conscience) travailler ◇ **to ~ sb to do** harceler qn pour qu'il fasse ◆ **nagging** 1 adj (pain, doubt) tenace 2 n remarques [fpl] continuelles.

nail [neɪl] 1 n (finger ~) ongle [m]; (metal) clou [m] 2 adj ◇ ~ **polish**, ~ **varnish** vernis [m] à ongles; ~ **scissors** ciseaux [mpl] à ongles 3 vt (also ~ **down**) clouer ◇ **to ~ sth up** fixer qch par des clous; (fig) **to be ~ed to the spot** rester cloué sur place ◆ **nailbrush** n brosse [f] à ongles ◆ **nailfile** n lime [f] à ongles.

naïve [naɪ'i:v] adj naïf, [f] -ive.

naked ['neɪkɪd] adj nu ◇ **to the ~ eye** à l'œil nu ◆ **nakedness** n nudité [f].

name [neɪm] 1 n nom [m] ◇ **what's your ~?** comment vous appelez-vous?; **my ~ is Robert** je m'appelle Robert; **by** or **under another ~** sous un autre nom; **I know him only by ~** je ne le connais que de nom; **he knows them all by ~** il les connaît tous par leur nom; **to put one's ~ down for** (job) poser sa candidature à; (competition, class) s'inscrire à; (car, ticket etc) faire une demande pour avoir; **to call sb ~s** traiter qn de tous les noms; **in God's ~** au nom de Dieu; **to get a bad ~** se faire une mauvaise réputation; **it made his ~** cela l'a rendu célèbre 2 vt a appeler ◇ **a person ~d Smith** un(e) nommé(e) Smith; **to ~ a child after sb** donner à un enfant le nom de qn b (designate) nommer; (reveal identity) révéler le nom de; (fix: date, price) fixer ◇ **he was ~d as chairman** il a été nommé président; **to be ~d as a witness** être cité comme témoin ◆ **name-drop** vi mentionner les noms de gens en vue ◆ **nameless** adj sans nom ◆ **namely** adv à savoir ◆ **nameplate** n plaque [f] ◆ **namesake** n homonyme [m] *(personne)* ◆ **name tape** n (ruban [m] de) noms [mpl] tissés.

Namibia [nɑ:'mɪbɪə] n Namibie [f] ◆ **Namibian** 1 adj namibien, [f] -ienne 2 n Namibien(ne) [m(f)].

nanny ['nænɪ] n nurse [f].

nanny-goat ['nænɪgəʊt] n chèvre [f].

nap [næp] 1 n petit somme [m] ◇ **afternoon ~** sieste [f] 2 vi sommeiller ◇ (fig) **to catch sb ~ping** prendre qn au dépourvu.

nape [neɪp] n nuque [f].

napkin ['næpkɪn] n a (table ~) serviette [f] (de table) ◇ ~ **ring** rond [m] de serviette b = **nappy.**

nappy ['næpɪ] n couche [f] *(de bébé).*

narcissus [nɑ:'sɪsəs] n, pl **-cissi** narcisse [m].

narcotic [nɑ:'kɒtɪk] n narcotique [m].

narrate [nə'reɪt] vt raconter.

narrative ['nærətɪv] n récit [m].

narrator [nə'reɪtə^r] n narrateur [m], [f] -trice.

narrow ['nærəʊ] 1 adj (gen) étroit; (resources, existence) limité; (majority) faible; (victory) remporté de justesse ◇ **to have a ~ escape** s'en tirer de justesse 2 vi (gen) se rétrécir ◇ **his eyes ~ed** il a plissé les yeux; (fig) **it ~s down to** cela se ramène à 3 vt (~ **down:** choice) restreindre ◆ **narrowly** adv (miss etc) de justesse ◇ **he ~ escaped being killed** il a bien failli être tué ◆ **narrow-minded** adj étroit.

nasal ['neɪzəl] adj nasal ◇ **to speak in a ~ voice** parler du nez.

nastily ['nɑːstɪlɪ] adv (unpleasantly) désagréablement; (spitefully) méchamment.

nastiness ['nɑːstɪnɪs] n méchanceté [f].

nasturtium [nəs'tɜːʃəm] n capucine [f].

nasty ['nɑːstɪ] adj (horrid: gen) sale (before n); (person) désagréable (*to* avec); (stronger) mauvais; (dangerous: wound, bend in road) dangereux, [f] -euse ◇ **to taste ~** avoir un mauvais goût; (fig) **what a ~ mess!** quel gâchis épouvantable!; **to have a ~ mind** avoir l'esprit mal tourné; **to have a ~ look in one's eye** avoir l'œil mauvais.

nation ['neɪʃən] n (gen) nation [f].

national ['næʃənl] **1** adj national ◇ **~ anthem** hymne [m] national; **~ debt** dette [f] publique; **~ dress** costume [m] national; **N~ Health Service** service [m] national de santé, ≃ Sécurité [f] sociale; **N~ Insurance** ≃ Sécurité [f] sociale; (Mil) **~ service** service [m] militaire; **~ strike** grève [f] touchant l'ensemble du pays; **the ~ papers** la grande presse **2** n (person) ressortissant(e) [m(f)] ◆ **nationalism** n nationalisme [m] ◆ **nationalist** adj nationaliste ◆ **nationality** n nationalité [f] ◆ **nationalization** n nationalisation [f] ◆ **nationalize** vt nationaliser ◆ **nationally** adv (be known, apply) dans tout le pays ◆ **nation-wide** adj touchant l'ensemble du pays.

native ['neɪtɪv] **1** adj **a** (country) natal; (language) maternel, [f] -elle ◇ **~ land** pays [m] natal; **French ~ speaker** personne [f] dont la langue maternelle est le français **b** (innate: ability) inné **c** (customs) du pays; (animal) indigène ◇ **~ to** originaire de **2** n indigène [mf] ◇ **a ~ of France** un(e) Français(e) de naissance; **to be a ~ of** être originaire de.

nativity [nə'tɪvɪtɪ] n nativité [f] ◇ **~ play** mystère [m] de la Nativité.

NATO ['neɪtəʊ] n abbr of *North Atlantic Treaty Organization* O.T.A.N. [f].

natter ['nætəʳ] vi [famil] bavarder.

natural ['nætʃrəl] adj (gen) naturel, [f] -elle; (*for sb to do* que qn fasse) ◇ **~ childbirth** accouchement [m] sans douleur; **death from ~ causes** mort [f] naturelle; (Mus) **B ~** si [m] bécarre ◆ **naturalist** n naturaliste [mf] ◆ **naturalize** vt ◇ **to be ~d** se faire naturaliser ◆ **naturally** adv (gen) naturellement; (lazy etc) de nature; (behave etc) avec naturel ◇ **~ not!** bien sûr que non!; **her hair is ~ curly** elle frise naturellement; **it comes ~ to him** il fait cela tout naturellement.

nature ['neɪtʃəʳ] n (gen) nature [f] ◇ **the laws of ~** les lois [fpl] de la nature; **~ conservancy** protection [f] de la nature; **~ reserve** réserve [f] naturelle; **~ study** histoire [f] naturelle; **~ trail** parcours [m] commenté *(aménagé dans un parc naturel)*; **against ~** contre nature; **by ~** de nature; **good ~** bon caractère [m]; **he has a nice ~** il a un caractère facile; **his better ~** ses bons sentiments [mpl]; **something in the ~ of an apology** une sorte d'excuse.

naturist ['neɪtʃərɪst] n naturiste [mf].

naught [nɔːt] n (Math) zéro [m]; (nothing) rien [m] ◇ **~s and crosses** ≃ jeu [m] du morpion.

naughty ['nɔːtɪ] adj (gen) vilain; (joke) grivois ◇ **~ word** vilain mot [m].

nausea ['nɔːsɪə] n nausée [f].

nauseating ['nɔːsɪeɪtɪŋ] adj écœurant.

nautical ['nɔːtɪkəl] adj nautique ◇ **~ mile** mille [m] marin.

naval ['neɪvəl] adj (battle, base) naval; (affairs) de la marine; (officer) de marine ◇ **~ forces** marine [f] de guerre.

nave [neɪv] n nef [f].

navel ['neɪvəl] n nombril [m].

navigate ['nævɪgeɪt] **1** vi naviguer **2** vt (ship) diriger ◆ **navigation** n navigation [f] ◆ **navigator** n navigateur [m].

navvy ['nævɪ] n terrassier [m].

navy ['neɪvɪ] **1** n marine [f] (de guerre) ◇ **Royal N~** marine nationale **2** adj (**~-blue**) bleu marine [inv].

Nazi ['nɑːtsɪ] **1** adj nazi **2** n nazi(e) [m(f)].

NB [en'biː] abbr of *nota bene* NB.

near [nɪəʳ] **1** adv près (*to* de) ◇ **~ at hand** (object) tout près; (event, place) tout proche; **to draw** or **come ~** (person, vehicle) s'approcher (*to* de); (date) approcher; **to come ~ to doing** faillir faire; **that's ~ enough** [famil] ça pourra aller; **60 people, ~ enough** [famil] 60 personnes, à peu près.

2 prep ◇ **(~ to)** près de; **~ here** près d'ici; **he was standing ~ the table** il se tenait près de la table; **don't come ~ me** ne vous approchez pas de moi; **~ the end** vers la fin; **he was very ~ refusing** il était sur le point de refuser; (fig) **that's ~er it** voilà qui est mieux **3** adj proche ◇ **the N~ East** le Proche-Orient; **the ~est station** la gare la plus proche; **to the ~est pound** à une livre près; **the ~est way** la route la plus directe; **in the ~ future** dans un proche avenir; **my ~est and dearest** [famil] mes proches [mpl]; **that was a ~ miss** or **a ~ thing** [famil] il s'en est fallu de peu; (Aviat) **~ miss** quasi-collision [f] **4** vt (place) approcher de; (date) être près de ◇ **it's ~ing completion** c'est presque achevé ◆ **nearby** **1** adv tout près **2** adj proche ◆ **nearly** adv (gen) presque ◇ **he ~ fell** il a failli tomber; **she was ~ crying** elle pleurait presque; **not** ~ loin de ◆ **nearness** n proximité [f] ◆ **nearside** n (of car: in Britain) côté [m] gauche; (in France, US etc) côté droit ◆ **near-sighted** adj myope.

neat [ni:t] adj **a** (gen) net, [f] nette, soigné; (work) soigné; (desk) bien rangé; (ankles, hands) fin; (solution, plan) habile ◇ ~ **as a new pin** propre comme un sou neuf; **a** ~ **little car** une jolie petite voiture **b** ◇ (undiluted) **I'll take it** ~ je le prendrai sec ◆ **neatly** adv (tidily: fold, dress) avec soin; (skilfully: avoid) habilement ◇ ~ **put** joliment dit.

nebulous ['nebjʊləs] adj nébuleux, [f] -euse.

necessarily ['nesɪsərɪlɪ] adv forcément.

necessary ['nesɪsərɪ] adj (gen) nécessaire (*to*, *for* à; *to do* de faire) ◇ **it is** ~ **for him to be there** il faut qu'il soit là, il est nécessaire qu'il soit là; **it is** ~ **that...** il faut que... + subj, il est nécessaire que... + subj; **if** ~ s'il le faut; **to do what is** ~, **to do the** ~ faire le nécessaire (*for* pour); **to make it** ~ **for sb to do** mettre qn dans la nécessité de faire.

necessitate [nɪ'sesɪteɪt] vt nécessiter.

necessity [nɪ'sesɪtɪ] n (gen) nécessité [f] (*of doing*, *to do* de faire) ◇ **from** ~ par nécessité; **of** ~ nécessairement; **there is no** ~ **for you to do that** vous n'avez pas besoin de faire cela; **the bare necessities of life** les choses [fpl] nécessaires à la vie.

neck [nek] **1** n **a** cou [m]; (of bottle etc) col [m] ◇ **to fling one's arms round sb's** ~ se jeter au cou de qn; ~ **of mutton** collet [m] de mouton; (of dress) **high** ~ col montant; **square** ~ encolure [f] carrée; **low-**~**ed** décolleté; **shirt with a 38 cm** ~ chemise qui fait 38 cm d'encolure; ~ **and** ~ à égalité; **to be up to one's** ~ **in work** avoir du travail par-dessus la tête; **to stick one's** ~ **out** [famil] prendre des risques; **in your** ~ **of the woods** [famil] dans vos parages **b** (famil: impertinence) culot [famil] [m] **2** vi (famil: kiss etc) se peloter [famil] ◆ **necking** [famil] n pelotage [famil] [m] ◆ **necklace** n collier [m] ◆ **neckline** n encolure [f] ◆ **necktie** n cravate [f].

nectarine ['nektərɪn] n brugnon [m].

need [ni:d] **1** n besoin [m] ◇ **there's no** ~ **to hurry** on n'a pas besoin de se presser; **there's no** ~ **for you to come** vous n'êtes pas obligé de venir; **to be in** ~ **of** avoir besoin de; **to be in** ~ être dans le besoin; **if** ~ **be** s'il le faut **2** vt (gen) avoir besoin de ◇ **I** ~ **it** j'en ai besoin, il me le faut; **all that you** ~ tout ce qu'il vous faut; **it** ~**s courage to...** il faut du courage pour...; **a visa is** ~**ed** il faut un visa; **a much-**~**ed holiday** des vacances dont on a (or j'ai etc) grand besoin; **it** ~**s washing, it** ~**s to be washed** cela a besoin d'être lavé **3** modal auxiliary vb ◇ (s'emploie seulement dans les questions et avec 'not', 'hardly', 'scarcely' etc) ~ **he go?** a-t-il besoin d'y aller?, faut-il qu'il y aille?; **you** ~**n't wait, you don't** ~ **to wait** vous n'avez pas besoin d'attendre, vous n'êtes pas obligé d'attendre; **I** ~ **hardly say that...** je n'ai guère besoin de dire que...; **you** ~ **not come** vous n'êtes pas obligé de venir.

needle ['ni:dl] **1** n aiguille [f] ◇ **knitting** ~ aiguille à tricoter **2** vt [famil] agacer ◆ **needle-case** n porte-aiguilles [m inv] ◆ **needlecord** n velours [m] mille-raies ◆ **needlepoint** n tapisserie [f] à l'aiguille ◆ **needlework** n (gen) travaux [mpl] d'aiguille; (school subject) couture [f]; (work) ouvrage [m].

needless ['ni:dlɪs] adj inutile ◇ ~ **to say,...** inutile de dire que... ◆ **needlessly** adv inutilement.

needy ['ni:dɪ] adj nécessiteux, [f] -euse.

negative ['negətɪv] **1** adj négatif, [f] -ive **2** n (of photo, electricity) négatif [m]; (answer) réponse [f] négative ◇ (Grammar) **in(to) the** ~ à la forme négative.

neglect [nɪ'glekt] **1** vt (gen) négliger (*to do* de faire); (garden, house, machine) ne pas s'occuper de; (promise, duty) manquer à **2** n manque [m] de soins (*of sb* envers qn) ◇ **in a state of** ~ mal tenu ◆ **neglected** adj (gen) négligé, peu soigné; (house, garden) mal tenu ◆ **neglectful** adj négligent.

negligence ['neglɪdʒəns] n négligence [f] ◆ **negligent** adj négligent ◆ **negligently** adv (offhandedly) négligemment; (carelessly) par négligence.

negligible ['neglɪdʒəbl] adj négligeable.

negotiate [nɪ'gəʊʃɪeɪt] vti (sale etc) négocier (*for sth* pour obtenir qch); (obstacle) franchir; (bend in the road) prendre ◆ **negotiation** n négociation [f] ◆ **negotiator** n négociateur [m], [f] -trice.

Negress ['ni:gres] n Noire [f].

Negro ['ni:grəʊ] **1** adj noir **2** n Noir(e) [m(f)].

neigh [neɪ] vi hennir.

neighbour, (US) **-bor** ['neɪbə^r] n voisin(e) [m(f)]; (Bible etc) prochain(e) [m(f)] ◆ **neighbourhood** n (gen) voisinage [m] ◇ **a nice** ~ un quartier bien; **in the** ~ **of** près de ◆ **neighbouring** adj voisin ◆ **neighbourly** adj (action, relations) de bon voisinage.

neither ['naɪðə^r] adj, adv, conj, pron ◇ ~ **you nor I know** ni vous ni moi ne le savons; **he can** ~ **read nor write** il ne sait ni lire ni écrire; (fig) **that's** ~ **here nor there** cela n'a rien à voir; ~ **am I** (or **do I** etc) moi non plus, ni moi; ~ **story is true** ni l'une ni l'autre des deux histoires n'est vraie; ~ **of them knows** ni l'un ni l'autre ne le sait.

neo- ['ni:əʊ] pref néo-.

neon ['ni:ɒn] adj au néon.

Nepal [nɪ'pɔ:l] n Népal [m].

nephew ['nevju:, 'nefju:] n neveu [m].

Neptune ['neptju:n] n (Astron) Neptune [f].

nerve [nɜ:v] n (in body) nerf [m]; (on leaf) nervure [f] ◇ ~ **centre** centre [m] nerveux; (fig) centre d'opérations; **her ~s are bad** elle est très nerveuse; **it's only ~s** c'est de la nervosité; **his ~s were on edge** il était sur les nerfs; **he gets on my ~s** il me tape sur les nerfs [famil]; **war of ~s** guerre [f] des nerfs; **to lose one's ~** perdre son sang-froid; (courage) **I haven't the ~ to do that** je n'ai pas le courage de faire ça; **you've got a ~!** [famil] tu as du culot! [famil] ◆ **nerve-racking** adj angoissant.

nervous ['nɜ:vəs] adj (tense) nerveux, [f] -euse; (apprehensive) inquiet, [f] -iète; (self-conscious) intimidé ◇ **to have a ~ breakdown** faire une dépression nerveuse; ~ **energy** vitalité [f]; **to feel** or **be ~** se sentir mal à l'aise; (stage fright) avoir le trac [famil]; **he makes me ~** il m'intimide; **I'm rather ~ about diving** j'ai un peu peur de plonger; **he's a ~ wreck** [famil] il est à bout de nerfs ◆ **nervously** adv (tensely) nerveusement; (apprehensively) avec inquiétude.

nest [nest] n nid [m] ◇ ~ **egg** pécule [m].

nestle ['nesl] vi se blottir (*up to* contre).

1. **net** [net] n (gen) filet [m]; (fabric) voile [m] ◇ **hair ~** résille [f]; ~ **curtains** voilage [m] ◆ **netball** n netball [m] ◆ **netting** n (fabric) voile [m]; (wire ~) treillis [m] (métallique).

2. **net, nett** [net] adj (weight etc) net [inv].

Netherlands ['neðələndz] npl ◇ **the ~** les Pays-Bas [mpl]; **in** or **to the ~** aux Pays-Bas.

nettle ['netl] n ortie [f] ◆ **nettlerash** n urticaire [f].

network ['netwɜ:k] n (gen, Comput) réseau [m]; (Rad) station [f].

neuralgia [njʊ'rældʒə] n névralgie [f].

neuro- ['njʊərəʊ] pref neuro-, névro-.

neurology [njʊə'rɒlədʒɪ] n neurologie [f].

neurosis [njʊ'rəʊsɪs] n, pl **-oses** névrose [f].

neurotic [njʊ'rɒtɪk] adj névrosé.

neuter ['nju:tə^r] **1** adj, n neutre (m) **2** vt (cat etc) châtrer.

neutral ['nju:trəl] **1** adj neutre **2** n ◇ (gear) **in ~** au point [m] mort ◆ **neutrality** n neutralité [f] ◆ **neutralize** vt neutraliser.

never ['nevə^r] adv ne... jamais ◇ **I have ~ seen him** je ne l'ai jamais vu; ~ **again!** plus jamais!; **I have ~ yet seen...** je n'ai encore jamais vu...; ~! ça n'est pas vrai!; **well I ~!** [famil] ça par exemple! ◆ **never-ending** adj sans fin ◆ **never-never** n ◇ **to buy on the ~** [famil] acheter à crédit ◆ **nevertheless** adv néanmoins.

new [nju:] adj nouveau (usually before *n*, before vowel nouvel; [f] nouvelle); (bread, milk etc) frais, [f] fraîche ◇ ~ **potatoes** pommes [f] de terre nouvelles; **the ~ moon** la nouvelle lune; **N~ Testament** Nouveau Testament [m]; **a ~ town** une ville nouvelle; **the N~ Year** la nouvelle année; **Happy N~ Year!** bonne année!; **N~ Year's Day** le jour de l'an; **N~ Year's Eve** la Saint-Sylvestre; **N~ Year resolution** bonne résolution [f] de nouvel an; **I've got a ~ car** (different) j'ai une nouvelle voiture; (brand-new) j'ai une voiture neuve; **as good as ~** comme neuf; **it's ~ to me** c'est quelque chose de nouveau pour moi; **he's ~ to the town** il est nouvellement arrivé dans la ville; **bring me a ~ glass** apportez-moi un autre verre; **that's a ~ one on me!** [famil] on en apprend tous les jours!; **what's ~?** [famil] quoi de neuf? ◆ **newborn** adj nouveau-né(e) [m(f)] ◆ **New Caledonia** n Nouvelle-Calédonie [f] ◆ **newcomer** n nouveau venu [m], nouvelle venue [f] ◆ **new-fangled** adj nouveau genre [inv] ◆ **new-found** adj de fraîche date; (friend) nouveau, [f] nouvelle ◆ **new-laid** adj (egg) tout frais ◆ **newly** adv nouvellement, récemment ◆ **newly-weds** npl jeunes mariés [mpl] ◆ **New Zealand** **1** n Nouvelle-Zélande [f] **2** adj néo-zélandais ◆ **New Zealander** n Néo-Zélandais(e) [m(f)].

news [nju:z] n (gen) nouvelles [fpl]; (Press, Rad, TV) informations [fpl]; (Cinema) actualités [fpl] ◇ **a piece of ~** une nouvelle; **have you heard the ~?** vous connaissez la nouvelle?; **have you heard the ~ about Paul?** vous savez ce qui est arrivé à Paul?; **have you any ~ of him?** avez-vous de ses nouvelles?; **this is ~ to me!** première nouvelle! [famil]; **good ~** bonnes nouvelles; **he's in the ~ again** le voilà qui refait parler de lui; (Press etc) **financial** (etc) ~ chronique [f] financière (etc); ~ **agency** agence [f] de presse; ~ **bulletin** bulletin [m] d'informations; ~ **conference** conférence [f] de presse; ~ **desk** service [m] des informations; ~ **editor** rédacteur [m]; ~ **flash** flash [m] d'information; ~ **headlines** titres [mpl] de l'actualité; ~ **stand** kiosque [m] (à journaux) ◆ **newsagent** n marchand(e) [m(f)] de journaux ◆ **newscaster** n présentateur [m], [f] -trice ◆ **newsletter** n bulletin [m] ◆ **newsman** n journaliste [m] ◆ **newspaper** n journal [m] ◆ **newspaperman** n journaliste [m] ◆ **newsprint** n papier [m] journal ◆ **newsreader** n présentateur [m], [f] -trice.

newt [nju:t] n triton [m].

next [nekst] **1** adj (closest: house etc) d'à côté; (immediately after: in future) prochain, (in past) suivant ◇ **get off at the ~ stop** descendez au prochain arrêt; **he got off at the ~ stop** il est descendu à l'arrêt suivant; ~ **week** la semaine prochaine; **the ~ week** la semaine suivante; **this time ~ week** d'ici huit jours; **the ~ day** le lendemain; **the ~ morning** le lendemain matin; **the year after ~** dans deux ans; **who's ~?** à qui le tour? **2** adv ensuite, après ◇ ~ **we had lunch** ensuite or après nous avons déjeuné; **what shall we do ~?** qu'allons-nous faire maintenant?; **when I ~ see him** la prochaine fois que je le verrai; **when I ~ saw him** quand je l'ai revu; **the ~ best thing would be...** à défaut le mieux serait...; **~ to** à côté de; **~ to nothing** presque rien **3** prep à côté de **4** n (in future) prochain(e) [m(f)]; (in past) suivant(e) [m(f)] ◆ **next door** **1** adv à côté (*to* de) ◇ **from ~** d'à côté **2** adj d'à côté ◆ **next-of-kin** n parent [m] le plus proche.

NHS [ˌeneɪtʃ'es] n abbr of *National Health Service* service [m] national de santé, ≃ Sécurité [f] sociale.

nib [nɪb] n plume [f] *(de stylo)*.

nibble ['nɪbl] vti grignoter.

Nicaragua [nɪkə'rægjʊə] n Nicaragua [m] ◆ **Nicaraguan** **1** adj nicaraguayen, [f] -enne **2** n Nicaraguayen(ne) [m(f)].

nice [naɪs] adj **a** (pleasant: gen) agréable; (person) gentil, [f] -ille; (*to sb* avec qn), sympathique, sympa [famil] [inv]; (pretty) joli ◇ **how ~ you look!** vous êtes vraiment bien!; **to have a ~ time** bien s'amuser; **how ~ of you to...** comme c'est gentil à vous de...; **it's ~ here** on est bien ici; (ironic) **that's a ~ way to talk!** ce n'est pas bien de dire ça!; **~ and warm** bien chaud; **~ and easy** très facile **b** (respectable) convenable, bien [inv]; (distinction) délicat ◆ **nice-looking** adj joli ◆ **nicely** adv (kindly) gentiment; (pleasantly) agréablement; (prettily) joliment; (well) bien ◇ **that will do ~** cela fera très bien l'affaire ◆ **niceties** npl finesses [fpl].

niche [ni:ʃ] n (Archit) niche [f] ◇ (fig) **to find one's ~** trouver sa voie.

nick [nɪk] **1** n (tiny cut) entaille [f] ◇ (fig) **in the ~ of time** juste à temps **2** vt (cut) entailler; (famil: steal) voler.

nickel ['nɪkl] n (metal) nickel [m]; (coin) pièce [f] de cinq cents.

nickname ['nɪkneɪm] **1** n surnom [m] **2** vt ◇ **to ~ sb sth** surnommer qn qch.

nicotine ['nɪkəti:n] n nicotine [f].

niece [ni:s] n nièce [f].

nifty ['nɪftɪ] adj [famil] (car, jacket) très chic [inv]; (tool, gadget) astucieux, [f] -ieuse; (action) habile.

Niger ['naɪdʒəʳ] n (country, river) Niger [m].

Nigeria [naɪ'dʒɪərɪə] n Nigeria [m or f] ◆ **Nigerian** **1** adj nigérian **2** n Nigérian(e) [m(f)].

niggardly ['nɪgədlɪ] adj (amount) mesquin.

niggling ['nɪglɪŋ] adj (details) insignifiant; (doubt, pain) persistant.

night [naɪt] n nuit [f] ◇ **in the ~, at ~** la nuit; **in the ~, by ~** de nuit; **in the ~, during the ~** pendant la nuit; **last ~** la nuit dernière, cette nuit; (evening) hier soir; **tomorrow ~** demain soir; **the ~ before** la veille au soir; **the ~ before last** avant-hier soir; **Monday ~** lundi soir; **6 o'clock at ~** 6 heures du soir; **to have a good ~** bien dormir; **~ and day** nuit et jour; **to have a ~ out** sortir le soir; **I've had too many late ~s** je me suis couché tard trop souvent; **to have an early/late ~** se coucher tôt/tard; **~ life** vie [f] nocturne; **~ nurse** infirmière [f] de nuit; **~ porter** gardien [m] de nuit; **~ safe** coffre [m] de nuit; **~ school** cours [mpl] du soir; **~ storage heater** radiateur [m] par accumulation; **~ watchman** veilleur [m] de nuit ◆ **nightcap** n ◇ (drink) **would you like a ~?** voulez-vous boire quelque chose avant de vous coucher? ◆ **nightclub** n boîte [f] de nuit ◆ **nightdress** or **nightgown** or **nightie** [famil] n chemise [f] de nuit *(de femme)* ◆ **nightfall** n ◇ **at ~** à la nuit tombante ◆ **nightlight** n veilleuse [f] ◆ **nightly** **1** adj de tous les soirs, de toutes les nuits **2** adv tous les soirs, chaque nuit ◆ **nightshade** n ◇ **deadly ~** belladone [f] ◆ **nightshift** n équipe [f] de nuit ◇ **on ~** de nuit ◆ **nightshirt** n chemise [f] de nuit *(d'homme)* ◆ **night-time** n nuit [f] ◇ **at ~** la nuit.

nightingale ['naɪtɪŋgeɪl] n rossignol [m].

nightmare ['naɪtˌmɛəʳ] n cauchemar [m].

nil [nɪl] n rien [m]; (in form-filling) néant [m]; (Sport) zéro [m].

Nile [naɪl] n ◇ **the ~** le Nil.

nimble ['nɪmbl] adj agile.

nine [naɪn] **1** adj, n neuf [(m) inv] ◇ **~ times out of ten** neuf fois sur dix **2** pron neuf [mfpl] V for phrases **six** ◆ **nineteen** **1** adj, n dix-neuf [(m) inv] **2** pron dix-neuf [mfpl] ◆ **nineteenth** adj, n dix-neuvième [mf] ◆ **ninetieth** adj, n quatre-vingt-dixième [mf]; (fraction) quatre-vingt-dixième [m] ◆ **ninety** **1** adj, n quatre-vingt-dix [famil] [(m) inv] **2** pron quatre-vingt-dix [mfpl] V for phrases **sixty.**

ninth [naɪnθ] adj, n neuvième [mf]; (fraction) neuvième [m] V for phrases **sixth.**

nip [nɪp] **1** n **a** (pinch) pinçon [m]; (bite) morsure [f] ◇ **there's a ~ in the air** l'air est piquant **b** ◇ **a ~ of whisky** une goutte de whisky **2** vt (pinch) pincer; (bite) donner un petit coup de dent à ◇ (fig) **to ~ in the bud** écraser dans l'œuf **3** vi ◇ **to ~ in** [famil] passer en vitesse.

nipple ['nɪpl] n bout [m] de sein.

nippy [famil] ['nɪpɪ] adj **a** ◇ **be ~ about it!** fais vite! **b** (wind) piquant.

nitrogen ['naɪtrədʒən] n azote [m].

nitty-gritty ['nɪtɪ'grɪtɪ] n [famil] ◇ **to get down to the ~** en venir aux choses sérieuses.

no [nəʊ] **1** particle non ◇ **~ thank you** non merci **2** adj, adv pas de, aucun, nul, [f] nulle (all used with 'ne') ◇ **she had ~ money** elle n'avait pas d'argent; **I have ~ more money** je n'ai plus d'argent; **I have ~**

idea je n'ai aucune idée; ~ **way** [famil] pas question!, rien à faire!; ~ **one = nobody**, see below; ~ **other man** personne d'autre; ~ **sensible man** aucun homme de bon sens; **of** ~ **interest** sans intérêt; **this is** ~ **place for children** ce n'est pas un endroit pour les enfants; **there's** ~ **such thing** cela n'existe pas; ~ **smoking** défense de fumer; **I can go** ~ **farther** je ne peux pas aller plus loin; ~ **more/less than 4** pas plus/moins de 4.

nobble ['nɒbl] vt [famil] (bribe) acheter, soudoyer; (catch) coincer.

nobility [nəʊ'bɪlɪtɪ] n noblesse [f].

noble ['nəʊbl] adj, n noble [m] ◆ **nobleman** n noble [m] ◆ **nobly** adv (famil: selflessly) généreusement.

nobody ['nəʊbədɪ] pron personne (+ ne before vb) ◇ **I saw** ~ je n'ai vu personne; ~ **knows** personne ne le sait.

nod [nɒd] **1** n signe [m] de la tête **2** vti **a** (also ~ **one's head**) faire un signe de la tête; (meaning 'yes') faire signe que oui ◇ **to** ~ **to sb** faire un signe de tête à qn; (in greeting) saluer qn d'un signe de tête **b** ◇ **to** ~ **off** piquer du nez.

noise [nɔɪz] n bruit [m] ◇ **to make a** ~ faire du bruit; (person) **a big** ~ [famil] une huile [famil]; ~ **pollution** les nuisances [fpl] sonores ◆ **noiseless** adj silencieux, [f] -ieuse ◆ **noisily** adv bruyamment ◆ **noisy** adj bruyant.

nomad ['nəʊmæd] n nomade [mf].

nom de plume ['nɒmdə'plu:m] n pseudonyme [m].

nominal ['nɒmɪnl] adj (gen) nominal; (rent, sum) insignifiant.

nominate ['nɒmɪneɪt] vt (appoint) nommer; (propose) proposer ◆ **nomination** n nomination [f] (*to* à); proposition [f] de candidat.

nominee [,nɒmɪ'ni:] n candidat(e) [m(f)] agréé(e).

non- [nɒn] pref non- ◆ **non-achiever** n personne [f] qui ne réussit pas ◆ **non-alcoholic** adj sans alcool ◆ **non-aligned** adj non-aligné ◆ **non-biological** adj (detergent) non biologique ◆ **non-commissioned officer** n sous-officier [m] ◆ **non-drip** adj (paint) qui ne coule pas ◆ **non-existent** adj inexistant ◆ **non-fattening** adj qui ne fait pas grossir ◆ **non-fiction** n littérature [f] non romanesque ◆ **non-iron** adj qui ne nécessite aucun repassage ◆ **non-nuclear** adj (weapon) conventionnel ◆ **non-professional** adj, n amateur [mf] ◆ **non-profitmaking** adj sans but lucratif ◆ **non-returnable** adj non consigné ◆ **non-run** adj indémaillable ◆ **non-smoker** n non-fumeur [m] ◆ **non-stick** adj qui n'attache pas, Téfal [inv] ® ◆ **non-stop** **1** adj (gen) sans arrêt; (train, flight) direct **2** adv (talk) sans arrêt; (fly) sans escale.

nonchalant ['nɒnʃələnt] adj nonchalant.

noncommittal ['nɒnkə'mɪtl] adj (person) évasif, [f] -ive; (statement) qui n'engage à rien.

nonconformist ['nɒnkən'fɔ:mɪst] adj, n non-conformiste [nmf], non conformiste [adj mf].

nondescript ['nɒndɪskrɪpt] adj (colour) indéfinissable; (person) quelconque.

none [nʌn] adv, pron **a** (thing) aucun(e) [m(f)] (+ ne before vb); (form-filling) néant [m] ◇ ~ **of the books** aucun livre, aucun des livres; ~ **of this** rien de ceci; ~ **of that!** pas de ça!; **he would have** ~ **of it** il ne voulait rien savoir; ~ **at all** pas du tout, (not a single one) pas un(e) seul(e); ~ **of this milk** pas une goutte de ce lait; **there's** ~ **left** il n'en reste plus; **it's** ~ **too warm** il ne fait pas tellement chaud **b** (person) personne, aucun(e) [m(f)] (+ ne) ◇ ~ **of them** aucun d'entre eux; **he was** ~ **other than...** il n'était autre que...; **he's** ~ **the worse for it** il ne s'en porte pas plus mal ◆ **nonetheless = nevertheless.**

nonentity [nɒn'entɪtɪ] n nullité [f].

nonplussed ['nɒn'plʌst] adj déconcerté.

nonsense ['nɒnsəns] n absurdités [fpl], sottises [fpl] ◇ **to talk** ~ dire des absurdités; **a piece of** ~ une absurdité; ~**!** ne dis pas de sottises!; **it is** ~ **to say** il est absurde de dire; **no** ~**!** pas d'histoires! [famil]; ~ **verse** vers [mpl] amphigouriques.

non sequitur [,nɒn'sekwɪtə^r] n ◇ **it's a** ~ c'est illogique.

noodles ['nu:dlz] npl nouilles [fpl].

nook [nʊk] n ◇ ~**s and crannies** coins et recoins [mpl].

noon [nu:n] n midi [m] ◇ **at** ~ à midi.

noose [nu:s] n nœud [m] coulant; (hangman's) corde [f].

nor [nɔ:^r] conj **a** (following 'neither') ni ◇ **neither you** ~ **I can do it** ni vous ni moi ne pouvons le faire; **she neither eats** ~ **drinks** elle ne mange ni ne boit **b** ◇ (= and not) **I don't know,** ~ **do I care** je ne sais pas et d'ailleurs je m'en moque; ~ **do I** (or **can I** etc) ni moi non plus.

norm [nɔ:m] n norme [f].

normal ['nɔ:məl] **1** adj normal ◇ **it was quite** ~ **for him to go** il était tout à fait normal qu'il parte **2** n ◇ **below** ~ au-dessous de la normale ◆ **normally** adv normalement.

Norman ['nɔ:mən] adj normand; (Archit) roman.

Normandy ['nɔ:məndɪ] n Normandie [f].

north [nɔ:θ] 1 n nord [m] ◇ ~ **of** au nord de; **the wind is in the** ~ le vent est au nord; **to live in the** ~ habiter dans le Nord 2 adj (gen) nord [inv]; (wind) du nord ◇ **N~ Atlantic** Atlantique [m] Nord; **N~ Africa** Afrique [f] du Nord; **N~ African** (adj) nord-africain; (n) Nord-Africain(e) [m(f)]; **N~ America** Amérique [f] du Nord; **N~ American** (adj) nord-américain; (n) Nord-Américain(e) [m(f)]; **N~ Korea** Corée [f] du Nord; **N~ Korean** (adj) nord-coréen; (n) Nord-Coréen(ne) [m(f)]; **N~ Pole** pôle [m] Nord; **N~ Sea** mer [f] du Nord 3 adv (gen) vers le nord ◆ **northbound** adj en direction du nord ◆ **north-country** adj du Nord (de l'Angleterre) ◆ **north-east** 1 adj, n nord-est [m] inv 2 adv vers le nord-est ◆ **northerly** adj (wind) du nord ◇ **in a** ~ **direction** vers le nord ◆ **northern** adj nord [inv] ◇ **in** ~ **Spain** dans le nord de l'Espagne; ~ **lights** aurore [f] boréale ◆ **northward** 1 adj au nord 2 adv (also **northwards**) vers le nord ◆ **north-west** 1 adj, n nord-ouest [(m) inv] 2 adv vers le nord-ouest ◆ **north-western** adj nord-ouest [inv].

Norway ['nɔ:weɪ] n Norvège [f].

Norwegian [nɔ:'wi:dʒən] 1 adj norvégien, [f] -ienne 2 n Norvégien(ne) [m(f)]; (language) norvégien [m].

nose [nəʊz] 1 n nez [m] ◇ **his** ~ **was bleeding** il saignait du nez; (fig) **right under his** ~ juste sous son nez; **to turn up one's** ~ faire le dégoûté (*at* devant); **to poke one's** ~ **into sth** mettre son nez dans qch; **he gets right up my** ~[famil] je ne peux pas le sentir; **cars** ~ **to tail** des voitures pare-choc contre pare-choc; ~ **drops** gouttes [fpl] pour le nez 2 vi ◇ **to** ~ **around** fouiller ◆ **nosebleed** n saignement [m] de nez ◇ **to have a** ~ saigner du nez ◆ **nose-dive** n (of aeroplane) piqué [m] ◆ **nosegay** n petit bouquet [m].

nostalgia [nɒs'tældʒɪə] n nostalgie [f].

nostalgic [nɒs'tældʒɪk] adj nostalgique.

nostril ['nɒstrəl] n narine [f].

nosy ['nəʊzɪ] adj curieux, [f] -ieuse.

not [nɒt] adv ne... pas ◇ **he hasn't come** il n'est pas venu; **he told me** ~ **to come** il m'a dit de ne pas venir; **I hope** ~ j'espère que non; ~ **at all** pas du tout, (after thanks) il n'y a pas de quoi; **why** ~**?** pourquoi pas?; ~ **one book** pas un livre; ~ **yet** pas encore; **isn't it, is it** ~**?** n'est-ce pas?

notable ['nəʊtəbl] adj notable.

notch [nɒtʃ] n (in stick) encoche [f]; (in belt, fabric) cran [m].

note [nəʊt] 1 n a (gen) note [f] ◇ **to take** or **make a** ~ **of, to take** ~ **of** prendre note de; **to take** or **make** ~**s** prendre des notes b (informal letter) mot [m] ◇ **just a quick** ~ **to tell you...** un petit mot à la hâte pour vous dire... c (Music) note [f]; (on piano) touche [f] ◇ **a** ~ **of warning** un avertissement discret d (Banking) billet [m] ◇ **bank** ~ billet de banque; **one-pound** ~ billet d'une livre e ◇ **of** ~ important; **worthy of** ~ digne d'attention 2 vt (~ **down**) noter (*that* que) ◇ ~**d** connu (*for* pour) ◆ **notebook** n carnet [m]; (school) cahier [m]; (stenographer's) bloc-notes [m] ◆ **note-case** n portefeuille [m] ◆ **notepad** n bloc-notes [m] ◆ **notepaper** n papier [m] à lettres.

nothing ['nʌθɪŋ] adv, pron rien [m] (+ ne before vb); (numeral) zéro [m] ◇ **I saw** ~ je n'ai rien vu; ~ **was lost** rien n'a été perdu; **to eat** ~ ne rien manger; ~ **to eat** rien à manger; ~ **new** rien de nouveau; **as if** ~ **had happened** comme si de rien n'était; **I can do** ~ **about it** je n'y peux rien; ~ **if not polite** avant tout poli; **that's** ~ **like you** (photo etc) ça ne te ressemble pas; **for** ~ (in vain) en vain; (without payment) gratuitement; **it's** ~ ce n'est rien; **it's** ~ **to me whether...** il m'est indifférent que... + subj; **to have** ~ **on** (naked) être nu; **I have** ~ **on for this evening** je n'ai rien de prévu ce soir; **there's** ~ **to it** c'est facile comme tout; **there's** ~ **like it** il n'y a rien de tel; ~ **much** pas grand-chose; **I get** ~ **but complaints** je n'entends que des plaintes; ~ **less than** rien moins que; ~ **more (than)** rien de plus (que); ~ **else** rien d'autre; **that has** ~ **to do with us** nous n'avons rien à voir là-dedans; **that has** ~ **to do with it** cela n'a rien à voir; ~ **doing!** [famil] pas question!

notice ['nəʊtɪs] 1 n a (poster) affiche [f]; (sign) pancarte [f]; (in newspaper) annonce [f] ◇ ~ **board** tableau [m] d'affichage b (attention) attention [f]; (interest) intérêt [m] ◇ **to take** ~ **of** tenir compte de; **take no** ~**!** ne faites pas attention!; **it escaped his** ~ il ne l'a pas remarqué; **it came to his** ~ **that...** il s'est aperçu que...; **beneath my** ~ indigne de mon attention c (review: of play) critique [f] d (warning) avis [m], notification [f]; (period) délai [m] ◇ **a week's** ~ une semaine de préavis [m]; **to give sb** ~ (tenant) donner congé à qn; (employee) licencier qn; (servant etc) congédier qn; **to give** ~ donner sa démission; **until further** ~ jusqu'à nouvel ordre; **at very short** ~ dans les plus brefs délais; **at a moment's** ~ sur-le-champ; **at 3 days'** ~ dans un délai de 3 jours 2 vt (perceive) remarquer ◆ **noticeable** adj perceptible ◇ **very** ~ évident.

notify ['nəʊtɪfaɪ] vt aviser (*sb of sth* qn de qch).

notion ['nəʊʃən] n idée [f] ◇ **some** ~ **of physics** quelques notions [fpl] de physique; **to have no** ~ **of time** ne pas avoir la notion du temps; **I haven't the slightest** ~ je n'en ai pas la moindre idée; **I had no** ~ **that** j'ignorais absolument que.

notorious [nəʊ'tɔ:rɪəs] adj tristement célèbre.

notwithstanding [,nɒtwɪθ'stændɪŋ] 1 prep en dépit de 2 adv néanmoins.

nought [nɔ:t] n = **naught.**

noun [naʊn] n nom [m], substantif [m].

nourish ['nʌrɪʃ] vt nourrir (*with* de) ♦ **nourishing** adj nourrissant ♦ **nourishment** n nourriture [f].

novel ['nɒvəl] 1 n (Literature) roman [m] 2 adj nouveau, [f] nouvelle (after n) ♦ **novelist** n romancier [m], [f] -ière ♦ **novelty** n nouveauté [f] ◇ **a** ~ (in shop) un article de nouveauté.

November [nəʊ'vembəʳ] n novembre [m] V for phrases **September.**

novice ['nɒvɪs] n novice [mf] (*at* en).

now [naʊ] adv, conj (gen) maintenant; (nowadays) actuellement; (at that time) alors ◇ **I'm busy just** ~ je suis occupé pour l'instant; **I saw him just** ~ je l'ai vu tout à l'heure; **right** ~ à l'instant même; **he doesn't do it** ~ il ne le fait plus; ~ **and again,** ~ **and then** de temps en temps; **it's** ~ **or never!** c'est le moment ou jamais!; **before** ~ déjà; **for** ~ pour le moment; **from** ~ **on** à partir de maintenant; **3 weeks from** ~ d'ici 3 semaines; **until** ~, **up to** ~ jusqu'à présent; ~ **then!** bon!, alors!, (remonstrating) allons!; **well,** ~**!** eh bien!; ~ **(that) you've arrived** maintenant que vous êtes arrivés; ~, **I would like you to...** bon, j'aimerais que vous... ♦ **nowadays** adv aujourd'hui, actuellement.

nowhere ['nəʊwɛəʳ] adv nulle part (+ ne before vb) ◇ **he went** ~ il n'est allé nulle part; ~ **else** nulle part ailleurs; **she is** ~ **to be seen** on ne la voit nulle part; (fig) **that will get you** ~ ça ne te mènera à rien; ~ **near** loin de.

nozzle ['nɒzl] n (on hose) jet [m]; (on vacuum cleaner) suceur [m].

nuclear ['nju:klɪəʳ] adj (gen) nucléaire ◇ ~ **power** énergie [f] nucléaire; ~ **scientist** atomiste [m] ♦ **nuclear-free** adj (zone) dénucléarisé.

nucleus ['nju:klɪəs] n, pl **-ei** noyau [m].

nude [nju:d] adj, n nu [m] ◇ **in the** ~ nu.

nudge [nʌdʒ] vt pousser du coude.

nudist ['nju:dɪst] n nudiste [mf] ◇ ~ **camp** camp [m] de nudistes.

nuisance ['nju:sns] n embêtement [m] ◇ **it's a** ~ c'est embêtant (*that* que + subj); **he is a** ~ il m'embête; **what a** ~**!** quelle barbe! [famil]; **to make a** ~ **of o.s.** embêter le monde [famil].

numb [nʌm] adj (gen) engourdi; (with fright etc) paralysé (*with* par).

number ['nʌmbəʳ] 1 n a (gen) nombre [m]; (figure) chiffre [m]; (of page, car, in list) numéro [m] ◇ **a** ~ **of people** un certain nombre de gens, plusieurs personnes; **a large** ~ **of** un grand nombre de; **10 in** ~ au nombre de 10; **in large** ~**s** en grand nombre; (Telec) **wrong** ~ faux numéro; (on car) **registration** ~ numéro d'immatriculation; ~ **plate** plaque [f] d'immatriculation; **his** ~**'s up** [famil] il est fichu [famil] b (act: in circus etc) numéro [m]; (by pianist) morceau [m] 2 vt (give a number to) numéroter; (include) compter.

numeral ['nju:mərəl] n chiffre [m] ◇ **Arabic/Roman** ~ chiffre [m] arabe/romain.

numerical [nju:'merɪkəl] adj numérique.

numerous ['nju:mərəs] adj nombreux, [f] -euse.

nun [nʌn] n religieuse [f].

nurse [nɜ:s] 1 n infirmière [f]; (male ~) infirmier [m] 2 vt (Med) soigner; (suckle) allaiter; (cradle in arms) tenir dans ses bras ♦ **nursemaid** n bonne [f] d'enfants.

nursery ['nɜ:sərɪ] n (room) chambre [f] d'enfants; (day ~) pouponnière [f]; (for plants) pépinière [f] ◇ ~ **education** enseignement [m] de la maternelle; ~ **nurse** puéricultrice [f]; ~ **rhyme** comptine [f]; ~ **school** école [f] maternelle; (private) jardin [m] d'enfants; (Ski) ~ **slopes** pentes [fpl] pour débutants.

nursing ['nɜ:sɪŋ] 1 adj (mother) qui allaite ◇ **the** ~ **staff** le personnel soignant; ~ **home** clinique [f]; ~ **officer** surveillant(e) général(e) [m(f)] 2 n profession [f] d'infirmière ◇ **she's going in for** ~ elle va être infirmière.

nut [nʌt] n a *terme générique pour fruits à écale (no generic term in French)* ◇ **mixed** ~**s** noisettes, amandes etc panachées; ~**s and raisins** mendiants [mpl]; ~ **cutlet** croquette [f] à base de cacahuètes (or noisettes etc) hachées b (metal) écrou [m] ♦ **nutcrackers** npl casse-noix [m inv] ♦ **nutmeg** n noix [f] muscade ♦ **nuts** [famil] adj dingue [famil] (*about* de) ♦ **nutshell** n coquille [f] de noix etc ◇ (fig) **in a** ~ en un mot.

nutrient ['nju:trɪənt] n élément [m] nutritif.

nutrition [nju:'trɪʃən] n nutrition [f].

nutritious [nju:'trɪʃəs] adj nutritif, [f] -ive.

nylon ['naɪlɒn] n Ⓡ nylon [m] Ⓡ ◇ ~ **stockings,** ~**s** bas [mpl] nylon.

O

O, o [əʊ] n (letter) O, o [m]; (number) zéro [m] ◆ **O-levels** npl ≃ brevet [m].

oaf [əʊf] n balourd [m], mufle [m].

oak [əʊk] n chêne [m].

OAP [əʊeɪ'pi:] n abbr of *old age pensioner* → **old.**

oar [ɔ:ʳ] n aviron [m], rame [f].

oasis [əʊ'eɪsɪs] n, pl **oases** oasis [f].

oatmeal ['əʊtmi:l] **1** n (cereal) flocons [mpl] d'avoine; (US: porridge) bouillie [f] d'avoine **2** adj (colour) beige.

oath [əʊθ] n **a** (Law etc) serment [m] ◇ **to take the** ~ prêter serment; **on** ~ sous serment **b** (bad language) juron [m].

oats [əʊts] npl avoine [f].

obedience [ə'bi:dɪəns] n obéissance [f] (*to* à).

obedient [ə'bi:dɪənt] adj obéissant (*to sb* envers qn) ◆ **obediently** adv docilement.

obelisk ['ɒbɪlɪsk] n obélisque [m].

obese [əʊ'bi:s] adj obèse ◆ **obesity** n obésité [f].

obey [ə'beɪ] vt (gen) obéir à; (instructions) se conformer à.

obituary [ə'bɪtjʊərɪ] n (notice) nécrologie [f].

object ['ɒbdʒɪkt] **1** n (gen) objet [m]; (Gram) complément [m] d'objet; (aim) but [m] ◇ **with this** ~ **in mind** dans ce but; **with the** ~ **of doing** dans le but de faire **2** [əb'dʒekt] vti (gen) protester (*to* contre) ◇ **if you don't** ~ si vous n'y voyez pas d'objection; **he** ~**s to her behaviour** il désapprouve sa conduite; **I don't** ~ **to helping you** je veux bien vous aider ◆ **objection** n objection [f]; (drawback) inconvénient [m] ◇ **to raise an** ~ élever une objection ◆ **objectionable** adj (gen) extrêmement désagréable; (remark) choquant ◆ **objective** **1** adj (impartial) objectif, [f] -ive (*about* en ce qui concerne) **2** n objectif [m]; (Gram) accusatif [m] ◆ **objectively** adv objectivement ◆ **objectivity** n objectivité [f] ◆ **objector** n personne [f] qui s'oppose à...

obligation [,ɒblɪ'geɪʃən] n obligation [f] ◇ **to be under an** ~ **to do** être dans l'obligation de faire; **'without** ~**'** 'sans engagement'; **to be under an** ~ **to sb for sth** devoir de la reconnaissance à qn pour qch.

obligatory [ɒ'blɪgətərɪ] adj obligatoire; (imposed by custom) de rigueur.

oblige [ə'blaɪdʒ] vt **a** (compel) obliger (*sb to do* qn à faire) ◇ **to be** ~**d to do** être obligé de faire **b** (do a favour to) rendre service à ◇ **to be** ~**d to sb for sth** être reconnaissant à qn de qch; **much** ~**d!** merci infiniment! ◆ **obliging** adj obligeant.

oblique [ə'bli:k] adj (gen) oblique; (allusion, method) indirect.

obliterate [ə'blɪtəreɪt] vt effacer.

oblivion [ə'blɪvɪən] n oubli [m].

oblivious [ə'blɪvɪəs] adj oublieux, [f] -ieuse (*to, of* de); (unaware) inconscient (*to, of* de).

oblong ['ɒblɒŋ] **1** adj oblong **2** n rectangle [m].

obnoxious [əb'nɒkʃəs] adj (gen) odieux, [f] -ieuse; (smell) infect.

oboe ['əʊbəʊ] n hautbois [m].

obscene [əb'si:n] adj obscène.

obscure [əb'skjʊəʳ] **1** adj obscur **2** vt (hide) cacher ◇ **to** ~ **the issue** embrouiller la question ◆ **obscurity** n obscurité [f].

obsequious [əb'si:kwɪəs] adj obséquieux, [f] -ieuse (*to* devant).

observance [əb'zɜ:vəns] n observance [f].

observant [əb'zɜ:vənt] adj observateur, [f] -trice.

observation [ˌɒbzəˈveɪʃən] n **a** (gen) observation [f]; (Police) surveillance [f] ◇ ~ **post** poste [m] d'observation; **to keep under** ~ (patient) garder en observation; (suspect, place) surveiller **b** (remark) observation [f].

observatory [əbˈzɜːvətrɪ] n observatoire [m].

observe [əbˈzɜːv] vt (gen) observer; (remark) faire observer (*that* que) ✦ **observer** n observateur [m], [f] -trice.

obsess [əbˈses] vt obséder ✦ **obsession** n obsession [f] (*with* de) ✦ **obsessive** adj obsessionnel, [f] -elle.

obsolescent [ˌɒbsəˈlesnt] adj (machinery) obsolescent; (word) vieilli.

obsolete [ˈɒbsəliːt] adj (gen) périmé; (machine) vieux, [f] vieille; (word) vieilli.

obstacle [ˈɒbstəkl] n obstacle [m] ◇ **to be an** ~ **to** faire obstacle à; (Mil) ~ **course** parcours [m] du combattant; ~ **race** course [f] d'obstacles.

obstetrician [ˌɒbstəˈtrɪʃən] n médecin [m] accoucheur.

obstetrics [ɒbˈstetrɪks] n obstétrique [f].

obstinacy [ˈɒbstɪnəsɪ] n obstination [f].

obstinate [ˈɒbstɪnɪt] adj (gen) obstiné (*about* sur); (pain) persistant ✦ **obstinately** adv obstinément.

obstreperous [əbˈstrepərəs] adj chahuteur, [f] -euse.

obstruct [əbˈstrʌkt] vt (pipe, road, view) boucher (*with* avec); (traffic) bloquer; (hinder) entraver ✦ **obstruction** n (sth which obstructs) obstacle [m]; (to pipe) bouchon [m] ◇ **to cause an** ~ encombrer la voie publique ✦ **obstructive** adj obstructionniste.

obtain [əbˈteɪn] vt obtenir ✦ **obtainable** adj ◇ **it is** ~ on peut le trouver.

obtrusive [əbˈtruːsɪv] adj trop en évidence.

obtuse [əbˈtjuːs] adj obtus.

obviate [ˈɒbvɪeɪt] vt obvier à.

obvious [ˈɒbvɪəs] adj évident, manifeste (*that* que) ◇ **the** ~ **thing to do is to leave** la chose à faire c'est évidemment de partir ✦ **obviously** adv manifestement.

occasion [əˈkeɪʒən] **1** n **a** occasion [f] ◇ **on the** ~ **of** à l'occasion de; **on the first** ~ **that...** la première fois que...; **on** ~ à l'occasion; **on several** ~**s** à plusieurs occasions; **should the** ~ **arise** le cas échéant; **to rise to the** ~ se montrer à la hauteur **b** (event) événement [m] ◇ **a big** ~ un grand événement **2** vt occasionner ✦ **occasional** adj (visits) espacé; (showers) intermittent ◇ **the** or **an** ~ **car** une voiture de temps en temps; ~ **table** guéridon [m] ✦ **occasionally** adv de temps en temps ◇ **very** ~ très peu souvent.

occult [ɒˈkʌlt] **1** adj occulte **2** n surnaturel [m].

occupant [ˈɒkjʊpənt] n (gen) occupant(e) [m(f)]; (tenant) locataire [mf].

occupation [ˌɒkjʊˈpeɪʃən] n **a** (gen) occupation [f] ◇ **in** ~ installé; **army of** ~ armée [f] d'occupation **b** (activity, pastime) occupation [f]; (work) travail [m] ◇ **what is your** ~**?** qu'est-ce que vous faites dans la vie? ✦ **occupational** adj (disease) du travail ◇ ~ **therapist** ergothérapeute [mf].

occupier [ˈɒkjʊpaɪəʳ] n (gen) occupant(e) [m(f)]; (tenant) locataire [mf].

occupy [ˈɒkjʊpaɪ] vt occuper ◇ **occupied in doing** occupé à faire; **to keep one's mind occupied** s'occuper l'esprit; **to** ~ **o.s.** or **one's time** s'occuper (*with* or *by doing* à faire).

occur [əˈkɜːʳ] vi (happen) avoir lieu; (be found: of word, error, disease) se rencontrer; (of idea) venir (*to sb* à qn); (of opportunity) se présenter ◇ **it** ~**red to me that we could...** j'ai pensé or je me suis dit que nous pourrions...; **it didn't** ~ **to him to refuse** il n'a pas eu l'idée de refuser ✦ **occurrence** n événement [m].

ocean [ˈəʊʃən] n océan [m] ◇ ~ **bed** fond [m] sous-marin; ~ **liner** paquebot [m].

ochre, (US) **ocher** [ˈəʊkəʳ] n ocre [f].

o'clock [əˈklɒk] adv ◇ **it is one** ~ il est une heure; **at 5** ~ à 5 heures; **at twelve** ~ (midday) à midi; (midnight) à minuit; **the six** (etc) ~ **bus/train** (etc) le bus/train (etc) de six (etc) heures.

OCR [ˈəʊˌsiːˈɑːʳ] n abbr of *optical character reader, optical character recognition* → **optical.**

octagonal [ɒkˈtægənl] adj octogonal.

octane [ˈɒkteɪn] n octane [m].

octave [ˈɒktɪv] n octave [f].

October [ɒkˈtəʊbəʳ] n octobre [m] → for phrases **September.**

octopus [ˈɒktəpəs] n pieuvre [f].

oculist [ˈɒkjʊlɪst] n oculiste [mf].

odd [ɒd] adj (strange) bizarre, curieux, [f] -ieuse; (number) impair ◇ (left over) **the** ~ **saucers** les soucoupes qui restent; **£5 and some** ~ **pennies** 5 livres et quelques pennies; **a few** ~ **hats** deux ou trois chapeaux; **the** ~ **man out, the** ~ **one out** l'exception [f]; **60-**~ 60 et quelques; **in** ~ **moments he...** à ses moments perdus il...; **at** ~ **times** de temps en temps; ~ **jobs** (gen) menus travaux [mpl]; **I've got one or two** ~ **jobs for you** j'ai deux ou trois choses que tu pourrais faire; **this is an** ~ **size** c'est une taille peu courante; **I get the** ~ **letter from him** de temps en temps je reçois une lettre de lui ✦ **oddity** n (thing etc) chose [f] étrange ✦ **odd-job man** n homme [m] à tout faire ✦ **oddly** adv bizarrement, curieusement ◇ ~ **enough, she...** chose curieuse, elle... ✦ **oddment** n (in shop) fin [f] de série; (of cloth) coupon [m].

odds [ɒdz] npl **a** (Betting) cote [f] (*of 5 to 1* de 5 contre 1) ◇ (fig) **the ~ are that he will come** il y a de fortes chances qu'il vienne; **the ~ are against it** c'est peu probable; **it makes no ~** cela n'a pas d'importance; **what's the ~** [famil]**?** qu'est-ce que ça peut bien faire? **b** ◇ **to be at ~** être en désaccord (*with* avec; *over* sur) **c** ◇ **~ and ends** des petites choses [fpl] qui restent.

ode [əʊd] n ode [f] (*to* à; *on* sur).

odious ['əʊdɪəs] adj odieux, [f] -ieuse.

odour, (US) **odor** ['əʊdəʳ] n odeur [f] ◆ **odourless** adj inodore.

OECD ['əʊ,iːsiː'diː] n abbr of *Organization for Economic Cooperation and Development* OCDE [f].

of [ɒv, əv] prep (gen) de ◇ **the wife ~ the doctor** la femme du médecin; **a friend ~ ours** un de nos amis; **6 ~ them went** 6 d'entre eux y sont allés; **there were 6 ~ us** nous étions 6; **~ the ten only one was...** sur les dix un seul était...; **the 2nd ~ June** le 2 juin; (US) **a quarter ~ 6** 6 heures moins le quart; **there are lots ~ them** il y en a beaucoup; **~ no importance** sans importance; **it was horrid ~ him** c'était méchant de sa part; **what do you think ~ him?** que pensez-vous de lui?; **to die ~ hunger** mourir de faim; **~ wool** en laine, de laine.

off [ɒf] **1** adv **a** ◇ (distance) **5 km ~** à 5 km; **a week ~** dans une semaine **b** ◇ (absence) **to be ~** partir; **~ you go!** va-t'en!; **where are you ~ to?** où allez-vous?; **we're ~ to France** nous partons pour la France; **he's ~ fishing** (going) il va à la pêche; (gone) il est à la pêche; **to take a day ~** prendre un jour de congé; **I've got this afternoon ~** j'ai congé cet après-midi **c** ◇ (removal) **with his hat ~** sans chapeau; **the lid was ~** on avait enlevé le couvercle; **there are 2 buttons ~** il manque 2 boutons; **I'll give you 5% ~** je vais vous faire une remise de 5 % **d** ◇ **~ and on, on and ~** de temps à autre; **straight ~** [famil] tout de suite.
2 prep (gen) de ◇ **he jumped ~ the wall** il a sauté du mur; **he took the book ~ the table** il a pris le livre sur la table; **the lid was ~ the tin** on avait ôté le couvercle de la boîte; **to eat ~ a plate** manger dans une assiette; **to dine ~ a chicken** dîner d'un poulet; **something ~ the price** une remise sur le prix; **~ Portland Bill** au large de Portland Bill; **height ~ the ground** hauteur à partir du sol; **street ~ the square** rue qui part de la place; **house ~ the main road** maison à l'écart de la grand-route; **I'm ~ sausages** [famil] je n'aime plus les saucisses.
3 adj **a** ◇ (absence) **he's ~ on Tuesdays** il n'est pas là le mardi; **she's ~ at 4 o'clock** elle est libre à 4 heures; **to be ~ sick** être absent pour cause de maladie; **he's been ~ for 3 weeks** cela fait 3 semaines qu'il est absent **b** (not functioning: brakes) desserré; (machine, television, light) éteint; (engine, electricity etc) coupé; (tap, gas tap) fermé **c** ◇ (finished, cancelled) **their engagement is ~** ils ont rompu leurs fiançailles; (in restaurant) **the cutlets are ~** il n'y a plus de côtelettes; **the concert is ~** le concert est annulé or n'aura pas lieu **d** ◇ (stale etc) **to be ~** (meat) être mauvais or avancé; (milk) être tourné; (butter) être rance; (fig) **that's a bit ~!** [famil] c'est un peu exagéré! [famil]; **he was having an ~ day** [famil] il n'était pas en forme ce jour-là.
◆ **offbeat** adj original ◆ **off-chance** n ◇ **on the ~** à tout hasard ◆ **off-colour** adj mal fichu [famil] ◆ **offhand** **1** adj (casual) désinvolte; (curt) brusque **2** adv ◇ **I can't say ~** je ne peux pas vous le dire comme ça [famil] ◆ **offhandedly** adv avec désinvolture ◆ **off-key** adj, adv (Music) faux, [f] fausse ◆ **off-licence** n magasin [m] de vins et de spiritueux ◆ **off-load** vt (goods) débarquer; (task) passer (*onto sb* à qn) ◆ **off-peak** adj (traffic) aux heures creuses; (tariff) réduit; (heating) par accumulation ◆ **off-piste** adj, adv hors-piste ◆ **off-putting** [famil] adj (task) rebutant; (food) peu appétissant; (person, welcome) peu engageant ◆ **off-season** n morte saison [f] ◆ **offset** (pret, ptp *-set*) vt compenser ◆ **offshoot** n (gen) conséquence [f]; (of organization) ramification [f] ◆ **offshore** adj (gen) côtier, [f] -ière; (breeze) de terre; (island) proche du littoral; (drilling) en mer ◆ **offside** adj (wheel etc: Britain) de droite; (France, US etc) de gauche; (Sport) hors jeu ◆ **offspring** n (pl inv) progéniture [f] ◆ **offstage** adj, adv dans les coulisses ◆ **off-the-cuff** adj impromptu ◆ **off-the-peg** adj prêt à porter ◆ **off-the-record** adj (unofficial) sans caractère officiel; (secret) confidentiel ◆ **off-white** adj blanc cassé [inv].

offal ['ɒfəl] n abats [mpl].

offence, (US) **offense** [ə'fens] n **a** (Law) délit [m] (*against* contre); infraction [f] **b** ◇ **to give ~ to sb** offenser qn; **to take ~** s'offenser (*at* de).

offend [ə'fend] vti blesser, offenser ◇ **to be ~ed** s'offenser (*at* de) ◆ **offender** n (lawbreaker) délinquant(e) [m(f)]; (against traffic regulations etc) contrevenant(e) [m(f)].

offensive [ə'fensɪv] **1** adj (weapon) offensif, [f] -ive; (shocking) choquant; (disgusting) repoussant; (insulting) injurieux, [f] -ieuse **2** n (Mil) offensive [f] ◇ **to be on the ~** avoir pris l'offensive.

offer ['ɒfəʳ] **1** n (gen) offre [f] (*of* de; *for* pour; *to do* de faire) ◇ **~ of marriage** demande [f] en mariage; **£5 or near(est) ~** 5 livres à débattre; (goods) **on ~** en promotion **2** vt (gen) offrir (*to* à; *to do* de faire); (help, money) proposer *(to* à); (remark, opinion) émettre ◆ **offering** n offrande [f].

office ['ɒfɪs] n **a** (place) bureau [m]; (lawyer's) étude [f]; (doctor's) cabinet [m] ◇ ~ **block** immeuble [m] de bureaux; ~ **boy** garçon [m] de bureau; ~ **hours** heures [fpl] de bureau; ~ **worker** employé(e) [m(f)] de bureau **b** ◇ **to hold** ~ (mayor, chairman) être en fonctions; (minister) avoir un portefeuille; **to be in** ~ (political party) être au pouvoir; **public** ~ fonctions [fpl] officielles **c** (Rel) office [m].

officer ['ɒfɪsəʳ] n **a** (army etc) officier [m] ◇ ~**s' mess** mess [m] **b** (in local government) fonctionnaire [m]; (in organization, club) membre [m] du comité directeur ◇ **police** ~ policier [m].

official [ə'fɪʃəl] **1** adj (gen) officiel, [f] -ielle; (language) administratif, [f] -ive; (uniform) réglementaire **2** n (gen, Sport etc) officiel [m]; (civil service etc) fonctionnaire [mf]; (railways, post office etc) employé(e) [m(f)], responsable [m] ◆ **officially** adv officiellement.

officious [ə'fɪʃəs] adj trop empressé.

offing ['ɒfɪŋ] n ◇ **in the** ~ en perspective.

often ['ɒfən] adv souvent ◇ **as** ~ **as not, more** ~ **than not** le plus souvent; **every so** ~ (time) de temps en temps; (spacing etc) çà et là; **once too** ~ une fois de trop; **how** ~ **have you seen her?** combien de fois l'avez-vous vue?; **how** ~ **do the boats leave?** les bateaux partent tous les combien?

ogle ['əʊgl] vt lorgner [famil].

ogre ['əʊgəʳ] n ogre [m].

oh [əʊ] excl oh!; (pain) aïe!

oil [ɔɪl] **1** n (mineral) pétrole [m]; (heating) mazout [m]; (in machine, cooking, art etc) huile [f] ◇ **fried in** ~ frit à l'huile; ~ **and vinegar dressing** vinaigrette [f]; **painted in** ~**s** peint à l'huile **2** adj (industry, shares) pétrolier, [f] -ière; (magnate etc) du pétrole; (lamp, stove) à pétrole; (level, pressure) d'huile; (painting) à l'huile ◇ (Aut) ~ **change** vidange [f]; ~ **gauge** jauge [f] de niveau d'huile; (Art) ~ **paint** couleur [f] à l'huile; ~ **pollution** pollution [f] aux hydrocarbures; ~ **rig** (land) derrick [m]; (sea) plate-forme [f] pétrolière; ~ **slick** nappe [f] de pétrole; (on beach) marée [f] noire; ~ **storage tank** (domestic) cuve [f] à mazout; ~ **tanker** (ship) pétrolier [m]; (truck) camion-citerne [m] (à pétrole); ~ **well** puits [m] de pétrole **3** vt graisser ◆ **oilcan** n (for lubricating) burette [f] à huile; (for storage) bidon [m] à huile ◆ **oilcloth** n toile [f] cirée ◆ **oilfield** n gisement [m] pétrolifère ◆ **oilfired** adj au mazout ◆ **oilskins** npl ciré [m] ◆ **oily** adj (liquid) huileux, [f] -euse; (stain) d'huile; (rag, hands) graisseux, [f] -euse; (food) gras, [f] grasse.

ointment ['ɔɪntmənt] n onguent [m].

O.K. ['əʊ'keɪ] [famil] (vb: pret, ptp *O.K.'d*) **1** excl d'accord!, O.K.! **2** adj (good) très bien; (not bad) pas mal ◇ **is it** ~ **with you if...** ça ne vous ennuie pas que... + subj; **I'm** ~ ça va; **the car is** ~ (undamaged) la voiture est intacte; **everything's** ~ tout va bien **3** adv (well) bien; (alright) pas mal ◇ **she's doing** ~ (of health) elle va bien; (in new job etc) elle se débrouille bien **4** vt approuver.

old [əʊld] **1** adj **a** (gen) vieux (before vowel etc vieil; [f] vieille) ◇ **an** ~ **chair** une vieille chaise; (valuable) une chaise ancienne; **an** ~ **man** un vieil homme, un vieillard; ~ **people**, ~ **folk** personnes [fpl] âgées, vieux [mpl]; ~ **people's home** hospice [m] de vieillards, (private) maison [f] de retraite; ~ **for his years** mûr pour son âge; **to grow** ~**er, to get** ~**er** vieillir; ~ **age** la vieillesse; **in his** ~ **age** sur ses vieux jours; ~ **age pension** pension [f] vieillesse *(de la Sécurité sociale)*; ~ **age pensioner** retraité(e) [m(f)]; ~ **maid** vieille fille [f]; (painting) ~ **master** tableau [m] de maître; **the O**~ **World** l'ancien monde [m]; **as** ~ **as the hills** vieux comme les chemins; ~ **friends** de vieux amis; **any** ~ **how** [famil] n'importe comment; **any** ~ **thing** [famil] n'importe quoi; (fig) **it's the same** ~ **story** [famil] c'est toujours la même histoire; ~ **wives' tale** conte [m] de bonne femme; **I say,** ~ **man** dites donc, mon vieux [famil] **b** ◇ **how** ~ **are you?** quel âge avez-vous?; **he is 10 years** ~ il a 10 ans; **a 6-year-**~ **boy** un garçon de 6 ans; ~ **enough to dress himself** assez grand pour s'habiller tout seul; ~ **enough to vote** en âge de voter; **too** ~ **for** trop âgé pour; (to child) **when you're** ~**er** quand tu seras plus grand; **if I were** ~**er** si j'étais plus âgé; **if I were 10 years** ~**er** si j'avais 10 ans de plus; ~**er brother** frère [m] aîné; **the** ~**er generation** la génération antérieure **c** (former: school etc) ancien, [f] -ienne (before n) ◇ **in the** ~ **days** dans le temps; **the good** ~ **days** le bon vieux temps; ~ **soldier** vétéran [m] **2** n ◇ **the** ~ les vieux [mpl], les vieillards [mpl]; **of** ~ jadis ◆ **old-fashioned** adj (old) d'autrefois; (out-of-date) démodé; (person, attitude) vieux jeu [inv] ◆ **old-timer** [famil] n vieillard [m] ◆ **old-world** adj (place) vieux et pittoresque; (charm) suranné.

olive ['ɒlɪv] **1** n olive [f] ◇ ~ **tree** olivier [m]; ~ **oil** huile [f] d'olive **2** adj (skin) olivâtre; (colour: also **olive-green**) vert olive [inv].

Olympic [ə'lɪmpɪk] **1** adj olympique ◇ **the** ~ **Games** les Jeux [mpl] olympiques **2** n ◇ **the** ~**s** les Jeux [mpl] olympiques.

ombudsman ['ɒmbʊdzmən] n médiateur [m] *(dans l'administration)*.

omelet(te) ['ɒmlɪt] n omelette [f] ◇ **cheese/Spanish/plain** ~ omelette [f] au fromage/à l'espagnole/nature.

omen ['əʊmən] n présage [m], augure [m].

ominous ['ɒmɪnəs] adj (event) de mauvaise augure; (look, cloud, voice) menaçant; (sound, sign) alarmant ◇ **that's ~** ça ne présage rien de bon.

omission [əʊ'mɪʃən] n omission (f).

omit [əʊ'mɪt] vt omettre (*to do* de faire).

omnibus ['ɒmnɪbəs] n (book) recueil (m).

omnipotent [ɒm'nɪpətənt] adj omnipotent.

on [ɒn] 1 prep a (gen) sur; (position) sur, à ◇ **~ the table** sur la table; **with a ring ~ her finger** une bague au doigt; **I have no money ~ me** je n'ai pas d'argent sur moi; **~ the blackboard** au tableau; **~ the train** dans le train; **~ the main road** sur la grand-route; **~ the violin** au violon; **~ France-Inter** sur France-Inter; **I'm ~ £12,000 a year** je gagne 12 000 livres par an; **he's ~ a course** il suit un cours; **to be ~ a new project** travailler à un nouveau projet; **to be ~ the committee** faire partie du comité; **to be ~ pills** prendre des pilules; **he's ~ heroin** il se drogue à l'héroïne; **a book ~ Greece** un livre sur la Grèce; **we're ~ irregular verbs** nous en sommes aux verbes irréguliers; **it's ~ me** c'est moi qui paie b ◇ (time) **~ Sunday** dimanche; **~ Sundays** le dimanche; **~ December 1st** le 1er décembre; **~ the evening of December 3rd** le 3 décembre au soir; **~ or about the 20th** vers le 20; **it's just ~ 5 o'clock** il va être 5 heures; **~ my arrival** à mon arrivée; **~ hearing this** en entendant cela.

2 adv a ◇ (covering) **he had his coat ~** il avait mis son manteau; **she had nothing ~** elle était toute nue; **what had he got ~?** qu'est-ce qu'il portait?; **the lid is ~** le couvercle est mis b ◇ (forward) **from that time ~** à partir de ce moment-là; **it was well ~ into May** mai était déjà bien avancé c ◇ (continuation) **they talked ~ and ~** ils ont parlé sans arrêt; **go ~ with your work** continuez votre travail d ◇ (phrases) **and so ~** et ainsi de suite; **it's not ~** [famil] (refusing) pas question!; (not done) cela ne se fait pas; **he is always ~ at me** [famil] il est toujours après moi [famil]; **I'm ~ to something** je suis sur une piste intéressante; **the police are ~ to him** la police est sur sa piste.

3 adj (functioning etc: machine, engine) en marche; (light, TV, radio) allumé; (tap) ouvert; (brake) serré; (meeting, programme etc) en cours ◇ **the show is ~ already** le spectacle a déjà commencé; **the play is still ~** la pièce se joue toujours; **what's ~ at the cinema?** qu'est-ce qu'on donne au cinéma?; (Rad, TV) **what's ~?** qu'y a-t-il à la radio/à la télé; (Rad, TV) **X is ~ tonight** il y a X ce soir; **you're ~ now!** c'est à vous maintenant! ◆ **oncoming** adj venant en sens inverse ◆ **ongoing** adj en cours ◆ **on-line** adj (Comput) en ligne ◆ **onlooker** n spectateur (m), (f) -trice ◆ **onset** n début (m) ◆ **onshore** adj (wind) de mer ◆ **onslaught** n attaque (f) ◆ **onto** prep = **on to** ◆ **onward(s)** adv en avant ◇ **from today ~** à partir d'aujourd'hui.

once [wʌns] 1 adv a (on one occasion) une fois ◇ **~ before** une fois déjà; **~ again, ~ more** encore une fois; **~ and for all** une fois pour toutes; **~ a week** une fois par semaine; **~ in a hundred years** une fois tous les cent ans; **~ in a while** de temps en temps; **~ or twice** une fois ou deux; **for ~** pour une fois; **~ a journalist always a journalist** qui a été journaliste le reste toute sa vie b (formerly) jadis, autrefois ◇ **~ upon a time there was** il y avait une fois, il était une fois c ◇ **at ~** (immediately) tout de suite; **all at ~** (suddenly) tout à coup; (simultaneously) à la fois 2 conj une fois que ◇ **~ she'd seen him she...** après l'avoir vu elle... ◆ **once-over** n [famil] ◇ **to give sth the ~** vérifier qch très rapidement.

one [wʌn] 1 adj un(e) ◇ **~ apple** une pomme; **~ Sunday morning** un dimanche matin; **~ summer afternoon** par un après-midi d'été; **the ~ man who** le seul qui + subj; **~ and only** seul et unique; (Comm) **'~ size'** 'taille unique'; **~ and the same thing** exactement la même chose.

2 pron a un(e) (m(f)) ◇ **twenty-~** vingt et un(e); **would you like ~?** en voulez-vous un?; **~ of them** (people) l'un d'eux, l'une d'elles; (things) (l')un, (l')une; **he's ~ of us** il est des nôtres; **I for ~ don't believe it** pour ma part je ne le crois pas; **~ by ~** un à un; **in ~s and twos** (arrive) par petits groupes; (get, send) quelques-uns à la fois; **~ after the other** l'un après l'autre; **it's all ~ to me** cela m'est égal; **to be ~ up** [famil] avoir l'avantage (*on sb* sur qn); **you can't have ~ without the other** on ne peut avoir l'un sans l'autre; **this ~** celui-ci, celle-ci; **that ~** celui-là, celle-là; **the ~ who, the ~ which** celui qui, celle qui; **which ~?** lequel?, laquelle?; **the red ~** le rouge; **that's a difficult ~!** ça c'est difficile!; **the little ~s** les petits; **he's a clever ~** c'est un malin; **~ another = each other → each** 2b b ◇ (impersonal) **~ must try** on doit essayer, il faut essayer; **it tires ~ too much** cela vous fatigue trop ◆ **one-armed bandit** [famil] n machine (f) à sous *(jeu)* ◆ **one-man** adj (job) fait par un seul homme; (exhibition etc) consacré à un seul artiste ◇ (fig) **it's a ~ band** [famil] un seul homme fait marcher toute l'affaire; (variety) **~ show** one-man show (m) ◆ **one-off** adj [famil] unique ◆ **one-parent family** n famille (f) monoparentale ◆ **oneself** pron se, soi-même; (after prep) soi(-même); (emphatic) soi-même ◇ **to hurt ~** se blesser; **to speak to ~** se parler à soi-même; **all by ~** tout seul ◆ **one-sided** adj (decision) unilatéral; (contest) inégal; (account) partial ◆ **one-time** adj ancien,

(f) -ienne (before n) ◆ **one-to-one** adj (discussion) en tête-à-tête ◆ **one-upmanship** [famil] n art (m) de faire mieux que les autres ◆ **one-way** adj (street) à sens unique; (traffic) en sens unique; (ticket) simple.

onion ['ʌnjən] n oignon (m) ◇ ~ **soup** soupe (f) à l'oignon.

only ['əʊnlɪ] **1** adj seul ◇ **the ~ book that...** le seul livre qui... + subj; ~ **child** enfant (mf) unique; **you're the ~ one to think of that** vous êtes le seul à y avoir pensé; **the ~ thing is that it's too late** seulement il est trop tard; **the ~ way to do it** la seule façon de le faire **2** adv (gen) seulement ◇ ~ **Paul knows/can come** Paul seul sait/peut venir; **I ~ bought one** j'en ai seulement acheté un, je n'en ai acheté qu'un; **I can ~ say that...** tout ce que je peux dire c'est que...; **it's ~ that I thought...** simplement, je pensais...; **for one person ~** pour une seule personne; **'ladies ~'** 'réservé aux dames'; **I ~ looked at it** je n'ai fait que le regarder; **not ~ A but also B** non seulement A mais aussi B; **he has ~ just arrived** il vient tout juste d'arriver; **I caught the train but ~ just** j'ai eu le train mais de justesse; **if ~** si seulement **3** conj seulement ◇ **I would buy it, ~ it's too dear** je l'achèterais bien, seulement or mais il est trop cher.

onus ['əʊnəs] n ◇ **the ~ is on him** c'est sa responsabilité (*to do* de faire).

onyx ['ɒnɪks] n onyx (m).

ooze [u:z] vi suinter.

opal ['əʊpəl] n opale (f).

opaque [əʊ'peɪk] adj opaque.

OPEC ['əʊpek] n abbr of *Organization of Petroleum Exporting Countries* O.P.E.P. (f).

open ['əʊpən] **1** adj **a** (gen) ouvert; (car) décapoté; (sewer) à ciel ouvert; (prison) à régime libéral; (pores) dilaté ◇ **wide ~** grand ouvert; (fig) **to keep ~ house** tenir table ouverte; **the road's ~** la route est dégagée; **road ~ to traffic** route ouverte à la circulation; **the ~ road** la grand-route; **in the ~ air** (gen) en plein air; (sleep) à la belle étoile; **in ~ country** en rase campagne; **patch of ~ ground** (between trees) clairière (f); (in town) terrain (m) vague; ~ **sandwich** canapé (m); **the ~ sea** la haute mer; ~ **space** espace (m) libre; ~ **to persuasion** ouvert à la persuasion **b** (meeting, trial) public, (f) publique; (competition, scholarship) ouvert à tous ◇ **several choices were ~ to them** plusieurs choix s'offraient à eux; **this post is still ~** ce poste est encore vacant; ~ **day** journée (f) portes ouvertes au public; (Sport) ~ **season** saison (f) de la chasse; **the O~ University** ≃ le Centre d'enseignement par correspondance **c** (frank etc: person, face, revolt) ouvert; (enemy) déclaré; (admiration, envy) manifeste ◇ **it's an ~ secret** ce n'est un secret pour personne **d** (undecided: question) non résolu ◇ **it's an ~ question whether...** on ne sait pas si...; **to leave ~** (matter) laisser en suspens; (date) ne pas préciser; **to have an ~ mind on sth** ne pas avoir formé d'opinion sur qch; ~ **verdict** verdict (m) de décès sans causes déterminées; ~ **ticket** billet (m) open.
2 n ◇ **out in the ~** (out of doors) en plein air; (sleep) à la belle étoile; **to come out into the ~** (secret, plans) se faire jour; (person) parler franchement (*about* de); **to bring out into the ~** divulguer.
3 vt (gen) ouvrir; (legs) écarter; (hole) percer; (negotiations) engager ◇ **to ~ sth out** ouvrir qch; **to ~ up** (gen) ouvrir; (blocked road) dégager; **to ~ wide** ouvrir tout grand; **to ~ again** rouvrir; **to ~ Parliament** ouvrir la session parlementaire.
4 vi **a** (gen) s'ouvrir; (of shop, museum, bank etc) ouvrir ◇ **the door ~ed** la porte s'est ouverte; **to ~ again** se rouvrir; **to ~ on to** or **into** (of door, room) donner sur; **to ~ out** (of flower, person) s'ouvrir; (of passage etc) s'élargir; **to ~ up** (gen) s'ouvrir; (start shooting) ouvrir le feu **b** (begin: of class, meeting, book) s'ouvrir (*with* par) ◇ **the play ~s next week** la première a lieu la semaine prochaine ◆ **open-air** adj (activities) de plein air; (pool, meeting) en plein air; (theatre) de verdure ◆ **opener** n (bottles) ouvre-bouteilles (m inv); (tins) ouvre-boîtes (m inv) ◆ **open-heart surgery** n chirurgie (f) à cœur ouvert ◆ **opening** **1** n (gen) ouverture (f); (opportunity) occasion (f) (*to do* de faire); (trade outlet) débouché (m) (*for* pour); (job) poste (m) **2** adj (ceremony, speech) d'inauguration; (remark) préliminaire ◇ (Theat) ~ **night** première (f); ~ **time** l'heure (f) d'ouverture *(des pubs)* ◆ **openly** adv (frankly) ouvertement; (publicly) publiquement ◆ **open-minded** adj à l'esprit ouvert ◆ **open-necked** adj à col ouvert ◆ **open-plan** adj paysagé.

opera ['ɒpərə] n opéra (m) ◇ ~ **glasses** jumelles (fpl) de théâtre; ~ **house** opéra; ~ **singer** chanteur (m), (f) -euse d'opéra.

operate ['ɒpəreɪt] **1** vi (gen) opérer; (of system, machine) fonctionner (*by electricity* etc à l'électricité etc) ◇ **he was ~d on for appendicitis** il a été opéré de l'appendicite; **to ~ on sb's eyes** opérer qn des yeux **2** vt (machine etc) faire fonctionner; (switch) actionner; (changes) opérer ◇ **~d by electricity** qui marche à l'électricité ◆ **operating** adj (costs) d'exploitation ◇ (Med) ~ **table** table (f) d'opération; ~ **theatre** salle (f) d'opération.

operation [,ɒpə'reɪʃən] n (gen) opération (f) ◇ (Med) **to have an ~** se faire opérer; **a lung**

~ une opération au poumon; **to perform an ~ on sb** opérer qn; **to be in ~** (law, system) être en vigueur; **to come into ~** entrer en vigueur.

operative ['ɒpərətɪv] adj (law, system) en vigueur ◇ **the ~ word** le mot clef.

operator ['ɒpəreɪtəʳ] n (gen) opérateur [m], [f] -trice; (telephone) téléphoniste [mf] ◇ **radio ~** radio [m]; **tour ~** organisateur [m], [f] -trice de voyages.

operetta ['ɒpə'retə] n opérette [f].

opinion [ə'pɪnjən] n (gen) opinion [f], avis [m] ◇ **in my ~** à mon avis; **in the ~ of** d'après; **to be of the ~ that** être d'avis que; **political ~s** opinions politiques; **to have a high ~ of** avoir bonne opinion de; **what is your ~ of...?** que pensez-vous de...?; (Med) **to take a second ~** prendre l'avis d'un autre médecin; **~ poll** sondage [m] d'opinion ◆ **opinionated** adj dogmatique.

opium ['əʊpɪəm] n opium [m].

opponent [ə'pəʊnənt] n adversaire [mf].

opportune ['ɒpətju:n] adj opportun.

opportunist [,ɒpə'tju:nɪst] n opportuniste [mf].

opportunity [,ɒpə'tju:nɪtɪ] n occasion [f] ◇ **to have the** or **an ~** avoir l'occasion (*to do, of doing* de faire); **to take the ~** profiter de l'occasion (*of doing, to do* pour faire); **at the earliest ~** à la première occasion; **equality of ~** égalité [f] de chances; **it offers great opportunities** cela offre d'excellentes perspectives [fpl] d'avenir.

oppose [ə'pəʊz] vt (gen) s'opposer à; (motion etc) faire opposition à; (in debate) parler contre ◆ **opposed** adj opposé (*to* à) ◇ **I'm ~ to it** je m'y oppose; **as ~ to** par opposition à; **as ~ to that,...** par contre,... ◆ **opposing** adj opposé.

opposite ['ɒpəzɪt] **1** adv, prep en face (de) ◇ **the house ~** la maison d'en face; **it's directly ~** c'est directement en face; **they live ~ us** ils habitent en face de chez nous; **~ one another** en vis-à-vis; (of actor) **to play ~ sb** partager la vedette avec qn **2** adj (other, contrary: gen) opposé ◇ **'see ~ page'** 'voir ci-contre'; **the ~ sex** l'autre sexe [m]; **his ~ number** son homologue [m] **3** n ◇ **the ~** le contraire; **quite the ~!** au contraire!

opposition [,ɒpə'zɪʃən] n opposition [f] (*to* à) ◇ **in ~ to** en opposition avec; (Pol) **~ party** parti [m] de l'opposition; **they put up some ~** ils opposèrent une certaine résistance; **the ~** (Pol) l'opposition; (famil: Sport, Pol) adversaire [m]; (famil: Comm) la concurrence.

oppress [ə'pres] vt opprimer ◆ **oppression** n oppression [f] ◆ **oppressive** adj (gen) oppressif, [f] -ive; (heat) accablant; (weather) lourd ◆ **oppressor** n oppresseur [m].

opt [ɒpt] vi opter (*for* pour); choisir (*to do* de faire) ◇ **to ~ out of sth** choisir de ne pas participer à qch.

optical ['ɒptɪkəl] adj (lens) optique; (instrument, illusion) d'optique ◇ **~ character recognition/reader** lecture [f] /lecteur [m] optique.

optician [ɒp'tɪʃən] n opticien(ne) [m(f)].

optimism ['ɒptɪmɪzəm] n optimisme [m] ◆ **optimist** n optimiste [mf] ◆ **optimistic** adj optimiste ◆ **optimistically** adv avec optimisme.

option ['ɒpʃən] n option [f] (*on* sur); (in school) matière [f] à option ◇ **I have no ~** je n'ai pas le choix; (fig) **to keep one's ~s open** ne pas décider trop tôt ◆ **optional** adj (gen) facultatif, [f] -ive ◇ (goods) **~ extra** accessoire [m] en option.

opulent ['ɒpjʊlənt] adj opulent.

or [ɔ:ʳ] conj ou; (with neg) ni ◇ **~ else, ~ alternatively** ou bien; **he could not read ~ write** il ne savait ni lire ni écrire; **an hour ~ so** environ une heure.

oracle ['ɒrəkl] n oracle [m].

oral ['ɔ:rəl] adj, n oral [m].

orange ['ɒrɪndʒ] **1** n (fruit) orange [f]; (colour) orange [m]; (**~-tree**) oranger [m] **2** adj (colour) orange [inv]; (drink) à l'orange ◇ **~ blossom** fleur [f] d'oranger; **~ marmalade** marmelade [f] d'oranges ◆ **orangeade** n orangeade [f].

orang-outang [ɔ:,ræŋu:'tæŋ], **orang-utan** [ɔ:,ræŋu:'tæn] n orang-outang [m].

oration [ɔ:'reɪʃən] n discours [m] solennel.

orator ['ɒrətəʳ] n orateur [m], [f] -trice.

oratorio [,ɒrə'tɔ:rɪəʊ] n oratorio [m].

oratory ['ɒrətərɪ] n éloquence [f].

orbit ['ɔ:bɪt] **1** n orbite [f] ◇ **in(to) ~** en orbite (*around* autour de) **2** vti orbiter.

orchard ['ɔ:tʃəd] n verger [m] ◇ **apple ~** verger de pommiers.

orchestra ['ɔ:kɪstrə] n orchestre [m].

orchestral [ɔ:'kestrəl] adj (music) orchestral; (concert) symphonique.

orchid ['ɔ:kɪd] n orchidée [f].

ordain [ɔ:'deɪn] vt **a** décréter (*that* que) **b** ◇ **to ~ sb priest** ordonner qn prêtre.

ordeal [ɔ:'di:l] n (terrible) épreuve [f].

order ['ɔ:dəʳ] **1** n **a** (gen) ordre [m] ◇ **in this ~** dans cet ordre; **in ~ of merit** par ordre de mérite; **in ~** (gen) en ordre; (documents) en règle; (permitted) permis; (normal) normal; **to put in ~** mettre en ordre; **out of ~, not in working ~** (machine) en panne; (telephone line) en dérangement; **on a point of ~** sur une question de forme; **to keep ~** (Police etc) maintenir l'ordre; (teacher) faire régner la discipline; **to keep sb in ~** tenir qn **b** ◇ **(holy) ~s** ordres [mpl] (majeurs); **to take ~s** entrer dans les ordres **c** (command) ordre [m] ◇ **on the ~s**

of sur l'ordre de; **by ~ of** par ordre de; **to be under ~s to do** avoir reçu l'ordre de faire; (Law) **~ of the Court** injonction [f] de la cour; **deportation ~** arrêté [m] d'expulsion **d** (to shop) commande [f] ◇ **made to ~** fait sur commande; **to place an ~** passer une commande (*with sb* à qn; *for sth* de qch); **on ~** commandé; **to ~** sur commande; **~ book** carnet [m] de commandes; **~ form** bon [m] de commande **e** ◇ **in ~ to do** pour faire, afin de faire; **in ~ that** afin que + subj.

2 vti **a** (command) ordonner (*sb to do* à qn de faire; *that* que + subj) ◇ **he was ~ed to leave** on lui a ordonné de partir; **to ~ sb in** ordonner à qn d'entrer; **to ~ sb about** commander qn **b** (goods, meal) commander; (taxi) faire venir; (in restaurant etc) passer sa commande.

orderly ['ɔ:dəlɪ] **1** adj (mind) méthodique; (life) réglé; (person) qui a de l'ordre; (crowd) discipliné **2** n (Mil) planton [m]; (Med) garçon [m] de salle.

ordinal ['ɔ:dɪnl] adj, n ordinal [m].

ordinary ['ɔ:dnrɪ] adj **a** (usual) ordinaire, habituel, [f] -elle ◇ **in the ~ way** normalement; **out of the ~** qui sort de l'ordinaire **b** (average, reader etc) moyen, [f] -enne ◇ **just an ~ fellow** un homme comme les autres.

ordination [,ɔ:dɪ'neɪʃən] n ordination [f].

ordnance ['ɔ:dnəns] n ◇ **O~ Corps** Service [m] du matériel; **O~ Survey map** ≃ carte [f] d'état-major.

ore [ɔ:ʳ] n minerai [m].

oregano [,ɒrɪ'gɑ:nəʊ] n origan [m].

organ ['ɔ:gən] n (gen) organe [m]; (Music) orgue [m] ◆ **organic** adj organique; (food) naturel; (vegetables, farming) biologique ◆ **organism** n organisme [m] ◆ **organist** n organiste [mf].

organization [,ɔ:gənaɪ'zeɪʃən] n organisation [f].

organize ['ɔ:gənaɪz] vt organiser ◇ **to get ~d** s'organiser ◆ **organized** adj organisé ◇ **~ crime** le grand banditisme; **~ labour** main-d'œuvre [f] syndiquée ◆ **organizer** n organisateur [m], [f] -trice.

orgasm ['ɔ:gæzəm] n orgasme [m].

orgy ['ɔ:dʒɪ] n orgie [f].

Orient ['ɔ:rɪənt] n ◇ **the ~** l'Orient [m] ◆ **oriental** adj oriental.

orientate ['ɔ:rɪənteɪt] vt orienter.

orienteering [,ɔ:rɪən'tɪərɪŋ] n (Sport) exercice [m] d'orientation sur le terrain.

origami [,ɒrɪ'gɑ:mɪ] n art [m] du pliage [m].

origin ['ɒrɪdʒɪn] n origine [f].

original [ə'rɪdʒɪnl] **1** adj (first) originel, [f] -elle; (not copied, also unconventional) original **2** n original [m] ◆ **originality** n originalité [f] ◆ **originally** adv (in the beginning) à l'origine; (not copying) originalement.

originate [ə'rɪdʒɪneɪt] vi (gen) prendre naissance (*in* dans); (of goods) provenir (*from* de); (of suggestion, idea) émaner (*from* de). ◆ **originator** n auteur [m].

Orkneys ['ɔ:knɪz] npl Orcades [fpl].

ornament ['ɔ:nəmənt] n (gen) ornement [m]; (object) bibelot [m] ◆ **ornamental** adj (gen) ornemental; (lake etc) d'agrément.

ornate [ɔ:'neɪt] adj très orné.

ornithology [,ɔ:nɪ'θɒlədʒɪ] n ornithologie [f].

orphan ['ɔ:fən] **1** adj, n orphelin(e) [m(f)] **2** vt ◇ **to be ~ed** devenir orphelin(e) ◆ **orphanage** n orphelinat [m].

orthodox ['ɔ:θədɒks] adj orthodoxe.

orthopaedic [,ɔ:θəʊ'pi:dɪk] **1** adj orthopédique; (mattress) très ferme **2** ◇ **~s** [nsg] orthopédie [f].

oscillate ['ɒsɪleɪt] vi osciller.

osprey ['ɒspreɪ] n orfraie [f].

ostensibly [ɒs'tensəblɪ] adv ◇ **he was ~ a student** il était soi-disant étudiant; **he went out, ~ to telephone** il est sorti sous prétexte de téléphoner.

ostentatious [,ɒsten'teɪʃəs] adj (surroundings, person) prétentieux, [f] -ieuse; (dislike, attempt) ostentatoire.

osteopath ['ɒstɪəpæθ] n ostéopathe [mf].

ostracize ['ɒstrəsaɪz] vt frapper d'ostracisme.

ostrich ['ɒstrɪtʃ] n autruche [f].

other ['ʌðəʳ] **1** adj, pron autre (before n) ◇ **several ~s** plusieurs autres; **one after the ~** l'un après l'autre; **some do, ~s don't** les uns le font, les autres non; **the ~ one** l'autre [mf]; **the ~ 5** les 5 autres; **some ~s** d'autres; **~ people have done it** d'autres l'ont fait; **~ people's property** la propriété d'autrui; **the ~ day** l'autre jour; **some ~ day** un autre jour; **every ~ day** tous les deux jours; **~ than** autre que; **someone or ~** je ne sais qui **2** adv autrement (*than* que) ◇ **no one ~ than** nul autre que.

otherwise ['ʌðəwaɪz] adv, conj (gen) autrement ◇ **~ engaged** occupé à autre chose; **except where ~ stated** sauf indication contraire; **~ excellent** par ailleurs excellent.

otter ['ɒtəʳ] n loutre [f].

ouch [aʊtʃ] excl aïe!

ought [ɔ:t] pret *ought* modal aux vb ◇ **I ~ to do it** je devrais le faire, il faudrait que je le fasse; **I ~ to have done it** j'aurais dû le faire; **he thought he ~ to tell you** il a pensé qu'il devait vous le dire.

ounce [aʊns] n once [f] (= 28,35 g).

our ['aʊəʳ] poss adj notre, [pl] nos ◆ **ours** poss pron le nôtre, la nôtre, les nôtres ◇ **it's ~** c'est à nous; **a friend of ~** un de nos amis ◆ **ourselves** pers pron (reflexive) nous; (emphatic) nous-mêmes ◇ **we've hurt ~** nous nous sommes blessés; **we said to ~**

nous nous sommes dit; **we saw it** ~ nous l'avons vu nous-mêmes; **all by** ~ tout seuls, toutes seules.

oust [aʊst] vt évincer (*from* de).

out [aʊt] 1 adv a (outside) dehors ◇ **to go** ~, **to get** ~ sortir; **to lunch** ~ déjeuner dehors; **to have a day** ~ sortir pour la journée; **her evening** ~ sa soirée de sortie; ~ **there** là-bas; ~ **here** ici; **he's** ~ **in the garden** il est dans le jardin; **he's** ~ il est sorti, il n'est pas là; **he's** ~ **fishing** il est parti à la pêche; **the voyage** ~ l'aller [m]; **the ball is** ~ le ballon est sorti; (Tennis) '~!' 'dehors!'; ~ **loud** tout haut b (unconscious) sans connaissance; (of game etc) éliminé; (on strike) en grève; (of fashion) démodé; (having appeared etc: flower) épanoui; (moon, sun) levé; (secret, news) révélé; (book) publié; (tide) bas, [f] basse; (extinguished: light etc) éteint ◇ **before the month was** ~ avant la fin du mois; **his calculations were** ~ il s'est trompé dans ses calculs (*by* de); **to be** ~ **to do** être résolu à faire; **to be all** ~ [famil] (tired) être éreinté; **the car was going all** ~ or **flat** ~ [famil] la voiture fonçait à toute vitesse; (unequivocally) **right** ~, **straight** ~ franchement.
2 **out of** prep a (outside) en dehors de, hors de ◇ **to go** or **come** ~ **of** sortir de; ~ **of the window** par la fenêtre; **to feel** ~ **of it** ne pas se sentir dans le coup [famil] b (cause etc) par ◇ ~ **of curiosity** par curiosité c (origin etc) de; dans ◇ **one chapter** ~ **of a novel** un chapitre d'un roman; **made** ~ **of onyx** en onyx; **he made it** ~ **of a crate** il l'a fait avec une caisse; **to take sth** ~ **of a drawer** prendre qch dans un tiroir; **to copy sth** ~ **of a book** copier qch dans un livre d (from among) sur ◇ **in 9 cases** ~ **of 10** dans 9 cas sur 10; **one** ~ **of 5 smokers** un fumeur sur 5 e ◇ **I'm** ~ **of money** je n'ai plus d'argent ◆ **out-and-out** adj (fool, liar etc) fieffé; (victory) total ◆ **outback** n (Australia) intérieur [m] du pays ◆ **outboard** adj hors-bord [inv] ◆ **outbreak** n (of war) début [m]; (of illness) attaque [f]; (of violence) éruption [f] ◆ **outbuildings** npl dépendances [fpl] ◆ **outburst** n explosion [f]; (angry) crise [f] de colère ◆ **outcast** n paria [m] ◆ **outcome** n issue [f], résultat [m] ◆ **outcry** n protestations [fpl] ◆ **outdated** adj démodé ◆ **outdo** pret *outdid*, ptp *outdone* vt l'emporter sur (*sb in sth* qn en qch) ◆ **outdoor** adj (activity) de plein air; (pool) à ciel ouvert; (clothes) chaud; (life) au grand air ◇ ~ **centre** centre [m] aéré ◆ **outdoors** adv (stay, play) dehors; (live) au grand air; (sleep) à la belle étoile ◆ **outer** adj (wrapping) extérieur; (garments) de dessus; (space) cosmique ◇ **the** ~ **suburbs** la grande banlieue ◆ **outfit** etc see below ◆ **outgoing** adj (president etc) sortant; (fig: personality) ouvert ◆ **outgoings** npl dépenses [fpl] ◆ **outgrow** pret *outgrew*, ptp *outgrown* vt (clothes) devenir trop grand pour ◆ **outhouse** n appentis [m] ◆ **outing** n sortie [f], excursion [f] ◆ **outlandish** adj bizarre ◆ **outlaw** 1 n hors-la-loi [m inv] 2 vt (person) mettre hors la loi ◆ **outlay** n dépenses [fpl] ◆ **outlet** n (for water etc) sortie [f]; (electric) prise [f] de courant; (of tunnel) sortie; (for goods, talents etc) débouché [m]; (retail) point [m] de vente; (for energy, emotions) exutoire [m] (*for* à) ◇ ~ **pipe** tuyau [m] d'échappement ◆ **outline** see below ◆ **outlive** vt survivre à (*by* de) ◆ **outlook** n (view) vue [f] (*on, over* sur); (prospect) perspective [f] (d'avenir); (point of view) point [m] de vue (*on* sur) ◇ **the** ~ **for June is wet** on annonce de la pluie pour juin ◆ **outlying** adj (remote) écarté ◆ **outmoded** adj démodé ◆ **outnumber** vt surpasser en nombre ◆ **out-of-date** adj (passport, ticket) périmé; (clothes, theory) démodé ◆ **out-of-doors** adv = **outdoors** ◆ **out-of-the-way** adj écarté ◆ **outpatient** n malade [mf] en consultation externe ◇ ~**s department** service [m] hospitalier de consultation externe ◆ **outpost** n avant-poste [m] ◆ **output** 1 n (gen) production [f]; (of machine, factory worker) rendement [m]; (Comput) sortie [f] 2 vt (Comput) sortir ◆ **outrage** see below ◆ **outrider** n motard [m] *(d'escorte)* ◆ **outright** 1 adv (kill) sur le coup; (win, own) complètement; (buy) comptant; (refuse) catégoriquement; (say) carrément 2 adj (win) complet, [f] -ète; (denial etc) catégorique; (winner) incontesté ◆ **outset** n début [m] ◆ **outside** see below ◆ **outsize** adj (gen) énorme; (clothes) grande taille [inv] ◆ **outskirts** npl banlieue [f] ◆ **outspoken** adj franc, [f] franche ◆ **outstanding** adj a (exceptional) remarquable b (unfinished etc: business) en suspens; (debt) impayé; (interest) à échoir; (problem) non résolu ◆ **outstay** vt ◇ **to** ~ **one's welcome** abuser de l'hospitalité de qn ◆ **outstretched** adj étendu ◆ **out tray** n corbeille [f] du courrier au départ ◆ **outward** 1 adv (also ~**wards**) vers l'extérieur ◇ (ship) ~ **bound** en partance 2 adj (appearance etc) extérieur ◇ ~ **journey** aller [m] ◆ **outwardly** adv en apparence ◆ **outweigh** vt l'emporter sur ◆ **outwit** vt se montrer plus malin que.

outfit ['aʊtfɪt] n (clothes) tenue [f]; (clothes and equipment) équipement [m]; (tools) matériel [m]; (for puncture, first aid) trousse [f] ◇ **a Red Indian** ~ une panoplie d'Indien; **skiing** ~ tenue de ski ◆ **outfitter** n ◇ **'gents** ~' 'confection pour hommes'.

outline ['aʊtlaɪn] 1 n (gen) contour [m]; (plan) plan [m]; (of building, person) silhouette [f] ◇ (main features) **the broad** ~**s of sth** les grandes lignes [fpl] de qch 2 vt (theory, plan) exposer les grandes lignes de; (facts, situation) donner un aperçu de.

outrage ['aʊtreɪdʒ] **1** n (act) atrocité [f]; (during riot etc) acte [m] de violence; (emotion) intense indignation [f] ◇ **bomb ~** attentat [m] à la bombe; **it's an ~!** c'est un scandale! **2** vt ◇ **to be ~d by sth** trouver qch monstrueux ◆ **outrageous** adj (gen) monstrueux, [f] -ueuse; (less strong) scandaleux, [f] -euse; (price) exorbitant; (hat, fashion) extravagant.

outside ['aʊt'saɪd] **1** adv dehors, à l'extérieur ◇ **he's ~** il est dehors; **go and play ~** va jouer dehors; **the box was clean ~** la boîte était propre à l'extérieur; **to go ~** sortir **2** prep à l'extérieur de; (fig) en dehors de ◇ **~ the house** à l'extérieur de la maison; **~ the door** à la porte; **~ the normal range** en dehors de la gamme normale **3** n **a** extérieur [m] ◇ **~ in** = **inside out** → **inside** **b** ◇ (fig) **at the very ~** tout au plus **4** adj extérieur; (maximum) maximum ◇ (road) **the ~ lane** (Brit) la voie de droite; (US, Europe etc) la voie de gauche; (Rad, TV) **~ broadcast** émission [f] réalisée à l'extérieur; (Telec) **~ line** ligne [f] extérieure; **~ interests** passe-temps [mpl]; **~ opinion** avis [m] d'une personne indépendante; **an ~ chance** une très faible chance ◆ **outsider** n (stranger) étranger [m], [f] -ère.

oval ['əʊvəl] adj, n ovale [m].

ovary ['əʊvərɪ] n ovaire [m].

ovation [əʊ'veɪʃən] n ovation [f].

oven ['ʌvn] n four [m] ◇ **in the ~** au four; **in a cool ~** à four doux; **it is like an ~** c'est une fournaise; **~ glove** gant [m] isolant ◆ **ovenproof** adj allant au four ◆ **oven-ready** adj prêt à cuire ◆ **ovenware** n plats [mpl] allant au four.

over ['əʊvəʳ] **1** adv **a** (above) par-dessus ◇ **children of 8 and ~** enfants à partir de 8 ans **b** ◇ (across etc) **~ here** ici; **~ there** là-bas; **they're ~ from Canada** ils arrivent du Canada; **~ to you!** à vous!; **he went ~ to his mother's** il est passé chez sa mère; **ask Paul ~** invitez Paul à venir nous voir; **I'll be ~ at 7 o'clock** je passerai à 7 heures; **the world ~** dans le monde entier; **covered all ~ with** tout couvert de; (fig) **that's him all ~!** c'est bien de lui!; **to turn sth ~ and ~** retourner qch dans tous les sens **c** (again) encore une fois ◇ **~ and ~ again** à maintes reprises; **5 times ~** 5 fois de suite **d** (finished) fini ◇ **it was just ~** cela venait de se terminer; **the rain is ~** la pluie s'est arrêtée; **the danger was ~** le danger était passé; **~ and done with** tout à fait fini **e** (remaining) en plus ◇ **if there is any meat ~** s'il reste de la viande; **there are 3 ~** il en reste 3.

2 prep **a** (on top of) sur ◇ **he spread it ~ the bed** il l'a étendu sur le lit; **I spilled coffee ~ it** j'ai renversé du café dessus; **a cardigan ~ a blouse** un gilet par-dessus un corsage **b** (above) au-dessus de ◇ **a lamp ~ the table** une lampe au-dessus de la table **c** ◇ (across) **the house ~ the road** la maison d'en face; **the bridge ~ the river** le pont qui traverse la rivière; **it's just ~ the river** c'est juste de l'autre côté de la rivière; **to look ~ the wall** regarder par-dessus le mur; **to jump ~ a wall** sauter un mur **d** ◇ (everywhere in) **all ~ France** partout en France; **all ~ the world** dans le monde entier **e** (more than) plus de, au-dessus de ◇ **~ 3 hours** plus de 3 heures; **she is ~ sixty** elle a plus de soixante ans; **women ~ 21** les femmes de plus de 21 ans; **all numbers ~ 20** tous les chiffres au-dessus de 20 **f** ◇ (phrases) **~ a period of** sur une période de; **~ the weekend** pendant le week-end; **~ a cup of coffee** tout en buvant une tasse de café; **~ the phone** au téléphone; **~ the radio** à la radio; **how long will you be ~ it?** combien de temps cela te prendra-t-il?; **what came ~ you?** qu'est-ce qui t'a pris?; **~ and above what...** sans compter ce que...; **but ~ and above that...** mais en outre...

3 pref ◇ exprime l'excès, par exemple **overabundant** surabondant; **overcautious** trop prudent.

◆ **overact** vi charger son rôle ◆ **overall** **1** adj (study, survey) d'ensemble; (width, length) total **2** n blouse [f] *(de travail)* ◇ (heavy duty) **~s** bleus [mpl] (de travail) ◆ **overawe** vt impressionner ◆ **overbalance** vi basculer ◆ **overbearing** adj autoritaire ◆ **overboard** adv par-dessus bord ◇ **man ~!** un homme à la mer! ◆ **overbook** vi (hotel) surréserver ◆ **overcast** adj couvert ◆ **overcharge** vt ◇ **to ~ sb for sth** faire payer qch trop cher à qn ◆ **overcoat** n pardessus [m] ◆ **overcome** pret *overcame*, ptp *overcome* vti (gen) vaincre; (opposition) triompher de; (temptation, obstacle) surmonter; (one's rage etc) maîtriser ◇ **to be ~ by** succomber à; **she was quite ~** elle était saisie ◆ **overcook** vt faire trop cuire ◆ **overcrowded** adj (room, bus) bondé; (house, town) surpeuplé ◆ **overcrowding** n (in housing) surpeuplement [m]; (in classroom) effectifs [mpl] surchargés ◆ **overdo** pret *overdid*, ptp *overdone* vt (exaggerate) exagérer; (overcook) faire trop cuire ◇ **to ~ it** exagérer; (work too hard) se surmener ◆ **overdose** n overdose [m] ◆ **overdraft** n découvert [m] ◇ **I've got an ~** mon compte est à découvert ◆ **overdrawn** adj à découvert ◆ **overdress** vi s'habiller avec trop de recherche ◆ **overdue** adj (train, bus) en retard; (reform, apology) tardif, [f] -ive; (account) impayé ◇ **it's long ~** ça aurait dû être fait depuis longtemps ◆ **overeat** pret *overate*, ptp *overeaten* vi trop manger ◆ **overestimate** vt surestimer ◆ **overexcited** adj surexcité ◆ **overexpose** vt surexposer ◆ **overflow** **1** n (outlet) trop-plein [m]; (excess people, objects) excédent [m] ◇ ~ **pipe** tuyau [m] d'écoulement 2 vi déborder (*with* de) ◇ **full to ~ing** plein à ras bord ◆ **overgrown** adj envahi par l'herbe ◆ **overhaul** 1 n révision [f] 2 vt réviser ◆ **overhead** 1 adv au-dessus; (in the sky) dans le ciel 2 adj (cables, railway) aérien, [f] -ienne; (lighting) vertical ◇ ~ **projector** rétroprojecteur [m] 3 n ◇ **~s** frais [mpl] généraux ◆ **overhear** pret, ptp *overheard* vt entendre *(souvent par hasard)* ◆ **overheat** vi (of engine) chauffer ◆ **overjoyed** adj ravi ◆ **overland** adj, adv par voie de terre ◆ **overlap** 1 n chevauchement [m] 2 vi se chevaucher ◆ **overleaf** adv au verso ◆ **overload** vt (gen) surcharger (*with* de); (engine) surmener ◆ **overlook** vt (miss) oublier; (ignore) fermer les yeux sur; (of house etc) donner sur ◆ **overmanning** n sureffectifs [mpl] ◆ **overmuch** adv trop ◆ **overnight** 1 adv (during the night) pendant la nuit; (until next day) jusqu'à demain or au lendemain; (suddenly) du jour au lendemain 2 adj (stay) d'une nuit; (journey) de nuit; (fig: change) soudain ◇ ~ **bag** nécessaire [m] de voyage ◆ **overpass** n pont [m] autoroutier ◆ **overpopulated** adj surpeuplé ◆ **overpower** vt maîtriser ◆ **overpowering** adj (gen) irrésistible; (smell, heat) suffocant ◆ **overpriced** adj excessivement cher ◆ **overrate** vt surestimer ◆ **overrated** adj surfait ◆ **overreach** vt ◇ **to ~ o.s.** vouloir trop entreprendre ◆ **overreact** vi dramatiser, réagir de manière excessive ◆ **override** pret *overrode*, ptp *overridden* vt (order, wishes) passer outre à ◆ **overriding** adj (importance) primordial; (factor, item) prépondérant ◆ **overrule** vt (judgment, decision) annuler ◆ **overrun** pret *overran*, ptp *overrun* vi (programme) dépasser l'heure prévue (*by* de) ◆ **overseas** 1 adv outre-mer; (abroad) à l'étranger 2 adj (market) d'outre-mer; (trade) extérieur; (visitor) étranger, [f] -ère; (aid) aux pays étrangers ◇ **Ministry of O~ Development** ≃ ministère [m] de la Coopération ◆ **oversee** pret *oversaw*, ptp *overseen* vt surveiller ◆ **overshadow** vt (fig) éclipser ◆ **overshoot** pret, ptp *overshot* vt dépasser ◆ **oversight** n omission [f] ◆ **oversimplify** vt simplifier à l'extrême ◆ **oversleep** pret, ptp *overslept* vi dormir trop longtemps ◆ **overspend** pret, ptp *overspent* vt dépenser au-dessus or au-delà de ◆ **overspill** n ◇ ~ **town** ville-satellite [f] ◆ **overstate** vt exagérer ◆ **overtake** pret *overtook*, ptp *overtaken* vt (car) doubler; (competitor) dépasser ◇ **~n by events** dépassé par les événements ◆ **overthrow** pret *overthrew*, ptp *overthrown* vt renverser ◆ **overtime** n heures [fpl] supplémentaires ◇ **to work ~** faire des heures supplémentaires ◆ **overtone** n accent [m], note [f] ◆ **overturn** 1 vt (gen) renverser; (boat) faire chavirer 2 vi (of vehicle) se retourner; (of boat) chavirer ◆ **overview** n vue [f] d'ensemble ◆ **overweight** adj trop gros, [f] grosse ◇ **to be 5 kilos ~** peser 5 kilos de trop ◆ **overwhelmed** adj (embarrassed) tout confus; (happy) au comble de la joie; (sad) accablé ◆ **overwhelming** adj (victory, majority) écrasant; (desire) irrésistible; (sorrow) accablant ◆ **overwork** 1 n surmenage [m] 2 vi se surmener ◆ **overwrought** adj excédé.

overt [əʊ'vɜːt] adj non déguisé.

overture ['əʊvətjʊə^r] n (Mus, fig) ouverture [f].

owe [əʊ] vt devoir (*to* à).

owing ['əʊɪŋ] 1 adj dû ◇ **the amount ~ on...** ce qui reste dû sur...; **the money ~ to me** la somme qu'on me doit 2 ◇ ~ **to** prep en raison de.

owl [aʊl] n hibou [m].

own [əʊn] 1 adj, pron propre (before n) ◇ **his ~ car, a car of his ~** sa propre voiture; **his very ~ house, a house of his very ~** une maison bien à lui; **he does his ~ cooking** il fait sa cuisine lui-même; **the house has its ~ garage** la maison a son garage particulier; (Ftbl) ~ **goal** but [m] contre son propre camp; **that's my ~** c'est à moi; **a charm all its ~** un charme qui lui est propre; **money of my ~** de l'argent à moi; **all on one's ~** tout seul; (fig) **you're on your ~ now!** à toi de jouer!; **to get one's ~ back** prendre sa revanche (*on* sur; *for* de) 2 vti a (possess: gen) posséder; (house, company) être le (or la) propriétaire de ◇ **who ~s this?** à qui est-ce que cela appartient? b (acknowledge) reconnaître (*that* que) ◇ **to ~ to a mistake** reconnaître avoir commis une erreur; **to ~ up** avouer ◆ **owner** n propriétaire [mf] ◇ **at ~'s risk** aux risques du client ◆ **owner-occupier** n occupant [m] propriétaire ◆ **ownership** n possession [f].

ox [ɒks] n, pl **oxen** bœuf [m].

oxide ['ɒksaɪd] n oxyde [m].

oxtail ['ɔksteɪl] n ◇ ~ **soup** soupe [f] à la queue de bœuf.

oxygen ['ɒksɪdʒən] n oxygène [m] ◇ ~ **mask** masque [m] à oxygène.

oyster ['ɔɪstə^r] n huître [f] ◇ ~ **bed** banc [m] d'huîtres.

oz abbr of *ounce(s)*.

ozone ['əʊzəʊn] n ozone [m] ◇ ~ **layer** couche [f] d'ozone ◆ **ozone-friendly** adj qui ne détruit pas l'ozone.

p

P, p [pi:] n **a** (letter) P, p [m] **b** abbr of *penny* or *pence*.

PA [pi:'eɪ] n **a** abbr of *personal assistant* assistant(e) [mf] particulier, [f] -ière, secrétaire [mf] particulier, [f] -ière **b** abbr of *public address system* → **public.**

p.a. abbr of *per annum* → **per.**

pa [pɑ:] n [famil] papa [m].

pace [peɪs] **1** n pas [m] ◇ **at a good** ~ d'un bon pas, à vive allure; **at a walking** ~ au pas **2** vti (room, **street**) arpenter ◇ **to** ~ **up and down** faire les cent pas ◆ **pacemaker** n stimulateur [m] cardiaque.

Pacific [pə'sɪfɪk] **1** n Pacifique [m] **2** adj pacifique ◇ **the P~ (Ocean)** l'océan [m] Pacifique, le Pacifique.

pacifist ['pæsɪfɪst] adj, n pacifiste [mf].

pacify ['pæsɪfaɪ] vt (person) apaiser; (country) pacifier.

pack [pæk] **1** n **a** (rucksack) sac [m] (d'ordonnance); (packet) paquet [m] **b** (of hounds) meute [f]; (of wolves, thieves) bande [f]; (of cards) jeu [m] ◇ ~ **of lies** tissu [m] de mensonges **c** (Rugby) pack [m] **2** vti (wrap etc) emballer; (crush down) tasser; (fill: suitcase etc) remplir (*with* de) ◇ **to** ~ **one's case** faire sa valise; **to** ~ **one's bags, to** ~ faire ses bagages; **to** ~ **sth away** ranger qch; **to** ~ **sth up** (clothes etc) mettre qch dans une valise; (wrap) emballer qch; (give up) **to** ~ **sth in** [famil] or **up** [famil] laisser tomber [famil] qch; ~**ed lunch** repas [m] froid; ~**ed like sardines** serrés comme des sardines; **they** ~**ed the hall to see him** ils se pressaient dans la salle pour le voir; **they all** ~**ed into the car** ils se sont tous entassés dans la voiture; ~**ed (with people)** bondé; ~**ed out** (theatre) comble; **I'm** ~**ed** j'ai fait mes valises; **to** ~ **up** [famil] (give up and go) plier bagage; **to** ~ **up** [famil] or **in** [famil] (machine etc) tomber en panne; (send) **to** ~ **sb off to** expédier qn à.

package ['pækɪdʒ] n paquet [m] ◇ ~ **deal** marché [m] global; ~ **holiday** ~ **tour** voyage [m] organisé ◆ **packaging** n emballage [m].

packet ['pækɪt] n (gen) paquet [m]; (of nuts, sweets) sachet [m] ◇ **to cost a** ~[famil] coûter une fortune; **to make a** ~[famil] toucher un (gros) paquet.

packing ['pækɪŋ] n ◇ **to do one's** ~ faire ses bagages; ~ **case** caisse [f] d'emballage.

pact [pækt] n pacte [m], traité [m].

pad [pæd] **1** n (writing ~) bloc [m] (de papier à lettres); (note~) bloc-notes [m]; (for protection) coussinet [m]; (for inking) tampon [m] encreur; (launching ~) rampe [f] (de lancement); (sanitary towel) serviette [f] hygiénique **2** vti (gen) rembourrer ◇ ~**ded cell** cabanon [m]; ~**ded envelope** enveloppe [f] matelassée; **to** ~ **along** marcher à pas feutrés ◆ **padding** n rembourrage [m]; (in book etc) délayage [m].

paddle ['pædl] **1** n pagaie [f] ◇ ~ **steamer** bateau [m] à roues **2** vti (walk) barboter ◇ **to** ~ **a canoe** pagayer; **paddling pool** bassin [m] pour enfants; (for garden) petite piscine [f] *(démontable)*.

paddock ['pædək] n enclos [m]; (Racing) paddock [m].

paddy ['pædɪ] n ◇ ~ **field** rizière [f].

padlock ['pædlɒk] n (gen) cadenas [m]; (on cycle) antivol [m].

padre ['pɑ:drɪ] n (Mil etc) aumônier [m].

paediatrician, (US) **pediatrician** [,pi:dɪə'trɪʃən] n pédiatre [mf].

paediatrics, (US) **pediatrics** [,pi:dɪ'ætrɪks] n pédiatrie [f].

pagan ['peɪgən] adj, n païen(ne) [m(f)].

page [peɪdʒ] 1 n a page [f] ◇ **on ~ 10** à la page 10 b (~ **boy**: in hotel) groom [m]; (at court) page [m] 2 vt appeler.

pageant ['pædʒənt] n spectacle [m] historique ◆ **pageantry** n apparat [m].

paid [peɪd] pret, ptp of *pay*.

pail [peɪl] n seau [m].

pain [peɪn] n a douleur [f] ◇ **to be in (great) ~** souffrir (beaucoup); **I have a ~ in my shoulder** j'ai mal à l'épaule; **he's a ~ in the neck** [famil] il est casse-pieds [famil] b ◇ (trouble) **to take ~s to do sth** faire qch très soigneusement; **to take (great) ~s not to do sth** prendre (grand) soin de ne pas faire qch; **to spare no ~s** ne pas ménager ses efforts (*to do* pour faire) ◆ **painful** adj (wound) douloureux, [f] -euse; (sight, duty) pénible ◆ **painfully** adv (throb) douloureusement; (walk) péniblement; (famil: thin) terriblement [famil] ◆ **painkiller** n calmant [m] ◆ **painless** adj (extraction, childbirth) sans douleur; (experience) pas trop méchant [famil] ◆ **painstaking** adj (work) soigné; (person) appliqué ◆ **painstakingly** adv avec soin.

paint [peɪnt] 1 n peinture [f] ◇ **~s** couleurs [fpl] 2 vti peindre ◇ **to ~ a wall red** peindre un mur en rouge; (fig) **to ~ the town red** faire la bringue [famil] ◆ **paintbox** n boîte [f] de couleurs ◆ **paintbrush** n pinceau [m] ◆ **painter** n peintre [m] ◇ **~ and decorator** peintre décorateur ◆ **painting** n (picture) tableau [m]; (activity) peinture [f] ◆ **paintpot** n pot [m] de peinture ◆ **paint-spray** n pulvérisateur [m] (de peinture); (aerosol) bombe [f] de peinture ◆ **paint-stripper** n décapant [m] ◆ **paintwork** n peintures [fpl].

pair [pɛəʳ] 1 n paire [f]; (man and wife) couple [m] ◇ **a ~ of trousers** un pantalon; **a ~ of scissors** une paire de ciseaux; **to ~ of you** [famil]/**them** [famil] vous/eux deux; **in ~s** par deux 2 vi ◇ **to ~ off** s'arranger deux par deux.

pajamas [pə'dʒɑːməz] npl (US) pyjama [m].

Pakistan [ˌpɑːkɪs'tɑːn] n Pakistan [m] ◇ **in** or **to ~** au Pakistan.

Pakistani [ˌpɑːkɪs'tɑːnɪ] 1 adj pakistanais 2 n Pakistanais(e) [m(f)].

pal [pæl] n [famil] copain [famil] [m], copine [famil] [f].

palace ['pælɪs] n palais [m] *(bâtiment)*.

palatable ['pælətəbl] adj (food) agréable au goût; (fact) acceptable.

palate ['pælɪt] n palais [m] *(bouche)*.

palaver [pə'lɑːvəʳ] n [famil] (fuss) histoires [famil] [fpl].

pale [peɪl] 1 adj pâle ◇ **~ blue** bleu pâle [inv] 2 vi pâlir.

Palestine ['pælɪstaɪn] n Palestine [f] ◆ **Palestinian** 1 adj palestinien, [f] -ienne 2 n Palestinien(ne) [m(f)].

palette ['pælɪt] n palette [f].

paling ['peɪlɪŋ] n (fence) palissade [f].

pall [pɔːl] 1 vi perdre son charme (*on* pour) 2 n (of smoke) voile [m].

pallet ['pælɪt] n palette [f].

pallid ['pælɪd] adj blême.

palm [pɑːm] 1 n a (tree) palmier [m]; (branch) palme [f]; (Rel) rameau [m] ◇ **P~ Sunday** dimanche [m] des Rameaux b (of hand) paume [f] 2 vt ◇ **to ~ sth off** refiler [famil] qch (*on sb* à qn).

palmistry ['pɑːmɪstrɪ] n chiromancie [f].

palpable ['pælpəbl] adj (error etc) manifeste.

palpitate ['pælpɪteɪt] vi palpiter ◆ **palpitation(s)** n(pl) palpitation(s) [f(pl)].

paltry ['pɔːltrɪ] adj dérisoire.

pamper ['pæmpəʳ] vt dorloter, choyer.

pamphlet ['pæmflɪt] n brochure [f].

pan [pæn] n casserole [f] ◇ **frying ~** poêle [f]; **roasting ~** plat [m] à rôtir; **~ scrubber** tampon [m] à récurer.

pan... [pæn] prefix pan... ◆ **Pan-African** adj panafricain.

Panama ['pænəˌmɑː] n Panama [m].

pancake ['pænkeɪk] n crêpe [f] ◇ **P~ Tuesday** Mardi [m] gras.

pancreas ['pæŋkrɪəs] n pancréas [m].

panda ['pændə] n panda [m] ◇ **~ car** ≃ voiture [f] pie [inv] *(de la police)*.

pandemonium [ˌpændɪ'məʊnɪəm] n tohu-bohu [m].

pander ['pændəʳ] vi ◇ **to ~ to sb** se prêter aux exigences de qn.

pane [peɪn] n vitre [f], carreau [m].

panel ['pænl] n a (of door) panneau [m]; (of dress) pan [m] ◇ **instrument ~** tableau [m] de bord b (Rad, TV etc) (gen) invités [mpl]; (for game) jury [m]; (committee) comité [m] ◇ **~ game** jeu [m] radiophonique (or télévisé) ◆ **panelling** n lambris [m] ◆ **panellist** n (Rad, TV) invité(e) [m(f)].

pang [pæŋ] n ◇ **~s of conscience** remords [mpl]; **without a ~** sans regret; **~s of hunger** tiraillements [mpl] d'estomac.

panic ['pænɪk] 1 n panique [f], affolement [m] ◇ **to get into a ~** s'affoler; **~ buying** approvisionnements [mpl] sauvages; **it was ~ stations** [famil] ça a été la panique générale 2 vi s'affoler ◇ **don't ~!** [famil] pas d'affolement! ◆ **panicky** adj (report) alarmiste; (person) paniquard [famil] ◆ **panic-stricken** adj affolé.

pannier ['pænɪəʳ] n (of cycle) sacoche [f].

panorama [ˌpænə'rɑːmə] n panorama [m] ◆ **panoramic** adj panoramique.

pansy ['pænzɪ] n pensée [f] *(fleur)*.

pant [pænt] vi haleter ◇ **to ~ for breath** chercher à reprendre son souffle.

pantechnicon [pæn'teknɪkən] n grand camion [m] de déménagement.

panther ['pænθəʳ] n panthère [f].

panties ['pæntɪz] npl [famil] slip [m] *(de femme).*

pantihose ['pæntɪ,həʊz] npl (US) collant [m].

pantomime ['pæntəmaɪm] n spectacle [m] de Noël.

pantry ['pæntrɪ] n garde-manger [m inv].

pants [pænts] npl (underwear) slip [m]; (trousers) pantalon [m].

papacy ['peɪpəsɪ] n papauté [f].

papal ['peɪpəl] adj papal.

paper ['peɪpəʳ] 1 n a papier [m] ◇ **a piece of ~** (bit) un bout de papier; (sheet) une feuille de papier; (document) un papier; **to put sth down on ~** mettre qch par écrit b (newspaper) journal [m] c (exam) épreuve [f] écrite; (written answers) copie [f] d (scholarly work) article [m]; (at seminar) exposé [m]; (at conference) communication [f] 2 adj (gen) en papier, de papier; (plates, cups) en carton; (industry) du papier ◇ **~ bag** sac [m] en papier; **~ clip** trombone [m]; **~ cup** gobelet [m] en carton; **~ knife** coupe-papier [m inv]; **~ money** papier-monnaie [m]; **~ shop** [famil] marchand [m] de journaux; **~ work** paperasserie [f] (pej) 3 vt (room) tapisser ◆ **paperback** n livre [m] de poche ◆ **paperboy** n livreur [m] de journaux ◆ **paperweight** n presse-papiers [m inv].

paprika ['pæprɪkə] n paprika [m].

par [pɑːʳ] n ◇ **to be on a ~ with** aller de pair avec; **to feel below ~** ne pas se sentir en forme.

parable ['pærəbl] n parabole [f].

paracetamol [pærə'siːtəmɒl] n paracétamol [m].

parachute ['pærəʃuːt] 1 n parachute [m] ◇ **~ drop**, **~ landing** parachutage [m]; **~ jump** saut [m] en parachute 2 vi descendre en parachute 3 vt parachuter ◆ **parachutist** n parachutiste [mf].

parade [pə'reɪd] 1 n (procession) défilé [m]; (ceremony) parade [f] ◇ **to be on ~** défiler; **~ ground** terrain [m] de manœuvres; **fashion ~** présentation [f] de collections 2 vi défiler ◇ (fig) **to ~ about** [famil] se balader [famil].

paradise ['pærədaɪs] n paradis [m].

paradox ['pærədɒks] n paradoxe [m] ◆ **paradoxically** adv paradoxalement.

paraffin ['pærəfɪn] n (fuel) pétrole [m] ◇ **liquid ~** huile [f] de paraffine; **~ lamp** lampe [f] à pétrole.

paragraph ['pærəgrɑːf] n paragraphe [m] ◇ **'new ~'** 'à la ligne'.

Paraguay ['pærəgwaɪ] n Paraguay [m] ◆ **Paraguayan** 1 adj paraguayen, [f] -enne 2 n Paraguayen(ne) [m(f)].

parallel ['pærəlel] 1 adj parallèle (*with, to* à) ◇ **to run ~ to** être parallèle à 2 n (on map) parallèle [m]; (Math) parallèle [f] ◇ (fig) **to draw a ~ between** établir un parallèle entre.

paralysis [pə'ræləsɪs] n paralysie [f].

paralyze ['pærəlaɪz] vt paralyser ◇ **his arm is ~d** il est paralysé du bras; **~d with fear** paralysé de peur.

paramilitary [,pærə'mɪlɪtərɪ] adj paramilitaire.

paramount ['pærəmaʊnt] adj (importance) suprême.

paranoia [,pærə'nɔɪə] n paranoïa [f] ◆ **paranoiac, paranoid** adj, n paranoïaque [mf].

parapet ['pærəpɪt] n parapet [m].

paraphernalia [,pærəfə'neɪlɪə] npl attirail [m].

paraphrase ['pærəfreɪz] vt paraphraser.

paraplegic [,pærə'pliːdʒɪk] n paraplégique [mf].

parasite ['pærəsaɪt] n parasite [m].

parasol [,pærə'sɒl] n ombrelle [f]; (over table etc) parasol [m].

paratroops ['pærətruːps] npl parachutistes [mpl].

parcel ['pɑːsl] 1 n colis [m], paquet [m] ◇ **~ bomb** paquet piégé; **by ~ post** par colis postal 2 vt (**~ up**) empaqueter ◇ **to ~ out** partager; (land) lotir.

parched [pɑːtʃt] adj (land) desséché ◇ (of person) **to be ~** mourir de soif.

parchment ['pɑːtʃmənt] n parchemin [m].

pardon ['pɑːdn] 1 n pardon [m] ◇ (Law) **free ~** grâce [f]; **general ~** amnistie [f] 2 vt pardonner (*sb for sth* qch à qn; *sb for doing* à qn d'avoir fait); (Law) gracier 3 excl (apologizing) pardon!; (not having heard) comment?

pare [pɛəʳ] vt (fruit) peler.

parent ['pɛərənt] n père [m] or mère [f] ◇ **his ~s** ses parents [mpl]; **~-teacher association** association [f] des parents d'élèves et des professeurs; **~ company** maison [f] mère.

parental [pə'rentl] adj parental.

parenthesis [pə'renθɪsɪs], pl **-eses** n parenthèse [f] ◇ **in ~** entre parenthèses.

Paris ['pærɪs] n Paris.

parish ['pærɪʃ] n paroisse [f]; (civil) commune [f] ◇ **~ church** église [f] paroissiale ◆ **parishioner** n paroissien(ne) [m(f)].

Parisian [pə'rɪzɪən] 1 adj parisien, [f] -ienne 2 n Parisien(ne) [m(f)].

parity ['pærɪtɪ] n parité [f].

park [pɑ:k] 1 n parc [m] ◇ ~ **keeper** gardien [m] de parc 2 vt (car) garer 3 vi se garer ◇ **I'm ~ed by the church** je suis garé près de l'église ◆ **parking** n stationnement [m] ◇ **'no ~'** 'stationnement interdit'; ~ **attendant** gardien [m] de parking; ~ **lights** feux [mpl] de position; ~ **lot** parking [m]; ~ **meter** parcmètre [m]; **I couldn't find a ~ place** je n'ai pas pu trouver de place pour me garer; ~ **ticket** contravention [f].

parliament ['pɑ:ləmənt] n parlement [m] ◇ **to go into P~** se faire élire député → **house, member** ◆ **parliamentary** adj (gen) parlementaire; (election) législatif, [f] -ive.

parlour, (US) **parlor** ['pɑ:lə^r] n salon [m] ◇ ~ **game** jeu [m] de société.

parmesan [,pɑ:mɪ'zæn] n parmesan [m].

parochial [pə'rəʊkɪəl] adj paroissial; (fig: narrow) de clocher.

parody ['pærədɪ] n parodie [f].

parole [pə'rəʊl] n ◇ (Law) **on ~** en liberté conditionnelle.

parquet ['pɑ:keɪ] n parquet [m].

parrot ['pærət] n perroquet [m] ◇ ~ **fashion** comme un perroquet.

parsimonious [,pɑ:sɪ'məʊnɪəs] adj parcimonieux, [f] -ieuse.

parsley ['pɑ:slɪ] n persil [m] ◇ ~ **sauce** sauce [f] persillée.

parsnip ['pɑ:snɪp] n panais [m].

parson ['pɑ:sn] n pasteur [m] ◇ (poultry) **~'s nose** croupion [m] ◆ **parsonage** n presbytère [m].

part [pɑ:t] 1 n (gen) partie [f]; (of machine etc) pièce [f]; (of serial) épisode [m]; (in play) rôle [m]; (of verb) temps [m] ◇ **in ~** en partie; **for the most ~** dans l'ensemble; **to be ~ of** faire partie de; **to be ~ and parcel of** faire partie (intégrante) de; **the hundredth ~** le centième; **the funny ~ of it is that...** le plus drôle dans l'histoire c'est que...; **three ~s water to one ~ milk** trois mesures d'eau pour une de lait; ~ **exchange** reprise [f] en compte; **to take sth in ~ exchange** reprendre qch en compte; ~ **owner** copropriétaire [mf]; ~ **payment** règlement [m] partiel; ~ **song** chant [m] à plusieurs voix; ~ **of speech** catégorie [f] grammaticale; **in this ~ of the world** par ici; **he had a large ~ in organizing...** il a joué un grand rôle dans l'organisation de...; **she had some ~ in it** elle y était pour quelque chose; **to take ~ in** participer à; **to take sb's ~** prendre parti pour qn; **for my ~** pour ma part; **to take sth in good ~** prendre qch du bon côté 2 adv en partie ◇ ~ **French** en partie français 3 vt (gen) séparer ◇ **to ~ one's hair on the side** se faire une raie sur le côté; **to ~ company with** fausser compagnie à 4 vi (of friends) se quitter; (of couple) se séparer ◇ **to ~ from sb** se séparer de qn; **to ~ with** (money) débourser; (possessions) se défaire de ◆ **partly** adv en partie ◆ **part-time** adj, adv à temps partiel.

partial ['pɑ:ʃəl] adj (in part) partiel, [f] -ielle; (biased) partial (*towards* envers) ◇ **to be ~ to** [famil] avoir un faible pour ◆ **partially** adv en partie.

participant [pɑ:'tɪsɪpənt] n participant(e) [m(f)].

participate [pɑ:'tɪsɪpeɪt] vi participer (*in* à) ◆ **participation** n participation [f] (*in* à).

participle ['pɑ:tɪsɪpl] n participe [m].

particle ['pɑ:tɪkl] n particule [f].

particular [pə'tɪkjʊlə^r] 1 adj a (special) particulier, [f] -ière; (own special) personnel, [f] -elle ◇ **that ~ book** ce livre-là; **her ~ choice** son choix personnel; **in this ~ case** dans ce cas particulier; **a ~ friend of his** un de ses meilleurs amis b (fussy) difficile (*about* en ce qui concerne) ◇ **I'm not ~** cela m'est égal 2 n a ◇ **in ~** en particulier b ◇ (detail) **in every ~** en tout point; **~s** (information) détails [mpl]; (description) description [f]; (name, address) nom [m] et adresse [f]; **for further ~s** pour plus amples renseignements ◆ **particularly** adv en particulier.

parting ['pɑ:tɪŋ] n séparation [f]; (in hair) raie [f] ◇ **the ~ of the ways** la croisée des chemins; ~ **gift** cadeau [m] d'adieu.

partisan [,pɑ:tɪ'zæn] n partisan [m].

partition [pɑ:'tɪʃən] 1 n a cloison [f] b (Pol) partition [f] 2 vt (country) partager; (~ **off**: room) cloisonner.

partner ['pɑ:tnə^r] n (business etc) associé(e) [m(f)]; (Sport) partenaire [mf]; (Dancing) cavalier [m], [f] -ière ◇ **senior ~** associé principal; **junior ~** associé adjoint ◆ **partnership** n association [f] ◇ **in ~** en association (*with* avec).

partridge ['pɑ:trɪdʒ] n perdrix [f]; (food) perdreau [m].

party ['pɑ:tɪ] 1 n a (Pol etc) parti [m]; (group) groupe [m]; (of workmen) équipe [f]; (Mil) détachement [m] ◇ ~ **line** ligne [f] du parti; ~ **political broadcast** ≃ 'tribune [f] libre'; (Law) **third ~** tiers [m]; **innocent ~** innocent(e) [m(f)]; **to be (a) ~ to** être mêlé à b (celebration) surprise-partie [f]; (more formal) réception [f] ◇ **to give a ~** inviter des amis; (more formally) donner une soirée; **birthday ~** fête [f] d'anniversaire; **dinner ~** dîner [m]; **tea ~** thé [m]; ~ **dress** robe [f] habillée c ◇ (Telec) ~ **line** ligne [f] commune à deux abonnés; ~ **wall** mur [m] mitoyen 2 vi (US: go out) sortir, aller danser.

pass [pɑ:s] **1** n **a** (permit: for entry) laissez-passer [m inv]; (Rail etc) carte [f] d'abonnement; (safe conduct) sauf-conduit [m] **b** (in mountains) col [m], défilé [m] **c** ◇ (in exam) ~ **mark** moyenne [f] (*in* en); **to get a** ~ avoir la moyenne; ~ **degree** licence [f] libre **d** (Ftbl etc) passe [f] ◇ (fig) **he made a** ~ [famil] **at her** il lui a fait du plat [famil].
2 vti **a** (got past: often ~ **along**, ~ **by** etc) passer (*through* par); (of procession) défiler ◇ **to** ~ **a church** passer devant une église; **to** ~ **sb** (meet) croiser; (overtake) dépasser; (in car) doubler; **to** ~ **customs** passer la douane; **I'm only** ~**ing through** je ne fais que passer; **a** ~**ing car** une voiture qui passe; ~**ing-out parade** défilé [m] de promotion; **she would** ~ **for 20** on lui donnerait 20 ans; **he let it** ~ il l'a laissé passer; **the estate** ~**ed to...** la propriété est revenue à...; **how time** ~**es!** comme le temps passe vite!; **to** ~ **away, to** ~ **on** (die) mourir; **to** ~ **by** passer à côté; **everything** ~**ed off smoothly** tout s'est bien passé; **to** ~ **sth off as...** faire passer qch pour...; **to** ~ **on to sth new** passer à qch de nouveau; **to** ~ **out** s'évanouir; (drunk) tomber ivre mort; **to** ~ **over Paul in favour of Robert** préférer Robert à Paul; **to** ~ **up an opportunity** laisser passer une occasion **b** (transmit: object) passer (*to* à); (opinion) émettre; (comment) faire ◇ ~ **me the box** passez-moi la boîte; **to** ~ **sth along, to** ~ **sth round** faire passer qch; (fig) **to** ~ **round the hat** faire la quête; **to** ~ **sth back** rendre qch; **to** ~ **sth on** faire passer qch (*to* à); (old clothes etc) repasser qch (*to* à); (infection) passer (*to* à); (news) faire circuler; (message) transmettre; (Ftbl) **to** ~ **the ball** faire une passe; **to** ~ **blood** avoir du sang dans les urines; **to** ~ **water** uriner; **to** ~ **judgment** prononcer un jugement (*on* sur); (Law) **to** ~ **sentence** prononcer une condamnation (*on* contre).
c (afternoon etc) passer ◇ **to** ~ **the evening reading** passer la soirée à lire.
d (exam) être reçu à; (candidate) recevoir; (in Parliament: bill) voter; (of censors: film etc) autoriser ◇ **to** ~ **in French** être reçu en français; (of doctor) **to** ~ **sb fit for work** déclarer qn en état de reprendre le travail.

passable ['pɑ:səbl] adj (work etc) passable; (road) praticable; (river) franchissable.

passage ['pæsɪdʒ] n (most senses) passage [m]; (by boat) traversée [f]; (corridor) couloir [m] ◇ **with the** ~ **of time** avec le temps ◆ **passageway** n passage [m].

passenger ['pæsɪndʒə^r] n (gen) passager [m], [f] -ère; (in train) voyageur [m], [f] -euse ◇ (in car) ~ **seat** siège [m] du passager; ~ **train** train [m] de voyageurs.

passer-by ['pɑ:sə'baɪ] n passant(e) [m(f)].

passion ['pæʃən] n passion [f] ◇ **to have a** ~ **for music** avoir la passion de la musique; **P**~ **play** mystère [m] de la Passion ◆ **passionate** adj passionné ◆ **passionnately** adv passionnément ◇ **to be** ~ **fond of** adorer.

passive ['pæsɪv] adj (all senses) passif, [f] -ive ◇ (Gram) **in the** ~ au passif; ~ **smoking** tabagisme [m] passif.

passkey ['pɑ:skɪ:] n passe-partout [m inv].

Passover ['pɑ:səʊvə^r] n pâque [f] *(des Juifs)*.

passport ['pɑ:spɔ:t] n passeport [m].

password ['pɑ:swɜ:d] n mot [m] de passe.

past [pɑ:st] **1** n passé [m] ◇ **in the** ~ autrefois; (Gram) au passé; **it's a thing of the** ~ cela n'existe plus, c'est fini **2** adj passé ◇ **the** ~ **week** la semaine dernière; **the** ~ **few days** ces derniers jours; ~ **president** ancien président; **to be a** ~ **master at sth** avoir l'art de faire qch; (Gram) **in the** ~ **tense** au passé **3** prep **a** (in time) plus de ◇ **it is** ~ **11 o'clock** il est plus de 11 heures; (Brit) **half** ~ **three** trois heures et demie; **at 20** ~ **3** à 3 heures 20; **she is** ~ **60** elle a plus de 60 ans **b** ◇ (beyond) **just** ~ **the post office** un peu plus loin que la poste; ~ **all belief** incroyable; **I'm** ~ **caring** je ne m'en fais plus; **he's a bit** ~ **it** [famil] il n'est plus dans la course [famil]; **that cake is** ~ **its best** ce gâteau n'est plus si bon; **I wouldn't put it** ~ **her** cela ne m'étonnerait pas d'elle **c** (in front of) devant ◇ **to go** ~ **the house** passer devant la maison **4** adv devant ◇ **to go** ~ passer.

pasta ['pæstə] n pâtes [fpl].

paste [peɪst] **1** n **a** (gen) pâte [f]; (of meat etc) pâté [m] ◇ **almond** ~ pâte d'amandes; **tomato** ~ concentré [m] de tomate **b** (glue) colle [f] (de pâte) ◇ ~ **jewellery** bijoux [mpl] en strass **2** vt coller; (wallpaper) enduire de colle ◇ **to** ~ **up a list** afficher une liste.

pastel ['pæstəl] **1** n pastel [m] **2** adj pastel [inv].

pasteurize ['pæstəraɪz] vt pasteuriser.

pastime ['pɑ:staɪm] n passe-temps [m inv].

pastor ['pɑ:stə^r] n pasteur [m].

pastry ['peɪstrɪ] n pâte [f]; (cake) pâtisserie [f] ◇ ~ **case** croûte [f] ◆ **pastrycook** n pâtissier [m], [f] -ière.

pasture ['pɑ:stʃə^r] n pâturage [m].

1. **pasty** ['peɪstɪ] adj (face) terreux, [f] -euse.

2. **pasty** ['pæstɪ] n petit pâté [m].

pat [pæt] **1** vt tapoter; (animal) caresser **2** n **a** petite tape [f]; (on animal) caresse [f] ◇ **to give o.s. a** ~ **on the back** s'applaudir **b** ◇ ~ **of butter** noix [f] de beurre **3** adv ◇ **to answer** ~ avoir une réponse toute prête; **to know sth off** ~ savoir qch sur le bout du doigt.

patch [pætʃ] 1 n a (for clothes) pièce [f]; (for tube, airbed) rustine [f]; (over eye) cache [m] ◇ **he isn't a ~ on his brother** [famil] il n'arrive pas à la cheville de son frère b (of colour) tache [f]; (of vegetables) carré [m]; (of ice) plaque [f]; (of mist) nappe [f] ◇ **a damp ~** une tache d'humidité; (fig) **bad ~es** moments [mpl] difficiles 2 vt (clothes) rapiécer; (tyre) réparer ◇ **to ~ up** (machine) rafistoler [famil]; (famil: marriage) replâtrer [famil]; **to ~ up a quarrel** se raccommoder ◆ **patchwork** n patchwork [m] ◆ **patchy** adj inégal.

patent ['peɪtənt] n brevet [m] d'invention ◇ **~ medicine** spécialité [f] pharmaceutique; **~ leather** cuir [m] verni ◆ **patently** adv manifestement.

paternal [pə'tɜ:nl] adj paternel, [f] -elle.

paternity [pə'tɜ:nɪtɪ] n paternité [f].

path [pɑ:θ] n (gen) sentier [m]; (in garden) allée [f]; (of river) cours [m]; (of missile, planet) trajectoire [f] ◆ **pathway** n sentier [m].

pathetic [pə'θetɪk] adj pitoyable.

pathological [ˌpæθə'lɒdʒɪkəl] adj pathologique.

pathology [pə'θɒlədʒɪ] n pathologie [f].

pathos ['peɪθɒs] n pathétique [m].

patience ['peɪʃəns] n patience [f] ◇ **to have ~** être patient; (on one occasion) prendre patience; **to lose ~** s'impatienter (*with sb* contre qn); **I have no ~ with them** ils m'exaspèrent; (Cards) **to play ~** faire des réussites ◆ **patient** 1 adj patient 2 n (Med) patient(e) [m(f)]; (in hospital) malade [mf] ◆ **patiently** adv patiemment.

patio ['pætɪəʊ] n patio [m].

patriot ['peɪtrɪət] n patriote [mf] ◆ **patriotic** adj patriotique; (person) patriote ◆ **patriotism** n patriotisme [m].

patrol [pə'trəʊl] 1 n patrouille [f] ◇ (Police) **~ car** voiture [f] de police 2 vt (district) patrouiller dans ◆ **patrolman** n a (US) agent [m] de police b dépanneur [m].

patron ['peɪtrən] n (of shop, hotel) client(e) [m(f)]; (of theatre) habitué(e) [m(f)]; (of artist) protecteur [m], [f] -trice ◇ **~ saint** saint(e) patron(ne) [m(f)] ◆ **patronize** vt a traiter avec condescendance b (shop) être client de ◆ **patronizing** adj condescendant.

patter ['pætə^r] 1 n (talk) baratin [famil] [m]; (of rain etc) crépitement [m]; (of footsteps) petit bruit [m] 2 vi (of rain etc) crépiter (*on* contre).

pattern ['pætən] n (design: on wallpaper etc) dessin(s) [m(pl)], motif [m]; (Sewing etc: **paper ~**) patron [m]; (Knitting etc) modèle [m]; (sample) échantillon [m] ◇ **on the ~ of** sur le modèle de; **behaviour ~s** types [mpl] de comportement; **~ book** (of material etc) album [m] d'échantillons; (Sewing) album de modes ◆ **patterned** adj à motifs.

paunch [pɔ:ntʃ] n panse [f].

pauper ['pɔ:pə^r] n indigent(e) [m(f)].

pause [pɔ:z] 1 n (gen) pause [f]; (Mus) silence [m] 2 vi s'arrêter un instant.

pave [peɪv] vt paver ◇ **paving stone** pavé [m]; (fig) **to ~ the way** préparer le chemin (*for* pour) ◆ **pavement** n (Brit) trottoir [m]; (US) chaussée [f].

pavilion [pə'vɪlɪən] n pavillon [m].

paw [pɔ:] n patte [f].

1. **pawn** [pɔ:n] n (Chess) pion [m].

2. **pawn** [pɔ:n] vt mettre en gage ◆ **pawnbroker** n prêteur [m] sur gages ◆ **pawnshop** n bureau [m] de prêteur sur gages.

pay [peɪ] (vb: pret, ptp *paid*) 1 n (gen) salaire [m]; (manual worker's) paie [f]; (soldier's etc) solde [f] ◇ **in the ~ of** à la solde de; **holidays with ~** congés [mpl] payés; **~ cheque** salaire [m]; **~ day** jour [m] de paie; **~ dispute** conflit [m] salarial; **~ rise** augmentation [f] de salaire; **~ packet** enveloppe [f] de paie; (fig) paie [f]; **~ phone** cabine [f] téléphonique.

2 vti a (money, person, bill) payer (*to do* à faire; *for doing* pour faire); (debt) régler; (interest) rapporter; (also **~ in, ~ down**: deposit) verser ◇ **to ~ sb £10** payer 10 livres à qn; **to ~ sb for sth** payer qch à qn; **to ~ £10 for sth** payer qch 10 livres; **to ~ a lot for sth** payer qch très cher; (fig) **he paid dearly for it** il l'a payé cher; **they ~ good wages** ils paient bien; **his job ~s well** il a un métier où on gagne bien sa vie; **I get paid on Fridays** je touche ma paie le vendredi; **to ~ money into an account** verser de l'argent à un compte; **to ~ back** rembourser; **to ~ sb back** or **out for sth** faire payer qch à qn; **to ~ off** (debts) régler; **to ~ off the staff** licencier le personnel; **to ~ off a grudge** régler un vieux compte; **it ~s off!** c'est payant!; **to ~ up** payer; (fig) **to ~ the penalty** subir les conséquences; (fig) **this paid dividends** ceci a porté ses fruits; **he likes to ~ his way** il aime payer sa part; **to put paid to** (plans) mettre par terre; (person) régler son compte à; **it will ~ you to...** vous gagnerez à...; **this business doesn't ~** cette affaire n'est pas rentable; **crime doesn't ~** le crime ne paie pas b (attention, compliments) faire; (homage) rendre → **visit.**

◆ **payable** adj payable ◇ **cheque ~ to** chèque [m] à l'ordre de ◆ **paying** adj (business) rentable ◇ **~ guest** pensionnaire [mf] ◆ **payment** n (gen) paiement [m]; (of bill, fee) règlement [m]; (of debt) remboursement [m] ◇ **on ~ of £50** moyennant la somme de 50 livres; **in ~ for** (goods) en règlement de; (work) en paiement de; (sb's efforts) en récompense de; **method of ~** mode [m] de règlement; **~ in kind** paiement [m] en nature ◆ **payoff** [famil] n remboursement [m]; (reward) récompense

[f] ◆ **payroll** n (list) registre [m] du personnel; (money) paie [f] (de tout le personnel) ◇ **to be on a firm's** ~ être employé par une société ◆ **payslip** n bulletin [m] de paie.

PAYE [ˌpi:eɪwaɪ'i:] (Brit) abbr of *Pay As You Earn: système de retenue des impôts à la source.*

PC [pɪ:'sɪ:] n **a** abbr of *personal computer* PC [m] **b** abbr of *police constable* → **police.**

pc **a** abbr of *per cent* → **per** **b** abbr of *postcard.*

pea [pi:] **1** n pois [m] ◇ **green** ~**s** petits pois; **they are as like as two** ~**s** ils se ressemblent comme deux gouttes d'eau **2** adj ◇ ~ **soup** soupe [f] aux pois ◆ **peagreen** adj vert pomme [inv] ◆ **peashooter** n sarbacane [f].

peace [pi:s] n paix [f] ◇ **in** ~ en paix; **at** ~ en paix (*with* avec); **in** ~ **time** en temps de paix; ~ **of mind** tranquillité [f] d'esprit; **leave him in** ~, **give him some** ~ laisse-le tranquille; (Law) **to disturb the** ~ troubler l'ordre public; ~ **march** marche [f] pour la paix; **P**~ **movement** Mouvement [m] pour la paix; ~ **talks** pourparlers [mpl] de paix; (fig) ~ **offering** cadeau [m] de réconciliation ◆ **peaceable** adj paisible ◆ **peaceful** adj (gen) paisible, tranquille; (demonstration) non-violent; (coexistence) pacifique ◇ **the** ~ **uses of atomic energy** l'utilisation pacifique de l'énergie nucléaire ◆ **peacefully** adv paisiblement ◆ **peace-keeping** adj (force) de maintien de la paix; (operation) de pacification ◆ **peace-loving** adj pacifique.

peach [pi:tʃ] **1** n pêche [f]; (~ **tree**) pêcher [m] **2** adj (colour) pêche [inv].

peacock ['pi:kɒk] n paon [m] ◇ ~ **blue** bleu paon [inv].

peak [pi:k] **1** n (mountain top) cime [f]; (mountain itself) pic [m]; (on graph) sommet [m]; (of career, power) apogée [m] ◇ **at its** ~ (gen) à son maximum; (fame etc) à son apogée **2** adj (demand, production) maximum; (hours) d'affluence; (period) de pointe **3** vi (of sales, demand) atteindre un niveau maximum.

peal [pi:l] n ◇ ~ **of bells** carillon [m]; ~ **of laughter** éclat [m] de rire.

peanut ['pi:nʌt] n cacahuète [f] ◇ ~ **butter** beurre [m] de cacahuètes; (fig) **it's just** ~**s** [famil] c'est une bagatelle; **to earn** ~**s** [famil] gagner des clopinettes [famil].

pear [pɛəʳ] n poire [f]; (~ **tree**) poirier [m].

pearl [pɜ:l] n perle [f] ◇ **mother of** ~ nacre [f]; **real** ~**s** perles fines; **cultured** ~**s** perles de culture; ~ **buttons** boutons [mpl] de nacre; ~ **diver** pêcheur [m], [f] -euse de perles; ~ **necklace** collier [m] de perles.

peasant ['pezənt] adj, n paysan(ne) [m(f)].

peat [pi:t] n tourbe [f].

pebble ['pebl] n caillou [m]; (on beach) galet [m].

peck [pek] **1** n coup [m] de bec; (hasty kiss) bise [famil] [f] **2** vti (gen) becqueter; (person) donner un coup de bec à ◇ **to** ~ **at** picorer; ~**ing order** hiérarchie [f] ◆ **peckish** adj [famil] ◇ **to be** ~ avoir un peu faim.

peculiar [pɪ'kju:lɪəʳ] adj (particular: importance, qualities) particulier, [f] -ière (*to* à); (odd) bizarre ◆ **peculiarity** n (distinctive feature) particularité [f]; (oddity) bizarrerie [f] ◆ **peculiarly** adv (specially) particulièrement; (oddly) étrangement.

pedal ['pedl] **1** n pédale [f] **2** vi pédaler ◆ **pedalbin** n poubelle [f] à pédale.

pedantic [pɪ'dæntɪk] adj pédant.

peddle ['pedl] vt (goods) colporter; (drugs) faire le trafic de ◆ **peddler** n (drug ~) revendeur [m], [f] -euse ◆ **pedlar** n (door to door) colporteur [m]; (in street) camelot [m].

pedestal ['pedɪstl] n piédestal [m].

pedestrian [pɪ'destrɪən] **1** n piéton [m] ◇ ~ **crossing** passage [m] pour piétons; ~ **precinct** zone [f] piétonnière **2** adj (fig) prosaïque.

pediatric etc = **paediatric** etc.

pedicure ['pedɪkjʊəʳ] n soins [mpl] des pieds.

pedigree ['pedɪgri:] n (of animal) pedigree [m]; (of person) ascendance [f] ◇ ~ **dog** chien [m] de race.

pee [famil] [pi:] vi faire pipi [famil].

peek [pi:k] n, vi = **peep.**

peel [pi:l] **1** n (of apple, potato) épluchure [f]; (of orange) écorce [f]; (in food etc) zeste [m] ◇ **candied** ~ écorce confite **2** vt (gen) éplucher; (shrimps) décortiquer ◇ **to** ~ **sth off** or **back** décoller qch **3** vi (of paint) s'écailler; (of skin) peler; (of wallpaper) se décoller ◆ **peeler** n éplucheur [m] ◆ **peelings** npl épluchures [fpl].

peep [pi:p] vi (also **take a** ~) jeter un petit coup d'œil (*at* à, sur; *into* dans) ◇ **he was** ~**ing at us from...** il nous regardait furtivement de... ◆ **peephole** n trou [m] (pour épier); (in door) œil [m] de porte ◆ **Peeping Tom** n voyeur [m].

1. **peer** [pɪəʳ] vi ◇ **to** ~ **at** regarder.

2. **peer** [pɪəʳ] n pair [m] ◆ **peerage** n pairie [f] ◇ **to be given a** ~ être anobli ◆ **peeress** n pairesse [f].

peeved ['pi:vd] adj [famil] en rogne [famil].

peevish ['pi:vɪʃ] adj maussade.

peg [peg] n (for coat, hat) patère [f]; (tent ~) piquet [m]; (clothes ~) pince [f] à linge; (wooden) cheville [f]; (metal) fiche [f] ◇ **I bought this off the** ~ c'est du prêt-à-porter; **to take sb down a** ~ **or two** rabattre le caquet à qn.

pejorative [pɪ'dʒɒrətɪv] adj péjoratif, [f] -ive.

Peking [pi:'kɪŋ] n Pékin.

pekin(g)ese [,pi:kɪ'ni:z] n pékinois [m].

pelican ['pelɪkən] n pélican [m] ◇ (Aut) ~ **crossing** feu [m] à commande manuelle.

pellet ['pelɪt] n (paper, bread) boulette [f]; (for gun) plomb [m]; (Med) pilule [f]; (chemicals) pastille [f].

pelmet ['pelmɪt] n (wooden) lambrequin [m]; (cloth) cantonnière [f].

pelt [pelt] vti **a** bombarder (*with* de) ◇ **it's ~ing with rain** il tombe des cordes [famil] **b** ◇ (famil: run) **to ~ across** (etc) traverser (etc) à fond de train.

pelvis ['pelvɪs] n bassin [m], pelvis [m].

pen [pen] n **a** plume [f]; (ball-point) stylo [m] à bille; (felt-tip) feutre [m]; (fountain ~) stylo ◇ **to put ~ to paper** écrire; ~ **name** pseudonyme [m] (littéraire) **b** (for animals) enclos [m]; (play~) parc [m] d'enfant ◆ **penfriend** or **pen pal** n correspondant(e) [m(f)] ◆ **penknife** n canif [m] ◆ **pen-pusher** n (pej) gratte-papier [famil] [m inv], rond-de-cuir [famil] [m].

penal ['pi:nl] adj (Law, clause, code) pénal; (offence) punissable; (colony) pénitentiaire ◆ **penalize** vt (punish) pénaliser (*for* pour); (handicap) handicaper.

penalty ['penəltɪ] n (gen) pénalité [f] (*for* pour); (Sport) pénalisation [f]; (Ftbl) penalty [m] ◇ **on ~ of** sous peine de; (fig) **to pay the ~** subir les conséquences; (Ftbl) ~ **area** surface [f] de réparation; ~ **goal** but [m] sur pénalité; ~ **kick** coup [m] de pied de pénalité.

penance ['penəns] n pénitence [f].

pence [pens] npl of *penny*.

pencil ['pensl] **1** n crayon [m] ◇ **in ~** au crayon **2** vt écrire au crayon ◆ **pencil-case** n trousse [f] d'écolier ◆ **pencil-sharpener** n taille-crayon [m].

pendant ['pendənt] n pendentif [m].

pending ['pendɪŋ] **1** adj (Law) en instance **2** prep (until) en attendant.

pendulum ['pendjʊləm] n (gen) pendule [m]; (of clock) balancier [m].

penetrate ['penɪtreɪt] vti (gen) pénétrer (*into* dans); (political party) s'infiltrer dans ◆ **penetrating** adj pénétrant.

penguin ['peŋgwɪn] n pingouin [m]; (Antarctic) manchot [m].

penicillin [,penɪ'sɪlɪn] n pénicilline [f].

peninsula [pɪ'nɪnsjʊlə] n péninsule [f].

penis ['pi:nɪs] n pénis [m].

penitent ['penɪtənt] adj pénitent.

penitentiary [,penɪ'tenʃərɪ] n (US) prison [f].

penniless ['penɪlɪs] adj sans le sou.

penny ['penɪ], pl **pence**, (valeur) **pennies** n (pièces) penny [m] ◇ **he hasn't a ~ to his name** il n'a pas le sou; **the ~ has dropped!** [famil] il a (etc) enfin pigé! [famil]; **in for a ~ in for a pound** autant faire les choses jusqu'au bout ◆ **penny-pinching** adj qui fait des économies de bouts de chandelle.

pension ['penʃən] **1** n (state payment) pension [f]; (from company etc) retraite [f] ◇ **old age ~** pension vieillesse (de la Sécurité sociale); ~ **fund** fonds [m] vieillesse; ~ **scheme** caisse [f] de retraite **2** vt ◇ **to ~ sb off** mettre qn à la retraite ◆ **pensioner** n (old age ~) retraité(e) [m(f)].

pensive ['pensɪv] adj pensif, [f] -ive.

pentathlon [pen'tæθlən] n pentathlon [m].

Pentecost ['pentɪkɒst] n la Pentecôte.

penthouse ['penthaʊs] n (~ **flat**) appartement [m] de grand standing *(sur le toit d'un immeuble)*.

pent-up ['pent'ʌp] adj refoulé.

penultimate [pɪ'nʌltɪmɪt] adj pénultième.

peony ['pɪənɪ] n pivoine [f].

people ['pi:pl] n gens [mpl] (adj fem if before n) personnes [fpl]; (nation) peuple [m] ◇ **old ~** les personnes âgées, les vieux [mpl]; **young ~** les jeunes gens [mpl], les jeunes [mpl]; **clever ~** les gens intelligents; **what a lot of ~!** que de monde!; **several ~** plusieurs personnes; **3 ~** 3 personnes; **how many ~?** combien de personnes?; ~ **say...** on dit...; **French ~** les Français [mpl], le peuple français; **the ~ of Lewes** les habitants [mpl] de Lewes; **country ~** les gens de la campagne; **town ~** les habitants des villes; (family) **my ~** ma famille.

pep [pep] [famil] **1** vt ◇ **to ~ sb up** [famil] ragaillardir qn **2** adj ◇ ~ **pill** excitant [m]; ~ **talk** petit laïus [famil] [m] d'encouragement.

pepper ['pepəʳ] **1** n (spice) poivre [m]; (vegetable) poivron [m] ◇ **black ~** poivre gris; **green ~** poivron vert **2** vt poivrer ◆ **pepper-and-salt** adj poivre et sel [inv] ◆ **peppercorn** n grain [m] de poivre ◆ **pepperpot** n poivrière [f].

peppermint ['pepəmɪnt] **1** n pastille [f] de menthe **2** adj à la menthe.

per [pɜ:ʳ] prep par ◇ ~ **annum** par an; ~ **day** par jour; **100 km ~ hour** 100 km à l'heure; **15 francs ~ hour** 15 F l'heure; **3 francs ~ kilo** 3 F le kilo; ~ **person** par personne; ~ **cent** pour cent.

perceive [pə'si:v] vt (gen) percevoir; (notice) remarquer (*that* que).

percentage [pə'sentɪdʒ] n pourcentage [m].

perceptible [pə'septəbl] adj perceptible.

perceptive [pə'septɪv] adj perspicace.

1. **perch** [pɜ:tʃ] n (fish) perche [f].

2. **perch** [pɜ:tʃ] **1** n perchoir [m] **2** vi se percher.

percolated ['pɜ:kəleɪtɪd] adj (coffee) fait dans une cafetière à pression.

percolator ['pɜ:kəleɪtəʳ] n cafetière [f] à pression.

percussion [pə'kʌʃən] n percussion [f].

peremptory [pə'remptərɪ] adj péremptoire.

perennial [pə'renɪəl] 1 adj (gen) perpétuel, [f] -uelle; (plant) vivace 2 n plante [f] vivace.

perfect ['pɜ:fɪkt] 1 adj a (gen) parfait ◇ (Gram) ~ **tense** parfait [m] b (emphatic: idiot etc) véritable 2 n ◇ (Gram) **in the** ~ au parfait 3 [pə'fekt] vt (technique) mettre au point; (one's French) parfaire ses connaissances de ◆ **perfection** n perfection [f] ◇ **to** ~ à la perfection ◆ **perfectionist** adj, n perfectionniste [mf] ◆ **perfectly** adv parfaitement.

perforate ['pɜ:fəreɪt] vt perforer ◇ ~**d line** pointillé [m].

perform [pə'fɔ:m] 1 vt (gen) exécuter; (a function) remplir; (duty, miracle) accomplir; (rite) célébrer; (Med: operation) pratiquer; (symphony) jouer; (play etc) donner 2 vi (of company etc) donner une or des représentation(s); (of actor) jouer; (of singer) chanter; (of dancer) danser; (of machine) fonctionner ◇ ~**ing seals** etc phoques [mpl] etc savants ◆ **performance** n (of play etc) représentation [f]; (of film, concert) séance [f]; (by actor etc) interprétation [f]; (by athlete, vehicle etc) performance [f]; (of economy, business) résultats [mpl] ◇ (fig) **what a** ~**!** quelle histoire! ◆ **performer** n artiste [mf].

perfume ['pɜ:fju:m] n parfum [m].

perfunctory [pə'fʌŋktərɪ] adj pour la forme.

perhaps [pə'hæps, præps] adv peut-être ◇ ~ **not** peut-être que non; ~ **he will come** il viendra peut-être, peut-être qu'il viendra.

peril ['perɪl] n péril [m] ◇ **at your** ~ à vos risques et périls ◆ **perilous** adj périlleux, [f] -euse.

perimeter [pə'rɪmɪtəʳ] n périmètre [m].

period ['pɪərɪəd] n a (length of time) période [f]; (stage: in development etc) époque [f] ◇ **at that** ~ **of his life** à cette époque de sa vie; **the holiday** ~ la période des vacances; ~ **costume** costume [m] de l'époque; ~ **furniture** meubles [mpl] d'époque; (fig) ~ **piece** curiosité [f] b (in school etc) cours [m], leçon [f] c (full stop) point [m] d (menstruation) règles [fpl] ◆ **periodical** n périodique [m] ◆ **periodically** adv périodiquement.

peripheral [pə'rɪfərəl] adj périphérique.

periphery [pə'rɪfərɪ] n périphérie [f].

periscope ['perɪskəʊp] n périscope [m].

perish ['perɪʃ] vi (die) périr; (of rubber, food etc) se détériorer ◆ **perishable** adj périssable ◆ **perished** adj [famil] frigorifié [famil] ◆ **perishing** adj [famil] (cold) très froid.

perjury ['pɜ:dʒərɪ] n ◇ **to commit** ~ se parjurer.

perk [pɜ:k] vi ◇ **to** ~ **up** (cheer up) se ragaillardir; (show interest) s'animer.

perks [pɜ:ks] npl [famil] petits bénéfices [mpl].

perky ['pɜ:kɪ] adj plein d'entrain.

perm [pɜ:m] n permanente [f] ◇ **to have a** ~ se faire faire une permanente.

permanent ['pɜ:mənənt] adj (gen) permanent ◇ ~ **address** adresse [f] fixe; ~ **wave** permanente [f] ◆ **permanently** adv en permanence.

permeate ['pɜ:mɪeɪt] vt filtrer à travers; (fig) se répandre dans.

permissible [pə'mɪsɪbl] adj (action) permis; (attitude etc) acceptable.

permission [pə'mɪʃən] n permission [f]; (official) autorisation [f] ◇ **to ask** ~ **to do** demander la permission de faire; **to give sb** ~ **to do** autoriser qn à faire.

permissive [pə'mɪsɪv] adj (person, society) permissif, [f] -ive.

permit ['pɜ:mɪt] 1 n (gen) autorisation [f] écrite; (for building, fishing etc) permis [m]; (entrance pass) laissez-passer [m inv] 2 [pə'mɪt] vt ◇ **to** ~ **sb to do** permettre à qn de faire; (formally) autoriser qn à faire; **he was** ~**ted to...** on lui a permis de..., on l'a autorisé à....

pernicious [pə'nɪʃəs] adj nuisible; (Med) pernicieux, [f] -ieuse.

pernickety [pə'nɪkɪtɪ] adj [famil] difficile (*about* pour).

perpendicular [,pɜ:pən'dɪkjʊləʳ] adj perpendiculaire (*to* à).

perpetrate ['pɜ:pɪtreɪt] vt (crime) perpétrer.

perpetual [pə'petjʊəl] adj perpétuel, [f] -uelle ◆ **perpetually** adv perpétuellement ◆ **perpetuate** vt perpétuer ◆ **perpetuity** n ◇ **in** ~ à perpétuité.

perplex [pə'pleks] vt rendre perplexe ◆ **perplexed** adj perplexe ◆ **perplexing** adj embarrassant.

persecute ['pɜ:sɪkju:t] vt persécuter ◆ **persecution** n persécution [f].

perseverance [,pɜ:sɪ'vɪərəns] n persévérance [f], ténacité [f].

persevere [,pɜ:sɪ'vɪəʳ] vi persévérer (*in* dans).

Persia ['pɜ:ʃə] n Perse [f] ◆ **Persian** 1 adj (Hist) persan; (carpet) de Perse; (cat) persan ◇ ~ **Gulf** golfe [m] Persique 2 n (Hist) Perse [mf]; (language) persan [m].

persist [pəˈsɪst] vi persister (*in sth* dans qch; *in doing* à faire) ◆ **persistence** n persistance [f] ◆ **persistent** adj (persevering) persévérant; (obstinate) obstiné; (smell, cough) persistant; (noise) continuel, [f] -uelle.

person [ˈpɜːsn] n personne [f] ◇ **in** ~ en personne; (Telec) **a** ~ **to** ~ **call** une communication avec préavis; (Gram) **in the first** ~ **singular** à la première personne du singulier ◆ **personable** adj qui présente bien.

personal [ˈpɜːsnl] adj (gen) personnel, [f] -elle; (habits, hygiene, friend) intime; (secretary) particulier, [f] -ière; (life, correspondence) privé; (remark, question) indiscret, [f] -ète ◇ ~ **ad** petite annonce [f] personnelle; **to make a** ~ **appearance** apparaître en personne; ~ **assistant** secrétaire [mf] particulier (-ière); (Telec) ~ **call** communication [f] avec préavis; (Press) ~ **column** annonces [fpl] personnelles; ~ **computer** ordinateur [m] individuel; ~ **stereo** baladeur [m] ◆ **personality** n (gen) personnalité [f] ◇ **TV** ~ vedette [f] de la télévision; ~ **test** test [m] de personnalité ◆ **personally** adv (gen) personnellement; (in person) en personne ◇ **don't take it** ~**!** ne croyez pas que vous soyez personnellement visé!

personification [pɜːˌsɒnɪfɪˈkeɪʃən] n personnification [f].

personify [pɜːˈsɒnɪfaɪ] vt personnifier.

personnel [ˌpɜːsəˈnel] n personnel [m] ◇ ~ **manager** chef [m] du personnel.

perspective [pəˈspektɪv] n perspective [f] ◇ (fig) **let's get this into** ~ ne perdons pas le sens des proportions.

perspex [ˈpɜːspeks] n ® plexiglas [m] ®.

perspicacious [ˌpɜːspɪˈkeɪʃəs] adj perspicace.

perspiration [ˌpɜːspəˈreɪʃən] n transpiration [f].

perspire [pəsˈpaɪəʳ] vi transpirer.

persuade [pəˈsweɪd] vt persuader (*sb of sth* qn de qch; *sb to do* qn de faire) ◆ **persuasion** n (gen) persuasion [f]; (Rel) confession [f] ◆ **persuasive** adj (person) persuasif, [f] -ive; (argument) convaincant.

pert [pɜːt] adj coquin.

pertinent [ˈpɜːtɪnənt] adj pertinent.

perturb [pəˈtɜːb] vt perturber.

Peru [pəˈruː] n Pérou [m].

peruse [pəˈruːz] vt lire.

Peruvian [pəˈruːvɪən] **1** adj péruvien, [f] -ienne **2** n Péruvien(ne) [m(f)].

pervade [pɜːˈveɪd] vt envahir.

pervasive [pɜːˈveɪzɪv] adj (smell) pénétrant; (gloom) envahissant; (influence) qui se fait sentir un peu partout.

perverse [pəˈvɜːs] adj (gen) pervers; (contrary) contrariant ◆ **perversion** n perversion [f] ◆ **perversity** n (wickedness) perversité [f]; (contrariness) esprit [m] de contradiction.

pervert [ˈpɜːvɜːt] n (Psych) perverti(e) [m(f)] sexuel(le).

pessimism [ˈpesɪmɪzəm] n pessimisme [m] ◆ **pessimist** n pessimiste [mf] ◆ **pessimistic** adj pessimiste (*about* sur).

pest [pest] n (animal) animal [m] nuisible; (person) casse-pieds [famil] [mf inv] ◆ **pesticide** n pesticide [m].

pester [ˈpestəʳ] vt harceler (*sb to do* qn pour qu'il fasse; *with questions* de questions) ◇ **she** ~**ed them for an answer** elle ne les a pas laissés tranquilles tant qu'elle n'a pas obtenu une réponse.

pestle [ˈpesl] n pilon [m].

pet [pet] **1** n **a** (animal) animal [m] familier ◇ **he hasn't got any** ~**s** il n'a pas d'animaux chez lui; **'no** ~**s allowed'** 'les animaux sont interdits' **b** (famil: favourite) chouchou(te) [famil] [m(f)] ◇ **come here** ~ [famil] viens ici mon chou [famil] **2** adj (lion, snake) apprivoisé ◇ **a** ~ **rabbit** un lapin; ~ **shop** boutique [f] d'animaux; ~ **aversion**, ~ **hate** bête [f] noire; ~ **name** petit nom [m] d'amitié; ~ **subject** dada [famil] [m] **3** vi (famil: sexually) se peloter [famil].

petal [ˈpetl] n pétale [m].

peter [ˈpiːtəʳ] vi ◇ **to** ~ **out** (of stream, road) se perdre; (of book, conversation) tourner court.

petite [pəˈtiːt] adj menue *(femme)*.

petition [pəˈtɪʃən] **1** n pétition [f] (*for* en faveur de) **2** vti adresser une pétition à (*for sth* pour demander qch) ◇ (Law) **to** ~ **for divorce** faire une demande en divorce.

petrify [ˈpetrɪfaɪ] vt (scare) pétrifier de peur.

petrochemical [ˌpetrəʊˈkemɪkəl] adj pétrochimique.

petrol [ˈpetrəl] n essence [f] ◇ **to be heavy on** ~ consommer beaucoup; **we've run out of** ~ nous sommes en panne d'essence; ~ **bomb** cocktail [m] Molotov; ~ **can** bidon [m] à essence; ~ **cap** bouchon [m] de réservoir; ~ **gauge** jauge [f] d'essence; ~ **pump** pompe [f] d'essence; ~ **station** station-service [f]; ~ **tank** réservoir [m] ◆ **petroleum** n pétrole [m] ◇ ~ **jelly** vaseline [f].

petticoat [ˈpetɪkəʊt] n jupon [m].

petty [ˈpetɪ] adj (trivial: detail) insignifiant; (official) petit; (petty-minded) mesquin ◇ ~ **cash** caisse [f] de dépenses courantes; ~ **criminal** petit malfaiteur [m]; (on ship) ~ **officer** second maître [m].

petulant [ˈpetjʊlənt] adj (character) irritable; (on one occasion) irrité.

pew [pju:] n banc [m] (d'église).
pewter ['pju:təʳ] n étain [m].
phantom ['fæntəm] n, adj fantôme [m].
pharmaceutical [ˌfɑ:mə'sju:tɪkəl] adj pharmaceutique.
pharmacist ['fɑ:məsɪst] n pharmacien(ne) [m(f)].
pharmacy ['fɑ:məsɪ] n pharmacie [f].
phase [feɪz] **1** n (gen) phase [f] ◇ **it's just a ~** ce n'est qu'une période difficile **2** vt procéder par étapes à ◇ **to ~ sth out** retirer qch progressivement.
PhD ['pi:ˌeɪtʃ'di:] n abbr of *Doctor of Philosophy* **a** (qualification) doctorat [m] **b** (person) docteur [m].
pheasant ['feznt] n faisan [m].
phenomenon [fɪ'nɒmɪnən], pl **-ena** n phénomène [m] ◆ **phenomenal** adj phénoménal.
philanderer [fɪ'lændərəʳ] n coureur [m] (de jupons).
philanthropic [ˌfɪlən'θrɒpɪk] adj philanthropique.
philately [fɪ'lætəlɪ] n philatélie [f].
Philippines ['fɪlɪpi:nz] npl Philippines [fpl].
philosopher [fɪ'lɒsəfəʳ] n philosophe [mf].
philosophical [ˌfɪlə'sɒfɪkəl] adj philosophique; (fig: resigned) philosophe.
philosophy [fɪ'lɒsəfɪ] n philosophie [f].
plebitis [flɪ'baɪtis] n phlébite [f].
phlegm [flem] n flegme [m] ◆ **phlegmatic** [flɛg'mætɪk] adj flegmatique.
phobia ['fəʊbɪə] n phobie [f].
phone [fəʊn] n, vti (~ **up**) abbr of *telephone* ◇ **to ~ back** rappeler; **~ book** annuaire [m]; **~ card** télécarte [f]; **~ tapping** écoutes [fpl] téléphoniques ◆ **phone-in** n programme [m] à ligne ouverte.
phonetic [fəʊ'netɪk] adj phonétique ◆ **phonetics** n phonétique [f].
phoney [famil] ['fəʊnɪ] **1** adj (emotion) factice; (firm, company) bidon [inv] [famil] ◇ **a ~ name** un faux nom; **it sounds ~** cela a l'air d'être de la blague [famil] **2** n (person) poseur [m], faux jeton [famil] [m].
phosphate ['fɒsfeɪt] n phosphate [m].
phosphorescent [ˌfɒsfə'resnt] adj phosphorescent.
phosphorus ['fɒsfərəs] n phosphore [m].
photo ['fəʊtəʊ] **1** n abbr of *photograph* photo [f]. **2** prefix photo... ◆ **photocopier** n photocopieur [m] ◆ **photocopy** or **photostat** **1** n photocopie [f] **2** vt photocopier ◆ **photofit** adj, n ◇ **P~ (picture)** portrait-robot [m] ◆ **photogenic** adj photogénique.
photograph ['fəʊtəgræf] **1** n photographie [f] ◇ **to have one's ~ taken** se faire photographier; **to take a ~ of** prendre une photo de; **in** or **on this ~** sur cette photo; **~ album** album [m] de photos **2** vt photographier ◆ **photographer** [fə'tɒgrəfəʳ] n photographe [mf] ◆ **photographic** [ˌfəʊtə'græfɪk] adj photographique ◆ **photography** [fə'tɒgrəfɪ] n photographie [f].
photojournalist [ˌfəʊtəʊ'dʒɜ:nəlɪst] n photographe [mf] de presse.
phrase [freɪz] n (saying) expression [f]; (Ling: gen) locution [f]; (Mus) phrase [f] ◇ **~-book** recueil [m] d'expressions.
physical ['fɪzɪkəl] adj (gen) physique; (world, object) matériel, [f] -ielle ◇ **~ education** éducation [f] physique; **~ examination** examen [m] médical; **~ training**, **~ jerks** [famil] gymnastique [f] ◆ **physically** adv physiquement ◇ **~ handicapped** handicapé(e) [m(f)] physique; **~ impossible** matériellement impossible.
physician [fɪ'zɪʃən] n médecin [m].
physicist ['fɪzɪsɪst] n physicien(ne) [m(f)].
physics ['fɪzɪks] nsg physique [f].
physiology [ˌfɪzɪ'ɒlədʒɪ] n physiologie [f].
physiotherapist [ˌfɪzɪə'θerəpɪst] n kinésithérapeute [mf].
physiotherapy [ˌfɪzɪə'θerəpɪ] n kinésithérapie [f].
physique [fɪ'zi:k] n (health etc) constitution [f]; (appearance) physique [m].
pianist ['pɪənɪst] n pianiste [mf].
piano ['pjɑ:nəʊ] n piano [m] ◇ **grand ~** piano à queue; **~ tuner** accordeur [m] (de piano).
pick [pɪk] **1** n **a** (~**axe**) pic [m]; (ice ~) piolet [m] **b** ◇ (choice) **to take one's ~** faire son choix; **the ~ of the bunch** le meilleur de tous **2** vti **a** (choose) choisir; (teams) sélectionner ◇ **to ~ and choose** prendre son temps pour choisir; **to ~ sth out** (choose) choisir qch; (distinguish) distinguer qch; (recognize) reconnaître qch; **to ~ one's way through** avancer avec précaution à travers; **to ~ a fight** chercher la bagarre [famil] (*with* avec); **to ~ on sb** choisir qn; (for punishment) s'en prendre à qn **b** (gather: fruit, flower) cueillir **c** ◇ **to ~ up** (improve) s'améliorer; (of invalid) se rétablir; (of trade) reprendre; (famil: continue) continuer; **to ~ sth up** ramasser qch; (collect) passer prendre qch; (acquire) trouver qch; (accent, habit) prendre qch; (points, marks) gagner qch; (radio message) capter qch; **to ~ up the phone** décrocher le téléphone; **to ~ sb up** (child) prendre qn dans ses bras; (survivors) recueillir qn; (thief etc) arrêter qn; **to ~ o.s. up** se relever; **to ~ up an error** relever une erreur; **to ~ up speed** prendre de la vitesse; **you'll soon ~ it up again** vous vous y remettrez vite **d** (also **~ at**: spot etc) gratter ◇ **to ~ one's nose** se mettre les doigts dans le nez; **to ~ at one's food** manger du bout des dents; **to ~ one's teeth** se curer les dents; (fig) **to ~ holes in** relever les défauts de; **to ~ sb's brains**

faire appel aux lumières de qn; **I've had my pocket ~ed** on m'a fait les poches **e** (lock) crocheter ◆ **pickaback** n ◇ **to give sb a ~** porter qn sur son dos ◆ **pickaxe** n pic [m] ◆ **pick-me-up** n [famil] remontant [m] ◆ **pickpocket** n pickpocket [m] ◆ **pickup** n pick-up [m inv]; (truck) camionnette [f] (découverte).

picket ['pɪkɪt] **1** n piquet [m] ◇ **~ line** piquet de grève. **2** vt ◇ **to ~ a factory** mettre un piquet de grève aux portes d'une usine.

pickle ['pɪkl] **1** n ◇ **~(s)** pickles [mpl]; (fig) **in a ~** [famil] dans le pétrin **2** vt conserver dans du vinaigre.

picnic ['pɪknɪk] (vb: pret, ptp *picnicked*) **1** n pique-nique [m] ◇ **~ basket** panier [m] à pique-nique **2** vi pique-niquer ◆ **picnicker** n pique-niqueur [m], [f] -euse.

pictorial [pɪk'tɔ:rɪəl] adj (magazine) illustré; (record) en images.

picture ['pɪktʃəʳ] **1** n **a** (gen) image [f]; (painting) tableau [m]; (portrait) portrait [m] ◇ **~ book** livre [m] d'images; **~ frame** cadre [m]; **~ gallery** (public) musée [m]; (private) galerie [f] de peinture; **~ postcard** carte [f] postale illustrée; **~ window** fenêtre [f] panoramique; **I took a ~ of him** j'ai pris une photo de lui; **to paint a ~** faire un tableau; **to draw a ~** faire un dessin; **to draw a ~ of sth** dessiner qch; **I have a clear ~ of him** je le revois clairement; (imagining) je me le représente très bien; **the general ~** le tableau général de la situation; **to put sb in the ~** mettre qn au courant; **his face was a ~!** [famil] si vous aviez vu sa tête! [famil] **b** (Cine) film [m] ◇ **to go to the ~s** aller au cinéma **2** vt (imagine) se représenter; (remember) revoir.

picturesque [,pɪktʃə'resk] adj pittoresque.

pie [paɪ] n (gen) tourte [f] ◇ **apple ~** tourte aux pommes; **pork ~** pâté [m] de porc en croûte; **shepherd's** or **cottage ~** ≃ hachis [m] Parmentier; **~ chart** graphique [m] circulaire; **~ dish** terrine [f].

piebald ['paɪbɔ:ld] adj pie [inv].

piece [pi:s] **1** n (gen) morceau [m]; (smaller) bout [m]; (of ribbon, string) bout; (manufacturing, also in board games, part of a set) pièce [f] ◇ **a ~ of land** (for agriculture) une parcelle de terre; (for building) un lotissement; **a ~ of advice** un conseil; **a ~ of music** un morceau de musique; **piano ~** morceau pour piano; **a good ~ of work** du bon travail; **made in one ~** fait d'une seule pièce; **in one ~** (object) intact; (person) indemne; **a 5-franc ~** une pièce de 5 F; **~ by ~** pièce à pièce; **to come to ~s** (break) partir en morceaux; (dismantle) se démonter; **to go to ~s** [famil] (collapse) s'effondrer; (lose one's grip) lâcher pied (fig); **smashed to ~s** brisé en mille morceaux **2** vt ◇ **to ~ together** rassembler ◆ **piecemeal** adv petit à petit ◆ **piecework** n travail [m] à la pièce.

pier [pɪəʳ] n (amusements) jetée [f] *(promenade)*; (landing) embarcadère [m].

pierce [pɪəs] vt (gen) percer; (of bullet etc) transpercer ◇ **to have one's ears ~d** se faire percer les oreilles ◆ **piercing** adj (gen) perçant; (cold, wind) glacial.

piety ['paɪətɪ] n piété [f].

pig [pɪg] n cochon [m], porc [m] ◇ **to make a ~ of o.s.** manger comme un goinfre ◆ **pigheaded** adj entêté ◆ **piglet** n petit cochon [m] ◆ **pigskin** n peau [f] de porc ◆ **pigsty** n porcherie [f] ◆ **pigtail** n (hair) natte [f].

pigeon ['pɪdʒən] n pigeon [m] ◇ **that's your ~** [famil] c'est toi que ça regarde ◆ **pigeon-fancier** n colombophile [mf] ◆ **pigeonhole** n casier [m] ◆ **pigeon-toed** adj ◇ **to be ~** avoir les pieds tournés en dedans.

piggy-back ['pɪgɪ,bæk] = **pickaback.**

pigment ['pɪgmənt] n pigment [m].

pike [paɪk] n (fish) brochet [m].

pilchard ['pɪltʃəd] n pilchard [m].

pile [paɪl] **1** n **a** pile [f]; (less tidy) tas [m] ◇ **in a ~** en pile, en tas; **~s of** [famil] (butter etc) des masses de [famil]; (cars, objects) un tas de [famil] **b** ◇ (Med) **~s** hémorroïdes [fpl] **c** (of carpet etc) poils [mpl] **2** vt (also **~ up:** stack) empiler; (heap) entasser ◇ **~d with books** couvert de piles de livres **3** vi (of people) s'entasser (*into* dans) ◇ **to ~ up** (accumulate: gen) s'accumuler; (snow) s'amonceler ◆ **pile-up** n [famil] (Aut) carambolage [m].

pilfer ['pɪlfəʳ] vi se livrer au chapardage [famil] ◆ **pilfering** n charpardage [m] [famil].

pilgrim ['pɪlgrɪm] n pèlerin [m].

pilgrimage ['pɪlgrɪmɪdʒ] n pèlerinage [m].

pill [pɪl] n pilule [f] ◇ (women) **to be on the ~** prendre la pilule.

pillage ['pɪlɪdʒ] **1** n pillage [m] **2** vt piller.

pillar ['pɪləʳ] n (gen) pilier [m]; (of fire, smoke) colonne [f] ◇ **to be a ~ of strength** être d'un grand soutien ◆ **pillar-box** n boîte [f] à lettres.

pillion ['pɪljən] **1** n siège [m] arrière (*d'une moto* etc) ◇ **~ passenger** passager [m] de derrière **2** adv ◇ **to ride ~** monter derrière.

pillow ['pɪləʊ] n oreiller [m] ◆ **pillowcase** or **pillowslip** n taie [f] d'oreiller.

pilot ['paɪlət] **1** n pilote [m] ◇ **on automatic ~** sur pilotage [m] automatique; **~ scheme** projet-pilote [m]; **~ light** veilleuse [f] (*de cuisinière* etc) **2** vt (plane, ship) piloter; (gen: guide) guider.

pimento [pɪ'mentəʊ] n piment [m].

pimp [pɪmp] n souteneur [m].

pimple ['pɪmpl] n (Med) bouton [m].

pin [pɪn] 1 n a (gen) épingle [f]; (safety ~) épingle de sûreté; (drawing ~) punaise [f] ◇ **you could have heard a ~ drop** on aurait entendu voler une mouche; **to have ~s and needles** avoir des fourmis (*in* dans) b (on machine, grenade) goupille [f]; (Bowling) quille [f] ◇ **3-~ plug** prise [f] à 3 fiches 2 adj ◇ **~ money** argent [m] de poche 3 vt (gen) épingler (*to* à; *onto* sur) ◇ **to ~ up** (notice) afficher; (hem) épingler; **to ~ sth down** or **on** fixer qch; **to ~ the enemy down** bloquer l'ennemi; (fig) **to ~ sb down to doing** décider qn à faire; **there's something wrong but I can't ~ it down** il y a quelque chose qui ne va pas mais je n'arrive pas à mettre le doigt dessus; **to ~ sb against a wall** clouer qn à un mur; **to ~ a crime on sb** [famil] mettre un crime sur le dos de qn; **to ~ one's hopes on** mettre tous ses espoirs dans ◆ **pinball** n flipper [m] ◆ **pincushion** n pelote [f] à épingles ◆ **pinpoint** vt mettre le doigt sur ◆ **pinstripe** adj rayé ◆ **pinup** n [famil] pin-up [f inv].

pinafore ['pɪnəfɔːʳ] n tablier [m] ◇ **~ dress** robe-chasuble [f].

pincers ['pɪnsəz] npl tenailles [fpl].

pinch [pɪntʃ] 1 n (of salt) pincée [f]; (of snuff) prise [f] ◇ (fig) **to take sth with a ~ of salt** ne pas prendre qch pour argent comptant; **to give sb a ~** pincer qn; (fig) **to feel the ~** commencer à être à court; **at a ~** à la rigueur; **when it comes to the ~** au moment critique 2 vti (gen) pincer; (of shoes) serrer; (famil: steal) piquer [famil] (*from sb* à qn).

1. **pine** [paɪn] n (~ **tree**) pin [m] ◇ **~ cone** pomme [f] de pin; **~ kernel**, **~ nut** pigne [f]; **~ needle** aiguille [f] de pin.

2. **pine** [paɪn] vi s'ennuyer (*for sb* de qn).

pineapple ['paɪn,æpl] n ananas [m].

ping [pɪŋ] n tintement [m].

ping-pong ['pɪŋ,pɒŋ] n ping-pong [m].

pink [pɪŋk] 1 n a (colour) rose [m] b (flower) mignardise [f] 2 adj rose.

pinkie [pɪŋkɪ] n [famil] (US, Scot) petit doigt [m].

pinnacle ['pɪnəkl] n pinacle [m]; (fig) apogée [m].

pint [paɪnt] n pinte [f], ≃ demi-litre [m] (Brit = 0,57 litre; US = 0,47 litre) ◇ **a ~ of beer** ≃ un demi de bière.

pioneer [,paɪə'nɪəʳ] 1 n pionnier [m] 2 vt ◇ **to ~ sth** être l'un des premiers à faire qch.

pious ['paɪəs] adj pieux, [f] pieuse; (hope) légitime.

pip [pɪp] n (of fruit) pépin [m]; (on dice) point [m]; (Mil [famil]: on uniform) ≃ galon [m] ◇ (Telec: sound) **~s** bip-bip [m].

pipe [paɪp] 1 n a (for water, gas) tuyau [m] ◇ (Mus) **the ~s** la cornemuse b pipe [f] ◇ **he smokes a ~** il fume la pipe; **~ cleaner** cure-pipe [m]; (fig) **~ dream** château [m] en Espagne (fig); **~ tobacco** tabac [m] à pipe 2 vti (by ~pipeline) transporter par tuyau (*to* à); (through hose etc) verser (*into* dans) ◇ **to ~ icing on a cake** décorer un gâteau de fondant; **~d music** musique [f] de fond enregistrée ◆ **pipeline** n (gen) pipe-line [m]; (for oil) oléoduc [m]; (for gas) gazoduc [m] ◇ (fig) **it's in the ~** on s'en occupe ◆ **piper** n cornemuseur [m] ◆ **piping** 1 n (pipes) tuyauterie [f]; (Sewing) passepoil [m] 2 adv ◇ **~ hot** tout bouillant.

piquant ['piːkənt] adj piquant.

pique [piːk] 1 vt dépiter 2 n dépit [m].

pirate ['paɪərɪt] n pirate [m] ◇ **~ radio** radio [f] pirate; **~ ship** bateau [m] pirate ◆ **pirated** adj (goods) contrefait; (edition, record) pirate.

Pisces ['paɪsiːz] n (Astrol) les Poissons [mpl] ◇ **I'm ~** je suis (des) Poissons.

pistachio [pɪs'tɑːʃɪəʊ] n pistache [f].

pistol ['pɪstl] n pistolet [m] ◇ **~ shot** coup [m] de pistolet.

piston ['pɪstən] n piston [m].

pit [pɪt] 1 n (hole) trou [m]; (coal ~) mine [f]; (in garage, for orchestra) fosse [f]; (quarry) carrière [f]; (Motor Racing) stand [m] ◇ **to work in the ~s** travailler à la mine; **in the ~ of his stomach** au creux de l'estomac 2 vt ◇ **to ~ one's wits against sb** se mesurer avec qn ◆ **pithead** n carreau [m] de la mine ◆ **pitted** adj (metal) piqueté; (skin) grêlé; (fruit) dénoyauté.

1. **pitch** [pɪtʃ] 1 n a (of voice) hauteur [f]; (Mus) ton [m]; (degree) point [m] ◇ **things have reached such a ~ that...** les choses en sont arrivées à un point tel que... b (Sport) terrain [m] 2 vti (throw) lancer; (tent) dresser; (camp) établir; (fall, be thrown) être projeté; (of ship) tanguer ◇ **to ~ in** [famil] s'attaquer au boulot [famil]; (fig) **~ed battle** véritable bataille [f]; (Mus) **to ~ sth higher** hausser le ton de qch; **song ~ed too low** chanson dans un ton trop bas.

2. **pitch** [pɪtʃ] n (tar) poix [f] ◆ **pitch-black** or **pitch-dark** adj ◇ **it's ~** il fait noir comme dans un four.

pitcher ['pɪtʃəʳ] n cruche [f].

pitchfork ['pɪtʃ,fɔːk] n fourche [f] à foin.

piteous ['pɪtɪəs] adj pitoyable.

pitfall ['pɪtfɔːl] n piège [m].

pith [pɪθ] n (of orange) peau [f] blanche.

pithy ['pɪθɪ] adj concis; (pointed) piquant.

pitiful ['pɪtɪfʊl] adj pitoyable ◆ **pitifully** adv pitoyablement, à faire pitié.

pitiless ['pɪtɪlɪs] adj impitoyable.

pitta ['pɪtə] adj ◇ **~ bread** pain [m] grec.

pittance ['pɪtəns] n somme [f] dérisoire.

pity ['pɪtɪ] **1** n **a** pitié (f) ◇ **to take ~ on** prendre pitié de; **to have** or **take ~ on sb** avoir pitié de qn **b** (misfortune) dommage (m) ◇ **it is a ~** c'est dommage; **it's a ~ that** il est dommage que + subj; **what a ~!** quel dommage! **2** vt plaindre ◆ **pitying** adj compatissant.

pivot ['pɪvət] n pivot (m).

pixie ['pɪksɪ] n lutin (m), fée (f).

pizza ['piːtsə] n pizza (f) ◆ **pizzeria** n pizzeria (f).

placard ['plækɑːd] n affiche (f); (at demo) pancarte (f).

placate [plə'keɪt] vt calmer.

place [pleɪs] **1** n **a** (location) endroit (m); (more formally) lieu (m) ◇ **to take ~** avoir lieu; (US) **some ~** [famil] quelque part; **it's no ~ for...** ce n'est pas un bon endroit pour...; **from ~ to ~** d'un endroit à l'autre; **all over the ~** partout; **at the right ~** au bon endroit; **to go ~s** [famil] (travel) voyager; (make good) faire son chemin; **~ of birth** lieu de naissance; **~ of worship** lieu de culte; **it's a small ~** c'est très petit; **at Paul's ~** chez Paul; **~ name** nom (m) de lieu; (street name) **Washington P~** rue (f) de Washington; **market ~** place (f) du marché **b** (job, seat, position etc) place (f) ◇ **to lose one's ~** (in book) perdre la page; (in queue) perdre sa place; **~ mat** set (m) de table; **~ (setting)** couvert (m); **in ~ of** à la place de; **to take the ~ of sb/sth** remplacer qn/qch; **out of ~** déplacé; **in his** (etc) **~** à sa place; (fig) **to put sb in his ~** remettre qn à sa place; **in your ~...** à votre place...; **to give ~ to** céder la place à; **I have got a ~ on the sociology course** j'ai été admis à faire sociologie; **in the first ~** premièrement; **in the next ~** ensuite; **to 5 decimal ~s** jusqu'à la 5ᵉ décimale; (in race, exam etc) **to take second ~** être deuxième **2** vt (gen) placer; (order) passer (*with sb* à qn); (bet) placer (*with sb* chez qn); (identify) situer ◇ **awkwardly ~d** (house etc) mal placé; (fig: person) dans une situation délicate.

placid ['plæsɪd] adj placide.

plagiarism ['pleɪdʒjərɪzəm] n plagiat (m) ◆ **plagiarize** vt plagier.

plague [pleɪg] **1** n peste (f); (fig) fléau (m) ◇ **to avoid like the ~** fuir comme la peste **2** vt harceler (*with* de).

plaice [pleɪs] n plie (f).

plaid [plæd] n tissu (m) écossais.

plain [pleɪn] **1** adj (clear) clair; (answer) direct; (simple: dress, food) simple; (not patterned) uni; (not pretty) quelconque ◇ **it's ~ to everyone that...** il est clair pour tout le monde que...; **to make sth ~ to sb** faire comprendre qch à qn; **do I make myself ~?** est-ce que je me fais bien comprendre?; **I can't put it ~er than this** je ne peux pas m'expliquer plus clairement que cela; **in ~ words, in ~ English** très clairement; **I'm a ~ man** je suis un homme tout simple; (Knitting) **~ stitch** maille (f) à l'endroit; **~ chocolate** chocolat (m) à croquer; **~ clothes policeman** policier (m) en civil; **~ flour** farine (f) (sans levure) **2** adv tout bonnement, simplement **3** n plaine (f) ◆ **plainly** adv (gen) clairement; (obviously) manifestement; (speak) carrément; (simply) simplement ◆ **plainsong** n plain-chant (m).

plaintiff ['pleɪntɪf] n plaignant(e) (m(f)).

plaintive ['pleɪntɪv] adj plaintif, (f) -ive.

plait [plæt] **1** n natte (f) **2** vt natter.

plan [plæn] **1** n (gen) plan (m); (scheme) projet (m) ◇ **five-year ~** plan quinquennal; **it's going according to ~** tout se passe comme prévu; **to make ~s** faire des projets; **have you any ~s for tonight?** est-ce que vous avez prévu quelque chose pour ce soir? **2** vti (think out: gen) organiser; (design: building etc) dresser les plans de; (essay) faire le plan de; (crime) combiner; (project) préparer; (have in mind: holiday etc) projeter ◇ **to ~ to do** avoir l'intention de faire; **to ~ for sth** faire des projets pour qch; **well-~ned house** maison bien conçue; **that wasn't ~ned** cela n'était pas prévu; **as ~ned** comme prévu; **to ~ one's family** pratiquer le contrôle des naissances.

1. **plane** [pleɪn] n (aeroplane) avion (m).

2. **plane** [pleɪn] n (tool) rabot (m).

3. **plane** [pleɪn] n (tree) platane (m).

4. **plane** [pleɪn] n (Art etc) plan (m).

planet ['plænɪt] n planète (f) ◆ **planetarium** n planétarium (m).

plank [plæŋk] n planche (f).

plankton ['plæŋktən] n plancton (m).

planner ['plænəʳ] n planificateur (m); (**town ~**) urbaniste (m).

planning ['plænɪŋ] n (gen) organisation (f); (economic) planification (f) ◇ **~ permission** permis (m) de construire.

plant [plɑːnt] **1** n **a** plante (f) ◇ **~ life** flore (f); **~ pot** pot (m) de fleurs **b** (machinery etc) matériel (m); (factory) usine (f) **2** vt (gen) planter (*with* en); (idea) implanter ◇ **to ~ out** repiquer; (fig) **to ~** [famil] **a gun on sb** cacher un revolver sur qn ◆ **plantation** n plantation (f) ◆ **planter** n planteur (m).

plaque [plæk] n plaque (f); (dental ~) plaque (f) dentaire.

plaster ['plɑːstəʳ] **1** n plâtre (m) ◇ **~ of Paris** plâtre de moulage; **he had his leg in ~** il avait la jambe dans le plâtre; **a ~** un pansement adhésif; **~ cast** (Med) plâtre (m); (Sculpture) moule (m) (en plâtre) **2** vt plâtrer ◇ (covered) **~ed with** couvert de ◆ **plastered** adj [famil] (drunk) soûl ◆ **plasterer** n plâtrier (m).

plastic ['plæstɪk] n plastique [m] ◇ ~**s** matières [fpl] plastiques; ~ **bag** sac [m] en plastique; ~ **bullet** balle [f] de plastique; ~ **surgery** chirurgie [f] esthétique.

plasticine ['plæstɪsi:n] n ® pâte [f] à modeler.

plate [pleɪt] n a assiette [f]; (large dish) plat [m]; (in church) plateau [m] de quête ◇ (fig) **to have a lot on one's** ~[famil] avoir un travail fou b ◇ **gold** ~ (objects) vaisselle [f] en or c (Phot, also on door) plaque [f]; (book illustration) gravure [f]; (dental) dentier [m] ✦ **plateful** n assiettée [f] ✦ **plate-glass** n verre [m] à vitre très épais ◇ ~ **window** baie [f] vitrée.

plateau ['plætəʊ] n plateau [m].

platform ['plætfɔ:m] n (bus, scales, scaffolding etc) plate-forme [f]; (in hall) estrade [f]; (Rail) quai [m] ◇ ~**(-soled) shoes** chaussures [fpl] à semelles compensées; ~ **ticket** billet [m] de quai.

platinum ['plætɪnəm] 1 n platine [m] 2 adj (colour) platiné.

platitude ['plætɪtju:d] n platitude [f].

platonic [plə'tɒnɪk] adj platonique.

platoon [plə'tu:n] n section [f] (Mil).

platter ['plætə^r] n plat [m].

plausible ['plɔ:zəbl] adj (argument) plausible; (person) convaincant.

play [pleɪ] 1 n a jeu [m] ◇ **a** ~ **on words** un jeu de mots; (Sport) **some good** ~ du beau jeu; (ball) **in** ~ en jeu; **out of** ~ hors jeu; ~ **starts at...** le match commence à...; (fig) **to bring** or **call into** ~ faire entrer en jeu; **to come into** ~ entrer en jeu; (movement) **too much** ~ **in the clutch** trop de jeu dans l'embrayage b (Theat) pièce [f] ◇ **to go to a** ~ aller au théâtre; **radio** ~ pièce radiophonique; **television** ~ dramatique [f].

2 vti a (gen) jouer; (also ~ **at:** chess, football etc) jouer à; (opponent, team) jouer contre; (match) disputer (*against* avec); (select: player) sélectionner; (also ~ **over**, ~ **through:** music) jouer; (violin etc) jouer de; (record) passer; (radio) faire marcher ◇ **to** ~ **for money** jouer de l'argent; **to** ~ **(at) soldiers** jouer aux soldats; (Cards) **to** ~ **a heart** jouer cœur; **to** ~ **the ball into the net** mettre la balle dans le filet; **the match will be** ~**ed on Saturday** le match aura lieu samedi; (Ftbl etc) **to** ~ **a match away** jouer un match à l'extérieur; (Sport etc) **to** ~ **fair** jouer franc jeu; **to** ~ **Bach** jouer du Bach; **the radio was** ~**ing** la radio marchait; **to** ~ **with sth** jouer avec qch; (fiddle) tripoter qch; **to** ~ **about, to** ~ **around** s'amuser; **to** ~ **back a tape** repasser un enregistrement.

b ◇ (phrases) **to** ~ **the game** jouer le jeu; **don't** ~ **games with me!** ne vous moquez pas de moi!; **what do you think you're** ~**ing at?** [famil] à quoi joues-tu?; **to** ~ **ball** [famil] coopérer (*with sb* avec qn); **to** ~ **one's cards well** bien jouer son jeu; **to** ~ **it cool** [famil] garder son sang-froid; **to** ~ **a joke** or **trick on** jouer un tour à; **to** ~ **a part in sth** contribuer à qch; **to** ~ **the fool** faire l'imbécile; **to** ~ **for time** essayer de gagner du temps; **to** ~ **dead** faire le mort; **to** ~ **hard to get** [famil] se faire désirer; **to** ~ **into sb's hands** faire le jeu de qn; **to** ~ **with an idea** caresser une idée; **to** ~ **down** (effect) minimiser; (situation) dédramatiser; **to** ~ **on sb's nerves** agacer qn; **to be** ~**ed out** [famil] (argument) être périmé; **to** ~ **up** (machine, child) faire des siennes; **his leg is** ~**ing him up** sa jambe le tracasse c (hose, searchlight) diriger (*on* sur) ✦ **playacting** n comédie [f] (fig) ✦ **play-back** n lecture [f] ✦ **playboy** n playboy [m] ✦ **player** n (Sport) joueur [m], [f] -euse; (Theat) acteur [m], [f] actrice; (Mus) musicien(ne) [m(f)] ◇ **football** ~ joueur de football; **flute** ~ joueur de flûte ✦ **playful** adj espiègle ✦ **playground** n cour [f] de récréation ✦ **playgroup** or **playschool** n ≃ garderie [f] ✦ **playing** n ◇ **some fine** ~ (Sport) du beau jeu [m]; (Mus) des passages [mpl] bien joués; ~ **card** carte [f] à jouer; ~ **field** terrain [m] de sport ✦ **playmate** n petit(e) camarade [m(f)] ✦ **play-off** n (Sport) belle [f] ✦ **playpen** n parc [m] *(pour petits enfants)* ✦ **playroom** n salle [f] de jeux *(pour enfants)* ✦ **plaything** n jouet [m] ✦ **playtime** n récréation [f] ✦ **playwright** n auteur [m] dramatique.

plc [pi:el'si:] n abbr of *public limited company* ≃ SARL [f].

plea [pli:] n (excuse) excuse [f]; (entreaty) appel [m] (*for* à) ◇ **to put forward a** ~ **of self-defence** plaider la légitime défense.

plead [pli:d] pret, ptp *pleaded* or (famil: esp US) *pled* vti (Law) plaider ◇ **to** ~ **with sb to do** implorer qn de faire; **to** ~ **ignorance** prétendre ne pas savoir; **to** ~ **guilty** plaider coupable.

pleasant ['pleznt] adj (gen) agréable; (person: attractive) sympathique; (polite) aimable ◇ **to have a** ~ **time** passer un bon moment; **it's very** ~ **here** on est bien ici ✦ **pleasantly** adv (gen) agréablement; (smile etc) aimablement ✦ **pleasantry** n (joke) plaisanterie [f] ◇ (polite remarks) ~**ries** propos [mpl] aimables.

please [pli:z] 1 adv (also **if you** ~) s'il vous plaît, s'il te plaît ◇ **yes** ~ oui s'il vous plaît; ~ **come in** entrez, je vous prie; (notice) ~ **do not smoke** prière de ne pas fumer; ~ **do!** je vous en prie!; ~ **don't!** ne faites pas ça s'il vous plaît! 2 vti (gen) plaire (*sb* à qn); faire plaisir (*sb* à qn); (satisfy) satisfaire (*sb* qn) ◇ **anxious to** ~ désireux, [f] -euse de plaire; **difficult to** ~ difficile; ~ **yourself!** comme vous voulez!; **as you** ~**!** comme vous voulez!; **as many**

as you ~ autant qu'il vous plaira ◆ **pleased** adj content (*with* de; *to do* de faire; *that* que + subj) ◇ **as** ~ **as Punch** heureux comme tout; ~ **to meet you** [famil] enchanté; **we are** ~ **to inform you that...** nous avons le plaisir de vous informer que... ◆ **pleasing** adj (personality) sympathique; (sight) agréable.

pleasurable ['pleʒərəbl] adj très agréable.

pleasure ['pleʒər] n plaisir [m] ◇ **it's a** ~**!** je vous en prie!; **it's a** ~ **to see you** quel plaisir de vous voir!; **to take great** ~ **in sth** prendre beaucoup de plaisir à qch; ~ **boat** bateau [m] de plaisance; ~ **cruise** croisière [f]; (short) promenade [f] en bateau.

pleat [pli:t] 1 n pli [m] 2 vt plisser.

plebiscite ['plebɪsɪt] n plébiscite [m].

pledge [pledʒ] 1 n a (token) gage [m] b (promise) engagement [m] (*to do* de faire) 2 vt faire vœu (*to do* de faire) ◇ **to** ~ **sb to secrecy** faire promettre le secret à qn.

plenary ['pli:nərɪ] adj ◇ **in** ~ **session** en séance plénière.

plentiful ['plentɪfʊl] adj abondant.

plenty ['plentɪ] n, adv ◇ **in** ~ en abondance; **land of** ~ pays [m] de cocagne; ~ **of** (lots of) beaucoup de; (enough) bien assez de; **that's** ~ ça suffit (amplement).

pleurisy ['plʊərɪsɪ] n pleurésie [f].

pliable ['plaɪəbl] adj (substance) flexible; (person) docile.

pliers ['plaɪəz] npl ◇ **a pair of** ~ des pinces [fpl].

plight [plaɪt] n triste situation [f].

plimsolls ['plɪmsəls] npl chaussures [fpl] de tennis.

PLO [pi:el'əʊ] n abbr of *Palestine Liberation Organization* O.L.P. [f].

plod [plɒd] vi ◇ **to** ~ **along** avancer d'un pas lourd; **to** ~ **through sth** faire qch méthodiquement ◆ **plodder** n bûcheur [famil] [m], [f] -euse [famil].

plonk [plɒŋk] 1 n (famil: cheap wine) vin [m] ordinaire 2 vt (~ **down**) poser bruyamment ◇ **to** ~ **o.s. down** se laisser tomber.

plot [plɒt] 1 n a (ground) terrain [m] ◇ ~ **of grass** gazon [m]; **building** ~ terrain à bâtir; **the vegetable** ~ le carré des légumes b (conspiracy) complot [m] (*against* contre) c (of play etc) intrigue [f] ◇ (fig) **the** ~ **thickens** l'affaire se corse 2 vt a (course) déterminer; (graph) tracer point par point ◇ **to** ~ **one's position on the map** pointer la carte b (sb's death etc) comploter (*to do* de faire) ◆ **plotter** n conspirateur [m], [f] -trice; (Comput) traceur [m] (de courbes).

plough [plaʊ] 1 n charrue [f] 2 vti (also ~ **up**) labourer ◇ (fig) **to** ~ **through the mud** avancer péniblement dans la boue; **to** ~ **back profits** réinvestir des bénéfices (*into* dans) ◆ **ploughman** n laboureur [m] ◇ ~**'s lunch** ≃ sandwich [m] au fromage.

plow [plaʊ] (US) = **plough.**

ploy [plɔɪ] n [famil] stratagème [m].

pluck [plʌk] 1 n (courage) cran [famil] [m] 2 vti (flower etc) cueillir; (strings) pincer; (bird) plumer ◇ **to** ~ **one's eyebrows** s'épiler les sourcils; (fig) **to** ~ **up courage** prendre son courage à deux mains ◆ **plucky** adj courageux, [f] -euse.

plug [plʌg] 1 n a (for bath etc) bonde [f]; (to stop a leak) tampon [m] ◇ (in lavatory) **to pull the** ~ tirer la chasse d'eau b (electric) prise [f] de courant (mâle); (on switchboard) fiche [f]; (sparking ~) bougie [f] c (famil: publicity) publicité [f] indirecte 2 vt a (~ **up:** hole) boucher; (leak) colmater b (famil: publicize) faire de la publicité pour c ◇ **to** ~ **in** (appliance etc) brancher ◆ **plughole** n vidange [f].

plum [plʌm] 1 n prune [f]; (tree) prunier [m] 2 adj (colour) prune [inv] ◇ ~ **pudding** pudding [m].

plumb [plʌm] 1 vt a sonder b ◇ **to** ~ **in a machine** faire le raccordement d'une machine 2 adv ◇ ~ **in the middle of** en plein milieu de ◆ **plumber** n plombier [m] ◆ **plumbing** n plomberie [f] ◆ **plumbline** n fil [m] à plomb.

plume [plu:m] n panache [m].

plummet ['plʌmɪt] vi tomber brusquement.

plump [plʌmp] 1 adj (person) rondelet, [f] -ette; (child, arm) potelé; (cheek, cushion) rebondi; (chicken) dodu 2 vti a (~ **up:** pillow) tapoter b ◇ **to** ~ **o.s. down** s'affaler; **to** ~ **for** se décider pour.

plunder ['plʌndər] vt piller.

plunge [plʌndʒ] 1 n (dive) plongeon [m]; (fall) chute [f] ◇ (fig) **to take the** ~ se jeter à l'eau 2 vti plonger (*into* dans; *from* de); (fall) tomber (*from* de) ◆ **plunger** n (déboucholr [m] à) ventouse [f].

pluperfect ['plu:'pɜ:fɪkt] n plus-que-parfait [m].

plural ['plʊərəl] adj, n pluriel [m] ◇ **in the** ~ au pluriel.

plus [plʌs] 1 prep plus 2 adj, adv ◇ (fig) **a** ~ **factor** un atout; **10-**~ plus de 10 3 n (Math: ~ **sign**) plus [m]; (fig: advantage) atout [m] ◇ (of situation) **the** ~**es** les côtés [mpl] positifs.

plush [plʌʃ] 1 n peluche [f] 2 adj (famil) somptueux, [f] -ueuse.

Pluto ['plu:təʊ] n (Astron) Pluton [f].

plutonium [plu:'təʊnɪəm] n plutonium [m].

ply [plaɪ] 1 n ◇ **three-~ wool** laine [f] trois fils 2 vti ◇ **to ~ sb with questions** presser qn de questions; **he plied them with drink** il ne cessait de remplir leur verre; (of boat etc) **to ~ between** faire la navette entre; **to ~ for hire** faire un service de taxi.

plywood ['plaɪwʊd] n contreplaqué [m].

PM [piː'em] n abbr of *Prime Minister* → **prime.**

pm [piː'em] adv abbr of *post meridiem* de l'après-midi.

pneumatic [njuː'mætɪk] adj pneumatique ◇ **~ drill** marteau-piqueur [m].

pneumonia [njuː'məʊnɪə] n pneumonie [f].

poach [pəʊtʃ] vti a (cook) pocher ◇ **~ed eggs** œufs [mpl] pochés b (steal) braconner (*sth, for sth* qch).

PO Box [piːəʊ'bɒks] n abbr of *Post Office Box* B.P. [f].

pocket ['pɒkɪt] 1 n poche [f] ◇ **with his hands in his ~s** les mains dans les poches; **to go through sb's ~s** faire les poches à qn; **to be out of ~** en être de sa poche; **~ calculator** calculette [f] 2 vt empocher ◆ **pocketbook** n (wallet) portefeuille [m]; (notebook) calepin [m] ◆ **pocket-knife** n canif [m] ◆ **pocket-money** n argent [m] de poche.

pock-marked ['pɒkmɑːkt] adj grêlé.

pod [pɒd] n cosse [f].

podgy ['pɒdʒɪ] adj [famil] rondelet, [f] -ette.

poem ['pəʊɪm] n poème [m].

poet ['pəʊɪt] n poète [m] ◆ **poetic** adj poétique ◇ **it's ~ justice** il y a une justice immanente.

poetry ['pəʊɪtrɪ] n poésie [f] ◇ **to write ~** écrire des poèmes.

poignant ['pɔɪnjənt] adj poignant.

point [pɔɪnt] 1 n a (tip) pointe [f] ◇ **with a sharp ~** très pointu; **at gun ~** sous la menace du revolver b (dot) point [m]; (decimal) virgule [f] ◇ **3 ~ 6 (3.6)** 3 virgule 6 (3,6) c (of place, time) point [m] ◇ **at that ~** à ce moment-là; **at this ~ in time** en ce moment; **~s of the compass** rose [f] des vents; **from all ~s of the compass** de tous côtés; **~ of departure** point de départ; **from that ~ of view** de ce point de vue; **at that ~ in the road** à cet endroit de la route; (electric) **wall** or **power ~** prise [f] de courant *(femelle)*; **to be on the ~ of doing** être sur le point de faire; (fig) **up to a ~** jusqu'à un certain point; **when it comes to the ~** en fin de compte.

d (counting unit: Sport, on scale etc) point [m] ◇ (Boxing) **on ~s** aux points e (subject, item) point [m] ◇ **the ~ at issue** la question qui nous (etc) concerne; **just as a ~ of interest** à titre d'information; **12-~ plan** plan [m] en 12 points; **a ~ of detail** un point de détail; **in ~ of fact** en fait; **~ by ~** point par point; **to make the ~ that** faire remarquer que; **I take your ~** je vois où vous voulez en venir; **you're missing the ~** vous n'y êtes pas; **to win one's ~** avoir gain de cause; **there's no ~ in waiting** cela ne sert à rien d'attendre; **I don't see any ~ in doing that** je ne vois aucun intérêt à faire cela; **what's the ~?** à quoi bon?; **what's the ~ of** or **in waiting?** à quoi bon attendre?; **the ~ is that...** le fait est que...; **the whole ~ was...** tout l'intérêt était...; **that's the ~!** justement!; **that's not the ~** il ne s'agit pas de cela; **beside the ~** à côté de la question; **very much to the ~** très pertinent; **to see** or **get the ~** comprendre; **to come to the ~** en venir au fait; **let's get back to the ~** revenons à ce qui nous préoccupe; **to stick to the ~** rester dans le sujet; **to make a ~ of doing** ne pas manquer de faire f ◇ (characteristic) **good ~s** qualités [fpl]; **bad ~s** défauts [mpl]; **his strong ~** son fort; **he has his ~s** il a certaines qualités g ◇ (Rail) **~s** aiguilles [fpl]; (Police etc) **to be on ~ duty** diriger la circulation.

2 vti a (direct: telescope, hosepipe etc) pointer (*on* sur); (gun) braquer (*at* sur) b ◇ **to ~ at sth** montrer qch du doigt; **all the evidence ~s to him** tous les témoignages l'accusent; **it all ~s to the fact that...** tout laisse à penser que...; **to ~ sth out to sb** (show) montrer qch à qn; (mention) faire remarquer qch à qn c (of gun) être braqué (*at* sur) ◇ (of needle, clock-hand) **to be ~ing to sth** indiquer qch.

◆ **point-blank** adv (shoot) à bout portant; (refuse) catégoriquement; (request) de but en blanc ◆ **pointed** adj (gen) pointu; (beard) en pointe; (arch) en ogive; (remark) lourd de sens ◆ **pointedly** adv (say) d'un ton plein de sous-entendus ◆ **pointer** n (stick) baguette [f]; (on scale) aiguille [f]; (clue) indice [m] (*to* de); (advice) conseil [m] (*on* sur) ◆ **pointless** adj (gen) vain; (existence) dénué de sens; (murder) gratuit; (story) qui ne rime à rien.

poise [pɔɪz] 1 n (self-confidence) assurance [f] 2 vt ◇ **to be ~d** (hanging, hovering) être suspendu en l'air; **~d ready to attack** tout prêt à attaquer.

poison ['pɔɪzn] 1 n poison [m]; (of snake) venin [m] ◇ **to take ~** s'empoisonner; **~ gas** gaz [m] toxique 2 vt empoisonner ◇ **a ~ed foot** un pied infecté ◆ **poisoner** n empoisonneur [m], [f] -euse ◆ **poisoning** n empoisonnement [m] ◆ **poisonous** adj (gen) toxique; (snake) venimeux, [f] -euse; (plant) vénéneux, [f] -euse.

poke [pəʊk] 1 n petit coup [m] (*de coude* etc) 2 vti (with finger, stick etc: prod) donner un coup avec le doigt (or de canne) à; (thrust) enfoncer (*into* dans; *through* à travers); (fire) tisonner ◇ **to ~ one's head**

out of the window passer la tête par la fenêtre; (fig) **to ~ one's nose into sth** [famil] fourrer le nez dans qch; **to ~ about in sth** fourrager dans qch.

poker ['pəʊkəʳ] n **a** (for fire) tisonnier [m] **b** (Cards) poker [m] ◆ **poker-faced** adj au visage impassible.

poky ['pəʊkɪ] adj exigu et sombre.

Poland ['pəʊlənd] n Pologne [f].

polar ['pəʊləʳ] adj polaire ◇ **~ bear** ours [m] blanc.

polarize ['pəʊləraɪz] vt polariser.

Polaroid ['pəʊlərɔɪd] n ® (also **~ camera**) (appareil [m]) Polaroïd [m]; (also **~ print**) photo [f] Polaroïd ◇ **~s** (also **~ sunglasses**) lunettes [fpl] Polaroïd.

Pole [pəʊl] n Polonais(e) [m(f)].

1. **pole** [pəʊl] n (gen) perche [f]; (telegraph **~**, **in fences** etc) poteau [m]; (flag **~**, tent **~**) mât [m]; (curtain **~**) tringle [f] ◇ **~ vaulting** saut [m] à la perche.

2. **pole** [pəʊl] n pôle [m] ◇ **North P~** pôle Nord; **South P~** pôle Sud; (fig) **they are ~s apart** ils sont aux antipodes l'un de l'autre; **~ star** étoile [f] polaire.

polemic [pɒ'lemɪk] n polémique [f].

police [pə'li:s] **1** n ≃ police [f] (gen in towns), gendarmerie [f] (throughout France) ◇ **the ~ (force)** la police, les gendarmes [mpl]; **the ~ are on his track** la police est sur sa piste; **~ car** voiture [f] de police or de la gendarmerie; **~ constable**, **~ officer** ≃ agent [m] de police, gendarme [m]; **~ dog** chien [m] policier; **~ inspector** ≃ inspecteur [m] de police; **to have a ~ record** avoir un casier judiciaire; **~ station** commissariat [m] de police, gendarmerie [f] **2** vt (gen) faire la police dans (or à, sur etc); (frontier, territory) contrôler ◆ **policeman** n agent [m] (de police), gendarme [m] ◆ **policewoman** n femme-agent [f].

policy ['pɒlɪsɪ] n **a** (gen) politique [f] ◇ **it's good ~** c'est une bonne politique; **the government's policies** la politique du gouvernement; **~ decision** décision [f] de principe; **~ discussion** discussion [f] de politique générale; **what is company ~?** quelle est la ligne suivie par la compagnie?; **it has always been our ~ to do that** nous avons toujours eu pour principe de faire cela **b** (Insurance) police [f] d'assurance ◇ **to take out a ~** souscrire à une police d'assurance; **~ holder** assuré(e) [m(f)].

polio ['pəʊlɪəʊ] n polio [f] ◇ **~ victim** polio [mf].

Polish ['pəʊlɪʃ] **1** adj polonais **2** n (language) polonais [m].

polish ['pɒlɪʃ] **1** n **a** (shoes) cirage [m]; (floor, furniture) cire [f]; (nails) vernis [m] (à ongles) ◇ **metal ~** produit [m] d'entretien pour les métaux **b** (fig) raffinement [m] **2** vt (stones, glass) polir; (shoes, floor, furniture) cirer; (car, pans, metal) astiquer; (one's French etc) perfectionner ◇ **to ~ sth off** finir qch ◆ **polished** adj (fig: manners) raffiné; (performance) impeccable.

polite [pə'laɪt] adj poli (*to sb* avec qn) ◇ **~ society** la bonne société ◆ **politely** adv poliment ◆ **politeness** n politesse [f].

politic ['pɒlɪtɪk] adj diplomatique ◆ **political** adj politique ◇ **~ asylum** le droit d'asile politique ◆ **politician** n homme [m] politique, femme [f] politique ◆ **politics** n (gen) politique [f]; (study) sciences [fpl] politiques ◇ **to talk ~** parler politique; **to go into ~** se lancer dans la politique.

polka ['pɒlkə] n polka [f] ◇ **~ dot** pois [m].

poll [pəʊl] n **a** (at election) scrutin [m]; (election itself) élection [f] ◇ **to take a ~ on sth** procéder à un vote sur qch; **to go to the ~s** aller aux urnes; **20% of the ~** 20 % des suffrages exprimés **b** ◇ (survey) **opinion ~** sondage [m] d'opinion; **to take a ~** sonder l'opinion (*of* de) ◆ **polling booth** n isoloir [m] ◆ **polling day** n jour [m] des élections ◆ **polling station** n bureau [m] de vote.

pollen ['pɒlən] n pollen [m].

pollute [pə'lu:t] vt polluer.

pollution [pə'lu:ʃən] n pollution [f].

polo ['pəʊləʊ] n ◇ (Sport)**~ shirt** polo [m] ◆ **polo neck** n col [m] roulé.

polonecked ['pəʊləʊˌnekt] adj à col roulé.

poly-cotton ['pɒlɪ'kɒtən] **1** n polyester [m] et coton [m] **2** adj en polyester [m] et en coton [m].

polyester [ˌpɒlɪ'estəʳ] n polyester [m].

Polynesia [pɒlɪ'ni:zɪə] n Polynésie [f] ◆ **Polynesian** **1** adj polynésien, [f] -ienne **2** n Polynésien(ne) [m(f)].

polyphonic [ˌpɒlɪ'fɒnɪk] adj polyphonique.

polystyrene [ˌpɒlɪ'staɪri:n] n polystyrène [m].

polytechnic [ˌpɒlɪ'teknɪk] n ≃ IUT [m], Institut [m] universitaire de technologie.

polythene ['pɒlɪˌθi:n] n (Brit) polyéthylène [m] ◇ **~ bag** sac [m] en plastique.

polyunsaturated [ˌpɒlɪʌn'sætʃʊˌreɪtɪd] adj polyinsaturé.

pomegranate ['pɒməˌgrænɪt] n grenade [f] *(fruit)*.

pomp [pɒmp] n pompe [f], faste [m].

pomposity [pɒm'pɒsɪtɪ] n manières [fpl] pompeuses.

pompous ['pɒmpəs] adj pompeux, [f] -euse.

pond [pɒnd] n étang [m]; (stagnant) mare [f].

ponder ['pɒndəʳ] vti réfléchir (*sth, over sth* à qch).

ponderous ['pɒndərəs] adj lourd.

pontiff ['pɒntɪf] n (pope) souverain pontife [m].

pontificate [pɒn'tɪfɪkeɪt] vi pontifier (*about* sur).

pony ['pəʊnɪ] n poney [m] ◆ **ponytail** n (hair) queue [f] de cheval ◆ **pony trekking** n randonnée [f] à cheval.

poodle ['pu:dl] n caniche [m].

pooh-pooh ['pu:'pu:] vt faire fi de.

pool [pu:l] 1 n a (of water, rain) flaque [f]; (of blood) mare [f]; (pond) étang [m]; (artificial) bassin [m]; (in river) plan [m] d'eau; (swimming ~) piscine [f] b (common supply: gen) fonds [m] commun (*of* de); (of cars) parc [m]; (of ideas etc) réservoir [m]; (of advisers, experts) équipe [f] ◇ **typing** ~ pool [m] de dactylos c ◇ (Brit) **to win sth on the ~s** gagner qch en pariant sur les matchs de football 2 vt (things) mettre en commun; (efforts) unir.

poor [pʊəʳ] adj (gen) pauvre (*in* en); (inferior) médiocre; (light, sight) faible; (effort) insuffisant; (memory, health, loser etc) mauvais (before n) ◇ **you ~ thing!** [famil] mon pauvre!, ma pauvre!; **to be ~ at sth** ne pas être doué pour qch; **the** ~ les pauvres [mpl] ◆ **poorly** 1 adj souffrant 2 adv (badly) mal.

1. **pop** [pɒp] 1 vti a (put) mettre ◇ **to ~ one's head round the door** passer brusquement la tête par la porte b ◇ (go) **to ~ over** or **round** or **across** or **out** faire un saut (*to* à etc); **to ~ in** entrer en passant; **to ~ up** surgir c (of balloon) crever; (of ears) se déboucher ◇ **his eyes were ~ping** les yeux lui sortaient de la tête 2 n ◇ **to go ~** faire pan.

2. **pop** [pɒp] 1 adj (song, concert etc) pop [inv] 2 n pop [m] ◇ **it's top of the ~s** c'est en tête du hit-parade.

popcorn ['pɒpkɔrn] n pop-corn [m].

pope [pəʊp] n pape [m].

poplar ['pɒpləʳ] n peuplier [m].

poplin ['pɒplɪn] n popeline [f].

poppadum ['pɒpədəm] n poppadum [m].

poppy ['pɒpɪ] n pavot [m]; (growing wild) coquelicot [m] ◇ **P~ Day** anniversaire [m] de l'armistice.

Popsicle ['pɒpsɪkl] n ® (US) glace [f] à l'eau *(tenue par deux bâtonnets)*.

populace ['pɒpjʊlɪs] n peuple [m].

popular ['pɒpjʊləʳ] adj a (well-liked) populaire; (fashionable) à la mode ◇ **he is ~ with his colleagues** ses collègues l'aiment beaucoup b (vote, opinion) populaire ◇ **by ~ request** à la demande générale ◆ **popularity** n popularité [f] (*with* auprès de) ◆ **popularize** vt (gen) rendre populaire; (science, ideas) vulgariser ◆ **popularly** adv communément.

populate ['pɒpjʊleɪt] vt peupler.

population [,pɒpjʊ'leɪʃən] n population [f].

porcelain ['pɔ:səlɪn] n porcelaine [f].

porch [pɔ:tʃ] n porche [m] ◇ **sun** ~ véranda [f].

porcupine ['pɔ:kjʊpaɪn] n porc-épic [m].

1. **pore** [pɔ:ʳ] n (skin) pore [m].

2. **pore** [pɔ:ʳ] vi ◇ **to ~ over** être plongé dans.

pork [pɔ:k] n porc [m] *(viande)* ◇ **~ butcher** ≃ charcutier [m]; **~ pie** ≃ pâté [m] en croûte.

porn [pɔ:n] n [famil] porno [famil] [m].

pornographic [,pɔ:nə'græfɪk] adj pornographique.

pornography [pɔ:'nɒgrəfɪ] n pornographie [f].

porous ['pɔ:rəs] adj poreux, [f] -euse.

porridge ['pɒrɪdʒ] n porridge [m] ◇ **~ oats** flocons [mpl] d'avoine.

1. **port** [pɔ:t] n port [m] ◇ **~ of call** (port d')escale [f].

2. **port** [pɔ:t] (Naut: left) 1 n bâbord [m] 2 adj de bâbord.

3. **port** [pɔ:t] n (wine) porto [m].

portable ['pɔ:təbl] adj portatif, [f] -ive.

Portakabin ['pɔ:təkæbɪn] n bâtiment [m] préfabriqué; (works office etc) baraque [f] de chantier.

porter ['pɔ:təʳ] n (luggage) porteur [m]; (doorman) concierge [mf]; (public building) gardien(ne) [m(f)] ◆ **porterhouse steak** n ≃ chateaubriand [m].

portfolio [pɔ:t'fəʊlɪəʊ] n portefeuille [m].

porthole ['pɔ:thəʊl] n hublot [m].

portion ['pɔ:ʃən] n (share) portion [f]; (part) partie [f].

portly ['pɔ:tlɪ] adj corpulent.

portrait ['pɔ:trɪt] n portrait [m] ◇ **~ painter** portraitiste [mf].

portray [pɔ:'treɪ] vt représenter, dépeindre ◆ **portrayal** n peinture [f].

Portugal ['pɔ:tjʊgəl] n Portugal [m] ◇ **in** or **to** ~ au Portugal.

Portuguese [,pɔ:tjʊ'gi:z] 1 adj portugais 2 n (person: pl inv) Portugais(e) [m(f)]; (language) portugais [m].

pose [pəʊz] 1 n pose [f] ◇ **to strike a ~** poser 2 vi (Art etc) poser ◇ **to ~ as a doctor** se faire passer pour un docteur 3 vt (problem, question) poser; (difficulties) créer ◆ **poser** n question [f] difficile ◆ **poseur** n poseur [m], [f] -euse.

posh [pɒʃ] adj [famil] (gen) chic [inv]; (accent) distingué.

posit ['pɒzɪt] vt énoncer, poser en principe.

position [pə'zɪʃən] 1 n (gen) position [f]; (of house, town etc) emplacement [m]; (of football etc player) place [f]; (circumstances) situation [f] ◇ **in(to)** ~ en place, en position; **to change the ~ of sth** changer qch de place; **to take up one's ~** prendre position; **in a ~ to do**

sth en mesure de faire qch; **in a good ~ to do** bien placé pour faire; **put yourself in my ~** mettez-vous à ma place; **the economic ~** la situation économique **2** vt placer.

positive ['pɒzɪtɪv] adj **a** (gen) positif, [f] -ive; (affirmative) affirmatif, [f] -ive **b** (definite: order) formel, [f] -elle; (proof) indéniable; (change, improvement) réel, [f] réelle ◇ **~ discrimination** mesures [fpl] anti-discriminatoires en faveur des minorités; **he's a ~ genius** [famil] c'est un véritable génie **c** ◇ (certain) **to be ~** être certain (*about* de; *that* que) ◆ **positively** adv (indisputably) indéniablement; (categorically) formellement; (affirmatively) affirmativement; (with certainty) de façon certaine; (absolutely) complètement.

possess [pə'zes] vt posséder ◇ **what can have ~ed him?** qu'est-ce qui l'a pris? ◆ **possession** n possession [f] ◇ **in ~ of** en possession de; **in his ~** en sa possession; **to take ~ of** prendre possession de ◆ **possessive** **1** adj possessif, [f] -ive (*with sb* à l'égard de qn) **2** n (Gram) possessif [m].

possibility [,pɒsə'bɪlɪtɪ] n (gen) possibilité [f] ◇ **some ~ of...** quelques chances de...; **it's a distinct ~** c'est bien possible; (of idea etc) **it's got possibilities** c'est possible.

possible ['pɒsəbl] adj possible (*that* que + subj; *to do* de faire) ◇ **it is ~ for him to leave** il lui est possible de partir; **if ~** si possible; **as far as ~** dans la mesure du possible; **as much as ~** autant que possible ◆ **possibly** adv (perhaps) peut-être ◇ **as often as I ~ can** aussi souvent qu'il m'est possible de le faire; **all he ~ can** or **could** tout son possible (*to help* pour aider); **if I ~ can** si cela m'est possible; **I cannot ~ come** il m'est absolument impossible de venir.

1. **post** [pəʊst] **1** n (gen) poteau [m]; (door ~ etc) montant [m] ◇ (Sport) **winning ~** poteau d'arrivée **2** vt (notice, list) afficher ◇ (Mil etc) **to ~ missing** porter disparu.

2. **post** [pəʊst] **1** n poste [m] ◇ **at one's ~** à son poste; **a ~ as a manager** un poste de directeur **2** vt (sentry) poster; (employee) affecter (*to* à) ◆ **posting** n affectation [f].

3. **post** [pəʊst] **1** n poste [f]; (letters) courrier [m] ◇ **by ~** par la poste; **by return of ~** par retour du courrier; **first-class ~** ≃ tarif [m] normal; **second-class ~** ≃ tarif réduit; **to put sth in the ~** poster qch; **to miss the ~** manquer la levée; **has the ~ come yet?** est-ce que le courrier est arrivé?; **~ and packing** frais [mpl] de port et d'emballage **2** vt **a** (send) envoyer par la poste; (put in mailbox) poster ◇ **to ~ sth on** faire suivre qch **b** ◇ (fig) **to keep sb ~ed** tenir qn au courant ◆ **postcode** n code [m] postal.

post- [pəʊst] prep ◇ **~-1950** après 1950.

postage ['pəʊstɪdʒ] n tarifs [mpl] postaux (*to* pour) ◇ **~ stamp** timbre-poste [m].

postal ['pəʊstəl] adj (gen) postal; (application) par la poste; (vote) par correspondance; (strike) des (employés) des postes ◇ **~ order** mandat [m].

postbox ['pəʊstbɒks] n boîte [f] aux lettres.

postcard ['pəʊstkɑːd] n carte [f] postale.

postdate ['pəʊst'deɪt] vt postdater.

poster ['pəʊstə^r] n affiche [f]; (decorative) poster [m] ◇ **~ paint** gouache [f].

posterior [pɒs'tɪərɪə^r] adj postérieur (*to* à).

posterity [pɒs'terɪtɪ] n postérité [f].

post-free [,pəʊst'friː] adv franco de port.

postgraduate [,pəʊst'grædjʊɪət] **1** adj ≃ de troisième cycle (universitaire) **2** n ≃ étudiant(e) [m(f)] de 3e cycle.

posthumous ['pɒstjʊməs] adj posthume ◆ **posthumously** adv (gen) après sa (etc) mort; (award) à titre posthume.

postman ['pəʊstmən] n facteur [m].

postmark ['pəʊst,mɑːk] n cachet [m] de la poste.

postmaster ['pəʊst,mɑːstə^r] n receveur [m] des postes ◇ **P~ General** ministre [m] des Postes et Télécommunications.

post mortem [,pəʊst'mɔːtəm] n autopsie [f] (*on* de).

postnatal [,pəʊst'neɪtl] adj post-natal.

post office ['pəʊst,ɒfɪs] n (gen) poste [f] ◇ **the main ~** la grande poste, la poste principale; **P~ Box** boîte [f] postale; **P~ Savings Bank** ≃ Caisse [f] d'épargne de la Poste.

postpone [pəʊst'pəʊn] vt remettre (*for* de; *until* à); renvoyer (à plus tard) ◆ **postponement** n renvoi [m] (à plus tard).

postscript ['pəʊsskrɪpt] n post-scriptum [m inv].

posture ['pɒstʃə^r] **1** n posture [f] **2** vi (pej) poser.

postwar ['pəʊst'wɔː^r] adj ◇ **~ period** après-guerre [m].

posy ['pəʊzɪ] n petit bouquet [m].

pot [pɒt] **1** n **a** (for flowers, jam etc) pot [m]; (piece of pottery) poterie [f]; (for cooking) marmite [f]; (saucepan) casserole [f]; (tea~) théière [f]; (coffee~) cafetière [f]; (chamber~) pot (de chambre) ◇ **jam ~** pot à confiture; **~ of jam** pot de confiture; **~s and pans** casseroles; **to have ~s of money** [famil] avoir un argent fou [famil]; **to go to ~** [famil] (person) se laisser complètement aller; (business) aller à la dérive; (plans) aller à vau-l'eau; **~ roast** rôti [m] braisé; **to take ~ luck** manger à la fortune du pot; **to take a ~shot at sth** tirer sur qch (à vue de nez) **b** (famil: marijuana) marie-jeanne [famil] [f] **2** vt (plant, jam) mettre en pot ◇ **~ted meat** ≃ rillettes [fpl]; **~ted plant** plante [f] en pot ◆ **potbellied** adj bedonnant [famil] ◆ **potbelly** n bedaine [famil] [f] ◆ **pothole** n (in road) fondrière [f]; (underground) gouffre [m] ◆ **potholing** n spéléologie [f] ◇ **to go** ~ faire de la spéléologie ◆ **potscrubber** n tampon [m] à récurer.

potash ['pɒtæʃ] n potasse [f].

potato [pə'teɪtəʊ], pl ~**es** n pomme [f] de terre ◇ **sweet** ~ patate [f] douce; (US) ~ **chips**, (Brit) ~ **crisps** pommes [fpl] chips ◆ **potato-peeler** n épluche-légumes [m inv].

potent ['pəʊtənt] adj (gen) puissant; (drink) fort.

potential [pəʊ'tenʃəl] 1 adj (gen) potentiel, [f] -ielle; (sales, uses) possible 2 n (fig: possibilities) possibilités [fpl] ◇ **to have great** ~ être très prometteur, [f] -euse ◆ **potentially** adv potentiellement.

potion ['pəʊʃən] n (medecine) potion [f]; (magic drink) philtre [m].

potpourri [pəʊ'pʊrɪ] n (flowers) fleurs [fpl] séchées; (Mus) pot-pourri [m].

1. **potter** ['pɒtəʳ] vi ◇ **to** ~ **about** bricoler [famil].

2. **potter** ['pɒtəʳ] n potier [f] ◇ ~**'s wheel** tour [m] de potier ◆ **pottery** 1 n poterie [f] ◇ **a piece of** ~ une poterie 2 adj (dish) de terre.

1. **potty** ['pɒtɪ] n [famil] pot [m] (de bébé) ◇ (of baby) ~**-trained** propre.

2. **potty** ['pɒtɪ] adj [famil] dingue [famil].

pouch [paʊtʃ] n petit sac [m]; (for tobacco) blague [f]; (kangaroo) poche [f].

pouffe [pu:f] n (seat) pouf [m].

poultice ['pəʊltɪs] n cataplasme [m].

poultry ['pəʊltrɪ] n volaille [f], volailles ◇ ~ **farming** élevage [m] de volailles ◆ **poulterer** n marchand [m] de volailles.

pounce [paʊns] vi sauter (*on* sur).

1. **pound** [paʊnd] n a (weight) livre [f] (= *453,6 grammes*) ◇ **80p a** ~ 80 pence la livre b (money) livre [f] ◇ ~ **sterling** livre sterling [inv]; ~ **note/coin** billet [m]/pièce [f] d'une livre.

2. **pound** [paʊnd] 1 vt (gen) pilonner; (in pestle) piler; (also ~ **on**: door) marteler 2 vi a (gen) battre; (of heart) battre fort b ◇ (run) **to** ~ **in** entrer en courant bruyamment.

3. **pound** [paʊnd] n (for cars) fourrière [f].

pour [pɔ:ʳ] 1 vt (liquid) verser ◇ **to** ~ **away** or **off** vider; **to** ~ **(out) a drink** verser à boire; **to** ~ **money into** investir énormément d'argent dans 2 vi a ruisseler (*from* de) ◇ **to** ~ **in** (water, sunshine) entrer à flots; (people etc) arriver en masse b ◇ **it is** ~**ing (with rain)** il pleut à torrents; ~**ing rain** pluie [f] torrentielle.

pout [paʊt] 1 n moue [f] 2 vi faire la moue.

poverty ['pɒvətɪ] n (gen) pauvreté [f] ◇ **extreme** ~ misère [f]; **below the** ~ **line** or **level** au-dessous du seuil de pauvreté ◆ **poverty-stricken** adj (family) dans la misère; (conditions) misérable.

powder ['paʊdəʳ] 1 n poudre [f] ◇ ~ **room** toilettes [fpl] (pour dames) 2 vt a ◇ ~**ed milk** lait [m] en poudre b (face) poudrer ◇ **to** ~ **one's nose** se poudrer ◆ **powdery** adj poudreux, [f] -euse.

power ['paʊəʳ] 1 n a (gen) pouvoir [m] ◇ **within my** ~ en mon pouvoir; **student** ~ le pouvoir des étudiants; **at the height of his** ~ à l'apogée de son pouvoir; (Pol) **in** ~ au pouvoir; **to come to** ~ accéder au pouvoir; ~ **structure** répartition [f] des pouvoirs; **to have** ~ **over sb** avoir autorité sur qn; **to have sb in one's** ~ avoir qn en son pouvoir; **the** ~**s that be** les autorités [fpl] constituées; **the world** ~**s** les puissances [fpl] mondiales; **mental** ~**s** facultés [fpl] mentales; **the** ~ **of speech** la parole; ~**s of persuasion** pouvoir de persuasion; ~**s of resistance** capacité [f] de résistance; ~**s of imagination** faculté d'imagination b (strength: of blow, engine, telescope etc) puissance [f] ◇ **nuclear** ~ énergie [f] nucléaire; **air** ~ puissance aérienne; (Math) **5 to the** ~ **of 3** 5 puissance 3 c (Elec) courant [m] ◇ **to cut off the** ~ couper le courant 2 vt ◇ ~**ed by nuclear energy**, **nuclear-**~**ed** qui fonctionne à l'énergie nucléaire 3 adj (saw) mécanique; (Aut: brakes, steering) assisté; (Elec: line) à haute tension ◇ (Elec) ~ **cut** coupure [f] de courant; ~ **point** prise [f] de courant (femelle); ~ **station** or (US) **plant** centrale [f] ◆ **powerboat** n hors-bord [m inv] ◆ **powerful** adj puissant ◆ **powerfully** adv (hit, strike) avec force; (affect) fortement ◆ **powerless** adj impuissant (*to do* à faire) ◆ **power-sharing** n (Pol) partage [m] du pouvoir.

p.p. abbr of *per procurationem* ◇ **p.p. J. Smith** pour M.J. Smith.

PR [pi:'ɑ:r] n abbr of *public relations* RP [fpl].

practicable ['præktɪkəbl] adj praticable.

practical ['præktɪkəl] 1 adj (gen) pratique ◇ ~ **joke** farce [f]; **for all** ~ **purposes** en réalité; **he's very** ~ il a beaucoup de sens pratique 2 n (exam) épreuve [f] pratique ◆ **practicalities** npl détails [mpl] pratiques ◆ **practically** adv (almost) pratiquement.

practice ['præktɪs] 1 n a pratique [f] ◇ **in(to)** ~ en pratique; **to make a** ~ **of doing** avoir l'habitude de faire; **it's common** ~ c'est courant b ◇ (rehearsal) **a** ~ une répétition; **I need more** ~ il faut que je m'entraîne davantage; ~ **flight** vol [m] d'entraînement; **target** ~ exercices [mpl] de tir; **he does 6 hours' piano** ~ **a day** il fait

6 heures de piano par jour; **out of ~** rouillé **c** ◇ (of doctor, lawyer) **to be in ~** exercer; **he has a large ~** il a un cabinet important **2** vti (US) = **practise.**

practise ['præktɪs] vti **a** (exercise: gen) s'entraîner (*doing* à faire); (violin, song) travailler ◇ **I'm practising my German** je m'exerce à parler allemand; **he ~s for 2 hours every day** il fait 2 heures d'entraînement (or d'exercices) par jour **b** (of doctor, lawyer) exercer ◇ **to ~ medicine** exercer la profession de médecin **c** (put into practice: principles) pratiquer; (method) employer ◆ **practised** adj (eye) exercé; (movement) expert ◆ **practising** adj (doctor) exerçant; (Catholic etc) pratiquant.

practitioner [præk'tɪʃənəʳ] n (Med) médecin [m].

pragmatic [præg'mætɪk] adj pragmatique.

prairie ['prɛərɪ] n ◇ (US) **the ~s** la Grande Prairie.

praise [preɪz] **1** n (gen) éloge [m] ◇ **in ~ of** à la louange de; **~ be!** [famil] Dieu merci! **2** vt louer (*sb for sth* qn de qch; *for doing* d'avoir fait) ◆ **praiseworthy** adj digne d'éloges.

pram [præm] n voiture [f] d'enfant.

prance [prɑːns] vi caracoler.

prank [præŋk] n frasque [f] ◇ **to play a ~ on sb** jouer un tour à qn.

prattle ['prætl] vi babiller.

prawn [prɔːn] n crevette [f] rose, bouquet [m] ◇ **~ cocktail** cocktail [m] de crevettes.

pray [preɪ] vti prier (*sb to do* qn de faire; *that* que + subj) ◇ **he ~ed for forgiveness** il pria Dieu de lui pardonner; **we're ~ing for fine weather** nous faisons des prières pour qu'il fasse beau.

prayer [prɛəʳ] n prière [f] ◇ **to say one's ~s** faire sa prière; (service) **~s** office [m]; **~ beads** chapelet [m]; **~ book** livre [m] de messe.

pre- [priː] **1** prep ◇ **~-1950** avant 1950 **2** prefix pré- ◆ **prearrange** vt fixer à l'avance ◆ **pre-establish** vt préétablir.

preach [priːtʃ] vti (gen) prêcher; (sermon) faire ◇ **to ~ at sb** faire la morale à qn ◆ **preacher** n prédicateur [m]; (clergyman) pasteur [m].

preamble [priː'æmbl] n préambule [m].

precarious [prɪ'kɛərɪəs] adj précaire.

precaution [prɪ'kɔːʃən] n précaution [f] (*of doing* de faire) ◇ **as a ~** par précaution ◆ **precautionary** adj (measure) de précaution.

precede [prɪ'siːd] vt précéder.

precedence ['presɪdəns] n ◇ **to take ~ over** (person) avoir la préséance sur; (event, problem, need) avoir la priorité sur.

precedent ['presɪdənt] n précédent [m].

preceding [prɪ'siːdɪŋ] adj précédent.

precept ['priːsept] n précepte [m].

precinct ['priːsɪŋkt] n (round cathedral etc) enceinte [f]; (US Police) circonscription [f].

precious ['preʃəs] **1** adj précieux, [f] -ieuse ◇ **~ stone** pierre [f] précieuse **2** adv ◇ (famil) **~ few, ~ little** très peu.

precipice ['presɪpɪs] n à-pic [m inv].

precipitate [prɪ'sɪpɪteɪt] **1** vt (gen, Chem) précipiter; (clouds) condenser **2** adj hâtif, [f] -ive.

precipitous [prɪ'sɪpɪtəs] adj (steep) à pic; (hasty) hâtif, [f] -ive.

précis ['preɪsiː] n résumé [m].

precise [prɪ'saɪs] adj (gen) précis ◇ **that ~ book** ce livre même; **at that ~ moment** à ce moment précis; **he's very ~** il est très minutieux ◆ **precisely** adv précisément ◇ **at 10 o'clock ~** à 10 heures précises; **what ~ does he do?** que fait-il au juste? ◆ **precision** n précision [f].

preclude [prɪ'kluːd] vt (misunderstanding) prévenir; (possibility) exclure ◇ **that ~s his leaving** cela le met dans l'impossibilité de partir.

precocious [prɪ'kəʊʃəs] adj précoce.

preconceived ['priːkən'siːvd] adj préconçu.

preconception ['priːkən'sepʃən] n préconception [f].

precondition ['priːkən'dɪʃən] n condition [f] requise.

precursor [priː'kɜːsəʳ] n précurseur [m].

predator ['predətəʳ] n prédateur [m].

predatory ['predətərɪ] adj rapace.

predecessor ['priːdɪsesəʳ] n prédécesseur [m].

predestination [priːˌdestɪ'neɪʃən] n prédestination [f].

predetermine ['priːdɪ'tɜːmɪn] vt déterminer d'avance.

predicament [prɪ'dɪkəmənt] n situation [f] difficile.

predicative [prɪ'dɪkətɪv] adj attribut [inv].

predict [prɪ'dɪkt] vt prédire ◆ **predictable** adj prévisible ◆ **prediction** n prédiction [f].

predisposed ['priːdɪs'pəʊzd] adj ◇ **~ to do** prédisposé à faire.

predominant [prɪ'dɒmɪnənt] adj prédominant ◆ **predominantly** adv surtout.

predominate [prɪ'dɒmɪneɪt] vi prédominer (*over* sur).

pre-eminent [priː'emɪnənt] adj prééminent ◆ **pre-eminently** adv avant tout.

pre-empt [priː'empt] vt (decision, action) anticiper, devancer.

preen [priːn] vt ◇ **to ~ o.s.** se pomponner; (be proud) s'enorgueillir (*on* de).

prefab ['priːfæb] n [famil] maison (etc) préfabriquée.

preface ['prefɪs] n (to book) préface [f].

prefect ['pri:fekt] n (Brit) élève [mf] des grandes classes chargée de la discipline; (in France) préfet [m].

prefer [prɪ'fɜ:ʳ] vt préférer (*doing, to do* faire; *A to B* A à B) ◇ **I ~ taking the train to going by car** je préfère prendre le train que d'aller en voiture ◆ **preferable** adj préférable (*to* à) ◆ **preferably** adv de préférence ◆ **preference** n (liking) préférence [f] (*for* pour); (priority) priorité [f] (*over* sur) ◇ **in ~ to** plutôt que ◆ **preferential** adj préférentiel, [f] -ielle.

prefix ['pri:fɪks] n préfixe [m].

pregnancy ['pregnənsɪ] n grossesse [f].

pregnant ['pregnənt] adj enceinte ◇ **3 months ~** enceinte de 3 mois.

prehistoric ['pri:hɪs'tɒrɪk] adj préhistorique.

prejudge ['pri:'dʒʌdʒ] vt juger d'avance.

prejudice ['predʒʊdɪs] **1** n préjugé [m]; (attitude) préjugés ◇ **to have a ~ against** avoir un préjugé contre; **racial ~** préjugés raciaux **2** vt (person) prévenir (*against* contre); (chance) porter préjudice à ◆ **prejudiced** adj (person) plein de préjugés; (idea) préconçu ◇ **to be ~ against** avoir un préjugé contre.

prelate ['prelɪt] n prélat [m].

preliminary [prɪ'lɪmɪnərɪ] adj préliminaire.

prelude ['prelju:d] n prélude [m] (*to* de).

premarital ['pri:'mærɪtl] adj avant le mariage.

premature ['prematʃʊəʳ] adj prématuré.

premeditate [pri:'medɪteɪt] vt préméditer ◆ **premeditation** n préméditation [f].

premier ['premɪəʳ] n Premier ministre [m].

première ['premɪεəʳ] n première [f] (Theat).

premises ['premɪsəs] npl locaux [mpl] ◇ **business ~** locaux commerciaux; **on the ~** sur les lieux; **off the ~** hors des lieux.

premium ['pri:mɪəm] n prime [f] ◇ **to be at a ~** faire prime; **~ bond** bon [m] à lots.

premonition [,pre:mə'nɪʃən] n pressentiment [m].

preoccupation [pri:,ɒkjʊ'peɪʃən] n préoccupation [f].

preoccupy [pri:'ɒkjʊpaɪ] vt préoccuper.

prep [prep] adj [famil] = **preparatory.**

prepack(age) ['pri:'pæk(ɪdʒ)] vt préconditionner.

prepaid ['pri:'peɪd] adj payé d'avance.

preparation [,prepə'reɪʃən] n **a** préparation [f] ◇ **~s** préparatifs [mpl] (*for* de); **in ~ for** en vue de **b** (school) devoirs [mpl].

preparatory [prɪ'pærətərɪ] adj (work) préparatoire; (measure, step) préliminaire ◇ **~ school** ≃ école [f] primaire privée.

prepare [prɪ'pεəʳ] vti préparer (*sth for sb* qch à qn; *sth for sth* qch pour qch; *sb for sth* qn à qch) ◇ **to ~ for** (journey, event) faire des préparatifs pour; (meeting) se préparer pour; (war) se préparer à; (examination) préparer; **to ~ to do sth** se préparer à faire qch; **to be ~d to do sth** être prêt à faire qch; **I am ~d for anything** (can cope) j'ai tout prévu; (won't be surprised) je m'attends à tout.

preponderant [prɪ'pɒndərənt] adj prépondérant.

preposition [,prepə'zɪʃən] n préposition [f].

prepossessing [,pri:pə'zesɪŋ] adj qui fait bonne impression.

preposterous [prɪ'pɒstərəs] adj ridicule.

prerecord ['pri:rɪ'kɔ:d] vt (gen) enregistrer à l'avance ◇ **~ed broadcast** émission [f] en différé.

prerequisite ['pri:'rekwɪzɪt] n condition [f] préalable.

prerogative [prɪ'rɒgətɪv] n prérogative [f].

Presbyterian [,prezbɪ'tɪərɪən] adj, n presbytérien(ne) [m(f)].

preschool ['pri:'sku:l] adj (years) préscolaire; (child) d'âge préscolaire ◇ **~ playgroup** ≃ garderie [f].

prescribe [prɪs'kraɪb] vt prescrire ◇ **~d books** œuvres [fpl] inscrites au programme.

prescription [prɪs'krɪpʃən] n (Med) ordonnance [f] ◇ **it's only available on ~** on ne peut l'obtenir que sur ordonnance; **~ charges** *somme* [f] *fixe à payer lors de l'exécution de l'ordonnance.*

presence ['prezns] n présence [f] ◇ **~ of mind** présence d'esprit; **in the ~ of** en présence de.

present ['preznt] **1** adj présent ◇ **is there a doctor ~?** y a-t-il un docteur ici?; **her ~ husband** son mari actuel; **at the ~ time** actuellement, à présent.

2 n **a** présent [m] ◇ **up to the ~** jusqu'à présent; **for the ~** pour le moment; **at ~** actuellement **b** (gift) cadeau [m] ◇ **to make sb a ~ of sth** faire cadeau de qch à qn.

3 [prɪ'zεnt] vt **a** (gen) présenter (*to* à); (proof) fournir ◇ **to ~ sb with sth, to ~ sth to sb** (give as gift) offrir qch à qn; (hand over) remettre qch à qn; **to ~ arms** présenter les armes; **to ~ o.s. at...** se présenter à... **b** (play, concert) donner; (compere) présenter **c** (introduce) présenter (*sb to sb* qn à qn) ◇ **may I ~...?** permettez-moi de vous présenter... ◆ **present-day** adj actuel, [f] -elle, d'aujourd'hui.

presentable [prɪ'zentəbl] adj présentable.

presentation [,prezən'teɪʃən] n (gen) présentation [f]; (ceremony) ≃ vin [m] d'honneur.

presenter [prɪ'zentəʳ] n présentateur [m], [f] -trice.

presently ['prezntlɪ] adv (soon) tout à l'heure; (now) à présent.

preservation [,prezə'veɪʃən] n conservation [f].

preservative [prɪ'zɜːvətɪv] n (in food) agent [m] de conservation.

preserve [prɪ'zɜːv] **1** vt (keep: building, fruit, traditions) conserver; (leather, wood) entretenir; (memory, dignity etc) garder; (keep safe) préserver (*from* de) ◇ **well-~d** en bon état de conservation **2** n **a** ◇ **~s** confiture [f] **b** ◇ **that's his ~** c'est son domaine particulier.

preset ['priː'set] pret, ptp *preset* vt régler à l'avance.

preside [prɪ'zaɪd] vi présider (*at, over sth* qch).

presidency ['prezɪdənsɪ] n présidence [f].

president ['prezɪdənt] n président [m] ✦ **presidential** adj présidentiel, [f] -ielle; (staff) du Président.

press [pres] **1** n **a** (apparatus: gen) presse [f]; (for wine, cheese etc) pressoir [m] **b** (newspapers) presse [f] ◇ **to go to ~** être mis sous presse; **a member of the ~** un(e) journaliste; **~ agent** agent [m] de publicité; **~ conference** conférence [f] de presse; **~ cutting** coupure [f] de presse; **~ release** communiqué [m] de presse; **~ report** reportage [m] **2** vt **a** (switch, trigger) appuyer sur; (grapes, flowers, sb's hand) presser ◇ **to ~ sth down** appuyer sur qch **b** (clothes etc) repasser **c** (fig: attack) pousser; (claim) renouveler; (person) presser (*to do* de faire; *for an answer* de répondre) ◇ (Law) **to ~ charges against sb** engager des poursuites contre qn; **I shan't ~ the point** je n'insisterai pas. **3** vi (**~ down**) appuyer (*on* sur); (of thing) faire pression (*on* sur) ◇ **to ~ for sth to be done** faire pression pour obtenir que qch soit fait; **they ~ed round his car** ils se pressaient autour de sa voiture; **to ~ on** continuer (*with sth* qch) ✦ **pressed** adj (busy) débordé de travail ◇ **~ for** à court de ✦ **pressgang** vt ◇ **to ~ sb into doing sth** forcer la main à qn pour qu'il fasse qch ✦ **pressing** adj (problem) urgent; (invitation) pressant ✦ **press stud** n pression [f] ✦ **press-up** n traction [f].

pressure ['preʃəʳ] **1** n pression [f] ◇ **water ~** pression de l'eau; **blood ~** pression artérielle; **to put ~ on sb** faire pression sur qn (*to do* pour qu'il fasse); **under ~ from...** sous la pression de...; **he is under a lot of ~** il est sous pression; **~ cooker** cocotte-minute [f]; **~ gauge** manomètre [m]; **~ group** groupe [m] de pression **2** vt ◇ **to ~ sb** [famil] **into doing** forcer qn à faire ✦ **pressurize** vt pressuriser.

prestige [pres'tiːʒ] n prestige [m].

prestigious [pres'tɪdʒəs] adj prestigieux, [f] -ieuse.

presumably [prɪ'zjuːməblɪ] adv ◇ **you are ~ his son** je présume que vous êtes son fils.

presume [prɪ'zjuːm] vt (suppose) présumer (*that* que); (take liberty) se permettre (*to do* de faire).

presumption [prɪ'zʌmpʃən] n présomption [f].

presumptuous [prɪ'zʌmptjʊəs] adj présomptueux, [f] -ueuse.

presuppose [ˌpriːsə'pəʊz] vt présupposer.

pre-tax [ˌpriː'tæks] adj avant impôts.

pretence, (US) **pretense** [prɪ'tens] n (claim) prétention [f] ◇ **under the ~ of sth** sous prétexte de qch; **to make a ~ of doing** faire semblant de faire.

pretend [prɪ'tend] vti faire semblant (*to do* de faire; *that* que); (ignorance etc) feindre ◇ **let's ~ we're soldiers** jouons aux soldats; **he ~ed to be a doctor** il se faisait passer pour un docteur; **I was only ~ing** je plaisantais; **let's stop ~ing!** assez joué la comédie!

pretentious [prɪ'tenʃəs] adj prétentieux, [f] -ieuse.

preterite ['pretərɪt] n prétérit [m].

pretext ['priːtekst] n prétexte [m] (*to do* pour faire) ◇ **on the ~ of** sous prétexte de.

pretty ['prɪtɪ] **1** adj (gen) joli (before n) ◇ **as ~ as a picture** ravissant; **it wasn't a ~ sight** ce n'était pas beau à voir **2** adv assez ◇ **~ well** (not badly) pas mal; (also **~ nearly** or **~ much:** almost) pratiquement.

prevail [prɪ'veɪl] vi (win) prévaloir (*against* contre; *over* sur); (be in force etc) prédominer ◇ **to ~ upon sb to do** persuader qn de faire ✦ **prevailing** adj (wind) dominant; (attitude) courant; (situation: today) actuel, [f] -uelle; (at that time) à l'époque.

prevalent ['prevələnt] adj (attitude) courant; (situation: today) actuel, [f] -uelle; (at that time) à l'époque; (illness) répandu.

prevaricate [prɪ'værɪkeɪt] vi user de faux-fuyants.

prevent [prɪ'vent] vt (gen) empêcher (*sb from doing* qn de faire); (illness) prévenir; (accident, war) éviter ✦ **prevention** n prévention [f] ✦ **preventive** adj préventif, [f] -ive.

preview ['priːvjuː] n (of film etc) avant-première [f]; (fig) aperçu [m].

previous ['priːvɪəs] **1** adj (gen) précédent ◇ **the ~ day** la veille; **the ~ evening** la veille au soir; **~ to** antérieur à; **I have a ~ engagement** je suis déjà pris; **~ experience** expérience [f] préalable; **he has 3 ~ convictions** il a déjà 3 condamnations **2** adv ◇ **~ to** avant ✦ **previously** adv (in the past) auparavant; (already) déjà.

prewar ['priː'wɔːʳ] adj d'avant-guerre.

prey [preɪ] **1** n proie [f] ◇ **bird of ~** oiseau [m] de proie **2** vi ◇ **to ~ on** faire sa proie de; **something is ~ing on her mind** il y a quelque chose qui la travaille [famil].

price [praɪs] 1 n (gen) prix [m]; (Betting) cote [f]; (St Ex) cours [m] ◇ **to go up in ~** augmenter; **to go down in ~** baisser; **what is the ~ of this book?** combien coûte ce livre?; **~ control** contrôle [m] des prix; **~ cut** réduction [f]; **~ rise** hausse [f] des prix; **~ freeze** blocage [m] des prix; **to put a ~ limit on sth** fixer le prix maximum de qch; **~ list** tarif [m]; **within my ~ range** dans mes prix; **~s and incomes policy** politique [f] des prix et des revenus; **~ tag** étiquette [f]; **high-~d** cher, [f] chère; **he got a good ~ for it** il l'a vendu cher; (fig) **it's a small ~ to pay for...** c'est consentir un bien petit sacrifice pour...; **I wouldn't do it at any ~** je ne le ferais pour rien au monde; **peace at any ~** la paix à tout prix; (fig) **what ~** [famil] **all his promises now?** que valent toutes ses promesses maintenant? 2 vt (fix ~ of) fixer le prix de; (mark ~ on) marquer le prix de; (ask ~ of) demander le prix de ◇ **it is ~d at £10** ça coûte 10 livres ◆ **priceless** adj (gen) inestimable; (famil: amusing) impayable [famil] ◆ **pricey** adj [famil] cher, [f] chère.

prick [prɪk] 1 n piqûre [f] 2 vti (gen) piquer; (blister etc) crever ◇ **she ~ed her finger** elle s'est piqué le doigt (*with* avec); (fig) **his conscience ~ed him** il n'avait pas la conscience tranquille; **my eyes are ~ing** les yeux me cuisent; **to ~ up one's ears** (of animal) dresser les oreilles; (fig: of person) dresser l'oreille.

prickle ['prɪkl] 1 n (of plant) épine [f] 2 vti piquer ◆ **prickly** adj (plant) épineux, [f] -euse; (beard) qui pique; (fig: person) irritable.

pride [praɪd] 1 n (self-respect) amour-propre [m]; (satisfaction) fierté [f]; (arrogance) orgueil [m] ◇ **his ~ was hurt** il était blessé dans son amour-propre; **to take (a) ~ in** être très fier de; **to take (a) ~ in doing** mettre sa fierté à faire; **to have ~ of place** avoir la place d'honneur; **she is her father's ~ and joy** elle est la fierté de son père 2 vt ◇ **to ~ o.s. on** être fier de (*doing* faire).

priest [pri:st] n (gen) prêtre [m]; (Catholic) curé [m] ◆ **priestess** n prêtresse [f] ◆ **priesthood** n ◇ **to enter the ~** se faire prêtre.

prig [prɪg] n pharisien(ne) [m(f)] ◇ **he's a ~** il se prend au sérieux.

prim [prɪm] adj (also **~ and proper**) guindé.

primarily ['praɪmərɪlɪ] adv principalement.

primary ['praɪmərɪ] 1 adj (gen) primaire; (reason etc) principal; (importance) primordial; (colour) fondamental ◇ **~ education** enseignement [m] primaire; **~ (school) teacher** instituteur [m], [f] -trice 2 n (US Pol) primaire [f].

primate ['praɪmɪt] n a (Rel) primat [m] b ['praɪmeɪt] (animal) primate [m].

prime [praɪm] 1 adj (cause, reason) principal; (factor, importance) primordial; (excellent: meat) de premier choix; (quality) premier, [f] -ière (before n); (condition) parfait (before n); (example) excellent ◇ **P~ Minister** Premier ministre [m] 2 n ◇ **in one's ~** dans la fleur de l'âge 3 vt (pump) amorcer; (for painting) apprêter; (fig: instruct: person) mettre au courant ◆ **primer** n (textbook) livre [m] élémentaire; (paint) apprêt [m].

primeval [praɪ'mi:vəl] adj (forest) vierge.

primitive ['prɪmɪtɪv] adj primitif, [f] -ive.

primrose ['prɪmrəʊz] n primevère [f] jaune.

prince [prɪns] n prince [m] ◇ **P~ Charles** le prince Charles; **the P~ of Wales** le prince de Galles ◆ **princess** n princesse [f].

principal ['prɪnsɪpəl] 1 adj principal 2 n (of school etc) directeur [m], [f] -trice; (of lycée) proviseur [m]; (of collège) principal(e) [m(f)].

principality [,prɪnsɪ'pælɪtɪ] n principauté [f].

principle ['prɪnsəpl] n principe [m] ◇ **in ~** en principe; **on ~, as a matter of ~** par principe; **it's against my ~s to do that** j'ai pour principe de ne jamais faire cela.

print [prɪnt] 1 n a (of foot, tyre etc) empreinte [f] b (Typ) caractères [mpl] ◇ **in large ~** en gros caractères; **out of ~** épuisé; **in ~** disponible c (Art) gravure [f]; (Phot) épreuve [f]; (fabric) imprimé [m] 2 vt (often **~ out**) imprimer; (Phot) tirer; (write in block letters) écrire en caractères d'imprimerie ◆ **printed** adj imprimé ◇ **~ matter, ~ papers** imprimés [mpl] ◆ **printer** n imprimeur [m]; (Comput) imprimante [f] ◆ **printing** n (Typ) impression [f]; (block writing) écriture [f] en caractères d'imprimerie ◇ **~ press** presse [f] typographique; **~ works** imprimerie [f] *(atelier)* ◆ **print-out** n (Comput) listage [m].

prior ['praɪə^r] 1 adj antérieur (*to* à) 2 adv ◇ **~ to** antérieurement à, avant; **~ to his leaving he/we...** avant son départ il/nous... ◆ **priority** n priorité [f] ◇ **to take ~ over** avoir la priorité sur; **to give top ~ to** donner la priorité absolue à; **to get one's priorities right** se rendre compte de ce qui est important.

priory ['praɪərɪ] n prieuré [m].

prise [praɪz] vt ◇ **to ~ off** forcer; **to ~ open** ouvrir en forçant.

prism ['prɪzəm] n prisme [m].

prison ['prɪzn] n prison [f] ◇ **in ~** en prison; **to send sb to ~ for 5 years** condamner qn à 5 ans de prison; **~ camp** camp [m] de prisonniers; **~ conditions** les conditions [fpl] dans les prisons; **~ officer** gardien(ne) [m(f)] de prison ◆ **prisoner** n prisonnier [m],

(f) -ière ◇ ~ **of conscience** détenu(e) (m(f)) politique *(pour délit d'opinion)*; ~ **of war** prisonnier de guerre; **to be taken** ~ être fait prisonnier.

privacy ['prɪvəsɪ] n ◇ **desire for** ~ désir (m) d'être seul; **there is no** ~ **here** on ne peut avoir aucune vie privée ici; **in the** ~ **of his own home** dans l'intimité (f) de son foyer.

private ['praɪvɪt] **1** adj **a** (not public: gen) privé; (agreement) officieux, (f) -ieuse; (funeral) qui a lieu dans l'intimité ◇ **'~'** (on envelope) 'personnel'; **he's a very** ~ **person** c'est un homme très secret; ~ **place** coin (m) retiré; ~ **enterprise** entreprise (f) privée; **the** ~ **sector** le secteur privé; (Med) ~ **treatment** ≃ traitement (m) non remboursé par la Sécurité sociale; ~ **detective**, ~ **investigator**, ~ **eye** [famil] détective (m) privé; **a** ~ **citizen** un simple citoyen **b** (personal: house, lesson, secretary) particulier, (f) -ière; (joke, reasons) personnel, (f) -elle ◇ **a** ~ **income** une fortune personnelle; ~ **tuition** leçons (fpl) particulières **2** n **a** (simple) soldat (m) **b** ◇ **in** ~ = **privately** ◆ **privately** adv (think) dans son for intérieur; (say) en privé ◆ **privatization** n privatisation (f) ◆ **privatize** vt privatiser.

privet ['prɪvɪt] n troène (m).

privilege ['prɪvɪlɪdʒ] n privilège (m); (Parl) prérogative (f) ◆ **privileged** adj privilégié ◇ **to be** ~ **to do** avoir le privilège de faire.

privy ['prɪvɪ] adj ◇ **P**~ **Council** conseil (m) privé.

prize [praɪz] **1** n (gen) prix (m); (in lottery) lot (m) ◇ **to win first** ~ remporter le premier prix (*in* de); (in lottery) gagner le gros lot; **the Nobel P**~ le prix Nobel **2** adj (best) meilleur (before n); (example) parfait (before n); (novel, entry) primé; (idiot etc) de premier ordre ◇ **a** ~ **sheep** un mouton primé; **his** ~ **sheep** son meilleur mouton; ~ **draw** tombola (f); ~ **fighter** boxeur (m) professionnel; ~ **list** palmarès (m); ~ **money** argent (m) du prix **3** vt priser ◇ ~**d possession** bien (m) très précieux ◆ **prize-giving** n distribution (f) des prix ◆ **prizewinner** n (gen) lauréat(e) (m(f)); (lottery) gagnant(e) (m(f)) ◆ **prize-winning** adj (novel, entry etc) primé; (ticket) gagnant.

1. **pro** [prəʊ] **1** prefix pro- ◇ ~**-French** profrançais **2** n ◇ **the** ~**s and the cons** le pour et le contre.

2. **pro** [prəʊ] n [famil] abbr of *professional* pro (mf).

probability [,prɒbə'bɪlɪtɪ] n probabilité (f) ◇ **in all** ~ selon toute probabilité.

probable ['prɒbəbl] adj probable ◆ **probably** adv probablement.

probation [prə'beɪʃən] n ◇ **to be on** ~ (Law) ≃ être en sursis avec mise à l'épreuve; (employee) être engagé à l'essai ◆ **probationary** adj d'essai.

probe [prəʊb] **1** n (device) sonde (f); (investigation) enquête (f) (*into* sur) **2** vt sonder.

problem ['prɒbləm] n problème (m) ◇ **the housing** ~ le problème du logement; **he is a great** ~ **to her** il lui pose de gros problèmes; **we've got** ~**s with the car** nous avons des ennuis (mpl) avec la voiture; **it's not my** ~ ça ne me concerne pas; **that's no** ~**!** pas de problème!; **I had no** ~ **in getting the money** je n'ai eu aucun mal à obtenir l'argent; ~ **cases** des cas (mpl) sociaux; ~ **child** enfant (m) caractériel; ~ **family** famille (f) inadaptée; (in newspaper) ~ **page** courrier (m) du cœur ◆ **problematic(al)** adj problématique.

procedure [prə'siːdʒəʳ] n procédure (f) ◇ (fig) **what's the** ~**?** qu'est-ce qu'il faut faire?

proceed [prə'siːd] vi (go) avancer; (continue) continuer (*with sth* qch); (act) procéder ◇ **to** ~ **to do** se mettre à faire; **it is all** ~**ing according to plan** tout se passe ainsi que prévu ◆ **proceedings** npl (ceremony) cérémonie (f); (meeting etc) séance (f); (legal ~) procès (m) ◇ **to take** ~ (gen) prendre des mesures (*to do* pour faire); (Law) intenter un procès (*against sb* à qn) ◆ **proceeds** npl somme (f) recueillie.

process ['prəʊses] **1** n (Chem, Biol etc) processus (m); (fig, Admin etc) procédure (f); (specific method) procédé (m) ◇ **a natural** ~ un processus naturel; **it's a slow** ~ ça prend du temps; **to be in the** ~ **of doing** être en train de faire; **a** ~ **for doing** un procédé pour faire **2** vt (gen) traiter; (film) développer; (an application, papers) s'occuper de ◇ ~**ed cheese** fromage (m) fondu ◆ **processing** n traitement (m); développement (m) ◇ **food** ~ préparation (f) des aliments; **data** ~ informatique (f).

procession [prə'seʃən] n défilé (m); (Rel) procession (f).

proclaim [prə'kleɪm] vt (gen) proclamer (*that* que; *sb king* qn roi); (peace) déclarer.

proclamation [,prɒklə'meɪʃən] n proclamation (f).

procrastinate [prəʊ'kræstɪneɪt] vi faire traîner les choses.

procreation [,prəʊkrɪ'eɪʃən] n procréation (f).

procure [prə'kjʊəʳ] vt obtenir.

prod [prɒd] **1** n petit coup (m) (*de canne etc*) **2** vt pousser doucement ◇ (fig) **he needs** ~**ding** il a besoin d'être stimulé.

prodigal ['prɒdɪgəl] adj prodigue.

prodigious [prə'dɪdʒəs] adj prodigieux, (f) -ieuse.

prodigy ['prɒdɪdʒɪ] n prodige (m) ◇ **child** ~ enfant (mf) prodige.

produce [prə'dju:s] **1** vt **a** (gen) produire; (magazine) éditer; (book: write) écrire, (publish) publier; (record, video) sortir; (profit) rapporter; (baby) donner naissance à; (reaction) provoquer; (passport, gun etc) sortir (*from* de) ◇ **oil-producing countries** pays [mpl] producteurs de pétrole **b** (play) mettre en scène; (film) produire; (Rad, TV: programme) réaliser **2** ['prodju:s] n produits [mpl] *(d'alimentation)* ◆ **producer** n (of goods, film) producteur [m], [f] -trice; (of play) metteur [m] en scène; (Rad, TV) réalisateur [m].

product ['prɒdʌkt] n produit [m].

production [prə'dʌkʃən] n production [f] ◇ (in factory) ~ **line** chaîne [f] de fabrication; **he works on the ~ line** il travaille à la chaîne; ~ **manager** directeur [m] de la production.

productive [prə'dʌktɪv] adj productif, [f] -ive.

productivity [,prɒdʌk'tɪvɪtɪ] n productivité [f] ◇ ~ **bonus** prime [f] à la productivité.

profanity [prə'fænɪtɪ] n juron [m].

profess [prə'fes] vt professer.

profession [prə'feʃən] n profession [f] ◇ **the ~s** les professions libérales; **the medical ~ knows...** les médecins [mpl] savent....

professional [prə'feʃənl] **1** adj (gen) professionnel, [f] -elle; (soldier) de carrière; (piece of work) de haute qualité ◇ ~ **people** les membres [mpl] des professions libérales; (Sport) **to turn** ~ passer professionnel **2** n (all senses) professionnel(le) [m(f)] ◆ **professionally** adv (gen) professionnellement; (Sport: play) en professionnel ◇ ~ **qualified** diplômé.

professor [prə'fesə^r] n (Univ) professeur [m] (titulaire d'une chaire).

proficiency [prə'fɪʃənsɪ] n compétence [f].

proficient [prə'fɪʃənt] adj très compétent (*in* en).

profile ['prəʊfaɪl] n profil [m] ◇ **in** ~ de profil; (fig) **to keep a low** ~ essayer de ne pas trop se faire remarquer.

profit ['prɒfɪt] **1** n profit [m] ◇ ~ **and loss** profits et pertes; **net** ~ bénéfice [m] net; **to make a** ~ faire un bénéfice (*of* de; *on* sur); **to sell sth at a** ~ vendre qch à profit; ~ **margin** marge [f] bénéficiaire **2** vi ◇ **to ~ by** or **from sth** tirer profit de qch.

profitability [,prɒfɪtə'bɪlɪtɪ] n rentabilité [f].

profitable ['prɒfɪtəbl] adj (money-wise) rentable; (fig: scheme, agreement) avantageux, [f] -euse; (meeting etc) profitable ◆ **profitably** adv avec profit.

profiteer [,prɒfɪ'tɪə^r] vi faire des bénéfices excessifs.

profound [prə'faʊnd] adj profond (fig) ◆ **profoundly** adv profondément.

profuse [prə'fju:s] adj (vegetation, bleeding) abondant; (thanks, praise) profus ◆ **profusely** adv (bleed) abondamment; (thank) avec effusion ◇ **to apologize** ~ se confondre en excuses.

progeny ['prɒdʒɪnɪ] n progéniture [f].

program ['prəʊgræm] **1** n **a** (Comput) programme [m] **b** (US) = **programme** **2** vt programmer (*sth to do* qch de façon à faire) **3** vi établir un (or des) programme(s) ◆ **programme** n (gen) programme [m]; (Rad, TV: broadcast) émission [f]; (radio station) poste [m]; (of course etc) emploi [m] du temps ◇ **on the** ~ au programme ◆ **programmer** n (computer ~) programmeur [m], [f] -euse ◆ **programming** n programmation [f].

progress ['prəʊgres] **1** n (gen) progrès [m(pl)] ◇ **in the name of** ~ au nom du progrès; **to make** ~ faire des progrès; **in** ~ en cours; (on work etc) ~ **report** compte rendu [m] **2** [prə'gres] vi (gen) avancer (*towards* vers); (of student etc) faire des progrès; (of patient) aller mieux ◆ **progression** n progression [f] ◆ **progressive** adj (gen) progressif, [f] -ive; (forward-looking) progressiste ◆ **progressively** adv progressivement, petit à petit.

prohibit [prə'hɪbɪt] vt (forbid) interdire (*sb from doing* à qn de faire); (weapons, swearing) prohiber ◇ **smoking is ~ed** il est interdit de fumer; **they are ~ed from using...** il leur est interdit d'utiliser... ◆ **prohibition** n prohibition [f] ◆ **prohibitive** adj prohibitif, [f] -ive.

project ['prɒdʒekt] **1** n (scheme) projet [m] (*to do, for doing* pour faire); (undertaking) opération [f]; (study) étude [f] (*on* de); (school) dossier [m] (*on* sur) **2** [prə'dʒekt] vt projeter ◇ **~ed sales/revenue** projection [f] de ventes/de recettes **3** vi faire saillie ◇ **to ~ over** surplomber ◆ **projection** n projection [f] ◆ **projectionist** n projectionniste [mf] ◆ **projector** n projecteur [m].

proletarian [,prəʊlə'tɛərɪən] **1** n prolétaire [mf] **2** adj prolétarien, [f] -ienne ◆ **proletariat** n prolétariat [m].

proliferate [prə'lɪfəreɪt] vi proliférer.

proliferation [prə,lɪfə'reɪʃən] n prolifération [f].

prolific [prə'lɪfɪk] adj prolifique.

prologue ['prəʊlɒg] n prologue [m].

prolong [prə'lɒŋ] vt prolonger ◆ **prolonged** adj long, de longue durée.

prom [prɒm] n abbr of *promenade* **a** promenade [f] **b** (US: dance) bal [m] des étudiants (or des lycéens).

promenade [,prɒmɪ'nɑ:d] n **a** promenade [f] ◇ ~ **concert** → **proms** [famil] **b** ◇ (Naut) ~ **deck** pont [m] promenade.

prominence ['prɒmɪnəns] n (gen) proéminence [f]; (fig) importance [f].

prominent ['prɒmɪnənt] adj (gen) proéminent; (cheekbones) saillant; (tooth) qui avance; (striking) frappant; (outstanding: person) important ◆ **prominently** adv bien en vue.

promiscuity [,prɒmɪs'kju:ɪtɪ] n promiscuité [f] sexuelle.

promiscuous [prə'mɪskjʊəs] adj de mœurs faciles.

promise ['prɒmɪs] **1** n promesse [f] ◇ **to make sb a** ~ faire une promesse à qn (*to do* de faire); **to keep one's** ~ tenir sa promesse **2** vti promettre (*sth to sb* qch à qn; *sb to do* à qn de faire; *that* que) ◇ **I** ~! je vous le promets!; (after statement) je vous assure!; **I can't** ~ je ne vous promets rien ◆ **promising** adj (situation) prometteur, [f] -euse; (person) qui promet ◇ **that looks** ~ ça semble prometteur.

promontory ['prɒməntrɪ] n promontoire [m].

promote [prə'məʊt] vt (gen) promouvoir (*to* au poste de; (Mil) au rang de); (trade) développer ◇ (Ftbl) **to be** ~**d to the first division** monter en première division ◆ **promoter** n (Sport) organisateur [m], [f] -trice ◆ **promotion** n promotion [f] ◇ **to get** ~ obtenir de l'avancement.

prompt [prɒmpt] **1** adj (gen) rapide; (punctual) ponctuel, [f] -uelle **2** adv ◇ **at 6 o'clock** ~ à 6 heures exactement **3** vt pousser (*sb to do* qn à faire); (Theat) souffler ◇ **without** ~**ing** sans y être poussé **4** n (Comput) guidage [m] ◆ **prompter** n souffleur [m], [f] -euse.

proms [prɒmz] npl [famil] (also **promenade concerts**) *série de concerts de musique classique donnés à Londres.*

prone [prəʊn] adj **a** (face down) étendu face contre terre **b** (liable) enclin (*to* à).

prong [prɒŋ] n (of fork) dent [f] ◇ (Mil) **three-**~**ed attack** attaque [f] sur trois fronts.

pronoun ['prəʊnaʊn] n pronom [m].

pronounce [prə'naʊns] vt (gen) prononcer ◇ **how is it** ~**d?** comment ça se prononce? ◆ **pronounced** adj prononcé ◆ **pronouncement** n déclaration [f].

pronunciation [prə,nʌnsɪ'eɪʃən] n prononciation [f].

pronto ['prɒntəʊ] adv [famil] illico [famil].

proof [pru:f] **1** n **a** (gen) preuve [f]; (Typ) épreuve [f] ◇ ~ **of identity** pièce [f] d'identité; **I've got** ~ **that he did it** j'ai la preuve qu'il l'a fait **b** ◇ (whisky) **70°** ~ ≃ qui titre 40° d'alcool **2** adj ◇ ~ **against** à l'épreuve de **3** vt imperméabiliser ◆ **proofreader** n correcteur [m], [f] -trice d'épreuves.

prop [prɒp] **1** n (gen) support [m]; (for wall) étai [m] **2** vt (~ **up**: ladder, cycle) appuyer (*against* contre); (support: tunnel, wall) étayer; (fig: régime) maintenir; (a currency) venir au secours de ◇ **to** ~ **o.s. (up) against** se caler contre.

props [prɒps] npl [famil] (Theat) accessoires [mpl].

propaganda [,prɒpə'gændə] n propagande [f].

propagate ['prɒpəgeɪt] **1** vt propager **2** vi se propager.

propel [prə'pel] vt (vehicle etc) propulser; (person) pousser (*into* dans) ◆ **propeller** n hélice [f] ◆ **propelling pencil** n porte-mine [m inv].

propensity [prə'pensɪtɪ] n propension [f].

proper ['prɒpə[r]] adj (gen) correct; (noun, meaning) propre; (person) comme il faut; (clothes) convenable ◇ **use the** ~ **tool** utilisez le bon outil; **it's not a** ~ **tool** ce n'est pas vraiment un outil; **in the** ~ **way** comme il faut; **at the** ~ **time** à l'heure dite; **to go through the** ~ **channels** passer par la filière officielle; **it isn't** ~ **to do that** cela ne se fait pas; **outside Paris** ~ en dehors de Paris proprement dit; **I felt a** ~ **idiot** je me suis senti vraiment idiot ◆ **properly** adv (gen) correctement; (speak) bien ◇ ~ **speaking** à proprement parler; **he very** ~ **refused** il a refusé et avec raison.

property ['prɒpətɪ] n **a** (gen) propriété [f] ◇ **is this your** ~**?** cela vous appartient?; (Law) **personal** ~ biens [mpl] personnels; ~ **market** marché [m] immobilier; ~ **owner** propriétaire [m] foncier **b** (of chemical etc) propriété [f] **c** (Theat) accessoire [m].

prophecy ['prɒfɪsɪ] n prophétie [f].

prophesy ['prɒfɪsaɪ] **1** vt prédire (*that* que) **2** vi prophétiser.

prophet ['prɒfɪt] n prophète [m].

prophetic [prə'fetɪk] adj prophétique.

proportion [prə'pɔ:ʃən] **1** n (gen) proportion [f] (*of* de; *to* par rapport à) ◇ **in** ~ **to** en proportion de; **to be in** ~ être proportionné (*to* à); **out of** ~ hors de proportion (*to* avec); **a certain** ~ **of the staff** une certaine partie du personnel **2** vt proportionner (*to* à) ◇ **well-**~**ed** bien proportionné ◆ **proportional** or **proportionate** adj proportionnel, [f] -elle (*to* à) ◇ ~**al representation** représentation [f] proportionnelle.

proposal [prə'pəʊzl] n (suggestion) proposition [f] (*to do* de faire); (marriage) demande [f] en mariage; (plan) projet [m] (*for* de, pour).

propose [prə'pəʊz] vti (suggest) proposer (*sth to sb* qch à qn; *that* que + subj; *sb for sth* qn pour qch) ◇ **to ~ a toast to sb** porter un toast à la santé de qn; (have in mind) **to ~ doing** or **to do** se proposer de faire; **to ~ (marriage) to sb** faire une demande en mariage à qn.

proposition [ˌprɒpə'zɪʃən] n (gen) proposition [f] ◇ (fig) **that's quite another ~** ça, c'est une tout autre affaire; **it's quite a ~** ce n'est pas une petite affaire; **it's a tough ~** c'est dur.

propound [prə'paʊnd] vt exposer.

proprietary [prə'praɪətərɪ] adj ◇ **~ brand, ~ name** marque [f] déposée; **~ medicine** spécialité [f] pharmaceutique.

proprietor [prə'praɪətə^r] n propriétaire [m].

propriety [prə'praɪətɪ] n convenance [f].

propulsion [prə'pʌlʃən] n propulsion [f].

prosaic [prəʊ'zeɪɪk] adj prosaïque.

prose [prəʊz] n **a** prose [f] ◇ **in ~** en prose **b** (**~ translation**) thème [m].

prosecute ['prɒsɪkjuːt] vt poursuivre en justice (*for doing sth* pour qch) ◆ **prosecution** n poursuites [fpl] judiciaires ◇ (in court) **the ~** ≃ le ministère public; **witness for the ~** témoin [m] à charge.

prospect ['prɒspekt] **1** n (gen) perspective [f] (*of, from* de; *of doing* de faire) ◇ **there is no ~ of that** rien ne laisse prévoir cela; **the ~s are good** ça s'annonce bien; **what are his ~s?** quelles sont ses perspectives d'avenir?; **to seem a good ~** sembler prometteur, [f] -euse **2** [prəs'pekt] vti prospecter (*for* pour trouver) ◆ **prospecting** n prospection [f] ◆ **prospective** adj futur (before n); (customer) possible.

prospectus [prəs'pektəs] n prospectus [m].

prosper ['prɒspə^r] vi prospérer ◆ **prosperity** n prospérité [f] ◆ **prosperous** adj prospère.

prostitute ['prɒstɪtjuːt] n prostituée [f] ◆ **prostitution** n prostitution [f].

prostrate ['prɒstreɪt] adj à plat ventre; (exhausted) prostré.

protagonist [prəʊ'tægənɪst] n protagoniste [m].

protect [prə'tekt] vt (gen) protéger (*from* de; *against* contre); (interests, rights) sauvegarder ◆ **protection** n protection [f] ◆ **protectionist** adj (Econ) protectionniste ◆ **protective** adj (gen) protecteur, [f] -trice; (clothing, covering) de protection.

protein ['prəʊtiːn] n protéine [f].

protest ['prəʊtest] **1** n protestation [f] (*against* contre; *about* à propos de) ◇ **to do sth under ~** faire qch en protestant; **~ march** or **demonstration** manifestation [f]; **~ meeting** réunion [f] de protestation **2** [prə'test] vti protester.

Protestant ['prɒtɪstənt] adj, n protestant(e) [m(f)].

protester [prə'testə^r] n (in demonstration) manifestant(e) [m(f)].

protocol ['prəʊtəkɒl] n protocole [m].

prototype ['prəʊtəʊtaɪp] n prototype [m].

protracted [prə'træktɪd] adj prolongé.

protractor [prə'træktə^r] n (Geom) rapporteur [m].

protrude [prə'truːd] vi (gen) dépasser ◇ **protruding teeth** dents [fpl] qui avancent.

protuberant [prə'tjuːbərənt] adj protubérant.

proud [praʊd] adj fier, [f] fière (*of* de; *that* que + subj; *to do* de faire) ◆ **proudly** adv fièrement.

prove [pruːv] vti (gen) prouver (*sth* qch; *that* que) ◇ **to ~ o.s.** faire ses preuves; **it ~d to be...** on s'est rendu compte plus tard que c'était...; **he ~d incapable of...** il s'est révélé incapable de...; **it ~d useful** cela a été utile; **if it ~s otherwise** s'il en est autrement.

Provence [prɒ'vɑ̃ːns] n Provence [f].

proverb ['prɒvɜːb] n proverbe [m].

provide [prə'vaɪd] vt (supply) fournir (*sb with sth* qch à qn); (equip) pourvoir (*sb with sth* qn de qch; *sth with sth* qch à qch) ◇ **to ~ o.s. with** se munir de; **~d with** pourvu de; (financially) **to ~ for sb** pourvoir aux besoins de qn; **to ~ for sth** prévoir qch ◆ **provided** or **providing** conj ◇ **~ (that)** pourvu que + subj, à condition de + infin.

providence ['prɒvɪdəns] n providence [f].

province ['prɒvɪns] n province [f] ◇ **the ~s** (collectively) la province; **in the ~s** en province ◆ **provincial** adj, n provincial(e) [m(f)].

provision [prə'vɪʒən] n provision [f] ◇ **to get in ~s** faire des provisions; **to make ~ for** (person) assurer l'avenir de; (event) prendre des dispositions pour; **there is no ~ for this in the rules** le règlement ne prévoit pas cela.

provisional [prə'vɪʒənl] adj provisoire; (arrangement, acceptance) à titre conditionnel.

proviso [prə'vaɪzəʊ] n condition [f].

provocation [ˌprɒvə'keɪʃən] n provocation [f].

provocative [prə'vɒkətɪv] adj provocant.

provoke [prə'vəʊk] vt provoquer (*sb to do, into doing* qn à faire) ◆ **provoking** adj agaçant.

provost ['prɒvəst] n (Univ) principal [m]; (Scot: mayor) maire [m]; (Rel) doyen [m].

prow [praʊ] n proue [f].

prowess ['praʊɪs] n prouesse [f].

prowl [praʊl] vi (**~ around**) rôder ◆ **prowler** n rôdeur [m], [f] -euse.

proximity [prɒk'sɪmɪtɪ] n proximité [f].

proxy ['prɒksɪ] n ◇ **by ~** par procuration.

prude [pruːd] n prude [f].

prudence ['pru:dəns] n prudence [f].
prudent ['pru:dənt] adj prudent.
prudish ['pru:dɪʃ] adj prude.
1. **prune** [pru:n] n (fruit) pruneau [m].
2. **prune** [pru:n] vt (cut) tailler.
pry [praɪ] vi s'occuper de ce qui ne vous regarde pas ◇ **to ~ into** fourrer son nez dans ✦ **prying** adj indiscret, [f] -ète.
PS [pi:'es] n abbr of *postscript* P.S. [m].
psalm [sɑ:m] n psaume [m].
pseud [famil] [sju:d] n bêcheur [m], [f] -euse.
pseudo- ['sju:dəʊ] pref pseudo-.
pseudonym ['sju:dənɪm] n pseudonyme [m].
psyche ['saɪkɪ] n psychisme [m].
psychiatric [,saɪkɪ'ætrɪk] adj (hospital, medicine) psychiatrique; (disease) mental.
psychiatrist [saɪ'kaɪətrɪst] n psychiatre [mf].
psychiatry [saɪ'kaɪətrɪ] n psychiatrie [f].
psychic ['saɪkɪk] adj (supernatural) métapsychique; (Psych) psychique.
psychoanalysis [,saɪkəʊə'nælɪsɪs] n psychanalyse [f] ✦ **psychoanalyst** n psychanalyste [mf].
psychological [,saɪkə'lɒdʒɪkəl] adj psychologique.
psychologist [saɪ'kɒlədʒɪst] n psychologue [mf].
psychology [saɪ'kɒlədʒɪ] n psychologie [f].
psychopath ['saɪkəʊpæθ] n psychopathe [mf].
psychosomatic ['saɪkəʊsəʊ'mætɪk] adj psychosomatique.
psychotherapy ['saɪkəʊ'θerəpɪ] n psychothérapie [f].
PTO [,pi:ti:'əʊ] abbr of *please turn over* T.S.V.P.
pub [pʌb] n abbr of *public house* pub [m].
puberty ['pju:bətɪ] n puberté [f].
public ['pʌblɪk] 1 adj (gen) public, [f] -ique; (**~ly owned**: company) nationalisé ◇ **the ~ sector** le secteur public; **2 ~ rooms and 3 bedrooms** 5 pièces dont 3 chambres; **~ address system** sonorisation [f]; **in the ~ eye** très en vue; **he's a ~ figure, he's in ~ life** c'est un homme public; **~ holiday** fête [f] légale; **~ house** pub [m], ≃ café [m]; **~ lavatory** toilettes [fpl], W-C [mpl]; **~ library** bibliothèque [f] municipale; **~ limited company** ≃ société [f] à responsabilité limitée; **~ opinion** l'opinion [f] publique; **~ ownership** étatisation [f]; **~ relations** relations [fpl] publiques; **~ school** (Brit) collège [m] secondaire privé; (US) école [f] (secondaire) publique; **~ spirit** civisme [m]; **~ telephone** téléphone [m] public; **~ transport** transports [mpl] en commun 2 n public [m] ◇ **in ~** en public; **the reading ~** les amateurs [mpl] de lecture.
publican ['pʌblɪkən] n patron [m] de bistrot.
publication [,pʌblɪ'keɪʃən] n publication [f].
publicity [pʌb'lɪsɪtɪ] n publicité [f] ◇ **~ agent** agent [m] de publicité.
publicize ['pʌblɪsaɪz] vt (make known) publier; (advertise) faire de la publicité pour ◇ **well ~d** dont on parle beaucoup.
publicly ['pʌblɪklɪ] adv (gen) publiquement ◇ **~-owned** nationalisé.
publish ['pʌblɪʃ] vt (gen) publier; (author) éditer ✦ **publisher** n éditeur [m], [f] -trice ✦ **publishing** n l'édition [f] ◇ **~ house** maison [f] d'édition.
pucker ['pʌkə^r] vi (of face) se plisser; (Sewing) goder.
pudding ['pʊdɪŋ] n (dessert) dessert [m]; (steamed ~, meat ~) pudding [m] ◇ (sausage) **black ~** boudin [m] noir; **~ basin** jatte [f]; **~ rice** riz [m] à grains ronds.
puddle ['pʌdl] n flaque [f] d'eau.
Puerto Rican ['pwɜ:təʊ'ri:kən] 1 adj portoricain 2 n Portoricain(ne) [m(f)].
Puerto Rico ['pwɜ:təʊ'ri:kəʊ] n Porto Rico [f].
puff [pʌf] 1 n (of wind, smoke) bouffée [f]; (**powder ~**) houppette [f] ◇ (cake) **jam ~** feuilleté [m] à la confiture; **~ pastry** pâte [f] feuilletée; **~ sleeves** manches [fpl] bouffantes 2 vti haleter ◇ **he was ~ing and panting** il soufflait comme un phoque; **to ~ smoke** envoyer des bouffées de fumée; **to be ~ed** [famil] être à bout de souffle.
puffin ['pʌfɪn] n macareux [m].
puffy ['pʌfɪ] adj gonflé, bouffi.
pugnacious [pʌg'neɪʃəs] adj batailleur, [f] -euse.
puke [famil] [pju:k] vi vomir.
pull [pʊl] 1 vti a (gen) tirer (*at, on* sur); (trigger) presser; (muscle) se déchirer; (also **~ out**: tooth) arracher; (cork) enlever ◇ **to ~ sth open** ouvrir qch en tirant; **to ~ sth along** tirer qch derrière soi; **he ~ed her towards him** il l'a attirée vers lui; **he ~ed at her sleeve** il l'a tirée par la manche; **to ~ sb's hair** tirer les cheveux à qn; **to ~ to pieces** (toy, scheme) démolir; (film, person) éreinter; **to ~ sth apart** démonter qch; (break) mettre qch en pièces; **to ~ sth away from sb** arracher qch à qn; **to ~ back** (object, troops) retirer (*from* de); (person) tirer en arrière (*from* loin de); (curtains) ouvrir; **to ~ sth down** (gen) descendre; (skirt) tirer; (building) démolir; **to ~ in** (rope) ramener; (person) faire entrer; **to ~ off** (remove) enlever; (succeed: plan, aim) réaliser; (deal) mener à bien; (attack, hoax) réussir; **to ~ sth on** mettre qch; **to ~ out** (sth from bag) sortir (*from* de); (withdraw: troops) retirer (*from* de); **to ~ over** (thing) traîner (*to* jusqu'à); (person) entraîner (*to*

vers); **to ~ sth through** faire passer qch; (fig) **to ~ o.s. together** se ressaisir; **to ~ sth up** (gen) remonter qch; (haul up) hisser qch; (weed etc) arracher qch; (fig) **to ~ up one's roots** se déraciner; (fig) **to ~ sb's leg** faire marcher [famil] qn; **to ~ strings for sb** pistonner [famil] qn; **to ~ one's weight** faire sa part du travail; **to ~ a fast one on sb** [famil] rouler [famil] qn. **b** ◇ **to ~ ahead** (in race etc) prendre la tête; (move: of train etc) **to ~ away** démarrer; **he ~ed away from the kerb** il s'est éloigné du trottoir; **the car isn't ~ing very well** la voiture manque de reprises; **to ~ back** (retreat) se retirer (*from* de); (of vehicle) **to ~ in** arriver; (stop) s'arrêter; **to ~ out** (withdraw) se retirer (*of* de); **to ~ out to overtake a truck** déboîter pour doubler un camion; (of driver) **to ~ over to one side** se ranger sur le côté; (of person) **to ~ through** s'en sortir; **to ~ up** (stop) s'arrêter net.

2 n (of magnet, the sea) attraction [f]; (of current, family ties) force [f] ◇ **to give sth a ~** tirer sur qch; **one more ~!** encore un coup!; **it was a long ~ up the hill** la montée était longue; (fig) **to have some ~ with sb** avoir de l'influence auprès de qn.

pulley ['pʊlɪ] n poulie [f].

pull-out ['pʊlaʊ] n (in magazine) supplément [m] détachable.

pullover ['pʊləʊvəʳ] n pull-over [m].

pulp [pʌlp] n (of fruit) pulpe [f]; (for paper) pâte [f] à papier ◇ **crushed to a ~** complètement écrasé; **~ magazine** magazine [m] à sensation.

pulpit ['pʊlpɪt] n chaire [f] (Rel).

pulsate [pʌl'seɪt] vi (gen) émettre des pulsations; (of heart) battre; (of music) vibrer.

pulse [pʌls] n (gen) pulsation [f]; (Med) pouls [m]; (of radar) impulsion [f].

pulses ['pʌlsəz] npl légumes [mpl] secs.

pulverize ['pʌlvəraɪz] vt pulvériser.

pumice ['pʌmɪs] n pierre [f] ponce.

pummel ['pʌml] vt bourrer de coups.

pump [pʌmp] **1** n pompe [f] ◇ **bicycle ~** pompe à bicyclette; **petrol ~** pompe d'essence; **~ attendant** pompiste [mf] **2** vt ◇ **to ~ sth out of sth** pomper qch de qch; **to ~ sth into sth** faire passer qch dans qch (au moyen d'une pompe); **to ~ air into sth, to ~ sth up** gonfler qch; (fig) **to ~ money into sth** injecter de plus en plus d'argent dans qch; (fig: question) **to ~ sb for sth** essayer de soutirer qch à qn; **~ing station** station [f] de pompage.

pumpkin ['pʌmpkɪn] n citrouille [f]; (bigger) potiron [m].

pun [pʌn] n jeu [m] de mots.

Punch [pʌntʃ] n Polichinelle [m] ◇ **~ and Judy Show** guignol [m].

punch [pʌntʃ] **1** n **a** (blow) coup [m] de poing; (boxer's) punch [m]; (fig: drive) punch [famil] [m] **b** (for tickets) poinçonneuse [f]; (for holes in paper) perforateur [m] **c** (drink) punch [m] **2** vt **a** (person) donner un coup de poing à; (ball) frapper d'un coup de poing ◇ **to ~ sb's nose** donner un coup de poing sur le nez à qn **b** (ticket) poinçonner ◇ **to ~ a hole in sth** faire un trou dans qch; (in factory) **to ~ one's card** pointer; **~ed card** carte [f] perforée ◆ **punchball** n sac [m] de sable ◆ **punch-drunk** adj abruti ◆ **punch-line** n (of joke) conclusion [f] comique; (of speech) trait [m] final ◆ **punch-up** [famil] n bagarre [famil] [f].

punctual ['pʌŋktjʊəl] adj ponctuel, [f] -uelle; (on one occasion) à l'heure ◆ **punctually** adv (arrive) à l'heure ◇ **~ at 7** à 7 heures précises.

punctuate ['pʌŋktjʊeɪt] vt ponctuer (*with* de) ◆ **punctuation** n ponctuation [f] ◇ **~ mark** signe [m] de ponctuation.

puncture ['pʌŋktʃəʳ] **1** n (in tyre) crevaison [f] ◇ **I've got a ~** j'ai crevé; **~ repair kit** trousse [f] de secours pour crevaisons **2** vti crever.

pundit ['pʌndɪt] n expert [m].

pungent ['pʌndʒənt] adj (smell, taste) âcre.

punish ['pʌnɪʃ] vt (gen) punir (*for sth* de qch; *for doing* pour avoir fait) ◇ **he was ~ed by having to clean it up** pour le punir on le lui a fait nettoyer ◆ **punishable** adj punissable ◆ **punishing** adj (exhausting) exténuant ◆ **punishment** n punition [f] ◇ **as a ~** en punition (*for* de).

punk [pʌŋk] n **a** ◇ **(~ rocker)** punk [m]; **~ (rock)** le punk rock **b** (esp US: ruffian) sale [famil] petit voyou [m].

1. **punt** [pʌnt] **1** n (boat) bachot [m] à fond plat **2** vi ◇ **to go ~ing** faire un tour sur la rivière.

2. **punt** [pʌnt] vi (bet) parier.

punter ['pʌntəʳ] n parieur [m], [f] -ieuse.

puny ['pju:nɪ] adj chétif, [f] -ive.

pup [pʌp] n (also **puppy**) jeune chien(ne) [m(f)] ◇ **~py fat** rondeurs [fpl] d'adolescent(e).

pupil ['pju:pl] n **a** (school etc) élève [mf] **b** (of eye) pupille [f].

puppet ['pʌpɪt] n marionnette [f] ◇ **~ show** (spectacle [m] de) marionnettes [fpl]; (fig) **~ government** gouvernement [m] fantoche.

purchase ['pɜ:tʃɪs] **1** n **a** (sth bought) achat [m] ◇ **~ price** prix [m] d'achat; **~ tax** taxe [f] à l'achat **b** (grip) prise [f] **2** vt acheter (*sth from sb* qch à qn) ◇ **purchasing power** pouvoir [m] d'achat ◆ **purchaser** n acheteur [m], [f] -euse.

pure [pjʊəʳ] adj pur ◇ ~ **science** science [f] pure; **a ~ wool suit** un complet pure laine; ~ **and simple** pur et simple; ~ **chance** un pur hasard ◆ **purely** adv purement ◇ ~ **and simply** purement et simplement.

purée ['pjʊəreɪ] n purée [f].

purgative ['pɜ:gətɪv] n purgatif [m].

purgatory ['pɜ:gətərɪ] n purgatoire [m].

purge [pɜ:dʒ] **1** n purge [f] **2** vt purger (*of* de).

purifier ['pjʊərɪfaɪəʳ] n purificateur [m].

purify ['pjʊərɪfaɪ] vt purifier.

purist ['pjʊərɪst] n puriste [mf].

puritan ['pjʊərɪtən] adj, n puritain(e) [m(f)] ◆ **puritanical** adj puritain.

purity ['pjʊərɪtɪ] n pureté [f].

purl [pɜ:l] vt tricoter à l'envers.

purple ['pɜ:pl] **1** adj violet, [f] -ette; (in the face) cramoisi **2** n (colour) violet [m].

purport [pɜ:'pɔ:t] vt ◇ **to ~ to be** prétendre être.

purpose ['pɜ:pəs] n but [m] ◇ **with the ~ of doing** dans le but de faire; **for this ~** dans ce but; **sense of ~** résolution [f]; **for my ~s** pour ce que je veux faire; **for the ~s of the meeting** pour les besoins [mpl] de cette réunion; **on ~** exprès (*to do* pour faire); **to no ~** en vain; **to good ~** utilement; **what ~ is there in doing that?** à quoi bon faire cela? ◆ **purpose-built** adj fonctionnalisé ◆ **purposeful** adj résolu ◆ **purposefully** adv délibérément ◆ **purposely** adv exprès.

purr [pɜ:ʳ] vi ronronner.

purse [pɜ:s] **1** n (coins) porte-monnaie [m invl]; (wallet) portefeuille [m]; (US: handbag) sac [m] à main; (Sport: prize) prix [m] **2** vt ◇ **to ~ one's lips** pincer les lèvres ◆ **purser** n commissaire [m] du bord.

pursue [pə'sju:] vt (gen) poursuivre; (fame etc) rechercher; (course of action) suivre ◆ **pursuer** n poursuivant(e) [m(f)].

pursuit [pə'sju:t] n **a** (chase) poursuite [f]; (of happiness etc) recherche [f] ◇ **to go in ~ of** se mettre à la poursuite de; **in hot ~** à ses (etc) trousses **b** (occupation) occupation [f]; (work) travail [m].

purveyor [pə'veɪəʳ] n fournisseur [m].

pus [pʌs] n pus [m].

push [pʊʃ] **1** vti **a** (gen) pousser (*into* dans; *off* de); (press: button) appuyer sur; (stick, finger etc) enfoncer (*into* dans; *between* entre); (rag etc) fourrer (*into* dans) ◇ **he ~ed his head through the window** il a passé la tête par la fenêtre; **to ~ a door open** ouvrir une porte en poussant; **to ~ forward** avancer en poussant; **he ~ed past me** il a réussi à passer en me bousculant; **she ~ed through the crowd** elle s'est frayé un chemin dans la foule; **he's ~ing 60** il doit friser la soixantaine; **to ~ sth about** or **around** pousser qch de-ci de-là; **to ~ sth aside** écarter brusquement qch; **to ~ sth away** repousser qch; **to ~ back** (gen) repousser; (curtains) ouvrir; (people) faire reculer; **to ~ down** (switch) abaisser; (button) appuyer sur; (knock down) renverser; **to ~ sb down the stairs** pousser qn et le faire tomber dans l'escalier; **to ~ sth in** enfoncer qch; **to ~ sb in** faire entrer qn en le poussant; **to ~ sth off** faire tomber qch en poussant; **to ~ sb off a cliff** pousser qn du haut d'une falaise; **to ~ out** pousser dehors; (boat) pousser au large; **to ~ sth over** (topple) renverser qch; **to ~ sth up** relever qch.

b (fig: claim) présenter avec insistance; (one's views) mettre en avant ◇ **to ~ the export side** donner priorité aux exportations; **to ~ drugs** revendre de la drogue; **he's ~ing his luck** [famil] il y va un peu fort; **to ~ sb to do** pousser qn à faire; **to ~ sb into doing** forcer qn à faire; **to ~ sb for payment** presser qn à payer; **to ~ sb around** marcher sur les pieds à qn (fig); **don't ~ him too hard** ne soyez pas trop dur envers lui; **to ~ for better conditions** faire pression pour obtenir de meilleures conditions; **to be ~ed** [famil] **for sth** être à court de qch; **I'm really ~ed** [famil] **today** je suis vraiment bousculé aujourd'hui; **that's ~ing it a bit!** [famil] (indignantly) c'est un peu fort!; (not enough) c'est un peu juste!; **to ~ off** [famil] (leave) filer [famil]; **to ~ on** (in work) continuer; **to ~ a deal through** conclure une affaire à la hâte; **to ~ prices up** faire monter les prix.

2 n poussée [f] ◇ **to give sth a ~** pousser qch; **to give sb the ~** [famil] (employer etc) flanquer qn à la porte [famil]; (boyfriend, girlfriend) laisser tomber qn; **at a ~** [famil] au besoin.

◆ **push-bike** [famil] n vélo [m] ◆ **push-button** adj (machine) à commande automatique ◇ ~ **controls** commande [f] automatique ◆ **push-chair** n poussette [f] *(pour enfant)* ◆ **pushing** adj entreprenant; (too eager) qui se met trop en avant ◆ **pushover** n [famil] ◇ **it was a ~** c'était un jeu d'enfant ◆ **push-up** n traction [f] (Sport) ◆ **pushy** adj [famil] qui se met trop en avant.

puss [pʊs] [famil], **pussy** ['pʊsɪ] n [famil] minet [m] ◆ **pussycat** n minou [m].

put [pʊt] pret, ptp *put* **1** vt **a** (gen) mettre; (place) placer; (lay down) poser; (thrust) enfoncer (*into* dans); (energy, time) consacrer (*into* à); (money) placer (*into* dans); (bet) parier (*on* sur); (advertisement) passer (*in* dans) ◇ ~ **it on the floor** mets-le or pose-le par terre; **to ~ one's arms round sb** prendre qn dans ses bras; **he ~ his head through the window** il a passé la tête par la fenêtre; **he ~ his hand over his mouth** il s'est mis la main devant la bouche; (Sport) **to ~ the shot** lancer le poids; **he ~ me on the train** il m'a accompagné au train; **to ~ sb on to a committee** nommer qn à un comité; (fig) **he has ~ a lot into it** il a fait beaucoup d'efforts V also **put across** etc below.

b ◇ (cause to be etc) **to ~ sb in a good mood** mettre qn de bonne humeur; **to ~ sb on a diet** mettre qn au régime; **to ~ sb to work** mettre qn au travail; **they had to ~ 4 men on to this job** ils ont dû employer 4 hommes à ce travail; **to ~ sb against sb** monter qn contre qn; **to ~ sb off his food** couper l'appétit à qn; **it ~ me off opera** ça m'a dégoûté de l'opéra; **to ~ sb off doing** ôter à qn l'envie de faire; **they really ~ him through it** [famil] ils lui en ont fait voir de dures [famil]; **to ~ upon sb** en imposer à qn V also **put across** etc below.

c (express) dire (*to sb* à qn); (translate) mettre (*into* en) ◇ **I don't know how to ~ it** je ne sais pas comment le dire; **to ~ it bluntly** pour parler franc; **as he would ~ it** selon son expression; **as Shakespeare ~s it** comme le dit Shakespeare.

d (expound: case, problem) exposer; (question) poser ◇ **I ~ it to you that...** n'est-il pas vrai que...?; **it was ~ to me that** on m'a fait comprendre que.

e (estimate) estimer (*at* à) ◇ **what would you ~ it at?** à combien l'estimez-vous?

2 vi ◇ (of ship) **to ~ into port** faire escale; **to ~ into Southampton** entrer au port de Southampton; **to ~ in at** faire escale à; **to ~ out from Dieppe** quitter Dieppe; **to ~ to sea** appareiller.

◆ **put about** vt ◇ **to ~ about the rumour that...** faire courir le bruit que....

◆ **put across** vt (ideas etc) faire comprendre (*to sb* à qn); (new product) faire accepter (*to sb* à qn) ◇ **he can't ~ himself across** il n'arrive pas à se mettre en valeur.

◆ **put aside** vt (lay down: one's book etc) poser; (doubts, hopes) écarter; (save) mettre de côté.

◆ **put away** vt **a** = **put aside** **b** (clothes etc) ranger **c** (in prison) mettre en prison; (in mental hospital) enfermer **d** (famil: consume: food) engloutir; (drink) siffler [famil].

◆ **put back** vt (replace) remettre (à sa place); (postpone) remettre (*to* à); (retard: project) retarder la réalisation de; (clock) retarder (*by* de) ◇ (fig) **you can't ~ the clock back** ce qui est fait est fait.

◆ **put by** vt mettre de côté.

◆ **put down** vt **a** (gen) poser; (passenger) déposer ◇ (fig) **I couldn't ~ that book down** je ne pouvais pas m'arracher à ce livre **b** (pay: deposit) verser (*on* pour) **c** (suppress: revolt) réprimer; (custom) supprimer **d** (snub) rabrouer **e** (record) noter ◇ **I have ~ you down as a teacher** je vous ai inscrit comme professeur **f** (kill: dog, cat) faire piquer; (horse) abattre ◆ **put-down** [famil] n dénigrement (m).

◆ **put forward** vt (propose: theory) avancer; (opinion) exprimer; (plan, person) proposer.

◆ **put in** vti **a** (into box, room etc) mettre dedans ◇ (packing) **have you ~ in your shirts?** est-ce que tu as pris tes chemises? **b** (insert: word) ajouter; (include) inclure ◇ **have you ~ in why...?** est-ce que vous avez expliqué pourquoi...? **c** (enter: claim, candidate) présenter; (application) faire; (protest) élever ◇ **he's ~ in for it** (job) il a posé sa candidature; (claim) il a fait une demande **d** (esp Pol: elect) élire **e** (time) passer (*on sth* à qch; *on doing* à faire) ◇ **can you ~ in a few hours at the weekend?** pourrais-tu travailler quelques heures pendant le week-end?

◆ **put off** vt **a** (postpone) remettre à plus tard ◇ **to ~ off doing sth** remettre qch (*for* de; *until* jusqu'à); **he is not easily ~ off** il ne se laisse pas facilement démonter; **it ~s me off when he...** cela me déconcerte quand il...; **the colour ~ me off** la couleur m'a plutôt dégoûté **b** (passenger) déposer **c** (extinguish etc: light, gas) éteindre; (TV, heater) fermer.

◆ **put on** vt **a** (garment, glasses) mettre **b** (increase) augmenter **c** (assume: air, accent) prendre ◇ **he's just ~ting it on** il fait seulement semblant **d** (concert, play) organiser; (extra train, bus etc) mettre en service ◇ (Telec) **~ me on to Mr Brown** passez-moi M. Brown **e** (light, gas) allumer; (radio, TV, heater) ouvrir ◇ **~ the kettle on** mets l'eau à chauffer **f** (indicate) indiquer ◇ **they ~ the police on to him** ils l'ont signalé à la police; **Paul ~ us on to you** c'est Paul qui nous envoie.

◆ **put out** vt **a** (**~ outside**) sortir (*of* de); (the cat) faire sortir; (boat) mettre à la mer ◇ (fig) **to ~ sth out of one's head** ne plus penser à qch **b** (extend: arm, leg) étendre; (foot) avancer ◇ **to ~ one's head out of the window** passer la tête par la fenêtre; **to ~ one's tongue out at sb** tirer la langue à qn **c** (lay out in order) sortir, disposer **d** (extinguish: light, fire) éteindre **e** (disconcert) déconcerter (*by, about* par); (vex) contrarier (*by, about* par); (inconvenience) déranger ◇ **she ~ herself out for us** elle s'est donné beaucoup de mal pour nous **f** (issue: appeal, warning) lancer; (book, announcement, statement) faire **g** (dislocate: shoulder, back) démettre.

◆ **put over** vt = **put across.**

◆ **put through** vt **a** (deal) conclure; (proposal) faire accepter **b** (Telec: call) passer ◇ **I'm ~ting you through now** vous êtes en ligne; **~ me through to Mr Smith** passez-moi M. Smith.

◆ **put together** vt (assemble: table etc)

monter; (mend) réparer; (jigsaw) assembler; (account) composer; (events) reconstituer.

◆ **put up** vti **a** (raise: hand) lever; (flag, sail) hisser; (tent, fence) dresser; (collar, window) remonter; (umbrella) ouvrir; (notice, picture) mettre (*on* sur) **b** (increase) augmenter; (temperature, total) faire monter **c** (offer: idea) soumettre; (plea, resistance) offrir; (nominate: person) proposer comme candidat (*for* à; *as* comme) ◇ **to ~ sth up for sale** mettre qch en vente; **to ~ sb up for a club** proposer qn comme membre d'un club; **to ~ sb up to doing** inciter qn à faire **d** (provide) fournir (*for* pour); (reward) offrir ◇ **how much can you ~ up?** combien pouvez-vous y mettre? **e** (lodge) loger **f** ◇ **to ~ up with sth** supporter qch.

putt [pʌt] (Golf) **1** n putt [m] **2** vti putter ◆ **putting** n putting [m] ◆ **putting green** n green [m].

putty ['pʌtɪ] n mastic [m] *(ciment)*.

put-up ['pʊtʌp] adj [famil] ◇ **~ job** coup [m] monté.

puzzle ['pʌzl] **1** n **a** (mystery) énigme [f] ◇ **it is a ~ to me how...** je n'arriverai jamais à comprendre comment... **b** (game) casse-tête [m inv]; (word game) rébus [m]; (crossword) mots [mpl] croisés; (jigsaw) puzzle [m]; (riddle) devinette [f] **2** vti laisser perplexe ◇ **to ~ over** (problem) essayer de résoudre; (sb's actions) essayer de comprendre; **I'm trying to ~ out why** j'essaie de comprendre pourquoi ◆ **puzzled** adj perplexe ◇ **he was ~ about what to say** il ne savait pas quoi dire ◆ **puzzling** adj incompréhensible.

PVC [ˌpiːviː'siː] n abbr of *polyvinyl chloride* PVC [m].

pygmy ['pɪgmɪ] n pygmée [m].

pyjamas [pɪ'dʒɑːməz] npl pyjama [m] ◇ **in his** (etc) **~** en pyjama.

pylon ['paɪlən] n pylône [m].

pyramid ['pɪrəmɪd] n pyramide [f].

Pyrenees [pɪrə'niːz] npl Pyrénées [fpl].

python ['paɪθən] n python [m].

q

Q, q [kju:] n (letter) Q, q [m].

quack [kwæk] **1** vt faire coin-coin **2** n charlatan [m].

quad [kwɒd] n **a** abbr of *quadrangle* **b** abbr of *quadruplet*.

quadrangle ['kwɒdræŋgl] n **a** (Math) quadrilatère [m] **b** (courtyard) cour [f].

quadraphonic [ˌkwɒdrə'fɒnɪk] adj ◇ **in ~ sound** en quadriphonie.

quadruped ['kwɒdrʊped] n quadrupède [m].

quadruple [ˌkwɒ'dru:pl] vti quadrupler.

quadruplet [kwɒ'dru:plɪt] n quadruplé(e) [m(f)].

quail [kweɪl] n (bird) caille [f].

quaint [kweɪnt] adj (odd) bizarre; (picturesque) pittoresque; (old-fashioned) au charme vieillot.

quake [kweɪk] **1** vi trembler (*with* de) **2** n abbr of *earthquake* tremblement [m] de terre.

Quaker ['kweɪkəʳ] n quaker(esse) [m(f)].

qualification [ˌkwɒlɪfɪ'keɪʃən] n **a** (degree etc) diplôme [m] ◇ **the ~s for the job** les conditions [fpl] requises pour le poste; **what are your ~s?** (gen) quelle est votre formation?; (degree etc) qu'est-ce que vous avez comme diplômes?; **teaching ~s** les diplômes requis pour enseigner **b** (limitation) restriction [f].

qualify ['kwɒlɪfaɪ] vti **a** (have qualifications) remplir les conditions requises (*for* pour); (get them: professionally) obtenir son diplôme (*as an engineer* d'ingénieur); (Sport) se qualifier (*for* pour) ◇ **that will ~ him for...** cela le qualifiera pour... **b** (statement) nuancer ◆ **qualified** adj **a** (gen) qualifié (*for* pour; *to do* pour faire); (professional person) diplômé ◇ **to be ~ to do** être qualifié pour faire, avoir les diplômes requis pour faire **b** (support) conditionnel, [f] -elle; (success) modéré ◆ **qualifying** adj (score) qui permet de se qualifier ◇ **~ round** série [f] éliminatoire.

quality ['kwɒlɪtɪ] n qualité [f] ◇ **~ product** produit [m] de qualité; **the ~ papers** les journaux [mpl] sérieux.

qualm [kwɑ:m] n (scruple) scrupule [m]; (misgiving) inquiétude [f] (*about* sur).

quandary ['kwɒndərɪ] n ◇ **to be in a ~** ne pas savoir quoi faire.

quantity ['kwɒntɪtɪ] n quantité [f] ◇ **in ~** en grande quantité; **~ surveyor** métreur [m] (vérificateur).

quarantine ['kwɒrənti:n] n quarantaine [f] ◇ **in ~** en quarantaine.

quarrel ['kwɒrəl] **1** vi se disputer (*with sb* avec qn; *about, over* à propos de); (break off) se brouiller (*with sb* avec qn) ◇ (fig) **I cannot ~ with that** je n'ai rien à redire à cela **2** n querelle [f], dispute [f]; (breach) brouille [f] ◇ **to pick a ~** chercher querelle (*with* à) ◆ **quarrelling** n disputes [fpl], querelles [fpl] ◆ **quarrelsome** adj querelleur, [f] -euse.

quarry ['kwɒrɪ] **1** n **a** (stone) carrière [f] **b** (animal) proie [f] **2** vt extraire ◆ **quarry-tiled** adj carrelé.

quart [kwɔ:t] n ≃ litre [m] (= 2 pintes).

quarter ['kwɔ:təʳ] **1** n **a** (gen) quart [m]; (of fruit, moon) quartier [m]; (of year) trimestre [m] ◇ **to divide sth into ~s** diviser qch en quatre; **a ~ of tea** un quart (de livre) de thé; **a ~ share in sth** le quart de qch; **a ~ of an hour** un quart d'heure; **a ~ to 7,** (US) **a ~ of 7** 7 heures moins le quart; **a ~ past 6,** (US) **a ~ after 6** 6 heures et quart **b** (US etc: money) quart [m] de dollar, 25 cents **c** (of town) quartier [m] ◇ (lodgings) **~s** résidence [f]; (Mil) quartiers [mpl]; (temporary) cantonnement [m]; **from all ~s** de toutes parts 2 vt diviser en quatre ◆ **quarter-deck** n (on ship) plage [f] arrière ◆ **quarter-final** n quart [m] de finale ◆ **quarterly** 1 adj trimestriel, [f] -ielle 2 n (periodical) publication [f] trimestrielle.

quartet(te) [kwɔ:'tet] n (gen) quatuor [m]; (jazz) quartette [m].

quartz ['kwɔ:ts] n quartz [m] ◇ ~ **watch** montre [f] à quartz.

quash [kwɒʃ] vt (verdict) casser.

quasi- ['kwɑ:zɪ] pref quasi (+ n), quasi (+ adj).

quaver ['kweɪvəʳ] 1 n (Mus) croche [f] 2 vti (tremble) chevroter.

quay [ki:] n quai [m] ◇ **at the ~side** à quai.

queasy ['kwi:zɪ] adj ◇ **to feel ~** avoir mal au cœur.

Quebec [kwɪ'bek] n Québec [m].

queen [kwi:n] n reine [f]; (Chess, Cards) dame [f] ◇ **Q~ Elizabeth** la reine Élisabeth; **the Q~ Mother** la reine mère.

queer [kwɪəʳ] adj (odd) étrange, bizarre; (suspicious) louche ◇ **a ~ customer** un drôle de type [famil]; (unwell) **I feel ~** je ne me sens pas bien.

quell [kwel] vt réprimer.

quench [kwentʃ] vt ◇ **to ~ one's thirst** se désaltérer.

querulous ['kwerʊləs] adj ronchonneur [famil], [f] -euse.

query ['kwɪərɪ] 1 n (question) question [f]; (doubt) doute [m] (*about* sur); (question mark) point [m] d'interrogation 2 vt mettre en question.

quest [kwest] n quête [f] (*for* de).

question ['kwestʃən] 1 n a question [f] ◇ **to ask sb a ~** poser une question à qn b (doubt) doute [m] ◇ **without ~** sans aucun doute; **there is no ~ about it** cela ne fait aucun doute c (matter) question [f], affaire [f] ◇ **that's the ~!** c'est là toute la question!; **the man in ~** l'homme en question; **there's some ~ of closing** il est question de fermer; **that is out of the ~** il n'en est pas question; **the ~ is to decide...** il s'agit de décider...; **~ mark** point [m] d'interrogation; (Parl) **~ time** heure [f] réservée aux questions orales 2 vt (person) questionner (*on* sur; *about* au sujet de); (motive etc) mettre en doute ◇ **to ~ whether** douter que + subj ◆ **questionable** adj discutable ◆ **questioning** n interrogation [f] ◆ **question-master** n (Rad, TV) animateur [m] ◆ **questionnaire** n questionnaire [m].

queue [kju:] 1 n (of people) queue [f]; (of cars) file [f] ◇ **to stand in a ~, to form a ~** faire la queue 2 vi (**~ up**) faire la queue.

quibble ['kwɪbl] vi chicaner (*over* sur).

quiche [ki:ʃ] n quiche [f].

quick [kwɪk] 1 adj (fast: gen) rapide; (without delay: reply etc) prompt; (lively) éveillé ◇ **be ~!** dépêche-toi!; (Mil) **~ march!** en avant, marche!; **to have a ~ meal** manger en vitesse; **he's too ~ for me** il va trop vite pour moi; **he was ~ to see that...** il a tout de suite vu que... 2 adv vite ◇ **as ~ as a flash** avec la rapidité de l'éclair ◆ **quick-acting** adj (drug) qui agit rapidement ◆ **quicken** 1 vt accélérer 2 vi s'accélérer ◆ **quick-frozen** adj surgelé ◆ **quicklime** n chaux [f] vive ◆ **quickly** adv (fast) vite, rapidement; (without delay) promptement ◆ **quicksands** npl sables [mpl] mouvants ◆ **quicksilver** n vif-argent [m] ◆ **quick-tempered** adj prompt à s'emporter ◆ **quick-witted** adj à l'esprit vif.

quid [kwɪd] n [famil] pl inv livre [f] *(sterling)*.

quiet ['kwaɪət] 1 adj a (silent, calm: gen) tranquille, calme ◇ **to be ~** se taire; **be a little ~er** ne faites pas tant de bruit; **to keep** or **stay ~** (still) rester tranquille; (silent) se taire; (Mil) **all ~** rien de nouveau; **business is ~** les affaires sont calmes; **~ mind** esprit [m] tranquille b (not loud: music) doux, [f] douce; (voice) bas, [f] basse; (sound) léger, [f] -ère; (laugh) petit c (subdued: person) doux; (horse) docile; (fig: irony, colour) discret, [f] -ète ◇ **they had a ~ wedding** ils se sont mariés dans l'intimité; **I'll have a ~ word with her** je vais lui glisser un mot à l'oreille; **he kept it ~, he kept ~ about it** il n'en a pas parlé 2 n silence [m] ◇ **on the ~** [famil] en douce [famil] ◆ **quieten** 1 vt calmer 2 vi (**~ down**) se calmer ◆ **quietly** adv (silently) sans bruit; (not loudly, also gently) doucement; (without fuss) simplement; (secretly) en douce [famil].

quill [kwɪl] n (feather) penne [f]; (pen) plume [f] d'oie.

quilt [kwɪlt] n édredon [m] (piqué) ◇ **continental ~** couette [f] ◆ **quilted** adj (garment) molletonné.

quin [kwɪn] n abbr of *quintuplet*.

quince [kwɪns] n coing [m]; (tree) cognassier [m].

quinine [kwɪ'ni:n] n quinine [f].

quintet(te) [kwɪn'tet] n quintette [m].

quintuplet [kwɪn'tju:plɪt] n quintuplé(e) [m(f)].

quip [kwɪp] n mot [m] piquant.

quirk [kw3:k] n bizarrerie [f].

quit [kwɪt] pret, ptp *quit* or *quitted* vti (in game etc) se rendre; (resign) démissionner; (place) quitter; (stop) arrêter (*doing* de faire).

quite [kwaɪt] adv a (entirely) tout à fait ◇ **~ ready** tout à fait prêt; **~ (so)!** exactement!; **I ~ understand** je comprends très bien; **that's ~ enough!** ça suffit comme ça!; **it wasn't ~ what I wanted** ce n'était pas tout à fait or exactement ce que je voulais; ~

another matter une tout autre affaire; **he was ~ right** il avait tout à fait raison **b** (to some degree) assez ◇ **~ a long time** assez longtemps; **~ a few people** un assez grand nombre de gens; **~ good** pas mal du tout; **~ a good singer** un assez bon chanteur; **I ~ like it** j'aime assez ça.

quits [kwɪts] adj quitte (*with* envers) ◇ **let's call it ~** restons-en là.

quiver ['kwɪvəʳ] **1** vi frémir (*with* de) **2** n (arrows) carquois [m].

quiz [kwɪz] **1** n **a** (Rad, TV) jeu-concours [m]; (in magazine etc) série [f] de questions **b** (US Scol) interrogation [f] rapide *(orale ou écrite)* **2** vt **a** ◇ **to ~ sb** presser qn de questions (*about* au sujet de) **b** (US Scol) interroger rapidement ◆ **quizmaster** n animateur [m] ◆ **quizzical** adj narquois.

quoits [kɔɪts] npl palet [m].

quorum ['kwɔːrəm] n quorum [m].

quota ['kwəʊtə] n quota [m].

quotation [kwəʊ'teɪʃən] n citation [f] (*from* de); (estimate) devis [m] ◇ **in ~ marks** entre guillemets [mpl].

quote [kwəʊt] **1** vt (from book) citer; (reference number) rappeler; (price) indiquer; (share prices) coter (*at* à) ◇ **don't ~ me** ne dites pas que c'est moi qui vous l'ai dit; **he was ~d as saying that...** il aurait dit que...; **quote, 'I will never do it', unquote** (dictation) ouvrez les guillemets, 'je ne le ferai jamais', fermez les guillemets; (lecture etc) je cite, 'je ne le ferai jamais', fin de citation **2** vi ◇ **to ~ from** citer; (price) **to ~ for** établir un devis pour **3** n ◇ **in ~s** entre guillemets [mpl].

quotient ['kwəʊʃənt] n quotient [m].

r

R, r [ɑːʳ] n (letter) R, r [m].

rabbi [ˈræbaɪ] n rabbin [m].

rabbit [ˈræbɪt] n lapin [m] ◇ ~ **hole** terrier [m] (de lapin).

rabble [ˈræbl] n populace [f].

rabid [ˈræbɪd] adj enragé.

rabies [ˈreɪbiːz] n (Med) rage [f] .

RAC [ˌɑːreˈsiː] n (Brit) abbr of *Royal Automobile Club* ≃ Automobile-Club [m], Touring-Club [m].

1. **race** [reɪs] **1** n (Sport etc) course [f] ◇ **the 100 metres** ~ le 100 mètres; ~ **against time** course contre la montre **2** vti (of pulse) être très rapide ◇ **to** ~ **(against) sb** faire la course avec qn; **to** ~ **in** etc entrer etc à toute allure; **to** ~ **the engine** emballer le moteur ◆ **racecourse** n champ [m] de courses ◆ **racegoer** n turfiste [mf] ◆ **racehorse** n cheval [m] de course ◆ **racetrack** n (gen) piste [f]; (horses) champ [m] de courses ◆ **racing** n courses [fpl] ◇ **motor** ~ courses d'automobiles; ~ **car** voiture [f] de course; ~ **driver** pilote [m] de course.

2. **race** [reɪs] n race [f] ◇ **the human** ~ la race humaine; ~ **relations** relations [fpl] inter-raciales; ~ **riot** émeute [f] raciale ◆ **racial** adj racial ◆ **racism** n racisme [m] ◆ **racist** adj raciste.

rack [ræk] **1** n (for bottles, files) casier [m]; (for drying dishes) égouttoir [m]; (bicycles) râtelier [m]; (luggage) filet [m]; (coats) porte-manteau [m]; (in shops) rayon [m] ◇ **roof** ~ galerie [f] **2** vt ◇ **to** ~ **one's brains** se creuser la tête.

1. **racket** [ˈrækɪt] n **a** (noise) vacarme [m]; (by people) tapage [m] **b** (crime: gen) racket [m]; (dishonest scheme) escroquerie [f] ◇ **it was a dreadful** ~[famil] c'était du vol manifeste! ◆ **racketeer** n racketteur [m].

2. **racket, racquet** [ˈrækɪt] n raquette [f].

racy [ˈreɪsɪ] adj plein de verve.

radar [ˈreɪdɑːʳ] n radar [m] ◇ ~ **operator** radariste [mf]; ~ **screen** écran [m] radar; (Police) ~ **trap** piège [m] radar.

radial [ˈreɪdɪəl] adj ◇ ~ **tyre,** (US) ~**-ply tire** pneu [m] à carcasse radiale.

radiance [ˈreɪdɪəns] n rayonnement [m].

radiant [ˈreɪdɪənt] adj rayonnant (*with* de).

radiate [ˈreɪdɪeɪt] **1** vi rayonner (*from* de) **2** vt (heat) émettre; (fig) rayonner de ◆ **radiation** n radiation [f] ◇ ~ **sickness** mal [m] des rayons ◆ **radiator** n radiateur [m].

radical [ˈrædɪkəl] adj, n radical (m).

radio [ˈreɪdɪəʊ] **1** n radio [f] ◇ **on the** ~ à la radio; **by** ~ par radio; ~ **alarm (clock)** radio-réveil [m]; ~ **cassette (recorder)** radiocassette [m or f]; ~ **link** liaison [f] radio [inv]; ~ **operator** radio [m]; ~ **programme** émission [f] (de radio); ~ **set** poste [m] de radio; ~ **station** station [f] de radio **2** vti (person) appeler par radio; (message) envoyer par radio ◇ **to** ~ **for help** appeler au secours par radio ◆ **radioactive** adj radioactif, [f] -ive ◆ **radioactivity** n radioactivité [f] ◆ **radiocontrolled** adj téléguidé ◆ **radiographer** n radiologue [mf] *(technicien)* ◆ **radiologist** n radiologue [mf] *(médecin)* ◆ **radio-taxi** n radio-taxi [m] ◆ **radiotelephone** n radiotéléphone [m] ◆ **radiotelescope** n radiotélescope [m] ◆ **radiotherapy** n radiothérapie [f].

radish [ˈrædɪʃ] n radis [m].

radium [ˈreɪdɪəm] n radium [m].

radius [ˈreɪdɪəs], pl **-ii** n rayon [m] ◇ **within a** ~ **of** dans un rayon de.

RAF [ɑːreɪˈef, ræf] n (Brit) abbr of *Royal Air Force* RAF [f].

raffia [ˈræfɪə] n raphia [m].

raffle [ˈræfl] n tombola [f].

raft [rɑːft] n radeau [m].

rafter ['rɑːftəʳ] n chevron [m].

rag [ræg] n (for wiping etc) chiffon [m] ◇ **in ~s** (clothes etc) en lambeaux [mpl]; (person) en haillons [mpl]; **the ~ trade** [famil] la confection ◆ **rag-and-bone-man** n chiffonnier [m] ◆ **ragbag** n (fig) ramassis [m].

rage [reɪdʒ] n rage [f] ◇ **in a ~** en rage; **to fly into a ~** se mettre en rage; (fig) **it's all the ~** ça fait fureur ◆ **raging** adj (thirst) ardent; (sea) en furie; (storm) déchaîné ◇ **~ temper** rage [f].

raid [reɪd] 1 n (Mil) raid [m]; (planes) bombardement [m]; (Police) rafle [f]; (bandits) razzia [f] ◇ **bank ~** hold-up [m inv] d'une banque 2 vt faire un raid or une rafle dans; faire un hold-up à ◆ **raider** n (bandit) bandit [m].

rail [reɪl] n a (often **railing:** on bridge, boat) rambarde [f]; (on balcony) balustrade [f]; (banister) rampe [f]; (curtains) tringle [f]; (for towels) porte-serviettes [m inv] ◇ (fence) **~s** grille [f] b (for train etc) rail [m] ◇ **by ~** (travel) en train; (send) par chemin de fer; **to go off the ~s** (train etc) dérailler; (person) s'écarter du droit chemin; **~(way) guide** indicateur [m] des chemins de fer; **~(way) network** réseau [m] ferroviaire; **~(way) timetable** horaire [m] des chemins de fer; **~ workers** cheminots [mpl], employés [mpl] des chemins de fer ◆ **railcard** n carte [f] de chemin de fer, ≃ carte SNCF.

railings ['reɪlɪŋs] npl grille [f].

railroad ['reɪlrəʊd] n (US) = **railway.**

railway ['reɪlweɪ] n (system) chemin [m] de fer; (track) voie [f] ferrée ◇ **~ line** ligne [f] de chemin de fer; (track) voie ferrée; **~ station** gare [f] → **rail** (b) ◆ **railwayman** n cheminot [m].

rain [reɪn] 1 n pluie [f] ◇ **in the ~** sous la pluie; **heavy ~** pluie battante; **light ~** pluie fine 2 vi pleuvoir ◇ **it is ~ing** il pleut; **it is ~ing heavily** il pleut à torrents ◆ **rainbow** n arc-en-ciel [m] ◆ **raincoat** n imperméable [m] ◆ **rainfall** n (amount) précipitations [fpl] ◆ **rainforest** n forêt [f] tropicale ◆ **rainproof** adj imperméable ◆ **rainwater** n eau [f] de pluie ◆ **rainy** adj pluvieux, [f] -ieuse; (season) des pluies.

raise [reɪz] 1 vt a élever (*to* à); (lift) lever; (also **~ up**) soulever ◇ (fig) **he didn't ~ an eyebrow** il n'a pas sourcillé; **to ~ one's voice** élever la voix; **to ~ sb's spirits** remonter le moral de qn; **to ~ sb's hopes** donner à espérer à qn; **to ~ sb on the radio** entrer en contact avec qn par radio b (increase: price etc) augmenter; (end: blockade) lever; (breed: animals, children) élever; (crops) cultiver; (cash, sum) trouver; (question, difficulties) soulever ◇ **to ~ a laugh** faire rire; **to ~ a loan** emprunter; **to ~ money on sth** emprunter de l'argent sur qch 2 n (pay rise) augmentation [f] (de salaire).

raisin ['reɪzən] n raisin [m] sec.

rake [reɪk] 1 n râteau [m] 2 vti (garden) ratisser; (hay) râteler ◇ **to ~ out a fire** éteindre un feu en faisant tomber la braise; **to ~ up** (leaves) ramasser avec un râteau; (grievance) rappeler; (sb's past) fouiller dans ◆ **rake-off** n [famil] profit [m] *(souvent illégal)*.

rally ['rælɪ] 1 n (gen) rassemblement [m]; (cars) rallye [m] ◇ **peace ~** rassemblement en faveur de la paix 2 vi se rallier ◇ (fig) **to ~ round** venir en aide.

RAM [ræm] n (Comput) abbr of *random access memory* RAM [f].

ram [ræm] 1 n bélier [m] 2 vt a enfoncer ◇ (fig) **to ~ sth down sb's throat** rebattre les oreilles à qn de qch b (crash into: ship) éperonner; (car) emboutir.

ramble ['ræmbl] 1 n randonnée [f] 2 vi (go on hike) faire une randonnée; (in speech: **~ on**) parler pour ne rien dire ◆ **rambler** n excursionniste [mf] ◆ **rambling** adj (writing) décousu; (house) plein de coins et de recoins; (plant) grimpant.

ramification [ˌræmɪfɪ'keɪʃən] n ramification [f].

ramp [ræmp] n (in garage etc) pont [m] de graissage; (boarding ~: of plane) passerelle [f]; (slope) rampe [f] ◇ (road sign) **'~'** 'dénivellation'.

rampage [ræm'peɪdʒ] n ◇ **to go on the ~** se déchaîner.

rampart ['ræmpɑːt] n rempart [m].

ramshackle ['ræmˌʃækl] adj (building) délabré; (machine) déglingué [famil].

ran [ræn] pret of *run*.

ranch [rɑːntʃ] n ranch [m].

rancid ['rænsɪd] adj rance.

rancour, (US) **-or** ['ræŋkəʳ] n rancœur [f].

random ['rændəm] 1 n ◇ **at ~** au hasard 2 adj (bullet) perdu; (sample) prélevé au hasard ◇ (Comput) **~ access memory** mémoire [f] vive.

rang [ræŋ] pret of 2. *ring*.

range [reɪndʒ] 1 n a (distance covered: gen) portée [f]; (of plane, ship) rayon [m] d'action ◇ **at a ~ of** à une distance de; **at long ~** à longue portée; **out of ~** hors de portée; **~ of vision** champ [m] visuel b (between limits: of prices, wages) échelle [f]; (of activity) rayon [m]; (of influence) sphère [f]; (of knowledge, voice) étendue [f] ◇ **a wide ~ of** un grand choix de, une grande gamme de c (**shooting ~**) stand [m] (de tir); (stove) fourneau [m] de cuisine ◇ **mountain ~** chaîne [f] de montagnes 2 vi (extend) s'étendre (*from... to* de... à; *over* sur); (vary) aller (*from... to* de... à) ◆ **rangefinder** n télémètre [m] ◆ **ranger** n garde [m] forestier; (US) gendarme [m] à cheval.

rank [ræŋk] **1** n rang [m] ◇ **taxi ~** station [f] de taxis; (Mil) **to break ~s** rompre les rangs; **the ~s** les sous-officiers [mpl] et hommes [mpl] de troupe; **the ~ and file** (gen) la masse; (political party) la base; **to rise from the ~s** sortir du rang; **the ~ of general** le grade de général **2** vi compter (*among* parmi).

rankle ['ræŋkl] vi ◇ **to ~ (with sb)** rester sur le cœur à qn.

ransack ['rænsæk] vt (search) fouiller à fond (*for* pour trouver); (damage) saccager.

ransom ['rænsəm] n rançon [f] ◇ **to hold sb to ~** mettre qn à rançon; **~ demand** demande [f] de rançon.

rant [rænt] vi tempêter (*at* contre).

rap [ræp] **1** n petit coup [m] sec **2** vt ◇ **to ~ sb over the knuckles** donner sur les doigts de qn **3** vi frapper (*at* à; *on* sur).

rape [reɪp] **1** n viol [m] **2** vt violer ◆ **rapist** n violeur [m].

rapid ['ræpɪd] **1** adj rapide **2** npl ◇ **~s** rapides [mpl] ◆ **rapidly** adv rapidement.

rapt [ræpt] adj (attention) profond; (smile) ravi.

rapture ['ræptʃəʳ] n ravissement [m] ◇ **in ~s** ravi (*over* de) ◆ **rapturous** adj (welcome) chaleureux, [f] -euse; (applause) frénétique.

rare [rɛəʳ] adj (gen) rare; (meat) saignant ◇ **it is ~ for her to come** il est rare qu'elle vienne; **a very ~ steak** un bifteck bleu ◆ **rarebit** n ◇ **Welsh ~** toast [m] au fromage fondu ◆ **rarely** adv rarement.

raring ['rɛərɪŋ] adj ◇ **to be ~ to go** être très impatient de commencer.

rarity ['rɛərɪtɪ] n rareté [f].

rascal ['rɑːskəl] n vaurien [m]; (child) polisson(ne) [m(f)].

rash [ræʃ] **1** n (Med: gen) rougeurs [fpl]; (from food etc) urticaire [f]; (in measles etc) éruption [f] ◇ **to come out in a ~** avoir une éruption etc **2** adj imprudent.

rasher ['ræʃəʳ] n tranche [f] (de lard).

raspberry ['rɑːzbərɪ] n framboise [f]; (bush) framboisier [m] ◇ **~ ice cream** glace [f] à la framboise; **~ jam** confiture [f] de framboise.

rasping [ˌrɑːspɪŋ] adj grinçant.

Rastafarian [ˌræstəˈfɛərɪən] n, adj rastafari [(mf) inv].

rat [ræt] n rat [m] ◇ **~ poison** mort-aux-rats [f]; **~ race** foire [f] d'empoigne.

ratchet ['rætʃɪt] n cliquet [m] ◇ **~ wheel** roue [f] à rochet.

rate [reɪt] **1** n (ratio) taux [m]; (scale of charges) tarif [m]; (speed) vitesse [f] ◇ **~ of exchange** taux du change; **postage ~s** tarifs postaux; **insurance ~s** primes [fpl] d'assurance; **reduced ~** tarif réduit; **the birth ~** la natalité; **the death ~** la mortalité; **the failure/success ~** le pourcentage d'échecs/de réussites; **at the ~ of** (amount etc) à raison de; (speed) à une vitesse de; **at a great ~, at a ~ of knots** [famil] à toute allure; **if you continue at this ~** si vous continuez à ce train-là; **at any ~** en tout cas, de toute façon; **at that ~** dans ce cas; (local tax) **~s** impôts [mpl] locaux **2** vti **a** considérer (*as* comme); compter (*among* parmi) ◇ **to ~ sth highly** faire grand cas de qch; **how do you ~ it?** qu'en pensez-vous?; **he ~s as...** on le considère comme... **b** ◇ **house ~d at £100 per annum** ≃ maison [f] dont la valeur locative imposable est de 100 livres par an ◆ **rateable** adj ◇ **~ value** valeur [f] locative imposable ◆ **ratepayer** n contribuable [mf] *(impôts locaux)* ◆ **ratings** npl (Naut) matelots et gradés [mpl] ◇ (TV) **the ~** l'indice [m] d'écoute.

rather ['rɑːðəʳ] adv (gen) plutôt; (fairly) assez; (a little) un peu ◇ **~ than wait, he...** plutôt que d'attendre, il...; **I would ~...** je préférerais..., j'aimerais mieux...; **I would much ~...** je préférerais de beaucoup...; **I would ~ do** je préférerais faire (*than* plutôt que de); **I would ~ you came** je préférerais que vous veniez (subj); **I'd ~ not** j'aime mieux pas [famil]; **I'd ~ not go** j'aimerais mieux ne pas y aller; **he's ~ clever** il est plutôt intelligent; **~ more difficult** un peu plus difficile; **it's ~ good** ce n'est pas mal du tout; **that costs ~ a lot** cela coûte assez cher; **~!** [famil] et comment! [famil]

ratify ['rætɪfaɪ] vt ratifier.

ratio ['reɪʃɪəʊ] n proportion [f] (*of* de; *to* contre).

ration ['ræʃən] **1** n ration [f] ◇ (food) **~s** vivres [mpl] **2** vt rationner.

rational ['ræʃənl] adj (creature) doué de raison; (lucid) lucide; (logical: person) raisonnable; (explanation) logique ◆ **rationalize** **1** vt (industry, production) rationaliser **2** vi chercher une justification ◆ **rationally** adv raisonnablement.

rationing ['ræʃnɪŋ] n rationnement [m].

rattle ['rætl] **1** n **a** (gen) cliquetis [m]; (of hailstones) crépitement [m]; (of rattlesnake) sonnettes [fpl] ◇ **death ~** râle [m] **b** (toy) hochet [m]; (sports fan's) crécelle [f] **2** vi (of box) faire du bruit; (of articles in box) s'entrechoquer; (of vehicle) faire un bruit de ferraille; (of window) trembler **3** vt **a** (box, dice) agiter; (bottles) faire s'entrechoquer; (keys) faire cliqueter **b** (famil: worry) troubler ◇ **to get ~d** [famil] perdre son sang froid ◆ **rattlesnake** n serpent [m] à sonnettes.

raucous ['rɔːkəs] adj rauque.

ravage ['rævɪdʒ] vt ravager.

rave [reɪv] 1 vi (be delirious) délirer; (furious) tempêter; (enthusiastic) s'extasier (*about* sur) 2 adj ◇ ~ **review** [famil] critique [f] dithyrambique.

raven ['reɪvn] n corbeau [m].

ravenous ['rævənəs] adj (gen) vorace ◇ **I'm ~** [famil] j'ai une faim de loup.

ravine [rə'vi:n] n ravin [m].

raving ['reɪvɪŋ] adj délirant ◇ ~ **mad** fou furieux, [f] folle furieuse.

ravioli [ˌrævɪ'əʊlɪ] n ravioli [mpl].

ravishing ['rævɪʃɪŋ] adj ravissant.

raw [rɔ:] 1 adj a (food) cru; (data, ore, sugar) brut; (spirit) pur ◇ ~ **material(s)** matières [fpl] premières b (inexperienced) inexpérimenté ◇ ~ **recruit** bleu [famil] [m] c (sore) irrité; (skin) écorché; (climate) âpre ◇ (cloth etc) ~ **edge** bord [m] coupé; **to get a ~ deal** être traité fort mal 2 n ◇ **to get sb on the ~** toucher qn au vif; **nature in the ~** la nature telle qu'elle est.

rawlplug ['rɔ:lplʌg] n cheville [f] (*menuiserie*).

ray [reɪ] n a (of light) rayon [m]; (of hope) lueur [f] b (fish) raie [f].

rayon ['reɪɒn] n rayonne [f].

raze [reɪz] vt (~ **to the ground**) raser.

razor ['reɪzə^r] n rasoir [m] ◇ ~ **blade** lame [f] de rasoir.

RC [a:'si:] (Rel) abbr of *Roman Catholic* → **Roman.**

R & D [ˌɑ:rən'di:] n abbr of *Research and Development* R & D [f].

Rd abbr of *road* rue [f] de Rte...

re [reɪ] 1 n (Mus) ré [m] 2 [ri:] prep au sujet de 3 [ri:] prefix re..., ré... ◇ **to ~do** refaire; **to ~heat** réchauffer; **to ~open** rouvrir; **to ~-elect** réélire.

reach [ri:tʃ] 1 n portée [f] ◇ **within ~ of** à portée de; **out of ~** hors de portée; **within easy ~** (tool etc) sous la main; (shops etc) facilement accessible; **within easy ~ of the sea** à proximité de la mer 2 vt (gen) atteindre; (place, agreement) arriver à ◇ **to ~ sb** arriver auprès de qn; (contact) joindre qn; (of letter) parvenir à qn 3 vi a (of lands) s'étendre (*to* jusqu'à); (of sound) porter (*to* jusqu'à) b ◇ ~ **across**, ~ **out**, ~ **over** étendre le bras (*for sth* pour prendre qch).

react [ri:'ækt] vi réagir (*against* contre; *to* à).

reaction [ri:'ækʃən] n réaction [f].

reactionary [ri:'ækʃənrɪ] adj, n réactionnaire [mf].

reactor [ri:'æktə^r] n réacteur [m].

read [ri:d] pret, ptp *read* [red] 1 vti (gen) lire; (meter) relever; (hear) recevoir ◇ **to ~ to sb** faire la lecture à qn; **I've read about him** j'ai lu qelque chose à son sujet; **I brought you something to ~** je vous ai apporté de la lecture; **to ~ sth back** or **over** relire qch; **to ~ sth out** lire qch à haute voix; **to ~ sth through** (rapidly) parcourir qch; (thoroughly) lire qch d'un bout à l'autre; **to ~ sth up, to ~ up on sth** étudier qch; **well-read** très cultivé; (fig) **to take sth as read** considérer qch comme allant de soi; **these words can be read as...** ces mots peuvent s'interpréter comme...; **to ~ between the lines** lire entre les lignes; **to ~ sb's mind** lire la pensée de qn; **to ~ medicine** faire des études de médecine 2 n ◇ **she enjoys a good ~** [famil] elle aime bien la lecture.
◆ **readable** adj (handwriting) lisible; (book) facile à lire ◆ **reader** n lecteur [m], [f] -trice; (Univ) ≃ chargé(e) [m(f)] d'enseignement; (book) livre [m] de lecture; (anthology) recueil [m] de textes ◆ **readership** n nombre [m] de lecteurs ◆ **reading** n (gen) lecture [f] ◇ **it makes interesting ~** c'est très intéressant à lire; **light ~** livre [m] etc d'une lecture facile; ~ **book** livre de lecture; ~ **glasses** lunettes [fpl] pour lire; ~ **lamp** lampe [f] de bureau; ~ **list** bibliographie [f]; ~ **material** or **matter** choses [fpl] à lire; ~ **room** salle [f] de lecture; (on gauge etc) **the ~ is...** l'instrument indique... ◆ **read-only-memory** n (Comput) mémoire [f] morte ◆ **read-out** n (Comput) écran [m].

readdress ['ri:ə'dres] vt (letter) faire suivre.

readjust ['ri:ə'dʒʌst] vi se réadapter ◆ **readjustment** n réadaptation [f].

readily ['redɪlɪ] adv (willingly) volontiers; (easily) facilement.

readiness ['redɪnɪs] n empressement [m] (*to do* à faire) ◇ **in ~ for** prêt pour.

ready ['redɪ] 1 adj (gen) prêt ◇ ~ **for anything** prêt à toute éventualité; ~ **to serve** prêt à servir; **to get ~ to do** se préparer à faire; **to get sth ~** préparer qch; **'dinner's ~!'** 'à table!'; (Sport) **~, steady, go!** prêts? 1-2-3 partez!; **get ~ for it** tenez-vous prêt; ~ **money** liquide [m]; (willing) **I am quite ~ to see him** je suis tout à fait disposé à le voir; **he was ~ to cry** il était sur le point de pleurer 2 n ◇ (fig) **at the ~** tout prêt 3 adv ◇ **~-cooked** etc tout cuit etc d'avance ◆ **ready-made** adj (curtains) tout fait; (clothes) de confection; (solution) tout prêt ◆ **ready-mix** n préparation [f] instantanée (*pour gâteaux* etc) ◆ **ready-to-wear** adj prêt à porter.

real [rɪəl] 1 adj véritable, vrai (before n); (flowers, silk) naturel, [f] -elle; (Philos) réel, [f] réelle ◇ **in ~ life, in ~ terms** dans la réalité; **he is the ~ boss** c'est lui le véritable patron; **it's the ~ thing** [famil] c'est du vrai de vrai [famil] 2 n ◇ **for ~** [famil] pour de vrai [famil] ◆ **real estate** n (US) immobilier [m] ◆ **realism** n réalisme [m]

◆ **realist** n réaliste [mf] ◆ **realistic** adj réaliste ◆ **reality** [ri:'ælɪtɪ] n réalité [f] ◇ **in** ~ en réalité ◆ **really** adv vraiment ◆ **real time** n (Comput) temps [m] réel.

realize ['rɪəlaɪz] vt (become aware of) se rendre compte de; (understand) comprendre; (plan, assets) réaliser ◇ **I made her ~ that I was right** je lui ai bien fait comprendre que j'avais raison; **I ~ that...** je me rends compte que....

realm [relm] n royaume [m]; (fig) domaine [m].

ream [ri:m] n ≃ rame [f] *(de papier)* ◇ (fig) **~s of** [famil] des volumes [mpl] de.

reap [ri:p] vt moissonner; (fig) récolter ◆ **reaper** n (machine) moissonneuse [f].

reappear ['ri:ə'pɪəʳ] vi réapparaître, reparaître.

1. **rear** [rɪəʳ] 1 n arrière [m]; (of column) queue [f] ◇ **in** or **at the** ~ à l'arrière; **from the** ~ de derrière; **to bring up the** ~ fermer la marche 2 adj (gen) de derrière; (car door etc) arrière [inv] ◇ **~-view mirror** rétroviseur [m] ◆ **rearguard** n (Mil) arrière-garde [f].

2. **rear** [rɪəʳ] 1 vt (bring up) élever; (lift: head) dresser 2 vi (~ **up**) (of animal) se cabrer.

rearrange ['ri:ə'reɪndʒ] vt réarranger.

reason ['ri:zn] 1 n a (cause: gen) raison [f] (*for* de; *why*, *that* pour laquelle) ◇ **my ~ for going** la raison pour laquelle je pars; **the ~ why** pourquoi; **I have (good** or **every) ~ to believe that...** j'ai (tout) lieu de croire que...; **for no** ~ sans raison; **for some** ~ pour une raison ou une autre; **for ~s of his own** pour des raisons personnelles; **all the more ~ for doing** raison de plus pour faire; **with** ~ avec juste raison; **by ~ of** en raison de b (sense) raison [f] ◇ **to lose one's** ~ perdre la raison; **it stands to ~ that** il va sans dire que; **anything within** ~ tout ce qui est raisonnablement possible 2 vti raisonner (*with sb* qn); calculer (*that* que) ◆ **reasonable** adj (gen) raisonnable; (quite good) acceptable; (chance, amount) certain (before n) ◆ **reasonably** adv (gen) raisonnablement; (fit, well-off) assez ◇ **one can ~ think that...** il est raisonnable de penser que... ◆ **reasoning** n raisonnement [m].

reassemble [,ri:ə'sembl] 1 vt (machine) remonter 2 vi ◇ **school ~s tomorrow** c'est la rentrée demain.

reassure [,ri:ə'ʃʊəʳ] vt rassurer.

reassuring [,ri:ə'ʃʊərɪŋ] adj rassurant.

rebate ['ri:beɪt] n (discount) rabais [m]; (on tax) dégrèvement [m]; (money back) remboursement [m]; (on rent) réduction [f].

rebel ['rebl] 1 adj, n rebelle [mf] 2 [rɪ'bel] vi se rebeller (*against* contre) ◆ **rebellion** n rébellion [f] ◆ **rebellious** adj rebelle.

rebound [rɪ'baʊnd] vi rebondir.

rebuff [rɪ'bʌf] 1 n rebuffade [f] 2 vt repousser.

rebuild [,ri:'bɪld] pret, ptp *rebuilt* vt reconstruire.

rebuke [rɪ'bju:k] 1 n reproche [m] 2 vt faire des reproches à.

recall [rɪ'kɔ:l] vt a (remember) se rappeler (*doing* avoir fait; *that* que) b (call back: gen) rappeler; (Parliament) convoquer en session extraordinaire.

recant [rɪ'kænt] vi se rétracter.

recap [famil] [rɪ:'kæp] vti abbr of *recapitulate* ◇ **to ~,...** en résumé...

recapitulate [,ri:kə'pɪtjʊleɪt] vti récapituler.

recapture ['ri:'kæptʃəʳ] 1 vt (animal, escapee) reprendre; (atmosphere) retrouver; (of book etc) recréer 2 n (of territory) reprise [f]; (escapee) arrestation [f].

rec'd abbr of *received* reçu.

recede [rɪ'si:d] vi (gen) s'éloigner ◇ **his hair is receding** son front se dégarnit ◆ **receding** adj (chin) fuyant.

receipt [rɪ'si:t] 1 n a (for payment) reçu [m] (*for* de); (for parcel, letter) accusé [m] de réception ◇ ~ **book** livre [m] de quittances; **to acknowledge ~ of** accuser réception de; **on ~ of** dès réception de b ◇ (money taken) **~s** recettes [fpl] 2 vt (bill) acquitter.

receive [rɪ'si:v] vt (gen) recevoir; (Law: stolen goods) receler ◇ (on bill) **~d with thanks** pour acquit ◆ **receiver** n a (in bankruptcy) administrateur [m] judiciaire b (telephone) combiné [m] ◇ **to lift the** ~ décrocher; **to replace the** ~ raccrocher.

recent ['ri:snt] adj (gen) récent; (acquaintance etc) de fraîche date ◇ **in ~ years** ces dernières années ◆ **recently** adv récemment ◇ **as ~ as** pas plus tard que; **until quite** ~ jusqu'à ces derniers temps.

receptacle [rɪ'septəkl] n récipient [m].

reception [rɪ'sepʃən] n réception [f] ◇ **to get a good** ~ être bien accueilli; ~ **centre** centre [m] d'accueil; ~ **desk** réception [f] ◆ **receptionist** n réceptionniste [mf].

recess [rɪ'ses] n a (Parl, court) vacances [fpl] b (alcove) renfoncement [m].

recession [rɪ'seʃən] n récession [f].

recharge ['ri:'tʃɑ:dʒ] vt recharger ◆ **rechargeable** adj rechargeable.

recipe ['resɪpɪ] n recette [f] (*for* de).

recipient [rɪ'sɪpɪənt] n (of cheque) bénéficiaire [mf]; (of award) récipiendaire [m].

reciprocal [rɪ'sɪprəkəl] adj réciproque.

reciprocate [rɪ'sɪprəkeɪt] vi en faire autant.

recital [rɪ'saɪtl] n récital [m].

recite [rɪ'saɪt] vti (gen) réciter; (details) énumérer.

reckless ['reklıs] adj imprudent ◆ **recklessly** adj imprudemment.

reckon ['rekən] vti (calculate: figures) compter; (cost, surface) calculer; (judge) considérer (*sb to be* qn comme étant); compter (*among* parmi); (estimate) estimer (*that* que); (take into account) compter (*on* sur; *with* avec; *without sb* sans qn); (famil: think) penser ◇ **I wasn't ~ing on doing that** je ne m'attendais pas à faire ça ◆ **reckoning** n (sums) calculs [mpl].

reclaim [rı'kleım] vt (demand back) réclamer (*from* à) ◇ **to ~ land from the sea** conquérir des terres sur la mer.

recline [rı'klaın] vi être allongé ◆ **reclining** adj (seat) à dossier réglable.

recluse [rı'klu:s] n reclus(e) [m(f)].

recognition [ˌrekəg'nıʃən] n reconnaissance [f] ◇ **in ~ of** en reconnaissance de; **to gain ~** être reconnu; **to change out of** or **beyond all ~** devenir méconnaissable.

recognizable ['rekəgnaızəbl] adj reconnaissable.

recognize ['rekəgnaız] vt reconnaître (*by* à; *as* comme étant; *that* que).

recoil [rı'kɔıl] vi reculer (*from* devant) ◇ **to ~ from doing** se refuser à faire.

recollect [ˌrekə'lekt] vt se rappeler ◆ **recollection** n souvenir [m].

recommend [ˌrekə'mend] vt recommander (*for* pour; *as* comme; *sb to do* à qn de faire) ◇ **it is to be ~ed** c'est à conseiller ◆ **recommendation** n recommandation [f].

recompense ['rekəmpens] n récompense [f].

reconcile ['rekənsaıl] vt (two facts) concilier ◇ (of people) **to become ~d** se réconcilier; **to ~ o.s. to sth** se résigner à qch ◆ **reconciliation** n réconciliation [f].

reconditioned ['ri:kən'dıʃənd] adj révisé.

reconnaissance [rı'kɒnısəns] n reconnaissance [f].

reconnoitre, (US) **-ter** [ˌrekə'nɔıtəʳ] vi faire une reconnaissance.

reconsider ['ri:kən'sıdəʳ] vt reconsidérer.

reconstruct ['ri:kən'strʌkt] vt (gen) reconstruire; (crime) reconstituer.

record [ri'kɔ:d] **1** vt **a** (speech, music) enregistrer (*on tape* sur bande) **b** (register) rapporter (*that* que); (population) recenser; (disapproval) prendre acte de; (event etc) noter; (describe) décrire; (of thermometer etc) enregistrer ◇ **to ~ one's vote** voter.

2 ['rekɔ:d] n **a** (gramophone ~) disque [m] ◇ **~ dealer** disquaire [m]; **~ token** chèque-disque [m]; **to make a ~** sortir un disque **b** (Sport, fig) record [m] ◇ **to beat** or **break the ~** battre le record; **to hold the ~** détenir le record; **~ holder** détenteur [m], [f] -trice du record; **to do sth in ~ time** faire qch en un temps record **c** (report) rapport [m]; (Law) enregistrement [m]; (historical report) document [m] ◇ **public ~s** archives [fpl]; **to make** or **keep a ~ of sth, to put sth on ~** noter qch; **on ~** attesté; **to go on ~ as saying that...** déclarer publiquement que...; **to set the ~ straight** dissiper toute confusion possible; **for the ~...** il faut noter que...; **off the ~** [famil] à titre confidentiel **d** ◇ (personal ~) **police ~** casier [m] judiciaire; **he hasn't got a ~** [famil] il a un casier judiciaire vierge; **France's splendid ~** les succès glorieux de la France; **his past ~** sa conduite passée; **a good safety ~** une bonne tradition de sécurité ◆ **record-breaking** adj qui bat tous les records ◆ **recorded** adj (Mus) enregistré; (programme) enregistré à l'avance ◇ (Post) **by ~ delivery** ≃ avec avis de réception ◆ **recorder** n (tape-~) magnétophone [m]; (Mus) flûte [f] à bec ◆ **recording** n enregistrement [m] ◇ **~ studio** studio [m] d'enregistrement ◆ **record-player** n électrophone [m].

recount [rı'kaʊnt] vt (relate) raconter.

re-count [ˌri:'kaʊnt] **1** vt recompter **2** ['ri:kaʊnt] n (votes) deuxième dépouillement [m] du scrutin.

recoup [rı'ku:p] vt récupérer *(ses pertes)*.

recourse [rı'kɔ:s] n recours [m] (*to* à).

recover [rı'kʌvəʳ] **1** vt (gen) retrouver; (property, strength, consciousness) reprendre (*from* à); (territory) reconquérir; (space capsule, wreck) récupérer; (debt, expenses, sight) recouvrer ◇ (fig) **to ~ lost ground** se rattraper **2** vi (of person: get better) se rétablir (*from* de); (after error etc) se ressaisir; (of the economy, the dollar) se redresser; (of shares) remonter ◇ **she is** or **has ~ed** elle est rétablie.

re-cover [ˌri:'kʌvəʳ] vt recouvrir.

recovery [rı'kʌvərı] n (Med) rétablissement [m].

recreate ['ri:kri'eıt] vt recréer.

recreation [ˌrekrı'eıʃən] n récréation [f] ◇ **~ ground** terrain [m] de jeux; **~ room** salle [f] de récréation.

recruit [rı'kru:t] **1** n recrue [f] **2** vt recruter; (fig) embaucher [famil] (*sb to do* qn pour faire) ◆ **recruiting** or **recruitment** n recrutement [m].

rectangle ['rekˌtæŋgl] n rectangle [m].

rectangular [rek'tæŋgjʊləʳ] adj rectangulaire.

rectify ['rektıfaı] vt rectifier.

rector ['rektəʳ] n pasteur [m] *(anglican)*; (school) proviseur [m] (de lycée) ◆ **rectory** n presbytère [m] *(anglican)*.

recuperate [rı'ku:pəreıt] **1** vi (Med) se rétablir **2** vt récupérer.

recur [rɪ'kɜːʳ] vi (gen) réapparaître; (of error, event) se reproduire ◆ **recurrent** adj fréquent ◆ **recurring** adj (complaints) régulier, (f) -ière; (illness) chronique.

recycle [ˌriː'saɪkl] vt recycler, récupérer ◇ **~d paper** papier (m) recyclé.

red [red] **1** adj (gen) rouge; (hair) roux, (f) rousse ◇ **~ in the face, ~-faced** tout rouge; (fig) rouge de confusion; **to turn ~** rougir; **to see ~** voir rouge; (fig) **to roll out the ~ carpet for sb** recevoir qn en grande pompe; **~ light** feu (m) rouge; **R~ Cross** Croix-Rouge (f); **that's a ~ herring** c'est pour brouiller les pistes; **R~ Indian** Peau-Rouge (mf); **the R~ Sea** la mer Rouge; (fig) **~ tape** paperasserie (f) **2** n (colour) rouge (m); (Pol: person) rouge (mf) ◇ (fig) **in the ~** [famil] (gen) en déficit; (person) à découvert ◆ **red-brick university** n université (f) de fondation assez récente ◆ **redcurrant** n groseille (f) (rouge) ◆ **reddish** adj rougeâtre ◇ **~ hair** cheveux (mpl) qui tirent sur le roux ◆ **red-haired** or **red-headed** adj roux, (f) rousse ◆ **red-handed** adj ◇ **caught ~** pris en flagrant délit ◆ **redhead** n roux (m), rousse (f) ◆ **red-hot** adj brûlant ◆ **red-letter day** n jour (m) mémorable.

redecorate [ˌriː'dekəreɪt] **1** vt (room, house) refaire **2** vi refaire les peintures or les papiers peints.

redeem [rɪ'diːm] vt (sinner) racheter; (from pawn) dégager ◇ **only ~ing feature** seul bon côté (m) ◆ **Redeemer** n Rédempteur (m).

redirect [ˌriːdaɪ'rekt] vt (letter) faire suivre.

redress [rɪ'dres] n réparation (f).

reduce [rɪ'djuːs] **1** vt (gen) réduire (*to* à; *by* de); (price) baisser; (speed, voltage, tax) diminuer; (sauce) faire réduire ◇ **~d to ashes** réduit en cendres; **~d to nothing** réduit à zéro; **~d to doing** réduit à faire; **to ~ sb to tears** faire pleurer qn **2** vi (slim) maigrir ◆ **reduced** adj réduit; (sale goods) soldé ◇ **at a ~ price** (ticket) à prix réduit; (goods) au rabais.

reduction [rɪ'dʌkʃən] n (gen) réduction (f) ◇ **to make a ~ on sth** faire un rabais sur qch.

redundancy [rɪ'dʌndənsɪ] n licenciement (m) (pour raisons économiques) ◇ **~ payment** indemnité (f) de licenciement.

redundant [rɪ'dʌndənt] adj (gen) superflu ◇ (of worker) **to be made ~** être licencié (pour raisons économiques).

reed [riːd] n (gen) roseau (m); (of wind instrument) anche (f).

reef [riːf] n **a** (in sea) récif (m) **b** ◇ **~ knot** nœud (m) plat.

reek [riːk] vi ◇ **to ~ of sth** puer qch.

reel [riːl] **1** n (gen) bobine (f); (Fishing) moulinet (m); (of film) bande (f) **2** vi chanceler; (of drunken man) tituber ◇ (fig) **my head is ~ing** la tête me tourne **3** vt ◇ **to ~ sth in** ramener qch; **to ~ off** débiter.

re-elect [ˌriːɪ'lekt] vt réélire ◆ **re-election** n ◇ **to stand** or **run for ~** se représenter.

re-enter [ˌriː'entəʳ] vt rentrer dans.

re-entry [ˌriː'entrɪ] n rentrée (f).

ref [ref] n [famil] (Sport) abbr of *referee* arbitre (m).

refectory [rɪ'fektərɪ] n réfectoire (m).

refer [rɪ'fɜːʳ] **1** vt (problem etc) soumettre (*to* à); (person) renvoyer (*to* à) ◇ (of doctor) **to ~ sb to a specialist** adresser qn à un spécialiste; **it was ~red to us** on nous a demandé de nous en occuper **2** vi **a** (speak of) parler (*to* de); (hint at) faire allusion (*to* à); (apply) s'appliquer (*to* à); (be relevant) avoir rapport (*to* à) ◇ **he ~red to her as...** il l'a appelée... **b** ◇ **to ~ to one's notes** consulter ses notes.

referee [ˌrefə'riː] **1** n **a** (Sport, fig) arbitre (m) **b** ◇ **to give sb as a ~** donner qn en référence **2** vt arbitrer.

reference ['refrəns] n **a** mention (f) (*to* de); (hint) allusion (f) (*to* à); (in book, letter) référence (f); (on map) coordonnées (fpl) ◇ (in letter) **with ~ to...** comme suite à...; **~ book** ouvrage (m) à consulter; **~ library** bibliothèque (f) d'ouvrages à consulter **b** (testimonial) références (fpl).

referendum [ˌrefə'rendəm], pl **-enda** n ◇ **to hold a ~** organiser un référendum.

refill [ˌriː'fɪl] **1** vt (gen) remplir à nouveau; (pen, lighter) recharger **2** ['riːfɪl] n (gen) recharge (f); (cartridge) cartouche (f).

refine [rɪ'faɪn] vt (ore) affiner; (oil, sugar) raffiner; (machine, technique) perfectionner ◆ **refined** adj (person, tastes) raffiné ◆ **refinement** n (of person) raffinement (m); (in machine) perfectionnement (m) (*in* de) ◆ **refinery** n raffinerie (f).

refit ['riːfɪt] n (of ship) remise (f) en état.

reflate [ˌriː'fleɪt] vt relancer.

reflationary [riː'fleɪʃnərɪ] adj de relance.

reflect [rɪ'flekt] vti **a** (gen) refléter; (of mirror) réfléchir; (heat, sound) renvoyer ◇ **the moon is ~ed in the lake** la lune se reflète dans le lac; **I saw him ~ed in the mirror** j'ai vu son image dans le miroir; **this is ~ed in his report** son rapport reflète cela; (discredit) **to ~ on sb** faire tort à qn **b** (think) réfléchir (*on* sur), se dire.

reflection [rɪ'flekʃən] n **a** (in mirror) reflet (m) **b** (thought) réflexion (f) (*on* sur) ◇ **on ~** réflexion faite **c** ◇ **to be a ~ on sb** discréditer qn.

reflector [rɪ'flektəʳ] n réflecteur (m).

reflex ['ri:fleks] **1** n réflexe [m] **2** adj (gen) réflexe; (angle) rentrant ◇ ~ **action** acte [m] réflexe; ~ **camera** reflex [m].

reflexion [rɪ'flekʃən] n = **reflection.**

reflexive [rɪ'fleksɪv] adj réfléchi.

reform [rɪ'fɔ:m] **1** n réforme [f] **2** vt réformer **3** vi (of person) s'amender ◆ **reformation** [,refə'meɪʃən] n réforme [f] ◇ **the R**~ la Réforme ◆ **reformed** adj réformé; amendé ◆ **reformer** n réformateur [m], [f] -trice.

refrain [rɪ'freɪn] **1** vi s'abstenir (*from* de) **2** n (Mus) refrain [m].

refresh [rɪ'freʃ] vt (lit, fig) rafraîchir ◆ **refresher** adj (course) de recyclage ◆ **refreshing** adj (drink) rafraîchissant; (sleep) réparateur, [f] -trice; (sight, news) réconfortant; (change) agréable; (idea, approach, point of view) original ◆ **refreshments** npl (food) rafraîchissements [mpl]; (place) buffet [m].

refrigerate [rɪ'frɪdʒəreɪt] vt réfrigérer.

refrigerator [rɪ'frɪdʒəreɪtə^r] n réfrigérateur [m].

refuel ['ri:'fjʊəl] vi se ravitailler en carburant ◇ ~**ling stop** escale [f] technique.

refuge ['refju:dʒ] n refuge [m] (*from* contre) ◇ **to take** ~ **in** se réfugier dans ◆ **refugee** n réfugié(e) [m(f)] ◇ ~ **camp** camp [m] de réfugiés.

refund [rɪ'fʌnd] **1** vt rembourser **2** ['ri:fʌnd] n remboursement [m] ◇ **to get a** ~ se faire rembourser.

refusal [rɪ'fju:zəl] n refus [m].

1. **refuse** [rɪ'fju:z] vti (gen) refuser (*sb sth* qch à qn; *to do* de faire); (request, offer, suitor) rejeter ◇ **they were** ~**d permission** on leur a refusé la permission.

2. **refuse** ['refju:s] n (gen) ordures [fpl]; (garden) détritus [mpl]; (food) déchets [mpl] ◇ ~ **bin** boîte [f] à ordures; ~ **collector** éboueur [m]; ~ **dump** (public) décharge [f] publique.

refute [rɪ'fju:t] vt réfuter.

regain [rɪ'geɪn] vt (gen) regagner; (health, sight) recouvrer; (consciousness) reprendre; (territory) reconquérir.

regal ['ri:gəl] adj majestueux, [f] -ueuse.

regard [rɪ'gɑ:d] **1** vt (consider) considérer (*as* comme); (concern) concerner ◇ **as** ~**s...** pour or en ce qui concerne... **2** n **a** ◇ **with** ~ **to, in** ~ **to** relativement à; **without** ~ **to** sans égard pour; **in this** ~ à cet égard; **to show no** ~ **for** ne faire aucun cas de; **to have a great** ~ **for sb** avoir beaucoup d'estime pour qn **b** ◇ **to give or send sb one's** ~**s** transmettre à qn son bon souvenir; (in letter) **(kindest)** ~**s** meilleurs souvenirs ◆ **regarding** prep relativement à ◆ **regardless** **1** adj ◇ ~ **of** sans se soucier de **2** adv ◇ **he did it** ~ [famil] il l'a fait quand même.

regatta [rɪ'gætə] n régates [fpl].

regent ['ri:dʒənt] n régent(e) [m(f)] ◇ **prince** ~ prince [m] régent ◆ **regency** n régence [f] ◇ **R**~ **furniture** mobilier [m] Régence [inv].

reggae ['regeɪ] n reggae [m].

régime [reɪ'ʒi:m] n (Pol) régime [m].

regiment ['redʒɪmənt] n régiment [m] ◆ **regimental** adj du régiment ◆ **regimented** adj enrégimenté.

region ['ri:dʒən] n (gen) région [f] ◇ (fig) **in the** ~ **of £3,000** environ 3 000 livres, dans les environs de 3 000 livres ◆ **regional** adj régional.

register ['redʒɪstə^r] **1** n **a** (gen) registre [m] ◇ **electoral** ~ liste [f] électorale; ~ **of births, marriages and deaths** registre d'état civil **b** (machine) compteur [m] ◇ **cash** ~ caisse [f] (enregistreuse) **2** vti **a** (gen) s'inscrire (*for sth* à qch); (in hotel) signer le registre; (fact, figure) enregistrer; (birth etc) déclarer; (one's dismay etc) exprimer ◇ **to** ~ **with a doctor** se faire inscrire comme patient chez un médecin; **to** ~ **with the police** se déclarer à la police **b** (famil: realize) réaliser [famil] (*that* que) ◇ **it hasn't** ~**ed** cela n'a pas encore pénétré **c** (letter) recommander.

◆ **registered** adj **a** (student, voter) inscrit; (vehicle) immatriculé; (trademark) déposé; (nursing home, charity) reconnu par les autorités ◇ ~ **as disabled** officiellement reconnu comme handicapé **b** (letter) recommandé ◇ **by** ~ **post** par envoi recommandé.

registrar [,redʒɪs'trɑ:^r] n (Admin) officier [m] de l'état civil; (Univ) secrétaire [m] général; (Med) chef [m] de clinique.

registration [,redʒɪs'treɪʃən] n **a** → **register 2 b** enregistrement [m]; déclaration [f]; inscription [f]; (of letter) envoi [m] en recommandé; (in school) appel [m] ◇ ~ **fee** (Post) taxe [f] de recommandation; (Univ) droits [mpl] d'inscription; (of car) ~ **number** numéro [m] d'immatriculation.

registry ['redʒɪstrɪ] n ◇ ~ **office** bureau [m] de l'état civil; **to get married in a** ~ **office** se marier à la mairie.

regress [rɪ'gres] vi régresser (*to* à).

regret [rɪ'gret] **1** vt regretter (*doing, to do* de faire; *that* que + subj) ◇ **he is ill, I** ~ **to say** il est malade, hélas **2** n regret [m] (*for* de) ◇ **much to my** ~ à mon grand regret; **I have no** ~**s** je ne regrette rien ◆ **regretfully** adv (sadly) avec regret; (unwillingly) à regret ◆ **regrettable** adj regrettable (*that* que + subj) ◆ **regrettably** adv ◇ ~, **he...** malheureusement, il...

regroup [,ri:'gru:p] vi se regrouper.

regular ['regjʊlə^r] **1** adj (gen) régulier, [f] -ière; (habitual) habituel, [f] -uelle; (size) standard [inv]; (price) normal; (listener, reader) fidèle; (staff) permanent; (soldier, army, police) de métier; (officer) de carrière ◇ (US) ~ **guy** [famil] chic type [famil] [m]; **a ~ idiot** un véritable imbécile **2** n (customer etc) habitué(e) [m(f)] ✦ **regularly** adv régulièrement.

regulate ['regjʊleɪt] vt régler ✦ **regulation** **1** n règlement [m] **2** adj réglementaire.

rehabilitate [,ri:ə'bɪlɪteɪt] vt (to work) réadapter; (ex-prisoner) réinsérer; (alcoholic, disabled) rééduquer.

rehash [,ri:'hæʃ] vt remanier.

rehearsal [rɪ'hɜ:səl] n (Theat) répétition [f].

rehearse [rɪ'hɜ:s] vt (Theat) répéter.

reign [reɪn] **1** n règne [m] ◇ **in the ~ of** sous le règne de; (fig) ~ **of terror** régime [m] de terreur **2** vi régner (*over* sur) ✦ **reigning** adj (king, champion) actuel, [f] -elle; (monarch) régnant.

reimburse [,ri:ɪm'bɜ:s] vt rembourser (*sb for sth* qn de qch).

rein [reɪn] n (gen) rêne [f]; (for horse in harness) guide [f] ◇ **to give free ~ to** lâcher la bride à.

reincarnation ['ri:ɪnkɑ:'neɪʃən] n réincarnation [f].

reindeer ['reɪndɪə^r] n, pl inv renne [m].

reinforce [,ri:ɪn'fɔ:s] vt renforcer ◇ **~d concrete** béton [m] armé ✦ **reinforcements** npl renforts [mpl].

reinstate ['ri:ɪn'steɪt] vt rétablir (*in* dans).

reiterate [ri:'ɪtəreɪt] vt réitérer.

reject [rɪ'dʒekt] **1** vt (gen) rejeter; (sth or sb unsatisfactory) refuser **2** ['ri:dʒekt] n article [m] de rebut ◇ ~ **shop** magasin [m] de deuxième choix ✦ **rejection** n refus [m].

rejoice [rɪ'dʒɔɪs] vi se réjouir (*at, over* de) ◇ **to ~ in** jouir de ✦ **rejoicing** n réjouissances [fpl].

rejoin [,ri:'dʒɔɪn] **1** vt rejoindre ◇ **to ~ ship** rallier le bord **2** [rɪ'dʒɔɪn] vi (reply) répliquer.

rejuvenate [rɪ'dʒu:vɪneɪt] vti rajeunir.

relapse [rɪ'læps] **1** n rechute [f] ◇ **to have a ~** faire une rechute **2** vi retomber (*into* dans).

relate [rɪ'leɪt] **1** vt **a** (recount: gen) raconter; (details) rapporter **b** (link) rattacher (*sth to sth* qch à qch); (two facts etc) établir un rapport entre **2** vi se rapporter (*to* à) ◇ **relating to** relatif à ✦ **related** adj (in family) parent (*to* de); (ideas, subjects) liés; (languages) apparentés.

relation [rɪ'leɪʃən] n **a** (gen) rapport [m] (*between* entre; *with* avec) ◇ **in ~ to** relativement à; **to bear no ~ to** être sans rapport avec; **international ~s** relations [fpl] internationales; **sexual ~s** rapports sexuels **b** (in family) parent(e) [m(f)].

relationship [rɪ'leɪʃənʃɪp] n (family ties) liens [mpl] de parenté (*to* avec); (of things) rapport [m] (*between* entre); (of people) relations [fpl], rapports (*with* avec; *between* entre); (sexual) liaison [f] ◇ **business ~** relations d'affaires; **they have a good ~** ils s'entendent bien.

relative ['relətɪv] **1** adj relatif, [f] -ive (*to* à) **2** n (person) parent(e) [m(f)]; (Gram) relatif [m] ✦ **relatively** adv relativement.

relax [rɪ'læks] vti (grip etc) relâcher; (muscles) décontracter; (restrictions) modérer; (measures) assouplir; (of person: rest) se détendre; (calm down) se calmer ◇ **to feel ~ed** être détendu.

relaxation [,ri:læk'seɪʃən] n détente [f].

relay ['ri:leɪ] n relais [m] ◇ **in ~s** par relais; ~ **race** course [f] de relais.

release [rɪ'li:s] **1** n libération [f] (*from* de) ◇ **this film is on general ~** ce film n'est plus en exclusivité; (record etc) **new ~** nouveau disque (etc) **2** vt **a** (free: gen) libérer (*from* de); (Law) remettre en liberté; (sth or sb trapped) dégager (*from* de); (from promise) relever (*from* de); (employee) rendre disponible **b** (let go of: gen) lâcher **c** (record, film) sortir; (facts) publier **d** (open etc: fastening) faire jouer; (handbrake) desserrer.

relegate ['relɪgeɪt] vt reléguer (*to* à).

relent [rɪ'lent] vi changer d'avis; (stronger) se laisser fléchir ✦ **relentless** adj implacable.

relevant ['reləvənt] adj pertinent (*to* à); (regulation, reference) approprié (*to* à); (information, course) utile ◇ **to be ~ to sth** avoir rapport à qch.

reliable [rɪ'laɪəbl] adj (person, firm) sérieux, [f] -ieuse; (machine) solide; (memory, account) bon, [f] bonne (before n) ✦ **reliably** adv (informed) de source sûre.

reliant [rɪ'laɪənt] adj (trusting) confiant (*on* en); (dependent) dépendant (*on* de).

relic ['relɪk] n relique [f] (also Rel) ◇ **~s** restes [mpl]; (fig: of the past) vestiges [mpl].

relief [rɪ'li:f] **1** n soulagement [m] (*from* à) ◇ **to my ~** à mon grand soulagement; **that's a ~!** j'aime mieux ça!; **it was a ~ to find it** j'ai été soulagé de le retrouver; **tax ~** dégrèvement [m] **2** adj (coach, staff) supplémentaire; (fund, work, organization) de secours ◇ ~ **road** route [f] de délestage.

relieve [rɪ'li:v] vt (gen) soulager; (boredom) dissiper; (poverty) remédier à; (help) secourir; (take over from) relayer; (guard) relever; (town) délivrer ◇ **to be ~d to learn** être soulagé d'apprendre; **to ~ one's feelings** décharger sa colère; (go to lavatory) **to ~ o.s.** faire ses besoins [famil].

religion [rɪ'lɪdʒən] n religion [f] ◇ **the Christian ~** la religion chrétienne.

religious [rɪ'lɪdʒəs] adj (gen) religieux, [f] -ieuse; (person) pieux, [f] pieuse; (book) de piété ◆ **religiously** adv religieusement.

relinquish [rɪ'lɪŋkwɪʃ] vt (gen) abandonner; (plan, right) renoncer à; (let go of) lâcher.

relish ['relɪʃ] **1** n ◇ **with ~** (do sth) avec délectation; (eat) de bon appétit **2** vt se délecter (*doing* à faire) ◇ **I don't ~ the thought** l'idée ne me dit rien.

relocate [,ri:ləʊ'keɪt] **1** vt (people) reloger; (premises) installer ailleurs; (workers) recycler **2** vi déménager, s'installer ailleurs.

reluctance [rɪ'lʌktəns] n répugnance [f] (*to do* à faire).

reluctant [rɪ'lʌktənt] adj (gen) peu enthousiaste ◇ **~ to do** peu disposé à faire ◆ **reluctantly** adv à contrecœur.

rely [rɪ'laɪ] vi ◇ **to ~ on** (count on) compter sur; (depend on) dépendre de.

remain [rɪ'meɪn] **1** vi rester ◇ **nothing ~s to be said** il ne reste plus rien à dire; **it ~s to be seen whether...** reste à savoir si...; **that ~s to be seen** c'est ce que nous verrons; **the fact ~s that** il n'en est pas moins vrai que; **I have one ~ing** il m'en reste un; **the ~ing cakes** les gâteaux qui restent **2** ◇ **~s** [npl] restes [mpl].

remainder [rɪ'meɪndəʳ] n reste [m].

remand [rɪ'mɑ:nd] (Law) **1** vt ◇ **to ~ in custody** mettre en détention préventive **2** n ◇ **on ~** en détention préventive; **~ home** ≃ maison [f] d'arrêt.

remark [rɪ'mɑ:k] **1** n remarque [f] **2** vti remarquer ◆ **remarkable** adj remarquable (*for* par).

remarry ['ri:'mærɪ] vi se remarier.

remedial [rɪ'mi:dɪəl] adj (measures) de redressement; (class) de rattrapage.

remedy ['remədɪ] n remède [m] (*for* contre).

remember [rɪ'membəʳ] vt se souvenir de, se rappeler ◇ **to ~ that** se rappeler que; **to ~ doing** se rappeler avoir fait; **to ~ to do** penser à faire; **I ~ when...** je me souviens de l'époque où...; **as far as I ~** autant qu'il m'en souvienne; **if I ~ rightly** si j'ai bonne mémoire; **let us ~ that...** n'oublions pas que...; **something to ~ him by** un souvenir de lui; **~ me to your mother** rappelez-moi au bon souvenir de votre mère.

remembrance [rɪ'membrəns] n ◇ **R~ Day** ≃ l'Armistice [m], le 11 novembre; **in ~ of** en souvenir de.

remind [rɪ'maɪnd] vt rappeler (*sb of sth* qch à qn; *sb that* à qn que) ◇ **you are ~ed that...** nous vous rappelons que...; **to ~ sb to do** faire penser à qn à faire; **that ~s me!** à propos! ◆ **reminder** n (note etc) pense-bête [m]; (letter) lettre [f] de rappel.

reminisce [,remɪ'nɪs] vi raconter ses souvenirs (*about* de) ◆ **reminiscence** n souvenir [m] ◆ **reminiscent** adj ◇ **~ of** qui rappelle.

remiss [rɪ'mɪs] adj négligent.

remission [rɪ'mɪʃən] n (gen) rémission [f]; (Law) remise [f].

remit [rɪ'mɪt] vt **a** (sins) pardonner **b** (send) envoyer (*to* à) ◆ **remittance** n versement [m].

remnant ['remnənt] n (gen) reste [m]; (cloth) coupon [m]; (custom, splendour) vestige [m] ◇ (in sales) **~s** soldes [mpl] (de fins de série).

remonstrate ['remənstreɪt] vti protester (*against* contre; *that* que); faire des remontrances (*with sb* à qn; *about* au sujet de).

remorse [rɪ'mɔ:s] n remords [m] (*at* de; *for* pour) ◇ **without ~** sans pitié ◆ **remorseless** adj (fig) implacable.

remote [rɪ'məʊt] adj (place, period) lointain; (isolated) isolé; (ancestor) éloigné; (fig: person) distant; (resemblance) vague; (possibility) petit ◇ **~ control** télécommande [f]; **~ from** loin de; **not the ~st idea** pas la moindre idée ◆ **remote-controlled** adj télécommandé ◆ **remotely** adv (slightly) vaguement ◇ **~ possible** tout juste possible; **not ~ interested** absolument pas interessé.

remould ['ri:məʊld] n pneu [m] rechapé.

removable [rɪ'mu:vəbl] adj amovible.

removal [rɪ'mu:vəl] n (Surgery) ablation [f]; (from house) déménagement [m] ◇ **~ van** camion [m] de déménagement.

remove [rɪ'mu:v] **1** vt (gen) enlever (*from sth* de qch; *from sb* à qn); (item on list, threat) supprimer; (difficulty) résoudre; (official) déplacer ◇ **to ~ a child from school** retirer un enfant de l'école; **far ~d from** loin de **2** vi déménager (*from* de) ◇ **to ~ to London** aller s'installer à Londres ◆ **remover** n **a** (removal man) déménageur [m] **b** (varnish) dissolvant [m]; (stains) détachant [m]; (paint) décapant [m]; (make-up ~) démaquillant [m].

remunerate [rɪ'mju:nəreɪt] vt rémunérer ◆ **remuneration** n rémunération [f].

renaissance [rɪ'neɪsɑ̃ns] n renaissance [f].

render ['rendəʳ] vt (gen) rendre; (assistance) prêter ◇ **the accident ~ed him helpless** l'accident l'a rendu infirme ◆ **rendering** n (music) interprétation [f]; (translation) traduction [f] (*into* en).

rendez-vous ['rɒndɪvu:] 1 n rendez-vous [m] 2 vi ◇ **to ~ with sb** rejoindre qn.

renew [rɪ'nju:] vt (gen) renouveler; (discussions etc) reprendre ◇ **to ~ one's subscription** renouveler son abonnement ◆ **renewal** n renouvellement [m] ◆ **renewed** adj accru.

renounce [rɪ'naʊns] vt renoncer à.

renovate ['renəʊveɪt] vt remettre à neuf.

renowned [rɪ'naʊnd] adj (thing) renommé (*for* pour); (person) célèbre (*for* pour).

rent [rent] 1 n loyer [m] ◇ **quarter's ~** terme [m] 2 vt a (take for ~) louer, prendre en location b ◇ (~ **out**) louer, donner en location ◆ **rent-a-car** adj (firm) de location de voiture ◆ **rental** n (television etc) location [f]; (telephone) abonnement [m].

reopen [ˌri:'əʊpən] vti rouvrir.

reorganize ['ri:'ɔ:gənaɪz] vt réorganiser.

rep [rep] n [famil] a (Comm) abbr of *representative* représentant(e) [m(f)] (de commerce) b (Theat) abbr of *repertory* théâtre [m] de répertoire.

repair [rɪ'pɛəʳ] 1 vt réparer 2 n (gen) réparation [f] ◇ **under ~** en réparation; **beyond ~** irréparable; **in good/bad ~** en bon/mauvais état; **'road ~s'** 'travaux'; **~ kit** trousse [f] de réparation.

repartee [ˌrepɑ:'ti:] n repartie [f].

repatriate [ri:'pætrɪeɪt] vt rapatrier.

repay [ri:'peɪ] pret, ptp *repaid* vt (gen) rembourser; (debt) s'acquitter de; (sb's kindness) payer de retour; (helper) récompenser (*for* de) ◆ **repayment** n remboursement [m].

repeal [rɪ'pi:l] 1 vt (law) abroger; (sentence) annuler 2 n abrogation [f]; annulation [f].

repeat [rɪ'pi:t] 1 vt (gen) répéter; (demand, promise) réitérer; (order for goods) renouveler; (Mus) reprendre; (class) redoubler; (recite) réciter ◇ **to ~ o.s.** se répéter; (fig) **a ~ performance** exactement la même chose 2 n répétition [f]; (Mus) reprise [f]; (Rad, TV) rediffusion [f] ◆ **repeated** adj (gen) répété; (efforts) renouvelé ◆ **repeatedly** adv à maintes reprises.

repel [rɪ'pel] vt repousser; (disgust) dégoûter ◆ **repellent** adj a (disgusting) repoussant b ◇ **water-~** imperméabilisateur, [f] -trice.

repent [rɪ'pent] vi se repentir (*of* de) ◆ **repentant** adj repentant.

repercussion [ˌri:pə'kʌʃən] n répercussion [f].

repertory ['repətərɪ] n (also **repertoire**) répertoire [m] ◇ **~ (theatre)** théâtre [m] de répertoire; **~ company** troupe [f] de répertoire.

repetition [ˌrepɪ'tɪʃən] n répétition [f].

repetitive [rɪ'petɪtɪv] adj (writing) plein de redites; (work) monotone.

replace [rɪ'pleɪs] vt a (put back) remettre (à sa place), ranger ◇ (Telec) **to ~ the receiver** raccrocher b (substitute for) remplacer (*by*, *with* par) ◆ **replacement** n (person) remplaçant(e) [m(f)] ◇ **~ engine** moteur [m] de rechange.

replay ['ri:pleɪ] 1 n (Sport) match [m] rejoué ◇ (TV) **action ~** *répétition immédiate d'une séquence* 2 [ˌri:'pleɪ] vt (match) rejouer.

replenish [rɪ'plenɪʃ] vt remplir de nouveau (*with* de).

replete [rɪ'pli:t] adj rassasié.

replica ['replɪkə] n (gen) copie [f] exacte; (painting) réplique [f]; (printed matter) fac-similé [m].

reply [rɪ'plaɪ] 1 n réponse [f] ◇ **in ~** en réponse (*to* à); **~ coupon** coupon-réponse [m]; **~-paid** avec réponse payée 2 vti répondre.

report [rɪ'pɔ:t] 1 n a (gen) rapport [m]; (of speech, meeting) compte rendu [m]; (in school) bulletin [m] scolaire; (Press, Rad, TV) reportage [m]; (regularly: on weather, sales etc) bulletin [m]; (rumour) rumeur [f] ◇ **to make a progress ~ on** dresser un état périodique de; **I have heard a ~ that...** j'ai entendu dire que... b (of gun) coup [m] de fusil (etc) 2 vti a (gen) annoncer (*that* que); (speech, event) faire le compte rendu de ◇ **to ~ on sth** faire un rapport sur qch; (Press, TV etc) faire un reportage sur; **to ~ back** présenter son rapport (*to* à); **he is ~ed as having said** il aurait dit; (Grammar) **~ed speech** discours [m] indirect; **it is ~ed from Paris that...** on annonce à Paris que... b se présenter (*to sb* chez qn); (notify: culprit, accident) signaler (*to* à; *sb for sth* qn pour qch) ◇ **~ed missing** porté disparu; **nothing to ~** rien à signaler; **to ~ for duty** se présenter au travail; **to ~ sick** se faire porter malade; (Admin) **he ~s to the manager** il est sous les ordres (directs) du directeur.

reporter [rɪ'pɔ:təʳ] n (Press) journaliste [mf]; (Rad, TV) reporter [m].

repose [rɪ'pəʊz] n repos [m] ◇ **in ~** au repos.

repository [rɪ'pɒzɪtərɪ] n dépôt [m].

reprehensible [ˌreprɪ'hensɪbl] adj répréhensible.

represent [ˌreprɪ'zent] vt (gen) représenter (*as* comme, comme étant) ◇ **I ~ Mrs Wolff** je viens de la part de Mme Wolff ◆ **representation** n ◇ **to make ~s to** faire une démarche auprès de ◆ **representative** n représentant(e) (m(f)) ◇ (US Pol) **R~** député (m).

repress [rɪ'pres] vt (gen) réprimer; (feelings) refouler ◆ **repression** n répression (f) ◆ **repressive** adj répressif, (f) -ive.

reprieve [rɪ'priːv] **1** n (Law) commutation (f) de la peine capitale; (gen) sursis (m) **2** vt accorder une commutation de la peine capitale à ◇ (of building etc) **to be ~d** bénéficier d'un sursis.

reprimand ['reprɪmɑːnd] vt réprimander.

reprint [ˌriː'prɪnt] **1** vt réimprimer **2** n réimpression (f).

reprisal [rɪ'praɪzəl] n ◇ **~s** représailles (fpl); **as a ~ for** en représailles de.

reproach [rɪ'prəʊtʃ] **1** n reproche (m) ◇ **above** or **beyond ~** irréprochable **2** vt ◇ **to ~ sb for sth** reprocher qch à qn; **to ~ sb for having done** reprocher à qn d'avoir fait ◆ **reproachful** adj réprobateur, (f) -trice ◆ **reproachfully** adv avec reproche.

reproduce [ˌriːprə'djuːs] **1** vt reproduire **2** vi se reproduire.

reproduction [ˌriːprə'dʌkʃən] n reproduction (f) ◇ **~ furniture** copies (fpl) de meubles anciens.

reproductive [ˌriːprə'dʌktɪv] adj reproducteur, (f) -trice.

reproof [rɪ'pruːf] n réprimande (f).

reprove [rɪ'pruːv] vt (person) blâmer (*for* de) ◆ **reproving** adj réprobateur, (f) -trice.

reptile ['reptaɪl] n reptile (m).

republic [rɪ'pʌblɪk] n république (f) ◆ **republican** adj, n républicain(e) (m(f)).

republish ['riː'pʌblɪʃ] vt rééditer.

repudiate [rɪ'pjuːdɪeɪt] vt (gen) répudier; (treaty) refuser d'honorer.

repugnant [rɪ'pʌgnənt] adj répugnant.

repulse [rɪ'pʌls] vt repousser ◆ **repulsive** adj repoussant.

reputable ['repjʊtəbl] adj de bonne réputation.

reputation [ˌrepjʊ'teɪʃən] n réputation (f) (*as*, *for* de).

repute [rɪ'pjuːt] **1** n renom (m) **2** vt ◇ **to be ~d** être réputé (*to be* être) ◆ **reputedly** adv d'après ce qu'on dit.

request [rɪ'kwest] **1** n demande (f) (*for* de) ◇ **by popular ~** à la demande générale; **on** or **by ~** sur demande; (Rad) **~ programme** programme (m) des auditeurs; (Rad) **to play a ~ for sb** faire passer un disque à l'intention de qn; (bus) **~ stop** arrêt (m) facultatif **2** vt demander (*from sb* à qn; *sb to do* à qn de faire) ◇ **'you are ~ed not to smoke'** 'vous êtes priés de ne pas fumer'.

requiem ['rekwɪem] n requiem (m).

require [rɪ'kwaɪəʳ] vt **a** (of person) avoir besoin de; (of thing, action) nécessiter ◇ **all I ~** tout ce qu'il me faut; **it ~s care** cela nécessite du soin; **if ~d** au besoin; **when ~d** quand il le faut; **what qualifications are ~d?** quels sont les diplômes requis? **b** (order) exiger (*sb to do* de qn qu'il fasse) ◆ **required** adj nécessaire ◆ **requirement** n (need) exigence (f); (condition) condition (f) requise.

requisite ['rekwɪzɪt] adj nécessaire.

requisition [ˌrekwɪ'zɪʃən] vt réquisitionner.

reschedule [riː'ʃedjuːl, (US) riː'skedjuːl] vt (meeting) changer l'heure (or la date) de; (service) changer l'horaire de.

rescind [rɪ'sɪnd] vt (law) abroger; (decision) annuler.

rescue ['reskjuː] **1** n (from danger) sauvetage (m); (from prison) délivrance (f) ◇ **to go to sb's ~** aller au secours de qn; **to the ~** à la rescousse; **~ operation** opération (f) de sauvetage; **~ party** équipe (f) de sauvetage **2** vt (save) sauver; (free) délivrer (*from* de); (help) secourir.

research [rɪ'sɜːtʃ] **1** n recherches (fpl) (*on* sur) ◇ **a piece of ~** un travail de recherche; **to do ~** faire de la recherche (*on* sur); (Ind) **R~ and Development** Recherche (f) et développement (m); **my ~ shows...** mes recherches ont montré...; **~ student** étudiant(e) (m(f)) qui fait de la recherche; **~ establishment** centre (m) de recherches **2** vi faire des recherches (*into*, *on* sur) ◆ **researcher** n chercheur (m), (f) -euse.

resemblance [rɪ'zembləns] n ressemblance (f) (*to* avec).

resemble [rɪ'zembl] vt ressembler à.

resent [rɪ'zent] vt ne pas aimer (*sth* qch; *sb doing* que qn fasse) ◇ **I ~ that!** je proteste! ◆ **resentful** adj plein de ressentiment (*about* à cause de).

reservation [ˌrezə'veɪʃən] n **a** réserve (f) ◇ **without ~** sans réserve; **with ~s** avec certaines réserves; **to have ~s about** avoir des doutes sur **b** (booking) réservation (f) ◇ **to make a ~ at the hotel** réserver une chambre à l'hôtel; **to have a ~** (seat etc) avoir une place (etc) réservée **c** (land) réserve (f) ◇ (on road) **central ~** bande (f) médiane.

reserve [rɪ'zɜːv] **1** vt (gen) réserver ◇ **to ~ judgment** se réserver de prononcer un jugement; **to ~ the right to do** se réserver le droit de faire **2** n (gen) réserve (f); (Sport) remplaçant(e) [m(f)] ◇ **in** ~ en réserve; (on car) ~ **tank** réservoir [m] de secours; ~ **team** deuxième équipe [f] ◆ **reserved** adj (gen) réservé.

reservoir [ˈrezəvwɑːʳ] n réservoir [m].

reshuffle [ˌriːˈʃʌfl] n ◇ **Cabinet** ~ remaniement [m] ministériel.

reside [rɪˈzaɪd] vi résider.

residence [ˈrezɪdəns] n (gen) résidence [f]; (hostel) foyer [m] ◇ **to take up** ~ s'installer; **in** ~ (monarch) en résidence; (students) rentrés; ~ **permit** permis [m] de séjour.

resident [ˈrezɪdənt] **1** n habitant(e) [m(f)]; (in foreign country) résident(e) [m(f)]; (in hostel) pensionnaire [mf] **2** adj (gen) résidant; (chaplain, tutor) à demeure; (population) fixe ◇ **to be** ~ **in France** résider en France ◆ **residential** adj (area) résidentiel, [f] -ielle.

residue [ˈrezɪdjuː] n reste [m].

resign [rɪˈzaɪn] vti démissionner (*a post, from a post* d'un poste) ◇ **to** ~ **o.s. to (doing) sth** se résigner à (faire) qch ◆ **resigned** adj résigné ◇ **to become** ~ **(doing) sth** se résigner à (faire) qch.

resignation [ˌrezɪgˈneɪʃən] n (from job) démission [f]; (mental state) résignation [f].

resilient [rɪˈzɪlɪənt] adj ◇ **to be** ~ (physically) avoir beaucoup de résistance; (mentally etc) avoir du ressort.

resin [ˈrezɪn] n résine [f].

resist [rɪˈzɪst] vti résister (*sth* à qch) ◇ **I couldn't** ~ **doing it** je n'ai pas pu m'empêcher de le faire; **she can't** ~ **him** elle ne peut rien lui refuser ◆ **resistance** n résistance [f] ◇ ~ **fighter** résistant(e) [m(f)]; **the** ~ **movement** la résistance.

resit [ˈriːˈsɪt] pret, ptp *resat* vt se représenter à.

resolute [ˈrezəluːt] adj résolu.

resolution [ˌrezəˈluːʃən] n résolution [f] ◇ **to make a** ~ prendre une résolution.

resolve [rɪˈzɒlv] **1** vti résoudre (*sth* qch; *to do* de faire; *that* que) **2** n résolution [f] ◆ **resolved** adj résolu (*to do* à faire).

resort [rɪˈzɔːt] **1** n **a** ◇ **without** ~ **to** sans recourir à; **as a last** ~, **in the last** ~ en dernier ressort; **it was my last** ~ c'était mon dernier recours **b** ◇ **holiday** ~ lieu [m] de vacances; **seaside** ~ station [f] balnéaire; **ski** ~ station de sports d'hiver **2** vi avoir recours (*to* à); en venir (*to doing* à faire).

resounding [rɪˈzaʊndɪŋ] adj retentissant.

resource [rɪˈsɔːs] n ressource [f] ◇ **as a last** ~ en dernière ressource; **mineral** ~**s** ressources en minerais ◆ **resourceful** adj (person) plein de ressources.

respect [rɪsˈpekt] **1** n (gen) respect [m] ◇ **out of** ~ **for** par respect pour; **with** ~ **to** en ce qui concerne; **in** ~ **of** quant à; **in some** ~**s** à certains égards **2** vt respecter ◆ **respectable** adj **a** (decent: gen) convenable; (person) respectable **b** (quite big: amount etc) considérable ◆ **respectful** adj respectueux, [f] -ueuse ◆ **respectfully** adv respectueusement ◆ **respecting** prep concernant ◆ **respective** adj respectif, [f] -ive ◆ **respectively** adv respectivement.

respiration [ˌrespɪˈreɪʃən] n respiration [f].

respirator [ˈrespɪreɪtəʳ] n respirateur [m].

respite [ˈrespaɪt] n répit [m].

respond [rɪsˈpɒnd] vi (gen) répondre (*to* à; *with* par) ◇ **to** ~ **to treatment** bien réagir au traitement ◆ **response** n réponse [f]; réaction [f] ◇ **in** ~ **to** en réponse à.

responsibility [rɪsˌpɒnsəˈbɪlɪtɪ] n responsabilité [f] ◇ **to take** ~ **for** prendre la responsabilité de; **it's not my** ~ **to do that** ce n'est pas à moi de faire ça; **on my own** ~ sous ma responsabilité.

responsible [rɪsˈpɒnsəbl] adj responsable (*for* de; *for sth* de qch; *to sb* devant qn) ◇ **he is very** ~ il est très sérieux; **a** ~ **job** un poste qui comporte des responsabilités ◆ **responsibly** adv avec sérieux.

responsive [rɪsˈpɒnsɪv] adj (audience) qui réagit bien; (person) qui n'est pas réservé.

rest [rest] **1** n **a** (gen) repos [m]; (Mus) silence [m] ◇ **to need a** ~ avoir besoin de se reposer; **to have** or **take a** ~ se reposer; **it will give him a** ~ ça le reposera; **to have a good night's** ~ passer une bonne nuit; ~ **home** maison [f] de repos; (US) ~ **room** toilettes [fpl]; **to set sb's mind at** ~ tranquilliser qn **b** ◇ (remainder) **the** ~ (sg) le reste; (pl) les autres [mfpl]; **and all the** ~ **of it** [famil] et tout ça [famil] **2** vti **a** (relax) se reposer ◇ **may he** ~ **in peace** qu'il repose en paix; ~ **assured that** soyez assuré que; **it doesn't** ~ **with me** cela ne dépend pas de moi **b** (lean: gen) appuyer (*on* sur; *against* contre); (small object) poser; (of eyes etc) se poser (*on* sur) ◆ **restful** adj reposant ◆ **restless** adj agité ◇ **to have a** ~ **night** mal dormir; **to get** ~ s'agiter.

restaurant [ˈrestərɔ̃ːŋ] n restaurant [m].

restitution [ˌrestɪˈtjuːʃən] n restitution [f].

restive [ˈrestɪv] adj (horse) rétif, [f] -ive; (person) agité.

restoration [ˌrestəˈreɪʃən] n restauration [f].

restore [rɪsˈtɔːʳ] vt **a** (give back: gen) rendre (*to* à); (order) rétablir; (confidence) redonner ◇ ~**d to health** rétabli; **to** ~ **to power** ramener au pouvoir **b** (repair: building etc) restaurer.

restrain [rɪsˈtreɪn] vt (gen) retenir (*sb from doing* qn de faire); (dangerous person: overcome) maîtriser; (control) contenir; (anger, feelings) contenir ◇ **to** ~ **o.s.** se retenir ◆ **restrained** adj (emotions) contenu; (person) maître, [f] maîtresse de soi ◆ **restraint** n (restriction) contrainte [f]; (moderation) retenue [f] ◇ **wage** ~ limitation [f] des salaires.

restrict [rɪs'trɪkt] vt (gen) restreindre ◇ **to ~ sth to** limiter qch à ◆ **restricted** adj (gen) restreint; (point of view) étroit ◇ (driving) ~ **area** zone [f] à vitesse limitée ◆ **restriction** n (gen) restriction [f] ◇ **speed ~** limitation [f] de vitesse ◆ **restrictive** adj restrictif, [f] -ive ◇ ~ **practices** pratiques [fpl] restrictives de production.

restyle ['ri:'staɪl] vt (product) redessiner ◇ **to have one's hair ~d** changer de coiffure.

result [rɪ'zʌlt] 1 n (gen) résultat [m] ◇ **as a ~ he...** en conséquence il...; **to be the ~ of** être dû à; **as a ~ of** (gen) à la suite de; **he died as a ~ of his injuries** il est mort des suites de ses blessures; **to get ~s** [famil] obtenir de bons résultats 2 vi résulter (*from* de) ◇ **to ~ in** se terminer par; **to ~ in failure** se solder par un echec.

resume [rɪ'zju:m] vti a (restart) reprendre b (sum up) résumer.

resumption [rɪ'zʌmpʃən] n reprise [f].

resurface [ˌri:'sɜ:fɪs] vt (road) refaire la surface de.

resurrection [ˌrezə'rekʃən] n résurrection [f].

resuscitate [rɪ'sʌsɪteɪt] vt réanimer.

retail ['ri:teɪl] 1 n vente [f] au détail ◇ ~ **price** prix [m] de détail; ~ **price index** ≃ indice [m] des prix de l'INSEE 2 vt vendre au détail 3 adv au détail ◆ **retailer** n détaillant(e) [m(f)].

retain [rɪ'teɪn] vt (keep) conserver; (hold back) retenir; (lawyer) engager; (remember) garder en mémoire.

retaliate [rɪ'tælɪeɪt] vi se venger (*against* de; *by doing* en faisant) ◆ **retaliation** n ◇ **in ~** par représailles; **in ~ for** pour venger.

retarded [rɪ'tɑ:dɪd] adj ◇ **(mentally) ~** arriéré.

retch [retʃ] vi avoir des haut-le-cœur.

retentive [rɪ'tentɪv] adj (memory) fidèle.

rethink ['ri:'θɪŋk] 1 vt reconsidérer 2 n ◇ **we'll have to have a ~** nous allons devoir y repenser.

reticent ['retɪsənt] adj réticent ◇ **to be ~ about** ne pas parler beaucoup de.

retina ['retɪnə] n rétine [f].

retire [rɪ'taɪəʳ] vti (from work) prendre sa retraite; (withdraw) se retirer (*from* de; *to* à); (Sport) abandonner; (go to bed) se coucher ◇ **to ~ sb** mettre qn à la retraite ◆ **retired** adj retraité ◇ **a ~ person** un(e) retraité(e) ◆ **retirement** n retraite [f] ◇ **early ~** retraite anticipée ◆ **retiring** adj (shy) réservé; (departing: chairman etc) sortant; (age) de la retraite.

retort [rɪ'tɔ:t] 1 n riposte [f] 2 vt riposter.

retrace [rɪ'treɪs] vt (give account of) retracer ◇ **to ~ one's steps** revenir sur ses pas.

retract [rɪ'trækt] vt rétracter.

retrain ['ri:'treɪn] 1 vt recycler *(personne)* 2 vi se recycler ◆ **retraining** n recyclage [m].

retread ['ri:tred] n pneu [m] rechapé.

retreat [rɪ'tri:t] 1 n retraite [f] ◇ (fig) **to beat a hasty ~** partir en vitesse 2 vi (Mil) battre en retraite; (gen) se retirer (*from* de); (of flood etc) reculer.

retribution [ˌretrɪ'bju:ʃən] n châtiment [m].

retrieval [rɪ'trɪ:vəl] n (Comput) extraction [f].

retrieve [rɪ'tri:v] vt (recover: object) récupérer (*from* de); (of dog) rapporter; (information) extraire; (position) rétablir; (rescue) sauver (*from* de) ◆ **retriever** n chien [m] d'arrêt.

retrospect ['retrəʊspekt] n ◇ **in ~** rétrospectivement ◆ **retrospective** 1 adj (pay rise) rétroactif, [f] -ive 2 n (Art) rétrospective [f].

retune [ri:'tju:n] vi ◇ (Rad) **to ~ to a station** se mettre à l'écoute d'une station.

return [rɪ'tɜ:n] 1 vi (come back) revenir; (go back) retourner; (of symptoms, doubts) réapparaître ◇ **to ~ home** rentrer; **to ~ to** (work) reprendre; (subject) revenir à 2 vt a (gen) rendre; (bring back) rapporter; (put back) remettre; (send back) renvoyer ◇ (on letter) **'~ to sender'** 'retour à l'envoyeur' b (verdict) rendre; (candidate) élire 3 n (gen) retour [m]; (financial) rapport [m] (*on* de) ◇ **~ fare, ~ ticket** aller et retour [m]; **~ flight** vol [m] de retour; (of ticket) **~ half** coupon [m] de retour; **~ journey** retour [m]; **~ match** match [m] retour; **on my ~** dès mon retour; **~ home** retour; **by ~ of post** par retour du courrier; **many happy ~s of the day!** bon anniversaire!; **~s** (profits) bénéfice [m]; **in ~** en revanche; **in ~ for** en échange de; **tax ~** déclaration [f] de revenus or d'impôts.

reunion [rɪ'ju:njən] n réunion [f].

reunite ['ri:ju:'naɪt] vt réunir.

re-use ['ri:'ju:z] vt réutiliser ◆ **re-usable** adj réutilisable.

Rev. abbr of *Reverend*.

rev [rev] 1 n [famil] (Aut) abbr of *revolution* tour [m] ◇ **~ counter** compte-tours [m inv] 2 vti [famil] (engine) emballer; (of driver) emballer le moteur.

reveal [rɪ'vi:l] vt révéler (*that* que) ◆ **revealing** adj révélateur, [f] -trice.

revel ['revl] vi se délecter (*in* de; *in doing* à faire) ◆ **revelry** n festivités [fpl].

revelation [ˌrevə'leɪʃən] n révélation [f].

revenge [rɪ'vendʒ] n vengeance [f]; (Sport etc) revanche [f] ◇ **to get one's ~** se venger (*on sb* de qn; *on sb for sth* de qch sur qn); **in ~, he...** pour se venger, il...

revenue ['revənju:] n revenu [m].

reverberate [rɪ'vɜ:bəreɪt] vi se répercuter.

revere [rɪ'vɪəʳ] vt vénérer.

reverence ['revərəns] n vénération [f].

reverend ['revərənd] adj révérend ◇ **the R~ Robert Martin** (Anglican) le révérend Robert Martin; (Roman Catholic) l'abbé (Robert) Martin.

reverent ['revərənt] adj respectueux, [f] -ueuse.

reverse [rɪ'vɜ:s] **1** adj (gen) contraire; (image, order) inverse **2** n ◇ **the ~** le contraire; (gear) **in ~** en marche [f] arrière **3** vti **a** (turn round) retourner; (trend, policy) renverser; (two things) inverser ◇ (Brit Telec) **to ~ the charges** téléphoner en P.C.V.; **~d charge call** communication [f] en P.C.V. **b** (of driver) faire marche arrière ◇ **to ~ into the garage** rentrer dans le garage en marche arrière; **reversing lights** feux [mpl] de marche arrière ♦ **reversible** adj réversible.

revert [rɪ'vɜ:t] vi (gen) retourner (*to* à); (to subject) revenir (*to* à).

review [rɪ'vju:] **1** n (gen) revue [f]; (of book, film etc) critique [f]; (of wages etc) révision [f] ◇ **to keep sth under ~** suivre qch de très près; **to give a ~ of sth** passer qch en revue **2** vt (gen) passer en revue; (situation) réexaminer; (book, film) faire la critique de ♦ **reviewer** n critique [m].

revile [rɪ'vaɪl] vt insulter.

revise [rɪ'vaɪz] vti réviser (*for* pour) ◇ **~d edition** édition [f] revue et corrigée ♦ **revision** n révision [f].

revival [rɪ'vaɪvəl] n reprise [f].

revive [rɪ'vaɪv] **1** vt (person) ranimer; (from near death) réanimer; (fashion) remettre en vogue; (custom) rétablir; (hope, interest) faire renaître; (play) reprendre **2** vi (of person) reprendre connaissance; (from tiredness) ressusciter [famil].

revoke [rɪ'vəʊk] vt (gen) révoquer; (licence) retirer.

revolt [rɪ'vəʊlt] **1** n révolte [f] ◇ **to rise in ~** se révolter (*against* contre) **2** vti (rebel) se révolter; (disgust) révolter ♦ **revolting** adj dégoûtant.

revolution [,revə'lu:ʃən] n révolution [f] ♦ **revolutionary** adj, n révolutionnaire [mf] ♦ **revolutionize** vt révolutionner.

revolve [rɪ'vɒlv] vi tourner ◇ (fig) **everything ~s around him** tout dépend de lui.

revolver [rɪ'vɒlvə^r] n revolver [m].

revolving [rɪ'vɒlvɪŋ] adj (stage) tournant; (furniture) pivotant ◇ **~ door** tambour [m].

revue [rɪ'vju:] n (Theat) revue [f].

reward [rɪ'wɔ:d] **1** n récompense [f] (*for* de) **2** vt récompenser (*for* de) ♦ **rewarding** adj (financially) rémunérateur, [f] -trice; (activity) qui a sa récompense.

rewind ['ri:'waɪnd] pret, ptp *rewound* **1** vt (film etc) rembobiner **2** n ◇ **the ~ button** la touche de rembobinage.

rewire ['ri:'waɪə^r] vt (house) refaire l'installation électrique de.

rewrite ['ri:'raɪt] pret *rewrote*, ptp *rewritten* vt (rework) remanier.

rhapsody ['ræpsədɪ] n rhapsodie [f].

rhetoric ['retərɪk] n rhétorique [f].

rhetorical [rɪ'tɒrɪkəl] adj (question) pour la forme.

rheumatic [ru:'mætɪk] **1** adj ◇ **~ fever** rhumatisme [m] articulaire aigu **2** ◇ **~s** [npl] rhumatismes [mpl].

rheumatism ['ru:mətɪzəm] n rhumatisme [m].

Rhine [raɪn] n ◇ **the ~** le Rhin.

rhinoceros [raɪ'nɒsərəs] n rhinocéros [m].

rhododendron [,rəʊdə'dendrən] n rhododendron [m].

Rhône [rəʊn] n ◇ **the ~** le Rhône.

rhubarb ['ru:bɑ:b] n rhubarbe [f].

rhyme [raɪm] **1** n rime [f]; (poem) poème [m] **2** vi rimer.

rhythm ['rɪðəm] n rythme [m] ◇ (Mus) **~ and blues** rhythm and blues [m] ♦ **rhythmic(al)** adj rythmique.

rib [rɪb] n côte [f] ◇ **~ cage** cage [f] thoracique.

ribbon ['rɪbən] n ruban [m] ◇ **in ~s** (tatters) en lambeaux.

rice [raɪs] n riz [m] ◇ **~ pudding** riz [m] au lait ♦ **ricefield** n rizière [f].

rich [rɪtʃ] **1** adj (gen) riche (*in* en); (gift, clothes) somptueux, [f] -ueuse ◇ **to grow ~(er)** s'enrichir; **that's ~!** [famil] ça c'est pas mal! [famil] **2** npl ◇ **the ~** les riches [mpl] ♦ **riches** npl richesses [fpl] ♦ **richly** adv (furnish) somptueusement; (deserve) largement ♦ **richness** n richesse [f] (*in* en).

rickets ['rɪkɪts] n rachitisme [m].

rickety ['rɪkɪtɪ] adj (furniture etc) branlant.

rid [rɪd] pret, ptp *rid* vt débarrasser (*of* de) ◇ **to get ~ of** se débarrasser de ♦ **riddance** n ◇ **good ~!** [famil] bon débarras! [famil]

1. **riddle** ['rɪdl] vt cribler (*with bullets* etc de balles etc).

2. **riddle** ['rɪdl] n devinette [f]; (mystery) énigme [f].

ride [raɪd] pret *rode*, ptp *ridden* **1** vti (on horseback, bicycle, motorcycle) aller à cheval (or à bicyclette or en moto) ◇ **to ~ away** s'éloigner à cheval (etc);; (**~ a horse**) **can you ~?** savez-vous monter à cheval?; **to ~ a camel** monter à dos de chameau; **I have never ridden that horse** je n'ai jamais monté ce cheval; **can you ~ a bike?** sais-tu monter à bicyclette?; **can I ~ your bike?** est-ce que je peux monter sur ta bicyclette?; **he was riding a bicycle** il était à bicyclette; **to ~ to hounds** chasser à courre; (fig) **to let things ~** laisser courir [famil].

2 n **a** promenade [f], tour [m] (*on horseback* à cheval; *on a cycle* à bicyclette; *in a car* en voiture) ◇ **it's a short taxi ~** ce n'est pas loin en taxi; **can I have a ~ on your bike?** est-ce que je peux monter sur ton vélo?; **a ~ on the merry-go-round** un tour sur le manège; (fig) **to take sb for a ~** mener qn en bateau **b** (forest path) allée [f] cavalière.

rider ['raɪdəʳ] n **a** (of horse) cavalier [m], [f] -ière; (of racehorse) jockey [m] **b** (addition: to report etc) annexe [f].

ridge [rɪdʒ] n (crest: of roof, hills) arête [f]; (line of mountains) chaîne [f]; (on surface) strie [f] ◇ **~ of high pressure** ligne [f] de hautes pressions; **~ tent** tente [f] (à toit en arête).

ridicule ['rɪdɪkju:l] **1** n ridicule [m] **2** vt ridiculiser.

ridiculous [rɪ'dɪkjʊləs] adj ridicule.

riding ['raɪdɪŋ] n équitation [f] ◇ **~ boots** bottes [fpl] de cheval; **~ crop** cravache [f]; **~ school** manège [m]; **to go ~** faire de l'équitation.

rife [raɪf] adj ◇ **to be ~** sévir.

riffraff ['rɪfræf] n racaille [f].

1. **rifle** ['raɪfl] vt (steal) dévaliser.

2. **rifle** ['raɪfl] n (gun) fusil [m]; (for hunting) carabine [f] de chasse ◇ **~ range** (outdoor) champ [m] de tir; (indoor) stand [m] de tir.

rift [rɪft] n (gen) fissure [f]; (in clouds) trouée [f]; (in group) division [f].

rig [rɪg] **1** n (oil ~) derrick [m]; (at sea) plate-forme [f] pétrolière **2** vt **a** (election) truquer; (prices) fixer illégalement ◇ **it was ~ged** c'était un coup monté **b** ◇ **to ~ out** habiller (*as* en); **to ~ up** (equipment) monter; (make hastily) faire avec des moyens de fortune ◆ **rigging** n (on boat) gréement [m] ◆ **rigout** n [famil] tenue [f] (*vestimentaire*).

right [raɪt] **1** adj **a** (morally good) bien [inv], juste ◇ **it isn't ~ to lie** ce n'est pas bien de mentir; **to do what is ~** se conduire bien; **to do the ~ thing by sb** agir honorablement envers qn; **he thought it ~ to warn me** il a jugé bon de m'avertir; **it is only ~ that...** il n'est que juste que + subj; **it is only ~ to point out that...** en toute justice il faut signaler que... **b** ◇ (correct) **to be ~** (person) avoir raison (*to do* de faire); (answer) être juste; (clock) être à l'heure; **that's ~** c'est exact; (not the wrong one) **the ~ answer** la bonne réponse; **the ~ time** l'heure exacte or juste; **at the ~ time** au bon moment; **the ~ clothes** les vêtements appropriés; **to do sth the ~ way** s'y prendre bien; **the ~ word** le mot juste; **the ~ size** la taille qu'il faut; **to put** or **set ~** (error) corriger; (mistaken person) détromper; (situation) redresser; (clock) remettre à l'heure; **he didn't get his facts ~** il s'est trompé; **to put things ~** arranger les choses; **put me ~ if I'm wrong** dites-moi si je me trompe; **what is ~ for the country** ce qui est dans l'intérêt du pays; **the ~ side of the material** l'endroit [m] du tissu; **~-oh!** [famil], **~ you are!** [famil] d'accord!; **that's ~!** mais oui!, c'est ça!; **all right** → **all** 3b **c** ◇ (well) **I don't feel quite ~** je ne me sens pas très bien; **he's as ~ as rain** [famil] il va tout à fait bien; **the car's not ~** [famil] il y a qch qui cloche [famil] dans la voiture; **to be in one's ~ mind** avoir toute sa raison **d** (angle) droit ◇ **at ~ angles** à angle droit (*to* avec) **e** (opposite of left) droit.

2 adv **a** (exactly, completely) tout; (just, immediate) juste ◇ **~ at the top** tout en haut; **~ round** tout autour; **~ behind** juste derrière; **~ after** juste après; **go ~ on** continuez tout droit; **~ away**, **~ off** [famil] tout de suite; **~ now** en ce moment; (at once) tout de suite; **~ here** ici même; **~ in the middle** en plein milieu **b** (correctly: gen) bien; (guess, calculate) juste; (answer) correctement ◇ **you did ~ to refuse** vous avez eu raison de refuser **c** (opposite of left: go, look) à droite.

3 n **a** ◇ **~ and wrong** le bien et le mal; **to be in the ~** avoir raison; **to put** or **set sth to ~s** mettre qch en ordre **b** droit [m] ◇ **women's ~s** les droits de la femme; **to have a ~ to sth** avoir droit à qch; **to have a ~ to do** avoir le droit de faire; **within his ~s** dans son droit; **she's a good actress in her own ~** elle est elle-même une bonne actrice **c** (not left) droite [f] ◇ **on** or **to the ~** à droite (*of* de); **to keep to the ~** (gen) garder la droite; (driver) tenir sa droite; **on my ~** à ma droite; (Pol) **the R~** la droite.

4 vt redresser ◇ **to ~ itself** (vehicle) se redresser; (problem) s'arranger.

◆ **rightful** adj légitime ◆ **rightfully** adv à juste titre ◆ **right-hand** adj (side) droit ◇ **on the ~ side** à droite (*of* de); **~ drive** conduite [f] à droite; **his ~ man** son bras droit (*personne*) ◆ **right-handed** adj droitier, [f] -ière ◆ **rightly** adv (correctly: describe, estimate) correctement; (justifiably: pleased, annoyed) à juste titre ◇ **I don't ~ know** [famil] je ne sais pas au juste; **~ or wrongly** à tort ou à raison ◆ **right-of-way** n (across property) droit [m] de passage; (driving: priority) priorité [f] ◆ **right-wing** adj (Pol) de droite ◆ **right-winger** n (Pol) membre [m] de la droite.

righteous ['raɪtʃəs] adj (person) vertueux, [f] -ueuse; (indignation) justifié.

rigid ['rɪdʒɪd] adj rigide; (system) qui manque de flexibilité ◇ **he's quite ~ about it** il est inflexible là-dessus ◆ **rigidly** adv (oppose) absolument.

rigmarole ['rɪgmərəʊl] n (words) galimatias [m]; (procedure) comédie [famil] [f].

rigorous ['rɪgərəs] adj rigoureux, [f] -euse.

rigour, (US) **-or** ['rɪgəʳ] n rigueur [f].

rim [rɪm] n (gen) bord [m]; (of wheel) jante [f].

rind [raɪnd] n (orange, lemon) peau [f]; (Culin) zeste [m]; (cut off) pelure [f]; (cheese) croûte [f]; (bacon) couenne [f].

1. **ring** [rɪŋ] 1 n a (gen) anneau [m]; (on finger) anneau; (with stone) bague [f]; (for napkin) rond [m]; (for swimmer) bouée [f] de natation ◇ **wedding** ~ alliance [f]; ~ **binder** classeur [m] à anneaux; ~ **finger** annulaire [m]; ~ **road** route [f] de ceinture; (motorway type) périphérique [m] b (circle) cercle [m] ◇ **to have ~s round one's eyes** avoir les yeux cernés; **to stand in a** ~ se tenir en cercle c (at circus) piste [f]; (Boxing) ring [m] 2 vt (bird, tree) baguer ◆ **ringleader** n meneur [m] ◆ **ringlet** n anglaise [f] *(boucle)* ◆ **ringmaster** n ≃ 'Monsieur Loyal' ◆ **ring-pull** n anneau [m].

2. **ring** [rɪŋ] (vb: pret *rang*, ptp *rung*) 1 n (sound) sonnerie [f] ◇ **there was a ~ at the door** on a sonné à la porte; (phone call) **to give sb a** ~ donner or passer un coup de fil [famil] à qn 2 vti a (gen) sonner ◇ **to ~ the bell** sonner; (church bell) faire sonner la cloche; **to ~ the doorbell** sonner (à la porte); (fig) **his name ~s a bell** [famil] son nom me dit qch; **to ~ out** (of voice) résonner; (of shot) retentir; **it doesn't ~ true** ça sonne faux b (phone: also ~ **up**) téléphoner (*sb* à qn) ◇ **to ~ back** rappeler; **to ~ off** raccrocher; **~ing tone** sonnerie [f] c (resound) retentir (*with* de); (of ears) tinter ◆ **ringing** n (gen) sonnerie [f]; (in ears) bourdonnement [m].

rink [rɪŋk] n (ice-skating) patinoire [f]; (roller-skating) skating [m].

rinse [rɪns] 1 n rinçage [m] ◇ **to give sth a** ~ rincer qch 2 vt (also ~ **out**) rincer ◇ **to ~ out one's mouth** se rincer la bouche.

riot ['raɪət] 1 n émeute [f] ◇ ~ **police** forces [fpl] d'intervention (de police); **in ~ gear** casqué et portant un bouclier; (fig) **to run** ~ être déchaîné 2 vi manifester avec violence ◆ **rioter** n émeutier [m], [f] -ière ◆ **riotous** adj (famil: hilarious) tordant [famil] ◇ **a ~ success** un succès fou [famil].

rip [rɪp] 1 n déchirure [f] 2 vt déchirer ◇ **to ~ open** ouvrir en hâte; **to ~ off** arracher; (famil: steal) voler; (customer) arnaquer ◆ **rip-off** n [famil] ◇ **it's a** ~ c'est de l'arnaque [famil].

ripe [raɪp] adj mûr ◇ **to a ~ old age** jusqu'à un bel âge ◆ **ripen** vti mûrir ◆ **ripeness** n maturité [f].

ripple ['rɪpl] vi onduler.

rise [raɪz] pret *rose*, ptp *risen* 1 vi (get up: also of curtain, sun, wind) se lever; (of water, plane, temperature) monter; (of ground) monter en pente; (in rank etc) s'élever; (of dough) lever; (of barometer) remonter; (of hopes) croître; (increase: of prices, amount etc) augmenter ◇ **to ~ to one's feet** se lever; **to ~ to the surface** remonter à la surface; **to ~ to the occasion** se montrer à la hauteur de la situation; **to ~ in price** augmenter de prix; **her spirits rose** son moral a remonté; (Mil) **to ~ from the ranks** sortir du rang; (Parl) **the House rose** l'Assemblée a levé la séance; **the river ~s in...** la rivière prend sa source dans...; **to ~ up** se lever; (in rebellion) se soulever (*against* contre) 2 n (of curtain, sun) lever [m]; (increase) hausse [f]; (in wages) augmentation [f]; (in career, fame) ascension [f]; (of industry, empire) essor [m]; (in road) côte [f] ◇ (employee) **to ask for a** ~ demander une augmentation; ~ **to power** montée [f] au pouvoir; **to give ~ to** (trouble, bitterness) causer; (rumour) donner lieu à; (fear, interest) susciter ◆ **riser** n ◇ **to be an early/late** ~ se lever tôt/tard ◆ **rising** 1 adj (prices, temperature) en hausse 2 n (rebellion) soulèvement [m].

risk [rɪsk] 1 n risque [m] (*of doing* de faire) ◇ **to take** or **run a** ~ courir un risque; **at your own** ~ à vos risques et périls; **at** ~ (child) en danger; (job) menacé; **fire** ~ risque d'incendie 2 vt (life, savings) risquer; (defeat, accident) risquer d'avoir; (venture: criticism, remark) risquer ◇ **you ~ falling** vous risquez de tomber; **she won't ~ coming** elle ne se risquera pas à venir; **I'll ~ it** je vais risquer le coup [famil]; **to ~ one's neck** risquer sa peau [famil] ◆ **risky** adj risqué.

rissole ['rɪsəʊl] n croquette [f].

rite [raɪt] n (gen) rite [m] ◇ **last ~s** derniers sacrements [mpl].

ritual ['rɪtjʊəl] adj, n rituel [m].

rival ['raɪvəl] 1 n rival(e) [m(f)] 2 adj (firm) rival; (claim) opposé ◆ **rivalry** n rivalité [f].

river ['rɪvəʳ] n rivière [f]; (major) fleuve [m] ◇ **down** ~ en aval; **up** ~ en amont; **the R~ Seine** la Seine; ~ **police** police [f] fluviale ◆ **riverbank** n rive [f] ◆ **riverside** n ◇ **by the** ~ au bord de la rivière (etc); **along the** ~ le long de la rivière (etc).

rivet ['rɪvɪt] 1 n rivet [m] 2 vt river ◆ **riveter** n (person) riveur [m] ◆ **rivet(t)ing** adj [famil] (fig) fascinant.

Riviera [,rɪvɪ'ɛərə] n ◇ **the French** ~ la Côte d'Azur; **the Italian** ~ la Riviera (italienne).

RN (Brit) abbr of *Royal Navy* → **royal.**

road [rəʊd] 1 n (gen) route [f] (*to* de); (in town) rue [f]; (fig) chemin [m] (*to* de) ◇ **trunk** ~ grande route, nationale [f]; **'~ up'** 'attention travaux'; **just across** or **over the** ~ juste en face (*from* de; *from us* de chez nous); **my car is off the** ~ je ne peux pas me servir de ma voiture en ce moment; **he is a danger on the** ~ au volant c'est un danger public; **we were on the ~ to Paris** nous étions en route pour Paris; **get out of the** ~[famil]! dégagez [famil]! 2 adj (gen) routier, [f] -ière ◇ ~ **accident** accident [m] de la route; (Cycling) ~ **racer** routier [m], [f] -ière; ~ **racing** compétition [f] automobile (or cycliste) sur route; ~ **sign** panneau [m] indicateur; ~ **test** essais [mpl] sur route ◆ **roadblock** n barrage [m] routier ◆ **roadhog** n chauffard [m] ◆ **roadhouse** n relais [m] ◆ **roadmender** n cantonnier [m] ◆ **roadroller** n rouleau [m] compresseur ◆ **roadside** n bord [m] de la route ◇ **along** or **by the** ~ au bord de la route ◆ **roadsweeper** n (person) balayeur [m], [f] -euse ◆ **roadway** n chaussée [f] ◆ **roadworks** npl travaux [mpl].

roam [rəʊm] vti errer ◇ **to** ~ **the streets** errer dans les rues.

roar [rɔːʳ] **1** vi (of person) hurler (*with* de); (of lion) rugir; (of wind) mugir; (of thunder, gun, traffic) gronder; (of car engine) vrombir ◇ **to** ~ **with laughter** rire à gorge déployée; (of vehicles) **to** ~ **past** passer bruyamment à toute allure **2** n hurlement [m]; rugissement [m]; mugissement [m]; grondement [m]; vrombissement [m] ◇ ~**s of laughter** de gros éclats [mpl] de rire ◆ **roaring** adj ◇ **a** ~ **fire** une belle flambée; ~ **success** succès [m] fou [famil]; **to do a** ~ **trade** faire des affaires d'or [famil].

roast [rəʊst] **1** n rôti [m] **2** adj (gen) rôti ◇ ~ **beef** rôti [m] de bœuf **3** vt (gen) rôtir; (coffee beans) torréfier **4** vi (of meat) rôtir ◇ **I'm** ~**ing!** [famil] je crève [famil] de chaleur!

rob [rɒb] vt (gen) dévaliser; (orchard) piller ◇ **to** ~ **sb of sth** voler qch à qn; **he was** ~**bed of his watch** on lui a volé sa montre; **I've been** ~**bed!** j'ai été volé! ◆ **robber** n voleur [m] ◆ **robbery** n vol [m] ◇ (fig) **highway** ~[famil] vol manifeste.

robe [rəʊb] n robe [f] (de cérémonie); (for house wear) peignoir [m] ◇ **his** ~ **of office** la robe de sa charge.

robin ['rɒbɪn] n rouge-gorge [m].

robot ['rəʊbɒt] **1** n robot [m] **2** adj automatique.

robust [rəʊ'bʌst] adj (gen) robuste; (material) solide.

1. **rock** [rɒk] **1** vt (child) bercer; (cradle, boat) balancer; (of explosion etc) ébranler ◇ (fig) **to** ~ **the boat** [famil] compromettre la situation **2** vi se balancer; (violently) être ébranlé ◇ **to** ~ **with laughter** [famil] se tordre de rire **3** n (music) rock [m] **4** adj (singer etc) rock [inv] ◆ **rock-and-roll** n rock and roll [m] ◆ **rocking chair** n fauteuil [m] à bascule ◆ **rocking horse** n cheval [m] à bascule.

2. **rock** [rɒk] n (gen) roche [f]; (large mass, huge boulder) rocher [m] ◇ ~ **face** paroi [f] rocheuse; ~ **garden** rocaille [f]; ~ **plant** plante [f] de rocaille; ~ **salt** sel [m] gemme; **the R**~ **of Gibraltar** le rocher de Gibraltar; (fig) **as solid as a** ~ solide comme un roc; **on the** ~**s** (ship) sur les écueils; (drink) avec des glaçons; (famil: person) qui n'a pas le sou; (famil: marriage) en train de craquer; (fig) **to have reached** ~**-bottom** [famil] (of person) ne pas pouvoir tomber plus bas; (in spirits) avoir le moral à zéro [famil]; (of prices) être tombé au niveau le plus bas; (sweet) **stick of** ~ ≃ bâton [m] de sucre d'orge ◆ **rock-bun** or **rock-cake** n rocher [m] *(gâteau)* ◆ **rock-climbing** n varappe [f].

rockery ['rɒkərɪ] n rocaille [f].

rocket ['rɒkɪt] **1** n fusée [f] ◇ **to fire a** ~ lancer une fusée; ~ **attack** attaque [f] à la roquette; (Mil) ~ **base** base [f] de lancement de missiles; ~ **launcher** lance-fusées [m]; (fig) **to give sb a** ~[famil] passer un savon [famil] à qn **2** vi (of prices) monter en flèche.

rocky ['rɒkɪ] adj **a** (path) rocailleux, [f] -euse ◇ **the R**~ **Mountains** les montagnes [fpl] Rocheuses **b** ◇ (table, government) branlant; (situation, health, finances) chancelant.

rod [rɒd] n (wooden) baguette [f]; (metallic) tringle [f]; (in machinery) tige [f]; (fishing ~) canne [f] à pêche.

rode [rəʊd] pret of *ride.*

rodent ['rəʊdənt] adj, n rongeur [m].

1. **roe** [rəʊ] n ◇ (fish) **hard** ~ œufs [mpl] (de poisson); **soft** ~ laitance [f].

2. **roe** [rəʊ] n (species: also ~**deer**) chevreuil [m] ◆ **roebuck** n chevreuil [m] mâle.

rogue [rəʊg] n (scoundrel) gredin [m]; (scamp) coquin(e) [m(f)] ◆ **roguish** adj coquin.

role [rəʊl] n rôle [m] ◇ ~ **model** modèle [m], exemple [m] à suivre; ~ **play** jeu [m] de rôles.

roll [rəʊl] **1** vi (gen) rouler ◇ **to** ~ **about** (coins) rouler çà et là; (ship) rouler; (person, dog) se rouler par terre; **to** ~ **along** (car) rouler; **to** ~ **down a slope** (falling) dégringoler une pente; (playing) rouler le long d'une pente; **to** ~ **in** (letters etc) affluer; (famil: person) s'amener [famil]; ~ **on Tuesday!** [famil] vivement qu'on soit mardi!; **to** ~ **over** (object) rouler; (person, dog) se retourner; (over and over) se rouler; **to** ~ **up** (animal) se rouler (*into* en); (famil: arrive) s'amener [famil]; (at fairground) ~ **up!** approchez!; (fig) **to keep the ball** ~**ing** veiller à ce que tout marche bien; **he's** ~**ing in money or it** [famil] il roule sur l'or.

2 vt (gen) rouler; (ball) faire rouler; (pastry, dough: also ~ **out**) étendre au rouleau; (road) cylindrer ◇ **to** ~ **back** (sheet) enlever en roulant; (carpet) rouler; **to** ~ **sth in** faire entrer qch en le roulant; **to** ~ **up** (one's sleeves) retrousser; (cloth, map etc) rouler; ~**ed gold** plaqué [m] or.

3 n **a** (gen) rouleau [m]; (of banknotes) liasse [f]; (of flesh, fat) bourrelet [m] **b** (bread) petit pain [m] **c** (movement: of ship) roulis [m]; (of plane) vol [m] en tonneau **d** (of thunder, drums) roulement [m]; (of organ) ronflement

[m] a (list: for ship's crew) rôle [m] ◇ **to call the ~** faire l'appel; **~ of honour** (Mil) liste [f] des combattants morts pour la patrie; (in school) tableau [m] d'honneur.

◆ **roll-call** n appel [m] ◆ **roller** n (gen) rouleau [m]; (for moving furniture etc) roulettes [fpl]; (for paint) rouleau [m] (à peinture) ◆ **roller-coaster** n montagnes [fpl] russes ◆ **roller-skate** 1 n patin [m] à roulettes 2 vi faire du patin à roulettes ◆ **roller-skating** n patinage [m] à roulettes ◆ **rolling** adj (countryside) onduleux, [f] -euse ◇ **~ pin** rouleau [m] (à pâtisserie); (Rail) **~ stock** matériel [m] roulant ◆ **roll-neck(ed)** adj à col roulé.

rollicking ['rɒlɪkɪŋ] adj joyeux (et bruyant).

ROM ['rɒm] n (Comput) abbr of *read only memory* mémoire [f] morte.

Roman ['rəʊmən] 1 adj romain ◇ **~ Catholic** adj, n catholique [mf]; **~ nose** nez [m] aquilin 2 n Romain(e) [m(f)].

romance [rəʊ'mæns] 1 n (love story) roman [m] à l'eau de rose; (love affair) idylle [f]; (attraction) charme [m] 2 adj ◇ (language) **R~** roman [m].

Romania [rəʊ'meɪnɪə] n Roumanie [f] ◆ **Romanian** 1 adj roumain 2 n Roumain(e) [m(f)]; (language) roumain [m].

romantic [rəʊ'mæntɪk] 1 adj (gen) romantique; (adventure, setting) romanesque 2 n romantique [mf].

Rome [rəʊm] n Rome ◇ **the Church of ~** l'Église [f] catholique romaine.

romp [rɒmp] vi jouer bruyamment ◆ **rompers** npl barboteuse [f].

roof [ru:f] n (gen) toit [m]; (of cave, tunnel) plafond [m] ◇ **~ light** plafonnier [m]; (car) **~ rack** galerie [f]; **the ~ of the mouth** la voûte du palais; (fig) **to raise the ~** faire un boucan terrible [famil] ◆ **rooftop** n toit [m].

rook [rʊk] n a (bird) corneille [f] b (Chess) tour [f].

room [rʊm] n a (gen) pièce [f]; (large) salle [f]; (bed~) chambre [f] ◇ **~s to let** chambres à louer; **his ~s** son appartement [m]; **ring for ~ service** appelez le garçon d'étage; **wine at ~ temperature** vin [m] chambré; **a 6-~ed house** une maison de 6 pièces b (space) place [f] (*for* pour) ◇ **is there ~?** y a-t-il de la place?; **to make ~ for** faire de la place pour; **there is ~ for improvement** cela laisse à désirer ◆ **roommate** n camarade [mf] de chambre; (US) colocataire [mf] ◆ **roomy** adj spacieux, [f] -ieuse.

rooster ['ru:stə^r] n coq [m].

root [ru:t] 1 n (gen) racine [f]; (of trouble etc) cause [f] ◇ **to pull up by the ~s** déraciner; **that is at the ~ of...** c'est à l'origine de...; (US) **~ beer** *sorte de limonade à base d'extraits végétaux*; **~ cause** cause [f] première; **~ crops** racines [fpl] alimentaires 2 vti (of plant) s'enraciner ◇ **to ~ sth out** extirper qch; (fig) **~ed to the spot** cloué sur place; **to ~ around for sth** fouiller pour trouver qch; **to ~ for sb** [famil] supporter qn.

rope [rəʊp] 1 n corde [f]; (on ship) cordage [m] ◇ (fig) **to know the ~s** [famil] être au courant; **to show sb the ~s** [famil] mettre qn au courant; **~ ladder** échelle [f] de corde 2 vt (climbers) encorder ◇ **to ~ sth off** interdire l'accès de qch; (fig) **to ~ sb in** [famil] embringuer [famil] qn.

rosary ['rəʊzərɪ] n chapelet [m].

1. **rose** [rəʊz] pret of *rise*.

2. **rose** [rəʊz] 1 n (flower) rose [f]; (**~ bush**, **~ tree**) rosier [m]; (colour) rose [m] ◇ **wild ~** églantine [f]; (fig) **my life isn't all ~s** [famil] tout n'est pas rose dans ma vie 2 adj (colour) rose; (leaf etc) de rose ◇ **~ garden** roseraie [f]; **~ window** rosace [f] ◆ **rosé** n rosé [m] *(vin)* ◆ **rosebed** n massif [m] de rosiers ◆ **rose-coloured** adj ◇ (fig) **to see sth through ~ spectacles** voir qch en rose ◆ **rose-hip** n gratte-cul [m] ◇ **~ syrup** sirop [m] d'églantine ◆ **rosemary** n romarin [m] ◆ **rosette** n rosette [f]; (Sport: as prize) cocarde [f] ◆ **rosewood** n bois [m] de rose.

rostrum ['rɒstrəm] n tribune [f].

rosy ['rəʊzɪ] adj rose; (situation etc) qui se présente bien ◇ **to paint a ~ picture of sth** dépeindre qch en rose.

rot [rɒt] 1 vti pourrir 2 n (famil: nonsense) bêtises [fpl] ◇ (fig) **the ~ set in** [famil] les problèmes ont commencé; **to stop the ~** redresser la situation; **that's a lot of ~** [famil] ça, c'est de la blague [famil].

rota ['rəʊtə] n tableau [m] (de service).

rotary ['rəʊtərɪ] adj rotatif, [f] -ive.

rotate [rəʊ'teɪt] 1 vt (revolve) faire tourner; (change round) alterner 2 vi tourner ◆ **rotation** n rotation [f] ◇ **in ~** à tour de rôle.

rotten ['rɒtn] adj (gen) pourri; (tooth) gâté; (corrupt) corrompu; (famil: bad) mauvais ◇ **to feel ~** (ill) se sentir mal fichu [famil].

rotund [rəʊ'tʌnd] adj (person) rondelet, [f] -ette.

rouble, (US) **ruble** ['ru:bl] n rouble [m].

rouge [ru:ʒ] n rouge [m] (à joues).

rough [rʌf] 1 adj a (skin, surface) rugueux, [f] -euse; (ground) accidenté; (road) rocailleux, [f] -euse; (coarse) rude; (noisy, violent: person) dur; (game) brutal; (neighbourhood, weather) mauvais; (sea) gros, [f] grosse ◇ **~ hands** (peasant's) mains [fpl] rugueuses; (housewife's) mains [fpl] rêches; **to have a ~ time** en voir de dures [famil]; (fig) **to make things ~ for sb** [famil] mener la vie dure à qn; **it is ~ on him** [famil] ce n'est pas marrant [famil] pour lui; (fig) **to take the ~ with the smooth** prendre les choses comme elles viennent b (approximate: plan) ébauché; (calculation, translation) approximatif, [f] -ive ◇ **~ copy or draft**

brouillon [m]; ~ **idea** vague idée [f]; ~ **sketch** ébauche [f]; ~ **estimate** approximation [f]; **at a ~ guess** approximativement **2** adv (sleep) à la dure **3** vt ◇ **to ~ out a plan** ébaucher un plan; **to ~ it** [famil] vivre à la dure ◆ **roughage** n aliments [mpl] de lest or de volume ◆ **rough-and-ready** adj (method, tool) rudimentaire; (person) sans façons ◆ **roughly** adv (push, play) brutalement; (order) avec brusquerie; (sew) grossièrement; (approximately) en gros, à peu près ◇ ~ **speaking** en gros; **to treat ~** malmener ◆ **roughshod** adv ◇ **to ride ~ over** faire peu de cas de.

roulette [ru:'let] n roulette [f] *(jeu)*.

Roumania [ru:'meɪnɪə] n = **Romania.**

round [raʊnd] **1** adv ◇ **right ~, all ~** tout autour; ~ **about** autour de; (fig: approx) environ; **he went ~ by the bridge** il a fait le détour par le pont; **come ~ and see me** venez me voir; **I asked him ~** je l'ai invité à passer chez moi; **I'll be ~ at 8 o'clock** je serai là à 8 heures; **all the year ~** pendant toute l'année.

2 prep **a** (of place etc) autour de ◇ ~ **the table** autour de la table; **the villages ~ Lewes** les villages des environs de Lewes; ~ **this way** par ici; **to go ~ a corner** tourner un coin; (car) prendre un virage; **to go ~ an obstacle** contourner un obstacle; **put a blanket ~ him** enveloppez-le d'une couverture **b** (approximately) environ.

3 adj rond ◇ **to have ~ shoulders** avoir le dos rond; (fig) **a ~ dozen** une douzaine tout rond; **in ~ figures** en chiffres ronds; ~ **robin** pétition [f]; **the ~ trip** le voyage aller et retour; (US) ~ **trip ticket** billet [m] aller retour.

4 n **a** (slice: of bread, meat) tranche [f] **b** ◇ **to do** or **make one's ~s** (watchman, policeman) faire sa ronde; (postman, milkman) faire sa tournée; (doctor) faire ses visites; **he has got a paper ~** il distribue des journaux; (infection, a cold etc) **to go the ~s** faire des ravages; **one long ~ of pleasures** une longue suite de plaisirs **c** (of talks) série [f]; (of cards, golf) partie [f]; (Boxing) round [m]; (in tournament) manche [f]; (in election) tour [m] ◇ **a ~ of drinks** une tournée [famil]; ~ **of ammunition** cartouche [f]; **a ~ of applause** une salve d'applaudissements **d** (Mus) canon [m]; (Dancing) ronde [f].

5 vt (cape) doubler ◇ **to ~ a corner** tourner un coin; (car) prendre un virage; **to ~ sth off** terminer qch; **to ~ up** (people, cattle) rassembler; (criminals) effectuer une rafle de; (numbers) arrondir (au chiffre supérieur); **to ~ on sb** attaquer qn.

◆ **roundabout** **1** adj (route) détourné; (means) contourné **2** n (at fair) manège [m] *(de fête foraine)*; (at road junction) rond-point [m] (à sens giratoire) ◆ **rounded** adj arrondi ◆ **rounders** n (Brit) *sorte de baseball* ◆ **roundly** adv (say, tell) carrément ◆ **round-necked** adj (pullover) ras du cou [inv] ◆ **round-shouldered** adj voûté ◆ **roundsman**, pl **-men** n (Brit) livreur [m] ◇ **milk ~** laitier [m] ◆ **round-up** n (of cattle, people) rassemblement [m]; (of suspects) rafle [f].

rouse [raʊz] vt (wake) éveiller; (admiration, interest) susciter; (indignation) soulever; (suspicions) éveiller ◇ **to ~ sb to action** pousser qn à agir ◆ **rousing** adj (speech) vibrant; (cheers) frénétique; (music) entraînant.

rout [raʊt] n (defeat) déroute [f].

route [ru:t] **1** n **a** (gen) itinéraire [m] *(to* pour aller à) ◇ **shipping ~s** routes [fpl] maritimes; **we're on a bus ~** nous sommes sur une ligne d'autobus **b** (US: often [raʊt]: round) tournée [f] **2** vt (train etc) faire passer *(through* par).

routine [ru:'ti:n] n **a** routine [f] ◇ **office ~** travail [m] courant du bureau; **as a matter of ~** automatiquement; ~ **enquiry** enquête [f] d'usage; ~ **work** (boring) travail [m] monotone **b** ◇ **dance ~** numéro [m] de danse.

roving ['rəʊvɪŋ] adj (ambassador) itinérant; (reporter) volant.

1. **row** [rəʊ] n (gen, also Knitting) rang [m] ◇ **a ~ of** (one beside the other) une rangée de; (one behind the other) une file de; **in the front ~** au premier rang; **sitting in a ~** assis en rang; **4 failures in a ~** 4 échecs de suite.

2. **row** [rəʊ] **1** vt (boat) faire aller à la rame ◇ **to ~ sb across** faire traverser qn en canot **2** vi ramer ◇ **to go ~ing** (for pleasure) faire du canotage; (Sport) faire de l'aviron ◆ **rowboat** or **rowing boat** n canot [m] (à rames) ◆ **rowing** n canotage [m]; (Sport) aviron [m].

3. **row** [raʊ] n [famil] (noise) tapage [m]; (quarrel) dispute [f]; (scolding) réprimande [f] ◇ **to make a ~** faire du tapage; **to have a ~** se disputer *(with* avec); **to give sb a ~** passer un savon [famil] à qn.

rowan ['raʊən] n sorbier [m].

rowdy ['raʊdɪ] **1** adj (noisy) chahuteur, [f] -euse; (rough) bagarreur [famil], [f] -euse **2** n (famil) voyou [m].

royal ['rɔɪəl] adj (gen) royal ◇ **the ~s** [famil] la famille royale; ~ **blue** bleu roi [inv]; **the R~ Air Force** la Royal Air Force; **the R~ Navy** la marine nationale ◆ **royalist** adj, n royaliste [mf] ◆ **royalty** n **a** (membre(s) [m(pl)] de) la famille royale **b** ◇ (from book) **royalties** droits [mpl] d'auteur.

rpm [ɑ:pi:'em] (Aut) abbr of *revs per minute* tr/mn.

RSPCA [,ɑ:respi:si:'eɪ] n (Brit) abbr of *Royal Society for the Prevention of Cruelty to Animals* ≃ SPA [f].

RSVP [ˌɑ:resvi:ˈpi] abbr of *répondez s'il vous plaît* R.S.V.P.

Rt Hon. (Brit) abbr of *Right Honourable titre donné aux députés de la Chambre des communes.*

rub [rʌb] vti frotter ◇ **to ~ one's hands together** se frotter les mains; **to ~ a hole in sth** faire un trou dans qch à force de frotter; **to ~ sth through a sieve** passer qch au tamis; **to ~ lotion into the skin** faire pénétrer de la lotion dans la peau; (fig) **to ~ shoulders with** coudoyer; (fig) **don't ~ it in!** [famil] pas besoin de me le rappeler!; **to ~ down** (horse) bouchonner; (person) frictionner; (sandpaper) poncer; **to ~ off** (writing) effacer; (dirt) enlever en frottant; **to ~ sth out** effacer qch; (fig) **to ~ up against all sorts of people** côtoyer toutes sortes de gens; **to ~ sb up the wrong way** ne pas savoir s'y prendre avec qn.

rubber [ˈrʌbəʳ] n **a** (material) caoutchouc [m]; (eraser) gomme [f] ◇ **~ band** élastique [m]; **~ boots** bottes [fpl] en caoutchouc; **~ bullet** balle [f] en caoutchouc; **~ plant** caoutchouc [m] *(plante verte)*; **~ stamp** tampon [m] **b** (Bridge) robre [m] ◆ **rubber-stamp** vt (pej) entériner (sans discuter) ◆ **rubbery** adj caoutchouteux, [f] -euse.

rubbish [ˈrʌbɪʃ] **1** n (waste material) détritus [mpl]; (household ~) ordures [fpl]; (garden ~) détritus; (on building site) décombres [mpl]; (nonsense) bêtises [fpl] ◇ **~ bin** poubelle [f]; **~ collection** ramassage [m] d'ordures; **~ dump** décharge [f] publique; **it's ~** (goods) c'est de la camelote [famil]; (nonsense) ça ne veut rien dire; **~!** [famil] quelle blague! [famil] **2** vt (fig [famil]: denigrate) débiner [famil].
◆ **rubbishy** adj (goods, book) sans valeur; (shoes etc) de mauvaise qualité.

rubble [ˈrʌbl] n (ruins) décombres [mpl]; (in road-building) blocaille [f].

ruby [ˈru:bɪ] **1** n rubis [m] **2** adj (ring) de rubis; (colour) rubis [inv].

rucksack [ˈrʌksæk] n sac [m] à dos.

ructions [ˈrʌkʃənz] npl [famil] du grabuge [famil] [m].

rudder [ˈrʌdəʳ] n gouvernail [m].

ruddy [ˈrʌdɪ] adj (complexion: gen) rubicond (pej), coloré; (glow) rougeoyant.

rude [rru:d] adj **a** (impolite) impoli, mal élevé; (stronger) insolent; (coarse) grossier, [f] -ière; (improper) indécent ◇ **to be ~ to sb** être impoli envers qn; **it's ~ to stare** c'est très mal élevé de dévisager les gens; **~ word** gros mot [m]; (fig) **to have a ~ awakening** être rappelé brusquement à la réalité **b** (health) robuste ◆ **rudely** adv impoliment; insolemment; grossièrement.

rudiment [ˈrru:dɪmənt] n rudiment [m] ◆ **rudimentary** adj rudimentaire.

rueful [ˈru:fʊl] adj triste ◆ **ruefully** adv avec regret.

ruffian [ˈrʌfɪən] n voyou [m], brute [f].

ruffle [ˈrʌfl] vt (hair) ébouriffer; (water) agiter; (person) froisser ◇ **to grow ~d** perdre son calme.

rug [rʌg] n petit tapis [m]; (bedside) carpette [f]; (travelling ~) couverture [f]; (in tartan) plaid [m].

rugby [ˈrʌgbɪ] n (also **rugger** [famil]) rugby [m] ◇ **~ league** le rugby à treize; **~ player** rugbyman [m]; **~ union** le rugby à quinze.

rugged [ˈrʌgɪd] adj (country) accidenté; (coast, mountains) aux contours déchiquetés; (features) irrégulier, [f] -ière; (character) bourru.

ruin [ˈru:ɪn] **1** n ruine [f] ◇ **in ~s** en ruine **2** vt (gen) ruiner; (clothes) abîmer; (event) gâter ◆ **ruined** adj (building) en ruine; (person) ruiné.

rule [ru:l] **1** n **a** (gen) règle [f] ◇ **the ~s of the game** la règle du jeu; **against the ~s** contraire au règlement; **~s and regulations** règlement [m]; (in factory etc) **work to ~** grève [f] du zèle; **~ book** règlement [m]; **~ of the road** règle générale de la circulation; **by ~ of thumb** à vue de nez; **to make it a ~ to do** avoir pour règle de faire; **as a ~** en règle générale, normalement **b** ◇ **under British ~** sous l'autorité [f] britannique; **majority ~** le gouvernement par la majorité **c** (for measuring) règle [f] (graduée) **2** vt **a** (country) gouverner ◇ **~d by his wife** mené par sa femme **b** (of judge) décider (*that* que) ◇ **to ~ sth out** exclure qch **c** (line) tirer à la règle ◇ **~d paper** papier [m] réglé **3** vi **a** (of monarch) régner (*over* sur) **b** (of judge) statuer (*against* contre; *in favour of* en faveur de; *on* sur) ◆ **ruler** n **a** (sovereign) souverain(e) [m(f)]; (political leader) chef [m] (d'État) ◇ **the country's ~s** les dirigeants [mpl] du pays **b** (for measuring) règle [f] ◆ **ruling** **1** adj (principle) souverain; (class) dirigeant ◇ (Pol) **the ~ party** le parti au pouvoir **2** n décision [f].

rum [rʌm] n rhum [m].

Rumania [ru:ˈmeɪnɪə] n = **Romania.**

rumble [ˈrʌmbl] **1** vi (gen) gronder; (of stomach) gargouiller **2** n (also **rumbling**) grondement [m]; gargouillement [m] ◇ **tummy ~s** borborygmes [mpl].

ruminate [ˈru:mɪneɪt] vti ruminer.

rummage [ˈrʌmɪdʒ] vi (**~ about, ~ around**) fouiller (*among, in* dans; *for* pour trouver).

rumour, (US) **rumor** [ˈru:məʳ] **1** n rumeur [f], bruit [m] ◇ **~ has it that...** le bruit court que..., on dit que...

2 vt ◇ **it is ~ed that...** on dit que..., le bruit court que...

rumple ['rʌmpl] vt (gen) chiffonner; (hair) ébouriffer.

rumpsteak ['rʌmpsteɪk] n culotte [f] de bœuf; (single steak) rumsteck [m].

rumpus ['rʌmpəs] n [famil] chahut [m].

run [rʌn] **1** vti **a** (gen) courir; (flee) se sauver ◇ **to ~ in** (etc) entrer (etc) en courant; **to ~ about** courir çà et là; **~ along!** va-t'en!; **to ~ away** or **off** (leave) partir en courant; (flee) s'enfuir; **to ~ away from home** s'enfuir de chez soi; **to ~ for the bus** courir pour attraper l'autobus; **he ~s 3 km every day** il fait 3 km de course à pied tous les jours; **she is ~ off her feet** elle ne sait plus où donner de la tête; **to ~ a race** courir dans une épreuve; **to ~ for one's life** se sauver à toutes jambes; **to ~ errands** faire des commissions; (of ship) **to ~ before the wind** courir vent arrière; **to ~ a blockade** forcer un blocus; (fig) **to ~ sb close** serrer qn de près; **to ~ to earth** finir par trouver; **to ~ sb out of town** chasser qn de la ville.

b (of vehicle, machine, engine) marcher ◇ **to ~ a computer** faire marcher un ordinateur; (Comput) **to ~ a program** exécuter un programme; **the car ran into a tree** la voiture a heurté un arbre; **this train ~s between...** ce train fait le service entre...; **the buses ~ once an hour** les autobus passent toutes les heures; **to ~ extra buses** mettre en service des autobus supplémentaires; **he ~s a Rolls** il a une Rolls; **to leave the engine ~ning** laisser tourner le moteur; **to ~ on diesel** marcher au gas-oil; **to ~ sb down** renverser qn; **I'll ~ you into town** je vais vous conduire en ville; **he ran her home** il l'a ramenée chez elle (en voiture); **to ~ down** (of watch) s'arrêter; (of battery) se décharger; **to ~ a car in** roder une voiture; **'~ning in'** 'en rodage'; **it's cheap to ~** c'est économique; **to ~ sb over** écraser qn.

c (of rope) filer; (of drawer, curtains) glisser ◇ **to ~ a rope through sth** faire passer une corde dans qch; **to ~ a comb through one's hair** se donner un coup de peigne; **to ~ one's eye over sth** jeter un coup d'œil à qch; **he ran the vacuum cleaner over the carpet** il a passé rapidement le tapis à l'aspirateur.

d (of water, tap, eyes, nose) couler ◇ (of water) **to ~ away** s'écouler; **to leave a tap ~ning** laisser un robinet ouvert; **I'll ~ you a bath** je vais te faire couler un bain.

e (of road, river) aller (*from* de; *to* à); passer (*through* à travers; *past* devant); (of mountains) s'étendre ◇ **the river ~s into the sea** le fleuve se jette dans la mer; **the street ~s into the square** la rue débouche sur la place; **a scar ~ning across his chest** une cicatrice en travers de la poitrine.

f (of butter, ice etc) fondre; (of ink) baver; (of colours) déteindre.

g (direct: business, school etc) diriger ◇ **to ~ a house** tenir une maison; **she ~s everything** c'est elle qui dirige tout.

h (organize: course, competition) organiser; (present: film) présenter; (series of articles) publier ◇ **it's ~ning in London** (play) ça se joue à Londres; (film) ça passe à Londres; **the programme ran for 1 hour** le programme a duré une heure; **the contract ~s until April** le contrat est valide jusqu'en avril.

i ◇ (phrases) **to ~ across sb** or **sth** tomber sur qn or qch; (Med) **to be ~ down** être fatigué; **to ~ sth down** (disparage) dénigrer qch; **to ~ into** (person) tomber sur; (difficulties) se heurter à; **to ~ into debt** s'endetter; **to ~ off 3 copies of sth** tirer 3 exemplaires de qch; **to ~ out** (contract) expirer; (supplies) s'épuiser; (time) s'écouler; **to ~ out of** (money, time) manquer de; **I've ~ out of it** je n'en ai plus; **to ~ over** or **through sth** (recapitulate) reprendre; (notes, text) jeter un coup d'œil sur; (play) répéter; **he ran through a fortune** il a gaspillé une fortune; **to ~ up** (flag) hisser; (bill) laisser accumuler; (famil: dress etc) fabriquer [famil]; **to ~ a temperature** avoir de la fièvre; **to ~ dry** se tarir; **my pen's ~ dry** je n'ai plus d'encre; **to ~ short** or **low** s'épuiser; **to ~ short of sth** se trouver à court de qch; (fig) **his blood ran cold** son sang s'est glacé dans ses veines; **it ~s in the family** c'est de famille; **so the story ~s** c'est ainsi que l'histoire est racontée; **the cost ran into millions** le coût s'est élevé à des millions; **I can't ~ to a new car** je ne peux pas me permettre une nouvelle voiture; **to ~ for President** être candidat à la présidence.

2 n **a** ◇ **to go for a ~** faire un peu de course à pied; **at a ~** en courant; **to make a ~ for it** prendre la fuite; **to have the ~ of a place** avoir un endroit à son entière disposition; **on the ~** (criminal etc) en cavale [famil]; (enemy troops) en fuite; **they gave him a good ~ for his money** ils ne se sont pas avoués vaincus d'avance **b** ◇ (in vehicle) **to go for a ~ in the car** faire un tour or une promenade en voiture; **it's a 30-minute bus ~** il y a 30 minutes de trajet en autobus **c** (series: of similar events) série [f]; (Cards) séquence [f]; (Roulette) série (*on* à) ◇ **the play had a long ~** la pièce a tenu longtemps l'affiche; **in the long ~** finalement; **a ~ of bad luck** une période de malchance; (great demand) **there has been a ~ on sugar** on s'est rué sur le sucre; **the ordinary ~ of things** le train-train habituel **d** (track for skiing etc) piste [f]; (animal enclosure) enclos [m] **e** (Cricket, Baseball) point [m].

◆ **runabout** adj ◇ (Rail) ~ **ticket** billet [m] circulaire ◆ **runaway** 1 n fugitif [m], [f] -ive 2 adj (horse) emballé; (inflation) galopant ◆ **rundown** n a réduction [f] (*in*, *of* de) b ◇ **to give sb a** ~[famil] **on** mettre qn au courant de ◆ **runner** n a (athlete) coureur [m]; (horse) partant [m] b (sliding part: of sledge) patin [m]; (skate) lame [f]; (drawer) coulisseau [m]; (curtain) anneau [m] c (**table-**~) chemin [m] de table ◆ **runner-bean** n haricot [m] à rames ◆ **runner-up** n second(e) [m(f)] ◆ **running** 1 n ◇ **to make the** ~ mener la course; **to be in the** ~ avoir des chances de réussir; **to be out of the** ~ ne plus être dans la course 2 adj ◇ ~ **water in every room** eau courante dans toutes les chambres; ~ **battle** lutte [f] continuelle; ~ **board** marchepied [m]; ~ **commentary** commentaire [m] suivi; ~ **costs** frais [mpl] d'exploitation; **the** ~ **costs of the car are high** la voiture revient cher; **in** ~ **order** en état de marche; ~ **shoes** chaussures [fpl] de course 3 adv ◇ **4 days** ~ 4 jours de suite ◆ **runny** adj qui coule; (omelette) baveux, [f] -euse ◆ **run-of-the-mill** adj banal ◆ **run-through** n essai [m] ◆ **run-up** n période [f] préparatoire (*to* à) ◆ **runway** n piste [f] (d'envol or d'atterrissage).

1. **rung** [rʌŋ] ptp of 2. *ring*.

2. **rung** [rʌŋ] n (of ladder) barreau [m].

rupture ['rʌptʃəʳ] n rupture [f]; (famil: hernia) hernie [f].

rural ['rʊərəl] adj rural.

ruse [ru:z] n ruse [f].

1. **rush** [rʌʃ] 1 n a ruée [f] (*for* vers; *on* sur); (Mil: attack) assaut [m] ◇ **gold** ~ ruée vers l'or; **the Christmas** ~ la bousculade des fêtes de fin d'année; ~ **hours** heures [fpl] de pointe b ◇ (hurry) **to be in a** ~ être extrêmement pressé; **in a** ~ à toute vitesse; ~ **job** travail [m] d'urgence; (botched) travail bâclé 2 vi (be in a hurry) être pressé; (move fast: of person) se précipiter (*towards* vers); (of car) foncer ◇ **to** ~ **down** descendre précipitamment; **to** ~ **around** courir çà et là; **I'm** ~**ing to finish it** je me dépêche pour en avoir fini; **to** ~ **through sth** faire qch à toute vitesse; **the blood** ~**ed to his face** le sang lui est monté au visage 3 vt (do hurriedly: job) dépêcher; (order) exécuter d'urgence ◇ **to** ~ **sb to hospital** transporter qn d'urgence à l'hôpital; **they** ~**ed him out of the room** ils l'ont fait sortir en toute hâte de la pièce; **I don't want to** ~ **you** je ne voudrais pas vous bousculer; **to be** ~**ed off one's feet** être débordé; **to** ~ **sb into a decision** forcer qn à prendre une décision à la hâte.

2. **rush** [rʌʃ] n (plant) jonc [m] ◇ ~ **matting** tapis [m] tressé.

rusk [rʌsk] n ≃ biscotte [f].

russet ['rʌsɪt] 1 n (apple) reinette [f] grise 2 adj feuille-morte [inv].

Russia ['rʌʃə] n Russie [f] ◆ **Russian** 1 adj russe 2 n Russe [mf]; (language) russe [m].

rust [rʌst] 1 n rouille [f] 2 adj rouille [inv] 3 vt rouiller 4 vi se rouiller ◆ **rustproof** 1 adj (metal) inoxydable; (paint, treatment) antirouille 2 vt traiter contre la rouille ◆ **rust-resistant** adj (metal) inoxydable; (paint, treatment) antirouille.

rustle ['rʌsl] 1 n bruissement [m] 2 vi bruire 3 vt (papers) faire bruire ◇ **to** ~ **up** [famil] (find) se débrouiller [famil] pour trouver; (make) préparer en vitesse.

rustler ['rʌsləʳ] n voleur [m] de bétail.

rusty ['rʌstɪ] adj rouillé.

rut [rʌt] n ornière [f] (also fig) ◇ **to be in a** ~ suivre l'ornière.

ruthless ['ru:θlɪs] adj impitoyable.

rye [raɪ] n seigle [m]; (whisky) whisky [m] (américain) ◇ ~ **bread** pain [m] de seigle.

S

S, s [es] n (letter) S, s [m].

Sabbath ['sæbəθ] n (Jewish) sabbat [m]; (Sunday) dimanche [m].

sabbatical [sə'bætɪkəl] adj sabbatique.

sable ['seɪbl] n zibeline [f].

sabotage ['sæbətɑ:ʒ] 1 n sabotage [m] 2 vt saboter ♦ **saboteur** n saboteur [m].

sabre, (US) **-ber** ['seɪbə^r] n sabre [m].

saccharin(e) ['sækərɪn, -i:n] n saccharine [f].

sachet ['sæʃeɪ] n sachet [m].

sack [sæk] 1 n (bag) sac [m] ◇ **coal** ~ sac à charbon; ~ **of coal** sac de charbon; (fig) **to get the** ~[famil] être mis à la porte 2 vt (famil: employee) renvoyer, mettre à la porte ♦ **sacking** n (famil: dismissal) renvoi [m].

sacrament ['sækrəmənt] n sacrement [m].

sacred ['seɪkrɪd] adj sacré (after n) ◇ **the S~ Heart** le Sacré-Cœur.

sacrifice ['sækrɪfaɪs] 1 n sacrifice [m] 2 vt sacrifier (*to* à; *for sth* pour avoir qch).

sacrilege ['sækrɪlɪdʒ] n sacrilège [m].

sacristan ['sækrɪstən] n sacristain(e) [m(f)].

sacristy ['sækrɪstɪ] n sacristie [f].

sacrosanct ['sækrəʊsæŋkt] adj sacro-saint.

sad [sæd] adj (gen) triste (after n); (saddening: news, duty) triste (before n) ◇ **to make sb** ~ attrister qn ♦ **sadly** adv (unhappily) tristement; (regrettably) fâcheusement ◇ ~ **slow** fort lent ♦ **sadness** n tristesse [f].

saddle ['sædl] 1 n selle [f] ◇ **in the** ~ en selle 2 vt seller ◇ (fig) **to** ~ **sb with sth** [famil] coller qch à qn [famil] ♦ **saddlebag** n sacoche [f].

sadism ['seɪdɪzəm] n sadisme [m] ♦ **sadist** n sadique [mf] ♦ **sadistic** adj sadique.

s.a.e. [eseɪ'i:] n abbr of *stamped addressed envelope* → **stamp.**

safari [sə'fɑ:rɪ] n safari [m] ◇ ~ **park** réserve [f].

safe [seɪf] 1 adj a ◇ (not in danger) **you're quite** ~ vous êtes en sécurité; **it's quite** ~ ça ne risque rien; ~ **and sound** sain et sauf; ~ **from** à l'abri de b (not dangerous: gen) sans danger; (ice, ladder) solide; (hiding place, investment) sûr; (choice, estimate) prudent ◇ **is it** ~ **to come out?** est-ce qu'on peut sortir sans danger?; **it's not** ~ **to go alone** il est dangereux d'y aller tout seul; ~ **journey!** bon voyage!; **to keep sth** ~ garder qch en lieu sûr; **in** ~ **hands** en mains sûres; **just to be on the** ~ **side** pour être plus sûr; **it is** ~ **to say...** on peut dire sans risque d'erreur... 2 n (for valuables) coffre-fort [m]; (for food) garde-manger [(m) inv] ♦ **safe-conduct** n sauf-conduit [m] ♦ **safe-deposit** n coffre [m] ♦ **safeguard** 1 vt sauvegarder 2 n sauvegarde [f] ♦ **safekeeping** n ◇ **in** ~ en sécurité ♦ **safely** adv (without mishap) sans accident; (arrive) bien; (without risk) sans danger; (say) sans risque d'erreur; (securely) en sûreté; (store) en lieu sûr.

safety ['seɪftɪ] 1 n sécurité [f] ◇ **in a place of** ~ en lieu sûr; **for** ~**'s sake** pour plus de sûreté; **road** ~ la sécurité sur les routes; ~ **first!** la sécurité d'abord! 2 adj (gen) de sécurité; (razor, chain, valve, match) de sûreté ◇ ~ **curtain** rideau [m] de fer; ~ **net** filet [m] (de protection); (fig) filet [m] de sécurité; ~ **pin** épingle [f] de sûreté.

saffron ['sæfrən] adj, n safran [m] (adj inv).

sag [sæg] vi (gen) s'affaisser; (of rope) pendre au milieu.

saga ['sɑ:gə] n saga [f].

1. **sage** [seɪdʒ] n sauge [f] ◇ ~ **and onion stuffing** farce [f] à l'oignon et à la sauge.

2. **sage** [seɪdʒ] n sage [m].

Sagittarius [ˌsædʒɪ'tɛərɪəs] n (Astrol) le Sagittaire ◇ **I'm ~** je suis (du) Sagittaire.

sago ['seɪgəʊ] n sagou [m].

Sahara [sə'hɑːrə] n ◇ **the ~ (Desert)** le (désert du) Sahara.

said [sed] pret, ptp of *say*.

sail [seɪl] **1** n (of boat) voile [f] ◇ **to set ~ for** partir à destination de **2** vti (leave) partir ◇ **the boat ~ed into the harbour** le bateau est entré au port; **to ~ round the world** faire le tour du monde en bateau; **to ~ (across) the Atlantic** traverser l'Atlantique en bateau; **to ~ a boat** piloter un bateau; **he goes ~ing** il fait de la voile; (fig) **to ~ through an exam** réussir un examen haut la main ◆ **sailboard** **1** n planche [f] à voile **2** vi ◇ **to go ~ing** faire de la planche à voile ◆ **sailing** n (pastime) la voile; (departure) départ [m] ◇ **~ boat** voilier [m]; **~ ship** grand voilier [m].

sailor ['seɪlə^r] n (gen) marin [m]; (before the mast) matelot [m] ◇ (fig) **to be a good ~** avoir le pied marin.

saint [seɪnt] n saint(e) [m(f)] ◇ **~'s day** fête [f] (de saint); **All S~s' Day** la Toussaint; **S~ Peter** saint Pierre ◆ **saintly** adj (quality) de saint; (person) saint (before n).

sake [seɪk] n ◇ **for sb's ~** pour qn; **for God's ~** pour l'amour de Dieu; **for the ~ of it** pour le plaisir; **for old times' ~** en souvenir du passé.

salad ['sæləd] n salade [f] ◇ **tomato ~** salade de tomates; **ham ~** jambon [m] accompagné de salade; **~ bowl** saladier [m]; **~ cream** ≃ mayonnaise [f] *(en bouteille etc)*; **~ dressing** ≃ vinaigrette [f]; **~ servers** couvert [m] à salade.

salary ['sælərɪ] n (professional etc) traitement [m]; (pay in general) salaire [m] ◇ **~ scale** échelle [f] des traitements.

sale [seɪl] n **a** (act, event) vente [f] ◇ **to put up for ~** mettre en vente; **(up) for ~** à vendre; **on ~** en vente; **sold on a ~ or return basis** vendu avec possibilité de reprise des invendus; **~s are up** (or **down**) les ventes ont augmenté (or baissé); **~s department** service [m] des ventes; **~s manager** directeur [m] commercial; **~s pitch** [famil], **~s talk** [famil] baratin [famil] [m] publicitaire, boniment [m] **b** (lower prices) soldes [mpl] ◇ **in the** or **a ~** en solde; **~ price** prix [m] de solde ◆ **saleroom** n salle [f] des ventes ◆ **salesman** n (in shop) vendeur [m]; (representative) représentant [m] de commerce ◆ **saleswoman** n vendeuse [f].

saliva [sə'laɪvə] n salive [f].

sallow ['sæləʊ] adj jaunâtre.

salmon ['sæmən] n saumon [m] ◇ **~ pink** saumon [inv]; **~ trout** truite [f] saumonée.

salmonella [ˌsælmə'nelə] n salmonellose [f].

saloon [sə'luːn] n (Brit: **~ bar**) bar [m]; (US: bar) bar [m].

salt [sɔːlt] **1** n sel [m] ◇ (fig) **to take sth with a pinch of ~** ne pas prendre qch au pied de la lettre **2** adj (food) salé; (mine) de sel; (spoon) à sel **3** vt saler ◆ **saltcellar** n salière [f] ◆ **salt-free** adj sans sel ◆ **saltwater** adj (fish) de mer ◆ **salty** adj salé.

salutary ['sæljʊtərɪ] adj salutaire.

salute [sə'luːt] **1** n salut [m]; (with guns) salve [f] ◇ **to take the ~** passer les troupes en revue **2** vti faire un salut ◇ **to ~ sb** saluer qn.

Salvadorean [sælvə'dɔːrɪən] **1** adj salvadorien, [f] -ienne **2** n Salvadorien(ne) [m(f)].

salvage ['sælvɪdʒ] **1** vt (gen) sauver (*from* de); (materials for re-use) récupérer **2** n sauvetage [m]; récupération [f].

salvation [sæl'veɪʃən] n salut [m] ◇ **S~ Army** Armée [f] du Salut.

salver ['sælvə^r] n plateau [m] *(de métal)*.

Samaritans [sə'mærɪtənz] npl ≃ S.O.S. Amitié.

same [seɪm] adj, pron même (*as* que) ◇ **the ~ day** le même jour; **the very ~ day** le jour même; **in the ~ way...** de même...; **it was just the ~ as usual** c'était comme d'habitude; **at the ~ time** en même temps; (in health) **she's much the ~** son état est inchangé; **it's always the ~ (thing) in politics** c'est toujours la même chose en politique; **he left and I did the ~** il est parti et j'en ai fait autant; **I'll do the ~ for you** je te rendrai ça; (in bar etc) **the ~ again please** la même chose s'il vous plaît; **I still feel the ~ about it** je n'ai pas changé d'avis; **it's all the ~ to me** cela m'est égal; **all the ~, just the ~** tout de même; **it's the ~ everywhere** c'est partout pareil; **~ here!** [famil] moi aussi!

sample ['sɑːmpl] **1** n échantillon [m]; (Med) prélèvement [m] ◇ **~ bottle** (or **packet** etc) échantillon; **a ~ section of** une section représentative de **2** vt (food, wine) goûter.

sanctify ['sæŋ*k*tɪfaɪ] vt sanctifier.

sanctimonious [ˌsæŋ*k*tɪ'məʊnɪəs] adj moralisateur, [f] -trice.

sanction ['sæŋ*k*ʃən] **1** n sanction [f] **2** vt sanctionner.

sanctuary ['sæŋ*k*tjʊərɪ] n (holy) sanctuaire [m]; (refuge) asile [m]; (wild life) réserve [f].

sand [sænd] **1** n sable [m] ◇ (beach) **~s** plage [f]; **~ dune** dune [f] **2** vt **a** (road) sabler **b** (**~paper**) poncer au papier de verre ◆ **sandbag** n sac [m] de sable ◆ **sandbank** n banc [m] de sable ◆ **sandcastle** n château [m] de sable ◆ **sander** n ponceuse [f] ◆ **sandpaper** **1** n papier [m] de verre **2** vt poncer au papier de verre ◆ **sandpit**

n (for children) tas [m] de sable ◆ **sandstone** n grès [m] ◆ **sandy** adj (soil) sablonneux, [f] -euse; (beach) de sable; (hair) blond roux [inv].

sandal ['sændl] n sandale [f].

sandwich ['sænwɪdʒ] n sandwich [m] ◇ **cheese** ~ sandwich au fromage; ~ **loaf** pain [m] de mie; ~ **course** ≃ cours [mpl] de formation professionnelle.

sane [seɪn] adj sain d'esprit.

sang [sæŋ] pret of *sing*.

sanitary ['sænɪtərɪ] adj (clean) hygiénique; (system, equipment) sanitaire ◇ ~ **inspector** inspecteur [m], [f] -trice de la Santé publique; ~ **towel** serviette [f] hygiénique ◆ **sanitation** n installations [fpl] sanitaires.

sanity ['sænɪtɪ] n (Med) raison [f] mentale; (common sense) bon sens [m].

sank [sæŋk] pret of 1. *sink*.

Santa Claus [ˌsæntə'klɔ:z] n le père Noël.

sap [sæp] n (of plant) sève [f].

sapling ['sæplɪŋ] n jeune arbre [m].

sapphire ['sæfaɪəʳ] n saphir [m].

sarcasm ['sɑ:kæzəm] n sarcasme [m].

sarcastic [sɑ:'kæstɪk] adj sarcastique.

sardine [sɑ:'di:n] n sardine [f] ◇ **tinned** ~**s** ≃ sardines à l'huile.

sardonic [sɑ:'dɒnɪk] adj sardonique.

Sark [sɑ:k] n Sercq [m].

sash [sæʃ] n **a** (on uniform) écharpe [f]; (on dress) large ceinture [f] à nœud **b** ◇ ~ **window** fenêtre [f] à guillotine.

sat [sæt] pret, ptp of *sit*.

satchel ['sætʃəl] n cartable [m].

satellite ['sætəlaɪt] **1** n (space) satellite [m] **2** adj (gen) satellite; (television) par satellite ◇ ~ **dish** antenne [f] parabolique.

satin ['sætɪn] n satin [m].

satire ['sætaɪəʳ] n satire [f] (*on* contre) ◆ **satirical** adj satirique ◆ **satirist** n (writer etc) écrivain [m] etc satirique.

satisfaction [ˌsætɪs'fækʃən] n satisfaction [f] (*at* de) ◇ **it was a great** ~ **to hear that...** nous avons appris avec beaucoup de satisfaction que...; **it's not to my** ~ je n'en suis pas satisfait.

satisfactory [ˌsætɪs'fæktərɪ] adj satisfaisant.

satisfied ['sætɪsfaɪd] adj (gen) satisfait (*with* de); (convinced) persuadé (*that* que).

satisfy ['sætɪsfaɪ] vt satisfaire; (demand for goods) satisfaire à; (convince) convaincre (*sb that* qn que; *of* de) ◆ **satisfying** adj satisfaisant; (food) substantiel, [f] -ielle.

satsuma [sæt'su:mə] n satsuma [f].

saturate ['sætʃəreɪt] vt (gen) saturer (*with* de); (soak) tremper ◆ **saturation** n saturation [f] ◇ **to reach** ~ **point** arriver à saturation.

Saturday ['sætədɪ] n samedi [m] ◇ **on** ~ samedi; **on** ~**s** le samedi; **next** ~ samedi prochain; **last** ~ samedi dernier; **it is** ~ **today** nous sommes aujourd'hui samedi; **on** ~ **May 26th** le samedi 26 mai; **a week on** ~, ~ **week** samedi en huit; **the** ~ **before last** l'autre samedi; ~ **morning** samedi matin; ~ **evening** samedi soir; ~ **night** samedi soir, (overnight) la nuit de samedi.

Saturn ['sætən] n (Astron) Saturne [f].

sauce [sɔ:s] n sauce [f] ◆ **sauceboat** n saucière [f] ◆ **saucepan** n casserole [f].

saucer ['sɔ:səʳ] n soucoupe [f].

saucy ['sɔ:sɪ] adj coquin.

Saudi Arabia ['saʊdɪə'reɪbɪə] n Arabie [f] Saoudite ◆ **Saudi (Arabian)** **1** adj saoudien, [f] -ienne **2** n Saoudien(ne) [m(f)].

sauerkraut ['saʊəkraʊt] n choucroute [f].

sauna ['sɔ:nə] n sauna [m].

saunter ['sɔ:ntəʳ] vi ◇ **to** ~ **in** (etc) entrer (etc) d'un pas nonchalant.

sausage ['sɒsɪdʒ] n saucisse [f]; (pre-cooked) saucisson [m] ◇ ~ **meat** chair [f] à saucisse; ~ **roll** ≃ friand [m].

savage ['sævɪdʒ] **1** adj (fierce: gen) féroce; (person) brutal; (primitive: tribe) sauvage **2** n sauvage [mf] **3** vt (of dog etc) attaquer férocement.

1. **save** [seɪv] **1** vti **a** (rescue) sauver (*from* de) ◇ **to** ~ **sb from falling** empêcher qn de tomber; **to** ~ **sb's life** sauver la vie à qn; **to** ~ **one's skin** [famil] or **neck** [famil] sauver sa peau [famil]; **God** ~ **the Queen!** vive la reine! **b** (~ **up:** money) mettre de côté; (keep: food, papers) garder; (collect: stamps etc) collectionner ◇ **to** ~ **up for sth** mettre de l'argent de côté pour qch **c** (use less: money, labour, petrol) économiser (*on* sur); (time) gagner ◇ **you have** ~**d me a lot of trouble** vous m'avez évité bien des ennuis; **it will** ~ **you 10 minutes** cela vous fera gagner 10 minutes **d** (Comput) sauvegarder **2** n (Sport) arrêt [m] *(du ballon)*.

2. **save** [seɪv] prep (except) sauf.

saveloy ['sævəlɔɪ] n cervelas [m].

saving ['seɪvɪŋ] n économie [f] ◇ ~**s account** (Brit) compte [m] d'épargne; (US) compte [m] de dépôt; ~**s bank** caisse [f] d'épargne.

saviour, (US) **-ior** ['seɪvjəʳ] n sauveur [m].

savour, (US) **-or** ['seɪvəʳ] **1** n saveur [f] **2** vt savourer.

savoury, (US) **-ory** ['seɪvərɪ] **1** adj (appetizing) savoureux, [f] -euse; (not sweet) salé *(par opposition à sucré)* ◇ (fig) **not very** ~ (subject) peu appétissant; (district) peu recommandable **2** n mets [m] non sucré.

1. **saw** [sɔ:] (vb: pret *sawed*, ptp *sawed* or *sawn*) 1 n scie (f) 2 vti scier ◇ **to ~ sth off** enlever qch à la scie; **to ~ sth up** débiter qch à la scie; **to ~ through sth** scier qch; **sawn-off shotgun** carabine (f) à canon scié ◆ **sawdust** n sciure (f) (de bois) ◆ **sawmill** n scierie (f).

2. **saw** [sɔ:] pret of 1. *see*.

saxophone ['sæksəfəʊn] n saxophone (m).

say [seɪ] pret, ptp *said* 1 vti (gen) dire (*to* à; *that* que); (poem) réciter ◇ **he said I was to wait** il m'a dit d'attendre; **to ~ mass** dire la messe; **~ after me...** répétez après moi...; **to ~ sth again** répéter qch; **let's ~ no more about it** n'en parlons plus; **I've got nothing more to ~** je n'ai rien à ajouter; **something was said about it** on en a parlé; **it ~s in the rules** il est dit dans le règlement; **he is said to have...** on dit qu'il a...; **I ~ he should take it** je suis d'avis qu'il le prenne; **I should ~ so** je pense que oui; **what would you ~ is...?** à votre avis, quel est...?; **~ someone saw you?** si quelqu'un vous voyait?; **if there were, ~, 500** s'il y en avait, disons, 500; **to ~ nothing of...** sans parler de...; **that's ~ing a lot** [famil] ce n'est pas peu dire; **it ~s a lot for him** c'est tout à son honneur; **you might as well ~ that...** autant dire que...; **it goes without ~ing that...** il va sans dire que...; **there's sth to be said for it** cela a du bon; **there's sth to be said for doing it** il y a peut-être intérêt à le faire; **easier said than done!** facile à dire!; **when all is said and done** tout compte fait; **what do you ~ to a cup of tea?** que diriez-vous d'une tasse de thé?; **that is to ~** c'est-à-dire; **I ~!** [famil] dites donc!; **you don't ~!** [famil] pas possible!; **you can ~ that again!** [famil] c'est le cas de le dire! 2 n ◇ **to have one's ~** dire ce qu'on a à dire; **he had no ~ in it** il n'avait pas voix au chapitre.

saying ['seɪɪŋ] n dicton (m) ◇ **as the ~ goes** comme on dit.

scab [skæb] n a (Med) croûte (f) b (famil: blackleg) jaune (m).

scaffold ['skæfəld] n a (gallows) échafaud (m) b (on building: also **~ing**) échafaudage (m).

scald [skɔ:ld] vt ébouillanter ◇ **~ing hot** brûlant.

scale [skeɪl] 1 n a (gen) échelle (f); (Mus) gamme (f) ◇ **drawn to ~** à l'échelle; **on a large / small ~** sur une grande/petite échelle; **on a national ~** à l'échelle nationale b (of fish) écaille (f) 2 vt ◇ **to ~ down** réduire; (salary) réduire proportionnellement.

scales [skeɪlz] npl ◇ (**pair** or **set of ~**) (gen) balance (f); (in bathroom) pèse-personne (m) inv); (for luggage etc) bascule (f).

scallop ['skɒləp] n coquille (f) Saint-Jacques.

scalp [skælp] n cuir (m) chevelu; (trophy) scalp (m).

scamp [famil] [skæmp] n polisson(ne) (m(f)).

scamper ['skæmpəʳ] vi ◇ **to ~ about** gambader.

scampi ['skæmpɪ] npl langoustines (fpl) (frites).

scan [skæn] 1 vt a (carefully) fouiller du regard; (briefly) parcourir des yeux b (Radar, TV) balayer; (Compu) scruter 2 vi (Poetry) se scander 3 n (Rad, TV) balayage (m); (Med) scanographie (f); (ultra-sound ~) échographie (f) ◇ **to have a ~** faire une échographie; **he had a ~ done** on lui a fait une échographie.

scandal ['skændl] n a (disgrace) scandale (m) b (gossip) ragots (mpl) ◆ **scandalize** vt scandaliser ◇ **to be ~d by** se scandaliser de ◆ **scandalous** adj scandaleux, (f) -euse.

Scandinavia [ˌskændɪ'neɪvɪə] n Scandinavie (f) ◆ **Scandinavian** 1 adj scandinave 2 n Scandinave (mf).

scanner ['skænəʳ] n (Med) scanner (m).

scant [skænt] adj très peu de ◆ **scantily** adv insuffisamment ◆ **scanty** adj très petit.

scapegoat ['skeɪpgəʊt] n bouc (m) émissaire.

scar [skɑ:ʳ] n cicatrice (f).

scarce [skɛəs] adj peu abondant ◇ **to make o.s. ~** [famil] se sauver [famil] ◆ **scarcely** adv à peine ◇ **he can ~ write** il sait à peine écrire; **I need ~ point out that** je n'ai pas besoin de faire remarquer que; **~ anyone** presque personne; **~ ever** presque jamais ◆ **scarcity** n pénurie (f).

scare [skɛəʳ] 1 vt effrayer, faire peur à ◇ **to ~ sb stiff** [famil] faire une peur bleue à qn; **to ~ away** or **off** faire fuir 2 n ◇ **bomb ~** alerte (f) à la bombe ◆ **scarecrow** n épouvantail (m) ◆ **scared** adj effrayé, affolé (*of* par) ◇ **to be ~** avoir peur (*of* de); **to be ~ to death** [famil] avoir une peur bleue (*of* de).

scarf [skɑ:f] n écharpe (f).

scarlet ['skɑ:lɪt] adj écarlate ◇ **~ fever** scarlatine (f).

scathing ['skeɪðɪŋ] adj cinglant.

scatter ['skætəʳ] 1 vt (sprinkle: crumbs, papers) éparpiller; (seeds) semer à la volée; (sand, sawdust) répandre; (disperse: crowd) disperser; (enemy) mettre en déroute 2 vi (of crowd) se disperser ◆ **scatterbrained** adj écervelé.

scavenge ['skævɪndʒ] vi fouiller (*for* pour trouver).

scene [si:n] n (gen, Theat) scène (f); (place: of crime etc) lieu (m); (event) incident (m); (sight) spectacle (m); (view) vue (f) ◇ **behind the ~s** dans les coulisses; **~ shifter** machiniste (mf); **angry ~s** incidents (mpl) violents; **to make a ~** faire toute une scène (*about* à propos de); **a ~ of utter destruction** un spectacle de destruction totale; **the ~ from the top** la vue du sommet; **a change of ~** un changement de cadre; **to come on the ~** arriver; **it's not my ~** [famil] ça n'est pas mon genre [famil].

scenery ['si:nərɪ] n (countryside) paysage [m]; (Theat) décors [mpl].

scenic ['si:nɪk] adj scénique.

scent [sent] **1** n **a** (perfume) parfum [m] ◇ **~ spray** vaporisateur [m] **b** (track) piste [f] **2** vt (game, danger) flairer.

sceptic ['skeptɪk] n sceptique [mf] ◆ **sceptical** adj sceptique (*about* sur).

sceptre, (US) **-ter** ['septəʳ] n sceptre [m].

schedule ['ʃedju:l, (US) 'skedju:l] n (of work, visits) programme [m]; (of trains etc) horaire [m]; (list) liste [f]; (of prices) barème [m]; (customs, tax etc) tarif [m] ◇ **to go according to ~** se passer comme prévu; **on ~** (train) à l'heure; (work) à jour; **to be behind ~** avoir du retard; **to be ahead of ~** (in work) avoir de l'avance sur son programme ◆ **scheduled** adj (gen) prévu; (price) tarifé; (bus, train, flight service) régulier, [f] -ière; (stop) indiqué dans l'horaire ◇ **he is ~ to leave at midday** il doit partir à midi.

scheme [ski:m] **1** n (plan) plan [m] (*to do* pour faire); projet [m] (*for doing* pour faire) **2** vi comploter (*to do* pour faire) ◆ **scheming** adj intrigant.

schism ['sɪzəm] n schisme [m].

schizophrenia [ˌskɪtsəʊ'fri:nɪə] n schizophrénie [f] ◆ **schizophrenic** adj, n schizophrène [mf].

scholar ['skɒləʳ] n érudit(e) [m(f)] ◇ **a Dickens ~** un(e) spécialiste de Dickens ◆ **scholarly** adj érudit ◆ **scholarship** n (award) bourse [f] d'études (*obtenue sur concours*).

1. **school** [sku:l] n (gen) école [f]; (primary ~) école; (secondary ~) collège [m]; (grammar ~) lycée [m]; (Univ: department) département [m]; (faculty) faculté [f] ◇ **~ of motoring** auto-école [f]; **to ~, at ~, in ~** à l'école (or au collège etc); **to leave ~** quitter l'école etc; **~ begins at 9** les cours [mpl] commencent à 9 heures; **~ book** livre [m] de classe; **~ bus** car [m] de ramassage scolaire; **his ~ days** ses années [fpl] d'école; **~ fees** frais [mpl] de scolarité; **~ holidays** vacances [fpl] scolaires; **during ~ hours, in ~ time** pendant les heures de classe; **to be at medical ~** faire sa médecine ◆ **school-age** adj d'âge scolaire ◆ **schoolbag** n cartable [m] ◆ **schoolboy** n écolier [m] ◆ **schoolchild** n élève [mf] ◆ **schoolgirl** n écolière [f] ◆ **school-leaver** n jeune [mf] qui a terminé ses études secondaires ◆ **school-leaving age** n âge [m] de fin de scolarité ◆ **schoolmaster** n (primary) instituteur [m]; (secondary) professeur [m] ◆ **schoolmate** n camarade [mf] de classe ◆ **schoolmistress** n (primary) institutrice [f]; (secondary) professeur [m] ◆ **schoolteacher** n (primary) instituteur [m], [f] -trice; (secondary) professeur [m].

2. **school** [sku:l] n (of fish) banc [m].

schooner ['sku:nəʳ] n goélette [f].

sciatica [saɪ'ætɪkə] n sciatique [f].

science ['saɪəns] n science [f]; (subject for study) sciences ◇ **~ fiction** science-fiction [f]; **~ subject** sujet [m] scientifique; **~ teacher** professeur [m] de sciences ◆ **scientific** adj scientifique ◆ **scientist** n scientifique [mf] ◇ **one of our leading ~s** l'un de nos grands savants.

Scilly Isles ['sɪlɪaɪlz] npl Sorlingues [fpl].

scintillating ['sɪntɪleɪtɪŋ] adj scintillant.

scissors ['sɪzəz] npl ciseaux [mpl] ◇ **a pair of ~** une paire de ciseaux.

scoff [skɒf] vi se moquer (*at* de).

scold [skəʊld] vt gronder (*for doing* pour avoir fait).

scone [skɒn] n scone [m] (*petit pain [m] au lait*).

scoop [sku:p] **1** n (for flour etc) pelle [f] (*à main*); (for water) écope [f]; (for ice cream) cuiller [f] à glace; (Press) scoop [m] **2** vt ◇ **to ~ out** vider; **to ~ up** ramasser.

scooter ['sku:təʳ] n scooter [m]; (child's) trottinette [f].

scope [skəʊp] n (for development etc) possibilités [fpl]; (of regulation) portée [f] ◇ **to extend the ~ of one's activities** élargir le champ de ses activités; **it is outside the ~ of this book** cela dépasse les limites [fpl] de ce livre.

scorch [skɔ:tʃ] **1** n (**~ mark**) brûlure [f] légère **2** vt brûler ◇ **~ed earth policy** tactique [f] de la terre brûlée ◆ **scorching** adj très chaud.

score [skɔ:ʳ] **1** n **a** (Sport) score [m]; (Cards) marque [f]; (US Scol) note [f] ◇ (Ftbl) **there's no ~ yet** on n'a pas encore marqué de but; **there was no ~ in the match** ils ont fait match nul; (fig) **an old ~ to settle** un compte à régler (*with* avec) **b** ◇ (account) **on that ~** à ce titre **c** (music) partition [f] ◇ **the film ~** la musique du film **d** ◇ (twenty) **a ~** vingt; (fig) **~s of** un grand nombre de **2** vt **a** (goal, point) marquer **b** (cut: wood, metal) rayer **c** (music) écrire (*for violin* pour violon); (film) composer la musique de **3** vi **a** marquer un point; (**~ a goal**) marquer un but; (keep the ~) marquer les points; (fig) avoir l'avantage ◇ (fig) **to ~ over** or **off sb** marquer un point aux dépens de qn **b** ◇ **to ~ off** or **out** barrer ◆ **scoreboard** n tableau [m] ◆ **scorer** n marqueur [m].

scorn [skɔ:n] **1** n mépris [m] **2** vt (gen) mépriser; (advice, danger) faire fi de ◆ **scornful** adj méprisant.

Scorpio ['skɔ:pɪəʊ] n (Astrol) le Scorpion ◇ **I'm ~** je suis du Scorpion.

scorpion ['skɔ:pɪən] n scorpion [m].

Scot [skɒt] n Écossais(e) [m(f)].

Scotch [skɒtʃ] **1** n scotch [m] *(whisky)* **2** adj (abusivement) écossais ◇ **~ egg** œuf dur enrobé de chair à saucisse ◆ **Scotch tape** n ® (US) scotch [m] ®, ruban [m] adhésif.

scotch [skɒtʃ] vt (gen) faire échouer; (rumour) étouffer.

scot-free ['skɒt'fri:] adj (unpunished) sans être puni; (unhurt) indemne.

Scotland ['skɒtlənd] n Écosse [f].

Scots [skɒts] adj écossais ◆ **Scotsman** n Écossais [m] ◆ **Scotswoman** n Écossaise [f].

Scottish ['skɒtɪʃ] adj écossais.

scoundrel ['skaʊndrəl] n vaurien [m]; (child) coquin(e) [m(f)].

scour ['skaʊə^r] vt (pan) récurer; (floor) frotter ◆ **scourer** n (powder) poudre [f] à récurer; (pad) tampon [m] abrasif.

scourge [skɜ:dʒ] n fléau [m].

scout [skaʊt] n (Mil) éclaireur [m]; (boy) scout [m], éclaireur ◇ **to have a ~ round** [famil] reconnaître le terrain ◆ **scouting** n scoutisme [m] ◆ **scoutmaster** n chef [m] scout.

scowl [skaʊl] vi se renfrogner.

Scrabble ['skræbl] n ® (game) Scrabble [m] ®.

scraggy ['skrægɪ] adj (person, animal) efflanqué; (neck, limb) décharné.

scram [skræm] vi [famil] ficher le camp [famil].

scramble ['skræmbl] **1** vi ◇ **to ~ along** avancer tant bien que mal à toute vitesse; (Sport) **to go scrambling** faire du moto-cross **2** vt brouiller ◇ **~d eggs** œufs [mpl] brouillés **3** n **a** (rush) ruée [f] (*for* pour) **b** (motorcycle) moto-cross [m] ◆ **scrambling** n trial [m].

1. **scrap** [skræp] **1** n **a** (piece: gen) petit bout [m]; (of conversation) bribe [f]; (of news) fragment [m] ◇ (of food) **~s** restes [mpl]; **not a ~ of evidence** pas la moindre preuve **b** (**~ metal** or **iron**) ferraille [f] ◇ **to sell for ~** vendre à la casse; **~ merchant** marchand [m] de ferraille; (fig) **to throw sth on the ~ heap** mettre qch au rebut; **~ paper** vieux papiers [mpl]; (for notes) papier [m] de brouillon; **~ yard** chantier [m] de ferraille **2** vt (gen) mettre au rebut; (car, ship) envoyer à la ferraille ◆ **scrapbook** n album [m] (*de coupures de journaux* etc).

2. **scrap** [skræp] **1** n [famil] (fight) bagarre [f] **2** vi se bagarrer [famil] (*with* avec).

scrape [skreɪp] **1** n (sound) raclement [m]; (mark) éraflure [f] ◇ **to get into a ~** [famil] se mettre dans un mauvais pas **2** vti (clean etc) racler; (vegetables) gratter; (scratch) érafler; (rub) frotter (*against* contre); (just touch) frôler ◇ **to ~ off** enlever en raclant; **to ~ through an exam** réussir un examen de justesse; **to ~ together** (money) réussir à grand-peine ◆ **scraper** n racloir [m].

scratch [skrætʃ] **1** n (sound) grattement [m]; (mark) éraflure [f]; (on skin) égratignure [f] ◇ (unharmed) **without a ~** indemne; (fig) **to start from ~** partir de zéro; **to come up to ~** se montrer à la hauteur **2** adj (Sport) scratch [inv] ◇ (Comput) **~ file** fichier [m] de travail **3** vti **a** (gen) gratter (*at* à); (**~ o.s.**) se gratter; (with nail, claw) griffer; (accidentally) érafler; (record) rayer; (one's name) graver ◇ **to ~ one's head** se gratter la tête **b** (game etc) annuler.

scrawl [skrɔ:l] **1** n griffonnage [m] **2** vt griffonner.

scrawny ['skrɔ:nɪ] adj décharné.

scream [skri:m] **1** n cri [m] perçant ◇ **~ of laughter** éclat [m] de rire; **to give a ~** pousser un cri; (funny) **it was a ~** [famil] c'était à se tordre de rire; **he's a ~** [famil] il est impayable [famil] **2** vi crier (*at sb* après qn; *for help* à l'aide); hurler (*with* de).

screech [skri:tʃ] **1** n (of person, siren) hurlement [m]; (of brakes) grincement [m] **2** vi hurler; grincer.

screen [skri:n] **1** n (in room) paravent [m]; (for fire) écran [m]; (Cine, TV etc) écran [m] ◇ **~ test** bout [m] d'essai **2** vt (hide) cacher; (protect) protéger (*from* de); (film) projeter; (fig: candidates) passer au crible ◆ **screenplay** n scénario [m].

screw [skru:] **1** n vis [f]; (propeller) hélice [f] **2** vt (**~ down**, **~ on**, **~ round**) visser ◇ **to ~ sth tight** visser qch à bloc; **to ~ sth off** dévisser qch; **to ~ together** assembler avec des vis; **to ~ up** (paper) froisser; (famil: spoil) bousiller [famil]; **to ~ up one's face** faire la grimace; (fig) **to ~ up one's courage** prendre son courage à deux mains ◆ **screwdriver** n tournevis [m] ◆ **screw-top(ped)** adj avec couvercle vissant.

scribble ['skrɪbl] **1** vti griffonner **2** n griffonnage [m] ◆ **scribbling pad** n bloc-notes [m].

script [skrɪpt] n (Cine) scénario [m]; (Theat, Rad, TV) texte [m]; (in exam) copie [f] ◆ **scriptwriter** n scénariste [mf].

Scripture ['skrɪptʃə^r] n Écriture [f] sainte.

scroll [skrəʊl] **1** n (ancient book) manuscrit [m]; (Archit) volute [f] **2** vt (Comput) faire défiler **3** vi ◇ (Comput) **to ~ up/down** faire défiler vers le haut/vers le bas.

scrounge [skraʊndʒ] vti [famil] (meal etc) se faire payer (*from or off sb* par qn) ◇ **to ~ £5 off sb** taper [famil] qn de 5 livres; **to ~ on sb** vivre aux crochets de qn ◆ **scrounger** [famil] n parasite [m].

scrub [skrʌb] 1 vt a (gen) nettoyer à la brosse; (pan) récurer ◇ **to ~ one's hands** se brosser les mains; **to ~ sth off** enlever qch en frottant b (famil: cancel) annuler 2 n (brushwood) broussailles [fpl] ◆ **scrubbing-brush** n brosse [f] dure.

scruff [skrʌf] n ◇ **by the ~ of the neck** par la peau du cou.

scruffy ['skrʌfɪ] adj (gen) miteux, [f] -euse; (child) crasseux; (person) débraillé.

scrum [skrʌm] n (Rugby) mêlée [f] ◇ **~ half** demi [m] de mêlée.

scrumptious ['skrʌmpʃəs] adj [famil] succulent.

scruple ['skru:pl] n scrupule [m] (*about* au sujet de).

scrupulous ['skru:pjʊləs] adj scrupuleux, [f] -euse ◆ **scrupulously** adv (gen) scrupuleusement ◇ **~ clean** d'une propreté irréprochable.

scrutinize ['skru:tɪnaɪz] vt scruter.

scrutiny ['skru:tɪnɪ] n (gen) regard [m] scrutateur; (of document) examen [m] minutieux.

scuba ['sku:bə] n scaphandre [m] autonome ◇ **~ diver** plongeur [m], [f] -euse; **~ diving** plongée [f] sous-marine (autonome).

scuff [skʌf] vt (shoes) érafler; (feet) traîner ◆ **scuff marks** npl éraflures [fpl].

scuffle ['skʌfl] n bagarre [f].

scull [skʌl] vi ◇ **to go ~ing** faire de l'aviron.

scullery ['skʌlərɪ] n arrière-cuisine [f].

sculpt [skʌlpt] vti sculpter (*out of* dans) ◆ **sculptor** n sculpteur [m] ◆ **sculptress** n femme [f] sculpteur ◆ **sculpture** n sculpture [f].

scum [skʌm] n (gen) écume [f]; (dirt) couche [f] de saleté ◇ (fig) **the ~ of the earth** le rebut du genre humain.

scurf [skɜ:f] n pellicules [fpl].

scurrilous ['skʌrɪləs] adj calomnieux, [f] -ieuse.

scurry ['skʌrɪ] vi ◇ **to ~ along** (etc) avancer (etc) à toute vitesse.

scuttle ['skʌtl] 1 vi ◇ **to ~ in** (etc) entrer (etc) précipitamment 2 vt (ship) saborder.

scythe [saɪð] n faux [f].

SDP [esdi:'pi:] (Brit) abbr of *Social Democratic Party* parti [m] social-démocrate.

sea [si:] 1 n mer [f] ◇ **by** or **beside the ~** au bord de la mer; **lands across the ~** pays [mpl] d'outre-mer; **to go to ~** (of boat) prendre la mer; (of person) devenir marin; **to put to ~** prendre la mer; **by ~** par mer, en bateau; **(out) at ~** en mer; (fig) **I'm all at ~** je nage [famil] complètement; **the ~ was very rough** la mer était très mauvaise 2 adj (air) de la mer; (bird, fish, water) de mer; (battle, power) naval; (route, transport) maritime ◇ **~ bed** fond [m] de la mer; **~ coast** côte [f]; **~ level** niveau [m] de la mer; **~ wall** digue [f] ◆ **seaboard** n littoral [m] ◆ **seafarer** n marin [m] ◆ **seafood** n fruits [mpl] de mer ◆ **seagull** n mouette [f] ◆ **sea-lion** n otarie [f] ◆ **seaman**, pl **-men** n marin [m] ◆ **seaplane** n hydravion [m] ◆ **seashell** n coquillage [m] ◆ **seashore** n rivage [m] ◆ **seasick** adj ◇ **to be ~** avoir le mal de mer ◆ **seaside** n bord [m] de la mer ◇ **at** or **beside** or **by the ~** au bord de la mer; **~ resort** station [f] balnéaire ◆ **sea-urchin** n oursin [m] ◆ **seaweed** n algue(s) [f(pl)] ◆ **seaworthy** adj en état de naviguer.

1. **seal** [si:l] n (animal) phoque [m].

2. **seal** [si:l] 1 n (gen) sceau [m]; (on letter) cachet [m]; (on package) plomb [m] ◇ (fig) **to give sth the ~ of approval** donner son approbation à qch 2 vt a (**~ up:** envelope) coller; (room, jar) fermer hermétiquement; (meat) saisir ◇ **~ed orders** instructions [fpl] secrètes; (Police, Mil) **to ~ off a district** mettre un cordon autour d'un quartier b (fate) régler; (bargain) conclure ◆ **sealing wax** n cire [f] à cacheter.

seam [si:m] n a (in fabric, rubber) couture [f]; (in plastic, metal) joint [m] ◇ (fig) **bursting at the ~s** [famil] plein à craquer b (of coal etc) veine [f].

seamy ['si:mɪ] adj louche.

séance ['seɪâ:ns] n séance [f] de spiritisme.

search [sɜ:tʃ] 1 vti (gen: person, thing, place) fouiller (*for* à la recherche de); (Customs: luggage) visiter; (document, photo) examiner (*for* pour trouver); (one's memory) chercher dans; (Comput: file) consulter ◇ **to ~ for sth** chercher qch; **to ~ through sth** fouiller qch; (Comput) **to ~ a file for sth** rechercher qch dans un fichier 2 n (of person, building, drawer etc) fouille [f]; (Customs) visite [f]; (for sth lost) recherches [fpl]; (Comput) recherche [f] ◇ **in ~ of** à la recherche de; **to begin a ~ for** se mettre à la recherche de; **~ party** équipe [f] de secours; **~ warrant** mandat [m] de perquisition ◆ **searching** adj (look) pénétrant; (examination) minutieux, [f] -ieuse ◆ **searchlight** n projecteur [m] (*pour éclairer*).

season ['si:zn] 1 n (gen) saison [f] ◇ **to be in ~** être de saison; **it's out of ~** ce n'est pas de saison; **~ ticket** carte [f] d'abonnement; **the Christmas ~** la période de Noël or des fêtes; **'S~'s greetings'** 'Joyeux Noël et Bonne Année'; **the film is here for a short ~** le film sera projeté quelques semaines; **in ~** (animal) en chaleur; (vegetables) de saison 2 vt (food) assaisonner ◇ **a highly ~ed dish** un plat relevé ◆ **seasonal** adj saisonnier, [f] -ière ◆ **seasoned** adj (wood) séché; (fig: worker etc) expérimenté; (troops) aguerri ◆ **seasoning** n assaisonnement [m].

seat [si:t] **1** n (gen, also Pol) siège [m]; (bench type) banquette [f]; (in theatre etc) fauteuil [m]; (place: train etc) place [f]; (on cycle) selle [f]; (of trousers) fond [m] ◇ **to take a ~** s'asseoir; **to take one's ~** prendre place; **2 ~s for...** 2 places pour...; **~ belt** ceinture [f] de sécurité; **a two-~er car** une voiture à deux places; (Pol) **a majority of 50 ~s** une majorité de 50 députés (etc) **2** vt (child) asseoir; (guest) placer ◇ **to be ~ed** (sit down) s'asseoir; (be sitting) être assis; **to remain ~ed** rester assis; (find room for) **we cannot ~ them all** nous n'avons pas assez de sièges pour tout le monde; **it ~s 8** on peut y tenir à 8.

sec abbr of *second(s)*.

secateurs [ˌsekəˈtɛːz] npl sécateur [m].

secluded [sɪˈkluːdɪd] adj (house) à l'écart; (garden) isolé; (life, place) retiré.

seclusion [sɪˈkluːʒən] n solitude [f].

1. **second** [ˈsekənd] **1** adj deuxième; (gen one of two) second ◇ **to be ~ in the queue** être le (or la) deuxième dans la queue; (in school) **he was ~ in French** il a été deuxième en français; **every ~ day** un jour sur deux; (car) **in ~ (gear)** en seconde [f]; (Med) **to ask for a ~ opinion** demander l'avis d'un autre médecin; **~ cousin** petit(e) cousin(e) [m(f)] *(issu(e) de germain)*; **in the ~ place** en deuxième lieu; **Charles the S~** Charles II; **~ to none** sans pareil; **to have ~ sight** avoir le don de seconde vue; **to have ~ thoughts** changer d'avis (*about* en ce qui concerne); **on ~ thoughts...** réflexion faite...; → for other phrases **sixth** **2** adv **a** (Rail: travel) en seconde ◇ (in race, exam) **to come ~** se classer deuxième; **the ~ largest** le plus grand sauf un **b** (secondly) deuxièmement **3** n **a** deuxième [mf], second(e) [m(f)]; (Boxing) soigneur [m]; (in duel) second [m] ◇ (goods) **~s** articles [mpl] de second choix **b** (time, geography, maths) seconde [f] ◇ **just a ~!, half a ~!** une petite seconde!; **~ hand** trotteuse [f] **4** vt (motion) appuyer ◇ (fig) **I'll ~ that** je suis d'accord ◆ **secondary** adj secondaire → **school** ◆ **second-best** n, adv ◇ **as a ~** faute de mieux; **to come off ~** perdre ◆ **second-class** adj (Brit: mail) à tarif réduit; (rail ticket etc) de seconde ◇ **~ citizen** déshérité(e) [m(f)] ◆ **secondhand** **1** adj (gen) d'occasion; (information) de seconde main ◇ **~ dealer** marchand(e) [m(f)] d'occasion **2** adv (buy) d'occasion ◆ **second-in-command** n (Mil) commandant [m] en second; (Naut) second [m]; (gen) adjoint(e) [m(f)] ◆ **secondly** adv deuxièmement ◆ **second-rate** adj médiocre.

2. **second** [sɪˈkɒnd] vt (employee) détacher (*to* à) ◆ **secondment** n ◇ **on ~** en détachement (*to* à).

secrecy [ˈsiːkrəsɪ] n secret [m] ◇ **in ~** en secret.

secret [ˈsiːkrɪt] **1** n secret [m] ◇ **to keep a ~** garder un secret; **he makes no ~ of the fact that** il ne cache pas que; **in ~** en secret **2** adj secret, [f] -ète ◇ **to keep sth ~** ne pas révéler qch (*from sb* à qn); **~ admirer** admirateur [m], [f] -trice inconnu(e); **~ agent** agent [m] secret; **~ ballot** vote [m] à bulletin secret; **the S~ Service** (Brit) les services [mpl] secrets; (US) les services [mpl] chargés de la protection du président.

secretarial [ˌsekrəˈtɛərɪəl] adj (work, college) de secrétariat ◇ **~ course** études [fpl] de secrétaire.

secretary [ˈsekrətrɪ] n secrétaire [mf]; (company ~) secrétaire [m] général *(d'une société)* ◇ **~-general** secrétaire général; **S~ of State** (Brit) ministre [m] (*for* de); (US) ≃ ministre des Affaires étrangères; **Foreign** (etc) **S~** ministre [m] des Affaires étrangères (etc).

secrete [sɪˈkriːt] vt (Med etc) sécréter; (hide) cacher ◆ **secretion** n sécrétion [f].

secretive [ˈsiːkrətɪv] adj très réservé (*about* à propos de).

sect [sekt] n secte [f].

sectarian [sekˈtɛərɪən] adj sectaire.

section [ˈsekʃən] **1** n **a** (part: gen) section [f]; (of country) partie [f]; (of town) quartier [m]; (of machine, furniture) élément [m]; (Mil) groupe [m] de combat ◇ (Mus) **the brass** (etc) **~** les cuivres [mpl] (etc) **b** (department) section [f] **2** vt ◇ **to ~ off** séparer ◆ **sectional** adj (furniture) à éléments.

sector [ˈsektəʳ] n secteur [m].

secular [ˈsekjʊləʳ] adj (school) laïque; (music) profane.

secure [sɪˈkjʊəʳ] **1** adj **a** (solid etc: padlock, nail, knot) solide; (rope) bien attaché; (door) bien fermé; (safe: valuables etc) en sûreté; (place) sûr; (certain: career, fame) assuré ◇ **~ from** or **against** à l'abri de **b** ◇ **to feel ~** ne pas avoir d'inquiétudes (*about* au sujet de) **2** vt (get) obtenir (*for sb* pour qn); (fix: rope) attacher; (door, window) bien fermer; (tile) fixer; (tie up: animal) attacher; (make safe) préserver (*against*, *from* de); (career, future) assurer ◆ **securely** adv (firmly) solidement; (safely) en sécurité.

security [sɪˈkjʊərɪtɪ] **1** n **a** (safety) sécurité [f] ◇ **in ~** en sécurité; **job ~** sécurité de l'emploi; **~ was lax** les mesures [fpl] de sécurité étaient relâchées **b** (for loan) garantie [f]; (for bail) caution [f] **c** ◇ (stock exchange) **securities** valeurs [fpl], titres [mpl] **2** adj (council, forces) de sécurité; (officer, inspector) chargé de la sécurité ◇ **~ guard** garde [m] chargé de la sécurité; (transporting money) convoyeur [m] de fonds; **he is a ~ risk** il n'est pas sûr.

sedate [sɪ'deɪt] **1** adj posé **2** vt (Med) mettre sous sédation ◆ **sedation** n ◇ **under ~** sous sédation; sous calmants.

sedative ['sedətɪv] adj, n sédatif (m).

sedentary ['sedntrɪ] adj sédentaire.

sediment ['sedɪmənt] n (gen) dépôt (m); (in river) sédiment (m).

seduce [sɪ'dju:s] vt séduire.

seductive [sɪ'dʌktɪv] adj (person) séduisant; (offer) alléchant.

1. **see** [si:] pret *saw*, ptp *seen* vti **a** (gen) voir ◇ **I can ~ him** je le vois; **he was ~n to read the letter** on l'a vu lire la lettre; **there was not a house to be ~n** il n'y avait pas une seule maison en vue; **I'll go and ~** je vais aller voir; **let me ~** (show me) fais voir; (let me think) voyons; **~ for yourself** voyez vous-même; **so I ~** c'est bien ce que je vois; **we'll ~ (about it)** (perhaps) on verra; **to ~ sth with one's own eyes** voir qch de ses propres yeux; **to ~ in the dark** voir clair la nuit; (fig) **to ~ one's way to doing** trouver le moyen de faire; **to ~ the world** voyager; **what does she ~ in him?** qu'est-ce qu'elle lui trouve?; **~ who's at the door** allez voir qui est à la porte; **to go and ~ sb** aller voir qn; **they ~ a lot of him** ils le voient souvent; **~ you soon!** à bientôt!; **~ you later!** à tout à l'heure!; **it has ~n better days** ça a connu des jours meilleurs; **I never thought we'd ~ the day when...** je n'aurais jamais cru qu'un jour...; (fig) **to ~ through sb** ne pas se laisser tromper par qn; **to ~ through sth** voir clair dans qch; **to ~ sth through** mener qch à bonne fin; **£10 should ~ you through** 10 livres devraient vous suffire; **I'll ~ you through** vous pouvez compter sur moi; **I can't ~ myself doing that** je me vois mal faisant cela.

b (understand) voir, comprendre; (joke) comprendre ◇ **do you ~ what I mean?** vous voyez ce que je veux dire?; **as I ~ it** à mon avis; **as far as I can ~** pour autant que je puisse en juger.

c (accompany) accompagner ◇ **to ~ sb home** raccompagner qn jusque chez lui; **to ~ sb off** aller dire au revoir à qn (*à la gare* etc); **to ~ sb out** raccompagner qn à la porte; (fig) **to ~ the New Year in** fêter la Nouvelle Année.

d ◇ (ensure) **~ that he has all he needs** assurez-vous qu'il ne manque de rien; **I'll ~ to it** je m'en occupe; **I'll ~ (to it) he gets the letter** je me charge de lui faire parvenir la lettre; **to ~ about sth** s'occuper de qch ◆ **seeing** conj ◇ **~ (that)** étant donné que ◆ **see-through** adj transparent.

2. **see** [si:] n (of bishop) siège (m) épiscopal.

seed [si:d] **1** n **a** (gen) graine (f); (pip) pépin (m) ◇ (for sowing) **the ~** les graines (fpl); **~ potato** pomme (f) de terre de semence; **to go to ~** (plant etc) monter en graine; (person) se laisser aller **b** (Tennis: **~ed player**) tête (f) de série **2** vt **a** (lawn) ensemencer; (grape) épépiner **b** ◇ (Tennis) **he was ~ed third** il était classé troisième tête de série ◆ **seedless** adj sans pépins ◆ **seedling** n semis (m) ◆ **seedy** adj (shabby) miteux, (f) -euse.

seek [si:k] pret, ptp *sought* vti (gen) chercher (*to do* à faire); (advice, help) demander (*from sb* à qn) ◇ **to ~ for** rechercher; **sought after** recherché; **to ~ sb out** aller voir qn ◆ **seeker** n chercheur (m), (f) -euse (*after* en quête de).

seem [si:m] vi sembler ◇ **he ~s honest** il semble honnête, il a l'air honnête; **she ~s to know you** elle semble vous connaître; **we ~ to have met before** il me semble que nous nous sommes déjà rencontrés; **I can't ~ to do it** je n'arrive pas à le faire; **I ~ed to be floating** j'avais l'impression de planer; **how did she ~ to you?** comment l'as-tu trouvée?; **how does it ~ to you?** qu'en penses-tu?; **it ~s that...** (looks as if) il semble que...; (people say) il paraît que...; **it doesn't ~ that...** il ne semble pas que + subj; **it ~s to me that...** il me semble que...; **so it ~s** il paraît; **there ~s to be a mistake** il semble y avoir une erreur ◆ **seemingly** adv à ce qu'il paraît.

seemly ['si:mlɪ] adj convenable.

seen [si:n] ptp of 1. *see*.

seep [si:p] vi filtrer (*through* à travers) ◇ **to ~ in** s'infiltrer peu à peu; **to ~ out** suinter.

seersucker ['sɪəˌsʌkə^r] n crépon (m) de coton.

seesaw ['si:sɔ:] n bascule (f) *(jeu)*.

seethe [si:ð] vi (gen) bouillonner; (with anger) bouillir de colère ◇ **seething with people** grouillant de monde.

segment ['segmənt] n (gen) segment (m); (of orange etc) quartier (m).

segregate ['segrɪgeɪt] vt séparer (*from* de) ◆ **segregated** adj (Pol) où la ségrégation (raciale) est appliquée ◆ **segregation** n ségrégation (f).

Seine [seɪn] n ◇ **the ~** la Seine.

seize [si:z] vti (gen) saisir; (Mil, Police) s'emparer de ◇ **she was ~d with this desire** ce désir l'a saisie; **to ~ up** (of machine) se gripper; (of limb) s'ankyloser; **to ~ (up)on sth** saisir qch.

seizure ['si:ʒə^r] n **a** (of goods, property) saisie (f); (of city, ship) capture (f); (of power, territory) prise (f) **b** (Med) crise (f).

seldom ['seldəm] adv rarement.

select [sɪ'lekt] 1 vt (gen) choisir (*from* parmi); (team, candidate) sélectionner (*from* parmi) ◇ **~ed works** œuvres [fpl] choisies 2 adj chic [inv], sélect ◆ **selection** n sélection [f], choix [m] ◆ **selective** adj (gen) sélectif, [f] -ive ◇ **to be ~** savoir faire un choix.

self [self], pl **selves** 1 n ◇ **the ~** le moi [inv]; **his better ~** le meilleur de lui-même; **she's her old ~ again** elle est redevenue complètement elle-même 2 pref ◇ **~-cleaning** (etc) à nettoyage (etc) automatique; **~-adhesive** auto-adhésif, autocollant; **~-criticism** critique [f] de soi; **~-imposed/-inflicted** que l'on s'impose/ s'inflige à soi-même ◆ **self-addressed envelope** n enveloppe [f] à mon (etc) nom et adresse ◆ **self-assured** adj plein d'assurance ◆ **self-awareness** n (prise [f] de) conscience [f] de soi-même ◆ **self-catering** adj ◇ **~ flat** appartement [m] indépendant (avec cuisine) ◆ **self-centred** adj égocentrique ◆ **self-confident** adj sûr de soi ◆ **self-conscious** adj gêné (*about* de) ◆ **self-contained** adj indépendant ◆ **self-control** n maîtrise [f] de soi ◆ **self-controlled** adj maître, [f] maîtresse de soi ◆ **self-defence** n légitime défense [f] ◆ **self-deprecating** adj ◇ **to be ~** se dénigrer ◆ **self-determination** n autodétermination [f] ◆ **self-discipline** n discipline [f] (personnelle) ◆ **self-drive** adj (car) sans chauffeur ◆ **self-employed** adj qui travaille à son compte ◆ **self-esteem** n amour-propre [m] ◆ **self-evident** adj évident ◆ **self-explanatory** adj qui se passe d'explication ◆ **self-government** n autonomie [f] ◆ **self-help** n débrouillardise [famil] [f] ◆ **self-image** n image [f] de soi-même ◆ **self-important** adj suffisant, m'as-tu-vu [famil] [inv] ◆ **self-improvement** n progrès [mpl] personnels ◆ **self-indulgent** adj qui ne se refuse rien ◆ **self-interest** n intérêt [m] (personnel) ◆ **self-opinionated** adj entêté, opiniâtre ◆ **self-pity** n apitoiement [m] sur soi-même ◆ **self-portrait** n autoportrait [m] ◆ **self-preservation** n instinct [m] de conservation ◆ **self-raising flour** n farine [f] à levure ◆ **self-reliant** adj indépendant ◆ **self-respect** n respect [m] de soi ◆ **self-respecting** adj qui se respecte ◆ **self-righteous** adj satisfait de soi ◆ **self-sacrifice** n abnégation [f] ◆ **self-satisfied** adj suffisant ◆ **self-service** n libre-service [m inv] ◆ **self-starter** n démarreur [m] ◆ **self-sufficient** adj (économiquement) indépendant ◆ **self-taught** adj autodidacte.

selfish ['selfɪʃ] adj (gen) égoïste; (motive) intéressé ◆ **selfishness** n égoïsme [m].

selfless ['selflɪs] adj désintéressé.

selfsame ['selfseɪm] adj même.

sell [sel] pret, ptp *sold* vti vendre ◇ **to ~ sth for 2 francs** vendre qch 2 F; **he sold me it for 10 francs** il me l'a vendu 10 F; **they ~ at £10 each** ils se vendent 10 livres pièce; **to ~ sth off** liquider qch; **I was sold this here** on m'a vendu cela ici; (fig) **to ~ out to the enemy** passer à l'ennemi; **it is sold out** c'est épuisé; **we are sold out** on n'en a plus (*of* de); (of shopowner etc) **to ~ up** vendre son affaire; **to ~ sb an idea** faire accepter une idée à qn; **to be sold on** [famil] **sth** être emballé [famil] par qch ◆ **sell-by date** n date [f] limite de vente ◆ **seller** n vendeur [m], [f] -euse ◆ **selling price** n prix [m] de vente.

Sellotape ['seləʊteɪp] n ® scotch [m] ®, ruban [m] adhésif.

sellout ['selaʊt] n ◇ (Theat etc) **it was a ~** on a joué à guichets fermés.

seltzer ['seltsəʳ] n eau [f] de Seltz.

selvedge ['selvɪdʒ] n lisière [f] *(de tissu)*.

semantic [sɪ'mæntɪk] adj sémantique.

semantics [sɪ'mæntɪks] nsg sémantique [f].

semaphore ['seməfɔːʳ] n signaux [mpl] à bras.

semen ['siːmən] n sperme [m].

semi ['semɪ] pref semi-, demi- ◆ **semi-automatic** adj semi-automatique ◆ **semi-breve** n (Brit: Mus) ronde [f] ◆ **semicircle** n demi-cercle [m] ◆ **semi-circular** adj en demi-cercle ◆ **semicolon** n point-virgule [m] ◆ **semiconductor** n semi-conducteur [m] ◆ **semiconscious** adj à demi conscient ◆ **semidetached house** n maison [f] jumelée ◆ **semifinal** n demi-finale [f] ◆ **semi-professional** adj semi-professionnel ◆ **semiskilled** adj (worker) spécialisé; (work) d'ouvrier spécialisé ◆ **semi-skimmed** adj demi-écrémé.

seminar ['semɪnɑːʳ] n (discussion) séminaire [m]; (class) séance [f] de travaux pratiques.

seminary ['semɪnərɪ] n séminaire [m] (Rel).

semolina [ˌsemə'liːnə] n semoule [f]; (**~ pudding**) semoule au lait.

senate ['senɪt] n (Pol) sénat [m].

senator ['senɪtəʳ] n sénateur [m].

send [send] pret, ptp *sent* vti (gen) envoyer (*to* à; *to do* faire; *for sth* chercher qch); (ball, spacecraft) lancer ◇ **to ~ away** or **off** (gen) envoyer (*to* à); (post) mettre à la poste; (dismiss) renvoyer; **to ~ away** or **off for sth** commander qch par correspondance; (Ftbl) **to ~ sb off** renvoyer qn du terrain; **to ~ back** renvoyer; **to ~ prices down** faire baisser les prix; **to ~ for** (doctor, Police) faire venir; (help) envoyer chercher; (application form) écrire pour demander; **to ~ out for sth** envoyer chercher qch; **to ~ in** (gen) envoyer; (visitor) faire entrer; **to ~ in an application** faire une demande; (for job) poser sa candidature; **to ~ out** (gen) envoyer; (from room etc) faire sortir; (post) envoyer par la poste; (emit: smell, heat) émettre; **to ~ the children out to play** envoyer les enfants jouer dehors; **to ~ sb to bed** envoyer qn se coucher; **to ~ sb home** renvoyer qn chez lui, (from abroad) rapatrier qn; **to ~ sb to sleep** endormir qn; **to ~ sb mad** rendre qn fou, [f] folle; (fig) **to ~ sb about his business** [famil] envoyer promener qn [famil]; (fig) **to ~ sb to Coventry** mettre qn en quarantaine; **it sent her running to her mother** en voyant cela elle s'est précipitée vers sa mère; (fig) **to ~ sth flying** envoyer voler qch; **to ~ sb flying** envoyer qn rouler à terre; **this music ~s** [famil] **me** cette musique m'emballe [famil]; **to ~ on** (letter, luggage) faire suivre; (sth left behind) renvoyer; **they sent him round to his aunt's** ils l'ont envoyé chez sa tante; **to ~ up** (person, luggage, prices) faire monter; (spacecraft, flare) lancer; (famil: make fun of) parodier ◆ **sender** n expéditeur [m], [f] -trice ◆ **send-off** [famil] n ◇ **to give sb a good ~** faire des adieux chaleureux à qn ◆ **send-up** [famil] n parodie [f].

Senegal [senɪ'gɔ:l] n Sénégal [m] ◆ **Senegalese** 1 adj sénégalais 2 n (pl inv) Sénégalais(e) [m(f)].

senile ['si:naɪl] adj sénile ◆ **senility** n sénilité [f].

senior ['si:nɪəʳ] 1 adj (in rank) supérieur; (older) plus âgé, aîné ◇ **Smith S~** Smith père; **~ citizen** personne [f] âgée or du troisième âge; (US) **~ high school** lycée [m]; **he's my ~** il est plus âgé que moi; (in firm) il est au-dessus de moi; **~ partner** associé [m] principal 2 n (in age) aîné(e) [m(f)]; (US Univ) étudiant(e) [m(f)] de licence; (US Scol) élève [mf] de terminale ◆ **seniority** n (rank) supériorité [f]; (years of service) ancienneté [f].

sensation [sen'seɪʃən] n sensation [f] (*of doing* de faire) ◇ **to cause a ~** faire sensation.

sensational [sen'seɪʃənl] adj (event) qui fait sensation; (film, novel) à sensation; (account) dramatique; (famil: marvellous) sensationnel [famil], [f] -elle.

sense [sens] 1 n a (faculty etc) sens [m] ◇ **~ of hearing** ouïe [f]; **~ of smell** odorat [m]; **to come to one's ~s** reprendre connaissance → also 1c; **~ of direction** sens de l'orientation; **~ of humour** sens de l'humour; **to lose all ~ of time** perdre toute notion de l'heure b (impression: physical) sensation [f] (*of warmth* etc de chaleur etc); (mental) sentiment [m] (*of guilt* etc de culpabilité etc) c ◇ (sanity) **to take leave of one's ~s** perdre la raison; **to come to one's ~s** revenir à la raison; **to bring sb to his ~s** ramener qn à la raison d (common ~) bon sens [m] ◇ **to see ~** entendre raison; **there's no ~ in doing that** à quoi bon faire cela?; **to make ~** (words, speech) avoir du sens; **it makes ~** c'est logique; **to make ~ of sth** arriver à comprendre qch e (meaning) sens [m] ◇ **in the figurative ~** au sens figuré; **in every ~ of the word** dans toute l'acception du terme; **in a ~** dans un certain sens 2 vt (gen) sentir intuitivement (*that* que); (danger) pressentir ◆ **senseless** adj (stupid) insensé; (unconscious) sans connaissance.

sensibility [ˌsensɪ'bɪlɪtɪ] n sensibilité [f].

sensible ['sensəbl] adj (gen) raisonnable, sensé; (clothes) pratique.

sensitive ['sensɪtɪv] adj (gen) sensible (*to* à); (delicate: skin) délicat; (easily offended) susceptible; (fig: subject, situation) délicat ◆ **sensitively** adv avec sensibilité ◆ **sensitivity** n sensibilité [f].

sensor ['sensəʳ] n détecteur [m].

sensual ['sensjʊəl] adj sensuel, [f] -uelle.

sensuous ['sensjʊəs] adj voluptueux, [f] -ueuse.

sent [sent] pret, ptp of *send*.

sentence ['sentəns] 1 n a (Grammar) phrase [f] b ◇ (Law) **~ of death** condamnation [f] à mort; **a long ~** une longue peine 2 vt condamner (*to* à).

sentiment ['sentɪmənt] n (feeling) sentiment [m]; (opinion) opinion [f]; (sentimentality) sentimentalité [f] ◆ **sentimental** adj sentimental ◆ **sentimentality** n sentimentalité [f].

sentry ['sentrɪ] n sentinelle [f] ◇ **~ box** guérite [f]; **on ~ duty** de faction.

separate ['seprɪt] 1 adj (gen) séparé; (existence, organization) indépendant; (entrance) particulier, [f] -ière; (occasion, day, issue) différent ◇ **they have ~ rooms** ils ont chacun leur propre chambre; **to keep sth ~ from** séparer qch de 2 n ◇ (clothes) **~s** coordonnés [mpl] 3 ['sepəreɪt] vt séparer (*from* de); diviser (*into* en) 4 vi se séparer (*from* de) ◆ **separately** adv séparément ◆ **separation** n séparation [f] (*from sth* de qch; *from sb* d'avec qn).

September [sep'tembəʳ] n septembre [m] ◇ **the first of ~** le premier septembre; **(on) the tenth of ~** le dix septembre; **in ~** en septembre; **in the month of ~** au mois de septembre; **each** or **every ~** chaque année en septembre.

septic ['septɪk] adj septique; (wound) infecté ◇ **~ tank** fosse [f] septique.

sequel ['si:kwəl] n (of book, film etc) suite [f]; (of event etc) suites [fpl].

sequence ['si:kwəns] n a suite [f] (*of* de); (Mus, Cards, Comput) séquence [f] b (order) ordre [m] ◇ **in ~** par ordre.

sequin ['si:kwɪn] n paillette [f].

Serbo-Croat ['sɜ:bəʊ'krəʊæt] 1 adj serbo-croate 2 n Serbo-croate [mf]; (language) serbo-croate [m].

serenade [ˌserə'neɪd] n sérénade [f].

serene [sə'ri:n] adj serein.

serge [sɜ:dʒ] n serge [f].

sergeant ['sɑ:dʒənt] n (gen) sergent [m]; (US Air Force) caporal-chef [m]; (Police) brigadier [m].

serial ['sɪərɪəl] **1** n feuilleton [m] ◇ **television** ~ feuilleton télévisé; **3-part** ~ feuilleton en 3 épisodes **2** adj ◇ ~ **number** (gen) numéro [m] de série; (of cheque, banknote) numéro ◆ **serialize** vt (Press) publier en feuilleton; (Rad, TV) adapter en feuilleton.

series ['sɪərɪz] n, pl inv (gen) série [f]; (set of books) collection [f].

serious ['sɪərɪəs] adj **a** (gen) sérieux, [f] -ieuse; (attitude, voice) grave ◇ **I'm quite** ~ je ne plaisante pas **b** (illness, mistake, loss, doubt) grave (usually before n) ◇ **his condition is** ~ il est dans un état grave ◆ **seriously** adv (speak, think) sérieusement; (ill) gravement; (wounded) grièvement; (worried) sérieusement ◇ **to take sth** ~ prendre qch au sérieux ◆ **seriousness** n (gen) sérieux [m]; (of situation, injury) gravité [f] ◇ **in all** ~ sérieusement.

sermon ['sɜ:mən] n sermon [m] (*on* sur).

serpent ['sɜ:pənt] n serpent [m].

serrated [se'reɪtɪd] adj (edge) en dents de scie; (knife) à dents de scie.

servant ['sɜ:vənt] n domestique [mf]; (maid) bonne [f]; (fig) serviteur [m].

serve [sɜ:v] **1** vti **a** servir (*sb* qn; *sth to sb, sb with sth* qch à qn; *as sth* de qch) ◇ **it** ~**s its** (or **my** etc) **purpose** cela fait l'affaire; **it** ~**s him right** c'est bien fait pour lui; **it** ~**s you right for being so stupid** cela t'apprendra à être si stupide; **to** ~ **the soup out** or **up** servir la soupe; (in shop) **are you being** ~**d?** est-ce qu'on vous sert?; (Mil) **to** ~ **one's time** faire son temps de service; **to** ~ **a prison sentence** purger une peine (de prison) **b** (Law: summons) remettre (*on* à); (warrant) délivrer (*on* à) ◇ **to** ~ **notice on sb** notifier à qn (*that* que); **to** ~ **a writ on sb** assigner qn; **to** ~ **on a committee** être membre d'un comité **2** n (Tennis) service [m] ◆ **server** n **a** (Tennis etc) serveur [m], [f] -euse **b** (piece of cutlery) couvert [m] à servir.

service ['sɜ:vɪs] **1** n **a** (gen: also Mil, Tennis) service [m] ◇ **on Her Majesty's** ~ au service de Sa Majesté; **in** ~ en service; **at your** ~ à votre service; **to be of** ~ **to sb, to do sb a** ~ rendre service à qn; (on bill) **15%** ~ **(charge) included** service 15% compris; (on motorway) ~ **area** aire [f] de services; ~ **hatch** passe-plat [m]; ~ **industries** industries [fpl] de service; ~ **station** station-service [f]; **medical** ~**s** services médicaux; (Mil) **the S**~**s** les forces [fpl] armées; **the train** ~ **to London** les trains [mpl] pour Londres; **the number 4 bus** ~ la ligne du numéro 4; **coffee** ~ service [m] à café; (Rel) **to hold a** ~ célébrer un service **b** (maintenance work: of car) révision [f]; (of washing machine) entretien [m] ◇ **to put one's car in for a** ~ donner sa voiture à réviser **2** vt (machine, car etc) réviser ◆ **serviceable** adj (building, clothes) commode, utilisable ◆ **serviceman** n militaire [m].

serviette [,sɜ:vɪ'et] n serviette [f] de table.

servile ['sɜ:vaɪl] adj servile.

serving ['sɛ:vɪŋ] n (action) service [m]; (portion) portion [f], part [f].

session ['seʃən] n **a** (meeting) séance [f] ◇ **to be in** ~ (gen) siéger; (court) être en séance **b** (in school etc: year) année [f] universitaire or scolaire; (US: term) trimestre [m] universitaire.

set [set] (vb: pret, ptp *set*) **1** n **a** (of keys, spanners) jeu [m]; (of pans, numbers, stamps etc) série [f]; (of books, magazines) collection [f]; (of dishes etc) service [m]; (of people) bande [f] ◇ ~ **of false teeth** dentier [m]; **in** ~**s** en jeux complets, en séries complètes; **sewing** ~ trousse [f] de couture; **painting** ~ boîte [f] de peinture; **chess** ~ jeu d'échecs *(objet)*; **the golfing** ~ le monde du golf **b** (Tennis) set [m]; (Math) ensemble [m] **c** (Elec) appareil [m]; (Rad, TV) poste [m] **d** (Cine etc: scenery) décor [m] ◇ (stage) **on the** ~ sur le plateau **e** (Hairdressing) mise [f] en plis.

2 adj (gen) fixe; (smile etc) figé; (purpose) déterminé; (lunch) à prix fixe; (in school: book etc) au programme ◇ ~ **in one's ways** qui tient à ses habitudes; (weather) ~ **fair** au beau fixe; ~ **phrase** expression [f] consacrée; **the** ~ **menu** or **meal** la table d'hôte; (with no choice) le menu (à prix fixe); **to be** ~ **on (doing) sth** vouloir à tout prix (faire) qch; **to be dead** ~ **against** s'opposer absolument à; **to be all** ~ **to do** être prêt pour faire.

3 vt **a** (gen) mettre; (place) placer; (put down) poser ◇ **house** ~ **on a hill** maison située sur une colline; **to** ~ **a dog on sb** lancer un chien contre qn; **she** ~ **my brother against me** elle a monté mon frère contre moi; **to** ~ **sth going** mettre qch en marche; **to** ~ **sb thinking** faire réfléchir qn; **to** ~ **sb to do sth** faire faire qch à qn; **to** ~ **o.s. to do** entreprendre de faire; **to** ~ **fire to sth** mettre le feu à qch; **to** ~ **aside** (save) mettre de côté; (lay aside) poser; **house** ~ **back from the road** maison en retrait de la route; **to** ~ **back** (progress, clock) retarder (*by* de); (fig) **it** ~ **me back** [famil] **£5** cela m'a coûté 5 livres; **to** ~ **down** (object, passenger) déposer; (plane) poser; (write) noter; **to** ~ **off** (bomb) faire exploser; (firework) faire partir; (mechanism) déclencher → also 4b; **to** ~ **out** (gen) disposer; (for sale or display) exposer; **to** ~ **up** (gen) installer; (school) fonder; (record) établir; (business, fund) créer; (inquiry) ouvrir; **they** ~ **up house together** ils se sont mis en ménage; **to ~ sb up in business** lancer qn dans les affaires **b** (type) composer; (fracture) réduire ◇ **to have one's hair ~** se faire faire une mise en plis **c** (fix: dye, date, limit) fixer; (record) établir **d** (assign: task) donner; (exam) choisir les questions de; (texts) mettre au programme ◇ **to ~ sb a problem** poser un problème à qn **e** (gem) monter (*in* sur); (ring) orner (*with* de).

4 vi **a** (of sun etc) se coucher; (of jelly, jam) prendre; (of glue, concrete) durcir; (of character) se former **b** ◇ **to ~ to work** se mettre au travail; **to ~ about doing** se mettre à faire; **I don't know how to ~ about it** je ne sais pas comment m'y prendre; **to ~ about** or **upon sb** attaquer qn; **to ~ in** (of complications) surgir; (of reaction) s'amorcer; **the rain has ~ in for the night** il va pleuvoir toute la nuit; **to ~ off** (leave) se mettre en route; **to ~ off on a journey** partir en voyage; **to ~ out** partir (*for* pour; *from* de; *in search of* à la recherche de); **to ~ out to do** chercher à faire; **to ~ up in business as a grocer** s'établir épicier ◆ **setback** n revers [m]; (minor) contretemps [m]; (in health) rechute [f] ◆ **setting** n (of jewel) monture [f]; (fig: background) cadre [m] ◇ **~ for piano** arrangement [m] pour piano; **~ lotion** lotion [f] pour mise en plis.

settee [se'ti:] n canapé [m].

settle ['setl] **1** vt (question, details, account) régler; (date) fixer; (problem) résoudre; (debt) rembourser; (person) installer; (nerves) calmer; (doubts) dissiper; (decide) décider ◇ **to ~ o.s., to get ~d** s'installer; **that's ~d then?** alors, c'est décidé?; **to ~ a case out of court** régler une affaire à l'amiable; **the weather is ~d** le temps est au beau fixe **2** vi **a** (of bird) se poser (*on* sur); (of dust etc) retomber; (of building) se tasser ◇ (of dust, snow) **to ~ on sth** couvrir qch; **they ~d in London** ils se sont installés à Londres; **to ~ into** (armchair) s'installer confortablement dans; (new job) se faire à; (routine) adopter; **to ~ down** (in chair, house) s'installer; (become calmer) se calmer; (of situation) s'arranger; **to ~ down to work** se mettre au travail; **to get married and ~ down** se marier et mener une vie stable; **to ~ in** (after move etc) s'installer; (new job etc) s'adapter **b** ◇ **to ~ with sb for the cost of the meal** régler le prix du repas à qn; **to ~ up** régler (la note); **to ~ up with sb** (pay) régler qn; (fig) régler son compte à qn [famil]; (Law) **to ~ out of court** arriver à un règlement à l'amiable; **he ~d for £200** il a accepté 200 livres; **to ~ on sth** (choose) fixer son choix sur qch; (agree) se mettre d'accord sur qch ◆ **settlement** n (agreement) accord [m]; (colony) colonie [f]; (village) village [m] ◆ **settler** n colon [m].

setup ['setʌp] n [famil] situation [f].

seven ['sevn] **1** adj, n sept [m inv] **2** pron sept [mfpl] → for phrases **six** ◆ **seventeen** **1** adj, n dix-sept [m inv] **2** pron dix-sept [mfpl] ◆ **seventeenth** adj, n dix-septième [mf] ◆ **seventh** adj, n septième [mf]; (fraction, Mus) septième [m] ◆ **seventieth** adj, n soixante-dixième [mf]; (fraction) soixante-dixième [m] ◆ **seventy** **1** adj, n soixante-dix [m inv] ◇ **~-one** soixante et onze **2** pron soixante-dix [mfpl].

sever ['sevəʳ] vt couper.

several ['sevrəl] adj, pron plusieurs [mfpl] ◇ **~ times** plusieurs fois; **~ of us** plusieurs d'entre nous.

severe [sɪ'vɪəʳ] adj (gen) sévère (*with* pour, envers); (climate) rigoureux, [f] -euse; (frost) intense; (pain) violent; (illness) grave ◇ (Med) **a ~ cold** un gros rhume ◆ **severely** adv sévèrement; (injure) grièvement.

severity [sɪ'verɪtɪ] n sévérité [f].

sew [səʊ] pret *sewed*, ptp *sewn* or *sewed* vti coudre (*on* à) ◇ **to ~ sth (back) on** recoudre qch.

sewage ['sju:ɪdʒ] n vidanges [fpl] ◇ **~ disposal** évacuation [f] des vidanges; **~ works** champ [m] d'épandage.

sewer ['sjʊəʳ] n égout [m].

sewing ['səʊɪŋ] n (skill) couture [f]; (work) ouvrage [m] ◇ **~ basket** boîte [f] à couture; **~ machine** machine [f] à coudre.

sewn [səʊn] ptp of *sew*.

sex [seks] **1** n sexe [m] ◇ **to have ~ with sb** coucher avec qn [famil] **2** adj sexuel, [f] -uelle ◇ **~ appeal** sex-appeal [m]; **~ object** objet [m] sexuel; **~ offender** délinquant(e) [m(f)] sexuel(le); **~ symbol** sex-symbol [m] ◆ **sexism** n sexisme [m] ◆ **sexist** adj sexiste ◆ **sexual** adj sexuel, [f] -uelle ◇ **~ harassment** harcèlement [m] sexuel; **~ intercourse** rapports [mpl] sexuels ◆ **sexuality** n sexualité [f] ◆ **sexy** [famil] adj sexy [famil] [inv].

sextet [seks'tet] n sextuor [m].

Seychelles [seɪ'ʃel(z)] npl Seychelles [fpl].

shabbily ['ʃæbɪlɪ] adv pauvrement; (treat) mesquinement.

shabby ['ʃæbɪ] adj (gen) miteux, [f] -euse; (behaviour) mesquin.

shack [ʃæk] n cabane [f].

shade [ʃeɪd] **1** n **a** ombre [f] ◇ **in the ~** à l'ombre; (fig) **to put sth in the ~** éclipser qch **b** (of colour) ton [m] ◇ **~ of meaning** nuance [f]; **a ~ bigger** un tout petit peu plus grand **c** (lamp~) abat-jour [m inv]; (US: blind) store [m] ◇ (US: sunglasses) **~s** lunettes [fpl] de soleil **2** vt (gen) abriter de la lumière; (light, lamp) voiler.

shadow ['ʃædəʊ] **1** n ombre [f] ◇ **in the ~** dans l'ombre (*of* de); (fig) **to cast a ~ over sth** assombrir qch; **without a ~ of doubt** sans l'ombre d'un doute; **to have ~s**

under one's eyes avoir les yeux cernés; ~ **boxing** boxe [f] à vide; (Parl) ~ **cabinet** cabinet [m] fantôme *(de l'opposition)* **2** vt filer *(un suspect* etc) ◆ **shadowy** adj vague.

shady ['ʃeɪdɪ] adj ombragé; (fig) louche.

shaft [ʃɑ:ft] n **a** (of tool etc) manche [m]; (driveshaft etc) arbre [m]; (of light) rayon [m] **b** (of mine) puits [m]; (of lift, elevator) cage [f]; (for ventilation) cheminée [f].

shaggy ['ʃægɪ] adj (hair, mane) broussailleux, [f] -euse; (animal) à longs poils.

shake [ʃeɪk] (vb: pret *shook*, ptp *shaken*) **1** n ◇ **to give sth a** ~ secouer qch; **with a** ~ **of his head** avec un hochement de tête; **to have the** ~**s** [famil] avoir la tremblote [famil]; (from drink) trembler; **in a** ~ [famil] dans un instant; **it is no great** ~**s** [famil] ça ne casse rien [famil] **2** vt **a** (gen) secouer; (house, windows etc) ébranler ◇ **to** ~ **one's head** (in refusal etc) faire non de la tête; (at bad news etc) secouer la tête; **to** ~ **one's fist at sb** menacer qn du poing; **to** ~ **hands with sb** serrer la main à qn; **they shook hands** ils se sont serré la main; **to** ~ **sth out of a box** faire tomber qch d'une boîte; **to** ~ **off** (dust etc) secouer *(from* de); (cough, habit) se débarrasser de; (pursuer) semer [famil] **b** (harm: belief) ébranler; (amaze) stupéfier; (disturb: ~ **up**) secouer ◇ **to feel** ~**n** être bouleversé **3** vi trembler *(with* de) ◇ **to** ~ **with laughter** se tordre de rire ◆ **shake-out** n (US Econ) tassement [m] ◆ **shake-up** n (fig) grande réorganisation [f].

shaky ['ʃeɪkɪ] adj (trembling) tremblant; (nervous) mal assuré; (table) branlant; (fig: memory etc) assez mauvais ◇ **I feel a bit** ~ je me sens faible.

shale [ʃeɪl] n schiste [m] argileux.

shall [ʃæl] modal aux vb ◇ (indique le futur) **I** ~ or **I'll arrive on Monday** j'arriverai lundi, je vais arriver lundi; ~ **I open the door?** voulez-vous que j'ouvre (subj) la porte?; ~ **we ask him to come with us?** si on lui demandait de venir avec nous?

shallot [ʃə'lɒt] n échalote [f].

shallow ['ʃæləʊ] adj (gen) peu profond; (breathing, person) superficiel, [f] -ielle ◆ **shallows** npl hauts-fonds [mpl].

sham [ʃæm] **1** n ◇ **to be a** ~ (person) être un imposteur; (organization) être de la frime [famil] **2** adj (piety) feint; (illness) simulé **3** vt simuler ◇ **he is only** ~**ming** il fait seulement semblant.

shambles ['ʃæmblz] n, no pl (after fire, bombing) scène [f] de dévastation; (mess, muddle) pagaille [famil] [f].

shame [ʃeɪm] **1** n **a** (feeling) honte [f] ◇ **to put to** ~ faire honte à **b** ◇ **it is a** ~ c'est dommage *(that* que + subj; *to do* de faire); **what a** ~ **he isn't here** quel dommage qu'il ne soit pas ici **2** vt faire honte à ◇ **to** ~ **sb into doing sth** obliger qn à faire qch en lui faisant honte ◆ **shamefaced** adj honteux, [f] -euse ◆ **shameful** adj honteux, [f] -euse ◆ **shamefully** adv (behave) honteusement; (bad, late) scandaleusement ◆ **shameless** adj (behaviour) effronté ◇ **he is quite** ~ **about it** il n'en a pas du tout honte.

shammy ['ʃæmɪ] n [famil] (~ **leather**) peau [f] de chamois.

shampoo [ʃæm'pu:] **1** n shampooing [m] ◇ ~ **and set** shampooing et mise [f] en plis **2** vt (hair) faire un shampooing à; (carpet) shampooiner.

shamrock ['ʃæmrɒk] n trèfle [m].

shandy ['ʃændɪ] n panaché [m] *(bière)*.

shan't [ʃɑ:nt] = **shall not.**

shanty ['ʃæntɪ] n **a** (hut) baraque [f] ◇ ~ **town** bidonville [m] **b** (**sea** ~) chanson [f] de marins.

shape [ʃeɪp] **1** n forme [f] ◇ **what** ~ **is the room?** quelle est la forme de la pièce?; **in the** ~ **of a cross** en forme de croix; **to take** ~ prendre tournure; **to be in good** ~ (person) être en forme; (business etc) marcher bien; **in poor** ~ mal en point **2** vti façonner *(into* en) ◇ **oddly** ~**d** d'une forme bizarre; **heart-**~**d** en forme de cœur; **to** ~ **up well** (thing) marcher bien; (person) faire des progrès ◆ **shapeless** adj informe ◆ **shapely** adj (person) bien fait; (thing) bien proportionné.

share [ʃɛəʳ] **1** n **a** part [f] *(of, in* de) ◇ **to get a** ~ **of** or **in sth** avoir part à qch; **he has a** ~ **in the business** il est l'un des associés dans cette affaire; (fig) **he had a** ~ **in it** il y était pour quelque chose; **to take a** ~ **in sth** participer à qch; **to do one's** ~ fournir sa part d'efforts; **more than his fair** ~ **of** plus que sa part de **b** (in company etc) action [f] *(in* de) ◇ ~ **index** indice [m] de la Bourse **2** vti (gen) partager *(with sb* avec qn; *among* entre); (get one's ~ **of:** also ~ **in**) avoir part à ◇ **to** ~ **certain characteristics** avoir certaines caractéristiques en commun; **I** ~ **your hope that...** j'espère comme vous que... ◆ **shareholder** n actionnaire [mf].

shark [ʃɑ:k] n (fish) requin [m]; (fig: businessman) requin [m].

sharp [ʃɑ:p] **1** adj **a** (knife) tranchant; (needle) aigu, [f] -guë; (teeth) acéré; (pencil, nose) pointu; (corner) aigu; (bend in road, fall in price) brusque; (picture) net, [f] nette **b** ◇ (Mus) **C** ~ do [m] dièse **c** (harsh: cry) perçant; (pain) vif, [f] vive; (taste) piquant; (rebuke) sévère **d** (brisk etc: pace) vif, [f] vive ◇ **look** ~ **about it!** dépêche-toi! **e** (eyesight) perçant; (hearing, smell) fin; (mind) pénétrant; (person) dégourdi [famil] ◇ ~ **practice** procédés [mpl] malhonnêtes **2** adv **a** (sing, play) trop haut **b** ◇ **take** ~ **left** tournez tout à fait à gauche; **at 3 o'clock** ~ à 3 heures pile [famil] **3** n

(Mus) dièse [m] ◆ **sharpen** vt (gen) aiguiser; (pencil) tailler ◆ **sharpener** n (for knives) aiguisoir [m]; (for pencils) taille-crayons [(m) inv] ◆ **sharply** adv (change, stop) brusquement; (criticize) sévèrement; (stand out, differ) nettement; (ask, look) avec intérêt.

shatter [ˈʃætəʳ] 1 vt (gen) briser; (hopes) ruiner; (sb's nerves) démolir 2 vi (gen) voler en éclats ◇ **to ~ against sth** se fracasser contre qch ◆ **shattered** adj [famil] (aghast) bouleversé; (exhausted) éreinté ◆ **shattering** adj (attack) destructeur, [f] -trice; (defeat) écrasant.

shave [ʃeɪv] 1 n ◇ **to have a ~** se raser; (fig) **to have a close** or **narrow ~** l'échapper belle 2 vt (person) raser ◇ **to ~ off one's beard** se raser la barbe 3 vi se raser ◆ **shaver** n rasoir [m] électrique ◆ **shaving** n (wood) copeau [m] ◇ **~ brush** blaireau [m]; **~ cream** crème [f] à raser; **~ foam** mousse [f] à raser.

shawl [ʃɔːl] n châle [m].

she [ʃiː] 1 pers pron elle ◇ **~ has come** elle est venue; **here ~ is** la voici; **~ is a doctor** elle est médecin, c'est un médecin; **~ didn't do it, he did** ce n'est pas elle qui l'a fait, c'est lui; **it's a ~** (animal) c'est une femelle; (baby) c'est une fille 2 pref (gen) femelle ◇ **~-bear** ourse [f].

sheaf [ʃiːf] n gerbe [f].

shear [ʃɪəʳ] vt tondre ◇ **to ~ off** (projecting part) arracher; **to ~ through** fendre ◆ **shearing** n tonte [f] ◆ **shears** npl cisaille [f].

sheath [ʃiːθ] n (gen) gaine [f]; (of sword) fourreau [m]; (contraceptive) préservatif [m].

1. **shed** [ʃed] n (gen) abri [m]; (for tools, cycles etc) remise [f]; (huge) hangar [m]; (for cattle etc) étable [f]; (part of factory) atelier [m].

2. **shed** [ʃed] pret, ptp *shed* vt a (get rid of: gen) perdre; (coat etc) enlever; (unwanted thing) se débarrasser de ◇ (of snake) **to ~ its skin** muer b (blood, tears) verser ◇ **to ~ light on** éclairer.

sheen [ʃiːn] n lustre [m].

sheep [ʃiːp] n, pl inv mouton [m] ◇ **~ farmer** éleveur [m] de moutons ◆ **sheepdog** n chien [m] de berger ◆ **sheepish** adj penaud ◆ **sheepskin** n peau [f] de mouton.

sheer [ʃɪəʳ] adj a (utter: chance, kindness, madness) pur (before n); (impossibility, necessity) absolu ◇ **by a ~ accident** tout à fait par hasard; **by ~ hard work** uniquement grâce au travail; **a ~ drop** un à-pic b (stockings) extra-fin.

sheet [ʃiːt] n a drap [m]; (dust ~) housse [f]; (tarpaulin) bâche [f] b (paper) feuille [f]; (glass, metal etc) plaque [f]; (water) étendue [f]; (flames) rideau [m] ◇ (paper) **a loose ~** une feuille volante; **order ~** bulletin [m] de commande; **~ music** partitions [fpl].

sheik(h) [ʃeɪk] n cheik [m].

shelf [ʃelf], pl **shelves** n (gen) étagère [f], rayon [m]; (in rock) rebord [m]; (underwater) écueil [m] ◇ **a set of shelves** un rayonnage; **~ life** durée [f] de conservation avant vente.

shell [ʃel] 1 n a (of egg etc: gen) coquille [f]; (of tortoise, lobster) carapace [f]; (seashell) coquillage [m]; (of building) carcasse [f] ◇ **pastry ~** fond [m] de tarte b (Mil) obus [m] 2 vt a (peas) écosser; (nut) décortiquer b (Mil) bombarder ◆ **shellfish** n, pl inv (food) fruits [mpl] de mer ◆ **shelling** n (Mil) bombardement [m].

shelter [ˈʃeltəʳ] 1 n a abri [m] ◇ **to take ~** se mettre à l'abri; **to take ~ from** (or **under**) s'abriter de (or sous); **to seek ~** chercher un abri (*from* contre) b (place) abri [m]; (for sentry) guérite [f]; (bus ~) abribus [m] 2 vt abriter (*from* de); (criminal etc) cacher 3 vi s'abriter (*from* de; *under* sous) ◆ **sheltered** adj (place) abrité; (life) sans soucis ◇ **~ housing** foyers-logements [mpl].

shelve [ʃelv] vt (postpone) mettre en sommeil ◆ **shelving** n rayonnage(s) [m(pl)].

shepherd [ˈʃepəd] 1 n berger [m]; (Rel) pasteur [m] ◇ **~'s pie** ≃ hachis [m] Parmentier 2 vt ◇ **to ~ sb about** escorter qn.

sherbet [ˈʃɜːbət] n (powder) poudre [f] acidulée; (water ice) sorbet [m].

sheriff [ˈʃerɪf] n shérif [m].

sherry [ˈʃerɪ] n xérès [m], sherry [m].

Shetland [ˈʃetlənd] n (also **the ~ Isles, the ~s**) les îles [fpl] Shetland ◇ **~ pony** poney [m] des Shetland; **~ wool** shetland [m].

shield [ʃiːld] 1 n bouclier [m]; (in factory etc) écran [m] de protection 2 vt protéger (*from* de, contre).

shift [ʃɪft] 1 n a (change) changement [m] (*in* de); (movement: of cargo etc) déplacement [m] (*in* de) b (work) poste [m] ◇ **~ work** travail [m] posté; **to be on night ~** être au poste de nuit; **to work ~s** travailler par roulement c ◇ **to make ~** se débrouiller (*with* avec; *to do* pour faire) 2 vt (gen) bouger; (Theat: scenery) changer; (screw) débloquer; (employee) affecter (*to* à); (blame) rejeter (*onto* sur) ◇ **to ~ position** changer de position; (US) **to ~ gears** changer de vitesse 3 vi a (go) aller; (move house) déménager; (move) bouger; (of cargo) se déplacer; (change) changer ◇ **~ off the rug** [famil] va-t'en du tapis; **to ~ over** or **along** or **up** se pousser; **he won't ~** il ne bougera pas b ◇ **to ~ for o.s.** se débrouiller [famil] tout seul ◆ **shiftless** adj manquant de ressource ◆ **shifty** adj (gen) louche; (answer) évasif, [f] -ive.

Shiite [ˈʃiːaɪt] n, adj chiite [mf].

shilly-shally [ˈʃɪlɪˌʃælɪ] vi hésiter.

shimmer [ˈʃɪməʳ] vi miroiter.

shin [ʃɪn] 1 n tibia [m] 2 vi ◇ **to ~ up sth** grimper à qch; **to ~ down sth** dégringoler de qch.

shine [ʃaɪn] (vb: pret, ptp *shone*) 1 vi (gen) briller ◇ **the moon is shining** il y a clair de lune; **to ~ on sth** éclairer qch; **the light is shining in my eyes** j'ai la lumière dans les yeux; **to ~ through sth** passer à travers qch; (fig) **to ~ with happiness** rayonner de bonheur; **to ~ at football** briller au football 2 vt a ◇ **~ the light over here** éclairez par ici b (polish) faire briller.

shingle ['ʃɪŋgl] n (beach) galets [mpl]; (on roof) bardeaux [mpl].

shingles ['ʃɪŋglz] n (Med) zona [m].

shining ['ʃaɪnɪŋ] adj (example) resplendissant.

shiny ['ʃaɪnɪ] adj brillant.

ship [ʃɪp] 1 n (gen) bateau [m]; (large) navire [m] ◇ **~'s boat** chaloupe [f]; **~'s company** équipage [m] 2 vt transporter ◇ **to ~ off** expédier ◆ **shipbuilding** n construction [f] navale ◆ **shipment** n (load) cargaison [f] ◆ **shipowner** n armateur [m] ◆ **shipping** n navigation [f] ◇ **attention all ~!** avis à la navigation!; **~ agent** agent [m] maritime; **~ line** compagnie [f] de navigation; **~ lane** voie [f] de navigation ◆ **shipwreck** 1 n naufrage [m] 2 vt ◇ **to be ~ed** faire naufrage ◆ **shipwrecked** adj naufragé ◆ **shipyard** n chantier [m] naval.

shire ['ʃaɪəʳ] n (Brit) comté [m].

shirk [ʃɜːk] 1 vt esquiver 2 vi tirer au flanc [famil].

shirt [ʃɜːt] n (man's) chemise [f]; (woman's) chemisier [m]; (Sport) maillot [m] ◇ **in one's ~ sleeves** en bras de chemise ◆ **shirty** adj [famil] en rogne [famil].

shiver ['ʃɪvəʳ] 1 vi frissonner (*with* de) 2 n frisson [m] ◇ **to give sb the ~s** donner le frisson à qn ◆ **shivery** adj (cold) qui a des frissons; (feverish) fiévreux, [f] -euse.

shoal [ʃəʊl] n banc [m] *(de poissons)*.

shock [ʃɒk] 1 n (gen) choc [m]; (of explosion) secousse [f]; (electric) décharge [f] ◇ **it comes as a ~ to hear that...** il est stupéfiant d'apprendre que...; **you gave me a ~!** vous m'avez fait peur!; **in a state of ~** en état de choc; **~ absorber** amortisseur [m]; **~ wave** onde [f] de choc; **~ result** résultat [m] stupéfiant 2 vt (take aback) secouer; (scandalize) choquer ◆ **shocking** adj (gen) épouvantable; (book, behaviour) choquant.

shoddy ['ʃɒdɪ] adj mauvais.

shoe [ʃuː] (vb: pret, ptp *shod*) 1 n chaussure [f], soulier [m]; (horse) fer [m] à cheval; (brake) sabot [m] de frein ◇ **~ polish** cirage [m]; **~ repair** réparation [f] de chaussures; (fig) **on a ~ string** à peu de frais; (fig) **I wouldn't like to be in his ~s** je n'aimerais pas être à sa place 2 vt (horse) ferrer ◆ **shoebrush** n brosse [f] à chaussures ◆ **shoehorn** n chausse-pied [m] ◆ **shoelace** n lacet [m] de soulier ◆ **shoe-repairer** n cordonnier [m] ◇ **~'s shop** cordonnerie [f] ◆ **shoeshop** n magasin [m] de chaussures ◆ **shoetree** n embauchoir [m].

shone [ʃɒn] pret, ptp of *shine*.

shook [ʃʊk] pret of *shake*.

shoot [ʃuːt] (vb: pret, ptp *shot*) 1 vti a (hit) atteindre d'un coup de fusil (etc); (hunt) chasser; (kill) abattre; (execute) fusiller; (arrow, missile, look) lancer (*at* sur); (bullet) tirer (*at* sur); (film) tourner; (rapids) descendre ◇ **shot in the head** atteint (or tué) d'une balle dans la tête; **to ~ down** abattre; **to go ~ing** chasser; **to ~ at** tirer sur; **to ~ to kill** tirer pour abattre; **to ~ on sight** tirer à vue; (fig) **to ~ questions at sb** bombarder qn de questions b ◇ (rush) **to ~ past** (etc) passer (etc) à toute vitesse; **to ~ up** (of flame, water) jaillir; (of rocket, price) monter en flèche c (Ftbl etc) shooter ◇ **to ~ a goal** marquer un but d (of plant) pousser 2 n (of plant) pousse [f] ◆ **shooting** 1 n (shots) coups [mpl] de feu; (murder) meurtre [m]; (Hunting) chasse [f] 2 adj (pain) lancinant ◇ **~ brake** break [m]; **~ gallery** stand [m] de tir; **~ incidents** échanges [mpl] de coups de feu; **~ star** étoile [f] filante.

shop [ʃɒp] 1 n a magasin [m], (small) boutique [f] ◇ **wine ~** marchand [m] de vins; **at the butcher's ~** à la boucherie, chez le boucher; **~ assistant** vendeur [m], [f] -euse; **~ window** vitrine [f]; (fig) **to talk ~** parler boutique b (in factory) atelier [m] ◇ **~ steward** délégué(e) syndical(e) [m(f)] 2 vi faire ses courses (*at* chez) ◇ **to go ~ping** faire des courses; **to ~ around for sth** comparer les prix avant d'acheter qch ◆ **shop-floor** n ◇ **the ~ workers** les ouvriers [mpl] ◆ **shopkeeper** n commerçant(e) [m(f)] ◆ **shoplifter** n voleur [m], [f] -euse à l'étalage ◆ **shoplifting** n vol [m] à l'étalage ◆ **shopper** n personne [f] qui fait ses courses ◆ **shopping** n (goods) achats [mpl] ◇ **~ bag** cabas [m]; **~ basket** panier [m] à provisions; **~ centre** centre [m] commercial; **~ district** quartier [m] commerçant ◆ **shopsoiled** adj qui a fait la vitrine.

shore [ʃɔːʳ] 1 n (of sea) rivage [m]; (of lake) rive [f]; (coast) côte [f]; (beach) plage [f] ◇ **to go on ~** débarquer 2 vt ◇ **to ~ up** étayer.

shorn [ʃɔːn] ptp of *shear*.

short [ʃɔːt] 1 adj a (gen) court; (person, step, walk) petit ◇ **a ~ distance away** à peu de distance; **a ~ time** or **while** peu de temps; **the days are getting ~er** les jours raccourcissent; **to take a ~ cut** prendre un raccourci; **a ~ drink** un petit verre d'apéritif (or d'alcool); **~ story** nouvelle [f]; (in industry) **to work ~ time** être en chômage partiel b ◇ (phrases) **in ~** bref; **Jon is ~ for Jonathan** Jon est le diminutif de Jonathan; **he's called Fred for ~** son

diminutif est Fred; **to be ~ of sugar** être à court de sucre; **I'm £2 ~** il me manque 2 livres; **to go ~ of sth** manquer de qch; **not far ~ of** pas loin de; **~ of refusing** à moins de refuser; **petrol is ~** or **in ~ supply** on manque d'essence; **to be rather ~ with sb** se montrer assez sec à l'égard de qn.
2 n, vti = **short-circuit**, see below ◆ **shortage** n manque [m] ◇ **the housing ~** la crise du logement ◆ **shortbread** n sablé [m] ◆ **shortchange** vt ne pas rendre assez à ◆ **short-circuit** 1 n court-circuit [m] 2 vt court-circuiter 3 vi se mettre en court-circuit ◆ **shortcoming** n défaut [m] ◆ **shortcrust pastry** n pâte [f] brisée ◆ **shorten** vt raccourcir; (holiday, journey) écourter ◆ **shortening** n matière [f] grasse ◆ **shortfall** n (money) montant [m] insuffisant; (in numbers) nombre [m] insuffisant (*in* de) ◆ **shorthand** n sténo [f] ◇ **in ~** en sténo; **~-typing** sténodactylo [f]; **~-typist** sténodactylo [mf] ◆ **short-list** n liste [f] des candidats sélectionnés ◆ **short-lived** adj (fig) de courte durée ◆ **shortly** adv (soon) bientôt ◇ **~ before twelve** peu avant midi (or minuit) ◆ **shorts** npl ◇ **(a pair of) ~** (gen) un short; (Sport) une culotte ◆ **short-sighted** adj myope; (fig) imprévoyant ◆ **short-staffed** adj ◇ **to be ~** manquer de personnel ◆ **short-tempered** adj d'humeur irritable ◆ **short-term** adj à court terme ◆ **short-wave** adj sur ondes courtes.

shot [ʃɒt] 1 n a (act of firing) coup [m]; (sound) coup de feu (or de fusil etc); (bullet) balle [f]; (lead ~) plomb [m] ◇ **he is a good ~** il est bon tireur; (fig) **big ~** [famil] gros bonnet [famil] [m]; **like a ~** tout de suite; (Space) **moon ~** tir [m] lunaire b (Sport: gen) coup [m]; (Hockey) tir [m]; (throw) lancer [m] ◇ **~ put** lancer [m] du poids; **a ~ at goal** un tir au but c (attempt) essai [m]; (turn to play) tour [m] ◇ **to have a ~ at (doing) sth** essayer (de faire) qch d (Phot) photo [f]; (Cine) prise [f] de vues e (injection) piqûre [f] (*against* contre); (of alcohol) coup [m] 2 pret, ptp of *shoot* ◇ **to get ~ of** [famil] se débarrasser de ◆ **shotgun** n fusil [m] de chasse.

should [ʃʊd] modal aux vb a ◇ (ought to) **I ~ go** je devrais y aller; **you ~ have been a teacher** vous auriez dû être professeur; **how ~ I know?** comment voulez-vous que je le sache? b ◇ (conditional tense) **I ~ like** j'aimerais; **I ~ have liked** j'aurais aimé.

shoulder [ˈʃəʊldəʳ] n a épaule [f] ◇ **to have broad ~s** être large d'épaules; **on** or **round your ~s** sur tes épaules; **~ bag** sac [m] à bandoulière; **~ blade** omoplate [f]; **~ strap** bretelle [f]; **~ to ~** coude à coude b (of road) accotement [m] ◇ **hard ~** accotement stabilisé.

shout [ʃaʊt] 1 n cri [m] (*of joy* etc de joie etc) ◇ **to give sb a ~** appeler qn 2 vti (often: **~ out**) crier (*to sb to do* à qn de faire; *at sb* après qn; *for help* au secours); pousser des cris (*for joy* etc de joie etc) ◇ **to ~ sb down** huer qn ◆ **shouting** n cris [mpl].

shove [ʃʌv] vti (push) pousser; (thrust) enfoncer (*into* dans; *between* entre); (jostle) bousculer; (put) mettre ◇ **he ~d past me** il m'a dépassé en me bousculant; **to ~ off** [famil] ficher le camp [famil].

shovel [ˈʃʌvl] n pelle [f]; (mechanical) pelleteuse [f].

show [ʃəʊ] (vb: pret *showed*, ptp *shown* or *showed*) 1 n (exhibition) exposition [f]; (commercial) foire [f]; (contest) concours [m] ◇ **the Boat S~** le Salon de la navigation; **~ house** maison [f] témoin; **horse ~** concours [m] hippique; **to go to a ~** aller au spectacle; **on ~** exposé; **~ of power** étalage [m] de force; **a ~ of hands** un vote à main levée; **to make a ~ of doing** faire semblant de faire; **just for ~** pour l'effet; **good ~!** [famil] bravo!; **to put up a good ~** bien se défendre [famil]; **it's a poor ~** [famil] il n'y a pas de quoi être fier; **to run the ~** [famil] faire marcher l'affaire; **to give the ~ away** [famil] vendre la mèche [famil] 2 vt a (gen) montrer; (film, slides) passer; (exhibit) exposer; (express) manifester; (of dial etc) indiquer, marquer ◇ (fig) **he has nothing to ~ for it** ça ne lui a rien donné; **he daren't ~ his face there again** il n'ose plus s'y montrer; **to ~ a profit** indiquer un bénéfice; **it doesn't ~** ça ne se voit pas; **it ~s the dirt** c'est salissant; **to ~ through** se voir au travers; **to ~ one's age** faire son âge; **this ~s great intelligence** cela révèle beaucoup d'intelligence; **it all** or **just goes to ~ that...** tout cela montre bien que...; (fig) **to ~ off** crâner [famil]; **to ~ up** [famil] arriver; **to ~ sb up** démasquer qn; **to ~ sth up** faire ressortir qch b ◇ (conduct) **to ~ sb in** (etc) faire entrer (etc) qn; **to ~ sb to his seat** placer qn; **to ~ sb out** reconduire qn jusqu'à la porte; **to ~ sb round a house** faire visiter une maison à qn 3 vi ◇ **to ~ off** crâner [famil] ◆ **show business** n l'industrie [f] du spectacle ◆ **showground** n champ [m] de foire ◆ **showing** n (Cine) séance [f] ◆ **show jumping** n concours [m] hippique ◆ **showman** n (in fair etc) forain [m] ◆ **show-off** n m'as-tu-vu(e) [famil] [m(f)] (pl inv) ◆ **showroom** n salle [f] d'exposition.

shower [ˈʃaʊəʳ] n (of rain) averse [f]; (of sparks, stones) pluie [f]; (**~ bath**) douche [f] ◇ **to take** or **have a ~** prendre une douche ◆ **showerproof** adj imperméable ◆ **showery** adj pluvieux, [f] -ieuse.

shrank [ʃræŋk] pret of *shrink*.

shred [ʃred] 1 n lambeau [m] ◇ **not a ~ of evidence** pas la moindre preuve; **to tear to ~s** (dress etc) mettre en lambeaux; (argument) démolir entièrement 2 vt (gen) mettre en lambeaux; (in shredder) détruire, déchiqueter; (food) couper en lanières.

shrew [ʃru:] n (animal) musaraigne [f]; (woman) mégère [f].

shrewd [ʃru:d] adj (gen) perspicace; (lawyer, plan) astucieux, [f] -ieuse ◇ **I have a ~ idea that...** je soupçonne fortement que....

shriek [ʃri:k] 1 n hurlement [m] 2 vi hurler (*with* de) ◇ **to ~ with laughter** rire à gorge déployée.

shrill [ʃrɪl] adj perçant, strident.

shrimp [ʃrɪmp] n crevette [f].

shrine [ʃraɪn] n lieu [m] saint.

shrink [ʃrɪŋk] pret *shrank*, ptp *shrunk* vi a (of clothes) rétrécir; (of area) se réduire; (of quantity, amount) diminuer b (~ **back**) reculer (*from sth* devant qch; *from doing* devant l'idée de faire).

shrivel ['ʃrɪvl] vi (~ **up**) se ratatiner.

shroud [ʃraʊd] 1 n linceul [m] 2 vt ◇ **~ed in** enveloppé de.

Shrove Tuesday [,ʃrəʊv'tju:zdɪ] n Mardi [m] gras.

shrub [ʃrʌb] n arbuste [m].

shrug [ʃrʌg] 1 vti ◇ **to ~ (one's shoulders)** hausser les épaules; **to ~ off** (remark) ne pas relever 2 n haussement [m] d'épaules.

shrunk [ʃrʌŋk] ptp of *shrink*.

shudder ['ʃʌdəʳ] 1 vi (of person) frissonner; (of thing) vibrer ◇ **I ~ to think what...** je frémis rien qu'à la pensée de ce qui... 2 n frisson [m]; vibration [f].

shuffle ['ʃʌfl] vti a (also: ~ **one's feet**) traîner les pieds ◇ **to ~ in** entrer d'un pas traînant b (Cards) battre.

shun [ʃʌn] vt fuir.

shunt [ʃʌnt] vt garer ◇ **~ing yard** voies [fpl] de garage et de triage.

shush [ʃʊʃ] excl chut!

shut [ʃʌt] pret, ptp *shut* vti (gen) fermer ◇ **the door ~** la porte s'est fermée; **the door ~s badly** la porte ferme mal; **to ~ sb away, to ~ sb in** enfermer qn; **to ~ down** fermer définitivement; **to ~ down a machine** arrêter une machine; **to ~ off** (stop: engine etc) couper; (isolate: sb) isoler (*from* de); **to be ~ out** ne pas pouvoir entrer; **to ~ the cat out** mettre le chat dehors; **to ~ up** (famil: be quiet) se taire; (close: factory) fermer; (imprison etc: person, animal) enfermer ✦ **shutdown** n fermeture [f].

shutter ['ʃʌtəʳ] n volet [m]; (Phot) obturateur [m] ◇ ~ **speed** vitesse [f] d'obturation.

shuttle ['ʃʌtl] 1 n (~ **service**) navette [f] 2 vi faire la navette (*between* entre) ✦ **shuttlecock** n volant [m] *(Badminton)*.

shy [ʃaɪ] 1 adj timide ◇ **don't be ~ of saying** n'ayez pas peur de dire 2 vt (throw) jeter ✦ **shyness** n timidité [f].

Siamese [,saɪə'mi:z] adj siamois ◇ ~ **twins** siamois(es) [m(f)pl].

Sicily ['sɪsɪlɪ] n Sicile [f].

sick [sɪk] adj (person) malade; (mind, joke) malsain ◇ **he's a ~ man** c'est un malade; **he's off ~** il n'est pas là, il est malade; **the ~** les malades [mpl]; **to be ~** (vomit) vomir; **to feel ~** avoir mal au cœur; **to be ~ of** en avoir marre [famil] de; **on ~ leave** en congé [m] de maladie; **~ pay** indemnité [f] de maladie *(versée par l'employeur)* ✦ **sickbay** n infirmerie [f] ✦ **sickbed** n lit [m] de malade ✦ **sicken** vt dégoûter ✦ **sickening** adj ignoble.

sickle ['sɪkl] n faucille [f].

sickly ['sɪklɪ] adj maladif, [f] -ive; (colour, cake) écœurant.

sickness ['sɪknɪs] n maladie [f]; (vomiting) vomissements [mpl] ◇ ~ **benefit** assurance [f] maladie.

side [saɪd] 1 n (gen) côté [m]; (of animal, mountain) flanc [m]; (inside surface: of box etc) paroi [f]; (Sport: team) équipe [f] ◇ **by his ~** à côté de lui; **~ by ~** à côté l'un de l'autre; **by the ~ of the church** à côté de l'église; **from all ~s, from every ~** de tous côtés; **to take sb on one ~** prendre qn à part; **to put sth on one ~** mettre qch de côté; **on this ~ of London** entre ici et Londres; **the right ~** l'endroit [m]; **the wrong ~** l'envers [m]; (on box etc) **'this ~ up'** 'haut'; **three-~d** à trois côtés; **I've written 6 ~s** j'ai écrit 6 pages; **one ~ of the problem** un aspect du problème; **he's got a nasty ~** [famil] **to him** il a un côté très déplaisant; **he makes a bit of money on the ~** [famil] il se fait un peu d'argent en plus; **it's on the heavy ~** [famil] c'est plutôt lourd; **he's on our ~** il est avec nous; **whose ~ are you on?** qui soutenez-vous?; **to take ~s** prendre parti; **to pick ~s** former les camps; **he let the ~ down** il ne leur (etc) a pas fait honneur.

2 adj (entrance, chapel) latéral; (street) transversal; (view) de côté; (effect, issue) secondaire ◇ ~ **dish** plat [m] d'accompagnement; ~ **plate** petite assiette [f].

3 vi ◇ **to ~ with sb** prendre parti pour qn ✦ **sideboard** n buffet [m] ✦ **sideboards** or **sideburns** npl rouflaquettes [famil] [fpl] ✦ **sidelight** n (Aut) feu [m] de position ✦ **sideline** n ◇ (Sport) **on the ~s** sur la touche; (in shop) **it's just a ~** ce n'est pas notre spécialité ✦ **sidesaddle** adv en amazone ✦ **sideshows** npl attractions [fpl] ✦ **sidetrack** vt ◇ **to get ~ed** s'écarter de son sujet ✦ **sidewalk** n (US) trottoir [m] ✦ **sideways** adj, adv de côté.

siding ['saɪdɪŋ] n voie [f] de garage.

sidle ['saɪdl] vi ◇ **to ~ in** (etc) entrer (etc) furtivement.

siege [si:dʒ] n siège [m].

Sierra Leone [sɪ'erəlɪ'əʊn] n Sierra Leone [f].

siesta [sɪ'estə] n sieste [f].

sieve [sɪv] 1 n (gen) tamis [m]; (for liquids) passoire [f]; (for stones) crible [m] ◇ **to rub through a ~** (food) passer au tamis 2 vt passer.

sift [sɪft] vti (flour etc) tamiser; (evidence) passer au crible ◇ (fig) **to ~ through sth** examiner qch ◆ **sifter** n saupoudreuse [f].

sigh [saɪ] 1 n soupir [m] ◇ **to heave a ~** pousser un soupir 2 vti soupirer (*for sth* après qch) ◇ **to ~ with relief** pousser un soupir de soulagement.

sight [saɪt] 1 n a (seeing) vue [f] ◇ **to lose one's ~** perdre la vue; **to know by ~** connaître de vue; **at first ~** à première vue; **love at first ~** le coup de foudre; **at the ~ of** à la vue de; **to come into ~** apparaître; **don't let it out of your ~** ne le perdez pas de vue; **to keep out of ~** (vi) ne pas se montrer; (vt) cacher; **to catch ~ of** apercevoir; **to lose ~ of sth** perdre qch de vue; **I can't stand the ~ of him** je ne peux pas le voir b (spectacle) spectacle [m] ◇ **to see the ~s** visiter la ville; **I must look a ~!** je dois avoir une de ces allures! [famil] c (on gun) mire [f] ◇ **in one's ~s** dans sa ligne de tir 2 vt apercevoir ◆ **sighted** adj qui voit ◇ **the ~ed** les voyants [mpl] (lit) ◆ **sightseeing** 1 n tourisme [m] 2 vi ◇ **to go ~** (gen) faire du tourisme; (in town) visiter la ville ◆ **sightseer** n touriste [mf].

sign [saɪn] 1 n a signe [m] ◇ **in ~ language** par signes; **as a ~ of** en signe de; **at the slightest ~ of** au moindre signe de; **there is no ~ of his agreeing** rien ne laisse à penser qu'il va accepter; **no ~ of life** aucun signe de vie b (notice: gen) panneau [m]; (on inn, shop) enseigne [f] 2 vti a (letter etc) signer ◇ **to ~ one's name** signer; **to ~ for sth** signer un reçu pour qch; **to ~ in** (in factory) pointer à l'arrivée; (in hotel) signer le registre; **to ~ off** (in factory) pointer au départ; **to ~ on** or **up** (Mil) s'engager (*as* comme); (in factory etc) se faire embaucher (*as* comme); (on arrival) pointer à l'arrivée; (enrol) s'inscrire b ◇ **to ~ to sb to do sth** faire signe à qn de faire qch ◆ **signpost** 1 n poteau [m] indicateur 2 vt (place) indiquer ◆ **signposting** n signalisation [f].

signal ['sɪgnl] 1 n (gen) signal [m] (*for* de) ◇ **traffic ~s** feux [mpl] de circulation; (Rad) **station ~** indicatif [m] (de l'émetteur); (Telec) **I'm getting the engaged ~** ça sonne occupé; (Rail) **~ box** poste [m] d'aiguillage 2 vti (gen) faire des signaux; (of driver) indiquer ◇ **to ~ to sb** faire signe à qn (*to do* de faire); **to ~ sb on** faire signe à qn d'avancer ◆ **signalman** n (Rail) aiguilleur [m].

signature ['sɪgnətʃəʳ] n signature [f] ◇ **~ tune** indicatif [m] musical.

signet ['sɪgnɪt] n ◇ **~ ring** chevalière [f].

significance [sɪg'nɪfɪkəns] n (meaning) signification [f]; (importance) importance [f].

significant [sɪg'nɪfɪkənt] adj (quite large: amount) considérable; (event) important ◇ **it is ~ that...** il est significatif que + subj ◆ **significantly** adv (smile etc) d'une façon significative; (improve, change) considérablement.

signify ['sɪgnɪfaɪ] vti (mean) signifier (*that* que); (indicate) indiquer (*that* que).

Sikh [si:k] 1 adj sikh 2 n Sikh [mf].

silence ['saɪləns] 1 n silence [m] ◇ **in ~** en silence 2 vt (gen) réduire au silence; (machine) rendre silencieux, [f] -ieuse ◆ **silencer** n silencieux [m] (*dispositif*).

silent ['saɪlənt] adj (gen) silencieux, [f] -ieuse; (film, reproach) muet, [f] muette ◇ **to be ~** se taire; **~ 'h'** 'h' muet.

silhouette [ˌsɪlu:'et] n silhouette [f].

silicon ['sɪlɪkən] n silicium [m] ◇ **~ chip** pastille [f] de silicium.

silk [sɪlk] n soie [f] ◇ **~ dress** robe [f] de soie ◆ **silkworm** n ver [m] à soie ◆ **silky** adj soyeux, [f] -euse.

sill [sɪl] n rebord [m].

silly ['sɪlɪ] adj bête, stupide ◇ **you ~ fool!** espèce d'idiot(e)!; **don't be ~** ne fais pas l'idiot(e); **to do something ~** faire une bêtise.

silt [sɪlt] n vase [f].

silver ['sɪlvəʳ] 1 n (metal) argent [m]; (objects, cutlery) argenterie [f] ◇ **£2 in ~** 2 livres en pièces d'argent; **~ birch** bouleau [m] argenté; **~ foil** papier [m] d'argent; **~ gilt** plaqué [m] argent; **~ jubilee** vingt-cinquième anniversaire [m] (*d'un événement*); **~ paper** papier [m] d'argent; **~ wedding** noces [fpl] d'argent 2 adj (made of ~) en argent; (colour) argenté ◆ **silver-plated** adj argenté ◆ **silversmith** n orfèvre [mf] ◆ **silverware** n argenterie [f].

similar ['sɪmɪləʳ] adj semblable (*to* à); (less strongly) comparable (*to* à) ◆ **similarity** n ressemblance [f] (*to* avec) ◆ **similarly** adv (decorated etc) de la même façon ◇ **and ~...** et de même....

simile ['sɪmɪlɪ] n comparaison [f].

simmer ['sɪməʳ] 1 vi (of water) frémir; (of vegetables, soup) cuire à feux doux; (with rage) bouillir 2 vt laisser frémir; faire cuire à feu doux.

simper ['sɪmpəʳ] vi minauder.

simple ['sɪmpl] adj (uncomplicated) simple (after n); (used for emphasis) simple (before n) ◇ **~ people** des gens simples; **for the ~ reason that...** pour la simple raison que...; **to make ~r** simplifier; **in ~ English** ≃ en bon français ◆ **simple-minded** adj simple d'esprit ◆ **simpleton** n nigaud(e) [m(f)] ◆

simplicity n simplicité [f] ◆ **simplify** vt simplifier ◆ **simply** adv simplement ◇ **you ~ must come!** il faut absolument que vous veniez!

simulate ['sɪmjʊleɪt] vt simuler.

simultaneous [,sɪməl'teɪnɪəs] adj simultané.

sin [sɪn] **1** n (gen) péché [m] ◇ (fig) **it's a ~ to do that** c'est un crime de faire cela **2** vi pécher ◆ **sinful** adj (gen) coupable; (act, waste) scandaleux, [f] -euse.

since [sɪns] **1** conj **a** (in time) depuis que ◇ **~ I have been here** depuis que je suis ici; **ever ~ I met him** depuis que je l'ai rencontré; **it's a week ~ I saw him** cela fait une semaine que je ne l'ai pas vu **b** (because) puisque, comme **2** adv, prep (also **ever ~**) depuis ◇ **not long ~** il y a peu de temps; **~ then** depuis.

sincere [sɪn'sɪəʳ] adj sincère ◆ **sincerely** adv sincèrement ◇ **Yours ~** ≃ (acquaintance or business) Je vous prie d'agréer, Monsieur (or Madame etc), l'expression de mes sentiments les meilleurs; (to friend) cordialement à vous.

sincerity [sɪn'serɪtɪ] n sincérité [f].

sinew ['sɪnju:] n tendon [m].

sing [sɪŋ] pret *sang*, ptp *sung* vti chanter ◆ **singer** n chanteur [m], [f] -euse ◆ **singing** n chant [m].

Singapore [,sɪŋgə'pɔ:ʳ] n Singapour [m].

singe [sɪndʒ] vt brûler légèrement; (cloth) roussir.

single ['sɪŋgl] **1** adj **a** (only one) seul (before n) ◇ **the ~ survivor** le seul survivant; **every ~ day** tous les jours sans exception; **not a ~ person spoke** pas une seule personne n'a parlé; **I didn't see a ~ person** je n'ai vu personne **b** (not double etc: gen) simple ◇ **a ~ ticket** un aller simple (*to* pour); **~ cream** crème [f] fraîche liquide; **~ fare** prix [m] d'un aller simple; **~ bed** lit [m] d'une personne; **~ parent** parent [m] isolé; **~ room** chambre [f] pour une personne **c** (unmarried) célibataire **2** n **a** ◇ (Tennis) **~s** simple [m]; **ladies' ~s** simple dames **b** (Rail etc: ticket) aller [m] simple **c** ◇ (record) **a ~** un 45 tours **3** vt ◇ **to ~ out** (distinguish) distinguer; (choose) choisir ◆ **single-breasted** adj droit *(veston)* ◆ **single-decker** n autobus [m] sans impériale ◆ **single-handed** **1** adv sans aucune aide **2** adj fait sans aide; (sailing) en solitaire ◆ **single-minded** adj résolu ◆ **single-parent family** n famille [f] monoparentale.

singular ['sɪŋgjʊləʳ] adj, n singulier [m], [f] -ière ◇ **in the ~** au singulier.

sinister ['sɪnɪstəʳ] adj sinistre.

1. **sink** [sɪŋk] pret *sank*, ptp *sunk* vti **a** (of ship etc) couler; (of sun) se coucher; (of building) se tasser; (of level, temperature) baisser beaucoup ◇ **to ~ a ship** couler un navire; **to ~ to the bottom** couler au fond; (fig) **it was ~ or swim** il fallait bien s'en sortir tout seul; **his heart sank** il a été pris de découragement; **I'm sunk** [famil] je suis fichu [famil]; **to ~ in** (of post etc) s'enfoncer; (of explanation) rentrer; **it took a long time to ~ in** il (etc) a mis longtemps à comprendre; **to have a ~ing feeling that...** avoir le pressentiment que... **b** (of person, into chair etc: often **~ down**) se laisser tomber; (into mud) s'enfoncer; (be dying) baisser ◇ **to ~ to one's knees** tomber à genoux; **to ~ to the ground** s'affaisser **c** (mine, well) creuser; (pipe etc) noyer.

2. **sink** [sɪŋk] n évier [m] ◇ **~ tidy** coin [m] d'évier *(ustensile)*; **~ unit** bloc-évier [m].

sinking ['sɪŋkɪŋ] n naufrage [m].

sinner ['sɪnəʳ] n pécheur [m], [f] -eresse.

Sino- ['saɪnəʊ] pref sino-.

sinus ['saɪnəs] n (Med) sinus [(m) inv].

sinusitis [,saɪnə'saɪtɪs] n sinusite [f].

sip [sɪp] **1** n petite gorgée [f] **2** vt boire à petites gorgées.

siphon ['saɪfən] n siphon [m].

sir [sɜ:ʳ] n monsieur [m] ◇ **yes, ~** oui, Monsieur; (to army officer) oui, mon commandant (etc); (in letter) **Dear S~** Monsieur; **S~ John Smith** sir John Smith.

siren ['saɪərən] n sirène [f].

sirloin ['sɜ:lɔɪn] n aloyau [m].

sister ['sɪsteʳ] n **a** sœur [f] **b** (Rel) (bonne) sœur [f] **c** (Brit Med) infirmière [f] en chef ◇ **yes, ~** oui, Madame (or Mademoiselle) ◆ **sister-in-law** n belle-sœur [f].

sit [sɪt] pret, ptp *sat* vti **a** ◇ **to ~ about** or **around** traîner; **to ~ (down)** s'asseoir; **to be ~ting (down)** être assis; **~ down** assieds-toi; **to ~ back** (in armchair) se caler; (to dog) **~!** assis!; (of bird) **to be ~ting** être perché; **to ~ on eggs** couver des œufs; **to ~ through a play** assister à une pièce jusqu'au bout; (of demonstrators) **to ~ in** occuper un bureau (etc); **to ~ still** se tenir tranquille; **to ~ tight** ne pas bouger; **to ~ up** (from lying) s'asseoir; (from slouching) se redresser; **to be ~ting up** être assis; (fig) **to ~ up and take notice** se secouer; **to ~ up late** se coucher tard; **to ~ up late waiting for sb** passer la nuit à attendre qn; **to ~ up with an invalid** veiller un malade; (fig) **to be ~ting pretty** tenir le bon bout [famil]; (fig) **to ~ on sth** [famil] (keep secret) garder qch pour soi **b** (for artist etc) poser (*for* pour) **c** (of committee) être en séance ◇ **to ~ on a committee** être membre d'un comité; **to ~ an exam** passer un examen; **to ~ in on a discussion** assister à une discussion sans y prendre part ◆ **sit-in** n (by demonstrators) sit-in [(m) inv]; (by workers) grève [f] sur le tas ◆ **sitter** n (Art) modèle [m] ◆ **sitting** **1** n (of committee etc) séance [f]; (for portrait) séance de pose; (in canteen etc) service [m] **2** adj (tenant) en possession des lieux ◇ (fig) ~ **duck** [famil] victime [f] facile ◆ **sitting room** n salon [m] ◆ **sit-up** n redressement [m] assis.

sitcom ['sɪtkɒm] n [famil] (Rad, TV etc) abbr of *situation comedy* comédie [f] de situation.

site [saɪt] n (gen) emplacement [m]; (Archeol) site [m]; (**building** ~) chantier [m]; (**camp** ~) camping [m].

situated ['sɪtjʊeɪtɪd] adj ◇ **to be** ~ se trouver, être situé; (fig) **he is rather badly** ~ il est en assez mauvaise posture.

situation [ˌsɪtjʊ'eɪʃən] n situation [f] ◇ (Press) **'~s vacant/wanted'** 'offres [fpl]/demandes [fpl] d'emploi'.

six [sɪks] **1** adj, n six [(m) inv] ◇ **he is** ~ **(years old)** il a six ans; ~ **of the girls** six des filles; **about** ~ six environ; **all** ~ **of us left** nous sommes partis tous les six; **it is** ~ **o'clock** il est six heures; (fig) **it's** ~ **of one and half a dozen of the other** c'est du pareil au même [famil] **2** pron six [mfpl] ◆ **sixish** adj, n ◇ **he is** ~ il a dans les six ans; **he came at** ~ il est venu vers six heures ◆ **sixteen** adj, n seize [(m) inv] ◆ **sixteenth** adj, n seizième [mf]; (fraction) seizième [m] ◆ **sixth** **1** adj, n sixième [mf]; (fraction) sixième [m]; (Mus) sixte [f] ◇ **she was the** ~ **to arrive** elle est arrivée la sixième; **it's the** ~ **largest oil-producing nation** c'est le sixième plus gros producteur de pétrole; **Charles the S**~ Charles VI; **the** ~ **of November, November the** ~ le six novembre; (fig) ~ **sense** sixième sens [m]; (in school) **the lower** ~ ≃ la classe de première; **the upper** ~ ≃ la classe terminale **2** adv **a** (in race, exam) en sixième place **b** (~**ly**) sixièmement ◆ **sixtieth** adj, n soixantième [mf]; (fraction) soixantième [m] ◆ **sixty** adj, n soixante [(m) inv] ◇ **about** ~ **books** une soixantaine de livres; **he is about** ~ il a une soixantaine d'années; (1960s etc) **in the sixties** dans les années [fpl] soixante; **the temperature was in the sixties** ≃ il faisait entre quinze et vingt degrés; (driver) **to do** ~ [famil] ≃ faire du cent (à l'heure) ◆ **sixty-first** adj, n soixante et unième [mf]; (fraction) soixante et unième [m] ◆ **sixty-one** adj, n soixante et un [(m) inv] ◆ **sixty-second** adj, n soixante-deuxième [mf] ◆ **sixty-two** adj, n soixante-deux [(m) inv].

1. **size** [saɪz] n (for plaster etc) colle [f].

2. **size** [saɪz] **1** n **a** (of person, animal) taille [f]; (of room, building, car, parcel) dimensions [fpl]; (of egg, fruit, jewel) grosseur [f]; (format) format [m]; (of sum) montant [m]; (of estate, country, difficulty) étendue [f] ◇ (of product) **the small** ~ le petit modèle; **the** ~ **of the town** l'importance [f] de la ville; **it's the** ~ **of...** c'est grand comme...; **he's about your** ~ il est à peu près de la même taille que vous; **to cut sth to** ~ couper qch à la dimension voulue **b** (of garment) taille [f]; (of shoes, gloves) pointure [f]; (of shirt) encolure [f] ◇ **what** ~ **are you?, what** ~ **do you take?** quelle taille (or quelle pointure) faites-vous?; **hip** ~ tour [m] de hanches; **I take** ~ **5 shoes** ≃ je fais du 38 **2** vt ◇ **to** ~ **up** (person) juger; (situation) mesurer.

sizeable ['saɪzəbl] adj (gen) assez grand; (egg, fruit, jewel) assez gros, [f] grosse; (sum, problem) assez considérable.

sizzle ['sɪzl] vi grésiller.

1. **skate** [skeɪt] n (fish) raie [f].

2. **skate** [skeɪt] **1** n patin [m] **2** vi patiner ◇ **to** ~ **across** (etc) traverser (etc) en patinant; **to go skating** (ice) faire du patin; (roller) faire du patin à roulettes ◆ **skateboard** n planche [f] à roulettes ◆ **skater** n (ice) patineur [m], [f] -euse; (roller) personne [f] qui fait du skating ◆ **skating** n (ice) patinage [m]; (roller) skating [m] ◇ ~ **rink** (ice) patinoire [f]; (roller) skating [m].

skein [skeɪn] n écheveau [m].

skeleton ['skelɪtn] **1** n (gen) squelette [m]; (of novel etc) schéma [m] ◇ (fig) **the** ~ **in the cupboard** la honte cachée de la famille **2** adj (army, staff) squelettique ◇ ~ **key** passe-partout [(m) inv].

skeptic ['skeptɪk] = (US) **sceptic.**

sketch [sketʃ] **1** n **a** (drawing) croquis [m], esquisse [f] ◇ **a rough** ~ une ébauche; ~**(ing) pad** bloc [m] à dessins **b** (Theat) sketch [m] **2** vti faire une esquisse de; (fig: ~ **out**) esquisser ◆ **sketchy** adj incomplet, [f] -ète.

skewer ['skjʊəʳ] n (for roast) broche [f]; (for kebabs) brochette [f].

ski [skiː] **1** n ski [m] *(équipement)* **2** adj (school, clothes) de ski ◇ ~ **binding** fixation [f]; ~ **boot** chaussure [f] de ski; ~ **lift** remonte-pente [(m) inv]; ~ **pants** fuseau [m] de ski; ~ **resort** station [f] de ski; ~ **run** piste [f] de ski; ~ **tow** téléski [m] **3** vi skier ◇ **to go** ~**ing** faire du ski; (as holiday) partir aux sports d'hiver ◆ **skier** n skieur [m], [f] -euse ◆ **skiing** n ski [m] *(sport)* ◇ ~ **holiday** vacances [fpl] aux sports d'hiver ◆ **skijumping** n saut [m] à skis ◆ **ski-pass** n forfait-skieur(s) [m] ◆ **ski-suit** n combinaison [f] (de ski).

skid [skɪd] **1** n dérapage [m] ◇ **to go into a** ~ déraper; **to get out of a** ~ redresser un dérapage **2** vi déraper ◇ **to** ~ **into a tree** déraper et percuter un arbre ◆ **skidmark** n trace [f] de dérapage.

skill [skɪl] n habileté [f] (*at* à) ◇ **a** ~ **that has to be learnt** une technique qui s'apprend ◆ **skilful,** (US) **skillful** adj habile (*at doing* à faire) ◆ **skilled** adj (gen) adroit (*in* or *at doing* pour faire; *in* or *at sth* en qch); (worker) qualifié; (work) de spécialiste.

skillet ['skɪlɪt] n poêlon [m].

skim [skɪm] vti **a** (milk) écrémer; (soup) écumer ◇ **to ~ sth off** enlever qch; **~(med) milk** lait [m] écrémé **b** (stone) faire ricocher (*across* sur) ◇ **to ~ across the water** raser l'eau.

skimp [skɪmp] vti (also **~ on:** butter etc) lésiner sur; (work) faire à la va-vite ◆ **skimpy** adj (gen) insuffisant; (dress) étriqué.

skin [skɪn] **1** n (gen) peau [f] ◇ **~ disease** maladie [f] de la peau; **fair-~ned** à la peau claire; **next to the ~** à même la peau; **soaked to the ~** trempé jusqu'aux os; **potatoes in their ~s** pommes de terre [fpl] en robe des champs; (fig) **to escape by the ~ of one's teeth** l'échapper belle; **to have a thick ~** être insensible **2** vt (animal) écorcher; (fruit, vegetable) éplucher ◆ **skin-deep** adj superficiel, [f] -ielle ◆ **skindiver** n plongeur [m], [f] -euse sous-marin(e) ◆ **skinhead** n jeune voyou [m] ◆ **skinny** adj (person) maigre; (sweater) moulant ◆ **skin-tight** adj très ajusté.

1. **skip** [skɪp] **1** vi sautiller; (with rope) sauter à la corde ◇ (fig) **to ~ over a point** glisser sur un point; **to ~ from one subject to another** sauter d'un sujet à un autre **2** vt (omit: page, class, meal) sauter ◇ **~ it!** [famil] laisse tomber! [famil]; **to ~ school** sécher les cours ◆ **skipping** n saut [m] à la corde ◇ **~ rope** corde [f] à sauter.

2. **skip** [skɪp] n (container) benne [f].

skipper ['skɪpəʳ] n capitaine [m].

skirmish ['skɜ:mɪʃ] n escarmouche [f].

skirt [skɜ:t] n jupe [f].

skirting ['skɜ:tɪŋ] n (**~ board**) [n] plinthe [f].

skit [skɪt] n parodie [f] (*on* de).

skittles ['skɪtlz] nsg (game) jeu [m] de quilles [fpl].

skive [famil] [skaɪv] vi tirer au flanc [famil].

skulk [skʌlk] vi rôder furtivement.

skull [skʌl] n crâne [m] ◇ **~ and crossbones** (flag) pavillon [m] à tête de mort.

skunk [skʌŋk] n mouffette [f].

sky [skaɪ] n ciel [m] ◇ **in the ~** dans le ciel; (fig) **the ~'s the limit** [famil] tout est possible ◆ **sky-blue** adj bleu ciel [inv] ◆ **skydiving** n parachutisme [m] (en chute libre) ◆ **sky-high** adj, adv très haut ◆ **skylark** n alouette [f] ◆ **skylight** n lucarne [f] ◆ **skyline** n ligne [f] d'horizon ◆ **skyscraper** n gratte-ciel [(m) inv] ◆ **skyway** n (US) route [f] surélevée.

slab [slæb] n (of stone etc) bloc [m]; (flat) plaque [f]; (paving ~) dalle [f]; (of chocolate) tablette [f].

slack [slæk] **1** adj ◇ **to be ~** (rope etc) avoir du mou; (market) être faible; (student) être peu consciencieux, [f] -ieuse; (security etc) être relâché; **the ~ season** la morte-saison **2** vi ◇ **to ~ off** [famil] (in efforts) se relâcher; (of trade etc) ralentir ◆ **slacken** vt (rope) donner du mou à ◇ **to ~ speed** ralentir.

slacks [slæks] npl pantalon [m].

slag [slæg] n ◇ **~ heap** terril [m].

slain [sleɪn] ptp of *slay*.

slam [slæm] **1** vti (door, lid) claquer ◇ **to ~ on the brakes** freiner brutalement **2** n (Bridge) chelem [m].

slander ['slɑ:ndəʳ] **1** n calomnie [f]; (Law) diffamation [f] **2** vt calomnier; diffamer.

slang [slæŋ] n argot [m] ◇ **in ~** en argot; **army ~** argot militaire; **~ word** mot d'argot.

slant [slɑ:nt] **1** n inclinaison [f]; (point of view) angle [m] (*on* sur) **2** vi pencher **3** vt (fig) présenter avec parti pris ◆ **slanting** adj (surface) incliné; (handwriting) penché.

slap [slæp] **1** n (gen) claque [f]; (on bottom) fessée [f]; (in face) gifle [f] **2** adv ◇ [famil] **~ in the middle** en plein milieu **3** vt (hit) donner une claque à ◇ **to ~ sb's face** gifler qn; (fig) **to ~ paint on a wall** flanquer [famil] un coup de peinture sur un mur ◆ **slapdash** adj (work) fait à la va-vite ◆ **slapstick comedy** n grosse farce [f] ◆ **slap-up** adj [famil] fameux [famil].

slash [slæʃ] **1** vt (gen) entailler; (rope) trancher; (face) balafrer; (fig) réduire radicalement; (prices) casser [famil] **2** n (**~ mark**) barre [f] oblique.

slat [slæt] n lame [f]; (blind) lamelle [f].

slate [sleɪt] **1** n ardoise [f] ◇ **~ roof** toit [m] en ardoise; **~ grey** gris ardoise [inv]; **~ quarry** ardoisière [f] **2** vt (fig: criticize) éreinter.

slaughter ['slɔ:təʳ] **1** n (of animals) abattage [m]; (of people) carnage [m] **2** vt (animal) abattre; (people) massacrer ◆ **slaughterhouse** n abattoir [m].

Slav [slɑ:v] **1** adj slave **2** n Slave [mf].

slave [sleɪv] **1** n esclave [mf] (*to* de) **2** adj ◇ (fig) **~ labour** travail [m] de forçat; **~ trade** commerce [m] des esclaves **3** vi (**~ away**) travailler comme un nègre.

slaver ['slævəʳ] vi (dribble) baver.

slavery ['sleɪvərɪ] n esclavage [m].

slay [sleɪ] pret *slew*, ptp *slain* vt tuer.

sleazy ['sli:zɪ] adj [famil] minable.

sledge [sledʒ] n luge [f]; (sleigh) traîneau [m].

sledgehammer ['sledʒ,hæməʳ] n marteau [m] de forgeron.

sleek [sli:k] adj (hair, fur) lisse et brillant; (cat) au poil soyeux.

sleep [sli:p] (vb: pret, ptp *slept*) **1** n sommeil [m] ◇ **to talk in one's ~** parler en dormant; **to sing a child to ~** chanter jusqu'à ce qu'un enfant s'endorme; **to get some ~** dormir; **to go to ~** s'endormir; **my leg has gone to ~** j'ai la jambe engourdie; **to put to ~** endormir; (put down: cat) faire piquer; **he didn't lose any ~ over it** il n'en a pas perdu le sommeil pour autant **2** vti **a** dormir ◇ **to ~ in** faire la grasse matinée; (oversleep) ne pas se réveiller à temps; **to ~ like a log** dormir comme une souche; **~ tight!**, **~ well** dors bien!; **to ~ soundly** dormir profondément; (without fear) dormir sur ses deux oreilles; **to ~ sth off** dormir pour faire passer qch; **I'll have to ~ on it** il faut que j'attende demain pour décider; **the house ~s 8** on peut coucher 8 personnes dans cette maison **b** (spend night) coucher ◇ **he slept at his aunt's** il a couché chez sa tante; **to ~ with sb** coucher [famil] avec qn ◆ **sleeper** n **a** ◇ **to be a light ~** avoir le sommeil léger **b** (Rail: track) traverse [f]; (berth) couchette [f]; (train) train-couchettes [m] **c** (earring) clou [m] ◆ **sleeping** adj (person) endormi ◇ **~ bag** sac [m] de couchage; **the S~ Beauty** la Belle au bois dormant; **~ pill** somnifère [m]; **~ policeman** cassevitesse [m] ◆ **sleepless** adj ◇ **to have a ~ night** ne pas dormir de la nuit ◆ **sleeplessness** n insomnie [f] ◆ **sleepwalking** n somnambulisme [f] ◆ **sleepy** adj (person) qui a envie de dormir; (voice, village) endormi ◇ **to be** or **feel ~** avoir sommeil.

sleet [sli:t] n neige [f] fondue.

sleeve [sli:v] n (of garment) manche [f]; (of record) pochette [f] ◇ **long-/short-~d** à manches longues/courtes; (fig) **he's got something up his ~** il a quelque chose en réserve.

sleigh [sleɪ] n traîneau [m].

sleight [slaɪt] n ◇ **~ of hand** tour [m] de passe-passe.

slender ['slendəʳ] adj (person) mince; (stem, part of body) fin; (fig) faible.

slept [slept] pret, ptp of *sleep*.

sleuth [slu:θ] n limier [m].

slew [slu:] pret of *slay*.

slice [slaɪs] **1** n **a** (gen) tranche [f]; (fig) partie [f] ◇ **~ of bread and butter** tartine [f] (beurrée) **b** (utensil) truelle [f] **2** vt (often: **~ up**) couper (en tranches) ◇ **a ~d loaf** un pain en tranches; **to ~ through** couper net ◆ **slicer** n coupe-jambon [(m) inv].

slick [slɪk] **1** adj (gen) facile; (cunning) rusé **2** n (oil ~) nappe [f] de pétrole.

slide [slaɪd] (vb: pret, ptp *slid*) **1** n (prices) baisse [f] (*in* de); (in playground) toboggan [m]; (for microscope) porte-objet [m]; (hair ~) barrette [f]; (Phot) diapositive [f] ◇ **~ rule** règle [f] à calcul **2** vi (gen) se glisser ◇ **to ~ down** (of person, car) descendre en glissant; (of object) glisser; (fig) **to let things ~** laisser les choses aller à la dérive **3** vt (small object) glisser; (large object) faire glisser ◆ **sliding** adj (door) coulissant; (car: roof) ouvrant ◇ **~ scale** échelle [f] mobile.

slight [slaɪt] **1** adj (small) petit (before n); (negligible) insignifiant; (person) menu ◇ **not the ~est danger** pas le moindre danger; **not in the ~est** pas le moins du monde **2** vt offenser **3** n affront [m].

slightly ['slaɪtlɪ] adv (gen) un peu ◇ **~ built** menu.

slim [slɪm] **1** adj mince **2** vi maigrir ◇ **to be ~ming** être au régime (pour maigrir) ◆ **slimmer** n personne [f] suivant un régime amaigrissant ◆ **slimming** adj (diet, pills) pour maigrir; (food) qui ne fait pas grossir.

slime [slaɪm] n (gen) dépôt [m] visqueux; (mud) vase [f] ◆ **slimy** adj visqueux, [f] -euse; couvert de vase.

sling [slɪŋ] (vb: pret, ptp *slung*) **1** n (catapult) fronde [f]; (child's) lance-pierre [(m) inv] ◇ (Med) **in a ~** en écharpe **2** vt (throw) lancer (*at sb* à qn; *at sth* sur qch); (load etc) hisser ◇ **to ~ sth over one's shoulder** jeter qch par derrière l'épaule; **to ~ out** [famil] se débarrasser de.

slip [slɪp] **1** n **a** (mistake) erreur [f]; (oversight) oubli [m]; (moral) écart [m] ◇ **~ of the tongue**, **~ of the pen** lapsus [m]; **to give sb the ~** fausser compagnie à qn **b** (pillow~) taie [f] d'oreiller; (underskirt) combinaison [f] **c** (in filing system etc) fiche [f] ◇ **a ~ of paper** un bout de papier **2** vi (slide) glisser (*on* sur; *out of* de); (of clutch) patiner ◇ (move) **to ~ into** se glisser dans; **to ~ into a dress** enfiler une robe; **to ~ back** revenir discrètement; **to ~ out for some cigarettes** sortir un instant chercher des cigarettes; **the words ~ped out** les mots lui (etc) ont échappé; **to let ~ an opportunity** laisser échapper une occasion; **he's ~ping** [famil] il ne fait plus assez attention; **to ~ up** [famil] gaffer **3** vt **a** (slide) glisser (*to sb* à qn; *into* dans) ◇ **he ~ped the gun out** il a sorti son revolver; **~ped disc** hernie [f] discale; (fig) **it completely ~ped my mind** j'avais complètement oublié cela **b** (anchor) filer; (Knitting: stitch) glisser ◇ **to ~ sb's notice** échapper à qn ◆ **slipcovers** npl (US) housses [fpl] ◆ **slipknot** n nœud [m] coulant ◆ **slippery** adj glissant ◆ **slip-road** n bretelle [f] d'accès ◆ **slipshod** adj négligé; (worker) négligent ◆ **slip-up** n [famil] gaffe [famil] [f] ◆ **slipway** n cale [f].

slipper ['slɪpəʳ] n pantoufle [f]; (warmer) chausson [m].

slit [slɪt] (vb: pret, ptp *slit*) **1** n fente [f]; (cut) incision [f] **2** vt fendre, inciser; (sb's throat) trancher ◇ **to ~ open** ouvrir; **a ~ skirt** une jupe fendue.

slither ['slɪðəʳ] vi glisser.

slob [slɒb] n [famil] rustaud(e) [m(f)].

slobber ['slɒbəʳ] vi baver.

sloe [sləʊ] n prunelle [f].

slog [slɒg] 1 n (work) long travail [m] pénible; (effort) gros effort [m] 2 vt donner un grand coup à 3 vi (work) travailler très dur ◇ **to ~ away at sth** trimer [famil] sur qch; **he ~ged up the hill** il a gravi la colline avec effort.

slogan ['sləʊgən] n slogan [m].

slop [slɒp] 1 vt répandre par mégarde 2 vi déborder (*onto* sur) 3 n ◇ **~s** eaux [fpl] sales.

slope [sləʊp] 1 n pente [f] ◇ **~ up** montée [f]; **~ down** descente [f]; (of mountain) **the southern ~s** le versant sud; **on the (ski) ~s** sur les pistes [fpl] (de ski) 2 vi être en pente; (of handwriting) pencher ◇ **to ~ up** monter; **to ~ down** descendre ◆ **sloping** adj en pente.

sloppy ['slɒpɪ] adj (careless) peu soigné; (famil: sentimental) débordant de sensiblerie.

slot [slɒt] 1 n (for coin etc) fente [f]; (groove) rainure [f]; (fig: in timetable etc) heure [f]; (Rad, TV) créneau [m] ◇ **~ machine** (selling) distributeur [m] automatique; (for amusement) machine [f] à sous; **~ meter** compteur [m] à paiement préalable 2 vt ◇ **to ~ sth in** insérer qch dans 3 vi ◇ **to ~ in** s'insérer dans.

sloth [sləʊθ] n a paresse [f] b (animal) paresseux [m].

slouch [slaʊtʃ] vi ne pas se tenir droit ◇ **to ~ in a chair** être affalé dans un fauteuil.

slovenly ['slʌvnlɪ] adj (person) débraillé; (work) qui manque de soin.

slow [sləʊ] 1 adj (gen) lent; (boring) ennuyeux, [f] -euse; (phlegmatic) flegmatique; (stupid) lent ◇ (Culin) **~ cooker** mijoteuse [f] électrique; **a ~ train** un omnibus; **it's ~ going** on n'avance pas vite; **~ to decide** long à décider; **my watch is 10 minutes ~** ma montre retarde de 10 minutes; **in a ~ oven** à four doux; **in ~ motion** au ralenti 2 adv lentement ◇ **to go ~** aller lentement; (of watch) prendre du retard; (be cautious) y aller doucement; **~-acting** (etc) à action (etc) lente 3 vt (**~ down, ~ up**) (gen) retarder; (machine) ralentir 4 vi (**~ down, ~ up**) ralentir ◆ **slowcoach** n (dawdler) lambin(e) [m(f)] ◆ **slowly** adv lentement; (little by little) peu à peu ◇ **~ but surely** lentement mais sûrement ◆ **slowness** n lenteur [f].

sludge [slʌdʒ] n boue [f].

slug [slʌg] n limace [f].

sluggish ['slʌgɪʃ] adj (gen) lent; (lazy) paresseux, [f] -euse; (engine) peu nerveux, [f] -euse; (market, business) stagnant.

sluice [slu:s] 1 n (**~ way**) canal [m] (à vannes) 2 vt laver à grande eau.

slum [slʌm] n (house) taudis [m] ◇ **the ~s** les quartiers [mpl] pauvres; **~ area** quartier [m] pauvre; **~ clearance** aménagement [m] des quartiers insalubres.

slump [slʌmp] 1 n (gen) baisse [f] soudaine (*in* de); (economy) crise [f] économique 2 vi (also **~ down**) s'effondrer (*into* dans; *onto* sur).

slung [slʌŋ] pret, ptp of *sling*.

slur [slɜ:ʳ] 1 n (stigma) atteinte [f] (*on* à); (insult) affront [m] 2 vt mal articuler.

slush [slʌʃ] n (snow) neige [f] fondante; (sentiment) sentimentalité [f] ◇ **~ fund** fonds [mpl] secrets, caisse [f] noire.

slut [slʌt] n (dirty) souillon [f]; (immoral) salope [famil] [f].

sly [slaɪ] adj (wily) rusé; (underhand) sournois; (mischievous) espiègle ◇ **on the ~** en cachette.

1. **smack** [smæk] vi ◇ **to ~ of sth** sentir qch.

2. **smack** [smæk] 1 n tape [f]; (stronger) claque [f]; (on face) gifle [f] 2 vt donner une tape (or une claque) à ◇ **to ~ sb's face** gifler qn; **to ~ sb's bottom** donner la fessée à qn; **to ~ one's lips** se lécher les babines 3 adv ◇ **~ in the middle** en plein milieu ◆ **smacking** n fessée [f].

small [smɔ:l] 1 adj (gen) petit; (audience, population) peu nombreux, [f] -euse; (waist) mince ◇ **to grow** or **get ~er** diminuer; **to make ~er** réduire; (Typ) **in ~ letters** en minuscules [fpl]; **to feel ~** se sentir tout honteux, [f] -euse; **~ ads** petites annonces [fpl]; **he's got plenty of ~ talk** il a de la conversation 2 adv ◇ **to cut up ~** couper en tout petits morceaux 3 n ◇ **the ~ of the back** le creux des reins; (underwear) **~s** [famil] dessous [mpl] ◆ **smallholding** n ≃ petite ferme [f] ◆ **small-minded** adj mesquin ◆ **smallness** n (gen) petitesse [f]; (of person) petite taille [f] ◆ **small-scale** adj de peu d'importance ◆ **small-town** adj provincial.

smallpox ['smɔ:l,pɒks] n variole [f].

smart [smɑ:t] 1 adj a chic [inv], élégant b (clever) intelligent, dégourdi [famil] c (quick) rapide ◇ **look ~ about it!** remue-toi! [famil] 2 vi (of cut, graze) brûler; (of iodine etc) piquer; (feel offended) être piqué au vif ◆ **smarten (up)** 1 vt (house) bien arranger 2 vi (of person) se faire beau, [f] belle ◆ **smartly** adv (elegantly) avec beaucoup de chic; (cleverly) astucieusement; (quickly) vivement.

smash [smæʃ] 1 n a (sound) fracas [m] b (also **~-up** [famil]) accident [m] 2 adv ◇ [famil] **~ into a wall** en plein dans un mur 3 vt (break) briser; (fig: sports record) pulvériser ◇ **to ~ sth to pieces** briser qch en mille morceaux; **to ~ up** (gen) fracasser; (room) tout casser dans; (car) bousiller [famil] 4 vi se fracasser ◆ **smash-and-grab (raid)** n cambriolage [m] (commis en brisant une devanture) ◆ **smasher** [famil] n ◇ **to be a ~** être sensationnel, [f] -elle ◆ **smashing** adj [famil] formidable [famil], terrible [famil].

smattering ['smætərıŋ] n ◇ **a ~ of** quelques connaissances [fpl] vagues en.

smear [smıəʳ] **1** n trace [f], (longer) traînée [f]; (dirty mark) tache [f]; (Med) frottis [m]; (slander) diffamation [f] (*on, against* de) ◇ **~ campaign** campagne [f] de diffamation **2** vt (gen) étaler (*on* sur); (with dirt) barbouiller (*with* de); (wet paint) faire une marque sur.

smell [smel] (vb: pret, ptp *smelled* or *smelt*) **1** n (sense of ~) odorat [m]; (odour) odeur [f]; (stench) mauvaise odeur ◇ **to have a nice ~** sentir bon; **to have a nasty ~** sentir mauvais **2** vti sentir; (of animal) flairer ◇ **he could ~ something burning** il sentait que quelque chose brûlait; **it doesn't ~ at all** ça n'a pas d'odeur; **these socks ~** ces chaussettes sentent mauvais; **that ~s like chocolate** ça sent le chocolat; **to ~ good** sentir bon ◆ **smelling salts** npl sels [mpl] ◆ **smelly** adj qui sent mauvais.

smelt [smelt] **1** pret, ptp of *smell* **2** vt (ore) fondre; (metal) extraire par fusion ◆ **smelting works** npl fonderie [f].

smile [smaıl] **1** n sourire [m] ◇ **to give sb a ~** faire un sourire à qn **2** vi sourire (*at* or *to sb* à qn; *at sth* de qch) ◇ **to keep smiling** garder le sourire ◆ **smiling** adj souriant.

smith [smıθ] n (shoes horses) maréchal-ferrant [m]; (forges iron) forgeron [m].

smithereens [ˌsmıðə'ri:nz] npl ◇ **smashed to** or **in ~** brisé en mille morceaux.

smithy ['smıðı] n forge [f].

smitten ['smıtn] adj ◇ **~ with** (remorse) pris de; (terror) frappé de; (idea, sb's beauty) enchanté par; (famil: in love) toqué de [famil].

smock [smɒk] n blouse [f].

smocking ['smɒkıŋ] n smocks [mpl].

smog [smɒg] n smog [m].

smoke [sməʊk] **1** n **a** fumée [f] ◇ **~ bomb** obus [m] fumigène; **~ detector** détecteur [m] de fumée; (Mil) **~ screen** rideau [m] de fumée; **to go up in ~** (house) brûler; (plans) partir en fumée **b** ◇ **to have a ~** fumer une cigarette (*or* une pipe etc) **2** vti fumer ◇ **'no smoking'** 'défense de fumer'; **'smoking can damage your health'** 'le tabac est nuisible à la santé'; **to give up smoking** arrêter de fumer; **~d salmon** saumon [m] fumé ◆ **smokeless** adj ◇ **~ fuel** combustible [m] non polluant; **~ zone** zone [f] où l'usage de combustibles solides est réglementé ◆ **smoker** n fumeur [m], [f] -euse ◇ **heavy ~** grand fumeur ◆ **smoky** adj (room) enfumé; (glass) fumé.

smooth [smu:ð] **1** adj **a** (gen) lisse; (sauce) onctueux, [f] -ueuse; (flavour) moelleux, [f] -euse; (voice) doux, [f] douce; (suave) doucereux, [f] -euse **b** (movement etc) sans à-coups; (flight) confortable ◇ **~ running** bonne marche [f] **2** vt (**~ down:** pillow, hair) lisser; (wood) rendre lisse ◇ **to ~ cream into one's skin** faire pénétrer la crème dans la peau; **to ~ out** défroisser; (fig) aplanir; (fig) **to ~ things over** arranger les choses ◆ **smoothly** adv (easily) facilement; (gently) doucement; (move) sans à-coups; (talk) doucereusement ◇ **it went off ~** cela s'est bien passé.

smother ['smʌðəʳ] vt (stifle) étouffer; (cover) couvrir (*with, in* de).

smoulder ['sməʊldəʳ] vi couver.

smudge [smʌdʒ] **1** n légère tache [f] **2** vt (face) salir; (writing) étaler accidentellement.

smug [smʌg] adj (person) suffisant; (optimism, satisfaction) béat ◆ **smugly** adv avec suffisance.

smuggle ['smʌgl] vt passer en contrebande ◇ **to ~ in** (goods) faire entrer en contrebande; (letters, person) faire entrer clandestinement ◆ **smuggler** n contrebandier [m], [f] -ière ◆ **smuggling** n contrebande [f] (*action*).

smut [smʌt] n petite saleté [f]; (famil: in conversation etc) cochonneries [famil] [fpl].

snack [snæk] n casse-croûte [(m) inv]; (**party ~**) amuse-gueule [m] ◆ **snack-bar** n snack [m].

snag [snæg] n inconvénient [m].

snail [sneıl] n escargot [m] ◇ **at a ~'s pace** à un pas de tortue.

snake [sneık] n serpent [m] ◆ **snakebite** n morsure [f] de serpent ◆ **snakes-and-ladders** n jeu [m] de l'oie.

snap [snæp] **1** n **a** (noise) bruit [m] sec ◇ (weather) **a cold ~** une brève vague de froid **b** (**~shot**) photo [f] (d'amateur) **c** (Cards) jeu [m] de bataille **2** adj (decision) irréfléchi **3** vti (**~ off:** break sth) casser; (be broken) se casser ◇ **to ~ one's fingers** faire claquer ses doigts; **to ~ sth shut** fermer qch d'un coup sec; **to ~ at sb** (of dog) essayer de mordre qn; (of person) parler à qn d'un ton brusque; **~ out of it** [famil] secoue-toi!; **to ~ up a bargain** sauter sur une occasion ◆ **snap-fastener** n pression [f] ◆ **snapshot** n photo [f] (d'amateur).

snapdragon ['snæpˌdrægən] n gueule-de-loup [f].

snare [snɛəʳ] n piège [m].

snarl [snɑ:l] **1** vi **a** (of dog) gronder en montrant les dents; (of person) lancer un grondement (*at sb* à qn) **b** ◇ **to get ~ed up** (of wool) s'emmêler **2** n grondement [m] féroce.

snatch [snætʃ] **1** vti (grab: gen) saisir; (holiday etc) réussir à avoir; (steal) voler (*from sb* à qn); (kidnap) enlever ◇ **to ~ sth from sb** arracher qch à qn; **to ~ some sleep** réussir à dormir un peu; **to ~ at sth** essayer de saisir qch; **to ~ sth up** ramasser vivement qch **2** n **a** ◇ **there was a ~ of wages** ~ des voleurs se sont emparés des salaires **b** (small piece) fragment (m).

sneak [sniːk] **1** n (famil: talebearer) rapporteur [famil] (m), (f) -euse [famil] **2** vti ◇ **to ~ in** (etc) entrer (etc) à la dérobée; **to ~ a look at sth** lancer un coup d'œil furtif à qch ♦ **sneaker** [famil] n chaussure (f) de tennis ♦ **sneaking** adj (preference) secret, (f) -ète ◇ **I had a ~ feeling that** je ne pouvais m'empêcher de penser que.

sneer [snɪər] vi ricaner ◇ **to ~ at sb** se moquer de qn ♦ **sneering** n ricanements (mpl), sarcasmes (mpl).

sneeze [sniːz] **1** n éternuement (m) **2** vi éternuer ◇ (fig) **it is not to be ~d at** ce n'est pas à dédaigner.

snide [snaɪd] adj narquois.

sniff [snɪf] **1** n reniflement (m) **2** vti (gen) renifler; (suspiciously) flairer; (disdainfully) faire la grimace ◇ **it's not to be ~ed at** ce n'est pas à dédaigner.

sniffle ['snɪfl] **1** n (slight cold) petit rhume (m) (de cerveau) **2** vi renifler.

snigger ['snɪgər] vi pouffer de rire ◇ **to ~ at** se moquer de ♦ **sniggering** n rires (mpl) en dessous.

snip [snɪp] **1** n (piece) petit bout (m); (famil: bargain) bonne affaire (f) **2** vt couper.

snipe [snaɪp] n (pl inv: bird) bécassine (f).

sniper ['snaɪpər] n tireur (m) embusqué.

snippet ['snɪpɪt] n (of cloth) petit bout (m); (of conversation) bribes (fpl).

snivel ['snɪvl] vi pleurnicher.

snob [snɒb] n snob (mf) ♦ **snobbery** n snobisme (m) ♦ **snobbish** adj snob (inv).

snooker ['snuːkər] n ≃ jeu (m) de billard.

snoop [snuːp] vi se mêler des affaires des autres ◇ **to ~ on sb** espionner qn ♦ **snooper** n personne (f) qui fourre son nez [famil] partout.

snooze [snuːz] n [famil] petit somme (m).

snore [snɔːr] **1** vi ronfler *(en dormant)* **2** n ronflement (m).

snorkel ['snɔːkl] n (Sport) tuba (m).

snort [snɔːt] **1** vi (of horse etc) s'ébrouer; (of person) grogner; (laughing) s'étrangler de rire **2** n ébrouement (m); grognement (m).

snot [snɒt] n [famil] morve (f) ♦ **snotty** adj [famil] (nose) qui coule; (child) morveux, (f) -euse.

snout [snaʊt] n museau (m).

snow [snəʊ] **1** n neige (f) ◇ **~ report bulletin** (m) d'enneigement; **~ tyre** or (US) **tire** pneu-neige (m), pneu (m) clouté **2** vti neiger ◇ **~ed in** or **up** bloqué par la neige; (fig) **~ed under** submergé (*with* de) ♦ **snowball** **1** n boule (f) de neige **2** vi (fig: grow larger) faire boule de neige ♦ **snowbound** adj (road) complètement enneigé; (village) bloqué par la neige ♦ **snow-capped** adj couronné de neige ♦ **snowdrift** n congère (f) ♦ **snowdrop** n perce-neige (m) inv) ♦ **snowfall** n chute (f) de neige ♦ **snowflake** n flocon (m) de neige ♦ **snowman** n bonhomme (m) de neige ◇ **the abominable ~** l'abominable homme (m) des neiges ♦ **snowplough** n chasse-neige (m) inv) ♦ **snowstorm** n tempête (f) de neige ♦ **snow-white** adj blanc, (f) blanche comme neige ♦ **Snow White** n Blanche-Neige (f) ♦ **snowy** adj (weather) neigeux, (f) -euse; (hills) enneigé; (day etc) de neige.

snub [snʌb] **1** n rebuffade (f) **2** vt repousser **3** adj (nose) retroussé.

snuff [snʌf] n tabac (m) à priser ◇ **to take ~** priser ♦ **snuffbox** n tabatière (f).

snug [snʌg] adj (cosy) douillet, (f) -ette; (safe) très sûr ◇ **it's nice and ~ here** il fait bon ici; **~ in bed** bien au chaud dans son lit.

snuggle ['snʌgl] vi (**~ down, ~ up**) se blottir (*into* dans; *beside* contre).

snugly ['snʌglɪ] adv douillettement ◇ **to fit ~** (object in box etc) rentrer juste bien.

so [səʊ] **1** adv **a** ◇ (to such an extent) **it's ~ big that...** c'est si grand or tellement grand que...; **he is not ~ clever as...** il n'est pas aussi or pas si intelligent que...; **it's not ~ big as all that!** ce n'est pas si grand que ça!; **~ as to do** pour faire; **~ that** (in order that) pour + infin, pour que + subj; (with the result that) si bien que + indic; **~ very tired** vraiment si fatigué; **~ much to do** tellement or tant de choses à faire **b** (thus) ainsi ◇ **just ~!, quite ~!** exactement!; **it ~ happened that** il s'est trouvé que; **~ I believe** c'est ce qu'il me semble; **is that ~?** vraiment?; **that is ~** c'est exact; **if ~** si oui; **perhaps ~** peut-être bien que oui; **I told you ~ yesterday** je vous l'ai dit hier; **I told you ~!** je vous l'avais bien dit!; **do ~** faites-le; **I think ~** je crois; **I hope ~** (answering) j'espère que oui; (agreeing) je l'espère bien; **... only more ~** ... mais encore plus; **~ do I!, ~ have I!** moi aussi!; **~ he did!** (or **~ it is!**) etc en effet!; **20 or ~** environ 20, une vingtaine; **and ~ on** (**and ~ forth**) et ainsi de suite; **~ long!** [famil] à bientôt! **2** conj donc, alors ◇ **he was late, ~ he missed the train** il est arrivé en retard, donc il a manqué le train; **~ there he is!** le voilà donc!; **the roads are busy, ~ be careful** il y a beaucoup de circulation, alors fais bien attention; **~ what?** [famil] et alors? ♦ **so-and-so** n un tel, une telle ◇ **an old** ~ [famil] un vieil imbécile; **Mr S~** Monsieur un tel; **Mrs S~** Madame une telle ◆ **so-called** adj soi-disant [inv] (before n) ◆ **so-so** adj [famil] comme ci comme ça.

soak [səʊk] 1 vt faire tremper (*in* dans) ◇ **~ed through**, **~ing wet** trempé; **to ~ sth up** absorber qch 2 vi tremper (*in* dans) ◇ **to ~ in** (liquid) pénétrer.

soap [səʊp] 1 n a savon [m] b (TV) feuilleton [m] mélo 2 vt savonner ◆ **soapflakes** npl paillettes [fpl] de savon ◆ **soap-opera** n feuilleton [m] mélo ◆ **soap-powder** n lessive [f] ◆ **soapsuds** npl (lather) mousse [f] de savon; (soapy water) eau [f] savonneuse ◆ **soapy** adj savonneux, [f] -euse.

soar [sɔːʳ] vi (gen) monter en flèche; (of morale etc) remonter en flèche.

sob [sɒb] 1 vti sangloter ◇ **'no' she ~bed** 'non' dit-elle en sanglotant 2 n sanglot [m] ◇ **~ story** [famil] histoire [f] à fendre le cœur.

sober ['səʊbəʳ] 1 adj a (serious: gen) sérieux, [f] -ieuse; (occasion) solennel, [f] -elle b ◇ (not drunk) **he is ~** il n'est pas ivre 2 vt ◇ **to ~ sb up** (calm) calmer qn; (stop being drunk) désenivrer qn 3 vi ◇ **to ~ up** (calm down) se calmer; (stop being drunk) désenivrer.

soccer ['sɒkəʳ] 1 n football [m] 2 adj du football ◇ **~ player** footballeur [m].

sociable ['səʊʃəbl] adj (person) sociable; (evening) amical ◇ **I'm not feeling very ~** je n'ai pas envie de voir des gens.

social ['səʊʃəl] 1 adj a social ◇ **~ benefits** prestations [fpl] sociales; **S~ and Liberal Democraty Party** *parti centriste britannique formé de l'union du parti libéral et du parti social-démocrate*; **~ security** aide [f] sociale; **to be on ~ security** [famil] recevoir l'aide sociale; **the ~ services** les services [mpl] sociaux; **Department of S~ Services** ministère [m] des Affaires sociales; **~ welfare** Sécurité [f] sociale; **~ work** assistance [f] sociale; **~ worker** assistant(e) [mf] social(e) b (engagements, life) mondain ◇ **we've got no ~ life** nous ne sortons jamais c (gregarious) sociable ◇ **~ club** association [f] amicale; **~ mobility** mobilité [f] sociale 2 n fête [f] ◆ **socialize** vi fréquenter des gens ◆ **socially** adv (acceptable) en société ◇ **I know him ~** nous nous rencontrons en société.

socialism ['səʊʃəlɪzəm] n socialisme [m].

socialist ['səʊʃəlɪst] adj, n socialiste [mf].

society [sə'saɪətɪ] n a société [f] b (high ~) haute société [f] ◇ **~ wedding** mariage [m] mondain c ◇ **in the ~ of** en compagnie de d (association) association [f] ◇ **dramatic ~** association théâtrale.

socio... ['səʊsɪəʊ] pref socio....

sociologist [ˌsəʊsɪ'ɒlədʒɪst] n sociologue [mf].

sociology [ˌsəʊsɪ'ɒlədʒɪ] n sociologie [f].

sock [sɒk] n a chaussette [f]; (short) socquette [f] b ◇ **a ~ on the jaw** [famil] un coup sur la figure.

socket ['sɒkɪt] n (of eye) orbite [f]; (of tooth) alvéole [f]; (for light bulb) douille [f]; (power point) prise [f] de courant *(femelle)*.

soda ['səʊdə] n a soude [f]; (**washing ~**) cristaux [mpl] de soude b (**~ water**) eau [f] de Seltz ◇ **whisky and ~** whisky [m] soda c (US: **~ pop**) soda [m] ◇ **~ fountain** buvette [f].

sodden ['sɒdn] adj trempé.

sodium ['səʊdɪəm] n sodium [m] ◇ **~ bicarbonate** bicarbonate [m] de soude.

sofa ['səʊfə] n sofa [m], canapé [m].

soft [sɒft] adj (gen) doux, [f] douce; (unpleasantly so) mou, [f] molle; (snow, cheese) mou; (wood, stone, pencil, heart) tendre; (contact lenses, leather, brush) souple; (toy) de peluche; (landing) en douceur; (life, job) facile; (lenient) indulgent (*on sb* envers qn); (famil: stupid) stupide ◇ **~ drinks** boissons [fpl] non alcoolisées; **~ drugs** drogues [fpl] douces; **~ fruit** ≃ fruits [mpl] rouges; **~ furnishings** tissus [mpl] d'ameublement; **~ palate** voile [m] du palais; **~ water** eau [f] qui n'est pas calcaire; **this sort of life makes you ~** ce genre de vie vous ramollit; (fig) **to have a ~ spot for** avoir un faible pour ◆ **soft-boiled egg** n œuf [m] à la coque ◆ **soften (up)** vt (gen) adoucir; (butter, ground) ramollir; (customer etc) baratiner [famil]; (resistance) amoindrir ◇ (fig) **to ~ the blow** amortir le choc ◆ **softener** n (water ~) adoucisseur [m]; (fabric ~) produit [m] assouplissant ◆ **soft-hearted** adj au cœur tendre ◆ **softly** adv doucement ◆ **softness** n douceur [f] ◆ **softspoken** adj à la voix douce ◆ **software** n (Comput) software [m], logiciel [m] ◇ **~ package** progiciel [m].

soggy ['sɒgɪ] adj (ground) détrempé; (bread, pudding) lourd.

soh [səʊ] n (Mus) sol [m].

soil [sɔɪl] 1 n terre [f], sol [m] ◇ **rich ~** terre riche; **on French ~** sur le sol français 2 vt (dirty) salir ◇ **~ed linen** linge [m] sale.

solar ['səʊləʳ] adj solaire.

sold [səʊld] pret, ptp of *sell*.

solder ['səʊldəʳ] vt souder.

soldier ['səʊldʒəʳ] 1 n soldat [m] ◇ **old ~** vétéran [m] 2 vi ◇ (fig) **to ~ on** persévérer (malgré tout).

sole [səʊl] 1 n a (pl inv: fish) sole [f] b (of shoe) semelle [f]; (of foot) plante [f] 2 vt ressemeler 3 adj (only) seul, unique (before n); (exclusive: rights) exclusif, [f] -ive ◇ ~ **agent** concessionnaire [mf] (*for* de) ◆ **solely** adv (only) uniquement; (entirely) entièrement.

solemn ['sɒləm] adj solennel, [f] -elle ◆ **solemnly** adv (promise) solennellement; (say, smile) d'un air solennel.

sol-fa ['sɒl'fɑ:] n solfège [m].

solicit [sə'lɪsɪt] 1 vt solliciter (*from* de) 2 vi (of prostitute) racoler ◆ **soliciting** n racolage [m].

solicitor [sə'lɪsɪtəʳ] n (Brit: for wills etc) ≃ notaire; (in court cases) ≃ avocat [m]; (US) ≃ juriste [m] conseil.

solid ['sɒlɪd] 1 adj (gen) solide; (ball, tyre) plein; (crowd) dense; (row, line) continu; (vote) unanime ◇ **frozen** ~ complètement gelé; **cut out of** ~ **rock** taillé à même la pierre; **in** ~ **gold** en or massif; ~ **fuel** combustible [m] solide; **on** ~ **ground** sur la terre ferme; **a** ~ **worker** un travailleur sérieux; **a** ~ **hour** une heure entière; **2** ~ **hours** 2 heures [fpl] d'affilée 2 n (gen) solide [m] ◇ (food) ~**s** aliments [mpl] solides ◆ **solidify** vi se solidifier ◆ **solidly** adv (gen) solidement; (vote) massivement.

solidarity [,sɒlɪ'dærɪtɪ] n solidarité [f].

solitary ['sɒlɪtərɪ] adj a (alone) solitaire; (lonely) seul ◇ (Law) **in** ~ **confinement** au régime cellulaire b (only one) seul (before n).

solitude ['sɒlɪtju:d] n solitude [f].

solo ['səʊləʊ] 1 n solo [m] 2 adj (gen) solo [inv]; (flight etc) en solitaire 3 adv en solo ◆ **soloist** n soliste [mf].

soluble ['sɒljʊbl] adj soluble.

solution [sə'lu:ʃən] n solution [f] (*to* de).

solve [sɒlv] vt résoudre.

solvent ['sɒlvənt] 1 adj (financially) solvable 2 n (chemical) solvant [m].

Somali [səʊ'mɑ:lɪ] 1 adj somali, somalien, [f] -ienne 2 n Somali(e) [m(f)], Somalien(ne) [m(f)].

Somalia [səʊ'mɑ:lɪə] n Somalie [f].

some [sʌm] 1 adj a ◇ (a certain amount or number of) ~ **tea** du thé; ~ **ice** de la glace; ~ **water** de l'eau; ~ **cakes** des gâteaux; ~ **more meat?** encore de la viande? b ◇ (unspecified) ~ **woman was asking for her** il y avait une dame qui la demandait; **at** ~ **place** quelque part; ~ **day** un de ces jours; ~ **other day** un autre jour; ~ **time last week** un jour la semaine dernière; **there must be** ~ **solution** il doit bien y avoir une solution quelconque c ◇ (contrasted with others) ~ **children like school** certains enfants aiment l'école, il y a des enfants qui aiment l'école d ◇ (quite a lot of) ~ **courage** un certain courage; **for** ~ **years** pendant quelques années e ◇ (emphatic: a little) **we still have** ~ **money left** il nous reste quand même un peu d'argent f ◇ (intensive) **that was** ~ **film!** [famil] c'était un film formidable; **you're** ~ **help!** [famil] tu parles [famil] d'une aide!

2 pron ◇ ~ **went this way and others went that** il y en a qui sont partis par ici et d'autres par là; ~ **have been sold** certains ont été vendus; ~ **of them** quelques-uns (d'entre eux); ~ **of my friends** quelques-uns de mes amis; **I've got** ~ (plural, e.g. books) j'en ai quelques-uns; (sg., e.g. coffee) j'en ai; **have** ~! prenez-en!; **have** ~ **of this cake** prenez un peu de ce gâteau; ~ **of it has been eaten** on en a mangé; ~ **of this work** une partie de ce travail; ~ **of what you said** certaines choses que vous avez dites.

3 adv (about) environ.

somebody ['sʌmbədɪ] pron quelqu'un ◇ ~ **else** quelqu'un d'autre; ~ **French** un Français.

somehow ['sʌmhaʊ] adv a ◇ (in some way) **it must be done** ~ (or **other**) il faut que ce soit fait d'une façon ou d'une autre; **he did it** ~ il l'a fait tant bien que mal b (for some reason) pour une raison ou pour une autre.

someone ['sʌmwʌn] pron = **somebody.**

someplace ['sʌmpleɪs] adv (US) = **somewhere.**

somersault ['sʌməsɔ:lt] n (on ground, also accidental) culbute [f]; (by child) galipette [f]; (in air) saut [m] périlleux; (by car) tonneau [m].

something ['sʌmθɪŋ] pron, adv quelque chose ◇ ~ **unusual** quelque chose d'inhabituel; ~ **to read** quelque chose à lire; ~ **else to do** quelque chose d'autre à faire; ~ **or other** quelque chose; (fig) **you've got** ~ **there!** [famil] c'est vrai ce que tu dis là!; **that really is** ~! [famil] c'est pas rien! [famil]; **it is really** ~ [famil] **to find...** ça n'est pas rien [famil] de trouver...; **that's always** ~ c'est toujours ça; **or** ~ ou quelque chose dans ce genre-là; **that's** ~ **like it!** [famil] ça au moins, c'est bien!; ~ **under £10** un peu moins de 10 livres.

sometime ['sʌmtaɪm] adv ◇ ~ **last month** au cours du mois dernier; **I'll do it** ~ je le ferai un de ces jours; ~ **soon** bientôt; ~ **after...** après....

sometimes ['sʌmtaɪmz] adv a quelquefois, de temps en temps b ◇ ~ **happy**, ~ **sad** tantôt gai, tantôt triste.

somewhat ['sʌmwɒt] adv assez.

somewhere ['sʌmwɛəʳ] adv a quelque part ◇ ~ **else** ailleurs b (approximately) environ ◇ ~ **about 12** environ 12.

son [sʌn] n fils [m] ◆ **son-in-law** n gendre [m], beau-fils [m].

sonar ['səʊnɑːʳ] n sonar [m].

sonata [sə'nɑːtə] n sonate [f].

song [sɒŋ] n (gen) chanson [f]; (of birds) chant [m] ◇ (fig) **to make a ~ and dance** [famil] faire toute une histoire [famil] (*about* à propos de) ◆ **songbook** n recueil [m] de chansons ◆ **songwriter** n compositeur [m], [f] -trice de chansons.

sonnet ['sɒnɪt] n sonnet [m].

sonorous ['sɒnərəs] adj sonore.

soon [suːn] adv **a** (before long) bientôt; (quickly) vite ◇ **we shall ~ be in Paris** nous serons bientôt à Paris; **he ~ changed his mind** il a vite changé d'avis; **see you ~!** à bientôt!; **very ~** très bientôt, très vite; **quite ~** assez vite; **~ afterwards** peu après; **as ~ as possible** aussitôt que possible; **let me know as ~ as you've finished** prévenez-moi dès que vous aurez fini; **the ~er the better** le plus tôt sera le mieux; **~er or later** tôt ou tard; **no ~er had he finished than...** à peine avait-il fini que... **b** (early) tôt ◇ **why have you come so ~?** pourquoi êtes-vous venu si tôt?; **~er than** plus tôt que; **how ~?** dans combien de temps? **c** ◇ (expressing preference) **I'd as ~ do that** j'aimerais autant faire ça; **I'd ~er you didn't tell him** j'aimerais mieux or je préférerais que vous ne le lui disiez (subj) pas; **~er you than me!** [famil] je n'aimerais pas être à ta place.

soot [sʊt] n suie [f].

soothe [suːð] vt calmer.

sophisticated [sə'fɪstɪkeɪtɪd] adj (person, tastes) raffiné; (book, discussion) subtil; (machine, method) sophistiqué.

sophomore ['sɒfəmɔːʳ] n (US) étudiant(e) [m(f)] de seconde année.

soporific [ˌsɒpə'rɪfɪk] adj soporifique.

soppy [famil] ['sɒpɪ] adj sentimental.

soprano [sə'prɑːnəʊ] n soprano [mf].

sordid ['sɔːdɪd] adj (gen) sordide; (deal, film) ignoble.

sore [sɔːʳ] **1** adj **a** (painful) douloureux, [f] -euse; (inflamed) irrité ◇ **that's ~!** ça me fait mal!; **I'm ~ all over** j'ai mal partout; **I have a ~ finger** j'ai mal au doigt; (fig) **a ~ point** un point délicat **b** (famil: offended) en rogne [famil] ◇ **to get ~** râler [famil] **2** n (Med) plaie [f] ◆ **sorely** adv ◇ **it is ~ needed** on en a grandement besoin.

sorrel ['sɒrəl] n (plant) oseille [f].

sorrow ['sɒrəʊ] n peine [f], chagrin [m]; (stronger) douleur [f] ◆ **sorrowful** adj triste.

sorry ['sɒrɪ] adj ◇ **~!** pardon!; **I'm very ~, I'm terribly ~** je suis vraiment désolé; **~ about the vase** excusez-moi pour le vase; **I'm ~ I'm late** excusez-moi d'être en retard; **I am ~ I cannot come** je suis désolé de ne pas pouvoir venir; **I'm ~ she cannot come** je suis désolé qu'elle ne puisse pas venir; **I am ~ to tell you that...** je regrette de vous dire que...; **you'll be ~ for this** vous le regretterez; **say you're ~** demande pardon; **I feel so ~ for her** elle me fait pitié; **to be** or **feel ~ for sb** plaindre qn; **to be** or **feel ~ for o.s.** s'apitoyer sur son propre sort; **in a ~ state** en piteux état.

sort [sɔːt] **1** n (gen) genre [m], sorte [f]; (brand: of car, coffee etc) marque [f] ◇ **this ~ of thing** ce genre de chose; **what ~ do you want?** vous en voulez de quelle sorte?; **what ~ of man is he?** quel genre d'homme est-ce?; **he's not that ~ of person** ce n'est pas son genre; **and all that ~ of thing** et tout ça [famil]; **you know the ~ of thing I mean** vous voyez ce que je veux dire; **sth of the ~** qch de ce genre; **nothing of the ~!** pas le moins du monde!; **a painter of ~s** un peintre si l'on peut dire; (fig) **a good ~** [famil] un brave type [famil], une brave fille; **it's ~ of** [famil] **blue** c'est plutôt bleu **2** vt trier (*according to* selon); (separate) séparer (*from* de); (classify) classer; (Post: letters etc; Comput: data, files) trier ◇ **to ~ out** (papers, clothes) ranger; (ideas) mettre de l'ordre dans; (problem) régler; (fix, arrange) arranger; **we've got it all ~ed out** nous avons réglé la question; **I couldn't ~ out what had happened** je n'ai pas pu comprendre ce qui s'était passé ◆ **sorting-office** n bureau [m] de tri.

SOS [ˌesəʊ'es] n abbr of *save our souls* S.O.S. [m].

soufflé ['suːfleɪ] n soufflé [m] ◇ **cheese ~** soufflé au fromage.

sought [sɔːt] pret, ptp of *seek*.

soul [səʊl] n **a** âme [f] ◇ **the ~ of discretion** la discrétion même; **I didn't see a (single** or **living) ~** je n'ai pas vu âme qui vive; **you poor ~!** mon (or ma) pauvre! **b** (**~ music**) soul music [f] ◆ **soul-destroying** adj (boring) abrutissant; (depressing) démoralisant ◆ **soulful** adj attendrissant.

1. **sound** [saʊnd] **1** n (gen) son [m]; (noise) bruit [m] ◇ **the speed of ~** la vitesse du son; **to the ~ of** au son de; **without a ~** sans bruit; **the ~ of voices** un bruit de voix; (fig) **I don't like the ~ of it** ça m'inquiète **2** adj (recording, wave) sonore ◇ **~ archives** phonothèque [f]; **to break the ~ barrier** franchir le mur du son; **~ effects** bruitage [m]; **~ track** bande [f] sonore **3** vi (gen) retentir ◇ **it ~s better if you read it slowly** ça sonne mieux si vous le lisez lentement; **it ~s empty** on dirait que c'est vide; **it ~ed as if sb were coming in** on aurait dit que qn entrait; **that ~s like Paul** ça doit être Paul; **she ~s tired** elle semble fatiguée; **you ~ like your mother** tu me rappelles ta mère; **how does it ~ to you?** qu'en penses-tu?; **it ~s like a good idea** ça semble être une bonne idée **4** vt

(bell, alarm) sonner; (trumpet, bugle) sonner de; (pronounce: a letter) prononcer ◇ **to ~ one's horn** klaxonner ◆ **soundless** adj silencieux, [f] -ieuse ◆ **soundproof** vt insonoriser.

2. **sound** [saʊnd] **1** adj (gen) sain; (heart, institution, training) solide; (structure) en bon état; (investment) sûr; (sleep) profond; (sensible) sensé; (reasoning, judgment) juste; (player, worker etc) compétent ◇ **of ~ mind** sain d'esprit; **~ sense** bon sens [m] **2** adv ◇ **~ asleep** profondément endormi.

3. **sound** [saʊnd] vt (also **~ out**) sonder (*on, about* sur).

soup [su:p] n soupe [f]; (thinner or sieved) potage [m] ◇ (fig) **in the ~**[famil] dans le pétrin [famil]; **~ plate** assiette [f] à soupe; **~ spoon** cuiller [f] à soupe ◆ **souped-up** [famil] adj (engine) gonflé [famil].

sour ['saʊəʳ] adj (gen) aigre; (fruit, juice) acide; (milk) tourné; (fig) acerbe ◇ **~(ed) cream** ≃ crème [f] aigre; (fig) **it was ~ grapes** c'était du dépit.

source [sɔ:s] n (gen) source [f]; (of infection) foyer [m] ◇ **I have it from a reliable ~ that...** je tiens de source sûre que...; **at ~** à la source.

south [saʊθ] **1** n sud [m] ◇ **to the ~ of** au sud de; **to live in the ~** habiter dans le sud; **the S~ of France** le Midi.

2 adj (gen) sud [inv]; (wind) du sud ◇ **~ Atlantic** Atlantique [m] Sud; **S~ Africa** Afrique [f] du Sud; **S~ African** (adj) sud-africain, d'Afrique du Sud; (n) Sud-Africain(e) [m(f)]; **S~ America** Amérique [f] du Sud; **S~ American** (adj) sud-américain, d'Amérique du Sud; (n) Sud-Américain(e) [m(f)]; **S~ Korea** Corée [f] du Sud; **S~ Korean** (adj) sud-coréen; (n) Sud-Coréen(ne) [m(f)]; **S~ Sea Islands** Océanie [f]; **the S~ Seas** les Mers [fpl] du Sud **3** adv (go) au sud, vers le sud; (be, lie) au sud, dans le sud ◇ **~ of the border** au sud de la frontière ◆ **southbound** adj (traffic) en direction du sud; (carriageway) sud [inv] ◆ **south-east** **1** adj, n sud-est [m inv] ◇ **S~-East Asia** le Sud-Est asiatique **2** adv vers le sud-est ◆ **south-eastern** adj sud-est [inv] ◆ **southerly** adj (wind) du sud ◇ **in a ~ direction** vers le sud ◆ **southern** adj sud [inv] ◇ **in ~ Spain** dans le sud de l'Espagne ◆ **southerner** n homme [m] or femme [f] du Sud; (in France) Méridional(e) [m(f)] ◆ **southward** **1** adj au sud **2** adv (also **southwards**) vers le sud.

◆ **southwest** **1** adj, n sud-ouest [(m) inv] **2** adv vers le sud-ouest ◆ **south-western** adj sud-ouest [inv].

souvenir [ˌsu:vəˈnɪəʳ] n souvenir [m] *(objet)*.

sovereign ['sɒvrɪn] **1** n souverain(e) [m(f)] **2** adj (gen) souverain; (rights) de souveraineté ◆ **sovereignty** n souveraineté [f].

soviet ['səʊvɪət] adj soviétique ◇ **the S~ Union** l'Union [f] soviétique.

1. **sow** [saʊ] n (pig) truie [f].

2. **sow** [səʊ] pret *sowed*, ptp *sown* or *sowed* vt semer; (field) ensemencer (*with* en).

soya bean ['sɔɪə'bi:n] n graine [f] de soja.

spa [spɑ:] n station [f] thermale.

space [speɪs] **1** n **a** espace [m] ◇ **~ and time** l'espace et le temps; **to stare into ~** regarder dans le vide **b** (room) place [f] ◇ **to clear a ~ for sth** faire de la place pour qch; **to take up a lot of ~** prendre beaucoup de place; **there isn't enough ~** il n'y a pas assez de place **c** (gap) espace [m] (*between* entre) ◇ **in the ~ provided** dans la partie réservée à cet effet; **in an enclosed ~** dans un espace clos; **I'm looking for a ~ to park the car** je cherche une place pour me garer; **a ~ of 5 years** une période de 5 ans; **in the ~ of** en l'espace de; **a short ~ of time** un court laps de temps **2** adj (research) spatial ◇ **~ flight** voyage [m] dans l'espace; **~ heater** radiateur [m]; **~ shuttle** navette [f] spatiale; **~ station** station [f] spatiale **3** vt (**~ out**) espacer (*over* sur) ◆ **space-age** adj de l'ère spatiale ◆ **spacecraft** or **spaceship** n engin [m] spatial ◆ **spaceman** n astronaute [m], cosmonaute [m] ◆ **spacesuit** n scaphandre [m] de cosmonaute ◆ **spacing** n espacement [m] ◇ **double/single ~** (on typewriter) interligne [m] double/simple ◆ **spacious** adj spacieux, [f] -ieuse.

spade [speɪd] n **a** bêche [f], pelle [f]; (child's) pelle ◇ (fig) **to call a ~ a ~** appeler un chat un chat, ne pas avoir peur des mots **b** (Cards) pique [m] ◇ **to play ~s** or **a ~** jouer pique ◆ **spadework** n (fig) gros [m] du travail.

spaghetti [spə'getɪ] n spaghetti [mpl] ◇ **~ junction** échangeur [m] à niveaux multiples.

Spain [speɪn] n Espagne [f].

span [spæn] **1** n (of hands, arms, wings) envergure [f]; (of bridge) travée [f]; (of arch, roof) portée [f]; (of life) durée [f] **2** vt enjamber.

Spaniard ['spænjəd] n Espagnol(e) [m(f)].

spaniel ['spænjəl] n épagneul [m].

Spanish ['spænɪʃ] **1** adj (gen) espagnol; (king, embassy, onion) d'Espagne; (teacher) d'espagnol; (omelette, rice) à l'espagnole **2** n espagnol [m] ◇ **the ~** les Espagnols [mpl].

spank [spæŋk] vt donner une fessée à.

spanner ['spænəʳ] n clef [f] (à écrous).

spare [spɛəʳ] **1** adj (reserve) de réserve; (surplus) en trop ◇ **~ bed** lit [m] d'ami; **~ room** chambre [f] d'ami; **I have little ~ time** j'ai peu de temps libre; **in my ~ time** pendant mes moments de loisir; **~ (part)** pièce [f] de rechange or détachée; ~

wheel roue [f] de secours 2 vt a ◇ (do without) **can you ~ it?** vous n'en avez pas besoin?; **can you ~ me £5?** est-ce que tu peux me passer 5 livres?; **I can ~ you 5 minutes** je peux vous accorder 5 minutes; **I can't ~ the time** je n'ai pas le temps; **with 2 minutes to ~** avec 2 minutes d'avance b (sb's feelings, one's efforts) ménager ◇ **to ~ sb's life** épargner la vie à qn; **you could have ~d yourself the trouble** vous vous êtes donné du mal pour rien; **I'll ~ you the details** je vous fais grâce des détails; **'no expense ~d'** 'sans considération de frais' ◆ **sparerib** n travers [m] de porc ◆ **sparing** adj modéré.

spark [spɑ:k] 1 n étincelle [f] 2 vi jeter des étincelles 3 vt (~ **off**) déclencher ◆ **spark(ing) plug** n bougie [f].

sparkle ['spɑ:kl] vi (gen) étinceler; (of lake, diamond etc) scintiller ◆ **sparkling** adj étincelant (*with* de); scintillant; (drink) pétillant.

sparrow ['spærəʊ] n moineau [m].

sparse [spɑ:s] adj clairsemé ◆ **sparsely** adv (furnished, populated) peu.

spartan ['spɑ:tən] adj spartiate.

spasm ['spæzəm] n (of muscle) spasme [m]; (of coughing etc) accès [m] (*of* de) ◆ **spasmodic** adj intermittent.

spastic ['spæstɪk] adj, n handicapé(e) [m(f)] moteur.

spat [spæt] pret, ptp of *spit*[1].

spate [speɪt] n (of letters etc) avalanche [f] ◇ (of river) **in ~** en crue.

spatter ['spætə^r] vt ◇ **to ~ mud on sth, to ~ sth with mud** éclabousser qch de boue.

spatula ['spætjʊlə] n (Culin) spatule [f].

spawn [spɔ:n] n frai [m], œufs [mpl].

spay [speɪ] vt châtrer.

speak [spi:k] pret *spoke*, ptp *spoken* vti (gen) parler (*to* à; *of, about, on* de; *with* avec) ◇ **to be on ~ing terms with sb** adresser la parole à qn; **so to ~** pour ainsi dire; **biologically ~ing** biologiquement parlant; **~ing of holidays** à propos de vacances; **~ing as a member of...** en tant que membre de...; (Telec) **who's ~ing?** qui est à l'appareil?; (passing on call) c'est de la part de qui?; **(this is) Paul ~ing** c'est Paul à l'appareil; **~ing!** lui-même or elle-même!; **~ for yourself!** [famil] parle pour toi! [famil]; **it ~s for itself** c'est évident; **he has no money to ~ of** il n'a pour ainsi dire pas d'argent; **'English spoken'** 'ici on parle anglais'; **to ~ one's mind, to ~ out** or **up** dire ce que l'on pense; **to ~ out** or **up against sth** s'élever contre qch; **to ~ up for sb** parler en faveur de qn ◆ **speaker** n a (in dialogue) interlocuteur [m], [f] -trice; (lecturer) conférencier [m], [f] -ière ◇ **the previous ~** la personne qui a parlé la dernière; (Parl) **the S~** le Speaker (*Président de la Chambre des Communes en Grande-Bretagne* or *de la Chambre des Représentants aux États-Unis*); **French ~** personne [f] qui parle français; (as native or official language) francophone [mf] b (loudspeaker) haut-parleur [m].

spear [spɪə^r] n lance [f] ◆ **spearhead** vt (attack etc) être le fer de lance de ◆ **spearmint** adj à la menthe.

spec [famil] [spek] n ◇ **on ~** à tout hasard.

special ['speʃəl] adj (gen) spécial; (attention, effort) tout particulier, [f] -ière; (occasion, case) exceptionnel, [f] -elle; (powers, legislation) extraordinaire ◇ **I've no ~ person in mind** je ne pense à personne en particulier; (in shop) **~ offer** réclame [f]; **a ~ day for me** une journée importante pour moi; **my ~ chair** mon fauteuil préféré; (Cine) **~ effects** effets [mpl] spéciaux; **~ school** établissement [m] scolaire spécialisé; (study) **~ subject** option [f]; **what's so ~ about her?** qu'est-ce qu'elle a d'extraordinaire?; **~ agent** agent [m] secret; (Press) **~ correspondent** envoyé(e) [m(f)] spécial(e); (Post) **by ~ delivery** en exprès; (Law) **~ licence** dispense [f] ◆ **specialist** 1 n spécialiste [mf] (*in* de) 2 adj spécial ◆ **speciality** n spécialité [f] ◆ **specialize** vi se spécialiser (*in* dans) ◆ **specially** adv (design, choose) spécialement; (careful) particulièrement; (on purpose) exprès.

species ['spi:ʃi:z] n, pl inv espèce [f].

specific [spə'sɪfɪk] adj (gen) précis; (person) explicite ◆ **specifically** adv (warn, state) explicitement; (design, intend) particulièrement ◇ **I told you quite ~** je vous l'avais bien précisé.

specification [ˌspesɪfɪ'keɪʃən] n spécification [f]; (in contract) stipulation [f].

specify ['spesɪfaɪ] vt spécifier, préciser ◇ **unless otherwise specified** sauf indication contraire.

specimen ['spesɪmɪn] n (gen) spécimen [m]; (of blood) prélèvement [m]; (of urine) échantillon [m]; (example) exemple [m] (*of* de) ◇ **~ copy** spécimen [m].

speck [spek] n (gen) grain [m] ◇ **a ~ of dust** une poussière; **a ~ on the horizon** un point noir à l'horizon.

speckled ['spekld] adj tacheté.

spectacle ['spektəkl] n spectacle [m].

spectacles ['spektəklz] npl (abbr **specs** [famil]) lunettes [fpl].

spectacular [spek'tækjʊlə^r] adj spectaculaire.

spectator [spek'teɪtə^r] n spectateur [m], [f] -trice ◇ **~ sport** sport [m] qui attire un très grand nombre de spectateurs.

spectrum ['spektrəm] n spectre [m]; (fig) gamme [f].

speculate ['spekjuleɪt] vi s'interroger (*about, on* sur; *whether* pour savoir si); (with money) spéculer ◆ **speculation** n conjectures [fpl] (*about* sur); (money) spéculation [f] ◆ **speculative** adj spéculatif.

sped [sped] pret, ptp of *speed.*

speech [spi:tʃ] n discours [m] (*on* sur); (faculty) parole [f]; (language: of district or group) parler [m] ◇ **to make a ~** prononcer un discours; **his ~ was Slurred** il parlait indistinctement; **to lose the power of ~** perdre l'usage de la parole; **freedom of ~** liberté [f] d'expression; (Gram) **indirect ~** discours indirect; (in school) **~ day** distribution [f] des prix; **~ impediment** défaut [m] d'élocution; **~ therapy** orthophonie [f]; **~ training** leçons [fpl] d'élocution ◆ **speechless** adj muet, [f] muette (*with* de).

speed [spi:d] **1** n **a** (rate of movement) vitesse [f]; (rapidity) rapidité [f]; (promptness) promptitude [f] ◇ **typing ~s** nombre [m] de mots-minute en dactylo; **at a ~ of 80 km/h** à une vitesse de 80 km/h; **at a great ~, at top ~** à toute vitesse; **there's no ~ limit** il n'y a pas de limitation [f] de vitesse; **the ~ limit is 80 km/h** la vitesse maximale permise est 80 km/h; **3-~ gear** une boîte à 3 vitesses **b** (Phot: of film) rapidité [f]; (aperture) degré [m] d'obturation **2** vti **a** pret, ptp *sped* ◇ **to ~ along** (etc) aller (etc) à toute vitesse **b** pret, ptp *speeded* (drive too fast) conduire trop vite **c** ◇ **to ~ up** (gen) aller plus vite; (Aut) accélérer; **to ~ things up** activer les choses ◆ **speedboat** n vedette [f] *(bateau)* ◆ **speedily** adv (move, work) vite; (reply, return) promptement; (soon) bientôt ◆ **speeding** n excès [m] de vitesse ◆ **speedometer** n indicateur [m] de vitesse ◆ **speedway racing** n courses [fpl] de moto ◆ **speedy** adj rapide.

1. **spell** [spel] n charme [m]; (words) formule [f] magique ◇ **an evil ~** un maléfice; **to cast a ~ on sb** jeter un sort à qn ◆ **spellbound** adj envoûté.

2. **spell** [spel] n **a** (turn) tour [m] ◇ **~ of duty** tour de service **b** (brief period) période [f] ◇ (weather) **cold ~s** périodes de froid; **for a short ~** pendant un petit moment.

3. **spell** [spel] pret, ptp *spelt* or *spelled* vti (in writing) écrire; (aloud) épeler ◇ **how do you ~ it?** comment est-ce que cela s'écrit?; **he can't ~** il fait des fautes d'orthographe; (fig) **to ~ out** expliquer bien clairement (*for sb* à qn) ◆ **spellchecker** (Ordin) correcteur [m] d'orthographe ◆ **spelling** n orthographe [f] ◇ **~ mistake** faute [f] d'orthographe.

spend [spend] pret, ptp *spent* vt **a** (money) dépenser ◇ **to ~ £20 on food** dépenser 20 livres en nourriture; **to ~ £20 on the car** dépenser 20 livres pour la voiture; (fig) **to ~ a penny** [famil] aller au petit coin [famil] **b** (pass: period of time) passer (*on sth* sur qch; *in doing* à faire); (devote) consacrer (*on sth* à qch; *doing* à faire) ◇ **to ~ the night** passer la nuit ◆ **spending** n dépenses [fpl] ◇ **~ money** argent [m] de poche; **~ power** pouvoir [m] d'achat; **to go on a ~ spree** faire des folies ◆ **spendthrift** n, adj dépensier [m], [f] -ière ◆ **spent** adj (match etc) utilisé; (supplies) épuisé.

sperm [spɜ:m] n sperme [m] ◇ **~ oil** huile [f] de baleine; **~ whale** cachalot [m] ◆ **spermicide** n spermicide [m].

sphere [sfɪəʳ] n (gen) sphère [f] ◇ **~ of influence** sphère d'influence; **in many ~s** dans de nombreux domaines ◆ **spherical** adj sphérique.

spice [spaɪs] **1** n épice [f] ◇ **mixed ~** épices mélangées **2** vt épicer (*with* de).

spick-and-span ['spɪkən'spæn] adj propre comme un sou neuf.

spicy ['spaɪsɪ] adj épicé.

spider ['spaɪdəʳ] n araignée [f] ◇ **~'s web** toile [f] d'araignée.

spiel [spi:l] n [famil] baratin [famil] [m] (*about* sur).

spike [spaɪk] n (gen) pointe [f]; (on plant) épi [m] ◇ (shoes) **~s** [famil] chaussures [fpl] à pointes ◆ **spiky** adj (branch) hérissé de pointes; (hair) en épi.

spill [spɪl] pret, ptp *spilt* or *spilled* **1** vt (gen) renverser; (blood) verser ◇ (fig) **to ~ the beans** [famil] vendre la mèche [famil] **2** vi (**~ out**) se répandre; (**~ over**) déborder (*into* dans).

spin [spɪn] (vb: pret, ptp *spun*) **1** vti **a** (wool) filer (*into* en); (of spider) tisser ◇ (fig) **to ~ a yarn** débiter une longue histoire (*about* sur); **to ~ sth out** faire durer qch **b** ◇ **to ~ a top** lancer une toupie; **to ~ a coin** jouer à pile ou face; **to ~ round** (gen) tourner; (of person) se retourner vivement; (of car wheel) patiner; **to ~ round and round** tournoyer; **my head is ~ning** j'ai la tête qui tourne **2** n ◇ (of plane) **to go into a ~** tomber en vrille [f]; (on washing machine) **short ~** essorage [m] léger; (Sport) **to put a ~ on a ball** donner de l'effet à une balle; (fig: person) **to get into a ~** [famil] paniquer [famil]; (ride) **to go for a ~** faire un petit tour en voiture (or en vélo etc) ◆ **spin-dry** vt essorer (à la machine) ◆ **spin-dryer** n essoreuse [f] ◆ **spinning** n (by hand) filage [m]; (by machine) filature [f] ◇ **~ mill** filature [f]; **~ wheel** rouet [m] ◆ **spin-off** n (gen) avantage [m] inattendu; (of discovery) application [f] secondaire.

spinach ['spɪnɪdʒ] n épinards [mpl].

spinal ['spaɪnl] adj (column) vertébral; (injury) à la colonne vertébrale ◇ **~ cord** moelle [f] épinière.

spindly ['spɪndlɪ] adj grêle.

spine [spaɪn] n (Anat) colonne [f] vertébrale; (fish) épine [f]; (hedgehog) piquant [m]; (Bot) épine; (book) dos [m]; (hill etc) crête [f] ◆ **spine-chilling** adj à vous glacer le sang.

spinster ['spɪnstəʳ] n célibataire [f] *(Admin)*, vieille fille [f] (pejorative).

spiral ['spaɪərəl] 1 adj (gen) en spirale ◇ ~ **staircase** escalier [m] en colimaçon 2 n spirale [f] ◇ **in a** ~ en spirale; **the inflationary** ~ la spirale inflationniste.

spire ['spaɪəʳ] n flèche [f] *(d'église)*.

spirit ['spɪrɪt] 1 n a (gen) esprit [m] ◇ **evil** ~ esprit malin; **he's got the right** ~ il a l'attitude [f] qu'il faut; **in the right** ~ en bonne part; **to enter into the** ~ **of it** y participer de bon cœur; **that's the** ~! voilà comment il faut réagir!; **community** ~ civisme [m]; **in good** ~**s** de bonne humeur; **in poor** or **low** ~**s** qui n'a pas le moral; **to keep one's** ~**s up** garder le moral; **he's got** ~ il a du cran [famil] b alcool [m] ◇ (drink) ~**s** spiritueux [mpl], alcool; ~ **lamp** lampe [f] 2 vt ◇ (fig) **to** ~ **away** faire disparaître ◆ **spirited** adj fougueux, [f] -euse ◆ **spirit-level** n niveau [m] à bulle.

spiritual ['spɪrɪtjʊəl] 1 adj spirituel, [f] -uelle *(par opp à matériel)* 2 n ◇ **Negro** ~ negro-spiritual [m] ◆ **spiritualism** n spiritisme [m] ◆ **spiritualist** adj, n spirite [mf].

1. **spit** [spɪt] (vb: pret, ptp *spat*) 1 n salive [f] ◇ ~ **and polish** astiquage [m] 2 vti cracher (*at* sur) ◇ **'~ting prohibited'** 'défense de cracher'; **it was** ~**ting with rain** il tombait quelques gouttes de pluie; **the** ~**ting image of sb** [famil] le portrait craché de qn.

2. **spit** [spɪt] n (for meat) broche [f].

spite [spaɪt] n a ◇ **in** ~ **of** malgré; **in** ~ **of the fact that** bien que + subj b (ill-feeling) rancune [f] ◆ **spiteful** adj malveillant ◆ **spitefully** adv par dépit.

spittle ['spɪtl] n crachat [m]; (dribbled) salive [f].

spittoon [spɪ'tu:n] n crachoir [m].

splash [splæʃ] 1 n (sound) plouf [m]; (series of sounds) clapotement [m]; (mark) éclaboussure [f]; (fig: colour) tache [f] ◇ (fig) **to make a** ~ [famil] faire sensation 2 vt éclabousser (*over* sur; *with* de) ◇ **to** ~ **cold water on one's face** s'asperger la figure d'eau froide 3 vi (of mud etc) faire des éclaboussures ◇ (in water) **to** ~ **about** barboter (*in* dans); (of spacecraft) **to** ~ **down** amerrir; (spending) **to** ~ **out** [famil] faire une folie ◆ **splashdown** n (Space) amerrissage [m].

spleen [spli:n] n (in body) rate [f].

splendid ['splendɪd] adj (gen) splendide; (excellent) excellent.

splendour, (US) **-or** ['splendəʳ] n splendeur [f].

splint [splɪnt] n (Med) éclisse [f].

splinter ['splɪntəʳ] n (gen) éclat [m]; (in finger etc) écharde [f] ◇ ~ **group** groupe [m] dissident.

split [splɪt] (vb: pret, ptp *split*) 1 n a (gen) fente [f]; (Pol) scission [f] ◇ (Dancing) **to do the** ~**s** faire le grand écart b ◇ **jam** ~ brioche [f] fourrée 2 adj ◇ ~ **infinitive** *infinitif où un adverbe est intercalé entre 'to' et le verbe;* ~ **peas** pois [mpl] cassés; ~ **personality** double personnalité [f]; **in a** ~ **second** en un rien de temps 3 vt (gen: often ~ **up**) fendre; (the atom) fissionner; (fig: party etc) diviser; (share out) partager (*between* entre) ◇ **to** ~ **sth open** ouvrir qch en le fendant; **to** ~ **one's head open** se fendre le crâne; **to** ~ **sth in two** couper qch en deux; **they** ~ **the work** ils se sont partagé le travail; (fig) **to** ~ **hairs** couper les cheveux en quatre; (fig) **to** ~ **one's sides (laughing)** se tordre de rire 4 vi (gen) se fendre; (tear) se déchirer; (fig: party etc) se diviser ◇ **to** ~ **open** se fendre; **to** ~ **off** se détacher (*from* de); **to** ~ **up** (of crowd) se disperser; (of friends, couple) rompre; (fig) **my head is** ~**ting** j'ai atrocement mal à la tête ◆ **split-cane** adj en osier ◆ **split-level** adj (cooker) à plaques de cuisson et four indépendants; (house) à deux niveaux.

splutter ['splʌtəʳ] vi (spit) crachoter; (stutter) bafouiller [famil]; (of fire, fat) crépiter.

spoil [spɔɪl] pret, ptp *spoiled* or *spoilt* 1 vt (damage: paint, dress) abîmer; (detract from: view, effect) gâter; (make less pleasant: holiday, occasion) gâcher; (pamper: a child) gâter ◇ ~**t** (child) gâté; (ballot paper) nul; **to** ~ **one's appetite** se couper l'appétit 2 vi (of food) s'abîmer 3 n ◇ ~**s** butin [m].

1. **spoke** [spəʊk] n rayon [m].

2. **spoke, spoken** ['spəʊk(ən)] → **speak.**

spokesman ['spəʊksmən] n porte-parole [m inv] (*for* de).

sponge [spʌndʒ] 1 n éponge [f] ◇ ~ **bag** sac [m] de toilette; ~ **cake** gâteau [m] de Savoie 2 vt éponger ◇ **to** ~ **down** laver à l'éponge.

sponsor ['spɒnsəʳ] 1 n (gen: of appeal etc) personne [f] qui accorde son patronage; (Advertising) organisme [m] qui assure le patronage; (of concert, sports event) sponsor [m]; (for fund-raising event) donateur [m], [f] -trice 2 vt (appeal, programme) patronner; (concert) parrainer; (sports event) sponsoriser; (fund-raising walker etc) s'engager à rémunérer (en fonction de sa performance) ◆ **sponsorship** n (of programme, appeal) patronage [m]; (Sport etc) sponsoring [m], parrainage [m].

spontaneity [ˌspɒntə'neɪətɪ] n spontanéité [f].

spontaneous [spɒn'teɪnɪəs] adj spontané.

spooky ['spu:kɪ] adj [famil] qui donne le frisson.

spool [spu:l] n bobine [f].

spoon [spu:n] n cuillère [f] ◆ **spoonfeed** vt (fig) mâcher le travail à ◆ **spoonful** n cuillerée [f].

sporadic [spəˈrædɪk] adj sporadique ◇ ~ **fighting** échauffourées [fpl].

sport [spɔ:t] n **a** sport [m] ◇ **good at** ~ très sportif, [f] -ive **b** (famil: person) chic type [famil] [m], chic fille [famil] [f] ◇ **be a** ~**!** sois chic! [famil] ◆ **sporting** adj chic [famil] [inv] ◆ **sports** **1** npl le sport; (school etc ~) réunion [f] sportive **2** adj (gen) de sport; (clothes) sport [inv] ◇ ~ **car** voiture [f] de sport; ~ **ground** terrain [m] de sport ◆ **sportsmanlike** adj sportif, [f] -ive.

spot [spɒt] **1** n **a** (gen) tache [f] (*on* sur); (polka dot) pois [m]; (on dice, domino) point [m]; (pimple) bouton [m] ◇ **to come out in** ~**s** avoir une éruption de boutons **b** ◇ (small amount) **a** ~ **of** un peu de; **a** ~ **of rain** quelques gouttes [fpl] de pluie; **there's been a** ~ **of trouble** il y a eu un petit incident **c** (place: gen) endroit [m] ◇ **a tender** ~ **on the arm** un point sensible au bras; **to be on the** ~ être sur place; **an on-the-**~ **report** un reportage sur place; **to decide on the** ~ se décider sur le champ; (trouble) **in a tight** ~ [famil] dans le pétrin; **to do a** ~ **check** faire un contrôle intermittent **d** (in show) numéro [m]; (advertisement) spot [m] **2** vt (notice) apercevoir; (mistake) relever; (bargain, winner) découvrir ◆ **spotless** adj (clean) reluisant de propreté ◆ **spotlight** n spot [m]; (Theat: lamp) projecteur [m] ◇ **in the** ~ sous le feu des projecteurs; (fig) **the** ~ **was on her** elle était en vedette ◆ **spotted** adj (fabric) à pois ◆ **spotter** n ◇ (as hobby) **train** ~ passionné(e) [m(f)] de trains ◆ **spotty** adj boutonneux, [f] -euse.

spouse [spaʊz] n époux [m], épouse [f].

spout [spaʊt] n (of teapot, hose etc) bec [m].

sprain [spreɪn] **1** n entorse [f] **2** vt ◇ **to** ~ **one's ankle** se donner une entorse à la cheville.

sprang [spræŋ] pret of *spring*.

sprawl [sprɔ:l] vi (of person) être affalé; (of thing) s'étaler (*over* dans).

spray [spreɪ] **1** n **a** nuage [m] de gouttelettes [fpl]; (from sea) embruns [mpl]; (from hose) pluie [f] **b** (container: aerosol) bombe [f]; (for scent etc) atomiseur [m]; (refillable) vaporisateur [m]; (larger: for garden etc) pulvérisateur [m] **c** (of flowers) gerbe [f] **2** adj (insecticide etc) en bombe ◇ ~ **gun** pistolet [m] *(à peinture* etc) **3** vt **a** (plants) faire des pulvérisations sur; (room) faire des pulvérisations dans; (hair) vaporiser (*with* de) **b** (liquid: gen) pulvériser (*on* sur); (scent) vaporiser.

spread [spred] (vb: pret, ptp *spread*) **1** vt **a** (~ **out:** gen) étendre (*on* sur); (fingers, arms) écarter ◇ **he was** ~ **out on the floor** il était étendu de tout son long par terre **b** (bread etc) tartiner (*with* de); (butter, glue) étaler (*on* sur); (sand etc) répandre (*on*, *over* sur); (~ **out:** objects, cards) étaler (*on* sur); (soldiers etc) disperser (*along* le long de) **c** (disease) propager; (rumours) faire courir; (news, panic) répandre; (~ **out:** payments, visits) échelonner (*over* sur) **2** vi (increase: gen) se répandre; (of fire, disease, pain) s'étendre (*into* jusqu'à) ◇ **to** ~ **out** se disperser **3** n **a** (of fire, disease) propagation [f]; (of nuclear weapons) prolifération [f]; (of education) progrès [m] ◇ **he's got a middle-age** ~ il a pris de l'embonpoint avec l'âge **b** (bed~) dessus-de-lit [(m) inv] **c** pâte [f] à tartiner ◇ **cheese** ~ fromage [m] à tartiner **d** (famil: meal) festin [m] ◆ **spreadsheet** n (Comput) tableau [m].

sprig [sprɪg] n rameau [m], brin [m].

sprightly [ˈspraɪtlɪ] adj alerte.

spring [sprɪŋ] (vb: pret *sprang*, ptp *sprung*) **1** n **a** (season) printemps [m] ◇ **in (the)** ~ au printemps **b** (metal spiral) ressort [m] ◇ (in car) **the** ~**s** la suspension **c** (of water) source [f] ◇ **hot** ~ source chaude **d** (leap) bond [m] **2** adj (weather, day, flowers) printanier, [f] -ière ◇ ~ **onion** ciboule [f] **3** vi **a** (leap) bondir (*at* sur) ◇ **to** ~ **in** entrer d'un bond; **to** ~ **up** (gen) surgir; (of person) se lever d'un bond; **he sprang into action** il est passé à l'action; **to** ~ **to mind** venir à l'esprit; **the door sprang open** la porte s'est brusquement ouverte **b** (originate) provenir (*from* de) **4** vt (trap) faire jouer ◇ (fig) **to** ~ **a surprise on sb** surprendre qn; **to** ~ **a question on sb** poser une question à qn de but en blanc ◆ **springboard** n tremplin [m] ◆ **spring-cleaning** n grand nettoyage [m] ◆ **springtime** n printemps [m].

sprinkle [ˈsprɪŋkl] vt (with water) asperger (*with* de); (with sugar) saupoudrer (*with* de) ◇ **to** ~ **sand on** répandre une légère couche de sable sur; **to** ~ **salt on** saler; **to** ~ **pepper on** poivrer ◆ **sprinkler** n (for lawn etc) arroseur [m]; (fire-fighting) diffuseur [m] (d'extincteur automatique) ◆ **sprinkling** n ◇ (fig) **a** ~ **of young people** quelques jeunes çà et là.

sprint [sprɪnt] **1** n sprint [m] **2** vi sprinter ◇ **to** ~ **down the street** descendre la rue à toutes jambes ◆ **sprinter** n sprinteur [m], [f] -euse.

sprout [spraʊt] **1** n ◇ **(Brussels)** ~**s** choux [mpl] de Bruxelles **2** vi germer; (fig: appear) surgir.

1. **spruce** [spru:s] n (tree) épicéa [m].

2. **spruce** [spru:s] adj (neat) pimpant.

sprung [sprʌŋ] pret of *spring* adj (mattress) à ressorts ◇ (car) **well-**~ bien suspendu.

spry [spraɪ] adj alerte.

spud [spʌd] n pomme [f] de terre.

spun [spʌn] pret, ptp of *spin*.

spur [spɜːʳ] **1** n éperon [m] ◇ (fig) **on the ~ of the moment** sous l'impulsion du moment; **~ road** route [f] d'accès **2** vt éperonner.

spurious ['spjʊərɪəs] adj faux, [f] fausse.

spurn [spɜːn] vt rejeter avec mépris.

spurt [spɜːt] **1** n sursaut [m] **2** vi (~ **out**) jaillir (*from* de).

spy [spaɪ] **1** n (gen) espion [m], [f] -ionne ◇ **police ~** indicateur [m], [f] -trice de police; **~ ring** réseau [m] d'espions; **~ story** roman [m] d'espionnage **2** vi faire de l'espionnage (*for a country* au service d'un pays) ◇ **to ~ on** espionner ◆ **spying** n espionnage [m].

sq. abbr of *square* carré ◇ **4 sq. m** 4 m^2.

squabble ['skwɒbl] vi se chamailler [famil] (*over sth* à propos de qch) ◆ **squabbling** n chamailleries [famil] [fpl].

squad [skwɒd] n escouade [f] ◇ (Ftbl) **the England ~** le contingent anglais; (Police) **~ car** voiture [f] de police.

squadron ['skwɒdrən] n (Army) escadron [m]; (Navy, Airforce) escadrille [f].

squalid ['skwɒlɪd] adj sordide.

squall [skwɔːl] **1** n (rain) rafale [f] **2** vi (of baby) hurler.

squalor ['skwɒləʳ] n saleté [f].

squander ['skwɒndəʳ] vt gaspiller (on).

square [skwɛəʳ] **1** n **a** (gen) carré [m]; (on chessboard, crossword) case [f]; (on fabric) carreau [m]; (head~) foulard [m] ◇ (fig) **we're back to ~ one** [famil] nous repartons à zéro [famil]; **~ dance** quadrille [m] **b** (in town) place [f]; (with gardens) square [m] ◇ **4 is the ~ of 2** 4 est le carré de 2 **2** adj carré ◇ **~ metre** mètre [m] carré; **it's 6 metres ~** ça fait 6 mètres sur 6; **~ root** racine [f] carrée; (fig) **a ~ meal** un bon repas; **to get ~ with sb** régler ses comptes avec qn; (fig) **to be all ~** être quitte; (Sport) être à égalité; **to get a ~ deal** être traité équitablement **3** vti **a** (edges etc: ~ **off**) équarrir; (shoulders) redresser **b** (reconcile) faire cadrer (*A with B* A avec B) ◇ **he ~d it with the boss** il s'est arrangé avec le patron; **to ~ up with sb** (financially) régler ses comptes avec qn **c** (number) élever au carré.

squash [skwɒʃ] **1** n **a** ◇ **orange ~** orangeade [f] (concentrée) **b** (Sport) squash [m] ◇ **~ court** terrain [m] de squash **2** vti (gen) écraser; (snub) remettre à sa place ◇ **to ~ flat, to ~ up** écraser; **they were ~ed together** ils étaient serrés; **they ~ed into the lift** ils se sont entassés dans l'ascenseur.

squashy ['skwɒʃɪ] adj mou, [f] molle.

squat [skwɒt] **1** adj petit et épais, [f] -aisse **2** vi **a** (~ **down**) s'accroupir ◇ **to be ~ting** être accroupi **b** (of squatters) faire du squattage [famil] ◆ **squatter** n squatter [m].

squawk [skwɔːk] vi (of hen) pousser un gloussement; (of baby) brailler.

squeak [skwiːk] **1** vti (gen) grincer; (of person, animal) glapir **2** n grincement [m]; craquement [m]; glapissement [m] ◇ **not a ~** [famil] pas un murmure ◆ **squeaky** adj grinçant.

squeal [skwiːl] vi pousser un cri aigu.

squeamish ['skwiːmɪʃ] adj (fastidious) dégoûté; (queasy) qui a mal au cœur.

squeeze [skwiːz] **1** n ◇ **a ~ of lemon** un peu de citron; **it was a tight ~** il y avait à peine la place; **credit ~** restrictions [fpl] de crédit **2** vt (gen) presser; (doll, teddy bear) appuyer sur; (sb's hand, arm) serrer; (extract: ~ **out**) exprimer (*from, out of* de); (information, money) soutirer (*out of* à) ◇ **to ~ sth in** réussir à faire rentrer qch **3** vi se glisser (*under* sous; *into* dans) ◇ **they all ~d into the car** ils se sont entassés dans la voiture; **to ~ in** trouver une petite place ◆ **squeezer** n presse-fruits [(m) inv] ◇ **lemon ~** presse-citron [(m) inv].

squib [skwɪb] n pétard [m].

squid [skwɪd] n calmar [m].

squiggle ['skwɪgl] n gribouillis [m].

squint [skwɪnt] n (quick glance) coup [m] d'œil ◇ (Med) **to have a ~** loucher.

squire ['skwaɪəʳ] n ≃ châtelain [m].

squirrel ['skwɪrəl] n écureuil [m].

squirt [skwɜːt] vti (water) faire jaillir (*at, onto* sur); (oil) injecter; (detergent) verser une giclée de; (sth in aerosol) pulvériser ◇ **the water ~ed into my eye** j'ai reçu une giclée d'eau dans l'œil.

Sr abbr of *Senior* Sr.

Sri Lanka [sriː'læŋkə] n Sri Lanka [m or f].

St **a** abbr of *saint* St(e) **b** abbr of *street* rue.

stab [stæb] **1** n (with knife etc: ~ **wound**) coup [m] de couteau (etc) ◇ (fig) **a ~ in the back** un coup déloyal **2** vt ◇ **to ~ sb to death** tuer qn d'un coup de couteau (etc); **~bing pain** douleur [f] lancinante.

stability [stə'bɪlɪtɪ] n stabilité [f].

stabilize ['steɪbəlaɪz] vt stabiliser ◆ **stabilizer** n (on car, plane, ship) stabilisateur [m].

1. **stable** [steɪbl] n (gen) écurie [f] ◇ **racing ~** écurie de courses; **riding ~s** manège [m] ◆ **stablelad** n garçon [m] d'écurie.

2. **stable** ['steɪbl] adj (gen) stable; (relationship) solide; (person) équilibré.

stack [stæk] **1** n (gen) tas [m]; (hay~) meule [f] ◇ **~s** [famil] **of** énormément de **2** vt **a** (~ **up**) empiler **b** (shelves) remplir.

stadium ['steɪdɪəm] n stade [m] *(sportif)*.

staff [stɑ:f] n (gen) personnel [m]; (in college etc) professeurs [mpl]; (servants) domestiques [mpl]; (Mil) état-major [m] ◇ **to be on the** ~ faire partie du personnel; ~ **canteen** restaurant [m] d'entreprise; (Mil) ~ **college** école [f] supérieure de guerre; (in school etc) ~ **meeting** conseil [m] des professeurs ✦ **staffroom** n (in school etc) salle [f] des professeurs.

stag [stæg] n cerf [m] ◇ ~ **party** [famil] réunion [f] entre hommes.

stage [steɪdʒ] 1 n a (platform: in theatre) scène [f]; (in hall) estrade [f] ◇ (profession etc) **the** ~ le théâtre; **on** ~ sur scène; **to come on** ~ entrer en scène; **to go on the** ~ monter sur les planches; ~ **door** entrée [f] des artistes; ~ **fright** trac [famil] [m]; ~ **manager** régisseur [m] b (point, part: of journey) étape [f]; (of road, pipeline) section [f]; (of rocket) étage [m]; (of process) stade [m] ◇ **fare** ~ section [f]; **in** ~**s** (travel) par étapes; (study) par degrés; **at an early** ~ **in** vers le début de; **at this** ~ **in** à ce stade de; **he's going through a difficult** ~ il passe par une période difficile 2 vt (play) monter ◇ **to** ~ **a demonstration** manifester; **to** ~ **a strike** faire la grève; **that was** ~**d** (not genuine) c'était un coup monté ✦ **stagehand** n machiniste [m] ✦ **stage-manage** vt être régisseur pour; (fig) orchestrer ✦ **stage-struck** adj ◇ **to be** ~ brûler d'envie de faire du théâtre.

stagger ['stægəʳ] 1 vi chanceler ◇ **to** ~ **along** (etc) avancer (etc) en chancelant 2 vt a (amaze) renverser; (upset) bouleverser b (space out: visits, payments) échelonner; (working hours, holidays) étaler.

stagnant ['stægnənt] adj stagnant.

stagnate [stæg'neɪt] vi (fig) stagner.

staid [steɪd] adj trop sérieux, [f] -ieuse.

stain [steɪn] 1 n tache [f] ◇ **grease** ~ tache de graisse; **wood** ~ couleur [f] pour bois; ~ **remover** détachant [m] 2 vt a tacher (*with* de) b (colour: wood) teinter ◇ ~**ed-glass window** vitrail [m] ✦ **stainless steel** n acier [m] inoxydable.

stair [stɛəʳ] n (step) marche [f]; (also **stairs**) escalier [m] ◇ **on the** ~**s** dans l'escalier; ~ **carpet** tapis [m] d'escalier ✦ **staircase** or **stairway** n escalier [m].

stake [steɪk] 1 n a (gen) pieu [m]; (for plant) tuteur [m] b (Betting) enjeu [m] ◇ (fig) **to be at** ~ être en jeu; **he has got a lot at** ~ il a gros à perdre; **to have a** ~ **in sth** avoir des intérêts dans qch 2 vt (bet) jouer (*on* sur) ◇ **to** ~ **one's claim to** établir son droit à.

stalactite ['stæləktaɪt] n stalactite [f].

stalagmite ['stæləgmaɪt] n stalagmite [f].

stale [steɪl] adj (food: gen) qui n'est plus frais, [f] fraîche; (bread) rassis; (news) déjà vieux, [f] vieille ◇ **the room smells** ~ cette pièce sent le renfermé ✦ **stalemate** n (Chess) mat [m]; (fig) impasse [f].

1. **stalk** [stɔ:k] n (of plant) tige [f]; (of fruit) queue [f]; (of cabbage) trognon [m].

2. **stalk** [stɔ:k] 1 vt traquer 2 vi ◇ **to** ~ **in** (etc) entrer (etc) avec raideur.

stall [stɔ:l] 1 n (in market) éventaire [m]; (in street: for papers, flowers) kiosque [m]; (in exhibition) stand [m]; (in stable) stalle [f] ◇ (Theat) **the** ~**s** l'orchestre [m]; **station book**~ librairie [f] de gare; **coffee** ~ buvette [f] 2 vti (of car) caler ◇ (fig) **I managed to** ~ **him** j'ai réussi à le tenir à distance.

stallion ['stæljən] n étalon [m] *(cheval)*.

stalwart ['stɔ:lwət] adj (supporter) inconditionnel, [f] -elle.

stamina ['stæmɪnə] n résistance [f].

stammer ['stæməʳ] 1 n bégaiement [m] 2 vti bégayer.

stamp [stæmp] 1 n timbre [m] ◇ **postage** ~ timbre-poste [m]; **savings** ~ timbre-épargne [m]; **trading** ~ timbre-prime [m]; **National Insurance** ~ cotisation [f] à la Sécurité sociale; **rubber** ~ timbre [m]; ~ **album** album [m] de timbres-poste; ~ **collecting** philatélie [f]; ~ **collection** collection [f] de timbres; ~ **collector** philatéliste [mf] 2 vti a ◇ **to** ~ **one's foot** taper du pied; **to** ~ **one's feet** (in rage) trépigner; **to** ~ **on sth** piétiner qch; (fig) **to** ~ **out** mettre fin à b (stick a ~ **on**) timbrer ◇ ~**ed addressed envelope** enveloppe timbrée pour la réponse c (mark with ~) timbrer; (passport, document) viser; (date) apposer (*on* sur); (metal) poinçonner.

stampede [stæm'pi:d] 1 n débandade [f]; (rush for sth) ruée [f] (*for sth* pour obtenir qch; *for the door* vers la porte) 2 vti s'enfuir à la débandade; (fig: rush) se ruer (*for sth* pour obtenir qch).

stance [stæns] n position [f].

stand [stænd] (vb: pret, ptp *stood*) 1 n a (position) position [f]; (resistance) résistance [f] ◇ **to take a** ~ prendre position (*against* contre) b (taxi ~) station [f] (de taxis) c (for plant, bust etc) guéridon [m]; (for displaying goods) étalage [m]; (in street: for newspapers etc) kiosque [m]; (at trade fair) stand [m]; (market stall) éventaire [m]; (US: witness ~) barre [f]; (in sports stadium etc) tribune [f] ◇ **hat** ~ porte-chapeaux [(m) inv]; **lamp** ~ pied [m] de lampe; **music** ~ pupitre [m] à musique; **newspaper** ~ kiosque [m] à journaux.

2 vt a (place: ~ **up**) mettre, poser (*on* sur; *against* contre) ◇ **to** ~ **sth on its end** faire tenir qch debout b (bear) supporter ◇ **I can't** ~ **it any longer** je ne peux plus le supporter; **I can't** ~ **gin** je déteste le gin;

to ~ the strain tenir le coup; **it won't ~ close examination** cela ne résiste pas à un examen serré **c** (pay for) payer ◇ **to ~ sb a drink** payer à boire à qn **d** ◇ (phrases) **to ~ a chance** avoir une bonne chance (*of doing* de faire); **to ~ one's ground** tenir bon; **to ~ sb up** faire faux bond à qn.

3 vi **a** (also: ~ **up**) se lever **b** (be ~**ing up**) être debout; (stay ~**ing**) rester debout ◇ ~ **up straight!** tiens-toi droit!; (fig) **to ~ on one's own feet** se débrouiller tout seul **c** (~ **still: be**) se tenir debout; (stay) rester debout ◇ **we stood talking** nous sommes restés là à parler; **he stood in the corner** il se tenait dans le coin; **the man ~ing over there** cet homme là-bas; ~ **still!** ne bougez pas!; **to ~ about, to ~ around** rester là; **leave the liquid to ~** laissez reposer le liquide; **the offer still ~s** cette offre demeure; **let the matter ~ as it is** laissez les choses comme elles sont; **you're ~ing on my foot** tu me marches sur le pied **d** (be) être ◇ **the village ~s in a valley** le village se trouve dans une vallée; **the house ~s back from the road** la maison est en retrait par rapport à la route; **to ~ convicted of** être déclaré coupable de; (have reached) **to ~ at** (clock etc) indiquer; (offer, record) être à; **take it as it ~s** prenez-le tel quel; **as things ~** dans la situation actuelle; (fig) **I'd like to know where I ~** j'aimerais savoir où j'en suis; (be likely) **to ~ to win** avoir des chances de gagner **e** ◇ (move etc) **to ~ aside** s'écarter (*from* de); **to ~ back** reculer (*from* de); **to ~ by** (be ready) se tenir prêt; (troops) se tenir en état d'alerte; **to ~ by a promise** tenir une promesse; **to ~ by a decision** accepter une décision; **to ~ by sb** ne pas abandonner qn; **to ~ down** (of candidate) se désister; **to ~ for** (represent) représenter; (tolerate) supporter; **to ~ for election** être candidat; **to ~ in for sb** remplacer qn; **to ~ out** ressortir (*against* sur); **to ~ out for sth** revendiquer qch; (fig) **to ~ out against sth** s'opposer fermement à qch; **to ~ over sb** surveiller qn; (fig) **to ~ up for sb** défendre qn; **to ~ up to sb** tenir tête à qn ◆ **stand-by** **1** n ◇ **it's a useful ~** ça peut toujours être utile; **on ~** prêt à partir (or intervenir etc) **2** adj (generator) de secours; (ticket, passenger) sans garantie ◆ **stand-alone** adj (Comput) autonome ◆ **stand-in** n remplaçant(e) [m(f)] ◆ **stand-offish** adj distant ◆ **standpoint** n point [m] de vue ◆ **standstill** n arrêt [m] ◇ **to come to a ~** s'arrêter ◆ **stand-up** adj (collar) droit; (meal etc) (pris) debout; (fight) en règle ◇ ~ **comedian** comique [m] (qui se produit en solo).

standard ['stændəd] **1** n **a** (level of quality) niveau [m] voulu; (for weight, measure) étalon [m] ◇ **the gold ~** l'étalon [m] or; (fig) **to come up to ~** (person) être à la hauteur; (thing) être de la qualité voulue; **to have high ~s** rechercher l'excellence; **to have high moral ~s** avoir un sens moral très développé; **high ~ of living** niveau de vie élevé **b** (flag) étendard [m]; (on ship) pavillon [m] **c** (street light) pylône [m] d'éclairage **2** adj (gen) normal; (weight etc) étalon [inv]; (regular: model, size) standard [inv]; (pronunciation) correct ◇ **it is ~ practice** c'est courant; ~ **time** l'heure [f] légale ◆ **standardize** vt (gen) standardiser; (product, terminology) normaliser ◆ **standard-lamp** n lampadaire [m].

standing ['stændɪŋ] **1** adj (passenger) debout [inv]; (committee, invitation) permanent; (rule) fixe ◇ **a ~ joke** un sujet de plaisanterie continuel; (Banking) ~ **order** prélèvement [m] bancaire; (Mil) ~ **orders** règlement [m] **2** n **a** (reputation) réputation [f] **b** ◇ (duration: gen) **of 10 years' ~** qui existe depuis 10 ans; (doctor, teacher) qui a 10 ans de métier; **of long ~** de longue date.

stank [stæŋk] pret of *stink*.

stanza ['stænzə] n (of poem) strophe [f].

staple ['steɪpl] **1** adj de base ◇ ~ **diet** nourriture [f] de base **2** n (for papers) agrafe [f] **3** vt agrafer ◆ **stapler** n agrafeuse [f].

star [stɑːʳ] **1** n **a** étoile [f]; (asterisk) astérisque [m] ◇ **the S~s and Stripes** la Bannière étoilée; **3-~ hotel** hôtel [m] 3 étoiles; **2-~ petrol** ordinaire [m]; **4-~ petrol** super [famil] [m]; (fig) **to see ~s** [famil] voir trente-six chandelles; (horoscope) **the ~s** l'horoscope [m]; ~ **sign** signe [m] astral or astrologique **b** (Cine, Sport etc) vedette [f] ◇ **the ~ turn** la vedette **2** vti être la vedette (*in a film* d'un film) ◇ **the film ~s Dirk Bogarde** Dirk Bogarde est la vedette du film; **~ring Glenda Jackson as...** avec Glenda Jackson dans le rôle de... ◆ **stardom** n célébrité [f] ◆ **starfish** n étoile [f] de mer ◆ **starlet** n starlette [f] ◆ **starlight** n ◇ **by ~** à la lumière des étoiles ◆ **starry** adj (sky) étoilé ◆ **starry-eyed** adj (idealistic) idéaliste; (from love) éperdument amoureux, [f] -euse.

starboard ['stɑːbəd] **1** n tribord [m] **2** adj de tribord.

starch [stɑːtʃ] **1** n (gen) amidon [m] ◇ (food) **~es** féculents [mpl] **2** vt amidonner ◆ **starch-reduced** adj de régime.

stare [stɛəʳ] **1** n regard [m] (fixe) ◇ **curious ~** long regard curieux **2** vti ◇ **to ~ at** regarder fixement; **to ~ into space** avoir le regard perdu dans le vague; (fig) **they're staring you in the face!** ils sont là devant ton nez!

stark [stɑːk] **1** adj austère **2** adv ◇ ~ **naked** complètement nu.

starling ['stɑːlɪŋ] n étourneau [m].

start [stɑ:t] 1 n a (beginning: gen) commencement [m], début [m]; (of race etc) départ [m]; (~**ing line**) point [m] de départ ◇ **the ~ of the academic year** la rentrée universitaire et scolaire; **from the ~** dès le début; **for a ~** d'abord; **from ~ to finish** du début jusqu'à la fin; **to get off to a good ~** bien commencer; **to make a ~** commencer; **to make a fresh ~** recommencer b (advantage: Sport) avance [f] ◇ **to give sb 10 metres' ~** donner 10 mètres d'avance à qn c (sudden movement) sursaut [m] ◇ **to wake with a ~** se réveiller en sursaut; **you gave me such a ~!** ce que vous m'avez fait peur!

2 vti a (gen: often ~ **off**, ~ **up**) commencer (*sth* qch; *doing, to do* à faire, de faire; *with* par; *by doing* par faire); (leave: ~ **off**, ~ **out**) partir (*from* de; *for* pour; *on a journey* en voyage) ◇ ~**ing point** point [m] de départ; ~**ing salary** salaire [m] d'embauche; **to ~ life as** débuter dans la vie comme; (fig) **to ~ off as a clerk** débuter comme employé; **to ~ off as a Marxist** commencer par être marxiste; **to ~ again** or **afresh** recommencer; **to ~ (up) in business** se lancer dans les affaires; ~**ing from Monday** à partir de lundi; **to ~ with,...** d'abord,...; **he ~ed out to say...** son intention était de dire... b (~ **off**, ~ **up**: discussion) commencer; (series of events) déclencher; (fashion) lancer; (organization) fonder ◇ **to ~ a fire** (accidentally) provoquer un incendie c (~ **up**: of car, machine) démarrer ◇ **to ~ a car up, to get a car ~ed** mettre une voiture en marche; **to ~ sb (off) on a career** lancer qn dans une carrière; **to get ~ed on sth** commencer à faire qch; **let's get ~ed** allons-y d (jump nervously) sursauter.

◆ **starter** n a (sports official) starter [m]; (runner) partant [m] ◇ (fig) **it's a non-~** [famil] ça ne vaut rien b (car) démarreur [m]; (on machine etc: ~ **button**) bouton [m] de démarrage c ◇ (food) ~**s** [famil] hors-d'œuvre [(m) inv].

startle ['stɑ:tl] vt (of sound) faire sursauter; (of news) alarmer ◆ **startled** adj très surpris ◆ **startling** adj surprenant.

starvation [stɑ:'veɪʃən] n famine [f], faim [f].

starve [stɑ:v] 1 vt a (of food) affamer ◇ **to ~ o.s.** se priver de nourriture b (deprive) priver (*sb of sth* qn de qch) 2 vi manquer de nourriture ◇ **to ~ (to death)** mourir de faim; **I'm starving** [famil] je meurs de faim.

state [steɪt] 1 n a état [m] ◇ ~ **of health** état de santé; **to lie in ~** être exposé solennellement; (fig) **what's the ~ of play?** où en est-on?; **in a good ~ of repair** bien entretenu; **you're in no ~ to do it** vous n'êtes pas en état de le faire; **he got into a terrible ~ about it** ça l'a mis dans tous ses états b ◇ (Pol) **the S~** l'État [m]; (US) **the S~s** les États-Unis [mpl] 2 adj (business, secret) d'État; (security, control) de l'État; (medicine) étatisé; (Brit: school, education) public, [f] -ique ◇ ~ **banquet** banquet [m] de gala; (US) **S~ Department** Département [m] d'État; (US) ~ **trooper** ≃ CRS [m]; **to make a ~ visit to a country** se rendre en visite officielle dans un pays 3 vt (gen) déclarer (*that* que); (the facts, problem) exposer; (time, place) spécifier ◇ **it is ~d that...** il est dit que...; ~**d sum** somme [f] fixée; **at the time ~d** à l'heure dite; **to ~ one's case** présenter ses arguments ◆ **state-controlled** adj étatisé ◆ **state-enrolled nurse** n (Brit) infirmier [m], [f] -ière auxiliaire ◆ **stateless** adj apatride ◆ **stately** adj majestueux, [f] -ueuse ◇ (Brit) ~ **home** château [m] ◆ **statement** n a déclaration [f]; (Law) déposition [f] b (bill) facture [f] ◇ **bank ~** relevé [m] de compte ◆ **state-owned** adj étatisé ◆ **state-registered nurse** n (Brit) infirmier [m], [f] -ière diplômé(e) d'État ◆ **statesman** n homme [m] d'État.

static ['stætɪk] 1 adj statique 2 n (Rad etc) parasites [mpl].

station ['steɪʃən] 1 n (Rail) gare [f]; (underground) station [f] ◇ **bus ~, coach ~** gare [f] routière; ~ **master** chef [m] de gare; **fire ~** caserne [f] de pompiers; **police ~** commissariat [m] (de police), gendarmerie [f]; **radio ~** station de radio; (Rel) **the S~s of the Cross** le Chemin de Croix 2 vt (gen) placer; (troops) poster ◇ **to ~ o.s.** se placer; (Mil) ~**ed at** en garnison à.

stationary ['steɪʃənərɪ] adj stationnaire.

stationer ['steɪʃənə[r]] n ◇ ~**'s (shop)** papeterie [f].

stationery ['steɪʃənərɪ] n papeterie [f] (*articles*); (writing paper) papier [m] à lettres ◇ **the S~ Office** ≃ l'Imprimerie [f] nationale.

statistical [stə'tɪstɪkəl] adj statistique.

statistics [stə'tɪstɪks] npl statistique [f]; (measurements) statistiques [fpl].

statue ['stætju:] n statue [f].

stature ['stætʃə[r]] n stature [f]; (fig) envergure [f].

status ['steɪtəs] n (gen) situation [f]; (Admin, Law) statut [m] ◇ **social ~** standing [m]; **official ~** position [f] officielle; **the ~ of the black population** la condition sociale de la population noire; **the job has a certain ~** le poste a un certain prestige; ~ **symbol** signe [m] extérieur de richesse.

status quo ['steɪtəs'kwəʊ] n statu quo [m].

statute ['stætju:t] n loi [f] ◇ ~ **book** code [m].

statutory ['stætjʊtərɪ] adj (gen) statutaire; (holiday) légal; (offence) défini par un article de loi.

1. **staunch** [stɔ:ntʃ] vt arrêter.

2. **staunch** [stɔ:ntʃ] adj (defender) résolu; (friend) fidèle.

stave [steɪv] 1 n (Mus) portée [f] 2 vt ◇ **to ~ off** éviter.

stay [steɪ] 1 n a séjour [m] b ◇ (Law) ~ **of execution** sursis [m] à l'exécution 2 vti (remain) rester ◇ **to ~ still, to ~ put** [famil] ne pas bouger; **to ~ to dinner** rester dîner; **he's here to ~** il est là pour de bon; **if it ~s fine** si le temps se maintient au beau; **to ~ away from a meeting** ne pas aller à une réunion; **to ~ behind** rester en arrière; **to ~ in** (at home) rester à la maison; (in school) rester en retenue; **to ~ out** (outside) rester dehors; (on strike) rester en grève; **to ~ out all night** ne pas rentrer de la nuit; (fig) **to ~ out of** éviter; **to ~ up** (of person) rester debout; (of trousers) tenir; **to ~ up late** se coucher tard; **she came to ~ for a few weeks** elle est venue passer quelques semaines; **I'm ~ing with my aunt** je loge chez ma tante; **to ~ in a hotel** descendre à l'hôtel; **he was ~ing in Paris** il séjournait à Paris; (fig) **to ~ the course** tenir bon; **~ing power** endurance [f].

steadfast ['stedfəst] adj ferme.

steadily ['stedɪlɪ] adv (walk) d'un pas ferme; (look) longuement; (improve, decrease) régulièrement; (rain, work, continue) sans arrêt.

steady ['stedɪ] 1 adj (table, job, prices) stable; (hand) sûr; (nerves) solide; (demand, speed) constant; (progress, income) régulier, [f] -ière ◇ **he isn't very ~ on his feet** il n'est pas très solide sur ses jambes; **~ on!** [famil] doucement!; **her ~ boyfriend** son petit ami 2 adv ◇ **to go ~ with sb** [famil] sortir avec qn 3 vt (wobbling object) assujettir; (nervous person) calmer ◇ **to ~ one's nerves** se calmer.

steak [steɪk] n (of beef) bifteck [m], steak [m]; (of other meat, fish) tranche [f] ◇ **stewing ~** bœuf [m] à braiser; **~ and kidney pie** tourte [f] à la viande de bœuf et aux rognons ◆ **steakhouse** n ≃ grill-room [m].

steal [sti:l] pret *stole*, ptp *stolen* 1 vt (gen) voler (*from sb* à qn; *from sth* dans qch) 2 vi ◇ **to ~ out** (etc) sortir (etc) à pas de loup ◆ **stealing** n vol [m].

stealthy ['stelθɪ] adj furtif, [f] -ive.

steam [sti:m] 1 n vapeur [f] ◇ **~ iron** fer [m] à vapeur; **~ engine** locomotive [f] à vapeur; (on ship) **full ~ ahead!** en avant toute!; (fig) **to run out of ~** s'essouffler (fig); **under one's own ~** par ses propres moyens; **to let off ~** [famil] (energy) se défouler [famil]; (anger) épancher sa bile 2 vt (cook) cuire à la vapeur 3 vi fumer ◇ **to ~ up** se couvrir de buée; (fig) **to get ~ed up** [famil] se mettre dans tous ses états (*about* à propos de) ◆ **steamer** n a (steamboat) vapeur [m]; (liner) paquebot [m] b (pan) ≃ couscoussier [m] ◆ **steamroller** n rouleau [m] compresseur ◆ **steamship** n paquebot [m].

steel [sti:l] 1 n acier [m] ◇ (fig) **nerves of ~** nerfs [mpl] d'acier 2 adj (knife, tool) d'acier ◇ **~ band** steel band [m]; **~ helmet** casque [m]; **~ wool** paille [f] de fer 3 vt ◇ (fig) **to ~ o.s. against** se cuirasser contre ◆ **steelworker** n sidérurgiste [m] ◆ **steelworks** n aciérie [f].

steep [sti:p] 1 adj (slope, stairs) raide; (hill, road) escarpé; (famil fig: price) trop élevé 2 vt tremper (*in* dans) ◇ (fig) **~ed in** imprégné de.

steeple ['sti:pl] n clocher [m], flèche [f].

steeplejack ['sti:plˌdʒæk] n réparateur [m] de hautes cheminées etc.

steer [stɪəʳ] vti (gen) diriger (*towards* vers); (car) conduire ◇ **to ~ clear of** éviter ◆ **steering** n conduite [f] ◇ (on car) **~ column** colonne [f] de direction; **~ wheel** volant [m].

stem [stem] 1 n (of plant) tige [f]; (of glass) pied [m]; (of word) radical [m] 2 vti a ◇ **to ~ from** provenir de b ◇ **to ~ the tide of** endiguer.

stench [stentʃ] n puanteur [f].

stencil ['stensl] 1 n (gen) pochoir [m]; (in typing etc) stencil [m] 2 vt (lettering) marquer au pochoir; (document) polycopier.

stenographer [ste'nɒgrəfəʳ] n sténographe [mf].

step [step] 1 n a (gen) pas [m] ◇ **to take a ~ back** faire un pas en arrière; **waltz ~** pas [m] de valse; (fig) **~ by ~** petit à petit; **a ~ in the right direction** un pas dans la bonne voie; **to take ~s** prendre des dispositions [fpl] (*to do* pour faire); **what's the next ~?** qu'est-ce qu'il faut faire maintenant?; **to keep in ~** marcher au pas b (stair) marche [f]; (door~) seuil [m]; (on bus etc) marchepied [m] ◇ **mind the ~** attention à la marche; **flight of ~s** (indoors) escalier [m]; (outdoors) perron [m]; **pair of ~s** escabeau [m].

2 vi (gen) aller ◇ **~ this way** venez par ici; **to ~ off sth** descendre de qch; **to ~ aside** s'écarter; **to ~ back** reculer; **to ~ down** (lit) descendre (*from* de); (give up) se retirer; **to ~ forward** faire un pas en avant; (volunteer) se présenter; **to ~ in** entrer; (fig) intervenir; **to ~ on sth** marcher sur qch; (fig) **~ on it!** [famil] dépêche-toi!; **to ~ over sth** enjamber qch; (fig) **to ~ sth up** augmenter qch ◆ **stepbrother** n demi-frère [m] ◆ **stepdaughter** n belle-fille [f] ◆ **stepfather** n beau-père [m] ◆ **stepladder** n escabeau [m] ◆ **stepmother** n belle-mère [f] ◆ **stepsister** n demi-sœur [f] ◆ **stepson** n beau-fils [m].

stereo ['stɪərɪəʊ] 1 n (system) stéréo [f]; (record player) chaîne [f] stéréo [inv] ◇ **in ~** en stéréo 2 adj (device) stéréo [inv]; (broadcast, recording) en stéréo.

stereotype ['stɪərɪətaɪp] n stéréotype [m].

sterile ['steraɪl] adj stérile ◆ **sterility** n stérilité [f] ◆ **sterilize** vt stériliser.

sterling ['stɜ:lɪŋ] 1 n livre [f] sterling [inv] 2 adj (silver) fin; (pound, area) sterling [inv]; (fig) à toute épreuve.

stern [stɜ:n] 1 n (of ship) arrière [m], poupe [f] 2 adj (gen) sévère ◇ **made of ~er stuff** d'une autre trempe.

steroid ['stɪərɔɪd] n stéroïde [m].

stethoscope ['steθəskəʊp] n stéthoscope [m].

stew [stju:] 1 n ragoût [m] 2 vt (meat) cuire en ragoût; (fruit) faire cuire ◇ **~ed** (meat) en ragoût; (fruit) en compote; (tea) trop infusé ◆ **stewpot** n cocotte [f].

steward ['stju:əd] n (on estate etc) intendant [m]; (on ship, plane) steward [m]; (at meeting) membre [m] du service d'ordre ◇ **shop ~** délégué(e) [m(f)] syndical(e) ◆ **stewardess** n hôtesse [f].

stick [stɪk] (vb: pret, ptp *stuck*) 1 n (gen) bâton [m]; (twig) brindille [f]; (walking ~) canne [f]; (Mil) baguette [f]; (piece: gen) bâton; (of chewing gum) tablette [f]; (of celery) branche [f] ◇ (for fire) **~s** du petit bois; **a few ~s of furniture** quelques pauvres meubles [mpl]; (fig) **to get hold of the wrong end of the ~** mal comprendre.

2 vti a (thrust: gen) enfoncer (*into* dans) ◇ **to ~ a pin through sth** transpercer qch avec une épingle b (put: gen) mettre (*on* sur; *under* sous; *into* dans) ◇ **he stuck his head out of the window** il a passé la tête par la fenêtre c ◇ **to ~ out** (gen) sortir, dépasser (*from* de); (of teeth) avancer; **his ears ~ out** il a les oreilles décollées; **to ~ out of sth** dépasser de qch; **it ~s out a mile** [famil] ça crève les yeux; **to ~ it out** tenir le coup d (glue: often **~ down**, **~ on**) coller (*sth on sth* qch sur qch; *on the wall* au mur); (of stamp, label etc) être collé (*to* à); (of sauce) attacher (*to* à); (of habit, name) rester (*to sb* à qn) ◇ **it stuck to the table** c'est resté collé à la table; **they're stuck together** ils se sont collés ensemble e (tolerate) supporter f (stay) rester ◇ **~ around!** ne t'en va pas!; **to ~ together** rester ensemble; (fig) se serrer les coudes; **to ~ to** (promise) tenir; (principles) rester fidèle à; (subject) ne pas s'éloigner de; **~ at it!** persévère!; **he stuck to his story** il a maintenu ce qu'il avait dit; **to ~ up for sb** [famil] défendre qn g (also **be** or **get stuck:** gen) être coincé (*between* entre); (in mud) être embourbé; (in sand) être enlisé; (broken down) être en panne ◇ (fig) **to ~ at nothing** ne reculer devant rien; **he's stuck here** il est obligé de rester ici; (in puzzle etc) **I'm stuck** [famil] je sèche [famil].

◆ **sticker** n auto-collant [m] ◆ **sticking-plaster** n sparadrap [m] ◆ **stick-on** adj adhésif, [f] -ive ◆ **sticky** adj (paste, paint, surface) collant; (label) adhésif, [f] -ive; (hands: sweaty) moite; (with jam etc) poisseux, [f] -euse ◇ **~ tape** ruban [m] adhésif; (fig) **to come to a ~ end** mal finir.

stiff [stɪf] adj a (gen) raide; (lock, brush) dur; (dough, paste) ferme; (starched) empesé ◇ **to have a ~ neck** avoir le torticolis; **~ with cold** engourdi par le froid b (fig: person) froid; (resistance) opiniâtre; (exam, course, task) difficile; (climb, wind) fort; (price) très élevé ◇ **that's a bit ~!** [famil] c'est un peu fort! [famil]; **a ~ whisky** un grand verre de whisky ◆ **stiffen (up)** 1 vt raidir 2 vi (gen) devenir raide; (fig: of person, attitude) se raidir ◆ **stiffly** adv avec raideur; (fig) froidement.

stifle ['staɪfl] 1 vt étouffer, réprimer 2 vi étouffer ◆ **stifling** adj (fumes) suffocant; (heat) étouffant.

stigma ['stɪgmə], pl (gen) **-s** (Rel) **-mata** n stigmate [m].

stile [staɪl] n échalier [m].

stiletto [stɪ'letəʊ] n ◇ **~ heel** talon [m] aiguille.

1. **still** [stɪl] 1 adv a encore ◇ **he is ~ in bed** il est encore or toujours au lit; **you ~ don't believe me** vous ne me croyez toujours pas; **~ better** encore mieux b (nonetheless) quand même 2 conj (nevertheless) néanmoins.

2. **still** [stɪl] 1 adj (motionless) immobile; (peaceful) tranquille; (quiet) silencieux, [f] -ieuse; (not fizzy) non gazeux, [f] -euse ◇ **keep ~!** reste tranquille!; (Art) **~ life** nature [f] morte 2 adv (sit, hold) sans bouger 3 n (Cine) photo [f] ◆ **stillborn** adj mort-né.

stilted ['stɪltɪd] adj guindé.

stilts [stɪlts] npl échasses [fpl].

stimulate ['stɪmjʊleɪt] vt (gen) stimuler ◇ **to ~ sb to do** inciter qn à faire ◆ **stimulating** adj stimulant ◆ **stimulus**, pl **-li** n (fig) stimulant [m] ◇ **under the ~ of** stimulé par.

sting [stɪŋ] (vb: pret, ptp *stung*) 1 n (gen) piqûre [f]; (of iodine etc) brûlure [f] 2 vt piquer; brûler ◇ (fig) **to ~ sb into action** pousser qn à agir 3 vi (of eyes) piquer; (of cut) brûler ◆ **stinging** adj (remark) cuisant ◇ **~ nettle** ortie [f] brûlante.

stingy ['stɪndʒɪ] adj avare (*with* de).

stink [stɪŋk] (vb: pret *stank*, ptp *stunk*) 1 n puanteur [f] ◇ **what a ~!** ce que ça pue! 2 vi puer (*of sth* qch); (famil fig: person, thing) être dégueulasse [famil] ◇ **to have a ~ing cold** [famil] avoir un rhume épouvantable 3 vt ◇ **to ~ out** (room etc) empester.

stint [stɪnt] 1 n (share of work) part [f] de travail 2 vt ◇ **to ~ o.s.** se priver (*of* de).

stipend ['staɪpend] n (Rel) traitement [m].

stipulate ['stɪpjʊleɪt] vt stipuler.

stir [stɜːʳ] 1 vt a (gen) remuer ◇ **to ~ up** (fig: gen) exciter; (memories) réveiller; (trouble) provoquer b (move etc: leaves) agiter; (person) émouvoir ◇ **to ~ o.s.** [famil] se secouer; **to ~ sb to do sth** inciter qn à faire qch 2 vi (of person) bouger (*from* de); (of leaves, curtains etc) remuer 3 n ◇ **to give sth a ~** remuer qch; **to cause a ~** faire sensation ◆ **stir-fry** vt faire sauter à feu vif (en remuant) ◆ **stirring** adj enthousiasmant.

stirrup ['stɪrəp] n étrier [m].

stitch [stɪtʃ] 1 n (Sewing) point [m]; (Knitting) maille [f]; (Surgery) point de suture; (pain in side) point de côté ◇ (fig) **to be in ~es** [famil] se tenir les côtes de rire 2 vti (also **~ on, ~ up**) coudre; (on machine) piquer; (Med) suturer.

stoat [stəʊt] n hermine [f] *(d'été)*.

stock [stɒk] 1 n a (store) réserve [f]; (in shop) stock [m]; (of money) réserve; (of learning) fonds [m] ◇ **in ~** en stock; **out of ~** épuisé; **to lay in a ~ of** s'approvisionner en; (fig) **to take ~** faire le point b (cattle) cheptel [m] c (food) bouillon [m] d ◇ **~s and shares** valeurs [fpl] (mobilières) 2 adj (goods, size) courant; (excuse) classique ◇ **~ car** stock-car [m]; **~ cube** bouillon-cube [m]; **~ market** Bourse [f]; **~ phrase** expression [f] toute faite 3 vt (shop, larder) approvisionner (*with* en); (river) peupler (*with* de) ◇ **well-~ed** bien approvisionné; (of shop) **they don't ~ that** ils n'ont pas ça; **to ~ up with** s'approvisionner en ◆ **stockbroker** n agent [m] de change ◆ **stock exchange** n Bourse [f] ◆ **stockist** n stockiste [mf] ◆ **stockpile** vt stocker ◆ **stock-still** adv immobile ◆ **stocktaking** 1 n inventaire [m] 2 vi ◇ **to be ~** faire l'inventaire.

stockade [stɒ'keɪd] n palissade [f].

stocking ['stɒkɪŋ] n bas [m] ◇ **in one's ~ feet** sans chaussures.

stocky ['stɒkɪ] adj trapu.

stodgy ['stɒdʒɪ] adj bourratif, [f] -ive; (famil: dull) sans imagination.

stoic(al) ['stəʊɪk(əl)] adj stoïque.

stoke [stəʊk] vt (**~ up**) (furnace) alimenter; (engine) chauffer ◆ **stoker** n chauffeur [m] *(Marine* etc).

stole [stəʊl] n étole [f].

stole(n) ['stəʊl(ən)] → **steal.**

stolid ['stɒlɪd] adj impassible.

stomach ['stʌmək] 1 n (gen) ventre [m]; (Anat) estomac [m] ◇ **to have ~ ache** avoir mal au ventre; **~ pump** pompe [f] stomacale 2 vt (fig) encaisser [famil].

stone [stəʊn] 1 n a (gen) pierre [f]; (pebble) caillou [m]; (on beach etc) galet [m]; (in fruit) noyau [m]; (in kidney) calcul [m] ◇ **made of ~** de pierre; (fig) **within a ~'s throw of** à deux pas de b (Brit: weight) = *6,348 kg* 2 vt (throw stones at) lancer des pierres sur; (take stones out of) dénoyauter ◆ **stone-cold** adj complètement froid ◆ **stone-deaf** adj sourd comme un pot [famil] ◆ **stonemason** n tailleur [m] de pierre ◆ **stoneware** n poterie [f] de grès ◆ **stonework** n maçonnerie [f] ◆ **stony** adj pierreux, [f] -euse; (beach) de galets; (fig: person, heart) dur; (look, welcome) froid.

stood [stʊd] pret, ptp of *stand.*

stool [stuːl] n tabouret [m]; (folding) pliant [m].

stoolpigeon ['stuːlpɪdʒən] n indicateur [m], [f] -trice *(de police).*

stoop [stuːp] vi (have a ~) avoir le dos voûté; (**~ down**) se courber; (fig) s'abaisser (*to doing* jusqu'à faire).

stop [stɒp] 1 n a arrêt [m]; (short) halte [f] ◇ **6 hours without a ~** 6 heures [fpl] d'affilée; **a 5-minute ~** 5 minutes d'arrêt; (in road) **~ sign** stop [m] *(panneau)*; **to be at a ~** être à l'arrêt; **to come to a ~** s'arrêter; **to put a ~ to sth** mettre fin à qch b (place: of bus, train) arrêt [m]; (of plane, ship) escale [f] c (Punctuation) point [m]; (in telegrams) stop [m].

2 vt a (gen) arrêter; (activity, progress) interrompre; (allowance, leave) supprimer; (gas, electricity, water supply) couper; (cheque) faire opposition à; (pain, enjoyment) mettre fin à ◇ **to ~ sb short** arrêter qn net; **to ~ the milk** faire interrompre la livraison du lait b (cease) arrêter, cesser (*doing* de faire) ◇ **~ it!** ça suffit! c (prevent) empêcher (*sb from doing* qn de faire) ◇ **there's nothing to ~ you** rien ne vous en empêche d (**~ up:** gen) boucher; (tooth) plomber.

3 vi a (halt: gen) s'arrêter; (end: gen) cesser; (of play, programme) se terminer ◇ **~ thief!** au voleur!; **to ~ by** [famil] s'arrêter en passant; **to ~ off, to ~ over** s'arrêter; **to ~ dead** s'arrêter net; **to ~ at nothing** ne reculer devant rien b [famil] (remain) rester.

◆ **stopcock** n robinet [m] d'arrêt ◆ **stopgap** adj intérimaire ◆ **stop-off** n arrêt [m] ◆ **stopover** halte [f] ◆ **stoppage** n (gen) arrêt [m]; (interruption) interruption [f]; (strike) grève [f] ◆ **stopper** n bouchon [m] ◆ **stopping** adj ◇ **~ train** omnibus [m] ◆ **stop-press** n nouvelles [fpl] de dernière heure ◆ **stopwatch** n chronomètre [m].

storage ['stɔːrɪdʒ] n (of goods, fuel, furniture) entreposage [m]; (of food) rangement [m], conservation [f]; (of heat, electricity) accumulation [f]; (Comput) mémoire [f] ◇ ~ **battery** accumulateur [m]; ~ **heater** radiateur [m] électrique par accumulation; ~ **space** espace [m] de rangement; (for oil etc) ~ **tank** réservoir [m] d'emmagasinage; ~ **unit** meuble [m] de rangement.

store [stɔːʳ] **1** n **a** (supply) provision [f] ◇ ~**s** provisions [fpl]; **to lay in a ~ of sth** faire provision de qch; (fig) **to set great ~ by sth** faire grand cas de qch **b** (depot, warehouse) entrepôt [m]; (furniture ~) garde-meuble [m]; (for ammunition etc) dépôt [m]; (in office, factory etc: also ~**s**) service [m] des approvisionnements ◇ **to keep sth in ~** garder qch en réserve; (fig) **to have sth in ~ for sb** réserver qch à qn **c** (shop) magasin [m]; (large) grand magasin; (small) boutique [f] **2** vt **a** (keep, collect: ~ **up**) mettre en réserve; (electricity, heat) accumuler **b** (place in ~: ~ **away**) entreposer; (furniture) mettre au garde-meuble; (Comput) mémoriser ◆ **storehouse** n entrepôt [m] ◆ **storekeeper** n magasinier [m]; (shopkeeper) commerçant(e) [m(f)] ◆ **storeroom** n réserve [f].

storey ['stɔːrɪ] n étage [m] ◇ **on the 3rd** or (US) **4th** ~ au 3ᵉ étage.

stork [stɔːk] n cigogne [f].

storm [stɔːm] **1** n tempête [f]; (thunder~) orage [m] ◇ ~ **cloud** nuage [m] orageux; (Mil) ~ **troops** troupes [fpl] d'assaut; (fig) **a ~ in a teacup** une tempête dans un verre d'eau **2** vti prendre d'assaut ◇ **to ~ out** (etc) sortir (etc) comme un ouragan ◆ **stormy** adj (weather) orageux, [f] -euse; (sea) démonté; (meeting) houleux, [f] -euse.

1. **story** ['stɔːrɪ] n **a** (gen) histoire [f]; (of play, film) action [f] ◇ **short ~** nouvelle [f]; **it's a long ~** c'est toute une histoire; **according to your ~** d'après ce que vous dites; **or so the ~ goes** ou du moins c'est ce qu'on raconte **b** (Press: news) nouvelle [f]; (article) article [m]; (event) affaire ◆ **storybook** n livre [m] de contes or d'histoires.

2. **story** ['stɔːrɪ] n (US) = **storey.**

stout [staʊt] **1** adj **a** (fat) corpulent **b** (strong) solide **2** n (beer) bière [f] brune *(forte)* ◆ **stout-hearted** adj vaillant.

stove [stəʊv] n **a** (heating) poêle [m] **b** (cooking) cuisinière [f]; (small) réchaud [m]; (solid fuel) fourneau [m].

stow [stəʊ] **1** vt (put away) ranger; (hide) cacher **2** vi ◇ (on ship) **to ~ away** s'embarquer clandestinement ◆ **stowaway** n passager [m], [f] -ère clandestin(e).

straggle ['strægl] vi ◇ **to ~ in** (etc) entrer (etc) par petits groupes détachés ◆ **straggler** n traînard(e) [m(f)].

straight [streɪt] **1** adj **a** (gen: line, picture) droit; (route) direct; (hair) raide; (in order: room, books) en ordre ◇ **to set ~** (picture) remettre droit; (hat) ajuster; (house, accounts) mettre de l'ordre dans; (fig) **to keep a ~ face** garder son sérieux; **let's get this ~** entendons-nous bien sur ce point **b** (frank) franc, [f] franche; (honest) honnête; (refusal) catégorique ◇ ~ **talking** franc-parler [m] **c** (whisky etc) sans eau; (actor) sérieux, [f] -ieuse **2** n ◇ (of racecourse) **the ~** la ligne droite; (material) **on the ~** droit fil; (fig) **to keep to the ~ and narrow** rester dans le droit chemin **3** adv (walk, grow, stand, sit) droit; (directly) tout droit; (immediately) tout de suite ◇ **to shoot ~** tirer juste; **I can't see ~**[famil] j'y vois trouble; ~ **above** juste au-dessus; ~ **ahead** (go) tout droit; (look) droit devant soi; (of criminal) **to go ~** rester dans le droit chemin; ~ **away,** ~ **off** tout de suite; ~ **out,** ~ **off** carrément ◆ **straightaway** adv tout de suite.

◆ **straighten** **1** vt redresser; (hair) défriser; (~ **up:** tie, hat) ajuster; (room) mettre de l'ordre dans **2** vi (~ **up:** of person) se redresser ◆ **straightforward** adj (frank) franc, [f] franche; (uncomplicated) simple.

1. **strain** [streɪn] **1** n **a** (gen) tension [f] *(on de)*; (overwork) surmenage [m]; (tiredness) fatigue [f] ◇ (fig) **to put a great ~ on** mettre à rude épreuve; **it's a great ~** ça demande un grand effort; **the ~ of climbing the stairs** l'effort requis pour monter l'escalier **b** ◇ (Mus) **to the ~s of** aux accents [mpl] de **2** vti **a** (rope, beam) tendre excessivement; (Med: muscle) froisser; (arm, ankle) fouler; (fig) mettre à rude épreuve ◇ **to ~ to do** peiner pour faire; **to ~ one's back** se donner un tour de reins; **to ~ one's heart** se fatiguer le cœur; **to ~ one's eyes** s'abîmer les yeux; **to ~ one's ears to hear sth** tendre l'oreille pour entendre qch; (iro) **don't ~ yourself!** surtout ne te fatigue pas! **b** (filter: liquid) passer; (vegetables) égoutter; (~ **off:** water) vider ◆ **strained** adj **a** (ankle) foulé; (muscle) froissé; (eyes) fatigué; (relations, atmosphere) tendu; (style) affecté **b** (baby food) en purée ◆ **strainer** n passoire [f].

2. **strain** [streɪn] n race [f] ◇ (fig) **a ~ of madness** des tendances [fpl] à la folie.

strait [streɪt] n (Geog: also ~**s:** gen) détroit [m] ◇ **the S~s of Dover** le Pas-de-Calais ◆ **straitjacket** n camisole [f] de force ◆ **strait-laced** adj collet monté [inv].

strand [strænd] n (gen) brin [m]; (of pearls) rang [m]; (in narrative etc) fil [m] ◇ **a ~ of hair** une mèche.

stranded ['strændɪd] adj (ship) échoué; (fig: person) en rade [famil].

strange [streɪndʒ] adj **a** (unfamiliar: language, country) inconnu; (work) inaccoutumé ◇ **you'll feel rather ~** vous vous sentirez un peu dépaysé **b** (odd, unusual) étrange ◇ **it is ~ that** il est étrange que + subj ◆ **strangely** adv étrangement ◇ **~ enough,...** chose curieuse,... ◆ **stranger** n (unknown) inconnu(e) [m(f)]; (from another place) étranger [m], [f] -ère ◇ **he's a ~ to me** il m'est inconnu; **I'm a ~ here** je ne suis pas d'ici.

strangle ['stræŋgl] vt étrangler (also fig) ◆ **strangler** n étrangleur [m], [f] -euse.

strap [stræp] **1** n (gen) courroie [f]; (ankle ~) bride [f]; (on garment) bretelle [f]; (on shoulder bag) bandoulière [f]; (watch ~) bracelet [m] **2** vt (~ **down** etc) attacher ◆ **strapping** adj costaud [famil] [f inv].

stratagem ['strætɪdʒəm] n stratagème [m].

strategic [strə'ti:dʒɪk] adj stratégique.

strategy ['strætɪdʒɪ] n stratégie [f].

stratum ['strɑ:təm], pl **-ta** n couche [f].

straw [strɔ:] **1** n paille [f] ◇ **to drink through a ~** boire avec une paille; (fig) **the last ~** la goutte d'eau qui fait déborder le vase **2** adj (made of ~) de paille; (**~-coloured**) paille [inv] ◇ **~ hat** chapeau [m] de paille.

strawberry ['strɔ:bərɪ] **1** n fraise [f] ◇ **wild ~** fraise [f] des bois **2** adj (jam) de fraises; (ice cream) à la fraise; (tart) aux fraises.

stray [streɪ] **1** adj (dog, child, bullet) perdu; (sheep, cow) égaré; (taxi, shot etc) isolé ◇ **a few ~ cars** quelques rares voitures **2** vi s'égarer ◇ **to ~ from** s'écarter de.

streak [stri:k] **1** n (line, band) raie [f]; (of light, blood) filet [m] ◇ **blond ~s** mèches [fpl] blondes; **a ~ of lightning** un éclair; **a ~ of jealousy** des tendances [fpl] à la jalousie **2** vt strier (*with* de) ◇ **hair ~ed with grey** cheveux qui commencent à grisonner **3** vi **a** ◇ **to ~ past** (etc) passer (etc) comme un éclair **b** (famil: naked) courir tout nu en public ◆ **streaky** adj (bacon) pas trop maigre.

stream [stri:m] **1** n (brook) ruisseau [m]; (current) courant [m]; (flow: of light, cars etc) flot [m]; (of cold air) courant [m]; (in school) classe [f] de niveau **2** vi ruisseler (*with* de) ◇ **his eyes were ~ing** il pleurait à chaudes larmes; **a ~ing cold** un gros rhume; **to ~ in** entrer à flots dans **3** vt (pupils) répartir par niveau ◆ **streamer** n serpentin [m] ◆ **streamlined** adj (plane) fuselé; (car) aérodynamique; (fig) rationalisé.

street [stri:t] n rue [f] ◇ **in the ~** dans la rue; (fig) **the man in the ~** l'homme de la rue; **~ guide** répertoire [m] des rues; **~ lamp** réverbère [m]; **at ~ level** au rez-de-chaussée; **~ lighting** éclairage [m] des rues; **~ map** plan [m] des rues; **~ market** marché [m] à ciel ouvert; **~ musician** musicien [m] des rues; (fig) **right up my ~** tout à fait dans mes cordes ◆ **streetcar** n (US) tramway [m].

strength [streŋθ] n (gen) force [f]; (of join, building) solidité [f] ◇ **to get one's ~ back** reprendre des forces; **~ of will** volonté [f]; (army etc) **fighting ~** effectif [m] mobilisable; **they were there in ~** ils étaient là en grand nombre ◆ **strengthen** vt (gen) renforcer; (person) fortifier.

strenuous ['strenjʊəs] adj (gen) énergique; (game, day) fatigant.

stress [stres] **1** n **a** (psychological) tension [f] nerveuse, stress [m] ◇ **the ~es and strains of modern life** les agressions [fpl] de la vie moderne; **to be under ~** être stressé **b** (emphasis) insistance [f]; (on word) accent [m] **2** vt (gen) insister sur; (word) accentuer ◆ **stressful** adj difficile, stressant.

stretch [stretʃ] **1** vt (gen: often **~ out**) tendre; (legs) allonger; (elastic, shoe) étirer; (fig: rules) tourner; (meaning) forcer ◇ (fig) **to ~ a point** faire une concession **2** vi **a** (of person, animal) s'étirer ◇ **he ~ed across** il a tendu la main **b** (of shoes, elastic) s'étirer; (lengthen) s'allonger **c** (reach: of forest, influence) s'étendre (*over* sur; *as far as* jusqu'à) **3** n ◇ **by a ~ of the imagination** en faisant un effort d'imagination; **there's a straight ~ of road** la route est toute droite; **a long ~ of time** longtemps; **for hours at a ~** pendant des heures d'affilée; (Prison) **a 10-year ~** 10 ans de prison **4** adj (fabric, garment) extensible ◇ **~ mark** vergeture [f].

stretcher ['stretʃəʳ] n brancard [m].

strew [stru:] ptp *strewed* or *strewn* vt (gen) répandre; (objects) éparpiller.

stricken ['strɪkən] adj (person) affligé; (city) dévasté ◇ **~ with** pris de.

strict [strɪkt] adj (gen) strict (after n); (absolute: secrecy etc) strict (before n) ◇ **in the ~ sense of the word** au sens strict du mot ◆ **strictly** adv ◇ **~ speaking** à strictement parler; **~ prohibited** formellement interdit.

stride [straɪd] (vb: pret *strode*, ptp *stridden*) **1** n grand pas [m]; (of runner) foulée [f] ◇ (fig) **to make great ~s** faire de grands progrès; **to get into one's ~** prendre le rythme; **to take in one's ~** faire comme si de rien n'était **2** vi ◇ **to ~ along** avancer à grands pas; **to ~ up and down the room** arpenter la pièce.

strife [straɪf] n conflits [mpl].

strike [straɪk] (vb: pret, ptp *struck*) **1** n **a** grève [f] (*of, by* de) ◇ **electricity ~** grève des employés de l'électricité; **on ~** en grève (*for* pour obtenir; *against* pour protester contre); **to go on ~, to come out on ~** se mettre en grève **b** (Mil) raid [m] aérien ◇ **~ force** détachement [m] d'avions.

2 adj (committee, fund) de grève; (leader) des grévistes; (pay) de gréviste.

3 vti **a** (hit: person, ball) frapper; (nail, table) frapper sur; (knock against) heurter; (match) gratter; (Mil: attack) attaquer ◇ **to ~ sth from sb's hand** faire tomber qch de la main de qn; **he struck his head against the table** il s'est cogné la tête contre la table; **to be struck by a bullet** recevoir une balle; **struck by lightning** frappé par la foudre; **within striking distance of** à portée de; (retaliate) **to ~ back** se venger; **to ~ sb down** terrasser qn; (of doctor etc) **to be struck off** être radié; **to ~ up a friendship** lier amitié (*with* avec); **the band struck up** l'orchestre a commencé à jouer; **to ~ sb dumb** rendre qn muet; **to ~ terror into sb** terroriser qn; (fig) **I was struck by his intelligence** j'ai été frappé par son intelligence; **that ~s me as...** cela me semble...; **it ~s me that...** j'ai l'impression que...; **how did the film ~ you?** qu'avez-vous pensé du film? **b** (of workers: go on ~) faire grève (*for* pour obtenir; *against* pour protester contre) **c** (fig: oil) trouver; (difficulty) rencontrer; (bargain) conclure; (of clock) sonner (*3 o'clock* 3 heures) ◇ **to ~ a balance** trouver le juste milieu; **to ~ an attitude** poser **d** (camp) lever; (delete: from list) rayer (*from* de); (from professional register) radier (*from* de).

◆ **striker** n (Ind) gréviste [mf]; (Ftbl) buteur [m] ◆ **striking** adj frappant.

string [strɪŋ] (vb: pret, ptp *strung*) **1** n **a** (gen) ficelle [f]; (of violin, bow, racket etc) corde [f] ◇ **a piece of ~** un bout de ficelle; **~ bag** filet [m] à provisions; **~ bean** haricot [m] vert; **~ vest** tricot [m] de corps à grosses mailles; **to pull ~s for sb** pistonner qn; (fig) **there are no ~s attached** cela n'engage à rien; (Mus) **the ~s** les cordes; **~ quartet** quatuor [m] à cordes **b** (of beads) rang [m]; (of excuses) chapelet [m]; (of people, vehicles) file [f] **c** (Comput) chaîne [f] **2** vt (racket) corder; (beads) enfiler; (rope) tendre (*between* entre); (decorations) suspendre; (beans) enlever les fils de ◇ (fig) **to be strung up** être très tendu (*about* à la pensée de) ◆ **stringpulling** n (fig) piston [famil] [m] (fig).

stringent ['strɪndʒənt] adj rigoureux, [f] -euse.

strip [strɪp] **1** n (piece: gen) bande [f]; (of water) bras [m] ◇ **comic ~, ~ cartoon** bande dessinée; **~ lighting** éclairage [m] au néon **2** vt (person) déshabiller; (often **~ down:** room) vider; (engine) démonter complètement; (bed) défaire complètement; (often **~ off:** wallpaper) enlever ◇ **~ped pine** pin [m] décapé; **to ~ a company of its assets** cannibaliser [famil] une compagnie **3** vi se déshabiller ◇ **to ~ off** se déshabiller complètement; **to ~ to the waist** se déshabiller jusqu'à la ceinture ◆ **stripper** n (paint-stripper) décapant [m]; (famil: striptease) strip-teaseuse [f] ◆ **striptease** n strip-tease [m].

stripe [straɪp] n rayure [f]; (Mil) galon [m].

striped [straɪpt] adj rayé (*with* de).

strive [straɪv] pret *strove*, ptp *striven* vi s'efforcer (*to do* de faire).

strobe [strəʊb] n (also **~ light**) lumière [f] stroboscopique.

strode [strəʊd] pret of *stride*.

stroke [strəʊk] **1** n **a** (movement, blow) coup [m]; (Swimming) nage [f] ◇ **at one ~** d'un seul coup; (fig) **to put sb off his ~** faire perdre tous ses moyens à qn; **he hasn't done a ~ of work** il n'a rien fait du tout; **~ of genius** trait [m] de génie; **~ of luck** coup de chance **b** (mark: of pen etc) trait [m]; (of brush) touche [f] **c** (of bell, clock) coup [m] ◇ **on the ~ of 10** sur le coup de 10 heures **d** ◇ (Med) **to have a ~** avoir une attaque **e** ◇ **a two-~ engine** un moteur à deux temps **2** vt caresser.

stroll [strəʊl] **1** n petite promenade [f] **2** vi ◇ **to ~ in** (etc) entrer (etc) nonchalamment.

strong [strɒŋ] **1** adj (gen) fort; (solid: table, shoes, heart, nerves) solide; (candidate, contender) sérieux, [f] -ieuse; (emotion, interest) vif, [f] vive; (letter, protest, measures) énergique ◇ (in circus) **~ man** hercule [m]; **to be as ~ as an ox** (healthy) avoir une santé de fer; **she has never been very ~** elle a toujours eu une petite santé; **an army 500 ~** une armée de 500 hommes; **in a ~ position** bien placé (*to do* pour faire); **his ~ point** son fort; **he's got ~ feelings on this matter** cette affaire lui tient à cœur; **I am a ~ believer in** je crois fermement à; **~ verb** verbe [m] fort; **~ drink** alcool [m]; **it has a ~ smell** ça sent fort **2** adv ◇ **to be going ~** marcher toujours bien; (of person) être toujours solide.

◆ **strongbox** n coffre-fort [m] ◆ **stronghold** n (Mil) forteresse [f]; (fig) bastion [m] ◆ **strongly** adv (attack, protest) énergiquement; (influence, remind) vivement; (feel, sense) profondément; (constructed) solidement; (smell) fort ◆ **strong-minded** adj qui sait ce qu'il veut ◆ **strongroom** n chambre [f] forte ◆ **strong-willed** adj ◇ **to be ~** avoir de la volonté.

strove [strəʊv] pret of *strive*.

struck [strʌk] pret, ptp of *strike*.

structural ['strʌktʃərəl] adj (gen) structural; (fault in building etc) de construction.

structure ['strʌktʃəʳ] n (gen) structure [f]; (of building etc) ossature [f]; (the building itself) édifice [m].

struggle ['strʌgl] 1 n lutte [f] (*to do* pour faire) ◇ **to put up a ~** résister; **without a ~** sans résistance; (without difficulty) sans beaucoup de difficulté; **to have a ~ to do sth** avoir beaucoup de mal à faire qch 2 vi (gen) lutter (*against* contre); (fight) se battre; (resist) résister (*against sth* à qch); (thrash around) se débattre; (try hard) se démener (*to do* pour faire); (have difficulty) avoir du mal (*to do* à faire) ◆ **struggling** adj (artist etc) qui tire le diable par la queue.

strung [strʌŋ] pret, ptp of *string*.

strut [strʌt] 1 vi ◇ **to ~ in** etc entrer etc d'un air important 2 n (support) étai [m].

stub [stʌb] 1 n (gen) bout [m] qui reste; (of tree) souche [f]; (of cigarette) mégot [famil] [m]; (of cheque) talon [m] 2 vt a ◇ **to ~ one's toe** se cogner le doigt de pied b (**~ out**: cigarette) écraser.

stubble ['stʌbl] n (in field) chaume [m]; (on chin) barbe [f] de plusieurs jours.

stubborn ['stʌbən] adj (gen) opiniâtre; (person) têtu.

stucco ['stʌkəʊ] n stuc [m].

stuck [stʌk] pret, ptp of *stick*.

stud [stʌd] n a (gen) clou [m] à grosse tête; (on boots) crampon [m] ◇ **collar ~** bouton [m] de col b (**~ farm**) haras [m].

student ['stju:dənt] 1 n (gen) étudiant(e) [m(f)]; (at school) élève [mf] ◇ **medical ~** étudiant(e) en médecine 2 adj (life, unrest) étudiant; (residence, restaurant) universitaire; (opinions) des étudiants ◇ **~ teacher** professeur [m] stagiaire.

studio ['stju:dɪəʊ] n studio [m] (*de TV, d'artiste* etc) ◇ **~ (apartment** or **flat)** studio [m]; **~ couch** divan [m].

studious ['stju:dɪəs] adj studieux, [f] -ieuse.

study ['stʌdɪ] 1 n (survey) étude [f]; (room) bureau [m] *(particulier)* 2 vti (gen) étudier; (watch, observe) observer ◇ **to ~ hard** travailler dur; **to ~ for an exam** préparer un examen; **he is ~ing to be a teacher** il fait des études pour devenir professeur.

stuff [stʌf] 1 n ◇ **what's this ~ in this jar?** qu'est-ce que c'est que ça dans ce pot?; (fig) **there's some good ~ in it** il y a de bonnes choses là-dedans; **it's dangerous ~** c'est dangereux; **that's the ~!** bravo!; **~ and nonsense!** [famil] balivernes!; **he knows his ~** [famil] il s'y connaît; **do your ~!** [famil] vas-y!; **put your ~ away** range tes affaires.

2 vt (fill) bourrer (*with* de); (Taxidermy) empailler; (in cooking) farcir (*with* avec); (cram: objects) fourrer (*in, into* dans) ◇ **~ed toy** jouet [m] de peluche; **my nose is ~ed-up** j'ai le nez bouché ◆ **stuffing** n (gen) rembourrage [m]; (in cooking) farce [f] ◆ **stuffy** adj a (room) mal aéré ◇ **it's ~ in here** on manque d'air ici b (person) vieux jeu [inv].

stumble ['stʌmbl] vi trébucher (*over* sur, contre) ◇ (find) **to ~ across sth** tomber sur qch ◆ **stumbling block** n pierre [f] d'achoppement.

stump [stʌmp] 1 n (gen) bout [m]; (of tree) souche [f]; (of limb) moignon [m]; (of tooth) chicot [m]; (Cricket) piquet [m] 2 vti (Cricket) mettre hors jeu ◇ **to ~ in** (etc) entrer (etc) à pas lourds; **I'm ~ed** [famil] je sèche [famil].

stun [stʌn] vt étourdir; (fig: amaze) stupéfier ◆ **stunned** adj stupéfait (*by* de) ◆ **stunning** adj (famil: lovely) sensationnel [famil], [f] -elle.

stung [stʌŋ] pret, ptp of *sting*.

stunk [stʌŋk] ptp of *stink*.

stunt [stʌnt] n (feat) tour [m] de force; (plane, parachutist) acrobatie [f]; (trick) truc [famil] [m]; (publicity ~) truc [famil] [m] publicitaire ◆ **stuntman** n cascadeur [m].

stunted ['stʌntɪd] adj rabougri.

stupefy ['stju:pɪfaɪ] vt (of drink, drugs) abrutir; (astound) stupéfier.

stupendous [stju(:)'pendəs] adj fantastique.

stupid ['stju:pɪd] adj stupide, idiot ◇ **I've done a ~ thing** j'ai fait une bêtise ◆ **stupidity** n stupidité [f], bêtise [f] ◆ **stupidly** adv bêtement.

sturdy ['stɜ:dɪ] adj robuste.

sturgeon ['stɜ:dʒən] n esturgeon [m].

stutter ['stʌtəʳ] 1 n bégaiement [m] 2 vti bégayer.

sty [staɪ] n (for pigs) porcherie [f].

sty(e) [staɪ] n (in eye) orgelet [m].

style [staɪl] 1 n a (gen) style [m]; (sort, type) genre [m]; (Dress etc) modèle [m]; (Hairdressing) coiffure [f] ◇ (fig) **it's not my ~** [famil] ce n'est pas mon genre; (fashion) **in the latest ~** à la dernière mode b (distinction) allure [f], style [m] ◇ **to live in ~** vivre sur un grand pied; **he does things in ~** il fait bien les choses; **to have ~** avoir de l'allure 2 vt ◇ **to ~ sb's hair** créer une nouvelle coiffure pour qn ◆ **styling** n (Hairdressing) coupe [f] ◆ **stylish** adj chic [inv] ◆ **stylist** n (Hairdressing) coiffeur [m], [f] -euse.

stylus ['staɪləs] n (of record player) pointe [f] de lecture.

suave [swɑ:v] adj doucereux, [f] -euse.

sub... [sʌb] 1 pref sous- 2 [famil] abbr of *submarine, subscription*.

◆ **subcommittee** n sous-comité [m]; (in local government) sous-commission [f] ◆ **subcontinent** n sous-continent [m] ◆ **subcontract** vt sous-traiter ◆ **subdivide** vt subdiviser (*into* en) ◆ **sub-editor** n secrétaire [mf] de rédaction ◆ **subhead(ing)** n sous-titre [m] ◆ **sublet** pret, **ptp** *sublet* vti sous-louer ◆ **submachine gun** n mitraillette [f] ◆ **subnormal** adj (person) arriéré ◆ **sub-post office** n petit bureau [m] de poste (*de quartier* etc) ◆ **substandard** adj de qualité inférieure ◆ **subtitle** 1 n sous-titre [m] 2 vt sous-titrer ◆ **sub-zero** adj au-dessous de zéro.

subaltern ['sʌbltən] n *officier d'un rang inférieur à celui de capitaine.*

subconscious ['sʌb'kɒnʃəs] adj, n inconscient [m].

subdue [səb'dju:] vt soumettre ◆ **subdued** adj (reaction) faible; (voice) bas, [f] basse; (conversation) à voix basse ◇ **she was very ~** elle avait perdu son entrain.

subject ['sʌbdʒɪkt] 1 n (gen) sujet [m]; (at school etc) matière [f]; (citizen) sujet(te) [m(f)] ◇ **~ matter** sujet; **to get off the ~** sortir du sujet; **on the ~ of** au sujet de; **while we're on the ~ of...** à propos de... 2 adj ◇ **~ to** (disease etc) sujet, [f] -ette à; (flooding etc) exposé à; (the law) soumis à; (conditional upon) sous réserve de 3 [səb'dʒekt] vt soumettre (*to* à) ◆ **subjective** adj subjectif, [f] -ive.

subjunctive [səb'dʒʌŋktɪv] adj, n subjonctif [m] ◇ **in the ~** au subjonctif.

sublime [sə'blaɪm] adj sublime.

submarine [ˌsʌbmə'ri:n] n sous-marin [m].

submerge [səb'mɜ:dʒ] 1 vt submerger ◇ **to ~ sth in sth** immerger qch dans qch 2 vi s'immerger.

submission [səb'mɪʃən] n soumission [f].

submissive [səb'mɪsɪv] adj soumis.

submit [səb'mɪt] 1 vt soumettre (*to* à) 2 vi se soumettre (*to* à).

subordinate [sə'bɔ:dnɪt] n subordonné(e) [m(f)].

subpoena [səb'pi:nə] n assignation [f].

subscribe [səb'skraɪb] 1 vt (money) donner (*to* à) 2 vi ◇ **to ~ to** souscrire à ◆ **subscriber** n abonné(e) [m(f)] (*to* de) ◆ **subscription** n souscription [f]; (for magazine etc) abonnement [m]; (to club) cotisation [f].

subsequent ['sʌbsɪkwənt] adj (later) ultérieur; (next) suivant ◆ **subsequently** adv par la suite.

subside [səb'saɪd] vi (gen) baisser; (of land, building) s'affaisser ◆ **subsidence** n affaissement [m] *(de terrain).*

subsidiary [səb'sɪdɪərɪ] 1 adj subsidiaire 2 n (**~ company**) filiale [f].

subsidize ['sʌbsɪdaɪz] vt subventionner.

subsidy ['sʌbsɪdɪ] n subvention [f] ◇ **government ~** subvention [f] de l'État.

subsist [səb'sɪst] vi subsister ◇ **to ~ on sth** vivre de qch ◆ **subsistence** n subsistance [f] ◇ **~ allowance** frais [mpl] de subsistance; **~ wage** salaire [m] tout juste suffisant pour vivre.

substance ['sʌbstəns] n (gen) substance [f] ◇ **a man of ~** un homme riche.

substantial [səb'stænʃəl] adj (gen) important; (meal) substantiel, [f] -ielle; (house etc) grand ◆ **substantially** adv (considerably) considérablement; (to a large extent) en grande partie.

substitute ['sʌbstɪtju:t] 1 n (person) remplaçant(e) [m(f)] (*for* de); (thing) produit [m] de remplacement (*for* de) 2 adj (player etc) remplaçant ◇ **~ coffee** succédané [m] de café 3 vt substituer (*for* à).

subtle ['sʌtl] adj subtil.

subtract [səb'trækt] vt soustraire (*from* de).

suburb ['sʌbɜ:b] n faubourg [m] ◇ **the ~s** la banlieue; **in the ~s** en banlieue; **the outer ~s** la grande banlieue ◆ **suburban** adj de banlieue ◆ **suburbia** n la banlieue.

subversive [səb'vɜ:sɪv] adj subversif, [f] -ive.

subway ['sʌbweɪ] n (underpass) passage [m] souterrain; (railway: esp US) métro [m].

succeed [sək'si:d] vti a (be successful: gen) réussir (*in sth* qch, dans qch; *in doing* à faire) b (follow) succéder (*sb* à qn; *to sth* à qch) ◇ **he was ~ed by his son** son fils lui a succédé ◆ **succeeding** adj (in past) suivant; (in future) futur.

success [sək'ses] n (gen) succès [m], réussite [f] (*in an exam* à un examen; *in maths* en maths; *in business* en affaires; *in one's career* dans sa carrière) ◇ **his ~ in doing sth** le fait qu'il ait réussi à faire qch; **without ~** sans succès; **to make a ~ of** réussir; **he was a great ~** il a eu beaucoup de succès; **it was a ~** c'était une réussite; **~ story** réussite [f] ◆ **successful** adj (application, deal) couronné de succès; (writer, book) à succès; (candidate: in exam) reçu; (in election) élu; (marriage) heureux, [f] -euse; (businessman) prospère ◇ **to be ~ in doing** réussir à faire ◆ **successfully** adv avec succès.

succession [sək'seʃən] n (gen) succession [f] ◇ **in ~** successivement; **4 times in ~** 4 fois de suite.

successive [sək'sesɪv] adj successif, [f] -ive; (days, months) consécutif, [f] -ive.

successor [sək'sesə^r] n successeur [m] (*to* de).

succinct [sək'sɪŋkt] adj succinct.

succulent ['sʌkjʊlənt] 1 adj succulent 2 n ◇ **~s** plantes [fpl] grasses.

succumb [sə'kʌm] vi succomber (*to* à).

such [sʌtʃ] 1 adj, pron tel, [f] telle ◇ **~ books** de tels livres; **in ~ cases** en pareil cas; **there's no ~ thing!** ça n'existe pas!; **I said no ~ thing!** je n'ai jamais dit cela!; **have you ~ a thing as a penknife?** auriez-vous un canif par hasard?; **~ is life!** c'est la vie!; **~ writers as Molière** des écrivains tels que Molière; **he's not ~ a fool** il n'est pas si bête; **~ as?** comme quoi, par exemple?; **my car, ~ as it is** ma voiture pour ce qu'elle vaut; (so much) **~ a noise** tellement de bruit; **~ as I have** ceux que j'ai; **teachers as such...** les professeurs en tant que tels...; **there are no houses as ~** il n'y a pas de maisons à proprement parler **2** adv **a** (so very) si, tellement ◇ **~ good coffee** un si bon café; **it was ~ a long time ago!** il y a si longtemps de ça!; **~ an expensive car that...** une voiture si or tellement chère que... **b** (in comparisons) aussi ◇ **I have never had ~ good coffee** je n'ai jamais bu un aussi bon café ◆ **such-and-such** adj ◇ **in ~ a street** dans telle rue ◆ **suchlike** [famil] adj de la sorte.

suck [sʌk] vti (gen) sucer; (of baby) téter; (**~ up**) aspirer (*through* avec) ◇ **to ~ one's thumb** sucer son pouce; (fig) **to ~ up to sb** [famil] lécher les bottes [famil] de qn ◆ **sucker** n (pad) ventouse [f]; (famil: person) imbécile [mf].

suckle ['sʌkl] **1** vt allaiter **2** vi téter.

suction ['sʌkʃən] n succion [f].

Sudan [sʊ'dɑ:n] n Soudan [m] ◆ **Sudanese** **1** adj soudanais **2** n [pl inv] Soudanais(e) [m(f)].

sudden ['sʌdn] adj soudain ◇ **all of a ~** soudain, tout à coup ◆ **suddenly** adv (gen) brusquement, soudain; (die) subitement.

suds [sʌdz] npl (soap-~) eau [f] savonneuse.

sue [su:] vti (gen) poursuivre en justice (*for sth* pour obtenir qch) ◇ **to ~ sb for damages** poursuivre qn en dommages-intérêts; **to ~ (sb) for divorce** entamer une procédure de divorce (contre qn).

suede [sweɪd] **1** n daim [m] *(cuir)* **2** adj de daim.

suet ['sʊɪt] n graisse [f] de rognon.

suffer ['sʌfəʳ] vti **a** (gen) souffrir (*from* de); (undergo) subir ◇ **he ~ed for it** il en a souffert les conséquences; **to ~ from** (gen) souffrir de; (a cold, pimples, bad memory) avoir; **to be ~ing from shock** être commotionné; **to ~ from the effects of** subir le contrecoup de **b** (bear) tolérer ◆ **sufferer** n (from illness) malade [mf] ◇ **diabetes ~s** diabétiques [mfpl] ◆ **suffering** n souffrances [fpl].

suffice [sə'faɪs] vi suffire.

sufficient [sə'fɪʃənt] adj (enough) assez de; (big enough: number, quantity) suffisant ◇ **that's quite ~** cela suffit ◆ **sufficiently** adv suffisamment, assez.

suffix ['sʌfɪks] n suffixe [m].

suffocate ['sʌfəkeɪt] vti suffoquer ◆ **suffocating** adj suffocant ◇ (fig) **it's ~ in here** on étouffe ici.

suffrage ['sʌfrɪdʒ] n suffrage [m] ◇ **universal ~** suffrage universel ◆ **suffragette** n suffragette [f].

sugar ['ʃʊgəʳ] **1** n sucre [m] ◇ **~ basin** sucrier [m]; **~ cane** canne [f] à sucre; **~ lump** morceau [m] de sucre **2** vt sucrer ◆ **sugary** adj sucré.

suggest [sə'dʒest] vt suggérer (*sth to sb* qch à qn; *that* que + subj) ◇ **what are you ~ing?** que voulez-vous dire par là? ◆ **suggestion** n (proposal) suggestion [f]; (insinuation) allusion [f].

suicidal [ˌsʊɪ'saɪdl] adj suicidaire.

suicide ['sʊɪsaɪd] n suicide [m] ◇ **~ attempt** tentative [f] de suicide; **to commit ~** se suicider.

suit [su:t] **1** n **a** (man's) complet [m]; (woman's) tailleur [m]; (non-tailored, also for children) ensemble [m]; (diver's, astronaut's etc) combinaison [f] **b** (lawsuit) procès [m] ◇ **to bring a ~** intenter un procès (*against sb* à qn) **c** (Cards) couleur [f] **2** vt (of plan, arrangement) convenir à; (of garment, colour, hairstyle) aller à ◇ **~ yourself!** [famil] c'est comme vous voudrez!; **it doesn't ~ me to leave now** cela ne m'arrange pas de partir maintenant; **to be ~ed to sth** être fait pour qch.

suitability [ˌsu:tə'bɪlɪtɪ] n (of reply, example, choice) à-propos [m] ◇ **his ~ for the post** son aptitude [f] au poste.

suitable ['su:təbl] adj (gen) approprié (*to, for* à); qui convient (*for* à) ◇ **it's quite ~** ça va très bien; **the most ~ man for the job** l'homme le plus apte à ce poste; **the film isn't ~ for children** ce n'est pas un film pour les enfants ◆ **suitably** adv (behave) convenablement; (impressed) favorablement; (quiet, large) suffisamment.

suitcase ['su:tkeɪs] n valise [f].

suite [swi:t] n (gen) suite [f]; (furniture) mobilier [m].

suitor ['su:təʳ] n soupirant [m].

sulk [sʌlk] vi bouder.

sulky ['sʌlkɪ] adj boudeur, [f] -euse.

sullen ['sʌlən] adj maussade.

sulphate ['sʌlfeɪt] n sulfate [m].

sulphur, (US) **sulfur** ['sʌlfəʳ] n soufre [m].

sultan ['sʌltən] n sultan [m].

sultana [sʌl'tɑ:nə] n raisin [m] sec.

sultry ['sʌltrɪ] adj (weather) lourd; (fig) sensuel, [f] -uelle.

sum [sʌm] **1** n (amount, total) somme [f] (*of* de) ◇ (arithmetic) **~s** le calcul; **~ total** somme [f] totale; (money) montant [m] global **2** vti ◇ **to ~ up** (summarize: gen) résumer; (facts, arguments) récapituler; (assess) apprécier d'un coup d'œil ◆ **summing-up** n résumé [m].

summarize ['sʌməraɪz] vt résumer.

summary ['sʌmərɪ] **1** n résumé [m] ◇ **a ~ of the news** les nouvelles [fpl] en bref **2** adj sommaire.

summer ['sʌməʳ] n été [m] ◇ **in ~ (time)** en été; **~ camp** colonie [f] de vacances; **~ day** jour [m] d'été; **~ holidays** grandes vacances [fpl]; **~ house** pavillon [m] *(dans un jardin)*; **~ school** université [f] d'été; **~ time** heure [f] d'été.

summit ['sʌmɪt] n sommet [m] ◇ (Pol) **~ meeting** rencontre [f] au sommet.

summon ['sʌmən] vt (gen) appeler; (to meeting) convoquer (*to* à); (Law) assigner (*as* comme); (help, reinforcements) requérir ◇ **to ~ up** rassembler ◆ **summons** n sommation [f]; (Law) assignation [f].

sump [sʌmp] n (on car) carter [m].

sumptuous ['sʌmptjʊəs] adj somptueux, [f] -ueuse.

sun [sʌn] **1** n soleil [m] ◇ **in the ~** au soleil; **the ~ is in my eyes** j'ai le soleil dans les yeux; **everything under the ~** tout ce qu'il est possible d'imaginer **2** vt ◇ **to ~ o.s.** se chauffer au soleil; (tan) prendre un bain de soleil **3** adj (oil, lotion) solaire ◇ **~ dress** robe [f] bain de soleil; **~ umbrella** parasol [m] ◆ **sunbathe** vi prendre un bain de soleil ◆ **sunbeam** n rayon [m] de soleil ◆ **sunbed** n lit [m] à ultraviolets ◆ **sunburn** n coup [m] de soleil ◆ **sunburnt** adj (tanned) bronzé; (painfully) brûlé par le soleil ◇ **to get ~** prendre un coup de soleil ◆ **sundial** n cadran [m] solaire ◆ **sunflower** n tournesol [m] ◆ **sunglasses** npl lunettes [fpl] de soleil ◆ **sun-lamp** n lampe [f] à rayons ultraviolets ◆ **sunlight** n soleil [m] ◇ **in the ~** au soleil ◆ **sunlit** adj ensoleillé ◆ **sunrise** n lever [m] du soleil ◆ **sun-roof** n toit [m] ouvrant ◆ **sunset** n coucher [m] du soleil ◆ **sunshade** n (for eyes) visière [f]; (in car) pare-soleil [(m) inv] ◆ **sunshine** n soleil [m] ◇ **in the ~** au soleil ◆ **sunstroke** n insolation [f] ◆ **suntan** n bronzage [m] ◇ **~ lotion** lotion [f] solaire ◆ **suntanned** adj bronzé.

sundae ['sʌndeɪ] n dessert [m] à la glace et aux fruits.

Sunday ['sʌndɪ] n dimanche [m] ◇ **in one's ~ best** en habits du dimanche; **~ school** ≃ catéchisme [m] → for phrases **Saturday.**

sundry ['sʌndrɪ] adj divers ◇ **all and ~** tout le monde.

sung [sʌŋ] ptp of *sing*.

sunk [sʌŋk] ptp of 1. *sink* ◆ **sunken** adj (eyes, cheeks) creux, [f] creuse.

sunny ['sʌnɪ] adj (gen) ensoleillé; (fig: person) épanoui ◇ **it is ~** il fait du soleil; (fig) **to see the ~ side of things** voir les choses du bon côté.

super [famil] ['su:pəʳ] adj formidable [famil].

super... ['su:pəʳ] pref (gen) super... ◇ **~fine** surfin; **~-sensitive** hypersensible ◆ **superhuman** adj surhumain ◆ **superman** n surhomme [m] ◆ **supermarket** n supermarché [m] ◆ **supernatural** adj surnaturel, [f] -elle ◆ **superpower** n superpuissance [f] ◆ **supersonic** adj supersonique ◆ **superstar** n (Cine, Theat) superstar [f]; (Sport) superchampion(ne) [m(f)] ◆ **superstore** n hypermarché [m] ◆ **supertanker** n pétrolier [m] géant.

superannuation [,su:pə,rænjʊ'eɪʃən] n (pension) pension [f] de retraite; (contribution) cotisations [fpl] pour la pension.

superb [su:'pɜ:b] adj superbe.

supercilious [,su:pə'sɪlɪəs] adj hautain.

superficial [,su:pə'fɪʃəl] adj superficiel, [f] -ielle.

superfluous [sʊ'pɜ:flʊəs] adj superflu.

superintend [,su:pərɪn'tend] vt (gen) diriger; (exam) surveiller ◆ **superintendent** n (gen) directeur [m], [f] -trice; (Police) ≃ commissaire [m] (de police).

superior [sʊ'pɪərɪəʳ] **1** adj supérieur (*to* à); (product) de qualité supérieure; (smug) suffisant **2** n supérieur(e) [m(f)] ◆ **superiority** n supériorité [f].

superlative [sʊ'pɜ:lətɪv] **1** adj sans pareil, [f] -eille **2** n superlatif [m] ◆ **superlatively** adv extrêmement.

supersede [,su:pə'si:d] vt supplanter.

superstition [,su:pə'stɪʃən] n superstition [f].

superstitious [,su:pə'stɪʃəs] adj superstitieux, [f] -ieuse.

supervise ['su:pəvaɪz] vt surveiller ◆ **supervision** n surveillance [f] ◆ **supervisor** n (gen) surveillant(e) [m(f)]; (in shop) chef [m] de rayon.

supper ['sʌpəʳ] n (main meal) dîner [m]; (after theatre etc) souper [m]; (snack) collation [f] ◇ **to have ~** dîner (or souper); (Rel) **the Last S~** la Cène; **at ~time** au dîner.

supple ['sʌpl] adj souple.

supplement ['sʌplɪmənt] **1** n supplément [m] (*to* à) **2** [,sʌplɪ'ment] vt compléter ◆ **supplementary** adj supplémentaire ◇ **~ benefit** allocation [f] supplémentaire.

supplier [sə'plaɪəʳ] n fournisseur [m].

supply [sə'plaɪ] **1** n (gen) provision [f]; (in shop etc) stock [m] ◇ **to get in a ~ of** faire des provisions de; **supplies** (gen) provisions; (Mil) approvisionnements [mpl]; (equipment) matériel [m]; **the electricity ~** l'alimentation [f] en électricité; **~ and demand** l'offre [f] et la demande; **~ teacher** remplaçant(e) [m(f)] **2** vt (gen) fournir (*sth to sb* qch à qn; *sb with goods* qn en marchandises; *sb with information* des renseignements à qn) ◇ **they kept us supplied with...** grâce à eux nous n'avons jamais manqué de....

support [sə'pɔ:t] **1** n (gen) appui [m]; (in building etc) support [m]; (fig: moral, financial etc) soutien [m] ◇ **to give ~ to sb** soutenir qn; (fig) **in ~ of the motion** en faveur de la motion; **in ~ of his theory** à l'appui de sa théorie; **~ troops** troupes [fpl] de soutien; **to give one's ~ to** prêter son appui à; **to stop work in ~** cesser le travail par solidarité; **he has no means of ~** il n'a pas de moyens d'existence; **he has been a great ~ to me** il a été pour moi un soutien précieux **2** vt **a** (gen) soutenir; (to be in favour of) être en faveur de; (team) être supporter de; (family) subvenir aux besoins de ◇ **to ~ o.s.** subvenir à ses propres besoins **b** (endure) supporter, tolérer ◆ **supporter** n (gen) partisan [m]; (Sport) supporter [m] ◆ **supporting** adj (film) qui passe en premier; (role) secondaire; (actor) qui a un rôle secondaire ◆ **supportive** adj qui est d'un grand soutien ◆ **support tights** npl collant(s) [m(pl)] de contention.

suppose [sə'pəʊz] vt **a** supposer (*that* que) ◇ (suggestion) **~** or **supposing we go for a walk?** et si nous allions nous promener?; **even supposing that** à supposer même que + subj; **what do you ~ he wants?** à votre avis, que peut-il bien vouloir?; **he is generally ~d to be rich** on dit qu'il est riche; **I don't ~ he'll agree** je suppose qu'il ne sera pas d'accord; **I ~ so** probablement; **I ~ not** probablement pas **b** ◇ (ought) **to be ~d to do sth** être censé faire qch ◆ **supposedly** adv soi-disant ◆ **supposition** n supposition [f].

suppress [sə'pres] vt (feelings etc) refouler; (yawn) étouffer; (facts, truth) dissimuler; (publication) interdire; (revolt) réprimer ◆ **suppressor** n dispositif [m] antiparasite.

supremacy [sʊ'preməsɪ] n suprématie [f] (*over* sur).

supreme [sʊ'pri:m] adj suprême.

surcharge ['sɜ:tʃɑ:dʒ] n surcharge [f].

sure [ʃʊə^r] adj sûr (*of* de) ◇ **she is ~ to come** il est sûr qu'elle viendra; **she is not ~ to come** il n'est pas sûr qu'elle vienne; **it's ~ to rain** il va pleuvoir à coup sûr; **he's ~ of success** or **to succeed** il est sûr or certain de réussir; **to make ~ of sth** s'assurer de qch; **~ thing!** [famil] oui, bien sûr!; **do you know for ~?** êtes-vous absolument certain?; **I'm not ~** je ne suis pas sûr (*that* que + subj); **I'm not ~ why** etc je ne sais pas très bien pourquoi etc; **I'm not ~ (if) he can** je ne suis pas sûr qu'il puisse; **~ of o.s.** sûr de soi; **and ~ enough he...** et en effet il...; **as ~ as fate** aussi sûr que deux et deux font quatre ◆ **surely** adv (assuredly) sûrement; (expressing incredulity) tout de même ◇ **~ not!** pas possible! ◆ **surety** n (Law) caution [f].

surf [sɜ:f] **1** n (waves) vague [f] déferlante; (foam) écume [f] **2** vi ◇ **to go ~ing** surfer ◆ **surfboard** n planche [f] de surf ◆ **surfing** n surf [m].

surface ['sɜ:fɪs] **1** n (gen) surface [f]; (side: of solid) côté [m] ◇ **to rise to the ~** remonter à la surface; (fig) **on the ~** à première vue; **the road ~** la chaussée **2** vt (road) revêtir (*with* de) **3** vi (of diver, whale) remonter à la surface; (of submarine) faire surface.

surfeit ['sɜ:fɪt] n excès [m] (*of* de).

surge [sɜ:dʒ] vi (of anger) monter (*within sb* en qn) ◇ (of crowd) **to ~ in** (etc) entrer (etc) à flots; **to ~ forward** se lancer en avant.

surgeon ['sɜ:dʒən] n chirurgien [m].

surgery ['sɜ:dʒərɪ] n (gen) chirurgie [f]; (consulting room) cabinet [m] de consultation; (interview) consultation [f] ◇ **to have ~** se faire opérer; **when is his ~?** à quelle heure sont ses consultations?; **~ hours** heures [fpl] de consultation.

surgical ['sɜ:dʒɪkəl] adj chirurgical ◇ **~ cotton** coton [m] hydrophile; **~ spirit** alcool [m] à 90 (degrés).

surly ['sɜ:lɪ] adj revêche, maussade.

surmise ['sɜ:maɪz] **1** n conjecture [f] **2** [sɜ:'maɪz] vt conjecturer (*from* d'après).

surname ['sɜ:neɪm] n nom [m] de famille.

surplus ['sɜ:pləs] **1** n (gen) surplus [m] **2** adj en surplus ◇ **~ wheat** surplus de blé; **his ~ energy** son surcroît d'énergie; **~ store** magasin [m] de surplus.

surprise [sə'praɪz] **1** n surprise [f] ◇ **much to my ~** à ma grande surprise; **to take sb by ~** prendre qn au dépourvu; **a look of ~** un regard surpris; **to give sb a ~** faire une surprise à qn **2** adj (gen) inattendu; (attack) par surprise **3** vt surprendre ◆ **surprised** adj surpris (*to hear that* que + subj) ◇ **I shouldn't be ~ if...** cela ne m'étonnerait pas que + subj; **I'm ~ at it** ça me surprend; **I'm ~ at you!** cela me surprend de votre part! ◆ **surprising** adj surprenant, étonnant (*that* que + subj) ◆ **surprisingly** adv étonnamment ◇ **~ enough, he went** il y est allé, ce qui est étonnant.

surrealist [sə'rɪəlɪst] adj, n surréaliste [mf].

surrender [sə'rendə^r] **1** vi se rendre (*to* à) ◇ **to ~ to the police** se livrer à la police **2** vt remettre, rendre (*to* à) **3** n (Mil etc) reddition [f] (*to* à) ◇ **no ~!** on ne se rend pas!

surreptitious [,sʌrəp'tɪʃəs] adj furtif, [f] -ive.

surrogate ['sʌrəgɪt] n substitut [m] ◇ **~ mother** mère porteuse [f].

surround [sə'raʊnd] **1** vt entourer; (totally) encercler ◇ **~ed by** entouré de; **the ~ing countryside** les environs [mpl] **2** n bordure [f] ◆ **surroundings** npl (setting) cadre [m].

surtax ['sɜ:tæks] n ◇ **to pay ~** ≃ être dans les tranches supérieures d'imposition.

surveillance [sɜ:'veɪləns] n surveillance [f].

survey ['sɜ:veɪ] 1 n (comprehensive view) vue [f] d'ensemble (*of* de); (study) enquête [f] (*of* sur); (of land etc) levé [m]; (in house-buying) expertise [f] ◇ **~ of public opinion** sondage [m] d'opinion; **~ ship** bateau [m] hydrographique 2 [sɜ:'veɪ] vt (look at) regarder; (review) passer en revue; (land) faire le levé de; (building) inspecter ◆ **surveying** n arpentage [m] ◆ **surveyor** n (of buildings etc) expert [m]; (of land, site) arpenteur [m] géomètre.

survival [sə'vaɪvəl] n survie [f] ◇ **~ kit** kit [m] de survie.

survive [sə'vaɪv] 1 vi (gen) survivre 2 vt survivre à ◆ **survivor** n survivant(e) [m(f)].

susceptible [sə'septəbl] adj susceptible ◇ **to be ~ to** être sensible à.

suspect ['sʌspekt] 1 adj, n suspect(e) [m(f)] 2 [səs'pekt] vt (gen) soupçonner (*that* que; *of* de; *of doing* d'avoir fait); (have doubts about) douter de ◇ **he ~s nothing** il ne se doute de rien; **I ~ed as much** je m'en doutais; **he'll come, I ~** il viendra, j'imagine.

suspend [səs'pend] vt a (hang) suspendre (*from* à) b (stop: gen) suspendre; (licence) retirer provisoirement; (bus service) interrompre provisoirement ◇ (Law) **he received a ~ed sentence of 6 months** il a été condamné à 6 mois de prison avec sursis ◆ **suspenders** 1 npl (Brit: for stockings) jarretelles [fpl]; (for socks) fixe-chaussettes [mpl]; (US) bretelles [fpl] 2 adj ◇ (Brit) **suspender belt** porte-jarretelles [(m) inv].

suspense [səs'pens] n incertitude [f]; (in book, film etc) suspense [m] ◇ **to keep sb in ~** tenir qn en suspens.

suspension [səs'penʃən] n suspension [f] ◇ **~ bridge** pont [m] suspendu.

suspicion [səs'pɪʃən] n soupçon [m] ◇ **above ~** au-dessus de tout soupçon; **under ~** considéré comme suspect; **on ~ of murder** sur présomption de meurtre; **to have a ~ that...** soupçonner que...; **I had (my) ~s about that** j'avais mes doutes là-dessus.

suspicious [səs'pɪʃəs] adj a (feeling ~) soupçonneux, [f] -euse ◇ **to be ~ of** se méfier de b (**~-looking:** gen) louche; (person, vehicle) suspect ◆ **suspiciously** adv (glance, ask etc) avec méfiance; (behave, run away etc) d'une manière louche ◇ **it sounds ~ as though...** ça m'a tout l'air de signifier que....

suss [sʌs] vt [famil] ◇ **to ~ out** découvrir.

sustain [səs'teɪn] vt a (body) donner des forces à; (life) maintenir b (suffer: attack, damage) subir; (loss) éprouver; (injury) recevoir.

sustenance ['sʌstɪnəns] n (food) nourriture [f] ◇ **there's not much ~ in it** cela n'est pas très nourrissant.

swab [swɒb] n (cotton wool etc) tampon [m]; (specimen) prélèvement [m] (*of* dans).

swagger ['swægə^r] vi ◇ **to ~ in** (etc) entrer (etc) d'un air fanfaron.

1. **swallow** ['swɒləʊ] n (bird) hirondelle [f].

2. **swallow** ['swɒləʊ] vti (gen) avaler; (one's pride) ravaler ◇ (emotionally) **he ~ed hard** sa gorge s'est serrée; **to ~ up** engloutir.

swam [swæm] pret of *swim*.

swamp [swɒmp] 1 n marais [m] 2 vt inonder; (fig) submerger (*with* de).

swan [swɒn] n cygne [m] ◇ (fig) **~ song** chant [m] du cygne.

swank [swæŋk] vi [famil] chercher à en mettre plein la vue [famil].

swap [famil] [swɒp] vti échanger (*for* contre; *with sb* avec qn) ◇ **let's ~ places** changeons de place (l'un avec l'autre); **I'll ~ you!** tu veux échanger avec moi?

swarm [swɔ:m] 1 n (of bees) essaim [m] ◇ (fig) **in ~s** en masse 2 vi ◇ (of people) **to ~ in** (etc) entrer (etc) en masse; **to ~ with** grouiller de 3 vt (**~ up**) grimper à toute vitesse à.

swarthy ['swɔ:ðɪ] adj basané.

swastika ['swɒstɪkə] n swastika [m]; (Nazi) croix [f] gammée.

swat [swɒt] n (fly ~) tapette [f].

sway [sweɪ] 1 vi (gen) osciller; (of train) tanguer; (fig: vacillate) balancer (*between* entre) 2 vt (influence) influencer.

swear [swɛə^r] pret *swore*, ptp *sworn* vti jurer (*on* sur; *that* que; *to do* de faire; *at* contre) ◇ **to ~ an oath** prêter serment; **to ~ sb to secrecy** faire jurer le secret à qn; **I wouldn't ~ to it** je n'en jurerais pas; (fig) **he ~s by vitamin C tablets** il ne jure que par les vitamines C ◆ **swearword** n juron [m].

sweat [swet] 1 n sueur [f] ◇ **to be dripping with ~** ruisseler de sueur; (fig) **to be in a cold ~** [famil] avoir des sueurs froides 2 vi suer (*with* de) ◇ **~ed labour** main-d'œuvre [f] exploitée ◆ **sweater** n pullover [m], pull [famil] [m] ◆ **sweatshirt** n sweat-shirt [m] ◆ **sweat-shop** n atelier [m] où les ouvriers sont exploités ◆ **sweat suit** n (US) survêtement [m] ◆ **sweaty** adj (feet) qui suent; (hands) moites.

Swede [swi:d] n Suédois(e) [m(f)].

swede [swi:d] n rutabaga [m].

Sweden ['swi:dn] n Suède [f].

Swedish ['swi:dɪʃ] 1 adj suédois 2 n ◇ **the S~** les Suédois; (language) suédois [m].

sweep [swi:p] (vb: pret, ptp *swept*) 1 n (chimney ~) ramoneur [m] 2 vti a (gen: often **~ away, ~ out, ~ up**) balayer; (chimney) ramoner; (for mines: in sea) draguer ◇ (fig) **to**

~ **the board** remporter un succès complet **b** (of waves, wind: often ~ **off**, ~ **away**, ~ **along**) emporter ◇ (fig) **to ~ sth aside** repousser qch; **to be swept off one's feet** (lit) perdre pied; (fig) être enthousiasmé (*by* par); **he swept the books off the table** d'un grand geste il a fait tomber les livres de la table; (of person, vehicle) **to ~ along** avancer rapidement; **panic swept through the city** la panique s'est emparée de la ville ♦ **sweeper** n (worker) balayeur [m]; (machine) balayeuse [f]; (carpet ~) balai [m] mécanique; (Ftbl) arrière [m] volant ♦ **sweeping** adj (gesture) large; (change, reduction) considérable ◇ ~ **statement** généralisation [f] hâtive.

sweet [swi:t] **1** adj **a** (not sour: gen) doux, [f] douce; (with sugar added) sucré ◇ **to have a ~ tooth** aimer les sucreries [fpl]; ~ **herbs** fines herbes [fpl]; ~ **potato** patate [f] douce **b** (pleasant etc: sound) mélodieux, [f] -ieuse; (smile, person) gentil, [f] -ille; (cute: dog, house) mignon, [f] -onne ◇ (pej) ~ **talk** flagorneries [fpl]; **he carried on in his own ~ way** il a continué comme il l'entendait **2** n (toffee etc) bonbon [m]; (dessert) dessert [m] ♦ **sweetbread** n ris [m] de veau ♦ **sweetcorn** n maïs [m] doux ♦ **sweeten** vt (food etc) sucrer; (fig: person) adoucir ♦ **sweetener** n (for coffee, food) édulcorant [m] ♦ **sweetening** n édulcorant [m] ♦ **sweetheart** n petit(e) ami(e) [m(f)] ◇ **yes**, ~ oui, mon ange ♦ **sweetie** [famil] n bonbon [m] ♦ **sweetly** adv (sing) mélodieusement; (answer) gentiment ♦ **sweet-natured** adj d'un naturel doux ♦ **sweetpea** n pois [m] de senteur ♦ **sweet-smelling** adj odorant ♦ **sweetshop** n confiserie [f] ♦ **sweet-william** n œillet [m] de poète.

swell [swel] (vb: pret, ptp souvent *swollen*) **1** n (of sea) houle [f] **2** adj [famil] formidable [famil] **3** vi (~ **up**) (of part of body) enfler; (of wood) gonfler; (of river) grossir; (of numbers, membership) grossir, augmenter **4** vt (river) grossir; (number) augmenter ♦ **swelling** n (Med) enflure [f]; (on tyre etc) hernie [f].

sweltering ['sweltərɪŋ] adj oppressant ◇ **it's ~ in here** on étouffe de chaleur ici.

swept [swept] pret, ptp of *sweep*.

swerve [swɜ:v] vi (gen) dévier (*from* de); (of vehicle) faire une embardée; (of driver) donner un coup de volant.

swift [swɪft] **1** adj (gen) rapide ◇ ~ **to do** prompt à faire **2** n (bird) martinet [m] ♦ **swiftly** adv rapidement, vite.

swig [swɪg] n [famil] ◇ **to take a ~** boire un coup.

swill [swɪl] vt (~ **out**) laver.

swim [swɪm] (vb: pret *swam*, ptp *swum*) **1** n ◇ **to go for a ~, to have a ~** aller se baigner; **after a 2-km ~** après avoir fait 2 km à la nage; **I had a lovely ~** ça m'a fait du bien de nager comme ça; (fig) **to be in the ~** être dans le mouvement **2** vti (gen) nager; (as sport) faire de la natation ◇ **to go ~ming** aller nager, aller se baigner; **to ~ away** (etc) s'éloigner (etc) à la nage; **to ~ 10 km** faire 10 km à la nage; **to ~ the Channel** traverser la Manche à la nage; **eyes ~ming with tears** yeux baignés de larmes; **his head was ~ming** la tête lui tournait ♦ **swimmer** n nageur [m], [f] -euse ♦ **swimming** n natation [f] ◇ ~ **bath(s)** or **pool** piscine [f]; ~ **cap** bonnet [m] de bain; ~ **costume** maillot [m] de bain une pièce; ~ **trunks** caleçon [m] de bain ♦ **swimsuit** n maillot [m] de bain.

swindle ['swɪndl] **1** n escroquerie [f] **2** vt escroquer (*sb out of sth* qch à qn) ♦ **swindler** n escroc [m].

swine [swaɪn] n, pl inv pourceau [m]; (famil: person) salaud [famil] [m].

swing [swɪŋ] (vb: pret, ptp *swung*) **1** n **a** (Boxing, Golf) swing [m] ◇ **to take a ~ at sb** décocher un coup de poing à qn; **the ~ of the pendulum** le mouvement du pendule; (Pol) **a ~ of 5% to the left** un revirement de 5 % en faveur de la gauche; ~ **doors** portes [fpl] battantes; (fig) **to go with a ~** très bien marcher; **to be in full ~** battre son plein; **to get into the ~ of things** se mettre dans le bain **b** (play equipment) balançoire [f] **c** (~ **music**) swing [m] **2** vti (gen) se balancer; (of pendulum) osciller; (pivot) tourner; (of person) se retourner ◇ **to ~ sth** balancer qch; (brandish) brandir qch; **to ~ round** (of person) se retourner; (of vehicle) virer; (after collision) faire un tête-à-queue; **to ~ sth round** tourner qch; **to ~ o.s. up into the saddle** sauter en selle; **~ing by his hands** suspendu par les mains; **the door swung open** la porte s'est ouverte; (fig) **to ~ into action** passer à l'action; **the road ~s north** la route décrit une courbe vers le nord; (Pol) **to ~ to the right** virer à droite; (fig) **to ~** [famil] **a decision** influencer une décision ♦ **swinging** adj (step) rythmé; (music) entraînant; (lively) dynamique; (fashionable etc) dans le vent [famil]; (party) du tonnerre [famil].

swipe [swaɪp] **1** n [famil] (at ball etc) grand coup [m]; (slap) gifle [f] **2** vt **a** (hit) frapper or gifler à toute volée **b** (steal) voler (*from* à).

swirl [swɜ:l] vi tourbillonner.

Swiss [swɪs] **1** adj suisse ◇ (cake) ~ **roll** gâteau [m] roulé **2** n, pl inv Suisse [m], Suissesse [f].

switch [swɪtʃ] **1** n interrupteur [m], commutateur [m] ◇ **the ~ was on** c'était allumé; **the ~ was off** c'était éteint **2** vti **a** ◇ **to ~ sth on** (gen) allumer qch; (engine, machine) mettre qch en marche; **to ~ back on** rallumer; **to ~ on the light** allumer; **to ~ sth off** éteindre qch; (alarm clock) arrêter; **to ~ the heater to 'low'** mettre le radiateur à 'doux'; (Rad, TV) **to ~ on** allumer le poste; **to ~ to another programme, to ~ over** changer de programme; **to ~ (the programme) off** fermer le poste; (of car) **to ~ the engine off** arrêter le moteur; **the heating ~es on at 6** le chauffage s'allume à 6 heures **b** (transfer: one's support etc) reporter (*from* de; *to* sur); (change) changer de; (exchange) échanger (*for* contre); (**~ over, ~ round:** two objects etc) intervertir; (rearrange: **~ round**) changer de place ◇ (fig) **to ~ over to a new brand** adopter une nouvelle marque.

switchboard ['swɪtʃ,bɔ:d] n (Telec) standard [m] ◇ **~ operator** standardiste [mf].

Switzerland ['swɪtsələnd] n Suisse [f] ◇ **French-speaking ~** la Suisse romande.

swivel ['swɪvl] (**~ round**) **1** vi pivoter **2** vt faire pivoter.

swollen ['swəʊlən] pret of *swell* adj (arm, face) enflé; (eyes, stomach) gonflé (*with* de); (river) en crue ◇ **to have ~ glands** avoir une inflammation des ganglions.

swoon [swu:n] vi se pâmer.

swoop [swu:p] **1** n (by police) descente [f] (*on* dans) ◇ **at one fell ~** d'un seul coup **2** vi (**~ down:** of bird) fondre; (of police etc) faire une descente.

swop [swɒp] = **swap.**

sword [sɔ:d] n épée [f] ◇ **~ dance** danse [f] du sabre; **~ swallower** avaleur [m] de sabres ♦ **swordfish** n espadon [m].

swore [swɔ:ʳ], **sworn** [swɔ:n] → **swear.**

swot [swɒt] **1** n [famil] bûcheur [famil] [m], [f] -euse [famil] **2** vti bûcher [famil] ◇ **to ~ for an exam** bachoter.

swum [swʌm] ptp of *swim.*

swung [swʌŋ] pret, ptp of *swing.*

sycamore ['sɪkəmɔ:ʳ] n sycomore [m].

syllable ['sɪləbl] n syllabe [f].

syllabus ['sɪləbəs] n programme [m] (*scolaire* etc) ◇ **on the ~** au programme.

symbol ['sɪmbəl] n symbole [m] ♦ **symbolic** adj symbolique ♦ **symbolism** n symbolisme [m] ♦ **symbolize** vt symboliser.

symmetrical [sɪ'metrɪkəl] adj symétrique.

symmetry ['sɪmɪtrɪ] n symétrie [f].

sympathetic [,sɪmpə'θetɪk] adj (showing pity) compatissant (*towards* envers); (kind) bien disposé (*towards* envers) ♦ **sympathetically** adv avec compassion; avec bienveillance.

sympathize ['sɪmpəθaɪz] vi (show sympathy) témoigner sa sympathie ◇ **I ~ with you** (pity) je vous plains; (understand) je comprends votre point de vue ♦ **sympathizer** n (Pol) sympathisant(e) [m(f)].

sympathy ['sɪmpəθɪ] n **a** (pity) compassion [f] ◇ **please accept my deepest ~** veuillez agréer mes condoléances; **to feel ~ for** éprouver de la compassion pour; **to show one's ~ for sb** témoigner sa sympathie à qn **b** (fellow feeling) solidarité [f] (*for* avec) ◇ **I have no ~ with...** je n'ai aucune indulgence pour...; **in ~ with** (suggestion) en accord avec; (strike) en solidarité avec.

symphony ['sɪmfənɪ] **1** n symphonie [f] **2** adj (concert, orchestra) symphonique.

symptom ['sɪm*p*təm] n symptôme [m].

synagogue ['sɪnəgɒg] n synagogue [f].

synchronize ['sɪŋkrənaɪz] vt synchroniser ◇ **~d swimming** natation [f] synchronisée.

syndicate ['sɪndɪkɪt] n syndicat [m].

syndrome ['sɪndrəʊm] n syndrome [m].

synod ['sɪnəd] n synode [m].

synonym ['sɪnənɪm] n synonyme [m].

synonymous [sɪ'nɒnɪməs] adj synonyme (*with* de).

synopsis [sɪ'nɒpsɪs], pl **-ses** n résumé [m].

syntax ['sɪntæks] n syntaxe [f].

synthesis ['sɪnθəsɪs], pl **-ses** n synthèse [f] ♦ **synthesizer** n synthétiseur [m].

synthetic [sɪn'θetɪk] adj synthétique.

syphilis ['sɪfɪlɪs] n syphilis [f].

syphon ['saɪfən] = **siphon.**

Syria ['sɪrɪə] n Syrie [f] ♦ **Syrian** **1** adj syrien, [f] -ienne **2** n Syrien(ne) [m(f)].

syringe [sɪ'rɪn*d*ʒ] n seringue [f].

syrup ['sɪrəp] n (gen) sirop [m] ◇ **golden ~** mélasse [f] raffinée.

system ['sɪstəm] n (gen, Comput) système [m] ◇ **railway ~** réseau [m] de chemin de fer; **digestive ~** appareil [m] digestif; (fig) **let her get it out of her ~** [famil] (anger) laisse-la décharger sa bile; (passion) laisse-la faire – ça lui passera ♦ **systematic** adj systématique ♦ **systematically** adv systématiquement ♦ **system disk** n disque [m] système ♦ **systems analyst** n analyste-programmeur [mf].

t

T, t [ti:] n (letter) T, t [m] ◆ **T-bone (steak)** n steak [m] avec un os en T ◆ **T-junction** n intersection [f] en T ◆ **T-shirt** n T-shirt [m].

tab [tæb] n (part of garment) patte [f]; (loop) attache [f]; (label) étiquette [f]; (café check) addition [f] ◇ **to keep ~s on** [famil] surveiller.

tabby ['tæbɪ] n (~ **cat**) chat(te) [m(f)] tigré(e).

table ['teɪbl] **1** n **a** table [f] ◇ **at (the)** ~ à table; **to lay** or **set the** ~ mettre la table, mettre le couvert; **he has good ~ manners** il sait se tenir à table; ~ **napkin** serviette [f] de table; ~ **lamp** lampe [f] de table; ~ **salt** sel [m] fin **b** (Math, Statistics) table [f]; (of prices) liste [f]; (Sport: **league** ~) classement [m] ◇ ~ **of contents** table des matières; (Math) **the two-times** ~ la table de deux **2** vt (Brit: motion) présenter ◆ **tablecloth** n nappe [f] ◆ **table d'hôte** adj à prix fixe ◆ **tablemat** n (of linen) napperon [m]; (heat-resistant) dessous-de-plat [m inv] ◆ **tablespoon** n cuiller [f] de service; (measurement: ~**ful**) cuillerée [f] à soupe ◆ **table tennis** n ping-pong [m].

tableau ['tæbləʊ], pl **-x** n tableau [m] vivant.

tablet ['tæblɪt] n (gen) tablette [f]; (stone: inscribed) plaque [f] commémorative; (pill) comprimé [m]; (for sucking) pastille [f] ◇ ~ **of soap** savonnette [f].

taboo, tabu [tə'bu:] adj, n tabou (m).

tabulate ['tæbjʊleɪt] vt (gen) mettre sous forme de table; (Typing) mettre en colonnes.

tacit ['tæsɪt] adj tacite.

taciturn ['tæsɪtɜ:n] adj taciturne.

tack [tæk] **1** n (for wood, carpets) broquette [f]; (**thumb**~) punaise [f]; (Sewing) point [m] de bâti; (for horse) sellerie [f] ◇ (fig) **on the wrong** ~ sur la mauvaise voie **2** vt (Sewing) bâtir ◇ ~**ing stitches** points [mpl] de bâti; (fig) **to ~ sth on** ajouter qch après coup (*to* à).

tackle ['tækl] **1** n **a** (ropes, pulleys) appareil [m] de levage; (gen: gear) équipement [m] ◇ **fishing** ~ matériel [m] de pêche **b** (Ftbl etc) tac(k)le; (US Ftbl: player) plaqueur [m] **2** vt (Ftbl etc) tac(k)ler; (thief, intruder) saisir à bras le corps; (task, problem) s'attaquer à ◇ **I'll ~ him about it** je vais lui en parler.

tacky ['tækɪ] adj collant; (famil: cheap, vulgar) (jewellery, decor) moche [famil], kitsch.

taco ['tɑ:kəʊ], pl **-os** n (US) *crêpe de maïs farcie servie chaude*.

tact [tækt] n tact [m] ◆ **tactful** adj (person, answer) plein de tact; (hint, inquiry) discret, [f] -ète ◇ **to be** ~ avoir du tact ◆ **tactfully** adv avec tact ◆ **tactless** adj qui manque de tact; indiscret, [f] -ète.

tactic ['tæktɪk] n tactique [f] ◇ ~**s** la tactique.

tadpole ['tædpəʊl] n têtard [m].

taffeta ['tæfɪtə] n taffetas [m].

tag [tæg] **1** n **a** (of shoelace etc) ferret [m]; (loop) attache [f]; (label) étiquette [f] ◇ **to play at** ~ jouer au chat **b** (quotation) citation [f] ◇ **question** ~ queue [f] de phrase interrogative **2** vti (label) étiqueter ◇ **to ~ along** suivre le mouvement [famil].

tail [teɪl] **1** n (gen) queue [f]; (of shirt) pan [m] ◇ (Dress) ~**s** queue de pie; **heads or ~s** pile ou face; **he was right on my** ~ il me suivait de très près; ~ **end** bout [m], fin [f]; (of car) ~ **light** feu [m] arrière [inv] **2** vti (famil: follow) filer ◇ **to ~ away, to ~ off** diminuer petit à petit ◆ **tailback** n bouchon [m] ◆ **tailwind** n vent [m] arrière [inv].

tailor ['teɪlə^r] **1** n tailleur [m] ◇ ~**'s chalk** craie [f] de tailleur; ~**'s dummy** mannequin [m]; (fig) **it was ~-made for him** c'était fait pour lui **2** vt (garment) façonner; (fig) adapter (*to* à; *for* pour) ◇ **a ~ed skirt** une jupe ajustée.

tainted ['teɪntɪd] adj (gen) pollué; (food) gâté; (money) mal acquis.

Taiwan ['taɪ'wɑːn] n Taiwan (no article).

take [teɪk] (vb: pret *took*, ptp *taken*) **1** n (Cine) prise [f] de vues; (sound recording) enregistrement [m].

2 vti **a** (get: gen) prendre (*from sth* dans qch; *from sb* à qn); (prize, degree) obtenir; (a bet) accepter; (eat) manger; (drink) boire ◇ **to ~ sb's hand** prendre la main de qn; **he must be ~n alive** il faut le prendre vivant; **he ~s £500 a day** il se fait 500 livres de recettes par jour; **to ~ it upon o.s. to do** prendre sur soi de faire; **I can't ~ alcohol** je ne supporte pas l'alcool; **he won't ~ no for an answer** il n'acceptera pas de refus; **he won't ~ less than £50** il demande au moins 50 livres; **I can't ~ it any more** je n'en peux plus; **we can ~ it!** on ne se laissera pas abattre!; **I don't ~ maths** je ne fais pas de maths; **is this seat ~n?** est-ce que cette place est prise?; **to ~ the train** prendre le train; **~ the first on the left** prenez la première à gauche; **~ it from me!** croyez-moi!; **~ it or leave it** c'est à prendre ou à laisser; **I can ~ it or leave it** je l'aime, mais sans plus; (fig) **I am very ~n with it** ça me plaît énormément; **I took to getting up late** je me suis mis à me lever tard; **she didn't ~ to him** il ne lui a pas plu; **how did he ~ the news?** comment est-ce qu'il a réagi en apprenant la nouvelle?; **she took it well** elle s'est montrée calme; **she took it badly** elle a été très affectée; **to ~ things as they come** prendre les choses comme elles viennent; (handing over) **~ it from here** prenez la suite.

b (carry: gen) apporter; (one's gloves, bag etc) prendre; (lead) emmener, conduire; (accompany) accompagner ◇ **he took her some flowers** il lui a apporté des fleurs; **~ his suitcase upstairs** montez sa valise; **he took her to the cinema** il l'a emmenée au cinéma; **to ~ sb home** ramener qn; **this road will ~ you to...** cette route vous mènera à...

c ◇ (with preps etc) **to ~ after sb** ressembler à qn; **to ~ along** (person) emmener; (thing) emporter; **to ~ sth apart** démonter qch; **to ~ aside** prendre à part; **to ~ away** enlever (*from sb* à qn; *from sth* de qch); (Math) **to ~ 6 away from 8** soustraire 6 de 8; **8 ~ away 7** 8 moins 7; **to ~ a child away from school** retirer un enfant de l'école; **it ~s away from its value** cela diminue sa valeur; **to ~ back** (return) rapporter (*to* à); (accompany) raccompagner (*to* à); **to ~ back a** or **one's promise** reprendre sa parole; **it ~s me back to my childhood** cela me rappelle mon enfance; **to ~ down** (object from shelf) descendre (*from, off* de); (notice, poster) enlever; (building) démolir; (write notes) prendre; **to ~ in** (chairs) rentrer; (person) faire entrer; (friend) recevoir; (orphan) recueillir; (reduce: dress etc) diminuer; (include) couvrir; (understand) comprendre; **to be ~n in by appearances** se laisser prendre aux apparences; **to ~ off** (depart: of person) partir (*for* pour); (of plane) décoller; (remove: gen) enlever; **to ~ £5 off** faire un rabais de 5 livres; (imitate) **to ~ sb off** imiter qn; **to ~ on** (responsibility, bet) accepter; (employee, passenger) prendre; (form, qualities) revêtir; **to ~ out** (gen) sortir (*from* de); (insurance) prendre; (remove) enlever; **he took her out to lunch** il l'a emmenée déjeuner; (fig) **that ~s it out of you** [famil] c'est fatigant; **to ~ it out on sb** s'en prendre à qn; **to ~ over** (of dictator etc) prendre le pouvoir; **to ~ over from sb** prendre la relève de qn; **to ~ over a company** racheter une compagnie; **they took him over the factory** ils lui ont fait visiter l'usine; **to ~ to** (person) sympathiser avec; (activity) prendre goût à; **to ~ to drink** se mettre à boire; **to ~ to one's bed** s'aliter; **to ~ up** (upstairs etc: person) faire monter; (object) monter; (carpet) enlever; (hem, skirt) raccourcir; (sport, method) adopter; **to ~ up with sb** se lier avec qn; **to be ~n up with** ne penser qu'à; **I'll ~ that up with him** je lui en parlerai; **I'll ~ you up on it** je m'en souviendrai.

d (require) prendre ◇ **it took me** or **I took 2 hours to do it** j'ai mis deux heures à le faire; **~ your time** prenez votre temps; **it ~s courage** ça demande du courage; **it ~s some doing** [famil] ce n'est pas facile (à faire); **it took 3 men to do it** il a fallu 3 hommes pour le faire; **to have what it ~s** être à la hauteur.

e (negotiate: bend) prendre; (hill) grimper; (fence) sauter; (exam) se présenter à.

f (assume) supposer ◇ **I ~ it that...** je suppose que...; **what do you ~ me for?** pour qui me prenez-vous?; **taking one thing with another** tout bien considéré.

◆ **takeaway** **1** n café [m] qui fait des plats à emporter **2** adj (food) à emporter ◆ **take-home pay** n salaire [m] net ◆ **takeoff** n (plane) décollage [m]; (imitation) pastiche [m] ◆ **take-out** adj (US: food) à emporter ◆ **takeover** n (Pol) prise [f] de pouvoir; (Fin) rachat [m] ◇ **~ bid** offre [f] publique d'achat ◆ **taking** n (capture) prise [f] ◆ **takings** npl (money) recette [f].

talc [tælk] also **talcum powder** ['tælkəm,paʊdəʳ] n talc [m].

tale [teɪl] n (gen) histoire [f]; (story) conte [m]; (account) récit [m] ◇ **to tell ~s** rapporter, cafarder [famil].

talent ['tælənt] n talent [m] ◇ **to have a ~ for drawing** être doué pour le dessin ◆ **talented** adj (person) doué; (work) plein de talent.

talisman ['tælɪzmən] n talisman [m].

talk [tɔːk] **1** n **a** conversation [f]; (formal)

entretien [m] ◇ **to have a** ~ parler (*with sb* avec qn; *about sth* de qch) **b** (lecture) exposé [m] (*on* sur); (informal) causerie [f] (*on* sur) ◇ **to give a** ~ faire un exposé, donner une causerie (*on* sur); **to give a** ~ **on the radio** parler à la radio **c** ◇ **there is some** ~ **of his returning** on dit qu'il va revenir; **it's common** ~ **that...** on dit partout que...; **it's just** ~ ce ne sont que des racontars; **I've heard a lot of** ~ **about...** j'ai beaucoup entendu parler de...; **big** ~ beaux discours [mpl]; **she's the** ~ **of the town** on ne parle que d'elle.
2 vti (gen) parler (*to sb* à qn; *with sb* avec qn; *about* or *of sth* de qch; *of doing* de faire); (chat) bavarder (*with* avec); (formally) s'entretenir (*to, with* avec) ◇ **to** ~ **to o.s.** se parler tout seul; ~**ing doll** poupée [f] parlante; ~**ing point** sujet [m] de conversation; **now you're** ~**ing!** [famil] voilà qui devient intéressant!; **look who's** ~**ing!** [famil] tu peux toujours parler, toi! [famil]; **he did all the** ~**ing** c'est lui qui a parlé tout le temps; **'no** ~**ing'** 'silence s'il vous plaît'; **don't** ~ **to me like that!** ne me parle pas sur ce ton!; **he knows what he's** ~**ing about** il s'y connaît; ~**ing of films, have you seen...?** à propos de films, avez-vous vu...?; ~ **about luck!** [famil] tu parles d'une aubaine! [famil]; **to** ~ **politics** parler politique; **to** ~ **sb into doing sth** persuader qn de faire qch *(à force de paroles)*; **to** ~ **sb out of doing** dissuader qn de faire; **to** ~ **sb round** convaincre qn; (fig) **to** ~ **down to sb** parler à qn comme à un enfant; **to** ~ **sth over** discuter de qch.

talkative ['tɔ:kətɪv] adj bavard.

talkies ['tɔ:kɪz] npl [famil] cinéma [m] parlant.

tall [tɔ:l] adj (person) grand; (building etc) haut, élevé ◇ **how** ~ **is it?** c'est de quelle hauteur?; **how** ~ **are you?** combien mesurez-vous?; **he is 6 feet** ~ ≃ il mesure 1 mètre 80; (fig) **a** ~ **story** une histoire invraisemblable ◆ **tallboy** n commode [f].

tally ['tælɪ] vi correspondre (*with* à).

tame [teɪm] **1** adj apprivoisé; (fig) insipide **2** vt (gen) apprivoiser; (lion, tiger) dompter ◆ **tamely** adv (agree) docilement.

tamper ['tæmpəʳ] vi ◇ **to** ~ **with** toucher à *(sans permission)*.

tampon ['tæmpɒn] n tampon [m] *(hygiénique)*.

tan [tæn] **1** n (sun~) bronzage [m] ◇ **to have a** ~ être bronzé **2** adj brun roux [inv] **3** vi (also **to get** ~**ned**) bronzer ◆ **tanned** adj bronzé; (sailor etc) basané.

tangent ['tændʒənt] n tangente [f].

tangerine [ˌtændʒə'ri:n] n mandarine [f].

tangle ['tæŋgl] **1** n enchevêtrement [m] ◇ **to get into a** ~ (gen) s'enchevêtrer; (of hair) s'emmêler; (of person, accounts etc) s'embrouiller **2** vt (~ **up**) enchevêtrer.

tank [tæŋk] n **a** (for storing, transporting) réservoir [m]; (for fermenting, processing etc) cuve [f]; (for fish) aquarium [m] ◇ **fuel** ~ réservoir à carburant **b** (Mil) char [m] (de combat).

tankard ['tæŋkəd] n chope [f] (à bière).

tanker ['tæŋkəʳ] n (truck) camion-citerne [m]; (ship) pétrolier [m]; (craft) avion-ravitailleur [m]; (Rail) wagon-citerne [m].

tannoy ['tænɔɪ] n ® ◇ **over the** ~ par les haut-parleurs.

tantalizing ['tæntəlaɪzɪŋ] adj (gen) terriblement tentant; (slowness etc) désespérant.

tantamount ['tæntəmaʊnt] adj ◇ ~ **to** équivalent à.

tantrum ['tæntrəm] n crise [f] de colère.

Tanzania [ˌtænzə'nɪə] n Tanzanie [f] ◆ **Tanzanian** **1** adj tanzanien, [f] -ienne **2** n Tanzanien(ne) [m(f)].

1. **tap** [tæp] **1** n (Brit) robinet [m] ◇ ~ **water** eau [f] du robinet; **beer on** ~ bière [f] en fût **2** vt (telephone) mettre sur écoute; (resources) exploiter.

2. **tap** [tæp] **1** n ◇ **there was a** ~ **at the door** on a frappé doucement à la porte **2** vti (gen) frapper doucement ◇ **he** ~**ped me on the shoulder** il m'a tapé sur l'épaule ◆ **tap-dance** n claquettes [fpl].

tape [teɪp] **1** n **a** (gen) ruban [m]; (**cassette** ~, **video** ~) cassette [f]; (**sticky** ~) ruban [m] adhésif; (Med) sparadrap [m]; (Sport) fil [m] d'arrivée ◇ ~ **measure** mètre [m] ruban **b** (for recording) bande [f] magnétique; (cassette) cassette [f] ◇ ~ **deck** platine [f] de magnétophone **2** vt **a** (~ **up**) coller avec du scotch ◇ (fig) **I've got him** ~**d** [famil] je sais exactement comment il est **b** (also ~**-record**) enregistrer ◆ **tape-recorder** n magnétophone [m] ◆ **tape-recording** n enregistrement [m] ◆ **tapeworm** n ver [m] solitaire.

taper ['teɪpəʳ] n bougie [f] fine; (in church) cierge [m] ◆ **tapering** adj (column, fingers) fuselé; (trousers) étroit du bas; (structure etc) en pointe.

tapestry ['tæpɪstrɪ] n tapisserie [f].

tapioca [ˌtæpɪ'əʊkə] n tapioca [m].

tar [tɑ:ʳ] **1** n goudron [m] **2** vt goudronner.

target ['tɑ:gɪt] **1** n (gen) cible [f]; (objective) objectif [m] ◇ **to be on** ~ (missile etc) suivre la trajectoire prévue; (in timing etc) ne pas avoir de retard; ~ **date** date [f] fixée; ~ **practice** exercices [mpl] de tir **2** vt (Advertising) cibler.

tariff ['tærɪf] n tarif [m].

tarmac ['tɑ:mæk] ® n macadam [m] goudronné; (runway) piste [f].

tarnish ['tɑ:nɪʃ] **1** vt ternir **2** vi se ternir.

tarpaulin [tɑː'pɔːlɪn] n bâche [f] (goudronnée).

tarragon ['tærəgən] n estragon [m].

tart [tɑːt] 1 n tarte [f]; (small) tartelette [f] ◇ **apple** ~ tarte aux pommes 2 adj âpre.

tartan ['tɑːtən] 1 n tartan [m] 2 adj écossais ◇ ~ **rug** plaid [m].

task [tɑːsk] n tâche [f] ◇ **to take sb to** ~ prendre qn à partie; ~ **force** (Mil) corps [m] expéditionnaire; (Police) détachement [m] spécial.

tassel ['tæsəl] n gland [m] *(tapisserie)*.

taste [teɪst] 1 n goût [m] ◇ (fig) **to have good** ~ avoir du goût; **in good/bad** ~ de bon/ mauvais goût; **would you like a** ~? voulez-vous y goûter?; **to be to sb's** ~ plaire à qn; (in recipe) **sweeten to** ~ sucrer à volonté; **there's no accounting for** ~, ~**s differ** chacun son goût; (fig) **it'll give you a** ~ **of what it'll be like** cela te donnera une idée or un aperçu de ce qui t'attend 2 vti a (perceive flavour of) sentir le goût de ◇ **I can't** ~ **the garlic** je ne sens pas l'ail b (sample) goûter à; (to test quality) goûter; (at wine-tasting etc) déguster ◇ ~ **this!** goûtez à ça!; **I have never** ~**d snails** je n'ai jamais mangé d'escargots; **to** ~ **good** avoir bon goût; **to** ~ **of** or **like sth** avoir un goût de qch ◆ **tasteful** adj de bon goût ◆ **tastefully** adv avec goût ◆ **tasteless** adj qui n'a aucun goût; (remark) de mauvais goût.

tasty ['teɪstɪ] adj savoureux, [f] -euse.

ta-ta ['tæ'tɑː] excl [famil] (Brit) salut! [famil]

tattered ['tætəd] adj en lambeaux.

tattoo [tə'tuː] 1 vt tatouer 2 n a (on skin) tatouage [m] b (Mil: show) parade [f] militaire.

tatty ['tætɪ] adj défraîchi.

taught [tɔːt] pret, ptp of *teach*.

taunt [tɔːnt] vt railler.

Taurus ['tɔːrəs] n (Astrol) le Taureau ◇ **I'm** ~ je suis (du) Taureau.

taut [tɔːt] adj tendu.

tawdry ['tɔːdrɪ] adj de camelote.

tawny ['tɔːnɪ] adj fauve *(couleur)*.

tax [tæks] 1 n (on goods, services) taxe [f], impôt [m] (*on* sur); (income ~) impôts ◇ **petrol** ~ taxe sur l'essence; (Brit Aut) ~ **disc** vignette [f] automobile; ~ **evasion** fraude [f] fiscale; ~ **exile** personne [f] fuyant le fisc; ~ **form** feuille [f] d'impôts; **the** ~ **man** le percepteur; **for** ~ **purposes** pour des raisons fiscales; ~ **relief** dégrèvement [m] or allègement [m] fiscal; ~ **year** année [f] fiscale 2 vt (gen) imposer; (patience etc) mettre à l'épreuve ◇ **to** ~ **sb with doing** accuser qn de faire (or d'avoir fait) ◆ **taxable** adj imposable ◆ **taxation** n impôts [mpl] ◆ **tax-deductible** adj sujet, [f] -ette à dégrèvements (d'impôts) ◆ **tax-free** adj exempt d'impôts ◆ **tax haven** n paradis fiscal ◆ **taxing** adj éprouvant ◆ **taxpayer** n contribuable [mf].

taxi ['tæksɪ] 1 n (also **taxicab**) taxi [m] ◇ **by** ~ en taxi 2 vi ◇ **to** ~ **along the runway** rouler (lentement) le long de la piste ◆ **taxi-driver** n chauffeur [m] de taxi ◆ **taxi-rank** n station [f] de taxis.

taxidermist ['tæksɪdɜːmɪst] n empailleur [m], [f] -euse.

TB [tiː'biː] n abbr of *tuberculosis* tuberculose [f].

tea [tiː] n a thé [m] ◇ **mint** (etc) ~ tisane [f] de menthe (etc); **beef** ~ bouillon [m] de viande b (meal) thé [m]; (for children) ≃ goûter [m] ◇ **to have** ~ prendre le thé; (children) goûter ◆ **tea-bag** n sachet [m] de thé ◆ **tea-break** n ◇ **to have a** ~ faire la pause-thé ◆ **tea-chest** n caisse [f] à thé ◆ **teacloth** n (for dishes) torchon [m]; (for table) nappe [f] ◆ **tea-cosy** n couvre-théière [m] ◆ **teacup** n tasse [f] à thé ◆ **tea-leaf** n feuille [f] de thé ◆ **tea party** n thé [m] *(réception)* ◆ **tea-plate** n petite assiette [f] ◆ **teapot** n théière [f] ◆ **tearoom** n salon [m] de thé ◆ **tea set** or **tea service** n service [m] à thé ◆ **teashop** n pâtisserie-salon de thé [f] ◆ **teaspoon** n petite cuiller [f] ◆ **teaspoonful** n cuillerée [f] à café ◆ **teatime** n l'heure [f] du thé ◆ **tea-towel** n torchon [m].

teach [tiːtʃ] pret, ptp *taught* vti (gen) apprendre (*sb sth, sth to sb* qch à qn); (in school, college etc) enseigner (*sb sth, sth to sb* qch à qn) ◇ **to** ~ **sb (how) to do** apprendre à qn à faire; **he** ~**es French** il enseigne le français; **he had been** ~**ing all morning** il avait fait cours toute la matinée; **to** ~ **o.s. sth** apprendre qch tout seul; (fig) **that will** ~ **him a lesson!** ça lui apprendra!

teacher ['tiːtʃə^r] n (gen) professeur [m]; (primary school) instituteur [m], [f] -trice ◇ **she is a maths** ~ elle est professeur de maths; ~**'s handbook** livre [m] du maître; ~**(s') training college** ≃ école [f] normale; ~ **training** formation [f] pédagogique.

teaching ['tiːtʃɪŋ] 1 n (gen) enseignement [m] (*on, about* sur) 2 adj (staff) enseignant; (material) pédagogique ◇ ~ **hospital** centre [m] hospitalo-universitaire; ~ **practice** stage [m] de formation des maîtres; **the** ~ **profession** les enseignants [mpl].

teak [tiːk] n teck [m].

team [tiːm] 1 n équipe [f] ◇ **football** ~ équipe de football; ~ **games** jeux [mpl] d'équipe; ~ **spirit** esprit [m] d'équipe 2 vi ◇ **to** ~ **up** faire équipe (*with* avec) ◆ **team-mate** n coéquipier [m], [f] -ière ◆ **teamster** n (US) camionneur [m] ◆ **teamwork** n collaboration [f] (d'équipe).

1. **tear** [tɛəʳ] (vb: pret *tore*, ptp *torn*) **1** n déchirure [f] ◇ **it has a ~ in it** c'est déchiré **2** vt **a** (gen: also ~ **up**) déchirer ◇ **to ~ to pieces** déchirer en menus morceaux; (fig: criticize) éreinter; **to ~ open** ouvrir en vitesse; **to ~ one's hair** s'arracher les cheveux; **to be torn between...** balancer entre... **b** (snatch: also ~ **away**) arracher (*from sb* à qn; *out of, off, from sth* de qch) ◇ (fig) **I couldn't ~ myself away** je n'arrivais pas à m'en arracher; **to ~ down** arracher; (building) démolir; **to ~ off, to ~ out** arracher (*from* de); (cheque, ticket) détacher (*from* de) **3** vi **a** (of cloth etc) se déchirer **b** ◇ (rush) **to ~ out** (etc) sortir (etc) à toute allure; **in a ~ing hurry** [famil] terriblement pressé.

2. **tear** [tɪəʳ] n larme [f] ◇ **in ~s** en larmes; **close to ~s** au bord des larmes; **it brought ~s to his eyes** cela lui a fait venir les larmes aux yeux ◆ **tearful** adj larmoyant ◆ **teargas** n gaz [m] lacrymogène.

tease [ti:z] vt (playfully) taquiner; (cruelly) tourmenter ◆ **teasing 1** n taquineries [fpl] **2** adj taquin.

teat [ti:t] n (on bottle etc) tétine [f].

technical ['teknɪkəl] adj technique ◇ ~ **college** collège [m] (d'enseignement) technique; ~ **hitch** incident [m] technique ◆ **technicality** n détail [m] technique ◆ **technically** adv techniquement; (fig) en principe.

technician [tek'nɪʃən] n technicien(ne) [m(f)].

technique [tek'ni:k] n technique [f].

technological [,teknə'lɒdʒɪkəl] adj technologique.

technology [tek'nɒlədʒɪ] n technologie [f] ◇ **the new ~** la novotique, les nouvelles technologies.

teddy ['tedɪ] n (~ **bear**) nounours [m] (baby talk), ours [m] en peluche.

tedious ['ti:dɪəs] adj ennuyeux, [f] -euse.

teem [ti:m] vi grouiller (*with* de) ◇ **it was ~ing (with rain)** il pleuvait à verse.

teenage ['ti:neɪdʒ] adj adolescent *(de 13 à 19 ans)*; (behaviour) d'adolescent; (fashions) pour jeunes ◆ **teenager** n jeune [mf], adolescent(e) [m(f)].

teens [ti:nz] npl ◇ **still in his ~** encore adolescent.

teeny [famil] ['ti:nɪ] adj tout petit.

tee-shirt ['ti:ʃɜ:t] n T-shirt [m].

teeth [ti:θ] npl of *tooth*.

teethe [ti:ð] vi faire ses dents ◇ **teething ring** anneau [m] *(de bébé qui fait ses dents)*; (fig) **teething troubles** difficultés [fpl] initiales.

teetotal ['ti:'təʊtl] adj qui ne boit jamais d'alcool.

tele... ['telɪ] pref télé....

telecommunications ['telɪkə,mju:nɪ'keɪʃənz] npl télécommunications [fpl].

telegram ['telɪgræm] n télégramme [m]; (Press etc) dépêche [f].

telegraph ['telɪgrɑ:f] **1** n télégraphe [m] ◇ ~ **pole** poteau [m] télégraphique **2** vti télégraphier.

telepathic [,telɪ'pæθɪk] adj télépathique.

telepathy [tɪ'lepəθɪ] n télépathie [f].

telephone ['telɪfəʊn] **1** n téléphone [m] ◇ **on the ~** au téléphone; ~ **directory** annuaire [m]; ~ **booth**, ~ **box**, ~ **kiosk** cabine [f] téléphonique; ~ **call** coup [m] de téléphone; ~ **line** ligne [f] téléphonique; ~ **message** message [m] téléphonique; ~ **number** numéro [m] de téléphone **2** vti téléphoner (*sb* à qn).

telephoto ['telɪ'fəʊtəʊ] adj ◇ ~ **lens** téléobjectif [m].

teleprinter ['telɪ,prɪntəʳ] n téléscripteur [m].

telescope ['telɪskəʊp] n télescope [m].

telescopic [,telɪs'kɒpɪk] adj télescopique; (umbrella) pliant.

teletext ['telətekst] n ® télétexte [m].

televiewer ['telɪ,vju:əʳ] n téléspectateur [m], [f] -trice.

televise ['telɪvaɪz] vt téléviser.

television ['telɪ,vɪʒən] **1** n télévision [f] ◇ ~ **set** téléviseur [m]; **on ~** à la télévision; **colour ~** télévision couleur **2** adj (camera, studio) de télévision; (play, report) télévisé.

telex ['teleks] **1** n télex [m] **2** vt envoyer par télex.

tell [tel] pret, ptp *told* vti **a** (gen) dire (*sb sth* qch à qn; *sb to do* à qn de faire; *that* que); (story) raconter (*to* à); (secret) révéler (*to* à); (the future) prédire ◇ **to ~ sb about sth** parler de qch à qn, raconter qch à qn; **I told him about what had happened** je lui ai dit ce qui était arrivé; **more than words can ~** plus qu'on ne peut dire; **I won't ~!** je ne le répéterai à personne!; **to ~ on sb** [famil] rapporter sur qn; **to ~ sb off** gronder qn (*for doing* pour avoir fait); **I told him why** je lui ai dit pourquoi; **I told him the way to London** je lui ai expliqué comment aller à Londres; **I told you so!** je te l'avais bien dit!; **do as you're told** fais ce qu'on te dit; **I ~ you what, let's go...** tiens, si on allait...; **you're ~ing me!** [famil] à qui le dis-tu!; **can you ~ the time?** sais-tu lire l'heure?; **can you ~ me the time?** peux-tu me dire l'heure qu'il est?; **that ~s us a lot about...** cela nous en dit long sur... **b** (distinguish) distinguer (*sth from sth* qch de qch); (know) savoir ◇ **I can't ~ them apart** je ne peux pas les distinguer l'un de l'autre; **you never can ~** on ne sait jamais; **you can't ~ from his letter** on ne peut pas savoir d'après sa lettre; **I can't ~ the difference** je ne vois pas la différence (*between* entre) c ◇ **30 all told** 30 en tout ◆ **teller** n (Banking) caissier [m], [f] -ière ◆ **telling** adj (facts) révélateur, [f] -trice; (argument) efficace ◆ **telltale** 1 n rapporteur [m], [f] -euse 2 adj (mark etc) révélateur, [f] -trice.

telly ['telı] n [famil] (Brit) abbr of *television* télé [famil] [f].

temp [temp] [famil] n abbr of *temporary* intérimaire [mf] 2 vi travailler comme intérimaire.

temper ['tempəʳ] n (nature) caractère [m]; (mood) humeur [f]; (**bad** ~) colère [f] ◇ **to be even-~ed** être d'un caractère égal; **to have a nasty** ~ avoir un sale caractère; **in a good** ~ de bonne humeur; **to lose one's** ~ se mettre en colère; **to be in a** ~ être en colère (*with* contre; *over, about* à propos de).

temperament ['tempərəmənt] n (nature) tempérament [m]; (moodiness) humeur [f] ◆ **temperamental** adj capricieux, [f] -ieuse.

temperance ['tempərəns] 1 n (in drinking) tempérance [f] 2 adj (movement) antialcoolique.

temperate ['tempərıt] adj tempéré.

temperature ['temprıtʃəʳ] n température [f] ◇ **to have a** ~ avoir de la température.

tempest ['tempıst] n tempête [f].

template ['templıt] n (pattern) gabarit [m].

temple ['templ] n (building) temple [m]; (on face) tempe [f].

tempo ['tempəʊ], pl **-pi** n tempo [m].

temporary ['tempərərı] adj (job, worker) temporaire; (secretary) intérimaire; (teacher) suppléant; (building, decision, powers) provisoire; (relief, improvement) passager, [f] -ère.

tempt [tempt] vt tenter ◇ **to** ~ **sb to do** donner à qn l'envie de faire; **I am very ~ed to accept** je suis très tenté d'accepter; **to** ~ **fate** tenter la Providence ◆ **temptation** n tentation [f] ◆ **tempting** adj tentant; (food) appétissant.

ten [ten] 1 adj, n dix [m inv] ◇ **about** ~ une dizaine; **about** ~ **books** une dizaine de livres; (fig) ~ **to one he won't come** je parie qu'il ne viendra pas; **they're** ~ **a penny** il y en a tant qu'on en veut 2 pron dix [mfpl] → for phrases **six** ◆ **tenth** adj, n dixième [mf]; (fraction) dixième [m] → for phrases **sixth.**

tenacious [tı'neıʃəs] adj tenace.

tenant ['tenənt] n locataire [mf].

tend [tend] 1 vt (sheep, shop) garder; (invalid) soigner; (machine) surveiller 2 vi avoir tendance (*to do* à faire) ◇ **that ~s to be the case with...** c'est en général le cas avec... ◆ **tendency** n tendance [f] ◇ **to have a** ~ **to do** avoir tendance à faire.

1. **tender** ['tendəʳ] 1 vt (gen) offrir; (resignation) donner 2 vi (for contract) faire une soumission (*for sth* pour qch) 3 n soumission [f] (*for sth* pour qch) ◇ (of money) **that is no longer legal** ~ cela n'a plus cours.

2. **tender** ['tendəʳ] adj (gen) tendre; (spot, bruise) sensible ◆ **tender-hearted** adj sensible ◆ **tenderloin** n filet [m].

tendon ['tendən] n tendon [m].

tenement ['tenımənt] n immeuble [m].

tennis ['tenıs] n tennis [m] ◇ **a game of** ~ une partie de tennis; ~ **ball** balle [f] de tennis; ~ **club** club [m] de tennis; ~ **court** (court [m] de) tennis [m]; ~ **elbow** synovite [f] du coude; ~ **racket** raquette [f] de tennis.

tenor ['tenəʳ] 1 n (Mus) ténor [m] 2 adj (voice) de ténor; (instrument) ténor [inv].

tenpin ['tenpın] n ◇ ~ **bowling** bowling [m].

1. **tense** [tens] n (Gram) temps [m] ◇ **in the present** ~ au présent.

2. **tense** [tens] adj tendu; (period) de tension ◇ ~ **with fear** crispé de peur ◆ **tensely** adv (say) d'une voix tendue; (wait) dans l'anxiété.

tension ['tenʃən] n tension [f].

tent [tent] n tente [f] ◇ ~ **peg** piquet [m] de tente.

tentacle ['tentəkl] n tentacule [m].

tentative ['tentətıv] adj (gen) hésitant; (solution, plan) provisoire.

tenterhooks ['tentəhʊks] npl ◇ **on** ~ sur des charbons ardents.

tenure ['tenjʊəʳ] n (Univ) fait [m] d'être titulaire; (property) bail [m].

tepid ['tepıd] adj tiède.

term [tɜ:m] 1 n a (period) période [f] ◇ **in the long** ~ à long terme; **in the short** ~ dans l'immédiat; **his** ~ **of office** la période où il exerçait ses fonctions b (of school, college etc) trimestre [m]; (Law) session [f] ◇ **autumn** ~ premier trimestre; **in** ~ **time** pendant le trimestre; ~ **exams** examens [mpl] trimestriels c (Math, Philos) terme [m] ◇ (fig) **in ~s of production** sur le plan de la production d ◇ (conditions) **~s** (gen) conditions [fpl]; (contract etc) termes [mpl]; (price) tarif [m]; **name your own ~s** stipulez vos conditions; **on his own ~s** sans concessions de sa part; **to come to ~s with** (person) arriver à un accord avec; (situation) accepter; (credit) **on easy ~s** avec des facilités [fpl] de paiement e ◇ (relationship) **on good ~s** en bons termes (*with* avec); **they're on friendly ~s** ils ont des rapports amicaux f (expression) terme [m] ◇ **in simple ~s** en termes clairs 2 vt appeler.

terminal ['tɜ:mɪnl] **1** adj (stage) terminal; (illness) dans sa phase terminale **2** n **a** (Rail, Coach) terminus [m inv] ◇ **air** ~ aérogare [f]; **container** ~ terminus de containers; **oil** ~ terminal [m] de conduites pétrolières **b** (Elec) borne [f] **c** (Comput) terminal [m].

terminate ['tɜ:mɪneɪt] **1** vt (gen) terminer; (contract) résilier **2** vi se terminer (*in* en, par).

terminology [,tɜ:mɪ'nɒlədʒɪ] n terminologie [f].

terminus ['tɜ:mɪnəs], pl **-ni** n terminus [m].

terrace ['terəs] n (gen) terrasse [f]; (houses) rangée [f] de maisons *(attenantes les unes aux autres)* ◇ (Sport) **the** ~**s** les gradins [mpl] ◆ **terraced** adj (garden) en terrasses; (house) attenant aux maisons voisines.

terracotta ['terə'kɒtə] n terre [f] cuite.

terrestrial [tɪ'restrɪəl] adj terrestre.

terrible ['terəbl] adj (gen) terrible; (less strong: holiday, report) épouvantable ◆ **terribly** adv (very) terriblement; (very badly) affreusement mal.

terrier ['terɪə^r] n terrier [m] *(chien)*.

terrific [tə'rɪfɪk] adj (gen) fantastique, terrible; (very good) formidable [famil] ◆ **terrifically** adv [famil] (extremely) terriblement; (very well) formidablement bien [famil].

terrified ['terɪfaɪd] adj épouvanté (*of* de).

terrify ['terɪfaɪ] vt terrifier ◆ **terrifying** adj terrifiant.

territorial [,terɪ'tɔ:rɪəl] **1** adj territorial **2** n ◇ **the T**~**s** l'armée [f] territoriale.

territory ['terɪtərɪ] n territoire [m].

terror ['terə^r] n terreur [f] ◇ **to go in** ~ **of, to have a** ~ **of** avoir très peur de ◆ **terrorism** n terrorisme [m] ◆ **terrorist** adj, n terroriste [mf] ◆ **terrorize** vt terroriser.

terry ['terɪ] n (~ **towelling**) tissu [m] éponge.

terse [tɜ:s] adj laconique.

Terylene ['terəli:n] n ® tergal [m] ®.

test [test] **1** n (of product) essai [m]; (of strength etc) épreuve [f]; (Med, chemical) analyse [f]; (of intelligence etc) test [m]; (in school) interrogation [f] écrite (or orale); (criterion) critère [m] ◇ **driving** ~ permis [m] de conduire *(examen)*; **hearing** ~ examen [m] de l'ouïe; **to stand the** ~ **of time** résister au passage du temps **2** adj (pilot, shot etc) d'essai ◇ (TV) ~ **card** mire [f]; (Law) ~ **case** affaire-test [f] *(destinée à faire jurisprudence)*; (Comput) ~ **data** données [fpl] d'essai; (Sport) ~ **match** ≃ match [m] international; ~ **run** (lit) essai [m]; (fig) période [f] d'essai; ~ **tube** éprouvette [f]; ~**-tube baby** bébé-éprouvette [m] **3** vti (product, machine) mettre à l'essai; (sample, water) analyser; (intelligence etc) tester; (sight, hearing) examiner; (person, nerves etc) mettre à l'épreuve ◇ **to** ~ **for a gas leak** faire des essais pour découvrir une fuite de gaz; **a** ~**ing time** une période éprouvante.

testament ['testəmənt] n testament [m] ◇ **the Old T**~ l'Ancien Testament; **the New T**~ le Nouveau Testament.

testicle ['testɪkl] n testicule [m].

testify ['testɪfaɪ] vti témoigner (*that* que) ◇ **to** ~ **to sth** témoigner de qch.

testimonial [,testɪ'məʊnɪəl] n (reference) recommandation [f].

testimony ['testɪmənɪ] n témoignage [m].

tetanus ['tetənəs] n tétanos [m].

tetchy ['tetʃɪ] adj irritable.

tether ['teðə^r] **1** n ◇ (fig) **at the end of one's** ~ à bout de forces or de nerfs **2** vt attacher (*to* à).

text [tekst] n texte [m] ◇ (Comput) ~ **editor** éditeur [m] de texte(s) ◆ **textbook** n manuel [m] scolaire ◆ **textual** adj de texte.

textile ['tekstaɪl] n textile [m].

texture ['tekstʃə^r] n (gen) texture [f]; (of skin, wood) grain [m].

Thai [taɪ] **1** adj thaïlandais **2** n Thaïlandais(e) [m(f)].

Thailand ['taɪlænd] n Thaïlande [f].

thalidomide [θə'lɪdəʊmaɪd] n ® thalidomide [f] ®.

Thames [temz] n ◇ **the** ~ la Tamise.

than [ðæn, weak form ðən] conj (gen) que; (with numerals) de ◇ **taller** ~ plus grand que; **less** ~ **20** moins de 20; **more** ~ **once** plus d'une fois.

thank [θæŋk] vt remercier (*sb for sth* qn de qch; *for doing* d'avoir fait) ◇ ~ **you** merci (*for sth* pour qch; *for doing* d'avoir fait); ~ **you very much** merci beaucoup; **no** ~ **you** (non) merci; ~ **God** [famil], ~ **goodness** [famil], ~ **heavens** [famil] Dieu merci ◆ **thankful** adj reconnaissant (*for* de); content (*that* que + subj) ◆ **thankfully** adv (gratefully) avec reconnaissance; (fortunately) heureusement, Dieu merci ◆ **thanks** npl remerciements [mpl] ◇ (excl) ~**!** [famil] merci!; **many** ~ merci mille fois; ~ **to you...** grâce à toi... ◆ **thanksgiving** n action [f] de grâce ◇ (Can, US) **T**~ **Day** fête [f] d'action de grâce.

that [ðæt, weak form ðət], pl **those** **1** dem adj ce (before vowel or mute 'h' cet), cette [f], ces [mfpl] ◇ ~ **book** ce livre; (as opposed to 'this one') ce livre-là; ~ **man** cet homme(-là); ~ **car** cette voiture(-là); **those books** ces livres(-là); ~ **hill over there** cette colline là-bas **2** dem pron **a** cela, ça; ce ◇ **what's** ~**?** qu'est-ce que c'est que ça?; **who's** ~**?** qui est-ce?; ~**'s what they've been told** c'est ce qu'on leur a dit; **those are my children** ce sont mes enfants, (pointing out) voilà mes enfants; **do you like** ~**?** vous aimez ça?; ~**'s** ~**!** eh bien voilà!; **before** ~ avant cela; **that's to say...** c'est-à-dire...; **friendship and all** ~[famil] l'amitié et tout ça **b** (~ **one**) celui-là [m], celle-là [f], ceux-là [mpl], celles-là [fpl] ◇ **I prefer this to** ~ je préfère celui-ci à celui-là (or celle-ci à celle-là); **those are his** ceux-là sont à lui; **those who** ceux (or celles) qui **3** adv (so) si ◇ **it's** ~ **high** c'est haut comme ça; **it's not** ~ **cold!** il ne fait pas si froid que ça! **4** rel pron **a** (subject) qui; (object) que; (with prep) lequel [m], laquelle [f], lesquels [mpl], lesquelles [fpl] ◇ **the man** ~ **is...** l'homme qui est...; **the letter** ~ **I sent** la lettre que j'ai envoyée; **the men** ~ **I was speaking to** les hommes auxquels je parlais; **the girl** ~ **I told you about** la jeune fille dont je vous ai parlé **b** (in expressions of time) où ◇ **the evening** ~ **he...** le soir où il... **5** conj que ◇ **he said** ~ **he...** il a dit qu'il...; **so big** ~**...** si grand que...; **so** ~, **in order** ~ pour que + subj, afin que + subj.

thatch [θætʃ] n chaume [m] ◆ **thatched cottage** n chaumière [f].

thaw [θɔ:] **1** n dégel [m]; (fig) détente [f] **2** vt (~ **out**) dégeler **3** vi (gen) dégeler; (of ice, snow) fondre.

the [ði:, weak form ðə] def art le, la, (before vowel or mute 'h') l', les ◇ **of** ~, **from** ~ du, de la, de l', des; **to** ~, **at** ~ au, à la, à l', aux; ~ **prettiest** le plus joli, la plus jolie, les plus joli(e)s; **50p** ~ **pound** 50 pence la livre; **Charles** ~ **First** Charles premier; **Charles** ~ **Second** Charles deux; ~ **Browns** les Brown; **it's THE book just now** c'est le livre à lire en ce moment; **he hasn't** ~ **sense to refuse** il n'a pas assez de bon sens pour refuser.

theatre, (US) **-er** ['θɪətəʳ] n **a** théâtre [m] ◇ **to go to the** ~ aller au théâtre; ~ **company** troupe [f] de théâtre; ~ **ticket** billet [m] de théâtre **b** ◇ **lecture** ~ amphithéâtre [m]; **operating** ~ salle [f] d'opération; ~ **of war** théâtre des hostilités ◆ **theatregoer** n habitué(e) [m(f)] du théâtre ◆ **theatrical** adj théâtral.

thee [ði:] pron (literary) te; (stressed) toi.

theft [θeft] n vol [m].

their [ðɛəʳ] poss adj leur (f inv) ◆ **theirs** poss pron le leur, la leur, les leurs ◇ **a friend of** ~ un de leurs amis; **this car is** ~ cette voiture est à eux (or à elles) or leur appartient or est la leur.

them [ðem, weak form ðəm] pers pron pl **a** (direct) les ◇ **I see** ~ je les vois; **I've met her, but I don't know** ~ elle, je l'ai rencontrée, mais eux (or elles), je ne les connais pas **b** (indirect) leur ◇ **I give** ~ **the book** je leur donne le livre; **I'm speaking to** ~ je leur parle **c** (after prep etc) eux [mpl], elles [fpl] ◇ **without** ~ sans eux, sans elles; **it's** ~ ce sont eux; **younger than** ~ plus jeune qu'eux; **some/several of** ~ quelques-uns/plusieurs d'entre eux; **all/both of** ~ tous (or toutes)/tous (or toutes) les deux ◆ **themselves** pers pron pl (reflexive) se; (emphatic) eux-mêmes [mpl], elles-mêmes [fpl] ◇ **they've hurt** ~ ils se sont blessés, elles se sont blessées; **they said to** ~ ils (or elles) se sont dit; **they saw it** ~ ils l'ont vu eux-mêmes (or elles-mêmes); **all by** ~ tout seuls, toutes seules.

theme [θi:m] n thème [m] ◇ ~ **park** parc [m] à thème; ~ **song** chanson [f] principale *(d'un film* etc); (fig) refrain [m] habituel; ~ **tune** indicatif [m] (musical).

then [ðen] **1** adv (gen) alors; (afterwards, moreover) puis ◇ **I'll see him** ~ je le verrai à ce moment-là; **from** ~ **on** dès ce moment-là; **before** ~ avant cela; **I'll have it finished by** ~ je l'aurai fini d'ici là; **until** ~ jusqu'alors; **first to London,** ~ **to Paris** d'abord à Londres, puis à Paris or et ensuite à Paris; ~ **it must be in the sitting room** alors ça doit être au salon; **now** ~**...** alors... **2** adj ◇ **the** ~ **Prime Minister** le Premier ministre de l'époque.

theological [θɪə'lɒdʒɪkəl] adj théologique ◇ ~ **college** séminaire [m].

theology [θɪ'ɒlədʒɪ] n théologie [f].

theoretical [θɪə'retɪkəl] adj théorique ◆ **theoretically** adv théoriquement.

theorist ['θɪərɪst] n théoricien(ne) [m(f)].

theory ['θɪərɪ] n théorie [f] ◇ **in** ~ en théorie.

therapeutic [,θerə'pju:tɪk] adj thérapeutique.

therapist ['θerəpɪst] n thérapeute [mf].

therapy ['θerəpɪ] n thérapie [f].

there [ðɛəʳ] adv **a** (place) y, là ◇ **we shall be** ~ nous y serons, nous serons là; **we left** ~ nous sommes partis de là; **on** ~ là-dessus; **in** ~ là-dedans; **back** ~, **down** ~, **over** ~ là-bas; **he lives round** ~ il habite par là; (further, away) il habite par là-bas; **here and** ~ çà et là; **from** ~ de là; ~ **and then** sur-le-champ; **he's not all** ~[famil] il est un peu demeuré **b** ◇ ~ **is,** ~ **are** il y a; ~ **are 3 apples left** il reste 3 pommes; ~ **comes a time when...** il vient un moment où... **c** ◇ (pointing out etc) ~ **is,** ~ **are** voilà; ~ **he is!** le voilà!; **that man** ~ cet homme-là; ~, **what did I tell you?** alors, qu'est-ce que je t'avais dit?; ~, ~! allons, allons! ◆ **thereabouts** adv (place) près de là ◇ **£5 or** ~ environ 5 livres ◆ **thereafter** adv par la suite ◆ **thereby** adv de cette façon ◆ **therefore** adv donc, par conséquent ◆ **thereupon** adv sur ce.

thermal ['θɜ:məl] adj (underwear) en thermolactyl ®.

thermodynamic ['θɜ:məʊdaɪ'næmɪk] adj thermodynamique.

thermometer [θə'mɒmɪtəʳ] n thermomètre [m].

Thermos ['θɜ:məs] n ® (~ **flask**) thermos [f].

thermostat ['θɜ:məstæt] n thermostat [m].

these [ði:z] pl of *this*.

thesis ['θi:sɪs], pl **-ses** n thèse [f].

they [ðeɪ] pers pron pl **a** ils [mpl], elles [fpl] ◇ ~ **have gone** ils sont partis, elles sont parties; **here ~ are!** les voici!; **they didn't do it, I did** ce ne sont pas eux qui l'ont fait, c'est moi **b** (people in general) on ◇ ~ **say that...** on dit que....

thick [θɪk] **1** adj (gen) épais, [f] -aisse; (famil: stupid) bête ◇ **wall 50 cm ~** mur de 50 cm d'épaisseur; (full of) ~ **with** plein de; (fig) **that's a bit ~!** [famil] ça, c'est un peu exagéré!; **they are as ~ as thieves** ils s'entendent comme larrons en foire **2** adv (spread, lie) en couche épaisse; (cut) en tranches épaisses **3** n ◇ **in the ~ of** au plus fort de; **through ~ and thin** à travers toutes les épreuves ♦ **thicken** vt (sauce) épaissir ♦ **thick-knit** adj en grosse laine ♦ **thickly** adv (spread) en une couche épaisse; (cut) en tranches épaisses; (wooded, populated) très ◇ **the snow fell ~** la neige tombait dru ♦ **thickness** n (gen) épaisseur [f] ♦ **thick-skinned** adj (fig: person) peu sensible.

thief [θi:f], pl **thieves** n voleur [m], [f] -euse ◇ **stop ~!** au voleur! ♦ **thieve** vti voler.

thigh [θaɪ] n cuisse [f] ◇ ~ **boots** cuissardes [fpl] ♦ **thighbone** n fémur [m].

thimble ['θɪmbl] n dé [m] (à coudre).

thin [θɪn] **1** adj **a** (gen) mince; (glass, nose, leg) fin ◇ (of person) **to get ~(ner)** maigrir; **as ~ as a rake** maigre comme un clou **b** (gen) peu épais, [f] -aisse; (cream, honey) liquide; (voice) grêle ◇ **he's rather ~ on top** [famil] il n'a plus beaucoup de cheveux; (fig) **to vanish into ~ air** se volatiliser **c** (profits) maigre; (excuse) peu convaincant **2** adv (spread) en une couche mince; (cut) en tranches minces **3** vti (~ **down:** liquid) délayer; (~ **out:** trees, hair) éclaircir ◇ **his hair is ~ning** il perd ses cheveux ♦ **thinly** adv (cut) en tranches minces; (spread) en couche mince; (wooded) peu ♦ **thinness** n minceur [f]; maigreur [f] ♦ **thin-skinned** adj (fig: person) susceptible.

thine [ðaɪn] poss pron, adj (literary) ton, ta, tes; le tien etc.

thing [θɪŋ] n **a** (gen) chose [f] ◇ **what's that ~?** qu'est-ce que c'est que cette chose-là?; **the ~ he loves most is...** ce qu'il aime le plus au monde c'est...; **as ~s are** dans l'état actuel des choses; **the best ~ would be...** le mieux serait...; **how are ~s with you?** et vous, comment ça va?; **the ~ is, she'd seen him** ce qu'il y a, c'est qu'elle l'avait vu; **for one ~..., and for another ~...** d'abord..., et en plus...; **it's just one of those ~s** ce sont des choses qui arrivent; **it's just one ~ after another** les embêtements se succèdent; **not a ~** strictement rien; **he's doing his own ~** [famil] il fait ce qui lui plaît; **he has got a ~ about spiders** [famil] il a horreur des araignées; **he has got a ~ about blondes** [famil] il a un faible pour les blondes; **that's just the ~ for me** c'est tout à fait ce qu'il me faut; **yoga is the ~ nowadays** le yoga c'est le truc [famil] à la mode aujourd'hui; **the latest ~ in hats** un chapeau dernier cri **b** ◇ (belongings etc) **~s** affaires [fpl]; **swimming ~s** affaires de bain; **the first-aid ~s** la trousse de secours ♦ **thingumajig** [famil] or **thingummy** [famil] n machin [famil] [m], truc [famil] [m].

think [θɪŋk] (vb: pret, ptp *thought*) **1** vti **a** (gen) penser (*of, about* à; *of, about doing* à faire); (more carefully) réfléchir (*of, about* à) ◇ ~ **what you're doing** pense or réfléchis à ce que tu fais; ~ **tank** groupe [m] d'experts; **to ~ carefully** bien réfléchir; **let me ~** laissez-moi réfléchir; **I'll ~ about it** j'y penserai; **what are you ~ing about?** à quoi pensez-vous?; **to ~ of** or **up** (gen) avoir l'idée de (*doing* faire); (solution) trouver; **what will he ~ of next?** qu'est-ce qu'il va encore inventer?; **I can't ~ of her name** je n'arrive pas à me rappeler son nom; **I wouldn't ~ of such a thing!** ça ne me viendrait jamais à l'idée!; **he ~s of nobody but himself** il ne pense qu'à lui; **he's got his children to ~ of** il faut qu'il pense à ses enfants; **to ~ back** essayer de se souvenir (*to* de); **to ~ out** (problem) étudier; (answer) préparer; **to ~ sth over** bien réfléchir à qch; **to ~ sth through** examiner qch en détail.

b (imagine) imaginer ◇ ~ **what we could do** imagine ce que nous pourrions faire; **just ~!** imagine un peu!; **who would have thought it!** qui l'aurait dit!; **to ~ that she's only 10!** quand on pense qu'elle n'a que 10 ans!

c (believe, have as opinion) penser (*of* de; *that* que); croire (*that* que) ◇ **I ~ so** je pense or crois que oui; **I ~ not** je pense or crois que non; **I thought as much!** je m'en doutais!; **she's pretty, don't you ~?** elle est jolie, tu ne trouves pas?; **I ~ that** je crois que + indic; **I don't ~ that** je ne crois pas que + subj; **you must ~ me very rude** vous devez me trouver très impoli; **he ~s he is intelligent** il se croit intelligent; **they are thought to be rich** ils passent pour être riches; **to ~ a lot of sb** avoir une haute opinion de qn; **I don't ~ much of him** je n'ai pas une haute opinion de lui; **I don't ~ much of that** cela ne me semble pas très bon; **he thought better of it** il a changé d'avis; **to my way of ~ing** à mon avis.

2 n ◇ **to have a ~** [famil] **about sth** penser à qch ♦ **thinker** n penseur [m], [f] -euse ♦ **thinking** n (thoughts) opinions [fpl] (*on, about* sur) ◇ **I'll have to do some** ~ il va falloir que je réfléchisse; **to put one's** ~ **cap on** réfléchir.

thinner ['θɪnəʳ] n diluant [m].

third [θɜːd] **1** adj troisième ◇ ~ **person**, (Law) ~ **party** tiers [m]; ~ **party insurance** (assurance [f]) responsabilité [f] civile; ~ **time lucky!** la troisième fois sera la bonne; **the** ~ **finger** le majeur; **the T**~ **World** le Tiers-Monde **2** n troisième [mf]; (fraction) tiers [m]; (Mus) tierce [f] ◇ (~ **gear**) **in** ~ en troisième → for phrases **sixth** **3** adv troisièmement ♦ **thirdly** adv troisièmement ♦ **third-rate** adj de qualité très inférieure.

thirst [θɜːst] n soif [f] (*for* de).

thirsty ['θɜːstɪ] adj ◇ **to be** or **feel** ~ avoir soif (*for* de); **it makes you** ~ ça donne soif.

thirteen [θɜː'tiːn] **1** adj, n treize [m inv] **2** pron treize [mfpl] → for phrases **six** ♦ **thirteenth** adj, n treizième [mf].

thirty ['θɜːtɪ] **1** adj, n trente [m inv] ◇ **about** ~ une trentaine; **about** ~ **books** une trentaine de livres **2** pron trente [mfpl] → for other phrases **sixty.** ♦ **thirtieth** adj, n trentième [mf]; (fraction) trentième [m].

this [ðɪs], pl **these** **1** dem adj ce (before vowel and mute 'h' cet), cette [f], ces [mfpl] ◇ ~ **book** ce livre; (as opposed to 'that one') ce livre-ci; ~ **man** cet homme(-ci); ~ **woman** cette femme(-ci); **these books** ces livres(-ci); ~ **week** cette semaine; ~ **coming week** la semaine prochaine; ~ **chair over here** cette chaise-ci **2** dem pron **a** ceci, ce ◇ **what is** ~**?** qu'est-ce que c'est?; **who's** ~**?** qui est-ce?; ~ **is my son** (in introduction) je vous présente mon fils; (in photo etc) c'est mon fils; (on phone) ~ **is Joe Brown** Joe Brown à l'appareil; ~ **is what he showed me** voici ce qu'il m'a montré; ~ **is where we live** c'est ici que nous habitons; **after** ~ après ceci; **before** ~ auparavant; **at** ~ sur ce; **what's all** ~ **I hear about your new job?** qu'est-ce que j'apprends, vous avez un nouvel emploi? **b** (~ **one**) celui-ci [m], celle-ci [f], ceux-ci [mpl], celles-ci [fpl] ◇ **I prefer that to** ~ je préfère celui-là à celui-ci (or celle-là à celle-ci) **3** adv ◇ ~ **long** aussi long que ça; ~ **far** jusqu'ici.

thistle ['θɪsl] n chardon [m].

tho' [ðəʊ] abbr of *though.*

thorax ['θɔːræks] n thorax [m].

thorn [θɔːn] n épine [f].

thorough ['θʌrə] adj (work, worker) consciencieux, [f] -ieuse; (search, research) minutieux, [f] -ieuse; (knowledge, examination) approfondi ♦ **thoroughbred** n pur-sang [m inv] ♦ **thoroughfare** n (street) rue [f]; (public highway) voie [f] publique ◇ **'no** ~**'** 'passage [m] interdit' ♦ **thoroughly** adv (gen) à fond; (understand) parfaitement; (very) tout à fait.

those [ðəʊz] pl of *that.*

thou [ðaʊ] pers pron (literary) tu; toi.

though [ðəʊ] **1** conj (also **even** ~) bien que + subj, quoique + subj ◇ **strange** ~ **it is** si or pour étrange que cela soit; **as** ~ (gen) comme si; **it looks as** ~ il semble que + subj **2** adv pourtant ◇ **it's not easy** ~ ce n'est pourtant pas facile.

thought [θɔːt] pret, ptp of *think* n pensée [f] ◇ **after much** ~ après mûre réflexion; **don't give it another** ~ n'y pensez plus; **what a** ~**!** [famil] imagine un peu!; **what a lovely** ~**!** [famil] comme ça serait bien!; **that's a** ~**!** [famil] tiens, mais c'est une idée; **the mere** ~ **of it** rien que d'y penser; **deep in** ~ plongé dans ses pensées; **to give up all** ~ **of doing** renoncer à toute idée de faire; **it's the** ~ **that counts** c'est l'intention [f] qui compte ♦ **thoughtful** adj (pensive) pensif, [f] -ive; (serious) sérieux, [f] -ieuse; (considerate: person) prévenant; (act, invitation) gentil, [f] -ille ♦ **thoughtless** adj (behaviour, words) irréfléchi ◇ **he's very** ~ il se soucie fort peu des autres.

thousand ['θaʊzənd] adj, n mille [m inv] ◇ **a** or **one** ~ mille; **a** or **one** ~ **and one** mille (et) un; **a** or **one** ~ **and two** mille deux; **a** ~ **houses** mille maisons; **five** ~ cinq mille; **about a** ~ **miles** un millier de miles; **two** ~ deux mille; **two** ~ **and one** deux mille un; **two** ~ **and two** deux mille deux; (fig) ~**s** [famil] **of** des milliers de ♦ **thousandth** adj, n millième [mf]; (fraction) millième [m].

thrash [θræʃ] vt donner une bonne correction à ◇ (fig) **to** ~ **out** (problem) démêler; (plan) mettre au point.

thread [θred] **1** n fil [m] ◇ (fig) **to lose the** ~ **of what one is saying** perdre le fil de son discours **2** vt (needle, beads) enfiler; (cotton) faire passer (*through* à travers); (film) monter (*on to* sur) ◇ **to** ~ **one's way through** se faufiler à travers ♦ **threadbare** adj usé.

threat [θret] n menace [f] (*to* pour).

threaten ['θretn] vti menacer (*with* de; *to do* de faire) ♦ **threatening** adj (gen) menaçant; (letter) de menaces.

three [θriː] **1** adj, n trois [m inv] ◇ (Sport) **the best of** ~ deux jeux et la belle **2** pron trois [mfpl] → for other phrases **six** ♦ **three-legged** adj (table) à trois pieds; (race) de pieds liés ♦ **three-piece suite** n salon [m] *(canapé et deux fauteuils)* ♦ **three-ply** adj (wool) à trois fils [inv] ♦ **three-wheeler** n (car) voiture [f] à trois roues; (tricycle) tricycle [m].

thresh [θreʃ] vt (corn etc) battre.

threshold ['θreʃhəʊld] n seuil [m].

threw [θruː] pret of *throw.*

thrice [θraɪs] adv trois fois.

thrift [θrɪft] n économie [f].

thrifty ['θrɪftɪ] adj économe.

thrill [θrɪl] **1** n (gen) frisson [m] ◇ **what a ~!** quelle émotion!; **to get a ~ out of doing sth** se procurer des sensations fortes en faisant qch **2** vt électriser ◆ **thrilled** adj ravi ◆ **thriller** n roman [m] (or film [m]) à suspense ◆ **thrilling** adj excitant.

thrive [θraɪv] vi être florissant ◇ **they ~ on it** cela leur réussit; **she ~s on hard work** le travail lui réussit ◆ **thriving** adj florissant.

throat [θrəʊt] n gorge [f] ◇ **I have a sore ~** j'ai mal à la gorge; (fig) **that sticks in my ~** je n'arrive pas à accepter ça.

throb [θrɒb] vi (gen) battre; (of engine) vibrer ◇ **my arm is ~bing** j'ai des élancements dans le bras.

throes [θrəʊz] npl ◇ **in the ~ of** au beau milieu de; **death ~** agonie [f].

throne [θrəʊn] n trône [m] ◇ **to come to the ~** monter sur le trône.

throng [θrɒŋ] **1** n foule [f] **2** vi se presser (*round* autour de).

throttle ['θrɒtl] **1** n (motorbike) papillon [m] des gaz **2** vt (strangle) étrangler.

through [θru:] **1** adv (gen) à travers ◇ **just go ~** passez donc; **to let sb ~** laisser passer qn; (in exam) **did you get ~?** as-tu été reçu?; **all night ~** toute la nuit; **~ and ~** complètement; **read it right ~** lis-le jusqu'au bout; (Telec) **you're ~ now** vous avez votre correspondant; **I'm ~** [famil] (I've finished) ça y est, j'ai fini; **he told me we were ~** [famil] il m'a dit que c'était fini entre nous **2** prep **a** (place) à travers ◇ **to go ~** (gen) traverser; (hedge) passer au travers de; (red light) griller; (fig: sb's luggage) fouiller; **to look ~ a window** regarder par une fenêtre; **he has really been ~ it** [famil] il en a vu de dures [famil]; **I'm half-way ~ the book** j'en suis à la moitié du livre **b** (time) pendant ◇ **all ~ his life** pendant toute sa vie; (US) **Monday ~ Friday** de lundi à vendredi **c** (by, from) par; (because of) à cause de ◇ **~ the post** par la poste; **it was all ~ him that...** c'est à cause de lui que...; **I heard it ~ my sister** je l'ai appris par ma sœur **3** adj (train) direct ◇ **the ~ traffic** la circulation de passage; **'no ~ road'** 'voie sans issue' ◆ **throughout** prep **a** (place) partout dans **b** (time) pendant ◇ **~ his career** tout au long de sa carrière ◆ **throughway** n (US) voie [f] express.

throw [θrəʊ] (vb: pret *threw*, ptp *thrown*) **1** n (of ball etc) jet [m]; (in table games) tour [m]. **2** vti (gen) jeter (*to, at* à; *over* sur; *into* dans; *into jail* en prison); (ball etc) lancer; (dice) jeter; (kiss) envoyer (*to* à); (pottery) tourner; (fig: responsibility etc) rejeter (*on* sur); (famil: party) organiser (*for sb* en l'honneur de qn); (famil: disconcert) décontenancer ◇ (dice) **to ~ a six** avoir un six; (in accident) **to be ~n clear of the car** être projeté hors de la voiture; **to ~ o.s. to the ground** se jeter à terre; **to be ~n about** être ballotté; (fig) **to ~ one's weight about** faire l'important; **to ~ away** (rubbish) jeter; (one's life etc) gâcher; **to ~ back** renvoyer (*to* à); (one's head etc) rejeter en arrière; **to ~ o.s. down** se jeter à terre; **to ~ in** (into box) jeter; (fig: reference) mentionner en passant; (included) **with meals ~n in** repas compris; **to ~ sth off** se débarrasser de qch; **to ~ on** (clothes) enfiler à la hâte; **to ~ out** (rubbish) jeter; (person) expulser; (proposal) repousser; (make wrong: calculation etc) fausser; **to ~ over** abandonner; **to ~ together** (pack) rassembler; (make) faire en vitesse; **to ~ up** (ball) lancer en l'air; (arms) lever; (famil: vomit) vomir; (famil: give up) abandonner; **to ~ open** ouvrir (tout grand); **to ~ sb into confusion** jeter la confusion dans l'esprit de qn; (fig: disconcert) **I was quite ~n when...** je n'en revenais pas quand... ◆ **throwaway** adj (packaging) à jeter; (remark) qui n'a l'air de rien ◆ **throw-in** n (Ftbl) rentrée [f] en touche.

thru [θru:] (US) = **through.**

thrush [θrʌʃ] n **a** (bird) grive [f] **b** (Med) muguet [m].

thrust [θrʌst] (vb: pret, ptp *thrust*) **1** n poussée [f]; (famil fig: energy) dynamisme [m] **2** vt (push: gen) pousser brusquement; (finger, dagger) enfoncer (*into* dans; *between* entre); (sth into drawer etc) fourrer [famil] (*into* dans); (fig: responsibility) imposer (*upon sb* à qn) ◇ **to ~ aside** écarter brusquement.

thruway ['θru:weɪ] n = **throughway.**

thud [θʌd] **1** n bruit [m] sourd **2** vi faire un bruit sourd (*against* en heurtant).

thug [θʌg] n voyou [m].

thumb [θʌm] **1** n pouce [m] ◇ **~ index** répertoire [m] à onglets; (fig) **to be all ~s** être très maladroit **2** vt (book) feuilleter ◇ **to ~ a lift to Paris** aller à Paris en stop [famil].

thump [θʌmp] **1** n (blow) grand coup [m] de poing; (sound) bruit [m] lourd et sourd ◇ **to fall with a ~** tomber lourdement **2** vt (gen) taper sur **3** vi taper (*on* sur; *at* à); (of heart) battre fort.

thunder ['θʌndəʳ] **1** n tonnerre [m]; (fig: loud noise) fracas [m] **2** vi (weather) tonner ◇ **the train ~ed past** le train est passé dans un grondement de tonnerre ◆ **thunderbolt** n coup [m] de foudre ◆ **thunderstorm** n orage [m] ◆ **thunderstruck** adj abasourdi.

Thursday ['θɜ:zdɪ] n jeudi [m] → for phrases **Saturday.**

thus [ðʌs] adv ainsi.

thwart [θwɔ:t] vt (plan) contrecarrer ◇ (of person) **to be ~ed** essuyer un échec.

thyme [taɪm] n thym [m].

thyroid ['θaɪrɔɪd] n (**~ gland**) thyroïde [f].

ti [ti:] n (Mus) si [m].

tiara [tɪ'ɑ:rə] n diadème [m].

Tibet [tɪ'bet] n Tibet [m] ◇ **in** or **to ~** au Tibet ◆ **Tibetan** 1 adj tibétain 2 n Tibétain(e) [m(f)]; (language) tibétain [m].

tick [tɪk] 1 n a (of clock) tic-tac [m] ◇ **just a ~!** [famil] un instant! b (mark) coche [f] ◇ **to put a ~ against sth** cocher qch; (credit) **on ~** [famil] à crédit c (on body) tique [f] 2 vt (also **~ off**) cocher; (answer etc) marquer juste ◇ **to ~ sb off** [famil] réprimander qn 3 vi (of clock etc) faire tic-tac ◇ (fig) **I don't know what makes him ~** [famil] il est un mystère pour moi; **to ~ over** (of engine) tourner au ralenti; (fig: of business) aller tout doux ◆ **ticker-tape** n ≃ serpentin [m] ◇ **to get a ~ welcome** être accueilli par une pluie de serpentins ◆ **tick-tock** n tic-tac [m].

ticket ['tɪkɪt] n (gen) billet [m] (*for* pour); (bus, tube, cashdesk, cloakroom) ticket [m]; (for left luggage) bulletin [m]; (for library) carte [f]; (label) étiquette [f] ◇ **coach ~** billet de car; **~ agency** agence [f] de spectacles; **~ collector** contrôleur [m]; **~ holder** personne [f] munie d'un billet; **~ office** guichet [m]; **to buy a ~** prendre un billet; (of driver) **to get a ~ for parking** attraper une contravention pour stationnement illégal.

tickle ['tɪkl] vti (gen) chatouiller ◇ **to be ~d pink** [famil] (pleased) être heureux, [f] -euse comme tout; (amused) rire aux larmes ◆ **ticklish** adj (person) chatouilleux, [f] -euse.

tiddlywinks ['tɪdlɪˌwɪŋks] n jeu [m] de puce.

tide [taɪd] 1 n marée [f]; (fig: of events) cours [m] ◇ **at high ~** à marée haute; **at low ~** à marée basse; (fig) **the ~ has turned** la chance a tourné; **to go against the ~** aller à contre-courant 2 vt ◇ **to ~ sb over** dépanner [famil] qn (*till* en attendant) ◆ **tidal** adj (river) qui a des marées ◇ **~ wave** raz-de-marée [m inv] ◆ **tidemark** n laisse [f] de haute mer; (on bath) ligne [f] de crasse.

tidily ['taɪdɪlɪ] adv soigneusement, avec soin.

tidy ['taɪdɪ] 1 adj a (objects, place) bien rangé; (dress, hair, work) net, [f] nette; (person: appearance) soigné; (character) ordonné ◇ **to have a ~ mind** avoir l'esprit méthodique b [famil] considérable ◇ **a ~ sum** une jolie somme; **a ~ bit of his salary** une bonne partie de son salaire 2 n (in car, cupboard etc) vide-poches [m inv] 3 vti (**~ away, ~ out, ~ up**) ranger ◇ **to ~ o.s. up** s'arranger.

tie [taɪ] 1 n a (neck~) cravate [f]; (on garment, curtain) attache [f] ◇ (on invitation) **black ~** smoking [m]; **white ~** habit [m]; **family ~s** (links) liens [mpl] de famille; (responsibilities) attaches [fpl] familiales b ◇ (Sport) **the match ended in a ~** les deux équipes ont fait match nul; **there was a ~ for second place** il y avait deux ex æquo en seconde position; **cup ~** match [m] de coupe 2 vt (fasten: also **~ on, ~ down, ~ together**) attacher (*to* à); (knot) nouer (*to* à); (shoes) lacer; (link) lier (*to* à) ◇ **to ~ back** retenir en arrière; (fig) **to ~ sb down to sth** obliger qn à faire qch; (fig) **can you ~ it in with...?** pouvez-vous le combiner avec...?; **to ~ up** (gen) attacher (*to* à); (fig: money) immobiliser; (conclude) régler; (fig) **to be ~d up** (linked) être lié (*with* avec); (busy) être très pris; (production etc) être arrêté; (fig) **his hands are ~d** il a les mains liées; **to ~ a knot in sth** faire un nœud à qch; **to get ~d in knots** (rope etc) faire des nœuds; (fig: person) s'embrouiller; **are we ~d to this plan?** sommes-nous obligés de nous en tenir à ce projet? 3 vi (in match) faire match nul; (in race, competition) être ex æquo ◇ **they ~d for first place** ils ont été premiers ex æquo ◆ **tie-break(er)** n (Tennis) tie-break [m]; (in quiz) question [f] subsidiaire ◆ **tiepin** n épingle [f] de cravate ◆ **tie-up** n lien [m].

tier [tɪəʳ] n (in stadium etc) gradin [m]; (of cake) étage [m].

tiff [tɪf] n prise [f] de bec [famil].

tiger ['taɪgəʳ] n tigre [m].

tight [taɪt] 1 adj (not loose: rope) tendu; (garment) ajusté; (too ~) trop étroit; (belt, shoes) qui serre; (tap, lid) dur; (credit, knot, knitting) serré; (budget) juste; (restrictions, control) sévère; (schedule) très chargé; ([famil]: drunk) soûl ◇ **my shoes are too ~** mes chaussures me serrent; **it will be ~ but we'll make it** ce sera juste, mais nous y arriverons; (fig) **in a ~ corner** dans une situation difficile; **money is very ~** l'argent est rare 2 adv (close, hold) bien ◆ **tighten** vti (**~ up**: rope) tendre; (screw, wheel) resserrer; (restrictions) renforcer ◇ **to ~ one's belt** se serrer la ceinture; (fig) **to ~ up on sth** devenir plus strict en matière de qch ◆ **tight-fisted** adj avare ◆ **tight-fitting** adj (garment) ajusté; (lid etc) qui ferme bien ◆ **tightly** adv (close, hold) bien ◆ **tightrope** n corde [f] raide ◇ **~ walker** funambule [mf] ◆ **tights** npl collant [m].

tile [taɪl] n (on roof) tuile [f]; (on floor, wall) carreau [m] ◆ **tiled** adj (roof) en tuiles; (floor etc) carrelé ◆ **tiling** n (tiles: for roof) tuiles [fpl]; (for floor, wall) carrelage [m].

1. **till** [tɪl] = **until.**

2. **till** [tɪl] n (for cash) caisse [f].

3. **till** [tɪl] vt (the soil) labourer.

tiller ['tɪləʳ] n barre [f] *(gouvernail)*.

tilt [tɪlt] 1 n (slope) inclinaison [f] ◇ (speed) **at full ~** à toute vitesse 2 vti pencher.

timber [ˈtɪmbəʳ] 1 n bois [m] de construction 2 adj (fence etc) en bois ◆ **timber merchant** n négociant [m] en bois ◆ **timberyard** n chantier [m] de bois.

time [taɪm] 1 n a (gen) temps [m] ◇ **~ and space** le temps et l'espace; **~ will tell if...** le temps dira si...; **with ~, in ~, as ~ goes by** avec le temps; **it takes ~** ça prend du temps; (fig) **I've no ~ for that sort of thing** ce genre de chose m'agace; **I've enough ~ to go there** j'ai le temps d'y aller; **we've got plenty of ~, we've all the ~ in the world** nous avons tout notre temps; **in no ~ at all** en un rien de temps; **it took me a lot of ~ to do it** il m'a fallu pas mal de temps pour le faire; **for some of the ~** pendant une partie du temps; **most of the ~** la plupart du temps; **all the ~** (the whole ~) tout le temps; (from the start) dès le début; **your ~ is up** (in exam, visit etc) c'est l'heure; **~ off** temps libre; **in good ~ for** en avance pour; **all in good ~!** chaque chose en son temps!; **to be working against ~** travailler d'arrache-pied; **for the ~ being** pour le moment.
b ◇ (period, length of ~) **for a ~** pendant un certain temps; **a long ~** longtemps; **it's a long ~ since...** il y a bien longtemps que...; **a short ~** peu de temps; **for a short ~** (pendant) un moment; **in a short ~ they had...** bientôt ils avaient...; **I waited for some ~** j'ai attendu assez longtemps; **some ~ ago** il y a quelque temps; **it won't be ready for some ~** ce ne sera pas prêt avant un certain temps; **in 2 weeks' ~** dans 2 semaines; **to work full ~** travailler à plein temps.
c (era: often pl) époque [f] ◇ **in Gladstone's ~** à l'époque de Gladstone; **in former ~s** dans le temps, jadis; **before my ~** (before I was born) avant ma naissance; (before I came here) avant mon arrivée; **to be behind the ~s** être vieux jeu [inv]; **at the best of ~s** déjà quand tout va bien; **to have a bad ~ (of it)** en voir de dures [famil]; **to have a good ~** bien s'amuser; **to have the ~ of one's life** s'amuser comme un fou; **a tense ~** une période très tendue (*for* pour).
d (by clock) heure [f] ◇ **what is the ~?, what ~ is it?** quelle heure est-il?; **the right ~** l'heure exacte; **the ~ is 10.30** il est 10. 30; **what ~ is he arriving?** à quelle heure est-ce qu'il arrive?; **it keeps good ~** c'est toujours à l'heure; **at this ~ of night** à cette heure de la nuit; **behind ~** en retard; **just in ~** juste à temps (*for sth* pour qch; *to do* pour faire); **on ~** à l'heure; **it's ~** c'est l'heure (*for sth* de qch; *to do* de faire); **it's ~ I was going** il est temps que je m'en aille; **it's high ~ that** il est grand temps que + subj; **and about ~!** et ce n'est pas trop tôt!
e (point of ~) moment [m] ◇ **at the** or **that ~** à ce moment-là; **at the present ~** en ce moment, actuellement; **at one ~** à un moment donné; **at ~s** par moments; **at his ~ of life** à son âge; **at an inconvenient ~** à un moment inopportun; **come at any ~** venez n'importe quand; **at this ~ of year** à cette époque de l'année; **two at the same ~** deux à la fois; **at the same ~ as** en même temps que; **this ~ next year** dans un an; **this ~ tomorrow** demain à cette heure-ci; **this ~ last week** il y a exactement huit jours; **in between ~s** entre-temps; **from ~ to ~** de temps en temps; **from that ~** or **this ~ on** (+ past) à partir de ce moment; **from this ~ on** (+ future) désormais; **now's the ~** c'est le moment; **when the ~ comes** quand le moment viendra; **the ~ has come to do...** il est temps de faire....
f (occasion) fois [f] ◇ **this ~** cette fois; **next ~ you come** la prochaine fois que vous viendrez; **each ~** chaque fois; **at other ~s** d'autres fois; **many ~s** bien des fois; **~ after ~, ~ and ~ again** maintes et maintes fois; **last ~** la dernière fois; **some ~ or other** un jour ou l'autre; **I remember the ~ when** je me rappelle le jour où; **2 at a ~** 2 par 2, (stairs, steps) 2 à 2; **for weeks at a ~** pendant des semaines entières.
g (multiplying) fois [f] ◇ **2 ~s 3 is 6** 2 fois 3 (font) 6; **10 ~s as big** 10 fois plus grand (*as* que).
h (Mus etc) mesure [f] ◇ **in ~** en mesure (*to, with* avec); **to keep ~** rester en mesure.
2 adj (bomb) à retardement ◇ **~ exposure** pose [f]; **to set a ~ limit** fixer une limite de temps (*on, for* pour); **it's a great ~-saver** ça fait gagner beaucoup de temps; **~ share** (house) maison [f] (or appartement [m]) en multipropriété; (Rad) **~ signal** signal [m] horaire; **~ switch** minuteur [m]; **~ trial** course [f] contre la montre; **~ warp** distorsion [f] du temps; **~ zone** fuseau [m] horaire.
3 vt a (**choose ~ of:** visit) fixer (*for* à); (remark) choisir le moment de ◇ **it was ~d to begin at...** le commencement était fixé pour... b (**count ~ of:** worker etc) chronométrer; (piece of work) calculer le temps de; (egg) minuter la cuisson de ◆ **time and motion study** n étude [f] des cadences ◆ **time-consuming** adj qui prend du temps ◆ **time-lag** n décalage [m] ◆ **timeless** adj éternel, [f] -elle ◆ **timely** adj à propos ◆ **timer** n compte-minutes [m inv]; (with sand) sablier [m]; (on machine etc) minuteur [m]; (on car) distributeur [m] d'allumage ◆ **timetable** n (Rail etc) horaire [m]; (in school) emploi [m] du temps ◆ **time-wasting** 1 adj qui fait perdre du temps 2 n perte [f] de temps ◆ **timing** n (on car) réglage [m] de

l'allumage; (of musician etc) sens [m] du rythme; (of actor) minutage [m] ◇ **the ~ of this demonstration** le moment choisi pour cette manifestation.

timid ['tɪmɪd] adj (shy) timide; (unadventurous) timoré.

timpani ['tɪmpənɪ] npl timbales [fpl].

tin [tɪn] **1** n **a** étain [m]; (~**plate**) fer-blanc [m] **b** (can) boîte [f] en fer-blanc; (mould) moule [m]; (dish) plat [m] **2** adj (made of ~) en étain (or fer-blanc); (soldier) de plomb; (mine) d'étain ◇ ~ **can** boîte [f] (en fer-blanc); ~ **hat** casque [m]; ~ **whistle** flûteau [m] ◆ **tinfoil** n papier [m] d'aluminium ◆ **tinned** adj en boîte, en conserve ◆ **tin-opener** n ouvre-boîtes [m].

tinge [tɪndʒ] vt teinter (*with* de).

tingle ['tɪŋgl] vi picoter; (with excitement) frissonner.

tinker ['tɪŋkəʳ] **1** n romanichel(le) [m(f)] **2** vi bricoler (*with sth* qch).

tinkle ['tɪŋkl] **1** vi tinter **2** n tintement [m] ◇ (Telec) **to give sb a ~** [famil] passer un coup de fil à qn.

tinsel ['tɪnsəl] n guirlandes [fpl] de Noël (argentées).

tint [tɪnt] vt teinter (*with* de) ◇ **to ~ one's hair** se faire un shampooing colorant.

tiny ['taɪnɪ] adj tout petit.

1. **tip** [tɪp] n (end: gen) bout [m]; (pointed) pointe [f] ◇ (fig) **it's on the ~ of my tongue** je l'ai sur le bout de la langue; (fig) **the ~ of the iceberg** la partie émergée de l'iceberg ◆ **tipped** adj (cigarettes) filtre [inv] ◆ **tiptoe** n ◇ **on ~** sur la pointe des pieds.

2. **tip** [tɪp] **1** n **a** (gratuity) pourboire [m] ◇ **the ~ is included** le service est compris **b** (advice) conseil [m]; (information; also Racing) tuyau [famil] [m] **2** vt **a** donner un pourboire à ◇ **to ~ sb 5 francs** donner 5 F de pourboire à qn **b** (horse) pronostiquer la victoire de ◇ (fig) **he was ~ped for the job** on avait pronostiqué qu'il serait nommé; **to ~ off** (gen) donner un tuyau [famil] à (*about sth* sur qch); (police) prévenir ◆ **tip-off** n tuyau [famil] [m] ◇ **to get a ~ (from sb)** se faire tuyauter (par qn).

3. **tip** [tɪp] **1** n (for rubbish) décharge [f] **2** vt (~ **over**, ~ **up**) incliner; (overturn) renverser; (~ **out**: liquid) verser; (solids) déverser (*into* dans; *out of* de) **3** vi pencher ◇ **to ~ up** (of seat) se rabattre; (of truck) basculer ◆ **tipping** n ◇ **'no ~'** 'défense de déposer des ordures'.

Tipp-Ex ['tɪpeks] ® **1** n Tippex [m] ® **2** vt ◇ **(~ out)** blanchir au Tippex ®.

tipsy ['tɪpsɪ] adj éméché.

1. **tire** ['taɪəʳ] n (US) = **tyre.**

2. **tire** ['taɪəʳ] **1** vt fatiguer ◇ **to ~ sb out** épuiser qn **2** vi se lasser (*of doing* de faire) ◆ **tired** adj (person) fatigué; (weary) las, [f] lasse ◇ **to be ~ of** en avoir assez de ◆ **tiredness** n fatigue [f] ◆ **tiresome** adj ennuyeux, [f] -euse ◆ **tiring** adj fatigant.

tissue ['tɪʃuː] n tissu [m]; (handkerchief) kleenex [m] ® ◇ ~ **paper** papier [m] de soie.

tit [tɪt] n **a** (bird: ~ **mouse**) mésange [f] **b** ◇ ~ **for tat** un prêté pour un rendu.

titbit ['tɪtbɪt] n (food) friandise [f].

title ['taɪtl] n (gen) titre [m]; (claim) titres [mpl] (*to* à) ◇ (Cine, TV) ~**s** générique [m]; (Sport) ~ **holder** détenteur [m], [f] -trice du titre; ~ **page** page [f] de titre; (Theat) ~ **role** ≃ rôle [m] principal ◆ **titled** adj (person) titré.

titter ['tɪtəʳ] vi rire sottement (*at* de).

TM abbr of *trademark* marque [f] (de fabrique).

to [tuː, weak form tə] **1** prep (gen) à ◇ **to give sth ~ sb** donner qch à qn; **he went ~ the door** il est allé à la porte; **he was walking ~ the door** il marchait vers la porte; **to go ~ school** aller à l'école; **to go ~ town** aller en ville; **to go ~ France** aller en France; **to go ~ Canada** aller au Canada; **to go ~ London** aller à Londres; **the road ~ London** la route de Londres; **boats ~ Cherbourg** les bateaux à destination de Cherbourg; **to go ~ the doctor('s)** aller chez le docteur; **ambassador ~ France** ambassadeur [m] en France; **to count ~ 20** compter jusqu'à 20; **it is 90 km ~ Paris** nous sommes à 90 km de Paris; **from town ~ town** de ville en ville; **50 ~ 60 people** de 50 à 60 personnes; **what's it ~ you?** qu'est-ce que ça peut vous faire?; **assistant ~ the manager** adjoint [m] du directeur; **20 (minutes) ~ 2** 2 heures moins 20; **at quarter ~ 4** à 4 heures moins le quart; **one person ~ a room** une personne par chambre; **here's ~ you!** à la vôtre!; **that's all there is ~ it** c'est aussi simple que ça; ~ **my delight** à ma grande joie **2** particle ◇ (forming infin: shown in French by vb ending) ~ **eat** manger; **I'll try ~** j'essaierai **3** adv ◇ **to go ~ and fro** (person) aller et venir; (train, bus etc) faire la navette (*between* entre).

toad [təʊd] n crapaud [m] ◆ **toad-in-the-hole** n *saucisses cuites dans de la pâte à crêpes* ◆ **toadstool** n champignon vénéneux.

toast [təʊst] **1** n **a** pain [m] grillé, toast [m] ◇ **a piece of ~** un toast; **sardines on ~** sardines [fpl] sur canapé **b** toast [m] (*to sb* à qn) **2** vt **a** (bread) faire griller ◇ ~**ed cheese** toast [m] au fromage **b (drink a ~ to)** porter un toast à ◆ **toaster** n grille-pain [m inv] *(électrique)* ◆ **toast-rack** n porte-toast [m inv].

tobacco [tə'bækəʊ] n tabac [m] ◆ **tobacconist** n ◇ **~'s (shop)** bureau [m] de tabac.

toboggan [tə'bɒgən] n (on runners) luge [f].

today [tə'deɪ] adv, n aujourd'hui ◇ **a week ~** (past) il y a huit jours aujourd'hui; (future) aujourd'hui en huit; **~ is Friday** aujourd'hui c'est vendredi; **~ is wet** il pleut aujourd'hui.

toddler ['tɒdləʳ] n bambin [m].

toddy ['tɒdɪ] n ≃ grog [m].

toe [təʊ] **1** n orteil [m]; (of sock, shoe) bout [m] ◇ (fig) **to keep sb on his ~s** forcer qn à rester alerte **2** vt ◇ (fig) **to ~ the line** obéir ◆ **toenail** n ongle [m] du pied.

toffee ['tɒfɪ] n caramel [m] *(au beurre)*.

together [tə'geðəʳ] adv (gen) ensemble; (simultaneously) en même temps; (sing etc) à l'unisson ◇ **~ with** avec; (famil: fig) **to get it ~** s'organiser ◆ **togetherness** n camaraderie [f].

Togo ['təʊgəʊ] n Togo [m].

toil [tɔɪl] **1** n labeur [m] **2** vi travailler dur.

toilet ['tɔɪlɪt] n (lavatory) toilettes [fpl], waters [famil] [mpl]; (dressing etc) toilette [f] ◇ **~ paper** papier [m] hygiénique; **~ roll** rouleau [m] de papier hygiénique ◆ **toiletries** npl articles [mpl] de toilette.

token ['təʊkən] **1** n (symbol) marque [f]; (disc: for telephone etc) jeton [m]; (voucher) bon [m] ◇ **gift ~** bon-cadeau [m]; **book ~** chèque-livre [m]; **record ~** chèque-disque [m]; **in ~ of** en témoignage de **2** adj symbolique.

told [təʊld] pret, ptp of *tell*.

tolerable ['tɒlərəbl] adj (bearable) tolérable; (fairly good) passable ◆ **tolerably** adv (work etc) passablement; (sure etc) à peu près.

tolerance ['tɒlərəns] n tolérance [f].

tolerant ['tɒlərənt] adj tolérant.

tolerate ['tɒləreɪt] vt tolérer.

1. **toll** [təʊl] n (on motorway etc) péage [m] ◇ **the ~ of the disaster** le bilan de la catastrophe; **the ~ of dead** le nombre des morts ◆ **toll-free number** n (US) numéro [m] vert.

2. **toll** [təʊl] vi (of bell) sonner.

tom ['tɒm] n (**~ cat**) matou [m].

tomato [tə'mɑ:təʊ, *(US)* tə'meɪtəʊ], pl **-es** n tomate [f] ◇ **~ juice** jus [m] de tomates; **~ ketchup** ketchup [m]; **~ sauce** sauce [f] tomate.

tomb [tu:m] n tombeau [m].

tomboy ['tɒmbɔɪ] n garçon [m] manqué.

tombstone ['tu:m,stəʊn] n pierre [f] tombale.

tomorrow [tə'mɒrəʊ] adv, n demain ◇ **a week ~** (past) il y aura huit jours demain; (future) demain en huit; **~ morning** demain matin; **see you ~!** à demain!; **the day after ~** après-demain; **~ will be Saturday** demain ce sera samedi.

ton [tʌn] n tonne [f] (Brit = 1016,06 kg) ◇ **7-~ truck** camion [m] de 7 tonnes; (fig) **~s of** [famil] des tas de [famil].

tone [təʊn] **1** n (gen) ton [m]; (of musical instrument) sonorité [f]; (radio, record player) tonalité [f] ◇ **in low ~s** à voix basse; **in angry ~s** sur le ton de la colère; **to be ~-deaf** ne pas avoir d'oreille; **two-~ car** voiture [f] de deux tons **2** vti (**~ in**) s'harmoniser (*with* avec) ◇ **to ~ down** (colour) adoucir; (language) modérer; **to ~ up** (muscles) tonifier.

tongs [tɒŋz] npl (pair of **~**) pinces [fpl]; (for coal) pincettes [fpl]; (**curling ~**) fer [m] à friser.

tongue [tʌŋ] n langue [f] ◇ **~ in cheek** ironiquement ◆ **tongue-tied** adj muet, [f] muette (fig) ◆ **tongue-twister** n phrase [f] très difficile à prononcer.

tonic ['tɒnɪk] **1** adj tonique **2** n tonique [m] ◇ **~ (water)** ≃ Schweppes [m] ®; **gin and ~** gin-tonic [m].

tonight [tə'naɪt] adv, n (before bed) ce soir; (during sleep) cette nuit.

tonsil ['tɒnsl] n amygdale [f] ◇ **to have one's ~s out** être opéré des amygdales ◆ **tonsillitis** n angine [f]; (formally) amygdalite [f] ◇ **to have ~** avoir une angine.

too [tu:] adv **a** (excessively) trop ◇ **~ hard for me** trop difficile pour moi; **~ hard for me to explain** trop difficile pour que je puisse vous l'expliquer; **I'm not ~ sure about that** je n'en suis pas très certain **b** (also) aussi; (moreover) en plus.

took [tʊk] pret of *take*.

tool [tu:l] n outil [m] ◆ **toolbag** n trousse [f] à outils ◆ **toolbox** n boîte [f] à outils.

toot [tu:t] vti klaxonner.

tooth [tu:θ], pl **teeth** n dent [f] ◇ **front ~** dent de devant; **back ~** molaire [f]; **set of false teeth** dentier [m]; **to have a ~ out** se faire arracher une dent; (fig) **~ and nail** avec acharnement; (fig) **to get one's teeth into sth** se mettre à fond à qch ◆ **toothache** n ◇ **to have ~** avoir mal aux dents ◆ **toothbrush** n brosse [f] à dents ◆ **toothcomb** n peigne [m] fin ◆ **toothpaste** n pâte [f] dentifrice ◆ **toothpick** n cure-dent [m].

top [tɒp] **1** n **a** (highest point: gen) haut [m]; (of tree, hill, head) sommet [m]; (of table, container) dessus [m]; (of list, table, queue) tête [f]; (surface) surface [f]; (roof: of car etc) toit [m] ◇ **at the ~ of** en haut de, au sommet de, en tête de; (in school) **to be ~ of the class** être premier de la classe; **~ of the milk** crème [f] du lait; **the men at the ~** ceux qui sont

au pouvoir; **to sit at the ~ of the table** être assis à la place d'honneur; **the one on ~** celui qui est en dessus; (fig) **to come out on ~** avoir le dessus; **to get to the ~** (career) réussir; (in hierarchy etc) arriver en haut de l'échelle; **on ~ of** (on) sur; (as well as) en plus de; **from ~ to toe** de la tête aux pieds; (on bus) **let's go up on ~** allons en haut; **from ~ to bottom** (search etc) de fond en comble; (change: system etc) tout entier; **in ~ gear** en quatrième or cinquième; **he's the ~s** [famil] il est champion [famil] **b** (lid: gen) couvercle [m]; (of bottle) bouchon [m]; (of pen) capuchon [m] ◇ (circus) **big ~** grand chapiteau [m] **c** (of blouse, pyjamas etc) haut [m] **d** (toy) toupie [f].
2 adj (highest: shelf, drawer) du haut; (note) le plus haut; (storey, step, layer) dernier, [f] -ière; (in rank etc) premier, [f] -ière; (best: score, mark etc) meilleur; (security, price) maximum [f inv]; (job) prestigieux, [f] -ieuse ◇ **~ copy** original [m]; **the ~ right-hand corner** le coin en haut à droite; **at ~ speed** à toute vitesse; **~ in maths** premier en maths; (songs) **the ~ 20** les 20 premiers du hit-parade **3** vt (exceed) dépasser ◇ (fig) **and to ~ it all...** et pour couronner le tout...; (Theat) **to ~ the bill** être en tête d'affiche; **to ~ up a car with oil** remettre de l'huile dans une voiture; **can I ~ up your glass?** je vous en remets? ◆ **topcoat** n pardessus [m] ◆ **top hat** n haut-de-forme [m] ◆ **top-heavy** adj trop lourd du haut ◆ **topless** adj (costume) sans haut; (girl) aux seins nus ◆ **top-level** adj au plus haut niveau ◆ **top-ranking** adj (très) haut placé ◆ **top-secret** or **top secret** adj ultra-secret, [f] -ète.

topaz ['təʊpæz] n topaze [f].

topic ['tɒpɪk] n sujet [m].

topical ['tɒpɪkl] adj d'actualité.

topple ['tɒpl] **1** vi tomber **2** vt faire tomber.

topside ['tɒp,saɪd] n gîte [m] à la noix.

topsy-turvy ['tɒpsɪ'tɜ:vɪ] adj sens dessus dessous.

torch [tɔ:tʃ] n torche [f] électrique ◆ **torchlight procession** n retraite [f] aux flambeaux.

tore [tɔ:ʳ] pret of 1. *tear*.

torment [tɔ:'ment] vt tourmenter.

torn [tɔ:n] ptp of 1. *tear*.

tornado [tɔ:'neɪdəʊ], pl **-es** n tornade [f].

torpedo [tɔ:'pi:dəʊ], pl **-es** **1** n torpille [f] **2** vt torpiller.

torrent ['tɒrənt] n torrent [m] ◆ **torrential** adj torrentiel, [f] -ielle.

torso ['tɔ:səʊ] n torse [m].

tortilla [tɔ:'ti:ə] n crêpe [f] mexicaine.

tortoise ['tɔ:təs] n tortue [f].

tortoiseshell ['tɔ:təs,ʃel] n écaille [f].

tortuous ['tɔ:tjʊəs] adj tortueux, [f] -ueuse.

torture ['tɔ:tʃəʳ] **1** n torture [f]; (fig) supplice [m] **2** vt torturer.

Tory ['tɔ:rɪ] **1** n (Pol) tory [mf], conservateur [m], [f] -trice **2** adj tory [inv], conservateur, [f] -trice.

toss [tɒs] **1** n ◇ **with a ~ of his head** d'un mouvement brusque de la tête; **to win the ~** gagner à pile ou face; (before match) gagner le tirage au sort **2** vt (ball etc) lancer (*to* à); (pancake) faire sauter; (salad) remuer; (head, mane) rejeter en arrière ◇ **to ~ a coin** jouer à pile ou face; **I'll ~ you for it** on le joue à pile ou face; **~ed by the waves** ballotté par les vagues **3** vi **a** ◇ **to ~ and turn** se tourner et se retourner **b** (**~ up**) jouer à pile ou face (*to decide* pour décider).

1. **tot** [tɒt] n **a** ◇ **(tiny) ~** tout(e) petit(e) enfant [m(f)] **b** (whisky) petit verre [m].

2. **tot** [tɒt] vt (**~ up**) faire le total de.

total ['təʊtl] **1** adj total ◇ **the ~ losses** le total des pertes **2** n total [m] ◇ **grand ~** somme [f] globale; **in ~** au total **3** vt (add: **~ up**) faire le total de; (amount to) s'élever à ◆ **totalitarian** adj, n totalitaire [mf].

tote [təʊt] n [famil] (Betting) pari [m] mutuel.

totter ['tɒtəʳ] vi chanceler.

touch [tʌtʃ] **1** n **a** (sense of ~) toucher [m]; (act of ~ing) contact [m] ◇ **soft to the ~** doux au toucher; **with the ~ of a finger** à la simple pression d'un doigt; **to put the final** or **finishing ~(es) to** mettre la dernière main à; **the personal ~** la note personnelle **b** ◇ (small amount) **a ~ of** un petit peu de **c** ◇ **in ~ with** en contact avec; **to get in ~ with** se mettre en contact avec; **to keep in ~ with** rester en contact avec; **keep in ~!** ne nous oubliez pas!; **to have lost ~ with** (person) ne plus être en contact avec; (developments etc) ne plus être au courant de; **to lose ~ with** or **be out of ~ with reality** ne plus avoir le sens des réalités; (Ftbl) **it is in ~** il y a touche.
2 vti (gen) toucher (*with* de); (brush lightly) frôler; (tamper with) toucher à ◇ **he ~ed her arm** il lui a touché le bras; **the ends ~ (each other)** les bouts se touchent; **don't ~ that!** n'y touchez pas!; **'do not ~'** 'défense de toucher'; **to ~ upon a subject** effleurer un sujet; **they can't ~ you if...** ils ne peuvent rien contre vous si...; **I never ~ onions** je ne mange jamais d'oignons; **we were very ~ed by your letter** nous avons été très touchés de votre lettre; **I ~ed him for £10** [famil] je l'ai tapé [famil] de 10 livres; (of plane) **to ~ down** atterrir; **to ~ sth off** déclencher qch; **to ~ up** retoucher ◆ **touch-and-go** adj ◇ **it's ~ whether...** il n'est pas du tout certain que + subj ◆ **touch-down** n (US Ftbl) but [m] ◆ **touching** **1**

adj touchant 2 prep concernant ♦ **touchline** n ligne [f] de touche ♦ **touch-type** vi taper au toucher ♦ **touchy** adj susceptible.

tough [tʌf] 1 adj a (fabric etc) solide; (meat) dur; (difficult) difficile; (journey, work) pénible; (sport, conditions) rude; (regulations) sévère b (physically strong) robuste; (resilient) solide, endurant; (hard: negotiator, gangster) dur ◇ **a ~ guy** un dur [famil]; **that's ~** [famil] c'est vache [famil] (*on sb* pour qn); (can't be helped) tant pis; **~ luck!** (pity) pas de veine!; (you'll have to put up with it) tant pis pour vous!; **to have a ~ time** [famil] en voir de dures [famil] 2 adv ◇ **to talk** or **act ~** jouer au dur ♦ **toughen** vt (substance) renforcer; (person) endurcir ◇ **~ed glass** verre [m] trempé.

tour [tʊəʳ] 1 n (journey) voyage [m] (*of* dans, en); (by team, musicians etc) tournée [f]; (of town, museum etc) visite [f]; (walking, cycling) randonnée [f]; (day ~) excursion [f]; (package ~) voyage organisé ◇ (Theat etc) **on ~** en tournée; **~ of inspection** tournée d'inspection; **~ operator** tour-opérateur [m] 2 vti (of tourist, visitor) visiter; (of team, actors) être en tournée en or dans etc ◇ **to go ~ing** faire du tourisme; **~ing team** équipe [f] en tournée.

tourism ['tʊərɪzəm] n tourisme [m].

tourist ['tʊərɪst] 1 n touriste [mf] 2 adj (class) touriste [inv]; (attraction, season) touristique; (industry) du tourisme ◇ **~ office** syndicat [m] d'initiative; **the ~ trade** le tourisme; **~ trap** attrape-touriste [m].

tournament ['tʊənəmənt] n tournoi [m].

tourniquet ['tʊənɪkeɪ] n garrot [m].

tousled ['taʊzld] adj (person) ébouriffé.

tout [taʊt] n ◇ **ticket ~** revendeur [m] de billets *(au marché noir)*.

tow [təʊ] 1 n ◇ **on ~** en remorque; **to give sb a ~** remorquer qn 2 vt (car, boat) remorquer; (caravan) tirer ◇ (of police) **to ~ a car away** emmener une voiture en fourrière ♦ **tow bar** n barre [f] de remorquage ♦ **towrope** n câble [m] de remorque ♦ **towpath** n chemin [m] de halage.

toward(s) [tə'wɔ:d(z)] prep (gen) vers; (of attitude) envers, à l'égard de.

towel ['taʊəl] n serviette [f] (de toilette); (dish~) torchon [m] ◇ **~ rail** porte-serviettes [m inv] ♦ **towelling** n tissu [m] éponge.

tower ['taʊəʳ] 1 n (gen) tour [f]; (of church) clocher [m] ◇ **~ block** tour [f] (d'habitation) 2 vi ◇ **to ~ over sth** dominer qch.

town [taʊn] 1 n ville [f] ◇ **in(to) ~** en ville; **in the ~** dans la ville; **he's out of ~** il est en déplacement; **a country ~** une ville de province; (fig) **to go out on the ~** [famil] faire la bombe [famil]; (fig) **he really went to ~ on it** [famil] il y a mis le paquet [famil] 2 adj (centre) de la ville; (house) en ville; (life) urbain ◇ **~ clerk** ≃ secrétaire [m] de mairie; **~ council** conseil [m] municipal; **~ hall** ≃ mairie [f] ♦ **town-and-country planning** n ≃ aménagement [m] du territoire ♦ **town centre** n centre-ville [m] ♦ **town-planning** n urbanisme [m] ♦ **townspeople** npl citadins [mpl].

toxic ['tɒksɪk] adj toxique.

toy [tɔɪ] 1 n jouet [m] 2 adj (gen) petit; (house, railway) miniature 3 vi ◇ **to ~ with** jouer avec ♦ **toybox** n coffre [m] à jouets ♦ **toyshop** n magasin [m] de jouets.

trace [treɪs] 1 n trace [f] (*of* de) ◇ **to vanish without ~** disparaître sans laisser de traces; **there is no ~ of it** il n'en reste plus trace 2 vt a (draw) tracer; (with tracing paper etc) décalquer b (locate) retrouver; (find out about) retrouver la trace de; (one's family) faire remonter sa famille (*to* à) ◇ **this may be ~d back to...** ceci peut être attribué à... ♦ **tracing-paper** n papier-calque [m inv].

track [træk] 1 n a (mark, trail) trace [f]; (on radar; of rocket etc) trajectoire [f] ◇ **to destroy everything in its ~** tout détruire sur son passage; **on sb's ~** sur la piste de qn; (fig) **on the right ~** sur la bonne voie; **to put sb off the ~** désorienter qn; **to keep ~ of** suivre; (keep in touch with) rester en contact avec; **to lose ~ of** perdre; (fig: events) ne plus être au courant de; (lose touch with) perdre tout contact avec b (path, race~) piste [f] ◇ **~ event** épreuve [f] sur piste; (fig) **to have a good ~ record** avoir eu de bons résultats c (Rail) voie [f] ◇ **to leave the ~s** dérailler d (of tape, disk) piste [f]; (of record) plage [f] 2 vt (gen) traquer; (rocket) suivre la trajectoire de ◇ (fig) **to ~ sth down** finir par retrouver qch ♦ **tracker** n (Hunting) traqueur [m]; (gen) poursuivant(e) [m(f)] ◇ **~ dog** chien [m] policier ♦ **tracksuit** n survêtement [m].

tract [trækt] n a (of land, water) étendue [f] b (pamphlet) tract [m].

traction ['trækʃən] n traction [f].

tractor ['træktəʳ] n tracteur [m].

trade [treɪd] 1 n a commerce [m] ◇ **overseas ~** commerce extérieur; (Brit) **Board of T~**, (US) **Department of T~** ministère [m] du Commerce b (job) métier [m] 2 adj (gen) commercial; (barriers) douanier, [f] -ière; (journal) professionnel, [f] -elle; (price) de gros ◇ **the T~ Descriptions Act** la loi de protection du consommateur; **~ name** nom [m] de marque; (lit, fig) **~ secret** secret [m] de fabrication; **~ wind** alizé [m] 3 vi faire le commerce (*in* de) ◇ (fig) **to ~ on** abuser de 4 vt (exchange) échanger (*for* contre) ◇ **to ~ sth in** faire reprendre qch; **to ~ A off against B** accepter que A compense B ♦ **trade-in** adj (price) à la reprise ♦ **trademark**

n marque [f] de fabrique ◇ **registered** ~ marque déposée ◆ **trader** n marchand [m] (*in* en); (**street** ~) vendeur [m], [f] -euse de rue ◆ **tradesman** n commerçant [m] ◆ **trade union** n syndicat [m] ◆ **trade unionist** n syndicaliste [mf] ◆ **trading** n commerce [m] ◇ ~ **estate** zone [f] artisanale et commerciale; ~ **stamp** timbre-prime [m].

tradition [trəˈdɪʃən] n tradition [f].

traditional [trəˈdɪʃənl] adj traditionnel, [f] -elle (*to do* de faire).

traffic [ˈtræfɪk] (vb: pret, ptp *trafficked*) **1** n **a** (road) circulation [f]; (gen) trafic [m] ◇ **closed to heavy** ~ interdit aux poids lourds; **build-up of** ~ bouchon [m] **b** (trade) trafic [m] (*in* de) **2** vi faire le trafic (*in* de) **3** adj (road: regulations, policeman) de la circulation; (offence) au code de la route ◇ (Aviat) **(air)** ~ **controller** aiguilleur [m] du ciel; ~ **jam** embouteillage [m]; ~ **light** feu [m] (de signalisation); ~ **sign** panneau [m] de signalisation; ~ **warden** contractuel(le) [m(f)].

tragedy [ˈtrædʒɪdɪ] n tragédie [f].

tragic [ˈtrædʒɪk] adj tragique.

trail [treɪl] **1** n **a** (of blood, smoke etc) traînée [f]; (tracks) trace [f] ◇ **to leave a** ~ **of destruction** tout détruire sur son passage; **on the** ~ **of** sur la piste de **b** (path) sentier [m] **2** vt **a** (follow) suivre la piste de; (fig: lag behind) être dépassé par **b** (tow) traîner; (caravan etc) tirer **3** vi (gen) traîner ◇ **to** ~ **along** (wearily) passer en traînant les pieds; ~**ing plant** plante [f] rampante ◆ **trailer** n **a** remorque [f]; (caravan) caravane [f] **b** (Cine, TV) bande-annonce [f].

train [treɪn] **1** n **a** (Rail) train [m]; (in underground) rame [f] ◇ **fast** ~ rapide [m]; **slow** ~ omnibus [m]; **to go by** ~ prendre le train; **to go to London by** ~ aller à Londres par le train; **on the** ~ dans le train; ~ **crash** accident [m] de chemin de fer; **the** ~ **service to London** les trains pour Londres; ~ **set** train [m] électrique (*jouet*); ~ **strike** grève [f] des chemins de fer; ~ **workers** employés [mpl] des chemins de fer **b** (of mules etc) file [f]; (of events etc) suite [f] ◇ **his** ~ **of thought** le fil de ses pensées **2** vt **a** (instruct) former; (Sport) entraîner; (animal) dresser (*to do* à faire); (ear, mind) exercer ◇ **to** ~ **sb to do** apprendre à qn à faire; (professionally) former qn à faire; **to** ~ **o.s. to do** s'entraîner à faire **b** (direct: gun etc) braquer (*on* sur); (plant) faire grimper **3** vi (Sport) s'entraîner (*for* pour) ◇ **to** ~ **as a teacher** recevoir une formation de professeur ◆ **trained** adj (professionally) qualifié (*for* pour); (engineer, nurse) diplômé; (animal) dressé; (eye, ear) exercé ◇ **well-**~ (child) bien élevé; (animal) bien dressé ◆ **trainee** adj, n stagiaire [mf] ◆ **trainer** n (Sport) entraîneur [m]; (in circus) dresseur [m], [f] -euse; (shoe) chaussure [f] de sport ◆ **training** **1** n (for job) formation [f]; (Sport) entraînement [m] ◇ (Sport) **to be in** ~ (preparing o.s.) être en cours d'entraînement; (on form) être en forme **2** adj (scheme, centre) de formation ◇ ~ **college** (gen) école [f] professionnelle; (for teachers) ≃ école normale ◆ **train-spotting** n ◇ **to go** ~ observer les trains *(pour identifier les divers types de locomotives)*.

trait [treɪt] n trait [m] *(de caractère)*.

traitor [ˈtreɪtəʳ] n traître [m].

tramcar [ˈtræmkɑːʳ] n tramway [m].

tramp [træmp] **1** n vagabond(e) [m(f)]; clochard(e) [m(f)] ◇ ~ **steamer** tramp [m] **2** vi ◇ **to** ~ **along** marcher d'un pas lourd.

trample [ˈtræmpl] vti ◇ **to** ~ **on** piétiner; (fig) bafouer.

trampoline [ˈtræmpəlɪn] n trampoline [m].

trance [trɑːns] n transe [f].

tranquillize [ˈtræŋkwɪlaɪz], (US) **-ilize** vt (Med) mettre sous tranquillisants ◆ **tranquil(l)izer** n tranquillisant [m].

transaction [trænˈzækʃən] n transaction [f]; (in bank, shop) opération [f].

transatlantic [ˈtrænzətˈlæntɪk] adj transatlantique.

transcend [trænˈsend] vt (gen) transcender; (excel over) surpasser.

transcribe [trænˈskraɪb] vt transcrire.

transcript [ˈtrænskrɪpt] n transcription [f].

transept [ˈtrænsept] n transept [m].

transfer [trænsˈfɜːʳ] **1** vt (gen) transférer; (power) faire passer; (money) virer; (drawing, affections) reporter (*to* sur) ◇ (Tele) **to** ~ **the charges** téléphoner en P.C.V.; ~**red charge call** communication [f] en P.C.V. **2** vi être transféré (*to* à; *from* de) **3** [ˈtrænsfɜːʳ] n **a** (gen) transfert [m] (*to* à; *from* de); (of power) passation [f] ◇ **by bank** ~ par virement [m] bancaire **b** (design etc: rub-on) décalcomanie [f]; (stick-on) auto-collant [m] ◆ **transferable** adj transmissible ◇ **'not** ~**'** 'strictement personnel'.

transform [trænsˈfɔːm] vt transformer (*into* en) ◇ **to be** ~**ed into** se transformer en ◆ **transformation** n transformation [f] ◆ **transformer** n transformateur [m].

transfusion [trænsˈfjuːʒən] n (Med, fig) transfusion [f] ◇ **blood** ~ transfusion [f] sanguine or de sang.

transgress [trænsˈgres] vi pécher.

transistor [trænˈzɪstəʳ] n transistor [m].

transit [ˈtrænzɪt] adj (goods, passengers) en transit; (visa) de transit; (Mil etc: camp) volant ◇ (Aviat) ~ **lounge** salle [f] de transit.

transition [trænˈzɪʃən] n transition [f] (*from* de; *to* à).

transitional [trænˈzɪʃənəl] adj transitoire.

transitive [ˈtrænzɪtɪv] adj transitif, [f] -ive.

translate [trænz'leɪt] vti traduire (*from* de; *into* en) ◆ **translation** n traduction [f] (*from* de; *into* en); (as exercise) version [f] ◆ **translator** n traducteur [m], [f] -trice.

transmit [trænz'mɪt] vti (gen) transmettre; (Rad, TV) émettre ◆ **transmitter** n transmetteur [m]; (Rad, TV) émetteur [m].

transparency [træns'pɛərənsɪ] n (Phot) diapositive [f].

transparent [træns'pɛərənt] adj transparent.

transpire [træns'paɪər] vi (happen) se passer ◇ **it ~d that...** on a appris par la suite que....

transplant [træns'plɑ:nt] 1 vt (gen) transplanter; (Med) greffer; (seedlings etc) repiquer 2 ['trænsplɑ:nt] n ◇ **heart ~** greffe [f] du cœur.

transport ['trænspɔ:t] 1 n transport [m] ◇ **road ~** transport par route; **Ministry of T~** ministère [m] des Transports; **have you got any ~?** [famil] tu as une voiture?; **~ café** ≃ restaurant [m] de routiers; **~ strike** grève [f] des transports 2 [træns'pɔ:t] vt transporter ◆ **transporter** n (lorry) camion [m] pour transport d'automobiles.

transpose [træns'pəʊz] vt transposer.

trap [træp] 1 n a (gen) piège [m]; (mouse~) souricière [f] ◇ **to set or lay a ~** tendre un piège (*for* à); **to catch in a ~** prendre au piège b ◇ **~ (door)** trappe [f] 2 vt (snare) prendre au piège; (catch, cut off) bloquer; (finger in door etc) coincer ◆ **trapper** n trappeur [m].

trapeze [trə'pi:z] n trapèze [m].

trash [træʃ] n (refuse) ordures [fpl]; (cheap goods) camelote [famil] [f]; (nonsense) bêtises [fpl] ◇ **~ can** boîte [f] à ordures.

traumatic [trɔ:'mætɪk] adj traumatisant.

travel ['trævl] 1 vi (journey) voyager; (move, go) aller ◇ **you were ~ling too fast** vous alliez trop vite; **to ~ at 80 km/h** faire du 80 km/h; **news ~s fast** les nouvelles circulent vite 2 n ◇ **~s** voyages [mpl] 3 adj (allowance) de déplacement; (organization) de tourisme ◇ **~ agency** agence [f] de voyages; **~ agent** agent [m] de voyages; **~ brochure** dépliant [m] touristique; **~insurance** assurance [f] voyage ◆ **travelator** n tapis [m] roulant ◆ **traveller**, (US) **traveler** n voyageur [m], [f] -euse; (commercial) représentant [m] (de commerce) (*in* en) ◇ **~'s cheque** chèque [m] de voyage ◆ **travel(l)ing** 1 n voyages [mpl] 2 adj a (circus, troupe) ambulant ◇ **~ salesman** représentant [m] de commerce b (bag, rug, clock, scholarship) de voyage; (expenses) de déplacement ◆ **travel-sickness** n mal [m] de la route (etc).

travesty ['trævɪstɪ] n (fig) simulacre [m].

trawler ['trɔ:lər] n chalutier [m].

tray [treɪ] n plateau [m].

treacherous ['tretʃərəs] adj traître, [f] traîtresse.

treacle ['tri:kl] n mélasse [f].

tread [tred] (vb: pret *trod*, ptp *trodden*) 1 n (of tyre) bande [f] de roulement 2 vti marcher ◇ **to ~ on sth** marcher sur qch; (deliberately) écraser qch; **to ~ grapes** fouler du raisin; **to ~ water** nager sur place.

treason ['tri:zn] n trahison [f].

treasure ['treʒər] 1 n trésor [m] ◇ (of helper etc) **she's a real ~** c'est une perle; **~ hunt** chasse [f] au trésor 2 vt (value) attacher une grande valeur à; (store away) garder précieusement; (memory) chérir ◆ **treasurer** n trésorier [m], [f] -ière ◆ **treasure-trove** n trésor [m] (*dont le propriétaire est inconnu*).

Treasury ['treʒərɪ] n ministère [m] des Finances.

treat [tri:t] 1 vt a traiter (*like* comme; *for* pour; *sth with sth* qch à qch) ◇ **to ~ sth with care** faire attention à qch; **he ~ed it as a joke** il a pris cela à la plaisanterie; **to ~ sb with penicillin** soigner qn à la pénicilline b ◇ **to ~ sb to sth** offrir qch à qn; **to ~ o.s. to sth** se payer [famil] qch 2 n (outing) sortie [f]; (present) cadeau [m] ◇ **a ~ in store** un plaisir à venir; **to give sb a ~** faire plaisir à qn; **this is my ~** c'est moi qui paie [famil].

treatise ['tri:tɪz] n traité [m].

treatment ['tri:tmənt] n (gen) traitement [m] ◇ (Med) **to have ~ for sth** suivre un traitement pour qch.

treaty ['tri:tɪ] n (Pol) traité [m].

treble ['trebl] 1 adj a (triple) triple b (Mus: voice) de soprano (*enfant*); (clef) de sol 2 vti tripler.

tree [tri:] n arbre [m] ◆ **treetop** n cime [f] d'un arbre ◆ **tree-trunk** n tronc [m] d'arbre.

trefoil ['trefɔɪl] n trèfle [m] (*plante*).

trek [trek] n voyage [m] difficile ◇ **it was quite a ~** [famil] il y avait un bon bout de chemin ◆ **trekking** n voyage-randonnée [m].

trellis ['trelɪs] n treillis [m].

tremble ['trembl] 1 vi (gen) trembler (*with* de); (of ship) vibrer 2 n tremblement [m] ◇ **to be all of a ~** [famil] trembler de la tête aux pieds ◆ **trembling** 1 adj tremblant 2 n tremblement [m].

tremendous [trə'mendəs] adj (huge) énorme; (dreadful: storm, blow) terrible; (speed, success) fou, [f] folle; (famil: excellent) formidable [famil] ◆ **tremendously** adv extrêmement.

tremor ['tremər] n tremblement [m].

trench [trentʃ] n tranchée [f] ◆ **trenchcoat** n trench-coat [m].

trend [trend] n (tendency) tendance [f] (*towards* à); (of events) cours [m] ◇ **there is a ~ towards doing** on a tendance à faire; **to set a ~** donner le ton; (fashion) lancer une mode ◆ **trendsetter** n personne [f] qui donne le ton ◆ **trendy** [famil] adj (clothes) dernier cri [inv]; (opinions, person) dans le vent [famil].

trepidation [ˌtrepɪˈdeɪʃən] n vive inquiétude [f].

trespass [ˈtrespəs] vi s'introduire sans permission (*on* dans) ◇ **'no ~ing'** 'entrée interdite' ◆ **trespasser** n intrus(e) [m(f)] ◇ **'~s will be prosecuted'** 'défense d'entrer sous peine de poursuites'.

trestle [ˈtresl] n tréteau [m].

trial [ˈtraɪəl] **1** n **a** (proceedings) procès [m] ◇ **at** or **during the ~** au cours du procès; **~ by jury** jugement [m] par jury; **to be on ~** passer en jugement **b** (test) essai [m] ◇ **~s** (Sport) match [m] (or épreuve [f]) de sélection; (for sheepdogs, horses) concours [m]; **~ of strength** épreuve [f] de force; **by ~ and error** par tâtonnements; **on ~** à l'essai **c** (hardship) épreuve [f] ◇ **~s and tribulations** tribulations [fpl]; **he is a ~ to her** il lui donne beaucoup de souci **2** adj (flight, period etc) d'essai; (offer, marriage) à l'essai ◇ **on a ~ basis** à titre d'essai; **~ run** essai [m].

triangle [ˈtraɪæŋgl] n triangle [m].

tribe [traɪb] n tribu [f].

tribunal [traɪˈbjuːnl] n tribunal [m] ◇ **~ of inquiry** commission [f] d'enquête.

tributary [ˈtrɪbjʊtərɪ] n affluent [m].

tribute [ˈtrɪbjuːt] n tribut [m] ◇ **to pay ~ to** rendre hommage à.

trick [trɪk] **1** n **a** (gen) tour [m]; (ruse) truc [famil] [m] ◇ **to play a ~ on** jouer un tour à; **a dirty ~** un sale tour; **~ photograph** photographie [f] truquée; **~ question** question-piège [f]; (fig) **to do the ~** [famil] faire l'affaire **b** (habit) manie [f] (*of doing* de faire); (mannerism) tic [m] **c** (Cards) levée [f] ◇ **to take a ~** faire une levée; (fig) **he never misses a ~** rien ne lui échappe **2** vt attraper ◇ **to ~ sb into doing** amener qn à faire par la ruse; **to ~ sb out of sth** obtenir qch de qn par la ruse ◆ **trickster** n filou [m].

trickle [ˈtrɪkl] **1** n filet [m] **2** vi ◇ **to ~ in** (water) couler goutte à goutte; (people) entrer les uns après les autres; (letters) arriver peu à peu.

tricky [ˈtrɪkɪ] adj (difficult) difficile; (scheming) rusé.

tricycle [ˈtraɪsɪkl] n tricycle [m].

trifle [ˈtraɪfl] n **a** (object, sum of money) bagatelle [f] ◇ **a ~ difficult** un peu difficile **b** (dessert) ≃ diplomate [m] ◆ **trifling** adj insignifiant.

trigger [ˈtrɪgəʳ] **1** n détente [f], gâchette [f] **2** vt (**~ off**) déclencher.

trilogy [ˈtrɪlədʒɪ] n trilogie [f].

trim [trɪm] **1** adj (gen) net, [f] nette ◇ **~ figure** taille [f] svelte **2** n **a** ◇ **in ~** (place, thing) en bon état; (person) en forme; (at hairdresser's) **to have a ~** se faire rafraîchir les cheveux **b** (on garment) garniture [f] ◇ **car with blue interior ~** voiture à habillage intérieur bleu **3** vt **a** (hair) rafraîchir; (beard, hedge) tailler légèrement; (edges) couper; (wood, paper) rogner **b** (decorate) décorer (*with* de) ◆ **trimming** n (on dress, food) garniture [f] ◇ (fig: extra) **~s** extra [mpl].

trinity [ˈtrɪnɪtɪ] n trinité [f].

trinket [ˈtrɪŋkɪt] n (knick-knack) bibelot [m]; (jewellery) colifichet [m].

trio [ˈtrɪəʊ] n trio [m].

trip [trɪp] **1** n **a** voyage [m] ◇ **to take a ~** faire un voyage (*to* à, en); **he does 3 ~s to Scotland a week** il va en Écosse 3 fois par semaine; **day ~** excursion [f] **b** (Drugs sl) trip [m] **2** vti (**~ up**) faire un faux pas ◇ **to ~ over sth** trébucher contre qch; **to ~ sb up** faire trébucher qn ◆ **tripper** n touriste [mf]; (**day ~**) excursionniste [mf].

tripe [traɪp] n tripes [fpl]; (famil: nonsense) bêtises [fpl].

triple [ˈtrɪpl] **1** adj triple **2** vti tripler.

triplets [ˈtrɪplɪts] npl triplé(e)s [m(f)pl].

triplicate [ˈtrɪplɪkɪt] n ◇ **in ~** en trois exemplaires.

tripod [ˈtraɪpɒd] n trépied [m].

trite [traɪt] adj banal.

triumph [ˈtraɪʌmf] **1** n triomphe [m] **2** vi triompher (*over* de) ◆ **triumphant** adj triomphant ◆ **triumphantly** adv triomphalement.

trivial [ˈtrɪvɪəl] adj (gen) sans importance; (amount, reason) insignifiant; (film) banal ◆ **trivialize** vt banaliser.

trod(den) [ˈtrɒd(n)] → **tread.**

trolley [ˈtrɒlɪ] n (in station, supermarket) chariot [m], caddie [m]; (two-wheeled) diable [m]; (**tea ~**) table [f] roulante; (in office) chariot à boissons.

trombone [trɒmˈbəʊn] n trombone [m] (Mus).

troop [truːp] **1** n troupe [f] ◇ (Mil) **~s** troupes; **~ carrier** (plane) avion [m] de transport militaire; (ship) transport [m]; **~ train** train [m] militaire **2** vi ◇ **to ~ past** passer en groupe; **~ing the colour** le salut au drapeau.

trophy [ˈtrəʊfɪ] n trophée [m].

tropic [ˈtrɒpɪk] n ◇ **T~ of Cancer** tropique [m] du cancer; **T~ of Capricorn** tropique du capricorne; **in the ~s** sous les tropiques ◆ **tropical** adj tropical.

trot [trɒt] **1** n (pace) trot [m] ◇ **at a ~** au trot; **on the ~** [famil] d'affilée **2** vi trotter ◇ **to ~ in** entrer au trot.

trotters ['trɒtəz] npl (pigs' ~) pieds [mpl] de porc.

trouble ['trʌbl] 1 n a (difficulty) ennui [m] ◇ **what's the ~?** qu'est-ce qu'il y a?; **that's the ~!** c'est ça, l'ennui!; **the ~ is that...** l'ennui or le problème, c'est que...; **to be in ~** avoir des ennuis; **to get (o.s.) into ~** s'attirer des ennuis; **to get sb into ~** causer des ennuis à qn; **to get sb/o.s. out of ~** tirer qn/se tirer d'affaire; **it's asking for ~** c'est se chercher des ennuis; **to cause ~ between** causer des désaccords entre; **I'm having ~ with him** il me cause des ennuis; **to have back ~** avoir des ennuis de dos; **engine ~** ennuis de moteur; **there is a lot of ~ in Africa** la situation est très tendue en Afrique; **~ spot** point [m] névralgique. b (bother) mal [m] ◇ **it's no ~** cela ne me dérange pas; **it's not worth the ~** ça ne vaut pas la peine; **to go to** or **to take a lot of ~** se donner beaucoup de mal (*over* pour; *to do* pour faire); **to go to the ~ of doing, to take the ~ to do** se donner le mal de faire; **to put sb to a lot of ~** donner beaucoup de mal à qn. 2 vti (worry) inquiéter; (bother) déranger; (inconvenience) gêner ◇ **his eyes ~ him** ses yeux lui posent des problèmes; **sorry to ~ you** désolé de vous déranger; **please don't ~** ne vous dérangez pas; **to ~ to do** se donner la peine de faire; **to be ~d about sth** s'inquiéter de qch; **in ~d times** à une époque agitée ◆ **troublemaker** n provocateur [m], [f] -trice ◆ **troubleshooter** n expert [m]; (in conflict) conciliateur [m] ◆ **troublesome** adj (gen) pénible; (request, cough) gênant.

trough [trɒf] n a (dip) creux [m]; (fig) point [m] bas ◇ (weather) **~ of low pressure** zone [f] dépressionnaire b (drinking ~) abreuvoir [m]; (feeding ~) auge [f].

trounce [traʊns] vt battre à plates coutures.

troupe [tru:p] n troupe [f] (Theat).

trousers ['traʊzəz] npl ◇ **(pair of) ~** pantalon [m]; **short ~** culottes [fpl] courtes ◆ **trouser suit** n tailleur-pantalon [m].

trout [traʊt] n, pl inv truite [f].

trowel ['traʊəl] n truelle [f]; (gardening) déplantoir [m].

truant ['trʊənt] n élève [mf] absent(e) sans autorisation ◇ **to play ~** manquer les cours.

truce [tru:s] n trêve [f].

truck [trʌk] n (lorry) camion [m]; (Rail) truck [m] ◆ **truckdriver** n camionneur [m] ◆ **trucking** n camionnage [m].

truculent ['trʌkjʊlənt] adj agressif, [f] -ive.

trudge [trʌdʒ] vi marcher péniblement.

true [tru:] 1 adj a (gen) vrai; (description, figures) exact ◇ **to come ~** se réaliser; **what is the ~ situation?** quelle est la situation réelle? b (faithful) fidèle (*to* à) ◇ **~ to life** conforme à la réalité 2 adv (aim, sing) juste ◆ **truly** adv vraiment ◇ **well and ~** bel et bien; (letter) **yours ~** je vous prie d'agréer l'expression de mes sentiments respectueux.

truffle ['trʌfl] n truffe [f].

trump [trʌmp] 1 n (also **~ card**) atout [m] ◇ **spades are ~s** atout pique; **no ~** sans atout; (fig) **to turn up ~s** [famil] faire des merveilles 2 vt a (Cards) prendre avec l'atout b ◇ **to ~ sth up** inventer qch de toutes pièces.

trumpet ['trʌmpɪt] n trompette [f] ◆ **trumpeter** n trompette [m] ◆ **trumpet-player** n trompettiste [mf].

truncheon ['trʌntʃən] n matraque [f].

trunk [trʌŋk] n (of body, tree) tronc [m]; (of elephant) trompe [f]; (luggage) malle [f]; (US: of car) coffre [m] ◇ **swimming ~s** slip [m] de bain; (Telec) **~ call** communication [f] interurbaine; **~ road** route [f] nationale.

truss [trʌs] 1 n (Med) bandage [m] herniaire 2 vt (chicken) trousser; (**~ up:** prisoner) ligoter.

trust [trʌst] 1 n a confiance [f] (*in* en) ◇ **you'll have to take it on ~** il vous faudra me (etc) croire sur parole b (Fin) trust [m] ◇ (Law) **~ fund** fonds [m] en fidéicommis 2 vti (person) avoir confiance en; (method, promise) se fier à; (hope) espérer (*that* que) ◇ **he is not to be ~ed** on ne peut pas lui faire confiance; **to ~ sb with sth, to ~ sth to sb** confier qch à qn; **to ~ sb to do** compter sur qn pour faire; **to ~ in sb** se fier à qn; **to ~ to luck** s'en remettre à la chance ◆ **trustee** n (of estate) fidéicommissaire [m] ◇ (of institution) **the ~s** le conseil d'administration ◆ **trustworthy** adj digne de confiance.

truth [tru:θ] n vérité [f] ◇ **to tell the ~** dire la vérité; **to tell you the ~, he...** à vrai dire, il...; **there's some ~ in it** il y a du vrai là-dedans ◆ **truthful** adj (person) qui dit la vérité; (statement) véridique ◆ **truthfully** adv sincèrement.

try [traɪ] 1 n essai [m] ◇ **to have a ~** essayer (*at doing* de faire); **to give sth a ~** essayer qch 2 vti a (gen) essayer (*to do, doing* de faire; *for sth* d'obtenir qch); (sb's patience) mettre à l'épreuve ◇ **to ~ one's best** faire de son mieux (*to do* pour faire); **to ~ one's hand at sth/at doing** s'essayer à qch/à faire; **to ~ one's luck** tenter sa chance; **well-tried** qui a fait ses preuves; **to ~ sth on** essayer qch; (fig) **don't ~ anything on!** ne fais pas le malin!;

to ~ **sth out** mettre qch à l'essai **b** (Law) juger (*for* pour) ◆ **trying** adj pénible ◇ **to have a ~ time** passer des moments difficiles ◆ **tryout** n essai [m].

tub [tʌb] n (gen) cuve [f]; (washing clothes) baquet [m]; (for flowers) bac [m]; (cream etc) petit pot [m]; (bath~) baignoire [f].

tuba ['tju:bə] n tuba [m].

tube [tju:b] n (gen) tube [m]; (of tyre) chambre [f] à air ◇ (Brit) **the ~** le métro; **to go by ~** prendre le métro; ~ **station** station [f] de métro ◆ **tubeless** adj (tyre) sans chambre à air.

tuberculosis [tjʊˌbɜ:kjʊ'ləʊsɪs] n (abbr *TB* [famil]) tuberculose [f].

TUC [ti:ju:'si:] n (Brit) abbr of *Trades Union Congress: confédération* [f] *des syndicats britanniques.*

tuck [tʌk] **1** n (Sewing etc) rempli [m] **2** vt (put) mettre ◇ **~ed away among the trees** caché parmi les arbres; **to ~ sth in** rentrer qch; (in bed) **to ~ in, to ~ up** border; (fig) **to ~ into a meal** [famil] attaquer [famil] un repas ◆ **tuckbox** n boîte [f] à provisions ◆ **tuck-shop** n boutique [f] à provisions.

Tuesday ['tju:zdɪ] n mardi [m] → for phrases **Saturday.**

tuft [tʌft] n touffe [f].

tug [tʌg] **1** n **a** ◇ **to give sth a ~** tirer sur qch **b** (**~boat**) remorqueur [m] **2** vti tirer fort (*at, on* sur) ◇ **to ~ sth** tirer sur qch ◆ **tug-of-war** n lutte [f] à la corde.

tuition [tjʊ'ɪʃən] n cours [mpl] ◇ **private ~** cours particuliers (*in* de); ~ **fee** frais [mpl] de scolarité.

tulip ['tju:lɪp] n tulipe [f].

tumble ['tʌmbl] vi (fall) tomber ◇ **to ~ head over heels** faire la culbute; (rush) **they ~d out of the car** ils ont déboulé [famil] de la voiture; (of building) **to be tumbling down** tomber en ruine; (realize) **to ~ to sth** [famil] réaliser [famil] qch ◆ **tumbledown** adj délabré ◆ **tumbledryer** n séche-linge [m] ◆ **tumbler** n (glass) verre [m] droit; (of plastic, metal) gobelet [m].

tummy [famil] ['tʌmɪ] n ventre [m] ◇ **~-ache** mal [m] de ventre.

tumour, (US) **-or** ['tju:mə^r] n tumeur [f].

tumult ['tju:mʌlt] n tumulte [m] ◆ **tumultuous** adj (applause) frénétique.

tuna ['tju:nə] n (~ **fish**) thon [m].

tune [tju:n] **1** n air [m] ◇ **to the ~ of** (sing) sur l'air de; **in ~** juste; **out of ~** faux; (fig) **to change one's ~** changer de ton; (fig) **in ~ with** en accord avec **2** vti **a** ◇ **to ~ in** se mettre à l'écoute (*to* de); **to be ~d to** être à l'écoute de **b** (piano) accorder; (engine) régler ◇ (of orchestra) **to ~ up** accorder ses instruments ◆ **tuneful** adj mélodieux, [f] -ieuse ◆ **tuning** n (of engine) réglage [m] ◆ **tuning-fork** n diapason [m] ◆ **tuning-knob** n (of radio etc) bouton [m] de réglage.

tunic ['tju:nɪk] n tunique [f].

Tunisia [tju:'nɪzɪə] n Tunisie [f] ◆ **Tunisian** **1** adj tunisien, [f] -ienne **2** n Tunisien(ne) [m(f)].

tunnel ['tʌnl] **1** n (gen) tunnel [m]; (in mine) galerie [f] **2** vi percer un tunnel (*into* dans; *under* sous).

tunny ['tʌnɪ] n thon [m].

turbine ['tɜ:baɪn] n turbine [f].

turbojet ['tɜ:bəʊ'dʒet] n turboréacteur [m].

turbot ['tɜ:bət] n turbot [m].

turbulence ['tɜ:bjʊləns] n turbulence [f].

tureen [tə'ri:n] n soupière [f].

turf [tɜ:f] **1** n gazon [m] ◇ (Sport) **the ~** le turf; ~ **accountant** bookmaker [m] **2** vt **a** (land) gazonner **b** ◇ **to ~ out** [famil] (person) flanquer [famil] à la porte; (thing) jeter.

Turk [tɜ:k] n Turc [m], [f] Turque.

Turkey ['tɜ:kɪ] n Turquie [f].

turkey ['tɜ:kɪ] n dindon [m], dinde [f]; (food) dinde.

Turkish ['tɜ:kɪʃ] **1** adj turc, [f] turque ◇ **~ bath** bain [m] turc; ~ **delight** loukoum [m] **2** n (language) turc [m].

turmoil ['tɜ:mɔɪl] n agitation [f]; (emotional) émoi [m] ◇ **everything was in a ~** tout était bouleversé.

turn [tɜ:n] **1** n **a** (of wheel, handle etc) tour [m] ◇ (food) **done to a ~** à point **b** (bend: in road etc) tournant [m] ◇ **'no left ~'** 'défense de tourner à gauche'; **take the next left ~** prenez la prochaine route à gauche; **at the ~ of the century** en début (or en fin) de siècle; **to take a new ~** prendre une nouvelle tournure; **to take a ~ for the better** s'améliorer; ~ **of mind** tournure [f] d'esprit; ~ **of phrase** tournure [f] **c** (Med) crise [f] ◇ (fig) **it gave me quite a ~** [famil] ça m'a fait un coup [famil] **d** ◇ **to do sb a good ~** rendre un service à qn; **his good ~ for the day** sa bonne action pour la journée **e** (Theat etc: act) numéro [m] **f** (in game, queue etc) tour [m] ◇ **it's your ~** c'est à vous (*to play* de jouer); **whose ~ is it?** c'est à qui le tour?; **in ~, and ~ about** à tour de rôle; **and he, in ~, said...** et lui, à son tour, a dit...; **to take ~s at doing sth, to take it in ~s to do sth** faire qch à tour de rôle; (fig) **to speak out of ~** commettre une indiscrétion.

2 vt **a** (gen: ~ **over**) tourner; (mattress, steak) retourner ◇ ~ **the key in the lock** ferme la porte à clef; **to ~ the corner** tourner le coin de la rue; **he has ~ed 40** il a 40 ans passés; (fig) **it ~s my stomach** cela me soulève le cœur.

b ◇ **to ~ sb away** renvoyer qn; (stronger) chasser qn; **to ~ back** (bedclothes, collar) rabattre; (person, vehicle) faire demi-tour à; (fig) **to ~ the clock back 50 years** revenir en arrière de 50 ans; **to ~ down** (heat, mus) baisser; (offer, suitor) rejeter; **to ~ in** (hand over: object) rendre (*to* à); (wanted man) livrer à la police; **to ~ off** (water, rad, tap) fermer; (light) éteindre; (at main) couper; (engine) arrêter; **to ~ on** (tap) ouvrir; (water) faire couler; (gas, radio etc) allumer; (at main) brancher; (machine) mettre en marche; **to ~ out** (light, gas) éteindre; (empty out) vider (*of* de); (clean) nettoyer à fond; (expel) mettre à la porte; (produce) produire; (fig) **well ~ed out** élégant; **to ~ sb over to the police** livrer qn à la police; **to ~ round** (gen) tourner; (vehicle) faire faire demi-tour à; **to ~ up** (collar, sleeve) remonter; (find) dénicher; (heat, television etc) mettre plus fort; **~ed-up nose** nez (m) retroussé.
c (direct: gen) diriger (*towards* vers); (gun, telescope etc) braquer (*on* sur); (conversation) détourner (*to* sur) ◇ **they ~ed hoses on them** ils les ont aspergés avec des lances d'incendie; **to ~ one's back on sb** tourner le dos à qn; **as soon as his back is ~ed** dès qu'il a le dos tourné; **without ~ing a hair** sans sourciller; (fig) **to ~ on sb** agresser qn; (fig) **to ~ the other cheek** tendre l'autre joue; (fig) **to ~ the tables** renverser les rôles; (fig) **to ~ sb against sb** monter qn contre qn.
d (change) transformer (*sth into sth* qch en qch); changer (*sb into sth* qn en qch); (translate) traduire (*into* en) ◇ **actor ~ed writer** acteur devenu écrivain; **to ~ a book into a film** adapter un livre pour l'écran; **to ~ a boat adrift** faire partir un bateau à la dérive.
3 vi **a** (of handle, wheel etc: **~ round**) tourner; (of person: **~ away**) se détourner (*from* de); (of person: **~ round, ~ over**) se tourner (*to, towards* vers); (**~ right round**) se retourner; (change course: **~ off**) tourner (*into* dans; *towards* vers); (reverse direction: **~ round, ~ back**) faire demi-tour; (of milk) tourner; (of tide) changer de direction ◇ **he ~ed to look at me** il s'est retourné pour me regarder; **~ to face me** tourne-toi vers moi; (Mil) **right ~!** à droite, droite!; **to ~ (to the) left** tourner à gauche; **to ~ tail** prendre ses jambes à son cou; **to ~ aside, to ~ away** se détourner (*from* de); **to ~ in** (of car) tourner (*to* dans); (go to bed) aller se coucher; **to ~ on sb** attaquer qn; **to ~ out** (go out) sortir; **it ~ed out that...** il s'est avéré que...; **he ~ed out to be...** il s'est révélé être...; **as it ~ed out** en l'occurrence; **to ~ over and over** faire des tours sur soi-même; (in letter) **please ~ over** tournez s'il vous plaît; **to ~ up** (arrive) arriver; (be found) être trouvé; (people, objects) **to ~ up again** refaire surface; **something will ~ up** on va bien trouver quelque chose; **~ing point** moment (m) décisif (*in* de); (fig) **he didn't know which way to ~** il ne savait plus où donner de la tête; **he ~ed to me for advice** il s'est tourné vers moi pour me demander conseil; **he ~ed to politics** il s'est tourné vers la politique **b** (become: **to ~ into**) devenir ◇ (change) **to ~ into sth** se changer en qch; (weather) **to ~ cold** tourner au froid.
◆ **turncoat** n renégat(e) (m(f)) ◆ **turning** n (side road) route (f) (or rue (f)) latérale; (bend) coude (m) ◇ **the second ~ on the left** la deuxième à gauche ◆ **turnoff** n (in road) embranchement (m) ◆ **turnout** n ◇ **there was a good ~** beaucoup de gens sont venus; (Brit) **~ at the polls** (taux (m) de) participation (f) électorale ◆ **turnover** n (of stock, goods) roulement (m); (total business) chiffre (m) d'affaires; (of staff) changement (m) fréquent ◇ (Culin) **apple ~** chausson (m) aux pommes ◆ **turnstile** n tourniquet (m) *(barrière)* ◆ **turntable** n (of record player) platine (f) ◆ **turn-up** n (of trousers) revers (m).

turnip ['tɜːnɪp] n navet (m).

turpentine ['tɜːpəntaɪn] n (abbr *turps* [famil]) térébenthine (f).

turquoise ['tɜːkwɔɪz] n (stone) turquoise (f); (colour) turquoise (m).

turret ['tʌrɪt] n tourelle (f).

turtle ['tɜːtl] n tortue (f) marine ◆ **turtledove** n tourterelle (f) ◆ **turtlenecked** adj (Brit) à encolure montante; (US) à col roulé.

tusk [tʌsk] n défense (f) *(d'éléphant)*.

tussle ['tʌsl] **1** n lutte (f) (*for* pour) **2** vi se battre.

tutor ['tjuːtə^r] n (private teacher) précepteur (m), (f) -trice (*in* de); (Brit Univ) ≃ directeur (m), (f) -trice d'études; (US Univ) ≃ assistant(e) (m(f)) *(en faculté)* ◆ **tutorial** n (Univ) travaux (mpl) pratiques (*in* de).

tuxedo [tʌk'siːdəʊ] n (US) smoking (m).

TV [ˌtiː'viː] n [famil] abbr of *television* télé [famil] (f) ◇ **~ dinner** repas (m) congelé (sur un plateau); **~ series** série (f) télévisée.

twee [twiː] adj [famil] maniéré.

tweed [twiːd] n tweed (m).

tweezers ['twiːzəz] npl pince (f) à épiler.

twelfth [twelfθ] adj, n douzième (mf) ◇ **T~ Night** la fête des Rois.

twelve [twelv] **1** adj, n douze ((m) inv) **2** pron douze (mfpl) → for phrases **six.**

twentieth ['twentɪɪθ] adj, n vingtième (mf); (fraction) vingtième (m).

twenty ['twentɪ] **1** adj, n vingt (m) ◇ **about ~ books** une vingtaine de livres **2** pron vingt (mfpl) → for phrases **sixty.**

twice [twaɪs] adv deux fois ◇ ~ **as long as** deux fois plus long que; ~ **a week** deux fois par semaine.

twig [twɪg] n brindille [f].

twilight ['twaɪlaɪt] n crépuscule [m].

twill [twɪl] n sergé [m].

twin [twɪn] 1 n jumeau [m], [f] -elle 2 adj (brother) jumeau; (sister) jumelle; (town) jumelé ◇ ~ **beds** lits [mpl] jumeaux ♦ **twin-engined** adj bimoteur ♦ **twinning** n jumelage [m].

twine [twaɪn] n ficelle [f].

twinge [twɪndʒ] n (of pain) élancement [m]; (of regret) pincement [m] au cœur; (of conscience) petit remords [m].

twinkle ['twɪŋkl] vi (gen) scintiller; (of eyes) pétiller.

twirl [twɜ:l] 1 vi tournoyer 2 vt faire tournoyer.

twist [twɪst] 1 n (in wire etc) tortillon [m] ◇ **a ~ of** (paper) un tortillon de; (lemon) un zeste de; **road full of ~s and turns** route qui fait des zigzags [mpl]; (fig) **to give a new ~ to sth** donner un tour nouveau à qch 2 vt (gen) tordre; (~ **together:** strands) entortiller; (coil) enrouler (*round* autour de); (turn: knob) tourner; (distort: facts) déformer ◇ (of rope etc) **to get ~ed** s'entortiller; **to ~ one's ankle** se fouler la cheville; (fig) **to ~ sb's arm** forcer la main à qn 3 vi (of rope etc) s'enrouler (*round* autour de) ◇ **to ~ and turn** zigzaguer; (of person) **to ~ round** se retourner ♦ **twisted** adj (gen) tordu; (cord) entortillé; (ankle) foulé; (mind) tordu.

twit [twɪt] 1 vt (tease) taquiner 2 n [famil] idiot(e) [m(f)].

twitch [twɪtʃ] 1 n (nervous) tic [m] (*in sth* à qch) 2 vi avoir un tic; (of muscle) se convulser; (of nose, ears) remuer.

two [tu:] 1 adj, n deux [m inv] ◇ **in ~s and threes** (sell) deux ou trois à la fois; (arrive) par petits groupes; **they're ~ of a kind** ils se ressemblent; (fig) **to put ~ and ~ together** faire le rapport 2 pron deux [mfpl] → **one**, and for other phrases six ♦ **two-bit** adj (pej) de pacotille ♦ **two-faced** adj (fig) hypocrite ♦ **twofold** adv au double ♦ **two-piece suit** n (man's) costume [m] deux-pièces; (woman's) tailleur [m] ♦ **two-ply** adj (wool) à deux fils ♦ **two-seater** n voiture [f] à deux places ♦ **two-stroke** n (engine) deux-temps [m inv]; (mixture) mélange [m] pour deux-temps ♦ **two-way** adj (traffic) dans les deux sens ◇ ~ **mirror** miroir [m] sans tain; ~ **radio** émetteur-récepteur [m] ♦ **two-wheeler** n deux-roues [m inv].

tycoon [taɪ'ku:n] n gros homme [m] d'affaires ◇ **oil** ~ magnat [m] du pétrole.

type [taɪp] 1 n a (gen) type [m]; (sort) genre [m]; (make: of coffee etc) marque [f]; (of aircraft, car) modèle [m] ◇ **gruyère-~ cheese** fromage genre gruyère [famil]; **he's not my ~** [famil] il n'est pas mon genre [famil]; **it's my ~ of film** c'est le genre de film que j'aime b (print) caractères [mpl] ◇ **in large ~** en gros caractères; **in italic ~** en italiques.

2 vti (~ **out**, ~ **up**) taper à la machine ♦ **typecast** adj ◇ **to be ~ as** être enfermé dans le rôle de ♦ **typesetter** n compositeur [m], [f] -trice ♦ **typewriter** n machine [f] à écrire ♦ **typewritten** adj tapé à la machine, dactylographié ♦ **typing** 1 n (skill) dactylo [f] 2 adj (lesson, teacher) de dactylo; (paper) machine [inv] ◇ ~ **error** faute [f] de frappe ♦ **typist** n dactylo [mf].

typhoid ['taɪfɔɪd] n typhoïde [f].

typhoon [taɪ'fu:n] n typhon [m].

typhus ['taɪfəs] n typhus [m].

typical ['tɪpɪkəl] adj (gen) typique ◇ **that's ~ of him!** c'est bien lui!

typify ['tɪpɪfaɪ] vt être caractéristique de.

tyrannical [tɪ'rænɪkəl] adj tyrannique.

tyranny ['tɪrənɪ] n tyrannie [f].

tyrant ['taɪərənt] n tyran [m].

tyre ['taɪə[r]] n pneu [m] ◇ ~ **gauge** manomètre [m] (pour pneus); ~ **pressure** pression [f] de gonflage.

U

U, u [ju:] n (letter) U, u [m] ◆ **U-bend** n siphon [m] ◆ **U-turn** n demi-tour [m]; (fig) volte-face [f inv].

udder ['ʌdəʳ] n pis [m], mamelle [f].

UFO [ˌju:efˈəʊ] n abbr of *unidentified flying object* ovni [m].

Uganda [ju:'gændə] n Ouganda [m] ◆ **Ugandan** 1 adj ougandais 2 n Ougandais(e) [m(f)].

ugh [ɜ:h] excl pouah!

ugly ['ʌglɪ] adj (gen) laid; (custom, vice etc) répugnant; (situation) moche [famil]; (war) brutal; (expression, look) menaçant; (wound, word) vilain (before n).

UK [ju:'keɪ] n abbr of *United Kingdom* ◇ **the** ~ le Royaume-Uni [m].

ulcer ['ʌlsəʳ] n ulcère [m].

Ulster ['ʌlstəʳ] n Ulster [m].

ulterior [ʌl'tɪərɪəʳ] adj ultérieur ◇ ~ **motive** motif [m] secret.

ultimate ['ʌltɪmɪt] adj (aim, destination, outcome) final; (victory) final, ultime; (authority) suprême ◇ (fig) **the** ~ **(in) selfishness** le comble de l'égoïsme ◆ **ultimately** adv (at last) finalement; (eventually) par la suite; (in the last analysis) en dernière analyse ◆ **ultimatum** n, pl **-ta** ultimatum [m].

ultrahigh ['ʌltrə'haɪ] adj très haut.

ultramodern ['ʌltrə'mɒdən] adj ultramoderne.

ultrasound [ˌʌltrə'saʊnd] n ultrasons [mpl].

ultraviolet [ˌʌltrə'vaɪəlɪt] adj ultra-violet, [f] -ette.

umbilical [ˌʌmbɪ'laɪkəl] adj ◇ ~ **cord** cordon [m] ombilical.

umbrella [ʌm'brelə] n parapluie [m] ◇ **beach** ~ parasol [m]; ~ **stand** porte-parapluies [m inv].

umpire ['ʌmpaɪəʳ] (Sport) 1 n arbitre [m] 2 vt arbitrer.

umpteen ['ʌmpti:n] adj [famil] je ne sais combien de ◆ **umpteenth** [famil] adj énième.

un... [ʌn] pref in..., non, peu ◇ **undefeated** invaincu; **uncrossed** non barré; **uneconomical** peu économique; **uninspired** qui manque d'inspiration.

UN [ju:'en] n abbr of *United Nations* ONU [f].

unable ['ʌn'eɪbl] adj ◇ **to be** ~ **to do** (gen) ne pas pouvoir faire; (be incapable of) être incapable de faire, ne pas pouvoir faire; (not know how to) ne pas savoir faire.

unabridged ['ʌnə'brɪdʒd] adj intégral.

unacceptable ['ʌnək'septəbl] adj (suggestion) inacceptable; (amount, extent) inadmissible.

unaccompanied ['ʌnə'kʌmpənɪd] adj (gen) non accompagné; (singing) sans accompagnement.

unaccountably ['ʌnə'kaʊntəblɪ] adv inexplicablement.

unaccustomed ['ʌnə'kʌstəmd] adj inhabituel, [f] -uelle ◇ **to be** ~ **to** ne pas avoir l'habitude de.

unadulterated ['ʌnə'dʌltəreɪtɪd] adj pur.

unadventurous ['ʌnəd'ventʃərəs] adj conventionnel, [f] -elle, qui manque d'audace.

unafraid ['ʌnə'freɪd] adj qui n'a pas peur (*of* de).

unaided ['ʌn'eɪdɪd] adj sans aide.

un-American ['ʌnə'merɪkən] adj antiaméricain.

unanimous [ju:'nænɪməs] adj unanime (*in doing* à faire); (vote) à l'unanimité ◆ **unanimously** adv à l'unanimité.

unarmed ['ʌn'ɑ:md] adj (person) non armé; (combat) sans armes.
unasked ['ʌn'ɑ:skt] adj (do) spontanément; (arrive) sans y avoir été invité.
unassuming ['ʌnə'sju:mɪŋ] adj modeste.
unattached ['ʌnə'tætʃt] adj sans attaches.
unattainable ['ʌnə'teɪnəbl] adj inaccessible.
unattended ['ʌnə'tendɪd] adj laissé sans surveillance.
unattractive ['ʌnə'træktɪv] adj (thing) peu attrayant; (person) déplaisant.
unauthorized ['ʌn'ɔ:θəraɪzd] adj non autorisé.
unavailable ['ʌnə'veɪləbl] adj (Comm: article) épuisé; (person) qui n'est pas disponible.
unavoidable [,ʌnə'vɔɪdəbl] adj inévitable (*that* que + subj) ◆ **unavoidably** adv (slow) inévitablement; (delayed) malencontreusement.
unaware ['ʌnə'wɛə^r] adj ◇ **to be ~ of** ignorer ◆ **unawares** adv ◇ **to catch sb ~** prendre qn au dépourvu.
unbalanced ['ʌn'bælənst] adj déséquilibré.
unbearable [ʌn'bɛərəbl] adj insupportable.
unbeatable ['ʌn'bi:təbl] adj imbattable.
unbeaten ['ʌn'bi:tn] adj invaincu.
unbelievable [,ʌnbɪ'li:vəbl] adj incroyable (*that* que + subj) ◆ **unbeliever** n incrédule (mf) ◆ **unbelieving** adj incrédule.
unbias(s)ed ['ʌn'baɪəst] adj impartial.
unblock ['ʌn'blɒk] vt déboucher.
unbolt ['ʌn'bəʊlt] vt (door) déverrouiller.
unborn ['ʌn'bɔ:n] adj (child) qui n'est pas encore né; (generation) à venir.
unbreakable ['ʌn'breɪkəbl] adj incassable.
unbroken ['ʌn'brəʊkən] adj (gen) intact; (line) continu; (series, sleep) ininterrompu; (record) non battu.
unbutton ['ʌn'bʌtn] vt déboutonner.
uncalled-for [ʌn'kɔ:ldfɔ:^r] adj injustifié.
uncanny [ʌn'kænɪ] adj troublant.
uncertain [ʌn'sɜ:tn] adj (gen) incertain (*of, about* de); (temper) inégal ◇ **it is ~ whether** on ne sait pas exactement si; **in no ~ terms** en des termes on ne peut plus clairs ◆ **uncertainty** n incertitude (f).
unchanged ['ʌn'tʃeɪndʒd] adj inchangé.
uncharitable [ʌn'tʃærɪtəbl] adj peu charitable.
uncivilized ['ʌn'sɪvɪlaɪzd] adj (gen) barbare; (fig) impossible.
unclaimed ['ʌn'kleɪmd] adj non réclamé.
uncle ['ʌŋkl] n oncle (m) ◇ **yes, ~** oui, mon oncle.
unclear [,ʌn'klɪə^r] adj qui n'est pas clair ◇ **it is ~ whether...** on ne sait pas encore très bien si...
uncomfortable [ʌn'kʌmfətəbl] adj (thing) inconfortable; (afternoon) désagréable ◇ **to be** or **feel ~** (physically) ne pas être à l'aise; (uneasy) être mal à l'aise (*about* au sujet de); **to make things ~ for sb** créer des ennuis à qn ◆ **uncomfortably** adv (hot) désagréablement; (seated, dressed) inconfortablement; (near, similar etc) un peu trop.
uncommon [ʌn'kɒmən] adj rare ◇ **it is not ~ that** il n'est pas rare que + subj ◆ **uncommonly** adv (very) extraordinairement.
uncommunicative ['ʌnkə'mju:nɪkətɪv] adj peu communicatif, (f) -ive.
uncomplicated [ʌn'kɒmplɪkeɪtɪd] adj simple.
uncompromising [ʌn'kɒmprəmaɪzɪŋ] adj intransigeant.
unconcerned ['ʌnkən'sɜ:nd] adj imperturbable; (unaffected) indifférent (*by* à).
unconditional ['ʌnkən'dɪʃənl] adj inconditionnel, (f) -elle; (surrender) sans condition.
unconfirmed ['ʌnkən'fɜ:md] adj non confirmé.
uncongenial ['ʌnkən'dʒi:nɪəl] adj peu agréable.
unconnected ['ʌnkə'nektɪd] adj sans rapport.
unconscious [ʌn'kɒnʃəs] **1** adj **a** (Med) sans connaissance ◇ **knocked ~** assommé **b** (unaware) inconscient (*of* de) **2** n inconscient (m).
uncontrollable ['ʌnkən'trəʊləbl] adj (animal) indiscipliné; (emotion) irrésistible ◆ **uncontrollably** adv (gen) irrésistiblement ◇ **to laugh ~** avoir le fou rire.
unconventional ['ʌnkən'venʃənl] adj peu conventionnel, (f) -elle.
unconvinced ['ʌnkən'vɪnst] adj ◇ **to be** or **remain ~** ne pas être convaincu (*of* de).
unconvincing ['ʌnkən'vɪnsɪŋ] adj peu convaincant.
uncooked ['ʌn'kʊkt] adj cru.
uncork ['ʌn'kɔ:k] vt déboucher.
uncountable ['ʌn'kaʊntəbl] adj incalculable ◇ (Gram) **~ noun** nom (m) non dénombrable.
uncouth [ʌn'ku:θ] adj fruste.
uncover [ʌn'kʌvə^r] vt découvrir.
uncut ['ʌn'kʌt] adj (diamond) brut; (other gem) non taillé.
undamaged [ʌn'dæmɪdʒd] adj non endommagé.
undated ['ʌn'deɪtɪd] adj non daté.
undaunted ['ʌn'dɔ:ntɪd] adj ◇ **to carry on ~** continuer sans se laisser intimider.
undecided ['ʌndɪ'saɪdɪd] adj ◇ **that is ~** cela n'a pas été décidé; **I am ~** je n'ai pas décidé.

undefeated ['ʌndɪ'fi:tɪd] adj invaincu.

undeniable [,ʌndɪ'naɪəbl] adj incontestable.

under ['ʌndəʳ] 1 adv au-dessous. 2 prep a (beneath) sous ◇ ~ **the table** sous la table; **it's** ~ **there** c'est là-dessous; **he sat** ~ **it** il s'est assis dessous; (fig) ~ **the Tudors** sous les Tudors; ~ **an assumed name** sous un faux nom b (less than) moins de; (in scale etc) au-dessous de ◇ ~ **£10** moins de 10 livres c (according to) selon ◇ ~ **this law** selon cette loi. 3 (in compounds) a (insufficiently) sous- ◇ ~**capitalized** sous-financé; ~**cooked** pas assez cuit; ~**used/**~**appreciated** etc qui n'est pas assez utilisé/apprécié etc b (junior) aide-, sous- ◇ ~**gardener** aide-jardinier [m]; (in age) **the** ~**-10's** les moins [mpl] de 10 ans ♦ **undercarriage** n train [m] d'atterrissage ♦ **undercharge** vt ne pas faire payer assez à ♦ **underclothes** npl sous-vêtements [mpl] ♦ **undercoat** n (of paint) couche [f] de fond ♦ **undercooked** adj pas assez cuit ♦ **undercover** adj secret, [f] -ète ♦ **undercurrent** n (fig) courant [m]; sous-jacent ♦ **undercut** pret, **ptp** *-cut* vt vendre moins cher que ♦ **underdeveloped** adj (country) sous-développé ♦ **underdog** n ◇ **the** ~ celui qui est désavantagé ♦ **underdone** adj pas assez cuit; (steak) saignant ♦ **underestimate** vt sous-estimer ♦ **underexpose** vt sous-exposer ♦ **underfelt** n thibaude [f] ♦ **under-floor** adj (heating) par le sol ♦ **underfoot** adv sous les pieds ♦ **underfunded** adj (project) pas doté de fonds suffisants ♦ **undergo** pret *-went*, ptp *-gone* vt subir ♦ **undergraduate** n étudiant(e) [m(f)] ♦ **underground** 1 adj (gen) souterrain; (organization) secret, [f] -ète 2 adv sous terre ◇ **to go** ~ prendre le maquis 3 n ◇ **the** ~ (railway) le métro; (Pol etc) la résistance; **by** ~ en métro ♦ **undergrowth** n sous-bois [m inv] ♦ **underhand** adj sournois ♦ **underlie** pret *-lay*, ptp *-lain* vt être à la base de ♦ **underline** vt souligner ♦ **underlying** adj (cause) sous-jacent; (principle) fondamental ♦ **undermine** vt (gen) saper; (effect) amoindrir ♦ **underneath** see below ♦ **undernourish** vt sous-alimenter ♦ **underpaid** adj sous-payé ♦ **underpants** npl slip [m] *(pour homme)* ♦ **underpass** n (for cars) passage [m] inférieur *(de l'autoroute)*; (for pedestrians) passage souterrain ♦ **underprivileged** adj défavorisé ◇ **the** ~ les économiquement faibles [mpl] ♦ **underrate** vt sous-estimer ♦ **underseal** vt traiter contre la rouille ♦ **undersecretary** n sous-secrétaire [m] ♦ **undersell** vt vendre moins cher que ◇ (fig) **to** ~ **o.s.** ne pas se mettre en valeur ♦ **underside** n dessous [m] ♦ **undersigned** adj soussigné ♦ **underskirt** n jupon [m] ♦ **understand** see below ♦ **understated** adj discret, [f] -ète ♦ **understatement** n ◇ **that's an** ~ c'est peu dire ♦ **understudy** n doublure [f] ♦ **undertake** see below ♦ **underwater** 1 adj sous-marin 2 adv sous l'eau ♦ **underwear** n sous-vêtements [mpl] ♦ **underworld** n (hell) enfers [mpl]; (criminals) milieu [m] ♦ **underwriter** n (Insurance) assureur [m]; (St Ex) syndicataire [m].

underneath ['ʌndə'ni:θ] 1 prep sous, au-dessous de 2 adv dessous 3 adj d'en dessous.

understand [,ʌndə'stænd] pret, ptp *-stood* vti comprendre ◇ **to make o.s. understood** se faire comprendre; **I can't** ~ **any of it** je n'y comprends rien; **I understood we were to be paid** j'ai cru comprendre que nous devions être payés; **I** ~ **you are leaving** si je comprends bien vous partez; **it's understood that** il est entendu que; **that's quite understood** c'est entendu ♦ **understandable** adj compréhensible ◇ **that's** ~ ça se comprend ♦ **understandably** adv ◇ **he's** ~ **angry** il est en colère et ça se comprend, naturellement il est en colère ♦ **understanding** 1 adj compréhensif, [f] -ive (*about* à propos de) 2 n a compréhension [f] (*of* de) b (agreement) accord [m]; (arrangement) arrangement [m] ◇ **on the** ~ **that** à condition que + subj.

undertake [,ʌndə'teɪk] pret *-took*, ptp *-taken* vt (gen) entreprendre ◇ **to** ~ **to do** s'engager à faire ♦ **undertaker** n entrepreneur [m] de pompes funèbres ♦ **undertaking** n a (operation) entreprise [f] b (promise) engagement [m] ◇ **to give an** ~ promettre (*that* que; *to do* de faire).

undesirable ['ʌndɪ'zaɪərəbl] adj indésirable.

undetected ['ʌndɪ'tektɪd] adj inaperçu.

undies ['ʌndɪz] npl [famil] lingerie [f].

undignified [ʌn'dɪgnɪfaɪd] adj qui manque de dignité.

undiscriminating ['ʌndɪs'krɪmɪneɪtɪŋ] adj qui manque de discernement.

undisputed ['ʌndɪs'pju:tɪd] adj incontesté.

undistinguished ['ʌndɪs'tɪŋgwɪʃt] adj médiocre, quelconque.

undisturbed ['ʌndɪs'tɜ:bd] adj (gen) non dérangé; (sleep) paisible ◇ (unworried) **he was** ~ **by the news** la nouvelle ne l'a pas inquiété.

undivided ['ʌndɪ'vaɪdɪd] adj entier, [f] -ière.

undo ['ʌn'du:] pret *-did*, ptp *-done* vt (unfasten etc) défaire; (good effect) annuler; (wrong) réparer ♦ **undoing** n ◇ **that was his** ~ c'est ce qui l'a perdu ♦ **undone** adj défait ◇ **to come** ~ se défaire; **to leave sth** ~ ne pas faire qch.

undoubtedly [ʌn'daʊtɪdlɪ] adv indubitablement.

undress ['ʌn'dres] 1 vt déshabiller 2 vi se déshabiller.

undrinkable ['ʌn'drɪŋkəbl] adj (unpalatable) imbuvable; (poisonous) non potable.

undue ['ʌn'dju:] adj excessif, [f] -ive.

undulate ['ʌndjʊleɪt] vi onduler.

unduly ['ʌn'dju:lɪ] adv trop.

unearned ['ʌn'ɜ:nd] adj ◇ ~ **income** rentes [fpl].

unearth ['ʌn'ɜ:θ] vt déterrer.

unearthly [ʌn'ɜ:θlɪ] adj surnaturel, [f] -elle ◇ ~ **hour** [famil] heure [f] indue.

uneasy [ʌn'i:zɪ] adj (ill-at-ease) gêné; (worried) inquiet, [f] -ète; (peace) difficile.

uneatable ['ʌn'i:təbl] adj immangeable.

uneducated ['ʌn'edjʊkeɪtɪd] adj sans instruction.

unemotional ['ʌnɪ'məʊʃənl] adj impassible.

unemployed ['ʌnɪm'plɔɪd] **1** adj sans travail, en chômage **2** npl ◇ **the** ~ les chômeurs [mpl]; (esp Admin) les demandeurs d'emploi ◆ **unemployment** n chômage [m] ◇ ~ **benefit** allocation [f] de chômage.

unending [ʌn'endɪŋ] adj interminable.

unenthusiastic ['ʌnɪn,θu:zɪ'æstɪk] adj peu enthousiaste.

unequalled ['ʌn'i:kwəld] adj inégalé.

UNESCO [ju:'neskəʊ] n abbr of *United Nations Educational, Scientific and Cultural Organization* UNESCO [f].

uneven ['ʌn'i:vən] adj inégal.

uneventful ['ʌnɪ'ventfʊl] adj peu mouvementé.

unexpected ['ʌnɪks'pektɪd] adj inattendu ◇ **it was all very** ~ on ne s'y attendait pas du tout ◆ **unexpectedly** adv (gen) subitement; (arrive) inopinément.

unfailing [ʌn'feɪlɪŋ] adj (supply) inépuisable; (optimism) inébranlable; (remedy) infaillible.

unfair ['ʌn'fɛə[r]] adj (gen) injuste (*to* envers; *that* que + subj); (competition, tactics) déloyal ◆ **unfairly** adv injustement; déloyalement.

unfaithful ['ʌn'feɪθfʊl] adj infidèle (*to* à).

unfamiliar ['ʌnfə'mɪljə[r]] adj peu familier, [f] -ière.

unfasten ['ʌn'fɑ:sn] vt défaire.

unfavourable, (US) **-orable** ['ʌn'feɪvərəbl] adj défavorable; (terms) désavantageux, [fpl] -euses.

unfeeling [ʌn'fi:lɪŋ] adj insensible.

unfinished ['ʌn'fɪnɪʃt] adj (gen) inachevé ◇ **some** ~ **business** une affaire à régler.

unfit ['ʌn'fɪt] adj (physically) qui n'est pas en forme; (incompetent) inapte (*for* à; *to do* à faire); (unworthy) indigne (*to do* de faire) ◇ **he is** ~ **to be a teacher** il ne devrait pas enseigner; **he was** ~ **to drive** il n'était pas en état de conduire.

unfold [ʌn'fəʊld] **1** vt (gen) déplier; (wings) déployer; (arms) décroiser **2** vi (of plot) se dérouler.

unforeseen ['ʌnfɔ:'si:n] adj imprévu.

unforgettable ['ʌnfə'getəbl] adj inoubliable.

unforgivable ['ʌnfə'gɪvəbl] adj impardonnable.

unforthcoming ['ʌnfɔ:θ'kʌmɪŋ] adj réticent.

unfortunate [ʌn'fɔ:tʃnɪt] adj (gen) malheureux, [f] -euse (*that* que + subj); (event) fâcheux, [f] -euse ◇ **how** ~**!** quel dommage! ◆ **unfortunately** adv malheureusement.

unfounded ['ʌn'faʊndɪd] adj sans fondement.

unfreeze ['ʌn'fri:z] pret *-froze*, ptp *-frozen* vt dégeler.

unfriendly ['ʌn'frendlɪ] adj (person) froid; (attitude, remark) inamical.

unfulfilled ['ʌnfʊl'fɪld] adj (ambition) non réalisé; (condition) non rempli; (person) frustré.

unfurnished ['ʌn'fɜ:nɪʃt] adj non meublé.

ungainly [ʌn'geɪnlɪ] adj gauche.

ungrammatical ['ʌngrə'mætɪkəl] adj incorrect.

ungrateful [ʌn'greɪtfʊl] adj ingrat (*towards* envers).

unhappily [ʌn'hæpɪlɪ] adv (unfortunately) malheureusement.

unhappy [ʌn'hæpɪ] adj (sad) malheureux, [f] -euse; (ill-pleased) mécontent; (worried) inquiet, [f] -iète; (unfortunate) malchanceux, [f] -euse; (situation) regrettable ◇ **I feel** ~ **about it** cela m'inquiète.

unharmed ['ʌn'hɑ:md] adj indemne.

unhealthy [ʌn'helθɪ] adj (person) maladif, [f] -ive; (thing) malsain.

unheard-of ['ʌn'hɜ:dɒv] adj inouï.

unhelpful ['ʌn'helpfʊl] adj (person) peu obligeant; (thing) qui n'aide guère.

unhinged ['ʌn'hɪndʒd] adj déséquilibré, dingue [famil].

unhoped-for [ʌn'həʊptfɔ:[r]] adj inespéré.

unhurried ['ʌn'hʌrɪd] adj (movement) lent; (journey etc) fait (etc) sans se presser.

unhurt ['ʌn'hɜ:t] adj indemne.

unhygienic ['ʌnhaɪ'dʒi:nɪk] adj non hygiénique.

UNICEF ['ju:nɪsef] n abbr of *United Nations Children's Found* UNICEF [f].

unicorn ['ju:nɪkɔ:n] n licorne [f].

uniform ['ju:nɪfɔ:m] **1** n uniforme [m] ◇ **in** ~ en uniforme; **out of** ~ en civil **2** adj (length) uniforme; (colour) uni; (temperature) constant ◆ **uniformed** adj en tenue.

unify ['ju:nɪfaɪ] vt unifier.

unilateral ['ju:nɪ'lætərəl] adj unilatéral.
unimpaired ['ʌnɪm'pɛəd] adj intact.
unimportant ['ʌnɪm'pɔ:tənt] adj sans importance.
uninformative ['ʌnɪn'fɔ:mətiv] adj (report) qui n'apprend rien.
uninhabitable ['ʌnɪn'hæbɪtəbl] adj inhabitable.
uninhibited ['ʌnɪn'hɪbɪtɪd] adj sans inhibitions.
uninjured ['ʌn'ɪndʒəd] adj indemne.
uninspiring [ʌnɪn'spaɪərɪŋ] adj qui n'est guère inspirant.
unintentional ['ʌnɪn'tenʃənl] adj involontaire.
uninterested [ʌn'ɪntrɪstɪd] adj indifférent (*in* à) ◆ **uninteresting** adj (book, activity) inintéressant; (person) ennuyeux, [f] -euse; (offer) non intéressant.
uninvited ['ʌnɪn'vaɪtɪd] adj (arrive) sans invitation; (do) sans y avoir été invité ◆ **uninviting** adj peu attirant or attrayant; (food) peu appétissant.
union ['ju:njən] **1** n (gen) union [f]; (trade ~) syndicat [m] ◇ **U~ Jack** drapeau du Royaume-Uni **2** adj (leader, movement) syndical; (headquarters) du syndicat ◇ **~ member** membre [m] du syndicat ◆ **unionist** n (Pol) unioniste [mf].
unique [ju:'ni:k] adj unique ◆ **uniquely** adv exceptionnellement.
unisex ['ju:nɪseks] adj unisexe.
unison ['ju:nɪsn] n ◇ **in ~** à l'unisson [m].
unit ['ju:nɪt] n **a** (gen) unité [f] **b** (section) groupe [m]; (of furniture) élément [m] ◇ **compressor ~** groupe compresseur; **kitchen ~** élément [m] de cuisine; **research ~** unité [f] de recherches; **~ trust** ≃ fonds [m] commun de placement **c** (buildings) locaux [mpl] **d** (people) unité [f]; (in firm) service [m].
unite [ju:'naɪt] **1** vt (gen) unir (*A with B* A à B); (unify: country etc) unifier **2** vi s'unir (*with* à; *in doing*, *to do* pour faire); (of companies) fusionner ◆ **united** adj (gen) uni; (unified) unifié; (efforts) conjugué ◇ **U~ Arab Emirates** Emirats [mpl] arabes unis; **U~ Kingdom** Royaume-Uni [m]; **U~ Nations** Nations [fpl] unies; **U~ States (of America)** États-Unis (d'Amérique) [mpl].
unity ['ju:nɪtɪ] n unité [f].
universal [ju:nɪ'vɜ:səl] adj universel, [f] -elle ◆ **universally** adv universellement.
universe ['ju:nɪvɜ:s] n univers [m].
university [ju:nɪ'vɜ:sɪtɪ] **1** n université [f] ◇ **at ~** à l'université **2** adj (gen) universitaire; (professor, student) d'université ◇ **~ education** études [fpl] universitaires.
unjust ['ʌn'dʒʌst] adj injuste (*to* envers).
unkempt ['ʌn'kempt] adj débraillé.
unkind [ʌn'kaɪnd] adj pas gentil, [f] -ille (*to sb* avec qn); (stronger) méchant (*to* avec).
unknown ['ʌn'nəʊn] **1** adj inconnu (*to* de) ◇ **she did it quite ~ to him** elle l'a fait sans qu'il le sache; **~ quantity** inconnue [f] **2** n ◇ **the ~** l'inconnu [m].
unladen ['ʌn'leɪdn] adj (weight) à vide.
unleaded ['ʌn'ledɪd] **1** adj sans plomb **2** n essence [f] sans plomb.
unless [ən'les] conj à moins que... (ne) + subj, à moins de + infin ◇ **~ otherwise stated** sauf indication contraire.
unlicensed ['ʌn'laɪsənst] adj (vehicle) sans vignette; (hotel etc) qui n'a pas de licence de débit de boissons.
unlike ['ʌn'laɪk] prep à la différence de ◇ **~ his brother, he...** à la différence de son frère, il...; **it's quite ~ him** ça ne lui ressemble pas; **it is quite ~ mine** ça n'est pas du tout comme le mien.
unlikely [ʌn'laɪklɪ] adj peu probable (*that* que + subj) ◇ **to be ~ to succeed** avoir peu de chances de réussir.
unlimited [ʌn'lɪmɪtɪd] adj illimité.
unload ['ʌn'ləʊd] vt (gen) décharger; (get rid of) se débarrasser de ◆ **unloading** n déchargement [m].
unlock ['ʌn'lɒk] vt ouvrir.
unlucky [ʌn'lʌkɪ] adj (person) malchanceux, [f] -euse; (choice) malheureux, [f] -euse; (day) de malchance; (number) qui porte malheur ◇ **he's ~** il n'a pas de chance; **it is ~ to do that** ça porte malheur de faire ça.
unmanageable [ʌn'mænɪdʒəbl] adj (gen) peu maniable; (person) impossible; (hair) rebelle.
unmanned ['ʌn'mænd] adj (spacecraft, flight) non habité.
unmarked ['ʌn'mɑ:kt] adj (gen) sans marque; (police car) banalisé.
unmarried ['ʌn'mærɪd] adj célibataire.
unmentionable [ʌn'menʃnəbl] adj dont il ne faut pas parler.
unmerciful [ʌn'mɜ:sɪfʊl] adj impitoyable (*towards* pour).
unmistakable ['ʌnmɪs'teɪkəbl] adj (gen) indubitable; (voice, walk) qu'on ne peut pas ne pas reconnaître ◆ **unmistakably** adv manifestement.
unmitigated [ʌn'mɪtɪgeɪtɪd] adj absolu.
unmixed ['ʌn'mɪkst] adj pur.
unmoved ['ʌn'mu:vd] adj indifférent.
unnamed ['ʌn'neɪmd] adj (person) anonyme; (thing) innommé.
unnatural [ʌn'nætʃrəl] adj anormal; (affected) qui manque de naturel.
unnecessary [ʌn'nesɪsərɪ] adj (useless) inutile (*to do* de faire); (superfluous) superflu.

unnerve ['ʌn'nɜ:v] vt démoraliser; (less strong) déconcerter ◆ **unnerving** adj déconcertant.

unnoticed ['ʌn'nəʊtɪst] adj inaperçu.

UNO ['ju:nəʊ] n abbr of *United Nations Organization* ONU (f).

unobtainable ['ʌnəb'teɪnəbl] adj impossible à obtenir.

unobtrusive ['ʌnəb'tru:sɪv] adj discret, (f) -ète.

unoccupied ['ʌn'ɒkjʊpaɪd] adj (house) inoccupé; (seat, zone) libre.

unofficial ['ʌnə'fɪʃəl] adj (gen) officieux, (f) -ieuse; (visit) privé ◇ ~ **strike** grève (f) sauvage.

unorthodox ['ʌn'ɔ:θədɒks] adj peu orthodoxe.

unpack ['ʌn'pæk] **1** vt (suitcase) défaire; (belongings) déballer **2** vi déballer ses affaires.

unpaid ['ʌn'peɪd] adj (bill) impayé; (work, helper) non rétribué; (leave) non payé.

unpalatable [ʌn'pælɪtəbl] adj désagréable.

unparalleled [ʌn'pærəleld] adj sans égal.

unpleasant [ʌn'pleznt] adj (gen) désagréable (*to* avec); (place) déplaisant.

unplug ['ʌn'plʌg] vt débrancher.

unpopular ['ʌn'pɒpjʊlə[r]] adj (gen) impopulaire ◇ ~ **with sb** (of person) impopulaire auprès de qn; (of decision etc) impopulaire chez qn.

unprecedented [ʌn'presɪdəntɪd] adj sans précédent.

unpredictable ['ʌnprɪ'dɪktəbl] adj imprévisible.

unprepared ['ʌnprɪ'pɛəd] adj (speech etc) improvisé ◇ **he was quite ~ for it** cela l'a pris au dépourvu.

unprepossessing ['ʌn,pri:pə'zesɪŋ] adj qui fait mauvaise impression.

unpretentious ['ʌnprɪ'tenʃəs] adj sans prétention.

unprintable ['ʌn'prɪntəbl] adj (fig) que l'on n'oserait pas répéter.

unprofessional ['ʌnprə'feʃənl] adj contraire au code professionnel.

unprotected ['ʌnprə'tektɪd] adj sans défense.

unprovoked ['ʌnprə'vəʊkt] adj sans provocation.

unpublished ['ʌn'pʌblɪʃt] adj inédit.

unqualified ['ʌn'kwɒlɪfaɪd] adj **a** (teacher etc) non diplômé **b** (absolute) inconditionnel, (f) -elle.

unquestionable [ʌn'kwestʃənəbl] adj incontestable.

unravel [ʌn'rævəl] **1** vt (knitting) défaire; (threads) démêler; (mystery) débrouiller **2** vi s'effilocher.

unready ['ʌn'redɪ] adj mal préparé.

unreal ['ʌn'rɪəl] adj irréel.

unrealistic ['ʌnrɪə'lɪstɪk] adj peu réaliste.

unreasonable [ʌn'ri:znəbl] adj (gen) qui n'est pas raisonnable; (demand, length) excessif, (f) -ive; (price) exagéré.

unrecognizable ['ʌn'rekəgnaɪzəbl] adj méconnaissable.

unrelated ['ʌnrɪ'leɪtɪd] adj ◇ **to be ~ to** (of facts) n'avoir aucun rapport avec; (of person) n'avoir aucun lien de parenté avec.

unreliable ['ʌnrɪ'laɪəbl] adj (person) sur qui on ne peut pas compter; (thing) peu fiable.

unrelieved ['ʌnrɪ'li:vd] adj constant.

unremarkable ['ʌnrɪ'mɑ:kəbl] adj médiocre.

unrepeatable ['ʌnrɪ'pi:təbl] adj (offer) exceptionnel, (f) -elle; (comment) que l'on n'ose pas répéter.

unrest [ʌn'rest] n agitation (f).

unrestricted ['ʌnrɪ'strɪktɪd] adj (power) illimité; (access) libre.

unrewarding ['ʌnrɪ'wɔ:dɪŋ] adj ingrat; (financially) peu rémunérateur, (f) -trice.

unripe ['ʌn'raɪp] adj vert, pas mûr.

unroll ['ʌn'rəʊl] vt dérouler.

unruffled ['ʌn'rʌfld] adj (fig) calme.

unruled ['ʌn'ru:ld] adj (paper) uni.

unruly [ʌn'ru:lɪ] adj indiscipliné.

unsafe ['ʌn'seɪf] adj **a** (dangerous) dangereux, (f) -euse **b** (in danger) en danger ◇ **to feel ~** ne pas se sentir en sécurité.

unsaid ['ʌn'sed] adj ◇ **to leave sth ~** passer qch sous silence.

unsatisfactory ['ʌn,sætɪs'fæktərɪ] adj peu satisfaisant, qui laisse à désirer.

unsavoury, (US) **-ory** ['ʌn'seɪvərɪ] adj plutôt répugnant.

unscathed ['ʌn'skeɪðd] adj indemne.

unscrew ['ʌn'skru:] vt dévisser.

unscripted ['ʌn'skrɪptɪd] adj improvisé.

unscrupulous [ʌn'skru:pjʊləs] adj (person) dénué de scrupules; (act) malhonnête.

unseemly [ʌn'si:mlɪ] adj inconvenant.

unseen ['ʌn'si:n] adj inaperçu ◇ ~ **translation** version (f) *(sans préparation)*.

unselfish ['ʌn'selfɪʃ] adj généreux, (f) -euse.

unsettle ['ʌn'setl] vt perturber ◆ **unsettled** adj (person) perturbé; (weather) incertain.

unshakeable ['ʌn'ʃeɪkəbl] adj inébranlable.

unshaven ['ʌn'ʃeɪvn] adj non rasé.

unsightly [ʌn'saɪtlɪ] adj laid.

unskilled ['ʌn'skɪld] adj (work) de manœuvre ◇ ~ **worker** manœuvre (m).

unsociable [ʌn'səʊʃəbl] adj insociable.

unsocial [ʌn'səʊʃəl] adj ◇ **to work ~ hours** travailler en dehors des heures normales.
unsophisticated ['ʌnsə'fɪstɪkeɪtɪd] adj simple.
unsound ['ʌn'saʊnd] adj (thing) peu solide; (decision, argument) peu valable.
unspeakable [ʌn'spi:kəbl] adj indescriptible; (bad) innommable.
unspoken ['ʌn'spəʊkən] adj tacite.
unsporting ['ʌn'spɔ:tɪŋ] adj déloyal.
unstable ['ʌn'steɪbl] adj instable.
unsteady ['ʌn'stedɪ] adj (ladder) instable; (hand) tremblant; (voice) mal assuré.
unstick ['ʌn'stɪk] pret, ptp *-stuck* vt décoller ◇ (fig) **to come unstuck** [famil] avoir des problèmes.
unsuccessful ['ʌnsək'sesfʊl] adj (negotiation, attempt) infructueux, ⓕ -ueuse; (candidate, marriage) malheureux, ⓕ -euse; (painter, book) qui n'a pas de succès ◇ **to be ~** ne pas réussir (*in doing* à faire); (in school etc) échouer (*in an exam* à un examen; *in maths* en maths) ◆ **unsuccessfully** adv en vain.
unsuitable ['ʌn'su:təbl] adj (gen) qui ne convient pas; (colour, size) qui ne va pas; (action) peu approprié ◆ **unsuited** adj (person) inapte (*to* à) ◇ **they are quite ~** ils ne sont pas compatibles.
unsure ['ʌn'ʃʊəʳ] adj incertain (*of, about* de) ◇ **to be ~ of o.s.** manquer d'assurance.
unsuspecting ['ʌnsəs'pektɪŋ] adj qui ne se doute de rien.
unsweetened ['ʌn'swi:tnd] adj sans sucre.
unsympathetic ['ʌn,sɪmpə'θetɪk] adj indifférent (*to* à).
untangle ['ʌn'tæŋgl] vt démêler.
unthinkable [ʌn'θɪŋkəbl] adj impensable.
untidy [ʌn'taɪdɪ] adj (person: in appearance) dont les vêtements sont en désordre; (habitually) débraillé; (in character) désordonné; (appearance) négligé; (clothes) débraillé; (hair) mal peigné; (work, writing) brouillon, ⓕ -onne; (room, desk) en désordre.
untie ['ʌn'taɪ] vt (string) défaire; (prisoner) détacher.
until [ən'tɪl] **1** prep jusqu'à ◇ **~ now** jusqu'ici; **~ then** jusque-là; **not ~ tomorrow** pas avant demain; **he didn't leave ~ the following day** il n'est parti que le lendemain **2** conj (in future) jusqu'à ce que + subj; (in past) avant que + ne + subj ◇ **wait ~ I come** attendez que je vienne; **~ they build the new road** en attendant qu'ils fassent la nouvelle route.
untimely [ʌn'taɪmlɪ] adj (death) prématuré.
untold ['ʌn'təʊld] adj (amount) incalculable; (agony, delight) indescriptible.
untoward [,ʌntə'wɔ:d] adj fâcheux, ⓕ -euse.
untranslatable ['ʌntrænz'leɪtəbl] adj intraduisible.
untrue ['ʌn'tru:] adj (gen) faux, ⓕ fausse; (unfaithful) infidèle (*to* à).
untypical ['ʌn'tɪpɪkəl] adj peu typique (*of* de).
unusable ['ʌn'ju:zəbl] adj inutilisable.
unused ['ʌn'ju:zd] adj (new) neuf, ⓕ neuve; (not in use) inutilisé.
unusual [ʌn'ju:ʒʊəl] adj (rare) peu commun, inhabituel, ⓕ -uelle; (strange) étrange; (talents, size) exceptionnel, ⓕ -elle ◇ **it is ~ for him to be...** il est rare qu'il soit...; **that's ~!** ça n'arrive pas souvent! ◆ **unusually** adv exceptionnellement ◇ **~ early** plus tôt que d'habitude.
unveil [ʌn'veɪl] vt dévoiler.
unveiling [ʌn'veɪlɪŋ] n inauguration ⓕ.
unwaged ['ʌn'weɪdʒd] npl ◇ (Admin) **the ~** les non-actifs ⓜpl.
unwanted ['ʌn'wɒntɪd] adj (clothing etc) dont on n'a pas besoin; (child) non désiré; (effect) non recherché.
unwelcome [ʌn'welkəm] adj (person) importun; (thing) fâcheux, ⓕ -euse.
unwell ['ʌn'wel] adj souffrant ◇ **to feel ~** ne pas se sentir très bien.
unwieldy [ʌn'wi:ldɪ] adj difficile à manier.
unwilling ['ʌn'wɪlɪŋ] adj ◇ **to be ~ to do** ne pas vouloir faire ◆ **unwillingly** adv à contrecœur.
unwind ['ʌn'waɪnd] pret, ptp *-wound* **1** vt dérouler **2** vi se détendre.
unwise ['ʌn'waɪz] adj imprudent.
unwitting [ʌn'wɪtɪŋ] adj involontaire.
unworkable ['ʌn'wɜ:kəbl] adj (scheme etc) impraticable.
unworthy [ʌn'wɜ:ðɪ] adj indigne (*of* de).
unwrap ['ʌn'ræp] vt défaire, ouvrir.
unzip ['ʌn'zɪp] vt ouvrir la fermeture éclair de.
up [ʌp] **1** adv **a** (gen) en haut, en l'air; (throw etc) en l'air ◇ **higher ~** plus haut; **~ there** là-haut; **~ on the hill** sur la colline; **~ on top of** sur; **~ above** au-dessus; **all the way ~** jusqu'en haut; **farther ~** plus haut; **close ~ to** tout près de; **~ against the wall** appuyé contre le mur; (fig) **to be ~ against** (difficulties) se heurter à; (competitors) avoir affaire à; **we're really ~ against it** nous allons avoir du mal à nous en sortir; **'this side ~'** 'haut'; **he's been rather ~ and down** il a eu des hauts et des bas.
b ◇ (out of bed) **to be ~** être levé, être debout ⓘnv; **to get ~** se lever; **he was ~ all night** il ne s'est pas couché de la nuit; **~ and about** à l'ouvrage.

c ◇ (higher etc) **to be ~** (of prices) avoir augmenté (*by* de); (of level, temperature) avoir monté (*by* de); (of standard) être plus élevé.

d ◇ (fig) **to be ~** (of sun) être levé; (be finished) être terminé; **when 3 days were ~** au bout de 3 jours; **time's ~!** c'est l'heure!; **it's all ~ with him** [famil] il est fichu [famil]; **the road is ~** la route est en travaux; **~ with Joe Bloggs!** vive Joe Bloggs!; **I'm ~ with him in maths** nous sommes au même niveau en maths; **I'm not very well ~ on it** je ne suis pas vraiment au fait; **~ in Scotland** en Écosse; **~ north** dans le nord; **to be one ~ on sb** [famil] faire mieux que qn; **what's ~?** [famil] qu'est-ce qu'il y a?

e ◇ **~ to** (as far as) jusqu'à; **~ to now, ~ to here** jusqu'ici; **~ to there** jusque-là; **we're ~ to page 3** nous en sommes à la page 3; **it's ~ to us to help him** c'est à nous de l'aider; **it's ~ to you** c'est à vous de décider (*whether* si); **what is he ~ to?** qu'est-ce qu'il peut bien faire?; **he's ~ to sth** il manigance qch; **he's not ~ to it/doing** (not good enough) il n'est pas à la hauteur/(de faire); (not well enough) il n'est pas en état de le faire/de faire; **it's not ~ to much** ça ne vaut pas grand-chose.

2 prep ◇ **~ a ladder** sur une échelle; **to go** or **come ~** monter; **it's ~ that road** c'est dans cette rue; **just ~ the road** un peu plus haut dans la rue; **~ and down the country** un peu partout dans le pays; **further ~ the page** plus haut sur la même page.

3 n ◇ (fig) **~s and downs** hauts [mpl] et bas [mpl] ◆ **up-and-coming** adj plein d'avenir ◆ **upbringing** n éducation [f] ◆ **update** **1** n mise [f] à jour **2** vt mettre à jour ◆ **upfront** [famil] **1** adj (esp US: frank) franc, [f] franche, ouvert; (important) important **2** adv (in advance) d'avance; (esp US: openly) ouvertement ◆ **upgrade** vt (improve) améliorer; (modernize) moderniser; (employee) promouvoir; (job, post) revaloriser ◆ **upheaval** n bouleversement [m] ◆ **uphill** adv, adj ◇ **to go ~** monter; **an ~ task** un travail pénible ◆ **uphold** pret, ptp *-held* vt (gen) soutenir; (law) faire respecter; (verdict) confirmer ◆ **upholster** etc see below ◆ **upkeep** n entretien [m] ◆ **upmarket** adj (product) haut de gamme [inv]; (establishment) de luxe; (newspaper) sérieux, [f] -ieuse ◆ **upon** prep = **on 1** ◆ **upper** etc see below ◆ **upright** **1** adj, adv droit **2** n (piano) piano [m] droit ◆ **uprising** n insurrection [f] (*against* contre) ◆ **uproar** n tempête [f] de protestations ◆ **uproarious** adj désopilant ◆ **uproot** vt déraciner ◆ **upset** etc see below ◆ **upshot** n résultat [m] ◆ **upside down** adv (hold etc) à l'envers ◇ **to turn ~** (object) retourner; (cupboard) mettre sens dessus dessous ◆ **upstairs** see below ◆ **upstream** adv (be) en amont (*from* de); (swim) contre le courant ◆ **uptake** n ◇ **to be quick on the ~** avoir l'esprit vif ◆ **uptight** [famil] adj (tense) crispé; (touchy) susceptible; (conventional) collet monté [inv] ◇ **to get ~** (tense) se crisper (*about* à propos de); (upset) se froisser (*about* à propos de) ◆ **up-to-date** adj (report, information) très récent; (updated) à jour; (building, person, ideas) moderne ◆ **upward** see below.

upholster [ʌp'həʊlstəʳ] vt recouvrir ◆ **upholsterer** n tapissier [m] ◆ **upholstery** n (in car) garniture [f].

upper ['ʌpəʳ] adj (gen) supérieur; (in place names) haut ◇ **the ~ classes** les couches [fpl] supérieures de la société; **the ~ middle class** la haute bourgeoisie; **the ~ school** les grandes classes [fpl]; **to get the ~ hand of sb** prendre l'avantage or le dessus sur qn; **to have the ~ hand** avoir le dessus ◆ **upper-class** adj aristocratique ◆ **uppermost** adj (highest) le plus haut; (on top) en dessus.

upset [ʌp'set] pret, ptp *-set* **1** vt renverser; (plan, stomach) déranger; (grieve) faire de la peine à; (annoy) contrarier; (make ill) rendre malade **2** adj (offended) vexé; (grieved) peiné; (annoyed) contrarié; (ill) souffrant; (stomach) dérangé **3** ['ʌpset] n (in plans etc) bouleversement [m] (*in* de); (emotional) chagrin [m] ◇ **to have a stomach ~** avoir l'estomac dérangé.

upstairs ['ʌp'stɛəz] **1** adj, adv en haut d'un escalier ◇ **to go ~** monter; **the people ~** les gens [mpl] du dessus; **the room ~** la pièce d'en haut **2** n étage [m] (du dessus).

upstate ['ʌp'steɪt] **1** (US) adv (go) vers l'intérieur (d'un État); (be) à l'intérieur **2** (US) adj de l'intérieur.

upsurge ['ʌpsɜːdʒ] n (of interest) regain [m].

upturn ['ʌptɜːn] n amélioration [f] (*in* de).

upward ['ʌpwəd] **1** adj (movement) vers le haut; (trend) à la hausse **2** adv (also **upwards**) **a** vers le haut **b** ◇ (fig) **from 10 francs ~s** à partir de 10 F ◆ **upwardly** adv ◇ **~ mobile** à mobilité sociale ascendante.

uranium [jʊ'reɪnɪəm] n uranium [m].

Uranus [jʊə'reɪnəs] n (Astron) Uranus [f].

urban ['ɜːbən] adj urbain.

urchin ['ɜːtʃɪn] n polisson(ne) [m(f)].

urge [ɜːdʒ] **1** n forte envie [f] (*to do* de faire) **2** vt conseiller vivement (*sb to do* à qn de faire).

urgent ['ɜːdʒənt] adj (gen) urgent; (need, request) pressant ◆ **urgently** adv (need, request) d'urgence; (plead) instamment.

urinate ['jʊərɪneɪt] vi uriner.

urine ['jʊərɪn] n urine [f].

urn [ɜːn] n (gen) urne [f] ◇ **tea ~** fontaine [f] à thé.

Uruguay ['jʊərəgwaɪ] n Uruguay [m] ◆ **Uruguayan** 1 adj uruguayen, [f] -enne 2 n Uruguayen(ne) [m(f)].

US [ju:'es] n abbr of *United States* ◇ **the** ~ les U.S.A. [mpl], les E.U.(A.) [mpl].

us [ʌs] pers pron nous ◇ **he hit** ~ il nous a frappés; **give it to** ~ donnez-le-nous; **in front of** ~ devant nous; **let** ~ or **let's go!** allons-y!; **younger than** ~ plus jeune que nous; **he is one of** ~ il est des nôtres.

USA [ju:es'eɪ] n abbr of *United States of America* ◇ **the** ~ les U.S.A. [mpl], les E.U.A. [mpl].

use [ju:s] 1 n a emploi [m], usage [m] ◇ **for one's own** ~ à son usage personnel; **for** ~ **in emergency** à utiliser en cas d'urgence; **ready for** ~ prêt à l'emploi; **in** ~ en usage; (notice) **'out of** ~**'** 'en dérangement'; **to make** ~ **of** se servir de; **to make good** ~ **of** tirer parti de; **I've no further** ~ **for it** je n'en ai plus besoin; (fig) **I've no** ~ **for that sort of thing!** [famil] je n'ai rien à en faire! b ◇ (usefulness) **to be of** ~ être utile (*for, to* à); **he gave me the** ~ **of his car** il m'a permis de me servir de sa voiture; **to lose the** ~ **of one's arm** perdre l'usage de son bras; **what's the** ~ **of doing...?** à quoi bon faire...?; **he's no** ~ il est nul (*as* comme); **it's no** ~ ça ne sert à rien.

2 [ju:z] vt a (gen) se servir de, utiliser (*as* comme; *to do, for doing* pour faire); (force, discretion) user de; (opportunity) profiter de ◇ **I** ~ **that as a table** ça me sert de table; **no longer** ~**d** qui ne sert plus; ~ **your brains!** réfléchis un peu!; ~ **your eyes!** ouvre l'œil!; **I've** ~**d it all** je l'ai fini; **to** ~ **up** (finish: gen) finir; (left-overs) utiliser; (supplies) épuiser; **it's all** ~**d up** il n'en reste plus b (treat: person) agir envers.

3 aux vb ◇ (translated by imperfect tense) **I** ~**d to see him** je le voyais ◆ **used** [ju:zd] adj a (stamp) oblitéré; (car) d'occasion b [ju:st] ◇ (accustomed) **to be** ~ **to (doing) sth** avoir l'habitude de (faire) qch; **to get** ~ **to** s'habituer à ◆ **useful** adj (gen) utile ◇ **to make o.s.** ~ se rendre utile; **to come in** ~ être utile ◆ **useless** adj qui ne vaut rien ◇ **shouting is** ~ il est inutile de crier; **he's** ~ il est nul (*as* comme) ◆ **user** n a (of machine, tool, computer) utilisateur [m], [f] -trice; (of public service, telephone, dictionary, train, road) usager [m], [f] -ère ◇ **oil** ~**s** consommateurs [mpl] de mazout; **car** ~**s** automobilistes [mpl] b (Drugs) usager [m], [f] -ère; consommateur [m], [f] -trice ◆ **user-friendly** adj facile à utiliser, convivial.

usher ['ʌʃəʳ] 1 n (in court) huissier [m]; (in church) placeur [m] 2 vt ◇ **to** ~ **sb through** (etc) faire traverser (etc) qn ◆ **usherette** n ouvreuse [f].

USSR [ju:eses'ɑ:ʳ] n abbr of *Union of Soviet Socialist Republics* ◇ **the** ~ l'U.R.S.S. [f].

usual ['ju:ʒʊəl] adj (gen) habituel, [f] -uelle; (word) usuel, [f] -uelle; (remarks, conditions) d'usage ◇ **as** ~ comme d'habitude; **more than** ~ plus que d'habitude; **his** ~ **drink is beer** d'habitude il boit de la bière; **it's not** ~ **for him to be late** il est rare qu'il soit en retard; **it was the** ~ **kind of party** c'était une soirée typique; (drink) **the** ~**!** [famil] comme d'habitude! ◆ **usually** adv d'habitude.

usurp [ju:'zɜ:p] vt usurper.

utensil [ju:'tensl] n ustensile [m].

uterus ['ju:tərəs] n utérus [m].

utility [ju:'tɪlɪtɪ] n (use) utilité [f]; **(public** ~**)** service [m] public ◇ ~ **room** ≃ buanderie [f] ◆ **utilize** vt utiliser.

utmost ['ʌtməʊst] 1 adj a (greatest) le plus grand; (danger) extrême ◇ **with the** ~ **speed** à toute vitesse; **of the** ~ **importance** extrêmement important b (furthest: place) le plus éloigné 2 n ◇ **to do one's** ~ faire tout son possible (*to do* pour faire); **to the** ~ au plus haut degré.

Utopia [ju:'təʊpɪə] n utopie [f] ◆ **Utopian** adj utopique.

1. **utter** ['ʌtəʳ] adj (gen) complet, [f] -ète; (madness) pur; (fool) fini ◆ **utterly** adv complètement.

2. **utter** ['ʌtəʳ] vt (gen) prononcer; (cry) pousser; (threat) proférer.

V

V, v [viː] n **a** (letter) V, v [m] **b** abbr of *verse* **c** abbr of *versus* contre **d** abbr of *volt* **e** abbr of *vide* voir ◆ **V-neck** n décolleté [m] en V.

vacancy ['veɪkənsɪ] n (in boarding house) chambre [f] à louer; (job) poste [m] vacant ◇ **'no vacancies'** (jobs) 'pas d'embauche'; (hotel) 'complet'.

vacant ['veɪkənt] adj (room, seat) libre; (stare) vague; (post) vacant.

vacate [və'keɪt] vt quitter.

vacation [və'keɪʃən] n vacances [fpl] ◇ **on ~** en vacances; **~ course** cours [mpl] de vacances.

vaccinate ['væksɪneɪt] vt vacciner ◇ **to get ~d** se faire vacciner.

vacuum ['vækjʊm] **1** n vide [m] ◇ **~ cleaner** aspirateur [m]; **~ flask** bouteille [f] thermos ® **2** vt (carpet) passer à l'aspirateur ◆ **vacuum-packed** adj emballé sous vide.

vagina [və'dʒaɪnə] n vagin [m].

vagrant ['veɪgrənt] n vagabond(e) [m(f)].

vague [veɪg] adj (gen) vague; (outline, photograph) flou; (absent-minded) distrait ◇ **I haven't the ~st idea** je n'en ai pas la moindre idée.

vain [veɪn] adj **a** (attempt, hope) vain (before n); (promise) vide ◇ **in ~** en vain **b** (conceited) vaniteux, [f] -euse ◆ **vainly** adv (in vain) en vain.

valentine ['væləntaɪn] n (**~ card**) carte [f] de la Saint-Valentin *(gage d'amour)*.

valiant ['væljənt] adj vaillant.

valid ['vælɪd] adj valable (*for* pour).

valley ['vælɪ] n vallée [f]; (small) vallon [m].

valour, (US) **-or** ['væləʳ] n bravoure [f].

valuable ['væljʊəbl] **1** adj (object) de valeur; (advice, time) précieux, [f] -ieuse **2** npl ◇ **~s** objets [mpl] de valeur.

valuation [ˌvæljʊ'eɪʃən] n expertise [f].

value ['vælju:] **1** n valeur [f] ◇ **of no ~** sans valeur; **to get good ~ for money** en avoir pour son argent; **it's the best ~** c'est le plus avantageux; **to the ~ of £100** d'une valeur de 100 livres; **~ judgment** jugement [m] de valeur **2** vt (house, painting) évaluer (*at* à); (professionally) expertiser; (friendship, independence) tenir à.

valve [vælv] n (of machine) soupape [f]; (of tyre) valve [f]; (Elec) lampe [f]; (of heart) valvule [f].

vampire ['væmpaɪəʳ] n vampire [m].

van [væn] n camion [m]; (smaller) camionnette [f]; (Rail) fourgon [m]; (caravan) caravane [f].

vandal ['vændəl] n vandale [mf].

vandalism ['vændəlɪzəm] n vandalisme [m].

vanguard ['vængɑːd] n avant-garde [f].

vanilla [və'nɪlə] n vanille [f] ◇ **~ ice** glace [f] à la vanille.

vanish ['vænɪʃ] vi disparaître.

vanity ['vænɪtɪ] n vanité [f] ◇ **~ case** mallette [f] pour affaires de toilette.

vapour, (US) **-or** ['veɪpəʳ] n vapeur [f].

variable ['vɛərɪəbl] adj variable.

variance ['vɛərɪəns] n ◇ **to be at ~** être en désaccord (*about* à propos de).

variation [ˌvɛərɪ'eɪʃən] n variation [f].

varicose ['værɪkəʊs] adj ◇ **~ vein** varice [f].

variety [və'raɪətɪ] n **a** (gen) variété [f]; (type, kind) type [m], espèce [f] ◇ **for a ~ of reasons** pour diverses raisons **b** (Theatre) variétés [fpl] ◇ **~ show** spectacle [m] de variétés.

various ['vɛərɪəs] adj (gen) divers (before n) ◇ **at ~ times** (different) en diverses occasions; (several) à plusieurs reprises.

varnish ['vɑːnɪʃ] **1** n vernis [m] ◇ **nail ~** vernis à ongles **2** vt vernir.

vary ['vɛərɪ] vti (gen) varier (*with* selon) ◇ **to ~ from** différer de.

vase [vɑːz] n vase (m) ◇ **flower ~** vase à fleurs.

Vaseline ['væsɪliːn] n ® vaseline (f).

vast [vɑːst] adj (gen) vaste; (success) énorme; (expense) très grand (before n) ◇ **a ~ amount of** énormément de ◆ **vastly** adv extrêmement.

VAT [viːeɪ'tiː, væt] n (Brit) abbr of *value added tax* TVA (f).

vat [væt] n cuve (f).

Vatican ['vætɪkən] n Vatican (m).

vault [vɔːlt] 1 n (cellar) cave (f); (tomb) caveau (m); (in bank: strongroom) chambre (f) forte; (for safe deposit boxes) salle (f) des coffres 2 vti (jump) sauter.

VCR [viːsiː'ɑːʳ] n abbr of *video cassette recorder* → **video.**

VD [viː'diː] n (Med) abbr of *venereal disease* maladie (f) vénérienne.

VDU [viːdiː'juː] n (Comput) abbr of *visual display unit* console (f) de visualisation, visuel (m).

veal [viːl] n veau (m) *(viande)*.

veer [vɪəʳ] vi (~ **round**) tourner.

vegan ['viːgən] adj, n végétalien(ne) (m(f)).

vegetable ['vedʒɪtəbl] n légume (m) ◇ **~ dish** légumier (m); **~ garden** potager (m); **~ kingdom** règne (m) végétal; **~ knife** couteau (m) à éplucher; **~ oil** huile (f) végétale; **~ salad** macédoine (f) de légumes.

vegetarian [ˌvedʒɪ'tɛərɪən] adj, n végétarien(ne) (m(f)).

vehement ['viːɪmənt] adj véhément.

vehicle ['viːɪkl] n véhicule (m).

veil [veɪl] n voile (m); (on hat) voilette (f).

vein [veɪn] n (gen) veine (f); (in leaf) nervure (f) ◇ **in the same ~** dans le même esprit.

Velcro ['velkrəʊ] n ® velcro (m) ®.

velour(s) [və'lʊəʳ] n velours (m) épais.

velvet ['velvɪt] n velours (m) ◆ **velveteen** n velvet (m) ◆ **velvety** adj velouté.

vending ['vendɪŋ] n ◇ **~ machine** distributeur (m) automatique.

venerate ['venəreɪt] vt vénérer.

Venetian [vɪ'niːʃən] adj ◇ **~ glass** cristal (m) de Venise; **~ blind** store (m) vénitien.

Venezuela [vene'zweɪlə] n Venezuela (m) ◆ **Venezuelan** 1 adj vénézuélien, (f) -ienne 2 n Vénézuélien(ne) (m(f)).

vengeance ['vendʒəns] n vengeance (f) ◇ (fig) **with a ~** pour de bon [famil].

Venice ['venɪs] n Venise.

venison ['venɪsən] n venaison (f).

venom ['venəm] n venin (m).

vent [vent] n (hole) orifice (m).

ventilate ['ventɪleɪt] vt ventiler.

ventilator ['ventɪleɪtəʳ] n ventilateur (m); (on car) déflecteur (m).

ventriloquist [ven'trɪləkwɪst] n ventriloque (mf).

venture ['ventʃəʳ] 1 n entreprise (f) (hasardeuse) ◇ **at a ~** au hasard; **business ~s** tentatives (fpl) commerciales; **a new ~ in...** quelque chose de nouveau en matière de... 2 vt risquer, hasarder 3 vi ◇ **to ~ in** (etc) se risquer à entrer (etc); **to ~ into town** s'aventurer dans la ville.

venue ['venjuː] n lieu (m) (de rendez-vous).

Venus ['viːnəs] n (Astron) Vénus (f).

veranda(h) [və'rændə] n véranda (f).

verb [vɜːb] n verbe (m).

verbatim [vɜː'beɪtɪm] adj, adv mot pour mot.

verdict ['vɜːdɪkt] n verdict (m).

verge [vɜːdʒ] n (gen) bord (m); (of road) accotement (m) ◇ **on the ~ of** (tears, sth bad) au bord de; (sth good) à la veille de; **on the ~ of doing** sur le point de faire.

verger ['vɜːdʒəʳ] n bedeau (m).

verify ['verɪfaɪ] vt (gen) vérifier; (documents) contrôler.

vermicelli [ˌvɜːmɪ'selɪ] n vermicelle (m).

vermin ['vɜːmɪn] n (animals) animaux (mpl) nuisibles; (insects) vermine (f).

vermouth ['vɜːməθ] n vermouth (m).

versatile ['vɜːsətaɪl] adj aux talents variés.

verse [vɜːs] n a (poetry) vers (mpl) ◇ **in ~** en vers b (stanza: of poem) strophe (f); (of song) couplet (m); (of Bible) verset (m).

version ['vɜːʃən] n (gen) version (f); (of car etc) modèle (m).

versus ['vɜːsəs] prep contre.

vertical ['vɜːtɪkəl] adj vertical.

vertigo ['vɜːtɪgəʊ] n vertige (m).

very ['verɪ] 1 adv très ◇ **~ well** très bien; **~ much** beaucoup; **~ last** tout dernier; **the ~ cleverest** de loin le plus intelligent; **at the ~ latest** au plus tard; **at the ~ most** tout au plus; **it's my ~ own** c'est à moi tout seul; **the ~ next shop** le magasin tout de suite après; **the ~ same day** le jour même; **the ~ same hat** exactement le même chapeau.

2 adj a (precise) même ◇ **his ~ words** ses propos mêmes; **the ~ man I need** tout à fait l'homme qu'il me faut b (extreme) tout ◇ **at the ~ end** (of year) tout à la fin; (of road) tout au bout; **to the ~ end** jusqu'au bout c ◇ (mere) **the ~ word** rien que le mot.

vessel ['vesl] n vaisseau (m).

vest [vest] n a (Brit: man's) tricot (m) de corps; (woman's) chemise (f) américaine b (US) gilet (m) ◇ **~ pocket** poche (f) de gilet.

vestry ['vestrɪ] n sacristie (f).

vet [vet] 1 n abbr of *veterinary surgeon* vétérinaire (mf) 2 vt (gen) examiner minutieusement; (candidate) se renseigner de façon approfondie sur ◇ **it was ~ted by him** c'est lui qui l'a approuvé.

veteran ['vetərən] 1 n vétéran [m] ◇ **war ~** ancien combattant [m] 2 adj (gen) chevronné ◇ **~ car** voiture [f] d'époque *(avant 1916)*.

veto ['vi:təʊ] 1 n, pl **-es** veto [m] 2 vt opposer son veto à.

vex [veks] vt fâcher ◆ **vexed** adj fâché (*with sb* contre qn); (question) controversé ◇ **to get ~** se fâcher.

VHF [vi:aɪtʃ'ef] n abbr of *very high frequency* VHF [f].

via ['vaɪə] prep par, via.

viaduct ['vaɪədʌkt] n viaduc [m].

vibrate [vaɪ'breɪt] vi vibrer.

vicar ['vɪkə^r] n (C of E) pasteur [m]; (RC) vicaire [m] ◆ **vicarage** n presbytère [m] *(anglican)*.

vice [vaɪs] n a vice [m]; (less strong) défaut [m] ◇ (Police) **V~ squad** brigade [f] des mœurs b (tool) étau [m].

vice- [vaɪs] pref vice- ◇ **~admiral** vice-amiral [m] d'escadre; (University) **~chancellor** vice-président(e) [m(f)] d'université; **~president** vice-président(e) [m(f)].

vice versa ['vaɪsɪ'vɜ:sə] adv vice versa.

vicinity [vɪ'sɪnɪtɪ] n environs [mpl].

vicious ['vɪʃəs] adj (remark, look) méchant; (kick, attack) brutal; (circle) vicieux, [f] -ieuse.

victim ['vɪktɪm] n victime [f].

victimize ['vɪktɪmaɪz] vt (after strike etc) exercer des représailles sur ◇ **to be ~d** être victime de représailles.

Victorian [vɪk'tɔ:rɪən] adj victorien, [f] -ienne ◆ **Victoriana** n antiquités [fpl] victoriennes.

victory ['vɪktərɪ] n victoire [f].

victorious [vɪk'tɔ:rɪəs] adj (gen) victorieux, [f] -ieuse; (shout) de victoire.

video ['vɪdɪəʊ] 1 adj (facilities, game) vidéo [inv] ◇ **~ camera** caméra [f] vidéo; **~ cassette** vidéocassette [f]; **~ recorder** magnétoscope [m]; **~ recording** enregistrement [m] en vidéo; **~ tape** bande [f] vidéo; (cassette) vidéocassette [f] 2 vt enregistrer (sur magnétoscope); (wedding etc) filmer en vidéo 3 n (machine) magnétoscope [m]; (cassette) vidéocassette [f]; (for song) clip [m]; (famil: US) télévision [f].

vie [vaɪ] vi rivaliser (*in doing* pour faire).

Vienna [vɪ'enə] n Vienne.

Vietnam ['vjet'næm] n Viêt-nam [m] ◇ **in or to ~** au Viêt-nam ◆ **Vietnamese** 1 adj vietnamien, [f] -ienne 2 n (pl inv) Vietnamien(ne) [m(f)]; (language) vietnamien [m].

view [vju:] 1 n a (gen) vue [f] ◇ **in full ~ of** en plein devant; **to come into ~** apparaître; (exhibit) **on ~** exposé; **back ~ of the house** la maison vue de derrière; **a room with a ~** une chambre avec une belle vue; **to keep sth in ~** ne pas perdre qch de vue; **in ~ of** étant donné; **in ~ of the fact that** étant donné que; **with a ~ to doing** dans l'intention de faire b (opinion) avis [m] ◇ **in my ~** à mon avis; **to take the ~ that** penser que; **to take a dim ~ of sth** apprécier médiocrement qch; **point of ~** point [m] de vue 2 vt (house etc) visiter; (prospect) envisager 3 vi (TV) regarder la télévision ◆ **viewer** n a (TV) téléspectateur [m], [f] -trice b (for slides) visionneuse [f] ◆ **viewfinder** n viseur [m] ◆ **viewpoint** n point [m] de vue.

vigil ['vɪdʒɪl] n (gen) veille [f]; (by sickbed etc) veillée [f]; (Rel) vigile [f].

vigorous ['vɪgərəs] adj vigoureux, [f] -euse.

vigour, (US) **-or** ['vɪgə^r] n vigueur [f].

vile [vaɪl] adj ignoble; (extremely bad) exécrable; (temper) massacrant.

villa ['vɪlə] n (in town) pavillon [m] *(de banlieue)*; (in country) maison [f] de campagne; (by sea) villa [f].

village ['vɪlɪdʒ] n village [m] ◇ **the ~ school** l'école [f] du village; **a ~ school** une école de campagne ◆ **villager** n villageois(e) [m(f)].

villain ['vɪlən] n (in play etc) traître(sse) [m(f)]; (criminal) bandit [m].

vim [vɪm] n [famil] entrain [m].

vindicate ['vɪndɪkeɪt] vt justifier.

vindictive [vɪn'dɪktɪv] adj vindicatif, [f] -ive.

vine [vaɪn] n vigne [f] ◇ **~-grower** vigneron [m].

vinegar ['vɪnɪgə^r] n vinaigre [m].

vineyard ['vɪnjəd] n vignoble [m].

vintage ['vɪntɪdʒ] n (year) année [f] ◇ **what ~ is it?** c'est de quelle année?; **~ wine** vin [m] grand cru; **the 1972 ~** le vin de 1972; **a ~ year** une bonne année (*for* pour); **~ car** voiture [f] d'époque *(1917-1930)*.

vinyl ['vaɪnɪl] n vinyle [m].

1. **viola** [vɪ'əʊlə] n (Mus) alto [m].

2. **viola** ['vaɪ'əʊlə] n (flower) pensée [f].

violate ['vaɪəleɪt] vt (rule) violer; (rights) bafouer.

violence ['vaɪələns] n violence [f] ◇ **an outbreak of ~** de violents incidents [mpl]; **racial ~** violents incidents raciaux.

violent ['vaɪələnt] adj (gen) violent; (colour) criard ◇ **a ~ dislike** une vive aversion (*for* envers) ◆ **violently** adv (gen) violemment; (severely: ill, angry) terriblement.

violet ['vaɪəlɪt] 1 n (plant) violette [f]; (colour) violet [m] 2 adj violet, [f] -ette.

violin [,vaɪə'lɪn] n violon [m].

violinist [,vaɪə'lɪnɪst] n violoniste [mf].

VIP [vi:aɪ'pi:] n abbr of *very important person* V.I.P. [m].

virgin ['vɜ:dʒɪn] n vierge [f]; garçon [m] vierge ◇ **the Blessed V~** la Sainte Vierge.

Virgo ['vɜ:gəʊ] n (Astrol) la Vierge *(zodiaque)* ◇ **I'm ~** je suis (de la) Vierge.

virile ['vɪraɪl] adj viril.

virtually ['vɜ:tjʊəlɪ] adv (in reality) en fait; (almost) pratiquement.

virtue ['vɜ:tju:] n vertu [f] ◇ **by ~ of** en vertu de; **there is no ~ in doing that** il n'y a aucun mérite à faire cela.

virtuoso [,vɜ:tjʊ'əʊzəʊ] n virtuose [mf].

virtuous ['vɜ:tjʊəs] adj vertueux, [f] -ueuse.

virus ['vaɪərəs] n virus [m] ◇ **~ disease** maladie [f] virale.

visa ['vi:zə] n visa [m] *(de passeport)*.

vis-à-vis ['vi:zəvi:] prep (+ person) vis-à-vis de; (+ thing) par rapport à.

viscount ['vaɪkaʊnt] n vicomte [m].

vise [vaɪs] n (US) étau [m].

visible ['vɪzəbl] adj (gen) visible; (obvious) manifeste ◆ **visibly** adv visiblement; manifestement.

vision ['vɪʒən] n (gen) vision [f]; (eyesight) vue [f] ◇ **his ~ of the future** la façon dont il voit l'avenir; **she had ~s of being drowned** elle s'est vue noyée.

visit ['vɪzɪt] 1 n (call, tour) visite [f]; (stay) séjour [m] ◇ **to pay a ~ to** (person) rendre visite à; (place) aller à; **to be on a ~ to** (person) être en visite chez; (place) faire un séjour à; **on an official ~** en visite officielle 2 vt (person) aller voir; (more formally) rendre visite à; (stay with) faire un séjour chez; (place) aller à ◇ **~ing card** carte [f] de visite; **~ing hours** or **time** heures [fpl] de visite; **~ professor** professeur [m] associé; **the ~ing team** les visiteurs [mpl] ◆ **visitor** n (guest) invité(e) [m(f)]; (in hotel) client(e) [m(f)]; (tourist) visiteur [m], [f] -euse ◇ **~s' book** livre [m] d'or; (in hotel) registre [m].

visor ['vaɪzəʳ] n visière [f].

visual ['vɪzjʊəl] adj visuel, [f] -uelle ◇ **to teach with ~ aids** enseigner par des méthodes visuelles ◆ **visualize** vt (imagine) se représenter; (foresee) envisager.

vital ['vaɪtl] adj (gen) vital; (importance) capital; (error) fatal ◇ **~ statistics** (population) statistiques [fpl] démographiques; (famil: woman's) mensurations [fpl]; **~ to sth** indispensable pour qch ◆ **vitally** adv (gen) extrêmement; (necessary) absolument.

vitamin ['vɪtəmɪn] n vitamine [f].

viva voce ['vaɪvə'vəʊsɪ] adv de vive voix.

vivacious [vɪ'veɪʃəs] adj enjoué.

vivid ['vɪvɪd] adj (colour, imagination) vif, [f] vive; (recollection) net, [f] nette; (description) vivant; (dream) impressionnant ◆ **vividly** adv (describe) d'une manière vivante; (imagine, remember) très nettement.

vixen ['vɪksn] n renarde [f].

viz [vɪz] adv c'est-à-dire.

vocabulary [vəʊ'kæbjʊlərɪ] n (gen) vocabulaire [m]; (in textbook) lexique [m].

vocal ['vəʊkəl] adj (gen) vocal; (voicing opinion: group) qui se fait entendre ◆ **vocalist** n chanteur [m], [f] -euse *(dans un groupe)*.

vocation [vəʊ'keɪʃən] n (Rel etc) vocation [f] ◆ **vocational** adj professionnel, [f] -elle.

vociferous [vəʊ'sɪfərəs] adj bruyant.

vodka ['vɒdkə] n vodka [f].

vogue [vəʊg] n vogue [f] ◇ **in ~** en vogue.

voice [vɔɪs] 1 n voix [f] ◇ **to lose one's ~** avoir une extinction de voix; **in a soft ~** d'une voix douce; **soft-~d** à voix douce; **at the top of his ~** à tue-tête; **with one ~** à l'unanimité 2 vt (feelings etc) exprimer; (consonant) voiser ◆ **voice-over** n commentaire [m] (voix hors champ).

volatile ['vɒlətaɪl] adj (fig: situation) explosif, [f] -ive; (person) versatile.

volcano [vɒl'keɪnəʊ] n volcan [m].

volley ['vɒlɪ] n (gen) volée [f]; (of stones) grêle [f] ◆ **volleyball** n volley(-ball) [m].

volt [vəʊlt] n volt [m] ◆ **voltage** n voltage [m], tension [f].

volume ['vɒlju:m] n (gen) volume [m] ◇ **in 6 ~s** en 6 volumes; **~ two** tome deux ◆ **voluminous** adj volumineux, [f] -euse.

voluntary ['vɒləntərɪ] adj (not forced) volontaire; (not paid) bénévole.

volunteer [,vɒlən'tɪəʳ] 1 n (Mil, gen) volontaire [mf]; (helper) bénévole [mf] 2 adj (army, group) de volontaires; (worker) bénévole 3 vt (gen) offrir; (suggestion, facts) fournir spontanément 4 vi s'offrir (*for* pour; *to do* pour faire); (Mil) s'engager comme volontaire (*for* dans).

vomit ['vɒmɪt] vti vomir.

vomiting ['vɒmɪtɪŋ] n vomissements [mpl].

vote [vəʊt] 1 n (gen) vote [m] ◇ **~s for women!** droit de vote pour les femmes!; **to take a ~** (gen) voter; (on motion) procéder au vote (*on* sur); **~ of thanks** discours [m] de remerciements; **to win ~s** gagner des voix; **the Labour ~** les voix travaillistes 2 vti voter (*for* pour; *against* contre); (elect: **~ in**) élire; (fig) proclamer (*sb sth* qn qch) ◇ **to ~ Socialist** voter socialiste; **to ~ on sth** mettre qch au vote; **I ~** [famil] **we go** je propose qu'on y aille ◆ **voter** n électeur [m], [f] -trice ◆ **voting** n (process of voting) scrutin [m]; (result) vote [m].

vouch [vaʊtʃ] vi ◇ **to ~ for** répondre de.

voucher ['vaʊtʃəʳ] n bon [m].

vow [vaʊ] 1 n vœu [m] (*to do* de faire) 2 vt jurer (*to do* de faire; *that* que).

vowel ['vaʊəl] n voyelle [f].

voyage ['vɔɪɪdʒ] n voyage [m] par mer ◇ **~ of discovery** voyage d'exploration.

vulgar ['vʌlgəʳ] adj (gen) vulgaire; (fraction) ordinaire.

vulnerable ['vʌlnərəbl] adj vulnérable.

vulture ['vʌltʃəʳ] n vautour [m].

W

W, w ['dʌbljʊ] n (letter) W, w [m].

wad [wɒd] n (gen) tampon [m]; (of putty, gum) boulette [f]; (of papers, notes) liasse [f].

waddle ['wɒdl] vi se dandiner.

wade [weɪd] vi ◇ **to ~ through** (lit) patauger dans; (famil fig: book etc) venir péniblement à bout de.

wafer ['weɪfəʳ] n gaufrette [f]; (Rel) hostie [f].

waffle ['wɒfl] **1** n **a** (food) gaufre [f] **b** (words) verbiage [m] **2** vi [famil] parler interminablement.

wag [wæg] vt (gen) agiter; (tail) remuer.

wage [weɪdʒ] **1** n (also **~s**) salaire [m], paye [f] ◇ **his ~s are £150 per week** il touche 150 livres par semaine **2** adj (rise) de salaire; (scale, freeze) des salaires ◇ **~ claim** or **demand** revendication [f] salariale; **~ earner** salarié(e) [m(f)]; (breadwinner) soutien [m] de famille; **~ packet** paye [f] **3** vt (campaign) mener ◇ **to ~ war** faire la guerre.

wager ['weɪdʒəʳ] n pari [m].

waggle ['wægl] vti agiter.

wag(g)on ['wægən] n (on road) chariot [m]; (Rail) wagon [m]; (tea trolley) table [f] roulante; (larger: for tea urn) chariot ◇ (fig) **to go on the ~** [famil] ne plus boire d'alcool.

wail [weɪl] **1** vi hurler **2** n hurlement [m].

waist [weɪst] n taille [f] ◇ **to put one's arm round sb's ~** prendre qn par la taille; **he was up to the ~ in water** l'eau lui arrivait à la ceinture; **~ measurement** tour [m] de taille ◆ **waistband** n ceinture [f] *(de jupe etc)* ◆ **waistcoat** n gilet [m] ◆ **waistline** n taille [f].

wait [weɪt] **1** n attente [f] ◇ **a 3-hour ~** 3 heures d'attente; **to lie in ~ for sb** guetter qn **2** vi **a** attendre (*for sb* qn; *sth* qch; *for sb to do, until sb does* que qn fasse) ◇ **~ a moment!** un instant!; **~ till you're old enough** attends d'être assez grand; **to ~ behind** rester (*for sb* pour attendre qn); **to ~ up** ne pas se coucher (*for sb* avant que qn ne revienne); **don't ~ up for me** couchez-vous sans m'attendre; **~ and see** attends voir; **to keep sb ~ing** faire attendre qn; **'repairs while you ~'** 'réparations à la minute'; **I can't ~ to see him again** je meurs d'envie de le revoir **b** (of waiter) servir (*on sb* qn) ◆ **waiter** n garçon [m] (de café) ◆ **waiting** n attente [f] ◇ (Aut) **'no ~'** 'stationnement strictement interdit'; **~ list** liste [f] d'attente; **~ room** salon [m] d'attente; (in station etc) salle [f] d'attente ◆ **waitress** n serveuse [f].

waive [weɪv] vt abandonner.

wake [weɪk] pret *woke*, ptp *woken*, *-d* **1** vi (**~ up**) se réveiller (*from* de) ◇ **~ up!** réveille-toi!; (fig) secoue-toi!; (fig) **to ~ up to sth** prendre conscience de qch **2** vt (**~ up**) réveiller **3** n **a** (over corpse) veillée [f] mortuaire **b** (of ship) sillage [m] ◆ **wakeful** adj éveillé ◆ **waken** vti = **wake** ◆ **wakey-wakey** [famil] excl réveillez-vous!

Wales [weɪlz] n pays [m] de Galles ◇ **in** or **to ~** au pays de Galles; **South ~** le Sud du pays de Galles.

walk [wɔːk] **1** n **a** promenade [f]; (**~ing race**) épreuve [f] de marche; (gait) démarche [f] ◇ **to have a** or **go for a ~** se promener; (shorter) faire un tour; **to take sb for a ~** emmener qn se promener; **to take the dog for a ~** promener le chien; **10 minutes' ~ from here** à 10 minutes à pied d'ici; **it's only a short ~ to...** il n'y a pas loin à marcher jusqu'à...; **at a ~** sans courir **b** (path) chemin [m]; (in garden) allée [f] ◇ (fig) **from all ~s of life** de toutes conditions sociales.

2 vi (gen) marcher; (not run) aller au pas; (not ride or drive) aller à pied; (go for a ~) se promener ◇ **to ~ up and down** marcher de long en large; **to ~ about** or **around** aller et venir; **to ~ across** (over bridge etc) traverser; **to ~ across to sb** s'approcher de qn; **to ~ away** or **off** s'éloigner (*from* de); (fig) **to ~ away** or **off with sth** (famil: take) partir en dérobant qch; (win) gagner qch haut la main; **to ~ in** entrer; **to ~ out** (go out) sortir; (go away) partir; (as protest) partir en signe de protestation; (strike) se mettre en grève; **to ~ out of a discussion** quitter une séance de discussion; **to ~ out on sb** [famil] laisser tomber qn [famil]; **to ~ over** or **up to sb** s'approcher de qn; **to ~ home** rentrer à pied; **to ~ into** (trap) tomber dans; (bump into) se cogner à.

3 vt (distance) faire à pied; (town) parcourir; (dog) promener ◇ **to ~ all the way** faire tout le chemin à pied; **I ~ed him round Paris** je l'ai promené dans Paris; **I'll ~ you home** je vais vous raccompagner ◆ **walkabout** [famil] n ◇ (of celebrity) **to go on a ~** prendre un bain de foule ◆ **walker** n **a** marcheur [m], [f] -euse ◇ **he's a fast ~** il marche vite **b** (frame) déambulateur [m]; (for babies) trotte-bébé [m] ◆ **walkie-talkie** n talkie-walkie [m] ◆ **walking** adj (shoes) de marche; (miracle) ambulant ◇ (fig) **a ~ encyclopedia** une encyclopédie vivante; **it is within ~ distance** on peut facilement y aller à pied; **~ stick** canne [f]; **to be on a ~ tour** faire une longue randonnée à pied; **~-on part** rôle [m] de figurant(e) ◆ **walkman** n ® walkman [m] ®, baladeur [m] ◆ **walkout** n (gen) départ [m] en signe de protestation; (strike) grève [f] surprise ◆ **walkover** n victoire [f] facile.

wall [wɔ:l] **1** n (gen) mur [m]; (as defence) muraille [f]; (of tunnel etc) paroi [f]; (of tyre) flanc [m] ◇ **the Berlin W~** le mur de Berlin; (fig) **he had his back to the ~** il était acculé; **to drive sb up the ~** [famil] rendre qn dingue [famil] **2** adj (cupboard, clock) mural ◇ **~ light** applique [f] *(lampe)* ◆ **walled** adj (garden) clos; (city) fortifié ◆ **wallflower** n giroflée [f] ◇ (fig) **to be a ~** faire tapisserie ◆ **wallpaper** n papier [m] peint ◆ **wall-to-wall carpet** or **wall-to-wall carpeting** n moquette [f].

wallet ['wɒlɪt] n portefeuille [m].

Walloon [wɒ'lu:n] **1** adj wallon **2** n Wallon(ne) [m(f)]; (language) wallon [m].

wallop ['wɒləp] [famil] **1** n (grand) coup [m]; (sound) fracas [m] **2** vt taper sur.

wallow ['wɒləʊ] vi se vautrer.

walnut ['wɔ:lnʌt] **1** n noix [f]; (tree, wood) noyer [m] **2** adj (table etc) en noyer; (cake) aux noix.

walrus ['wɔ:lrəs] n morse [m] *(animal)*.

waltz [wɔ:lts] **1** n valse [f] **2** vi valser.

wan [wɒn] adj pâle; (sad) triste.

wand [wɒnd] n baguette [f] (magique).

wander ['wɒndəʳ] vi (**~ about**, **~ around**: gen) errer; (idly) flâner; (stray) s'écarter (*from* de); (of thoughts) vagabonder ◇ **to ~ in** (etc) entrer (etc) sans se presser; **to ~ off** partir sans se presser; (child) s'égarer; (from fever etc) **his mind is ~ing** il divague ◆ **wanderer** n vagabond(e) [m(f)].

wane [weɪn] vi (gen) décliner; (of moon) décroître; (of interest, emotion) diminuer.

wangle ['wæŋgl] [famil] **1** n combine [f] **2** vt se débrouiller pour obtenir (*from* de); (without paying) carotter [famil] (*from* à).

want [wɒnt] **1** vti **a** vouloir (*to do* faire; *sb to do* que qn fasse) ◇ **what does he ~ for it?** combien veut-il pour cela?; **I don't ~ to!** je n'en ai pas envie!; (more definite) je ne veux pas!; **I ~ it done** je veux qu'on le fasse; **I was ~ing to leave** j'avais envie de partir; **you're not ~ed here** on n'a pas besoin de vous ici; **he ~s you in his office** il veut vous voir dans son bureau; **you're ~ed on the phone** on vous demande au téléphone; **~ed by the police** recherché par la police; **the ~ed man** l'homme que la police recherche; **'articles ~ed'** 'articles demandés'; (sexually) **to ~ sb** désirer qn **b** (need) avoir besoin de; (famil: ought) devoir (*to do* faire); (lack) manquer ◇ **we have all we ~** nous avons tout ce qu'il nous faut; **to ~ for sth** manquer de qch; **to be ~ing** manquer **2** n (poverty) besoin [m] ◇ **for ~ of** faute de; **for ~ of anything better** faute de mieux; **it wasn't for ~ of trying** ce n'était pas faute d'avoir essayé; **to live in ~** être dans le besoin; (needs) **his ~s are few** il a peu de besoins.

wanton ['wɒntən] adj (cruelty) gratuit; (woman) dévergondé.

war [wɔ:ʳ] **1** n guerre [f] ◇ **at ~** en guerre (*with* avec); **to go to ~** entrer en guerre (*with* avec); **to make ~ on** faire la guerre à; **the First World W~** or **Great W~** la guerre de 14-18; **the W~ Office** le ministère de la Guerre **2** adj (gen: crime, wound, zone) de guerre ◇ (board games) **~ games** jeux [mpl] de stratégie militaire; **~ memorial** monument [m] aux morts ◆ **warfare** n guerre [f] *(activité)* ◇ **class ~** lutte [f] des classes ◆ **warhead** n ogive [f] ◆ **warlike** adj guerrier, [f] -ière ◆ **warpath** n ◇ (fig) **to be on the ~** [famil] chercher la bagarre [famil] ◆ **warship** n navire [m] de guerre ◆ **wartime** **1** n ◇ **in ~** en temps de guerre **2** adj de guerre.

warble ['wɔ:bl] vi gazouiller.

ward [wɔ:d] **1** n (in hospital) salle [f]; (Admin: of town city) section [f] électorale; (child) pupille [mf] ◇ **~ of court** pupille sous tutelle judiciaire **2** vt ◇ **to ~ off** éviter.

warden ['wɔ:dn] n (traffic ~) contractuel(le) [m(f)]; (of park, reserve) gardien [m], [f] -ienne; (of institution) directeur [m], [f] -trice; (of youth hostel) père [m] or mère [f] aubergiste.

warder ['wɔːdəʳ] n (Brit) gardien [m] (de prison).

wardrobe ['wɔːdrəʊb] n (cupboard) armoire [f]; (clothes) garde-robe [f]; (Theat) costumes [mpl].

warehouse ['wɛəhaʊs] n entrepôt [m].

wares [wɛəz] npl marchandises [fpl].

warm [wɔːm] **1** adj (gen) assez chaud; (iron, oven) moyen, [f] -enne; (feelings, welcome, congratulations) chaleureux, [f] -euse ◇ **too** ~ trop chaud; **I am** or **feel** ~ j'ai assez chaud; **this room is** ~ il fait assez chaud dans cette pièce; **it's** ~ (weather) il fait chaud; **it's nice and** ~ **in here** il fait bon ici; **in** ~ **weather** par temps chaud; **this coffee's only** ~ ce café est tiède; **to get** ~ (person) se réchauffer; (thing) chauffer; **to keep sth** ~ tenir qch au chaud; **it keeps me** ~ ça me tient chaud; **keep him** ~ ne le laissez pas prendre froid; (in letter) **with** ~**est wishes** avec tous mes vœux les plus amicaux **2** vt réchauffer ◇ **to** ~ **up** (person, room) réchauffer; (water, food) chauffer; (engine) faire chauffer; (audience) mettre en train **3** vi ◇ **to** ~ **up** (of person, room, engine) se réchauffer; (of water, food) chauffer; (of dancer) s'échauffer; (of party) commencer à être plein d'entrain; (fig) **to** ~ **to sth** s'enthousiasmer peu à peu pour qch; **to** ~ **to sb** se prendre de sympathie pour qn ◆ **warm-hearted** adj chaleureux, [f] -euse ◆ **warmly** adv (clothe) chaudement; (welcome) chaleureusement; (thank) vivement ◆ **warmth** n chaleur [f].

warn [wɔːn] vt (gen) prévenir, avertir (*of* de; *that* que; *not to do, against doing* qu'il ne faut pas faire); mettre en garde (*against, off* contre); (authorities, police) alerter ◆ **warning** **1** n (gen) avertissement [m]; (letter, notice) avis [m]; (signal) alerte [f] ◇ **without** ~ (gen) inopinément; (without notifying) sans prévenir; **gale** ~ avis de grand vent **2** adj (glance, cry) d'avertissement; (device) d'alarme ◇ ~ **light** voyant [m] avertisseur; ~ **shot** (gen, Mil) coup [m] tiré en guise d'avertissement; (fig) avertissement [m].

warp [wɔːp] vi se voiler ◆ **warped** adj (door, mind) tordu; (humour) morbide; (account) tendancieux, [f] -ieuse.

warrant ['wɒrənt] **1** n (for travel, payment) bon [m]; (Law, Police) mandat [m] ◇ (Law) **there is a** ~ **out for his arrest** on a émis un mandat d'arrêt contre lui; ~ **officer** adjudant [m] **2** vt justifier ◇ **I'll** ~ **(you) he won't do it again!** je vous assure qu'il ne recommencera pas!

warrior ['wɒrɪəʳ] n guerrier [m].

Warsaw ['wɔːsɔː] n Varsovie.

wart [wɔːt] n verrue [f].

wary ['wɛərɪ] adj (gen) prudent ◇ **to be** ~ **of** or **about sb/sth** se méfier de qn/qch; **to be** ~ **of doing** hésiter beaucoup à faire.

was [wɒz] pret of *be*.

wash [wɒʃ] **1** n **a** ◇ **to give sth a** ~ laver qch; **to have a** ~ se laver; **to have a quick** ~ se débarbouiller; **it needs a** ~ cela a besoin d'être lavé; **to do a** ~ faire la lessive; **in the** ~ à la lessive; (with paint) **to give sth a blue** ~ badigeonner qch en bleu **b** (of ship) sillage [m].

2 vt **a** (gen) laver ◇ **to** ~ **o.s.** se laver, faire sa toilette; **to** ~ **away** or **off** (stain etc) faire partir; **to** ~ **down** (deck, car) laver à grande eau; (wall) lessiver; **to** ~ **out** (stain etc) faire partir; (cup etc) laver; **the match was** ~**ed out** le match n'a pas eu lieu à cause de la pluie; (tired) ~**ed out** [famil] complètement lessivé [famil]; **to** ~ **sth through** laver qch rapidement; **to** ~ **(up) the dishes** faire la vaisselle; **to** ~ **clothes** faire la lessive; **to** ~ **sth clean** bien nettoyer qch; (fig) **to** ~ **one's hands of sth** se laver les mains de qch **b** ◇ **to** ~ **away** (of river etc: object) emporter; (footprints) effacer; **to** ~ **down** (pill) faire descendre; (food) arroser (*with* de); (on shore) **to** ~ **up** rejeter; ~**ed out to sea** entraîné vers le large.

3 vi **a** (have a ~) se laver; (do the washing) faire la lessive ◇ **to** ~ **off** or **out** partir au lavage (or à l'eau); **it won't** ~ **off** ça ne s'en va pas; **to** ~ **up** (Brit: dishes) faire la vaisselle; (US: have a ~) se débarbouiller; (fig) ~**ed up** [famil] fichu [famil]; **it won't** ~ ce n'est pas lavable; (fig) ça ne prend pas **b** ◇ (of waves etc) **to** ~ **over sth** balayer qch ◆ **washable** adj lavable ◆ **wash-and-wear** adj (shirt) sans entretien ◆ **washbasin** or **wash-hand basin** n lavabo [m] ◆ **washcloth** n (US) gant [m] de toilette ◆ **washer** n (in tap etc) rondelle [f]; (machine) machine [f] à laver; (for windscreen) lave-glace [m inv] ◆ **washing** n (clothes) lessive [f] ◇ **to do the** ~ faire la lessive; ~ **line** corde [f] à linge; ~ **machine** machine [f] à laver; ~ **powder** lessive [f]; **to do the** ~**-up** faire la vaisselle; ~**-up bowl** bassine [f]; ~**-up liquid** lave-vaisselle [m inv] ◆ **wash-leather** n peau [f] de chamois ◆ **wash-out** [famil] n fiasco [m] ◆ **washroom** n toilettes [fpl].

wasp [wɒsp] n guêpe [f].

wastage ['weɪstɪdʒ] n (gen) gaspillage [m]; (rejects) déchets [mpl]; (through processing) déperdition [f]; (through pilfering) coulage [m].

waste [weɪst] **1** n **a** (gen) gaspillage [m]; (of time) perte [f] ◇ **to go to** ~ être gaspillé; **it was a** ~ **of money** on a gaspillé de l'argent (*to do* en faisant); **a** ~ **of effort** un effort inutile; **it's a** ~ **of time** on perd son temps (*doing* à faire) **b** (substance) déchets [mpl]; (water) eaux [fpl] sales ◇ ~ **disposal unit** broyeur [m] d'ordures; **nuclear** ~ déchets nucléaires **2** adj (material) de rebut; (food) inutilisé; (water) sale ◇ ~ **ground** or **land** terres [fpl] à l'abandon; (in town) terrain [m] vague; ~ **paper** vieux papiers [mpl]; ~ **products** déchets [mpl] de fabrication; **to lay** ~ dévaster **3** vti (gen) gaspiller (*on* pour; *on doing* pour faire); (time) perdre; (opportunity) laisser passer ◇ **to ~ one's breath** dépenser sa salive pour rien; **it is ~d on him** ça ne lui fait aucun effet; ~ **not want not** l'économie protège du besoin; **to ~ away** dépérir ◆ **wastebasket** n corbeille [f] (à papier) ◆ **wastebin** n (basket) corbeille [f] (à papier); (in kitchen) poubelle [f] ◆ **wasted** adj (gen) gaspillé; (effort) inutile; (life) gâché; (time) perdu; (body) décharné ◆ **wasteful** adj (process) peu rentable ◆ **waste-paper basket** n corbeille [f] (à papier) ◆ **waste-pipe** n tuyau [m] de vidange.

watch [wɒtʃ] **1** n **a** montre [f] ◇ ~ **strap** bracelet [m] de montre **b** ◇ **to keep** ~ faire le guet; **to keep ~ on** or **over** surveiller; **to be on the ~ for** guetter **c** (on ship) quart [m] ◇ **on** ~ de quart **2** vti (gen) regarder (*sb doing sth* qn faire qch); (keep an eye on: suspect, luggage, child, shop) surveiller; (expression, birds etc) observer; (notice board) consulter régulièrement; (developments) suivre de près; (pay attention) faire attention; (be careful of: money, sth dangerous) faire attention à ◇ ~ **what I do** regarde-moi faire; **to ~ by sb's bedside** veiller au chevet de qn; **to ~ over** surveiller; **to ~ for** guetter; **to ~ an operation** assister à une opération; **we are being ~ed** on nous surveille; ~ **tomorrow's paper** ne manquez pas de lire le journal de demain; **to ~ out** (keep look-out) guetter (*for sb* qn; *for sth* qch); (take care) faire attention (*for* à); ~ **out!** attention!; ~ **your head!** attention à votre tête!; ~ **it!** [famil], ~ **your step!** attention!; **I must ~ the time** il faut que je surveille l'heure; **to ~ the clock** surveiller la pendule; ~ **you don't burn yourself** attention, ne vous brûlez pas! ◆ **watchdog** n chien [m] de garde ◆ **watcher** n (observer) observateur [m], [f] -trice; (hidden) guetteur [m]; (spectator) spectateur [m], [f] -trice ◆ **watchful** adj vigilant ◆ **watchmaker** n horloger [m], [f] -ère ◆ **watchman** n gardien [m]; (night ~) veilleur [m] de nuit ◆ **watchtower** n tour [f] de guet ◆ **watchword** n mot [m] d'ordre.

water ['wɔ:təʳ] **1** n eau [f] ◇ **hot and cold ~ in all rooms** eau courante chaude et froide dans toutes les chambres; **drinking** ~ eau potable; **the road is under** ~ la route est inondée; (tide) **at high** ~ à marée haute; **it won't hold** ~ (container) ça n'est pas étanche; (excuse) ça ne tient pas debout; **in French ~s** dans les eaux territoriales françaises **2** adj (level, pipe, snake) d'eau; (mill, pistol) à eau; (plant, bird) aquatique ◇ ~ **biscuit** craquelin [m]; ~ **cannon** canon [m] à eau; ~ **diviner** radiesthésiste [mf]; ~ **ice** sorbet [m]; ~ **main** conduite [f] principale d'eau; ~ **pistol** pistolet [m] à eau; ~ **polo** water-polo [m]; ~ **rate** taxe [f] sur l'eau; ~ **supply** (town) approvisionnement [m] en eau; (house etc) alimentation [f] en eau; (traveller) provision [f] d'eau; ~ **tank** réservoir [m] d'eau; ~ **tower** château [m] d'eau **3** vi (of eyes) pleurer ◇ **his mouth ~ed** il a eu l'eau à la bouche; **it made his mouth** ~ cela lui a fait venir l'eau à la bouche **4** vt (garden) arroser ◇ **to ~ down** (wine) couper (d'eau); (fig: story) édulcorer ◆ **watercolour** n (painting) aquarelle [f] ◇ (paints) **~s** couleurs [fpl] pour aquarelle ◆ **watercress** n cresson [m] (de fontaine) ◆ **waterfall** n chute [f] d'eau ◆ **waterfront** n (at docks etc) quais [mpl] ◆ **water-heater** n chauffe-eau [m inv] ◆ **watering-can** n arrosoir [m] ◆ **waterlily** n nénuphar [m] ◆ **waterline** n ligne [f] de flottaison ◆ **waterlogged** adj détrempé ◆ **water-mark** n (in paper) filigrane [m] ◆ **watermelon** n pastèque [f] ◆ **waterproof** **1** adj (material) imperméable; (watch) étanche ◇ ~ **sheet** (for bed) alaise [f]; (tarpaulin) bâche [f] **2** n imperméable [m] ◆ **watershed** n (Geog) ligne [f] de partage des eaux; (fig) grand tournant [m] ◆ **water-skiing** n ski [m] nautique ◆ **watertight** adj (container) étanche; (excuse, plan) inattaquable ◆ **waterway** n voie [f] navigable ◆ **water-wings** npl flotteurs [mpl] de natation ◆ **waterworks** n (place) station [f] hydraulique ◆ **watery** adj (substance) aqueux, [f] -euse; (eyes) larmoyant; (tea, coffee) trop faible; (soup) trop liquide; (taste) fade.

watt [wɒt] n watt [m].

wave [weɪv] **1** n vague [f]; (in hair) ondulation [f]; (Phys, Rad) onde [f] ◇ (Radio etc) **long** ~ grandes ondes; **medium/short** ~ ondes moyennes/courtes; ~ **of his hand** d'un signe de la main **2** vi (of person) faire signe de la main; (of hair, corn) onduler ◇ **to ~ to sb** (greet) saluer qn de la main; (signal) faire signe à qn **3** vt **a** (gen) agiter; (threateningly) brandir ◇ **to ~ aside** écarter, repousser; **to ~ goodbye** dire au revoir de la main; **to ~ sb off** dire au revoir de la main à qn; **to ~ sb on** (etc) faire signe à qn d'avancer (etc) **b** (hair) onduler ◆ **waveband** n bande [f] de fréquences ◆ **wavelength** n longueur [f] d'ondes.

waver ['weɪvəʳ] vi (gen) vaciller; (of person) hésiter.

wavy ['weɪvɪ] adj (gen) ondulé; (line) onduleux, [f] -euse.

wax [wæks] **1** n (gen) cire [f]; (for skis) fart [m]; (in ear) bouchon [m] de cire ◇ **~(ed) paper** papier [m] sulfurisé **2** vt (gen) cirer; (car) lustrer **3** vi (of moon) croître; (become) devenir ◇ **to ~ lyrical** prendre des accents lyriques ◆ **waxworks** n (museum) musée [m] de cire.

way [weɪ] 1 n **a** (path, road) chemin [m] (*to* de, vers) ◇ **the ~ across the fields** le chemin qui traverse les champs; **across the ~** en face; **can you tell me the ~ to...?** pouvez-vous m'indiquer le chemin de...?; **all the ~** pendant tout le chemin (*to* jusqu'à); **to be on one's ~** être en chemin; **I must be on my ~** il faut que je parte; **on the ~** en route; **on the ~ to the station** sur le chemin de la gare; **on your ~ home** en rentrant chez vous; **to go by ~ of Glasgow** passer par Glasgow; (fig) **by the ~,...** à propos,...; **out-of-the-~** (village) à l'écart; (subject) peu commun; (fig) **to go out of one's ~ to do** se donner du mal pour faire; **to lose one's ~** perdre son chemin; **to ask the ~** demander son chemin (*to* pour aller à); **I know my ~ to...** je sais comment aller à...; **to make one's ~ back to sth** retourner or revenir vers qch; **he had to make his own ~ back** il a dû revenir tout seul; **to make one's ~ through** (forest) traverser; (crowd) se frayer un chemin à travers; **to make one's ~ towards...** se diriger vers...; **the ~ back** le chemin du retour; **the ~ down** le chemin pour descendre; **the ~ in** l'entrée [f]; **the ~ out** la sortie; **on the ~ out** en sortant; (fig) **there is no ~ out of it** or **no ~ round it** il n'y a pas moyen de s'en sortir; **the ~ there** l'aller [m].

b ◇ **to be** or **stand in sb's ~** barrer le passage à qn; (fig) **am I in your ~?** est-ce que je vous gêne?; **it's out of the ~ over there** ça ne gêne pas là-bas; **to get out of the ~** s'écarter; **to get out of sb's ~** laisser passer qn; **to keep out of sb's ~** éviter qn; **to make ~ for** s'écarter pour laisser passer; **to push one's ~ through** se frayer un chemin à travers; **to give ~** → **give c.**

c ◇ (distance) **it's a long ~** c'est loin (*from* de); **a long ~ away** or **off** loin; **a little ~ off** pas très loin; **it's a long ~ to London** ça fait loin pour aller à Londres [famil]; **we've a long ~ to go** nous avons encore un grand bout de chemin à faire; (fig) **it should go a long ~ towards...** cela devrait considérablement...

d (direction) direction [f], sens [m] ◇ **this ~** par ici; **this ~ and that** en tous sens; **are you going my ~?** est-ce que vous allez dans la même direction que moi?; (fig) **everything's going his ~** [famil] tout lui sourit; **which ~ did he go?** par où est-il passé?; **he went that ~** il est parti par là; **he looked the other ~** il a détourné les yeux; **down your ~** près de chez vous; **the right ~ round** à l'endroit; **the wrong ~ round** à l'envers, dans le mauvais sens; **'this ~ up'** 'haut'; **the right ~ up** dans le bon sens; **the wrong ~ up** sens dessus dessous; **the other ~ round** dans l'autre sens; (fig) juste le contraire; **one-~ street** rue [f] à sens unique.

e (manner etc) façon [f], moyen [m] (*to do, of doing* de faire) ◇ **~s and means** moyens (*of doing* de faire); **~ of life** manière [f] de vivre; **commuting has become a ~ of life** les migrations quotidiennes sont entrées dans les mœurs; **(in) this ~** de cette façon; **no ~!** [famil] pas question! [famil]; **either ~** de toute façon; **in his own ~** à sa façon; **to get one's own ~** obtenir ce que l'on désire; **to my ~ of thinking** à mon avis; **her ~ of looking at it** son point de vue; **leave the room the ~ it is** laisse la pièce comme elle est; **the ~ things are going we...** du train où vont les choses nous...; **that's always the ~** c'est toujours comme ça; **to do sth the right ~** faire qch bien; **to be in a bad ~** (gen) aller mal; (of car etc) être en piteux état; **one ~ or another** d'une façon ou d'une autre; **you can't have it both ~s** il faut choisir; **his foreign ~s** ses habitudes [fpl] d'étranger; **it's not my ~** ce n'est pas mon genre (*to do* de faire); **he has a ~ with...** il sait s'y prendre avec...; **to get into (**or **out of) the ~ of** prendre (or perdre) l'habitude de; **by ~ of introduction** en guise d'introduction; **in some ~s** à certains égards; **in many ~s** à bien des égards; **without in any ~ wishing to do so** sans vouloir le moins du monde le faire; **in a** or **one ~** dans un certain sens.

f ◇ **to be under ~** (ship) faire route; (meeting) être en cours; (plans) être en voie de réalisation.

2 adv **a** ◇ **~ back** etc → **away 1(a)** **b** ◇ **they're ~ ahead of us in computer technology** ils ont plusieurs longueurs d'avance sur nous en informatique; **you're ~ out** [famil] **in your calculations** tu es très loin du compte dans tes calculs ◆ **way-out** [famil] adj (odd) excentrique; (great) super [famil] [inv].

waylay [weɪ'leɪ] pret, ptp *-laid* vt (attack) attaquer; (speak to) arrêter au passage.

wayside ['weɪˌsaɪd] 1 n ◇ **by the ~** au bord de la route 2 adj (café etc) au bord de la route.

wayward ['weɪwəd] adj rebelle.

WC ['dʌblju(:)'si:] n W.-C [mpl], waters [mpl].

we [wi:] pers pron pl nous ◇ **~ know** nous savons; (stressed) nous, nous savons; **~ went to the pictures** nous sommes allés or on est allé [famil] au cinéma; **~ French** nous autres Français; **~ all make mistakes** tout le monde peut se tromper.

weak [wi:k] adj (gen) faible; (material) peu solide; (tea) léger, [f] -ère; (health) fragile; (eyesight) mauvais ◇ **to have a ~ heart** avoir le cœur malade; **~ in maths** faible en maths; **~ spot** point [m] faible ◆ **weaken** 1 vi (gen) faiblir; (relent) se laisser fléchir; (in health) s'affaiblir; (of influence) baisser 2 vt (gen) affaiblir; (structure) enlever de la solidité à ◆ **weakling** n (physically) mauviette [f]; (morally etc) faible [mf] ◆ **weakness** n faiblesse [f]; (fault) point [m] faible ◇ **to have a ~ for** avoir un faible pour ◆ **weak-willed** adj faible.

wealth [welθ] n (fact of being rich) richesse [f]; (money, possessions, resources) richesses ◇ (fig) **a ~ of** une profusion de ◆ **wealthy** 1 npl ◇ **the ~** les riches [mpl] 2 adj très riche.

wean [wi:n] vt sevrer.

weapon ['wepən] n arme [f].

wear [wɛəʳ] (vb: pret *wore*, ptp *worn*) 1 n ◇ **evening ~** tenue [f] de soirée; **children's ~** vêtements [mpl] pour enfants; **sports ~** vêtements de sport; **it will stand up to a lot of ~** cela fera beaucoup d'usage; **~ and tear** usure [f] (*on* de); **to look the worse for ~** commencer à être fatigué 2 vti (gen) porter; (smile, look) avoir; (scent, lipstick) se mettre ◇ **he was ~ing a hat** il portait un chapeau; **what shall I ~?** qu'est-ce que je vais mettre?; **I've nothing to ~** je n'ai rien à me mettre; **to ~ well** faire beaucoup d'usage; (fig) résister au temps; **to ~ a hole in** faire peu à peu un trou dans; **worn thin** râpé; **worn at the knees** usé aux genoux; **to ~ away, to ~ down** s'user; **to ~ sth (or sb) down** épuiser qch (or qn); **to ~ off** (of mark) s'effacer; (of pain, excitement) passer; **to ~ out** (of garment) s'user; (of patience) s'épuiser; **to ~ o.s. out** s'épuiser (*doing* à faire); **to ~ sb out** épuiser qn; **to be worn out** (of clothes) être complètement usé; (of person) être épuisé ◆ **wearing** adj épuisant.

wearily ['wɪərɪlɪ] adv (say, sigh) avec lassitude; (move) péniblement.

weariness ['wɪərɪnɪs] n lassitude [f].

weary ['wɪərɪ] 1 adj (gen) las, [f] lasse (*of* de; *of doing* de faire); (sigh) de lassitude; (journey) fatigant ◇ **to grow ~ of** se lasser de 2 vt lasser.

weasel ['wi:zl] n belette [f].

weather ['weðəʳ] 1 n temps [m] ◇ **~ permitting** si le temps le permet; **what's the ~ like?** quel temps fait-il?; **it's fine ~** il fait beau; **it's bad ~** il fait mauvais; **in hot ~** par temps chaud; **W~ Centre** Office [m] national de la météorologie; **~ conditions** conditions [fpl] atmosphériques; **~ forecast, ~ report** bulletin [m] météorologique, météo [famil] [f]; (fig) **under the ~** [famil] mal fichu [famil] 2 vt (crisis) réchapper à; (wood etc) faire mûrir ◆ **weather-beaten** adj tanné ◆ **weatherboarding** n planches [fpl] de recouvrement ◆ **weathercock** or **weathervane** n girouette [f] ◆ **weatherman** [famil] n météorologiste [m].

weave [wi:v] pret *wove*, ptp *woven* vti (gen) tisser; (strands) entrelacer; (basket) tresser ◇ **to ~ one's way through sth** se faufiler à travers qch; (fig) **get weaving!** [famil] remue-toi! ◆ **weaver** n tisserand(e) [m(f)].

web [web] n (spider's) toile [f] ◆ **webbed** adj (foot) palmé ◆ **webbing** n (on chair) sangles [fpl].

wed [wed] 1 vt épouser 2 npl ◇ **the newly-~s** les jeunes mariés [mpl].

wedding ['wedɪŋ] 1 n mariage [m] ◇ **to have a quiet ~** se marier dans l'intimité 2 adj (gen) de mariage; (cake, night) de noces; (dress) de mariée ◇ **their ~ day** le jour de leur mariage; **~ ring** alliance [f].

wedge [wedʒ] 1 n (under wheel etc) cale [f]; (for splitting sth) coin [m]; (piece: of cake etc) part [f] ◇ (fig) **the thin end of the ~** le commencement de la fin 2 vt (fix) caler; (push) enfoncer ◇ **~d in** coincé (*between* entre) ◆ **wedgeheeled** adj à semelles compensées.

Wednesday ['wenzdeɪ] n mercredi [m] → for phrases **Saturday**.

wee [wi:] adj (Scot) tout petit.

weed [wi:d] 1 n mauvaise herbe [f] 2 vt désherber ◇ (fig) **to ~ out** éliminer (*from* de) ◆ **weed-killer** n désherbant [m] ◆ **weedy** adj (fig) qui a l'air d'une mauviette.

week [wi:k] n semaine [f] ◇ **a ~ today** aujourd'hui en huit; **Thursday ~, a ~ on Thursday** (de) jeudi en huit ◆ **weekday** n jour [m] de semaine ◇ **on ~s** en semaine ◆ **weekend** n week-end [m] ◇ **at ~s** pendant les week-ends; **at** or **over the ~** pendant le week-end; **to go away for the ~** partir en week-end; **~ cottage** maison [f] de campagne ◆ **weekly** 1 adj, n hebdomadaire [m] 2 adv une fois par semaine ◇ **twice ~** deux fois par semaine.

weep [wi:p] pret, ptp *wept* vi pleurer (*for joy* de joie; *for sb* qn; *over* sur) ◆ **weeping** 1 n larmes [fpl] 2 adj qui pleure ◇ **~ willow** saule [m] pleureur.

weewee ['wi:wi:] n [famil] pipi [famil] [m].

weigh [weɪ] vti peser ◇ **what do you ~?** combien est-ce que vous pesez?; (fig) **it ~s a ton** c'est du plomb; **to be ~ed down by** (load) plier sous le poids de; (responsibilities) être accablé de; **to ~ out** peser; **to ~ up** (consider) examiner; (compare) mettre en balance (*A against B* A et B); **to ~ up the pros and cons** peser le pour et le contre; **to ~ anchor** lever l'ancre; (fig) **it was ~ing on her mind** cela la tracassait ◆ **weighbridge** n pont-bascule [m] ◆ **weighing machine** n balance [f].

weight [weɪt] n poids [m] ◇ **sold by ~** vendu au poids; **what is your ~?** combien pesez-vous?; **to put on ~** grossir; **to lose ~** maigrir; **it's a ~ off my mind** c'est un gros souci de moins ◆ **weightlessness** n apesanteur [f] ◆ **weightlifter** n haltérophile [m] ◆ **weightlifting** n haltérophilie [f] ◆ **weighty** adj (gen) lourd; (matter) de poids; (problem) grave.

weir [wɪəʳ] n barrage [m] *(de rivière)*.

weird [wɪəd] adj (eerie) surnaturel, [f] -elle; (odd) bizarre.

welcome ['welkəm] **1** adj (reminder) opportun; (news, sight) agréable ◇ **to be** ~ être le (or la) bienvenu(e); ~! soyez le bienvenu (etc); ~ **home**, ~ **back** bienvenue à la maison; **to make sb** ~ faire bon accueil à qn; **thank you** – **you're** ~ merci – il n'y a pas de quoi; **you're** ~ **to use my car** je vous en prie, prenez ma voiture si vous voulez; (ironic) **you're** ~ **to it** je vous souhaite bien du plaisir **2** n accueil [m] **3** vt (gen) accueillir; (greet warmly) accueillir chaleureusement; (suggestion, change) se réjouir de ◇ **to** ~ **with open arms** accueillir à bras ouverts ◆ **welcoming** adj (smile etc) accueillant; (ceremony etc) d'accueil.

weld [weld] **1** n soudure [f] **2** vt souder ◆ **welder** n soudeur [m] ◆ **welding** n soudure [f].

welfare ['welfɛəʳ] n (gen) bien-être [m] ◇ **public** ~ bien [m] public; **physical** ~ santé [f] physique; **child** ~ protection [f] de l'enfance; ~ **centre** centre [m] d'assistance sociale; **the W**~ **State** ≃ la Sécurité sociale; ~ **work** travail [m] social.

1. **well** [wel] n (for water) puits [m]; (of staircase) cage [f].

2. **well** [wel] **1** adv (gen) bien ◇ **very** ~ très bien; (agreeing) d'accord; ~ **done!** bravo!; **to do** ~ (in work etc) bien réussir; (do right thing) bien faire (*to accept* d'accepter); (of patient) être en bonne voie; **to do as** ~ **as one can** faire de son mieux; ~ **I know it!** je le sais bien!; ~ **and truly** bel et bien; ~ **over 100** bien plus de 100; **one might** ~ **ask why** on pourrait à juste titre demander pourquoi; **he couldn't very** ~ **refuse** il ne pouvait guère refuser; **you might as** ~ **say that** autant dire que; **we might (just) as** ~ **have stayed** autant valait rester, nous aurions aussi bien fait de rester; **just as** ~! tant mieux!; **it's just as** ~ **it's insured** heureusement que c'est assuré; **as** ~ (also) aussi; (on top of it all) par-dessus le marché; **as** ~ **as that** en plus de ça **2** excl (gen) eh bien!; (resignation) enfin!; (after interruption) donc; (hesitation) c'est que...; (surprise) tiens! ◇ ~, ~, ~! tiens, tiens, tiens!; ~ **I never!** ça par exemple!; **it's tiny**, ~, **quite small** c'est minuscule, disons plutôt petit **3** adj bien ◇ **all's** ~ tout va bien; **all is not** ~ il y a quelque chose qui ne va pas; **it's all very** ~ **to say...** c'est bien joli de dire...; **I hope you're** ~ j'espère que vous allez bien; **to feel** ~ se sentir bien; **to get** ~ se remettre; **get** ~ **soon!** remets-toi vite!; **to think** ~ **of** penser du bien de; **to wish sb** ~ souhaiter à qn de réussir; **to let** or **leave** ~ **alone** s'arrêter là **4** pref ◇ **well-** bien; ~**-dressed** (etc) bien habillé (etc) ◆ **well-behaved** adj sage, obéissant ◆ **well-being** n bien-être [m] ◆ **well-built** adj solide ◆ **well-educated** adj qui a reçu une bonne élocution ◆ **well-heeled** [famil] adj nanti ◆ **well-informed** adj (person) instruit ◆ **well-kept** adj (place) bien tenu; (secret) bien gardé ◆ **well-known** adj célèbre ◆ **well-meaning** adj bien intentionné ◆ **well-meant** adj fait avec les meilleures intentions ◆ **well-off** adj (rich) riche; (fortunate) heureux, [f] -euse ◆ **well-read** adj cultivé ◆ **well-spoken** adj (person) qui a une éducation soignée ◆ **well-to-do** adj aisé ◆ **well-wishers** npl amis [mpl]; (unknown) admirateurs [mpl] inconnus.

wellington ['welɪŋtən] n (~ **boot**) botte [f] de caoutchouc.

Welsh [welʃ] **1** adj gallois ◇ ~ **dresser** vaisselier [m] **2** n (language) gallois [m] ◇ (people) **the** ~ les Gallois [mpl] ◆ **Welshman** n Gallois [m] ◆ **Welshwoman** n Galloise [f].

wend [wend] vt ◇ **to** ~ **one's way** aller son chemin (*to, towards* vers).

went [went] pret of *go*.

wept [wept] pret, ptp of *weep*.

were [wɜːʳ] pret of *be*.

west [west] **1** n ouest [m] ◇ (Pol) **the W**~ l'Occident [m]; **to the** ~ **of** à l'ouest de; **to live in the W**~ habiter dans l'Ouest **2** adj (gen) ouest [inv]; (wind) d'ouest ◇ **W**~ **Africa** Afrique [f] occidentale; **W**~ **Indies** Antilles [fpl]; **W**~ **Indian** Antillais(e) [m(f)]; **the W**~ **Bank (of the Jordan)** la Cisjordanie; **the W**~ **Country** le sud-ouest de l'Angleterre; (in London) **the W**~ **End** *le quartier élégant de Londres* **3** adv (travel) vers l'ouest ◇ ~ **of the border** à l'ouest de la frontière ◆ **westbound** adj en direction de l'ouest ◆ **westerly** adj (wind) d'ouest ◇ **in a** ~ **direction** en direction de l'ouest ◆ **western** **1** adj ouest [inv] ◇ **W**~ **Europe** l'Europe [f] occidentale; **W**~ **France** l'Ouest [m] de la France; (Pol) **W**~ **countries** pays [mpl] de l'Ouest or occidentaux **2** n (film) western [m]; (novel) roman-western [m] ◆ **westerner** n homme [m] or femme [f] de l'Ouest; (Pol) Occidental(e) [m(f)] ◆ **westernize** vt occidentaliser ◆ **westward** **1** adj à l'ouest **2** adv (also **westwards**) vers l'ouest.

wet [wet] **1** adj (gen) mouillé; (damp) humide; (soaking ~) trempé; (paint) frais, [f] fraîche; (weather) pluvieux, [f] -ieuse; (climate) humide; (day) de pluie ◇ ~ **through** trempé; **to get** ~ se mouiller; (weather) **it's** ~ il pleut; (fig) **a** ~ **blanket** [famil] un rabat-joie; **he's** ~ [famil] c'est une lavette [famil] 2 n ◇ (Pol) **a W~** un modéré; **it got left out in the ~** c'est resté dehors sous la pluie 3 vt mouiller ◆ **wetsuit** n combinaison [f] de plongée.

whack [wæk] vt donner un grand coup à; (spank) fesser ◆ **whacked** [famil] adj (exhausted) crevé [famil].

whale [weɪl] n baleine [f] ◇ **killer ~** épaulard [m], orque [m]; (fig) **we had a ~ of a time** [famil] on s'est drôlement [famil] bien amusé ◆ **whaler** n (ship) baleinier [m] ◆ **whaling** n pêche [f] à la baleine.

wharf [wɔ:f] n quai [m].

what [wɒt] 1 adj quel, [f] quelle ◇ **~ news?** quelles nouvelles?; **~ a man!** quel homme!; **~ a nuisance!** que c'est ennuyeux!; **~ a huge house!** quelle maison immense!; **~ little I had** le peu que j'avais. 2 pron a (in questions: subject) qu'est-ce qui; (object) que, qu'est-ce que; (after prep) quoi ◇ **~'s happening?** qu'est-ce qui se passe?; **~ did you do?** qu'est-ce que vous avez fait?, qu'avez-vous fait?; **~ were you talking about?** de quoi parliez-vous?; **~'s that?** (gen) qu'est-ce que c'est que ça?; (pardon?) comment?; **~'s that book?** qu'est-ce que c'est que ce livre?; **~ is it for?** à quoi ça sert? b (that which: subject) ce qui; (object) ce que ◇ **I wonder ~ will happen** je me demande ce qui va arriver; **he asked me ~ she'd told me** il m'a demandé ce qu'elle m'avait dit; **tell us ~ you're thinking about** dites-nous à quoi vous pensez; **I don't know ~ it is** je ne sais pas ce que c'est; **~ I need is...** ce dont j'ai besoin c'est... c ◇ **~ about Robert?** et Robert?; **~ about writing that letter?** et si vous écriviez cette lettre?; **~ about it?** et alors?; **~ about a coffee?** si on prenait un café?; **~ for?** pourquoi?; **... and ~ have you** [famil],**... and ~ not** [famil] et je ne sais quoi encore; **and, ~ is worse...** et ce qui est pire,...
3 excl ◇ **~, no tea!** comment, pas de thé!
◆ **whatever** 1 adj, adv ◇ (any) **~ book you choose** quel que soit le livre que vous choisissiez (subj); (all) **~ money you've got** tout ce que tu as comme argent; **nothing ~** absolument rien 2 pron a (no matter what) quoi que + subj ◇ **~ happens** quoi qu'il arrive (subj); **I'll pay ~ it costs** je paierai ce que ça coûtera; **~ it costs, get it** achète-le quel qu'en soit le prix b (anything that) tout ce que ◇ **do ~ you please** faites ce que vous voulez c ◇ **the books and ~** les livres et ainsi de suite ◆ **what's-it** [famil] n machin [famil] [m] ◆ **whatsoever = whatever.**

wheat [wi:t] n blé [m], froment [m] ◇ **~ germ** germes [mpl] de blé; **~ meal** farine [f] brute *(à 80 %).*

wheel [wi:l] 1 n (gen) roue [f]; (steering ~) volant [m] ◇ **at the ~** (in car) au volant; (in ship) au gouvernail 2 vt pousser, rouler 3 vi ◇ **to ~ round** se retourner brusquement; (of procession) tourner; (fig) **~ing and dealing** [famil] combines [fpl] ◆ **wheelbarrow** n brouette [f] ◆ **wheelchair** n fauteuil [m] roulant ◆ **wheel clamp** n sabot [m] de Denver ◆ **wheeler-dealer** n (pej) affairiste [m].

wheeze [wi:z] vi (breathe loudly) respirer bruyamment; (with difficulty) avoir du mal à respirer.

when [wen] 1 adv quand ◇ **~ is the best time** quel est le meilleur moment *(to do* pour faire) 2 conj a (gen) quand, lorsque ◇ **~ I was a child** quand or lorsque j'étais enfant; **let me know ~ she comes** faites-moi savoir quand elle arrivera; **on the day ~** le jour où; **at the very moment ~** juste au moment où; **there are times ~...** il y a des moments où...; (drinks etc) **say ~!** [famil] vous m'arrêterez...; **he told me about ~ you...** il m'a raconté le jour où vous...; **that was ~ it started** c'est alors que ça a commencé; **~ you've read it** quand vous l'aurez lu; **~ they had left he...** après leur départ or après qu'ils furent partis, il...; **~ he'd been to Greece he...** après être allé en Grèce, il... b (whereas) alors que.

whenever [wen'evəʳ] conj a (at whatever time) quand ◇ **~ you wish** quand vous voulez b (every time that) chaque fois que ◇ **~ I see her** chaque fois que je la vois.

where [wɛəʳ] 1 adv où ◇ **~ are you going (to)?** où allez-vous?; **~ do you come from?** d'où êtes-vous? 2 conj a (gen) où ◇ **stay ~ you are** restez où vous êtes; **it's not ~ I left it** ce n'est plus là où je l'avais laissé; **the house ~...** la maison où...; **this is ~, that's ~** c'est là que b (whereas) alors que ◆ **whereabouts** 1 adv où 2 npl ◇ **to know sb's ~** savoir où est qn ◆ **whereas** conj (while) alors que; (although) bien que + subj ◆ **whereby** conj par quoi, par lequel (or laquelle etc) ◆ **whereupon** conj sur quoi.

wherever [wɛər'evəʳ] conj a (no matter where) où que + subj ◇ **~ I am** où que je sois b (anywhere) où ◇ **~ you like** où vous voulez c (everywhere) partout où.

whet [wet] vt aiguiser.

whether ['weðəʳ] conj (gen) si ◇ **I don't know ~ to go or not** je ne sais pas si je dois y aller ou non; **I doubt ~** je doute que + subj; **~ you go or not** que tu y ailles ou non; **~ before or after** soit avant, soit après.

which [wɪtʃ] 1 adj (in questions etc) quel, [f] quelle ◇ **~ card?** quelle carte?; **~ (one) of you?** lequel (or laquelle) d'entre vous?; **in ~ case** auquel cas 2 pron a (in questions etc) lequel [m], laquelle [f] ◇ **~ have you taken?** lequel avez-vous pris?; **~ of your sisters?** laquelle de vos sœurs?; **~ are the best?** quels sont les meilleurs? b (the one or ones that: subject) celui (or celle etc) qui;

(object) celui etc que ◇ **I don't know ~ is ~** je ne peux pas les distinguer; **I don't mind ~** ça m'est égal **c** (that: subject) qui; (object) que; (after prep) lequel etc ◇ **the apple ~ you ate** la pomme que vous avez mangée; **in ~** dans lequel etc; **of ~** dont; **you're late, ~ reminds me...** vous êtes en retard, ce qui me fait penser...; **after ~** après quoi.

whichever [wɪtʃ'evəʳ] **1** adj ◇ **~ apple you want** la pomme que vous voulez; **~ book is left** quel que soit le livre qui reste (subj); **~ dress you wear** quelle que soit la robe que tu portes (subj) **2** pron ◇ **~ is left** celui qui reste; **~ you like** celui que vous voulez; **~ is easiest** le plus facile.

whiff [wɪf] n bouffée [f].

while [waɪl] **1** conj **a** (when) pendant que ◇ **~ I was out of the room** pendant que j'étais hors de la pièce; **~ reading** en lisant; **~ you're away I'll go...** pendant que tu seras absent j'irai... **b** (as long as) tant que ◇ **not ~ I'm here** pas tant que je serai là **c** (although) bien que + subj ◇ **~ there are people who...** bien qu'il y ait des gens qui... **d** (whereas) alors que **2** n ◇ **a short ~, a little ~** un moment; **a long ~, a good ~** (assez) longtemps; **for a ~** pendant quelque temps; **once in a ~** une fois de temps en temps; **all the ~** pendant tout ce temps-là.

whilst [waɪlst] conj = **while 1.**

whim [wɪm] n caprice [m].

whimper ['wɪmpəʳ] vi (gen) gémir faiblement; (whine) pleurnicher.

whimsical ['wɪmzɪkəl] adj (person) fantasque; (book, idea) bizarre.

whine [waɪn] vi (gen) gémir; (complain) se lamenter (*about* sur).

whinny ['wɪnɪ] vi hennir.

whip [wɪp] **1** n **a** fouet [m]; (riding ~) cravache [f] **b** (Parl) chef [m] de file *(d'un groupe parlementaire)* **c** ◇ (dessert) **strawberry ~** mousse [f] instantanée à la fraise **2** vti **a** fouetter ◇ **~ped cream** crème [f] fouettée; **~ping cream** crème fraîche (à fouetter); **to ~ up** (cream) battre au fouet; (fig: interest) stimuler; (meal) préparer en vitesse **b** ◇ (snatch) **to ~ sth away** enlever qch brusquement; **he ~ped out a gun** il a brusquement sorti un revolver; (turn) **to ~ round** se retourner vivement ◆ **whiplash** n (blow from whip) coup [m] de fouet; (in accident) coup du lapin [famil] ◆ **whip-round** [famil] n collecte [f] (*for* pour).

whirl [wɜ:l] **1** vi (**~ round:** gen) tourbillonner; (of wheel etc) tourner **2** vt (**~ round**) faire tournoyer **3** n tourbillon [m] ◇ **my head is in a ~** la tête me tourne; (fig: try) **to give sth a ~** [famil] essayer qch ◆ **whirlpool** n tourbillon [m] ◆ **whirlwind** **1** n tornade [f] **2** adj éclair [famil] [inv].

whirr [wɜ:ʳ] vi ronronner.

whisk [wɪsk] **1** n fouet [m] *(de cuisine)*; (rotary) batteur [m] à œufs **2** vt **a** (gen) battre au fouet; (egg whites) battre en neige **b** ◇ **to ~ sth away** emporter qch brusquement.

whiskers ['wɪskəz] npl (**side ~**) favoris [mpl]; (beard) barbe [f]; (moustache) moustache [f]; (animal's) moustaches.

whisk(e)y ['wɪskɪ] n whisky [m].

whisper ['wɪspəʳ] **1** vti (gen) chuchoter (*to sb* à l'oreille de qn) **2** n chuchotement [m]; (fig: rumour) bruit [m] ◇ **in a ~** à voix basse.

whist [wɪst] n whist [m] ◇ **~ drive** tournoi [m] de whist.

whistle ['wɪsl] **1** n (sound: gen) sifflement [m]; (made with a ~) coup [m] de sifflet; (thing blown) sifflet [m] ◇ **~s** (cheering) sifflements d'admiration; (booing) sifflets **2** vti (gen) siffler (*at sb, for sb* qn); (light-heartedly) siffloter.

Whit [wɪt] n la Pentecôte.

white [waɪt] **1** adj (gen) blanc, [f] blanche; (pale) pâle; (from fear) blême ◇ **as ~ as a sheet/a ghost** pâle comme un linge/la mort; **to go** or **turn ~** (of person) pâlir; (from fear) blêmir; (of hair) blanchir; **~ Christmas** Noël [m] sous la neige; **~-collar worker** employé(e) [m(f)] de bureau; (fig) **it's a ~ elephant** c'est tout à fait superflu; (at sea) **~ horses** moutons [mpl]; **the W~ House** la Maison Blanche; **a ~ lie** un pieux mensonge; **~ sauce** béchamel [f]; **~ wedding** mariage [m] en blanc; **a ~ man** un Blanc; **the ~ South Africans** les Blancs d'Afrique du Sud **2** n (colour) blanc [m]; (person) Blanc [m], [f] Blanche ◆ **whitebait** n petite friture [f] ◆ **white-hot** adj chauffé à blanc ◆ **whitener** n (for coffee) ersatz [m] de lait en poudre; (for clothes) agent [m] blanchissant ◆ **whiteness** n blancheur [f] ◆ **white spirit** n white-spirit [m] ◆ **whitewash** **1** n lait [m] de chaux **2** vt blanchir à la chaux; (fig: person) blanchir; (episode) peindre sous des traits anodins.

whiting ['waɪtɪŋ] n (fish) merlan [m].

Whitsun ['wɪtsn] n la Pentecôte.

whittle ['wɪtl] vt tailler au couteau ◇ **to ~ down** (wood) tailler; (fig: costs) amenuiser.

whiz(z) [wɪz] **1** vi ◇ **to ~ through the air** fendre l'air; **to ~ past** passer à toute vitesse **2** adj ◇ **~ kid** [famil] petit prodige [m].

WHO [ˌdʌblju:eɪtʃ'aʊ] n abbr of *World Health Organization* OMS [f].

who [hu:] pron qui ◇ **~'s there?** qui est là?; **my aunt ~ lives in London** ma tante qui habite à Londres; **I don't kno ~'s ~** je ne les connais pas très bien; **'W~'s W~'** ≃ 'Bottin [m] Mondain' ◆ **whodunit** [famil] n roman [m] policier ◆ **whoever** pron (anyone that) quiconque ◇ **~ said that was...** celui qui a dit ça était...; (no matter who) ~ **you are** qui que vous soyez; ~ **he marries** qui que ce soit qu'il épouse (subj); (emphatic) ~ **told you that?** qui donc vous a dit ça?

whole [həʊl] 1 adj a (entire) entier, (f) -ière ◇ **the ~ book** le livre entier, tout le livre; **3 ~ days** 3 jours entiers; **the ~ world** le monde entier; **swallowed ~** avalé tout entier; **the ~ truth** toute la vérité; **the ~ lot** le tout; **a ~ lot better** vraiment beaucoup mieux; **a ~ lot of** tout un tas de b (unbroken: gen) intact; (series, set) complet, (f) -ète; (number) entier 2 n a ◇ (all) **the ~ of the book** tout le livre, le livre entier; **the ~ of France** la France tout entière; **as a ~** dans son ensemble; **on the ~** dans l'ensemble b (sum of parts) tout (m) ◆ **wholefood(s)** n(pl) aliments (mpl) complets ◇ **a ~ restaurant** un restaurant qui n'utilise que des aliments complets ◆ **wholegrain** adj complet ◆ **wholehearted** adj sans réserve ◆ **wholeheartedly** adv de tout cœur ◆ **wholemeal** adj (bread) ≃ complet ◆ **wholesale** 1 n vente (f) en gros (m) 2 adj (price etc) de gros; (fig: destruction, dismissals) en masse; (acceptance) en bloc 3 adv (buy) en gros; (get) au prix de gros ◆ **wholesaler** n grossiste (mf).

wholesome ['həʊlsəm] adj sain.

wholewheat ['həʊlwi:t] adj = **wholemeal.**

wholly ['həʊllɪ] adv entièrement.

whom [hu:m] pron (in questions) qui; (that) que; (after prep) qui ◇ **those ~** ceux que; **to ~** à qui; **of ~** dont.

whoop [hu:p] n cri (m) *(de triomphe* etc).

whoopee [wʊ'pi:] 1 excl youpi! 2 adj ◇ **~ cushion** coussin(-péteur) (m) *(de farces et attrapes).*

whooping cough ['hu:pɪŋ,kɒf] n coqueluche (f).

whopping ['wɒpɪŋ] adj [famil] énorme.

whose [hu:z] poss adj, pron a (in questions: gen) de qui; (ownership) à qui ◇ **~ is this?** à qui est ceci?; **I know ~ it is** je sais à qui c'est; **~ hat is this?** à qui est ce chapeau?; **~ son are you?** de qui êtes-vous le fils? b dont ◇ **the man ~ hat I took** l'homme dont j'ai pris le chapeau.

why [waɪ] 1 adv, conj pourquoi ◇ **~ not?** pourquoi pas?; **the reason ~ he...** la raison pour laquelle il...; **there's no reason ~ you...** il n'y a pas de raison pour que tu + subj; **~ not phone her?** pourquoi ne pas lui téléphoner? 2 excl (surprise) tiens!; (explaining) eh bien!

wick [wɪk] n mèche (f).

wicked ['wɪkɪd] adj (person) méchant; (system, act) mauvais; (waste) scandaleux, (f) -euse; (mischievous) malicieux, (f) -ieuse.

wicker ['wɪkə^r] n osier (m) ◇ **~work** vannerie (f).

wicket ['wɪkɪt] n (Cricket) guichet (m) ◇ **~-keeper** gardien (m) de guichet.

wide [waɪd] 1 adj (gen) large; (margin, variety, selection, knowledge) grand ◇ **how ~ is the room?** quelle est la largeur de la pièce?; **it is 5 metres ~** cela fait 5 mètres de large; **~-angle lens** objectif (m) grand-angulaire; **~ screen** écran (m) panoramique; **~ of the target** loin de la cible 2 adv (shoot etc) loin du but ◇ **it went ~** c'est passé à côté; **~ apart** (trees, houses) largement espacés; (eyes, legs) très écartés; **~ awake** bien éveillé; **~ open** grand ouvert ◆ **widely** adv (scatter) sur une grande étendue; (travel) beaucoup; (different) radicalement; (believed etc) généralement ◇ **~ known for** connu partout pour ◆ **widen** 1 vt élargir 2 vi s'élargir ◆ **wide-spread** adj (arms) en croix; (wings) déployés; (belief) très répandu.

widow ['wɪdəʊ] 1 n veuve (f) 2 vt ◇ **to be ~ed** devenir veuf, (f) veuve ◆ **widower** n veuf (m).

width [wɪdθ] n largeur (f) ◇ **it is 5 metres in ~** cela fait 5 mètres de large.

wield [wi:ld] vt (object) manier; (power etc) exercer.

wife [waɪf], pl **wives** n (gen) femme (f); (formal: in documents etc) épouse (f) ◇ **the farmer's ~** la fermière; **old wives' tale** conte (m) de bonne femme.

wig [wɪg] n perruque (f).

wiggle ['wɪgl] vt (pencil, stick) agiter; (toes) remuer; (sth loose) faire jouer; (hips) tortiller.

wild [waɪld] 1 adj a (gen) sauvage ◇ **to grow ~** pousser à l'état sauvage; (US) **the W~ West** le Far West b (wind) furieux, (f) -ieuse; (sea) en furie; (weather, night) de tempête c (excited: gen) fou, (f) folle; (appearance, look) farouche; (evening) mouvementé; (famil: angry) furieux, (f) -ieuse ◇ **to make a ~ guess** risquer à tout hasard une hypothèse; **to go ~** (dog etc) devenir comme fou; (person) ne plus se tenir *(with joy* de joie); **~ about** dingue [famil] de; **I'm not ~ about it** [famil] ça ne m'emballe [famil] pas beaucoup; **to drive sb ~** rendre qn fou 2 n ◇ **the call of the ~** l'appel (m) de la nature; **in the ~s of** au fin fond de ◆ **wildcat** 1 n chat (m) sauvage 2 adj (strike) sauvage ◆ **wild-goose** n ◇ **he sent me off on a ~ chase** il m'a fait courir partout pour rien ◆ **wildlife** n la nature; (more formally) la flore et la faune ◆ **wildly** adv (behave) de façon extravagante; (gesticulate, talk) comme un fou; (applaud) frénétiquement; (shoot, guess) au hasard; (rush around) dans tous les sens; (famil: very) follement.

wilderness ['wɪldənɪs] n (gen) région (f) sauvage; (Bible) désert (m); (overgrown garden) jungle (f).

wilful ['wɪlfʊl] adj (stubborn) obstiné; (deliberate: action) délibéré; (murder) prémédité.

will [wɪl] **1** modal aux vb **a** ◇ (future tense) **he ~ or he'll speak** il parlera; (very near future) il va parler; **you won't lose it** tu ne le perdras pas **b** ◇ (requests) **~ you please sit down** voulez-vous vous asseoir, s'il vous plaît; (in commands) **you ~ not go** tu n'iras pas; **~ you be quiet!** veux-tu bien te taire!; (conjecture) **that ~ be the postman** ça doit être le facteur; (willingness) **I ~ help you** je vous aiderai, je veux bien vous aider; **if you'll help me** si vous voulez bien m'aider; **won't you come?** tu ne veux pas venir?; **~ you have a coffee?** voulez-vous un café?; (in marriage) **I ~** oui; **it won't open** ça ne s'ouvre pas; (characteristic) **the car ~ do 150 km/h** la voiture fait 150 km/h; **he will talk all the time!** il ne peut pas s'empêcher de parler!
2 vt vouloir (*sth* qch; *that* que + subj) ◇ **you must ~ it** il faut le vouloir; **to ~ sb to do** prier intérieurement pour que qn fasse; **to ~ o.s. to do** faire un suprême effort pour faire.
3 n **a** volonté [f] ◇ **he has a ~ of his own** il est très volontaire; **the ~ to live** la volonté de survivre; **against one's ~** à contre-cœur; **with the best ~ in the world** avec la meilleure volonté du monde **b** (Law) testament [m].

willing ['wɪlɪŋ] **1** adj **a** ◇ **I'm ~ to do it** je suis prêt à le faire; **God ~** si Dieu le veut **b** (help) spontané; (helper) de bonne volonté ◇ **he's very ~** il est plein de bonne volonté **2** n ◇ **to show ~** faire preuve de bonne volonté ◆ **willingly** adv (with pleasure) volontiers; (voluntarily) volontairement.

willow ['wɪləʊ] n saule [m] ◇ **~ pattern** motif [m] chinois (bleu).

willpower ['wɪl,paʊəʳ] n volonté [f].

willy-nilly ['wɪlɪ'nɪlɪ] adv bon gré mal gré.

wilt [wɪlt] vi (of plant) se faner; (of person) commencer à flancher [famil]; (of enthusiasm etc) diminuer.

wily ['waɪlɪ] adj rusé, malin.

wimp [wɪmp] n (pej) mauviette [f].

win [wɪn] (vb: pret, ptp *won*) **1** n victoire [f] ◇ **to have a ~** gagner **2** vti (gen) gagner; (prize, victory) remporter; (fame) trouver; (sb's friendship, sympathy) s'attirer; (friends, reputation) se faire (*as* en tant que) ◇ **to ~ sb's love** se faire aimer de qn; **to ~ back** (gen) reprendre (*from* à); (girlfriend) reconquérir; **to ~ out, to ~ through** y parvenir; **to ~ sb over** convaincre qn.

wince [wɪns] vi tressaillir.

winch [wɪntʃ] n treuil [m].

1. **wind** [wɪnd] **1** n vent [m]; (Med) vents [mpl] ◇ **high ~** grand vent; (fig) **there's something in the ~** il y a quelquechose dans l'air; **to get ~ of** avoir vent de; **to get the ~ up** [famil] attraper la frousse [famil] (*about* à propos de); (of baby) **to bring up ~** avoir un renvoi; (Mus) **~ instrument** instrument [m] à vent **2** vt ◇ **to be ~ed** avoir la respiration coupée ◆ **windbreak** n (trees etc) abat-vent [m inv]; (camping) pare-vent [m inv] ◆ **windcheater** n anorak [m] léger ◆ **windfall** n (money) aubaine [f] ◆ **windmill** n moulin [m] à vent ◆ **windpipe** n trachée [f] ◆ **windscreen** or **windshield** n pare-brise [m inv] ◇ **~ wiper** essuie-glace [m inv] ◆ **windsurf** vi ◇ **to go ~ing** faire de la planche à voile ◆ **windsurfer** n (board) planche [f] à voile; (person) véliplanchiste [mf] ◆ **windsurfing** n planche [f] à voile *(sport)* ◆ **windswept** adj battu par les vents.

2. **wind** [waɪnd] pret, ptp *wound* vti (roll) enrouler; (clock, toy) remonter; (of river, path: also **~ its way**) serpenter ◇ **to ~ up** (watch) remonter; (end) terminer (*with* par); (business) liquider; (car window) monter; **they wound up** [famil] **in jail** ils se sont retrouvés en prison; **all wound up** [famil] crispé; **to ~ down** (car window) baisser; (famil: relax) se détendre ◆ **winding** adj qui serpente.

window ['wɪndəʊ] n (gen) fenêtre [f]; (in vehicle) vitre [f]; (stained-glass) vitrail [m]; (in shop etc) vitrine [f]; (in post office etc: counter) guichet [m] ◇ **at the ~** à la fenêtre; (of shop) **in the ~** en vitrine; **out of the ~** par la fenêtre; **to break a ~** casser une vitre; **to clean the ~s** faire les vitres; **to go ~-shopping** faire du lèche-vitrine ◆ **window-box** n jardinière [f] *(à plantes)* ◆ **window-cleaner** n laveur [m], [f] -euse de carreaux ◆ **window-dresser** n (Comm) étalagiste [mf] ◆ **window envelope** n enveloppe [f] à fenêtre ◆ **window ledge** n = **windowsill** ◆ **window-pane** n vitre [f] ◆ **windowsill** n (inside) appui [m] de fenêtre; (outside) rebord [m] de fenêtre.

windy ['wɪndɪ] adj (place) exposé au vent; (day) de grand vent ◇ **it's ~** il y a du vent.

wine [waɪn] **1** n vin [m] **2** adj (bottle, cellar) à vin; (vinegar) de vin; (colour) lie-de-vin [inv] ◇ **~ bar** bar [m] à vin; **~ list** carte [f] des vins; **~ merchant** marchand(e) [m(f)] de vin; **~ waiter** sommelier [m] **3** vt ◇ **to ~ and dine sb** emmener qn faire un très bon dîner ◆ **wineglass** n verre [m] à vin ◆ **wine-grower** n viticulteur [m], [f] -trice ◆ **winegrowing** n viticulture [f] ◇ **~ region** région [f] viticole ◆ **wine-tasting** n dégustation [f] de vins.

wing [wɪŋ] n aile [f] ◇ (fig) **to take sb under one's ~** prendre qn sous son aile; (Theat) **the ~s** les coulisses [fpl]; (Pol) **the left ~** la gauche; (on car) **~ mirror** rétroviseur [m] de côté ◆ **winger** n (Sport) ailier [m].

wink [wɪŋk] **1** n clin [m] d'œil ◇ **with a ~** en clignant de l'œil; **as quick as a ~** en un clin d'œil **2** vi faire un clin d'œil (*to, at* à); (of light) clignoter.

winkle ['wɪŋkl] n bigorneau [m].

winner ['wɪnəʳ] n (in fight, argument) vainqueur [m]; (in game, competition) gagnant(e) [m(f)] ◇ (fig) **it's a ~** [famil] c'est sensationnel.

winning ['wɪnɪŋ] adj (team) gagnant; (goal etc) décisif, [f] -ive; (smile) charmeur, [f] -euse ◆ **winning-post** n poteau [m] d'arrivée ◆ **winnings** npl gains [mpl].

winter ['wɪntəʳ] n hiver [m] ◇ **W~ Olympics** Jeux [mpl] olympiques d'hiver; **in ~** en hiver; **~ sports** sports [mpl] d'hiver ◆ **wintertime** n hiver [m] ◆ **wintry** adj hivernal.

wipe [waɪp] **1** n coup [m] de torchon (or d'éponge etc) **2** vt (gen) essuyer (*with* avec); (blackboard, tape, computer disk) effacer ◇ **to ~ one's feet** s'essuyer les pieds; **to ~ one's nose** se moucher; **to ~ away** (tears) essuyer; **to ~ off** effacer; **to ~ out** (clean) bien essuyer; (erase) effacer; (annihilate) anéantir ◆ **wiper** n (on car) essuie-glace [m inv].

wire ['waɪəʳ] **1** n fil [m] de fer; (electric) fil électrique; (telegram) télégramme [m] ◇ **telephone ~s** fils téléphoniques; **~ brush** brosse [f] métallique; **~ cutters** cisaille [f] **2** vt (also **~ up**) brancher (*to* sur); (house) faire l'installation électrique de ◆ **wireless** see below ◆ **wire netting** n treillis [m] métallique ◆ **wiretapping** n mise [f] sur écoute d'une ligne téléphonique.

wireless ['waɪəlɪs] **1** n T.S.F [f] **2** adj (gen) radiophonique ◇ **~ message** radio [m]; **~ set** poste [m] de T.S.F.

wiring ['waɪərɪŋ] n installation [f] électrique.

wiry ['waɪərɪ] adj (person) maigre et nerveux, [f] -euse.

wisdom ['wɪzdəm] n sagesse [f] ◇ **~ tooth** dent [f] de sagesse.

wise [waɪz] adj (person) sage; (action, advice) judicieux, [f] -ieuse; (prudent) prudent ◇ **a ~ man** un sage; **the W~ Men** les Rois mages; **I'm none the ~r** ça ne m'avance pas beaucoup; **~ guy** [famil] gros malin [famil] [m]; **~ to sth** [famil] au courant de qch ◆ **wisely** adv (sagaciously) sagement; (prudently) prudemment, judicieusement.

-wise [waɪz] adv suffix ◇ **health~** du point de vue santé.

wish [wɪʃ] **1** vti (gen) souhaiter (*sb sth* qch à qn; *for sth* qch); désirer (*to do* faire; *that* que + subj); (make a ~) faire un vœu ◇ **what do you ~ him to do?** que désirez-vous qu'il fasse?; **I ~ I'd known** j'aurais bien voulu le savoir; **I ~ I hadn't said that** je regrette d'avoir dit cela; **I ~ I could!** si seulement je pouvais!; **he doesn't ~ her any harm** il ne lui veut aucun mal; (fig) **it was ~ed on to me** [famil] je n'ai pas pu faire autrement que de l'accepter; **to ~ sb luck** souhaiter bonne chance à qn; **to ~ sb good-bye** dire au revoir à qn; **to ~ sb a happy birthday** souhaiter bon anniversaire à qn **2** n (gen) désir [m] (*to do* de faire) ◇ **he had no ~ to go** il n'avait pas envie d'y aller; **against my ~es** contre mon gré; **to make a ~** faire un vœu; **his ~ came true, he got his ~** son souhait s'est réalisé; **give him my best ~es** faites-lui mes amitiés; (in letter) transmettez-lui mes meilleures pensées; **best ~es** meilleurs vœux; (in letter) **with best ~es from Paul** bien amicalement, Paul ◆ **wishbone** n (of bird) fourchette [f]; (Sport) wishbone [m] ◆ **wishful** adj ◇ **it's ~ thinking** c'est prendre ses désirs pour la réalité.

wisp [wɪsp] n (of straw) brin [m]; (of hair) fine mèche [f]; (of smoke) mince volute [f].

wisteria [wɪs'tɪərɪə] n glycine [f].

wistful ['wɪstfʊl] adj nostalgique.

wit [wɪt] n (gen) esprit [m]; (witty person) homme [m] or femme [f] d'esprit ◇ **to keep one's ~s about one** rester vigilant, être sur ses gardes; **quick-~ted** à l'esprit vif; **use your ~s!** sers-toi de ton intelligence!; **he was at his ~s' end** il ne savait plus que faire.

witch [wɪtʃ] n sorcière [f] ◆ **witchcraft** n sorcellerie [f] ◆ **witch-hunt** n (fig) chasse [f] aux sorcières.

with [wɪð, wɪθ] prep **a** (gen) avec ◇ **I was ~ her** j'étais avec elle; **she was staying ~ friends** elle était chez des amis; **he's with IBM** il travaille chez IBM; **I'll be ~ you in a minute** je suis à vous dans un instant; **I have no money ~ me** je n'ai pas d'argent sur moi; (fig) **I'm ~ you** (agree) je suis d'accord avec vous; (support) je suis avec vous; **I'm not ~ you** [famil] (don't understand) je ne vous suis pas; (up-to-date) **to be ~ it** [famil] être dans le vent **b** (having etc) à ◇ **the boy ~ brown eyes** le garçon aux yeux marron; **a room ~ a view of the sea** une chambre qui a vue sur la mer; **~ tears in her eyes** les larmes aux yeux; **trembling ~ fear** tremblant de peur; **it's a habit ~ him** c'est une habitude chez lui; **what do you want ~ that book?** qu'est-ce que tu veux faire de ce livre?; **~ time** avec le temps; **~ that he left us** là-dessus il nous a quittés **c** (despite) malgré.

withdraw [wɪθ'drɔː] pret *-drew*, ptp *-drawn* **1** vt (gen) retirer (*from* de); (statement) rétracter **2** vi (gen) se retirer (*from* de); (of candidate) se désister ◆ **withdrawal** n (gen) retrait [m]; (Mil: retreat) repli [m]; (Med) état [m] de manque ◇ (Med) **to have ~ symptoms** être en état de manque ◆ **withdrawn** adj (person) renfermé.

wither ['wɪðəʳ] vi se flétrir ◆ **withered** adj flétri; (limb) atrophié; (person) tout desséché ◆ **withering** adj cinglant.

withhold [wɪθ'həʊld] pret, ptp *-held* vt (payment, decision) remettre; (one's taxes) refuser de payer; (consent, help, support) refuser; (facts) cacher (*from sb* à qn).

within [wɪð'ɪn] prep (inside) à l'intérieur de ◇ ~ **the law** dans les limites de la légalité; ~ **a kilometre of** à moins d'un kilomètre de; ~ **an hour** en moins d'une heure; ~ **a week of her visit** moins d'une semaine après (or avant) sa visite.

without [wɪð'aʊt] prep sans ◇ ~ **a coat** sans manteau; ~ **any money** sans argent; ~ **speaking** sans parler; ~ **her knowing** sans qu'elle le sache.

withstand [wɪθ'stænd] pret, ptp *-stood* vt résister à.

witness ['wɪtnɪs] **1** n (person) témoin [m] ◇ ~ **the case of** témoin le cas de; ~ **box** or **stand** barre [f] des témoins; **in the** ~ **box** à la barre **2** vt (event) être témoin de; (improvement) remarquer; (document) attester l'authenticité de ◇ **to** ~ **sb's signature** être témoin.

witter ['wɪtəʳ] vi ◇ **to** ~ **on about sth** parler interminablement de qch.

witticism ['wɪtɪsɪzəm] n mot [m] d'esprit.

witty ['wɪtɪ] adj plein d'esprit.

wives [waɪvz] pl of *wife*.

wizard ['wɪzəd] n enchanteur [m].

wk abbr of *week*.

wobble ['wɒbl] vi trembler; (of cyclist etc) osciller; (of wheel) avoir du jeu ◆ **wobbly** adj (voice) tremblant; (table, chair) branlant; (weak: person) assez faible.

woe [wəʊ] n malheur [m].

woeful ['wəʊfʊl] adj malheureux, [f] -euse.

wok [wɒk] n wok [m].

woke(n) ['wəʊk(n)] pret (ptp) of *wake*.

wolf [wʊlf], pl **wolves** **1** n loup [m] **2** vt (eat) engloutir.

woman ['wʊmən], pl **women** ['wɪmɪn] n femme [f] ◇ **Women's Liberation Movement**, **Women's Lib** [famil] mouvement [m] de libération de la femme; **women's group** association [f] féminine; (Press) **the women's page** la page des lectrices; (Brit) ~ **police constable** femme-agent [f]; ~ **teacher** professeur femme; **women doctors** les femmes [fpl] médecins; **women drivers** les femmes au volant; ~ **friend** amie [f] ◆ **womanly** adj tout féminin.

womb [wu:m] n utérus [m].

won [wʌn] pret, ptp of *win*.

wonder ['wʌndəʳ] **1** n merveille [f]; (feeling) émerveillement [m] ◇ **the** ~**s of science** les miracles de la science; **the Seven W**~**s of the World** les Sept Merveilles du monde; **it's a** ~ **that...** c'est extraordinaire que... + subj; **no** ~ **he...** ce n'est pas étonnant s'il...; **no** ~**!** cela n'a rien d'étonnant! **2** vti se demander (*if* si; *why* pourquoi); (marvel) s'étonner (*at* de; *that* que + subj) ◇ **it makes you** ~ cela donne à penser; **I'm** ~**ing about going to the pictures** j'ai à moitié envie d'aller au cinéma; **I** ~ **what to do** je ne sais pas quoi faire ◆ **wonderful** adj merveilleux, [f] -euse ◆ **wonderfully** adv (hot, quiet etc) merveilleusement; (manage etc) à merveille.

wonky ['wɒŋkɪ] adj (chair) bancal; (machine) détraqué.

won't [wəʊnt] = **will not** → **will.**

woo [wu:] vt (woman) faire la cour à; (fig) chercher à plaire à.

wood [wʊd] n bois [m] ◇ **touch** ~**!** touchons du bois!; **a pine** ~ un bois de pins; ~ **carving** sculpture [f] en bois; **a** ~ **fire** un feu de bois; ~ **pulp** pâte [f] à papier ◆ **wooded** adj boisé ◆ **wooden** adj (gen) en bois; (leg) de bois; (acting) sans expression ◆ **woodland** n région [f] boisée ◇ ~ **flower** fleur [f] des bois ◆ **woodlouse**, pl **-lice** n cloporte [m] ◆ **woodpecker** n pic [m] ◆ **woodpigeon** n ramier [m] ◆ **woodwind** npl bois [mpl] *(musique)* ◆ **woodwork** n (subject) menuiserie [f]; (in house: beams etc) charpente [f]; (doors etc) boiseries [fpl] ◆ **woodworm** n vers [mpl] de bois ◆ **woody** adj (stem etc) ligneux, [f] -euse.

wool [wʊl] **1** n laine [f] ◇ **a ball of** ~ une pelote de laine; **knitting** ~ laine à tricoter; (fig) **to pull the** ~ **over sb's eyes** en faire accroire à qn **2** adj (gen) de laine; (shop) de laines ◆ **woollen** adj (gen) de laine; (industry) lainier, [f] -ière; (manufacturer) de lainages ◆ **woollens** or **woollies** npl lainages [mpl] ◆ **woolly** **1** adj (gen) laineux, [f] -euse; (ideas) confus **2** n tricot [m].

word [wɜ:d] **1** n (gen) mot [m]; (spoken) mot, parole [f]; (promise) parole ◇ (of song etc) ~**s** paroles; ~ **game** jeu [m] avec des mots; ~ **for** ~ (repeat) mot pour mot; (translate) mot à mot; **in other** ~**s** autrement dit; **in a** ~ en un mot; **to put into** ~**s** exprimer; **too stupid for** ~**s** vraiment trop stupide; **in so many** ~**s** explicitement; **to have the last** ~ avoir le dernier mot; (fig) **the last** ~ **in** ce qu'on fait de mieux en matière de; **to put in a (good)** ~ **for** glisser un mot en faveur de; **to have a** ~ **with sb** parler à qn; **he didn't say a** ~ **about it** il n'en a pas parlé; (message) **to leave** ~ laisser un mot (*with sb* à qn); **to send** ~ **that** prévenir que; (news) **to have** ~ **from sb** avoir des nouvelles [fpl] de qn; (promise) **to keep one's** ~ tenir sa parole; **to break one's** ~ manquer à sa parole; **to take sb at his** ~ prendre qn au mot; **I'll take your** ~ **for it** je vous crois sur parole **2** vt formuler ◆ **word-blindness** n dyslexie [f] ◆ **wording** n (choix [m] de) termes [mpl] ◆ **word-processing** n traitement [m] de textes ◆ **word-processor** n système [m] de traitement des textes ◆ **wordy** adj verbeux, [f] -euse.

wore [wɔːʳ] pret of *wear*.

work [wɜːk] **1** n **a** (gen) travail [m] ◇ **to start** ~ se mettre au travail; **to set to** ~ s'y mettre; **good** ~! bravo!; **a good piece of** ~ du bon travail; **to put a lot of** ~ **into** passer beaucoup de temps sur; ~ **has begun on the bridge** les travaux du pont ont commencé; **to be at** ~ (gen) travailler (*on* sur); (at work-place) être au bureau (or à l'usine etc); **to go to** ~ aller au bureau (etc); **out of** ~ au chômage, sans emploi; **he's off** ~ il n'est pas allé (or venu) travailler; **a day off** ~ un jour de congé; **the** ~ **ethic** l'attitude [f] moraliste envers le travail; ~ **experience** expérience [f] professionnelle; ~ **force** main-d'œuvre [f]; ~ **permit** permis [m] de travail; **her** ~ **load is too heavy** elle a trop de travail **b** (output: of writer, musician etc) œuvre [f]; (study) ouvrage [m] (*on* sur); (piece of sewing) ouvrage ◇ **good** ~**s** bonnes œuvres; ~ **of art** œuvre d'art; **the complete** ~**s of** les œuvres complètes de; (fig) **a nasty piece of** ~ [famil] un sale type [famil] → also **works** below.

2 vi **a** (gen) travailler (*at* à; *on* sur) ◇ **to** ~ **hard** travailler dur; **we're** ~**ing on it** on y travaille; **to** ~ **on the principle that...** partir du principe que...; **to** ~ **for sth** lutter pour qch; (fig) **to** ~ **towards sth** se diriger petit à petit vers qch **b** (of machine, scheme) marcher; (of drug, spell) agir; (of brain) fonctionner ◇ **it** ~**s on oil** ça marche au mazout; (fig) **that** ~**s both ways** c'est à double tranchant; (calculation) **it** ~**s out at...** ça fait...; **things didn't** ~ **out** les choses ont plutôt mal tourné; **it will** ~ **out right in the end** ça finira par s'arranger.

3 vt **a** (machine) faire marcher; (miracle) faire; (change) apporter; (mine, land) exploiter; (metal, dough) travailler; (object) façonner; (sew) coudre ◇ **to** ~ **sb too hard** exiger trop de qn; **to** ~ **one's way along** arriver petit à petit à avancer; **to** ~ **one's way through college** travailler pour payer ses études **b** ◇ (fig) **he has managed to** ~ **it** il y est arrivé; **can you** ~ **it** [famil] **so that...** pouvez-vous faire en sorte que... + subj; **he** ~**ed it into his speech** il s'est arrangé pour l'introduire dans son discours; **to** ~ **off** (weight) éliminer; (annoyance) passer (*on* sur); (energy) dépenser son surplus de; **to** ~ **out** (gen) finir par découvrir (*why* pourquoi); (understand) comprendre; (sum, problem) résoudre; (answer) trouver; (scheme, idea, settlement) mettre au point; **I'll have to** ~ **it out** il faut que je réfléchisse; **to** ~ **round** or **up to sth** préparer le terrain pour qch; **to** ~ **sth up** (gen) développer qch; **to** ~ **up an appetite** s'ouvrir l'appétit; **to** ~ **up enthusiasm for** s'enthousiasmer pour; **to get** ~**ed up** se mettre dans tous ses états. ◆ **workable** adj (plan) réalisable ◆ **workaholic** n bourreau [m] de travail ◆ **worker** n ouvrier [m], [f] -ière; (esp Pol) travailleur [m], [f] -euse ◇ **he's a good** ~ il travaille bien; **management and** ~**s** patronat [m] et travailleurs; **office** ~ employé(e) [m(f)] de bureau ◆ **working** etc see below ◆ **workman**, pl **-men** n ouvrier [m] ◇ **he's a good** ~ il travaille bien ◆ **workmanship** n (of craftsman) habileté [f] professionnelle ◇ **a superb piece of** ~ un travail superbe ◆ **workmate** n camarade [mf] de travail ◆ **workout** n (Sport) séance [f] d'entraînement ◆ **workroom** n salle [f] de travail ◆ **works** npl **a** (building etc) travaux [mpl]; (of machine) mécanisme [m] ◇ **road** ~ travaux d'entretien de la route **b** (factory) usine [f]; (processing plant etc) installations [fpl] ◇ **gas** ~ usine à gaz; ~ **manager** chef [m] d'exploitation ◆ **workshop** n atelier [m] ◆ **work station** n (Comput) poste [m] de travail ◆ **work-to-rule** n grève [f] du zèle.

working [ˈwɜːkɪŋ] adj (clothes, week) de travail; (population, wife) qui travaille; (model) qui marche; (majority) suffisant ◇ **to be in** ~ **order** bien marcher; **the** ~ **class** la classe ouvrière; ~**-class** ouvrier, [f] -ière; ~ **man** ouvrier [m]; **the** ~ **woman** la femme active ◆ **workings** npl (machine) mécanisme [m]; (fig) rouages [mpl].

world [wɜːld] **1** n monde [m] ◇ **all over the** ~ dans le monde entier; **the next** ~ l'au-delà [m]; **to bring a child into the** ~ mettre un enfant au monde; (fig) **out of this** ~ extraordinaire; **to think the** ~ **of sb** mettre qn sur un piédestal; **it did him a** ~ **of good** ça lui a fait énormément de bien; **the** ~**'s worst cook** la pire cuisinière qui soit; **a man of the** ~ un homme d'expérience; **he has come down in the** ~ il a connu des jours meilleurs; **what he wants most in all the** ~ ce qu'il veut plus que tout au monde; **nowhere in the** ~ nulle part au monde; **not for anything in the** ~ pour rien au monde; **why in the** ~**?** pourquoi donc? **2** adj (power, war) mondial; (record, champion, tour) du monde; (language) universel, [f] -elle ◇ **the W**~ **Cup** la Coupe du monde; **W**~ **Health Organization** Organisation [f] mondiale de la santé; (Sport) **the** ~ **title** le titre de champion du monde ◆ **world-famous** adj de renommée mondiale ◆ **worldly** adj (pleasures) de ce monde; (attitude) matérialiste ◆ **worldwide** adj mondial.

worm [wɜːm] **1** n ver [m] **2** vt ◇ **to** ~ **sth out of sb** faire dire qch à qn.

worn [wɔːn] ptp of *wear* adj usé ◆ **worn-out** adj (object) complètement usé; (person) épuisé.

worried [ˈwʌrɪd] adj inquiet, [f] -ète (*about* au sujet de).

worry ['wʌrɪ] **1** n souci (m) (*to sb* pour qn) **2** vi s'inquiéter (*about*, *over* au sujet de, pour) **3** vt (gen) inquiéter (*that* que + subj); (sheep) harceler ◇ **to ~ o.s. sick** se rendre malade d'inquiétude (*about* au sujet de) ◆ **worrying** adj inquiétant.

worse [wɜːs] (comp of *bad*, *badly* and *ill*) **1** adj pire, plus mauvais (*than* que) ◇ **it could have been ~** ç'aurait pu être pire; **to make matters** or **things ~** aggraver la situation; **to get ~** (gen) se détériorer; (of health, rheumatism, smell etc) empirer; (of patient) aller plus mal; **I feel ~** je me sens plus mal; **he's none the ~ for it** il ne s'en porte pas plus mal **2** adv (sing etc) plus mal (*than* que); (more: rain etc) plus (*than* que) ◇ **she came off ~** elle s'en est mal tiré; **you could do ~** vous pourriez faire pire; **he's ~ off** sa situation est pire; (financially) il y a perdu **3** n pire (m) ◇ **there's ~ to come** on n'a pas vu le pire; **change for the ~** (gen) détérioration (f); (Med) aggravation (f) ◆ **worsen** vi empirer.

worship ['wɜːʃɪp] **1** n (Rel) culte (m) ◇ **His W~** (Mayor) Monsieur le Maire; (magistrate) Monsieur le Juge **2** vt (Rel) adorer; (person) vénérer; (money, success etc) avoir le culte de **3** vi (Rel) faire ses dévotions ◆ **worshipper** n ◇ (in church) **~s** fidèles (mpl).

worst [wɜːst] (superl of *bad*, *badly* and *ill*) **1** adj le (or la) plus mauvais(e), le (or la) pire **2** adv le plus mal ◇ **~ off** le plus affecté; (poorest) le plus dans la gêne; **he came off ~** c'est lui qui s'en est le plus mal sorti **3** n pire (m) ◇ **at (the) ~** au pis aller; **to be at its ~** (crisis, storm) être à son point culminant; (situation) n'avoir jamais été aussi mauvais; **things were at their ~** les choses ne pouvaient pas aller plus mal; **the ~ of it is that...** le pire c'est que...; **the ~ is yet to come** on n'a pas encore vu le pire; **if the ~ comes to the ~** en mettant les choses au pis; **to get the ~ of it** être le perdant.

worsted ['wʊstɪd] n laine (f) peignée.

worth [wɜːθ] **1** n (value) valeur (f) (*in* en) ◇ **20 pence ~ of sweets** pour 20 pence de bonbons **2** adj ◇ **to be ~** valoir; **what is it ~?** ça vaut combien?; **it's ~ a great deal** ça a beaucoup de valeur (*to me* pour moi); **it's ~ doing** ça vaut la peine de le faire; **it's ~ while, it's ~ it, it's ~ the effort** etc ça vaut la peine (*doing*, *to do* de faire) ◆ **worthless** adj qui ne vaut rien ◆ **worthwhile** adj (activity) qui en vaut la peine; (book etc) qui mérite d'être lu; (work, life) utile; (contribution) très valable; (cause) louable ◆ **worthy** ['wɜːðɪ] adj (gen) digne (*of* de; *to do* de faire); (cause etc) louable.

would [wʊd] modal aux vb **a** ◇ (gen: use conditional tense in French; se traduit par le conditionnel) **he ~ do it if you asked him** il le ferait si vous le lui demandiez; **he ~ have done it if you had asked him** il l'aurait fait si vous le lui aviez demandé **b** ◇ (want etc) **he ~n't help me** il ne voulait pas m'aider, il n'a pas voulu m'aider; **the car ~n't start** la voiture n'a pas démarré; **~ you like some tea?** voulez-vous or voudriez-vous du thé?; **~ you please help me?** pourriez-vous m'aider, s'il vous plaît? **c** ◇ (habitually: use imperfect; se traduit par l'imparfait) **he ~ go every evening** il y allait chaque soir ◆ **would-be** adj (pej: self-styled) soi-disant ◇ **a ~ poet/teacher** une personne qui veut être poète/professeur.

1. **wound** [wuːnd] **1** n blessure (f) ◇ **chest ~** blessure à la poitrine; **bullet ~** blessure par balle **2** vt blesser ◇ **the ~ed** les blessés (mpl).

2. **wound** [waʊnd] pret, ptp of *2.wind*.

wove(n) ['wəʊv(ən)] pret (ptp) of *weave*.

wrangle ['ræŋgl] **1** n dispute (f) **2** vi se disputer (*over* à propos de).

wrap [ræp] **1** n (shawl) châle (m); (rug) couverture (f) **2** vt (also **~ up:** cover) envelopper (*in* dans); (pack) emballer (*in* dans); (wind) enrouler (*round* autour de) ◇ **~ped bread** du pain pré-emballé; (fig) **~ped up in one's work** absorbé par son travail; **he had everything ~ped up** il avait tout arrangé **3** vi ◇ (dress warmly) **to ~ up (well)** s'habiller chaudement ◆ **wrapover** adj (skirt) portefeuille (inv) ◆ **wrapper** n (of sweet, parcel) papier (m); (of book) jaquette (f) ◆ **wrapping** n (**~ paper**) papier (m) d'emballage; (gift-wrap) papier cadeau; (of sweet) papier.

wrath [rɒθ] n courroux (m).

wreak [riːk] vt ◇ **to ~ havoc** faire des ravages; **it ~ed havoc with their plans** cela a bouleversé tous leurs projets; **to ~ vengeance on sb** assouvir une vengeance sur qn.

wreath [riːθ] n couronne (f) *(de fleurs)*.

wreck [rek] **1** n (event) naufrage (m); (**~ed ship**) épave (f); (**~ed car etc**) voiture (f) (etc) accidentée ◇ (fig) **the car was a ~** la voiture était bonne à mettre à la ferraille; **he looks a ~** il a une mine de déterré **2** vt (gen) démolir; (fig: marriage, career) briser; (plans, health) ruiner; (chances) anéantir ◆ **wreckage** n (gen) débris (mpl); (of building) décombres (mpl).

wren [ren] n roitelet (m).

wrench [rentʃ] **1** n **a** (tug) violente torsion (f); (fig) déchirement (m) **b** (tool) clé (f) (à écrous) **2** vt tirer violemment sur ◇ **to ~ off** or **out** arracher.

wrestle ['resl] vi ◇ **to ~ with** (gen) lutter contre; (fig: sums, device) se débattre avec ◆ **wrestling** n lutte (f) ◇ **all-in ~** catch (m); **~ match** rencontre (f) de catch (or de lutte).

wretch [retʃ] n misérable [mf].

wretched ['retʃɪd] adj (very poor) misérable; (unhappy) malheureux, [f] -euse; (depressed) déprimé; (ill) malade; (bad) lamentable ◇ **that ~ dog** [famil] ce maudit chien.

wriggle ['rɪgl] vi (~ **about:** gen) se tortiller; (fidget) remuer ◇ (of person) **to ~ along** avancer en rampant; **to ~ through sth** se glisser dans qch.

wring [rɪŋ] pret, ptp *wrung* vt (gen) tordre; (~ **out:** wet clothes) essorer; (water) exprimer; (fig) arracher (*from sb* à qn) ◇ **~ing wet** trempé.

wrinkle ['rɪŋkl] **1** n (on skin) ride [f]; (in paper, cloth etc) pli [m] **2** vt (~ **up:** forehead) plisser; (nose) froncer **3** vi (of paper, cloth) faire des plis ◆ **wrinkled** adj (skin, apple) ridé; (brow) plissé.

wrist [rɪst] n poignet [m] ◇ **~ watch** montre-bracelet [f].

writ [rɪt] n acte [m] judiciaire ◇ **to issue a ~ against sb** assigner qn en justice.

write [raɪt] pret *wrote*, ptp *written* vti (gen) écrire; (cheque, list) faire; (computer program) écrire ◇ (advertisement) **~ for our brochure** demandez notre brochure; **to ~ away** or **off for** (form, details) écrire pour demander; (goods) commander par lettre; **to ~ back** répondre; **to ~ down** écrire; (note) noter; **to ~ in for sth** écrire pour demander qch; **to ~ off** (debt) passer aux profits et pertes; (operation) mettre un terme à; (smash up: car) bousiller [famil]; **to ~ out** (gen) écrire; (cheque, list, bill) faire; (copy) recopier; **to ~ up** (notes, diary) mettre à jour; (experiment) rédiger ◆ **write-off** n perte [f] sèche ◇ **to be a ~** (car) être bon pour la casse; (project) se révéler une perte de temps ◆ **writer** n (of letter etc) auteur [m]; (as profession) écrivain [m]; (of computer program) auteur [m] ◇ **thriller ~** auteur de romans policiers; **~'s block** hantise [f] de la page blanche; **to be a good ~** écrire bien ◆ **write-up** n (gen, also Comput) description [f]; (review of play, event etc) compte rendu [m].

writing ['raɪtɪŋ] n (handwriting) écriture [f]; (sth written) qch d'écrit ◇ **in ~** par écrit; **in his ~s** dans ses écrits [mpl]; **~ pad** bloc [m] (de papier à lettres); **~ paper** papier [m] à lettres.

written ['rɪtn] ptp of *write* adj ◇ **~ exam** écrit [m].

wrong [rɒŋ] **1** adj **a** (incorrect: gen) faux, [f] fausse; (not the right one: road, size etc) mauvais ◇ **to be ~** avoir tort (*to do* de faire); se tromper (*about* sur); **my watch is ~** ma montre n'est pas à l'heure; **to get sth ~** se tromper dans qch; **that's the ~ train** ce n'est pas le bon train; **I'm in the ~ job** ce n'est pas le travail qu'il me faut; **to say the ~ thing** dire ce qu'il ne fallait pas dire; **it's in the ~ place** ce n'est pas à sa place **b** (wicked) mal (*to do* de faire); (unfair) injuste **c** ◇ (amiss) **there's something ~** (gen) il y a quelque chose qui ne va pas; (fishy) il y a quelque chose qui cloche [famil]; **something's ~ with my leg** j'ai quelque chose à la jambe; **something's ~ with my watch** ma montre ne marche pas comme il faut; **what's ~?** qu'est-ce qui ne va pas?; **what's ~ with the car?** qu'est-ce qu'elle a, la voiture?; **what's ~ with saying...** quel mal y a-t-il à dire...; **there's nothing ~** tout va bien; **there's nothing ~ with it** (gen) c'est tout à fait bien; (machine, car) ça marche très bien; **there's nothing ~ with him** il va très bien.

2 adv mal, incorrectement ◇ **to go ~** (gen) se tromper; (on road) se tromper de route; (plan) mal tourner; (machine) tomber en panne; **you can't go ~** c'est très simple; **nothing can go ~** tout doit marcher comme sur des roulettes; **everything went ~** tout est allé de travers.

3 n (evil) mal [m]; (injustice) injustice [f] ◇ **to be in the ~** être dans son tort **4** vt faire tort à ◆ **wrongful** adj (arrest) arbitraire; (dismissal) injustifié ◆ **wrongfully** adv à tort ◆ **wrongly** adv **a** (answer, do) incorrectement; (treat) injustement; (dismiss) à tort **b** (by mistake) par erreur.

wrote [rəʊt] pret of *write*.

wrought [rɔːt] adj ◇ **~ iron** fer [m] forgé; **~-iron gate** porte [f] en fer forgé.

wrung [rʌŋ] pret, ptp of *wring*.

wry [raɪ] adj désabusé.

wt abbr of *weight*.

X

X, **x** [eks] n (letter) X, x [m] ◇ **X marks the spot** l'endroit est marqué d'une croix; **X-certificate film** film [m] interdit aux moins de 18 ans.

X-ray [eks'reɪ] **1** n radiographie [f], radio [famil] [f]; (actual ray) rayon [m] X ◇ **to have an ~** se faire faire une radio; **~ examination** examen [m] radioscopique; **~ treatment** radiothérapie [f] **2** vt radiographier.

Xerox ['zɪərɒks] ® **1** n photocopie [f] **2** vt photocopier.

Xmas ['krɪsməs, 'eksməs] n Noël [m].

xylophone ['zaɪləfəʊn] n xylophone [m].

Y

Y, y [waɪ] n (letter) Y, y [m] ◇ **Y-fronts** ® slip [m] (d'homme).

yacht [jɒt] n yacht [m] ◇ ~ **club** cercle [m] nautique ◆ **yachting** n yachting [m], navigation [f] de plaisance ◆ **yachtsman** n plaisancier [m].

Yank [jæŋk] n [famil] (pejorative) Amerloque [famil] [mf].

yank [jæŋk] vt tirer d'un coup sec.

yap [jæp] vi japper.

yard [jɑːd] n **a** (gen) cour [f]; (US: garden) jardin [m]; (builder's etc) chantier [m]; (for storage: coal etc) dépôt [m] **b** yard [m] *(91,44 cm)*, ≃ mètre [m] ◇ **about a ~ long** long d'un mètre; **by the ~** au mètre; (fig) **~s of** [famil] des kilomètres de [famil] ◆ **yardstick** n (fig) mesure [f].

yarn [jɑːn] n fil [m]; (tale) longue histoire [f].

yawn [jɔːn] **1** vi (of person) bâiller **2** n bâillement [m] ◆ **yawning** adj (chasm) béant.

yd abbr of *yard(s)*.

yeah [jɛə] particle [famil] ouais [famil].

year [jɪəʳ] n an [m], année [f]; (of coin, wine) année ◇ **this ~** cette année; **next ~** l'an prochain, l'année prochaine; **3 times a ~** 3 fois par an; **in the ~ 2011** en 2011; **~ in, ~ out** année après année; **all the ~ round** d'un bout de l'année à l'autre; **a ~ ago** il y a un an; **~s ago** il y a des années; **for ~s** depuis des années; (fig) depuis une éternité; **he is 6 ~s old** il a 6 ans; **she was in my ~ at school** elle était de mon année au lycée; **in the second ~** (Univ) en deuxième année; (school) ≃ en cinquième ◆ **yearly** **1** adj annuel, [f] -uelle **2** adv annuellement ◇ **twice ~** deux fois par an.

yearn [jɜːn] vi languir (*for sb* après qn), aspirer (*for sth* à qch; *to do* à faire) ◆ **yearning** n désir [m] ardent (*for* de; *to do* de faire).

yeast [jiːst] n levure [f].

yell [jel] **1** n (gen) hurlement [m]; (laughter) grand éclat [m] **2** vti (~ **out**) hurler ◇ **to ~ at sb** crier après qn.

yellow [ˈjeləʊ] **1** adj jaune; (hair) blond ◇ (Ftbl) ~ **card** carton [m] jaune; (Telec) **the ~ pages** les pages [fpl] jaunes de l'annuaire **2** n jaune [m].

yelp [jelp] **1** n jappement [m] **2** vi japper.

Yemen [ˈjemən] n Yémen [m] ◆ **Yemeni** **1** adj yéménite **2** n Yéménite [mf].

yep [jep] particle [famil] ouais [famil].

yes [jes] particle oui; (with neg question, contradicting) si ◇ **he's a ~-man** il dit amen à tout.

yesterday [ˈjestədeɪ] adv, n hier [m] ◇ **all (day) ~** toute la journée d'hier; **the day before ~** avant-hier [m]; **~ evening/morning** hier soir/matin.

yet [jet] **1** adv **(as ~, still)** encore; (till now) jusqu'ici ◇ **they haven't ~ returned** ils ne sont pas encore revenus; **no one has come ~** jusqu'ici, personne n'est venu; **~ more difficult** encore plus difficile; **I'll do it ~** je finirai bien par le faire; **has he arrived ~?** est-il déjà arrivé?; **I wonder if he's come ~** je me demande s'il est arrivé maintenant; **not (just) ~** pas encore; **I needn't go just ~** je n'ai pas besoin de partir tout de suite; **nor ~** ni. **2** conj pourtant ◇ **and ~ everyone liked her** et pourtant tout le monde l'aimait.

yew [juː] n if [m].

Yiddish [ˈjɪdɪʃ] n yiddish [m].

yield [jiːld] **1** vti **a** (produce etc: gen) rendre; (of mine, oil well) débiter; (sum of money) rapporter; (results) produire **b** (surrender, give way) céder (*to* devant); (to temptation) succomber (*to* à) **2** n (gen) rendement [m]; (minerals) débit [m]; (money) rapport [m].

yippee [jɪ'piː] excl [famil] hourra!

YMCA [ˌwaɪemsiː'eɪ] n abbr of *Young Men's Christian Association* YMCA [m].

yodel ['jəʊdl] vi faire des tyroliennes.

yoga ['jəʊgə] n yoga [m].

yog(h)urt ['jəʊgət] n yaourt [m].

yoke [jəʊk] n joug [m]; (of dress) empiècement [m].

yolk [jəʊk] n jaune [m] (d'œuf).

yonder ['jɒndər] adv là-bas.

you [juː] pers pron **a** (subject) tu, vous; (object) te, vous; (stressed and after prep) toi, vous ◇ ~ **are very kind** tu es très gentil, vous êtes très gentil(s); **I shall see ~ soon** je te or je vous verrai bientôt; **for ~** pour toi or vous; **younger than ~** plus jeune que toi or vous; **it's ~** c'est toi or vous **b** (one, anyone: subject) on; (object) te, vous ◇ ~ **never know** on ne sait jamais ◆ **you know who** [famil] pron qui vous savez.

young [jʌŋ] adj (gen) jeune; (nation) nouveau, [f] -elle; (wine) vert ◇ ~ **people, the ~** les jeunes [mpl], les jeunes gens [mpl]; ~ **lady** (unmarried) jeune fille [f]; (married) jeune femme [f]; **3 years ~er than you** plus jeune que vous de 3 ans; **~er brother** frère [m] cadet; **~er sister** sœur [f] cadette; **to get ~er** rajeunir; **if I were 10 years ~er** si j'avais 10 ans de moins; **the ~er generation** la jeune génération.

youngster ['jʌŋgstər] n jeune [mf].

your [jʊər] poss adj **a** ton, ta, tes; votre, vos ◇ ~ **book** ton or votre livre; **give me ~ hand** donne-moi la main **b** (one's) son, sa, ses; ton etc, votre etc ◆ **yours** poss pron le tien, la tienne, les tiens, les tiennes; le vôtre, la vôtre, les vôtres ◇ **this book is ~** ce livre est à toi or à vous, ce livre est le tien or le vôtre; **a cousin of ~** un de tes or vos cousins; → **sincerely, faithfully** ◆ **yourself** pers pron, pl **-selves** (reflexive) te, vous; (after prep) toi, vous; (emphatic) toi-même, vous-même ◇ **have you hurt ~?** tu t'es fait mal?, vous vous êtes fait mal?; **you never speak of ~** tu ne parles jamais de toi, vous ne parlez jamais de vous; **you told me ~** tu me l'as dit toi-même, vous me l'avez dit vous-même; **all by ~** tout seul.

youth [juːθ] n jeunesse [f]; (young man) jeune homme [m] ◇ **~s** jeunes gens [mpl]; ~ **club** centre [m] de jeunes; ~ **leader** animateur [m], [f] -trice de groupes de jeunes; ~ **movement** mouvement [m] de la jeunesse ◆ **youthful** adj (gen) jeune; (quality) juvénile.

yowl [jaʊl] vi (person, dog) hurler; (cat) miauler.

YTS ['wəɪtiː'es] n (Brit) abbr of *Youth Training Scheme* ≃ TUC [m].

Yugoslav ['juːgəʊv'slɑːv] **1** adj yougoslave **2** n Yougoslave [mf].

Yugoslavia ['juːgəʊ'slɑːvɪə] n Yougoslavie [f] ◆ **Yugoslavian** adj yougoslave.

yukky ['jʌkɪ] adj [famil] dégoûtant.

Yule [juːl] n ◇ ~ **log** bûche [f] de Noël.

yummy ['jʌmɪ] excl [famil] miam, miam! [famil]

yuppie ['jʌpɪ] n jeune cadre [m] urbain.

YWCA [ˌwəɪdʌbljuːsiː'eɪ] n abbr of *Young Women's Christian Association* YWCA [m].

Z

Z, z [zed, (US) zi:] n (letter) Z, z [m].

Zaire [zɑ:'i:əʳ] n Zaïre [m] ◆ **Zairian** 1 adj zaïrois 2 n Zaïrois(e) [m(f)].

Zambia ['zæmbɪə] n Zambie [f] ◆ **Zambian** 1 adj zambien, [f] -ienne 2 n Zambien(ne) [m(f)].

zany ['zeɪnɪ] adj dingue [famil].

zap [zæp] vt [famil] (delete) supprimer.

zeal [zi:l] n zèle [m].

zealous ['zeləs] adj zélé.

zebra ['zi:brə] n zèbre [m] ◇ ~ **crossing** passage [m] pour piétons.

zero ['zɪərəʊ] 1 n, pl **-s** or **-es** zéro [m] 2 adj zéro [inv] ◇ ~ **hour** l'heure H.

zest [zest] n entrain [m]; (of lemon) zeste [m].

zigzag ['zɪgzæg] 1 n zigzag [m] 2 adj (path, line) en zigzag; (pattern) à zigzags 3 vi zigzaguer.

Zimbabwe [zɪm'bɑ:bwɪ] n Zimbabwe [m] ◆ **Zimbabwean** 1 adj zimbabwéen, [f] -enne 2 n Zimbabwéen(ne) [m(f)].

zinc [zɪŋk] n zinc [m].

Zionism ['zaɪənɪzəm] n sionisme [m].

zip [zɪp] 1 n (also ~ **fastener, zipper**) fermeture [f] éclair ® ◇ (US Post) ~ **code** code [m] postal 2 vt (~ **up**) fermer avec une fermeture éclair ®.

zit [zɪt] n [famil] (US) bouton [m] *(sur la peau)*.

zither ['zɪðəʳ] n cithare [f].

zodiac ['zəʊdɪæk] n zodiaque [m].

zombie ['zɒmbɪ] n [famil] automate [m].

zone [zəʊn] n zone [f]; (subdivision of town) secteur [m].

zoo [zu:] n zoo [m].

zoological [,zəʊə'lɒdʒɪkəl] adj zoologique.

zoologist [,zəʊ'ɒlədʒɪst] n zoologiste [mf].

zoology [zəʊ'ɒlədʒɪ] n zoologie [f].

zoom [zu:m] vi vrombir ◇ **to ~ off** démarrer en trombe; **to ~ past** passer en trombe; (Cinema) **to ~ in** faire un zoom *(on* sur); ~ **lens** zoom [m].

zucchini [zu:'ki:nɪ] n (US) courgette [f].

ANNEXES

VERBES ANGLAIS À PARTICULE
ENGLISH PHRASAL VERBS

vi	verbe intransitif. ex. : ♦ **blow off** dans 'his hat blew off'.	intransitive verb, e.g. ♦ **blow off** in 'his hat blew off'.
vt sep	verbe transitif séparable. ex. : ♦ **blow off** dans 'the wind blew off his hat' ou 'the wind blew his hat off'. Le complément d'objet du verbe peut se mettre soit après la particule, soit entre les deux éléments du verbe en les séparant. Cette dernière structure est d'ailleurs obligatoire lorsque le complément d'objet est un pronom : 'the wind blew it off'.	transitive separable verb, e.g. : ♦ **blow off** in 'the wind blew off his hat'. The object of the verb may either come after the second part of the phrasal verb, as in this example, or between the two parts ('the wind blew it off').
vt fus	verbe transitif fusionné. ex. : ♦ **admit to** dans 'he admitted to the theft'. Le complément d'objet ne peut jamais s'intercaler entre les deux éléments du verbe, même lorsqu'il s'agit d'un pronom : 'he admitted to it'.	transitive fused verb, e.g. ♦ **admit to** in 'he admitted to the theft', where the object of the phrasal verb never comes between the two parts (always 'he admitted to it', never 'he admitted it to').

REMARQUE : Pour beaucoup de verbes qui indiquent un mouvement ou une direction, les verbes à particule correspondants n'ont pas été dissociés de l'article principal, car ils peuvent être déduits des illustrations fournies. Ainsi, à partir de **crawl 2.** vi (gén) ramper ; ... **to ~ in/out** etc entrer/sortir, etc. en rampant... vous pouvez construire : 'to crawl across' (traverser en rampant), 'to crawl down' (descendre en rampant), etc.

NOTE : For many verbs which involve movement and direction e.g. 'crawl', the related phrasal verbs have not been taken out of the main verb entry, as they may be constructed on the basis of the samples shown. Thus at **crawl 2.** vi (gén) ramper ; ... **to ~ in/out** etc entrer/sortir, etc. en rampant... : you can form from that 'to crawl across' (traverser en rampant), 'to crawl down' (descendre en rampant) and so on.

LES VERBES ANGLAIS FORTS OU IRRÉGULIERS

Infinitif	*Prétérit*	*Participe passé*
abide	abode *or* abided	abode *or* abided
arise	arose	arisen
awake	awoke *or* awaked	awoken *or* awaked
be	was, were	been
bear	bore	borne
beat	beat	beaten
become	became	become
beget	begot, begat ††	begotten
begin	began	begun
bend	bent	bent
beseech	besought	besought
bet	bet *or* betted	bet *or* betted
bid	bade *or* bid	bid *or* bidden
bind	bound	bound
bite	bit	bitten
bleed	bled	bled
blow	blew	blown
break	broke	broken
breed	bred	bred
bring	brought	brought
build	built	built
burn	burned *or* burnt	burned *or* burnt
burst	burst	burst
buy	bought	bought
can	could	–
cast	cast	cast
catch	caught	caught
chide	chid	chidden *or* chid
choose	chose	chosen
cleave[1] *(fendre)*	clove *or* cleft	cloven *or* cleft
cleave[2] *(s'attacher)*	cleaved	cleaved
cling	clung	clung
come	came	come
cost	cost *or* costed	cost *or* costed
creep	crept	crept
cut	cut	cut
deal	dealt	dealt
dig	dug	dug
do	did	done
draw	drew	drawn
dream	dreamed *or* dreamt	dreamed *or* dreamt

Infinitif	*Prétérit*	*Participe passé*
drink	drank	drunk
drive	drove	driven
dwell	dwelt	dwelt
eat	ate	eaten
fall	fell	fallen
feed	fed	fed
feel	felt	felt
fight	fought	fought
find	found	found
flee	fled	fled
fling	flung	flung
fly	flew	flown
forbid	forbad(e)	forbidden
forget	forgot	forgotten
forsake	forsook	forsaken
freeze	froze	frozen
get	got	got,*(US)* gotten gotten
gild	gilded	gilded *or* gilt
gird	girded *or* girt	girded *or* girt
give	gave	given
go	went	gone
grind	ground	ground
grow	grew	grown
hang	hung, *(Jur)* hanged	hung, *(Jur)* hanged
have	had	had
hear	heard	heard
heave	heaved, *(Naut)* hove	heaved, *(Naut)* hove
hew	hewed	hewed *or* hewn
hide	hid	hidden
hit	hit	hit
hold	held	held
hurt	hurt	hurt
keep	kept	kept
kneel	knelt	knelt
known	knew	known
lade	laded	laden
lay	laid	laid
lead	led	led
lean	leaned *or* leant	leaned *or* leant
leap	leaped *or*	leaped *or* leapt leapt
learn	learned *or* learnt	learned *or* learnt

Infinitif	*Prétérit*	*Participe passé*
leave	left	left
lend	lent	lent
let	let	let
lie	lay	lain
light	lit *or* lighted	lit *or* lighted
lose	lost	lost
make	made	made
may	might	–
mean	meant	meant
meet	met	met
mow	mowed	mown *or* mowed
pay	paid	paid
put	put	put
quit	quit *or* quitted	quit *or* quitted
read [ri :d]	read [red]	read [red]
rend	rent	rent
rid	rid	rid
ride	rode	ridden
ring[2]	rang	rung
rise	rose	risen
run	ran	run
saw	sawed	sawed *or* sawn
say	said	said
see	saw	seen
seek	sought	sought
sell	sold	sold
send	sent	sent
set	set	set
sew	sewed	sewed *or* sewn
shake	shook	shaken
shave	shaved	shaved *or* shaven
shear	sheared	sheared *or* shorn
shed	shed	shed
shine	shone	shone
shoe	shod	shod
shoot	shot	shot
show	showed	shown *or* showed
shrink	shrank	shrunk
shut	shut	shut
sing	sang	sung
sink	sank	sunk
sit	sat	sat
slay	slew	slain
sleep	slept	slept
slide	slid	slid
sling	slung	slung
slink	slunk	slunk
slit	slit	slit
smell	smelled *or* smelt	smelled *or* smelt
smite	smote	smitten
sow	sowed	sowed *or* sown
speak	spoke	spoken
speed	speeded *or* sped	speeded *or* sped
spell	spelled *or* spelt	spelled *or* spelt
spend	spent	spent
spill	spilled *or* spilt	spilled *or* spilt
spin	spun *or* span ††	spun
spit	spat	spat
split	split	split
spoil	spoiled *or* spoilt	spoiled *or* spoilt
spread	spread	spread
spring	sprang	sprung
stand	stood	stood
stave	stove *or* staved	stove *or* staved
steal	stole	stolen
stick	stuck	stuck
sting	stung	stung
stink	stank	stunk
strew	strewed	strewed *or* strewn
stride	strode	stridden
strike	struck	struck
string	strung	strung
strive	strove	striven
swear	swore	sworn
sweep	swept	swept
swell	swelled	swollen
swim	swam	swum
swing	swung	swung
take	took	taken
teach	taught	taught
tear	tore	torn
tell	told	told
think	thought	thought
thrive	throve *or* thrived	thriven *or* thrived
throw	threw	thrown
thrust	thrust	thrust
tread	trod	trodden
wake	woke *or* waked	woken *or* waked
wear	wore	worn
weave	wove	woven
weep	wept	wept
win	won	won
wind	wound	wound
wring	wrung	wrung

REMARQUE : Cette liste ne comprend pas les verbes formés avec un préfixe. Pour leur conjugaison, se référer au verbe de base, ex. : pour *forbear* voir *bear*, pour *understand* voir *stand*.

VARIANTES ORTHOGRAPHIQUES DE CERTAINS VERBES ANGLAIS FAIBLES

1. Les verbes se terminant par une seule consonne précédée d'une seule voyelle accentuée redoublent la consonne devant la désinence *ed* ou *ing* :

infinitif	*participe passé*	*gérondif*
sob	sobbed	sobbing
wed	wedded	wedding
lag	lagged	lagging
control	controlled	controlling
dim	dimmed	dimming
tan	tanned	tanning
tap	tapped	tapping
prefer	preferred	preferring
pat	patted	patting

REMARQUE : *to cook* devient *cooked – cooking* parce qu'il comporte une voyelle longue, et *fear* qui comporte une diphtongue donne *feared – fearing*.

2. Les verbes qui se terminent en *c* changent le *c* en *ck* devant les désinences *ed* et *ing* :

frolic	frolicked	frolicking
traffic	trafficked	trafficking

3. Les verbes terminés par la consonne *l* ou *p* précédée d'une voyelle non accentuée redoublent la consonne au participe passé et au gérondif en anglais britannique, mais restent inchangés en anglais américain :

grovel	*(Brit)*	grovelled	*(Brit)*	grovelling
	(US)	groveled	*(US)*	groveling
travel	*(Brit)*	travelled	*(Brit)*	travelling
	(US)	traveled	*(US)*	traveling
worship	*(Brit)*	worshipped	*(Brit)*	worshipping
	(US)	worshiped	*(US)*	worshiping

REMARQUE : la même différence existe entre les formes substantivées de ces verbes :

(Brit) traveller = *(US)* traveler ;
(Brit) worshipper = *(US)* worshiper.

4. Lorsque le verbe se termine par un *e* muet à l'infinitif, le *e* muet disparaît en faveur de la désinence *ed* ou *ing* :

invite	invited	inviting
rake	raked	raking
smile	smiled	smiling
move	moved	moving

REMARQUE : le *e* muet se conserve toutefois dans les verbes *dye, singe*, etc. et dans une série peu nombreuse de verbes se terminant en *oe : dyeing, singeing, hoeing*.

5. Si le verbe se termine en *y*, le *y* devient *ied* pour former le prétérit et le participe passé :

worry	worried	worried
pity	pitied	pitied
falsify	falsified	falsified
try	tried	tried

REMARQUE : le gérondif de ces verbes est parfaitement régulier, ex. : *worrying, trying*, etc.

6. Le gérondif des verbes monosyllabiques *die, lie, vie* s'écrit : *dying, lying, vying*.

1 *arriver (regular verb)*

INDICATIVE

PRESENT	PERFECT
j'arrive	je suis arrivé
tu arrives	
il arrive	
nous arrivons	nous sommes arrivés
vous arrivez	
ils arrivent	

IMPERFECT	PLUPERFECT
j'arrivais	j'étais arrivé
tu arrivais	
il arrivait	
nous arrivions	nous étions arrivés
vous arriviez	
ils arrivaient	

PAST HISTORIC	PAST ANTERIOR
j'arrivai	je fus arrivé
tu arrivas	
il arriva	
nous arrivâmes	nous fûmes arrivés
vous arrivâtes	
ils arrivèrent	

FUTURE	FUTURE PERFECT
j'arriverai	je serai arrivé
tu arriveras	
il arrivera	
nous arriverons	nous serons arrivés
vous arriverez	
ils arriveront	

SUBJUNCTIVE

PRESENT
que j'arrive
que tu arrives
qu'il arrive
que nous arrivions
que vous arriviez
qu'ils arrivent

IMPERFECT
que j'arrivasse
que tu arrivasses
qu'il arrivât
que nous arrivassions
que vous arrivassiez
qu'ils arrivassent

PAST
que je sois arrivé

que nous soyons arrivés

PLUPERFECT
que je fusse arrivé

que nous fussions arrivés

PARTICIPLE

PRESENT PARTICIPLE
arrivant

PAST PARTICIPLE
arrivé, es

IMPERATIVE

PRESENT
arrive
arrivons
arrivez

PAST
sois arrivé
soyons arrivés
soyez arrivés

CONDITIONAL

PRESENT
j'arriverais
tu arriverais
il arriverait
nous arriverions
vous arriveriez
ils arriveraient

PAST I
je serais arrivé

PAST II
je fusse arrivé

2 *finir (regular verb)*

INDICATIVE

PRESENT	PERFECT
je finis	j'ai fini
tu finis	
il finit	
nous finissons	nous avons fini
vous finissez	
ils finissent	

IMPERFECT	PLUPERFECT
je finissais	j'avais fini
tu finissais	
il finissait	
nous finissions	nous avions fini
vous finissiez	
ils finissaient	

PAST HISTORIC	PAST ANTERIOR
je finis	j'eus fini
tu finis	
il finit	
nous finîmes	nous eûmes fini
vous finîtes	
ils finirent	

FUTURE	FUTURE PERFECT
je finirai	j'aurai fini
tu finiras	
il finira	
nous finirons	nous aurons fini
vous finirez	
ils finiront	

SUBJUNCTIVE

PRESENT
que je finisse
que tu finisses
qu'il finisse
que nous finissions
que vous finissiez
qu'ils finissent

IMPERFECT
que je finisse
que tu finisses
qu'il finisse
que nous finissions
que vous finissiez
qu'ils finissent

PAST
que j'aie fini

que nous ayons fini

PLUPERFECT
que j'eusse fini

que nous eussions fini

PARTICIPLE

PRESENT PARTICIPLE
finissant

PAST PARTICIPLE
fini, ie

IMPERATIVE

PRESENT
finis
finissons
finissez

PAST
aie fini
ayons fini
ayez fini

CONDITIONAL

PRESENT
je finirais
tu finirais
il finirait
nous finirions
vous finiriez
ils finiraient

PAST I
j'aurais fini

PAST II
j'eusse fini

		PRESENT PRÉSENT	IMPERFECT IMPARFAIT	FUTURE FUTUR	PAST HISTORIC PASSÉ SIMPLE	PAST PARTICIPLE PARTICIPE PASSÉ	SUBJUNCTIVE SUBJONCTIF PRÉSENT
3	*placer*	je place nous plaçons	je plaçais	je placerai	je plaçai	placé, ée	que je place
	bouger	je bouge nous bougeons	je bougeais	je bougerai	je bougeai	bougé, ée	que je bouge
4	*appeler*	j'appelle nous appelons	j'appelais	j'appellerai	j'appelai	appelé, ée	que j'appelle
	jeter	je jette nous jetons	je jetais	je jetterai	je jetai	jeté, ée	que je jette
5	*geler*	je gèle nous gelons	je gelais	je gèlerai	je gelai	gelé, ée	que je gèle
6	*céder*	je cède nous cédons	je cédais	je céderai	je cédai	cédé, ée	que je cède
7	*épier*	j'épie nous épions	j'épiais	j'épierai	j'épiai	épié, ée	que j'épie
8	*noyer*	je noie nous noyons	je noyais	je noierai	je noyai	noyé, ée	que je noie
	envoyer			j'enverrai			
	payer	je paie *ou* paye		je paierai *ou* payerai			que je paie *ou* paye

9 *aller*

INDICATIVE

PRESENT	PERFECT
je vais	je suis allé
tu vas	
il va	
nous allons	nous sommes allés
vous allez	
ils vont	

IMPERFECT	PLUPERFECT
j'allais	j'étais allé
tu allais	
il allait	
nous allions	nous étions allés
vous alliez	
ils allaient	

PAST HISTORIC	PAST ANTERIOR
j'allai	je fus allé
tu allas	
il alla	
nous allâmes	
vous allâtes	
ils allèrent	

FUTURE	FUTURE PERFECT
j'irai	je serai allé
tu iras	
il ira	
nous irons	nous serons allés
vous irez	
ils iront	

SUBJUNCTIVE

PRESENT
que j'aille
que tu ailles
qu'il aille
que nous allions
que vous alliez
qu'ils aillent

IMPERFECT
que j'allasse
que tu allasses
qu'il allât
que nous allassions
que vous allassiez
qu'ils allassent

PAST
que je sois allé
que tu sois allé
qu'il soit allé
que nous soyons allés
que vous soyez allés
qu'ils soient allés

PLUPERFECT
que je fusse allé
que tu fusses allé
qu'il fût allé
que nous fussions allés
que vous fussiez allés
qu'ils fussent allés

PARTICIPLE

PRESENT PARTICIPLE
allant

PAST PARTICIPLE
allé, ée

PAST INFINITIVE
être allé

IMPERATIVE

PRESENT
va
allons
allez

PAST
sois allé
soyons allés
soyez allés

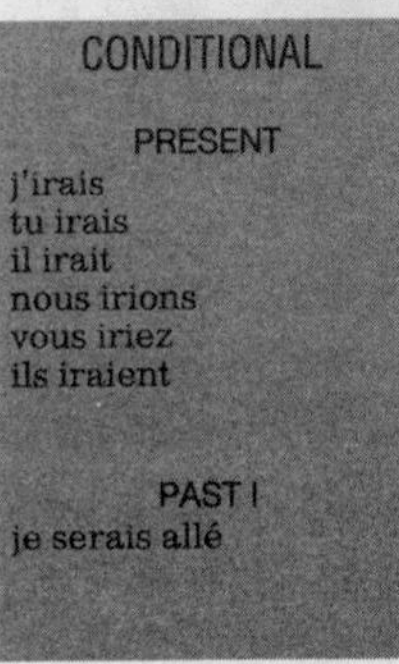

CONDITIONAL

PRESENT
j'irais
tu irais
il irait
nous irions
vous iriez
ils iraient

PAST I
je serais allé

10	*haïr*	je hais il hait nous haïssons ils haïssent	je haïssais	je haïrai	je haïs	haï, ïe	que je haïsse
11	*courir*	je cours il court nous courons	je courais	je courrai	je courus	couru, ue	que je coure
12	*cueillir*	je cueille nous cueillons	je cueillais	je cueillerai	je cueillis	cueilli, ie	que je cueille
13	*assaillir*	j'assaille nous assaillons	j'assaillais	j'assaillirai	j'assaillis	assailli, ie	que j'assaille
14	*servir*	je sers il sert nous servons	je servais	je servirai	je servis	servi, ie	que je serve
15	*bouillir*	je bous il bout nous bouillons	je bouillais	je bouillirai	je bouillis	bouilli, ie	que je bouille
16	*partir*	je pars il part nous partons	je partais	je partirai	je partis	parti, ie	que je parte
17	*fuir*	je fuis il fuit nous fuyons ils fuient	je fuyais	je fuirai	je fuis	fui, ie	que je fuie
18	*couvrir*	je couvre nous couvrons	je couvrais	je couvrirai	je couvris	couvert, te	que je couvre
19	*mourir*	je meurs il meurt nous mourons	je mourais	je mourrai	je mourus	mort, te	que je meure

		PRESENT PRÉSENT	IMPERFECT IMPARFAIT	FUTURE FUTUR	PAST HISTORIC PASSÉ SIMPLE	PAST PARTICIPLE PARTICIPE PASSÉ	SUBJUNCTIVE SUBJONCTIF PRÉSENT
20	*vêtir*	je vêts, il vêt nous vêtons	je vêtais	je vêtirai	je vêtis	vêtu, ue	que je vête
21	*acquérir*	j'acquiers il acquiert nous acquérons ils acquièrent	j'acquérais	j'acquerrai	j'acquis	acquis, ise	que j'acquière
22	*venir*	je viens, il vient nous venons ils viennent	je venais	je viendrai	je vins	venu, ue	que je vienne
23	*pleuvoir*	il pleut	il pleuvait	il pleuvra	il plut	plu	qu'il pleuve
24	*prévoir*	je prévois il prévoit nous prévoyons ils prévoient	je prévoyais nous prévoyions	je prévoirai	je prévis	prévu, ue	que je prévoie
25	*pourvoir*	je pourvois il pourvoit nous pourvoyons ils pourvoient	je pourvoyais	je pourvoirai	je pourvus	pourvu, ue	que je pourvoie
26	*asseoir*	j'assois, il assoit nous assoyons ils assoient *ou* j'assieds il assied nous asseyons ils asseyent	j'assoyais *ou* j'asseyais nous assoyions *ou* nous asseyions	j'assoirai *ou* j'asseyerai *ou* j'assiérai	j'assis	assis, ise	que j'assoie *ou* que j'asseye que j'asseye

27	*mouvoir*	je meus il meut nous mouvons ils meuvent	je mouvais nous mouvions	je mouvrai	je mus	mû + mue, mus	que je meuve
28	*recevoir*	je reçois il reçoit nous recevons ils reçoivent	je recevais nous recevions	je recevrai	je reçus	reçu, ue	que je reçoive
	devoir					dû + due, dus	
29	*valoir*	je vaux il vaut nous valons	je valais nous valions	je vaudrai	je valus	valu, ue	que je vaille
	falloir	il faut	il fallait	il faudra	il fallut	fallu	qu'il faille
30	*voir*	je vois il voit nous voyons ils voient	je voyais nous voyions	je verrai	je vis	vu, ue	que je voie
31	*vouloir*	je veux il veut nous voulons ils veulent	je voulais nous voulions	je voudrai	je voulus	voulu, ue	que je veuille
32	*savoir*	je sais il sait nous savons	je savais nous savions	je saurai	je sus	su, ue	que je sache
33	*pouvoir*	je peux *ou* puis il peut nous pouvons ils peuvent	je pouvais nous pouvions	je pourrai	je pus	pu	que je puisse

34 *avoir*

INDICATIVE

PRESENT	PERFECT
j'ai	j'ai eu
tu as	
il a	
nous avons	nous avons eu
vous avez	
ils ont	

IMPERFECT	PLUPERFECT
j'avais	j'avais eu
tu avais	
il avait	
nous avions	nous avions eu
vous aviez	
ils avaient	

PAST HISTORIC	PAST ANTERIOR
j'eus	j'eus eu
tu eus	
il eut	
nous eûmes	nous eûmes eu
vous eûtes	
ils eurent	

FUTURE	FUTURE PERFECT
j'aurai	j'aurai eu
tu auras	
il aura	
nous aurons	nous aurons eu
vous aurez	
ils auront	

SUBJUNCTIVE

PRESENT
que j'aie
que tu aies
qu'il ait
que nous ayons
que vous ayez
qu'ils aient

IMPERFECT
que j'eusse
que tu eusses
qu'il eût
que nous eussions
que vous eussiez
qu'ils eussent

PAST
que j'eusse
que tu aies eu
qu'il ait eu
que nous ayons eu
que vous ayez eu
qu'ils aient eu

PLUPERFECT
que j'eusse eu
que tu eusses eu
qu'il eût eu
que nous eussions eu
que vous eussiez eu
qu'ils eussent eu

PARTICIPLE

PRESENT PARTICIPLE
ayant

PAST PARTICIPLE
eu, eue

IMPERATIVE

PRESENT
aie
ayons
ayez

PAST
aie eu
ayons eu
ayez eu

CONDITIONAL

PRESENT
j'aurais
tu aurais
il aurait
nous aurions
vous auriez
ils auraient

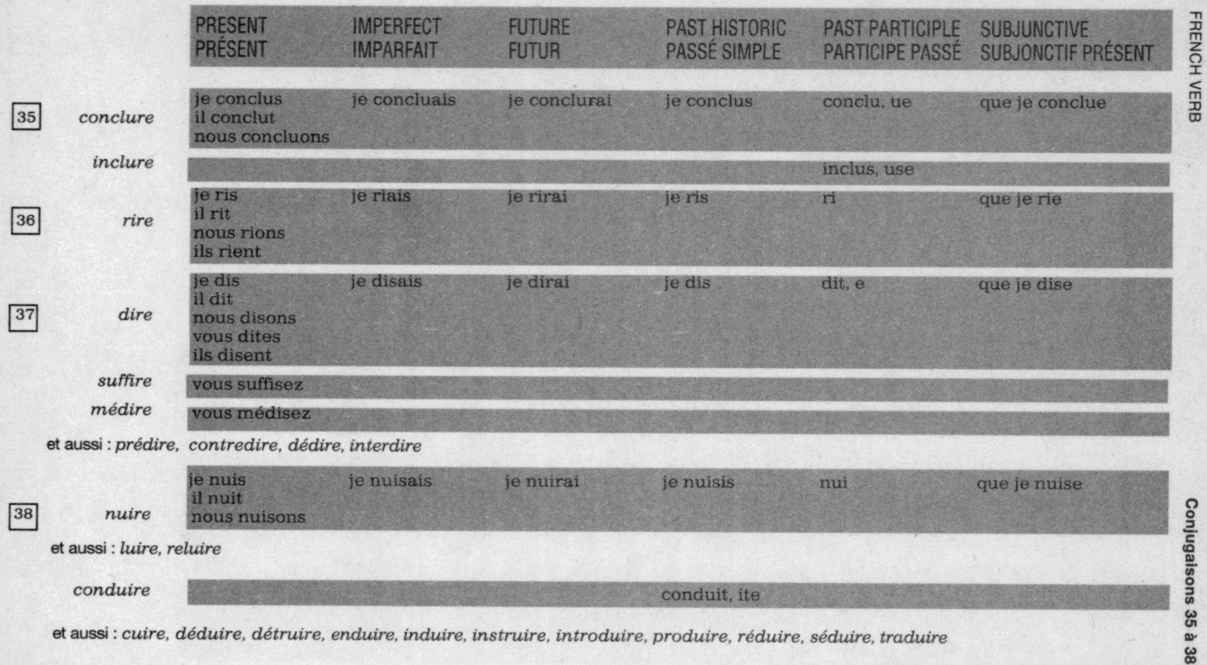

		PRESENT PRÉSENT	IMPERFECT IMPARFAIT	FUTURE FUTUR	PAST HISTORIC PASSÉ SIMPLE	PAST PARTICIPLE PARTICIPE PASSÉ	SUBJUNCTIVE SUBJONCTIF PRÉSENT
35	*conclure*	je conclus il conclut nous concluons	je concluais	je conclurai	je conclus	conclu, ue	que je conclue
	inclure					inclus, use	
36	*rire*	je ris il rit nous rions ils rient	je riais	je rirai	je ris	ri	que je rie
37	*dire*	je dis il dit nous disons vous dites ils disent	je disais	je dirai	je dis	dit, e	que je dise
	suffire	vous suffisez					
	médire	vous médisez					

et aussi : *prédire, contredire, dédire, interdire*

		PRESENT PRÉSENT	IMPERFECT IMPARFAIT	FUTURE FUTUR	PAST HISTORIC PASSÉ SIMPLE	PAST PARTICIPLE PARTICIPE PASSÉ	SUBJUNCTIVE SUBJONCTIF PRÉSENT
38	*nuire*	je nuis il nuit nous nuisons	je nuisais	je nuirai	je nuisis	nui	que je nuise

et aussi : *luire, reluire*

		PRESENT PRÉSENT	IMPERFECT IMPARFAIT	FUTURE FUTUR	PAST HISTORIC PASSÉ SIMPLE	PAST PARTICIPLE PARTICIPE PASSÉ	SUBJUNCTIVE SUBJONCTIF PRÉSENT
	conduire				conduit, ite		

et aussi : *cuire, déduire, détruire, enduire, induire, instruire, introduire, produire, réduire, séduire, traduire*

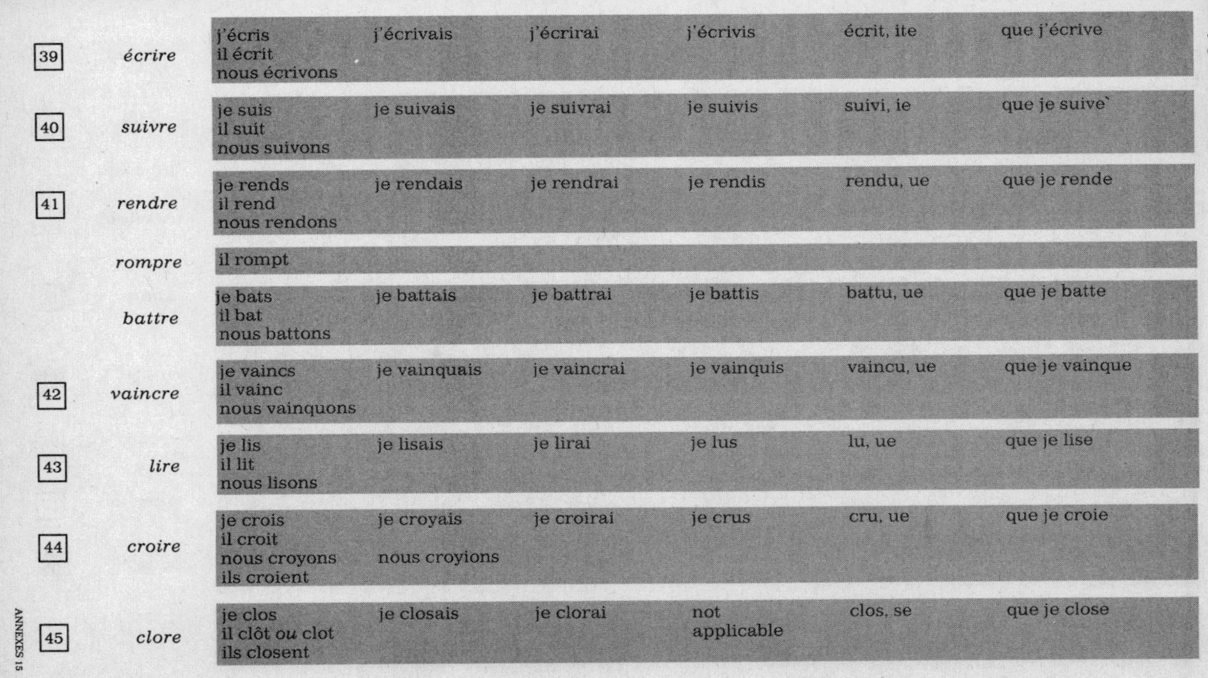

39	*écrire*	j'écris il écrit nous écrivons	j'écrivais	j'écrirai	j'écrivis	écrit, ite	que j'écrive
40	*suivre*	je suis il suit nous suivons	je suivais	je suivrai	je suivis	suivi, ie	que je suive
41	*rendre*	je rends il rend nous rendons	je rendais	je rendrai	je rendis	rendu, ue	que je rende
	rompre	il rompt					
	battre	je bats il bat nous battons	je battais	je battrai	je battis	battu, ue	que je batte
42	*vaincre*	je vaincs il vainc nous vainquons	je vainquais	je vaincrai	je vainquis	vaincu, ue	que je vainque
43	*lire*	je lis il lit nous lisons	je lisais	je lirai	je lus	lu, ue	que je lise
44	*croire*	je crois il croit nous croyons ils croient	je croyais nous croyions	je croirai	je crus	cru, ue	que je croie
45	*clore*	je clos il clôt *ou* clot ils closent	je closais	je clorai	not applicable	clos, se	que je close

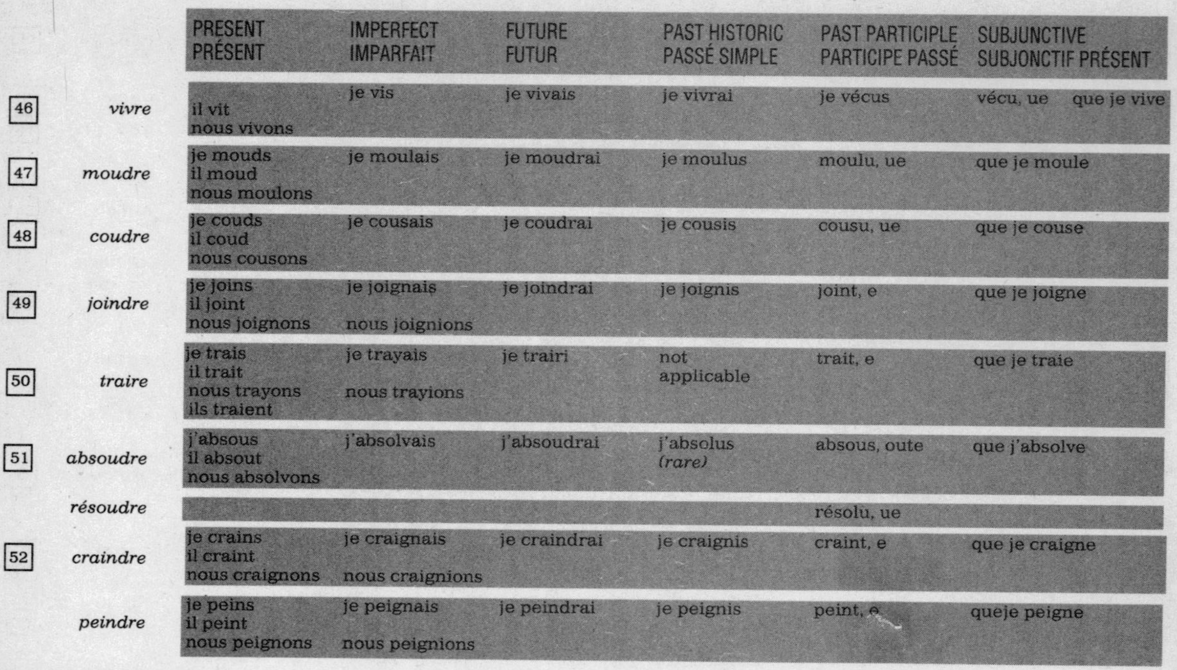

		PRESENT PRÉSENT	IMPERFECT IMPARFAIT	FUTURE FUTUR	PAST HISTORIC PASSÉ SIMPLE	PAST PARTICIPLE PARTICIPE PASSÉ	SUBJUNCTIVE SUBJONCTIF PRÉSENT
46	*vivre*	il vit nous vivons	je vis	je vivais	je vivrai	je vécus	vécu, ue que je vive
47	*moudre*	je mouds il moud nous moulons	je moulais	je moudrai	je moulus	moulu, ue	que je moule
48	*coudre*	je couds il coud nous cousons	je cousais	je coudrai	je cousis	cousu, ue	que je couse
49	*joindre*	je joins il joint nous joignons	je joignais nous joignions	je joindrai	je joignis	joint, e	que je joigne
50	*traire*	je trais il trait nous trayons ils traient	je trayais nous trayions	je trairi	not applicable	trait, e	que je traie
51	*absoudre*	j'absous il absout nous absolvons	j'absolvais	j'absoudrai	j'absolus *(rare)*	absous, oute	que j'absolve
	résoudre					résolu, ue	
52	*craindre*	je crains il craint nous craignons	je craignais nous craignions	je craindrai	je craignis	craint, e	que je craigne
	peindre	je peins il peint nous peignons	je peignais nous peignions	je peindrai	je peignis	peint, e	queje peigne

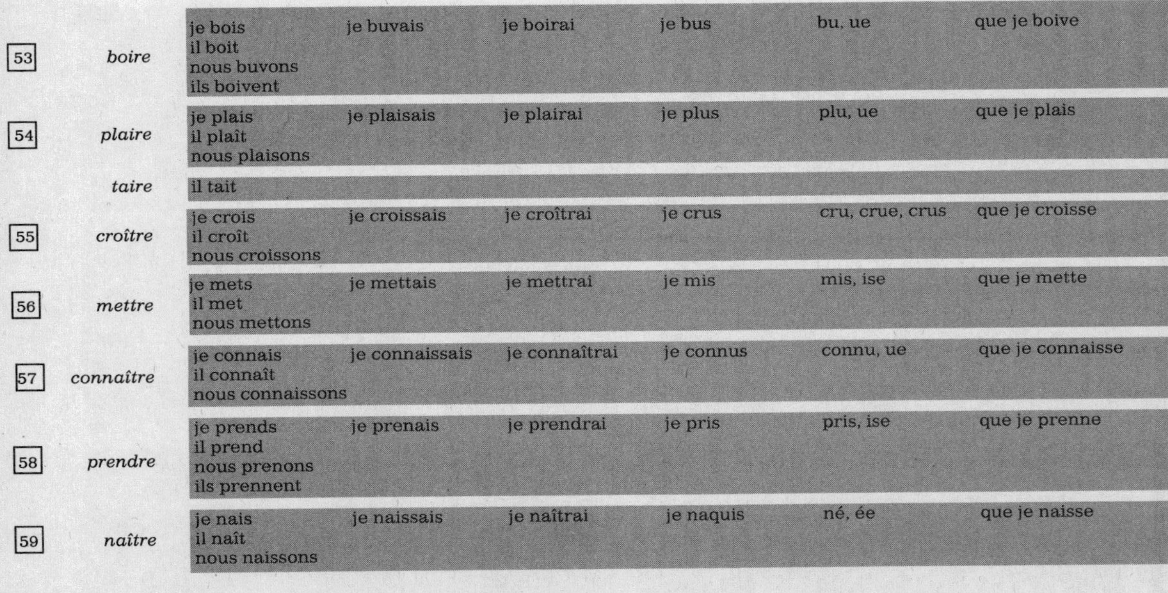

53	*boire*	je bois il boit nous buvons ils boivent	je buvais	je boirai	je bus	bu, ue	que je boive
54	*plaire*	je plais il plaît nous plaisons	je plaisais	je plairai	je plus	plu, ue	que je plais
	taire	il tait					
55	*croître*	je crois il croît nous croissons	je croissais	je croîtrai	je crus	cru, crue, crus	que je croisse
56	*mettre*	je mets il met nous mettons	je mettais	je mettrai	je mis	mis, ise	que je mette
57	*connaître*	je connais il connaît nous connaissons	je connaissais	je connaîtrai	je connus	connu, ue	que je connaisse
58	*prendre*	je prends il prend nous prenons ils prennent	je prenais	je prendrai	je pris	pris, ise	que je prenne
59	*naître*	je nais il naît nous naissons	je naissais	je naîtrai	je naquis	né, ée	que je naisse

N.B. *accroître* and *décroître* have the past participles *accru* and *décru* respectively, î only before t

60 *faire*

INDICATIVE

PRESENT	PERFECT
je fais	j'ai fait
tu fais	
il fait	
nous faisons	nous avons fait
vous faites	
ils font	

IMPERFECT	PLUPERFECT
je faisais	j'avais fait
tu faisais	
il faisait	
nous faisions	nous avions fait
vous faisiez	
ils faisaient	

PAST HISTORIC	PAST ANTERIOR
je fis	j'eus fais
tu fis	
il fit	
nous fîmes	nous eûmes fait
vous fîtes	
ils firent	

FUTURE	FUTURE PERFECT
je ferais	j'aurai fait
tu feras	
il fera	
nous ferons	nous aurons fait
vous ferez	
ils feront	

SUBJUNCTIVE

PRESENT
que je fasse
que tu fasses
qu'il fasse
que nous fassions
que vous fassiez
qu'ils fassent

IMPERFECT
que je fisse
que tu fisses
qu'il fît
que nous fissions
que vous fissiez
qu'ils fissent

PAST
que j'aie fait
que tu aies fait
qu'il ait fait
que nous ayons fait
que vous ayez fait
qu'ils aient fait

PLUPERFECT
que j'eusse fait
que tu eusses fait
qu'il eût fait
que nous eussions fait
que vous eussiez fait
qu'ils eussent fait

PARTICIPLE

PRESENT PARTICIPLE
faisant

PAST PARTICIPLE
fait, e

PAST INFINITIVE
avoir fait

IMPERATIVE

PRESENT
fais
faisons
faites

PAST
aie fait
ayons fait
ayez fait

CONDITIONAL

PRESENT
je ferais
tu ferais
il ferait
nous ferions
vous feriez
ils feraient

PAST I
j'aurais fait

61 *être*

INDICATIVE

PRESENT
je suis
tu es
il est
nous sommes
vous êtes
ils sont

PERFECT
j'ai été

nous avons été

IMPERFECT
j'étais
tu étais
il était
nous étions
vous étiez
ils étaient

PLUPERFECT
j'avais été

nous avions été

PAST HISTORIC
je fus
tu fus
il fut
nous fûmes
vous fûtes
ils furent

PAST ANTERIOR
j'eus été

nous eûmes été

FUTURE
je serai
tu seras
il sera
nous serons
vous serez
ils seront

FUTURE PERFECT
j'aurai été

nous aurons été

SUBJUNCTIVE

PRESENT
que je sois
que tu sois
qu'il soit
que nous soyons
que vous soyez
qu'ils soient

IMPERFECT
que je fusse
que tu fusses
qu'il fût
que nous fussions
que vous fussiez
qu'ils fussent

PAST
que j'aie été
que tu aies été
qu'il ait été
que nous ayons été
que vous ayez été
qu'ils aient été

PLUPERFECT
que j'eusse été
que tu eusses été
qu'il eût été
que nous eussions été
que vous eussiez été
qu'ils eussent été

PARTICIPLE

PRESENT PARTICIPLE
étant

PAST PARTICIPLE
été

IMPERATIVE

PRESENT
sois
soyons
soyez

PAST
aie été
ayons été
ayez été

CONDITIONAL

PRESENT
je serais
tu serais
il serait
nous serions
vous seriez
ils seraient

MESURES DE LONGUEUR – LINEAR MEASURES

1 inch	**in**	2,54 centimètres
1 foot	**ft**	30,48 centimètres
1 yard	**yd**	91,44 centimètres
1 mile	**ml**	1 609 mètres
1 centimètre	**cm**	0.39 inch
1 mètre	**m**	3.28 feet
1 mètre	**m**	1.09 yard
1 kilomètre	**km**	0.62 mile

1 nautical mile = 1 852 mètres = 1 mille marin

MESURES DE CAPACITÉ ET DE POIDS
MEASURES OF CAPACITY AND WEIGHT

1 pint	**pt**	Brit : 0,57 litre U.S. : 0,47 litre	1 litre	**l**	Brit : 1.75 pint U.S. : 2.12 pints
1 quart	**qt**	Brit : 1,13 litre U.S. : 0,94 litre			
1 gallon	**gal**	Brit : 4,54 litres U.S. : 3,78 litres	1 litre	**l**	Brit : 0.22 gallon U.S. : 0,26 gallon

1 ounce	**oz**	28,35 grammes
1 pound	**lb**	453,6 grammes
1 stone	**st**	6,35 kilogrammes
1 ton	**t**	Brit : 1 016 kilogrammes U.S. : 907,18 kilogrammes
1 gramme	**gr**	0.035 ounce
100 grammes		3.527 ounces
1 kilogramme	**kg**	2.204 pounds 0.157 stone

TEMPÉRATURES – TEMPERATURES

$20\ °C = (20 \times \frac{9}{5}) + 32 = 68\ °F$

$59\ °F = (59 - 32) \times \frac{5}{9} = 15\ °C$

Une manière rapide de convertir les centigrades en Fahrenheit et vice versa : en prenant pour base

10 °C = 50 °F,

5 °C équivalent à 9 °F.

Ainsi :

15 °C = (10 + 5) = (50 + 9) = 59 °F

68 °F = (50 + 9 + 9)
= (10 + 5 + 5) = 20 °C

A rough-and-ready way of changing centigrade to Fahrenheit and vice versa : start from the fact that

10 °C = 50 °F ;

thereafter for every 5 °C add 9 °F.

Thus :

15 °C = (10 + 5) = (50 + 9) = 59 °F

68 °F = (50 + 9 + 9)
= (10 + 5 + 5) = 20 °C

GUIDE DE CONVERSATION
HOW TO DO THINGS WITH FRENCH

Les expressions qui suivent proposent des équivalences, non des traductions rigoureuses.
The following pairs of expressions are equivalents, not direct translations.

à la poste	**posting things**
Savez-vous s'il y a une poste par ici ?	Is there a post office around here ?
Où est la plus proche boîte à lettres ?	Where's the nearest postbox ?
Où puis-je acheter des timbres ?	Where can I buy some stamps ?
C'est pour envoyer en Angleterre.	I want to post this to England.
Il faut mettre un timbre à combien pour la France ?	How much is a stamp for a letter for France ?
Au tarif normal ou au tarif réduit ?	First- or second-class mail ?
Je voudrais envoyer de l'argent par la poste.	I'd like to send some money by post.
Ça va prendre combien de temps pour arriver ?	How long will it take to get there ?
Quelle est l'heure de la dernière levée ?	When does the last post go ?
Y a-t-il du courrier pour moi ?	Is there any mail for me ?
Pourriez-vous le mettre à la poste pour moi ?	Could you post it for me ?
Pourriez-vous me faire suivre mon courrier ?	Could you send on my mail ?

au téléphone	**telephoning**
Où se trouve la cabine la plus proche ?	Where is the nearest phone box ?
Où sont les annuaires téléphoniques ?	Where are the phone directories ?
Je voudrais les renseignements.	I want Directory Enquiries.
Comment marche le téléphone ?	How does the telephone work ?
Je voudrais téléphoner en Angleterre.	I want to make a phone call to England.
Quel est l'indicatif de Paris ?	What is the code for Paris ?

Je désirerais le 643.27.80 à Glins.	Could you get me Glins 643.27.80 ?
(six cent quarante-trois/vingt-sept/ quatre-vingts)	(six four three/two seven eight o)
Pourrais-je avoir le poste 302 ?	Could I have extension 302 ?
Ne quittez pas.	Hold the line.
Ça sonne occupé.	It's engaged.
Je n'arrive pas à obtenir son numéro.	I can't get through at all.
Ça ne sonne pas.	The number is not ringing.
J'ai fait un faux numéro.	I've got the wrong number.
Le téléphone est en dérangement.	The phone is out of order.
On a été coupé.	We were cut off.
Je ressaierai plus tard.	I'll try again later.
Pourrais-je parler à Monsieur Thomas ?	Could I speak to Mr Jones ?
Pourriez-vous me passer Bernard ?	Could you put me through to Jim ?
Qui est à l'appareil ?	Who's speaking ?
Monsieur Lefèvre ? – lui-même.	Mr Nelson ? – Speaking.
Allô, Nadine à l'appareil.	Hullo, this is Anne speaking.
Je peux laisser un message ?	Can I leave a message for him ?

la correspondance	**writing letters**
Le 15 avril 1983	15th April 1983
Monsieur/Messieurs	Dear Sir/Dear Sirs
Cher Monsieur (ou Chère Madame, etc.)	Dear Mr (ou Mrs etc) Smith
Chère Carole,	Dear Jenny,
Je te remercie de ta lettre.	Thank you for your letter.
Merci de m'avoir écrit.	It was kind of you to write to me.
J'ai bien reçu ta gentille lettre.	I got your lovely letter.
J'ai l'honneur de vous informer que...	I am writing to inform you that...
Je vous écris pour confirmer notre conversation téléphonique.	I am writing to confirm my telephone call.
Suite à notre entretien téléphonique...	Following our telephone conversation...
Je suis désolé de ne pas avoir écrit plus tôt.	I'm sorry I haven't written before.
Je ne peux malheureusement pas accepter votre invitation.	I am sorry I cannot accept your invitation.
J'arriverai à 18 heures.	I shall be arriving at 6 p.m.
Nous vous attendrons à l'aéroport.	We'll be at the airport to meet you.

Dites-moi par quel train vous arriverez.	Let me know which train you'll be on.
Merci beaucoup d'avoir bien voulu me recevoir.	Thank you very much for having me to stay.
J'ai passé d'excellentes vacances.	I had a really good holiday.
Je joins une enveloppe timbrée à mon adresse.	I enclose a stamped addressed envelope.
Pourriez-vous nous le faire parvenir par retour du courrier ?	Could you let us have it by return of post ?
Transmettez mes amitiés à René.	Please give my best wishes to Tim.
Dis bonjour à Sandra de ma part.	Say Hullo to Nancy for me.
Bien des choses à Roland.	Tell Jamie I was asking after him.
Yves se joint à moi pour vous envoyer notre fidèle souvenir.	Jack and I send you our very best wishes.
Gérard me charge de vous dire que...	John has asked me to say that...
Embrassez le reste de la famille de ma part.	Give my love to the rest of the family.
J'arrête ici mon bavardage...	Must go now.
Grosses bises.	Love from
Claire	Pansy
Affectueusement, Henri.	Much love from Paul.
À dimanche,	See you on Sunday,
Amitiés,	Yours,
Lucie	Amanda
Veuillez agréer l'assurance de ma considération distinguée,	Yours faithfully,
Norbert Lenoir	Samuel Bloggs
Dans l'attente du plaisir de vous voir bientôt, je vous prie de croire à mes sentiments les meilleurs,	Looking forward to seeing you soon, Yours sincerely,
André Blond	Jack Austin

la conversation — talking to people

Bonjour Monsieur (ou Madame, etc.)	Good morning (or Good afternoon)
Bonjour – ça va ?	Hullo — how are you ?
Ça va, merci – et toi ?	Fine, thanks — how are you ?
Au revoir.	Goodbye.
Salut – à bientôt.	Cheerio — see you soon.
À plus tard.	See you later.
À demain.	See you tomorrow.
Il faut que je me sauve.	I've got to go now.

Dites-lui bien des choses de ma part.	Give him my best wishes.
Françoise te fait ses amitiés.	Lucy sends you her love.
N'oublie pas de le lui dire. – Je n'y manquerai pas.	Do remember to tell her. — I certainly will.
Je ferai la commission à Pierre.	I'll tell Joe you said so.
Je ne veux pas vous retenir.	Don't let me keep you.
Tu as des nouvelles de Jérôme ?	Have you any news of Bill ?
Ça fait des siècles que je ne l'ai pas vu.	It's ages since I saw him.
Comment allez-vous ?	How are you keeping ?
Je ne me sens pas très bien.	I don't feel too good.
Elle a été souffrante.	She's not been well.
Vous connaissez Georges Martin ?	Have you met Bill Johnson ?
Non, je ne crois pas.	No, I don't think I have.
Henri, je te présente Georges Martin.	Jim, this is Bill Johnson.
Je me présente : je m'appelle Gilles Masson.	Let me introduce myself : my name is Andy Brown.
Je suis ravi de vous rencontrer.	How nice to meet you.
On m'a beaucoup parlé de vous.	I've heard so much about you.
Je ne sais pas.	I don't know.
Je n'en sais rien du tout.	I don't know anything about it.
Qu'est-ce que tu veux dire, au juste ?	What do you mean by that ?
Je n'ai pas saisi.	I didn't catch that.
Ah, je vois ce que tu veux dire.	Oh, I see what you mean.
D'où tiens-tu cela ?	How do you know all this ?
Mettez-vous à ma place.	Put yourself in my place.
Comme je vous comprends.	I know how you feel.
Et vous aussi.	And the same to you.
C'est bizarre, mais...	It's a funny thing, but...
À dire vrai...	Well, the thing is...
En fait...	Well, as a matter of fact...
Maintenant que j'y pense...	Come to think of it...
Tu sais, le livre que tu m'avais prêté...	You know, that book you lent me...
Tiens ! écoute-ça !	Hey ! Listen to this !
D'accord !	All right !
Je n'ai pas beaucoup de temps.	I've only got a minute.
On en reparlera plus tard.	Let's talk about it later.
Moi, je crois que...	If you want my opinion, I think...
Moi, à ta place...	If I were you...
Je ne peux pas me le permettre.	I just can't afford it.
Je n'ai pas les moyens de l'acheter.	I can't afford to buy it.
C'est impossible.	It can't be done.
Je suis très pressé.	I'm in a rush.

les questions	asking questions
Quelqu'un sait-il parler français ?	Does anyone here speak English ?
Comment dit-on « escargot » en anglais ?	What's the French for "snail ?"
Je ne sais pas le dire en anglais.	I don't know how to say it in French.
Pourriez-vous me dire...	I wonder if you could tell me...
Pourriez-vous répéter ce que vous venez de dire ?	Could you possibly repeat what you said ?
Pourriez-vous le redire un peu plus lentement ?	Could you please say that a bit more slowly ?
Excusez-moi de vous déranger, mais...	I'm sorry to bother you, but...
Vous serait-il possible de me le prêter ?	Could you possibly lend me it ?
Je peux emprunter votre stylo ?	Can I use your pen ?
Vous permettez que j'ouvre la fenêtre ?	Would you mind if I opened the window ?
Ça vous dérange si je fume ?	Do you mind if I smoke ?
Pourriez-vous me passer le pain ?	May I have the bread please ?
Sois gentil, donne-moi mes lunettes.	Pass me my specs, there's a dear.
Seriez-vous assez aimable pour me l'écrire ?	Could you please write that down for me ?
Vous permettez que j'y jette un coup d'œil ?	Would you let me have a look at it, please ?
Vous pourriez baisser le son ?	Could you turn the volume down please ?
Est-ce que j'ai laissé mon manteau ici, par hasard ?	Did I leave my coat here, by any chance ?
Connaissez-vous quelqu'un qui peut...	Do you know anyone who can...
Tu lui diras quand tu le verras ?	Could you tell him when you see him ?
Comment va votre mère ?	How's your mother ?
Comment s'appelle ton frère ?	What's your brother's name ?
Est-ce que je peux vous aider ?	Would you let me help ?
Est-ce que je peux faire quelque chose d'autre pour vous ?	Is there anything else I can do to help ?
Désirez-vous reprendre du café ?	Would you like some more coffee ?
Puis-je prendre rendez-vous pour le rencontrer ?	May I make an appointment to see him ?
Comment fait-on pour aller chez toi ?	How do I get to your place ?
Ça prend combien de temps pour y aller ?	How long will it take to get there ?
Vous serez chez vous demain ?	Will you be in tomorrow ?
Pouvez-vous me dire comment on fait pour aller à l'hôtel ?	Can you tell me how to get to the hotel ?

Vous avez l'heure juste ?	Have you got the right time ?
C'est bien l'autobus pour...	Is this the right bus for...
Quand part le prochain train pour...	When's the next train to...
Qu'est-ce qu'il a ?	What's the matter with him ?
Qu'est-ce qu'elle a, ta voiture ?	What's the matter with your car ?
Il y a quelque chose qui ne va pas ?	Is there anything wrong ?
Ça coûte combien ?	How much does it cost ?
Tu t'y connais, en voitures ?	Do you know anything about cars ?
Qu'est-ce que tu en as fait ?	What have you done with it ?
Vous savez conduire ?	Can you drive ?

les remerciements	saying thank you
Merci beaucoup.	Thank you very much.
De rien.	Not at all.
Merci pour tout.	Thanks a lot for everything.
Merci pour le livre.	Thank you for the book.
Je vous remercie de nous avoir aidés.	Thank you for helping us.
Nous vous sommes très reconnaissants.	We are very grateful to you.
Merci quand même.	Thanks all the same.
Comment pourrais-je vous remercier ?	I can't thank you enough for it.
Il ne fallait pas vous déranger pour nous.	You shouldn't have gone to all this trouble.
Ça ne m'a pas du tout dérangé.	It was no trouble at all.
Remerciez Jean de ma part.	Will you please thank Bill for me.
C'était vraiment très gentil à vous.	It was very kind of you.
J'espère ne pas vous avoir trop dérangé.	I feel I've been a nuisance.
Quel cadeau magnifique.	What a marvellous present.
C'est juste ce que je voulais.	It's just what I wanted.
Je tiens à vous dire combien ça m'a plu.	I must say how much I liked it.
Ça me sera très utile.	It will come in very handy.

les excuses	apologising
Excusez-moi.	Excuse me.
Je vous demande pardon.	I'm sorry.
Je suis désolé de l'avoir oublié.	I'm sorry I forgot about it.
Je suis navré de ce qui s'est passé.	I'm sorry about what happened.
Je vous prie de m'excuser pour...	I want to apologise for...
J'ai fait une bêtise.	I've done a silly thing.
Je ne l'ai pas fait exprès.	I didn't mean to do that.

Je ne le referai plus.	I'll never do it again.
J'ai vraiment honte.	I'm really ashamed.
Je vous ai fait perdre votre temps.	I've wasted your time.
Malheureusement, c'est cassé.	I'm afraid it's broken.
Ne m'en veuillez pas.	Don't hold it against me.
Il m'a forcé à le faire.	He made me do it.
C'est la faute de Julien.	It was Mark's fault.
Ce n'était pas de ma faute.	It wasn't my fault.
Je n'ai pas pu faire autrement.	I couldn't help it.
Il y a eu un malentendu.	There's been a misunderstanding.
Un petit malheur est arrivé.	There's been a slight accident.
Ne vous en faites pas.	Don't worry about it.
Non, non, ne vous excusez pas.	Please don't apologise.
Ça n'a vraiment aucune importance.	It doesn't matter at all.
Ça ne fait rien.	It's quite O.K.
Ça peut arriver à tout le monde.	It could happen to anybody.
Il n'y a pas de mal.	There's no harm done.
On n'y peut rien.	It can't be helped now.
N'en parlons plus.	Let's forget about it.
Je ne l'avais même pas remarqué.	I hadn't even noticed.

les hésitations — hesitation

Où voulez-vous en venir ?	What are you driving at ?
Attendez, je ne vous suis pas.	I'm not sure I follow you.
J'aimerais attendre un peu pour voir ce qui va se passer.	I'd rather wait and see what happens.
Je n'arrive pas à me décider.	I just can't make up my mind.
On fait peut-être une bêtise.	We could be making a mistake.
Je ne sais pas trop quoi en penser.	I don't know what to say about it.
Je n'ai pas la moindre idée.	I don't have the faintest idea.
Il attend avant de prendre parti.	He's sitting on the fence.
Je ne sais pas quelle conclusion en tirer.	I'm in two minds about it.
On ferait peut-être mieux d'y aller.	It might be better to go.
On en reparlera demain.	Let's sleep on it.
Il ne faut pas juger trop vite.	We shouldn't jump to conclusions.
Il ne faut rien précipiter.	Let's not do anything in a hurry.
Il n'est pas nécessaire de se décider tout de suite.	We don't need to decide right away.

les plans	making plans
On fait quelque chose aujourd'hui ?	What are we going to do today ?
Qu'est-ce qu'on pourrait faire ?	What is there to do ?
Qu'est-ce que tu voudrais faire ?	What would you like to do ?
Qu'est-ce qu'ils jouent au cinéma ?	What's on at the pictures ?
Et si on allait au théâtre ?	How about going to the theatre ?
Ça serait super !	That would be great !
J'ai pensé qu'on pourrait aller voir...	I thought we might go and see...
Quel genre de film aimes-tu ?	What kind of film do you like ?
Tu préférerais voir une pièce ?	Would you rather go to a play ?
Tout dépend de ce que vous aimez.	It depends on what you like.
Est-ce que cette idée vous plaît ?	What do you think of the idea ?
Est-ce que ça te dit ?	Would you like to ?
Ça vous plairait de venir avec nous ?	Would you like to come with us ?
Tu aimerais mieux aller ailleurs ?	Would you like to go anywhere else ?
À moins que vous n'ayez quelque chose de mieux à proposer.	Unless there's something else you'd rather do.
Vous vous occupez des billets ?	Will you get the tickets ?
On ferait mieux de se retrouver au cinéma.	We'd better meet at the cinema.
Irène peut venir avec nous ?	Can I bring Maria ?
Je suis désolé, je ne peux pas.	I'm afraid I can't manage it.
Je suis pris.	I've got something else on.
Je n'ai pas le droit.	I'm not allowed to.
Je ne sais pas nager.	I can't swim.
J'ai trop de choses à faire.	I'm too busy.
Fais comme tu veux.	Do what you like.
Ça m'est égal.	I'm easy.
On ne pourrait pas le remettre à une autre fois ?	Can we make it another time ?

des goûts et des couleurs...	likes and dislikes
Qu'avez-vous pensé du film ?	What did you think of the film ?
Lequel préférez-vous ?	Which one do you prefer ?
Vous avez déjà mangé des cuisses de grenouilles ?	Have you ever tasted frogs' legs ?
Tiens, goûte !	Just taste this !
On dit que c'est très bon.	It's supposed to be very good.
Ce n'est pas mauvais.	It's not bad at all.
J'aimerais bien assister à un match de football.	I'd like to go to a football match.

C'est le rouge que j'aime le mieux.	I like the red one best.
J'aime beaucoup les dessins animés.	I really like cartoons.
J'aimerais nettement mieux aller à la piscine.	I'd much rather go swimming.
Ce genre de chose me plaît beaucoup.	I'm very fond of that sort of thing.
Avec grand plaisir !	I'd love to !
Les films comme ça, moi, j'adore.	I love films like that.
C'est fantastique !	It's gorgeous !
Elle ne pense qu'au ski.	She thinks about nothing but skiing.
On m'a interdit le chocolat.	I'm not allowed chocolate.
Les oignons ne me réussissent pas.	Onions just don't agree with me.
Je n'aime plus les glaces comme avant.	I've gone off ice cream.
Ça ne m'emballe pas beaucoup.	I'm not very enthusiastic.
Je n'aime pas ce genre de livre.	It's not my kind of book.
Cette idée ne me plaît pas du tout.	I don't like the idea of it.
Je déteste ce genre de chose.	I don't like that sort of thing at all.
Les musées ne me tentent pas.	I'm not very keen on museums.
Ça ne m'enchante pas particulièrement.	I'm not so keen on that.
Ça n'était vraiment pas terrible.	It wasn't up to much.
On m'a dit que c'était exécrable.	I heard it was awful.
C'est vraiment dégueulasse !	It's absolutely foul !
C'est à vomir !	It really makes you sick.
J'en ai marre, de la télévision.	I'm fed up with television !
Je ne supporte pas le rock-and-roll.	I can't stand rock-and-roll.

l'indifférence	**indifference**
Bon, si ça te plaît, à toi.	If that's what you want to do.
Si tu y tiens absolument.	If that's what you really want.
Si ça peut te faire plaisir.	If you'd like that.
Ça m'est égal. Tu choisis.	I don't really mind. Whatever you like.
Si ça t'est égal.	If it's all the same to you.
Pour moi, c'est la même chose.	It doesn't make any difference.
Ça m'est parfaitement indifférent.	I don't care one way or the other.
Si tu veux ; moi, je m'en fiche.	It's all one to me what you do.
Et alors ?	So what ?
Je m'en fiche complètement.	I couldn't care less.
Ça ne me regarde pas.	It's none of my business

les désaccords	disagreeing
Ça ne marchera pas.	It won't work.
Attends, pas si vite !	Hold on a minute !
Rien à faire ! – Je ne marche pas !	No way ! – it's just not on !
Ça me semble être une mauvaise idée.	I don't think much of that.
À mon avis, il ne faut pas le faire.	I wouldn't advise you to do that.
À ta place, je ne le ferais pas.	Take my advice and don't do it.
Il m'est impossible de le faire.	I couldn't possibly do that.
En fait, ça ne me dit rien du tout.	I'm not certain I'd want to.
Je ne suis pas du tout d'accord avec vous.	I totally disagree with you.
Je n'ose pas.	I daren't do it.
Je ne suis pas vraiment d'accord.	I'm not sure you're right.
Vous vous trompez tout à fait.	You're quite wrong.
Vous n'y êtes pas du tout.	You've got it all wrong.
Quelle bêtise !	Nonsense !
Il raconte des bêtises.	He's talking rubbish.
Je ne m'y prendrais pas comme ça.	I wouldn't go about it that way.
Tu es complètement fou !	You must be mad !

les soucis – la contrariété	worry – annoyance
Maintenant que j'y pense...	Come to think of it...
Il y a des choses qui me gênent là-dedans.	I'm not happy about it.
Ça me préoccupe.	I can't help worrying about it.
Ça m'obsède.	I can't get it out of my mind.
Ça m'irrite.	I am rather annoyed about it.
Je suis vraiment furieux.	I'm absolutely furious.
Bertrand avait l'air contrarié.	John looked a little upset.
Pourquoi diable as-tu fait ça ?	Why on earth did you do that ?
Ça ne m'étonne pas de lui.	Isn't that just like him ?
À d'autres !	Don't give me that !
Il raconte n'importe quoi.	He doesn't know what he's talking about.
Ça ne tient pas debout.	That's absolute rubbish.
Pourquoi ne l'as-tu pas dit ?	Pity you didn't say so !
Pour une gaffe, c'est une belle gaffe !	He dropped a clanger there.
Ce n'était pas très gentil.	That wasn't very nice.

Eh bien, ça alors !	Well, I must say !
Il ne va pas du tout apprécier.	He won't be pleased to hear it.
Tu aurais pu lui demander d'abord.	You might have asked him first.
Tu es devenu complètement fou !	You must be out of your mind !
Mêle-toi de tes affaires !	Mind your own business !
Nous voilà frais !	Now we're in a mess !
Et alors, c'est de ma faute si... ?	How can I help it if... ?
Je n'y suis pour rien.	It's got nothing to do with me.
Qu'est-ce que Richard a à voir là-dedans ?	What's it got to do with Mike ?
En voilà une histoire !	What's all the fuss about ?
Qu'est-ce qu'elle va encore inventer ?	What will she do next ?
On ne dit pas des choses pareilles !	What a thing to say !

la résignation — resignation

Ça devait arriver.	It was bound to happen.
Je m'y attendais.	I expected as much.
C'est bien ce que je pensais.	Just what I thought.
On n'a pas le choix.	We haven't any choice.
Tant pis.	Too bad.
On n'y peut rien.	It can't be helped.
Ça aurait pu être pire.	Well, it could have been worse.
On ne pourra pas y échapper.	There's no way round it.
Il va falloir s'en accommoder.	We'll have to put up with it.
Ce n'est pas une catastrophe.	It's not the end of the world.

la surprise — surprise

Qu'est-ce qui s'est passé ?	Whatever has happened ?
Qu'est-ce que ça peut bien être ?	What on earth is that ?
J'en suis encore tout retourné.	I'm still a bit shaken.
Je vous ai fait peur ?	Did I frighten you ?
Vous ne savez pas ce qui arrive ?	Wait till you hear the news.
Devine ce qui est arrivé à Paul.	Guess what's happened to Tom.
Tu ne devineras jamais !	You'll never guess what !
Que se passe-t-il ?	What's going on ?
Je n'en crois pas un mot.	I don't believe a word of it.
Si je m'étais attendu à ça !	Well, I never !
Ça alors !	Heavens above !
Tu parles d'une surprise !	How's that for a surprise !
Je ne sais pas quoi dire.	I'm speechless.
Ça l'a complètement déconcerté.	He was quite taken aback.
On ne s'y attendait pas du tout.	It came out of the blue.

l'approbation	approval
C'est du tonnerre !	That's fantastic !
Bravo !	It's absolutely super !
Chouette !	Hooray !
C'est ravissant.	It looks lovely.
Voilà ce que j'appelle une voiture.	Now that's what I call a car.
C'est une idée formidable !	What a brillant idea !
Vous avez bien fait.	You did the right thing.
Pour l'instant, ça va, mais...	That's not bad for a start, but...
Oui, ça peut aller.	It's OK I suppose.
Je n'y vois pas d'inconvénient.	It's certainly OK by me.
Essaie, tu verras bien.	You could try it anyway.
C'était on ne peut mieux.	It just couldn't be better.
Certainement – avec plaisir.	Of course I will – with pleasure.
Comme tu voudras.	Anything you say.
Je suis tout à fait d'accord avec vous.	I quite agree with you.

TABLE DES MATIÈRES

TABLE OF CONTENTS

N° de Projet 10038666 (1) 55 (OPAL 55)

par Maury-Eurolivres - 45300 Manchecourt